JANCIS ROBINSON

DAS OXFORD WEINLEXIKON

M – Z

DEUTSCH VON
WOLFGANG KISSEL

HALLWAG VERLAG
BERN UND STUTTGART

Abbildung Seite 690:
Wein und Reben spielen in der Symbolsprache der Religion eine große Rolle. In diesem Mosaik von San Vitale in Ravenna aus dem 6. Jh. versinnbildlichen Reben und Tauben die Auferstehung Christi.

Die englische Originalausgabe ist unter dem Titel
THE OXFORD COMPANION TO WINE
bei Oxford University Press, Walton Street,
Oxford OX2 6DP (England), erschienen.

This translation of THE OXFORD COMPANION TO WINE originally published in English is published by arrangement with Oxford University Press.

Lektorat: Eva Meyer
Einband und Gestaltung: Robert Buchmüller
Satz und Druck: Hallwag AG, Bern
Bindung: Burkhardt AG, Mönchaltorf

ISBN 3-444-10446-4

Hallwag

Mitarbeiter

Hauptverantwortlich für Önologie: Professor A. Dinsmoor Webb *Hauptverantwortlich für Rebbau:* Dr. Richard Smart
Die alphabetische Reihenfolge richtet sich nach den Nachnamen. MW steht für Master of Wine.
Nicht gezeichnete Beiträge sind von der Herausgeberin verfaßt.

H. H. A. Hamish Aird, Altphilologe und Sub-Warden am Radley College, Oxfordshire (England).

T. A. Tony Aspler, der meistgelesene kanadische Weinautor und Weinkolumnist.

S. A. Susy Atkins, weitgereiste selbständige Weinpublizistin, wohnhaft in London.

H. G. B. Bill Baker, Weinhändler, seit langem bekannt durch seine mit ungewöhnlichen Weinzitaten geschmückten charakteristischen Preislisten.

N. J. B. Nicolas Belfrage MW, auf italienische Weine spezialisierter Weinkaufmann und -autor.

E. J. R. B. Elizabeth Berry MW, Weinkauffrau und -autorin, schrieb u. a. *The Wines of Alsace.*

H. B. Helen Bettinson, TV-Produzentin, führte Forschungen für Hugh Johnsons *Weingeschichte* durch.

J. A. B. Dr. Jeremy Black, früher Direktor der British School of Archaeology in Irak, heute Mitglied und Dozent für Akkadisch am Wolfson College, Oxford; Autor mehrerer Studien über sumerische und babylonische Literatur und alte Sprachen.

W. B. William Bolter, in Bordeaux ansässiger Weinhändler, Autor und Kellerwirt, arbeitete von 1958 bis 1964 bei Alexis Lichine.

J. M. B. Michael Broadbent MW, Leiter der Weinabteilung bei Christie's und bekannter Weinautor.

R. B. Dr. Roger Brock, Dozent für klassische Philologie an der Universität Leeds, Spezialist für griechische Geschichte und Geschichtsschreibung.

S. B. Stephen Brook, Journalist und Autor, u. a. von *Liquid Gold: Dessert Wines of the World.*

L. B. Larry Brooks, studierte Pflanzenpathologie an der University of California in Davis, seit 1981 Kellerwirt in der Acacia Winery im Napa Valley.

R. N. H. B. Robin Butler, Antiquitätenhändler mit Wein als Interessenschwerpunkt, Mitautor von *The Book of Wine Antiques* (1986).

R. F. C. Bob Campbell MW, der bekannteste Weinautor Neuseelands, Gründer einer ungewöhnlichen Weinfachschule in Auckland.

B. G. C. Dr. Bryan Coombe, Autor, seit kurzem im Ruhestand lebender Dozent und Forscher über Rebenphysiologie am Waite Agricultural Research Institute, Adelaide. Die American Society of Enology und Viticulture verlieh ihm die Auszeichnung «Best Paper of the Year» für Rebbau 1987 und für Önologie 1991.

B. C. Barry Cunliffe, seit 1972 Professor für europäische Archäologie am Institute of Archaeology der Universität Oxford.

J. & M. D. Professor James Douglas, Gastdozent für Politologie an mehreren amerikanischen Universitäten; Mary Douglas, Professorin für Sozialanthropologie an der Universität London.

P. R. D. Peter Dry, Dozent an der Fakultät für Gartenbau, Weinbau und Önologie am Waite Campus der Universität Adelaide.

A. J. D. Dr. Anne Duggan, Dozentin für mittelalterliche Geschichte am King's College der Universität London.

M. J. E. MARGARET EMERY, seit 1975 Bibliothekarin mit Weindiplom am Roseworthy Agricultural College.

N. F. NICHOLAS FAITH, Wirtschaftsjournalist, spezialisiert auf Wein und Brandy; Autor zweier bedeutender Bücher über Cognac und Weinbrand.

C. C. F. CHRISTOPHER FIELDEN, britischer Weinkaufmann und Sammler von Weinbüchern; während seiner Reisen nahm er dreimal kurzen Aufenthalt in Albanien.

D. G. DENIS GASTIN, früher Senior Trade Commissioner an der australischen Botschaft in Tokio, heute australischer Weinexporteur und Autor, Spezialgebiet Japan.

R. G. ROSEMARY GEORGE MW, Weinautorin, eine der ersten Frauen, die den Titel Master of Wine errangen; sie schrieb das preisgekrönte Buch *Chablis*.

D. J. G. DAVID GILL MW, Weinhändler, maßgeblich an der Erschließung Großbritanniens als größtem Exportmarkt für Bulgarien beteiligt.

J. G. DR. JOHN GLADSTONES, Autor von *Viticulture and Environment*, früher Dozent an der landwirtschaftlichen Fakultät der University of Western Australia.

P. A. H. DR. PETER HALLGARTEN, studierte Chemie, übernahm dann das Weinfachgeschäft der Familie in London. Spezialgebiete u. a. Deutschland, Rhône, Burgund und Israel.

J. H. JAMES HALLIDAY, der produktivste und höchstgeachtete Weinautor Australiens, ehemals Rechtsanwalt; er leitet außerdem sein Weingut Coldstream Hills im Yarra Valley.

J. M. H. JAKE HANCOCK, Professor für Geologie am Imperial College der Universität London; Redaktionsmitglied des *Journal of Wine Research*.

J. H. H. DR. JUDITH HARVEY, übernahm nach einer großen Karriere in der wissenschaftlichen Forschung eine Arztpraxis.

H. H. PROFESSOR HERBERT HECKMANN, Präsident der Deutschen Akademie für Sprache und Dichtung, preisgekrönter Autor zahlreicher Bücher, u. a. *Der beredte Bacchus*, eine Sammlung von Weinliteratur aus allen Jahrhunderten.

L. A. H.-S. DR. LEOFRANC HOLFORD-STREVENS, Altphilologe, Autor von *Aulus Gellius*, Mitarbeiter der Oxford University Press.

I. J. IAN JAMIESON, Weinkaufmann, dann Weinautor, legte 1970 die Prüfung als Master of Wine ab; bekannt durch Artikel und Bücher über deutsche Weine.

H. J. HUGH JOHNSON, der erfolgreichste Weinautor der Welt, wurde durch André Simon in die Weinpublizistik eingeführt.

R. J. RUSSELL JOHNSTONE, Weinbauexperte, Mitarbeiter beim Australian Wine Research Institute und dort Verbindungsmann zur Division of Horticulture der Commonwealth Scientific and Industrial Research Organization in Adelaide, Spezialist für agrochemische Rückstände.

T. J. DR. TONY JORDAN, Önologieberater und Geschäftsführer der Domaine Chandon in Australien, früher Forscher und Dozent für Chemie in den USA, Großbritannien, Frankreich, Spanien und Deutschland.

E. K. EVA KALUZYNSKA, in Brüssel ansässige freie Journalistin mit Wein als Interessenschwerpunkt, Beraterin der Europäischen Kommission.

J. K. JANE KAY, studierte drei Jahre am Institut d'Œnologie in Bordeaux, arbeitete dann als Kellerwirtin auf Korsika und trat schließlich als Weintechnikerin und -einkäuferin in ein bedeutendes britisches Einzelhandelsunternehmen ein.

P. K. PHILIP KENNEDY, promovierte am Oriental Institute der Universität Oxford mit einer Arbeit über klassische arabische Dichtung.

J. D. K. JOHN KESBY, Sozialanthropologe mit Interessenschwerpunkt auf metaphysischen Systemen und Mythen, lehrt an der University of Kent.

M. K. — MEL KNOX, seit 1972 Weinhändler in Kalifornien, leitet seit 1974 Weinseminare an der University of California und verkauft seit 1980 französische Fässer.

N. L. L. — NICHOLAS LANDER, ehemaliger Restaurateur, Journalist bei der *Financial Times*, schreibt über Restaurants.

G. J. L. — GARETH LAWRENCE, Registrator beim Wine & Spirit Education Trust in London mit besonderem Interesse an den Weinen Mittel- und Südosteuropas.

T. H. L. — PROFESSOR TERRY LEE, Direktor des Australian Wine Research Institute in Adelaide.

H. L. — HARRIET LEMBECK, in New York beheimatete bekannte Weinautorin.

D. V. L. — DENNIS LINDLEY, bis zu seiner Emeritierung Professor für Statistik und Leiter der Fachabteilung für Statistik am University College, London; vorher hatte er an der Universität Cambridge und am University College of Wales ähnliche Funktionen inne.

S. P. D. L. — SIMON LOFTUS, englischer Weinkaufmann und preisgekrönter Autor.

Z. L. — ZELMA LONG, die zweite Frau, die sich in der Fakultät für Önologie an der University of California in Davis einschrieb, dann Chef-Kellermeisterin bei Robert Mondavi, heute Generaldirektorin der Simi Winery.

M. McN. — MAGGIE MCNIE MW, internationale Weinberaterin und Leiterin des Greek Wine Bureau in London.

R. J. M. — RICHARD MAYSON, Weinautor, Verfasser von *Portugal's Wines and Wine-makers.*

M. M.-F. — MARK MICELI-FARRUGIA, importierte Wein nach Malta, exportierte Wein aus Italien, förderte den Weinvertrieb in Kanada; sein Ehrgeiz ist darauf gerichtet, in Malta Weltklassewein zu erzeugen.

J. T. C. M. — JASPER MORRIS MW, Mitherausgeber des *Journal of Wine Research*, Weinkaufmann und Autor, spezialisiert auf Burgund.

A. H. M. — ANGELA MUIR MW, in England beheimatete reisende kellertechnische Beraterin mit Interessenschwerpunkt Mittel- und Osteuropa.

R. M. B. — ROSE MURRAY BROWN, im Auktionshaus Sotheby's geschulte Spezialistin für Wein und Weinantiquitäten; heute Weinpublizistin mit besonderem Interesse für das moderne China und Indien.

L. N. — LOUISE NICHOLSON, Publizistin, Dozentin und Beraterin, spezialisiert auf Indien, das sie bereits über fünfzigmal bereist hat.

J. J. P. — JEREMY PATERSON, Dozent für die Geschichte des Altertums an der Universität von Newcastle-upon-Tyne, Spezialist für römische Wirtschafts- und Sozialgeschichte mit besonderem Interesse am römischen Weinhandel, über den er auch publiziert hat.

E. P.-R. — EDMUND PENNING-ROWSELL, einer der angesehensten Weinpublizisten der Welt, Autor von *The Wines of Bordeaux.*

T. P. — THOMAS PINNEY, Professor für Englisch am Pomona College in Claremont, Kalifornien, Autor von *A History of Wine in America: from the Beginnings to Prohibition.*

J. P. — JOHN PLATTER, ließ sich nach einer Karriere als Auslandskorrespondent für United Press International in Südafrika als Weinfarmer und Weinpublizist nieder. *John Platter's Guide to South African Wines* ist das meistverkaufte Weinbuch des Landes.

J. V. P. — DR. JOHN POSSINGHAM, promovierte an den Universitäten Adelaide und Oxford, maßgeblicher Mitbegründer der Division of Horticulture der CSIRO (Australien).

J. R. — JAN READ, arbeitete als Chemiker in der Forschung sowie u. a. für Fritz Lang beim Film, dann spezialisierte er sich als Weinautor auf Spanien, Portugal und Chile.

J. M. R. — DR. JANE RENFREW (Lady Renfrew of Kaimsthorn), Vizepräsidentin des Lucy Cavendish College in Cambridge. Spezialistin für Frühgeschichte und Paläoethnobotanik, Dozentin an der archäologischen Fakultät der Universität Cambridge.

P. R.-G. PROFESSOR PASCAL RIBÉREAU-GAYON, Autor, wissenschaftlicher Berater und international geachteter Direktor des Institut d'Œnologie an der Universtität Bordeaux.

J. Ro. Steht für größere Einzelbeiträge der Herausgeberin.

A. H. L. R. ANTHONY ROSE, britischer Rechtsanwalt, später Weinautor, schreibt regelmäßig über Auktionen und Investitionen in Wein für mehrere Publikationen, u. a. die Weinhandelsfachzeitschrift *Wine & Spirit.*

R. R. ROSEMARY RUDDLE, Journalistin und Autorin eines Buchs über Rezepte und Gebräuche der Weinlese in Frankreich.

V. R. VIACHESLAV RYBINSTEV, wurde 1986 zum stellvertretenden Direktor am Weinforschungsinstitut Magaratsch in Jalta berufen; er studierte Weinbau in der Ukraine, in Rußland, Moldova, Kasachstan, Usbekistan, Georgien, Armenien, Aserbaidschan, Turkmenistan, Deutschland und Südfrankreich.

M. S. MARK SAVAGE MW, Weinverkoster seit seiner Zeit an der Universität Oxford, Weinkaufmann und anerkannte Autorität für Weine aus dem Pazifischen Nordwesten.

R. S. RENATE SCHOENE, Bibliotheksamtsrätin an der Universitäts- und Landesbibliothek Bonn, Verfasserin der *Bibliographie zur Geschichte des Weines* und anderer Beiträge über Weinliteratur.

M. W. E. S. MICHAEL SCHUSTER, Publizist mit eigener Weinfachschule in London, Übersetzer der Werke von Professor Émile Peynaud.

T. S. DR. TOM SCOTT, Teilzeit-Weinhändler, hält Vorlesungen über Geschichte an der Universität Liverpool, Spezialist für deutsche Wirtschafts- und Landwirtschaftsgeschichte von 1300–1650.

R. E. S. DR. RICHARD SMART, weltberühmter australischer Weinbauexperte und Autor, besonders bekannt durch seine Arbeiten über Laubpflege.

D. F. S. DAVID STEVENS MW, erster Chief Executive des Institute of Masters of Wine; in den 1960er Jahren Pionier für den Import argentinischer Weine nach Großbritannien.

K. S. KEITH SUTTON, Dozent für Geographie an der Universität Manchester, betreibt seit zwanzig Jahren Forschungen über die sozialökonomische Entwicklung Algeriens.

G. T. GEOFFREY TAYLOR, Chemiker, Spezialist für Weinanalyse, seit 1976 für den britischen Weinhandel tätig.

D. T. DANIEL THOMASES, in Florenz ansässiger amerikanischer Weinpublizist, arbeitet seit Jahren eng mit Luigi Veronelli zusammen.

P. T. H. U. DR. TIM UNWIN, hält am Royal Halloway, Universität London, Vorlesungen über Geographie; Mitherausgeber des *Journal of Wine Research* und Autor von *Wine and the Vine: An Historical Geography of Viticulture and the Wine Trade.*

P. V. P. PAMELA VANDYKE PRICE, produktive englische Autorin, eine der ersten Weinpublizistinnen.

B. M. W. DR. BERNARD WATNEY. Im Ruhestand lebender Physiker mit besonderem Interesse u. a. für Wein, Weinetiketten und Korkenzieher. Mitautor von *Korkenzieher, Schlüssel zum Weingenuß.*

A. D. W. PROFESSOR A. DINSMOOR WEBB, 1982 von der University of California in Davis emeritiert, publiziert aber weiter und ist weltweit als Önologieberater tätig.

A. G. W. ANDREW WILLIAMS, Gründer der ersten auf den Import von Wein aus organischem Anbau spezialisierten britischen Firma, später Weinpublizist.

N. G. W. NIGEL WILSON, Mitglied am Lincoln College, Oxford, Studienleiter für klassisches Altertum – u. a. für den Weinkeller des Colleges zuständig. Sein wissenschaftliches Hauptwerk betrifft griechische Paläographie.

H. M. W. HANNEKE WIRTJES, lehrt am Wadham College in Oxford mittelalterliches Englisch und hat ein Buch über Wein im klassischen Altertum und im Mittelalter verfaßt.

Hinweise zum Gebrauch

Die Stichwörter sind in alphabetischer Reihenfolge der Buchstaben des Hauptstichworts geordnet. Weingüter, die die Bezeichnung Château führen, erscheinen als Stichwörter jeweils unter dem eigenen Namen und nicht unter C.

Verweise auf andere Stichwörter sind durch KAPITÄLCHEN gekennzeichnet. Querverweise werden nur dort angebracht, wo durch die Information unter dem betreffenden Stichwort ein besseres oder erweitertes Verständnis der an der ursprünglichen Stelle gemachten Ausführungen erreicht werden kann, jedoch nicht in jedem Fall, wo ein Stichwort in einem Text erscheint.

Alle Weinbauländer sind als Stichwörter aufgenommen. Die bedeutenderen sind zusätzlich in Einzeleintragungen nach Regionen oder im Fall Australiens und der USA nach Bundesstaaten gegliedert. Deutsche Weine werden unter den Namen der einzelnen «Bestimmten Anbaugebiete» besprochen. Die Staaten des ehemaligen Jugoslawien und der ehemaligen Sowjetunion sind einzeln berücksichtigt. Weinerzeuger und Weingüter, die in der Geschichte des Weins eine bedeutende Rolle spielen, erscheinen als Stichwörter, ebenso alle Appellationen Frankreichs, Spaniens und Portugals. Italien ist unter verschiedenen Denominationen und Regionalbeiträgen umfassend behandelt.

M

MACABEO Die meistangebaute Weißweinrebsorte Nordspaniens ist als **Maccabéo** oder **Maccabeu** im ROUSSILLON so populär geworden, daß sie am Ende der 1980er Jahre unter den meistangebauten Weißweintrauben Frankreichs den achten Platz innehatte.

Die Rebe ist zwar von Spanien aus nach Südfrankreich gekommen, ursprünglich aber stammt sie Odart zufolge aus dem Nahen Osten. Sie ist sehr wuchskräftig und treibt spät aus, was für Gegenden mit häufigen Spätfrösten durchaus nützlich ist. Darüber hinaus bringt sie reichliche Erträge, wenn es im Herbst trocken bleibt und demzufolge keine Fäule auftritt. Auch in Nordafrika hat sich die Sorte ihrer Hitzeverträglichkeit wegen gut bewährt.

Ihr Wein zeigt oft vage blumigen Charakter und relativ schwache Säure, außer wenn die Trauben so früh geerntet werden, daß die Blumigkeit kaum zur Geltung kommt. Gegenüber anderen, traditionelleren Sorten zeichnet sie sich durch geringe Anfälligkeit für OXIDATION aus. Vielleicht ist das auch der Grund dafür, daß Macabeo in RIOJA so begeistert aufgenommen worden ist; dort hat er unter dem Namen Viura inzwischen Malvasia und Garnacha Blanca fast ganz verdrängt und macht 90 % des gesamten Weißweinrebenbestands aus. Daß Viura sich für leichten, früh trinkreifen Weißwein weit besser eignet als für die schwere, eichenfaßgereifte Art, kann sicherlich mit als Erklärung für die stilistische Evolution des weißen Rioja dienen.

Auch in Penedès, vor allem in Conca de Barberá, wird die Traube verbreitet angebaut – dort bildet sie mit Parellada und Xarel-lo zusammen das Triumvirat der CAVA-Rebsorten. Außerdem ist sie in ganz Nordostspanien bis Tarragona im Süden immer wieder anzutreffen.

Odart, A., *Traité des cépages* (3. Aufl., Paris, 1854).

MACCABÉO oder **Maccabeu.** Französischer Name der in Nordspanien weitverbreiteten Weißweinrebsorte MACABEO. Zwischen 1968 und 1988 stieg sie unter den populärsten französischen Weißweinrebsorten vom 15. auf den 8. Platz auf, und zwar vor allem dank ihrer Verbreitung im ROUSSILLON, wo sie meist früh gelesen und zu recht ausdrucksschwachem weißem Côtes du Roussillon verarbeitet wird; sie dient aber auch als nützliche Zutat für Rosé oder, wie in Spanien, zum Auflockern allzu kraftvoll ausgefallener Rotweine, in denen sie bis zu 10 % des Verschnitts ausmachen darf. Später gelesen ergibt Maccabéo entweder mit anderen Rebsorten zusammen oder für sich allein einen der beliebten VINS DOUX NATURELS aus dem Roussillon. Auch im LANGUEDOC wird die Traube angebaut. In den Weißweinen von Minervois und Corbières bildet sie oft den Hauptbestandteil im Verschnitt mit BOURBOULENC, GRENACHE BLANC und vielen anderen südlichen Weißweintrauben.

MACEDON Kleines, vielseitiges Weinbaugebiet in AUSTRALIEN. Näheres siehe VICTORIA.

MACÉRATION CARBONIQUE franz. KOHLENSÄUREMAISCHUNG.

MACÉRATION PRÉFERMENTAIRE franz. Maischung vor dem Gärprozeß; siehe MAISCHUNG und HÜLSENMAISCHUNG.

MACÉRATION SEMI-CARBONIQUE Ein Weinbereitungsverfahren, das aus einer kurzen einleitenden KOHLENSÄUREMAISCHUNG mit anschließender normaler alkoholischer GÄRUNG besteht. Der Beaujolais NOUVEAU und andere PRIMEUR-Weine werden größtenteils nach diesem Verfahren produziert. Sie erlangen dadurch ein ausgeprägtes, an Bananen oder Kirschen erinnerndes Aroma.

Solange es noch keine ABBEER-Einrichtungen gab, entstanden wohl die meisten Rotweine nach diesem oder einem ähnlichen Verfahren, bei dem ganze Trauben in einen Gärbehälter gegeben werden und eine spontane Gärung in dem beim weiteren Füllen des Behälters austretenden Most einsetzt. Das bei diesem Gärvorgang frei werdende KOHLENDIOXID ermöglicht in den intakt gebliebenen Beeren eine intrazelluläre Gärung. Allerdings ist in flachen Behältern die Atmosphäre um diese intakten Beeren herum selten frei von SAUERSTOFF; der Anteil der Beeren, in denen sich die Kohlensäuremaischung abspielt, ist jedoch um so größer, je tiefer der Gärbehälter ist. A. D. W.

MÂCON Wichtiges Handelszentrum an der Saône in BURGUND und Hauptstadt des **Mâconnais**, in dem beträchtliche Mengen Weißwein und etwas Rotwein produziert werden. Anders als an der nördlich daran anschließenden CÔTE D'OR sind im Mâconnais die auf Kalksteinhügeln gelegenen Weinberge zwischen Weide- und Ackerland eingestreut.

Klima und Ambiente des Bereichs sind ganz anders als an der Côte d'Or: Die Dachziegel der Häuser machen einen südländischen Eindruck, im Sommer zirpen die Zikaden, und die Weinberge kommen in den Genuß von mehr Sonnenschein – Regen und Frost sind weit seltener. Unmittelbar südlich schließt das BEAUJOLAIS an.

Die Weinbaupraktiken ähneln denen an der Côte d'Or, allerdings sind die zulässigen Erträge mit bis zu 55 hl/ha etwas höher. Manchmal erfolgt die Weinbereitung in Fässern, doch nur die führenden Erzeuger verwenden dabei neue EICHE, und die Abfüllung geschieht gewöhnlich im Sommer vor der nächsten Lese.

Die APPELLATIONS CONTRÔLÉES im Mâconnais heißen – ungefähr in aufsteigender Reihenfolge ihrer Qualität geordnet – für Weißwein von Chardonnay: **Mâcon Supérieur; Mâcon Villages** oder **Mâcon** mit angefügtem Ortsnamen (siehe auch MÂCON VILLAGES); ST-VÉRAN, Pouilly-Vinzelles, Pouilly-Loché und POUILLY-FUISSÉ; für Rotwein: **Mâcon, Mâcon Supérieur** und **Mâcon** mit angefügtem Ortsnamen. Fast alle so bezeichneten Rotweine werden von der Gamay-Traube bereitet; zwar ist auch bei ihnen Pinot Noir zugelassen, die Weine dieser letzteren Traube aber dürfen auch als BOURGOGNE Rouge ausgewiesen werden und können dann auf einen besseren Preis rechnen. J. T. C. M.

MÂCON VILLAGES APPPELLATION CONTRÔLÉE für die große Mehrzahl der Weißweine von MÂCON. Die Bezeichnung kann Mâcon Villages lauten, oder anstelle von «Villages» kann der Ortsname selbst eingesetzt werden. Am bekanntesten sind dank ihrer rührigen WINZERGENOSSENSCHAFTEN die Orte Viré und Lugny. Die Namen der 43 Orte, die das Recht besitzen, auf diese Weise ihren eigenen Namen an die Appellation anzufügen, sind: Azé, Berzé-la-Ville, Berzé-le-Châtel, Bissy-la-Mâconnaise, Burgy, Bussières, Chaintré, Chânes, La Chapelle-de-Guinchay, Chardonnay (woher die Traubensorte vielleicht ihren Namen hat), Charnay-lès-Mâcon, Chasselas, Chevagny-lès-Chevrières, Clessé, Crèches-sur-Saône, Cruzilles, Davayé, Fuissé, Grévilly, Hurigny, Igé, Leynes, Loché, Lugny, Milly-Lamartine, Montbellet, Péronne, Pierreclos, Prissé, Pruzilly, La Roche-Vineuse, Romanèche-Thorins, St-Amour-Bellevue, St-Gengoux-de-Scissé, St-Symphorien-d'Ancelles, St-Vérand, Sologny, Solutré-Pouilly, Vergisson, Verzé, Vinzelles, Viré und Uchizy.

Im Mâconnais werden die meisten Weine in Edelstahltanks oder beschichteten Betontanks vergoren und früh abgefüllt. Sie sind für baldigen Verbrauch – innerhalb von einem oder zwei Jahren nach der Lese – bestimmt. Nur einige Erzeuger bringen durch stark eingeschränkte Erträge, FASSGÄRUNG und anschließenden FASSAUSBAU weitaus feinere Weine zuwege. Jean Thévenet bietet als Spezialität eine außergewöhnliche, süße weiße Mâcon-Spätlese, oft auch mit EDELFÄULE.

MACVIN DU JURA Kräftiger VIN DE LIQUEUR aus dem JURA (Ostfrankreich); er entsteht durch Abbrechen des Gärprozesses mit einheimischem MARC. Das süße, eigenartig erdige Getränk wird gekühlt als APERITIF oder zu Desserts genossen. Es ist mindestens seit dem 14. Jh. nachgewiesen und wurde 1991 mit der 400. vom INAO vergebenen APPELLATION CONTRÔLÉE ausgestattet.

MADAGASKAR Die tropische Insel vor der afrikanischen Ostküste war von 1896 bis 1960 französische Kolonie. Die Franzosen führten auf dem Hochland von Fianarantsoa südlich der Hauptstadt Weinbau ein. Heute beläuft sich die Jahresproduktion auf rund 88 000 hl (ungefähr soviel wie in LUXEMBOURG) von 2000 ha Rebfläche. Siehe auch TROPENWEINBAU.

MADEIRA Auf der zu Portugal gehörenden Insel im Atlantik, 1000 km vom portugiesischen Festland und 750 km von der Küste Nordafrikas entfernt – früher eine REGIÃO DEMARCADA (RD), heute eine DOC –, entsteht ein alkoholangereicherter Wein, der wohl als der langlebigste der Welt gelten darf. Dabei ist die steil aus dem Meer aufsteigende Vulkaninsel eigentlich nicht gerade der Ort, wo man einen solchen einmaligen, individuellen Wein anzutreffen erwarten würde. Der Madeira wirft alle gewöhnlich in der Weinbereitung geltenden Regeln über den Haufen.

Historisches

Wie der PORTWEIN scheint auch der Madeira ein zuerst zwar starker, jedoch nicht mit Alkohol angereicherter Wein gewesen zu sein. Belege aus der Anfangszeit gibt es nur wenige, jedoch erwies sich die strategische Lage Madeiras mitten im Atlantik recht bald als vorteilhaft. Der Hafen der Hauptstadt Funchal wurde rasch zur Zwischenstation für Schiffe auf dem Weg nach Afrika, Asien und Südamerika. Bereits am Ende des 16. Jh. (knapp 200 Jahre nach der Entdeckung der Insel) ist dann der Weinbau als fest auf Madeira etabliert nachgewiesen. Allerdings waren die ersten Madeiraweine unstabil und deshalb meist verdorben, bevor sie ihr Ziel erreichten. Darum wurden manche mit (vermutlich von Rohrzucker destilliertem) Alkohol aufgespritet, damit sie eine lange Seereise überstehen konnten. Diese Stabilisierung durch AUFSPRITEN wurde allerdings erst um die Mitte des 18. Jh. zur allgemeinen Praxis.

In der zweiten Hälfte des 17. Jh. liefen viele Schiffe (darunter auch viele der DUTCH EAST INDIA COMPANY) auf dem Weg nach Indien regelmäßig den Hafen Funchal an und nahmen dort Fässer (*pipas* oder PIPES) mit Wein an Bord. Bald wurde festgestellt, daß der Madeira auf eigentümliche Weise besser schmeckte, nachdem er die Reise durch die Tropen im Rumpf eines Schiffes hinter sich hatte. Dadurch entstand eine Mode für *vinho da roda*, also Wein, der die Reise hin und zurück gemacht hatte, im Gegensatz zu dem auf der Insel selbst gereiften *vinho canteiro* (benannt nach den Gestellen – auf portugiesisch *canteiros* –, auf denen die Fässer in den LODGES ruhten). Bis zum Anfang des 20. Jh.

Weinbergterrassen auf der Vulkaninsel MADEIRA.

wurde die Praxis, Fässer mit Madeira auf die lange tropische Seereise zu schicken, fortgesetzt, schließlich aber wurde sie zu teuer. Im Laufe der Zeit gingen die Handelshäuser dazu über, sogenannte ESTUFAS zu benutzen, das waren Räume oder Tanks, in denen der Wein erhitzt und damit der auf der langen Seereise stattfindende Reifeprozeß simuliert werden konnte. Die allerfeinsten Madeiras werden aber nach wie vor auf *canteiros* gereift.

Im Verlauf der Kolonisierung Nordamerikas im 17. Jh. konnte sich Madeira an der Ostküste einen bedeutenden Exportmarkt aufbauen. Am Ende des 18. Jh. nahmen die nordamerikanischen Kolonien ein Viertel des gesamten auf der Insel produzierten Weins ab. Der Madeira genoß einen so großen Ruf, daß mit ihm 1776 die Unabhängigkeitserklärung feierlich besiegelt wurde, und auch heute noch ist feiner Madeira in den USA hoch geschätzt. Der Madeira Club in Savannah überlebte die PROHIBITION und trifft sich auch jetzt wieder, ein Vierteljahrtausend nachdem die ersten Pipes mit Madeira in Georgia an Land gebracht wurden, zu regelmäßigen Zusammenkünften (siehe auch MADEIRA PARTY).

Die nach England zurückkehrenden Kolonialtruppen eröffneten dem Madeira dann auch dort einen neuen Markt. Aber nicht nur in England und den USA, auch in den portugiesischen Kolonien in Afrika sowie in Brasilien war er so populär, daß die Nachfrage das Angebot zu übersteigen begann.

1851 traf dann die erste einer Reihe von Krisen die Insel: Der ECHTE MEHLTAU trat auf (noch im gleichen Jahr wurde er auch in BORDEAUX erstmals beobachtet) und breitete sich in den dichten Weinbergen schnell aus. Innerhalb von drei Jahren kam die Weinerzeugung fast zum Erliegen.

Nachdem man herausgefunden hatte, daß der Echte Mehltau durch Bestäuben der Blätter mit SCHWEFEL bekämpft werden konnte, erholte sich der Weinbau wieder, doch kurz darauf schlug die REBLAUS zu und legte die auf dem Wein beruhende Wirtschaft der Insel lahm. Ab der Mitte der 1870er Jahre wurden auf der ganzen Insel die Weinstöcke gerodet und durch Zuckerrohr ersetzt. Die Weinhandelshäuser verließen Madeira, und viele Weinberge wurden nicht wieder neu angepflanzt.

Etwa zehn Jahre später wurden dann reblausresistente AMERIKANISCHE REBENSPEZIES eingeführt, und viele Winzer kultivierten in dem Wunsch, möglichst bald wieder zu Wohlstand zu kommen, lieber VITIS *labrusca, riparia* und *rupestris*, anstatt sie lediglich als VEREDELUNGSUNTERLAGEN zu benutzen und die traditionellen VINIFERA-Sorten der Insel darauf zu pfropfen. (Noch heute stehen in den Weinbergen der Insel diese ertragreichen ungepfropften Amerikaner Reben, allerdings dürfen die Früchte der «Direktträger» wie Jacquet und Cunningham nicht mehr für Madeira-Wein verwendet werden.)

Zu Beginn des 20. Jh. erreichte der Weinbau Madeiras wieder sein einstiges Produktionsniveau, und die Lieferungen an traditionelle Märkte wurde wieder aufgenommen. Doch bald traf die Wirtschaft der Insel ein neuer Schlag, erst durch die russische Revolution von 1917 und kurz danach durch die Einführung der Prohibition in den USA. Viele Firmen mußten den Betrieb einstellen, mehrere andere schlossen sich zur Madeira Wine Association zusammen, die 1981 in Madeira Wine Company umbenannt wurde.

Am Ende des 17. Jh. hatte es auf Madeira dreißig Handelshäuser gegeben, um die Mitte der 1990er Jahre waren es noch acht, von denen die Madeira Wine Company mit BLANDY, COSSART GORDON, Leacock, Rutherford & Miles und weiteren zwanzig Markennamen bei weitem der größte Weinerzeuger der Insel ist. 1988 erwarb die Familie SYMINGTON aus PORTO einen Anteil an der Firma, der bald zur Mehrheitsbeteiligung ausgeweitet wurde, worauf eine gründliche Überholung der Weinbereitungspraktiken und -ausrüstungen erfolgte.

Frankreich, Deutschland und die Beneluxländer sind die größten Abnehmer für modernen Madeira, doch wird dorthin meist eine sehr einfache Qualität eher als Kochwein geliefert. Die USA, Japan und Großbritannien sind dagegen Hauptabnehmer für bessere Madeira-Qualitäten.

Weinbau

Auf Madeira ist der Weinbau schwierig. Fast alle Weinberge der Insel liegen auf sogenannten *poios*, schmalen stufenartigen Terrassen, die aus dem roten oder grauen Basaltfelsen herausgehauen sind. Die meisten Reben wachsen an Pergolen, ähnlich wie im VINHO-VERDE-Land in Portugal, so daß das LAUBDACH hoch über dem Boden steht und die Trauben nicht so sehr durch PILZKRANKHEITEN gefährdet sind, die hier im feuchten, subtropischen Klima nur allzugut gedeihen. Bei einem Jahrestemperaturmittel von 19 °C und hohen Niederschlagsmengen sind Echter Mehltau und TRAUBENFÄULE ständige Bedrohungen.

Weinbau ist in diesen geographischen Breiten nur in großer Höhe möglich. Madeira steigt auf über 1800 m an, und die Berge sind fast immer in Wolken gehüllt, weil in der warmen ozeanischen Luft die Feuchtigkeit ständig kondensiert. Die Jahresniederschlagsmenge beträgt auf dem Gipfel Madeiras fast 3000 mm, dreimal soviel wie in der Hauptstadt Funchal an der Südküste, wo starke EVAPORATION herrscht. Das Netz der BEWÄSSERUNGS-Kanäle, der sogenannten *levadas*, erstreckt sich inzwischen auf mehr als 2000 km und versorgt eine Rebfläche von rund 1800 ha, die sich auf 4000 kleine Winzer verteilt. MECHANISIERUNG ist sowohl infolge der Terrassierung als auch der geringen Größe der einzelnen Weinberge unmöglich. Dadurch steigen die Kultivierungskosten immer stärker.

Rebsorten

Die seit der Reblausplage am Ende des 19. Jh. am stärksten vertretene *Vinifera*-Rebsorte ist die auch bei weitem meistangebaute dunkelhäutige Tinta Negra Mole. Der Name bedeutet «schwarze Sanfte»; ihre Eigenschaften werden oft in entsprechend dunklen Farben gemalt – in Anbetracht ihrer Vielseitigkeit allerdings zu Unrecht. Sie liefert nämlich durchaus guten Madeira, auch wenn ihre Weine nicht die Haltbarkeit der nobleren Varietäten aufweisen. Die Bestände der traditionellen Rebsorten SERCIAL, VERDELHO, BUAL und MALVASIA steigen nun nach der Dezimierung durch die Reblaus allmählich wieder an. Als weitere Trauben werden noch die krankheitsresistenten AMERIKANISCHEN HYBRIDREBEN Cunningham und Jacquet angebaut, sie dürfen aber nicht mehr als Zutaten im Madeira, sondern nur noch für die Erzeugung des rustikalen Tafelweins der Insel verwendet werden.

Weinbereitung

Madeira wird auf mehrere Arten erzeugt. Die Produktionsmethoden richten sich weitgehend nach dem jeweiligen Markt und nach dem Preis, den der Wein dort erzielen kann. In der Hauptsache geht es um den Einsatz des ESTUFA-Systems und seiner natürlichen Alternativen. Es gibt zwei verschiedene *Estufa*-Typen zur beschleunigten Alterung des Weins.

Für die Großmengenproduktion werden verbreitet Betontanks *(cubas de calor)* mit Innenbeschichtung und einem Fassungsvermögen von 20 000 bis 50 000 l benutzt. In der Mitte eines solchen Tanks liegt eine von heißem Wasser durchströmte Heizschlange aus Edelstahl, die den Wein mindestens drei Monate lang auf 40–50 °C erhitzt. Dieser Prozeß wird von dem Kontrollgremium für den Weinbau, Instituto do Vinho da Madeira (IVM), genauestens überwacht. Trotzdem neigen Weine bei dieser Großmengenbehandlung, wenn sie zu rasch abgekühlt werden, zu gekochtem Geschmack und enthalten außerdem oft zuviel FLÜCHTIGE SÄURE.

Die zweite Art der Estufa-Behandlung geschieht in 600-l-Fässern, den sogenannten «Lodge Pipes». Diese lagern in warmen, durch in der Nähe befindliche Tanks oder zusätzliche Dampfrohre beheizten Räumen *(armazens de calor)*. Hier liegen die Temperaturen meist zwischen 30 und 40 °C, und die Reifezeit dauert länger, sechs Monate bis ein Jahr. Diese schonender als die übliche Großmengenbehandlung wirkende Methode wird auf Weine angewendet, die als fünf- bis zehnjährige Reserve und Special Reserve gedacht sind.

Die feinsten Madeiras werden jedoch ohne künstliche Erhitzung produziert. Manche kleineren Handelshäuser und Lagerfirmen *(armazenistas)* lehnen es ab, die Estufa zum Altern ihrer Weine einzusetzen, vielmehr lagern sie diese in 600-l-Fässern unter den Dachsparren der Lodges in Funchal ein, wo sie, nur von der Sonne erhitzt, auf natürliche Art reifen. Diese *vinhos de canteiro* bleiben mindestens zwanzig Jahre lang in den Fässern liegen, manchmal sogar hundert Jahre und mehr, und werden erst dann jahrgangsweise abgefüllt.

Eines der drückendsten Probleme ist in Madeira ein durch das knappe Angebot an Trauben von *Vinifera*-Rebsorten verursachter Mangel an guten Grundweinen. Die weißen Sorten Sercial, Verdelho, Bual und Malvasia, die vom maßgebenden Madeira-Wein-Institut als «edel» anerkannt sind, haben Seltenheitswert. Deshalb entsteht der größte Teil des Madeira von der vielseitigen Tinta Negra Mole.

Früher kauften die Handelshäuser unvergorenen Most bei den Winzern, den diese durch Stampfen mit den Füßen im Stein-*lagar* bereitet hatten. Heute arbeiten nur noch wenige Erzeuger mit *lagares*, und die Handelshäuser kaufen Trauben anstatt Most bei den Winzern auf. Die meisten Firmen vergären ihre Weine in 25 000-l-Behältern aus Holz oder beschichtetem Beton, nur ein großes Handelshaus (das in den 1960er Jahren irrtümlich AUTOVINIFIKATIONS-Tanks wie für Portwein baute) installiert jetzt Edelstahltanks. Die edlen Traubensorten werden normalerweise separat von Tinta Negra Mole verarbeitet. Die Gärung findet oft in Lodge Pipes statt, bei Malvasia und Bual traditionell auf den Schalen, während bei Sercial und Verdelho der Most vor der Gärung von den Schalen getrennt wird.

Bei den besseren (üblicherweise mit einem hohen Anteil an teureren edlen Trauben bereiteten) Weinen wird dann der Gärprozeß mit 95prozentigem Branntwein bzw. AGUARDENTE abgebrochen, so daß ein Endprodukt mit 17–18 % ALKOHOLGEHALT entsteht. Malvasia- und Bual-Weine werden schon in einem frühen Stadium der GÄRUNG bei 7° Baumé RESTSÜSSE (siehe auch MOSTGEWICHT) abgestoppt, während Verdelho und Sercial praktisch trocken ausgegoren und gegebenenfalls in einem späteren Stadium mit *vinho surdo* oder *abafado* wieder gesüßt werden. *Surdo* ist ein intensiv süßer, oft schon vor der Gärung auf eine Alkoholstärke von 20 % aufgespriteter MISTELA, der *abafado* dagegen ein trockenerer, zu einem späteren Stadium abgestoppter Wein.

Die Erzeuger von Massenwein ziehen es vor, alle Weine trocken ausgären zu lassen und erst nach der Estufa-Behandlung aufzuspriten. Dadurch werden bei dem teuren Alkohol, von dem beim *Estufagem*-Verfahren etliche Prozent verdunsten würden, Kosten gespart. Nach dem Aufspriten werden die Weine dann je nach dem gewünschten Stil gesüßt und mit Karamel farblich korrigiert.

Das Alter der Weine wird von dem Augenblick an gerechnet, wo die Estufa-Behandlung beendet ist. Die einfachsten kommen nach achtzehn Monaten bis drei Jahren TANKLAGERUNG faßweise *(a granel)* zum Versand.

Madeira-Stile

Madeira ist in der Qualität sehr unterschiedlich. Billige Weine riechen oft gekocht und schmecken rauh und überhitzt. Bessere Weine zeichnen sich durch ein feines RANCIO-Aroma und kräftige SÄURE aus. Die Farbe schwankt von Orange-Bernsteingelb bis Tiefbraun, bei älteren Weinen erscheint am Rand ein gelbgrüner Schimmer.

Standardverschnitte Die Namen von Madeira-Weinen lauten traditionell nach den edlen Hauptrebsorten der Insel Sercial, Verdelho, Bual (oder Boal) und Malvasia (oder MALMSEY), wobei darunter in aufsteigender Reihenfolge süßere Madeira-Stile zu verstehen sind. Seit aber die Reblaus am Ende des 19. Jh. die Weinberge der Insel verwüstete, entstand hier viel Wein entweder von amerikanischen Hybridreben oder von der schlichten einheimischen *Vinifera*-Sorte Tinta Negra Mole. Die Verwendung amerikanischer Hybridreben ist seit 1979 offiziell unzulässig. Seit 1993 wird Madeira unter Beachtung der Vorschrift der EUROPÄISCHEN UNION bereitet, daß mit dem Namen einer Sorte bezeichneter Wein auch zu 85 % von der genannten Rebsorte stammen muß. Da von den edlen Traubensorten nicht genug Lesegut angeboten wird, mußten Standardverschnitte in «Dry», «Medium Dry», «Medium Sweet» sowie «Rich» oder «Sweet» umbenannt werden.

Sercial Von den edlen Rebsorten wird Sercial meist in den kühleren Höhenlagen bis 1000 m oder auf der Nordseite der Insel kultiviert. Es herrscht der irrtümliche Glaube, Sercial sei mit dem deutschen RIESLING verwandt, in Wirklichkeit ist er aber identisch mit der Sorte ESGANA Cão («Hundewürger»), die auf dem portugiesischen Festland wächst und dieselbe überaus kräftige Säure besitzt. In großen Höhen gelangt Sercial nur mit Mühe zur Reife und liefert Grundweine mit 11 % Alkoholgehalt, die in der Jugend trocken, säuerlich und adstringierend sind. Nach dem Aufspriten und mindestens zehnjähriger Alterung im Faß entwickelt Sercial feines mandelähnliches Aroma bei nervigem Charakter und streng trockenem Abgang. Sercial-Weine liegen in der Restsüße zwischen 0,5 und 1,5° Baumé.

Verdelho Auch Verdelho wird auf der kühleren Nordseite der Insel angebaut, kommt aber besser zur Reife als Sercial und eignet sich daher für die Erzeugung von halbtrockenem Wein mit 1,5–2,5° Baumé nach dem Aufspriten. Im Alter entwickelt dieser Wein eine außergewöhnliche, rauchige Komplexität, behält aber seine charakteristische pikante Säure.

Bual Die Traube, die auf portugiesisch auch Boal heißt, wird auf der wärmeren Südseite der Insel kultiviert. Sie erreicht in der Reife höheren Zuckergehalt als Sercial oder Verdelho, und nach dem Abstoppen der Gärung durch Aufspriten hat Bual 2,5–3,5° Baumé. Die dunklen, mittelsüßen, an Rosinen erinnernden Weine haben auch im Alter frische Säure.

Malmsey Die Malvasia-Trauben, von denen der Malmsey gewonnen wird, wachsen meist in den wärmsten Lagen an den unteren Hängen der Südseite, insbesondere um Câmara de Lobos. Die zwei Varianten Malvasia Candida und Malvasia Babosa erbringen hier die süßesten Madeira-Weine, die beim Reifen im Faß an Fülle und Konzentration noch gewinnen. Die Süßewerte liegen bei Malmsey zwischen 3,5 und 6,5° Baumé, dennoch sind diese Weine nicht klebrig süß, weil als Gegengewicht kräftige Säure vorhanden ist. Wie alle anderen von edlen Traubensorten bereiteten Madeiras gehört auch der Malmsey zu den ausdauerndsten Weinen der Welt und kann in Faß und Flasche hundert Jahre und älter werden.

Historische Stile Die unvergleichliche Langlebigkeit des Madeira bringt es mit sich, daß bei den Handelshäusern heute noch Stile zu finden sind, die inzwischen auf Madeira längst nicht mehr produziert werden. Rainwater hieß einmal ein leichter, halbtrockener Stil, der angeblich auf dem Seeweg nach Amerika mit Regenwasser verdünnt worden sein soll. Auch heute noch wird Rainwater Madeira in kleinen Mengen bereitet, obwohl die Vorschriften darüber, wie dieser Stil sich zusammensetzt, recht vage sind. Zwei andere Madeira-Stile, die auf den edlen Rebsorten Terrantez und BASTARDO beruhten, werden nicht mehr produziert, da beide Sorten auf der Insel so gut wie ausgestorben sind; man begegnet aber manchmal noch älteren Flaschen. Drei intensiv süße Weinstile von Muskatellertrauben, die meist für Verschnittzwecke bestimmt waren, werden gelegentlich auch sortenrein abgefüllt.

Madeira-Qualitäten
Entsprechend den verschiedenen Madeira-Stilen gibt es eine klar abgestufte hierarchische Ordnung (vom jüngsten und einfachsten bis zum ältesten und ehrwürdigsten Wein)

Massenwein Auf *a granel* (d. h. faßweise) verkauften Wein entfallen 40 % der Madeira-Produktion. Nach rascher Estufa-Behandlung im Tank reift solcher Wein etwa 18 Monate lang und wird dann in Großbehältern zum Versand gebracht, oft nachdem er mit Karamel gefärbt und gesüßt wurde.

Finest Im Zusammenhang mit Madeira bezeichnet dieser Ausdruck einen dreijährigen Verschnitt, der nach Estufa-Behandlung und Alterung im Tank, seltener im Faß, abgefüllt worden ist.

Reserve Hierbei handelt es sich um fünfjährige Verschnitte, die mindestens zum Teil eine Estufa-Behandlung im Tank hinter sich haben. Sie enthalten auch faßgereiften Wein.

Special Reserve Dieser Wein, dessen jüngste Verschnittkomponente ein Alter von etwa zehn Jahren hat, ist gewöhnlich ohne Estufa-Behandlung im Faß gereift. Außerdem wird er zumeist von den edlen Rebsorten bereitet und entsprechend etikettiert.

Extra Reserve Diese Kategorie Madeira ist nur selten anzutreffen; es handelt sich um die Bezeichnung für 15jährigen Wein.

Solera Das meist mit SHERRY in Verbindung gebrachte SOLERA-System wird auf Madeira seit dem 19. Jh. benutzt, die Kategorie wird aber derzeit zugunsten von «dated blends» aufgegeben. Auf vielen Madeira-Etiketten sind völlig fiktive Soleras angegeben.

Vintage Hierbei handelt es sich um Wein aus einem einzigen Jahrgang, der anders als PORTWEIN mindestens zwanzig Jahre im Faß und weitere zwei Jahre in der Flasche lagern muß, ehe er ausgeliefert werden darf. Die meisten Weine dieser Art liegen jedoch weit länger im Faß und reifen auch oft vor der Abfüllung noch eine Zeitlang in 20-l-Ballonflaschen *(garrafoes)*. Diese Weine sind ausgesprochen oxidationsfest und bleiben auch in der geöffneten Flasche jahrelang haltbar. Vintage Madeira, insbesondere Sercial, ist für jahrzehntelange FLASCHENALTERUNG geeignet. Handelshäuser, die über größere Bestände an alten Jahrgängen verfügen, sind so sehr von der Oxidationsbeständigkeit des Madeira überzeugt, daß sie die Flaschen stehend aufbewahren, damit kein schlechter Korken den Wein verderben kann.

Madeira servieren
Madeira ist wahrscheinlich der robusteste Wein der Welt. Wenig kann ihm etwas anhaben, nachdem er die erbarmungslose Behandlung in der *estufa* hinter sich gebracht oder zwanzig Jahre und länger im Faß gelegen hat. Die meisten Handelshäuser, die ihre Madeira-Flaschen aufrecht stehend aufbewahren, verkorken die ehrwürdigsten Jahrgänge etwa alle zwanzig Jahre neu. Jeder Wein entwickelt im Alter einen Bodensatz, Madeira aber viel weniger als andere. Deshalb wird bei alten Vintage Madeiras Dekantieren empfohlen, es ist aber nicht unbedingt erforderlich. Man sollte solche Weine lediglich vor dem Servieren ein wenig ATMEN lassen, damit sich eventuelle FLASCHENGERÜCHE verflüchtigen können. Trockeneren Sercial- und Verdelho-Weinen bekommt es gut, wenn sie mit Kellertemperatur, also nicht eisgekühlt, serviert werden. Süßerer Bual oder Malmsey sollte mit Raumtemperatur genossen werden. Eine geöffnete Flasche Madeira hat den Vorteil, daß sie fast unendlich haltbar bleibt. R. J. M.

Cossart, N., *Madeira the Island Vineyard* (London, 1984).
Huetz de Lemps, A., *Le vin de Madère* (Grenoble, 1989).
Mayson, R., *Portugal's Wines and Wine Makers* (London, 1992).

MADEIRA PARTY Im 19. Jh. war MADEIRA vor allem in den USA derart populär, daß für ihn ganze Veranstaltungen abgehalten wurden. Es ist Organisationen wie dem Madeira Club von Savannah, Georgia, zu verdanken, daß dieser schöne Brauch gelegentlich neu auflebt. Am Ende des 19. Jh. bestand die Gepflogenheit, daß sich acht Herren um einen Tisch versammelten und Dekantiergefäße mit fünf oder sechs verschiedenen Madeiras in immer süßeren Versionen im Uhrzeigersinn herumgehen ließen; dazu gab es Biskuits, Nüsse, Zigarren und Gespräche. Cossart macht darauf aufmerksam, daß «Madeira der einzige Wein ist, dessen Anhänger das Rauchen gestatten».

Cossart, N., *Madeira the Island Vineyard* (London, 1984).

MADELEINE ANGEVINE Relativ früh reifende TAFELTRAUBEN-Sorte; sie wird in ENGLAND und KIRGISIEN auch für die Weinerzeugung genutzt.

MADERA Stadt und County im SAN JOAQUIN VALLEY (Kalifornien), zugleich der Name eines AVA-Bereichs.

MADERISIERUNG Der Prozeß, der einem Wein MADEIRA-ähnlichen Geschmack verleiht, verläuft meist über lange Zeit, erfordert milde OXIDATION, meist auch Erwärmung, und das Endprodukt wird als **maderisiert** bezeichnet. In der Weinansprache wird der Begriff zwar gelegentlich auf beliebige Weine angewandt und besagt dann soviel wie oxidiert, eigentlich aber sollte er nur auf Wein mit so hohem ALKOHOLGEHALT Anwendung finden, daß die Tätigkeit von Essigbakterien, die ihn andernfalls in ESSIG verwandeln würden, unterbunden ist (siehe ACETOBACTER).

Heute kommen nur noch wenige maderisierte Weine durch einfache Alterung bei Kellertemperatur zustande (früher wurde diese Technik sogar zur Herstellung gehaltvoller Weine im Sherry-Stil außerhalb von Jerez benutzt); gegebenenfalls wird der Maderisierungsprozeß wie auf der Insel Madeira selbst durch Erhitzen des Weins beschleunigt. Wie die meisten organischen Reaktionen läuft auch der Oxidationsvorgang bei Erhöhung der Temperatur um jeweils 10 °C doppelt so schnell ab. Wenn z. B. ein Wein bei einer Kellertemperatur von 20 °C rund zehn Jahre benötigt, um einen maderisierten Charakter anzunehmen, dann zeigt er ungefähr denselben Charakter bei 40 °C schon nach zweieinhalb Jahren und bei 50 °C bereits nach fünfzehn Monaten.

Maderisierte Weine sind meist bernsteingelb bis braun und haben ausgeprägt gekochten, leicht karamelisierten Geschmack. Wenn sie jedoch mit übermäßig hohen Temperaturen behandelt wurden, schmecken sie eher brandig und streng. Die meisten Weine dieser Art, vor allem die von AMERIKANISCHEN REBEN oder AMERIKANISCHEN HYBRIDREBEN hergestellten, kommen aufgespritet oder gesüßt auf den Markt. Madeira und ähnliche Weine, z. B. die in Kalifornien nach dem Vorbild von Sherry hergestellten, waren im 18. und 19. Jh. überaus populär, sind aber inzwischen etwas in den Hintergrund geraten.

Siehe auch RANCIO. A. D. W.

MADE WINE Im angelsächsischen Sprachgebrauch eingeführter, recht uneleganter Begriff für Wein, der nicht von frischgelesenen Trauben, sondern von TRAUBENKONZENTRAT produziert wird. Der Vorteil liegt für den Hersteller darin, daß die Produktion das ganze Jahr über möglich ist und das Rohmaterial dort eingekauft werden kann, wo es gerade am billigsten zu haben ist. ZYPERN bildet eine wichtige Quelle. Wein dieser Art wird zwar auch in Japan und Osteuropa hergestellt, der kommerziell erfolgreichste Typ ist jedoch der sogenannte BRITISH WINE. Auch die Produkte vieler HOBBY-KELLERMEISTER sind der Definition nach «made wine».

MADIRAN Bedeutende Appellation Contrôlée für Rotwein in SÜDWESTFRANKREICH; sie steht im Begriff, ihre konzentrierten, traditionell sehr herben, durch hohen Gehalt an TANNIN geprägten Weine neu zu formulieren.

Es soll hier schon in gallo-römischer Zeit Weinbau gegeben haben, ganz bestimmt aber labten sich im Mittelalter die Pilger auf dem Weg nach Santiago de Compostela an den Weinen von Madiran. Auf 1000 ha Rebfläche mit vorwiegend Ton- und Kalksteinboden im Süden der ARMAGNAC-Region wächst dieser charakteristische Rotwein der GASCOGNE (wie im südlich daran anschließenden JURANÇON der entsprechende Weißwein). Das Klima von Madiran wird durch den Atlantik im Westen mild und oft auch feucht gehalten, doch der Herbst ist im allgemeinen trokken.

Die traditionelle Traubensorte TANNAT läßt schon an ihrem Namen ihren von Natur aus adstringierend tanninherben Charakter erkennen. Der Tannat-Anteil am Verschnitt, der dem Cabernet Sauvignon und dem Cabernet Franc Lokalkolorit verleihen soll, wurde in den 1970er Jahren auf 40–60 % festgelegt. Daneben wird in geringem Umfang auch FER (Pinenc) angebaut. Der Madiran benötigte früher lange FLASCHENALTERUNG, inzwischen aber experimentieren dynamischere Erzeuger mit Möglichkeiten, die Strenge der Tannat-Traube zu mildern und Weine hervorzubringen, die bei aller Dichte und Haltbarkeit auch schon in der Jugend Charme entwickeln. Ein Madiran schmeckt oft wie ein Cru Classé aus Bordeaux, jedoch mit jenem gascognischen Flair, das vonnöten ist, wenn er neben einem *magret de canard* bestehen will.

Aus dem Bereich Madiran kommt auch ein feiner Weißwein namens PACHERENC DU VIC-BILH.

MADRID, VINOS DE Die von Philipp II. an einem strategisch günstigen Punkt im Herzen Spaniens angelegte Hauptstadt ist als Zentrum eines Weinbaugebiets weit weniger bekannt. Die DO Vinos de Madrid bildet einen Halbkreis um die südlichen Vororte. Von den drei amtlich anerkannten Unterbereichen befindet sich der bedeutendste um die Stadt Arganda del Rey östlich von Madrid. Hier entsteht Weißwein von AIRÉN sowie von Malvar, einer Sorte, die in der Hauptstadt auch als Tafeltraube auf den Markt kommt. Rotweine werden aus dem auch als Tinta Madrid bezeichneten Tinto Fino (TEMPRANILLO) sowie Garnacha (GRENACHE) produziert. Wenige dieser Weine gelangen über die Stadt und ihre Bars und Cafés hinaus. R. J. M.

MAGARATSCH Weinbauforschungsinstitut in Jalta auf der KRIM, die bedeutendste Weinbaulehranstalt der ehemaligen Sowjetunion und heutigen GUS. Das Institut Magaratsch wurde bereits 1828, also über fünfzig Jahre vor DAVIS und dem Institut d'Œnologie der Universität BORDEAUX, gegründet. Bei ungewöhnlich weitem Aufgabenbereich (der auch innovatives Recycling von Nebenprodukten umfaßt) hat sich das Institut Magaratsch besonders durch die Züchtung von KREUZUNGEN sowie durch die Entwicklung spezieller Vinifikationstechniken ausgezeichnet.

Es verfügt über drei Versuchsweinberge mit insgesamt 2000 ha sowie über eine der größten Rebensammlungen der GUS mit rund 3000 Sorten. Zu den insgesamt dreißig Neuzüchtungen, die darauf abgestimmt sind, gleichermaßen Quantität und Qualität zu erbringen, sind die bekanntesten Magaratch Ruby oder Roubinovyi Magaratcha (CABERNET SAUVIGNON × SAPERAVI), Magaratch Bastardo oder Bastardo Magaratchski (BASTARDO × Saperavi) und Ranni Magaratcha. Inzwischen wurde eine neue Rebsortengeneration mit spezifischer Resistenz gegen Schädlinge und Krankheiten entwickelt.

In früherer Zeit richteten sich die Anstrengungen des Instituts Magaratsch insbesondere auf die Nachahmung bestimmter klassischer Weinstile (z. B. Magaratch Malmsey). Der Keller des Instituts beherbergt fast 20 000 Flaschen mit Proben von Weinen, die zum Teil bis in die Mitte des 19. Jh. zurückreichen.

Spezifische Forschungsbemühungen befassen sich mit der Verfeinerung von Verfahren der DURCHLAUFGÄRUNG unter praxisbezogenen Aspekten und haben sich bereits in Hunderten von Patenten niedergeschlagen.

MAGNESIUM Das Mineral ist für gesundes Rebenwachstum von größter Bedeutung. Es ist ein wesentlicher Baustein des Chlorophyllmoleküls, und daher stellt sich bei Magnesiummangel als auffälliges Symptom CHLOROSE zwischen den Hauptadern der Blätter ein, die vor allem zur Zeit der beginnenden Fruchtreife erkennbar wird. Die Verfärbung erscheint bei Weißweinrebsorten gelb und bei Rotweinrebsorten rot. Bei schweren Mangelerscheinungen können u. U. der ERTRAG verringert und die Fruchtreife verzögert werden, weil Magnesium auch beim Vorgang der PHOTOSYNTHESE unentbehrlich ist. Mit Magnesiummangel geht gelegentlich Stiellähme einher, d. h. die Stiele der Trauben und die Beeren schrumpfen vor Beendigung der Reife ein. Dadurch werden Reifegrad und Weinqualität beeinträchtigt.

Bei Böden mit hohem Gehalt an KALIUM tritt häufig Magnesiummangel ein. Auch sind bestimmte VEREDELUNGSUNTERLAGEN wie SO4 und Fercal nicht imstande, genügend Magnesium aufzunehmen, und zeigen öfters Mangelerscheinungen; andererseits ist bei Unterlagsreben wie 140 Ru und 1103 P Magnesiummangel sehr selten. R. E. S.

Champagnol, F., *Éléments de physiologie de la vigne et de viticulture générale* (St-Gely-du-Fesc, 1984).

MAGNUM Diese FLASCHENGRÖSSE enthält 1,5 l, d. h. den Inhalt von zwei Normalflaschen. Sie gilt weithin als die ideale Größe für die FLASCHENALTERUNG von feinem Wein, da sie groß genug ist, um den Alterungsprozeß zu verlangsamen, aber wiederum nicht so groß, daß sie unhandlich oder wie manche anderen «Großformate» unverhältnismäßig teuer würde.

MAGO Einflußreicher antiker Autor über Themen der Landwirtschaft, u. a. des Weinbaus. Siehe KARTHAGO.

MÄHREN Der unmittelbar nördlich an das Weinviertel in ÖSTERREICH angrenzende Teil der TSCHECHISCHEN REPUBLIK ist für gute Weine bekannt.

MAISCHUNG Das Einweichen fester Stoffe in Flüssigkeit mit oder ohne Durchkneten, um die weicheren und festeren Bestandteile der Substanz voneinander zu trennen, hat auch in der WEINBEREITUNG große Bedeutung. In der ROTWEINBEREITUNG ist der Prozeß vor allem darauf angelegt, die wichtigen PHENOLE (TANNINE, Farbstoffe bzw. ANTHOCYANE sowie auf Phenolen beruhende GESCHMACKSSTOFFE) aus den Traubenschalen, Kernen und Stielfragmenten herauszulösen und in den Most oder neuen Wein zu überführen. Eine gewisse Maischung findet schon von sich aus im GÄRBEHÄLTER statt. Abhängig ist sie von der TEMPERATUR, der Berührung zwischen Feststoffen und Flüssigkeit, dem Ausmaß der Bewegung, der Zeit sowie von der Zusammensetzung der auslaugenden Flüssigkeit – in diesem Fall des Traubenmosts im Übergang zum Wein. Alltagsrotweine entstehen zwar einfach durch zwei- bis dreitägige Gärung, aber viele Weinerzeuger halten dann nach der Gärung eine zusätzliche Maischzeit ein, insbesondere wenn in kühleren Weinbauregionen langlebige Rotweine, z. B. BORDEAUX, angestrebt werden.

Beim Maischvorgang können natürlich nicht alle Phenole aus den roten Trauben herausgelaugt werden, weil die Zellmembranen in der die Phenole enthaltenden Schicht der Beerenhaut beim KELTERN nicht aufgebrochen werden. Die Anthocyane diffundieren wegen der Größe der beteiligten Moleküle nur sehr langsam durch diese Zellmembranen hindurch. Des weiteren kompliziert sich der Prozeß dadurch, daß zwischen den Verbindungen, die aus den Zellen heraustreten, Reaktionen stattfinden, bei denen die extrahierten Substanzen zersetzt und in völlig andersartige umgewandelt werden. Die Weinerzeuger müssen oft über viele Jahre hinweg durch Erfahrung lernen, welche Maischungsbedingungen für die verschiedenen Traubensorten unter den jeweils gegebenen Umständen optimal sind. Schnellanalysen im Labor können natürlich dazu beitragen, den Farbstoff- und Tanningehalt zu ermitteln (Ferré hat in seinem *Traité d'œnologie bourguignonne* nachgewiesen, daß die Farbstoffextraktion mit 80 % der in den Trauben vorhandenen Farbstoffe am sechsten Maischungstag ihr Maximum erreicht), oft aber erweisen sich das Auge und die Zunge des Kellermeisters als verläßlicher in der Beurteilung.

Sowohl Wärme als auch Alkohol begünstigen die Extraktion der erwünschten Substanzen, und daß beide in der Gärung von selbst entstehen, ist natürlich vorteilhaft. Mit fortschreitendem Gärprozeß steigert sich die Wärme, und die immer stärker alkoholische Flüssigkeit bildet ein zunehmend kräftiges Lösungsmittel für die zu extrahierenden organischen Stoffe. Allerdings müssen die festen Substanzen der Trauben (vor allem die Schalen) in innige Berührung mit der Flüssigkeit gebracht werden, damit die Extraktion optimal verläuft. Die mit den Traubenschalen in die Flüssigkeit eingebrachte Luft bringt diese dazu, in einer als HUT bezeichneten Schicht im Gärbehälter auf der Oberfläche zu schwimmen. Diese Neigung wird noch verstärkt durch das in Form von Bläschen aufsteigende KOHLENDIOXID, das durch die Gärung in den unteren Flüssigkeitsschichten gebildet wird. Greift der Mensch nicht ein, dann entsteht durch den Auftrieb des Kohlendioxidstroms eine dicke Schicht aus Traubenschalen, die allmählich eintrocknet, so daß die Extraktion der erwünschten Komponenten zum Erliegen kommt. Viele Generationen hindurch hat sich der Erfindergeist der Kellertechniker mit Methoden befaßt, wie diese Schicht aufgebrochen und immer wieder in die gärende Flüssigkeit eingetaucht werden kann.

Die Schalen mit der Flüssigkeit in enger Berührung zu halten ist bei kleineren Posten gärender Trauben relativ einfach. In Bottichen mit einer Tiefe von 1–1,5 m kann ein Mann die an der Oberfläche treibenden festen Bestandteile mit einem hölzernen Stampfer oder mit den eigenen Füßen in die Flüssigkeit «unterstampfen» (franz. *pigeage*). In vielen Betrieben wird dieser altertümliche «Körpereinsatz» allerdings durch mechanische oder maschinelle Hilfsmittel ersetzt. Bei größeren Posten Flüssigkeit kann der Hut mit einem Gitter oder einem Drahtnetz untergetaucht werden, oder es wird Flüssigkeit aus dem unteren Teil des Tanks nach oben gepumpt und über den Schalenhut gesprüht (UMPUMPEN, franz. *remontage*). Es gibt mehrere patentgeschützte Systeme für die Extraktion erwünschter organischer Stoffe aus den Traubenschalen in den gärenden Wein. Bei manchen werden die anthocyanhaltigen Zellen durch kurzzeitige Erhitzung aufgebrochen, so daß die gewünschten organischen Stoffe freikommen (siehe THERMOVINIFIKATION). Bei anderen werden Rührgeräte oder rotierende Tanks eingesetzt (siehe ROTOFERMENTER), in denen die Schalen und die Flüssigkeit stets gut miteinander vermischt bleiben. Auch AUTOVINIFIKATION kommt in verschiedenen Formen zur Anwendung. Die Erhitzungs- und Rührsysteme werden meist für einfache Weinqualitäten benutzt, während bei feineren Weinen die schonenderen Methoden des Untertauchens oder Umpumpens – je nach Gärverlauf ein- bis dreimal am Tag – bevorzugt werden; natürlich ist es überaus wichtig, daß die Pumpen möglichst sanft arbeiten.

Neben Temperatur, Flüssigkeitszusammensetzung und inniger Vermengung beeinflußt als vierter Faktor vor allem die Maischdauer die Extraktion von Farbstoffen, Tannin und Geschmacksstoffen; diesen noch nicht völlig erforschten Faktor hat der Kellertechniker vollständig in der Hand (natürlich nur soweit es das Fassungsvermögen der verfügbaren Gärbehälter zuläßt). Allgemein wäre denkbar, daß die Extraktion um so stärker ausfällt, je länger die Feststoffe mit der Flüssigkeit in Berührung stehen. Es ist aber festgestellt worden, daß sich die Extraktion der erwünschten organischen Substanzen erheblich verlangsamt, sobald der neue Wein an 10 % Alkoholgehalt herankommt, und ihren Höhepunkt in den frühen Phasen der Gärung hat. Die Gesamtmaischdauer schwankt entsprechend dem Phenolgehalt der Schalen (der wiederum von Traubensorte und Wetter abhängt) und nach dem gewünschten Weinstil. In bestimmten Grenzen gilt, daß die zu erwartende Lebensdauer des Weins um so größer sein dürfte, je höher der Grad der Extraktion ausgefallen ist – es muß jedoch sorgfältig darauf geachtet werden, daß nicht gerade die strengsten Phenole in den Wein gelangen. Bei der Rotweinbereitung dauert die Maischung notwendigerweise mindestens ebenso lange wie die Gärung, sie kann aber um eine weitere Woche, ja sogar um drei oder vier Wochen verlängert werden. Manche von Natur aus mit wenig Tannin versehene Moste können nach der Gärung erwärmt werden, um die Extraktion von Phenolen zu begünstigen.

Manche Weinerzeuger bevorzugen bei roten Trauben eine **Kaltmaischung** vor der Gärung, anstatt die Schalen in der alkoholischen Flüssigkeit zu maischen. Dieses Verfahren wird bei Pinot-Noir-Trauben in Burgund vor allem auf Betreiben des Önologieberaters Guy ACCAD angewandt; es arbeitet mit dem Einmaischen der Traubenschalen im stark gekühlten Most. In der Theorie hat jede extrahierbare Substanz in den Schalen einen eigenen Temperaturkoeffizienten, nach dem sich die Extraktionsrate richtet, und bei der Kaltmaischung wird davon ausgegangen, daß in Wasser unter Zuatz von etwas SCHWEFELDIOXID eine günstigere Zusammensetzung von Phenolen gelöst und extrahiert wird als in einer alkoholischen Lösung.

Ein Rotweinbereitungsverfahren, bei dem auf Maischung nach der Gärung ganz verzichtet wird, ist unter FASSGÄRUNG beschrieben.

Bei der WEISSWEINBEREITUNG wird die Maischung bewußt unterbunden, indem die Schalen möglichst sofort vom Most getrennt werden. So wird jede Tanninextraktion vermieden, da ja für Weißwein keine Farbstoffe gebraucht werden und eine stark adstringierende Herbheit unerwünscht ist. Manche Erzeuger arbeiten jedoch gezielt mit einer gewissen HÜLSENMAISCHUNG vor dem Abpressen der weißen Trauben. Diese in Frankreich als **macération pelliculaire** bezeichnete Technik wurde gegen Ende der 1980er Jahre u. a. von Denis DUBOURDIEU für die Bereitung von trockenem weißem Bordeaux mit kräftigerem Geschmack empfohlen. Zu diesem Zweck werden Sauvignon- und vor allem Sémillon-Trauben etwa fünf bis acht Stunden lang bei 18 °C eingemaischt, wodurch Most mit höherem Gehalt an Geschmacksstoffen, Tannin, Kaliumsalzen und Polysacchariden sowie Weine mit kräftigerem KÖRPER und höherem PH-WERT entstehen.

Eine völlig andere Rotweinbereitungsart ist die KOHLENSÄUREMAISCHUNG, die vor allem im Beaujolais, aber auch bei anderen für baldigen Verbrauch bestimmten Rotweinen praktiziert wird.

Darüber hinaus spielt Maischung eine wichtige Rolle bei der Produktion von Spirituosen mit Fruchtgeschmack, z. B. *crème de cassis*, die durch Einmaischen von schwarzen Johannisbeeren in Alkohol entsteht und zur Herstellung von *vin blanc cassis* oder KIR benutzt wird. A. D. W.

MAÎTRE-DE-CHAI In Frankreich, besonders in Bordeaux gebräuchlicher Titel des Kellermeisters im Gegensatz zum RÉGISSEUR, dem Verwalter des Guts oder mindestens der Weinberge. Mit wachsender wissenschaftlicher Bildung und Ausbildung der Kellertechniker wird inzwischen eher der Titel ÖNOLOGE üblich.

MAKEDONIEN Das Land nördlich von Griechenland ist als Heimat Alexanders des Großen und seines Vaters Philipp, der um 346 v. Chr. Griechenland erobert hatte, berühmt geworden. Alexander zog weiter und besiegte alle Reiche im Osten, ehe er 323 v. Chr. im Alter von 33 Jahren starb. 167 v. Chr. brach Makedonien zusammen und wurde dem römischen Imperium einverleibt. Die makedonischen Könige waren für ihre Trinkfestigkeit bekannt.

Heute ist Makedonien geteilt – eine Hälfte liegt im ehemaligen JUGOSLAWIEN, die andere in GRIECHENLAND.

Der Staat Makedonien

Die in einer Enklave zwischen BULGARIEN, SERBIEN, KOSOVO, ALBANIEN und Griechenland eingeschlossene Republik ist heiß und gebirgig und wird oft von Erdbeben heimgesucht. Das Klima ist für den Weinbau außerordentlich günstig, und 35 000 ha Rebfläche bringen TAFELTRAUBEN, viel Rotwein und kleine Mengen Weißwein hervor.

In einigen guten, modernen Weinberglagen sind die berühmtesten französischen Rebsorten angepflanzt, darunter leider viel zuviel GAMAY, von dem hier ausgesprochen stumpfe, kurzlebige Weine entstehen. VRANAC gedeiht hier gut, hat aber noch keine Weine in der Qualität erbracht, wie sie im nordwestlich angrenzenden MONTENEGRO anzutreffen ist; bessere Technologie und Lagerungsmöglichkeiten könnten die Lösung des Problems sein.

An weiteren Lokaltrauben gibt es die aus Serbien bekannte ertragreiche Sorte PROKUPAC und die nicht so bekannte Rotweinrebe Kratosija (sie wird oft mit Vranac verschnitten) sowie die weiße ZILAVKA aus BOSNIEN-HERZEGOWINA. A. H. M.

MAKLER Die Vermittlung von Geschäften ist auch im Weinhandel eine wichtige Aufgabe. In Frankreich vermitteln Makler unter der charmant klingenden Berufsbezeichnung *courtier* Geschäfte zwischen Weinerzeugern und -händlern (NÉGOCIANTS) gegen Provision, indem sie mit Hilfe von Proben *(échantillons)* Abnehmer suchen. An anderer Stelle der Verteilungskette arbeiten Makler mit Weinverkäufern zusammen, indem sie ihnen Leitfäden durch die Vielzahl von Erzeugern an die Hand geben; dabei unterhalten sie einen «Erzeugerstamm» ähnlich wie ein Literaturagent, der eine ganze Reihe von Autoren vertritt. Schließlich gibt es noch in unmittelbarer Verbindung mit dem Verbraucher wirkende, auf feine Weine spezialisierte Makler, die aus eigenen oder fremden Beständen berühmte Jahrgänge aus besonders glanzvollen Weingütern anbieten.

MAKROKLIMA oder **Regionalklima.** Nach Dry und Smart das Klima, das in einer ganzen Gegend oder Region im Umkreis von zehn bis etlichen hundert Kilometern herrscht. Anders als die auf einen eingeschränkteren Kreis abgestellten Begriffe MIKROKLIMA und MESOKLIMA nähert sich das Makroklima eher dem, was normalerweise unter «Klima» verstanden wird. Es ergibt sich meist aus den Aufzeichnungen einer schon lange in der Region bestehenden Beobachtungsstation. Dieses noch recht einfach definierbare Konzept trifft in der Praxis allerdings sehr rasch auf Probleme. Die meisten Klimabeobachtungsstationen, die schon so lange bestehen, daß man ihre Aufzeichnungen als verläßliche Grundlagen nutzen kann, befinden sich in größeren Orten oder Städten und werden daher potentiell von zwei Mängeln beeinträchtigt: Zunächst ist durch das Städtewachstum um sie herum in vielen Fällen ein scheinbarer Erwärmungstrend in die Aufzeichnungen eingeflossen. Dies wirkt sich infolge der Speicherung der Tageswärme durch Straßen und Gebäude sowie durch den Energieverbrauch in der Industrie und in den Haushalten vor allem bei den Tiefsttemperaturen aus. Zweitens liegen die Standorte in unverhältnismäßig großer Zahl im Flachland oder in Tälern und sind weder für die Landschaft insgesamt noch im besonderen für die besseren Weinberglagen repräsentativ.

Daher sollten die vorhandenen makroklimatischen Daten in der Anwendung auf den Weinbau mit Zurückhaltung behandelt werden. Oft müssen durchdachte Korrekturen vorgenommen werden, um die urbane Erwärmung zu berücksichtigen, und meist auch, um Differenzen bezüglich, HÖHE, BREITENGRAD, Hangneigung, Himmelsrichtung und schließlich Bodenart einzubeziehen, ehe gültige Rückschlüsse gezogen werden können. Dies gilt insbesondere in kühlen Gegenden, wo schon geringe Unterschiede in der effektiven Temperatur große Auswirkungen auf den Zeitpunkt und die Vollständigkeit der REIFE sowie auf die Reifegrade der verschiedenen anbaubaren Traubensorten haben können. J. G.

Dry, P. R., und Smart, R. E., VINEYARD SITE SELECTION, in B. G. Coombe und P. R. Dry (Hrsg.), *Viticulture, I: Resources* (Adelaide, 1988).

MÁLAGA Stadt und Mittelmeerhafen in ANDALUSIEN (Südspanien); der Name steht auch für einen DO-Bereich für süße, an Rosinen erinnernde alkoholangereicherte Weine. Seit den 1960er Jahren ist Málaga allerdings eher als Tor des Fremdenverkehrs an der Costa del Sol bekannt geworden, doch sein Weinbau kann auf eine altehrwürdige Geschichte zurückblicken, die bis in das Jahr 600 v. Chr. reicht, als die Griechen hier die ersten Weinreben pflanzten. Auch unter der Herrschaft der Mauren wurde Wein erzeugt; sie nannten ihn *xarab al Malaqui*, Málaga-Sirup, vermutlich um jede Bezugnahme auf Alkohol zu verschleiern, doch beschrieben sie damit auch die außerordentliche Süße der Trauben aus den Bergen um die Stadt. Im 17. und 18. Jh. wurde der Málaga in alle Welt exportiert, und um die Mitte des 19. Jh. war die Gegend mit über 100 000 ha die zweitgrößte Weinbauregion Spaniens. Die Exportlieferungen an «Mountain», wie der Málaga in Großbritannien und Nordamerika genannt wurde, beliefen sich auf 30 000–40 000 BUTTS (220 000 hl) im Jahr.

In der Mitte des 19. Jh. ereilte Málaga dann ein doppelt schwerer Schlag, zunächst durch den ECHTEN MEHLTAU und dann 1876 durch das Auftreten der REBLAUS. Málaga wurde als erste Weinbauregion Spaniens von ihr befallen, und die Auswirkungen für die lokale Wirtschaft waren verheerend. Die terrassierten Weinberge nördlich und östlich der Stadt wurden aufgegeben, und viele Familien wanderten nach Südamerika aus. Málaga erholte sich davon erst lange nach dem spanischen Bürgerkrieg, als es in den 1960er Jahren zum Zentrum der Touristikindustrie wurde. Die Rebfläche der Gegend war von ihrem Höchststand von 113 000 ha kurz vor dem Auftreten der Reblaus auf 900 ha zu Beginn der 1990er Jahre zurückgegangen, und damit ist Málaga heute einer der kleinsten DO-Bereiche Spaniens. Während sich einst in der Nähe des Hafens in der Stadtmitte über hundert BODEGAS befanden, gibt es heute nur noch drei Erzeuger in modernen Industriebetrieben am Rand von Málaga.

Nach wie vor teilt sich die Rebfläche Málagas in vier Zonen auf. Die bedeutendste ist das Antequera-Plateau 50 km nördlich der Stadt. Die Haupttraubensorte ist PEDRO XIMÉNEZ; sie erbringt in dem trocken-heißen Klima hohe Mostgewichte (in den 1980er Jahren wurde allerdings auch die ertragreichere AIRÉN-Traube in größeren Mengen angepflanzt). In der kühleren Bergzone unmittelbar nördlich der Stadt ist Moscatel de Alejandria (MUSCAT OF ALEXANDRIA) die vorherrschende Rebe, die in den beiden Küstenzonen östlich und westlich von Málaga vorwiegend als ROSINENTRAUBE angebaut wird. Um dem Mangel an eigenem Traubengut in der Region abzuhelfen, darf Pedro Ximénez vorübergehend aus MONTILLA-MORILES, das im Norden an Málaga grenzt, eingeführt, aber nur bis zu 10 % des Gesamtvolumens mit verarbeitet werden.

Traditionell entstand der Málaga von Trauben, die auf Grasmatten sieben bis zwanzig Tage lang in der Sonne getrocknet wurden, um ihren natürlichen Zuckergehalt zu konzentrieren (siehe auch WEIN VON ROSINIERTEN TRAUBEN). Heute werden die Weine in großen zentralen Bodegas nach verschiedenen Methoden erzeugt. Die Süße wird (wie beim VIN DOUX NATUREL in Frankreich) meist durch Abbrechen der Gärung mit Weingeist erreicht, aber es werden auch noch immer Trauben vorgetrocknet und dann auf 18 % Alkohol vergoren, wobei eine beträchtliche RESTSÜSSE verbleibt. Die dritte Möglichkeit der Abstimmung des Süßegrads ist das Zusetzen von ARROPE, unvergorenem Traubenmost, der auf 30 % des ursprünglichen Volumens eingedickt wird und vor oder nach der Gärung beigemischt werden darf.

Wo immer die Trauben herstammen mögen, der Wein muß jedenfalls in der Stadt Málaga ausgebaut sein, wenn er Anspruch auf die DO erheben will. Deshalb reift er hier in verschieden großen, in SOLERAS angeordneten Eichenfässern. Der Consejo Regulador erkennt sechzehn verschiedene Arten Wein in süßen bis trockenen Versionen mit einem Alkoholgehalt von 15–23 % an. Die meisten Weine sind tief braun, intensiv süß und rosinenhaft und schmekken manchmal infolge der Beimengung von zu viel *arrope* leicht gebrannt. Die trockenen Weine haben eine hellere Farbe und weisen einen etwas unscharfen nußwürzigen Charakter auf.

Die verbreitetsten Typen sind:

Lágrima Intensiv süßer Wein nur von ungepreßtem Vorlaufmost.

Moscatel Süßer, aromatischer Wein ausschließlich von der Traubensorte Moscatel de Alejandria.

Pedro Ximénez (auch *Pedro Ximen*) Süßer Wein ausschließlich von der Traubensorte Pedro Ximénez.

Solera Süßer Wein aus einer Solera mit Datumsangabe (Scholtz Hermanos Solera 1885 ist beispielsweise einer der bekanntesten Málagas). R. J. M.

Duijker, H., *Atlas der spanischen Weine* (Bern, 1992).
Metcalfe, C., und McWhirter, K., *The Wines of Spain & Portugal* (London, 1988).
Read, J., *Spaniens Weine* (2. Aufl., Bern, 1995).

MALAGOUSSIA Erst vor kurzem in GRIECHENLAND wiederentdeckte elegante Traubensorte. Auf der Domaine Carras im Nordosten hat sie bereits interessante Ergebnisse gezeitigt.

MALBEC Die früher in Bordeaux populäre Rotweinrebsorte wird heute eher mit ARGENTINIEN und CAHORS in Verbindung gebracht, wo sie zu den meistangebauten Sorten gehört. Von den vielen Synonymen bezeichnet Galet Côt oder Cot als den eigentlichen Namen; er ist in weiten Teilen Westfrankreichs gebräuchlich, u. a. an der Loire, wo die Traube sehr verbreitet angebaut wird. In Argentinien wird sie oft Malbeck geschrieben, im Libournais heißt sie Pressac und in Cahors Auxerrois, was auf Ursprünge aus dem Norden Burgunds hinweist. Die von Galet aufgestellte vollständige Liste der Synonyme umfaßt für die früher in dreißig Départements angebaute Sorte nahezu vierhundert Namen.

In Frankreich ist die Popularität von Malbec im Schwinden, denn die Sorte hat ähnliche Nachteile wie Merlot (Anfälligkeit für VERRIESELN, FROST, FALSCHEN MEHLTAU und FÄULE), ohne dessen offenkundige Fruchtqualität zu besitzen. Der Wein schmeckt oft wie eine rustikale kurzlebige Version von Merlot, aber aus den mageren, hochgelegenen Kalksteinlagen von Cahors kommen Gewächse, die auch heute noch verständlich machen, warum dieser Wein früher «der schwarze Wein von Cahors» genannt wurde. In den Bestimmungen der APPELLATION CONTRÔLÉE Cahors heißt es, daß er mindestens zu 70 % aus Cot bestehen muß. Weitere Appellationen in SÜDWESTFRANKREICH, in denen Malbec eine (kleinere) Rolle spielt, sind Bergerac, Buzet, Côtes de Duras, Côtes du Frontonnais, Côtes du Marmandais, Pécharmant und Côtes du Brulhois. Auch in den an den Midi grenzenden Appellationen Cabardès und Côtes de la Malepère ist er zugelassen, doch kommt er so weit vom Atlantik entfernt kaum vor.

Früher, noch vor den schweren Frostschäden von 1956, war Malbec in Bordeaux recht beliebt, und er ist auch heute noch in den meisten Appellationen für roten Bordeaux zugelassen, doch die Bestände gingen von 4900 ha im Jahr 1968 auf 1500 ha in 1988 zurück. Am stärksten vertreten ist die Sorte noch in Bourg, Blaye und in der Region Entre-Deux-Mers, sie wird aber systematisch von Traubensorten verdrängt, deren Weine länger haltbar sind.

Im Verschnitt mit Cabernet und Gamay ist Malbec auch in vielen Appellationen an der mittleren Loire – Anjou, Coteaux du Loir, in verschiedenen Touraine-Weinen und im Schaumwein von Saumur – theoretisch erlaubt, wurde aber schon weitgehend durch Cabernet Sauvignon und Cabernet Franc ersetzt.

Dagegen hält sich Malbec in Argentinien sehr gut; mit 10 000 ha in den meisten argentinischen Weinbauregionen hatte sie bis vor kurzem eine größere Anbaufläche als jede andere Rotweintraube. Sortenreiner argentinischer Malbec zeigt oft eindeutige Bordeaux-Charakteristiken, allerdings mehr im Geschmack als in der Struktur. Die Weine sind hier oft reif und füllig und zu langer ALTERUNG imstande. In Chile ist Malbec – ohne k, dafür aber gelegentlich als Cot bezeichnet – hinter Pais und Cabernet Sauvignon die drittmeist angebaute Rotweinrebsorte und verfügte zu Anfang der 1990er Jahre über 4000 ha Anbaufläche. Die chilenische Version erscheint tanninherber als die von der anderen Seite der Anden und wird oft mit Merlot und (Petit) Verdot verschnitten.

Die Australier bringen dem Malbec wenig Achtung entgegen und roden ihn systematisch; dennoch waren 1990 noch 250 ha übrig. In Kalifornien ging der vor der PROHIBITION nicht unbeträchtliche Bestand auf eine ähnliche Größe zurück – doch wer weiß, wann er wieder nach oben getrieben wird, vielleicht durch den Wunsch, den französischen Vin de Pays zu kopieren? Heute wird jedenfalls der größte Teil dessen, was in Kalifornien noch an Malbec wächst, pflichtbewußt den nach dem Vorbild von Bordeaux entstehenden MERITAGE-Verschnitten beigemischt.

In geringen Mengen wird Malbec, Malbech oder Malbeck auch in Nordostitalien kultiviert.

Galet, P., *Cépages et vignobles de France* (2. Aufl., Montpellier, 1990).

MALEPÈRE, CÔTES DE LA Der Bereich hat viel Ähnlichkeit mit CABARDES, einer anderen kleinen Appellation an Der Schnittstelle zwischen Midi und Aquitanien in der Nähe von Carcassonne in SÜDWESTFRANKREICH. Die Weine, meist Rotweine, bestehen aus einer Mischung von Bordeaux- und Languedoc-Rebsorten; in Malepère mit seinem feuchteren Atlantikklima herrschen die Bordeaux-Sorten Merlot und Cot (Malbec) – im Osten des Bereichs zusammen mit Cinsaut – vor. Als sekundäre Rebsorten, alle in der großen Weinbauforschungsstation Alaigne getestet, stehen u. a. Cabernet Franc, Cabernet Sauvignon, Grenache und Syrah zur Verfügung. Im Gegensatz zu Cabardès ist Carignan nicht zugelassen. Der VDQS-Status wurde der Gegend relativ spät, nämlich 1983, zuerkannt, und jetzt arbeitet sie wie Cabardès auf die volle Anerkennung als APPELLATION CONTRÔLÉE hin. Klimatisch gehört sie eindeutiger zu Südwestfrankreich als zum LANGUEDOC, von dem sie durch die Hautes-Corbières-Berge getrennt ist. Die Weinberge liegen vorwiegend auf Ton- und Kalksteinboden unmittelbar nördlich von denen, die für Blanquette de LIMOUX zuständig sind. Die Weinerzeugung wird von mehreren großen Winzergenossenschaften beherrscht, von denen die entschieden «ozeanisch» wirkende Cave du Razès allein fast zwei Drittel der Gesamtproduktion der Gegend verarbeitet.

MALLORCA Spanische Baleareninsel im Mittelmeer, einst Sitz der Könige von ARAGÓN. Im 19. Jh. war die Insel berühmt für ihre süßen MALVASIA-Weine, die allerdings so gut wie verschwunden sind, seit die Weinberge der REBLAUS zum Opfer fielen. Von der derzeitigen Ertragsrebfläche von 2500 ha entfallen 400 ha auf BINISSALEM – den ersten DO-Bereich außerhalb des spanischen Festlands – auf dem Zentralplateau der Insel, wo J. L. Ferrer gute, originelle Rotweine von der Lokaltraube Manto Negro erzeugt.

MALMSEY Englische Verkürzung des Traubennamens MALVASIA, der vermutlich wiederum von dem im antiken GRIECHENLAND sehr bedeutenden Hafen Monemvasia abgeleitet ist. Der Begriff wurde ursprünglich für (wahrscheinlich ganz unterschiedliche) überaus süße, füllige Weine aus Griechenland und von den Inseln des östlichen Mittelmeers, insbesondere von Kreta (damals Candia), gebraucht. Süße Weißweine waren im Mittelalter besonders hoch geschätzt, vor allem, jedoch nicht ausschließlich, im nördlichen Europa, wo die eigenen Weine als dünn galten und die Langlebigkeit dieser so robusten, alkoholstarken Süßweine, die möglicherweise von rosinierten Trauben bereitet waren, sehr bewundert wurde. Die tüchtigen Kaufleute von GENUA, NEAPEL und VENEDIG verstanden es, diese Haltbarkeit für ihre Handelsverbindungen zum Osten und zum Westen gewinnbringend zu nutzen.

Als in Europa die Temperaturen infolge der KLIMAVERÄNDERUNG zurückgingen, waren die süßeren Weine eine um so größere Verlockung. Vor allem die Venezianer schufen im England des 15. Jh. eine starke Nachfrage. Übrigens wurde vermutet, George, Herzog von Clarence und jüngerer Bruder des englischen Königs Edward IV., sei 1478 im Tower von London in einem Faß Malmsey ersäuft worden.

Malvasia-Reben wuchsen um das ganze westliche Mittelmeer (noch heute sind Malvasia und MALVOISIE die beiden am häufigsten gebrauchten Synonyme für eine ganze Reihe von manchmal überhaupt nicht miteinander verwandten REBSORTEN). Der Begriff Malmsey, der ursprünglich jeden starken, süßen Wein bezeichnete, wurde schließlich zum Namen für den süßesten, insbesondere den von Malvasia-Trauben gewonnenen MADEIRA-Stil.

MALOLAKTISCHE SÄUREUMWANDLUNG Umwandlung der im jungen Wein von Natur aus vorhandenen scharfen APFELSÄURE in die mildere MILCHSÄURE unter Freisetzung von KOHLENDIOXID. Apfelsäure hat zwei Säuregruppen, Milchsäure dagegen nur eine. Die Umwandlung erfolgt durch MILCHSÄUREBAKTERIEN, die in seit langem bestehenden Kellereien meist ebenfalls natürlich vorkommen, in neueren Kellerbetrieben jedoch in Form von Kulturen eingeführt werden, wenn die Säureumwandlung gewünscht wird. Der Prozeß hat nichts mit der alkoholischen GÄRUNG gemein und vollzieht sich auch so gut wie nie vor dieser, weshalb er gelegentlich als ZWEITGÄRUNG bezeichnet wird. Ein deutliches Anzeichen dafür, daß der Prozeß in Gang ist, besteht wie bei der alkoholischen Gärung darin, daß aus dem Wein Kohlendioxidbläschen aufsteigen. Die chemische Formel lautet:

$$\underset{\text{Apfelsäure}}{COOH\text{-}CHOH\text{-}CH_2\text{-}COOH} \rightarrow \underset{\text{Milchsäure}}{COOH\text{-}CHOH\text{-}CH_3} + \underset{\text{Kohlendioxid}}{CO_2}$$

Erwünscht ist die malolaktische Säureumwandlung in Weinen mit überschüssiger SÄURE, insbesondere in Rotwein aus kühlem Klima. Sie kann in Rot- und Weißweine zusätzliche Geschmackskomplexität einbringen und gegen das Risiko eines Säureabbauvorgangs in der Flasche schützen. Die Erkennung und Meisterung der malolaktischen Säureumwandlung (die früher spontan eintrat, wenn im Frühjahr die Temperaturen wieder stiegen) war eine der wichtigsten Entwicklungen in der Kellertechnik, die sich in Frankreich und in anderen Ländern um die Mitte des 20. Jh. vollzogen hat. Zu Beginn der 1990er Jahre wurden fast alle feinen Rotweine, viele Schaumweine und eine kleine, aber wachsende Zahl von Weißweinen in aller Welt voll oder teilweise einer gezielten malolaktischen Säureumwandlung unterzogen. In wärmeren Klimagegenden, aber auch bei wärmerem Witterungsverlauf in kühleren Gegenden wird die malolaktische Säureumwandlung von vielen Erzeugern im gesamten Wein oder in Teilen davon bewußt unterdrückt, um den Gehalt an Säure nicht zu schmälern. Manche Traubensorten neigen offenbar stärker zur malolaktischen Säureumwandlung als andere; bei den Weißweintrauben eignet sich Chardonnay meist gut für das Verfahren, während bei Riesling und Chenin Blanc bewußt darauf verzichtet wird, obwohl diese beiden Traubensorten von Natur aus kräftige Säure aufweisen.

Durch malolaktische Säureumwandlung kann bei einem besonders reifen Wein der Säuregehalt übermäßig gemindert werden. Auch muß man darauf achten, daß der Anteil des bei dem Prozeß entstehenden butterig schmeckenden Diacetyls im Wein kein unangenehm aufdringliches Ausmaß annimmt, wie es nach anfänglichen Experimenten mit der malolaktischen Säureumwandlung bei einigen Weißweinen geschehen ist.

Die Wirkung der malolaktischen Säureumwandlung auf die Verringerung der GESAMTSÄURE zeigt sich am ausgeprägtesten in Weinen, die vorher einen hohen Apfelsäureanteil aufwiesen, d. h. in Weinen aus besonders kühlen Wachstumsperioden. In manchen Fällen muß sogar nach der malolaktischen Säureumwandlung wieder Säure zugegeben werden (siehe AZIDIFIKATION).

Wie die meisten BAKTERIEN gedeihen auch die Milchsäurebakterien am besten in leicht saurem Medium bei Temperaturen, die sich der menschlichen Körpertemperatur nähern (daher setzte der Vorgang früher spontan ein, wenn im Frühling die Temperaturen stiegen und die Kellertüren geöffnet wurden). Die malolaktische Säureumwandlung unterliegt auch stark dem Einfluß des PH-WERTS im Wein: Bei Werten unter 3,1 ist sie praktisch unmöglich, bei über 4,5 spielt sie sich mit beträchtlicher Verzögerung ab. Die Bakteriologen bezeichnen die Milchsäurebakterien als «anspruchsvoll», da sie eine breite Palette an Mikronährstoffen verlangen. Außerdem reagieren sie höchst empfindlich schon auf geringe Konzentrationen an SCHWEFELDIOXID und auf hohe Konzentrationen an ÄTHANOL.

Die malolaktische Säureumwandlung kann durch Beimischung von Milchsäurebakterien zum MOST kurz nach dem Beginn der alkoholischen Gärung gefördert werden. In diesem Stadium sind die Voraussetzungen für die Milchsäurebakterien ideal – die Lösung ist warm, ihr Alkoholgehalt gering; das vor der Gärung zugesetzte Schwefeldoxid hat sich bereits verflüchtigt, und die absterbenden Hefezellen (GELÄGER) liefern die erforderlichen Mikronährstoffe. Der junge Wein kann aber nach Abschluß der alkoholischen Gärung auch in ein altes Faß gegeben werden, in dem bereits einmal malolaktische Säureumwandlung stattgefunden hat, weil sich darin fast stets noch eine ausreichende Population von Milchsäurebakterien befindet. Eine dritte Möglichkeit besteht darin, den Wein in einen reaktionsneutralen Tank oder in kleine Fässer zu geben und mit einer Milchsäurebakterienkultur zu impfen. Die Aufgabe der Kellertechnik ist es, bei alten Fässern, die eine Population von Milchsäurebakterien enthalten und daher das Impfen überflüssig machen, darauf zu achten, daß nicht auch unerwünschte Bakterien darin leben, d. h. nur Fässer zu verwenden, in denen die malolaktische Säureumwandlung bereits mehrfach mit gutem Erfolg durchgeführt wurde. Die malolaktische Säureumwandlung während der alkoholischen Gärung wirkt sich besonders günstig aus, weil sie den Weinbereitungsprozeß im ganzen beschleunigt und weil sie bei dem anfänglich noch niedrigen Alkoholgehalt leichter eingeleitet werden kann als nach dem Abschluß der alkoholischen Gärung.

Unerwünscht ist die malolaktische Säureumwandlung generell in Weinen, die jung abgefüllt und verbraucht werden sollen, d. h. bei den meisten Weißweinen, bei Massenprodukten aller Farben und bei leichten Rotweinen wie Beaujolais und Dolcetto. In diesem Fall ist besonders zu beachten, daß der Wein nicht mit Fässern in Berührung kommt, in denen sich Milchsäurebakterien aufhalten, und daß der neue Wein rasch vom Geläger und damit von den Nährstoffen abgestochen werden muß. Auch Gaben von SCHWEFELDIOXID und kühle Temperaturen sind geeignet, die Aktivität der Milchsäurebakterien zu unterbinden. Techniken wie Sterilfiltern (siehe FILTRATION), STERILABFÜLLUNG und PASTEURISIERUNG sind ebenfalls dazu gedacht zu verhindern, daß die malolaktische Säureumwandlung später in der Flasche stattfindet. Beginnt ein Stillwein in der Flasche zu schäumen, ist in den meisten Fällen eine malolaktische Säureumwandlung daran schuld, die durch das Zusammenwirken von Wärme mit einem Restbestand an Milchsäurebakterien in Gang gekommen ist. Siehe auch FEHLER IM WEIN.

A. D. W.

McWhirter, K., FLAVOUR ENHANCEMENT, *Wine & Spirit* (Sept. 1988), 63.

MALTA Die Insel im Mittelmeer hat einen kleinen Weinbau, dessen Ursprünge auf die Zeit der Phönizier zurückverfolgt werden können. Zu Beginn der 1990er Jahre gab es hier knapp 1000 ha Rebfläche, die sich größtenteils in der Hand relativ unerfahrener Freizeitwinzer befanden. Die angebauten Rebsorten waren vor allem TAFELTRAUBEN, welche Weine mit so wenig Süße und Säure hervorbrachten, daß in den Kellereien, die nur selten für die Produktion hochwertiger Weine ausgerüstet sind, erhebliche Anreicherungen nötig wurden. Die Nachfrage nach Wein ist auf der Touristeninsel so groß, daß die einheimischen Trauben durch Einfuhren aus Italien ergänzt werden müssen. Die verbreitetsten Lokalspezialitäten heißen Gellewza für Rotwein und Ghirghentina und Gennarua für Weißwein. Experimente lassen darauf schließen, daß importierte edle Rebsorten im Verein mit technischer Unterstützung aus Frankreich und Italien zu sehr viel feineren Weinen führen können. Die aussichtsreichsten Lagen befinden sich im Norden und Nordwesten der Insel. Das italienische Haus ANTINORI beschäftigt sich mit einem neuen ambitiösen Weingut in der Nähe von Mdina.

M. M.-F.

MALVASIA Vor allem auf der Iberischen Halbinsel und in Italien gebräuchlicher Name für sehr verschiedene Rebsorten meist antiken und griechischen Ursprungs, die charaktervolle, alkoholstarke Weine mit häufig hoher RESTSÜSSE erbringen. Bei den meisten handelt es sich um Weißweine mit tiefer Färbung, es sind aber auch helle Rotweine darunter. Malvasia ist weit verbreitet, wird heutzutage aber nirgendwo in großen Mengen kultiviert.

Der Name Malvasia ist die italienische Verformung von Monemvasia, einem Hafen in Südgriechenland, der im Mittelalter ein stark frequentierter natürlicher Umschlagplatz für die vielgepriesenen süßen Dessertweine aus dem östlichen Mittelmeer, insbesondere von Kreta (Candia), war (siehe GRIECHENLAND). Eine eigenständige Subvarietät heißt heute noch **Malvasia di Candia**. Wie der ihr ähnliche MUSKATELLER existiert auch Malvasia in vielen Formen und Farben. In der großen Zeit der venezianischen Republik hatte Malvasia eine derartige Bedeutung, daß die Weinläden VENEDIGS *malvasie* hießen.

Die französische Umformung von Malvasia wird besonders locker gebraucht; Näheres siehe MALVOISIE. Im Englischen hat sich das Wort zu MALMSEY gewandelt und bezeichnet heute einen bestimmten MADEIRA-Stil, der traditionell auf der Malvasia-Traube beruht. Im deutschsprachigen Raum heißen die in verschiedenen Beerenfarben, allerdings nur selten anzutreffenden Formen **Malvasier**, gelegentlich auch Früher VELTLINER.

In Italien ist Malvasia in Rot und Weiß eine der meistangebauten Rebsorten für trockenen und süßen Wein; zu Beginn der 1990er Jahre belief sich die Anbaufläche auf knapp 50 000 ha in weit voneinander entfernten Regionen – von der Basilikata bis Piemont. Den größeren Anteil an der Produktion hat die weiße Form **Malvasia Bianca**, die vor allem in Latium, Umbrien und der Toskana häufig in Kombination mit verschiedenen Formen von Trebbiano zu einem Verschnitt verarbeitet wird, den man den Standardweißwein Mittelitaliens nennen könnte. Er hat allerdings seit den 1970er Jahren zunächst in der Toskana und dann auch in Umbrien an Boden verloren, weil die Erzeuger dort Malvasia wie auch Trebbiano durch charakterstärkere INTERNATIONALE REBSORTEN ersetzt haben. Sortenreine Malvasia-Weine gibt es in Mittelitalien nur selten, doch in den Bereichen der Castelli Romani waren Anfang der 1990er Jahre erste Pionierleistungen dieser Art zu verzeichnen.

Der feinste trockene SORTENREINE Malvasia-Weißwein wird in Friaul produziert, wo in zwei DOC-Bereichen – COLLIO und ISONZO – die Lokalvariante **Malvasia Istriana** kultiviert wird, die der Überlieferung nach durch die venezianische Flotte aus Griechenland dorthin gelangte. Beträchtliche Mengen, jährlich rund 35 000 hl, entstehen auch als oft perlender DOC-Wein in den Colli PIACENTINI. In der Emilia ist häufig ein leicht schäumender Malvasia in trockener oder halbtrockener Ausführung unter der Bezeichnung *champagnino* anzutreffen. Bei einheimischen Genießern gilt dieser Wein als der vollkommene und verdauungsfördernde Begleiter für die gehaltvolle Kost der Gegend.

Süßer weißer Malvasia, meist PASSITO, früher der feinste italienische Dessertwein, hat nach dem 2. Weltkrieg in der Verbrauchergunst und noch mehr im Anbau so sehr nachgelassen, daß seine Existenz gefährdet scheint. Der **Malvasia di Grottaferrata** aus Latium sowie der **Malvasia di Bosa** und der **Malvasia di Planurgia** aus Sardinien sind inzwischen so rar geworden, daß sie im kommerziellen Sinn nicht mehr bestehen; in den Herkunftsgegenden selbst ist allerdings hie und da noch eine Flasche zu finden. Der **Malvasia delle Lipari**, der zunächst ihr Schicksal zu teilen schien, wurde in den 1980er Jahren wiederbelebt. Der Fortbestand dieser ausdrucksvollen orangensüßen Version von den Liparischen Vulkaninseln vor der Küste SIZILIENS scheint inzwischen wenigstens für die nächste Zeit gesichert, auch wenn die Erzeugung nur noch einen Bruchteil der vor dem Befall durch die REBLAUS erreichten Jahresproduktion von über 100 000 hl beträgt. Die Basilikata produziert im Bereich des Aglianico del Vulture eine eigene süße Malvasia-Variante. Die dortigen Erzeuger versuchen auf der Woge des Interesses an ihrem Rotwein nun auch einen Markt für ihren Malvasia zu gewinnen, den es außerdem in trockener und schäumender Version gibt.

Die rote Spielart **Malvasia Nera** wird meist in Verbindung mit anderen Trauben verarbeitet: als Juniorpartner des Negroamaro in den Standardverschnitten der Provinzen Lecce und Brindisi in Apulien und als nützliche Ergänzung zu Sangiovese in der TOSKANA, wo sie Farbe und Duft in den Wein einbringt. Die Einführung des noch dunkleren und aromatischeren Cabernet Sauvignon in die auf Sangiovese beruhenden toskanischen Verschnitte hat allerdings in den 1970er und 1980er Jahren für Malvasia Nera deutliche Einbußen und auf lange Sicht große Ungewißheit gebracht.

Die einzige Region, in der sortenreine Malvasia-Nera-Weine in größerem Umfang entstehen, ist Piemont mit zwei DOC-Weinen: **Malvasia di Casorzo** in trockener und süßer Version sowie **Malvasia di Castelnuovo Don Bosco**. Allerdings beläuft sich die Gesamtanbaufläche auf nur knapp 100 ha und die Jahresproduktion auf unter 4000 hl.

Auf der französischen Insel KORSIKA sind die meisten Erzeuger der Ansicht, daß die dortige Malvoisie-Rebe mit dem möglicherweise ebenfalls zur Malvasia-Familie gehörenden VERMENTINO identisch ist.

In Spanien, vor allem in RIOJA und NAVARRA, ist Malvasia im Rückgang, dafür beginnt sich die weniger interessante VIURA auszubreiten. Auch auf den KANARISCHEN INSELN wird Malvasia angebaut.

Noch weiter draußen im Atlantik beginnt **Malvasia Candida** auf MADEIRA wieder an Boden zu gewinnen, wo sie vor dem Befall durch die Reblaus seit jeher den Malmsey erbrachte. Myriaden von Malvasias sind auch auf dem portugiesischen Festland anzutreffen; sie tragen dort zu so unterschiedlichen Weinen wie Buçaco und COLARES bei, und die ausgesprochen gewöhnliche **Malvasia Rei** (auch Seminario) bildet einen Bestandteil des weißen PORTWEINS.

In Kalifornien gibt es über 800 ha Malvasia Bianca; die größten Bestände liegen im Tulare County am Südende des SAN JOAQUIN VALLEY. D. T. und J. Ro.

MALVOISIE Einer der verwirrendsten Weinrebennamen in Frankreich, vielleicht weil er wie Pineau früher verbreitet als allgemeiner Begriff für hochwertige Sorten benutzt wurde, vor allem für solche, die vermeintlich griechischen Ursprungs waren. Es gibt keine Rebsorte, deren Hauptname Malvoisie lautet, vielmehr trifft man ihn als Synonym für verschiedene, meist weiße Traubensorten an, die üblicherweise aromatischen, körperreichen Wein erbringen. Trotz der etymologischen Ähnlichkeit begegnet man Malvoisie kaum je als Synonym für die berühmte MALVASIA aus Griechenland und Madeira. Heute findet man den Namen Malvoisie auf Weinen von der Loire oder aus Savoyen von den dort noch vorhandenen Beständen an PINOT GRIS, der in der Schweiz auch Malvoisie du Valais heißt. Außerdem vertritt der Name auch gelegentlich BOURBOULENC im Languedoc, MACCABÉO im Département Aude, CLAIRETTE in Bordeaux und TORBATO im Roussillon. Der VERMENTINO, der möglicherweise auch zur Malvasia-Familie gehört, wird manchmal auf der Iberischen Halbinsel Malvoisie genannt und ist in Korsika als Malvoisie de Corse bekannt.

Malvoisie Rose und **Malvoisie Rouge** ist in Savoyen und Norditalien das Synonym für den FRÜHROTEN VELTLINER, während die **Malvoisie Noire** am Lot in Südwestfrankreich vermutlich TROUSSEAU ist.

Galet, P., *Cépages et vignobles de France* (2. Aufl., Montpellier, 1990).

MAMMOLO Starkduftige Roweintraube; sie erbringt in Mittelitalien Weine, die angeblich nach Veilchen *(mammole)* riechen. Die Traube ist im CHIANTI zugelassen, kommt heute aber nur noch selten vor; kleine Bestände gibt es noch im Bereich VINO NOBILE DI MONTEPULCIANO. Die Bedeutung der Sorte als Würze im Verschnitt ist mit der von PETIT VERDOT im klassischen MÉDOC in Bordeaux zu vergleichen.

MANCHA, LA Das größte geschlossene Weinanbaugebiet Europas liegt im Herzen Spaniens. Die Rebfläche der DO La Mancha erstreckt sich über 170 000 ha dürres Tafelland, von den Satellitenstädten nördlich von Madrid bis zu den Bergen bei VALDEPEÑAS fast 200 km weiter im Süden. Die Mauren nannten diese Landschaft Manxa (gedörrtes Land), eine durchaus treffende Beschreibung für CASTILLA-LA MANCHA. NIEDERSCHLAG ist hier unzuverlässig; die Menge liegt zwischen 300 und 400 mm im Jahr. Im Sommer steigen die Temperaturen auf über 40 °C, und im Winter wird es bitter kalt mit langen Frostperioden.

Die unverwüstliche AIRÉN-Rebe ist offenbar an diese Bedingungen bestens gewöhnt und deshalb bei den 18 000 kleinen Winzern von La Mancha höchst populär. Sie hält über drei Viertel der Rebfläche besetzt bei einer wegen der großen Trockenheit bemerkenswert lockeren PFLANZDICHTE von 1200–1600 Reben/ha. PILZKRANKHEITEN sind bei der trockenen Hitze in La Mancha fast völlig unbekannt; die Kultivierung der Rebe ist daher relativ einfach. Die ERTRÄGE von 20–25 hl/a erscheinen an internationalen Maßstäben gemessen recht dürftig, und die Produktionskosten sind niedrig, obwohl Mechanisierung nur begrenzt eingesetzt wird. Die Lohnkosten waren in Zentralspanien lange tief, doch zu Beginn der 1990er Jahre mußten Weinbergarbeiter in Marokko angeworben werden.

Früher wurden die Trauben spät gelesen und schnell ohne jede TEMPERATURREGELUNG in irdenen TINAJAS vergoren. Infolgedessen fiel der Wein von La Mancha rauh und alkoholstark aus. Zum großen Teil wurde er destilliert oder faßweise verkauft, wobei er in den allermeisten Fällen braun und oxidiert war, wenn er zum Verbraucher gelangte. In den 1980er Jahren trat in La Mancha jedoch ein großer Wandel ein. In dem Bemühen, die Weine an den veränderten Geschmack in- und ausländischer Verbraucher anzupassen, nahmen die Erzeuger die Lese fast einen Monat früher vor, und der Most wurde bei kühlen Temperaturen in Edelstahltanks vergoren.

Die technologischen Entwicklungen haben La Mancha neues Leben eingehaucht und neue, anspruchsvollere Märkte für die nunmehr frischen, preiswerten, wenn auch etwas neutralen trockenen Weißweine der Region eröffnet. Auch die zunehmend von Cencibel (TEMPRANILLO) gekelterten Rotweine sind auffallend besser geworden, und eine Reihe unternehmungsfreudiger Weinerzeuger experimentieren auch mit anderen Rebsorten, u. a. CABERNET SAUVIGNON und CHARDONNAY. Ein großer Teil der Jahreserzeugung von 2 Millionen hl wird zu Industriealkohol destilliert oder zur Produktion von Brandy de JEREZ genutzt. Zu Beginn der 1990er Jahre wurden nur 30 % der Erzeugung als Flaschenwein verkauft, doch da in allen außer den allerrückständigsten Genossenschaftskellereien weitgehend neuzeitliche Verfahren eingeführt wurden, war damit zu rechnen, daß sich dieser Anteil erhöhen würde; die Zukunftsaussichten für La Mancha sind jedenfalls besser als je zuvor. R. J. M.

Don Quixote, der weltberühmte Held von LA MANCHA aus dem 17. Jh., kehrt aus dem Wirtshaus heim.

MANDELARIA, auch **Amorgiano.** Auf den griechischen Inseln, vor allem auf Paros, Kreta, SANTORIN und Rhodos verbreitete Rotweinrebsorte. Ihre Weine sind oft relativ schwach im Alkohol, aber kräftig in der Farbe. Im Verschnitt mit gehaltvolleren Sorten erbringt sie harmonische trockene (z. B. Peza), aber auch süße Rotweine.

MANGAN Ein für das Rebenwachstum wichtiger, jedoch nur in sehr geringen Mengen benötigter Bodennährstoff. Manganmangel kommt vor allem auf alkalischen Böden mit hohem Kalksteingehalt vor und verursacht Laubvergilbung. Auf sauren Böden (siehe BODENAZIDITÄT) mit schlechtem Wasserabzug kann bei hohem Mangangehalt Toxizität entstehen, wodurch Rebenwachstum und -ertrag beeinträchtigt werden. R. E. S.

MANSENG Die baskische Rebsorte mit ihren Varianten Gros Manseng und Petit Manseng (die feinere Spielart) bildet die Grundlage für die außergewöhnlichen, pikanten, fülligen Weißweine von JURANÇON in den westlichen Ausläufern der französischen Pyrenäen. Auch in der benachbarten Gascogne wird die Traube für den ganz ähnlichen PACHERENC DU VIC-BILH angebaut, und sie ist in den raren Weißweinen von BÉARN anzutreffen. Der Jurançon hat inzwischen einen so großen Aufschwung in der Publikumsgunst und dementsprechend der Pacherenc im Interesse der Gascogner erlebt, daß Manseng als eine von wenigen Rebsorten seinen Bestand im französischen Weinbau in den letzten Jahren vergrößern konnte. Den offiziellen Statistiken zufolge stieg die Anbaufläche von Manseng von knapp 90 ha im Jahr 1968 auf 1152 ha zwanzig Jahre danach; fast die Hälfte dieser Fläche befindet sich im Département Gers (Gascogne) – allerdings könnte dieser auffallende Zuwachs eher auf neuere Archivarbeiten im Weinbau der Gascogne als auf tatsächliche Neuanpflanzungen zurückzuführen sein.

Petit Manseng hat besonders kleine, dickschalige Beeren, die nur sehr wenig Saft abgeben (manchmal weniger als 15 hl/ha, obwohl für den Jurançon wie auch für den Pacherenc bis zu 40 hl/ha erlaubt sind). Doch die Traube kann bis weit in den Herbst hinein am Stock verbleiben, so daß die Zuckerkonzentration durch Einschrumpfen (PASSERILLAGE) erhöht wird. Allerdings ist die Rebsorte anfällig für beide Mehltauarten.

Gros Manseng wird verbreiteter angebaut, hat größere Beeren als Petit Manseng und meist etwas anders aussehende Blätter. In der Praxis werden beide Manseng-Sorten nebeneinander kultiviert; der vollere, konzentriertere Most von Petit Manseng ist besonders für süßen Wein geschätzt, während Gros Manseng gewöhnlich den Verschnitt für trockenen Jurançon Sec (der auch Courbu enthalten kann) beherrscht.

Auch in Uruguay ist Manseng, meist Petit Manseng, anzutreffen; er wurde zusammen mit TANNAT von baskischen Siedlern im 19. Jh. eingeführt.

Es gibt Anzeichen, daß Petit Manseng bei denen, die der Rebsortenmode huldigen, einen ähnlichen Popularitätsauftrieb erleben wird wie VIOGNIER.

MANZANILLA Eine besondere Art von SHERRY entsteht auf natürliche Weise in der am Meer gelegenen Sherry-Stadt SANLÚCAR DE BARRAMEDA. Wie FINO ist Manzanilla ein sehr heller, leichter, trockener Stil, der stark von FLOR-Hefe beeinflußt ist. Manzanilla unterliegt der Einwirkung feuchter Meeresluft, die eine dickere Florschicht, einen langsameren Reifeprozeß, einen geringeren Alkoholgehalt und etwas kräftigere Säure hervorruft – letzteres vor allem, weil die Trauben meist etwas früher und daher unreifer gelesen werden als die für Fino. Wenn die Florhefe im Verlauf des Reifeprozesses abstirbt, entwickelt sich Manzanilla zu **Manzanilla Olorosa** und schließlich zu **Manzanilla Pasada**, dem Pendant zum Fino Amontillado. Manzanilla hat zwar von Natur aus nur knapp 15 % Alkoholgehalt, er wird für den Export jedoch meist auf 17 % aufgespritet, um die Stabilität zu gewährleisten. Näheres siehe unter SHERRY.

MARANGES Die südlichste VILLAGE-Appellation im Bereich Côte de Beaune (Burgund) erbringt mittelschwere Rotweine, die in der Jugend einigen Charme besitzen; auf lange Sicht haben sie sich jedoch noch nicht bewährt. Die Lage erstreckt sich über die drei Orte Cheilly, Dezize und Sampigny, die jeweils -lès-Maranges an den eigenen Namen anfügen. Früher kamen die Weine entweder unter dem Ortsnamen oder, häufiger, als Côte de Beaune Villages auf den Markt. Seit 1988 haben diese Weine Anspruch auf die Bezeichnung Maranges oder Maranges Côte de Beaune. Weißwein ist zwar zugelassen, wird aber kaum produziert.

Siehe auch CÔTE D'OR und Karte Seite 201. J. T. C. M.

MARC franz. TRESTER, im weiteren Sinn auch TRESTERSCHNAPS. Dagegen ist FINE Weinbrand. In den meisten Weinbaugebieten werden traditionsgemäß die Trester, d. h. die aus Traubenschalen und -kernen bestehenden Preßrückstände, zu einem Schnaps verarbeitet. Das ist weniger auf kommerzielle Profitgier zurückzuführen als auf die bei den Bauern und Winzern in aller Welt bestehende Abneigung, etwas verderben zu lassen.

Die größte Marc-Brennerei ist im Besitz der Firma Jean Goyard in der Champagne, die alle Trester aus der Weinbereitung in der Region aufkauft. Der Tresterschnaps wird in einer Anlage gewonnen, die aus kleinen dampfbeheizten Behältern (CALANDRE) besteht. Anschließend wird der Marc von den verschiedenen Champagnerhäusern gereift und unter eigenem Namen verkauft. **Marc de Champagne** ist meist aromatischer als der in Burgund hergestellte **Marc de Bourgogne**, da die Trester der in der Champagne unzerkleinert gepreßten Trauben viel Zucker und praktisch keinen Alkohol enthalten, während in Burgund die Trester die Überreste des abgebeerten und vergorenen Leseguts sind.

Die Produktion von Marc de Bourgogne liegt in den Händen von zwei darauf spezialisierten Betrieben und einiger fahrbarer Brennereien. Einige NÉGOCIANTS und Weingüter bieten mit Stolz selbstgebrannten eichenfaßgereiften Marc an, der mit seiner oft aromatischen, vollen, kräftigen Art den glorreichen Abschluß einer gehaltvollen burgundischen Mahlzeit für Genießer bildet, denen nicht unbedingt daran gelegen ist, ihre Lebenserwartung in die Höhe zu schrauben. Die einzige andere Region Frankreichs, in der Marc in größerer Menge gebrannt wird, ist das Elsaß, wo viele Handelshäuser und WINZERGENOSSENSCHAFTEN eigenen **Marc d'Alsace** neben vielen, ebenfalls starken und

MARC, ein Tresterkuchen, bei Louis Latour in einer Korbpresse für die Weiterverarbeitung zu Marc de Bourgogne in Form gebracht.

köstlichen EAUX-DE-VIE, den berühmten Wässern und Geistern vergorener Früchte aller Art, anbieten. In anderen Regionen, vor allem im Jura (wo auch Weinbrand hergestellt wird) und in der Provence, fällt Marc eher als Nebenprodukt an.

In Italien heißt der Tresterschnaps GRAPPA, in Portugal BAGACEIRA. N. F.

MARCHE oder **Marken.** Die östlichste Region Mittelitaliens erstreckt sich von der TOSKANA und UMBRIEN zur Adriaküste. Sie hat eine Reihe von Charakteristiken mit diesen ihren westlichen Nachbarn gemeinsam: eine TOPOGRAPHIE, die sich von den Küstenebenen über ein Hügelland westwärts zu den das Rückgrat Italiens bildenden Apenninen erhebt, eine mediterrane Vegetation mit Zypressen, Schirmpinien, Oliven und Weinreben sowie ein GEMÄSSIGTES Klima mit warmen, trockenen Sommern. Auch im Weinbau gibt es gemeinsame Merkmale: kalkhaltige Bodenablagerungen eines Meers, das einst weite Teile Mittelitaliens bedeckte, HANGLAGEN und als vorherrschende Rebsorten SANGIOVESE und TREBBIANO. Allerdings haben die Marken als letzte der drei Regionen ihr Weinbaupotential erkannt, teils weil sie abseits der großen italienischen Handels- und Verkehrsachse Mailand-Bologna-Florenz-Rom-Neapel liegen, teils weil es außer Ancona keine größeren städtischen Ansiedlungen gibt. Zwischen 1960 und 1990 hat die Region zwar ein bedeutendes Wirtschaftswachstum erlebt, doch sie war vor dem 2. Weltkrieg relativ stark verarmt gewesen, und das Fehlen einer anspruchsvollen einheimischen Clientèle hat sich für die Verbesserung der Weinqualität zweifellos als Handicap erwiesen. (Cesare MONDAVI, der Begründer eines der berühmtesten Weinbaubetriebe der Welt, wanderte zu Beginn des 20. Jh. aus dieser Region nach Kalifornien aus.)

Heute beläuft sich die durchschnittliche Jahreserzeugung an Wein auf über 1 600 000 hl; davon entfallen etwa 17 % auf die zehn DOC-Bereiche. VERDICCHIO dominiert mit seinen zwei Versionen – Castelli di Jesi und Matelica – in der DOC-Produktion mit knapp 200 000 hl pro Jahr. Bianchello del Metauro, Falerio dei Colli Ascolani und Bianco dei Colli Maceratesi sind neutrale und ausdrucksschwache Weißweine, der erstere von der Lokaltraube Bianchello, die beiden letzteren vorwiegend von Trebbiano.

Das größte Potential der Region steuern allerdings die beiden Rotweintrauben Sangiovese und MONTEPULCIANO D'ABRUZZO bei, die den weißen Lokalrebsorten weit überlegen sind. Die beiden wichtigsten DOC-Rotweine, Rosso Conero und Rosso Piceno, beruhen auf diesen beiden dunklen Trauben. Der Rosso Conero, der seinen Namen von dem über Ancona aufragenden Monte Conero hat, wird von Montepulciano zusammen mit maximal 15 % Sangiovese produziert, während der Rosso Piceno, der aus weiten Teilen des Hügellands der Region außerhalb der DOC Rosso Conero stammt, aus mindestens 60 % Sangiovese und höchstens 40 % Montepulciano besteht. Ein Kernland für Rosso Piceno CLASSICO gibt es in der Provinz Ascoli Piceno, es bietet aber keine Gewähr für bessere Qualität und spielt auf dem Markt auch keine gewichtige Rolle. Die zulässigen Höchsterträge sind in beiden DOC-Bereichen mit fast 100 hl/ha außerordentlich großzügig angesetzt; die Weinbereitung ist oft allen möglichen Zufälligkeiten unterworfen, und so ist es viel leichter, einen flauen als einen wirklich interessanten Rosso Conero oder Rosso Piceno zu finden. Gelegentlich entdeckt man jedoch einen ganz exzellenten Wein, der den Schluß zuläßt, daß hier ein großes Potential nur unzureichend genutzt wird. Freilich muß man berücksichtigen, daß seriöse Rotweine der scharfen Konkurrenz der bekannteren Erzeugnisse aus der Toskana und aus Umbrien ausgesetzt sind, was auf Investitionen und Qualitätsbestrebungen als starke Bremse wirkt. Die Daten über die DOC Rosso Piceno veranschaulichen die kommerziellen Probleme der Region auf das deutlichste: Von dem jährlichen Potential von 465 000 hl aus einer Rebfläche von 4800 ha werden lediglich 30 000 hl in Anspruch genommen. D. T.

MARCILLAC Abgelegener kleiner Weinbaubereich in SÜDWESTFRANKREICH; seine kräftigen Rotweine zeigen oft echten Charakter. Marcillac ist der rührigste Weinbaubereich im Département Aveyron (siehe auch ENTRAYGUES und ESTAING), dennoch ist es schwer, im strengen Klima des Massif Central in Höhen bis 600 m eine Weinbautradition aufrechtzuerhalten. Möglicherweise wurde Marcillac im Jahr 1990 schon deshalb AC-Status eingeräumt, weil auf diese Weise eine gefährdete, jedoch erhaltenswerte Art von Wein gefördert werden sollte. Am Ende des 19. Jh. hatte es hier mehrere tausend Hektar Rebfläche gegeben, davon aber sind nur noch etwa 100 ha VINIFERA-Reben übrig (viele Winzer reagierten auf die Reblauskrise mit der Anpflanzung von HYBRIDREBEN). Der Marcillac, den es meist als Rotwein, gelegentlich auch als Rosé gibt, muß aus mindestens 90 % FER, hier oft Mansois genannt, gewonnen sein, einer Rebsorte mit hartem Holz, die pfefferige, aromatische Gebirgsweine mit fester Struktur hervorbringen kann. FASSAUSBAU wurde inzwischen eingeführt, und man kann sagen, daß die Weine von Marcillac, anders als so viele Bordeaux-Duplikate aus dem Südwesten, besondere Aufmerksamkeit und Ermutigung wert sind. Die WINZERGENOSSENSCHAFT in Valady ist ein bedeutender Erzeuger.

MARCOTTAGE franz. Vermehrung durch ABSENKER.

MARÉCHAL FOCH Die nach dem berühmten General aus dem 1. Weltkrieg benannte FRANZÖSISCHE HYBRIDREBE, eine Rotweinrebsorte, wurde von Eugène Kuhlmann im Elsaß gezüchtet, der die VINIFERA-Sorte Goldriesling als den einen Elternteil angab. Bei guter Frosthärte reift die Traube sehr früh. Sie wurde früher an der Loire viel angebaut und ist heute noch in KANADA und im Staat NEW YORK stark verbreitet (wo sie **Marechal Foch** geschrieben wird); die Verarbeitung erfolgt oft durch KOHLENSÄUREMAISCHUNG.

MARGARET RIVER Kleiner, selbstbewußter und erfolgreicher Weinbaubereich in WESTERN AUSTRALIA.

MARGARODEN Glücklicherweise nur in bestimmten Gegenden vorkommende Schadinsekten. Margaroden schwächen Reben auf ähnliche Weise wie die REBLAUS, und zwar bis zum Absterben etwa vier Jahre nach dem ersten Nachlassen der Wuchskraft.

Viele Margarodenarten kommen an unterschiedlichen Wirtspflanzen überall in der Welt vor, für die Weinrebe am schädlichsten aber sind *Margarodes vitis* in Südamerika. In Südafrika sind zehn Margarodenarten festgestellt worden, von denen fünf die Wurzeln von Weinreben befallen; den meisten Schaden verursachen *Margarodes prieskaensis.* Im Jungzustand haben die Insekten die Form von runden, in einer harten Wachsschicht eingekapselten Zysten, die sich an die Wurzeln der Rebe heften und durch faulen Geruch auffallen.

Reife Zysten können jahrelang im Ruhezustand im Boden verharren. Geflügelte männliche und weibliche Formen paaren sich oberirdisch; die Eier werden im Frühsommer in der Nähe von Rebwurzeln abgelegt. Es gibt in der Gattung VITIS, zu der die Weinrebe gehört, keine Resistenzquellen gegen Margaroden, daher ist es unwahrscheinlich, daß durch Pfropfen auf resistente VEREDELUNGSUNTERLAGEN Toleranz erreicht werden kann. Viele Versuche zur Bekämpfung mit Chemikalien sind fehlgeschlagen; neuere Untersuchungen in Südafrika unter Verwendung von Hexachlorobutadien waren jedoch erfolgreich. R. E. S.

de Klerk, C. A., CHEMICAL CONTROL OF MARGARODES PRIESKAENSIS (JAKUBSKI) COCCOIDEA: MARGARODIDAE ON GRAPE-VINES, *South African Journal for Enology and Viticulture*, 8 (1987), 11–15.
Winkler, A. J., et al., *General Viticulture* (2. Aufl., Berkeley, Calif., 1974).

MARGAUX Kommunale APPELLATION CONTRÔLÉE im Haut-Médoc (Bordeaux) mit potentiell äußerst verlockenden Weinen, die in Bestform die tief rubinrote Farbe, Festigkeit und Konzentration aller Spitzenweine aus dem MÉDOC mit verführerischem Duft und seidigerer Art verbinden, als sie weiter nördlich in ST-JULIEN, PAUILLAC und ST-ESTÈPHE anzutreffen ist. Jedenfalls zeigten Jahrgänge der Spitzen-Châteaux Margaux und Palmer in der Mitte des 20. Jh. diese Merkmale, die zu einer Klischeevorstellung von Margaux führten. Sie ist allerdings bei BLINDVERKOSTUNGEN von 1980er Jahrgängen durchaus nicht hilfreich, weil in dieser Zeit so viele Weine aus allen Gegenden des Médoc darauf angelegt zu sein schienen, KÖRPER und EXTRAKT – oft auf Kosten der Unterscheidungsmerkmale der verschiedenen Gemeinden – zu maximieren.

Margaux ist die südlichste und umfangreichste Appellation im Médoc und von den übrigen etwas isoliert gelegen. Sie besteht aus mehreren unzusammenhängenden Parzellen bester Weinberglagen mit dazwischen eingestreuten weniger guten, lediglich für die AC Haut-Médoc qualifizierten Rebflächen und umfaßt nicht nur den bedeutenden Ort Margaux (wo es eines der wenigen besseren Hotel-Restaurants gibt), sondern auch die Nachbarorte Cantenac, Soussans, Labarde und Arsac.

Insgesamt waren um die Mitte der 1990er Jahre 1300 ha für die AC Margaux qualifiziert. Innerhalb ihrer Grenzen kommen unvermeidlicherweise große Unterschiede in Topographie und Bodenart vor. So finden sich Kalkstein, Kreide, Ton und Sand; die meisten der feinsten Weine

dürften von sogenannten *croupes*, sanften Anhöhen mit gut durchlässigem Kiesboden, kommen. Allerdings sind hier die Einzelbesitzungen sehr stark parzelliert und ineinandergeschachtelt, so daß ein Weingut oft aus sehr unterschiedlichen und weit voneinander getrennt gelegenen Grundstükken besteht. Château Margaux beispielsweise hat Weinberge sowohl in Cantenac als auch in Soussans.

Margaux genoß früher einen besonders guten Ruf, und in der KLASSIFIKATION von Médoc und Graves von 1855 (siehe Seite 598) sind mehr Weingüter aus Margaux (insgesamt 20) enthalten als aus jeder anderen Appellation. Auch heute weist Margaux noch immer bestes Potential auf, doch in den 1970er und zum großen Teil auch in den 1980er Jahren gelang es einer merkwürdig großen Anzahl von Châteaux nicht, mit den wesentlichen Verbesserungen der Weinqualität, die in den anderen drei großen Appellationen des Médoc erreicht wurden, Schritt zu halten.

Auch Château Margaux selbst, PREMIER CRU und Bannerträger der Appellation, wurde erst 1978 nach über einem Jahrzehnt enttäuschender Leistungen wieder in die Höhe gebracht. Unter den fünf 2es Crus der AC, Château Rausan-Ségla, Rauzan-Gassies, Durfort-Vivens, Lascombes und Brane-Cantenac, waren einige der am stärksten durch Leistungsabfall gezeichneten Weingüter im ganzen Médoc zu finden, während von den ursprünglich zehn 3es Crus die Châteaux Desmirail, Ferrière und vor allem Dubignon-Talbot praktisch aufgegeben waren. Nur von Château Palmer, offiziell ein 3e Cru, darf gesagt werden, daß es die AC Margaux in der zweiten Hälfte des 20. Jh. mit Glanz, Gloria und Beständigkeit vertreten hat. Dieses Weingut, teils im Besitz und ganz unter der Leitung von Peter A. SICHEL, brachte 1961 einen Wein hervor, der ohne Übertreibung als legendär bezeichnet werden kann.

Rausan-Ségla und Rauzan-Gassies waren ursprünglich ein einziges Weingut, das sich Penning-Rowsell zufolge neben den Premiers Crus als erstes im Ausland einen großen Ruf schaffen konnte. Rausan-Ségla, der aus vielen verschiedenen Teilen bestehende größere Teil, befand sich lange im Besitz des Handelshauses CRUSE und ist seither durch die Hände mehrerer Gesellschaften gegangen, nicht ohne dabei eine beträchtliche Qualitätsverbesserung zu erfahren, die weitgehend den neuen, um die Mitte der 1980er Jahre installierten Kellerausrüstungen zu verdanken ist. Die durchgreifende Neugestaltung, zu der auch die Abstufung des gesamten Jahrgangs 1987 zu einem ZWEITWEIN gehörte, ergab eine der ausgeprägtesten und begrüßenswertesten Leistungssteigerungen, die in diesem Jahrzehnt zu verzeichnen waren. Bis zur Mitte der 1990er Jahre stand ein ähnliches Wunder bei Rauzan-Gassies und Durfort-Vivens (siehe LURTON) freilich noch aus.

LESE im Château Palmer, einem der angesehensten Weingüter in MARGAUX. Bei den niedrig erzogenen Reben von BORDEAUX verursacht die Erntearbeit oft Rückenschmerzen.

Château Lascombes ging 1971 aus der Hand von Alexis LICHINE an einen britischen Brauereikonzern über und brauchte nach beträchtlichem Landerwerb über ein Jahrzehnt, um wieder in Form zu kommen, während das große Château Brane-Cantenac, ebenfalls ein Lurton-Besitz, leichtere Weine hervorgebracht hat, als sein Status in der Klassifikation von 1855 eigentlich erwarten ließ.

Von den vielen 3es Crus, die Margaux neben Château Palmer aufzuweisen hat, fehlt es Kirwan gelegentlich an Konzentration, genießt Issan mehr Bewunderung für sein mit Wall und Graben umgebenes Château als für seine modernen Weine (siehe auch CRUSE), können Giscours und Cantenac-Brown auf volle, etwas vordergründige Art gefällig erscheinen (obwohl bei dem letzteren Ende der 1980er Jahre die Zügel gestrafft wurden), gewinnt Malescot St-Exupéry, ursprünglich St-Exupéry, begrüßenswerte Fülle, fällt Boyd-Cantenac zu oft nichttsagend aus, während Marquis d'Alesme-Becker, ursprünglich Becker, unerfreulich mager sein kann.

Dank der Bemühungen von Alexis Lichine wurde auf das Château Prieuré-Lichine (eines der ersten im Médoc, das sich Touristen öffnete) mehr Sorgfalt verwandt als auf die übrigen 4es Crus von Margaux, die Châteaux Pouget und Marquis de Terme, wobei sich das letztere seit 1986 stark verbessert zeigt. Die Châteaux Dauzac und du Tertre sind 5es Crus, doch können nichtklassifizierte Châteaux wie d'Angludet (Peter Sichels Heim), La Gurgue, Labégorce-Zédé und Monbrison oft interessantere Art und mehr Integrität in Weinbereitung und Preiswürdigkeit bieten.

Auch einer der berühmtesten Weißweine des Médoc entsteht hier, auch wenn er lediglich die einfache AC BORDEAUX in Anspruch nehmen kann (siehe Château MARGAUX).

Ginestet, B., *Margaux* (Paris, 1984).
Parker, R. M., *Bordeaux* (Bern, 1993).
Penning-Rowsell, E., *The Wines of Bordeaux* (6. Aufl., London, 1989).
Peppercorn, D., *Bordeaux* (2. Aufl., London, 1991).
—*Bordeaux* (4. Aufl., Bern, 1994).

MARGAUX, CHÂTEAU Ein ausnehmend schönes Gebäude und das bedeutendste Weingut im Ort MARGAUX im Weinbaugebiet Bordeaux – PREMIER CRU in der KLASSIFIKATION von 1855. Hier liegt viel Anlaß für Konfusion, denn sowohl der Wein aus dem Château Margaux als auch aller andere Wein aus dem Ort wird schlechthin einfach «Margaux» genannt, wobei der erstere freilich das Mehrfache des letzteren kosten kann.

Der Wein von Château Margaux gehörte zu den vier «neuen französischen Clarets», die im englisch-französischen Krieg Anfang des 18. Jh. gekapert und in Londoner KAFFEEHÄUSERN versteigert wurden (siehe BORDEAUX). Thomas JEFFERSON hob das Weingut bei seinem Besuch in Bordeaux im Jahr 1787 als eines der «vier Besten» hervor. In der Französischen Revolution wurde es nach der Hinrichtung des Eigentümers beschlagnahmt; 1804 kaufte es der Marquis de la Colonilla und ließ es von J. Combes im Stil des ersten Empire so aufbauen, wie wir es heute kennen – als das grandioseste CHÂTEAU im Haut-MÉDOC. Nachdem es durch mehrere Hände gegangen war, erwarb 1925 der Weinhändler Fernand Ginestet aus Bordeaux eine Beteiligung daran, die von der Familie allmählich ausgebaut wurde, bis sein Sohn Pierre Ginestet im Jahr 1949 den gesamten Besitz in der Hand hatte. Er – ebenfalls Weinhändler – erlitt bei der sogenannten Erdölkrise Anfang der 1970er Jahre derartige Verluste, daß er einen Käufer suchen mußte. Die französische Regierung verweigerte dem amerikanischen Konzern National Distillers die Erlaubnis zum Erwerb, und schließlich ging das Château 1976 an die französische Lebensmittel- und Finanzgruppe Félix Potin über, an deren Spitze der in Frankreich wohnhafte Grieche André Mentzelopoulos stand. Es wurden nun große Mittel für die Renovierung der vernachlässigten Weinberge, der *chais* und des Herrenhauses aufgewendet, und Emile PEYNAUD wurde als Berater hinzugezogen. Im Dezember 1980 starb André Mentzelopoulos plötzlich, worauf zunächst seine Frau Laura und dann seine Tochter Corinne die Leitung übernahm, und zwar mit Unterstützung des jungen Direktors Paul Pontallier, der 1983 in das Gut eintrat. 1992 kam durch einen komplizierten internationalen Geschäftsabschluß, an dem auch die Mineralwasserfirma Perrier beteiligt war, die italienische Familie Agnelli von der Autofirma Fiat zum Teil in den Besitz des Weinguts; allerdings behielt Corinne Mentzelopoulos die Leitung und auch eine persönliche Beteiligung an dem Gut.

Corinne Mentzelopoulos von Château MARGAUX.

Die Rebfläche von 78 ha ist mit 75 % CABERNET SAUVIGNON, 20 % MERLOT und 5 % CABERNET FRANC und PETIT VERDOT bestockt. Der durchschnittliche Ausstoß beläuft sich auf rund 30 000 Kisten; als ZWEITWEIN fungiert der wiederbelebte ausgezeichnete Pavillon Rouge de Château Margaux. Der früher etwas wenig begeisternde Weißwein Pavillon Blanc wurde verändert und entsteht nun in einem neuen, mit Temperaturregelung versehenen Keller durch FASSGÄRUNG als ambitiöser trockener Wein rein von SAUVIGNON BLANC, der in einer eigenen, 12 ha großen Lage wächst. Ungewöhnlich ist auch, daß Château Margaux nach wie vor eine eigene Küferwerkstatt besitzt (siehe Abbildung Seite 395). E. P.-R.

Coates, C., *The Great Wines of Bordeaux* (London, 1994).
Faith, N., *Château Margaux* (London, 1980).

MARIA GOMES In Bairrada gebräuchliches Synonym für die portugiesische Weißweinrebsorte FERNÃO PIRES.

MARIGNAN und **Marin.** CRUS am südöstlichen Ufer des Genfersees; die Namen dürfen an die Appellation Contrôlée Vin de Savoie angefügt werden (siehe SAVOYEN). Hier entsteht leichter, trockener Weißwein von der Chasselas-Traube.

MARINO siehe CASTELLI ROMANI.

MARITIMES KLIMA Der Gegensatz zum KONTINENTALKLIMA. Maritimes Klima zeichnet sich durch geringe Kontinentalität und eine relativ schmale Bandbreite der Temperaturschwankungen im Lauf des Jahres aus. Es kommt in der Nähe von Ozeanen oder anderen großen Gewässern vor.

MARKEN Produkte, deren Ruf mehr auf ihrem Namen und Image beruht als auf den ihnen eigenen Qualitäten, haben auf dem Weinmarkt am Ende des 20. Jh. einen weniger festen Platz als in vielen anderen Marktsegmenten. Die meisten Teilbereiche des Weinmarkts, mit Ausnahme des von Markenweinen beherrschten Sektors der alkoholangereicherten Weine (siehe AUFSPRITEN), sind stark aufgesplittert, und Markenwerbung ist infolgedessen kaum kostenwirksam zu betreiben; sie kann eher dazu führen, dem **Markenwein** ein wertminderndes Image zu verleihen. Andererseits weisen Markenweine dem Neuling, der sonst von der Vielzahl oft ausländischer Eigennamen abgeschreckt wird, eine vertraute Richtung. Wenn er dann als Weintrinker mehr Erfahrung gewinnt, lernt er die anfänglich unverständliche Sprache der Weinbezeichnungen zu entschlüsseln. Das geschieht zunächst durch Erkennung der bedeutenderen REBSORTEN und der bekannteren Ortsnamen. Daher sind Markenweine auf noch jungen, im Wachstum befindlichen Weinmärkten am meisten gefragt; Beispiele hierfür bilden Nordeuropa und der englischsprachige Raum ausserhalb Großbritanniens in den 1950er bis 1980er Jahren sowie Afrika, Südamerika und einige asiatische Länder in den 1990er Jahren.

Auf einem von scharfem Wettbewerb bestimmten Markt ist es oft schwierig, Markenweine unterzubringen; noch mehr Schwierigkeiten bereitet bei einem so vielfältigen Produkt wie Wein jedoch die Aufrechterhaltung einer ausreichenden Einheitlichkeit, weil das Angebot durch einen Jahr für Jahr sich erneuernden, in Losen stattfindenden Produktionsprozeß beschränkt ist. Wein kann nicht auf die Nachfrage passend zugeschnitten werden, und die Unterschiedlichkeiten der Jahrgänge zwingen dem Produkt unabhängig vom Verbrauchergeschmack ihre eigenen Merkmale auf.

Ein großer Teil aller Weintrinker wird über Marken in den Wein eingeführt, und es ist stets dem Bemühen des Markenherstellers um die Aufrechterhaltung hoher Qualitätsmaßstäbe zu verdanken, wenn diese Einführung auf glückliche Weise verläuft.

Jeder größere Weinmarkt hat seine eigenen besonders erfolgreichen Markenweine: In Großbritannien war in den 1970er Jahren der Lutomer Riesling (ein Laski Riesling aus SLOWENIEN) ein großer Erfolg, und heute schlägt der französische VIN DE TABLE Piat d'Or jeden Beaujolais (einst die Basis, auf der das Haus Piat gegründet wurde) aus dem Feld.

Wirklich erfolgreiche internationale Weinmarken gibt es relativ wenige; sie müssen ja auf Wein beruhen, der reichlich zur Verfügung steht. Der MOUTON-CADET ist bei weitem der bekannteste rote Bordeaux der Welt; von ihm wurden zu Beginn der 1990er Jahre weltweit schätzungsweise 1,5 Millionen Kisten jährlich abgesetzt. Er wurde um die Mitte des 20. Jh. ganz allmählich und mit viel Geschick von Baron Philippe de ROTHSCHILD entwickelt.

Der von deutschen Exporteuren entwickelte relativ vage Stil der LIEBFRAUENMILCH eignet sich hervorragend für Markenwein, und so wurde BLUE NUN zur international erfolgreichsten Marke dieses Stils; sie erlebte nach raschem Wachstum seit den 1950er Jahren ihren Gipfelpunkt mit 2 Millionen Kisten in der Mitte der 1980er Jahre.

Die Tischweinexporte Portugals gründeten auf zwei gegen Ende des 2. Weltkriegs geschaffenen Marken, LANCERS und MATEUS. Ihr Erfolg beruhte weitgehend darauf, daß diese beiden halbtrockenen, hell roséfarbenen, leicht perlenden, jeweils in ihrer eigenen, leicht wiedererkennbaren Flasche angebotenen Verschnitte, die weder rot noch weiß, weder still noch schäumend, weder süß noch trocken waren, dem Neuling im Weingenuß ein Gefühl der Sicherheit gaben und ihn vor jedem Fauxpas bewahrten. Gegen Ende der 1980er Jahre belief sich der Absatz an Mateus allein auf über 3 Millionen Kisten.

Im statischeren Weinmarkt der 1990er Jahre neigt der Verbraucher eher dazu, sich vom Markenwein ab- und individuelleren Weinen zuzuwenden, auch wenn inzwischen die Ansicht vertreten wird, daß beispielsweise die Rebsortenbezeichnung CHARDONNAY selbst zu einer Art Marke geworden ist, weil sich dieser Name dem Verbraucher so tief eingeprägt hat. Andererseits wird auch behauptet, daß in bestimmten Märkten die Hausmarken so stark geworden sind und so geschickt vermarktet werden, daß sich sogar Supermarktnamen als Marken etabliert haben.

Die Definition des Begriffs Weinmarke ist recht locker gefaßt. In mancherlei Hinsicht waren die «neuen französischen CLARETS«, die nach dem Weingut benannt waren, das sie hervorbrachte, die ersten Weinmarken. Jede Definition, die von einem relativ elastischen Angebot und einer durchdachten Werbung als Grundlagen ausgeht, führt notwendigerweise zu der Erkenntnis, daß die erfolgreichsten Weinmarken die Champagner der *grandes marques* sind.

MARMANDAIS, CÔTES DU Weinbaubereich in SÜDWESTFRANKREICH zu beiden Seiten der GARONNE, unmittelbar außerhalb des Weinbaugebiets Bordeaux. Den Namen hat er von der Stadt Marmande an der Garonne, die vom Mittelalter bis zum Beginn des 19. Jh. auch den schnellen Transport der Weine nach Bordeaux und in den Norden Europas, insbesondere in die NIEDERLANDE, ermöglichte. Wegen der REBLAUS mußten dann viele Winzer den Weinbau aufgeben, und heute ist in den mit etwa 50 m Höhe recht sanften Hügeln des Marmandais der Wein nur eine Feldfrucht unter vielen. Geographisch ist die Region lediglich eine Verlängerung des östlichen GRAVES im Süden und von ENTRE-DEUX-MERS im Norden. Die Bordeaux-Rebsorten CABERNET SAUVIGNON, CABERNET FRANC und MERLOT herrschen vor und erbringen hier im kühleren Klima am oberen Flußlauf leichtere Versionen eines roten Bordeaux, zum Teil auch Rosé. Diese Rebsorten dürfen aber im Verschnitt höchstens drei Viertel ausmachen; die Besonderheit des Côtes du Marmandais beruht auf der Lokaltraube ABOURIOU, die zusammen mit FER, GAMAY und SYRAH den Rest beisteuert. Zu Beginn der 1990er Jahre belief sich die Rebfläche auf etwa 1100 ha, und nur ein kleiner Teil davon war mit den Weißweinrebsorten SÉMILLON, UGNI BLANC und zunehmend auch SAUVIGNON BLANC, der den Hauptanteil unter den weißen Trauben hält, bestockt. Bis auf einen winzigen Rest wird aller Wein von einer der beiden WINZERGENOSSENSCHAFTEN bereitet. Zwar wurde der Bereich im Jahr 1990 aus dem VDQS-Status zu AC-Rang befördert, aber wirklich erstklassiger Wein war bis dahin aus diesem Satellitenbereich von Bordeaux noch nicht gekommen.

MAROKKO Das afrikanische Land spielte in den 1950er und 1960er Jahren im Weltweinhandel eine wichtige Rolle, brachte aber selbst nie soviel Wein hervor wie das benachbarte ALGERIEN. Im heißen, trockenen Marokko gab es

1956 inmitten großer Wüstengebiete 55 000 ha sorgfältig gepflegte Weinberge. 1972 produzierte das Land rund 3 Millionen hl Wein im Jahr. Zu Beginn der 1990er Jahre standen nur 13 000 ha von der Gesamtrebfläche von 40 000 ha für Weintrauben in Ertrag. Die Durchschnittsproduktion belief sich auf knapp 350 000 hl – der ausnehmend geringe Durchschnittsertrag von unter 30 hl/ha deutete auf eine gewisse Nachlässigkeit im Anbau hin.

Seit der Unabhängigkeit Marokkos im Jahr 1956 ist im Weinbau des Landes ein stetiger Niedergang eingetreten. Der Vertrauensverlust bei den Weinanbauern brachte die Neuanpflanzungen zum Stillstand, so daß 1990 über 50 % aller Reben in Marokko – viele mit Rebenkrankheiten behaftet – über dreißig Jahre alt und daher unwirtschaftlich ertragsschwach waren. Zwischen 1973 und 1984 wurde der größte Teil der Weinberge vom Staat übernommen, dem es 1984 gelungen war, den Weinabsatz ganz in die Hand zu bekommen, wozu auch die Festsetzung von Traubenpreisen ohne Berücksichtigung der Qualität gehörte. Seither hat der Staat seinen Griff nach und nach wieder gelockert, doch der Weinbau ist zersplittert und leidet noch immer unter den Auswirkungen ungenügender Investitionen im Weinberg wie im Keller. Der marokkanische Weinhandel wird von einer staatlichen Firma beherrscht, die eine große Zahl von Markennamen und bis zu 80 % des Markts kontrolliert; daneben kommt auch dem weit innovativeren Privatunternehmen Celliers de Meknès große Bedeutung zu.

Seit jeher sind Weinanbauer und Weinerzeuger völlig voneinander getrennt; die letzteren kaufen manchmal sogar Tafeltrauben auf, um die Nachfrage befriedigen zu können. Dagegen haben die Celliers de Meknès in Weinberge ebenso stark investiert wie auch in die für die Temperaturregelung hier unerläßliche KÜHLTECHNIK. Zu Beginn der 1990er Jahre wurde in etlichen Kellereien in Marokko noch mit recht archaischen Ausrüstungen gearbeitet. Die kräftigen Schwefelgaben und kurzen Gärzeiten, die in diesem heißen Klima traditionell angewandt werden, um möglichst viel Säure zu bewahren, berauben so manchen Wein der Farbe und des Extrakts.

Früher beherrschte die ausdrucksschwache Carignan-Traube den marokkanischen Weinbau, später folgte dann aber eine Welle der Anpflanzung von Cinsaut, von dem VIN GRIS, ein gefälliger heller Rosé, gewonnen wird (10 % der Gesamterzeugung). Auch Grenache spielt eine bedeutende Rolle, während der Anteil der besseren Rebsorten wie Cabernet Sauvignon, Syrah, Merlot und Mourvèdre zwar rasch steigt, aber doch immer noch klein ist. Weiße Traubensorten wie Clairette und Muscat erbringen schwerfällige, oft dickliche, unaromatische Weißweine, auf die 1990 knapp 5 % der Gesamterzeugung entfielen. Es haben Experimente mit im Juli gelesenem, kühl vergorenem Chenin Blanc und natürlich auch mit Chardonnay stattgefunden.

Marokko verfügt über ein eigenes, nach dem Vorbild der französischen APPELLATION CONTRÔLÉE aufgebautes Bezeichnungssystem, das sich Appellation d'Origine Garantie (AOG) nennt. Es muß zwar erst noch als Garant für Qualität Bedeutung erlangen, doch die anschließend genannten Bereiche tragen zumindest den Stempel der Anerkennung durch die EUROPÄISCHE UNION, wenn auch noch nicht durch den Verbraucher:

Im Osten: Berkane/Angad
Meknès/Fès: Guerrouane, Beni M'tir, Saiss, Beni Sadden, Zerhoune
Gharb: Gharb, Zemmour
Rabat: Chellah, Zaër
Casablanca: Zenata

Hiervon genießen Meknès/Fès, wo die Weinberge in einer Höhe von 600 m liegen, und Berkane noch von früher her den besten Ruf.

Die Niederschlagsmengen sind zwar zwischen Mai und Oktober sehr gering, das größere Problem bildet aber die Stärke der vom Atlantik hereinbrausenden Winde, die oft in Böen mit 65 km/h Geschwindigkeit über die Reben hinwegfegen. UNTERSTÜTZUNGSSYSTEME und sorgfältige Ausrichtung der Rebzeilen sind hier relativ neue Entwicklungen. Bewässerung wird von den AOG-Regeln erlaubt, aber nur selten praktiziert.

Bei kräftigen Investitionen, Neuanpflanzungen, Kellermodernisierungen, engeren Verbindungen zwischen Weinanbauern, Weinerzeugern und Abfüllern und mit ausländischem Fachwissen hätte der marokkanische Weinbau sicherlich das Potential, in verläßlichen Mengen reife, ja sogar interessante Weine hervorzubringen, darunter auch VIN DOUX NATUREL wie den einst berühmten Muscat de Berkane. Der einheimische Markt hat starken Auftrieb durch den florierenden Fremdenverkehr (bei hohen Preisen für Importweine), und zu Beginn der 1990er Jahre bestanden Anzeichen für ausländisches Interesse am marokkanischen Weinbau.

Marokko ist außerdem ein relativ bedeutendes Erzeugerland von KORK.

MARQUE franz. MARKE.

MARSALA Die Stadt im Westen von SIZILIEN gibt dem in ihrer Umgebung produzierten alkoholangereicherten Wein den Namen. Der Marsala, über zweihundert Jahre lang eines der berühmtesten Produkte Siziliens und Italiens, erlebt inzwischen schwere Zeiten. Ein Niedergang der Qualität, schwindende Märkte und sinkende Produktionsziffern stellen den Fortbestand dieses Weins oder zumindest seiner besseren Versionen in Frage.

Die botanische Zeichnung veranschaulicht eines von vielen besonderen Merkmalen der SYRAH-Traube, die sie dazu befähigen, großartige, an PHENOLEN reiche Rotweine hervorzubringen: die kleinen BEEREN.

Historisches

Die Provinz Trapani, wo der Marsala entsteht, ist zwar schon seit eh und je ein Zentrum des Weinbaus auf Sizilien gewesen, seine eigentliche Geburtsstunde aber erlebte der Marsala doch wohl erst, als John Woodhouse, ein englischer Kaufmann und Kenner von PORTWEIN, SHERRY und MADEIRA, im Jahr 1770 in der Stadt eintraf. Er bemerkte eine auffällige Ähnlichkeit zwischen den Weinen aus der Umgebung von Birgi und den aufgespriteten Weinen aus Spanien und Portugal, die zweifellos auf das vergleichbar trockene Klima und die sengenden Sommertemperaturen zurückzuführen war. 1773 «erfand» John Woodhouse den Marsala, indem er in jedes 400-l-Faß, das er nach England verschiffte, 8 l WEINGEIST schüttete. 1796 eröffnete er in Marsala ein Lagerhaus mit Kellerei. Die Versorgung von Admiral Nelsons Flotte im Jahr 1798 trug natürlich dazu bei, den Wein weithin bekannt zu machen, und so folgte ein weiterer Engländer, Benjamin Ingham, dem Vorbild von Woodhouse, indem er 1812 in Marsala eine Firma eröffnete und viel für die Förderung des Weinbaus in der Gegend tat. Florio, das größte Marsala-Haus, wurde 1832 von Vincenzo Florio aus Kalabrien gegründet. Die Größe dieses Unternehmens vermittelt einen Eindruck davon, welche Bedeutung damals dem Marsala zukam: Die Kellereien und Lagerhäuser erstreckten sich am Meeresufer einen ganzen Kilometer weit. Wie beim Portwein dominierten auch in der Produktion und Vermarktung von Marsala große Handelshäuser, allerdings mangelte es auf lange Sicht doch an Kontinuität. Die drei Pionierunternehmen überlebten die 1920er Jahre nicht; sie wurden 1929 vom Wermuthersteller Cinzano übernommen, und von den im Lauf des 19. Jh. gegründeten italienischen Firmen sind heute nur noch Rallo und Pellegrino übrig.

Weinbereitung und Weinbau

Der Marsala war von Anfang an ein angereicherter Wein, doch haben sich die Produktionstechniken im Lauf der Jahrzehnte verändert. Der moderne Marsala, wie er in den DOC-Regeln von 1969 festgeschrieben ist, darf nicht nur mit Alkohol angereichert werden, sondern auch mit Most, der durch Erhitzen eingedickt wird *(mosto cotto)*, sowie durch Abstoppen in einem *sifone* genannten Verfahren. Dabei wird einem Most von spätgelesenen, überreifen Trauben 20–25 % reiner Alkohol zugesetzt.

Der Weinbau des Bereichs hat sich stark verändert. Die Reben werden entweder an Drähten oder an Pergolen erzogen und nicht mehr wie früher im GOBELET-System. Hierdurch sowie durch freizügige BEWÄSSERUNG wurden beträchtliche Steigerungen der Hektarerträge erzielt (die DOC-Regeln erlauben in überaus großzügiger Weise 10 t) und ein erheblicher Rückgang im Zuckergehalt der Trauben verursacht. Alles das gibt Anlaß zur systematischen Ausnutzung aller drei erlaubten Anreicherungssysteme (Marsala Fine muß 17 % Alkohol aufweisen, Marsala Superiore und Marsala Vergine 18 %), aber auch zu Einbußen im eigenständigen Charakter der Grundweine selbst.

Zu bemerken ist, daß zwar GRILLO als die Qualitätstraube für Marsala Oro oder Marsala Ambra gilt, die DOC-Regel aber auch die weniger geeignete CATARRATTO-Traube und den völlig ungeeigneten Damaschino zuläßt. Vom Marsala Rubino ist zu sagen, daß er mit dem traditionellen Marsala ebensoviel Ähnlichkeit hat wie weißer Portwein mit Vintage Port. Der Ausbau der feineren Marsala-Qualitäten (Superiore und Vergine) in alten, schlecht gepflegten Fässern trägt auch nicht gerade zur Qualitätsverbesserung dieser Weine bei, die doch eigentlich die Bannerträger des Bereichs sein sollten. Den meisten Schaden aber hat dem Marsala zugefügt, daß die Anzahl der produzierten Typen vervielfacht wurde. Dadurch wurde nur verschleiert, daß Marsala Superiore und Marsala Vergine (der auch Solera genannt wird und in einem SOLERA-System entsteht, wie es für Sherry Verwendung findet) die einzigen echten Nachfahren der historischen Marsala-Tradition sind.

Der moderne Marsala wird in drei Farben angeboten – Oro (Gold), Ambra (Bernsteinbraun) und Rubino (Rubinrot). Jede Farbe gibt es in den Versionen Secco (maximal 40 g/l RESTSÜSSE), Semisecco (40–100 g/l) und süß (über 100 g/l). Darüber hinaus gibt es fünf weitere Typen je nach dem FASSAUSBAU, den die Weine durchmachen: ein Jahr für Fine, zwei Jahre für Superiore, vier Jahre für Superiore Riserva, fünf Jahre für Vergine und zehn Jahre für die Stravecchio-Version des Vergine. Früher begegneten dem Verbraucher unter dem Namen Marsala Speciale auch noch klebrigsüße Getränke, die mit Kaffee, Schokolade, Erdbeeren, Mandeln oder Eiern versetzt waren und von 1969 bis 1984 wie der echte Marsala jeweils eigenen DOC-Status besaßen. Das alles trug gewiß dazu bei, daß der Eindruck entstand, der Marsala sei vor allem für die Küche, also zur Zubereitung von Kalbsschnitzeln oder Zabaglione, geeignet, aber nicht zum Trinken. Durch die Revision der DOC-Regeln im Jahr 1984 wurde es diesen Spezialformen untersagt, den Namen Marsala zu gebrauchen, und auch die Verwendung von *mosto cotto* wurde bei Marsala Oro und Marsala Rubino abgeschafft. Für Marsala Ambra ist *mosto cotto* jedoch leider immer noch zulässig; es wird damit nur der törichte Versuch unternommen, den Anschein eines faßgereiften Weins dadurch zu erwecken, daß seine Farbe mit Konzentrat abgedunkelt wird. Die Version Vergine, die reinste und interessanteste von allen, darf allerdings nicht mit Konzentrat behandelt werden; das aber hat kaum etwas zu bedeuten, denn Vergine wird nur noch in winzigen Mengen produziert, die auch noch im Schwinden begriffen sind.

Die Produktionsziffern zeigen, daß der Marsala schwer darniederliegt: Von einem Volumen von 600 000 hl im Jahr

Dieser uralte gespaltene Weinstock ist durch KOPFERZIEHUNG und FRUCHTRUTENSCHNITT geprägt. Bei so ehrwürdigem REBENALTER kommt konzentrierter Wein zustande.

1979 blieben 1991 gerade noch 109 500 hl, wobei die einfacheren Marsala-Typen über zwei Drittel (81 000 hl) der Gesamterzeugung ausmachten. Marsala Superiore kam auf nur 16 000 hl, während auf Vergine, den einzigen Marsala mit einigen Aussichten auf dem Qualitätsweinmarkt, dürftige 800 hl entfielen. Es ist auch kaum ein Ermutigungszeichen, daß Marco de Bartoli, der innovativste Erzeuger der Gegend, den Namen Marsala auf dem Etikett seines Vecchio Samperi nicht einmal erwähnt. Obwohl es sich dabei der Produktionstechnik nach um einen typischen und dazu hochwertigen Marsala Vergine handelt, verschweigt er doch seine Herkunft und nennt sich schlicht VINO DA TAVOLA.

D. T.

MARSANNAY Die nördlichste APPELLATION CONTRÔLÉE im Bereich Côte de Nuits der Côte d'Or ist insofern etwas Besonderes in Burgund, als sich der AC-Status auf Rotwein, Weißwein und Roséwein bezieht. Die Gemarkungen von Couchey und Chenove gehören zu Marsannay. Vor 1987 gelangten diese Weine schlicht als BOURGOGNE mit der angefügten näheren Bezeichnung Marsannay oder Rosé de Marsannay auf den Markt, wobei der letztere eine Spezialität des Orts darstellt, die 1919 von Joseph Clair entwickelt und dann von der WINZERGENOSSENSCHAFT aufgegriffen wurde.

Die kleine Weißweinerzeugung muß erst noch eigenen Charakter nachweisen. Die Rotweine sind ansprechend und fruchtig, allerdings etwas leichter als der benachbarte FIXIN. PREMIER-CRU-Lagen gibt es hier nicht.

Siehe auch CÔTE D'OR und Karte Seite 201. J. T. C. M.

MARSANNE Die immer populärer werdende Weißweinrebsorte stammt offenbar ursprünglich von der nördlichen RHÔNE, wo sie ihre frühere Verschnittpartnerin ROUSSANNE in den Appellationen ST-JOSEPH, ST-PÉRAY, CROZES-HERMITAGE und in geringerem Umfang auch im HERMITAGE fast völlig verdrängt hat. Die gute Ertragsfähigkeit der Sorte hat sicherlich zu dieser Popularität mit beigetragen, und durch moderne Weinbereitungstechniken wird ihre Neigung zu flauer Art gemildert. Sie wird nun auch zunehmend im Midi angebaut, wo sie nicht nur als Zutat in den meisten AC-Weinen gern gesehen ist, sondern sich auch eigenständig als körperreicher, charaktervoller sortenreiner Wein oder als Verschnittpartnerin für aromatischere, säurestärkere Trauben wie Roussanne, VIOGNIER und Rolle (VERMENTINO) einen guten Namen macht. Ihr Wein ist körperreich und ausgesprochen tief in der Farbe und hat einen vollen, manchmal schweren Anflug von Leim im Aroma, der oft in Mandeln übergeht. Zu den für Châteauneuf-du-Pape ausgewählten Traubensorten gehört sie nicht, dafür bringt CLAIRETTE viele Merkmale der Marsanne in diesen Wein ein.

In Kalifornien wecken die RHÔNE RANGERS Interesse an dieser Sorte. In Australien gibt es insbesondere in Victoria mit die ältesten Marsanne-Bestände der Welt sowie eine schöne Tradition im Umgang mit dieser Rhône-Traube und ihren deftigen Weinen, die allerdings in der Flasche relativ rasch braun werden. In der Schweiz erbringt die Marsanne unter dem Namen Ermitage Blanc leichtere Weine, die jedoch zu den kräftigsten aus dem Wallis gehören.

MARTELL Die Ursprünge des ältesten der großen COGNAC-Häuser gehen auf Jacques Roux, den allerersten Branntweinhändler in der Stadt Cognac, zurück. Seine Nachfahrin Rachel Lallemand war die zweite Frau des Firmengründers Jean Martell, der 1815 von den Kanalinseln – damals ein beliebter Umschlagplatz für den Branntweinschmuggel mit England – nach Cognac gekommen war.

Trotz ihrer britischen Ursprünge arbeitete sich die Firma zusammen mit HENNESSY in der Zeit der Französischen Revolution zu einer der führenden Kräfte in Cognac hinauf. Um die Mitte des 19. Jh., als das Haus in die Hand der Familie Firino überging, die in die Familie Martell eingeheiratet hatte und den Namen in Firino-Martell änderte, erlebte es einen beträchtlichen Aufschwung. Es wurde ein Komplex von Brennereien, Lagerhäusern, Abfüllanlagen und Büros gebaut, der fast eine Stadt in der Stadt bildete und als eines der industriellen Wunderwerke im Frankreich des ausgehenden 19. Jh. galt.

Pierre Frugier, bei MARTELL für das Verschneiden von Cognacs verantwortlich, hat im *paradis* die Wahl zwischen den erlesensten Grundstoffen.

Die REBLAUS-Epidemie tat dann allerdings dem Cognac-Handel derartigen Schaden, daß Maurice Hennessy, ein Freund der Familie Firino-Martell, im Jahr 1922 einen auf 25 Jahre angelegten Pakt zwischen den beiden Firmen aushandelte, demzufolge der Preis für junge Weinbrände gemeinsam festgesetzt wurde. Außerdem teilten sich die beiden Firmen die Weltmärkte insofern, als Martell in England und das Haus Hennessy in den USA und im Fernen Osten Vorrang besaß.

Als Folge hiervon verlor Martell nach dem 2. Weltkrieg allmählich Marktanteile, und so wurde die Firma 1986 an den gigantischen kanadischen Getränkekonzern Seagram verkauft. Die neueren Weinbrände des Hauses sind voll, mild und vor allem auf den an Bedeutung zunehmenden orientalischen Markt zugeschnitten, doch die meisten klassischen Produkte bleiben dem traditionellen Stil des Hauses treu. Dieser zeichnet sich durch relativ trockene, nußwürzige Art aus, zu der ein hoher Anteil von Grundweinen aus dem Distrikt Borderies ebenso beiträgt wie die Verwendung von Fässern aus feinporiger Eiche (siehe MASERUNG) aus den Wäldern des Tronçais. In ihnen reifen die ziemlich trocken und stark destillierten Martell-Cognacs relativ langsam heran. N. F.

MARTIAL (Marcus Valerius Martialis, etwa 40–103/104 n. Chr.), geboren in Bilbilis in Spanien. Er war arm und mußte von seiner Dichtkunst leben. In seinen *Epigrammen*, 15 Büchern mit insgesamt 1500 Kurzgedichten, prangerte er die Laster an, die er um sich herum im alten ROM erblickte, doch er benutzte vorsichtshalber Pseudonyme, um nicht die Namen derer preiszugeben, die er verspottete: z. B. «Hesterno fetere mero qui credit Acerram, fallitur in lucem semper Acerra bibit» (1.28) – «Wer meint, Acerra rieche nach dem Wein von gestern, der irrt, denn Acerra trinkt stets, bis der Tag anbricht». Da er Protzentum und Prahlerei besonders gern aufs Korn nimmt, erwähnt er auch oft Wein. Ehrsüchtige und Neureiche trinken bei ihm OPIMIANER (1.26, 3.82, 9.87, 10.49), und um über den klassischen Kult um alten Wein zu spotten (alter Wein galt stets mehr als junger und wurde durch das Konsulatsjahr gekennzeichnet), erfindet er einen Wein, der so alt ist, daß er nicht einmal ein Konsulatsjahr hat, weil er schon vor der Entstehung der Republik in den Keller gelegt wurde (13.111). Allgemein setzt er bei seinen Lesern eingehende Kenntnisse über Wein voraus, z. B. in 2.53, 3.49, 4.49. Um die Pointe des Epigramms zu verstehen, muß der Leser nämlich wissen, welche Weine als gut galten und welche nicht. Am Ende des 13. Buchs (106–125) findet sich eine Reihe von Epigrammen, in denen 21 Weine genannt sind. Martial gibt spöttisch seine Meinung über bestimmte Weine kund, so in «Acetum» (Essig) (13.122):

> «Amphora Nilliaci non sit tibi vilis aceti
> esset cum vinum, vilior illa fuit.»

(Glaube nicht, eine Amphore mit ägyptischem Essig sei gemeines Zeug – als er noch Wein war, war er schlimmer.) H. M. W.

Griffin, J., *Latin Literature and Roman Life* (London, 1985).

MARTINI & ROSSI Das offiziell 1863 in Turin gegründete Haus setzte eigentlich nur das Werk einer schon bestehenden Brennerei fort, die auf das Jahr 1847 zurückreichte. Die Grundlage dieser Arbeit waren WERMUT und andere auf Weingeist beruhende Getränke; die Firma besitzt jedoch Unterlagen vom Ende des 19. Jh., aus denen hervorgeht, daß sie schon damals Moscato-Champagner – so hieß der ASTI SPUMANTE früher – produzierte. Die erste offiziell belegte Asti-Spumante-Produktion stammt aus den 1930er Jahren. Seit den 1920er Jahren wurde allerdings auch SPUMANTE von PINOT-Trauben nach dem Vorbild des Champagners sowie seit 1983 ein Riesling-Schaumwein (von Riesling Italico (WELSCHRIESLING) aus dem OLTREPÒ PAVESE hergestellt. Die derzeitige Weinerzeugung (außer Wermut, bei dem das Haus in der Welt führend ist) beläuft sich auf über 21 Millionen Flaschen im Jahr; davon entfallen nahezu 90 % auf Asti Spumante. Über eigenen Weinbergbesitz verfügt das Unternehmen nicht; es bezieht vielmehr Traubengut von ausgewählten Anbauern – die Moscato-Traube für den Asti Spumante liefern über 400 Winzer. D. T.

MARZEMINO In Norditalien in sehr beschränktem Umfang angebaute interessante, spätreifende Rotweintraubensorte. Die früher weit berühmtere, allerdings gegen PILZKRANKHEITEN nicht sehr resistente Sorte wird oft zu Übererträgen veranlaßt, kann aber lebendige, zum Teil perlende Weine hervorbringen. Siehe auch TRENTINO und LOMBARDEI.

MAS In Südfrankreich gebräuchlicher Ausdruck für Domäne. Im Weinbau am berühmtesten ist **Mas de Daumas Gassac**. Der Erzeugerbetrieb wurde in den 1970er Jahren von Außenseitern in der Welt des Weins südöstlich von MONTPEYROUX im Languedoc gegründet. Aimé Guibert hat inzwischen den Beweis erbracht, daß ein nicht unter die APPELLATION CONTRÔLÉE fallender, bescheidener VIN DE PAYS de l'Hérault ein überaus seriöser, langlebiger Rotwein sein kann, der ohne weiteres ähnliche Preise erzielt wie ein CRU CLASSÉ aus Bordeaux. Auch ambitiöse Weißweine und Rosés gehören zur Produktion des Weinguts.

MASCHINELLE LESE Das Ernten von Trauben mit Hilfe einer Maschine anstatt der traditionellen LESE von Hand ist wohl eine der größten Veränderungen im modernern Weinberg. Eingeführt wurde diese Technik in den 1960er Jahren. Während für die Lese von Hand ganze Scharen von Erntearbeitern erforderlich waren, die sich über den Weinberg verteilten, um die Trauben zu ernten, bringt jetzt eine

MASCHINELLE LESE: Die reifen Trauben werden durch Schläge auf das Laubdach vom Weinstock geschüttelt und über ein Förderband in den Traktoranhänger gebracht.

einzige Bedienungsperson, höchstens mit Unterstützung eines zweiten Fahrers und eines Fahrzeugs zur Aufnahme des Leseguts, die ganze Ernte allein ein. Je nach Ertrag und Weinbergtopographie werden für das Abernten eines Weinbergs ein bis zehn Arbeitstage pro Hektar benötigt; dem stehen fünf Arbeitsstunden pro Hektar mit der Maschine gegenüber.

In verschiedenen Weinbauregionen der Welt wurde die maschinelle Lese aus unterschiedlichen Gründen eingeführt. Im Staat NEW YORK, wo in den 1960er Jahren die ersten Entwicklungen dieser Art stattfanden, stand die Kostenersparnis im Vordergrund der Erwägungen. In Australien spielten die Verfügbarkeit von Arbeitskräften sowie die Sozialkosten eine wichtige Rolle. In Frankreich wurde GALET zufolge durch den Schulbeginn am 15. September die Teilnahme von Schülern und Studenten verhindert, während andere Arbeitskräfte durch die verbindlichen Sommerferien im August ausgeschlossen wurden. Aus diesen Gründen waren Saisonarbeiter nicht mehr so leicht verfügbar, außerdem verlangten sie höhere Löhne und waren manchmal nicht so recht zuverlässig, und alle diese Faktoren trugen dazu bei, daß die Maschine bei der Weinlese dem Menschen den Rang ablief. Zwar wurde die Technik der maschinellen Lese in den USA entwickelt, in Frankreich aber rasch verfeinert.

Geschichte

Maschinelle Lese kann dazu genutzt werden, die menschliche Arbeitskraft entweder zu ergänzen oder sie ganz zu ersetzen. Erste Versuche mit der Mechanisierung bezogen sich zunächst auf die erstere Methode. Fahrbare Leseplattformen nahmen gleichzeitig die Leser und die geernteten Trauben auf. In Kalifornien und auf der Krim wurden Einrichtungen entwickelt, bei denen von Hand geerntete Trauben auf einem anschließend maschinell aufgenommenen Papierband abgelegt wurden; dieses System eignete sich besonders für ROSINENTRAUBEN. In vielen Ländern wurden Förderbandsysteme entwickelt, die das Lesegut aufnahmen und in bereitstehende Behälter abführten, die dann in die Kellerei transportiert wurden. Größerer Erfolg war jedoch der zweiten Methode beschieden, nämlich der Entwicklung von Maschinen, die jede manuelle Tätigkeit weitgehend ersetzen.

Traubenerntemaschinen sind in vielen verschiedenen Formen entwickelt und erprobt worden, doch um die Mitte der 1990er Jahre arbeiteten die meisten in der Weise, daß die Frucht durch Schläge auf das LAUBDACH abgeschüttelt wird und auf horizontal darunter laufende Förderbänder fällt. Bei früheren Entwicklungen handelte es sich zunächst um halbautomatische Maschinen, bei denen beispielsweise von Hand geführte Saugvorrichtungen die Trauben aufnahmen. In Kalifornien, Italien und Osteuropa wurden Schneidleisten erprobt; es stellte sich aber heraus, daß diese zuviel Frucht am Stock beließen, selbst wenn die Trauben in aufwendiger Arbeit von Hand in die geeignete Lage gebracht wurden. Eine nach dem Saugprinzip arbeitende deutsche Maschine war zu langsam und verursachte besonders bei Weißweintrauben zuviel OXIDATION. Eine frühe französische Erfindung streifte die Beeren einzeln mit Hilfe von 3200 auf vier Paneelen montierten Plastikzähnen ab. Auch rotierende Scheiben und Drucklufteinrichtungen wurden bei der Traubenernte erprobt, doch alle diese Versuche bewährten sich nicht. Die erste Entwicklung aus New York war der *vertical impactor*, der mit einer Metalleiste auf die Rebbogen schlug, so daß die Beeren abgeschüttelt wurden. Die heute übliche Form ist der *horizontal slapper*, der mit Glasfaserstäben auf das Laub schlägt und dadurch die Früchte, manchmal als einzelne Beeren, manchmal als ganze Trauben, abschüttelt.

Auswirkungen auf die Weinqualität

Die Auswirkungen der maschinellen Lese auf die Weinqualität bilden das Thema vieler wissenschaftlicher Untersuchungen und zahlreicher Berichte aus der Praxis. Bei den meisten zeigt es sich, daß eine gut durchgeführte maschinelle Ernte keine negativen Wirkungen auf die Weinqualität ausübt; oft wird sogar behauptet, daß ein positiver Effekt zustande kommt. Sicherlich wird bei den meisten Formen der maschinellen Lese ein Teil der Trauben beschädigt und gerät dann unter das unbeschädigte Lesegut. Es ist jedoch immer möglich, den Most mit SCHWEFELDIOXID gegen OXIDATION zu schützen, wenn er nur rasch genug in

MASCHINELLE LESE wird selbst in so traditionsverhafteten Weinbauregionen der ALTEN WELT wie Bordeaux rasch zur Norm. Hier, an den Côtes de CASTILLON, sind damit ausreichende Einsparungen an Lohnkosten zu erzielen, um breitere Rebzeilen und höhere Erziehung zu rechtfertigen. Nur die vornehmeren Châteaux im MÉDOC auf der anderen Seite der GIRONDE weigern sich, diese Form der Mechanisierung zu akzeptieren.

einem geschlossenen Behälter aus der Kelter in die Kellerei gelangt. Oxidationsprobleme können auch durch Lese bei Nacht verringert werden; diese Praxis wird vor allem in heißeren Gegenden angewendet, wo bei Tag geerntete Trauben oft bei Temperaturen von über 40 °C zur Weiterverarbeitung transportiert werden müssen.

Ein weiterer Nachteil der maschinellen Lese besteht darin, daß eine zu lange HÜLSENMAISCHUNG in Kauf genommen werden muß, was bei Weißwein zu einem zu hohen Gehalt an PHENOLEN führen kann. Große Entfernungen zwischen Weinberg und Verarbeitungsbetrieb können bei maschineller Lese die Entstehung zarter Weißweine verunmöglichen.

Obwohl vieles für die maschinelle Lese spricht, halten dennoch zahlreiche Erzeugerbetriebe an der Lese von Hand fest. Für Weine der Spitzenklasse ist die schonendere Behandlung bei der manuellen Lese vorteilhaft; das gilt besonders für Schaumwein, bei dem ja oft die ganzen Trauben ohne vorheriges Mahlen gepreßt werden. R. E. S.

Coombe, B. G., und Dry, P. R. (Hrsg.), *Viticulture, II: Practices* (Adelaide, 1992).
Galet, P., *Précis de viticulture* (4. Aufl., Montpellier, 1983).

MASCHINELLER REBSCHNITT Der REBSCHNITT im Winter kann auch mit Maschinen erfolgen, da aber der Weinbau eine besonders traditionsgebundene Form der Landwirtschaft ist, sehen viele den winterlichen Rebschnitt von Hand eher als eine gute Gelegenheit, sich mit jedem einzelnen Weinstock pflegend zu beschäftigen. Aber auch weil sie der Meinung sind, daß der maschinelle Rebschnitt nun einmal nicht dieselbe Präzision ermöglicht wie der Schnitt von Hand, lehnen ihn viele Winzer ab und nehmen lieber stundenlange harte Arbeit in Kälte und gelegentlich auch Nässe auf sich.

Die ersten Versuche mit dem maschinellen Rebschnitt wurden Mitte der 1970er Jahre in Australien und im Staat New York durchgeführt. Die Maschinen waren nicht so kompliziert wie die um dieselbe Zeit entwickelten Traubenerntemaschinen. Vielmehr bestanden sie einfach aus an einem Traktor montierten Mähbalken oder Schlagmessern. In Australien wurden auch Kreissägen eingesetzt, die manchmal anstelle des Lesekopfs auf Traubenerntemaschinen montiert wurden.

Der maschinelle Rebschnitt ist außerordentlich einfach; die Triebe werden so weit zurückgeschnitten, daß in der Regel ZAPFEN mit mindestens zwei Augen stehenbleiben. Freilich werden nicht alle Triebe gleichmäßig geschnitten. Bei ersten praktischen Experimenten wurde nach dem Maschinenschnitt noch einmal von Hand nachgeschnitten, um den Reben ein ordentliches Aussehen zu geben und die Zapfen einheitlich auf zwei Augen einzukürzen. Selbst bei diesem halbautomatischen Betrieb wurde der Zeitaufwand für den Rebschnitt auf die Hälfte gesenkt. Nach den in Australien gemachten Erfahrungen werden inzwischen die Reben nach dem Maschinenschnitt nicht mehr nachgeschnitten. Sie bieten zwar im Spätwinter nicht gerade einen schönen Anblick, aber schon kurz nach dem AUSTRIEB sind sie von mit der Hand geschnittenen nicht mehr zu unterscheiden. Da mehr Augen am Stock verbleiben (etwa fünfmal soviel), steigt der ERTRAG meist im ersten Jahr, aber bei Untersuchungen konnte keine Auswirkung auf die Weinqualität nachgewiesen werden.

Inzwischen ist der maschinelle Rebschnitt in Australien bereits stark verbreitet, und in Italien werden auf diesem Gebiet umfangreiche Forschungen durchgeführt. In anderen Teilen der Welt findet der maschinelle Rebschnitt allerdings viel zögerlicher Aufnahme. In Kalifornien ist der Rebschnitt zum großen Teil Aufgabe mexikanischer Landarbeiter. In Südfrankreich wird inzwischen auf den umfangreichen Rebflächen im Süden ein maschineller Vorschnitt vorgenommen. In kühleren Gegenden, beispielsweise im nördlichen Europa, ist der maschinelle Rebschnitt weniger brauchbar, weil dort die zusätzlich stehenbleibenden Augen den Ertrag so stark erhöhen, daß die Trauben nicht mehr richtig ausreifen können. In Teilen Südafrikas und Südamerikas sind dagegen Arbeitskräfte so reichlich verfügbar, daß kein Bedarf für maschinellen Rebschnitt besteht.

Jedenfalls können die für den Schnitt von Hand erforderlichen 150 Stunden pro Hektar mit der Maschine auf 10 Stunden verringert werden. Die damit verbundenen be-

MASCHINELLER REBSCHNITT im Sommer an den Côtes du Frontonnais.

trächtlichen Kosteneinsparungen gehen allerdings zum Teil wieder verloren, wenn ein zu umfangreicher Nachschnitt von Hand durchgeführt wird. Die logische Erweiterung des maschinellen Rebschnitts ist der MINIMALSCHNITT, bei dem praktisch ganz auf den Schnitt verzichtet wird. R. E. S.

Coombe, B. G., und Dry, P. R. (Hrsg.), *Viticulture, II: Practices* (Adelaide, 1992).
Winkler, A. J., et al., *General Viticulture* (2. Aufl., Berkeley, Calif., 1974).

MASERUNG Die als deutliche Zeichnung in Erscheinung tretende, durch den Verlauf der Fasern und Jahresringe bestimmte Holzstruktur ist für den Wein vor allem bei Eichenholz von Interesse. Die im FASSBAU besonders geschätzte französische EICHE wird in feinporige und grobporige Sorten eingeteilt, und die dafür benötigten DAUBEN sind im wesentlichen Holzzuschnitte aus Baumstämmen. An den Enden der Dauben treten die Jahresringe des Baums in Erscheinung. Feingemasertes und grobgemasertes Holz läßt sich daher durch einem Blick auf das Daubenende voneinander unterscheiden.

Je langsamer der Baum gewachsen ist, desto feiner ist die Maserung seines Holzes. Abwechselnde Ringe aus hellem und dunklem Holz lassen Frühjahrs- und Sommerwuchs erkennen. Der Frühjahrswuchs – er ist bei der Eiche am stärksten und verläuft am schnellsten – wird durch grobe Gefäßbündel (offene wasserleitende Zellen) im XYLEM geprägt. Den Sommerwuchs zeigen viel feinere Gefäßbündel an. Wie die Rebe geben auch Bäume die Klima- und Bodenbedingungen zu erkennen; hinzu kommen die Unterschiede zwischen den Arten. Beispielsweise können innerhalb einer Region schon geringe Unterschiede in Boden und Klima dazu führen, daß der Baumbestand in einer bestimmten Abteilung schlank und gerade aufwächst und daher feingemasertes Holz abgibt, während nur wenige Kilometer entfernt ein ganz ähnlicher Bestand mit groberer Maserung heranwächst. Selbst beim einzelnen Baum wächst die dem Äquator abgewandte Seite langsamer als die andere. Bäume am Waldrand wachsen eher in die Breite als gerade in die Höhe, während die Bäume im Inneren eines Bestands im allgemeinen das umgekehrte Verhalten zeigen.

Quercus robur (siehe EICHE) liefert meist grobgemaserte Dauben, d. h., zwischen den Jahresringen liegen mindestens 3 mm. Ein allmählicher Übergang zwischen Frühjahrs- und Sommerwuchs ist zwischen den Jahresringen stets zu beobachten. Bei *quercus robur* entfällt auf das Frühjahrswachstum meist ein Viertel des gesamten Jahreszuwuchses. *Quercus sessiliflora* dagegen liefert Holz mit weniger als 3 mm Zwischenraum zwischen den Jahresringen, und eine scharfe Trennung zwischen Frühjahrs- und Sommerwuchs ist deutlich erkennbar. Dabei entfällt auf das Frühjahrswachstum meist weniger als ein Viertel vom Zuwuchs des Gesamtjahrs. Allerdings gibt es sehr viele Kreuzungen zwischen den Arten.

Limousin-Eiche ist meist grob gemasert, denn in den Wäldern des Limousin stehen die Bäume mit größeren Abständen als in Mittelfrankreich, wo sie nach oben und nicht in die Breite wachsen, wenn sie zum Licht streben. Darüber hinaus herrscht im Limousin die Spezies *Quercus robur* vor. Infolgedessen ist an Dauben von Limousin-Eiche größeres Frühjahrswachstum und auch mehr Jahreswachstum zu beobachten. Aufgrund des größeren Anteils an starken Xylembündeln hat dieses Holz auch gröbere Poren.

Grobgemasertes Holz ist der stärkeren Fasern wegen meist auch tanninreicher als feingemasertes. In der Analyse zeigt grobgemasertes Holz etwa 10 % Tanningehalt, feingemasertes dagegen nur etwa 7 %. Daher muß grobgemasertes Holz länger an der Luft trocknen, damit der darin ausgebaute Wein nicht zu bitter wird.

Die meisten Faßbauer vermischen das Holz aus verschiedenen Wäldern, so daß fein- und grobgemasertes Material zusammen verarbeitet wird, andere dagegen nehmen eine sorgfältige Trennung von feingemasertem und grobgemasertem Holz vor.

Siehe auch HOLZEINFLUSS. M. K.

MASSANDRA Der in den 1890er Jahren am Rand von Jalta auf der Krim nach damals modernsten Erkenntnissen errichtete Weinbaubetrieb war dazu bestimmt, Livadavia, den Sommerpalast der Zaren, zu versorgen. Aus Georgien herbeigeholte Bergbauarbeiter legten in den Felsen einen dreigeschossigen feuchtkühlen Keller an. Der erste Weinerzeuger hier war Fürst Golitzin (siehe KRIM), ihm folgte das erste Mitglied der Familie Yegorov, die dann ab 1898 fast ein Jahrhundert lang in Massandra den Wein betreut hat. Die erfolgreichsten Weine sind stark und süß, zum Teil VINS DOUX NATURELS, zum Teil mit Alkohol angereichert. Die heutigen Einrichtungen in Massandra sind nicht für die Weinbereitung selbst, sondern für den AUSBAU und die ABFÜLLUNG vorgesehen. Die Weinerzeugung von 2500 ha Rebfläche, die Massandra unterstehen, wird von Mitarbeitern in einer Reihe von Satellitenbetrieben überwacht. In Südlagen und an Berghängen kultivierte Trauben erbringen hier einzigartige Dessertweine wie Weißen Muskateller vom Roten Stein, Weißen Muskateller Livadavia, Rosé Muscat Yuzhnoberezhny, Schwarzen Muskateller Massandra, Tokajer Yuzhnoberezhny, Pinot Ai-Danil und Kokur Surozh.

Die **Massandra-Kollektion** wurde von Fürst Golitzin begonnen und enthält als ältestes Stück einen Sherry aus dem 18. Jh.; heute besteht sie in der Hauptsache aus den besten Krimweinen. Jedes Jahr kommen etwa 10 000 Flaschen neu hinzu, und manche Stücke der Kollektion sind schon viele Jahrzehnte alt. Während der Besetzung Jaltas durch die Deutschen 1941–1944 war die Sammlung zum Teil bis nach Georgien evakuiert, sie kehrte jedoch rechtzeitig zur berühmten Konferenz von Jalta 1945 an ihren alten Platz zurück. 1990 und 1991 bot Sotheby's zwei Posten starker, sehr süßer, dauerhafter Weine aus der Massandra-Kollek-

Die von 1894–1897 auf der Krim erbaute Weinkellerei MASSANDRA versorgte den Zarenhof mit feinen Weinen.

tion im Rahmen eines mit der in Auflösung befindlichen Sowjetunion geschlosssenen Auktionsabkommens auf Versteigerungen an.

MASSENSELEKTION Für die Vermehrung von Reben werden im Weinbau große Mengen an Edelreisern benötigt. Die Freilandselektion kann entweder durch Massenselektion oder durch Selektion einzelner Mutterreben (siehe KLONENSELEKTION) erfolgen. Massenselektion wird meist angewendet, wenn bei Bedarf an großen Mengen Edelreisern die Identität der Sorte nicht unbedingt gewahrt bleiben muß.

Massenselektion kann als Ausschluß- oder als Auswahlverfahren betrieben werden. Beim Ausschlußverfahren werden unerwünschte Reben in einem Weinberg gekennzeichnet, so daß von ihnen keine Veredelungsreiser geschnitten werden. Es kann sich dabei um Reben mit geringem Ertrag, schlechter Fruchtreife, Symptomen von Viruskrankheiten, überdurchschnittlich hohem Befall durch Pilzkrankheiten oder um Abarten (MUTATIONEN) handeln. Das Ausschlußverfahren bietet auch eine gute Gelegenheit zur Kennzeichnung von «Fremdreben» (d. h. Reben einer anderen Sorte) in einem Bestand, um sicherzustellen, daß künftig keine Vermischungen mehr stattfinden. Beim Auswahlverfahren werden dagegen die besten Reben gekennzeichnet, beispielsweise solche mit gutem Fruchtansatz, mit besonders großen oder locker aufgebauten Trauben, guter Fruchtreife usw. Weinberge, die mit Pflanzenmaterial aus Massenselektion angelegt werden, bestehen daher aus verschiedenen nicht genau identifizierten KLONEN.

Die Weinbergbegutachtung erfolgt meist mehrmals im Lauf der Wachstumssaison. Beispielsweise sind Fremdsorten und Symptome für NEPOVIREN im Frühjahr am einfachsten zu erkennen, während Unterschiede in der Fruchtreife natürlich kurz vor der Ernte am besten ermittelt werden können. Die Kennzeichnung der Rebe erfolgt im allgemeinen durch Farbmarkierung am Stamm. Im Winter werden dann Edelreiser geschnitten, und zwar beim Auswahlverfahren von den markierten Reben und beim Ausschlußverfahren von unmarkierten Reben.

Das Massenselektionsverfahren erstreckt sich meist nur über ein bis zwei Wachstumsperioden. Da nicht dasselbe Maß an detaillierten Aufzeichnungen und Selektionsvorgängen an einzelnen Reben durchgeführt wird wie bei der Klonenselektion, sind durch die Massenselektion allgemein nur geringere Ertrags- und Qualitätsgewinne zu erzielen. Die aus der Massenselektion zu ziehenden Vorteile hängen davon ab, wie stark heterogen der zur Selektion herangezogene Weinberg war. Es liegt auf der Hand, daß die Massenselektion wenig Vorzüge bietet, wenn der Weinberg sehr einheitlich ist, besteht aber ein großer Anteil an Fremdsorten, Abarten oder Viruserkrankungen, dann kann sich der Rebbaufachmann größere Vorteile erhoffen.

Leider werden in vielen Gegenden Edelreiser im Winter geschnitten, ohne daß vorher im Sommer auch nur die allerflüchtigste Inspektion stattgefunden hat. Im Winter aber sehen alle Reben gleich aus, und daher werden durch die Vermehrung alle möglichen Fehler wie Mischsatz, Abarten und Viruskrankheiten ungewollt von dem einen Weinberg auf die nächste Generation übertragen. R. E. S.

Coombe, B. G., und Dry, P. R., *Viticulture, I: Resources in Australia* (Adelaide,1988).
Galet, P., *Précis de viticulture* (4. Aufl., Montpellier, 1983).

MASSIKER Ein Weißwein, der zu den berühmtesten des Römischen Reichs gehörte und von den Dichtern seiner Zeit hoch gepriesen wurde. Die Rebsorte ist nicht bekannt. Der Wein wuchs am Monte Massico, einer Hügelkette, die an der Westküste Italiens zwischen den Flüssen Garigliano und Volturno zum Meer hin verläuft. Das Gebiet grenzt an dasjenige an, aus dem der ebenso berühmte FALERNER kam, und manche Autoren behandeln den Massiker deshalb als Ursache für dessen Untergattung. Der Massiker wurde nach Sinuessa an der Küste transportiert, wo es viele Töpfereien gab, in denen die AMPHOREN entstanden, die für den Transport des Weins gebraucht wurden. J. J. P.

MASTERS OF WINE Berühmteste und anspruchsvollste Qualifikation im Weinhandel, ein Titel, den man durch Bestehen einer jährlich im Mai vom **Institute of Masters of Wine** abgehaltenen Prüfung erwirbt. Die Idee zur Gründung dieses Instituts nahm ihren Ursprung im britischen Weinhandel zu Beginn der 1950er Jahre, als durch eine Gruppe von Weinkaufleuten in Zusammenarbeit mit der Vintners' Company ein Pendant zu den Abschlußprüfungen anderer Berufssparten erarbeitet wurde. Die erste Prüfung fand 1953 in London statt; auf ihr erlangten sechs von einundzwanzig Kandidaten den Titel Master of Wine. Das Institute of Masters of Wine wurde 1955 gebildet. Damals wie heute setzte sich die Prüfung aus fünf schriftlichen und drei «praktischen» Tests (Verkostungen) zusammen. Ein besonderes Merkmal ist die Spannweite der Prüfungsthemen. Ein Universitätsstudium bietet natürlich eine detailliertere Ausbildung in der ÖNOLOGIE oder im WEINBAU des jeweiligen Landes, die «MW»-Prüfung dagegen verlangt Kenntnisse zu diesen beiden Gegenständen auf weltweiter Grundlage, allerdings auch über Themen wie AUSBAU, ABFÜLLUNG, Transport, QUALITÄTSKONTROLLE, Marketing, kommerzielle Aspekte des Weinhandels und allgemeines Weinwissen. Bei den Geschmacksprüfungen müssen die Kandidaten jeweils bis zu zwölf verdeckt servierte Weine aus allen Teilen der Welt beschreiben, beurteilen und oft auch identifizieren.

Trotz der berüchtigt hohen Durchfallquote (obwohl es den Kandidaten gestattet wird, die praktische und die theoretische Prüfung in verschiedenen Jahren abzulegen) erreichte 1978 die Zahl der Masters of Wine bereits 100, darunter auch zwei Frauen. 1982 hielt das Institut sein erstes gewissermaßen akademisches Symposium in Oxford ab, verlor aber auch vier Mitglieder und stellte daraufhin fest, daß eine gewisse Erweiterung unumgänglich sei, wenn sein Fortbestand gewährleistet bleiben sollte (bis 1987 verfügte es über keinen Vorstand und keine eigenen Räumlichkeiten). 1983 wurden deshalb die Aufnahmebedingungen gelockert, und es wurden sogar Kandidaten aus den Randbereichen des Weinhandels, beispielsweise Weinautoren, zu den Prüfungen zugelassen. 1987 wurden die Prüfungen auch für außerhalb Großbritanniens ansässige Interessenten geöffnet, und schon im darauffolgenden Jahr bestand der erste Kandidat aus Übersee, ein Australier, die damals noch in London abgehaltene Prüfung. 1990 erwarben zwei Amerikaner den Titel Master of Wine, und 1991 fanden zum gleichen Termin Prüfungen in London, Sydney und New York statt. 1993 gab es 179 Masters of Wine, darunter 27 Frauen, 23 Nicht-Briten und erstmals einen MW von weit außerhalb des Weinhandels, einen Rechtsanwalt aus Hollywood.

Die Zahl der Kandidaten ist genauso stark gestiegen wie die Zahl der Masters of Wine. Mit zunehmender Expansion der Weinwelt werden die Prüfungen anspruchsvoller, und auch der Standard der vom Education Committee des Instituts angebotenen Prüfungsvorbereitung wurde Anfang der 1990er Jahre angehoben.

Die Ziele des Instituts sind seit jeher nicht ganz so klar wie der Status seiner Mitglieder; jahrelang bot es zwar Prüfungen, jedoch bemerkenswert wenig Bildungsmöglichkeiten. Ein vom Institut im Jahr 1992 herausgegebenes Mission Statement nannte an erster Stelle die «Förderung hervorragenden Wissens um den Wein», unmittelbar gefolgt von «Bildung auf höchstem Niveau». Kurz darauf startete das Institut als neues Programm das Seal of Excellence.

MASTROBERARDINO Der bedeutendste Erzeuger von TAURASI in KAMPANIEN (Süditalien).

MATARO Eines von vielen Synonymen für MOURVÈDRE; gebraucht wird es vor allem in Australien und manchmal im Roussillon sowie – von Leuten, die noch nicht gemerkt haben, wie sehr Mourvèdre inzwischen in Mode ist – in Kalifornien (siehe RHÔNE RANGERS). Fast immer ist es so, daß diejenigen, die Mourvèdre als Mataro bezeichnen, die Traube nicht besonders hoch schätzen.

MATEUS Das Schloß Mateus bei Vila Real nördlich vom DOURO-Tal in Nordportugal lieh dem **Mateus Rosé** den Namen. Dabei handelt es sich um einen lieblichen, perlenden Rosé, der einer der berühmtesten Markenweine der Welt geworden ist. Geschaffen wurde er 1942 von Fernando van Zeller Guedes, dessen Familie ein VINHO-VERDE-Weingut besaß. Inspiriert durch diese von Natur aus leicht perlenden Rot- und Weißweine, die damals in Portugal und Brasilien schon sehr populär waren, entwickelte Guedes einen perlenden Rosé, der etwas gesüßt wurde, damit er dem Geschmack der sich damals entwickelnden Märkte in Nordamerika und Nordeuropa entgegenkam. Die Produktion begann am Ende des 2. Weltkriegs (so ziemlich um dieselbe Zeit wie die des Konkurrenzprodukts LANCERS) in einer Kellerei, die in der Nähe des Schlosses Mateus gebaut wurde. Das Anwesen gehörte nicht der Familie Guedes; sein Eigentümer entschied sich für eine einmalige Zahlung für das Recht auf den Gebrauch des Namens und einer Abbildung des Schlosses auf dem Etikett anstatt einer Lizenzgebühr auf jede verkaufte Flasche.

In den 1950er und 1960er Jahren stieg der Absatz rasch an, und Ende der 1980er Jahre entfielen auf Mateus Rosé, dem inzwischen auch eine weiße Version zur Seite stand, über 40 % des gesamten portugiesischen Exports an Tischweinen mit einem weltweiten Absatz von 3,25 Millionen Kisten. Ein kleiner Teil des Mateus Rosé wird noch immer in Vila Real produziert, der weit größere dagegen in Anadia (BAIRRADA). Als zu Beginn der 1990er Jahre der Absatz von Mateus zurückging, weitete Sogrape, das Guedes-Familienunternehmen, dem die Marke Mateus gehört und das zugleich der größte Weinerzeuger Portugals ist, seine Tätigkeit auch auf andere Gebiete der portugiesischen Weinwirtschaft aus. R. J. M.

MATINO DOC-Bereich für robusten Rotwein vorwiegend von der NEGROAMARO-Traube. Siehe auch APULIEN.

MAUKE Eine BAKTERIELLE KRANKHEIT, die an über 600 Pflanzenarten auftritt, darunter auch an der Weinrebe, und zwar insbesondere in Gegenden, wo es im Winter so kalt wird, daß die Reben Schaden leiden können (siehe WINTERFROST). Bei starkem Auftreten der Krankheit können Weinberge unwirtschaftlich werden. Alle *Vitis*-VINIFERA-Sorten sind anfällig, dagegen sind bestimmte *Vitis*-LABRUSCANA-Sorten ziemlich resistent.

Der Erreger der Krankheit ist *Agrobacterium tumefaciens.* Das Hauptsymptom ist ein fleischiger Gallenauswuchs am unteren Teil des Stamms, der schließlich den ganzen Stamm umgibt und die darüberliegenden Teile der Rebe zum Absterben bringt. Früher wurde angenommen, daß die Bakterie wie ihre Verwandte, die an anderen Pflanzen Gallen verursacht, im Boden lebt; die Maukebakterie lebt jedoch in der Rebe selbst und wird daher schon bei der Pflanzung verbreitet. Die Bekämpfung ist schwierig. Eine biologische Gegenwirkung kann bei manchen Pflanzen durch ein verwandtes *Agrobacterium* erzielt werden, das ein Antibiotikum produziert; leider ist es gegen die bei der Weinrebe am häufigsten vorkommende Art unwirksam. Behandlung mit chemischen Mitteln, z. B. Kerosin, bringt die Gallen zum Absterben, es entwickeln sich aber rasch neue. Forschungen zu Beginn der 1990er Jahre deuten darauf hin, daß eine Heißwasserbehandlung von Edelreisern in der Winterruhe (30 Minuten bei 50 °C) die Maukebakterien hemmt, und durch GEWEBEKULTUR bietet sich die Möglichkeit völliger Heilung, da hierdurch maukefreie Pflanzen entstehen. Zur Vermeidung der Krankheit ist es auch hilfreich, die Stämme gegen Winterfrost zu schützen. Anhäufeln mit Erde war früher üblich, allerdings wird die Wirksamkeit dieser Maßnahme inzwischen bezweifelt. Im Nordosten der USA erziehen die Winzer Reben mit bis zu fünf Stämmen, damit stets ein junger, gesunder Stamm als Ersatz für einen kranken oder absterbenden zur Verfügung steht. Siehe auch REBENERZIEHUNGSSYSTEME.

In neuerer Zeit war die Mauke der Gegenstand eingehender Forschungen aufgrund von Anwendungserfolgen der GENTECHNIK bei vielen anderen Pflanzen. Das *Agrobacterium* besitzt die Fähigkeit, die eigene DNS (den genetischen Code) in die Pflanze zu übertragen, auf der es lebt, und es kann infolgedessen dazu benutzt werden, neue Gene in diese Pflanze einzuführen. So verdanken viele von Wissenschaftlern neugeschaffene Pflanzen ihr Dasein diesem ansonsten schädlichen Organismus! R. E. S.

Pearson, R. C., und Goheen, A. C., *Compendium of Grape Diseases* (St Paul, Minn., 1988).

MAURY Einer der berühmten VINS DOUX NATURELS aus dem ROUSSILLON, ein aus dem hügeligen Hinterland stammender Verwandter des BANYULS von der Küste. Wie dieser wird der Maury vorwiegend von Grenache Noir mit einem Höchstertrag von 30 hl/ha produziert und ist so gut wie immer stark, süß, rot und möglichst RANCIO, nachdem er in unterschiedlichen Behältern (aus Zement, Holz oder Glas) unter wechselnden Bedingungen (heiß, kalt, feucht oder trocken) gereift wurde. Maury ist als Appellation ebenso klein wie Banyuls, liegt aber ziemlich hoch im Landesinneren auf Schieferboden an der nördlichen Grenze des Bereichs Côtes du Roussillon Villages im Agly-Tal. Die hier produzierten Tischweine fallen unter die AC Côtes du Roussillon Villages (während die Tischweine des Bereichs Banyuls unter die AC COLLIOURE gehören). Die Burgruine Cathar von Quéribus steht als Sinnbild der schroffen Art dieser Gegend über dem Ort Maury. Die Weine sind in der Jugend besonders tanninherb und oft tiefer in der Farbe als der Banyuls. Die WINZERGENOSSENSCHAFT Les Vignerons du Maury dominiert in der Produktion, aber auch andere Erzeuger, insbesondere Mas Amiel, halten sich gut. Der Verwendungszweck des Weins ist ähnlich wie beim Banyuls, er verlangt aber unbedingt längere Reifung.

MÄUSE können im Weinberg Schaden anrichten. Siehe TIERE.

MÄUSELN Ein Begriff der WEINANSPRACHE, meist im Zusammenhang mit einem von BRETTANOMYCES verursachten FEHLER IM WEIN. Mäuseln macht sich meist erst bemerkbar, wenn man den Wein hinunterschluckt oder wieder ausspuckt.

MAUZAC, genauer **Mauzac Blanc.** Eine im Rückgang befindliche, aber immer noch erstaunlich weit verbreitete

Weißweinrebsorte in SÜDWESTFRANKREICH; insbesondere in GAILLAC und LIMOUX ist sie die traditionelle und nach wie vor überwiegende Rebsorte. Sie erbringt kräftig aromatische Weine, die in Gaillac mit Len de l'El und in Limoux mit Chenin und Chardonnay verschnitten werden.

Im Département Tarn, wo Gaillac die dominierende APPELLATION CONTRÔLÉE ist, hielt Mauzac 1988 noch eine Rebfläche von 3300 ha besetzt; das entsprach der Hälfte des Bestands von vor zwanzig Jahren, war aber noch immer weit mehr, als für JURANÇON noir, die zweitmeist angebaute Rebsorte der Region, zu Buch stand. Dank tatkräftiger Weinerzeuger wie Robert Plageoles ist seit dem Ende der 1980er Jahre eine Wiederbelebung des Interesses am Mauzac-Wein von Gaillac eingetreten, den es in verschiedenen Schattierungen und Süßegraden sowie unterschiedlich stark perlend gibt. In den 1970er und 1980er Jahren wuchsen in Limoux die Mauzac-Bestände von 900 auf 2300 ha an, und zwar aufgrund der Nachfrage nach dem Schaumwein Blanquette de Limoux, in dem die Traube die dominierende Zutat bildet, wenn auch inzwischen der Chardonnay die Gegend rasch erobert.

Die Mauzac-Rebe, deren Erträge je nach der Lage sehr unterschiedlich sein können, treibt spät aus und reift spät, so daß die Lese sich traditionell bis weit in den Herbst hinein erstreckt und die in den kühlen Wintern von Limoux sanft und langsam vergorenen Moste im Frühjahr für eine Zweitgärung in der Flasche bereit sind. Heute wird die Mauzac-Traube viel früher gelesen, so daß ihre von Natur aus kräftige Säure schön erhalten bleibt, wobei allerdings viel von ihrem ganz eigenen Geschmack nach den Schalen eingeschrumpfter Äpfel verlorengeht; dann wird sie nach dem üblichen Champagnerverfahren zu Schaumwein verarbeitet. Einige sanft perlende Weine von Gaillac entstehen nach der traditionellen *méthode gaillaçoise*, und in Limoux wird noch ein wenig Blanquette nach der *méthode ancestrale* bereitet.

MAVRODAPHNE Eine vorwiegend um Pátras auf dem Peloponnes in GRIECHENLAND angebaute Rotweinrebsorte; sie bildet dort die Grundlage für den portweinähnlichen Dessertwein **Mavrodaphne von Pátras**, der auf längeren FASSAUSBAU gut anspricht. Die aromatische, kraftvolle Traube wird in kleinerem Umfang auch auf der Insel Kephalonia kultiviert und wird trocken ausgebaut, allerdings nur als Verschnittbestandteil. Beziehungen zu den im Namen ähnlichen Rebsorten Mavro auf ZYPERN und MAVRUD in Bulgarien werden vermutet, doch das griechische Wort *mavro* bedeutet nichts weiter als «schwarz», und Mavrodaphne heißt «schwarzer Lorbeer».

MAVRUD Auf dem Balkan und dort vor allem in BULGARIEN heimische Rotweinrebsorte; sie erbringt, wenn sie voll zur Reife gelangt, intensiven, tanninherben Wein. Im mittleren Südbulgarien ist sie eine Spezialität von Asenovgrad bei Plovdiv und zeichnet sich durch kleine Beeren und geringe Erträge aus; sie wächst meist in etwas unordentlicher Buschform. Ihr robuster Wein spricht gut auf den Ausbau im Eichenfaß an, altert aber rascher als der Wein der anderen einheimischen edlen Rebsorte MELNIK. Auch in ALBANIEN wird Mavrud angebaut.

MCLAREN VALE Weinbaugebiet in AUSTRALIEN; siehe SOUTH AUSTRALIA.

MECHANISIERUNG Außer dem Verkosten sind schon so gut wie alle kellertechnischen Tätigkeiten mechanisiert, im Weinberg setzt sich dagegen die Mechanisierung weit langsamer durch. Siehe MASCHINELLE LESE, MASCHINELLER REBSCHNITT und – am wichtigsten – ARBEIT.

MEDAILLEN Auszeichnungen aus PRÄMIERUNGEN und AUSSTELLUNGEN stehen bei vielen Weinerzeugern hoch im Ansehen. Bei Medaillen gibt es eine feste Hierarchie. Im australischen Weinbau spielen Weinausstellungen der einzelnen Staaten und im nationalen Rahmen eine bedeutende Rolle, doch gilt eine Goldmedaille aus Hobart weniger als eine Silbermedaille aus Canberra. In Frankreich bedeuten die auf den *foires* in Paris und Mâcon gewährten Auszeichnungen echte Hinweise auf Qualität, und dasselbe gilt für die von der DEUTSCHEN LANDWIRTSCHAFTSGESELLSCHAFT (DLG) vergebenen Preismünzen.

MEDITERRANES KLIMA Ein durch warme, trockene, sonnige Sommer und meist milde, feuchte Winter charakterisierter Klimatyp. Er kommt im gesamten Mittelmeerbekken, an der Westküste der USA, in Chile, in Nord- und Südwestaustralien sowie in der Kap-Provinz in Südafrika vor. Herbst und Frühjahr liegen zwischen überwiegend trocken im heißen, an Wüsten grenzenden äquatorialen Randbereich und feucht im polwärtigen Randbereich, wo das mediterrane Klima in ein durch mehr oder weniger gleichmäßige Niederschlagsverteilung gekennzeichnetes Klima übergeht, wie es in West- und Mitteleuropa vorherrscht.

Es war im mediterranen Raum, wo sich der Weinbau und die Weinerzeugung als Beiwerk (es wird auch gesagt, als wesentliche Komponente) der westlichen Zivilisation, wie wir sie heute kennen, entwickelten. Allerdings ist der Mittelmeerraum nicht mehr unbedingt die Gegend, die ohne weiteres mit feinem Wein assoziiert wird. Warum ist das so?

Die berühmtesten und geschätztesten Weine der klassischen Zeit waren zweifellos süß und stark. Sie wurden von sehr reifen Trauben gekeltert, bis zur Grenze der natürlichen Gärfähigkeit vergoren und behielten dann einen beträchtlichen Grad an RESTSÜSSE. Das für den Mittelmeerraum typische warme, sonnige Klima eignet sich gut für Wein in diesem Stil, doch am Ende des 20. Jh. ist der Verbraucher eher an trockenem, fruchtigem und nicht übermäßig alkoholstarkem Wein interessiert. Das aber sind die natürlichen Merkmale von Weinen aus kühlerem, nicht so sonnigem Klima, wo die Trauben zu geringerem Zuckergehalt und kräftigerer SÄURE heranreifen (siehe KLIMA UND WEINQUALITÄT sowie KÜHLKLIMA).

Bei alledem findet derzeit eine Renaissance des Weinbaus in mediterranem Klima in aller Welt statt. Bei geeigneter LAGENWAHL hat der Weinbau im mediterranen Klima eindeutige Vorzüge gegenüber dem Weinbau in gleichmäßigem oder durch Sommerniederschläge gekennzeichnetem Klima, unter der Bedingung, daß bei Bedarf zusätzliche BEWÄSSERUNG eingesetzt werden kann. Sonnenschein steht in den meisten Fällen zuverlässiger und reichlicher zur Verfügung; die Gefahr starker Niederschläge während der Reifezeit ist geringer. Als Folge hiervon besteht im allgemeinen ein kleineres Risiko für PILZKRANKHEITEN. Und wenn viele mediterrane Klimabereiche als Nachteile zu geringe LUFTFEUCHTIGKEIT und zu hohe Temperaturen während der Reifezeit aufweisen, so lassen sich diese durch präzise Lagenwahl minimieren, indem beispielsweise bevorzugt Lagen in Küstennähe oder in größerer Höhe ausgesucht werden.

Des weiteren spricht zugunsten des Weinbaus im mediterranen Klima, daß manche der wichtigsten Fortschritte in Weinbergpflege und Weinbereitungstechnologie vor allem hier Einsatzmöglichkeiten finden. Tropfbewässerung gewährt in sommertrockenem Klima in gewissem Ausmaß Kontrolle über die verfügbare BODENFEUCHTIGKEIT und die WÜCHSIGKEIT der Reben und damit die Ausnützung von Bedingungen in Mesoklima und Boden (siehe BODEN UND WEINQUALITÄT), die gewisse Qualitätsvorteile bieten, bisher aber nicht kommerziell nutzbar waren. Die verbesserten LAUBPFLEGE-Methoden finden hier mindestens ebenso weitreichende Anwendungsmöglichkeiten wie unter anderen Klimaverhältnissen.

In der Kellertechnik wird bei der Verarbeitung vollreifer Trauben durch die Kontrolle von TEMPERATUR und BAKTERIEN, durch Hefenährstoffe sowie durch überlegte AZIDIFIKATION mehr Sicherheit gewährleistet als mit den bisherigen primitiveren Weinbereitungsmethoden, und daher kann die attraktive Fülle der Frucht, die unter warmen, sonnigen Voraussetzungen entsteht, zuverlässiger eingefangen werden.

Schließlich wird auch damit gerechnet, daß der steigende Kohlendioxidgehalt in der Atmosphäre vor allem in einem Klima mit warmen, sonnigen Wachstums- und Reifebedingungen besondere Vorteile für die Rebenerträge sowie für die Qualität der Trauben und des Weins bringen wird (siehe KLIMAVERÄNDERUNG). J. G. und R. E. S.

MEDIZIN, WEIN IN DER Seit der Antike bis in das 18. Jh. hinein spielte Wein in der Medizin eine zentrale Rolle. Die frühesten medizinischen Praktiker waren Magier und Priester, die den Wein sowohl für Heilzwecke als auch für den religiösen Gebrauch benutzten (siehe RELIGION). Rezepte für auf Wein beruhende Arzneien gibt es schon auf Papyrus im alten ÄGYPTEN und auf sumerischen Tafeln.

Die Anfänge einer systematischen Medizin werden allgemein mit dem Griechen Hippokrates (etwa 450 v. Chr.) in Verbindung gebracht, welcher Wein als Desinfektionsmittel, als Heilmittel, als Vehikel für andere Arzneien und als Teil gesunder Ernährung empfahl. Er experimentierte mit verschiedenen Weinen, um festzustellen, welcher am besten zur Heilung bestimmter Beschwerden – von Schwermut über Diarrhoe bis zur Linderung von Geburtsproblemen – geeignet war.

Der berühmteste Arzt im alten ROM war GALEN (2. Jh. n. Chr.), der bei der Behandlung von Gladiatoren in Kleinasien medizinische Erfahrungen gesammelt hatte. Er lernte (wie der barmherzige Samariter in der Bibel), daß Wein ein wirksames Mittel zur Desinfektion von Wunden war. Zu seiner Stellung als kaiserlicher Leibarzt gehörte es, den Wein des Herrschers zu kosten, um den besten und gesündesten herauszufinden.

Die alte jüdische Zivilisation schätzte Wein wegen seiner Heilkräfte. Im Talmud heißt es, der Wein sei die oberste Medizin, denn wo es am Wein fehle, würden andere Arzneien nötig.

In ähnlicher Weise erkannten viele arabische Ärzte, z. B. Avicenna (11. Jh. n. Chr.), die Bedeutung des Weins für die Heilkunst, sahen sich aber in einer schwierigen Lage, da ja der Alkohol im ISLAM verboten war. Die Araber studierten Medizin aus griechischen Quellen und gaben sie dann leicht verändert an den Westen zurück. So gelangten etwa die Werke Galens über die große Medizinschule von Salerno in Italien, wo sie aus dem Arabischen ins Lateinische übersetzt wurden, in das mittelalterliche Europa. Es war in Salerno, wo der Gedanke, Wein sei ein wesentliches Element für eine gesunde Ernährung, Fuß faßte. Die Verwendung von Wein in der Medizin setzte sich durch das ganze Mittelalter hindurch in Klöstern, Hospitälern und Universitäten fort. Das älteste gedruckte Buch über Wein wurde zu Beginn des 14. Jh. von dem Arzt ARNALDUS DE VILLANOVA an der Universität von MONTPELLIER verfaßt. Aufbauend auf den Bemerkungen seiner klassischen Vorläufer, gab er nicht nur Heilmittel für Gesundheitsbeschwerden, sondern auch Rezepte zur Heilung «kranker» oder schlechter Weine an.

Eine neue Dimension erhielt die Rolle des Weins in der Medizin durch die Erfindung der DESTILLATION im 12. Jh. Der deutsche Apotheker Hieronymus Brunschwig schrieb im 15. Jh., *Aqua vitae* (Lebenswasser, Alkohol) werde die Herrin aller Arzneien genannt, doch er wies warnend darauf hin, daß es mit Vernunft und Maß genossen werden müsse.

Die Einstellung der Medizin zum Wein veränderte sich dann in der zweiten Hälfte des 19. Jh. Alkoholismus wurde als Krankheit definiert, und die schädigenden Nebenwirkungen der Trunksucht wurden untersucht. Das Erscheinen der oft von medizinischen Kreisen unterstützten Abstinenzvereine veranlaßte viele dazu, die Rolle des Weins in der Ernährung und Medizin neu einzuordnen; allerdings wurden starke, süße Weine, z. B. PORTWEIN, auch noch zu Beginn des 20. Jh. als Stärkungsmittel verschrieben.

Ein weiterer Aspekt der Verknüpfung von Wein und Medizin ist in dem großen Einfluß zu sehen, den die MEDIZINER seit der Antike nicht nur als Weinverbraucher (und -erzeuger), sondern auch durch Förderung oder Beeinträchtigung des kommerziellen Potentials bestimmter Weine ausübten. Sicherlich nahmen die Weinliebhaber im alten Rom Kenntnis von den Empfehlungen Galens und anderer, und im 17. Jh. erreichte in Frankreich der Streit zwischen den Weinbauregionen einen Höhepunkt, als der Leibarzt Ludwigs XIV. Burgunder anstelle von Champagner verordnete. Es gibt noch viele weitere Beispiele dafür, daß Wein von Ärzten verschrieben wurde.

Auf moderne Einstellungen zu den medizinischen Wirkungen des Weinkonsums wird unter GESUNDHEIT näher eingegangen. H. B.

Siehe auch FRENCH PARADOX.

Darby, W. J., WINE AND MEDICAL WISDOM THROUGH THE AGES, in *Wine, Health and Society* (San Francisco, 1982).
Lucia, S. P., *A History of Wine as Therapy* (New York, 1963).
Sigerist, H. E., *The Earliest Printed Book on Wine* (New York, 1943); enthält Villanovas *Tractatus de vinis*.

MEDIZINER Ärzte haben zu allen Zeiten oft ungewöhnliche Neigung für den Wein an den Tag gelegt, und zwar nicht nur wegen seines Nutzens als Arznei und seiner wohltätigen Wirkungen auf die GESUNDHEIT, sondern als begeisterte Weinfreunde (siehe z. B. Alexander HENDERSON) und neuerdings auch als Weinerzeuger. Die WINE SOCIETY, eine gegen Ende des 19. Jh. in London gegründete bedeutende Weineinkaufsgesellschaft, verschafft sich regelmäßig einen Überblick über die Berufe ihrer Mitglieder, und dabei zeigt sich immer wieder, daß die Ärzteschaft die größte Gruppe stellt. Auch viele der dediziertesten Weinsammler gehören zu dieser Berufsgruppe. Darüber hinaus gibt es unter den Weingutsbesitzern viele Ärzte, die neben ihrer Praxis noch Weinbau betreiben. Zum Beispiel wird der Anteil von Docteur Peste am CORTON Jahr für Jahr auf der Auktion der HOSPICES DE BEAUNE – die selbst auch eine karitative medizinische Einrichtung sind – mit versteigert. An der Mosel trifft man gewissermaßen sogar ein Beispiel doppelter Doktorwürde an, denn hier gehört dem Weingut Dr. Thanisch ein Teil der weltberühmten Lage Bernkasteler Doctor. Besonders starke medizinische Beziehungen sind jedoch in der Geschichte des australischen Weinbaus aufzuspüren. Ein Arzt in Sydney hat einmal über 135 Doktoren gezählt, die in Australien Weinberge angelegt haben (auf diese Weise entstanden auch die Grundlagen für die heute stattlichen Weinfirmen PENFOLDS, Lindemans, Angove, Houghton und HARDY'S), wobei er darauf hinwies, daß «Australien im Rum-Zeitalter gegründet wurde, sich im Bier-Zeitalter entwickelte und nun in das Wein-Zeitalter hineinwächst» (siehe auch AUSTRALISCHER EINFLUSS und WEINLITERATUR).

MEDIZINISCHE ASPEKTE DES WEINKONSUMS siehe GESUNDHEIT.

MÉDOC Das berühmteste Rotweingebiet von Bordeaux und möglicherweise der ganzen Welt erstreckt sich nordwestlich der Stadt Bordeaux am linken Ufer der Gironde entlang als durch Monokultur geprägter, nicht weiter bemerkenswerter Landstrich zwischen den *palus*, den Ufersümpfen, und den Kiefernwäldern, die sich weit nach Süden in die Landes hinziehen. Der Streifen Weinberge ist etwa 5–12 km breit und verläuft, gelegentlich unterbrochen von Weideland und Gestrüpp, Poldern und Uferland, von den nordwestlichen Vororten von Bordeaux aus 70 km weit nach Norden bis zu den Marschen des Bas-Médoc (siehe Karte Seite 166). Die Weine aus dem Bas-Médoc fallen unter die AC **Médoc**, jene aus dem höheren Teil haben Anspruch auf die AC **Haut-Médoc**, soweit sie nicht für die feineren und individuelleren kommunalen Appellationen, von Süden nach Norden MARGAUX, MOULIS, LISTRAC, ST-JULIEN, PAUILLAC und ST-ESTÈPHE, qualifiziert sind.

Wie unter BORDEAUX ausgeführt, ist das Médoc eine relativ junge Weinbaugegend. Ehe holländische Pioniere um die Mitte des 17. Jh. ihre Wasserbaukünste an der Sumpflandschaft des Médoc erprobten, gab es hier nur Salzmarschen, die sich zwar als Weideland, nicht aber als Weinbauland eigneten. Die Entwässerungsgräben taten ihren Dienst mit so großer Wirkung, und die Kaufleute von Bordeaux waren so sehr daran interessiert, eine Konkurrenz zum Wein von GRAVES und zu den in großen Mengen auf den bedeutenden britischen Markt gelieferten starken portugiesischen Weinen zu schaffen, daß nunmehr die «neuen französischen Clarets» geboren wurden und sich auf der Woge ihres kommerziellen Erfolgs im Médoc große Weingüter etablierten. Um die Mitte des 19. Jh. erlebte das Médoc einen Höhepunkt seines Wohlstands, der erst wieder in den 1980er Jahren eine Parallele fand.

Das Klima auf der Halbinsel Médoc ist das mildeste in ganz Bordeaux – sowohl der große Strom als auch der Atlantische Ozean jenseits der Kiefernwälder üben ihre mäßigenden Einflüsse aus; zugleich gewähren die Wälder den Weinbergen Schutz gegen die starken Meereswinde und tragen zur Mäßigung der Sommertemperaturen bei. Nur im Médoc und weiter südlich in Graves können die *vignerons* von Bordeaux zuversichtlich sein, daß die Cabernet-Sauvignon-Trauben mit einiger Regelmäßigkeit zur Reife gelangen. Das Médoc ist aber auch die feuchteste Gegend von Bordeaux, so daß FÄULE stets eine Bedrohung bildet und SPRITZEN zur Routine geworden ist.

Das typische CHÂTEAU (Weingut) im Médoc baut zur Risikominderung mindestens drei verschiedene Rebsorten an: vorwiegend Cabernet Sauvignon und als Ergänzung vor allem Merlot, zusammen mit etwas Cabernet Franc sowie in geringerem Umfang noch spätreifenden Petit Verdot und gelegentlich etwas Malbec. In den feuchteren, kühleren Lagen im Bas-Médoc stellt dagegen der Merlot den Hauptanteil dar, weil er in ungünstigen Jahren leichter zur Reife gelangt. So entfielen zu Beginn der 1990er Jahre auf Cabernet Sauvignon knapp 50 % aller Rebbestände im Distrikt.

Das Médoc hat nicht viele charakteristische geographische Merkmale aufzuweisen, aber es wurde viel Zeit darauf verwendet, die unterirdische Beschaffenheit der Landschaft zu erforschen und aufzuzeichnen. Seit langem wird behauptet, daß die Besonderheit der Gegend im Boden, vor allem in dessen Kiesgehalt, liegt. Eine Vielzahl geologischer Theorien ist aufgestellt worden, um zu erklären, wie und wann dieser KIES in das Médoc gelangt ist, und große Bemühungen wurden aufgewendet, um die Boden- und Gesteinsarten mit der Qualität des Weins ins Verhältnis zu setzen, den die Reben, die auf ihm wachsen, hervorbringen. Aus der Arbeit von Dr. Gérard Seguin von der Universität Bordeaux geht nun hervor, daß die physikalische Beschaffenheit des Bodens viel bedeutsamer sein dürfte als sein Mineralgehalt und daß eines der wichtigsten Attribute dieses Bodens sein guter WASSERABZUG ist (siehe BODEN UND WEINQUALITÄT). Der Kies im Boden des Médoc erweist sich in dieser Hinsicht in dem feuchten Klima als ideal – andererseits kommt in wärmeren Jahren den ausgereiften Reben zugute, daß dieser Kiesboden die Ausbildung eines tiefreichenden Wurzelwerks fördert. Überdies ist der Kies ein guter Wärmespeicher und begünstigt infolgedessen den Reifeprozeß.

Seit eh und je heißt es, die besten Reben seien im Médoc diejenigen, die in Sichtweite der Gironde wachsen, und tatsächlich trifft dies auf alle PREMIERS CRUS der Gegend zu. Dies soll darauf zurückzuführen sein, daß der hier abgelagerte Kies jünger und dem Ausreifen der Reben förderlicher sei; andere meinen, das MESOKLIMA sei im Uferbereich des Médoc geringfügig wärmer, und wieder andere sehen den Grund darin, daß die Reben in höher gelegenem Gelände ein umfangreicheres Wurzelwerk entwickeln müssen.

Insgesamt 1500 Weinerzeuger bewirtschaften dieses Land, von dem etwa ein Viertel in die Ränge der Clus Classés in der berühmten KLASSIFIKATION von 1855 für Médoc und Graves fällt (siehe Seite 598).

Appellation Contrôlée Haut-Médoc

Die Landschaft des Haut-Médoc hat zwar nichts Bemerkenswertes zu bieten, doch sie ist gespickt mit grandiosen Château-Bauten, die mit dem Geld, das man mit dem Verkauf von Bordeaux-CRUS-CLASSÉS verdienen kann, errichtet und verschönert worden sind. Gewiß würde das Haut-Médoc heute ganz anders aussehen ohne die Schichtenbildung, die vor allem dank der Auswirkungen der Klassifikation ihrer berühmtesten Weingüter aus dem Jahr 1855, in der eine bestimmte Anzahl als Premiers, Deuxièmes, Troisièmes, Quatrièmes oder Cinquièmes Crus eingestuft wurden, entstanden ist und kommerzielle sowie soziale Stellungen geschaffen hat, denen sich bislang nur Château MOUTON-ROTHSCHILD entziehen konnte.

Die meisten dieser Crus Classés fallen in eine kommunale Appellation, z. B. Pauillac oder Margaux; nur fünf dieser Weingüter liegen in Gemeinden, die keine eigene Appellation besitzen, und haben deshalb nur Anspruch auf die AC Haut-Médoc. An erster Stelle steht unter ihnen das 3e Cru Château La Lagune in Ludon, am Rand von Bordeaux, ein Gut, das sich einen soliden Ruf für robuste, konzentrierte Weine – mit die ersten im Médoc, die von einer Frau bereitet wurden – bewahrt hat. Unmittelbar nördlich von diesem gutgeführten Besitz liegt Château Cantemerle, ein 5e Cru. Es wurde in den 1980er Jahren von einer Gruppe unter Beteiligung der Firma CORDIER renoviert. Die landeinwärts von ST-JULIEN an der Hauptstraße durch die Wälder des Médoc gelegene Gemeinde St-Laurent darf für sich in Anspruch nehmen, das derzeit seinem Leistungspotential nicht entsprechende 4e-Cru-Château La Tour-Carnet und zwei im Aufschwung begriffene 5es Crus, die Châteaux Belgrave und Camensac, zu beherbergen.

Die für die AC Haut-Médoc qualifizierte Rebfläche belief sich Anfang der 1990er Jahre auf insgesamt 3800 ha, von denen ein großer Teil auf CRUS BOURGEOIS entfällt, die zu den preiswertesten Weinen gehören, die es heute in Bordeaux gibt (in gewissem Sinn wird die neuere Geschichte des Médoc durch die Geschicke dieser Crus Bourgeois bestimmt). Die besten ihrer Weine haben mit den Crus Classés die tiefe Farbe, die große Konzentration, das kräftige Tannin und die Langlebigkeit gemeinsam und werden auch auf ganz ähnliche Weise wie diese bereitet, jedoch mit der Ausnahme, daß der Höchstertrag sich auf 43 hl/ha im Gegensatz zu 40 hl/ha für die vier bedeutendsten kommunalen Appellationen beläuft und der Verkaufserlös selten zur Anschaffung neuer FÄSSER ausreicht. Einige der ambitioniertesten Weingüter sind die Châteaux Citran, Coufran, Sociando-Mallet, Lamothe-Bergeron, Lanessan, Liversan, Moulin Rouge, Sénéjac und Tour du Haut-Moulin.

Appellation Contrôlée Médoc

Die Gesamtrebfläche des Bas-Médoc – 1990 waren es 4000 ha – ist größer als die des feineren Haut-Médoc. Die Ertragshöchstgrenze ist auf 45 hl/ha festgesetzt; ein großer Teil des Weins von den tiefergelegenen, weniger durchlässigen, schwereren Böden ist von Merlot dominiert und zeigt sich als solider, wenn auch nicht übermäßig interessanter Bordeaux, der von WINZERGENOSSENSCHAFTEN oder vom BORDEAUX-WEINHANDEL zu einfachem AC Médoc verarbeitet wird. Weingüter, die sich meist durch Ertragsbeschränkung um bessere Qualität bemühen, sind u. a. die Châteaux La Gorre, La Tour de By, Loudenne, Patache d'Aux, Potensac (unter derselben Leitung wie Château Léoville-

Las-Cases in ST-JULIEN), Tour Haut-Caussan (eines des wenigen Beispiele für ORGANISCHEN WEINBAU in Bordeaux) und Vieux Robin.

Parker, R. M., *Bordeaux* (Bern, 1993).
Penning-Rowsell, E., *The Wines of Bordeaux* (6. Aufl., London, 1989).
Peppercorn, D., *Bordeaux* (2. Aufl., London, 1991).
—*Bordeaux* (4. Aufl., Bern, 1994).

MEHLTAU siehe ECHTER MEHLTAU und FALSCHER MEHLTAU.

MÉJANELLE, auch **Coteaux de la Méjanelle.** Anerkanntes TERROIR in den Coteaux du LANGUEDOC (Südfrankreich) am Rand der Stadt MONTPELLIER. Anders als im Rest der Coteaux du Languedoc gibt es in diesem Gebiet einzelne Weingüter, vor allem das Château de Flaugergues. Syrah, Grenache und Mourvèdre dominieren die ausgesprochen mediterranen Lagen, die sich in weit geringerer Höhe befinden als die übrigen Coteaux du Languedoc.

MELNIK Kraftvolle einheimische bulgarische Rotweinrebsorte; sie wird – möglicherweise schon seit vielen Jahrhunderten – ausschließlich um die alte Stadt Melnik im ehemaligen Thrakien nahe der griechischen Grenze kultiviert (siehe auch GRIECHENLAND), und ihre Weine schmecken in Extrakt, Tannin und Alkohol auch eher griechisch als typisch modern bulgarisch. Der volle Name der Sorte lautet Shiroka Melnishka Losa, «breitblättrige Rebe von Melnik»; die Beeren sind bemerkenswert klein mit dicken, blauen Schalen. Manche Weine haben ein Aroma von Tabakblättern, die ebenfalls hier auf den Feldern wachsen. Ausbau in Eichenfässern und Geduld bringen Wärme und kraftvolle Subtilität, ganz ähnlich wie in einem CHÂTEAUNEUF-DU-PAPE. Vermutlich ist Melnik der langlebigste bulgarische Wein (siehe auch MAVRUD).

MELON oder **Melon de Bourgogne.** Französische Weißweinrebsorte, bekannt aus einem einzigen Wein und einer einzigen Region: MUSCADET. Wie der volle Name schon anzeigt, stammt die Traube aus Burgund. Mehrmals wurde Melon, genau wie Gamay im 16. und 17. Jh., in Acht und Bann getan. Anders als der weiße Verwandte aus Burgund, Chardonnay, in dessen vielen Synonymen auch der Name Melon immer wieder vorkommt, gilt die Traube nicht als edle Sorte, aber immerhin ist sie recht frosthart und trägt regelmäßig und reichlich. Im Mittelalter hatte sie sich Bouchard zufolge bis Anjou ausgebreitet, und so war es nur natürlich, daß die Winzer im weiter westlich gelegenen Muscadet sie auch ausprobieren wollten. Im 17. Jh. wurde Melon dann an der Loire-Mündung zur dominierenden Weißweinrebsorte, als holländische Kaufleute den Anbau relativ neutraler Weißweine anstelle der bis anhin hier gewonnenen dünnen Rotweine stark förderten, um so zu Grundwein für die Weinbrennereien in Holland zu kommen.

Die wachsende Bedeutung von Melon beruht heute allein auf der unerklärlichen Popularität des Muscadet, von dem man behaupten könnte, sein wichtigstes Merkmal sei, daß er kaum eines habe. Von den sechs meistangebauten Weißweinrebsorten Frankreichs konnten in den überschußbewußten 1980er Jahren nur Chardonnay, Sauvignon und Melon ihre Anbauflächen steigern, im Fall von Melon auf über 11 000 ha ausschließlich an der Loire-Mündung.

Bei vielen der ursprünglich als PINOT BLANC nach Kalifornien gekommenen Stecklinge handelte es sich in Wahrheit um Melon.

Bouchard, A., NOTES AMPÉLOGRAPHIQUES RÉTROSPECTIVES SUR LES CÉPAGES DE LA GÉNÉRALITÉ DE DIJON, in *Bulletin de la Société des Viticulteurs de France* (1899).
Galet, P., *Cépages et vignobles de France* (2. Aufl., Montpellier, 1990).

MENCÍA In Nordwestspanien stark verbreitete Rotweinrebsorte. Sie bringt in den Bereichen BIERZO, RÍAS BAIXAS, VALDEORRAS und LEN leichte, ziemlich duftige Rotweine hervor. Die hier herrschende Überzeugung, diese Sorte sei mit Cabernet Franc verwandt, ist so stark, daß ihr Synonym Cabernet lautet.

MENDOCINO Eines der größten und klimatisch abwechslungsreichsten Countys KALIFORNIENS. Die gesamte Rebfläche von 4400 ha befindet sich in der südlichen Hälfte, aber auch dort ist die meteorologische Spannweite zwischen den AVA-Bereichen Anderson Valley an der Küste und McDowell Valley im Inneren so groß, wie man es sich kaum vorstellen kann.

Im 19. Jh. blieben die Weinanpflanzungen hier infolge der Isolierung von San Francisco klein und außerhalb der County-Grenzen eher unbekannt, konnten sich aber gerade wegen dieser Isolierung während der ganzen PROHIBITION erhalten. Der größte Teil der Rebfläche befindet sich bei Ukiah im Quellgebiet des Russian River. Die Bereiche Redwood Valley, Ukiah und Hopland sind zwar schon längere Zeit recht klar definiert, sie hatten es aber nie eilig, sich um individuellen AVA-Status zu bemühen, und geben sich mit der umfassenden AVA-Bezeichnung Mendocino zufrieden.

Mendocino AVA

Die umfassende Herkunftsbezeichnung beinhaltet die spezifischeren AVAs Anderson Valley, McDowell Valley und Potter Valley und auch die größte geschlossene Rebfläche im County am Lauf des Russian River vom Redwood Valley südwärts über Ukiah bis jenseits von Hopland. Cabernet Sauvignon, Petite Sirah, Zinfandel und Sauvignon Blanc bewähren sich in dem großen Gebiet am Russian River als zuverlässig. Aus manchen Lagen kommt überraschend feiner Chardonnay. Der Größe nach ist Fetzer der dominierende Weinbaubetrieb, aber auch Jepson, Parducci und Husch haben kommerzielle Bedeutung.

Anderson Valley AVA

Die Scouts, die für das Champagnerhaus Louis Roederer in Kalifornien unterwegs waren, suchten dort lange nach einer Gegend mit ebenso trüben Wetterverhältnissen wie in Nordostfrankreich und fanden schließlich, daß das Anderson Valley an der Küste des Mendocino County genau das Richtige war. Der Anblick der Landschaft, durch die der rasch dahinfließende Navarro strömt, läßt jeden Maler sofort nach Pinsel und Leinwand greifen. So etwas wie eine Talsohle hat das eng von steilen Bergen umrahmte Tal nur an wenigen Stellen zu bieten, und so kommt es, daß höchstens einer oder zwei von den insgesamt zwanzig Weinbergen im Anderson Valley auf ebenem Grund liegen, was für den Weinbau in den Tälern Kaliforniens ungewöhnlich ist. Das Anderson Valley ist kaum zehn Meilen lang, doch die stetig ansteigende Höhe bringt es mit den hoch aufragenden Bergen zusammen fertig, daß das landeinwärts bei Boonville gelegene Ende wärmer und trockener ist als das oft nebelverhangene Gebiet zwischen Philo und Navarro, wo der größte Teil der Reben steht.

Hier hatten Schafe und Äpfel vorgeherrscht, bis der Wein kam – zuerst ein wenig in den 1970er Jahren, dann mehr in den 1980er Jahren. Die größten Gewürztraminer Amerikas stammen aus dieser Gegend; manche Rieslinge und Chardonnays sind hier denkwürdig ausgefallen. In verstreuten

Das Château de MÉNÉTOU-SALON.

kleinen Lagen auf Bergrücken im Westen ist schon viel wundervoller, durch Eichenholzwürze gestärkter Zinfandel gewachsen. Greenwood Ridge, Handley, Husch, Lazy Creek und Navarro Vineyards sind die für die Erzeugung von Tischweinen wichtigsten Weinbaubetriebe. Seit 1984 haben zuerst Roederer und dann Scharfenberger mit nach der klassischen Methode hergestellten Schaumweinen von Chardonnay und Pinot Noir dieser Region eine neue Richtung gegeben.

McDowell Valley AVA
In der Praxis handelt es sich um einen für einen einzigen Weinbaubetrieb geschaffenen AVA-Bereich in einem kleinen Tal im Landesinneren östlich der Stadt Hopland im südlichen Mendocino County. Das Hauptinteresse gilt Grenache, Syrah sowie dem hier schon seit der Zeit vor der Jahrhundertwende angebauten Zinfandel.

Potter Valley AVA
Der Bereich weit im Osten des Mendocino County verfügt über keinen eigenen Weinbaubetrieb, und sein Name erscheint deshalb auf Etiketten nur selten. Seine besten Leistungen hat er bislang mit Sauvignon Blanc erbracht. Die Weinpflanzungen gehen auf die 1970er Jahre zurück.

MENDOZA siehe ARGENTINIEN.

MÉNÉTOU-SALON APPELLATION CONTRÔLÉE bei Bourges, westlich des viel berühmteren SANCERRE, mit einer ähnlichen Palette an Rot-, Weiß- und Roséweinen, die oft sehr viel preiswerter zu haben sind. Der Sauvignon Blanc erbringt hier Weine, die durchaus ebenso erfrischend aromatisch sein können wie der Sancerre. Der Boden der Appellation besteht, ganz ähnlich wie im östlich angrenzenden berühmteren Nachbarbereich, vorwiegend aus KALKSTEIN. Das gilt vor allem für die beste Gegend um den Ort Morogues, der auf den Etiketten von Erzeugern wie Henry Pellé erscheint. Auch um den Ort Parassy sind viele Weinberge konzentriert. Etwa 60 % der Gesamterzeugung im Bereich entfallen auf Sauvignon; die Pinot-Noir-Traube erbringt leichte, duftige Rot- und Roséweine, die jung getrunken sein wollen – wiederum ein Beweis für die Ähnlichkeit zwischen Sancerre und Ménétou-Salon.

Siehe auch LOIRE und die dazugehörige Karte.

MENGENVEREDELUNG Die Technik der Veredelung von Reben in geschlossenen Räumen anstatt im Freiland ermöglicht Mechanisierung und fabrikmäßige Behandlung im Sinne einer Massenproduktion. In Europa wird das Verfahren verbreitet angewandt, vor allem in Italien und Südfrankreich, wo es einen größeren Industriezweig bildet. In der Winterruhe geschnittene Edelreiser werden zunächst kalt aufbewahrt; nach Einweichen in einer Fungizidlösung werden Steckhölzer einer Unterlagsrebe entknospt und die EDELREISER in Stücke mit jeweils einem Knoten aufgeteilt. Am unteren Ende des Edelreisers und am oberen Ende der VEREDELUNGSUNTERLAGE werden sodann unter Verwendung von gleich dicken Reisern aufeinanderpassende Schnittflächen hergestellt. Eine PFROPFMASCHINE, die verschiedene Schnitte, z. B. «Omega» oder «Sägezahn», ausführen kann, übernimmt das PFROPFEN. Nach dem Zusammenfügen werden die gepfropften Reiser in ein feuchtgehaltenes, grobkörniges Medium gepackt und in Kästen in feuchtwarmen Räumen (28–29 °C) aufbewahrt, bis sich etwa nach zwei Wochen an der Verbindungsstelle KALLUS gebildet hat. Nach der Abhärtung werden die Pfropfstellen mit Baumwachs verschlossen, um Wasserverluste zu verhindern, und anschließend werden die Steckhölzer meist in einer REBSCHULE ausgepflanzt. Es sind viele Varianten dieses Verfahrens in Gebrauch, doch bei allen wird stets darauf geachtet, daß sich keine Pilzkrankheiten einschleichen.
B. G. C.

MÉNTRIDA Stadt und Weinbaubereich südwestlich von Madrid in CASTILLA-LA MANCHA mit robusten Rotweinen von der Garnacha-Traube. Es ist jedoch nicht so recht klar, aus welchen Gründen die Weinerzeuger der Gegend den DO-Status verdient haben. Bei den meisten Weinen handelt es sich um deftige, in altmodischen Genossenschaftskellereien unter oft nicht ganz einwandfrei hygienischen Bedingungen entstehende Rotweine, die nicht weiter in die Welt hinausgelangen als bis in die Bars im nahen Madrid. Der einzige Erzeuger, der in diesem Teil Spaniens wirklich hochwertigen Wein hervorbringt, der Marqués de Griñon, verfügt in seinen Weinbergen bei Malpica de Tajo knapp außerhalb des DO-Bereichs über Bestände an CABERNET SAUVIGNON, CHARDONNAY, SYRAH und PETIT VERDOT. Allerdings muß er sich für seine Weine mit der Kategorie VINO DE MESA de Toledo begnügen, obwohl die Qualität seiner Weine allem, was die DO Méntrida bieten kann, himmelhoch überlegen ist.
R. J. M.

MERANESE oder **Meraner.** Rotwein aus der Umgebung von Meran in Südtirol (siehe ALTO ADIGE).

MERCAPTANE Eine Gruppe von faul riechenden chemischen Verbindungen, bei denen eines der Wasserstoffatome des SCHWEFELWASSERSTOFFS durch eine Alkylgruppe – eine Kette von Kohlenstoffatomen, bei denen an allen freien Stellen Wasserstoffatome angelagert sind – ersetzt ist. Mercaptane mit einem unerfreulich stinktierähnlichen Geruch werden von HEFEN nach der primären alkoholischen GÄRUNG durch Reaktion mit SCHWEFEL im GELÄGER gebildet. Wenn sie nicht schnellstens aus dem neuen Wein entfernt werden (das kann meist durch einfache LÜFTUNG, z.B. beim ABSTECHEN, geschehen), dann kann es vorkommen, daß sich weniger stark flüchtige und daher noch unangenehmere Verbindungen bilden.

MERCUREY Der bedeutendste Weinort im Bereich Côte CHALONNAISE in Burgund. Der größte Teil der Erzeugung entfällt auf Rotwein von Pinot Noir, es entsteht hier aber auch in kleinen Mengen duftiger Weißwein von Chardonnay. Mit einer Rebfläche von 522 ha produziert Mercurey fast genauso viel Wein wie die übrigen Appellations Contrôlées an der Côte Chalonnaise – Givry, Rully und Montagny – zusammengenommen. Die AC umfaßt auch den Ort St-Martin-sous-Montaigu und beinhaltet 29 PREMIER-CRU-Lagen, auf die 20 % des Gesamtbestands entfallen.

Die Rotweine sind meist tiefer in der Farbe, voller im Körper, entfaltungsfähiger und dabei preiswerter als die aus den Nachbardörfern. Die Höchsterträge für Mercurey sind dieselben, wie sie für VILLAGE-WEINE an der CÔTE D'OR gelten, während in den übrigen Appellations der Côte Chalonnaise noch einmal 5 hl/ha mehr erlaubt sind.

Der Mercurey soll der Lieblingswein von Gabrielle d'Estrées gewesen sein, während Henri IV., dessen Geliebte sie war, dem Givry den Vorzug gab. J. T. C. M.

MERGEL Krümelige Kombination von KALK und TON; Mergel wird oft kalkarmen Böden zur Verbesserung zugesetzt. Weißlicher Mergel kommt in gewissem Umfang in den Weinbergen von BEAUNE und POMMARD natürlich vor, in größerem Umfang auch in MEURSAULT, wo er die besten Böden für Weißweinrebsorten abgibt. Mit kleinen Steinen durchsetzter Mergel findet sich im französischen JURA und Kreidemergel in TAVEL an der südlichen RHÔNE. Auch im deutschen Anbaugebiet RHEINHESSEN beruht der Boden zum Teil auf Mergel. Viele der feinsten Weine an der CÔTE D'OR wachsen auf Kalkmergel über KALKSTEIN (siehe auch BODEN ff.). M. J. E.

MERILLE Die früher an der Garonne weitverbreitete Traubensorte bringt ausdrucksschwachen Rotwein hervor, der in keiner APPELLATION CONTRÔLÉE der Gegend, auch nicht in Buzet oder den Côtes du Marmandais, zugelassen ist.

MERITAGE Geschützter Name für amerikanische Weine, die als Verschnitt aus mehreren Traubensorten nach dem Vorbild der Weine aus dem MÉDOC und aus GRAVES bereitet werden. Die Bezeichnung wurde geschaffen, um diese Verschnitte von SORTENREINEM Cabernet Sauvignon, Merlot usw. deutlich abzugrenzen. Der Name Meritage darf auf Etiketten nur von amerikanischen Weinbaubetrieben benutzt werden, die einem entsprechenden Verband angehören und sich verpflichten, die nachstehenden Anforderungen einzuhalten: Rotweine dürfen ausschließlich von Cabernet Sauvignon, Cabernet Franc, Merlot, Malbec und Petit Verdot, Weißweine nur von Sauvignon Blanc, Semillon und Muscadelle bereitet sein; die Produktionsmenge darf 25 000 Kisten im Jahr nicht überschreiten, und der Wein muß einer der beiden teuersten aus dem betreffenden Weinbaubetrieb sein.

Fast alle Mitglieder des Verbands sind in KALIFORNIEN ansässig (und nur dort gibt es Weinbaubetriebe mit einer ausreichend langen Geschichte, um wenigstens eine oberflächliche Beurteilung zu ermöglichen). Einige Weißweine können es in der Qualität mit trockenem Graves aufnehmen, obwohl ihr Charakter rein kalifornisch ist. Meritage-Weine sollten eigentlich die feinsten Weine aus BORDEAUX in die Schranken fordern, allerdings waren die ersten Meritages meist charakterschwächere Pendants zu vollblütigen Cabernet Sauvignons aus denselben Lagen oder Gegenden. Wenn die Winzer Lagen finden (die Frage ist nur, ob es die gibt), in denen Cabernet Francs und Merlots entstehen, die dem Cabernet Sauvignon etwas geben können, dann stellt sich vielleicht verbesserte Rasse ein. Ein paar der feinsten Weine geben zu Hoffnung Anlaß.

Ein Problem des Verbands besteht darin, daß seine führenden Mitglieder bereits Phantasienamen für ihre eigenen Bordeaux-Verschnitte geprägt hatten, so daß die Meritage-Nomenklatur unsägliche Verschlingungen aufweist.

MERLOT oder **Merlot Noir.** Die eng mit den großen Weinen von St-Émilion und Pomerol verknüpfte Traube stellt die meistangebaute Rotweinrebsorte von Bordeaux dar und genießt auch andernorts außerordentliche Popularität. Sie ist nicht direkt mit dem relativ charakterschwachen weißen **Merlot Blanc** verwandt, der ebenfalls in Bordeaux, allerdings in weit geringerem und zudem in Rückgang begriffenem Maß, kultiviert wird.

In ganz Südwestfrankreich und zunehmend auch sonst in der Welt spielt Merlot die Rolle des Juniorpartners in Verschnitten mit dem kargeren, aristokratischeren, langlebigen Cabernet Sauvignon, zu dessen Attributen er mit seiner früh reifenden, fülligen, üppigen Fruchtigkeit eine weit wirkungsvollere Ergänzung bildet als der CABERNET FRANC, der oft im Bordeaux-Verschnitt den Dritten im Bund darstellt. Außerdem bietet der Merlot in klimatischen Randbereichen eine Art Versicherung, da er mindestens eine Woche vor Cabernet Sauvignon austreibt, blüht und reift (allerdings ist er dadurch stärker frostgefährdet, wie sich 1956 und 1991 höchst eindrücklich gezeigt hat. Durch seine frühe Blüte ist er auch außerordentlich anfällig für VERRIESELN, wogegen jedoch schwachwüchsige VEREDELUNGSUNTERLAGEN helfen. Merlot ist nicht ganz so starkwüchsig wie Cabernet Sauvignon; seine lockerer aufgebauten, mit größeren und deutlich dünnschaligeren Beeren versehenen Trauben sind viel fäuleanfälliger, und die Rebe ist empfindlich für FALSCHEN MEHLTAU. (SPRITZEN ist daher in den Weinbergen von Bordeaux ziemlich häufig erforderlich.) Merlot gedeiht viel besser als Cabernet Sauvignon auf feuchten, kühlen Böden wie z. B. in St-Émilion und Pomerol, weil diese die Feuchtigkeit besser halten und es den Beeren dadurch ermöglichen, ihre volle Größe zu erreichen. Auf sehr stark durchlässigen Böden kann es dagegen in trockenen Sommern vorkommen, daß sich die Trauben nicht voll entwickeln.

In einem nicht ausgesprochen warmen oder heißen Klima ist Merlot leichter zu kultivieren als Cabernet Sauvignon und hat obendrein den Vorteil, daß er etwas höhere Erträge bringt. Es ist deshalb nicht verwunderlich, daß Merlot sowohl in Frankreich als auch in Norditalien seit langem über größere Anbauflächen verfügt als Cabernet Sauvignon.

Das zeigt sich besonders ausgeprägt in Bordeaux, wo Cabernet Sauvignon nur auf den berühmt durchlässigen Böden im Médoc und in Graves einen Vorsprung vor Merlot hat. In anderen Bereichen, nicht nur in St-Émilion und Pomerol, sondern auch in Bourg, Blaye, Fronsac und vor allem in den Bereichen, die unter die einfache AC Bordeaux oder eine der übrigen sogenannten Côtes-Appellationen von Bordeaux fallen, herrscht Merlot vor. In den 1970er und 1980er Jahren bildete er – neben Cabernet Sauvignon, wo dieser zur Reife gelangen konnte – stets die erste Wahl für die Neubestockung von Land, das vorher mit den weniger modischen und lukrativen Weißweinrebsorten Sémillon, Colombard, Muscadelle, Ugni Blanc und anderen, die noch immer ohne viel Erfolg an der Gironde wachsen, besetzt war.

Der landwirtschaftlichen Zählung von 1988 zufolge entfiel im Département Gironde über die Hälfte aller Rotweinrebsorten auf Merlot, während Cabernet Sauvignon nur 28 % der für Rotwein bestimmten Rebfläche innehatte. Im Médoc, wo jede zweite Rebe auf Cabernet Sauvignon entfällt, ist der Bestand an Merlot fast siebenmal so groß wie der an Cabernet Franc. Und im Libournais, d. h. im Raum St-Émilion und Pomerol mit Umgebung, waren mindestens zwei von drei Reben Merlot.

Dem Historiker Enjalbert zufolge ist Merlot bereits seit 1784 im Libournais als hochwertige Traubensorte nachgewiesen, und 1868 bezeichnete A. Petit-Laffitte ihn als die bedeutendste Traubensorte im Médoc für den Verschnitt mit Cabernet Sauvignon. Aber in St-Émilion und vor allem auf den Tonböden von Pomerol erbringt der Merlot klar seine großartigeren Weine. Doch selbst hier hat Merlot mit wenigen Ausnahmen, z. B. Château PÉTRUS, eindeutig hellere Farbe, weniger kräftige Säure und insbesondere weniger Tanningehalt als der rote Bordeaux vom linken Garonne-Ufer, der von dem dickschaligen Cabernet Sauvignon beherrscht wird. Der relativ früh genußreife und ansprechende Merlot hat in Inflationszeiten gegenüber Cabernet Sauvignon eindeutige Vorzüge.

Der Popularitätszuwachs, den der Merlot in den 1980er Jahren bei den Weinerzeugern in Bordeaux, Bergerac und im Languedoc-Roussillon zu verzeichnen hatte, war dergestalt, daß er 1988 hinter Carignan und Grenache die drittmeist angebaute Rotweinrebsorte Frankreichs war. Seine Anbaufläche belief sich auf 60 000 ha gegenüber 36 500 ha für Cabernet Sauvignon. Merlot wird nicht nur in Bordeaux, sondern überall in SÜDWESTFRANKREICH weit mehr angebaut als Cabernet Sauvignon bzw. Cabernet Franc. Wo immer in diesem Teil Frankreichs die Regeln einer APPELLATION CONTRÔLÉE Cabernet Sauvignon zulassen, ist auch Merlot erlaubt; nur an der Dordogne genießt der letztere den Vorzug, während in der Gascogne die Cabernets begünstigt werden.

Neben Syrah war der Merlot der Hauptnutznießer der Hinwendung zu «besseren» Rebsorten, die im Midi stattgefunden hat. 1988 betrug die Anbaufläche in den Départements Aude und Hérault jeweils 4000 ha und im Roussillon 400 ha. Ein großer Teil des Ertrags geht in Verschnitte mit der strengen Carignan-Traube ein, um ihnen Frucht und Gefälligkeit zu verleihen. Die einzigen Appellations Contrôlées, in deren Regeln Merlot zugelassen ist, sind CABARDÈS und die Côtes de la MALEPÈRE, doch viel wird auch zu leichtem, fruchtigem VIN DE PAYS verarbeitet, dessen Qualität gewöhnlich im umgekehrten Verhältnis zum Ertrag steht.

Auch in Italien kommt Merlot mit einer Anbaufläche von 30 000 ha im Jahr 1990, verteilt auf 14 von 20 Regionen des Landes, große Bedeutung zu. Die Sorte wird vor allem im Nordosten kultiviert, oft neben Cabernet Franc; dort erreicht der Jahresausstoß an «Merlott», wie er hier heißt, über 100 000 hl aus den Ebenen von GRAVE DEL FRIULI und PIAVE, wobei bessere, konzentriertere Weine vor allem aus höheren Lagen kommen. In Friaul, wo der Merlot deutlich bessere Leistungen erbringt als die Cabernets, gibt es sogar eine Strada del Merlot als Touristenroute am Isonzo entlang. Über eigene DOC-Zonen verfügt der Merlot in FRIULI, im VENETO und im TRENTINO-ALTO ADIGE. Die Rebe wird auch in den Colli BOLOGNESI in der Emilia-Romagna angebaut. Allgemein ist von den großen Mengen an leichtem, vage fruchtigem Merlot aus dem Norden Italiens nicht viel zu erwarten. Um so bemerkenswerter ist es, daß die Rebe von einer Handvoll Erzeugern in der Toskana und in Umbrien ernstgenommen wird. Lodovico Antinori auf Ornellaia und die Fattoria de Ama zeigten als erste, daß Italien imstande ist, nach dem Vorbild von Pomerol einiges zuwege zu bringen.

Für den Weinbau in der italienischen SCHWEIZ ist Merlot lebenswichtig. Hier wird die Traube zu Weinen mehrerer Qualitätsstufen verarbeitet.

Auch in SLOWENIEN jenseits der Nordostgrenze Italiens ist Merlot ebenso populär wie überall an der dalmatinischen Küste, wo er bei eingeschränkten Erträgen ansprechend pflaumenwürzigen Wein hervorbringt. In UNGARN ist er als «Merlot Noir» vor allem um Eger im Nordosten und Villány im Süden verbreitet. In RUMÄNIEN, wo die Merlot-Anbaufläche möglicherweise um 10 000 ha beträgt, ist er die meistangebaute Rotweinrebsorte, während er in BULGARIEN hinter Cabernet Sauvignon, mit dem er oft verschnitten wird, an zweiter Stelle steht. Auch in RUSSLAND und besonders in MOLDOVA sind Merlot-Bestände anzutreffen.

Außerhalb seiner traditionellen Hochburgen ist der Merlot in der übrigen Welt viel zögernder aufgenommen worden als der berühmtere Cabernet Sauvignon. Die Tatsache, daß er etwas weniger Säuregehalt aufweist, ist seinem Fortkommen in wärmerem Klima, z. B. auf der Iberischen Halbinsel und in weiten Teilen des östlichen Mittelmeerraums, wo er zu Beginn der 1990er Jahre noch selten anzutreffen war, sicher hinderlich gewesen (nur der Ma Partilha aus Mittelportugal verspricht gute Aussichten).

Ein Aufschwung im Renommee des Merlot war aber vor allem in Nordamerika schon um 1990 erkennbar. Im vom Cabernet übersättigten Kalifornien galt Merlot in sortenreiner Version plötzlich als «heißer Tip»; zudem behagten ihm offensichtlich die Verhältnisse im Staat Washington und möglicherweise sogar auf Long Island, New York.

Obwohl 1985 die Anbaufläche von Merlot in Kalifornien kaum 800 ha betrug, war sie 1992 schon auf 3200 ha angewachsen, und die Traube war sowohl für Verschnitte mit anderen Bordeaux-Sorten nach MERITAGE-Art als auch für sortenreine Rotweine, die milder ausfielen als kalifornische Cabernet Sauvignons, sehr gefragt. Näheres über den Weinstil siehe KALIFORNIEN.

In den Weinbergen von Oregon hat Merlot bisher wenig Erfolg, weil in dem viel kühleren Klima VERRIESELN ein allzu großes Problem wird, doch im sonnigen Columbia Basin im Inneren von Washington bringt Merlot gleichmäßig feine, fruchtige, festgefügte Rotweine hervor (siehe auch WASHINGTON). Dort ist er mit einer Rebfläche von über 600 ha (im Jahr 1991), was einer Steigerung von 100 % in nur drei Jahren entspricht, die beliebteste Rotweinrebsorte. Auch in anderen Staaten der USA wird Merlot zunehmend angebaut.

In Südamerika hat Merlot vor allem für den Weinbau in ARGENTINIEN Bedeutung, wo die vorwiegend in Mendoza gelegene Anbaufläche von 2500 ha nur geringfügig kleiner war als die Gesamtfläche für Cabernet Sauvignon, allerdings sehr viel kleiner als die von Malbec. Auch in CHILE, URUGUAY, BRASILIEN und BOLIVIEN wird Merlot, wenn auch in geringem Umfang, kultiviert.

Der relativ späte Enthusiasmus Kaliforniens für Merlot fand sein Spiegelbild in AUSTRALIEN, wo von den 1990 bestehenden 500 ha nur 300 ha schon in Ertrag standen. Es gibt dort bestimmte Stellen, die für Merlot großes Potential bieten könnten, bisher aber wird Shiraz anstatt Merlot zur Milderung von Cabernet Sauvignon benutzt (soweit ultrareifer australischer Cabernet das überhaupt nötig hat).

Auch in NEUSEELAND verfügt Merlot eindeutig über großes Potential; 1992 belief sich die Anbaufläche auf 150 ha, und der Verwendungszweck bestand in der Hauptsache darin, Geschmackslücken des hier eckigeren Cabernet Sauvignon auszufüllen. Aus SÜDAFRIKA kommen recht gute sortenreine Merlots, und auch in Verschnitten nach Bordeaux-Art wird die Traube verwendet, sie muß sich am Kap allerdings erst noch eine klare Identität schaffen.

Da die Weinfreunde in aller Welt vermehrt nach feinen Rotweinen suchen, die eine Alternative zu dem allmählich aus der Mode kommenden strengen Charme des Cabernet Sauvignon bieten, ist es wahrscheinlich, daß der Merlot außerhalb Frankreichs an Bedeutung gewinnen wird.

Enjalbert H., *Les grands vins de St-Émilion, Pomerol et Fronsac* (Paris, 1983).

MERSEGUERA In ALICANTE, JUMILLA und VALENCIA verbreitet angebaute spanische Weißweinrebsorte; sie erbringt allerdings kaum Wein von eigenständiger Art. Die verhältnismäßig früh reifende Sorte trägt kompakte Trauben mit großen Beeren.

MESLIER ST-FRANÇOIS Weißweinrebsorte, wie ARBOIS eine Lokalspezialität des Département Loir-et-Cher im nach Westen abknickenden Loire-Knie; sie befindet sich aber in noch rascherem Rückgang. Früher wurde sie für die Produktion von Cognac und insbesondere Armagnac benutzt.

MESOKLIMA Bezeichnung für den Zwischenbereich zwischen dem sich über größere Regionen erstreckenden MAKROKLIMA und dem MIKROKLIMA (das oft auch unscharf als Kleinklima bezeichnet wird und dann in den Mesoklimabereich übergreift). Es umfaßt die spezifischeren Begriffe TOPOKLIMA und LAGENKLIMA und ersetzt diese beiden weitgehend. Der Umfang des Mesoklimas bemißt sich im allgemeinen in Größenordnungen von zehn bis zu einigen hundert Metern; man kann also zu Recht vom Mesoklima einer bestehenden oder potentiellen Weinberglage sprechen.

Die vollständige Definition des Meso- oder Lagenklimas erfordert detaillierte Aufzeichnungen an Ort und Stelle; diese aber stehen über die zur Glättung klimatischer Schwankungen nötigen längeren Zeiträume (etwa 30 Jahre und mehr), durch die sie erst repräsentativ werden, nur selten zur Verfügung. Der Prozeß läßt sich beträchtlich abkürzen, wenn die Meßwerte kontinuierlich mit denen einer in der Nähe gelegenen älteren Meßstation verglichen werden können. Sind die Differenzen über eine Anzahl von Wachstumsperioden hinweg als gleichmäßig erwiesen, dann lassen sie sich auf die längerfristigen Aufzeichnungen der anderen Station anwenden.

Gibt es an Ort und Stelle keine Aufzeichnungen über Temperaturmessungen, ist es immerhin noch möglich, einigermaßen zutreffende Schätzungen durch Interpolieren zwischen bekannten regionalen Tendenzen anzustellen, wenn man Höhenunterschiede mit 0,6 °C pro 100 m berücksichtigt. Anschließend läßt sich das individuelle Mesoklima noch genauer beurteilen, wenn man Merkmale der TOPOGRAPHIE, z. B. Hangneigung und Himmelsrichtung, sowie auch die Bodenart mit einbezieht, wie es von Geiger in allgemeiner Form erörtert wird.

Gladstones empfiehlt die nachfolgenden effektiven Temperaturanpassungen (zur Vorbestimmung von Rebenentwicklung und Reifevorgang) für Weinberglagentopographien in mittleren geographischen Breiten im Vergleich mit nahegelegenen Meßstellen in Flachlagen mit nichtsteinigem und nichtkalkhaltigem Boden:

	Anpassung an:	
Terrain	max. Temp.	min. Temp.
Mäßige Hangneigung in welligem Terrain	–0,5 °C	+1,0 °C
Steilhänge bzw. mäßige bis steilere Hangneigung an freistehenden Hügeln	–0,5 °C	+1,5 °C
Voll zur Mittagssonne ausgerichtete Hänge	+0,25 °C	+0,75 °C
Von der Mittagssonne voll abgewandte Hänge	–0,25 °C	–0,75 °C
Nach Osten oder Westen ausgerichtete Hänge	keine Veränderung	keine Veränderung
Ausgeprägt steinige, felsige Hänge, Kalkstein oder Kreideboden	–0,5 °C	+1,0 °C

Bei geringeren topographischen oder Bodenkontrasten sind entsprechend kleinere Anpassungswerte vorzusehen. Alle Einzelanpassungen sind additiver Art. J. G.

Geiger, R., *Das Klima der bodennahen Luftschicht* (4. Aufl., Brunswick, 1961).
Gladstones, J., *Viticulture and Environment* (Adelaide, 1992).

MESOPOTAMIEN Im alten Mesopotamien – dem Land zwischen Euphrat und Tigris –, das allgemein als die Wiege der Zivilisation gilt, war das meistgebräuchliche alkoholische Getränk zu allen Zeiten wahrscheinlich BIER, das es in allen möglichen Ausführungen und Stärken gab. Es sind viele Hinweise auf Bier aus der damaligen Zeit erhalten geblieben. Allerdings wird in Keilschrifttexten auf Tontafeln aus Ur, die auf etwa 2750 v. Chr. zurückgehen, auch Traubenwein bereits erwähnt. Ein Trinklied aus dem alten SUMER (etwa 200 v. Chr.) nennt alle zur Herstellung von Bier und Wein nötigen Gerätschaften. Wein und Bier werden oft gleichzeitig serviert. Es wurde auch ein Wein aus Datteln bereitet. Weinreben gediehen im tiefgelegenen, feuchten Süden Mesopotamiens nicht sehr gut, also wurde Wein offensichtlich aus dem gebirgigeren Norden eingeführt. Hier liegt wohl auch der Ursprung des poetischen Namens, den man dem Wein gab: «Getränk der Berge».

Im 1. Jahrtausend v. Chr. war Wein zumindest in privilegierten Kreisen genauso verbreitet wie Bier. Leider weiß man nur wenig über die Bereitungsmethoden. Die Weinbezeichnungen lassen den Schluß zu, daß es Wein in großer Vielfalt gab: neuen, alten, ausgereiften, starken, sehr süßen, klaren, roten, ochsenaugenfarbenen, wohlschmeckenden. Eine Sorte trägt den Namen «Trank des Königs». Manche Weine, z. B. der sogenannte Bitterwein aus Tupliash östlich des Tigris, waren anscheinend mit Kräutern gewürzt. Wein wurde auch mit Honig vermischt getrunken.

Ab dem Anfang des 1. Jahrtausends v. Chr. scheint dann Wein häufiger nach dem Ursprungsort als nach der Art bezeichnet worden zu sein. Meist handelt es sich um Regionen nördlich oder nordwestlich von Mesopotamien (im heutigen Nordirak und Nordsyrien), aber auch Suhu gehört dazu (eine Gegend im heutigen Irak am Mittellauf des Euphrats, flußabwärts von der heutigen syrischen Grenze). In einer Inschrift über Opfergaben an den Gott Marduk in dessen Tempel in Babylon erwähnt König Nebukadnezar II. (Regierungszeit 604–563 v. Chr.) das «Getränk der Berge», «klaren Wein» und die Weine aus acht verschiedenen mit Namen genannten Regionen.

Einige Dokumente sind in Form von Tontafeln aus dem frühen 8. Jh. v. Chr. aus der assyrischen Hauptstadt Kalhu (dem heutigen Nimrud) auf uns gekommen. Es handelt sich um die Reste eines großen Archivs mit Angaben über die Weinrationen für den 6000 Personen zählenden Palasthaushalt, vom König und der Königin bis hinab zum Hilfskoch und den Hütejungen. Die Weinmagazine waren mit großen Weinkrügen gefüllt – Archäologen schätzen, daß in einem Magazin mindestens 150 hl gelagert waren. Die tägliche Grundration war recht bescheiden: etwa 0,2 l bzw. 0,3 l für einen gelernten Handwerker. Vornehme erhielten wesentlich mehr.

Wein und Bier wurden neben anderen Lebensmitteln und Getränken häufig im Rahmen des Kults den Göttern als Opfer dargebracht, und Trankopfer waren in Tempelritualen gebräuchlich.

Bei den Babyloniern und Assyrern wurde Wein, aber auch Bier verbreitet für medizinische Zwecke verwendet, oft als Arzneitrank mit verschiedenen, gelegentlich dubiosen oder gar ausgesprochen widerwärtigen Zutaten.

Siehe auch HERODOT und SUMER. J. A. B.

Bottéro, J., GETRÄNKE, *Reallexikon der Assyriologie und vorderasiatischen Archäologie* (wichtigstes Nachschlagewerk zum Thema. Erstausgabe Berlin, 1928; wird laufend komplettiert).
Kinner Wilson, J. V., *The Nimrud Wine Lists* (London, 1972).

MET Vergorenes alkoholisches Getränk aus Honig; es handelt sich um eine hochkonzentrierte Glucoselösung, die viel mit OBSTWEIN gemeinsam hat.

METABISULFAT Ein häufig benutztes Mittel, das den Trauben zugesetzt wird, um die OXIDATION des Mosts zu verhindern. Siehe SCHWEFELDIOXID.

METALLE siehe MINERALE.

METHANOL, Methylalkohol, denaturierter Spiritus oder **Holzspiritus.** Aus der Gruppe der einfachen ALKOHOLE ist Methanol der mit dem niedrigsten Molekulargewicht; es besteht die Gefahr, daß die mittelstark giftige Substanz gelegentlich mit ÄTHANOL verwechselt wird, was erhebliche Risiken für die Gesundheit und sogar das Leben desjenigen mit sich bringt, der sie versehentlich zu sich nimmt. Der Genuß schon mäßiger Mengen Methanol führt zur Erblindung, 25–100 ml können den Tod herbeiführen. Um die Mitte der 1980er Jahre wurden unglücklicherweise einige italienische Weine mit Methanol vergiftet (siehe WEINPANSCHEREI).

Wein enthält von Natur aus sehr geringe Mengen an Methanol: rund 0,1 g/l, also etwas weniger als ein Hundertstel der normalen Konzentration an Äthanol. Gewisse Spuren von Methanol sind in den Trauben vorhanden, weitere bilden sich bei der GÄRUNG, der größte Teil wird jedoch durch Entmethylieren der Pektinsubstanzen gebildet, die in der Traube natürlich vorkommen (siehe ENZYME). Rotweine, insbesondere solche, die einer längeren MAISCHUNG unterzogen wurden, haben meist eine überdurchschnittlich hohe Methanolkonzentration. Weinbrand weist im allgemeinen einen höheren Gehalt an Methanol auf als Wein, weil es durch den Destillationsprozeß konzentriert wird. Wein und BRANNTWEIN von anderen Früchten als Trauben haben oft höhere Methanolkonzentration, weil in der Traube weniger Pektin enthalten ist als in den meisten anderen Früchten. Aber auch mit solchen Getränken wäre es unmöglich, eine gefährliche Methanoldosis zu sich zu nehmen, weil man so ungeheuer viel auf einmal trinken müßte, daß man sich schon lange vorher mit dem viel harmloseren Äthanol eine schwere Alkoholvergiftung zugezogen hätte.

Methanol trifft man im Alltagsleben als Bestandteil von Haushaltreinigungsmitteln sowie als Brennstoff für Spirituskocher und dergleichen an. A. D. W.

MÉTHODE ANCESTRALE, auch **méthode artisanale** oder **méthode rurale.** Vorwiegend in Limoux gebräuchliches traditionsverhaftetes Verfahren der SCHAUMWEINHERSTELLUNG; es erbringt einen leicht schäumenden, lieblichen Wein, manchmal mit Hefesatz.

MÉTHODE CHAMPENOISE Französischer Begriff für das Champagnerverfahren; siehe SCHAUMWEINHERSTELLUNG. Früher gab die Bezeichnung dem Verbraucher wertvolle Hinweise, weil er daran mit Sorgfalt bereitete Schaumweine von anderen, durch einfachere Verfahren hergestellte unterscheiden konnte. Ab 1994 wurde der Gebrauch dieser Bezeichnung von der EUROPÄISCHEN UNION untersagt. Erlaubt sind folgende Formulierungen: *fermentation en bouteille selon la méthode champenoise; méthode traditionnelle; méthode classique; méthode traditionnelle classique.* Eine entsprechende deutsche Bezeichnung ist z. B. Flaschengärung.

MÉTHODE CLASSIQUE Von der EUROPÄISCHEN UNION zugelassene Bezeichnung für das Champagnerverfahren der SCHAUMWEINHERSTELLUNG.

MÉTHODE DIOISE Schaumweinherstellungsverfahren für CLAIRETTE DE DIE.

MÉTHODE GAILLAÇOISE In GAILLAC gebräuchliche Version der MÉTHODE ANCESTRALE; siehe SCHAUMWEINHERSTELLUNG.

MÉTHODE TRADITIONNELLE und **méthode tradionnelle classique.** Von der EUROPÄISCHEN UNION zugelassene alternative Bezeichnungen für das Champagnerverfahren der SCHAUMWEINHERSTELLUNG.

METHUEN TREATY Ein im Jahr 1703 zwischen Großbritannien und Portugal geschlossenes Abkommen, demzufolge portugiesische Waren in Großbritannien Vorzugsrechte genossen und der Import portugiesischen Weins zu Lasten von Weinen aus dem übrigen Europa, vor allem aus Frankreich, gefördert wurde. Damals entwickelte sich PORTWEIN zu dem starken, süßen Getränk, wie wir es heute kennen.

METODO CLASSICO oder **metodo tradizionale.** Italienische Bezeichnung für Schaumweine nach dem Champagnerverfahren.

MEUNIER Die Rotweinrebsorte gehört zu den zwölf meistangebauten Frankreichs, ist aber weder unter diesem Namen noch unter ihrem Synonym **Pinot Meunier** häufig auf Weinetiketten anzutreffen. Meunier ist wahrscheinlich eine frühe, besonders stark behaarte MUTATION von PINOT NOIR. Ihren Namen (das Wort bedeutet Müller) verdankt sie der Tatsache, daß die stark behaarte Unterseite der Blätter aussieht, als wäre sie mit Mehl bestäubt. Dementsprechend heißt sie in Deutschland **Müllerrebe**, jedoch auch **Schwarzriesling**.

Meunier ist heute noch in der Champagne, wie früher in den damals ausgedehnteren Weinbergen Nordfrankreichs, hoch geschätzt, weil die Rebe spät austreibt und früher reift als der ungünstig früh austreibende Pinot Noir und daher weit weniger anfällig für VERRIESELN ist und zuverlässigere Erträge bringt. Der Säuregehalt ist etwas höher, der Alkoholgehalt aber durchaus nicht unbedingt geringer als bei Pinot Noir. Meunier ist infolgedessen bei den Winzern in der Champagne beliebt, vor allem für kühlere Nordlagen im feuchten, frostgefährdeten Marne-Tal und in den kühlen Tälern im Département Aisne. Wie groß die kommerzielle Bedeutung der Sorte für die Champagnerindustrie ist, läßt sich daran ablesen, daß sie mit einer Fläche von 11 000 ha bzw. über 40 % der Gesamtrebfläche die bei weitem meistangebaute Traube der Champagne ist. Zwar sind die Anpflanzungen an Pinot Noir und Chardonnay zum Teil wegen der für diese edleren Trauben gezahlten Mehrpreise in den 1980er Jahren stärker gestiegen, aber dennoch dürfte Meunier noch auf lange Jahre hinaus die mengenmäßig bedeutendste Sorte bleiben.

Allgemein heißt es, daß Meunier als Bestandteil im traditionell aus drei Traubensorten zusammengestellten Champagnerverschnitt angenehme Fruchtigkeit als Ergänzung zur Gewichtigkeit des Pinot Noir und zur Finesse des Chardonnay beisteuert. Allerdings machen nur wenige Häuser (KRUG ist eine lobenswerte Ausnahme) viel Aufhebens von Meunier, und nur wenige Champagner von Erzeugern, die vorwiegend Meunier anbauen, zeigen große Wucht oder Langlebigkeit. Meunier hat auch allgemein weniger Pigmente als Pinot Noir – daher das in Frankreich häufig gebrauchte Synonym Gris Meunier.

Im Norden Frankreichs ist die Sorte weitgehend verschwunden, obwohl sie in den Rosés und leichten Rotweinen an den Côtes de TOUL, in den Weinen von der MOSELLE und aus der TOURAINE sowie im ORLÉANAIS theoretisch noch zugelassen ist.

Als Müllerrebe oder Schwarzriesling genießt die Sorte in Deutschland relativ große und derzeit sogar wachsende Popularität; der größte Teil ihrer Anbaufläche von 2000 ha liegt im Anbaugebiet WÜRTTEMBERG. Auch in der deutschsprachigen SCHWEIZ und in kleinerem Umfang in Österreich und im ehemaligen Jugoslawien wird die Müllerrebe kultiviert.

Eigenartigerweise hat Meunier in Australien als Traube für sortenreinen stillen Rotwein (früher unter dem Namen Miller's Burgundy) eine längere nachgewiesene Geschichte als Pinot Noir, vor allem in Great Western (VICTORIA). Allerdings wurde die Sorte nur durch das erneut aufkommende Interesse an Schaumwein nach dem Vorbild des Champagners vor dem Aussterben gerettet, so daß durch Neuanpflanzungen in kühlen Gegenden die bisher im Rückgang begriffene australische Rebfläche, die sich 1991 auf 38 ha belief, wieder erweitert worden ist.

Auch in Kalifornien waren mit Blick auf die Herstellung von Schaumwein nach dem Vorbild des echten Champagners in den 1980er Jahren Meunier-Edelreiser gesucht, und 1992 betrug die fast ausschließlich in CARNEROS gelegene Anbaufläche bereits 275 ha.

MEURSAULT Der große, wohlhabende Ort im Bereich Côte de Beaune an der Côte d'Or (Burgund) bringt vor allem Weißwein von der Chardonnay-Traube hervor. Obwohl es in Meursault keine GRAND-CRU-Lagen gibt, wird doch die Qualität der weißen Burgunder aus den PREMIER-CRU-Lagen des Orts, von denen Les Perrières, Les Genevrières und Les Charmes die feinsten sind, kaum von anderen übertroffen. Zwischen ihnen und dem Ort selbst liegen noch drei weitere Premiers Crus: Le Poruzot, Les Bouchères und La Goutte d'Or. Die Weine einer weiteren Gruppe von Lagen bei BLAGNY laufen unter der Bezeichnung Meursault-Blagny, soweit es sich um Weißwein handelt, während der Rotwein Blagny Premier Cru genannt wird; ähnlich steht es am anderen Ende von Meursault, wo Les Santenots als Weißwein Meursault Santenots und als Rotwein – das ist er in den meisten Fällen – Volnay Santenots heißt. Abgesehen von diesem und den etwas kargen, aber feinen Rotweinen aus Blagny wachsen in Meursault Rotweinreben nur am Fuß der Hanglagen, und ihr Wein gehört nicht zur Spitze der Côte de Beaune.

Les Perrières war in der ursprünglichen KLASSIFIKATION von 1861 als *tête de cuvée* eingestuft und hätte deshalb später eigentlich als Grand Cru klassifiziert werden müssen. Der Charakter des Weins wird durch die vielen Steine bestimmt, denen die Lage den Namen verdankt und die die Sonnenwärme auf die Reben reflektieren. Wenn auch Les Perrières regelmäßig der gehaltvollste Wein von Meursault ist, so kommt ihm doch der von Les Genevrières mit seiner besonders eleganten Art sehr nahe. Les Charmes, die größte der drei Lagen, erbringt die zugänglichsten Weine – sie sind schon in der Jugend höchst verführerisch.

In Meursault gibt es aber auch noch eine große Fülle anderer guter Weine aus verschiedenen Lagen, z. B. Chevalières, Tessons, Clos de la Barre, Luchets, Narvaux und Tillets. Sie sind oft interessanter als die Village-Weine aus PULIGNY-MONTRACHET, wo der Grundwasserspiegel höher liegt. Dadurch besteht in Meursault auch die Möglichkeit, viel tiefere Keller zu bauen, und so können viele Winzer hier den FASSAUSBAU noch über den zweiten Winter hinaus ausdehnen, was der Tiefe, Stabilität und Langlebigkeit der Weine zugute kommt.

Meursault ist auch Gastgeber eines der drei großen Feste, die in der dritten Novemberwoche in Burgund stattfinden (siehe TROIS GLORIEUSES). Am Montag nach der Auktion in den HOSPICES DE BEAUNE kommen rund 600 Winzer und ihre Gäste mittags in Meursault zur Paulée de Meursault zusammen, einem Erntedankfest, das in den 1920er Jahren vom Comte Jules Lafon wiederbelebt worden ist. Jeder Teilnehmer bringt etliche Flaschen vom eigenen Wein mit, die dann mit anderen Gästen an den Tischen ringsum geteilt werden. Bei dieser Gelegenheit wird das hier gern zitierte Wort «Wer nur Meursault trinkt, wird nie zum Trunkenbold» doch etwas relativiert.

Siehe auch CÔTE D'OR, Karte Seite 201 und Abbildung Seite 748. J. T. C. M.

MEXIKO Das ältete Weinerzeugerland in Amerika verfügte 1992 über eine Rebfläche von 40 000 ha; das entsprach beispielsweise etwa zwei Drittel der australischen. Allerdings ist nur ein kleiner Teil davon für die Erzeugung von Wein bestimmt, von dem ein noch viel kleinerer Teil in den Export gelangt. TAFELTRAUBEN und in geringerem Umfang auch ROSINENTRAUBEN haben in Mexiko weit größere Bedeutung. Ein großer Teil der heute bestehenden Rebfläche wurde allerdings erst in den 1960er Jahren angelegt, um die starke Nachfrage nach BRANNTWEIN sowie nach billigem, oft süßem Still- und Schaumwein zu befriedigen. Diese Nachfrage wurde durch protektionistische Importsteuern auf Wein und Spirituosen angeheizt, die auch Auslandsinvestitionen von Firmen wie MARTELL und DOMECQ nach sich zogen; diese Weinbrandhersteller haben viel zur Ent-

wicklung des modernen Weinbaus im Land beigetragen. Auch der spanische Schaumweinkonzern FREIXENET hat in Mexiko kräftig investiert.

Die Geschichte der Weinerzeugung beginnt 1521, ein Jahr nach der Ankunft der spanischen Conquistadores, die im neuen Kontinent nicht auf Wein verzichten wollten (siehe SÜDAMERIKA). Cortés erließ drei Jahre später ein Edikt, in dem an alle spanischen Siedler, denen hier Land zugeteilt worden war, der Befehl erging, Weinreben zu pflanzen. Dadurch kam das Land am Ende des 16. Jh. in die Lage, sich mit Wein selbst zu versorgen (worauf die Exporte aus Andalusien zurückgingen). Das 1593 gegründete Weingut Marqués de Aguayo in Parras im Nordosten Mexikos erhebt den Anspruch, das älteste auf dem amerikanischen Kontinent zu sein; allerdings wurde am Ende der 1980er Jahre seine gesamte Produktion zu Branntwein destilliert. Pater Juan Ugarte wird das Verdienst zugesprochen, den Weinbau nach Norden in das heutige KALIFORNIEN ausgebreitet zu haben.

Am Beginn des 20. Jh. bestand Mexikos Rebfläche nur aus einigen hundert Hektar; der fragile Inlandsmarkt entwickelte sich erst ab den 1960er Jahren kräftiger. In den 1970er Jahren verdoppelte sich dann die Rebfläche, wobei allerdings zwischen den verschiedenen Weinbauregionen beträchtliche Charakterunterschiede bestehen. In den 1980er Jahren belief sich die durchschnittliche Jahreserzeugung an Wein auf rund 2 Millionen Kisten, fiel dann aber bis 1992 als Folge eines 1989 geschlossenen Freihandelsabkommens mit der EUROPÄISCHEN UNION und umfangreicher Billigimporte aus Deutschland stark zurück. Die Haupterzeuger waren Domecq, L. A. Cetto und Santo Tomas; kleinere Unternehmen von Bedeutung waren Monte Xanic, San Antonio und Valmar.

Der größte Teil der Weinberge liegt im Norden des Landes in Sonora, wo vor allem für die Branntweinbrennereien produziert wird, sowie in Baja California, wo zwischen Kalifornien und dem Wendekreis des Krebses die meisten Weine in besserer Qualität wachsen. Hier wird bewässert, wo immer es geht, denn Niederschlagsmangel ist das größte Problem des mexikanischen Weinbaus. Weinberglagen gibt es auch weiter im Süden, wo die Hitze beispielsweise auf den Hochflächen von Aguascalientes und Zacatecas durch größere Höhe (bis 2100 m) gemildert wird; hier kann der Kontrast zwischen Tages- und Nachttemperaturen dramatisch ausfallen. Besonders gutes Potential bieten Zacatecas und das neue Weinbaugebiet von Querétaro.

Längst nicht alle Reben sind zur Abwehr der REBLAUS gepfropft, obwohl nur die sandigen Böden von Sonora Aussicht haben, von dem Schadinsekt verschont zu bleiben. Die PFLANZDICHTE liegt zwischen spanischen Verhältnissen mit 1250 SULTANA-Reben pro Hektar in Teilen von Sonora und bis zu 3500 Reben/ha bei besseren Rebsorten in Gegenden mit mageren Böden, z. B. im Guadalupe-Tal in Baja California sowie in Teilen von Zacatecas und Querétaro. Als Unterstützungssystem findet überwiegend das ESPALIER Anwendung.

Der Rebsortenbestand umfaßt die historische MISSION, deren Vorfahren von den frühen spanischen Siedlern angepflanzt wurden, sowie eine Reihe europäischer Rotweintrauben wie CABERNET SAUVIGNON, MERLOT, MALBEC, NEBBIOLO, GRENACHE und CARIGNAN, ergänzt durch in Kalifornien verbreitete Sorten wie ZINFANDEL, PETITE SIRAH und RUBY CABERNET. Auch verschiedene europäische Weißweinrebsorten werden kultiviert, darunter besonders für Branntwein geeignete wie TREBBIANO, COLOMBARD, PALOMINO und CHENIN BLANC.

Mexiko ist hinter ARGENTINIEN, BRASILIEN und CHILE das viertgrößte Weinerzeugerland in Lateinamerika. Von allen lateinamerikanischen Weinbauländern ist Mexiko wohl am stärksten von Kalifornien her beeinflußt, und es ist auch ein gewisser Zustrom von auf der Universität von Kalifornien in DAVIS erworbenem Fachwissen in Weinberg und Keller zu spüren.

Umgekehrt ist aber auch Mexikos Einfluß auf den Weinbau Kaliforniens beträchtlich, obwohl er nur indirekt wirkt: Wären nicht Mexikaner als Arbeitskräfte für Weinbergarbeiten in Kalifornien verfügbar gewesen, hätte der Weinbau dort gegen Ende des 20. Jh. vielleicht eine ganz andere Entwicklung genommen.

Walker, L., GOING NATIVE, *Wine & Spirit* (Mai 1994).

MEZESFEHÉR In UNGARN verbreitet angebaute Weißweinrebsorte; ihre weichen, meist süßen Weine sind dort sehr geschätzt, gelangen allerdings selten in den Export. Der Name bedeutet «weißer Honig». Die besten Exemplare sind wohl um Eger und Gyöngyös zu finden.

MIA oder **Murrumbidgee Irrigation Area.** Eines der bewässerten Weinbaugebiete AUSTRALIENS; hier entstehen meist Verschnittweine der unteren Preisklasse. Siehe NEW SOUTH WALES.

MIDI Das Wort bedeutet wie das italienische «Mezzogiorno» Mittag, d. h. Süden, also das Land, in dem es mindestens im Sommer mittags so heiß ist, daß man unbedingt der Ruhe pflegen muß. In Frankreich wird es als Synonym für das LANGUEDOC-ROUSSILLON gebraucht, umfaßt aber strenggenommen auch die Provence.

MIKROBEN oder **Mikroorganismen.** Mikroskopisch kleine Lebewesen, von denen einige z. B. REBKRANKHEITEN hervorrufen, andere dagegen die GÄRUNG bewirken. Im Zusammenhang mit Reben und Wein handelt es sich meist um BAKTERIEN und HEFEN. Die **Mikrobiologie** ist die Wissenschaft, die sich mit diesen Mikroorganismen und den

Das kostbare Lesegut von MEURSAULT wird in Plastikboxen schonend transportiert, damit es keinen Schaden erleidet.

von ihnen zur Ernährung und Vermehrung benötigten **Mikronährstoffen** beschäftigt.

MIKROKLIMA Oft unrichtig gebrauchte Bezeichnung für das Klima an einer genau umgrenzten, meist räumlich sehr stark eingeengten Stelle. Im Weinbau kann es sich um bestimmte Stellen zwischen den Rebzeilen oder in einer gewissen Höhe über dem Boden handeln. So umschreibt das LAUBDACHMIKROKLIMA die Verhältnisse innerhalb des Laubdachs bzw. der grünen Teile der Rebe und in ihrer unmittelbaren Umgebung. Es kann aber auch ein Mikroklima auf der Oberfläche einzelner Blätter, Trauben oder gar Beeren bzw. in deren Nähe gemeint sein. Auch an verschiedenen Stellen und in verschiedenen Tiefen des Bodens kann jeweils ein Mikroklima festgestellt werden. Solche Unterscheidungen sind durchaus wichtig, wenn genaue Erkenntnisse darüber gewonnen werden sollen, wie die Rebe auf ihr Umfeld reagiert.

Einfluß auf das Mikroklima haben potentiell u. a. Pflegemaßnahmen wie Gestaltung der UNTERSTÜTZUNGSSYSTEME, REBENERZIEHUNG und RÜCKSCHNITT, ferner die WÜCHSIGKEIT der Rebe und die sie bestimmenden Faktoren sowie die BODENPFLEGE und das MULCHEN. In dieser Hinsicht unterscheidet sich das Mikroklima wesentlich von Klimadefinitionen für weiter gefaßte Räume, die als MAKROKLIMA und MESOKLIMA nicht durch Pflegemaßnahmen beeinflußbar sind.

Der allgemeinere Gebrauch des Begriffs Mikroklima für das Kleinklima eines ganzen Weinbergs, einer Hanglage oder eines Tals ist daher als unrichtig abzulehnen. Die korrekten Bezeichnungen wären in diesen Fällen Mesoklima, LAGENKLIMA oder TOPOKLIMA.

Die räumliche Ausdehnung eines Mikroklimabereichs bemißt sich meist in Millimetern bis höchstens einigen Metern, während sich das Mesoklima von etwa zehn bis auf einige hundert Meter Ausdehnung bezieht.

J. G. und R. E. S.

MILAWA Bedeutendes australisches Weinbaugebiet im Nordosten von VICTORIA. Der bekannteste Erzeugerbetrieb ist Brown Brothers.

MILBEN Winzige Insekten, die sich von den Zellen an der Oberfläche von Blättern ernähren und im Weinbau in aller Welt oft als Schädlinge auftreten. Von den Blättern ernähren sich die Kräuselmilbe *(Calepitrimerus vitis)*, die überaus zerstörerische Pazifikspinnmilbe *(Tetranychus pacificus)*, die nur gelegentlich an Reben anzutreffende zweigefleckte Spinnmilbe und die Willamette-Milbe *(Eotetranychus willametti)*. Milbenfraß verlangsamt die PHOTOSYNTHESE und kann zur Behinderung der Traubenreife führen. Die Traubenmilbe *(Brevipalpus californicus* und *Brevipalpus lewisi)* verursacht schwarze Narben an Trauben- und Beerenstielen und verdirbt in Kalifornien dadurch TAFELTRAUBEN.

In Europa verursachen die Rote Spinne *(Panonychus ulmi)*, die Hainbuchenspinnmilbe *(Eotetranychus carpini)* und die Bohnenspinnmilbe *(Tetranychus urticae)* den meisten Schaden. Sie ernähren sich von grünen Teilen der Rebe und können den FRUCHTANSATZ und die TRIEBREIFE beeinträchtigen sowie die Gesundheit des Laubs schädigen.

Raubmilben halten diese Schädlinge oft ausreichend unter Kontrolle; man muß deshalb darauf achten, daß man sie nicht durch Spitzmittel mit vernichtet. Schwefelspritzmittel, wie sie gegen die Pockenkrankheit und den ECHTEN MEHLTAU eingesetzt werden, sind auch gegen bestimmte Milbenarten wirksam. Die Bekämpfung erfolgt außerdem durch vor dem AUSTRIEB anzuwendendes Sprühöl sowie im Sommer durch Milbenspritzmittel. Siehe auch POCKENMILBE.

M. J. E.

MILCHSÄURE Eine der milderen SÄUREN im Wein; sie liegt in viel geringerer Konzentration vor als APFELSÄURE oder WEINSÄURE. Milchsäure ist als die Hauptsäure in Joghurt, Sauermilch, sauren Gurken und Sauerkraut am häufigsten anzutreffen und nimmt an vielen pflanzlichen und tierischen Stoffwechselprozessen teil. So ist sie beispielsweise das Endprodukt intensiver Muskeltätigkeit bei Mensch und Tier, ein Nebenprodukt der alkoholischen GÄRUNG bei Wein und Bier und das Endprodukt des Stoffwechselvorgangs bei MILCHSÄUREBAKTERIEN.

In Wein entsteht Milchsäure durch die Tätigkeit von Bakterien sowohl aus Spuren von Zucker als auch aus Apfelsäure. Die Funktion der von vielen Rotweinen und manchen Weißweinen durchgemachten MALOLAKTISCHEN SÄUREUMWANDLUNG ist, die strenge Apfelsäure in die mildere Milchsäure umzusetzen.

Die gewerblich genutzte Milchsäure ist fast immer synthetisch hergestellt; sie wird als Säuerungsmittel in der Lebensmittel- und Getränkeherstellung (in Fällen, in denen Weinsäure oder ZITRONENSÄURE zu scharf wären) und in vielen industriellen Prozessen benutzt.

A. D. W.

MILCHSÄUREBAKTERIEN Es gibt nur wenige BAKTERIEN, die in einer sauren Lösung wie Wein überleben können; zu ihnen gehören die milchsäureproduzierenden Bakterien *Lactobacillus, Leuconostoc oenos* und *Pediococcus.* Sie sind an der Entstehung von sauren Gurken, Sauerkraut und Joghurt beteiligt, aber auch an der MALOLAKTISCHEN SÄUREUMWANDLUNG des Weins, durch welche die strenge APFELSÄURE zur milderen MILCHSÄURE abgebaut wird.

Milchsäurebakterien sind am aktivsten in einem Medium, das nur wenig SAUERSTOFF enthält; deshalb ist ihr Wachstum in Trauben nur gering. In alten Kellereien haben sie sich oft in Bottichen und Fässern so tief in den Holzfasern festgesetzt, daß ihnen auch die stärksten modernen Reinigungsmittel nichts anhaben können; sie bringen aber den Vorteil, die malolaktische Säureumwandlung in Weinen mit hohem Gehalt an Apfelsäure zu beschleunigen. In neueren Betrieben müssen die Milchsäurebakterien dagegen oft erst gezielt eingebracht werden, damit dieser Effekt entsteht. Unglücklicherweise können aber viele Spielarten dieser Bakterien im Wein auch einen unangenehmen Beigeschmack oder eine Trübung verursachen. Am häufigsten geschieht dies, wenn Spuren von Zucker als Nährstoffe im Wein verblieben sind.

Zum Glück sind Milchsäurebakterien jedoch sehr empfindlich für SCHWEFELDIOXID und deshalb viel leichter unter Kontrolle zu halten als die Essigbakterien, die in der Weinbereitung ebenfalls Bedeutung haben. Milchsäurebakterien gedeihen am besten in sehr schwach sauren Lösungen bei Temperaturen, die um die menschliche Körpertemperatur liegen. Die Bakteriologen bezeichnen sie als «anspruchsvoll», da sie die verschiedensten Mikronährstoffe benötigen. Auch vertragen sie keine hohen Konzentrationen an ÄTHANOL.

Ihre Wirkung auf neuen Wein kann demzufolge durch Schwefeldioxid und niedrige Temperaturen verringert werden, aber auch durch häufiges ABSTECHEN, weil dadurch verhindert wird, daß die Milchsäurebakterien reichlich Mikronährstoffe aus den Hefezersetzungsprodukten im GELÄGER aufnehmen können. A. D.W.

MILLAU, CÔTES DE Anbaugebiet in Zentralfrankreich, 1993 in den VDQS-Rang erhoben.

MILLERANDAGE franz. Kleinbeerigkeit. Eine Abnormität des FRUCHTANSATZES der Rebe, die sich im gleichzeitigen Vorhandensein kleiner und großer Beeren in derselben Traube zeigt. Dies ist auf Unterschiede in der Anzahl der Kerne zurückzuführen, wobei die kleineren Beeren kernlos sind. Bei manchen Rebsorten, besonders bei Gewürztraminer, treten diese Erscheinungen durch ungünstige Witterungsbedingungen während der BLÜTE auf, sie können aber auch auf Bormangel oder die REISIGKRANKHEIT zurückzuführen sein. Die Ursache liegt in schlechter Befruchtung des Fruchtknotens durch den Pollen.

Durch die Kleinbeerigkeit kann beträchtliche Ertragsminderung eintreten, besonders wenn der Anteil der kleinen Beeren sehr hoch ist. Andererseits begrüßen die Kellermeister gelegentlich diese Erscheinungen, weil allgemein die Ansicht besteht, daß kleinere Beeren besseren Wein ergeben. Ein Beispiel aus der Neuen Welt, das diese Auffassung veranschaulicht, bildet der in DAVIS entwickelte Chardonnay-Klon 1A oder Mendoza. Er ist bei kühler Witterung zur Blütezeit stark der Kleinbeerigkeit unterworfen, wird aber von Weinerzeugern in Neuseeland, Australien und Kalifornien wegen seiner günstigen Wirkungen auf die Weinqualität geschätzt. R. E. S.

Galet, P. *Précis de viticulture* (4. Aufl., Montpellier, 1983).

MILLÉSIME franz. JAHRGANG. Ein Wein mit Jahrgangsangabe wird auch **millésimé** genannt.

MINERALE und **Spurenelemente.** Gelöste anorganische Salze in Trauben und Wein. Viele dieser Elemente sind für das Rebenwachstum von wesentlicher Bedeutung. Je nach Weinberg und Verarbeitungsverfahren kann der Gehalt an den verschiedenen Elementen unterschiedlich sein, Trauben enthalten jedoch in typischer Weise – neben den für das Wachstum unerläßlichen Elementen Kohlenstoff, Wasserstoff und SAUERSTOFF – in absteigender Reihenfolge der Konzentration KALIUM, STICKSTOFF, PHOSPHOR, SCHWEFEL, MAGNESIUM, KALZIUM (etwa 200–2000 mg/l im Traubensaft), gefolgt von BOR, MANGAN, EISEN (20–50 mg/l) und schließlich KUPFER, ZINK und Molybdän (weniger als 5 mg/l). Bei Analysen können noch weiterere Elemente nachgewiesen werden, u. a. Natrium, Chlor, Rubidium, Silizium, Kobalt, BLEI, Arsen, deren Funktion unbekannt oder vernachlässigbar ist. Beachtenswert ist das hohe Verhältnis von Kalium zu Natrium, wie es für die Diät von Herzkranken empfohlen wird, sowie der relativ geringe Gehalt an Eisen, entgegen der verbreiteten Ansicht, daß Wein eine besonders wichtige Quelle dieses Minerals sei.

Die Konzentrationen an Mineralen im Wein schwanken zwischen einigen ppm und Bruchteilen von ppb; sie beruhen u. U. auf den im Boden entweder von Natur aus oder als Folge der Ausbringung von DÜNGEMITTELN oder PESTIZIDEN vorhandenen Substanzen (siehe auch NÄHRSTOFFVERSORGUNG DER REBE sowie BODEN UND WEINQUALITÄT).

Früher wurde der Mineralgehalt von Wein durch Trocknen einer bestimmten Menge Wein und Verbrennen der Rückstände sowie anschließendes Wiegen der Asche ermittelt. Heute gibt es Instrumente und Verfahren, mit denen winzigste Mengen festgestellt werden können, so daß es möglich wurde, zulässige Grenzwerte für die einzelnen Bestandteile in Größenordnungen aufzustellen, die noch in den 1970er Jahren nicht nachweisbar waren. Kohlenstoffdatierung und das NMR-Verfahren (magnetische Kernresonanz; siehe NUCLEAR MAGNETIC RESONANCE) sind nur zwei der hocheffektiven Analyseverfahren, die zur Messung des Mineralgehalts im Wein angewandt werden können.

A. D. W. und B. G. C.

MINERALISCHE NÄHRSTOFFE siehe NÄHRSTOFFVERSORGUNG DER REBE.

MINERVOIS APPELLATION CONTRÔLÉE im westlichen LANGUEDOC für füllige Rotweine sowie Rosé- und Weißweine von knapp 4000 ha unterschiedlichen Terrains im Inneren der Départements Aude und Hérault. Den Namen hat der Bereich von dem Ort Minerve, Schauplatz einer der blutigsten Belagerungen der Katharersekte im 13. Jh. Reiche archäologische Funde beweisen, daß die Römer hier schon Weinbau trieben. Cicero berichtet über eine Weinsendung vom *pagus minerbensis* nach Rom, und der Name des Orts La Livinière, der übrigens hier die beste Aussicht auf eine eigene AC hat, soll auf *cellar vinaria*, Weinkeller, zurückgehen. In neuerer Zeit erlebten die Weinberge im Minervois zunächst die Invasion der REBLAUS und dann der CARIGNAN-Rebe, die aber nach und nach zurückgedrängt wird.

Seit dem Jahr 1985, als das Minervois den Status einer Appellation Contrôlée erhielt, sind stärkste Anstrengungen unternommen worden, um die Weinqualität insgesamt anzuheben; mehrere WINZERGENOSSENSCHAFTEN und andere Weinerzeuger haben kräftig in Kellerausrüstungen und in die Anpflanzung besserer Rebsorten investiert. Ab 1999 darf Carignan nur noch maximal 40 % des Verschnitts ausmachen, während Grenache, Syrah und Mourvèdre 60 % beitragen sollen (andere traditionelle Rebsorten des Languedoc sind jedoch ebenfalls zugelassen). Verschiedene Kombinationen von Bourboulenc, Rolle (Vermentino), Maccabéo, Roussanne, Marsanne und Grenache Blanc sind verantwortlich für die unterschiedliche Qualität und Art des weißen Minervois, wobei sich die beiden ersteren besonders für den südöstlichen, dem Mittelmeer am nächsten gelegenen Teil des Bereichs eignen, während die beiden letzteren in westlichen, vom Atlantik her beeinflußten Lagen ihre besten Leistungen bringen. Der weiße Minervois gewinnt zunehmend an Aroma; Experimente mit FASSAUSBAU begannen Ende der 1980er Jahre, und es gibt sogar Bestrebungen, einen alten Sherry-ähnlichen Stil, der früher Vin Noble du Minervois genannt wurde, neu zu beleben.

Für die Rotweinbereitung wird Carignan ganz oder teilweise einer 5–12tägigen KOHLENSÄUREMAISCHUNG unterzogen, während die anderen Rotweintraubensorten längere Zeit im Gärbehälter zubringen und dabei oft durch Umpumpen oder Untertauchen behandelt werden, um die EXTRAKTION von PHENOLEN zu fördern. Für diese Rebsorten wird auch nach und nach ABBEEREN eingeführt, und traditionell lagern die Rotweine mindestens ein Jahr in Zementtanks oder großen alten Fässern. Ausbau in kleinen Fässern setzt sich nur langsam durch, aber schließlich leiden in dieser Gegend, die nur relativ niedrige Verkaufspreise erzielen kann, die Investitionen unter Mittelknappheit.

Auf den unterschiedlichen Böden der Gegend werden noch viele andere Rebsorten kultiviert – nur etwa 5000 von den 18 000 ha, die potentiell für die AC Minervois verfügbar sind, erbringen wirklich AC-Wein; auf dem Rest wächst größtenteils VIN DE PAYS. Der für Minervois offiziell zulässige Höchstertrag ist für Rotwein auf 50 hl/ha und für Weißwein auf 60 hl/ha festgesetzt, während für Vin de Pays meist Erträge bis 90 hl/ha erlaubt sind.

Die Weinberge mit den niedrigsten Erträgen sind im Norden in größerer HÖHE an den Südhängen der Cévennes zu finden, und im äußersten Nordosten des Bereichs wird einer der rarsten und vielleicht delikatesten VINS DOUX NATURELS Frankreichs produziert: der MUSCAT DE ST-JEAN-DE-MINERVOIS.

MINHO Provinz in Nordportugal; sie trägt den Namen des Flusses, der die Grenze zu Spanien bildet, wo er Miño heißt. Die VINHO-VERDE-Region erstreckt sich über die Provinz Minho und Teile der Provinz Douro Litoral.

MINIMALSCHNITT oder **Nullschnitt.** Eine von der Commonwealth Scientific and Industrial Research Organization (CSIRO) in Australien entwickelte Methode, derzufolge die Reben praktisch nicht oder in nur geringem Umfang zurückgeschnitten werden. Diese Technik eignet sich besonders für ertragsstarke, für billige Produktion gedachte Weinpflanzungen in wärmeren Gegenden, wird aber auch in kühleren Gegenden erprobt, in denen höherwertige Weine entstehen, so z. B. in COONAWARRA (Australien).

Entwickelt und verbreitet wurde die Methode um die Wende der 1970er zu den 1980er Jahren; das wissenschaftliche Interesse daran geht aber auf eine Meinungsverschiedenheit zwischen zwei eminenten Weinbaufachleuten Ende der 1960er Jahre zurück. Als Professor Nelson Shaulis von der Cornell University im Staat New York der CSIRO in Merbein, Victoria (Australien) einen Besuch abstattete, diskutierte er mit Dr. Allen Antcliff die Frage, ob ein Rebstock, der nicht geschnitten wird, absterben würde. Daraufhin wurde eine SULTANA-Rebe (Thompson Seedless) ungeschnitten belassen, und sie erbrachte reiche Erträge, die auch zufriedenstellend zur Reife gelangten. Um diese Zeit bestand Interesse an MASCHINELLEM REBSCHNITT, und im weitesten Sinne ist der Minimalschnitt die logische Fortsetzung dieser Methode. So wurde die Technik in großem Umfang an Rebsorten für die Weinerzeugung und für die Rosinenproduktion sowohl in wärmerem als auch in kühlerem Klima erprobt.

Man sollte annehmen, daß eine Rebe, deren Wachstum und Ertrag nicht durch Rebschnitt unter Kontrolle gehalten wird, sich mit der Zeit erschöpft und abstirbt. Interessanterweise trifft das Gegenteil zu. Zwar bringt der Rebschnitt einen Weinstock nicht um, es hat sich aber doch gezeigt, daß er einen schwächenden Einfluß auf ihn ausübt. Andererseits ist ein Nullschnitt im Winter genau das, was die Rebe im Naturzustand durchmacht, und schließlich überlebten Reben in ihrer Wildform jahrtausendelang, bevor der Mensch sie zähmte und dem Rebschnitt unterwarf. Ein Merkmal ungeschnittener oder nur minimal geschnittener Reben ist, daß sie viele Kurztriebe bilden, während eine zurückgeschnittene Rebe weniger, aber wuchskräftigere Triebe treibt. Eine minimal geschnittene Rebe bringt in typischer Weise mehr Frucht hervor als eine konventionell geschnittene, insbesondere im ersten Jahr des Minimalschnitts. Der Reifevorgang kann bei diesem gesteigerten Ertrag verzögert werden, und wenn, etwa bei kühlem Wetter, nur ein unzureichender Reifegrad erreicht wird, kann sich das ungünstig auf die Weinqualität auswirken. In warmen Gegenden hat eine Verzögerung des Lesezeitpunkts um etwa eine Woche wenig Bedeutung, in kühlerem Klima kann eine solche Verspätung jedoch katastrophale Folgen zeitigen.

Minimal geschnittene Reben bieten im Vergleich mit handgeschnittenen Reben einen wilden und unordentlichen Anblick. Nach einigen Jahren bildet sich im Inneren des Dickichts einer ungeschnittenen Rebe altes Holz, und dadurch kann sich das Risiko der Ansiedlung von Schädlingen, z. B. von Blattläusen, und von Krankheiten wie ECHTEM MEHLTAU stark erhöhen. Während der Wachstumsperiode dürfte dieselbe Rebe aber nicht viel anders aussehen als eine normal geschnittene. Wird in trocken-heißem Klima Minimalschnitt angewendet, dann stellen die Triebe ziemlich früh im Sommer ihr Längenwachstum ein. Weil die Zahl der Triebe im Verhältnis zu den KOHLEHYDRAT-Reserven im Wurzelwerk und zur Wasserversorgung aus dem Boden sehr groß ist, bleibt das LAUBDACH relativ durchlässig und ermöglicht gute Belichtung der Früchte. In kühlerem Klima mit größerer Luftfeuchtigkeit und auf fruchtbarem, feuchtigkeitshaltigem Boden wachsen die Triebe jedoch weiter, so daß die Trauben im Endeffekt unter mehreren Lagen Laub liegen. Das so entstehende schattige LAUBDACHMIKROKLIMA führt unter Umständen zu Einbußen an Farb- und Geschmacksstoffen in den Trauben und im resultierenden Wein. R. E. S.

Coombe, B. G., und Dry, P. R. (Hrsg.), *Viticulture, II: Practices* (Adelaide, 1992).

MIREVAL Der große Ort gibt seinen Namen der APPELLATION CONTRÔLÉE Muscat de Mireval für einen süßen, goldenen VIN DOUX NATUREL. Sein Gebiet grenzt an dasjenige von FRONTIGNAN an, in dessen Schatten er steht. Die Produktion liegt fast ausschließlich in den Händen der WINZERGENOSSENSCHAFT, die zu Ehren des einzigen Autors, der den Wein einmal erwähnt hat, den Namen La Cave de Rabelais trägt. Der Muscat de Mireval ist praktisch vom Frontignan nicht zu unterscheiden, und der Ortsfremde sieht nicht recht ein, weshalb eine eigene AC gebraucht wird, außer daß vielleicht der Boden hier eine Spur mehr Kalk enthält als in Frontignan.

MIS(E) EN BOUTEILLE franz. abgefüllt. **Mis(e) en bouteille au château** bedeutet SCHLOSSABZUG, **mis(e) en bouteille au domaine** DOMÄNENABFÜLLUNG. **Mis(e) en bouteille du château/domaine** wird von WINZERGENOSSENSCHAFTEN als Bezeichnung für Weine verwendet, die in der Genossenschaftskellerei vom Lesegut eines einzelnen Erzeugers produziert werden. Für ABFÜLLUNG ist auch die Kurzform **mise** gebräuchlich.

MISKET Traubenduftige bulgarische Weißweinrebsorte; trotz ihres Namens befindet sich unter ihren Vorfahren kein Mitglied der MUSKATELLER-Familie, vielmehr handelt es sich um eine Kreuzung der einheimischen DIMIAT-Traube mit Riesling, die inzwischen zur Balkanspezialität geworden ist (siehe BULGARIEN). Roter Misket, von dem ebenfalls Weißwein gekeltert wird, ist vermutlich eine Mutation von Misket mit hellroten Beeren, die in Bulgarien über mehrere lokale Subvarietäten verfügt, z. B. **Sliven Misket** und **Varna Misket**. Misket ist eine Spezialität der Region Sungurlare.

MISSION Die Rotweinrebsorte wurde ursprünglich im 17. und 18. Jh. von Franziskaner-MISSIONAREN für die Erzeugung von Meßwein in MEXIKO, im Südwesten der USA und in KALIFORNIEN kultiviert. Vermutlich ist die Mission-Traube spanischen Ursprungs und wurde von den Conquistadores nach Amerika gebracht. Heute liegt ihre besondere Bedeutung darin, daß sie eine Überlebende der frühesten in Amerika kultivierten VINIFERA-Sorten darstellt. Sie ist identisch mit der PAIS in Chile, bildet eine dunklere Variante der CRIOLLA in Argentinien und wird oft für identisch mit der MONICA in Spanien und Sardinien gehalten. In Kalifornien war sie bis zum Auftreten der REBLAUS in den 1880er Jahren weit verbreitet; zu Beginn der 1990er Jahre belief sich ihre Anbaufläche noch auf über 400 ha, vor allem im Süden, und sie wurde zu süßen Weinen verarbeitet. Obwohl der Wein der Mission nicht besonders markant ist, bleibt doch ihre historische Bedeutung groß.

Pinney, T., *A History of Wine in America* (Berkeley, Calif., 1989).

MISSIONARE haben bei der Errichtung des Weinbaus in aller Welt eine große Rolle gespielt, vor allem aber auch in der Berichterstattung über diese Errungenschaften. Besonders tiefgreifende Wirkung hatten Missionen und Missionare auf die Geschichte des Weins in Lateinamerika, Kalifornien, Neuseeland und zum Teil auch in Japan.

Bald nach der Kolonisierung Süd- und Mittelamerikas durch Europäer richteten Missionare, in erster Linie die Jesuiten, neben eher gewinnorientierten Unternehmungen auch Missionen ein, und sie pflanzten unabhängig von kommerziellen Erwägungen, die ebenfalls eine Rolle gespielt haben mögen, vor allem Reben, um Wein für die EUCHARISTIE zu gewinnen (siehe auch SÜDAMERIKA). Sowohl in Argentinien als auch in Chile gehen die Anfänge des Weinbaus auf die ersten erfolgreichen Versuche Ende des 16. Jh. zurück, in den Missionsstationen in den Vorgebirgen zu beiden Seiten der Anden Reben anzupflanzen. Im 17. Jh. war der Weinbau in Peru, der wahrscheinlich älter ist als der in Argentinien und Chile, um die Jesuitenmissionen in den Küstentälern konzentriert. Das älteste Weinerzeugerland auf dem amerikanischen Kontinent ist Mexiko, wo Traubenkerne gepflanzt wurden, als Cortés kaum den Fuß an Land gesetzt hatte. Jesuitenmissionare sollen auch als erste in den 1670er Jahren Reben eigens für die Weinerzeugung in Baja California (Nordmexiko) kultiviert haben. Erst gegen Ende des 18. Jh. richteten sie dann auch eine Reihe von Missionen weiter im Norden an der Westküste ein, also im heutigen US-Staat Kalifornien, und brachten die MISSION-Traube aus Mexiko mit.

200 Jahre zuvor, um 1545, hatten portugiesische Jesuitenmissionare den Wein bei den Feudalherrschern im Sü-

den von JAPAN eingeführt, denen das neue Getränk geschmeckt haben muß, denn sie importierten es gern. In sehr viel jüngerer Zeit legten dann Jesuitenmissionare den Keim eines modernen Weinbaus in CHINA.

Etwa um dieselbe Zeit, vielleicht auch etwas früher, zu Beginn des 19. Jh., spielten französische Maristenmissionare eine wichtige Rolle in Neuseelands Weinbaugeschichte, als sie Stecklinge aus Europa holten und ausdrücklich für Meßwein pflanzten. Der erste katholische Bischof traf 1838 aus Lyon ein und brachte die Rebenstecklinge mit; schon 1842 wurde berichtet, daß sie gut trugen. Die 1851 von katholischen Priestern gegründete und heute als Nebenbetrieb eines Maristenseminars geführte Mission an der Hawkes Bay treibt noch immer Weinbau.

Siehe auch RELIGION sowie MÖNCHE UND KLÖSTER.

Cooper, M., *The Wine and Vineyards of New Zealand* (Auckland, 1984).
Seward, D., *Monks and Wine* (London, 1979).

MISTELA Spanischer Begriff für ein Gemisch aus Traubenmost und Alkohol (franz. *mistelle*). Der Gärprozeß wird durch Beimischen von Alkohol abgebrochen, und es verbleibt ein süßes, stabiles, alkoholisches Getränk, das allerdings weniger Komplexität aufweist als ein entsprechender Wein, der seinen Alkoholgehalt echter GÄRUNG verdankt. Diese Art Getränk, das auf langen Seereisen viel stabiler bleibt als Wein, wurde von den in kommerziellen Dingen sehr tüchtigen und anpassungsfähigen Holländern entwikkelt (siehe HOLLÄNDISCHER WEINHANDEL). In Spanien wird das stabile Gemisch zum Süßen von Verschnittweinen wie SHERRY und MÁLAGA benutzt; manchmal wird es aber auch wie der französische PINEAU DES CHARENTES als Aperitif genossen. Weitere Weine, die ein Gemisch dieser Art beinhalten, sind die VINS DE LIQUEUR, einige VINS DOUX NATURELS sowie die australischen Süßweine LIQUEUR MUSCAT und Liqueur Tokay.

MITTELALTERLICHE LITERATUR Das einzige mittelalterliche Nachfolgewerk der antiken Schriften über die Landwirtschaft (siehe AGRARHISTORISCHE ABHANDLUNGEN) war das *Liber commodorum ruralium* von PETRUS DE CRESCENTIIS aus dem Jahr 1303. Außer ihm gab es im Mittelalter wenige Autoren, die speziell über Wein schrieben.

Einer davon war der normannische Minnesänger Henri d'Andely, dessen *Bataille des vins* kurz nach 1223 entstand. Sie gehört zum Genre der mittelalterlichen Streitgedichte. Der König von Frankreich, Philipp Augustus, will wissen, welcher der beste Wein ist: Seine Vorliebe gilt den Weißweinen. Es werden rund siebzig Weine probiert, und der Preisrichter, ein englischer Geistlicher, exkommuniziert zunächst alle Weine, die zu sauer und der Gesundheit nicht zuträglich sind, darunter die Weine aus Beauvais, Argences, Rennes und Tours im Nordosten (wie unter KLIMAVERÄNDERUNG ausgeführt, erlaubte damals wärmere Witterung

MITTELALTERLICHE LITERATUR: Geoffrey Chaucer war der Sohn eines Weinhändlers.

Weinbau in diesen so weit nördlich gelegenen Gegenden). Die Weine aus dem Süden erheben aufgrund ihrer Stärke Anspruch auf den Sieg; die Weine aus nördlicheren Breiten halten dagegen, daß sie zwar nicht so stark seien, dafür aber delikaten Geschmack besäßen. Doch der Siegerkranz wird an allen französischen Weinen vorbei dem Wein von ZYPERN zuerkannt. Sodann legt sich der Geistliche drei Tage und drei Nächte zum Schlaf nieder, und der Dichter erklärt, daß wir, wenn wir gute Wein trinken, nicht krank werden bis auf den Tag unseres Todes. Ein entzückender Gedanke.

Ein weiteres altfranzösisches Gedicht über den Wein ist *La Disputoison de vin et de l'iaue* («Das Streitgespräch zwischen Wein und Wasser»), das zwischen 1305 und 1377 geschrieben wurde, als der päpstliche Hof in Avignon weilte. Anders als in den üblichen Wein- und Wasser-Debatten, in denen der Wein nicht im einzelnen beschrieben wird und immer gewinnt, stellt dieses Gedicht einen Wettstreit zwischen verschiedenen Weinen sowie zwischen Wein und Wasser dar, und es gibt keinen Sieger. Aus diesem Streitgespräch wird die veränderte MODE der Zeit ersichtlich. Der unvermittelte Aufstieg der Weine aus BEAUNE zu großem Ruhm war eingetreten, weil der päpstliche Hof nach Avignon gezogen war. «Der Papst liebt mich», versichert der Beaune. Und er rühmt sich, ein Rotwein zu sein, wo doch bis dahin die Mode den Weißwein bevorzugt hatte. Der St-Jean-d'Angely (bei La Rochelle) behauptet dagegen, es sei besser, ein Weißwein zu sein, weil der seine Farbe behält. Aus der GASCOGNE kommen Weine in beiden Farben, und sie führen Stärke für sich ins Feld. Der LA ROCHELLE meint dazu, da Wein mit dem Mund und nicht mit den Augen gekostet werde, käme es darauf an, daß er mild sei – was einen Seitenhieb auf die herbe Strenge des Weins aus der Gascogne darstellt –, aber auch, daß er keine Kopfschmerzen verursachen solle. Der ST-POURÇAIN-SUR-SIOULE aus dem Loire-Becken ist ein Favorit sowohl beim Papst als auch beim König; er prahlt mit seiner Farbe, die weder weiß noch rot, sondern «œil de perdris» ist – der Ausdruck ist heute noch gebräuchlich (siehe ŒIL DE PERDRIX). Dieser Wein war im 14. Jh. tatsächlich groß in Mode. Der um PARIS und die Île-de-France gekelterte *«vin francois»* hält dagegen, er sei leicht, habe schöne «Balance» und gebe Gesundheit, Friede und Freude. «O nein», sagt das Wasser, «Wein bringt die Menschen dazu, sich schlecht zu benehmen.» Schließlich verkündet der als Richter fungierende Liebesgott sein Urteil: Alle Weine sind gut, auch wenn sie nach Regionen verschieden sind, nur das Wasser ist überall gleich. So soll es keinen Sieger geben und keinen Streit.

Von den mittelenglischen Dichtern beweist Chaucer die beste Kenntnis vom Wein, doch geht er auf einzelne Weine nur kurz ein. Sein Vater und sein Großvater waren in London bedeutende VINTNER und fungierten als Stellvertreter des königlichen Mundschenks, der auch für die Erhebung von Steuern auf importierte Weine zuständig war. Krüge voll MALMSEY («malvasye») und «vernaccis» bzw. VERNACCIA («vernage») sind die extravaganten Geschenke, die der Mönch in *The Shipman's Tale* seinem Freund, dem Kaufmann – dem er gerade Hörner aufsetzt – überreicht. Im Prolog zu einem anderen «Tale» warnt der heuchlerische Ablaßprediger vor dem Weißwein von Lepe (in Südspanien an der Küste zwischen Jerez und Algarve; siehe CONDADO DE HUELVA). Er sei ausnehmend stark, und gewissenlose Wirte benutzten ihn oft zur WEINPANSCHEREI, um die teureren Gewächse aus Bordeaux und La Rochelle zu strecken. Doch als Verkäufer falscher Reliquien ist der Ablaßprediger selbst genauso habgierig wie die Wirte, die ihrerseits allerdings nicht wider die Sünde der Habgier predigen. Seine Warnung spricht der Ablaßprediger in einer Tirade gegen die TRUNKSUCHT aus, doch Prediger und Moralisten halten sich gewöhnlich nicht damit auf, bestimmte Arten von Wein zu nennen, die besonders gefährlich seien: Zu viel Wein macht betrunken, und Trunkenheit fällt unter die Sünde der Völlerei. Außerdem ist Trunkenheit auch die Quelle anderer Sünden, zum Beispiel der Wollust.

Auch in mittelalterlichen Trinkliedern ist Wein nur Wein. Es gibt sie in großer Zahl, die meisten in Lateinisch, und es geht in ihnen nicht so sehr um ein Lob des Weins als vielmehr um das Lob der Trunkenheit. Das aus dem 9. Jh. stammende Gedicht über Adam, den Abt von Angers, beispielsweise hat als Refrain ein Loblied auf BACCHUS. Adam war Tag und Nacht betrunken, und als er starb, war sein Leib so sehr mit Wein vollgesogen, daß er nicht verging – eine scherzhafte Anspielung auf ein Attribut der Heiligkeit: die Unvergänglichkeit des Körpers. Ein Gesang der *Carmina Burana* (179), «Potatores exquisiti», fordert alle wahren Zecher auf, mäßige Trinker aus der Gesellschaft zu verbannen und zu trinken, bis die Zunge lallt und die Beine nicht mehr gehorchen. Selbst wenn man für sich alleine trinke, gehe es nur darum, sich zu berauschen.

Die Moralisten wandten sich zwar gegen die Exzesse des Trinkens, es war aber durchaus nicht ihre Absicht, das mittelalterliche Europa dazu zu bringen, den Wein aufzugeben, denn durch das Wunder der EUCHARISTIE wurde der Wein ja zum Blut Christi. Wein und selbst Trunkenheit kommen oft bildhaft in mittelalterlichen Kirchenliedern und anderen religiösen Dichtungen vor. Die Opferung des Lebens Christi wird in der Darbietung von Brot und Wein beim Abendmahl neu vollzogen, und den Wein, der das Blut Christi ist, zu trinken, bedeutet, von seiner Liebe trunken zu werden. H. M. W.

Siehe auch Wein in der deutschen LITERATUR sowie Wein in der englischen LITERATUR.

Hanford, J. H., THE MEDIAEVAL DEBATE BETWEEN WINE AND WATER, *Publications of the Modern Language Academy of America*, 28 (1913), 315–367.
Raby, F. J. E., *The Oxford Book of Medieval Latin Verse* (Oxford, 1959).
Waddell, H., *Medieval Latin Lyrics* (London, 1933).

MITTELMEER In der Antike wurde die Weinrebe in fast allen Ländern, die an das Mittelmeer angrenzen, und auf vielen Inseln für die Zwecke der Weinerzeugung kultiviert; von Spanien im Westen bis Byblos im Osten, von Norditalien bis Ägypten setzte sich die Weinrebe unaufhaltsam durch, und zahllose AMPHOREN voll Wein fuhren kreuz und quer über das Mittelmeer. Historisch war das Mittelmeer der Brennpunkt des Weinbaus, und die meisten Weine wuchsen im MEDITERRANEN KLIMA. Als im Mittelalter überall die Temperaturen stiegen (siehe KLIMAVERÄNDERUNG) und die Menschen im Norden an sehr leichten, säuerlichen Wein gewöhnt waren, breitete sich der Weinbau von den Ufern des Mittelmeers weit nach Norden aus (siehe auch DEUTSCHE WEINBAUGESCHICHTE, ENGLAND, PARIS).

MITTELMEERGEBIET IN DER ANTIKE siehe MITTELMEER.

MITTELRHEIN Deutsches Anbaugebiet mit einer Rebfläche von 730 ha größtenteils in Sichtweite des RHEINS und oft in beträchtlicher Höhe über dem Strom an steilen Hängen. Die nördliche Grenze des kommerziellen Weinbaus in diesem Gebiet liegt etwa 10 km südlich von Bonn, und bis

Koblenz, etwa 60 km stromaufwärts, gibt es auf dem Westufer keinen Weinbau. Von dort aus weiter stromaufwärts befinden sich Weinberge auf beiden Seiten des Rheins, wo immer Lage, MESOKLIMA und mühevolle Arbeit den Weinbau mehr oder weniger lohnend machen. Das große Wasservolumen des Rheins (siehe TOPOGRAPHIE) wirkt sich temperaturerhöhend aus, und im Sommer fallen gewöhnlich ausreichende Niederschläge, so daß Gesundheit und Wuchskraft der Reben auf den mit porösem Schiefer bedeckten Steilhängen gesichert sind. Im Winter ist es meist mild, und das früh einsetzende Frühjahr leitet eine Wachstumsperiode ein, die bei RIESLING bis in den Spätherbst dauert.

Auf Riesling entfallen 75 % der Rebfläche. In Bestform zeichnet sich der Wein – ein Viertel davon TROCKEN oder HALBTROCKEN – durch reife, feste SÄURE aus. Die größte Menge an gutem Wein kommt aus der Gegend südlich von Koblenz, aus Spay, Boppard und Bacharach, das früher als Markt und Umschlagplatz für Wein, der von dort aus auf Schiffen rheinabwärts in das nördlichere Europa befördert wurde, berühmt war. Riesling aus der Umgebung von Bacharach weist einen kräftigen, ansprechenden Bodengeschmack auf; einfachere Gewächse eignen sich gut für die Verarbeitung zu Sekt. MÜLLER-THURGAU aus eingeschränkten Erträgen fällt hier oft konzentrierter im Geschmack aus als weiter südlich in RHEINHESSEN und der PFALZ.

Das Anbaugebiet schmilzt allmählich zusammen. Im Norden wird es vom Wachstum der Städte bedrängt, und im Süden weicht es angenehmeren und lukrativeren Möglichkeiten, den Lebensunterhalt zu verdienen. Nur wenig Wein wird exportiert oder gelangt überhaupt über die Grenzen der engeren Heimat hinaus, es gibt aber einige Weingüter, die als Mitglieder des prestigeträchtigen Verbands Deutscher Prädikatsweingüter (VDP) hohe Maßstäbe repräsentieren. Etwa ein Viertel der Erzeugung wird von den Winzergenossenschaften in Bacharach und Oberwesel verarbeitet; in vielen Fällen ist der Weinbau hier Nebenerwerb oder gar Feierabendhobby. Am besten bekommt ein Winzer seine Kosten wieder herein, wenn er direkt an Touristen verkaufen kann – das landschaftlich herrliche Rheintal ist tief in die Sagenwelt und die Geschichte Deutschlands verwoben und zieht genug Bewunderer an, die den Weinbau der Gegend am Leben erhalten. I. J.

MODE Seit mindestens zwei Jahrtausenden spielen Modetrends im Weinverbrauch und damit auch für die Weinproduktion eine bedeutende Rolle. Die Weintrinker im alten ROM bevorzugten Weißwein, vor allem süßen Weißwein (siehe z. B. FALERNER). Lange waren in neuerer Zeit süße starke Weine vor allen anderen geschätzt. Allerdings mußten sich im Mittelalter die Weintrinker im nördlichen Europa mit dünnen, säuerlichen, manchmal mit Gewürzen versetzten Gewächsen aus der engeren Umgebung begnügen, weil das Transportwesen noch unentwickelt war; damals galt Rheinwein als Gipfel der Mode. Als dem Verbraucher aber die sirupsüßen mediterranen Gewächse, beispielsweise der Wein von ZYPERN und der MALMSEY, u. a. durch die tatkräftigen Kaufleute von VENEDIG zugänglich gemacht wurden, schwenkte die Mode rasch auf diese um. Im 16. Jh. war leichter Weißwein aus dem ELSASS beim deutschen Weintrinker, der sich damals dem Rotwein zuwandte, aus der Mode (siehe DEUTSCHE WEINBAUGESCHICHTE). Viele Trends waren – vor allem vor der Entwicklung moderner Verkehrswege – auf eng begrenzte Gebiete beschränkt. Es ist klar, daß die beispielsweise im Mittelalter am französischen Hof bevorzugten Weine stark von der Mode, aber auch von pragmatischeren politischen Erwägungen beeinflußt waren (siehe auch MITTELALTERLICHE LITERATUR und ST-POURÇAIN).

Gegen Ende des Mittelalters scheint die Mode nicht nur Süße, sondern auch Alkoholstärke bevorzugt zu haben. SACK und TENT aus Südspanien waren ihrer Stärke wegen geschätzt – allerdings brachten am Ende des 17. Jh. die Seefahrer und Entdecker neuartige Getränke in den die Mode bestimmenden Norden Europas (siehe KAFFEEHÄUSER), die bei weitem modischer waren als irgendein Wein.

Ein neues Zeitalter verlangte nach neuen Produkten, und zu diesen gehörten die «neuen französischen Clarets» (siehe CLARET und BORDEAUX), deren Erfolg anfänglich stark von der Mode abhing. Im 18. Jh. waren dagegen vor allem Weine gefragt, die man heute als Spezialitäten bezeichnen würde: TOKAJER aus Ungarn, CONSTANTIA aus Südafrika und COTNARI aus Moldova; sie alle waren allerdings nur in sehr beschränktem Umfang erhältlich. Die in dieser Zeit oder kurz danach entstandenen Weinstile veranschaulichten, welche Weinqualitäten damals in Mode waren: PORT, MADEIRA, MÁLAGA und MARSALA sind vor allem durch Farbe, Alkoholstärke und oft auch Süße gekennzeichnet.

Im 19. Jh. sind weit mehr Belege darüber verfügbar, welche Weine damals in Mode waren, nicht nur in Form von KLASSIFIKATIONEN und mehreren Büchern, in denen spezifisch verschiedene Weine verglichen wurden (siehe WEINLITERATUR), sondern auch in Form von Preislisten, denn die Mode spiegelt sich natürlich immer in den Weinpreisen wider. Es dürfte den Weinfreund von heute durchaus überraschen, wie hoch um die Wende vom 19. zum 20. Jh. die Preise deutscher Weine im Vergleich mit den Crus Classés aus Bordeaux waren. Das Ende des 19. Jh. war auch die Zeit, in der in Nordeuropa, vor allem in St. Petersburg, der Champagner besonders groß in Mode war.

In den 1920er und 1930er Jahren war Wein in so gut wie jeder Form völlig aus der Mode. Es war dies das Zeitalter des Cocktails auf der einen Seite des Atlantiks und der PROHIBITION auf der anderen. Diese Phänomene brachten zusammen mit dem Rückgang der traditionellen Märkte und der weltweiten Wirtschaftskrise manchen kleinen Winzer an den Rand des Abgrunds (damals wurden deshalb auch viele WINZERGENOSSENSCHAFTEN gegründet.)

Erst als nach dem 2. Weltkrieg ein gewisses Maß an echter wirtschaftlicher Erholung und Stabilität eingetreten war, konnte sich der Wein allmählich wieder als modisches Getränk etablieren (allerdings war er in den weinbautreibenden Gegenden stets das selbstverständliche Getränk des Alltags geblieben). Als das Reisen ins Ausland dann für die Bewohner des nördlichen Europa wirtschaftlich erschwinglich wurde, begannen die Menschen aus Ländern, die keinen Weinbau kennen, den Wein mit einem Lebensstil zu verbinden, den sie mit Freizeit und Abenteuer in der Wärme der weinbautreibenden Länder verknüpften.

Gegen Ende der 1970er Jahre kam die Weinkennerschaft selbst allmählich in Mode, und die gute Konjunktur der 1980er Jahre ließ Mittel für das SAMMELN von Wein freiwerden. Dies führte zwangsläufig dazu, daß umfangreiche WEINPROBEN mit zahllosen Weinen in Mode kamen. Der Weineinkauf EN PRIMEUR war in diesem Jahrzehnt mit seinen vielen großartigen JAHRGÄNGEN besonders beliebt.

Besonders bemerkenswert an den Moden im Weinverbrauch am Ende des 20. Jh. ist jedoch, wie rasch die Weinproduktion auf sie reagiert und sie in manchen Fällen sogar geschaffen hat (siehe auch MARKEN, Pale Cream SHERRY, ALKOHOLARMER Wein und TÜTENWEIN). Die Reaktionsschnelligkeit der Erzeuger steht sicherlich auch im Zusammenhang mit der Entwicklung der Weinkritik und -besprechung sowie deren Veröffentlichung in allgemein zugänglichen Medien wie Zeitungen, Zeitschriften, Werbeschriften, Radio und Fernsehen, abgesehen von Büchern.

Die stärkste Modeströmung war und ist – insbesondere, aber durchaus nicht ausschließlich, in der NEUEN WELT – auf SORTENREINE Weine abgestellt. Das hat zu einer dramatischen Erweiterung der mit INTERNATIONALEN REBSORTEN – Chardonnay und in geringerem Umfang Cabernet Sauvignon – besetzten Anbauflächen geführt. Innerhalb eines Jahrzehnts hat sich in den 1980er Jahren die Gesamtanbaufläche von Chardonnay in der Welt auf fast 100 000 ha vervierfacht. Es gibt kaum ein weinbautreibendes Land, wo nicht wenigstens versucht wird, annehmbaren Chardonnay in marktgängigen Qualitäten zu produzieren.

In viel kleinerem Maßstab hat die Entstehung einer Kultanhängerschaft für die markanten Weine von CONDRIEU an der nördlichen Rhône Ende der 1980er, Anfang der 1990er Jahre Veranlassung dazu gegeben, daß der VIOGNIER, die Rebsorte, die ihnen zugrunde liegt, in mehr oder minder weit entfernten Weinbauregionen, z. B. im ROUSSILLON, in Südaustralien und an mehreren Stellen Kaliforniens, eingeführt wurde.

Die erforderliche Flexibilität einer Nutzpflanze, die üblicherweise drei Jahre braucht, um in Ertrag zu kommen, und dann zwanzig Jahre Ertrag bringen soll, wird vor allem durch die Methoden der UMVEREDELUNG oder Freilandveredelung ermöglicht. Es war dabei unvermeidlich, daß aus der Mode gekommene Rebsorten den jeweils herrschenden Trends zum Opfer fielen. So haben viele Allerweltsrebsorten an Boden verloren, was man nicht zu bedauern braucht, aber auch manchen originellen Lokalrebsorten ist es ebenso ergangen, und das ist bedauerlich. Außerhalb Deutschlands und Österreichs war der Riesling eine der bedeutenderen Rebsorten, die in den 1980er Jahren schwere Einbußen hinnehmen mußten.

In den Weinbergen ist es in Mode gekommen, nicht allein REIFE, sondern vielmehr PHYSIOLOGISCHE REIFE (und damit «milde» anstatt «strenge» Tannine) anzustreben, obwohl die Weinbauwissenschaft davon nichts hielt.

Ein weiterer Trend, der sich im Weinbau in aller Welt durchgesetzt hat, zeigt sich in der längst überfälligen Befolgung der heute vielzitierten Maxime, daß «Wein im Weinberg und nicht im Keller wächst». Als aber in den 1980er Jahren die Kellertechniker weit mehr in Mode waren als die Weinbergtechniker, unterlag auch vieles, was sie unternahmen, vor allem der Mode. Der Geschmack von neuem Eichenholz, insbesondere von französischer EICHE, war in den 1980er Jahren ungeheuer beliebt, und das galt in geringerem Umfang auch für die MALOLAKTISCHE SÄUREUMWANDLUNG, was in manchen Fällen sogar zu einer Überbetonung der damit einhergehenden Geschmackstöne führte.

Freilich wechselt die Mode rasch, und was beispielsweise in Südengland Mode ist, muß es in Sydney oder San Francisco nicht unbedingt auch sein. Allerdings kann von bestimmten Weintypen oder Weinbauregionen festgestellt werden, daß sie außerhalb der eigenen Heimat zu gewissen Zeiten völlig aus der Mode sind. Deutliche Beispiele hierfür waren zu Beginn des Jahres 1994 die meisten deutschen Weine, der Beaujolais und der Sherry, doch wer weiß, ob nicht der eine oder andere von ihnen sich bald wieder im Licht der wankelmütigen Mode sonnen darf.

MOELLEUX franz. mild, reif. Der Begriff steht für liebliche Weine, während noch süßere, von EDELFÄULE geprägte Weine eher als LIQUOREUX bezeichnet werden.

MOËT & CHANDON Das Champagnerhaus mit der größten Produktion von Markenchampagner; ein Bestandteil des umfangreichen LVMH-Konzerns. Gegründet wurde das Haus von Claude Moët, der 1683 als Mitglied einer seit dem 14. Jh. in der Champagne ansässigen Familie geboren wurde. Er erbte Weinberge, wurde Weinhändler und richtete 1743 ein eigenes Geschäft ein. Ihm folgten sein Sohn Claude-Louis Nicolas und dann sein Enkel Jean-Rémy Moët, der seine umfangreichen Verbindungen dazu nutzte, internationale Märkte für seinen Wein zu öffnen. Jean-Rémy war ein enger Freund Napoleon Bonapartes, und so wurde ihm in den letzten Herrschaftsjahren des Kaisers das Kreuz der Ehrenlegion verliehen. 1832 übergab Jean-Rémy das Geschäft seinem Sohn Victor und seinem Schwiegersohn Pierre-Gabriel Chandon. Um dieselbe Zeit erwarb das Haus die Abtei Hautvillers und ihre Weinberge. 1962 wurden die Aktien des Hauses Moët & Chandon an der Börse in Paris eingeführt, und hierauf folgte eine Periode beträchtlicher Expansion. Zunächst erwarb Moët im Jahr 1963 Anteile an Ruinart Père et Fils, dem ältesten Champagnerhaus. Fünf Jahre danach kaufte es eine 34prozentige Beteiligung an Parfums Christian Dior und erweiterte sie kurz danach auf 50 %. 1970 übernahm Moët das in Frankreich populäre Haus Champagne Mercier, und schließlich wurde als Krönung im Jahr 1971 Dior aufgekauft und durch Fusion mit HENNESSY die Holding-Gesellschaft Moët-Hennessy gebildet. Die Erwerbungen gingen uneingeschränkt weiter, darunter 1981 eine Beteiligung an der amerikanischen Importfirma Schieffelin, worin eine 49prozentige Beteiligung an H. SICHEL Söhne in Deutschland (Erzeuger von BLUE NUN) eingeschlossen war, bis die Familie Sichel diese 1992 zurückkaufte. Die US-Beteiligung beinhaltet auch die Simi Winery in Sonoma, nachdem Moët bereits 1973 im Napa Valley die Domaine Chandon als Basis für die Schaumweinherstellung in Kalifornien gegründet hatte.

Das war nicht etwa die erste Unternehmung des Hauses in der Neuen Welt. 1960 waren in Argentinien die Bodegas Chandon entstanden, und 1974 folgte in Brasilien die Firma Provifin. Beide Unternehmen produzieren große Mengen an Wein, z. T. Schaumwein, für den jeweiligen Inlandsmarkt. In Deutschland wurde 1968 die Sektfirma Chandon GmbH gegründet. 1985 entstand dann die Domaine Chandon, Australia, die einen Schaumwein der oberen Preisklasse in Australien unter dem Namen Domaine Chandon und in Großbritannien als Green Point vertreibt. 1987 kam in Spanien eine Schaumweinfirma hinzu, welche Cava Chandon (im Ausland Torre del Gall) produziert.

1987 fusionierte Moët-Hennessy mit der auf die Herstellung von Luxuslederwaren spezialisierten Louis-Vuitton-Gruppe, der die Champagnerhäuser VEUVE CLICQUOT, Canard-Duchêne und Henriot sowie die Parfumfirma Givenchy angehörten. 1993 befanden sich sieben Champagnerhäuser im Besitz des LVMH-Konzerns: Moët & Chandon, Mercier, Ruinart, Veuve Clicquot, Canard-Duchêne, Henriot und Pommery (nach kurzzeitigem Erwerb war Lanson unter Einbehaltung des umfangreichen Weinbergbesitzes dieser Firma wieder verkauft worden). Von diesen Häusern werden Moët & Chandon und Mercier in engster Gemeinsamkeit betrieben.

Die Marke Moët erzielt den doppelten Umsatz wie der nächstfolgende Konkurrent; es wird behauptet, daß jede vierte exportierte Flasche Champagner aus diesem Haus stammt. Moët ist auf den meisten Märkten der Welt die führende Champagnermarke; in den USA erreicht sie einen Marktanteil bis zu 50 %. Die jahrgangslosen Verschnitte sind manchmal uneinheitlich, in Bestform aber feine, schön ausgewogene Champagner. 1994 wurde der jahrgangslose Brut Impérial mit einem neuartigen, informativen Rückenetikett ausgestattet. Die nach dem legendären Kellermeister der Abtei Hautvillers, Dom PÉRIGNON, genannte Prestige-Cuvée des Hauses wirkte bei ihrer Einführung im Jahr 1936 in Verpackung, Preisgestaltung und Qualitätsanspruch bahnbrechend. S. A.

MOLDAUREPUBLIK siehe MOLDOVA.

MOLDOVA Einer der kleinsten Mitgliedstaaten der GUS, aber dank seiner umfangreichen Rebfläche, seines gemäßigten Kontinentalklimas und seiner sanftwelligen, zwischen Ostrumänien und der Ukraine gelegenen Hügellandschaft der mit dem größten Potential für Weinqualität und -vielfalt. Moldova ist der rumänische Name der ehemaligen sowjetischen Moldaurepublik; dieser Name wurde nach der Unabhängigkeit 1991 angenommen, da 65 % der Einwohner Rumänen sind und Rumänisch die Landessprache ist. Moldova wirkt «europäischer» und hat eine größere Rebfläche als jeder andere GUS-Mitgliedstaat (der Rebbestand umfaßt zum Teil europäische Rebsorten, die am Ende des 19. Jh. von französischen Siedlern mitgebracht worden waren). 10 % des Landes bestehen aus Weinbergfläche, die aber außer Wein auch andere Produkte der Traube hervorbringt.

Historisches

Archäologische Funde beweisen, daß in diesem Land – Bessarabien – seit mindestens 4000 oder 5000 Jahren Weinbau betrieben wird. Außer AMPHOREN sind auch Traubenkerne aus der Zeit um 2800 v. Chr. gefunden worden, und die Griechen und Römer, die von ihren Reisen hierher berichteten, haben sicherlich den Weinbau gefördert. HERODOT besuchte um die Mitte des 5. Jh. v. Chr. die griechischen Siedlungen an der Mündung von Dnjepr und Dnjestr, und er schreibt, daß dort überall Wein getrunken wurde.

Nach der Bildung des Feudalstaats Moldova in der zweiten Hälfte des 14. Jh. n. Chr. entwickelten sich Handelsbeziehungen zu RUSSLAND, zur UKRAINE und zu Polen, und der Weinbau des Landes machte rasche Fortschritte.

Die Besetzung Bessarabiens durch die Türken (im Osmanischen Reich hieß die Gegend dann Bogdan) bedeutete für die Weinproduktion allerdings einen schweren Schlag (siehe ISLAM), und erst nach der Annektierung durch Rußland im Jahr 1812 lebte der Weinbau wieder auf. 1837 verfügte das Land über eine Rebfläche von insgesamt 13 000 ha, und die Weinerzeugung belief sich auf 100 000 hl. In der Mitte des 19. Jh. bildete Moldova mit der benachbarten Walachei zusammen das Kernstück des unabhängigen Rumänien. 1891 belief sich die Rebfläche in Moldova auf 107 000 ha, doch dann wurde sie durch die REBLAUS und den ECHTEN MEHLTAU verwüstet, bis im Jahr 1906 das PFROPFEN der Weinreben aufkam. Die Zaren schufen Anreize für den Anbau europäischer Rebsorten, die auch heute noch vorherrschen. 1940 wurde das Land von Rußland annektiert, und nun wurden die Weinberge wiederum verwüstet, diesmal durch Einwirkung des 2. Weltkriegs. 1958 war dann die

Rebfläche durch energische Zentralisierung und Wiederbelebung auf 190 000 ha neu aufgebaut.

Klima und Geographie

Weite Teile von Moldova bestehen aus flachem Hügelland, das kaum Höhen über 350 m erreicht und im Süden allmählich zum Schwarzen Meer hin abfällt. Das Klima ist mit durchschnittlichen Sommertemperaturen um 20 °C für den Weinbau ideal. Frühjahrs- und Winterfröste können Schwierigkeiten verursachen; insgesamt aber liegt die aktive Temperatursummierung bei 2700 °C im Norden und 3400 °C im Süden. Die Jahresniederschlagsmenge beträgt 400–600 mm; die wichtigsten Flüsse sind Dnjestr, Prut und Reut.

Über 90 % der Weinbaufläche liegen im südlichen und mittleren Teil des Landes, und über die Hälfte der Gesamtfläche gehört landwirtschaftlichen Staatsbetrieben, bei denen Weinberge ein Drittel des in ihrem Besitz befindlichen Lands ausmachen. Der Rest der Rebfläche verteilt sich auf Einzelbesitzer und Kollektivbetriebe, die sich im Zug einer manchmal schmerzhaften und komplizierten Privatisierung befinden.

Weinbau

Anders als in den Weinbauregionen Rußlands ist es in Moldova möglich, bei der großen Mehrzahl (70 %) der Reben ohne WINTERSCHUTZ auszukommen; die Reben werden meist hoch erzogen. Weniger als 2 % der Rebfläche von Moldova (182 000 ha Anfang der 1990er Jahre) erhalten Bewässerung. Der Mechanisierungsgrad ist hoch, worin sich die Bedeutung des Weinbaus für die Wirtschaft des Landes spiegelt. Die meisten Reben sind gepfropft; die verbreitetste VEREDELUNGSUNTERLAGE ist SO4.

Rebsorten

Moldova verfügt über einen stärker europäischen Rebbestand als die übrigen ehemaligen Sowjetrepubliken. Zu Beginn der 1990er Jahre umfaßte er ALIGOTÉ, FETEASCA, RKATSITELI, SAUVIGNON BLANC, MUSCAT OTTONEL, CHARDONNAY, PINOT GRIS, RIESLING und GEWÜRZTRAMINER als Weißweinrebsorten, CABERNET SAUVIGNON, MERLOT, PINOT NOIR und Schwarze Sereksia als Rotweinrebsorten und daneben verschiedene TAFELTRAUBENSORTEN. Auch eine Reihe von speziell auf Schädlings- und Krankheitsresistenz abgestimmte Neuzüchtungen waren angepflanzt: Viorica, Doina, Negru de Yaloven, Weißer Sukhomlinski und Golubok. Zu den einheimischen Rebsorten gehört PLAVAI, auch Belan oder Plakun genannt.

Weine

Der Säuregehalt ist gut bis hoch, ANREICHERUNG kommt selten, MALOLAKTISCHE SÄUREUMWANDLUNG eher zufällig vor, und die Kellerausrüstungen sowie die Hygiene liegen um Jahre hinter dem zurück, was im Westen als Norm gilt. Als Allheilmittel wird PASTEURISIERUNG eingesetzt. 1992 gab es beispielsweise nur zwei auf westlichem Stand befindliche Abfüllanlagen, und FEHLER IM WEIN kamen häufig vor. Dabei ist das Potential hochinteressant, insbesondere da ja die kommerziell bedeutenden Rebsorten bereits vorhanden sind. 1990 belief sich die Gesamtweinerzeugung der Republik auf über 1 Million hl, also ungefähr soviel wie in GEORGIEN und ARMENIEN, jedoch mit europäischeren Stilen und Strukturen. Die Schaumweinproduktion ist umfangreich, insbesondere in Cricova, und eine vielversprechende Spezialität der Kellerei Yaloveni ist sherryartiger Wein. In Moldova entstehen aber auch Konkurrenten für den LIQUEUR MUSCAT Australiens. Am besten dürften sich jedoch die Weine verkaufen, die auf Chardonnay, Sauvignon Blanc und Cabernet Sauvignon beruhen. Rotweine vom Anfang der 1960er Jahre, z. B. Negru de Purkar und Roshu de Purkar, wurden beim Zusammenbruch der Sowjetunion nach Großbritannien exportiert und fanden dort großen Anklang. Pucar im Osten des Landes ist der Herkunftsort feiner, langlebiger Rotweine; aus Tarakliya im Süden, fast an der Grenze zur Ukraine, kommen fruchtige Cabernet-Sauvignon-Weine von alten Reben.

Weinwirtschaft

Moldova hat weniger als andere osteuropäische Weinerzeugerländer durch das Verschwinden des zentralisierten sowjetischen Weinmarkts Schaden genommen. Die Weine des Landes sind in der GUS hochgeschätzt und im Tauschhandel mit den anderen Republiken begehrt, insbesondere mit der Ukraine, die dafür Getreide liefert. Seit der Unabhängigkeit haben einige Weingüter in Moldova um fachliche Unterstützung aus dem Ausland geworben, und die australische Weinfirma PENFOLDS hat 1993 kräftig investiert – hier ist ein weites Betätigungsfeld für FLYING WINE-MAKERS. Moldova befindet sich im Stadium einer allmählichen Privatisierung und eines hektischen Wiederaufbaus. Es gibt Pläne für erweiterte Weinanpflanzungen und für eine Art Appellationssystem. V. R.

Godelman, Y. M., *Ökologie des Weinbaus von Moldova* (russ.) (Kischinew, 1990).

Lupashcu, M. F., DIE MOLDAUISCHE SOZIALISTISCHE SOWJETREPUBLIK (russ.), in A. I. Timush (Hrsg.), *Enzyklopädie des Weinbaus* (Kischinew, 1986).

Makarenko, P. P., DIE HAUPTSÄCHLICHEN ENTWICKLUNGSPHASEN DES WEINBAUS IN MOLDOVA (russ.), *Sadovodstvo i vinogradarstvo Moldavii*, 5 (1987), 21–25.

MOLETTE In SAVOYEN verbreitete, besonders im Schaumwein von SEYSSEL verarbeitete Weißweinrebsorte. Der von ihr gewonnene Grundwein ist neutral und wird durch Beimischung von etwas ROUSSETTE aufgebessert.

MOLINARA In der Region Veneto in Nordostitalien angebaute Rotweinrebsorte; sie wird vor allem im VALPOLICELLA mit verwendet. Ihre Weine weisen oft kräftige Säure auf, darum wird sie auch viel weniger kultiviert als die gehaltvollere CORVINA.

MOLISE Die nach dem Valle d'AOSTA zweitkleinste und am schwächsten bevölkerte Region Italiens ist ein armes Gebirgsland südlich der ABRUZZEN im Südosten Italiens. Die schon seit einem Jahrhundert anhaltende Landflucht hat die Gegend in noch tiefere Armut gestürzt; die Rebfläche beträgt nur 9500 ha, und die jährliche Erzeugung von 500 000 hl stellt knapp ein Zwanzigstel der Erzeugung im benachbarten APULIEN dar. Die Produktion liegt fast ganz in den Händen von WINZERGENOSSENSCHAFTEN, die praktisch den gesamten Wein faßweise verkaufen und nur einen Bruchteil davon in Flaschen abfüllen.

Die nahegelegene Region Abruzzen, an die Molise bis in die 1960er Jahre angeschlossen war, hat im Weinbau von Molise ihren Einfluß insofern hinterlassen, als die vorherrschenden Rebsorten heute MONTEPULCIANO d'Abruzzo und TREBBIANO D'ABBRUZZO sind. Inzwischen gibt es jedoch Bestrebungen nach größerer Vielfalt durch Anpflanzung süditalienischer Trauben wie FIANO und GRECO DI TUFO sowie internationaler Rebsorten wie CHARDONNAY, RIESLING, SYLVANER und PINOT BLANC. Besondere Bemühungen um bestimmte Weintypen – z. B. Schaumwein, DOC-Wein, *frizzante* oder süße Tafelweine – sind freilich selten. Der einzige DOC-Bereich von einiger Bedeutung ist Biferno im Landesinneren bei der Regionshauptstadt; aus ihm kommt Rot-, Rosé- und Weißwein. Die Rot- und Roséweine beruhen auf Montepulciano; beigemischt werden dürfen etwas roter AGLIANICO und weißer TREBBIANO TOSCANO. Biferno Bianco wird von Trebbiano Toscano unter Beimischung von BOMBINO und MALVASIA produziert.

Weil aber die Welt draußen für die DOC-Weine Molises kein Interesse zeigt, gibt das Weingut De Majo Norante seine Weine – die besten der Region – als VINO DA TAVOLA aus. D. T.

Anderson, B., *Atlas der italienischen Weine* (Bern, 1990).
Gleave, D., et al., *Die Weine Italiens* (Stuttgart, 1989).

MONASTRELL Der in Spanien gebräuchlichste Name für die in Frankreich MOURVÈDRE genannte Rotweinrebsorte, auch als Mataro bekannt.

MONBAZILLAC APPELLATION CONTRÔLÉE mit gutem Potential für süße Weißweine im Gebiet BERGERAC (Südwestfrankreich), unmittelbar südlich der Stadt Bergerac auf dem linken Ufer der DORDOGNE. Die Süßweinbereitung hat in Monbazillac eine lange Geschichte und geht auf Zeiten zurück, bevor der HOLLÄNDISCHE WEINHANDEL Interesse an der Gegend zeigte (auf dem Etikett eines Weinguts steht noch «Réputé en Hollande depuis 1513» zu lesen).

Wie der SAUTERNES wird auch der Monbazillac von Sémillon-, Sauvignon- und Muscadelle-Trauben gewonnen, und die Weinberge liegen wie dort an einem größeren Fluß in der Nähe der Einmündung eines kleineren, in diesem Fall der Gardonette. Diese Umgebung fördert im Herbst die Entstehung von Morgennebel und damit den Befall durch EDELFÄULE, doch wie in den 1960er un 1970er Jahren in Sauternes sind nur wenige Erzeuger bereit, die mit der Produktion von EDELFAULEN WEINEN verbundenen Risiken auf sich zu nehmen. In entschiedenem Bemühen um Qualität wurde ab 1993 die MASCHINELLE LESE untersagt und ein Mindestmaß an Lesedurchgängen (TRIS) festgesetzt. Der ausnehmend gute JAHRGANG 1990 regte dann viele Erzeuger dazu an, Weine mit Edelfäule in besonders feiner Qualität hervorzubringen, die ihren Preis durchaus wert sind. Aus offiziellen Statistiken geht hervor, daß sich in diesem Jahrgang die ERTRÄGE auf weniger als 20 hl/ha beliefen (weit weniger als in Sauternes; allerdings wurde die Ziffer für Monbazillac wohl dadurch heruntergedrückt, daß einige Weine als Côtes de Bergerac deklariert wurden). Die zugelassenen Höchsterträge liegen hier bei 40 hl/ha gegenüber 25 hl/ha in Sauternes. Rund 2500 ha Refläche sind für Monbazillac bestimmt, das ist fast doppelt soviel wie in der AC Sauternes.

Der POTENTIELLE ALKOHOLGEHALT muß mindestens 14,5 % betragen. Die gewissenhafteren Erzeuger verlassen sich dabei durchaus zu Recht darauf, daß die Natur für die Süße und Fülle ihrer oft mit einem ausgeprägten Orangeschimmer versehenen Weine sorgt. Leider ist nur allzuviel Monbazillac nichts weiter als einfacher, gesüßter, schwerer Wein, der manchmal nach SCHWEFELDIOXID riecht und von einem NÉGOCIANT verschnitten und abgefüllt wird, dem an den Möglichkeiten dieses AC-Bereichs wenig liegt. Seit 1993 muß eine eindeutige Unterscheidung zwischen dem seriösen süßen Monbazillac und trockenem Weißwein aus früher Lese, der als Bergerac Sec angeboten werden darf, vorgenommen werden.

Brook, S., *Liquid Gold* (London, 1987).

MÖNCHE UND KLÖSTER Wein hat stets geistige und religiöse Bedeutung gehabt (siehe RELIGION), und wie der Wein ein fester Bestandteil des klösterlichen Lebens ist, so haben auch Mönche und Klöster seit langem großen Einfluß auf die Weinbaugeschichte.

Reben und Wein spielten schon in der Antike in den Religionen des östlichen Mittelmeerraums eine bedeutende Rolle, aber in der christlichen religiösen Symbolik und Praxis erlangte der Wein als wesentliches Element der EUCHARISTIE einen besonderen Stellenwert. Die christliche Gleichnissprache baute sicher auf älteren jüdischen Vorstellungen auf, in denen die Rebe und der Weinberg im Alten Testament als die beliebtesten Symbole für das Volk Israel stehen. Die Einführung des Christentums als Staatsreligion des römischen Imperiums im 4. Jh. n. Chr. (siehe ROM IN DER ANTIKE) bedeutete, daß der Wein in der europäischen Gesellschaft eine Stellung von höchster ideologischer Pro-

MÖNCHE und Wein bildeten nicht erst am Ende des 18. Jh. eine innige Bruderschaft.

minenz erlangte. Diese religiöse Bedeutung des Weins gilt in zwei bestimmten Phasen der Entwicklung allgemein als besonders wichtig: Zunächst wurde dadurch das Überleben des Weinbaus nach dem Zusammenbruch des weströmischen Reichs gesichert, und zweitens gelangte so der Weinbau auch in die NEUE WELT.

Immer wieder wird betont, daß der Bedarf der christlichen Gemeinden an von Trauben bereitetem Wein zur Feier des Abendmahls einer der Hauptfaktoren war, die es dem Weinbau ermöglicht haben, in Westeuropa nach dem Sturz des römischen Imperiums im Jahr 476 weiterzubestehen. Dabei wird davon ausgegangen, daß es bei schwierigen Transportverhältnissen für isolierte christliche Gemeinden im nördlichen Europa einfacher war, selbst Wein zu bauen, als ihn von anderswo herbeizuholen. Darüber hinaus gilt es auch als sicher, daß die Mönche, denen ja die nötigen Kenntnisse zugänglich waren und die außerdem stets über den erforderlichen Grund und Boden sowie genügend Zeit für Experimente verfügen konnten, als einzige imstande gewesen sein dürften, die Traditionen des Weinbaus und der Weinerzeugung zu pflegen.

Allerdings gibt es für diese Hypothese nur wenig feste Beweise. Von den Germanenstämmen, die das weströmische Reich überrannten, weiß man, daß sie dem Wein zugetan waren, und deshalb besteht wenig Grund anzunehmen, sie hätten die großen Weinberge Europas zerstört. Diese Vermutung wird gestützt durch Aufzeichnungen von Überlebenden der gallo-römischen Aristokratie, die den Fortgang des Weinbaus in der zweiten Hälfte des 5. Jh. in manchen Gegenden GALLIENS, z. B. um Clermont-Ferrand, bekundeten. Auf jeden Fall besaßen Bischöfe und Mönche Weinberge, und sie führten vom 6. bis zum 10. Jh. die Weinerzeugung fort, aber immerhin ist zu vermerken, daß sie ihren Weinbergbesitz vorwiegend als Stiftungen von den Königen oder vom weltlichen Adel empfingen. Das bedeutet jedoch, daß große, nicht in Klosterbesitz befindliche Weinbergflächen den Germanenansturm im 5. Jh. überlebt hatten und anschließend weiterentwickelt worden waren. Die wahre Rolle der Klöster scheint demnach nicht darin gelegen zu haben, daß sie die Tradition des Weinbaus nach dem Zusammenbruch des Römerreichs bewahrten, sondern vielmehr darin, daß sie größeren Weinbergbesitz aufbauten und dadurch zu den bedeutendsten Weinerzeugern des Mittelalters gehörten (siehe auch KARL DER GROSSE).

Im Mittelalter kamen einige der renommiertesten Weinberglagen Europas in Klosterbesitz. Die Benediktiner (die wie die Kartäuser heute eng mit auf Weingeist beruhenden Likören verknüpft werden) waren große Weinbergbesitzer. In BURGUND gehörte den Mönchen von Cluny der größte Teil der Rebfläche des heutigen GEVREY-CHAMBERTIN, und die Abtei St-Vivant besaß Weinberge im heutigen VOSNE-ROMANÉE. An der Loire verfügte das Benediktinerkloster St-Nicolas über Weinbergbesitz im heutigen ANJOU, und auch die Benediktinerklöster in BOURGUEIL und La Charité erzeugten große Mengen Wein. Weiter im Süden produzierte die Benediktinerabtei ST-POURÇAIN einen der damals höchstrenommierten Weine Frankreichs. In der CHAMPAGNE verfügten die Benediktiner in der Diözese Reims über sechs Klöster, und an der Rhône gehörten ihnen Weinberge in CORNAS und ST-PÉRAY. In BORDEAUX waren Château Prieuré in Cantenac (heute mit dem Namen eines Besitzers aus der jüngeren Vergangenheit, nämlich Alexis LICHINE, verbunden) und Château Carbonnieux in GRAVES klösterliche Besitzungen. In Deutschland brachte die Abtei St. Maximin an der RUWER am Ende des 8. Jh. jährlich 9000 l Wein hervor. Die Benediktiner besaßen vor allem in RHEINHESSEN und FRANKEN umfangreiche Weinbergflächen, ihr bekanntester Besitz war jeoch SCHLOSS JOHANNISBERG im RHEINGAU.

Auch die asketischeren Zisterzienser verfügten über große Weinbergbesitzungen überall in Europa. Die Abtei Clairvaux besaß große Weinberge in der Champagne, und von den Zisterziensern in Pontigny heißt es, sie hätten als erste in CHABLIS die CHARDONNAY-Rebe gepflanzt. Ihr berühmtester Weinberg aber war der große, ummauerte CLOS DE VOUGEOT; weitere Besitzungen in Burgund umfaßten Weinberge in MEURSAULT, BEAUNE und POMMARD. Auch in SANCERRE und der PROVENCE erzeugten Zisterzienser feine Weine. Ihr größter Weinbergbesitz in Deutschland gehörte zum KLOSTER EBERBACH im Rheingau, es gab indes noch weitere, vor allem in Himmerod und Machern an der MOSEL sowie in Maulbronn in WÜRTTEMBERG. Als große Grundbesitzer in ganz Europa verfügten auch andere Mönchsorden über umfangreiche Weinberge; so hatten beispielsweise die Kartäuser größere Besitzungen in CAHORS, in der SCHWEIZ, in Trier sowie im PRIORATO (Nordostspanien).

Die zweite bedeutende Rolle, die den Mönchen in der Geschichte des Weinbaus zufiel, war ihre Einflußnahme auf die Entwicklung des Weinbaus auf dem amerikanischen Kontinent. Im 17. Jh. waren die Jesuiten große Weinerzeuger in der Küstenebene von PERU, und im 18. Jh. spielten mit der Expansion der spanischen Macht in KALIFORNIEN die Franziskaner, vor allem unter der Leitung von Junípero Serra, eine wichtige Rolle bei der Einführung des Weinbaus und der Weinerzeugung in Alta California. Die meisten Missionen, die in den 1770er und 1780er Jahren in Kalifornien entstanden, kultivierten Reben und bereiteten Wein; die Mission San Gabriel wurde besonders berühmt durch ihren Wein, aber andererseits blieben die meisten Missionsweinberge doch ziemlich klein.

Im 20. Jh. besteht die klösterliche Weinerzeugung trotz der widrigen Einflüsse der Reformation in Nordeuropa weiter fort. Benediktinermönche produzieren in den Klöstern Gottweig in ÖSTERREICH, St. Hildegard ob Rüdesheim im Rheingau und Muri-Gries bei Bozen in Südtirol heute noch Wein. Zisterzienser in Heiligenkreuz in Österreich und in NAVARRA (Spanien) sowie Augustiner in KLOSTERNEUBURG (Österreich) sind ebenfalls im Weinbau tätig.

Besondere Leistungen

Abgesehen von der Rolle, welche die Mönchsorden allgemein in der Geschichte des Weins gespielt haben, gelang es auch einzelnen Mönchen und Klöstern, großen Ruhm im Weinbau zu erringen. Das klassische Beispiel hierfür ist die Arbeit von Dom PÉRIGNON in der Verbesserung der Weine des Klosters Hautvillers in der CHAMPAGNE am Ende des 17. Jh. Drei Jahrhunderte später schuf sich Brother Timothy als Kellermeiser der Christian Brothers im NAPA Valley (Kalifornien) einen großen Ruf.

Siehe auch MISSIONARE. P. T. H. U.

Cushner, N. P., *Lords of the Land: Sugar, Wine and Jesuit Estates of Colonial Peru, 1600–1767* (Albany, N.Y., 1980).

Goodenough, E. R., *Jewish Symbols in the Greco-Roman Period* (New York, 1956), Bde. 5 und 6.

Seward, D., *Monks and Wine* (London, 1979).

Unwin, T., *Wine and the Vine: An Historical Geography of Viticulture and the Wine Trade* (London, 1991).

MONDAVI Eine für die neuere Geschichte des Weinbaus in KALIFORNIEN sehr bedeutende Familie; vor allem Robert Mondavi (* 1913) tut mehr als irgend jemand sonst dafür, Kalifornien international als eine Quelle feinster Weine bekannt zu machen.

Sein Vater Cesare kam 1906 aus den MARCHE an der Ostküste Italiens nach den USA. Er und seine Frau Rosa führten in Minnesota ein Gasthaus vor allem für Bergarbeiter. 1922 zogen sie nach Lodi im SAN JOAQUIN VALLEY (Kalifornien), von wo aus sie während der ganzen PROHIBITION Trauben in den Osten der USA an das dort vorübergehend stark angeschwollene Heer von HOBBY-KELLERMEISTERN lieferten. Unmittelbar nach Aufhebung der Prohibition wandte sich Cesare der Weinerzeugung zu, und ab dem Ende der 1930er Jahre unterstützten ihn seine Söhne Robert und Peter.

Schon 1936 hatten die Mondavis den wichtigen Schritt aus dem heißen Central Valley (wo sie es GALLO überließen, den größten Weinbaubetrieb der Welt aufzubauen) in das kühlere NAPA Valley getan, und zwar mit dem festen Entschluß, dort Tischweine anstelle der damals viel beliebteren Dessertweine hervorzubringen. Von ihrer Basis in der Sunny St Helena Winery aus erwarben sie nach rascher Expansion 1943 die nahegelegene Charles KRUG Winery. Robert Mondavis Leidenschaft für ständige Feinabstimmung bei seinen Weinen blühte hier am Vorbild alter Flaschen aus der Inglenook Winery und unter der Leitung des Önologen André TSCHELISTCHEFF stark auf. In den 1950er Jahren faszinierte ihn die CABERNET-SAUVIGNON-Traube zunehmend, und 1962 stattete er erstmals BORDEAUX einen Besuch ab, der in ihm den Grundstein für die Überzeugung legte, daß feiner Wein und ein lebenswertes Dasein untrennbar zusammengehören.

Das führte zu Auseinandersetzungen mit seinem jüngeren Bruder Peter, die sich nach dem Tod Cesares 1959 derart verschärften, daß Robert 1965 die Charles Krug Winery schließlich Peter überlassen mußte und erst nach einem langen, bitteren Prozeß vom Gericht eine Entschädigung zugesprochen erhielt. Die Eröffnung der Robert Mondavi Winery am Oakville Highway im Jahr 1966 – dank dem Architekten Cliff May ein wahrhaft kalifornischer Bau – bezeichnete dann den Beginn einer neuen Ära nicht nur für die Mondavis, sondern für den kalifornischen Wein schlechthin. Wie Baron Philippe de ROTHSCHILD für Bordeaux eine neue Ära eingeleitet hatte, als er in den 1920er Jahren die Leitung von Château MOUTON-ROTHSCHILD übernahm, so setzte sich nun die Robert Mondavi Winery an die Spitze der Entwicklung SORTENREINER Weine auf der Grundlage der berühmtesten europäischen Rebsorten (jede auf innovative Weise zu eigenständigem Wein verarbeitet), und zwar durch vielfache Experimente mit FÄSSERN unterschiedlicher Anröstungsgrade, Verfahren der SCHÖNUNG und FILTRATION, spezielle Reserve-Abfüllungen, Vergleichsproben mit den berühmtesten Weinen Frankreichs, Wein-TOURISMUS und kulturelle Veranstaltungen in Verbindung mit dem Weinbaubetrieb und seinen Weinen.

Es war daher keine Überraschung, als 1979 (in dem Jahr, als ein Weinbaubetrieb in Woodbridge im Central Valley für die Herstellung größerer Mengen an Wein einer be-

Das Napa Valley liegt Robert MONDAVI zu Füßen.

scheideneren Preisklasse erworben wurde) die Ankündigung eines Gemeinschaftsunternehmens zwischen Robert Mondavi und Baron Philippe herauskam – es handelte sich um Opus One, einen auf Cabernet beruhenden Wein aus dem Napa Valley, der seit 1992 in einer eigenen, üppig ausgestatteten Kellerei gemeinsam von Tim Mondavi und dem Kellermeister von Mouton bereitet wird. In den 1980er Jahren versuchte Robert Mondavi sich von der Alltagsarbeit zu lösen, die sich inzwischen auf die getrennt geführten Weinbaubetriebe Vichon und Byron sowie auf Robert-Mondavi-Weine erstreckt, die in CARNEROS eher nach Methoden des ORGANISCHEN WEINBAUS gewonnen werden. Seine Kinder Michael, Tim und Marcia teilten unter sich die Pflichten auf, so daß ihm mehr Zeit für seine unermüdliche Missionstätigkeit zugunsten des kalifornischen Weins und für seinen von einigem Erfolg gekrönten Kampf gegen die neoprohibitionistischen Kräfte der späten 1980er und frühen 1990er Jahre ließ. Die Mondavi Mission finanziert wissenschaftliche Arbeiten über die Stellung des Weins in Gesellschaft und Geschichte.

Obwohl die Robert Mondavi Winery zu Beginn der 1990er Jahre mit über 600 ha besten Weinberglagen im Napa Valley und einer Jahresproduktion von 700 000 Kisten Napa-Wein (mehr als irgendein anderer Erzeuger) über ein beträchtliches Betriebsvermögen verfügte, sah sich der Familienbetrieb 1993 gezwungen, zur Abdeckung von Krediten eine Umwandlung in eine Aktiengesellschaft vorzunehmen.

Laube, J., ROBERT MONDAVI: SCENES FROM A LIFE IN WINE, *Wine Spectator*, 18/3 (1993), 16–27.

Ray, C., *Robert Mondavi of the Napa Valley* (London, 1984).

MONDEUSE NOIRE Eine der ältesten und markantesten Rotweintraubensorten in SAVOYEN; sie bringt eine italienisch anmutende tiefe Farbe und einen kräftigen Biß in den Wein der Region ein und bildet einen Kontrast zu den milderen, von der erst nach der REBLAUS-Epidemie ins Land gekommenen GAMAY-Traube produzierten Rotweinen. Die saftigen, pfefferigen Weine der Mondeuse sind kräftig in Geschmack und Farbe und gehören zu den wenigen in Savoyen, die gut auf sorgfältigen Ausbau in kleinen Eichenfässern ansprechen. (Allerdings kann die Sorte, wenn sie auf fruchtbaren Böden in tieferen Lagen zu hohen Erträgen getrieben wird, auch nichtssagenden Wein liefern, woraus sich vielleicht erklärt, daß sie so lange unterschätzt worden ist.) Manche Autoren behaupten, Mondeuse sei mit der in FRIULI heimischen REFOSCO-Traube identisch. Die Weine sind einander jedenfalls außerordentlich ähnlich, und der Herrschaftsbereich des Hauses Savoyen im 16. Jh. würde auch eine logische Erklärung dafür abgeben, doch angesehene italienische Ampelographen bestreiten die Theorie.

In Frankreich fiel die Gesamtanbaufläche der Mondeuse Noire in den 1970er Jahren von knapp 1000 ha auf unter 200 ha; es ist aber zu hoffen, daß es für die charaktervolle Traube, die doch mit einem großen Teil ihres Ertrags einen ungewöhnlich haltbaren sortenreinen Vin de Savoie erbringt, in ihrer Heimat eine Renaissance geben wird. Im übrigen wird sie in BUGEY mit Pinot Noir und Gamay verschnitten.

An manchen Stellen in Savoyen und Bugey kommt eine **Mondeuse Blanche** vor, die dort auch Dongine genannt wird.

MONICA Auf SARDINIEN stark verbreitete Rotweinrebsorte; dort erbringt sie sortenreinen Monica di Sardegna. In der italienischen Weinbauerhebung von 1990 wurden gut 6000 ha Monica gezählt, was bedeutet, daß seit 1982 knapp 4000 ha gerodet worden waren. Vermutlich stammt die Sorte ursprünglich aus Spanien (allerdings ist sie dort nicht mehr bekannt). Manche Ampelographen halten sie für identisch mit der MISSION in Kalifornien. Ihre Weine sind ausdrucksschwach und wollen jung getrunken sein.

MONOPOL Staatliche oder regionale Kontrolle und Exklusivität im Verkauf und gelegentlich auch in der Produktion von alkoholischen Getränken haben eine lange Geschichte. In Indien war der Wein, der dort in der vorchristlichen Zeit getrunken wurde, ein Staatsmonopol. Die Administratoren vieler antiker Zivilisationen sahen wirtschaftliche und soziale Vorteile in der Ausübung eines Monopols über die Verteilung von Wein und Bier (die einzigen in der Antike bekannten alkoholischen Getränke). Staatsmonopole für den Verkauf alkoholischer Getränke sind in skandinavischen Ländern und in Teilen von Kanada die Regel, allerdings wurden einige dieser Monopole in den 1990er Jahren zumindest theoretisch durchbrochen. Die Nachteile können für den Verbraucher in einer Beschränkung der Auswahl und in vielen Fällen einer starken Einengung der Verkaufsorte und -bedingungen sein, wobei die Abgabe von

Wein allen Sicherheitsvorkehrungen und demütigenden Kontrollen unterliegt, wie sie mit gefährlichen Drogen in Zusammenhang gebracht werden. Für den Erzeuger kann der Vorteil darin bestehen, daß Aufträge eines Monopols einen relativ umfangreichen und sicheren Wert darstellen können. So war beispielsweise die Belieferung des schwedischen Staatsmonopols mit Faßwein lange Zeit ein bedeutender Posten im Exportgeschäft von PENFOLDS und anderer australischer Unternehmen.

MONOPOLE In Burgund gebräuchlicher Ausdruck für eine in einer einzigen Hand befindliche Weinberglage (CLIMAT).

MONOTERPENE Terpenoide; siehe GESCHMACKSSTOFFE.

MONTAGNE DE REIMS Bewaldetes Hügelland in der CHAMPAGNE zwischen Reims und Épernay (siehe Abbildung Seite 233). An den unteren Hängen befinden sich berühmte Weinberglagen, aus denen hochwertige PINOT-NOIR-Grundweine kommen.

MONTAGNE ST-ÉMILION Satelliten-Appellation von ST-ÉMILION in Bordeaux.

MONTAGNY APPELLATION CONTRÔLÉE für weißen Burgunder aus den Orten Montagny-lès-Buxy, Jully-lès-Buxy, Buxy und St-Vallerin an der Côte CHALONNAISE. Diese Weine haben etwas kräftigere Säure und mehr Körper als andere aus dieser Gegend. Alle Weinberglagen dürfen hier als PREMIER CRU bezeichnet werden, sofern der Wein einen ALKOHOLGEHALT von 11,5 % hat. Ein großer Teil der Produktion wird von der exzellenten, 1929 in Buxy gegründeten WINZERGENOSSENSCHAFT verarbeitet, die sich den Werbespruch «Mit den guten Weinen von Buxy singen und lachen alle» ausgedacht hat. J. T. C. M.

MONTALCINO Stadt in der TOSKANA und Heimat des berühmten langlebigen Rotweins BRUNELLO DI MONTALCINO.

MONTECARLO DOC-Bereich bei Lucca im Nordwesten der TOSKANA; er war einer der ersten, aus dem moderner trokkener Weißwein kam, produziert als Verschnitt des weitverbreiteten TREBBIANO mit einer ganzen Reihe interessanterer Rebsorten. Auch Rotweine entstehen hier.

MONTENEGRO Verhältnismäßig kleine Küstenregion im Süden des ehemaligen JUGOSLAWIEN, unmittelbar nördlich von ALBANIEN. Auf einer ertragsschwachen Rebfläche von 4000 ha steht vor allem die Rotweinrebsorte VRANAC, die intensiven, dunklen SORTENREINEN Wein erbringt, der wahrhaft samtige Art annehmen kann, wenn er sorgfältig drei oder vier Jahre im Faß und dann in der Flasche herangereift ist. Der Haupterzeuger begann Anfang der 1990er Jahre mit einer gewissen Menge an neuen Eichenfässern zu arbeiten. Sie verleihen dem Wein eine modisch sanfte, würzige Note, und er könnte damit als einer der ersten jugoslawischen Weine eine gewisse Preisschranke überspringen, die schon vor Ausbruch der Bürgerkriegswirren ausländischen Investitionen stark im Weg stand.

MONTEPULCIANO Name einer in ganz Mittelitalien verbreiteten Rotweinrebsorte (31 000 ha in 1990) und der Name einer Stadt in der TOSKANA im Zentrum des DOCG-Bereichs, der den hochangesehenen VINO NOBILE DI MONTEPULCIANO hervorbringt (der aber nicht von der gleichnamigen Rebsorte stammt).

Die Traube wird in 20 der 95 italienischen Provinzen empfohlen, aber am meisten in den ABRUZZEN kultiviert, wo sie für den oft ausgezeichneten preiswerten Montepulciano d'Abruzzo verantwortlich zeichnet, während sie in den MARCHE einen Hauptbestandteil der Rotweine Rosso Conero und Rosso Piceno bildet. In MOLISE und APULIEN wird sie ebenfalls angebaut. Weiter im Norden reift sie zu spät.

Die Sorte erbringt beträchtliche Mengen an tiefdunklen, schön ausgereiften Trauben für Wein mit gutem Alkohol- und Extraktgehalt. Ihre Synonyme sind Cordisco, Morellone, Primaticcio und Uva Abruzzi.

MONTEREY County südlich von San Francisco (KALIFORNIEN) mit bedeutender Landwirtschaft. Als Weinbaugebiet hat es seine Tücken: In Monterey fällt so wenig Niederschlag, daß ohne BEWÄSSERUNG kein Weinbau möglich ist. Auch ist das breite Salinas Valley zum Pazifik hin weit offen. Sein Nordende wird von den Seenebeln so stark gekühlt und verdunkelt, daß dort Trauben kaum reifen können. In diese widersprüchlichen Verhältnisse brach zwischen 1968 und 1975 ein Heer von Weinbauaspiranten ein, die den Umfang der Rebfläche sprunghaft von einem einzigen Weinberg auf 15 000 ha anschwellen ließen, wodurch Monterey zum am dichtesten mit Reben bepflanzten County an der Westküste wurde. Seit 1975 hat sich dann praktisch jedes Jahr ein weiterer Schritt auf dem Rückzug des Weinbaus nach Süden in die wärmsten und sonnigsten Teile des Salinas Valley vollzogen. Der ursprüngliche Brennpunkt um Soledad hat sich inzwischen weit südwärts nach King City verschoben. Dessenungeachtet kamen die ersten erfolgreichen Weine von Monterey aus der Gegend von Soledad und Greenfield, und dieser Bereich – jetzt Arroyo Seco AVA – bildet noch immer das erste Glied, in dem sonst nur noch die winzigen Bereiche Chalone AVA und Carmel Valley AVA stehen. Ein neuerer AVA-Bereich, Santa Lucia Highlands, flankiert Arroyo Seco und reicht weiter nordwärts.

Monterey AVA

Die umfassende Bezeichnung für das ganze Monterey County erstreckt sich auf Arroyo Seco AVA, Carmel Valley

AVA, San Lucas AVA sowie alle übrigen nicht in diesen spezifischeren Bereichen eingeschlossenen Anbauflächen. San Lucas AVA wurde von den gigantischen Almaden Vineyards gefördert, als dieses Unternehmen hier noch größere Besitzungen hatte; der Name ist auf Etiketten nicht mehr in Erscheinung getreten, seit sich Almaden aus der Gegend zurückgezogen hat, obwohl ein ziemlich großer Teil der Rebfläche von Monterey hier liegt.

Arroyo Seco AVA
Der zusammenhängendste Distrikt im weiten Salinas Valley hat als Ankerpunkt die struppige Farmerstadt Greenfield. Der größte Teil der Rebfläche liegt westlich dieser Stadt, zu beiden Seiten des trockenen Bachbetts, dessen spanische Bezeichnung dem Bereich als Name dient; ein Teil reicht jedoch nach Norden und Osten bis in die noch struppigeren Außenbezirke von Soledad. Chardonnay ist die Hauptstütze für die meisten hiesigen Weinbaubetriebe, während andere sich ganz auf Cabernet Sauvignon verlassen. Auch Riesling kann hier recht interessant ausfallen. Die ersten Anpflanzungen wurden in dieser Gegend zu Beginn der 1960er Jahre vorgenommen. Da hier zu wenig Verarbeitungsbetriebe ansässig sind – Jekel ist die einzige etablierte Kellerei innerhalb der Bereichsgrenzen –, wird ein großer Teil des Traubenguts in andere Gegenden befördert.

Carmel Valley AVA
Der einzige zum Meer hin ausgerichtete Weinbaubereich im Monterey County beherbergt eine Handvoll kleiner Weinbaubetriebe auf den steilen Hängen am oberen Ende des Einzugsgebiets des Carmel River, 20 km landeinwärts von der Carmel Bay. Durney Vineyards ist hier das älteste und bekannteste Weingut.

Chalone AVA
Praktisch ein Bereich für ein einziges Weingut hoch oben in den Gavilan Mountains auf der Ostseite des Salinas Valley, doch hat dieser gleichnamige Weinbaubetrieb ihm mit Chardonnay, Pinot Blanc und Pinot Noir einen beachtlichen Ruf geschaffen. Chalone liegt zwar direkt oberhalb des Bereichs Arroyo Seco AVA, ist aber himmelweit von ihm entfernt, was Klima (oberhalb der Nebeldecke) und Boden (kristallreich und kalkhaltig) angeht.

MONTHÉLIE Ort im Distrikt Côte de Beaune an der Côte d'Or (Burgund); hier wächst viel Rotwein und gelegentlich auch Weißwein. Monthélie ist so auf Wein eingestellt, daß es heißt, zur Weinlesezeit müßten die Hühner Hungers sterben.

Die Weine sind ähnlich wie die von VOLNAY, jedoch nicht ganz so voll und auch nicht so elegant, sie halten sich aber gut und sind wuchtiger als die aus dem südlichen Nachbarort AUXEY-DURESSES, mit dem sich Monthélie in die PREMIER-CRU-Lage Les Duresses teilt. Die anderen Premier-Cru-Lagen von Monthélie, Meix Bataille und Champs Fulliot, grenzen an Volnay. In den 1980er Jahren wurde etwas Chardonnay gepflanzt, denn Monthélie grenzt auch an den Weißweinort MEURSAULT an.

Siehe auch CÔTE D'OR und Karte Seite 201. J. T. C. M.

MONTILLA-MORILES Südspanischer DO-Bereich in ANDALUSIEN, 40 km südlich von Córdoba. Hier werden Weine im SHERRY-Stil mit und ohne Anreicherung produziert; sie laufen meist unter der einfachen Bezeichnung MONTILLA. Lange Jahre strömte der Wein aus der Gegend um die Orte Montilla und Moriles in die Sherry-SOLERAS. Das hörte 1945 praktisch auf, als Montilla seine eigene DO erlangte, doch kleinere Mengen an Wein von der PEDRO-XIMÉNEZ-Traube werden auch heute noch legal nach JEREZ und in das benachbarte MÁLAGA für Verschnittzwecke ausgeführt. Seit seiner Eigenständigkeit hat Montilla mit der verbreiteten Ansicht zu kämpfen, sein Wein sei eine preiswerte Alternative zu Sherry.

Die Böden im Zentrum der Gegend, wo geringere ERTRÄGE und bessere Weine zustande kommen, ähneln dem kalkreichen ALBARIZA von Jerez, doch der größte Teil von Montilla-Moriles ist sandig und dürr. Das Klima ist relativ extrem mit Sommertemperaturen bis 45 °C und kurzen, kalten Wintern. Die Pedro-Ximénez-Rebe, auf die 70 % der Produktion entfallen, scheint sich in der Hitze wohl zu fühlen und erbringt außerordentlich süße Trauben. Daher erreichen die Weine ohne AUFSPRITEN einen ALKOHOLGEHALT von 14–16 %. An weiteren Rebsorten gedeihen hier u. a. Lairén (AIRÉN) und MOSCATEL DE ALEJANDRIA; sie ergeben meist leichtere Weine für Verschnittzwecke. Die PALOMINO-Rebe, die ja die Grundlage für Sherry bildet, hat sich in Montilla nicht bewährt.

Die Weinbereitungspraktiken sind ähnlich wie die für Sherry. Von VORLAUFMOST werden Weine im Stil des hel-

Bereitung von MONTILLA in irdenen Tinajas.

len, trockenen FINO und des AMONTILLADO erzeugt, während von den folgenden Pressungen schwerere, OLOROSO-ähnliche Stile entstehen. (Die Begriffe Fino, Amontillado und Oloroso sind auf Montilla-Etiketten innerhalb Spaniens erlaubt, in anderen Ländern der Europäischen Union jedoch nicht zulässig, weil sie dort dem Sherry vorbehalten sind. Außerhalb Spaniens trifft man deshalb am häufigsten die Bezeichnungen Pale Dry, Medium Dry, Pale Cream und Cream an.)

Pale Dry Montilla reift unter einer FLOR-Schicht zunächst in TINAJAS aus Zement oder Ton und später – ähnlich wie in Jerez – in Soleras. Allerdings fällt im heißen Klima von Montilla-Moriles, weit entfernt von den kühlenden Atlantikwinden, die Florschicht gewöhnlich nicht so dick aus wie in Jerez; infolgedessen erreichen die Weine meist nicht ganz so viel Finesse (siehe SHERRY). Die schwereren Oloroso-Stile werden mit Alkohol angereichert und länger in Soleras gereift, wo sie dunkle Farbe und pikante Art annehmen. Etwa die Hälfte der Weine des Bereichs wird nicht aufgespritet; dadurch haben sie in Ländern, wo die Steuern nach dem Alkoholgehalt berechnet werden, einen Vorteil. Sie gehen meistens in billige kommerzielle Verschnitte ein, von denen viele für den Export mit konzentriertem Most stark gesüßt werden. R. J. M.

MONTLOUIS Die APPELLATION CONTRÔLÉE für Weißwein in der TOURAINE an der Loire steht weitgehend im Schatten des gegenüberliegenden größeren und berühmteren VOUVRAY, hat aber dennoch seinen ganz eigenen Charakter. Wie in Vouvray wird auch hier ausschließlich die CHENIN-BLANC-Traube angebaut und je nach dem Witterungsverlauf des Jahres zu Weißwein aller Süßegrade verarbeitet.

Zwar bildet auch auf dem Südufer flußabwärts von Touraine-Amboise Tuffstein das Fundament der Häuser und Keller, aber der Boden ist hier leichter und sandiger als in Vouvray; daher sind die Weine nicht ganz so scharf konturiert und kommen erheblich früher zur Genußreife (was ein großer Vorteil sein kann). Etwa 40 % der Weine von den 250 ha Rebfläche des Bereichs entfallen auf den erfreulich robusten und charaktervollen **Mountlouis Mousseux**.

MONTMÉLIAN CRU südlich von Chambéry (Ostfrankreich); der Name darf an die AC Vin de Savoie angefügt werden (siehe SAVOYEN). Hier dominiert eine WINZERGENOSSENSCHAFT; der vorwiegend erzeugte leichte Weißwein stammt von der JACQUÈRE-Traube.

MONTPELLIER, UNIVERSITÄT Die École Nationale Supérieur Agronomique wurde 1872 als Reaktion auf die durch den ECHTEN MEHLTAU, den FALSCHEN MEHLTAU und die REBLAUS verursachte Weinbaukrise in Südwestfrankreich gegründet.

Der erste Professor für Weinbaukunde, Gustave Foëx, veranlaßte die erste größere Sammlung französischer und amerikanischer Reben, die mit über 3000 Sorten bis heute die bedeutendste der Welt ist. Er experimentierte mit reblausresistenten VEREDELUNGSUNTERLAGEN und veröffentlichte einen in sechs Auflagen erschienenen Führer durch die amerikanischen Rebsorten. Seit der Ära Foëx ist die AMPELOGRAPHIE ein Spezialität der Universität Montpellier.

Am Ende der 1880er Jahre reiste der damalige Professor für Weinbaukunde, Pierre Viala, ausdrücklich zu dem Zweck nach den USA, dort für kalkhaltige Böden geeignete Rebsorten zu sammeln. Durch seine Bemühungen kam eine Kreuzung von VITIS *berlandieri* mit Chasselas zustande, die als Unterlagsrebe 41B die Neubestockung der Anbaugebiete Cognac und Champagne ermöglichte. Ab 1890 arbeitete Viala am Institut National Agronomique in Paris, wo er eine Arbeit über Rebkrankheiten und dann zusammen mit Vermorel zwischen 1902 und 1910 die siebenbändige klassische *Ampélographie* veröffentlichte.

Der Nachfolger Vialas in Montpellier war Louis Ravaz, der die Weinbauforschungsstation in Cognac geschaffen und sich auf SCHWARZFÄULE und Falschen Mehltau spezialisiert hatte. Er veröffentlichte außerdem ein wichtiges Werk über amerikanische Reben, erweiterte die Rebensammlung von Montpellier auf 3500 Sorten und wurde der erste Rebenphysiologe. Zusammen mit Viala gründete er die *Revue de viticulture*, die von 1894 bis 1949 regelmäßig erschien, und er wirkte auch bei der Gründung der Fachzeitschrift *Progrès agricole et viticole* mit.

Ab 1930 hatte Jean Branas den Lehrstuhl für Weinbaukunde inne; sein Hauptinteresse galt VIRUSKRANKHEITEN. Zusammen mit einigen ehemaligen Schülern unternahm er eine Kontrolle der französischen Rebschulen und leitete in den sandigen, NEMATODEN-freien Böden von Grau du Roi an der Mittelmeerküste ein Programm der KLONENSELEKTION ein.

Seit 1946 stellt das INRA die finanziellen Mittel und die Mitarbeiter zur Weiterentwicklung der Weinbauforschung in Montpellier zur Verfügung. Branas ließ die Rebenkollektion in die Domaine de Vassal an der Mittelmeerküste verlegen, wo der Boden frei von der Reblaus und der Nematode *Xiphinema index* ist. Die Weinbauversuchsstation ist ein Refugium für *Vinifera*-Reben und AMERIKANISCHE HYBRIDREBEN geworden. Auch einige NEUE REBSORTEN, beispielsweise CHASAN, sind hier gezüchtet worden. Dank der Arbeit von Ampelographen wie Paul Truel ist die Domaine de Vassal heute darüber hinaus ein weltweit anerkanntes Zentrum für Rebsortenbestimmung.

Pierre GALET, der Branas auf dem Lehrstuhl für Weinbaukunde folgte, hat mehrere Werke über Weinbau und speziell über Ampelographie veröffentlicht. Sein direkter Nachfolger auf dem Gebiet der Ampelographie ist Jean-Michel Boursiquot, und auf dem Lehrstuhl für Weinbaukunde trat 1975 Professor Denis Boubals Galets Nachfolge an. Seine Arbeit befaßt sich vor allem mit den Ursachen und der Vererbung der Resistenz gegen Echten und Falschen Mehltau, gegen die Reblaus und gegen *Xiphinema index*. Er gründete zusammen mit dem Rebenphysiologen François Champagnol die Versuchsstation Domaine du Chapître in Villeneuve-lès-Maguelonne.

Montpellier hat auch auf dem Gebiet der ÖNOLOGIE einige Leistungen vorzuweisen, weltweite Bedeutung hat es aber vor allem in der Weinbaukunde gewonnen.

MONTPEYROUX Das höchstgelegene CRU innerhalb der AC LANGUEDOC in Südfrankreich bringt vor allem Rotwein hervor (zum großen Teil VIN DE PAYS und VIN DE TABLE). Carignan ist noch immer die vorherrschende Rebsorte, muß aber nach und nach Syrah, Grenache und Cinsaut weichen. DÜRRE ist hier im Sommer ein Problem, und die ERTRÄGE sind auf den felsigen Hängen ausgesprochen gering. Dominierend in der Erzeugung im Grenzort zwischen den Coteaux du Languedoc und dem Massif Central, dem gebirgigen Zentrum Frankreichs, ist die WINZERGENOSSENSCHAFT, aber auch einzelne Erzeugerbetriebe wie die Domaines d'Aupilhac und Aiguelière tun viel für die Reputation des Bereichs.

MONTRACHET oder **Le Montrachet.** Der berühmteste weiße Burgunder, der vollkommenste Ausdruck der Chardonnay-Traube, stammt aus einer kleinen GRAND-CRU-Lage im Bereich Côte de Beaune an der CÔTE D'OR. Claude Arnoux konnte 1728 weder in Französisch noch in Latein Worte für ihn finden und beschränkte sich daher auf die Bemerkung, daß er sehr teuer war und man ihn ein Jahr im voraus bestellen mußte. Dr. Lavalle (siehe BURGUND) äußerte 1855 seine heute nicht mehr unbedingt gültige Ansicht, daß man für einen guten Montrachet-Jahrgang nie zuviel bezahle, wie hoch der Preis auch sein möge.

Die Lage Le Montrachet ist knapp 8 ha groß und erstreckt sich zu beiden Seiten der Gemarkungsgrenze der Orte Puligny und Chassagne, die denn auch beide den berühmten Namen an ihren eigenen anfügen (siehe PULIGNY-MONTRACHET und CHASSAGNE-MONTRACHET). Das Geheimnis liegt teils im Kalksteinboden, teils in der geradezu vollkommenen Südwestlage, die von frühmorgens bis spätabends in der Sonne liegt. Merkwürdig ist, daß die Rebzeilen der Geländekontur folgend in der Hälfte von Puligny von Ost nach West, in der Hälfte von Chassagne aber in Nord-Süd-Richtung verlaufen.

Eigentümer und Erzeuger von Le Montrachet sind in der Hauptsache die Weingüter Marquis de Laguiche, Baron Thénard, DOMAINE DE LA ROMANÉE-CONTI, BOUCHARD PÈRE ET FILS, die Domaines Lafon und Prieur in Meursault sowie die Domaines Ramonet, Colin und Amiot-Bonfils in Chassagne. 1991 erwarb die Domaine Leflaive in Puligny einen kleinen Anteil. Die größten Teilstücke gehören dem Marquis de Laguiche, dessen Wein von Joseph DROUHIN bereitet wird, und dem Baron Thénard, für den das Handelshaus Remoissenet die Weinbereitung besorgt.

Vier weitere Grand-Cru-Lagen stehen mit Le Montrachet in Verbindung: Chevalier-Montrachet, Bâtard-Montrachet, Bienvenues-Bâtard-Montrachet und Criots-Bâtard-Montrachet.

Chevalier-Montrachet (7,36 ha) liegt unmittelbar oberhalb des zu Puligny gehörenden Teils von Le Montrachet auf dünnem, steinigem, nicht ganz so kräftigem Boden. Besonders gesucht ist der Chevalier-Montrachet Les Demoiselles von Louis LATOUR und Louis JADOT, der aus einem Teil der Lage stammt, die früher zum Premier Cru Les Demoiselles gehörte.

Bâtard-Montrachet (11,86 ha) am Hang unterhalb von Le Montrachet greift ebenfalls auf beide Gemarkungen über und bringt volle, kräftige, aber nicht ganz so elegante Weine wie Chevalier-Montrachet hervor. Im Teil von Puligny liegt in der Lage Bâtard als Enklave **Bienvenues-Bâtard-Montrachet** (3,68 ha), während **Criots-Bâtard-Montrachet** (1,57 ha), als eigenständiger Wein selten anzutreffen, eine Verlängerung des zu Chassagne gehörenden Teils bildet.

Näheres über Weinbau und Weinbereitung siehe CÔTE D'OR.

J. T. C. M.

Arnoux, C., *Dissertation sur la situation de Bourgogne* (Dijon, 1728).
Ginestet, B., *Montrachet* (Paris, 1988).
Loftus, S., *Puligny-Montrachet* (London, 1992).

MONTRAVEL Hauptsächlich für trockenen Weißwein gültige APPELLATION CONTRÔLÉE im äußersten Westen des Weinbaugebiets BERGERAC in SÜDWESTFRANKREICH an der Grenze zwischen den Départements GIRONDE und DORDOGNE, in unmittelbarer Nähe der Bordeaux-AC Côtes de FRANCS, wo es auch eine Tradition in der Erzeugung von süßem Weißwein gibt. Die Qualität der vorwiegend von Sémillon produzierten trockenen Weine hat sich gegen Ende der 1980er Jahre nach der Einführung von FASSAUSBAU erheblich gebessert.

Die Appellationen **Côtes de Montravel** und **Haut-Montravel** stehen für kleine Mengen an süßem Weißwein, wobei der erstere meist als MOELLEUX gilt und der letztere, seltener anzutreffende, eine noch süßere Version darstellt.

MORETO In Portugal vorwiegend im ALENTEJO angebaute schlichte Rotweinrebsorte.

MOREY-ST-DENIS Der bedeutende Ort im Bereich Côte de Nuits in Burgund bringt Rotwein von der Pinot-Noir-Traube hervor. Morey steht – vielleicht zu Unrecht – im Schatten der berühmteren Nachbarorte Chambolle-Musigny und Gevrey-Chambertin, weil bei Vergleichen sein Wein als leichtere Version von Gevrey oder festere Ausführung von Chambolle charakterisiert wird, je nachdem, auf welcher Seite des Orts sich die entsprechenden Lagen befinden. Tatsächlich wurden die Weine von Morey-St-Denis früher oft unter diesen berühmteren Namen verkauft. Geologisch hat Morey keinen Grund für Minderwertigkeitskomplexe, denn dieselbe harte Kalksteinschicht verläuft von der Combe de Lavaux in Gevrey über Morey zur Combe d'Antin in Chambolle.

Von der Grenze zu Gevrey-Chambertin aus südwärts befinden sich vier GRAND-CRU-Lagen: Clos de la Roche (16,9 ha), Clos St-Denis (6,6 ha), Clos des Lambrays (8,8 ha), Clos de Tart (7,5 ha) und nach Chambolle übergreifend ein kleiner Teil von Bonnes Mares.

Zwar entschied sich Morey 1927 für St-Denis als Anhängsel zum Ortsnamen, doch die feinste Lage in der Gemarkung ist vermutlich Clos de la Roche. Der Boden ist reich an MERGEL und bringt größere Tiefe sowie mehr Körper und Haltbarkeit als die meisten anderen Lagen.

Der zwischen dem Clos de la Roche und dem Ort Morey gelegene Clos St-Denis ist aber vielleicht als Quintessenz des Weins dieser Gemarkung anzusehen – eine Spur leichter als der Clos de la Roche, ein wenig karg, aber der Gipfel an Finesse.

Exzellente Beispiele von Clos de la Roche und Clos St-Denis kommen aus der Erzeugung der Domaines Ponsot und Dujac sowie der Gebrüder Lignier. Die Domaine Ponsot war eine der ersten in Burgund, die ihren Wein selbst abfüllte, dagegen ist die Domaine Dujac noch vergleichsweise neu; sie wurde 1968 von Jacques Seysses, einem inspirierten Weinerzeuger, gegründet, dessen Beispiel einen großen Einfluß auf die Winzergeneration ausgeübt hat, die in den 1980er Jahren die Domänen ihrer jeweiligen Familien übernahm.

Der Clos des Lambrays ist praktisch das Monopol der Gebrüder Saier, die 1979 die heruntergewirtschaftete Lage samt Weingut der Familie Cosson abkauften. Damals war der Clos des Lambrays als PREMIER CRU eingestuft, doch die Saiers erreichten in Anbetracht des Potentials dieser Lage eine Rangerhöhung, wie sie der TOPOGRAPHIE und GEOLOGIE entspricht. Bisher ist trotz eifriger Renovierung und großer Liebe zum Detail noch nicht ganz sicher, ob hier Weine entstehen, die sich mit Clos St-Denis oder Clos de la Roche messen können.

Der Clos de Tart ist seit jeher ein Monopol gewesen: Er wurde 1250 von den Zisterzienserinnen von Notre Dame de Genlis gegründet, blieb bis zur Französischen Revolution in ihrer Hand und wurde dann in einem Stück versteigert. 1932 verkaufte ihn ein Mitglied der Familie Marey-Monge an den heutigen Besitzer Mommessin. Aus dem Clos de Tart kommt ein feiner, seidiger Wein, der nicht immer ganz die Wucht und Konzentration aufweist, wie sie von einem Grand Cru erwartet wird – allerdings wurde er von Dr. Lavalle 1855 als einzige *tête-de-cuvée* in Morey besonders hervorgehoben.

Gute Premier-Cru-Lagen in Morey-St-Denis sind Les Ruchots, Clos de la Bussière (MONOPOLE der Domaine Georges Roumier), Les Millandes, Clos des Ormes und Les Monts Luisants. Die Domaine Ponsot produziert als Rarität auch einen Weißwein aus dieser Lage, der zum Teil von einer weißen Mutation der Pinot-Noir-Rebe stammt.

Siehe auch CÔTE D'OR und Karte Seite 201. J. T. C. M.

MORGON Bedeutendes BEAUJOLAIS-Cru; es umfaßt etwa 1100 ha um den Ort Villié-Morgon. Die hier entstehenden Weine sind weitaus konzentrierter und langlebiger als die meisten Beaujolais-Crus; der Name ist sogar zum Begriff dafür geworden, daß ein Beaujolais nach einiger Zeit in der Flasche einem von Pinot Noir dominierten roten Burgunder ähnlich wird (Morgonnieren). Der Boden ist hier stärker verwittert als in den anderen Beaujolais-Crus, es wird jedoch teilweise die Ansicht vertreten, daß nur die Weine von der Côte de Py, einem Hang südlich von Villié-Morgon, die mit dem Namen Morgon allgemein verknüpfte Tiefe aufweist.

MORILLON Alter, in Nordostfrankreich gebräuchlicher Name für PINOT NOIR; in der STEIERMARK steht er dagegen für kraftvoll aromatischen CHARDONNAY. Im Mittelalter war dies die Bezeichnung einer weitverbreiteten burgundischen Rebsorte, und in Chablis und seiner Umgebung wurde seinerzeit der Chardonnay so genannt.

MORIO-MUSKAT Die populäre, bei weitem muskatellerähnlichste deutsche Rebsorte ist eigentlich mit MUSKATELLER nicht verwandt. Auf unerklärliche Weise ist die von Peter Morio gezüchtete Kreuzung Silvaner × Weißburgunder – also von zwei im Aroma eher verhaltenen Rebsorten – ganz überwältigend stark in den Besitz der auffälligen Traubigkeit des Muskatellers gekommen. Besonders beliebt war die Sorte in den 1970er Jahren für die damals stark gefragten LIEBFRAUENMILCH-Verschnitte aus der PFALZ und aus RHEINHESSEN, so daß ihre Gesamtanbaufläche in Deutschland 3000 ha erreichte. Schon ein Schuß Morio-Muskat verleiht einem neutralen Verschnitt von Müller-Thurgau und Silvaner charakteristischen Geschmack. Um 1990 war dann die Anbaufläche auf unter 2000 ha zurückgegangen, und alle Anzeichen deuten darauf hin, daß die Tage der doch etwas aufdringlichen Neuzüchtung gezählt sind. Bei voller Reife können SORTENREINE Weine recht achtbar ausfallen, dafür aber braucht der Morio-Muskat mindestens eine ebenso gute Lage wie der Silvaner. Bei alledem kann er doch kaum als eine der feineren Spezialitäten Deutschlands gelten. Die MOSTGEWICHTE sind bei Morio-Muskat meist niedrig, die Säurewerte dagegen mittel bis hoch. Die Sorte ist fäuleanfällig und reift eine Woche nach dem Silvaner, so daß alles in allem BACCHUS für die kühleren nördlichen Anbaugebiete Deutschlands eine bessere Alternative ist.

MORNINGTON PENINSULA Aufstrebendes kleines Weinbaugebiet südöstlich von Melbourne, der Hauptstadt von VICTORIA in AUSTRALIEN.

MORPHOLOGIE DER REBE Die Lehre von Aufbau und Gestalt der Rebe im Unterschied zur Physiologie als der Lehre von ihrer Funktionsweise. Siehe ANTHERE, BEERE, BLATT, BLATTSTIEL, BLÜTENRISPE, BLÜTENSTIEL, BUTZEN, CORDON, FRUCHTFLEISCH, FRUCHTHÜLLE, FRUCHTKNOTEN, FRUCHTRUTE, GESCHEINE, HAUPTTRIEB, INTERNODIUM, KAMBIUM, KAMM, KNOTEN, KOPF, PHLOEM, POLLEN, RANKE, REBE, SEITENTRIEB, SPALTÖFFNUNG, STAMM, STAUBGEFÄSS, STENGEL, TRAUBE, TRAUBENKERNE, TRIEB, WASSERSCHOSS, WURZEL, XYLEN und ZAPFEN. B. G. C.

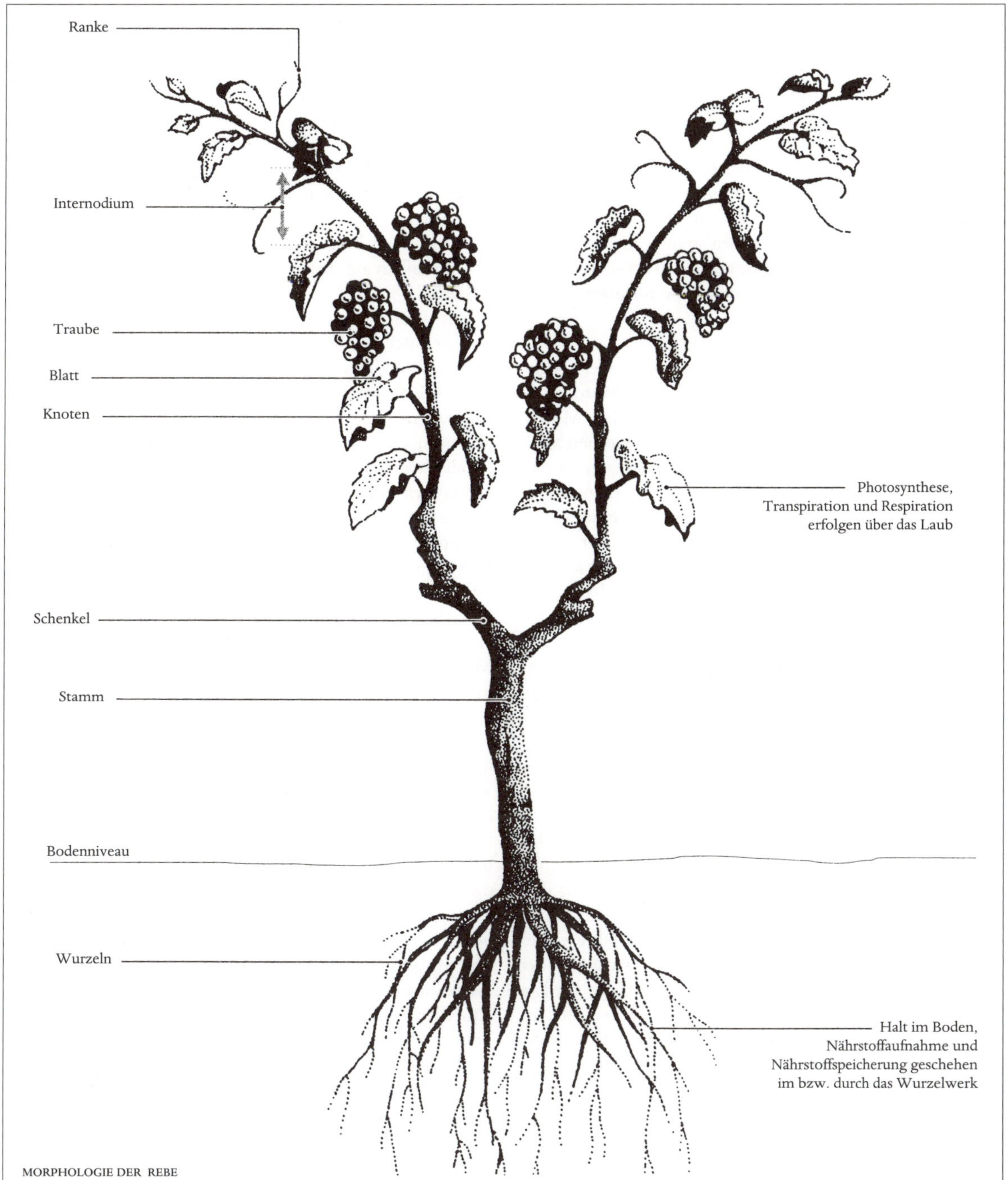

MORPHOLOGIE DER REBE

MORRASTEL Das in Frankreich hauptsächlich gebräuchliche Synonym für die GRACIANO-Traube aus Rioja. Verwirrenderweise ist es in Spanien zugleich ein Synonym für MOURVÈDRE, allerdings ist für diese Rebsorte dort der Name Monastrell gebräuchlicher. Unter dem Namen Morrastel wird Graciano auch im zentralasiatischen USBEKISTAN angebaut.

Die minderwertigere Züchtung Morrastel-Bouschet wird in Südfrankreich, wo sie noch um die Mitte des 20. Jh. vor allem in den Départements Aude und Hérault in größeren Mengen angebaut wurde, ebenfalls kurz Morrastel genannt.

MOSCADELLO, auch **Moscadelleto.** Lokalvariante der MOSCATO-Traube in und um Montalcino (Mittelitalien). Die Firma Villa Banfi investierte in den 1980er Jahren kräftig in die Produktion des süßen, traubigen Weißweins, und andere Erzeuger von BRUNELLO DI MONTALCINO folgten diesem Vorbild. Es gibt auch eine alkoholangereicherte LIQUOROSO-Version.

MOSCATEL span. und portug. Muskateller. Der Name steht für entsprechende Rebsorten und Weine. **Moscatel de Grano Menudo** ist MUSCAT BLANC À PETITS GRAINS, **Moscatel de Alejandria** und **Moscatel Romano** entsprechen MUSCAT OF ALEXANDRIA. **Moscatel Rosado** ist dagegen eine in Chile und Argentinien verbreitet angebaute südamerikanische Spezialität. **Moscatel de Málaga** wurde als südspanische Lokalrebsorte identifiziert. Im übrigen handelt es sich bei der im spanischen und portugiesischen Sprachraum gebräuchlichen Bezeichnung Moscatel meist um Muscat of Alexandria, obwohl in Spanien zum Teil auch die bessere kleinbeerige Sorte angebaut wird.

Die auf der Iberischen Halbinsel stark verbreiteten einfach als Moscatel bezeichneten billigen Weine sind im allgemeinen nichts weiter als süß und traubig.

MOSCATEL DE ALEJANDRIA Spanischer Name für MUSCAT OF ALEXANDRIA.

MOSCATEL DE AUSTRIA Die für die Produktion des aromatischen Branntweins PISCO in Chile verwendete Traube ist fast mit Sicherheit dieselbe wie TORRONTÉS Sanjuanino in Argentinien. In der für die Pisco-Produktion zuständigen Anbauzone wurde sie erst Anfang der 1960er Jahre eingeführt und fand dort – mehr ihrer reichen Erträge als der Qualität ihres Weins wegen – besonderen Anklang. Andere Moscatel-Sorten verleihen dem Branntwein ein feineres, intensiveres Aroma, doch Moscatel de Austria liefert große Mengen an neutralem Verschnittgut. Die Sorte erbringt kompakte Trauben mit großen, dünnschaligen, rötlichen Beeren von neutralem Geschmack. Sie braucht ein warmes Klima, um richtig zur Reife zu gelangen und ist infolge der dichtbesetzten Trauben und der dünnen Traubenschalen in feuchtem Klima sehr fäuleanfällig.

MOSCATO ital. Muskateller. **Moscato Bianco**, auch **Moscato di Canelli**, ist die feinste Muskatellersorte MUSCAT BLANC À PETITS GRAINS; sie hat in Italien so starke Verbreitung, daß sie mit 13 000 ha im Jahr 1990 die viertmeist angebaute weiße Rebsorte darstellte. In siebzehn DOC-Bereichen ist sie im Mischungsrezept vertreten. **Moscato Giallo** und **Moscato Rosa** (beide in Südtirol angebaut und dort auch Goldmuskateller bzw. Rosenmuskateller genannt) sind Mutationen mit kräftigerer Beerenfarbe. **Moscato di Alexandria** ist das italienische Synonym für die mindere weiße Muskatellersorte MUSCAT OF ALEXANDRIA.

Wie MALVASIA ist auch Moscato Bianco eine sehr alte, vielseitige Traubensorte und erstreckt sich in ihrer geographischen Verbreitung praktisch über die gesamte Halbinsel. Weine unter dem Namen Moscato werden in ganz Italien produziert und beruhen meist auf Moscato Bianco. Im Süden, vor allem auf den Inseln, fallen sie typisch golden und süß aus.

Nur wenige Regionen in Italien haben keinen auf Moscato beruhenden Wein aufzuweisen; in Luigi VERONELLIS *Reportorio dei vini italiani* aus dem Jahr 1990 sind fünfzig verschiedene Moscato-Arten aufgeführt. Die meisten sind alkoholarm und wenigstens leicht lieblich, also ideale Begleiter zu Obst und Fruchtdesserts. Die bekanntesten und populärsten Moscato-Weine – sozusagen die italienischen Prototypen der Sorte – kommen aus Piemont: der schäumende ASTI SPUMANTE und der eher perlende und noch alkoholschwächere MOSCATO D'ASTI. In der Art, wenn auch nicht in der Qualität ähnliche Weine werden auch in den DOC-Bereichen OLTREPÒ PAVESE und Colli Euganei produziert, während Versuche in Montalcino, einen Moscato herauszubringen oder vielmehr unter der Bezeichnung Moscadello di Montalcino wiederzubeleben, in einem kommerziellen Fiasko endeten. Eine trockenere, frischere, aber dennoch aromatische Art wird im TRENTINO erzeugt, wobei bessere Exemplare an die Qualität eines Elsässer Muscat heranreichen.

Der Süden Italiens, vor allem SIZILIEN, war früher für gute Moscato-Weine bekannt, unter denen sich auch der legendäre Moscato di Siracusa und der Moscato di Noto befanden, die aber inzwischen nur noch einen Mythos bilden. Kleine Mengen an Weinen auf Moscato-Basis entstehen noch auf SARDINIEN (**Moscato di Cagliari, Moscato di Sorso Sennori**), in der BASILIKATA (**Moscato del Vulture**) und in APULIEN (**Moscato di Trani**). Der bedeutendste Wein dieser Art aus dem Süden aber ist der **Moscato di Pantelleria**, ein PASSITO von der Moscato-di-Alexandria-Traube, der weit alkoholstärker und üppiger süß bereitet wird als der Moscato d'Asti. Das in den 1980er Jahren wiedererwachte Interesse am Moscato di Pantelleria hat sich mit Bestrebungen, einen üppigeren Moscato-Stil auch in Piemont herauszubringen, getroffen und diese wohl auch beeinflußt; so ist am Ende der 1980er Jahre ein neue Kategorie von oft faßgereiften Passito-Weinen mit weit mehr

Süße, als der Mosacto d'Asti sie hat, neu aufgekommen. In kleinen Mengen wird Moscato Passito schon seit langem im Valle d'AOSTA erzeugt, vor allem in der Umgebung des Ortes Chambave.

Moscato-Weine gibt es in Italien auch in anderen Farben als nur in Weiß, so einen nach Rosen duftenden Moscato Rosa in Süditrol und in geringerem Umfang auch im Trentino und in Friaul, während ein roter, fast übermäßig aromatischer, aber nicht immer gut bereiteter Moscato im DOC-Bereich **Moscato di Scanzo** bei Bergamo entsteht.

D. T.

MOSCATO D'ASTI Duftiger, lieblicher, sanft perlender Dessertwein aus PIEMONT (Nordwestitalien). Erzeugt wird er von MOSCATO BIANCO, der italienischen Version des feinen MUSCAT BLANC À PETITS GRAINS, deren Produktion sich in und um Asti im Lauf des 20. Jh. versechzigfacht hat. Gegen Ende des 19. Jh. wurden im Jahresdurchschnitt nur 15 000 t Moscato Bianco geerntet – allerdings war das vor der Entstehung der in Canelli beheimateten ASTI-SPUMANTE-Industrie. Santo Stefano Belbo gilt als die Wiege des Moscato in Piemont; am Ende des 19. Jh. wuchsen fast 80 % aller Moscato-Reben auf den kalkreichen Böden von Canelli, Santo Stefano Belbo, Calosso, Castiglione Tinella und Cassinasco. Aus Strevi, Riccaldone und Acqui Terme in der Provinz Alessandria kamen weitere 5 %. Diese gelten noch immer als die klassischen Zonen für feinen Moscato, aber bei der späteren Expansion der Anbaubereiche hat sich gezeigt, daß Moscato auch auf den Hängen von Cossano Belbo, Mango, Neviglie und Trezzo Tinella eine echte Heimat hat. Insofern ist Moscato d'Asti eigentlich eine Fehlbenennung, da ein bedeutender Teil der Produktion nicht in die Provinz ASTI, sondern in die Provinz Cuneo und ein weiterer großer Teil in die Provinz Alessandria fällt.

Als Wein wird der Moscato d'Asti oft mit dem Asti Spumante in einen Topf geworfen, obwohl die beiden Weine durchaus unterschiedlich sind, und zwar nicht nur, weil der Moscato d'Asti von einzelnen kleinen Erzeugern stammt und viel persönlichere und charakteristischere Art hat als der Asti Spumante, der meist aus vielerlei Herkunft verschnitten wird. Mit einem maximalen Kohlensäuredruck von 1 Atmosphäre in der Flasche – also nur ein Viertel soviel wie beim Asti Spumante – stellt sich der Moscato d'Asti darüber hinaus lediglich als leicht perlend dar. Auch der ALKOHOLGEHALT ist mit 5,5 % gegenüber 7–9,5 % bei Asti Spumante wesentlich geringer. Außerdem erwecken das nicht so kräftige Aroma und der flachere Geschmack des Asti Spumante einen Eindruck von mehr Süße, obwohl der tatsächliche Restsüßegehalt meist etwas geringer ist als beim Moscato d'Asti.

Eine avantgardistische Minderheit von Erzeugern dringt in den letzten Jahren auf eine Verringerung des Mindestalkoholgehalts von 5,5 % mit der Versicherung, daß der Wein dann noch duftiger ausfallen und bei etwas mehr Süße auch einen idealen Begleiter zu Desserts abgeben würde. Da ihr Vorschlag keine Gegenliebe findet, zeichnet sich eine Bewegung vom DOC-Status hinweg zur schlichteren Benennung VINO DA TAVOLA ab. Der Moscato d'Asti wird allerdings kein klassischer Dessertwein werden, denn seine Hauptvorzüge liegen in seiner Delikatesse, in seinem intensiv moschushaften Aroma und in seiner zugleich untergründigen und offenbaren Süße; die Anpreisung als «der vollkommene Wein zum Frühstück» enthält ein Körnchen witzige Wahrheit. Am besten paßt er übrigens zu Obst und Fruchtdesserts, aber nicht so sehr zu schwereren Süßspeisen.

Wenn auch der Moscato d'Asti nach wie vor vergleichsweise nur einen Tropfen im großen Meer ausmacht (3 Millionen Flaschen gegenüber 75 Millionen Flaschen Asti Spumante) und sich erst seit den 1970er und 1980er Jahren in größerem kommerziellem Umfang entwickelte – als nämlich kleine Erzeuger, die bisher Trauben oder Wein an die Asti-Spumante-Industrie verkauft hatten, ihren eigenen Moscato d'Asti abzufüllen begannen –, so hat er sich doch inzwischen eine sichere Nische als klassische und ungewöhnlich erfrischende Verkörperung einer der wichtigsten und populärsten Traubensorten der Welt geschaffen. D. T.

MOSCATO DI SARDEGNA Relativ neue und daher noch verhältnismäßig wenig ausgeschöpfte DOC für leichte, perlende, süße Weißweine aus SARDINIEN nach dem Vorbild des ASTI SPUMANTE.

MOSCATO DI STREVI Feiner, leicht perlender Muskateller aus den Bergen um Strevi im Osten des ASTI-SPUMANTE-Bereichs. Am besten sind jedoch die PASSITO-Versionen von Ivaldi.

MOSCATO SPUMANTE Die einfachste Form von leichtem, perlendem italienischem Weißwein nach dem Vorbild von ASTI SPUMANTE, meist aber nur mit sehr schlichten Zutaten in industriellen Verfahren hergestellt. Er sollte auf keinen Fall mit dem unvergleichlich höherwertigen MOSCATO D'ASTI verwechselt werden.

MOSCOPHILERO Rebsorte mit dunkelroséfarbenen Trauben, die in GRIECHENLAND, insbesondere auf dem Hochplateau von Mantinia auf dem Peloponnes, zu starkduftigem Weißwein verarbeitet werden; dort ist das Klima so kühl, daß die Lese oft erst im Oktober stattfindet. Der Name deutet wie VESPAIOLO in Italien an, daß die reifen Trauben mit ihrem Duft stark anziehend auf Insekten wirken. Die geschmacklichen Ähnlichkeiten mit feinem Muskateller sind groß, dennoch herrscht bislang Unklarheit über die Ursprünge dieser ganz eigenständigen würzigen Traubensorte, die in kleinen Mengen auch fruchtigen, leichten Rosé erbringt und in anderen Teilen Griechenlands zunehmend als Verschnittsorte genutzt wird.

MOSEL bzw. **Moselle.** Der deutsche bzw. französische Name des Flusses, der in den Vogesen entspringt, die Grenze zwischen Luxemburg (wo er für den Weinbau eine Schlüsselrolle spielt) und Deutschland bildet und nach insgesamt 545 km bei Koblenz in den Rhein mündet.

Frankreich
In der französischen Weinbaunomenklatur bildet der VDQS-Bereich **Vins de Moselle** zusammen mit den Côtes de TOUL den Rest des sogenannten *vin de l'est* (Wein aus dem Osten), des einst bedeutenden und blühenden Weinbaus in Lothringen. Umfangreiche Rebflächen um Metz lieferten im 19. Jh. zunächst Pinot-Noir-Wein in die Champagne und dann nach dem Krieg von 1870/71, als die Gegend deutsch wurde, Grundwein für SEKT. Die REBLAUS kam erst spät hierher – die Region blieb bis 1910 weitgehend verschont. Die schlechte Qualität der dann für die Wiederbestockung benutzten HYBRIDREBEN, die beginnende Industrialisierung (siehe EISENBAHN) und die Nähe der Schlachtfelder des 1. Weltkriegs beschleunigten den Niedergang des Weinbaus in diesem Gebiet, das in Klima, Bodenarten und Rebsorten viel Gemeinsamkeit mit Luxemburg hat – nur legt das INAO an die zulässigen ERTRÄGE strenge französische Maßstäbe an. Auxerrois und Müller-Thurgau sind die verbreitetsten Weißweinrebsorten, und ihre Weine sind leicht, frisch und aromatisch. Ein kleiner Teil wird zu Schaumwein verarbeitet.

George, R., *French Country Wines* (London, 1990).

Deutschland
Auf ihrem 242 km langen Weg durch Deutschland zieht die Mosel an Weinorten der Weltklasse vorüber durch eines der berühmtesten deutschen Qualitätsweinbaugebiete, MOSEL-SAAR-RUWER. «Mosel» ist auch ein deutsches TAFELWEIN-Anbaugebiet, allerdings unter Ausschluß von SAAR und RUWER; es bildet einen Teil des noch größeren Tafelweinbaugebiets Rhein-Mosel. Ganz allgemein bezeichnet das Wort Mosel den Wein aus dem gesamten Anbaugebiet Mosel-Saar-Ruwer, ohne einen Unterschied nach Qualitäten zu machen; auch im Weltweinhandel wird es oft entsprechend gebraucht.

In der englischsprachigen Welt setzte sich der Erfolg des Moselweins so um, daß «Moselle» zum Gattungsbegriff für leichten, halbtrockenen, schwach aromatischen Wein jeglicher Art wurde. Traditionsverhaftete Gemüter im britischen Weinhandel teilen noch heute den deutschen Wein in «Rhine» und «Moselle» ein (und übersehen dabei mehrere bedeutende Anbaugebiete, die im Export weniger stark betont worden sind). Um die Mitte des 19. Jh. war Sekt von der Mosel ebenso populär wie Sekt vom Rhein.

MOSEL-SAAR-RUWER Der offizielle Name des deutschen Qualitätsweinanbaugebiets faßt die Mosel mit ihren für den Weinbau wichtigsten Nebenflüssen zu einer Einheit zusammen. Das Gebiet erstreckt sich über eine Rebfläche von 12 760 ha, die zumeist an Steilhängen mit einem Gefälle von über 26 % liegt. Viele Weinberge steigen unmittelbar vom Moselufer oder nicht ganz so unmittelbar von den Ufern von SAAR und RUWER auf. Andere bilden Abstecher in kleinere Seitentäler, in denen Wasser aus dem Hunsrück oder aus den Vulkanbergen der Eifel zur Mosel strömt. Nicht weit talabwärts von Trier beginnen die Steillagen, die den Fluß dann auf der einen oder anderen Seite mit wenigen Unterbrechungen bis Koblenz begleiten. Am steilsten sind die Hänge jeweils am äußeren Rand der vielen Windungen und Schlingen, die der Fluß beschreibt. Auf den flacheren Innenbögen befindet sich oft Land, das sich besser für den Ackerbau als für den Weinbau eignet. Eine wichtige Rolle spielt hier die TOPOGRAPHIE.

Unterhalb von Cochem nimmt die Mosel einen geraderen Lauf, doch immer noch fließt sie durch eine Schlucht tief unter der sie umgebenden Landschaft. SCHIEFER gibt seit Hunderten von Jahren in dieser Gegend das Baumaterial ab, und wo es ihn im Boden nicht ausreichend gibt, wurde er hingeschafft, um den Reben mineralische Nährstoffe zuzuführen und Wärme für sie zu speichern. Manche Lagen zwischen fast senkrecht aufsteigenden Felsen wurden erst im 16. Jh. durch Sprengungen geschaffen – sicher keine ungefährliche Angelegenheit für die darunterliegenden Dörfer. Inzwischen wurden viele Weinberge modernisiert, jedoch in weit geringerem Umfang als in BADEN oder WÜRTTEMBERG (siehe FLURBEREINIGUNG). Die Produktionskosten gehören in den Steillagen an der Mosel zu den höchsten in Deutschland.

Das Anbaugebiet Mosel-Saar-Ruwer hat warme, aber keineswegs heiße Sommer mit Durchschnittstemperaturen im Juli von 18 °C. Das MESOKLIMA ist hier von recht großer Bedeutung, und die diesbezüglichen Schwankungen sind beträchtlich. In manchen Lagen, insbesondere an Saar und Obermosel (flußaufwärts von Trier), besteht besonders im Frühjahr, aber auch im Spätherbst und Winter Gefahr von FROSTSCHÄDEN. Selbst in relativ milden Wintern gibt es immer ein paar klirrend kalte Nächte, die es ermöglichen, gefrorene Rieslingtrauben für EISWEIN zu lesen.

Das Anbaugebiet Mosel-Saar-Ruwer unterteilt sich in fünf Bereiche, aber nur der Bereich Bernkastel tritt mit einiger Häufigkeit auch im Export in Erscheinung. Über die Hälfte der Weinerzeugung des Anbaugebiets kommt unter den Namen von GROSSLAGEN auf den Markt – z. B. Piesporter Michelsberg, Klüsserather St. Michael, Zeller Schwarze Katz oder Bernkasteler Kurfürstlay. Es gibt über fünfhundert Einzellagen, von denen sich aber nur rund sechzig durch die Qualität ihres Weins einen besonderen Namen gemacht haben. Allzuoft jedoch wird bei einfachen QBA-Weinen die Lagencharakteristik durch Übererträge derart verwässert und durch nachträglich hinzugefügte SÜSSRESERVE verdeckt, daß der Lagenname seine Bedeutung verliert.

Im 18. Jh. wuchs in zahlreichen Lagen, vor allem im heutigen Bereich Zell, Rotwein (siehe DEUTSCHE WEINBAUGESCHICHTE). Doch zu Beginn des 19. Jh. übernahm dann der Weißwein die Führung – damals hielt die ELBLING-Rebe fast zwei Drittel der Rebfläche besetzt. Heute noch dominiert sie im Bereich Obermosel, wo sie wie auf dem anderen Moselufer in LUXEMBOURG sauberen, frischen, recht rustikalen Wein liefert, und zwar bei Erträgen, die in reichlichen Jahrgängen 220 hl/ha und mehr erreichen können. Die meistangebaute Rebsorte der Region ist jedoch der RIESLING; er bedeckte 1954 über 90 % der gesamten Anbaufläche, hat inzwischen aber nur noch etwas mehr als die Hälfte der erweiterten Rebfläche inne. In den 1960er und 1970er Jahren wurde zunehmend MÜLLER-THURGAU auf Land angesetzt, das bis dahin dem Ackerbau gedient hatte, aber auch in Lagen, wo die Chancen für den Riesling, gleichmäßig zu dem vom DEUTSCHEN WEINGESETZ von 1971 verlangten Mindestniveau heranzureifen, zweifelhaft standen. Anders als Riesling und Elbling bringen jedoch Müller-Thurgau und andere in den 1960er Jahren eingeführte DEUTSCHE NEUZÜCHTUNGEN keinen Wein mit ausgeprägten gebietstypischen Charakteristiken zuwege. Daher tragen sie weder in Deutschland noch im Ausland dazu bei, den Ruf des Moselweins zu heben. Um die Differenzierung gegenüber anderen modernen Moselweinen klar herauszustellen, betonen viele Erzeuger seit den 1970er Jahren die Bezeichnung Riesling auf dem Etikett ganz besonders, und das bedeutet denn auch den ersten und wichtigsten Hinweis für alle, die einen guten Mosel-Saar-Ruwer-Wein suchen.

In Wein aus wärmerem Klima kann die größere Alkoholstärke eine grundlegende Schwäche verdecken. Bei einem billigen Mosel kann die RESTSÜSSE einen ähnlichen Effekt ausüben. In höheren Preisklassen müssen die meist leichten Moselweine jedoch mit besonderer Sorgfalt bereitet werden, wenn ihr Mangel an Körper sich nicht nachteilig auswirken soll. Der Schlüssel zu einem guten Riesling von Mosel, Saar oder Ruwer ist sein Rückgrat von fruchtiger WEINSÄURE; übrigens sind seit den 1990er Jahren auch die nicht TROKKEN oder HALBTROCKEN ausgebauten Weine mit weit weniger Restsüße versehen als in den 1970er Jahren. Heutzutage wird ihr Gefüge durch kräftigeren Alkohol gefestigt. Der Unterschied zwischen einer trockenen und einer lieblichen AUSLESE von der Mosel kann durchaus über 2 % ALKOHOLGEHALT betragen; es ist also nicht richtig, von vornherein anzunehmen, alle Moselweine seien leicht. Aber ungeachtet der Tatsache, daß manche trockene Auslese über 12 % Alkohol haben kann, bleibt doch für viele außenstehende Moselfreunde der eigentliche Moselwein der delikate, frische KABINETT, der mit 9 % Alkohol nicht viel stärker ist als ein Münchner Doppelbock. Mosel Kabinett in Bestform ist einzigartig und gehört zu den großen Glanzpunkten der Welt des Weins. Sein einziger Rivale ist vielleicht ein Wein in ähnlicher Qualität von der NAHE.

Von Koblenz flußaufwärts

Der Bereich mit dem höchsten Anteil an Rieslingreben beginnt bei Koblenz und verläuft flußaufwärts bis hinter das Städtchen Zell, das einem eigenen Bereich den Namen gibt. Viele kleine, steile Weinberglagen hier können nur von Hand gepflegt werden; den geringsten Anteil bilden flache oder so gering ansteigende Lagen, daß Bearbeitung mit dem Traktor möglich ist. Die Einzelbesitzungen sind nicht so groß wie im Bereich Bernkastel; ihm gegenüber geben praktisch alle statistischen Vergleichsziffern wie auch die Marktnachfrage für den Bereich Zell Nachteiliges zu erkennen. Um so erfreulicher ist es, den Erfolg einer Winzervereinigung dieser Gegend melden zu können; es handelt sich um die Erzeugergemeinschaft Deutsches Eck, die sich ganz der Rieslingtraube verpflichtet und den Höchstertrag streng auf 80 hl/ha beschränkt hat – das ist weit weniger, als das Gesetz erlaubt. Die Rieslinge aus dem Bereich Zell sind meist nicht ganz so fein wie die aus dem Bereich Bernkastel, aber ihre angenehmen, soliden, sortentypischen Weine der mittleren Preisklasse können sich doch neben allem sehen lassen, was die Mosel zu bieten hat. Sie sind stahlig und im Geschmack klar definiert und haben aus Lagen in der Nähe von Koblenz eine nicht unbedingt überraschende Ähnlichkeit mit Weinen vom MITTELRHEIN.

Die bekannteren Ortsnamen im Bereich Zell beginnen mit Winningen, wo die MOSTGEWICHTE in der Großlage Weinhex 1 % potentiellen Alkoholgehalt mehr erreichen als im bekannteren Piesporter Michelsberg. Weiter flußaufwärts bieten in Kobern, Lehmen und Pommern gute Privatweingüter Rieslingweine im Direktverkauf an, und flußaufwärts von dem betriebsamen, aber malerischen Städtchen Cochem wird in Edig und Eller viel guter Wein produziert. In Bremm steigt die terrassierte Lage Calmont 200 m hoch über den Fluß auf; sie gehört mit 65 % Steigung zu den steilsten in Deutschland. Oberhalb von Neef und Bullay führt die Mosel in einer charakteristischen, eng zusammenlaufenden Schlinge an Zell vorüber in den Bereich Bernkastel hinein.

Außer Trier und Koblenz mit 99 000 bzw. 177 000 Einwohnern ist die Landschaft um die Mosel herum relativ dünn besiedelt. Deshalb müssen die Erzeuger auch Märkte außerhalb der Region suchen, um sich über die Verkäufe an Touristen hinaus Absatz zu sichern. Da andere Beschäftigungsmöglichkeiten rar sind, verdienen sich viele Einheimische zumindest teilweise ihren Lebensunterhalt mit Weinbau. In den Steillagen der Mosel müssen pro Hektar fast dreimal so viele Arbeitsstunden aufgewendet werden wie beispielsweise in den bequemer zu bearbeitenden Weinbergen der PFALZ. Leider ermutigt an der Mosel der Preisunterschied zwischen Faßwein von ertragreichem Müller-Thurgau aus zweitrangigen Lagen und Rieslingwein aus guten Lagen nicht dazu, bei beschränkteren Erträgen besseren Wein zu erzeugen. Wer feinen Riesling aus dem Bereich Bernkastel sucht, der sollte sich an eines der vielen Weingüter wenden, die ihren Wein selbst abfüllen und direkt an Privatkunden, an den Weinfachhandel oder an Restaurants verkaufen. Sie bieten einen sichereren Weg zu einem guten Mosel als die Namen noch so berühmter Orte und noch so bekannter Lagen. Selbst eine so renommierte Lage wie die Wehlener Sonnenuhr bildet für sich allein noch keine Garantie für einen Wein in bester Qualität, außer er kommt aus einem guten Erzeugerbetrieb. Weine aus relativ minderen Teilen einer renommierten Lage, die von Händlern abgefüllt sind, sind vielleicht auch gut, doch mit den besten GUTSABFÜLLUNGEN können sie sich nicht messen.

Von den etwa sechzig herausragenden Lagen, die es im Anbaugebiet Mosel-Saar-Ruwer gibt, befindet sich über die Hälfte im Bereich Bernkastel. Wenn man flußaufwärts fährt, kommt man zunächst an den Lagen Prälat und Treppchen in Erden vorüber, dann passiert man Ürzig (Würzgarten), Zeltingen, Wehlen (Sonnenuhr), Grach, Bernkastel (Doctor und Graben), Brauneberg (Juffer), Piesport (Goldtröpfchen), Drohn und schließlich Trittenheim. In warmen Sommern mit unzureichenden Regenfällen berichten die Weingutsbesitzer manchmal, daß Weine in weniger guten Lagen besser ausfallen als in den Spitzenlagen, wo intensive Hitze und WASSERSTRESS die Ansammlung von Zucker in den Trauben verlangsamen können. Die Folge dieser scheinbar verkehrten Situation ist, daß feiner Mosel stets ein überaus individueller Wein bleibt, den es nie in großen Mengen geben kann. Um aber Supermärkte und Ladenketten mit großen Mengen preiswerter Weine versorgen zu können, muß viel gewöhnlicher Wein, fast mit Gewißheit nicht Riesling, unter Großlagennamen geliefert werden. Dabei kommen aber berühmte Ortsnamen wie Piesport und Bernkastel durchaus auch vor.

Saar und Ruwer

Die Weinberge an Saar und Ruwer bilden einen einzigen Bereich, der 13 % des Anbaugebiets Mosel-Saar-Ruwer ausmacht. Da je 100 m zusätzliche Höhe über dem Meeresspiegel einen Rückgang der Durchschnittstemperatur um mehr als 0,5 °C bedeuten, bringt das für den Bereich Saar-Ruwer und für die obere Mosel eben kühlere Temperaturen, als sie im Bereich Bernkastel herrschen. In guten Jahren sind die Weine, die hier wachsen, mit ihrer Fülle von Geschmacksnuancen und ihrer wundervollen Säure eine reine Freude, in schlechten Jahren aber haben die Trauben ihre Schwierigkeiten mit der REIFE. Die hauptsächlichen Ruwer-Lagen beginnen mit dem gleichnamigen Ort und enden etwa 10 km flußaufwärts. Der Eitelsbacher Karthäuserhofberg und Maximin Grünhaus befinden sich jeweils in der Hand eines einzigen hervorragenden Weinguts, und dadurch wird gewährleistet, daß nur erstklassige Weine auf den Markt kommen. Auch andere führende Weingüter an der Mosel haben Besitzungen in Eitelsbach und Kasel.

Die Weinberge an der Saar bilden die Großlage Scharzberg, während die berühmteste Einzellage der Scharzhofberg in Wiltingen ist. An ihm haben mehrere Weingüter Anteil, und wie bei der Wehlener Sonnenuhr sind auch hier nicht alle Teile der Lage gleich gut. Weitere führende Orte an der Saar sind Wawern, Ayl, Ockfen, Saarburg und Serrig. Aus den beiden letzteren kommen unvergleichlich stahlige Rieslingweine.

Oberhalb von Trier und dem Zusammenfluß mit der Saar bei Konz wandelt sich der Charakter der Mosel – hier wird es wieder völlig ländlich. Die schönen, sanften Weinberghügel liegen den luxemburgischen auf dem anderen Moselufer gegenüber. Es ist der Bereich Obermosel, der wie der größte Teil des Anbaugebiets in Rheinland-Pfalz liegt, während der kleine Bereich Moseltor zum Saarland gehört. Ein großer Teil des Leseguts wird von der zentralen Genossenschaftskellerei Moselland in Bernkastel verarbeitet. Einige Weingüter füllen aber ihren Wein auch selbst ab, und obwohl der hiesige Elbling recht schlicht ist, ergibt er doch ansprechenden Sekt. Vielleicht wird das künftig seine Hauptrolle sein.

Weinwirtschaft

Die Moselland-Kellerei verarbeitet etwa ein Viertel des Traubenguts von Mosel, Saar und Ruwer und exportiert rund 40 % ihrer Produktion, davon die Hälfte nach Großbritannien. Sie verfügt über Zweigbetriebe in mehreren Orten an Mosel und Saar sowie über eine Reihe von Kelterstationen und Annahmestellen für Traubengut überall in der Region. In Deutschland beliefert sie Supermärkte mit Flaschenwein und den Weinhandel mit Faßwein. Es gibt rund 11 100 Winzer im Anbaugebiet; von ihnen verfügen nur 130 über mehr als 5 ha Weinbergbesitz. 5 ha sind aber wohl die Mindestgröße für ein Weingut, wenn sich der Besitzer seinen Lebensunterhalt allein davon verdienen will.

Von dem Flaschenweinabsatz der Region entfallen 20 % auf die Genossenschaften, 30 % auf Weingüter, und 50 % werden von Weinhändlern abgefüllt, die zwar von den Genossenschaften auch Faßwein beziehen, zugleich aber als deren Konkurrenten auftreten, da sie dieselben Supermärkte beliefern.

Der große Umsatz mit deutschen Supermärkten und Ladenketten, der sich durch Konzentrationsvorgänge in den 1980er Jahren noch gesteigert hat, gibt diesen enorme Macht und Kaufkraft. Um sie zu versorgen, wurden in den 1960er Jahren in der Gegend von Trier vom Weinhandel Kellereien aufgebaut. Deren Existenz beruht auf großem Ausstoß bei geringer Gewinnspanne. Diese Kellereien exportieren auch Abfüllungen, von denen zwei Drittel aus anderen Anbaugebieten als Mosel-Saar-Ruwer oder beispielsweise sogar aus Italien oder Osteuropa stammen. Am Ende der 1980er Jahre wurden die Faßweinpreise an der Mosel indirekt von Supermärkten auf einem Niveau diktiert, auf dem Qualität irrelevant war.

Auf der Suche nach einem Ausweg aus den Schwierigkeiten des Billigweinmarkts bietet sich Sekt als interessante

Alternative an. Die Sekterzeugergemeinschaft Saar-Mosel konzentriert sich auf Sekt, der aus Riesling von Mosel und Saar sowie aus Elbling von der Obermosel produziert und zum Teil mit Jahrgangs- und Lagenbezeichnung angeboten wird (siehe SEKT).

Zwar ist der gute Ruf des Moselweins in Deutschland stark mitgenommen, es gibt aber neben viel billigem und oft nichtssagendem Wein ohne die besseren gebietstypischen Charakteristiken manches in der interessanten mittleren Preisklasse und weiterhin eine kleine Oberschicht exzellenter Gutsabfüllungen. I. J.

MOSSEL BAY Weinbaubereich am Kap in SÜDAFRIKA.

MOST ist im Sinn der Weinbereitung das Zwischenstadium zwischen TRAUBENSAFT und Wein, ein Gemisch von Traubensaft, Stielfragmenten, Traubenschalen, Kernen und Fruchtfleisch, wie es zu Beginn des Weinbereitungsvorgangs aus der Traubenmühle kommt. Die Franzosen sagen *moût*, die Italiener und Spanier *mosto*, und im englischen Sprachraum wird das Wort *must* schon seit mindestens tausend Jahren gebraucht. Ungeachtet aller größeren und kleineren Bedeutungsabweichungen ist stets in erster Linie die als Vorbereitung zur Gärung gemahlene Frucht gemeint. A. D. W.

MOSTBEHANDLUNG Trauben- und Mostverarbeitungstechniken mit dem Ziel, die Berührung mit SAUERSTOFF möglichst gering zu halten und dadurch der Gefahr der OXIDATION vorzubeugen, haben in der Weinbereitung große Bedeutung. Dies gilt vor allem bei Weißwein als besonders wichtig, da nach dem Mahlen der Trauben und dem Freiwerden des Safts aus den Beeren die PHENOLE rasch mit dem Luftsauerstoff zu reagieren beginnen und bernsteinfarbene bis dunkelbraune Polymere bilden (siehe POLYMERISIERUNG). Bei der Produktion einfacher Weine wird die Oxidation oft sogar gefördert, und die braunen Pigmente werden später durch SCHÖNUNG beseitigt. Bei den meisten besseren Weinen wird jedoch auf minimale Oxidation geachtet, um die Phenole zu schonen, weil sie zu AROMA und KÖRPER beitragen (es gibt aber auch ambitionierte Erzeuger, die zu Beginn der 1990er Jahre gezielte Experimente mit der Oxidation des Mosts vor der Gärung durchführten). Tankpressen, eine relativ neue Entwicklung, tragen weitgehend zur schonenden Mostbehandlung während des langwierigen Abpressens bei. Rotweintrauben sind weniger anfällig für Schädigung durch Sauerstoff, da sie weit stärkere Konzentrationen an TANNIN und PIGMENTEN aufweisen.

Siehe auch HÜLSENMAISCHUNG. A. D. W.

MOSTGEWICHT Maß für den Reifegrad der Trauben; die Grundlage bildet die Konzentration der im Traubensaft oder Most gelösten Inhaltsstoffe. Da diese zu etwa 90 % aus vergärbaren ZUCKERN bestehen (der Rest entfällt auf Säuren, Ionen und eine Reihe anderer Substanzen), ergibt deren Messung einen zuverlässigen Anhaltspunkt für den Reifegrad der Trauben und daher für den POTENTIELLEN ALKOHOLGEHALT des von ihnen gewonnenen Weins (siehe GÄRUNG).

Das Mostgewicht kann im Weinberg schon vor der Lese mit Hilfe eines REFRAKTOMETERS ermittelt werden und wird dann in der Kellerei wiederum mit einem Refraktometer oder einem ARÄOMETER gemessen, das auf eine der in verschiedenen Ländern gebräuchlichen Meßskalen geeicht ist. Daß es derlei Unterschiede in den Systemen gibt, ist nicht verwunderlich, wenn man bedenkt, wieviel die zu ermittelnden Werte für den Weinbereitungsprozeß bedeuten, d. h. wie früh im Entwicklungsgang des Weinbaus der einzelnen Länder eine solche Meßskala bereits benötigt wurde. Die verschiedenen Systeme beruhen lediglich auf einer unterschiedlichen Eichung des Meßgeräts, wobei allgemein der Nullpunkt angibt, daß die Dichte einer Lösung wie bei reinem Wasser genau 1 ist.

Das in großen Teilen Europas – u. a. in Frankreich –, aber auch in Australien gebräuchliche Meßsystem ist die BAUMÉ-Skala. Die Angabe der Konzentration der im Most gelösten Inhaltsstoffe in Baumé-Graden entspricht zweckmäßigerweise dem potentiellem ALKOHOLGEHALT des Weins, der entsteht, wenn der Most trocken ausgegoren wird, d. h., ein Most mit 11° Baumé ergibt einen trockenen Wein mit 11 % Alkoholgehalt.

In den USA, zunehmend aber auch in Australien, wird der Reifegrad der Trauben gewöhnlich in Grad BRIX, manchmal auch BALLING genannt, gemessen; diese beiden Bezeichnungen sind aus der Zuckerraffination übernommen. Die Brix-Werte geben einfach den Gewichtsanteil an Feststoffen (die zu etwa 90 % aus Zucker bestehen) in Prozent an.

In Deutschland ist das ÖCHSLE-System am verbreitetsten; es beruht auf der DICHTE des Mosts, d. h., ein Traubenmost mit einem spezifischen Gewicht von 1,085 wird mit 85° Öchsle (mit der Mostwaage gemessen) angegeben. Dieses System wird viel diskutiert, da das DEUTSCHE WEINGESETZ die Traubenqualität praktisch mit den Öchslegraden gleichsetzt. In Österreich wurde ein ähnliches System in KLOSTERNEUBURG entwickelt, das den Reifezustand in Grad KMW (auf der Klosterneuburger Mostwaage gemessen) angibt.

Alle diese Systeme ermöglichen die Berechnung des potentiellen Alkoholgehalts auf der Grundlage, daß etwa 16 g Zucker 1 % Alkohol ergeben. Alle Meßsysteme für das Mostgewicht lassen sich annähernd untereinander umrechnen, wobei die Baumé-Werte etwa ⅗ der Brix/Balling-Werte und 14,7° Brix/Balling 60° Öchsle entsprechen. In der Tabelle sind einige Vergleichswerte angegeben, wobei berücksichtigt werden muß, daß das Verhältnis der verschiedenen Meßsysteme zueinander nicht exakt bestimmt ist. (Vergleiche hierzu die Nomogramme bei Hamilton und Coombe.)

Baumé (%)	Brix/Balling (%)	Öchsle (%)	Potentieller Alkoholgehalt (% vol.)
10	18,0	75	10
11	19,8	84	11
12	21,7	93	12
13	23,5	101	13
14	25,3	110	14
15	27,1	119	15

Ein typischer trockener Wein entsteht von Traubenmost mit 11,1–13,3° Baumé, mit 20–24° Brix oder Balling bzw. mit 83–104° Öchsle. In einem kühlen Jahr in ENGLAND gewachsene Trauben erreichen eventuell nur ein Mostgewicht von knapp 50° Öchsle, während manche Rebsorten im SAN JOAQUIN VALLEY in Kalifornien ohne weiteres bis zu 30° Brix aufbringen, wenn sie in der intensiven Hitze nach und nach ihren Wassergehalt verlieren. 1971 wurden in Nußdorf in der PFALZ Trauben mit 326° Öchsle gelesen; der von ihnen bereitete Wein war 1993 noch in Gärung begriffen und hatte bis dahin gerade 4,5 % Alkoholgehalt erreicht. B. G. C. und A. D. W.

Hamilton, R. P., und Coombe, B. G., HARVESTING OF WINEGRAPES, in B. G. Coombe und P. R. Dry (Hrsg.), *Viticulture, II: Practices* (Adelaide, 1992).

MOSTKÜHLUNG Ein vor allem in der NEUEN WELT bei der Weißweinbereitung wichtiges Verfahren, durch das der Beginn der Gärung bis nach dem Pressen verzögert und die Gefahr der OXIDATION verringert wird. Siehe auch KÜHLTECHNIK und TEMPERATUR. In Frankreich wurde der erste Mostkühler zu Beginn der 1990er Jahre von Australiern im Languedoc installiert.

MOSTWAAGE siehe KLOSTERNEUBURG, MOSTGEWICHT und ÖCHSLE.

MOUEIX Die im BORDEAUX-WEINHANDEL vorwiegend in ST-ÉMILION und POMEROL in bedeutender Stellung tätige Familie Moueix kam aus Corrèze, einem Distrikt in Zentralfrankreich, wo angeblich besonders beharrliche Menschen leben. Jean Moueix (1882–1957) kaufte 1930 das Château Fonroque in St-Émilion, und sein Sohn Jean-Pierre (* 1913) schloß sich ihm in demselben Jahr an, und zwar ausdrücklich in der Absicht, den bis dahin etwas vernachlässigten Wein – zumeist Rotwein – zu verkaufen, der auf dem «rechten Ufer» der Dordogne von der Côtes de CASTILLON stromabwärts bis BLAYE produziert wurde. 1937 gründete Jean-Pierre in Libourne, der größten Stadt auf dem rechten Ufer, die Firma Éts. Jean-Pierre Moueix. Sie war in der Nachkriegszeit zunehmend erfolgreich und wurde ab 1970 der bedeutendste dortige NÉGOCIANT zu einer Zeit, als die traditionellen Handelshäuser derart in Schwierigkeiten gerieten, daß sie inzwischen in ihrer alten Form nicht mehr existieren. 1956 wurde die 70jährige Firma Duclot in der Stadt Bordeaux ausschließlich zu dem Zweck erworben, Geschäfte in den Bereichen auf dem «linken Ufer» (MÉDOC, GRAVES usw.) zu tätigen und den Direktvertrieb an Privatkunden in Frankreich durchzuführen. Als Bordeaux Millésimes verfügt es über eine prominente Stellung im Exporthandel. Seit 1968 werden beide von Jean-Pierres älterem Sohn Jean-François (* 1945) geleitet. Fonroque fiel durch Erbschaft an Jean-Antoine Moueix (1908–1957) und dann an seinen Sohn Jean-Jacques (* 1935), einen Direktor der Firma in Libourne.

1970 wurde Jean-Pierres jüngerer Sohn Christian (* 1946) Direktor mit besonderen Zuständigkeiten – zusammen mit dem Firmen-ÖNOLOGEN Jean-Claude Berrouet – für die zwanzig im Besitz der Firma befindlichen bzw. von ihr bewirtschafteten Weingüter. 1982 gründete Christian in Yountville, KALIFORNIEN mit zwei Töchtern von John Daniel, dem früheren Besitzer von Inglenook, ein Gemeinschaftsunternehmen. Es produziert auf 50 ha Rebfläche den Dominus, einen Wein nach dem Vorbild von Bordeaux. Inzwischen leitet Christian auch das NÉGOCIANT-Haus in Libourne.

In den 1950er Jahren begann Jean-Pierre Moueix mehrere Châteaux in St-Émilion und Pomerol zu erwerben: Trotanoy (1953), La Fleur-Pétrus (1953), Lagrange (1959) und durch Christian Moueix La Grave Trigant de Boisset (1971) in Pomerol sowie Magdelaine (1954) in St-Émilion. In den 1970er und 1980er Jahren expandierte die Firma nach FRONSAC und erwarb dort Canon, Canon de Brem und Canon-Moueix in der höherwertigen AC Canon-Fronsac sowie La Dauphine in Fronsac.

Mehrere weitere Weingüter werden für die Besitzer bewirtschaftet, u. a. die Châteaux La Clotte in St-Émilion sowie Lafleur, Feytit-Clinet, Lafleur-Gazin und Latour-à-Pomerol in Pomerol. Die bei weitem wichtigste Erwerbung war allerdings eine 50prozentige Beteiligung an Château PÉTRUS im Jahr 1964. Moueix hatte bereits seit 1945 das Alleinvertriebsrecht inne, und als die Eigentümerin, Madame Loubat, 1961 starb, hinterließ sie das Gut ihrem Neffen und ihrer Nichte; der erstere verkaufte seinen Anteil an das Haus Moueix.

Jean-Pierre Moueix, ein Mann von großer Rechtschaffenheit und Höflichkeit, ist ein bedeutender Sammler von Kunstwerken und Büchern, und das Château an der Dordogne am Rand von Libourne, in dem er lebt, ist voll von Werken moderner Künstler, u. a. Picasso und Francis Bacon. E. P.-R.

MOULIN-À-VENT Eines der berühmtesten BEAUJOLAIS-Crus ist nach einer in der Gegend stehenden Windmühle benannt. Der Bereich umfaßt Weinberglagen zwischen

Madame und Monsieur Jean-Pierre MOUEIX in ihrem Heim in Libourne Anfang der 1980er Jahre.

Chénas und Romanèche-Thorins. Von allen Beaujolais-Weinen ist der Moulin-à-Vent meist der langlebigste, konzentrierteste und daher in gewisser Weise der untypischste. Nach einiger Zeit beginnt er im Geschmack mehr einem alten Pinot Noir als einem Gamay zu ähneln. 50jähriger Moulin-à-Vent kann ein höchst befriedigender Wein sein, allerdings kein befriedigender Beaujolais mehr. Gewöhnlich ist der Moulin-à-Vent auch der teuerste Beaujolais. Die Rebfläche wurde stetig erweitert und belief sich 1990 auf fast 670 ha.

MOULIS oder **Moulis-en-Médoc.** Kleinste der sechs kommunalen APPELLATIONS CONTRÔLÉES im Haut-Médoc (Bordeaux); die Namen der übrigen lauten MARGAUX, ST-JULIEN, PAUILLAC, ST-ESTÈPHE und LISTRAC. Moulis verfügt zwar lediglich über eine Rebfläche von 500 ha, es gibt hier aber eine große Vielfalt an TERROIRS sowohl hinsichtlich Topographie wie Bodenzusammensetzung. In der für die Verhältnisse im Médoc ausgesprochen hügeligen Landschaft wachsen auf unterschiedlich kies-, ton- und kalksteinhaltigen Böden Weine wie der gelegentlich brillante Château Chasse-Spleen, der relativ preisgünstige Château Maucaillou und die Weine einer Reihe von Weingütern mit Poujeaux als Namensbestandteil; der feinste davon ist meist der langlebige Château Poujeaux selbst. Wie im benachbarten Listrac gibt es hier keine CRUS CLASSÉS; sind wohl deshalb sogar die besten Weine aus Moulis oft ziemlich preiswert, dabei aber so fest gefügt, wie ein Haut-Médoc sein soll, und oft etwas mit der duftigen Art des im Osten angrenzenden Margaux versehen. Die Erträge sind in Moulis stärker beschränkt als in Listrac.

Siehe auch MÉDOC und BORDEAUX.

Parker, R. M., *Bordeaux* (Bern, 1993).
Penning-Rowsell, E., *The Wines of Bordeaux* (6. Aufl., London, 1989).
Peppercorn, D., *Bordeaux* (2. Aufl., London, 1991).
—*Bordeaux* (4. Aufl., Bern, 1994).

MOUNTAIN Im 19. Jh. im angelsächsischen Sprachraum gebräuchlicher Ausdruck für MÁLAGA. Er ist heute nicht mehr üblich, man trifft ihn aber auf UMHÄNGESCHILDERN FÜR DEKANTIERGEFÄSSE aus der Zeit vor 1876, dem Jahr, in dem die REBLAUS die Weinberge von Málaga verwüstete, häufig an.

MOUNT BARKER Verhältnismäßig kühles, vielversprechendes Weinbaugebiet in Lower Great Southern (WESTERN AUSTRALIA).

MOUNT VEEDER AVA-Bereich in Kalifornien; siehe NAPA.

MOURISCO TINTO Einfache PORTWEIN-Traubensorte; sie bringt in Nordportugal ziemlich helle Rotweine hervor.

MOURVÈDRE Die in Spanien nach der Garnacha (Grenache) zweitmeist angebaute Rotweintraubensorte, die dort Monastrell genannt wird, war einst auch die wichtigste Traube in der Provence. In Spanien führt sie außerdem noch die Namen Morrastel oder Morastell, hat aber nichts mit GRACIANO zu tun, der wiederum in Frankreich Morrastel genannt wird. Heute erlebt die Mourvèdre-Traube, insbesondere in Südfrankreich und in geringerem Umfang auch in Kalifornien, ein Wiederaufleben ihrer Popularität. In der Neuen Welt wird sie oft Mataro genannt.

Ursprünglich kommt die Rebsorte mit ziemlich großer Gewißheit aus Spanien. Murviedro ist ein Ort bei Valencia (Mataro einer bei Barcelona). Sicherlich läßt sie sich in Spanien auch einfacher kultivieren als in den südlichen Weinbaugebieten Frankreichs, denn sie ist ausgesprochen spät in Austrieb und Reife, Galet zufolge eine Woche später als Carignan. In einem warmen Klima paßt sich die aufrecht und kräftig wachsende Monastrell-Rebe an alle möglichen Bodenarten an und erholt sich nach Spätfrösten gut (allerdings ist sie empfindlich für Winterkälte). Für ECHTEN und FALSCHEN MEHLTAU ist die Sorte anfällig, was im heißen, trockenen Spanien freilich weniger Probleme macht als in weiten Teilen Frankreichs.

Der von den kleinen, süßen, dickschaligen Beeren gewonnene Wein ist oft schwer und alkoholstark mit hohem Tanningehalt und in der Jugend ziemlich urwüchsigem Geschmack, dabei aber durchaus haltbar, wenn bei der Verarbeitung OXIDATION sorgfältig vermieden wird. Die Anbaufläche beläuft sich in Spanien auf über 100 000 ha, vorwiegend in Murcia, Alicante, Albacete und Valencia sowie in der gesamten LEVANTE. In den DO-Bereichen ALICANTE, ALMANSA, JUMILLA, VALENCIA und YECLA ist Monastrell die Hauptrebsorte.

Als Mourvèdre braucht die Traube in Frankreich wärmste Sommer, wenn sie voll zur Reife gelangen soll. (Ihre Stellung im Süden läßt sich vielleicht mit derjenigen vergleichen, die früher in Bordeaux dem Petit Verdot zufiel.) Sie beherrschte die Provence, bis die REBLAUS kam und die Suche nach Massenträgersorten für billigen Tafelwein begann, um die unersättliche Nachfrage zu befriedigen. Jahrzehntelang wartete Mourvèdre nun in ihrer Enklave BANDOL auf bessere Zeiten; heute gilt sie überall im Languedoc-Roussillon wieder als hocherwünschte, modische «Verbesserungssorte», insbesondere weil nun Klone gefunden worden sind, die nicht mehr wie die früher degenerierten Bestände unerfreulich schwankende Erträge bringen. Von 1968 bis 1988 wuchs die Anbaufläche in Frankreich von 900 auf 5600 ha; sie verteilt sich auf die Provence, die südliche Rhône, das Languedoc und das Roussillon.

In Südfrankreich erbringt Mourvèdre Weine, die wegen ihrer festen Art, ihrer intensiven Frucht und in guten Jahren eines oft an Brombeeren erinnernden Dufts geschätzt sind. Die Festigkeit erweist sich vor allem in Mischungen mit Grenache in der Provence und mit Cinsaut weiter im Westen als nützlich. In Bandol wird Mourvèdre mit beiden Sorten gemischt, wobei ihr die Vorschrift 50 % Anteil einräumt. Mourvèdre ist in vielen AC-Rezepten in ganz Südfrankreich, von den Coteaux du Tricastin bis Collioure, vorgesehen. Dabei spielt die Sorte meist eine unterstützende Rolle, weil sie mehr Körper hat als Syrah, straffer ist als Grenache und Cinsaut und unendlich mehr Charme besitzt als Carignan, aber auch sortenreine Mourvèdre-Weine aus dem Languedoc haben auf dem Markt großen Erfolg.

Dennoch hat sich das auf die Reputation des Mataro (auch Esparte genannt) in Australien kaum ausgewirkt, wo 1990 nur 600 ha noch nicht der Rodung zum Opfer gefallen waren. Sortenreine Versionen könnten auf dem Markt nicht bestehen, daher ist in Australien unverschnittener Mataro selten, aber die Tatsache, daß die meisten Bestände noch im Barossa Valley vorhanden sind, läßt darauf schließen, daß der Wein eher dem spanischen als dem französischen Vorbild ähnelt.

In Kalifornien wird Mataro zwar schon seit den 1870er Jahren kultiviert, da er aber aus der Mode gekommen war, verschwand er fast ganz, bis den RHÔNE RANGERS die Verbindung mit Mourvèdre auffiel; daraufhin brachten sie die Nachfrage wieder in die Höhe und nutzten die historischen Restbestände vor allem im Contra Costa County zwischen San Francisco und dem Central Valley, wo dann zu Anfang der 1990er Jahre dank dem Interesse beispielsweise von Bonny Doon und Cline Cellars größere Neuanpflanzungen entstanden. 1992 belief sich die kalifornische Anbaufläche auf rund 120 ha.

Galet vermerkt, daß auch in Aserbaidschan Mourvèdre-Bestände vorhanden sein dürften, allerdings nicht unter diesem Namen.

Galet, P., *Cépages et vignobles de France* (2. Aufl., Montpellier, 1990).

MacDonogh, G., *Syrah, Grenache and Mourvèdre* (London, 1992).

MOUSSE franz. Schaum, PERLENBILDUNG.

MOUSSEUX franz. moussierend, schäumend. Viele Mousseux-Weine entstehen nach der traditionellen Methode (siehe SCHAUMWEINHERSTELLUNG), andere dagegen nach dem einfacheren CHARMAT-VERFAHREN.

MOUTON-CADET Der erfolgreichste Bordeaux-Markenwein trat im schlechten Jahr 1927 ins Dasein, als Baron Philippe de ROTHSCHILD mit dem Carruades de Mouton praktisch einen ZWEITWEIN für Château MOUTON-ROTHSCHILD schuf. Penning-Rowsell schreibt, daß dieser Wein kein Erfolg war, und als Nachfolger kam 1930 der Mouton-Cadet heraus – so benannt nach Philippe, dem *cadet*, d. h. dem Jüngsten der Familie Rothschild. Unter diesem Namen entwickelte er sich prächtig – die Nachfrage wurde so groß, daß die Flexibilität der AC Bordeaux in Anspruch genommen werden mußte. Heute gibt es den Mouton-Cadet in den Versionen rot, weiß und rosé als Verschnitt aus allen Bereichen des Weinbaugebiets Bordeaux unter besonderer Berücksichtigung von ENTRE-DEUX-MERS. Die rote Version ist bei weitem die interessanteste.

MOUTON-ROTHSCHILD, CHÂTEAU Bedeutendes Weingut in PAUILLAC im Weinbaugebiet BORDEAUX, das einzige, das jemals innerhalb der KLASSIFIKATION von 1855 (siehe Seite 598) nachträglich in den Rang eines PREMIER CRU befördert worden ist.

Es bildete ursprünglich einen Teil von Château LAFITE, mit dem der Grundbesitz verschachtelt ist, wurde aber in der Mitte des 18. Jh. ein selbständiges Weingut im Besitz der Familie de Brane. In der ersten Hälfte des folgenden Jahrhunderts wurde Baron Hector de Brane (oder Branne) wegen seines Beitrags zur Entwicklung des Médoc der «Napoleon der Reben» genannt – er soll im Zusammenwirken mit seinem Nachbarn Armand d'Armailhacq die CABERNET-SAUVIGNON-Rebe eingeführt haben. 1830 verkaufte er Mouton an einen Monsieur Thuret und zog sich auf sein Château Brane-Cantenac in MARGAUX zurück. Um jene Zeit hatte Château Mouton wenig internationales Renommee; in einem Auktionskatalog von Christie's trat es erstmals 1834 in Erscheinung. 1853 verkaufte Thuret das Gut an den Baron Nathaniel de ROTHSCHILD vom englischen Zweig der Familie, und zwei Jahre später wurde in der Klassifikation von 1855 das Château Mouton-Rothschild an die Spitze der 2es Crus gesetzt. Diese Position war für die Familie unbefriedigend, sie wurde aber nicht ernstlich bestritten, bis Baron Philippe de Rothschild im Jahr 1922 die Leitung des Guts von seinem Vater übernahm. Er überraschte Bordeaux einerseits damit, daß er den Plakatkünstler Carlu mit dem Entwurf eines Art-deco-Etiketts für den Jahrgang 1924 beauftragte, das die Rothschild-Pfeile zeigte, und andererseits mit dem Vorschlag, daß alle Premiers Crus sowie Mouton-Rothschild ihre Weine als SCHLOSSABZUG

Das ungewöhnliche Weinmuseum von Château MOUTON-ROTHSCHILD ist das vielleicht interessanteste Gebäude des Weinguts.

selbst abfüllen sollten. Er führte auch einen ZWEITWEIN ein, aus dem sich der MOUTON-CADET entwickelte.

Seit seiner Rückkehr aus dem 2. Weltkrieg im Jahr 1945 ließ Baron Philippe jedes Jahr das Etikett für den Mouton-Rothschild von einem bekannten Künstler entwerfen, u. a. Cocteau, Braque, Dalí, Henry Moore und Francis Bacon (siehe Abbildung Seite 644). Außerdem brachte er eine Kampagne zur Erhebung von Mouton-Rothschild in den Premier-Cru-Status in Gang – dieses Ziel erreichte er 1973. Er und seine aus Amerika stammende Frau Pauline schufen gemeinsam ein großartiges Weinmuseum mit vielen Kunstgegenständen; es steht seit 1962 auf Anmeldung zur Besichtigung offen.

Die Weinbergfläche von 72 ha ist mit 87 % CABERNET SAUVIGNON und 8 % CABERNET FRANC besetzt, den Rest bilden MERLOT und PETIT VERDOT. Die durchschnittliche Jahreserzeugung beläuft sich auf 20 000 Kisten. Der Wein von Château Mouton-Rothschild ist in guten Jahren außerordentlich konzentriert und hocharomatisch. E. P.-R.

Coates, C., *The Great Wines of Bordeaux* (London, 1994).
Penning-Rowsell, E., *The Wines of Bordeaux* (6. Aufl., London, 1989).
Ray, C., *Mouton-Rothschild* (London, 1974).

MUDGEE Relativ isoliertes, klar abgegrenztes Weinbaugebiet in AUSTRALIEN; siehe NEW SOUTH WALES.

MULCHEN Das Ausbringen einer Bodendecke aus organischem oder sonstigem Material zur Förderung des Pflanzenwuchses ist auch im Weinbau zweckdienlich, da hierdurch die Bodenfeuchtigkeit bewahrt und eine übermäßige Erwärmung des Bodens verhindert wird. Die Mulchdecke unterdrückt auch den Unkrautwuchs, und wenn es sich um eine organische, aus Kompost bestehende Schicht handelt, führt sie bei allmählicher Zersetzung dem Boden Nährstoffe zu, die dem Rebenwachstum zugute kommen.

Früher waren Stroh und Dung als Mulchdecke gebräuchlich, in modernen Weinbergen wird dagegen oft eine Mulchfolie verwendet. Sie ist etwa 1 m breit und kann mit einem Traktor ausgerollt werden; die Kanten werden mit Erde beschwert. Sodann können in den Löchern, die in der Plastikbahn ausgespart sind, Jungreben gepflanzt werden. Das Wachstum der jungen Reben wird auf diese Weise oft sehr günstig beeinflußt, vor allem dort, wo die Wasserversorgung durch natürlichen NIEDERSCHLAG und nicht durch Bewässerungsanlagen erfolgt. Die Folie verhindert die Verdunstung von Wasser aus dem Boden, und im Frühjahr hält sie den Boden warm, wodurch das Wurzelwachstum gefördert wird. Daher können die jungen Reben schneller und gleichmäßiger wachsen, und der Weinberg kommt rasch in Ertrag. Ein weiterer Vorteil der Mulchfolie ist gerade in Jungpflanzungen, daß der Unkrautwuchs unterdrückt wird, der ansonsten nur schwer unter Kontrolle zu halten wäre. Diesen Vorzügen stehen jedoch auch Nachteile der darüber hinaus kostspieligen Mulchfolie gegenüber. Wo die Plastikbahn zerreißt, wächst an der freigelegten Stelle sehr bald Unkraut. In bereits in Ertrag stehenden Weinbergen wird die (biologisch nicht abbaubare Folie) durch Maschinen und Geräte zerfetzt und sodann vom Wind unkontrolliert umhergetrieben. Auch wirkt der Anblick eines mit Plastikfolie bedeckten Weinbergs auf Weintouristen störend, vor allem auf jene, die «natürlichere» Formen des Weinbaus bevorzugen.

Ein bedeutender Nachteil des Strohmulchs ist die Tatsache, daß die Herstellung einer ausreichend dicken Matte unter den Reben mit hohen Kosten verbunden ist. Eine Kostensenkung ist möglich durch moderne Techniken wie das maschinelle Ausrollen von Heuballen oder das Auswerfen von Stroh beim Abmähen der BEGRÜNUNG unter den Reben.

Im sogenannten ORGANISCHEN WEINBAU werden Mulchdecken aus lebenden Pflanzen und Kompostmaterial verwendet. Der Hauptnachteil einer lebenden Mulchdecke ist für Jungreben, daß beide miteinander um Wasser und Nährstoffe konkurrieren, so daß es erforderlich werden kann, die lebende Mulchdecke abzutöten. Bei der Zersetzung führt eine dicke Pflanzenmulchdecke dem Boden Nährstoffe zu und verbessert ihn. Allerdings können in lebenden und toten organischen Mulchdecken Probleme durch Insekten oder Pilze entstehen, die sich in den sich zersetzenden Kompostbestandteilen verbergen. R. E. S.

MÜLLERREBE oder **Schwarzriesling.** Die in Deutschland zunehmend populäre Rotweinrebsorte ist international als Pinot MEUNIER bekannt. Die deutsche Hauptanbaufläche befindet sich in WÜRTTEMBERG, wo auch eine ertragsschwache Mutation namens **Samtrot** angebaut wird, auf die 1990 rund 100 ha entfielen.

MÜLLER-THURGAU Weißweinrebsorte, von der mit einigem Recht behauptet werden darf, sie habe dem deutschen Weinbau Unheil gebracht. Die mittelmäßige Züchtung entstand 1882 aus reiner Zweckmäßigkeit. Ihr Schöpfer war Dr. Hermann Müller aus dem Schweizer Kanton Thurgau, der damals in der deutschen Weinbauforschungsanstalt in GEISENHEIM wirkte. Sein verständliches Bestreben war es, die Qualität der großen RIESLING-Rebe mit der Verläßlichkeit und der frühen Reife der SILVANER-Rebe zu kombinieren. In den meisten Synonymen der Sorte (Rivaner in Luxemburg und Slowenien, Riesling-Sylvaner in Neuseeland und der Schweiz, Rizlingszilvani in Ungarn) spiegelt sich diese Kombination. Seither haben manche Autoritäten behauptet, der Züchter habe nur zwei Riesling-Varianten und nicht – wie er glaubte – Riesling und Silvaner miteinander gekreuzt. Wie dem aber auch sein mag, seinen Bemühungen entsproß eine Sorte, der es an den Riesling-Charakteristiken überall mangelt (insbesondere an der eleganten Rasse, die neuere Züchtungen, z. B. EHREN-

FELSER, FABER, KERNER und bei guter Reife auch die SCHEUREBE, immerhin zeigen).

Zweifellos reift der Müller-Thurgau früh, sogar früher als Silvaner, und anders als der Riesling gedeiht er überall und bringt reichliche Erträge (manchmal doppelt soviel wie der Riesling mit üblicherweise 80–110 hl/ha), jedoch nichtssagenden, flauen Wein. Zwar hat der Müller-Thurgau eine vage aromatische Blumigkeit vorzuweisen, doch in überreich tragenden deutschen Weinbergen fällt das Aroma häufig unattraktiv und langweilig aus, während es in Südtirol und Neuseeland bei niedriger gehaltenen Erträgen doch klarer und reiner in Erscheinung tritt.

Großen Anklang fand der Müller-Thurgau allerdings erst nach dem 2. Weltkrieg, als die Notwendigkeit, die zerstörte Wirtschaft rasch wieder aufzubauen, dieser ertragreichen, leicht zu kultivierenden Rebsorte Interesse verlieh. Zu Beginn der 1970er Jahre überholte seine Anbaufläche (nachdem er bereits längere Zeit bei der Produktionsmenge vorn gelegen hatte) sogar die des großen Rieslings, und diese Spitzenstellung hielt er die ganzen 1980er Jahre hindurch. Aber gegen Ende des Jahrzehnts gab es bereits Anzeichen für Unzufriedenheit mit dem Müller-Thurgau, auf dem die umfangreiche LIEBFRAUENMILCH-Industrie beruhte. Ab und zu mag wohl auch ein deutscher Müller-Thurgau etwas zum Ausdruck bringen – meist eher Gebietstypisches als irgendeine in der Sorte selbst begründete Qualität –, doch alles in allem war diese nichtssagende Verkörperung des Prinzips «Masse vor Klasse» doch für den Niedergang der Reputation Deutschlands als Weinerzeugerland in den 1970er und frühen 1980er Jahren verantwortlich. Meist verschnitten mit einem kleinen Anteil einer aromatischen Traubensorte wie MORIO-MUSKAT und mit viel SÜSSRESERVE versehen, überflutete Müller-Thurgau nicht nur als «Liebfraumilch», sondern auch als QBA-Zuckerwasser unter international geachteten Namen wie Niersteiner, Bernkasteler oder Piesporter (siehe auch GROSSLAGE) den Markt. 1990 hielt er noch ein Viertel der deutschen Rebfläche, ein Drittel der Anbaufläche Badens, fast die Hälfte der fränkischen (dort noch im Zunehmen) und auch fast ein Viertel der Weinberge in den Anbaugebieten Nahe und Mosel-Saar-Ruwer besetzt.

Das Holz ist beim Müller-Thurgau viel weicher als beim Riesling und daher empfindlich für Winterkälte. Die Sorte ist anfällig für Traubenfäule (was man bei manchen Weinen aus ungünstigen Jahren deutlich schmecken kann) und auch für FALSCHEN MEHLTAU, SCHWARZFÄULE und den ROTEN BRENNER, doch solange es einen Markt für billigen deutschen Wein gibt, wird Müller-Thurgau nicht untergehen.

Außerhalb Deutschlands bringt Müller-Thurgau recht schmackhafte, wenn auch nicht gerade aufregende Weine zustande. In Südtirol beispielsweise behalten die Trauben in größeren Höhen auch dann noch genügend Säure, wenn sie lange am Stock bleiben, so daß sich in ihnen deutliche Frucht entwickeln kann. Auch in FRIULI wird die Sorte angebaut sowie weiter südlich in der EMILIA-ROMAGNA, denn die Traube mit dem exotisch klingenden Namen – sie wird dort manchmal auch Riesling-Sylvaner genannt – hat unter modebewußten Kennern in Italien durchaus eine Gefolgschaft.

In ganz Mittel- und Osteuropa wird Müller-Thurgau angebaut, auch in der SCHWEIZ, gewissermaßen seiner Urheimat, und in den Weinbergen im Norden und Osten des deutschsprachigen Raums spielt er eine immer größere Rolle. In ÖSTERREICH wird nur der einheimische GRÜNE VELTLINER reichlicher angebaut; dort entfällt noch immer jede zehnte Rebe auf Müller-Thurgau, doch an Wein von eigenständigem Interesse hat er nur selten etwas vorzuweisen. In SLOWENIEN und der TSCHECHISCHEN REPUBLIK wird Müller-Thurgau ebenso kultiviert wie in UNGARN, das vermutlich das zweitgrößte Anbauland dieser wenig inspirierenden Rebsorte sein dürfte – dort bringen einige tausend Hektar Anbaufläche um den Plattensee ein ganzes Meer von flauem Badacsonyi Rizlingszilvani hervor.

Auf den Rat deutscher Weinexperten hin pflanzten die Winzer Neuseelands mit großer Begeisterung Müller-Thurgau als Ersatz für die im noch jungen Weinbau des Landes in den 1950er und 1960er Jahren übermäßig stark vertretenen HYBRIDREBEN an. 1992 überholte allerdings der weit wertvollere Chardonnay mit seiner Anbaufläche die des Müller-Thurgau (1300 ha). Man kann nur schwerlich behaupten, daß der neuseeländische «Riesling-Sylvaner» je ein komplexer Wein wäre, doch immerhin zeigt er trotz der üblichen SÜSSRESERVE eine Frische, die deutschen Exemplaren fehlt.

An anderer Stellen der Neuen Welt sehen die Weinerzeuger keine Notwendigkeit, frühreifende Sorten einzusetzen (für sie wäre die flaue Art des Weins ein deutlicher Nachteil), nur in Oregon haben einige Winzer erfolgreich mit Müller-Thurgau experimentiert, und in den Weinbergen am Puget Sound im westlichen Staat Washington sind schon gute Beispiele entstanden.

Die beiden nördlichsten und kleinsten Erzeugerländer Europas, England und Luxemburg, mit ihrem kühlen Klima zeigen starkes Interesse an Müller-Thurgau (in Luxemburg Rivaner genannt), so daß er dort die jeweils meistangebaute Sorte darstellt. In Luxemburg entfielen 1992 mit 580 ha über 40 % der Rebfläche auf ihn, und in England steht er mit 200 ha ebenfalls weit an der Spitze.

Zwar hat der Müller-Thurgau am Ende des 20. Jh. nicht denselben katastrophalen Einfluß auf den deutschen Weinbau ausgeübt wie Aramon und die Hybridreben in der ersten Hälfte des Jahrhunderts auf den französischen, doch man kann nur hoffen, daß Müller-Thurgau in Deutschland ebenso rasch wieder verschwindet.

MURRAY RIVER Die einst dürre Uferlandschaft des mächtigen, sich durch den Südosten AUSTRALIENS schlängelnden

Flusses hat sich dank eines großartigen historischen Bewässerungssystems in ein fruchtbares Gebiet namens **Riverland** oder **Riverlands** verwandelt, wo unter vielen anderen Feldfrüchten auch die Weintraube gedeiht. Das riesige Weinbaugebiet greift in die Bundesstaaten Südaustralien, Victoria und Neusüdwales über und bringt etwa ein Drittel des gesamten australischen Weins hervor. Siehe auch SOUTH AUSTRALIA.

MURRUMBIDGEE IRRIGATION AREA, kurz **MIA.** Eines der bewässerten Weinbaugebiete AUSTRALIENS; es liefert vorwiegend billigen Verschnittwein. Siehe auch NEW SOUTH WALES.

MUSCADEL oder **Muskadel.** In Südafrika neben Muscat of Frontignan der gebräuchliche Name für die feinste Muskatellersorte MUSCAT BLANC À PETITS GRAINS. Die Weißweinrebsorte Muscadel ist mit der Bordeaux-Traube MUSCADELLE nicht verwandt und auch weit wertvoller als diese; eine mit dunkleren Beeren ausgestattete Mutation war im 18. Jh. hauptsächlich für den berühmten Dessertwein CONSTANTIA verantwortlich und wird heute weitgehend zu alkoholangereicherten Dessertweinen z. B. JEREPIGO, verarbeitet oder als Duft- und Würzespender für viele Verschnitte verwendet.

Die Anbaufläche in Südafrika, etwa 1000 ha vorwiegend in den Binnenlandregionen Robertson und Worcester, hat sich erstaunlich konstant gehalten, obwohl der Wein dieser Traube doch so gar nicht in Mode ist. J. P.

MUSCADELLE Die nicht so sehr bekannte Weißweinrebsorte ist neben SÉMILLON und SAUVIGNON als dritte an den großen süßen (und nicht ganz so großen trockenen) Weißweinen von Bordeaux und Bergerac beteiligt. Ihr Stern ist wie bei allen Weißweinrebsorten von Bordeaux außer Sauvignon im Sinken begriffen, wenn auch bei weitem nicht so rasch wie der von UGNI BLANC oder COLOMBARD. Im Weinbaugebiet Bordeaux wachsen vier von fünf Muscadelle-Reben nicht im berühmten SAUTERNES, sondern im großen, nicht gerade modischen ENTRE-DEUX-MERS, auch in den weniger bekannten Süßweinbereichen CÔTES DE BORDEAUX, CADILLAC, LOUPIAC und STE-CROIX-DU-MONT. In den Weinbergen des Département Dordogne, u. a. in der AC MONBAZILLAC, wird Muscadelle ziemlich stark gerodet, dennoch kommt ihr in Bergerac noch mehr Bedeutung zu als in Bordeaux.

Die Traube ist mit der Muskatellerfamilie in keiner Weise verwandt, auch wenn sie mit dieser ein vage traubiges Aroma teilt; ihre Ursprünge liegen in Bordeaux selbst. Die Rebe ist recht ertragreich, treibt spät aus und reift früh, hat aber in ihren Weinen noch nie große Subtilität an den Tag gelegt. Ein gelegentlich anzutreffender SORTENREINER Muscadelle-Wein zeigt vielleicht eine gewisse pikante Art, fast immer geht die Sorte jedoch in Verschnitten unter und steuert zu den süßen Weißweinen des Südwestens in ähnlicher Weise jugendliche Fruchtigkeit bei wie MEUNIER zu den Champagnern im Nordosten.

In Osteuropa wird Muscadelle an vielen Stellen, aber nicht in großem Umfang angebaut. Nur in einem obskuren Winkel der Welt des Weins erbringt Muscadelle sensationellen sortenreinen Wein – den LIQUEUR TOKAY in AUSTRALIEN. Jahrelang glaubten die Australier, die bei ihnen Tokay genannte Rebe, die diesen dunklen, sirupsüßen, faßgereiften Dessertwein hervorbringt, sei die ungarische Sorte HARSLEVELÜ, bis der französische Ampelograph Paul Truel sie 1976 als Muscadelle identifizierte. 1990 betrug in Australien die Anbaufläche für Muscadelle 400 ha (fast genausoviel wie für MUSCAT «Frontignac», die Traube, die den LIQUEUR MUSCAT erbringt. Ein großer Teil dieser Rebfläche liegt in Südaustralien, es gibt aber auch in dem ebenfalls für australische Spezialitäten bekannten RUTHERGLEN-Distrikt kleinere Bestände.

Bei demselben der Rebenbestimmung gewidmeten Besuch in Australien stellte Truel fest, daß die aus Kalifornien als «Sauvignon Vert» importierten Reben eigentlich Muscadelle waren, und so besteht die Vermutung, daß der winzige kalifornische Bestand (knapp 40 ha in 1991) der dort als Sauvignon Vert bezeichneten Sorte in Wirklichkeit die dritte Bordeaux-Weißweinrebe und nicht Sauvignon Vert (oder TOCAI Friulano) ist.

MUSCADET Einer der in Frankreich beliebten trockenen Weißweine, die außerhalb allgemein unterbewertet werden. Die Region Muscadet erstreckt sich im wesentlichen südöstlich von Nantes in der Nähe der Loire-Mündung über etwa 11 000 ha einer vom Atlantik dominierten Hügellandschaft, wo Hunderte von Winzern sich auf kleinen Familienbesitzungen ganz einer einzigen Rebsorte widmen: dem weißen MELON de Bourgogne. Die zuverlässige, aber relativ neutrale Traube wurde im 17. Jh. durch den HOLLÄNDISCHEN WEINHANDEL hier eingeführt, der dringend nach Grundweinen für BRANDEWIJN suchte und auch über die Mittel verfügte, ihn zu transportieren. In dem schrecklichen Winter von 1709 erfror ein großer Teil der zuvor hier kultivierten Rotweinreben, und so verwandelte sich die Region vorwiegend in Weißweinland.

Die bedeutendste und vielfältigste APPELLATION CONTRÔLÉE, aus der vier von fünf Flaschen kommen, heißt **Muscadet de Sèvre-et-Maine** – ihren Namen hat sie von den beiden kleinen Flüssen, die sich durch diesen am stärksten von Monokultur geprägten Teil des Pays Nantais südlich und östlich der Stadt Nantes schlängeln. In diesem Bereich an der Loire mit der weitaus größten Muscadet-Produktion entstehen besonders anspruchsvolle Weine auf den Tonböden von Vallet, aber auch die Gewächse von den sandigeren Böden von St-Fiacre, wo die besten Weinberge auf Schiefer liegen, haben ihre Bewunderer. Die AC **Muscadet des Coteaux de la Loire** und die einfache AC **Muscadet** sind allgemein weniger interessant, kommen aber auch nicht so häufig vor.

Auf einem großen Teil der Muscadet-Etiketten – etwa auf der Hälfte – wird ausposaunt, daß der Inhalt *sur lie* gereift, sein Geschmack also zumindest theoretisch durch HEFESATZLAGERUNG bereichert wurde. Die Melon-Traube ist so neutral im Geschmack, daß die Winzer seit langem ihren Wein über Winter ohne ABSTECHEN auf dem GELÄGER belassen können, ohne dabei zu riskieren, daß ein unangenehmer Beigeschmack hineingelangt. Vielmehr hatte der Wein, wenn er im nächsten Frühjahr abgefüllt wurde, eine zusätzliche Geschmacksnuance und ein wenig KOHLENSÄURE in sich aufgenommen. Die moderne, meist von den NÉGOCIANTS geübte Alternative besteht darin, den verschnittenen Wein bei der Abfüllung mit etwas Kohlensäure zu versetzen, und heute hat der Ausdruck *sur lie* in der Muscadet-Gegend nicht mehr viel zu bedeuten (nur die besten Erzeuger und Handelshäuser arbeiten noch nach der alten Methode).

Schlimmstenfalls ist der Muscadet ein blutarmer, wässeriger, trockener Weißwein, der ein wenig perliert, in Bestform aber gibt er die Essenz der französischen Nordatlantikküste wieder und bildet eine authentische, leichte, pikante, fast salzige Begleitung zu den Meeresfrüchten des Landes. (Muscadet ist der einzige nicht aufgespritete französische Wein, für den ein maximaler ALKOHOLGEHALT, nämlich 12,3 %, vorgeschrieben ist.) Seit der Mitte der 1980er Jahre experimentieren die Erzeuger mit Techniken wie FASSGÄRUNG und HEFESATZAUFRÜHREN, und daher kann Muscadet nun nicht mehr als einfacher, einheitlicher Wein abgetan werden.

An weiteren Weinen werden im Pays Nantais GROS PLANT, Coteaux d'ANCENIS und FIEFS VENDÉENS produziert.

Siehe auch LOIRE und die dazugehörige Karte.

MUSCADINIA Eine Unterabteilung der botanischen Gattung VITIS. Zu *Muscadinia* zählen Galet zufolge die Arten *rotundifolia, munsonia* und *popenoei.* Die andere Abteilung der Gattung *Vitis* umfaßt die echte Weinrebe (siehe auch BOTANISCHE GLIEDERUNG). Manche Botaniker vertreten neuerdings die Auffassung, daß *Vitis* und *Muscadinia* als getrennte Gattungen zu betrachten sind, da sie in Chromosomenzahl und Morphologie unterschiedlich sind.

Mitglieder der Gruppe *Muscadinia* kommen nur im Südosten der USA und in Mexiko vor, scheinen aber mit *Vitis ludwigii* verwandt zu sein, von der fossile Kerne in Tertiärablagerungen in Nordeuropa gefunden worden sind. Es wird auch spekuliert, daß *Muscadinia* eine Übergangsform zwischen der im gemäßigten Klima beheimateten *Vitis* und der an tropische Verhältnisse angepaßten Form *Ampelocissus* sein könnte. Die Spezies der drei Gattungen zeigen gleichartige Charakteristiken.

Die *Muscadinia*-Arten tragen große, dickschalige Beeren in kleinen Trauben. Am bekanntesten ist die Art *rotundifolia,* von der mehrere Sorten auch kommerziell angebaut werden, insbesondere SCUPPERNONG, deren Trauben nur wenige Beeren tragen, die nach ungleichmäßiger Reife abfallen. Ihr dickes Fruchtfleisch ist schwer zu keltern, da bei zu hohem Preßdruck Bitterstoffe aus den Schalen in den Wein geraten, der sich durch moschushaften, von europäischen VINIFERA-Weinen stark abweichenden Geschmack auszeichnet. Alle *Muscadinia*-Arten weisen geringe Zuckerkonzentration auf und bedürfen bei der Verarbeitung zu Wein entsprechender ANREICHERUNG.

Im Baumwollgürtel im Südosten der USA werden einige tausend Hektar *Muscadinia*-Trauben angebaut. Pinney zufolge produzierte Paul Garrett (1863–1940) einen Scuppernong-Wein, den er nach dem ersten Kind, das englischen Siedlern in Amerika geboren wurde, Virginia Dare nannte. Dieser Wein aus North Carolina war nach 1900 der populärste aller amerikanischen Weine, und Garrett mußte ihn mit aus Kalifornien herbeigeschafftem Wein strecken.

Dem Institut MAGARATSCH zufolge gibt es in der UKRAINE in beträchtlichem Umfang *Muscadinia*-Reben. Sie zeichnen sich durch natürliche Resistenz gegen die PIERCE'SCHE KRANKHEIT aus und können deshalb in Gegenden angepflanzt werden, die sich für *Vitis*-Spezies und ihre Hybriden nicht eignen. Auch gegen die REBLAUS und gegen NEMATODEN SOWIE GEGEN ECHTEN und FALSCHEN MEHLTAU sind sie ausreichend resistent, so daß *Muscadinia*-Keimplasma für die REBENZÜCHTUNG wertvoll ist. Lange Zeit erwies sich die unterschiedliche Chromosomenzahl von *Vitis* (2n = 38) und *Muscadinia* (2n = 40) als Hindernis für Züchtungen, da die Abkömmlinge stets unfruchtbar waren. Inzwischen aber ist es gelungen, *Muscadinia*-Keimplasma in Programme zur REBENVERBESSERUNG einzubeziehen. R. E. S.

Galet, P. *Précis de viticulture* (4. Aufl., Montpellier, 1983).
Mullins, M. G., Bouquet, A., und Williams, L., *Biology of the Grapevine* (Cambridge, 1992).
Pinney, T., *A History of Wine in America from the Beginnings to Prohibition* (Berkeley, Calif., 1989).

MUSCARDIN Helle, als Zutat im CHÂTEAUNEUF-DU-PAPE zugelassene Rotweintraubensorte.

MUSCAT oder MUSKATELLER. Einer der großen historischen Trauben- und Weinnamen der Welt. Tatsächlich gehören Muskatellertrauben, von denen es vier Hauptvarietäten in mehreren Beerenfarben gibt, zu den wenigen, deren Wein auch wirklich nach der Traube schmeckt. MUSCAT HAMBURG und MUSCAT OF ALEXANDRIA werden sowohl für die Weinerzeugung wie auch als TAFELTRAUBEN angebaut (allerdings muß betont werden, daß der Muscat Hamburg als Tafeltraube weit besser geeignet ist). MUSCAT BLANC À PETITS GRAINS ist die älteste und feinste Sorte; sie bringt Weine von großer Intensität zuwege, während der in jeder Hinsicht blassere MUSCAT OTTONEL eine Art Parvenü darstellt.

Muskatellertrauben wurden wohl als erste besonders erkannt und hervorgehoben; sie wachsen um das Mittelmeer schon seit vielen Jahrhunderten. Mit ihrem starken Duft – in Frankreich sagt man MUSQUÉ, als wären sie tatsächlich mit Moschus angereichert – haben sie schon immer die Bienen angezogen, und mit großer Gewißheit war es die Muskatellertraube, die von den Griechen als *anathelicon moschaton* und von dem älteren PLINIUS als *uva apiana,* «Bienentraube», bezeichnet wurde. Es wird auch angenommen, daß der Name Muskateller von lat. *musca,* Fliege, kommt, die ja ebenfalls von der starkduftenden Traube angelockt wird.

Muskatellerweine gibt es unter vielen verschiedenen Namen, u. a. Moscato (in Italien) und Moscatel (auf der Iberischen Halbinsel), vom erfrischenden, alkoholschwachen, süßen, schäumenden ASTI SPUMANTE über den Muscat d'Alsace und seine modischen trockenen Nachahmungen, die unter Ausnutzung der großen Muskatellertraubenüberschüsse der allgemeinen Verehrung für leichte und trockene Weine entgegenkommen, bis hin zu Süßweinen mit einem Alkoholgehalt von 15–20 %, meist bereitet durch MUTAGE (z. B. die VINS DOUX NATURELS in Südfrankreich und entsprechende Produkte in Griechenland). Da Muskatellertrauben zum großen Teil dunkle Beeren haben und verbreitet Faßausbau angewendet wird, können diese Weine in der Farbe von hellstem Gold (wie manche entschieden moderne Muscats de FRONTIGNAN) bis zum tiefsten Braun (wie der australische LIQUEUR MUSCAT) reichen.

Die meisten Muskatellerreben lieben relativ warmes Klima (siehe aber auch MUSCAT OTTONEL und DEUTSCHE WEINBAUGESCHICHTE zum Anbau von Muskateller im Mittelalter). Im Mittelmeerraum gab und gibt es berühmte Muskatellerweine (siehe GRIECHENLAND, MAROKKO, SARDINIEN, SIZILIEN).

MUSCAT BLANC À PETITS GRAINS Voller Name der ältesten und edelsten Muskatellersorte mit der größten Konzentration an feinem Traubengeschmack, in dem sich Nuancen von Orangenblüten und Gewürzen finden. Die Beeren sind, wie der Name schon besagt, besonders klein, und sie sind rund – im Gegensatz zu den ovalen Beeren des Alexandria-Muskatellers –, daher auch das Synonym Muscat à Petits Grains Ronds. Dagegen sind die Beeren der hochwertigen Traubensorte nicht, wie der Hauptname besagt, immer weiß. Vielmehr gibt es auch Varianten mit hell- bis dunkelroten Beeren (allerdings sind deren Pigmente nicht so kräftig, daß ein wirklicher Rotwein entstehen könnte), ja sogar Reben, deren Beerenfarbe von Jahrgang zu Jahrgang deutliche Abweichungen zeigt. Viele Synonyme der Sorte tragen auch Hinweise auf die Beerenfarbe im Namen (*gallego, giallo,* Gelber Muskateller); in Australien ist Brown Muscat die gängige Bezeichnung für eher dunkle Sorten, die in der Farbe dem südafrikanischen Muskadel ähneln (was wiederum ein Hinweis auf frühe Verbindungen zwischen diesen beiden Erzeugerländer in der südlichen Hemisphäre ist). Weitere Namen der Sorte in verschiedenen Umfeldern lauten: Muscat of Frontignan, Frontignac, Muscat Blanc, Muscat d'Alsace, Muskateller, Moscato Bianco, Moscato d'Asti, Moscato di Canelli, Moscatel de Grano Menudo, Moscatel de Frontignan, Muscatel Branco, White Muscat, Muscat Canelli und Muskadel. Stehen neben Muscat die Namenszusätze Alexandria, Gordo, Romain, Hamburg oder Ottonel, dann handelt es sich keinesfalls um die echte, feine Sorte.

Der kleinbeerige Muscat ist möglicherweise die älteste bekannte Weinrebe überhaupt und in Frankreich die am längsten kultivierte Rebsorte, denn sie wurde in Gallien um Narbonne, insbesondere bei FRONTIGNAN, spätestens von den Römern eingeführt, eventuell aber schon vorher von den Griechen in die Gegend von Marseille gebracht (offenbar weit vor dem Aufkommen der MALVASIA-Traube aus dem Osten). Auf jeden Fall ist der weiße Muskateller schon seit vielen Jahrhunderten im Mittelmeerraum heimisch, wo sein früher Austrieb kein Problem bedeutet. Im 14. Jh. war er in den Weinbergen im ROUSSILLON hoch geschätzt und spielte dort bis in das 19. Jh. die dominierende Rolle. Im Piemont ist er die älteste urkundlich erwähnte Rebsorte. Daß der Muskateller in Deutschland im 12. Jh. nachgewiesen ist und im Elsaß im 16. Jh. die erste urkundlich belegte Traubensorte darstellt, deutet darauf hin, daß damals Frühjahrsfröste nicht so häufig waren, denn inzwischen wurde er im Elsaß durch den weniger empfindlichen Muscat Ottonel ersetzt, und aus dem von der Ersatzsorte MORIO-MUSKAT geblendeten Deutschland ist er praktisch ganz verdrängt worden (1990 verfügte der Gelbe Muskateller nur noch über eine Anbaufläche von 50 ha).

Der Muscat Blanc hält sich im Ertrag stärker zurück als andere Muskatellersorten, und seine Anfälligkeit für viele Krankheiten schränkt seine Kultivierung von vornherein stark ein – dennoch ist er so weit herumgekommen, daß er Galet zufolge die zwölftmeist angebaute Rebsorte der Welt darstellt (seine Anbaufläche ist etwas größer als die von Muscat of Alexandria). Dem liegen weitgehend die großen Anpflanzungen in den heißen, trockenen Weinbaugegenden Argentiniens, Spaniens und der GUS zugrunde. In der argentinischen Weinbauerhebung von 1989 wurden knapp 20 000 ha Moscatel Rosado festgestellt, wodurch diese dunkelbeerige Variante des Muscat Blanc dort neben PEDRO XIMÉNEZ die meistangebaute europäische Rebsorte ist; außerdem wurden 1300 ha Moscato d'Asti gezählt. Muscat of Alexandria wird getrennt ausgewiesen (siehe auch ARGENTINIEN).

In Spanien wird Moscatel del Grano Menudo noch in beschränktem Umfang angebaut, doch die meisten als Moscatel bezeichneten spanischen Weine stammen von Moscatel de Alejandria.

In der GUS werden verschiedene Muskatellersorten verbreitet angebaut, vor allem MUSCAT OTTONEL, aber auch

Muscat Rosé, die rötliche Variante des Muscat Blanc, und zwar in RUSSLAND (hier heißt er Tamyanka), der UKRAINE, MOLDOVA, KASACHSTAN, USBEKISTAN, TADSCHIKISTAN und TURKMENISTAN. Von der KRIM stammende Flaschen vom Beginn des 20. Jh., in der einzigartigen MASSANDRA-Kollektion als «White Muscat» und «Pink Muscat» bezeichnet, zeigen, welches Potential für große Süßweine hier besteht.

In RUMÄNIEN wird Muscat Blanc unter dem Namen TAMAÎIOASA Alba kultiviert, und in BULGARIEN heißt er oft einfach Misket.

In Österreich war bis noch vor kurzem der Muscat Ottonel tonangebend, doch zu Beginn der 1980er Jahre wurde das größere Potential des dort noch vorhandenen kleinen Bestands an Muskateller wiederentdeckt. Inzwischen sind trockene, rassige Muskateller aus der Steiermark und gelegentlich auch aus der Wachau sehr gefragt, so daß die Anbaufläche wieder wächst.

In Ungarn dominiert ebenfalls der Muscat Ottonel, hier Muskotaly genannt, außer in der Gegend von TOKAJ, wo Muscat Blanc – dort Lunel oder Sargamuskotali (Gelber Muskateller) – kultiviert wird. Von den wenigen hundert Hektar, die hier neben den Hauptrebsorten des herrlichen Tokajers, Furmint und Hárslevelü, wachsen, werden auch sortenreine Muskateller in süßer Aszú-Qualität bereitet.

Wenn man von einer Urheimat des Muscats Blanc à Petits Grains sprechen kann, dann ist es Griechenland; hier wächst er zwar neben dem Muscat d'Alexandrie (der recht eigentlich auf Zypern zuhause ist), doch er bildet die Haupttraube für die am genauesten kontrollierten griechischen Muskateller von Samos, Patras und Kephalonia. Bislang ist griechischer Muskateller ebenso wie die vielen hiesigen Variationen über das Thema MALVASIA fast immer süß, alkoholstark und geschichtsträchtig, doch dürften trockenere, als Begleiter zu Speisen besser geeignete Versionen zu erwarten sein (siehe GRIECHENLAND).

Muscat Blanc beherrscht in Italien als MOSCATO die Szene; dort beträgt die Anbaufläche schätzungsweise 13 000 ha. Am profitabelsten nutzt ihn die Schaumweinindustrie – der leichte, süße ASTI SPUMANTE und der subtilere MOSCATO D'ASTI bilden neben vielen anderen *Spumante-* und *Frizzante-*Versionen aus Nordwestitalien eine weitere Facette im vielseitigen Charakter der Rebsorte. Auch in anderen Formen ist der Moscato in Italien anzutreffen; die meisten davon, jedenfalls die aus dem Süden und von den Inseln, gehören der volleren Mittelmeerschule an.

Diese prägt auch das traditionelle Gesicht des Muscat Blanc in Frankreich, doch im Gegensatz zu anderen Weißweinrebsorten hat er an Boden gewonnen, hauptsächlich wohl als Folge der Entstehung nicht mehr so ganz traditioneller Formen von Muscat-Weinen. Mit ein Grund für das stetige Anwachsen seiner französischen Anbaufläche ist die Entwicklung der nicht mehr von CLAIRETTE, sondern praktisch nur noch von Muscat Blanc hergestellten traubigen Version «Tradition» des Schaumweins CLAIRETTE DE DIE.

Aber auch im Roussillon hat Muscat Blanc den dort noch immer verbreiteten Muscat d'Alexandrie schon stark verdrängt und gibt die höherwertige Traubensorte für die vielen und vielfältigen als nordkatalanisch zu betrachtenden VINS DOUX NATURELS ab. Im Languedoc und an der südlichen Rhône spiegelt sich in der dort ebenfalls gewachsenen Anbaufläche die wieder zunehmende Nachfrage nach den goldenen, süßen Muscats von BEAUMES-DE-VENISE, FRONTIGNAN, LUNEL, MIREVAL und ST-JEAN-DE-MINERVOIS, in denen Muscat Blanc allein herrscht. Inzwischen ist dem Muscat im Midi aber auch dadurch neues Leben eingehaucht worden, daß er nun trocken und ohne den seine natürliche Süße und Alkoholstärke steigernden Zusatz von Weingeist bereitet wird. Solche Weine mit ihrem klar erkennbaren Aroma, das sonst den Weißweinen aus dem Süden Frankreichs nur allzu oft mangelt, bilden mit ihrem modisch trocken-leichten Eindruck auf der Zunge eine populäre, preiswerte Alternative zu den trockenen Muscats d'Alsace (die meist von Muscat Ottonel stammen).

In der Neuen Welt wird die Traube in Australien unter den Namen Brown Muscat und Frontignac in allen Farbschattierungen kultiviert und erbringt dort den großartigen LIQUEUR MUSCAT, aber auch in Südafrika, wo ihre Weine Frontignac oder MUSCADEL genannt werden, ist sie verbreitet. Die 400 ha große Anbaufläche, die der Muscat in Kalifornien aufweisen kann, befindet sich hauptsächlich im mittleren SAN JOAQUIN VALLEY; sie trägt fast ausschließlich die hochwertige Art, die früher hier Muscat Frontignan und Muscat Canelli genannt wurde, heute aber offiziell in Muscat Blanc und ein wenig Orange Muscat unterteilt wird – die Quady Winery konzentriert sich ganz auf einen Süßwein von der letzteren Sorte. Aus dem Madera County im Central Valley kommt ein vollerer Muscat Blanc, aber auch in Paso Robles (SAN LUIS OBISPO) hat er sich bewährt.

Galet, P., *Cépages et vignobles de France* (2. Aufl., Montpellier, 1990).

MUSCAT D'ALSACE Im Elsaß gebräuchliches Synonym für MUSCAT BLANC À PETITS GRAINS; siehe auch ELSASS.

MUSCAT DE BEAUMES-DE-VENISE Der oft delikate VIN DOUX NATUREL aus dem Ort BEAUMES-DE-VENISE an der südlichen Rhône.

MUSCAT DE FRONTIGNAN Der alte Name für den früher international berühmten Muskateller von Frontignan, außerdem ein französisches Synonym für die diesem VIN DOUX NATUREL zugrunde liegende Rebsorte MUSCAT BLANC À PETITS GRAINS. Siehe auch FRONTIGNAN.

MUSCAT DE LUNEL VIN DOUX NATUREL aus dem südlichen Languedoc (siehe LUNEL); außerdem ein Synonym für die ihm zugrunde liegende Rebsorte MUSCAT BLANC À PETITS GRAINS.

MUSCAT DE MIREVAL VIN DOUX NATUREL aus dem südlichen Languedoc (siehe MIREVAL).

MUSCAT DE RIVESALTES Die bedeutendste APPELLATION CONTRÔLÉE in RIVESALTES im Roussillon und bei weitem die größte für Muskateller in Frankreich. Anders als die übrigen hier genannten VINS DOUX NATURELS wird dieser gemeinsam von Muscat d'Alexandrie und MUSCAT BLANC À PETITS GRAINS bereitet.

MUSCAT DE ST-JEAN-DE-MINERVOIS Goldener VIN DOUX NATUREL aus dem nördlichen Languedoc; er wird nur in sehr kleinen Mengen produziert.

MUSCAT DU CAP CORSE VIN DOUX NATUREL aus KORSIKA.

MUSCAT HAMBURG Die einfachste aller für die Weinproduktion genutzten Muskatellersorten hat ausschließlich dunkle Beeren und wird viel häufiger als TAFELTRAUBE genutzt. Ihr Hauptattribut ist die Gleichmäßigkeit ihrer fülligen, glänzenden, dunkelblauen Trauben, denen auch lange Transportwege zu Verbrauchern, welche dunkle Trauben mit Muskatellergeschmack mögen, nichts anhaben können. In Frankreich ist Muscat Hamburg nach Chasselas die zweitwichtigste Tafeltraube, und auch in Griechenland, Osteuropa und Australien kommt ihm als Tafeltraube große Bedeutung zu. Im viktorianischen England, wo der Muscat Hamburg auch unter den Namen seiner Hauptvermehrer Snow und Venn bekannt war, genoß er als Treibhaustraube außerordentliche Popularität.

In der Weinproduktion ist seine Bedeutung begrenzt. Nur in Osteuropa liefert Muscat Hamburg leichten, traubigen Rotwein, und in China ist er in Kreuzungen mit VITIS AMURENSIS der Stammvater einer Generation von Rebsorten für die Weinerzeugung.

MUSCAT OF ALEXANDRIA, auch **Muscat d'Alexandrie,** oder **Moscatel de Alejandria.** Der Alexandria-Muskateller ist fast genauso alt wie der MUSCAT BLANC À PETITS GRAINS, doch sein Wein hat deutlich mindere Qualität. Im warmen Klima gedeiht die Rebe gut und bringt große Erträge an hochreifen Trauben, aber ihr Hauptattribut ist einfach Süße. In kühlerem Klima wird ihre Leistung durch VERRIESELN, MILLERANDAGE und eine Reihe von Pilzkrankheiten beeinträchtigt. Die Weine dieser Muskatellerart sind meist stark, süß und unsubtil. Das vage traubige Aroma zeigt an Katzen erinnernde Geranientöne anstelle des nachhaltigen Buketts, wie es der Muscat Blanc bietet.

Wie sehr es dem Wein dieser Sorte an Finesse fehlt, wird auch dadurch deutlich, daß der größte Teil des Ertrags heute anderen Zwecken als der Weinerzeugung zugeführt wird. In Kalifornien beispielsweise erbringt die 2000 ha große Anbaufläche ROSINEN. In Chile wird der größte Teil des Moscatel de Alejandria zu PISCO destilliert. Selbst im unwirtlichen Klima Hollands und Großbritanniens wächst die Rebe unter Glas und liefert Trauben für den Obstsalat.

Wie der Name schon sagt, wird der Ursprung des Alexandria-Muskatellers in Ägypten vermutet, von wo aus er von den Römern um das Mittelmeer verbreitet wurde – daher auch das häufig gebrauchte Synonym Muscat Romain. In Süditalien heißt die Traube allerdings Zibibbo.

Heute hat die Rebsorte ihre größte Bedeutung für den Weinbau in Ländern, die durch die Geschichte der Seefahrt miteinander verknüpft sind – auf der Iberischen Halbinsel, in Südafrika und in Australien, wo die Namen Moscatel, Hanepoot und Muscat Gordo Blanco oder Lexia (eine besondere australische Verkürzungsform von Alexandria) üblich sind.

Die größte Anbaufläche dieser Sorte ist – wie so oft – in Spanien zu finden, vielleicht bis zu 40 000 ha, aber nur die Hälfte davon dient der Weinerzeugung für meist süße MOSCATELS aller Art. Hier hat der Alexandria-Muskateller viele Synonyme, u. a. Moscatel de España, Moscatel Gordo (Blanco) und vor allem Moscatel de MÁLAGA, bei dem es sich allerdings auch um einen engen Verwandten handeln kann.

In Portugal ist die berühmteste Verkörperung der Moscatel de SETÚBAL; dort wird von dieser Sorte aber auch aromatischer, trockener Muskateller mit geringerem Alkoholgehalt produziert, dessen Prototyp «João Pires» von einem australischen Kellermeister entwickelt wurde, der es gut verstanden hat, eine der meistangebauten Traubensorten Australiens in einen früh gelesenen, frischen, vollendeten Tischwein zu verwandeln (siehe FONSECA). Dies ist auch genau das, was in Australien mit dem größten Teil des Ertrags von über 3500 ha Gordo Blanco geschieht. Früher wurde diese Sorte hauptsächlich zu aufgespriteten Weinen verarbeitet, heute kann sie aus kühleren Lagen auch saubere, immer noch süße, jedoch nicht mit Alkohol angereicherte Weine erbringen, weil sie dort später gelesen werden kann. Neben SULTANA ist Muscat Gordo Blanco die Hauptrebsorte in Australiens heißen Bewässerungsgebieten; wieviel vom Ertrag zu Wein verarbeitet oder zu Rosinen getrocknet wird, ist von Jahr zu Jahr je nach der Marktnachfrage verschieden. Allerdings wird von Muscat Gordo Blanco stets ein größerer Teil – fast immer mehr als die Hälfte – als von Sultana zu Wein verarbeitet, der wiederum vorwiegend zum Verschneiden mit glanzvolleren Traubensorten benutzt wird, oft auch, um diese zu mildern.

In Südafrika ist Muscat of Alexandria die vorherrschende Muskatellersorte; obwohl er dort an Boden verliert, war er zu Beginn der 1990er Jahre noch immer die sechstmeist angebaute Traube und hielt eine weit mehr als doppelt so große Fläche besetzt wie beispielsweise Cabernet Sauvignon. Jahrelang lieferte er klebrig-süße, rosinenhafte Weine zum Aufspriten, aber auch Traubensirup und Rosinen. Heute werden von der Sorte außerdem trockenere, leichtere

Weine bereitet. Siehe auch SÜDAFRIKA und HANEPOOT (das traditionelle südafrikanische Synonym).

In Chile hatte Moscatel de Alejandria sehr viel mehr Bedeutung, bevor er vom MOSCATEL DE AUSTRIA aus der Rolle der Haupttraube für PISCO verdrängt wurde. Zu Beginn der 1990er Jahre lag die Anbaufläche weit unter 2000 ha. Auch in Argentinien, Peru, Kolumbien, Ecuador und sogar in Japan wird der Alexandria-Muskateller in begrenztem Umfang angebaut.

Obwohl in Griechenland der Muscat Blanc eine größere Rolle spielt, so wird dort doch auch Alexandria-Muskateller angebaut, und in der Türkei, in Israel und Tunesien spielt er die dominierende Rolle. Allerdings werden im Nahen Osten die Trauben eher gegessen als getrunken.

Der süße, dunkle Moscato di Pantelleria liegt Tunesien geographisch näher als Sizilien, wo er eigentlich hingehört; auch er wird vom Alexandria-Muskateller oder Zibibbo, wie er hier und andernorts in Italien heißt, produziert. Er, der hier in einiger Nähe seines Ursprungs entsteht, ist übrigens der einzige Wein dieser Sorte mit einem gewissen internationalen Renommee. In Italien insgesamt wird vielleicht von dieser minderen Muskatellersorte nur ein Drittel soviel angebaut wie von dem im Norden dominierenden höherwertigen Moscato Bianco; ihr Einfluß auf die Weinerzeugung ist jedenfalls nicht der Rede wert. Siehe auch ZIBIBBO.

In Frankreich hält sich die Anbaufläche von Muscat d'Alexandrie oder Muscat Romain seit den 1960er Jahren auf etwa demselben Niveau wie in Italien – 3000 ha fast ausschließlich im Roussillon. In diesem spanischen Winkel Frankreichs, wo früher seine Trauben bis zum Einschrumpfen am Weinstock blieben, bevor sie den hochgeschätzten Weinen der Gegend ihr ausgeprägtes Aroma verliehen, spielt er noch immer die Hauptrolle, obwohl der Muscat Blanc stark aufholt. Am deutlichsten tritt der Muscat Romain im Muscat de RIVESALTES in Erscheinung; er wird aber auch anderen Sorten beigesellt, insbesondere GRENACHE in allen Farben, und trägt so auch zu den anderen VINS DOUX NATURELS der Region bei. Die Stagnation im Absatz dieser süßen Weine gegen Ende der 1970er Jahre wirkte als Katalysator für die Entstehung der heutigen trockenen Muscat-Weine aus Südfrankreich (siehe auch MUSCAT BLANC À PETITS GRAINS). Anfang der 1980er Jahre begann der bedeutende Erzeugerbetrieb Cazes Frères in Rivesaltes im Roussillon mit der Produktion von trockenem und halbtrockenem VIN DE PAYS von überschüssigen Muscat-Trauben, die nicht zu VIN DOUX NATUREL verarbeitet werden konnten, und diese Weine haben sich inzwischen einen Platz erobert, obwohl später das Interesse an VINS DOUX NATURELS wie z. B. BANYULS, in dem sowohl Muscat d'Alexandrie (Muscat Romain) als auch Muscat Blanc zugelassen sind, wiederaufgelebt ist. Übrigens spielt in den süßen und trockenen Muscat-Weinen aus dem Languedoc der Muscat Blanc die Hauptrolle.

MUSCAT OTTONEL oder **Muskat-Ottonel.** Dieser Muskateller ist sowohl in der Farbe als auch im Charakter seines Weins der blasseste von allen. Sein Aroma ist bei weitem flacher, als man es vom MUSCAT BLANC À PETITS GRAINS und vom MUSCAT OF ALEXANDRIA kennt. Galet zufolge wurde die Sorte 1852 an der Loire vermutlich als Tafeltraube durch Kreuzung von CHASSELAS mit dem sehr einfachen Muscat de Saumur gezüchtet.

Seine Neigung, früher zu reifen als die übrigen Muskatellersorten, machte den Muskat-Ottonel in kühleren Gegenden leichter kultivierbar, und so ist er inzwischen im ELSASS zur dominierenden Muskatellersorte geworden. Die auf tiefgründigen, feuchten Böden am besten gedeihende schwachwüchsige Sorte wird auch in ÖSTERREICH verbreitet angebaut, wo sie eine beträchtliche Fläche besetzt hält. Bis in die 1980er Jahre war sie am Neusiedlersee, wo sie den echten Muscat Blanc bzw. Muskateller fast ganz verdrängt hatte, für ihre oft sehr feinen, vollen Weine mit EDELFÄULE hoch geschätzt. Es kann durchaus sein, daß der Muskat-Ottonel als Spätlese seine Bestform erreicht, denn es gibt auch sehr gute und offenbar langlebige Beispiele aus UNGARN und RUMÄNIEN, wo er oft als Muskotaly bzw. TAMAÎIOASA Ottonel bezeichnet wird. In Rumänen gab es zu Beginn der 1990er Jahre 6000 ha Muskat-Ottonel. Im Elsaß sind Muscats als VENDANGE TARDIVE dagegen eine nur theoretische Möglichkeit.

In der GUS ist Ottonel – oft auch Ungarischer Muskateller – einer der meistangebauten Muskateller. Anbauflächen gibt es in RUSSLAND, der UKRAINE, MOLDOVA, KASACHSTAN, USBEKISTAN, TADSCHIKISTAN und TURKMENISTAN.

Galet, P., *Cépages et vignobles de France* (2. Aufl., Montpellier, 1990).

MUSCAT ROMAIN Im Roussillon gebräuchliches Synonym für Muscat d'Alexandrie, der dort seit langem die meistangebaute Muskatellersorte ist. Er wurde vermutlich von den Römern um das Mittelmeer verbreitet.

MUSCATELS Rosinen, die durch Trocknen großbeeriger Trauben mit Kernen, vorwiegend MUSCAT OF ALEXANDRIA, produziert werden.

MUSIGNY, LE Erstklassige GRAND-CRU-Lage an der CÔTE D'OR (Burgund); siehe CHAMBOLLE-MUSIGNY.

MUSKATELLER Die Sortenbezeichnung steht fast immer für den hochwertigen MUSCAT BLANC oder eine seiner Mutationen. Der **Gelbe Muskateller** wird beispielsweise in Österreich immer mehr als dem MUSKAT-OTTONEL überlegen anerkannt und genießt vor allem in der STEIERMARK große Popularität. In Deutschland, der Heimat des MORIO-MUSKAT, fristet der Gelbe Muskateller ein ausgesprochen kärgliches Dasein, und der **Rote Muskateller** ist sogar noch schwächer vertreten. (Siehe auch MUSCAT.)

MUSKAT-OTTONEL Deutsche Schreibweise von MUSCAT OTTONEL.

MUSKAT-SILVANER oder **Muskat-Sylvaner.** Deutsches Synonym für SAUVIGNON BLANC, der in Deutschland und in Österreich in sehr geringem, aber zunehmendem Umfang angebaut wird – vor allem in der STEIERMARK, wo die Sorte allerdings eher unter ihrem ursprünglichen Namen Sauvignon Blanc bekannt ist.

MUSKOTÁBLY Ungarisches Synonym für Muskateller, meist MUSCAT OTTONEL, aber gelegentlich auch eine gelbe Form von MUSCAT BLANC À PETITS GRAINS, hier manchmal Muscat Lunel genannt.

MUSLIM oder **Moslem.** Angehöriger einer Religion, die dem Alkohol abgeschworen hat; siehe ISLAM.

MUSQUÉ franz. nach Moschus duftend. Im Zusammenhang mit Wein und Rebsorten bedeutet der Begriff jedoch auch MUSCAT-ähnlich. Viele Rebsorten, vor allem CHARDONNAY, weisen eine Mutation auf, die als *musqué* bezeichnet werden kann, weil sie ein besonders kräftiges Aroma besitzt, in dem eine an Muskateller erinnernde traubige Note vorkommt.

MUTAGE Abstoppen der GÄRUNG entweder durch Zusetzen von SCHWEFELDIOXID, öfters jedoch von Alkohol zum gärenden Most, um diesen in einen Zustand zu versetzen, in dem die Hefen ihre Funktion nicht mehr erfüllen können. Durch *mutage* wird der Most zum **vin muté**, z. B. VIN DE LIQUEUR oder VIN DOUX NATUREL. Der Alkoholzusatz kann erfolgen, bevor oder nachdem der Most von den Schalen getrennt wird. Auch bei der Portweinherstellung spielt die *mutage* eine wichtige Rolle, obwohl der Begriff dabei nicht erwähnt wird.

MUTATION Eine bei der Zellteilung in Organismen, beispielsweise Weinreben, eintretende spontane Änderung in der genetischen Zusammensetzung. Da die Ursprünge vieler REBSORTEN sehr weit zurückreichen, haben sich im Lauf der Zeit zahlreiche Mutationen bilden können. Im allgemeinen wirken sich Mutationen verschlechternd aus, der Mensch hatte aber inzwischen viele Jahrhunderte Zeit, diejenigen Reben zu selektieren, die für ihn die beste Leistung erbringen (dieser Prozeß ist heute als KLONENSELEKTION fest etabliert), wodurch günstige Mutationen gefördert wurden.

Mutationen treten besonders häufig bei bestimmten dunklen Traubensorten auf, die leicht degenerieren, z. B. PINOT NOIR, CARIGNAN, ASPIRAN, GRENACHE und TERRET. Die meisten dieser Rebsorten verfügen über Varianten in den Farben *noir* (schwarz), *gris* (grau), *blanc* (weiß), rosé, *vert* (grün), *rouge* (rot) usw.

Galet führt die bei Weinreben am häufigsten auftretenden Mutationen auf, u. a. abweichende Laub- und Beerenfarbe bis zum Albinismus, fehlende Behaarung an Trieben und Blättern, tief eingebuchtete Blätter, blumenkohlartiger Wuchs an Trieben, Verbänderung an Trieben, übergroße Blütenstände und Fehlen von Blütenständen. Mutation kann auch Polyploidie (d. h. Chromosomensatzvervielfachung) bewirken, die zu «Riesenwuchs» bei Pflanzen und Beeren führt. Es wird vermutet, daß die Tafeltraube Muscat Cannon Hall eine polyploide Mutation von MUSCAT OF ALEXANDRIA ist. Die beiden Gamay-TEINTURIER-Sorten Gamay Fréaux und Gamay de Chaudenay sind wahrscheinlich Mutationen von Gamay de Bouze. Eine Mischung aus normalen und mutierten Geweben wird Chimäre genannt; die Rebsorten Pinot Noir und (Pinot) Meunier sind an einer sogenannten periklinen Chimäre beteiligt, die im wesentlichen aus einer mutierten «Außenhaut» besteht, die ein «normales» Inneres umschließt. Meunier ist praktisch gleich wie Pinot Noir, mit der Ausnahme, daß die Triebspitzen und die jungen Blätter weiß behaart sind.

Mutation kann auch durch Chemikalien, z. B. Colchicin, und durch ionisierende Strahlung verursacht werden. Eine als somaklonale Mutation bezeichnete Form der genetischen Veränderung wird bei der GEWEBEKULTUR hervorgerufen; es wird angenommen, daß sie ein zweckmäßiges Mittel zur Vergrößerung der Klonenvielfalt unter den existierenden Rebsorten darstellen kann. R. E. S. und J. Ro.

Galet, P., *Cépages et vignobles de France* (2. Aufl., Montpellier, 1990).
—*Précis de viticulture* (4. Aufl., Montpellier, 1983).
Mullins, M. G., Bouquet, A., und Williams, L., *Biology of the Grapevine* (Cambridge, 1992).

MUTTERREBE Eine bestimmte, ausgewählte Rebe, von der EDELREISER oder andere Gewebe für die vegetative Vermehrung abgenommen werden. Sie können als Grundlage für Programme der KLONENSELEKTION und der REBENVERBESSERUNG dienen. B. G. C.

MW Abkürzung für MASTER OF WINE.

MYCODERMA siehe FILMBILDENDE HEFEN.

MYCOPLASMEN Winzige, manchmal nicht einmal mit dem Mikroskop sichtbare bakterienähnliche Organismen; sie werden mit Rebkrankheiten des PHLOEM in Verbindung gebracht und durch Insekten sowie durch Pfropfen übertragen (siehe auch FLAVESCENCE DORÉE).

MYCOPLASMOSEN Durch MYCOPLASMEN hervorgerufene Krankheiten, die u. a. auch die Weinrebe schwer schädigen oder zum Absterben bringen können. R. E. S.

Pearson, R. C., und Goheen, A. C., *Compendium of Grape Diseases* (St Paul, Minn., 1988).

N

NACHFRUCHT Eine nachträglich an von TRIEBEN ausgehenden SEITENTRIEBEN gebildete Frucht. Seitentriebe erscheinen in den Blattachseln im normalen Entwicklungsverlauf aus achselständigen Augen. Das Wachstum der Seitentriebe steht in einem festen Verhältnis zum Wachstum des Primärtriebs; an schwachen Trieben sind die Seitentriebe oft kaum zu erkennen, während sie an langen, starken Trieben und ausgehend von den KNOTEN zurückgeschnittener Triebe oft so stark wachsen, daß sie von den Primärtrieben nicht zu unterscheiden sind. Nachfruchttrauben sind an starken Seitentrieben am häufigsten. Bei manchen Rebsorten kommt Nachfrucht selten vor, bei anderen dagegen, z. B. PINOT NOIR und bei vielen MUSCAT-Sorten, kann sie umfangreich ausfallen. Meistens wirkt sich die Nachfrucht auf die Weinqualität negativ aus, da sie in der Entwicklung 6 bis 8 Wochen hinter der Hauptfrucht liegt. Dadurch nimmt sie dieser Nährstoffe weg und macht die Bekämpfung von REBENSCHÄDLINGEN und REBKRANKHEITEN komplizierter. Außerdem kommt durch sie ein gewisser Anteil unreifer Frucht in das Lesegut (insbesondere bei MASCHINELLER LESE), und das hat meist ebenfalls ungünstige Auswirkungen auf die Weinqualität. B. G. C.

NACHHALTIGKEIT Das mehr oder weniger lange Anhalten des Geschmackseindrucks ist ein wichtiger Indikator für die Weinqualität; siehe auch LANG.

NACHLAUF (franz. *queues*) Der zuletzt aus der DESTILLIERBLASE austretende Teil des Destillats. Je geringer der Alkoholgehalt des Nachlaufs ist, desto höher ist sein Gehalt an VERUNREINIGUNGEN und anderen aromatischen, manchmal aber unerwünschten Bestandteilen. Brenner, die an vollem Geschmack des Endprodukts interessiert sind, müssen ein gewisses Risiko mit diesen Verunreinigungen eingehen, damit möglichst viel von den charaktervollen aromatischen Substanzen in das Destillat gelangt. N. F.

NAGYBURGUNDI Ungarischer Name für Blauburgunder (PINOT NOIR).

NAHE Deutsches Anbaugebiet mit 4580 ha Rebfläche beiderseits der Nahe. Die ersten Weinberge befinden sich am Oberlauf bei Martinstein; Monzingen ist hier der erste berühmte alte Weinort – er wurde bereits 778 urkundlich erwähnt. In vielen Teilen des Anbaugebiets wird Wein in guter Qualität erzeugt, doch die größte Konzentration guter Lagen ist an drei Stellen anzutreffen: zunächst in einer reizvollen Landschaft zwischen Schloßböckelheim und Bad Münster am Stein-Ebernburg unter Einschluß von Niederhausen, Norheim und Traisen. Hier bringen modernisierte und soweit erforderlich neugestaltete Weinberge (siehe FLURBEREINIGUNG) auf vulkanischem, an manchen Stellen porphyrhaltigem Boden Riesling-Weine der Weltklasse hervor. Die im Besitz des Landes Rheinland-Pfalz befindliche DOMÄNE Niederhausen ist einer der angesehensten Erzeugerbetriebe in dieser Gegend und im gesamten Nahetal. Die zweite, ebenfalls für hervorragende Rieslinge bekannte Gegend liegt unmittelbar nördlich von Bad Kreuznach und die dritte am Zusammenfluß mit dem Rhein bei Bingen, 116 km von der Quelle der Nahe entfernt. Außerhalb dieser drei Kerngebiete findet sich Weinbau überall, wo die örtlichen Gegebenheiten ihn ermöglichen oder wirtschaftlich sinnvoll machen.

Das Klima an der Nahe ist trocken – zwischen Bad Kreuznach und Bingen fallen nur 500 mm Niederschlag im Jahr. Die stärksten Regenfälle gibt es im August; sie lassen die heranreifenden Trauben anschwellen, doch zur Lesezeit ist es meist niederschlagsfrei. Nur etwas über ein Viertel der Rebfläche befindet sich auf ebenem Grund, und das wärmere MESOKLIMA an den Hängen (siehe HANGLAGEN) hat hier ebenso große Bedeutung wie an der MOSEL.

Seit langem ist der MÜLLER-THURGAU die meistangebaute Rebsorte, doch im Lauf der 1980er Jahre ist seine Anbaufläche um 9 % zurückgegangen. Meist wird der Müller-Thurgau in Verschnitten mit verarbeitet, die unter den Namen von GROSSLAGEN (z. B. Rüdesheimer Rosengarten) auf den Markt kommen, als SORTENREINER Wein vom oberen Ende des Anbaugebiets bei Meddersheim kann er allerdings durch festen und lebendigen Charakter überraschen. Neben RIESLING und SILVANER bildet Müller-Thurgau auch den Bestandteil eines Verschnitts, der unter dem Namen Nahesteiner von Winzergenossenschaften und Erzeugergemeinschaften produziert und in Literflaschen meist innerhalb Deutschlands auf den Markt gebracht wird. Auch kommen etwa 3 % der LIEBFRAUENMILCH von der Nahe, und in ihr spielt der Müller-Thurgau ebenfalls eine Rolle.

Bei Spitzenerzeugern macht Riesling 65–75 % des Rebbestands aus; Mitte der 1990er Jahre hatte diese Rebe erstmals an der Nahe eine größere Anbaufläche als irgendeine andere. Dabei hat sich der derzeitige Anteil von 23 % an der Gesamtrebfläche des Anbaugebiets seit 15 Jahren nicht wesentlich verändert, was sicherlich bedeutet, daß jede für den Riesling geeignete Lage schon mit ihm besetzt ist.

1960 hatte der Silvaner über die Hälfte der Rebfläche im Anbaugebiet inne, heute entfallen auf ihn nur noch 12 %, und dieser Anteil ist im Schwinden begriffen. Silvaner ist eine zuverlässige Rebsorte, deren Wein an der Nahe stets sauber und solide, aber meist nicht besonders ausdrucksvoll ausfällt. Wenn es für die Erzeuger lohnender wird, weniger und dafür bessere Trauben zu ernten, könnte der Silvaner wieder einen Teil des Lands zurückerobern, das er an den Müller-Thurgau abgeben mußte.

Die meisten preiswerten Naheweine sind auf die Bedürfnisse der Supermärkte und Ladenketten abgestimmte Verschnitte, wobei es darum geht, große Mengen eines Typs in gleichförmiger Qualität anbieten zu können. Solche Weine zeigen normalerweise nicht viel gebietstypische Art, sie sind aber oft etwas robuster im Geschmack als ähnliche Erzeugnisse aus dem benachbarten RHEINHESSEN.

Wer jedoch Finesse sucht, muß sich an einzelne Weingüter oder an die Staatsdomäne wenden. In Bestform bringt der Nahe-Riesling den Stil der Lage schön zum Ausdruck, und seit immer mehr Wein mit verringertem Restsüßegehalt abgefüllt wird, treten auch die geschmacklichen Einzelheiten deutlicher hervor. In neuerer Zeit wird an der Nahe auch mit Ausbau in BARRIQUES experimentiert; diese Behandlung scheint sich aber für Riesling weniger gut zu eignen als für Burgunder. Die seit eh und je in kühlen Kellern stattfindende Gärung sorgt dafür, daß die Frische des Geschmacks erhalten bleibt, und der Ausbau in großen alten ovalen Fässern, aus denen jeder Eichenholzgeschmack seit langem verschwunden ist, ist für Riesling in guten Weingütern üblich. Die Winzer an der Nahe sind wie alle anderen in Deutschland sehr darauf aus, ihre Weine als Begleiter zu Speisen zu empfehlen, und so dürfte dieser Gedanke dafür verantwortlich sein, daß inzwischen fast ein Viertel des Qualitätsweins aus dem Anbaugebiet TROCKEN oder HALBTROCKEN ausgebaut wird. In manchen Weingütern gilt kräftige SÄURE mehr als hohes MOSTGEWICHT. Säure darf dem deutschen Wein nicht zugesetzt werden, aber Zukkerbeimischung ist zu Anreicherungszwecken in manchen Fällen sogar bei potentiellen Spät- und Auslesemosten zulässig – allerdings müssen so angereicherte Weine dann entsprechend abgestuft werden, weil bei QMP-Weinen keine ANREICHERUNG erlaubt ist. Vielmehr bleibt dann nur noch die Möglichkeit, solche Weine, je nachdem, wie sie ausfallen, zu einem immer noch relativ annehmbaren Preis als TAFELWEIN oder als QBA auf den Markt zu bringen. Die modernen Erzeuger an der Nahe sind tatkräftig auf der Suche nach neuen Weinstilen, doch für die meisten bleiben diese nur Nebenprodukte. Vielleicht ist die geographische Lage des Anbaugebiets daran schuld, daß Kommentatoren seine Weine immer wieder einer Kreuzung zwischen Rheinhessen und Mosel gleichsetzen. Dieser Vergleich ist naheliegend, aber doch etwas oberflächlich.

An der Nahe gibt es zwei Genossenschaftskellereien, die etwa ein Viertel des Ernteertrags der Gegend verarbeiten und Flaschenweine anbieten. Die Weine der Nahe-Winzer-Kellereien stammen aus einem großen Einzugsgebiet und gehen vorwiegend in den Export oder an die deutschen Supermärkte und Ladenketten. Über die Hälfte der von der Genossenschaftskellerei in Meddersheim verarbeiteten Trauben entfällt auf Riesling; daher kann man dort auf Wein in überdurchschnittlicher Qualität rechnen. Alle Weine werden in der Flasche (also nicht faßweise), zum großen Teil an den Großhandel und direkt an Verbraucher verkauft.

Für guten Nahewein aller Qualitätsstufen werden in Deutschland zu geringe Preise gezahlt. Die führenden Weingüter streben an, bis zum Ende der 1990er Jahre ihre Stellung auf dem Markt zu verbessern, und hoffen dann, Preise erzielen zu können, die auf demselben Niveau wie im RHEINGAU liegen. Die Hauptabnehmer sind der Weinhandel in Deutschland, der Exportmarkt, die Industrie, Privatkunden und bei manchen Erzeugerbetrieben auch Gaststätten. I. J.

NÄHRSTOFFE Alle Lebewesen, auch die Rebe und die Hefe, benötigen neben Kohlenstoff, Wasserstoff und SAUERSTOFF auch STICKSTOFF, PHOSPHOR und KALIUM als Nährstoffe. Näheres siehe NÄHRSTOFFVERSORGUNG DER REBE.

NÄHRSTOFFVERSORGUNG DER REBE Für die Versorgung der Rebe mit anorganischen Nährstoffen (mineralischen Nährstoffen) werden wie bei anderen Pflanzen in der Hauptsache STICKSTOFF, PHOSPHOR und KALIUM benötigt; hinzu kommen als Spurenelemente MAGNESIUM, MANGAN, EISEN, ZINK, KUPFER und BOR.

Unter den im Gartenbau üblichen Pflanzen gilt die Weinrebe als in der Nährstoffversorgung anspruchslos. Beispielsweise lautet die gängige Empfehlung für die Düngung von Apfelbäumen auf 80–300 kg/ha Stickstoff (N), 50–250 kg/ha Phosphor (P) und 50–800 kg/ha Kalium (K). Weinreben benötigen dagegen nur 0–100 kg/ha N, 0–50 kg/ha P und 0–120 kg/ha K. In diesem niedrigen Düngemittelbedarf spiegelt sich die geringe Menge an Nährstoffen, die jedes Jahr bei der LESE aus dem Weinberg entnommen wird.

In vielen Ländern sind Messungen unternommen worden, um festzustellen, welche Mengen dieser Elemente in den gelesenen Trauben, im gefallenen Laub und in dem beim Rebschnitt abgenommenen Holz enthalten sind. Die Werte schwanken je nach Region, Rebsorte und Ertrag, sie liegen jedoch bei etwa 50 kg/ha N, 15 kg/ha P und 45 kg/ha K. Es wäre also zu empfehlen, DÜNGEMITTEL in diesen Mengen auszubringen, wenn Zweifel bestehen sollten, ob der Weinbergboden imstande ist, sie zur Verfügung zu stellen. Normalerweise kann ein Bodentest vor dem Anlegen eines Weinbergs Aufschluß über eventuellen Mangel an Nährstoffen geben. In bereits bestehenden Weinbergen wird dagegen meist der Nährstoffgehalt der Blätter oder der BLATTSTIELE ermittelt, und Düngemittel werden dem Boden nur insoweit zugeführt, als sich ein Bedarf zeigt. Bei vielen Nutzpflanzen verursachen Düngergaben, die nicht gebraucht werden, keinen großen Schaden. Bei der Weinrebe und ihrem geringen Nährstoffbedarf sind derartige Düngergaben jedoch nicht nur unnütz oder gar verschwendet, sie können auch zu Überdüngung beispielsweise mit Stickstoff führen, was sich direkt oder indirekt abträglich auf die Weinqualität auswirken kann. In ähnlicher Weise kann ein hoher Kaliumgehalt im Boden über einen gesteigerten PH-WERT die Weinqualität ebenfalls ungünstig beeinflussen.

Bei kontinuierlicher Nutzung eines Stücks Land für den Weinbau über lange Zeit hinweg verringert sich der Nährstoffgehalt im Boden. Untersuchungen an alten Weinbergböden in Bordeaux haben jedoch gezeigt, daß die Fruchtbarkeit durch kräftige Gaben an ORGANISCHEN STOFFEN, KALK, Phosphor und Kalium wiederhergestellt werden kann. Auch können im Weinberg organische Stoffe durch eine Mulchdecke oder tierischen Dung zugeführt werden, sie sind aber meist gering an Nährstoffgehalt und kostspielig in der Ausbringung. Allerdings verbessert ein höherer Humusgehalt die Bodenstruktur. Düngung dieser Art wird im ORGANISCHEN WEINBAU bevorzugt.

Entgegen der allgemein verbreiteten Auffassung scheint jedoch nur wenig Zusammenhang zwischen der Nährstoffversorgung der Rebe und dem Charakter und der Qualität des Weins zu bestehen, außer wenn dies auf Einflüsse durch die WÜCHSIGKEIT der Reben zurückzuführen ist. Oft wird die Meinung vertreten, daß der Boden die Weinqualität dadurch beeinflußt, daß dem Wein eine bestimmte chemische Zusammensetzung verliehen wird, die in engem Zusammenhang mit seiner Qualität steht. Dies ist anscheinend aber nicht der Fall – mindestens konnte es noch nicht eindeutig nachgewiesen werden. Siehe auch BODEN UND WEINQUALITÄT sowie TERROIR. R. E. S.

Winkler, A. J., et al., *General Viticulture* (2. Aufl., Berkeley, Calif., 1974).

NAHRUNGSMITTEL, WEIN ALS siehe DIÄT.

NAPA Die kleine Stadt nördlich von San Francisco gibt dem **Napa County** und dem berühmtesten Weinbaugebiet in KALIFORNIEN, dem **Napa Valley**, das heute ein AVA-Bereich ist, den Namen. Obwohl dieses Küsten-County eines der letzten war, in dem der Weinbau seinen Einzug hielt, hat das Napa Valley doch dem kalifornischen Wein sowohl im 19. als auch im 20. Jh. im In- und Ausland den größten Teil seines Ruhms eingetragen. In Amerika, vielleicht sogar in der ganzen Welt des Weins heißt das Napa Valley kurz und bündig «das Valley» (so wie in Burgund die DOMAINE DE LA ROMANÉE-CONTI einfach nur «die Domaine» genannt wird).

Irgend etwas in diesem Tal hat nicht nur bereitwillige Investoren, sondern vor allem auch Winzer und Kellermeister mit dem brennenden Wunsch, sich und ihrem Besitz einen großen Namen zu machen, angelockt. Die erste Generation schlug zwischen 1880 und 1919 die ganze Konkurrenz aus dem Feld; die dritte sorgte in der Zeit des Booms zwischen 1966 und dem Beginn der 1990er Jahre dafür, daß Napa seinen Vorsprung vor der Konkurrenz behielt. Aber es war die kaum je gerühmte Zwischengeneration, die in den mageren Jahren von 1933 bis 1966 die Flamme am Leben erhielt, als beim kalifornischen Wein die große Ebbe herrschte. Sechs Firmen – Beaulieu Vineyard, Beringer Vineyards, Christian Brothers, Inglenook Vineyards, Charles Krug und Louis M. Martini – produzierten feinen Wein unter eigenem Namen auch in der Zeit, als in den meisten anderen Bereichen nur Massenware im Faß verkauft wurde (siehe KALIFORNIEN, Historisches). Ihre Weinberge gaben die Vorbilder ab, die dann in den 1970er und 1980er Jahren schwindelerregende Investitionssummen anlockten, als die Rebfläche sich verdreifachte und die Zahl der Weinbaubetriebe im Napa Valley von knapp 20 auf über 200 anschwoll, darunter inzwischen prominent gewordene Firmen wie Heitz Cellars, Robert MONDAVI Winery, Stag's Leap Wine Cellars und Sterling Vineyards.

Das Napa Valley selbst ist ein weitgeschwungener Bogen, dessen eines Ende an der San Francisco Bay liegt, während das andere am Mount St. Helena ruht. Wie die meisten von Norden nach Süden verlaufenden Täler um San Francisco ist auch es an der Bay kühl und an der Spitze warm, obwohl es nur gerade 32 km lang und manchmal nur etwas über 1 km breit ist. Mit über 12 000 ha Rebfläche im AVA-Bereich Napa Valley gibt es im Hauptal kaum noch Platz für weitere Reben, allerdings bietet eine Reihe kleiner Täler in den Bergen im Osten, z. B. das Chiles und das Pope Valley, noch einigen Raum für Expansion.

Die vielen Varianten in Hangausrichtung, Klima und Boden haben innerhalb des großzügig umrissenen AVA-Hauptbereichs mehrere Sub-AVAs entstehen lassen. Manche Oldtimer widersetzten sich bereits einer Identitätsverwässerung, als die AVA-Grenzen festgelegt wurden, und die Unterschiede zwischen den Weinen machen es offenbar unvermeidlich, daß sogar die internen Grenzziehungen noch feiner ausgestaltet werden müssen. Mit oder ohne Diversifizierung ist jedoch das Napa Valley eine so kongeniale Heimat für Chardonnay und Cabernet Sauvignon, daß man durchaus behaupten kann, Napa habe ihnen seine Popularität zu verdanken und nicht umgekehrt. Doch die vielseitigen Wachstumsbedingungen geben den Weinerzeugern im Napa Valley auch noch den Sauvignon Blanc, den Zinfandel und viele andere Rebsorten als Ausweichmöglichkeiten

an die Hand, falls der Markt für Chardonnay oder Cabernet Sauvignon ins Wanken geraten sollte.

Howell Mountain AVA
Vor der PROHIBITION verdankte der Howell Mountain seinen Ruhm dem Zinfandel, doch die heutige Generation von Traubenanbauern und Kellermeistern – an ihrer Spitze Dunn Vineyards und La Jota – hat sich eindeutig dem Cabernet Sauvignon als bevorzugte Sorte verschrieben. Der Bereich erstreckt sich von den Bergen im Osten des Napa-Tals aus einer Höhe von 400 m aufwärts und besitzt als Ankerpunkt die Adventistengemeinde Angwin.

Mount Veeder AVA
Dieser Unterbereich erstreckt sich über die Bergkette, die das Napa Valley vom SONOMA Valley trennt; sein Zentrum ist der Berggipfel, der ihm den Namen gibt. Der älteste Weinbaubetrieb hier ist Mayacamas und der größte Hess Collection. Die Rebfläche ist zum größten Teil mit Cabernet Sauvignon und Chardonnay besetzt.

Oakville
Der AVA-Bereich ist Teil eines von Erzeugern betriebenen Plans, die Talsohle des Napa Valley nach dem Vorbild des Haut-MÉDOC in kommunale Einzelbereiche einzuteilen. Wenn diesen Bestrebungen Erfolg beschieden ist, dann würden die Sub-AVAs von Süden nach Norden wie folgt heißen: Napa, Yountville, Oakville, Rutherford, St. Helena und Calistoga. 1994 waren jedoch nur die Namen Oakville und Rutherford genehmigt.

Rutherford
Neben Oakville wurde Rutherford als Teil des Plans, das Napa Valley in Sub-AVAs nach Gemarkungsgrenzen zu unterteilen, dem BATF 1991 zur Genehmigung unterbreitet. Nach der ursprünglichen Eingabe sollte der Bereich in Rutherford und Rutherford Bench unterteilt werden, doch diese Idee wurde vor Beginn des Anhörungsverfahrens schon wieder aufgegeben. Lange vor den AVAs war Rutherford Bench ein in aller Unschuld geprägter Name für einen langen Streifen Schwemmland, der sich auf der Westseite des Napa Valley von St. Helena talab bis Yountville auf der Talsohle nicht weit vom Napa River erstreckt. Am Namen Rutherford Bench hat sich im Napa Valley inzwischen sowohl der Witz als auch der Zorn entfacht, wobei die Zornigen behaupten, das sei keine echte *bench* (Uferbank), und sie sei auch nicht in Rutherford allein, sondern gehe bis Oakville, und außerdem sei zu viel gutes Weinbauland davon ausgeschlossen. Wie dem auch sei, die Westseite dieses Mittelstreifens der Talsohle umfaßt jedenfalls viele der erstklassigen Cabernet-Sauvignon-Lagen Kaliforniens, u. a. Beaulieu Vinyard No. 1 und 2, Inglenook, Martha's Vineyard, Bella Oaks, Bosche, Sycamore, Mondavi's To Kalon und andere.

Das Wahrzeichen von NAPA: die Robert Mondavi Winery in Oakville.

Stags Leap District AVA
Der Unterbereich hält Cabernet Sauvignon und Merlot und praktisch sonst weiter nichts hoch. Sein ganzer Ruhm beruht auf sortenreinen Weinen dieser Trauben. Dabei gedeihen hier auch andere Rebsorten gut, nur erlangen sie keine gebietstypische Art, mit der sie auf sich aufmerksam machen könnten. Die Wahrzeichen der Cabernets sind stärkere Betonung des Beerengeschmacks – oder geringere Betonung der Kräuterwürzigkeit –, als es bei den Pendants von anderen Stellen des Napa Valley der Fall ist, sowie geschmeidigere TANNINE. Seltsamerweise wurde hier vor 1970 nur wenig Cabernet angepflanzt. Der Name stammt von einer hohen Klippe nordöstlich von Napa City, an deren Fuß sich die Rebfläche erstreckt. Clos du Val und Stag's Leap Wine Cellars waren hier Pionierbetriebe, inzwischen sind Chimney Rock, Pine Ridge, Shafer, Silverado Vineyards und andere dazugekommen.

Wild Horse Valley
Der Bereich liegt östlich der Stadt Napa, der größere Teil fällt in die Südostecke des Napa County und in den AVA-Bereich Napa Valley; ein kleiner Teil greift nach Osten in das Solano County über. Die bisherigen Leistungen sind noch zu neu, als daß ein Urteil möglich wäre, doch gehen die meisten Trauben in Weine aus dem Napa Valley ein.

Siehe auch KALIFORNIEN und Karte Seite 566.

Conaway, J., *Napa – The Story of an American Eden* (Boston, 1990).

NARBE siehe GESCHEINE.

NARDO DOC-Bereich in Südostitalien für robusten Rotwein vorwiegend von der NEGROAMARO-Traube. Siehe APULIEN.

NASE Da der Geschmackssinn unlöslich mit dem Geruchssinn verbunden ist, darf die Nase mit gutem Grund als das wichtigste Instrument bei der VERKOSTUNG von Wein bezeichnet werden. Ist die Nase entweder infolge einer Erkältung oder durch mechanische Mittel verstopft, dann ist die Fähigkeit, Speisen und Getränke zu schmekken, stark beeinträchtigt, und zwar so sehr, daß ein erkälteter Mensch, der aus welchen Gründen auch immer auf das Funktionieren seines Geschmackssinns angewiesen ist, zu Medikamenten mit abschwellender Wirkung greifen muß, damit die Nase frei wird.

In der WEINANSPRACHE wird das Wort Nase auch für das AROMA, das BOUQUET oder den Duft des Weins selbst gebraucht. So spricht man beispielsweise von «Himbeernase», wenn der Duft eines Weins an Himbeeren erinnert.

NATRIUM Ein Element, das als Nährstoff für das Wachstum der Weinrebe nicht erforderlich ist. Dagegen stellt Natriumchlorid (Kochsalz) vor allem in heißen Bewässerungsgebieten mit salzhaltigem Grundwasser oder aber beim Besprühen des Weinlaubs mit Salzwasser eine beträchtliche Gefährdung dar. Natrium wirkt sich auf die Bodenfruchtbarkeit ungünstig aus, weil es das Eindringen des Wassers dadurch behindert, daß es Tonpartikel auflöst. Diese Erscheinung läßt sich durch Einbringen von KALZIUM – meist in Form von Gips – in den Boden beseitigen. Siehe auch SALZGEHALT. R. E. S.

NATURE Der französische Ausdruck bedeutet im Zusammenhang mit Wein «nicht schäumend».

NATURREIN In Deutschland bis zur Mitte des 20 Jh. gebräuchlicher Begriff für Wein, dem kein Zucker zur ANREICHERUNG der Alkoholstärke zugesetzt wurde, d. h. für sogenannten **Naturwein.** Der Ausdruck wurde durch das DEUTSCHE WEINGESETZ von 1971 abgeschafft und durch den Begriff Qualitätswein mit Prädikat (QPM) ersetzt. Siehe auch DEUTSCHE WEINBAUGESCHICHTE.

NAVARRA Die autonome Region in Nordostspanien gibt auch einem DO-Bereich den Namen. Das Königreich Navarra erstreckte sich einst von Bordeaux bis Barcelona, doch heute steht der DO-Bereich Navarra im Schatten des benachbarten RIOJA, von dem ein kleiner Teil in die Region hineinreicht. Die Weine beider Bereiche haben historisch vieles gemeinsam.

Im Mittelalter nährten die nach Santiago de Compostela ziehenden Pilger die Nachfrage nach Wein. Später, im 19. Jh., profitierten Rioja und Navarra von der Nähe zu Frankreich, nachdem dort die REBLAUS eingefallen war. Nach Nordspanien kam der Schädling nämlich erst sehr viel später als nach Südwestfrankreich, und so wurden die Weinpflanzungen in Navarra stark erweitert, um den französischen Markt mit großen Mengen beliefern zu können; doch schließlich kam die Reblaus 1892 auch nach Navarra. Die Region erholte sich zwar rasch wieder, doch 1990 betrug ihre Rebfläche nur noch ein Drittel dessen, was sie ein Jahrhundert zuvor gewesen war.

Die Region teilt sich dem Klima nach in fünf Unterbereiche auf – von den kühleren Hängen der Baja Montaña nahe bei den Pyrenäen-Ausläufern über die etwas wärmeren Distrikte Valdizarbe und Tierra Estella im Norden Navarras bis Ribera Alta im Zentrum und Ribera Baja um Tudela im Süden. Die Jahresniederschlagsmengen liegen zwischen 600 mm im Norden und 400 mm im Süden und Osten, und die Sommertemperaturen steigen entsprechend an. Mit über 30 % der Gesamtrebfläche Navarras ist Ribera Baja seit langem der größte der fünf Unterbereiche; die meisten Neuanpflanzungen wurden jedoch Ende der 1980er und Anfang der 1990er Jahre im kühleren Norden angelegt.

In den Weinbergen Navarras dominiert die GARNACHA-Traube; auf sie entfielen zu Beginn der 1990er Jahre über 80 %; TEMPRANILLO liegt weit abgeschlagen auf dem zweiten Platz. Die Garnacha eignet sich für die Erzeugung von gutem trockenem Rosé, der in Navarra nach wie vor in großen Mengen produziert wird. Dagegen fallen die Rotweine dieser Traube schwerfällig und rauh aus. Nur wenn die Weinbereitung mit größter Sorgfalt durchgeführt wird, erbringt die Garnacha auch leichte, fruchtige Weine, die jung getrunken sein wollen. Auf Weißwein entfallen nur knapp 10 % der Produktion in der Region; er entsteht traditionell von der neutralen Viura-Traube (MACABEO). 1981 richtete der Consejo Regulador in Olite eine eindrucksvolle Weinbauforschungs- und -versuchsanstalt ein, die mit verschiedenen Rebsorten experimentiert. Seither sind die französischen Rebsorten CABERNET SAUVIGNON, MERLOT und CHARDONNAY in den DO-Vorschriften anerkannt und werden gefördert.

Im Jahr 1911 entstand in Navarra eine der ersten spanischen WINZERGENOSSENSCHAFTEN. Der größte Teil der Weine Navarras wird auch heute noch von großen, manchmal etwas veralteten Genossenschaftskellereien produziert. Mit ihnen arbeitet die önologische Forschungsstation EVENA eng zusammen, die eigentlichen Innovationen finden aber in einer Handvoll privater BODEGAS statt. Das jetzt in Gang befindliche intensive Neuanpflanzungsprogramm dürfte dazu beitragen, dem Wein Navarras für die Zukunft eine eigene Nische zu sichern. R. J. M.

NEAPEL Die große Hafenstadt in Südwestitalien, zugleich die Hauptstadt der Region KAMPANIEN, liegt in einer Gegend, die einst die großartigsten Weine des alten ROM hervorbrachte – den FALERNER, den CAECUBER, den MASSIKER und den SURRENTINER –, doch später konnte sie im Weinbau an diesen alten Ruhm nicht mehr anknüpfen. Nach dem Sturz des römischen Imperiums brach mit dem wirtschaftlichen Niedergang Italiens der Markt für feinen Wein zusammen. Da die Langobarden im Jahr 586 nicht ganz Italien eroberten, blieb Neapel Teil des Reichs, dessen Hauptstadt Ravenna war. Bis in das 11. Jh. ist das politische Bild konfus. Neapel, zwar nominell Teil des Byzantinischen Reichs, bildete in Wahrheit einen selbständigen Stadtstaat, der durch seinen Handel mit dem Osten Reichtum gewann. Als die Normannen die Sarazenen aus SIZILIEN vertrieben hatten, kam Neapel zusammen mit Süditalien unter normannische Herrschaft. Nun stützte sich Neapel nicht mehr allein auf den Handel mit dem Osten, sondern unter Robert Guiscard und König Roger II. von Sizilien wendete es sich statt dessen Sizilien zu. Wie Palermo und Messina wurde Neapel nun durch Getreideexporte reich. 1194 ging das Königreich an die Stauferkaiser über und wurde im Jahr 1266 von Karl von Anjou erobert. 1282 spaltete eine Revolte gegen sein strenges Regime das Königreich Sizilien. Den reicheren Teil, nämlich

Sizilien selbst, annektierte der König von Aragón, und Neapel wurde zu einem eigenen Königreich, das Süditalien bis zu den ABRUZZEN umfaßte.

Der Handel mit dem Osten, der auf die Zeit unter byzantinischer Herrschaft zurückging, beinhaltete auch den starken süßen MALMSEY aus Kreta, doch APULIEN produzierte ebenfalls Wein dieser Art, der aber meist in Süditalien selbst verbraucht wurde. Auch mit dem VERNACCIA aus Ligurien trieb Neapel Handel, und zwar wurde er nach Sizilien, Mallorca und PARIS geliefert. Diese Weine fielen unter den Sammelbegriff *vini grechi*, weil sie wie die aus der Ägäis gute süße Weine waren, die eine lange Seereise zu überstehen vermochten. Die Weine aus Kampanien, die nicht der griechischen Art entsprachen, sondern trocken waren, hießen *vini latini*. Sie galten als minderwertig und waren nicht haltbar genug, um nach Nordeuropa verschifft zu werden. Die angesehensten *vini latini* kamen vom Vesuv; sie wurden von den Kaufleuten in Neapel und Salerno in andere Teile Italiens verkauft. Darüber hinaus lieferte Neapel Wein aus KALABRIEN nach Aragón und auf die Balearen.

Durch alles das wurde Neapel im 14. Jh. zum wichtigsten Weinhandelshafen des Mittelmeerraums; dennoch kam es wegen der häufigen Regierungswechsel und der Abspaltung von Sizilien im Jahr 1282 niemals zu so großer politischer oder wirtschaftlicher Macht, daß es sich mit den Stadtstaaten Oberitaliens messen konnte. Geographisch befand es sich für den lukrativen Handel in Wein und anderen Luxusgütern aus der Ägäis mit dem nördlichen Europa in viel günstigerer Lage als VENEDIG oder GENUA. Als aber gegen Ende des 13. Jh. Genua seine Galeeren nach Southampton und Brügge entsandte, war Neapel nicht mehr imstande zu konkurrieren.

Siehe auch ITALIEN. H. M. W.

Lopez, R. S., THE TRADE OF MEDIAEVAL EUROPE: THE SOUTH, in *The Cambridge Economic History of Europe*, 7 Bde., II: *Trade and Industry in the Middle Ages* (Cambridge, 1987).

Melis, F., PRODUZIONE E COMMERCIO DEI VINI ITALIANI NEI SECOLI XIII–XVIII, *Annales cisalpines d'histoire sociale*, 1/3 (1972), 107–133.

NEBBIOLO Die große Rotweinrebsorte zeichnet für viele der feinsten und langlebigsten Weine Italiens verantwortlich. Sie ist fast ausschließlich in der Region PIEMONT im Nordwesten heimisch und dort die markanteste und vornehmste Traube.

Nebbiolo in Italien

Es wird vermutet, daß der ältere PLINIUS mit seinem Hinweis auf Pollenzo (nordwestlich der heutigen Barolo-Zone) als Quelle hervorragenden Weins wahrscheinlich Wein dieser Traube gemeint hat. Auch Urkunden aus dem Jahr 1235 im Schloß Rivoli werden als Bezugnahme auf Nebbiolo gedeutet. In Canale d'Alba im Bereich Roero findet sich dann die erste unmißverständliche historische Erwähnung von Nebbiolo aus dem Jahr 1303: «una carrata (Faß) de bono puro vino nebiolo». Petrus de CRESCENTIIS verknüpft 1304 in seinem *Liber ruralium commodorum* die «Nubiola»-Traube, die er «köstlich» nennt, eindeutig mit «exzellentem Wein». Er schrieb, sie sei in Asti und Umgebung sehr gesucht gewesen. Die Gemeindesatzung von La Morra aus dem Jahr 1431 liefert einen weiteren Beweis dafür, daß die außerordentlichen Qualitäten der Traubensorte schon damals erkannt und gewürdigt wurden: Erhebliche Geldstrafen wurden dem angedroht, der schuldig befunden wurde, eine Nebbiolo-Rebe abgeschnitten zu haben; Wiederholungstätern wurde sogar der Verlust der rechten Hand oder der Tod durch Erhängen angedroht. Manchmal wird behauptet, der Name Nebbiolo komme von *nobile*, also nobel, wahrscheinlicher aber leitet er sich von *nebbia*, Nebel, her, der in Piemont im Oktober, wenn diese Traube gelesen wird, häufig vorkommt.

Das heutige Piemont bezeigt der Traube seine Hochachtung auf konkretere, wenn auch weniger poetische Weise, indem ihre Anpflanzung auf einige ausgewählte Bereiche eingeschränkt wird: Die Erzeugung an Weinen dieser Sorte überschreitet selten 125 000 hl bzw. 3 % der Gesamtproduktion der Region und beträgt weniger als ein Fünfzehntel der jährlichen Erzeugung an BARBERA-Wein. Die Nebbiolo-Traube reift stets spät; die Lese zieht sich regelmäßig über Mitte Oktober hinaus. Natürlich werden der Rebsorte auch die günstigsten Lagen eingeräumt: Süd- bis Südwesthänge gelten meist als am besten geeignet. Vielleicht genauso große Bedeutung wie die Lagen haben aber auch die Böden, auf denen die Traube angebaut wird: Der Nebbiolo zeigt sich hierin als höchst anspruchsvoll und bringt beste Ergebnisse nur auf kalkhaltigem Mergel nördlich und südlich von Alba auf dem rechten Tanaro-Ufer in den DOCG-Bereichen BAROLO und BARBARESCO. Hier erreichen die Nebbiolo-Weine höchste aromatische Komplexität und bringen eine Geschmacksfülle zum Ausdruck, die als Gegengewicht zu der relativ kräftigen SÄURE und dem stets vorhandenen reichen Maß an TANNIN wirkt.

Gute Nebbiolo-Weine entstehen aber auch in den Bergen an beiden Ufern des Flüßchens Sesia in den Provinzen Novara (siehe BOCA, GHEMME, SIZZANO, FARA) und Vercelli (siehe LESSONA, BRAMATERRA, GATTINARA). Hier wird die Nebbiolo-Traube SPANNA genannt und meist mit den milderen Traubensorten VESPOLINA bzw. BONARDA verschnitten.

Der NEBBIOLO D'ALBA, eine zahmere, nicht so urwüchsige Variante, deutet gerade nur an, welche Höhen die Sorte in erleseneren Lagen erklimmen kann. Im Bereich ROERO auf dem linken Ufer des Tanaro herrschen sandige Böden vor, die eine leichtere, mildere Nebbiolo-Version hervorbringen, der aber das unverwechselbare Aroma von Teer und Rosen nicht fehlt.

Oft unter dem Namen Picutener spielt Nebbiolo auch die Hauptrolle in dem briefmarkengroßen DOC-Bereich

CAREMA an der Grenze zum Valle d'Aosta sowie in dem benachbarten, ebenso winzigen DOC-Bereich Donnaz im Valle d'AOSTA und schließlich im VALTELLINA in der Lombardei, wo die Sorte den Namen Chiavennasca trägt – das ist das einzige größere Gebiet außerhalb von Piemont, wo der Nebbiolo kultiviert wird. In diesen letzteren drei Bereichen mit ihrer subalpinen Lage und ihrem über die Wachstumsperiode hinweg ausgesprochen kühlen Klima entstehen Nebbiolo-Weine in einem mittelschweren Stil, in dem die Frucht häufig gegen tanninherbe Rauheit und säuerliche Schärfe anzukämpfen hat; die zusätzliche Reife wärmerer Jahrgänge ist hier um so wertvoller.

Außer in diesen Bereichen wird Nebbiolo in Italien kaum angebaut, nur im Mischungsrezept von FRANCIACORTA bildet er einen Bestandteil, und der innovative Weinerzeuger Giuseppe Quintarelli im VENETO produziert eine RECIOTO-Version, die eine Reminiszenz dessen darstellen dürfte, was früher die vielen in Piemont von Nebbiolo gewonnenen WEINE VON ROSINIERTEN TRAUBEN gewesen sein mögen.

Üblicherweise werden drei Hauptklone von Nebbiolo unterschieden: Lampia, Michet und Rosé. Der letztere ist wegen der blassen Farbe seines Weins im Schwinden begriffen, und Michet ist derselbe wie Lampia, jedoch von einem Virus befallen, der sich dahingehend auswirkt, daß die Triebe sich gabeln. Wichtig an diesem KLON, der kleine ERTRÄGE bringt und sich in Aroma und Geschmack besonders intensiv zeigt, ist außerdem, daß er sich nicht an alle Böden anpaßt. Die meisten Erzeuger verlassen sich bei dem noch relativ embryonalen Stand der Klonenselektion auf eine sorgfältige MASSENSELEKTION in den Weinbergen, anstatt ihre Zukunft an einen einzigen Klon zu wagen.

Die Gesamtanbaufläche der Nebbiolo-Rebe ging in den 1980er Jahren zurück und lag 1990 bei 5200 ha – das ist etwa halb soviel wie die Anbaufläche von Dolcetto in Pie-

Auch in leichteren Jahrgängen als 1987 erbringt NEBBIOLO ausgesprochen tiefdunklen Wein, wie er hier aus dem Edelstahlgärtank von Aldo Conterno fließt.

mont und etwa ein Zehntel der Fläche, die in Italien von Barbera eingenommen wird. D. T.

Nebbiolo außerhalb Italiens

Die Qualität der Weine von Barolo und Barbaresco inspiriert Erzeuger in aller Welt immer wieder zu Experimenten mit Nebbiolo, doch dem, was bisher dabei zustande gekommen ist, fehlt es an den meisten der besten Eigenschaften dieser Traube auf heimatlichem Grund. Nur zögernd ist der Nebbiolo der Barbera-Traube nach Nord- und Südamerika gefolgt. Trotz aller Anstrengungen haben bislang nur wenige Beispiele aus Kalifornien viel von dem dieser Traube innewohnenden Wert erkennen lassen, und in Südamerika wird sie durch zu hohe Erträge in ihrer Qualität beeinträchtigt. Die wenigen hundert Hektar Anbaufläche in Argentinien befinden sich hauptsächlich in der Provinz San Juan.

NEBBIOLO D'ALBA DOC-Bereich für Rotwein von der Nebbiolo-Traube; er umfaßt 32 Orte um die Stadt Alba in der Region PIEMONT und bildet in jeder Hinsicht einen Satellitenbereich zu BAROLO und BARBARESCO. Sieben dieser Orte fallen teilweise in den DOCG-Bereich Barolo, wobei die für Nebbiolo d'Alba vorgesehenen Gemarkungsteile – die südlichen Teile von Monforte d'Alba und Novello, die Nordostspitze von La Morra, die gesamte Gemarkung von Diano d'Alba mit Ausnahme eines Streifens im Westen und die nördlichen Teile von Grinzano Cavour und Roddi – mit sorgfältigem und klugem Bedacht aus dem Bereich Barolo ausgeklammert worden sind. Die hier entstehenden Weine sind wirklich milder, weniger intensiv und früher trinkreif als Barolo oder Barbaresco, d. h. sie sind in allgemeinerem Sinn zwar «Nebbiolo», jedoch nicht so ausgeprägt charaktervoll. D. T.

NEBBIOLO DELLE LANGHE VINO DA TAVOLA aus der Region PIEMONT (Nordwestitalien). Zu bemerken ist, daß der große Rotwein aus dem DOCG-Bereich BAROLO nicht zu DOC-Wein NEBBIOLO D'ALBA abgestuft werden darf; vielmehr bleibt den Erzeugern im Bereich Barolo nichts anderes übrig, als ihre nicht hervorragend gelungenen Weine als Vino da Tavola Nebbiolo delle Langhe zu deklarieren, der meist eine besonders leichte Version dieser höchst intensiven Traubensorte darstellt.

Einige führende Barolo-Erzeuger – v. a. Aldo Conterno und Elio Altare – haben daraufhin damit begonnen, Spezial-CUVÉES für den Ausbau in kleinen Fässern zusammenzustellen. Diese Weine, die weit höhere Preise erzielen und ein ganz anderes Prestige genießen als einfacher Nebbiolo delle Langhe, tragen dessenungeachtet diese Bezeichnung auf dem Etikett. Zwar wird die Zahl solcher Weine bestimmt noch zunehmen, doch machen sie nur einen Bruchteil der Gesamtproduktion an Nebbiolo delle Langhe aus. D. T.

NÉGOCIANT franz. Kaufmann, Handelshaus. Der Begriff steht insbesondere für WEINHÄNDLER, die Trauben oder Wein ankaufen, verschiedene Posten Wein innerhalb einer APPELLATION verschneiden und das so entstehende Endprodukt unter dem eigenen Namen abfüllen. Einen vollendet ausgewogenen Verschnitt aus mehreren nicht ganz so vollendeten Teilen zusammenzustellen ist freilich ein lobenswertes Tun, leider aber bot es früher auch viel Gelegenheit ZU WEINPANSCHEREI UND BETRUG.

Die Rolle der Négociants ist in Burgund, wo in Beaune viele Handelshäuser konzentriert sind, besonders wichtig, weil dort zahlreiche Winzer Wein in kleinen Mengen aus ganz verschiedenen Appellationen erzeugen. Das von Frank Schoonmaker und Alexis Lichine geförderte erfolgreiche Konzept der DOMÄNENABFÜLLUNG brachte die Arbeit der Négociants indirekt in Mißkredit. Aus so unglücklichen Voraussetzungen haben sich Handelshäuser wie DROUHIN und JADOT wieder herausgearbeitet und den Beweis erbracht, daß sie die Quelle zuverlässigerer Weine sein können als alle übrigen Weinerzeuger, bis auf die absolute Spitzenklasse, die etwa 1 % ausmacht. Die Handelshäuser in Burgund haben auch zunehmend eigene Weinberge erworben, so daß beispielsweise BOUCHARD PÈRE ET FILS in Beaune und Faiveley in Nuits-St-Georges heute mit zu den größten Weinbergbesitzern an der CÔTE D'OR zählen. Der Begriff **négociant-éleveur** besagt, daß der Négociant den AUSBAU des von ihm angebotenen Weins beaufsichtigt.

In Bordeaux gibt es ebenfalls zahlreiche Négociants, von denen viele gleichzeitig CHÂTEAU-Besitzer sind (andererseits gehört manchen PREMIER-CRU-Châteaux inzwischen auch ein Handelshaus). Näheres siehe BORDEAUX-WEINHANDEL.

NEGRA MOLE, auch **Negramoll.** Rotweinrebsorte auf der Iberischen Halbinsel; siehe TINTA NEGRA MOLE.

NÉGRETTE In den Weinbaubereichen nördlich von Toulouse heimische Rotweinrebsorte. In den Côtes du FRONTONNAIS muß sie der Vorschrift nach die Mischung beherrschen, im Vin de LAVILLEDIEU ist für sie ein Anteil von 35 % vorgeschrieben. Der Wein der Négrette-Traube ist geschmeidiger, duftiger und einschmeichelnder als TANNAT, die berühmtere Rotweintraube der Gegend, ihn zustande bringt, und er trinkt sich am besten jung und ohne daß seine manchmal als etwas animalisch beschriebene Frucht durch überzogenen Ausbau im Eichenfaß unterdrückt wird. Die Rebe ist leider sehr anfällig für ECHTEN MEHLTAU und TRAUBENFÄULE und eignet sich deshalb auch besser für das warme, trockene Klima von Toulouse als für andere Gegenden. Die in Kalifornien in den 1960er und 1970er Jahren als Pinot St. George bezeichnete Rebsorte wurde von dem französischen Ampelographen GALET bei seiner Tour durch Amerikas Weinbaugebiete 1980 als Négrette erkannt.

Galet, P., LA CULTURE DE LA VIGNE AUX ÉTATS-UNIS ET AU CANADA, *France viticole* (Sept./Okt. 1980 und Jan./Feb. 1981).

NEGROAMARO, auch **Negro Amaro**; der Name bedeutet «schwarzer Bitterer». Süditalienische Rotweinrebsorte; mit 31 000 ha Rebfläche die sechstmeist angebaute Traube Italiens und am stärksten in Apulien verbreitet, wo sie am meisten mit Salento in Zusammenhang steht. Sie wird traditionell als Verschnittsorte benutzt, kann aber kräftige, langlebige Rotweine und lebendige Rosés erbringen. Siehe auch APULIEN.

NEKROSE Der Begriff bedeutet Absterben der Gewebe. Beispielsweise erscheinen die als Folge des Befalls mit FALSCHEM MEHLTAU abgestorbenen Stellen im gesunden Gewebe schwärzlichbraun. Bei vielen Lauberkrankungen der Weinrebe geht der Nekrose ein Vergilben von Teilen der Blätter bzw. CHLOROSE voraus.

NEMATODEN Winzig kleine, im Boden lebende Fadenwürmer, die u. a. an Weinreben beträchtlichen Schaden verursachen können. Manche ernähren sich von Bakterien oder Pilzen und bilden einen Bestandteil des normalen Ökosystems eines Weinbergs. Andere wieder ernähren sich von den Wurzeln der Weinrebe und beeinträchtigen dadurch das Wurzelwerk sowohl in der Größe als auch in der Funktionswirksamkeit. Die Reben sterben davon zwar nicht ab, können aber an WASSERSTRESS und ungenügender NÄHRSTOFFVERSORGUNG leiden, so daß ihr Wachstum schwach und unwirtschaftlich ausfällt. Gewisse Arten von Nematoden übertragen VIRUSKRANKHEITEN (siehe NEPOVIREN). So kann eine Viruserkrankung allein durch Nematodenfraß von einer einzigen Pflanze aus auf den gesamten Weinberg übertragen werden.

Die Entdeckung, daß Nematoden die Weinreben schädigen, wurde erstmals 1930 in Kalifornien gemacht. Wegen der charakteristischen und auffälligen Schädigung der Wurzeln wurde das Wurzelgallenälchen der Art *Meloidogyne* als der wichtigste Schädling angesehen. Dagegen wurde 1958 entdeckt, daß die REISIGKRANKHEIT von Nematoden der Spezies *Xiphenema index* übertragen wird. Diese bahnbrechende Entdeckung in der Pflanzenpathologie war Hewitt und seinen Kollegen von der Universität von Kalifornien in DAVIS zu verdanken. In Frankreich war schon 1883 festgestellt worden, daß die Reisigkrankheit sich im Boden ausbreitet, und manche französische Autoritäten glaubten bis in die 1950er Jahre, daß die REBLAUS dafür verantwortlich sei.

Wurzelgallenälchen kommen vorwiegend in sandigem Boden vor. Ihre Anwesenheit ist dem unbewaffneten Auge sichtbar, da die Gallen (angeschwollene Gewebeknoten), die sich an den Fraßstellen ausbilden, wie an einer Perlenschnur an der Wurzel aufgereiht sitzen. Ein Weibchen kann bis zu 1000 Eier legen, und in warmem Klima können jährlich bis zu zehn Generationen ins Leben treten. Auch die Wurzelschmarotzer-Nematode *Pratylenchus* beeinträchtigt die Rebe durch Anfressen der Wurzeln.

Das Stilettälchen *Xiphenema index* hat vor allem Bedeutung als Überträger bestimmter Viruskrankheiten (siehe auch REISIGKRANKHEIT). Andere *Xiphenema*-Arten sind für die Ausbreitung anderer Viruskrankheiten verantwortlich. Virusreste können im Boden eines Weinbergs jahrelang nach der Entfernung der infizierten Reben weiterbestehen. Die Wiederanpflanzung mit «virusfreien» Reben führt oft zu enttäuschenden Ergebnissen, weil bereits kurze Zeit später durch Nematodenfraß erneut eine Infektion eintreten kann.

Ein Weinberg, in dem Nematoden festgestellt wurden, muß gegebenenfalls vor der Wiederbepflanzung mit chemischen Mitteln entseucht werden (siehe BODENENTSEUCHUNG). Das Nematizid DBCP galt als wirksames Bekämpfungsmittel für alle Nematoden, es ist aber inzwischen verboten. Brommethyl und Dichlorpropen töten Nematoden an alten Wurzelresten wirksam ab. Äthylendibromid hat sich bei der Wiederbepflanzung als weniger gut geeignet erwiesen, da es Wurzeln nicht durchdringt. Nach Entseuchungsmaßnahmen wird der Weinbergboden vorübergehend mit Plastikfolie abgedeckt.

Durch Nematoden verursachte Krankheiten werden oft durch infiziertes Pflanzengut oder durch Übertragung von infiziertem Boden mit Bodenbearbeitungsgeräten oder durch Bewässerung verbreitet. Infizierte Rebschulpflanzen können durch Eintauchen in heißes Wasser von Nematoden befreit werden. Eine biologische Bekämpfung über VEREDELUNGSUNTERLAGEN ist möglich und wird meist bevorzugt angewendet. Manche *Vitis*-Spezies (z. B. *solonis, champini* und *doadiana*) zeigen gute Resistenz gegen Nematoden. Zu den nematodenfestesten Unterlagsreben zählen Couderc 1613, Ramsey, Schwarzmann, Harmony und Dog Ridge. R. E. S.

Hardie, W. J., und Cirami, R. M., GRAPEVINE ROOTSTOCKS, in B. G. Coombe und P. R. Dry (Hrsg.), *Viticulture, I: Resources in Australia* (Adelaide, 1988).

Winkler, A. J., et al. (Hrsg.), *General Viticulture* (2. Aufl., Berkeley, Calif., 1974).

NEPOVIREN Eine Gruppe von krankheitserregenden Viren, die durch die an den Wurzeln sich ernährenden NEMATODEN (Fadenwürmer) von Pflanze zu Pflanze übertragen werden. Krankheiten dieser Art sind oft überaus tückisch und nur schwer zu bekämpfen, da die Viren noch jahrelang, nachdem alle infizierten Reben entfernt worden sind, in Nematoden und Wurzelfragmenten überleben. So kann es vorkommen, daß selbst ein mit vermeintlich virusfreien Jungreben neu angelegter Weinberg rasch durch Nematodenschädigung wieder infiziert wird. Zu den gefährlichen Krankheiten dieser Art gehören die REISIGKRANKHEIT, die Schwarzringfleckigkeit bei Tomaten und die Tabakmosaikkrankheit. R. E. S.

Pearson, R. C., und Goheen, A. C., *Compendium of Grape Diseases* (St Paul, Minn., 1988).

NERELLO Bedeutende sizilianische Rotweinrebsorte. **Nerello Mascalese** wird verbreiteter angebaut als **Nerello Cappuccio**, und zwar vorwiegend im Nordosten der Insel. Ihren Weinen fehlt es meist an der Konzentration von NERO D'AVOLA, sie sind aber gewöhnlich recht alkoholstark und werden meist für Verschnittzwecke verwendet. Die Anbaufläche der beiden Sorten betrug 1990 zusammen 18 000 ha. Siehe auch SIZILIEN.

NERO D'AVOLA Eine der besten Rotweinrebsorten Siziliens; sie wird auch Calabrese genannt, woraus auf ihre Herkunft aus Kalabrien geschlossen werden kann. Die Anbaufläche der Sorte ging in den 1980er Jahren zurück und belief sich 1990 auf 14 000 ha (das entspricht nur einem Bruchteil der Fläche, die auf Sizilien der weißen CATARRATTO-Traube vorbehalten ist), doch qualitätsbewußte Erzeuger auf der Insel schätzen die von Nero d'Avola in Verschnitte eingebrachte Fülle und Haltbarkeit. SORTENREINER Nero d'Avola erweist sich als gut für den FASSAUSBAU geeignet. Näheres siehe SIZILIEN.

NETZE können buchstäblich eine Traubenernte retten. Siehe VÖGEL.

NEUBURGER Die fast ausschließlich in ÖSTERREICH angebaute Traubensorte ist vermutlich eine Zufallskreuzung zwischen Weißburgunder (siehe PINOT BLANC) und SYLVANER; sie war 1993 die fünftmeist angebaute Weißweinrebsorte des Landes. Ihr gelegentlich sehr ausdrucksvoller Wein schmeckt ähnlich wie ein besonders fülliger Weißburgunder. Neuburger reift relativ früh und erreicht höhere Mostgewichte als die populärste österreichische Traubensorte GRÜNER VELTLINER. Außer in der Steiermark wird er in allen Weinbauregionen Österreichs sowie in Siebenbürgen (RUMÄNIEN) angebaut.

NEUE REBSORTEN Etwas unscharfe Bezeichnung für spezifisch und gezielt vom Menschen geschaffene REBSORTEN, d. h. Sorten, die im wesentlichen seit dem Ende des 19. Jh. durch Züchtung neu entstanden sind (allerdings werden darunter auch gelegentlich einfach nur in einer bestimmten Region neu eingeführte Rebsorten verstanden).

Interesse an der Schaffung neuer Rebsorten besteht beispielsweise insofern, als durch Züchtung Varietäten entstehen können, die resistent gegen Umweltstreß, Pilz- und Bakterienkrankheiten, Nematoden und Insekten sind (siehe REBENZÜCHTUNG). Insbesondere werden gezielt Rebsorten

NETZE in verschiedenen Farben schützen diesen Weinberg vor Vogelfraß.

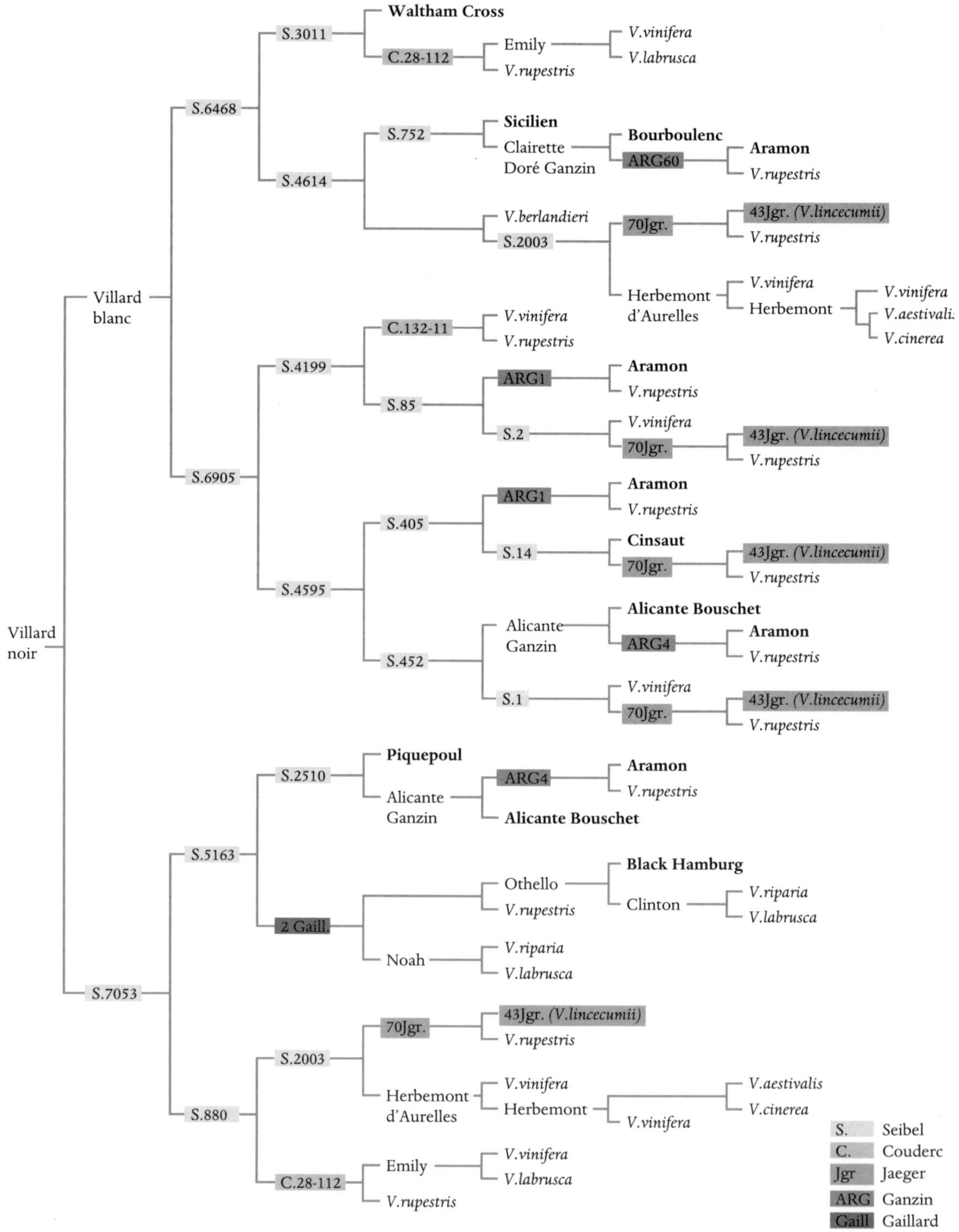

NEUE REBSORTEN: Ein Beispiel dafür, wie viele Rebsorten an der Züchtung einer neuen Varietät beteiligt sein können, bildet der Stammbaum der französischen Hybridrebe Villard noir.

angestrebt, die gegen die wichtigsten Pilzkrankheiten, d. h. gegen ECHTEN MEHLTAU, FALSCHEN MEHLTAU und TRAUBENFÄULE, unempfindlich sind. Unglücklicherweise leiden neue Rebsorten, vor allem HYBRIDREBEN, aber auch KREUZUNGEN unter dem ungünstigen Eindruck der schlechten Weinqualität der ersten französischen Hybridreben. Darüber hinaus wurde die Aufnahme der neuen Rebsorten in den Bestand dadurch behindert, daß der Verbraucher traditionelle Rebsorten bevorzugt; dies ist zum Teil die Folge der besonderen Betonung SORTENREINER Weine.

Die unter FRANZÖSISCHE HYBRIDEN genannten französischen Züchter waren durchaus nicht die einzigen Rebenzüchter in Frankreich. Louis BOUSCHET und sein Sohn Henri arbeiteten ab 1824 mit gezielter Befruchtung und schufen eine Reihe von Sämlingen, die nach entsprechender Selektion als Bouschet-Kreuzungen bekannt geworden sind. Von diesen hat die TEINTURIER Sorte ALICANTE BOUSCHET als einzige große Bedeutung gewonnen und wird auch als einzige zur Anpflanzung in Frankreich offiziell empfohlen. Ein weiterer erfolgreicher VINIFERA-Züchter war Dr. Müller aus dem Schweizer Kanton Thurgau, dessen Züchtung MÜLLER-THURGAU zur meistangebauten deutschen Rebsorte geworden ist. Es folgte eine ganze Reihe DEUTSCHER NEUZÜCHTUNGEN vor allem aus den Forschungsanstalten GEISENHEIM, GEILWEILERHOF, Alzey, Würzburg und Freiburg. Die wichtigsten davon sind in absteigender Reihenfolge ihrer Anbaufläche in Deutschland zu Beginn der 1990er Jahre: KERNER, SCHEUREBE, BACCHUS, FABERREBE, MORIO-MUSKAT, HUXELREBE, ORTEGA, DORNFELDER, EHRENFELSER, OPTIMA, REICHENSTEINER, PERLE, HEROLDREBE, SIEGERREBE, REGNER, NOBLING, WÜRZER, DOMINA, KANZLERREBE, SCHÖNBURGER, FREISAMER, FINDLING, RIESLANER, HELFENSTEINER, JUWEL, ALBALONGA und schließlich GUTENBORNER, eine Sorte, die in England mehr Verbreitung gefunden hat als in Deutschland.

In Österreich wurden u. a. Zweigelt, Blauburger und Neuburger gezüchtet, die beiden ersteren in KLOSTERNEUBURG. In RUSSLAND wird vor allem Nachdruck auf die Züchtung von Sorten mit großer Frosthärte und guter Krankheitsresistenz gelegt; nicht nur in Rußland, sondern auch in anderen GUS-Staaten sind größere Flächen inzwischen mit Sorten wie Saperavi Severny, Stepniak, Fioletovy Ranni und Cabernet Severny besetzt. Im Staat NEW YORK und in KANADA geht es ebenfalls in erster Linie darum, frostharte und krankheitsresistente Rebsorten zu entwikkeln, wobei oft französische Hybridreben als Grundlage dienen. Größere Verbreitung finden inzwischen die Neuschöpfungen Cayuga White, Melody und Chardonel.

In Frankreich wurden vor allem unter der Mitwirkung der Universität MONTPELLIER *Vinifera*-Kreuzungen wie PORTAN, CALADOC, Chenanson, Ganson, Gramon, Monerac, CHASAN, Arriloba, Odola und Perdea gezüchtet. Neue Rebsorten werden in Frankreich zunächst beim Comité Technique Permanent de la Sélection des Plantes Cultivées (CTPS) registriert und dann zur Anerkennung durch die EUROPÄISCHE UNION eingereicht.

In Australien ist ein Rebenzüchtungsprogramm in Gang, das auf die Entwicklung von Rebsorten gerichtet ist, die sich besonders für heißes Klima eignen; freigegeben wurden bereits die Sorten Goyura, TARRANGO, Tullilah und Taminga. In Kalifornien haben sich die Sorten CARNELIAN, RUBY CABERNET, EMERALD RIESLING und FLORA sowie die Farbsorten RUBIRED und ROYALTY bereits bewährt.

Heute gilt das besondere Interesse den interspezifischen Hybriden, da sie große Möglichkeiten der natürlichen Krankheitsresistenz bei stark verringertem Einsatz von AGROCHEMIKALIEN bieten. Die Abstammung dieser Rebsorten ist außerordentlich komplex; an ihnen sind oft nicht nur *Vinifera*-Reben beteiligt, sondern auch verschiedene AMERIKANISCHE REBENSPEZIES, französische Hybridreben sowie auch asiatische Rebenspezies. Besonderer Nachdruck wird dabei heute auf die Weinqualität gelegt, allerdings sind diese neuen Rebsorten noch nicht offiziell anerkannt (siehe HYBRIDREBEN).

Einen ausführlichen Bericht über REBENZÜCHTUNGEN und die Vererbung von Charakteristiken gibt Huglin.

R. E. S.

Huglin, P., *Biologie et écologie de la vigne* (Paris, 1986).
Mullins, M. G., Bouquet, A., und Williams, L., *Biology of the Grapevine* (Cambridge, 1992).

NEUE WELT Der in der Welt des Weins anfänglich etwas gönnerhaft, dann aber mit mehr und mehr Bewunderung gebrauchte Begriff bezeichnet in der Hauptsache die ehemaligen Kolonien, die als Folge der von Europa ausgegangenen Entdeckungsreisen, vor allem langer Seefahrten im 15. Jh., entstanden sind. Er steht im Gegensatz zu der ALTEN WELT, worunter Europa und der Mittelmeerraum zu verstehen sind. In der Alten Welt war die Weinrebe schon im 4. Jh. weit verbreitet, dagegen wurde sie im jüngsten Weinbauland der Neuen Welt – in Neuseeland – erst im 19. Jh. angepflanzt.

Historisches

Die Kolonisatoren brauchten Wein aus religiösen Gründen (siehe EUCHARISTIE), deshalb wurde der Anpflanzung der Weinrebe Vorrang eingeräumt, als die Conquistadores nach Südamerika eindrangen. Cortés veranlaßte bereits 1522 Rebenpflanzungen in MEXIKO, und um 1530 war nicht nur in Mexiko, sondern auch in JAPAN der Weinbau etabliert; in den 1550er Jahren folgte dann PERU und kurz darauf CHILE.

Nach der europäischen Besiedelung SÜDAFRIKAS faßte kurz nach 1640 die DUTCH EAST INDIA COMPANY den Entschluß, am Kap der Guten Hoffnung einen Versorgungsposten für den zunehmenden Handel mit Batavia aufzubauen. Die Besiedelung durch Holländer begann 1652, die ersten Weinpflanzungen wurden 1655 angelegt.

In Nordamerika pflanzten englische Siedler 1619 in Virginia die ersten Reben, und damit begann eine ganze Reihe erfolgloser Versuche, die europäische VINIFERA-Rebe an der Ostküste Amerikas heimisch zu machen. Die Siedler waren sehr erbost darüber, daß sie diese Reben hier nicht kultivieren konnten, obwohl doch in den Wäldern einheimische Reben in Hülle und Fülle wuchsen (siehe AMERIKANISCHE REBENSPEZIES). Sie konnten damals nicht ahnen, welche furchtbaren Schädlinge und Krankheiten ihre Pflanzungen vernichten und später auch auf Europa übergreifen sollten (siehe ECHTER MEHLTAU, FALSCHER MEHLTAU, REBLAUS). Allerdings spielte in manchen Gegenden wohl auch die PIERCE'SCHE KRANKHEIT bei der Vernichtung der europäischen Rebe mit. Zu alledem kamen noch Winter, die viel kälter waren, als die *Vinifera*-Reben sie aushalten konnten.

In Baja California, wo spanisch-mexikanische Jesuitenmissionare in den 1670er Jahren Weinpflanzungen anlegten, gab es diese Schwierigkeiten nicht. Diese Region litt zwar im Sommer unter Dürre, aber sie war frei von PILZKRANKHEITEN und von der Reblaus, so daß die europäischen Reben hier gedeihen konnten. Nach und nach schoben sich die Pflanzungen nach Norden vor – sie erreichten Los Angeles in den 1820er Jahren und NAPA und SONOMA in den 1850ern (siehe KALIFORNIEN, Historisches).

Nach AUSTRALIEN kam die Weinrebe 1788 durch Captain Arthur Phillip in die erste britische Kolonie bei Sydney. Mit der allmählichen Eroberung des großen Landes durch die Briten breitete sich auch der Weinbau aus und war in den 1850er Jahren in allen heute Weinbau treibenden Bereichen fest etabliert. Dem australischen Missionar Samuel Marsden wird zugeschrieben, im Jahr 1819 die ersten Reben nach NEUSEELAND gebracht zu haben.

Weinbau

«Weinbau in der Neuen Welt» ist zu einem Begriff geworden, der zur Unterscheidung der dortigen Praktiken von denen der Alten Welt dient. Es ist zwar schwierig, aber doch nicht ganz unmöglich, in allgemeiner Form über die verschiedenen Gepflogenheiten in den USA, Australien, Neuseeland, Südafrika und in den Ländern Südamerikas im Vergleich mit den im Weinbau Europas üblichen Methoden zu berichten.

Ein allgemeingültiger Unterschied besteht beispielsweise in der PFLANZDICHTE, wo einem Raster von 1 m × 1 m im Médoc Pflanzabstände von 4 m × 2 m in Kalifornien und Australien gegenüberstehen. Doch kein Unterscheidungsmerkmal gilt absolut und immer. In manchen Teilen der Alten Welt geht der Trend aus Wirtschaftlichkeitsgründen zu größeren Abständen, während inzwischen manche Erzeuger in der Neuen Welt auf der Suche nach höherer Qualität enger zu pflanzen beginnen.

Die REBSORTEN, die in der Neuen und der Alten Welt angebaut werden, gleichen sich immer mehr einander an, und das gilt auch für die VEREDELUNGSUNTERLAGEN, auf die sie gepfropft werden. Die Methoden sind in der Alten Welt stärker traditionsverhaftet; viele Aspekte der modernen Weinbautechnik wurden in der Neuen Welt entwickelt und zuerst angewandt. MASCHINELLE LESE und MASCHINELLER REBSCHNITT wurden beispielsweise in den USA entwickelt, aber zumindest die erstere Technik fand bereits zu Beginn der 1990er Jahre in Europa große Akzeptanz. Manche Weinberglagen in der Alten Welt dienen schon seit Hunderten von Jahren dem Weinbau, während in der Neuen Welt noch immer potentielle neue Weinbaugegenden auf ihre Entdeckung warten. Technischer Fortschritt ist aber durchaus nicht etwa allein die Domäne der Neuen Welt. Die Entwicklung und Anwendung neuer Technologien in Europa kann sich durchaus mit den Verhältnissen anderswo in der Welt messen. R. E. S.

Weine

Wenn bei den Weinen der Neuen Welt von einem eigenen Stil gesprochen werden kann, dann in dem Sinn, daß sie viel eher SORTENREIN sind, und zwar sowohl was die Bezeichnung auf dem Etikett als auch was den Geschmack angeht. Nur ein kleiner, allerdings inzwischen wachsender Teil der Weine aus der Neuen Welt wird mit der eindeutigen Absicht bereitet, die geographische Herkunft zum Ausdruck zu bringen, die große Mehrzahl zumindest der auf dem Exportmarkt anzutreffenden Weine versucht eher, der Frucht der betreffenden Rebsorte und dazu vielleicht einem gewissen HOLZGESCHMACK Geltung zu verschaffen. «Fruchtbetont» ist eine wesentliche Beschreibung der Weine der Neuen Welt.

Zudem ist die Weinerzeugung insbesondere in Kalifornien einem viel rascheren Wechsel der Richtungen und der MODE unterworfen als in der Alten Welt. Daß das möglich ist, beruht vor allem darauf, daß die Weinerzeuger der Neuen Welt viel eher zu Experimenten bereit sind und hierin mehr Freiheit genießen. (In der Alten Welt sind die Weinerzeuger dagegen durch örtliche Vorschriften wie beispielsweise die APPELLATIONS CONTRÔLÉES viel stärker gebunden.)

In der Alten Welt mit ihrer jahrhundertelangen Weinbautradition gilt im allgemeinen die Natur als die maßgebliche, lenkende Kraft. In vielen Gegenden der Neuen Welt wird sie andererseits eher mit Mißtrauen als Gegnerin betrachtet, die unter Einsatz der von der WISSENSCHAFT gelieferten Erkenntnisse in jeder Hinsicht gemeistert, unterworfen und beherrscht werden muß. (Die meisten Spitzenweine der Welt stammen von Erzeugern, die viele Aspekte beider Einstellungen zugleich berücksichtigen, allerdings kommen in der Alten Welt auch erstklassige Leistungen gewissermaßen durch glücklichen Zufall zustande, obwohl ihre Erzeuger nur wenig von den wissenschaftlichen Grundlagen erfaßt haben.)

Die Unterschiede zwischen den Weinerzeugern der Alten und der Neuen Welt werden von dem Augenblick an deutlich, wenn die LESE beendet ist. In der Neuen Welt sind viel eher Schutzmaßnahmen in der MOSTBEHANDLUNG üblich; es wird überhaupt im Lauf des Weinbereitungsprozesses mehr darauf geachtet, die Trauben, den Most und den werdenden Wein gegen Berührung mit SAUERSTOFF abzuschirmen, insbesondere bei Weißwein und leichtem Rotwein. Hierzu gehören die Anwendung von INERTGAS, die MOSTKÜHLUNG und der Einsatz geschlossener PRESSEN (allerdings wandten sich um die Mitte der 1990er Jahre viele Erzeuger in der Neuen Welt in dem Bestreben, mehr Charakter zu erzielen, den Techniken der Alten Welt zu, indem sie vor allem für körperreichere Weißweine einen Teil des Mosts vor der Gärung bewußt der Einwirkung des Luftsauerstoffs aussetzten).

Die peinliche Beachtung der HYGIENE ist in der Neuen Welt meist ausgeprägter als in der Alten, und das hat zur Folge, daß mit WASSER viel großzügiger umgegangen wird – Gummistiefel gehören meist nicht zum Rüstzeug der Kellermeister in der Alten Welt.

Im allgemeinen liegen die TEMPERATUR-Richtwerte bei der Weinerzeugung in der Neuen Welt viel niedriger als in der Alten. Das gilt vor allem für die GÄRUNG. Auch werden in der Neuen Welt die wilden, natürlichen oder Umfeldhefen äußerst selten genutzt (hierin paßt sich die Alte Welt allmählich an).

Die in der Alten Welt bei der Rotweinbereitung übliche Praxis, auf den Gärprozeß eine längere MAISCHUNG im Gärbehälter folgen zu lassen, wird in der Neuen Welt immer mehr durch ABSTECHEN bestimmter Rotweine in ein Faß vor Beendigung der Gärung ersetzt, in der Meinung, daß dadurch mildere, vollere, früher genußreife Weine zustande kommen.

ENZYME werden sowohl zum Absetzen des Mosts als auch zur Freisetzung von Geschmacksnuancen in der Neuen Welt weit stärker angewendet als in der Alten.

NEUSEELAND Die Landwirtschaft auf den Inseln im Südpazifik, 1000 Meilen von der nächstgelegenen größeren Landmasse – AUSTRALIEN – entfernt, ist weit mehr auf Schafzucht und Molkereiprodukte abgestellt als auf den Weinbau. Die ersten Reben wurden zwar bereits 1819 gepflanzt, es dauerte aber über 150 Jahre, bis die Neuseeländer erkannten, daß sich das kühle, maritime Klima ihres Landes für die Erzeugung qualitativ hochwertiger Weine gut eignet. Zwar ist diese Erzeugung an Weltmaßstäben gemessen recht klein (sie beläuft sich auf ein Zehntel der

Das markanteste Gebäude im Weinbau von NEUSEELAND: Gutshaus von Coleraine in den Weinbergen bei Te Mata an der Hawkes Bay.

ebenfalls relativ kleinen Produktion Australiens), dennoch werden Reben inzwischen in sieben Regionen angebaut, die insgesamt 1200 km und damit fast die ganze Länge der Nord- und Südinsel überspannen.

Historisches

MISSIONARE, an ihrer Spitze ein Engländer, Reverend Samuel Marsden, pflanzten als erste auf Neuseeland Weinreben, und zwar im Jahr 1819 bei Kerikeri an der Nordostküste der Nordinsel. Es gibt keine Hinweise darauf, daß Marsden auch als erster Wein bereitete. Diese Ehre kommt dem ersten britischen Statthalter, James BUSBY, zu, der 1835 im nahegelegenen Waitangi einen Weinberg anlegte und später seinen Wein an die britischen Truppen verkaufte.

Die aus der Arbeiterklasse stammenden frühen englischen Siedler tranken lieber BIER als Wein, und auf ihrem Durst baute eine beträchtliche, heute noch bestehende Brauereiindustrie auf. (Der Pro-Kopf-Verbrauch an Bier liegt derzeit bei über 100 l im Jahr, während auf Wein weniger als 20 l entfallen.)

Der Weinbau Neuseelands hat in seiner relativ kurzen Geschichte eine ausgesprochene Berg-und-Tal-Fahrt durchgemacht. Die Natur hat in seinen Geschicken mit Schädlingen wie der REBLAUS und Krankheiten wie dem ECHTEN MEHLTAU ihre Rolle gespielt, doch die bei weitem stärkste Einwirkung kam von der Regierungspolitik. Wirtschaftliche Spitzenergebnisse wurden in den Wachstumsjahren von 1890–1910 erzielt, als der neuseeländische Wein 25 % des Gesamtverbrauchs im Land deckte (seit langem dominieren Importe, vor allem aus Australien), dann wieder in den Jahren des 2. Weltkriegs, als in Neuseeland weilende amerikanische Truppen einen großen aufnahmebereiten Markt bildeten, und schließlich in der Zeit nach 1958, als die Regierung die Steuern auf Bier, Spirituosen und importierten Wein anhob und den Weinimport einschränkte.

Zu bedeutenden Entwicklungen in der Weinqualität führte zunächst die Ära des ersten staatlich bestellten Weinbauberaters in Neuseeland, Romeo Bragato, der zwischen 1895 und 1909 trotz der Verwüstungen durch die Reblaus große Verbesserungen veranlaßte; weiter die allmähliche Verdrängung AMERIKANISCHER HYBRIDREBEN durch europäische VINIFERA-Sorten ab dem Ende der 1960er Jahre; die Anpflanzung der ersten Reben im Bereich Marlborough im Jahr 1973; die Gründung der offiziellen Handelsorganisation The Wine Institute of New Zealand im Jahr 1975; das Verbot, Wein zu verdünnen (erst 1980); schließlich das mit Australien geschlossene Abkommen über eine engere wirtschaftliche Zusammenarbeit, wodurch seit 1981 die Weinerzeuger Neuseelands gezwungen sind, ohne Schutzzölle gegen Weinimporte aus Australien zu konkurrieren.

Die Wellentäler sind in den Geschicken des Weinbaus so häufig wie die Gipfel. Zu den Tiefpunkten zählt der schädigende Einfluß der Temperenzlerbewegung zwischen 1910 und 1919. In Neuseeland wurde 1919 mit knapper Mehrheit eine PROHIBITION beschlossen, doch dann brachten die Stimmen zurückkehrender Soldaten einen Umschwung. Die Depressionsjahre nach dem Krieg hatten erwartungsgemäß ungünstige Einwirkungen auf den Weinbau. Ein Winzer drückte es einmal so aus: «Wir mußten die Trauben verkaufen, damit wir den Zucker bezahlen konnten, den wir brauchten, um den Wein zu produzieren.» Nach dem 2. Weltkrieg erschwerte eine Flut von Importweinen in den Jahren zwischen 1945 und 1958 einen rentablen Weinbau im Inland, worauf sich die Weinerzeuger zusammentaten und bei der Regierung um Abhlife vorstellig wurden. Dem wurde dann durch die Einführung hoher Schutzzölle stattgegeben. Nun führte die rasche Expansion der Rebfläche zusammen mit der reichlichen Ernte von 1983 zu einem Weinüberschuß und zu Preiseinbrüchen in den Jahren 1985 und 1986. Die Regierung intervenierte 1986 mit RODUNGSPRÄMIEN, woraufhin ein Viertel aller Reben im Land ausgehauen wurde.

Ein Tiefstand in der Weinqualität folgte auf den Befall mit Echtem Mehltau ab 1876 sowie nach dem Eindringen der Reblaus im Jahr 1895. In der übrigen Welt entschieden sich die Weinerzeuger zumeist dafür, ihren Reben Immunität gegen die gefräßige Laus zu verleihen, indem sie europäische VINIFERA-Rebsorten auf reblausresistente amerikanische VEREDELUNGSUNTERLAGEN pfropften. Ihre Kollegen in Neuseeland dagegen optierten für einen zweiten Weg und pflanzten reblausfeste amerikanische Hybridreben an. 1960 war die amerikanische ISABELLA unter dem Namen Albany Surprise die meistangebaute Rebsorte Neuseelands.

Bis 1881 durften die Weinbaubetriebe nicht direkt an Privatkunden verkaufen, sondern mußten ihre Produkte über Hotels absetzen, denen es als einzigen erlaubt war, alkoholische Getränke zu verkaufen. Die Mindestabgabemenge an einen einzelnen Kunden betrug für Hotels und Weinbaubetriebe 9 l. Ab 1948 durften Weinfachgeschäfte neuseeländischen Wein auch in einzelnen Flaschen abgeben, allerdings wurden Lizenzen nur unter strikter Kontrolle erteilt. Ab 1960 durften dann auch Restaurants Wein verkaufen. 1976 wurde eine BYO-Lizenz eingeführt, derzufolge die Gäste ihren eigenen Wein in ein Restaurant mitbringen dürfen. Ab 1990 erhielten Supermärkte die Erlaubnis, inländischen und importierten Wein anzubieten (jedoch nicht Bier und Spirituosen).

Geographie und Klima

Neuseeland ist nicht nur das südlichste Weinbauland der Welt, sondern infolge der nahen Datumsgrenze auch das westlichste – was allerdings nicht viel zu bedeuten hat. Manchmal werden Parallelen zwischen den südlichen Breiten der neuseeländischen Weinbauregionen und den nördlichen berühmter europäischer Weinbaugebiete gezogen. Läge Neuseeland in der nördlichen Hemisphäre, dann würde es sich von Nordafrika bis Paris erstrecken. Doch der

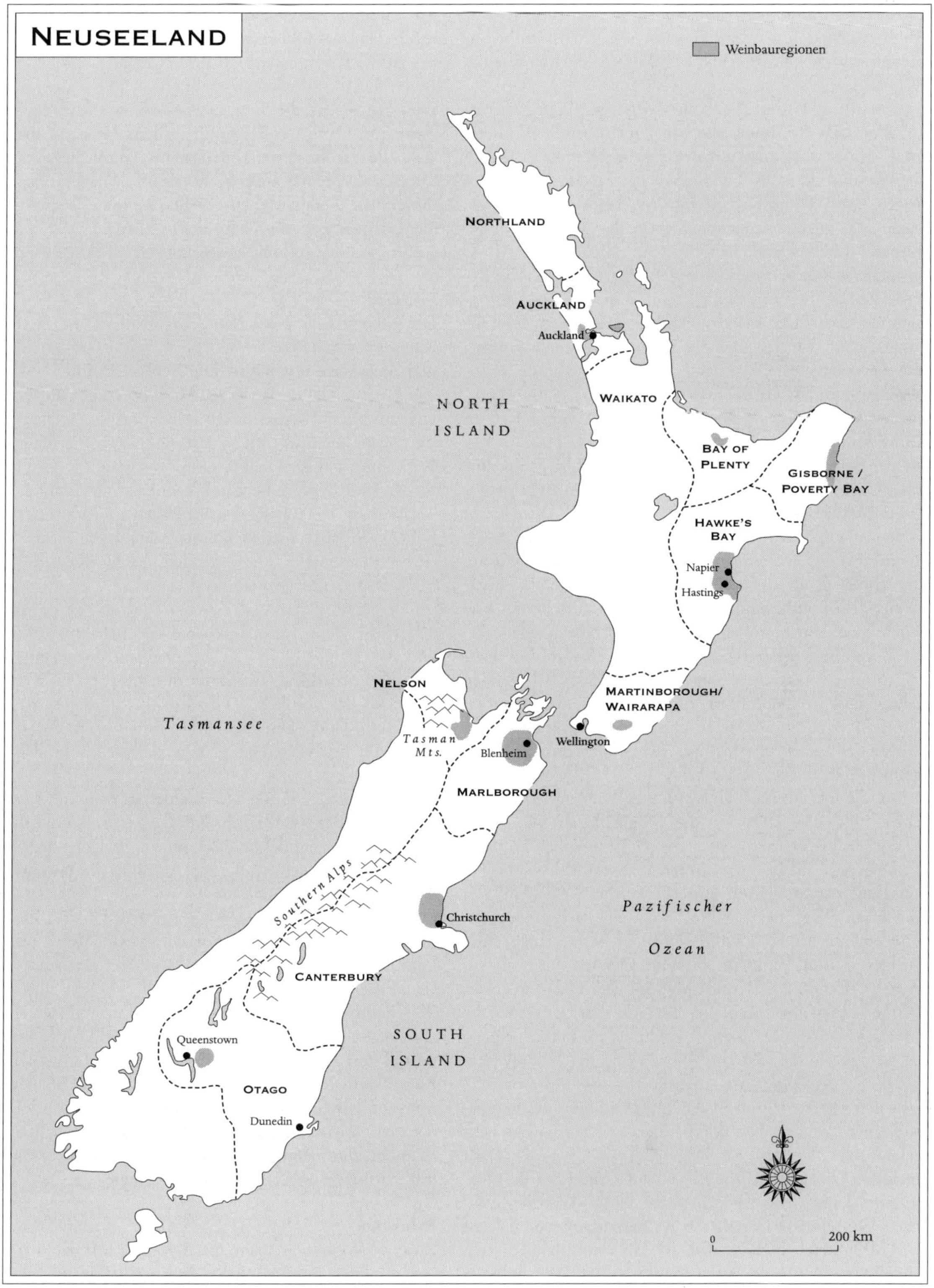
NEUSEELAND
Weinbauregionen
NORTHLAND
AUCKLAND
Auckland
WAIKATO
NORTH
ISLAND
BAY OF
PLENTY
GISBORNE /
POVERTY BAY
HAWKE'S
BAY
Napier
Hastings
MARTINBOROUGH/
WAIRARAPA
Wellington
NELSON
Tasmansee
Tasman
Mts.
Blenheim
MARLBOROUGH
Southern Alps
Christchurch
Pazifischer
Ozean
CANTERBURY
SOUTH
ISLAND
Queenstown
OTAGO
Dunedin
0
200 km

mäßigende Einfluß des Golfstroms auf die europäischen Weinbaugebiete führt dort zu wärmeren Wachstumsbedingungen, als sie in den entsprechenden südlichen Breiten herrschen.

Klimatische Unterschiede bestehen natürlich zwischen der wärmeren Nordinsel und der dementsprechend kühleren Südinsel, aber auch auf den Inseln selbst kann jeweils über die fünf bis sechs Breitengrade betragende Spanne von ausgeprägten Klimaverschiedenheiten gesprochen werden. Nach dem unvollkommenen System der Wärmesummierung der durchschnittlichen Tagestemperaturen über 10 °C im Lauf der Wachstumsperiode fällt Neuseeland in die Region I (zusammen mit BORDEAUX und BURGUND). Das System berücksichtigt jedoch nicht die Temperaturschwankungen über den Tag und die Wachstumsperiode hinweg, und das weitgehend MARITIME KLIMA Neuseelands ist sowieso ganz anders als das KONTINENTALE KLIMA Burgunds. Bordeaux mit seiner Nähe zum Meer ist zumindest im Klima schon eher mit dem Weinbaubereich Hawkes Bay auf der neuseeländischen Nordinsel vergleichbar, und dort wächst denn auch tatsächlich der feinste CABERNET SAUVIGNON Neuseelands.

Neuseeland ist dank ergiebiger NIEDERSCHLÄGE durchweg ein grünes, angenehmes Land. Reichlicher Regen ist günstig für Weideland, auf die Weinqualität kann er sich aber negativ auswirken, insbesondere in der kritischen Reifezeit. Viel Feuchtigkeit durch ungenügenden Wasserabzug oder starken Regen fördert das Trieb- und Laubwachstum. Ein dichtes LAUBDACH beschattet jedoch die im Inneren liegenden Blätter und Früchte, führt zu grünem, KRAUTIGEM Geschmack, verzögert die REIFE und fördert Pilzkrankheiten. So war denn auch übermäßiges Rebenwachstum eines der Hauptprobleme in Neuseeland, bis Dr. Richard Smart während seiner Amtszeit als staatlicher Weinbauberater zwischen 1982 und 1990 auf die Möglichkeiten der LAUBPFLEGE aufmerksam machte. Als Folge hiervon konnten Weinerzeuger, die bis dahin übermäßig vegetabile Rotweine von Cabernet Sauvignon und ebensolche Weißweine von Sauvignon Blanc hervorgebracht hatten, nach Durchführung entsprechender Laubpflegetechniken innerhalb einer einzigen Saison Weine in besserer Qualität produzieren. Manche Betriebe im Bereich Marlborough erklärten sogar, daß bei ihnen hierdurch die LESE um eine ganze Woche vorverlegt wurde. Dr. Smarts Laubpflegetechniken trugen bei weitem am meisten zur Verbesserung der Weinqualität in den 1980er Jahren bei.

In den 1990er Jahren ist das Hauptanliegen der neuseeländischen Weinerzeuger die richtige LAGENWAHL. Der neuseeländische Weinbau war lange Zeit um die große Stadt Auckland konzentriert, die mit einem Drittel der Bevölkerung des Landes einen bedeutenden Markt darstellte. Zwischen 1960 und 1983 stieg die Weinerzeugung von 4,1 auf 57,7 Millionen l. Es hieß damals, daß Neuseeland die am schnellsten wachsende Weinproduktion der Welt aufwies. Am Ende der 1960er und Anfang der 1970er Jahre übernahm dann das flache, fruchtbare Gisborne Valley die Rolle des größten Weinbaugebiets in Neuseeland. Große Erträge an oft relativ mittelmäßigen Trauben, z. B. von MÜLLER-THURGAU, halfen den Durst der Nation auf frischen, fruchtigen und lieblichen Tischwein stillen. Als dann die REBLAUS die Traubenernte von Gisborne vernichtete und die Qualitätsansprüche stiegen, wurde die Hawkes Bay zum führenden Weinbaugebiet. 1990 überholte Marlborough die Hawkes Bay und hat inzwischen seine Stellung als größte Weinbauregion Neuseelands weiter ausgebaut.

Weinbau

Die isolierte Lage Neuseelands hat nicht wie in CHILE eine Schranke gegen das Einschleppen von Rebenschädlingen und -krankheiten gebildet. Die Reblaus bedroht noch immer fast die Hälfte des Rebbestands, der noch auf eigenen ungepfropften Wurzelstöcken steht, und die REISIGKRANKHEIT sowie die BLATTROLLKRANKHEIT üben ihre schlimmen Wirkungen auf die Qualität und die Quantität des Ertrags. Beides sind Symptome eines Weinbaus, der schneller gewachsen ist, als Veredelungsunterlagen und virusindexierte Reben verfügbar werden konnten. Natürlich wird importiertes Pflanzengut einer strengen, leicht durchführbaren QUARANTÄNE unterworfen.

Wie schon erwähnt, ist Neuseeland als Wiege der Erkenntnisse über Laubpflegetechniken bekannt geworden, und die Weinbau- und Kellertechniker Neuseelands können die heimatliche Winterzeit nutzbringend in Weinbaubetrieben der nördlichen Hemisphäre zubringen. In Neuseeland findet die Lese meist von Februar bis Mai statt (und zieht sich in Teilen von Central Otago bis in den Juni hinein).

Bewässerung ist uneingeschränkt zulässig, und es gibt auch keine Beschränkungen des REBSCHNITTS oder der ERTRÄGE, die im Landesdurchschnitt bei 90 hl/ha liegen.

Viel Weinbaugerät muß aus Australien importiert werden, doch Spezialausrüstungen wie die Gallagher-Laubpflückmaschine (siehe LAUBAUSLICHTUNG) haben die neuseeländischen Techniker selbst entwickelt. Wenn nun der Lagenwahl vermehrte Aufmerksamkeit geschenkt wird (Land ist in Neuseeland noch relativ billig), dürfte der Weinbau demnächst sein volles Potential erreichen. Flachlandanbau ist die Regel in diesem Land mit reichlich Grund und Boden, in dem die Weinpreise die zusätzlichen Kosten und Mühen, die mit dem Anbau auf steileren als nur sanft gewellten Hängen verbunden sind, nicht lohnend machen. Neuseeländische Weinerzeuger betrachten die Weinberge an Mosel, Saar und Ruwer oder im DOURO-Tal mit Ehrfurcht und ungläubigem Staunen.

Rebsorten

Zwar ist Sauvignon Blanc die Rebsorte, mit der sich Neuseeland einen internationalen Ruf geschaffen hat, aber die

Chardonnay-Anbaufläche ist fast doppelt so groß, so daß die weiße Traube aus Burgund dem Müller-Thurgau als meistangebaute Rebsorte des Landes mit einem beträchtlichen Flächenzuwachs seit 1992 den Rang abgelaufen hat. Sauvignon Blanc kommt erst an dritter Stelle, wird aber immer noch weit stärker angebaut als Cabernet Sauvignon und Pinot Noir, die in Neuseeland meistangebauten Rotweintrauben. Die Anpflanzungen von Riesling, jetzt die sechstmeist angebaute Rebsorte, dürften wahrscheinlich zunehmen, nachdem die Qualität der neuseeländischen Version dieses deutschen Klassikers immer mehr Würdigung findet. Andere Rebsorten, die 1994 über mehr als 100 ha Anbaufläche verfügten, waren Muscat Dr. Hogg (eine Massenträgersorte, die einfachem Müller-Thurgau zu mehr Fruchtigkeit verhilft), Chenin Blanc, Merlot, Gewürztraminer und Semillon. Alles Pflanzengut wird von einer staatlichen Behörde auf Freiheit von VIRUSKRANKHEITEN kontrolliert; die Zahl der in den Rebschulen des Landes zur Verfügung stehenden KLONE ist weit geringer als beispielsweise in Europa.

Weinbereitung

Der junge, dynamische Weinbau Neuseelands ist stark von der australischen ADELAIDE University (dem früheren ROSEWORTHY Agricultural College) beeinflußt, wo viele Mitarbeiter neuseeländischer Weinbaubetriebe ihre Ausbildung absolviert und ihre Kenntnisse erworben haben. Aber auch traditionelle Weinbereitungstechniken aus für ihre Güte bekannten europäischen Weinbauregionen haben Aufnahme gefunden. Die Lage des Landes in der südlichen Hemisphäre hat positive Auswirkungen auf die Entwicklung der Weinstile und der Weinbereitungstechniken gezeitigt. Viele junge Weinerzeuger aus Neuseeland gehen nach Europa und arbeiten dort bei einer zweiten Lese mit, wobei sie eine weitere Perspektive von der Welt des Weins gewinnen. Eine umgekehrt verlaufende Wanderung vor allem junger französischer Weinerzeuger hat für sie denselben Effekt.

Aber die isolierte Lage bringt dem Land auch Nachteile. Beispielsweise ist die Einfuhr der hochmodischen Eichen-BARRIQUES aus Frankreich (oder mindestens aus der nächstgelegenen Küferwerkstatt in Australien) mit großen Mehrkosten verbunden. Dagegen hat eine tüchtige, für die Bedürfnisse der Molkereibetriebe entwickelte EDELSTAHL verarbeitende Industrie sich in wirtschaftlicher und ingeniöser Weise auch im Bau von Weintanks betätigt.

Die Kellermeister Neuseelands arbeiten weitgehend frei von Einschränkungen durch Vorschriften. AZIDIFIKATION, ENTSÄUERUNG und ANREICHERUNG sind zulässig, und die Verwendung von SÜSSRESERVE ist eine bereits traditionelle Spezialität. Es spricht sehr für die Ambitionen des Weinbaus, vor allem im internationalen Rahmen, daß die Weinqualität so hoch ist, wie sie sich darstellt.

In Neuseeland genießt der Kellermeister eigentlich mehr Ansehen als der Weinberg. Dieses für die NEUE WELT bezeichnende Phänomen steht in striktem Widerspruch zu dem in Frankreich gepflegten Primat des TERROIRS. In einem oder zwei Jahrhunderten wird sich zweifellos die Vergänglichkeit der Rolle des Kellermeisters und die Dauerhaftigkeit der Geographie erweisen, bis dahin aber dürfen sich Neuseelands Kellertechniker im Glanz der Publikumsbewunderung sonnen.

Weinwirtschaft

Die Weinwirtschaft wird von den Weinbaubetrieben Montana, Corbans (dazu gehört auch Cooks) und von der Villa-Maria/Vidals/Esk-Valley-Gruppe beherrscht. Nur die kleineren Betriebe stützen sich nicht auf Frucht, die von Traubenanbauern geliefert wird.

Wie in anderen weinbautreibenden Ländern der Neuen Welt, beispielsweise in ARGENTINIEN und AUSTRALIEN, sind die Kellereien seit eh und je weit von den Weinbergen entfernt, und die Erschließung der Weinbauregionen auf der Südinsel, die von den größeren Kellereibetrieben durch die tückische Cook-Straße getrennt sind, hat die Verhältnisse nur noch verschlimmert. Eine stärkere Entwicklung von Kelterstationen in den Weinbergen oder der Bau von Kellereien oder zumindest Vorverarbeitungsanlagen in größerer Nähe bilden daher wichtige Aufgaben für die 1990er Jahre.

Alle Weinbaubetriebe müssen dem Wine Institute of New Zealand, einer 1975 gebildeten amtlichen Organisation, angehören, die von ihren Mitgliedern einen auf dem Produktionsumfang beruhenden Beitrag erhebt. Das WINZ hat enormen Einfluß auf die Entwicklung von Qualität und Image des neuseeländischen Weins ausgeübt und ist maßgeblich an den umfangreichen Exportbestrebungen nach Großbritannien beteiligt, das über zwei Drittel des gesamten neuseeländischen Weinexports aufnimmt.

Weinbauregionen

Siehe Karte Seite 805.

Gisborne Die Region an der Ostküste der Nordinsel um die gleichnamige Stadt beginnt den Ruf eines Massenweinbaugebiets abzuschütteln und hat sich mit massiven Neuanpflanzungen vom Reblausbefall weitgehend erholt. 1994 waren 85 % aller Reben in Gisborne auf reblausfeste VEREDELUNGSUNTERLAGEN gepfropft (demgegenüber genossen nur 55 % des Bestands an der Hawkes Bay und 25 % der Reben in Marlborough solchen Schutz). Durch die Neuanpflanzung wurde auch der Rebsortenmix in Gisborne verbessert. Müller-Thurgau herrscht noch immer vor, doch Chardonnay folgt auf dem zweiten Platz. Die Weinerzeuger von Gisborne haben für ihr Gebiet den anspruchsvollen Titel «Chardonnay Capital of New Zealand» gewählt. Sicherlich ist Gisborne-Chardonnay mit milder, charmanter Frucht, die oft an reife Pfirsiche und Melonen erinnert, nun auch das markanteste regionale Beispiel dieser Rebsorte. Gewürztraminer ist die zweite Traubensorte, mit der

Gisborne Anspruch auf Ruhm und Glanz in der Weinwelt erhebt. In Gisborne sind auch die größten Weinbaubetriebe Montana und Corbans beheimatet, die zusammen rund 80 % der Weinerzeugung des Landes aufbringen. Beide Unternehmen haben in Gisborne große Kellereibetriebe eingerichtet, die hauptsächlich Verschnitte für TÜTENWEIN verarbeiten, auf die in der Mitte der 1990er Jahre zwei Drittel des Weinumsatzes in Neuseeland entfielen. Zwischen den High-Tech-Großanlagen von Montana und Corbans stehen auch Kleinserienpressen und BARRIQUES für die Erzeugung von hochwertigem Chardonnay in begrenzter Auflage. Am anderen Ende der Skala finden sich viele kleine «Life-Style Wineries», die nur hochpreisige Tischweine oder nach der traditionellen Methode hergestellte Schaumweine erzeugen. Hierzu gehört Millton Vineyards, der erste anerkannte organische Weinbaubetrieb Neuseelands, der Trauben und Wein nach Rudolph Steiners BIOLOGISCH-DYNAMISCHEN Grundsätzen produziert. Der größte Teil des Traubenguts von Gisborne stammt von Anbauern, die unter langfristigen Verträgen die Kellereien beliefern oder gegen Höchstgebot verkaufen. Mehrere Kellereien in Auckland kaufen regelmäßig in Gisborne Trauben auf, die nach maschineller Lese in geschlossenen Lastkraftwagen in neunstündiger Fahrt abtransportiert werden. An PHENOLEN arme Traubensorten wie Müller-Thurgau leiden darunter erstaunlich wenig und gewinnen vielleicht sogar durch diese zwangsläufige HÜLSENMAISCHUNG an Aroma, doch Sauvignon Blanc und Gewürztraminer bekommt dieser lange Transport nicht gut.

Hawkes Bay Die Gegend um die Stadt Napier ist eine der älteren und sicherlich eine der besten Weinbauregionen Neuseelands. Komplexität in Boden und MESOKLIMA machen es schwer, etwas Allgemeingültiges über die Weine einer so unterschiedlichen Region auszusagen, insbesondere wenn sie von einer so anspruchsvollen Gruppe von Erzeugern stammen. Die an der Ostküste der Nordinsel 215 km südlich von Gisborne und 320 km nördlich von Wellington gelegene Hawkes Bay hat oft die höchste Sonnenscheindauer Neuseelands zu verzeichnen. Das Terrain umfaßt Küstenberge mit bis zu 1600 m Höhe und eine weite, fruchtbare Ebene mit Schwemmland- und Kiesboden. Hoher Grundwasserstand und fruchtbarer Boden können in weiten Bereichen der Ebene zu übermäßigem Wachstum der Reben führen. In anderen Teilen der Region verursachen tiefgründige Kiesböden oft WASSERSTRESS, manchmal kann während langer Trockenperioden sogar BEWÄSSERUNG notwendig werden. Über 10 % der Weinberge an der Hawkes Bay werden bewässert. Im Streben nach besserer Qualität wurden mindestens seit Mitte der 1980er Jahre Weinberge auf durchlässigen Böden mit geringerer Fruchtbarkeit angelegt. Wegen der leichteren Kultivierbarkeit wurden die Anpflanzungen jedoch weitgehend im Flachland vorgenommen, obwohl in der Nähe Kalksteinhügel mit günstigerer Ausrichtung und besserem WASSERABZUG locken. 1994 war Chardonnay bei weitem die meistangebaute Rebsorte an der Hawkes Bay; an zweiter Stelle stand der im Rückgang begriffene Müller-Thurgau, und Cabernet Sauvignon hatte den dritten Platz inne. Sauvignon Blanc und Merlot folgten an vierter und fünfter Stelle. Die besten Rotweine von der Hawkes Bay sind die Cabernet Sauvignons oder Verschnitte von Cabernet Sauvignon und gelegentlich Cabernet Franc. Sie zeigen intensives Aroma von allen möglichen Beeren, vor allem schwarzen Johannisbeeren, oft mit einem leicht kräuterhaften Anflug, der an die Herkunft aus einer kühlen Gegend erinnert, und manchmal ist ein starker Einfluß von EICHE aus bis zu zweijährigem Ausbau in neuen französischen BARRIQUES spürbar. Dem Chardonnay von der Hawkes Bay fehlt es am verführerischen Charme der Pendants aus Gisborne, doch die besten zeigen schöne Anklänge an Zitrusfrüchte und eine schwebende Eleganz, wie sie nur selten von Weinen anderer Regionen erreicht wird. Sauvignon Blanc von der Hawkes Bay ist ein weicherer, fleischigerer Wein als der bekanntere Artgenosse aus Marlborough. Oft hat er als Merkmal seiner regionalen Identität einen Charakter von Nektarinen oder anderem Steinobst.

Marlborough Die mindestens der Rebfläche nach größte der drei großen Weinbauregionen Neuseelands wurde 1973 vom Weinbaugiganten Montana erschlossen, der den ersten gewerblichen Weinberg auf der Südinsel anlegte. Das schien damals ein gewagtes Spiel, doch nachdem die Reben in Ertrag kamen, warf die Investition von Montana bald sowohl qualitativ als auch finanziell eine erkleckliche Dividende ab. Andere Erzeuger folgten dann bald diesem Beispiel und bauten Weinbaubetriebe in der Gegend auf oder sicherten sich wenigstens die Belieferung mit Trauben auf dem 18 Stunden langen Transportweg nordwärts bis Auckland oder Gisborne. Der Wein, der schließlich Sauvignon Blanc aus Marlborough auf die internationale Karte brachte, war der 1985er CLOUDY BAY. Seit 1989 können nun außerhalb der Region ansässige Erzeuger die Dienste einer auf Lohnkelterei spezialisierten Firma namens Vintech in Anspruch nehmen, die es übernimmt, die Trauben zu Most oder Wein vorzuverarbeiten, und dadurch den Weitertransport im Tank mit weniger Risiko der Extraktion adstringierender PHENOLE aus den Traubenschalen ermöglicht. Diese Art der Weinbereitung im Lohnauftragsverfahren hat viele Anbauer dazu veranlaßt, ihr Traubengut ganz oder teilweise als Wein unter eigenem Etikett herauszubringen.

Marlborough an der Nordostspitze der Südinsel besteht aus einem breiten, flachen Flußtal mit tiefgründigen Silt- und Kiesablagerungen. Die Bodenzusammensetzung ist an mehreren Stellen des Tals und sogar innerhalb einzelner Weinberglagen unterschiedlich, was je nach Rebsorte zu beträchtlichen Variationen in Qualität und Stil führt. Flachgründige, steinige Böden mit gutem Wasserabzug und beschränkter Fruchtbarkeit werden für qualitativ hochwertige Weine bevorzugt. Große Steine auf der Oberfläche tragen dazu bei, das Sonnenlicht in die Reben zu reflektieren und für die kühlen, klaren Sommernächte von Marlborough Wärme zu speichern. Im ganzen Tal wird verbreitet mit Bewässerung gearbeitet, damit die Reben in dem manchmal durch ihren guten Wasserabzug stark ausgetrockneten Böden besser bestehen können und um in den typisch trockenen Sommern von Marlborough Streßbelastungen zu vermeiden. Viele der besten Weine von Marlborough kommen aus bewässerten Weinberglagen, die – so wird behauptet – eine Qualitätseinbuße erleiden würden, wenn die Reben dort allein auf die natürliche Bodenfeuchtigkeit angewiesen wären. Da die Versuchung, übermäßig stark zu bewässern, für die nach Traubengewicht bezahlten Vertragsanbauer größer ist als für die Weinbaubetriebe, deren Reputation auf der Qualität ihrer Weine beruht, versuchen die meisten Kellereien, in ihr Preisgefüge Qualitätsanreize einzubauen (siehe PREIS), wobei allerdings zugegeben wird, daß die Qualitätsbeurteilung der Trauben nicht einfach ist. Der Gehalt an TRAUBENZUCKER, SÄURE oder EXTRAKT kann natürlich gemessen werden, doch lassen sich auf diese Weise Trauben, die guten Wein ergeben, nicht von solchen unterscheiden, die das Potential für wahrhaft hervorragenden Wein besitzen. Es ist nicht zu leugnen, daß viele der besten neuseeländischen Weine von Lesegut entstehen, das aus den eigenen Weinbergen eines Betriebs stammt, so daß der Erzeuger selbst die Gesamtverantwortung für die Weinqualität hat.

Sauvignon Blanc ist die in Marlborough bekannteste und meistangebaute Rebsorte. Seine pikanten, aromatischen Weine vereinen in sich tropische Frucht mit Stachelbeeren und an Paprika erinnernde Würze und stellen wohl eine Art dar, die einem eigenen neuseeländischen Stil am nächsten kommt (sosehr die Erzeuger des Landes auch lieber ihre internationale Reputation auf einer prestigeträchtigeren Traubensorte, beispielsweise Chardonnay oder Pinot Noir, aufbauen möchten). Die zweitmeist angebaute Rebsorte in Marlborough ist Chardonnay; er erbringt sehr unterschiedliche Stile, die allerdings mehr der Arbeit der Kellermeister als dem TERROIR zu verdanken sein dürften. Ein kleiner, aber wachsender Anteil von Chardonnay aus Marlborough wird auch zur Erzeugung von SCHAUMWEIN nach der traditionellen Methode benutzt. Eine ebenfalls in Marlborough sehr erfolgreiche Rebsorte ist Riesling; er erreicht seinen Gipfelpunkt in süßen, üppigen Dessertweinen mit EDELFÄULE, die hier in den meisten Jahren entstehen können, wenn auch die Ergebnisse je nach Jahrgang unterschiedlich sind.

Northland In dieser Region am Nordende Neuseelands lag der Geburtsort des neuseeländischen Weinbaus. Das warme, feuchte, gemäßigte Klima der Gegend ließ jedoch die kommerzielle Produktion von hochwertigem Wein nicht recht aufkommen, bis gegen Ende der 1980er Jahre bei Kaitaia ein Weinberg angelegt wurde, woraufhin nun auch andere in dieser mit einem einheimischen Verbraucherpublikum wohlversehenen und von vielen Touristen besuchten Gegend nach einem geeigneten Mesoklima Ausschau halten.

Auckland Die größte Stadt Neuseelands gibt einer Weinbauregion den Namen, in der man beim Besuch einer Weinkellerei bestimmt eher Weine von Trauben aus Canterbury auf der Südinsel oder aus Marlborough oder von der Hawkes Bay als aus einer Weinberglage der Umgebung bekommen kann. Der Weinbau um Auckland ging während des raschen Aufstrebens von Gisborne, der Hawkes Bay und Marlborough in den 1970er und 1980er Jahren zurück, begann in den 1990er Jahren jedoch wieder zu wachsen, nachdem die Erzeuger durch Laubauslichtung der Wüchsigkeit der Reben Herr zu werden verstehen. Aus neuen Unterbereichen wie Waiheke Island und Matakama kommen inzwischen hochwertige und hochmodische Rotweine, die dazu beitragen, das Profil und das Ansehen von Auckland als Weinbauregion wieder zu heben.

Wairarapa Diese Weinbauregion, zu der auch Martinborough gehört, liegt am Südende der Nordinsel, etwa eine Autostunde von der Hauptstadt Wellington entfernt. 1994 trug Wairarapa mit knapp 3 % zur Weinproduktion Neuseelands bei, beherbergte aber 13 % der Weinbaubetriebe. Es handelt sich dabei vorwiegend um kleine «Life-Style»-Betriebe, deren Einstellung unter dem Motto «Qualität um jeden Preis» steht und im übrigen von einem leidenschaftlichen Glauben an das Potential ihrer eigenen Region geprägt ist. Meinungsverschiedenheiten herrschen unter den Weinerzeugern in Wairarapa darüber, ob sich die Gegend besser für Pinot Noir oder Cabernet Sauvignon eignet; viele Zeichen deuten jedoch darauf hin, daß sich hier beide Rebsorten gut bewähren. In ihrem Bestreben, großen Wein hervorzubringen, beschränken die meisten Erzeuger die ERTRÄGE so sehr, daß sie weit unter dem Landesdurchschnitt liegen, was sicherlich weitgehend zum Erfolg der Region beiträgt. Im Hinblick auf Topographie, Klima und Boden kann die Region als ein kleines Marlborough gelten, wäre da nicht das Potential für die regelmäßige Entstehung von Rotweinen in bester Qualität.

Nelson Die nördlichste Weinbauregion der Südinsel liegt fast zwei Autostunden von Marlborough entfernt hinter hohen Bergen. Das sanftgewellte Hügelland von Nelson erhebt sich hinter einer landschaftlich schönen Küste als prachtvolle Kulisse für die sieben Weinbaubetriebe der Gegend. Hier ist Chardonnay die weitaus meistangebaute Rebsorte, Riesling und Sauvignon Blanc folgen weit abgeschlagen. Die vielfältige Topographie von Nelson macht allgemeingültige Aussagen über Wetter und Böden schwierig, aber aus entsprechenden Aufzeichnungen geht hervor, daß die Gegend etwas kühler und feuchter ist als Marlborough.

Canterbury Die Region um Christchurch an der mittleren Ostküste der Südinsel umfaßt drei Unterbereiche: Wairapa im Norden, die Ebenen westlich von Christchurch sowie die Banks Peninsula östlich der Stadt. Es ist hier kühl und trocken, und im Oktober und April besteht eine gewisse Frostgefahr. Geringe Niederschlagsmengen und mäßige Bodenfruchtbarkeit sorgen für eingeschränktes Reben- und Laubwachstum. Die im hiesigen Lincoln College betriebene Weinbauforschung hat großen Einfluß auf die Wahl der für die örtlichen Wachstumsbedingungen geeigneten Rebsorten und leistet den Weinerzeugern der Gegend Unterstützung in der Weinbautechnik. Bei dem kühlen Klima von Canterbury ist es nicht verwunderlich, daß Chardonnay und Pinot Noir die meistangebauten Rebsorten sind, gefolgt von Riesling an dritter und Sauvignon Blanc an vierter Stelle.

Central Otago Das südlichste Weinbaugebiet der Welt erstreckt sich teilweise über den 45. Breitengrad hinweg nach Süden. Es ist auch das einzige Weinbaugebiet Neuseelands mit einem KONTINENTALEN KLIMA und größeren täglichen und jahreszeitlichen TEMPERATURUNTERSCHIEDEN als in den anderen Regionen. Die meisten Weinberge von Central Otago befinden sich zur besseren Ausnutzung der Sonneneinstrahlung und zur Verringerung des Frostrisikos auf HANGLAGEN. 1994 entfiel auf Central Otago knapp 1 % der neuseeländischen Rebfläche, und es befanden sich hier sieben kleine, aber enthusiastische Weinerzeuger. Die Erträge sind niedrig, aber vielleicht gerade deswegen zeigen die besten Weine aus Central Otago eindrucksvolle Konzentration. Pinot Noir, die hier meistverbreitete Rebsorte, bietet mit sanften, stilvollen Weinen bislang das beste Potential. Die zweitmeist angebaute Traube ist Gewürztraminer.

R. F. C.

Campell, B., *New Zealand Wine Annual* (Auckland, jährlich).
Cooper, M., *The Wines & Vineyards of New Zealand* (4. Aufl., Auckland, 1993).
Williams, V., *The Penguin Good New Zealand Wine Guide* (Auckland, 1993).

NEUSIEDLERSEE Um den flachen See in der Weinbauregion Burgenland im Osten ÖSTERREICHS wachsen die meisten süßen Weiß- und Rotweine der Spitzenklasse des Landes.

NEVERS Die Hauptstadt des mittelfranzösischen Département Nièvre, in dessen Gebiet nicht nur die in der Weinwelt berühmten Weine von POUILLY-FUMÉ, sondern auch ebenso hoch geschätzte EICHEN wachsen.

NEW SOUTH WALES Der am dichtesten bevölkerte Bundesstaat AUSTRALIENS verbraucht weit mehr Wein, als er produziert. Freilich findet das 100 km nördlich von Sydney gelegene **Hunter Valley** mit seinen Weinen bei den Einwohnern von Sydney stets besonders viel Zuneigung und Anklang. Es ist darüber hinaus trotz seines relativ kleinen Beitrags zur Gesamtproduktion (weniger als 4 %) und seines eigentümlichen Klimas eines der international bekannteren Weinbaugebiete. Das Klima ist nämlich für ein auf feinen Wein ausgerichtetes Gebiet ungewöhnlich heiß, allerdings wird die Hitze teilweise durch hohe LUFTFEUCHTIGKEIT, eine nachmittägliche Wolkendecke und starken Niederschlag während der Wachstumsperiode etwas gemildert. In manchen Jahren fällt allerdings der Regen ungünstigerweise während der Lese.

Aus dieser klimatischen Hexenküche kommen ungewöhnlich langlebige trockene SEMILLON-Weine – die besten haben ihren Höhepunkt im Alter von 10–20 Jahren und nehmen honig- und nußwürzige, butterige Nuancen und ein Gefüge an, das an Ausbau in Eichenfässern denken läßt, obwohl doch sei eh und je niemals ein solcher stattfand. Besonders bemerkenswert ist dabei, daß der ALKOHOLGEHALT oft nur 10 % erreicht. Seit 1970 bewährt sich hier nun auch der CHARDONNAY; die ersten beachtlichen Chardonnay-Weine Australiens wurden im Hunter Valley von Tyrells erzeugt. Ihre Lebenserwartung ist zwar meist viel kürzer, aber es gibt Ausnahmen. Ob jung oder alt, die Chardonnay-Weine aus dem Hunter Valley sind stets füllig und mild, mit Pfirsichfrucht und beträchtlicher VISKOSITÄT.

SHIRAZ stellt im Hunter Valley das rote Pendant zum Semillon dar; die Traube liefert höchst markante, mäßig tanninherbe und langlebige Weine mit Geschmackstönen von Erde und Teer – manchmal ist vom Aroma eines verschwitzten Sattels nach einem scharfen Tagesritt die Rede. Im Alter von 20–30 Jahren erlangen die besten einen seidigen Glanz und ähneln verblüffend gleichaltrigen Weinen von der RHÔNE.

CABERNET SAUVIGNON ist relativ neu hier; er wurde erstmals 1963 von der Lake's Folly Winery angepflanzt. Alles in allem zeigen sich die Weine aus dem Hunter Valley eher gebietstypisch als sortentypisch im Ausdruck, und diese Art nimmt im Alter sogar ausgeprägtere Züge an.

Riesling, Sauvignon Blanc und Pinot Noir sind prominente Rebsorten, die hier ebenfalls erprobt, für das TERROIR aber als ungeeignet befunden worden sind. Dagegen bieten VERDELHO und MERLOT neben den vier Hauptsorten mit zwar noch kleinen, aber zunehmenden Mengen das beste Potential, werden aber wohl nie dieselbe Bedeutung erlangen.

Insgesamt kommen aus dem Hunter Valley bessere Weiß- als Rotweine, und Semillon ist sein einzigartiger Beitrag zur Weinwelt. Macht man einen Unterschied zwischen dem ein eigenes Gebiet weiter im Norden bildenden **Upper Hunter** und dem LOWER HUNTER, dann zeigt sich die bevorzugte Stellung des Weißweins im ersteren noch ausgeprägter. Dort findet Rosemount mit seinem Chardonnay weithin Anklang, während es seinem Semillon im Vergleich mit Pendants aus dem Lower Hunter an Konzentration und Langlebigkeit mangelt. Die Kellereien im Hunter Valley beziehen regelmäßig die üppige Frucht aus **Cowra**. Ein neueres, sehr viel kühleres Weinbaugebiet in NSW ist **Orange**.

Mudgee, westlich vom Hunter Valley auf der zum Landesinneren gewendeten Seite des Great Dividing Range, ist vor allem Rotweinland, so gut der allgegenwärtige Chardonnay hier auch gedeihen mag. Aus Mudgee kam tatsächlich auch ein kostbarer virusfreier Chardonnay-Klon, der offensichtlich zu Beginn des 19. Jh. nach Australien gebracht worden war. Wie das Hunter Valley ist auch Mudgee bisher von der REBLAUS verschont geblieben, und seine Weinberge stehen seit 1858 kontinuierlich in Ertrag.

Das Klima ist so heiß wie im Hunter Valley, aber im Sommer fällt hier erheblich weniger Niederschlag, und die Lese wird nur selten durch Regen unterbrochen. Die Rotweine – Shiraz und Cabernet Sauvignon – zeigen tiefe Farbe und intensiven Geschmack und bilden ideale Verschnittbestandteile für die Produkte der häufigen nassen Jahrgänge aus dem Hunter Valley. Nur ein kleiner Teil der in Mudgee angebauten Trauben erbringt auch Wein mit dem Zeichen Mudgee Appellation of Origin (es gibt hier ein eigenes, selbstverwaltetes Kontrollsystem).

Die **Murrumbidgee Irrigation Area** (MIA), auch **Riverina** genannt, um Griffith, 450 km südwestlich von Sydney, produziert rund 65 % der Gesamtweinerzeugung von NSW. Mit der beachtlichen Ausnahme von Semillon mit EDELFÄULE (der hier nach dem Vorbild von SAUTERNES erzeugt wird) stehen die Weine dieser Gegend auf demselben Niveau wie die aus dem Bewässerungsgebiet RIVERLANDS am Murray River, das nach Neusüdwales, VICTORIA und SOUTH AUSTRALIA hineinreicht. Der Nachdruck liegt auf Weißweinrebsorten und hohen Erträgen (17 t/ha bzw. 115 hl/ha). Fast 75 % entfallen auf Weißweintrauben, wobei wiederum Semillon, TREBBIANO und Muscat Gordo Blanco (MUSCAT OF ALEXANDRIA) 50 % zur Produktion beitragen. Bei den Rotweinrebsorten herrscht eindeutig Shiraz vor (60 % der Gesamtmenge); Cabernet Sauvignon wurde erprobt und für ungeeignet befunden.

In den Weinen spiegelt sich das sehr warme Klima und die Tatsache, daß die Reben gewissermaßen in Hydrokultur wachsen. Der hohe technische Stand der Weinverarbeitungsbetriebe gewährleistet saubere, fehlerfreie, mildfruchtige Weine, die den Ansprüchen der Verbraucher von TÜTENWEIN sowie den Anforderungen der überseeischen (beispielsweise schwedischen) Massenweinmärkte und der britischen Einzelhandelsketten für deren Hausmarkenweine vollkommen entsprechen.

Der **Distrikt Canberra** bietet fast zwanzig Weinbaubetrieben eine Heimat, die sich um das Australian Capital Territory herum angesiedelt haben. Sie sind alle klein und leben in der Hauptsache vom Weinverkauf an der Kellertür an die Einwohner von Canberra und an Touristen. Die wenigen Weinerzeuger mit gutem technischem Können (oder entsprechenden Beratern) produzieren in dem von heißen Tagen, kalten Nächten und trockenen Sommern geprägten kontinentalen Klima gute Weine in einer breitgefächerten Palette von Stilen. J. H.

NEW YORK Der Staat im Nordwesten der USA zwischen dem Atlantik und den Great Lakes steht als historisch bedeutendes Weinerzeugerland direkt hinter KALIFORNIEN auf dem zweiten Platz der weinbautreibenden US-Bundesstaaten. Die im Landesinneren gelegenen Weinbauregionen haben vieles mit denen in Ontario jenseits der kanadischen Grenze gemeinsam, insbesondere mit denen im Süden und Osten. Der Weinabsatzmarkt in der Stadt New York gehört zu den anspruchsvollsten und am härtesten umkämpften der Welt.

Historisches

Nach erfolglosen Versuchen mit VINIFERA-Reben in der Gegend von Manhattan während der Anfangszeit der Besiedlung war von einem Weinbau in New York bis zum Beginn des 19. Jh. nicht mehr die Rede. Von da an entwickelte sich der Weinbau in drei über den Staat verteilten Regionen. Die Arbeit des Rebschulbesitzers William Robert Prince auf Long Island mit einheimischen Rebsorten (siehe AMERIKANISCHE REBENSPEZIES) führte zu Anpflanzungen am Hudson River, aus denen in den 1840er Jahren kleine Mengen an Wein kamen.

Die zweite Region befand sich an den Finger Lakes im mittleren New York, wo in den 1850er Jahren größere Anpflanzungen AMERIKANISCHER HYBRIDREBEN vorgenommen wurden. Hierauf baute sich um die Orte Hammondsport, Penn Yan und Naples ein bedeutender, auf stille und schäumende Weißweine spezialisierter Weinbau auf. Am Ende des 19. Jh. belief sich der Rebbestand im Bereich der Finger Lakes auf 9700 ha.

Im westlichen New York entwickelte sich an den Ufern des Erie-Sees nach dem Bürgerkrieg ein «Traubengürtel». Ein Teil des Ertrags wurde zu Wein verarbeitet, doch die Weinpflanzungen wurden zunehmend von der CONCORD-Rebe beherrscht, deren Trauben vor allem für die Saftproduktion bestimmt waren.

Nach der PROHIBITION dominierten in New York einige große Weinbaubetriebe an den Finger Lakes, die ihre traditionelle Produktion von stillen und schäumenden Weißweinen auf der Grundlage einheimischer Traubensorten fortsetzten, aber auch viel neutralen Verschnittwein aus Kalifornien mit verarbeiteten. Ein besonderer Zweig des Weinbaus befaßt sich in New York mit der Produktion von KOSCHEREM Wein von der Concord-Traube.

Das neue Interesse am Wein, das sich in den 1970er Jahren in den USA einstellte, hatte in New York bedeutende Auswirkungen. Ein Gesetz von 1976 (Farm Winery Act) machte es wirtschaftlich möglich, kleine Weinbaube-

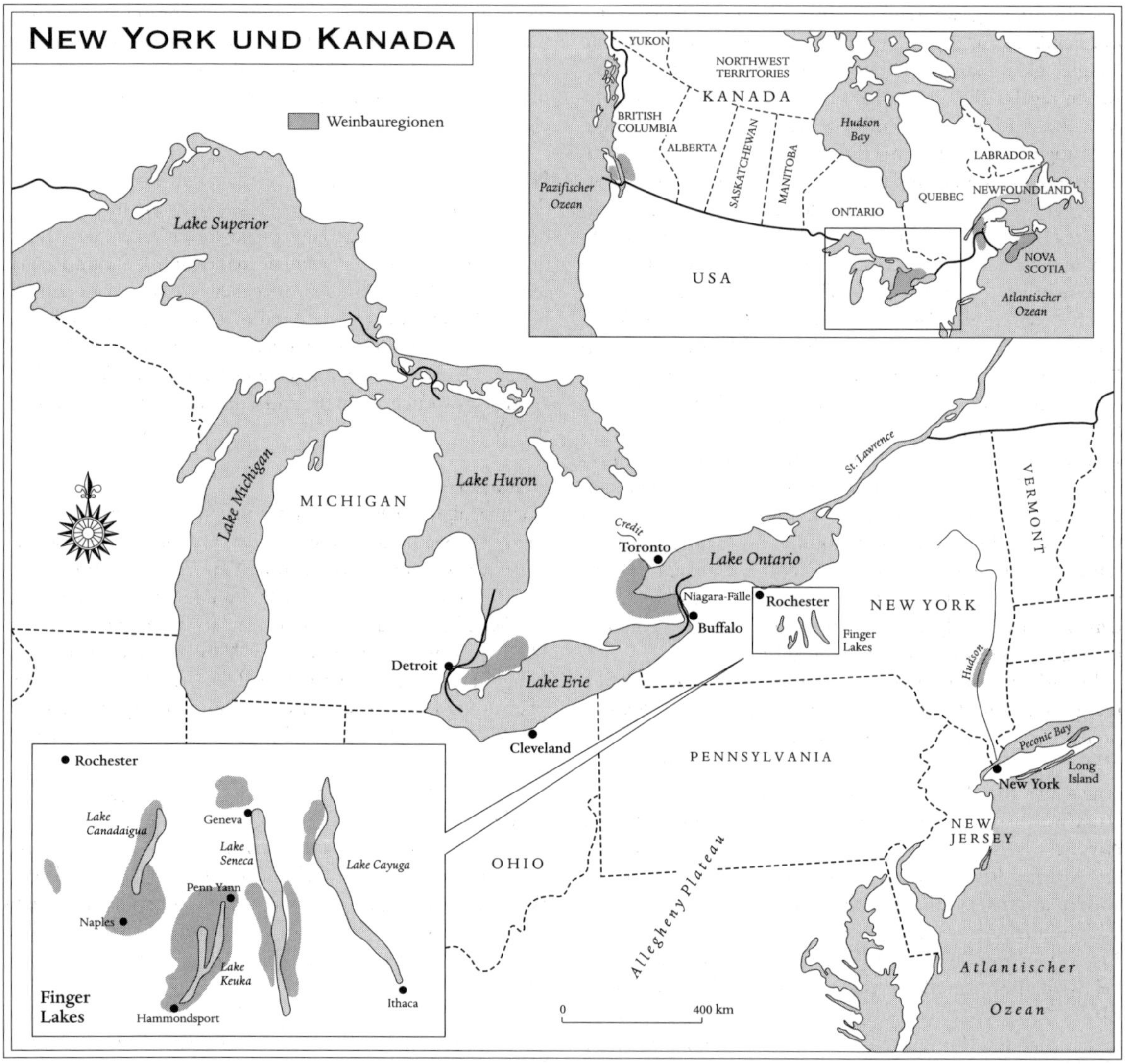

triebe zu erwerben und zu betreiben, und erlaubte den Direktverkauf an Verbraucher. Zunächst wurden FRANZÖSISCHE HYBRIDREBEN und dann auch VINIFERA-Rebsorten immer verbreiteter angepflanzt; neue, meist kleine Weinbaubetriebe entstanden; ein ganz neues Weinbaugebiet wurde am östlichen Ende von Long Island mit Erfolg erschlossen; die großen, etablierten Weinbaubetriebe an den Finger Lakes machten mehrere Besitzerwechsel durch, mußten zusehen, wie ihre traditionellen Märkte durch die neue Konkurrenz schrumpften, und erlebten schließlich einen Niedergang. 1993 verfügte New York über 97 Weinbaubetriebe, von denen 73 seit der Farm Winery Act neu gegründet worden waren, und produzierte 950 000 hl Wein. T. P.

Geographie und Klima
Der Trauben- und Weinanbau von New York erstreckt sich auf etwa 12 000 ha und bildet einen wesentlichen Bestandteil der Landwirtschaft im Bundesstaat. Er stellt Tausende von Arbeitsplätzen zur Verfügung, erzielt Umsätze in Millionenhöhe, zahlt etliche Millionen Dollar an Steuern und zieht Jahr für Jahr über 500 000 Touristen an. Etwa 45 % der im Staat New York geernteten Trauben sind für die Weinerzeugung bestimmt; der Rest entfällt auf TRAUBENSAFT und TAFELTRAUBEN.

Der Staat New York umfaßt vier voneinander getrennte Weinbauregionen mit mehreren Untergebieten, von denen sechs in den 1980er Jahren AVA-Bereiche (American Viticultural Areas) geworden sind. Die Regionen sind die Finger Lakes im mittleren Teil des Staats New York, Lake Erie am Westrand, Hudson Valley, etwa 65 km nördlich und Long Island rund 150 km östlich der Stadt New York. Der Staat New York ist der nördlichste im Osten der USA, in dem Trauben noch wachsen und reifen können. Trotz der oft kalten Winter bleibt doch eine Wachstumsperiode mit einer WÄRMESUMME von 2000–2700. Die von Gletschermassen gestaltete Topographie mit günstig verteilten Gewässern und tiefgründigen, durchlässigen Böden eignet sich recht gut für den Weinbau. Die größte Gefährdung liegt in plötzlichen Temperaturänderungen: An Weihnachten 1980 beispielsweise gab es einen Temperatursturz um 28 °C; damals erfroren viele Reben (siehe WINTERFROST).

Finger Lakes Der malerische Finger Lakes District ist der älteste Teil und das Zentrum des Weinbaus in New York; hier gehen Traubenanbau und Weinproduktion auf die 1820er Jahre zurück. Der Fläche nach ist Finger Lakes der zweitgrößte Weinbaubereich im Staat, doch werden dort 90 % der Weinerzeugung New Yorks von 45 Weinbaubetrieben produziert. Die schmalen, tiefen Seen, die ihren Namen der Tatsache verdanken, daß sie wie die Finger einer Hand aussehen, sind von Gletschern in der Eiszeit gebildet worden, die auf scharf ansteigenden Hängen über diesen Seen einen flachgründigen Mutterboden abgelagert haben. Diese Kombination von steilen Hängen und tiefen Seen ermöglicht guten Abzug für Wasser und Kaltluft und sorgt für weniger extreme Temperaturen im Winter wie im Sommer. Da die Seen die im Sommer gespeicherte Wärme lang behalten, wird die von den Steilhängen auf sie herabsinkende Kaltluft erwärmt und steigt wieder auf, so daß von den Hängen weitere Kaltluft absinken kann. Umgekehrt verzögert im Frühjahr das nunmehr abgekühlte Wasser der Seen den Austrieb, bis die schlimmste Frostgefahr vorüber ist.

Die für den Weinbau bedeutsamen Seen heißen Canandaigua, Keuka, Seneca und Cayuga; sie sind umfangreich genug, um diese mäßigende Wirkung auf das Klima auszuüben. Der AVA-Bereich Finger Lakes wurde 1982 eingerichtet; 1988 erhielt der Cayuga Lake eigenen AVA-Status, da die dortigen Weinbaubetriebe nachweisen konnten, daß infolge der geringeren Höhenlage und andererseits der größeren Tiefe des Sees ein MESOKLIMA entsteht, das sich für die vor kurzem dort angepflanzten VINIFERA-Reben eignet. In diesem Bereich gibt es nunmehr acht unter ZOLLVERSCHLUSS stehende Weinbaubetriebe.

Lake Erie Der große See bietet dem westlichen Staat New York weitgehenden Schutz gegen extreme Wetterverhältnisse, da er auf einem südlicheren Breitengrad und nicht im Strömungsbereich der arktischen Luftmassen liegt, die über dem Oberen und dem Huron-See vorherrschen. (Der Michigan-See bringt den um seine Südspitze liegenden Staaten ähnliche wohltätige Effekte (siehe USA). Die mildernden Wirkungen des Erie-Sees werden noch durch das parallel zu ihm verlaufende drei Meilen breite Allegheny-Plateau verstärkt. Der 1983 errichtete AVA-Bereich Lake Erie übergreift drei Staaten: New York um Chautauqua sowie Pennsylvania und Ohio mit den an den See grenzenden Countys. Die Rebfläche beträgt 8000 ha, so daß auf Lake Erie die größte Weinbaufläche in New York entfällt; bisher gibt es aber hier nur acht Weinbaubetriebe, weil der größte Teil der Reben für Traubensaft und Tafeltrauben bestimmt ist – die Folge des von Prohibitionisten im 19. Jh. ausgeübten Drucks. Allerdings sind in den 1970er und 1980er Jahren viele alte Weinberge gerodet und dann mit Weinreben neu bepflanzt worden.

Hudson River Hier wird seit 300 Jahren Wein gebaut, und hier steht auch die älteste noch in Betrieb befindliche Weinkellerei der USA: Brotherhood America's Oldest Winery, Ltd., gegründet 1839. Als AVA-Bereich wurde Hudson River 1982 anerkannt. Zu beiden Seiten des Hudson gibt es Weinbaubetriebe, doch hier wird der mäßigende Einfluß des Gewässers auf das Lokalklima als weniger bedeutend eingeschätzt als die steilen Klippen am Rand des Tals, die dieses gewissermaßen als Abzugskanal für Kaltluft und die vom Atlantik stammende Witterung wirken lassen. Gletscher haben überall in der Region verschiedene Schieferarten abgelagert.

Long Island Die Region Long Island im Osten ist in zwei AVA-Bereiche aufgeteilt: Hamptons, Long Island mit drei Weinbaubetrieben und um die Mitte der 1990er Jahre knapp 40 ha Rebfläche erhielt den Status 1985 zugesprochen. Der 1986 anerkannte AVA-Bereich North Fork of Long Island umfaßt 14 Weinbaubetriebe und eine Rebfläche von rund 500 ha; dieser Bereich bildet eine Halbinsel zwischen dem Long Island Sound im Norden, der Peconic Bay im Süden und dem Atlantik im Osten. Das ihn umgebende Wasser mäßigt das Klima, mildert durch Brisen Wärme und Kälte, verlängert die nicht frostgefährdete Jahreszeit, verringert die täglichen Temperaturschwankungen und verstärkt winterlichen Niederschlag. Die größte Gefahr für den Weinbau auf Long Island stellt neben Vogelfraß die Bedrohung durch Hurricanes dar; manche Lagen an der Küste der South Fork werden gelegentlich von Meerwasser überspült (siehe SALZHALTIGKEIT). Die Wachstumsperiode ist mindestens drei Wochen länger als in anderen Weinbauregionen des Staats New York, daher herrschen hier dunkle *Vinifera*-Rebsorten vor, die fast jedes Jahr gut zur Reife gelangen. Als erste Weinbaupioniere verwandelten Alex und Luisa Hargrave hier Kartoffeläcker in Weinberge; sie legten im Jahr 1973 die erste *Vinifera*-Pflanzung an. Die Weinerzeuger sind der Meinung, daß der Atlantik hier einen ähnlichen Einfluß ausübt wie in BORDEAUX, und daher werden vorwiegend die Bordeaux-Rebsorten angebaut. Die Böden auf der North Fork enthalten weniger Silt und Lehm als die auf der South Fork, daher ist hier wegen des geringeren Wasserspeichervermögens BEWÄSSERUNG erforderlich.

Auch Hamptons ist eine Halbinsel südlich von North Fork of Long Island. Hier bildet die Peconic Bay den Nordrand, und der Atlanik bespült die Ost- und Südseite und übt dieselbe günstige Wirkung aus wie auf die North Fork. Kühlende Nebel im Frühjahr verhindern vorzeitigen AUSTRIEB. Die Böden sind tiefgründig und verfügen über einen höheren Anteil an Silt und Lehm, was besseres Wasserspeichervermögen und infolgedessen geringeren Bedarf für Bewässerung bewirkt.

Rebsorten und Weine

New York bietet im Hinblick auf den Wein mehr Vielfalt als alle anderen Staaten der USA, denn hier werden drei verschiedene Arten der Gattung VITIS angebaut: einheimische Rebsorten und rein AMERIKANISCHE HYBRIDREBEN, FRANZÖSISCHE HYBRIDREBEN, also Kreuzungen europäischer und amerikanischer Spezies sowie international bekannte VINIFERA-Rebsorten.

Amerikanische Reben Die einheimischen Reben wurden ursprünglich als *Vitis labrusca* bezeichnet (siehe AMERIKANISCHE REBENSPEZIES); sie wurden wegen ihrer Resistenz gegen die REBLAUS und ihre Widerstandsfähigkeit gegen Winterkälte geschätzt; allerdings stellten die ersten Siedler bereits fest, daß diese Trauben ganz anders schmeckten, als sie es aus ihrer europäischen Heimat gewöhnt waren. Diese Reben bildeten oft Zufallshybriden mit anderen *Labrusca*-Sorten oder wieder anderen amerikanischen Rebenspezies, und so entstand eine zweite Generation einheimischer Reben, die heute vorwiegend angebaut und als *Vitis labruscana* bezeichnet wird; von ihnen ist die blauschwarze CONCORD am stärksten verbreitet. Diese Rebsorten bildeten das Rückgrat des frühen Weinbaus in New York, auch wenn heute oft spöttische Bemerkungen über ihren FUCHSIGEN Geschmack gemacht werden. (Dieser Geschmack ist so ausgeprägt, daß die *Labruscana*-Sorten ausgenommen wurden, als per Gesetz die Mindestanforderungen für SORTENREINE Weine von 51 % der genannten Sorte auf 75 % heraufgesetzt wurden.)

Die wichtigsten einheimischen hellroten Rebsorten sind CATAWBA und DELAWARE, beide frosthart und wuchskräftig. Da Catawba oft zu COOLER oder auch Schaumwein in Tankgärung verarbeitet wird, kommt «Heißpressung» (siehe THERMOVINIFIKATION) oder eine kurze HÜLSENMAISCHUNG zur Anwendung, damit hellroter Most entsteht. Die Sorte Delaware ist andererseits für feinen Schaumwein geschätzt und wird in Edelstahltanks kalt und ohne Hülsenmaischung vergoren. Sie hat höheren Zuckergehalt und weniger Säure als Catawba. Beide Sorten werden in den Bereichen Finger Lakes und Lake Erie angebaut.

Weiße einheimische Rebsorten sind u. a. Niagara, Elvira, Dutchess und Moore's Diamond, doch nur Niagara hat im Staat New York gute Zukunftsaussichten. Die übrigen sind aus verschiedenen Gründen im Rückgang, z. B. wegen Krankheitsanfälligkeit, geringer Frosthärte, beschränkter Verwendbarkeit für Tafeltrauben, Traubensaft und Wein und schließlich niedriger Traubenpreise. Die noch vorhandenen Bestände dieser Sorten befinden sich im Bereich Finger Lakes. Niagara dagegen ist wuchskräftig, frosthart und ertragreich und hat unter denen, die ihren ausgeprägten Fuchsgeschmack mögen, eine große Anhängerschaft. Die Sorte wird vor allem in den Bereichen Lake Erie und Finger Lakes angebaut, aber auch im Hudson Valley gibt es kleinere Bestände. Die Traube wird kalt vergoren, wobei stets genügend RESTSÜSSE erhalten bleibt, um ein Gegengewicht zu dem intensiven Aroma zu schaffen.

Von den dunklen einheimischen Rebsorten wird vor allem die sehr ertragreiche Concord in allen Bereichen New Yorks mit Ausnahme von Long Island angebaut. Sie hat niedrigen Zuckergehalt und kräftige Säure, und ihr Wein wird deshalb stets gesüßt, so daß eine Restsüße von 1 % bei Tischwein bis 10 % bei Dessertwein gewährleistet ist. Für süße Rotweine wird Farbextraktion durch Thermovinifikation erreicht; bei der Verarbeitung zu Schaumwein werden die Trauben dagegen ohne Hülsenmaischung gepreßt. Eine ebenfalls rote Rebsorte ist Fredonia, die zu Beginn der 1990er Jahre in der Forschungsstation Geneva (die auch dem GENEVA DOUBLE CURTAIN – siehe REBENERZIEHUNGSSYSTEME – den Namen gegeben hat) entwickelt wurde. Diese Sorte ähnelt der Concord, reift aber günstigerweise zwei Wochen früher als diese. Heute wird sie meist im Bereich Lake Erie angebaut und als Tafeltraube oder für Traubensaft verwendet. Die Sorte Ives wird ähnlich genutzt wie Concord; sie ist vor allem im Bereich Finger Lakes verbreitet. Die früher sehr populäre ISABELLA ist weitgehend durch andere Rebsorten verdrängt worden.

Der übliche Pflanzabstand beträgt bei einheimischen Rebsorten 3 × 2 m; dabei werden die Reben für maximale Sonnenbelichtung an Drähten erzogen. In den 1850er Jahren entwickelte William Kniffen die Erziehungssysteme Umbrella, Four-Cane und Double Kniffen. ANREICHERUNG mit Zucker ist zulässig und hier auch allgemein nötig; dagegen ist AZIDIFIKATION verboten und meist auch unnötig. Vielmehr wird oft ENTSÄUERUNG vorgenommen und MALOLAKTISCHE SÄUREUMWANDLUNG praktiziert.

Französische Hybridreben Diese Sorten halten den größten Teil der für trockene Tischweine bestimmten Anbaufläche besetzt. Die meisten wurden in der Zeit zwischen 1880 bis 1950 von damals intensiv tätigen französischen Züchtern auf gute Frosthärte sowie Krankheits- und Schädlingsresistenz hin entwickelt. Neue HYBRIDREBEN stammen aus der Versuchs- und Forschungsstation Geneva. Außer Hybriden, in denen die Resistenz amerikanischer Rebenspezies mit den Geschmackseigenschaften von *Vinifera*-Reben vereint sind, schufen die Züchter auch Kreuzungen, in denen die erwünschten Eigenschaften verschiedener Sorten einer einzigen Spezies kombiniert sind. Die Hybridsorten erhalten Nummern als Kennzeichnung, bis sie für den kommerziellen Gebrauch freigegeben werden, erst dann bekommen sie einen Namen. Die verbreitetste weiße Hybridrebe ist SEYVAL BLANC; sie wird in allen Weinbauregionen New Yorks angebaut, und sie kann sehr zur Verwirrung mancher Verbraucher entweder in EDELSTAHL einfach und fruchtig oder durch FASSGÄRUNG und MALOLAKTISCHE SÄUREUMWANDLUNG viel komplexer bereitet werden. VIDAL und Vignoles (Ravat 51), beide von J. F. Ravat, eignen sich hervorragend für spätgelesene Dessertweine, wobei Vignoles manchmal in den Genuß von EDELFÄULE kommt. Aurore (Seibel 5279), gezüchtet von Albert Seibel, war bisher die in New York meistangebaute weiße Hybridrebe, muß inzwischen aber dem höheren Prestige von Seyval Blanc weichen. Da ihr Geschmack zwischen neutral und fruchtig liegt, wird sie meist zu preiswerten Gattungsweinen verarbeitet. Zwei in der Versuchsstation Geneva entwickelte und 1982 freigegebene weiße Hybridreben sind Cayuga GW3 und Melody. Beide zeichnen sich durch hohe Wuchskraft, gute Resistenz und reichlichen Ertrag aus und erbringen fruchtige, halbtrockene Weine. Melody hat PINOT BLANC als ein Elternteil und erinnert auch im Wein an fruchtigen Weißburgunder. Die roten französischen Hybriden haben sich nicht so gut bewährt wie die weißen, und ihre Anbaufläche ist im Rückgang begriffen. Sie entsprachen zwar am Anfang des 20. Jh. einem Bedürfnis, inzwischen aber wird ihr Geschmack bei weitem nicht mehr so geschätzt wie der von echten *Vinifera*-Sorten, die jetzt dank verbesserter Kenntnisse über VEREDELUNGSUNTERLAGEN, PESTIZIDE und FUNGIZIDE hier angebaut werden können. Die bekanntesten roten Hybriden sind BACO Noir, der heute für Weine im NOUVEAU-Stil genutzt wird, MARÉCHAL FOCH, der ebenfalls durch KOHLENSÄUREMAISCHUNG einen guten Nouveau erbringt, DeChaunac (Seibel 9549) und CHANCELLOR (Seibel 7053), die beide Ausbau in EICHE brauchen, damit sie zusätzliche Komplexität gewinnen, und schließlich Chelois (Seibel 10878), der sich in Verschnitten insbesondere mit Baco Noir gut ausnimmt.

Vinifera-Rebsorten In den 1950er Jahren beauftragte Charles Fournier, Kellermeister in der Gold Seal Winery an den Finger Lakes und ehemaliger Kellermeister von Veuve Clicquot in der CHAMPAGNE, den *Vinifera*-Experten Dr. Konstantin Frank aus der UKRAINE mit dem experimentellen Anbau von Veredelungsunterlagen und *Vinifera*-Rebsorten in kaltem Klima. Zu Beginn der 1960er Jahre produzierten sie *Vinifera*-Weine in kommerziellem Rahmen. Aus Europa wurden die anpassungsfähigsten Sorten herübergeholt, und um die Mitte der 1990er Jahre wuchsen in New York – in absteigender Reihenfolge ihrer Anbaufläche – die weißen *Vinifera*-Sorten CHARDONNAY, RIESLING, GEWÜRZTRAMINER, PINOT BLANC und SAUVIGNON BLANC. Die ersten vier werden zum Teil in beschränktem Umfang in allen vier Weinbauregionen von New York mit Erfolg angebaut, doch Sauvignon Blanc bewährt sich nur auf Long Island, wo die Wachstumsperiode lang genug ist, damit er ausreifen kann. Von den in New York angebauten roten *Vinifera*-Rebsorten – CABERNET SAUVIGNON, MERLOT, PINOT NOIR und CABERNET FRANC – bietet Merlot die besten Aussichten. Er reift früher und erbringt bessere ERTRÄGE als Cabernet Sauvignon, der sich auf Long Island am besten bewährt, weil er eine lange Wachstumsperiode zum Ausreifen benötigt. Der früher reifende Cabernet Franc wird seine Anbaufläche wahrscheinlich vergrößern können, weil er sich an verschiedene Bodenarten anpaßt und sowohl selbständig feine Weine als auch gute Verschnitte mit anderen roten Bordeaux-Trauben erbringen kann. Nur der Pinot Noir gedeiht nicht gut im maritimen Klima von Long Island; es ist zu feucht und warm für ihn. Dafür bewährt er sich an wärmeren Stellen der Bereiche Hudson Valley und Finger Lakes besser, obschon er bei hohen Pflegeansprüchen nur niedrige Erträge erbringt.

Der *Vinifera*-Anbau ist im Wachsen, und auch höhere PFLANZDICHTE, manchmal bis zu 1 × 1,50 m, wird immer beliebter. Im wärmeren Bereich Long Island gewinnt das offene LYRA-System für die Rebenerziehung an Boden. In kühleren Gegenden, vor allem an den Finger Lakes, wird ein mehrstämmiges Fächersystem bevorzugt (siehe WINTERSCHUTZ): Die mehrfachen Stämme (TRIEBE) halten bei Schäden durch WINTERFROST ausreichend austriebfähige Augen in Reserve. Die Veredelungsstellen werden als Schutz gegen die Winterkälte mit einer hydraulischen Hackmaschine angehäufelt, die im Frühjahr die überschüssige Erde auch wieder wegräumt. H. L.

Finger, P., und Trezise, J., *New York Wine Country* (Stillwater, Minn., 1994).
Hedricks, U. P., *The Grapes of New York* (Albany, N.Y., 1908).
Miller, M., *Wine – A Gentleman's Game* (New York, 1984).

NIAGARA Im Staat NEW YORK mit Erfolg angebaute weiße Traubensorte, eine VITIS-*labruscana*-Varietät, die sich durch Wuchskraft, Ertragsreichtum und gute Frosthärte auszeichnet. Ihr Wein zeigt starken FUCHSGESCHMACK. Es handelt sich um eine Kreuzung zwischen CONCORD und einer VINIFERA-Rebsorte, die 1872 in Niagara, New York entstand.

NICHTFLÜCHTIGE SÄUREN Organische SÄUREN im Wein mit so geringer Flüchtigkeit, daß sie sich durch DESTILLATION nicht daraus entfernen lassen. Die beiden wichtigsten nichtflüchtigen Säuren im Wein sind die WEINSÄURE und die APFELSÄURE, es kommen aber auch noch weitere in kleinen Mengen vor. Die Trennlinie zwischen nichtflüchtigen und flüchtigen Säuren ist allerdings nicht exakt zu ziehen, da es auch Säuren mittlerer Flüchtigkeit gibt. Zu ihnen gehören die MILCHSÄURE und die BERNSTEINSÄURE, die beide im Wein vorkommen. Die nichtflüchtigen Säuren

Die NIEDERLANDE sind seit langem ein bedeutender Exportmarkt für Cognac und Wein aus Westfrankreich.

sind im Wein von Bedeutung, weil sie ihm die frische Säuerlichkeit und eine natürliche Widerstandskraft gegen Bakterienbefall verleihen. FLÜCHTIGE SÄUREN machen sich im Geruch vor allem durch fruchtiges oder – wenn sie übermäßig stark vertreten sind – essigsaures Aroma deutlicher bemerkbar als nichtflüchtige. Die GESAMTSÄURE, ein Standardmaß im Wein, ist die Summe der flüchtigen und nichtflüchtigen Säuren. A. D. W.

NIEDERLANDE oder **Holland.** Das kleine Land an der Nordwestecke des europäischen Kontinents hatte im 17. Jh. eine Vormachtstellung im Wein- und Spirituosenhandel (siehe HOLLÄNDISCHER WEINHANDEL). Heute ist in den Niederlanden Dry und Medium Sherry so beliebt, daß sie einen der bedeutendsten Exportmärkte für Weine aus JEREZ – mindestens in mengenmäßiger, wenn auch nicht unbedingt in wertmäßiger Hinsicht – bilden. Das Land verfügt trotz seines kühlen Klimas auch über einen kleinen einheimischen Weinbau mit einer eindrucksvollen Geschichte. So ist in der Provinz Limburg in Südholland im Jahr 1324 Weinbau nachgewiesen, und bei Maastricht wurde er erst im 19. Jh. nach einer Reihe kalter Sommer und unter dem Einfluß der wirtschaftlichen Turbulenzen der Napoleonischen Zeit aufgegeben.

Erst 1967 wurden die Niederlande dann wieder zum Weinbauland, als Frits Bosch im äußersten Süden einen knappen Hektar mit Müller-Thurgau und Riesling bepflanzte und davon einen neuen trockenen holländischen Wein namens Slavante produzierte. Andere folgten, jedoch allgemein in sehr kleinem Maßstab. Nur einer der sechs 1992 beim offiziellen Weininformationszentrum registrierten Weinberge, Apostelhoeve bei Maastricht, ist größer als 1 ha. Müller-Thurgau, Auxerrois, Riesling und einige Pinot-Sorten sind hier wie in BELGIEN und LUXEMBOURG die beliebtesten Trauben; sie erbringen leichte, trockene Weißweine mit etwa 10 % Alkoholgehalt, die allerdings wie die unter ähnlichen Klimaverhältnissen entstehenden englischen Weine (siehe GROSSBRITANNIEN) der ANREICHERUNG bedürfen.

NIEDERÖSTERREICH Die bedeutendste Weinbauregion ÖSTERREICHS erstreckt sich im Nordosten des Landes.

NIEDERSCHLAG Eine Klimakomponente, die sich auf die Weinrebe in vielfacher und widersprüchlicher Weise auswirkt. Reben, die unmittelbar auf Niederschlag angewiesen sind (siehe BEWÄSSERUNGSLOSER WEINBAU), brauchen genügend Regen zum richtigen Zeitpunkt, damit ausreichendes Wachstum gefördert und schwerwiegender WASSERSTRESS während der Reife vermieden wird. Andererseits kann übermäßig viel Regen zu allzu starker Vegetation und schlechtem LAUBDACHMIKROKLIMA führen, insbesondere auf stickstoffreichen Böden. Überdies kann er auf dafür empfindlichen Böden auch Staunässe verursachen (siehe WASSERABZUG).

Abgepuffert werden die Auswirkungen unregelmäßiger Regenfälle in dem Maß, wie der Boden über genügend Tiefgründigkeit und Wasserspeichervermögen verfügt und ausreichenden Wasserabzug gewährt, damit die Wurzeln bis in größere Tiefen lebensfähig bleiben (siehe BODENFEUCHTIGKEIT, BODENMÄCHTIGKEIT, TERROIR).

Andererseits können unzureichender Niederschlag bzw. ungenügendes Wasserspeichervermögen durch BEWÄSSERUNG ausgeglichen werden. Dies ist besonders im MEDITERRANEN KLIMA von Bedeutung, wo der Sommer trocken ist, im Winter und Frühjahr jedoch meist ausreichend Niederschlag fällt, um oberflächliche Speicherung zu ermöglichen, so daß später nur Bewässerung nach Bedarf eingesetzt werden muß. Unter allen diesen Voraussetzungen liegt die erforderliche Mindestniederschlagsmenge für kommerziell vertretbare ERTRÄGE in kühlem Weinbauklima etwa um 500 mm und in warmem bis heißem Klima um 600 bis 750 mm.

Heiße Regionen, in denen Bewässerung erforderlich ist, erhalten im allgemeinen eine Jahresniederschlagsmenge von höchstens 300 mm und sind darauf angewiesen, daß Flüsse Frischwasser aus anderen Gegenden herbeiführen. Die normale Unzuverlässigkeit des hier tatsächlich anfallenden Niederschlags bringt es mit sich, daß eine vollständige Durchfeuchtung des Bodenprofils nur selten auf natürlichem Weg erfolgt und häufiges kräftiges Wässern während der ganzen Wachstumsperiode unerläßlich ist.

Eine Niederschlagsobergenze ist für den Weinbau offensichtlich nicht gegeben, solange der Boden durchlässig genug ist, ausgelaugte BODENNÄHRSTOFFE ersetzt werden können, genügend Sonnenscheindauer anfällt und die LUFTFEUCHTIGKEIT nicht so hoch ist, daß PILZKRANKHEITEN außer Kontrolle geraten. Manche erfolgreiche Weinbaugegenden, z. B. die VINHO-VERDE-Region in Nordportugal und Teile der Südschweiz, weisen Jahresniederschlagsmengen von über 1500 mm auf.

Starke Regenfälle unmittelbar vor oder während der Lese sind allerdings der Weinqualität abträglich, insbesondere wenn dadurch Nässestreß auftritt. In diesem Fall schwellen die Beeren stark an und platzen oft auf, wodurch der Saft oxidiert oder schon am Stock in Gärung gerät bzw. Pilz- und Bakterieninfektionen der Trauben eintreten; zumindest aber wird der Saft verdünnt und der Geschmack verwässert. HAGEL wirkt sich zu diesem Zeitpunkt besonders katastrophal aus. J. G.

NIELLUCCIO Die auf KORSIKA meistangebaute einheimische Rebsorte stammt ursprünglich wahrscheinlich vom italienischen Festland und wurde vermutlich von den Genuesen, die bis Ende des 18. Jh. auf der Insel herrschten, hierhergebracht; auf jeden Fall ist sie ampelographisch mit der SANGIOVESE-Traube in der Toskana identisch. 1988 entfielen auf Nielluccio nur 14 % der Rebfläche auf Korsika, da hier die von französischen Einwanderern aus Nordafrika in den 1960er und 1970er Jahren mitgebrachten weniger eleganten Traubensorten vorherrschen. Oft wird der Nielluccio mit der anderen, interessanteren, einheimischen Rotweintraube SCIACARELLO verschnitten und bildet einen zunehmenden Bestandteil der AC-Rotweine der Insel, vor allem aber auch der Roséweine, für die er sich besonders eignet. Im Patrimonio ist er der Hauptbestandteil, weil er auf den Ton- und Kalksteinböden dieses Bereichs besonders gut gedeiht. Die Rebe treibt früh aus und reift spät; sie ist empfindlich für Spätfröste und für Fäule in der Lesezeit.

1992 versuchte Château Pétrus in Pomerol, durch Abdecken mit Plastikfolie das Eindringen von NIEDERSCHLAG in den Boden kurz vor der Lese und damit die Verwässerung des Weins zu verhindern.

NMR siehe NUCLEAR MAGNETIC RESONANCE.

NOAH Der BIBEL zufolge eine wichtige Gestalt in der Geschichte des Weins; siehe auch URSPRÜNGE DES WEINBAUS.

Noah ist außerdem der Name einer relativ wenig bemerkenswerten AMERIKANISCHEN HYBRIDREBE mit weißen Trauben, die zuerst 1869 in Illinois vermehrt wurde. Sie ist besonders widerstandsfähig und wurde in Frankreich und Osteuropa verbreitet angebaut, befindet sich aber im Rückgang.

NOBLING Eine Kreuzung Silvaner × Gutedel (Chasselas) aus dem Jahr 1939; ihre Bedeutung geht selbst in Baden, wo sie gegen Ende der 1970er Jahre über 100 ha Anbaufläche verfügte, zurück. Sie kann bei kräftiger Säure hohe MOSTGEWICHTE erreichen, braucht aber gute Lagen, die gewinnbringender für modischere oder ertragreichere Sorten genutzt werden können.

NOILLY PRAT Kein Wein, sondern ein trockener französischer WERMUT, der sich besonders für die Küche eignet. Unter den vielen auf dem Markt befindlichen Wermutweinen zeichnet sich der Noilly Prat durch besonderen Charakter aus und spricht dadurch auch den Weinliebhaber an (siehe auch CHAMBÉRY).

NOIRIEN Gebräuchlicher Name für in Ostfrankreich vorkommende Rebsorten der PINOT-Familie, die mit Pinot Noir verwandt oder eng verknüpft sind: Pinot Gris, Pinot Blanc, Auxerrois und (obwohl nicht mit Pinot Noir verwandt) Chardonnay. Außerdem ist Noirien ein Synonym für Pinot Noir, und irreführenderweise wird Chardonnay auch als Noirien Blanc bezeichnet.

NORTH COAST Umfassende kalifornische Region und AVA-Bereich für die Küstengegend nördlich von San Francisco. Darin eingeschlossen sind alle Rebflächen in den Countys LAKE, MENDOCINO, NAPA und SONOMA; die Wachstumsbedingungen sind hier einheitlicher, als oft angenommen wird. Der Name erscheint auf einigen relativ prestigeträchtigen Weinen, insbesondere auf solchen, die aus Napa und Sonoma zusammengestellt sind, andererseits aber auch auf recht schlichten Verschnitten.

NORTH YUBA AVA-Bereich für einen einzigen Weinbaubetrieb in den nördlichen Sierra Nevada Mountain Foothills im Yuba County, KALIFORNIEN. Die warme, sonnige Lage wurde zunächst mehr hoffnungsfroh als mit bestimmten Erwartungen mit Riesling und Petite Sirah bepflanzt. Neuerdings wurde u. a. Cabernet Sauvignon eingeführt.

NOSIOLA Ein Weißwein aus dem TRENTINO (Norditalien) von der gleichnamigen Traubensorte; er wird vor allem zwischen Lavis, Faedo und SAN MICHELE ALL'ADIGE im nördlichen Teil der Region sowie im Valle dei Laghi westlich von Trient produziert. Zwei DOC-Bereiche teilen sich in die Erzeugung: Nosiola (3000 hl im Jahr) und Sorni Bianco (nur 300 hl). Im letzteren DOC-Bereich werden 70 % Nosiola mit 30 % MÜLLER-THURGAU, PINOT BLANC und SYLVANER verschnitten. Die Weine zeichnen sich eher durch Aroma als durch Körper aus und sind leicht bitter im Nachgeschmack; sie könnten auch voller und interessanter ausfallen, wenn die Erträge niedriger lägen als die derzeitige generöse Höchstgrenze von 98 hl/ha. D. T.

NOUVEAU Das französische Wort für «neu» bezeichnet Wein eines spezifischen Stils, der dazu bestimmt ist, innerhalb weniger Wochen nach der LESE und nicht erst nach Monaten oder gar Jahren verbraucht zu werden. Der berühmteste und erfolgreichste Wein dieser Art ist der BEAUJOLAIS Nouveau (auch Beaujolais Primeur genannt), der auf dem Gipfelpunkt seiner Beliebtheit im Jahr 1988 über 800 000 hl bzw. 60 % der gesamten Beaujolais-Erzeugung ausmachte. Die Beaujolais-Erzeuger weisen gern darauf hin, daß ihr Nouveau nicht etwa nur ein Marketing-Phänomen sei, sondern daß seine Ursprünge auf das 19. Jh. zurückgehen, als der Wein des Jahres seine Gärung im Faß auf dem Weg nach Lyon beendete, wo dieser junge Wein dann ein lebendiges Bindeglied zum ländlichen Leben in den Bergen des Beaujolais bildete. Jedenfalls kommt das Phänomen aus einer Gruppe von Dörfern westlich von Villefranche, deren Wein offenbar seit jeher am frühesten trinkreif ist. Nach den Zwängen in der Zeit des 2. Weltkriegs wurde den Erzeugern im Beaujolais nach und nach erlaubt, einen immer größeren Teil ihres neuen Weins auf den Markt zu bringen. Von Anfang an hieß dieser Wein auch PRIMEUR, und von 1951 an wurde es den Winzern im Beaujolais gestattet, ihre Primeurs ab dem 15. Dezember zu verkaufen. Diese jungen, erfrischenden Weine feierten in den 1950er und 1960er Jahren in den Bistros von Paris große Erfolge, und am Ende der 1960er Jahre wurde der Satz *«Le Beaujolais Nouveau est arrivé»* geprägt. Dank der tatkräftigen Arbeit von Erzeugern wie Georges DUBŒUF und seiner Vertreter in aller Welt sowie von Alexis LICHINE in den USA übersprang das Phänomen in den 1970er Jahren die Grenzen Frankreichs. (Ein britischer Weinhändler importierte bereits zu Anfang der 1960er Jahre Beaujolais Nouveau im Faß.) Ende 1974 hatte der Beaujolais in England bereits solche Popularität erreicht, daß das erste Beaujolais-Nouveau-Rennen (mit Flaschen voll purpurroter Tinte nach London) veranstaltet wurde. Schließlich wurde der Beaujolais Nouveau mit unerhörter Eile und viel Werbeaufwand per Flugzeug auf Absatzmärkte in aller Welt verfrachtet: Die Mode erreichte 1982 Australien und 1985 Japan und Italien. Anfänglich wurde das Erscheinungsdatum auf den 15. November festgesetzt, schließlich aber zugunsten des Weinhandels und der von dem Phänomen ab dem Ende der 1970er und die 1980er Jahre hindurch geradezu faszinierten Medien auf den dritten Donnerstag im November verlegt.

Der enorme kommerzielle Erfolg des Beaujolais Nouveau rief natürlich viele Nouveau-Weine aus anderen Gegenden Frankreichs auf den Plan, insbesondere Gamay aus der TOURAINE und dem Département ARDÈCHE, eine ganze Reihe Weine aus dem LANGUEDOC-ROUSSILLON und viele VINS DE PAYS, v. a. Côtes de Gascogne. Vin de Pays Primeur oder Nouveau darf sogar schon am dritten Donnerstag im Oktober, also einen ganzen Monat früher als der Beaujolais Nouveau, auf den Markt gebracht werden.

In Italien werden ähnliche Weine unter der Bezeichnung **Novello** produziert, und sogar in England entsteht Nouveau. Viele Erzeuger in der südlichen Hemisphäre versuchen nun auch, eigene Produkte als Nouveau an den Mann zu bringen, weil sie dasselbe Jahr auf dem Etikett tragen und viel früher herauskommen als der Beaujolais Nouveau (und dadurch wird die mit Flaschen, die das laufende Jahr auf dem Etikett tragen, verbundene Neuheit doch einigermaßen verwässert).

Die Weinbereitungstechnik muß natürlich an Weine, die so früh trinkreif sein sollen, besonders angepaßt sein. Die meisten Nouveau-Weine sind Rotweine, und viele davon entstehen wie der Beaujolais ganz oder teilweise durch KOHLENSÄUREMAISCHUNG, die besonders fruchtige, milde, aromatische, früh und kühl trinkreife Rotweine hervorbringt. Typisch für das Verfahren ist eine nur viertägige Gärung und recht brutale STABILISIERUNG. Ist es nicht möglich, mit Kohlensäuremaischung in dieser oder jener Form zu arbeiten, dann kann auch traditionelle Gärung, jedoch bei niedrigeren als den üblichen Temperaturen (knapp über 20 °C), und eine ganz kurze MAISCHUNG angewandt werden. Weiße Trauben eignen sich nicht für Kohlensäuremaischung; sie werden daher sehr kühl (15–20 °C) vergoren; dabei stellt sich auf typische Weise ein gekochtes süßes Aroma ein.

Die große Attraktivität der Nouveau-Weine liegt für den Erzeuger darin, daß damit ein rascher finanzieller Erlös verbunden ist. Ein Weinkoster bemerkte in diesem Zusammenhang einmal, der typische Duft dieser Weine sei der Cash-flow. Den Weinliebhaber sprechen diese Weine dadurch an, daß sie eine erfrischende, belebende Reminiszenz an die Vergänglichkeit der Jahreszeiten und gewissermaßen ein Erntedankfest in flüssiger Form darstellen. Nouveau-Weine werden in der Flasche nicht wesentlich schneller welk als andere, doch ihre Lebensdauer ist insgesamt kürzer. Ein sauber bereiteter Nouveau aus einem guten Jahrgang kann zwei oder gar drei Jahre nach der Lese in der Flasche ausharren, ohne daß er allzuviel einbüßt, aber er sollte auch dann wie alle Nouveau-Weine kühl und ohne viel Aufhebens genossen werden.

NOVELLO Das italienische Wort für «neu» steht auch für jungen Wein im NOUVEAU-Stil, der schon einige Wochen nach der Lese auf den Markt kommt.

NUCLEAR MAGNETIC RESONANCE (NMR), **magnetische Kernresonanz** oder spezifischer: Site Specific Natural Isotope Fractionation by Nuclear Magnetic Resonance (SNIF-NMR). Um die Mitte der 1990er Jahre das wirkungsvollste Analyseverfahren zur Echtheitsbestimmung bei alkoholischen Getränken. Dadurch ist es eine wichtige moderne Abschreckungs- und Ermittlungswaffe gegen WEINPANSCHEREI UND -VERFÄLSCHUNG.

Es wurde in den 1980er Jahren von Professor Gérard Martin an der Universität Nantes (in der MUSCADET-Region) entwickelt und ist von der EUROPÄISCHEN UNION ebenso wie vom OIV als Analysemethode anerkannt. Das patentgeschützte Verfahren wird durch das von der EU finanzierte Unternehmen Eurofins weltweit vertrieben.

Seine Stärke besteht darin, daß es die genaue Struktur von ÄTHANOL-Molekülen auf eine Weise bestimmen kann, daß jede Möglichkeit einer Verfälschung völlig ausgeschlossen ist. Das Prinzip beruht auf Deuterium, einem stabilen natürlichen Isotop von Wasserstoff, und seiner Verteilung im Äthanolmolekül. Es gibt drei bestimmte Stellen für das Deuterium, und das NMR-Verfahren kann diese drei Stellen exakt unterscheiden und die Häufigkeit des Vorkommens von Deuterium jeweils genau feststellen.

Der Isotopengehalt jeder dieser Stellen steht in bestimmtem Zusammenhang mit dem Ursprung des Moleküls und den vor der Enstehung des Alkohols vorhandenen Verhältnissen, d. h. vor der GÄRUNG, wobei Art und Ausmaß der Zuckeranreicherung deutlich erkannt werden (beispielsweise ob Rohrzucker, Rübenzucker oder TRAUBENKONZENTRAT verwendet wurde).

Als Anwendung bietet sich natürlich der Nachweis einer Anreicherung über die vom Gesetz zugelassenen Grenzen hinaus an. Eine andere, viel weitreichendere Anwendungsmöglichkeit besteht in der Errichtung von Datenbanken auf der Grundlage der Analyse repräsentativer Weinproben aus den einzelnen Herkunftsgebieten. (Diese Anwendung ist für viele europäische Weinbaugebiete bereits weit fortgeschritten.) Da sie auf den jeweils einmaligen Deuteriumverhältnissen für jede bestimmte Region beruht, dürfte sie eine absolut sichere Garantie für die geographische Echtheit darstellen. Das Verfahren wird vielleicht nie so weit verfeinert werden können, daß es zwischen einem Château LAFITE und einem Château LATOUR unterscheiden kann, es ist aber ohne weiteres in der Lage, zwischen einem BORDEAUX und einem BERGERAC zu unterscheiden.

1993 war es noch nicht imstande, bestimmte Rebsorten und ihren Anteil an einem Wein herauszufinden, aber auch dies ist auf lange Sicht durchaus als Möglichkeit gegeben.

G. T.

NUITS, CÔTE DE Die Côte de Nuits, benannt nach ihrem Hauptort Nuits-St-Georges, bildet den nördlichen Teil des Steilabbruchs der CÔTE D'OR; hier wachsen die größten Rotweine Burgunds von der Pinot-Noir-Traube sowie einige wenige Weißweine. Die wichtigsten Orte sind von Norden nach Süden: GEVREY-CHAMBERTIN, MOREY-ST-DENIS, CHAMBOLLE-MUSIGNY, VOUGEOT, VOSNE-ROMANÉE, Flagey-ÉCHEZEAUX und NUITS-ST-GEORGES. Siehe auch MARSANNAY. Der Boden am unteren Teil der Hänge ist meist fruchtbarer als das Muttergestein, weil hier unreiferer Boden mit beigemischt ist.

Die Weine von FIXIN. Brochon, Prémeaux, Comblanchien und Corgoloin dürfen die Bezeichnung **Côte de Nuits Villages** führen. Es handelt sich in fast allen Fällen um Rotweine.

Siehe auch CÔTE D'OR und Karte Seite 201 sowie Côte de BEAUNE.

J. T C. M. und J. M. H.

NUITS-ST-GEORGES Marktstadt in Burgund; sie gibt der Côte de Nuits, also der nördlichen Hälfte der Côte d'Or, den Namen. Nuits-St-Georges hat gegenüber BEAUNE im Süden und Dijon im Norden seine Selbständigkeit gewahrt und ist Sitz vieler Handelshäuser geworden. Hier gibt es auch eine eigene Wohltätigkeits-Auktion zugunsten der Hospices de Nuits, die im März stattfindet, wenn die Weine schon besser beurteilt werden können als im November auf der Auktion der HOSPICES DE BEAUNE.

Die Appellation Contrôlée Nuits-St-Georges erstreckt sich zu beiden Seiten der an dem Flüßchen Meuzin gelegenen Stadt und umfaßt die Weinberglagen des Nachbarorts Prémeaux-Prissey im Süden. Alle Weine von Nuits-St-Georges sind robust und langlebig, aber die von der Grenze zu Vosne-Romanée im Norden zeigen die meiste Frucht und Eleganz. Als die feinsten Weine gelten meist die aus den Lagen südlich des Meuzin, wo der Boden steiniger ist und die vollsten und langlebigsten Weine hervorbingt. Im Boden der Lagen von Prémeaux ist mehr Ton enthalten, und hier wachsen fette, aber um eine Spur weniger feine Weine.

Während der Intendant Bouchu 1666 eine Vorliebe für Nuits, «wo der Wein exzellent ist», gegenüber Prémeaux, «wo der Wein gute Qualität hat», bekundete, verlangte der König von Sachsen 1780 ausdrücklich «den Wein von Prémeaux mit der Farbe der Kirchenfenster in der Sainte Chapelle».

Nuits hat 27 PREMIER-CRU-Lagen aufzuweisen, jedoch kein GRAND CRU, vielleicht weil der führende *vigneron* der Stadt, Henri Gouges, zuviel Bescheidenheit an den Tag legte, als in den 1930er Jahren die KLASSIFIKATION aufgestellt wurde. Immerhin ist die Lage Les St-Georges, die schon im 11. Jh. besonders hervorgehoben wurde, stets mit höchster Qualität in Verbindung gebracht worden. Besonders fein sind im südlichen Teil von Nuits-St-Georges auch Les Cailles und Les Vaucrains; beide grenzen an Les St-Georges an, und auch Les Murgers und Les Boudots auf der Seite von Vosne-Romanée sowie Les Argillières, Clos l'Arlot und Clos de la Maréchale in Prémeaux genießen einen guten Ruf.

Auch etwas Weißwein von Chardonnay entsteht vor allem im Clos l'Arlot und durch die Domaine Gouges im Premier Cru Les Perrières.

Siehe auch CÔTE D'OR und Karte Seite 201.

J. T. C. M.

NURAGUS Weißweinrebsorte für den nicht weiter bemerkenswerten sortenreinen Nuragus di Cagliari auf der Insel SARDINIEN. Die Anbaufläche ging in den 1980er Jahren um die Hälfte zurück und stand 1990 auf 8700 ha.

O

OAKVILLE Bedeutendes Zentrum der Weinproduktion im NAPA Valley, Kalifornien.

OBIDOS IPR in Westportugal. Siehe OESTE.

OBSTWEIN Durch Vergären von anderen Früchten als Trauben produzierter Wein (z. B. Apfelwein und Birnenmost); dagegen werden die vergärbaren Zucker für Bier und Sake aus aufgeschlossener Stärke gewonnen.

Wein läßt sich von so gut wie allen Obstarten, Beeren und sonstigen zuckerhaltigen Pflanzenteilen herstellen. Allerdings enthalten diese Grundstoffe oft so wenig vergärbaren Zucker, daß ihnen noch Zucker zugesetzt werden muß (eine Form der ANREICHERUNG), damit genügend ALKOHOL zur Gewährleistung der Stabilität entsteht (siehe STABILISIERUNG). Zu diesem Zweck wird gewöhnlich normaler Zukker (SACCHAROSE) verwendet; in den meisten Früchten kommen hohe Säurekonzentrationen vor, so daß die Aufspaltung der Saccharose in vergärbare GLUCOSE und FRUCTOSE gewährleistet ist. Außerdem enthalten HEFEN ein Enzym, das die Aufspaltung in Glucose und Fructose besorgt.

In vielen Fällen ist aber die Säurekonzentration so hoch, daß die gekelterten Früchte verdünnt werden müssen, um die Schärfe des entstehenden Weins von vornherein zu mildern. In den meisten Früchten außer Trauben besteht ein großer Teil des Säuregemischs aus (der in Zitrusfrüchten dominierenden) ZITRONENSÄURE; in Äpfeln und einigen anderen Obstarten herrscht APFELSÄURE vor. (Nur Trauben zeichnen sich durch einen hohen Gehalt an WEINSÄURE aus, die gegen den Angriff von BAKTERIEN widerstandsfähiger ist.)

Mangel an Nährstoffen für die Hefen stellt ein weiteres Problem beim Vergären von Obst dar. Kommerzielle Hefepräparate mit einer ausreichenden Beimengung von Stickstoff, Phosphor und Kalium zum Ausgleich des natürlichen Mangels an solchen Stoffen im Obst sind für den HOBBYKELLERMEISTER, der Obstwein bereiten möchte, im Handel erhältlich.

Nur wenige Obstweine profitieren wie feiner Traubenwein von der FLASCHENALTERUNG. Der charakteristische Fruchtgeschmack verblaßt rasch; es ist also am besten, Obstwein innerhalb eines Jahres nach der Herstellung zu konsumieren. A. D. W.

ÖCHSLE, auch **Oechsle.** Eine auf der DICHTE des Traubensafts beruhende Meßskala für den Zuckergehalt und damit den Reifegrad der Trauben. Traubensaft mit einem spezifischen Gewicht von 1,075 hat 75° Öchsle. Das in Deutschland gebräuchliche Meßsystem beruht auf einem Verfahren zum Wiegen von Traubenmost, das zunächst von J. J. Reuss in Württemberg entwickelt und in den 1830er Jahren vom Pforzheimer Physiker Ferdinand Öchsle verbessert wurde (siehe auch DEUTSCHE WEINBAUGESCHICHTE).

Wie bei anderswo gebräuchlichen Meßskalen (siehe BAUMÉ und BRIX) kann die Messung mit einem in geeigneter Weise geeichten REFRAKTOMETER oder ARÄOMETER – auch Mostwaage genannt – erfolgen. Ein ähnliches, in KLOSTERNEUBURG entwickeltes System ist in Österreich in Gebrauch. Jede Meßskala für die Zuckermessung läßt sich in die anderen Systeme entsprechend umrechnen. Beispielsweise hat ein Traubenmost mit 14,7° Brix ein spezifisches Gewicht von 1,06. Die Umrechnung in Öchslegrade lautet: $(1{,}06 - 1{,}0) \times 1000 = 60$. Das Verhältnis zwischen den bekannten Meßskalen ist jedoch nicht exakt festgelegt; vgl. Nomogramme bei Hamilton und Coombe.

Siehe auch MOSTGEWICHT. B. G. C.

Hamilton, R. P., und Coombe, B. G., HARVESTING OF WINEGRAPES, in B. G. Coombe und P. R. Dry (Hrsg.), *Viticulture, II: Practices* (Adelaide, 1992).

ŒIL DE PERDRIX franz. «Rebhuhnauge»; eine in der Weinansprache gebräuchliche Farbbezeichnung dient auch als Name für hellroten Wein, v. a. aus dem Schweizer Kanton Neuchâtel.

OENOTRIA siehe OINOTRIA.

OESTE portug. Westen; Sammelbezeichnung für sechs Weinbaugebiete an der Westküste PORTUGALS: Encostas d'Aire, Alcobaca, Óbidos, Alenquer, Torres (auch Torres Vedras) und Arruda – alle seit 1989 mit IPR-Status. Der Verbraucher hat noch wenig von ihnen gehört, und es gibt hier auch nur wenige Weine mit echter Qualität, und doch produziert der Oeste mehr Wein als jede andere Gegend Portugals. Henry VIZETELLY schrieb 1880, daß die «neutral schmeckenden Rotweine» aus dem Oeste in großen Mengen nach Frankreich exportiert und mit den blassen dünneren Gewächsen der nördlichen Weinbau-Départements gemischt wurden. Der Rest wurde entweder in Lissabon getrunken oder aber zu Weingeist für die PORTWEIN-Herstellung destilliert. Eine gewisser Teil des Weins wird nach wie vor in portugiesischem Marken-WERMUT mit verarbeitet. Der größte Teil des reichen Ertrags der in Meeresnähe gelegenen Weinbaugebiete wird jedoch in wiederverwendbaren *garafoes* verkauft, das sind 5-l-Flaschen, wie man sie überall in Gaststätten der Portugiesisch sprechenden Welt antrifft.

Die Region wird beherrscht von fünfzehn großen WINZERGENOSSENSCHAFTEN, die alle in die sechs IPR-Bereiche des Oeste gehören. Die meisten Winzer stellen Quantität über Qualität, um aus ihren winzigen Besitzungen möglichst viel Gewinn zu ziehen, und daher wurden auch die Rebsorten stets im Hinblick auf hohen Ertrag und gute Resistenz gegen das warme, feuchte Atlantikklima ausgewählt. Offiziell sind hier insgesamt dreißig verschiedene Traubensorten zugelassen, wobei die weißen Rebsorten infolge der hier schon lange üblichen Produktion von Grundwein für die Destillation in der Überzahl sind. Inzwischen zeigen sich bei der Weinbereitung im Oeste Verbesserungen. Mit finanzieller Unterstützung der EUROPÄISCHEN UNION beginnen die Genossenschaftskellereien, modernere Ausrüstungen zu installieren, und einige Weingüter produzieren auch schon individuellere Weine. Mit Ausnahme von Arruda und Alenquer, wo die meisten Fortschritte gemacht worden sind, dürften jedoch die Namen aus dem portugiesischen Oeste auf absehbare Zeit im Ausland kaum stärker in Erscheinung treten. R. J. M.

Vizetelly, H., *Facts about Port and Madeira* (London, 1880).

OIDIUM siehe ECHTER MEHLTAU.

OINOTRIA Altgriechischer Name für Italien. Er ist abgeleitet von dem dorischen Wort *oinotron*, Rebenpfahl. Oinotria hieß also wörtlich «Land der an Pfählen erzogenen Reben», was auf damals schon vorhandene Unterschiede in den Weinbautechniken verschiedener Gegenden hindeutet. (Die aus Nordgriechenland stammenden Dorer kolonisierten die Gegend um die süditalienische Stadt Taranto.)

OIV (Office International de la Vigne et du Vin) oder IWO (International Vine and Wine Office). Ein in Paris ansässiges überstaatliches Gremium, das die Interessen des Weinbaus, des TAFELTRAUBEN-Anbaus und der ROSINEN-Industrie von rund vierzig Mitgliedsländern – darunter alle bedeutenden weinbautreibenden Staaten – vertritt. Es wurde 1924, als in den USA PROHIBITION herrschte, gegründet und hatte den Auftrag, auf die wohltätigen Wirkungen des Weinkonsums aufmerksam zu machen, Forschung und Nomenklatur zu koordinieren und auf gute Qualitätsmaßstäbe in der Produktion zu achten. Auch im 2. Weltkrieg führte es seine Arbeit unter dem Schutz diplomatischer Immunität ununterbrochen weiter. Heute beziehen sich seine Hauptaufgaben auf die vielfältigen Fragen wissenschaftlicher, technischer, wirtschaftlicher und sozialer Art im Zusammenhang mit dem Weinbau und seinen Erzeugnissen. Insbesondere gehören dazu Bemühungen um Koordination und Harmonisierung. So koordiniert das OIV Forschungen, stellt Statistiken zusammen, veröffentlicht Bücher, Arbeitspapiere und Fachzeitschriften, darunter das *Bulletin de l'OIV*, und zwar nicht nur über weinberg- und kellertechnische Angelegenheiten, sondern auch über rechtliche und wirtschaftliche Aspekte des Weinbaus. Ferner veranstaltet das OIV Tagungen, auf denen alle von den Weinerzeugern der Welt als dringend empfundenen Probleme diskutiert werden. Um die Wende von den 1980er zu den 1990er Jahren handelte es sich hierbei u. a. um die Möglichkeit verstärkter Handelskontrollen als indirekte Folge wachsender Gesundheitsbesorgnisse sowie um die steigende Bedeutung ökologischer Fragen.

OJO DE LIEBRE («Hasenauge») Katalanisches Synonym für TEMPRANILLO.

ÖKOLOGISCHER WEINBAU siehe ORGANISCHER WEINBAU.

OKULATION Verbreitete Veredelungsmethode mit langer Geschichte. Im frühen Wachstumsstadium einer VEREDELUNGSUNTERLAGE wird von deren Holz ein kleines Stück entfernt und ein passendes, von einem Edelreis geschnittenes Knospenkissen an dieser Stelle so eingesetzt, daß das KAMBIUM zusammengefügt ist. Anschließend wird die Stelle mit Veredelungsband fest umwickelt. Der Zeitpunkt der Veredelung ist im Jahreslauf flexibel. Okulation ist auch für die UMVEREDELUNG anwendbar. Siehe auch FREILANDVEREDELUNG.

OLASZ RIZLING, auch **Olaszrizling, Olasz riesling** und **Olasz Riesling.** Ungarisches Synonym für WELSCHRIESLING. Die Rebsorte ist in Ungarn sehr populär, obwohl sie erst vor etwa hundert Jahren eingeführt wurde; nur die sehr schlichte DINKA wird verbreiteter angebaut. Besonders geschätzt ist der Olasz Rizling vom Plattensee; im allgemeinen verleiht das wärmere Klima ungarischen Versionen mehr Wucht als den Welschriesling-Weinen in ÖSTERREICH und auch als seinen Artgenossen im ehemaligen JUGOSLAWIEN, wo die Sorte LASKI RIZLING genannt wird (Olasz und Laski stammen aus der gleichen Wurzel, wahrscheinlich von Vlach, also Wallachei, einer Landschaft in RUMÄNIEN). Siehe auch RIESLING ITALICO.

OLIFANTSRIVER Weinbaugebiet in SÜDAFRIKA.

OLOROSO span. wohlriechend. Als *oloroso* wird in Spanien eine auf bestimmte Art erzeugte Sherry-Version bezeichnet, die stärker und voller ist als *fino*. Oloroso ist auch die Be-

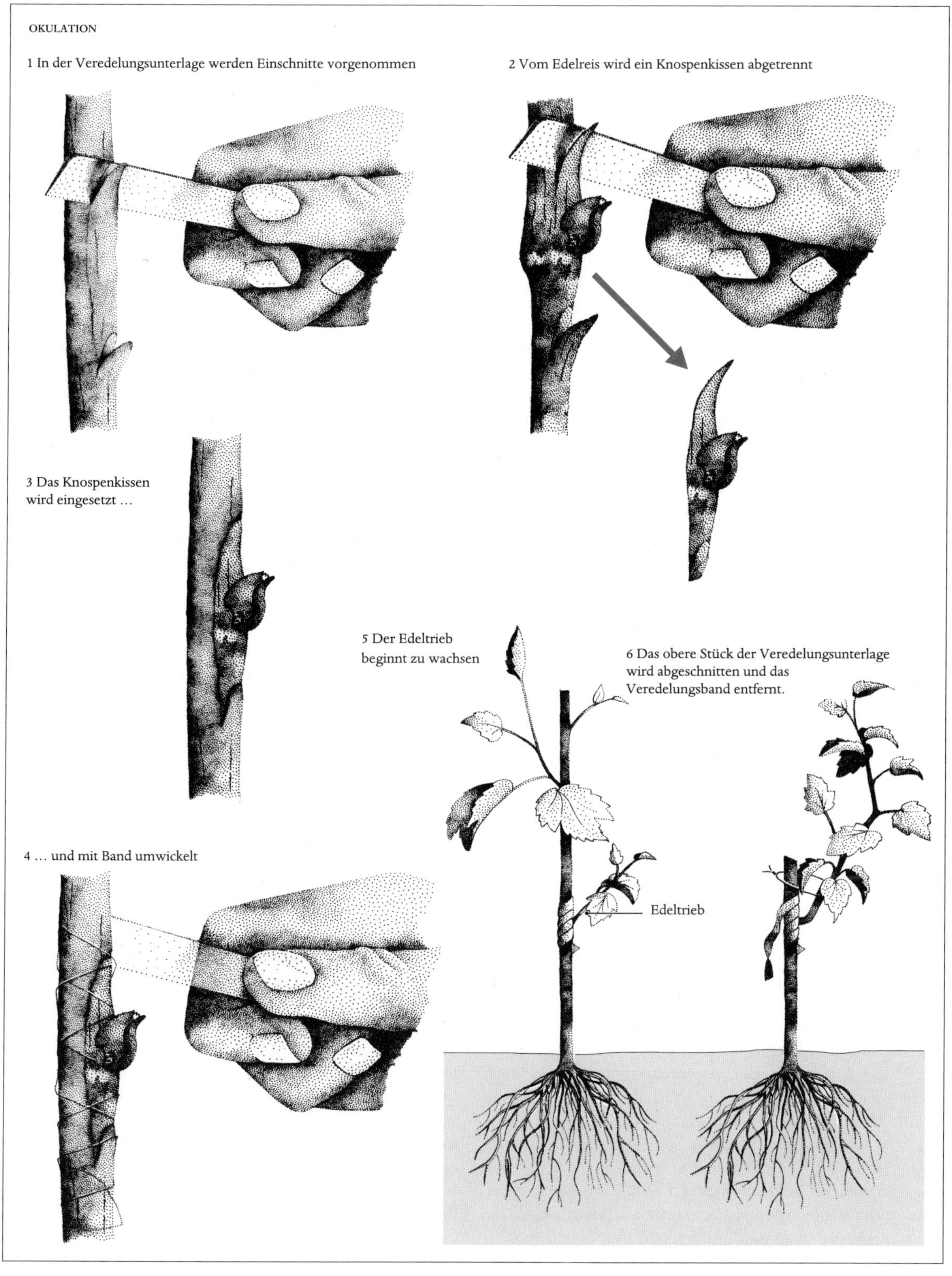
OKULATION
1 In der Veredelungsunterlage werden Einschnitte vorgenommen
2 Vom Edelreis wird ein Knospenkissen abgetrennt
3 Das Knospenkissen wird eingesetzt …
4 … und mit Band umwickelt
5 Der Edeltrieb beginnt zu wachsen
Edeltrieb
6 Das obere Stück der Veredelungsunterlage wird abgeschnitten und das Veredelungsband entfernt.

zeichnung für einen kommerziellen Sherry-Stil. Reiner oder Dry Oloroso ist eigentlich ein trockener, dunkler, nußwürziger Wein, viel häufiger aber wird die Bezeichnung auf die gängigen süßen, dunklen Verschnitte von einfachem Sherry mit Farb- und Süßwein angewendet, die zwischen AMONTILLADO und CREAM liegen. Oloroso hat 18 bis über 20 % Alkoholgehalt. Siehe auch SHERRY.

OLTREPÒ PAVESE Das umfangreichste Weinbaugebiet der LOMBARDEI erstreckt sich über das Hügelland um eine Reihe von Ortschaften in der Provinz Pavia auf dem Südufer der Po, wo das Terrain zu den Ligurischen Apenninen hin anzusteigen beginnt. (Der Name bedeutet Land von Pavia über dem Po.) Um die Mitte der 1990er Jahre belief sich die Rebfläche auf über 16 000 ha mit einer potentiellen Produktion von rund 1,2 Millionen hl DOC-Wein; allerdings betrug die tatsächliche Jahreserzeugung nur knapp 450 000 hl. Die Diskrepanz erklärt sich daraus, daß beträchtliche Mengen an Traubengut, vor allem PINOT NOIR, an Kellereien außerhalb des Erzeugungsgebiets geliefert werden: Die großen SPUMANTE-Häuer in PIEMONT – Cinzano, GANCIA, MARTINI & ROSSI und Riccadonna – beziehen seit langem aus dem Nachbargebiet in der Lombardei (das von 1741 bis 1859 verwaltungstechnisch zu Piemont gehörte) die von ihnen benötigten Traubensorten, die in der eigenen Region nicht angebaut werden. Auch im nahegelegenen Mailand wird viel Faßwein abgesetzt, was ebenfalls zu reichlicher Produktion bei möglichst niedrigen Preisen Anlaß gibt. Auf diese Weise hat die Qualität des Weins aus dem Oltrepò von der Nähe des größten und wohlhabendsten großstädtischen Absatzmarkts in Italien nicht viel profitiert. Auch die geringe Größe der Einzelbesitzungen (durchschnittlich 1,8 ha pro Winzer) und die bedeutende Rolle der WINZERGENOSSENSCHAFTEN haben eher Quantität als Qualität gefördert.

Wenn nun auch der allergrößte Teil des Weins aus dem Oltrepò nicht weiter bemerkenswert ist, so besteht doch kein Zweifel, daß es hier auch guten und gelegentlich sogar sehr guten Wein gibt. Am interessantesten ist der rote Verschnitt Oltrepò Rosso auf BARBERA-Grundlage, wobei CROATINA Würze (manchmal hat die Traube eine Rhône-ähnlich pfefferige Art) und UVA RARA Körper und Süße einbringt. Leider entfallen auf diesen Wein nur knapp 5 % der DOC-Produktion. Der sortenreine Barbera (oft ein säuerlich-scharfer Wein, was durch die großzügige von der DOC-Regel zugelassene Ertragsgrenze von 12 t/ha auch nicht gerade gebessert wird) ist mehr als fünfmal so häufig anzutreffen, und der Bonarda, der von der Croatina-Traube gekeltert wird und für sich allein bei weitem nicht so interessant ist wie in Gemeinschaft mit anderen Traubensorten, hat eine mehr als dreimal so große Produktion aufzuweisen. Der neutrale Riesling Italico (siehe WELSCHRIESLING) ist die meistangebaute Weißweintraube; auf ihn entfallen über 15 % der Gesamterzeugung. Weitere 8–9 % trägt der Oltrepò MOSCATO bei, der nur wenig Ähnlichkeit mit den in der Nachbarprovinz Alessandria in Piemont entstehenden eleganten Weinen besitzt. Pinot Noir wird meist zu Spumante verarbeitet, dessen Produktion vor allem in der Hand der WINZERGENOSSENSCHAFTEN liegt; er fällt meist korrekt, aber nicht begeisternd aus. Eine gelegentlich anzutreffende gute Flasche Oltrepò Spumante und ein ebenso hie und da auftauchender stiller, auf burgundische Weise bereiteter und in Eiche ausgebauter Pinot Nero lassen erkennen, daß die Traube in dieser Gegend reelles, aber noch nicht realisiertes Potential besitzt. D. T.

Anderson, B., *Atlas der italienischen Weine* (Bern, 1990).
Gleave, D., et al., *Die Weine Italiens* (Stuttgart, 1990).

OMAR KHAYYÁM († 1132 n. Chr.) Der persische Dichter ist in der englischsprachigen Welt durch Edward Fitzgeralds 1859 und 1868 erschienene Übersetzung (und Bearbeitung) seiner *Rubáiyát* («Vierzeiler») berühmt geworden. Zu seiner Lebenszeit war Omar Khayyám als Philosoph und Gelehrter bekannt, und im Mittleren Osten wie in Europa galt er lange als einer der größten Mathematiker des Mittelalters. Seine Vierzeiler dürften allerdings seinerzeit kaum als besonders originell aufgefallen sein (siehe ARABISCHE DICHTUNGEN). In jener Zeit strengster Gläubigkeit waren Gelegenheitsverse dieser Art, wie sie im 11. und 12. Jh. in PERSIEN populär waren, die beste Möglichkeit, in einem Kreis enger Freunde persönliche Zweifel auszudrücken.

Khayyáms Vierzeiler sind Ausbrüche eines nichtkonformistischen Intellektuellen, der gegen religiösen Fanatismus opponierte. Sie liegen zwischen frommen Betrachtungen und extremem Skeptizismus. Wein bildet in dieser Dichtung ein wichtiges Thema. In Anbetracht des islamischen Weinverbots erscheinen viele *Rubáiyát* als ketzerisch; allerdings hatten die aus dem 8. und 9. Jh. stammenden herausfordernden anti-islamischen Verse der bacchischen Dichtung bis im 12. Jh. durch den Sufismus (islamischer Mystizismus) bereits einen Bedeutungswandel erfahren. Manche Kommentatoren sehen die *Rubáiyát* daher als mystisches Genre an, wobei der Wein mit zur gefühlsbetonten Allegorie gehört. Neuerdings wird angenommen, daß der Wein lediglich religiösen Skeptizismus zum Ausdruck bringt und Tröstung in Existenzängsten bedeutet. Omar Khayyám suchte die Sorgen der Welt in Wein zu ersäufen und wies damit die «Hoffnung auf einen göttlicheren Trank», den der Islam spenden könne, von sich. Khayyáms Protest war der eines Humanisten, der Sektierertum und Intoleranz mit Verachtung behandelt: «Bin ich trunken von verbotenem Wein, so bin ich's! / Und bin ich ein Heide und Götzendiener, so bin ich's! / Jede Sekte hat mich in eig'nem Verdacht / Ich selbst aber bin nur, was ich bin . . . Frei von Glauben und Unglauben sein, das ist meine Religion.»

Obzwar die persische Weinpoesie (vor allem soweit sie einen echten mystischen Einschlag besaß) weitgehend von der arabischen Dichtung beeinflußt war, so ist doch der Umfang bacchischer Aussagen in den *Rubáiyát* sehr viel eingeschränkter als das, was an aufführlichen, manchmal überschwenglichen Beschreibungen des Weins bei früheren arabischen Dichtern anzutreffen ist.

Siehe auch PERSIEN und Wein in der englischen LITERATUR. P. K.

Avery, P., und Heath-Stubbs, J. (Übers.), *The Ruba'iyat of Omar Khayyam* (London, 1979).

ONDENC Die einst in GAILLAC und ganz SÜDWESTFRANKREICH stark verbreitete Rebsorte steht dort wegen ihrer Ertragsschwäche und Fäuleanfälligkeit nicht mehr in Gunst. Im 19. Jh., als sie in der weiteren Umgebung von Bordeaux noch sehr viel populärer war, muß die Ondenc-Traube nach Australien gelangt sein, denn dort wurde sie von dem französischen Ampelographen Paul Truel bei seinem Besuch im Jahr 1976 unter dem Namen Irvine's White in Great Western und als Sercial in Südaustralien erkannt. Seither ist Ondenc aber auch aus den australischen Weinbergen so gut wie völlig verschwunden, obwohl Fäule hier kein so großes Problem ist.

ÖNOLOGE Ein Studium der Kellertechnik ist die Hauptvoraussetzung für diesen Titel, obwohl der Önologe sich nicht nur mit den Vorgängen im Keller befaßt, sondern für seine Arbeit zunehmend genaue Kenntnisse der Vorgänge im Weinberg braucht. Im allgemeinen Verständnis ist allerdings ein Önologe vor allem ein wissenschaftlich vorgebildeter mehr oder weniger freier Mitarbeiter oder Berater in kellertechnischen Angelegenheiten, im Gegensatz zu dem fest zum Haus gehörenden Praktiker, dem althergebrachten KELLERMEISTER, der nicht unbedingt über eine wissenschaftliche Vorbildung verfügen muß.

ÖNOLOGIE von griech. *oinos*, Wein, die Kunde oder Lehre vom Wein (in Frankreich *œnologie*, in Italien *enologia*). Als Begriffsinhalt hat sich für Önologie jedoch die Kellerwirtschaft im Gegensatz zur Weinbergtechnik durchgesetzt. Allerdings geht inzwischen die Tendenz immer mehr dazu, auch den Rebbau in das Studium der Önologie mit einzubeziehen, da die Auffassung, daß der Wein vor allem im Weinberg entsteht, immer stärker Anerkennung findet. Siehe auch ÖNOLOGE.

Navarre, C., *L'Œnologie* (Paris, 1988).

OPIMIANER Der Wein aus dem Konsulatsjahr des Lucius Opimius, 121 v. Chr. Seinen Ruhm verdankt er dem Zusammentreffen eines besonders warmen Jahres mit einem denkwürdigen historischen Ereignis, nämlich der Ermordung des C. Gracchus, als deren Folge den sozialen Reformen vorübergehend ein Ende gesetzt wurde, so daß die Senatorenklasse ihre Ländereien und ihre privilegierte Stellung behielt.

Cicero schreibt 46 v. Chr., der Opimianer sei inzwischen zu alt zum Trinken (*Brutus* 287), und PLINIUS der Ältere berichtet, er sei «zu einer Art bitterem Honig eingedickt», aber noch immer als Wein erkennbar und überaus teuer (*Naturgeschichte* 14.55–57). Petronis (*Satyricon* 36) und MARTIAL (*Epigramme* 1.26, 3.82, 10.49 usw.) behandeln den Opimianer eher als literarisches Gemeingut und nicht als Wein: Opimianer trinken Neureiche in großen Mengen, um mit ihrem Reichtum zu prunken – dabei aber handelt es sich um Satire, nicht um Realitäten.

Weine, die so lange haltbar blieben, waren mit großer Wahrscheinlichkeit WEINE VON ROSINIERTEN TRAUBEN.

H. M. W.

OPORTO siehe PORTO.

OPTIMA DEUTSCHE NEUZÜCHTUNG aus dem Jahr 1970, eine Kreuzung Silvaner × Riesling mit Müller-Thurgau. Die Sorte reift ausgesprochen früh, manchmal zehn Tage vor Müller-Thurgau, und erreicht oft eindrucksvolle Reifegrade, allerdings sind ihre Weine flach und ausdrucksschwach. Optima gedeiht noch in kärgsten Lagen und wird ihres späten Austriebs wegen an der Mosel und in Rheinhessen gern gepflanzt und als nützliche, allerdings nicht als sehr nobel empfundene Beimischung beispielsweise für die verbreiteter angebaute Sorte ORTEGA benutzt. Die Anbaufläche von Optima belief sich in Deutschland im Jahr 1990 auf 420 ha; mit einer Erweiterung ist nicht zu rechnen.

OPTIONS GAME Ein von dem Australier Len EVANS entwickeltes Blindverkostungsspiel, bei dem Neulinge genauso gute Gewinnchancen haben wie Profis. Die Leitung hat jeweils ein mit entsprechenden Kenntnissen ausgestatteter Quizmaster, der den Mitspielern zunehmend präziser werdende Optionen zur Identität eines Weins zur Wahl stellt. Eine typische Reihe von Optionen sieht etwa so aus: «Australien, Kalifornien oder Bordeaux?», «links oder rechts von der Gironde?», «St-Estèphe, Pauillac, St-Julien oder Margaux?», «vor 1980 oder nach 1979?», «Premier Cru oder 5e Cru?», «Latour, Lafite oder Mouton?». Nur wer die richtige Option wählt, darf weiter mitspielen.

ORANGE RIVER Weinbaugebiet in SÜDAFRIKA.

OREGON Staat im PAZIFISCHEN NORDWESTEN der USA. Oregon liegt zwischen KALIFORNIEN und dem Staat WASHINGTON, es unterscheidet sich aber von beiden ganz ausgeprägt. Die Möglichkeiten, die es Trauben bietet, zur Reife zu gelangen, sind hier von allen drei Staaten am knappsten. Das ist besonders interessant für alle, die der Meinung sind, daß die Trauben, die nur mit Mühe zur Reife kommen, die größte Komplexität erlangen, und es ist daher auch grundlegend für die Idee, daß hier aus dem Nordwesten wahrscheinlich einmal die besten Weine der USA kommen werden. Der Weinbau in Oregon reicht fünf Generationen in die Vergangenheit zurück; sein Wachstum ist hier viel diskreter vor sich gegangen als in Kalifornien, kann aber kaum schon als abgeschlossen angesehen werden. Der mit ungenügenden Mitteln ausgestattete, alles in allem etwas schüchterne Weinbau in Oregon muß erst noch einen einheimischen Sprecher mit geschärftem Profil finden, der ihn auf die internationale Leinwand zu projizieren versteht. Hier gibt es nicht wie im südlich angrenzenden Kalifornien einen GALLO oder MONDAVI, der dem Markt besondere Aufmerksamkeit abverlangt. Statt dessen hat sich Oregon mit einem gewissen selbstbewußten Stolz ein Image rustikalen Charmes und natürlicher Schlichtheit ohne jeden Flitter und ohne jede Raffinesse zugelegt, obwohl seine Winzer eher hartnäckige Individualisten als einfache Bauern sind.

David Lett von Eyrie Vineyard, einer der Gründerväter des Weinbaus in OREGON.

Historisches

VINIFERA-Rebsorten kamen gegen Ende des 19. Jh. hierher. Eine Zählung von 1860 ergab in Oregon eine Weinproduktion von 98 hl. Zwanzig Jahre später erzeugte das Jackson County allein 600 hl, und in den Boomjahren nach der PROHIBITION produzierten dann 1938 insgesamt 28 Weinbaubetriebe 40 000 hl – allerdings zum großen Teil Obstwein. In den darauffolgenden 25 Jahren gab es kaum Fortschritte, denn Kalifornien beherrschte den Markt.

Die moderne Weinbauära begann in Oregon ab 1961, als bei Roseburg (weit südlich vom Schwerpunkt des heutigen Weinbaus) der Pionierbetrieb Hillcrest Vineyards entstand, gegründet von Richard Sommer, einem Absolventen der Universität von Kalifornien in DAVIS, wo ihm als unumstößliche Tatsache beigebracht worden war, daß in Oregon keine *Vinifera*-Rebsorten angebaut werden könnten. Charles Coury, ebenfalls ein Absolvent von Davis, setzte Reben bei Forest Grove im Norden des Willamette Valley an. Weitere Pioniere aus der Zeit um 1960 waren Dick Erath von Knudsen-Erath und David Lett von Eyrie Vineyard. Sie alle hatten zuvor in Kalifornien gearbeitet, bis ihnen die Erkenntnis kam, daß dort nicht der Weinstil zustande kam, den sie wünschten.

Lett schaffte den Durchbruch und erbrachte den Beweis, daß Davis irrte. Sein 1975er Eyrie Vineyard Pinot Noir rückte Oregon ins Scheinwerferlicht, und zwar mit einer bestechenden Leistung in einer 1979 von französischer Seite veranstalteten Prämierung, bei der französische Spitzenweine mit Nachahmern aus der Neuen Welt verglichen wurden. Der Weinhändler Robert DROUHIN aus Beaune veranstaltete dann einen Folgewettbewerb, bei dem das Ergebnis des ersten sich bestätigte, und die Lehre daraus fiel offensichtlich bei ihm auf fruchtbaren Boden. Zumindest spricht es für sich, daß er nur einen Steinwurf weit von Letts Besitzung in den Dundee Hills Land kaufte.

Am Ende der 1980er Jahre war dort eine Fläche von über 2000 ha bestockt, und rund 70 Weinbaubetriebe hatten die Produktion aufgenommen. Der Rebfläche und dem Produktionsvolumen nach ist Oregon viel kleiner als der im Norden angrenzende Staat Washington, doch mit seinem Wein fand es in den 1980er Jahren weit mehr öffentliches Interesse – sicherlich deshalb, weil es sich auf PINOT NOIR konzentrierte, also die Rotweinrebsorte, die außerhalb BURGUNDS nur schwer Fuß faßt.

Geographie und Klima

Der größte Teil der Weinbaugebiete im Staat WASHINGTON liegt im Regenschatten östlich der Cascade Mountains in einer Steppe; die Weinberge von Oregon dagegen stehen direkt in den Meeresluftströmungen des Pazifischen Ozeans, so daß hier die Winter milder, die Sommer aber kühler und feuchter sind als in Washington. Oregon ist ausgesprochen feucht, doch in den meisten Jahren fällt hier Regen zwischen November und April und nicht im kritischen Teil der Wachstumsperiode. In einem Jahr mit später Reife kann allerdings durch Regen zur Lesezeit FÄULE und Verwässerung entstehen, und Scharen von Zugvögeln plündern so manchen Weinberg innerhalb von wenigen Stunden.

Die Anhänger des Weins aus dem Nordwesten machen gern darauf aufmerksam, daß diese Gegend auf einem ganz ähnlichen BREITENGRAD liegt wie Bordeaux und Burgund. Allerdings hinkt der Vergleich, denn er berücksichtigt die Auswirkungen der TOPOGRAPHIE nicht. Einen bedeutenden Einfluß auf den Wein übt die geographische Breite insofern, als sie Jahr für Jahr das für die PHOTOSYNTHESE so wichtige Maß an Sonnenscheindauer zur Verfügung stellt, was von allen, deren Hauptgedanke der Temperatur gilt, oft übersehen wird (siehe WÄRMETAGE).

In jedem Randklima nimmt die Wahl der Rebsorte und der Lage besondere Bedeutung an. Der bisher bekannteste Weinbaubereich Oregons ist das **Willamette Valley** (der Name wird auf dem «a» betont), das sich von Portland im Norden 240 km südwärts bis Eugene erstreckt. Hier liegen die Weinberge in den Ausläufern des Küstengebirges, das den westlichen Rand des breiten Tals bildet. Insbesondere in den Red Hills bei Dundee mit ihrem rostroten tonähnlichen Jory-Lehmboden. Ähnliche, ebenfalls vielversprechende Lagen und Böden finden sich auch in den Eola Hills zwischen McMinnville und Salem, und man darf vermuten, daß es ein mindestens gleich gutes Potential auch an vielen anderen, bislang noch nicht erprobten Stellen gibt.

Entgegen der allgemeinen Meinung haben die Weinbergböden in Oregon vulkanischen Ursprüngen nur wenig zu verdanken, und sie sind nicht übermäßig fruchtbar. Noch zu Beginn der 1990er Jahre wurden viele Reben auf dem eigenen Wurzelstock gezogen und sind damit dem Befall durch die REBLAUS ausgesetzt (allerdings dürfte ihr das Vorankommen dadurch erschwert werden, daß die Weinberge des Landes so weit voneinander verstreut sind). Die Höhe der Weinberge liegt allgemein zwischen 110 und 330 m. Frost bildet selten ein Problem; die Sommertemperaturen sind unbeständig, und die Lesetermine können von Anfang September bis Ende November schwanken. Entsprechend unterschiedlich sind auch die Charakteristiken der Weine. Pinot Noir gelangte in den 1980er Jahren meist gut zur Reife, aber wie in Burgund stellt das individuelle Können bzw. der Mangel daran den größeren Einfluß auf die Qualität des resultierenden Weins dar.

Auch südlich vom Willamette Valley gibt es bedeutende Weinbaubereiche: das **Umpqua Valley, Rogue River**, das wärmere und trockenere **Appelgate Valley** und das **Illinois Valley** unmittelbar nördlich der Grenze zu Kalifornien – es liegt näher am Pazifik und ist daher kühler und feuchter. Das Potential von Südwest-Oregon ist interessant, jedoch noch unterentwickelt. Der Hauptnachteil beruht eher auf kommerziellen als auf klimatischen Gründen, denn es fehlt hier an einem größeren Bevölkerungszentrum.

Die für die Produktion von billigem Wein erforderlichen großen Wirtschaftsräume bilden kein Merkmal des Weinbaus in Oregon, der demzufolge durch Qualitätsbestrebungen und nicht durch Quantitätsbedarf motiviert ist. Die ERTRÄGE sind niedrig, die Reben werden meist im FRUCHTRUTENSCHNITT und nicht im CORDON-System erzogen; das erfordert mehr Zeitaufwand, Sorgfalt und Sachkönnen.

Rebsorten

Pinot Noir hat sich mit vielen Weinen voll Tiefe und Komplexität bewährt. Ihm folgt der PINOT GRIS, der mit frischen, trockenen charaktervollen Weißweinen immer mehr Popularität gewinnt. CHARDONNAY wird zwar verbreitet angebaut, hat sich aber mit einigen bemerkenswerten Ausnahmen als problematischer erwiesen, als zu erwarten war. RIESLING ist kommerziell brauchbar, wenn auch derzeit nicht in Mode, während GEWÜRZTRAMINER zwar gut ausfällt, aber schwer zu kultivieren und noch schwerer abzusetzen ist.

Neben Pinot Noir kommt unter den Rotweinrebsorten MERLOT nur selten vor, weil er hier mit dem Fruchtansatz Schwierigkeiten hat, während für den CABERNET SAUVIGNON der größte Teil Oregons zu kühl ist; nur im Süden sind gute Beispiele durchaus möglich.

Weinbereitung

Oregon ist eine entgegenkommende Heimat für alle Reben, die nicht viel Hitze vertragen (allerdings kann es vorkommen, daß die Pinot-Noir-Trauben in einem besonders heißen Jahr zu schnell reifen und früher gelesen werden müssen, wenn sie noch nicht ganz ausgereift sind). Die Produktion läßt sich am besten auf Qualität anstatt Quantität abstellen. Mit zunehmendem Alter der Weinberge und größerer Erfahrung wird sich herausstellen, inwieweit die Hoffnungen der Pioniere in Erfüllung gehen.

Ein typischer Weinbaubetrieb in Oregon verfügt einerseits über eigenen Weinbergbesitz, kauft aber andererseits auch Traubengut bei spezialisierten Anbauern zu. Die meisten Betriebe sind relativ klein, eine Produktion von 5000 bis 15 000 Kisten im Jahr ist die Regel. Die meisten Besitzer setzen ihren Stolz darein, ihre Betriebe selbst und relativ eigenwillig zu führen. AZIDIFIKATION ist selten nötig, ANREICHERUNG wird zwar gelegentlich praktiziert, aber in den meisten Jahren ist es ohne weiteres möglich, Weine mit einem ALKOHOLGEHALT von mindestens 11 % zu erzielen.

M. S.

Clark, C., *American Wines of the Northwest* (New York, 1989)
Hill, C., *The Northwest Winery Guide* (Seattle, 1988).
Meredith, T. J., *Northwest Wine* (Kirkland, Wash., 1990).
Thompson, B., *Atlas der kalifornischen Weine (mit Oregon und Washington)* (Bern, 1994).

ORGANISCHE STOFFE Im BODEN durch verrottende pflanzliche, tierische und mikrobielle Reste gebildete, KOHLENSTOFF enthaltende Materie.

Normalerweise befinden sich die meisten organischen Stoffe in der etwa 20 cm starken obersten Bodenschicht, manchmal auch infolge von besonders weit eingedrungenen WURZELN und Verteilung durch Regenwürmer und andere den Erdboden lockernde Lebewesen in noch größerer Tiefe. In unberührten Böden liegt ein großer Teil des Vorrats an ohne weiteres aufnehmbaren Pflanzennährstoffen in dieser Oberflächenschicht und ihren organischen Stoffen, da sie dem UNTERBODEN im Lauf der Jahrtausende entzogen und dann auf der Oberfläche in Pflanzenresten und in Exkrementen weidender Tiere wieder abgelagert wurden. Dies gilt insbesondere für die nicht gut wasserlöslichen Nährstoffe wie PHOSPHOR und die meisten Spurenelemente, die außer in sehr sandigen Böden nicht ohne weiteres in tiefere Bodenschichten gewaschen werden.

Frische organische Stoffe zeigen in ihrer Zusammensetzung noch deutlich, aus welchen pflanzlichen und tierischen Resten sie bestehen. Mit zunehmender Zersetzung werden dann die leichter löslichen Bestandteile ausgewaschen, sofern sie nicht rasch wieder durch die Pflanzenwurzeln aufgenommen werden. Das Endprodukt dieses Zersetzungsprozesses ist eine weitgehend inerte, Humus genannte organische Masse. Sie ist zwar ziemlich arm an STICKSTOFF, hat aber doch eine wichtige Funktion, indem sie dem Boden die erwünschte lockere Krumenstruktur und Gare verleiht (siehe BODENSTRUKTUR). Humus bildet auch ein Rahmenwerk, das Feuchtigkeit und freie Nährstoffe absorbiert und in verschieden starker Bindung und Aufnehmbarkeit durch die Pflanzenwurzeln speichert.

Insgesamt ergibt sich auf unberührten Böden auf diese Weise eine stetige Erneuerung der Nährstoffe und ihre dauernde Verfügbarkeit für die Pflanzenwurzeln. Von besonderer Bedeutung ist dabei, daß dies in einer Art und Weise geschieht, die im großen und ganzen den günstigsten Bedingungen für Pflanzenwuchs und damit dem Nährstoffbedarf der Pflanzen entspricht. Ein vernünftiger Weinbau ist gegebenenfalls bestrebt, zunächst den Gehalt an organischen Stoffen und an entsprechenden mineralischen Nährstoffen im Boden aufzubauen und sodann auf dem Stand zu halten, der die Gesundheit des Bodens und einen ständigen an den Bedarf der Reben angepaßten Vorrat an Nährstoffen gewährleistet. Auf anfänglich unfruchtbaren Böden kann dies den Einsatz entsprechend großer Mengen DÜNGEMITTEL oder im Fall organischer Anbaumethoden die Einbringung zusätzlicher pflanzlicher Reste und tierischen Dungs erfordern, um eventuellen Mangel an mineralischen Elementen auszugleichen. Erst dann ist es möglich, entsprechend kräftiges Wachstum der Gründüngungs- und Bodendeckerpflanzen zu erreichen, das zum Aufbau und zur Erhaltung ausreichender Vorräte an organischen Stoffen unerläßlich ist. In allen Phasen verlangt die Erhöhung und Erhaltung des Gehalts an organischen Stoffen im Boden, daß Kultivierungsmaßnahmen möglichst auf ein Mindestmaß beschränkt bleiben.

Werden besonders hochwertige Weine angestrebt, dann ist es auf jeden Fall erforderlich, darauf zu achten, daß der Gehalt an organischen Stoffen im Boden nur gerade so groß ist, wie es das Gleichgewicht zwischen Fruchtentwicklung und mäßigem vegetativem Wachstum erfordert (siehe AUSGEWOGENHEIT). Ein höherer Gehalt an organischen Stoffen ist oft verbunden mit übermäßiger vegetativer Wuchskraft und ungünstigem LAUBDACHMIKROKLIMA. Seguin erörtert den Gehalt an organischen Stoffen im Boden im Zusammenhang mit den Spitzenweinen von Bordeaux.

J. G.

Seguin, G., «TERROIRS» AND PEDOLOGY OF WINE GROWING, *Experientia*, 42 (1986), 861–872.

ORGANISCHER WEIN Unpräziser Ausdruck für Wein von Trauben aus organischem Anbau (siehe ORGANISCHER WEINBAU) unter minimalem Einsatz von chemischen Mitteln während der Weinbereitung. Zwischen den Erzeugern von «organischem» Wein besteht nur in ungenügendem Maß Einmütigkeit über diesen Begriff, und in gewissem Sinn ist schließlich jeder Wein organisch. Beispielsweise bevorzugen auf organischen Wein eingeschworene Erzeuger «wilde» oder Umfeldhefen gegenüber Kulturhefen.

Die Aufsichtsorganisationen, die die Maßstäbe für die organische Weinbereitung formulieren und festsetzen, verbieten die meisten chemischen Zusatzstoffe und lassen nur minimale Mengen an SCHWEFELDIOXID als Oxidationshemmer zu. Auch viele Schönungsmittel werden untersagt, und physikalische Behandlungen (z. B. FILTRATION) sollen auf ein Mindestmaß beschränkt bleiben. Leider fehlt es an wissenschaftlichen Begründungen für einige der Einschränkungen, die von den Aufsichtsorganisationen verfügt werden. Beispielsweise untersagt eine von ihnen den Gebrauch von WEINSÄURE für die AZIDIFIKATION, erlaubt aber die Beimischung von Zitronensaft, jedoch nur unter der Voraussetzung, daß dieser von Zitronen aus organischem Anbau stammt, völlig ungeachtet der Tatsache, daß Weinsäure und nicht Zitronensäure die von Natur aus vorherrschende Säure im Wein ist.

In ähnlicher Weise verbieten einige dieser Organisationen ohne ersichtlichen Grund bestimmte physikalische Behandlungen. Nach organischen Regeln ist ZENTRIFUGIEREN verboten. Dem kann man zwar unter dem Aspekt der Weinqualität zustimmen, es hat aber nicht das geringste damit zu tun, ob ein Wein organisch ist oder nicht.

Natürlich ist organischer Weinbau nichts Neues – er wurde eigentlich erst in der zweiten Hälfte des 20. Jh. durch den «konventionellen», mit Chemiedünger und systemischen Spritzmitteln arbeitenden Weinbau verdrängt. Seit Anfang der 1970er Jahre sind jedoch immer mehr Winzer zu den alten Methoden zurückgekehrt, entweder aus ökologischen Gründen oder in manchen Fällen auch im Rahmen einer gezielten Marketingstrategie.

Um 1990 wurde die organische Bewegung bereits ernst genommen, und 1992 hatten sich 400 Erzeuger weltweit bei den entsprechenden Organisationen registrieren lassen, während viele andere auch ohne Mitgliedschaft in einem Verband auf diese Weise arbeiteten.

Frankreich bildet das Kernland des hier oft *vin biologique* genannten organischen Weins; es stellt über die Hälfte der registrierten organischen Erzeuger, vor allem im warmen, trockenen Klima des Südens, wo in den Weinbergen der PROVENCE und des LANGUEDOC-ROUSSILLON nur selten PILZKRANKHEITEN auftreten, gegen die mit Spritzmitteln vorgegangen werden muß. Es gibt aber auch Erzeuger von organischem Wein in allen klassischen Weinbaugebieten Frankreichs. Organisiert ist die organische Weinerzeugung in Frankreich in einer Vielzahl von Verbänden, u. a. Nature et Progrès und Lemaire Boucher; sie erlassen die Regeln für den organischen Weinbau und analysieren Böden und Weine, um sie auf Einhaltung der organischen Prinzipien zu kontrollieren. Bekannte Erzeugerbetriebe wie das vielbewunderte Château de Beaucastel in CHÂTEAUNEUF-DU-PAPE sowie Mas de Daumas Gassac im Languedoc und die Domaine de Trevallon in der Provence ziehen es jedoch vor, nach organischen Grundsätzen zu arbeiten, ohne deswegen einem Verband beizutreten.

In Deutschland vollzog sich der größte Zuwachs in der organischen Weinerzeugung in den 1980er Jahren; die 150 eingetragenen organischen Erzeuger arbeiten im Rahmen verschiedener Organisationen. Ernst Loosen im Anbaugebiet MOSEL-SAAR-RUWER gehört zu den prominenteren Erzeugern, die sich ohne Mitgliedschaft in einer solchen Vereinigung den organischen Methoden verschrieben haben. 1991 gab der Verband deutscher Prädikatsweingüter (VDP) seine Absicht bekannt, ökologisch vernünftige Produktionsgrundsätze zu fördern; hierin spiegelt sich die wachsende Besorgnis des deutschen Verbrauchers gegenüber Pestiziden und hohen Nitratgehalten im Grundwasser.

Überraschenderweise hat sich das modebewußte KALIFORNIEN der organischen Weinerzeugung nur sehr langsam angenommen. Es gibt hier eine eigene Kontrollorganisation, in der sich eine kleine Zahl organischer Anbauer zusammengeschlossen hat; der Großbetrieb Fetzer in MENDOCINO, der Ende der 1980er Jahre als Pionier der organischen Weinbereitung aufgetreten ist, gehört jedoch nicht zu den Mitgliedern, ebensowenig der Weingigant GALLO, der 1993 auf rund 3000 ha «umweltschonende Weinbaupraktiken» eingeführt hat. Auch Wente Bros., Buena Vista, Robert MONDAVI und andere haben Elemente organischer Produktion in Weinbergen und Weinkellereien eingeführt.

Australien befaßt sich ebenfalls nur zögernd mit den Möglichkeiten der organischen Weinerzeugung, obwohl sich das Klima in vielen australischen Weinbaugebieten für organische Anbaumethoden hervorragend eignet. Lange Zeit war Gil Wahlquist von Botobolar in MUDGEE der einzige Erzeuger von organischem Wein, inzwischen aber haben sich noch weitere hinzugesellt, u. a. die große Firma PENFOLDS.

Organische Produktionsmethoden sind allgemein sehr arbeitsaufwendig, und organischer Wein wird meist nur in relativ kleinem Umfang produziert, doch das Interesse, das ihm auch größere Weinbauunternehmen entgegenbringen, beweist, daß dieses Thema nicht außer acht gelassen werden darf. A. G. W.

ORGANISCHER WEINBAU Ein System des Traubenanbaus, das sich nicht auf die Weinrebe allein konzentriert, sondern auf dem Versuch beruht, die Lebensabläufe im BODEN vernünftig zu fördern – die ja als komplexe Lebensumwelt in enger Wechselbeziehung mit der darin lebenden Flora und Fauna zu betrachten sind –, und zwar unter Beachtung biologischer Zyklen und der Umwelt selbst. Es steht im Gegensatz zum «konventionellen», manchmal als «industrialisiert» bezeichneten Weinbau.

Allerdings bestehen weitgehende Meinungsverschiedenheiten darüber, was im einzelnen unter organischem Weinbau zu verstehen ist. Verschiedene Organisationen mit verschiedenen Motivationen und Arbeitsgrundsätzen nehmen sich in aller Welt dieser Sache an. Schon der Begriff «organischer Weinbau» erregt Widerspruch, und schließlich kann ja auch mit gutem Grund gesagt werden, daß in dem Sinn, daß die Weinrebe einen lebendigen Organismus darstellt, jede Form des Weinbaus organisch ist. Ein «unorganischer Weinberg» ist demnach ein Ding der Unmöglichkeit. Ähnliche Begriffe sind ALTERNATIVER WEINBAU, BIOLOGISCH-DYNAMISCHER WEINBAU und UMWELTSCHONENDER WEINBAU.

Unter dem Druck organischer Anbauer und von Verbraucherorganisationen in Frankreich wurde der organische Anbau *(agriculture biologique)* 1981 gesetzlich als «Anbau ohne Anwendung synthetischer Chemikalien» definiert. Das daraus folgende Verbot einer großen Palette von PESTIZIDEN, FUNGIZIDEN und DÜNGEMITTELN erscheint leicht verständlich und durchführbar. Allerdings schleichen sich hier bereits Widersprüchlichkeiten ein, denn eine solche Definition erlaubt beispielsweise die Verwendung natürlich vorkommender Düngemittel wie Salpeter und Kaliumchlorid, die in Chile abgebaut werden, dort aber verboten sind. Ein ähnlicher Widerspruch tut sich beim Einsatz von Pheromonfallen auf, denn sie sind synthetische Produkte, werden aber gerade im organischen Weinbau dazu benützt, Schadinsekten unter Irreführung ihres Vermehrungstriebs abzufangen (siehe auch INTEGRIERTER PFLANZENSCHUTZ).

Mehrere Grundkonzepte verknüpfen alle diese Methoden mit dem Weinbau. Ein Hauptaugenmerk gilt dem Boden; hier achten organische Anbauer vor allem darauf, die mikrobielle Aktivität zu steigern und dem Boden keine Substanzen zuzuführen, die nicht direkt aus natürlichen Quellen stammen. Der organische Anbauer bringt deshalb bevorzugt KOMPOST und tierischen Dung aus und nicht «plötzliche chemische Spritzen». Damit wird zu verstehen gegeben, daß «industrielle» Produkte für den Boden «giftig» seien – ein derartiger Argwohn findet in einer zunehmend chemiefeindlichen Bevölkerung breite Unterstützung. Manche Anhänger des organischen Weinbaus glauben außerdem, daß chemische Düngemittel, die ja allen Weinbergen dieselben Nährstoffe zuführen, die Bedeutung der Lage und des TERROIR mindern könnten.

Ein zweiter damit im Zusammenhang stehender Grundgedanke ist der Schutz der natürlichen Umwelt, beispielsweise durch Verhinderung von BODENEROSION und Vermeidung der Grundwasserverunreinigung mit Pestiziden, Düngemitteln usw.

Im organischen Anbau liegt der Schwerpunkt auf der Umwandlung des Ökosystems von der Monokultur (wie sie in modernen Weinbergen herrscht) zur Polykultur. Die biologische Vielfalt des Ökosystems im Weinberg wird gefördert und nicht wie beim herkömmlichen Weinbau gestört.

Die meisten Anhänger des organischen Weinbaus lassen sich auch von besonderer Achtung vor der Gesundheit des Verbrauchers leiten und vermeiden daher jegliche RÜCK-

STÄNDE von Pestiziden im Wein. Inzwischen legen in Anbetracht der zunehmenden Chemiefeindlichkeit der Wählerschaft alle Regierungen der Welt bei der Prüfung und bei Vorschriften über den Gebrauch von AGROCHEMIKALIEN immer schärfere Maßstäbe an.

Der organische Weinbau nahm in den 1980er Jahren an Popularität zu. Er ist vor allem ein System, das allgemein Menschen mit einem gewissen philosophischen Grundgefühl zusagt – sie befürworten den organischen Weinbau aus Rücksicht auf die Umwelt und aus der Besorgnis, es könnten chemische Rückstände in den Wein geraten, und es bereitet ihnen Genugtuung zu sehen, wie viele Weinerzeuger sich in letzter Zeit vom herkömmlichen Weinbau ab- und umweltfreundlichen Methoden zugewandt haben. Dennoch kann dieser Trend, der von den Organisationen INRA und OIV bestätigt wird, nicht als vorbehaltlose Unterstützung organischer Methoden gewertet werden.

Die Durchführbarkeit organischer Anbaumethoden hängt weitgehend von klimatischen Voraussetzungen ab. Zwar werden in den meisten wichtigen Weinbauregionen organische Weine produziert, aber nur Gebiete mit einem warmen, trockenen Klima können darauf hoffen, regelmäßig verwertbare Mengen an Trauben hoher Qualität hervorzubringen. Zahlreiche Erzeuger in warmen, trockenen Gegenden können sich chemikalienfreien Anbaumethoden ohne weiteres verschreiben, weil sie von Krankheiten sowieso nicht ernstlich geplagt werden. Im übrigen haben auch Techniken der LAUBPFLEGE die Notwendigkeit von Spritzungen gegen PILZKRANKHEITEN verringert, und durch Anwendung bestimmter Unterstützungssysteme, die für gute Durchlüftung des Laubdachs sorgen, kann der Traubenanbauer Voraussetzungen schaffen, die der Entstehung von Pilzkrankheiten entgegenwirken.

Wissenschaftliche Aspekte
Vom Standpunkt des modernen Weinbauwissenschaftlers aus erscheinen viele Praktiken des organischen Weinbaus löblich, andere dagegen willkürlich. Die Wissenschaft hat schon seit langem erkannt, wie wichtig es ist, überzogene Kultivierungsmaßnahmen im Weinberg zu verringern und statt dessen beispielsweise mit BEGRÜNUNG des Bodens zu arbeiten, die als Gründüngung ORGANISCHE STOFFE liefert und zugleich die BODENSTRUKTUR und das Eindringen von Wasser verbessert. Darüber hinaus wird der Einsatz von Chemikalien im Weinbau immer stärker eingeschränkt. Die moderne Tendenz geht dahin, den Bedarf an chemischen Mitteln durch die Entwicklung von Methoden des integrierten Pflanzenschutzes zu verringern. Von staatlicher Seite werden große Anstrengungen unternommen, um zu gewährleisten, daß durch die richtige Anwendung von Chemikalien die Umwelt und die Gesundheit des Verbrauchers vor jedem Schaden geschützt werden. Es ist ein Widerspruch in sich, daß die Organisationen des organischen Anbaus den Gebrauch der BORDEAUXBRÜHE im Weinberg gestatten, während doch die langfristige Anwendung dieses nominell wohltätigen Mittels in den Böden von Bordeaux, aber auch an anderen Stellen zu Kupfertoxizität geführt hat; KUPFER wirkt toxisch auf Pflanzen, Hefen, Tiere und Menschen. Ein weiteres Beispiel ist die Anwendung von VEREDELUNGSUNTERLAGEN zur Abwehr der REBLAUS und anderer im Boden lebender Schädlinge – sie ist eine der ältesten und umweltverträglichsten Formen der biologischen Schädlingsbekämpfung im Weinbau, und doch wird gerade sie von manchen Befürwortern des organischen Anbaus mit Stirnrunzeln betrachtet. Auch die KLONENSELEKTION wird von manchen biologisch-dynamischen Winzern mit Mißtrauen behandelt.

In ähnlichem Geist sieht der Pflanzenphysiologe keine Notwendigkeit, bei Nitrat als Stickstoffnahrung für die Weinrebe zwischen der Form, wie sie durch mikrobielle Prozesse im Boden entsteht, und der Form, wie sie direkt als Dünger zugeführt wird, einen Unterschied zu machen; doch gerade dieser Unterschied wird von Anhängern des organischen Weinbaus in den Vordergrund gestellt. Die meisten modernen Weinbauwissenschaftler befürworten gern die Prinzipien des «umweltschonenden Weinbaus», die für vernünftigen und beschränkten Einsatz von Chemikalien in der Landwirtschaft eintreten, jedoch auf eine Art und Weise, die sich auch mit der Pflege des Weinbergs und seiner unmittelbaren Umwelt verträgt. Sie wollen sowohl beim Ökosystem des Weinbergs als auch bei den Menschen, die im Weinberg arbeiten, und schließlich bei denen, die den Wein verbrauchen, jede Beeinträchtigung der Gesundheit vermeiden.

Nach organischen Methoden betriebener Weinbau bringt weniger Ertrag als der herkömmliche, weil einerseits die Reben im Weinberg mit den Begrünungspflanzen um Wasser und Nährstoffe konkurrieren müssen und daher geringere Wuchskraft aufbringen, und weil andererseits die Methoden zur Schädlings- und Krankheitsbekämpfung weniger durchgreifend wirken. Das ist vielleicht auch ein Grund dafür, weshalb organische Weine meist teurer sind.

Verwaltung
Die französische Regierung zollte der organischen Landwirtschaft ziemlich früh Anerkennung, daher sind die von ihr aufgestellten Regeln inzwischen zum Vorbild für die entsprechenden Bestimmungen der EUROPÄISCHEN UNION geworden. Es wurde ein besonderes Kennzeichen für organischen Anbau geschaffen, und eine Reihe von Mindestanforderungen müssen von organischen Anbauern erfüllt werden. Verschiedene Gremien sind befugt, den organischen Anbau zu überwachen, und zwar durch überraschende Betriebsbesuche, durch Analyse von Proben und durch Buchprüfungen. Die EU-Bestimmungen traten am 1. Juli 1991 in Kraft; sie beinhalten drei Grundelemente: Die Richtlinien gelten auf freiwilliger Basis und können von verschiedenen registrierten Gremien kontrolliert werden, der orga-

nische Anbau wird durch Produktionsnormen definiert, und entsprechende Etiketten müssen durch ein unabhängiges drittes Gremium bestätigt werden. Alle organischen Anbauorganisationen der Welt sind in der International Federation of Organic Agriculture Movements (IFOAM) zusammengeschlossen. Die Umstellung vom «konventionellen» zum «organischen» Anbau wird überwacht und kann sich über mehrere Jahre erstrecken.

Zwar sind die Grundregeln des organischen Anbaus recht einfach und klar definiert, in den Praktiken bestehen jedoch gewisse Unterschiede zwischen den einzelnen Aufsichtsgremien, die den organischen Anbau überwachen und entsprechende Regeln über die richtigen Anbauverfahren herausgeben.

Die extremste unter den organischen Bewegungen ist die biologisch-dynamische Variante (in Frankreich *biodynamie*). Beruhend auf den Lehren Rudolf Steiners, geht diese Theorie von dem Glauben aus, daß Pflanzen nicht nur auf Nährstoffe, sondern auch auf bestimmte Naturkräfte ansprechen. Daher berücksichtigen biologisch-dynamische Anbauer bei ihren Planungen die Stellung des Mondes und der Sterne. Bestimmte Zeiten des Jahres werden für bestimmte Arbeiten als günstig angesehen, und der Mond bringt beim Durchlaufen verschiedener Konstellationen vier wiederkehrende Einflüsse hervor, die das Wachstum von Blättern, Wurzeln, Blüten und Früchten begünstigen. Die Anhänger der Theorie behaupten, daß dieser Rhythmus der Natur unbedingt beachtet werden muß, damit gesündere Pflanzen entstehen und am Ende bessere Weine zustande kommen. Einige Betriebe, die sich auf die biologisch-dynamische Anbauweise umgestellt haben, z. B. die Domaine LEROY in Vosne-Romanée, Nicolas Joly in SAVENNIÈRES und Milton Vineyard in NEUSEELAND, produzieren Spitzenweine.

Die Abweichungen zwischen den Anforderungen der einzelnen Aufsichtsorganisationen bringen es mit sich, daß nur eine äußerst grobe Definition dessen, was organischer Anbau sein soll, möglich ist. 1993 waren die EU-Behörden noch immer damit beschäftigt, unter beträchtlichen Schwierigkeiten eine brauchbare gesetzliche Definition des Begriffs «organisch» herauszuarbeiten. Auch haben die Aufsichtsorganisationen sich bei der Überwachung des organischen Anbaus bisher noch nicht bewährt, sondern zeigen eher ein Bild der inneren und äußeren Zerstrittenheit. Bei manchen handelt es sich um kommerzielle Unternehmen, die bestimmte pflanzliche Mittel sowohl empfehlen als auch selbst vertreiben und dadurch Zweifel an ihrer Objektivität wecken. In anderern Fällen scheinen diese Organisationen eher die extremeren Praktiker des organischen Anbaus an sich zu ziehen und dabei andere Erzeuger, die nicht bereit sind, sich radikalen Überwachungssekten anzuschließen, eher abzuschrecken.

Der Endeffekt des Versuchs, den organischen Anbau gesetzgeberisch zu ordnen, kann eventuell darin bestehen, ihn an den Rand zu drängen, doch sein Einfluß dürfte wohl weiter bestehen, weil sich im Weinbau der Schwerpunkt zunehmend vom Weinkeller weg auf den Weinberg verlagert. Da der Rebbau bestrebt ist, die immensen technischen Fortschritte aufzuholen, die von der Kellertechnik in den 1970er und 1980er Jahren gemacht wurden, und alle Möglichkeiten zur Verbesserung der Produkte aus dem Weinberg durchforscht werden, dürfte der organische Anbau sicherlich ein höchst interessantes Thema bleiben.

Siehe auch ORGANISCHER WEIN. R. E. S. und A. G. W.

Dutel, G. H., THE VITICULTURAL AND OENOLOGICAL ASPECTS OF ORGANIC WINE PRODUCTION, *Journal of Wine Research*, 1/3 (1990), 225–230.

George, R., GREENER THAN THOU, *Wine* (Aug. 1989), 72–73.

Rousseau, J., WINES FROM ORGANIC FARMING, *Journal of Wine Research*, 3/2 (1992), 105–121.

ORLÉANAIS, VINS DE L' VDQS-Bereich um Orléans, wo sich die Loire nach Westen wendet; in der Wahl der Rebsorten wird burgundischer Einfluß deutlich. Die 100 ha große Rebfläche liegt zu nahe bei Paris, als daß Weinfreunde außerhalb Frankreichs viel von ihren Weinen zu sehen bekommen könnten. Die hellen, duftigen Rot- und Roséweine von der MEUNIER-Traube, hier Gris Meunier genannt, haben in der französischen Hauptstadt eine treue Anhängerschaft. Für Rot- und Roséweine sind auch Cabernet oder Pinot Noir zugelassen. Die ausgesprochen seltenen leichten Weißweine werden von Chardonnay und Pinot Gris, hier Auvernat Blanc bzw. Gris genannt, gekeltert. Die Jahreserzeugung beläuft sich auf rund 10 000 Kisten.

Siehe auch LOIRE und die dazugehörige Karte.

ORMEASCO An der Nordwestküste Italiens gebräuchliches Synonym für DOLCETTO. Siehe LIGURIEN.

ORTEGA Besonders in Rheinhessen als Verschnittsorte mit hohen ÖCHSLE-Graden beliebte Neuzüchtung; die KREUZUNG Müller-Thurgau × Siegerrebe erbringt äußerst vollmundige, jedoch oft säurearme Weine und erreicht hohe Mostgewichte, wenn auch nicht ganz so hohe wie die noch früher reifende, aber weniger stark verbreitete OPTIMA. Auch zu sortenreinen Weinen wird Ortega verarbeitet, dabei sind QMP-Versionen selbst in ungünstigen Jahren durchaus möglich, oft aber nicht sehr ausdrucksvoll. Die Anfälligkeit der Sorte für VERRIESELN macht Optima für die Weinberge an Mosel, Saar und Ruwer zur günstigeren Alternative. Die Anbaufläche von Ortega belief sich in Deutschland Ende der 1980er, Anfang der 1990er Jahre auf rund 1200 ha, davon die Hälfte in Rheinhessen. Auch in ENGLAND ist die Sorte recht populär.

ORVIETO Trockene, halbtrockene und manchmal liebliche Weißweine aus der Umgebung der mittelalterlichen Bergstadt Orvieto, einer bedeutenden Heimstatt der Kunst im ausgehenden Mittelalter und in der Renaissance, gehören zu den historisch renommierten Weinen Italiens. Das Erzeugungsgebiet, bei weitem die größte DOC-Zone in UMBRIEN, ist unterteilt in einen CLASSICO-Bereich mit über 1500 ha und den darum herum gelegenen einfachen Bereich Orvieto mit 800 ha. In den Produktionsziffern spiegelt sich der relativ große Umfang dieser Bereiche, wobei auf Orvieto Classico etwa zwei Drittel der durchschnittlichen Jahreserzeugung von 140 000 hl entfallen.

Der von Gabriele d'Annunzio als «die Sonne Italiens in einer Flasche» beschriebene historische Orvieto war ein lieblicher Wein, bei dem oft durch Einlagern der bereits gelesenen Trauben in feuchten Tuffsteinkellern und -höhlen EDELFÄULE entstand. Der moderne Orvieto beruht zu 50 bis 65 % auf TREBBIANO mit Beimischung von VERDELLO, GRECHETTO, DRUPEGGIO und MALVASIA. In der Hauptsache wird er trocken bereitet, auf die liebliche *Amabile*-Version entfallen nur 5 % der Gesamterzeugung. Wie bei anderen in größeren Mengen produzierten Verschnitten auf Trebbiano-Basis sind Erträge bis 10 t/ha der DOC-Regel nach erlaubt – der trockene Orvieto ist denn auch meist ein neutraler, alltäglicher Wein. In den 1980er Jahren gab es Bestrebungen, süßen Orvieto in einer fülligeren, üppigeren Art hervorzubringen, der durch starke vor der Lese am Weinstock entstandene Edelfäule geprägt war. Es kamen auch einige interessante Weine zustande, sie mußten aber als VINO DA TAVOLA auf den Markt gebracht werden, da die DOC-Regeln für Orvieto diesen neu entwickelten Weintyp nicht vorsahen und deshalb auch nicht gestatteten. D. T.

OSMOSE siehe KONZENTRATIONSVERFAHREN.

ÖSTERREICH Mitteleuropäisches Weinbauland mit wachsender Bedeutung und einer Jahresproduktion von rund 3 Millionen hl; das entspricht mehr als einem Drittel der Erzeugung des Nachbarlands DEUTSCHLAND, mit dem Österreich viele Rebsorten, Weinstile und Etikettierungsgepflogenheiten gemeinsam hat. Die Weine selbst sind vielfältiger und körperreicher als die deutschen und oft belebt durch Charakteristiken, die mit Weinbaugebieten jenseits der übrigen Grenzen Österreichs in der Tschechischen Republik, Ungarn und Slowenien Gemeinsamkeiten aufweisen. In der Mehrzahl handelt es sich um trockene, SORTENREINE Weißweine, deren genaue Unterscheidung nach geographischen Variationen auch bei den einheimischen Weinfreunden immer mehr Anklang findet. Bedauerliche Weinverfälschungen durch einige Weinhändler führten 1985 zu einem größeren Weinskandal, der seinerzeit Anlaß zu tiefgreifenden Änderungen im Weingesetz und zu stärkerer Betonung der Qualität anstatt der Quantität gab. Die durchschnittlichen Hektarerträge liegen in Österreich bei einer Rebfläche von 58 000 ha (1993) nur halb so hoch wie in Deutschland. Auch eine aus Böhmen eingewanderte Glasmanufaktur trägt heute zum Ruhm Österreichs in der Weinwelt bei.

Historisches

Die KELTEN sollen im heutigen Österreich schon fünf Jahrhunderte vor der christlichen Zeitenwende Trauben angebaut und Wein gekeltert haben, und unter der römischen Herrschaft entwickelte sich der Weinbau in den Provinzen Noricum und Pannonia, dem heutigen Südostösterreich, kräftig weiter.

Die Pannonische Ebene war wiederholt das Ziel von Überfällen räuberischer Barbaren (bei denen mangelnder Respekt für den Weinbau leider charakteristisch war), doch in der Ära KARLS DES GROSSEN blühte der Weinbau dann wieder, insbesondere unter dem Einfluß der MÖNCHE UND KLÖSTER, an vielen, vor allem um Krems an der Donau westlich von Wien konzentrierten Stellen, die auch heute noch zu den wichtigsten Lagen gehören. Göttweig, Zwettl, Güssing, Heiligenkreuz, Klosterneuburg und Melk sind einige von den Zisterziensern aus BURGUND gegründete Klöster, deren enge Beziehungen zum Weinbau bis in das Mittelalter zurückreichen. Um jene Zeit war die Rebfläche (wie auch in Deutschland) etwa zehnmal so groß wie heute, und österreichischer Wein ging weit in die Welt hinaus. Der Produktionsüberschuß war dermaßen groß, daß im 14., 15. und 16. Jh. eine Reihe protektionistischer Maßnahmen ergriffen werden mußten (damals wurde der Verkauf «fremder», nicht einheimischer Weine in Niederösterreich verboten).

Als dann Ungarn ein Bestandteil des Habsburgerreichs wurde, überschattete der berühmte TOKAJER den Ruhm anderer Süßweine, die im österreichisch-ungarischen Kaiserreich entstanden, sogar den der AUSBRUCH-Weine aus Rust (im heutigen Weinbaugebiet Neusiedlersee-Hügelland) im Burgenland.

Die Napoleonischen Kriege ließen die Weinberge Österreichs nicht ungeschoren, doch im 19. Jh. fanden auch hier wie überall in der Welt enthusiastische botanische Experimente statt, die auf die Entwicklung der Rebsorten in Österreich deutliche Auswirkungen zeitigten. 1860 wurde in KLOSTERNEUBURG die erste Weinbaulehr- und -forschungsanstalt eingerichtet.

Den schlimmsten Schlag für den österreichischen Weinbau im 20. Jh. bedeutete die 1985 mit viel Publizität umgebene Entdeckung, daß ein kleiner Teil des österreichischen Weins mit dem zwar harmlosen, aber unerlaubten DIÄTHYLENGLYKOL, das mehr Körper und Süße vortäuschen sollte, verfälscht worden war. Bis 1985 ging weit über die Hälfte aller österreichischen Weinexporte nach Deutschland, und Analysen, mit denen das Diäthylenglykol ermittelt werden sollte, zeigten bald, wieviel von diesem österreichischen Wein dazu gedient hatte, liebliche Weine, die allerdings als hundertprozentig deutsch ausgegeben worden waren, fülliger erscheinen zu lassen. Deutschlands Ruf als Weinerzeugerland wurde aber durch diese Entdeckungen nicht so stark in Mitleidenschaft gezogen wie der Österreichs. Im Jahr nach dem Skandal erreichte der österreichische Wein-

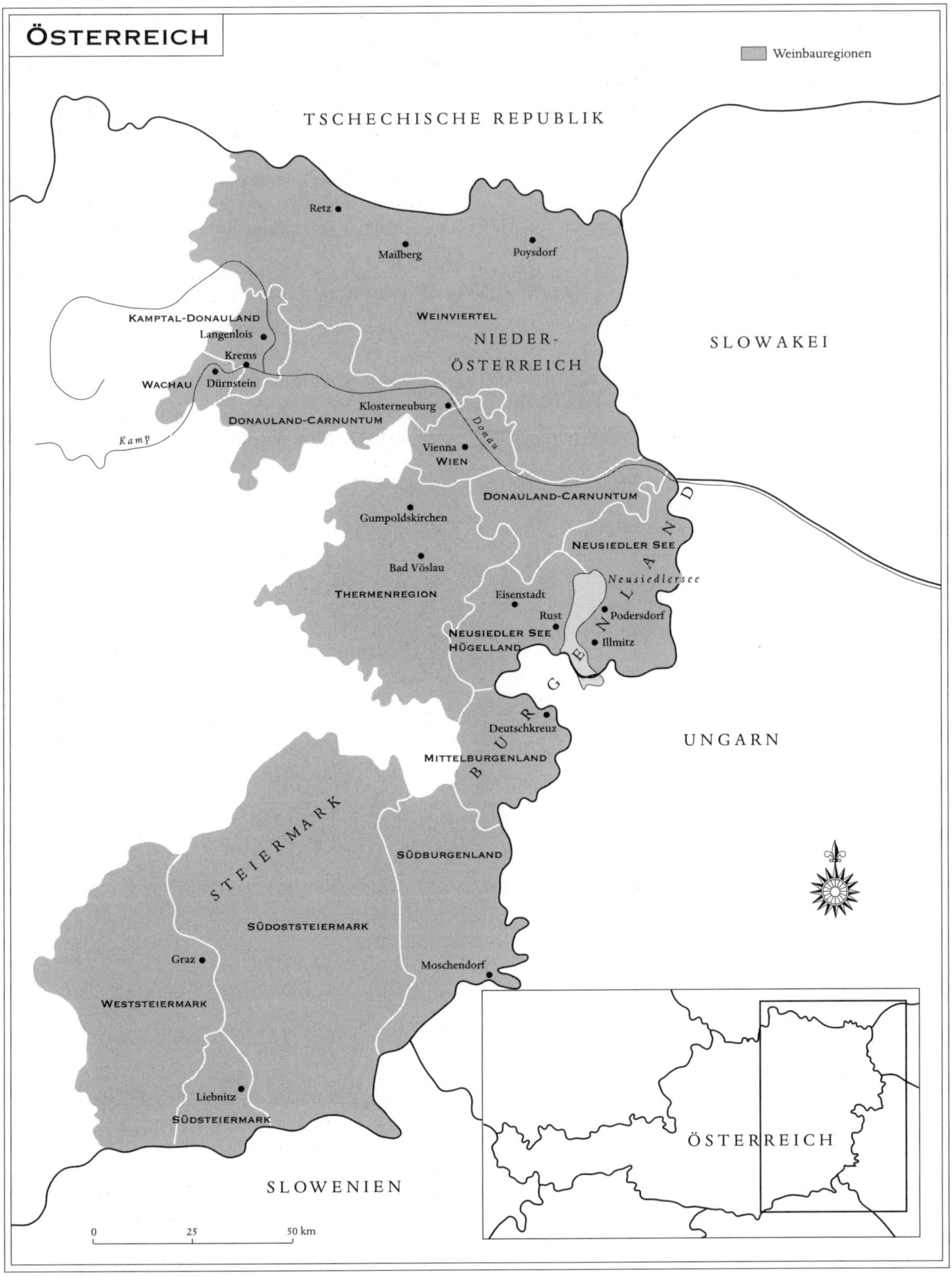
ÖSTERREICH
Weinbauregionen
TSCHECHISCHE REPUBLIK
SLOWAKEI
UNGARN
SLOWENIEN
Retz
Mailberg
Poysdorf
KAMPTAL-DONAULAND
Langenlois
Krems
WACHAU
Dürnstein
WEINVIERTEL
NIEDER-
ÖSTERREICH
Klosterneuburg
DONAULAND-CARNUNTUM
Kamp
Donau
Vienna
WIEN
DONAULAND-CARNUNTUM
Gumpoldskirchen
Bad Vöslau
THERMENREGION
NEUSIEDLER SEE
Neusiedlersee
Eisenstadt
Rust
Podersdorf
Illmitz
NEUSIEDLER SEE
HÜGELLAND
BURGENLAND
Deutschkreuz
MITTELBURGENLAND
STEIERMARK
SÜDBURGENLAND
SÜDOSTSTEIERMARK
Graz
Moschendorf
WESTSTEIERMARK
Liebnitz
SÜDSTEIERMARK
0
25
50 km
ÖSTERREICH

export nur noch ein Fünftel des Vorjahresumfangs. Hunderte von Winzern mußten auf einmal feststellen, daß ihre Erzeugnisse allein wegen der Verfehlungen einiger großer Weinproduzenten und -verschneider außerhalb Österreichs unerwünscht waren. Hierauf wurden einschneidende Reformen durchgeführt, und heute gehört das österreichische Weingesetz zu den strengsten der Welt.

Klima

Österreichs Klima ist ausgesprochen kontinental mit viel strengeren Wintern und heißeren, trockeneren Sommern als beispielsweise in Frankreich. In den Weinbauregionen liegen die winterlichen Durchschnittstemperaturen mit 0,1–0,6 °C nur knapp über dem Gefrierpunkt. Andererseits erreichen die sommerlichen Durchschnittstemperaturen 18,5 °C im Norden bei Retz im Weinviertel an der tschechischen Grenze und 19,3 °C im Süden bei Klöch in der Steiermark an der slowenischen Grenze.

Die Jahresniederschlagsmenge ist dagegen mit durchschnittlich 430 mm in Retz und 855 mm in Klöch stärker unterschiedlich. Das Weinviertel ist (wie auch Südmähren; siehe TSCHECHISCHE REPUBLIK) eine der trockensten Weinbaugegenden Europas; im feuchteren Klima der Steiermark gibt es Regenfälle vor allem im Sommer. Das markanteste Klima hat das Weinbaugebiet Wachau, woher die am höchsten geschätzten Rieslinge Österreichs kommen; hier beträgt bei Krems die Jahresniederschlagsmenge im Durchschnitt 540 mm.

Die Steiermark im Süden kommt in den Genuß des sonnigsten Klimas mit durchschnittlich 1956 Sonnenscheinstunden im Jahr, fast gleich viel wie in Rust im Burgenland, während in Gumpoldskirchen bei Wien im Durchschnitt nur 1805 Stunden Sonnenschein gezählt werden.

Weinbau

Zu besonderem Ruhm auf dem Gebiet des Weinbaus ist Österreich durch das LENZ-MOSER-«Hocherziehungssystem» gekommen, bei dem die Reben auf ungewöhnlich hohen Stämmen wachsen. Es ist das in Österreich bei weitem am meisten verbreitete System geworden, obwohl inzwischen bei Neuanlagen doch zu größerer PFLANZDICHTE und niedrigerer Erziehung übergegangen wird.

Die Durchschnittserträge liegen mit 55 hl/ha weit niedriger als in Deutschland, aber doch noch höher als in den Weinbaugebieten osteuropäischer Nachbarländer (siehe TSCHECHISCHE REPUBLIK, SLOWAKEI, UNGARN und SLOWENIEN); dort allerdings sind die niedrigen Erträge auf Vernachlässigung zurückzuführen.

Wie in Deutschland werden die meisten Weinberge von Nebenerwerbswinzern bewirtschaftet; 30 000 von insgesamt 45 000 österreichischen Winzern verfügen nur über Besitzungen von weniger als 1 ha (daher spielen die WINZERGENOSSENSCHAFTEN, die etwa 15 % des österreichischen Weins produzieren, eine große Rolle).

Die wichtigsten klimatischen Gefährdungen bilden im ganzen Land Spätfröste, in der Steiermark HAGEL und in manchen windgeschützten Lagen WINTERFROST – hier bietet das Lenz-Moser-System einige Sicherheit. Auf den Weinbergterrassen der Wachau wird in Dürrejahren, z. B. 1992, gelegentlich BEWÄSSERUNG eingesetzt. Die Lesezeit beginnt in sehr reifen Jahren schon Mitte September und zieht sich bis Ende Oktober hin, mit Ausnahme der Spätleseweine, bei denen die Lese noch später liegt. Mechanisierung kommt in österreichischen Weinbergen relativ selten zum Zug.

Im Zentrum für Weinbauforschung und -lehre in Klosterneuburg (Weinbaugebiet Donauland-Carnuntum) wurden auch einige der erfolgreichsten österreichischen Neuzüchtungen entwickelt, z. B. Zweigelt.

Weinbereitung

Trockene Weine mit kräftigem EXTRAKT und ausgeprägter SÄURE sind bei österreichischen Kennern noch populärer als in Deutschland, und so sind die trockenen Weine auch am gefragtesten. Deshalb werden alle mit Ausnahme der großen Süßweine aus dem Burgenland bis auf eine RESTSÜSSE von weniger als 4 g/l ausgegoren (das liegt weit unter dem in Deutschland offiziell festgelegten Maximum für trokkenen Wein von 9 g/l).

Die meisten Kellereien sind gut ausgestattet und arbeiten bei Gärung und Ausbau mit Edelstahltanks oder großen alten Holzfässern. Die Abfüllung geschieht meist im Frühjahr nach der Lese.

Viele österreichische Kellermeister haben sich inzwischen auf Reisen die Praktiken angeeignet, wie sie bei der Bereitung feiner Weine in anderen Teilen der Welt üblich sind, und diese werden nun auch hier von innovationsfreudigen Weinerzeugern zunehmend angewendet. Die deutlichste Entwicklung war in den 1980er Jahren die Einführung der MALOLAKTISCHEN SÄUREUMWANDLUNG bei Rotweinen, aber auch Anfang der 1990er Jahre bedienten sich bei weitem noch nicht alle Rotweinerzeuger in Österreich dieser Technik. Dagegen experimentieren zahlreiche Erzeuger von Rotweinen, aber auch von Chardonnay (Morillon) im Burgenland bzw. in der Steiermark mit BARRIQUES für den FASSAUSBAU und bei körperreicheren Weißweinen ebenfalls für FASSGÄRUNG.

AZIDIFIKATION, meist mit WEINSÄURE, ist in sehr reifen Jahrgängen gelegentlich in engen Grenzen zulässig, und in minderen Jahren wird manchmal ENTSÄUERUNG vorgenommen. ANREICHERUNG zwecks Erhöhung des Alkoholgehalts ist bei Qualitätswein erlaubt, nicht aber bei Weinen der Stufe Kabinett und darüber.

Spezialitäten des Landes sind HEURIGER, G'spritzter (Schorle aus Heurigem halb und halb mit Mineralwasser gemischt), Schilcher und Sturm (ein süßer Federweißer, d. h. noch in Gärung befindlicher weißlich-trüber Most, besonders beliebt von der BOUVIER-Traube).

Trotz der Vorliebe für trockene Weine bildet das MOSTGEWICHT wie in Deutschland die Grundlage für die Weinqualitätsstufen und die Bezeichnung auf dem Etikett. In Österreich wird es mit der Klosterneuburger Mostwaage in «KMW»-Graden gemessen; dabei entspricht 1° KMW 1 % Zuckergehalt im Most bzw. 5° ÖCHSLE.

Rebsorten

Im Rebsortenmix Österreichs spiegelt sich die Lage des Landes zwischen Deutschland einerseits und Ungarn und Slowenien andererseits. Die meistangebaute Rebsorte ist jedoch eine landeseigene Spezialität, der GRÜNE VELTLINER, der 1993 über 35 % der österreichischen Rebfläche einnahm. Besondere Verbreitung hat er in den Weinbauregionen Niederösterreich, Wien und in geringerem Maß im Burgenland. MÜLLER-THURGAU ist im Rückgang befindlich, war aber Anfang der 1990er Jahre noch immer die zweitmeist angebaute Rebsorte, auch wenn er nur selten wirklich interessante Weine hervorbringt. Die drittmeist angebaute Traube, WELSCHRIESILNG, bringt im Burgenland süße Weißweine in großer Qualität zuwege, aber auch viele achtbare trockene Weine. Die einheimische Rotweinrebsorte ZWEIGELT steht auf dem vierten Platz und ist in allen Bereichen anzutreffen. Fast ebensoviel Anbaufläche nehmen die Rotweinrebsorten Blauer PORTUGIESER und BLAUFRÄNKISCH ein; die erstere herrscht in Niederösterreich vor, die zweite im Burgenland. Auch der Weißburgunder (PINOT BLANC) hat starke Verbreitung gefunden. CHARDONNAY war zu Beginn der 1990er Jahre in den meisten Gebieten noch lediglich eine modische Neuheit, doch in der Steiermark wird er schon seit mindestens einem Jahrhundert unter dem Namen Morillon angebaut – das alte Synonym aus CHABLIS gibt vielleicht einen Hinweis auf die Herkunft der Edelreiser, die damals nach der Steiermark eingeführt wurden. Die rein österreichische Traubensorte NEUBURGER ist eine Spezialität am Neusiedlersee, in der Thermenregion und der Wachau, wo der RIESLING – ebenso wie im Weinbaugebiet Kamptal-Donauland und in der Region Wien – vorherrscht. Muskat-Ottonel (siehe MUSCAT OTTONEL) ist die in Österreich am meisten angebaute Muskatellersorte (allerdings genießt der in der Steiermark kultivierte höherwertige Gelbe Muskateller mehr Respekt). Auch TRAMINER und GEWÜRZTRAMINER sind stark vertreten, werden aber oft unterschätzt, während der Graue Burgunder bzw. Ruländer (PINOT GRIS) vor allem in den südlichen Weinbaugebieten heimisch geworden ist; dasselbe gilt für den Sauvignon Blanc, der hier manchmal noch Muskat-Sylvaner genannt wird. ZIERFANDLER (oder Spätrot) und ROTGIPFLER sind ganz eigene Weißweinspezialitäten von Gumpoldskirchen in der Thermenregion, dagegen ist der Blaue WILDBACHER eine Rotweintraube, die ausschließlich in der westlichen Steiermark helle Rotweine erbringt. Der CABERNET SAUVIGNON ist relativ neu im Land – er wird jetzt im Burgenland angebaut – dagegen hat der Blaue Burgunder (PINOT NOIR) schon länger, wenn auch in beschränktem Umfang in Niederösterreich und im Burgenland eine Heimat gefunden. Der ST-LAURENT ist eine besonders brauchbare und an die Verhältnisse in Niederösterreich und im Burgenland gut angepaßte Variante dieser Traube. Nennenswert sind auch die weniger stark verbreiteten Rebsorten FRÜHROTER VELTLINER und Roter Veltliner (siehe GRÜNER VELTLINER), BOUVIER, GOLDBURGER, SYLVANER und SÄMLING 88 (siehe SCHEUREBE).

Weinbauregionen und -gebiete

Fast die gesamte Rebfläche Österreichs ist, wie überhaupt die Landwirtschaft des Landes, vorwiegend im östlichen Teil konzentriert – weit weg von den Gebirgsgegenden, die Skiurlauber aus der ganzen Welt anlocken und den größten Teil des Landes ausmachen –, nur die Weinberge der Steiermark liegen in den südlichen Alpen auf Steilhängen mit bis zu 60 % Steigung und in Höhen bis zu 650 m. Die Grenzen und Namen der Weinbaugebiete wurden bei der Neuregelung 1985 neu fesgelegt.

Fast sechs von zehn Flaschen kommen aus Niederösterreich, der fruchtbaren Ebene an der Donau im Nordosten. Als Weinbauregion umfaßt es in absteigender Reihenfolge des Produktionsvolumens die Weinbaugebiete Weinviertel, Kamptal-Donauland, Donauland-Carnuntum, Thermenregion und – besonders hoch angesehen – Wachau.

Die Weinbauregion Burgenland an der ungarischen Grenze im Osten produziert über ein Drittel des gesamten österreichischen Weins sowie mit weit höherem Anteil die besten Rotweine und süßen Weißweine des Landes. Neusiedlersee, das größte Weinbaugebiet, liegt am Ostufer des gleichnamigen Sees, während sich das Weinbaugebiet Neusiedlersee-Hügelland auf dem Westufer erstreckt. Mittelburgenland ist Österreichs Rotweinwinkel, und auch Südburgenland bringt guten Wein hervor.

Die gebirgige Weinbauregion Steiermark hat mit dem benachbarten SLOWENIEN mehr Gemeinsamkeit als mit dem übrigen Österreich; sie ist unterteilt in die Weinbaugebiete Süd-, Südost- und Weststeiermark, die zusammengenommen nur knapp 5 % der durchschnittlichen Jahreserzeugung Österreichs erbringen.

Die Stadt Wien hat eigenen Status als Weinbauregion – sie bildet eine klimatisch bevorzugte Enklave im Weinbaugebiet Donauland-Carnuntum.

Weinviertel Das mit 18 000 ha größte Weinbaugebiet von Österreich ist zugleich das in der Art schlichteste. Der größte Teil des Gebiets ist eben, fruchtbar und sehr trocken. Es bringt vor allem relativ leichte, trockene und halbtrockene Weißweine von der einheimischen Rebsorte Grüner Veltliner hervor, und zwar bei Erträgen, die beträchtlich über dem Landesdurchschnitt liegen. Auch die ebenfalls hier angebauten Sorten Müller-Thurgau und Welschriesling tragen dazu bei, das Produktionsvolumen aufzufüllen. Allerdings entsteht in den Orten Retz, Röschitz und Hollabrunn im Westen sowie Falkenstein, Poysdorf, Wolkersdorf, Matzen und Mannersdorf im Osten auch feiner Weißburgunder. Mailberg nördlich von Wien hat sich mit zuverlässigen Rotweinen, vor allem aus dem von Lenz Moser geleiteten Malteser-Weingut, einen Namen gemacht. An der Brünner Straße, die von Wien nach Brünn führt, entsteht hier ein großer Teil des österreichischen Sekts.

Kamptal-Donauland Das Weinbaugebiet mit 6500 ha Rebfläche hat seinen Namen von den Flüssen Kamp und Donau, die es durchqueren; hier bilden die bedeutenden Weinorte Krems und Langenlois, wo schon im Mittelalter unter der Herrschaft der Klöster große Mengen Wein produziert wurden, die Schwerpunkte. Einige der feinsten, konzentriertesten Grünen Veltliner kommen aus diesem Gebiet; der LÖSS-Boden verleiht ihnen eine ganz eigene feurige Dichte. Auch feine Rieslinge wachsen hier, vor allem in felsigen Lagen, die den besten im berühmten benachbarten Weinbaugebiet Wachau nichts nachgeben. Die höchstangesehene Riesling-Lage ist wahrscheinlich Zöbinger Heiligenstein. Lenz Moser, der im Ausland sicherlich bekannteste österreichische Weinbaubetrieb, hat seinen Sitz in Rohrendorf. Darüber hinaus sind im Kamptal-Donauland viele der innovativsten Weinerzeuger Österreichs ansässig (z. B. Malat, Jurtschtisch, Retzl und Bründlmayer); sie alle sind bestrebt, auf dem internationalen Weinmarkt Fuß zu fassen, und spielen deshalb nach internationalen Regeln (siehe Weinbereitung).

Donauland-Carnuntum Das Weinbaugebiet erstreckt sich mit über 4000 ha Rebfläche östlich und westlich von Wien zu beiden Seiten der Donau; es ist eher ein verwaltungstechnischer Kompromiß als ein homogenes Weinbaugebiet. Der eindrucksvoll klassisch klingende zweite Namensbestandteil leitet sich von der alten römischen Feste Carnuntum an der Donau östlich von Wien her. Wenn dieses Gebiet außer Wien (das jedoch als Weinbauregion eigenen Status besitzt) einen Schwerpunkt hat, dann ist es Klosterneuburg, das Zentrum der Weinbauforschung und -lehre und zugleich Weingut klösterlichen Ursprungs. Weitere bekannte Orte in Donauland-Carnuntum sind Fels, Göttlesbrunn und Herzogenburg; der Boden von Wagram – fast noch in Kamptal-Donauland – ist besonders reich an Löß. Hier werden ganz verschiedene Rebsorten angebaut, aber westlich von Wien herrschen Weißweintrauben vor.

Thermenregion Der relativ neue Name gilt für das Weinbaugebiet mit 3000 ha Rebfläche um das einst weltberühmte Gumpoldskirchen an der Südbahn, die früher, in der Zeit vor 1985, diesem Gebiet den Namen gab. Hier ist der wärmste Teil Niederösterreichs, und er kann sich rühmen, ununterbrochen Weinbaugebiet gewesen zu sein, seitdem die Zisterzienser im 12. Jh. hier die ersten Weinberge anlegten. Es ist eines der markantesten Weinbaugebiete der Welt, und es stützt sich ganz auf die Weine von zwei einheimischen Rebsorten, die es sonst nirgendwo gibt (und auch hier nur in sehr begrenzter Menge): ZIERFANDLER (oder Spätrot) und ROTGIPFLER. Sie liefern in Gumpoldskirchen volle, würzige und potentiell langlebige Weißweine bis zum AUSLESE-Niveau in ganz anderer Art als der aus der Wachau kommende karge, rassige Riesling oder als die süßen Weine mit Edelfäule aus dem Burgenland. Aber auch Neuburger und die ganze Palette österreichischer Rotweinrebsorten werden hier angebaut. Weitere bedeutende Weinorte der Thermenregion sind Traiskirchen, Baden, Tattendorf, Sooss und Bad Vöslau.

Wachau Das am weitesten westlich gelegene Weinbaugebiet ist mit 1400 ha Rebfläche zugleich auch das kleinste in Niederösterreich. Die Wachau bildet den besonderen Stolz der österreichischen Weinfreunde wegen der eleganten, feinen Art der trockenen RIESLINGE und GRÜNEN VELTLINER, die hier auf in die Felsen hoch über der Donau getriebenen Weinbergterrassen wachsen, an deren Fuß der Strom seinen Weg durch eine Landschaft von ganz besonderer Schönheit nimmt. Auf den Felsformationen mit hier und dort einer geringen Lößauflage entstehen feine Weißweine mit hohem Gehalt sowohl an EXTRAKT als auch an SÄURE – Österreichs (oft beständigeres) Pendant zum Rheingau. Wie im Rheingau liegen auch in der Wachau die meisten Weinberge am steileren Nordufer des sehr breiten Stroms, so daß ihnen vermutlich viel reflektiertes Sonnenlicht zugute kommt. Das Klima ist hier, wo ein schmaler Ausläufer der südlich warmen Pannonischen Ebene auf kühlere, feuchtere, mit Sauerstoff angereicherte Luft aus den Wäldern im Norden trifft, ganz einzigartig. Es ergibt sich eine ständige Luftzirkulation, und die Donau wirkt als Wärmespeicher und sorgt für weitgehenden Temperaturausgleich. Mehr als andere Weinbaubereiche in Österreich hat die Wachau dennoch große Temperaturspannen zwischen Tag und Nacht aufzuweisen, die dazu beitragen, Aroma und Säure zu bewahren. Die Weinberglagen im Kernstück dieses Gebiets, das sich selbst Vinea Wachau Nobilis Districtus nennt, liegen auf kaum 10 km in der Vogelfluglinie von Schwallenbach im Westen, flußabwärts über Spitz, Weissenkirchen, Dürnstein (wo die große bewunderungswürdige Genossenschaft Freie Weingärtner Wachau ihren Sitz hat) und Loiben bis Mautern. Ein Teil des Traubenguts wird in Krems jenseits der Grenze in Kamptal-Donauland zu Wein verarbeitet, doch in den mittelalterlichen Weinorten der Wachau selbst sind auch viele hochgeachtete Familienweingüter beheimatet, z. B. Alzinger, F. X. Pichler, Prager, Knoll, Jamek und Hirtzberger, die viel zur Schaffung der Vereinigung Vinea Wachau beigetragen haben und die im Jahr 1985 eingegangene Verpflichtung des Gebiets auf beste Qualität hochhalten. Der Verband hat drei eigene Qualitätsstufen für seine markant rassigen trockenen Weißweine eingerichtet. Die leichteste Variante ist Steinfeder von Trauben, die ohne Anreicherung auf ein Mostgewicht von 73 bis 83 °C Öchsle und auf nicht über 10,7 % Alkohol kommen; Weine der Stufe Federspiel liegen normalerweise im Bereich von 83–90° Öchsle und haben höchstens 11,9 % Alkohol. Am konzentriertesten und alkoholstärksten ist dann die Stufe Smaragd, die über 90° Öchsle und daher einen Alkoholgehalt von mehr als 12 % erreicht. In sehr reifen Jahren können auch süße Weine entstehen, und manche Erzeuger streben Weine mit Edelfäule an.

Neusiedlersee Der flache, von sandigen Marschen umgebene Neusiedlersee bildet den natürlichen Brennpunkt des Burgenlands. Das nach ihm benannte Weinbaugebiet umfaßt eine Rebfläche von über 11 000 ha auf der warmen Pannonischen Ebene zwischen dem See und der ungarischen Grenze, im Seewinkel, und auf einem Streifen Land nördlich des Sees. Vorwiegend sandige, nährstoffreiche Böden produzieren feinen, körperreichen Weißburgunder, aber auch Traminer und vor allem Welschriesling aller Süßegrade, von trocken und feurig bis zu TROCKENBEERENAUSLESEN – sie sind oft allem, was es sonst in der Welt in dieser Art gibt, überlegen. Der See und die Ufermarschen fördern die Entstehung von Edelfäule, so daß sehr süße Weine eine Spezialität der am Seeufer gelegenen Weinberge darstellen. In den besten Jahren können sie sich mit ihrer Ausgewogenheit und Struktur mit den feinsten Süßweinen der Welt messen. Spezialitäten der Gegend sind Strohwein und EISWEIN. Einige der ambitionierteren Rotweine Österreichs kommen in kleinen Mengen vom Neusiedlersee. Zweigelt ist hier die am meisten verbreitete Rotweinrebsorte, aber auch Cabernet Sauvignon beginnt Fuß zu fassen. Die bedeutenderen Weinorte der Gegend heißen Apetlon, Neusiedl, Podersdorf, Frauenkirchen, Halbturn, Illmitz und Gols. Zu den dynamischeren Erzeugern gehören Stiegelmar, Kracher, Umathum und der höchst kreative Willi Opitz mit seinen italienisch anmutenden Flaschen und seinem Schilfwein, einem Rotwein, für den die Trauben auf Schilfmatten vorgetrocknet werden (siehe WEIN VON ROSINIERTEN TRAUBEN). Der Pannonische Reigen ist eine der erfolgreichsten österreichischen Winzergenossenschaften.

Neusiedlersee-Hügelland Diesen Namen trägt das Weinbaugebiet am Westufer des Sees, wo die Böden um Eisenstadt und Mattersburg mehr Lehm enthalten. Die hier produzierten Weine reichen von trockenen bis zu sehr süßen Weißweinen und bis zu immer stärker «internationalen» Rotweinen – alle ziemlich ähnlich denen aus dem gegenüberliegenden Weinbaugebiet Neusiedlersee. Hinzu aber kommen noch die berühmten süßen weißen AUSBRUCH-Weine aus dem unmittelbar am See gelegenen und über die Grenze hinweg den Weinbergen von Sopron in Ungarn benachbarten Rust. Spezialisten für diesen historischen Weinstil sind Feiler, Landauer, Schandl und Wenzel. Hier gibt es viele ganz auf Qualität und Innovation eingeschworene Familienweingüter, und es kommt nicht selten vor, daß Erzeuger wie die Gebrüder Triebaumer oder Anton Kollwentz auf dem Römerhof so verschiedenartige Weine wie Sauvignon Blanc, Chardonnay, Welschriesling-Eiswein, Cabernet Sauvignon und dazu noch vielleicht einen eichenfaßgereiften Blaufränkisch hervorbringen. Welschriesling, Weißburgunder und Neuburger werden in dem Gebiet mit 7000 ha Rebfläche verbreitet angebaut.

Mittelburgenland Das unmittelbar südlich an das Neusiedlersee-Hügelland anschließende Weinbaugebiet beinhaltet 2000 ha Rebfläche auf meist ebenem, lehmigem Boden, die sich im Schutz von Hügeln bis zur ungarischen Grenze hinzieht. Mit seinem warmen Klima gilt es seit langem als eng mit Rotweinrebsorten verknüpft, die mit etwa 70 % den größten Anteil an den hier kultivierten Trauben stellen. Das Mittelburgenland hat mit dem Verband Blaufränkisch einen eigenen Zusammenschluß, der sich der Aufgabe widmet, ein Höchstmaß an Qualität aus dieser lebendigen Rotweintraube herauszuholen. Neuerdings ist das Gebiet zu einem Treibhaus der Experimentierfreude und zunehmender Verfeinerung geworden. In der Hand von Erzeugern wie Gesellmann und Igler in Deutschkreuz entstehen tiefdunkle, oft eichenfaßgereifte Weine mit intensiver Geschmacksfülle von der Blaufränkisch-Traube ebenso wie von verschiedenen Kombinationen von Blaufränkisch und Zweigelt mit St. Laurent, Blauburgunder sowie insbesondere Cabernet Sauvignon. Weitere bedeutende Orte sind Neckenmarkt und Horitschon.

Südburgenland Das Weinbaugebiet erstreckt sich an der ungarischen Grenze zwischen dem Mittelburgenland und der Steiermark, doch es verfügt nur über eine Rebfläche von insgesamt 500 ha, und die Winzer hier sind von den Moden der Weinbereitung und des Verbrauchergeschmacks weitgehend unberührt geblieben. Am bekanntesten sind die Blaufränkisch-Weine aus der Gegend von Eisenberg, wo – wie der Name besagt – der Boden reich an Eisen ist, sowie die Welschriesling-Weine von Rechnitz. Eine kuriose Spezialität ist der Uhudler, der in dieser weit von den Bürokraten in Wien entfernten Gegend um die Orte Moschendorf und Heiligenbrunn (berühmt durch ein ganzes Viertel von Kellergassen mit strohgedeckten alten Kellerhäusern) schon seit dem 19. Jh.von AMERIKANISCHEN HYBRIDREBEN gewonnen wird; sie wurden damals wahrscheinlich importiert, weil sie Resistenz gegen die REBLAUS boten. Als der wahrscheinlich beste Erzeuger der Gegend ist Krutzler zu nennen, der sich auf Rotweine spezialisiert hat, in denen Blaufränkisch die Hauptrolle spielt.

Südsteiermark Die Weine der Steiermark tragen mit knapp 5 % zur Gesamterzeugung Österreichs bei; sie kamen nach dem Weinskandal von 1985 zu besonderem Ansehen, denn die steirischen Weine sind trocken und duftig, und niemand wäre auf die Idee gekommen, sie mit Diäthylenglykol «aufzubessern». Das kleinste Weinbaugebiet, die Südsteiermark um Leibnitz, zum Teil ganz nahe an der slowenischen Grenze, ist in der Weinerzeugung das größte, aber selbst hier liegt die Rebfläche von 1500 ha stark verstreut auf fast senkrecht aufsteigenden Südhängen an besonders geschützten Stellen in Höhen von 250–650 m. In dieser Gegend wachsen schon seit langem zwei der populärsten «internationalen» Rebsorten: Sauvignon Blanc (gelegentlich noch unter dem Namen Muskat-Silvaner) und Chardonnay (hier meist Morillon genannt). Welschriesling, Weißburgunder (hier Klevner) und Gelber Muskateller werden ebenfalls kultiviert und erbringen oft ausgeprägt frische, dabei aber doch volle und aromatische Weißweine, eine österreichische Variante zum Elsaß, jedoch mit mehr vordergründiger Säure. Sattlerhof, Reinhold Polz, Alois Gross und Tement zählen zu den besten Erzeugern.

Südoststeiermark Das große Weinbaugebiet hat nur etwa 1000 ha Rebfläche mit weit verstreuten Weinbergen aufzuweisen, und zwar größtenteils auf dem vulkanischen Boden von Klöch, wo der Traminer die Spezialität bildet. Welschriesling, Weißburgunder, Ruländer, Gewürztraminer und Müller-Thurgau werden ebenfalls in dieser relativ warmen Gegend kultiviert.

Weststeiermark Das Gebiet mit seiner Rebfläche von knapp 300 ha hat eine eigene Spezialität, den Schilcher, einen Rosé von sanft gepreßten Trauben der Sorte Blauer Wildbacher, die es außer hier nur noch in viel geringerem Umfang im VENETO gibt. Sonst produziert das Weinbaugebiet nicht viel, und es exportiert auch nichts weiter als seinen guten Ruf.

Wien Die Hauptstadt Österreichs darf sich rühmen, als einzige Hauptstadt auch einen bedeutenden Weinbau in ihren Grenzen zu besitzen (nur PARIS konnte in früherer Zeit einmal dasselbe von sich behaupten). Die Rebfläche von 700 ha – im Mittelalter war sie dank der Förderung durch KARL DEN GROSSEN weit umfangreicher – ist durch strenge Gesetze geschützt. Klösterliche und adelige Weinerzeuger versorgten die Stadt aus ihren Kellern, die vielleicht Vorläufer der einzigartigen österreichischen HEURIGEN-Tradition bildeten. In den Vororten Grinzing, Nußdorf, Neustift und Sievering auf dem rechten Donauufer sowie Stammersdorf, Strebersdorf und Jedlersdorf auf dem linken Donauufer sitzen Einheimische und Touristen gern in den entsprechenden Schenken bei den wundervoll jungen, recht schlichten Weinen, meist von der Traubensorte Grüner Veltliner. In Wien wachsen aber auch Weine von großer Qualität und Haltbarkeit, vor allem Riesling und Weiß- oder Grauburgunder in Lagen wie Nußberg und Döbling sowie Bisamberg und Kahlenbergerdorf. In vielen anderen weniger ambitionierten Lagen wird oft ein Mischsatz von Traubensorten kultiviert, die dann gemeinsam gekeltert werden. Spitzenerzeuger in Wien sind u. a. Franz Mayer und Wieninger.

Weinbezeichnungen
Das seit 1985 eingeführte Weingesetz gehört zu den strengsten der Welt. Es sieht ähnliche Bezeichnungen vor wie das DEUTSCHE WEINGESETZ, doch die allgemeinen Maßstäbe und insbesondere die Mindestanforderungen an das MOSTGEWICHT liegen weit höher (allerdings ist es bei den wärmeren Sommern in den meisten österreichischen Weinbaugebieten auch leichter als in Deutschland, hohe Mostgewichte zu erzielen). Beispielsweise stellt die Kategorie Qualitätswein wirklich hohe Anforderungen; Kabinett fällt in die Kategorie Qualitätswein und ist keine eigenständige Prädikatsstufe – das sind in Österreich nur Spätlese, Auslese, Strohwein, Eiswein, Beerenauslese, Ausbruch und Trockenbeerenauslese. Alle österreichischen Weine müssen eine rotweiß-rot gestreifte Banderole am Hals oder über dem Korken tragen. Der Erzeuger muß sie als Nachweis dafür erwerben, daß die amtlichen Quoten nicht überschritten wurden, aber auch um die Herkunft zu dokumentieren.

Der Zuckergehalt kommt auf dem Etikett zum Ausdruck: Ein trockener Wein darf höchstens 4 g/l Restsüße aufweisen, ein halbtrockener 4–9 g/l, ein halbsüßer oder lieblicher Wein 9–18 g/l und ein süßer Wein über 18 g/l. Ist eine Rebsorte oder ein Jahrgangsdatum angegeben, dann muß der Wein zu mindestens 85 % von der genannten Rebsorte und zu 85 % auch aus dem betreffenden Jahr stammen.

Tafelwein Diese Kategorie stellt die unterste Stufe der Rangleiter dar und umfaßt den größten Teil der Gesamterzeugung; das Mostgewicht muß mindestens 13° KMW (63° Öchsle) betragen. Außer BERGWEIN, der aus besonders steilen Lagen stammt, darf Tafelwein nicht in 0,75-l-Flaschen abgefüllt werden. Auf diese Kategorie entfällt in einem normalen Jahr mehr als die Hälfte der Gesamterzeugung.

Landwein Auf der nächsthöheren Stufe muß der Wein von bestimmten Rebsorten gekeltert sein, 68° Öchsle erreichen und darf nur in 0,25-l-, 1-l- oder 2-l-Flaschen abgefüllt werden. Der Alkoholgehalt darf höchstens 11,5 % und die Restsüße höchstens 6 g/l betragen. Nur 5 % der österreichischen Weinerzeugung entfallen auf diese Kategorie.

Qualitätswein Unter diese Bezeichnung fällt sowohl die Subkategorie Kabinett als auch die Kategorie Qualitätswein selbst, auf die je nach Jahrgang eine Gesamtmenge von bis zu 1 Million hl entfallen kann. Qualitätswein muß aus einem bestimmten Weinbaugebiet stammen und die Charakteristiken der zugelassenen Rebsorte zum Ausdruck bringen, von der er gekeltert ist. Das Mostgewicht muß 15° KMW (73° Öchsle) und der Alkoholgehalt – nach ANREICHERUNG in gewissen Grenzen – bei Weißwein 8,5 % und bei Rotwein 9 % betragen. Wie in Deutschland werden die Weine einer Geschmacksprüfung und einer Analyse unterzogen und erhalten sodann eine Kennummer, die der deutschen AP-NUMMER entspricht.

Kabinett fällt wie schon erwähnt in die Kategorie Qualitätswein, darf aber wie die nachstehend beschriebenen Prädikatsweine nicht angereichert werden. Das Mostgewicht muß 17° KMW (84° Öchsle) betragen, der Restzuckergehalt darf 9 g/l nicht überschreiten.

Prädikatsweine
Spätlese Alle Prädikatsweine müssen jeweils aus einem einzigen Weinbaugebiet stammen und ein Jahrgangsdatum tragen; das Mostgewicht muß amtlich bestätigt werden. Wie in Deutschland dürfen Prädikatsweine nicht angereichert werden. Österreichische Spätlese darf auch nicht mit SÜSSRESERVE gesüßt werden; der Alkoholgehalt und die Restsüße müssen aus dem natürlichen Zuckergehalt der Trauben stammen. Eine Spätlese muß von vollreifen Trauben mit einem Mostgewicht von mindestens 19° KMW (94° Öchsle) im Zeitpunkt der Lese gekeltert sein.

Auslese Das Mostgewicht muß mindestens 21° KMW (105° Öchsle) betragen, unreife und fehlerhafte Trauben müssen ausgeschieden werden.

Strohwein Diese Spezialität entsteht von überreifen Trauben mit einem Mostgewicht von mindestens 25° KMW (127° Öchsle), die vor dem Keltern mindestens drei Monate lang auf Stroh- oder Schilfmatten getrocknet wurden (siehe WEIN VON ROSINIERTEN TRAUBEN).

Eiswein wird von Trauben mit einem Mostgewicht von 25° KMW (127° Öchsle) gewonnen, die in festgefrorenem Zustand gelesen und gekeltert werden (siehe EISWEIN).

Beerenauslese Süßer Wein von überreifen, von Edelfäule befallenen Trauben mit einem Mostgewicht von 25° KMW (127° Öchsle).

Ausbruch Eine Spezialität von Rust im Weinbaugebiet Neusiedlersee-Hügelland, erzeugt von Trauben mit einem Mostgewicht von mindestens 27° KMW (138° Öchsle), die bereits eingeschrumpft, überreif und von Edelfäule befallen sind (siehe auch AUSBRUCH).

Trockenbeerenauslese Dieser sehr süße Wein entsteht von Trauben, die bereits eingeschrumpft, überreif und von Edelfäule befallen sind und ein Mostgewicht von mindestens 30° KMW (etwa 150° Öchsle) aufweisen.

Dähnhard, W., *Atlas der österreichischen Weine* (Bern, 1995).
Hollzer, F., Schima, W., und Sedlaczek, R., *Unser Wein 1992/93* (Wien, 1992).
MacDonogh, G., *The Wine & Food of Austria* (London, 1992).
Pigott, S., *Riesling* (London, 1991, New York, 1992).
Steurer, R., *Österreichischer Weinführer: 1992/93* (Wien, 1992).

OTTAVIANELLO In APULIEN gebräuchlicher Name der französischen Rotweinrebsorte CINSAUT.

OUILLAGE franz. SCHWUND, AUFFÜLLEN.

O.W.C. «original wooden case«; eine im Zusammenhang mit Angeboten von besonders FEINEN WEINEN in der Originalverpackung gebräuchliche Abkürzung. Siehe KISTE.

OXIDATION Ein Weinfehler, der durch allzu starke Berührung mit SAUERSTOFF entsteht (im Gegensatz dazu stellt die LÜFTUNG eine gezielte und kontrollierte Berührung mit Sauerstoff dar). Durch Oxidation verdorbener Wein wird als **oxidiert** bezeichnet.

Im weiteren Sinn ist Oxidation die chemische Reaktion zwischen Sauerstoff und anderen chemischen Substanzen; sie drückt sich beispielsweise im Braunwerden eines aufgeschnittenen Apfels oder im Grünspanüberzug auf der freien Luft ausgesetztem Kupfer aus. (Ein weiteres Beispiel für Oxidation ist die Reaktion zwischen gasförmigem Wasserstoff und Sauerstoff, die unter Freisetzung einer enormen Menge an Wärme Wasser ergibt; diese Reaktion wird in den Raketenmotoren genutzt, die beispielsweise die Space Shuttles in ihre Umlaufbahn um die Erde tragen.)

Oxidation bedroht die Trauben sofort, wenn diese auf irgendeine Weise zerdrückt werden, daher erfolgt der Transport hochwertigen Traubenguts vom Weinberg in den Keller möglichst schonend in flachen Behältern, und aus demselben Grund nimmt auch die Anordnung von Kelterstationen in möglichst unmittelbarer Nähe der Weinberge immer mehr zu. Werden die Trauben gemahlen, ohne daß geeignete Maßnahmen getroffen werden, um den Luftsauerstoff fernzuhalten, dann beginnt dieser sofort mit den Bestandteilen des Traubenmosts zu reagieren. Am deutlichsten wird dies durch Braunwerden des Mosts erkennbar, das auf die Oxidation von PHENOLEN zurückgeht (daher ist Oxidation auch für Weißwein eine größere Gefährdung als für Rotwein), während durch Oxidation von Linol- und Linolensäure BLÄTTERALDEHYDE und -alkohol entstehen, die dem Wein einen KRAUTIGEN Beigeschmack verleihen. Das Vorhandensein von Schimmelpilzen infolge von FÄULE bringt Enzyme ins Spiel, die insbesondere die mit dem Braunwerden verbundenen Reaktionen mit Sauerstoff beschleunigen. Es werden deshalb beim Mahlen der Trauben in der Regel geringe Dosen an SCHWEFELDIOXID in den Most gegeben, um die Enzyme unwirksam zu machen und der Oxidation der Phenole entgegenzuwirken. Siehe auch MOSTBEHANDLUNG.

Manche Kellertechniker fördern allerdings eine gewisse Oxidation des Mosts vor der Gärung vor allem bei Chardonnay, um eine Reihe von Geschmacksnuancen zu erschließen, die über das primäre Fruchtaroma hinausgehen; siehe auch WEISSWEINBEREITUNG.

Der letzte Schritt der GÄRUNG, die REDUKTION VON ACETALDEHYD ZU ÄTHANOL, ist gekoppelt mit der Oxidation des Ko-Enzyms NADH, und zwar wie folgt:

$$CH_3CHO + NADH + H^+ \rightarrow CH_3CH_2OH + NAD^+$$

Hierzu ist zu bemerken, daß an dieser Reaktion kein neuer Sauerstoff beteiligt ist, sondern daß die Reduktion im wesentlichen darin besteht, Elektronen vom Ko-Enzym auf den Acetaldehyd zu übertragen. Die meisten im Weinbau und in der Weinbereitung vorkommenden Oxidations-Reduktionsvorgänge verlaufen nach diesem Schema.

Im Wein selbst kann Berührung mit Sauerstoff im Beisein von Essigbakterien (siehe ACETOBACTER) zur Umkehrung der oben beschriebenen Reaktion führen, wobei der Alkohol zu Acetaldehyd oxidiert wird. Das durch Oxidation von Alkohol entstehende NADH wird seinerseits durch Luftsauerstoff oxidiert. Wenn dies geschieht, verliert der Wein sein frisches, fruchtiges Aroma und nimmt einen flachen, flauen Geruch an. Bei weiterer Berührung mit Sauerstoff wird der Acetaldehyd in ESSIGSÄURE, den sauren Bestandteil des Weinessigs und Alptraum des Kellermeisters, verwandelt.

Sauerstoff reagiert mit den Phenolen sowohl im Weißwein als auch in Rotwein. Bei Weißwein verändert sich dabei die FARBE von Hellgelb in Dunkelgelb bis Bräunlich, während in Rotweinen mit ihrem größeren Gehalt an Phenolen (ANTHOCYANEN und TANNINEN) die Farbveränderung wesentlich weniger deutlich in Erscheinung tritt.

Wenn Tischweine mit attraktivem Aroma und schöner Farbe entstehen sollen, vor allem solche, die für baldigen Verbrauch bestimmt sind, achtet der Kellermeister gewöhnlich darauf, daß Most und Wein so wenig wie technisch möglich mit dem Luftsauerstoff in Berührung kommen.

Es gibt jedoch auch Weine, z. B. Oloroso SHERRY, Tawny Port und MADEIRA, die ihren besonderen Charakter der Einwirkung von Sauerstoff verdanken. In der Weinbereitung wird ständig mit verschiedenen Aspekten einer kontrollieren Oxidation experimentiert, vor allem im Hinblick auf die Rolle, die der Sauerstoff bei der ALTERUNG von Wein spielt.

Der Begriff MADERISIERUNG wird gelegentlich anstelle von Oxidation gebraucht, obwohl zu ihm theoretisch eine zusätzliche starke Wärmeeinwirkung gehören würde.

A. D. W.

OZON Eine Form von SAUERSTOFF, jedoch mit drei anstatt wie gewöhnlich zwei Sauerstoffatomen im Molekül. Es entsteht in der oberen Atmosphäre durch Einwirkung von ultraviolettem Licht auf normalen Sauerstoff. Da es für weitere auftreffende ultraviolette Strahlung weitgehend undurchlässig ist, verhindert es das Durchdringen des größten Teils dieser potentiell schädlichen ultravioletten Strahlung bis zur Erdoberfläche.

Vom Menschen geschaffene Substanzen wie Fluorchlorkohlenwasserstoff, ein in der KÜHLTECHNIK viel benutztes Gas, kann im Verein mit der Wirkung natürlicher Gase, z. B. aus Vulkanausbrüchen, zur Zerstörung des Ozons beitragen, wenn sie in die Atmosphäre entweichen. Dies geschieht jedoch nur bei sehr tiefen Temperaturen, wie sie im Winter über den Polen auftreten, gibt aber nichtsdestoweniger zu Besorgnis Anlaß. Es hat allerdings nichts oder nur sehr wenig mit dem sogenannten «Treibhauseffekt» zu tun (siehe KLIMAVERÄNDERUNG).

Ozon tritt auch in der unteren Atmosphäre als Folge der Luftverschmutzung durch die Industrie auf und kann in der Nähe von stark industrialisierten Gebieten auf Weinlaub eine deutlich sichtbare «Punktierung» verursachen. Die Bedeutung dieser Erscheinung für den Weinbau ist in Kalifornien und im Staat New York wissenschaftlich untersucht worden; über wirtschaftliche Auswirkungen besteht jedoch keine Gewißheit.

J. G.

P

PAARL Bedeutendes Weinbaugebiet in SÜDAFRIKA.

PAARL RIESLING siehe CAPE RIESLING.

PACHERENC DU VIC-BILH Bodenständiger Gascogner Name für Weißwein in der AC MADIRAN, gekeltert aus einem Gemisch von Lokalrebsorten und einigen Fremdsorten: dem einheimischen RUFFIAT (Arrufiac) und Petit Courbu, Gros MANSENG aus JURANÇON sowie Sémillon und Sauvignon Blanc aus Bordeaux. Den tiefgelben Wein gibt es in trockener und süßer Version, je nachdem, wie der Jahrgang ausfällt; er schmeckt ganz ähnlich die der Jurançon, der weiter im Süden von einer etwas anderen Traubensortenzusammenstellung entsteht. Nur rund 100 ha (ein Zehntel der Fläche für den roten Madiran) sind diesem recht teuren Wein gewidmet, der aus sehr später Lese stammen kann, dann nach der PASSERILLÉ-Methode sehr süß bereitet wird und in der Flasche oft zehn Jahre haltbar bleibt.

PADTHAWAY Eine der kühleren und ertragreicheren Weinbauregionen AUSTRALIENS; sie wurde vor allem von Lindemans erschlossen. Siehe SOUTH AUSTRALIA.

PAGADEBIT In der Romagna (Mittelitalien) angebaute Weißweinrebsorte; sie ist möglicherweise identisch mit der Massenträgersorte BOMBINO BIANCO in Apulien (Süditalien).

Weinfelder von Lindemans in PADTHAWAY, einer der kühleren Weinbauregionen Australiens.

PAGO In JEREZ und PENEDÈS (Spanien) gebräuchlicher Ausdruck für einen Weinberg oder eine Gruppe von Weinbergen.

PAICINES Kleiner AVA-Bereich im SAN BENITO County (Kalifornien).

PAIS Die in CHILE meistangebaute Rotweinrebsorte ist identisch mit der MISSION in KALIFORNIEN und MEXIKO und bildet eine dunklere Version der CRIOLLA Chica in ARGENTINIEN. In Chile, wo sie vor allem in den südlichen Regionen Maule und Bío-Bío kultiviert wird, heißt sie auch Negra Peruana. Es handelt sich vermutlich um dieselbe Traube wie die in Spanien und Sardinien beheimatete MONICA.

PAKISTAN Zu Beginn der 1990er Jahre verzeichnete das OIV in der islamischen Republik in Asien eine Rebfläche von lediglich 3000 ha, die ganz der Produktion von TAFELTRAUBEN und ROSINEN gewidmet ist. Gelegentlich werden aber vielleicht noch VINIFERA-Weine von WILDREBEN in den Hochgebirgstälern an der Seidenstraße bereitet, wo die reichsten Vorkommen uralter genetisch unterschiedlicher Rebsorten vorzufinden sind.

PALÄOETHNOBOTANIK UND ARCHÄOLOGIE DES WEINS Das Studium botanischer Reste von Trauben und die Untersuchung von Weinrückständen, die bei archäologischen Ausgrabungen gefunden wurden, gleichen weitgehend einer Detektivarbeit, bei der winzige Beweisstückchen zusammengefügt werden müssen, um ein Bild davon zu ergeben, wie sich zunächst der Gebrauch der Weintraube und dann die Domestizierung der Wildsorten durch den Menschen entwickelt hat.

Die botanischen Beweisstücke sind Reste von Rebholz, BLÄTTERN, BEEREN, STIELEN und TRAUBENKERNEN, die bei Ausgrabungen in bestimmten Bodenschichten entdeckt werden: Gelegentlich sind auch Wurzeln oder Abdrücke davon gefunden worden. Alle diese Fragmente sind durch Zufall und in sehr unterschiedlichem Zustand erhalten geblieben. Entdeckt werden sie durch sorgfältigste archäologische Untersuchung von Ablagerungsschichten auf botanische Reste, insbesondere von Kulturpflanzen, die zur Ernährung oder auf andere Weise den Bedürfnissen der Menschen dienten, die in der damaligen Zeit an der untersuchten Stelle lebten. Meist bilden Traubenreste nur einen winzigen Bruchteil dessen, was an botanischem Material aufgefunden wird; beim weitaus größeren Teil handelt es sich um Samenkörner einjähriger Feldfrüchte, vor allem von Getreide, Hülsen- und Ölfrüchten.

Am häufigsten werden noch Traubenkerne gefunden; sie sind oft deshalb erhalten geblieben, weil sie verkohlt waren. In der Form von Holzkohle bleiben Kerne über Tausende von Jahren im Boden unverändert. An anderen Ausgrabungsstellen mit feuchten oder nassen Böden sind sie unter

PALÄOETHNOBOTANIK

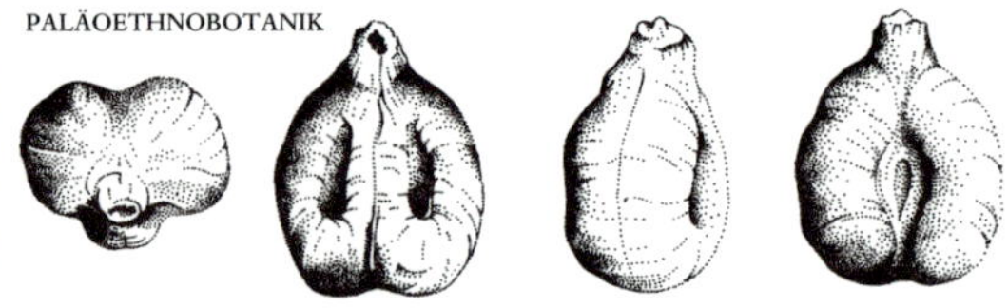

Kern der Wildrebe *Vitis silvestris*

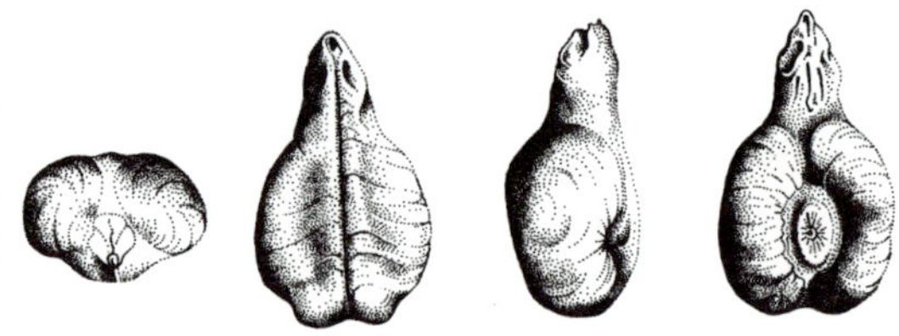

Kern der Kulturrebe *Vitis vinifera*

Luftabschluß im Wasser erhalten geblieben. In wieder anderen Fällen, wenn im Grundwasser hohe Kalziumkonzentrationen vorhanden sind, kommen solche Reste in mineralisierter oder halbversteinerter Form vor. An Fundstellen von Töpfereien wurde entdeckt, daß in manchen Fällen Traubenkerne in die Tonmasse gerieten und beim Brennen der Gefäße ausbrannten, wodurch im Scherben jeweils eine hohle Stelle verblieb, die ein genaues Abbild eines Traubenkerns darstellte.

Gelegentlich kam es wohl wie in Salamis oder Athen auch vor, daß ganze Trauben bei Feuerbestattungen als Teil des Rituals in die Flammen geworfen wurden und in verkohlter Form völlig erhalten blieben. In Ausnahmefällen sind sogar Traubenschalen (vielleicht Preßrückstände) erhalten geblieben, beispielsweise aus dem frühminoischen Myrtos auf Kreta (siehe GRIECHENLAND).

Funde verkohlter Traubenstiele sind ungewöhnlich und deuten auf bereits kultivierte Reben hin, weil die Fruchtstiele von WILDREBEN sehr fest und stark sind und sich nicht mit den Beeren zusammen von der Pflanze lösen, wie das bei kultivierten Reben der Fall ist. In den griechischen Ausgrabungsstätten Sitafroi und Lyrtos sind derartige Funde gemacht worden.

Die prähistorischen griechischen Töpfer hatten die Gewohnheit, ihre Gefäße vor dem Brennen auf mit der Rückseite nach oben ausgebreitetem Weinlaub zum Trocknen in die Sonne zu stellen. Dadurch bildeten sich die Adern der Blätter auf dem Boden der Gefäße ab, und diese Abdrücke blieben durch das Brennen erhalten. An manchen Stellen – z. B. auf den Cycladen – stellen sie den einzigen Beweis dafür dar, daß es damals auf diesen Inseln Reben gab. Weinblätter wurden in der Bronzezeit auch zum Verschließen von Gefäßen mit Ton benutzt, z. B. in Menelaion bei Sparta. Wenn nun die bronzezeitlichen Griechen Weinlaub auf diese Weise gebrauchten, dann darf man wohl auch annehmen, daß sie es schon damals – wie heute noch – in der Küche verwendeten.

Die kritische Frage bei der Betrachtung dieses paläoethnobotanischen Materials ist nun, wie man daraus erkennen kann, ob es sich um wilde oder kultivierte Formen handelte. Abgesehen von den bereits erwähnten Traubenstielen sind es die Kerne, die uns durch ihre Größe und Form Hinweise liefern (siehe Abbildung). Die Kerne von Wildreben sind rund mit einem kurzen Stielansatz, einem kleinen, runden Keimfleck auf einer Seite und zwei auseinanderlaufenden Rillen auf der anderen Seite. Die Kerne von Kulturformen sind meist größer als die der Wildformen und birnenförmig. Der Ansatz ist meist länger, der Keimfleck größer und oft oval im Umriß, und die Rillen auf dem Kernrücken verlaufen parallel zueinander. Diese Merkmale lassen sich je nach dem Erhaltungszustand auch an den Fundstücken überprüfen.

Die Domestizierung der Weintraube scheint um etwa 4000 v. Chr. in der Gegend zwischen dem Schwarzen und dem Kaspischen Meer stattgefunden zu haben. Die nun vom Menschen kultivierte Weinrebe lieferte frische Früchte, Rosinen, Sultaninen und Korinthen (je nach der REBSORTE), Wein, Essig, Traubensaft und sogar ein leichtes Öl aus den Traubenkernen. Das wichtigste und am höchsten geschätzte Produkt war jedoch stets der Wein.

Es ist nicht unbedingt so, daß die Rebe zuerst domestiziert und dann die WEINBEREITUNG erfunden wurde. Dagegen war es natürlich notwendig, daß ein geeigneter Behälter verfügbar war, in welchem der Wein während und nach der GÄRUNG aufbewahrt werden konnte. Alle notwendigen Zutaten – die süße, saftige Frucht und die in ihrer Umgebung lebenden HEFEN – waren auch für die Wildform schon gegeben. Daher ist es möglich, daß die an Fundstätten aus der Altsteinzeit im Mittelmeerraum entdeckten Wildtraubenkerne darauf hinweisen, daß schon vor den Anfängen der Landwirtschaft Weinbereitung in Lederschläuchen stattgefunden hatte. Man braucht nur das kuriose Benehmen von Vögeln in einem Weinberg zu beobachten, um die berauschende Wirkung überreifer Trauben zu erkennen. Die Funde von Traubenresten wie Kerne, Stiele und Schalen unter Umständen, die auf eine Weinbereitung hindeuten, sind jedoch selten. Im prähistorischen Griechenland kommen sie im Zusammenhang mit Gefäßen vor, die mit einem Ausguß versehen sind, und zwar an den frühbronzezeitlichen Ausgrabungsstätten von Ayios Kosmas in Attika und Myrtos auf Kreta. Auch Reste von Weinpressen kommen gelegentlich vor, und zwar in Vathypetro auf Kreta, ferner eine Vielzahl von Trinkgefäßen aus allen möglichen Materialien aus bronzezeitlichen Fundstätten, die darauf schließen lassen, daß das Weintrinken eine besondere Angelegenheit war.

Weinrückstände in *pithoi* (Vorratskrügen) sind nur selten nachgewiesen (teilweise, weil die Analyse von Rückständen in Keramikgefäßen in der Archäologie erst seit relativ kurzer Zeit möglich ist). Der älteste in Godin Tepe (Iran) gemachte Fund reicht zurück auf etwa 3500 v. Chr.; hierbei stellte sich ein rötliches Depot als Weinsteinkristalle heraus (wie sie auch heute an manchem Flaschenkorken zu finden sind). Weitere Weinreste sind von ZYPERN aus dem 7. Jh. v. Chr. bekannt sowie aus AMPHOREN, die in einem vor der südfranzösischen Küste bei Marseille gesunkenen römischen Schiff gefunden wurden. Im Weinmuseum in Speyer ist eine römische Glasflasche zu sehen, in der sich römischer Wein befinden soll.

So kann uns das Studium der Funde von Traubenresten, vor allem der Kerne, Kenntnisse darüber vermitteln, wann und wo der Mensch zuerst wilde Reben nutzte (etwa 35 000 v. Chr. in Terra Arnasta in Südfrankreich) und wann und wo der Mensch die Rebe in Kultur nahm – war dies nun ein Einzelgeschehnis oder vollzog es sich an mehreren Stellen unabhängig voneinander? Es müssen viele verschiedene Beweise zusammengenommen werden, um die Antwort auf die Fragen zu finden, wo Wein zuerst bereitet wurde und wann sich der erste Weinhandel etablierte. Aus anscheinend unbedeutenden Resten von Traubenkernen, die zufällig in bestimmten Bodenschichten bei archäologischen Ausgraben gefunden und mit größter Sorgfalt gesammelt wurden, ist es möglich, Erkenntnisse über die URSPRÜNGE DES WEINBAUS und seine Weiterentwicklung zu gewinnen. J. M. R.

Renfrew, J., *Palaeoethnobotany: The Prehistoric Food Plants of the Near East and Europe* (London, 1973).

PALETTE Sehr kleine Appellation mit knapp 20 ha in den Bergen östlich von Aix-en-Provence. Hier erbringt Château Simone allein vier Fünftel der Produktion und ist seit Jahren für allen seriösen Wein des Bereichs verantwortlich. Die AC wurde bereits 1948 aufgrund eines markanten KALKSTEIN-Vorkommens eingerichtet. Seit sieben Generationen befindet sich Château Simone im Besitz der Familie Rougier, die auch heute noch mit den traditionellen Weinbereitungstechniken arbeitet, die auf sehr alten Reben, langer Gärung und FASSAUSBAU MIT SEHR WENIG NEUEM HOLZ BERUHEN. In den Weinbergen steht ein Mischsatz, der nicht nur Mourvèdre, Grenache, Syrah und Cinsaut für Rot- und Roséweine sowie Grenache Blanc, Ugni Blanc, Picpoul und Muscat für Weißweine, sondern auch eine Reihe alter provenzalischer Rebsorten umfaßt. Als Ergebnis hiervon entstehen äußerst konzentrierte, langlebige Rotweine, einmalig körperreiche Rosés sowie Weißweine, die sich über alle modernen Verarbeitungsphilosophien hinwegsetzen.

George, R., *French Country Wines* (London, 1990).

PALISSAGE franz. REBENERZIEHUNG.

PALLADIUS (4. Jh. n. Chr.) Über das Leben dieses römischen Autors ist so gut wie nichts bekannt, aber er ist der

Verfasser eines fünfzehnbändigen Werks über die Landwirtschaft, das wie Varros frühere Schriften den Titel *De re rustica* trägt. Das erste Buch stellt eine allgemeine Einführung in den Ackerbau dar, die beiden letzten Bücher bilden einen Leitfaden der Veterinärmedizin und enthalten einen Bericht über das PFROPFEN. Die übrigen zwölf Bücher behandeln die im Lauf des Jahres zu erledigenden landwirtschaftlichen Arbeiten, ein Buch für jeden Monat. Palladius schreibt mehr über die Rebe als über jede andere Feldfrucht, und was er sagt, ist zwar nicht originär, aber vernünftig, Er stützt sich stark auf frühere Autoren, vor allem COLUMELLA und in geringerem Umfang auf PLINIUS und VARRO. Anders als CATO, Varro und Columella war er jedoch im Mittelalter und in der Frührenaissance weithin bekannt und wird von Albertus Magnus, Vincent von Beauvais und PETRUS DE CRESCENTIIS zitiert; es gibt eine anonyme mittelenglische Übersetzung, die mit Humphrey, Herzog von Gloucester, in Verbindung gebracht wird, allerdings existiert kein Hinweis dafür, daß er den mittelalterlichen englischen Weinbau beeinflußt hätte. H. M. W.

PALMELA Das größere der beiden Weinbaugebiete, in die sich die Halbinsel SETÚBAL zwischen Tejo und Sado an der Atlantikküste PORTUGALS aufteilt. Ertragsschwache Weinberge mit Ton- und Kalksteinboden auf Nordhängen der Serra da ARRÁBIDA bringen seit eh und je die besten Weine hervor, während die Rebfläche auf dem fruchtbaren Sandboden der Ebene ostwärts der Festungsstadt Palmela stets höhere Erträge abwirft. Die verbreitetste Traubensorte der Gegend ist die rote CASTELÃO FRANCES (hier wird sie meist Periquita genannt); sie erbringt Rot-, Rosé- und Schaumwein.

Es gibt in diesem Gebiet sehr viele einzelne Anbauer, die Weinproduktion jedoch liegt in den Händen von vier großen Weinerzeugern: der Genossenschaftskellerei Palmela, von João Pires in Pinhal Novo im Bereich Palmela, José Maria da Fonseca Successores in Azeitão und J. M. da Fonseca Internacional, ebenfalls in Azeitão im Nachbargebiet Arrábida (siehe auch FONSECA). Weitere Weine, die von Trauben aus der Region Palmela entstehen, sind ein überaus erfolgreicher trockener Muskateller namens João Pires und ein Schaumwein, der in einer Variante des DURCHLAUFVERFAHRENS hergestellt wird. Der IPR-Status wurde Palmela 1990 zuerkannt, doch die meisten Erzeuger bieten ihre Weine weiterhin unter den eingeführten Markennamen wie Periquita, Quinta de Camarate und Quinta da Bacalhôa an. R. J. M.

PALO CORTADO Ein traditioneller, auf einer Laune der Natur beruhender Sherry-Stil; er entsteht dadurch, daß während des Werdegangs die FLORHEFE ausfällt und einen zwischen *fino* und *oloroso* liegenden Wein ermöglicht, der wie ein Zwischenprodukt zwischen AMONTILLADO und OLOROSO schmeckt. Siehe SHERRY.

PALOMINO Eng mit der SHERRY-Herstellung in JEREZ (Südspanien) verknüpfte Weißweinrebsorte. Ihr Ursprung liegt sehr wahrscheinlich in Andalusien, angeblich ist sie nach einem Ritter König Alfonsos X. benannt. Palomino Fino, eine Traube, die früher nur um Sanlúcar de Barrameda angebaut wurde (siehe MANZANILLA), ist inzwischen als die geeignetste Rebsorte für die Sherry-Produktion erkannt worden, im Gegensatz zu der früher verbreitet genutzten minderen Sorte Palomino Basto oder Palomino de Jerez.

Die Rebe ist ziemlich anfällig für FALSCHEN MEHLTAU und ANTHRAKNOSE und gedeiht auf warmen, trockenen Böden am besten. Ihre locker besetzten, großen Trauben machen sie als Tafelfrucht ebenso gut geeignet wie für wie Weinerzeugung. Die Erträge sind mit rund 80 hl/ha ohne Bewässerung relativ hoch und regelmäßig, und der Wein ist meist säurearm (oft nur 3,5 g/l in WEINSÄURE ausgedrückt) und weist keinen großen Gehalt an vergärbaren ZUCKERN auf. Das eignet sich gut für die Zwecke der Sherry-Erzeuger, die ihre Trauben mit 19° Brix lesen (siehe MOSTGEWICHT) und in der Oxidationsneigung des Palomino-Mosts keinen Nachteil sehen. Dagegen fallen die Tischweine dieser Traube recht flau und flach aus, wenn sie nicht durch AZIDIFIKATION aufgebessert werden.

Die spanische Anbaufläche von rund 30 000 ha Palomino Fino liegt größtenteils im Sherry-Gebiet um Jerez, doch auch im CONDADO DE HUELVA verdrängt er allmählich die Lokalrebsorte Zalema, und in GALICIEN wird er ebenfalls angebaut. Außerhalb des Sherry-Gebiets, vor allem in Frankreich, wo die Traube allerdings an Boden verliert, heißt sie LISTÁN oder Listán de Jerez. Außerdem gilt sie allgemein als identisch mit Perrum im Alentejo (Südportugal).

Die größte Palomino-Anbaufläche außerhalb Spaniens hat SÜDAFRIKA aufzuweisen; dort ist die Sorte die zweitmeist angebaute des Landes, allerdings lag sie 1990 mit 9000 ha sehr weit hinter dem mit 29 000 ha führenden Chenin Blanc. Der größte Teil des Ertrags wird destilliert oder geht in Tischweinverschnitte ein; es wird versucht, durch Techniken der LAUBPFLEGE einen erhöhten Zuckergehalt zu erreichen.

In Kalifornien bleibt der früher fälschlich als Golden Chasselas bezeichnete Palomino mit rund 400 ha stets auf gleichem Stand. Die Anbaufläche befindet sich größtenteils im SAN JOAQUIN VALLEY, und der dort gewonnene Wein wird meist Verschnittzwecken zugeführt. Auch Argentinien verfügt über kleinere Bestände der Sorte; dort ist jedoch PEDRO GIMÉNEZ stärker vertreten. In Australien werden diese beiden Rebsorten nicht richtig auseinandergehalten; sie verfügten 1990 gemeinsam über eine Anbaufläche von 1200 ha, zum großen Teil in SOUTH AUSTRALIA, und beide werden zu alkoholangereicherten Weinen im Sherry-Stil verarbeitet. Auch im kaum ideal dafür geeigneten Klima Neuseelands wird Palomino in geringem Umfang angebaut.

Außerdem nutzt ZYPERN die Palomino-Rebe zur Produktion großer Mengen an billigem Sherry.

PAMID Die meistangebaute, aber am wenigsten interessante einheimische Rebsorte Bulgariens; sie erbringt recht dünne, früh trinkreife Rotweine mit wenigen besonderen Merkmalen außer einer gewissen Süße. Im Export spielt dieser Wein keine große Rolle.

PANACHURE, Infektiöse Rebenkrankheit; siehe REISIGKRANKHEIT.

PANSÁ BLANCA Besonders in ALELLA gebräuchliches Synonym der spanischen Weißweinrebsorte XAREL-LO.

PANTELLERIA Vulkaninsel an der äußersten Südgrenze Italiens, eigentlich näher an Cap Bon in TUNESIEN als an der Südküste von SIZILIEN, wohin sie verwaltungstechnisch gehört. Der Moscato di Pantelleria von der Muskatellerrebe ZIBIBBO zählt zu den feinsten Dessertweinen Italiens. Er hat schon seit den 1880er Jahren, als das MARSALA-Haus Rallo ihn zu vertreiben begann, einen guten Ruf, und auf der Pariser Weltausstellung im Jahr 1900 errang er eine Medaille. 1936 wurde er auf die offizielle italienische Liste «typischer» Weine gesetzt, und die dazugehörige Beschreibung gilt unter Abzug eines gewissen Überschwangs auch heute noch für einen guten Moscato di Pantelleria: «samtig, süß, einschmeichelnd und generös». Der Weinbau auf der Insel hat viel Außergewöhnliches: Die im GOBELET-Schnitt erzogenen Reben sitzen jeweils in einer «Krater» genannten Vertiefung, um sie gegen den scharfen Wind zu schützen, der über die Insel fegt.

Moscato di Pantelleria ist in zwei verschiedenen Versionen erhältlich. Die erste ist ein einfacher Moscato mit einem Mindestalkoholgehalt von 8 % und 40 g/l RESTSÜSSE, allerdings trocknen einige bessere Erzeuger die Trauben 10–12 Tage vor, um höheren Alkoholgehalt bei größerer Restsüße zu erzielen (siehe WEIN VON ROSINIERTEN TRAUBEN); Weine mit einem POTENTIELLEN ALKOHOLGEHALT von 17,5 % dürfen die Bezeichnung *vino naturalmente dolce* tragen. Die zweite Version ist üppiger und voller, ein echter Dessertwein, auf dem auch die große Reputation beruht. Dieser Moscato Passito di Pantelleria muß mindestens 14 % Alkohol und 110 g/l Restsüße aufweisen; der Trend geht heute zu einem noch übervolleren Stil durch bis zu 30tägiges Trocknen der Trauben, so daß die Restsüße auf fast 140 g/l zu stehen kommt. Ein PASSITO mit einem potentiellen Alkoholgehalt von 23,5 % und einjährigem Ausbau darf theoretisch «Extra» genannt werden, doch dieser Ausdruck ist auf Etiketten nur selten anzutreffen.

Nach einer Zeit der Vernachlässigung und des Niedergangs schien der Moscato di Pantelleria zu Beginn der 1990er Jahre in Italien eine Wiederbelebung und erneute Anerkennung zu erfahren, was in einer unleugbaren Qualitätsverbesserung und in erneuertem Interesse seitens der Handelshäuser von Marsala zum Ausdruck kommt, die diesen Wein nun wieder zu vermarkten begonnen haben.

D. T.

PARELLADA Katalanische Weißweinrebsorte; sie wird zusammen mit MACABEO und XAREL-LO für die Herstellung von CAVA genutzt, allerdings im Bereich Penedès, der am engsten mit dieser Schaumweinproduktion verknüpft ist, von diesen drei Rebsorten am wenigsten angebaut. In den 1960er Jahren wuchs ihre Popularität bei den Traubenanbauern aber zunehmend, weil die Cava-Hersteller für sie einen Preiszuschlag zahlten. Parellada bringt auf relativ mageren Böden und in kühleren Gegenden feinen, hochwertigen Wein hervor, auf fruchtbaren Böden neigt sie dagegen zu Übererträgen, und die Weine fallen nicht so gut aus. Sie trägt große, locker besetzte Trauben mit großen Beeren, die gute Resistenz gegen TRAUBENFÄULE aufweisen. Parellada ist in CARIÑENA, COSTERS DEL SEGRE und PENEDÈS eine wichtige Rebsorte.

PARIS Die Hauptstadt FRANKREICHS war einst der Mittelpunkt eines blühenden Weinbaugebiets und ist noch heute eine der wenigen Großstädte, die einen bedeutenden Weinbau in ihren Grenzen aufweisen können (vergleiche auch WIEN). Es bestehen noch Weinberge in einigen Vororten und sogar auf dem Montmartre, wo der karge Ertrag für wohltätige Zwecke versteigert wird.

Historisches

Wein wurde um Paris schon im 4. Jh. angebaut, doch sein eigentlicher Ruhm als Weinbaugebiet kam erst nach dem Ende des römischen Imperiums. Der Frankenkönig Chlodwig (Regierungszeit 481–511) machte Paris zur Hauptstadt seines Königreichs, und ab dem 8. Jh. kamen friesische, sächsische und englische Handelsschiffe die Seine herauf, um in Paris Wein zu kaufen. Unter den Merowingern und Karolingern war Paris ein bedeutendes Handelszentrum, und ein großer Teil des dort verkauften Weins stammte aus der Umgebung.

Aus einer vom Beginn des 9. Jh. erhaltenen Urkunde geht hervor, daß der Weinbau einen wichtigen Teil der Wirtschaft der Gegend darstellte. Die Irminon-Rolle, benannt nach dem Abt von St-Germain-des-Prés, der eine Zählung der Ländereien seines Klosters veranlaßte, ist die einzige Urkunde dieser Art aus der Zeit KARLS DES GROSSEN. Es wurden Weinberge bei Rambouillet, Dreux, Fontainebleau, Sceaux und Versailles nicht nur von Mönchen, sondern auch von Laienbrüdern kultiviert, und aus den Erzeugungsmengen ergibt sich eindeutig, daß ein Überschuß bestanden haben muß, der auf dem offenen Markt verkauft werden konnte. Urkunden der Abtei St-Denis bei Paris zeigen, daß St-Germain-des-Prés in dieser Hinsicht nicht allein stand. St-Denis verfügte im 9. Jh. über Weinberge auf dem klösterlichen Grund und Boden und besaß Weingüter in der Île-de-France, wie das Pariser Becken damals genannt wurde; auch viele kleinere Klöster in der Umgebung produzierten Wein für den Markt (siehe auch MÖNCHE UND KLÖSTER).

Im 10. Jh. war Paris als Zentrum des Weinhandels fest etabliert. Die Haupthandelsroute verlief Seine-abwärts nach Rouen (heute ein wichtiges Abfüllzentrum für die Märkte in Nordeuropa) und von dort aus über See. Gegen Ende des 10. Jh. kamen Kaufleute aus England, Irland, Flandern und der Picardie nach Rouen, und später verlieh Heinrich II. (König von England, einschließlich der Normandie, von 1154–1189) Rouen das Monopol für den Weintransport nach England. Ab dem 13. Jh. verlief eine weitere Handelsroute Seine-abwärts oder die Oise aufwärts bis Compiègne, wo der Wein auf Fuhrwerke verladen und auf dem Landweg nach Flandern befördert wurde. Inzwischen hatten es die Kaufleute von Paris verstanden, sich ähnliche Privilegien zu verschaffen wie ihre Kollegen in der Gascogne (siehe BORDEAUX). In einem Edikt von 1190 erklärte Philipp II. August von Frankreich, daß nur die Kaufleute von Paris, die meist auch selbst Wein erzeugten (Einzelheiten über das damals hier herrschende wärmere Klima siehe auch KLIMAVERÄNDERUNG), das Recht haben sollten, in Paris Wein zu verkaufen. So konnten sie den Verkauf eines jeden Weins nach Gutdünken verhindern, und sie übten damit praktisch die Herrschaft über den Weinimport von außerhalb und über die Qualität des als «vin de France» angebotenen Weins aus. Die Weine von AUXERRE, CHABLIS und Tonnerre mußten zunächst Paris passieren, bevor sie weitertransportiert werden konnten, und Weine aus anderen Gegenden durften erst zum Verkauf angeboten werden, nachdem der «vin de France» vollständig verkauft war. Auch die Weine von der LOIRE kamen in Paris auf den Markt.

Zu den «vins de France» zählten nicht nur die Weine um Paris bis Vernon in der Normandie, sondern auch die aus der CHAMPAGNE (Reims, Épernay, Châlons-sur-Marne). Dies blieb unter Weinerzeugern bis kurz nach der Französischen Revolution allgemeine Gepflogenheit. Die Kapetinger-Könige, die in Frankreich von 987 bis 1498 herrschten, waren den Weinen von Paris besonders zugetan; ein Teil dessen, was sie tranken, kam aber wohl aus der Champagne, denn es wurde damals kein Unterschied gemacht. In jener Zeit erzeugte die Gegend mehr Wein, als sie verbrauchen konnte, und ein Teil wurde in die Nachbargebiete Normandie, Picardie und Artois verkauft; die Hauptexportmärkte bildeten im Mittelalter England und Flandern, wo die «vins de France» ebenso geschätzt waren wie daheim: Um 1200 erzielten sie in London weit höhere Preise als die Weine aus ANJOU. H. M. W.

Atkin, T., CITY VINES, *WINE* (März 1994).
Dion, R., *Histoire de la vigne et du vin en France* (Paris 1959).
Lachiver, M., *Vins, vignes et vignerons* (Paris, 1988).

PARKER, ROBERT M., JR. (* 1947) Einflußreicher amerikanischer Weinkritiker; sein bedeutendster Beitrag zur WEINLITERATUR besteht in seiner eigenen Konzeption, WEIN IN ZAHLEN zu fassen. Robert Parker ist in Baltimore geboren und hat dort eine Ausbildung als Rechtsanwalt absolviert. Seine Liebe zum Wein entdeckte er im Alter von zwanzig Jahren während einer Reise ins Elsaß. Um die Mitte der 1970er Jahre, auf dem Höhepunkt der Konsumwelle, empfand Parker den Mangel an objektiver und zuverlässiger Weinkritik als ärgerlich, und er befaßte sich mit dem Gedanken, einen eigenen Leitfaden zum Weineinkauf für Verbaucher herauszubringen.

Die erste Werbenummer seiner Zweimonatsschrift *The Wine Advocate* erschien 1978, und schon 1984 war er von ihrem Erfolg so sehr überzeugt, daß er sich vom Rechtsanwaltsberuf zurückzog und ein anstrengendes Reise- und Probierprogramm unternahm, das dieser seiner Publikation zugrunde liegt. Inzwischen hatte er sich mit seiner enthusiastischen und ungewöhnlich detaillierten Unterstützung des Bordeaux-Jahrgangs 1982 einen Namen gemacht, und der Abonnentenkreis für seine Zeitschrift wuchs rasch mit dem amerikanischen Markt für Wein-FUTURES. 1993 zählte der *Wine Advocate* bereits 28 000 Abonnenten, vorwiegend in den USA, aber auch in über 35 anderen Ländern. Er enthält keine Werbeanzeigen und nur wenige Kommentare, aber Hunderte von Probiernotizen und Beurteilungen über einzelne, meist feine Weine. Parkers Urteil hat inzwischen einen beträchtlichen Einfluß auf die Marktnachfrage und auf die kommerzielle Zukunft von Weinerzeugern.

Seine Verbraucherzeitschrift war durchaus nicht die erste in Amerika, aber sie rückte als erste Benotungen einzelner Weine unter Vergabe von 50–100 Punkten in den Vordergrund. Dieses System wurde von den Amerikanern, denen es als Notensystem aus eigenen Schultagen durchaus vertraut ist, bereitwillig und hocherfreut aufgenommen, obschon Parker selbst dabei zur Vorsicht mahnt und seine Leser auffordert, die Notenwerte «nur als Veranschaulichung und Ergänzung der gründlich ausgearbeiteten Probiernotizen, die mein primäres Mittel darstellen, meine Urteile mitzuteilen» zu betrachten. Der Weinhandel verhielt sich weniger umsichtig und gebrauchte Parkers Benotungen ausgiebig für die Verkaufswerbung, und schließlich fand auch der Gedanke einer Benotung von Weinen eine kritische Beurteilung bei einigen anderen Autoritäten, u. a. bei Hugh JOHNSON, der die Meinung vertritt, daß die Weine selbst mit der Zeit und je nach den bei einer Verkostung herrschenden Bedingungen durchaus unterschiedlich erscheinen und daß die Verkostung von Wein in jedem Fall eine an und für sich subjektive Angelegenheit ist. Parkers Ansicht, die er auf dem Titelblatt jeder Ausgabe seines *Advocate* darlegt, besagt, daß «Wein nichts anderes sei als andere Verbraucherprodukte. Es gibt bestimmte Qualitätsmaßstäbe, die ein Profi, der dem Wein seine ganze Zeit widmet, erkennen kann.»

Der Eifer, mit dem Parker die Impressionen seines stark beanspruchten Gaumens (er verkostet regelmäßig über hundert Weine am Tag) notiert, hat ihm das Material für mehrere umfangreiche Bücher geliefert und nicht nur für die *Wine Buyer's Guides*, die im wesentlichen Zusammenfassungen des *Advocate* darstellen. *Bordeaux* (ursprünglich mit dem Untertitel «Ein definitiver Führer durch die seit 1961 produzierten Jahrgänge») erschien erstmals 1985 und hatte in den USA beträchtlichen Erfolg; in England kam es 1987, in Frankreich 1989 und in der Schweiz 1992 heraus. Das 1987 erschienene Buch *The Wines of the Rhône Valley and Provence* ist das Spiegelbild der zweiten großen Passion Parkers (er trug damit viel dazu bei, die Reputation des Weinguts GUIGAL an der Côte Rôtie zu festigen und ihm eine ehrgeizige Preispolitik zu ermöglichen). *Burgund* (1990) mit seinem komplexen Mosaik von Appellationen, Erzeugern und Jahrgängen und mit seinen nicht so berechenbaren Weinen ließ sich nicht so ohne weiteres der «Parkerisierung» anbequemen. Ein Buch über Kalifornien befindet sich wohl wie Parkers eigener Enthusiasmus für diese Region insgesamt erst noch im Werden.

Parker gilt als glühender, allerdings auch kritischer Bewunderer französischer Weine. Er war der erste Nicht-Franzose, der eine Artikelserie für *L'Express* schrieb, und 1992 wurde er ein besonders emotioneller Chevalier de l'Ordre du Mérite National.

PASO ROBLES AVA-Bereich in Kalifornien; siehe SAN LUIS OBISPO.

PASSERILLÉ Französischer Ausdruck für absichtlich zum Eintrocknen, also Rosinieren am Weinstock belassene Trauben (siehe WEIN VON ROSINIERTEN TRAUBEN).

PASSETOUTGRAIN siehe BOURGOGNE PASSETOUTGRAIN.

PASSING THE PORT Es gehört zu den unter Weinliebhabern am getreulichsten gepflegten Traditionen, daß der PORTWEIN, und ganz besonders ein Decanter mit Jahrgangsport, bei Tisch stets von rechts nach links weitergereicht werden muß. Warum das so ist, hat bisher noch niemand wirklich erklären können, doch die Gepflogenheit wird so unverrückbar in Ehren gehalten, daß im Senior Common Room des New College in Oxford eigens eine Modelleisenbahn für die Beförderung der Decanter um einen im Weg stehenden Kamin herum gebaut wurde.

Howkins, B., *Rich, Rare & Red* (London, 1982).

PASSITO Italienischer Begriff für WEIN VON ROSINIERTEN TRAUBEN.

PASTEUR, LOUIS (1822–1895) Genialer Wissenschaftler und Gelehrter, welcher der Nachwelt ein Werk hinterlassen hat, das sich auf viele Gebiete der Physik, Chemie, Mikrobiologie, Agronomie und Medizin erstreckt. Zu seinem hundertsten Geburtstag im Jahr 1922 veröffentlichte das Institut Pasteur in Paris eine Monographie über seine wichtigsten Entdeckungen und Arbeiten mit folgenden Überschriften:

1847: Molekulare Asymmetrie
1857: Gärvorgänge
1862: Als spontan vermutete Abläufe
1863: Studie über Wein
1865: Krankheiten der Seidenraupe
1871: Studie über Bier
1877: Viruskrankheiten
1880: Virusimpfstoffe
1885: Schutz gegen die Tollwut

Pasteurs ursprüngliche Arbeiten über als spontan vermutete Abläufe oder Umwandlungen ermöglichten ihm die Erklärung des Vorgangs der alkoholischen GÄRUNG und den Nachweis, daß diese durchaus keinen spontanen Umwandlungsprozeß darstellt, sondern das Ergebnis der Tätigkeit lebender Organismen, der HEFEN, ist, die sich von Zucker nähren und diesen in ALKOHOL und KOHLENDIOXID umsetzen. «Der chemische Vorgang der Gärung ist im wesentlichen ein Phänomen, das im Zusammenhang mit einem Lebensvorgang steht . . . Was nun bewirkt meiner Meinung nach diese chemische Spaltung von Zucker (in Alkohol und Kohlensäure), und was verursacht sie? Ich gebe zu, daß ich davon keine Vorstellung habe» (*Œuvres de Pasteur*, II, 77). Mit einem an das Geniale grenzenden Ahnungsvermögen begriff Pasteur das Phänomen, ohne daß er eine präzise Erklärung dafür geben konnte; erst in der ersten Hälfte des 20. Jh. gelang es der modernen Biochemie, die verschiedenen Schritte des chemischen Ablaufs der Gärung zu erklären.

Während seiner wissenschaftlichen Laufbahn kann Pasteur nur drei oder vier Jahre mit dem Studium des Weins zugebracht haben. Und dennoch leistete er in dieser kurzen Spanne so viel, daß ein anderer Forscher froh wäre, wenn er dasselbe in einem ganzen Arbeitsleben zustande bringen könnte. Nicht nur wendete er seine Theorien auf die Gärung an und gewährleistete damit die Beherrschung der Grundlagen für die Bereitung und Konservierung von Wein, er vervollkommnete auch die Kunst des Zusetzens von WEINSÄURE, wies das Vorhandensein von BERNSTEINSÄURE und GLYZERIN nach und gab wertvolle Hinweise über die Rolle des Sauerstoffs bei der ALTERUNG von Wein.

Vor allem aber war die Arbeit Louis Pasteurs auf dem Gebiet der mikrobiologischen Erkrankungen der Rebe von höchstem Wert. Eines der ersten Probleme, das Pasteur zur Untersuchung vorgelegt wurde, war der Verderb von Rotweinen zu Essig auf dem Transportweg von Burgund nach England; außerdem sollte er einige FEHLER zu erklären versuchen, die in französischen Weinen um diese Zeit häufig auftraten. Er ermittelte die folgenden Umwandlungsprozesse in verschiedenen Bestandteilen des Weins:

Mannitsäure: Zersetzung von Zuckern
«tourne»: Zersetzung von Weinsäure
Bittergeschmack: Zersetzung von Glyzerin
«graisse»: Erzeugung von Polysaccharid

Aus seiner Entdeckung, daß es verschiedene Mikroorganismen waren, die verschiedenen Weinkrankheiten zugrunde lagen, z. B. daß Essigbakterien (ACETOBACTER) den Wein in Essig verwandeln, erwuchs die Wissenschaft der Bakteriologie. Er bewies auch, daß diese Mikroorganismen durch Erhitzen (siehe PASTEURISIERUNG) abgetötet werden können und dadurch zugunsten der Weinqualität jede mikrobielle Tätigkeit unterbunden wird. Die Entdeckung dieser bakteriellen Krankheiten war für die Wissenschaft der ÖNOLOGIE von höchstem Wert und ermöglichte die fortschreitende Verringerung des Anteils an FLÜCHTIGEN SÄUREN im Wein, was sich auf die Anhebung der Gesamtqualität günstig auswirkte. Allerdings wurde die Pasteurisierung von der Kellertechnik nicht mit der erwarteten Bereitwilligkeit aufgegriffen, und auch heute noch spielt sie allein bei der Weinbereitung im industriellen Maßstab eine größere Rolle.

Pasteurs Forschungsarbeiten im Zusammenhang mit Wein und Bier führten jedoch auch zu bemerkenswerten Untersuchungen, die er der Verhütung von Infektionskrankheiten bei Mensch und Tier widmete.

Mit einem Tropfen fehlerhaftem Wein, der durch unter dem Mikroskop sichtbare Mikroorganismen und durch die mit dem Geschmackssinn feststellbaren Fehler gekennzeichnet war – so beobachtete Pasteur –, konnte man einen völlig gesunden Wein anstecken. Den Schluß, den er daraus zog, drückte er folgendermaßen aus: «Wenn man beobachtet, wie Bier und Wein grundlegende Veränderungen durchmachen, weil diese Flüssigkeiten mikroskopischen Organismen Asyl gewährten, die unsichtbar und rein zufällig in sie gerieten und worin sie sich seitdem vermehrten, wie könnte man da nicht auf den Gedanken verfallen, daß ähnliche Dinge manchmal auch Menschen und Tieren geschehen müssen?» (1866).

Wie groß auch das unbezweifelbare Verdienst von Pasteurs Werk sein mag, dem wir die Grundlagen der Mikrobiologie des Weins mit allen praktischen Konsequenzen für die Bereitung und Konservierung von Wein verdanken, so bleibt doch zu vermerken, daß er die positive Rolle, die von MILCHSÄUREBAKTERIEN bei der Zersetzung von APFELSÄURE erfüllt wird, nicht verstand. Es bereitete deshalb besondere Schwierigkeiten, die Prinzipien der MALOLAKTISCHEN SÄUREUMWANDLUNG zu erfassen, die erst 1930 von Jean RIBÉREAU-GAYON als ein für bestimmte Weine vorteilhaft wirkender bakterieller Umwandlungsprozeß erkannt wurde. Die übrige Weinwelt ließ sich hiervon aber erst in den 1970er Jahren überzeugen. Mit gutem Grund schrieb Émile PEYNAUD: «Die Entwicklung der Önologie wäre ganz anders verlaufen, wenn Pasteur, anstatt uns die Grundlagen einer perfekten Methode für das Zusetzen von Weinsäure zu hinterlassen, uns gelehrt hätte, Apfelsäure zuzusetzen.»

Für Pasteur galt nun aber einmal, daß «Hefen Wein entstehen lassen, Bakterien ihn dagegen zerstören».

Pasteur ist wahrhaft der Begründer der Wissenschaft von der Weinbereitung: Wenn die Önologie heute an so vielen Universitäten in aller Welt ein Lehrfach darstellt, dann verdanken wir ihm diese Errungenschaft. P. R.-G.

PASTEURISIERUNG Ein Prozeß, bei dem Lebensmittel, u. a. auch Wein, auf eine so hohe Temperatur erhitzt werden, daß alle darin lebenden Mikroorganismen wie HEFEN und BAKTERIEN absterben. Er trägt den Namen von Louis PASTEUR, dem französischen Wissenschaftler, der als erster entdeckte, daß diese Mikroorganismen durch ihre Lebenstätigkeit die Ursache von Verderb auch beim Wein bilden.

Inzwischen ist die Technik der Sterilisierung durch Erhitzen mehrfach verbessert worden, da die ersten Versionen der Pasteurisierung oft einen verbrannten oder gekochten Beigeschmack entstehen ließen, insbesondere wenn die behandelten Weine nicht ausreichend geklärt waren. Das Pasteurisieren von Wein erfolgt durch schnelles Erhitzen auf etwa 85 °C für die Dauer einer Minute mit anschließender rascher Abkühlung und Weiterleitung in einen Vorratsbehälter oder zur Abfüllanlage. Längeres Erhitzen von Wein auf etwa 50 °C für die Dauer von bis zu drei Tagen führt zum Gerinnen von wärmeunstabilen Proteinen und zur beschleunigten Alterung von billigen Dessert-Rotweinen. Ein **Schnellpasteurisierungsverfahren** arbeitet mit sehr raschem Erhitzen auf 95 °C für die Dauer einiger Sekunden und anschließender rascher Abkühlung. Manchmal gelangt Wein auch durch **Heißabfüllung** mit 55 °C in die Flasche und wird dann langsam abgekühlt; besonders wirkungsvoll ist die Methode, die verschlossenen Flaschen auf etwa 55 °C zu erhitzen und unter Besprühung mit Wasser auf Raumtemperatur abzukühlen. Alle diese Techniken sind jedoch relativ brutal und werden nur bei sehr einfachen Weinen angewendet, die kein Potential zur weiteren Entfaltung während der FLASCHENALTERUNG besitzen. A. D. W.

PAUILLAC Die kleine Hafenstadt und die zu ihr gehörende kommunale APPELLATION CONTRÔLÉE im Weinbaubereich Médoc genießt den einmaligen Vorzug, in ihren Grenzen drei von den fünf Weingütern zu beherbergen, die in der berühmten KLASSIFIKATION der Châteaux von Bordeaux als Premiers Crus eingestuft sind – LAFITE, LATOUR und MOUTON-ROTHSCHILD –, daneben aber auch noch eine ganze Reihe anderer CRUS CLASSÉS, die mit den drei Großen (ebenso wie untereinander) mit zunehmender Beharrlichkeit rivalisieren. Bei aller Bedeutung des Weins ist aber Pauillac doch wohl als einzige Gemeinde im Haut-Médoc nicht allein auf Wein fixiert – ein Eindruck, der durch die Größe des Orts und die industriellen Anlagen in seiner Umgebung verstärkt wird.

Dennoch ist hier Cabernet-Sauvignon-Land par excellence, und wenn auch zwischen den TERROIRS, den Weinbereitungsmethoden und dem Sachkönnen der verschiedenen Weingüter beträchtliche Unterschiede bestehen, so tauchen in Probiernotizen im Zusammenhang mit Pauillac-Weinen bestimmte Begriffe immer wieder auf: schwarze Johannisbeeren, Zedernholz und Zigarrenkisten (die beiden letzteren sind vielleicht Geschmacksnuancen der erstklassigen Fässer aus französischer EICHE, die bei den Verkaufspreisen von Pauillac-Weinen auch erschwinglich sind). Ein großer Anteil der konzentriertesten Médoc-Weine entsteht hier.

Über 1000 ha Rebfläche erstrecken sich in einem fast durchgehenden Streifen von der Grenze zu ST-JULIEN im Süden bis zur Grenze von ST-ESTÈPHE im Norden, von der Gironde nur durch einige hundert Meter *palus* getrennt – das ist Sumpfland, das sich für den Weinbau nicht eignet (dagegen sehr als Weideland für die berühmten *agneaux présalsés* – Salzmarschenschafe – von Pauillac). Dieser 3 km breite und über 6 km lange Streifen Land, der die Reben für die langlebigsten Rotweine der Welt trägt, wird durch den Bach Gaet, dessen Uferränder sich ebenfalls nicht für den Weinbau eignen, zweigeteilt. Wie anderswo im Médoc bildet der tiefgründige Kiesboden den Schlüssel zur Qualität des Weins; er bietet exzellenten WASSERABZUG, unterstützt durch eine fast unmerklich wellige Topographie und eine Reihe von *jalles*, Entwässerungsgräben, die das Wasser vom Kiesplateau in die Gironde ableiten.

Die Stars des nördlichen Teils von Pauillac sind zweifellos die beiden ROTHSCHILD-Weingüter Château Lafite und Mouton-Rothschild, deren Weinberge ineinander verschachtelt auf dem Plateau von Le Pouyalet liegen, das an seinem höchsten Punkt die für das Médoc beträchtliche Höhe von 30 m erreicht. Darum herum sind die Rothschild-Satellitenweingüter gruppiert, deren Weine vom Sachkönnen der Premier-Cru-Besitzer mit profitieren. Château Duhart-Milon-Rothschild gehört als 4e Cru zu Lafite; sein Wein wird in der Stadt Pauillac bereitet. Auch die 5es Crus Château Clerc-Milon und Mouton d'Armailhac (von 1956 bis 1989 zunächst Château Mouton Baron Philipp, dann Mouton Baronne Philipp) stehen oft auf sehr hohem Qualitätsstand und kommen dem Mouton selbst sehr nahe. Ebenfalls auf dem Plateau liegen zwei weitere 5es Crus, nur gerade durch einen Bach von St-Estèphe getrennt: Château Pontet-Canet und das meist viel unauffälligere Château Pédesclaux.

In den 1970er Jahren wurde viel Aufhebens um die Rothschild-interne Rivalität in der Nordhälfte von Pauillac gemacht. Um die Mitte der 1980er und Anfang der 1990er Jahre war dagegen der Süden der Appellation um den Ort St-Lambert ein Schlachtfeld um die Weinvorherrschaft zwischen dem Premier Cru Château Latour und insbesondere seinen nächsten Nachbarn, den beiden Pichons. Alle drei tätigten große Investitionen in Weinbergen, *chais* und eher kosmetischen Aspekten der Güter, und vor allem zeigten die Pichons, daß sie wie Latour imstande sind, hier an der Grenze zu St-Julien sublimen Wein hervorzubringen. Das Gut Pichon-Longueville war ursprünglich ein einziger Besitz, aber längst in einen kleineren Teil mit dem Beinamen «Baron» und einen größeren durch «Comtesse de Lalande» näher bezeichneten Teil gespalten, ehe diese beiden in der Klassifikation von 1855 in der unteren Hälfte der 2es Crus eingestuft wurden (an einer viel niedrigeren Stelle, als sie es heute verdienen). Zu Beginn des 20. Jh. war der Teilbesitz Pichon-Baron hoch angesehen. Zu Beginn der 1980er Jahre hatte dann Pichon-Longueville-Lalande die größere Reputation für sich gewonnen. Zu Anfang der 1990er Jahre wurde Pichon-Baron durch Jean-Michel Cazes von Château Lynch-Bages und durch die AXA-Versicherungsgruppe großzügig renoviert und umbenannt – verwirrenderweise in Pichon-Longueville – und stellte für seine Nachbarn eine ständige Herausforderung dar.

Im Hinterland des südlichen Teils von Pauillac liegen nebeneinander die 5es Crus Château Batailley und Château Haut-Batailley, deren Weine sich ohne weiteres mit denen des unmittelbar nördlich davon gelegenen 5e Cru Château Grand-Puy-Lacoste messen können, das von der Familie Borie untadelig geführt wird und mit die preiswertesten Weine von Pauillac bieten kann. Ein Dutzend der insgesamt achtzehn 5es Crus befinden sich in Pauillac, und keines von ihnen ist erfolgreicher als das Gut der Familie Cazes, das prächtige Château Lynch-Bages (im Namen spiegelt sich der irische Ursprung), das nach Ruf und Ruhm eigentlich weit höher eingestuft sein sollte. Die Châteaux Lynch-Moussas, Croizet-Bages und Grand-Puy-Ducasse haben bisher noch selten im Scheinwerferlicht gestanden, obwohl das letztere in den 1980er Jahren aufwendig renoviert wurde. Château Haut-Bages-Libéral zwischen den Châteaux Latour und Lynch-Bages brachte in den 1980er Jahren feine Weine hervor.

In der Klassifikation von 1855 nicht verzeichnet sind dagegen zwei der markantesten Weine von Pauillac: Les Forts de Latour, der ZWEITWEIN von Château Latour, ist regelmäßig einer der erfolgreichsten Weine (und die Preise fallen dementsprechend aus), und die bedeutende Genossenschaftskellerei von Pauillac bringt ihre beträchtliche Produktion zum Teil unter dem Namen La Rose Pauillac auf den Markt.

Siehe auch MÉDOC und BORDEAUX.

Parker, R. M., *Bordeaux* (Bern, 1993).
Penning-Rowsell, E., *The Wines of Bordeaux* (6. Aufl., London, 1989).
Peppercorn, D., *Bordeaux* (2. Aufl., London, 1991).
—*Bordeaux* (4. Aufl., Bern, 1994).

PAYS franz. Land (siehe VIN DE PAYS).

PAZIFISCHER NORDWESTEN Selbstbewußte Weinbauregion im äußersten Nordwesten der USA. Eine unverdorbene Landschaft und regionale Spezialitäten, u. a. bei Speisen und Wein, bilden den Stolz der Staaten WASHINGTON, ORE-

GON und IDAHO, wobei gern Vergleiche mit dem unmittelbaren südlichen Nachbarn KALIFORNIEN gezogen werden.

PÉCHARMANT Appellation für Rotwein im Weinbaugebiet BERGERAC (SÜDWESTFRANKREICH). Etwa 180 ha Rebfläche östlich der Stadt Bergerac bringen von den Bordeaux-Rebsorten, v. a. MERLOT, auf kieshaltigen Südhängen mit die langlebigsten Rotweine im Périgord hervor. Nur wenig davon gelangt über die Grenzen seiner engeren Heimat hinaus, eine Ausnahme macht nur der Wein von Château Tiregand, das sich wie ein Weingut in LA CLAPE im Besitz der Familie St-Exupéry befindet.

Weinlandschaft im PAZIFISCHEN NORDWESTEN – in den Red Hills von Dundee in Oregon.

In dieser Gegend entsteht auch noch in geringem Umfang süßer Weißwein unter der fast ausgestorbenen Appellation ROSETTE.

PEDRO GIMÉNEZ In ARGENTINIEN verbreitet angebaute Weißweinrebsorte; sie ist dort nach den im Rückgang befindlichen sehr einfachen Trauben CRIOLLA und CEREZA die meistangebaute Rebsorte. 1989 betrug die Anbaufläche von Pedro Giménez 22 600 ha, davon lagen fast drei Viertel in der Provinz Mendoza. Die Traube bildet jedoch nicht nur eine wichtige Stütze für die Weißweinproduktion Argentiniens, sondern sie ist auch in der PISCO-Region Chiles anzutreffen. Ampelographen in Argentinien vertreten die Ansicht, daß zwischen dieser Sorte und PEDRO XIMÉNEZ in Spanien keine Verbindung besteht.

PEDRO XIMÉNEZ, auch **Pedro Jiménez** oder kurz **Pedro**. Die traditionell mit ANDALUSIEN (Südspanien) verknüpfte Weißweinrebsorte ist in der Gegend von JEREZ inzwischen für die Sherry-Produktion weit weniger verbreitet als der ertragreichere und nicht so krankheitsanfällige Palomino Fino. Dennoch hat Pedro Ximénez eine fast immer noch ebenso große Anbaufläche, nämlich 27 000 ha, und ist in ganz Andalusien, VALENCIA und EXTREMADURA anzutreffen. Da er Trauben mit hohem Reifegrad zustande bringt, ist er auch bei den MÁLAGA-Erzeugern sehr populär, von denen ein Teil mit Traubengut aus dem DO-Bereich MONTILLA-MORILES arbeitet, wo Pedro Ximénez in den dort produzierten Sherry-ähnlichen Weinen die Hauptrolle spielt. Im übrigen wird die dünnschalige Traube, die früher oft in der Sonne getrocknet wurde und Weine zum Süßen aufgespriteter Verschnitte erbrachte, nun auch häufig zu einem recht flauen, trockenen Tischwein mit neutralem Geschmack verarbeitet. Aber auch volle, süße alkoholangereicherte Weine unter der Bezeichnung Pedro Ximénez oder kurz «PX» sind hier und da noch zu finden. Auf den Kanarischen Inseln vor der Atlantikküste Spaniens wird die Traube ebenfalls angebaut.

In Australien wird Pedro Ximénez in der Anbaustatistik nicht von dem populäreren Palomino unterschieden, doch hat die Traube vor allem in EDELFÄULE-Version als voller, tiefgoldener «Pedro Sauterne» von McWilliam aus bewässerten Weinbergen bei Griffith in NEW SOUTH WALES von sich reden gemacht. Früher wurde sie auch oft mit einem weiteren Import aus Jerez verwechselt, doch was heute noch an Cañocazo in Australien vorhanden ist, heißt inzwischen False Pedro. Dagegen ist die in Südafrika als False Pedro bezeichnete Rebsorte die ebenfalls andalusische Traube Pedro Luis. In Kalifornien ist Pedro Ximénez inzwischen so gut wie abgeschafft.

Eine Rebe namens PEDRO GIMÉNEZ hat in ARGENTINIEN große Bedeutung, die Ampelographen vertreten jedoch die Ansicht, daß sie mit dem spanischen Pedro Ximénez nicht identisch ist.

PEKTINE Kohlehydratpolymere, bestehend aus Galacturonsäureeinheiten (teilweise methyliert) mit der wichtigen Funktion, Pflanzenzellen miteinander zu «verkleben». Die reichhaltige Gruppe umfaßt Pektinsäure, Hemizellulosen und Harze; die dazugehörigen Zucker sind Galactose, Mannose und Arabinose. Der Pektingehalt von Trauben steigt mit zunehmener Reife an und erreicht rund 1 g/l. Pektin trägt in bedeutendem Umfang zu den KOLLOIDEN bei. B. G. C.

PENEDÈS, auch **Penedés.** Der größte und bedeutendste DO-Bereich in KATALONIEN (Nordostspanien) mit innovativen Weinen verschiedenster Art. Durch die Nähe zu Barcelona hat Penedès stets gute Absatzmöglichkeiten für seine Weine gehabt. Im 19. Jh. war es eine der ersten spanischen Regionen, die eine Massenproduktion in die Wege leitete und in Frankreich, das damals von der REBLAUS verheert wurde, einen aufnahmebereiten Markt fand. 1887 trat die Reblaus dann auch in Penedès auf; damals hatte José Raventos bereits die Grundlagen für CODORNÍU und die CAVA-Industrie gelegt. Die Weinberge, aus denen bis dahin starke, teilweise aufgespritete Rotweine kamen, wurden gerodet und mit Weißweinrebsorten für die Schaumweinproduktion neu bestockt. Später wurde Cava zu einer eigenen auf nationaler Grundlage organisierten DENOMINACIÓN DE ORIGEN.

In den 1960er und 1970er Jahren erlebte Penedès dann eine zweite radikale Umstellung, und zwar weitgehend auf Veranlassung von Miguel Torres Carbo und seines Sohnes Miguel A. TORRES, Wein- und Brandy-Erzeuger in Vilafranca del Penedès im Herzen des Gebiets. Sie gehörten zu den ersten, die in Spanien TEMPERATURREGELUNG und Tanks aus EDELSTAHL einführten. Miguel Torres Jr. (so wurde er zur Unterscheidung von seinem verstorbenen Vater genannt) studierte ÖNOLOGIE in Frankreich und experimentierte mit revolutionären importierten Rebsorten wie CABERNET SAUVIGNON, PINOT NOIR, CHARDONNAY, SAUVIGNON BLANC, RIESLING und GEWÜRZTRAMINER, die neben einheimischen Trauben angepflanzt und mit diesen verschnitten wurden. Torres führte eine eingehende Studie des Klimas und der Bodenarten in Penedès durch, um geeignete Rebsorten zu wählen und zu gewährleisten, daß die Weinberge optimal angelegt wurden. Andere Erzeuger folgten dem Vorbild der Familie Torres, und so ist Penedès heute noch eine der dynamischsten und vielschichtigsten Weinbauregionen in Spanien.

Penedès erhebt sich vom Mittelmeer aus in mehreren Stufen und unterteilt sich in drei separate Zonen. Bajo Penedès steigt von den Ferienstränden der Costa Dorada bis zu einer Höhe von 250 m auf. Hier im wärmsten Teil des Bereichs wachsen seit eh und je die Rebsorten MALVASIA und Moscatel de Alejandria (MUSCAT OF ALEXANDRIA) für süße aufgespritete Weine. Mit zunehmender Ausdehnung der Urlaubsorte und abnehmender Beliebtheit dieser süßen

Das Grange genannte alte Gebäude in Magill (Südaustralien) gibt dem berühmtesten Wein von PENFOLDS den Namen.

Weine wurden die Weinberge entweder gerodet oder mit GARNACHA, CARIÑENA und MONASTRELL für robuste Rotweine neu bepflanzt. Die zweite Zone, Medio Penedès, wird von einem breiten Tal 500 m über dem Meer gebildet, das von der Küste durch eine Hügelkette getrennt ist. Dieser Teil ist der ertragreichste des Bereichs; er liefert viel Grundwein für die Schaumweinindustrie in San Sadurní de Noya. Für die Cava-Produktion werden MACABEO, XAREL-LO, PARELLADA und in zunehmendem Ausmaß Chardonnay sowie Rotweinrebsorten wie TEMPRANILLO (hier oft mit dem katalanischen Namen Ull de Llebre bezeichnet) und Cabernet Sauvignon angebaut. Penedès Superior in 500–800 m Höhe in den Vorbergen des spanischen Zentralplateaus ist der kühlste Teil des Bereichs; hier wachsen mit die besten weißen Trauben. Am meisten angebaut wird die einheimische Rebsorte Parellada, aber auch Riesling, Moscatel de Alejandria, Gewürztraminer und Chardonnay bewähren sich gut. Manche Erzeuger streben einen Zusammenschluß von Penedès Superior mit dem nahegelegenen vielversprechenden DO-Bereich CONCA DE BARBERÁ an.

R. J. M.

PENFOLDS Spitzenweinprogramm der **Penfolds Wine Group**, des dominierenden Weinerzeugungskonzerns mit großem Weinbergbesitz in Australien, auf dessen Produktion jede dritte Flasche australischen Weins entfällt. Der erste Weinberg des Unternehmens Penfolds wurde 1844 in Magill, Südaustralien, von Dr. Christopher Rawson Penfold angelegt. Über hundert Jahre lang konzentrierte sich Penfolds wie andere australische Weinkellereien auf die Produktion von aufgespritetem Wein und Brandy, die in erheblichem Umfang nach Großbritannien exportiert wurden. 1950 besuchte der damalige Chefkellermeister Max Schubert Europa und bereiste vor allem die Region Bordeaux. Bei seiner Rückkehr wirkte er in Australien bahnbrechend für die Weinbereitungstechniken, die er in Bordeaux gelernt hatte, und leistete damit einen wertvollen Beitrag zur Entwicklung feiner australischer Tischweine und insbesondere von Rotwein. Schuberts Ehrgeiz war, einen Rotwein zu schaffen, der es mit den feinsten Weinen aus Bordeaux sowohl in der Qualität als auch in der Langlebigkeit aufnehmen konnte. Das gelang ihm mit **Penfolds Grange**

Steillagen wie die Weinberge des Weinguts GUIGAL an der CÔTE RÔTIE bringen zwar großartigen Wein hervor, doch mit MECHANISIERUNG ist hier nichts zu machen. Eine volle Butte (übrigens heute noch praktisch derselbe Behälter wie auf dem Bildteppich von Cluny – siehe Seite 181) wiegt 35 bis 40 kg.

(bekannt als Penfolds Grange Hermitage, bis die EUROPÄISCHE UNION mit Erfolg gegen diesen Mißbrauch eines bekannten europäischen Lagennamens opponierte), der heute weithin als der größte Wein Australiens anerkannt ist.

Der nach Dr. Penfolds Landhaus in Magill benannte Grange wurde erstmals 1952 produziert; die ersten Jahrgänge entstanden von Shiraz-Trauben aus Magill und Morphett Vale (Adelaide), der Ausbau erfolgte zwölf Monate lang in neuen Fässern aus amerikanischer Eiche. Der intensive Fruchtcharakter zusammen mit dem wohlbedachten Einsatz von Holz verlieh dem Grange ein großartiges Alterungspotential, doch wurden die ersten Jahrgänge als imitierter «trockener Port» abgelehnt. 1957 wurde Schubert angewiesen, die Produktion des Grange einzustellen; er aber ging mit seinem Vorhaben in den Untergrund und trat drei Jahre darauf wieder mit ihm hervor, als die nun langsam reifenden Jahrgänge zu halten begannen, was sie versprochen hatten. Tatsächlich entfalten sich feine Grange-Jahrgänge dreißig Jahre und länger, und seither ist dieser Wein zu dem am häufigsten ausgezeichneten in der australischen Geschichte geworden. 1961 wurde auch Frucht aus Kalimna im Barossa Valley mit aufgenommen, unterstützt durch Traubengut aus Weinbergen in Clare und Koonunga Hill. In manche Grange-Jahrgänge gehen auch kleine Mengen Cabernet Sauvignon mit ein, und der Faßausbau ist inzwischen auf 18–20 Monate verlängert worden. Der Wein wird frühestens vier Jahre nach der Lese herausgegeben. Ihm folgte eine ganze Reihe preisgekrönter Penfolds-Rotweine, viele unter «Bin»-Nummern aus dem Vorratsregister der Kellerei. Besonders bemerkenswert ist Cabernet Sauvignon Bin 707.

Seit dem Ende der 1980er Jahre konzentriert sich Penfolds auf die Entwicklung einer Weißweinserie mit Nachdruck auf Chardonnay sowie Chardonnay/Semillion-Verschnitten. Die Frucht kommt aus Gegenden mit kühlerem Klima wie Coonawarra und Padthaway im Süden und aus den hochwertigen Anbaubereichen im Barossa Valley, im McLaren Vale und in den Southern Vales bei Adelaide. Der Hauptsitz von Penfolds befindet sich in Nuriootpa im Barossa Valley. 1990 erwarb Penfolds seinen größten Rivalen, das schon seit langem mit feinen Weißweinen und dem Hunter Valley verknüpfte Haus Lindemans. Ebenfalls 1990 wurden dann Penfolds und Lindemans gemeinsam von dem Konzern South Australian Brewing Holdings übernommen, der als seinen für Wein zuständigen Zweig die Penfolds Wine Group schuf. Weitere unter dem PWG-Banner zusammengefaßte Weinbaubetriebe sind Leo Buring, Hungerford Hill, Killawarra, Kaiser Stuhl, Matthew Lang, Rouge Homme, Seaview, Seppelt, Tollana, Tulloch, Woodley und Wynns Coonawarra Estate. Zu Beginn der 1990er Jahre unternahm die PWG ein Expansionsprogramm außerhalb Australiens, in dessen Rahmen Investitionen in Kalifornien und MOLDOVA getätigt wurden. 1993 wurde die Penfolds Wine Group in Southcorp Wines Pty. umbenannt, um eine gleiche Behandlung aller Unternehmensteile zu gewährleisten. S. A.

Evans, L., *Complete Book of Australian Wine* (3. Aufl., Adelaide, 1990).
Halliday, J. *The Australian Wine Compendium* (Sydney, 1985).

Anlieferung von Merlot-Trauben auf der Domaine de la Baume bei Béziers im Languedoc. Das Weingut wurde zu Anfang der 1990er Jahre von der australischen Firma Thomas Hardy im Rahmen ihres europäischen Expansionsprogramms wiederbelebt – ein deutliches Zeichen für den AUSTRALISCHEN EINFLUSS auf die Welt des Weins.

Edmund PENNING-ROWSELL.

PENICILLIUM Ein in faulen Trauben häufig anzutreffender Schimmelpilz; siehe TRAUBENFÄULE.

PENNING-ROWSELL, EDMUND (* 1913) Ein englischer Weinautor mit besonderem Interesse an der Geschichte und den Weinen von Bordeaux. Er absolvierte sein Studium am Marlborough College und war als eingeschworener Sozialist von 1930 bis 1935 bei der *Morning Post* als

Journalist tätig; dann begann er eine fast dreißigjährige Karriere als Buchverleger. Die Freude am Wein lernte er kennen, als seine junge Frau von ihrem Chef bei der BBC zum Abschied (damals wurden bei der BBC nur unverheiratete Frauen beschäftigt) einige Flaschen Moulin-à-Vent ohne Jahrgangsdatum geschenkt bekam. Ein Briefwechsel und eine spätere Freundschaft mit dem Weinhändler Ronald AVERY aus Bristol bedeutete einen weiteren prägenden Einfluß. (Im 2. Weltkrieg fuhr Penning-Rowsell nach Bristol auf Gewerkschaftstagungen, derentwegen er später seine Stellung in einer Flugzeugfabrik verlor.) In dieser Zeit legte er die bescheidenen Grundlagen für einen der feinsten Weinkeller, die je von einem Privatmann zusammengetragen wurden.

Das traditionelle, nicht auf die Erzielung von Gewinnen gerichtete Ethos einer gemeinschaftlichen Einkaufsgruppe, The WINE SOCIETY, gefiel ihm, und so trat er ihr kurz nach seiner Heirat im Jahr 1937 bei und wurde 1950 ehrenamtlicher Sekretär des Dining Clubs der Society. 1959 wurde er in den Vorstand der Society gewählt und fungierte über die Rekordzeit von 1964 bis 1987 als dessen Vorsitzender.

1949 besprach er Weinbücher für die Literaturbeilage der *Times*, und 1954 schrieb er seinen ersten Weinartikel für die Zeitschrift *Country Life*. Seit 1964, kurz nach Beendigung seiner Verlegerkarriere, wirkte er als Weinkorrespondent der *Financial Times*, wobei er es stets sorgfältig vermied, die Wine Society während seiner Präsidentschaftszeit zu erwähnen, so unbequem ihm das auch sein mochte. Seine Weinfibel *Red, White and Rosé* erschien 1967, eine zweite Auflage folgte 1973; sein großes Geschenk an die WEINLITERATUR ist jedoch *The Wines of Bordeaux*, das erstmals 1969 veröffentlicht wurde und dessen sechste Ausgabe zwanzig Jahre später erschien. Aus seiner Erfahrung als Verleger waren ihm die in den 1980er Jahren grassierenden flüchtigen Weinbücher, die jeweils nur eine Auflage erlebten, durchaus geläufig, doch es war stets seine Art gewesen, Fakten darzulegen und nicht nach Effekten oder Profit zu haschen.

Auch die Fakten seines bemerkenswerten eigenen Kellers zeichnete er mit größter Genauigkeit mit der für ihn charakteristischen grünen Tinte in einer Reihe von Kellerbüchern auf. In diesem einzigartigen Archiv finden sich Details über jeden Kauf, jede Erinnerung aus seiner anstrengenden jährlichen Besuchsrunde durch die Weinbauregionen (die er bis in sein neuntes Lebensjahrzehnt fortsetzte) sowie Impressionen über jede Flasche, die er je probierte.

Als jährlicher Besucher in Bordeaux zur Lesezeit und auf der Auktion der HOSPICES DE BEAUNE wurde Penning-Rowsell 1971 zum Chevalier de l'Ordre du Mérite Agricole und 1981 zum Chevalier de l'Ordre du Mérite National berufen.

Loftus, S., PURPLE PROSE: THE WINE WRITERS, in *Anatomy of the Wine Trade* (London, 1985).

PERGOLA Eine Form der hohen REBENERZIEHUNG; wird das LAUBDACH horizontal gezogen, spricht man auch vom TENDONE-System. Pergolen können ein- oder zweiarmig ausgeführt sein, je nachdem, ob die Reben auf eine oder zwei Seiten der Zeile gezogen werden. Ist das Spaliersystem oben geschlossen, wird von einer geschlossenen Pergola oder Laube gesprochen.

Das Pergola-System ist in Italien verbreitet, und zwar häufig mit geneigtem und nicht horizontal gezogenem Laubdach (im Trentino beispielsweise beträgt die Neigung 20 bis 30 Grad). In der Emilia-Romagna ist das **Pergoletta**-System gebräuchlich; die **Pergoletta Capucci** wurde von einem Professor dieses Namens in Bologna entwickelt. Die **Pergoletta a Valenzano** ist dem GENEVA-DOUBLE-CURTAIN-System verwandt. Der Ausdruck Pergola findet auch auf ähnlich gebaute Spaliersysteme in Gärten Anwendung.

R. E. S.

PÉRIGNON, DOM (1639–1715) Der Benediktinermönch ist in die Geschichte eingegangen als «der Mann, der den Champagner erfand». Dieser Ehrentitel beruht allerdings nur auf einer Mär: Der Übergang vom stillen zum schäumenden Wein war eher ein Evolutionsprozeß als die dramatische Entdeckung eines einzelnen. Das Lebenswerk Dom Pérignons war vielmehr der Verfeinerung der stillen Weine aus der Champagne gewidmet, und aus diesem Grund hat er seinen Platz in den Geschichtsbüchern auch durchaus verdient.

Bruder Pierre Pérignon trat 1668 in die Abtei Hautvillers nördlich von Épernay ein. Er versah dort das Amt des Schatzmeisters, und im 17. Jh. bedeutete dies, daß er auch für den Weinkeller zuständig war. Er nahm aus den Dörfern der Umgebung den Zehnten in Form von Trauben und Wein entgegen und arbeitete mit Vergären und Verschneiden, bis er Weine zustande brachte, die doppelt soviel eintrugen wie die der Rivalen des Klosters. Dabei führte Dom Pérignon viele Praktiken ein, die noch heute im Weinbau ihre Gültigkeit haben, u. a. strenger Rebschnitt, niedrige Erträge und sorgfältige Lese. Er experimentierte auch in großem Umfang mit dem Verschneiden und mischte als einer der ersten die Erzeugnisse vieler verschiedener Lagen. Für die stillen weißen und roten Weine, die er produzierte, bevorzugte er dunkle Trauben, weil bei ihnen eine ZWEITGÄRUNG nicht so wahrscheinlich war. Oft wurden seine Bemühungen durch ebendie erneute Gärung vereitelt, die später den Weinstil hervorbrachte, der so außerordentlich populär wurde. Sein Ruhm als Erfinder des Champagners kam erst nach seinem Tod auf, erhöht noch durch seinen Nachfolger Dom Grossard, den letzten Schatzmeister der Abtei Hautvillers, die nach der Französischen Revolution ihre Pforten schloß. Viele moderne Champagnerfirmen haben die Sache aufgegriffen und die Idee einer Gründergestalt gefördert. Eugène Mercier ließ den Markennamen Dom Pérignon registrieren, der dann

Das volkstümliche Bild von Dom PÉRIGNON als «Erfinder» des Champagners.

von MOËT & CHANDON erworben und 1937 bei der Einführung der ersten PRESTIGE CUVÉE benutzt wurde.

Siehe auch CHAMPAGNE. S. A.

Faith, N., *The Story of Champagne* (London, 1988).
Johnson, H., *Weingeschichte* (Bern, 1990).

PERIQUITA Der portugiesische Ausdruck für Sittich ist zugleich der Name einer bewährten, in ganz Südportugal angebauten Rotweinrebsorte (siehe CASTELÃO FRANCES) und eines Markenrotweins von José Maria da FONSECA Successores.

PERLANT franz. **Perlwein**; siehe auch PERLENBILDUNG.

PERLDRÜSEN Kleine, kugelige Blasen, die sich an BLATTSTIELEN und auf der Unterseite der Blätter an den großen Adern bilden. Sie erscheinen unter feuchtwarmen Bedingungen, vor allem im Treibhaus, bei starkem Wuchs der Rebe. Es handelt sich dabei um einen mehrzelligen Auswuchs der Oberhaut, gelegentlich bis zum Umfang einer SPALTÖFFNUNG, der sich rostrot verfärbt und verschwindet, wenn die Luftfeuchtigkeit zurückgeht. B. G. C.

PERLE Wie WÜRZER eine DEUTSCHE NEUZÜCHTUNG Gewürztraminer × Müller-Thurgau. Perle hat die rosige Farbe der Gewürztraminer-Traube geerbt, besitzt aber deren extravaganten Duft nur in gedämpfter Form. Die Sorte bewährt sich vor allem in Franken, weil ihr später Austrieb sie gegen Spätfrostschäden schützt; daher befand sich 1990 dort fast die Hälfte der deutschen Anbaufläche von gut 200 ha. Perle erbringt blumigen Wein, doch die Traube selbst ist ihres kompakten Aufbaus wegen anfällig für GRAUFÄULE, worauf sich der deutliche Rückgang ihrer Popularität in den 1980er Jahren wohl zurückführen läßt.

PERLENBILDUNG Das Vermögen eines SCHAUMWEINS zur Schaumbildung läßt sich als Innendruck in der Flasche messen. Ein Wein beginnt Perlen zu bilden, wenn beim Öffnen der Flasche durch das plötzliche Absinken des Drucks das in der Flüssigkeit gelöste KOHLENDIOXID aus dem bis dahin stabilen in einen instabilen Zustand übergeht. In diesem sogenannten metastabilen Zustand verläßt das Kohlendioxid immer dann die Lösung, wenn sich am Glas ein «Kondensationskern» bietet. Solche Kernbildungsstellen sind kleine Vertiefungen oder Kratzer, wie sie von Natur aus in der Flasche oder am Trinkglas vorhanden sind. Das Kohlendioxid kann nicht einfach aus dem Wein herausspringen; es muß sich einen solchen Kernbildungspunkt suchen und dort eine Perle bilden, die sich vom Glas lösen und zur Oberfläche steigen kann. Eine Flasche mit sanft perlendem Schaumwein braucht einige Stunden, bis die Perlenbildung aufhört, d. h. bis das gesamte Kohlendioxid auf diese Weise freigesetzt ist.

In der verschlossenen Flasche hält der Korken den Druck dadurch aufrecht, daß ein Gleichgewicht zwischen dem gelösten Kohlendioxid und dem freien Kohlendioxid oberhalb der Flüssigkeit besteht. Wird die Flasche geöffnet, dann fällt der Druck oberhalb des Weinspiegels auf normalen atmosphärischen Druck (eine Atmosphäre entspricht dem Druck auf Meereshöhe bei 20 °C), und der Wein befindet sich in dem bereits erwähnten metastabilen Stadium.

Die meisten vollschäumenden Weine wie z. B. Champagner verlieren beim DEGORGIEREN etwas Druck, behalten aber 5–6 Atmosphären – das entspricht etwa dem dreifachen Druck in einem Autoreifen –, denen Champagnerkorken und -flaschen ohne großes Risiko gewachsen sind. Schaumwein dieser Art heißt auf französisch *mousseux* oder CRÉMANT, auf spanisch *espumoso*, auf italienisch SPUMANTE, auf deutsch SEKT und auf englisch *sparkling wine.*

Es gibt allerdings auch Weine, die Zwischenstufen zwischen stillem und vollschäumendem Wein darstellen. Sie werden auf französisch als PÉTILLANT und auf italienisch als FRIZZANTE und auf deutsch als Perlwein bezeichnet, aber auch andere Begriffe sind gebräuchlich. Das europäische Weingesetz definiert Schaumwein als Wein mit einem Überdruck von mehr als 3 Atmosphären, während ein Halbschaumwein einen Druck zwischen 1 und 2,5 Atmo-

PERLENBILDUNG.

sphären aufweist. Die Stärke des Drucks kann vom Kellermeister dadurch beeinflußt werden, daß er die bei der TIRAGE zur Auslösung der Zweitgärung zugegebene Menge Zucker entsprechend bemißt bzw. beim Karbonisierungsverfahren die in den Wein eingeführte Menge an Kohlensäure nach Wunsch dosiert. J. Ro. und T. J.

Jordan, A. D., und Napper, D. H., SOME ASPECTS OF THE PHYSICAL CHEMISTRY OF BUBBLE AND FOAM PHENOMENA IN SPARKLING WINE, *Proceedings of the Sixth Australian Wine Industry Technical Conference* (1986).

PERNAND-VERGELESSES Ort im Bereich Côte de Beaune der Côte d'Or (Burgund) mit Rot- und Weißweinen. Da Pernand-Vergelesses etwas abseits vom Haupthang der Côte liegt und die Weinberge sich oft in West- oder sogar Nordwestlage befinden, wo sich die REIFE leicht verzögert, wirken die Rotweine etwas eckig in der Art und erscheinen nicht immer vollreif.

Dem Ortsnamen Pernand angefügt ist die Bezeichnung der besten Lage in der Gemarkung, des Osthangs Les Vergelesses, der auf das Gebiet des Nachbarorts Savigny-lès-Beaune übergreift; die gefragtesten Weine sind allerdings die Weißweine von der nach Pernand gehörenden Seite des Corton-Bergs (siehe ALOXE-CORTON). 17 von insgesamt 72 ha der GRAND-CRU-Lage Corton-Charlemagne befinden sich auf dem Gebiet von Pernand-Vergelesses. Die Weißweine aus Pernand weisen einen harten, aber attraktiven Feuersteincharakter auf, der sich schön entwickelt. BOURGOGNE ALIGOTÉ aus dieser Gegend soll im Alter dem Pernand-Vergelesses ähnlich werden, und weißer Pernand soll in der Qualität dem Corton-Charlemagne nahekommen.

Siehe auch CÔTE D'OR und Karte Seite 201.

J. T. C. M.

PERONOSPERA FALSCHER MEHLTAU.

PERRICONE Sizilianische Rotweinrebsorte mit einer Anbaufläche von 1000 ha. Ihre weichen sortenreinen Weine laufen oft unter dem Synonym Pignatello. (Siehe auch SIZILIEN.)

PERSIEN In dem seit 1935 als IRAN bezeichneten Land im Mittleren Osten ist das Weintrinken seit dem Altertum bekannt.

Persien im Altertum

Der größte Teil des Gebiets bestand aus MESOPOTAMIEN, wo schon seit frühester Zeit Reben wuchsen. Nach 550 v. Chr. dehnten Kyros der Große und Darius die Macht Persiens auf alles Land vom Mittelmeer im Westen bis zum Indus im Osten aus, einschließlich der alten Reiche BABYLON und ASSYRIEN, die überrannt und unterworfen wurden.

In Persien wurde einer der vielleicht ältesten archäologischen Funde gemacht, die mit Wein zu tun haben (siehe URSPRÜNGE DES WEINBAUS und PALÄOETHNOBOTANIK). Ein großer irdener Krug wurde am Ausgrabungsort Godin Tepe im Westen des mittleren Iran in einem Raum auf der Seite liegend gefunden. Er stammte von etwa 3000 v. Chr. und enthielt einen dunklen Fleck im Inneren, bei dem es sich höchstwahrscheinlich um Reste von WEINSÄURE handelt.

Klarere Beweise existieren aus der Ära der Achaimeniden-Dynastie, die von 559–331 v. Chr. herrschte. Aus der Zeit unmittelbar bevor Persien und Griechenland in die Perserkriege verwickelt wurden, stammt ein umfangreiches Archiv von Urkunden auf Tontafeln in elamischer Sprache mit ausführlichen Aufzeichnungen über die Verwaltung der Achaimeniden-Hauptstadt Persepolis von 509–494 v. Chr. Darunter befinden sich auch Aufstellungen über die Verteilung großer Mengen an (Trauben-)Wein sowie an *sawur*, ebenfalls einer (vermutlich schwächeren) Art Wein. Manchmal wurde dieser Wein in der alten Stadt SHIRAZ, deren Name heute mit so vielen Weinen verknüpft ist, aufbewahrt oder von dort aus verteilt. Üblicherweise wurde der Wein in monatlichen Rationen herausgegeben, nur in bestimmten Fällen kam tägliche Abgabe vor. Ein *marrish* (etwa 10 l) Wein hatte den Wert von 1 Schekel.

Die Rationen waren meist größer, als eine Person sie verbrauchen konnte, und vielleicht auch eher als Gehaltszahlungen anzusehen. Manche gingen an bedeutende Frauen, die einen eigenen Haushalt zu führen hatten: Sie erhielten monatlich 30 l. König Darius ordnete einmal an, 100

Schafe und 2000 l Wein an die königliche Prinzessin Artystone zu verabfolgen, vermutlich damit sie am eigenen Hof ein üppiges Bankett geben konnte. Die Damen der königlichen Familie Persiens waren äußerst selbständig und unterhielten ihre eigenen Haushalte mit Gefolge.

Allgemein wurde Wein nicht an männliche und weibliche jugendliche Arbeitskräfte abgegeben (sie erhielten andere Zuteilungen, manchmal Bier), nur in einem Dokument heißt es, daß ein Junge 156 Tage lang täglich ⅓ l bekam. Im übrigen bestand die Monatszuteilung in 10–20 l für Männer und 10 l für Frauen. Manche Arbeiter bekamen über drei Monate verteilt nur einen halben Liter monatlich.

Vermutlich als Versuch, die für allgemeine Arbeiten verfügbare Bevölkerung zu mehren, wurden unter der Achaimeniden-Dynastie besondere Weinrationen an Arbeiterinnen vergeben, die gerade Kinder auf die Welt gebracht hatten: Eine Arbeiterin, die einen Sohn geboren hatte, erhielt 10 l, und eine, die eine Tochter geboren hatte, 5 l. Die Zuteilung wurde manchmal über das ganze folgende Jahr ausgedehnt.

Wichtige Karawanen diplomatischer Besucher in Begleitung von Elitegarden kamen von weither angereist, z. B. von Kandahar in Indien, Sardis und Ägypten. Diejenigen, die in der Hauptstadt Persepolis in den kühleren Monaten eintrafen (November bis Mai), wenn der König und sein Gefolge dort residierten, erhielten unterwegs an den verschiedenen Stationen, in denen sie an der Königsstraße Halt machten, Reiserationen, um sie auf ihrem mühsamen Weg zu stärken. Aus den Aufzeichnungen geht hervor, daß dazu meist auch großzügige Mengen an Wein gehörten.

Gelegentlich wurde sogar den königlichen Pferden neben Getreide Wein und Bier zugeteilt, vermutlich wenn sie für lange Reisen gebraucht wurden. Die Mengen lagen zwischen ¼ l und 5 l pro Tier und Monat. *Sawur*-Wein wurde auch den königlichen Kamelen ab und zu spendiert.

Im 5. Jh. v. Chr. berichtete HERODOT, daß die Achaimeniden wichtige Entschlüsse im Zustand der Trunkenheit faßten, diese dann aber in nüchternem Zustand bestätigten und umgekehrt. Schließlich spaltete sich das Perserreich nach dem Tod Alexanders des Großen im Jahr 323 v. Chr.

J. A. B.

Hallock, R. T., *Persepolis Fortification Tablets* (Chicago, 1969).
Johnson, H., *Weingeschichte* (Bern, 1990).
Planhol, X., UNE RENCONTRE DE L'EUROPE ET DE L'IRAN: LE VIN DE SHIRAZ, in D. Boidanovic und J. L. Bacque-Grammont (Hrsg.), *Iran* (Paris, 1972).
Tavernier, J.-B., *Voyages en Perse* (Genf, 1970).
Wills, C. J., *The Land of the Lion and the Sun* (London, 1891).
—*Persia as it is* (London, 1886).

Shiraz als Weinhauptstadt

Das Weintrinken blieb über die Ära der Sassaniden hinweg vom 3. bis zum 7. Jh. n. Chr., teilweise unter dem Einfluß des zarathustrischen Ritus, und auch nach der islamischen Eroberung erhalten.

Shiraz, eine im 8. Jh. 50 km vom ehemaligen Persepolis entfernt von den Arabern neu erbaute Stadt, die Heimat von Hafiz, dem berühmtesten mystischen bacchischen Dichter Persiens (siehe ARABISCHE DICHTUNG), hatte sich bereits im 9. Jh. den Ruf erworben, die feinsten Weine im Mittleren Osten hervorzubringen.

Hauptsächlich dank der Arbeit von Edward Fitzgerald im 19. Jh. wurde der mittelalterliche Universalgelehrte und Dichter OMAR KHAYYÁM im Westen durch seine Dichtungen berühmt, in denen Wein eine wichtige Rolle spielt.

Aus den Reisetagebüchern englischer und französischer Kaufleute aus dem 17. Jh sowie insbesondere aus den Schriften von C. J. Wills aus dem 19. Jh. gewinnen wir ein Bild von der Großartigkeit mancher (durchaus nicht aller) persischen Weine. Tavernier schrieb im 17. Jh.: «Der Wein von Shiraz genießt unter Fremden und Einheimischen den bei weitem größten Ruf; er hat die Qualität eines alten Sherry und stellt ein ausgezeichnetes Getränk dar.» Im gleichen Jahrhundert bemerkt Thomas Herbert: «Kein Teil der Welt hat besseren Wein als Shiraz.»

Der am häufigsten beschriebene und gepriesene war ein Weißwein von dickschaligen, mit Kernen angefüllten Trauben, der auf Terrassen um den Ort Khoullar, vier Tageskamelritte von Shiraz entfernt, wuchs (die Trauben aus der unmittelbaren Umgebung der Stadt lieferten infolge übermäßiger Bewässerung nur dünnen Wein). C. J. Wills beschreibt eine aus dem 19. Jh. stammende Version des traditionellen Weinbereitungsverfahrens von Shiraz mit einiger Ausführlichkeit. Der auf den Schalen vergorene Wein wurde bei regelmäßigem UNTERTAUCHEN entweder süß und fruchtig für lange Aufbewahrung bereitet, wobei die Stiele unmittelbar nach der Gärung in gebrauchten Krügen entfernt wurden, oder aber trocken und reich an PHENOLEN für den Verbrauch etwa im ersten Jahr. Es wurde eine Art FILTRATION durch Säcke aus grober Leinwand vorgenommen. Wills vergleicht den jungen Wein mit «leichtem *bucellas*» und empfiehlt, ihn wegen der Kopfschmerzen, die er verursacht, zu meiden; nach fünf Jahren aber erlange er ein «feines Aroma und Bukett und nußwürzigen Geschmack».

Sicherlich wurden in Persien auch vorgetrockene Trauben verarbeitet; siehe WEIN VON ROSINIERTEN TRAUBEN. P. K.

Hugh JOHNSON malt ein faszinierendes und lebendiges Bild davon, wie europäische Kaufleute im Jahr 1677 Wein von Shiraz nach Indien brachten, damals schon «in FLASCHEN, die in Stroh eingehüllt und in Kisten verpackt wurden, um auf Maultierrücken zur Golfküste hinunterzuschwanken. Es dürfte kaum ein älteres Beispiel für die regelmäßige Verwendung von Flaschen im Weinversand geben.» Tavernier bemerkt, der Jahrgang 1666 sei so reichlich ausgefallen, daß der persische König Anweisung erteilte, an die französischen, englischen, holländischen und portugiesischen Handelsgesellschaften ebensoviel Wein abzugeben, wie er für sich und seinen Hof behielt. Wein wurde übrigens nach «Manen», also in Gewichtseinheiten und nicht nach Volumen, gemessen.

Siehe auch IRAN.

PERU Das Land war das erste in SÜDAMERIKA, das einen systematischen Weinbau förderte. Auf Anordnung des berühmten Conquistadors Francisco Pizarro wurde 1547 der erste peruanische Weinberg angelegt. Es wurden bestimmte REBSORTEN aus Spanien importiert, und um 1560 dürfte Peru eine Rebfläche von 40 000 ha gehabt haben, die so viel Wein hervorbrachte, daß er nach anderen Ländern Südamerikas und einer Urkunde zufolge sogar nach Spanien exportiert werden konnte. Einer von mehreren Wegen, auf denen der Weinbau nach Argentinien gelangte, verlief über Peru durch Nuñez de Prado 1550.

Das Auftauchen der REBLAUS um 1888 war das erste Signal für den Niedergang des peruanischen Weinbaus, der erst in den 1960er Jahren zum Stillstand kam. In den 1970er Jahren trat dann der erste Fortschritt mit geeignetem Pflanzenmaterial ein, und inzwischen gibt es REBSCHULEN in Ica, Chincha, Moquegua und Tacna sowie ein nationales Weinforschungszentrum.

Das peruanische Nationalgetränk ist PISCO, ein aromatischer Brandy, der sich vermutlich als zweckmäßige Lösung des Transportproblems für die Erzeugnisse der Weinberge Perus zu den Märkten in Lima und Cuzco entwickelt hat. Dieser Branntwein ist nach einem Fluß und einer Stadt in Peru benannt und wird auch im südlichen Nachbarland Chile hergestellt.

Heute beläuft sich die Rebfläche Perus auf rund 11 000 ha, fast ausschließlich an der Küste um Pisco sowie um Ica im Süden, wo die größten Investitionen in Weinbau und Destillieranlagen getätigt worden sind. An anderen Stellen sind die Techniken und Ausrüstungen meist noch sehr primitiv. Die Wintertemperaturen liegen so hoch, daß eine WINTERRUHE für die Reben praktisch nicht vorkommt und jeder Weinstock zwei Ernten im Jahr bringt (siehe TROPENWEINBAU). Die Sommertemperaturen sind hoch, zwischen 24 und 33 °C in der heißesten Zeit, und die Niederschlagsmengen gering, doch für die BEWÄSSERUNG steht Wasser aus den Anden reichlich zur Verfügung. Die Erträge erreichen oft 20 t/ha.

An Rebsorten werden u. a. angebaut: ALBILLO, ALICANTE BOUSCHET, BARBERA, CABERNET SAUVIGNON, GRENACHE, MALBEC, MOSCATEL, SAUVIGNON BLANC, TORONTEL sowie die TAFELTRAUBE Italia Negra Corriente, die vermutlich im 17. Jh. von den Kanarischen Inseln hierhergebracht wurde und mit MISSION identisch sein dürfte, ferner Quebranta und eine Sorte namens Borgoña, die eigentlich aber ISABELLA ist.

Einige der weniger «internationalen» Rebsorten werden auch an der Küste im Norden und im Süden, in den Bergen bis in Höhen von 1500 m, im trockenen gemäßigten Klima der Täler von Ayacucho, Hunaca und Albancay kultiviert.

PESSAC-LÉOGNAN 1987 geschaffene bedeutende APPELLATION CONTRÔLÉE für Rotwein und trockenen Weißwein im berühmtesten Teil des Weinbaubereichs Graves unmittelbar südlich von Bordeaux. Den Namen hat sie von den beiden für den Weinbau wichtigsten Gemeinden, und es gehören alle in der KLASSIFIKATION von Graves aus dem Jahr 1959 enthaltenen Weingüter dazu (siehe Seite 599), darüber hinaus aber noch eine ganze Reihe weiterer guter Châteaux.

Der Bereich ist der urbanste im Weinbaugebiet Bordeaux; tatsächlich sind die Besitzungen seiner berühmtesten Güter Château Haut-Brion und seines Nachbarn Château La Mission-Haut-Brion von Wohngebieten und städtischen Einrichtungen, u. a. dem Campus der Universität Bordeaux an der Grenze der Vorstädte Pessac und Talence, völlig eingeschlossen. Es ist kaum verwunderlich, daß hier die ersten Weingüter von Bordeaux entstanden, aber heute ist das Fortbestehen der Weine von Château Haut-Brion, La Mission-Haut-Brion und Pape-Clément aus sehr viel solideren Gründen gerechtfertigt als nur wegen der günstigen geographischen Lage. In größerer Entfernung von der Stadt sind die Weinberge aus den Kiefernwäldern herausgeschnitten, die sich weit südwestwärts in die Landes erstrecken. Alles in allem bringen 880 ha im Bereich Pessac-Léognan Rotwein hervor, und die für Weißwein bestimmte Rebfläche erreichte Anfang der 1990er Jahre 250 ha.

Die Böden hier verfügen über besonders guten WASSERABZUG, denn sie bestehen aus Kiesterrassen aus verschiedenen Zeitaltern. Auf diesen Böden entstehen in unterschiedlichen Jahrgängen Weine mit beständigerer Art als in den meisten anderen Bereichen von Bordeaux. Der Rebsortenmix für Rotwein ist ziemlich ähnlich wie im weiter nördlich gelegenen MÉDOC; er besteht in der Hauptsache aus Cabernet Sauvignon, etwas Merlot und Cabernet Franc, doch die Weine sind oft ganz anders. Es ist keine reine Phantasterei, daß die besten Weine von Pessac-Léognan ein besonderes Aroma aufweisen, das manche an Minerale, andere an Rauch und wieder andere an warme Ziegelsteine erinnert. Der Château HAUT-BRION ist ein besonders auffälliger Exponent dieses Genres.

Die Weißweine des Bereichs zählen zu den charaktervollsten trockenen Weißweinen überhaupt; sie entstehen von Sauvignon und Sémillon, die meist in den leichteren, sandigeren Weinbergböden der Gegend wachsen und oft unter betontem Einsatz von FASSGÄRUNG und FASSAUSBAU zustande kommen. Die meistbewunderten – Domaine de Chevalier und die Châteaux Haut-Brion und Laville-Haut-Brion – halten sich ohne weiteres jahrzehntelang; die trockenen Weißweine von Château Malartic-Lagravière beispielsweise verlangen sogar mindestens ein Jahrzehnt Reifezeit in der Flasche. Jünger genußreife und modernere

Weißweine kommen dagegen aus dem Château Couhins-LURTON.

Siehe auch BORDEAUX.

Parker, R. M., *Bordeaux* (Bern, 1993).
Penning-Rowsell, E., *The Wines of Bordeaux* (6. Aufl., London, 1989).
Peppercorn, D., *Bordeaux* (2. Aufl., London, 1991).
—*Bordeaux* (4. Aufl., Bern, 1994).
Vandyke Price, P., *Wines of the Graves* (London, 1988).

PESTIZIDE oder **Pflanzenschutzmittel.** Hierbei handelt es sich im Weinbau um Substanzen oder Gemische von Substanzen, die zur Befallsverhütung oder -verminderung, Abwehr oder Vernichtung von Pilzen, BAKTERIEN, INSEKTEN, NEMATODEN und anderen als REBENSCHÄDLINGE anzusehenden Lebewesen eingesetzt werden. Pestizide sind AGROCHEMIKALIEN und werden nach ihrem primären Verwendungszweck in Fungizide, Bakterizide, Insektizide, Nematizide, Akarizide usw. eingeteilt. Viele Pestizide haben ein größeres Wirkungsspektrum und sind gegen mehrere Arten von Schädlingen einsetzbar. Beispielsweise wird SCHWEFEL im Weinberg zugleich als Fungizid, d. h. gegen Pilzkrankheiten, und als Akarizid, d. h. gegen Milben, verwendet.

Die meisten Pestizide bestehen aus einem chemischen Wirkstoff in konzentrierter Form, der mit Wasser oder Öl verdünnt werden muß. Weniger häufig gibt es Pestizide in Form von Granulaten oder Stäube- bzw. Räuchermitteln, die dann nicht durch SPRITZEN, sondern durch STÄUBEN ausgebracht werden. Wirkstoffgemische werden benutzt, um eine größere Wirkungsbreite oder Vielseitigkeit in der Anwendung herzustellen: Es ist beispielsweise möglich, zwei Chemikalien so zu mischen, daß die Bekämpfung von FALSCHEM MEHLTAU mit Vernichtungs- und Schutzwirkung zugleich geschehen kann. Aus Zweckmäßigkeitsgründen lassen sich zwei oder mehr Pestizide in einem Spritzmittelgemisch kombinieren. Allerdings können dabei Probleme durch chemische Unverträglichkeit entstehen.

Pestizide sind toxische Chemikalien (die im Weinbau eingesetzten Mittel sind allerdings in der Toxizität sehr unterschiedlich) und können schädliche Auswirkungen auf Menschen, Tiere und nicht zu bekämpfende Organismen in der Umwelt haben. Siehe auch RÜCKSTÄNDE.

Folgende Faktoren müssen bei der Planung von Bekämpfungsmaßnahmen mit Pflanzenschutzmitteln im Weinberg in Betracht gezogen werden: Ausbringungshäufigkeit und -menge, eventuelle Entstehung von Resistenzerscheinung gegen bestimmte Pestizide und mögliche Auswirkungen auf Lebewesen, die nicht bekämpft werden sollen. Die Ausbringungshäufigkeit kann in regelmäßigen Abständen oder nach flexibleren Gesichtspunkten, z. B. nach Schädlingswarnsystemen bzw. Überwachung auf Schädlingsbefall ausgerichtet werden, wie es im INTEGRIERTEN PFLANZENSCHUTZ geschieht, der oft allein schon zur Verringerung des Verbrauchs an Pestiziden angezeigt ist.

Nach längerem Gebrauch bestimmter Pestizide kann in der Schädlingspopulation die Zahl der Individuen, die imstande sind, die Berührung mit diesem Pestizid ohne Schaden zu überstehen, dramatisch ansteigen. Ein Beispiel hierfür ist die vom Botrytis-Pilz entwickelte Resistenz gegen das Fungizid Benomyl. Ein schwerwiegendes Ergebnis der Entwicklung von Resistenz gegen ein Mittel ist der sogenannte «Aufschaukelungseffekt»: Je mehr Resistenz gegen ein Pestizid entsteht, in desto höherer Dosis oder Häufigkeit wird das Mittel angewendet, bis schließlich die Behandlung mit diesem Pestizid unwirksam oder unwirtschaftlich wird. Noch schwerwiegender ist die Entwicklung von Resistenz gegen verwandte (Querresistenz) oder andersartige (Mehrfachresistenz) chemische Mittel. Pestizide, bei denen Maßnahmen zur Verzögerung oder Verhütung von Resistenz eingeplant sind, werden auf die Vermeidung einer längerfristigen Berührung des Schädlings mit dem Bekämpfungsmittel oder einer Gruppe von Bekämpfungsmitteln mit ähnlicher Wirkungsweise ausgelegt.

Siehe auch FUNGIZIDE und INSEKTIZIDE. P. R. D.

Emmett, R. W., Harris, A. R., Taylor, R. H., und McGechan, J. K., GRAPE DISEASES AND VINEYARD PROTECTION, in B. G. Coombe und P. R. Dry (Hrsg.), *Viticulture, II: Practices* (Adelaide, 1992).

PÉTILLANT Französischer Ausdruck für leicht schäumenden Wein, etwa zwischen PERLANT und MOUSSEUX.

PETIT COURBU Alte Weißweinrebsorte in der GASCOGNE. Sie ist in den Weinen von BÉARN, IROULÉGUY, JURANÇON und PACHERENC zugelassen.

PETITE SIRAH Der mit großer Wahrscheinlichkeit nachträglich erfundene Name steht in Nord- und Südamerika für eine Rotweinrebsorte, die weniger edel als die echte SYRAH und vermutlich auch nicht mit ihr verwandt ist (einige französische Winzer nennen allerdings eine kleinbeerige Untervarietät **Petite Syrah**, und genauso schreiben verwirrenderweise einige amerikanische Erzeuger auch die ganz andersartige Rebsorte, von der hier die Rede ist).

Petite Sirah ist in mehreren warmen Weinbauregionen durchaus verbreitet, insbesondere in Kalifornien und in Südamerika. In Kalifornien belief sich die Anbaufläche 1992 auf 1200 ha, vor allem in Monterey; hier erbringt die Rebe relativ tanninherben, dunklen und als Verschnittpartner für etwas übervollen Zinfandel sehr geschätzten Wein, doch ihr Stern beginnt zu sinken, seit die Amerikaner den Wert eines hier neuen Favoriten, der echten Syrah nämlich, erkennen. Fast alle Petite-Sirah-Reben in Kalifornien sind älter als der Durchschnitt.

Alles in allem hat sich die widerstandsfähige Petite Sirah in Kalifornien doch einen festen Platz erobert, denn sie liefert dunkle, ausgeglichene, robust tanninreiche Rotweine mit angenehmem, wenn auch nicht übermäßig markantem

Geschmack. In diesem Sinn bewährt sie sich auch als Rückgrat für einfache Rotweinverschnitte: Sie erweist sich stets als brauchbar, wenn regengeschwächter Cabernet Sauvignon Festigkeit benötigt oder Pinot Noir in einem sonnigen Jahr zu blaß und weich ausfällt. In den Countys Sonoma und Mendocino scheint Petite Sirah am besten zu gedeihen, insbesondere im Einzugsgebiet des Russian River vom Redwood Valley abwärts bis Healdsburg und sogar darüber hinaus. Louis J. Foppiani, Louis M. Martini und Parducci Cellars produzieren die geschliffensten, geschmeidigsten sortenreinen Beispiele; auch diesen tun einige Jahre Flaschenreife durchaus gut. Ridge und Stag's Leap Winery betonen die dunkle, tanninherbe Art des sortenreinen Weins. Die Rebfläche wird überall kleiner, teilweise weil die auf Petite Sirah beruhenden einfachen Rotweinverschnitte auf dem Markt nicht mehr gefragt sind.

In Argentinien gab es 1990 etwa eine gleich große Anbaufläche mit Petite Sirah wie in Kalifornien, d. h. 1400 ha; allerdings wird die Traube hier fälschlich auch Sirah genannt. Ferner ist sie im halbtropischen Klima Brasiliens als Petite Sirah oder Petite Syrah verbreitet und bringt in Mexiko achtbare robuste Rotweine hervor.

In den 1980er Jahren bestand die Auffassung, daß Petite Sirah mit DURIF (auch Duriff), einer fast ausgestorbenen französischen Rebsorte, identisch sei. Untersuchungen mit DNA FINGERPRINTS führten aber zu einem anderen Ergebnis. In der kalifornischen Weinliteratur wurde Petite Syrah erstmals Anfang der 1880er Jahre erwähnt, was ebenfalls den Schluß zuläßt, daß sie mit der Sorte Durif nicht identisch sein kann, die damals in Frankreich kaum verbreitet war. Die REBLAUS dezimierte die frühen Anpflanzungen der mysteriösen Petite Sirah, bei denen es sich damals vielleicht um die echte Syrah handelte. Es ist auch gesagt worden, daß zu Beginn des 20. Jh. der Name Petite Sirah auf ein manchmal in einem Weinberg stehendes Gemisch von Rebsorten angewendet wurde, die langlebige, dunkle Rotweine hervorbrachten.

PETIT MANSENG Die bessere Form des MANSENG.

PETIT RHIN Vor allem in der Schweiz gebräuchliches Synonym für den echten RIESLING.

PETITS CHÂTEAUX Die «kleinen Châteaux» sind im Weinbaugebiet BORDEAUX eine ganz spezifische Klasse von Tausenden von Weingütern, die sich durch Bescheidenheit (weniger in der Größe als in Reputation und Preis) auszeichnen. Ein CRU CLASSÉ ist nie ein Petit Château, auch nicht, wenn es nur ein paar Hektar groß ist. Die Petits Châteaux gibt es überall in Bordeaux, am stärksten konzentriert aber sind sie in den APPELLATIONS CONTRÔLÉES BORDEAUX, BOURG und BLAYE, und es sind viele gewissenhafte Betriebe mit preiswerten Weinen darunter.

Siehe auch CHÂTEAU.

PETIT VERDOT Eine der klassischen Rotweinrebsorten von Bordeaux; sie wird nicht mehr verbreitet angebaut, erfährt aber in einigen qualitätsbewußten Weingütern eine Neubelebung. Die Rebe reift noch später als Cabernet Sauvignon und ist ebenso resistent gegen Fäule. Die Traube hat wie Cabernet Sauvignon dickschalige Beeren und erbringt ebenso wie dieser konzentrierte, tanninreiche, dunkle Weine. Wenn sie zu voller Reife gelangt, was in Bordeaux nur in reiferen Jahren der Fall ist, dann können ihre vollen, haltbaren Weine einen wertvollen Beitrag zu manchen der besten Spitzengewächse im Médoc leisten. Ihrer unbequem späten Reife wegen wurde sie von vielen Erzeugern in den 1960er und 1970er Jahren aufgegeben, so daß sich ihre Anbaufläche 1988 in Frankreich insgesamt auf nur noch etwas über 300 ha belief. Da die Qualitäten der Sorte inzwischen aber wieder mehr anerkannt werden, ist eine gewisse Wiederbelebung nicht nur in Bordeaux, sondern auch in Kalifornien zu verzeichnen, wo 1991 vor allem in Napa Bestände von 40 ha «Petite Verdot» (davon ein Drittel noch nicht in Ertrag) vorhanden waren.

Die in Chile als Verdot bezeichnete Sorte, die dort 1991 einige hundert Hektar besetzt hielt, ist wahrscheinlich Petit Verdot. Dagegen handelt es sich bei dem in Mendoza in Argentinien 1989 auf 100 ha angebauten Verdot vermutlich um die mindere und mit Petit Verdot gar nicht verwandte Sorte Gros Verdot.

PÉTRUS, CHÂTEAU Der berühmteste Wein aus POMEROL und heute der teuerste in ganz BORDEAUX.

Das im Herzen des kleinen Plateau von Pomerol gelegene Château Pétrus ging 1925 teilweise in den Besitz von Mme Loubat, der Frau des Inhabers des Hotels Loubat in Libourne, über; sie konnte es aber erst 1949 vollständig erwerben. Um diese Zeit umfaßte der Besitz 6,5 ha Weinberge, die zu 70 % mit MERLOT und zu 30 % mit CABERNET FRANC besetzt waren. 1969 wurden 5 ha vom Nachbargut Château Gazin hinzugekauft, und allmählich wurden die Anteile der beiden Rebsorten verändert, bis der Bestand 1977 schließlich 95 % Merlot und 5 % Cabernet Franc umfaßte.

Obwohl Pétrus auf der Weltausstellung 1878 eine Goldmedaille errang und der 1893er in den Listen der in London ansässigen WINE SOCIETY geführt wurde, fand das Château international wenig Aufmerksamkeit, bis zu dem bemerkenwerten sehr kleinen Jahrgang 1945 und dem viel reichlicheren 1947er. Die außergewöhnliche Konzentration von Farbe, Bukett und Geschmack bezieht dieser Wein aus einer Tonschicht in der Mitte der Weinberglage und einem Unterboden mit besonders gutem WASSERABZUG. Die Durchschnittsproduktion beläuft sich auf 3500–4000 Kisten.

Allerdings verdankt Château Pétrus einen großen Teil seines Ruhms auch Jean-Pierre MOUEIX aus dem Handelshaus in Libourne, der sein Geschäft vor dem 2. Weltkrieg aufgebaut hatte. 1945 übernahm er den Alleinvertrieb für Château Pétrus, und als Mme Loubat 1961 starb, erwarb er 50 % der Anteile; die anderen 50 % erbte die Nichte von Mme Loubat, Lily Lacoste. Geleitet wird das Weingut von Jean-Pierre Moueix' Sohn Christian mit Unterstützung des bewährten ÖNOLOGEN Jean-Claude Berrouet. Die geringe Größe des Weinguts und die rechtzeitige Verfügbarkeit des Moueix-Pflückerteams bringen es mit sich, daß alle Trauben im optimalen Reifezustand innerhalb eines halben Tags gelesen werden können. Die GÄRBEHÄLTER bestehen weder aus Holz noch aus Edelstahl, sondern aus gewöhnlichem Zement.

In Pomerol gibt es keine offizielle KLASSIFIKATION, aber Pétrus ist das inoffiziell anerkannte PREMIER CRU. Der Vertrieb des Weins erfolgt exklusiv durch Moueix und Alleinvertretungen in Großbritannien sowie eingeschränkte Vertretungen in den USA. Kein anderer Bordeaux-Rotwein erzielt einen so hohen Preis wie er, und auf AUKTIONEN fallen ihm im Verhältnis zu allen anderen sogar noch höhere Erlöse zu. E. P.-R.

Coates, C., CH. PÉTRUS, *The Vine*, 31 (1987).

PETRUS DE CRESCENTIIS (1230–1310) Ein italienischer Autor, dessen Schriften über Wein im Mittelalter viel gelesen wurden (siehe WEINLITERATUR). Er vollendete sein *Liber commodorum ruralium* («Buch über die Landwirtschaft») im Jahr 1303. Nur ein Teil dieses Werks, das 4. Buch, befaßt sich mit Wein. Petrus de Crescentiis kennt die klassischen Autoren über Landwirtschaft und zitiert sie (vor allem PLINIUS, COLUMELLA und VARRO), doch er betet diese Autoren nicht sklavisch nach, denn er hat viel über mittelalterliche Weinerzeugungspraktiken zu sagen, und seine Ratschläge sind zuverlässig.

Die Antike liebte alten Wein, Petrus aber wußte, daß der Wein des Mittelalters etwas ganz anderes war; denn wurde Wein in einem Holzfaß aufbewahrt und nicht in einer abgedichteten irdenen AMPHORE, dann konnte er nicht so lange haltbar bleiben. Die meisten Weine des Mittelalters mußten im Lauf eines Jahres nach der Lese getrunken werden, doch süße und alkoholstarke Weine, wie sie aus dem Mittelmeerraum kamen, hielten sich länger. Petrus teilt die Weine in drei Kategorien ein: neue (unter einem Jahr), alte (über vier Jahre) und dazwischenliegende. Neuer Wein hat keine verdauungsfördernde oder wassertreibende Wirkung, sondern bläht den Bauch auf; alter Wein schmeckt bitter und kann verdorben sein; wenn er nicht mit Wasser gemischt wird, steigt er zu Kopf. Zweijähriger Wein ist am besten. Petrus weist auch darauf hin, daß das AUFFÜLLEN der Fässer wichtig ist, wenn verhindert werden soll, daß der Wein zu Essig wird; andererseits kann aber auch eine Schicht Olivenöl auf den Wein gegossen werden. Ferner erklärt er das ABSTECHEN des Weins von einem Faß in ein anderes.

In Anbetracht seiner vernünftigen Ratschläge und seines klaren Prosastils ist es nicht verwunderlich, daß das Buch von Petrus de Crescentiis sehr populär wurde. Es ist in vielen Handschriften und frühen Drucken erhalten. Am Ende des 15. Jh. war es in Deutsch, Französisch und Italienisch übersetzt. H. M. W.

Marescalchi A. und Dalmasso G. (Hrsg.), *Storia della vite e del vino in Italia*, 3 Bde (Mailand, 1933).

Savastano, L. G. *Contribute allo studio critico degli scrittori agrari italici* (Acireale, 1922).

Illustration aus einer Ausgabe des *Liber commodorum ruralium* von PETRUS DE CRESCENTIIS aus dem frühen 16. Jh. – eine von vielen, die im 15. und 16. Jh. in Europa verbreitet waren.

PEYNAUD, ÉMILE (* 1912) Önologe aus Bordeaux, dessen Werk in der zweiten Hälfte des 20. Jh. tiefgreifende Auswirkungen auf die Weinbereitung und das Weinverständnis zeitigte. Nach dem 2. Weltkrieg arbeitete Peynaud mit Jean RIBÉREAU-GAYON (dem «Vater der modernen Weinwissenschaft») zusammen, schon bevor er zu ihm an das Institut d'Œnologie der Universität BORDEAUX kam und als er noch im Haus Calvet beschäftigt war. Hier begann er bereits gegen Ende der 1940er Jahre viele Châteaux von Bordeaux in Fragen der Weinbereitung zu beraten. Da er gerade durch seine Beratertätigkeit später besonders berühmt wurde, werden seine Leistungen als Weinkoster, Wissenschaftler und Lehrer leicht vergessen.

Peynaud strebte nach vollem Verständnis des Weinbereitungsverfahrens, um dessen bis dahin nur allzuoft dem Zufall überlassene Durchführung in den Griff zu bekommen, so daß beständig saubere und gesunde Weine erzeugt werden konnten. Viele Praktiken, die heute in der Weinbereitung selbstverständlich sind, gehörten in den 1950er Jahren durchaus noch nicht zum Allgemeingut, vielmehr wurzeln sie in Veränderungen, die durch Peynauds weitgreifende wissenschaftliche Forschungen zustande gekommen sind. Hierzu zählen die vollständige Beherrschung der MALOLAKTISCHEN SÄUREUMWANDLUNG, die Erkenntnis, daß die Grundlage der Qualität im Weinberg und in hochwertigen Trauben liegt, daß Rotweintrauben vollreif gelesen werden müssen, daß die Schalen dunkler Trauben (die ja die für Aroma und Gefüge von Rotweinen so wichtigen PHENOLE enthalten) sanfter behandelt, sorgsamer gekeltert, bei besser geregelten Gärtemperaturen verarbeitet, kürzer gemaischt und schonender abgepreßt werden müssen. Jeder einzelne Schritt des Verfahrens soll auf die Verbesserung des Geschmacks und des Gefüges des resultierenden Weins abgestimmt werden.

Der Geschmack wurde zum Schiedsrichter in allen Fragen der Weinbereitung, und er bildete auch die Grundlage für das zweite Kardinalprinzip Peynauds: Auslese – bei der Lese nur gesunde Trauben auswählen, den Ertrag von Weinbergen deutlich unterschiedlichen Alters oder unterschiedlicher Qualität getrennt verarbeiten, nur die besten Fässer in den Hauptwein aufnehmen usw. Peynaud beschreibt seine Methode so: «strengste Überwachung des gesamten Verfahrens der Weinbereitung von der Traube bis in die Flasche», und dies bildet auch den Gegenstand seines ersten Buchs, *Connaissance et travail du vin.*

Peynaud betrachtete die Fähigkeit, richtig zu verkosten, für ebenso wesentlich für eine gute Weinerzeugung wie das gründliche Verständnis der ÖNOLOGIE. In seinem zweiten Buch, *Le Goût du vin*, sagt er: «Ich bin nicht sicher, ob ich mehr damit leiste, wenn ich das Verkosten zur Einführung in die Önologie oder die Önologie zur Einführung in das Verkosten mache.» *Le Goût du vin* gibt so umfassend und einleuchtend Auskunft über die Weinverkostung wie Peynauds erstes Buch über die Weinbereitung. Er war bestrebt, den Geschmackssinn nicht nur des Weinerzeugers, sondern auch des Weintrinkers zu bilden. Peynaud war sich völlig im klaren über das Symbioseverhältnis zwischen beiden.

Kritiker führten oft Klage, seine Weinbereitungsmethoden prägten die Weine so stark, daß sie ihre Individualität einbüßten. Diese Kritik beruhte meist auf Faßproben, bei denen die Weine durch ausgesprochen reife Frucht im Verein mit geschmeidigem Gefüge auffielen. Reife Flaschen – obwohl sie schon früh ansprechend wirkten – entfalten sich aber doch schön und durchaus markant und individuell. Peynaud hätte der Weinwelt schon seinen Stempel aufgedrückt, hätten sich seine Talente allein auf den Wissenschaftler, den Techniker und den Entwickler eines verfeinerten Geschmackssinns beschränkt – daß sein Einfluß sich jedoch so weit ausbreiten konnte, ist zusätzlich noch dem zu verdanken, daß er die Begabung besaß, zu lehren und sich mitzuteilen. M. W. E. S.

Parnell, C., ÉMILE PEYNAUD, MAN OF THE YEAR, *Decanter* (März 1990), 36–40.
Peynaud, É., *Die hohe Schule für Weinkenner* (Zürich, 1984).
—The Taste of Wine (London, 1987).
Suckling, J., und Matthews, T., ÉMILE PEYNAUD, *Wine Spectator* (31. Aug. 1989), 89–93.

PFAHL Die einfachste Form eines UNTERSTÜTZUNGSSYSTEMS ist der neben einer Rebe in den Boden gerammte Pfahl. Er dient als Unterstüzung für einen einzelnen Rebstock, während die meist dickeren PFOSTEN mehrere Rebstöcke gleichzeitig mit Hilfe von zwischen ihnen gespannten Drähten unterstützen. Der Pfahl ist eine sehr traditionelle Unterstützungsform für die Weinrebe; er wird schon seit Jahrhunderten verwendet. Die Erziehung an Pfählen kommt in der ALTEN WELT am häufigsten vor, ist aber auch in den Weinbergen Kaliforniens durchaus üblich. Da die Weinrebe eine Kletter- bzw. Schlingpflanze ist, kann sie sich nicht selbst aufrecht halten, sofern sie nicht wie im GOBELET-System mit einem kurzen Stamm speziell dafür erzogen wird.

Das Material der Pfähle ist in den verschiedenen Weinbauregionen, je nach Verfügbarkeit in der betreffenden Gegend, unterschiedlich. Am üblichsten ist HOLZ, das zwar schon seit Jahrhunderten benutzt, aber erst in neuerer Zeit chemisch behandelt wird, damit Weichholz nicht im Boden verfault. In Europa bestehen die Pfähle meist aus Rundhölzern, in Kalifornien meist aus Kanthölzern. Es gibt auch Pfähle aus Stein, z. B. im Douro-Tal aus Schiefer oder in Teilen Italiens aus Zement. In neuerer Zeit haben auch Pfähle aus Stahl, Kunststoff oder Glasfasermaterial Verbreitung gefunden; sie sind bereits für Spanndrähte vorbereitet.

Siehe auch PFOSTEN. R. E. S.

PFALZ Das bis Ende 1992 **Rheinpfalz** genannte deutsche Anbaugebiet besitzt sowohl der Produktionsmenge als auch der Qualität seiner Weine nach große Bedeutung. Die Rebfläche von 22 630 ha erstreckt sich etwa 80 km am Ostrand des Pfälzer Walds entlang. Von einem Satelliten aus gesehen, reichen die Weinberge rund 8 km weit in fingerähnlichen Streifen in die Ebene hinaus, die sich dann noch weitere 12 km bis zum Rhein hin fortsetzt. In manchen Orten der Südhälfte, im Bereich Südliche Weinstraße, bedecken Reben bis zu 93 % des verfügbaren Lands. Nur manche Teile von Tälern, wo Gefahr von Kaltlufteinbrüchen besteht, sind nicht mit Reben besetzt. In diesem Bereich hat der Weinbau in den letzen 25 Jahren eine beträchtliche Ausdehnung erfahren. Nördlich von Neustadt im Bereich Mittelhaardt/Deutsche Weinstraße befinden sich Weinlagen mit international bekannten Namen, berühmt gemacht durch Weingüter mit historischer Reputation wie Bassermann-Jordan, Bürklin-Wolf und von Buhl, doch auch an anderen Stellen der Pfalz ist die Qualität der Weinerzeugung inzwischen so hoch, daß Ruppertsberg, Forst, Deidesheim, Wachenheim, Bad Dürkheim und Kallstadt kein Monopol mehr auf die besten Weine haben. Die Pfalz ist zu einem der interessantesten Gebiete geworden, die der Weinliebhaber heute besuchen kann.

Die Deutsche Weinstraße wurde 1935 ins Leben gerufen, um die Identität der Gegend zu stärken; sie verläuft von Norden nach Süden und verbindet vierzig Orte. Die Durchschnittstemperatur im Juli übersteigt hier ohne weiteres 18 °C – das für erfolgreichen Weinbau in Deutschland für erforderlich gehaltene Mindestmaß. Ein charakteristisches Merkmal für das Klima der Gegend ist, daß der Frühling hier sehr früh einsetzt. Die Sommer sind lang und warm, die Wälder schirmen gegen Wolken ab, und vor allem im Norden der Pfalz sind die Niederschlagsmengen gering.

Der Bereich Südliche Weinstraße hat noch immer den Ruf, hohe Erträge von qualitativ gleichgültigen Rebsorten zu bevorzugen. Das gilt allenfalls für Erzeuger, die den Markt mit billigem Massenwein beliefern, es trifft aber nicht mehr für den Bereich als Ganzes zu. Rund 38 % des Pfälzer Weins werden von Handelshäusern außerhalb des Anbaugebiets abgefüllt, die einfachen Wein an Supermärkte im In- und Ausland vertreiben, und viel von diesem Wein kommt aus dem Bereich Südliche Weinstraße. Wo immer in Deutschland hohe Erträge vorkommen, steckt die MÜLLER-THURGAU-Traube dahinter, und im Bereich Südliche Weinstraße hält diese Rebsorte 28 % der Ertragsrebfläche besetzt. Auf KERNER entfallen 14 % und auf den ertragreichen MORIO-MUSKAT sowie den klassischen RIESLING je 9 %. Auch eine breite Auswahl der in den 1960er und 1970er Jahren aufgekommenen DEUTSCHEN NEUZÜCHTUNGEN wird hier angebaut.

Bei den führenden Weingütern im Bereich Mittelhaardt/Deutsche Weinstraße spielt der Riesling die Haupt-, manchmal sogar die einzige Rolle. Die Riesling-Anbaufläche wächst und könnte nach Mitte der 1990er Jahre 5000 ha betragen. Die SCHEUREBE gelangt in diesem nördlichen Bereich der Pfalz auf Höhen, die anderswo in der Welt nur selten erreicht werden, und in Reaktion auf eine starke Nachfrage nach Rotwein auf dem Inlandsmarkt erweitert auch der Spätburgunder (PINOT NOIR) seine Anbaufläche rasch auf inzwischen über 600 ha.

Traminer (siehe GEWÜRZTRAMINER) galt zu Beginn des 19. Jh. als eine Spezialität der Pfalz – obwohl die Jahresproduktion an Forster Traminer kaum 2200 Dutzend Flaschen überstieg, erschien die Sorte dem Historiker Bassermann-Jordan zufolge auf praktisch allen Weinkarten. Heutzutage gibt es eine Anbaufläche von 330 ha Traminer, doch das starke Aroma der Traube hat anscheinend an Anziehungskraft eingebüßt. Selbst der Pfälzer Riesling hatte gegen Ende der 1970er Jahre ausgeprägteren Geschmack als heute mit einer völlig unverwechselbaren Bodennote. Der volle, leicht firne Stil (siehe OXIDATION) ist inzwischen durch eine elegantere, Rheingau-ähnliche Ausgewogenheit verdrängt worden. Der Säuregehalt ist höher als früher, der Geschmack nachhaltig, und selbstverständlich sind viele der besten Pfälzer Rieslinge trocken. Überhaupt wird im ganzen Gebiet inzwischen über ein Viertel aller Weine trocken ausgebaut, d. h. die RESTSÜSSE liegt unter 9 g/l. Pfälzer Weine haben der Vorteil, daß ihr Geschmack nicht typisch deutsch, ihr Körper voller und ihr Alkoholgehalt stärker ist als in so nördlichen Breiten üblich. Durch ihr Klima befindet sich die Pfalz in idealer Lage, die Weine zu produzieren, die der Markt verlangt. Einerseits gibt es hier stilvolle Rieslinge und Scheureben mit kräftiger SÄURE und andererseits in wachsender Menge Weine der Burgunder-Familie. In manchen Weingütern werden die Ruländer-Trauben (PINOT GRIS) in getrennte Butten gelesen. Die einen, die Anzeichen von EDELFÄULE zeigen, ergeben vollen Wein mit tiefer Farbe, die anderen, ohne Edelfäule, werden zu leichterem, lebendigem, sauberem, trockenem Wein verarbeitet, der dann den Namen Grauburgunder trägt. In einem Jahrgang ohne Edelfäule ist das natürlich überflüssig, und es können von den reifen, nicht befallenen Trauben besonders alkoholstarke Grauburgunderweine entstehen.

Guter Pfälzer Spätburgunder liegt in der Art heute zwischen dem milden tanninschwachen Rotwein, wie er früher üblich war, und einem Rotwein aus BURGUND. Der Ertrag ist mit 60–80 hl/ha höher als in Burgund, doch viele der Reben sind noch jung und im ertragreichsten Stadium, worauf auch ein gewisser Mangel an Komplexität zurückzuführen sein mag. Ein natürlicher ALKOHOLGEHALT von über 13 % ist nicht ungewöhnlich, und wenn auch die Struktur der Weine oft verrät, daß sie in einem kühleren Klima gewachsen sind, so ist hier doch vielleicht der Beginn eines modernen Stils beim Pfälzer Spätburgunder zu sehen. Er beruht auf einem sauberen, trockenen, fruchtigen Geschmack ohne jene Bauernhofnote, die von angefaulten Trauben herrühren kann. Extremer Eichenholzgeschmack von neuen Fässern, der die Individualität eines Weins verdecken kann, wird mit zunehmender Beherrschung der Technik des FASSAUSBAUS gedämpft. In manchen Fällen wird Ausbau in größeren Fässern bevorzugt, die in traditioneller Weise so behandelt sind, daß jeder HOLZGESCHMACK ausgeschlossen wird.

Der ältere Stil des oft lieblichen Pfälzer Rotweins wird noch weithin durch den PORTUGIESER vertreten, der 1990 2000 ha und damit 9 % der Gesamtrebfläche besetzt hielt. Die anspruchslose Rebe erbringt normalerweise hohe Erträge an hellrotem Wein, doch in den wenigen Fällen, in denen der Ertrag eingeschränkt wird, zeigt sich eine beträchtliche Verbesserung in Konzentration und Qualität; allerdings ist damit leider weniger Gewinn zu machen. Die Neuzüchtung DORNFELDER bewährt sich in besseren Weingütern, wo sie etwas vom Charme eines guten BEAUJOLAIS, allerdings ohne dessen Nachhaltigkeit im Geschmack, zeigt.

Die behäbigen Häuser in den Orten zwischen Bad Dürkheim und Neustadt zeugen von verhältnismäßig großer Wohlhabenheit und damit zugleich von der Qualität des Weinbaus in den vergangenen 200 Jahren. Viele der besten Lagen auf den sanften Hängen von Deidesheim und Forst sind in den 1980er Jahren modernisiert und neu gestaltet worden (siehe FLURBEREINIGUNG), daher sind viele Riesling-Reben noch jung. Es ist damit zu rechnen, daß ihre Qualität im weiteren Verlauf der 1990er Jahre zunimmt. Es gibt hier 20 oder 25 Spitzenlagen, doch von den 359 Einzellagen in der Pfalz können nicht alle mit besonderen Merkmalen aufwarten und verdienen es deshalb kaum, auf Weinetiketten genannt zu werden. So geben denn auch die Winzergenossenschaften oft zu, daß die Geschmacksunterschiede bei ihren einfacheren Weinen eher der Rebsorte als der Lage zuzuschreiben sind. Wenn hier und dort bislang unbekannte Orte plötzlich in den Vordergrund treten, dann verdanken sie dies den Leistungen einzelner Weinerzeuger. Unter den auf diese Weise aufstrebenden Ortsnamen sind Laumersheim, Großkarlbach, Freinsheim und Herxheim im Norden des Anbaugebiets und Burrweiler, Siebeldingen, Birkweiler und Leinsweiler im Süden zu nennen.

Immer größere Mengen Pfälzer Wein werden in den 1990er Jahren zu SEKT verarbeitet. Die technischen Anforderungen sind von einer Erzeugergemeinschaft hoch angesetzt worden, und besondere Aufmerksamkeit wird der Qualität der Grundweine von Riesling, Weißburgunder (PINOT BLANC) oder Spätburgunder geschenkt. Es wird nur VORLAUFMOST von ungepreßten Trauben sowie Most aus der ersten Pressung verwendet. Andere Hersteller arbeiten nach nicht ganz so anspruchsvollen Maßstäben (siehe auch SCHAUMWEINHERSTELLUNG).

Von den 11 500 Winzern im Anbaugebiet liefern zwei Drittel ihr Lesegut bei Genossenschaftskellereien, Erzeugergemeinschaften oder Großkellereien ab. Manche Winzer besitzen Parzellen in besten Lagen des Bereichs Mittelhaardt/Deutsche Weinstraße, und dort sind die Qualitätsmaßstäbe und die Reputation der örtlichen WINZERGENOSSENSCHAFTEN hoch. Im Bereich Südliche Weinstraße sind die Genossenschaften für gefällige, sortentypische, eher trockene Weine bekannt, die unter dem Namen der jeweiligen Rebsorten preiswert angeboten werden – oft der richtige Weinstil für alle, die der LIEBFRAUENMILCH entwachsen sind und noch nicht recht wissen, wohin sie sich nun wenden sollen. Ein gutes Zeichen für den Erfolg der besseren Genossenschaftskellereien ist der zunehmende Anteil der Weine, den sie in der Flasche und nicht mehr zu gedrückten Preisen im Faß absetzen.

Etwa 4500 Winzer mit rund 60 % der Rebfläche produzieren Wein, den sie im Faß an den Handel verkaufen. Weitere 650 Winzer füllen ihren Wein selbst ab. Die Schönheit der bis über 680 m aufsteigenden Berglandschaft des Pfälzer Walds lockt zahlreiche Besucher aus den Städten im Rheintal an, und so wird auch viel Wein direkt an Privatkunden abgesetzt. I. J.

PFEFFER Der Begriff der Weinansprache bezieht sich auf zwei verschiedene, meist in Rotweinen anzutreffende Aromen. Bei CABERNET SAUVIGNON aus bestimmten Gegenden KALIFORNIENS – insbesondere von jungen Reben, die im Salinas Valley in MONTEREY in den 1970er Jahren gepflanzt wurden – ist Paprika gemeint; frisch geschnittene Paprikaschoten geben als Geschmacksstoff 2-Methoxy-3-Isobutylpyrazin ab, ein deutlich zu schmeckendes vegetabiles Aroma (siehe GESCHMACKSSTOFFE). Andererseits riechen junge Weine von SYRAH-Trauben, vor allem wenn diese nicht ganz ausgereift waren, deutlich nach schwarzem Pfeffer.

PFLANZABSTAND siehe PFLANZDICHTE.

PFLANZDICHTE Das Maß, wie dicht die Weinstöcke in einem Weinberg beieinanderstehen und wie breit die Rebzeilen sind, stellt bei der ANPFLANZUNG eines neuen Weinbergs eine wichtige Entscheidung dar und ist bei bestehenden Anlagen in verschiedenen Teilen der Welt höchst unterschiedlich. In den traditionellen Weinbergen von Bordeaux, Burgund und der Champagne stehen oft 10 000 Reben auf einem Hektar (manchmal sogar mehr), wobei die Stockabstände in der Zeile und zwischen den Zeilen 1 m betragen. In vielen Weinpflanzungen der NEUEN WELT ist dagegen ein Stockabstand von 2,50 m in der Zeile bei einem Zeilenabstand von 3,70 m – das entspricht 1080 Reben/ha – durchaus nichts Ungewöhnliches. Die vielleicht größten Stockabstände trifft man im Vinho-Verde-Gebiet in Portugal sowie in La Mancha in Spanien und in manchen Gegenden Chiles, Japans und Italiens (siehe TENDONE) an; hier kommen Raster von 4 × 4 m und 625 Reben/ha vor.

Es gilt weithin als anerkannt, daß hohe Pflanzdichte zu hoher Qualität führt. Nun stimmt es zwar, daß viele der berühmtesten Weinberglagen vor allem in der Alten Welt kleine Pflanzabstände aufweisen, dennoch ist es schwer zu behaupten, daß dies eine Voraussetzung für die Entstehung von Qualität sei. Kleine Pflanzabstände sind in Weinberganlagen geringer WÜCHSIGKEIT, die oft mit Wirkungen des TERROIRS und des Bodens zusammenhängt, angezeigt (siehe BODEN UND WEINQUALITÄT). Manche Erzeuger in der Neuen Welt haben versucht, auf fruchtbaren Böden Weinberge mit hoher Pflanzdichte anzulegen in der Erwartung, damit die Qualität berühmter Weinberglagen der Alten Welt zu erreichen. Die Theorie behauptet, daß bei enger Pflanzdichte die Wurzelkonkurrenz steigt und zu einer Beschränkung der Wuchskraft führt, doch das hat sich nicht häufig bewahrheitet, vielmehr ist die Folge oft nur ein überaus wuchskräftiger, dichter Weinberg, der nur schwer zu pflegen ist. Die Qualität der Frucht leidet dann unter zuviel SCHATTEN, und dadurch wird eventuell auch der Ertrag beeinträchtigt. Forschungen und Erfahrungen in Europa bestätigen, daß enge Zeilen- und Stockabstände nur für Weinberge mit geringer BODENFRUCHTBARKEIT geeignet sind oder – genauer gesagt – für wenig triebkräftige Böden. Einige Erzeuger haben daraufhin jede zweite Rebe in der Reihe gerodet, manchmal jede zweite und dritte. Dadurch wurde oft die Ausgewogenheit der verbleibenden Reben wiederhergestellt, und Ertrag sowie Qualität verbesserten sich.

Hohe Pflanzdichte ist in vielen Gegenden der Welt die traditionelle Anbauform, wo die Zwischenräume nur so groß zu sein brauchen, daß sie den Weinbergarbeitern ungehinderten Zugang ermöglichen. Es gibt auch Weinberge, die gar nicht in Zeilen angelegt sind, sondern wo die Reben eher an zufälligen Stellen wachsen wie ein Getreidefeld. Bevor die REBLAUS die Weinberge Europas verwüstete, konnten kranke oder abgestorbene Weinstöcke einfach durch ABSENKER von Nachbarstöcken ersetzt werden. Dies und die Tatsache, daß damals die Reben allgemein weniger wuchskräftig waren, führte manchmal zu Pflanzdichten bis zu 40 000/ha, d. h. ein Weinstock hatte nur gerade ¼ Quadratmeter Raum. Als dann zur Abwehr der Reblaus das PFROPFEN auf VEREDELUNGSUNTERLAGEN nötig wurde, gaben die gestiegenen Kosten für jeden einzelnen Weinstock Anlaß zu stark verringerter Pflanzdichte. Die Einführung von Zugtieren und schließlich Traktoren für die Weinbergpflege machte es erforderlich, die Pflanzungen in Zeilen anzulegen und die Pflanzdichte noch mehr zu verringern. Schließlich kam noch als weiterer Faktor für größere Pflanzabstände die Notwendigkeit hinzu, genügend Raum für moderne, wuchskräftige Reben zu schaffen. Dies ergibt sich einerseits aus der wirksamen Bekämpfung von Rebenschädlingen, Rebkrankheiten und Unkräutern mit AGROCHEMIKALIEN sowie aus dem Einsatz virusfreier und durch KLONENSELEKTION gesünderer Reben.

Die Weinberge der Alten Welt sind im allgemeinen dichter bepflanzt als in der Neuen Welt. Das erklärt sich daraus, daß in der Neuen Welt viele Anlagen erst nach der Einführung großer TRAKTOREN oder noch schwererer Maschinen entstanden sind, so daß Reihenabstände von etwa 3 m von vornherein erforderlich waren. Demgegenüber haben sich die meisten Weinerzeuger Europas dafür entschieden, die engen Abstände beizubehalten und lieber speziell entwickelte schmale oder zeilenübergreifende Traktoren, in Frankreich *tracteurs enjambeurs* genannt, einzusetzen.

Die Pflanzdichte ist aber auch eine wichtige Überlegung, die sich auf den Ertrag, die Qualität und demzufolge auch die Rentabilität eines Weinbergs auswirkt. Die Pflanzkosten stehen in einem bestimmten Verhältnis zur Zahl der Pflanzen. Die Kosten für UNTERSTÜTZUNGS- und TROPFBEWÄSSERUNGS-Systeme sind bei größerer Pflanzdichte höher. Auch der Zeitaufwand für das Pflügen und Spritzen ist höher, wenn die Zeilen enger stehen.

Unter den meisten Umständen ist der ERTRAG bei dichter gepflanzten Weinbergen höher, insbesondere in den ersten Ertragsjahren und wenn die Reben auf schwach triebkräftigem Boden stehen. R. E. S.

Champagnol, F., *Eléments de physiologie de la vigne et de viticulture générale* (St-Gely-du-Fesc, 1984).
Galet, P., *Précis de viticulture* (4. Aufl., Montpellier, 1983).

PFLANZREBE Eine einjährige Rebe aus der REBSCHULE, das üblicherweise zur Anpflanzung eines neuen Weinbergs verwendete Pflanzgut. Meist handelt es sich um eine gepfropfte Pflanzrebe, bei der das EDELREIS auf einer VEREDELUNGSUNTERLAGE sitzt. Die meisten Spezies der Gattung VITIS, vor allem die VINIFERA-Sorten, schlagen bereitwillig als STECKLINGE Wurzeln, andere dagegen wurzeln nur schlecht ein; die größten Schwierigkeiten machen Unterlagen mit Genen von *Vitis berlandieri* und *Vitis champini.* Verbesserungen sind möglich, wenn die Unterlagshölzer vor dem Pfropfen in Wasser eingeweicht werden, größeren Erfolg jedoch gewährleistet die Behandlung mit dem AUXIN Indolbuttersäure. B. G. C.

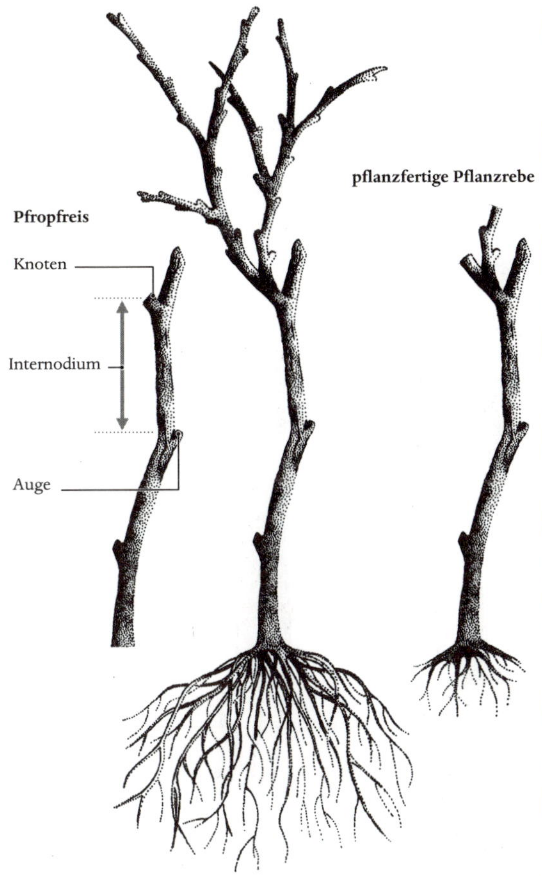

PFLANZREBE

PFLÜGEN siehe KULTIVIERUNG.

PFOSTEN In Weinbergen der NEUEN WELT häufig anzutreffendes kräftiges Unterstützungsmittel für Reben und Spanndrähte. Der Pfosten besteht meist aus Holz und wird in regelmäßigen Abständen entlang der Rebzeile in den Boden gerammt. Neben Holz finden auch Beton, Stahl und Kunststoff Verwendung. An Holzarten werden speziell zum Schutz gegen Insekten und Pilze behandelte Weichhölzer oder von Natur aus widerstandsfähige Harthölzer verwendet. Der übliche Pfostenabstand von etwa 6 m ist ausreichend, um das Durchhängen der Drähte zu verhindern. Pfosten mit kleinerem Durchmesser, die zu jedem einzelnen Weinstock gestellt werden, heißen üblicherweise PFÄHLE; sie sind in Weinbergen der Alten Welt gebräuchlicher. R. E. S.

PFROPFEN oder **Kopulation.** Das Zusammenfügen von zwei verschiedenen Stücken lebenden Pflanzengewebes auf eine Art und Weise, daß sie miteinander als neue Einheit weiterwachsen, ist für den Weinbau seit dem 19. Jh., als entdeckt wurde, daß das Pfropfen auf resistente VEREDELUNGSUNTERLAGEN die einzige wirksame Waffe gegen die REBLAUS darstellt, von allergrößter Bedeutung. Wird statt einem EDELREIS nur ein Edelauge verwendet, dann spricht man von OKULATION.

Historisches
Das Pfropfen von Reben als ein Mittel zur VERMEHRUNG war schon im alten ROM bekannt. Bereits im 2. Jh. v. Chr. erwähnt es CATO in seiner Abhandlung *De agricultura.* Das Pfropfen blieb auch über das Mittelalter hinweg Allgemeingut, doch erst im 19. Jh. rückte es als die einzige Möglichkeit, im Angesicht der von der Reblaus ausgehenden Bedrohung eine zufriedenstellende Weiterführung des Weinbaus zu gewährleisten, in den Vordergrund. Die europäischen VITIS-VINIFERA-Rebsorten waren der Reblaus so gut wie völlig wehrlos ausgeliefert, und so war es nur durch das Aufpfropfen von *Vinifera*-Reisern auf die mit genügenden Abwehrkräften versehenen Amerikaner Reben möglich, auch weiterhin Wein mit dem allgemein als gut akzeptierten Geschmack der europäischen Rebsorten zu erzeugen. Die ersten Versuche, die Reblaus zu bekämpfen, hatten sich auf chemische Behandlungen oder Überflutung gestützt; erst in den 1870er Jahren gewannen diejenigen, die wie Laliman die Benutzung AMERIKANISCHER REBENSPEZIES befürworteten, allmählich Unterstützung. Schließlich wurde auf dem internationalen Reblauskongreß 1881 in Bordeaux allgemein anerkannt, daß das Aufpfropfen französischer Edelreiser auf amerikanische Veredelungsunterlagen die beste Lösung darstellte, und nun begannen zahlreiche Experimente, um die für verschiedene Bodenarten bestgeeigneten Unterlagsreben herauszufinden. Im regionalen Rahmen kam

Zwei beim PFROPFEN gebräuchliche maschinelle Veredelungsformen

Bei diesen durch PFROPFEN auf amerikanische Unterlagsreben gesetzten Pinot-Noir-Edelreisern ist der an der Verbindungsstelle gebildete Kallus deutlich zu erkennen.

allerdings die allgemeine Verbreitung des Pfropfens erst durch den Einsatz einzelner, z. B. von Gustave Foëx, Direktor der Landwirtschaftsfachschule in MONTPELLIER, voran. Er schrieb 1882 in einer den kleinen Winzern im Languedoc verständlichen Sprache eine Broschüre, in der er die Verwendung amerikanischer Reben empfahl. Ursprünglich geschah das Pfropfen von Hand, entweder im Weinberg (FREILANDVEREDELUNG) oder in geschlossenen Räumen (MENGENVEREDELUNG) beispielsweise mit dem Zungenschnitt. Heute wird die Pfropfarbeit meist von Maschinen erledigt, die Edelreis und Unterlage gewöhnlich mit einem Omega-Schnitt vereinigen. P. T. H. U.

Foëx, G., *Instruction sur l'emploi des vignes américaines à la reconstruction du vignoble de l'Hérault* (Montpellier, 1882).
Laliman, L., *Études sur les divers travaux phylloxériques et les vignes américaines* (Paris, 1879).
Ordish, G., *The Great Wine Blight* (London, 1972).
Winkler, A. J., et al., *General Viticulture* (Berkeley, Calif., 1974).

Praktiken im modernen Weinbau

Das Veredeln von Reben hat den Zweck, die gewünschten Eigenschaften der Unterlagssorte mit denen der Ertragssorte zu vereinigen. Am wichtigsten ist dabei Widerstands- bzw. Abwehrkraft gegen im Boden lebende Schädlinge und Krankheitserreger, insbesondere gegen die Reblaus und gegen NEMATODEN. Hinzu kommen noch Eigenschaften wie Widerstandsfähigkeit gegen SALZGEHALT, hohen Kalkgehalt, Staunässe oder Bodentrockenheit; des weiteren ist die Beeinflussung der WÜCHSIGKEIT oder des Reifezeitpunkts von Bedeutung. Die im Weinberg selbst durchgeführte Freilandveredelung ermöglicht die Umstellung von einer Rebsorte auf eine andere, während die in Arbeitsräumen durchgeführte Mengenveredelung meist Jungpflanzen für die Neubestockung eines Weinbergs hervorbringt; in wärmeren Gegenden ist auch Rebschulveredelung üblich.

Die Vereinigung von Edelreis und Unterlage vollzieht sich durch einen langsamen Wachstumsvorgang: Das KAMBIUM (Bildungsgewebe) läßt an Schnittflächen durch Zellteilung eine wuchernde Zellmasse (KALLUS) entstehen; daher müssen die beiden Kambiumschnittflächen möglichst genau aneinandergefügt werden. Hat sich der Kallus stark genug ausgebildet, dann entsteht zwischen dem Kambium des Edelreises und dem Kambium der Unterlage eine neue gemeinsame Kambiumschicht. Dieses neue durchgehende Kambium bildet auf der Außenseite neue PFLOEM-Zellen, die zur Rinde beitragen, und auf der Innenseite neue XYLEM-Zellen, die sich am Holz beteiligen. Auf diese Weise wird das aufgepfropfte Edelreis zum festen Bestandteil des Gefäßsystems der ganzen Pflanze.

Der Erfolg oder Mißerfolg der Pfropfung hängt außer von der Exaktheit des Schnitts und des Zusammenfügens der Kambiumflächen noch von einer Reihe weiterer Faktoren ab. Zunächst braucht die Pfropfung spezifische Umgebungsbedingungen, z. B. Wärme (24–30 °C) und hohe Luftfeuchtigkeit (90–100 %) um die Vereinigungsstelle. Außerdem müssen sich Edelreis und Unterlage miteinander vertragen. Hinzu kommt noch als Besonderheit, daß manche Unterlagsreben schwer zum Anwurzeln zu bringen sind (siehe Pflanzrebe).

Beliebte Formen der Pfropfung sind die SPALTPFROPFUNG, die KERBVEREDELUNG (Geißfußpfropfung) und der ZUNGENSCHNITT (englische Kopulation). Siehe auch GRÜNPFROPFUNG. B. G. C.

PFROPFMASCHINE Eine maschinelle Einrichtung, die das PROPFEN von Reben dadurch erleichtert, daß sie in Unterlage und Edelreis Schnitte mit spiegelbildlicher Präzision ausführt, so daß diese sich mit großer Exaktheit zusammenfügen lassen. Die dabei gebräuchlichsten Schnittformen sind der Lamellenschnitt und der Omegaschnitt. Veredelungsmaschinen dieser Art werden vor allem für die MENGENVEREDELUNG eingesetzt, aber auch für die REBSCHUL- und FREILANDVEREDELUNG gibt es geeignete Geräte.

B. G. C.

PHÄNOLOGIE Die Lehre von der Wachstumsentwicklung der Pflanze (siehe Abbildung Seite 870). Bezogen auf die Weinrebe verzeichnet sie die zeitliche Folge bestimmter Entwicklungsabschnitte wie AUSTRIEB, BLÜTE, VÉRAISON und LAUBFALL. Sie ermöglicht es, die Eignung bestimmter REBSORTEN für bestimmte klimatische Bereiche zu ermitteln. Siehe REBENWACHSTUMSZYKLUS.

PHENOLE, auch **Polyphenole.** Große Gruppe reaktionsfreudiger chemischer Verbindungen, deren Grundbaustein PHENOL (C_6H_5OH) ist. Hierzu gehören viele in Früchten,

PHÄNOLOGIE
1 Auge in Winterruhe
2 aufbrechendes Auge
3 grünes Stadium
4 Erscheinen des Blatts
5 Längung des Blatts
6 Erscheinen des Blütenstands
7 Entfaltung des Blütenstands
8 Entfaltung der Gescheine
9 Blüte
10 Fruchtansatz

z. B. dunkelbeerigen Trauben, natürlich vorkommende Pigmente wie ANTHOCYANE sowie die meisten vegetabilen TANNINE, wie sie ebenfalls in Trauben vorkommen, und viele GESCHMACKSSTOFFE.

In den Trauben

Diese aus einem Benzolkern mit OH-Gruppen bestehenden Verbindungen kommen in Trauben in großer Vielfalt vor. Besonders stark enthalten sind sie in Stielen, Kernen und Schalen, aber auch in Saft und Fruchtfleisch. Bei dunkelhäutigen Trauben ist der Phenolgehalt größer als bei hellhäutigen; die Anthocyanpigmente bauen sich nach der VÉRAISON, d.h. im Stadium der beginnenden REIFE, aus einfacheren Molekülen auf. Die Konzentration an Phenolen in den Traubenschalen steigt an, wenn die Beeren dem Sonnenlicht ausgesetzt sind (siehe auch LAUBPFLEGE).

Zur Gruppe der Phenole gehören buchstäblich Tausende von Verbindungen; diese lassen sich grundsätzlich in Nichtflavonoide und Flavonoide einteilen. Die ersteren sind einfacher und leiten sich von Zimtsäure und Benzoesäure ab; besonders reichlich ist im Traubensaft unter vielen ESTERN zwischen WEINSÄURE und Phenolsäuren der Ester der Kaffeesäure vorhanden. Zu den Flavonoiden zählen Catechine, Flavonole und Anthocyane. Viele dieser Verbindungen gehören zu der allgemein als sekundäre Metabolite bezeichneten Gruppe, d. h. sie sind nicht am primären Stoffwechsel der Pflanze beteiligt. Sie sind stark wasserlöslich und gelangen gewissermaßen als Abfallprodukt in die Vakuole der BEERE. An den meisten ist ein Zucker beteiligt, was ihre Wasserlöslichkeit noch steigert und ihre Eigenschaften verändert, wie wenn beispielsweise aus GESCHMACKSSTOFFEN das Aroma entfernt wird. Catechine und andere Flavonoide bilden auch die Struktur der sogenannten TANNINE, die in Trauben und Früchten einen beträchtlichen Anteil am Geschmack haben. B. G. C.

Im Wein

Bei der Weinbereitung geben die Zellen der Traubenschalen beim Zerkleinern der Beeren ihre Pigmente an den säurehaltigen Most ab. Der durch die GÄRUNG entstehende Alkohol beschleunigt diesen Extraktionsprozeß. Im Verlauf der MAISCHUNG wird dann annähernd ein Gleichgewicht zwischen den Pigmenten in den Zellen der Traubenschalen und im neuen Wein erreicht.

Die Anthocyanpigmente im jungen Wein sind jedoch nicht stabil. Sie reagieren rasch mit Molekülen einer anderen Art von Phenolen, den Tanninen, und bilden auf diese Weise die komplexen Pigmente eines reifenden Weins. Tanninpolymere (siehe POLYMERISATION) mäßiger Größe schmecken bitter, während die größeren für die den Mund zusammenziehende Adstringenz in jungen Weinen und in starkem Tee verantwortlich sind.

Im Lauf der Alterung bildet der Pigmentkomplex immer größere Polymere, die schließlich ihre Löslichkeit im Wein überschreiten und als Bodensatz ausfällen. Es wird vermutet, ist aber noch nicht nachgewiesen, daß Rotweine im Lauf der FLASCHENALTERUNG noch weiteren langsamen Reaktionen unterworfen sind, die sowohl den Ton als auch die Intensität der Farbe allmählich verändern, während Aroma und Geschmack komplexer werden, so daß sich ein Flaschenbukett entwickelt.

Viele Geschmacksstoffe beruhen ebenfalls auf der Phenolstruktur als Grundlage eines komplizierteren Moleküls. Hierzu gehört vor allem Vanillin, der wichtigste Aromabestandteil der Vanilleschote, und Cinnamaldehyd, der maßgebliche Bestandteil der Zimtrinde. Der Ester Methylsalicylat, auch als Gaultherienöl bekannt, ist ebenfalls eine Phenolverbindung. Alle diese und noch weitere kommen als Bestandteile in der Traube vor oder entstehen als Spurenkomponenten während der alkoholischen Gärung und in den nachfolgenden Verarbeitungs- und Alterungsphasen.

Siehe auch HOLZGESCHMACK. A. D. W.

In der Weinansprache

«Phenolisch» wird, allerdings oft ungenau, als abwertender Begriff für Weißwein gebraucht, der durch adstringierenden oder bitteren Geschmack einen übermäßig hohen Gehalt an Phenolen zu erkennen gibt.

Gesundheitsfaktor

Rotwein unterscheidet sich von Weißwein durch hohen Gehalt an Phenolen, und es wird angenommen, daß es durchaus an den oxidationshemmenden Eigenschaften der Phenole liegen kann, daß diese bei mäßigen Rotweintrinkern die Häufigkeit von Herzerkrankungen verringern. Forschungen lassen den Schluß zu, daß bestimmte Phenolverbindungen in Rotweinen die Oxidation von Lipoproteinen geringer Dichte hemmen, die als bedeutender Faktor beim Entstehen potentiell schädlicher Cholesterinkonzentrationen in den Arterien angenommen werden. Siehe auch GESUNDHEIT.

Frankel, E. N. et al., INHIBITION OF OXIDATION OF HUMAN LOW-DENSITY LIPOPROTEIN BY PHENOLIC SUBSTANCES IN RED WINE, *Lancet*, 341 (1993), 454–457.

Somers, T. C., und Verette, E., PHENOLIC COMPOSITION OF NATURAL WINE TYPES, in H. F. Linskens und J. F. Jackson (Hrsg.), *Wine Analysis*, Modern Methods of Plant Analysis, NS 6 (Berlin, 1988).

PHLOEM Das hauptsächliche nahrungsleitende Gewebe der Weinrebe und anderer Gefäßpflanzen. Das Phloem besteht aus einer eigenartigen Mischung von Zelltypen, die sich neben dem XYLEM, dem wasserleitenden Gewebe, befinden und gemeinsam mit diesem ein System von Gefäßen oder Leitbündeln bilden. Obwohl sie direkt benachbart sind, handelt es sich bei Phloem und Xylem um unterschiedliche Gewebe: Das Phloem besteht aus dünnwandigen Röhren, in denen ein stark zuckerhaltiger Saft unter

Druck aus Bereichen mit hoher in Bereiche mit niedriger Konzentration befördert wird, während das Xylem aus weiten, starkwandigen Röhren besteht, durch die eine verdünnte Minerallösung unter einem von der TRANSPIRATION ausgehenden Sog strömt. Bei der Verdickung der Holzteile bringt das KAMBIUM auf der Außenseite neue Zellen hervor, die zum nächstjährigen Phloem werden; später tragen diese Zellen zur Rinde bei. Das Phloem der Weinrebe hat wie bei den Laubbäumen die Fähigkeit, sich nach dem nächsten AUSTRIEB zu reaktivieren, und kann drei bis vier Jahre lang funktionsfähig bleiben.

Das Leitbündelsystem zieht sich durch die gesamte Pflanze; besonders dicht sind die Gefäßbündel in der Blattspreite – dies ist leicht zu erkennen, wenn man ein BLATT gegen das Licht hält. Diese hohe Dichte erleichtert das Einführen der neu durch Photosynthese entstandenen SACCHAROSE in die Gefäße zum Abtransport aus dem Blatt (siehe STOFFTRANSPORT). B. G. C.

PHOMOPSIS siehe EXCORIOSE.

PHÖNIZIEN Der Staat des handeltreibenden antiken Volks erstreckte sich etwas nördlich und südlich über die Grenzen des heutigen LIBANON hinaus und umfaßte die Städte Ruad, Byblos, Beirut, Sidon und Tyros. Auf felsigerem Grund wurden Wein und Oliven kultiviert, während die Täler mit ihrem Schwemmlandboden dem Getreideanbau vorbehalten blieben. Die selbständige phönizische Kultur dauerte von 1400 bis 322 v. Chr. (als Alexander der Große Tyros eroberte); die größte phönizische Kolonie, KARTHAGO (im heutigen Tunesien), blieb bis zu ihrer Zerstörung durch die Römer im Jahr 146 v. Chr. bestehen.

Offenbar fanden die phönizischen Siedler in Nordafrika ein fruchtbares Gebiet vor, das sich auch für die Entwicklung des Weinbaus ideal eignete. Der griechisch-römische Geschichtsschreiber Diodorus Siculus beschreibt die karthagische Landschaft (im 4. Jh. v. Chr.) als voller Reben, Oliven und Vieh, insbesondere im Bagradas-Tal und im Süden des heutigen Tunesien. Der Karthager Mago hinterließ ein umfangreiches Werk über die Landwirtschaft, u. a. auch Anleitungen für den Weinbau. Leider ist sein Werk selbst nicht erhalten, doch manche Stellen aus den von den Römern im Jahr 146 v. Chr. vorgenommenen lateinischen Übersetzungen sind auf uns gekommen. Der Römer COLUMELLA, Autor landwirtschaftlicher Werke, führt ein Rezept Magos für die Bereitung eines WEINS AUS ROSINIERTEN TRAUBEN an, eines *passum*, den er als *optimum* bezeichnet: «ausgezeichnet – ich habe ihn selbst bereitet» (*De re rustica* 12.39.1). J. A. B.

Harden, D., *The Phoenicians* (London, 1962).

PHOSPHOR Eines der für das Wachstum der Rebe wichtigsten mineralischen Elemente, allerdings ist der Bedarf der Pflanzen so gering, daß er meist ohne weiteres aus dem natürlichen Vorkommen im Boden gedeckt werden kann. In 1 t Trauben sind nur etwa 0,6 kg Phosphor enthalten. Phosphor ist in der Weinrebe ein wesentlicher Bestandteil von Verbindungen, die an der PHOTOSYNTHESE, der Umwandlung von Zucker in Stärke, und am Energietransport beteiligt sind. Phosphormangel ist selten und kommt meist nur in sauren Böden vor; die Symptome sind allmähliche Einbußen an WÜCHSIGKEIT sowie gelegentlich rote Flecken auf den Blättern. R. E. S.

PHOTOSYNTHESE Eine biochemische Reaktion in Pflanzen – also auch in der Weinrebe –, bei der aus Wasser und KOHLENDIOXID unter der Einwirkung von Sonnenlicht ZUCKER gebildet wird. Bedeutenden Anteil an diesem Prozeß haben die grünen Chlorophyllpigmente in den Blättern, die die Sonnenenergie aufnehmen. Die Photosynthese ist gewissermaßen der wesentliche erste Schritt in der Entstehung von Wein, da die durch die Photosynthese gebildeten Zucker zusammen mit anderen auf Zucker beruhenden chemischen Verbindungen in die Traubenbeeren transportiert (siehe TRAUBENZUCKER) und sodann später zu ÄTHANOL vergoren werden, so daß Wein entsteht. (Die eindeutigen Gesetze der Natur sorgen dafür, daß der Mensch schließlich das Äthanol in seinem Stoffwechsel wieder in Wasser und Kohlendioxid verwandelt.)

Die Photosynthese kann durch die folgende chemische Gleichung dargestellt werden:

$$6\ CO_2 + 6\ H_2O + \text{Lichtenergie} = C_6H_{12}O6 + 6\ O_2$$

Kohlendioxid + Wasser + Sonnenlicht = Zucker + Sauerstoff

Der Prozeß der Photosynthese liefert den für das tierische Leben auf der Erde notwendigen Sauerstoff. Da die Reaktionen im Weinblatt vor sich gehen, muß Kohlendioxid hinein- und Sauerstoff hinausgelangen können. Dies geschieht durch winzige Poren, die sogenannten SPALTÖFFNUNGEN auf der Unterseite des Weinblatts.

Die Photosynthese wird durch Faktoren der Umwelt und der Pflanze selbst beeinflußt, die sich allesamt auf die Traubenreife und daher die Weinqualität auswirken. Licht, Temperatur und WASSERSTRESS sind die drei wichtigsten klimatischen Einflußgrößen. Bei schwacher Belichtung, beispielsweise bei bedecktem Himmel oder an Blättern, die unter dem Laubdach beschattet liegen, ist die Photosynthese beeinträchtigt. Eine Lichtintensität von etwa 1 % des vollen Sonnenlichts reicht für die Photosynthese nicht aus. Die Photosynthese steigt dann mit zunehmender Belichtung fast linear bis zu etwa einem Drittel der vollen Sonnenlichtstärke an; von diesem Punkt an tritt sogenannte Lichtsättigung ein, d. h. eine weitere Steigerung der Lichtintensität hat keine weitere Steigerung der Photosynthese zur Folge. So sind die äußeren Blätter des Laubdachs bei voller Sonneneinstrahlung oftmals lichtgesättigt, und ein Teil der auf sie auftreffenden Sonnenenergie geht für den Prozeß verloren.

Am stärksten ist die Photosynthese bei Blattemperaturen von etwa 15 bis 30 °C, wobei um 25 °C ein gewisser Gipfelpunkt erreicht wird. Dagegen wird sie bei Temperaturen unter 15 °C und über 30 °C stark gehemmt. An einem einzigen Tag kann in heißem Wüstenklima die Photosynthese des Weinblatts sowohl durch niedrige Temperaturen am Morgen als auch durch hohe Temperaturen am Nachmittag eingeschränkt werden. Dagegen beeinträchtigen niedrige Temperaturen die Traubenreife in kühlen Weinbaugegenden, z. B. im nördlichen Europa. Hochwertige Jahrgänge entstehen dort in warmen, sonnigen Jahren, wenn die Photosynthese am stärksten ist.

Bodentrockenheit führt zum Schließen der SPALTÖFFNUNGEN und beeinträchtigt infolgedessen die Photosynthese, andererseits wird dadurch weitere Austrocknung der Rebe verhindert. Eine derartige Auswirkung von Wasserstreß auf die Photosynthese und die Traubenreife ist in vielen Weinbauregionen der Welt zu beobachten, vor allem jedoch in MEDITERRANEM KLIMA. Die Rebe ist aber imstande, milden Wasserstreß zu tolerieren, ohne daß sich dies auf die Weinqualität negativ auswirkt, im Gegenteil kann sogar positive Beeinflussung eintreten. Auch Wind kann zum Schließen der Spaltöffnungen führen und damit die Traubenreife beeinträchtigen; dies ist beispielsweise in MONTEREY (Kalifornien) häufig zu beobachten.

Als allgemeine Regel kann daher aufgestellt werden, daß die Photosynthese durch sonniges Wetter und milde Temperaturen begünstigt wird. Unter diesen Voraussetzungen entsteht die maximale Zuckerkonzentration und damit allgemein gesagt die beste Weinqualität. R. E. S.

Champagnol, F., *Éléments de physiologie de la vigne et de viticulture générale* (St-Gely-du-Fesc, 1984).
Mullins, M. G., Bouquet, A., und Williams, L., *Biology of the Vine* (Cambridge, 1992).
Winkler, A. J., et al., *General Viticulture* (2. Aufl., Berkeley, Calif., 1974).

PH-WERT Ein Maßstab für die Konzentration der effektiven aktiven SÄURE in einer Lösung; zugleich eine wichtige Einflußgröße für das Wachstum der Rebe, die Reife der Trauben und den Geschmack, das Aussehen und die Haltbarkeit des Weins. (Die technische Definition lautet, daß der pH-Wert den negativen Logarithmus der wesentlichen Wasserstoffionenaktivität oder -konzentration darstellt.) Ein niedriger pH-Wert bedeutet hohe Säurekonzentration, beispielsweise den scharfen, sauren Geschmack von Zitronensaft. Werte um 7 sind im wesentlichen neutral; Trinkwasser hat einen pH-Wert um 7. Werte zwischen 7 und 14 stehen für basische bzw. alkalische Lösungen, beispielsweise kaustisches oder Waschsoda. Traubenmost und -wein sind sauer mit pH-Werten um 3 und 4. Der Verlauf ist logarithmisch, d. h. eine Lösung mit einem pH-Wert von 3 weist die zehnfache Wasserstoffionenaktivität auf wie eine Lösung mit einem pH-Wert von 4.

Boden
Der pH-Wert des Bodens hat Auswirkungen auf den resultierenden Wein. Stark kalihaltige Böden, wie sie in trockenen Gebieten vorkommen, wo sich früher ein Binnenmeer befand (z. B. im Inneren Australiens), bringen Weine mit mäßigem bis hohem pH-Wert hervor, weil die Traubenschalen hohen Gehalt an KALIUM aufweisen. An KALKSTEIN reiche Böden haben oft hohe pH-Werte zwischen 8 und 9 und begrenzen im allgemeinen das Pflanzenwachstum, obwohl die Weinrebe zu den Kulturpflanzen zählt, die derart unverträgliche Böden noch am meisten tolerieren. Schlecht durchlässige Böden mit hohem Gehalt an ORGANISCHEN STOFFEN weisen auf der sauern Seite liegende pH-Werte zwischen 5 und 6 auf, und auch diese sind für den Weinbau ungünstig. BEWÄSSERUNG und Böden mit hohem Gehalt an STICKSTOFF bringen die Weinrebe zu übermäßig hohen Erträgen, wobei Trauben mit geringerer Konzentration an organischen Säuren und daher mit höheren pH-Werten entstehen. Siehe auch BODENAZIDITÄT.

Trauben
Der pH-Wert von Trauben und von Wein kann sehr unterschiedlich sein, da TEMPERATUR, NIEDERSCHLAG, BODENARTEN, Weinbaupraktiken und REBSORTEN einen Einfluß auf die verschiedenen von Natur aus vorkommenden organischen Säuren in den reifen Trauben ausüben. Im allgemeinen bringen kühle Weinbauregionen Weine mit niedrigem pH-Wert und warme Weinbauregionen Weine mit hohem pH-Wert hervor. Der Grund dafür, daß Weißweine meist einen niedrigeren pH-Wert haben als Rotweine, liegt darin, daß Rotweine einen höheren Kaliumgehalt aufweisen, der dann aus den Traubenschalen, wo dieses Ion stark konzentriert ist, extrahiert wird. Siehe auch TRAUBE und SÄURE.

Wein
Der pH-Bereich der meisten Weine liegt zwischen 2,9 und 4,2 (was übrigens, da der normale pH-Wert im Magen bei 2 liegt, bedeutet, daß Weine zwischen 10- und 100fach schwächere Konzentration des saueren Wasserstoffions aufweisen als das Mageninnere). Weine mit niedrigem pH-Wert schmecken sehr scharf, Weine mit hohem pH-Wert dagegen flach oder flau. Weine mit einem pH-Wert zwischen 3,2 und 3,5 schmecken nicht nur meist erfrischend anstatt stechend säuerlich, sie sind auch widerstandsfähiger gegen schädliche BAKTERIEN, altern besser und besitzen klarere, brillantere Farbe. Weine mit höherem pH-Wert schmecken flach, sehen stumpf aus und sind anfälliger für die Einwirkung von Bakterien.

Es ist zwar möglich, den pH-Wert von Trauben und Wein zu manipulieren, wegen des hohen Puffervermögens der Trauben ist es aber nicht sehr praktisch. Dieses Puffervermögen bildet das Maß des Widerstands gegen Veränderungen des pH-Werts und hängt ungefähr mit der Gesamtsäure zusammen. Der pH-Wert kann jedoch durch Verringerung der Konzentration an Wasserstoffionen erhöht werden und umgekehrt (siehe auch AZIDIFIKATION und ENTSÄUERUNG).

Der Kellermeister ist aus mehreren Gründen sowohl am pH-Wert als auch an der GESAMTSÄURE (der Summe der flüchtigen und nichtflüchtigen Säuren) im Traubenmost und im Wein interessiert. Was im Weingeschmack eine scharfe oder saure Empfindung verursacht, wird sowohl von der Gesamtmenge der vorhandenen Säuren als auch durch die Konzentration von Wasserstoffionen in der Lösung beeinflußt. Verschiedene Hefen und Bakterien haben unterschiedliche Toleranz gegenüber der Wasserstoffionenkonzentration und der Art und Konzentration von Säuren. Schließlich hängt der Widerstand, den der Wein gegenüber Veränderungen der effektiven Säure (Wasserstoffionenkonzentration) bei der Verarbeitung und STABILISIERUNG leistet, hauptsächlich von der Gesamtsäurekonzentration ab.

Den pH-Wert von Wein niedrig zu halten, ist auch deshalb von Bedeutung, weil sich nach der Wasserstoffionenkonzentration im Wein die Wirksamkeit des Schwefeldioxids richtet. Gasförmiges Schwefeldioxid reagiert, wenn es in Wein gelöst wird, mit dem Wasser im Wein und bildet schweflige Säure, die Form von Verbindung, die am besten geeignet ist, Bakterien und wilde Hefen zu hemmen und der OXIDATION entgegenzuwirken. Schweflige Säure spaltet sich teilweise in Schwefelionen und Bisulfitionen, eine Form, die wenig Wirkung auf Mikroorganismen wie Bakterien und wilde Hefen ausübt. Hohe Wasserstoffionenkonzentrationen (niedrige pH-Werte) in Wein verbinden sich mit den Bisulfitionen und sorgen dadurch dafür, daß mehr Schwefeldioxid in der antimikrobiell wirksamen Form erhalten bleibt.

Der pH-Wert hat in der Weinbereitung auch insofern Bedeutung, als die ANTHOCYANE, die dem Rotwein Farbe verleihen, in mehreren Formen in verschiedenen Farben existieren. Bei niedrigen pH-Werten zwingt die hohe Wasserstoffionenkonzentration das Pigmentmolekül in eine Form mit positiver Ladung und leuchtend roter Farbe. Mit steigendem pH-Wert (und sinkender Wasserstoffionenkonzentration) verändert sich das Pigmentmolekül mehr und mehr zu einer farblosen Form hin und nimmt schließlich bläuliche oder eher graue Form an. Insgesamt ergibt sich bei den verschiedenen Pigmenten im Rotwein eine Verschiebung von Leuchtendrot zu Pupurrot und schließlich mit steigendem pH-Wert zu einem stumpfen Bräunlichrot.

Mit der Messung des pH-Werts ist jeder vertraut, der einen Garten, einen Swimmingpool oder ein Aquarium besitzt. Die früheste Technik bestand vermutlich in der Verwendung von Indikatorlösungen oder Papierstreifen, deren Wirkung darauf beruht, daß viele Farbstoffe ihre molekulare Form und ihre Farbe verändern, wenn sich die Wasserstoffionenkonzentration bzw. der pH-Wert verändert. Genauere Laboratoriumsmeßverfahren arbeiten mit Glaselektroden. A. D. W. und B. G. C.

PHYSIOLOGIE DER REBE Die Lehre von der Funktionsweise der REBE einschließlich Wachstum und Entwicklung der Triebe und des Wurzelwerks, der Fruchtentwicklung und den wichtigsten physiologischen Vorgängen wie PHOTOSYNTHESE, STOFFTRANSPORT und TRANSPIRATION. Die Physiologie befaßt sich außerdem mit den Einflüssen auf Pflanzenwuchs und -entwicklung sowohl durch die Umwelt als auch durch interne HORMONE. Die NÄHRSTOFFVERSORGUNG DER REBE und das Ausmaß an WASSERSTRESS sind bedeutsame Wirkungen des Bodens, TEMPERATUR und SONNENLICHT bilden die wichtigsten klimatischen Einflüsse.

Die Physiologie der Rebe läßt sich durch Weinbergpflegemaßnahmen beeinflussen, mit denen Wachstum, Ertrag und Qualität verändert werden können. Beispielsweise wird durch Maßnahmen bei UNTERSTÜTZUNGSSYSTEMEN und REBSCHNITT der Lichteinfall auf das Laub verändert, was sich auf die Photosynthese und die Zuckerzufuhr zu den Trauben während der REIFE auswirkt. R. E. S.

Champagnol, F., *Éléments de physiologie de la vigne et de viticulture générale* (St-Gely-du-Fesc, 1984).
Mullins, M. G., Bouquet, A., und Williams, L., *Biology of the Vine* (Cambridge, 1992).
Winkler, A. J., et al., *General Viticulture* (2. Aufl., Berkeley, Calif., 1974).

PHYSIOLOGISCHE REIFE Ein vor allem in der Neuen Welt gebräuchlicher Begriff, der einen Gegensatz zu der nach den normalen analytischen Maßstäben von MOSTGEWICHT, SÄURE und PH-WERT bemessenen REIFE bilden soll. Der Begriff ist insofern unscharf, als schließlich alle Trauben eine physiologische Reife erreichen, unabhängig davon, auf welche Weise sie gemessen wird.

Die Konzession der physiologischen Reife beruht auf dem Mißtrauen, ob diese chemischen Meßwerte unter dem Gesichtspunkt der Weinqualität wirklich den geeignetsten Termin für die LESE zu erkennen geben. In ihrer einfachsten Form bezieht sich die Konzeption auf Aspekte des Reifezustands der Beere, die nicht gemessen werden (wohl oft aber gemessen werden könnten) und die Veränderungen der reifenden Beeren beschreiben, die für die endgültige Qualität Bedeutung besitzen. Hierzu gehören die Farbe der Schale, das Gefüge der Beere einschließlich der Schale und des Fruchtfleischs, die Farbe und der Reifezustand der Kerne, der Geschmack und die Veränderungen der Phenole. Es besteht die Vorstellung, daß große Weine dann erzielt werden können, wenn der Lesetermin mit dem annähernd optimalen Zustand möglichst vieler dieser Parameter zusammenfällt. Dementsprechend ergeben sich geringere Weine, wenn zu dem Zeitpunkt, zu dem die Frucht geerntet wird, nur wenige Parameter ihren optimalen Wert erreicht haben. Viele Faktoren wie Wetterverhältnisse, Lage und Weinbautechniken können diese Beziehungen aus dem Gleichgewicht bringen. Ein einfaches Beispiel ist der in warmem bis heißem Klima relativ rasche Anstieg des Zuckergehalts gegenüber dem Anstieg des Gehalts an Geschmacksstoffen und dem Abbau der Säuren. Es entstehen auf diese Weise Weine, die zwar alkoholstark sind, denen aber nicht unbedingt reife Fruchtaromen zugesellt sein müssen. Andererseits scheint sich in kühlerem Klima der Sortengeschmack gegenüber dem Zuckergehalt rascher zu steigern.

Ein ebenfalls wichtiger Aspekt der physiologischen Reife, der bei der konventionellen Reifebestimmung oft übersehen wird, ist der Zustand der Beerenhaut. Es gibt empirische Beweise dafür, daß die Weinqualität hierdurch beeinflußt werden kann, auch wenn andere Aspekte des Zustands der Frucht gleich zu sein scheinen.

Mit der weiteren Verbesserung der analytischen Methoden und einem eingehenderen Verständnis des Fruchtreifevorgangs sowie der ihn bestimmenden Faktoren wird die Konzeption der physiologischen Reife eventuell wieder aus der Weinbauterminologie verschwinden. Im Augenblick jedoch erinnert uns der Begriff zu Recht daran, daß es für die Feststellung, wann die Trauben wirklich lesereif sind, mehr zu berücksichtigen gibt als nur die Messung des Zuckergehalts. Z. L.

PHYTOALEXINE Eine Gruppe von chemischen Verbindungen, deren Bildung in Pflanzen durch Wechselreaktionen mit Mikroorganismen ausgelöst wird und die einen Teil der Abwehrmechanismen der Pflanze gegen Schädigungen darstellen. Beispielsweise bilden sich Phytoalexine in den Blättern als Reaktion auf Infektionen durch FALSCHEN MEHLTAU und BOTRYTIS. Eine dieser Verbindungen ist das 1976 in Weinreben entdeckte Resveratrol, das in Traubenschalen durch das Enzym Stilbensynthase als Reaktion auf Botrytisinfektionen und andere Streßbedingungen, z. B. ultraviolette Strahlung, gebildet wird. Eine ähnliche Verbindung, das Viniferin, wurde 1977 entdeckt; dieses Phytoalexin wurde mit erneutem Interesse untersucht, als es sich herausstellte, daß es einen Bestandteil des asiatischen Heilkrauts *Polygonum cuspidatum* darstellt. Dem in Wein vorkommenden Resveratrol wird die Eigenschaft zugeschrieben, das Verklumpen von Blutplättchen zu verhindern, und das wird in Verbindung mit der Fähigkeit von Rotweinen gesehen, bei mäßigen Trinkern die Häufigkeit von Herzerkrankungen zu verringern (siehe GESUNDHEIT). Seine Konzentration in Wein wird beeinflußt durch Herkunft, Rebsorte, Anbaumethoden und Weinbereitungsverfahren.
R. E. S.

Langcake, P., DISEASE RESISTANCE OF VITIS SPP. AND THE PRODUCTION OF THE STRESS METABOLITES RESVERATROL, E-VINIFERIN, D-VINIFERIN AND PTEROSTILBENE, *Physiological Plant Pathology*, 18 (1981) 213–226.

Siemann, E. H., und Creasy, L. L., CONCENTRATION OF THE PHYTOALEXIN RESVERATROL IN WINE, *American Journal of Enology and Viticulture*, 43 (1992), 49–52.

PIACENTINI, COLLI Uneinheitlicher DOC-Bereich in den Bergen um Piacenza (Oberitalien). Siehe EMILIA-ROMAGNA.

PIAVE DOC-Bereich vorwiegend für Rotwein im Hinterland von Venedig (Nordostitalien). Wie der Nachbarbereich LISON-PRAMAGGIORE umfaßt auch die DOC Piave eine Rebfläche in der Piave-Ebene; ihre Grenze bilden die Conegliano- und Montello-Berge im Norden und die Niederungen des Piave-Deltas an der Adria im Süden. Anders als die DOC Lison-Pramaggiore, die sich auf Teile der Provinz Pordenone in FRIULI erstreckt, befindet sich die DOC Piave vollständig in den Provinzen Venezia und Treviso in der Region VENETO. Die Weinproduktion wird weitgehend von MERLOT beherrscht (von der durchschnittlichen Jahreserzeugung des Bereichs von 175 000 hl entfallen 107 000 hl auf sortenreinen Merlot); CABERNET (meist Franc) erbringt weitere 24 000 hl; auf VERDUZZO (24 000 hl) und TOCAI (14 000 hl) verteilt sich im wesentlichen die Weißweinproduktion. Die Weine sind bestenfalls fruchtig, frisch und gefällig ohne höheren Anspruch. Bei Erträgen von 90 hl/ha für Merlot und 80 hl/ha für Cabernet und Tocai dürfte sich daran auch nichts ändern. Siehe auch RABOSO. D. T.

PICARDAN Ein oft süßer Weißwein von Rohstoffen aus dem LANGUEDOC, entwickelt im 17./18. Jh. vom HOLLÄNDISCHEN WEINHANDEL – ein frühes Beispiel für einen speziell auf die Bedürfnisse eines bestimmten Markts zugeschnittenen Wein. Er wurde meist von einer Mischung aus CLAIRETTE und PICPOUL bereitet. Picardan ist auch der Name einer der neutraleren weißen Traubensorten, die im CHÂTEAUNEUF-DU-PAPE mit verarbeitet werden dürfen.

PICOLIT, früher auch **Piccolit** und **Piccolito**. Modischer, ziemlich teurer SORTENREINER süßer Weißwein aus der Region FRIULI (Nordostitalien), ein Beispiel für einen kommerziell erfolgreichen WEIN VON ROSINIERTEN TRAUBEN. Der Name der Traube leitet sich von dem kleinen *(piccolo)* Ertrag ab, den sie aufgrund außergewöhnlich schlechter Befruchtungseigenschaften erbringt.

Ihr Wein war bereits im 18. Jh. berühmt, als Graf Fabio Asquini aus seiner beträchtlichen Produktion von über 100 000 Flaschen die Fürstenhöfe in England, Frankreich, Österreich, Holland, Rußland, Sachsen und der Toskana belieferte. Ein Schreiben von Monsignore Giuseppe di Rinaldis von 1765 bestätigt, daß der Picolit auch am päpstlichen Hof höchsten Beifall fand. Antonio Zanon schreibt 1767, der Wein habe «die Tafeln Europas erfreut».

Rosazzo in den COLLI ORIENTALI scheint die ursprüngliche Heimat der Traube zu sein; sicher ist, daß sie ihr Überleben der Familie Perusini von Rocca Bernarda in Ipplis verdankt, die das ganze 20. Jh. hindurch daran gearbeitet hat, die Sorte zunächst zu identifizieren und dann widerstandsfähigere KLONE mit geringerer Ausfallrate heranzuzüchten.

Bessere Weingüter produzieren diesen Wein weitgehend noch so, wie es früher geschah – Fabio Asquini hinterließ ausführliche Notizen über seine Arbeitsmethoden –; die Trauben werden spät im Oktober gelesen und vor dem Keltern auf Matten zum Eintrocknen und Rosinieren ausgelegt. Andere Erzeuger haben sich für einen Spätlesestil entschieden, bei dem die Trauben sogar noch länger am Weinstock bleiben, mit höheren MOSTGEWICHTEN gelesen, dann aber nicht rosiniert werden. Ausbau in kleinen Eichenfässern ist eine um die Mitte der 1980er Jahre eingeführte Neuerung. Der Picolit gilt zwar in der Hauptsache als Dessertwein (sowohl der Graf von Polcenigo als auch der italienische Komödiendichter und Lehrer der Töchter Ludwigs XVI., Carlo Goldoni, verglichen ihn mit dem großen TOKAJER aus Ungarn), er ist aber keiner von der üppigen Art und dürfte am besten als VINO DA MEDITAZIONE zu bezeichnen sein, ein Wein, den man allein für sich genießt, um sein delikates, blumiges Aroma und seine leichte, an Pfirsiche und Aprikosen erinnernde Süße recht auskosten zu können.

Gegen Ende der 1960er und 1970er Jahre wurde dieser Wein zum Gegenstand eines enthusiastischen Kults, und er erzielte außerordentlich hohe Preise, die nichtitalienische Kenner oft unverständlich oder kaum gerechtfertigt finden. Der Picolit-Boom hat auch illegale Verschnitte mit dem neutraleren VERDUZZO auf den Plan gerufen, wodurch zwar die verfügbaren Mengen gestreckt wurden, der Reputation dieses Weins aber kein Gefallen geschah. D. T.

PICPOUL oder **Piquepoul.** Alte Rebsorte im LANGUEDOC; sie ist in den Versionen Blanc, Noir und Gris anzutreffen, wobei die weiße Version heute die meistangebaute ist. In ihrer langen Geschichte im Midi wurde die Rebsorte jedoch oft mit allen drei Versionen gemischt in einem Weinberg gezogen. Der Name bedeutet «Lippenstecher», was auf den hohen Säuregehalt des Mosts hinweist. Die Traube wurde schon zu Beginn des 17. Jh. als Grundlage für Wein guter Qualität erwähnt und bildete zusammen mit CLAIRETTE den Rohstoff für den überaus populären PICARDAN, der im 17. und 18. Jh. in großen Mengen aus dem Languedoc nach Norden exportiert wurde. Die Anfälligkeit für PILZKRANKHEITEN und ihr geringer Ertrag ließen jedoch ihre Popularität nach dem Einfall der REBLAUS stark schwinden. Zu Beginn des 20. Jh. machte die Verträglichkeit der Sorte für Sandboden sie zu einer beliebten Traube für die Küstenweinberge der damals florierenden Wermutindustrie. Heute sind diese Weinberge zu Campingplätzen umgestaltet, und Wermut ist zur italienischen Domäne geworden.

Picpoul Noir bringt alkoholstarken, reichduftigen, aber fast farblosen Wein hervor, der am besten jung getrunken

Burgunder PIÈCES in einem für burgundische Verhältnisse großen Kellergewölbe.

wird. Obwohl die Sorte als kleinere Zutat im CHÂTEAUNEUF-DU-PAPE und im Coteaux du LANGUEDOC zugelassen ist, betrug die französische Gesamtanbaufläche am Ende der 1980er Jahre nur noch 200 ha.

Picpoul Blanc andererseits, von dem es um dieselbe Zeit noch 500 ha gab, hat inzwischen eine gewisse Wiederbelebung erfahren. Er kann im Languedoc wunderbar frischen Verschnittwein liefern, ist aber meist als PICPOUL DE PINET anzutreffen.

PICPOUL DE PINET Eines der CRUS (Subappellationen) der Coteaux du LANGUEDOC. Die kuriose Spezialität aus Südfrankreich hat im postmodernen Zeitalter der Weinerzeugung neues Interesse gefunden. Jeden Sommer besuchen Millionen Touristen die von der *autoroute* an der Mittelmeerküste aus nicht zu übersehende Genossenschaftskellerei in Pinet, wo der größte Teil dieses markanten Weins produziert wird. Allerdings verstehen die WINZERGENOSSENSCHAFT in Pomerols und einige Privaterzeuger, einen grüngoldenen, an Zitronen erinnernden Wein aus dieser Traube zu keltern, der interessanter ist als der des großen Produktionszentrums.

PIC-ST-LOUP Eines der vielversprechenden CRUS in den Coteaux du LANGUEDOC (Südfrankreich). Der Bereich umfaßt zwölf Gemeinden um den gleichnamigen Berg nördlich von Montpellier (eine davon heißt Claret; allerdings erinnern die hier entstehenden robusten Rotweine eher an die südliche Rhône als an Bordeaux). Theoretisch können etwa 5000 ha Rebfläche AC-Wein liefern, jedoch sind nicht einmal 1000 ha mit den entsprechenden Rebsorten bestockt und darauf abgestellt, die Ertragsgrenze von höchstens 50 hl/ha einzuhalten. So entsteht im Bereich vor allem VIN DE PAYS oder VIN DE TABLE. Carignan ist nach wie vor die dominierende Rebsorte, da sie aber nur noch höchstens 40 % des Verschnitts ausmachen darf, muß sie allmählich Syrah, Grenache, Cinsaut und Mourvèdre weichen. Die letztere Traube wird mit Erfolg im Amphitheater der Domaine l'Hortus in Valflaunes kultiviert.

PIÈCE In Burgund übliches Faß; siehe FASSTYPEN.

PIEDIROSSO In KAMPANIEN und insbesondere auf den Inseln ISCHIA und Capri angebaute italienische Rotweinrebsorte, auch Per'e Palummo genannt. Die Anbaufläche ist in den 1980er Jahren um die Hälfte zurückgegangen und betrug 1990 rund 1000 ha.

PIEMONT, italienisch **Piemonte.** Qualitativ hochwertige Weinbauregion in Nordwestitalien mit der Hauptstadt Turin. Die subalpine Gegend (der Name bedeutet «am Fuß der Berge») war früher Bestandteil des Königreichs Savoyen und die treibende Kraft hinter der italienischen Wiedervereinigung im 19. Jh. sowie hinter den Anfangsphasen der industriellen Revolution in Italien. Piemonts geographische Lage sicherte ihm zugleich Isolation und Schutz in der Zeit der habsburgischen, bourbonischen und päpstlichen Herrschaft, die zwischen 1550 und 1860 das Leben Italiens prägte, während seine geographische und kulturelle Nähe zu Frankreich (Königshof und Adel sprachen bis weit in das 19. Jh. hinein französisch) ihm Offenheit gegenüber den Ideen der europäischen Aufklärung und relativen Wohlstand – im krassen Gegensatz zur Armut des größten Teils der Halbinsel – verlieh. Es ist daher nicht verwunderlich, daß Piemonts Wirtschaft auch heute noch die stabilste und am weitesten entwickelte in Italien darstellt und sowohl in der Festlegung der geeigneten Bereiche für den Anbau der eigenen, individuellen REBSORTEN als auch bei den richtigen Techniken zu ihrer Verarbeitung am weitesten fortgeschritten ist. 1993 verfügte die Region über 42 fest definierte und funktionierende DOC-Namen und -Bereiche – das ist bei weitem die größte Anzahl in allen italienischen Regionen. Die Jahresgesamterzeugung lag bei 3,5 Millionen hl, davon 40 % auf DOC-Niveau und davon wieder fast alles SORTENREIN jeweils von einer einzigen Traube und zum großen Teil unter deren Namen.

NEBBIOLO ist die edelste Traube von Piemont, und ihm verdankt Italien neben dem Sangiovese aus der Toskana die größte Zahl besonders feiner Weine. Es gibt zwar insgesamt zwölf auf Nebbiolo beruhende DOC- bzw. DOCG-Bereiche, jedoch nur die beiden berühmtesten, BAROLO und BARBARESCO, haben bedeutende Produktionsmengen aufzuweisen. GATTINARA beispielsweise, der größte Nebbiolo-DOC-Bereich außerhalb der LANGHE-Berge, erstreckt sich auf lediglich 102 ha.

Die Allerweltstraube Piemonts, die den Alltagsrotwein der Region liefert, ist BARBERA; sie wird praktisch überall angebaut, wo es in den Provinzen Alba, Asti und Alessandria Weinberge gibt. Ihr robuster, wärmender, manchmal vielleicht etwas rustikaler und säuerlicher Wein hat früher unter Übererträgen und unsorgfältiger Weinbereitung gelitten, in den 1980er Jahren gab es jedoch merkliche Fortschritte und bedeutende Verbesserungen des allgemeinen Qualitätsniveaus. In neuen Eichenfässern ausgebaute Luxus-Cuvées von Barbera brechen inzwischen in das Preisniveau der feinen Barolo- und Barbaresco-Weine ein.

Auch beim DOLCETTO, dem jung zu trinkenden fruchtigen Rotwein von Piemont, hat es in den 1980er Jahren große Verbesserungen gegeben, seit durch sorgfältigere Verarbeitung die dieser Sorte eigene Bitterkeit gemildert und durch pfleglicheren AUSBAU die mit REDUKTION und unerfreulichem Beigeschmack verbundenen Probleme verringert, wenn vielleicht auch nicht ganz behoben wurden.

Mit Ausnahme des für verschiedene SPUMANTE- und FRIZZANTE-Versionen (insbesondere ASTI SPUMANTE) reichlich benutzten MOSCATO standen weiße Rebsorten früher in Piemont erst in zweiter Reihe, doch in den 1980er Jahren stieg die Weißweinerzeugung in der Region von lediglich

Das Weingut Fontanafredda ist für die Verhältnisse in PIEMONT ungewöhnlich groß.

10 % auf insgesamt 25 %. Ein Teil dieses Aufschwungs entfällt auf die Popularität und den kommerziellen Erfolg des Asti Spumante sowie auf das Aufkommen des MOSCATO D'ASTI, eines durchaus eigenständigen Weins; aber auch Weine von der CORTESE-Traube, so der GAVI und die Weine aus den Colli Tortonesi und aus Alto Monferrato, haben sehr an Beliebtheit zugenommen. Einheimische piemontesische Rebsorten wie ARNEIS und FAVORITA, in den 1980er Jahren noch reine Kuriositäten, verfügten zu Beginn der 1990er Jahre bereits über eine Anbaufläche von 400 bzw. 100 ha. Die überraschendste Entwicklung der 1980er Jahre in Piemont war aber doch wohl das Erscheinen und die rasche Akzeptanz des CHARDONNAY. Über 500 ha waren 1993 bereits mit ihm bestockt, und seine weitere Expansion scheint praktisch gesichert. Die besseren Langhe-Chardonnays haben durch FASSGÄRUNG und FASSAUSBAU und ihre hohe Qualität relativ schnell auf sich aufmerksam gemacht. Jüngere Weinerzeuger zeigen inzwischen auch Interesse an CABERNET SAUVIGNON, PINOT NOIR und SAUVIGNON BLANC, doch diese INTERNATIONALEN REBSORTEN müssen in Piemont erst noch Fuß fassen.

Die Rebfläche befindet sich in Höhen zwischen 150 m und mehr als 350 m; die besten Südlagen sind stets dem Nebbiolo vorbehalten, während die kühlsten Lagen mit Dolcetto (oder in den dafür vorgesehenen Bereichen mit Moscato) besetzt sind. Barbera wird überall dazwischen kultiviert. Mit den sommerlichen Durchschnittstemperaturen und Niederschlägen verhält es sich ziemlich ähnlich wie beispielsweise in Bordeaux.

Siehe auch ALBA, ARNEIS, ASTI, BARBARESCO, BARBERA, BAROLO, BRACHETTO, CAREMA, CORTESE, DOLCETTO, ERBALUCE, FAVORITA, FREISA, GATTINARA, GAVI, GRIGNOLINO, LANGHE, MOSCATO, NEBBIOLO, ROERO, RUCHÈ, SPANNA.

D. T.

Anderson, B., *Atlas der italienischen Weine* (Bern, 1990).
Garner, M., und Merritt, P., *Barolo: Tar and Roses* (London, 1990).
Gleave, D., *Die Weine Italiens* (Stuttgart, 1990).

PIERCE'SCHE KRANKHEIT Eine der in aller Welt gefürchtetsten BAKTERIELLEN KRANKHEITEN der Rebe; sie kann ganze Weinberge rasch zum Absterben bringen – ein Gegenmittel gibt es nicht. Daher ist diese Krankheit neben FLAVESCENCE DORÉE ein Hauptgrund für QUARANTÄNE im internationalen Verkehr mit Edelreisern. Wie viele andere wirtschaftlich ins Gewicht fallende Rebkrankheiten hat auch sie ihren Ursprung auf dem amerikanischen Kontinent. Die Krankheit ist der Hauptgrund dafür, daß in den Golfküstenebenen der USA und in Südkalifornien Weinbau nur sehr beschränkt möglich ist. Sie wurde erstmals 1892 in Anaheim in Kalifornien beschrieben und hieß daher zunächst Anaheim-Krankheit, später aber wurde sie nach dem kalifornischen Forscher Pierce benannt. Bereits 1906 hatte sie 16 000 ha Reben vernichtet, und in den 1930er Jahren gab es eine zweite Epidemie. Heute kommt die Krankheit im Südosten der USA, in Mexiko, Costa Rica und Venezuela vor, wahrscheinlich auch noch in anderen Teilen Mittel- und Südamerikas. Außerdem gibt es vereinzelte Brennpunkte der Krankheit in NAPA und SONOMA (Nordkalifornien).

Befallene Blätter zeigen abgestorbene Flecken, die immer größer werden; die Blätter fallen ab, wobei die BLATTSTIELE stehenbleiben. Befallene Reben sterben innerhalb von ein bis fünf Jahren ab. Ursprünglich wurde eine Viruskrankheit vermutet, inzwischen aber ist die Bakterie *Xylella fastidiosa* als Erreger festgestellt. Sie lebt auf verschiedenen Wirtspflanzen und richtet an Mandelbäumen und Luzerne Schäden an. Übertragen wird die Krankheit durch kleine Insekten, sogenannte *sharpshooters* (siehe ZIKADEN), die die Bakterien von den Wirtspflanzen in Weinberge verschleppen. Daher kommen in Kalifornien infizierte Reben in typischer Weise innerhalb von 100 m vom Rand eines Weinbergs vor, und zwar zumeist, wenn dieser an einen Bach grenzt, da dort viele Wirtspflanzen, vor allem Riedgräser, heimisch sind.

Resistente VITIS-VINIFERA-Sorten gibt es nicht, vielmehr sind Chardonnay und Pinot Noir besonders anfällig. Dagegen verfügen auf der Grundlage von MUSCADINIA-Reben entwickelte Sorten natürliche Resistenz; sie können als einzige dort angebaut werden, wo die Krankheit epidemisch auftritt. In Kalifornien wird geraten, Anpflanzungen in der Nähe von Brennpunkten zu vermeiden. Wirksame chemische Bekämpfungsmittel gibt es weder gegen die Bakterien noch gegen die *sharpshooters*. Da diese als Überträger der Krankheit in Frage kommenden Insekten inzwischen auch schon in Europa und anderen Teilen der Welt aufgetaucht sind, besteht durchaus die Möglichkeit, daß sich die Krankheit auch über Amerika hinaus verbreitet. R. E. S.

Pearson, R. C., und Goheen, A. C., *Compendium of Grape Diseases* (St Paul, Minn., 1988).

PIEROTH Bedeutendes, in Deutschland beheimatetes Handelshaus, spezialisiert auf den Vertrieb einer breiten Palette von Weinen, oft im Direktverkauf an Privatkunden in aller Welt und unter exklusiven Marken, die Preisvergleiche erschweren.

PIERREVERT, COTEAUX DE Kleiner VDQS-Bereich in den Alpenausläufern in der nördlichen PROVENCE. Er erstreckt sich auf ein großes Gebiet östlich der Côtes du LUBÉRON, umfaßt aber lediglich 260 ha in den höchsten Lagen Frankreichs. Hier entstehen Weiß-, Rot- und Roséweine, die infolge der relativ strengen Klimabedingungen eher durch Säure als durch Körper gekennzeichnet sind. Es gibt keine Beschränkungen für den Anteil von Carignan in den Rot- und Roséweinen, bessere Erzeuger stützen sich jedoch stärker auf Grenache und Syrah. Der Tourismus in den Hautes Alpes de Provence sorgt dafür, daß kaum ein Bedürfnis besteht, nach Exportmärkten zu suchen.

PIGATO Charaktervolle Weißweinrebsorte in LIGURIEN (Nordwestitalien); sie erbringt Weine mit ausgeprägtem Sortengeschmack. Die Traube hat in der Region eine lange Geschichte, manche Experten glauben an griechische Ursprünge.

PIGEAGE Französischer Ausdruck für das bei der Bereitung von Rotwein mit kräftiger Farbe erforderliche Untertauchen des aus Traubenschalen und anderen Feststoffen bestehenden HUTS, um diesen am Austrocknen zu hindern, die EXTRAKTION von Farbe und TANNIN zu fördern und eine nützliche LÜFTUNG zu begünstigen. Das Untertauchen kann mit Hilfe von Stangen, Rührlöffeln oder speziellen Einrichtungen aus Metall von Hand oder maschinell erfolgen.

Siehe auch MAISCHUNG.

PIGMENTE Umfassender Begriff für alle färbenden Substanzen. Junge Rotweine erhalten ihre Farbe von den ANTHOCYANEN in den Traubenschalen, während die gelben bis bernsteinfarbenen Töne von Weißwein auf andere in den entsprechenden Trauben vorkommende PHENOLE sowie CAROTINOIDE – in Pflanzen stark vertretene Pigmente – zurückzuführen sind. Mit zunehmendem Alter des Weins werden die Pigmente zu komplexeren Verbindungen, in denen sich Anthocyane und TANNINE vereinen. Siehe ALTERUNG und FARBE.

PIGNATELLO Synonym für die sizilianische Rotweinrebsorte PERRICONE.

PIGNOLO Vielversprechende, in der Region FRIULI (Nordwestitalien) heimische Rotweinrebsorte; sie wurde vermutlich zuerst in den Bergen von Rosazzo in den COLLI ORIENTALI kultiviert. Gegen Ende des 17. Jh. erwähnt Abt Giobatta Michieli die Traube in seinem *Bacchus in Friuli*; ein Jahrhundert später war ihr «exzellenter schwarzer Wein» bei den Mönchen der Abbadia di Rosazzo sehr beliebt. Die

Sorte, deren Name soviel wie «kleinlich» bedeutet, bringt sehr schwache Erträge, und daher wurde sie von den an ertragreicheren Sorten interessierten Winzern lange außer acht gelassen, bis ihr wie SCHIOPETTINO durch eine Verordnung der EUROPÄISCHEN UNION von 1978, die ihre Verwendung in der Provinz Udine autorisierte, neues Leben eingehaucht wurde. Die Erzeugung hat noch immer sehr geringes Ausmaß, doch die bisherigen Ergebnisse deuten auf ermutigend gute Qualität hin. Die reichhaltigen, vollen, dunklen Weine erweisen sich deutlich als für den Ausbau in BARRIQUES geeignet.

Unter dem Namen **pignola** wird im VALTELLINA eine weiße Rebsorte angebaut.

PILZE Oft bis zu mikroskopisch kleine, meist mehrzellige fadenförmige Organismen, die sich als Saprophyten von abgestorbenen Pflanzenteilen oder tierischen Geweben bzw. als Parasiten von lebenden Geweben ernähren. Zu den Pilzen gehören auch die für die Gärung wichtigen HEFEN sowie viele Organismen, die an der Weinrebe als Erreger von PILZKRANKHEITEN auftreten.

PILZKRANKHEITEN Umfangreiche Gruppe von Rebkrankheiten. Die Erreger sind meist mikroskopisch kleine fadenförmige Organismen. Da Pilze kein Chlorophyll besitzen, müssen sie ihre Nahrung aus den Geweben anderer Organismen beziehen. Pilzkrankheiten haben im Lauf der Jahrhunderte schon oft große Wirkungen auf die Quantität und Qualität der Traubenproduktion ausgeübt. Heute stehen sie nicht mehr im Mittelpunkt des öffentlichen Interesses, weil sie unter Einsatz verschiedenster chemischer Mittel inzwischen mit Erfolg bekämpft werden können. So wurde 1885 die berühmte BORDEAUXBRÜHE zur Bekämpfung des FALSCHEN MEHLTAUS entwickelt, und sie stellte fünfzig Jahre lang das wichtigste Mittel zu Bekämpfung von bakteriellen und Pilzkrankheiten dar. Epidemisches Auftreten von Pilzkrankheiten hängt meist mit bestimmten Witterungsbedingungen zusammen; Beispiele hierfür sind der Falsche Mehltau und die TRAUBENFÄULE, die beide durch warmes, nasses Wetter und hohe Luftfeuchtigkeit begünstigt werden, während der ECHTE MEHLTAU bei bedecktem Wetter besonders gut gedeiht.

Viele Pilzkrankheiten, die bedeutendere wirtschaftliche Auswirkungen haben, stammen ursprünglich aus Amerika, und daher verfügen die üblichen Sorten der europäischen Spezies *Vitis* VINIFERA über keine Abwehrkräfte. Als daher 1847 der Echte Mehltau und 1878 der Falsche Mehltau eingeschleppt wurden, vernichteten sie die Weinberge Frankreichs weitgehend. Pilzkrankheiten befallen junge Triebe und Blätter, aber auch die in der Entwicklung begriffenen und reifen Früchte. Andere Pilze, z. B. Armillaria und Verticillium, greifen die Wurzeln an.

Der Pilz, der dem Weinliebhaber am besten vertraut ist, dürfte wohl *Botrytis* sein. In seiner wohltätigen Form (siehe EDELFÄULE) trägt er in hohem Maß zur besonderen Qualität von SÜSSWEINEN bei. Dagegen verursacht die verbreitetere unwillkommene Form (siehe GRAUFÄULE) beträchtliche Ertrags- und Qualitätseinbußen.

Häufige Pilzkrankheiten sind ANTHRAKNOSE, ECHTER MEHLTAU, ESCA, EUTYPIOSE, EXCORIOSE, FALSCHER MEHLTAU, SCHWARZFÄULE, TEXAS ROOT ROT, TRAUBENFÄULE, VERTICILLIUM-WELKE, WEISSFÄULE, WURZELFÄULE, WURZELSCHIMMEL.

Weitere Gruppen von Rebkrankheiten sind BAKTERIELLE KRANKHEITEN, MYKOPLASMOSEN und VIRUSKRANKHEITEN.

R. E. S.

Emmett, R. W., Harris, A. R., Taylor, R. H., und McGechan, J. K., GRAPE DISEASES AND VINEYARD PROTECTION, in B. G Coombe und P. R. Dry (Hrsg.), *Viticulture, II: Practices* (Adelaide, 1992).

Pearson, R. C., und Goheen, A. C., *Compendium of Grape Diseases* (St Paul, Minn., 1988).

PINEAU In Frankreich gebräuchliches Synonym für die Rebsorten der PINOT-Familie (vermutlich bezugnehmend auf die kiefernzapfenähnliche Form der Trauben). Im Mittelalter scheint Pineau in Frankreich der Name für alle besseren Traubensorten gewesen zu sein, heute wird er vorwiegend noch an der Loire gebraucht. Er bildet mit mancherlei Zusätzen das Synonym für verschiedene Sorten für Pinot, aber auch für Chenin, insbesondere als Pineau de la Loire.

PINEAU D'AUNIS, auch Chenin Noir; die Rebsorte ist Galet zufolge weder Pinot noch CHENIN, sondern eine eigenständige Rotweintraube von der Loire, deren Name seit dem Mittelalter mit dem Kloster Prieuré d'Aunis bei Saumur verknüpft ist. (Frühere Autoritäten, v. a. Viala, behaupten, Chenin sei eine weißbeerige Mutation von Pineau d'Aunis.) Die Sorte wird zugunsten modischerer und langlebigerer Sorten wie Cabernet Franc systematisch gerodet, trotzdem gab es am Ende der 1980er Jahre im östlichen Département Loire noch immer eine Anbaufläche von 500 ha sowie größere Bestände in Anjou-Saumur. Sie gehört zu den in vielen Appellationen der Touraine und von Anjou für Rotwein und Rosé genehmigten Trauben, wird aber nur noch in geringem Umfang benutzt, in der Hauptsache, um in Roséweine eine pfefferige Lebendigkeit einzubringen; in reifen Jahren kann sie aber auch feinen Rotwein liefern.

Siehe auch Coteaux du LOIR und Coteaux du VENDÔMOIS.

Galet, P., *Cépages et vignobles de France* (2. Aufl., Montpellier, 1990).

PINEAU DES CHARENTES, auch **Pineau Charentais.** Der VIN DE LIQUEUR der COGNAC-Region genießt in Frankreich einen guten Ruf als ein eher aus bäuerlicher als aus industrieller Erzeugung stammender starker, süßer Aperitif.

Hergestellt wird er durch Beimischen von mindestens einjährigem Cognac – meist direkt aus dem Faß – zu Most, der gerade zu gären beginnt, so daß praktisch ein Gemisch aus Traubenmost und Brandy entsteht. Diese recht ungleichen Elemente müssen dann im Faß mindestens bis in den auf die Lese folgenden Juli reifen; als Vieux Pineau etikettierte Erzeugnisse müssen mindestens fünf Jahre im Faß zugebracht haben. Der endgültige Alkoholgehalt liegt (wie bei WERMUT) gewöhnlich zwischen 17 und 18 %. Diese Möglichkeit zur Verwendung von Weinüberschüssen der Cognac-Region hat sich als so nützlich erwiesen, daß die Behörden eine sorgfältige Qualitätskontrolle mit Geschmacksprüfungen und numerierten Spezialsiegeln auf jeder Flasche ausüben. Das Produkt ist vom französischen Restaurantgewerbe mit Begeisterung aufgenommen worden, und es hat große Bemühungen um die Anpassung bestimmter Gerichte auf bestimmte Pineau-Sorten gegeben. Die außerhalb Frankreichs am meisten anzutreffende Art ist hellgolden, ausgesprochen süß und stark von jungem Cognac geprägt, es gibt aber auch viele subtilere Beispiele, darunter milde, fruchtige Roséversionen, die von denselben Trauben wie roter BORDEAUX erzeugt werden. Siehe auch FLOC DE GASCOGNE.

PINENC Lokalbezeichnung der Rotweinrebsorte FER Servadou in der Gascogne (SÜDWESTFRANKREICH).

PINOT Der Hauptname mehrer französischer Rebsorten soll auf die Form der Pinot-Trauben zurückzuführen sein, die dem Zapfen einer Kiefer *(pin)* ähnelt. Galet führt nicht weniger als hundert veschiedene Pinots auf, allerdings handelt es sich bei den meisten um Synonyme. Die wichtigsten echten Mitglieder der Familie Pinot sind PINOT BLANC, AUXERROIS, PINOT GRIS, MEUNIER und PINOT NOIR – alle sind miteinander verwandt. Chardonnay wird gelegentlich noch immer fälschlich PINOT CHARDONNAY genannt.

In der deutschen Sprache führen die Mitglieder der Pinot-Familie meist den Namen Burgunder mit einem Zusatz (siehe SPÄTBURGUNDER, GRAUBURGUNDER, Weißburgunder). In den 1980er Jahren ist ein deutlicher Aufschwung in der Popularität dieser Rebsorten eingetreten, da der Geschmack beim deutschen Wein sich mehr zugunsten voller, trockener Weine verschoben hat.

Galet, P., *Cépages et vignobles de France* (2. Aufl., Montpellier, 1990).

PINOTAGE Eine widerstandsfähige Rotweinrebsorte, der eigenständige Beitrag Südafrikas zur Geschichte der VINIFERA-Rebe. 1925 züchtete Professor A. I. Perold von der Universität Stellenbosch eine Kreuzung von Pinot Noir mit Cinsaut, der damals und gelegentlich noch heute in Südafrika Hermitage genannt wurde – daher die Namensverbindung Pinotage. Im Weinberg und in der Flasche läßt diese Traubensorte ihre Herkunft nicht ohne weiteres erkennen. Ein Etikett mit der Aufschrift Pinotage erschien in Südafrika erstmals 1961 auf einem 1959er Lanzerac. Die Traube, deren Rotwein selbst in Südafrika gelegentlich als rauh, mit einem ausgeprägt süßlichen, an Lacke erinnernden aufdringlichen Geruch (von ISOAMYLACETAT) abgelehnt wird, hat andererseits aber auch schon volle, dunkle, langlebige Weine hervorgebracht, deren unbändige Fruchtigkeit sich durch Zeit und gutes Eichenholz zähmen läßt.

Im Weinberg zeichnet sich Pinotage durch gutes Verhalten, intensiv dunkle Trauben, leicht zu erreichende mittelspäte Reife und guten Säuregehalt aus. Pinotage bringt mit 84–126 hl/ha hohe Erträge und ist daher oft zu attraktiven Preisen zu haben. Zu Beginn der 1990er Jahre behandelten manche Erzeuger den Pinotage-Wein sorgfältiger und aufwendiger, wobei sie die Behauptung, daß Pinotage jung getrunken sein will, mit Nichtachtung straften. Bei kühler Gärung bleiben die flüchtigen Ester, die den Wein charakterisieren, stärker erhalten. Frühere Lese zur Vermeidung übermäßig hoher Alkoholgehalte, Vergären bei höheren, eher traditionelleren Temperaturen und schließlich Ausbau in neuen französischen Fässern bringen Pinotage mit mehr Finesse, klassischem Beerenaroma und tanninherber Nachhaltigkeit zuwege. Auch in gelegentlichen Verschnitten setzt sich der charakteristische Geschmack stets voll durch. Die neue Art dieses Weins gefällt vielen Besuchern Südafrikas, und so wächst seine Popularität auf den Exportmärkten.

Die Pinotage-Anbaufläche ging in den 1980er Jahren in Südafrika zurück und belief sich zu Beginn der 1990er Jahre nur noch auf rund 2 % der Gesamtrebfläche. Auch in ZIMBABWE wird die Rebe in geringerem Umfang angebaut.

J. P.

PINOT BIANCO Italienische Bezeichnung für die aus Frankreich stammende Weißweinrebsorte PINOT BLANC. Sie wird in Italien so verbreitet angebaut, daß wahrscheinlich mehr Wein unter diesem Namen auf dem Markt ist als insgesamt unter dem Namen Pinot Blanc. 1990 wurden knapp 7000 ha Pinot Bianco gezählt (gegenüber 6000 ha Chardonnay und 3400 ha Pinot Grigio).

Die Hauptanbaugebiete sind TRENTINO-ALTO ADIGE, VENETO, FRIULI und die LOMBARDEI, obwohl hier wie im Elsaß, jedoch nicht in Deutschland und Österreich, der Pinot Gris höhere Wertschätzung genießt. Die Rebsorte wurde in Italien estmals Anfang des 19. Jh. in Piemont festgestellt, und bis in die Mitte der 1980er Jahre diente der Name Pinot Bianco als Bezeichnung sowohl für Pinot Blanc als auch für Chardonnay und beide gemischt. Noch heute gibt es Bestände, in denen beide Rebsorten nebeneinander wachsen. In Italien wird Pinot Bianco bei oft sehr hohen Erträgen als jung zu trinkender, meist leicht SPRITZIGER, nicht besonders aromatischer Weißwein mit kräftiger Säure bereitet. In der Lombardei ist diese kräftige Säure bei schwachem Aroma besonders in der SPUMANTE-Industrie geschätzt.

PINOT BLANC Die französische Weißweinrebsorte ist eine verbreitet angebaute, erstmals Ende des 19. Jh. in Burgund aufgefundene weiße Mutation von PINOT GRIS, der seinerseits eine hellere Version von PINOT NOIR darstellt. Obwohl die Sorte in Burgund beheimatet ist, befindet sich heute ihre Hochburg in Mitteleuropa. Lange Zeit wurde zwischen Pinot Blanc und CHARDONNAY nicht unterschieden, da die beiden Sorten außer für geschulte Ampelographen so ziemlich gleich aussehen. Der berühmteste Experte, Galet, stellt den Unterschied heraus und führt drei verschiedene Varianten der Rebsorte auf. Der echte Pinot Blanc ist schwach in Wüchsigkeit und Ertrag, dagegen ist die von Galet Gros Pinot Blanc genannte, für das Elsaß selektierte und dort verbreitet angebaute Variante viel wuchskräftiger und ertragreicher. Ferner gibt es eine selektierte Variante, die zwei Wochen früher reift.

Keine dieser drei Arten ist für ein einzelnes besonders hervortretendes Aroma bekannt; ihr Duftgemisch bildet eher eine Wolke. Die meisten auf Pinot Blanc beruhenden Weine sind außerdem relativ körperreich, was sicherlich nicht nur in Burgund, sondern auch in Nordostitalien zur Verwechslung mit Chardonnay beigetragen hat. Im Weißwein von Burgund dominiert Chardonnay; Pinot Blanc ist zwar formell in Weinen der Kategorie BOURGOGNE Blanc und in einigen Weißweinen aus MÂCON zugelassen, er wird aber in Burgund nicht mehr in nennenswerten Mengen angebaut.

Die französische Hochburg des Pinot Blanc liegt im Elsaß, aber auch hier ist seine Anbaufläche kleiner als die von Riesling, Gewürztraminer, Silvaner und selbst des weißen AUXERROIS, mit dem er im Elsaß üblicherweise verschnitten und dann als «Pinot Blanc» auf den Markt gebracht wird. In LUXEMBOURG ist der Pinot Blanc dagegen seiner stärkeren Säure wegen weit weniger geschätzt als Auxerrois.

Während der Pinot Blanc im Elsaß (dort auch Clevner oder Klevner genannt) eher als Allerweltsrebe angesehen wird, steht er in Deutschland als Weißburgunder oder Weißer Burgunder allgemein in höherem Ansehen und verfügt auch über eine größere Rebfläche (allerdings eine weit kleinere als der Ruländer oder Grauburgunder genannte Pinot Gris). Die Wertschätzung beruht auf der Ähnlichkeit mit dem weltberühmten Chardonnay und auf der Fähigkeit, selbst bei relativ reichen Erträgen recht hohe MOSTGEWICHTE zu erreichen. Angebaut wird die Traube vorwiegend in Ostdeutschland, der PFALZ und in BADEN, und sie wird gern zu volleren, trockenen Weinen als Begleiter zu Speisen verarbeitet, dessen Eignung für den Ausbau in BARRIQUES eifrig genutzt wird.

In Italien ist die Sorte unter dem Namen PINOT BIANCO als trockener Weißwein beliebt, in Österreich aber erklimmt sie als Weißburgunder höchste Höhen, zumindest was die Mostgewichte anbetrifft. Die Sorte hält fast 4 % der Gesamtrebfläche besetzt und wird in allen Weinbauregionen angebaut, der Riesling genießt nur in der Wachau höhere Wertschätzung. Als sortenreiner trockener Wein ist der Weißburgunder mit einem gewissen Mandelaroma, kräftiger Alkoholstärke und guter Haltbarkeit verbunden. Seine glorreichsten Versionen erbringt er in Österreich allerdings als überaus gehaltvolle TROCKENBEERENAUSLESE mit Edelfäule.

In Osteuropa ist Pinot Blanc stark verbreitet. In SLOWENIEN, KROATIEN und der WOIWODINA wird er unter dem Namen Beli Pinot angebaut. Auch in der TSCHECHISCHEN REPUBLIK und der SLOWAKEI wird der Pinot Blanc gern kultiviert, und in UNGARN erbringt er körperreiche, etwas ausdrucksschwache trockene Weißweine, die im Export mehr Anklang finden als einheimische Traubensorten.

Den Weinerzeugern in der Neuen Welt ist natürlich klar, daß es dem Pinot Blanc am großen Glanz des Chardonnay fehlt, trotzdem gibt es in Kalifornien über 400 ha einer Sorte, die den Namen Pinot Blanc trägt, vor allem in Monterey, wo ihrem Wein gelegentlich mit achtbarem Erfolg Faßausbau und das ganze Programm der für den Chardonnay bestimmten Weinbereitungskünste gegönnt wird. Bei älteren Reben handelt es sich allerdings fast mit Gewißheit nicht um Pinot Blanc, sondern um die Muscadet-Traube MELON. Die Tatsache, daß in Kalifornien zwischen Weinen des echten Pinot Blanc und solchen von Melon kein großer Unterschied bemerkt wurde, dürfte der These, daß Melon ursprünglich eine burgundische Rebsorte war, weiteres Gewicht verleihen.

An anderen Stellen der Neuen Welt wird Pinot Blanc weitgehend zugunsten des berühmten Chardonnay vernachlässigt.

Galet, P., *Cépages et vignobles de France* (2. Aufl., Montpellier, 1990).

PINOT CHARDONNAY Irreführendes Synonym für CHARDONNAY, die klassische Weißweinrebsorte Burgunds. Es hat sich zu einer Zeit eingebürgert, als Chardonnay für eine weiße Mutation von PINOT NOIR gehalten wurde. Pinot-Chardonnay Mâcon ist eine vom INAO als praktisch austauschbar mit MÂCON Blanc genehmigte Bezeichnung, sie ist jedoch nur selten anzutreffen.

PINOT GRIGIO Die italienische Bezeichnung für die aus Frankreich stammende Weißweinrebsorte PINOT GRIS dürfte wohl die sein, die dem Weinliebhaber heute am geläufigsten ist. 1990 betrug die italienische Anbaufläche von Pinot Grigio 3500 ha (weit weniger als beispielsweise für PINOT BIANCO). Der größte Teil davon liegt im Nordosten und insbesondere in Friaul; hier erbringt die Traube einen der meistbewunderten Weine des COLLIO, daneben aber auch eine Flut von ziemlich ausdruckslosem trockenem Weißwein mit schwachem Aroma und einer so kräftigen Säure, wie sie der Pinot Gris nirgendwo sonst auf der Welt vorweisen kann. In Italien besteht die Neigung, die Traube zu lesen, bevor der für sie bei voller Reife charakteristische rasche Säureabbau eintritt. Auch in der Lombardei wird die Sorte verbreitet angebaut; allerdings wird hier weniger auf genaue Unterscheidung von anderen PINOT-Schattierungen geachtet, insbesondere bei Trauben, die zu Schaumwein verarbeitet werden sollen. In der EMILIA-ROMAGNA wird die Sorte ebenfalls angebaut, auch in Südtirol, wo ihr allerdings – wie im deutschsprachigen Raum überhaupt – der PINOT BIANCO (Weißburgunder) vorgezogen wird.

PINOT GRIS Eine weitverbreitete Rebsorte, die milde, duftige Weine mit mehr Substanz und tieferer Farbe hervorbringt, als es sonst bei Weißweinen üblich ist; allerdings darf man dies von einer Traubensorte, die eine der bekanntesten Mutationen des PINOT NOIR darstellt, wohl auch erwarten. Während die Beeren des Pinot Noir purpurrot bis blau und die des PINOT BLANC grünlichgelb sind, trägt der Pinot Gris Beeren aller Schattierungen zwischen Graubläulich und Rötlichbraun manchmal in einer einzigen Traube. Im Weinberg ist die Rebe leicht mit Pinot Noir zu verwechseln, denn die Blätter sehen gleich aus, und vor allem gegen Ende eines reifen Jahres sind sogar die Beeren einander erstaunlich ähnlich. Früher wuchs Pinot Gris in vielen Weinbergen Burgunds inmitten von Pinot-Noir-Beständen und brachte in die Rotweine manchmal Milde, manchmal kräftigere Säure ein. Auch heute noch ist er in den meisten Rotwein-Appellationen Burgunds unter dem Namen Pinot Beurot noch zugelassen, und so ist hier und dort noch eine Rebe dieser Sorte in manchen berühmten Rotweinlagen der Region anzutreffen; allerdings neigen ältere KLONE zu unregelmäßigem Ertrag.

Auch an der Loire gibt es noch kleinere Bestände der Rebsorte, oft unter dem Namen Malvoisie (und doch sind sogar in einer so kleinen Appellation wie Coteaux d'ANCENIS sowohl Malvoisie als auch Pinot Beurot als Namensbestandteile zugelassen). Sie erbringt duftige, gehaltvolle Weine in mehreren verschiedenen Süßegraden. Den Namen Malvoisie trägt die Rebsorte auch im Schweizer Kanton Wallis, wo sie ebenfalls volle, duftige, reichhaltige Weißweine erbringt.

Innerhalb Frankreichs genießt der Pinot Gris jedoch mit gutem Grund im Elsaß das höchste Ansehen, wo er traditionell und mysteriöserweise als Tokay bekannt ist (siehe DEUTSCHE WEINBAUGESCHICHTE). Er wird zwar weniger angebaut als die anderen Mitglieder des edlen Elsässer Triumvirats, nämlich Riesling und Gewürztraminer, doch er erfüllt eine einzigartige Aufgabe als Lieferant überaus gehaltvoller, meist trockener Weine, die hervorragende Begleiter zu Speisen abgeben, ohne durch allzu viel eigenes Aroma abzulenken (siehe auch ELSASS).

Wie beim Pinot Blanc ist es auch beim Pinot Gris so, daß er in Deutschland und Italien (siehe PINOT GRIGIO) viel verbreiteter angebaut wird als in Frankreich. In Deutschland heißt die Rebe vorwiegend Ruländer, aber auch Grauer Riesling, Grauer Burgunder oder manchmal Grauklevner. (Näheres über deutsche und österreichische Weine dieser Sorte siehe RULÄNDER.)

Neben dem Pinot Blanc ist der Pinot Gris nicht nur in Österreich, sondern auch in Slowenien und Mähren stark verbreitet, insbesondere aber auch in Rumänien, wo er auf 1600 ha unter beiden Namen – Pinot Gris und Ruländer – steht. In Ungarn lautet sein Name SZÜRKEBARÁT. Innerhalb der GUS wird Pinot Gris in Rußland und Moldova angebaut.

In der Neuen Welt hat der Pinot Gris bisher nur begrenzten Anklang gefunden, obwohl ihm durch verbesserte Klonenselektion inzwischen auf der Südinsel Neuseelands erneuter Enthusiasmus entgegengebracht wird, wenn auch nur in kleinem Maßstab.

Schließlich hat sich die Traube mit ihrer gewichtigen Art und der relativ milden Säure in LUXEMBOURG Bewunderung verschafft.

PINOT MEUNIER siehe MEUNIER.

PINOT NERO Italienische Bezeichnung für PINOT NOIR. Die Rebsorte wird im Nordosten des Landes und in der Lombardei sehr verbreitet kultiviert und hat bis in die 1980er Jahre ihre Anbaufläche auf 3500 ha verdoppelt, doch nur wenige Weine zeigen größere Geschmacksintensität. Ein großer Teil des Pinot-Nero-Ertrags wird von den oberen Schichten der SPUMANTE-Industrie verarbeitet.

PINOT NOIR ist die Traube, die ganz allein für den roten Burgunder verantwortlich zeichnet, und sie gibt auch der Familie der NOIRIEN-Rebsorten den Namen. Anders als der Cabernet Sauvignon, der sich in allen außer den kühlsten Gegenden kultivieren läßt und auf wirtschaftliche Weise stets Wein erbringt, in dem er sich selbst zu erkennen gibt, stellt der Pinot Noir sowohl an die Weinberglage als auch an die Kellertechnik hohe Ansprüche. Es ist ein Zeichen der Verehrung für den unvergleichlichen, sinnlichen Genuß, den man im Geschmack eines der besseren Rotweine Burgunds empfindet (und dabei herrscht Einmütigkeit darüber, daß die Erfolgsquote in Burgund enttäuschend niedrig ist), daß so viele der ambitioniertesten Weinerzeuger der Welt ihr Geschick an dieser kapriziösen Rebe erproben wollen. Obwohl der Pinot Noir schon in seiner Heimat in seinen Leistungen so wenig Beständigkeit zeigt, ist er doch in so gut wie alle Weinbauregionen der Welt verpflanzt worden, ausgenommen in die allerheißesten, wo er sich so leicht von Essenz zu Konfitüre wandelt.

Während der Cabernet Sauvignon also wiedererkennbare Charakteristiken und Qualitäten aufweist, wo immer er auch angepflanzt wird, zeigt sich der Pinot Noir weit weniger unverwechselbar und zuverlässig, und während Cabernet Weine hervorbringt, die dem Intellekt zusagen, erweist sich der Charme des Pinot viel eher als sinnlich und transparent. In Burgund selbst wird die Behauptung, daß dort

Pinot-Noir-Wein entsteht, rundweg abgelehnt; dort wird lediglich Pinot Noir als Werkzeug dazu benutzt, die rein lokale Geographie, also die Charakteristiken der Weinberglage, in denen er wächst, mitzuteilen. Vielleicht lassen sich als einzige Charakteristiken, die alle Pinot Noirs auf der Welt miteinander gemeinsam haben, eine gewisse süße Fruchtigkeit und allgemein geringerer Gehalt an Tanninen und Pigmenten festhalten, als die anderen «großen» französischen Rotweintrauben Cabernet Sauvignon und Syrah sie aufweisen. Die Weine sind in der Jugend entschieden viel charmanter und entfalten sich rascher, und doch lassen die besten nur sehr langsam nach.

Zum Teil ist an den weiten Schwankungen in den Leistungen des Pinot Noir seine genetische Zusammensetzung schuld. Er ist eine besonders alte Rebsorte, höchstwahrscheinlich eine Selektion, die der Mensch vor mehr als 2000 Jahren von Wildreben vorgenommen hat. Es gibt Anzeichen, daß der Pinot in Burgund schon im 4. Jh. n. Chr. existierte. Obwohl die Rebsorte in früherer Zeit vorwiegend Morillon Noir genannt wurde, wird ein Wein namens Pinot in Burgund doch schon in Urkunden aus dem 14. Jh. erwähnt, und seine Geschicke waren unlösbar mit denen der mächtigen mittelalterlichen Klöster in Ostfrankreich und Deutschland verknüpft (siehe BURGUND und DEUTSCHE WEINBAUGESCHICHTE).

Es ist eindeutig, daß der Pinot Noir in Burgund schon lange kultiviert wird, doch er ist besonders anfällig für Mutationen (wie PINOT BLANC, PINOT GRIS und Pinot MEUNIER bezeugen) und für Degeneration, wie die unzähligen Pinot-Noir-KLONE bezeugen, die es allein in Frankreich gibt.

Galet weist darauf hin, daß in Frankreich nicht weniger als 46 Pinot-Noir-Klone offiziell zugelassen sind (dagegen nur 34 für den viel verbreiteter angebauten Cabernet Sauvignon) – und daß in den 1980er Jahren in französischen Rebschulen nur Merlot-Edelreiser stärker gefragt waren als solche von Pinot Noir. Man kann daher einen Pinot-Noir-Klon spezifisch unter dem Gesichtspunkt seiner Ertragsleistung, seiner Resistenz gegen Fäule bzw. seiner (überaus unterschiedlichen) früheren oder späteren Reife aussuchen. Die Selektionsarbeit ist größtenteils in Burgund und der Champagne geleistet worden – gerade in der Champagne wurden besonders ertragreiche Klone selektiert. Es besteht Einmütigkeit darüber, daß ein Hauptgrund für die hellere Farbe und den geringeren Extraktgehalt so vieler Burgunder in den 1970er und 1980er Jahren in ungeeigneter KLONENSELEKTION zu suchen war, die zwar vielleicht höhere Erträge, doch weit weniger Vielfalt und Konzentration im resultierenden Wein hervorbrachte. Der in Burgund meistangebaute Klon ist der 115, doch der 114 genießt höheres Ansehen, und inzwischen dürften die renommierteren Erzeuger entsprechende MASSENSELEKTIONEN in ihren eigenen Beständen vorgenommen haben. Ein Klon mit dem Namen Pommard ist in der Neuen Welt verbreitet, ebenso einer, der nach der Weinbauversuchsstation Wädenswil in der Schweiz benannt ist. Im allgemeinen werden die ertragreichsten Klone mit großbeerigen Trauben wegen ihres aufrechten Wuchses als Pinot Droit bezeichnet, während Pinot Fin, Pinot Tordu oder Pinot Classique nicht so regelmäßig wachsen, aber kleinere Beeren mit dickeren Schalen haben.

Soweit allgemeingültige Aussagen bei einer Rebsorte mit derart vielen Formen überhaupt möglich sind, treibt Pinot Noir früh aus und ist daher empfindlich für Spätfröste und VERRIESELN. Feuchte, kühle Böden auf tiefgelegenem Land sind daher nach Möglichkeit zu meiden. Die Erträge sind theoretisch niedrig, obschon dies in Burgund mit allzu vielen ertragreichen Klonen in den 1970er und ersten 1980er Jahren anders aussah. Übrigens ist die Rebe anfälliger als andere für beide Mehltauarten, für Fäule (die Beerenhaut ist dünner als bei vielen anderen Sorten) und für Viren, insbesondere REISIGKRANKHEIT und BLATTROLLKRANKHEIT. Tatsächlich war es die Häufigkeit von Krankheiten in den Weinbergen Burgunds, die in den 1970er Jahren die verbreitete Anwendung der Klonenselektion beschleunigte.

Der Pinot Noir scheint seine besten Ergebnisse auf Kalksteinböden und in relativ kühlem Klima zu erzielen, wo die sowieso früh reifende Traube nicht in die Reife getrieben wird, wobei sie nur an Aroma und Säure verliert. In Burgund beispielsweise, wo Pinot Noir neben dem ebenfalls früh reifenden Chardonnay kultiviert wird, kommt es vor, daß Pinot Noir in manchen Jahren erst nach dem Chardonnay reift. Es besteht jedoch Einmütigkeit in der Auffassung, daß Pinot Noir bei der Weinbereitung weit größere Schwierigkeiten macht als Chardonnay; er braucht ständige Überwachung und eine Feinabstimmung der Techniken auf die Erfordernisse eines jeden Jahrgangs. Auf eine Modewelle zugunsten der ROTOFERMENTER folgte Ende der 1980er Jahre eine solche der Kaltmaischung vor der Gärung als Mittel zum Herauslaugen von mehr Farbe aus den relativ dünnschaligen Beeren.

Pinot Noir wird in ganz Ostfrankreich angebaut und hat unedleren Rebsorten ständig Boden abgenommen, so daß sich 1988 seine Gesamtanbaufläche in Frankreich mit 22 000 ha auf das Doppelte der Anbaufläche von Pinot Meunier belief, aber doch kleiner war als die von Syrah – und auch weit kleiner als die von GAMAY, der anderen Rotweinrebsorte Burgunds, die allein schon durch die beträchtlich größere Ausdehnung des Beaujolais im Vergleich mit der Côte d'Or zustande kommt.

Früher war die berühmte Côte d'Or die größte nur auf Pinot Noir spezialisierte Weinbauregion, doch durch die Erweiterung der Weinbauregion Champagne in den 1980er Jahren ist es dazu gekommen, daß am Ende des Jahrzehnts mehr Pinot Noir zu Champagner als zu rotem Burgunder verarbeitet wurde. 1988 gab es an der Côte d'Or 6000 ha Pinot Noir. Auch im übrigen Burgund wird Pinot Noir selten mit anderen Rebsorten verschnitten, ausgenommen gelegentlich mit Gamay in einem BOURGOGNE PASSETOUTGRAIN und in zunehmendem Umfang im MÂCON, um diesem mehr Klasse zu verleihen. Früher war hie und da Pinot Gris in demselben Weinberg mit Pinot Noir anzutreffen, beide Traubensorten wurden dann gemeinsam zu Wein verarbeitet. Die Rotweine Burgunds gehen von tiefdunklen, tanninherben, im Eichenfaß gereiften Vollmundigkeiten, die lange Flaschenreife erfordern, bis zu säuerlichen dunklen Rosés, die möglichst jung getrunken werden sollten. Die besten GRANDS CRUS sind intensive, fleischige, lebensvolle, fruchtige Weine mit fester Struktur und niemals aufdringlichem Eichenholzeinfluß. (Siehe auch unter CÔTE D'OR und den dort aufgeführten Ortsnamen.)

Pinot Noir gewinnt auch an der Côte CHALONNAISE und in geringerem Umfang im Mâconnais an Boden, meist auf Kosten des Gamay, der in diesen beiden zwischen der Côte d'Or und dem Beaujolais gelegenen Subregionen Burgunds im Rückgang begriffen ist. Die Zählung von 1988 ergab eine Pinot-Noir-Anbaufläche im Département Saône-et-Loire von 2800 ha (gegenüber 3200 ha für Gamay). Im Mâconnais besetzte Pinot Noir 1988 ein Viertel der Gesamtrebfläche, und die Rotweine von MERCUREY, GIVRY und RULLY an der Côte Chalonnaise haben inzwischen den Beweis angetreten, daß sie beständigere Qualität bieten können als manche teurere Appellation weiter im Norden, auch wenn die Fruchtqualität vielleicht etwas rustikaler ausfällt.

Auch im nördlichen Burgund ist Pinot Noir die bevorzugte Rotweinrebsorte. Im Département Yonne, das von 3000 ha Chardonnay für die Erzeugung von Chablis beherrscht wird, gab es 1988 immerhin auch 450 ha Pinot Noir, die zu AUXERRE-Weinen wie dem IRANCY und zu besonders nördlichen Versionen der AC Bourgogne beitragen. Noch weiter im Nordosten wird Pinot Noir für die leichten Rotweine und VINS GRIS Lothringens, z. B. Côtes de TOUL und für die Weine der MOSELLE kultiviert.

Zwar hat in den 1980er Jahren der Anbau von Pinot Noir überall in Frankreich (und in der ganzen Welt) zugenommen, aber in der Champagne war der Zuwachs am größten: von 4700 ha in 1979 auf 5600 ha in 1988 allein im Département Marne, dazu 3000 ha an der Aube, wo Pinot Noir den ersten und nicht wie sonst hinter Pinot Meunier und Chardonnay den dritten Platz einnimmt. In der Champagne wird er fast ausschließlich zu Schaumwein verarbeitet – wie auch in der übrigen Welt, wo immer nach dem Vorbild der Champagne produziert wird – und zwar als leicht hellrötlicher Bestandteil im stillen Grundweinverschnitt. Zu diesem Zweck werden die Trauben sehr sanft gepreßt, und alle etwa noch verbleibenden Pigmente vereinigen sich im Lauf des Champagnerverfahrens mit den toten Hefezellen. Im Verschnitt ist Pinot Noir wegen seines Körpers und seiner Langlebigkeit geschätzt, und das hat seinen guten Grund, denn die kleine Menge Champagner, die ganz allein von Pinot Noir hergestellt wird, ist meist denkwürdig gehaltvoll. Außerdem wird in der Champagne auch noch etwas Pinot Noir zu stillem Rotwein der AC Coteaux CHAMPENOIS und ROSÉ DE RICEYS gekeltert.

In geringem, aber zunehmendem Umfang wird Pinot Noir auch in den östlichsten Weinbaubereichen der Loire und ihrer Nebenflüsse angebaut, insbesondere für roten und rosé SANCERRE, aber auch in MÉNÉTOU-SALON und ST-POURÇAIN, und er ist formell in einer ganzen Reihe von VDQS-Rotweinen an der Loire zugelassen. Vor Jahrhunderten kam er aus Burgund in die Weinberge des JURA und SAVOYENS, wird dort aber meist von einheimischen Rebsorten unterdrückt und ist selten als sortenreiner Wein anzutreffen. Im Süden und Westen Frankreichs findet man ihn nur wenig – dort sind die Domänen von Syrah und Cabernet Sauvignon, doch einige kleinere Anpflanzungen im Languedoc liefern interessante, wenn auch untypische Ergebnisse.

Im Elsaß ist Pinot Noir schon seit dem frühen 16. Jh. heimisch (siehe DEUTSCHE WEINBAUGESCHICHTE) und dort heute mit 1000 ha praktisch die einzige Rotweinrebsorte überhaupt. Er erbringt in den reifsten Jahrgängen recht dunkle, duftige, liebliche Rotweine, in kühleren Jahren dunkelrosa Weine, oft mit dem rauchigen Duft eines weißen Pinot Blanc oder Pinot Gris, der an deutsche Spätburgunder erinnert, und in sehr nassen Jahren kommt auch ein leichter Fäuleduft vor. Siehe auch ELSASS.

Das in Deutschland in den 1980er Jahren wieder aufgelebte Interesse der Liebhaber führte zu einem kräftigen Anstieg der Nachfrage nach dem edelsten Rotwein des Landes, so daß 1990 der Blaue Spätburgunder hinter Riesling, Müller-Thurgau und Silvaner die viertmeist angebaute Rebsorte Deutschlands war; die Anbaufläche betrug mit 5500 ha fast 60 % mehr als ein Jahrzehnt zuvor. Ein großer Teil der deutschen Spätburgunder wird nach dem besten Vorbild von Burgund völlig trocken, dunkel und festgefügt bereitet, und zwar durch niedrigere Erträge, längere Maischung und manchmal auch Ausbau in kleinen Eichenfässern. Im Rheingau, in der Pfalz und in Baden, wo zwei Drittel des deutschen Spätburgunders angebaut werden, gibt es viele ambitionierte Erzeuger. Andere bleiben der Tradition der hellroten, oft ausgesprochen lieblichen Spätburgunderweine treu (siehe auch WEISSHERBST). Weine dieser Art sind traditionelle Spezialitäten von Assmannshausen und von der Ahr (auch 1990 war die Spätburgunder-Anbaufläche an der Ahr größer als im Rheingau). Sehr süße Spätburgunder entstehen gelegentlich im Rheingau als Beerenauslese und erzielen oft schwindelerregende Preise, wie sie mit Raritäten einhergehen.

Es muß gesagt werden, daß, wenn der Cabernet Sauvignon oft mit Eichenholzgeschmack verknüpft wird, der Pinot Noir ebensooft mit mehr Süße anzutreffen ist, als ihm eigentlich zukommt. Das trifft vor allem in Mitteleuropa zu, als werde dort übermäßige Anreicherung als Ersatz für echte Reife betrieben. Österreichischer Blauer Spätburgunder beispielsweise kann sehr lieblich und eigentümlich körperreich erscheinen, außer wenn er aus der Hand eines bewährten Praktikers stammt. Allerdings hat die Sorte in

Österreich nur eine kleine Anbaufläche; die einheimische ST.-LAURENT-Traube, die ihrer Pinot-Noir-ähnlichen milden Fruchtigkeit wegen gelegentlich auch Pinot-St.-Laurent genannt wird, ist viel verbreiteter.

In Osteuropa wird der Pinot Noir weithin, allerdings nicht sehr stark kultiviert; dort lautet sein Name meist auf eine Variante von Burgunder in der jeweiligen Landessprache. So gibt es Bestände von Burgundac Crni in KROATIEN und in SERBIEN, wo er sich gut bewährt, sowie in hellerer Form in KOSOVO. Auch in der TSCHECHISCHEN REPUBLIK und der SLOWAKEI, in BULGARIEN, RUMÄNIEN und in der GUS – dort in MOLDOVA, GEORGIEN, ASERBAIDSCHAN, KASACHSTAN und KIRGISIEN – wird Pinot Noir kultiviert. Besonders hoch geschätzt ist er als Nagyburgundi in Teilen UNGARNS, allerdings wird er dort gelegentlich mit KÉKFRANKOS (Blaufränkisch) verwechselt. Rumänien besitzt mit Burgund Mare eine eigene Variante.

An anderen Stellen Europas hat die launische Art des Pinot Noir seiner Ausbreitung Grenzen gesetzt. Miguel TORRES bringt aus seinem kleinen Pinot-Noir-Bestand in Katalonien an Burgund erinnernde Geschmacksnoten hervor. In der SCHWEIZ ist Pinot Noir vor allem als Klevner um Zürich sowie im Verschnitt mit Gamay im beliebten Dôle von großer Bedeutung. In kühleren Weinbauregionen Italiens wird er als Pinot Nero, manchmal auch Pignola angebaut, vor allem in den Gebieten Valle d'AOSTA, BREGANZE, TRENTINO, ALTO ADIGE (dort als Blauburgunder), COLLIO, FRIULI und OLTREPÒ PAVESE, wo der recht neutrale Wein als Bestandteil von Schaumweinen nach der klassischen Methode geschätzt ist.

Die Weinerzeuger der Neuen Welt richteten Ende der 1980er, Anfang der 1990er Jahre ihre volle Aufmerksamkeit und Ambition auf den Pinot Noir. Manche verlegten sogar ihre Weinbaubetriebe ein paar hundert Meilen, um die Nähe von Quellen geeigneter Pinot-Noir-Frucht aus kühlem Klima aufzusuchen. Seit vielen Jahren galt OREGON mit seinem oft recht kärglich kühlen, feuchten Klima allgemein als Amerikas Antwort auf roten Burgunder, doch die wachsende Zahl guter Pinot-Noir-Weine aus KALIFORNIEN, die gegen Ende der 1980er Jahre vor allem, jedoch nicht allein aus Carneros, Chalone und den Gavilan Mountains von San Benito gekommen sind, haben eine Neubewertung der Reputation dieses südlicheren Landstrichs im Zusammenhang mit Pinot bewirkt. 1992 gab es in Kalifornien fast 4000 ha Pinot Noir, vor allem im nebelgekühlten Carneros, wo die Traube auch als Bestandteil von Schaumweinen nach dem Vorbild des Champagners geschätzt wird.

Bei der in Kalifornien Pinot St George genannten, inzwischen im Rückgang befindlichen Rebsorte handelt es sich nicht um eine Verwandte der Pinot-Familie, sondern vielmehr um NÉGRETTE, dagegen ist Gamay Beaujolais (davon gab es 1992 noch über 400 ha) ein Klon von Pinot Noir, allerdings nicht gerade einer, der bei den ambitionierteren Pinot-Noir-Erzeugern Kaliforniens in Gunst steht.

Außer in Kalifornien und Oregon (wo der Pinot Noir oft gut sechs Wochen später gelesen wird als in Kalifornien) ist die Traube in Amerika nirgendwo mit besonderer Reputation vertreten. Der im Staat Washington vorhandene Bestand von 120 ha war zu Beginn der 1990er Jahre im Schwinden begriffen und machte Merlot Platz. In den kühlen Weinbaubereichen Kanadas gibt es hier und dort eine Nische für Pinot Noir, und es entstehen dort immer erfolgreichere Weine.

In den meisten weinbautreibenden Provinzen Argentiniens führt die Rebe den Namen Pinot Negro, doch das Klima ist hier zu heiß und Bewässerung zu sehr an der Tagesordnung, als daß Weine von echter Qualität entstehen könnten, und so steht es auch im übrigen Südamerika, nur in Chile, wo der Bestand zu Beginn der 1990er Jahre einige hundert Hektar ausmachte, zeigten sich Qualitätsverbesserungen.

Auf der anderen Seite des Atlantiks holte in SÜDAFRIKA nur ein Erzeuger, Hamilton-Russell, überzeugende burgundische Geschmacksnoten aus seinen in einer besonders kühlen Gegend im Süden angebauten Pinot-Noir-Reben heraus, doch das hat sich inzwischen als Ansporn für andere erwiesen, obschon die bisherige Anbaufläche von Pinot Noir im Vergleich mit der Gesamtrebfläche der charakteristischen südafrikanischen Rotweinrebsorte PINOTAGE nur winzig ist.

In Australien und Neuseeland sind dagegen die Anpflanzungen von Pinot Noir zu Beginn der 1990er Jahre beträchtlich gestiegen, seit eine zunehmende Zahl von Kellermeistern die Kunst, das Vorbild aus Burgund und der Champagne nachzuahmen, besser meistert.

Neuseeland verfügte 1992 mit 275 ha über fast die doppelte Anbaufläche wie zwei Jahre zuvor. Die eindrucksvollsten Ergebnisse kamen aus Martinborough, Canterbury und Central Otago, während die Weine des Bachtobel-Klons, die sich vor allem für die Schaumweinmassenproduktion eignen, den schwächsten Eindruck machen. Siehe auch NEUSEELAND.

Die Gesamtanbaufläche von Pinot Noir belief sich in Australien 1991 auf 1100 ha (jedoch stand davon fast ein Drittel noch nicht in Ertrag), zum Teil ein Zeichen für den zunehmenden Erfolg der australischen Schaumweinindustrie, aber auch für die Entschlossenheit der australischen Weinerzeuger, die Nachteile ihres warmen Klimas zu überwinden und dem Club der Erzeuger feiner Weine in dieser Welt anzugehören. Gebiete, die sich bereits in der Erzeugung sortenreiner stiller Pinot-Noir-Weine bewährt haben, sind Gelong, Yarra und Mornington Peninsula – alles relativ kühle Gegenden bei Melbourne in Victoria sowie in Tasmanien. Siehe auch AUSTRALIEN.

Wer das englische Klima kennt, wird nicht überrascht sein, daß manche Winzer in den südlichen Grafschaften mit Pinot Noir gute Erfolge erzielen, allerdings handelt es sich dabei eher um eine Randerscheinung.

Barr, A., *Pinot Noir* (London, 1992).
Galet, P., LA CULTURE DE LA VIGNE AUX ETATS-UNIS ET AU CANADA, *France viticole* (Sept./Okt. 1980 und Jan./Feb. 1981).
—*Cépages et vignobles de France* (2. Aufl., Montpellier, 1990).

PIPE Im Weinhandel gebräuchlicher, von dem portugiesischen Wort *pipa* abgeleiteter Ausdruck für ein großes Faß mit kegelig zulaufenden Enden, das traditionelle Maß für PORTWEIN, MADEIRA und andere portugiesische Weine, aber auch für MARSALA; der Inhalt ist allerdings in verschiedenen Gegenden Portugals unterschiedlich. Im DOURO-Tal, wo der Portwein produziert wird, gilt das Maß der *pipe* mit 550 l, während flußabwärts in VILA NOVA DE GAIA, einer Vorstadt von Porto, wo der Portwein reift, das Maß 580 bis 630 l beträgt. Im Versand hat eine Pipe Portwein 534,24 l und teilt sich auf in 21 *almudes* zu je 25,44 l. Dagegen hat die Pipe für Madeira und Marsala 418 bzw. 423 l Inhalt. Im Viktorianischen England war es üblich, daß Gentlemen jeweils eine Pipe Portwein für ihre Söhne und Patensöhne in den Keller legten, doch durch die Inflation und die veränderten Konsumgewohnheiten hat sich auch darin vieles gewandelt.

Eine Pipe COGNAC hatte traditionell 600 l Inhalt.

PIQUETTE Ein Haustrunk, der von mit Wasser übergossenen TRESTERN bereitet wurde. Seit den Zeiten der griechischen und römischen Antike bis um die Mitte des 20. Jh. wurde er Sklaven und Tagelöhnern verabfolgt. Die römische Version hieß *lorca* (siehe PRESSEN). Ende des 20. Jh. mit seinen WEINÜBERSCHÜSSEN, seiner Arbeitskräfteknappheit und seiner Betonung hoher Weinqualität würde es kaum noch ein Arbeitgeber wagen, auch nur dem kleinsten Hilfsarbeiter ein so minderwertiges Getränk anzubieten.

PISCO In PERU, CHILE und BOLIVIEN vorwiegend von Moscatel-Trauben (siehe MUSCAT) hergestellter aromatischer Brandy.

Chile

Obwohl die spanischen Siedler schon im 16. Jh. in Chile und Peru AGUARDIENTE (BRANNTWEIN) brannten, kam der Name Pisco doch erst in den 1870er Jahren in Gebrauch, als chilenischen Quellen zufolge ein guter Aguardiente, der von Nordchile aus in den peruanischen Hafen Pisco verschifft wurde, diese Bezeichnung erhielt.

Die Produktion konzentriert sich auf die warmen Andentäler Chiles vorwiegend in der Region Coquimbo zwischen Santiago und den Wüsten im Norden. Die meistverwendete Traubensorte ist MOSCATEL DE AUSTRIA neben Moscatel Rosado (die rötliche Version des MUSCAT BLANC À PETITS GRAINS), TORONTEL und Moscatel de Alejandria (MUSCAT OF ALEXANDRIA), die zwar in geringerem Umfang benutzt werden, aber eigentlich den besten und aromatischsten Pisco ergeben. Auch PEDRO XIMÉNEZ wird mitverarbeitet, leistet aber keinen größeren Beitrag zum markant fruchtigen Aroma des Pisco.

Die Trauben werden abgebeert und gemahlen, und die Schalen werden kurz eingemaischt, um möglichst viel vom fruchtigen Aroma und Geschmack der Trauben mit in die Gärung zu nehmen. Die Destillation erfolgt dann in DESTILLIERBLASEN aus Kupfer, wie sie auch für COGNAC verwendet werden. Nur die mittlere Fraktion des Destillats wird für Pisco abgezogen, der Vor- und Nachlauf wird mit frischem Wein gemischt und erneut destilliert. Das Rohdestillat wird sodann verdünnt und vier bis zwölf Monate lang in Fässern aus EICHE oder Rauli (siehe CHILE) gereift.

Bei Pisco gibt es vier Gütegrade: Gran Pisco mit 43 %, Reservado mit 40 % (die in Europa bei Spirituosen üblichste Alkoholstärke), Especial mit 35 % und Selección mit 30 %. Je stärker der Pisco ist, desto länger reift er im Faß. Selección hat ein frisches, zartes Muskatelleraroma, die kräftigeren Versionen sind dann stärker eichenholzwürzig und trockener, zeigen mehr Eleganz und Töne von Pflaumen und Bittermandeln. Alle sind farblos (die Eichenfässer, in denen sie reifen, sind zu alt, um dem Inhalt Farbe zu verleihen) und unterscheiden sich von Cognac durch ausgeprägte Fruchtigkeit. Pisco verfügt über eine eigene APPELLATION CONTRÔLÉE.

In Chile wird er nach dem Essen als Likör getrunken, es gibt aber auch einen vorgemischten «sauren Pisco» in Flaschen, der einen erfrischenden APERITIF darstellt. J. R.

Peru

Pisco heißt der Hafen an der Mündung des gleichnamigen Flusses, 160 km südlich der Hauptstadt Lima. Das Pisco-Tal blickt auf eine lange Geschichte des Traubenanbaus zurück, und schon frühzeitig mag das Pisco-Brennen eine zweckmäßige Lösung für das Problem dargestellt haben, wie die Erzeugnisse aus diesen und anderen Tälern in die Bevölkerungszentren Perus, Lima und Cuzco, transportiert werden sollten.

Der im Ica-Tal im Süden hergestellte Branntwein, der heute als der feinste Perus gilt, wurde bereits von den Franziskaner-MISSIONAREN im Jahr 1651 gewürdigt.

Heute ist Pisco das Nationalgetränk Perus und wird wie in Chile nach strengen Vorschriften in vier Güteklassen produziert. Pisco Fur ist ein SORTENREINER Pisco von Quebranta-, Quebranta-Mollar- oder Negra-Corriente-Trauben. Pisco Aromatico wird von MOSCATEL, Torontel, ALBILLA oder italienischen TAFELTRAUBEN gebrannt. Pisco Cuivré entsteht vorwiegend von Quebranta, aber auch von Verschnitten mit anderen Traubensorten, und Pisco Verde wird entweder von Albilla, Moscatel, Negra Corriente oder Quebranta, jedoch vor beendeter Gärung hergestellt.

Bolivien

Eine ähnliche, an Terpenen reiche Spirituose wird in Bolivien unter dem Namen *singani* nach streng kontrollierten

Vorschriften vorwiegend von Muscat of Alexandria gebrannt.

PLANTET Die an der Loire beliebteste HYBRIDREBE ist aus der französischen Weinlandschaft gründlicher ausgetilgt worden als andere ihrer Art (siehe BACO, COUDERC, VILLARD). Die Gesamtanbaufläche von Plantet in Frankreich schrumpfte von 1968 bis 1988 von über 26 000 ha auf unter 1000 ha; der Restbestand befindet sich fast ausschließlich an der Loire, obwohl die Sorte früher einmal in allen nördlichen Weinbauregionen Frankreichs verbreitet war. Ihr Hauptmerkmal ist reicher Ertrag, unabhängig davon, wie streng im Winter oder Frühjahr die Fröste waren (allerdings haben sich die Winter im Staat New York als zu streng für sie erwiesen). Sie hat mindestens eine SEIBEL-Rebe als Elternteil, und der offenkundige Hybridrebencharakter ihres Weins kann durch frühe Lese gemildert werden.

PLASTIKFOLIE siehe MULCHEN.

PLAVAC MALI Traubensorte für dichte Rotweine an der dalmatinischen Küste und auf vielen Adria-Inseln KROATIENS. Mali bedeutet klein, und es gibt auch eine weiße Rebsorte, die nur **Plavac** heißt, aber ebenso schwere Weine erbringt. Beide Rebsorten gedeihen auf Sandboden. Plavac Mali bringt Weine mit kräftigem Alkoholgehalt, viel Tannin und tiefer Farbe hervor, der sich in für die Rotweine aus dem ehemaligen Jugoslawien ungewöhnlicher Weise über längere Zeit schön entfaltet. Postup und Dingač sind zwei der bekannteren Rotweine von Plavac Mali.

PLAVAI Spät reifende, in MOLDOVA heimische weiße VINIFERA-Rebsorte; sie wird in ganz Osteuropa und der GUS verbreitet angebaut. In Moldova heißt sie auch Belan und Plakun, in Rumänien Plavana, in Österreich Gelber Plavez, in Ungarn Melvais, in der Krasnodarski-Region Rußlands Belan oder Oliver, in der Ukraine Bila Muka oder Ardanski und in Zentralasien Bely Krugly. In Rußland wird sie für Tafelwein und Branntwein verwendet.

PLC *(plafond limite de classement)* Ein Zuschlag auf die in den APPELLATIONS CONTRÔLÉES vorgeschriebene Ertragshöchstgrenze, der regelmäßig bei 20 % liegt.

PLINIUS (23/24–79 n. Chr.) Gaius Plinius Secundus, auch «Plinius der Ältere» – zur Unterscheidung von seinem Neffen und Adoptivsohn, ebenfalls ein Literat. Von den vielen Werken des älteren Plinius ist als einziges die posthum veröffentlichte, 37 Bücher umfassende, dem Kaiser Titus gewidmete *Naturgeschichte* erhalten geblieben. Das Buch 14 ist ausschließlich dem Wein gewidmet, während das Buch 17 wichtige Informationen über die Weinbautechnik enthält und der Anfang des Buchs 23 sich mit den Heilkräften des Weins befaßt (siehe MEDIZIN). Obwohl der größte Teil der *Naturgeschichte* auf früheren Autoren und nicht auf wissenschaftlicher Beobachtung beruht und die darin enthaltenen Informationen, so wertvoll sie auch sind, mit kritischer Zurückhaltung betrachtet werden müssen, so scheint doch das mit Wein befaßte 14. Buch in weiten Teilen auf eigenen Nachforschungen zu beruhen. Es enthält praktische Anleitungen sowie literarische und historische Lehrsätze. In ihrem interessantesten Teil sind die Weine Italiens in einer Rangfolge nach ihrer Qualität aufgeführt, wobei süße Weine den Vorzug zu erhalten scheinen (siehe aber auch ATHENAEUS). Der beste Wein wäre demzufolge der CAECUBER, aber zu Plinius' Zeit war es der FALERNER, insbesondere der Falerner aus der Lage Faustinianum. Auch der Setiner war ein Wein aus dem obersten Rang. Es folgten der Albaner, der SURRENTINER und der MASSIKER; den dritten Preis räumt Plinius dem Mamertiner aus Messina auf Sizilien ein. Als früher Befürworter des TERROIR-Gedankens kommt er zu dem Schluß, daß die Gegend und der Boden die Qualität bestimmen, nicht die Rebsorten; jedenfalls aber sei der Geschmack der Menschen verschieden. Plinius kam bei dem Ausbruch des Vesuvs ums Leben, als ihn seine außerordentliche Wißbegier den gesunden Menschenverstand vergessen ließ. In seinen vielzitierten Schriften über den Wein greift er weitgehend auf VARROS *De re rustica* zurück; dagegen stützen sich die landwirtschaftlichen Abhandlungen von PALLADIUS weitgehend auf Plinius.

H. M. W. und J. J. P.

André, J., *Pline l'Ancien: histoire naturelle, livre XIV* (Paris, 1958).
Beagon, M., *Roman Nature: The Thought of Pliny the Elder* (Oxford, 1992).
Plinius der Ältere, *Naturgeschichte*.

PLONK Angeblich aus Australien stammender englischer Ausdruck für Wein minderer Qualität; er stellt wohl eine anglisierte Form des französischen Worts *(vin) blanc* dar.

POCKENMILBE Die Weinrebe ist im Pflanzenreich die einzige bekannte Wirtspflanze für die Pockenmilbe *Colomerus vitis* oder Blattgallmilbe *Eriophyes vitis* genannt. Sie ist stark verbreitet, verursacht im allgemeinen aber nur geringfügigen wirtschaftlichen Schaden. Der Befall zeigt sich zunächst in Form von hell- bis kräftig rötlichen Schwellungen oder Gallen auf der Oberseite der Blätter. Auf der Unterseite ist der konkave Teil der Galle mit einer filzigen Haarmasse bedeckt, die sich später gelb und schließlich braun verfärbt. Es handelt sich dabei lediglich um eine höchst unansehnliche Erscheinung, die aber auf die Leistung der Rebe nur vernachlässigbaren Einfluß hat. Neben dieser Blattgallenform existiert noch eine andere, von dieser nicht unterscheidbare, die sich in den geschlossenen Knospen aufhält und sich von deren Gewebe und später vom jungen Austrieb ernährt. Die vorbeugende Behandlung ist durch Stäuben mit SCHWEFEL möglich, da dieses aber gewöhnlich auch gegen den ECHTEN MEHLTAU eingesetzt wird, findet die Bekämpfung der Milbe gewissermaßen nebenbei statt.

M. J. E.

Buchanan, G. A., und Amos, T. G., GRAPE PESTS, in B. G. Coombe und P. R. Dry (Hrsg.), *Viticulture, II: Practices* (Adelaide, 1992).

PODERE ital. Bauernhof, meist kleiner als FATTORIA.

POITOU Nordwestfranzösische Region um Poitiers; ihr Hafen war jahrhundertelang LA ROCHELLE. Heute ist dem Weinliebhaber dieser Name nur noch durch den **Haut-Poitou** vertraut, einen VDQS-Bereich, der Mitte der 1990er Jahre seine Aufstufung zur APPELLATION CONTRÔLÉE erwartet. Er liegt südlich von SAUMUR und produziert auf etwa 700 ha Kalkstein- und Mergelboden eine Reihe von immer besser werdenden SORTENREINEN Weinen, die von sauberer, fruchtiger Säure geprägt sind. Die an der mittleren Loire übliche Mischung von Rebsorten aus Bordeaux, Burgund und von der Loire erbringt Rot- und Weißwein in fast gleichen Mengen. SAUVIGNON BLANC und GAMAY bewähren sich besonders gut, in reifen Jahrgängen auch CABERNET (-Sauvignon und -Franc gemischt). Die in der Produktion dominierende Genossenschaftskellerei in Neuville hat erfolgreich mit AUSBAU in EICHE sowie mit der Schaumweinherstellung nach dem Champagnerverfahren, u. a. mit einem ganz von Chardonnay bereiteten Blanc de Blancs namens Diane de Poitiers, experimentiert. Der VDQS-Bereich hieß früher **Vins du Haut-Poitou**.

POKAL siehe TRINKGEFÄSSE.

POLLEN Blütenstaub, Träger der männlichen Keime für die geschlechtliche Vermehrung. Er entwickelt sich in den Staubbeuteln der ANTHERE durch mehrfache Zellteilung, die den Pollen ergibt, der sich seinerseits durch rege Zellteilung auszeichnet. Reife Blütenstaubkörner haben eine für die jeweilige Spezies typische Oberflächenform. Beim Keimen erscheint ein Pollenschlauch, der in die Narbe und durch den Griffel wächst (siehe BLÜTE).

B. G. C.

POL ROGER Das Champagnerhaus wurde 1849 von Paul Roger in Épernay gegründet und befindet sich noch immer im Besitz der Familie. Seine Söhne änderten ihren Nachnamen in Pol-Roger – so wie sich der französische Vorname Paul spricht. Obwohl Pol Roger unter den GRANDES MARQUES nur eine kleinere ist, stehen die Erzeugnisse des Hauses der Qualität nach unter allen Champagnern doch sehr hoch an der Spitze. Pol Roger verfügt über 82 ha Weinbergbesitz in besten Lagen im Vallée d'Épernay und an der Côte des Blancs. In ausnehmend tiefen Kellern liegen 7,5 Millionen Flaschen als Vorratsbestand für sechs Jahre. Sir Winston Churchill gehörte zu den treuesten Kunden des Hauses; er taufte sein Rennpferd nach dem ihm liebsten Mitglied der Familie «Odette Pol-Roger». Dieses Kompliment gab das Haus nach seinem Tod zurück, indem es alle nach England exportierten jahrgangslosen Champagner 25 Jahre lang mit einem schwarz umrandeten Etikett versah. Die Cuvée Sir Winston Churchill kam 1984 als PRESTIGE CUVÉE von Pol Roger heraus. Heute wird das Unternehmen von den Urenkeln des Gründers, Christian Pol-Roger und Christian de Billy und dessen Sohn Hubert de Billy, geführt.

S. A.

Sutcliffe, S., *Große Champagner* (Bern, 1989).

POLYMERISATION Ein mokularer Vorgang, bei dem sich kleine Moleküle zu sehr großen Molekülen zusammenschließen. In allen Lebewesen **polymerisieren** die einfachen Aminosäuren in sehr langen Ketten zu PROTEINEN, von denen wiederum einige als Enzyme fungieren. In alternden Weinen schließen sich einfachere PHENOL-Moleküle zu größeren TANNIN-**Polymeren** zusammen, die schließlich so groß werden, daß sie aus der Lösung ausfällen und sich als BODENSATZ ablagern.

A. D. W.

POLYPHENOLE siehe PHENOLE.

POLYVINYLPYRROLIDON siehe HARZE.

POMEROL Kleiner, jedoch sehr eigenständiger Bereich im Weinbaugebiet Bordeaux mit opulenten, prachtvollen, von der Merlot-Traube dominierten Rotweinen. Die erfolgreichen Pomerols gehören zu den gesuchtesten Weinen der Welt, doch ihr Glanz und Ruhm beruht mehr auf ihnen selbst als auf der Landschaft, aus der sie stammen.

Der Pomerol entsteht von einer Rebfläche von 740 ha auf einem Plateau unmittelbar nordöstlich von LIBOURNE, das wie das MÉDOC geographisch nicht weiter bemerkenswert ist, anders als dieses aber nicht einmal über einigermaßen stattliche Bauten oder historische Wahrzeichen verfügt. Ein verwirrendes Netz schmaler Straßen verbindet etwa 150 kleine Besitzungen, von denen die meisten jährlich nur ein paar tausend Kisten Wein hervorbringen.

Weinbau wurde auf diesem unwirtlichen, unfruchtbaren Land mit Unterbrechungen seit der Römerzeit betrieben, jedoch im HUNDERTJÄHRIGEN KRIEG aufgegeben. Die Weinberge wurden erst im 15. und 16. Jh. wieder angelegt. Einige hundert Jahre lang galt Pomerol nun lediglich als ein Satellit des östlichen Nachbarn ST-ÉMILION; erst gegen Ende des 19. Jh. fanden seine Weine bessere Würdigung – damals auch nur in Frankreich. Zu Beginn des 20. Jh. erlangten sie dann im nördlichen Europa größere Bekanntheit, insbesondere in BELGIEN, wo die Weinhändler sie im Faß importierten. In Belgien abgefüllte Pomerols aus jener Zeit erzielen heute auf AUKTIONEN hohe Preise. Eine ganze Reihe rühriger Händler aus dem armen Département Corrèze im Hinterland ließen sich in Libourne nieder und erschlossen von hier aus in Paris, Belgien und Holland

Märkte für Weine vom rechten Ufer der Dordogne und Gironde – dem traditionellen BORDEAUX-WEINHANDEL überließen sie es, den britischen Markt mit Médoc, Graves und Sauternes zu beliefern. Berühmte und gebildete britische Kenner wie George SAINTSBURY haben Pomerol nicht einmal erwähnt. Erst in den 1950er Jahren «entdeckten» die britischen Weinhändler Harry WAUGH und Ronald AVERY den Bereich Pomerol und sein berühmtestes Weingut, Château PÉTRUS.

Der erfolgreichste Kaufmann von Libourne ist Jean-Pierre MOUEIX; seine Geschicke sind eng mit Pomerol verbunden. Nachdem er für den Bereich eine Reputation geschaffen hatte, erwarb er in den 1950er Jahren die Châteaux Trotanoy, La Fleur-Pétrus und Lagrange und ist seit den 1960er Jahren maßgeblich an Château Pétrus beteiligt; außerdem leitet er die Châteaux Feytit-Clinet, Lafleur, Lafleur-Gazin und Latour-à-Pomerol im Auftag ihrer Besitzer und vertreibt jedes Jahr einen bedeutenden Teil der Produktion von Pomerol.

Besonders der Erfolg von Château Pétrus, dessen Weine regelmäßig weit höhere Preise erzielen als die PREMIERS CRUS aus dem Médoc, spiegelt sich in einer weit über das Angebot hinausgehenden weltweiten Nachfrage nach den Weinen aus ähnlich winzigen Weingütern wie den Châteaux Lafleur, Le Pin und La Fleur de Gay.

Pomerols feinste Weine entstehen im allgemeinen auf den höchsten Stellen des Plateaus, wo der Boden vorwiegend aus Kies mit Zwischenschichten aus Lehm besteht; nach Westen hin wird er sandiger, und dort fallen die Weine etwas leichter aus. Der Unterboden ist eisenreicher Ton – die Franzosen nennen ihn *crasse de fer* –, und hiervon liegt bei Château Pétrus eine Schicht besonders nahe an der Oberfläche.

Offenbar ebenso wichtig für die Gestaltung der Weine, die so füllig, üppig und fruchtig sind, daß sie sich schon im Alter von weniger als fünf Jahren herrlich trinken und doch genauso lange haltbar bleiben wie mancher große Médoc, sind REBENALTER und niedrige Erträge. (Bei Château Pétrus beispielsweise wird Wein von Reben, die noch keine zwölf Jahre alt sind, nicht in die ASSEMBLAGE aufgenommen.) Die Erträge sind hier oft die niedrigsten in ganz Bordeaux und werden von den Spitzenweingütern streng eingeschränkt. Die frühe Blüte der Merlot-Traube und die für Bordeaux ungewöhnliche Tatsache, daß auf ihn allein rund 80 % des Rebbestands der Appellation entfallen, bringen es mit sich, daß in manchen Jahren, so 1984 und 1991, der größte Teil des Ertrags durch schlechtes Wetter zur Blütezeit oder durch Spätfrost verlorengehen kann.

Ungewöhnlich ist auch, daß Pomerol als einziger der großen Weinbaubereiche von Bordeaux keine offizielle KLASSIFIKATION kennt. Die vielen Weingüter hier sind sowieso meist bescheidene Bauernhäuser, die sich nur wenig voneinander abheben; nur das Château de Sales verfügt über ein Gebäude, das einigen Anspruch auf Grandeur erheben kann, sowie über einen Grundbesitz von mehr als 40 ha. Die am meisten gefragten Weine sind je nach dem JAHRGANG Château Pétrus, Lafleur, Le Pin, La Conseillante, Trotanoy, Certain de May, Petit Village, L'Église-Clinet, Clinet, L'Évangile, Latour-à-Pomerol und Vieux-Château-Certan.

Siehe auch LALANDE-DE-POMEROL.

Ginestet, B., *Pomerol* (Paris, 1984).

POMMARD Aus dem wohlhabenden Weinort in Burgund kommen die wuchtigsten Rotweine des Bereichs Côte de Beaune an der Côte d'Or – wie stets von Pinot-Noir-Trauben. Bis in die 1980er Jahre wurden unter der populären Bezeichnung auch mindere Weine angeboten, und zu anderen Zeiten litt Pommard daran, daß viele Winzer dort nicht mit der gebotenen Sorgfalt arbeiteten, so daß der Eindruck unzulänglicher Qualität entstand. Dennoch ist ein feiner Pommard dunkler als ein Wein aus dem Nachbarort Volnay, auch tiefer im Geschmack, tanninreicher in der Struktur, zwar in der Jugend nicht so charmant, dafür aber imstande, sich in zehn Jahren in der Flasche zu einem reichhaltigen, robusten Wein mit großer Wucht zu entfalten. Im Jahr 1728 schrieb Claude Arnoux, daß der Pommard sich länger hielt als der Volnay – nur bedeutete das damals achtzehn Monate gegenüber zwölf.

Pommard erstreckt sich von der Grenze zu Beaune bis an den Rand von Volnay. Auf der Seite nach Beaune hin heißen die besten Lagen Les Pézerolles und Les Épenots. Dazu gehört auch der Clos des Épeneaux, das *monopôle* des Comte Armand. Nach Volnay hin zählen zu den eindrucksvolleren Lagen Les Chanlins, Les Jarolières, Les Fremiers und insbesondere Les Rugiens, deren unterer Teil, Les Rugiens Bas, das Potential für den vollsten aller Pommards besitzt und oft als der Erhebung in den GRAND-CRU-Status würdig bezeichnet wird. Auch Clos de la Commaraine, Le Clos Blanc und Les Arvelets sind schon oft als gute Lagen in Pommard erwähnt worden.

Siehe auch CÔTE D'OR und Karte Seite 201.

J. T. C. M.

Arnoux, C., *Dissertation sur la situation de Bourgogne* (Dijon, 1728).

POMPEJI Die antike römische Stadt, zu ihrer Zeit ein wichtiger Weinhafen, lag inmitten eines Gebiets mit blühendem Weinbau, das sich um die südliche Bucht von Neapel von den Hängen des Vesuvs bis Sorrent erstreckte. Es gab einen pompejanischen Wein (der *Naturgeschichte*, 14.70, von Plinius zufolge verursachte er Kopfschmerzen) und eine Lokalrebe, die nach einer der prominentesten pompejanischen Familien Holconia hieß. Der Ausbruch des Vesuvs am 24. August 79 n. Chr., der Pompeji und seine Umgebung zerstörte, konservierte zugleich viele Einzelheiten aller Tätigkeiten, die mit der Erzeugung, dem Verkauf und dem Verzehr von Wein zu tun hatten. Zum Beispiel wurden in den im 19. Jh. ausgegrabenen Villen außerhalb Pompejis Kelterhäuser mit ausgeklügelten Rohrleitungssystemen gefunden, durch die der Most in große im Hof eingegrabene DOLIA gelangte, in denen die Gärung stattfand. In neuerer Zeit wurden innerhalb der Mauern von Pompeji Marktweingärten entdeckt (siehe RÖMISCHE GÄRTEN). Aber es wurden noch mehr Details gefunden: Im Haus der Vettii ist in einem Speisezimmer ein gemalter Fries zu sehen, auf dem Cherubim mit Dingen beschäftigt sind, die offensichtlich die Tätigkeiten der Hausbewohner darstellten, u. a. die Arbeit an einer Kelter, aber auch, wie einem Kaufinteressenten Wein zur Probe gereicht wird. Der einheimische Wein wurde in AMPHOREN, die dem Typ nach bekannt sind, weithin exportiert. Schließlich gibt es noch viele Gasthäuser, Bars und Eßlokale, vor allem um die Stadttore und um das Zentrum des öffentlichen Lebens, das Forum. Überall regen anschauliche Wandmalereien vom Leben in den Gasthäusern die Phantasie des Betrachters an. J. J. P.

PONTAC Die nur in SÜDAFRIKA bekannte charaktervolle Rotweinrebsorte ist wahrscheinlich im 17. Jh. von Südwestfrankreich dorthin gelangt. Der Name könnte sogar von der Familie de Pontac stammen, deren Bordeaux-Weine damals weithin bekannt waren (siehe BORDEAUX). Die Rebe bringt Wein hervor, der sich durch dunkle Farbe und rustikalen Geschmack auszeichnet. Es sind nur noch vereinzelte Bestände erhalten, vor allem in Klein Constantia.

PORTALEGRE Stadt in Portugal mit einer Winzergenossenschaft, die sich durch ihre Weine eine gewisse Reputation verschafft hat. Siehe ALENTEJO.

PORTAN Wie CALADOC und CHASSAN eine von dem französischen Ampelographen Paul Truel auf der INRA-Station in Vassal gezüchtete Kreuzung, in diesem Falle Grenache Noir × Portugais Bleu (Blauer Portugieser). Er wollte auf diese Weise eine Grenache-ähnliche Sorte schaffen, die auch in den kühleren Gegenden des Midi zur Reife gelangt. Sie wird nur in sehr beschränktem Umfang angebaut, ist aber für den Vin de Pays d'Oc zugelassen.

PORTO, früher **Oporto.** Die zweitgrößte Stadt Portugals, ein wichtiges Handelszentrum, hat dem PORTWEIN den Namen gegeben. Die unter schwierigen Bedingungen im DOURO-Tal flußaufwärts von Porto gewachsenen Trauben

Blick von Vila Nova de Gaia über den Douro auf PORTO, die Stadt, die dem Portwein den Namen gab.

werden dort gekeltert und zu Wein verarbeitet und sodann in die LODGES der Portweinhäuser in der Vorstadt VILA NOVA DE GAIA auf dem anderen Douro-Ufer gegenüber Porto gebracht. In Porto gab es schon früher eine umfangreiche Kolonie englischer Geschäftsleute, deren Treffpunkt, das FACTORY HOUSE, heute noch steht.

Oporto ist auch der Name einer Rotweinrebsorte in UNGARN (siehe PORTUGIESER); die Behörden der EUROPÄISCHEN UNION möchten sie allerdings gern in KÉKOPORTO (Blauer Oporto) umbenannt wissen.

PORTUGAIS oder **Portugais Bleu.** Die französische Form der allgemein mehr im deutschsprachigen Raum verbreiteten Rotweinrebsorte Blauer PORTUGIESER. In Frankreich wurde sie vor allem im Département Tarn, teils auf Kosten der für den roten GAILLAC zugelassenen edleren Rebsorten, sehr verbreitet angebaut; ihre Bedeutung geht nur langsam zurück.

PORTUGAL Unter den weinbautreibenden Nationen Europas ist Portugal so etwas wie ein Paradox. Das auf der Westflanke der Iberischen Halbinsel beheimatete Seefahrervolk, dem die Entdeckung so weiter Teile der NEUEN WELT zu verdanken ist, klammert sich heute an die Alte Welt. Abgeschlossen sowohl im geographischen als auch im politischen Sinn – zumindest über weite Teile des 20. Jh. bis zum Beitritt zur EUROPÄISCHEN UNION 1986 –, hat sich Portugal isoliert von anderen Ländern, selbst vom benachbarten SPANIEN, entwickelt. Dennoch verdankt der umfangreiche Weinbau, der in diesem kleinen Land herangewachsen ist, dem Handel mit dem Ausland viel.

Historisches

Die Briten hatten stets ein freundschaftliches Verhältnis mit den Portugiesen. Schon im 12. Jh. wurde vom MINHO in Nordwestportugal aus Wein nach England verschifft. 1386 besiegelte der Vertrag von Windsor eine Freundschaft, die praktisch ununterbrochen bis auf den heutigen Tag gehalten hat. Als England im 17. Jh. mit Frankreich im Krieg lag, war Portugal die natürliche Alternativquelle für Wein. Der PORTWEIN, oft «der Wein des Engländers» genannt, nahm in diesem Konflikt seinen Ursprung. Als England und Portugal 1703 den «METHUEN TREATY» unterzeichneten, in dem Zollvorteile für portugiesische Weine festgelegt wurden, hatte sich in PORTO bereits eine blühende Gemeinde von englischen und deutschen Weinhändlern etabliert. Draußen im Atlantik begann die Insel MADEIRA, ein wichtiger Handelsplatz für vorüberkommende Schiffe,

Ein für PORTUGAL charakteristisches Fliesenmosaik in einem Bahnhofsgebäude im Douro-Tal.

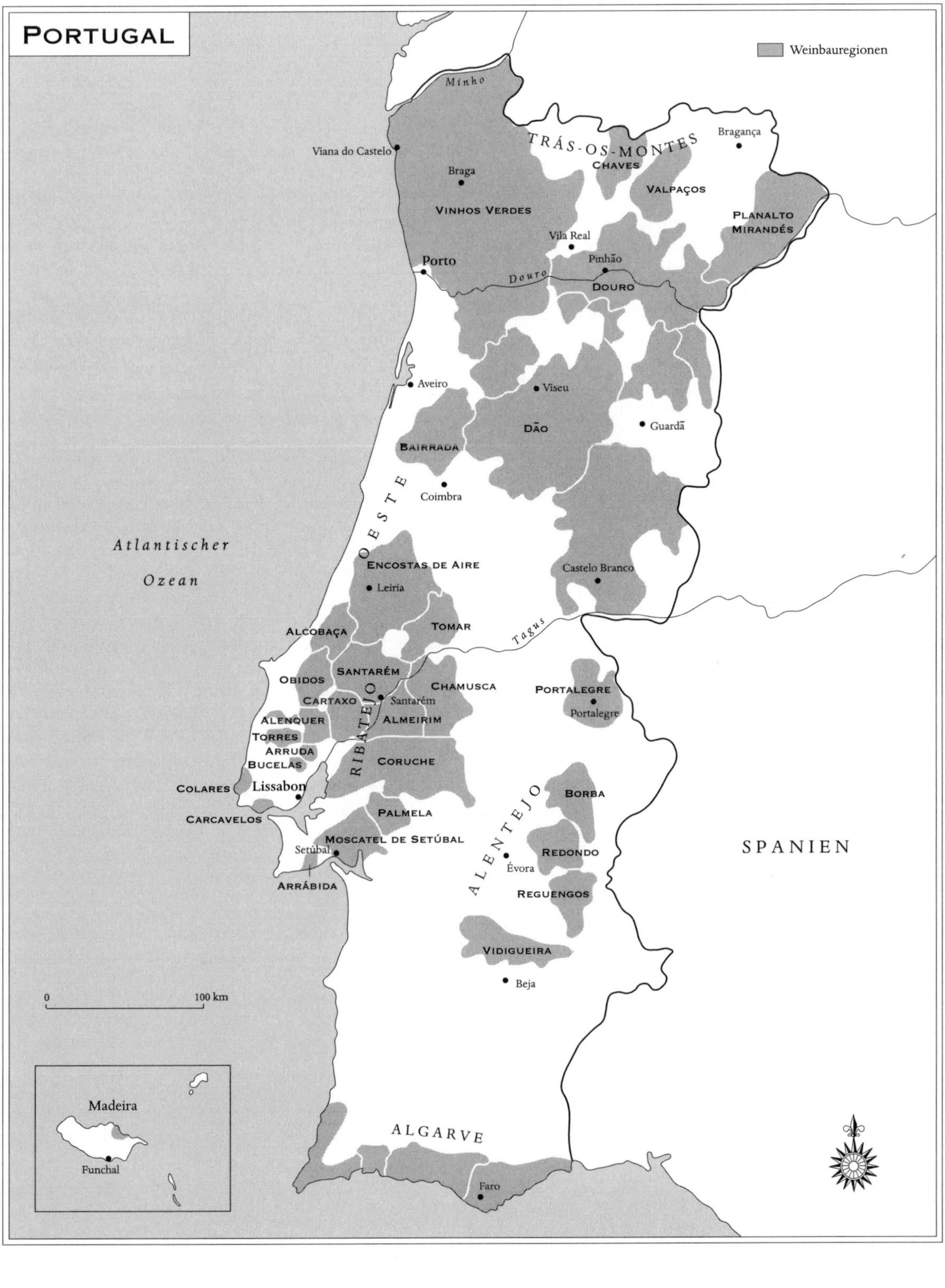
PORTUGAL
Weinbauregionen
Minho
Viana do Castelo
Braga
VINHOS VERDES
TRÁS-OS-MONTES
Bragança
CHAVES
VALPAÇOS
PLANALTO MIRANDÉS
Vila Real
Pinhão
Porto
Douro
DOURO
Aveiro
Viseu
DÃO
Guardã
BAIRRADA
Coimbra
OESTE
Atlantischer Ozean
ENCOSTAS DE AIRE
Leiria
Castelo Branco
ALCOBAÇA
TOMAR
Tagus
OBIDOS
SANTARÉM
CHAMUSCA
CARTAXO
Santarém
ALENQUER
ALMEIRIM
TORRES
ARRUDA
BUCELAS
RIBATEJO
CORUCHE
PORTALEGRE
Portalegre
COLARES
Lissabon
CARCAVELOS
PALMELA
MOSCATEL DE SETÚBAL
Setúbal
ARRÁBIDA
ALENTEJO
BORBA
REDONDO
Évora
REGUENGOS
VIDIGUEIRA
Beja
SPANIEN
0
100 km
Madeira
Funchal
ALGARVE
Faro

Wein nach den neuen Kolonien, den späteren Vereinigten Staaten von Amerika, zu exportieren und sich dort einen großen Markt an der Ostküste zu erschließen, der bis auf den heutigen Tag besteht. Der erneute Konflikt zwischen England und Frankreich über die französische Invasion der Iberischen Halbinsel im Jahr 1803 fachte die Nachfragen nach portugiesischem Wein erneut an. BUCELAS, CARCAVELOS und ein Rotwein mit dem einfachen Namen «Lisbon» waren in England bis in die 1870er Jahre populär.

In den letzten dreißig Jahren des 19. Jh. verwüstete die REBLAUS die portugiesischen Weinberge ebenso gründlich wie die des übrigen Europa. Manche Weinbaugebiete Portugals haben sich davon nie ganz erholt. Viele Winzer nahmen ihre Zuflucht zur Anpflanzung von HYBRIDREBEN, die noch immer in vielen kleinen Besitzungen im Norden und in der Mitte des Landes vorherrschen. Im 20. Jh. wandte Portugal der Welt draußen lange den Rücken zu. Nach zwanzig Jahren politischer und wirtschaftlicher Unordnung wurde 1930 der Sohn eines kleinen Landbesitzers am DÃO, der nüchterne Antonio de Oliveira Salazar, Premierminister. Sein Regime dauerte vierzig Jahre und ließ einen autoritären Einparteienstaat entstehen. Der chaotische Weinbau Portugals wurde gründlich reorganisiert. Die 1937 gegründete Junta Nacional do Vinho (JNV) führte ein Programm zur Bildung von WINZERGENOSSENSCHAFTEN durch. In knapp zwanzig Jahren wurden über hundert Genossenschaftskellereien gebaut, vor allem in Nordportugal. Zunächst bedeutete das einen großen Fortschritt, nur zu oft aber erweisen sich zentralstaatlich verordnete Systeme als unflexibel, und so ging auch hier der Qualitätsstand in der Weinerzeugung zurück.

Paradox ist hierbei wiederum, daß Portugal vor diesem Hintergrund der Abschottung nach außen einen der größten Weinerfolge der modernen Zeit hervorbrachte: den lieblichen, perlenden Rosé von MATEUS und LANCERS.

1974 wurde Portugal durch eine vom Militär angeführte Revolution erneut in Unruhen gestürzt. Doch nach zweijährigen Konvulsionen kehrten die politischen Militärs wieder in ihre Kasernen zurück, und frei gewählte Regierungen steuerten Portugal allmählich in ruhigere europäische Gewässer. Portugals Weinerzeuger haben vom Beitritt zur Europäischen Union im Jahr 1986 sehr stark profitiert. Die monopolistischen Gesetze wurden ungültig, und dank der EU-Politik der Unterstützung landwirtschaftlich unterentwickelter Gebiete flossen Mittel in das Land und halfen den Weinbau zu modernisieren, der dessenungeachtet immer noch zum großen Teil in archaischen Methoden und Technologien steckt.

Geographie und Klima

Portugal produziert eine für ein so kleines Land bemerkenswerte Vielfalt an Weinen. Das Land bildet ungefähr ein 600 km langes und 200 km breites Rechteck. Die in der großen Küstenebene wachsenden Weine sind stark von den vom Atlantik hereinwehenden Westwinden beeinflußt. Der Niederschlag, der in den Bergen nördlich von Porto Jahresdurchschnittswerte von 2000 mm erreicht, verringert sich bis auf unter 500 mm in einigen Weinbaugebieten im Landesinneren. Das gemäßigte maritime Klima mit warmen Sommern und kühlen, feuchten Wintern wird nach Süden und Osten hin extremer. Einer Jahresdurchschnittstemperatur von 10 °C in den Bergen im Norden stehen über 17,5 °C in den Ebenen im Süden gegenüber – die Spitzenwerte überschreiten häufig 35 °C.

Diese klimatischen Voraussetzungen spiegeln sich in so ungleichen Weinen, wie es der VINHO VERDE und der PORTWEIN sind, die doch in benachbarten Regionen entstehen. Weinbau gibt es in ganz Portugal, nur die höchsten Gebirge in der Mitte und im Norden tragen keine Reben. Vom Minho im Norden bis zur ALGARVE im Süden beträgt die Rebfläche fast 400 000 ha.

Rebsorten

Der portugiesische Weinbau hat sich in der Isolation entwickelt; nur eine Handvoll Rebsorten ist über die Landesgrenzen gelangt, so daß Portugal eine Insel des Weinbaus mit einer Schatztruhe voller einheimischer Traubensorten darstellt. Seit dem Ende des 19. Jh. ist jedoch wenig Forschung geschehen, und die mehr dem Zufall überlassenen Weinberge sind nicht nur für Außenstehende, sondern auch für die einheimischen Winzer *terra incognita* geblieben. Seit dem Beitritt Portugals zur EU wurden nun mehrere Studien unternommen, um die aussichtsreichsten REBSORTEN des Landes herauszufinden. Bei den Weißweintrauben stehen LOUREIRO und ALVARINHO (Vinho Verde), ARINTO (Bucelas) und FERNÃO PIRES (Ribatejo und im Süden) gutes Potential dar. Zu den besten Rotweintrauben Portugals zählen TOURIGA NACIONAL (Douro und Dão), TOURIGA FRANCESA und Tinta Roriz, Spaniens TEMPRANILLO (Douro), BAGA (Bairrada) und CASTELÃO FRANCES (im Süden auch Periquita genannt). Die internationalen Rebsorten wie CABERNET SAUVIGNON und CHARDONNAY haben bisher nur wenig Fuß gefaßt.

Weingesetze

Das Weingesetz Portugals ist älter als entsprechende Gesetze der meisten anderen europäischen Länder (siehe aber auch Tokajer in UNGARN). 1756 zog der portugiesische Premierminister, der Marquis von Pombal, eine Grenze um das Weinbaugebiet im Douro-Tal, um die Echtheit des Portweins zu schützen, und schuf damit eines der ersten Beispiele einer GEOGRAPHISCHEN FESTLEGUNG in der Welt des Weins. Zwischen 1908 und 1922 erhielten Bucelas, Cola-

Die Quinta do Bonretiro verfügt über einige der besten Lagen für PORTWEIN. Sie gehört zum Teil dem Handelshaus Ramos Pinto und zum Teil der Familie Serodio; das Traubengut geht an die SYMINGTON-Gruppe für deren Warre's Port.

res, Carcavelos, Dão, Madeira, Setúbal und Vinho Verde den Status der REGIÃO DEMARCADA (RD), 1979 und 1980 folgten Bairrada, Algarve und Douro (für Tischwein). Seit dem Beitritt Portugals zur EU ist die Bezeichnung Região Demarcada in Denominação de Origem Controlada (DOC) geändert. Als zweite Stufe wurde die Indicação de Proveniencia Regulamentada (IPR) eingeführt. Damit ist Portugals Weingesetz ungefähr auf die Gesetze der anderen EU-Mitgliedsländer abgestimmt.

Näheres über Weinbau und Weinerzeugung in den verschiedenen Regionen Portugals siehe unter ALENTEJO, ALGARVE, ARRÁBIDA, BAIRRADA, BUCELAS, COLARES, CARCAVELOS, DÃO, DOURO, OESTE, PALMELA, RIBATEJO, SETÚBAL, TRÁS-OS-MONTES, VINHO VERDE und PORTWEIN. Die für den Weinbau bedeutende Insel MADEIRA ist ein autonomer Teil Portugals. R. J. M.

Bradford, S., *The Story of Port* (2. Aufl., London, 1983).
Howkins, B., *Rich, Rare & Red* (London, 1982).
Mayson, R., *Portugal's Wines & Wine Makers* (London, 1992).
Suckling, J., *Vintage Port* (New York, 1990).

PORTUGIESER oder **Blauer Portugieser.** In Österreich und Deutschland stark verbreitete Rotweinrebsorte; der Name deutet völlig zu Unrecht auf portugiesische Abstammung. Die wuchskräftige, früh reifende Rebe ist außerordentlich ertragreich; sie erbringt dank geringer Anfälligkeit für VERRIESELN ohne weiteres 160 hl/ha hellen, säurearmen Rotwein, der bei der üblichen kräftigen ANREICHERUNG für nicht an ihn Gewöhnte einen überaus lieblichen Eindruck macht.

In Niederösterreich steht Blauer Portugieser für einfachen, recht dünnen Rotwein, vor allem aus dem Pulkautal, Retz und der Thermenregion. Seine Anbaufläche ist fünfmal so groß wie die des Blauburgunders (Pinot Noir). Überhaupt ist der Blaue Portugieser nach dem Blauen ZWEIGELT die zweitmeist angebaute Rotweinrebsorte des Landes. Der Wein wird verständlicherweise wenig exportiert und lohnt auch selten größere Aufmerksamkeit.

In Deutschland wurde der Portugieser in der Anbaufläche in den 1970er Jahren vom SPÄTBURGUNDER überholt, aber in den 1990er Jahren erfuhr er eine gewisse Wiederbelebung für die Erzeugung von Rotweinen für den anspruchslosen Durst. 1990 betrug die deutsche Anbaufläche von Portugieser 4000 ha, davon die Hälfte in der PFALZ, wo die Traube unter anderem viel einfachen WEISSHERBST produziert. Sie spielt auch in dem vorwiegend auf Rotwein spezialisierten Anbaugebiet AHR eine bedeutende Rolle; dort wird ebensoviel Wein von Portugieser erzeugt wie von Spätburgunder, für den die Region jedoch berühmter ist. (1990 belief sich die Portugieser-Anbaufläche an der Ahr auf knapp die Hälfte der mit Spätburgunder besetzten Fläche.)

Die früher unter dem Namen PORTUGAIS Bleu auch in Südwestfrankreich kultivierte Sorte ist im Anbau so bequem, daß sie sich über ganz Mitteleuropa und darüber hinaus verbreitet hat. In UNGARN und RUMÄNIEN heißt sie Oporto, in Nord-KROATIEN Portugizac Crni oder Portugaljka.

Anlieferung von GAMAY-Trauben bei der Genossenschaftskellerei FLEURIE, einer der angesehensten Frankreichs. Hier im BEAUJOLAIS wird praktisch nur diese eine Traubensorte angebaut.

PORTWEIN Ein durch AUFSPRITEN, d. h. durch Zusetzen von Brandy zum gärenden Traubenmost bereiteter süßer, alkoholstarker roter, manchmal auch weißer Wein. Der Name Portwein stammt von PORTO, der zweitgrößten Stadt PORTUGALS, von wo aus dieser Wein seit über dreihundert Jahren von englischen Handelshäusern verschifft wird. Die Portweinproduktion ist von Jahr zu Jahr stark unterschiedlich; sie lag zu Beginn der 1990er Jahre im Durchschnitt bei 55 Millionen l, das entspricht etwa zwei Dritteln des ganz andersartigen, jedoch ebenso berühmten aufgespriteten SHERRY aus Spanien.

Port-ähnliche Weine entstehen auch an anderen Stellen der Welt, z. B. in SÜDAFRIKA, AUSTRALIEN und KALIFORNIEN, doch innerhalb der EUROPÄISCHEN UNION ist der Gebrauch des Namens gesetzlich auf Weine beschränkt, die aus einem genau festgelegten bestimmten Anbaugebiet im DOURO-Tal in Nordportugal kommen (hier findet sich eines der ersten Beispiele einer GEOGRAPHISCHEN FESTLEGUNG).

Geschichte

Der Portwein verdankt seine Entstehung den Handelskriegen im 17. Jh. zwischen den Engländern und den Franzosen. Eine Zeitlang war der Import französischer Weine nach England verboten, und 1693 legte William III. derart überhöhte STEUERN darauf, daß die englischen Weinkaufleute geradezu nach Portugal getrieben wurden, zu dem die Engländer stets ein gutes Verhältnis hatten. Zunächst ließen sie sich an der Nordküste nieder, da ihnen die dortigen Weine aber zu dünn und adstringierend waren (siehe VINHO VERDE), zogen sie am Douro entlang landeinwärts. Hier fanden die Kaufleute Weine vor, die genau das Gegenteil dessen waren, was sie an der Küste hinter sich gelassen hatten. Durch schnelle, heftige GÄRUNG bei hohen Temperaturen entstanden hier dunkle, strenge Rotweine, die sich in London bald den Namen «Blackstrap» zuzogen. In dem Bestreben sicherzustellen, daß diese Weine in gutem Zustand in England ankamen, setzten die Kaufleute ihnen vor dem Versand kräftig Brandy zur Stabilisierung zu.

Die Entdeckung der Weinbereitungstechnik, die den Portwein ergibt, wird einem Engländer zugeschrieben, einem Weinhändler aus Liverpool, der 1678 seine Söhne nach Portugal auf die Suche nach Wein entsandte. In Lamego, einer Stadt in den Bergen hoch über dem Douro, fanden sie ein Kloster, dessen Abt dem Wein während und nicht erst nach der Gärung Brandy zusetzte, dadurch die

Tätigkeit der Hefen unterband und dabei einen süßen, alkoholstarken Wein hervorbrachte, der das Vorbild für den Portwein wurde.

Der britische Handel mit Frankreich kam zu Beginn des 18. Jh. nach dem Ausbruch des spanischen Erbfolgekriegs völlig zum Erliegen. Um diese Zeit hatte sich bereits eine ganze Reihe von Portweinhändlern fest etabliert, und 1703 unterzeichneten England und Portugal den METHUEN TREATY, in dem weitere Zollvergünstigungen für portugiesische Weine vereinbart wurden. Um 1730 wurde jedoch die noch junge Portweinindustrie durch einen Skandal erschüttert. Es war Zucker beigemischt worden und obendrein Holundersaft, um minderwertigen, wässerigen Weinen Farbe zu verleihen. Ungezügelte Überproduktion zog einen scharfen Preisverfall und einen Niedergang des Handels nach sich. Gedrängt durch Beschwerden britischer Weinhändler, wandten sich die Portweinhäuser an den damaligen portugiesischen Premierminister, den Marquis von Pombal. 1756 erließ er – teilweise um ein lukratives portugiesisches Monopol auf Portwein zu schaffen – eine Reihe von Maßnahmen, durch die der Portweinverkauf geregelt wurde. Um das Douro-Tal wurde eine Grenze gezogen und die Portweinproduktion auf das davon umschlossene Gebiet beschränkt. Die Weinberge außerhalb der offiziell anerkannten Region wurden von den Behörden kurzerhand gerodet.

Geographie und Klima

Die von Pombal vorgenommene und seit 1756 mehrfach modifizierte Grenzziehung (siehe DOURO) folgt ziemlich genau einem von Granit umgebenen Gebiet mit präkambrischem SCHIEFER. Von dem Ort Barqueiros, etwa 70 km flußaufwärts von Porto, fächert es sich zu beiden Seiten des Flusses auf und erstreckt sich bis zur spanischen Grenze. Die *terra vinhateiro*, das Weinland, wird von den Portweinhäusern kurz und bündig als «der Douro» bezeichnet. Die Weinberge sind vom Einfluß des Atlantiks durch die Serra do Marão abgeschirmt, ein Gebirge, das sich bis 1400 m Höhe erhebt. Landeinwärts wird das Klima zunehmend extremer. Der durchschnittliche Jahresniederschlag, der an der Küste etwa 1200 mm beträgt, steigt im Gebirge auf 1400 mm an und sinkt auf der anderen Seite plötzlich bis auf 400 mm bei Barca d'Alva an der spanischen Grenze ab. Die Sommertemperaturen überschreiten im Weinbaugebiet häufig 35 °C. Eine unwirtlichere Gegend für den Weinbau läßt sich nur schwer vorstellen. Die Böden sind in diesem Teil Nordportugals flachgründig und steinig. Allerdings ist das Land im Lauf von dreihundert Jahren sehr zu seinem Vorteil bearbeitet worden. Aus dem Schiefer – oft mit wenig mehr Werkzeug als Schaufel und Spitzhacke – herausgebrochene Terrassen bieten den Reben vielleicht einen Meter Boden, um ihr Wurzelwerk zu entfalten.

Die Region Douro unterteilt sich in drei offiziell anerkannte Unterzonen. Am weitesten westlich liegt Baixo (unterer) Corgo; diese Zone erstreckt sich auf das Gebiet unterhalb des Corgo, der knapp oberhalb der Stadt Régua in den Douro mündet. Hier ist die kühlste und feuchteste der drei Zonen; sie produziert die leichtesten Weine, die sich vor allem für billigen Ruby und Tawny Port eignen. Aufwärts von der Corgo-Mündung bildet Cima (oberer) Corgo das Herz des Weinbaugebiets um die Stadt Pinhão. Hier sind die Niederschlagsmengen schon weit niedriger (700 mm gegenüber mindestens 900 mm westlich von Régua), und die Sommertemperaturen sind im Durchschnitt einige Grade höher. Alle bekannten Portweinhäuser haben hier Weinbergbesitz oder QUINTAS; in dieser Gegend entsteht der größte Teil des besseren Tawny, Late Bottled Vintage und Vintage Port. Die östlichste der drei Zonen, Douro Superior, ist noch Pionierland; es gehört zwar seit langem zu dem fest eingegrenzten Weinbaugebiet, ist aber abgelegen und schwach bevölkert. Es ist auch der trockenste Teil des Gebiets, und die Durchschnittstemperaturen liegen um mindestens 3 °C höher als in Régua 50 km weiter flußabwärts. Doch die steigenden Lohnkosten zwingen die Portweinhäuser dazu, das zur spanischen Grenze hin gelegene flachere Land zu kultivieren, das sich besser für die MECHANISIERUNG eignet und dabei ein beträchtliches Potential für hochwertigen Portwein darstellt.

Weinbau

Der Weinbau am Douro hat sich in den 1970er und 1980er Jahren stark verändert, vielleicht stärker als jemals, seit die REBLAUS am Ende des 19. Jh. die Gegend verheerte und die Weinberghänge wüst und leer zurückließ. Die deutlichste Veränderung hat der Fluß selbst durchgemacht, der seit den 1960er Jahren nach und nach mit Staudämmen versehen worden ist, so daß sich eine Reihe von Seen gebildet hat. Die Weinberge auf der engen Talsohle oder unmittelbar darüber gingen verloren, und es entstanden (unbegründete) Befürchtungen bei den Portweinhäusern, daß durch höhere LUFTFEUCHTIGKEIT das MESOKLIMA verändert würde.

Aber auch die Kultivierung hat das Landschaftsbild am Douro verändert. In Anbetracht eines akuten Arbeitskräftemangels und steigender Kosten mußten sich die Anbauer nach Alternativen für die winzigen, stufenartig ansteigenden Terrassen umschauen, die mit hohen Stützmauern im 19. Jh. gebaut worden waren. Am Anfang der 1970er Jahre begannen die ersten Planierraupen ein neues Terrassensystem namens *patamares* zu schaffen. Böschungen, die durch jahreszeitlich wechselnde Vegetation zusammengehalten werden, ersetzten die kostspieligen Stützmauern, und bei weiteren Abständen zwischen den Reben – sie führen zu einer PFLANZDICHTE von 3500 Reben/ha gegenüber 6000 Reben/ha auf traditionellen Terrassen – können in den Weinbergen kleine Traktoren arbeiten.

Um etwa dieselbe Zeit entwickelten andere Anbauer die Methode, die Reben in vertikal der Hangkontur folgend auf- bzw. abwärts verlaufenden Zeilen zu pflanzen. Diese Pflanzart hat sich als echter Erfolg erwiesen, allerdings ist – sobald der Steigungswinkel 30° überschreitet – das Befahren ebenso problematisch wie die BODENEROSION. In den 1980er Jahren ermöglichten Fördermittel der Weltbank, die den Anbauern als zinsverbilligte Kredite zur Verfügung gestellt wurden, eine Welle von Neuanpflanzungen. Heute stehen die traditionellen, arbeitsaufwendigen, von manchen Anbauern tadellos instand gehaltenen Terrassen neben den eine gewisse MECHANISIERUNG ermöglichenden neuen *patamares* und den vertikal am Hang hinauflaufenden Rebzeilen.

Die meisten Weinberge am Douro werden nach dem französischen GUYOT-System geschnitten und an Drähten gezogen, die zwischen Pfählen aus dem Stein der Gegend gespannt sind. Veredelungen erfolgen meist an Ort und Stelle, und für Jungreben ist BEWÄSSERUNG unerläßlich. Die Monate Juli und August sind im allgemeinen trocken; SPRITZEN gegen PILZKRANKHEITEN ist nur im Frühsommer oder in ausnehmend nassen Jahren erforderlich. Abgesehen von den üblichen Weinbergschädlingen, die meist durch Spritzen bekämpft werden können, verursachen Wildschweine Fraßschäden und zerstören gelegentlich Neuanlagen.

Die LESE beginnt am Douro meistens Ende September und dauert drei Wochen. Dann werden die steilen Weinbergterrassen von den Leserkolonnen belebt, die aus den Dörfern der weiteren Umgebung herbeiströmen (siehe auch LESETRADITIONEN).

Rebsorten

Über achtzig verschiedene Rebsorten sind für die Produktion von Portwein zugelassen, aber nur wenige Anbauer wissen genau, welche Rebsorten in ihren Weinbergen wachsen. Alle außer den erst ganz neu angelegten Anpflanzungen enthalten einen Mischbestand an Reben, oft stehen zwanzig oder gar dreißig verschiedene Rebsorten in einem Weinberg beisammen. In den letzten Jahren haben jedoch einige größere Handelshäuser, insbesondere Ramos-Pinto und COCKBURN, eigene Forschungen über die Portweintraubensorten angestellt und sich die besten herausgesucht, die jetzt in getrennten Beständen und nicht mehr gemischt angepflanzt werden. TOURIGA NACIONAL, TINTA BARROCA, TOURIGA FRANCESA, Tinta Roriz (in Spanien TEMPRANILLO) und TINTA CÃO sind die fünf bevorzugten dunklen Traubensorten, aber auch SOUSÃO, TINTA AMARELA und MOURISCO finden bei manchen Anbauern Anklang.

Gouveio (vermutlich VERDELHO), Malvasia Fina und Viosinho gelten allgemein als mit die besten Traubensorten für weißen Port.

Portweinbereitung

Rasche EXTRAKTION von FARBE und TANNINEN ist das Wesentliche an den verschiedenen Bereitungsverfahren für roten Portwein. Da die GÄRUNG durch das Aufspriten bereits nach zwei bis drei Tagen abgebrochen wird, verbringt der Most eine sehr viel kürzere Zeit in Berührung mit den Schalen als bei der normalen ROTWEINBEREITUNG. Daher muß die MAISCHUNG so kräftig wie nur möglich ausfallen.

Bis zum Beginn der 1960er Jahre wurden alle Portweine so ziemlich auf die gleiche Art bereitet. Jedes Weingut besaß eine Kellerei mit LAGARES, flachen Steintrögen, meist aus Granit, in denen die Trauben gestampft und vergoren wurden. Manche sind noch heute in Gebrauch, vor allem in den kleinen privaten Quintas, und viele der feinsten für Vintage oder gealterte Tawny-Verschnitte bestimmten Portweine werden noch immer in *lagares* gestampft. Der menschliche Fuß, so viele unerfreuliche Assoziationen auch mit ihm verknüpft werden mögen, ist doch das ideale Werkzeug zum Zerkleinern der Trauben, denn er bricht die Schalen auf, ohne die Kerne zu verletzen, die ja nur bittere PHENOLE in den Wein abgeben würden.

Das Traubengut gelangt gewöhnlich in grobgeflochtenen Körben mit etwa 60 kg Inhalt in die Kellerei. Die *lagares* werden im Lauf eines Tages nach und nach gefüllt und von den Lesern selbst gestampft, die dann am Abend bis über die Knie in einer purpurroten Masse waten (siehe auch LESETRADITIONEN). Die meisten *lagares* fassen 10–15 PIPES (5500–8250 l), in großen Quintas gibt es auch *lagares* mit einem Fassungsvermögen von bis zu 30 Pipes. Eine Faustregel besagt, daß pro Pipe zwei Mann zum Stampfen eines *lagars* gebraucht werden. Die Gärung setzt unter der Wirkung einheimischer HEFEN ein. Der dabei entstehende Alkohol und die Wärme, die sich in der Masse aus Saft, Schalen und Stielen entwickelt, begünstigen die Extraktion der für den Charakter des Portweins so wichtigen Phenole. Nach zwei- bis dreistündigem methodischem Stampfen beginnt der HUT aus Schalen und Stielen auf der Oberfläche zu schwimmen. Das regelmäßige UNTERTAUCHEN dieses Huts geschah früher mit spitzenbewehrten Stangen von über die *Lagar*-Becken gelegten Planken aus.

Nach 24–35 Stunden Gärdauer ist der Gehalt an Traubenzucker im gärenden Most von ursprünglich 12 bis 13° BAUMÉ auf 6–8° Baumé abgesunken. Je nachdem, wie süß der Wein bleiben soll, wird er aus dem *lagar* in einen Tank abgezogen, der bereits zu einem Fünftel mit AGUARDIENTE, d. h. WEINGEIST mit einem Alkoholgehalt von 77 %, gefüllt ist. Wenn sich die Spirituose mit dem Wein mischt, werden die Hefen abgetötet, und die Gärung kommt zum Erliegen. In diesem Stadium wird der Most zum jungen, süßen, feurigen Port mit einem Alkoholgehalt von 19–20 % vol.

In den 1960er und 1970er Jahren wurde das Stampfen in *lagares* nach und nach weniger üblich. Das Douro-Tal und die abgelegene Region TRÁS-OS-MONTES, woher die Leserkolonnen früher kamen, litten unter einer ausgeprägten Landflucht, weil die jungen Leute in die Städte und ins Ausland gingen und dort ein besseres Auskommen suchten. Um die

Mitte der 1960er Jahre konnten viele der großen Weingüter nicht mehr die nötigen Arbeitskräfte für das Traubenaustreten finden, und die Handelshäuser sahen sich nach anderen, weniger arbeitsaufwendigen Methoden der Weinbereitung um.

Einige Portweinhäuser, z. B. Cockburn's und Sandeman, schaffen das sogenannte *Movimosto*-System an, um den Weingütern über die Arbeitskräfteknappheit wegzuhelfen. Hierbei werden die ganzen Trauben durch eine Traubenmühle gegeben und dann in einen *lagar* zum Gären abgekippt. Der Most wird nicht mehr gestampft, sondern aus dem *lagar* hochgepumpt und auf die Mitte des Huts gesprüht. Doch die Pumpe war zu schwach für die große Oberfläche, und der Hut wurde nicht kräftig genug aufgelockert, um gute Extraktion zu gewährleisten. Als Folge davon fehlte es vielen nach diesem System bereiteten Weinen an Farbe und Struktur, und so wurde das System im wesentlichen wieder aufgegeben.

Als die Arbeitskräfteknappheit sich verschlimmerte, weil viele junge Männer gegen Ende der 1960er Jahre eingezogen und in den afrikanischen Kolonien Portugals in den Krieg geschickt wurden, gaben die meisten Portweinerzeuger die *lagares* ganz auf. Viele abgelegene Besitzungen hatten keine Elektrizitätsversorgung, und so bauten die Portweinhäuser Zentralkellereien, wohin das Traubengut aus den Weingütern der Umgebung gebracht werden konnte. Die meisten waren mit AUTOVINIFIKATIONS-Tanks ausgerüstet, die sich als brauchbare Alternative zu den *lagares* erwiesen, weil sie keine Energiezufuhr von außen brauchen. Der resultierende Wein wird auf die gleiche Weise aufgespritet wie einst die fußgestampften Weine.

Viele Kellereien sind auch mit Vertikalpressen ausgerüstet, und die Masse der Traubenschalen und -stiele, die nach dem Stampfen oder Keltern übrigbleibt, wird in eine PRESSE geschaufelt, um den noch darin befindlichen Most herauszudrücken. Der dabei gewonnene dunkle, strenge Wein wird abgezogen, für sich aufgespritet und entweder später mit dem übrigen Wein vermischt oder zum Verstärken eines schwachen Weins benutzt.

Weißer Port entsteht weitgehend nach dem gleichen Verfahren wie roter, also mit HÜLSENMAISCHUNG während der Gärung. Früher wurden auch die weißen Trauben in *lagares* gestampft, heute jedoch werden sie ohne Autovinifikation in Tanks aus Zement oder Edelstahl zusammen mit den Schalen vergoren. Die Gärtemperaturen liegen oft ziemlich hoch, und die Schalen geben sowohl Farbe als auch Tannine an den Wein ab. Einige Erzeuger vergären heute auch mit Temperaturregelung, nachdem der Most von den Schalen abgezogen ist. Auf diese Weise entsteht saubererer, leichterer, erfrischenderer, nicht so strenger weißer Portwein, manchmal mit geringerem Alkoholgehalt von nur 16,5 oder 17 %.

Der Weingeist zum Aufspriten des Portweins wurde früher von in Portugal gewonnenem Wein, meist aus der Region OESTE nördlich von Lissabon, gebrannt; in neuerer Zeit wird er zum größten Teil importiert – er stammt aus dem großen europäischen WEINSEE. Bis 1992 mußte die Spirituose von der Casa do Douro bezogen werden, die den Preis festsetzte und die Verteilung überwachte. Dieses Monopol wurde von der EU aufgehoben, so daß die Erzeuger heute den Weingeist einkaufen können, wo sie wollen, sofern er der Norm von 77 % Alkoholgehalt entspricht.

Für Vergleichszwecke ist unter VIN DOUX NATUREL Näheres über ähnliche Bereitungsverfahren bei französischen Erzeugnissen nachzulesen.

Organisationsform

Um die Mitte der 1990er Jahre bewirtschafteten insgesamt 28 000 Anbauer am Douro eine Rebfläche von 33 000 ha. Jeder einzelne Weinberg ist bei der Casa do Douro, dem 1932 als Vertretung der Anbauer geschaffenen amtlichen Gremium, registriert.

Die Weinberge am Douro sind nach einem komplizierten Punktbewertungssystem in sechs verschiedene Kategorien mit den Bezeichnungen A bis F eingestuft. 12 verschiedene Merkmale, u. a. Lage, Himmelsrichtung, Wetterschutz und Hangneigung, finden dabei Berücksichtigung, und jedes dieser Merkmale hat einen bestimmten in Punkten ausgedrückten Wert. In der Theorie kann ein Weinberg maximal 1680 Punkte erreichen, doch schon ab 1200 Punkten wird er in die Stufe A aufgenommen. Weinberge mit weniger als 200 Punkten gehören in die Stufe F. Auf dieser Grundlage setzt die Casa do Douro die jährliche *Beneficio*-Genehmigung fest, d. h. sie verteilt die Gesamtmenge an Port, die in dem betreffenden Jahr gewonnen werden darf. Diese wird jährlich von der Aufsichtsbehörde der Portweinindustrie, dem Instituto do Vinho do Porto (IVP), errechnet.

Anschließend ergehen die Genehmigungen an die einzelnen Anbauer über die Menge an Traubenmost, die für Portwein aufgespritet werden darf. Die Menge ist von Jahr zu Jahr unterschiedlich, normalerweise aber dürfen Weingüter der Stufen A und B 550–600 l auf jeweils 1000 Reben produzieren, während Weingüter der Stufe F nur selten die Genehmigung erhalten, überhaupt Portwein herzustellen. Der Überschuß wird meist zu Tischwein verarbeitet, der über eine eigene *Denominação* verfügt, aber einen viel geringeren Preis einbringt (siehe DOURO).

Dieses 1947 eingerichtete Qualitätskontrollsystem hat der Portindustrie vier Jahrzehnte lang gut gedient, doch der Druck auf Reformen stieg, als die Casa do Douro 1990 ihrer Integrität dadurch Abtrag tat, daß sie Anteile an Royal Oporto, einem der größten Portweinhäuser, kaufte. Nach einer Zeit chronischer Instabilität wurde um die Mitte der 1990er Jahre beschlossen, das duale System von Casa do Douro und IVP durch ein einziges Aufsichtsgremium zu ersetzen, das sowohl die Anbauer als auch die Handelshäuser vertritt.

Nach der Vinifikation verbleibt der Großteil des Jungweins bis in das Frühjahr nach der Lese in der QUINTA, dem Weingut, und wird dann flußabwärts in die LODGES der Handelshäuser in VILA NOVA DE GAIA auf dem anderen Douro-Ufer gegenüber Porto gebracht. Früher fuhren Boote mit flachem Kiel, die sogenannten *barcos rabelos*, beladen mit Pipes voll Port, durch die Stromschnellen des Douro, doch seit in den 1960er Jahren der Fluß gestaut ist, geschieht der Transport fast ausschließlich mit höchst prosaischen Tanklastwagen.

Bis 1986 mußte der für den Export bestimmte Portwein von Vila Nova de Gaia aus verschifft werden. Allerdings wurde diese Regel bereits vor einiger Zeit gelockert, und es war den Anbauern erlaubt, ihren eigenen Portwein direkt vom Douro aus zu versenden. Dennoch bleiben die meisten Handelshäuser dabei, ihren Portwein in Gaia zu reifen, wo sie auch ihre Verwaltungsbüros haben. Zum Teil mag dies auf Trägheit zurückzuführen sein; allerdings gelten das kühlere Klima und die ausgeprägt hohe Luftfeuchtigkeit an der Küste doch auch als günstig für die langsame Faßreifung (siehe dagegen DOURO BAKE).

Wie die Anbauer durch die Casa do Douro vertreten und kontrolliert werden, müssen sich die Handelshäuser in Vila Nova de Gaia der Autorität des Instituto do Vinho do Porto unterwerfen. Die Inspektoren dieser Behörde kontrollieren die Bewegungen aller Vorratsbestände. Dadurch wird sichergestellt, daß die Portweinhäuser das sogenannte Zweidrittelgesetz *(lei dos dois terços)* beachten, das es den Portweinhäusern untersagt, in einem Jahr mehr als ein Drittel ihrer Vorräte zu verkaufen. Die Portweinhäuser müssen ausführliche Aufzeichnungen führen, damit sie dem IVP jederzeit nachweisen können, daß die Eingänge mit den Ausgängen übereinstimmen. Das IVP ist außerdem befugt, eine Probe aus jeder Portweinsendung zu analysieren und einer Geschmacksprüfung zu unterziehen, bevor es das Garantiesiegel erteilt, das jede Flasche Portwein, die Porto verläßt, am Hals trägt.

Der Markt für Portwein hat sich seit dem 2. Weltkrieg dramatisch verändert. Der sogenannte «Wein der Engländer», der überall getrunken wurde, in Gentlemens Clubs ebenso wie in Pubs an der Straßenecke, wurde zum «Wein der Franzosen», als zu Beginn der 1960er Jahre die französischen Importe an *le porto* (meist billiger Faßport) die englischen überholten. Der britische Markt wird ebenso wie der US-amerikanische noch immer von den Portweinhäusern stark beschickt, vor allem von den Firmen britischer Abstammung wie COCKBURN, CROFT, SANDEMAN, TAYLOR sowie von den SYMINGTONS, die eine Mehrheitsbeteiligung an Firmen wie Dow, Graham und Warre besitzen.

Portstile

Portwein gibt es in zwei Hauptkategorien: als faßgereifter oder als flaschengereifter alkoholangereicherter Wein. Faßgereifter Port, auch kurz «Holzport», wird in Holzfässern, manchmal auch Zementtanks gealtert und ist nach SCHÖNUNG, FILTRATION und ABFÜLLUNG trinkreif. Für FLASCHENALTERUNG bestimmter Port wird dagegen nur kurz im Faß ausgebaut und dann ohne Filtration in Flaschen abgefüllt. Es kann dann bis zu 20 oder gar 30 Jahre dauern, ehe ein solcher Wein wirklich genußreif ist. Innerhalb dieser beiden Hauptkategorien gibt es viele verschiedene Portstile. Zu Beginn der 1990er Jahre war die Gesetzgebung hierüber noch vage (obwohl die Portweinhäuser das IVP drängten, das bisherige System zu reformieren, das viele verwirrende, um nicht zu sagen irreführende Bezeichnungen zuläßt. Es gestattet sieben nur unscharf definierte Stile sowie eine beliebige Zahl von Sonderbezeichnungen. Worte wie «Reserva», «Superior» und «Velhissimo» (sehr alt) sind auf Portweinetiketten neben den Markennamen häufig zu sehen, haben aber praktisch nichts zu bedeuten.

Ruby Einer der einfachsten und preiswertesten Portstile. Der Wein wird nach zwei bis drei Jahren Alterung in großen Behältern jung abgefüllt, solange er tief rubinrote Farbe und starken, feurigen Charakter aufweist. Jungweine aus mehreren Jahrgängen werden in verschiedenen Behältern gereift (Holz, Zement und gelegentlich Edelstahl), dann verschnitten, gefiltert und abgefüllt. Manchmal wird zur Stabilisierung auch PASTEURISIERUNG angewendet; es kann dann ein «Kochgeschmack» entstehen, oft aber ist guter Ruby mit seinem unkomplizierten Maulbeeraroma ein schönes, wärmendes Getränk. Als in England in den 1960er Jahren Ruby mit Zitronensaft aus der MODE kam, ließen viele Portweinhäuser die Bezeichnung Ruby zugunsten selbsterfundener Markennamen fallen.

Tawny Die Bezeichnung Tawny steht für eine verwirrend große Palette an Portstilen. Theoretisch ist darunter ein Wein zu verstehen, der länger im Faß gereift ist als ein Ruby, bis er schließlich seine rote Farbe verliert und eine bernsteinbraune, «tawny» genannte Färbung annimmt (siehe ALTERUNG). In der Praxis jedoch reift viel Tawny-Port heutzutage nicht länger als Ruby und wird deshalb auch zu einem ähnlichen Preis angeboten. Der Unterschied zwischen einem kommerziellen Ruby und seinem als «Tawny» ausgegebenen Pendant besteht meist darin, daß ein Ruby einen Verschnitt fülliger, dunkler Weine darstellt, während Tawny oft von leichteren Weinen aus den kargeren Weinbergen von Baixo Corgo gewonnen ist, wo die Trauben nur selten so voll ausreifen, daß sie große Tiefe oder Intensität der Frucht erreichen. Die Vinifikationsmethoden können auch so gewählt werden, daß Weine mit schwächerer Farbe entstehen, und überdies ist es noch möglich, die Farbe des Verschnitts durch Beimischung von etwas weißem Port so zu beeinflussen, daß er anstatt bernsteinbraun eher blaßrot erscheint. Viele Massen-Tawnys bleiben auch länger als andere Weine am oberen Douro, damit die Wärme dort den Reifevorgang beschleunigt (siehe DOURO BAKE). So entstehen Weine, die oft einen leichten braunen Schimmer am Rand zeigen, aber nicht die angenehm frische, fruchtige Art aufweisen, die sonst mit jungen Port in Verbindung gebracht wird. In Frankreich werden preiswerte, leichte Tawny-Ports dieses Typs gern als Aperitif getrunken, und die Belieferung dieses Markts ist für viele große Portweinhäuser zur Haupttätigkeit geworden.

Faßgereifter Tawny Wird Portwein länger als sechs Jahre zur Reifung im Faß belassen, dann beginnt er mit zunehmender Polymerisierung der PHENOLE die als tawny bezeichnete Farbe und einen milden, seidigen Charakter anzunehmen. Solcher Tawny wird meist auf dem Etikett mit einer Altersangabe versehen. Allerdings sind die Ausdrücke 10, 20, 30 oder «over 40 years old» nur als Annäherungswerte zu verstehen, denn Tawny-Port ist stets ein Verschnitt aus Weinen verschiedenen Alters. Die Bestimmungen hierüber sind bewußt vage gehalten, so daß die meisten faßgereiften Tawnys vom IVP geprüfte und als Wein mit einem der Angabe auf dem Etikett entsprechenden Charakter genehmigte Produkte darstellen. Diese Art Tawnys entsteht aus Weinen höchster Qualität, die in Jahren, in denen kein Jahrgang «deklariert» wird, auf Lager genommen werden – andernfalls würden sie als Vintage Port gelten. Sie reifen in Fässern in der Kühle der *lodges* von Gaia, bis das Portweinhaus sie für reif zum Verschneiden und Abfüllen hält. Auf den Etiketten muß verzeichnet werden, daß der Wein in Holz gereift ist, und auch das Abfülldatum muß angegeben sein, weil faßgereifter Tawny Port eventuell verderben kann, wenn er zu lange in der Flasche liegt. Nach dem Öffnen der Flasche oxidiert er ziemlich rasch und büßt die Delikatesse seiner Frucht ein, wenn er zu lange in der angebrochenen Flasche steht. Die Portweinerzeuger selbst trinken im Sommer einen gut gekühlten faßgereiften Tawny lieber als alle anderen Arten. Der delikate, nußwürzige Charakter eines ausgereiften Tawny paßt besser zum Klima und Temperament des Douro als die deftige, würzige Art des Vintage Port, der sich in kühlerem Klima viel besser ausnimmt.

Vintage Port Dieser teuerste Portstil hat kaum 1 % Anteil am Gesamtumsatz von Portwein; trotzdem ist er es, dem wohl die meiste Aufmerksamkeit gilt. Vor allem die britischen Portweinhäuser haben dem Vintage Port eine Art Flaggschiffrolle zugewiesen; er wird in spekulativer Erwar-

Verladen von PORTWEIN-Fässern bei der Quinta dos Malvedos am Douro im Jahr 1891.

tung «deklariert», wenn sowohl die Qualität des Weins als auch der Markt selbst dafür geeignet erscheinen. Dabei ist Vintage Port einer der am einfachsten zu bereitenden Weine der Welt. Weine aus einem einzigen Jahrgang (VINTAGE) werden nach zwei bis drei Jahren Ausbau im Faß miteinander verschnitten und abgefüllt. Anschließend wird dieser Wein zum größten Teil verkauft, und der Kunde übernimmt die Pflege auf die Dauer von 15, 20, 30 oder mehr Jahren, bis der Wein endlich genußreif ist. Vintage Port unterscheidet sich von anderen Stilen allerdings auch in der Qualität des Traubenguts, von dem er entsteht. Nur Trauben aus den besten Lagen von Cima Corgo, gelesen in optimalem Reifezustand nach einem hervorragenden Sommer, werden zur Bereitung von Vintage Port herangezogen. Auch dann noch ist nichts gewiß, bis der Erzeuger ein Jahr nach der Lese genügend Zeit hatte, über die Charakteristiken des Weins und des Markts Beobachtungen anzustellen. Ist der Kellermeister nach wiederholten Geschmacksprüfungen der Ansicht, daß er eine genügende Menge an hochwertigem Wein zur Verfügung hat, der die «Deklaration» als Jahrgang rechtfertigt, dann reicht er im zweiten Jahr nach der Lese beim IVP Proben ein und macht Angaben darüber, wieviel Wein er herauszubringen gedenkt. Erst wenn die Genehmigung dafür erteilt ist, darf der Jahrgang deklariert werden. Wein mit dem Potential für Jahrgangsport entsteht in den meisten Quintas jedes Jahr, deklariert wird er aber erst, wenn auch die Menge an Wein in feinster Qualität ausreicht und der Markt für einen neuen Vintage Port als aufnahmefähig genug gilt (1931 war ein klassisches Beispiel für einen qualitativ superben Jahrgang, der doch aus rein kommerziellen Gründen von den meisten Portweinhäusern nicht deklariert wurde). Die Deklarationen erfolgen sehr unregelmäßig, grob gesagt aber sind bisher in jedem Jahrzehnt etwa drei Jahrgänge deklariert worden. Vintage Port gilt seit jeher, allerdings nicht immer zu Recht, als für die KAPITALANLAGE höchst geeignet. Da er längere Flaschenreife benötigt als so ziemlich jede andere Art von Wein, sind die Flaschen für Vintage Port besonders dick, dunkel und robust. Die in ihrer Jugend mit einem sehr hohen Gehalt an Phenolen versehenen Weine weisen mit der Zeit einen starken BODENSATZ auf und erfordern beim DEKANTIEREN und SERVIEREN größte Sorgfalt.

Colheita Das portugiesische Wort bedeutet «Ernte», «Lese» und im weiteren Sinn auch «Jahrgang»; portugiesischer Colheita-Port ist jedoch ganz anders als Vintage Port. Eine Colheita ist wohl am besten als ein Tawny Port aus einem einzigen Jahrgang zu verstehen; das Lesedatum erscheint auf dem Etikett. Der Vorschrift nach muß Colheita-Port mindestens sieben Jahre lang im Faß gereift sein, die meisten haben aber eine wesentlich längere Faßreife durchgemacht. Weine dieser Art nehmen alle Nuancen eines faßgereiften Tawny an, bringen darüber hinaus aber auch noch den Jahrgangscharakter zum Ausdruck. Das Abfülldatum muß stets angegeben werden, und gewöhnlich sollte Colheita-Port ein Jahr nach diesem Datum getrunken sein.

LBV Late Bottled Vintage Port ist im 4. bis 6. Jahr nach der Lese abgefüllter Wein aus einem einzigen Jahrgang. Es haben sich zwei verschiedene LBV-Stile entwickelt: einerseits der sogenannte «traditionelle» LBV, der ohne Filtration oder sonstige Behandlung abgefüllt wird, so daß er wie Vintage Port vor dem Servieren dekantiert werden muß. Solcher Wein stammt meist aus guten, jedoch nicht deklarierten Jahrgängen und ist früher trinkreif als Vintage Port – etwa vier bis sechs Jahre nach der Abfüllung.
Der zweite LBV-Stil ist verbreiteter. Es handelt sich hierbei um Wein, der vor der Abfüllung gefiltert und kaltstabilisiert wurde, damit er keinen Bodensatz entwickelt. Das ist an und für sich keine schlechte Sache (das Dekantieren ist für Restaurants immer eine lästige Angelegenheit), doch allzu scharfe Filtration führt zu Einbußen an Charakter. Die meisten gefilterten LBV-Portweine bilden daher nur einen schwachen Abglanz der Intensität und Frucht eines traditionellen LBV. So mancher, der stolz den Begriff Vintage und ein Jahrgangsdatum auf dem Etikett führt, ist in Wahrheit nichts Besseres als ein einfacher Ruby. Es gibt Bestrebungen, das Wort «Vintage» überhaupt vom Etikett zu verbannen und nur die Bezeichnung Late Bottled – oder kurz LB – zusammen mit dem Lesedatum zuzulassen.

Vintage Character Eigentlich eine echte Fehlbezeichnung, denn solche Weine sind durchaus nicht das Produkt eines einzelnen Jahrgangs, und höchstens ganz wenige von ihnen zeigen wirklich den Charakter eines solchen. Auch hier sind die Bestimmungen wieder nur vage, aber in der Theorie ist Vintage-Character-Portwein besserer, fünf bis sieben Jahre meist in großen Holzfässern gereifter und vor dem Abfüllen gefilterter Ruby. Dieser Stil zielt weitgehend auf den britischen Markt ab.

Single-Quinta Vintage Wie im 18. und 19. Jh. in Frankreich das CHÂTEAU entwickelt sich heute in Portugal die QUINTA als weinerzeugendes Gut; viele der bekannteren Quintas am Douro sind im Besitz von Portweinhäusern (z. B. gehört TAYLOR die Quinta da Vargellas, während die Quinta do Bomfim mit Dow, die Quinta da Cavadinha mit Warre und die Quinta dos Malvedos mit Graham verbunden sind). Single-Quinta Port wird so ziemlich auf dieselbe Art und Weise bereitet wie Vintage Port, zwei bis drei Jahre im Faß gereift und ohne Filtration abgefüllt, d. h. er bildet ein Depot (muß also vor dem Servieren dekantiert werden). Allerdings gibt es einige wesentliche Unterschiede zwischen dem Single-Quinta Port und dem deklarierten Vintage Port. Zunächst werden von den Portweinhäusern Single-Quinta Ports stets in guten (nicht aber hervorragenden) Jahren, die nicht als Jahrgang deklariert werden, herausgebracht. In deklarierten Jahrgängen bilden sie dagegen das

Rückgrat des Vintage-Verschnitts und stehen deshalb als selbständige Weine nicht zur Verfügung. Außerdem werden viele Single-Quinta Ports von den Portweinhäusern so lange zurückgehalten, bis sie vielleicht acht bis zehn Jahre nach der Lese als genußreif gelten können. 1986 erhielten die Single Quintas – man kann auch sagen Einzellagen – am Douro kräftigen Auftrieb dadurch, als die Vorschrift, Portwein müsse stets über VILA NOVA DE GAIA exportiert werden, gelockert wurde; das öffnete einer Reihe kleiner Weinbergbesitzer, die früher immer gezwungen gewesen waren, ihre Weine an die großen Firmen zu verkaufen, einen neuen Weg (allerdings hatten die großen Portweinhäuser mit ihrem etablierten Vertriebsnetz anfänglich größeren Erfolg mit ihren Single-Quinta-Weinen).

Crusted oder Crusting Port Diese Art wird nach der «Kruste», dem starken Depot, das sie in der Flasche bildet, so genannt. Trotz der so recht verkrustet anmutenden Bezeichnung handelt es sich dabei um eine ziemlich neue Kreation britischer Handelshäuser, die auf die Vintage-Port-Enthusiasten abzielt, obwohl das vielgeliebte Wort Vintage auf dem Etikett gar nicht erscheint (Crusted Port stammt niemals aus einem einzigen Jahrgang, sondern ist stets ein jung und ohne Filtration abgefüllter Verschnitt von Weinen aus mehreren Jahren). Wie bei Vintage Port entwickeln diese Weine während der Flaschenreife ein Depot und müssen vor dem Servieren deshalb dekantiert werden. Mit dem traditionellen LBV hat der Crusted oder Crusting Port gemeinsam, daß damit dem Portweinliebhaber ein dunkler, körperreicher Wein zu einem wesentlich günstigeren Preis als Vintage Port geboten wird.

Garrafeira Das Wort GARRAFEIRA, das Weinkeller oder Reserve bedeutet, ist mit potugiesischem Tischwein häufiger verknüpft als mit Portwein. Nur wenige Portweinhäuser pflegen die Tradition des Garrafeira-Ports aus einem einzigen Jahr, der (wie manche MADEIRAS) nach einer kurzen Faßreife eine längere Zeit in 5- oder 10-l-Ballonflaschen zubringt. Nach 20, 30 oder 40 Jahren wird der Wein vom Bodensatz abgezogen und in normale 75-cl-Flaschen abgefüllt. Er vereint tiefe Fruchtigkeit mit der delikaten, seidigen Art des Tawny-Port. Die holländische Firma Niepoort hält diese Tradition aufrecht.

White Port Ernest Cockburn bemerkte einmal: «Die erste Pflicht des Portweins ist es, rot zu sein.» Nichtsdestoweniger wächst auch eine beträchtliche Menge Weißweintrauben in den Weinbergen am Douro, und alle Portweinhäuser produzieren in gewissem Umfang weißen Port. Er wird so ziemlich auf dieselbe Weise bereitet wie der rote, nur ist die MAISCHUNG während der Gärzeit viel kürzer; in manchen Fällen findet sie überhaupt nicht statt. Weingeist wird zum Abstoppen der Gärung an etwa demselben Punkt beigemischt wie beim roten Port, und so entsteht ein meist mittelsüßer Wein mit fettem, traubigem Charakter. Die meisten White Ports – auch die als «dry» oder «extra dry» bezeichneten – weisen eine gewisse RESTSÜSSE auf. Intensiv süße Weine, wie sie hauptsächlich für den Inlandsmarkt bereitet werden, heißen ihrer VISKOSITÄT wegen «lagrima» – Träne (siehe auch MÁLAGA). Manche Handelshäuser produzieren einen weiteren, etwas trockeneren weißen Port unter der Bezeichnung «leve seco» (leichter trockener). Die Alkoholstärke dieser Weine liegt bei 16,5–17 % anstatt wie sonst üblich bei 19–20 %. White Port wird in den meisten Fällen höchstens 18 Monate – gewöhnlich in Tanks aus Zement oder Edelstahl – gereift. Faßalterung verleiht dem weißem Portwein Charakter, goldene Farbe und einen ausgeprägten trockenen, nußwürzigen Geschmack. Manchmal wird weißer Portwein auch mit billigem Tawny verschnitten.

Moscatel Die Traubensorte, eine der dreißig im White Port zugelassenen, wird manchmal auch SORTENREIN zu einem süßen, alkoholangereicherten Weißwein mit dem charakteristischen Traubenaroma des Muskatellers bereitet (siehe MUSCAT).

Siehe auch DOURO, PORTO, VILA NOVA DE GAIA sowie COCKBURN, CROFT, FERREIRA, FONSECA, QUINTA DO NOVAL, SANDEMAN, SYMINGTON und TAYLOR. R. J. M.

Mayson, R., *Portugal's Wines & Wine Makers* (London, 1992).
Metcalfe, C., und McWhirter, K., *The Wines of Spain & Portugal* (London, 1988).

PORTZANGE Ein besonderes Werkzeug zum Öffnen einer PORTWEIN-Flasche so hohen Alters, daß der Korken vermutlich beim Ansetzen eines KORKENZIEHERS zerbröckeln würde. Die speziell geformte Zange wird in einer Flamme erhitzt und an den Flaschenhals gesetzt, und dieser wird anschließend sofort mit einem kalten, feuchten Tuch abgekühlt. Durch die plötzliche Temperaturänderung entsteht eine saubere Bruchstelle. Die Zange kann natürlich auch an anderen Flaschen ehrwürdigen Alters benutzt werden.

POTENTIELLER ALKOHOLGEHALT Ein Maß für den Zuckergehalt eines Weins bzw. Mosts; es gibt den bei vollständig vergorenem Zucker insgesamt möglichen ALKOHOLGEHALT an. Beispielsweise hat ein Sauternes mit einem Alkoholgehalt von 13 % und einem RESTZUCKER von 7 % einen potentiellen Alkoholgehalt von 20 %.

POTTER VALLEY AVA-Bereich in Kalifornien. Siehe MENDOCINO.

POUILLY-FUISSÉ Bedeutende APPELLATION CONTRÔLÉE für Weißwein im MÂCONNAIS (Burgund). Sie ist ganz auf die Chardonnay-Traube beschränkt und erstreckt sich auf 850 ha in den Gemeinden Fuissé, Solutré (hierzu gehört auch das Dorf Pouilly), Vergisson und Chaintré (siehe auch

MÂCON VILLAGES). Es heißt, daß die vollmundigsten Weine aus Fuissé und Solutré kommen, die aus Vergisson sind etwas leichter, aber dafür elegant. PREMIER-CRU-Lagen gibt es in dieser Appellation nicht, doch an Pouilly-Fuissé dürfen Einzellagennamen angefügt werden.

Die Trauben wachsen an besonders sonnigen Stellen unterhalb der eindrucksvollen Felsklippen von Solutré und Vergisson, die das Ende des KALKSTEIN-Plateaus bilden, auf dem alle Burgunder außer dem Beaujolais entstehen. Der Boden am Fuß der Felsen ist angeblich gedüngt durch die Tiere, die einst von steinzeitlichen Jägern über die Klippe getrieben wurden. Die Weine der Gegend sind körperreich und reif, erreichen normalerweise aber nicht die Eleganz feiner Weine von der Côte de Beaune. Sie werden meist nach einjährigem FASSAUSBAU abgefüllt und entfalten sich danach noch schön in der Flasche – das gilt besonders für die Weine von Château de Fuissé und Guffens-Heynen. Die Preise können je nach der Nachfrage, die in dem betreffenden Jahr auf den wichtigsten Exportmärkten herrscht, stark schwanken.

Das Dorf Pouilly gibt auch noch zwei angrenzenden schlichteren Appellationen den Namen: **Pouilly-Vinzelles** und **Pouilly-Loché**. Die letztere steht für lediglich 37 ha und ist daher selten anzutreffen, darf aber sowieso auch als Pouilly-Vinzelles auf den Markt gebracht werden. Die örtliche WINZERGENOSSENSCHAFT ist die Hauptquelle für beide Weine.

J. T. C. M.

POUILLY-FUMÉ, auch **Pouilly Blanc Fumé** und **Blanc Fumé de Pouilly.** Einer der berühmtesten Weine von der Loire, ein duftiger, trockener Weißwein, der den Inbegriff der SAUVIGNON-BLANC-Traube bildet (neben den benachbarten MÉNÉTOU-SALON, QUINCY, REUILLY und insbesondere SANCERRE). Hier wird Sauvignon oft Blanc Fumé genannt, weil sein Wein auf dem vorwiegend von KALKSTEIN mit einem gewissen Gehalt an Flint *(silex)* gebildeten Boden angeblich ein rauchiges Aroma, einen Duft von Feuerstein *(pierre à fusil)* annimmt. Tatsächlich sind die Weine stark, manchmal fast aufdringlich duftig, und es gehört schon viel Lokalkenntnis dazu, um bei einer Blindverkostung einen Sancerre und einen Pouilly-Fumé auseinanderhalten zu können. Es wird nur etwa halb soviel Pouilly-Fumé produziert wie weißer Sancerre, und anders als in Sancerre gilt die AC Pouilly-Fumé nur für Weißwein. Bester Pouilly-Fumé (beispielsweise der von Didier Dageneau) ist vielleicht dichter, ambitionierter und langlebiger als Sancerre – er ist beispielsweise nach zwei bis sechs und nicht ein bis vier Jahren zu trinken (freilich gibt es, wie immer beim Wein, auch hier Ausnahmen). Im berühmtesten Weingut, dem prächtig mit Türmen gezierten Château du Nozet von de Ladoucette, gibt es Flaschen, die beweisen, daß sich der Pouilly-Fumé jahrzehntelang halten kann – ob er dabei wirklich gewinnt, ist freilich Geschmackssache. Manche Erzeuger begannen um die Mitte der 1980er Jahre mit Faßgärung und Faßausbau in EICHE zu experimentieren, und so werden die Weine der Gegend mit jedem Jahrgang komplexer.

Die Appellation trägt den Namen des Städtchens Pouilly-sur-Loire auf dem rechten Loire-Ufer im Département Nièvre. Die Bezeichnung **Pouilly-sur-Loire** trägt auch der nicht so markante VDQS-Wein des Gebiets; er ist meist etwas dünn und kurzlebig und wird in sehr viel kleineren Mengen von der CHASSELAS-Traube gekeltert, die hier im 19. Jh. Weine für die Tafeln von Paris erbrachte. Der für den Pouilly-sur-Loire geforderte Mindestalkoholgehalt beträgt 9 % im Vergleich mit 11 % für Pouilly-Fumé. In den 1970er und 1980er Jahren war der Pouilly-Fumé von der MODE stark begünstigt, und so erweiterte sich die Sauvignon-Anbaufläche beträchtlich. Mit die besten Lagen befinden sich an den Hängen über der Loire nördlich von Pouilly bis Sancerre.

POULSARD, auch **Plousard.** Seltene Spezialität im JURA, eine Rotweinrebsorte, die sich dort im Lauf vieler Jahrhunderte an die Besonderheiten von Klima und Boden angepaßt hat. Sie gedeiht besonders gut in den nördlichen Weinbaugegenden des Jura. Ihre großen, langen, dünnschaligen Trauben ergeben hellen, durch seinen Duft gekennzeichneten Wein. Die Sorte ist so pigmentschwach, daß sie zu Weißwein verarbeitet werden kann und besonders feinen Roséwein erbringt, der eine Woche lang auf den Schalen liegen kann, ohne zu dunkel zu werden. Schließlich aber bringt sie ihr besonderes Aroma auch in einen Verschnitt von Poulsard, TROUSSEAU und zunehmend Pinot Noir ein. In geringerem Umfang wird sie in BUGEY angebaut und heißt dort oft Mescle.

POURRITURE franz. FÄULE. *Pourriture noble* ist EDELFÄULE. *Pourriture grise* ist GRAUFÄULE.

PRÄDIKAT In Deutschland ein durch das MOSTGEWICHT bestimmtes Unterscheidungsmerkmal, das mit steigendem Reifegrad zunehmend interessante Weine verspricht: Nach dem DEUTSCHEN WEINGESETZ wird der Qualitätswein mit Prädikat (QMP) in KABINETT, SPÄTLESE, AUSLESE, BEERENAUSLESE, EISWEIN und TROCKENBEERENAUSLESE eingeteilt.

In ÖSTERREICH ist Kabinett nicht im **Prädikatswein** eingeschlossen; hier lautet die Einteilung nach steigendem Mostgewicht Spätlese, Auslese, Strohwein, Eiswein, Beerenauslese, AUSBRUCH und Trockenbeerenauslese.

PRAMAGGIORE siehe LISON-PRAMAGGIORE.

PRÄMIERUNGEN Ein guter Platz in einer bedeutenden Prämierung kann für den Absatzerfolg eines Erzeugers viel ausmachen; deshalb sind manche Weinetiketten mit MEDAILLEN und dergleichen geschmückt, und die Preislisten mancher Handelshäuser strotzen geradezu von aufgezählten

Auszeichnungen. Bei derartigen Schaustellungen ist allerdings darauf zu achten, daß es sich bei den genannten Prämierungen um neuere und angesehene handelt und daß der preisgekrönte Wein auch wirklich derselbe war wie der in der angebotenen Flasche. Eine der ambitioniertesten und erfolgreichsten internationalen Weinprämierungen ist die unter der Ägide der Zeitschrift *Wine* jedes Jahr im Mai in London stattfindende. Sie zieht Tausende von Teilnehmern aus aller Welt an, und die auf ihr mit Goldmedaillen ausgezeichneten Weine sind meist auch wirklich von ausgezeichneter Qualität. Allerdings darf nicht übersehen werden, daß nur wenige der angeseheneren Weinerzeuger der Welt sich an solchen Prämierungen beteiligen und auf keinen Fall solche, die nur sehr geringe Mengen produzieren. So ist es schwer vorstellbar, daß auf einer Prämierung wirklich die besten Weine ausgezeichnet werden und nicht nur die besten von denen, die durch eine Teilnahme etwas zu gewinnen haben.

Siehe auch WEINBEURTEILUNG.

PRÄ-PHYLLOXERA Beliebter Ausdruck zur Unterscheidung europäischer, vor allem französischer Weine aus der Zeit, bevor die verheerende Reblausepidemie am Ende des 19. Jh. die Weinberge verwüstete, gegenüber Weinen von auf reblausfeste amerikanische Unterlagsreben veredelten Ertragsreben. In der ersten Hälfte des 20. Jh. kam verständlicherweise eine ausgedehnte Diskussion über die jeweiligen Vorzüge der Weine aus der Zeit vor und nach der Reblaus auf, wobei – vielleicht notwendigerweise – die Auffassung vorherrschte, daß die frühere Generation von Weinen eindeutig die bessere war. Wie unter REBLAUS noch näher erörtert, lag das aber wohl nicht am Veredeln selbst, daß ein so deutlicher Qualitätsabfall eintrat, sondern an den VIRUSKRANKHEITEN, die mit den reblausresistenten VEREDELUNGSUNTERLAGEN von der anderen Seite des Atlantiks in die europäischen Weinberge eingeschleppt wurden.

PRÄZIPITATE Feststoffe, die sich aus dem Wein am Boden von Fässern oder Tanks absetzen.

Im technischen Sinn ist zwischen Feststoffen, die sich aufgrund von Reaktionen oder Temperaturveränderungen aus der Lösung niederschlagen, und Schwebeteilchen, d. h. gelösten Feststoffen, die sich aus der Lösung absetzen, wenn sie zur Ruhe kommen, zu unterscheiden. Demzufolge sind also die Fragmente von Stielen, Fruchtfleisch, Schalen und Kernen sowie die toten Hefezellen, die sich als GELÄGER am Boden ablagern, nicht Präzipitate im strengen Sinn, während spätere Ausfällungen von WEINSTEIN-Kristallen und oxidierten PHENOLEN als solche zu bezeichnen sind. In der Praxis bilden beide Gruppen und auch die KOLLOIDE für den Kellertechniker allerdings Präzipitate. A. D. W.

PREDICATO Ein in den 1980er Jahren von einer Gruppe qualitätsbewußter Erzeuger in der TOSKANA für ihre neuen, ganz oder größtenteils von «internationalen» (d. h. französischen) Rebsorten produzierten und in kleinen Fässern aus Eiche ausgebauten Weine gewählter Name. Die Bezeichnung Predicato stellte den Versuch dar, Ordnung in die sich rasch mehrende Gruppe hochwertiger Weine zu bringen, die außerhalb des DOC-Systems im Rahmen der Kategorie VINO DA TAVOLA entstanden. Predicato del Selvante bedeutete SAUVIGNON BLANC, Predicato del Muschio war CHARDONNAY, Predicato del Cardisco stand für SANGIOVESE, während Predicato di Biturica ursprünglich auf eine CABERNET-SAUVIGNON-Basis hinwies, allerdings hatte sich dieser inzwischen zu einem Verschnitt aus Cabernet und Sangiovese hin entwickelt.

Dieser Versuch, die sich entfaltende Kategorie Vino da Tavola zu organisieren und zu ordnen, hatte allerdings wenig Erfolg. Weil bei der Initiative die Großkellereien, insbesondere Ruffino, eine dominierende Rolle spielten, waren nur wenige kleine Erzeuger und vor allem nicht die qualitativ maßgeblichen bereit, an der Sache mitzuarbeiten.

1993 wurde die Bezeichnung Predicato in Capitolare (Klassifikationskapitel) umgeändert, einerseits um den Weinen einen eindeutiger italienischen Namen zu geben, andererseits aber auch, um den deutschen Erzeugern, die diese Bezeichnung als dem Qualitätswein mit PRÄDIKAT zu ähnlich empfanden, entgegenzukommen. D. T.

PREIS Der Weinpreis ist für den Verbraucher der wohl wichtigste Aspekt, während für den Traubenanbauer der variable Traubenpreis im jeweiligen Weinbaujahr das höchste Interesse beansprucht. Der Preis für Weinbergland verhält sich nicht unmittelbar proportional zum Preis der darauf wachsenden Trauben.

Traubenpreise

Weintrauben sind überall in der Welt ein wichtiges Wirtschaftsgut, und die Geschicke vieler ländlicher Gemeinden steigen und fallen mit den Traubenpreisen. Obwohl der Verbraucher im allgemeinen den Eindruck hat, daß Weintrauben meist von Weingütern angebaut werden, die ihr Lesegut dann selbst verarbeiten, so ist das doch weit von der Wirklichkeit entfernt. Der weitaus größte Teil der Weintrauben der Welt wird als frische Frucht verkauft und unabhängig vom Traubenanbauer durch kommerzielle Großkellereien oder WINZERGENOSSENSCHAFTEN verarbeitet.

Die Mittel und Wege für die Festlegung der Traubenpreise sind von Region zu Region unterschiedlich. Normalerweise werden sie unter Berücksichtigung von Angebot und Nachfrage und der jeweiligen Jahrgangscharakteristiken jährlich neu festgesetzt. Ein im Auftrieb befindlicher Weinmarkt stützt die Traubenpreise, gleichgültig wie groß die Ernte ist, weil manche Kellereien versuchen, den anderen Traubengut zu entziehen, indem sie höhere Preise zahlen. Bei gedrücktem Markt dagegen kommt es nicht selten vor, daß sogar Frucht am Weinstock bleibt (z. B. 1978 in

Coonawarra, Südaustralien), weil die Erntekosten höher wären als der potentielle Erlös. In vielen Gegenden, vor allem in Europa und Südafrika, wird überschüssiges Traubengut zu Alkohol destilliert, der dann selbst oft eine ÜBERSCHUSSPRODUKTION darstellt.

Normalerweise werden Trauben nach REBSORTEN und Zuckergehalt gehandelt. In den meisten Regionen gibt es ein Aufsichtsgremium, das die Traubenpreise überwacht. Beispielsweise verfügt in Bordeaux der Conseil Interprofessionnel du Vin de Bordeaux (CIVB) über einen aus Weinerzeugern und NÉGOCIANTS zusammengesetzten Ausschuß, der die Märkte für Trauben und Wein zu ordnen bemüht ist. Der CIVB dokumentiert nicht nur den Weinabsatz, er interveniert auch gelegentlich selbständig auf dem Markt und kauft beispielsweise in Jahren mit hohem Angebot Weinvorräte zum Einlagern auf. Im Elsaß gibt es viele Winzer mit kleinem Weinbergbesitz, und das dortige Comité Interprofessionnel du Vin d'Alsace (CIVA) verfügt ebenfalls über einen mit Winzern und *négociants* besetzten Ausschuß. Das CIVA setzt die Preise für Trauben nach Rebsorten und Zuckergehalt fest. Die regionale Organisation in der Champagne ist die älteste ihrer Art in Frankreich; ihre Befugnisse und Dienstleistungen gehen über die Ermittlung der Traubenpreise hinaus. Das Comité Interprofessionnel du Vin de Champagne (CIVC) setzt die Traubenpreise über eine relativ komplexe Reihe von Berechnungen fest (siehe CHAMPAGNE).

Für viele europäische Winzer werden die Traubenpreise von Genossenschaften festgesetzt, und obwohl die dabei angewendeten Formeln vielleicht nicht so starr sind wie früher in der Champagne, so müssen sie doch ebenso die Verhältnisse von Angebot, Nachfrage und Traubenqualität berücksichtigen. In weiten Teilen der Neuen Welt verkaufen viele Anbauer ihr Traubengut an Weinkellereien. In Australien legen vom Gesetz dazu vorgesehene Gremien Mindestpreise fest. In den USA handeln die einzelnen Anbauer die Preise frei mit selbständigen Weinkellereien aus; allerdings können sie auch freiwillige Mitglieder in Verbänden werden, die dann Richtpreise festsetzen. Die amerikanische Regierung veröffentlicht jeweils die in einem Jahr gezahlten Preise.

Ein Grundproblem beim An- und Verkauf von Weintrauben ist, daß ihr wahrer Wert erst dann in Erscheinung tritt, wenn sie zu Wein geworden sind bzw. wenn dieser auf den Markt kommt. Die Zuckerkonzentration in den Trauben ist das gebräuchlichste Maß, das der Traubenqualität zugrunde gelegt wird. Das ist besonders für Traubengut aus kühlem Klima von maßgeblicher Bedeutung, wo nun einmal von Trauben mit höherem MOSTGEWICHT auch bessere Weine erzeugt werden können. In warmem bis heißem Klima ist es dagegen nicht schwierig, den gewünschten Zuckergehalt zu erzielen, so daß dort andere Aspekte der TRAUBENZUSAMMENSETZUNG für die Qualität ausschlaggebender sind. Fortschrittliche Weinkellereien haben dort Programme zur Traubenbeurteilung entwickelt, die es ermöglichen, Anbauer, die hochwertige Frucht anliefern, besser zu bezahlen. Solche Programme können ebensogut auf der Weinberglage wie auf der Methode der Weinbergpflege, vielleicht sogar auf einer gründlichen chemischen ANALYSE der Frucht beruhen. In manchen Kellereien werden die Weine von Trauben verschiedener Anbauer getrennt gehalten, und daher können Leistungszuschläge gezahlt werden. So verfahren beispielsweise führende kalifornische Kellereien wie Robert MONDAVI und Simi, doch der Mangel an Verständnis und Einmütigkeit im Hinblick auf Weinbergfaktoren, die sich auf die Weinqualität auswirken, dürfte die verbreitetere Anwendung von Bonussystemen für Traubengut wohl noch verzögern. R. E. S.

Weinbergpreise

Wein ist ein anerkanntes Naturprodukt, und so wird auch weitgehend akzeptiert, daß die Herkunftsregion, ja sogar die Weinberglage großen Einfluß auf die Weinqualität ausübt. Die eventuelle Wirkung der Weinberglage auf die Weinqualität wird an anderer Stelle erörtert (siehe KLIMA UND WEINQUALITÄT, BODEN UND WEINQUALITÄT und WEINBAU). Es braucht nicht erst gesagt zu werden, daß Weinberglagen mit bekannt hoher Weinqualität auch mit hohen Preisen für Grund und Boden verbunden sind. Die vielleicht deutlichsten Beispiele hierfür sind in der Region Bordeaux anzutreffen, wo teilweise dank der KLASSIFIKATIONS-Systeme für die Châteaux auch die Landpreise klar geschichtet sind. Beispielsweise lag 1993 der Preis für bepflanztes Weinbergland mit Anspruch auf die einfache AC Bordeaux zwischen 100 000 und 180 000 FF pro Hektar, dagegen war das renommierte Château Petit-Village in POMEROL einige Jahre vorher für 10 000 000 FF pro ha verkauft worden (was allgemein als ein ungeheurer Preis galt).

In Burgund, wo die geographische Festlegung noch viel exakter gehandhabt wird, schwanken die Bodenpreise in ähnlicher Weise. Hier sind die Appellationsgrenzen besonders maßgebend. So kann beispielsweise Land in der Appellation MEURSAULT das Mehrfache dessen kosten, was der Boden gerade jenseits der Grenze in ST-AUBIN kostet. Im NAPA Valley in Kalifornien betrugen die Bodenpreise 1993 bis zu 125 000 $ pro ha, während nahegelegenes Land ohne das Renommee des Namens Napa Valley für weit weniger als die Hälfte zu haben war. In Australien wurde für den Weinbau geeignetes Land auf dem berühmten TERRA-ROSSA-Boden in COONAWARRA 1993 für 25 000 A-$ pro ha verkauft, während benachbartes Land ohne Terra-Rossa-Boden (als Weideland) vielleicht nur 2000 A-$ pro ha kostete.

Interessant ist, daß es noch weite Landstriche gibt, die nach Boden und Klima für den wirtschaftlichen Anbau hochwertiger Weintrauben geeignet sind, aber erst noch «entdeckt» und bestockt werden müssen. Inzwischen haben sie nur den Wert, den ihnen die gegenwärtige Landnutzung verleiht. In vielen Fällen kann es sich um billiges Weideland handeln. Beispielsweise sind an der Hawkes Bay in Neuseeland Weinberge oft auf Böden angelegt, die auch für andere gartenbauliche Zwecke geeignet wären und daher 1993 mit 20 000 NZ-$ pro ha relativ hoch bewertet waren. Weiter südlich liegen jedoch weite Flächen mit magerem, steinigem Grund, die wegen ihrer Dürregefährdung nicht einmal als Weideland besonders geschätzt sind, sich für den Weinbau aber sehr wohl eignen. Bevor dies in der Mitte der 1980er Jahre erkannt wurde, lag der Wert dieser Flächen nur bei 5000 NZ-$ pro ha, doch der Erfolg der wenigen dort inzwischen angelegten Weinberge hat den Wert auf über 10 000 NZ-$ pro ha hinaufgetrieben. Ähnliche Phänomene zeigen sich auch in anderen Ländern, wo der Weinbau in bisher nicht genutzte Gegenden eindringt, beispielsweise in Chile. R. E. S.

Weinpreise
Der Preis eines Weins ist unter anderem abhängig vom Preis des Traubenguts, den Lohnkosten, dem Wert der Kellerei oder der darauf liegenden Schulden, der Preispolitik des Herstellers, der Preispolitik von mit dem Vertrieb befaßten Händlern, den Kosten für TRANSPORT, ABFÜLLUNG, Etikettierung, Vermarktung, ganz abgesehen von ZOLL und STEUERN. Das Hauptinteresse des Weinerzeugers besteht darin, die Rentabilität des eigenen Betriebs zu maximieren, ohne sich dadurch den Ruf der Gewinnsucht einzuhandeln.

Die für den Verbraucher interessante Frage lautet dagegen, inwieweit die Einzelhandelspreise, die oft um mehr als das Tausendfache schwanken können, einen Indikator für die Weinqualität bilden. Die Antwort muß lauten: keinen besonders genauen. Der Preis eines Weins kann durch die verschiedensten Faktoren so gedrückt werden, daß er der Konkurrenz gegenüber sehr billig ist. In manchen Ländern ermöglichen die wirtschaftlichen Voraussetzungen – übersetzt in die Währungen eventueller Importländer – außerordentlich niedrige Produktionskosten (z. B. in PORTUGAL zu Beginn der 1990er Jahre). Wechselkursschwankungen haben oft sehr viel größere Auswirkungen auf die Weinpreise, als den meisten Weinfreunden bewußt ist. Der enorme Anstieg der Nachfrage nach 1982er Bordeaux in den USA war zum Teil die Folge der Stärke des US-Dollars gegenüber dem französischen Franc im Jahr 1983, als die Käufe EN PRIMEUR getätigt wurden. Auch andere politische Ereignisse können sich auf die Weinpreise auswirken. Der Sturz des Kommunismus in Osteuropa hinterließ WEINÜBERSCHÜSSE beispielsweise in BULGARIEN, UNGARN und JUGOSLAWIEN, von wo aus vorher große Mengen in die Sowjetunion geliefert worden waren. Der Wunsch der sich nun neu aufbauenden Wirtschaft dieser Länder nach harten westlichen Währungen veranlaßte sie, viele Güter, u. a. Wein, zu außerordentlich knapp kalkulierten Preisen oder im Rahmen von Tauschgeschäften zu exportieren. Gewisse Länder kommen auch in den Genuß von Vorzugszöllen.

Die Preispolitik kann generell auf das Ziel abgestimmt werden, in einem neuen Markt Fuß zu fassen, wie SÜDAFRIKA es nach der Aufhebung der Sanktionen zu Beginn der 1990er Jahre tun mußte. Sie kann aber auch darauf gerichtet sein, Preise zu stützen, und zwar in der Erwartung, daß hohe Preise automatisch Respekt und Prestige einbringen – eine Erscheinung, die oft mit bestimmten Weinen aus KALIFORNIEN einhergeht.

Alle diese Überlegungen wirken sich auf die Preise eines Weins aus, wenn er erstmals zum Verkauf angeboten wird. Wer sich mit dem SAMMELN VON WEIN befaßt oder ihn als Kapitalanlage nützen will, interessiert sich natürlich dafür, was mit den Preisen für FEINEN WEIN im Lauf der Zeit geschieht. Unter KAPITALANLAGE und AUKTIONEN ist näher ausgeführt, daß dies von dem Wein selbst, von der Länge der Zeit und auch vom Seltenheitswert eines gegebenen Weins, seiner Herkunft, seinem Zustand und dem allgemeinen Zustand des Markts abhängt.

Die gewöhnlichen Sterblichen unter den Weinfreunden dürften mit einer gewissen Befriedigung zur Kenntnis genommen haben, was mit der teuersten Flasche Wein der Welt geschah, die 1985 bei Christie's für 105 000 £ versteigert wurde: Sie wurde aufrecht unter warmen Lampen zur Schau gestellt, so daß der Korken unbemerkt eintrocknete und in die Flasche rutschte. So oxidierte der Wein und wurde ungenießbar.

PREMIER CRU (wörtlich: «erstes Gewächs»), auch **Premier Cru Classé.** Der oberste Rang in mehreren französischen KLASSIFIKATIONEN; ihm gehören z. B. in BORDEAUX die Châteaux LAFITE, LATOUR, MARGAUX, MOUTON-ROTHSCHILD (im MÉDOC), HAUT-BRION (in GRAVES) sowie ohne offiziellen Klassifikationsrang, aber dennoch unumstritten der Spitzenstar von POMEROL, Château PÉTRUS an. Für die Spitzengüter von ST-ÉMILION, AUSONE und CHEVAL BLANC, sowie für Château d'YQUEM in SAUTERNES gilt als besondere Rangbezeichnung **Premier Grand Cru (Classé)**.

In BURGUND steht die dort häufige Lagenbezeichnung Premier Cru eine Stufe über VILLAGE, jedoch eine Stufe unter GRAND CRU (dort der höchste Rang).

PREMIÈRES CÔTES DE BORDEAUX An die zur Gruppe der Côtes de BORDEAUX gehörende APPELLATION CONTRÔLÉE werden vergleichsweise höhere Qualitätsanforderungen gestellt. Sie erstreckt sich von nördlich der Stadt Bordeaux 60 km weit bis Langon in einem schmalen Streifen am Südwestrand der AC ENTRE-DEUX-MERS (dagegen ist das Schwemmland unmittelbar an der GARONNE nur als AC Bordeaux qualifiziert). Der Boden ist sehr unterschiedlich, die Hügel erheben sich vom Flußufer mit sehr wertvollem kies- oder kalkhaltigem Terrain. Auf dem Plateau zwischen den Hügeln und der Grenze zu Entre-Deux-Mers herrscht Tonboden vor. Etwa 2200 ha sind mit Rotweinrebsorten, vor allem MERLOT, besetzt; darüber hinaus entstehen in dieser Gegend als der einzigen in der Gruppe der Côtes de Bordeaux auch süße Weißweine in größerer Menge von

SÉMILLON, SAUVIGNON BLANC und MUSCADELLE; die Bezeichnung lautet seit 1991 **Premières Côtes de Bordeaux Cadillac.** (Dies ist nicht weiter verwunderlich, denn die Premières Côtes umgeben die für süße Weißweine eingerichteten Appellationen CADILLAC, CÉRONS und STE-CROIX-DU-MONT.) Es gibt hier eine deutlich hervortretende Anzahl ambitionierter Erzeuger vor allem von Rotwein, dem es zwar vielleicht am Alterungspotential der berühmteren Bordeaux-Weine fehlt, der aber nichtsdestoweniger im Alter von drei bis fünf Jahren preiswerteren Genuß bietet. (Siehe auch BORDEAUX.)

Die Appellation Bordeaux-St-Macaire (siehe AC BORDEAUX) bildet im wesentlichen eine Erweiterung der Premières Côtes de Bordeaux nach Südosten.

PRESSAC Auf dem rechten Ufer im Weinbaugebiet Bordeaux gebräuchliches Synonym für Cot oder MALBEC.

PRESSE Die **Weinpresse** ist ein sehr altes Werkzeug zum Trennen des Safts der Weintrauben von ihren festen Bestandteilen. Weinpressen und -keltern stellen mit die ältesten Beweisstücke für die URSPRÜNGE DES WEINBAUS dar. Schon im Altertum wurden Keltern in sehr unterschiedlicher und erfindungsreicher Form verwendet. Siehe auch ÄGYPTEN und GRIECHENLAND.

Antike Pressen

CATO (*De agricultura* 18–19) gibt im 2. Jh. v. Chr. die erste ausführliche Beschreibung eines Kelterhauses. Er berichtet über eine Hebelpresse oder Baumkelter. Sie stand auf einer erhöhten Plattform mit erhabenem Rand, die ein flaches, zu einem Auslauf hin leicht geneigtes Becken bildete. Die Presse bestand aus einem langen, schweren, horizontalen Balken, der hinten in einen an einem Zapfen angebrachten Schlitz eingepaßt war und vorn zwischen zwei Zapfen lief. Das vordere Ende des Balkens war über ein Seil mit einer Winde verbunden. Das Keltergut wurde unter den Balken geschüttet, und sodann wurde durch Abwärtswinden des Endes Druck angelegt. Mit zunehmender Verdichtung des Kelterguts wurden in den Schlitz Keile eingetrieben, um den Angelpunkt tiefer zu verlegen. Im Lauf der Zeit erfuhr diese Konstruktion mehrfach Verbesserungen. Am Ende der Republik oder zu Beginn der Kaiserzeit wurde PLINIUS zufolge (*Naturgeschichte* 18.317) eine «griechische» Presse eingeführt, bei der die Winde durch eine senkrecht stehende, manchmal mit einem schweren Gegengewicht versehene Schraubspindel ersetzt war. In Italien und an vielen anderen Stellen sind archäologische Funde gemacht worden, aus denen die Verwendung von Pressen hervorgeht. Oft werden sie – wie von Plinius empfohlen – paarweise vorgefunden. In allen römischen Schriften über die Landwirtschaft außer in denen des Palladius wird das Vorhandensein von Weinpressen vorausgesetzt. Allerdings war die Presse ein technisch kompliziertes und daher teures Ausrüstungsstück und wurde deshalb durchaus nicht überall verwendet. Auf vielen Landgütern finden sich zwar Becken zum Austreten der Trauben, aber keine Hinweise auf Pressen. Es ist nicht klar, ob der ausgetretene Most von dem ausgepreßten getrennt gehalten wurde. Die Traubenmasse konnte auch einer zweiten Pressung unterzogen werden, doch diese wurde dann sorgfältig getrennt gehalten. Zum Schluß wurden die Trester noch in Wasser eingeweicht, daraus wurde *lorca*, ein Haustrunk für die Hilfsarbeiter, gewonnen (VARRO, *De re rustica* 1.54) – ein Vorläufer von PIQUETTE. J. J. P.

Rossiter, J. J., FIINE AND OIL PROCESSING AT ROMAN FARMS IN ITALY, *Phoenix*, 35 (1981), 345–361.
White, K. D., *Farm Equipment of the Roman World* (Cambridge, 1975), 112–115.

Moderne Pressen

Im Lauf der vergangenen tausend Jahre hat sich die Weinpresse dann zu der heute üblichen, ziemlich komplizierten Maschine entwickelt. Die im Mittelalter vor allem von Mönchsorden benutzten **Korbpressen** waren schwere Geräte aus Holz. In ihnen wurden die Trauben unter einem Holzdeckel gepreßt, der genau in einen zylindrischen, aus Holzdauben zusammengesetzten und durch hölzerne Reifen zusammengehaltenen Korb paßte. Der Most trat durch die Lücken zwischen den Dauben aus und lief in einen untergestellten Bottich ab. Traditionelle, meist mit einem mächtigen Hebel ausgestattete Pressen dieser Art gibt es noch, und in Burgund und manchen Teilen Italiens sind sie sogar noch in Betrieb. Ähnliche, meist kleinere, von Hand oder hydraulisch betriebene Korbpressen sind in vielen nicht vollständig mechanisierten Kellereien der Alten Welt anzutreffen; die meisten Erzeuger in der CHAMPAGNE und in SAUTERNES arbeiten nach wie vor mit Varianten dieser Vertikalbauart, obwohl sie viel Zeit und Arbeit erfordern.

In der modernen **Horizontalpresse** ist das Prinzip der Korbpresse einfach auf die Seite gelegt. Grundsätzlich sind Einzelchargenpressen und kontinuierlich arbeitende Pressen zu unterscheiden – die letzteren werden allerdings nicht bei der Erzeugung von feinem Wein eingesetzt. In den meisten Einzelchargenpressen wird der Most oder die Maische gegen eine Siebwand gedrückt. Der erforderliche Druck kann durch einen Kolben oder eine Scheibe wie bei der alten Korbpresse oder auf schonendere Weise durch einen aufblasbaren **Ballon** ausgeübt werden, der bei seiner Ausdehnung die Maische gegen die Wände eines Siebzylinders andrückt. Die Firma Vaslin baut in großem Umfang horizontale Trommelpressen, während die Herstellernamen Willmes und Bucher vor allem mit der Ballonpresse verknüpft sind. Zum Teil werden diese Horizontalpressen für Einzelchargen auch als TANKPRESSEN bezeichnet, weil sie völlig geschlossen sind, um die Berührung des Kelterguts mit Luft möglichst gering zu halten.

Kontinuierliche Pressen arbeiten weniger schonend, meist mit einer Schnecke oder einem Förderband. Die

siprem

Schneckenpresse ähnelt einem riesigen Fleischwolf. Eine Förderschnecke mit unterschiedlicher Steigung fördert das Maischgut durch ein zylindrisches Siebgehäuse und setzt es dabei unter zunehmenden Druck. Der so gewonnene Most ist vor allem am Ausgang der Schnecke sehr trüb und reich an PHENOLEN, während der in der Nähe des Einfüllpunkts austretende Most viel klarer ist. Förderbandpressen sind seltener; bei ihnen werden unzerkleinerte Trauben zwischen zwei gelochten, immer enger zusammenlaufenden Bändern gepreßt. Der Most aus diesen Pressen ist weit klarer und in der Qualität besser als der mit Schneckenpressen gewonnene, andererseits ermöglicht letztere schnelleren Durchsatz und ist daher der billigste Pressentyp. Auch Schnecken- und Bandpressen können völlig geschlossen gebaut sein.

Viele moderne Pressen werden über ein Computerprogramm gesteuert, das so ausgelegt ist, daß für jede Rebsorte und jeden Weintyp ein optimaler Preßablauf gewährleistet wird. In Großkellereien ist die Schneckenpresse am meisten gebräuchlich, während für die Erzeugung von feinem Wein zunehmend Tankpressen der einen oder anderen Bauart Verwendung finden. A. D. W.

PRESSEN, auch **Keltern.** Ein Vorgang, bei dem in einer Weinpresse Druck auf Keltergut in Form von Trauben oder Maische ausgeübt wird, um den Saft von den festen Bestandteilen zu trennen (franz. *pressurage*). In früher Zeit wurden wahrscheinlich zunächst unzerkleinerte Trauben gepreßt, es kann aber nicht lange gedauert haben, bis bemerkt wurde, daß mehr Saft in kürzerer Zeit gewonnen werden kann, wenn die Trauben vorher zerkleinert werden.

Die Art der Pressung hängt vom gewünschten Weintyp ab. In den meisten Fällen wird das Traubengut heute durch ABBEEREN und MAHLEN auf den Preßvorgang vorbereitet. Es gibt jedoch auch das Verfahren der GANZTRAUBENPRESSUNG, bei dem gekühlte, unzerkleinerte Trauben gepreßt werden, um die Extraktion unerwünschter PHENOLE aus den Traubenschalen zu vermeiden. In anderen Fällen ist eine derartige HÜLSENMAISCHUNG ausdrücklich erwünscht.

Die Trauben für Rotwein werden meist nach oder auch während der GÄRUNG abgepreßt, sobald ausreichende Extraktion von FARBE und TANNINEN aus den Schalen stattgefunden hat. Das Pressen von Maische für süßen Weißwein bereitet unmittelbar nach dem Mahlen der Trauben wegen der Schleimigkeit und Klebrigkeit der Schalen oft Schwierigkeiten, während nach der Gärung und Maischung die schleimigen Bestandteile meist auf den Schalen nicht mehr vorhanden sind, so daß das Pressen viel leichter und rascher vor sich geht.

Siehe auch PRESSE, PRESSWEIN und VORLAUF. A. D. W.

PRESSEN: Traditionelle handbetriebene Korbpresse in der Champagne und eine Reihe computergesteuerter, unter Sauerstoffabschluß arbeitender pneumatischer Pressen für die Produktion von Locorotondo in Süditalien.

PRESSWEIN Dunkler, in einer Weinpresse nach dem Abziehen des VORLAUFS aus der Restmaische (Traubenschalen, Stielfragmente, Fruchtfleisch und tote Hefezellen) ausgepreßter Rotwein. Der Preßwein ist allgemein minderer Qualität und strenger als der Vorlaufwein; moderne PRESSEN ermöglichen jedoch die Ausübung von Preßdruck in mehreren Stufen, so daß das Produkt der ersten sanften Pressung in der Qualität dem Vorlauf noch sehr nahe kommt. Kontinuierliche Schneckenpressen üben jedoch so hohen Druck aus, daß das Ergebnis außerordentlich bitter und streng ausfällt. Preßwein kann dem Vorlaufwein in einem gewissen Verhältnis beigemischt werden, vor allem wenn es diesem an TANNIN mangelt. Der übrige Preßwein wird entweder zu einfacheren Weinen verarbeitet oder traditionsgemäß als Haustrunk an Mitarbeiter abgegeben.

Abgesehen vom frei abgelaufenen Most besteht Weißwein im wesentlichen stets aus Preßwein; auch hierbei hängen Qualität und Charakteristiken wesentlich mit davon ab, wie schonend die Pressung durchgeführt wurde. Siehe auch TAILLE. A. D. W.

PRESTIGE CUVÉE Eine von mehreren Bezeichnungen für die Spitzenerzeugnisse der Champagnerhäuser. Früher sahen diese Firmen ihre jahrgangslosen Champagner als die bedeutendste Ausdrucksform an. Später kam Jahrgangs-Champagner meist zu einem höheren Preis dazu. Schließlich erklommen ROEDERERS Cristal und MOËT & CHANDONS Dom PÉRIGNON noch größere Höhen, und heute bieten die meisten der großen Champagnerfirmen ein besonderes Produkt in limitierter Auflage und oft in einer speziell dafür kreierten Flasche als Spitze ihres Programms in Qualität und Preis an.

PRIMEUR Im Zusammenhang mit Wein bedeutet das französische Wort soviel wie jung. Daher werden die Nouveau-Weine auch als Primeurs bezeichnet. Früher wurde (vor allem im Beaujolais) ein Unterschied zwischen dem nicht vor dem 15. Dezember freizugebenden Primeur und dem bereits am 15. November herausgebrachten Nouveau gemacht. Siehe auch NOUVEAU.

Siehe dagegen auch EN PRIMEUR als Begriff für feinen Wein, der noch im Faß angeboten wird.

PRIMITIVO Hauptsächlich in APULIEN (Süditalien) in solchem Umfang angebaute Rotweinrebsorte, daß sie 1990 mit 17 000 ha in Italien die neuntmeist angebaute Traubensorte war (unmittelbar hinter dem in Apulien noch verbreiteren Negroamaro). Vermutlich wäre sie relativ unbekannt geblieben, wäre nicht ihre Ähnlichkeit mit dem ZINFANDEL in Kalifornien bemerkt worden. Nach den neuesten Erkenntnissen der Rebenbestimmung (siehe DNS-FINGERABDRUCK) zu schließen, scheinen die beiden Sorten tatsächlich identisch zu sein (das hat solche Ausmaße angenommen, daß einige unternehmerisch begabte Exporteure ihre Primitivo-Weine als Zinfandel bezeichneten). Sortenrein wird die Traube in den DOC-Bereichen Primitivo di Gioia (nach Gioia del Colle, wo sie zuerst auffiel) und Primitivo di Manduria verarbeitet. Die meisten Weine von Primitivo sind bemerkenswert alkoholstark, daher wurden sie bisher gern dazu verwendet, nördlichen Rotweinen mehr Gewicht zu verleihen.

PRIORATO Einer der interessantesten, aber auch widersprüchlichsten Rotweine Spaniens kommt aus einem abgelegenen DO-Bereich in KATALONIEN landeinwärts von TARRAGONA. Obwohl dieser Teil Spaniens für technischen Fortschritt und großen Geschäftssinn bekannt ist, haben sich die Produktionsmethoden für den Priorato kaum verändert, seit Kartäusermönche im 12. Jh. das Priorat errichteten, nach dem der Wein benannt ist. Der Priorato ist einer der wenigen erstklassigen Weine der Welt, der von den Traubensorten Garnacha (GRENACHE) und Cariñena (CARIGNAN) entsteht, die im übrigen Spanien und in Südfrankreich inzwischen eher durch andere ersetzt werden. Das Alter der Weinstöcke und die unerhört geringen Erträge – im Durchschnitt 5–6 hl/ha – tragen zweifellos zur Intensität und Stärke des Priorato bei. Unter der heißen mediterranen Sonne reifen die Trauben bis zu einem potentiellen Alkoholgehalt von 18 % heran (ähnlich wie die Trauben für die vollen trockenen Rotweine von COLLIOURE jenseits der französischen Grenze im Roussillon).

Magere, felsige Böden über SCHIEFERGESTEIN und QUARZ, hier *llicorella* genannt, bringen nur die allerkargsten Erträge. MECHANISIERUNG ist so gut wie unmöglich, und viele der kleinen, steilen Terrassenweinberge sind in den letzten Jahren aufgegeben worden, weil die Landbevölkerung in die Städte an der Küste gezogen ist, um dort Arbeit zu suchen. Nur noch einige Standhafte setzen sich für die Erzeugung schwerer, robuster, ungeheuer konzentrierter Rotweine ein, die einen Mindest-ALKOHOLGEHALT von 13,75 % aufweisen müssen, um der DO-Vorschrift zu genügen.

Im Bereich dominieren die WINZERGENOSSENSCHAFTEN; es gibt aber auch einige moderne Weingüter, u. a. Scala Dei und Masia Barill. Guter *generoso* wird von De Muller produziert. Die Firma René Barbier aus PENEDÈS hat in den 1980er Jahren das Potential von Priorato für erstklassigen Rotwein erkannt und sich einige besonders aussichtsreiche Weinberglagen (CLOS) ausgesucht. Dort wurden französische Rebsorten wie Cabernet Sauvignon, Merlot und Syrah angepflanzt, und individuelle Investitionen in verschiedene Lagen wurden gefördert. Um die Mitte der 1990er Jahre waren aus den Clos Dofi, Martinet, Mogador und de l'Obac bereits vielversprechende Weine entstanden, die meist in neuen französischen Eichenfässern ausgebaut werden. Scala Dei, ebenfalls Erzeuger von trockenen Weiß- und Roséweinen, hat sich dieser qualitätsbewußten Richtung angeschlossen. Diese neuartigen Weine müssen eine Alkoholstärke von 13,5 % erreichen, um sich als Priorato zu qualifizieren.

R. J. M.

PROBUS, MARCUS AURELIUS (232–282 n. Chr.) Römischer Kaiser (von 276 bis 282); er ließ in GALLIEN und an der Donau von Legionären Weinberge anlegen (siehe DEUTSCHE WEINBAUGESCHICHTE). Diese starke Förderung des Weinbaus stand in scharfem Gegensatz zur Politik des früheren Kaisers DOMITIAN.

PROCYMIDON Ein FUNGIZID, dessen RÜCKSTÄNDE in bestimmten europäischen Weinen am Anfang der 1990er Jahre zu einem Importverbot der US-Behörden Anlaß gaben.

PRODUKTE DER REBE Die WEINREBE ist die wichtigste Obstpflanze der Erde, und WEIN und seine Destillate sind bei weitem ihre bedeutendsten Produkte. Sie liefert jedoch darüber hinaus auch ROSINEN, TAFELTRAUBEN, TRAUBENSAFT, TRAUBENKONZENTRAT, ESSIG, Traubenkernöl und REKTIFIZIERTES TRAUBENMOSTKONZENTRAT. Weitere Produkte von geringerer Bedeutung sind Rebenschnittholz, vor allem in Form von Edelreisern für die Vermehrung, aber auch als Material für die Grillfeuerung (letzteres allerdings in sehr kleinem Umfang); im Nahen Osten und in Griechenland werden u. a. bestimmte Käse in Weinlaub eingeschlagen.

R. E. S.

PRODUKTION Die Produktion einer Weinberglage wird meist als ERTRAG angegeben. Die Weltproduktion an Wein liegt bei jährlich 250–300 Millionen hl, wobei je nach dem JAHRGANG große Schwankungen auftreten können. So war im Jahr 1991 die Produktion außergewöhnlich niedrig, weil der Ertrag in vielen Weinbauregionen Europas durch Spätfröste stark beeinträchtigt wurde. Europa erbringt etwa drei Viertel der Weltproduktion an Wein, es folgen Amerika und Afrika. Die Produktionsmengen sinken in Europa (aufgrund von Initiativen der EUROPÄISCHEN UNION), Nordafrika sowie in Nord- und Südamerika. In anderen Weltgegenden zeigen sie dagegen steigende Tendenz. In der Tabelle sind die wichtigsten weinbautreibenden Länder der Erde mit den vom OIV angegebenen Schätzwerten ihrer Jahresweinproduktion (in 1000 hl) in neuerer Zeit zusammengestellt.

Land	1976–80	1981–85	1986–90	1992
Italien	74 619	72 146	60 226	68 686
Frankreich	67 259	67 462	65 344	65 401
Spanien	33 832	33 964	33 656	37 036
GUS	30 597	34 439	18 140	18 000
Vereinigte Staaten	16 538	17 710	17 121	15 620
Argentinien	24 597	20 463	18 836	14 351
Deutschland	7 832	9 799	10 915	13 400

Land	1976–80	1981–85	1986–90	1992
Südafrika	6 297	8 649	8 572	9 998
Portugal	9 475	9 076	8 455	7 555
Rumänien	8 018	8 700	7 502	7 500
Australien	3 655	4 025	4 463	4 585
Ex-Jugoslawien	6 694	6 125	5 887	4 562*
Griechenland	5 412	5 002	4 337	4 050
Ungarn	5 251	4 985	4 062	3 878
Brasilien	2 697	4 005	2 918	3 584
Chile	5 655	6 600	4 103	3 165
China		1 502	2734	3 100
Österreich	2 944	2 867	2 854	2 588
Mexiko	147**	2 228	1 183	2 422
Bulgarien	3 740	4 361	3 261	1 966
Tschechoslowakei	1 421	1 301	1 200	1 340
Schweiz	1 043	1 311	1 280	1 239
Uruguy	602	710	795	948
Slowenien				885*
Zypern	1 000	932	667	645
Japan	244	781	542	577
Algerien	2 300	1 010	687	500
Marokko	884	392	431	435
Neuseeland	363	500	464	416
Tunesien	805	578	299	412
Kanada	476	470	386	378
Luxemburg	93	159	165	271
Türkei	412	390	290	264
Albanien	200	220	239	158
Israel	342	190	190	124
Peru	92	90	98	100
Libanon	40	50	82	90
Madagaskar	50	50	77	87
Malta	19	19	20	29
England und Wales		7	11	26
Ägypten	44	15	20	24
Bolivien	16	16	19	20
Syrien	63	8	5	6
Belgien	4	3	2	2
Jordanien	11	5	4	1
Sonstige Länder	253	253	235	93
Weltproduktion total	326 036	333 568	292 777	300 517

* Slowenien erlangte 1991 Unabhängigkeit von Jugoslawien

** In dieser Zahl ist Wein für die Destillation nicht enthalten

PROHIBITION Im allgemeinen Sprachgebrauch bezieht sich dieser Begriff so gut wie immer auf ein Verbot des Alkoholkonsums (woraus die Bedeutung zu ersehen ist, die gewöhnlich dem Problem eines möglichen Rauschs beigemessen wird). Eine Prohibition besteht offiziell in der gesamten Welt des ISLAM seit zwölf Jahrhunderten; in anderen Weltgegenden hat es in der Geschichte immer wieder Prohibitionszeiten gegeben, meist nach einer Periode mit besonders exzessivem Verbrauch, der für die Prohibition überzeugende Argumente lieferte. Eine solche Periode zu Beginn des 20. Jh. führte dazu, daß eine Prohibition in Teilen Skandinaviens verordnet, in Neuseeland (übrigens bis heute) zur Volksabstimmung gestellt und vor allem in den USA durchgesetzt wurde.

Prohibition in den USA

Als «Prohibition» gilt in den USA die Zeit vom 17. Januar 1920 bis 5. Dezember 1933, während deren mit den Worten der 18. Verfassungsänderung «die Herstellung, der Verkauf und der Transport von berauschenden Getränken» im ganzen Land verboten war. Diese Gesetzespassage war die Krönung einer Bewegung, die bis zum Anfang des 19. Jh. zurückreichte.

Sie begann mit lokalen freiwilligen Organisationen zur Förderung der Mäßigkeit in einem trinkfreudigen Land, und schließlich konnte sie einschränkende gesetzliche Maßnahmen zunächst auf lokaler und dann auf bundesstaatlicher Ebene durchsetzen (beispielsweise wurde Maine im Jahr 1851 «trockengestellt»). Mit zunehmendem Einfluß und Selbstvertrauen richtete die Bewegung dann ihre Bemühungen nicht mehr allein auf Mäßigkeit, sondern auf das totale Verbot. Im letzten Viertel des 19. Jh. bereits war das Ziel anvisiert, eine Prohibition auf nationaler Grundlage durch eine Verfassungsänderung zu erreichen. Die Propaganda für dieses Ziel lag in den Händen von Reformorganisationen, vor allem der Woman's Christian Temperance Union (1874) und der Anti-Saloon League (1895). Ihnen war die Unterstützung vieler protestantischer Kirchen, vor allem im Süden und im Mittelwesten, sicher. Als dann die 18. Verfassungsänderung verabschiedet wurde, standen bereits 33 von den damals 48 Bundesstaaten «trocken».

Der Durchführung der Verfassungsänderung diente die National Prohibition Act (Oktober 1919), meist Volstead Act genannt: Darin wurde der Begriff «berauschendes Getränk» durch den Passus «alles mit einem Alkoholgehalt ab 0,5 %» definiert, und damit schwand jede Hoffnung auf eine mildere Definition, derzufolge Wein und Bier ausgenommen sein würden. In bestimmten Fällen war jedoch nach dem Gesetz der Konsum von Wein erlaubt: Er durfte in religiösen Zeremonien ausgeteilt, als Arznei verschrieben und als Gewürz für Speisen oder für andere Anwendungen benutzt werden, in denen er kein Getränk darstellte. Alle diese Bestimmungen konnten weidlich ausgenutzt werden, und sie wurden es auch, und so mußte das Gesetz mehrfach geändert und ergänzt werden, da sich mit der Zeit Durchführungsprobleme einstellten.

Die populäre Vorstellung von der Prohibition sieht so aus, daß der Schwarzmarkt blühte, Gangster und Schmuggler aller Arten sich breitmachten und jeder Amerikaner dem Gesetz mit Vergnügen ein Schnippchen schlug. Die Wirklichkeit läßt sich schwerer nachvollziehen, aber es besteht keine Frage, daß die Folgen für den amerikanischen Weinbau katastrophal waren. Etliche amerikanische Weinbaubetriebe konnten sich Lizenzen zur Herstellung von Wein für den zugelassenen Gebrauch verschaffen und brachten es auf diese Weise fertig, einen eingeschränkten Betrieb aufrechtzuerhalten (der Bedarf an Abendmahlswein stieg in dieser Zeit erstaunlich an). Im Grunde aber war der Weinbau vernichtet. 1919 belief sich die Produktion in den USA auf 2 Millionen hl, 1925 war sie auf knapp 130 000 hl abgesunken. Eine Entschädigung erhielten die Weinerzeuger nicht. Die meisten Weinkellereien mußten einfach schließen, ihre Einrichtungen wurden abgerissen.

Nach der Volstead Act war es den Haushaltsvorständen gestattet, im Jahr bis zu 7 hl Fruchtsaft herzustellen, und aufgrund einer nützlichen Interpretationsdifferenz wurde diese Bestimmung so ausgelegt, daß die Weingewinnung im eigenen Heim erlaubt sei. Infolgedessen stieg die Rebfläche in KALIFORNIEN wieder auf nie zuvor gekannte Höhen, damit die landesweite Nachfrage nach frischen Trauben befriedigt werden konnte: Die Anbaufläche von 121 000 ha im Jahr 1919 hatte sich bis 1926 fast verdoppelt. Allerdings wurden bei den Neuanlagen sehr oft minderwertige Traubensorten angepflanzt (beispielsweise THOMPSON SEEDLESS und ALICANTE BOUSCHET), und so hatte die durch die Prohibition verursachte Qualitätsverschlechterung der kalifornischen Rebfläche stark abträgliche Wirkungen auf den kalifornischen Wein, noch lange nachdem die Prohibition wieder aufgehoben war. Auch kann die Qualität des durchschnittlichen selbstgemachten Weins wohl kaum zur Entwicklung einer ausgeprägten Kennerschaft beigetragen haben.

Die ersten Bemühungen der Gegner der Prohibition richteten sich auf die «Modifizierung» der Gesetzesbestimmungen. Sie versuchten beispielsweise, die Definition des Begriffs «berauschendes Getränk» zu ändern oder für die einzelnen Bundesstaaten das Recht zu erwirken, von der Volstead Act abweichende Bestimmungen zu erlassen. Diese Bemühungen führten zu nichts; infolgedessen konzentrierten sich die Prohibitionsgegner auf die Aufhebung der Prohibition durch Verfassungsänderung. Zu Hilfe kam ihnen der wirtschaftliche Zusammenbruch von 1929 (damit war das Argument, die Prohibition sei wirtschaftlich vernünftig, widerlegt) sowie die Aufwertung des Prohibitionswiderrufs zu einer politischen Frage (die demokratische Partei machte den Widerruf zum Bestandteil ihres Wahlprogramms für 1932), und so hatten die Prohibitionsgegner schließlich Erfolg: Im Dezember 1933 wurde die 21. Verfassungsänderung ratifiziert, mit der die 18. widerrufen wurde. Unglücklicherweise überließ es der Aufhebungsbeschluß den einzelnen Bundesstaaten, die Durchführungsverordnungen für den «Verkehr mit alkoholischen Getränken» innerhalb ihrer Grenzen zu erlassen, mit dem Erfolg, daß die entsprechenden Gesetze, unter denen auch noch Prohibition im lokalen bis bundesstaatlichen Rahmen möglich ist, ein verwirrendes Geflecht von uneinheitlichen, oft willkürlichen Vorschriften darstellen – ein anhaltender destruktiver Effekt der landesweiten Prohibition.

Eine satirische Reaktion aus den 1920er Jahren auf die PROHIBITION in den USA.

Die Kräfte, die in den USA die Prohibition durchgesetzt hatten, sind auch heute noch mächtig und vielgestaltig. Eine landesweite Prohibition nach den simplen Begriffen der 18. Verfassungsänderung wird vermutlich nicht wiederkommen, doch alkoholische Getränke – und dazu gehört nun einmal der Wein – bilden in den USA weiterhin den Gegenstand übermäßiger Besteuerung, der moralischen Mißbilligung und behindernder Gesetzgebung. T. P.

Asbury, H., *The Great Illusion* (New York, 1950).
Krout, J. A., *The Origins of Prohibition* (New York, 1925).
Sinclair, A., *Prohibition: The Era of Excess* (London, 1962).

PROKUPAC Eine in ganz SERBIEN mit Schwerpunkt südlich von Belgrad verbreitete Rotweinrebsorte; ihr starker Wein wird oft mit international bekannteren Sorten verschnitten. Der Anbau erstreckt sich auch auf KOSOVO und MAKEDONIEN. In ihrer Heimat wird sie außerdem oft zu einem dunklen Rosé verarbeitet.

PROLES Es gibt drei Kategorien von REBSORTEN der Spezies VINIFERA, zusammengefaßt nach ihrer geographischen Herkunft und in gewissem Umfang auch nach ihrem üblichen Gebrauch. Die Einteilung ist das Werk von Negrul aus dem Jahr 1946. Die Unterschiede zwischen diesen Gruppen sind vermutlich nicht allein eine Reaktion auf die Umweltbedingungen, sondern gehen zum Teil auf die Selektion durch den Menschen auf der Grundlage bestimmter Merkmale zurück, die mit dem Endverwendungszweck verknüpft sind, z. B. nach Beerengröße für Tafeltrauben. Die gründliche Beobachtung von Charakteristiken der Reben kann zur Erkennung bestimmter Verwandtschaftsbeziehungen führen, die darauf hinweisen, daß diese Reben mit großer Wahrscheinlichkeit aus einem gleichen Ursprungsgebiet stammen. Beispielsweise sind die Rebsorten CABERNET SAUVIGNON, CABERNET FRANC, MERLOT, PETIT VERDOT und FER eng miteinander verbunden.

Proles occidentalis Es handelt sich um in Westeuropa beheimatete Rebsorten, die in erster Linie für die Zwecke der Weinbereitung selektiert wurden. Zu dieser Gruppe zählen die meisten wichtigen Weintrauben, z. B. RIESLING, CHARDONNAY, Cabernet Sauvignon usw.; ihr gemeinsames Merkmal besteht in kleinen Trauben mit kleinen, saftreichen Beeren.

Proles pontica Zu dieser Kategorie gehören die ältesten Rebsorten, vor allem die um die Ägäis und das Schwarze Meer beheimateten; bei ihnen sind die Triebspitzen und die Blattunterseiten mit einer dichten weißen Behaarung besetzt. Beispiele für diese Gruppe sind die Rebsorten CLAIRETTE, FURMINT, HÁRSLEVELÜ und Zante Currant.

Proles orientalis In diese Kategorie fallen aus dem Mittleren Osten, Iran und Afghanistan stammende Rebsorten. Sie wurden in der Hauptsache als TAFELTRAUBEN selektiert und weisen deshalb meist große, ovale Beeren in umfangreichen Trauben auf. Die Beeren sind oft knackig und fleischig und besitzen weniger Saft und Zucker. In diese Gruppe gehören die meisten ROSINEN-Trauben und die meisten Tafeltrauben, z. B. SULTANA und MUSCAT OF ALEXANDRIA, aber auch die Weintraube CINSAUT. R. E. S.

PROSECCO In der Region FRIULI in Nordostitalien heimische spätreifende Weißweinrebsorte; sie liefert den populären gleichnamigen, manchmal als Prosecco di Conegliano Valdobbiadene bezeichneten Wein, der westlich von Conegliano am Piave produziert wird. Prosecco gibt es in stillen, hauptsächlich aber in perlenden und schäumenden Versionen. Das Erzeugungsgebiet in der Provinz Treviso, ganz in der Nähe der Grenze zur alpinen Provinz Belluno, ist ziemlich kühl, und deshalb wurde die Gärung der Ende Oktober oder sogar erst Anfang November gelesenen Prosecco-Trauben in den kalten Wintermonaten oft unterbrochen, so daß bei Wiederbeginn der Gärung im Frühjahr noch RESTZUCKER und wohl auch KOHLENDIOXID im Wein vorhanden waren. Die früher auf diese Weise entstandenen Weintypen werden heute mit Hilfe des CHARMAT-Verfahrens, das eine Zweitgärung im Tank beinhaltet, auf einfachere Weise reproduziert. Von den durchschnittlich pro Jahr erzeugten 28 Millionen Flaschen entfallen etwa 1 Million auf Stillwein, 7 Millionen auf FRIZZANTE (Perlwein) und 20 Millionen auf SPUMANTE (Schaumwein). Alle weisen den für die Traubensorte charakteristischen bitteren Nachgeschmack auf. In dem noch kühleren Unterbereich Cartizze wird ein Spumante namens Superiore di Cartizze produziert, der infolge der traditionell hohen Restsüße etwa halbtrocken ausfällt. Insgesamt belief sich die Prosecco-Anbaufläche in Italien zu Beginn der 1990er Jahre auf 7000 ha.

In Argentinien ist die Rebsorte in sehr geringem Umfang ebenfalls bekannt. D. T.

PROTEINE Sehr große Polymere der zwanzig natürlich vorkommenden AMINOSÄUREN. Proteine sind für alle Lebewesen wichtig.

In Trauben

Proteine sind zum Teil wasserlöslich, dann fungieren sie als ENZYME, und zum Teil wasserunlöslich, dann werden sie als Vorrat gespeichert (beispielsweise in den Traubenkernen oder im Rebholz). Zwar sind beide Funktionen wichtig, aber die enzymatischen Eigenschaften der Proteine bilden die Grundlage aller Reaktionen in Lebewesen. Das verbreitetste Enzym der Welt mit dem Namen Rubisco dient als Katalysator beim Einfangen von Kohlendioxid für die PHOTOSYNTHESE der Pflanzen. B. G. C.

Im Wein

In Weißwein, vor allem im Muskateller, bleiben gewisse Enzyme gelöst, bis der Wein erwärmt wird; an diesem Punkt koagulieren sie und bilden einen Schleier oder eine Trübung. Diese wärmeinstabilen Proteine können durch Schönung mit BENTONIT entfernt werden. Bei Rotwein gewährleistet die hohe Konzentration an PHENOLEN, daß die meisten Proteine im GELÄGER verbleiben. A. D. W.

PROVENCE Die Region im Südosten Frankreichs hat durch ihre Verknüpfungen mit dem Tourismus und mit Schlemmerlokalen viel von sich reden gemacht, nicht aber so sehr durch das Potential ihrer Weine, außer durch deren hohe Preise.

Es ist umstritten, seit wann es Weinbau in der Provence gibt. Doch es ist recht unwahrscheinlich, daß die Phokäer – Griechen aus Kleinasien – die Weinrebe dort bereits vorfanden, als sie um 600 v. Chr. Massilia (Marseille) gründeten. Vielmehr wird angenommen, daß die in Massilia benötigten Weine lange Zeit aus den griechischen Kolonien in Süditalien oder Sizilien importiert wurden. Es ist allerdings wahrscheinlich, daß dann in der Römerzeit die Provincia des alten GALLIEN ihren eigenen Wein produzierte, doch ist es nicht sicher, ob sie schon vor Narbo – Narbonne im LANGUEDOC – Wein erzeugte (siehe auch FRANKREICH).

Die Gegend war viel umkämpft und geriet im Lauf der Zeiten unter den Einfluß der Sarazenen, Karolinger (siehe KARL DER GROSSE), des Heiligen Römischen Reichs, der Grafen von Toulouse, der Katalanen, des René von ANJOU und des Hauses Savoyen. Im 19. Jh. gehörte sie lange Zeit zu SARDINIEN. Am Ende des 19. Jh. wurde der Weinbau in der Provence durch die REBLAUS fast vernichtet, dann aber lebte er durch die EISENBAHN-Verbindung mit dem nördlichen Europa wieder auf.

Als Folge ihres reichen kulturellen Erbes verfügt die Provence auch über eine Reihe besonders charaktervoller Rebsorten, die unterschiedliche historische Einflüsse aus Italien, insbesondere Sardinien, erkennen lassen. Im Côtes de Provence beispielsweise sind nicht weniger als dreizehn Rebsorten zugelassen, darunter als wichtigste, jedoch im Rückgang befindliche CARIGNAN, CINSAUT, GRENACHE, UGNI BLANC und CLAIRETTE, aber auch MOURVÈDRE, TIBOUREN, die einheimische dunkle Calitor (auf provenzalisch Pécoui Touar genannt), Barbaroux (in Italien BARBAROSSA), ROLLE (Vermentino) und SÉMILLON.

Das Klima hier ist stärker MEDITERRAN als sonst in Frankreich mit durchschnittlich 3000 Sonnenscheinstunden und weniger als 700 mm NIEDERSCHLAG im Jahr, der sich auf das Frühjahr und den Herbst konzentriert. Die Winter sind zwar mild, ermöglichen den Reben aber gewöhnlich doch eine volle WINTERRUHE. Die größte klimatische Bedrohung ist WIND, vor allem der berühmte Mistral, ein kalter Nordwind, den Stendhal als «le grand drawback de Provence» bezeichnete (und der auch die südliche RHÔNE beeinträchtigt). Die Nähe des Mittelmeers und sorgfältige Lagenwahl auf Südhängen bieten jedoch einen gewissen Schutz. Der Wind hat den Vorteil, daß er das Risiko von PILZKRANKHEITEN auf ein Mindestmaß beschränkt, daher eignet sich die Provence ganz besonders für den ORGANISCHEN WEINBAU.

Die mit Namen wie Côte d'Azur, St-Tropez und Provence verknüpfte magische Anziehungskraft hat ganz allgemein zum Wachstum der Städte beigetragen und die Grundstückpreise in bewohnbaren Teilen der Region in die Höhe getrieben, sie hat aber auch Enthusiasten angezogen, die bereit sind, viel Geld in den Weinbau und die Weinerzeugung zu investieren, und dadurch den Qualitätsstand insgesamt anheben.

Côtes de Provence

Der Bereich mit seinen 18 000 ha ist die bei weitem größte APPELLATION CONTRÔLÉE in der Provence, wobei allerdings die Lagen große Unterschiede aufweisen. Die AC gilt für weite Teile des Département Var (außer der Enklave, die unter die AC Coteaux Varois fällt), von den durch das nördlich davon gelegene Gebirge gekühlten Voralpenbergen oberhalb von Draguignan bis zur Küste bei St-Tropez, dem Inbegriff einer mediterranen Weinbauzone. Er umfaßt aber auch Nischen mit heißerem Terrain zwischen Cassis und Bandol sowie Land unmittelbar südlich und östlich der AC Palette bei Aix-en-Provence. Schließlich beinhaltet die Appellation noch eine kleine abgelegene Rebfläche bei Villars-sur-Var in den Alpes Maritimes, 40 km nördlich von Nizza.

Etwa drei Viertel der Produktion entfallen auf hellen, trockenen Rosé, der in der Gegend Absatz zu finden scheint, ganz gleich wie es um seine Qualität steht. Zu Beginn der 1990er Jahre gab es ein erneutes Interesse an der Erzeugung von «seriösem» Rosé, allerdings in einem markanten neuen Stil, in dem sich Geschmacksfülle mit modisch heller Farbe vereint, wobei manche Erzeuger sogar in beschränktem Umfang mit Ausbau in EICHE arbeiten. Die besten passen offenbar ausgezeichnet zu der auf Knoblauch und Olivenöl beruhenden Küche der Provence, insbesondere zu *aïoli.* Zum großen Teil wird dieser Rosé in einer speziellen kegelförmigen Flasche auf den Markt gebracht; er sollte stets so jung und kühl wie nur möglich getrunken werden. Cinsaut und Grenache sind die typischen Trauben, wobei Tibouren dem Verschnitt eine interessante Note verleihen kann.

Im Brennpunkt der Aufmerksamkeit steht jedoch für die neue Generation seriöser Weinerzeuger der Rotwein, auf den etwa 35 % der Produktion entfallen. In den 1980er Jahren wurden große Anstrengungen unternommen, um die ertragreiche Carignan-Rebe durch die «Verbesserungssorten» Syrah und Cabernet Sauvignon zu ersetzen, die den üblicherweise im roten Côtes de Provence vertretenen weicheren Trauben Grenache und Cinsaut sowie den alteingesessenen Mourvèdre und Tibouren straffere Struktur verleihen können. 1986 waren nur noch 40 % Carignan zulässig. Es werden umfangreiche Experimente mit verschiedenen Formen des AUSBAUS *(élevage)* unternommen, u. a. mit Eichenfaßalterung für ambitioniertere Cuvées, in denen meist Cabernet Sauvignon und/oder Syrah dominieren, wobei diese beiden nicht mehr als jeweils 30 % des Verschnitts ausmachen dürfen.

Immer mehr Erzeuger, vor allem im Küstengebiet, widmen ihrem Weißwein so viel Aufmerksamkeit, wie es die hochangesehenen Domaines Ott auf Château de Selle schon seit dem Beginn des Jahrhunderts getan haben. Vor allem die Traubensorte Rolle erfreut sich eines erneuten Interesses.

Siehe auch Coteaux d'AIX-EN-PROVENCE, BANDOL, BELLET, CASSIS, PALETTE und Coteaux VAROIS.

McNie, M., *The Pick of Provence, Decanter* (Sept. 1993).
Parker, R. M., *The Wines of the Rhône Valley and Provence* (New York, 1987).

PUERTO DE SANTA MARÍA Eine der drei Städte, in denen SHERRY produziert und gereift wird. **Puerto Fino** ist ein FINO, der in Puerto de Santa María seine Reifezeit absolviert hat.

PUGLIA Italienischer Name für APULIEN.

PUISSEGUIN-ST-ÉMILION Satelliten-Appellation von ST-ÉMILION in Bordeaux.

PULIGNY-MONTRACHET Der Ort im Bereich Côte de Beaune an der Côte d'Or (Burgund) produziert sehr feinen CHARDONNAY-Wein sowie einige nicht ganz so hochvornehme Rotweine. Puligny hat sich den Namen der GRAND-CRU-Lage Le Montrachet, der berühmtesten in der Gemarkung, im Jahr 1879 an den Ortsnamen angefügt und seither stets von dieser Vereinigung profitiert.

Nach Puligny fallen zwei Grand-Cru-Lagen, nämlich Chevalier Montrachet und Bienvenues-Bâtard-Montrachet, in ihrem ganzen Umfang, während es zwei weitere, Le Montrachet selbst und Bâtard-Montrachet, mit dem Nachbarort Chassagne teilen muß. Unter diesem allerhöchsten Niveau stehen die PREMIER-CRU-Lagen, die doch immerhin auch noch mit die feinsten Weißweine von ganz Burgund hervorbringen; es sind mindestens dreizehn an der Zahl, und wenn man die Unterabteilungen mitzählt, sogar noch mehr. Auf gleicher Höhe wie Bâtard-Montrachet befinden sich die Lagen Les Pucelles (berühmt durch die erstklassige Version der Domaine Leflaive), Le Clavoillon, Les Perrières (mit dem Clos de la Mouchère), Les Referts und Les Combettes; von dort kommen füllige Weine, wie man sie aus der Nachbarlage von Meursault-Perrières erwarten darf.

Etwas weiter oben am Hang, auf gleicher Höhe mit Le Montrachet, befinden sich Les Demoiselles, Le Cailleret, Les Folatières (mit dem Clos de la Garenne) und Champ Canet. Ein Teil von Les Demoiselles ist als Grand Cru Chevalier-Montrachet eingestuft, doch ein schmaler Streifen verbleibt als Premier Cru und gilt neben Le Cailleret als die feinste Lage dieser Art.

Noch weiter oben am Hang, wo das Terrain felsiger und der Boden karger wird, liegen Le Champ Gain, Les Truffières, Les Chalumeaux und die zu dem Dorf BLAGNY gehörenden Weinberge, deren Weißweine die Bezeichnung Puligny-Montrachet Premier Cru führen, während die Rotweine unter Blagny Premier Cru laufen.

Die VILLAGE-WEINE von Puligny-Montrachet sind weniger eindrucksvoll, vielleicht weil hier das Grundwasser höher steht als beispielsweise im benachbarten MEURSAULT. Das bedeutet zugleich, daß die für die ALTERUNG des Weins idealen tiefen Keller in Puligny rar sind und nur wenige Erzeuger im Ort den FASSAUSBAU länger als ein Jahr ausdehnen können. Neben den Familien-*domaines* Leflaive und Carillon, die ihre Ursprünge bis in das 16. Jh. zurückverfol-

Das traditionelle PUPITRE, ein altes Hilfsmittel für die *remuage* in der Champagne, wurde inzwischen von der GYROPALETTE verdrängt.

gen können, gibt es in Puligny überraschend wenige Weingüter; ein großer Teil des Traubenguts wird unter Vertrag an die NÉGOCIANTS in Beaune geliefert.

In früheren Jahrhunderten wurden in Puligny, das für Rotwein nicht so bekannt ist wie Chassagne, große Mengen an Pinot-Noir-Reben angebaut; heute ist davon nicht mehr viel übrig.

Siehe auch MONTRACHET sowie CÔTE D'OR und Karte Seite 201. J. T. C. M.

Loftus, S., *Puligny-Montrachet* (London, 1992).

PUMPE Gerät zum Fördern von Flüssigkeiten, also auch Wein und Most, von einem Behältnis in ein anderes. Traditionsbewußte Kellereien arbeiten für diesen Zweck jedoch mit der Schwerkraft. Für die Betätigung der ersten Pumpengeneration war der Einsatz beträchtlicher Arbeitskräfte erforderlich. Moderne Pumpen sind allerdings meist elektrisch angetrieben; es gibt sie in den verschiedensten Bauformen und Größen, die sich an das zu pumpende Medium anpassen lassen.

MOST aus der ENTRAPPMÜHLE wird gewöhnlich mit einer Membran- oder Exzenterschneckenpumpe in den Absetztank oder den GÄRBEHÄLTER gefördert, weil diese Pumpentypen besonders gut mit feststoffbeladenen Flüssigkeiten, einschließlich GELÄGERN, fertig werden. Trüber Most aus dem Absetztank kann ohne weiteres auch mit einer Kreiselpumpe in den Gärtank gefördert werden; auch die meisten halbgeklärten und geklärten Weine werden mit Pumpen dieser Bauart bewegt.

Falscher Einsatz von Pumpen kann leicht zu OXIDATION Anlaß geben; werden Kreiselpumpen mit zu hoher Drehzahl betrieben, dann üben sie eine Scherwirkung auf größere KOLLOIDE aus, wodurch bei feineren Weinen eine Einbuße an KÖRPER eintritt. Ganz allgemein aber darf gesagt werden, daß Pumpen zur Verringerung der Kosten und zur Verbesserung der Weinqualität beitragen. Moderne Pumpen können in einer Stunde ebensoviel Wein ebenso schonend fördern wie 100 Mann an einem ganzen Tag, und dabei ist der Wein noch viel weniger dem Luftsauerstoff ausgesetzt. A. D. W.

PUNKTSYSTEM Die inzwischen üblich gewordene Bewertung von Wein mit einer maximalen Punktzahl von 100 wurde insbesondere von dem amerikanischen Weinautor Robert PARKER verbreitet. Siehe WEIN IN ZAHLEN.

PUNKTWERTUNG siehe WEIN IN ZAHLEN.

PUPITRE franz. Rüttelpult, ein Hilfsmittel zum RÜTTELN der Schaumweine von Hand. Siehe SCHAUMWEINHERSTELLUNG.

PVP oder **Poly(N-vinylpyrrolidinon)**. Eine synthetische Substanz für die FILTRATION, die manchmal dazu benutzt wird, Weißweinen Farbe zu entziehen. Siehe auch HARZE.

PX Viel gebrauchte Abkürzung für die spanische Weißweinrebsorte PEDRO XIMÉNEZ bzw. für von ihr gewonnenen Verschnittwein für die SHERRY-Produktion.

PYRENEES Weinbaugebiet um die Stadt Avoca in VICTORIA (AUSTRALIEN), benannt nach dem Grenzgebirge zwischen Frankreich und Spanien.

PYRUVAT Eine Verbindung mit drei Kohlenstoffatomen, die durch HEFEN im Verlauf des komplexen Vorgangs der GÄRUNG gebildet wird. Je nach der zur Verfügung stehenden Sauerstoffmenge wird es entweder in Kohlendioxid und Wasser oder für die Entstehung von Wein vorzugsweise in ACETALDEHYD und sodann in ÄTHANOL umgesetzt. Bei Säugetieren liefert es, in MILCHSÄURE verwandelt, Energie für die Muskeltätigkeit.

Q

QBA oder **Qualitätswein bestimmter Anbaugebiete.** Die größte Kategorie des deutschen Weins stellt im wesentlichen den unteren Rang des deutschen Qualitätsweins dar, während der obere vom Qualitätswein mit Prädikat (QMP) gebildet wird. Die erste Anforderung an den QbA lautet, daß er aus einem der dreizehn bestimmten deutschen Anbaugebiete stammen muß (siehe aber auch LIEBFRAUENMILCH). Außerdem müssen die Trauben einen gewissen durch das MOSTGEWICHT ausgedrückten Mindestreifegrad besitzen. Die Mostgewichte sind für jede Rebsorte und jedes Anbaugebiet gesondert festgesetzt. Beispielsweise muß der klassische Riesling in den Anbaugebieten AHR, MITTELRHEIN, MOSEL-SAAR-RUWER, WÜRTTEMBERG und an der nördlichen NAHE ein Mostgewicht von nur 57° ÖCHSLE (entsprechend einem potentiellen Alkoholgehalt von rund 7,5 %) erreichen, während der Rote TRAMINER und der RULÄNDER im südlichsten Anbaugebiet BADEN 72° Öchsle aufweisen müssen. Zudem müssen die Weine von empfohlenen Rebsorten gekeltert sein und eine AP-NUMMER erlangen, was allerdings keine große Schwierigkeit darstellt. Anders als QmP-Wein darf bei QbA-Wein der Alkoholgehalt durch ANREICHERUNG aufgebessert werden.

In diese Kategorie fällt übrigens auch der größte Teil aller aus Deutschland exportierten Weine – alle Liebfrauenmilch und auch die Flut anonymer lieblicher Verschnitte unter GROSSLAGEN-Namen wie Piesporter Michelsberg und Niersteiner Gutes Domtal. Je nach Jahrgang produzieren auch Spitzenerzeuger mehr oder weniger QbA-Wein; in schlechten Jahren stufen sie sogar oft Most, der rein technisch auch für QmP qualifiziert wäre, zu QbA ab, um das Prestige ihrer QmP-Weine nicht zu gefährden.

Das Ausmaß, in dem der Ertrag eines Jahres für QbA in Frage kommt, kann zwischen weniger als 40 % in einem reifen JAHRGANG, z. B. 1990, und 80 %, z. B. im unreifen Jahrgang 1984, schwanken.

Nur wenige QbA-Weine entfalten sich mit der Zeit weiter. Ausnahmen sind einige experimentelle, vor allem in BARRIQUES ausgebaute Weine, die nicht für die Kategorie QmP qualifiziert sind, aber dennoch einige Jahre Reifezeit in der Flasche brauchen, um ihre Bestform zu erreichen.

QMP oder **Qualitätswein mit Prädikat.** Der obere Rang der deutschen Kategorie Qualitätswein umfaßt die Stufen KABINETT, SPÄTLESE, AUSLESE, BEERENAUSLESE, EISWEIN, TROCKENBEERENAUSLESE; für welche dieser Stufen ein Prädikatswein qualifiziert ist, richtet sich jeweils nach dem MOSTGEWICHT der dafür verwendeten Trauben, das je nach Traubensorte und Anbaugebiet unterschiedlich festgesetzt ist. Einige Beispiele sind in der Tabelle genannt. Darüber hinaus ist auch der Lesetermin ausschlaggebend. Anders als beim QBA-Wein darf der Most für QmP-Wein nicht mit Zucker angereichert werden. SÜSSRESERVE darf QmP-Weinen zwar zugesetzt werden, diese Möglichkeit wird aber unter dem Eindruck der Nachfrage nach trockeneren, konzentrierteren Weinen immer weniger genutzt (siehe auch TROCKEN und HALBTROCKEN). Am Ende der 1980er und am Anfang der 1990er Jahre wurde es unter besseren Erzeugern immer mehr üblich, von sich aus höhere Mindestanforderungen an die Mostgewichte für Prädikatsweine festzusetzen, als sie vom Gesetz verlangt werden, und sogar in besonders reifen Jahrgängen wie 1990 aus Marketinggründen Abstufungen vorzunehmen.

Der Anteil der QmP-Weine am Gesamtertrag schwankt je nach den Witterungsbedingungen sehr stark. Das kühle Wetter von 1984 ließ Traubengut entstehen, von dem nur 7 % für QmP-Wein geeignet waren, während im warmen Sommer 1976 ganze 83 % des Ertrags zumindest bis auf Kabinett-Niveau heranreiften. Die meisten feinen deutschen Weine sind QmP-Weine; Ausnahmen machen lediglich experimentelle, insbesondere in BARRIQUES ausgebaute Weine, denen mit der Begründung, daß es ihnen an TYPENECHTHEIT mangelt – was bei experimentellen Weinen normal ist –, eine AP-NUMMER verweigert wurde.

Für jede Rebsorte und jedes Anbaugebiet sind vom Gesetz genaue ÖCHSLE-Werte vorgeschrieben. Aus der Tabelle gehen die amtlichen Mindestwerte von entgegengesetzten Enden des Spektrums hervor.

Prädikat	Mindestwert in ° Öchsle / potentiellem Alkoholgehalt	
	Riesling an Mosel-Saar-Ruwer	Spätburgunder in Baden
Kabinett	67 / 8,6	85 / 11,4
Spätlese	76 / 10,0	95 / 13,0
Auslese	83 / 11,1	105 / 14,5
Beerenauslese, Eiswein	110 / 15,3	128 / 18,1
Trockenbeerenauslese	150 / 21,5	154 / 22,1

QUALITÄTSGEPRÜFTES PFLANZENGUT Edelreiser oder Jungpflanzen, die ein Qualitätsprüfprogramm durchlaufen haben, um Sortenechtheit, Freiheit von bekannten Viruskrankheiten und richtig bezeichneten Klonenursprung zu gewährleisten. In aller Welt werden derartige Qualitätsprüfprogramme von verschiedenen, meist staatlichen Stellen angeboten. Die Anpflanzung qualitätsgeprüften Pflanzenmaterials bildet einen wichtigen ersten Schritt zur Schaffung von Weinberganlagen mit hohem Ertrags- und Qualitätspotential und ist auf jeden Fall der Anpflanzung von zufällig zusammengekommenem Pflanzenmaterial vorzuziehen. Siehe KLON, KLONENSELEKTION und REBENVERBESSERUNG.

R. E. S.

Coombe, B. G., und Dry, P. R., *Viticulture, I: Resources in Australia* (Adelaide, 1988).

QUALITÄTSKONTROLLE Wichtiger Teil der kontinuierlichen Kontrolle der Weinqualität, die im weitesten Sinn im Weinberg beginnt und mit der Entnahme einer Flasche aus dem Regal im Weinkeller ihr letztes Stadium erreicht.

Der Winzer kann kleine Proben von der Frucht seines Weinbergs nehmen, um deren Zusammensetzung zu prüfen, daraus den geeigneten Lesetermin zu ermitteln und Rückschlüsse auf die wahrscheinliche Qualität, in manchen Fällen auch auf die Eignung für Weine in einem bestimmten Stil zu ziehen. In ihrer einfachsten Form beinhaltet diese Prüfung die Entnahme einiger Trauben als Stichprobe an willkürlich gewählten Stellen des Weinbergs und das Auspressen des Safts in einem REFRAKTOMETER zur Feststellung des Zuckergehalts (siehe MOSTGEWICHT).

Bei der Entnahme der Stichprobe muß natürlich darauf geachtet werden, daß nichts geschieht, was zu einem einseitigen Resultat führen könnte. Es muß also Frucht von beiden Seiten einer Zeile, von der sonnigen Außenseite ebenso wie aus dem Schattenbereich, entnommen werden. Gleichermaßen müssen Proben aus allen Teilen des Weinbergs zusammenkommen, wobei besondere Aufmerksamkeit auf Eigentümlichkeiten der jeweiligen Lage zu richten ist, die sich auf den Reifegrad der Frucht auswirken. Bei einer normalen Probenahme können entweder einzelne Beeren oder ganze Trauben im Gesamtgewicht zwischen einigen 100 g bis zu mehreren Kilogramm als repräsentativ gelten. In vielen Fällen wird die Stichprobe im Labor ausgepreßt, und der Saft wird anschließend auf seinen Zuckergehalt, aber auch auf Säuregehalt und PH-WERT untersucht.

Allerdings werden so umfangreiche Prüfungen vor allem in Gegenden mit einfacheren Traditionen kaum oder gar nicht vorgenommen.

Eine zweite Stichprobe erfolgt meist bei der Anlieferung des Leseguts in einer Vertrags- oder Genossenschaftskellerei, weil sich die Traubenpreise oft nach dem Mostgewicht richten.

Im Verlauf des Gärprozesses werden täglich Proben entnommen, um den Vorgang der Umwandlung der ZUCKER in ALKOHOL zu beobachten. Während des AUSBAUS ermöglicht es die regelmäßige Probenahme dem Kellermeister, die Entwicklung des Weins zu beurteilen. Schließlich wird kurz vor dem ABFÜLLEN nochmals eine ausführliche Analyse von Proben durchgeführt, um sicherzustellen, daß der Wein allen Bestimmungen entspricht und frei von FEHLERN und VERSCHMUTZUNGEN ist.

Die meisten großen Kellereien und Weinbaubetriebe verfügen über eigene Laboratorien, in denen die erforderlichen ANALYSEN – ausgenommen vielleicht die allerkompliziertesten – durchgeführt werden können. Kleinere Erzeuger senden Proben an gewerbliche Laboratorien ein. Für eine komplette Qualitätskontrolle sind Prüfungen durch ein chemisches Laboratorium, ein mikrobiologisches Laboratorium und ein nach statistischen Methoden arbeitendes Geschmacksprüfungsgremium erforderlich, das die Geschmackseigenschaften, die Stabilität und die TYPENECHTHEIT des Weins beurteilt.

Beim Weinverkauf EN PRIMEUR spielen **Faßproben** (franz. *échantillons*) eine wichtige Rolle, weil auf ihnen die Beurteilung des noch im Ausbau begriffenen Weins durch Händler und Journalisten beruht. Diese sozusagen im Rohzustand befindlichen Weine sind noch nicht stabilisiert und können, da sie ohne besondere Vorsichtsmaßnahmen in Probeflaschen abgefüllt werden, schon nach ein oder zwei Wochen unter Oxidationserscheinungen leiden und andere Fehler zeigen. Am besten kann man einen jungen Wein bei einer Probe im Keller direkt aus dem Faß beurteilen, wobei allerdings auch Proben aus mehreren Fässern miteinander verglichen werden sollten.

R. E. S., A. D. W. und J. Ro.

QUALITÄTSWEIN In Deutschland umfaßt diese Kategorie bis zu 95 % des Ertrags eines Jahres; von ihr ausgeschlossen sind lediglich TAFELWEIN und LANDWEIN. Das DEUTSCHE WEINGESETZ kennt zwei Ränge von Qualitätswein: den Qualitätswein bestimmter Anbaugebiete (QBA), oft kurz Qualitätswein genannt, und den Qualitätswein mit Prädikat (QMP), oft kurz Prädikatswein genannt.

In ÖSTERREICH ist Qualitätswein die Kategorie zwischen Landwein und Prädikatswein. Sie umfaßt auch den österreichischen Kabinettwein. Der Anteil des Qualitätsweins am Gesamtertrag schwankt je nach dem Jahrgangscharakter und kann bis zu einem Drittel erreichen.

In den übrigen Ländern ist Qualitätswein nicht nur eine unscharf verwendete Bezeichnung für beliebigen Wein in guter Qualität, sondern auch eine offizielle Bezeichnung der EUROPÄISCHEN UNION mit europaweiter Geltung. Die EU erkennt zwei Weinkategorien an: Die obere ist Qualitätswein – er muß aus einem bestimmten Erzeugungsgebiet stammen (ein Hinweis auf die in Europa verbreitete Betonung des geographischen Ursprungs) –, die untere ist TAFELWEIN. Auf englisch lautet die offizielle Bezeichnung Quality Wine PSR (produced in a specified region), auf französisch VQPRD (Vin de Qualité Produit dans les Régions Délimitées). Jedes Mitgliedsland hat sein eigenes System der Definition dieser Kategorie, die meisten beruhen jedoch auf kontrollierten APPELLATIONEN (nur das deutsche System stützt sich mehr auf den natürlichen, unangereicherten Zuckergehalt bzw. den Reifegrad der Trauben).

Land	Qualitätswein
Frankreich	VDQS, Appellation Contrôlée*
Italien	DOC*, DOCG
Spanien	DO*, DOCa
Portugal	DOC
Deutschland	QbA*, QmP
Griechenland	OPE, OPAP*
England	Quality Wine
Luxembourg	Appellation Contrôlée

* Die mengenmäßig bedeutendere Kategorie

Die Qualität des Weins innerhalb dieser Kategorien weist in den einzelnen Ländern beträchtliche Unterschiede auf, ebenso der Anteil des jeweiligen Qualitätsweins am Ertrag eines Jahrgangs. In Deutschland beträgt der Anteil des Qualitätsweins, wie schon erwähnt, über 95 %, in Frankreich liegt er mit 40 % auf einem realistischeren Niveau. Wie alle offiziellen Systeme hat auch das hier beschriebene seine Kritiker. Italien, Spanien und Portugal sind in der Schaffung von DOC- bzw. DO-Bereichen besonders großzügig, nichtsdestoweniger entfallen von der Weinproduktion Italiens, Spaniens und Portugals nur 13,5, 25 bzw. 25 % auf Qualitätswein.

QUARANTÄNE Die im internationalen Verkehr mit Pflanzengut unumgängliche Schutzmaßnahme kann im Weinbau natürlich eine gewisse Behinderung der freien Entwicklung mit sich bringen. Sie gilt für alle Zweige der Landwirtschaft und kann für den Reisenden gelegentlich Ärger bedeuten, ist aber dazu gedacht, die Landwirtschaft vor den verheerenden Folgen aus anderen Ländern und Regionen eingeschleppter Schädlinge und Krankheiten zu schützen (man denke nur an die Geschichte des ECHTEN und des FALSCHEN MEHLTAUS sowie der REBLAUS). Die meisten Schädlinge und Krankheiten, die der üblicherweise für die Weinerzeugung genutzten Rebenspezies *Vitis* VINIFERA gefährlich werden, sind von Amerika ausgegangen; die dort heimischen AMERIKANISCHEN REBENSPEZIES hatten gegenüber diesen Krankheiten längst eine Toleranz entwickelt, die den europäischen Reben fehlt.

Quarantänesysteme für den Weinbau sind gewöhnlich an nationalen, in manchen Fällen aber auch regionalen Grenzen eingerichtet. Die meisten weinbautreibenden Länder legen eine strenge Quarantäne auf importierte Reben, um Krankheiten wie die PIERCE'SCHE KRANKHEIT und FLAVESCENCE DORÉE, die es bisher nur in bestimmten Gegenden gibt, nicht eindringen zu lassen. Durch Quarantäne wird auch die Ausbreitung anderer bakterieller, Pilz- und VIRUSKRANKHEITEN sowie von NEMATODEN verhindert, die zwar vielleicht keine tödliche Gefahr bilden, aber beträchtlichen wirtschaftlichen Schaden verursachen können. Importlizenzen werden meist auf eine bestimmte Anzahl von Edelreisern beschränkt, die einer Prüfung auf Krankheiten unterzogen werden müssen. Die Quarantänedauer kann bis zu zwei Jahre betragen, allerdings wird sie durch neue Diagnoseverfahren wie das in den 1980er Jahren entwickelte ELISA wesentlich verkürzt. Es kommt natürlich vor, daß Reben eingeschmuggelt werden, vor allem wenn die Weinerzeuger benachteiligt zu sein glauben, solange ihnen bestimmte Rebsorten oder Klone nicht zugänglich sind. Unter Bezugnahme auf einen bekannten Hersteller von Reisegepäck wird solche Schmuggelware gelegentlich als «Samsonite-Reben» bezeichnet (siehe auch Chardonnay in SÜDAFRIKA).

In manchen Fällen gibt es auch Quarantänebereiche innerhalb der Grenzen eines Landes, beispielsweise in Südaustralien, wo auf diese Weise versucht wird, die Ausbreitung der Reblaus zu verhindern. Manche Länder und Gegenden sind bisher frei von nennenswerter Schädlings- und Krankheitsbelastung. So ist beispielsweise Chile noch von der Reblaus verschont geblieben. Kalifornien, Westaustralien und bis auf den südlichen Teil auch Chile sind frei von Falschem Mehltau. (Es ist jedoch durchaus möglich, daß die Krankheit auch dort schon unbemerkt eingeschleppt wurde, sich aber aufgrund des trockenen Klimas nicht ausbreiten kann.) Der immer schärfer werdende Wettbewerb auf dem Weinmarkt läßt sogar den Gedanken an Sabotage durch gezieltes Einschleppen eines Schädlings oder eine Krankheit aus einem anderen Land oder einer anderen Region nicht mehr ganz abwegig erscheinen. Daher ist für die wirtschaftliche Gesundheit vieler Weinbauregionen der Welt eine streng durchgehaltene Quarantäne sowie stete Wachsamkeit und Unterstützung durch die öffentliche Meinung von großer Wichtigkeit. R. E. S.

QUARTS DE CHAUME Kleine, außergewöhnliche Enklave innerhalb der APPELLATION CONTRÔLÉE Coteaux du LAYON; hier entstehen nur in den besten Jahren süße Weißweine von Chenin-Blanc-Trauben, meist mit EDELFÄULE. Die Jahresproduktion beläuft sich manchmal auf nur einige tausend Kisten von knapp 40 ha Rebfläche – angeblich dem feinsten Viertel *(quart)* – der Lage Chaume bei Rochefort-sur-Loire (siehe auch FRANKREICH). Die Weinberge dieser Gegend kommen in den Genuß einer überwiegenden Südlage in einer Art Amphitheater. Der Boden hat eigenen Charakter, das Durchschnittsalter der Weinstöcke ist hoch, und bei einem übrigens selten erreichten zulässigen Höchstertrag von 22 hl/ha geschehen nur selten Investitionen in dieser winzigen, aber potentiell glorreichen Appellation. Der von Natur aus hohe Säuregehalt der Chenin-Blanc-

Traube verleiht den Weinen dieser Lage eindrucksvolle Langlebigkeit.

QUARZ Ein hartes, glänzendes Mineral, bestehend aus Siliziumdioxid in hexagonaler Kristallform, das in den meisten Gesteinsarten, vor allem in Sandstein und Granit, vorkommt. Flint (Feuerstein) ist eine Form von Quarz. Böden mit sehr hohem Quarzgehalt sind stets mager, aber oft gut durchlässig. Siehe GEOLOGIE.

QUATOURZE TERROIR innerhalb der APPELLATION CONTRÔLÉE Coteaux du LANGUEDOC in Südfrankreich. Die Produktion von AC-Wein in diesem kleinen, windgepeitschten Bereich nordwestlich von Narbonne ist so gering, daß er zum Aussterben verurteilt zu sein scheint, zum Teil auch infolge der Baulanderschließung.

QUEENSLAND Heißer Bundesstaat im Nordosten AUSTRALIENS, wo trotz des BREITENGRADS Wein entsteht.

Abgesehen von dem kuriosen Vorposten in Roma im mittleren Westen (nach WINKLER theoretisch etwa Region VIII), wo seit über hundert Jahren von einem einzelnen Weinbaubetrieb ein Dessertwein in hoher Qualität produziert wird, beschränkt sich der Weinbau von Queensland auf den Granitgürtel (Granite Belt) auf der westlichen landeinwärts gelegenen Seite des Great Dividing Range nördlich der Grenze zu NEW SOUTH WALES. Fünfzehn Weinbaubetriebe bringen hauptsächlich CHARDONNAY, SÉMILLON, SHIRAZ und CABERNET SAUVIGNON in eher bescheidener Qualität hervor, wobei Shiraz und Semillon noch die größte Individualität aufweisen. Der Absatz beruht fast ganz auf dem Fremdenverkehr. Die HÖHENLAGE (rund 800 m) ist der Schlüssel zum Erfolg in diesem recht subäquatorialen Klima. J. H.

QUERCETIN, auch **Quercitin.** Ein ursprünglich aus der Rinde der Färbereiche *(Quercus velutina)*, heute jedoch synthetisch gewonnener gelber Farbstoff. Da Quercetin ein Flavonoid ist (siehe auch PHENOLE), das in Pflanzen allgemein vorkommt, ist es auch im Weinlaub in hoher Konzentration vorhanden und kann im Wein (beispielsweise infolge starker Verschmutzung mit Laub durch eine schlecht eingestellte Traubenerntemaschine) eine Trübung verursachen. B. G. C.

Somers, T. C., und Ziemelis, G., FLAVONOL HAZE IN WHITE WINES, *Vitis*, 24 (1985), 43–50.

Die QUINTA dos Malvedos im Douro-Tal (Nordportugal).

QUERCUS ist die botanische Gattung, zu der die Eiche gehört, und stellt daher für den Wein nach der Rebengattung VITIS die wichtigste Pflanzenfamilie dar, denn sie liefert nicht nur den KORKEN, sondern auch das klassische Material für die Lagerung von Wein (siehe auch HOLZ). Sie teilt sich in zwei Untergattungen – *Cyclobalanopsis* und *Equercus* – auf, zu denen alle für Weinbehälter und Korken genutzten Eichenarten zählen. Die für FÄSSER am häufigsten verwendeten Spezies sind die amerikanische Weißeiche *Quercus alba* und die europäischen Eichen *Quercus robur* und *Quercus sessiliflora*. Näheres siehe unter EICHE.

Die Art, deren Rinde den Kork liefert, heißt *Quercus suber*.

QUINCY Historischer Weißweinbereich in der Loire-Region mit rassigen trockenen Weißweinen von der Sauvignon-Blanc-Traube von etwa 100 ha Sand- und Kiesboden auf dem linken Ufer des Nebenflusses Cher. Die lange Geschichte und die ehemalige Popularität dieses Weins gehen zum großen Teil auf die Transportmöglichkeit auf dem Wasserweg zurück (insbesondere im Vergleich mit der viel kleineren nahegelegenen Appellation REUILLY). Die Weine sind etwas rustikaler und nicht ganz so delikat wie in den östlichen Nachbargebieten MÉNÉTOU-SALON und SANCERRE.

Siehe auch LOIRE und die dazugehörige Karte.

QINTA portug. Bauernhof, auch Weingut. Single-Quinta-Port ist PORTWEIN eines bestimmten Jahrgangs aus einem bestimmten Weingut im Douro-Tal.

QUINTA DO NOVAL Noval ist der Name eines Weinguts und des führenden, 1813 gegründeten portugiesischen PORTWEIN-Hauses. Die Quinta do Noval war Eigentum der Firma António José da Silva, die 1973 ihren Namen in Quinta do Noval-Vinhos änderte, weil Noval der Name ihres feinsten Weins war (und weil sie andererseits Verwechslungen mit den vielen in PORTO ansässigen Firmen namens da Silva vermeiden wollte). Das Weingut Quinta do Noval im Pinhão-Tal wurde lange Zeit von der Familie Van Zeller geleitet. Großvater Luiz Vasconcellos Porto experimentierte als erster mit den neuen breiteren, geneigten Weinbergterrassen, die sich so gut bewährt haben, daß sie heute die älteren, schmaleren Terrassen verdrängen. Der eigene Weinbergbesitz deckt 30 % des Traubenbedarfs der Firma, der Rest wird von anderen Weingütern im DOURO-Tal bezogen. Der prestigeträchtigste Wein des Hauses ist der Nacional – er stammt ganz von Reben, die nicht auf reblausresistente amerikanische VEREDELUNGSUNTERLAGEN gepfropft wurden und demzufolge ganz «national» geblieben sind. Diese Reben erbringen ausgesprochen kleine Erträge, und daher entsteht der Nacional-Jahrgangsport nur in Ausnahmejahren. Die Weine dieser alten Reben gehören jedoch zu den konzentriertesten Jahrgangsportweinen mit tieferer Farbe und vollerem Gefüge als andere. Infolgedessen erbringen sie auf dem Markt sehr hohe Preise; der Nacional 1931 VINTAGE (ein praktisch von Noval allein deklarierter Jahrgang) ist als der teuerste Portwein aller Zeiten geradezu legendär geworden. Die Quinta do Noval hat auch später noch einige ungewöhnliche Jahrgänge deklariert. Das Haus reift seine Weine übrigens im Douro-Tal und nicht in VILA NOVA DE GAIA. 1993 wurde die Firma von der französischen Versicherungsgruppe AXA übernommen, und die Familie Van Zeller ist nicht mehr an der Leitung beteiligt.

R

RABOSO In der Region VENETO (Nordostitalien), vor allem in der PIAVE-Ebene angebaute robuste Rotweinrebsorte mit ausgezeichneter Resistenz gegen Krankheiten und Fäule. Der Name leitet sich angeblich von dem italienischen Wort *rabbioso*, rabiat, her und spielt möglicherweise auf die Reaktion der Trinker auf den kompromißlos hohen Gehalt an SÄURE und TANNIN an, durch den sich die Traube und ihr Wein auszeichnen; daneben nimmt sich CABERNET SAUVIGNON geradezu sanft aus. Leider hat Raboso dieser strengen Art keinen hohen ALKOHOLGEHALT entgegenzusetzen und schmeckt daher in der Jugend ungeheuer adstringierend. Standhafte Befürworter der Traubensorte behaupten, daß mit längerer Gärzeit, guter Lüftung durch häufiges UMPUMPEN und längerem FASSAUSBAU markante Weine hervorgebracht werden könnten, gewissermaßen als Antwort des Veneto auf den Nebbiolo aus Piemont oder den Sangiovese aus der Toskana. Allerdings lassen die Reputation und der Preis von Raboso-Weinen eine derart aufwendige Behandlung nicht rentabel erscheinen, und ambitiöse Weine dieser Art passen auch nicht zur Lokalkultur. Raboso ist im Rahmen der DOC Piave ein zugelassener SORTENREINER Wein, doch jährlich werden nur knapp 1500 hl produziert. Bei der italienischen Weinbauerhebung von 1990 stellte sich heraus, daß die Anbaufläche der Rebsorte **Raboso Piave** seit 1982 fast um die Hälfte zurückgegangen war und nur noch 2000 ha betrug.

Auch in Argentinien wird Raboso angebaut, allerdings in sehr geringem Umfang; vermutlich wurde er von italienischen Einwanderern mitgebracht. D. T.

RAMANDOLO siehe VERDUZZO.

RAMISCO Die Rotweinrebsorte, die ausschließlich in dem stetig schrumpfenden portugiesischen Weinbaugebiet COLARES angebaut wird, ist wahrscheinlich die einzige VINIFERA-Sorte, die nie gepfropft worden ist. Sie bringt wahrhaft charaktervolle Weine hervor, die in der Jugend jedoch sehr tanninherb sind.

RANCIO Ein in der Weinansprache gebräuchlicher Begriff für eine bestimmte, oft durch AUFSPRITEN angereicherte Art von Wein oder VIN DOUX NATUREL, die durch gezielte MADERISIERUNG – etwa durch Einwirkung von Sauerstoff oder Wärme – erzielt wird. Die Technik beruht auf längerer Unterbringung des Weins in Fässern in heißen Lagerhäusern (z. B. LIQUEUR MUSCAT und Liqueur Tokay aus Australien), in heißen Gegenden auch unter den Dachsparren (z. B. Vin Doux Nauturel im ROUSSILLON) oder in Glasballons im Freien, so daß die Weine den Temperaturschwankungen bei Tag und Nacht ausgesetzt sind (beispielsweise in manchen Gegenden Spaniens). Das Wort *rancio* ist mit «ranzig» verwandt, und so haben auch die auf diese Weise behandelten Weine einen kräftigen, an Nüsse und zerlassene, ja sogar ranzige Butter erinnernden Geruch.

Rancio-Geruch kommt auch bei länger als zwanzig Jahre im Faß gereiftem Weinbrand, insbesondere bei COGNAC, vor – daher der französische Ausdruck *rancio charentais* (siehe auch EICHENHOLZ UND WEINBRAND). Chemisch leitet sich der Rancio-Geruch von der Oxidation der Fettsäuren im Weinbrand her, wodurch die Ketone entstehen; auf sie geht die bei solchen Weinbränden deutlich spürbare Fülle zurück, die sich eindeutig von jener Art Fülle und Holzcharakter unterscheidet, die durch Beimischen von Karamel oder durch das *boisé* genannte, als künstliche Alterung gedachte Einmaischen eines Gemischs von Eichenholzspänen entsteht (siehe BRANNTWEINVERKOSTUNG).

Die echte Altersfülle drückt sich in einer komplexen Folge von Empfindungen in der Nase und am Gaumen aus. Der zwischen den beiden Weltkriegen führende britische Cognac-Kenner, der Weinhändler Charles Walter Berry, sprach weniger schmeichelhaft von «Schärfe als einer besonderen Art von Fülle und Gehalt». Im Verein mit einer milden Käsenote im Geruch erinnert diese Qualität oft auch an Roquefort, manchmal aber wird die Fülle, Tiefe und Vielfalt von *rancio* mit dem Geschmack von kandierten Früchten, Aprikosen, Sultaninen, Mandeln und Walnüssen in Früchtekuchen verglichen. Traditionsverhaftete englische Cognac-Liebhaber wie Berry und seine Kunden hatten für den Rancio-Charakter nichts übrig und bevorzugten die leichteren, eleganteren Weinbrände, z. B. von Hine und Delamain. Neuerdings scheinen aber auch diese Cognacs etwas von der Fülle und Komplexität an sich zu haben, die für viele moderne Kenner einen wesentlichen Bestandteil eines wahrhaft großen Cognacs ausmachen.

N. F. und J. Ro.

RANKE Das sich zusammenrollende Halteorgan, das verschiedenen Pflanzen das Klettern ermöglicht, ist in vielen

Fällen eine Variante von Stielen oder Blättern, bei der Weinrebe aber eine abgewandelte, an jeweils zwei von drei aufeinanderfolgenden KNOTEN erscheinende Form der BLÜTENRISPE. Ranken sind berührungsempfindlich; wenn sie eine ausreichende Länge erreicht haben, reagieren sie auf Druck auf ihre Oberfläche dadurch, daß sie das berührte Objekt umschlingen, gleichgültig, ob es sich um einen Draht, einen anderen Teil der Rebe selbst oder um einen beliebigen sonstigen Gegenstand handelt. Nach dem Umschlingen dieses Gegenstands verholzen die Ranken und erlangen große Festigkeit. Junge Ranken an der Triebspitze sind ein guter Indikator für das Wachstumsvermögen des Triebs: Bei wuchskräftigen Triebspitzen reichen die Ranken ein beträchtliches Stück über das Triebende hinaus; abnehmender Längenwuchs des Triebs zeigt sich in entsprechend abnehmendem Wuchs der Ranken nahe der Triebspitze.
B. G. C.

RASTEAU Ort an der südlichen RHÔNE. Die dort entstehenden kräftigen, etwas rustikalen Rot-, Weiß- und Roséweine laufen unter der AC Côtes-du-Rhône Villages, wobei anstelle von Villages gelegentlich auch der Name Rasteau selbst eingesetzt wird. Unter der Appellation Rasteau Contrôlée erscheinen dagegen süße VINS DOUX NATURELS, Gemische aus in Gärung befindlichem Traubenmost und reinem Weingeist, in verschiedenen Schattierungen von Braun und Rot. Im wesentlichen handelt es sich dabei um alkoholstarken Grenache-Most (90 % der Trauben müssen von GRENACHE Noir, Gris oder Blanc stammen), der unterschiedlichen Alterungsprozessen unterzogen wird: Diese reichen von einer kaum merklichen Behandlung über kürzeren oder längeren FASSAUSBAU (meist in relativ alten Fässern) bis hin zur gezielten Einwirkung von Wärme und Sauerstoff, so daß sich dicklich süße braune Weine entwikkeln, die als Rasteau RANCIO auf den Markt kommen. Zwar lautet der Name für diese unterschiedlichen Produkte stets Rasteau, die Trauben können aber in den Gemarkungen von drei Côtes-du-Rhône Villages, nämlich Rasteau, Cairanne und Sablet, gewachsen sein.

RATAFIA Ein alter, in Frankreich auf dem Land meist selbstbereiteter Wein; er entsteht durch Trocknen von Trauben, bis sie fast dem Zustand von Rosinen entsprechen, und dann durch Einweichen und Vergären dieser Trauben im folgenden Frühjahr. Ratafia de Champagne war der VIN DE LIQUEUR aus dieser Gegend, der durch Beimischen von Branntwein zu gerade erst in Gärung befindlichem Most gewonnen wurde. Heute gibt es freilich profitablere Verwendungsmöglichkeiten für den Traubenmost der Champagne.

RATTI, RENATO (1934–1988) Tüchtiger und engagierter Weinerzeuger in La Morra im DOCG-Bereich BAROLO in Piemont (Nordwestitalien). Er trug viel zur Erneuerung der Weinbereitungstechniken bei, durch die die Weine der Nebbiolo-Traube sehr viel schneller als in früheren Jahren genußreif geworden sind. Als Leiter des örtlichen Winzerverbands förderte er energisch die Idee des TERROIR und drängte auf Anerkennung der Einzellagen in den LANGHE-Bergen.

RAUCHOFEN Meist mit Öl befeuerte Beheizungseinrichtung, die in frostgefährdeten Teilen von Obst- und Weingärten in stillen, kalten Nächten aufgestellt wird. Die Wirkung beruht weniger auf direkter Erwärmung als vielmehr darauf, daß eine Luftzirkulation in Gang gesetzt wird, die Luft aus relativ warmen oberen Schichten mit der am Boden liegenden Kaltluft mischt. Außerdem verringert der dabei entstehende Rauch möglicherweise die Strahlungswärmeverluste des Bodens und anderer Oberflächen. Da eine Aufstellungsdichte von etwa hundert Rauchöfen pro Hektar erforderlich ist, ganz abgesehen vom Brennstoffverbrauch, der Rauchbelästigung, der Einbuße an Schlaf und der recht mühseligen Arbeit, die mit der Bedienung solcher Apparaturen in der Kälte und Dunkelheit des frühen Morgens verbunden ist, drängt sich die Überlegung auf, ob gelegentliche Ertragseinbußen nicht das geringere Übel wären.

Es gibt jedoch auch noch andere Möglichkeiten, Frostschäden zu verhüten; siehe FROST. J. G. und R. E. S.

RAUPEN Die Larven mehrerer Schmetterlingsarten gehören in aller Welt zu den schlimmsten Pflanzenschädlingen. Am Tag verbergen sie sich im Boden oder unter der Rinde der Rebe und kommen nachts hervor, um durch Fraß Schäden zu verursachen. Junge Reben sind besonders empfindlich für Raupenfraß. Es gibt auch Raupenarten, die Trauben anfressen. Für die Bekämpfung ist die richtige Erkennung wichtig, weil die unterschiedlichen Verhaltensweisen berücksichtigt werden müssen. Die Rebe ist in der Zeit zwischen dem Schwellen der Knopsen bis zum Erreichen einer gewissen Trieblänge am stärksten fraßgefährdet. Wenn eine Raupenplage nicht durch Pflegemaßnahmen, natürliche Feinde und klimatische Einflüsse in Grenzen gehalten wird, müssen hochwirksame chemische Mittel eingesetzt werden, um größere Verluste zu verhindern. Früher war DDT hierfür am gebräuchlichsten, heute gibt es verschiedene sicher wirkende Kontaktinsektizide. M. J. E.

RÄUSCHLING Eine heute vor allem in der deutschsprachigen SCHWEIZ angebaute Weißweintraubensorte, die dort oft feine, frische Weine erbringt. Im Mittelalter wurde sie in Deutschland, vorwiegend in Baden, verbreitet kultiviert (siehe DEUTSCHE WEINBAUGESCHICHTE). Die im ELSASS häufig anzutreffende KNIPPERLÉ-Traube ist eine frühreifende Subvarietät.

RAVAT Französischer Rebenzüchter; er hat einer Reihe französischer HYBRIDREBEN den Namen gegeben.

RAY, CYRIL (1908–1991) Der englische Kriegsberichterstatter und spätere Weinautor war eher für seinen Stil und die Treffsicherheit seiner Formulierungen berühmt als für ein leidenschaftliches Interesse am Wein selbst. Seine große Passion galt der Militärgeschichte, und da er sich sowohl an der Manchester Grammar School als auch am Jesus College, Oxford, Stipendien erwarb, ist wohl an ihm ein Historiker verlorengegangen. Im 2. Weltkrieg war er Kriegskorrespondent und wurde mehrfach für seinen Mut und die Genauigkeit seiner Berichterstattung ausgezeichnet. Bei seinem Einsatz im Italienfeldzug begann sein ausgeprägtes Interesse am Wein zu erwachen – und zwar sowohl am einfachen ländlichen Wein als auch an den vornehmen Gewächsen, die bei den Befreiungsfeierlichkeiten auf hoher und höchster Ebene serviert wurden. Später ging er im Auftrag der UNESCO nach Italien, Griechenland und Afrika, wo er seine Erfahrung mit Wein vertiefte. Später wurde er Mitarbeiter im Redaktionsstab der *Sunday Times*, und als vielseitiger Autor mit breitem Interessenspektrum versah er für diese Zeitung eine Zeitlang den Dienst als Korrespondent in Moskau.

1956 gab er den ersten Band seines vielleicht dauerhaftesten Beitrags zur WEINLITERATUR heraus: *The Compleat Imbiber*, Geschichten, Kommentare und Verse in 16 Bänden; eine in späteren Jahren ohne seine Mitwirkung herausgegebene «Raupkopie» löste übrigens einen seiner berühmten Wutausbrüche gegen die Verleger aus. Außerdem war er Weinkorrespondent der Zeitschrift *Director*, der Zeitung *Observer*, der Wochenschrift *Punch* (wo er auch als Berater für Weineinkäufe fungierte) und für den *Spectator*. Gleichzeitig aber schrieb er auch Artikel und verfaßte und redigierte Bücher über viele andere Themen neben Wein. Seine Weinartikel übten oft Einfluß auf die Absatzziffern aus, obwohl er kein Interesse am Verkosten junger Weine zeigte, sondern lieber Guinness Stout trank.

Cyril Ray gründete die britische Organisation «The Circle of Wine Writers» und war ihr erster Präsident. Für seine Schriften über Wein wurden ihm viele Auszeichnungen zuteil, u. a. Commendatore des italienischen Verdienstordens im Jahr 1981 und Chevalier des französischen Ordre pour le Mérite im Jahr 1985. Unter seinen vielen Büchern sind neben den Essay- und Artikelsammlungen und den aktualisierten und neuredigierten Werken früherer Weinautoren vor allem die folgenden von Bedeutung: *The Wines of Italy* (Bologna-Preis 1967); *Wine with Food* (in Zusammenarbeit mit seiner Frau Elizabeth Ray, einer bekannten Autorin von Büchern über Eßkultur und Biographin einflußreicher Persönlichkeiten auf diesem Gebiet); *Cognac* sowie *Vintage Tales*. Seine Spezialität waren historische Studien über bestimmte Spitzenweingüter, z. B. LAFITE-Rothschild, WARRE, BOLLINGER, MOUTON-ROTHSCHILD, Langoa- und Léoville-BARTON, Ruffino Chianti und schließlich Robert MONDAVI.

Was Cyril Ray über den Wein schrieb, war witzig, präzis und bis ins letzte Detail genau überprüft. Sein superber Stil und sein untadeliger Umgang mit der englischen Sprache sicherten ihm die Aufmerksamkeit mancher Leser, die sonst vielleicht nicht versucht gewesen wären, über Wein zu lesen oder darin überhaupt etwas anderes zu sehen als ein Getränk. P. V. P.

RAYA span. Streifen. Außerdem die Bezeichnung des für die Klassifizierung von SHERRY-Most gebräuchlichen Symbols. *Raya* ist auch ein sehr einfacher OLOROSO, der in Verschnitten für Medium Dry Sherry verwendet wird.

REBE, auch **Rebstock, Weinstock, Weinrebe.** Die Pflanze, deren Frucht den WEIN liefert.

Im weitesten Sinn ist eine Rebe eine Pflanze mit schwachem Stamm, die sich durch Klettern an Nachbarpflanzen, Mauern oder anderen Unterstützungsmöglichkeiten aufrecht hält. Aus dieser Gruppe von Pflanzen ist die Weinrebe die berühmteste und wirtschaftlich wichtigste (in diesem Buch ist unter Rebe stets die Weinrebe zu verstehen). Es gibt verschiedene Arten von Kletterpflanzen, die sich mit Hilfe unterschiedlicher Mittel fest- und aufrecht halten. Die sogenannten Klimmer stützen sich gegenseitig ab, manche – z. B. die Rosen – verfügen über Dornen, die zum Festhalten beitragen. Die Weinrebe als Rankpflanze verfügt über RANKEN an ihren Trieben, während beispielsweise die Gartenerbse Blattranken besitzt.

Da die Rebe nicht imstande ist, sich selbst aufrecht zu halten, wird sie im Anbau im allgemeinen mit UNTERSTÜTZUNGSSYSTEMEN versehen. Manchmal dienen dazu Bäume, z. B. beim *Alberate*-System in Italien, doch die meisten Weinberge der Welt werden heute auf die eine oder andere Kombination von Holzpfosten und Spanndrähten gezogen. Reben können auch so erzogen werden, daß sie frei stehen; das aber bedarf besonderer Schnitt- und Erziehungsmaßnahmen, durch die sich ein kurzer Stamm herausbildet, andernfalls kippt die Rebe um. Die verbreitetste freistehende Form ist das im Mittelmeerraum anzutreffende GOBELET-System.

Die meisten Weine der Welt entstehen von der Spezies VINIFERA der Gattung VITIS (siehe auch BOTANISCHE GLIEDERUNG).

Die Weintraube ist die wichtigste Obstart der Welt; auf einer Rebfläche von 8 Millionen ha wuchsen zu Beginn der 1990er Jahre 60 Millionen Tonnen Frucht. Trauben dienen zur Erzeugung von Wein in unterschiedlichen Formen sowie von BRANNTWEIN, zum Verbrauch als TAFELTRAUBEN oder ROSINEN, zur Herstellung von frischem TRAUBENSAFT, TRAUBENKONZENTRAT oder REKTIFIZIERTEM TAUBENMOSTKONZENTRAT sowie in geringerem Umfang von Industrieprodukten. 80 % des Gesamtertrags an Weintrauben entfallen jedoch auf die Weinerzeugung.

Die Weinrebe wird zwar auf allen Kontinenten außer der Antarktis angebaut, aber der größte Teil der Rebfläche der Welt befindet sich in Europa. Italien, Spanien und Frankreich verfügen über eine Rebfläche von je rund 1 Million ha; Italien und Frankreich produzieren jeweils fast ein Viertel des Weins der Welt.

Vitis vinifera verträgt keine extreme Winterkälte. Da sie für die Fruchtreife warme Sommer benötigt, wird sie ungefähr zwischen den Isothermen 10–20 °C in beiden Hemisphären angebaut, und zwar zwischen dem 30. und 50. Grad nördlicher Breite bzw. dem 30. und 40. Grad südlicher Breite (siehe BREITENGRAD sowie Karte WELTWEINPRODUKTION). Um den mit PILZKRANKHEITEN einhergehenden Schaden zu minimieren, wird die Weintraube seit jeher prinzipiell im MEDITERRANEN KLIMA mit warmen, trockenen Sommern und milden, feuchten Wintern kultiviert. Die Verfügbarkeit von AGROCHEMIKALIEN und in gewissem Umfang auch von krankheitstoleranten Rebsorten hat insbesondere seit dem 2. Weltkrieg eine Erweiterung dieses Bereichs ermöglicht. Eine WINTERRUHE ist für die Lebensdauer der Rebe wesentlich; das heiße Klima mit hoher Luftfeuchtigkeit in der Nähe des Äquators ist weder für die Traubenproduktion noch für die Weinqualität günstig (siehe jedoch auch TROPENWEINBAU).

Der größte Teil der Rebfläche der Welt ist mit traditionellen REBSORTEN besetzt, die seit Jahrhunderten durch vegetative Vermehrung am Leben erhalten werden. Es lassen sich auch verschiedene KLONE dieser Sorten unterscheiden.

Viele Weinbaupraktiken sind traditionsverhaftet, insbesondere in Europa, wo sie vielfach durch das Gesetz festgeschrieben sind. Kulturmaßnahmen und ihre Hintergründe werden unter den Stichwörtern WEINBAU, PHYSIOLOGIE DER REBE und REBENSCHÄDLINGE näher erörtert. Die Auswirkungen von Klima und Boden werden unter KLIMA UND WEINQUALITÄT bzw. BODEN UND WEINQUALITÄT beleuchtet.

Siehe auch MORPHOLOGIE DER REBE, REBENWACHSTUMSZYKLUS und URSPRÜNGE DES WEINBAUS. R. E. S.

Mullins, M. G., Bouquet, A., und Williams, L., *Biology of the Grapevine* (Cambridge, 1992).

Winkler, A. J., et al., *General Viticulture* (2. Aufl., Berkeley, 1974).

REBENABSTÄNDE siehe PFLANZDICHTE.

REBENALTER Das leicht an der Stärke des Stamms abschätzbare Alter der Rebe gilt allgemein als Faktor, der die Weinqualität beeinflußt, wobei Einmütigkeit darüber herrscht, daß generell ältere Reben besseren Wein liefern. Tatsächlich wird diese Vorstellung in den Vorschriften der

Das REBENALTER zeigt sich an der Stärke des Stamms. Diese Reben in Gaillac dürften fünfzig Jahre alt sein.

APPELLATIONS CONTRÔLÉES festgeschrieben, in denen oft die Frucht von weniger als etwa drei Jahre alten Reben ausgeschlossen bleibt. Die begrenzte Menge Wein von jungen, später für die AC-Produktion bestimmten Reben wird bis dahin als VIN DE TABLE auf den Markt gebracht. Manche Erzeuger in Frankreich schließen bewußt Weine von Reben unter einem bestimmten Alter von ihrem Spitzenwein aus und lassen sie lieber in den ZWEITWEIN eingehen. Die Konzeption, daß ältere Reben besseren Wein liefern, wird in der Alten Welt für Werbungszwecke benutzt (siehe VIEILLES VIGNES), ist aber in jüngerer Zeit auch in der Neuen Welt aufgegriffen worden, insbesondere von einigen Erzeugern im BAROSSA VALLEY. Demgegenüber vertreten andere Erzeuger die Auffassung, daß junge Weinberganlagen im ersten oder zweiten Ertragsjahr die höchste Weinqualität erbringen.

Üblicherweise braucht die REBENERZIEHUNG zwei bis drei Jahre, bis der Weinstock seine Gestalt hat; wenn in dieser Zeit Trauben entstehen, dann werden sie meist vor der Reife weggenommen. Hat eine Rebe ein bis drei Jahre normal getragen und ein Alter von drei bis sechs Jahren erreicht, dann füllt sie im allgemeinen den ihr überirdisch zugestandenen Raum aus; nun stabilisieren sich der ERTRAG und das jährliche Triebwachstum und verändern sich nur noch bei größeren Abweichungen in den Pflege- oder Wachstumsbedingungen. Weinberganlagen, die gegen Streß, Schädlinge und Krankheiten geschützt und vor übermäßiger wie vor zu geringer Wasser- und Nährstoffzufuhr bewahrt werden, können lange leben. Ein besonderes Beispiel bildet der berühmte Weinstock von Hampton Court Palace bei London, der 1769 gepflanzt wurde und noch heute (unter Glas) große Erträge an Trauben bringt. Weinberge, die ganz frei von Streß sind, gibt es nur selten. Die Wüchsigkeit und der Ertrag kommerzieller Weinberganlagen beginnen nach etwa zwanzig Jahren nachzulassen, und nach fünfzig Jahren liegen die Erträge oft so niedrig, daß sie eigentlich als unwirtschaftlich gelten würden.

Unterirdisch kann das Bild allerdings anders aussehen. Champagnol beschreibt drei Stadien des Wurzelwachstums. Im ersten Stadium besiedelt das Wurzelwerk den verfügbaren Raum. Das dauert etwa bis zum siebten bis zehnten Jahr, in mageren Böden und bei geringerer PFLANZDICHTE länger. Im sognannten erwachsenen Stadium verändert sich das Volumen an genutztem Boden wenig, während im abschließenden Altersstadium ein Rückgang der Wurzelaktivität zu beobachten ist. Dies kann auf zunehmende Verletzungen infolge der Kultivierung, die Einwirkung von Trokkenheit, die Bodenverdichtung durch Maschinen oder Sauerstoffmangel in größeren Tiefen zurückzuführen sein. Auch Wurzelschädlinge und Krankheiten können das Wurzelwerk schwächen, und die dauernde Anwendung bestimmter Dünge- oder Spritzmittel kann zu erhöhter BODENAZIDITÄT und infolgedessen verschlechterter Wurzelgesundheit führen.

Die oberirdischen Teile der Rebe werden offensichtlich mit zunehmendem Alter schwächer, und es treten deutliche Vergreisungserscheinungen auf. Trotz aller gegenteiligen Auffassungen schwächt der Winterschnitt die Rebe. Durch Schnittwunden können außerdem Holzfäulepilze eindringen, und fortgesetzter Sommerschnitt kostet die Rebe Kraft. Hinzu kommen die Auswirkungen der verschiedenen Kultivierungsmaßnahmen, die das Wurzelwerk zurückstutzen, sowie die Erschöpfung der Bodenreserven an Mineralstoffen.

Der normale Lauf der Dinge ist sodann, daß die Reben mit zunehmendem Alter geringere WÜCHSIGKEIT aufweisen; dies tritt besonders stark in Lagen mit triebschwachem BODEN in Erscheinung. Als konventionelle Erklärung für die Verbesserung der Weinqualität in höherem Rebenalter wird der verringerte Ertrag genannt, und tatsächlich geht in vielen berühmten Weinberglagen beides Hand in Hand.

R. E. S.

Champagnol, F., *Éléments de physiologie de la vigne et de viticulture générale* (St-Gely-du-Fesc, 1984).

Smart, R. E., und Robinson, M., *Sunlight into Wine: A Handbook for Winegrape Canopy Management* (Adelaide, 1991).

REBENAUSHAUEN siehe RODEN.

REBENERZIEHUNG Verfahren, welches der Rebe die gewünschte Gestalt verleihen soll; es erstreckt sich auf das Herunterbinden und Kappen der wachsenden Triebe im Sommer und auf den geeigneten winterlichen REBSCHNITT. Normalerweise werden Reben auf ein Unterstützungssystem erzogen, das einfach aus einem in den Boden gerammten Pfahl oder aus einem komplizierteren Rahmenwerk aus Draht sowie Holz-, Metall- oder Betonpfosten bestehen kann. Die Erziehung ist meist nach den ersten zwei bis drei Lebensjahren einer Rebe abgeschlossen und bereits vor Beginn der Traubenproduktion fest etabliert. Länger braucht sie bei großen Pflanzabständen oder bei komplexen Unterstützungssystemen wie TENDONE. Die Erziehung besteht meist in der Gestaltung des Stamms, der Schenkel bzw. des Kopfs und der erforderlichen Bogen.

Siehe auch REBENERZIEHUNGSSYSTEME und UNTERSTÜTZUNGSSYSTEME.

R. E. S.

REBENERZIEHUNGSSYSTEME Die Methoden der Rebenerziehung sind in verschiedenen Teilen der Welt stark unterschiedlich. Da die Weinrebe eine Kletterpflanze ist und sich nicht wie ein Baum selbst aufrecht halten kann, hat der Mensch in Jahrtausenden der Kultivierung zahllose Erziehungsformen erdacht. Die Wahl des Systems richtet sich weitgehend nach den Kosten, der Verfügbarkeit der erforderlichen Materialien sowie geschulter Kräfte für die Installierung und Pflege, nach der WÜCHSIGKEIT der Reben, der REBSORTE, den Bedürfnissen der MECHANISIERUNG und in vielen Fällen auch nach der Kenntnis alternativer Systeme.

Der Doppelbogen, ein REBENERZIEHUNGSSYSTEM für Riesling an der Saar, nach dem Winterschnitt.

In vielen Gegenden vor allem der ALTEN WELT wird nur selten darüber nachgedacht, ein anderes als das in der Region übliche System zu verwenden.

Ein grundsätzlicher Unterschied, der dem Außenstehenden sicherlich auffällt, ist, daß bestimmte Weinberganlagen über Unterstützungssysteme mit Spanndrähten verfügen und andere nicht. Während in Südfrankreich freistehende, im GOBELET-System erzogene Reben häufig sind, gelten in vielen anderen Gegenden Weinberge dieser Art als veraltet; statt dessen finden Drahtrahmen Verwendung, in denen die Laubmasse geheftet wird. Die Hauptgründe für die Wahl komplizierterer Erziehungssysteme liegen in der Beherrschung der Wuchskraft und der Bekämpfung von REBKRANKHEITEN. Würden die Reben in Gegenden mit starken Sommerniederschlägen, z. B. in Nordfrankreich, in der Gobelet-Form erzogen, wären sie stark anfällig für PILZKRANKHEITEN, weil Laub und Frucht in einer beschatteten Zone mit hoher Luftfeuchtigkeit liegen würden. Auch wäre es schwierig, Zugang zu dem Weinberg zu erlangen, da die Triebe auf den Boden hängen würden. Wird das Laub dagegen angehoben und zwischen Drähten aufgeheftet, ist es möglich, die Triebenden zu kappen und LAUBAUSLICHTUNG vorzunehmen, damit die Früchte mehr Licht erhalten. Das Befahren des Weinbergs mit dem Traktor wird ebenso erleichtert wie die Luftzirkulation zwischen den Zeilen.

Die Begriffe Rebenerziehungssystem, UNTERSTÜTZUNGSSYSTEM und REBSCHNITT geben verbreitet zu Verwechslungen Anlaß. Eigentlich handelt es sich um drei getrennte, jedoch eng miteinander verknüpfte Systeme. Im Winter wird die Rebe geschnitten, um ihre Gestalt bzw. die zum Austrieb vorgesehenen Augen in eine Lage zu bringen, die sich für die Unterbringung im Unterstützungssystem eignet, d. h., nach dem Erziehungssystem richtet sich teilweise die Wahl des Unterstützungssystems und der Rebschnittmethode. Die Reben werden so erzogen, daß sie sich in das Unterstützungssystem einfügen, das normalerweise aus einem vom Menschen passend für die Gestalt der Rebe gebauten Rahmenwerk besteht. Rebenerziehungssysteme, die für bestimmte Unterstützungssysteme gedacht sind, stimmen im Namen oft mit diesen überein.

Ein Rebenerziehungssystem soll auf Ertrags- und Qualitätsmaximierung abgestellt sein und Pflegearbeiten wie Spritzen, Kultivierung, Lese und Rebschnitt erleichtern. Mit zunehmender Mechanisierung wachsen auch die Anforderungen an die Einheitlichkeit und Übersichtlichkeit der Weinberganlagen. So werden Laubauslichtung und maschinelle Lese erleichtert, wenn die Trauben in einer einzigen Zone hängen. In ähnlicher Weise wird die Mechanisierung des Sommer- und Winterschnitts vereinfacht, wenn die Triebe alle in eine Richtung, beispielsweise vertikal nach oben, stehen. Die Gestalt der Rebe soll so gehalten sein, daß alle Arbeiten in bequemer Griffhöhe, also weder zu hoch noch zu niedrig, ausführbar sind. Manchmal wird argumentiert, daß die Frucht nahe am Boden hängen soll, um reflektierte Wärme aufnehmen zu können, auch wenn dies bei der LESE und beim Rebschnitt mühsame Arbeit in gebeugter Körperhaltung bedeutet, die nur äußerst schwer zu mechanisieren ist.

Bis in die 1980er Jahre kam es sehr selten vor, daß ein anderes Erziehungssystem als das in der jeweiligen Region übliche in Betracht gezogen wurde. Dr. Jules GUYOT brachte schon 1869 ähnliche Erkenntnisse zum Ausdruck: «Jede Provinz, jedes Departement, jeder Kanton und jedes Weinbaugebiet ist überzeugt, daß die eigene traditionelle Anbauform die beste ist und das letzte Wort in der Kunst und Wissenschaft des Weinbaus darstellt . . . Die guten Ergebnisse des einen kommen dem anderen nie zugute, und die Erziehung der Reben sind wie die Weine tausend bizarren und engstirnigen Praktiken ausgeliefert, was zu völliger Anarchie führt und vernünftigen Fortschritt unmöglich macht.» In vielen Teilen der Welt hat sich seit dieser Aussage wenig geändert, auch wenn inzwischen bei Neuanlagen in manchen Regionen der NEUEN WELT öfters die verschiedenen Systeme ausgewertet und die für die eigenen Anforderungen bestgeeigneten angewendet werden.

Es gibt eine fast unendliche Vielfalt an Rebenerziehungssystemen, wie es bei einer ausdauernden Pflanze wie der

Weinrebe, die sich allen Launen eines jeden Weinerzeugers so willig anbequemt, auch nicht anders zu erwarten ist. Es gibt nur wenige Pflanzen, deren Kultivierung so verschiedenartig aussehen kann wie die dicht gepflanzten, sauber geschnittenen Hecken im Médoc (mit 10 000 Reben/ha) einerseits und die Weinpflanzungen mit ein paar hundert Reben pro Hektar an Bäumen am Rand von Äckern mit anderen Feldfrüchten im Vinho-Verde-Gebiet Portugals andererseits.

Die Rebenerziehungssysteme lassen sich auf verschiedene Art einteilen. In Frankreich ist die Einteilung in niedrig erzogene Reben *(vignes basses)* und hoch erzogene Reben *(vignes hauts)* üblich. Bei den niedrig erzogenen Reben beträgt die Stammhöhe höchstens 50 cm, meist weniger. Solche Erziehungssysteme sind wirtschaftlicher und eignen sich für schwachwüchsige Reben besser. Der Traubenreife kann die größere Nähe zum Boden zugute kommen, doch LESE und REBSCHNITT sind recht mühselige manuelle Tätigkeiten, und die Reben sind möglicherweise stärker krankheitsgefährdet. Zu den vielen Beispielen niedrig erzogener Reben gehören die großen Flächen im Süden im GOBELET-System, die im CORDON DE ROYAT erzogenen Reben Burgunds und der Champagne und das Doppel-GUYOT-System von Bordeaux.

Hoch erzogene Reben sind im modernen Frankreich seltener, waren römischen Autoren aber sehr wohl bekannt (siehe AGRARHISTORISCHE ABHANDLUNGEN). Erst in neuerer Zeit wurde das Interesse an Hocherziehungssystemen durch die Arbeiten von LENZ MOSER in Österreich in den 1950er Jahren wieder entfacht. Er empfahl weiträumige Weinberganlagen mit geringer Pflanzdichte, breiten Zeilen und etwa 1,25 m Stammhöhe. Höhere Erziehung verringert das Risiko von Frostschäden, erfordert aber kostspieligere Unterstützungsbauten, allerdings wird die Arbeit im Weinberg erleichtert. Die «Hochkulturreben» können entweder im Cordon- oder im Guyot-System erzogen werden. In den Weinberganlagen der Neuen Welt wird meist hohe Erziehung praktiziert. Übermannshohe Anlagen wie das italienische TENDONE-System sind besondere Beispiele der Hochkultur.

Es gibt aber auch noch andere Möglichkeiten, die Rebenerziehungssysteme einzuteilen. So können die Cordons kurz – etwa 50 cm im engräumigen Cordon de Royat – oder mehrere Meter lang sein wie beim portugiesischen Cruzeta-System. Eine weitere Einteilung richtet sich danach, ob das Laubwerk frei hängt wie beim Gobelet-System im Midi oder aber in BOGENERZIEHUNG gehalten bzw. in einer Ebene aufgeheftet ist wie bei den im Elsaß und in Deutschland üblichen Vertikalsystemen mit Heftdrähten und Rückschnitt auf eine Laubwand.

Das Laubdach läßt sich nach der Ebene einteilen: Lauben oder Tendone-Systeme haben ein waagrechtes Laubdach, etwa 2 m über dem Boden, während das in Australien entwickelte Tatura-System um 60° geneigt ist; die meisten Bogenerziehungssysteme weisen eine vertikale Laubwand auf. Manchmal sind alle Triebe aufwärts gezogen wie beim LYRA-System, während beim GENEVA DOUBLE CURTAIN (GDC) die Triebe abwärts wachsen und beim SCOTT-HENRY-System teils aufwärts und teils abwärts gerichtet sind. Bei manchen Systemen ist die Laubmasse in der horizontalen Ebene geteilt, so beim GDC- und beim Lyra-System, oder sie ist wie beim Scott Henry in der vertikalen Ebene geteilt. Manche Erziehungssysteme sind einfach wie das freistehende Gobelet-System in Rioja, manche hochkompliziert wie das in Neuseeland entwickelte Ruakura Twin Two Tier, das sowohl horizontal als auch vertikal geteilt ist und pro Reihe zwanzig Drähte für Laubmasse und Frucht benötigt.

Es folgt nun eine Aufstellung mit kurzen Angaben über in verschiedenen Weltgegenden gebräuchliche Erziehungssysteme, darunter auch einige neue, die besonders für die Möglichkeiten der LAUBPFLEGE entwickelt wurden.

Alberate, ein altes, in Italien mancherorts noch gebräuchliches Erziehungssystem, bei dem die Reben auf oder zwischen Bäumen wachsen. Lokale Varianten gibt es in Bologna, in der Toskana, im Veneto und in der Romagna.

Alberello siehe GOBELET.

Arched cane, eine Variante mehrerer Erziehungssysteme, bei denen die Triebe in Bogen und nicht horizontal aufgebunden werden; siehe GUYOT. Alternativbezeichnungen sind Bogenerziehung, Arcure (Frankreich), Capovolto oder Guyot ad archetto (Italien). Angeblich ergibt diese Form besseren Austrieb der Augen in der Mitte der Bogen, die sonst nicht leicht austreiben. Das System kann als Variante der Guyot-Erziehung gelten.

Barra, für Monokultur im Vinho-Verde-Gebiet benütztes System; dabei werden die Reben in Schulterhöhe an einem einzigen Draht jeweils nach einer Seite gezogen.

Basket Training, freistehende Reben, bei denen die umeinandergeschlungenen Triebe sich gegenseitig stützen. Häufig anzutreffen bei schwachwüchsigen, geschnittenen «Bush Vines» (Australien und Südafrika).

Bush Vines siehe BUSCH und GOBELET.

Casarsa oder Casarsa Friuli, ein italienisches Erziehungssystem ähnlich wie SYLVOZ, nur werden die Triebe nach dem Schnitt nicht niedergebunden.

Cassone padavano, ein horizontal geteiltes, wie Sylvoz geschnittenes italienisches System.

Cazenave, ein italienisches Erziehungssystem in modifiziertem Guyot-Schnitt mit kurzen Armen, Zapfen und Fruchtruten (5–6 Augen) auf einem horizontalen CORDON. Die Fruchtruten werden etwa senkrecht an einen darüberliegenden Draht gebunden. Da eine große Zahl von Augen angeschnitten werden kann, eignet sich das System für fruchtbare Böden.

Château Thierry, eine Form des GUYOT-Systems, bei dem die Fruchtrute in einem Bogen an einen Pfahl neben der freistehenden Rebe gebunden wird.

Cordon de Cazenave, ein in Italien und Frankreich auf fruchtbaren Böden gebräuchliches System mit mindestens einer Fruchtrute an einem CORDON DE ROYAT.

Cordon de Royat siehe dort.

Cordon vertical, senkrechter Cordon mit beiderseits abwechselnd angeschnittenen Zapfen. Das System wird nicht oft verwendet, weil hierbei nur Austrieb aus den obersten Augen erfolgt.

Cruzeta, im Vinho-Verde-Gebiet in Portugal gebräuchliches System, bei dem die Rebe mit breiten Kreuzarmen 2 m über dem Boden erzogen wird. Ein ausgefeilteres System als Latada, jedoch einfacher als Barra.

Dachlaube siehe TENDONE.

Drahtrahmen mit Joch; die Rebe wird auf zwei horizontale Cordons im Abstand von etwa 50 cm erzogen, so daß Stamm und Cordons T-förmig ausgebildet sind. Die Triebe sind nicht geheftet, die Laubmasse ist nicht geteilt. Das System eignet sich für maschinellen Rebschnitt sowie für maschinelle Lese und wird im Ertragsweinbau verbreitet angewendet.

Duplex, in den 1960er Jahren in Kalifornien speziell für die maschinelle Lese entwickeltes System mit flexiblen Kreuzarmen. Die Fruchtdrähte liegen horizontal im Abstand von 1 m, und die Laubtriebe sind nicht aufgeheftet, so daß wie beim GENEVA DOUBLE CURTAIN zwei getrennte Laubwände entstehen. In Ertrag, Qualität und Krankheitsresistenz hat es sich jedoch nicht sehr gut bewährt.

Espalier siehe dort.

Éventail (Fächer), französisches System mit mehreren Armen, jeder mit einem Zapfen oder einer kurzen Fruchtrute. Ursprünglich wurde diese Form in Chablis mit flach auf dem Boden liegenden Armen benutzt; es wurde zum Taille de Semur modifiziert, einem System, bei dem die einzelnen Arme an einen unteren Draht in einer Ebene angebunden sind.

Fächerform, ein entfernt mit Éventail verwandtes System; es wird vorwiegend in Mitteleuropa und insbesondere in Rußland benutzt. Die Rebenstämme sind fächerförmig ausgebreitet, so daß sie sich leichter mit WINTERSCHUTZ bedecken lassen. Die italienische Version heißt Ventagli.

Factory Roof System, für TAFELTRAUBEN beispielsweise in Südafrika und Israel gebräuchliches System; dabei wird das LAUBDACH schräg aufwärts gezogen und trifft in der Rebzeilenmitte giebelförmig zusammen. Man könnte auch von einer geschlossenen einarmigen Pergola sprechen. Das System bietet ausgezeichneten Zugang zur Frucht für alle Arbeiten von Hand.

Flachbogen, ein in Deutschland gebräuchliches, dem Guyot-System ähnliches Verfahren, bei dem je ein Bogen horizontal zu beiden Seiten des Kopfs gezogen und die Triebe zwischen Heftdrähten senkrecht aufwärts geheftet und dann gekappt werden. Siehe VERTIKALDRAHTRAHMEN.

Geneva Double Curtain (GDC) siehe dort.

Gobelet siehe dort.

Guyot siehe dort.

Halbbogen, deutsches Erziehungssystem, wobei eine Fruchtrute von etwa 15 Augen Länge angeschnitten und in der Mitte über einen Draht gebogen wird, der 25 cm über dem Ansatz und dem Ende der Fruchtrute liegt. Die Triebe werden vertikal zwischen Heftdrähten aufgeheftet und an der Spitze gekappt.

Hudson River Umbrella, im Osten der USA gebräuchliches System, bei dem die Fruchtruten von einem hochliegenden Kopf aus im Bogen nach unten gelegt werden.

Isère, ähnliches System wie Château Thierry, wobei die Fruchtrute an einen Pfahl neben der Rebe gebunden wird.

Latada, traditionelles, 3 m hohes System im Vinho-Verde-Gebiet in Portugal; es ist für Reben bestimmt, die um Felder mit anderen Feldfrüchten stehen.

Lenz Moser siehe dort.

Lincoln Canopy, ein am Lincoln College in Neuseeland entwickeltes System mit horizontalem Laubdach. Es ist ein hüfthohes Tunnelsystem und erlaubt das Befahren der Zeilen mit dem Traktor.

Lyra siehe dort.

MPCT (Minimal Pruned Cordon Trained), in Australien entwickeltes und hauptsächlich für die Massenweinproduktion angewandtes System. Die Jungreben werden CORDON-ähnlich auf etwa 1,5 m erzogen, und abgesehen davon, daß der erste Triebwuchs um den Draht geschlungen wird, erfolgt nur noch minimale Bearbeitung; das gilt auch für den Schnitt (siehe MINIMALSCHNITT).

Palmette, italienisches Erziehungssystem, bei dem jede Rebe auf vier horizontale, paarweise übereinander angeordnete Triebe gezogen wird.

Pendelbogen, in Deutschland gebräuchliches System, bei dem der Höhenunterschied zwischen dem Bogenende und dem höchsten Punkt 50 cm beträgt, wodurch der Austrieb der Augen in der Mitte des Bogens verbessert werden soll. Die meisten Triebe werden zwischen Heftdrähten aufwärts gezogen und müssen normalerweise an der Spitze gekappt werden. Ähnliche Erziehungsformen sind Halbbogen, Rundbogen und Doppelbogen. In Neuseeland steht der Name für ein mittelhohes Sylvoz-System.

Pergola siehe dort.

Pyramide, italienisches Erziehungssystem, bei dem die Rebentriebe über mehrere am oberen Ende zusammengebundene Pfähle gezogen werden, so daß eine Pyramide entsteht.

Ramada ist ein anderer Name für Latada.

Raggiera oder **Raggi,** italienisches Erziehungssystem, bei dem die Reben über Kopf an radspeichenartig gespannten Drähten gezogen werden. Dabei wird entweder eine Rebe an einem Mittelpfahl oder Baum hochgezogen, oder es werden mehrere Reben von einer Stelle aus in verschiedenen Radien erzogen.

Ruakura oder Twin Two Tier Trellis, ein in der Forschungsstation Ruakura in Neuseeland entwickeltes System, bei dem die Laubmasse in vier Laubwände aufgeteilt wird. Es ist für wuchskräftige Anlagen geeignet, jedoch war bis Anfang der 1990er Jahre noch keine Traubenerntemaschine für dieses System entwickelt.

Scott Henry siehe dort.

Slanting Trellis; das Laubdach wird auf ein schräggestelltes Unterstützungssystem gezogen. Es eignet sich sowohl für die Produktion von Tafeltrauben als auch von Weintrauben.

Smart-Dyson Trellis, ein modifiziertes SCOTT-HENRY-System, bei dem die Laubwände von einem Cordon aus aufwärts und abwärts gezogen werden; es wurde von John Dyson (Kalifornien) und Richard Smart (Australien) entwickelt.

Sylvoz siehe dort.

Tatura Trellis; das an der Forschungsstation Tatura in Australien entwickelte System besteht aus zwei um 60° geneigten Laubdächern, die in der Mitte der Rebzeile zusammentreffen. Erste Untersuchungen deuten auf hohe Produktivität hin, doch das System wurde bisher für Weintrauben kommerziell noch nicht eingesetzt, vermutlich weil es Probleme mit der Mechanisierung gibt.

Te Kauwhata Two Tier; das an der Forschungsstation Te Kauwhata in Neuseeland entwickelte System ist vertikal geteilt, die Triebe sind vertikal aufwärts gezogen. Begrenzter kommerzieller Einsatz in Kalifornien und Neuseeland.

Tendone siehe dort.

Three Wire Trellis, ebenfalls in Kalifornien übliches System mit einem festen Drahtpaar über dem Cordon. Die Triebe werden nicht geheftet, sondern senken sich unter ihrem Eigengewicht über die Drähte.

T-Trellis, in Australien gebräuchliche Bezeichnung für die Drahtrahmenanlage mit Joch.

Tunnel, andere Bezeichnung für Dachlaube. Die Reben stehen in zwei Reihen und bilden ein geschlossenes Dach.

Two Wire Vertical Trellis, in Kalifornien gebräuchliches System. Der eine Draht trägt den Cordon, der andere ist ein feststehender Draht für die Laubtriebe. Die Triebe wachsen aufwärts und senken sich unter dem eigenen Gewicht über den oberen Draht, so daß sich ein glockenförmiges Laubdach bildet. Bei starkwüchsigen Reben entsteht unter diesem Laubdach tiefer Schatten.

U ist eine andere Bezeichnung für das LYRA-System.

Umbrella Kniffin, im Osten der USA gebräuchliches System, bei dem die Triebe aus einem mittelhohen Kopf über einen obenliegenden Draht gezogen und unten angeheftet werden.

V; bei diesem System werden die Triebe V-förmig aufwärts gezogen und in zwei Laubwände aufgeteilt. Diese Form bewährt sich nicht so gut wie das Lyra- bzw. U-System, bei dem die Cordons am Ausgangspunkt auseinanderlaufen.

Vase ist eine andere Bezeichnung für das GOBELET-System.

Vertical Cordon, selten angewandtes System; es erschwert die Pflege dadurch, daß die obersten Augen früher austreiben.

Vertikaldrahtrahmen siehe dort.

VSP (Vertical Shoot Positioning) in aller Welt verbreitetes System, bei dem die Laubtriebe vertikal aufwärts gezogen und durch Heftdrähte gehalten werden. Siehe VERTIKALDRAHTRAHMEN.

Y ist ein Erziehungssystem in V-Form mit Stamm.

Diese Aufstellung kann keinen Anspruch auf Vollständigkeit erheben, weder was die Vielfalt der weltweit in Gebrauch befindlichen Erziehungssysteme noch deren Lokalbezeichnungen betrifft, und auch die Verbreitung ihres Einsatzes verändert sich vor allem in der Neuen Welt ständig. Sie vermittelt jedoch einen Eindruck von den vielen Möglichkeiten, die es bei diesen Anlagen gibt. Die größte Vielgestaltigkeit an Erziehungssystemen ist in Italien anzutreffen, während in Frankreich regionale Einheitlichkeit vorherrscht. R. E. S.

Ambrosi, H., und Becker, H. (Hrsg.), *Der deutsche Wein* (München, 1978).
Eynard, I., und Dalmasso, G., *Viticoltura moderna: manuale pratico* (Mailand, 1990).
Galet, P., *Précis de viticulture* (4. Aufl., Montpellier, 1983).
Huglin, P., *Biologie et écologie de la vigne* (Lausanne, 1986).
Smart, R. E., und Robinson, M., *Sunlight into Wine: A Handbook for Winegrape Canopy Management* (Adelaide, 1991).

REBENSCHÄDLINGE können, wenn sie nicht ausreichend bekämpft werden, den Weinbau unwirtschaftlich machen und schwerwiegende Nachteile für die Weinqualität zur Folge haben. Unter diesen Sammelbegriff Rebenschädlinge fallen höhere Tiere, Insekten und Nematoden (während mikrobielle Schädlinge wie Bakterien, Pilze, Mycoplasmen, Viroide und Viren REBKRANKHEITEN verursachen).

Die in der Hauptsache wirtschaftlich genutzte Weinrebe VITIS VINIFERA hat ihren Ursprung in Eurasien, während die meisten gefährlichen Rebenschädlinge und Rebkrankheiten vorwiegend aus dem Osten und Südosten Nordamerikas stammen. Ihre versehentliche Einschleppung nach Europa nach den 1850er Jahren hatte verheerende Auswirkungen auf den Weinbau. Die Pilzkrankheit ECHTER MEHLTAU war schon schlimm genug, doch wurde zum Glück bald ein Gegenmittel gefunden. Das Schadinsekt REBLAUS war nicht so leicht unter Kontrolle zu bringen, und nach deren Auftreten im Jahr 1863 war der französische Weinbau eine Zeitlang schwer bedroht. Schließlich wurde ein Ausweg durch das Pfropfen von *Vinifera*-Edelreisern auf VEREDELUNGSUNTERLAGEN gefunden, die von AMERIKANISCHEN REBENSPEZIES mit natürlicher Resistenz gegen die Reblaus abgeleitet wurden. Diese Praxis hat sich inzwischen weltweit durchgesetzt.

Allgemein sind Rebenschädlinge leichter zu bekämpfen als Rebkrankheiten. Die zur Schädlingsbekämpfung eingesetzten PESTIZIDE stellen hochwirksame AGROCHEMIKALIEN dar. Heute geht die Tendenz jedoch dahin, weniger stark mit Schädlingsbekämpfungsmitteln und mehr mit INTEGRIERTEM PFLANZENSCHUTZ zu arbeiten. Die Reblaus bildet heute nur noch für kleine Teile des Weinbaus in der Welt eine Bedrohung, da inzwischen über 85 % aller Bestände auf Unterlagen veredelt sind, die als resistent gelten. MARGARODEN, ebenfalls eine Schadinsektenart, sind bislang nur in kleinen Teilen des Weinbaus in der südlichen Hemisphäre aufgetreten; gegen sie gibt es derzeit nur beschränkt wirksame chemische Bekämpfungsmittel.

Rebenschädlinge können schwerwiegende Auswirkungen auf die Weinqualität haben. Die Rebe kann durch Schädlinge unter schweren Streß geraten, etwa infolge von Wurzelschädigung durch NEMATODEN oder die Reblaus. Diese oft nur vorübergehende Wirkung stellt das Vorspiel zum Absterben oder RODEN der befallenen Reben dar.

Weitere Beispiele dafür, wie Schädlinge die Rebe und damit die Weinqualität beeinträchtigen können: Verringerung der Lauboberfläche infolge von Fraßschäden durch Käfer, Milben, SCHNECKEN, HEUSCHRECKEN, WICKLER UND SPANNER, ZIKADEN, Känguruhs, Kaninchen und sonstiges Wild; hierdurch können PHOTOSYNTHESE und Traubenreife gefährdet werden. Beeinträchtigungen des Rebenwachstums und der Erträge treten infolge von Wurzelschädigung durch die Reblaus, Margaroden, Nematoden sowie Erdhörnchen und Taschenratten und infolge von Holzschädigung durch BOHRKÄFER und Termiten ein. Die Beschädigung der Trauben durch Vögel und Insekten kann zu TRAUBENFÄULE führen, die dann durch Fruchtfliegen verbreitet wird. Manche Schädlinge, z. B. Blatt- und SCHMIERLÄUSE, verschmutzen die Trauben mit ihren Ausscheidungen. Nicht zuletzt fällt allen Schädlingen auch noch die gefährliche Rolle des Krankheitsüberträgers zu. Die gefürchtete, zum Absterben der Reben führende PIERCE'SCHE KRANKHEIT, eine bakterielle Erkrankung, wird durch Zikaden übertragen, ebenso die FLAVESCENCE DORÉE, eine Mycoplasmose. Nematoden und Schmierläuse sind Überträger von VIRUSKRANKHEITEN, die sich auf Weinqualität und Ertrag auswirken.

Siehe auch TIERE, KÄFER, VÖGEL, FRUCHTFLIEGE, SCHADINSEKTEN, MILBEN, NEMATODEN, REBLAUS. R. E. S.

REBENVERBESSERUNG Ein ganzes Bündel von Maßnahmen wird zur Verbesserung des Pflanzenguts, der Weinbergerträge sowie der Qualität von Frucht und Wein eingesetzt. Derzeit liegt der Schwerpunkt auf der Ausmerzung folgenschwerer VIRUSKRANKHEITEN sowie auf genetischen Verbesserungen. KLONENSELEKTION, also die Auswahl leistungsfähiger Reben, ist eine Methode, die beiden Zielen dient. Zu den Techniken der Ausmerzung von Viren zählen ferner die THERMOTHERAPIE und die GEWEBEKULTUR. Genetische Verbesserungen können darüber hinaus durch MUTATION und Selektion, durch GENTECHNIK und REBENZÜCHTUNG erreicht werden.

Viruskrankheiten sind zwar in den Weinbauregionen Europas schon seit dem Ende des 19. Jh. stark verbreitet, es hat jedoch einige Zeit gedauert, bis im nationalen Rahmen vorbeugende Maßnahmen ergriffen wurden. Der erste Versuch einer Qualitätskontrolle bei Pflanzgut wurde in Frankreich 1944 unternommen, als die Section de Contrôle des Bois et Plantes de Vigne (heute Teil von ONIVIT) gebildet und beauftragt wurde, Maßnahmen gegen die Ausbreitung von Viruskrankheiten zu ergreifen und zu gewährleisten, daß alle verwendeten Unterlagsreben über ausreichende Reblausfestigkeit verfügen. Vorher durften in den Rebschulen beliebige Reben vermehrt werden, was gelegentlich katastrophale Auswirkungen zeitigte.

In Deutschland wird streng auf die Gesundheit des Veredelungsmaterials und der Unterlagsreben geachtet; durch scharfe Klonenselektion und Registrierung der KLONE wird höchste Qualität bei Pflanzgut gewährleistet. Ähnliche Maßnahmen sind in anderen europäischen Ländern in Kraft.

Auch außerhalb Europas setzt sich die Erkenntnis, daß der Qualitätskontrolle bei Pflanzenmaterial hohe Bedeutung zukommt, immer mehr durch. Nach dem 2. Weltkrieg schuf der kalifornische Weinbau ein vorbildliches System zur Qualitätsverbesserung bei Pflanzgut. Forschungen an der Universität von Kalifornien in DAVIS hatten die Bedeutung von Viruskrankheiten in den Vordergrund gerückt und aufgezeigt, wie sie zu erkennen sind. Das daraufhin entwickelte sogenannte «clean rootstock program» hat zum Ziel, insbesondere unter Einsatz von Thermotherapie und INDEXING nur virusfreie Steckhölzer an die Rebschulen gelangen zu lassen, damit ausschließlich gesunde Pflanzen weiterverbreitet werden. Das später als Foundation Plant Material Service (FPMS) bekannte System liefert nun gesundheitlich einwandfreies Pflanzenmaterial in die gesamte Welt. In Australien und Neuseeland wurde in Zusammenarbeit zwischen Regierungsvertretern und dem Weinbau eine Vine Improvement Organization auf regionaler bzw. staatlicher Grundlage geschaffen, die sich inzwischen durch den Vertrieb von verbessertem Pflanzenmaterial selbst trägt.

R. E. S.

McCarthy, M. G., GRAPE PLANTING MATERIAL, in B. G. Coombe und P. R. Dry (Hrsg.), *Viticulture, I: Resources in Australia* (Adelaide, 1988).

REBENWACHSTUMSZYKLUS Der jährliche Entwicklungsverlauf der Rebe beginnt mit dem Austrieb im Frühjahr und endet mit dem Laubfall im Herbst. Entlang dieses Weges gibt es bestimmte Entwicklungsstadien (siehe PHÄNOLOGIE), in der Hauptsache AUSTRIEB, BLÜTE, FRUCHTANSATZ, VÉRAISON, LESE (bei Fruchtreife) und BLATTFALL. Das Tempo der Entwicklung zwischen diesen Stadien ist je nach Rebsorte stark unterschiedlich. Sehr früh reifende Sorten wie MADELEINE ANGEVINE durchlaufen den Zyklus bis zur Reife in besonders kurzer Zeit und eignen sich daher für

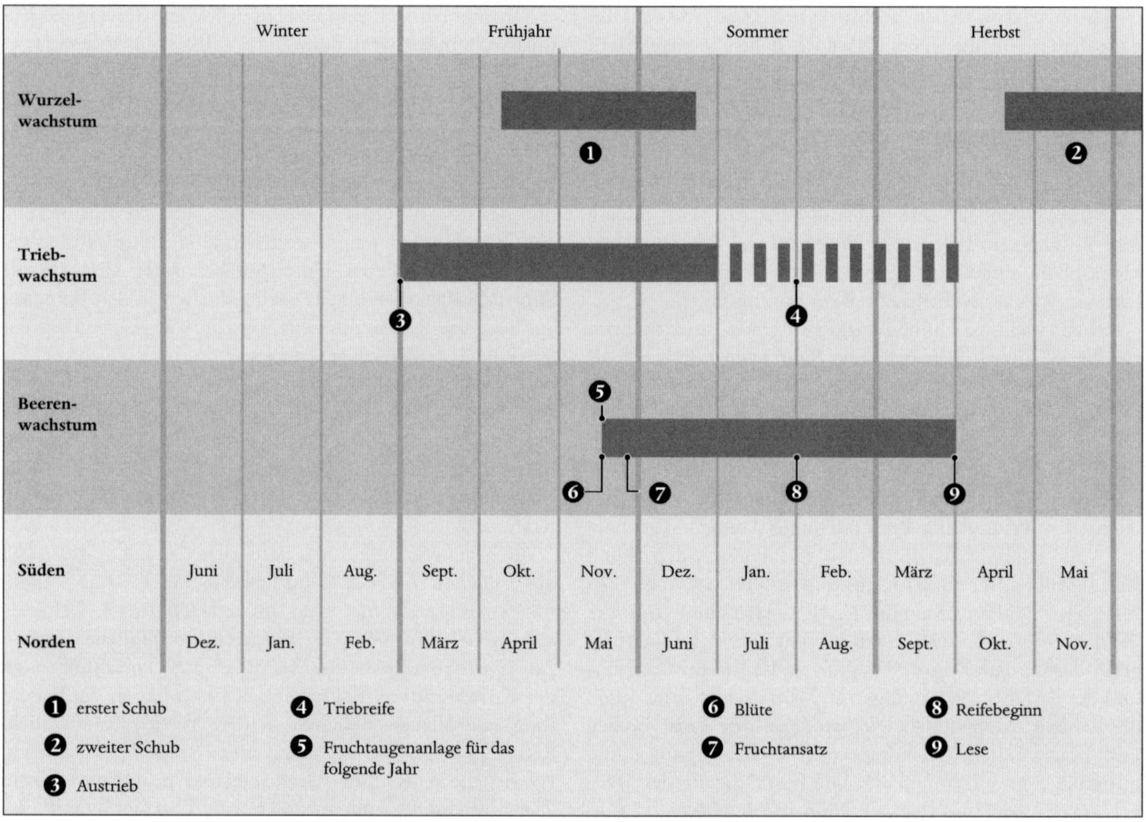

REBENWACHSTUMSZYKLUS: Verlauf von Wurzel-, Trieb- und Beerenwachstum der Weinrebe in der nördlichen bzw. südlichen Hemisphäre.

Gegenden mit kurzer Wachstumsperiode und relativ kühlen Temperaturen. Bei spätreifenden Sorten wie MOURVÈDRE, CARIGNAN und CLAIRETTE ziehen sich alle Stadien länger hin; sie benötigen weit mehr Wärme und Zeit, um zur Reife zu gelangen. Die Länge des Wachstumszyklus hängt auch vom Klima, insbesondere von der Temperatur ab. Im heißen Klima nimmt die Zeit zwischen Austrieb und Lese bei frühreifenden Sorten oft lediglich 130 Tage in Anspruch, während in kühleren Gegenden über 200 Tage erforderlich sind.

Die Weinrebe beginnt ihr Wachstum später im Jahr als andere laubtragende Pflanzen; in kühlem Klima muß die Lufttemperatur im Mittel etwa 10 °C betragen. Das erste Anzeichen ist SAFTAUSTRITT bei beginnender Erwärmung des Bodens, dann schwellen die Knospen, und bald ist der erste Hauch von Grün im Weinberg zu sehen, wenn die Triebspitzen aus den Knospen hervorsprießen. Die jungen Triebe wachsen zuerst sehr langsam, wobei sich beiderseits kleine Blätter entfalten. Dieses anfängliche Triebwachstum beruht auf den in der Rebe gespeicherten Vorräten an KOHLEHYDRATEN, bald jedoch sind die Blätter groß genug für die PHOTOSYNTHESE und produzieren nun selbst die Kohlehydrate, die das Gewebe für das weitere Triebwachstum bilden.

In warmem Klima beginnt nach etwa vier Wochen die Hauptwachstumsperiode, und die Triebe wachsen schneller. Ihr Wachstum beträgt bis zu 3 cm pro Tag, so daß der Beobachter tagtäglich Veränderungen der Trieblänge erkennen kann. Das Triebwachstum verlangsamt sich zur Zeit der Blüte, 40–80 Tage nach dem Austrieb, kann aber bei milder Temperatur und großzügiger Versorgung mit Wasser und Stickstoff bis zum Ende der Wachstumsperiode weitergehen. Häufiger jedoch geht das Triebwachstum zwischen Blüte und Reifebeginn durch WASSERSTRESS zurück und hört später ganz auf. Die Triebspitzen werden oft gekappt, wachsen dann aber aus Seitenknospen neu.

An den Jungtrieben treten kleine knopfförmige Blütenstände in Erscheinung und vergrößern sich in den wenigen Wochen vor Blütebeginn rasch, bis die Einzelblüten erkennbar sind. Die Blüte findet statt, wenn die Tagestemperaturen im Mittel 15–20 °C erreicht haben; anschließend vollzieht sich der Fruchtansatz.

Das nächste bedeutende Stadium ist der Reifebeginn, der Punkt, an dem die Trauben Farbe annehmen; es wird rund

40–50 Tage nach dem Fruchtansatz erreicht. Zwischen Ansatz und Reifebeginn wachsen die Beeren zu etwa halber Größe heran, bleiben aber grün und hart und weisen geringe Zuckerkonzentration, jedoch hohen Gehalt an organischen SÄUREN auf. Der Reifebeginn *(véraison)* zeigt sich deutlich daran, daß sich die Farbe der Beeren verändert, je nach Rebsorte zu Rötlichblau oder Gelbgrün hin. Die Beeren werden weich und reichern sich rasch mit ZUCKER an. In diesem Stadium speichert die Rebe auch in Wurzeln, Stamm und Ästen Kohlehydrate.

Der günstigste Lesetermin ist abhängig vom gewünschten Reifestadium für die WEINBEREITUNG. Er liegt am frühesten für Schaumwein, in der Mitte für Tischwein und eher spät für alkoholangereicherten und Dessertwein. Außerdem wird der Lesetermin durch die Wetterbedingungen beeinflußt. Die Fruchtreife vollzieht sich in warmen Gegenden meist schnell mit raschem Anstieg des Zuckergehalts und PH-WERTS bei ebenfalls raschem Abbau der Säure, insbesondere der APFELSÄURE. In kühleren Regionen verläuft das Tempo der Reife langsamer, und die Frucht weist weniger Zuckergehalt und dafür kräftigere Säure auf. Niederschlag kurz vor der Lese kann Probleme durch Aufplatzen der Beeren, TRAUBENFÄULE und anderweitigen Pilzbefall bringen. Nach Regenfällen beeilt sich der Winzer meist, die Traubenernte einzubringen, solange sie noch gesund ist.

Blattfall ist schließlich das Zeichen für das Ende der Wachstumsperiode; von allen Entwicklungsstadien ist dieses zeitlich am wenigsten genau definiert. Einiges Laub wird schon während der Wachstumsperiode abgeworfen, vor allem wenn die Rebe beispielsweise durch Dürre, Krankheit oder Beschattung unter Streßeinwirkung gerät. Ein größerer Teil des Laubs fällt unter Umständen auch der MASCHINELLEN LESE zum Opfer. Bei beständig warmem und sonnigem Wetter bleibt das Laub nach der Lese weiter aktiv und füllt über die Photosynthese die Kohlehydratreserven in Stamm und Wurzeln weiter auf. Sobald die Speichermöglichkeiten ausgeschöpft sind, verliert das Laub die grüne, vom Chlorophyll stammende Farbe und wird gelb. Beim ersten Frost beginnt der Laubabwurf, und die Rebe begibt sich in Winterruhe. Nach dem winterlichen REBSCHNITT ist die Rebe dann für den neuen Wachstumszyklus bereit.

Siehe auch JAHRESZYKLUS IM WEINBERG. R. E. S.

Champagnol, F., *Éléments de physiologie de la vigne et de viticulture générale* (St-Gely-du-Fesc, 1984).

Coombe, B. G., GRAPE PHENOLOGY, in B. G. Coombe und P. R. Dry (Hrsg.), *Viticulture, I: Resources in Australia* (Adelaide, 1988).

Winkler, A. J., et al., *General Viticulture* (2. Aufl., Berkeley, Calif., 1974).

REBENZÜCHTUNG Kreuzung einer Rebsorte oder -spezies mit einer anderen zwecks Schaffung einer neuen Sorte. Die Weinrebe ist extrem heterozygot, sie vermehrt sich über Samen nicht sortenecht; das ist auch der Grund, weshalb die VERMEHRUNG stets vegetativ vorgenommen wird. Gehören beide Elternreben derselben Spezies (in der Praxis meist der europäischen VINIFERA) der Gattung VITIS an, dann spricht man beim Züchtungsergebnis von einer KREUZUNG. Werden jedoch Sorten verschiedener Spezies miteinander gekreuzt (meist eine *Vinifera*-Sorte mit einem Mitglied einer AMERIKANISCHEN REBENSPEZIES), dann spricht man von einer HYBRIDREBE.

Die NEUEN REBSORTEN entstehen herkömmlicherweise durch Auftrag von POLLEN der männlichen Elternrebe auf die aufnahmebereite Narbe der weiblichen Elternrebe (siehe auch GESCHEINE); die Samen der auf diese Weise entstehenden Beere werden sodann zum Keimen gebracht (siehe aber auch GENTECHNIK). Die Wahrscheinlichkeit, daß sich unter den nun heranbildenden Sämlingen eine besonders brauchbare Rebsorte befindet, ist nur gering; auf jeden Fall ist eingehende Erprobung der Ertrags- und Weinbereitungseigenschaften über mehr als zehn Jahre hinweg erforderlich, ehe eine neue Rebsorte freigegeben werden kann.

Es ist üblich, die weibliche Elternrebe zuerst zu nennen; folglich ist EMERALD RIESLING eine Kreuzung Muscadelle × Riesling und BACO 22A eine Hybridrebe Folle Blanche × Noah (Noah ist eine AMERIKANISCHE HYBRIDREBE).

Die Rebenzüchtung hatte vor allem zu Beginn des 20. Jh. in Frankreich, Deutschland und Rumänien als europäische Reaktion auf die Ausbreitung der REBLAUS große Bedeutung (siehe HYBRIDREBEN und FRANZÖSISCHE HYBRIDREBEN). Die Züchtung neuer Rebsorten, die hohe Ertragskraft mit hohen MOSTGEWICHTEN, und anschließend solcher, die hohe Weinqualität mit guter Schädlings- und Krankheitsresistenz verbinden, gehört in deutschen Forschungsanstalten wie GEILWEILERHOF und GEISENHEIM seit langem zu den wichtigen Aufgaben (siehe auch Professor Helmut BECKER).

Die Perspektiven der Rebenzüchtung werden von Einset und Pratt sowie Alleweldt und Possingham dargestellt. Es geht dabei um die Verfügbarkeit von Keimplasma von *Vitis*-Spezies, das der *Vinifera*-Rebe Resistenz gegen Schädlinge, Krankheiten und Umweltbelastungen bieten kann. *V. amurensis* und *V. riparia* beispielsweise besitzen Gene für Frosthärte und *V. vinifera* sowie *V. berlandieri* solche für Kalkverträglichkeit (siehe CHLOROSE). Bei verschiedenen *Vitis*-Spezies ist Resistenz gegen FALSCHEN MEHLTAU, ECHTEN MEHLTAU und TRAUBENFÄULE, gegen die bakteriellen Krankheiten MAUKE und PIERCE'SCHE KRANKHEIT und gegen Bodenschädlinge wie REBLAUS und NEMATODEN festzustellen. Das Bestreben, den Einsatz von AGROCHEMIKALIEN nach Möglichkeit zu verringern, gibt der Rebenzüchtung vor allem in Deutschland und den USA Anlaß zu dem Versuch, diese Resistenzeigenschaften miteinander zu kombinieren.

Infolge der wachsenden Betonung einiger besonders bekannt gewordener REBSORTEN und auch des noch immer schwelenden Mißtrauens gegenüber Hybridreben, das auf die schlechten Leistungen früher französischer Züchtungen zurückgeht, steht der Verbraucher zum Teil den neuen Ergebnissen der Rebenzüchtung mit Zurückhaltung gegenüber. Dennoch erbringen diese Bemühungen möglicherweise eine erweiterte Palette von Geschmacksnuancen und Stilen aus Weinbergen, die keines weiteren Schutzes gegen Schädlinge und Krankheiten bedürfen. R. E. S.

Alleweldt, G., und Possingham, J. V. PROGRESS IN GRAPE BREEDING, *Theoretical and Applied Genetics*, 75 (1988), 669–673.

—Spiegel-Roy, P., und Reisch, B., GRAPES (VITIS), in J. N. Moore und J. R. Ballington (Hrsg.), *Genetic Resources of Temperate Fruit and Nut Crops: Acta horticulturae*, 290 (1990), 289–327.

Einset, J., und Pratt, C., GRAPES, in J. Janick und J. N. Moore (Hrsg.), *Advances in Fruit Breeding* (West Lafayette, 1975).

Huglin, P., *Biologie et écologie de la vigne* (Paris, 1986).

REBKRANKHEITEN Von mikrobiellen Erregern hervorgerufene Erkrankungen erschweren nicht nur die Verbreitung von Rebsorten, sondern beeinträchtigen auch Ertrag und Qualität. Siehe BAKTERIELLE KRANKHEITEN, PILZKRANKHEITEN, VIRUSKRANKHEITEN, MYCOPLASMOSEN.

REBLAUS Das kleine, gelbe, wurzelsaugende Insekt hat im Weinbau wahrscheinlich mehr Schaden angerichtet als jeder andere REBENSCHÄDLING und jede Krankheit. Es befällt nur die Weinrebe und tötet sie duch Schädigung ihrer Wurzeln ab. Jahrelang war kein Gegenmittel bekannt.

Das unheilvolle Wirken der Reblaus wurde in Frankreich erstmals 1863 festgestellt, gerade als sich der europäische Weinbau von einer anderen Plage, dem ECHTEN MEHLTAU, erholte, der 1847 erstmals aufgetreten war. Wie dieser und andere, erst später aufgetretene PILZKRANKHEITEN (FALSCHER MEHLTAU 1878 und SCHWARZFÄULE 1885) war auch die Reblaus ein höchst unwillkommener Import aus Amerika, und sie verheerte die Weinberge Europas, bis endlich wirksame Gegenmittel gefunden wurden. In der Geschichte der Landwirtschaft steht sie neben der Kartoffelfäule in Irland als Pflanzenschädigung mit weitreichenden sozialen Auswirkungen auf gleicher Stufe. In Frankreich wurden 2,5 Millionen ha Rebfläche vernichtet, und dabei machte die Laus keinen Unterschied zwischen den Spitzenlagen der feinsten Châteaux und dem Weinberg des bescheidensten *vigneron.* Für den französischen Winzer der 1860er Jahre muß es ein wahrhaft traumatisches Erlebnis gewesen sein, hilflos zusehen zu müssen, wie seine Weinberge dahinstarben. Doch die Epidemie machte nicht an den Grenzen Frankreichs halt. Durch ihre sozialen und wirtschaftlichen Auswirkungen rüttelte die Reblausinvasion Regierungen und örtliche Komitees auf und verlangte nach wissenschaftlicher Zusammenarbeit auf internationaler Ebene. Eine Zeitlang war der französische Weinbau in seiner Existenz bedroht.

Die Reblaus ist unter mehreren wissenschaftlichen Bezeichnungen bekannt. Ursprünglich wurde sie von dem französischen Wissenschaftler J.-E. Planchon auf den Namen *Phylloxera vastarix* (Verwüsterin) getauft, dann hieß sie *Phylloxera vitifoliae* (A. Fitch) und wird heute exakter *Dactylasphaera vitifoliae* bzw. *Viteus vitifolii* (H. Shimer) genannt.

Biologie

Die weibliche Reblaus ist gelb und etwa 1 mm lang. Umgeben von Massen von Eiern und dem bloßen Auge kaum sichtbar saugt sie an den Rebenwurzeln. In einem Sommer entstehen vier bis sieben Generationen, deren Weibchen wieder Eier legen. Die aus dem Ei geschlüpfte Junglaus kriecht zu anderen Rebenwurzeln, manchmal aber auch den Stamm hinauf und weiter zu anderen Reben oder gar Weinbergen, wenn sie durch Wind oder Maschinen aus dem Laub gerissen wird. Da sich die Jungläuse vor allem durch Spalten im Erdreich fortbewegen, breitet sich die Reblaus grundsätzlich kreisförmig um die ursprünglich befallene Rebe aus. Vom Wind verwehte Jungläuse bilden in der Windrichtung den sekundären Befall aus.

Die Reblaus hat einen komplizierten Lebenszyklus; sie existiert in Form von Wurzelläusen und Blattgallenläusen. Die Rebe schädigt sie dadurch, daß sie beim Fressen gallenbildenden Speichel in die Saftbahnen einfließen läßt, aber auch durch Saftentzug und durch die Bildung von Wurzeldeformationen (Nodositäten, Tuberositäten).

In Gegenden mit höherer Luftfeuchtigkeit entwickelt die Reblaus einen Lebenszyklus, bei dem die an der Wurzel ausgeschlüpfte Nymphe eine beflügelte Form hervorbringt, die sich über größere Entfernungen fortbewegen kann und männliche sowie weibliche Eier legt. Das ausgeschlüpfte Weibchen legt wiederum ein Winterei, aus dem sich die Stammutter (Fundatrix) entwickelt, die ihrerseits wieder Eier in eine Blattgalle legt (diese Gallen entstehen praktisch nur an den Blättern von Amerikaner Reben). Aus Blattgallen ausgeschlüpfte Nymphen können dann als eierlegende Weibchen neuen Befall an den Wurzeln hervorrufen.

Der Haupthelfer bei der Verbreitung der Reblaus ist der Mensch selbst, denn sie wird am häufigsten an den Wurzeln von PFLANZREBEN (einjährige Pflanzen in Winterruhe) von einem Weinberg auf einen anderen übertragen. Auch mit an Geräten haftenden Erdresten und mit dem Wasser von Bewässerungssystemen gelangt die Reblaus an neue Stellen. Jüngere Forschungen in Neuseeland haben nachgewiesen, daß im Laub vorhandene Jungläuse eine sekundäre Ausbreitung über beträchtliche Entfernungen ermöglichen; sie werden von Maschinen für Laubbehandlung oder Traubenernte durch Berührung mit dem Laub weitergetragen, aber auch durch den Wind.

Die Heimat der Reblaus ist die Ostküste der USA, und daher haben die dort heimischen AMERIKANISCHEN REBENSPEZIES allgemein Resistenz gegen sie entwickelt. Bei Un-

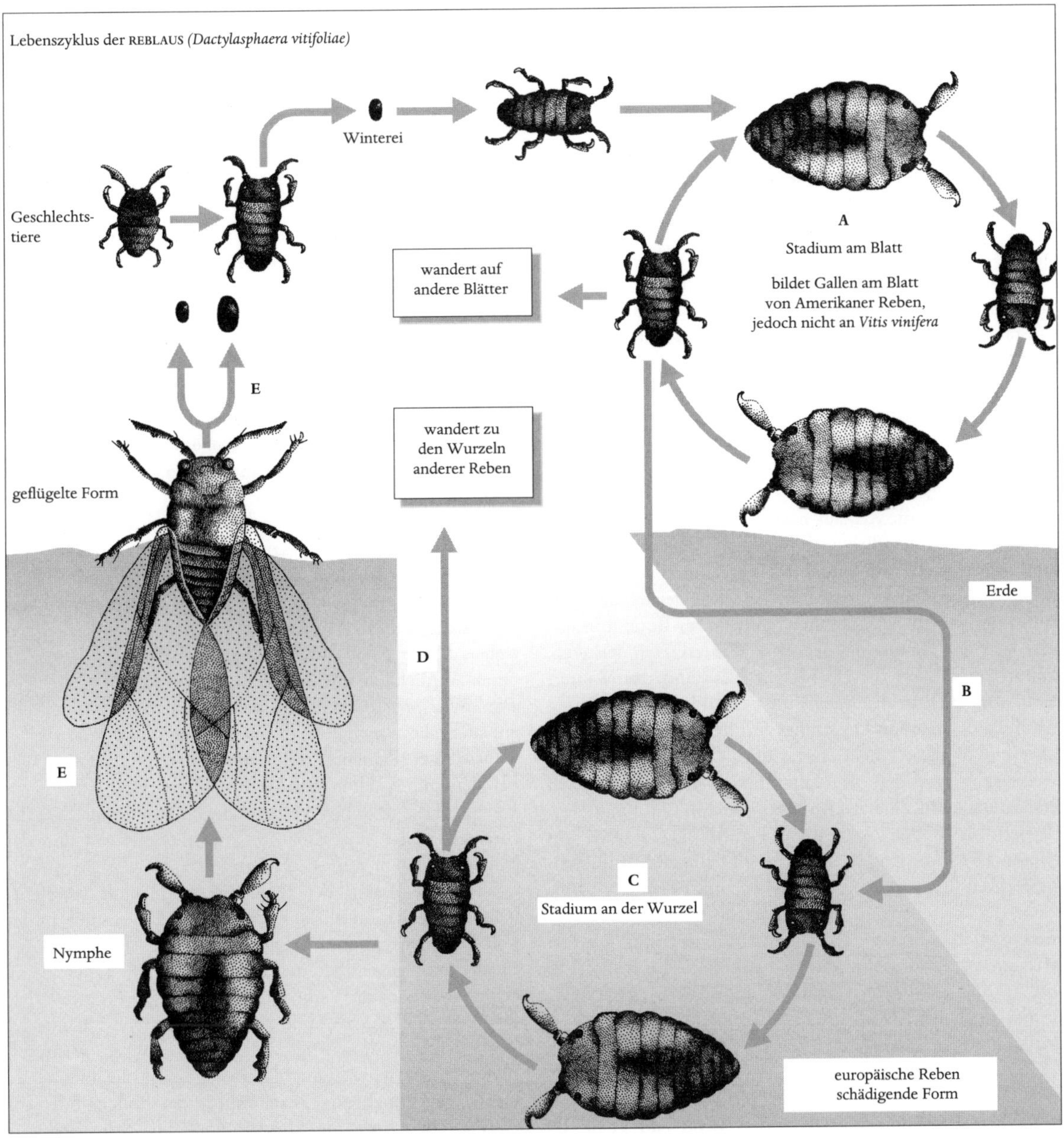

tersuchungen hat sich herausgestellt, daß diese Resistenz auf einer Korkschicht beruht, die sich unter der Verletzung bildet, die von der Reblaus beim Saugen an der Wurzel verursacht wird. Dadurch wird das Eindringen anderer Mikroben (Bakterien und Pilze) verhindert, die bei nichtresistenten Reben die Wurzel zum Faulen bringen, worauf die Pflanze abstirbt.

Reben, die eine derartige Resistenz nicht entwickelt haben, so z. B. die europäischen *Vinifera*-Sorten, werden also durch Zerstörung ihres Wurzelwerks vernichtet. Zunächst vermehrt sich die Reblaus rasch an den Wurzeln, ohne daß größere Schädigung zu erkennen wäre. Nach einigen Jahren jedoch wirkt sich die Wurzelfäule auf die oberirdischen Teile aus, das Triebwachstum verkümmert, und das Laub büßt seine gesunde grüne Farbe ein. Normalerweise stirbt die Rebe innerhalb von einigen Jahren nach dem Erstbefall ab. Reben, die schon aus anderen Gründen zu kämpfen haben, sind um so anfälliger und gehen an der Reblaus rasch zugrunde. Dagegen können Reben auf tiefgründigen, fruchtbaren Böden noch viele Jahre nach dem Beginn des Reblausbefalls gute Erträge bringen. In sandigem Boden kann die Reblaus nicht gut gedeihen; deshalb sind in Sand gepflanzte Reben (beispielsweise in der Großen Tiefebene UNGARNS sowie die von Listel an der französischen Mittelmeerküste gepflanzten Bestände und die Reben im Bereich COLARES in Portugal) vor Befall sicher.

Geschichte

Alle Versuche der ersten europäischen Siedler in Nordamerika, importierte *Vinifera*-Reben einzugewöhnen, schlugen vollständig fehl, vermutlich im wesentlichen wegen der damals freilich noch nicht erkannten Reblaus, gegen die diese Reben ja nicht resistent waren. Sicherlich aber spielten auch andere amerikanische Rebkrankheiten, wie die PIERCE'SCHE KRANKHEIT in Florida und der Echte und der Falsche Mehltau in allen Regionen, und die überaus kalten Winter dabei eine Rolle (siehe auch USA).

Wie kam nun die Reblaus nach Europa? In der Mitte des 19. Jh. wurden ziemlich viele lebende Pflanzen nach Europa gebracht. Es gab einen richtiggehenden Handel, der auf wohlhabenden Interessenten beruhte, welche sich aufgrund der damals herrschenden Vorliebe für Botanik exotische Gärten, Gewächshäuser und Wintergärten leisteten. Importiert wurden die Pflanzen im Zustand der Winterruhe, aber auch in der Wachstumsperiode im sogenannten Ward Case, einem an Deck eines Schiffes installierten Glaskasten – ähnlich einem Terrarium –, vor dem salzigen Meerwasser geschützt. Im Jahr 1865 wurden allein nach Frankreich 460 t Pflanzen im Wert von 230 000 Francs importiert; bis 1890 erreichte dieser Handel ein Volumen von 2000 t. 1875 wurden aus den USA 50 t eingeführt, und ein großer Teil davon bestand aus Reben. Jules Planchon, Professor der Pharmazie an der Universität MONTPELLIER, bemerkte, daß zwischen 1858 und 1862 besonders große Mengen an bewurzelten amerikanischen Reben importiert und in alle möglichen Gegenden Europas, so nach Bordeaux, England, Irland, ins Elsaß, nach Deutschland und Portugal, weiterversandt wurden. Zweifellos reiste damals die Reblaus als blinder Passagier mit.

Wie die Pilzkrankheit Echter Mehltau wurde die Reblaus erstmals in England entdeckt, und zwar im Jahr 1863, als Professor J. O. Westwood, ein berühmter Entomologe an der Universität Oxford, aus einem Treibhaus in Hammersmith, einem Vorort von London, einige Insekten zugesandt erhielt. Da sich diese Insekten in einer Blattgalle befanden, stammten sie wahrscheinlich von Amerikaner Reben, und mit diesen Pflanzen wurde der Schädling möglicherweise nach England eingeschleppt. 1863 kam in Frankreich eine unbekannte Rebenkrankheit ins Gespräch; zwei Weinberge an der südlichen Rhône waren befallen. Der erste gedruckte Bericht in Frankreich war ein Brief eines Veterinärs aus dem Jahr 1867 über einen 1863 angelegten Weinberg in St-Martin-de-Crau (nur etwa 30 km nordöstlich von den heutigen reblausfreien Anlagen der Universität Montpellier an der Mittelmeerküste), auf dem sich im Sommer 1866 ungesunde Reben zeigten, die dann im darauffolgenden Frühjahr nicht mehr austrieben. Es ist wahrscheinlich, daß die Infektion schon einige Jahre zurücklag. Weitere Berichte kamen 1867 aus Narbonne im Languedoc und aus den Départements Gard und Vaucluse an der südlichen Rhône sowie 1869 aus Bordeaux. (Meistens zeigten sich schwerwiegende Auswirkungen des Reblausbefalls erst einige Jahre nach den ersten Anzeichen; das Médoc beispielsweise wurde erst gegen Ende der 1870er Jahre in wirtschaftlich einschneidender Weise in Mitleidenschaft gezogen.)

Das erste von vielen Komitees, die sich nun bildeten, um die Reblausfrage zu lösen, war eine von der Landwirtschaftsgesellschaft in Vaucluse eingerichtete Kommission. Am 15. Juli 1868 nahm sie ihre Untersuchungen in den befallenen Weinbergen an der südlichen Rhône auf. Eines der Mitglieder war Jules Planchon, der für diese Arbeit die besten Voraussetzungen besaß. Er hatte eine Zeitlang in den Kew Botanical Gardens in England gearbeitet und war der Schwager des Amateur-Entomologen J. Lichtenstein. Planchon stellte fest, daß sich an den Wurzeln der absterbenden Reben kleine gelbe Insekten befanden, und er bemerkte deren Ähnlichkeit mit der an Eichen vorkommenden Laus *Phylloxera quercus*. So nannte er dieses Insekt, von dem nun anzunehmen war, daß es die Weinberge verwüstete, *Phylloxera vastarix*. Planchon stellte des weiteren fest, daß es sich bei der von A. Fitch beschriebenen, in der Blattgalle an amerikanischen Reben vorgefundenen Form um dasselbe Insekt handelte, und nach der Prioritätsregel galt nun der Name *Phylloxera vitifolii* (Fitch).

Die Kommission des Département Hérault veröffentlichte ihren Befund im Jahr 1868, er fand aber außer in der Lokalpresse wenig Beachtung. Es bestand allgemeine Zurückhaltung gegenüber der Erkenntnis, daß dieses kleine gelbe Insekt solche Verheerungen anrichten konnte. Vielmehr wurden damals andere Erklärungen wie Überertrag, Winterkälte und sonstige Witterungseinflüsse vermutet, aber auch die Schwächung der Reben durch die anhaltende vegetative Vermehrung, Erschöpfung des Bodens oder gar Gottes Zorn über die Sünden der Zeit. Selbst hervorragende Wissenschaftler jener Zeit stellten falsche Diagnosen. Der bedeutende Entomologe V. Signoret sah in der Reblaus nicht die Ursache, sondern die Wirkung, und Dr. GUYOT vermutete, ihr Auftreten sei zu scharfem Rebschnitt (also dem Gegenteil der Überproduktion!) zuzuschreiben. Der Debatte wurde 1869 von der Kommission der Société des Agriculteurs de France unter dem Vorsitz von L. Vialla ein Ende gesetzt, die sanft, aber bestimmt alle falschen Theorien zurückwies.

Inzwischen fiel die Weinerzeugung in Frankreich von ihrem Höhepunkt mit 84,5 Millionen hl im Jahr 1875 auf nur noch 23,4 Millonen hl im Jahr 1889. Doch schon im Juni 1873 war die französische Regierung durch die Ausbreitung der Reblaus so sehr alarmiert, daß sie eine hohe Belohnung (300 000 Francs) für ein Gegenmittel aussetzte, das durch die Landwirtschaftsfachschule in Montpellier experimentell überprüft werden sollte. Bis Oktober 1876 wurden den Professoren Durand und Jeannenot in Montpellier 696 Vorschläge unterbreitet, und zwischen 1872 und 1876 wurden 1044 Behandlungsmethoden erprobt. In dieser Flut von Einsendungen befanden sich natürlich auch manche, die ans Lächerliche grenzten, beispielsweise der Vorschlag, eine tote Kröte unter dem Weinstock zu vergraben, die das Gift auf sich ziehen sollte, oder die Reben mit Weißwein zu begießen. Selbst aus dem Ausland, u. a. aus Dänemark und Singapur, wurden Ideen eingereicht. Alle diese Arbeit brachte jedoch wenig Fortschritt; nur zwei Behandlungen, die auf der Anwendung verschiedener Formen von Sulfiden beruhten, schienen einige Aussicht zu bieten. Überraschenderweise versagte Schwefelkohlenstoff bei der Erprobung, obwohl er später in großem Umfang verwendet wurde.

Zu den frühen Versuchen der großflächigen Bekämpfung der Reblaus gehörte auch die Überflutung; sie wurde 1873 von der Kommission erprobt, wobei man feststellte, daß der Schädling durch wochenlange Überflutung im Winter zwar bekämpft werden konnte, doch lagen nur wenige Weinberge in entsprechender Nähe größerer Wasservorkommen oder waren eben genug, um diese Möglichkeit als verbreitet anwendbare Lösung ins Auge (allerdings wird sie in manchen Teilen Argentiniens noch heute angewandt). Es wurde auch bemerkt, daß Weinpflanzungen im Sandboden immun waren, aber auch das stellte natürlich keine Bekämpfungsmöglichkeit dar. Die Injektion von flüssigem Schwefelkohlenstoff wurde zur verbreiteten Methode, und bis 1888 wurden 68 000 ha auf diese Weise behandelt. Das Potential von Schwefelkohlenstoff als Insektizid war 1854 bei der Bekämpfung des Getreidekäfers beobachtet worden, und Baron Paul Thénard erprobte es daraufhin 1869 in Bordeaux. Bei den ersten Experimenten war die Dosis zwar zu hoch, aber schließlich fand die Methode, das Mittel mit Wasser vermischt in den Boden zu injizierten, wobei etwa 30 000 Löcher pro Hektar gesetzt werden mußten, große Verbreitung.

Als 1881 der internationale Reblauskongreß in Bordeaux abgehalten wurde, hatten sich zwei Denkmodelle darüber, wie der Weinbau gerettet werden könnte, herausgebildet. Die Chemiker glaubten, das Heil im Schwefelkohlenstoff und ähnlichen Chemikalien oder in der Überflutungsmethode gefunden zu haben. Ihnen gegenüber standen die «Amerikanisten»; sie befürworteten die Methode, bei der die gewünschten Rebsorten auf als VEREDELUNGSUNTERLAGEN dienende Amerikaner Reben aufgepropft werden. Gaston Bazille hatte diese Möglichkeit 1869 in Vorschlag gebracht, und Leo Laliman machte schon früh auf die Resistenz dieser Spezies gegenüber der Reblaus aufmerksam, nachdem er seit 1840 die Resistenz amerikanischer Reben gegen den Echten Mehltau in seinen Weinbergen untersucht hatte. (Er versuchte später, die für ein wirksames Mittel gegen die Reblaus ausgesetzte Belohnung für sich zu beanspruchen.)

Nach erfolgreichen Vorführungen der Eigenschaft amerikanischer Reben, der Reblaus zu widerstehen, und einer Reise Planchons nach Amerika im Jahr 1873, wo er bei seinen Studien von dem bekannten Wissenschaftler C. V. Riley beraten wurde, begann die Verwendung gepfropfter Reben, zunächst mit 2500 ha im Jahr 1880; im Jahr 1885 waren es bereits 45 000 ha. Es ging freilich nicht alles glatt. Viele amerikanische Rebenspezies vertrugen die kalkhaltigen Böden Frankreichs nicht (siehe CHLOROSE), und die Menge der zu veredelnden Reben war ungeheuer groß; zudem bestand die Befürchtung, daß die Verwendung der fremden VEREDELUNGSUNTERLAGEN (deren eigener Wein ja wegen seines FUCHSIGEN Geschmacks oft abgelehnt wurde) der Weinqualität schaden könnte. Dieser Einwand wird von Nichtkennern gelegentlich heute noch erhoben. In Burgund war die Einfuhr amerikanischer Reben bis 1887 verboten, doch insgeheim umgingen die Winzer das Verbot, um ihre Weinberge zu retten, und so mußte es schließlich aufgehoben werden.

Mit der Zeit wurde die Verwendung von Veredelungsunterlagen zur allgemein akzeptierten Methode, die Reblaus unter Kontrolle zu halten, was sich natürlich auf die Arbeit der REBSCHULEN in aller Welt nachhaltig ausgewirkt hat. Am Ende des 19. Jh. wurde eine Zeitlang der Möglichkeit nachgegangen, daß durch Züchtung von Hybriden zwischen Europäer und Amerikaner Reben Sorten entstehen könnten, die ausreichende Reblausfestigkeit hätten, um das Pfropfen überflüssig zu machen, und deren Weine nicht durch den unerwünschten fuchsigen Beigeschmack der Amerikaner Reben beeinträchtigt wären. Die Klasse so entstandener Rebsorten wird allgemein als FRANZÖSISCHE HYBRIDREBEN oder DIREKTTRÄGER bezeichnet. Die Bemühungen blieben jedoch erfolglos, weil die Reblausfestigkeit dieser Sorten unzureichend war und der von ihnen produzierte Wein mindere Qualität hatte; dennoch erfreuten sie sich bei den Winzern wegen ihrer hohen Erträge und ihrer Unempfindlichkeit für PILZKRANKHEITEN großer Beliebtheit. Dessenungeachtet wurden viele der heute gebräuchlichen Unterlagsreben in jener Zeit gezüchtet – allerdings wurde auch hier bei Hybriden mit einem *Vinifera*-Elternteil stets unzulängliche Reblausresistenz festgestellt.

Geographie

Inzwischen hat sich die Reblaus weit über die Welt verbreitet; sie gelangte nach Portugal (1871), in die Türkei (1871), nach Österreich (1872) und Kalifornien (1873), in die Schweiz (1874), nach Deutschland (1874), Italien (1875), Australien (1877), Spanien (1878), Algerien (1885), Südafrika (1885), Neuseeland (1885) und Griechenland (1898). Nur wenige Weltgegenden sind von ihr verschont geblieben, z. B. Teile Australiens (dort wird eine strenge QUARANTÄNE eingehalten), Teile Chinas, ferner Chile, Argentinien, Indien, Pakistan und Afghanistan sowie einige Mittelmeerinseln wie Kreta, Zypern und Rhodos.

In ansonsten nicht reblausfreien Weinbauregionen gibt es kleine Bereiche mit Sandboden (siehe BOLLINGER und COLARES), wo die Reblaus nicht hingelangt ist, entweder weil sie zu weit abgelegen sind oder weil die Eigenart des Bodens es verhindert.

Gegen Ende des 20. Jh. gilt die Reblaus weitgehend nicht mehr als ernstes Problem, weil einerseits mit ihrem Auftreten in bestimmten Gegenden nicht gerechnet zu werden braucht und andererseits eine breite Auswahl an Veredelungsunterlagen zur Verfügung steht, die sich für die unterschiedlichsten Rebsorten, Böden und Klimabedingungen eignen und zugleich Resistenz gegen andere Schädlinge, z. B. NEMATODEN, bieten. Es wird geschätzt, daß 1990 etwa 85 % der gesamten Rebfläche der Welt mit gepfropften Reben besetzt waren, deren Veredelungsunterlagen als reblausfest gelten.

Allerdings ist die Reblaus in den 1980er Jahren noch an ungepfropften Reben in Griechenland, England, Neuseeland, Australien und Oregon festgestellt worden und sogar an gepfropften Reben in Kalifornien, wo der sogenannte «Biotyp B» aufgetreten ist. Es stellte sich heraus, daß die Veredelungsunterlage AXR1 nicht ausreichend reblausverträglich war, daher fiel ein größerer Teil der gepfropften Reben in Napa und Sonoma dem Schädling zum Opfer, und sie mußten in den 1990er Jahren durch neue ersetzt werden.

Es ist bekannt, daß die Reblaus in einer Reihe von Varianten, sogenannten Biotypen, vorkommt. King und Rilling tauschten zwischen Deutschland und Neuseeland Reblausarten und Edelreiser aus und bestätigten die Erkenntnisse über Unterschiede der Biotypen in beiden Ländern. Interessant ist, daß die Veredelungsunterlage AXR1 durch den in Neuseeland vorkommenden Reblaustyp nicht beeinträchtigt wird, wohl aber durch die deutsche Reblaus. Nach Neuseeland ist der Schädling vermutlich aus Kalifornien gelangt, weil der dortige Weinbau das meiste Pflanzenmaterial aus DAVIS bezogen hat.

Zweifellos bestand eine der wichtigsten Nachwirkungen der Reblausinvasion in den Weinbergen der Welt schließlich darin, daß unwissentlich auch VIRUSKRANKHEITEN verbreitet wurden, weil ja mit zunehmender Anwendung des Pfropfens gegen Ende des 19. Jh. zwangsläufig auch virusinfizierte Unterlagsreiser Verwendung fanden. Ein ursprünglich nur in der Unterlage vorhandener Virus griff aber dann auch auf die aufgepfropfte *Vinifera*-Sorte über. An den Unterlagsreben hatten sich keine Symptome von Viruserkrankungen gezeigt, und die Erkenntnisse der Virologie fanden im Weinbau erst in den 1950er Jahren ausreichend Eingang. In Anbetracht der inzwischen bekannten Auswirkungen auf die Fruchtreife waren es möglicherweise eher Viruserkrankungen als das Pfropfen selbst, die zu der Debatte um die jeweiligen Vorzüge der Weine aus der Zeit vor bzw. nach der Reblaus führten (siehe PRÄ-PHYLLOXERA).

R. E. S.

Boubals, D., LA RÉALITÉ INTERNATIONALE RELATIVE AU PHYLLOXERA, *Progrès agricole et viticole*, 108 (1991), 494–496.

Buchanan, G. A., und Amos, T. G., GRAPE PESTS, in B. G. Coombe und P. R. Dry (Hrsg.), *Viticulture, II: Practices* (Adelaide, 1992).

King, P. D., und Rilling, G., FURTHER EVIDENCE OF PHYLLOXERA BIOTYPES: VARIATIONS IN THE TOLERANCE OF MATURE GRAPEVINE ROOTS RELATED TO THE GEOGRAPHICAL ORIGIN OF THE INSECT, *Vitis*, 30 (1991), 233–244.

Ordish, G., *The Great Wine Blight* (2. Aufl., London, 1987).

Winkler, A. J., et al., *General Viticulture* (2. Aufl., Berkeley, Calif., 1974).

REBSCHNITT Im Winter werden unerwünschte vegetative Teile der Rebe, d. h. überschüssige TRIEBE, durch Herausschneiden entfernt. Über die Beseitigung überschüssigen Wachstums während der Vegetationsperiode im Frühjahr bzw. Sommer siehe TRIEBAUSDÜNNUNG bzw. RÜCKSCHNITT, der auch als **Sommerschnitt** bezeichnet wird.

Der winterliche Rückschnitt wurde vom Menschen in erster Linie zu dem Zweck erdacht, weniger, aber größere Trauben in besser ausgereiftem Zustand zu erzielen; besonders wichtig ist er in kühlerem Klima. Mehr als 85 % des in einem Jahr gewachsenen Triebholzes können dabei entfernt werden. Es besteht ein wichtiger Zusammenhang zwischen dem Rebschnitt und der REBENERZIEHUNG, da die Rebschnittmethode vom Rebenerziehungssystem abhängig ist.

Die im Naturzustand wachsenden Reben, beispielsweise die WILDREBEN in Amerika und im Mittleren Osten, bleiben selbstverständlich ungeschnitten. In den Wipfeln dieser oft an Bäumen hinaufkletternden Reben, aber auch an anderen dem Licht zugänglichen Stellen der Pflanze wachsen zahlreiche kleine Trauben. Die Pflanze verfügt im Winter über Tausende von Knospen, die Triebe oder Früchte produzieren können, im Frühjahr treibt aber nur ein kleiner Teil hiervon aus. Dieser eingeschränkte AUSTRIEB ist das wichtigste Mittel, mit dessen Hilfe die Pflanze im natürlichen Zustand ÜBERERTRAG verhindert, der sie schädigen und ihre Lebensdauer verkürzen könnte. Die Wildrebe ist stark verzweigt, sie hat viele Triebe, und diese wachsen offenbar, wie es der Zufall will.

Geschichte

Es ist nicht bekannt, wann der Mensch den Rebschnitt erfunden hat, er war aber im alten ÄGYPTEN mit Sicherheit schon bekannt und zu Beginn der Römerzeit bereits fest etabliert, wie u. a. aus den ausführlichen Beschreibungen von PLINIUS und VERGIL hervorgeht. Auch in der BIBEL finden sich zahlreiche Hinweise auf den Rebschnitt, z. B.

«Aber im siebenten Jahr soll das Land seinen großen Sabbat dem Herrn feiern, darin du dein Feld nicht besäen noch deinen Weinberg beschneiden sollst» (3. Mose 25, 4) und «Sie werden ihre Schwerter zu Pflugscharen und ihre Spieße zu Winzermessern machen» (Micha 4, 3).

Zweck der Rebschnitts

Zu den ersten Zielen des Rebschnitts dürfte es schon im alten Ägypten gehört haben, die Größe der Beeren und Trauben zu steigern – auch heute noch eine wichtige Überlegung im TAFELTRAUBEN-Anbau. Eine Rebe, die nur leicht geschnitten wird, bringt aus den vielen Knospen, die ihr zur Verfügung stehen, Trauben mit kleinen Beeren hervor.

Ein weiteres Ziel des Rebschnitts ist es, der Rebe eine bestimmte Form zu geben, die alle weiteren Arbeiten im Weinberg erleichtert. Schneidet man die Reben auf eine mehr oder weniger konstante Struktur zurück, dann bedeutet das zugleich, daß sie sich bequem in Zeilen erziehen lassen. Andernfalls würden sie sich rasch ausbreiten und den freien Raum zwischen den Zeilen zuwuchern.

Der vielleicht wichtigste Aspekt des Rebschnitts ist jedoch die Beeinflussung des ERTRAGS im bevorstehenden

REBSCHULE bei Chablis.

REBSCHNITT in der Champagne – ein anstrengendes winterliches Ritual.

Jahr durch Einschränkung der Anzahl der Knospen oder Augen, die überhaupt austreiben und Früchte tragen können.

Zeitpunkt
Der Rebschnitt geschieht im Winter, grundsätzlich nachdem der erste Frost zum Laubabwurf geführt hat und das Holz leer ist. Der genaue Zeitpunkt des winterlichen Rebschnitts ist aber nicht unbedingt kritisch. Normalerweise soll er jedoch spätestens zum Austrieb im Frühjahr beendet sein, weil sonst die bereits erscheinenden jungen Triebe bei der Rebschnittarbeit beschädigt werden können. Die Reben verlieren kurz vor dem Austrieb Wasser aus den Schnittwunden (siehe SAFTAUSTRITT). Man kann früh austreibende Rebsorten ziemlich spät schneiden, um dadurch den Austrieb zu verzögern und das Risiko von FROSTSCHÄDEN zu verringern. In Gegenden mit warmen Wintern, z. B. in subtropischen und tropischen Regionen, kommen die Reben nicht vollständig zur Winterruhe und müssen möglicherweise geschnitten werden, während sie Laub tragen (siehe TROPENWEINBAU).

Grundregeln
Die Grundprinzipien des Rebschnitts haben sich seit dem klassischen Altertum erstaunlich wenig geändert; erst um 1860 machte der französische Weinbauexperte GUYOT klare Vorschläge über Länge und Lage der Triebe und brachte damit Ordnung in die alten Vorstellungen.

Auf den ausgereiften Holztrieben, die im Jahr zuvor noch weiche, grüne Jungschosse waren, sitzen im Abstand von etwa 8 cm beiderseits sogenannte Augen. Grundsätzlich gibt es nun zwei Arten des Rebschnitts: entweder auf ZAPFEN oder auf FRUCHTRUTEN.

Zapfenschnitt
Zapfen werden kurz, auf nur zwei Augen geschnitten, während Fruchtruten länger, mit fünf bis fünfzehn Augen belassen werden. Im Frühjahr bildet sich aus einem jeden der beiden Augen am Zapfen normalerweise ein Jungtrieb. Beim Winterschnitt wird der aus dem oberen Auge entstandene Trieb weggeschnitten, und der aus dem unteren Auge wird auf zwei Augen gekürzt und stellt den neuen Zapfen dar. Es liegt an der Physiologie der Rebe, daß jeweils die beiden äußersten Augen eines zurückgeschnittenen Triebs austreiben, und das ist der Grund für den allgemein üblichen Anschnitt des Zapfens auf zwei Augen. Beließe man dem Zapfen drei Augen, würde das unterste Auge meist nicht austreiben, und die Lage des Zapfens würde sich im Lauf der Jahre weiter und weiter vom Cordon oder Kopf entfernen.

Zapfenschnitt wird allgemein bei freistehenden Reben, wie sie in mediterranen Weinbauregionen oft zu sehen sind, angewendet. Typisch hierfür sind die im GOBELET-System geschnittenen Reben Südfrankreichs – der Name des Systems leitet sich von der Form der geschnittenen Rebe her, die einem *gobelet* (Pokal) ähnelt. Gobelet-Reben stehen frei auf meist 50 cm hohen Stämmen. Die Zapfen sitzen entweder auf dem oberen Ende des Stamms oder an kurzen Seitenästen.

Hierbei handelt es sich natürlich um eine sehr einfache Form der Rebenerziehung, die keine Stützpfähle und Spanndrähte benötigt. Sie gehört zu den ältesten Formen und war schon den römischen Autoren COLUMELLA und PALLADIUS bekannt. Das System ist besonders in der Alten Welt verbreitet; in Südfrankreich beispielsweise werden über 500 000 ha Reben auf diese einfache Weise geschnitten und erzogen. Auch in Spanien, Italien und Portugal ist es in Gegenden mit geringen Niederschlägen verbreitet; es eignet sich für die dortigen schwachtreibenden Weinbergböden am besten. Auch in älteren Weinbergen der Neuen Welt, z. B. in Kalifornien, Australien und Südafrika, stehen Reben dieser Art; hier wird meist von Kopferziehung gesprochen.

Eine andere, in wuchskräftigeren Weinberganlagen gebräuchlichere Form des Zapfenschnitts ist die sogenannte Cordon-Erziehung. Bei diesem System sitzen die Zapfen auf einem oder mehreren Seitenästen, den CORDONS. Die in Frankreich als CORDON DE ROYAT bekannte Schnittmethode wird dort seit dem Ende des 19. Jh. angewendet. Die Cordons werden an Drähten gezogen, eine Methode, die in Weinbergen der Neuen Welt besonders stark verbreitet ist. Sie eignet sich auch am besten für die MECHANISIERUNG, denn alle zu schneidenden Triebe stehen mehr oder weniger in einer Ebene (siehe auch MASCHINELLER REBSCHNITT).

Fruchtrutenschnitt
Diese Form kam nach den Untersuchungen des Franzosen Dr. Guyot in den 1860er Jahren in Gebrauch.

In traditionellen französischen Weinbergen wird meist an jeder einzelnen Rebe eine Fruchtrute mit sechs bis acht Augen und ein Zapfen mit zwei Augen angeschnitten. Beim Rebschnitt im Winter wird der Fruchttrieb des Vorjahrs weggeschnitten und eine neue Fruchtrute unter Benutzung eines der beiden Triebe aus dem Zapfen angelegt. Die Zahl der Augen auf dieser Rute ist abhängig von der regionalen Tradition und von den AC-Bestimmungen. Beispielsweise werden bei der Syrah-Rebe an den Côtes-du-Rhône acht Augen angeschnitten, in Burgund sind bei allen wichtigen Rebsorten acht Augen üblich, in Bordeaux bilden sieben bei Sémillon in Sauternes, sechs bei Muscadelle und acht bei Merlot Blanc die Regel. Diese geringen Augenzahlen (und dadurch Rutenlängen) stehen im scharfen Gegensatz zu dem, was in anderen Regionen mit wuchskräftigeren Weinbergen üblich ist. So ist es in bewässerten Weinbergen Australiens nichts Ungewöhnliches, daß bis zu zehn Fruchttriebe mit jeweils bis zu fünfzehn Augen an einer einzigen Rebe angeschnitten werden. Allerdings stehen diese Reben (wie unter NEUE WELT näher ausgeführt) auch in sehr viel größeren Abständen als ihre Artgenossen in Europa.

Beim Fruchtrutenschnitt wird häufig beobachtet, daß die Augen in der Mitte des Triebs nicht austreiben. Oft entstehen einige Jungtriebe in der Nähe des Kopfs an der Basis, und stets treiben die beiden letzten Augen am Ende des geschnittenen Triebs aus. An den Stellen, wo der Trieb im Vorjahr im Schatten gelegen hatte, ist der Austrieb (wie unter LAUBDACHMIKROKLIMA ausgeführt) immer schwach.

In Frankreich sind die Bezeichnungen für die Triebe regional unterschiedlich: z. B. *courgée* im Jura, *aste* in Bordeaux, *baguette* in Burgund, *archet* oder *archelot* im Beaujolais und *pisse-vin* im Languedoc – vielleicht in Anspielung auf die dort berüchtigt hohen Erträge.

Ertragsregulierung
Eine grundsätzliche Frage ist beim Rebschnitt, wie viele Augen an jedem Stock verbleiben sollen. Sofort erhebt sich die Gegenfrage: Ist dies überhaupt von Bedeutung? Für viele Winzer in aller Welt stellt sich diese Gegenfrage freilich überhaupt nicht, weil ihnen die Tradition oder die Appellationsvorschrift diktiert, wie sie ihre Reben zu schneiden haben. Zur Zeit des Winterschnitts wird anscheinend der kritische Verstand zur Ruhe gesetzt und alles konzentriert sich darauf, daß der Körper lange Arbeitsstunden in bitterer Kälte gut übersteht. Die traditionellen Rebschnittpraktiken werden oft einfach nur befolgt und gegen jeden Änderungsvorschlag heftig verteidigt.

Werden die Reben auf nur wenige Augen zurückgeschnitten, treiben die meisten davon auch gut aus, und die jungen Triebe wachsen kräftig. Das junge Triebwachstum wird durch die Nährstoffreserven in Stamm und Wurzelwerk der Rebe, die sich auf nur wenige Triebe konzentrieren, stimuliert. Eine schwachwüchsige Rebe mit beschränkten Reserven an KOHLEHYDRATEN muß daher strenger zurückgeschnitten werden als eine starkwüchsige.

Eine nur leicht zurückgeschnittene Rebe, die noch über Dutzende, vielleicht sogar Hunderte von Augen verfügt, treibt viel mehr junge Triebe und Früchte. Die einzelnen Triebe werden allerdings kürzer bleiben, und Zahl und Größe der Beeren fallen geringer aus. Allerdings wird der Gesamtertrag größer sein, und die Trauben brauchen länger, um zur Reife zu gelangen. Das verursacht in warmem und sonnigem Klima vielleicht keine Probleme, kann aber in kühlerem Klima, wo es sowieso oft schon schwierig ist, die Trauben zur Reife zu bringen, bevor Herbstkühle und Frost dem Reifevorgang ein Ende setzen, geradezu katastrophale Auswirkungen haben.

In kühlerem Klima hat demzufolge das Ausmaß des Rebschnitts weit mehr Bedeutung als in warmem. In Deutschland beispielsweise werden beim winterlichen Rebschnitt etwa zehn Augen pro Quadratmeter Weinbergfläche angeschnitten. Im Staat New York hat Professor Nelson Shaulis Richtlinien für den Winterschnitt ausgearbeitet, die auf dem Rebenwachstum, ausgedrückt in SCHNITTHOLZGEWICHT (das Gewicht des Jahreszuwachses an Rebholz, das beim Rebschnitt entfernt wird), beruht. Je Kilogramm Schnittholzgewicht sollen etwa 35 Augen stehenbleiben. Hat der Winzer das Schnittholz einiger Reben ausgewogen, dann kann er die übrigen nach Augenmaß schneiden. Bei

Kopferziehung mit Fruchtrutenschnitt

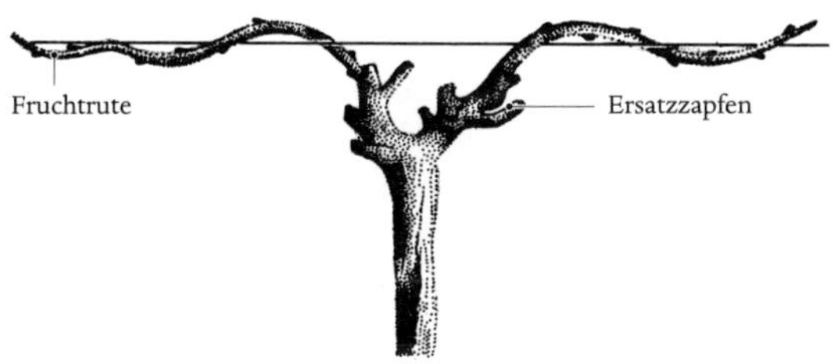

Zweiarmige Cordon-Erziehung mit Zapfenschnitt

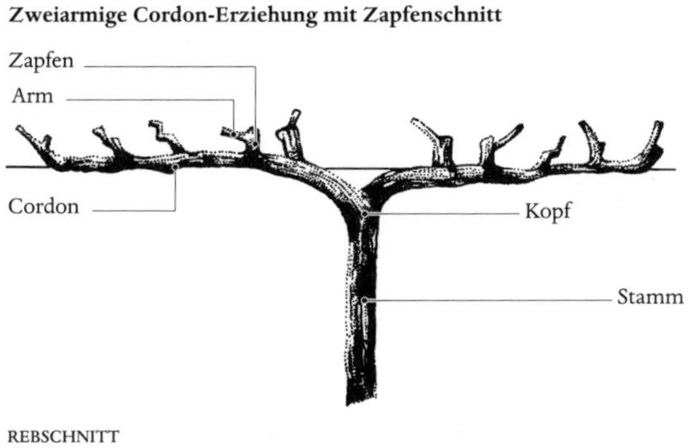

REBSCHNITT

wuchskräftigeren Reben mit höherem Schnittholzgewicht bleiben demzufolge mehr Augen stehen.

In stark wachsenden Anlagen ist es aber vielleicht nicht ausreichend, nur einen leichten Schnitt vorzunehmen, da er einen zu dichten Triebwuchs im LAUBDACH anregt. Dieses Problem hat zur Entwicklung von Maßnahmen der LAUBPFLEGE Anlaß gegeben, durch die in wuchskräftigen Weinberganlagen allzu dichte Laubmassen vermieden werden.

Mechanisierung
Bis in die 1960er Jahre erforderte der winterliche Rebschnitt hohen Arbeitsaufwand; dann führte der Anstieg der Lohnkosten und eine zunehmende Knappheit an Arbeitskräften in Australien zu Experimenten mit dem MASCHINELLEN REBSCHNITT und schließlich zur Entwicklung von Maschinen, die den mühsamen Rebschnitt von Hand ohne ernstliche Beeinträchtigung der Weinqualität in warmen Regionen stark beschleunigen. Hieraus erwuchs dann die noch revolutionärere Idee des MINIMALSCHNITTS bzw. des Verzichts auf jeden Winterschnitt.

Zu Anfang der 1990er Jahre gab es schließlich ein volles Spektrum an Rebschnittmethoden, vom manuellen Schneiden schwachwüchsiger Reben im traditionellen Weinberg auf unter zehn Augen bis hin zu der nach einmaligem Maschinendurchgang praktisch ungeschnittenen Rebe mit Tausenden von Augen.

Der Zeitaufwand für den Rebschnitt hängt von der Erziehungsform, der PFLANZDICHTE und der Rebschnittmethode ab. In Weinberganlagen mit hoher Pflanzdichte wird für einen Fruchtrutenschnitt ein Zeitaufwand von bis zur zweihundert Stunden pro Hektar benötigt. In Weinbergen mit großem Zeilenabstand und Cordon-Erziehung ist vielleicht mit fünfzig Stunden pro Hektar auszukommen, und in Verbindung mit einem maschinellen Vorschnitt kann dieser Aufwand noch weiter, vielleicht bis auf zwanzig Stunden, verkürzt werden. R. E. S.

Coombe, B. G., und Dry, P. R. (Hrsg.), *Viticulture, II: Practices* (Adelaide, 1992).
Galet, P., *Précis de viticulture* (4. Aufl., Montpellier, 1983).
Winkler, A. J., et al., *General Viticulture* (2. Aufl., Berkeley, Calif., 1974).

REBSCHNITTMASCHINEN siehe MASCHINELLER REBSCHNITT.

REBSCHNITTWERKZEUGE Seit der Antike bis in das 19. Jh. wurde für den REBSCHNITT ein Rebmesser oder eine Hippe verwendet. In modernerer Zeit geschieht der Rebschnitt so gut wie ausschließlich mit der um die Mitte des 19. Jh. entwickelten und von da an allgemein verbreiteten Rebschere. Es gibt sie in verschiedenen Formen und Ausführungen, meist mit zwei geschliffenen Klingen und in ergonomisch günstigem Design. Da bei längerer Arbeit im Weinberg die Sehnen der Hand meist übermäßig angestrengt werden, sind inzwischen z. B. auch Rebscheren mit pneumatischem Antrieb entwickelt worden. Für dickeres Holz wird eine Astschere mit verlängerten Griffen für Zweihandbetrieb benötigt. Manchmal ist zum Entfernen alter Cordons oder Äste auch eine Astsäge erforderlich.

Allerdings muß sehr darauf geachtet werden, daß durch die Schnittwunden nicht die Pilzkrankheit EUTYPIOSE eindringt. Der Rebschnitt kann auch mit schleppergetriebenen Arbeitsgeräten ausgeführt werden, die zumindest die Hauptarbeit erledigen; siehe MASCHINELLER REBSCHNITT.
R. E. S.

REBSCHULE Eine besondere Anlage zur Veredelung und Aufzucht von Jungreben. In Freilandrebschulen werden Steckhölzer gesetzt und zu PFLANZREBEN herangezogen. Stecklinge werden im Winter geschnitten, in einem kühlen Raum eingelagert, dann durch Einsetzen in feuchten Sand zur KALLUS-Bildung angeregt, bis Wurzeln entstehen (nach etwa sechs bis acht Wochen). Im Frühjahr werden sie in die Rebschule ausgepflanzt, wo sich der Erstjahrestrieb entwikkelt. Der Boden von Rebschulen soll tiefgründig, krümelig und gut durchlässig, frei von Krankheitserregern und gut mit Wasser versorgt sein. Im folgenden Frühjahr werden die jungen Pflanzen ausgehoben und nach dem Zurückschneiden von Trieben und Wurzeln in den Weinberg ausgepflanzt. Bei veredelten Reben werden die aufeinandergepfropften Reiser zur Kallusbildung in einen feuchten Raum gebracht und dann in die Rebschule ausgepflanzt.
B. G. C.

REBSCHULVEREDELUNG Eine in warmem Klima bestehende Möglichkeit der Freilandveredelung als Ergänzung zur MENGENVEREDELUNG in geschlossenen Betriebsräumen. Hierbei ist große Flexibilität sowohl in der Art der EDELREISER als auch im Zeitpunkt der Veredelung gegeben. Das eingesetzte Edelreis wird gut mit Veredelungsband umwikkelt, und wenn das Edelauge ausgetrieben hat, wird das Laubwerk der Unterlagsrebe zunächst eingekürzt und später ganz entfernt. B. C. G.

REBSORTEN Bestimmte Varietäten einer Spezies der Gattung VITIS (siehe BOTANISCHE GLIEDERUNG). Jede Rebsorte (franz. *cépage*, span. *cepa*, ital. *uva*, engl. *vine variety*) erbringt eine eigene, für sie typische Traubensorte, so daß die Begriffe Rebsorte und Traubensorte fast beliebig auswechselbar sind, und sie kann auch Wein in eigener, klar unterscheidbarer Art und Geschmacksrichtung hervorbringen.

Die meisten heute bekannten Rebsorten (z. B. CABERNET SAUVIGNON und CHARDONNAY) sind vom Menschen aus WILDREBEN selektiert worden. Die VERMEHRUNG durch Stecklinge garantierte, daß die neu entstehenden Pflanzensorten echt waren. Im Lauf der Zeit sind zu diesen noch weitere Rebsorten hinzugekommen, die sich entweder von selbst durch MUTATION entwickelten oder vom Menschen in Form von HYBRIDREBEN und KREUZUNGEN gezielt geschaffen wurden.

Die meisten für die Erzeugung von Wein genutzten Rebsorten sind Varietäten der europäischen Weinrebe *Vitis* VINIFERA. Aber auch verschiedene Varietäten der AMERIKANISCHEN REBENSPEZIES und deren AMERIKANISCHE HYBRIDREBEN werden zur Weinerzeugung herangezogen; außerdem dienen sie als VEREDELUNGSUNTERLAGEN. Wein wird darüber hinaus von mehreren asiatischen Rebsorten und von FRANZÖSISCHEN HYBRIDREBEN gewonnen.

Sicher ist, daß im Altertum in GRIECHENLAND und ROM bereits bestimmte Rebsorten unterschieden wurden; sie werden zum Teil in KLASSISCHEN TEXTEN, z. B. von Plinius und Columella, beschrieben (siehe ANTIKE REBSORTEN). Inwieweit die europäischen Rebsorten aus Wildreben entstanden oder sonstwie eingeführt worden sind, ist nicht bekannt. Nach dem Zusammenbruch des Römischen Weltreichs wurden viele Weinberge aufgegeben, und die damals angebauten Rebsorten haben sich vermutlich mit örtlich vorhandenen Wildreben und anderen *Vitis-vinifera*-Sorten gekreuzt und vermischt. Als Folge dieser Vermischungsvorgänge kamen im Lauf der Zeit in vielen Gegenden Europas Lokalrebsorten zustande.

Es gibt ungefähr 10 000 bekannte *Vinifera*-Rebsorten. Die Ampelographen Pierre Viala und Victor Vermorel (siehe MONTPELLIER) verzeichneten in ihrer von 1902 bis 1910 erschienenen siebenbändigen AMPELOGRAPHIE 5000 Varietäten. Viele davon sind allerdings Synonyme; heutige französische Autoritäten sprechen von knapp 220 Rebsorten mit wirtschaftlicher Bedeutung in Frankreich. Italien und Portugal verfügen über ein außerordentlich reiches Erbe an Rebsorten, und in Galicien (Nordwestspanien) soll es über 1000 einheimische Rebsorten geben. Die Bestimmung und Beschreibung der Merkmale der einzelnen Varietäten ist ein noch weithin unerforschtes Gebiet.

Die Bezeichnungen der Rebsorten richten sich oft nach der Farbe der Beeren; viele französische Trauben tragen die Beinamen *noir* (schwarz), *rouge* (rot), *violet, rosé, gris* (grau), *jaune* (gelb), *vert* (grün) und *blanc* (weiß). In diesem Buch werden Beinamen solcher Art stets mit großem Anfangsbuchstaben geschrieben, auch wenn Kleinschreibung strenggenommen korrekter sein mag. Pinot Noir (manchmal auch Pinot noir geschrieben) hat als Mutationen Pinot Blanc und Pinot Gris hervorgebracht, während es sich beim Sauvignon Vert um eine ganz andere Rebsorte handelt als Sauvignon Blanc (und dieser wiederum ist überhaupt nicht mit Cabernet Sauvignon verwandt).

Levadoux hat die Varietäten geordnet und in Gruppen zusammengefaßt, allerdings ist es bei vielen Sorten schwierig, die Herkunft festzustellen. Jedenfalls ist eine Einteilung in drei Hauptkategorien (PROLES) möglich, die sich auf die geographische Herkunft und in manchen Fällen auf den Endverwendungszweck beziehen. Eine detailliertere Einteilung der Rebsorten läßt sich nach Herkunftsländern und -regionen vornehmen, wobei zu berücksichtigen ist, daß manche Varietäten zum internationalen Gemeinbesitz geworden sind (siehe INTERNATIONALE REBSORTEN) und sich daher die Unterschiede verwischen.

Eine Einteilung der Rebsorten ist außerdem nach morphologischen Merkmalen (siehe MORPHOLOGIE DER REBE) möglich; diese bilden zum Teil die Grundlagen für die von der wissenschaftlichen Disziplin der Ampelographie unternommenen Bestimmungen der Varietäten und Spezies. Schließlich gibt es noch die bereits genannte Möglichkeit der Einteilung nach dem Endverwendungszweck in Rebsorten für die Weinerzeugung, für TAFELTRAUBEN, ROSINEN, TRAUBENSAFT oder für VEREDELUNGSUNTERLAGEN (allerdings werden manche Sorten, z. B. SULTANA, für mehrere Zwecke verwendet). Bei den für die Weinerzeugung bestimmten Rebsorten sind einzelne besonders für verschiedene Weintypen geeignet, z. B. für Schaumwein, alkoholangereicherten Wein, stillen Tischwein oder Branntwein. Innerhalb der einzelnen Gruppen gibt es edle Rebsorten und solche, die für Produkte minderer Qualität bestimmt sind.

Die meistangebauten Rebsorten

Nur wenige Rebsorten haben sich eine internationale Reputation errungen – die meisten davon stammen aus Frankreich. Die bekanntesten Beispiele solcher internationaler Varietäten sind CABERNET SAUVIGNON, PINOT NOIR, SYRAH (SHIRAZ), MERLOT, CHARDONNAY, SAUVIGNON BLANC und SÉMILLON. Es besteht aber wenig Zusammenhang zwischen ihnen und den Rebsorten, die in der Welt die größte Anbaufläche einnehmen, denn AIRÉN, GRENACHE (GARNACHA), RKATSITELI, TREBBIANO (UGNI BLANC) und CARIGNAN werden weit verbreiteter angebaut als etwa Cabernet Sauvignon. Manche von ihnen dienen in der Hauptsache der Branntweinerzeugung, und die beiden ersteren nehmen in Spanien bei geringer PFLANZDICHTE entsprechend große Flächen ein.

Wahl der Rebsorte

Der Winzer hat nur selten völlige Entscheidungsfreiheit darüber, welche Rebsorte er in einem gegebenen Weinberg anbauen kann. Vielleicht hat er den Weinberg sowieso in vollem Ertrag übernommen und könnte sich den Ertragsverlust nicht leisten, der mit einem Sortenwechsel entweder durch Roden der vorhandenen Reben oder aber durch UMVEREDELUNG einer neuen Sorte auf die Stämme und das Wurzelwerk des alten Bestands verbunden wäre. Andererseits stellen verschiedene Rebsorten auch verschiedene Ansprüche an Boden und Klima. So kommt Cabernet Sauvignon in vielen Gegenden, beispielsweise wo das Klima zu kühl ist, nicht zur Reife.

In Frankreich und in vielen anderen Mitgliedsländern der EU ist sogar vorgeschrieben, welche Rebsorten zulässig sind. Manche Einschränkungen dieser Art gehen bis auf das Mittelalter zurück (siehe PINOT NOIR), vor allem aber sind

1935 Festschreibungen dadurch geschehen, daß in den Gesetzen über die APPELLATIONS CONTRÔLÉES nur ganz bestimmte Rebsorten für jeden Bereich genehmigt wurden, wobei zwischen Haupt- und Nebensorten unterschieden wird. Gewisse Rebsorten wurden sogar völlig verbannt (allerdings dauerte es über dreißig Jahre, bis diese Bestimmung voll durchgesetzt wurde). Für die Erzeugung des einfachen VIN DE TABLE verordnete das Institut des Vins de Consommation Courante (IVCC – der Vorläufer von ONIVIT) im Jahr 1953 für jede Weinbauregion drei verschiedene Rebsortenkategorien: empfohlene, autorisierte und bis zur endgültigen Ausmerzung geduldete. Diese Vorschriften sind dann später in die EU-Bestimmungen eingeflossen, die demselben Ziel dienen, nämlich nur bestimmte Rebsorten zuzulassen (siehe auch REBSORTEN UND IHR EINFLUSS AUF DEN WEIN).

In der Neuen Welt wird die Wahl der Rebsorte meist durch die angestrebten Weinstile vorbestimmt, für die in vielen Fällen nur eine einzige Rebsorte in Frage kommt (da sie oft als SORTENREINE Weine auf den Markt kommen sollen). In Frankreich gibt es als Beispiele für sortenreine AC-Weine u. a. Muscat de Frontignan, Muscadet und Sancerre. Verschnitte zwischen zwei Sorten beruhen oft auf einer Ergänzungswirkung, z. B. zwischen der ertrag- und körperreichen Marsanne und der leichteren selteneren Roussanne im weißen Hermitage, aber auch die Mischung von hellrotem Aramon mit tiefdunklem Alicante-Bouschet. Berühmte Mischungen von drei Rebsorten sind beispielsweise Sémillon, Sauvignon Blanc und Muscadelle im Sauternes sowie Pinot Noir, Chardonnay und Meunier im Champagner. Noch komplexer sind die Mischungsrezepte für Bordeaux und Châteauneuf-du-Pape – beides in der Neuen Welt vielfach nachgeahmte Stile. Die oft schon im Weinberg nebeneinander gepflanzte Mischung von Rebsorten für einen bestimmten Wein nennt sich in Frankreich *encépagement* und in Italien *uvaggio*.

Die Rebsorten selbst unterteilen sich oft in verschiedene KLONE. Viele solcher Klone sind durch KLONENSELEKTION nach Leistungsmerkmalen exakt getrennt, lassen sich nach dem Aussehen jedoch nicht voneinander unterscheiden.

Immer wieder entstehen NEUE REBSORTEN, kommen im kommerziellen Weinbau aber erst lange Jahre nach der Züchtung, die heute besonders auf Krankheitsresistenz abzielt, zum Einsatz. R. E. S. und J. Ro.

Galet, P., *Cépages et vignobles de France* (2. Aufl., Montpellier, 1990).
—*Précis de viticulture* (4. Aufl., Montpellier, 1983).
Mullins, M. G., Bouquet, A., und Williams, L., *Biology of the Grapevine* (Cambridge, 1992).
Robinson, J., *Reben, Trauben, Weine* (Bern, 1987).

REBSORTEN UND IHR EINFLUSS AUF DEN WEIN Von allen Faktoren wie BODEN, KLIMA, WEINBAU und WEINBEREITUNG, die sich auf die Weinqualität auswirken, ist die Rebsorte wohl derjenige, der bei BLINDVERKOSTUNGEN am leichtesten herauszufinden ist. Die Farbe der Beerenhaut bestimmt von vornherein die Farbe des Weins: Rotwein kann nur von dunkelbeerigen Trauben entstehen. Nur Rebsorten, die leicht zur Reife zu bringen oder aber für EDELFÄULE anfällig sind, können guten SÜSSWEIN hervorbringen, und nur solche mit hohem natürlichem Säuregehalt eignen sich für die Herstellung von gutem BRANNTWEIN oder SCHAUMWEIN. Noch wichtiger für die Unterscheidung ist jedoch, daß bestimmte Rebsorten Weine mit ganz eigenem, jeweils erkennbarem Geschmack hervorbringen. Allgemein spricht es für die Qualität einer Rebsorte, wenn sie Weine mit markant eigenständigem Geschmack zu erbringen imstande ist, auch wenn Wetter, TERROIR und Weinbaupraktiken ebenfalls einen Einfluß ausüben. Mindere Rebsorten bringen eher neutralen Wein ohne eigenen Ausdruck hervor, so gut auch die Weinberglage sein mag.

Geht mehr als nur eine Rebsorte in die Erzeugung eines Weins ein, ist es wichtig, daß sie einander gut ergänzen. Cabernet Sauvignon beispielsweise verträgt sich gut mit Weinen, die vordergründige Frucht besitzen, etwa mit Merlot oder mit Syrah/Shiraz aus warmem Klima, während Sémillon mit seiner gewichtigen Art eine gute Folie für das Aroma und die Säure von Sauvignon Blanc abgibt. Weitere in anderen Gegenden oft kopierte französische Beispiele sind Grenache mit Syrah sowie eventuell auch Mourvèdre und Cabernet Sauvignon mit Syrah.

Die Qualität des Weins wird gesteigert, wenn die Rebsorten, die in ihn eingehen, sich gut für die Gegebenheiten wie Weinberglage, Klima, Bodenstruktur, VEREDELUNGSUNTERLAGE, PFLANZDICHTE, REBENERZIEHUNGSSYSTEM, REBSCHNITT und andere Weinbauverfahren eignen. Die Abstimmung der Rebsorte auf die Weinberglage steckt heute in der NEUEN WELT noch in den Kinderschuhen (obwohl sich bestimmte Kombinationen wie Coonawarra mit Cabernet Sauvignon sowie Santa Barbara und Oregon mit Pinot Noir auch hier schon früh bewährt haben). In der Alten Welt dagegen ist die Abstimmung von REBSORTEN auf bestimmte Lagen oder gar Regionen so festgefahren, daß man gelegentlich schon von Restriktionen sprechen könnte. Sicherlich leisten die Rebsorten Cabernet Sauvignon und Merlot in Bordeaux Großartiges, doch es ist womöglich eine unnötige Behinderung, wenn es den Weinerzeugern von Bordeaux verwehrt wird, die Hermitage-Traube Syrah anzubauen (deren Wein übrigens in einer Zeit, als WEINPANSCHEREI UND -VERFÄLSCHUNG an der Tagesordnung waren, regelmäßig mit Bordeauxwein verschnitten wurde, um ihm Gewicht zu verleihen).

Das französische AC-System, das ja die Erwähnung einer Rebsorte auf dem Etikett mit Mißbehagen betrachtet, auch wenn es sich dabei nur um eine Interpretation einer geographischen Appellation handelt, ist fixiert auf die Vorstellung, daß es für jede Appellation eine ideale Rebsorte oder Rebsortenzusammenstellung gibt bzw. daß der Charakter der

Appellation stärker ist als der einer Rebsorte. Das ist zwar eine attraktive Vorstellung (und es stimmt wohl auch, daß die Appellation etwa bei einem roten Bordeaux oder einem weißen Elsässer oft klarer identifizierbar ist als eine bestimmte Rebsorte), doch erscheint sie für die meisten Weinbaugebiete, auch in Frankreich, fragwürdig. Die gesetzlichen Bestimmungen anderer europäischer Weinbaunationen sind oft dem französischen Vorbild nachempfunden.

Ein dem entgegengesetzter, im wesentlichen der Neuen Welt angehörender Standpunkt wird von Moran vertreten. Die Argumentation lautet, daß Appellationssysteme im wesentlichen wirtschaftliche Systeme und nicht Umweltbeschreibungen darstellen. Ein Kernstück dieser Argumentation ist, daß in Frankreich die Reputation der berühmtesten Weinbaugebiete auf den besten und bekanntesten Rebsorten beruht, während weniger berühmte Appellationen auf mindere Rebsorten beschränkt werden. Kritiker wie Moran glauben, daß der liberalere Ansatz der Neuen Welt insbesondere wirtschaftlich gesehen den Vorzug verdient.

Galet, P., *Précis de viticulture* (4. Aufl., Montpellier, 1983).
Moran, W., THE WINE APPELLATION: ENVIRONMENTAL DESCRIPTION OR ECONOMIC DEVICE, *Auckland Cool Climate Symposium* (1988), 356–360.
Pouget, R., L'ENCÉPAGEMENT DES VIGNOBLES FRANÇAIS D'APPELLATION D'ORIGINE CONTRÔLÉE: HISTORIQUE ET POSSIBILITÉS D'ÉVOLUTION, *Bulletin de l'OIV*, 685–686 (1988), 183–195.

REBSORTENERKENNUNG siehe AMPELOGRAPHIE und DNS-FINGERABDRUCK.

REBZEILENABSTAND siehe PFLANZDICHTE.

RECIOTO Eine besondere Kategorie italienischer WEINE VON ROSINIERTEN TRAUBEN, eine Spezialität des VENETO. Das Wort ist abgeleitet von *orecchio* (Ohr), weil der Wein früher nur von den reifsten Beeren in der Traube, die im oberen Teil, dem sogenannen Ohr, sitzen, gewonnen wurde. Inzwischen ist diese Art der Auslese jedoch längst durch besonders ausgewählte ganze Trauben ersetzt. Am häufigsten kommt Recioto in der süßen roten Variante Recioto della VALPOLICELLA und in der selteneren süßen weißen Form Recioto di SOAVE vor.

Recioto della Valpolicella wird wie sein trockenes Pendant AMARONE von Trauben produziert, die im Spätherbst und Winter nach der Lese in besonderen Trockenräumen rosiniert werden. Wie Amarone wird er von denselben Trauben gekeltert, die auch für den DOC Valpolicella zugelassen sind, dessen Bereich eingeteilt ist in eine CLASSICO-Zone und eine erweiterte Zone, wo die Weine einfach als Recioto bezeichnet werden. Der Wein ist ausgesprochen süß, denn es wird alles getan, um während der Gärung und des Ausbaus die Umsetzung der RESTSÜSSE in Alkohol zu verhindern. Praktisch unvermeidlich ist ein gewisses Maß an EDELFÄULE in Anbetracht der feuchten Witterung in Valpolicella in der Zeit des Rosinierens zwischen November und März; so zeigen traditionell bereitete Weine neben einem teilweise oxidierten Charakter auch den Geschmack von Edelfäule. Eine kleine Minderheit junger Erzeuger versucht nun, die Edelfäule und den oxidierten Eindruck zu vermeiden, indem edelfaule Trauben und Beeren vor der Gärung ausgeschieden werden (wie beim Amarone). Manche Erzeuger experimentieren auch mit neuen Fässern mit 400–500 l Fassungsvermögen anstelle der sehr viel größeren alten Fässer aus Balkaneiche.

Auf Recioto entfällt nur ein sehr kleiner Teil der Gesamtproduktion von Valpolicella; in den letzten Jahren waren es knapp 4000 hl. Ein Recioto von weißen Trauben – in der Hauptsache von GARGANEGA –, der dem Recioto di Soave ähnelt, wird auch in Valpolicella erzeugt, gilt hier aber nur als VINO DA TAVOLA. D. T.

RÉCOLTE franz. Ernte. Ein **récoltant** ist ein Traubenanbauer. In der CHAMPAGNE ist ein **récoltant-manipulant** (Abk. RM) ein Winzer, der seinen eigenen Champagner herstellt (hiervon gibt es in der Region über 2000), im Gegensatz zum **récoltant-coopérateur**, der von einer WINZERGENOSSENSCHAFT hergestellten Champagner verkauft (hier ist die Zahl etwas kleiner).

REDDING, CYRUS (1785–1870) Englands Antwort auf den großen Weinentdeckungsreisenden Frankreichs, André JULLIEN. Redding stammte von einer alten Familie aus Cornwall ab. Nachdem er einige biographische und historische Werke veröffentlicht hatte, wurde er 1814 als junger Journalist von London aus nach Paris entsandt, wo er fünf Jahre lang ansässig war. In dieser Zeit wurde er mit den Weinbauregionen und der Weinbaukultur vertraut. Zwei Jahre nach Reddings Eintreffen in Paris erschien Julliens Buch, und so nimmt Reddings wichtigstes Werk, *A History and Description of Modern Wines,* voll auf Jullien sowie auf CHAPTALS vorherige Veröffentlichungen Bezug; Redding scheint aber ganz eigenständig auf die Diskrepanz zwischen den Weinen, die es damals auf den Britischen Inseln gab, und dem, was er in europäischen Kellern zu kosten bekam, aufmerksam geworden zu sein (siehe WEINPANSCHEREI). Wie Jullien war er ein unerschrockener Entdeckungsreisender, und sein Buch enthält Beobachtungen nicht nur über Weine Europas, sondern auch Asiens, Afrikas sowie Nord- und Südamerikas. Der Nachdruck, den er auf das Wort «modern» legte, bezieht sich vor allem auf seine Kritik an früheren Autoren wie Sir Edward Barry und Alexander HENDERSON (siehe WEINLITERATUR), deren Verehrung klassischer Weine ihm unangebracht erschien. Die erste Ausgabe von *A History and Description of Modern Wines* verfaßte Redding nach seiner Rückkehr nach Lancing an der Südküste Englands im Jahr 1833; spätere Ausgaben erschienen 1836 und 1851. Inzwischen sind Faksimile-Ausgaben

Der REBZEILENABSTAND von 2,10 m in Petalumas Tiers Vineyard in den Adelaide Hills ist das Ergebnis einer auf der idealen Augenzahl pro Quadratmeter beruhenden exakten Berechnung.

herausgekommen, ein Beweis dafür, wie nützlich, frisch und lebendig Reddings Beobachtungen bis auf den heutigen Tag geblieben sind.

REDONDO Stadt in Südportugal, deren Winzergenossenschaft sich mit ihren Weinen einen gewissen Ruf verschafft hat. Siehe auch ALENTEJO.

REDOX-POTENTIAL Das Potential der Reduktion und Oxidation gibt die Summe der Reaktionsmöglichkeiten aller Bestandteile eines Weins an. Da Wein aus Komponenten besteht, die entweder oxidiert (siehe OXIDATION) oder reduziert (siehe REDUKTION) sind, stellt er ein aus vielen miteinander verknüpften Redox-Paaren gebildetes System dar. Oxidationsvorgänge sind stets mit Reduktionsvorgängen gekoppelt. Die bei einer Oxidation freigesetzten Elektronen werden von der in Reduktion befindlichen Verbindung aufgenommen, bis Gleichgewicht eintritt. Die Reaktion mit dem positivsten Wert (bei der am leichtesten Elektronen aufgenommen werden), vollzieht sich auf Kosten von Reaktionen mit niedrigerem Wert. Dadurch wird Gleichgewicht bei allen Redox-Paaren erreicht, und es läßt sich ein Netto-Redox-Potential ermitteln.

Das Redox-Potential ist jedoch selbst für den auf wissenschaftlicher Basis arbeitenden Kellertechniker nur von beschränktem Wert, da hierbei nicht zum Ausdruck kommt, wie schnell sich entsprechende Reaktionen vollziehen. Es ist lediglich ein Maß für die potentiell in nicht begrenzter Zeit eintretende Situation. Die Ermittlung des Gehalts an gelöstem SAUERSTOFF in einem gegebenen Wein ist für den Kellertechniker als Anhaltspunkt für die zu treffenden Behandlungsmaßnahmen oft von größerem Wert. A. D. W.

Zoecklein, B., UNDERSTANDING OXIDATION: REDOX POTENTIAL, *Vineyard & Winery Management* (Nov./Dez 1989), 32–33.

REDUKTION Eine chemische Reaktion, die effektiv das Gegenstück zur OXIDATION bildet, d. h. bei der ein Element oder eine chemische Verbindung Elektronen aufnimmt. Das wesentliche Merkmal einer Oxidation ist, daß Elektronen von der in Oxidation befindlichen Komponente auf die in Reduktion befindliche übergehen. Der Vorgang läßt sich also nicht isolieren; wenn eine Reduktion stattfinden soll, muß eine Oxidation vorhanden sein. Die Reduktion stellt lediglich den Übergang von Elektronen von einer Substanz zu einer anderen dar. Bekannte Reduktionsvorgänge sind beispielsweise die Umwandlung von Eisenerz in Eisen und die Umwandlung von ACETALDEHYD in ÄTHANOL, wie sie im letzten Stadium der alkoholischen GÄRUNG geschieht. Wein in einer verschlossenen Flasche oder einem sonstigen luftdicht abgeschlossenen Behälter befindet sich in **reduktivem** Zustand, weil jede Reaktion, die in ihm vorgeht, etwas von dem verfügbaren SAUERSTOFF verbraucht und daher die Möglichkeit weiterer Veränderungen immer stärker beschränkt.

Ein derartiger **Reduktionszustand** ist gegen Ende der Gärung erwünscht (anders als im Anfangsstadium, in dem ein Oxidationszustand das Hefewachstum fördert), damit aus dem Acetaldehyd neben Kohlendioxid Alkohol entsteht. Auch während der ganzen Ausbauzeit im Keller ist ein Reduktionszustand im Wein allgemein von Vorteil, insbesondere im Weißwein, der gegen Oxidation weit weniger gefeit ist als Rotwein mit seinem höheren Gehalt an PHENOLEN.

Allerdings kann Wein, vor allem Rotwein, der unter Sauerstoffabschluß gehalten wird, auch an übermäßiger Reduktion leiden, und zwar infolge der langsam verlaufenden POLYMERISATION der TANNINE und PIGMENTE – ein Oxidationsvorgang, der einen damit gekoppelten Reduktionsvorgang erfordert. Ein reduzierter Wein schmeckt unsauber und strömt oft einen Geruch von reduzierten Schwefelverbindungen wie SCHWEFELWASSERSTOFF und MERCAPTANEN aus. Diese Erscheinung kann durch LÜFTUNG behoben werden, d. h. beispielsweise durch behutsames ABSTECHEN, bei dem eine gewisse Menge Sauerstoff in den Wein gelangt, der als Oxidationsmittel ausreicht, um die Reduktion der meisten Schwefelverbindungen zu verhindern.

Siehe auch REDOX-POTENTIAL. A. D. W.

REFOSCO Die in FRIULI (Nordostitalien) verbreitet angebaute Rotweinrebsorte liefert dort erfreulich kräftigen Wein. Die feinste Subvarietät heißt ihrer roten Stiele wegen Refosco dal Peduncolo Rosso; sie hat in Friaul eine lange Geschichte, denn bereits PLINIUS der Ältere erwähnt sie, und angeblich lieferte sie auch den Lieblingswein von Livia, der zweiten Frau des Kaisers Augustus, wie Francesco di Manzano im Jahr 1390 in den Annalen von Friaul vermerkt.

Die Rebe wird in Friaul sowohl in Hanglagen als auch in flacheren Teilen kultiviert und erbringt tiefdunklen Wein mit pflaumenwürzigem Aroma und einer Mandelnuance bei mittlerem bis vollem Körper und recht ausgeprägter SÄURE, die gelegentlich schwer zu mildern ist, weil die Reife erst sehr spät eintritt. Refosco hat den Vorteil, unempfindlich gegen Herbstregen und Fäule zu sein.

In den 1980er Jahren lebte das Interesse an Refosco vielerorts wieder auf, so daß der Kultivierung und Weinbereitung wieder größere Sorgfalt gewidmet wurde, um die Qualität des Weins anzuheben; u. a. wurden mit unterschiedlichem Erfolg auch Experimente mit kleinen Fässern durchgeführt, doch die Kombination von neuem Eichenholz und hoher Säure fällt nicht immer günstig aus.

Die DOC COLLI ORIENTALI ist für Refosco am aussichtsreichsten; angebaut wird die Rebe jedoch auch in den Bereichen GRAVE DEL FRIULI, LISON-PRAMAGGIORE (außerhalb Friauls), Latisana, Aquileia und Carso, wo der Lokalname Terrano lautet – ein Hinweis darauf, daß die Sorte unter dem Namen Teran auch jenseits der Grenze in SLOWENIEN und KROATIEN ganz ähnliche Weine liefert.

Burton Anderson nennt Cagnina als Synonym in der Romagna, wo die Traube möglicherweise von den Byzantinern eingeführt wurde. Manche Ampelographen, meist Nichtitaliener, halten Refosco für identisch mit der MONDEUSE NOIRE in SAVOYEN (Frankreich). In Kalifornien wird die Rebsorte unter dem Namen Refosco in geringem Umfang kultiviert. D. T.

Anderson, B., *Atlas der italienischen Weine* (Bern, 1990).
Gleave, D., et al., *Die Weine Italiens* (Stuttgart, 1990).

REFRAKTOMETER Instrument zur Messung der Brechzahl, d. h. der Veränderung des Winkels einer Lichtwelle beim Durchlaufen der Grenzlinie zwischen zwei Medien. Die Refraktionsmessung ermöglicht auf bequeme Weise die Bestimmung der Konzentration einer Lösung und wird daher verbreitet zur Beobachtung des Reifegrads von Trauben (durch die Ermittlung des MOSTGEWICHTS) und von Veränderungen im Verlauf der Weinbereitung eingesetzt. Refraktometer gibt es als Präzisionsinstrumente für das Laboratorium, aber auch als Taschengeräte für den Gebrauch im Weinberg. In beiden Fällen machen exakte Messungen TEMPERATUR-Korrekturen erforderlich. B. G. C.

REGIÃO DEMARCADA (RD) Zu Beginn des 20. Jh. eingeführte Bezeichnung für bestimmte Anbaugebiete PORTUGALS; damals wurden Grenzen für die Regionen BUCELAS, CARCAVELOS, COLARES, DÃO, MADEIRA, SETÚBAL und das für VINHO VERDE vorgesehene Gebiet festgelegt. Später kamen BAIRRADA, ALGARVE und DOURO für Tischwein hinzu (das PORTWEIN-Gebiet war schon zwei Jahrhunderte zuvor in seinen Grenzen festgelegt worden). Das System stimmt ungefähr mit dem der APPELLATIONS CONTRÔLÉES in Frankreich überein, d. h., in ihm sind zulässige Rebsorten, Höchsterträge, Ausbauzeiten in Faß und Flasche und Analysewerte für bestimmte Weintypen vorgeschrieben. Proben müssen an die Aufsichtsbehörde für den portugiesischen Weinbau, das Instituto da Vinha e do Vinho (IVV) eingereicht werden; diese Stelle erteilt Weinen, die den Bestimmungen entsprechen, ein numeriertes Ursprungssiegel. Beim Eintritt in die EUROPÄISCHE UNION im Jahr 1986 änderte Portugal die Bezeichnung Região Demarcada in Denominação de Origem Controlada (DOC); auch Jahre später sind noch beide Bezeichnungen auf Weinetiketten anzutreffen. Später kam als zweite Rangstufe noch Indicação de Proveniencia Regulamentada (IPR) hinzu. R. J. M.

RÉGISSEUR Bezeichnung des Leiters oder Verwalters eines Weinguts in Bordeaux.

REGNER Zunehmend populäre deutsche Neuzüchtung, eine Kreuzung Seidentraube × Gamay aus dem Jahr 1929. 1990 betrug die Anbaufläche knapp 170 ha, vorwiegend in Rheinhessen. Wie OPTIMA und ORTEGA treibt die Sorte sehr früh aus und reift auch sehr früh, und sie kann eindrucksvolle Mostgewichte erreichen, allerdings auf Kosten der Säure. Für sortenreine Weine eignet sich die Traube offensichtlich nicht (obwohl in England erfolgreiche Erprobungen durchgeführt wurden), sie bringt aber in Verschnitte ihr kräftiges Mostgewicht ein.

RÉGNIÉ Das jüngste BEAUJOLAIS-Cru (erst 1988 geschaffen) stellt einen Erfolg des Lokalpatriotismus dar, mindestens aber des Geists, der in den nebeneinanderliegenden Gemeinden Régnié-Durette und Lantignié herrscht; die *vignerons* der beiden Orte haben sich lange um Anerkennung neben den anderen neun Crus bemüht. Die Rebfläche von 650 ha unmittelbar östlich von Beaujeu gehört zu den höchsten und westlichsten aller Crus. Die Weine müssen ihre Identität erst noch zur Geltung bringen.

REGUENGOS oder Reguengos de Monsaraz. Stadt in Südportugal, deren Winzergenossenschaft sich mit ihren Weinen einen gewissen Ruf schafft. Siehe auch ALENTEJO.

REICHENSTEINER Der Schöpfer dieser deutschen Weißweinrebsorte, Helmut BECKER, bezeichnete sie als die erste EU-Kreuzung, denn sie hat französische, italienische und deutsche Vorfahren. 1978 züchtete er die Sorte durch Kreuzung von Müller-Thurgau einerseits mit einer Kreuzung aus der französischen Tafeltraube MADELEINE ANGEVINE mit der italienischen Traube Calabrese andererseits. Alle diese Vorfahren gehören jedoch nicht zu den nobelsten Rebsorten, und so ähneln die Rebe und ihr Wein vor allem dem wenig ausdrucksvollen deutschen Elternteil; immerhin ist der Reichensteiner dank lockerer aufgebauter Trauben weniger fäuleanfällig, und bei geeignetem Rebschnitt besteht die Chance, daß in guten Jahren Mostgewichte mit QMP-Rang zustande kommen. Die Anbaufläche belief sich 1990 in Deutschland auf über 300 ha, davon mehr als die Hälfte – wie so oft bei Neuzüchtungen – in Rheinhessen. Der wie der EHRENFELSER nach einer Burg am Rhein benannte Reichensteiner hat sich in ENGLAND mit beträchtlichem Erfolg bewährt und ist dort die drittmeist angebaute Rebsorte.

REIFE Der Punkt im fortlaufenden Reifeprozeß der Trauben, den der Traubenanbauer oder Verarbeiter als den von ihm gewünschten Erntezustand ansieht, unterliegt der SUBJEKTIVEN Beurteilung der idealen chemischen und physikalischen Eigenschaft der Frucht, die sich nach dem angestrebten Weinstil, nach der MODE und vielen anderen Faktoren richtet. Demzufolge ist Reife durchaus kein absoluter Begriff, sondern höchst relativ je nach der ihm zugrunde liegenden Bedeutung zu verstehen. Trauben, die der eine Weinerzeuger als für seine Zwecke ideal reif betrachtet, können unter anderen Gesichtspunkten als überreif oder auch als unreif gelten.

Reife wird oft als MOSTGEWICHT oder Zuckerkonzentration in der Traube ausgedrückt. Da die Konzentration des TRAUBENZUCKERS in direktem Verhältnis zum POTENTIELLEN ALKOHOLGEHALT steht, hat sie beträchtliche Auswirkungen auf den Weintyp. Die normalen (nicht mit Alkohol angereicherten) Tischweine lassen sich zwischen zwei Extremen einordnen, die beide in Europa zu finden sind: Die VINHO-VERDE-Trauben in Nordportugal werden meist früh geerntet und ergeben spritzige, erfrischende, alkoholschwache Weine (etwa 8,5 %). Das andere Extrem bilden die Weine mit EDELFÄULE; die Trauben, aus denen sie entstehen, enthalten in ihren rosinenartig eingeschrumpften Beeren so viel Zucker, daß die HEFEN ihn nicht ganz vergären können. Daher erreicht der Alkoholgehalt zwar 15 %, dennoch bleibt im fertigen Wein eine beträchtliche RESTSÜSSE.

Der Zuckergehalt ist aber nicht der einzige Faktor der Traubenzusammensetzung, der auf die Reife Einfluß hat. Insbesondere in kühleren Regionen kann auch die SÄURE einen Indikator für den Reifegrad der Trauben darstellen. Der Säuregehalt der Traube verringert sich mit zunehmender Reife und muß unter bestimmte (je nach Rebsorte unterschiedliche) Werte absinken, damit der Wein nicht zu scharf und ungenießbar wird. In warmen bis heißen Gegenden kann es eher vorkommen, daß die Säure zu weit absinkt und der PH-WERT zu hoch wird, bis die Zucker den gewünschten potentiellen Alkoholgehalt erreichen.

So wird das Maß für Zuckergehalt, Säure und pH-Wert in aller Welt zur Ermittlung der Traubenreife und des optimalen Lesezeitpunkts herangezogen, doch hieran dürfte sich in absehbarer Zukunft einiges ändern. Auf der Suche nach einer besseren Definition der Reife zugunsten einer verbesserten Weinqualität werden inzwischen noch viele andere Analysemöglichkeiten vorgeschlagen und erprobt. Bei Rotwein erweisen sich Messungen des Gehalts der Traube an PHENOLEN, u. a. an Anthocyanen und Tanninen, als durchaus zweckdienlich. Für alle Trauben wird nach einem Maß, das den Geschmack angeben kann, mit solchem Eifer gesucht, daß es geradezu als der heilige Gral der Forscher auf diesem Gebiet bezeichnet werden kann. Hierbei handelt es sich allerdings in Anbetracht der ungeheuren Vielfalt der in Frage kommenden GESCHMACKSSTOFFE einerseits und ihrer winzigen Konzentrationen im Wein andererseits um eine besonders schwierige Aufgabe.

Auch die physische Beschaffenheit der einzelnen Beeren, vor allem die Dicke und der makellose Zustand der Schale, gilt als ein Aspekt der Reife, der mit der Weinqualität im Zusammenhang steht.

Siehe auch PHYSIOLOGISCHE REIFE, TRAUBENZUSAMMENSETZUNG UND WEINQUALITÄT und TRAUBENSAFTZUSAMMENSETZUNG. R. E. S. und B. G. C.

Beim Wein ist mit Reife die Genußreife gemeint, d. h. der erwünschte Zustand, bei dem der Wein erst seinen vollen Geschmackswert entfaltet. In diesem Sinne hat einfacher, für baldigen Verbrauch bestimmter Wein seine Reife erreicht, wenn er in die Flasche gefüllt wird; spricht man jedoch von der Genußreife eines Weins, dann denkt man unwillkürlich an eine gewisse Zeit der FLASCHENALTERUNG als Voraussetzung hierfür. Ein solcher Wein (meist handelt es sich um Rotwein) gilt als ausgereift, wenn er seinen Gehalt an strengem TANNIN abgestreift und höchste Komplexität des Geschmacks erlangt sowie sein BOUQUET voll entfaltet hat, jedoch noch nicht nachzulassen beginnt. Die Dauer dieses Reifezustands ist nach Weintypen unterschiedlich, hält aber länger an, als der Weinliebhaber meist annimmt. Beginnt ein seit seiner Jugend beobachteter Wein Genußreife zu zeigen, dann behält er diesen köstlichen Zustand oft noch ein Jahrzehnt und länger bei oder entwickelt sich gar noch zu Besserem. Siehe auch ALTERUNG.

Robinson, J., *Der Weinkalender: die besten Jahre der besten Weine* (Weil der Stadt, 1990).

REIFEGRADMESSUNG siehe MOSTGEWICHT.

REIFEN DER TRAUBE Der wichtige Vorgang in der Entwicklung der Traube beginnt in dem VÉRAISON genannten Stadium mit dem Weichwerden der Beeren und endet üblicherweise mit der LESE, die wiederum für verschiedene Weinstile in verschiedenen Stadien der Reife erfolgen kann. Der Reifevorgang kann von vielen Pflanzenschädlingen und -krankheiten sowie Umweltfaktoren beeinträchtigt werden; er ist in vielerlei Hinsicht der Wachstumsabschnitt, der den größten Einfluß auf die Weinqualität hat, da er ja in engem Verhältnis zu der chemischen und physikalischen Zusammensetzung der schließlich zu erntenden Frucht steht.

Nach dem FRUCHTANSATZ werden die Traubenbeeren zwar größer, sie bleiben aber hart, grün und sauer (siehe TRAUBE). Wenn sie etwa die Hälfte ihrer endgültigen Größe erreicht haben, setzt die *véraison* (der Reifebeginn) ein. Der Zeitpunkt hängt von Rebsorte und Klima ab, liegt aber normalerweise 40–60 Tage nach dem Fruchtansatz – in kühlerem Klima ist diese Spanne länger. Die Zeit vom Reifebeginn bis zur Lese hängt natürlich von dem erforderlichen Reifegrad ab, doch bei Trauben für trockenen Tischwein dauert dieser Abschnitt von etwa 30 Tagen in heißen Regionen bis 70 Tage in kühlen Gegenden. Bei frühreifenden Sorten wie Pinot Noir und Chardonnay ist die Reifeperiode kürzer als bei spätreifenden Sorten wie Cabernet Sauvignon.

Nicht alle Trauben eines Weinstocks und auch nicht alle Beeren in einer Traube befinden sich stets auf der gleichen Entwicklungsstufe. Die Blüten, die sich zuerst geöffnet haben, bringen auch als erste ihre Beeren zu Reifebeginn und endgültiger Reife. Manchmal gibt es in einer einzigen Traube einen um 20 Tage unterschiedlichen Reifebeginn der einzelnen Beeren.

In den abschließenden Stadien des Reifevorgangs, wenn der Zuckergehalt etwa 24° BRIX erreicht, geht durch die Beerenhaut eventuell etwas Wasser verloren. Infolgedessen ist bei sehr reifen Trauben die Zunahme der Konzentration bestimmter Substanzen in der Beere eher diesem Wasserverlust als einer weiteren Anreicherung zuzuschreiben.

Daher ist es sinnvoll, die verschiedenen chemischen Bestandteile zu betrachten, die für den Weinerzeuger von besonderem Interesse sind. Am wichtigsten ist der Zucker, genauer gesagt die SACCHAROSE; sie wird durch STOFFTRANSPORT von den Blättern in die Beeren befördert und dort durch das Enzym INVERTASE in seine molekularen Bestandteile GLUCOSE und FRUCTOSE zerlegt. Die Saccharose kann unmittelbar aus der PHOTOSYNTHESE, aber auch aus in den Holzteilen der Rebe, also im Stamm, den Ästen und Wurzeln, gespeicherten KOHLEHYDRAT-Reserven stammen. Während diese Zucker in den Beeren angesammelt werden, verändert sich ihr Verhältnis zueinander. Vor dem Reifebeginn herrscht Glucose vor, im Verlauf der Reife stehen dann beide Zuckerformen in gleichem Verhältnis zueinander, und wenn die Trauben überreif werden, überwiegt die Fructose. Starker Traubenbehang verlangsamt die Zunahme der Zuckerkonzentration in den Trauben; in ähnlicher Weise wirken sich Faktoren aus, die die Photosynthese verlangsamen, z. B. hohe und niedrige Temperaturen oder Bewölkung. Es kann auch zu einer Konkurrenz um die Produkte der Photosynthese kommen; ist das Triebspitzenwachstum beispielsweise aktiv, dann verlangsamt sich der Fruchtreifevorgang.

Der zweite wichtige Indikator für die Traubenreife ist der Säuregehalt. Die WEINSÄURE-Konzentration sinkt im Lauf des Reifevorgangs, doch es ist nachgewiesen worden, daß dies auf einen Verdünnungseffekt als Folge des Beerenwachstums zurückzuführen ist. Rascher noch fällt die Konzentration an APFELSÄURE während des Reifevorgangs, und dies ist außer auf Verdünnung auch auf die temperaturbedingte RESPIRATION zurückzuführen. In kühlem Klima reifende Trauben zeigen deshalb meist höheren Säuregehalt. Der PH-WERT des Safts steigt während der gesamten Reifeperiode an, und zwar aufgrund der Abnahme an freien Säuren und der Zunahme des Kaliumgehalts. In heißen Gegenden können alarmierend hohe pH-Werte zum ausschlaggebenden Faktor für den Lesetermin werden. Die wichtigsten Stickstoffverbindungen in den Trauben sind AMINOSÄUREN, und diese nehmen wie auch andere organische Stickstoffverbindungen während des Reifevorgangs deutlich zu, während der Gehalt an Ammoniak zurückgeht.

Die Farbe dunkler Trauben beruht auf den ANTHOCYANEN; bei diesen Trauben ist es das Zeichen für den Reifebeginn, wenn diese das Grün des Chlorophylls ersetzen. Die Anthocyaninkonzentration steigt im Lauf des Reifevorgangs an; ihr Wert zur Lesezeit hängt von Faktoren der Umgebung und der Pflanzen ab. Temperatur und Licht sind wichtige Einflußgrößen; hohe Temperaturen und geringe Belichtung verringern bei vielen Traubensorten die Farbentwicklung. Die Tannine sind in der Traube auf Schalen, Kerne und Stiele verteilt. Ihr Gehalt steigt im Lauf des Reifevorgangs in ähnlichem Maß an wie die Konzentration an Anthocyanen.

Die in der Traube am stärksten vertretenen Minerale sind KALIUM, KALZIUM, MAGNESIUM und NATRIUM; ihre Konzentration steigt ebenfalls während der Reifeperiode. Kalium herrscht vor und übt durch seine Konzentration große Wirkung auf den pH-Wert des Traubensafts aus. Der Kaliumgehalt verteilt sich auf das Fruchtfleisch und die Schalen; die Tatsache, daß während der Gärung Kalium aus den Schalen extrahiert wird, ist ein Grund dafür, daß Rotwein einen höheren pH-Wert besitzt als Weißwein.

Bukettstoffe bilden für die Weinqualität maßgebliche Faktoren, doch bis es allgemein möglich wird, sie zu messen, werden noch viele Jahre vergehen. Um die Mitte der 1990er Jahre waren die Analysetechniken hierfür ebenso noch in der Entwicklung begriffen wie die Erkenntnisse über die eigentliche Wirkung dieser Stoffe. Monoterpene bilden eine Gruppe von Bukettstoffen, die beispielsweise für Muskatellertrauben von Bedeutung sind und deren Konzentration im Lauf des Reifevorgangs ansteigt. Siehe auch GESCHMACKSSTOFFE, TRAUBENSAFTZUSAMMENSETZUNG, TRAUBENQUALITÄTSBEURTEILUNG, REIFE und PHYSIOLOGISCHE REIFE.

R. E. S. und B. G. C.

Coombe, B. G., RESEARCH ON DEVELOPMENT AND RIPIENING OF THE GRAPE BERRY, *American Journal of Enology and Viticulture,* 43 (1992) 101–110.

Hamilton, R. P., und Coombe, B. G., HARVESTING OF WINEGRAPES, in B. G. Coombe und P. R. Dry (Hrsg.), *Viticulture, II: Practices* (Adelaide, 1992).

Winkler, A. J., et al., *General Viticulture* (2. Aufl., Berkeley, Calif., 1974).

REIHENFOLGE BEIM SERVIEREN Werden mehrere Weine nacheinander serviert, dann kann sich die Reihenfolge in erheblichem Maß darauf auswirken, wie der Geschmack jedes einzelnen Weins zur Geltung kommt. Die allgemeine Konvention ist hier durchaus klug und beachtenswert, wenn der Genuß nach Möglichkeit gesteigert werden soll: trocken vor süß, jung vor alt, schlicht vor fein.

Nach einem süßen Wein kann ein trockener säuerlich und unerfreulich erscheinen; daher ist es vernünftig, beim Servieren die Reihenfolge nach zunehmender Süße einzurichten (wie es ja auch der gewöhnlichen Speisefolge entspricht; allerdings kann es zu einer Störung des normalen Ablaufs kommen, wenn zunächst eine Süßspeise und zum Schluß Käse gereicht wird).

Alte Weine sind allgemein komplexer als junge, und daher bekommt es meist allen Weinen gut, wenn der älteste in der Reihe zuletzt serviert wird. Das ist aber keine unfehlbare Regel. Manchmal sind junge Weine so überwältigend robust, daß sie einen delikaten alten Wein erschlagen. Manche Verkoster nehmen sich bei längeren Portweinsequenzen, vor allem bei Vintage Port, den ältesten zuerst und den jüngsten zuletzt vor. Wer ein besonders üppiges Mahl plant, stellt vielleicht fest, daß die Nuancen des ältesten, feinsten Weins, den er für zuletzt aufheben möchte, an manchen Gaumen, der sich schon mit zu vielen jüngeren Weinen vollgesogen hat, glatt verschwendet wären.

Ähnliche Überlegungen gelten für die Einhaltung einer aufwärts gerichteten Reihenfolge in der Qualität.

REINLICHKEIT siehe HYGIENE.

REISIGKRANKHEIT, auch **Kurzknotigkeit.** Eine der ältesten bekannten VIRUSKRANKHEITEN der Weinrebe. In Europa ist sie seit zweihundert Jahren nachgewiesen, und es gibt Anzeichen, daß sie im Mittelmeerraum und im Nahen Osten schon seit Anbeginn des Traubenanbaus existiert hat. Sie ist eigentlich nicht eine Krankheit, sondern ein Komplex miteinander verwandter Krankheiten, zu denen auch die infektiöse Panachure und die Adernbänderung zählen. Typische Symptome sind verkümmerter Triebwuchs, deformierte asymmetrische Blätter und langgezogene Zähnung am Blattrand. Die Triebe zeigen anomale Verzweigung mit Doppelknoten, Kurzgliedrigkeit und Zickzackwuchs. Die Blätter befallener Pflanzen sehen fächerartig aus. Die Trauben sind kleiner als normal, der FRUCHTANSATZ ist schwach, und es kommen viele Beeren ohne Kerne vor. Anfällige Rebsorten wie Cabernet Sauvignon können bis zu 80 % ihrer Ertragsfähigkeit einbüßen, und ihre Ertragslebensdauer wird verkürzt.

Die Krankheit läßt sich durch INDEXING mit Hilfe anderer Spezies der Gattung VITIS, z. B. Rupestris St. George, oder anderer Pflanzen, z. B. Chenopodium, oder durch serologische Tests (ELISA) nachweisen. Der Virus breitet sich mit infiziertem Pflanzenmaterial aus. Das erreichte seinen Höhepunkt in den 1880er Jahren mit der Einführung des Pfropfens von Edelreisern auf reblausresistente VEREDELUNGSUNTERLAGEN. Eine weitere Möglichkeit der Ausbreitung wurde 1958 in Kalifornien entdeckt. Die NEMATODE *Xiphinema index* überträgt die Krankheit innerhalb eines Weinbergs dadurch, daß sie zunächst an den Wurzeln einer infizierten und dann an den Wurzeln einer gesunden Pflanze saugt. Auf diese Weise breiten sich die Krankheitssymptome um die ursprünglich infizierte Pflanze herum allmählich aus.

Eine Bekämpfung der Krankheit gibt es nicht, der befallene Weinberg muß gerodet werden. Die Viren können in Wurzelresten bis zu sechs Jahre lang überleben. Zur Verringerung der Nematodenpopulation ist BODENENTSEUCHUNG erforderlich. Die moderne Forschung zielt auf die Entwicklung von resistenten Unterlagsreben ab, die in befallenen Weinbergen gepflanzt werden können. Die wirksamste Methode ist jedoch die Pflanzung virusfreier Reben in nematodenfreiem Boden. Von der Virose freies Pflanzengut läßt sich durch THERMOTHERAPIE oder GEWEBEKULTUR gewinnen. R. E. S.

Bovey, R., et al., *Virosen und virusähnliche Krankheiten der Rebe* (Lausanne, 1980).

Pearson, R. C., und Goheen, A. C., *Compendium of Grape Diseases* (St Paul, Minn., 1988).

REKTIFIZIERTES TRAUBENMOSTKONZENTRAT (RTK) Konservierter Traubenmost wird zunächst so verarbeitet, daß die Konzentration anderer Inhaltsstoffe als der ZUCKER eine Reduzierung erfährt. Die weitere Behandlung ist auf den Wasserentzug gerichtet, so daß rektifiziertes Traubenmostkonzentrat entsteht, das in Europa für Anreicherungszwecke Verwendung findet. Die EU-Behörden fördern mit Nachdruck seinen Gebrauch anstelle von Zucker als eine Möglichkeit, zur Verringerung des europäischen WEINSEES beizutragen. Viele Weinerzeuger im nördlichen Europa haben jedoch eine Abneigung gegen die Verwendung eines Produkts, das ihrer Meinung nach aus minderwertigen Trauben gewonnen wird. Es gibt in Europa mehrere Hersteller von rektifiziertem Traubenmostkonzentrat; sie verarbeiten Traubenüberschüsse aus verschiedenen Regionen, z. B. dem LANGUEDOC, SIZILIEN und APULIEN. Durch Einsatz von IONENAUSTAUSCH und Umkehrosmose (siehe KONZENTRATIONSVERFAHREN) zusammen mit Hochleistungs-FILTRATION und Verdampfern entsteht im Endeffekt eine konzentrierte Invertzuckerlösung (GLUCOSE und FRUCTOSE) aus Traubenmost.

RELIGION UND WEIN Wein wirkt Wunder und ist deshalb eng verknüpft mit Metaphysik und Ritualen. Der innerste Kern der wunderwirkenden Eigenschaften des Weins ist wohl der ALKOHOL und seine Fähigkeit, Gefühle und Stimmungen des Menschen in die eine oder andere Richtung rasch zu verändern. In diesem kritischen Punkt stehen mit Wein auch alle anderen alkoholischen Getränke in Zusammenhang, im weiteren Sinne aber auch alle Rauschmittel, die das Wahrnehmungs- und Erfahrungsvermögen des Menschen drastisch verändern. Mohn, Hanf, manche Kakteen und einige Pilze teilen sich mit der Weinrebe die symbolische Verknüpfung mit übermenschlichen Kräften. Das allgemeine Verhalten des Menschen zum Wein wie zu anderen Rauschmitteln wird dadurch bestimmt, daß sie ihm Freude vermitteln können, aber auch Elend insofern, als der Mißbrauch schwerwiegende Folgen hat. In dieser Hinsicht ähneln diese Substanzen den übermenschlichen Kräften selbst; sie sind ihrer Art nach zweideutig und können Wohl oder Wehe verursachen.

Der Wein selbst hat eine sehr spezifische Geschichte und geographische Verbreitung. Er ist eng mit den Völkern verknüpft, die um das Mittelmeer herum – in Europa, im Nahen Osten und in Nordafrika – ansässig sind. Innerhalb dieser weiträumigen mediterranen Überregion ist der Platz der Weinrebe in den örtlichen Wertmaßstäben durch die große Revolution in dieser Weltgegend bestimmt, durch die die alte teils monotheistische und teils polytheistische, vermutlich bis in die Vorgeschichte zurückreichende Weltordnung von Christentum und ISLAM verdrängt wurde, die beide in den Werten des jüdischen Monotheismus wurzeln.

Die verschiedenen Teile des großen Mittelmeerraums sind zu verschiedenen Zeitpunkten aus der Vorgeschichte heraufgestiegen, das westliche Ende des Mittelmeerbeckens weit später als beispielsweise ÄGYPTEN und die Levante, während Nord- und Osteuropa – außerhalb des weinerzeugenden Gebiets gelegen – die ersten schriftlichen Belege erst viel später hervorbrachten, vor allem durch christliche Missionare. Die URSPRÜNGE des Weinbaus und der besonderen Stellung des Weins in der menschlichen Gesellschaft liegen freilich im Dunkel, denn um die Zeit, aus der die ersten ausreichend detaillierten schriftlichen Zeugnisse vorliegen, sind die aus ihnen hervorgehenden menschlichen Wertvorstellungen bereits fest mit den Hauptnahrungsgütern Weizen (oder Brot), Olivenöl und Wein verknüpft. Zu dem Zeitpunkt, da die alten Völker GRIECHENLANDS und ISRAELS sichtbare Form annehmen, lebten sie bereits in einer symbolisch-emotionalen Welt, in der der Wein eine Selbstverständlichkeit war. Es ist durchaus wahrscheinlich, daß die ersten Reben bereits eine gewisse Zeit vor dem Ende der vorgeschichtlichen Epoche im Mittelmeerraum kultiviert wurden; wenn dem aber so war, dann ist diese Innovation für unsere Augen verloren. Nichtsdestoweniger ist es durchaus klar belegt, wie sehr die Menschen dieses Raums ihr eigenes Wohl in reichtragenden Feldfrüchten, langem Leben, Gesundheit und dem Sieg über ihre Feinde sahen – und zu den Feldfrüchten zählten stets Weinreben. Das Studium der Bücher des Alten Testaments (siehe BIBEL) läßt erkennen, daß immer wieder der Wein als Symbol des Wohlergehens gebraucht wird – er gibt ein beständigeres Symbol ab als Milch und Honig im Gelobten Land.

In jener Zeit, als der Wein so wichtig für das Wohlergehen des Menschen war, mußte er ihn natürlich auch als geeignetes Opfer für die übermenschlichen Kräfte verstehen. Neben Tieropfern und Gaben an anderen Feldfrüchten brachten Italiker und Griechen den Göttern auch TRANKOPFER an Wein dar. Ähnliches war in der Levante üblich. Zwar nahm Israel in der Form seines Restbestands, nämlich der Juden, aufgrund seines Monotheismus im Verhältnis zu seinen Nachbarn eine immer eigenartigere Stellung ein, dennoch blieben seine Rituale im Rahmen des allgemein Vertrauten. Die im Tempel in Jerusalem gebräuchlichen Opfer sind mindestens zum Teil in einigen Büchern des Alten Testaments verzeichnet; es gehörten dazu rituell geschlachtete Rinder, Schafe und Ziegen, aber auch Korn, Olivenöl und Wein.

Der Wein hatte aber auch noch einen weiteren Aspekt, der wahrscheinlich kein jüdisches Gegenstück besaß – obligatorische oder fast obligatorische rituelle TRUNKENHEIT. Zeugnisse hierüber sind zwar nicht allzu reichlich vorhanden, aber anscheinend war es im griechischsprachigen Raum üblich, zu den saisonalen Festen des Gottes DIONYSOS trunken zu sein, und seine wahren Anhänger fühlten sich vermutlich noch öfters zur Trunkenheit verpflichtet. In gleicher Weise gehörte im alten ROM zu den in der dunkelsten Zeit des Winters begangenen Saturnalien die Trunkenheit zur allgemein erlaubten Zügellosigkeit und Umkehrung des (in jedem Sinn) normalen nüchternen Verhaltens. Diese Beispiele veranschaulichen die mehrdeutige Art der Wirkungen des Weins. Er kann – wie die Götter – dem Menschen herrliche Freude bereiten oder ihn auf gefährliche Weise der Sinne berauben. (Allerdings frönten auch die Götter selbst der Trunkenheit – siehe SUMER.) Vermutlich waren die Bacchanalien (das römische Fest des BACCHUS, also des Dionysos) und die Saturnalien niemals wirklich geachtete Feste, aber sie waren legal, weil sie dem Wert des Alltagslebens besondere Betonung verliehen.

Die Zeit von der Vorgeschichte bis zu der eingangs erwähnten Revolution erstreckt sich von 3000 v. Chr. bis in die ersten Jahrhunderte nach Christus. Die Revolution selbst begann langsam und still. Den Worten der Propheten und Kritiker Israels zufolge ist es sicher, daß die Abkehr Israels von verschiedenen meist sehr wenig achtenswerten (launischen, unberechenbaren, unartigen) Göttern und Götzen ein langwieriger, mühseliger und unvollständiger Prozeß der Bekehrung zur Anbetung des einzigen wahren allmächtigen Gottes war. Als die Juden dann im 6. Jh. v. Chr. aus der Babylonischen Gefangenschaft zurückkehrten, waren bereits viele fest auf den einen Gott und auf das Gefühl eingeschworen, das auserwählte Volk und der kostbare von Gott behütete Weinstock oder Weinberg zu sein. Diese Einstellung machte sie nun völlig eigenartig, zu einer Minderheit unter den Nachbarn, sie führte aber auch später zu der großen Krise im 1. Jh. n. Chr., als sich die Juden spalteten und der christliche Teil sich auf die Mission der Evangelisierung der Welt begab.

Die christliche Errungenschaft, die Vielgötterei aus dem Mittelmeerraum vertrieben zu haben, wurde vom 7. Jh. n. Chr. an durch die Moslems noch verstärkt. Die Auswirkung auf den Wein war progressiver Art. Den Juden war der Wein für den weltlichen Gebrauch und das religiöse Ritual eine Selbstverständlichkeit, doch die Trunkenheit verwarfen sie als vernunftwidrig. Die frühen Christen übernahmen den jüdischen Standpunkt, offenbar ohne Debatte, und verurteilten darüber hinaus Trunkenheit «am Tisch des Herrn» als besonders verwerflich (siehe EUCHARISTIE). Die Moslems verwarfen den Wein ganz und gar bis auf den heutigen Tag (siehe ISLAM). Ihre Reaktion auf die Zweideutigkeit des Weins lautete, daß er zu gefährlich und den Preis nicht wert sei. Viel später, schon in moderner Zeit, sind manche christlichen Gruppen in der nördlichen Hälfte Europas von sich aus den Moslems in die völlige Enthaltsamkeit gefolgt, allerdings war ihre Reaktion nicht so sehr vom Wein als von Spirituosen veranlaßt. Diese unterschiedlichen Einstellungen aus dem Norden und dem Süden Europas gelangten mit den Siedlern in die NEUE WELT und führten dort schließlich in den USA im 20. Jh. zum berühmtesten Beispiel einer PROHIBITION.

Siehe auch MÖNCHE UND KLÖSTER. J. D. K.

Fournier, D., und d'Onofrio, S. (Hrsg.), *Le Ferment Divin* (Paris, 1992).

REMONTAGE Französischer Ausdruck für UMPUMPEN der Flüssigkeit im Gärbehälter über den HUT aus Traubenfeststoffen während der Rotweinbereitung. Der Vorgang hat den wichtigen Effekt der LÜFTUNG und verhindert dadurch riskante REDUKTION. Außerdem wird das Austrocknen des Huts verhindert und die EXTRAKTION der wertvollen, in den Traubenschalen enthaltenen Farbstoffe und TANNINE gefördert. Das Umpumpen kann in einem geschlossenen Bottich oder Tank in Berührung mit Luft geschehen. Als Mechanik findet entweder ein abgewandeltes AUTOVINIFIKATIONS-System oder der ROTOFERMENTER oder ein Tank mit PIGEAGE-Automatik Anwendung. Siehe auch MAISCHUNG.

Der Ausdruck *remontage* steht in Frankreich auch für das Wiederaufbringen von Erde nach BODENEROSION.

Der Probierraum von RÉMY-MARTIN bildet ein weit in die Vergangenheit zurückreichendes Archiv der Produktion des Hauses.

REMUAGE Französischer Ausdruck für das RÜTTELN, ein Arbeitsvorgang, der einen wichtigen Bestandteil der SCHAUMWEINHERSTELLUNG nach dem traditionellen Champagnerverfahren bildet. Die Flaschen müssen nach Beendigung der in ihnen erfolgten Zweitgärung sanft geschüttelt werden, um den Bodensatz hinter den Korken zu befördern. Moderne Alternativtechniken dürften diese mühselige Tätigkeit nach und nach überflüssig machen. Als **remueur** wird nicht nur die Arbeitskraft bezeichnet, die diesen Vorgang ausführt, sondern auch eine dafür zum Einsatz kommende Maschine.

RÉMY MARTIN Das bedeutende COGNAC-Haus verkörpert den außergewöhnlichsten Erfolg in der modernen Spirituosenindustrie. Die Firma wurde 1724 gegründet, lag aber praktisch in tiefem Schlaf, als sie zweihundert Jahre danach von André Renaud übernommen wurde. Er hatte als ortsansässiger Winzer in die Familie Frapin eingeheiratet, die über große Besitzungen im Champagne-Bereich der Cognac-Region verfügte.

Renaud feierte seinen ersten Erfolg in den 1930er Jahren mit Hilfe von Otto Quien, einem aus Holland gebürtigen Verkaufsgenie, der damals in Holländisch Ostindien, dem heutigen Indonesien, lebte. Quien überredete Renaud, daß Rémy Martin sich auf Cognacs aus dem Champagne-Bereich konzentrieren sollte, die er dann auf dem qualitätsbewußten chinesischen Markt absetzte. Nach dem 2. Weltkrieg nutzte die Firma die so errungenen Marktvorteile mit Nachdruck und setzte dabei die viel imitierte Rauchglasflasche mit einer Karte der Cognac-Region als Werbemittel für die Einzigartigkeit ihres Produkts ein.

Nach Renauds Tod im Jahr 1965 nutzte dann sein Schwiegersohn André Hériard-Dubreuil in den darauffolgenden fünfundzwanzig Jahren die vorgegebenen Initiativen mit solchem Geschick, daß er Rémy-Martin in eine bedeutende Kraft auf dem Weltgetränkemarkt verwandelte. Dabei hatte er einen längeren Prozeß mit seinem Schwager Max Cointreau auszufechten, dessen Frau knapp die Hälfte der Anteile an der Firma geerbt hatte (ihre Schwester, Mme Hériard-Dubreuil, besaß die andere Hälfte). Schließlich manövrierte Hériard-Dubreuil seine Verwandten dadurch aus, daß er eine getrennte Firma für den Vertrieb der Rémy-Cognacs einrichtete und damit einen großen Teil der Gewinne der Muttergesellschaft für sich behielt. In der zweiten Hälfte der 1980er Jahre festigte er seine Stellung durch eine Fusion mit der Familienfirma Cointreau (in der

Max zuvor seinen Einfluß verloren hatte) und indem er den Bestand an Getränkefirmen insbesondere in der CHAMPAGNE, wo er 1973 bereits das Haus KRUG erworben hatte, dadurch vergrößerte, daß er nun auch die Firma Charles Heidsieck und die davon völlig getrennte Firma Piper Heidsieck aufkaufte.

Eine bedeutende Tochtergesellschaft und Gewinnquelle für Rémy Martin stellt die große internationale bekannte KÜFEREI Seguin Moreau dar.

Und wo bleibt bei alledem der Cognac? Rémy-Martin-Cognacs sind nach wie vor geschmeidig und fruchtig, wie es sich bei ihrer Herkunft gehört, und stets sorgfältig bereitet, auch wenn die jüngeren Produkte nicht ganz so subtil sind wie die feinsten dieser Art. N. F.

RENDEMENT franz. ERTRAG (üblicherweise ausgedrückt in hl/ha).

RENDZINA Kalkschwarzerde. Ein dunkler Boden ohne Übergangshorizont auf kalkhaltigem Unterboden, vor allem Kreide, in grasbedeckten oder früher grasbedeckten Gegenden mit mäßigem Niederschlag. Rendzina ist gekennzeichnet durch eine braune bis schwarze krümelige Oberschicht und eine hellgraue bis gelbliche Unterschicht. Der Typ geht mit den TERRA-ROSSA-Böden von Coonawarra in SOUTH AUSTRALIA einher. Siehe auch GEOLOGIE.

RESERVA In Spanien und Portugal dient der Begriff zur Bezeichnung von Wein aus einem besseren Jahrgang. In Portugal steht Reserva für Wein aus einen guten Jahrgang mit einem Alkoholgehalt von mindestens ½ % mehr als die gesetzliche Mindestanforderung. In Spanien hat ein als Reserva bezeichneter Rotwein mindestens eine dreijährige ALTERUNG in Faß und Flasche hinter sich, davon ein Jahr im Faß. Der Wein darf erst im vierten Jahr nach der Lese auf den Markt gebracht werden. Spanischer Weißwein mit der Bezeichnung Reserva muß mindestens zwei Jahre in Faß und Flasche zugebracht haben, wobei mindestens sechs Monate Lagerung in Fässern aus EICHE vorgeschrieben sind.

Siehe auch GRAN RESERVA. R. J. M.

RESERVE Der von Weinerzeugern recht freizügig benutzte Begriff sollte eigentlich höherwertigen Weinen vorbehalten bleiben, aber anders als RESERVA und RISERVA ist Reserve vor allem im angelsächsischen Sprachraum nicht weiter geschützt. Manche Weinbaubetriebe bieten mehrere Weine an, in deren Namen der Begriff eine Rolle spielt (Proprietor's Reserve, Estate Reserve, Reserve Selection, Private Reserve, Vintner's Reserve usw.). In Frankreich gibt es Bestrebungen, den Begriff **Réserve** u. a. in Verbindungen wie Cuvée de Réserve einer festen Kontrolle zu unterwerfen.

RESPIRATION Ein biochemischer Vorgang in Pflanzen, also auch in der Rebe, der die für andere Reaktionen und für das Wachstum benötigte chemische Energie liefert. Die Respiration kann als das Gegenstück der PHOTOSYNTHESE angesehen werden, weil bei ihr entsprechend der nachstehenden Formel SAUERSTOFF verbraucht und KOHLENDIOXID und Energie freigesetzt werden:

$$C_6H_{12}O_6 \text{ Zucker} + 6O_2 \rightarrow 6CO_2 + 6H_2O + \text{Energie}$$

Außer ZUCKER werden auch STÄRKE, Fette, AMINOSÄUREN, organische SÄUREN und andere Substanzen zur Energiegewinnung aufgespalten. Für den Weintrinker von besonderem Interesse ist die Respiration der APFELSÄURE, die während des REIFENS DER TRAUBE vor sich geht.

Die Temperatur übt starke Wirkung auf die Respirationsrate aus. Diese verdoppelt sich ungefähr bei einer Temperatursteigerung von jeweils 10 °C. In jungem, noch wachstumsaktivem Gewebe ist die Respirationsrate höher als in älterem Gewebe. R. E. S.

Winkler, A. J., et al., *General Viticulture* (2. Aufl., Berkeley, Calif., 1974).

RESTEXTRAKT siehe EXTRAKT.

RESTSÜSSE, Abk. **RS.** Die Gesamtmenge an unvergorenen ZUCKERN im fertigen Wein. Hierbei kann es sich sowohl um vergärbare Zucker, also Reste von GLUCOSE und FRUCTOSE, handeln, die im Verlauf der GÄRUNG nicht in Alkohol umgewandelt worden sind, aber auch um geringe Mengen von Zuckerarten, die von den Weinhefen nicht ohne weiteres verarbeitet werden. Zum Teil macht sich dieser Restzucker im Geschmack als SÜSSE bemerkbar.

Der Restzuckergehalt im Wein wird allgemein in Gramm Gesamtzucker pro Liter Wein gemessen; der Wert liegt meist zwischen 1 g/l (0,1 %) und 25 g/l (2,5 %) und darüber. Weine mit einem Restzuckergehalt von weniger als 2 g/l, d. h. die meisten Rotweine sowie viele Weißweine ohne Süße im Geschmack, werden als trocken bezeichnet. Wein mit weniger als 1 g/l Restzuckergehalt gibt es nur selten, weil sich bestimmte Zucker stets der Wirkung der HEFEN entziehen. Andererseits können Weine mit einem Restzuckergehalt bis 25 g/l trocken schmecken, wenn die Süße durch kräftige SÄURE oder möglicherweise auch durch Bittergeschmack von TANNINEN ausgeglichen wird. Einfache (meist weiße) Weine mit von Natur aus hohem Säuregehalt können gelegentlich mit Zucker (meist der besonders süßen Fructose), Süßreserve oder süßem REKTIFIZIERTEM TRAUBENMOST aufgebessert werden, um ihre Schmackhaftigkeit oder Marktgängigkeit zu steigern.

Ausnehmend süße Weine entstehen entweder in außerordentlich reifen Jahren oder aber durch Techniken wie Gefrierkonzentration bzw. Verarbeitung edelfauler oder rosinierter Trauben. Die süßeste Form des berühmten ungarischen TOKAJERS muß beispielsweise einen Restzuckergehalt von 250 g/l aufweisen – die 1947er Tokajer Eszencia brachte es auf 488 g/l.

Der Zuckergehalt in Trauben wird als MOSTGEWICHT nach verschiedenen Systemen gemessen, davon sind BAUMÉ, BRIX und ÖCHSLE die gebräuchlichsten.

1971 wurden in Nußdorf in der Pfalz Trauben geerntet, die bei der Lese ein Mostgewicht von 326° Öchsle hatten – das entspricht etwa 870 g/l Zucker; nach 20 Jahren hatte der Wein in einem überaus langsamen Gärvorgang erst 4,5 % Alkoholgehalt erreicht und enthielt noch etwa 480 g/l Restsüße.

Theoretisch ergeben 100 g Zucker 51,5 g Alkohol, praktische Experimente zeigen aber, daß nur etwa 47–48 g Alkohol erreicht werden. Etwa 16–17 g Zucker werden für 1 % Alkohol benötigt.

Es gibt viele Gründe dafür, daß auch vergärbare Zucker unvergoren bleiben: Die Hefen weisen stark unterschiedliche Leistungsfähigkeit auf, insbesondere ist auch ihre Toleranz für höhere Zucker- und Alkoholkonzentrationen verschieden; Traubenmost hat unterschiedlichen Gehalt an Mikronährstoffen und Wachstumsfaktoren; niedrige TEMPERATUREN und chemische Zusätze können die Gärung zum Erliegen bringen.

Restzucker stellt in einem noch weiterzuverarbeitenden Wein kein großes Risiko dar, in Flaschenwein kann jedoch durch das Vorhandensein von Restzucker eine FLASCHENGÄRUNG ausgelöst werden. Kleinere Zuckermengen werden auch gern von BAKTERIEN verarbeitet und führen dann zur Bildung unerwünschter ESSIGSÄURE, von Beigeschmack und manchmal von KOHLENSÄURE. Der Kellermeister muß deshalb gewährleisten, daß der Wein entweder frei von vergärbaren Zuckern ist oder aber bei lieblichen und süßen Weinen eine ausreichende STABILISIERUNG gegen weitere mikrobiologische Tätigkeit vorgenommen wird. Dies geschieht entweder durch scharfe FILTRATION mit anschließender STERILABFÜLLUNG, durch PASTEURISIERUNG oder durch sogenannten Hefenährstoffentzug, bei dem die Mikronährstoffe vor der Abfüllung aus dem Wein entfernt werden, was jedoch für Weine, die kürzer als drei Jahre ausgebaut werden sollen, unpraktisch ist.

Ein großer Süßwein, beispielsweise ein feiner SAUTERNES oder eine BEERENAUSLESE, bleibt durch die Wirkung der Edelfäule stabil. Sowohl der sehr hohe Restzuckergehalt als auch gewisse vom BOTRYTIS-Pilz in den Most abgegebene Spurenstoffe wirken gärungshemmend. Aus diesem Grund sind viele feine deutsche Weine trotz hoher Restsüße und niedrigem Alkoholgehalt völlig stabil. A. D. W.

RESVERATROL Eines der PHYTOALEXINE im Rotwein, das möglicherweise eine bedeutende Rolle bei der Verringerung der Häufigkeit von Herzerkrankungen spielt (siehe GESUNDHEIT).

RETSINA GEHARZTER WEIN in moderner Form; er ist in GRIECHENLAND sehr populär und bildet in griechischen Restaurants überall in der Welt eine große Attraktion. Moderner Retsina wird wie andere Weiß- oder Roséweine bereitet, lediglich werden dem Most kleine Stückchen Harz von der Aleppo-Pinie zugesetzt und im Wein belassen, bis dieser beim ersten ABSTECHEN vom Geläger abgezogen wird. Die wichtigsten Erzeugungsgebiete sind Attika, Euböa und Böotien, alle im südlichen Teil Mittelgriechenlands in der Nähe von Athen. Für den lokalen Konsum wird Retsina jedoch im ganzen Land bereitet. Die Haupttraube ist gewöhnlich SAVATIANO, oft belebt durch RHODITIS oder gelegentlich ASSYRTIKO, aber auch die verschiedensten Lokaltrauben werden mit verarbeitet. Auf der Insel Lemnos wird ein interessanter Muskateller-Retsina produziert.

Außerhalb Griechenlands wird Retsina nur noch im Süden Zyperns erzeugt, wo die Einheimischen an den markant hervortretenden Beigeschmack gewöhnt und die Touristen auf ihn erpicht sind. Auch in Südaustralien ist einmal eine Version erprobt worden. M. McN.

RETZ Bedeutender Weinort in Niederösterreich, er gehört heute zum Weinbaugebiet Weinviertel (siehe ÖSTERREICH).

REUILLY Kleine französische APPELLATION CONTRÔLÉE, so weit im Inneren der Loire-Krümmung, daß es oft heißt, sie liege in Mittelfrankreich. Am schönsten manifestiert sich ihr Sauvignon-Blanc-Wein in reiferen Jahrgängen als preiswertere und manchmal reinere Version eines SANCERRE aus der im Osten anschließenden AC. In Reuilly entsteht neben Weißwein auch ebenso viel Rot- und Roséwein von Pinot Noir und etwas Pinot Gris (der hiesige Wein von Gamay-Trauben kommt als VIN DE PAYS auf den Markt). Der helle Rosé aus Reuilly hat treue Anhänger. Anders als das nahegelegene QUINCY ist Reuilly nicht vorwiegend auf Weinbau abgestellt, doch die besten Weine von der nur 30 ha großen Rebfläche auf Kalksteinboden um den gleichnamigen Ort sind es durchaus wert, daß man nach ihnen sucht. Verwechslungen mit RULLY an der Côte Chalonnaise sollten allerdings vermieden werden.

Siehe auch LOIRE und die dazugehörige Karte.

RHAMNALES Ordnung im Pflanzenreich, zu der u. a. die Familie der *Vitaceae* und in dieser wieder die Gattung VITIS gehört. Siehe BOTANISCHE GLIEDERUNG.

RHEIN Das deutsche Tafelweingebiet «Rhein» umfaßt die Anbaugebiete AHR, HESSISCHE BERGSTRASSE, MITTELRHEIN, NAHE, PFALZ, RHEINGAU und RHEINHESSEN (weiter flußaufwärts erstreckt sich das Tafelweingebiet «Oberrhein»).

Im ELSASS grenzen die für den Weinbau bedeutenden Départements Haut-Rhin und Bas-Rhin an den Strom; weitere Weinbaugebiete am Rhein siehe auch LIECHTENSTEIN und SCHWEIZ.

Im angelsächsischen Sprachgebrauch bezeichnet «Rhine» recht unpräzise alle deutschen Weine, soweit sie nicht ausdrücklich «Mosel» oder «Moselle» genannt werden (siehe auch HOCK). Im weiteren Sinne werden darunter auch oft liebliche Weißweine ganz allgemein verstanden, die nicht unbedingt aus Deutschland stammen müssen. I. J.

RHEINGAU Das seit Generationen erfolgreichste deutsche Anbaugebiet verdankt seine soliden wirtschaftlichen Grundlagen, die alle politischen Veränderungen seit dem Beginn des 19. Jh. überdauert haben, weitgehend der Kirche und dem Adel (siehe DEUTSCHE WEINBAUGESCHICHTE). Die Rebfläche des Anbaugebiets beträgt heute 2900 ha, davon über 90 % zwischen Wiesbaden und der Grenze zum Anbaugebiet MITTELRHEIN bei Lorchhausen, der Rest bei Hochheim am Main, kurz bevor dieser bei Mainz in den Rhein mündet.

Die Weinberge bei Hochheim und im mittleren Teil des Rheingaus liegen größtenteils auf sanft hügeligem oder flachem Terrain, nur von Rüdesheim rheinabwärts bis Lorchhausen sind die Lagen sehr viel steiler. Der Boden des Rheingaus ist überaus unterschiedlich. Flußabwärts von Rüdesheim herrscht dunkelblauer Schiefer vor. Im Rheingau ist es schon seit Jahrhunderten eine gute Praxis, den Wetterablauf in allen Einzelheiten aufzuzeichnen. In der Rückschau scheinen sehr kalte Winter häufig gewesen zu sein, der Rhein fror oft zu. Dessenungeachtet hat das Gebiet – wie es ja auch für die übrigen deutschen Weinbaugebiete insgesamt gilt – ein besonders günstiges MESOKLIMA. Mit seiner nach Süden offenen Lage ist es geringfügig wärmer als weite Teile des südlich anschließenden Anbaugebiets RHEINHESSEN. Bei einer jährlichen Niederschlagsmenge von etwas über 500 mm bekommt der RIESLING ausreichend Wasser, um seine Trauben bis weit in den Herbst hinein reifen zu lassen. Die heutigen Reben ertragen extreme Wetterverhältnisse besser als die früheren, denn jahrelange Forschungen haben für verbesserte Qualität und Widerstandsfähigkeit gesorgt.

In GEISENHEIM besitzt der Rheingau eine der führenden Forschungs- und Rebzuchtanstalten der Welt, dennoch ist er nicht so sehr mit DEUTSCHEN NEUZÜCHTUNGEN überfrachtet wie beispielsweise Rheinhessen und die PFALZ. Klima und Lage der Weinberge und die Struktur des Handels und der Traditionen sind auf die Riesling-Traube ausgerichtet, die 1990 hier 82 % der Rebfläche eingenommen

Weinberge bei Schloß Vollrads im RHEINGAU.

hat. Um beständig die vom Rheingauer Riesling erwartete hohe Qualität zu gewährleisten, werden relativ niedrige ERTRÄGE für notwendig erachtet. Die meisten guten Weinerzeuger im Rheingau streben 70–80 hl/ha an, doch ist es in ertragsstarken Jahren wie 1989 fast nicht zu vermeiden, daß diese Werte überschritten werden.

Der Rheingau ist überwiegend Weißweinland; in der früheren Weinbaugeschichte sollen allerdings Rotweinrebsorten hier vorgeherrscht haben, doch Aßmannshausen wurde durch seine Spätburgunder-Rotweine erst ab der Mitte des 18. Jh. berühmt. Heute entfallen auf den Spätburgunder nur 7 % des Rebbestands im Rheingau, aber seine Bedeutung wächst von Jahr zu Jahr, was schon daran erkennbar wird, daß sich in den 1980er Jahren der Anteil verdoppelte.

Bis zum Ende des 18. Jh. fand die Weinlese in guten Jahren in der ersten Oktoberhälfte, manchmal sogar schon im September statt. Dr. Hermann Müller aus Thurgau (der Züchter der weitverbreiteten nach ihm benannten Rebe) schrieb einmal, damals seien nur in schlechten Jahren die Trauben länger am Stock geblieben, in der Hoffnung, daß sie noch weiter reifen würden. Das Prinzip, AUSLESE, d. h. ausgewählte Trauben gesondert zu ernten, war zwar im 18. Jh. schon bekannt, doch die verbreitetere Lese von edelfaulen Trauben geht im Rheingau erst auf etwa 1820 zurück. Entgegen der allgemeinen Auffassung ist es nicht sicher, wann und wo die Winzer erstmals den Wert der EDELFÄULE erkannten, in Deutschland aber soll diese Entdekkung in dem dafür besonders günstigen Klima des Rheingaus gemacht worden sein. Bis im 20. Jh. Filter entwickelt wurden, die auch Hefen aus dem Wein entfernen können (siehe FILTRATION), war der Rheingauer Wein meist trocken, und zu dieser Tradition der trockenen oder fast trockenen Weine kehrt der Rheingau heute wieder zurück. Zu Beginn der 1990er Jahre waren über 40 % aller Rheingauer Weine, die eine AP-NUMMER erhielten, trocken, und es ist nichts Ungewöhnliches mehr, in einem besseren Weingut nur noch 20 % liebliche oder halbtrockene Weine anzutreffen. Es dürfte aber doch Einmütigkeit darin herrschen, daß der Rheingauer Riesling in einem großen Jahrgang gerade in den vollen, süßen EDELFAULEN Weinen der Auslesestufen den Gipfel seiner Qualität erreicht.

Doch außer in ganz besonderen Jahren wie 1976 verzichten immer mehr Winzer auf die zeitraubende und kostspielige Lese von mit Edelfäule befallenen Trauben für solche Weine. Statt dessen wird es immer beliebter, einen gewissen Teil gesunder Trauben (nicht einmal unbedingt in besten Lagen) am Stock zu belassen und darauf zu hoffen, daß Temperaturen von wenigstens –8 °C eintreten, so daß die Erzeugung von EISWEIN möglich wird. Die damit verbundenen Kosten sind nicht so hoch wie für die Erzeugung von Ausleseweinen. Beim Eiswein wird ein höheres MOSTGEWICHT dadurch erreicht, daß das gefrorene Wasser in den Trauben ausgeschieden wird. Der Marktwert von Eiswein liegt weit höher als der einer Auslese.

Deutsche Restaurants fördern den Trend zum trockeneren Wein und engagieren sich sehr in der Abstimmung zwischen Wein und Speisen. Eine Folge hiervon ist ein größerer Bedarf an Rotwein, vor allem Spätburgunder. Eine Reihe von Rheingauer Weingütern bietet heute vermutlich nach dem Vorbild von Weinen aus wärmerem Klima voll durchgegorenen trockenen Spätburgunder mit mehr TANNIN und tieferer FARBE an, als es noch bis um die Mitte der 1980er Jahre üblich war. Zwar werden diese Weine in Deutschland vielleicht überschätzt und überbezahlt, sie stellen aber zweifellos eine höchst interessante neue Entwicklung dar. In dem Maß, wie ihr Seltenheitswert abnimmt, dürfte wohl aber auch der Verkaufspreis nachlassen: Sie sind zwar gut, aber so gut auch wieder nicht.

Ebenfalls als Reaktion auf die Bedürfnisse des Gaststättengewerbes zeigen sich die Aktivitäten der CHARTA-Weingüter höchst eindrucksvoll. Fast fünfzig Rheingauer Erzeuger, darunter eine WINZERGENOSSENSCHAFT, bieten Charta-Weine an, die eine so strenge Geschmacksprüfung über sich ergehen lassen müssen, daß rund 20 % der eingereichten Produkte sie nicht bestehen. Diese Weine stammen ausschließlich von Rieslingtrauben mit einem über dem gesetzlich geforderten Mindestmaß liegenden Mostgewicht und mit einem festen Kern an SÄURE. Angeboten werden sie in einer Flasche mit aufgeprägtem romanischem Doppelbogen als Reminiszenz an die erste große Blüte des Rheingauer Weins im 12. Jh. (siehe DEUTSCHE WEINBAUGESCHICHTE). Mit den selbst auferlegten hohen Qualitätsmaßstäben und anderen strengen Bestimmungen fördert die Charta-Vereinigung den trockenen Weinstil, der nach allgemeiner Ansicht in den 1990er Jahren verlangt wird.

Im Rheingau verarbeiten neun Winzergenossenschaften das Lesegut von 440 ha; das entspricht 15 % des Gesamtertrags. Neben den privaten und staatlichen Weingütern, von denen die 12 größten über 635 ha verfügen, ist ihre Rolle recht bescheiden. Viele Weingüter stammen aus dem 18. Jh., und einige können ihre Ursprünge noch viel weiter in die Geschichte zurückverfolgen. Wie überall in Deutschland ist die Zahl der Nebenerwerbs- und Feierabendwinzer groß; sie verfügen zusammen über 25 % der Rebfläche. Etwa 380 Erzeuger produzieren und vermarkten ihren Wein selbst, vielleicht unter Hinzuziehung eines Maklers. Weingüter und Winzergnossenschaften unterhalten oft eigene Verkaufsstellen und Probierräume, wo der Verbraucher direkt einkaufen kann und wo auch Weinproben zu Werbezwecken abgehalten werden. Das Land Hessen mit einem Weinbergbesitz von 136 ha an verschiedenen Stellen des Rheingaus hält im Zisterzienserkloster Eberbach aus dem 12. Jh. zahlreiche mit Wein verbundene Veranstaltungen, Kurse, Konferenzen und eine jährlich stattfindende berühmte AUKTION ab.

Mit Ausnahme von SCHLOSS JOHANNISBERG und Schloß Vollrads verfügen die meisten größeren Weingüter über Weinbergbesitz in verschiedenen Orten. Der in Lorch angebaute Wein wird größtenteils auch dort bereitet, doch schon etwas weiter flußaufwärts in Aßmannshausen erscheinen große Weingüter aus dem mittleren Rheingau auf der Liste der Weinbergbesitzer. Der Rüdesheimer Berg gegenüber der Nahe-Mündung ist in ganz Deutschland für Weine mit großer Geschmacksfülle berühmt, die selbst in minderen Jahrgängen oft erstaunlich gut ausfallen. In Geisenheim, Johannisberg, Winkel, Hattenheim und Erbach sind es nicht die Ortsnamen allein, die für Qualität bürgen, sondern auch die der Weingüter. Alle bringen Rieslingweine höchster Güte hervor; die vollsten und feinsten kommen jedoch oft aus Erbach und Hattenheim. In warmen Sommern fallen die Weine von Schloß Vollrads, Kiedrich und Rauenthal, die in einiger Entfernung vom Rhein etwas höher liegen, oft ganz hervorragend und mit nicht endenwollender Nachhaltigkeit aus. Mit die vollsten und schmackhaftesten Rieslinge kommen vom tiefgründigen Boden Hochheims. Gut bereitet können sie sich mit jedem Rheingauer und daher mit jedem anderen Wein der Welt durchaus messen. I. J.

Dahlen, H. W., Beiträge zur Geschichte des Weinbaues und Weinhandels im Rheingau (Mainz, 1896).

RHEINHESSEN Vom Ostrand des mit 24 870 ha Rebfläche sehr großen, aber unterschiedlichen deutschen Anbaugebiets kommen z. B. vom Roten Hang in Nierstein international als erstklassig anerkannte Weine. Ein Drittel des RIESLING-Bestands Rheinhessens wächst in diesem besonders privilegierten Teil, der sogenannten Rheinterrasse. Sie erstreckt sich teilweise mit Ostlagen und rotem Boden von Bodenheim etwas südlich von Mainz bis Mettenheim nördlich von Worms; auch hier ist wie überall in Deutschland das MESOKLIMA von auschlaggebender Bedeutung. Das Gebiet als Ganzes ist durch bis zu 600 m hohe Gebirge an seinem Westrand gegen Wind und übermäßigen Regen geschützt. In den Weinbergen unmittelbar am Rhein sind die Temperaturen das Jahr über höher als im weiter vom Fluß abgelegenen Hügelland; in strengen Wintern wirkt sich der FROST hier nicht ganz so scharf aus. Das ist zum Teil auch der Grund für die besondere Qualität der GROSSLAGE Niersteiner Rehbach und der benachbarten EINZELLAGE Nakkenheimer Rothenberg an der Rheinterrasse.

Im Norden Rheinhessens befinden sich die besten Weinberge bei Ingelheim (in Deutschland seit langem durch Spätburgunder-Rotwein bekannt und berühmt) sowie bei Bingen in der Lage Scharlachberg. Im Süden, im Bereich Wonnegau, haben die Weinorte Westhofen, Bechtheim und Osthofen in Deutschland einen recht guten Namen. In der Mitte Rheinhessens trifft man gemischte Landwirtschaft mit viel Weinbau an, doch nur wenige Güter leben allein vom Wein.

In Rheinhessen gibt es 400 Einzellagen, von denen allerdings die meisten in Stil und Qualität ihres Weins keine große Besonderheit aufweisen. Über die Hälfte des rheinhessischen Weins läuft unter Großlagennamen wie Niersteiner Gutes Domtal, Oppenheimer Krötenbrunnen oder Mainzer Domherr, die alle in Deutschland ihre Anhänger haben. Ein Drittel des deutschen Weinexports und über 50 % der LIEBFRAUENMILCH kommen aus Rheinhessen.

Mehr als in anderen deutschen Weinbauregionen unterliegen die in Rheinhessen angebauten Rebsorten und die dort produzierten Weine dem besonderen Einfluß des DEUTSCHEN WEINGESETZES. Die amtliche Weinhierarchie beruht auf der Idee, daß ein höheres MOSTGEWICHT (d. h. höherer Zuckergehalt der Trauben) automatisch auch bessere Qualität des Weins bedeutet. Das dürfte bei RIESLING und anderen seit langem in Deutschland angebauten Rebsorten wohl auch stimmen, es gilt aber nicht für alle VINIFERA-Rebsorten. Manche DEUTSCHE NEUZÜCHTUNGEN produzieren Trauben mit höherem Mostgewicht als der Riesling, doch ihr Wein ist deshalb nicht unbedingt besser, und dieser Tatsache trägt das Gesetz nicht voll Rechnung. Dessenungeachtet pflanzten viele Winzer in Rheinhessen in den 1960er und 1970er Jahren Neuzüchtungen wie BACCHUS, FABERREBE, HUXELREBE und KERNER, die in fast allen Jahrgängen große Erträge mit hohen Mostgewichten erbringen. Ihren oft stark duftigen Weinen mangelt es zwar an Eleganz, doch mit einer RESTSÜSSE von 35 g/l entsprachen sie der damaligen deutschen Vorliebe für lieblichen Wein, und das schlug sich auch auf dem Exportmarkt nieder. Als Folge hiervon setzten sich in den 1990er Jahren über drei Viertel des rheinhessischen Rebbestands für Weißwein aus Neuzüchtungen und dem eher als Altzüchtung zu bezeichnenden MÜLLER-THURGAU zusammen. Dadurch aber wird außerhalb der besseren Weingüter und Weinorte jede regionale Identität, die sich in den Weinen zeigen könnte, stark verwässert; doch am unteren Ende des Billigweinmarkts, wohin ein großer Teil der rheinhessischen Weinproduktion notwendigerweise gelangt, ist Charakter im Wein weder gefragt noch möglich und wird schließlich auch im Preis nicht honoriert.

Freilich ist nicht aller rheinhessische Wein von Neuzüchtungen minderwertig. Wo die ERTRÄGE entsprechend beschränkt werden, bringen Müller-Thurgau und insbesondere die SCHEUREBE Weine von hoher Qualität hervor, wie zahlreiche Erzeugerabfüllungen es regelmäßig beweisen.

Die von Rotweinrebsorten eingenommene Fläche ist im Wachsen, trotzdem machte sie 1992 erst 8 % der Gesamtrebfläche aus. Der Marktpreis für einfachen Rotwein ist hier weit höher als für Weißwein, und so erfreuen sich der ertragreiche PORTUGIESER, der Spätburgunder (PINOT NOIR) und die erfolgreiche Neuzüchtung DORNFELDER größter Popularität.

Rheinhessen unterteilt sich in drei Bereiche: Bingen, Nierstein und Wonnegau. Da der Bereich Nierstein allein mehr als dreimal so groß ist wie der Rheingau, wurde vorgeschlagen, einen eigenen Bereich für die guten Lagen der Rheinterrasse zu schaffen, der natürlich auch die 1000 ha der Stadt Nierstein umfassen sollte. Manche gehen sogar noch weiter und möchten die Rheinterrasse als eigenes, von Rheinhessen völlig unabhängiges Anbaugebiet anerkannt sehen. In Nierstein selbst ist der Wunsch nach einem eigenen Bereich stark, denn obwohl die Stadt über die meisten guten Einzellagen auf der Rheinterrasse verfügt, wird ihr Renommee doch dadurch geschmälert, daß ihr Name mit dem Guten Domtal verknüpft wird. Diese Großlage umfaßt 27 Einzellagen in 15 Orten, doch kaum 30 ha fallen in die Gemarkungsgrenzen von Nierstein selbst. Mit die billigsten Weine Deutschlands laufen unter dem Namen Niersteiner Gutes Domtal zu einem Verkaufspreis, der nicht einmal halb so hoch ist wie die Produktionskosten für einen Wein aus besseren Lagen Niersteins, die bei niedrigeren Erträgen viel teurer zu bewirtschaften sind. Die Nachbarstadt Oppenheim leidet in ähnlicher Weise unter der Verknüpfung ihres Namens mit der Großlage Krötenbrunnen.

Der Geschmack des roten Sandsteins und Schiefers, der für den nördlichen Teil der Rheinterrasse so charakteristisch ist, zeigt sich besonders klar in den Rieslingweinen aus dem Nackenheimer Rothenberg und seinen Nachbarlagen. Sie ähneln ein wenig den Weinen vom Porphyrboden der Lage Traiser Bastei an der NAHE, doch ihr Charakter ist sanfter. In den unterschiedlichen Böden Oppenheims, wo Löß und Lehm dominieren, fallen die Rieslinge besonders elegant und charmant aus, haben aber oft nicht die Vollmundigkeit der Niersteiner Weine. Die zunehmende Anwendung der Prinzipien des ORGANISCHEN WEINBAUS in Weinberg und Keller sowie niedrigere Erträge und weniger Restsüße im Wein tragen sicher dazu bei, die regionale Eigenart stärker zur Geltung zu bringen, und das dürfte Rheinhessen auf dem umkämpften Markt für feinen Wein zugute kommen.

Fast die Hälfte des rheinhessischen Weins wird von Handelshäusern außerhalb des Anbaugebiets abgefüllt (die zum großen Teil über Kellereien an der MOSEL das untere Ende des Markts beliefern), und ein Viertel geht in den Export. Innerhalb Deutschlands hat sich der Name Rheinhessen vor allem mit billigen SPÄTLESEN verknüpft, die in Supermärkten im Norden des Landes vorwiegend an Käuferschichten mittleren Alters abgesetzt werden. Durch die allgemeine Tendenz zu trockeneren Weinen hat sich der Marktanteil Rheinhessens verringert, und als Reaktion hierauf wurde unter dem Namen Rheinhessen Silvaner (abgekürzt RS) ein trockener Wein kreiert. Er wird von über 50 Erzeugern abgefüllt und unter einem gemeinschaftlich benutzten Etikett auf den Markt gebracht. Dieser auf bessere Weinhandlungen und Restaurants abzielende Wein muß eine strenge Qualitätskontrollprüfung ablegen; er zeichnet sich durch frische, attraktive Art, fast wie ein Riesling, aus und stellt den ernsthaften Versuch dar, das etwas glanzlos gewordene Image Rheinhessens aufzupolieren. Ein kommerzieller Erfolg muß sich jedoch erst noch einstellen.

Rheinhessen, so freundlich und friedlich es in weiten Teilen auch ist, hat nicht die Art Landschaft, die den großen Fremdenverkehr anlockt, und so spielt der Weinabsatz an Touristen keine so große Rolle wie in anderen Anbaugebieten. Dessenungeachtet bieten viele Weingüter und Winzergenossenschaften Weinproben für das breite Publikum an, und es gibt eine Reihe von Weinlehrpfaden als Wanderwege durch die Weinberge. Allenthalben werden von Juli bis Dezember Weinfeste veranstaltet, auf denen es sicher einfacher ist, den rheinhessischen Wein gemütlich zu genießen, als ihn in aller Form zu verkosten. Etwa 45 % der Winzer verkaufen ihr Lesegut, aber auch Faßwein zu Preisen, die in den letzten beiden Jahrzehnten durch die Supermärkte und ihre Lieferanten auf ein unwirtschaftlich niedriges Niveau gedrückt worden sind. Die Winzergenossenschaften sind nicht imstande, die Faßweinpreise in der Weise zu beeinflussen, wie ihre Mitglieder das gern sähen. Der in den 1980er Jahren mit Erfolg geförderte Absatz von SEKT aus rheinhessischen Grundweinen wird daher in der Region lebhaft begrüßt.

Führend auf diesem Gebiet ist die Erzeugergemeinschaft Winzersekt Rheinhessen, deren Sekt ein Jahrgangsdatum, den Namen einer Rebsorte und manchmal sogar eine Einzellage trägt. Die bevorzugten Ausführungen sind Extra Dry und Brut, und die Verkaufspreise entsprechen denen besserer Riesling-Markensekte großer deutscher Hersteller (siehe SEKT). Der Erfolg der Erzeugergemeinschaft Winzersekt hat für ganz Rheinhessen große Bedeutung, denn er beweist, daß gewinnbringender Weinbau hier auch außerhalb der guten und weithin bekannten Weingüter möglich ist. I. J.

RHEINPFALZ siehe PFALZ.

RHEIN-RIESLING, auch **Rheinriesling.** In deutschsprachigen Ländern gebräuchliches Synonym für den Weißen RIESLING.

RHEINTERRASSE Berühmte deutsche Weinbaugegend. Siehe RHEINHESSEN.

RHENISH Im Mittelalter in England gebräuchliche Sammelbezeichnung für Weine aus DEUTSCHLAND und dem ELSASS.

RHINE RIESLING Vor allem in Australien gebräuchliches Synonym für den Weißen RIESLING, umgangssprachlich oft auch als «Rhine» abgekürzt.

RHIZOPUS Erreger einer Pilzkrankheit der Trauben (siehe TRAUBENFÄULE).

RHODITIS Traditionell auf dem Peloponnes angebaute hellrötliche Traubensorte; sie hatte in der Zeit vor der REBLAUS in GRIECHENLAND weit größere Bedeutung. Die Traube ist für ECHTEN MEHLTAU stark anfällig, sie reift relativ spät, behält aber selbst in warmen Gegenden wie bei Ankhíalos in Thessalien (Mittelgriechenland) kräftige Säure und gelangt überdies auch in hochgelegenen Weinbergen noch gut zur Reife. Oft wird sie insbesondere für RETSINA mit der milderen Sorte SAVATIANO verschnitten.

RHÔNE Der für den Weinbau so bedeutsame Fluß bildet das direkte Bindeglied zwischen höchst ungleichen, aber doch alle auf ihre Art großen Weinbaugebieten wie CHÂTEAUNEUF-DU-PAPE mit seinem schweren Rotwein, SEYSSEL mit seinem Schaumwein und dem Wallis mit seinem Fendant. Weinliebhaber verstehen allerdings unter dem Begriff Rhône die Weine, die im Rhône-Tal in Südostfrankreich entstehen und nördlich bzw. südlich einer 50 km langen praktisch weinbaufreien Strecke zwischen Valence und Montélimar so verschieden sind, daß sie zwei ganz eigenständigen Bereichen zugewiesen werden (wobei allerdings die regionale APPELLATION CONTRÔLÉE Côtes-du-Rhône sowohl die einfacheren Weine des nördlichen Teils als auch weitgehend den südlichen Teil umfaßt). Die Rhône bringt regelmäßig mehr AC-Wein hervor als andere Weinbaugebiete mit Ausnahme von Bordeaux. Rund 95 % der Jahresproduktion von über 3 Millionen hl entfallen auf im Vergleich mit anderem französischen Wein relativ alkoholstarken Rotwein.

Die Rhône insgesamt teilt sich in vier Bereiche auf, von denen die **südliche Rhône** (Rhône Méridional) der Produktionsmenge nach der bei weitem größte ist. Die in diesen Teil fallenden individuelleren Appellationen produzieren jährlich fast 250 000 hl, und der überwiegende Teil der 2 Millionen hl Wein für die regionale AC **Côtes-du-Rhône** und **Côtes-du-Rhône Villages** kommt ebenfalls von der südlichen Rhône.

Der prestigeträchtigere Teil ist allerdings die **nördliche Rhône** (Rhône Septentrional), in den die Appellationen Hermitage und Côte-Rôtie fallen, die in der Qualität und insbesondere der Langlebigkeit ihrer besten Weine ernsthafte Rivalen für die großen Namen von Bordeaux und Burgund darstellen. Die nördliche Rhône unterscheidet sich von der südlichen deutlich sowohl im Klima als auch in Boden, Topographie und Rebsorten.

Der dritte, kleine, aber uralte Bereich liegt 65 km östlich von Valence eine Strecke an dem Nebenfluß Drôme aufwärts; er umfaßt die nach der Stadt Die benannten Appellationen CHÂTILLON-EN-DIOIS, CLAIRETTE DE DIE, CRÉMANT de Die und Coteaux DIOIS.

Und schließlich gibt es noch am Ostrand der südlichen Rhône und der Nordgrenze der PROVENCE einige etwas abgelegene Appellationen: Coteaux du TRICASTIN, Côtes du LUBÉRON, Côtes du VENTOUX sowie den VDQS-Bereich Côtes du VIVARAIS.

Zu bemerken ist noch, daß die COSTIÈRES DE NÎMES, die seit langem als Teil des LANGUEDOC gelten, eigentlich eine Verlängerung der südlichen Rhône nach Westen darstellen.

Historisches

AMPHOREN-Funde beweisen, daß die Bewohner des Rhône-Tals im 1. Jh. v. Chr. Wein aus Baetica, der östlichen Provinz im von den Römern besetzten SPANIEN, tranken. Im 1. Jh. n. Chr. trank die nach Rom orientierte Elite im Rhône-Tal FALERNER. Ab dem 1. Jh. v. Chr. wurde Wein auf der Rhône stromaufwärts transportiert: Chalon-sur-Saône war ein Flußhafen für die Gallier (siehe Côte CHALONNAISE. In seiner im Jahr 7 n. Chr. vollendeten *Geographika* weist Strabo auf die Bedeutung guter Flußverbindungen für den Handel in Gallien hin – vom Mittelmeer aus sei es möglich, auf FLÜSSEN zum Atlantik und zum Kanal zu gelangen (*Geographika* 4.1.2).

Strabo behauptete kategorisch, daß Weinbau nördlich der Cevennen unmöglich sei, weil es dort außerhalb des Verbreitungsgebiets der immergrünen Eiche *Quercus ilex* für die Rebe, die – wie er meinte – ein MEDITERRANES KLIMA brauche, zu kalt sei. Die Gallier straften ihn Lügen, denn sie hatten wahrscheinlich schon zu seiner Lebenszeit entdeckt, daß die Côte Rôtie und der Hermitage-Berg großartige Stellen für den Weinbau abgaben. Auf jeden Fall wurde dort 71 n. Chr. bereits Wein gebaut, denn PLINIUS schreibt, daß die Allobroger in Vienne exzellenten Wein produzierten, der in VERGILS Tagen noch nicht bekannt war (*Naturgeschichte* 14.18). Es gab drei Lagen: Taburnum, Sotanum und Helvicum. Die Behauptung des Plinius, diese Weine hätten von Natur aus nach Harz geschmeckt, kann nicht stimmen, denn damals wurde Wein in irdenen Gefäßen gelagert und transportiert, die auf der Innenseite mit Harz bestrichen wurden, um sie wasserdicht zu machen – daher mußte jeder von weither kommende oder ältere Wein notwendigerweise nach Harz schmecken (siehe GEHARZTER WEIN).

Plinius nennt die Rebe der Winzer von Vienne Allobrogica. Sie habe dunkle Trauben und sei frosthart (*Naturgeschichte* 14.26–27). In Anbetracht der letzteren Aussage ist es unwahrscheinlich, daß die Allobrogica die SYRAH von heute gewesen ein kann – es sei denn, Plinius hielt wie Strabo das Klima an der Rhône für so streng, daß eine Rebsorte, die dort wuchs, widerstandsfähig gegen Kälte sein mußte. Die Allobroger waren stolz auf ihren Wein und erzielten hohe Preise damit (*Naturgeschichte* 14.57). An anderer Stelle bemerkt Plinius, die Gallier hätten die Kunst des Pfropfens gemeistert, und er verbesserte damit CATO: Die Römer lernten ihrerseits von den Galliern (*Naturgeschichte* 17.116). Die Allobroger exportierten ihre Weine nicht nur nach Rom, sondern auch nach Britannien.

Es ist nicht mit Sicherheit bekannt, woher die beiden für die Rhône charakteristischen Rebsorten, Syrah und VIOGNIER, stammen. Manche Autoren behaupten, der Name Syrah sei gleichbedeutend mit Shiraz, der Weinbaustadt in PERSIEN, und die Phokäer hätten die Rebe aus Persien mitgebracht, als sie um 600 v. Chr. ihre griechische Kolonie in Massilia (Marseille) gründeten. Dann muß die Rebe

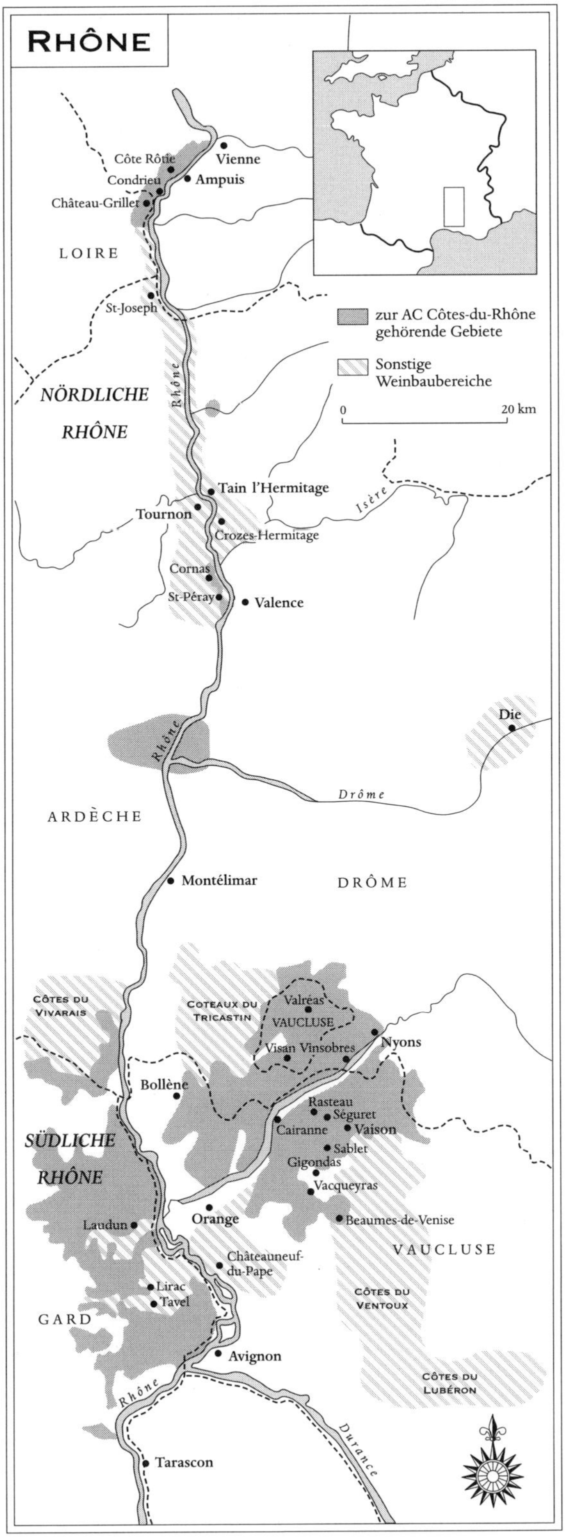

Rhône-aufwärts gewandert, aus der Gegend von Marseille aber verschwunden sein. Eine zweite Theorie lautet, daß sich der Name Syrah von Syrakus herleitet, von wo aus die Legionen des römischen Kaisers PROBUS die Reben nach 280 n. Chr. an die Rhône mitgebracht hätten. Wenn das stimmt, kann die von Plinius erwähnte Allobrogica nicht Syrah sein. Da es für beide Theorien keinen ampelographischen Beweis gibt, ist eine dritte in Vorschlag gebracht worden: Die Syrah-Rebe habe sich lange vor dem Beginn eines systematischen Weinbaus im Rhône-Tal entwickelt und sei dort wild gewachsen. Die Legionen des Probus werden auch für die Einführung der Viognier-Traube verantwortlich gemacht: Die Hypothese lautet, die Legionäre hätten die Rebe aus Dalmatien mitgebracht, das damals zum Römischen Reich gehörte und bereits ein Weinbauland war. In Dalmatien, vor allem aber auf der Insel Vis vor der dalmatinischen Küste, gibt es eine Rebsorte namens Vugava, die insofern eine gewisse Ähnlichkeit mit Viognier besitzt, als sie einen starken, trockenen aromatischen Wein hervorbringt. Es ist eine eingängige, aber doch recht komplizierte Theorie, und auch für sie liegt bisher kein ampelographischer Beweis vor.

Die Bewohner des Rhône-Tals erzeugten sicherlich auch weiterhin Wein, nachdem die Römer abgezogen waren, es gibt aber darüber kaum Belege bis in das Mittelalter. Die Weinhändler des Mittelalters kauften und verkauften eifrig Weine aus Bordeaux, Gaillac, La Rochelle, der Île-de-France und von der Loire, einen Handel mit Rhône-Wein gab es aber erst im 14. Jh. Es kann nicht daran gelegen haben, daß diese Weine schlecht gewesen wären, denn als Papst Klemens V. im Jahr 1305 den päpstlichen Hof nach Avignon verlegte, entdeckte sein Gefolge den Wein der Umgebung sehr rasch (siehe CHÂTEAUNEUF-DU-PAPE). Etwa drei Viertel des Weins, der am päpstlichen Hof getrunken wurde, kamen aus dem Rhône-Tal, obwohl der Hof auch Burgunder schätzte. Als Klemens V. von 1367 bis 1370 nach Rom zurückkehrte, ließ er dort eine Rebe von den Hängen der Rhône pflanzen.

Es war seine Scheu vor politischen Streitigkeiten und nicht seine Vorliebe für französischen Wein, die Papst Klemens wieder nach Avignon trieb; doch nachdem sein Nachfolger Gregor XI. im Jahr 1377 endgültig nach Rom zurückkehrte, tranken der Papst und sein römischer Haushalt dort weiter Wein von der Rhône.

Châteauneuf-du-Pape verdankt seinen Namen dem neuen, von Johannes XXII. erbauten Palast. Das alte Château war das Werk Urbans V., das neue Château seines Nachfolgers entstand als Sommerresidenz in den Bergen 16 km nördlich von Avignon. Im 2. Weltkrieg wurde es von deutschen Bomben zerstört.

Der Name Hermitage La Chapelle hat seinen Ursprung in einer mittelalterlichen Legende: Als der Kreuzritter Gaspard de Stérimberg aus dem Heiligen Land zurückkehrte, erwirkte er von Blanche de Castille, der Königin von

Frankreich und Regentin während der Minderjährigkeit ihres Sohnes Ludwig IX. (1226–1270), die Erlaubnis, hier eine Kapelle zu bauen und dem heiligen Christophorus zu widmen; dort lebte er dann bis zu seinem Tod dreißig Jahre lang als Eremit. JABOULETS weißer Hermitage Chevalier de Stérimberg ist nach dem ritterlichen Klausner auf dem Hermitage-Berg benannt.

Es war jedoch nicht allein die Rhône, die von dem extravaganten Lebenswandel des päpstlichen Hofs in Avignon profitierte: Auch BURGUND verzeichnete einen mächtigen Anstieg der Nachfrage nach seinen Weinen. Als sich Burgund daraufhin zu einem bedeutenden Weinbaugebiet entwickelte, erkannte es die Gefahr der Konkurrenz aus dem Süden, vor allem da die Weine von der Rhône schwerer waren als die Burgunder und daher eine lange Reise wahrscheinlich besser überstehen konnten. Das Herzogtum Burgund befand sich aber in einer vorteilhaften Machtposition, denn um auf die Märkte in Paris und im Norden Frankreichs gelangen zu können, mußte der Wein von der Rhône die Saône aufwärts durch burgundisches Gebiet transportiert werden. So war die Lösung einfach: Burgund legte auf alle nichtburgundischen Weine hohe Einfuhr- und Transitzölle. 1446 tat die Stadt Dijon Weine aus Lyon, Vienne und Tournon völlig in Bann, und zwar mit der dürftigen Begründung, es seien *«très petits et povres vins»*. Solange diese Maßnahmen in Kraft waren – vom 14. bis zum 16. Jh. –, taten sie ihre Wirkung. Die Weine aus dem Rhône-Tal blieben vom Handel mit England und den Niederlanden ausgeschlossen, und sie wurden in Paris erst im 17. Jh. erhältlich, nachdem der Überlandtransport kostengünstiger geworden war und die Kaufleute es sich leisten konnten, ihre Weine mit Ochsenkarren an den unteren Lauf der Loire und von dort aus stromabwärts zu verfrachten. H. M. W.

Dion, R., *Historie de la vigne et du vin en France* (Paris, 1959).
Livingstone-Learmonth, J., *The Wines of the Rhône* (3. Aufl., London, 1983).
Robinson, J., *Reben, Trauben, Weine* (Bern, 1987).

Nördliche Rhône

Der Weinbau an der nördlichen Rhône macht vermutlich mehr als jeder andere Eindruck auf Touristen, denn viele Millionen werden Jahr für Jahr auf dem Weg von Norden nach Süden durch das enge Rhône-Tal südlich von Lyon vorüber an Tain l'Hermitage geschleust. Hier dienen Weinbergterrassen hoch über der *autoroute du soleil* als Reklameflächen für die Weinerzeuger JABOULET und CHAPOUTIER. So fallen ein paar flüchtige Sekunden lang die Weinberge der nördlichen Rhône jedem Vorüberfahrenden ins Auge, doch ihre Weine zielen eher auf den Kenner feiner Gewächse ab als auf den Massenmarkt. Die Gesamtproduktion der nördlichen Rhône ist meist nicht einmal so groß wie die Gesamterzeugung an Rotwein allein in Châteauneuf-du-Pape, das doch nur ein AC-Bereich an der südlichen Rhône ist. Dabei entfällt auf den Crozes-Hermitage etwa die Hälfte der Produktion der nördlichen Rhône.

An der Südgrenze des Teils von Europa, in dem CHAPTALISATION zulässig ist, befindet sich die nördliche Rhône unter dem Einfluß eines KONTINENTALKLIMAS mit strengen Wintern und Sommern, deren Wirkung auf die Trauben noch durch die steilen Hänge, an die sich viele der besseren Weinlagen der Rhône trotz der ständig drohenden BODENEROSION klammern, eher noch verstärkt wird. Die abschüssigen Ufer des heute stark industrialisierten Stroms setzten schon seit Jahrhunderten dem Weinbau natürliche Grenzen; die besten Weine wachsen hier an schwer zu bearbeitenden, schroffen Stellen, die mithelfen, das verfügbare SONNENLICHT bestmöglich auszunützen (siehe TOPOGRAPHIE). Seitdem in den 1980er Jahren die besseren Weine von der Rhône als mit die wertvollsten feinen Gewächse (und der Weinbau als eine potentiell noble Art, sich seinen Lebensunterhalt zu verdienen) anerkannt sind, hat es insbesondere in flacheren Gegenden in den Appellationen St-Joseph und Crozes-Hermitage eine beträchtliche Expansion gegeben. Die meisten Appellationen befinden sich auf dem rechten Rhône-Ufer, doch die Weinberge von Crozes-Hermitage und vor allem Hermitage auf dem linken Ufer sind der Abendsonne besonders ausgiebig zugewandt.

Hier ist die eigentliche Heimat der Syrah, der einzigen an der nördlichen Rhône zugelassenen Rotweintraube. Dagegen ist der heute in MODE gekommene Viognier die maßgebliche Traube für die Weißweine Condrieu und Château-Grillet, während die übrigen Weißweine der nördlichen Rhône von der robusten MARSANNE – verstärkt durch die delikatere ROUSSANNE – produziert werden.

Der größte Teil der Weinerzeugung und der gesamte Anbau liegen in den Händen einzelner Winzer, die ihren Familienbesitz bewirtschaften. Etwa die Hälfte aller Weine wird von Handelshäusern abgefüllt, unter denen Jaboulet, Chapoutier und GUIGAL wohl die bekanntesten sind. Die Einzellagenabfüllungen und der auffallende, wenn auch umstrittene Gebrauch von neuen Eichenfässern durch Guigal haben in den 1980er Jahren viel dazu beigetragen, neben der internationalen Aufmerksamkeit auch die Preise für Weine von der nördlichen Rhône in Bewegung zu bringen. Seither hat das Gebiet durch den Zuzug von Perfektionisten der Weinerzeugung profitiert, an deren Spitze häufig Gérard Chave zu finden ist. Es gibt hier nur wenige WINZERGENOSSENSCHAFTEN, aber die in Tain l'Hermitage genießt einen guten Ruf.

Siehe auch CHÂTEAU-GRILLET, CONDRIEU, CORNAS, CÔTE RÔTIE, CROZES-HERMITAGE, HERMITAGE, ST-JOSEPH und ST-PÉRAY.

Südliche Rhône

Das einzige, was die südliche Rhône mit der nördlichen gemeinsam hat, ist der Strom. Die Landschaft wirkt hier im flacheren Teil des Rhône-Tals ausgesprochen südlich, fast

In den Weinbergen des Hauses Guigal an der Côte Rôtie sind die RHÔNE-Ufer so steil, daß die Trauben mit Seilzügen transportiert werden müssen.

provenzalisch. Sowohl die Häuser als auch die Vegetation zeigen deutlich den Einfluß des MEDITERRANEN KLIMAS. Hier werden viele südliche Früchte angebaut; eine der Hauptgefahren bildet der manchmal kalte WIND, der das Rhône-Tal herab weht. Die meisten Reben sind im GOBELET-System geschnitten, nur die Syrah wird vorwiegend an Drähten im einfachen GUYOT-System gezogen. Bei längerer Trockenheit ist BEWÄSSERUNG in gewissem Umfang erlaubt.

Die meisten Weine sind hier Verschnitte und nicht sortenrein. Syrah wird zunehmend angebaut, um den Rotweinen Langlebigkeit zu verleihen, die Haupttraube aber ist GRENACHE; auf sie entfällt der Löwenanteil der Rebfläche an der südlichen Rhône. Theoretisch kann sie durch die verschiedensten Lokalrebsorten ergänzt und gewürzt werden, in der Praxis aber werden nur noch CARIGNAN, CINSAUT, MOURVÈDRE und Syrah in einigermaßen bedeutendem Umfang angebaut. In ähnlicher Weise spielt UGNI BLANC bei den Weißweinrebsorten die Hauptrolle, obwohl er – wie Carignan beim Rotwein – nur einen beschränkten Anteil am Verschnitt bilden darf.

Die WINZERGENOSSENSCHAFTEN haben an der südlichen Rhône großes Gewicht; auf sie entfallen etwa 70 % der Gesamtproduktion. Auch die Handelshäuser von der nördlichen Rhône kaufen traditionsgemäß hier Weine zum Verschneiden und Abfüllen und leiten sie dann weiter nach Norden. Daneben gibt es insbesondere in Châteauneuf-du-Pape eine Unmenge an privaten Weingütern, die der jeweiligen Appellation ihren Stempel aufdrücken. Die Weinbereitungsmethoden sind außerordentlich unterschiedlich; es kommt alles vor, von der modernen KOHLENSÄUREMAISCHTECHNIK bis zu höchst traditionellen Verfahren mit Fässern und offenen Bottichen unbestimmten Alters – bestimmt jedoch mit Mängeln an HYGIENE. Neues Eichenholz wird mit Mißtrauen betrachtet.

Die südliche Rhône ist neben dem LANGUEDOC-ROUSSILLON die einzige Gegend Frankreichs mit einer Tradition für VIN DOUX NATUREL: als goldener Muskateller, als bräunlicher RANCIO und als rubinroter Süßwein.

Siehe auch CHÂTEAUNEUF-DU-PAPE, GIGONDAS, LIRAC, TAVEL und VACQUEYRAS sowie BEAUMES-DE-VENISE und RASTEAU.

Côtes-du-Rhône

Die Bezeichnung steht manchmal für das ganze Rhône-Tal; die 1937 geschaffene eigentliche Appellation Contrôlée ist fast ein Synonym für französischen Rotwein. Neben BEAUJOLAIS und der AC BORDEAUX ist Côtes-du-Rhône so etwas wie ein Gattungsbegriff geworden, und das muß auf ernsthaft qualitätsbewußte Weinerzeuger entmutigend wirken. Der größte Teil des Côtes-du-Rhône kommt aus den flachen, trockenen, oft windgepeitschten Weinfeldern an der südlichen Rhône; er ist meist ein leichter, fruchtiger Rotwein, in voller oder teilweiser Kohlensäuremaischtechnik von einer der vielen Genossenschaftskellereien bereitet.

Ein großer Teil des Weins wird als PRIMEUR in Konkurrenz zum Beaujolais Nouveau herausgebracht. Es gibt hier einige beachtenswerte Weingüter, z. B. Château du Grand Moulas und Domaine St-Estève (auch mit einem sortenreinen Viognier); die beiden haltbarsten und außergewöhnlichsten Rotweine sind der Cru de Coudelet und der ganz hervorragende Domaine de Fonsalette, die als Nebenerzeugnisse von zwei der großartigsten Weingüter in Châteauneuf-du-Pape, den Châteaux de Beaucastel und Rayas, entstehen. Etwa 2 % der Côtes-du-Rhône-Produktion entfallen auf Weißwein, dagegen wird eine beträchtlich größere Menge an Rosé, vor allem als erfrischendes Sommergetränk, produziert. Die Geamtrebfläche der Appellation beläuft sich auf rund 40 000 ha; das ist ein großer Teil der französischen Anbaufläche, ihr kommt nur die einfache AC Bordeaux gleich. Das in die Appellation Contrôlée Côtes-du-Rhône einbezogene Gebiet umschließt auch die Randbezirke feinerer Bereiche an der nördlichen Rhône sowie weite Strecken auf beiden Ufern der südlichen Rhône. Die meisten Négociants von der nördlichen Rhône stellen ihren eigenen Côte-du-Rhône zusammen; das von Guigal produzierte Beispiel zeigt deutlichen Syrah-Charakter.

In überwiegender Mehrzahl werden jedoch Trauben aus dem Süden zu Côte-du-Rhône verarbeitet, sie umfassen offiziell alle im Châteauneuf-du-Pape zugelassenen Sorten sowie duftigen weißen Viognier, aber auch die Carignan-Traube, die im Verschnitt jedoch höchstens 30 % ausmachen darf. Meist dominiert Grenache.

Côte-du-Rhône Villages

Die höchst brauchbare Appellation Contrôlée bedeutet einen Schritt aufwärts in der Qualität und oft auch im Preis gegenüber dem einfachen Côte-du-Rhône. Der zulässige Höchstertrag beläuft sich auf 42 anstatt 50 hl/ha, und für Rotwein wurde der im Châteauneuf-du-Pape geforderte Mindestalkoholgehalt von 12,5 % auch hier eingeführt. Für jeden in diese Appellation aufgenommenen Ort besteht die Möglichkeit der Beförderung in eigenen AC-Rang; auf diese Weise trat zunächst GIGONDAS und dann VACQUEYRAS aus der relativen Anonymität der «villages» hervor. 1993 besaßen sechzehn Orte das Recht, der Appellation Côte-du-Rhône Villages den eigenen Namen anstelle des Worts Villages anzufügen (dadurch kommt es gelegentlich zu recht zungenbrecherischen Namenskombinationen): Rochegude, St-Maurice-sur-Eygues, Vinsobres, Rousset-les-Vignes und St-Pantaléon-les-Vignes im Département Drôme; Cairanne, RASTEAU, Roaix, Séguret, Valréas, Visan, Sables und BEAUMES-DE-VENISE in Vaucluse sowie Chusclan, Laudun und St-Gervais auf dem rechten Rhône-Ufer im Département Gard. Cairanne gilt seit längerem als für die Aufstufung reif. Noch weitere Gemeinden, einige bis weit nördlich im Département ARDÈCHE, dürfen ihren Wein in die Appellation einbeziehen, aber den Ortsnamen nicht anfügen. Die Gesamtrebfläche für diese Appellation belief sich um die Mitte der 1990er Jahre auf 5000 ha und damit auf etwa ein Achtel der Fläche für den einfachen Côte-du-Rhône. Manche der tüchtigsten und sorgfältigsten Weinerzeuger Frankreichs arbeiten im Rahmen der Côte-du-Rhône Villages.

Livingstone-Learmonth, J., *The Wines of the Rhône* (3. Aufl., London, 1983).
Parker, R. M., *The Wines of the Rhône Valley and Provence* (New York, 1987).

RHÔNE RANGERS Ein lockerer Zusammenschluß von Weinerzeugern in KALIFORNIEN, die gegen Ende der 1980er Jahre beschlossen, Weine nach dem Vorbild der Rotweine und zunehmend auch der Weißweine aus dem RHÔNE-Tal zu produzieren. Damit fanden sie einen zweckmäßigen Absatzweg für den Ertrag alter GRENACHE- und Mataro-(MOURVÈDRE)-Reben, die vorher ganz aus der Mode gekommen waren. Zugleich ergab sich eine dramatische Steigerung der Anpflanzungen von SYRAH und VIOGNIER. Zwei Drittel des kalifornischen Rebbestands an diesen beiden Sorten waren 1991 beispielsweise noch zu jung und standen nicht in Ertrag. Joseph Phelps aus NAPA war ein früher, Bonny Doon in SANTA CRUZ ein späterer, jedoch geräuschvollerer Exponent der Bewegung, die von vielen als willkommene Alternative zu dem üblichen kalifornischen Einerlei von sortenreinem CABERNET SAUVIGNON CHARDONNAY begrüßt wird; andere dagegen sehen darin blanken Verrat an Kaliforniens eigenen Weinstilen und Rebsorten (PETITE SIRAH wird aus den Verschnittanks der Rhône Rangers sorgfältig ferngehalten).

RÍAS BAIXAS Der führende DO-Bereich in GALICIEN (Nordwestspanien) produziert einige der gefragtesten trokkenen Weißweine des Landes. Der Name beruht auf den *rias* – bis zu 30 km tief in die Küste einschneidenden Meeresbuchten –, die Reputation des Bereichs aber auf der weißen ALBARIÑO-Traube, die sich in Spanien, wo markante Weißweintrauben Mangelware sind, so etwas wie Kultstatus erobert hat. Die Weine der Gegend wurden schon im 16. und 17. Jh. nach Nordeuropa exportiert, doch nach den Verheerungen durch die REBLAUS gerieten viele traditionelle Rebsorten in Vergessenheit. Zu Beginn des 20. Jh. wurden die Weinberge weitgehend mit ertragreichen HYBRIDREBEN neu bepflanzt, die allerdings nur Wein minderer Qualität erbrachten. Die Wiederbelebung begann in den 1980er Jahren, als die Erzeuger zur Anpflanzung besserer Rebsorten ermutigt wurden und Investitionen in moderne Weinbereitungsausrüstungen eine Förderung erfuhren. Die Entwicklung wurde dann nach dem Beitritt Spaniens zur EUROPÄISCHEN UNION 1986 mit EU-Mitteln beschleunigt.

Rías Baixas teilt sich in drei Unterbereiche auf, die alle in der Provinz Pontevedra liegen. Viele der reinsten Albariño-Weine kommen aus der Zone Val do Salnes um die Stadt Cambados an der Westküste. Die beiden anderen Unterbereiche, O Rosal und Condado de Tea, liegen auf den Nordhängen am Miño, dem VINHO-VERDE-Land Nordportugals gegenüber. Alle drei Zonen verfügen über denselben GRANIT-Unterboden und ein relativ kühles, feuchtes, MARITIMES KLIMA. Am stärksten wirkt sich der Einfluß des Atlantiks in Val do Salnes aus, wo die Jahresniederschlagsmenge 1300 mm erreicht. Die Reben werden hier traditionell auf Pergolen (siehe TENDONE) erzogen, um sie gegen die ständige Bedrohung durch PILZKRANKHEITEN zu schützen; moderne Weinbergpflanzungen werden jedoch in einer praktischen lokalen Variante des GENEVA-DOUBLE-CURTAIN-Systems angelegt.

Elf verschiedene Rebsorten sind in Rías Baixas offiziell zugelassen, aber 90 % der Rebfläche entfallen allein auf Albariño. Weitere Weißweintrauben, die den Bestimmungen entsprechend mit Albariño verschnitten werden dürfen, sind u. a. Caiña Blanca, TREIXADURA und LOUREIRO, die auch in der Vinho-Verde-Region anzutreffen sind. Für sich allein erbringt Albariño einen duftigen, intensiv fruchtigen trockenen Weißwein mit einem natürlichen Mindestalkoholgehalt von etwas über 11 %. Die Erträge sind niedrig, die Weine der großen Nachfrage entsprechend recht teuer. Die anderen Traubensorten erbringen leichtere, eher säuerliche, mit Vinho Verde verwandte Weine. Den fünf zugelassenen Rotweinrebsorten, u. a. MENCÍA, ESPADEIRO und Caiño Tinto, kommt relativ geringe Bedeutung zu.

R. J. M.

RIBATEJO Das landwirtschaftliche Herzstück PORTUGALS zu beiden Seiten des Tejo, landeinwärts von Lissabon. Fruchtbare Schwemmlandböden bringen um das Mündungsgebiet herum eine reiche Ernte an Obst und Gemüse für die Versorgung der Großstadtbevölkerung hervor. Die Provinz Ribatejo ist daher eine der wohlhabendsten Gegenden des ländlichen Portugal. Auf der Westseite des Flusses beginnen allerdings schon die kleinen landwirtschaftlichen Betriebe, wie sie auch für den OESTE jenseits der Berge charakteristisch sind. Der Fluß bildet ungefähr die Scheidelinie zwischen diesen bescheidenen Besitzungen und den riesigen Landgütern im südlichen Portugal. Die in der Überflutungsebene gepflanzten Reben werden regelmäßig im Winter von dem angeschwollenen Fluß bewässert, so daß Erträge bis 100 hl/ha ohne weiteres zustande kommen. In der jährlichen Menge der Weinproduktion steht Ribatejo hinter dem Oeste an zweiter Stelle, allerdings ist der Wein aus Ribatejo meist rauh und streng. Er wird von Genossenschaftskellereien in 5-l-Ballons abgefüllt und in Bars und Cafés verkauft. Andererseits ist Ribatejo aber auch die Quelle einiger der besten portugiesischen Rotweine, nämlich der mindestens drei Jahre ausgebauten GARRAFEIRAS, die allerdings meist unter dem Namen eines Handelshauses und nicht der Ursprungsregion auf den Markt kommen. Zwei der größeren Handelshäuer Portugals, Carvalho, Ribeiro & Ferreiro und Caves Velhas, haben ihren Sitz am Rand von Ribatejo; sie kaufen bei den Winzern der Umgebung Weine auf und bauen sie aus. FERNÃO PIRES, ARINTO und Talia (der portugiesische Name für UGNI BLANC) sind die bevorzugten Weißweintrauben, während CASTELÃO FRANCES (manchmal auch João de Santarém oder Periquita genannt) die bei weitem verbreitetste Rotweintraube ist. Die Provinz Ribatejo selbst gilt nicht als anerkanntes DOC-Gebiet, ist aber in sechs Bereiche der Rangstufe Indicação de Proveniencia Regulamentada (IPR) unterteilt: Almeirim, Cartaxo, Chamusca, Coruche, Santarém und Tomar. Von diesen bieten Almeirim und Cartaxo, jeweils mit einer dominierenden WINZERGENOSSENSCHAFT, die besten Qualitätsaussichten.

R. J. M.

RIBEIRO Das Wort bedeutet Uferland; es ist zugleich der Name eines Bereichs für Rot- und Weißwein in GALICIEN (Nordwestspanien). Ribeiro umfaßt das Tal des Miño und seiner Nebenflüsse bis zu dem Fluß Arnoya unterhalb von Orense. Die Beförderung in den DO-Status im Jahr 1957 hat sich auf den Weinexport kaum ausgewirkt, obwohl im 16. und 17. Jh. die Weine von Ribeiro bis Italien und England gelangten. Am Ende des 19. Jh. setzte dann die REBLAUS dem Wohlstand der Gegend ein Ende. Die Winzer, denen es natürlich auf baldigen Verdienst ankam, pflanzten ihre Weinberge mit der SHERRY-Traube PALOMINO neu an. In den letzten Jahren wurde die Rodung dieser ertragreichen, aber ungeeigneten Rebsorte zugunsten von TREIXADURA und TORRONTÉS stark gefördert – das sind Weißweinrebsorten, die im feuchten MARITIMEN KLIMA im Nordwesten der Iberischen Halbinsel gut gedeihen. Beide liefern aromatische, frische Weißweine. Die dunklen, aber leichten Rotweine vorwiegend von GARNACHA-Tintorera-Trauben gelangen nur selten über die Landesgrenzen hinaus und sind auch nicht von besonderem Interesse. Mit Unterstützungsmitteln der EUROPÄISCHEN UNION wurden nun die Kellereien modernisiert, und das traditionelle, arbeitsaufwendige Pergola-System (siehe TENDONE) wird durch niedrigere REBENERZIEHUNGSSYSTEME abgelöst. R. J. M.

RIBERA DEL DUERO Der qualitativ bedeutende DO-Bereich in CASTILLA-LEÓN (Nordzentralspanien) fordert RIOJA als führendes Rotweingebiet auf der Iberischen Halbinsel in die Schranken. Ribera del Duero umfaßt das breite Tal des Duero (in Portugal DOURO) östlich von Valladolid. DO-Rang wurde dem Bereich erst 1982 zuerkannt, doch die Bodegas VEGA SICILIA am Westrand des Gebiets produzieren schon seit dem letzten Jahrhundert einen der feinsten Weine Spaniens. Vor hundert Jahren lag dieses Weingut allein zwischen den Zuckerrübenfeldern am Duero.

Auf den ersten Blick macht das Duero-Tal als Weinbauland nicht gerade den günstigsten Eindruck. Die Wachstumsperiode ist hier zwischen 700 und 800 m über dem Meer ziemlich kurz. Die Temperaturen, die um die Mitte eines Julitags 40 °C erreichen können, sinken nachts stark ab. FROST kommt im Winter häufig vor und bildet bis in das Frühjahr hinein eine Gefahr. Doch gerade die Schwankungen der Tagestemperaturen scheinen sich für qualitativ hochwertigen Wein als positiver Faktor auszuwirken. Die SÄURE, die so vielen Weinen Zentralspaniens mangelt, bleibt in den Trauben, die in der frischen Bergluft von Ribera del Duero wachsen, schön erhalten.

Dieses Potential erkannte Alejandro Fernández, der in den 1980er Jahren bei der weitgehenden Erschließung der Gegend eine Schlüsselrolle spielte. Sein Wein, der Pesquera aus der Gegend um den Ort Pesquera del Duero, etwas flußabwärts von Vega Sicilia, kam in der Mitte der 1980er Jahre heraus und fand international Beifall. Andere Weinerzeuger, die bis dahin ihr Traubengut an die WINZERGENOSSENSCHAFTEN verkauft hatten, wurden dadurch dazu ermutigt, ihren Wein selbst zu bereiten und zu vermarkten, und so entstand der einzige Weinbaubereich, der Riojas traditionelle Hegemonie in Spanien in Frage zu stellen vermag. Anfang der 1990er Jahre wuchs der Verbrauch an Spitzenweinen aus Ribera in Spanien stark an, und damit wurde in die traditionellen Märkte Riojas eine Bresche geschlagen, die dort tiefste Besorgnis auslöste. Mehrere Weinerzeuger von Ribera erreichen einen Qualitätsstand, der nicht weit unter dem von Vega Sicilia und Pesquera liegt. Die führenden Herausforderer sind Dehesa de los Canónigos, Ismael Arroyo, Pérez Pascvas, Félix Callejo, Señorio de Nava, Valduero, Pago de Caraovejas und Hijos de Antonio Barcel. Einige dieser Erzeugerbetriebe liegen im Osten des Bereichs bei Aranda de Duero, wo eine Tradition der Erzeugung billiger Roséweine bisher die Entstehung hochwertiger Rotweine verhindert hatte.

Die Haupttraube der Gegend, Tinto Fino (auch Tinta del País), ist eine Lokalvariante des TEMPRANILLO aus Rioja. Sie scheint sich gut an die extremen klimatischen Verhältnisse am Duero gewöhnt zu haben und erbringt ohne Unterstützung durch andere Traubensorten dunkle, manchmal strenge Rotweine mit festem Geschmack. Der Weißwein von der bei den Einheimischen auch als Tafeltraube geschätzten Sorte ALBILLO fällt nicht unter den DO-Status, darf aber gelegentlich dem intensiven Rotwein beigemischt werden, um ihn aufzulockern. CABERNET SAUVIGNON, MERLOT und MALBEC sind für experimentelle Zwecke zugelassen, bleiben theoretisch aber dem Gesetz nach auf die Weinberglagen von Vega Sicilia beschränkt, wo sie schon im vorigen Jahrhundert angepflanzt wurden. Für die Produktion von Roséwein wird die GARNACHA-Traube verwendet. R. J. M.

RIBÉREAU-GAYON Eine eng mit dem Institut d'Œnologie der Universität BORDEAUX verknüpfte Dynastie berühmter ÖNOLOGEN.

RIBOLLA Die zum Unterschied von der weniger interessanten **Ribolla Verde** auch als **Ribolla Gialla** bezeichnete Weißweinrebsorte ist in FRIULI (Nordostitalien) am bekanntesten geworden, wird aber auch in SLOWENIEN als Rebula und mit ziemlich großer Gewißheit als Robola auf der griechischen Insel Kephalonia angebaut.

Die erste urkundlich belegte Erwähnung in Friaul geschieht in einem notariellen Vertrag aus dem Jahr 1289. Die Stadt Udine bezeugte der Rebe im Jahr 1402 besondere Achtung dadurch, daß sie eine spezielles Gesetz gegen ihre Verfälschung erließ. Daß die Rebe schon seit frühen Tagen ihre Verehrer hatte, zeigt sich auch daran, daß Boccaccio sie in einer Schrift wider die Exzesse der Völlerei erwähnte, und Antonio Musnig bestätigte dies gegen Ende des 18. Jh., als er ihr den feinsten Weißwein in Friaul zuschrieb. Im 19. und 20. Jh. verlor dann die Traube unter den Nachwirkungen der REBLAUS-Epidemie und dem in Friaul bei der Neubepflanzung der Weinberge herrschenden Enthusiasmus für fremde (französische) Rebsorten allmählich an Boden. Um die Mitte der 1990er Jahre entfiel nur noch knapp 1 % der DOC-Weißweine in Friaul auf Ribolla. Rosazzo und Oslavia gelten als die zwei klassischen Anbaugegenden für Ribolla Gialla. Der Wein ist leicht, blumig, nicht ohne Delikatesse, jedoch ohne besonders starke Persönlichkeit. In den letzten Jahren wurden vor allem in Oslavia etliche Versuche mit Ausbau in neuen Eichenfässern unternommen, die entsprechenden Weine kommen aber oft als VINO DA TAVOLA und nicht als DOC COLLIO auf den Markt.

Bei **Ribolla Nera** handelt es sich um die SCHIOPPETTINO-Traube. D. T.

RICASOLI Die Adelsfamilie, eine der ältesten und mächtigsten in der TOSKANA, verfügt seit über tausend Jahren über ausgedehnten Grundbesitz zwischen Florenz und Siena. Die Größe der Besitzungen veranlaßte im Mittelalter die

Republik Florenz dazu, die Familie von öffentlichen Ämtern auszuschließen, damit nicht eine Kombination von territorialer Herrschaft mit einer Spitzenstellung im Staat zu einer Gefährdung der republikanischen Freiheiten führen konnte. Bettino Ricasoli (1809–1880), eine dominierende Gestalt im politischen Leben seiner Zeit und ab 1861 zweiter Premierminister des frisch vereinigten Italien, ein engagierter Experimentator und Reformer der Landwirtschaft, spielte eine fundamentale Rolle in der Wiederbelebung des Weinbaus. Er erfand das später zum Standard gewordene Traubensortenmischungsrezept für den CHIANTI: Sangiovese und Canaiolo für langlebige Weine, Sangiovese, Canaiolo und Malvasia für Weine, die jung getrunken werden sollen. Seine Formel wurde im 20. Jh. stark verändert, und zwar durch die Aufnahme von Trebbiano in den Verschnitt sowie durch die generelle Verwendung weißer Rebsorten in allen Chianti-Weinen ohne Beachtung der ursprünglichen Unterscheidung zwischen den verschiedenen Chianti-Stilen.

Vielleicht wichtiger als die von ihm verbreitete Formel waren aber Ricasolis Bemühungen, die Produktion und Vermarktung der Weine von Chianti zu organisieren. Als starker Befürworter einer Arbeitsteilung, innerhalb deren die bäuerliche Bevölkerung – damals fast nur Pächter – die Trauben anzubauen hatte, während große Handelshäuser – im Prinzip kontrolliert vom toskanischen Adel (siehe auch ANTINORI und FRESCOBALDI) – die Weine ausbauen und vertreiben sollten, gründete er das Handelshaus Ricasoli, das fast ein Jahrhundert lang in der Toskana eine führende Stellung einnahm. Noch nach dem 2. Weltkrieg konnte André SIMON bemerken: «Die zuverlässigste Chianti-Marke ist die des Barone Ricasoli.» In der jüngeren Vergangenheit war das Glück dem Hause nicht mehr so hold: Eine Partnerschaft mit dem amerikanischen Getränkekonzern Seagram in den 1960er Jahren führte zu einer großen Produktonsausweitung und einem generellen Absinken des Qualitätsstands, und die Vermarktung von Ricasoli-Produkten durch Supermärkte und andere Massenvertriebssysteme war dem Image des Hauses sehr abträglich. Noch schädlicher wirkte sich der Mangel an Empfänglichkeit für moderne Ideen in der toskanischen und italienischen ÖNOLOGIE aus, denn dadurch verpaßte das Haus den Anschluß an den Trend sowohl zu fruchtigeren, jung zu trinkenden Weinen als auch zu vollerem, komplexerem Wein mit großer Haltbarkeit. Nach einem kurzen Zwischenspiel mit der australischen Firma Hardy's nahm die Familie Ricasoli zu Beginn des Jahres 1993 das Handelsgeschäft wieder in die eigenen Hände mit dem erklärten Ziel, das Haus wieder auf den richtigen Weg zu bringen – ein schwieriges Aufholmanöver nach einem Stillstand von dreißig Jahren, in denen Weinbau und Weinbereitung in der Region enorme Fortschritte gemacht hatten. D. T.

RICHEBOURG Erstklassige GRAND-CRU-Lage für Rotwein an der CÔTE D'OR (Burgund). Siehe VOSNE-ROMANÉE.

RIED In ÖSTERREICH gebräuchlicher Ausdruck für Einzellage.

RIESLANER Die Kreuzung Silvaner × Riesling wird im deutschen Anbaugebiet FRANKEN in sehr geringem Umfang angebaut und erbringt dort, wenn sie voll zur Reife gelangt, Weine mit Rasse und Johannisbeerfrucht. 1990 belief sich die Anbaufläche auf knapp 40 ha, und die späte Reife der Sorte dürfte wahrscheinlich zu einer weiteren Verminderung Anlaß geben.

RIESLING Die große weiße Traubensorte Deutschlands könnte aufgrund der Langlebigkeit ihrer Weine und ihrer Fähigkeit, die Charakteristiken einer Weinberglage zum Ausdruck zu bringen, ohne den eigenen unnachahmlichen Riesling-Stil dabei aufzugeben, den Anspruch erheben, die feinste Weißweinrebsorte der Welt zu sein. Allerdings wurde ihr Name dadurch stark herabgesetzt, daß er pauschal auf eine weite Palette von Weißweinrebsorten in unterschiedlicher, manchmal auch zweifelhafter Qualität übertragen wurde – ein Kompliment, das sich schließlich in sein Gegenteil verkehrte.

Um die Wende vom 19. zum 20. Jh. waren deutsche Riesling-Weine ebenso hoch geschätzt und erzielten auch ebenso hohe Preise wie die großen Rotweine Frankreichs. Kenner wußten, daß diese Weine dank ihrer magischen Kombination von SÄURE und EXTRAKT imstande waren, sich unabhängig von Alkoholstärke und RESTSÜSSE über Jahrzehnte hinweg in der Flasche weiter zu entfalten. Riesling wird in allen Süßegraden produziert; es ist nicht zu bezweifeln, daß der hohe Anteil deutscher Weine in der zweiten Hälfte des 20. Jh., die viel zuwenig Extrakt und für viele Liebhaber viel zuviel Restsüße aufwiesen, der Reputation des Rieslings geschadet haben. Inzwischen geht beim Riesling überall die Restsüße zurück, doch schließlich ist es stets ein besonderes Kennzeichen dieser Traube, daß sie großartige süße Weine hervorbringen kann, ob es sich dabei nun um die Spezialität EISWEIN oder um die unter Ausnützung der EDELFÄULE gewonnenen Beerenauslesen und Trockenbeerenauslesen sowie ihre Pendants außerhalb Deutschlands handelt. Der von Natur aus hohe Gehalt der Riesling-Traube an WEINSÄURE verleiht ihr ein weit verläßlicheres Gegengewicht gegen ausgeprägte Süße als beispielsweise der SÉMILLON-Traube in SAUTERNES.

Riesling-Wein, wo immer er auch entsteht, ist darüber hinaus für sein kräftiges, scharfgeschliffenes Aroma bekannt, das einmal als blumig, ein andermal als stahlig oder honigwürzig oder mit verschiedensten mineralischen Elementen beschrieben wird, wie die Weinberglage sie ihm gerade verleiht. Dieses markante Aroma, das meist mit der natürlichen rassig-herben Art des Rieslings einhergeht, beruht auf einem besonders hohem Gehalt an Monoterpenen (siehe GESCHMACKSSTOFFE) – 10- bis 15mal mehr als beispielsweise beim WELSCHRIESLING, einer weit weniger noblen, mit dem echten Riesling nicht verwandten Weißweinrebsorte, die in Mitteleuropa verbreitet angebaut wird und sich sehr zum Ärger deutscher Riesling-Anhänger den guten Namen auch für viele seiner Synonyme (z. B. für RIESLING ITALICO) ausgeborgt hat.

Der echte **Weiße Riesling** (in anderen Weltgegenden auch **Rhine Riesling** oder **Johannisberg Riesling**) zeichnet sich durch die Härte seines Holzes aus; er ist deshalb auch für relativ kühles Klima geeignet, braucht aber doch geschützte, günstige Lagen, wenn er voll zur Reife kommen und wirtschaftliche Erträge bringen soll. Er ist so frosthart, daß der Winterschnitt bei ihm früher beginnen kann als bei anderen Rebsorten; er wächst kräftig und aufrecht und ist alles in allem eine Spitzenrebsorte, die ohne weiteres Erträge von 60–70 hl/ha bringen kann, ohne merkliche Qualitätseinbußen zu zeigen. (Beispielsweise liegen die vom INAO im Elsaß zugelassenen Ertragsgrenzen höher als bei vergleichbaren Rebsorten für feinen Wein.) Die kompakten Trauben mit kleinen Beeren sind relativ fäuleanfällig, und auch durch VERRIESELN kann es Probleme geben, doch vor allem ist der späte Austrieb charakteristisch. Riesling reift ziemlich früh, er wird aber in kühlen Gegenden in der nördlichen Hemisphäre oft erst Mitte Oktober oder Anfang November gelesen (wenn süße Weine entstehen sollen, sogar noch später). In wärmeren Gegenden wird die Reife oft beschleunigt, dann aber kann Riesling stumpf schmecken. Es scheint, daß ihm eine lange, langsam verlaufende Reifeperiode besser bekommt und ein Maximum an Geschmacksfülle bei schöner Säure in ihm erzeugt. Viele der meistbewunderten Rieslinge Deutschlands (und daher der Welt) wachsen in besonders günstigen Lagen in kühlen Gegenden, z. B. an Mosel, Saar und Ruwer.

Deutschland

Wie unter DEUTSCHE WEINBAUGESCHICHTE schon ausgeführt, ist Riesling durchaus nicht die älteste in Deutschland (und im ELSASS) angebaute Rebsorte. ELBLING und SILVANER waren im Mittelalter stark verbreitet, und RÄUSCHLING stellte die Spezialität Badens dar. In einer Rechnung aus dem Jahr 1435 aus einer Burg am Südostende des Rheingaus heißt es «riesslingen in die wingarten». Mit der alten Schreibweise von Riesling gilt es zwar Vorsicht zu üben, denn Verwechslungen mit dem damals noch sehr verbreiteten Räuschling sind nicht auszuschließen, doch 1464 kaufte das Jacobs-Hospital in Trier «1200 Ruesseling-Reben», und um 1490 sind bei Worms «Ruesslinge» urkundlich belegt. Im lateinischen Text von Hieronymus Bocks Kräuterbuch aus dem Jahr 1552 ist Riesling erstmals so geschrieben, wie es uns heute vertraut ist. Ab dem Ende des Mittelalters scheint dann Riesling als hochwertige Rebsorte anerkannt zu sein und wurde ab der Mitte des 16. Jh. überall an Rhein und Mosel gepflanzt.

Im Zusammenhang mit dem Elsaß wird Riesling als eines seiner feineren Gewächse erstmals 1477 von Herzog René von Lothringen erwähnt, allerdings stammt der früheste urkundliche Beleg, daß Riesling im Elsaß angebaut wurde, erst aus dem Jahr 1628.

Im 18. Jh. setzten sich mehrere Fürstbischöfe, vor allem an der Mosel, für die Anpflanzung von Riesling anstelle anderer, nicht so edler Rebsorten ein. Doch die Gewohnheit, die Weinlese früher zu halten, als es heute üblich ist, tat dem spätreifenden Riesling keinen Gefallen; um 1930 noch belief sich im Rheingau, der doch als das klassische Kernland des Rieslings gilt, der Riesling-Anteil an der Rebfläche auf nur 57 % (gegenüber 80 % heute).

Die rührige deutsche Weinbauforschung bemüht sich seit langem um die Selektierung und Entwicklung hochwertiger Riesling-Klone (siehe auch GEISENHEIM). Heute hat der deutsche Winzer zum Teil aufgrund der Bemühungen eines speziellen Zentrums für Riesling-KLONENSELEKTION in Trier die Auswahl zwischen über sechzig KLONEN, von denen einer mit umstrittener Duftnote der von innovativen Erzeugern wie Müller-Catoir und Lingenfelder in der Pfalz kultivierte N90 ist. (In Frankreich gab es dagegen 1990 nur einen zertifizierten Riesling-Klon, die Nummer 49.)

Zum großen Teil war die Arbeit dieser Weinbauforschungsinstitute jedoch auch auf die Entwicklung der berühmten DEUTSCHEN NEUZÜCHTUNGEN konzentriert, die dazu bestimmt sind, hohe Erträge an Trauben mit hohem MOSTGEWICHT zu liefern, ohne im Anbau die Nachteile des Rieslings aufzuweisen. Eine der ersten und gewiß die berühmteste ist der MÜLLER-THURGAU, dessen Ertragsstärke und frühe Reife ihn bei den Winzern so populär gemacht haben, daß er seit dem Beginn der 1970er Jahre Deutschlands meistangebaute Rebsorte darstellt. Ab der Mitte der 1960er Jahre wurde der Riesling dann schließlich auch noch durch viele glanzvollere Neuzüchtungen systematisch verdrängt. Um 1980 verfügte Riesling mit 18 900 ha noch über einen Anteil von knapp 19 % an der deutschen Rebfläche. Seither allerdings ist die Erkenntnis wieder gewachsen, daß Riesling besondere Güte zu bieten hat; ihm kamen einige strenge Winter zu Hilfe, denen der Müller-Thurgau nicht gewachsen war. 1990 belief sich die Riesling-Anbaufläche im gerade wiedervereinigten Deutschland bereits wieder auf über 21 000 ha und damit auf rund 21 % der Gesamtrebfläche.

Diesem Trend entgegen läuft die Entwicklung im Anbaugebiet MOSEL-SAAR-RUWER, dem Schaufenster des Rieslings, wo etwa ein Drittel des deutschen Riesling-Bestands steht. Dort hatte der Riesling im Jahr 1964 einen Anteil von 80 % an der Gesamtrebfläche, 1990 aber nur noch 54 % – vermutlich hängt das mit der Einstellung der großen Abfüllfabriken in der Region zusammen, daß Quantität vor Qualität gehen müsse. Aber die besseren Weingüter widmen sich hier ausnahmslos dem Riesling; er steht in ihren besten Lagen. Es heißt oft, daß der Riesling seinen schönsten Ausdruck an der Mosel und ihren Nebenflüssen Saar und Ruwer auf Steilhängen mit einer Steigung von

30 % erlangt, weil diese ideal dazu geeignet sind, ein Höchstmaß an reifewirksamem Sonnenlicht sowohl direkt als auch vom Wasserspiegel reflektiert aufzufangen. Aus demselben Grund sind alle Spitzenlagen an der Mosel nach Süden gerichtet (es liegt an den vielen Windungen des Flusses, daß solche Spitzenlagen auf beiden Seiten der Mosel vorkommen). Gute Lagen sollen überdies windgeschützt sein, und die reifsten Trauben kommen in den meisten Fällen weder von Reben, die so dicht am Fluß stehen, daß Frühnebel den Reifevorgang verlangsamt, noch von Reben in Höhen über 200 m. Der für die Region typische, sich rasch erwärmende Schieferboden hilft auch beim Reifevorgang spät in der Saison. Auf diese Weise entstehen Weine, die mit ihrer Kombination aus niedrigem Alkoholgehalt (oft nur etwa 8 %), markantem Aroma, hohem Extraktgehalt und zartem Gefüge in der Welt einmalig sind. Keine hier angebaute andere Rebsorte kann ein gleiches Maß an Subtilität erlangen.

In der PFALZ dagegen, dem für Riesling zweitbedeutendsten Anbaugebiet Deutschlands, hat sich die Riesling-Anbaufläche von 3000 ha im Jahr 1980 auf 4300 ha im Jahr 1990 stark vergrößert. Wie im benachbarten Rheinhessen ist auch in der Pfalz die Palette an Rebsorten besonders bunt, doch das milde Klima der Mittelhaardt bietet dem Riesling derartigen Schutz und so günstige Lagen, daß er in vielen Jahren voll ausreift und körperreiche, trockene Weine – vor allem trockene Spätlesen – mit echt würzigem, üppigem Charakter hervorbringt, wobei eine ausreichend lange Wachstumsperiode zur Verfügung steht, um Säure und Subtilität anregend reich ausfallen zu lassen.

1990 hatte WÜRTTEMBERG gerade den Rheingau als drittgrößtes Riesling-Anbaugebiet überholt; allerdings wird der größte Teil des hier erzeugten trockenen, körperreichen Rieslings im Land getrunken. Der RHEINGAU, wo die Riesling-Anbaufläche 1990 ebenfalls etwas über 2500 ha betrug, gilt als die traditionelle Heimat dieser Traube, und sie stellt hier tatsächlich 80 % des gesamten Rebenbestands dar. Die besten Rheingauer Rieslinge verleihen ihrer Herkunft getreuen Ausdruck. Auch hier entstehen immer mehr trockene Weine, und die CHARTA-Vereinigung ist der Bannerträger für speziell als Begleiter zu Speisen gedachten Rheingauer Riesling. Im Rheingau soll übrigens der Ursprung des durch EDELFÄULE geprägten süßen Riesling-Weins gelegen haben.

Auch in den kleineren Anbaugebieten Mittelrhein und Hessische Bergstraße ist Riesling die meistangebaute Rebsorte, und an der NAHE, wo am Oberlauf die feinsten, knakkigsten Weine wachsen, hat sie sich in der Anbaufläche nun wieder gegen den Müller-Thurgau durchgesetzt. Weitere rund 1000 ha Riesling wachsen in Baden, wo die Traube allerdings auf wärmeren Böden nicht so schön zur Geltung kommt wie Spät-, Weiß- und Grauburgunder. Auf der reichbesetzten Weinpalette RHEINHESSENS hat der Riesling keinen besonders prominenten Platz, doch die Qualität mancher Weine von der berühmten Rheinterrasse und aus der Umgebung von Bingen und Ingelheim gibt das Potential dieser Gegenden sehr wohl zu erkennen. Viele dieser Weine sind trocken und zeigen eine wahrhaft erregende Konzentration. Im vorwiegend dem Rotwein gewidmeten Anbaugebiet AHR ist der Riesling ebenso selten wie in FRANKEN, das im allgemeinen treu zum Silvaner steht; hier kommen aber doch charaktervolle, erdige trockene Rieslinge zustande.

Pigott, S., *Die großen deutschen Rieslingweine* (Düsseldorf, 1994).

Riesling in aller Welt

Für viele Weinliebhaber ist Riesling nur akzeptabel, wenn er aus dem ELSASS kommt, dem einzigen Weinbaugebiet Frankreichs, wo die Rebsorte offiziell zugelassen ist (allerdings kultivieren Erzeuger in verschiedenen Appellationen wie Pouilly-Fumé und Barsac hie und da probehalber eine Zeile). Im Elsaß ist die Anbaufläche von Riesling, der dort als die edelste Rebsorte gilt, stetig gewachsen und hat Ende der 1980er Jahre die 3000-ha-Marke überschritten. Der größte Teil des Elsässer Rieslings wird in den besseren Lagen des Département Haut-Rhin angebaut, wo aber der GEWÜRZTRAMINER eine noch größere Fläche einnimmt. Im flacheren Teil des Département Bas-Rhin sind Boden und Klima nicht viel anders als in den entsprechenden Nachbargegenden der Pfalz, und die dort entstehenden Weine fallen gelegentlich dünn und ausdrucksschwach aus. Was für Elsässer Riesling von echter Klasse gebraucht wird, ist eine günstige Lage, wie es viele der berühmten Elsässer Grands Crus sind.

Für das Elsaß charakteristisch sind trockene Weine von aromatischen Traubensorten, und die große Mehrzahl der Elsässer Rieslinge entspricht mit verlockendem Duft, kräftigem Alkohol (ohne weiteres 12 %) und knochentrockener Art sicherlich dieser Vorstellung. Im trockenen Elsässer Klima besteht nur sehr wenig Fäulegefahr, und es sind ausgedehnte Reifeperioden möglich, die dann zu VENDAGES TARDIVES oder gar noch süßeren SÉLECTIONS DE GRAINS NOBLES – der vollsten und üppigsten Reifekategorie – führen können.

In LUXEMBOURG sind etwa 10 % der Rebfläche mit Riesling besetzt; er erbringt dort trockene, dank CHAPTALISATION recht körperreiche Weine, die dem Elsässer Stil näher sind als dem jenseits der deutschen Grenze an Mosel, Saar und Ruwer üblichen.

In ÖSTERREICH, wo zuweilen zur Unterscheidung vom WELSCHRIESLING die Bezeichnungen **Rheinriesling** oder **Weißer Riesling** gebraucht werden, ist die Rebsorte quantitativ nicht von großer Bedeutung – die Anbaufläche beträgt etwas über 1000 ha –, in guten Lagen kommen aber Weine zustande, die zu den feinsten des Landes gezählt werden. Die meistgepriesenen österreichischen Rieslinge sind trokken, reintönig, konzentriert und aromatisch; sie kommen zum großen Teil von den Weinbergterrassen der Wachau in

Niederösterreich. Einige besonders gute Lagen im benachbarten Kamptal-Donauland – z. B. Zöbinger Heiligenstein bei Langenlois – und in der Nähe von Krems genießen ebenfalls einen sehr guten Ruf für ihre vornehmen Rieslinge. Auch in den Weinbergen um Wien, besonders am Nußberg und Bisamberg, ist Riesling relativ stark vertreten.

Es überrascht auch nicht, daß Riesling im kontinentalen Klima der TSCHECHISCHEN REPUBLIK unmittelbar nördlich der Weinbaugebiete Österreichs gut gedeiht und leichte Weine voll Frische und Rasse liefert. In der SCHWEIZ ist es in den meisten Gegenden zu kühl, so daß der Riesling nicht zur Reife gelangt; eine Ausnahme bilden lediglich die Schieferböden in wärmsten Lagen des Wallis um Sion.

Auf der Iberischen Halbinsel ist Riesling weitgehend unbekannt (außer beim Weingut TORRES im oberen PENEDÈS), aber in den äußersten Nordosten Italiens ist er eingedrungen. In den hohen Lagen Südtirols wird er voll Enthusiasmus kultiviert und erbringt zarte, aromatische Gewächse, die ganz anders sind als die meisten italienischen Weißweine. Guten Erfolg hat er auch in Friaul als **Riesling Renano** sowie jenseits der Grenze in SLOWENIEN, wo er oft den Namen **Rheinriesling** trägt. In KROATIEN kennt man ihn als Rizling Rajinski und mancherlei Varianten dieses Namens, ebenso in der WOIWODINA, wo er weniger markante Ergebnisse zeitigt.

Überall im übrigen Osteuropa, so in Ungarn, Bulgarien und in sehr viel kleinerem Umfang in Rumänien, wird Riesling kultiviert; doch in diesen Ländern ist das Klima zu warm, als daß aus der Traube viel Aufregendes werden könnte, und außerdem herrscht hier sowieso der Welschriesling vor.

Das Land, in dem Mitte der 1980er Jahre mehr Riesling angebaut wurde als selbst in Deutschland, war die damalige UdSSR. Wenn die amtlichen Statistiken stimmen, gab es dort vor Gorbatschows Rebenrodungsprogramm eine Anbaufläche von 25 000 ha an echtem Riesling. Es ist recht unwahrscheinlich, daß unter dem kommunistischen System die lange Wartezeit bis zur vollen Reife der Riesling-Trauben wirklich eingehalten wurde, daher dürften die sowjetischen Riesling-Weine nicht gerade die vollmundigsten gewesen sein. Es ist in Anbetracht der kalten Winter dort aber leicht einzusehen, daß die Rebsorte in RUSSLAND und der UKRAINE, wo die bei weitem größte Riesling-Anbaufläche besteht, recht populär sein muß. Rheinriesling wird auch in MOLDOVA und in den meisten zentralasiatischen Republiken – KASACHSTAN, USBEKISTAN, TADSCHIKISTAN, KIRGISIEN und TURKMENISTAN – angebaut.

In der Neuen Welt wird der echte Riesling am stärksten in AUSTRALIEN kultiviert; dort war er die meistangebaute Weißweinrebsorte, bis seine Rebfläche von knapp 4000 ha im Jahr 1990 von Chardonnay eingeholt wurde. Unter dem Namen **Rhine Riesling** genießt er jedoch wenig von dem Respekt, den er verdient, und zwar eben weil er so stark verbreitet ist (und vielleicht auch, weil die Australier früher so gut wie alle Weißweinrebsorten kurzerhand Riesling nannten). Am engsten ist er mit dem Bereich Barossa in Südaustralien verknüpft, weil dort um die Mitte des 19. Jh. viele Einwanderer aus Schlesien zuzogen. Die heiße Talsohle im Barossa Valley ist allerdings weniger gut für diese an kühles Klima gewöhnte Rebe geeignet als die höheren, kühleren Lagen im Clare Valley oder Eden Valley. Australische Rhine Rieslinge sind natürlich viel körperreicher und alkoholstärker als andere, doch die besten haben sich einen eigenen pikanten, limonenwürzigen Stil geschaffen, der sich über ein Jahrzehnt bewunderungswürdig in der Flasche hält. Auch Spätleseausführungen sind schon mit Erfolg produziert worden.

NEUSEELAND begann gegen Ende der 1980er Jahre von 300 ha Riesling überzeugende Weine hervorzubringen, insbesondere als einige Erzeuger sich auf glänzende süße Spätlesen spezialisierten. Der Rang Neuseelands als Weinerzeugerland mit kühlem Klima ist unbestritten, doch die ersten Riesling-Jahrgänge (die Rebe wurde in den 1970er Jahren eingeführt) fielen nicht sehr befriedigend aus. Heute zeigen die Rieslinge von Marlborough, wo die Traube nach Chardonnay und Sauvignon Blanc an dritter Stelle steht, exzellente Säure und eine Delikatesse, wie sie in Australien jenseits der Tasmanischen See nicht anzutreffen ist. Auch Nelson hat sich als Quelle ausgezeichneter Spätlesen der Redwood Valley Winery inzwischen bewährt.

In Südamerika wird Riesling viel verbreiteter angebaut, als man es für klug halten sollte. Argentinien verfügt über 1300 ha vorwiegend in den heißen, bewässerten Weinfeldern der Provinz Mendoza. In Chile gibt es 250 ha, weitere Anpflanzungen sind über den ganzen Kontinent verstreut, oft in Gegenden, wo der Riesling viel zu schnell reift.

In Nordamerika ist das Fortkommen der Rebsorte vor allem dadurch behindert, daß der Verbraucher so gut wie alles, nur keinen Riesling verlangt. Die kalifornische Anbaufläche an **Johannisberg Riesling** bzw. **White Riesling** hielt sich durch die 1980er Jahre bei 1600 ha (während die Chardonnay-Anbaufläche in zehn Jahren bis 1992 von 8800 ha auf 22 500 ha anschwoll). In Kalifornien wird Riesling nur selten trocken ausgebaut; es ist mit ihm nur dann ein anständiger Preis zu erzielen, wenn er sehr süß ist und als Select Late Harvest bezeichnet wird (was etwa einer BEERENAUSLESE entspricht). Mit der EDELFÄULE wurden erst in den 1970er Jahren erfolgreiche Versuche gemacht, doch gegen Ende der 1980er Jahre gab es immer noch Traubenanbauer, die edelfaule Trauben billig hergaben, weil sie sie für verdorben hielten. Allerdings büßen diese Weine ihre Säure rasch ein und werden oft schon nach fünf Jahren in der Flasche braun, nur einige Riesling-Verfechter wie Joseph Phelps und Château St. Jean verfügen über ausreichende Erfahrung. Angebaut wird der Riesling jedoch überall in Kalifornien; am besten bewährt er sich in kühleren Gegenden von SANTA BARBARA, MONTEREY und MENDOCINO.

Der Staat WASHINGTON beansprucht für sich besondere Eignung für Riesling und hat sogar die erste wirklich internationale Konferenz zu diesem Thema veranstaltet; dennoch ging die Anbaufläche dort zurück und betrug 1991 nur noch knapp über 800 ha. Wie in Oregon leidet die Traube mehr unter der Passion des Verbrauchers für andere Rebsorten und weniger unter irgendwelchen Anbauschwierigkeiten; in Washington entstehen sogar wahrhaft delikate Beispiele.

Infolge seiner Winterhärte ist der Riesling in den kühlsten Weinbauregionen Nordamerikas hoch geschätzt. In KANADA wird er mit besonderem Erfolg in Ontario kultiviert und jenseits der Grenze an den Finger Lakes im Staat NEW YORK nicht zuletzt deshalb gern angebaut, weil er den kommerziell interessanten EISWEIN zu erbringen vermag.

Pigott, S., *Riesling* (London, 1991).
Pro Riesling Organization, *The Riesling and its Wines* (Trier, 1986).

RIESLING ITALICO, auch **Riesling Italianski.** Aus deutscher Sicht wäre es vorzuziehen, wenn diese Weißweinrebsorte in RIZLING Italico umbenannt würde, um sie von dem echten RIESLING zu unterscheiden, der in Italien Riesling Renano heißt. In Österreich lautet das Synonym WELSCHRIESLING, im größten Teil des ehemaligen Jugoslawien LASKI RIZLING, in der TSCHECHISCHEN REPUBLIK Rizling Vlassky und in Ungarn OLASZ RIZLING. In RUMÄNIEN war zu Beginn der 1990er Jahre Riesling Italico die drittmeist angebaute Traubensorte und wurde oft mit anderen, beispielsweise Muscat Ottonel, verschnitten. In Italien selbst wird die Rebsorte in FRIULI im Nordosten am meisten angebaut. Hier kann sie – zumeist im COLLIO – delikate, frische, mild blumige Weine erbringen, wenn Übererträge verhindert werden. In kleineren Mengen wird Riesling Italico auch in Südtirol und mit mehr Erfolg in der Lombardei kultiviert. 1990 gab es in Italien 2400 ha Riesling Italico, während die Anbaufläche des echten Rieslings unter 1000 ha lag.

RIESLING-SYLVANER Ein schmeichelhafter Name für MÜLLER-THURGAU, der übrigens möglicherweise keine Kreuzung zwischen Riesling und Silvaner, sondern zwischen zwei Riesling-Varianten darstellt. Seltsamerweise wird dieser Name in der SCHWEIZ bevorzugt, obwohl der Züchter Dr. Müller im dortigen Kanton Thurgau beheimatet war. Auch in NEUSEELAND, wo Müller-Thurgau die meistangebaute Rebsorte ist, wird dieses Synonym trotz Mißbilligung seitens der EUROPÄISCHEN UNION gern benutzt. (Seit die Bezeichnung nun doch allmählich im Schwinden begriffen ist, befindet sich der Stern des echten neuseeländischen Rieslings wieder im Aufstieg.)

RIGHT BANK Im angelsächsischen Sprachgebrauch eingeführter Begriff für Weine vom rechten, also nördlichen Ufer der DORDOGNE im Weinbaugebiet BORDEAUX. Flußabwärts gesehen fallen unter diese Bezeichnung: Côtes de CASTILLON, Côtes de FRANCS, ST-ÉMILION und seine Satelliten, POMEROL und LALANDE-DE-POMEROL, FRONSAC und Canon-Fronsac, sowie BOURG und BLAYE. Das deutlichste Merkmal, das diese Appellationen im Gegensatz zu den *left bank appellations* miteinander gemeinsam haben, ist die Tatsache, daß hier Merlot und Cabernet Franc als Rebsorten dominieren und nicht Cabernet Sauvignon.

RIMAGE Französischer Ausdruck für eine hochwertige Selektion von Weinen aus einem bestimmten Jahrgang; er ist in BANYULS gebräuchlich und wurde neuerdings vom BEAUJOLAIS übernommen.

RINGELN Eine gebräuchliche Methode, den FRUCHTANSATZ zu verbessern, indem mit einem Messer oder einem Spezialwerkzeug ein etwa 3–8 mm breiter Ring aus dem Leitbündelgewebe (PHLOEM) um den Stamm oder einen Trieb herum herausgeschnitten wird. Die Technik ist bei TAFELTRAUBEN gebräuchlicher als bei Weintrauben. Es heißt, der Effekt sei entdeckt worden, als einmal ein Weinstock, dessen Rinde von einem daran angebundenen Maultier abgescheuert worden war, besser fruchtete als seine Nachbarn. Das Ringeln führt auch zur Ausbildung größerer Beeren und zu früherer REIFE. Vorteile sind damit vor allem bei kernlosen Sorten wie Black Corinth, Sultana und Perlette zu erzielen. Der Effekt besteht darin, daß der Zu- und Abfluß von Nährstoffen und Pflanzenhormonen unterbrochen wird, bis die Wunde verheilt ist. Die Technik ist sehr arbeitsaufwendig und im Gegensatz zum Tafeltraubenanbau bei Weintrauben meist nicht lohnend.

R. E. S.

Winkler, A. J., et al., *General Viticulture* (2. Aufl., Berkeley, Calif., 1974).

RIOJA Die führende Weinbauregion SPANIENS produziert vorwiegend Rotwein. Ihren Namen hat sie vom Río Oja, einem Nebenfluß des Ebro, und sie liegt zum größten Teil in der Provinz La Rioja in Nordostspanien. Nur kleinere Teile reichen im Nordwesten in das BASKENLAND und im Nordosten nach NAVARRA hinein. Das Zentrum von Rioja bildet die Provinzhauptstadt Logroño, im übrigen teilt sich das Weinbaugebiet Rioja in drei am Ebro gelegene Bereiche auf: **Rioja Alta** umfaßt den Teil des Ebro-Tals westlich von Logroño um die Weinbaustadt Haro. **Rioja Alavesa** ist der Name des Teils nördlich vom Ebro, der in die baskische Provinz Alava fällt. **Rioja Baja** erstreckt sich von den Außenbezirken Logroños aus nach Süden und Osten und umfaßt die Städte Calahorra und Alfaro.

Historisches

Es gibt archäologische Beweise dafür, daß die Römer im oberen Ebro-Tal Wein bauten (siehe auch SPANIEN). Unter der maurischen Herrschaft wurde der Weinbau dann eher toleriert als gefördert, doch nach der Wiedereroberung durch die Christen am Ende des 15. Jh. blühte er in Rioja wieder voll auf. Der Name Rioja wird bereits in den Statuten erwähnt, die zur Sicherung der Rechte der Bewohner in den den Mauren abgewonnenen Territorien erlassen wurden. Riojas Weinbau entwickelte sich um die vielen Klöster des Landes (siehe auch MÖNCHE UND KLÖSTER), die für die Versorgung der Pilger nach Santiago de Compostela gegründet wurden; die ersten Weingesetze der Gegend gehen auf diese Zeit zurück.

Jahrhundertelang hatte Rioja unter der Abgeschiedenheit von größeren Bevölkerungszentren zu leiden. Seine Weine fanden erst Absatz außerhalb der näheren Umgebung, als nach 1700 die Verkehrsverbindungen verbessert wurden und Bilbao sich zu einem wichtigen Handelsknotenpunkt entwickelte. 1850 gründete Luciano de Murrieta (der spätere Marqués de Murrieta) Riojas erste kommerzielle BODEGA in Kellern, die dem Duque de Vitoria gehörten, und begann, Wein in die spanischen Kolonien zu exportieren. Rioja profitierte dann unversehens in nicht geringem Umfang von dem Auftreten des ECHTEN MEHLTAUS in den Weinbergen Frankreichs am Ende der 1840er Jahre. Weinhändler aus Bordeaux kamen in Scharen über die Pyrenäen, und 1862 stellte die Provinzverwaltung in Alava einen französischen Berater zur Unterstützung des einheimischen Weinbaus ein. Die kleinen Winzer, die sich nur um den Bedarf des Markts im Baskenland kümmerten, mieden ihn jedoch, und so trat Jean Pineau schließlich in die Dienste des Marqués de Riscal, der in Elciego eine Bodega nach französischem Vorbild baute. Sie wurde 1868 fertiggestellt, vier Jahre bevor Murrieta in Ygay eine ähnliche Anlage erstellte.

Als die REBLAUS in den 1860er Jahren Frankreichs Weinberge zu verheeren begann, kamen noch mehr Weinhändler nach Spanien auf der Suche nach Wein. Die französischen Zölle wurden gesenkt, und in Rioja gab es einen noch nie dagewesenen Boom, der vier Jahrzehnte lang andauerte. Neue Bodegas wurden gegründet, darunter die Compañia Vinícola del Norte de España (CVNE), López de Heredia, La Rioja Alta und Bodegas Franco-Españolas, alle unter starkem französischem Einfluß. In dieser Zeit wurde die 225-l-BARRIQUE von Bordeaux übernommen – die für den Ausbau vielbenutzten Fässer heißen heute noch in Rioja gelegentlich *barricas bordelesas* (allerdings sind sie heute aus amerikanischer EICHE beliebter). Mit Hilfe einer neuen EISENBAHN-Verbindung exportierte Rioja am Ende des 19. Jh. monatlich manchmal 500 000 hl Wein nach Frankreich.

In Spanien, beispielsweise in RIOJA Alavesa, stehen die Reben oft in sehr weiten Abständen, damit sie sich nicht gegenseitig die Bodenfeuchtigkeit streitig machen.

Die Reblaus kam erst 1901 nach Rioja. Um diese Zeit war in Bordeaux die Produktion mit auf reblausresistente VEREDELUNGSUNTERLAGEN gepfropften Reben schon wieder voll in Gang gekommen. Um dieselbe Zeit verlor Spanien auch seine lukrativen Absatzmärkte in den Kolonien, und so geriet der Weinbau Riojas in Niedergang. Nach dem 1. Weltkrieg wurde eine Reihe neuer Bodegas gegründet und 1926 der erste Consejo Regulador Spaniens in Rioja eingerichtet, doch der Bürgerkrieg von 1936–1939 und daran anschließend der 2. Weltkrieg geboten aller weiteren Exansion Einhalt. Eine Erholung stellte sich dann gegen Ende der 1960er und 1970er Jahre ein, als – ermutigt durch die Erschließung von Märkten im Ausland und nach dem Bau einer Autobahn zwischen Logroño und Bilbao – mehrere neue Bodegas entstanden, viele davon mit Unterstützung multinationaler Unternehmen. Das ehrgeizigste Unternehmen von allen war der spanische SHERRY- und Bankenkonzern Rumasa, der mehrere große Rioja-Erzeuger übernahm, bis er schließlich 1983 von der Regierung enteignet wurde. Der Absatz auf dem Inlandsmarkt wuchs in den 1980er Jahren weiter; allerdings wirkte sich die Tatsache, daß zwischen 1985 und 1989 die Preise um 40 % in die Höhe gingen, als Bremse auf den Export aus. 1991 wurde Rioja vom DO-Status in den DOCA-Rang erhoben; die derzeit gültigen DO-Bestimmungen stammen aus dem Jahr 1976.

Klima und Geographie

Rioja hat unter allen spanischen Weinbaugebieten eine beneidenswerte Lage. Die Sierra de Cantabria schirmt es im Norden und Westen gegen die regenschweren Atlantikwinde ab, die ihre Feuchtigkeit über der unmittelbar nördlich davon gelegenen baskischen Küste abladen. Dennoch haben die Winzer in Rioja nur selten unter den klimatischen Extremen zu leiden, an denen ihre Kollegen in Zentral- und Südspanien oft schwer tragen. Trotzdem ist es schwierig, allgemeingültige Aussagen über das Klima eines Gebiets zu treffen, das sich über rund 120 km von Nordwesten nach Südosten erstreckt. Die Weinberge liegen in einer Höhe von 300 m bei Alfaro im Osten bis fast 800 m an den Hängen der Sierra de Cantabria im Nordwesten. Die durchschnittlichen Jahresniederschlagsmengen steigen dementsprechend von weniger als 300 mm in Rioja Baja bis über 500 mm in den oberen Zonen von Rioja Alta und Rioja Alavesa.

Rioja Alta und Rioja Alavesa sind sich im Klima gleich und überhaupt nur aus verwaltungstechnischen Gründen voneinander geschieden. Hier auf den kühleren Hängen im Nordwesten um Haro, Labastida, San Vicente, Laguardia, Elciego, Fuenmayor, Cenicero und Briones wachsen mit die besten Trauben. Der Boden besteht aus TON über KALKSTEIN. Flußabwärts nach Osten hin wird es allmählich wärmer, und die Niederschläge verringern sich bis Logroño auf unter 400 mm. Dort wo das Tal breiter wird, kommt mehr fruchtbarer, mit SILT gemischter Schwemmlandboden vor. Um Calahorra und Alfaro in Rioja Baja herrscht ein eher MEDITERRANES KLIMA. Im Sommer ist hier oft DÜRRE ein Problem, und die Temperaturen steigen häufig auf 30 bis 35 °C.

Weinbau und Rebsorten

Sieben Rebsorten (vier rote und drei weiße) sind in Riojas Denominación de Origen zugelassen; ihre Verbreitung ist in verschiedenen Teilen des Gebiets unterschiedlich. Am meisten angebaut wird die wahrscheinlich einheimische dunkle TEMPRANILLO-Traube, die auf den Ton- und Kalksteinböden von Rioja Alta und Rioja Alavesa gut zur Reife gelangt und die Grundlage für die besten Weine des Gebiets abgibt. Die meisten Rioja-Weine sind jedoch Verschnitte von mehreren Traubensorten; oft wird Wein von der GARNACHA-Traube, die besonders gut im wärmeren Klima von Rioja Baja gedeiht, dazu verwendet, dem Tempranillo, der in kühleren Jahren für sich allein gelegentlich dünn schmeckt, mehr KÖRPER zu verleihen. Garnacha dagegen bringt für sich allein deftige, alkoholstarke Rotweine hervor, die rasch oxidieren und sich daher nicht für längeren AUSBAU im Faß eignen; allerdings wird in Rioja wie im benachbarten Navarra Roséwein rein von der Garnacha-Traube gekeltert. Zwei weitere Rotweinrebsorten, Mazuelo (Cariñena oder CARIGNAN) und GRACIANO, spielen daneben eine relativ untergeordnete Rolle. Mazuelo gilt nicht als besonders hochwertig, doch die einheimische Graciano-Traube verfügt über großes Potential und trägt viel zum Aroma des Weins bei. Wegen ihrer hohen Krankheitsanfälligkeit und geringen Erträge ist sie jedoch bei den Winzern von Rioja in der 2. Hälfte des 20. Jh. in Ungnade gefallen und wurde erst zu Beginn der 1990er Jahre wieder stärker angepflanzt (die Anbaufläche betrug zu dieser Zeit noch knapp 100 ha). Die CABERNET-SAUVIGNON- und MERLOT-Reben, die mit den Franzosen im 19. Jh. hierher kamen, stehen mit Sondererlaubnis in den Weinbergen des Marqués de Riscal. Auch mehrere andere Firmen verfügen über experimentelle Cabernet-Sauvignon-Bestände.

Früher war die MALVASIA die weiße Haupttraube Riojas. Sie erbrachte für sich allein volle, alkoholstarke, trockene Weißweine, die auf den Ausbau in Eiche gut ansprachen. Seit dem Beginn der 1970er Jahre kamen jedoch frischere, kühl vergorene, früh abgefüllte Weißweine in MODE, und so wurde Viura (anderswo in Spanien als MACABEO bekannt) zur meistangebauten weißen Traubensorte von Rioja. Zu Beginn der 1990er Jahre wurden die meisten weißen Riojas ausschließlich von Viura produziert, und Malvasia-Weine waren nur noch äußerst schwer zu finden, nur einige wenige traditionell eichenfaßgereifte Weine sollen angeblich Verschnitte von Malvasia und Viura sein.

Die einzelnen Weinberge in Rioja sind meist klein, vor allem in Rioja Alta und Rioja Alavesa, wo zwischen den Reben oft andere Feldfrüchte stehen. Es sind stets niedrige, im GOBELET-System erzogene BUSCH-Formen, nur einige Versuchsanlagen werden an Drahtrahmen erzogen, um höhere Erträge zu gewährleisten. Die DO-Vorschrift erlaubt Erträge bis 60 hl/ha für Weißwein und 50 hl/ha für Rotwein, allerdings haben in den trockeneren Gegenden die Winzer schon Mühe, auf 30 hl/ha zu kommen. 1992 gab es eine autorisierte Rebfläche von 44 000 ha, die etwa 1,4 Millionen hl Wein hervorbrachte, davon rund 80 % Rotwein.

Weinbereitung

Die Trauben werden meist bei einer der großen Zentralkellereien abgeliefert, die entweder WINZERGENOSSENSCHAFTEN oder Handelshäusern gehören. Die meisten Kellereien in Rioja sind recht gut mit modernen Edelstahlanlagen und TEMPERATURREGELUNG ausgestattet. In manchen kleineren, traditionsverhafteten Bodegas findet die Gärung bei Rot- und Weißwein in Holzbottichen statt, doch das sind eher Ausnahmen als die Regel.

Das Charakteristische am Rioja ist allerdings nicht die Gärtechnik, sondern der FASSAUSBAU; die Form und Größe der von den Franzosen um die Mitte des 19. Jh. eingeführten *barrica bordelesa* mit 225 l Fassungsvermögen ist in den Gesetzesbestimmungen genau festgelegt, die auch die Ausbaudauer für die verschiedenen Weinkategorien vorschreiben. In Rioja müssen Weine mit der Bezeichnung CRIANZA und RESERVA mindestens ein Jahr im Eichenfaß gelegen haben, eine GRAN RESERVA mindestens zwei Jahre. Wie in anderen spanischen Weinbaugebieten ist amerikanische EICHE das bevorzugte Faßmaterial. Neue Fässer dieser Art verleihen dem Wein ein sanftes Vanillearoma, das als typisch für Rioja gilt, ein ähnlicher Effekt kann allerdings ebensogut durch langsamen oxidativen Ausbau in älteren Fässern erzielt werden. Aber auch französische Eiche wird zunehmend verwendet, wobei manche Bodegas LIMOUSIN-Eiche bevorzugen, während andere sich für die feinporigere NEVERS- und ALLIER-Eiche entscheiden. Über 40 % der Rioja-Weine fallen in eine der drei eichenfaßgereiften Kategorien (der Rest ist entweder Weiß- oder Roséwein oder kommt zum großen Teil in Spanien selbst als roter JOVEN ohne Eichenfaßausbau auf den Markt), deshalb benötigen die größeren Bodegas Zehntausende von Fässern. Zu Beginn der 1990er Jahre verfügte der größte Rioja-Erzeuger, Bodegas Campo Viejo, über einen Bestand von 45 000 *barricas.* Die meisten Bodegas erneuern ihre Fässer regelmäßig; allerdings sind außer für bestimmte Weine neue Fässer nicht sehr geschätzt, also werden die alten immer wieder benutzt, und manche Bodegas verweisen sogar mit Stolz auf das Alter ihrer Fässer. Auf jeden Fall sind die Erzeuger in Rioja infolgedessen die besten FASSPFLEGE-Spezialisten der Welt.

Die Vorschriften legen auch fest, wie lange ein Rioja anschließend noch im Tank oder in der Flasche zubringen muß, bevor er auf den Markt gebracht werden darf: Crianzas werden ein weiteres Jahr in Tank oder Flasche ausgebaut, Reservas zwei weitere Jahre. Gran Reservas – meist besonders ausgewählte Weine aus den besten Jahrgängen – müssen drei weitere Jahre in der Flasche liegen; sie sind also mindestens fünf Jahre alt, bis sie zum Verkauf gelangen. Weine mit besonders hohem Tempranillo-Anteil werden für längeren Faßausbau ausgewählt.

Seit der verbreiteten Einführung kühler Gärtechniken in den 1970er Jahren ist die Menge des eichenfaßgereiften weißen Rioja ständig zurückgegangen. López de Heredia und Marqués de Murrieta halten die Tradition durch Ausbau ihrer Weißweine in *barricas* aus Eiche aufrecht, ebenso verfahren einige andere Bodegas mit bestimmten Weinen. Für Weißwein mit der Bezeichnung Crianza, Reserva oder Gran Reserva beträgt die Mindestdauer für den Faßausbau nur sechs Monate, gefolgt von ein, zwei bzw. drei Jahren in der Flasche, bevor die Weine auf den Markt gebracht werden dürfen. Die Beimischung von WEINSÄURE hilft den Weinen über diese langen Alterungszeiten hinweg. Um die Mitte der 1990er Jahre nahmen einige der moderneren Erzeuger, v. a. Martinez Bujanda, die in den 1970er Jahren die Pionierarbeit für Frühabfüllung bei Weißwein geleistet hatten, nun am weißen Rioja Experimente mit der inzwischen in Mode gekommenen FASSGÄRUNG vor.

Manche Rot- und Weißweine bedürfen gelegentlich der AZIDIFIKATION. Siehe auch SPANIEN.

Weinwirtschaft

Die Rebfläche Riojas ist auf 14 000 Winzer verteilt, von denen die meisten ihre Weinberge nebenberuflich bearbeiten und keine eigenen Weinbereitungseinrichtungen besitzen. Viele Winzer stehen fest bei einer der rund 100 kommerziellen Bodegas unter Vertrag. Andere gehören einer der 30 Winzergenossenschaften an, die im Weinbaugebiet rund 45 % der Trauben an sich ziehen. Die meisten Genossenschaften verkaufen ihre Erzeugnisse entweder als Most oder als frisch bereiteten Wein an die Handels-Bodegas, die dann den Wein verschneiden, abfüllen und unter dem eigenen Namen vertreiben.

In den 1980er Jahren kauften viele Bodegas Land auf, damit sie selbst Trauben anbauen können, jedoch nur wenige verfügen bisher über genug Weinbergbesitz für den eigenen Bedarf. Einige Weingüter wie Contino und Remelluri tun sich inzwischen in Rioja mit in eigener Regie angebauten, bereiteten und vermarkteten Weinen hervor.

Wie die anderen spanischen DO-Bereiche steht auch Rioja unter der Aufsicht eines Consejo Regulador. Er hat seinen Sitz in Logroño und führt ein Register aller Weinberge und Bodegas, und er überwacht alle Bestandsbewegungen vom Weinberg bis in die Flasche. Außerdem unterhält der Consejo in Haro und Laguardia Laboratorien, wo alle Weine geprüft werden, bevor sie die Exportgenehmigung erhalten. Nach einer langen, bis in die 1970er Jahre zurückreichenden Debatte wurde Rioja 1991 der DOCa-

Status zuerkannt. Die Qualifikationen haben allerdings wenig mit absoluter Qualität zu tun, die wichtigste Anforderung lautet nämlich, daß die Traubenpreise in Rioja 200 % über dem nationalen Durchschnitt liegen müssen. Der Consejo Regulador hat sich selbst das Ziel gesetzt, die obligatorische Abfüllung exklusiv innerhalb des Weinbaugebiets vorzuschreiben, er unterlag damit aber 1992 vor dem Europäischen Gerichtshof. R. J. M.

Duijker, H., *Die großen Weine der Rioja* (Zürich, 1987).
Metcalfe, C., und McWhirter, K., *The Wines of Spain and Portugal* (London, 1988).
Read, J., *The Wines of Rioja* (London, 1984).

RIPAILLE CRU am Südostufer des Genfersees; der Name darf an die APPELLATION CONTRÔLÉE Vin de Savoie angefügt werden. Der meist recht spritzige Wein wird von der Chasselas-Traube produziert.

RIPARIA In Nordamerika heimische Spezies der Gattung VITIS; sie wird oft zur Züchtung von resistenten VEREDELUNGSUNTERLAGEN und HYBRIDREBEN herangezogen.

RIPASSO Der italienische Ausdruck, wörtlich «erneuter» Durchgang, für die Technik, dem Valpolicella mehr Geschmacksfülle und Alkoholgehalt zu verleihen, indem ihm nach Beendigung der Gärung im Frühjahr ungepreßte Traubenschalen aus der AMARONE-Erzeugung beigemischt werden. Einerseits bringt dieses Verfahren dem Valpolicella Ripasso zusätzlichen Körper und Charakter, andererseits erlangt er dadurch aber eventuell auch die oxidierten und auf EDELFÄULE beruhenden Geschmacksnuancen des Amarone zusammen mit zusätzlichen TANNINEN. Manche Erzeuger verwenden deshalb trotz erheblicher Mehrkosten lieber Trauben, die in geringerem Ausmaß als für Amarone rosiniert wurden, anstelle von echten, vergorenen Amarone-Schalen.

RISERVA Die italienische Bezeichnung steht meist für Wein, der eine längere ALTERUNG hinter sich hat und über einen um ein halbes oder ganzes Prozent höheren ALKOHOLGEHALT verfügt als die jeweilige Nicht-Riserva-Version. In der letzteren Hinsicht gibt es gewisse Überschneidungen mit der Bezeichnung SUPERIORE. Manche Riserva-Weine müssen anders als die Superiore-Ausführungen eine bestimmte Faßausbauzeit durchgemacht haben, während die einfachen Versionen der entsprechenden Weine keinen Faßausbau erhalten. Die Riserva-Versionen der berühmtesten italienischen Weine – BARBARESCO, BAROLO, BRUNELLO DI MONTALCINO, CHIANTI CLASSICO, VINO NOBILE DI MONTEPULCIANO – sind jedoch nicht unbedingt längere Zeit im Faß gereift, sie müssen nur vor der Freigabe eine insgesamt längere Alterungszeit, entweder im Faß oder in der Flasche, durchgemacht haben. (Für Chianti Classico Riserva ist sogar überhaupt kein Faßausbau erforderlich.) Die Erzeuger sind nicht verpflichtet, von vornherein eine Riserva zu deklarieren oder bestimmte Mengen als Riserva zu reservieren, bevor sie ihre Produktion zum Verkauf freigeben, sondern sie dürfen von Fall zu Fall entscheiden, welche ihrer Weine als Riserva zu betrachten sind. Diese großzügige Handhabung ermöglicht es so manchem Haus, unverkaufte Bestände einfach als Riserva neu einzustufen und auf diese Weise obendrein zu versuchen, einen höheren Preis damit zu erzielen. Dies hat zu der Forderung Anlaß gegeben, die gesamte Kategorie abzuschaffen. D. T.

RIVANER In LUXEMBOURG gebräuchliches Synonym für MÜLLER-THURGAU, die dort meistangebaute Rebsorte.

RIVERLAND Die ertragreichste Weinbauregion AUSTRALIENS, eine weit ausgebreitete Weinbaulandschaft, bewässert durch den Murray River und vorwiegend im Bundesstaat SOUTH AUSTRALIA, zum Teil aber auch in VICTORIA gelegen; das Gebiet darf auch als Murray River Valley bezeichnet werden. Fast die gesamte Produktion besteht aus hohen Erträgen an technisch einwandfreiem Verschnittmaterial. Jedes Jahr wird ein bedeutender, wenn auch unterschiedlich großer Teil des SULTANA-Ertrags als ROSINEN und TAFELTRAUBEN verwendet. Es hat Bestrebungen gegeben, den nach Victoria gehörenden Teil von Riverland als Murray River Valley und den größeren südaustralischen Teil Murray Mallee zu nennen, doch die Weinerzeuger halten sich mit der Angabe der genauen Herkunft zurück; vielmehr wird auf den Etiketten meist in Bausch und Bogen «South Eastern Australia» angegeben.

RIVESALTES Die Stadt nördlich von Perpignan in Südfrankreich gibt zwei der größten APPELLATIONS CONTRÔLÉES im ROUSSILLON den Namen: Rivesaltes und Muscat de Rivesaltes – bei beiden handelt es sich um VIN DOUX NATUREL. Auf den Muscat de Rivesaltes entfallen etwa 70 % der französischen Gesamtproduktion an Muscat; er kann fast im ganzen anerkannten Weinbaugebiet des Roussillon produziert werden und sogar in einigen Gegenden des nördlich anschließenden Département Aude (auch in großen Teilen der AC FITOU). Das Produktionsgebiet für Rivesaltes ist ähnlich großzügig bemessen, spart aber die Weinberge aus, in denen der BANYULS wächst.

Die Muscats von «Perpinyà» und «Clayrà» (Claira ist ein Nachbarort von Rivesaltes) wurden schon im 14. Jh. von Weineinkäufern aus dem fernen Barcelona und Avignon ganz besonders gesucht. Früher wurde ihre Süße dadurch konzentriert, daß die Trauben bis zum Einschrumpfen am Weinstock blieben – so war es auch im 19. Jh. noch der Brauch (siehe WEIN VON ROSINIERTEN TRAUBEN) – und wurde vielleicht sogar durch Beimischen des berühmten Honigs der Region gesteigert. Heute ist der Muscat de Rivesaltes der einzige Vin Doux Naturel, der von Muscat d'Alexandrie ebenso wie von dem feineren MUSCAT BLANC À

Die Großkellerei Berri Estates im RIVERLAND Australiens.

PETITS GRAINS produziert werden darf, der bisher wegen seiner Degenerationserscheinungen und unzuverlässigen Erträge unpopulär war, jetzt aber durch neue Klone aufgefrischt wird. Die Erträge von diesen niedrig erzogenen, oft auf schwer zu bearbeitenden trockenen Terrassen stehenden Reben erreichen oft nur 22 hl/ha. Seit den 1980er Jahren hat sich die Qualität durch ausgereiftere Vinifikationstechniken verbessert, obwohl der Alexandria-Muskateller noch immer die Vorherrschaft hat; es wird mit HÜLSENMAISCHUNG und «MUTAGE sur marc» (Abstoppen auf den Schalen) gearbeitet. So gelangt der Muscat de Rivesaltes schon im Frühjahr nach der Lese zum Verkauf und sollte möglichst jung und kühl getrunken werden; er eignet sich als Aperitif, aber auch zu cremigen Süßspeisen.

Der Rivesaltes dagegen tritt als weit komplexerer Vin Doux Naturel in allen Farbschattierungen und Stilen auf. Dieser süße, schwere Wein darf von Grenache Blanc, Noir und Gris sowie von Macabéo, Torbato (hier Malvoisie du Roussillon) und den beiden im Muscat de Rivesaltes zugelassenen Muskatellern erzeugt werden. Auch sortenreiner Rivesaltes ist zulässig, und zwar vom goldenen Macabéo bis zum je nach AUSBAU karmesinroten bis schokoladebraunen Grenache Noir. Diese schwer auf Speisen abstimmbaren Weine können einerseits *en blanc* (in Weißweintechnik) ohne jede Hülsenmaischung bereitet oder in dem Bestreben, möglichst viel Farbe, Tannin und Geschmacksfülle in den Wein zu extrahieren, wochenlang gemaischt werden. Die einen werden in Edelstahl vergoren und jung abgefüllt, die anderen gären und lagern in Holzfässern aller Größen und jeglichen Alters, gelegentlich in einer Art SOLERA-System. Manche Weine werden auch bewußt mit RANCIO-Geschmack produziert. Zu diesem Zweck setzen einige Erzeuger den Wein der erbarmungslos heißen Mittagssonne des Roussillon aus, andere beziehen eine gewisse Zeit der Lagerung in Glas-BONBONNES in den Alterungsprozeß ein. Rivesaltes darf frühestens sechzehn Monate nach der Lese zum Verkauf freigegeben werden. Wenn die allgemeine Qualität bisher auch noch unterschiedlich und nicht ganz so interessant ist wie beim Banyuls oder MAURY, so bessert sie sich doch stetig, weitgehend dank der Bemühungen der Domaine Cazes. Rivesaltes schmeckt oft nach Rosinen, Kaffee, Schokolade, Früchten oder Nüssen; manche der konzentriertesten Exemplare können wie der Banyuls zu den wenigen Weinen gezählt werden, die köstliche Begleiter zu Schokolade abgeben.

Seit 1993 vergibt das Institut de Rivesaltes numerierte Halsbanderolen für bessere, durch Geschmacksprüfung ausgewählte Weine.

RIVIERA DI PONENTE, auch **Riviera Ligure di Ponente.** Wein von der Nordwestküste Italiens. Siehe LIGURIEN.

RIZLING Synonym der Weißweinrebsorte WELSCHRIESLING, in Mittel- und Osteuropa auch als OLASZ RIZLING, LASKI RIZLING und RIESLING ITALICO bezeichnet. In Deutschland wird es nicht gern gesehen, daß die mindere Rebsorte mit ihren Synonymen eine Verwandtschaft mit dem echten Weißen RIESLING vorzutäuschen scheint, doch Rizling wird als deutlich anderslautende Alternative akzeptiert.

RKATSITELI Russische Weißweinrebsorte; sie wird wahrscheinlich sehr viel verbreiteter angebaut, als sich der Weinliebhaber im Westen vorstellt, nämlich einer offiziellen Schätzung zufolge auf 260 000 ha. Sie war bei weitem die meistangebaute Rebsorte der ehemaligen SOWJETUNION und stellt möglicherweise überhaupt die verbreitetste Weißweintraube der Welt dar. Die von Gorbatschow verordnete weitgehende Rodung von Weinpflanzungen wirkte sich natürlich auch auf Rkatsiteli aus, dennoch ist sie auch heute noch die meistangebaute Rebsorte der GUS und wird in allen zu ihr gehörenden weinbautreibenden Republiken außer in TURKMENISTAN kultiviert. In Osteuropa ist sie ebenfalls verbreitet, und auch in China und den USA ist sie an manchen Stellen anzutreffen.

In RUSSLAND selbst, wo sie ebenfalls die meistangebaute Traubensorte bildet, zeigt sie sich gut an die besonders kalten Winter angepaßt; die Anbaufläche belief sich 1990 auf knapp 50 000 ha. Rkatsiteli wurde zunächst in GEORGIEN anerkannt, hat aber auch in der UKRAINE, MOLDOVA, ASERBAIDSCHAN, KASACHSTAN, USBEKISTAN, TADSCHIKISTAN, KIRGISIEN und ARMENIEN große Bedeutung.

Von der Traube wird viel verlangt, und sie leistet auch viel, denn sie liefert die Grundlagen nicht nur für die verschiedensten Weinstile, u. a. aufgespritete, sondern auch für Branntwein. Ihr Wein zeichnet sich durch kräftige SÄURE aus – ohne weiteres 9 g/l selbst bei später Lese Ende Oktober, aber auch durch hohen Zuckergehalt. In BULGARIEN stellt Rkatsiteli die meistangebaute Weißweinrebsorte dar, und in RUMÄNIEN verfügt sie über eine Anbaufläche von mehr als 500 ha.

In CHINA liefert sie unter dem Namen Baiyu in großem Umfang neutralen Weißwein für die noch junge chinesische Weinverarbeitungsindustrie.

ROANNAISES, CÔTES Handwerklich bereitete leichte Rotweine und einige Rosés von einer Lokalvariante der GAMAY-Traube, die hier St-Romain à Jus Blanc heißt. Die Kellertechnik ist ähnlich wie im Beaujolais, meist wird MACÉRATION SEMI-CARBONIQUE angewandt. Die Südosthänge an der oberen Loire, wo diese Weine auf Granitboden wachsen, bilden die nächste Hügelkette westlich vom BEAUJOLAIS. Direkte Fluß- und Kanalverbindungen nach Paris verschafften dem Wein der Gegend im 19. Jh. relativ große Bekanntheit und Popularität, so daß die Jahresproduktion zu Beginn des 20. Jh. bei fast 800 000 hl lag. 1955 erlangte die Gegend VDQS-Status, doch um die Mitte der 1990er Jahre, als schließlich auch AC-Rang gewonnen wurde, war die Erzeugung auf 4000 hl gesunken. Die Sorge für die Weinqualität liegt in den Händen einer ganzen Reihe von Winzern (anders als in den südlich anschließenden Côtes du FOREZ), deren Eifer von der Familie Troisgros mit ihrem berühmten Restaurant in Roanne kräftig angefeuert wird.

ROBOLA Frühreifende, ausschließlich auf der ionischen Insel Kefallenia angebaute Weißweinrebsorte; ihr ausgesprochen kraftvoller, trockener, zitronenduftiger Wein zeichnet sich durch kräftige Säure und hohen Extraktgehalt aus; er wird sortenrein bereitet und ist in GRIECHENLAND hoch geschätzt. Es handelt sich bei der Rebsorte um dieselbe, die als Rebula in SLOWENIEN und als RIBOLLA schon seit dem 13. Jh. in FRIULI (Nordostitalien) kultiviert wird.

ROCHELLE, LA siehe LA ROCHELLE.

RODEN Zur Verringerung überschüssiger Rebenbestände bietet vor allem die EUROPÄISCHE UNION finanzielle Anreize, von denen bereits viele Winzer, vor allem in Südfrankreich und Süditalien, Gebrauch gemacht haben (siehe RODUNGSPRÄMIE); zwischen dem Ende der 1970er Jahre und 1991 wurden auf diese Weise in Frankreich 300 000 ha und in Italien 400 000 ha Reben gerodet. Auch in NEUSEELAND und ARGENTINIEN wurden aus denselben Gründen gegen Ende des 20. Jh. umfangreiche Rodungen durchgeführt.

Ein eher traditioneller Grund für das Roden eines Weinbergs ist gegeben, wenn die Reben so alt und ihre ERTRÄGE so gering geworden sind, daß kein wirtschaftliches Ergebnis mehr möglich ist (allerdings ist das mit alten Reben – VIEILLES VIGNES – verbundene Prestige oft dazu geeignet, das Roden lange aufzuschieben).

Andererseits kann ein Weinberg auch gerodet werden, weil ein Wechsel der REBSORTE oder des KLONS beabsichtigt ist – dies kann jedoch auch durch UMVEREDELUNG auf die vorhandenen Stämme und Wurzelstöcke geschehen. Nicht zu umgehen ist Roden freilich dann, wenn die VEREDELUNGSUNTERLAGE gewechselt werden muß (beispielsweise war es in den 1990er Jahren unumgänglich, die Umstellung auf eine andere, resistentere Unterlage in Kalifornien als Maßnahme gegen Schädigung durch die REBLAUS durchzuführen). Aber nicht nur die tödliche Bedrohung durch die Reblaus kann das Roden eines Weinbergs notwendig machen, auch Krankheiten wie die BLATTROLLKRANKHEIT können so große Schäden verursachen, daß schließlich keine andere Alternative bleibt.

Soll der Weinberg anschließend neu bestockt werden, gilt es zuerst sicherzustellen, daß der Boden frei von Schädlingen und Krankheitserregern ist. Dazu kann BODENENTSEUCHUNG erforderlich werden; siehe auch NEMATODEN.

RODUNGSPRÄMIE Finanzieller Anreiz für Winzer zum Roden (franz. *arrachage*) von Reben; das umfassendste Programm dieser Art wurde 1988 von der EUROPÄISCHEN UNION zur Bekämpfung der ÜBERSCHÜSSE an Wein in Angriff genommen. In den ersten fünf Jahren wurden Winzer vorwiegend in Südfrankreich und Süditalien dazu veranlaßt, insgesamt 320 000 ha zu roden – das entspricht dem Fünffachen der Gesamtrebfläche Australiens. Viele alternde Winzer in diesen Gegenden betrachteten die Prämienzahlung am Ende ihres Arbeitslebens als willkommene Zulage zu ihrer Altersrente. Allerdings haben sich nur in wenigen Gegenden befriedigende Alternativen für die landwirtschaftliche Nutzung der freigewordenen Flächen aufgetan.

Ein noch durchgreifenderes Rodungsprogramm wurde in der ehemaligen Sowjetunion als Teil der Pläne Gorbatschows zur Verringerung des Alkoholkonsums verordnet. Von 1985 bis 1990 ging dadurch die Gesamtrebfläche in der alten UdSSR von 1,3 Millionen ha auf 880 000 ha zurück.

In anderen Ländern richteten sich Rodungsprogramme eher gegen bestimmte Rebsorten, um die Produktion bestimmter Weintypen zu senken – in neuerer Zeit ging es dabei meist um Wein der einfachsten Art. Solche Programme wurden beispielsweise gegen Ende der 1980er Jahre in ARGENTINIEN und NEUSEELAND durchgeführt. Siehe auch RODEN.

ROEDERER, LOUIS Das sich in Familienbesitz befindende Champagnerhaus ist einerseits durch seine Verbindungen zum Zarenhof und andererseits durch seinen beträchtlichen Weinbergbesitz bekannt geworden. Gegründet wurde die Firma von einem M. Dubois um das Jahr 1776; Louis Roederer schloß sich ihr 1827 an und wurde 1833 ihr Eigentümer. In der zweiten Hälfte des 19. Jh. war RUSSLAND der Hauptabsatzmarkt für Roederer-Champagner: 1873 wurden 666 386 Flaschen aus der Gesamtproduktion des Hauses von 2,5 Millionen allein dorthin exportiert. 1877 gab Zar Alexander II., der seinen Champagner als Besonderheit in klaren Kristallglasflaschen zu sehen wünschte, die Spezial-Cuvée Cristal bei Louis Roederer in Auftrag. Diese Flaschen waren so kräftig, daß auf einen eingewölbten Boden verzichtet werden konnte. Die Kreation des Roederer Cristal (der bis auf den heutigen Tag in Klarglasflaschen mit glattem Boden verkauft wird) stärkte zwar die Beziehungen zum Zarenhof, sie führte jedoch 1917 durch die Russische Revolution zu einem Verlust von 80 % des Absatzmarkts (siehe auch RUSSISCHER SCHAUMWEIN). Camille Orly-Roederer, die Witwe des Großneffen von Louis Roederer, baute die Firma nach diesem schweren Schlag wieder auf, insbesondere indem sie den Weinbergbesitz zu einer Zeit vergrößerte, als andere Häuser den ihrigen verkauften, was viele später bereuten. Um die Mitte der 1990er Jahre deckten 180 ha Eigenbesitz 80 % des Bedarfs der Firma Roederer, und dadurch konnte das Haus in ungewöhnlich hohem Maß seine Unabhängigkeit wahren. In der Hauptsache ist es diesem Weinbergbesitz zu verdanken, daß Roederer weit mehr Jahrgangsausgaben des Cristal herausbringen kann, als es sonst bei PRESTIGE CUVÉES üblich ist. Fast in jedem Jahr kann aus den feinsten *cuvées* ein Jahrgangs-Cristal zusammengestellt werden – Ausnahmen machten nur ausgesprochen schlechte Jahre wie 1968 und 1972.

1993 erwarb das Haus Roederer eine 60prozentige Beteiligung an der Holdinggesellschaft Champagne Deutz. Außerhalb Frankreichs gehört zum Firmenbesitz seit 1985 der Weinbaubetrieb Heemskerks Vineyards in TASMANIEN, wo eine Reihe Stillweine und ein Schaumwein namens Janz produziert werden; in Kalifornien entsteht ein CM/CV-Schaumwein unter dem Markennamen Roederer Estate im Anderson Valley, nahe der Küste in MENDOCINO, der erstmals 1988 auf den Markt kam.

Heute leitet Camille Orly-Roederers Enkel Jean Claude Rouzaud das Unternehmen. S. A.

Sutcliffe, S., *Große Champagner* (Bern, 1989).

ROERO Hügelland auf dem linken Ufer des Tanaro in PIEMONT (Nordwestitalien); der Name ist eng verknüpft mit den Orten Montaldo Roero, Monteu Roero und Santo Stefano Roero nordwestlich von Alba. Der Sandboden hier verleiht dem Wein des NEBBIOLO, der populärsten und meistangebauten Rebsorte der Gegend, einen leichteren Charakter. In bedeutendem Umfang werden aber auch die Rotweintraube BARBERA und die Weißweinrebsorte ARNEIS in den Kegelbergen kultiviert, die sich in ihrer Topographie auffallend von den LANGHE-Bergen auf dem rechten Tanaro-Ufer unterscheiden. D. T.

ROLLE Die traditionell am meisten mit BELLET verknüpfte Weißweinrebsorte wird nun auch zunehmend im Languedoc und vor allem im Roussillon angebaut. Die Traube ist aromatisch und für warme Weinbaugegenden willkommen frisch, und sie wird von den französischen Behörden als identisch mit dem auf Korsika, Sardinien und in Süditalien angebauten VERMENTINO sowie mit der in Ligurien gelegentlich als Rollo bezeichneten Sorte akzeptiert. Sie könnte daher auch ein Mitglied der weitverbreiteten MALVASIA-Familie sein.

ROMAGNA Der östliche Teil der italienischen Region EMILIA-ROMAGNA.

ROMANÉE, Romanée-Conti, Romanée-St-Vivant. Erstklassige GRANDS-CRUS-Lagen für Rotwein an der Côte d'Or (Burgund); siehe auch VOSNE-ROMANÉE und DOMAINE DE LA ROMANÉE-CONTI.

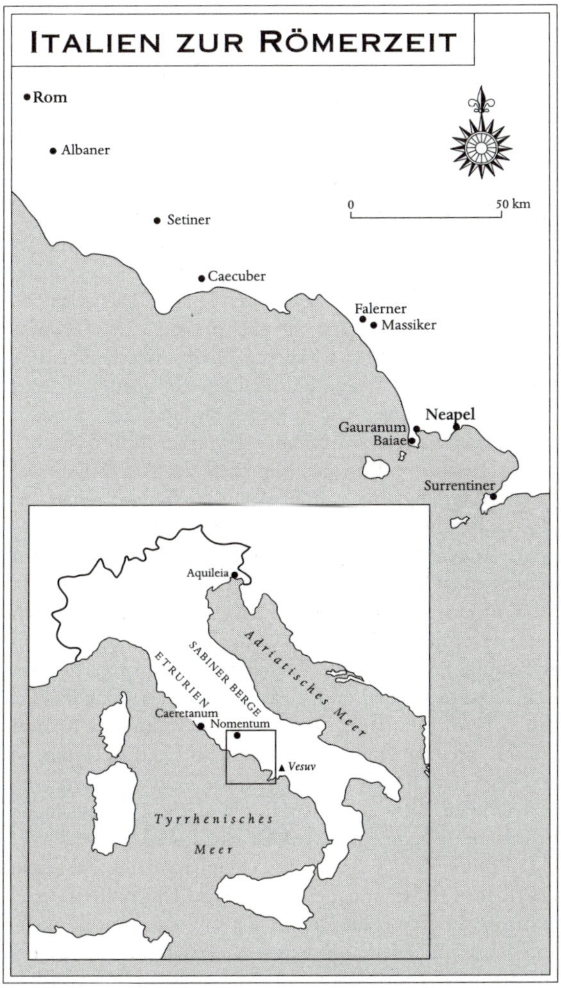

ROM IN DER ANTIKE *«Vita vinum est»* (Wein ist Leben) rief Trimalchio seinen Gästen zu (Petronius, *Satyricon* 34). Der Wein war in der römischen Kultur auf allen Ebenen tief verwurzelt; er war Alltagsgetränk für die Armen ebenso wie für die Reichen. Daher existieren besonders viele detaillierte und unterschiedliche Belege, umfangreicher als für jeden anderen Aspekt der römischen Gesellschaft. Da gibt es beispielsweise die beiläufigen, aber oft aufschlußreichen Hinweise bei Dichtern, in Briefen und selbst in Kritzeleien auf Wänden von Weinschenken. Alle Schriften über die Landwirtschaft, einen der umfangreichsten Teile der aus der Antike erhaltenen Sachliteratur, räumen einer ausführlichen Erörterung des Weinbaus viel Platz ein (siehe v. a. CATO, *De agricultura passim* aus dem 2. Jh. v. Chr., VARRO, *De re rustica,* 1. Buch, vom Ende des 1. Jh. v. Chr., COLUMELLA, *De re rustica,* bes. 3.–5. und 12. Buch, und ein separates Werk «Über Bäume» aus der Mitte des 1. Jh. n. Chr., sowie sein Zeitgenosse PLINIUS, *Naturgeschichte,* 14., 17. und 23. Buch, und schließlich PALLADIUS aus dem späten Altertum). Aus ihnen allen geht eine an heutige Verhältnisse erinnernde lebhafte Debatte über KLIMA, REBSORTEN, ANPFLANZUNG und REBSCHNITT, technische Weiterentwicklungen und wirtschaftliche Verhältnisse im Weinbau hervor. Eine unerwartetere Informationsquelle stellt das römische Recht dar; der Verkauf, insbesondere der Großhandelsverkauf von Wein, warf in den einschlägigen Gesetzen einige Fragen darüber auf, welche Qualitätsgarantie der Käufer billigerweise erwarten durfte. Die Gesetzestexte sagen viel darüber aus, wie Wein vermarktet wurde. Ebenfalls interessante Aufschlüsse geben die Autoren medizinischer Texte. Wein spielte in der Heilbehandlung eine große Rolle, und viele Informationen über Farbe, Qualität und Wirkung bestimmter Weine sind weit weniger den Probiernotizen römischer Kenner als vielmehr den Aufzeichnungen von Ärzten zu verdanken (siehe MEDIZIN). Schließlich lieferte noch die ARCHÄOLOGIE bei der Auswertung gesunkener römischer Schiffe in neuerer Zeit spektakuläre Erkenntnisse über die Typen der für den Transport verwendeten AMPHOREN und über den Umfang und die Wege des Weinhandels.

Sowohl Plinius (*Naturgeschichte* 14.21–39) als auch Columella (*De re rustica* 3.2.7–28) geben einen Überblick über die wichtigsten ANTIKEN REBSORTEN (allerdings bleibt jeder Versuch, diese mit modernen Rebsorten in Übereinstimmung zu bringen, weitgehend nur Vermutung). Columellas Klassifikation ist höchst aufschlußreich. Seine oberste Klasse besteht aus den Rebsorten für die großen Weine Italiens, vor allem Aminnaer. Die zweite Klasse umfaßt ertragsstarke Rebsorten, deren Weine jedoch mit Erfolg gealtert werden konnten. Die dritte Gruppe besteht aus Massenträgersorten, die vor allem für den einfachen Alltagswein bestimmt waren. Daraus geht hervor, daß die Weinerzeuger sich über die Verschiedenheit der Märkte für ihre Weine klar waren und die Rebsorten dementsprechend wählten.

«Klassische Weine können nur von Reben kommen, die auf Bäumen wachsen», urteilte Plinius (*Naturgeschichte* 17.199). Das wurde zwar von anderen Autoren bestritten, dennoch ist es eine erstaunliche Tatsache im römischen Weinbau, daß die großen Weine – CAECUBER, FALERNER usw. – alle aus Weinbergen stammten, in denen die Reben auf Bäume, meist Ulmen oder Pappeln, gezogen waren. Darüber hinaus aber waren auch alle anderen Erziehungsformen bekannt und wurden von römischen Autoren beschrieben, von der niedrigen, freistehenden Buschform bis zu komplizierten Spaliersystemen. Wie in allen Zeitaltern ist die Literatur voll von Berichten über außergewöhnliche ERTRÄGE (beispielsweise über 300 hl/ha, was nach modernen Begriffen zwar viel, aber doch nicht unvorstellbar ist). Allerdings betrachtet Columella (*De re rustica* 3.3) die Wirtschaftlichkeit eines Weinbergs auf der Grundlage von Ertragsmengen von 21 bis 63 hl/ha, ein Bereich, der dem qualitätsbewußten modernen Weinerzeuger vertraut erscheinen wird.

«Sei der erste, den Boden zu graben ... doch der letzte, die Trauben zu ernten» lautet der Rat in VERGILS Gedicht über das Leben auf dem Land (*Georgica* 2.410). Dies ist nur einer von vielen Hinweisen darauf, daß die Römer ihre Weißweine – und fast alle großen Weine waren weiß – süß haben wollten.

Auf das Austreten der Trauben folgte oft, aber nicht unbedingt immer das Auspressen. Der beim Austreten gewonnene Most wurde manchmal getrennt gehalten, häufiger aber mit dem Preßwein gemischt. Das Fruchtfleisch konnte dann ein zweites Mal ausgepreßt werden und schließlich, nach eintägigem Einweichen, auch noch ein drittes Mal, wodurch dann ein dünnes Getränk für die Sklaven entstand (siehe PIQUETTE). Aus dem Kelterhaus wurde der Most zum Vergären in große, oft im Boden versenkte DOLIA geleitet. Dann wurde der Wein zu verschiedenen Zeitpunkten – entweder bereits dreißig Tage nach der Fertigstellung oder im Lauf des Winters oder des nächsten Frühjahrs – in Amphoren abgestochen. Viele der bemerkenswerteren Weine blieben sicherlich auf dem GELÄGER und erfuhren dadurch möglicherweise eine Steigerung in Geschmack und Komplexität. Dem heutigen, im Zeitalter der Edelstahltanks und eines auf PASTEUR gegründeten Wissens großgewordenen Winzer mag die römische Weinbereitungstechnik etwas unsicher und auf Zufallserfolge angewiesen erscheinen. Doch die in den damaligen landwirtschaftlichen Schriften gesammelten Kenntnisse und Erfahrungen deuten auf große Sorgfalt (beispielsweise in der Betonung unabdingbarer Reinlichkeit in allen Stadien) und auf gründliche Überlegung hin (beispielsweise in der Anlage des Kelterhauses und des *Dolia*-Hofs im Hinblick auf die Umgebungstemperatur während des Gärvorgangs).

«Wir meinen, der beste Wein ist der, der ohne Konservierungsmittel gealtert werden kann; es darf ihm nichts beigemischt werden, was seinen natürlichen Geschmack verschleiern könnte, denn der exzellenteste Wein ist der, der durch seine natürlichen Qualitäten Genuß bereitet.» Columellas Worte (*De re rustica* 12.19) spiegeln die Meinung seiner Zeit. Allerdings stehen sie am Beginn einer langen Besprechung von Zusatzstoffen zum Wein. Gegen manche ist unter modernen Gesichtspunkten weniger, gegen andere mehr einzuwenden. So war es üblich, dem Wein entweder vor der Gärung oder aber kurz danach eingedickten Most zuzusetzen, der einerseits zum Süßen und andererseits als Konservierungsmittel gedacht war. Der Zusatz bestimmter Mengen an Kreide oder Marmorstaub ist als Versuch zur Beeinflussung der Säure anzusehen (siehe ENTSÄUERUNG). Erstaunlicher ist die allgemein befürwortete Beimischung von Meerwasser oder Salz während der Gärung. Dabei handelte es sich eigentlich um einen von den Römern übernommenen griechischen Brauch. Damit sollte «die Geschmeidigkeit des Weins belebt» (Plinius, *Naturgeschichte* 14.120) – vermutlich die Säure verbessert – und ein Schimmelgeschmack verhindert werden (Columella, *De re rustica* 12.23.2). GEHARZTER WEIN war allgemein verbreitet, ebenso WÜRZWEIN mit Zusätzen von allen möglichen Kräutern, deren hauptsächliche Wirkung wohl darin bestand, die Minderwertigkeit des Grundweins zu verbergen.

Für römische Kenner lag der Schlüssel zu einem guten Wein in der ALTERUNG. Dem römischen Gesetz nach bestand der Unterschied zwischen «neuem» und «altem» Wein darin, daß der alte mindestens ein Jahr lang eingelagert war. Ein Weinerzeuger konnte aber schon mit einem höheren Preis rechnen, wenn er seinen Wein auch nur bis in den Sommer nach der Lese aufbewahren konnte. Das besondere Merkmal bei den weißen wie auch bei den roten Spitzenweinen war, daß sie über längere Zeit hinweg haltbar blieben. Falerner galt nach zehn Jahren als genußreif, nach fünfzehn bis zwanzig Jahren jedoch als am besten; SURRENTINER, ebenfalls ein Weißwein, zeigte nach fünfundzwanzig Jahren Bestform. Es kann sein, daß der Alterungsprozeß dadurch verlangsamt wurde, daß der Wein in einer mit einer luftdichten Harzschicht verschlossenen Amphore lagerte. Andererseits empfiehlt CATO, beim Füllen der Amphoren einen gewissen Luftraum zu belassen, was zu OXIDATION in einem Maß geführt haben muß, das heute nicht mehr akzeptiert würde. Die häufige Erwähnung der Dunkelfärbung großer weißer Weine weist darauf hin, daß MADERISIERUNG normal und sogar erwünscht war. Schließlich gab es beim römischen Wein noch die verbreitete Kuriosität, ihn in einem Bodenraum über dem Herd zu lagern, wo er Hitze und Rauch ausgesetzt war – ein Mittel zur beschleunigten Alterung, das seine moderne Parallele in der Erhitzung, wie sie dem MADEIRA zuteil wird, findet.

Die große Zeit des römischen Weinbaus dauerte während des 1. Jh. v. Chr. und der zwei ersten Jahrhunderte nach Christus an. Es war die Zeit, in der in ITALIEN große Weine entwickelt und anerkannt wurden, die sich mit den Weinen aus der griechischen Welt sehr wohl messen konnten (siehe GRIECHENLAND). Es war auch eine Periode großer Experimente und Innovationen, nicht zuletzt in den westlichen Teilen, in GALLIEN und SPANIEN, wo – nachdem diese Gegenden Teile des Römischen Reichs geworden waren – vielfach durch Siedler aus Italien ein eigener Weinbau entstand. Sicherlich erlebte die Nachfrage nach Wein überall im Imperium eine starke Steigerung. Rom selbst, dessen Einwohnerzahl etwa 1 Million betrug, zog Lieferungen aus Italien und den Provinzen an sich, während die Romanisierung der Provinzen die Entstehung neuer Märkte für dieses Gut, das einen Kernpunkt der römischen Kultur darstellte, entstehen ließ. Dieser Markt war sehr unterschiedlich, er reichte vom Verlangen der Elite nach Spitzenweinen bis zum Bedarf an Massenweinen (für den die vielen tausend Amphoren, die an verschiedenen Stellen innerhalb und außerhalb der Grenzen des Imperiums gefunden wurden, beredtes Zeugnis ablegen). Es ist viel davon die Rede, in welcher Weise diese Märkte einen bedeutenden Wandel in der Agrarwirtschaft Italiens und anderer Gegenden hervorgerufen haben. Freilich gilt es dabei zu berücksichtigen, daß, wie die archälogischen Funde beweisen, nur Weinbaugebiete in bequemer Nähe des Meers und eines Hafens wirklich am internationalen Handel teilnehmen konnten. Darüber hinaus wirft trotz der Ausführung der römischen Agronomen der Weinbau der Zeit Fragen auf. Die Mitglieder der römischen Elite hatten sicherlich große Teile ihres Vermögens in Landgütern festgelegt, sie wurden aber zu gleicher Zeit auch immer wieder mit beträchtlichen Summen zur Finanzierung des öffentlichen Lebens in Rom herangezogen. Die hohen Anfangsinvestitionen in die erforderlichen Ausrüstungen und die Kosten für erfahrene Arbeitskräfte im Weinbau mochten also manchen abschrecken. Doch Columellas beredte Verteidigung der Rentabilität des Weinbaus (*De re rustica* 3.3) läßt – obwohl sie vielleicht vor den Augen eines modernen Buchhalters nicht bestehen würde – Renditeschätzungen von etwa 10 % des investierten Kapitals zu, was den Vergleich mit den meisten anderen Formen der Landnutzung sehr wohl aushielt. J. J. P.

Billiard, R., *La Vigne dans l'antiquité* (Lyon, 1913).
Purcell, N., WINE AND WEALTH IN ANCIENT ITALY, *Journal of Roman Studies*, 75 (1985), 1–25.
Tchernia, A., *Le vin de l'Italie romaine* (Rom, 1986).

RÖMISCHE GÄRTEN MIT WEINREBEN Die systematische Arbeit von Wilhelmina Jashemski und ihrer Mitarbeiter in POMPEJI in den 1960er und 1970er Jahren hat unsere Kenntnisse über römische Gärten verändert und zu einer der interessantesten Publikationen über das Thema der Antike geführt. Als die Bäume und sonstigen Pflanzen zugrunde gingen, die zum Zeitpunkt des Vesuvausbruchs im Jahr 79 n. Chr. in Pompeji wuchsen, zersetzten sich ihre Wurzeln und hinterließen im Erdreich Hohlräume, die von der Vulkanasche ausgefüllt wurden. Durch sorgfältige Ausgrabungsarbeit wurden diese Hohlräume freigelegt und Abgüsse des Wurzelwerks angefertigt. Dabei stellte es sich heraus, daß fast ein Fünftel der Fläche Pompejis auf kleine und große Gärten und Obstpflanzungen entfiel. Das typische pompejanische Haus mit seinem von einem Säulengang umgebenen, mit Bäumen und Büschen bepflanzten Garten hatte mit dem *triclinium* eine Art Speiseterrasse, die im Schatten des Laubdachs von Weinreben lag. Mehrere Schenken in der Stadt, so die *caupona* des Euxinus, verfügten über einen kleinen Garten hinter dem Haus, in dem Reben gepflanzt waren, die sicherlich einen Teil des Weins lieferten, der in der Schenke angeboten wurde, vor allem aber boten sie die «Aussicht auf Rast für das müde Ich im Schatten der Rebe», wie die Wirtin in dem schönen lateinischen Gedicht *Copa* sie verspricht. Besonders bemerkenswert sind jedoch mehrere ziemlich große Marktgärten innerhalb der Stadtmauern, von denen der beachtlichste – ein von einer Mauer umgebener Weingarten am Forum gegenüber dem Amphitheater – über zweitausend an Spalieren gezogene Reben, ein Kelterhaus, zwei Gästeterrassen im Schatten von Weinlauben und einen kleinen Verkaufsschalter an der Hauptstraße besaß. Diese Entdeckungen beweisen, daß die Beschreibungen von Mußestunden mit einem kühlen Trunk unter Rebenlaub, wie sie bei den Dichtern ebenso wie auf römischen Wandmalereien von weinlaubbedeckten Pergolen und Spalieren anzutreffen sind, nicht künstlerische Erfindung, sondern Abbilder des wirklichen Lebens waren. J. J. P.

Grimal, P., *Les jardins romains* (Paris, 1943).
Jashemski, W. F., *The Gardens of Pompeii* (New York, 1979).

ROMORANTIN Weißweinrebsorte aus der Gegend östlich der Loire; sie stirbt in französischen Weinbergen rasch aus. Cour CHEVERNY ist ein speziell für Romorantin westlich von Blois geschaffener Bereich.

RONCO In Nordostitalien gebräuchlicher Ausdruck, abgeleitet von dem Verb *roncare* (roden von bewaldetem oder buschbewachsenem Gelände); er wird seit über einem Jahrhundert in Oberitalien verbreitet für einen Weinberg in HANGLAGE gebraucht. Auf einem Weinetikett wurde er erstmals in den 1970er Jahren von Mario Pasolini in der Provinz Brescia (LOMBARDEI) für seinen Ronco di Mompiano, einen VINO DA TAVOLA von MARZEMINO- und MERLOT-Trauben, benutzt. Mehr oder weniger moderne Beispiele gibt es inzwischen auch im OLTREPÒ PAVESE, oft in der Diminutivform **Ronchetto**. Am geläufigsten ist der Ausdruck jedoch in FRIULI, und zwar in der Dialektform *ronc*. Weitere Beispiele finden sich auch in Südtirol und der Romagna.

Siehe auch COLLI. D. T.

RONDINELLA Im VENETO angebaute italienische Rotweinrebsorte.

RORIZ, auch **Tinta Roriz.** Der gebräuchlichste von mehreren portugiesischen Namen für die spanische Rotweinrebsorte TEMPRANILLO, die insbesondere im Douro-Tal kultiviert wird, wo sie zu den meistangebauten Trauben für die Portweinproduktion zählt. Weitere Synonyme sind Aragonez und Tinto de Santiago.

ROSADO span. und portug. rosé; die italienische Form lautet **rosato**. Siehe auch CLARETE.

ROSÉ DE LOIRE 1974 geschaffene allgemeine und ziemlich großräumige APPELLATION CONTRÔLÉE für ROSÉWEIN von einer Mischung an der Loire angebauter Rotweintraubensorten (Cabernet Franc, Cabernet Sauvignon, Pineau d'Aunis, Pinot Noir, Gamay und Grolleau), wobei auf Cabernet mindestens 30 % entfallen. Der Wein kann aus beliebigen Teilen der Bereiche ANJOU, SAUMUR und TOURAINE stammen und liegt qualitativ meist zwischen Rosé d'Anjou und Cabernet d'Anjou, ist aber stets trocken.

Siehe auch LOIRE.

ROSÉ DES RICEYS Seltener stiller Roséwein aus der Gemeinde Riceys im Département Aube am Südrand der CHAMPAGNE. Der dunkelrosenrote Wein wird von Pinot-Noir-Trauben nur durch drei Erzeuger produziert und gehört oft zu den seriösesten Roséweinen Frankreichs; dennoch dürfte wie bei dem ebenfalls aus der Champagne stammenden stillen roten Bouzy Rouge (siehe Coteaux CHAMPENOIS) der besondere Charme im Namen liegen.
Stevenson, T., *Champagne* (London, 1986).

ROSETTE Fast erloschene Appellation für süßen Weißwein in SÜDWESTFRANKREICH. Zu ihr gehört ein Teil des Bereichs PÉCHARMANT; 1990 wurden knapp 650 hl erzeugt.

ROSÉWEIN Der Begriff steht für Weine in vielen Schattierungen von kaum merklichem Hellrosa bis zu kräftigem Hellrot. Im angelsächsischen Sprachgebrauch hat sich die vor allem in Kalifornien beliebte Bezeichnung BLUSH für helle Rosés eingeführt. Ebenfalls in Kalifornien entstand gegen Ende der 1980er Jahre, als dort Wein weiß sein mußte, wenn er populär sein wollte, die MODE, hellrosé bereitete Weine von dunklen Rebsorten als «White» zu etikettieren – beispielsweise *white zinfandel*. So ergab sich eine ganze Reihe vorgeblicher Weißweine von Rotweintrauben wie Cabernet, Merlot, Grenache und Barbera.

In Frankreich sind Roséweine vor allem in den wärmeren südlichen Regionen verbreitet, wo ein Bedarf an trockenem Wein besteht, der an einem heißen Sommertag schön erfrischend schmeckt und dennoch Ähnlichkeit mit dem vielgeliebten Rotwein hat. Vor allem die PROVENCE ist berühmt für ihren Roséwein, der oft in seltsam kegelförmigen Flaschen angeboten wird. An der südlichen RHÔNE (v. a. TAVEL) und im LANGUEDOC-ROUSSILLON sind Roséweine mindestens so häufig wie Weißweine. Auch im Loire-Tal werden große Mengen an Roséweinen in verschiedenen Qualitäts- und Süßegraden produziert, insbesondere um ANJOU (siehe auch ROSÉ DE LOIRE). VIN GRIS und SAIGNÉE sind Bezeichnungen für bestimmte Rosétypen.

In Spanien kommt hellroten Weinen so viel Bedeutung zu, daß dort je nach Farbintensität mindestens zwei verschiedene Begriffe dafür gebräuchlich sind. Ein *rosado* ist ein heller Rosé, während ein dunkler Rosé (oder heller Rotwein) als *clarete* bezeichnet wird. Portugals bekannteste Exportweine MATEUS und LANCERS sind Roséweine. In Italien ist Roséwein zwar nicht übermäßig populär, dennoch gibt es die Ausführungen *rosato* und für dunklere Weine *chiaretto*. In Deutschland bereitet es eher Mühe, Rotweintrauben dazu zu bringen, einen wirklich roten Wein abzugeben und nicht nur einen Rosé, der auch WEISSHERBST oder in Württemberg SCHILLERWEIN heißen kann.

Siehe auch ŒIL DE PERDRIX.

ROSÉWEINBEREITUNG Für die Erzeugung von Weinen, die ihrer Farbe nach zwischen Weißwein und Rotwein liegen, sind seit langem verschiedene Verfahren in Gebrauch, heute werden jedoch zwei Methoden allgemein bevorzugt. Die verbreitetere besteht in einer kurzen HÜLSENMAISCHUNG von Rotweintrauben unmittelbar nach dem Mahlen, gerade lange genug, um das gewünschte Maß an Farbe oder ANTHOCYANEN zu extrahieren. Sodann wird der Most von den Schalen getrennt bzw. abgepreßt, und anschließend erfolgt die GÄRUNG wie in der WEISSWEINBEREITUNG. Bei der dunklen GRENACHE-Traube, die wegen ihres geringen Gehalts an Anthocyanen gern für Roséweine verwendet wird, ist eine Maischdauer von acht bis 12 Stunden meist ausreichend. Pigmentreichere Rotweintrauben verlangen eine wesentlich kürzere Hülsenmaischung, dagegen kann bei sehr hellroten Trauben ein bis zwei Tage Maischdauer erforderlich sein. Siehe auch SAIGNÉE.

Viele sehr einfache Roséweine werden auch durch Beimischung einer kleinen Menge Rotwein zu einem Weißwein produziert. Zwar entsteht bei diesem Verfahren auch eine rosa Färbung, doch die Farb- und Geschmacksnote eines solchen Weins unterscheidet sich wesentlich von echten, durch kurze Maischung erzeugten Rosés. Schließlich lassen sich Roséweine auch noch durch Behandlung von aus irgendeinem Grund unverkäuflichen Rotweinen mit AKTIVKOHLE gewinnen.

Die CHAMPAGNE ist eine der wenigen APPELLATIONS CONTRÔLÉES, in denen die Methode der Roséweinbereitung durch Verschneiden von Weiß- und Rotwein offiziell zugelassen ist. Rosé Champagner entsteht denn auch weit häufiger auf diese Weise als durch entsprechende Maischung.

VIN GRIS und BLUSH werden entsprechend der obigen Beschreibung, jedoch ohne Maischung erzeugt und sind deshalb noch heller als Rosés im allgemeinen. A. D. W.

ROSEWORTHY Die Stadt nördlich von Adelaide in SOUTH AUSTRALIA, nicht weit vom Barossa Valley, ist in der Weinwelt durch das **Roseworthy Agricultural College** bekannt geworden, die Ausbildungsstätte zahlreicher Weinbau- und Kellertechniker Australiens und Neuseelands, die viel zum technischen Stand des australischen Weinbaus beigetragen hat (siehe auch AUSTRALISCHER EINFLUSS).

Roseworthy wurde 1883 auf Empfehlung einer südaustralischen Regierungskommission für die landwirtschaftliche Ausbildung als erste Landwirtschaftsfachschule Australiens gegründet (und zwar knapp drei Jahre nach der Einrichtung ähnlicher Institutionen in Bordeaux und Kalifornien – siehe Universität BORDEAUX und DAVIS). Zwar erhielten die ersten Studenten der Fachschule auch eine gewisse Ausbildung in Weinbau, doch die eigentliche Lehrtätigkeit in WEINBAU und ÖNOLOGIE entwickelte sich erst, als 1892 Arthur Perkins als State Viticulturalist und Lecturer in Viticulture berufen wurde.

Perkins hatte 1890 ein Studium in MONTPELLIER absolviert und wurde 1895 Professor für Weinbau. Er entwikkelte in Roseworthy den noch heute für die Lehrtätigkeit benutzten Weinberg mit Weinkellerei und war zuständig für die Qualitätsinspektion und -zertifikation des bereits damals blühenden australischen Weinexports nach Großbritannien.

Weinbau und Önologie wurden im Rahmen des Roseworthy-Diploms für Landwirtschaft gelehrt, wobei die Önologie ein Wahlfach für das dritte Jahr darstellte. 1936 richtete das College auf Betreiben der Weinindustrie einen zweijährigen Ausbildungsgang für das Roseworthy Diploma of Oenology (RDOen) ein – im ersten Jahr wurden die Vorlesungen von Alan Hickinbotham und Jock Williams von insgesamt vier Studenten belegt. Hickinbotham, ein hervorragender Chemiker, leistete mit seinen Studenten in achtzehn Jahren Lehrtätigkeit in Roseworthy einen bedeutenden Beitrag zur Weinforschung, insbesondere auf den Gebieten FLOR-Sherry, SÄURE, AZIDIFIKATION und MALOLAKTISCHE SÄUREUMWANDLUNG.

Der zweijährige Diplomausbildungsgang blieb bis 1978 in Kraft, dann wurde ein dreijähriger Ausbildungsgang mit dem Abschluß Bachelor of Applied Science in Oenology eingeführt. 1971 wurde eine neue Kellerei eröffnet. Mit fortschreitender Entwicklung des australischen Weinbaus stieg die Zahl der Studenten stark an. 1980 wurde das Graduate Diploma in Wine im Anschluß an den 1975 geschaffenen zweijährigen Ausbildungsgang für das Associate Diploma in Wine Marketing eingeführt.

1991 wurde das Roseworthy Agricultural College mit der University of Adelaide verschmolzen und setzt seine Arbeit nun als Department of Horticulture, Viticulture and Oenology fort. Siehe auch ADELAIDE. T. H. L.

ROSINEN Sammelbegriff für getrocknete Weinbeeren, vor allem der größeren Art. Rosinen stellen nach der Weinerzeugung die zweitbedeutendste Anwendung des Traubenanbaus dar, an dritter Stelle stehen TAFELTRAUBEN.

Durch Trocknen werden Trauben konserviert und eßbar erhalten (bei der Erzeugung von WEIN AUS ROSINIERTEN TRAUBEN geht diese Behandlung dem Vergären voraus). Der geringe Feuchtigkeitsgehalt der getrockneten Traube (10 bis 15 %) bietet zusammen mit der hohen Zuckerkonzentration (70–80 %) geringe Angriffsmöglichkeiten für Organismen, die Verderb bewirken könnten.

Rosinen sind ein sehr altes Lebensmittel. Schon in der Antike wurden Trauben getrocknet. In Ägypten gefundene Belege darüber gehen auf 3000 v. Chr. zurück, und auch aus biblischer Zeit sind Berichte über getrocknete Trauben bekannt. Aristoteles sprach 360 v. Chr. davon, daß die schwarzen Korinthen keine Kerne besitzen. Die Legende behauptet, Hannibal habe seine Truppen bei seinem Zug über die Alpen 218 v. Chr. mit Rosinen verproviantiert.

Der Welthandel mit Rosinen wird von drei Sorten beherrscht: SULTANA (in Amerika als Thompson Seedless, in Asien und dem Nahen Osten als Kishmish oder Sultanina bezeichnet), Zante Currant (in Kalifornien Black Corinth) und MUSCAT OF ALEXANDRIA (in Australien Gordo Blanco und in Südafrika White Hanepoot).

Die größten Rosinenproduktionsländer sind in erster Linie die USA, gefolgt von der Türkei, Griechenland, Australien, Iran und Afghanistan; die Weltproduktion beläuft sich auf rund 1 Million t. In Kalifornien hat der Anbau von Rosinentrauben ebenso große wirtschaftliche Bedeutung wie der Anbau von Trauben für die Weinerzeugung.

Das Klima ist ein maßgeblicher Faktor für die Möglichkeit des Rosinentraubenanbaus. Die Temperatur muß hoch, die Sonnenscheindauer sehr lang sein, dagegen müssen Luftfeuchtigkeit und Niederschläge möglichst wenig ins Gewicht fallen. Unter solchen Voraussetzungen ist die Evaporationsrate zuverlässig hoch, was zugleich bedeutet, daß die Weinberge meist der BEWÄSSERUNG bedürfen. Regen vor der Ernte oder während der Trocknungszeit hat katastrophale Folgen.

Nach der Ernte werden die Trauben im Freien auf Holz oder Pappeunterlagen oder auf Zement- oder Tonplatten ausgelegt. Nach etwa zehn bis vierzehn Tagen müssen die Trauben umgekehrt werden, damit die andere Seite trocknen kann. Dies ist das natürliche Trocknungsverfahren. Eine weitverbreitete Alternative besteht darin, die Trauben in bestimmte Lösungen zu tauchen, um den Trocknungsvorgang zu beschleunigen. In klassischer Zeit war dafür eine Mischung aus Holzasche und Olivenöl gebräuchlich; moderne Tauchlösungen sind in ähnlicher Weise aus Pflanzenölen und Pottasche zusammengesetzt. In diesem Verfahren hergestellte Rosinen sind eher goldbraun, während das natürliche Verfahren eine dunkel purpurbraune Färbung hervorruft. In Australien und Südafrika sind spezielle überdachte Trockengestelle gebräuchlich; sie schützen vor Schaden durch Regen und ermöglichen das Einsprühen mit Trocknungslösung.

Alternativmethoden zum Trocknen der Frucht am Weinstock sind in Australien und Kalifornien entwickelt worden. Die Triebe mit den Trauben werden an der Basis durchgeschnitten, bleiben aber an den Drähten hängen und können mit der Trockenemulsion besprüht werden. Nach dem Trocknen kann die Ernte maschinell erfolgen. Beim Verpacken dürfen die Rosinen nicht mehr als 13 % Feuchtigkeitsgehalt besitzen, und manchmal müssen im Freiland getrocknete Trauben noch weiter getrocknet werden.

Die Qualitätsfaktoren bei Rosinen sind Größe, Farbe und Einheitlichkeit des Farbtons, Oberflächenzustand, Beschaffenheit der Haut und des Fruchtfleischs sowie Verschmutzungsfreiheit. Rosinen höchster Qualität entstehen von reifster Frucht. Siehe auch KORINTHEN, LEXIAS, MUSCATELS und SULTANA. R. E. S.

Whiting, J. R., HARVESTING AND DRYING OF GRAPES, in B. G. Coombe und P. R. Dry (Hrsg.), *Viticulture, II: Practices* (Adelaide, 1992).

Winkler, A. J., et al., *General Viticulture* (2. Aufl., Berkeley, Calif., 1974).

ROSINIEREN Durch Trocknen werden Trauben konserviert und eßbar erhalten (siehe ROSINEN). Aus am Stock oder nach der Lese vollständig oder teilweise getrockneten Trauben wird auch Wein bereitet (siehe WEIN AUS ROSINIERTEN TRAUBEN).

ROSSESE Hochgeschätzte Rotweinrebsorte mit charaktervollen sortenreinen Weinen aus LIGURIEN (Nordwestitalien). Die Traube hat in der Region eine lange Geschichte und verfügt im Dolceacqua im Westen von Ligurien über einen eigenen DOC-Bereich, dessen Weine zwar unterschiedlich, aber sehr beliebt sind.

ROSSO CONERO Italienischer Rotwein auf der Basis der Rebsorte MONTEPULCIANO; das volle Potential ist noch nicht ausgeschöpft. Siehe MARCHE.

ROSSO DI Bezeichnung auf italienischen Etiketten für Rotwein aus dem Anbaubereich, dessen Name anschließend steht. Oft handelt es sich dabei um eine einfachere Version eines klassischen langlebigen Weins wie BRUNELLO DI MONTALCINO oder VINO NOBILE DI MONTEPULCIANO.

ROSSO PICENO Italienischer Rotwein, ein Verschnitt der Traubensorten SANGIOVESE und MONTEPULCIANO; das volle Potential ist noch nicht ausgeschöpft. Siehe MARCHE.

ROTER BRENNER Eine in ganz Europa verbreitete PILZKRANKHEIT der Rebe, die beträchtliche Ertragseinbußen verursachen kann. Der Erreger ist der Pilz *Pseudopezicula tracheiphila*, der besonders durch längere Regenfälle gefördert wird und junge Blätter und Triebe befällt. Bekämpfung ist mit früh in der Wachstumsperiode ausgebrachten Fungiziden gut möglich. Die Krankheit befällt auch den mit der Weinrebe verwandten Wilden Wein *Parthenocissus quinquefolia* (siehe auch BOTANISCHE GLIEDERUNG). R. E. S.

ROTGIPFLER Nach dem ZIERFANDLER die zweite, um ein geringes nicht ganz so noble traditionelle Weißweinrebsorte für den überaus körperreichen, langlebigen, würzigen GUMPOLDSKIRCHNER aus der Thermenregion (ÖSTERREICH). Am Ende der 1980er Jahre belief sich die Anbaufläche auf etwa 200 ha; der Rotgipfler reift spät, jedoch früher als der Zierfandler, und erbringt ausgesprochen extraktreichen, alkoholstarken Wein mit kräftigem Bukett.

ROTHSCHILD Die Rothschilds traten erstmals 1853 in der Welt des Weins in Erscheinung, als Baron Nathaniel (1812 bis 1870), ein Mitglied des englischen Zweigs der Familie und Enkel von Mayer Amschel Rothschild, das Weingut Brane Mouton kaufte und – wie es damals unter Weingutsbesitzern üblich war – den Namen veränderte, und zwar in Château MOUTON-ROTHSCHILD. Zu jener Zeit waren die vom ECHTEN MEHLTAU stark mitgenommenen Weinberge von Bordeaux günstig zu haben, so galt der Kauf eher als Vermögenstransaktion und nicht etwa als der Erwerb eines vornehmen Weinguts. Als in der berühmten KLASSIFIKATION von 1855 Château Mouton-Rothschild nur an die Spitze der 2es Crus gesetzt wurde, war die Familie sehr verärgert über die – wie sie es ansah – ungerechtfertigt niedrige Einstufung.

Auf Nathaniel folgte sein Sohn Baron James (1844 bis 1881) und auf ihn Baron Henri (1872–1947), der aber mehr an Literatur interessiert war als an Wein; so behielt die Witwe von James die Verantwortung von Mouton, bis Henris jüngerer Sohn Philippe (1902–1988) im Jahr 1922 die Geschäfte übernahm.

Baron Philippe de Rothschild sollte sich als besonders einflußreiche Kraft im Weinbau von Bordeaux erweisen. Nicht nur erwarb er 1933 das Château Mouton d'Armailhacq (es hieß dann zu verschiedenen Zeiten Mouton-Baron-Philippe, Mouton-Baronne-Philippe und schließlich wieder Mouton d'Armailhacq) und 1970 das Château Clerc Milon, beides benachbarte 5es Crus in Pauillac, sondern er machte auch auf die Bedeutung der ERZEUGERABFÜLLUNG aufmerksam, führte MOUTON-CADET als eine der erfolgreichsten Weinmarken der Welt und als großes Handelshaus im Médoc ein, entwickelte mit großem Geschick das Konzept (und den Wert) des Künstleretiketts, richtete die schönste Sammlung der Welt von weinverbundenen Kunstwerken ein und begründete Opus One, ein Gemeinschaftsunternehmen mit Robert MONDAVI in Kalifornien. 1988 folgte ihm auf Mouton seine Tochter Philippine.

Inzwischen kaufte 1868 Baron James vom französischen Zweig der Familie das Château LAFITE gegen starke örtliche Konkurrenz. Er starb zwar schon wenige Monate später, soll aber im Frühjahr desselben Jahres das Gut noch gesehen haben. Sein Sohn Edmond (1845–1934) schuf dann die Grundlagen für den Weinbau ISRAELS mit einer großzügigen Spende im Jahr 1882. Erst der Urenkel von James, Élie (* 1917) nahm als erstes Familienmitglied Château Lafite, das von nun an Lafite-Rothschild hieß, selbst in die Hand, bis 1974 die Leitung an seinen Neffen Eric (* 1940) überging. 1962 wurde das 4e Cru Château Duhart-Milon erworben, und 1973 kam das große Weingut Château La Cardonne im Bas-MÉDOC hinzu, das dann aber 1982 gegen das erstklassige Château L'Évangile in POMEROL eingetauscht wurde. 1984 wurde das führende SAUTERNES-Weingut Château Rieussec übernommen. Seither erwarben die Rothschilds von Lafite außerdem noch das große Gut Los Vascos in CHILE, den amerikanischen Weinbaubetrieb Chalone Inc. und ein Gut in Portugal.

1973 kaufte Baron Edmond (* 1926), einer von vielen Teilhabern an Lafite, der auch noch in manchen anderen Geschäften tätig ist, das halbverfallene Château Clarke in LISTRAC und baute dort 1977 und 1978 einen großen neuen *cuvier* und *chai*. 1979 erwarb er Château Malmaison in der Nachbargemeinde MOULIS hinzu und unterzog es

Baron Philippe de ROTHSCHILD in seinem «Décantoir», einem Raum zum Dekantieren der Weine für seine ausgiebigen Diners.

ebenfalls einer größeren Renovierung. Dazu kamen noch zwei weitere nicht in der Klassifikation enthaltene Châteaux im Médoc.

1994 eröffnete der englische Financier Lord (Jacob) Rothschild (* 1936) in Waddesdon Manor am Rand von London ein Weinmuseum und einen Verkaufskeller für Rothschild-Weine. E. P.-R. und J. Ro.

Littlewood, J., *Milady Vine: The Autobiography of Philippe de Rothschild* (London, 1984).

ROTOFERMENTER Ein GÄRBEHÄLTER, der so eingerichtet ist, daß der Inhalt sich auf mechanischem Weg durchmischen läßt. Die Konstruktion ist dazu bestimmt, die Arbeitsgänge des UNTERTAUCHENS und UMPUMPENS überflüssig zu machen und in der ROTWEINBEREITUNG die Vorgänge der GÄRUNG und MAISCHUNG zu beschleunigen. Zwar haben einige Erzeugerbetriebe, vor allem in Burgund, solche Ausrüstungen angeschafft, verbreitetere Anwendung haben sie aber nicht gefunden. Wie die meisten maschinellen Systeme, die einen verbesserten Kontakt zwischen Schalen und Most bewirken sollen, sind sie teuer in Anschaffung und Betrieb, schwierig zu reinigen und produzieren oft übermäßig strenge Weine. A. D. W.

ROTWEIN Die Farbe von Rotwein schwankt zwischen hellrot und fast schwarz, wobei am Rand Farbschattierungen zwischen Blau und Gelb zu erkennen sind; sie ist abhängig von der Rebsorte, der Jahrgangscharakteristik, dem Gesundheitszustand der Trauben, den Weinbereitungsmethoden (insbesondere vom Ausmaß der MAISCHUNG), dem PH-WERT des Weins und schließlich von der Lagerzeit in Tank, Faß und Flasche. Ein Rotwein, der starke OXIDATION hinter sich hat oder mehrere Jahrzehnte alt ist, zeigt oft dieselbe tief gelbbraune Färbung wie ein sehr alter Weißwein.

Rotwein wird praktisch in allen Weinbauregionen der Welt produziert; allerdings ist der Anteil in Gegenden mit kühlem Klima eher gering, weil dort in den Schalen der meisten Rebsorten nur mit Schwierigkeiten eine für die Entstehung von Rotwein ausreichend starke Pigmentbildung zustande kommt.

Roter Wein – franz. *rouge*, ital. *rosso*, russ. *cherny*, port. und span. *tinto*, wobei in Spanien zwischen *vino tinto* (dunklem Rotwein) und *clarete* (hellem Rotwein) unterschieden wird – gilt erst seit der Entwicklung von FLASCHEN, die sich für die ALTERUNG des Weins eignen, als in gewisser Weise besser als Weißwein (siehe auch GRIECHENLAND, ROM IN DER ANTIKE, ITALIEN und MODE).

ROTWEINBEREITUNG Rotwein entsteht durch Extraktion der in den Schalen dunkelhäutiger Weinbeeren enthaltenen natürlichen organischen ANTHOCYANE (Pigmente) in den gärenden Wein unter Mitwirkung des von HEFEN während der GÄRUNG gebildeten Alkohols; durch Einwirkung der im Wein vorhandenen SÄUREN erscheinen diese Pigmente in purpurroter Färbung.

Heute bildet bei der Produktion von Rotwein das ABBEEREN und Mahlen den ersten Schritt (siehe dagegen auch GANZTRAUBENVERGÄRUNG und KOHLENSÄUREMAISCHUNG). Das Gemisch aus Most, zerkleinerten Traubenschalen, Kernen und Stielfragmenten wird sodann in einen GÄRBEHÄLTER gegeben, wo HEFEN den ZUCKER in ALKOHOL verwandeln. Die wichtigste Ausnahme von dieser als allgemeine Regel geltenden Reihenfolge von Abbeeren, Mahlen und Vergären stellt die Kohlensäuremaischtechnik dar, bei der unzerkleinerte Trauben unter einer KOHLENDIOXID-Atmosphäre liegen. Bei der WEISSWEINBEREITUNG wird dagegen der Most vor dem Vergären von den Schalen getrennt.

Die Extraktion von Anthocyanen aus den Schalen und ihre Lösung im gärenden Wein ist von mehreren Faktoren abhängig. Ohne eine gewisse MAISCHUNG der Schalen im Most bleibt Wein von dunklen Trauben (wie unter ROSÉWEINBEREITUNG ausgeführt) schwach rötlich. Die Maischdauer kann von lediglich zwei bis drei Tagen während der Gärung bei einfachem Wein bis zu etwa einer Woche Maischung während der Gärung und anschließend nochmals ein- bis zweiwöchiger Maischung nach der Gärung bei feinem, für längere Alterung bestimmtem Wein reichen.

Der Gärprozeß findet bei Rotwein fast immer bei höherer TEMPERATUR statt als bei Weißwein. Je niedriger die Gärtemperatur liegt, desto heller und leichter fällt Rotwein im allgemeinen aus, und er zeigt in stärkerem Maß eine auf ESTERN beruhende fruchtige Art. Überall auf der Welt gibt es Weinerzeuger, die bewußt leichte, gekühlt zu genießende Rotweine dieses Stils anstreben.

Die Rotweinbereitung unterscheidet sich von der Weißweinbereitung nicht nur in der Hülsenmaischung und der Gärtemperatur, sondern auch in der Hinsicht, daß ein gewisser Zutritt von Sauerstoff bei Rotwein eher erwünscht ist als bei Weißwein. Darüber hinaus ist FASSAUSBAU bei Rotwein gebräuchlicher als bei Weißwein.

Da bei der Rotweinbereitung PHENOLE aus den Traubenschalen extrahiert werden, enthalten Rotweine meist sehr viel unterschiedlichere Substanzen als Weißweine und können deshalb im Lauf der Flaschenalterung ein komplexes BOUQUET entfalten. Die aus Schalen, Kernen und Stielresten extrahierten Phenolverbindungen reagieren mehr oder minder langsam mit dem im Wein gelösten Sauerstoff. Manche der Verbindungen tragen zum Geschmack des neuen Weins bei. Im Lauf des Faßausbaus ist die Sauerstoffzufuhr beim Wein auf die beim AUFFÜLLEN hineingelangende Menge beschränkt, und es bildet sich eine neue Palette von GESCHMACKSSTOFFEN. Sowohl die in den anfänglichen Reaktionen zwischen den Traubenphenolen und Sauerstoff entstandenen Substanzen als auch die durch Reaktionen der Holzphenole mit dem beim Auffüllen in den Wein gelangenden Sauerstoff gebildeten Verbindungen treten nun in wechselseitige Reaktionen miteinander und lassen wiederum eine neue Palette von Geschmackssubstanzen entstehen. Aus diesem Grund kommt der FLASCHENALTERUNG bei feinen Rotweinen besondere Bedeutung zu. Siehe auch ALTERUNG und WEINBEREITUNG. A. D. W.

ROUCHET Italienische Rotweinrebsorte; siehe RUCHÈ.

ROUPEIRO Vor allem im ALENTEJO angebaute portugiesische Weißweinrebsorte; sie erbringt schlichten, möglichst jung zu trinkenden Wein. Am Douro heißt sie Códega, am Alentejo auch Alva.

ROUSSANNE Die Rebsorte, die ihren Namen sicherlich der rostroten *(roux)* Färbung ihrer Trauben verdankt, ist eine der beiden, die in der weißen Version der Rotwein-Appellationen HERMITAGE, CROZES-HERMITAGE und ST-JOSEPH sowie im ausschließlich weißen, aber oft schäumenden ST-PÉRAY zugelassen sind. In allen diesen Bereichen wird die MARSANNE-Rebe, der Verschnittpartner von Roussanne, die zwar nicht ganz so feinen Wein, dafür aber bessere Erträge erbringt, weit verbreiteter angebaut. Die unregelmäßigen Erträge der Roussanne, ihre Anfälligkeit für ECHTEN MEHLTAU und Fäule sowie ihre geringe Windfestigkeit haben sie an der nördlichen Rhône fast aussterben lassen, bis schließlich bessere Klone selektiert wurden, so daß sie heute von einigen Erzeugern, u. a. Jaboulet, bevorzugt wird.

Das wichtigste Merkmal der Roussanne ist ihr nachhaltiges Aroma, das an einen besonders erfrischenden Kräutertee erinnert, daneben eine kräftige Säure, die ihr anhaltendere Attraktivität verleiht als der Marsanne, die ihrerseits nützlichen Körper in den Verschnitt einbringt. Allerdings muß Roussanne voll zur Reife gelangen, damit sie sich elegant zur Geltung bringen kann. An der südlichen Rhône ist Roussanne (ohne Marsanne) eine der vier im weißen CHÂTEAUNEUF-DU-PAPE zugelassenen Rebsorten; Château de Beaucastel beweist hier, daß Roussanne, mit Sorgfalt behandelt, gut auf Eichenfaßausbau anspricht. Auch in der

ROTWEINBEREITUNG

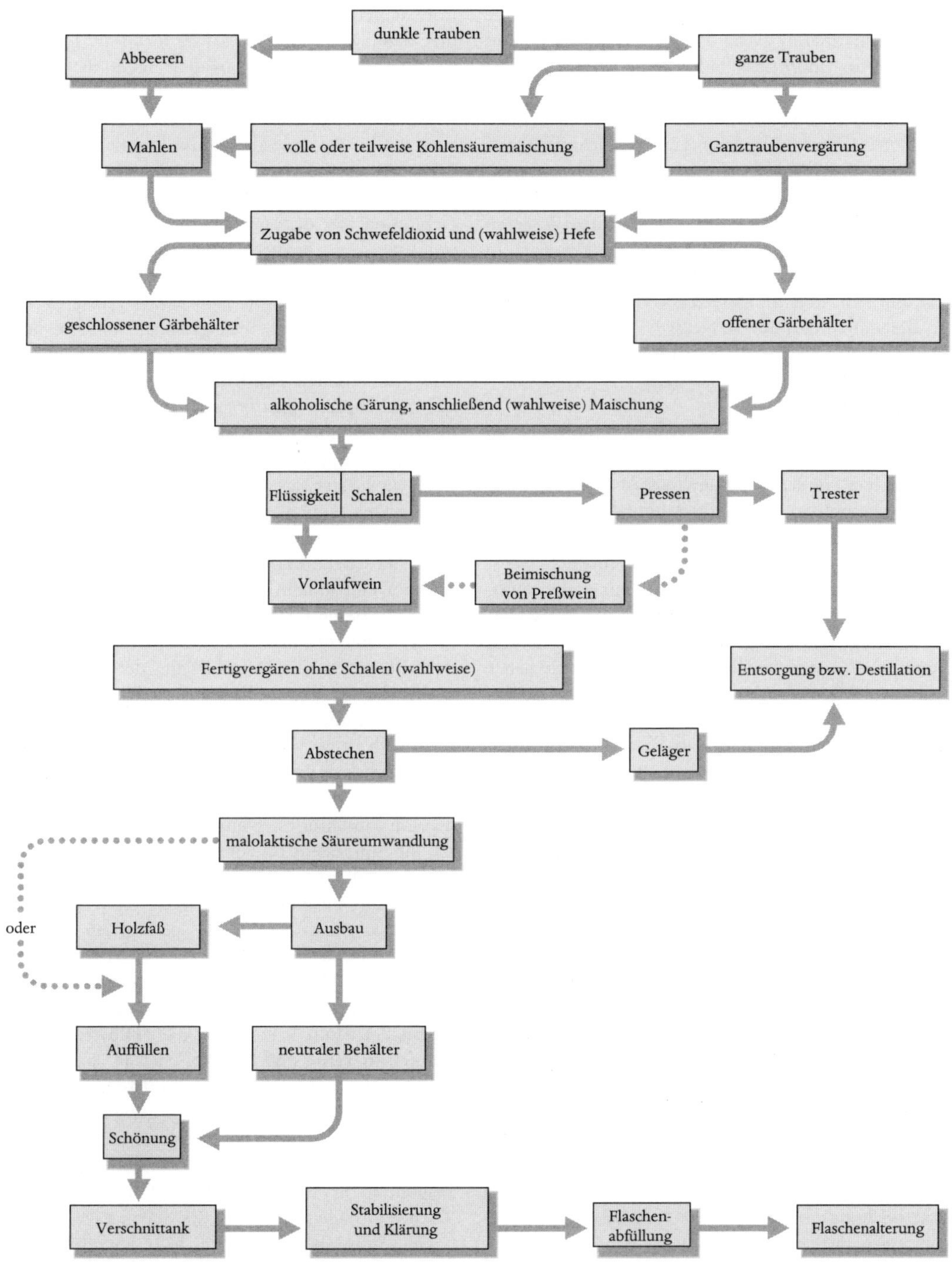

Provence wird die Traube angebaut (dort ist jedoch die verbreitetere, für VIN DE PAYS und Tafelwein genutzte hellrötliche **Roussanne du Var** nicht mit ihr verwandt), ebenso im Languedoc-Roussillon, wo die späte Reife der Roussanne weniger problematisch ist als an der nördlichen Rhône und wo sie deshalb oft eindrucksvolle Resultate liefert. Sie wird zwar in den Appellationsbestimmungen oft mit Marsanne und Vermentino zusammengetan, kann aber auch für den körperreicheren Chardonnay einen guten Verschnittpartner abgeben. Unter Dürre leidet sie oft.

Verlockend fein und aromatisch erweist sich die Traube auch in Chignin in SAVOYEN, wo sie den Namen Bergeron führt und nicht mit ROUSSETTE verwechselt werden darf. In geringem Umfang wird sie in Ligurien und der Toskana angebaut und stellt dort im Montecarlo Bianco einen zugelassenen Bestandteil dar, und schließlich ist sie auch in Australien anzutreffen, wohin sie als Partner für den viel erfolgreicheren SHIRAZ gelangt sein dürfte.

ROUSSETTE Die interessanteste Weißweinrebsorte in SAVOYEN (Ostfrankreich) liefert fast in jedem Fall besonders guten Wein. Die Herkunft der auch als Altesse bekannten Traube ist geheimnisvoll. Im Mittelalter war der Einfluß des Hauses Savoyen so weit verbreitet, daß diese Gegend über ganz eigene Rebsorten verfügt, die möglicherweise weit über das heutige Frankreich hinaus mit anderen verknüpft sind (siehe MONDEUSE, TROUSSEAU, SAVAGNIN, POULSARD). Lange wurde angenommen, die Altesse stamme aus Zypern, doch GALET berichtet, daß sie, wenn sie neben der berühmten ungarischen FURMINT-Traube steht, von dieser praktisch nicht zu unterscheiden ist.

Roussette trägt schwach und reift spät, ist aber widerstandsfähig gegen Fäule, und ihr Wein ist wie der von Furmint von relativ exotischem Duft gekennzeichnet, hat kräftige Säure und lohnt längere Alterung. In Anerkenntnis dessen, daß Roussette der verbreiteteren JACQUÈRE überlegen ist, verfügt **Roussette de Savoie** über eine die vier Gemeinden Marestel, Monterminod, Monthoux und vor allem Frangy umfassende eigene Appellation. Ist auf dem Etikett der Name einer Gemeinde angefügt, dann besteht der Wein ausschließlich aus Roussette, andernfalls können bis zu 50 % Chardonnay beigemischt sein. **Roussette de Seyssel** ist ein feiner, aromatischer Stillwein aus einem Bereich, der besonders für seinen Schaumwein berühmt ist, in den Roussette manchmal zusätzliches Aroma einbringt.

Außerdem wird die Sorte auch im benachbarten Département Ain angebaut, wo sie früher den **Roussette du Bugey** erbrachte, einen VDQS-Wein, der heute kurioserweise eher von Chardonnay bereitet wird. Der Bezeichnung Roussette du BUGEY kann noch der Name des Orts angefügt sein, aus dem der Wein stammt.

ROUSSILLON Die Landschaft hat, obwohl sie meist nur als Anhängsel des LANGUEDOC in Erscheinung tritt, sowohl kulturell als auch geographisch ihre ganz eigene Identität. Ihre Bewohner sind eher Katalanen als Franzosen, und die Geschichte der Gegend ist geprägt von spanischem Einfluß, insbesondere im 13.–17. Jh., als es zunächst von Mallorca und dann von Aragon aus regiert wurde. Deshalb fühlen sich die Menschen im Roussillon heute noch eng mit den Katalanen jenseits der spanischen Grenze verbunden. Ganz anders als die flachen Küstenebenen im Languedoc, stellt sich die Topographie des Roussillon allein schon dadurch dar, daß es heute im wesentlichen das Département Pyrénées-Orientales bildet, d. h. den östlichen Teil dieses Gebirgsmassivs, das so hoch ist, daß es auch im Sommer weitgehend mit Schnee bedeckt bleibt. Die Weinrebe und die Olive sind zwei der wenigen landwirtschaftlichen Nutzpflanzen, die in den von Trockenheit geplagten Tälern der Flüsse Agly, Têt und Tech gedeihen können; nur in den Niederungen wird heute in großem Umfang auch sonstiger Obstbau betrieben. Das Klima ist mit 325 Sonnentagen das sonnenreichste in ganz Frankreich; warme Winde beschleunigen im Sommer das Trocknen der Trauben. Die Weinstile und -bereitungstechniken zeigen viele Gemeinsamkeiten mit dem benachbarten Spanien. Trotz der Hitze gehörten die Kellereien im Roussillon zu den letzten in Frankreich, die Temperaturregelung installierten, und neue Eichenfässer sind eine seltene Extravaganz.

Der Weinbau kam vermutlich über die griechische Kolonie in Marseille im 7. Jh. v. Chr. und wurde von den Römern weiterentwickelt. Höchstwahrscheinlich wurde in dem Bestreben, die süßen Weine der ÄGÄISCHEN INSELN nachzuahmen, zuerst die Muskatellerrebe angebaut. Das Gebiet von RIVESALTES hat sich mit seinem MUSCAT schon im 14. Jh. eine große Reputation erworben, vermutlich schon früher als FRONTIGNAN im Languedoc. Die besondere Süße wurde dadurch erreicht, daß die Muskatellertrauben bis zum Einschrumpfen am Weinstock verblieben, eine Praxis, die mindestens bis zum Ende des 19. Jh. erhalten blieb (siehe WEIN VON ROSINIERTEN TRAUBEN). Das Roussillon wurde zum bedeutendsten Erzeugerland von VINS DOUX NATURELS; BANYULS und in geringerem Umfang auch MAURY übertrafen Rivesaltes zwar an Ansehen, nicht aber an Volumen. Doch diese Spezialisierung erwies sich im 20. Jh. lange Zeit als Nachteil, weil starke, süße Weine völlig aus der Mode kamen und die Tischweine der Gegend, die sich in Farbe und Alkohol eher an spanischen Vorbildern orientierten, nur als Verschnittpartner für die leichteren Gewächse des Languedoc als geeignet angesehen wurden. Die erst 1977 in den Rang einer APPELLATION CONTRÔLÉE erhobenen **Côtes du Roussillon** sind außerhalb der Region, in der sie neben COLLIOURE die einzige AC für Tischwein bilden, noch auf der Suche nach einem Image.

Den Wein gibt es in Weiß, Rosé und Rot, lediglich die Appellation **Côtes du Roussillon-Villages**, die offiziell für die besseren Weine der Gegend vorbehalten ist, gilt nur für Rotwein aus dem nördlichen Drittel der Region unmittelbar südlich von CORBIÈRES und FITOU. Die besten Rotweine stellen sich – wie es die Geographie schon nahelegt – gewissermaßen als spanische Version des Corbières dar. Sie werden meist von der Carignan-Traube gewonnen (die zwar allmählich gerodet wird, im Jahr 1988 aber noch immer jede dritte Rebe im Roussillon stellte), unterstützt durch mindestens 30 % Syrah und Mourvèdre, eventuell auch noch mit kleinen Anteilen durch Grenache, Lladoner Pelut und Cinsaut. Nach spanischem Brauch können bis zu 10 % des Verschnitts vom weißen Maccabéo gebildet werden – allerdings sollte diese Praxis mit dem sich abschwächenden Einfluß von Carignan ebenfalls zurückgehen. Wie im Languedoc wird die KOHLENSÄUREMAISCHUNG viel verwendet, um der Strenge der Carignan-Traube entgegenzuwirken; bei den edleren Sorten finden dagegen zunehmend «traditionellere» Techniken Einsatz. Die Rotweine sind robust, nur selten subtil, aber stets preiswert. Im nördlichen Villages-Bereich haben sich die Orte CARAMANY und LATOUR-DE-FRANCE das Recht verschafft, ihren Namen an die Appellation Côtes du Roussillon-Villages anzufügen, aber nur ein sehr tüchtiger Weinkoster könnte diese beiden Weine aus den anderen herausschmecken. Die Weißweine mit ihrer relativ schwachen Säure sind vielleicht schwieriger zu produzieren, aber auch eigenständiger mit ihrer körperreichen Duftigkeit, die sie den Rebsorten Maccabéo, Malvoisie du Roussillon oder Tourbat (in Sardinien TORBATO), Marsanne, Roussanne und Vermentino verdanken. Auch Grenache Blanc und Carignan Blanc werden in großem Umfang für Weißwein verwendet. Bisher haben noch nicht so viele Weingüter wie in Corbières eine eigene Identität errungen, statt dessen dominieren hier WINZERGENOSSENSCHAFTEN und einige beachtenswerte NÉGOCIANTS.

Viele Erzeuger, vor allem in den Küstenebenen um Rivesaltes, versuchen ihr Glück mit INTERNATIONALEN REBSORTEN wie Chardonnay und Merlot, obschon es hier schwierig sein kann, beim einen die Säure und beim anderen die Fruchtkonzentration zu bewahren. Diese wie einige erstklassige Weißweine, deren Alkoholgehalt die von der AC-Vorschrift gesetzte Grenze von 12,5 % Alkohol überschreiten, kommen meist als VINS DE PAYS des Côtes Catalanes im nördlichen Teil und Vins de Pays Catalan im südlichen Teil auf den Markt. Eigenwillige, jedoch virtuose Erzeuger wie Fernand Vaquer bringen von traditionellen Rebsorten mit niedrigen Erträgen auf terrassierten Weinbergen ganz wundervolle Weine hervor, die jedoch außerhalb der Appellation stehen und daher zu den teuersten VINS DE TABLE Frankreichs zählen. Überhaupt sind die Erzeuger im Roussillon unzufrieden mit den Bestimmungen ihrer Appellationen. Einem System, das im fernen Paris erdacht und vom noch ferneren Brüssel aus verwaltet wird, bringt man oft erhebliche Skepsis entgegen, besonders hier, wo man sich den Menschen in Barcelona näher fühlt.

Ponsich, P., HISTOIRE DE LA VIGNE ET DU VIN EN ROUSSILLON, in Éditions Montalba, *Les vins du Roussillon* (France, 1980).

ROYALTY, auch **Royalty 1390.** Kalifornische Hybridrebsorte; sie ist rotfleischig, also eine TEINTURIER-Sorte. Gezüchtet wurde sie durch Kreuzung der Urahnin aller Färbertrauben, Alicante Ganzin, mit der Jura-Rebsorte TROUSSEAU und 1958 zusammen mit der ähnlichen, aber erfolgreicheren RUBIRED herausgebracht. Viel Königliches hat die im Anbau schwierige Rebsorte freilich nicht an sich, dennoch verfügte sie Anfang der 1990er Jahre noch über einen Bestand von 320 ha, fast ausschließlich im heißen SAN JOAQUIN VALLEY.

RS Abkürzung für RESTSÜSSE, aber auch für Rheinhessen-Silvaner, einen trockenen Weißwein von der SILVANER-Traube, der von mehreren zukunftsorientierten Weinerzeugern in RHEINHESSEN in enger Zusammenarbeit produziert wird.

RUBIRED Die populäre rotfleischige kalifornische Hybridrebe ist das Ergebnis einer Kreuzung der Urahnin aller TEINTURIER-Reben, Alicante Ganzin, mit der Portweinrebsorte TINTA CÃO. Sie kam gleichzeitig mit der ähnlichen, aber nicht so erfolgreichen ROYALTY im Jahr 1958 heraus. Dank guter Erträge und tiefer Farbe ist sie als Verschnittsorte für Wein, kalifornischen Port und Traubensaft sehr beliebt, so daß sie Anfang der 1990er Jahre über 2430 ha Anbaufläche im heißen SAN JOAQUIN VALLEY verfügte. Anders als Royalty läßt sie sich bequem kultivieren und hat sich auch in Australien sehr bewährt.

RUBY siehe PORTWEIN.

RUBY CABERNET Die eine Zeitlang sehr populäre Rotweinrebsorte wurde 1949 in KALIFORNIEN speziell für den dortigen Weinbau gezüchtet. Dr. H. P. Olmo von der Universität Kalifornien in DAVIS (siehe auch EMERALD RIESLING und CARNELIAN) versuchte durch Kreuzung von Carignan mit Cabernet Sauvignon die Charakteristik des letzteren mit dem Ertragsreichtum und der Hitzeverträglichkeit des ersteren zu kombinieren. In den 1960er Jahren erlebte Ruby Cabernet den Höhepunkt seiner Beliebtheit; sie ließ dann aber für sortenreinen Wein wieder nach. Die Sorte hätte ein besseres Schicksal verdient, denn obwohl sie dazu bestimmt war, in warmen Regionen Bordeaux-ähnlichen Wein hervorzubringen, bewährte sie sich im kühleren Küstenklima besser, nur wurde sie in diesen Bereichen nicht wirklich umfassend auf die Probe gestellt. Die Gesamtanbaufläche ist in Kalifornien seit den 1970er Jahren mit knapp 2900 ha, größtenteils im südlichen SAN JOAQUIN VALLEY, praktisch unverändert geblieben. In Südafrika, Lateinamerika und in sehr geringem Umfang auch in Australien wird Ruby Cabernet ebenfalls angebaut.

RUCHÈ, Rouchet, manchmal auch **Roche**. Relativ wenig bekannte Rotweinrebsorte in PIEMONT (Nordwestitalien);

sie erfährt derzeit eine gewisse Wiederbelebung und verfügt um Castagnole Monferrato über einen eigenen DOC-Bereich. Der Wein ist wie der von NEBBIOLO stark duftig, und seine TANNINE verleihen ihm einen fast bitteren Nachgeschmack. Gleave zufolge soll die Sorte im 18. Jh. aus BURGUND eingeführt worden sein.

Gleave, D., et al., *Die Weine Italiens* (Stuttgart, 1990).

RÜCKSCHNITT Ein überschüssiges Triebwachstum, das SCHATTEN verursachen und das SPRITZEN behindern kann, muß zweckmäßigerweise zurückgeschnitten werden. Das geschieht meistens mit einem schleppergetriebenen Gerät, kann aber auch von Hand mit einem Buschmesser oder dergleichen erfolgen. Die Triebe werden dabei auf zehn bis zwanzig KNOTEN bzw. 70–150 cm Länge eingekürzt. Ein Rückschnitt ist vor allem in Weinberganlagen mit hoher PFLANZDICHTE notwendig, um zu verhindern, daß die Triebe die Zeilendurchgänge zuwuchern. Allerdings kann dadurch so starker Nachtrieb angeregt werden, daß im Lauf des Jahres bis zu sechs Rückschnitte vorgenommen werden müssen, insbesondere in Weinbergen, die durch Regen oder Bewässerung gut mit Wasser versorgt sind. Werden die Triebe jedoch zu stark zurückgeschnitten, dann reicht die Laubfläche eventuell nicht mehr aus, um die Trauben ordnungsgemäß zur Reife gelangen zu lassen (siehe LAUB/FRUCHT-VERHÄLTNIS). In diesem Fall entsteht Wein mit geringem Alkoholgehalt, leichterem Körper und hellerer Farbe. Manchmal werden die Rebzeilen oben und seitlich so sauber zurückgestutzt, daß sie wie frisch geschnittene Hecken wirken. R. E. S.

RÜCKSTÄNDE von Agrochemikalien, also Präparaten, die im Weinberg zur Bekämpfung von Schädlingen, Krankheiten und Unkräutern eingesetzt werden, sind auf den Trauben oder im Wein gelegentlich vorzufinden. Allerdings sind Rückstände im Weinbau und im Wein selbst weitgehend anders als sonst in der Landwirtschaft und in der Lebensmittelverarbeitung, weil die Wartezeiten zwischen der Anwendung eines Mittels und der Ernte der Frucht ausgesprochen lang sind, so daß die Mittel stark abgebaut werden können. Der größte Teil der Rückstände wird dann wahrscheinlich nach dem PRESSEN zusammen mit den Schalen aus dem Wein entfernt, weitere setzen sich bei der KLÄRUNG des Mosts ab bzw. werden bei der GÄRUNG und der nachfolgenden FILTRATION ausgeschieden.

PFLANZENSCHUTZMITTEL hinterlassen jedoch vielfach Rückstände oder Nebenprodukte in pflanzlichen oder tierischen Geweben oder in Boden, Wasser und Luft. Manche Mittel werden nach der Anwendung rasch abgebaut; andere (bzw. ihre Nebenprodukte) bleiben oft jahrelang in biologisch aktiver Form erhalten. Derartige Verschmutzungen durch Rückstände können die Gesundheit von Menschen und Haustieren gefährden, späteren Pflanzenwuchs beeinträchtigen und die Umwelt verunreinigen. Übermäßige oder unzulässige Rückstände im Wein durch ungeeignete Pflanzenschutzmittel, falsche Anwendungsmethoden oder Einsatz kurz vor der Lese können auf In- und Auslandsmärkten zu Verboten führen. Auch die Wirkung von Rückständen auf Organismen, auf die sie eigentlich nicht abzielen, muß berücksichtigt werden. So können durch Schädlingsbekämpfungsmittel auch Nützlinge wie Bienen oder natürliche Parasiten und Feinde der Schädlinge mit betroffen sein.

Rückstände von FUNGIZIDEN können – wie Lemperle erläutert – die Wirkung der Hefen im Gärprozeß behindern. Dagegen hat sich jedoch bei umfangreichen Untersuchungen herausgestellt, daß sie keine Wirkung auf den Geschmack oder Geruch der Weine ausüben. Das in manchen Fungiziden enthaltene KUPFER kann sogar durch Reduzierung von SULFIDEN die Weinqualität verbessern; allerdings können SCHWEFEL-Rückstände aus zur Bekämpfung von Pilzkrankheiten im Weinberg eingesetzten Mitteln durch REDUKTION in faul riechenden SCHWEFELWASSERSTOFF verwandelt werden.

Für bestimmte Agrochemikalien oder ihre Metaboliten (Abbauprodukte) sind bei Lebensmitteln von Staats wegen Rückstandsgrenzwerte festgesetzt. Dabei bildet nicht immer nur die Gesundheit des Verbrauchers die Grundlage. Solche Grenzwerte sind leider inzwischen auch als Handelsschranken für protektionistische Zwecke üblich geworden. So kann es z. B. vorkommen, daß ein Land, das frei von bestimmten Rebenkrankheiten ist und daher für die entsprechenden Agrochemikalien keine Rückstandsgrenzwerte kennt, diese für importierte Weine auf Null festsetzt. Siehe auch AGROCHEMIKALIEN. R. E. S. und P. R. D.

Lemperle, E., FUNGICIDE RESIDUES IN MUSTS AND WINE, in R. E. Smart, R. J. Thornton, S. B. Rodriguez und J. E. Young (Hrsg.), *Proceedings of the Second International Symposium for Cool Climate Viticulture and Oenology; 11–15 January 1988 Auckland, New Zealand* (Auckland, 1988).

RUEDA Historischer spanischer Weißweinbereich, benannt nach einer schlichten Stadt in CASTILLA-LEÓN an der Hauptstraße von Madrid nach León. Im Mittelalter florierten Weinberge auf dem öden kastilischen Plateau, und in die Kalksteinfelsen unter der Stadt wurden Keller getrieben. Nachdem aber die REBLAUS das Gebiet verwüstet hatte, verfiel Rueda in schnellen Niedergang. Die auf baldigen Verdienst angewiesenen Winzer bauten nun die PALOMINO-Traube an und produzierten rauhe, aufgespritete Weine nach dem Vorbild von SHERRY.

Über weite Teile des 20. Jh. lag die VERDEJO-Traube in Rueda in einem Dornröschenschlaf, aus dem sie erst in den 1970er Jahren erweckt wurde, als die Bodega Marqués de Riscal aus RIOJA ihr Potential für trockenen Weißwein erkannte und neben ihren Rioja-Rotweinen auch einen frischen Rueda-Weißein ins Programm nahm. 1980 erhielt Rueda DO-Status zugesprochen, und seitdem drängt der örtliche Consejo Regulador die Winzer zu verstärktem Anbau des weniger ertragreichen Verdejo anstelle von Palomino. Derzeit gibt es Rueda in zwei ganz verschiedenen Formen nebeneinander: aufgespriteten und nicht aufgespriteten. Die durch Aufspriten angereicherten Weine sind in zwei verschiedenen Ausführungen auf dem einheimischen Markt weiterhin gefragt: Der Rueda Pálido mit einem ALKOHOLGEHALT von mindestens 14 % entwickelt sich unter einer FLOR-Schicht und ähnelt einem etwas rauhen FINO Sherry; Rueda Dorado hat einen Mindestalkoholgehalt von 15 % und schmeckt wie eine Kreuzung zwischen einem AMONTILLADO Sherry und einem RANCIO, und zwar weil er in großen, in die Sonne gestellten Glasballons gealtert wird.

Im Gegensatz hierzu ist der moderne Rueda ein leichter, fruchtiger, trockener Weißwein. Er kann einen Verschnitt von VIURA und Verdejo darstellen, wobei auf den letzteren mindestens 25 % Anteil an der Mischung entfallen. Rueda Superior muß mindestens 60 % Verdejo enthalten. In dem Maß, wie immer mehr Winzer ihre Weinberge umstellen, kommen immer mehr SORTENREINE Weine zustande. Auch SAUVIGNON BLANC wird in Rueda seit seiner Einführung durch Marqués de Riscal zu Anfang der 1980er Jahre angebaut, und es sind schon feine Weine entstanden.

TEMPRANILLO bringt in diesem Bereich typisch feste Rotweine hervor; da sie aber in der DO-Regel nicht vorgesehen sind, dürfen sie den Namen Rueda nicht tragen. R. J. M.

RUFFIAC, auch **Arrufiac,** eine historische Weißweinrebsorte, die derzeit in der Gascogne (SÜDWESTFRANKREICH) eine bescheidene Renaissance erlebt. Dadurch, daß sie im PACHERENC DU VIC-BILH den Anteil bildet, der ihn von dem recht ähnlich aufgebauten JURANÇON unterscheidet, wurde die Traube durch André Dubosc von der WINZERGENOSSENSCHAFT Plaimont vor dem Vergessen bewahrt.

RÜHREN siehe AUFRÜHREN.

RULÄNDER ist der in Deutschland hauptsächlich gebräuchliche Name des Grauburgunders (PINOT GRIS), der zu Beginn der 18. Jh. in der Pfalz durch den Weinkaufmann Johann Seger Ruland vermehrt wurde. Seit der Mitte der 1980er Jahre benutzen manche Weinerzeuger in Deutschland diesen Namen zur Unterscheidung süßerer, oft von edelfaulen Trauben gewonnener Weine von trocken ausgebauten, die sie als Grauburgunder bezeichnen. Ruländer braucht eine gute Lage mit tiefgründigem Boden, um den massiven Extraktgehalt zu erreichen, den er zuwege bringen kann. Er erlangt in gleicher Lage ohne weiteres viel höhere MOSTGEWICHTE als RIESLING, allerdings steht er aber nur selten in Lagenkonkurrenz mit diesem. Ruländer wird in den meisten deutschen Anbaugebieten kultiviert und hat besondere Bedeutung im Osten und im Süden; an der Mosel kommt er selten vor. Über die Hälfte der deutschen Ruländer-Anbaufläche befindet sich im relativ warmen Anbaugebiet BADEN; in RHEINHESSEN und der PFALZ gibt es ebenfalls einige hundert Hektar. Seiner fetten Art wegen ist er als trockener Wein in Deutschland recht erfolgreich.

In den meisten deutschsprachigen Gebieten, d. h. nicht nur in Deutschland, sondern auch in Österreich und Südtirol, gilt der Ruländer jedoch allgemein als nicht so vornehm wie der Weißburgunder (PINOT BLANC), obwohl er ohne weiteres Reifegrade erreicht, die ihm ein hohes PRÄDIKAT eintragen und seinem vollen, würzigen Charakter Geltung verschaffen. In Österreich, wo seine Weine meist noch erdiger und voller ausfallen als in Deutschland, heißt die Sorte ebenfalls Ruländer und ist weniger stark verbreitet als Weißburgunder; auf sie entfällt nur 1 % der Gesamtrebfläche, vorwiegend in der Steiermark und im Burgenland.

Auch für den in RUMÄNIEN verbreitet angebauten Pinot Gris ist dort zum Teil der Name Ruländer gebräuchlich.

RULLY Ein weitläufiger Ort an der CÔTE CHALONNAISE in Burgund mit Rot- und Weißwein in etwa gleichen Mengen. Die Weine wachsen auf leichtem und sandigem Boden, sind daher früh ansprechend, halten sich aber auf längere Dauer nicht besonders gut. Rully ist auch eine gute Quelle für den Schaumwein CRÉMANT de Bourgogne. Neunzehn Lagen in der Gemarkung – ein Sechstel der Gesamtrebfläche – tragen die Bezeichnung PREMIER CRU, davon sind Grésigny, Rabourcé und Les Cloux am häufigsten anzutreffen. J. T. C. M.

RUMÄNIEN Das Land hat von allen Staaten Osteuropas die größte Rebfläche aufzuweisen – 1992 waren es knapp 200 000 ha. In dieser Hinsicht kommt ihm nur das benachbarte Moldova nahe, mit dem Rumänien starke historische und kulturelle Bande verknüpfen. Der östliche Teil der früheren Provinz Moldawien, auch Bessarabien genannt, wurde im 2. Weltkrieg von der damaligen Sowjetunion annektiert und ist jetzt eine unabhängige Republik (siehe MOLDOVA), in der Rumänisch gesprochen wird.

Historisches

Die Küstenregion Rumäniens, die heutige Dobrudscha, wurde im 7. Jh. v. Chr. von Griechen besiedelt, und sie dürften auch den Weinbau hierhergebracht haben; jedenfalls war er in Tirnave, Odobesti und Dragasani bereits fest etabliert, als dieses Gebiet im 1. Jh. n. Chr. zur Provinz Dakien gehörte. Archäologische Funde lassen darauf schließen, daß der Rebenanbau in Rumänien vielleicht eine 6000jährige Geschichte hat.

Im Lauf der Jahrhunderte geriet die Region unter verschiedene kulturelle Einflüsse, darunter von osmanischen Türken, Russen und Österreichern, doch der Weinbau scheint sich ohne Unterbrechung gehalten zu haben. Als eine größere politische Einheit, bestehend aus den alten Fürstentümern Walachei und Moldawien, existiert Rumänien erst seit 1861. Damals begann die Gesamtrebfläche

von 95 000 ha zu wachsen und erreichte 1884 rund 150 000 ha; dann aber nahm die REBLAUS ihr Zerstörungswerk in den Weinbergen Rumäniens auf. Als Folge hiervon beherrschten im Jahr 1930 schließlich resistente HYBRIDREBEN die Weinproduktion.

Von 1947 bis 1989 war Rumänien eine sozialistische Republik, und in den 1950er und 1960er Jahren wurde in dem Bestreben nach Produktionssteigerung die Rebfläche erweitert und betrug 1972 insgesamt 340 000 ha. Unmittelbar vor der Revolution im Dezember 1989 war diese Ziffer weitgehend infolge der Rodung von Hybridreben wieder auf rund 275 000 ha abgesunken. Im Lauf der kommunistischen Periode vergrößerte der Staat seinen Anteil am Weinbergbesitz allmählich bis auf 30 % der Gesamtrebfläche am Ende der 1980er Jahre. Weitere 60 % befanden sich in der Hand von Genossenschaften, so daß nur 10 % in Privatbesitz und bei den staatlich finanzierten Weinbauinstituten verblieben.

Die Rumänen haben stets ihren eigenen Wein mit sehr viel mehr Begeisterung konsumiert, als es in anderen Ostblockstaaten der Fall war. Während Bulgarien und Ungarn fast 90 bzw. 70 % ihrer Weinproduktion exportierten, verkaufte Rumänien zu Beginn der 1990er Jahre nur 15 % ins Ausland. Allerdings wurden dann in der nachkommunistischen Zeit größere Anstrengungen unternommen, um Rumäniens unterentwickelten Weinbau in den Stand zu versetzen, Devisen zu verdienen.

Zu Beginn der 1990er Jahre wurde die staatliche Exportorganisation unter Beteiligung westeuropäischer Interessenten und einer Reihe von am Kapital beteiligten Kellereien in eine Privatgesellschaft umgewandelt.

Geographie und Klima

Mit Ausnahme der Küstenebene am Schwarzen Meer ist das Land von Gebirgen beherrscht – den von Norden nach Süden verlaufenden Südkarpaten und den von Osten nach Westen gerichteten Siebenbürger Alpen, deren Durchschnittshöhe bei etwa 1000 m liegt. Die Tiefebene der Walachei erstreckt sich südwärts zur Donau und nach Bulgarien, während sich zwischen den Bergen und Ungarn die

Pannonische Tiefebene nach Osten hinzieht. Rumäniens Weinbaugebiete sind weit über das Land verstreut.

Rumänien liegt ungefähr auf derselben Spanne von Breitengraden wie Frankreich, doch das Klima ist sehr viel extremer, weitgehend KONTINENTAL, aber der Einfluß des Schwarzen Meers trägt dazu bei, die Wintertemperaturen in der Dobrudscha an der Küste zu mäßigen. In der Wachstumsperiode sind die Temperaturen hoch, jedoch nur selten übermäßig heiß, und Regenfälle sind in den meisten Weinbaugebieten zur Lesezeit ungewöhnlich.

Weinbau

Traditionell wurden hier die Reben im GOBELET-System oder in dem an der Mosel gebräuchlichen Halb-, Doppel- oder Mehrfachbogensystem erzogen; so ist es heute noch in Odobesti üblich. Nach dem Ende der 1950er Jahre führte ein staatlicher Plan, die Deviseneinkünfte über aus dem Export finanzierte Forschungen zu steigern, zur Einführung eindrucksvoller, sauberer Drahtrahmensysteme mit Betonpfosten und Erziehung im GUYOT-, LENZ-MOSER- oder SYLVOZ-System. Die Erträge liegen niedrig, im Durchschnitt bei nur 26 hl/ha, was aber in manchen Fällen eher auf alte, schlecht gepflegte Rebbestände als auf ertragsregulierende Schnittechniken zurückzuführen ist.

Bewässerung wird in manchen Jahren insbesondere in den sandigen Gegenden entlang der Donau, in Murfatlar, im Banat, im Valea lui Mihai sowie in geringerem Umfang in Minis und Husi eingesetzt.

Die Winter sind in Rumänien oft sehr streng, doch in vielen der älteren Weinbaugebiete gewährt das MESOKLIMA einigen Schutz. In neueren Gegenden wie Stefanesti-Arges dienen Bäume als WINDBRECHER. Auf besonders frostgefährdeten Talsohlen wird der Weinbau aufgegeben, und an anderen Stellen werden die Erziehungssysteme so gewählt, daß sie einen Schutz gegen Frostschäden bilden.

Weinbereitung

Vielen Genossenschaftskellereien fehlt es noch an Temperaturregelungseinrichtung, dagegen stehen in den früheren staatlichen Weinkellereien, die für die Qualitätsweinproduktion arbeiteten, voll temperaturgeregelte Edelstahltanks zur Verfügung. In Zusammenarbeit mit der Universität Craiova wurden spezielle ROTOFERMENTER gebaut und für einen großen Teil der rumänischen Rotweine und für aromatische Weißweine verwendet.

ABBEEREN ist bei Weinen besserer Qualität vorgeschrieben. In den unreifsten Jahren dürfen alle Weine, ausgenommen Qualitätsweine, mit Zucker angereichert werden (allerdings nicht Süßweine). Unter bestimmten Umständen ist AZIDIFIKATION zulässig, freilich besteht in Siebenbürgen und Moldawien wenig Bedarf dafür. Eher sind Experimente mit der ENTSÄUERUNG mancher Weine von Iasi unternommen worden, die eine GESAMTSÄURE von 15 g/l, ausgedrückt als Weinsäure, aufwiesen.

Wenn Ausbau in Eichenfässern erfolgt, dann gewöhnlich in großen alten aus karpatischer Eiche. Zu Beginn der 1990er Jahre bestand Knappheit an modernen Abfüllanlagen.

Rebsorten

Rumänien ist bekannt für die große Zahl und den Umfang an Weinrebensammlungen; auch verfügt es über eine breite Palette an Rebsorten, viele davon reine Lokalspezialitäten. Im Hinblick auf die Exportmärkte sind die Rumänen aber besonders stolz auf ihre CABERNET-SAUVIGNON-Pflanzungen, die sich zu Anfang der 1990er Jahre auf insgesamt 7200 ha beliefen – das ist mehr als in irgendeinem anderen Land außer Frankreich, den USA und Chile und doppelt soviel wie in Bulgarien, das sich mit dieser Rebsorte einen so erfolgreichen Exportmarkt geschaffen hat.

Die bei weitem meistangebauten Rebsorten sind die beiden FETEASCAS: Feteasca Alba und eine Neuzüchtung aus dem Jahr 1930 namens Feteasca Regala; beide bringen duftige Weißweine in unterschiedlichen Süße- und Qualitätsgraden hervor. Riesling Italico oder WELSCHRIESLING ist die nächstmeist angebaute Rebsorte, aber auch der weiße ALIGOTÉ aus Burgund und der rote MERLOT aus Bordeaux verfügen über jeweils mehr als 10 000 ha. Weitere internationale Rebsorten von Bedeutung sind SAUVIGNON BLANC, PINOT GRIS, RKATSITELI, MUSCAT OTTONEL und GEWÜRZTRAMINER bei den Weißweintrauben und PINOT NOIR bei den Rotweintrauben. Der CHARDONNAY-Bestand belief sich 1990 auf knapp 1000 ha.

In größerem Umfang angebaute spezifisch rumänische Rebsorten sind u. a. die «fette» Grasa und die «weihrauchduftige» TAMÎIOASA Romaneasca von COTNARI sowie die Galbena von Odobesti, die leichte, frische Weißweine mit relativ großer Lebensdauer hervorbringt. Von den dunklen Rebsorten ist Rosioara für Alltagswein recht verbreitet, Babeasca bringt leichte, fruchtige Rotweine hervor, und Feteasca Neagra kann tiefdunkle, gut haltbare Rotweine liefern.

Weitere verbreitete rumänische Spezialitäten sind Majarca Alba und Steinschiller Roz (im Banat), Plavaie in Odobesti, Berbecel in Drincea, ein Pinot-Blanc-Klon namens Selection Carriere in Ivesti und Crimposie in Dragasani.

Kleinere Bestände gibt es außerdem von KÉKOPORTO (öfters nur Oporto genannt) und einem Pinot-Noir-Klon namens Burgund Mare («großer Burgunder»), dessen Trauben sich durch gute Farbe und Fäuleresistenz auszeichnen.

Die rumänischen Weinbauforschungsstationen haben sich seit eh und je stark mit Neuzüchtungen befaßt; dabei entstanden u. a. Columna, eine Kreuzung Pinot Gris × Grasa, sowie die Rotweintraube Codana.

Weingesetze

Rumänien hat ein relativ ausgeklügeltes Weingesetz entwikkelt, das sich wie das DEUTSCHE WEINGESETZ auf MOSTGE-

WICHTE stützt. Das ursprüngliche Gesetz wurde 1972 und 1975 von der EUROPÄISCHEN UNION anerkannt, befand sich aber in der Mitte der 1990er Jahre in Bearbeitung und dürfte sich einigermaßen ändern. *Vin de masa* ist einfachster Wein für den lokalen Konsum. VS besteht aus Traubengut, das um eine Stufe höher liegt, und muß einen POTENTIELLEN ALKOHOLGEHALT von 10,5 % aufweisen; VSO-Wein hat Anspruch auf eine Herkunftsbezeichnung und muß aus bestimmten Rebsorten gekeltert sein. VSOC-Weine bilden die Spitzenklasse; es gibt sie in drei Qualitätskategorien: Spätlese (CMD), Auslese mit EDELFÄULE (CMI) und Beerenauslese mit Edelfäule (CIB – manchmal mit Sélection de Grains Nobles übersetzt) mit einer Mindest-RESTSÜSSE von 60 g/l. Für diese Stufen sind Mostgewichte von mindestens 95, 100 bzw. 112° OCHSLE erforderlich.

Weinbauregionen

Der Weinbau Rumäniens läßt sich in acht bestimmte Gebiete einteilen: die Siebenbürgische Hochebene im Zentrum, die Pannonische Ebene an der ungarischen Grenze in der alten Provinz Crisana, die Moldauberge an den Osthängen der Karpaten, die warme Zentralregion Muntenien in den Südkarpaten, die Berge Olteniens unmittelbar westlich davon, die Banater Berge an der Grenze zu Serbien, die Hügel der Dobrudscha zwischen der Donau und dem Schwarzen Meer und die flacheren Donau-Terrassen.

Siebenbürgen Die hochgelegene Zentralregion bringt fast ausschließlich Weißwein hervor. Der älteste und wichtigste Weinbaubereich ist **Tirnave**, auch **Tarnave** genannt. Hier befinden sich mit die kühlsten Weinlagen Rumäniens in Höhen bis 300 m und an Hängen, die in ihrer Steilheit denen an der Mosel durchaus nahekommen. (Auch haben die Weißweine dieser Gegend eine ansprechende Mosel-ähnliche Säure; hierin spiegelt sich der Zuzug der Siebenbürger Sachsen im Mittelalter, die zum Teil auch von der Mosel kamen.) Eine der verbreitetsten Rebsorten ist Feteasca Regala, hier auch Danasana genannt, denn sie wurde in dem siebenbürgischen Ort Danes gezüchtet. Feteasca Alba, aber auch Welschriesling, Muscat Ottonel und die österreichische Sorte NEUBURGER werden viel angebaut. Die Weinstile halten sich ziemlich stark an das deutsche Vorbild; es werden auch Schaumweine hergestellt. Wein aus Siebenbürgen kostete um 1840 in London 2 £ die Kiste.

An Südhängen im Bereich **Alba Iulia** am Mures kommen die Reben in den Genuß eines allgemein wärmeren Herbstwetters. **Aiud** ist die Heimat der historischen Weinbauforschungsanstalt Rumäniens und produziert schon seit langem feine Weißweine, darunter heute auch einen mit FLOR-Hefe gewonnenen Sherry-artigen Stil.

Im äußersten Süden Siebenbürgens liegen die Bereiche **Sebes** und **Apold de Sus**, wo infolge der Nähe des Gebirges im Süden die Temperaturen allgemein etwas niedriger liegen. In Apold erbringt die Iordana-Rebe alkoholschwachen, säurereichen Wein, der vor allem zu Schaumwein verarbeitet wird.

Der Bereich **Bistrita-Lechinta** ist die nördlichste und feuchteste Weinbaugegend Siebenbürgens. Der durch BODENEROSION stark felsige Boden der Weinbergterrassen an Südhängen unterstützt mit der von ihm reflektierten Wärme den Reifevorgang der Trauben.

Crisana Das weit im Westen gelegene Gebiet unterliegt teilweise dem klimatischen Einfluß der Adria. Das gilt besonders für **Minis** im Süden, dessen Weine seit dem 15. Jh. hohes Renommee genießen. Im Frühling ist es an den Süd- und Südwesthängen der Ausläufer des Zarand-Gebirges so mild, daß der AUSTRIEB viel früher erfolgt als im übrigen Rumänien. Im Jahresdurchschnitt fallen 600 mm Niederschlag, während der Wachstumsperiode jedoch gelegentlich nur 200 mm. Hier gibt es unterschiedliche Böden, u. a. VULKANISCHE, SCHIEFER, KALKSTEIN, aber auch KIES, TON und Eisenoxid. Diese Gegend ist eine der wenigen in Crisana, die für Rotwein, insbesondere von der Cadarca-Traube, bekannt sind (in Ungarn KADARKA). Als traditionelle Weißweinrebsorte liefert im Bereich Maderat die Mustoasa leichten, frischen Wein. Cabernet Sauvignon, Merlot, Welschriesling, Muscat Ottonel und Feteasca Regala wurden erst vor relativ kurzer Zeit eingeführt.

Zum Bereich **Silvania** nördlich von Siebenbürgen gehören die Weinberge von Zalau, Samsud, Simleul, Silvaniei und Ratesti; das Klima ist hier im Schutz des Mezes-Gebirges recht mild, so daß die Winter in diesen lieblichen, manchmal aber auch mit schluchtartig steilen Wänden versehenen Tälern weniger streng ausfallen. Ardeleanca ist hier als Lokalrebsorte verbreitet, doch in jüngerer Zeit werden auch die beiden Feteasca-Sorten und Iordana kultiviert. Auch im Bereich **Diosig** an der Grenze zu UNGARN ist Ardeleanca offiziell zugelassen; diese Gegend ist allerdings für sehr schlichten Wein und TAFELTRAUBEN von fetteren Böden am bekanntesten. Das gilt auch für das **Valea lui Mihai** an der ungarischen Grenze, wo der lockere Sandboden im wesentlichen die Fortsetzung der Ungarischen Tiefebene bildet; hier werden vor allem einfache Weißweinreben und Hybriden angebaut.

Moldawien (siehe auch MOLDOVA) Der möglicherweise älteste und sicherlich berühmteste Weinbaubereich Rumäniens ist COTNARI, dessen goldener Nektar früher einmal mindestens genauso gefragt war wie der TOKAJER und der CONSTANTIA. Die Weinberge liegen meist in Höhen von 100–400 m in nach Süden oder Südwesten offenen Amphitheatern, die Schutz gegen die strengen Nordwinde bieten. Die Gegend verzeichnet im Jahresdurchschnitt über zweitausend Sonnenscheinstunden, und die jährlichen Niederschläge betragen nur etwa 550 mm. Als Bodentypen kommen RENDZINA, Schwarzerde und Podsol vor. Die Rebsorte Grasa erbringt hier mit Unterstützung durch Tamîioasa die

Traubenornamente an einem Haus in Hogilag im Weinbaubereich Tirnave (RUMÄNIEN).

besten süßen Weine, aber auch Muscat Ottonel wird neben Feteasca Alba, Frincusa und der mit ihr verwandten Tîrtara angebaut; sie alle liefern schlichtere trockene bis liebliche Weine.

Iasi ist die historische Hauptstadt Moldawiens und ein bedeutender Handelsknotenpunkt zwischen Ost und West. Auf den umliegenden Hügeln wird traditionell die Feteasca Alba angebaut, vorwiegend für Weine besserer Qualität, daneben auch die Neuzüchtung Feteasca Regala sowie Frincusa, Welschriesling, Aligoté und – ungewöhnlich, aber erfolgreich – Muscadelle. Von Muscat Ottonel wird hier ein Schaumwein gewonnen. Verschiedene Rotweinrebsorten, darunter Merlot und Cabernet Sauvignon, werden um Iasi kultiviert; Babeasca zeigt hier vielleicht ihre schönste Form.

Im nahegelegenen Bereich **Husi** entstehen bei Bohotin süße, duftige, tiefgelbe Weine von der Busuioaca-Traube. Eine weitere Lokalrebsorte, Zghihara, ist verwandt mit Galbena, reift aber früher und erreicht höhere Mostgewichte.

Odobesti, eines der ältesten und größten Zentren des Weinbaus in Rumänien, reicht vermutlich bis in die Römerzeit zurück. Die sanften Südwesthänge sind gegen Norden durch die Karpaten geschützt. Hier werden die Reben traditionell durch ein horizontales sternförmiges Spaliersystem gestützt, das aus bis zu zwanzig dünnen Stangen besteht. Auf den tiefgründigen, fruchtbaren Böden wachsen vor allem einfache Tischweine von der hier heimischen, gegen DÜRRE und GRAUFÄULE empfindlichen Galbena-Traube. Weine in besserer Qualität entstehen von Feteasca Alba, Welschriesling sowie von Sarba, einer 1972 in der Forschungsanstalt Odobesti gezüchteten KREUZUNG Welschriesling × Tamîioasa, die sich durch traubiges Aroma und kräftige Säure auszeichnet. In **Panciu**, unmittelbar nördlich von Odobesti, sind die Winter kälter, die Winde stärker, und es kommt öfter HAGEL vor, hier werden aber einige gute Weiß- und Schaumweine produziert. **Cotesti** südlich von Odobesti ist dagegen eindeutig wärmer und bringt tiefdunkle Rotweine von Merlot, Cabernet Sauvignon, Feteasca Neagra und Babeasca hervor. Östlich von Panciu liegt **Nicoresti**, ebenfalls eine Rotweingegend, die besonders durch Babeasca-Weine bekannt ist.

Auf dem Bilad-Plateau befinden sich der neu anerkannte Bereich **Zeletin** und die Berge von **Tutova**, wo die meisten Weine lediglich Tafelweinstandard darstellen.

In Galati entstehen einige vielversprechende Rot- und Weißweine in den **Bujor**-Bergen im Nordosten sowie in den Sanddünen von **Ivesti**, während aus **Covurlui** Weißweine in besserer Qualität kommen.

Muntenien Auf Südhängen der Karpaten-Ausläufer nördlich von Bukarest befindet sich der umfangreiche, historische, für Rotweine besonders bekannte Bereich **Dealul Mare**, auch Dealu Mare («großer Berg»). Seine Weinberge liegen in Höhen von 130 bis gelegentlich 600 m, geschützt gegen die Winterkälte durch topographische Besonderheiten und günstiges MESOKLIMA. Der Bereich ist in der Hauptsache auf Rotwein konzentriert; im Valea Calugareasca («Tal der Mönche») werden Pinot Noir, Cabernet Sauvignon, Merlot und Feteasca Neagra kultiviert. Allerdings gibt es hier auch gute Weißweine, u. a. Spätlesen von den beiden Cotnari-Hauptrebsorten. Einen besonders guten Ruf genießt Tamîioasa – oft mit EDELFÄULE – aus Pietroasele. An Lokalrebsorten sind hier u. a. Basicata und Gordin, die in Dragasani in Oltenien Slavita bzw. Gordan genannt werden.

Unmittelbar östlich und nordöstlich anschließend wachsen in den **Buzau**-Bergen, einer Fortsetzung von Dealul Mare, Rotweine in guter Qualität von Merlot, Cabernet Sauvignon und «Burgund Mare» sowie Weißweine von Welschriesling, Aligoté, Feteasca und Muscat Ottonel.

Stefanesti-Arges ist ein relativ neuer Weinbaubereich mit einem MAKROKLIMA, das jenem von Moldawien ähnelt. Weinbergterrassen auf Südost- und Südwesthängen, teils im Schutz von neugepflanzten Bäumen angelegt, bringen überwiegend VSO-Weine hervor.

Oltenien Die umfangreichen Weinberge (10 000 ha) von **Dragasani** westlich von Bukarest, die auf die Römerzeit zurückgehen sollen, erstrecken sich 60 km weit in den Ausläufern der Siebenbürger Alpen in Höhen bis zu fast 700 m. Die Niederschlagsmenge beträgt im Durchschnitt über 700 mm, und Hagel bildet oft eine Gefährdung. Die Sauvignon-Rebe bewährt sich hier gut und kann sogar Spätlesen erbringen; eine Reihe von Lokalrebsorten liefert dagegen eher schlichte Weine. Die Spezialität des viel kleineren Bereichs Simburesti ist die Rotweinproduktion. Dasselbe gilt auch für die **Craiova-Berge**, die sich mit ihrem Cabernet Sauvignon einen gewissen Ruf geschaffen haben. **Severin** ist der sonnigste und wärmste Weinbaubereich in den südlichen Karpaten; auch er konzentriert sich auf Rotwein. Die Geschichte des Bereichs **Drincea** geht auf die Zeit vor der REBLAUS zurück. Von den neubepflanzten Südhängen von Vinju Mare kommt inzwischen schwerer Cabernet Sauvignon, grasiger Merlot sowie etwas Pinot Noir.

Banat Einer der wenigen Namen, die auf rumänischen Weinetiketten auch im Ausland Bekanntheit erlangt haben, bezieht sich auf eine Provinz an der Grenze zum ehemaligen Jugoslawien. Hier grenzt **Teremia**, der westlichste Weinbaubereich Rumäniens, an Ungarn und die WOIWODINA. Dicht besetzte Weinpflanzungen auf sandigem Boden bringen überwiegend einfachen Tafelwein hervor. Im nicht so günstigen Klima des südlich anschließenden **Recas** sind Südhänge mit Cabernet Sauvignon, Kadarka, aber auch mit dem besonders erfolgreichen Burgund Mare besetzt, der sich im Bereich **Tirol** weiter südlich ebenfalls bewährt. Im milderen Klima von **Buzias-Silagiu** ist Weißwein die Spezialität, vor allem von der Lokalrebsorte Creata, die hier auf Hängen angebaut wird und weit geringere Erträge erbringt als im Sandboden der Ebene. Der Bereich **Moldova Noua** an der Donau kommt in den Genuß der milderen Winter Rumäniens; hier brauchen die Reben selbst in Höhen von 300 m keinen WINTERSCHUTZ. Angebaut werden Burgund Mare, Cabernet Sauvignon, Merlot und Oporto sowie Feteasca Regala, Welschriesling und Muscat Ottonel.

Dobrudscha Der bedeutendste Weinbaubereich an der Küste ist **Murfatlar**. Die warme Gegend wird durch Brisen vom Schwarzen Meer her gekühlt; an 300 Tagen im Jahr scheint hier die Sonne, und an Niederschlägen fallen zwischen April und Oktober im Durchschnitt nur 150 bis 200 mm. Spätlese ist hier eine Spezialität; die Zuckerkonzentration im Most kann 430 g/l erreichen, allerdings kommt Edelfäule viel seltener vor als in Cotnari. Bereits 1907 wurde Chardonnay eingeführt, und zwar in dem Bestreben, auf dem Kreideboden bestimmter Teile der Gegend etwas Ähnliches wie Champagner zu produzieren. Außerdem sind größere Anpflanzungen an Pinot Gris, Welschriesling, Muscat Ottonel und Sauvignon vorhanden. Pinot Noir und Merlot werden häufig auf Nordhängen angesetzt, damit die REIFE sich verlangsamt; hier entsteht auch eine süße Spätlese von Cabernet Sauvignon.

In **Babadag-Istria** herrscht ein ähnliches Klima wie in Murfatlar; hier entstehen überwiegend Rotweine von Merlot, Cabernet Sauvignon und Burgund Mare, während in den Weinbergen von **Sarica-Niculitel** in den Hügeln über Tulcea und der Donau, kurz bevor sie in das Delta eintritt, Weißweine von Aligoté, Pinot Gris, Muscat Ottonel und Rkatsiteli wachsen. **Ostrov** widmet sich weitgehend dem TAFELTRAUBEN-Anbau, es sind aber auch schon einige Merlot/Cabernet-Rotweine vom Oltina-See in den Export gelangt.

Donau-Terrassen Hier werden vor allem Tafeltrauben angebaut, aber in den Bereichen Dacilor, Calafat, Sadova-Corabia und Braila wird auch etwas Wein produziert. Das Klima ist ähnlich wie in Severin in Oltenien.

Siehe auch COTNARI.

RUPESTRIS In Nordamerika heimische Spezies der Gattung VITIS; sie wird häufig für die Züchtung resistenter VEREDELUNGSUNTERLAGEN und HYBRIDREBEN benutzt.

RÜSSELKÄFER siehe KÄFER.

RUSSIAN RIVER VALLEY Hochwertiger AVA-Bereich in Kalifornien. Siehe SONOMA.

RUSSISCHER SCHAUMWEIN Seit Beginn der 1990er Jahre wird in Übereinstimmung mit den Weingesetzen der EUROPÄISCHEN UNION in Rußland die Bezeichnung «Champanskoe» nicht mehr benutzt. Schon seit dem 18. Jh. wird Schaumwein in Flaschengärung zunächst im zaristischen Rußland, dann in der Sowjetunion und schließlich in der GUS erzeugt. Die stärkste Nachfrage nach Schaumwein herrschte am Ende des 19. Jh.; damals importierte der Hof von Zar Nikolaus II. jährlich 800 000 Flaschen Champagner zumeist der süßen Art. (Damals wurde Champagner im *goût russe* mit 273–330 g/l RESTSÜSSE hergestellt, im Gegensatz dazu verlangte der *goût anglais* 22–66 g/l.)

Hohe Importzölle veranlaßten dann den Aufbau einer einheimischen Schaumweinindustrie, die zunächst mit importiertem französischem Grundwein arbeitete, der im Land nach dem Champagnerverfahren zu Schaumwein verarbeitet wurde. Daraus ergab sich dann auch eine wachstumsträchtige Schaumweinindustrie, die auf Trauben von der KRIM und aus der Umgebung von Odessa in der UKRAINE beruhte, wo Henri ROEDERER aus Reims im Jahr 1896 eine franco-russische Schaumweinkellerei einrichtete.

Heute werden 15 % des russischen Schaumweins nach dem Champagnerverfahren hergestellt, bei dem eine zweite Gärung in der Flasche hervorgerufen wird, auf die dann der Vorschrift nach eine dreijährige TIRAGE folgt. Ein größerer Teil entsteht dagegen durch Zweitgärung im Tank nach dem sogenannten CHARMAT-Verfahren. Eine dritte in der GUS sehr verbreitete Methode ist das russische DURCHLAUFVERFAHREN, bei dem der Schaumwein kontinuierlich unter Druck und nicht in Einzelpartien produziert wird. Die bedeutendsten Produktionszentren befinden sich in RUSSLAND und der Ukraine, wo Schaumwein einen noch höheren Anteil an der Weinproduktion hat. Schätzungen aus dem Jahr 1993 veranschlagten die Jahresproduktion der GUS an Schaumwein auf 240 Millionen Flaschen – das ist etwa ebensoviel wie die Jahresproduktion in der CHAMPAGNE.

Siehe auch SCHAUMWEINHERSTELLUNG.

RUSSLAND Der dominierende Staat in der GUS mit seiner Hauptstadt Moskau ist zwar sehr groß, hat aber keine besonders günstigen Voraussetzungen für den Weinbau aufzuweisen. Die wichtigsten Hinderungsfaktoren sind eine kurze Wachstumsperiode, Mangel an Wasser und hohe Sommertemperaturen. In der GUS steht Rußland als Traubenanbauland hinter MOLDOVA, der UKRAINE und ASERBAIDSCHAN erst an vierter Stelle, ist aber aufgrund von Importen das bei weitem größte Weinerzeugerland. Rußlands Produktion an Wein und Branntwein macht fast 50 % der Gesamtproduktion an Wein, Schaumwein und Branntwein der weinbautreibenden Republiken der ehemaligen Sowjetunion aus. Die russische Weinproduktion belief sich 1990 auf 7,5 Millionen hl – das stellt einen beträchtlichen Rückgang gegenüber den 17 Millionen hl dar, die Anfang der 1980er Jahre produziert wurden, bevor Gorbatschow den Alkoholkonsum drosselte.

Historisches

Süd-Dagestan ist die einzige alte Weinbauregion Rußlands. Dort werden seit über zweitausend Jahren Trauben kultiviert. In anderen Gebieten Nordkaukasiens und der unteren Wolgaregion wurde Weinbau erstmals im 17. bzw. 18. Jh. getrieben. 1613 wurden in Astrachan Weinberge angelegt, die den Haushalt des Zaren mit Früchten und Wein versorgten. Nach 1660 begann der Rebenanbau auch in Kursk, Tambow und in der Umgebung von Tula und Moskau. 1880 kam die REBLAUS nach Rußland und verwüstete den Weinbau.

Die ersten Weinberge in der Zone Anapa in der Region Krasnodar wurden in Pilenkowo angelegt und mit RIESLING und PORTUGIESER bestockt. 1914 belief sich die russische Rebfläche auf 50 000 ha und der Bruttoertrag an Trauben auf 213 000 t. Im 1. Weltkrieg ging in Rußland der Weinbau zurück, und bis 1919 war die Gesamtrebfläche nur noch halb so groß. 1940 nahm sie dann wieder 42 000 ha ein, und eine weitere Vergrößerung fand Ende der 1950er Jahre statt.

Klima und Geographie

Der größte Teil der Ertragsrebfläche befindet sich in Nordkaukasien, fast ganz in Tälern und auf Hängen, die sich für maschinelle Kultivierung eignen. Nur ein kleiner Teil der Weinberge liegt an steileren Hängen im Kaukasus. Das Klima der meisten Weinbaugebiete Rußlands ist ausgesprochen KONTINENTAL; die Winter sind so streng, daß fast die Hälfte aller Reben als WINTERSCHUTZ mit Erde bedeckt werden muß. Die günstigsten Boden- und Klimabedingungen herrschen in Krasnodar und Dagestan mit wirksamen Jahrestemperatursummen von 3600–4000 °C. Noch wichtiger ist, daß es hier im Winter so warm bleibt, daß kein Winterschutz benötigt wird. Der Bezirksagronom F. I. Geiduk am Schwarzen Meer schrieb 1871: «Von allen Weltgegenden ist die Nordwestküste des Kaukasus am besten für den Weinbau geeignet. Hier ist ein neues Kalifornien für Wein. Man könnte kaum noch eine Stelle finden, die auch nur entfernt Ähnlichkeit mit dieser besitzt. Weder Burgund noch die Champagne noch Kachetien in Georgien, ganz zu schweigen von der Krim, können als perfektes Vorbild zur Nachahmung dienen.»

In Nordkaukasien befinden sich über 90 % der russischen Rebfläche, und diese kann in fünf Hauptgebiete des Weinbaus unterteilt werden: die Region Krasnodar, Dagestan, die Region Stawropol, Tschetscheno-Inguschien und die Region Rostow. Nur etwa 5 % der russischen Rebfläche befinden sich in Kabardino-Balkarien und in Nordossetien.

Die große Region Krasnodar unterteilt sich in drei Bereiche: die Anapa-und-Taman-Zone, die Zentral-Schwarzmeer-Zone und die Süd-Schwarzmeer-Zone. Das Klima dieser Gegend ist mild, doch sind durch starke Winde größere Schäden möglich. Die Jahresniederschlagsmenge beträgt im Durchschnitt 400–800 mm und die Temperatur im Jahresmittel 11–14 °C. Die absolute Tiefsttemperatur von –23 °C kommt etwa alle drei bis fünf Jahre einmal vor. Die Schwarzmeerküste hat Kalkschwarzerde in unterschiedlicher Mächtigkeit und verschiedenem Humusgehalt sowie zimtfarbene Böden, und am Nordhang des Kaukasus-Hauptzugs herrschen podsolierte und präkaukasische Schwarzerde (Lößlehm) vor.

Dagestan, ein noch bedeutenderes Weinbaugebiet, liegt im östlichen Teil Nordkaukasiens. Es hat ein mäßig warmes, trockenes, kontinentales Klima. Die Durchschnittstemperatur liegt im Januar im Tiefland um 1 bis 3 °C und in den Bergen um –5 bis –11 °C. Die mittlere Julitemperatur beträgt 24 °C. Die Dauer der frostfreien Zeit beläuft sich im Norden auf 160–180 Tage und im Süden auf 235 bis 240 Tage; die Jahresniederschlagsmenge erreicht 300 bis 600 mm. Kastanienfarbene Auböden und trockene Steppenböden herrschen im Vorgebirgsteil von Dagestan vor, und im gebirgigen Teil finden sich kastanienbraune und Bergwaldböden. Weinberge sind vorwiegend an der Küste des Kaspischen Meers und im Terek-Tal anzutreffen.

Der mittlere Teil der Region Stawropol wird vom Stawropol-Hochland gebildet, das im Osten in die Täler von Terek und Kuma und im Norden in die Kuma- und Manych-Senke übergeht. In den Vorgebirgen im Südwesten ist das Klima kontinental; die wirksame Temperatursumme beläuft sich auf 2600–3300 °C und die Jahresniederschlagsmenge auf 300–600 mm. Der untere Teil weist im Osten Schwarzerde und kastanienfarbenen Boden und im Nordosten hell kastanienbraunen Boden auf. Die Reben benötigen meist Winterschutz und im Nordosten Bewässerung.

Tschetscheno-Inguschien ist allgemein etwas wärmer, doch die Tiefsttemperatur im Winter liegt bei –30 °C. Der Weinbau befindet sich auf kastanienfarbigem Auboden und Schwemmlandboden sowie auf alkalisierter Schwarzerde.

Die Region Rostow weist trockene, heiße Sommer und frostkalte Winter auf. Die durchschnittliche Jahresniederschlagsmenge nimmt von Westen (650 mm) nach Osten (400 mm) hin ab. Die aktive Temperatursumme beträgt 3350 °C, wobei im Winter gelegentlich Tiefsttemperaturen von –28 °C vorkommen.

Weinwirtschaft

Am Ende der 1970er Jahre verfügte Rußland über eine Rebfläche von knapp 300 000 ha, doch am Ende des Jahres 1990 belief sich der Bestand nach Gorbatschows Antialkoholaktion in Dagestan auf 54 600 ha, in Krasnodar auf 48 000 ha, in Stawropol auf 13 900 ha, in Rostow auf 12 700 ha, in Tschetscheno-Inguschien auf 14 400 ha und in Kabardino-Balkarien auf 1400 ha. Kleine Rebflächen sind auch in Nordossetien, an der unteren und mittleren Wolga und an der Küste anzutreffen.

Staatliche Landwirtschaftsbetriebe bewirtschaften 90 %, während 6 % Kollektiven und 4 % Einzelbesitzern gehören. In Rußland bauen um die Mitte der 1990er Jahre 235 staatliche Landwirtschaftsbetriebe mit je etwa 800 ha Fläche Wein. Die in Nordkaukasien angebauten Trauben werden vorwiegend von staatlichen Kellereien verarbeitet; 42 Sekundärverarbeitungsbetriebe, wo der Wein fertigbehandelt und abgefüllt wird, befinden sich in der Nähe der großen Bevölkerungszentren (siehe GUS). Importe von Wein und TRAUBENKONZENTRAT werden von 50 Weinunternehmen verarbeitet, von denen die größten in Moskau, St. Petersburg, Rostow am Don, Krasnodar und Stawropol ansässig sind. Die besten trockenen Tischweine Rußlands kommen aus dem Tal des Don, von der Schwarzmeerküste des Kaukasus, aus Süd-Dagestan und aus der Vorgebirgsgegend der Region Stawropol. An Rebsorten herrschen ALIGOTÉ, RIESLING und CABERNET vor.

Dessertweine werden in den Tälern von Don und Kuban, in der Region Stawropol, in Dagestan und Kabardino-Balkarien produziert.

Schaumwein hat in Rußland große Bedeutung. Die größten Schaumweinproduktionsstätten befinden sich in Moskau (mit einer Jahreskapazität von 20 Millionen Flaschen), Rostow am Don (16 Millionen), St. Petersburg (10 Millionen) und Nischnij-Nowgorod und Zsimljansk (je 9 Millionen Flaschen). Die Kellerei Abrau-Durso produziert RUSSISCHEN SCHAUMWEIN in Flaschengärung (nach dem Champagnerverfahren).

Weinbau

Die REBENERZIEHUNGSSYSTEME haben sich im Lauf des 20. Jh. stark verändert. Hohe Pflanzdichte (5000–10 000 Reben/ha) und Einzelpfähle wurden durch UNTERSTÜTZUNGSSYSTEME mit breiteren Rebzeilen ersetzt. Die vielen Pflanzungen, die Winterschutz benötigen, werden entweder mit langen oder mittellangen Trieben in einer Richtung erzogen, die dann von einer Legemaschine mit Erde bedeckt werden können, oder sie besitzen einen kurzen Stamm und werden im Winter angehäufelt. Der Zeilen- und Stockabstand beträgt 2,5–3 m bzw. 1,25–2 m.

In wärmeren Gegenden, wo kein Winterschutz benötigt wird, gibt es oft Bewässerungssysteme, sofern ausreichende Wasservorräte zur Verfügung stehen. Hier werden die Stämme besonders wuchskräftiger Reben auf 1,20 m Höhe gezogen und die Triebe vertikal geheftet, wobei die Triebspitzen frei herabhängen; solche Anpflanzungen werden in Zeilen mit 3 und 4 m Abstand angelegt. Auf nicht bewässertem Gelände sind mittlere bis hohe Stämme mit Zeilen- bzw. Stockabständen von 2,5–3 m bzw. 1,25–2 m üblich.

Rebsorten

Der Rebsortenbestand in den Weinbergen Rußlands ist äußerst vielfältig; 1992 waren 100 Rebsorten zum Anbau zugelassen. Je nach Region sind 70–85 % der Rebfläche mit Weintrauben besetzt; auf Tafeltrauben entfallen 15–30 %. Von allen in Rußland kultivierten Rebsorten ist RKATSITELI mit 45–50 % die meistangebaute; diese Traube ermöglicht verschiedene Anbauformen und Weinstile. Ebenfalls stark verbreitet sind ALIGOTÉ, RIESLING, CLAIRETTE, CABERNET SAUVIGNON, TRAMINER, MUSKATELLER, SILVANER, SAPERAVI, MERLOT, PINOT GRIS sowie die in Moldova heimische PLAVAI und die rote Lokalrebsorte Zimljanskij.

In jüngerer Zeit wurden vom Forschungsinstitut Potapenko für Weinbau und Ökologie NEUE REBSORTEN mit verbesserter Widerstandsfähigkeit gegen PILZKRANKHEITEN und FROST freigegeben. Unter den für die Weinproduktion bestimmten Sorten sind Saperavi Severny und CABERNET SEVERNY am bemerkenswertesten. Sie und andere Neuzüchtungen wie Stepniak und Fioletovy Ranni verfügen in verschiedenen russischen Landwirtschaftsbetrieben über eine Anbaufläche von zusammen 10 000 ha. Durch verbreiteten Anbau dieser Neuzüchtungen konnte der Weinbau ohne Winterschutz beträchtlich ausgeweitet werden.

Zu Beginn der 1990er Jahre gab es eine beträchtliche Vergrößerung der Gesamtrebfläche mit neuen Massenträgersorten wie Vydvizhenets sowie mit Sorten, die sich für die Weinbereitung und als Tafeltrauben eignen, z. B. Muscat Derbentski und Zala Gyöngye, aber auch mit einheimischen Rebsorten für die Weinbereitung mit kontrollierter Appellation wie Sibirkovy, Zimljanskij Cherny, Plechistic, Narma und Güliabi Daghestanski. V. R.

Negrul, A. M., *Weinbau mit den Grundprinzipien der Ampelographie und Rebenzüchtung* (russ.) (Moskau, 1959).

Traditionelles RÜTTELN von Hand zum Ansammeln des Bodensatzes, der sich bei der Schaumweinbereitung nach dem Champagnerverfahren nach der Zweitgärung in der Flasche bildet.

Shesterkina, V. N., Kolomiyets, V. A., und Rogozhine, T. P., *Die Spezialisierung agro-industrieller Unternehmen in Weinbau und Ökologie* (russ.) (Moskau, 1988).

Zakharova, E.I., DIE RUSSISCHE SOZIALISTISCHE FÖDERATIVE SOWJETREPUBLIK (russ.), in A. I. Timush (Hrsg.), *Enzyklopädie des Weinbaus* (Kischinew, 1987).

RUST Durch ihre süßen weißen AUSBRUCH-Weine berühmte Stadt am Westufer des NEUSIEDLERSEES in der Weinbauregion Burgenland in ÖSTERREICH.

RUTHERFORD Bedeutendes Weinerzeugungsgebiet im NAPA Valley (Kalifornien).

RUTHERGLEN Kleine Stadt im Nordosten von VICTORIA, gewissermaßen Australiens Antwort auf PORTO. Hier werden die charaktervollen alkoholangereicherten australischen Weine LIQUEUR MUSCAT und Liqueur Tokay produziert.

RÜTTELN Wichtiger Arbeitsvorgang bei der SCHAUMWEINHERSTELLUNG nach dem traditionellen Champagnerverfahren; der französische Ausdruck lautet *remuage.* Dabei geht es darum, den nach der Zweitgärung in der Flasche entstandenen Bodensatz zu lösen und in den Hals der auf den Kopf gestellten Flasche gleiten zu lassen. Dies geschieht traditionell von Hand am **Rüttelpult** *(pupitre)*, jedoch gibt es Alternativtechniken, die diesen zeitraubenden Arbeitsgang inzwischen durch Maschinen sehr viel schneller ausführen lassen (siehe GYROPALETTE).

RUWER Der 40 km lange Fluß entspringt im Hunsrück und mündet unterhalb von Trier in die Mosel. In den letzten Jahren sind hier etliche Weinberge vom Wohnungsbau verdrängt worden; in den 1960er Jahren hat sich die Rebfläche nicht wie im Hauptteil des Anbaugebiets MOSEL-SAAR-RUWER erweitert. In den (früher in Kirchenbesitz befindlichen) Steillagen bei Eitelsbach, Maximin Grünhaus und Kasel wachsen in guten Jahren Rieslinge, die zu den besten Deutschlands zählen. Sie sind in der Struktur ähnlich wie die von der SAAR, jedoch verleiht ihnen eine Spur Erdigkeit eine individuelle Note. I. J.

S

SAALE-UNSTRUT Anbaugebiet im Osten DEUTSCHLANDS (siehe Karte Seite 315). Die terrassierten, manchmal vereinzelt gelegenen Weinberge beginnen sich allmählich aus dem benachteiligten Zustand zu erholen, in dem sie sich aufgrund der Vernachlässigung durch das frühere Regime befanden. Die wichtigsten Erzeuger sind das dem Land Sachsen-Anhalt gehörende Landesweingut Naumburg und die Genossenschaftskellerei in Freyburg. Alle Weine von Müller-Thurgau, Silvaner, Bacchus, Gutedel, Weißburgunder und anderen Rebsorten sind trocken ausgegoren. Das sehr weit im Norden gelegene Anbaugebiet hat KONTINENTALES KLIMA mit starker Frostgefährdung. Die vielen Bestandslücken in den Weinbergen und die Jahresniederschlagsmenge von lediglich 450 mm tragen gemeinsam zu geringen Hektarerträgen (30–35 hl/ha) bei. So entstehen von Natur aus nicht sehr alkoholstarke, aber extraktreiche Weine. Wie es heißt, verleiht ihnen der kalkhaltige Boden besonders kräftigen KÖRPER, so daß sie ausgewogener erscheinen als mancher Mosel. I. J.

SAAR Der Fluß entspringt in den Vogesen und mündet bei Konz in die MOSEL. Ab Serrig flußabwärts wächst Riesling auf Schieferboden und bringt stahlige, feste Weine mit kräftigem Aroma und nachhaltigem Geschmack hervor. In guten Jahren gehören sie zu den erfolgreichsten Gewächsen aus dem deutschen Anbaugebiet MOSEL-SAAR-RUWER. In minderen Jahren bringen allerdings nur Spitzenweingüter oder Erzeuger mit besonders günstigen Lagen wirklich gute Weine zuwege. Der Rest der Erzeugung fließt dann meist in die Sektproduktion ein. In Deutschland hat Riesling-SEKT von der Saar einen guten Ruf und eine fest etablierte Marktposition.

Siehe auch RUWER. I. J.

SACCHAROMYCES siehe HEFE.

SACCHAROSE Die auch als Rohrzucker bekannte verbreitetste Zuckerart kommt in Pflanzen allgemein vor, weil sie für den Energie- und Kohlenstofftransport im PHLOEM bevorzugt wird (bei manchen Spezies von *Prunus* dient Sorbit diesem Zweck). Die Saccharose, ein Disaccharid, ist eine nichtreduzierende Verbindung und besteht aus einer an eine FRUCTOSE angelagerten GLUCOSE (beides reduzierende Zucker). Die Spaltung (Hydrolyse) der Saccharose wird durch das Enzym INVERTASE bewirkt, das die Saccharose zu den beiden Hexosen «invertiert». Invertase kommt in der Rebe in den Zellwandräumen vor, jedoch nicht in denen der Blätter, daher ist Saccharose in der Rebe vor allem auf die Blätter und die Leitbündel im Phloem beschränkt. In den Weinbeeren ist Invertase sowohl in den Zellwänden als auch in den Vakuolen reichlich anwesend, daher sammeln sich in den Beeren vorwiegend Glucose und Fructose als Zucker an. B. G. C.

SACHSEN Das kleinste und nördlichste deutsche Anbaugebiet trägt auch den Namen Elbtal; hier wurde 1811/1812 die erste deutsche Weinbaufachschule eingerichtet. Etwa 300 ha Rebfläche erstrecken sich an der Elbe entlang von Pillnitz am Südrand von Dresden bis Diesbar nördlich von Meißen (siehe Karte Seite 315). Eine Genossenschaftskellerei verarbeitet das Lesegut von 160 ha, die von 1500 Nebenerwerbswinzern bewirtschaftet werden. Das Land Sachsen unterhält ein Staatsweingut auf Schloß Wackerbarth bei Radebeul; es wird von etwa 100 ha meist gepachteten Weinbergen mit Traubengut versorgt. Die Hauptrebsorten sind Müller-Thurgau, Riesling, Weißburgunder, Traminer und Ruländer. Sachsen ist das einzige deutsche Anbaugebiet, wo noch der vornehm klingende, aber sonst nicht sehr bemerkenswerte Goldriesling kultiviert wird. Praktisch alle Weine sind trocken. Mit zunehmender finanzieller Erholung des Landes Sachsen dürften die noch erforderlichen Investitionen zu einer Erhöhung der Erträge und zur weiteren Verbesserung der Weinqualität führen. I. J.

SACK Bezeichnung für einen mit Alkohol angereicherten Wein (siehe AUFSPRITEN) aus Spanien und von den Kanarischen Inseln, der im 16. und 17. Jh. in England groß in Mode war. Sein berühmtester, wenn auch fiktiver Liebhaber war Sir John Falstaff in Shakespeares *König Heinrich IV.*, Zweiter Teil (4. Aufzug, 3. Auftritt). Der Ursprung des Worts ist umstritten. Das *Oxford English Dictionary* leitet es von franz. *sec* (trocken) her, räumt aber ein, daß es keine überzeugende Erklärung für die Vokalverschiebung gibt. Abgesehen davon war Sack vermutlich süß. Er wurde im Faß ausgebaut, jedoch nicht länger als zwei Jahre, und dürfte also einem billigen OLOROSO gleichgekommen sein. Daher schlägt Julian Jeffs eine andere Herleitung vor: Aus dem spanischen Wort *sacar* (herausnehmen) soll *sacas* für exportierte Weinmengen und daraus wieder «Sack» entstanden sein. Oft wurde der Herkunftsort vorangestellt, z. B. Canary Sack, Malaga Sack, Palm (Palma de Mallorca) Sack, Sherris Sack. Sherris ist JEREZ, daher das moderne Wort SHERRY. Ab dem 17. Jh. begann denn auch «Sherry» das Wort «Sack» als Gattungsbegriff zu ersetzen, doch im 18. Jh. war Sack ebenfalls noch gebräuchlich.

Um 1264 eroberte Alfonso X. (genannt «der Weise») Jerez von den Mauren zurück; er war ein Förderer des Weinbaus. Da Jerez Grenzstadt gegen die Mauren blieb, verlieh ihr König Juan im Jahr 1380 den Titel Jerez de la Frontera. Der erste Hinweis darauf, daß Wein von Jerez nach England verschifft wurde, stammt aus dem Jahr 1485. Nach der Entdeckung Amerikas wurde Sanlúcar zu einem wichtigen Hafen für den neuen Handelsverkehr dorthin; außerdem bot sich die Stadt als günstiger Platz für eine Kolonie englischer Kaufleute an. Als Heinrich VIII. sich von Katharina von Aragón scheiden ließ und Anne Boleyn heiratete, mußten die englischen Kaufleute den reinsten Balance-Akt vollführen, damit sie nicht zwischen die Mühlsteine der Inquisition gerieten. Unter Maria der Katholischen hatten sie wieder ein leichteres Leben, als dann aber die protestantische Königin Elizabeth I. den Thron bestieg, bekamen sie die volle Wucht der Gegenreformation zu spüren. Ab 1585 durfte Wein nicht mehr direkt nach England geliefert werden, also mußten sich die Kaufleute fremder Schiffe bedienen oder auch Schiffe benutzen, die angeblich nach fremden Häfen segelten. Sack wurde in England noch populärer, als 1587 Sir Francis Drake die spanische Flotte in Cádiz überfiel und 2900 PIPES (damals noch nicht BUTTS) Sherry erbeutete, die eigentlich für die Armada bestimmt gewesen waren; nun wurde es gewissermaßen zu einer patriotischen Pflicht, Sack zu trinken. Sicherlich war der englischen Kolonie der zweite Überfall auf Cádiz im Jahr 1595 keineswegs willkommen; dennoch wurde Sack weiterhin nach England exportiert. Als Jakob I. im Jahr 1603 den Thron bestieg, lockerten sich die Spannungen wieder, und die Kaufleute erlebten eine neue Blütezeit. Sack spielt in den Werken vieler englischer Autoren des 17. Jh. eine Rolle, denn sosehr die Puritaner auch dem Theater abhold waren, Sack tranken sie doch trotzdem: Als Cromwell der Stadt Bristol einen offiziellen Besuch abstattete, wurde ihm eine Pipe voll Sack zum Geschenk gemacht. H. M. W.

Jeffs, J., *Sherry* (4. Aufl., London, 1992).

SACRAMENTO VALLEY Der nördliche Teil des großen Central Valley in KALIFORNIEN; er erstreckt sich von Lodi nordwärts und umfaßt die kalifornische Hauptstadt Sacramento sowie die für den Weinbau bedeutende University of California in DAVIS. Das Sacramento-Delta ist die Quelle charaktervoller Chenin-Blanc-Trauben; ältere Weinberge im Contra Costa County liefern den RHÔNE RANGERS höchst brauchbares Lesegut.

Siehe auch SAN JOAQUIN VALLEY.

SACY Die heute vor allem mit dem Département Yonne verknüpfte Weißweinrebsorte drohte einmal edlere Trauben aller Art aus Ostfrankreich zu verdrängen, insbesondere den Chardonnay im 18. Jh. aus dem südlichen Burgund und zu Beginn des 20. Jh. aus Chablis. Das Hauptattribut der Rebe ist ihre Ertragsstärke, ihre bemerkenswerteste Charakteristik dagegen die Säure – sie kommt Herstellern von Schaumweinen wie Kriter bestens zustatten. In den Weißweinen von ST-POURÇAIN bildet die Traube unter dem Namen Tresallier noch einen Hauptbestandteil.

SAFTAUSTRITT Im Frühjahr verliert die Rebe aus Rebschnittwunden Flüssigkeit. Dieser Vorgang setzt meist mit dem ersten warmen Frühlingswetter ein und dauert oft einige Tage. Dabei verliert ein Weinstock bis zu 5 l Wasser, denn darum handelt es sich bei dem Saft, der aus den Rebschnittwunden tropft, in der Hauptsache, abgesehen von geringen Konzentrationen an MINERALEN, ZUCKERN, organischen Säuren und HORMONEN. Es ist dies das erste sichtbare Zeichen für den Beginn des neuen REBENWACHSTUMSZYKLUS und die Folge der neubeginnenden Aktivität des Wurzelsystems. Bei welcher Bodentemperatur der Saftaustritt beginnt, ist übrigens von der VEREDELUNGSUNTERLAGE abhängig. Osmotische Kräfte üben einen Druck auf das Wurzelwerk aus und lassen in der Pflanze Wasser aufsteigen. Gemessen wurde der Vorgang erstmals 1725 von Hales, der dabei feststellte, daß der Wurzeldruck Wasser in einer Röhre 7 m hoch treiben konnte. R. E. S.

Galet, P., *Précis de viticulture* (4. Aufl., Montpellier, 1983).

SAGRANTINO Lebendige, manchmal sehr tanninreiche Rotweinrebsorte; sie wird in UMBRIEN (Mittelitalien), vor allem in der Gegend von Montefalco angebaut. **Sagrantino di Montefalco** wurde um die Mitte der 1990er Jahre in den DOCG-Rang erhoben. Die Sorte ist oft Bestandteil in WEIN AUS ROSINIERTEN TRAUBEN, zeigt sich heute aber bei sorgfältiger Verarbeitung – manchmal im Verschnitt mit SANGIOVESE – auch für trockenen Rotwein als sehr vielversprechend.

SAIGNÉE Französischer Ausdruck für eine Technik der ROSÉWEINBEREITUNG, bei der eine gewisse Menge Vorlaufmost von frischgemahlenen dunklen Trauben nach kurzer MAISCHUNG vor der Gärung abgezogen wird. Auf diese Weise entsteht einerseits ein sehr heller Rosé, und andererseits wird der Anteil an PHENOLEN und GESCHMACKSSTOFFEN im verbleibenden Most erhöht, so daß zugleich eine Konzentration des durch Vergären dieses Mosts auf den Schalen erzeugten Rotweins bewirkt wird. Daher wird dieses Verfahren oft von ambitionierten Erzeugern in Bordeaux und Burgund angewendet.

SAINTSBURY CLUB Der vielleicht berühmteste aller weinverbundenen DINERS CLUBS wurde 1931 zu Ehren von Professor George SAINTSBURY gegründet. Der Club trifft sich zweimal im Jahr, jeweils möglichst kurz vor oder nach Saintsburys Geburtstag (23. Oktober) und Namenstag (23. April – St George's Day).

Die Anfänge waren nicht weiter bemerkenswert. Bei einem Lunch bei André SIMON erwähnte J. L. Squire beiläufig, daß Saintsbury alt und krank in Bath lebe. Kurz darauf wurde im Mai 1931 ein Dinner veranstaltet, auf dem der Autor von *Stay me with Flagons*, Maurice Healy, anregte, einen Saintsbury Club zu gründen, um «diesem Namen ein gutes Andenken zu bewahren und ihn zu ehren». Das erste Treffen fand an Saintsburys 86. Geburtstag als Dinner in der Vintners' Hall (siehe VINTNERS) statt.

Die auf fünfzig Personen beschränkte Mitgliedschaft bestand stets aus Literaten, Weinliebhabern – Professionellen und Amateuren –, reichlich untermischt mit Ärzten und Rechtsanwälten. Der ständige Vorsitzende, George Saintsbury selbst, wohnte niemals einem Treffen bei, doch bei jeder Veranstaltung wird von den Mitgliedern seine Gesundheit ausgebracht. Es überrascht nicht, daß André SIMON stets eine führende Gestalt im Club und sein erster Keller- und Schatzmeister war. Zu den Gründungsmitgliedern zählten Sir John Squire als «Editor», Vyvyan Holland (Oscar Wildes Sohn) als «Honorary Secretary» und Berühmtheiten wie H. Warner Allen, Hilaire Belloc, Duff Cooper, Sir Gerald du Maurier, der Marquis of Hartington, Maurice Healy, A. P. Herbert und Compton Mackenzie. Der Weinhandel war durch Col. Ian Campbell, John HARVEY, Francis Berry und William Byass (von GONZALEZ BYASS) vertreten. Der Präsident des Club des Cent in Paris ist ex officio Ehrenmitglied des Clubs.

Wer zum Mitglied gewählt wird, spendet feinen Wein, und deshalb ist der Clubkeller in der Vintners' Hall in erstklassigem Stand. Einmal im Jahr wird ein Mitglied aufgefordert, die «Saintsbury Oration» zu halten, die dann den Mitgliedern als Privatdruck überreicht wird. J. M. B.

SAINTSBURY, PROFESSOR GEORGE (1845–1933) Der zu seiner Zeit vielbeachtete Literat ist heute vor allem noch durch seine *Notes on a Cellar-Book* bekannt, ein zukunftsweisendes Werk über Wein, das damals unmittelbar großen Erfolg verbuchen konnte und in vielen Auflagen erschienen ist.

Geboren wurde Saintsbury am 23. Oktober 1845 in Southampton, wo sein Vater oberster Dockinspektor war. Nachdem die Familie 1850 nach London gezogen war, besuchte Saintsbury dort die King's College School, wo er eine tiefe Liebe zur Literatur faßte. Im Alter von siebzehn Jahren wurde er Stipendiat am Merton College, Oxford, doch zu seinem ewigen Bedauern gelang es ihm nicht, die höhere Würde der Fellowship zu erlangen. Ab seinem 21. Jahr war er zehn Jahre lang Lehrer, ließ sich dann aber mit Frau und zwei Söhnen als Journalist in London nieder und war eine Zeitlang Assistant Editor der *Saturday Review.*

Sein ursprüngliches Kellerbuch ist nichts weiter als eine Art Schulheft, in dem er die Bestände von zwei Kellern führte – der eine in seinem Londoner Haus in West Kens-

Portät des Professors George SAINTSBURY von William Nicholson im Merton College, Oxford. Der Gelehrte hätte sicher nie gedacht, daß von allen seinen Werken sein Kellerbuch (oben) die Zeiten am besten überdauern würde.

ington, der andere in Edinburgh, wo er von 1895 bis 1915 den Lehrstuhl für Rhetorik und englische Literatur an der Universität Edinburgh innehatte. Es heißt, er habe achtzehn Jahre lang den Tag mit der Lektüre eines französischen Romans begonnen.

Im Juni 1915 beendete Saintsbury seine Lehrtätigkeit in Edinburgh. Etwa zehn Jahre zuvor war er an Gicht erkrankt und durfte keinen Rotwein mehr trinken. Schließlich zog er sich nach Bath zurück und wohnte dort in einem Nebengebäude des Hauses 1 Royal Crescent.

Im Ruhestand veröffentlichte er dreizehn Bände, darunter auch *Notes on a Cellar-Book*, das erstmals im Juli 1920 erschien, außerdem zahllose Artikel und kleine Schriften.

In dem 1931 gegründeten SAINTSBURY CLUB hatte er den Ehrenvorsitz inne, doch aus Gesundheitsgründen konnte er nie an einer Zusammenkunft teilnehmen. J. M. B.

Saintsbury, G., *Notes on a Cellar-Book* (15. Aufl., London, 1978).

SALICE SALENTINO DOC für robusten Rotwein vorwiegend von NEGROAMARO-Trauben in Südostitalien. Siehe APULIEN.

SALVADOR Rotfleischige kalifornische Hybridrebe; sie wird durch RUBIRED ersetzt und befindet sich im Rückgang.

SALVAGNIN Im Kanton Waadt (SCHWEIZ) gebräuchlicher Name für einen leichten Pinot-Noir-Rotwein mit etwas Gamay; ähnlich, jedoch nicht so verbreitet wie der DÔLE aus dem Wallis.

SALVAGNIN (NOIR) Der im Jura gebräuchliche Name für PINOT NOIR lautet verwirrend ähnlich wie der Name der im Jura heimischen Rebsorte SAVAGNIN.

SALZ kann Reben schaden (siehe SALZGEHALT). Manche Weine, wenn auch sehr wenige, weisen einen leicht salzigen Geschmack auf.

SALZGEHALT Hohe Konzentration von Salz (Natriumchlorid) im Boden oder im Beregnungswasser kann der Weinrebe schaden. Symptome für zu hohe Salzhaltigkeit des Bodens sind CHLOROSE, gefolgt von NEKROSE und ENTBLÄTTERUNG. Werden Reben mit übermäßig salzhaltigem Wasser beregnet, können sich am Laub Verbrennungserscheinungen zeigen, und in schweren Fällen führt auch dies zur Entblätterung. In Weinbergen in Küstennähe sind ähnliche, von meersalzhaltigen Winden herrührende Effekte zu beobachten. MERLOT-Reben sind besonders empfindlich hierfür. Salzhaltige Böden kommen vor allem in Bewässerungsgebieten in trocken-heißem Klima, beispielsweise im Inneren Australiens, vor. Das zur Bewässerung benutzte Wasser kann mit salzhaltigem Grundwasser in Berührung geraten, so daß durch Evaporation Salz an die Oberfläche gelangt. Ähnliche Probleme gibt es in Südfrankreich, wo über 10 000 ha Weinberge auf alten Meeresablagerungen angelegt sind. Die Salzgefährdung läßt sich dadurch überwinden, daß den Reben mehr Wasser zugeführt wird, als sie benötigen, vorausgesetzt, daß der Boden guten WASSERABZUG bietet. Das überschüssige Wasser wäscht beim Durchsickern durch den Boden das Salz in tiefere Schichten aus. Einige Rebsorten, z. B. COLOMBARD, sind salzverträglich; auch bestimmte VEREDELUNGSUNTERLAGEN wie Dog Ridge und Ramsey zeichnen sich durch Salzverträglichkeit aus. Weine aus Weinbergen mit stark salzhaltigem Boden können höheren Salzgehalt aufweisen. R. E. S.

SÄMLING Wird ein Traubenkern zum Keimen gebracht, dann entwickeln sich aus dem darin enthaltenen Embryo rasch eine verzweigte Pfahlwurzel und ein Jungschoß. An diesem ist ungewöhnlich, daß die ersten sechs bis zwölf Blätter spiralig angeordnet sind und Ranken ganz fehlen; hieran ist das erste Jugendstadium des Sämlings zu erkennen. Danach erscheinen die Blätter wechselständig, und an den Knoten bilden sich wie bei erwachsenen Weinreben Ranken aus. Sämlinge sind in der REBENZÜCHTUNG von Bedeutung, nicht aber im allgemeinen Weinbau (siehe auch VEGETATIVE VERMEHRUNG). B. G. C.

SÄMLING 88 In Österreich gebräuchliches Synonym für die SCHEUREBE, die sich dort nicht besonders bewährt, aber dennoch über eine Anbaufläche von einigen hundert Hektar, vorwiegend in den südösterreichischen Weinbauregionen Burgenland und Steiermark, verfügt.

SAMMELN VON WEIN Seit den 1980er Jahren ist das Sammeln von Wein zu einem verbreiteten Hobby geworden. In Amerika wird jeder, der feinen Wein kauft, als «*collector*» und nicht als Weinfreund, -kenner oder -liebhaber bezeichnet; das läßt den Schluß zu, daß die eigentliche Freude an der Sache im Erwerb und nicht im Konsum liegt.

Seit der Entwicklung der zylindrischen FLASCHE in den 1730er Jahren, als es erstmals möglich wurde, einen persönlichen Weinkeller einzurichten, hat es Sammler gegeben, die Wein auf eine Art und Weise einkauften, daß eine spezifische «Kollektion» zustande kam. Das rasche Wirtschaftswachstum in den 1970er und 1980er Jahren im Verein mit einer Folge guter EN PRIMEUR zu erwerbender Jahrgänge und dem Aufkommen einer wahrhaft internationalen Verbraucherinformation durch die Weinpresse (siehe auch Robert PARKER) gab die Grundlage dafür ab, daß sich in aller Welt (vor allem in den USA, in Deutschland und im Fernen Osten) eine größere Gruppe ernsthafter Weinsammler bildete. Sie stehen über Auktionshäuser und Spezialhändler für feine Weine miteinander im Austausch, und für viele besteht der Zweck des Sammelns darin, gelegentliche, aber meist recht üppige Marathon-WEINPROBEN zu veranstalten.

SAMOS siehe GRIECHENLAND.

SAMTROT siehe MÜLLERREBE.

SAN BENITO Kleines kalifornisches County, landeinwärts vom Monterey County. Die Rebfläche von San Benito erlebte in den 1970er Jahren einen kurzen Aufschwung, ist dann aber allmählich wieder in Tiefschlaf versunken. Die einzige Ausnahme von der sonst herrschenden Mittelmäßigkeit bildet ein auf einen einzigen Weinbaubetrieb beschränkter AVA-Bereich, dessen Name Mount Harlan von kalksteinreichen Hängen stammt, auf denen die Calera Winery mehrere berühmte Parzellen mit Pinot-Noir-Reben besitzt. Im County gibt es noch weitere AVA-Bereiche (Cienega Valley, Lime Kiln Valley, Paicines), von denen jedoch wenig zu sehen ist.

SANCERRE Die auf einem Berg am linken Ufer der oberen Loire herrlich gelegene Stadt gibt einem der berühmtesten Weißweine dieser Gegend den Namen: einem rassigen, pikanten, trockenen Sauvignon Blanc, der in den 1970er Jahren enorme wirtschaftliche Erfolge feierte. Seiner Lage an dem breiten schiffbaren Strom, dem durchlässigen Boden und der günstigen TOPOGRAPHIE des Hügellands in seiner Umgebung verdankt Sancerre eine lange Geschichte in der Weinerzeugung. Daß sich die Gegend für den Weinbau eignet, war schon in der Römerzeit bekannt, doch bis um die Mitte des 20. Jh. produzierte sie vorwiegend Rotwein, auch ewas Weißwein, jedoch lediglich von der Chasselas-Traube. Der heutige Sancerre von Sauvignon Blanc mit seinem schlichten, aber überaus kräftigen, an Stachelbeeren und Nesseln erinnernden Geschmack kam zunächst als eine Art Gegenstück zum Beaujolais in die Bistros von Paris, aber schon Ende der 1970er/Anfang der 1980er Jahre galt er in Restaurants in aller Welt als der Weißwein schlechthin.

Die mittlere Höhe der Hügel von Sancerre beträgt 200 bis 400 m. Der Sauvignon Blanc hat sich gut in die unterschiedlichen TERROIRS um Sancerre eingewöhnt, wo in vierzehn Gemeinden Reben vorwiegend an Südhängen kultiviert werden. Es lassen sich drei Zonen unterscheiden: Die «weißen» Weinberge im Westen bestehen aus Ton und Kalksteinboden, auf dem recht kraftvolle Weine wachsen; zwischen dieser Gegend und der Stadt Sancerre befindet sich stark kieshaltiger Kalksteinboden, der vor allem zarte Weine hervorbringt, während der an Feuerstein *(silex)* reiche Boden um Sancerre selbst langlebigere, besonders duftige Weine entstehen läßt. Vergleiche mit dem einige Kilometer weiter flußaufwärts erzeugten POUILLY-FUMÉ werden gern gezogen, obschon beide aus relativ großen und uneinheitlichen Appellationen stammen. Die Gesamtrebfläche für den Anbau des Sancerre, die in den 1960er Jahren auf 700 ha abgesunken war, belief sich zwei Jahrzehnte später wieder auf über 2000 ha.

In der Gegend werden landwirtschaftliche Produkte der verschiedensten Art erzeugt; die Weinrebe spielt in vielen abgelegeneren Dörfern nur eine untergeordnete Rolle. Besondere Bedeutung kommt dem Weinbau jedoch in Bué zu, das wie das nahegelegene Chavignol (wo der überaus gewissenhafte Heinri Bourgeois sein Weingut hat) auch für Ziegenkäse berühmt ist.

Das Klima hier ist ausgeprägt KONTINENTAL, und die Weinberge sind durch Frühjahrsfröste stark gefährdet, doch der Fluß im Osten und die Wälder im Westen üben einen mäßigenden Einfluß auf die Temperaturen aus. Die Rebenerziehung erfolgt meist im CORDON- oder im einfachen GUYOT-System. In den 1970er und 1980er Jahren war die Weinbereitung eine relativ einfache Sache – sie beschränkte sich darauf, mit Hilfe von TEMPERATURREGELUNG und Tanks aus EDELSTAHL die Fruchtqualitäten zu maximieren. Inzwischen wird mit unterschiedlichem Erfolg versucht, die Frucht des Sancerre mit dem Holzaroma der EICHE zu verbinden.

Die große Popularität des Sancerre hat zwangsläufig dazu geführt, daß in der Appellation bald sehr viel mittelmäßiger Wein entstand. Insbesondere in kühlen Jahren haben selbst die besten Erzeuger Mühe, unerfreulich KRAUTIGES Aroma zu vermeiden und gegen einen Mangel an fruchtiger Substanz anzukämpfen. Sancerre ist in den meisten Fällen genußreif, sobald er in die Flasche gelangt, und entfaltet sich nur selten länger als zwei bis drei Jahre weiter, doch die Spitzenweine bleiben sehr lange haltbar. In reifen Jahren wie 1989 wurden von Alphonse Mellot und Henri Bourgeois auch schon liebliche VENDANGES TARDIVES produziert.

Sancerre gibt es außerdem in leichten, oft sehr verlockenden Rot- und Roséweinversionen von Pinot-Noir-Trauben. Auch diese Weine sind ziemlich in Mode gekommen, sie brauchen aber, wenn sie einen guten Kern an Frucht erlangen sollen, hohen Qualitätsstand in der Weinbereitung und gutes Wetter.

Siehe auch LOIRE und die dazugehörige Karte.

SAND Eine Sediment- oder Bodenart aus relativ großen Partikeln – größer als Silt und sehr viel größer als Ton (siehe auch BODENZUSAMMENSETZUNG und GEOLOGIE). Sandige Böden sind wegen ihres geringen Speichervermögens für Wasser und Nährstoffe oft schwer zu kultivieren, im Weinbau aber bieten sie als Besonderheit Schutz gegen die REBLAUS. Sand dominiert beispielsweise in den Weinbergen von COLARES in Portugal, der Camargue in Südfrankreich und der Ungarischen Tiefebene.

SANDEMAN Das Portwein- und Sherry-Haus mit dem berühmtesten Markenzeichen – dem schwarzen «Sandeman-Don» – wurde in London von George Sandeman, einem Schotten, gegründet, der 1790 sein Weinhandelsgeschäft mit 300 £, die er sich von seinem Vater borgte, begann. Zunächst handelte er mit Sherry, verlegte sich dann aber

Im SAND des Bodens von Colares an der portugiesischen Küste sind ungepfropfte, also auf den eigenen Wurzelstöcken wachsende Reben vor der Reblaus sicher.

bald auch auf Portwein. Er reiste häufig nach Spanien und Portugal und betrieb seine Geschäfte in Tom's Coffee House in Cornhill, London. 1809 richtete Sandeman dann ein Büro in Cádiz ein und verschiffte nun Wein unter dem Namen Sandeman. 1879 übernahm das Haus alle Güter, Weinberge, Bodegas und Weinvorräte eines in Konkurs gegangenen Sherry-Erzeugers. Nun schlug Sandeman sein Hauptquartier in St Swithin's Lane auf und blieb dort bis 1969. Der «Sandeman-Don» wurde 1928 kreiert; der Unternehmensleiter Walter Albert Sandeman leistete mit viel Erfolg Pionierarbeit in der Werbung für seine Marke. 1952 wurde Sandeman in eine Aktiengesellschaft umgewandelt und zeigte sich zunehmend empfänglich für ein Übernahmeangebot. Schließlich wurde das Unternehmen 1980 für 17 Millionen £ an den nordamerikanischen multinationalen Konzern Seagram verkauft. Im darauffolgenden Jahrzehnt wuchs der Nachdruck auf Quantität statt Qualität. Heute ist Sandemans Founder's Reserve der in Nordamerika meistverkaufte Markenportwein. 1991 ging George Sandeman (als Vertreter der siebten Generation der Familie in der Portweinerzeugung) nach PORTO und übernahm dort die Leitung – er ist damit der erste Sandeman, der in Portugal lebt. Der Weinbergbesitz des Hauses am Douro wird neu gegliedert, die weniger aussichtsreichen Lagen stehen zum Verkauf. Ein 1988er Single-Quinta Port (siehe PORTWEIN) der hoch bewerteten Quinta do Vau wurde 1993 herausgebracht.

Das Sherry-Geschäft von Sandeman ist heute in Wert und Volumen auf gleichem Niveau mit dem Portweingeschäft. In der Region Jerez besitzt das Unternehmen als viertgrößter Sherry-Erzeuger knapp 400 ha Weinberge.

S. A.

Halley, N., *Sandeman: Two Hundred Years of Port and Sherry* (London, 1990).
Mayson, R., *Portugal's Wine and Winemakers* (London, 1992).

SANDSTEIN Ein Sedimentgestein aus Sandpartikeln, meist QUARZ. Das Gestein selbst ist oft unverfestigt, kann aber auch durch Ineinanderwachsen der Quarzkristalle gehärtet sein, oder das Korn ist durch ein Bindematerial, z. B. Kalziumkarbonat, zu Kalksandstein gebunden. Das bedeutet, daß Sandstein in Fruchtbarkeit und Wasserabzug höchst unterschiedliche Charakteristik aufweisen kann. Sandsteinzonen gibt es z. B. in den höheren Schwemmlandschichten an der Dordogne unterhalb der Côtes von ST-ÉMILION.

J. M. H.

SANGIOVESE Die meistangebaute Rotweinrebsorte Italiens kommt hauptsächlich in Mittelitalien vor. 1990 waren fast 10 % der italienischen Gesamtrebfläche – mehr als 100 000 ha – mit Sangiovese der einen oder anderen Form besetzt.

In verschiedenen Klonvarianten (Brunello, Prugnolo Gentile, Morellino) gibt der Sangiovese für viele feine Rotweine der TOSKANA den Hauptbestandteil ab: Er ist als einzige Traube für den BRUNELLO DI MONTALCINO zulässig und bildet die Grundlage für CHIANTI, VINO NOBILE DI MONTEPULCIANO und die überwiegende Mehrzahl aller SUPERTOSKANER. Darüber hinaus ist Sangiovese die Allerweltstraube für ganz Mittelitalien und wird in UMBRIEN (dort liefert er in den DOCG-Weinen von Torgiano und Montefalco seine besten Resultate), in den MARCHE (wo er die Grundlage für Rosso Piceno und einen wichtigen Bestandteil für Rosso Conero abgibt) und in LATIUM verbreitet angebaut. Aber auch in der Lombardei und in Valpolicella im Norden sowie in Kampanien im Süden ist Sangiovese anzutreffen.

Heimisch ist die Rebe wahrscheinlich in der Toskana; sie geht – nach der Bedeutung des Namens («Blut Jupiters») zu schließen – auf sehr alte Ursprünge zurück; es wird vermutet, daß sie schon den ETRUSKERN bekannt war. Erstmals erwähnt wurde die Sorte jedoch erst vor relativ kurzer Zeit durch Giocanvettorio Soderini; er beschrieb sie 1722 als «hochgepriesen für die Gewinnung von Wein». 1738 bemerkte Cosimo Trinci, daß Weine von Sangiovese für sich allein etwas hart und säuerlich, aber im Verschnitt mit anderen Sorten ganz exzellent seien; diesem Urteil schloß sich Giovanni Cosimo Villifranci im Jahr 1883 an. Bettino RICASOLI fand einen Weg, die Rauheit des Sangiovese zu mildern – nämlich durch einen beträchtlichen Zusatz an süßendem und sanft machendem CANAIOLO; dies wurde zur Grundlage für den Chianti und den Vino Nobile di Montepulciano, wie wir sie heute kennen (allerdings wurden nachträglich noch MAMMOLO und COLORINO und die weißen Traubensorten MALVASIA und vor allem TREBBIANO in das Chianti-Rezept aufgenommen). Der in den 1970er Jahren in Gebrauch gekommene Ausbau in kleinen Eichenfässern ist als moderner Lösungsversuch für das alte Problem der Rauheit zu sehen.

Herkömmliche ampelographische Beschreibungen von Sangiovese auf der Basis der Pionierarbeiten von G. Molon aus dem Jahr 1906 teilen die Rebsorte in zwei Familien auf: Sangiovese Grosso – hierzu gehören Brunello, Prugnolo Gentile und Sangiovese di Lamole (aus Greve in Chianti) – und Sangiovese Piccolo in anderen Zonen der Toskana, wobei der Grosso-Variante eindeutig bessere Qualität zugebilligt wird. Heute jedoch herrscht die Überzeugung, daß diese Einteilung allzu stark vereinfacht ist, daß vielmehr eine große Anzahl von Klonen die Weinberge der Region bevölkert und daß eine Qualitätsbeurteilung weder auf der Größe der Trauben noch der Beeren beruhen kann. Endlich werden ernsthafte Anstrengungen unternommen, um die besseren Klone herauszufinden und zu vermehren; die frühere MASSENSELEKTION war allein auf die Erkennung ertragreicher Klone ohne Rücksicht auf die Weinqualität gerichtet. Die Rebsorte paßt sich leicht an unterschiedliche Böden an; dabei scheint das Vorhandensein von Kalk die eleganten, kräftigen Aromen zu erhöhen, die vielleicht das schönste Attribut dieser Traube darstellen.

Im Anbau ist das wesentliche Merkmal des Sangiovese langsame und späte Reife – die Lese begann seit jeher nach dem 29. September und wird auch heute noch oft bis Mitte Oktober und noch weiter aufgeschoben –, die in warmen Jahren vollen, alkoholstarken und langlebigen Wein ergibt und in kühlen Jahren Probleme durch viel SÄURE und hartes TANNIN schafft. Übererträge betonen den Säuregehalt der Weine und führen zu hellerer Farbe, aber auch zu Oxidation und Braunwerden in relativ jungen Jahren. Die ziemlich dünnen Schalen der Traube sind in kühlen, feuchten Jahren recht fäuleanfällig, was in Gegenden, in denen im Oktober Regenfälle recht häufig vorkommen, eine gewisse Gefahr mit sich bringt. Nur allzuoft wird Sangiovese in der Toskana ohne Rücksicht auf Himmelsrichtung und Höhenlage, nämlich bis 500 m und darüber, angepflanzt. Ein großer Teil der modernen Weinbauforschung in der Toskana – sie befaßt sich u. a. mit PFLANZDICHTE, niedrigeren ERTRÄGEN pro Weinstock, besseren KLONEN, geeigneteren VEREDELUNGSUNTERLAGEN, niedrigeren REBENERZIEHUNGSSYSTEMEN, kleinen Eichenfässern, geeigneteren Verschnittpartnern und verschiedenen Gärtemperaturen und -zeiten – ist der Lösung einer ganz bestimmten Frage gewidmet: Wie kann mehr Fleisch auf die Knochen des Sangiovese, mehr Fülle in die feste, aber nicht immer gefällige Struktur gebracht werden? D. T.

Überall wird Sangiovese heute in der Toskana mit einem größeren Anteil CABERNET SAUVIGNON verschnitten, sei es im Chianti (wobei hier die Ergänzungssorte 10 % nicht überschreiten darf) oder aber in einem hochpreisigen VINO DA TAVOLA. Diese überaus erfolgreiche Mischung, in der sich die intensive Frucht und Farbe des Cabernet schön mit der charaktervollen einheimischen Traube vermählt, wurde erstmals von den DOC-Behörden in CARMIGNANO sanktioniert.

In UMBRIEN beherrscht Sangiovese die meisten Rotweine, z. B. im Torgiano des Hauses LUNGAROTTI. In der Romagna (siehe EMILIA-ROMAGNA) dominiert Sangiovese eher in der Quantität als in der Qualität; dort ist die Traubensorte SANGIOVESE DI ROMAGNA so verbreitet wie in der Emilia der LAMBRUSCO, und ihr leichter, überall anzutreffender Rotwein ist zu Recht für baldigen Verbrauch bestimmt. Die in der Romagna am meisten angebaute Art von Sangiovese scheint mit den so hochgeschätzten Sorten der Toskana nicht viel gemein zu haben, doch auch hier hat es inzwischen sorgfältige KLONENSELEKTIONEN mit vielversprechenden Resultaten gegeben. Im Süden Italiens wird ebenfalls etwas Sangiovese angebaut und meist in Verschnitten mit Lokalrebsorten verwendet, und der Erfolg der Supertoskaner hat natürlich auch nördlich der Toskana zu allerhand Experimenten mit der Traube Anlaß gegeben.

Außerhalb Italiens

Wie andere italienische Rebsorten, vor allem solche für Rotwein, ist auch der Sangiovese von italienischen Auswanderern nach Westen – nach Nord- und Südamerika – verpflanzt worden. In Südamerika ist er in Argentinien am meisten verbreitet; dort bringen mehrere tausend Hektar Anbaufläche, vorwiegend in der Provinz Mendoza, Wein hervor, den nur wenige Experten aus der Toskana am Geschmack als Sangiovese erkennen würden.

In Kalifornien dagegen verursachte die internationale Anerkennung der Supertoskaner Ende der 1980er und Anfang der 1990er Jahre einen plötzlichen Zuwachs in der Popularität des Sangiovese. 1991 näherte sich seine Anbaufläche 80 ha – etwa soviel wie CABERNET SAUVIGNON 1961 innehatte. Die größten Bestände befinden sich im NAPA Valley, kleinere aber auch im SONOMA County, im SAN LUIS OBISPO County und in den SIERRA FOOTHILLS. Die ersten Resultate zeigen vielversprechende Ausgewogenheit und Struktur und geben daher zu großen Hoffnungen Anlaß. Manche Weine weisen das schwach florale Aroma auf, das von erfahrenen Chianti- und Brunello-Liebhabern eindeutig als Sangiovese-typisch erkannt werden dürfte, obwohl die Bereitungsart kalifornisch und nicht toskanisch ist. In Napa leisten Robert Pepi und Atlas Peak – mit einer größeren Beteiligung der italienischen Firma ANTINORI – die Pionierarbeit.

Anderson, B., *Atlas der italienischen Weine* (Bern, 1990).
Gleave, D., et al., *Die Weine Italiens* (Stuttgart, 1990).

Sangiovese di Romagna In großen Mengen erzeugter SORTENREINER Rotwein von der in der Romagna (Mittelitalien) am verbreitetsten angebauten Rebsorte. In der DOC-Zone betrug die Anbaufläche um die Mitte der 1990er Jahre 5500 ha; die Jahresproduktion belief sich im Durchschnitt auf 170 000 hl. Die Reputation der Gegend wurde durch die mittelmäßige Qualität eines Teils der Weine geschädigt, aber auch durch die Behauptungen verschiedener toskanischer Erzeuger, die für die schlechte Qualität ihrer Weine zwischen 1965 und 1980 die in ihre Weinberge eingesickerten ertragreichen, aber in der Qualität minderen Reben der Sorte Sangiovese di Romagna verantwortlich machen wollten. Wie der toskanische Sangiovese existiert auch der aus der Romagna in verschiedenen Klonvarianten, von denen einige tatsächlich charakterlosen Wein in großen Mengen hervorbringen, doch die besseren Klone von Sangiovese di Romagna sind den toskanischen keineswegs unterlegen. Gelegentlich anzutreffende besonders feine Exemplare von Sangiovese di Romagna geben vielversprechende Hinweise auf noch auszuschöpfende Möglichkeiten.

Die Rebsorte wird in der ganzen Region angebaut und hat früher in den verschiedenen Unterbereichen jeweils eine eigene Persönlichkeit entwickelt: leichter und fruchtiger im äußersten Osten und Westen (an der Grenze zu den Marche und in der Nähe von Bologna), dagegen voller, reicher und tanninherber in den Zentralprovinzen Ravenna und Forlì. Moderne Weinbereitungstechniken und -praktiken haben diese Unterschiede teilweise verflacht und standardisiert, aber auch heute noch besteht wenig Zweifel, daß die besten Beispiele von Sangiovese di Romagna aus den Bergen südlich der alten Via Emilia, wo das Terrain zu den Apenninen hin ansteigt, kommen. Die DOC-Regel berücksichtigt diese weithin anerkannte Einschätzung des bestgeeigneten Terrains, und sie beschränkt daher das Erzeugungsgebiet für den Sangiovese di Romagna auf die Berge im Osten der Provinz Bologna sowie auf die Apenninenbereiche der Provinzen Ravenna und Forlì. Hier gelingt es einem Gemisch von Sandstein und Ton im Boden im Verein mit warmen Sommertemperaturen, den Sangiovese zur Reife zu bringen, und mit mehr Ehrgeiz und professionellerer Weinbereitungstechnik könnten Weine mit echtem Charakter entstehen. Der FASSAUSBAU hat hier alte Tradition, und in dem Bereich, der sich im Westen von Marzeno bis Modigliana und im Osten von Predappio bis Meldola und Bertinoro erstreckt, haben erfolgreiche Experimente mit kleinen Eichenfässern Resultate gebracht, die sich mit gutem toskanischem VINO DA TAVOLA von Sangiovese durchaus messen können. Diese besseren Weine sind allerdings im Augenblick noch ein Tropfen auf den heißen Stein: Zulässige Erträge von 11 t/ha und die dominierende Stellung der großen WINZERGENOSSENSCHAFTEN haben bisher dafür gesorgt, daß der Sangiovese di Romagna auf dem kleinsten gemeinsamen Nenner bleibt. Die erfolgreiche, hochprofessionelle Fruchtproduktion in der Romagna hat inzwischen die paradoxe Situation herbeigeführt, daß zukunftsweisende Leistungen auf hohem Niveau der Tendenz gegenüberstehen, das Traubengut als reine Erlösquelle zu betrachten, deren Wert nur durch Berechnung des Preises pro Tonne und der möglichen Ertragsmenge pro Hektar einzuschätzen ist. 60 % der Produktion in der Romagna unterliegen der Kontrolle durch die Genossenschaften, und weitere 25 % werden von großen kommerziellen Weinkellereien beherrscht. Dadurch, daß der Traubenanbauer praktisch von der Umwandlung seines Leseguts in Wein ausgeschlossen bleibt, wird für den Sangiovese di Romagna jene Qualitätsrevolution gehemmt, die zwischen 1975 und 1990 im toskanischen Wein für Wandel gesorgt hat. D. T.

Anderson, B., *Atlas der italienischen Weine* (Bern, 1990).
Gleave, D., et al., *Die Weine Italiens* (Stuttgart, 1990).

Sangría Ein in spanischen Ferienorten beliebtes Getränk aus Rotwein und Limonade mit gelegentlich einem Schuß Brandy und frischen Früchten.

San Joaquin Valley Die südliche Hälfte des großen Central Valley in KALIFORNIEN ist auch der Teil, der die Hauptmenge an Wein, TAFELTRAUBEN und ROSINEN hervorbringt. Er erstreckt sich 640 km weit von Stockton bis Bakersfield und mißt an der breitesten Stelle etwa 100 km. In den riesigen Weinfeldern stehen auf über 40 000 ha Weinreben. In gewissem Sinn ist dieses Tal der MIDI oder Mezzogiorno Kaliforniens – eine unerschöpfliche Quelle für billigen Alltagswein. Mit Ausnahme der AVA-Bereiche Lodi und Clarksburg am nördlichen Ende, nahe beim Zusammenfluß des San Joaquin mit dem Sacramento River, entzieht es sich mit seinen völlig einheitlichen Klima- und Bodenbedingungen jeder Aufteilung. In einer Zeit, in der sich Weißwein in den USA eindeutig besser verkauft als Rotwein – seit den 1980er und ersten 1990er Jahren –, dominieren die Rebsorten Chenin Blanc und Colombard.

Gewaltig wie die Ausmaße des Tals sind auch die Weinkellereien, und die größte ist fraglos die gigantische Firma E. & J. GALLO – sie produziert jährlich rund 55 Millionen Kisten Wein. In Madera besitzt die Heublein Inc. eine Großkellerei, die für die vielen Marken dieses Hauses arbeitet. Weitere große Firmen im Herzen des San Joaquin Valley sind Bronco und die Wine Group (Franzia). Traubengut aus Lodi und insbesondere Clarksburg ist sowohl bei den Großkellereien im Tal selbst als auch bei kleineren, mehr prestigeorientierten Weinbaubetrieben in den Küstentälern sehr gefragt. Sowohl Robert MONDAVI aus NAPA als auch Sebastiani aus SONOMA verfügen über Kellereien in Lodi. Auch Glen Ellen, J. Lohr und andere versorgen sich aus diesem Gebiet, vor allem für ihre FIGHTING VARIETALS.

Clarksburg AVA
Ein großer Teil des AVA-Bereichs besteht aus Inseln mit tiefgründigem Boden im Sacramento-Delta von Sacra-

mento westwärts über die Stadt Clarksburg hinaus. Zwar sorgt die Lage im Flußdurchbruch zum Meer hin dafür, daß die Weinberge im Sommer stärkstem Nebeleinfluß unterliegen, wenn aber kein Nebel herrscht, verzögern die großen Gewässer ringsum die nächtliche Abkühlung, so daß Clarksburg bei weitem nicht als der kühlste Weinbaubereich Kaliforniens gelten kann. Im Bereich wird ein weites Spektrum an Rebsorten angebaut, aber nur Chenin Blanc zeigt echten Charakter. Tatsächlich ist dies die einzige Stelle in ganz Kalifornien, an der Chenin Blanc regionale Identität beweist. Merritt Island AVA am westlichen Ende ist im größeren Nachbarbereich praktisch ganz aufgegangen.

Lodi AVA
Obwohl der Name italienisch klingt, haben in Lodi früher deutsche Siedler den Weinbau bestimmt, und es waren auch sie, die hier das Zentrum der WINZERGENOSSENSCHAFTEN in Kalifornien entstehen ließen. Von dem runden Dutzend Genossenschaftskellereien, die es einst gab, ist nur noch East-Side (mit den Marken Oak Ridge, Royal Host und Handel & Mettler) als größerer Erzeugerbetrieb für Flaschenwein übriggeblieben. Der AVA-Bereich liegt um die gleichnamige Stadt auf der Talsohle mit ihrem tiefgründigen fetten Boden – hier ist es so flach, daß der San Joaquin River sich auf dem Weg zum Sacramento-Delta mehrfach teilt. Lodi liegt landeinwärts vom nordwestlich anschließenden Clarksburg AVA, ist weniger wasserreich als dieser und daher auch wärmer, aber viel weniger warm als Madera, Freso und andere Bereiche weiter südlich im San Joaquin Valley. Zinfandel und Ruby Cabernet zeigen die beste Anpassungsfähigkeit an die Anbaubedingungen um Lodi – auf Zinfandel entfielen 5000 ha. Ruby Cabernet erbrachte in den 1960er und ersten 1970er Jahren gefällige, ausgewogene Weine, doch die Sorte wurde inzwischen durch wachsende Anpflanzungen von Cabernet Sauvignon verdrängt. Die Zinfandel-Weine der Gegend liegen am fleischigen, pflaumenwürzigen, reifen Ende des Spektrums.

Madera AVA
Mittelpunkt des tief im Herzen des weiten San Joaquin Valley gelegenen Weinbaubereichs ist die Stadt Madera. Der größte Teil der Rebfläche befindet sich im Madera County, nur ein kleinerer liegt jenseits der Grenze im Fresno County. Der langfristige Daseinsgrund des AVA-Bereichs dürfte wahrscheinlich Dessertwein sein, insbesondere «Port» und «Muscat». Der Tischwein ist Alltagsware.

SANLÚCAR DE BARRAMEDA Eine der drei spanischen Städte, in denen SHERRY erzeugt und gereift wird. Eine Spezialität von Sanlúcar ist der zarte, helle, trockene MANZANILLA.

SAN LUIS OBISPO Weinbautreibendes County im AVA-Bereich CENTRAL COAST in KALIFORNIEN. Viele Küstencountys Kaliforniens geben zu erkennen, warum das noch in den Kinderschuhen steckende System der American Viticultural Areas (AVA), das sich ja am französischen Vorbild der APPELLATIONS CONTRÔLÉES orientiert, bei der Festlegung der einzelnen Weinbaubereiche die vorgegebenen politischen Grenzen meidet. Am Beispiel des San Luis Obispo County wird die Sache noch deutlicher. Eine sengende Sommersonne brennt auf die Hochebene nieder, die den Bereich Paso Robles AVA bildet, während über dem schmalen Küstenstreifen, der den Edna Valley AVA bei San Luis Obispo City beinhaltet, kühle Meeresnebel hängen. Die beiden Bereiche liegen nur rund 30 km voneinander entfernt und sehr wohl innerhalb der Grenzen desselben Countys. Ein dritter AVA-Bereich, Arroyo Grande, zeigt dieselben Verhältnisse wie im Edna Valley, aber in noch gesteigertem Maß.

Arroyo Grande AVA
Dieser Bereich, eine lange, zur Pismo Bay abfallende Kette von kahlen Hügeln am Südende des San Luis Obispo County, hat im Sinn des Weinbaus bisher nur dadurch von sich reden gemacht, daß die Maison Deutz, der kalifornische Zweig des Champagnerhauses Deutz, beschloß, hier 350 ha Fläche zu bestocken. Der Blick hinaus auf das Meer ist herrlich, wenn man über die Bautätigkeit an der Küste hinwegsieht, die der Weinbauzukunft der Gegend von vornherein schon wieder ein Ende zu setzen droht.

Edna Valley AVA
Das unmittelbar südlich von San Luis Obispo gelegene Edna Valley errang sich schon Mitte der 1970er Jahre raschen Ruhm mit Chardonnay-Weinen. Der wichtigste Weinbaubetrieb ist Edna Valley Vineyards. Auch Gewürztraminer gedeiht hier gut, doch Pinot Noir bringt unterschiedliche Ergebnisse. Flache Hügel schützen das muldenförmige Tal gegen die vom Pazifischen Ozean gekühlten Winde, gestatten es ihm aber doch, genug Feuchtigkeit durch Nebel aufzunehmen, um den Mangel an Regen wenigstens teilweise auszugleichen.

Paso Robles AVA
Der Bereich, ein abgelegenes Hochtal zwischen Los Angeles und San Francisco, hatte früher den Ruf, daß hier Gesetzesbrecher unbehelligt Unterschlupf finden konnten. Die Einheimischen pflegen noch immer das Image eines Zufluchtsorts für Entwurzelte. Ab den 1880er Jahren bestand die Rolle der Gegend darin, sonnengedörrte, alkoholstarke, ungeheuer tanninherbe Zinfandel-Weine hervorzubringen, die imstande waren, an öden Winterabenden, die hier so häufig sind wie sengend heiße Sommertage, harte, trinkfeste Männer in die Saloons zu locken. Seit der Erhebung in den AVA-Stand befassen sich Neulinge unter der wachsenden Zahl von Weinbaubetrieben am Südende des SACRAMENTO VALLEY mit der Produktion von Cabernet Sauvi-

gnon, Sauvignon Blanc und Chardonnay aus Weinbergen in der welligen Ebene östlich der Stadt Paso Robles. Die Weine aus diesen neuen Gebieten haben oft frühen Charme, doch nur wenige zeigen bisher längeres Stehvermögen. Die Zinfandelisten halten sich an ihre traditionellen Hochburgen in den Bergen im Westen. Inzwischen aber schließen auch sie sich der Gilde der Cabernet- und Chardonnay-Anbauer an. Meridian, J. Lohr und Arciero repräsentieren die neue Rasse, Mastantuono, Pesenti und Tobin James die alte. Als einziger Betrieb hält Martin Brothers hartnäckig an Nebbiolo und anderen italienischen Rebsorten fest.

York Mountain AVA
Der kleine Unterbereich am Westrand des größeren Paso Robles AVA hat sich noch nicht als Quelle eines bestimmten Weintyps etabliert, allerdings begünstigt die bisherige Entwicklung den Zinfandel aus meist nach Südosten gerichteten Hanglagen.

SAN MARINO Kleine Republik in Italien zwischen den Regionen EMILIA-ROMAGNA und MARCHE. Die Qualität des hier produzierten und in die Touristenorte an der Adria «exportierten» Weins hat sich in den 1980er Jahren dramatisch verbessert.

SAN MICHELE ALL'ADIGE, ISTITUTO AGRARIO DI Eine der bekanntesten italienischen Weinbaufachschulen und -forschungsstätten. Das Institut wurde 1874 im damals noch österreichischen Südtirol gegründet und befindet sich heute in der Provinz Trento. Seine Tätigkeit erstreckt sich nicht nur auf den Weinbau, sondern auch auf Obstbau und Milchwirtschaft. Der erste Direktor war der im österreichisch-ungarischen Kaiserreich hoch angesehene Önologe Edmund Mach. Das breite Spektrum an Forschungen auf dem Gebiet des Weinbaus wird oft in Zusammenarbeit mit anderen Instituten durchgeführt; im önologischen Bereich liegen die Schwerpunkte auf der Analyse von Geschmacksstoffen und PHENOLEN, auf der Mikrobiologie und der sensorischen Prüfung (siehe VERKOSTUNG). Außerdem produziert das Institut unter eigenem Etikett eine Reihe von Weinen.

SAN PASQUAL VALLEY AVA-Bereich in Kalifornien. Er beruhte auf einer einzigen Weinlage, die jedoch von der PIERCE'SCHEN KRANKHEIT vernichtet wurde, so daß der Name außer Gebrauch gekommen ist. Das Tal erstreckt sich von Escondido im San Diego County an der Südküste nach Osten.

SANTA BARBARA Die Stadt in Südkalifornien gibt dem südlichsten in einer Reihe von drei Countys mit großer Rebfläche an der CENTRAL COAST den Namen (siehe auch MONTEREY und SAN LUIS OBISPO). Der südlichste Weinbaubereich von Santa Barbara liegt nur etwa 150 km von Los Angeles entfernt. Der größte Teil des Countys hat ein Traumklima, wie man es sich schöner nicht vorstellen kann – fast regenfrei und so mild, daß eine subtropische Vegetation sich üppig ausbreitet. Und doch sind hier Pinot Noir und Chardonnay die am höchsten geschätzten Rebsorten, weil der Weinbau in der Hauptsache in einem Küstenstreifen am Pazifik nördlich von Cape Concepcion liegt, wo der fast nie weichende Meeresnebel kühlere und wolkigere Verhältnisse schafft, als sie selbst in CARNEROS und am Russian River im SONOMA County herrschen. Die Weinrebe gelangte in den 1770er Jahren durch die MISSIONARE hierher (siehe KALIFORNIEN), und gegen Ende des 19. Jh. waren einige gewerbliche Weinbaubetriebe in die Landschaft gestreut, aber erst im Weinboom der 1970er Jahre begann Santa Barbara ernsthaften Anspruch auf Anerkennung als Weinbaugebiet zu erheben. Es gibt hier nur zwei AVA-Bereiche, die nicht die gesamte Rebfläche von 3200 ha umfassen, doch der Nebel als kühlendes Mittel bringt eine erstaunliche Komplexität der Schattierungen hervor.

Santa Maria Valley AVA
Eine Reihe markanter Pinot-Noir-Weine verlieh diesem Bereich in den 1980er Jahren rasch eine eigene Identität. Auch für Chardonnay hat er sich in der kurzen Zeit seit den 1970er Jahren bereits als gut geeignet erwiesen. Das Santa Maria Valley bildet insofern eine geographische Besonderheit, als es als einziges der kalifornischen Weinbautäler genau von Osten nach Westen verläuft und daher dem hier verbreiteten Meeresnebel weit offensteht. Es ist viel stärker bestockt als das weiter südlich liegende Santa Ynez Valley, beherbergt aber nur eine Handvoll Weinbaubetriebe; die bedeutendsten waren zu Beginn der 1990er Jahre Byron und Au Bon Climat. Der größte Teil des Traubenguts wird in Kellereien jenseits der County-Grenzen verarbeitet, und viel von dem, was innerhalb der Grenzen bleibt, nehmen Kellereien in anderen Teilen des Countys ab.

Santa Ynez Valley AVA
Dieser Weinbaubereich ist zwar nicht der einzige widersprüchliche in Kalifornien, aber er kommt dem Extremfall ziemlich nahe. Er beginnt als schmaler, nebelverhangener Flußdurchbruch zwischen steilen, von Osten nach Westen verlaufenden Berghängen, der sich von der Pazifikküste bei Lompoc bis etwa zu dem Ort Solvang erstreckt. Dort schwenkt das Haupttal nach Norden um und wird nun aufgrund des ansteigenden Geländes und im Schutz höherer Berge immer wärmer. Am unteren Ende gedeihen Pinot Noir, Chardonnay und vielleicht auch Riesling. Das obere Ende scheint sich besser für Sauvignon Blanc sowie für Cabernet Franc, Merlot und Cabernet Sauvignon – meist in Verschnitten – zu eignen. Ein endgültiges Urteil hierüber ist jedoch noch nicht möglich; die ersten Anpflanzungen

sind erst in den 1970er Jahren erfolgt, und die Rebfläche ist noch klein, aber schon haben sich knapp zwanzig Kellereibetriebe im Tal niedergelassen. In den 1970er Jahren leisteten Firestone Vineyards, Zaca Mesa und Carey Cellars die Pionierarbeit und spielten auch zu Anfang der 1990er Jahre neben Brander Vineyard, Gainey Vineyard, Sanford und Babcock eine prominente Rolle.

SANTA CLARA VALLEY AVA-Bereich in Kalifornien südlich von San Francisco. Der zweite Name, Silicon Valley, ist durch die Computerindustrie bekannt geworden. Trotz der langen Weinbaugeschichte des Tals haben Fabriken, Einkaufszentren und Wohngebiete die Weinberge weitgehend verdrängt. Nur noch einige Hektar halten sich im Westen der SANTA CRUZ MOUNTAINS und am Südende bei Gilroy in Gestalt des AVA-Bereichs San Ysidro, der im wesentlichen aus zwei nebeneinanderliegenden, mit Chardonnay bepflanzten Weinbergen besteht.

SANTA CRUZ MOUNTAINS Vielgestaltiger AVA-Bereich südlich von San Francisco (KALIFORNIEN). Die Weinberge sind wie kleine Flecken über einen hingestreckten knochigen Gebirgskörper gestreut. In einer Kette von Küstenbergen, die am vorderen Ende der Halbinsel San Francisco beginnt und sich südwärts bis Santa Cruz zieht, gibt es unterschiedliche Klima- und Bodenbedingungen, so daß allein dadurch jede Beschreibung vereitelt würde, auch wenn die Weinberge nicht so weit auseinander zwischen Wäldern, Wiesen und Orten eingestreut lägen. Als zweckdienlichste Bemerkungen können über den Bereich vielleicht folgende gemacht werden: Er ist einer der kühleren in Kalifornien, der Pinot Noir hat hier die längste und reichste Geschichte, dem Cabernet Sauvignon verdankt der Weinbaubereich den größten Ruhm, und einer der prominentesten RHÔNE RANGERS, Randall Grahm von Bonny Doon, glaubt hier gute Voraussetzungen für Marsanne, Roussanne und Syrah vorzufinden. Ein kleiner Sub-AVA-Bereich namens Ben Lomond Mountain stellt den ersten Versuch dar, die etwas grob gezogenen Grenzen zu verfeinern. Zu Beginn der 1990er Jahre zählten Ridge, David Bruce, Mt Eden und Bonny Doon zu den bekanntesten Weinbaubetrieben.

SANTA MADDALENA Der bei seinen deutschsprachigen Erzeugern und Liebhabern als **St. Magdalener** bekannte Wein ist der wohl berühmteste aus Südtirol (siehe ALTO ADIGE). In einer offiziellen italienischen Klassifikation aus dem Jahr 1941 wurde er hinter Barolo und Barbaresco an dritter Stelle unter den bedeutendsten Weinen des Landes eingereiht – eine solche Einstufung wäre heute nicht mehr wahrscheinlich. Seinen Namen verdankt der Wein dem Sankt Magdalener Berg östlich von Bozen; er gilt seit langem als besonders günstige Lage für die Kultivierung der SCHIAVA-(Vernatsch-)Traube, von der dieser Wein gekeltert wird. Die Rebfläche des DOC-Bereichs – rund 400 ha – erbringt im Jahresdurchschnitt 30 000 hl. Wie andere große DOC-Bereiche Italiens hat auch Santa Maddalena eine beträchtliche Erweiterung des Erzeugungsgebiets gegenüber dem ursprünglichen Kern (dem heutigen Santa Maddalena CLASSICO) um die Orte Santa Maddalena, Retsch, Justina, Leitach und St. Peter erfahren. Infolgedessen erstreckt sich der Bereich mit dem bekannten Namen jetzt nach Westen bis Settequerce (Siebeneich) im Etschtal und nach Osten bis Cornedo (Karneid) im Eisacktal. Auch in diesen Gegenden entsteht zweifellos Schiava-Wein in guter Qualität, allerdings mit weniger Persönlichkeit als der von Santa Maddalena; glücklicherweise entfallen derzeit über 85 % der Erzeugung auf Santa Maddalena Classico. Der rubin- bis granatrote Wein hat Beeren und Mandeln im Aroma, mittleren Körper und eine ausgeprägte Mandelnote im Nachgeschmack, der oft auf die illegale «Korrektur» des Santa Maddalena mit 5–15 % LAGREIN-Trauben zurückzuführen ist, die ihm mehr FARBE, KÖRPER, TANNIN und potentielle Langlebigkeit verleihen soll. D. T.

SANTA MARIA VALLEY AVA-Bereich in Kalifornien. Siehe SANTA BARBARA.

SANTA YNEZ VALLEY AVA-Bereich in Kalifornien. Siehe SANTA BARBARA.

SANTENAY Der etwas in Vergessenheit geratene Kurort an der Côte de Beaune (Burgund) bringt Rotwein von Pinot Noir, gelegentlich aber auch Weißwein hervor. Der Boden ist hier mergelreicher als sonst an der Côte d'Or, und so neigen die Rotweine eher zur rustikalen als zur eleganten Seite. Sie weden nicht zu den feinsten Burgundern gerechnet, können sich mit der Zeit aber schön entfalten. Die Rebenerziehung erfolgt hier im CORDON-DE-ROYAT-System anstelle des sonst üblichen GUYOT-Systems.

Die meisten besseren Lagen – die PREMIERS CRUS La Comme, Clos de Tavannes und Les Gravières – bilden eine Fortsetzung von Chassagne-Montrachet. Einen guten Ruf genießen auch La Maladière hinter dem Hauptort und der Clos Rousseau am Ende von Santenay jenseits des oberen Orts mit seinem Casino und seinen Thermalquellen.

Siehe auch CÔTE D'OR und Karte Seite 201.

J. T. C. M.

SANTORIN Die zu den südlichen Kykladen gehörende griechische Insel war in klassischer Zeit als Thira bekannt. Sie ist Teil eines alten Vulkans, der etwa um 1500 v. Chr. (vielleicht auch ein Jahrhundert früher) ausbrach und die minoische Kultur auf Thira und vermutlich auch auf dem benachbarten Kreta zerstörte. Ein Großteil von Thira ging unter und ist bis auf den heutigen Tag verschwunden.

In der Antike war die Insel für Wein nicht besonders berühmt, doch das änderte sich im Mittelalter. Sie gehörte

Die schwarzen Klippen von SANTORIN.

bis zur Plünderung Konstantinopels durch die Kreuzfahrer 1203/1204 zu Byzanz; damals fiel Santorin an einen Venezianer und verblieb bis 1336 im Besitz seiner Familie. Von da an war die Insel Teil des Herzogtums Naxos, blieb jedoch unter starkem Einfluß VENEDIGS; in der Zeit von 1479–1489 stand sie dann unter direkter venezianischer Herrschaft. Durch den Unternehmungsgeist der Venezianer wurde Santorin zu einem bedeutenden Weinerzeugungsgebiet. Der von dort exportierte Wein stammte wie der von Kreta von der MALVASIA-Traube und war wegen seiner Süße und Alkoholstärke sehr geschätzt. Diese Qualitäten ermöglichten es ihm, die lange Seereise über Venedig nach dem Westen Europas zu überstehen. 1579 wurde Santorin von den Türken erobert, diese aber behinderten durchaus nicht den Anbau der einzigen einträglichen Frucht, die auf der Vulkaninsel gedeihen konnte.

Lehnworte aus dem Italienischen, die heute noch auf Santorin gebräuchlich sind, legen Zeugnis für den venezianischen Einfluß im Weinbau der Vergangenheit ab: So heißt im Lokaldialekt die Lese «vendemma» (ital. *vendemmia*); ein süßer, jedoch mit 9 % nicht alkoholstarker Wein wird als Vissanto (ital. *vin santo*) und der stärkere, jedoch nicht so süße Wein als «medzo» (ital. *mezzo* = halb) bezeichnet. Der traditionelle Rot-, Weiß- und Roséwein der Insel wird «brousko» (ital. *brusco* = grob) genannt.

H. M. W.

Lambert-Gócs, M., *The Wines of Greece* (London, 1990).

SAN YSIDRO Kleiner AVA-Bereich in Kalifornien. Siehe SANTA CLARA VALLEY.

SAPERAVI Russische Rotweinrebsorte mit bemerkenswerter Farbkraft und SÄURE; sie bewährt sich in Verschnitten, SORTENREIN ausgebaut verträgt und verlangt sie dagegen lange FLASCHENALTERUNG. Das Fruchtfleisch der dunkelhäutigen Traube ist kräftig hellrot, daher hat Saperavi viel Gemeinsamkeit mit den TEINTURIER-Sorten. Sie reift spät, bringt relativ hohe Erträge und ist an die russischen Winter gut angepaßt, allerdings wiederum nicht so gut, daß sich das Weinbauforschungsinstitut Potapenko nicht veranlaßt gesehen hätte, die 1947 herausgegebene **Saperavi Severny** als Hybride von SEVERNY und Saperavi zu züchten, die nicht nur über die VINIFERA-Gene der Saperavi-Rebe, sondern auch über solche der frostharten VITIS *amurensis* verfügt.

Die Saperavi-Rebe selbst wird in fast allen Weinbauregionen der GUS angebaut, insbesondere in RUSSLAND, der UKRAINE, in MOLDOVA, GEORGIEN, KASACHSTAN, USBEKISTAN, TADSCHIKISTAN, KIRGISIEN und TURKMENISTAN. In kühleren Gegenden kann die Säure allerdings so ausgeprägt hervortreten, daß trotz relativ hoher Zuckerkonzentration nur die Verwendung in Verschnitten übrigbleibt. Eine Zeitlang wurde die Sorte auch in BULGARIEN angebaut.

Das Weinbauforschungszentrum MAGARATSCH auf der Krim hat durch Kreuzung von Cabernet Sauvignon mit Saperavi die vielversprechende Sorte Magaratsch Ruby und durch Kreuzung der portugiesischen Rebsorte BASTARDO mit Saperavi die besonders für alkoholangereicherten Wein geeignete Magaratsch Bastardo gezüchtet.

SARDINIEN, ital. **Sardegna.** Die Insel im Mittelmeer, 200 km vor der italienischen Küste, stand in der Antike vor der Eroberung durch ROM unter der Herrschaft von KARTHAGO, später von Byzanz, dann der Araber und schließlich der Katalanen. Erst 1726 kam Sardinien durch Abtretung an das Haus Savoyen zu Italien. Historisch, sprachlich und kulturell wie auch geographisch scheint die Insel vom italienischen Festland abgekoppelt; es ist daher kein Wunder, daß die meisten ihrer bedeutenderen Rebsorten – VERMENTINO, CANNONAU, Carignano (CARIGNAN), Bovale – spanischen Ursprungs sind und der qualitätsorientierte Weinbau infolge einer begrenzten lokalen Nachfrage und geringer Handelsverbindungen mit dem Festland hier eine langsame Entwicklung genommen hat.

Die Weinrebe spielt auf jeden Fall nur eine geringe Rolle in der Landwirtschaft, in der über 40 % der Fläche als Weideland – vor allem für Schafe –, also der Milch- und Fleischproduktion dienen. Zwar hat die Gesamtrebfläche ebenso wie die Gesamtweinproduktion in den Nachkriegsjahren mit großzügiger Unterstützung sowohl von Rom als auch seitens der Regionalregierung einen starken Aufschwung genommen, es hat sich daraus aber kein Weinbau entwickelt, der sich selbst trägt. Mit schrumpfenden Absatzmärkten für sardische Weine und dem Austrocknen des Zuflusses an öffentlichen Mitteln für die WINZERGENOSSENSCHAFTEN ist die Gesamtrebfläche von ihrem Höchststand von 70 000 ha zu Beginn der 1990er Jahre wieder auf 40 000 ha zurückgegangen, und die gesamte Weinproduktion ist von 4,5 Millionen hl auf rund 1 Million hl gefallen (in ertragsschwachen Jahren wie 1990 sogar noch weiter).

Die Erzeugung von DOC-Wein ist inzwischen von 90 000 hl Mitte der 1980er Jahre auf unter 60 000 hl in 1990 gesunken. Ihr Anteil an der Gesamtproduktion ist für eine süditalienische Region nicht übermäßig klein (siehe auch APULIEN). Seit langem waren die alkoholstarken Weine Sardiniens ohnehin eher zur Aufbesserung von Weinen aus kühlerem nördlichem Klima geschätzt und nicht so sehr als eigenständige Gewächse. Dennoch verdient es die DOC-Struktur Sardiniens, einmal näher beleuchtet zu werden, weil sie den mißlungenen italienischen Versuch zur Errichtung kontrollierter Appellationen, der die eigene Glaubwürdigkeit untergraben hat, recht gut veranschaulicht und zusammenfaßt. Es ist wenig geschehen, um die einzelnen Rebsorten mit den entsprechenden Boden- und Klimaverhältnissen in Einklang zu bringen: Die Erzeugungsgebiete der populärsten Weine – Vermentino und Cannonau – wurden einfach auf die Gesamtfläche der Insel ausgedehnt, und die Höchsterträge wurden auf weit überzogene Werte hinaufgetrieben, z. B. 105 hl/ha für die DOC Carignano de Sulcis, 130 hl/a für die DOC Vermentino di Sardegna und 140 hl/ha für die DOC Nuragus di Cagliari. Das Resultat war eine Flucht aus dem DOC-«Status», so daß mehrere Bereiche – Monica di Cagliari, Girò di Cagliari, Nasco die Cagliari – praktisch außer Kurs gesetzt wurden. Die DOC Arborea, die 1987 eigens zu dem Zweck geschaffen wurde, die populären Rebsorten SANGIOVESE und TREBBIANO in einer Obstbaugegend einzuführen, setzte sich als offizielle Ertragsgrenze 135 hl/ha, bisher aber hat noch kein Erzeuger diesen DOC-Status für seine Weine beantragt.

Es muß auch hinzugefügt werden, daß die Existenz von vier verschiedenen Weintypen – trocken, süß, ein *liquoroso* (mit höherem Alkoholgehalt) in trockener und einer in süßer Version – in vielen DOC-Bereichen (Malvasia di Cagliari, Monica di Cagliari, Girò di Cagliari, Nasco di Cagliari, Cannonau di Sardegna) Konfusion geradezu vorprogrammiert, wobei es vor allem längst nicht klar ist, wozu die von Natur aus alkoholstarken sardischen Weine noch höheren ALKOHOLGEHALT brauchen.

Wenn nun auch das allgemeine Bild alles andere als ermutigend ist, so gibt es doch auch gute Weine, die zu erkennen geben, daß der Boden und das Klima Sardiniens bei geeigneteren Methoden Produkte mit einer gewissen Eigenständigkeit hervorzubringen imstande ist. Der Vernaccia di Oristano, dessen Produktionsmenge allerdings im Schwinden begriffen ist, stellt mit seinem sauberen, bitteren Abgang oft eine gute Annäherung an einen trockenen SHERRY dar, und der selten zu findende Malvasia di Bosa genießt zu Recht eine gute Reputation als Dessertwein. Auch gibt es erfrischende Exemplare von Vermentino di Gallura aus dem Norden der Insel – dieser Wein könnte besser sein, wenn seine derzeitigen Ertragsgrenzen von 98 hl/ha gesenkt würden. Eine gelegentlich anzutreffende gute Flasche Nuragus di Cagliari kann das Bedauern über die DOC-Regeln, die 140 hl/ha zulassen, nur noch steigern. Der Carignano di Sulcis zeigt in den letzten Jahren deutliche Verbesserungen; derzeit werden auch an ihm interessante Experimente mit AUSBAU in kleinen Fässern vorgenommen. Eine Revision der

DOC-Regeln könnte hier ebenfalls zu einem besseren allgemeinen Niveau führen.

Cannonau, vermutlich ein Klon von GRENACHE, trägt mit 20 % zur Gesamtproduktion Sardiniens bei und erbringt in der Provinz Nuoro, insbesondere im Unterbereich Oliena, gute Weine. Versuche, den Anbau auf die Provinzen Cagliari und Sassari auszudehnen, haben sich allerdings sowohl in quantitativer als auch in qualitativer Hinsicht als Fiasko erwiesen. Zwar wird Sardiniens Weinbau inzwischen durch mehr Rücksicht auf Qualität geprägt, doch die Last der jüngsten Vergangenheit wiegt nach wie vor schwer; die unzulängliche Reputation im Verein mit geographischer Isolierung und einem Mangel an Firmen, die mit der Vermarktung von Weinen der Insel über die Grenzen hinaus Erfahrung besitzen, werden sich in der nächsten Zukunft zweifellos als großes Handikap darstellen. D. T.

SASSELLA Unterbereich der DOC VALTELLINA in Norditalien.

SASSICAIA Ein bahnbrechender, ursprünglich durch Mario Incisa della Rochetta auf seiner Tenuta San Guido bei BOLGHERI (Mittelitalien) weitgehend von CABERNET SAUVIGNON produzierter Rotwein, einer der ersten, der in Italien nach dem Vorbild von feinem Bordeaux entstanden ist. Die ersten kleineren Mengen gelangten um die Mitte der 1970er Jahre zum Verkauf. Siehe auch VINO DA TAVOLA.

SAUBERKEIT Eine wichtige Qualität im Wein (sie bedeutet Freiheit von störendem Beigeschmack) und in Weinkellereien (siehe HYGIENE).

SAUER Negativer Begriff der Weinansprache; er bedeutet, daß ein Wein zuviel SÄURE hat.

SAUERFÄULE Verderb reifer Trauben infolge von Befall durch eine Mischung von Pilzen, Bakterien und Hefen, die sich in beschädigten Beeren festsetzen. Die Frucht nimmt essigsauren Geruch an; die Infektion kann durch Saft aus faulenden Beeren oder durch die Fruchtfliege verbreitet werden. Angriffspunkte für Mikroben bilden von Vögeln angepickte Stellen. An dem Befall beteiligt sind die Pilze *Aspergillus, Botryosphaeria, Cladosporium, Monilia, Penicillium* und *Sclerotinia* sowie der Hefepilz *Saccharomyces.* Die Fäule wird durch Regen und Luftfeuchtigkeit begünstigt; Gegenmaßnahmen bestehen in erster Linie in der Vermeidung von Beschädigungen der Frucht, aber auch in guter Belüftung der Frucht. R. E. S.

Pearson, R. C., und Goheen, A. C., *Compendium of Grape Diseases* (St Paul, Minn., 1988).

SAUERSTOFF Das farb- und geruchlose Gas, auf das etwa 21 % der Atmosphäre entfallen, ist für alle tierischen Lebensformen, aber auch für viele andere lebendige Wesen unentbehrlich. Sauerstoff macht in Form verschiedener chemischer Verbindungen fast die Hälfte des Gewichts der Erdkruste aus: u. a. WASSER (Sauerstoff und Wasserstoff), KOHLENDIOXID (Sauerstoff und Kohlenstoff), Sand (Sauerstoff und Silizium), KALKSTEIN (Sauerstoff mit Kohlenstoff und Kalzium). Sauerstoff ist auf der Sonne das drittmeist vertretene Element und nimmt im Kohlenstoff-Stickstoff-Kreislauf – der Kernreaktion, aus der die Energie für alle Lebensvorgänge auf der Erde stammt – eine Schlüsselstellung ein. Anders als der inerte STICKSTOFF, der einen weit größeren Teil der Atemluft ausmacht, ist Sauerstoff höchst reaktionsfreudig. Er wirkt auf Traubensaft oder -most sowohl in günstiger (siehe LÜFTUNG) als auch in ungünstiger Weise (siehe OXIDATION).

Mostbehandlung
Eine geringe Menge Sauerstoff (gerade soviel, wie sich im Most löst, wenn er aus der Traubenmühle läuft) ist für die Vermehrung der HEFE erforderlich, die die alkoholische GÄRUNG bewirkt. Größere Mengen können sich dagegen als schädlich erweisen, indem sie die PHENOLE oxidieren. Durch schonende MOSTBEHANDLUNG wird angestrebt, die Oxidation auf ein Mindestmaß zu beschränken.

Weinbereitung
Während der Gärung verhindert das vom werdenden Wein abgegebene Kohlendioxid weitgehend die Berührung mit Sauerstoff, doch sobald der Gärprozeß zu Ende geht, muß der Wein gegen den Zutritt von Sauerstoff geschützt werden. Schon die ersten Menschen, die Wein bereiteten, lernten sehr bald, daß mit wenigen Ausnahmen alle Weine möglichst stets in vollen Behältern aufbewahrt werden müssen, da sie sich sonst in ESSIG verwandeln.

Die moderne Kellertechnik arbeitet mit Ausrüstungen, die fast alle Schritte der Weinbereitung unter Ausschluß von Sauerstoff ermöglichen. Als besonders wirkungsvoll hat sich der EDELSTAHL-Tank erwiesen, in dem der LEERRAUM mit SCHUTZGAS ausgefüllt werden kann, so daß Sauerstoff ausgeschlossen bleibt. Holzfässer sind jedoch nicht undurchlässig genug für ein solches Verfahren. In der früheren Kellertechnik wurde Oxidation im Wein durch häufige kleine Dosen von SCHWEFELDIOXID minimiert; dieses Mittel reagiert vorzugsweise mit dem im Wein gelösten Sauerstoff. Zwar wird Schwefeldioxid heute weniger häufig als Oxidationshemmer gebraucht, es wird aber weiterhin eingesetzt, um mikrobielle Aktivitäten zu unterbinden. Auch ASCORBINSÄURE wird in gewissem Umfang zur Oxidationsverhinderung benutzt. Ihr Einsatz wird aber durch den dafür entstehenden Kostenaufwand sowie durch die Tatsache eingeschränkt, daß sie eine auto-oxidative Reaktion mit Schwefeldioxid eingeht. Kühlung des Weins während der Lagerung verlangsamt alle Reaktionen, auch die Oxidation, bringt aber die Gefahr mit sich, daß die Sauerstofflöslichkeit bei niedrigen Temperaturen steigt. Das Ziel der

SCHUTZGASTECHNIK IN DER WEINBEREITUNG ist es, die Oxidation auf ein Mindestmaß herabzusetzen.

Während des FASSAUSBAUS spielt Sauerstoff dagegen eine positive Rolle, denn die geringen Mengen Sauerstoff, die beim Einfüllen, ABSTECHEN und AUFFÜLLEN unweigerlich in den Wein gelangen, vertiefen und stabilisieren die FARBE, mildern und intensivieren den Geschmack und tragen durch Ausfällen unstabiler PHENOLE zur natürlichen STABILISIERUNG und KLÄRUNG bei.

Siehe auch OXIDATION, LÜFTUNG und SERVIEREN.

A. D. W.

SAUMUR Die Stadt an der Loire gibt einem umfangreichen Weinbaubereich und mehreren Appellationen den Namen. Saumur bildet eigentlich eine Verlängerung der TOURAINE nach Südwesten, ist aber weit mehr das Weinhandelszentrum für Anjou-Saumur als Anjou selbst. Die in diesen beiden benachbarten Bereichen angebauten Rebsorten sind ziemlich dieselben, mit der Ausnahme, daß Saumur nicht über die Palette an potentiell großartigen süßen Weißweinen verfügt wie Anjou.

Der **Saumur Mousseux** ist der wichtigste Saumur und zugleich der bedeutendste Mousseux Frankreichs – ein relativ preiswerter Schaumwein von Chenin-Blanc-Trauben mit zunehmendem Anteil an Chardonnay und meist etwas schlicht ausgefallenem Sauvignon Blanc. Die Trauben dafür können aus einem weiteren Bereich stammen, als er für den stillen Saumur zugelassen ist, und die Erzeugungsqualität ist in den großen Häusern wie Gratien & Meyer und Bouvet Ladubay ausgesprochen hoch, ebenso in der stattlichen WINZERGENOSSENSCHAFT St-Cyr-en-Bourg, deren umfangreiche Kellergewölbe in das TUFF-Gestein getrieben sind. Dieser um Saumur häufig vorkommende Stein war als Baumaterial weitherum beliebt (Duijker zufolge wurde er sogar nach dem großen Brand in London für den Wiederaufbau und außerdem in beträchtlichem Umfang in Maastricht verwendet). Für Saumur entstanden auf diese Weise ideale Keller nicht nur für die Pilzzucht – hier ein bedeutender Wirtschaftszweig –, sondern auch für den säurereichen Wein, der wie der Wein der CHAMPAGNE dazu neigte, bis in das Frühjahr Kohlensäure in sich zu behalten. Ackermann-Laurance war das erste Haus, das zu Anfang des 19. Jh. schäumenden Saumur produzierte. Seither haben diese Weine beträchtlichen kommerziellen Erfolg. Allerdings geht jetzt ein wachsender Teil des Grundweins in die Produktion von CRÉMANT de Loire ein, für den strengere Kriterien gel-

Hinter den in das Tuffgestein von SAUMUR hineingebauten Wohnungen dehnt sich ein Netz von Höhlen, die oft als Weinkeller dienen.

ten: Erträge von 50 und nicht 60 hl/ha und eine TIRAGE von 12 anstatt 9 Monaten.

Saumur Blanc ist oft erstaunlich schwer von Anjou Blanc zu unterscheiden; auch er wird im wesentlichen von Chenin Blanc bereitet und besitzt daher kräftige Säure und potentielle Langlebigkeit. Allerdings bringen nur sehr gewissenhafte Erzeuger viel fruchtigen Charme darin zustande. Der Vergleich zwischen dem stillen weißen Saumur und dem stillen weißen Coteaux CHAMPENOIS aus der Champagne drängt sich durchaus auf.

Saumur Rouge entsteht auf ähnlichem Boden wie die Weine von CHINON und BOURGUEIL und ist weit erfolgreicher als das weiße Pendant. Er darf von Cabernet Franc, Cabernet Sauvignon oder Pineau d'Aunis gekeltert werden, wird aber meist fast ausschließlich von Cabernet Franc produziert und ist oft ein erfrischender, relativ leichter, fruchtiger Wein. Die Produktionsmenge von Saumur Rouge ist etwas größer als die von Saumur Blanc.

Der bedeutendste Stillwein der Gegend ist jedoch der **Saumur-Champigny**, dessen außerordentliche Expansion in den 1970er und 1980er Jahren weitgehend darauf zurückzuführen war, daß er in MODE kam – vor allem in Paris. Der nach dem Ort Champigny benannte Bereich Saumur-Champigny liegt auf einem Tuffplateau, das sich wie in der benachbarten Touraine für den Weinbau hervorragend eignet. Der hohe Kalkgehalt machte die hier in der Zeit nach der REBLAUS zunächst angebaute Chenin-Blanc-Rebe anfällig für CHLOROSE, doch 1990 verfügte dann der Rotwein von Saumur-Champigny über eine Rebfläche von mehr als 1000 ha. Es war vor allem die Genossenschaft St-Cyr-en-Bourg, die den Anbau von Cabernet-Franc-Reben förderte und mit so großem Erfolg die Appellation für stillen Rotwein entwickelte. Heute werden rund 40 % des Saumur-Champigny von der Genossenschaft produziert. Zum größten Teil fällt er allerdings zu leicht für längere Lagerung aus, und obwohl dieser «BEAUJOLAIS von der Loire» so herrlich und grundsätzlich fruchtig und einschmeichelnd schmeckt, ist doch oft der beträchtliche Mehrpreis beispielsweise gegenüber dem Anjou-Villages nur schwer zu begründen.

Der **Cabernet de Saumur** ist ein nur in kleinen Mengen erzeugter Roséwein, meist trockener und weniger ambitioniert als der Cabernet d'Anjou; **Coteaux de Saumur** heißt der liebliche Wein der Gegend, der in sehr kleinen Mengen von Chenin-Blanc-Trauben entsteht.

Siehe auch LOIRE und die dazugehörige Karte.

Duijker, H., *Die großen Weine. Elsaß, Loire, Champagne* (Zürich, 1982).

SÄURE Der allgemeine Begriff für den frischen, manchmal scharfen, säuerlichen Geschmack, der von organischen SÄUREN in einer Flüssigkeit herrührt. Wein verdankt wie andere erfrischende oder appetitanregende Getränke seine attraktiven Qualitäten einem überzeugenden Gleichgewicht zwischen der Säure und den von anderen Komponenten ausgelösten süßen und bitteren Geschmacksempfindungen. Alle erfrischenden Getränke enthalten in gewissem Umfang Säure, die sich dem Geschmackssinn durch eine seitlich an der Zunge wahrgenommene prickelnde Empfindung bemerkbar macht (siehe VERKOSTUNG).

Der Säuregehalt des ursprünglichen Traubensafts hat beträchtlichen Einfluß auf die Weinqualität, weil er sich auf die FARBE, auf das Wachstum von HEFEN und nützlichen wie schädlichen BAKTERIEN sowie auf die Geschmacksqualitäten auswirkt.

Am höchsten ist der Säuregehalt im Traubensaft zu Beginn der Traubenreife – in diesem Stadium enthalten die Beeren halb soviel Säure wie Zitronen. (Weil dieser Säureanteil so hoch ist, verkaufen Traubenanbauer in tropischen Gebieten, beispielsweise in Thailand, ausgedünnte grüne Beeren als saure Zutat für eingelegte Gewürze und Gemüse.)

Säure stellt im Traubenmost wie im Wein einen wichtigen, in der Menge leicht zu bestimmenden Bestandteil dar. Gemessen wird in verschiedenen Ländern auf verschiedene Weise meist die Gesamtsäure als die Summe der NICHTFLÜCHTIGEN SÄUREN und der FLÜCHTIGEN SÄUREN. Für die Wissenschaftler bedeutet Säure das Maß, in dem eine Lösung aufgrund von in freier oder gebundener Form vorliegenden Protonen (Wasserstoffionen bzw. H^+) saure Reaktion aufweist. Eine andere Methode zur Messung des Säuregehalts besteht in der Messung der in der Lösung vorhandenen freien Wasserstoffionen (H^+) anhand der logarithmischen pH-Skala; je höher der Säuregehalt eines Weins, desto niedriger sein PH-WERT.

Der Säuregehalt trägt zur Konservierung der Farbe von Rotwein bei, weil der pH-Wert sich auf die Ionisierung der ANTHOCYANE auswirkt, deren ionisierte Form eine andere Farbe aufweist als die nicht-ionisierte Form. Je niedriger der pH-Wert ist, desto röter (weniger blau) erscheint die Farbe und desto größer ist die Farbstabilität. Mit steigendem pH-Wert (in Wein mit weniger Säure) nehmen die Pigmente zunehmend blaue Färbung an, die Farbe wird unstabiler, und schließlich schlagen die Pigmente in schmutziggraue Formen um. Rotweine aus wärmeren Gegenden sind stärker blau in der Farbe als solche aus kühleren Regionen, wo Weine mit kräftigerer Säure entstehen. Höhere pH-Werte bewirken im Weißwein ein Dunkelwerden der PHENOLE, bis diese schließlich polymerisieren und sich als bräunliches Depot absetzen.

Übermäßiger Säuregehalt – entweder als Resultat allzu hoher Konzentrationen natürlicher Säuren in der Traube infolge unzureichender Wärme während der Reifezeit oder aber, seltener, aufgrund übertriebener AZIDIFIKATION bei der Weinbereitung – läßt Weine scharf, streng, manchmal ungenießbar erscheinen. Zu wenig Säure andererseits – das Ergebnis zu später Lese oder von so viel Wärme während des Reifevorgangs, daß sich die natürlichen Säuren weitgehend abbauen – führt zu flachen, uninteressanten Weinen, die von Weinkostern meist als «flau» bezeichnet werden.

Siehe auch GESAMTSÄURE. A. D. W. und B. G. C.

SÄUREN Chemische Verbindungen, die für den scharfen, sauren Geschmack von Getränken und Lebensmitteln, also auch von Wein, verantwortlich sind. Die wichtigsten Säuren in der Traube sind die WEINSÄURE und in etwas geringerer Konzentration die APFELSÄURE. Apfelsäure kommt in vielen verschiedenen Pflanzen und Früchten vor, dagegen gehört die Weinrebe zu den sehr wenigen Pflanzen, die in ihren Früchten eine größere Konzentration an Weinsäure aufweisen. Die am häufigsten in Pflanzen vorhandene Säure ist die ZITRONENSÄURE; auch hierin nehmen die VINIFERA-Reben unter den Pflanzen insofern eine Sonderstellung ein, als sie nur wenig Zitronensäure ansammeln.

Trauben enthalten neben Wein- und Apfelsäure noch eine ganze Reihe anderer Säuren. In geringer Konzentration liegen verschiedene Fettsäuren vor, von denen die häufigste die für den sauren Geschmack des ESSIGS verantwortliche ESSIGSÄURE – eine FLÜCHTIGE SÄURE – ist. In der Traube beteiligt sie sich an vielen Stoffwechselvorgängen während des Reifevorgangs.

Eine weitere am Wachstum der Rebe und an der Entstehung von Trauben sowie der Stoffwechseltätigkeit der Hefen beteiligte Gruppe von Säuren sind die Ketosäuren. Diese Verbindungen stehen im Zusammenhang mit der abschließenden Verarbeitung von Zuckern zur Gewinnung von Energie für die vielen Aktivitäten von Lebewesen. Sie sind in Trauben und im Wein in geringen Konzentrationen vorhanden.

Einige andere am Wachstum der Rebe beteiligte Säuren sammeln sich in sehr geringen Mengen in den Beeren an und gehen zum Teil in den Wein über. Weitere Säuren, die sich im Wein finden, in Trauben aber möglicherweise nur in Spuren vorhanden sind, werden in der Hauptsache während der GÄRUNG gebildet. MILCHSÄURE, BERNSTEINSÄURE und Kohlensäure weisen die stärksten Konzentrationen vor.

Bei der Weinbereitung werden gelegentlich Säuren zugesetzt (siehe ASCORBINSÄURE, SORBINSÄURE sowie SCHWEFELDIOXID, d. h. schweflige Säure).

Säuren sind im Wein wichtig, nicht nur weil sie ihm erfrischenden Geschmack verleihen, sondern auch, weil sie schädliche BAKTERIEN abwehren und den Wein daher mikrobiologisch stabil erhalten. Die meisten Bakterien, auch alle diejenigen, die dem Menschen gefährlich werden können, sind in ausgeprägt sauren Lösungen wie Wein nicht lebensfähig. Von dieser Regel machen nur zwei Gruppen von Bakterien eine Ausnahme: die Essigbakterien (siehe ACETOBACTER) und die MILCHSÄUREBAKTERIEN.

Die Konzentration der Säuren im Wein stellt den SÄUREGEHALT dar, der auf verschiedene Weise gemessen werden kann. Säure steht in engem, umgekehrtem Verhältnis zum PH-WERT. A. D. W.

SÄUREREGULIERUNG siehe AZIDIFIKATION.

SAUSSIGNAC Sehr kleine Appellation für süßen Weißwein in SÜDWESTFRANKREICH. Sie liegt innerhalb des Gebiets von BERGERAC westlich von Monbazillac. Der relativ unbekannte süße Weißwein von Saussignac entsteht vorwiegend von der Sémillon-Traube auf einer Rebfläche von nur 74 ha.

SAUTERNE Gelegentlich als Gattungsbegriff für süßen Weißwein anzutreffende Bezeichnung. Der echte SAUTERNES schreibt sich am Schluß mit «s».

SAUTERNES Die Besonderheit des im Gebiet von Graves südlich von BORDEAUX eingebetteten Bereichs ist, daß er auf ganz unvergleichliche Weise der Produktion von nicht mit Alkohol angereicherten süßen Weißweinen gewidmet ist. In Deutschland und in Kalifornien, wo ja gelegentlich hochfeine süße Rieslinge entstehen, bilden diese Weine eher die Ausnahme als die Regel, und sie stammen von Reben, die sonst trockene oder liebliche Weine hervorbringen.

In Sauternes stehen die Dinge ganz anders. Die APPELLATION CONTRÔLÉE ist fünf Gemeinden vorbehalten, deren Weine bestimmten Vorschriften entsprechen müssen; z. B. ist der Mindestalkoholgehalt auf 13 % festgesetzt, und es ist eine Geschmacksprüfung vorgesehen, bei der die geforderte Süße bestätigt werden muß. Es werden drei Rebsorten angebaut: Sauvignon Blanc, Sémillon und Muscadelle. Die Haupttraube ist der Sémillon, weil er besonders empfänglich für EDELFÄULE ist; auf ihn entfallen meist 80 % des Rebbestands eines Weinguts. Der Sauvignon wird oft früher als Sémillon von Edelfäule befallen, und er bringt dank seiner von Natur aus kräftigen Säure in den Verschnitt eine Frische ein, die den volleren, breiten Geschmack des Sémillon schön ergänzt. Der Beitrag der Muscadelle liegt vor allem im Aroma, doch aufgrund ihrer Empfindlichkeit wird sie von vielen Erzeugern als unbequem im Anbau empfunden.

Niemand weiß genau zu sagen, wann in dieser Gegend die Erzeugung von Süßwein zur Regel wurde. Die Art war jedenfalls gegen Ende des 18. Jh., als Thomas JEFFERSON und andere die eindeutig süßen Weine des berühmtesten Guts der Gegend, Château d'YQUEM, kauften, bereits fest etabliert. Beschreibungen der Lese aus den 1660er Jahren legen den Schluß nahe, daß auch damals die Weine schon süß waren, doch einen Beweis stellen sie nicht dar.

Der Sauternes ist das Ergebnis eines spezifischen MESOKLIMAS. Die Gemeinden Sauternes, Barsac, Preignac, Bommes und Fargues liegen in unmittelbarer Nähe von zwei Flüssen, der breiten GARONNE und ihres schmalen Nebenflusses Ciron. Wenn im Herbst das kühle, aus Quellen stammende Wasser des Ciron in das wärmere, von den Gezeiten beeinflußte Wasser der Garonne strömt, bilden sich Abendnebel, die bis in den späten Vormittag des nächsten

Tages die Weinberge einhüllen. Dann aber trocknet die Sonne – wenn sie scheint – den Nebel weg. Die feuchte Luft begünstigt die Entwicklung von *Botrytis cinerea*, eines Schimmelpilzes, der die Trauben angreift und sie zum Einschrumpfen und Faulen bringt (siehe auch TRAUBENFÄULE). Der Nebel ist den Pilzsporen günstig, und der abwechselnd damit einsetzende Sonnenschein bringt den Austrocknungsprozeß voran.

Der Befall durch den Schimmelpilz ist für die Entwicklung der Trauben von entscheidender Bedeutung. Ohne ihn gelangen sie zwar auch zu ausreichender Reife, so daß ein süßer Wein entsteht, wenn die Gärung ihr Ende erreicht, bevor der ganze Zucker in Alkohol umgewandelt ist, aber dem so entstehenden Wein mangelt es an Komplexität. Wie unter EDELFÄULE näher ausgeführt, besteht die Wirkung des Befalls mit *Botrytis* in der willkommenen Form darin, die Konzentration an WEINSÄURE und TRAUBENZUCKER stark ansteigen zu lassen, die Erzeugung von GLYZERIN, das dem Wein VISKOSITÄT verleiht, anzuregen sowie das Aroma und den Geschmack des fertigen Weins beträchtlich zu verändern.

Der wesentliche Unterschied zwischen mittelmäßigem und großem Sauternes beruht ganz auf der Bereitschaft der Erzeuger zu warten, bis sich die Edelfäule einstellt. Diese Geduldsprobe wirkt sich auch auf den Preis des Sauternes aus. In manchen Jahren, so 1978 und 1985, entwickelt sich überhaupt keine Edelfäule, oder sie kommt erst sehr spät im Jahr auf. Die Weinerzeuger müssen sich also entscheiden, ob sie mit der Lese beginnen oder noch warten wollen. Abzuwarten ist riskant. Die Gefahr, daß Frost oder Regen die Ernte verderben, wächst natürlich, je weiter der Herbst fortschreitet. Nimmt ein Weingut die Lese jedoch zu früh vor, dann kommt nichts weiter als gleichgültiger süßer Weißwein dabei heraus, während wagemutigere Nachbarn großen Wein mit Edelfäule auf den Markt bringen können.

Dadurch kommt ein wirtschaftlicher Faktor ins Spiel, der für diese Gegend einzigartig dasteht. Der Sauternes ist überaus kostspielig in der Erzeugung. Es gibt in jedem Jahrzehnt eine Reihe von Jahren, in denen entweder überhaupt keine großen Süßweine oder – wie beispielsweise 1991 – nur sehr geringe Mengen zustande kommen. Aber selbst in exzellenten Jahren ist der ERTRAG auf höchstens 25 hl/ha beschränkt, und auch diese Menge wird nicht häufig erreicht. Bei Yquem beläuft sich der Durchschnittsertrag auf magere 9 hl/ha, und in den anderen mit Sorgfalt geführten Weingütern dürfte diese Ziffer höchstens zwischen 12 und 20 hl/ha liegen. (In den Rotweinbereichen des MÉDOC und von ST-ÉMILION dagegen sind Erträge von über 40 hl/ha üblich.)

Hinzu kommt noch, daß sich die Lese außerordentlich lange hinzieht. Die Edelfäule erfaßt zwar manchmal, beispielsweise 1990, ganze Weinberge auf einmal, aber das kommt selten vor. Viel häufiger vollbringt sie ihre recht unansehnliche Arbeit nur stellenweise. So spielt sich die Lese meist wie folgt ab: Der *Botrytis*-Befall der Sauvignon-Traube ermöglicht es, etwa die Hälfte dieser Sorte Ende September zu lesen; dann folgen vielleicht zwei Wochen Nieselregen, und in dieser Zeit unterbleibt jede Lese; wenn sich wieder schöneres Wetter einstellt, müssen Beeren entfernt werden, die von der unerwünschten GRAUFÄULE befallen sind, und Ende Oktober erfolgt dann ein zweiter *Botrytis*-Befall, so daß der Sémillon sowie der Rest des Sauvignon im Verlauf von drei Wochen geerntet werden können. Die Notwendigkeit der selektiven Lese (TRIAGE) macht den Sauternes teuer, denn die Lesemannschaften müssen während der ganzen Zeit verfügbar bleiben.

Viel mehr noch als jeder andere Wein entsteht der Sauternes im Weinberg. Die geernteten Trauben sind obendrein schwierig zu verarbeiten. Das MOSTGEWICHT (der Zuckergehalt), die PHYSIOLOGISCHE REIFE und der Grad des Edelfäulebefalls sind für die Qualität bereits ausschlaggebend, bevor noch der Kellermeister seine Arbeit beginnt. Nichtsdestoweniger verlangt der Sauternes sorgfältige Bereitung. Das Pressen muß so sanft wie nur irgend möglich erfolgen; manche Weingüter arbeiten aus diesem Grund noch heute mit altmodischen Hydraulik- oder Korbpressen. Der Gärprozeß vollzieht sich im Tank – seit der Mitte der 1980er Jahre öfters auch in mindestens zu einem Drittel neuen BARRIQUES (siehe FASSGÄRUNG). Die Gärung kommt entweder von selbst zum Erliegen, wenn etwa 14 % ALKOHOLGEHALT erreicht sind und die RESTSÜSSE weiteren 4–7 % Alkohol entspricht, oder aber sie wird durch Zusetzen von SCHWEFELDIOXID abgestoppt (siehe auch EDELFAULER WEIN).

In schwächeren Jahrgängen ist CHAPTALISATION gestattet, doch die besseren Weingüter vermeiden eine derartige Anreicherung, die ja lediglich Süße, aber keine Komplexität einbringt und oft nur unzulängliche Lesepraktiken kaschiert. Der Ausbau des Weins erfolgt etwa 18–36 Monate in Eichenfässern (siehe FASSAUSBAU). Auch die Anschaffung der erforderlichen *barriques* trägt zu den hohen Produktionskosten bei. Manche Weingüter – z. B. die Châteaux d'Yquem, Raymond-Lafon, La Tour Blanche – verwenden bis zu 100 % neue Fässer, während andere, z. B. die Châteaux Climens und Doisy-Daëne, sich mit einem geringeren Anteil begnügen. Hierbei handelt es sich eher um eine Frage des Stils als der Qualität. .Nicht sehr charaktervoll ausgefallene Weinposten werden meist an NÉGOCIANTS verkauft; 1978 füllte Yquem nur 15 % des Ertrags unter dem eigenen Namen ab, und 1987 brachten viele Güter überhaupt keinen Wein auf den Markt.

Eine 1985 eingeführte technische Neuentwicklung führte zu einer erheblichen Kontroverse. Die CRYOEXTRACTION kann den Erzeugern helfen, einen Teil des Ertrags zu retten, der sonst ausgeschieden werden müßte. Bei diesem Verfahren werden die Trauben zwanzig Stunden vor dem PRESSEN in einer Kältekammer eingefroren; das ermöglicht es, Wasser und den Anteil an unreifen Trauben auszuscheiden. Die

Cryoextraction hat keine Auswirkung auf die chemische Zusammensetzung der Trauben und des Mosts, aber sie stellt auch nur eine Rettungsoperation dar, und ihr Hauptnachteil besteht in hohen Kosten. Trotzdem hat sie sich in feuchten Jahren wie 1987 für Weingüter wie Château d'Yquem und andere, die in das Verfahren investiert haben, als nützlich erwiesen.

Obwohl der beherrschende Einfluß der Edelfäule sowie die allgemeinen geographischen Voraussetzungen allen Sauternes-Weinen gemeinsam sind, wirken sich doch spezifische Verhältnisse in MIKROKLIMA und BODENSTRUKTUR auf den Stil der einzelnen Weingüter aus. Die Gemeinde BARSAC zeichnet sich durch besondere Eigenständigkeit aus und hat daher auch Anspruch auf eine eigene Appellation Contrôlée, allerdings darf ihr Wein auch als Sauternes bezeichnet werden. Der Nähe zum Ciron und dem Schwemmlandboden verdanken die Weine von Barsac leichtere, elegantere Art, als sie bei den Nachbarn üblich ist. Aus Bommes und aus Sauternes selbst kommen dagegen die vollsten Weine, allerdings gibt es viele Ausnahmen von dieser Regel. Auch die Reifezeiten sind unterschiedlich: So reifen die Trauben von Château Filhot oft eine Woche später als die von Barsac.

Alle diese Faktoren wurden 1855 bei der KLASSIFIKATION der damals bestehenden Weingüter berücksichtigt. Es wurden die Stufen Premier Cru und Deuxième Cru eingerichtet, wobei Yquem zu Recht einen besonderen Rang eingeräumt erhielt. In den 1960er Jahren ging der Qualitätsstand zurück. Süße Weine waren aus der MODE, und obendrein gab es eine Folge schlechter Jahrgänge. Nur die reichsten Weingüter konnten es sich leisten, ihre Qualitätsmaßstäbe zu halten. Andere schlugen Abkürzungswege ein, nahmen die Lese zu früh vor und ersetzten *barriques* durch Tanks. Zwei Jahrzehnte lang brachten selbst hochrangig eingestufte Weingüter auch in guten Jahren bestenfalls mittelmäßigen Wein hervor. Erst mit dem exzellenten Jahrgang 1983 wendeten sich die Dinge zum Besseren. Die Preise erholten sich wieder, und vorausschauende Weinerzeuger investierten in lang überfällige Verbesserungen, die dann in den superben Jahrgängen 1986, 1988, 1989 und 1990 ihre Früchte trugen. Die offizielle Klassifikation von 1855 bildet nun wieder einen verläßlichen Maßstab für Qualität, wobei allerdings auch einige nicht in der Klassifikation enthaltene Weingüter wie Château de Fargues (im Besitz von Yquem), Gilette und Raymond-Lafon inzwischen in Qualität und Preis den Premiers Crus gleichkommen.

Nach einem Niedergang zeigt nun der Sauternes wieder, welche Qualitäten in ihm stecken. Er vereint in sich Kraft, Üppigkeit und Eleganz; gute Flaschen können sich fünfzig Jahre lang halten und entfalten (Yquem-Weine sogar noch länger). Bedenkt man die Risiken und Kosten seiner Erzeugung, dann ist der Sauternes nach wie vor wahrhaft preiswert im Verhältnis zu dem Genuß, den er der wachsenden Schar von Weinliebhabern gewährt, die sich der Meinung anschließen, daß ein feiner Sauternes fraglos seinen Platz auf der Tafel hat. S. B.

Benson, J., und Mackenzie, A., *Sauternes* (2. Aufl., London, 1990).

Brook, S., *Liquid Gold: Dessert Wines of the World* (London, 1987).

Olney, R., *Yquem* (London, 1986).

SAUVIGNON Die französische Rebsorte **Sauvignon Blanc** ist alleinverantwortlich für einige der populärsten und charaktervollsten trockenen Weißweine der Welt: Sancerre, Pouilly-Fumé und eine Menge Sauvignons und Fumé Blancs, die außerhalb Frankreichs entstehen. Aber die Traube verleiht auch ihrem häufigsten Verschnittpartner SÉMILLON in vielen großen Weißweinen der trockenen und der süßen Art Kraft und Würze. Wie bei dem berühmten, durchaus nicht mit ihm verwandten dunklen Cabernet Sauvignon scheinen auch die Ursprünge des Sauvignon Blanc in Bordeaux zu liegen, wo seine Popularität eine Wiederbelebung erfährt.

Die Traubensorte wird oft, vor allem auf Etiketten, kurz und bündig **Sauvignon** genannt, dabei gibt es ihn auch – je nach Beerenfarbe – als **Jaune, Noir, Rosé** (oder **Gris**) und **Violet**. Kommerziell bedeutsamer als alle diese Varianten ist der **Sauvignon Vert** – dabei handelt es sich um ein Synonym für **Sauvignonasse**, einen engen Verwandten von TOCAI Friulano.

Das am leichtesten zu erkennende Merkmal des Sauvignon Blanc ist sein überaus kräftiges, unverkennbares Aroma, das meist als grasig, kräuterhaft, moschusartig oder als an grüne Früchte (vor allem Stachelbeeren), Nesseln und sogar Katzen erinnernd beschrieben wird. Forschungen über GESCHMACKSSTOFFE haben ergeben, daß dabei Methoxypyrazine eine bedeutende Rolle spielen. Auf schweren Böden bringt Sauvignon, zuÜbererträgen angeregt, Weine hervor, die kaum etwas hiervon spüren lassen, doch bei bedachtsamer Kultivierung in Weinbergen der mittleren Loire und ohne Maskierung durch Eichenholz kann er in trockenen Weißweinen auf den Gipfel der Sauvignon-Frucht gelangen und mit die saubersten, höchst erfrischend geschmackskräftigen Weine der Welt hervorbringen. Die besten Sancerres und Pouilly-Fumés dienten als Vorbilder für die ersten Sauvignon-Blanc-Weine der Neuen Welt, wobei dann in den 1980er Jahren schließlich umgekehrt die Winzer von der Loire in Nachahmung ihrer Kollegen aus Kalifornien, Australien und Neuseeland (die mit dieser Rebsorte raschen Ruhm erlangt hatten) mit Gärung und Ausbau in Eichenfässern experimentierten.

Eichenfaßgereifte Exemplare brauchen gewöhnlich noch ein bis zwei Jahre Zeit, bis sie ihre Bestform erreichen, doch fast ausnahmslos ist trockener, unverschnittener Sauvignon für baldigen Verbrauch gedacht. Allerdings gibt es sowohl an der Loire als auch in Bordeaux Beispiele, die bis zu fünfzehn Jahre in der Flasche haltbar bleiben, wenn sie sich dabei auch selten weiter entfalten (siehe POUILLY-FUMÉ). Als Bestandteil im großen süßen SAUTERNES, einem der langlebigsten Weißweine der Welt, spielt der Sauvignon dagegen eine untergeordnete Rolle.

Die Rebe ist überaus wuchskräftig, was in manchen Gegenden an der Loire und in Neuseeland zu Problemen Anlaß gibt. Nimmt ihre Wuchskraft überhand, dann erreichen die Trauben nicht die volle Reife, und der resultierende Wein kann aggressiv KRAUTIG, fast aufdringlich scharf ausfallen. (Unreifer Sémillon zeigt häufig eine ähnliche Charakteristik – so wie unreifer Cabernet Sauvignon oft wie Cabernet Franc riecht.) Eine schwachwüchsige VEREDELUNGSUNTERLAGE und gute LAUBPFLEGE können dieses Problem beheben helfen.

Sauvignon treibt später aus, blüht aber früher als Sémillon, mit dem er in Bordeaux meistens und anderswo zunehmend verschnitten wird. Bis geeignete Klone, beispielsweise 297 und 316, selektiert und Spritzmittel zur Überwindung der Anfälligkeit für ECHTEN MEHLTAU und SCHWARZFÄULE entwickelt waren, zeigten die Erträge unwirtschaftliche Ungleichmäßigkeit. Noch 1968 stand Sauvignon unter den meistangebauten Rebsorten an 13. Stelle, inzwischen aber ist er auf den 4. Platz aufgestiegen.

In Bordeaux überholte Sauvignon erst gegen Ende der 1980er Jahre Ugni Blanc (TREBBIANO) als zweitmeist angebaute Rebsorte nach Sémillon, der noch immer das Dreifache der Anbaufläche von Sauvignon innehat. Allerdings sind die neueren Sauvignon-Klone sehr viel ertragreicher als der in raschem Rückgang befindliche Sémillon. Im Département Gironde ist Sauvignon auf Entre-Deux-Mers, Graves sowie auf die Süßweinbereiche in und um Sauternes konzentriert. Hier überall wird er gewöhnlich mit dem dominierenden Sémillon verschnitten, insbesondere in Sauternes, wo das Verschnittrezept zu 80 % aus dem fäuleanfälligeren Sémillon und dazu ein wenig Muscadelle besteht. Am BORDEAUX BLANC hat Sauvignon aus Entre-Deux-Mers dagegen großen Anteil, allerdings sind niedrige Erträge und oft kostspieliger Ausbau in Eichenfässern wie bei den besten trockenen Weißweinen aus PESSAC-LÉOGNAN und GRAVES sowie bei der Handvoll teurer Weißweine aus dem Médoc (siehe BORDEAUX, AC) Voraussetzungen für denkwürdige Leistungen der Traube in diesem Raum. Es ist vielleicht kein Zufall, daß der durchschnittliche Sauvignon von der Loire mehr sortentypischen Charakter hat als der durchschnittliche sortenreine Sauvignon von Bordeaux, wenn man bedenkt, daß der zulässige Höchstertrag für den ersteren mit 55 hl/ha um 10 hl/ha niedriger liegt.

Wie bei den Rotweinen spiegeln die Satellitenbereiche die Ausbreitung der Bordeaux-Rebsorten. So ist Sauvignon oft ein leicht erkennbarer Bestandteil in den trockenen Weißweinen von BERGERAC, den Côtes du MARMANDAIS und PACHERENC DU VIC-BILH.

Doch an der Loire begegnet man Sauvignon in seiner reinsten, unverfälschtesten Form. In den häufig auf Kalksteinboden gelegenen Weinbergen von SANCERRE, POUILLY-FUMÉ und deren östlichen Nachbarbereichen QUINCY, REUILLY und MÉNÉTOU-SALON liefert er ein klares Argument für die Abstimmung einer Rebsorte auf ein geeignetes TERROIR. Übrigens hat die hier oft Blanc Fumé genannte Traube inzwischen die meisten minderen Rebsorten verdrängt, die früher in dieser Gegend verbreitet waren, v. a. weitgehend den Chasselas in Pouilly-sur-Loire. Die meisten Weine dieses Gebiets sind, gut gekühlt serviert, innerhalb von zwei Jahren am besten.

Von dieser Anbaugegend aus, die ohne weiteres als das Kernland des Sauvignon in der Welt bezeichnet werden könnte (obwohl die Bewohner von Marlborough auf der Südinsel NEUSEELANDS dagegen durchaus Einspruch erheben dürften), strahlt der Einfluß der Traube in die Umgebung aus: nordostwärts in Richtung Chablis im SAUVIGNON-DE-ST-BRIS, südwärts nach ST-POURÇAIN-sur-Sioule, nord- und westwärts nach den Coteaux du GIENNOIS und nach CHEVERNY und schließlich in Richtung vieler typischer Loire-Weine, die meist unter der Bezeichnung TOURAINE laufen. Diese Sauvignons sind vielfach leicht, rassig und selbstverständlich aromatisch. Zusammen mit Chardonnay ist die Traube auch in den Weinbergen von Anjou zugelassen, wo sie gelegentlich mit dem dort einheimischen CHENIN BLANC verschnitten wird.

Im Midi wird Sauvignon Blanc gern, wenn auch nicht immer mit Erfolg, von Erzeugern verwendet, die international marktgängige Weine produzieren wollen (vielleicht sind hier die Erträge zu hoch angesetzt, als daß die Rebe genügend Sortencharakter hervorbringen könnte); kleine Sauvignon-Blanc-Bestände sind auch in einigen Appellationen in der Provence anzutreffen.

Jenseits der Alpen in Italien ist Sauvignon vor allem im Nordosten in der Region Friaul erfolgreich; einige Beispiele aus Südtirol (ALTO ADIGE) und dem COLLIO zeigen außerordentlich feine Frucht und Reinheit im Geschmack. In den 1980er Jahren verdoppelte sich die Sauvignon-Anbaufläche in Italien auf fast 3000 ha. Mit zunehmender Verbesserung der Weinbereitungstechnik wird auch in SLOWENIEN ähnliche Finesse erzielt. Weiter im Nordosten gedeiht Sauvignon auch in Österreich, wo er in der STEIERMARK als «Muskat-Silvaner» Frucht mit schönem Aroma vereint. Unter demselben Namen wird er – freilich sehr selten – in Deutschland angebaut, wo allerdings mit Recht darauf verwiesen werden kann, daß junger Riesling einen ähnlich frischen, aromatischen Weißwein darstellt. Weiter im Osten wird Sauvignon Blanc ebenfalls in gewissem Umfang angebaut, jedoch fallen dort die Weine zunehmend schwerer und süßer aus. In Teilen SERBIENS, im Distrikt Fruska Gora in der WOIWODINA und in der TSCHECHISCHEN REPUBLIK ist eindeutiges Potential gegeben. RUMÄNIEN verfügte zu Beginn der 1990er Jahre über fast 5000 ha Sauvignon Blanc; in der GUS gab es nur in MOLDOVA größere Bestände der Sorte.

Auf der Iberischen Halbinsel wird Sauvignon Blanc nur von besonders hingebungsvollen Internationalisten gepflegt (vor allem von TORRES; siehe aber auch RUEDA). Allerdings gibt es sowohl in Portugal als auch in Nordwestspanien keinen Mangel an einheimischen Rebsorten, die Weine in ganz ähnlichem Stil erbringen können (siehe MINHO und GALICIEN). In zu warmem Klima neigt Sauvignon Blanc oft zu öligem Geschmack; das geschieht gelegentlich auch in Israel und in anderen mediterranen Weinbaugebieten, wo die Rebe mit Blick auf den Exportmarkt stark forciert wird.

Auch die ersten Versuche in Australien verliefen nicht anders, doch zu Anfang der 1990er Jahre hatte sich die Erkenntnis durchgesetzt, daß dem Sauvignon die kühleren Lagen im Land vorbehalten werden müssen (siehe auch AUSTRALIEN). Allerdings übertreffen die Chardonnay-Bestände die von Sauvignon Blanc um das Vierfache.

In Neuseeland dagegen hat der Chardonnay erst vor ganz kurzer Zeit den Sauvignon Blanc überholt, und der relativ kleine Weinbau des Landes kann sich rühmen, eine fast ebenso große Sauvignon-Anbaufläche (800 ha in 1992) zu besitzen wie Australien. Mit dieser Rebsorte führte sich der neuseeländische Wein in der Welt ein, und zwar mit einem ganz eigenen Stil: intensiv duftig, eindeutiger fruchtig als das Vorbild von der Loire und mit einer Spur Benzin und Süße. Dieser Sauvignon-Stil ist heute in Südamerika, in kühleren Gegenden Nordamerikas, in Südfrankreich und zweifellos bald auch noch in anderen Weltgegenden anzutreffen.

«Sauvignon» ist CHILES meistexportierter Weißwein; allerdings besagte die amtliche Statistik am Anfang der 1990er Jahre, daß auf Sauvignon Blanc nicht einmal 5 % der Gesamtweinerzeugung des Landes entfielen (dagegen trug Semillon über 26 % bei). Ein großer Teil des chilenischen Sauvignon ist Sauvignon Vert – wie schon erwähnt eigentlich Sauvignonasse –, doch immerhin werden große Anstrengungen unternommen, um ihn durch den echten Sauvignon Blanc zu ersetzen. So sind in Chile kalifornische Sauvignon-Blanc-Klone verbreitet angepflanzt worden, doch ihre übermäßige Wüchsigkeit macht ihnen zu schaffen. Zudem drücken die hohen Erträge in Südamerika auf die wesentlichen Aromabestandteile des Sauvignon Blanc, auch in den Weinen aus der argentinischen Anbaufläche von 600 ha Sauvignon Blanc (gegenüber 800 ha Tocai Friulano und 2000 ha Semillon laut Zählung von 1989); übrigens bringen in Argentinien am Export interessierte Firmen dem Sauvignon inzwischen mehr Interesse entgegen. Brasiliens «Sauvignon» ist in der Hauptsache SEYVAL, wie GALET behauptet – er hat auch festgestellt, daß die in Kalifornien als Sauvignon Vert bezeichnete Sorte eigentlich die MUSCADELLE aus Bordeaux ist.

Dank Robert MONDAVIS Idee, den Sauvignon Blanc in FUMÉ BLANC umzubenennen, verbuchte die Rebsorte in den 1980er Jahren in Kalifornien enorme Erfolge. 1991 belief sich die Anbaufläche dort auf 5200 ha, davon ein Drittel in Napa, wo gegen Ende der 1980er Jahre das Problem der übermäßigen Wüchsigkeit gemeistert werden konnte. Der Wein wird gelegentlich süß und mit Edelfäule erzeugt – gewissermaßen als Sémillon-freier Sauternes (siehe auch KALIFORNIEN). Wie anderswo in der Neuen Welt wird auch hier zunehmend versucht, durch Beimischen von etwas Semillon das Aroma und die Säure des trockenen Sauvignon durch Gewichtigkeit und Frucht zu ergänzen. Auch im Staat WASHINGTON entsteht nach kalifornischem Vorbild sowohl Sauvignon Blanc als auch Fumé Blanc von der Sauvignon-Anbaufläche von 320 ha (1991) – an dritter Stelle weit abgeschlagen hinter Chardonnay und Riesling. Von allen anderen Staaten der USA verzeichnet vorab TEXAS besonderen Erfolg mit der Rebsorte.

Einen echten *succès fou* feiert der Sauvignon Blanc jedoch in SÜDAFRIKA. Vielleicht weil der echte Chardonnay nicht zu haben war (siehe auch AUXERROIS), stürzten sich die Weinliebhaber am Kap auf die ersten gut gelungenen Sauvignons als auf einen international anerkannten und modischen Weinstil. 1990 belief sich die Sauvignon-Blanc-Anbaufläche Südafrikas auf 3300 ha gegenüber knapp 2400 ha Cabernet Sauvignon, und die lange Geschichte der Rebsorte am Kap spiegelt sich in überaus lebendigen, konzentrierten Weinen.

Sauvignon Gris ist ein Synonym für Sauvignon Rosé; die Variante hat deutlich hellrötliche Beerenhaut. Sie erbringt oft kräftigere Weine als so mancher Sauvignon Blanc und erfreut sich in Bordeaux und an der Loire einer gewissen Anhängerschaft. Siehe auch FIÉ.

Brook, S., *Sauvignon Blanc and Sémillon* (London, 1992).

SAUVIGNON DE ST-BRIS 1974 geschaffener VDQS-Bereich für trockenen Weißwein von etwa 60 ha Sauvignon Blanc in den Gemeinden St-Bris-le-Vineux, Chitry, Irancy sowie in Teilen von Vincelottes, Quennes, St-Cyr-les-Colons und Cravant im Département Yonne südlich von AUXERRE und westlich von CHABLIS. Der Wein ist zu unbekannt, als daß man von ihm mehr als handwerkliche Passion in der Bereitung erwarten darf; es mangelt ihm an der Rasse und Konzentration großer Sauvignons von der Loire, wie sie in Sancerre rund 100 km weiter südwestlich entstehen. Er stellt eher eine Kuriosität dar – immerhin ist er formell ein Burgunder, wird aber von einer ausgesprochen nichtburgundischen Traubensorte gewonnen.

SAVAGNIN Eine feine, aber eigenartige Rebsorte mit kleinen, runden, hellen Beeren. In Frankreich bildet sie ebensosehr eine Kuriosität wie der Wein, der von ihr allein entsteht, der VIN JAUNE. Heute wird die Rebsorte fast ausschließlich im JURA (Ostfrankreich) kultiviert, und vermutlich ist es nur die Verlockung durch die hohen Preise, die mit dem *vin jaune* zu erzielen sind, die die Weinerzeuger dazu bringt, dieser in ihren Erträgen so knauserigen Rebe die Treue zu halten.

Sie wird in begrenztem Umfang im ganzen Jura angebaut und darf in allen Weißweinappellationen der Region mit verarbeitet werden. In der Praxis jedoch bleibt sie ganz dem Sherry-ähnlichen *vin jaune* vorbehalten. Sie hat sich in den alten Westlagen im Jura gut eingewöhnt; es herrscht aber weithin die Überzeugung, daß sie am besten in den Weinbergen von CHÂTEAU-CHALON gedeiht, wo die Trauben oft bis in den Dezember hinein am Stock reifen. Ihr ausgeprägt nußwürziger Wein bleibt mindestens sechs Jahre lang unter einer FLOR-ähnlichen Schicht im Faß liegen und entfaltet sich meist noch über Jahre hinweg in seiner besonderen Flasche, dem sogenannten *clavelin.*

Unter dem Namen Gringet bildet sie außerdem einen kleineren Bestandteil im Schaumwein von Ayse (SAVOYEN), und sie wird als Païen oder Heida in besonders hohen Lagen im Wallis (SCHWEIZ) kultiviert.

Galet behauptet, Savagnin sei identisch mit dem früher in Deutschland, im Elsaß, in Österreich und in Ungarn verbreitet angebauten TRAMINER, und beim GEWÜRZTRAMINER handle es sich um die roséfarbene MUSQUÉ-Mutation des Savagnin. Ein Savagnin Rosé, der keine *Musqué*-Variante darstellt, wird in sehr geringem Umfang noch im Elsaß angebaut und heißt dort KLEVNER oder Klevener de Heiligenstein. In Österreich ist der Traminer – wie der Savagnin im Jura – berühmt für starkes Aroma und Langlebigkeit.

Galet, P., *Cépages et vignobles de France* (2. Aufl., Montpellier, 1990).

SAVATIANO In Attika und Mittel-GRIECHENLAND verbreitet angebaute Weißweinrebsorte. Die Traube mit ihrer ausgezeichneten Widerstandsfähigkeit gegen DÜRRE liefert den Hauptbestandteil für RETSINA, allerdings werden oft RHODITIS und ASSYRTIKO hinzugezogen, um die Säurearmut von Savatiano auszugleichen. In besonders günstigen Lagen bringt Savatiano schön ausgewogene trockene Weißweine hervor.

SAVENNIÈRES Vielgepriesene eigenständige Appellation Contrôlée für Weißwein in Anjou an der Loire, unmittelbar südwestlich von Angers. Die Gesamterzeugung des Bereichs beläuft sich in einem guten Jahr auf knapp 30 000 Kisten, doch die hier entstehenden Beispiele von CHENIN BLANC zeigen eine so ungewöhnliche Kombination von Kraft, Konzentration und Langlebigkeit, daß sie sich eine treue Anhängerschaft in aller Welt errungen haben. Viele Erzeuger haben allerdings inzwischen die nach Südosten abfallenden SCHIEFER- und SANDSTEIN-Hänge am Nordufer der Loire aufgegeben. Auf dem Höhepunkt seines Ruhms in Napoleonischer Zeit war der Savennières ein süßer Wein, heute aber ist er trocken und wegen der sehr niedrigen zulässigen Höchsterträge ungewöhnlich konzentriert. Die besten Weine halten sich mehrere Jahrzehnte lang, sind jedoch unter sieben Jahren oft abschreckend streng. Innerhalb der AC Savennières gibt es zwei Unterbereiche: **Savennières-Coulée de Serrant**, ein Besitz von nur 7 ha Größe, auf dem die Familie Joly BIOLOGISCH-DYNAMISCHEN WEINBAU betreibt, und **Savennières-La Roche-aux-Moines** mit 33 ha, auf denen mehrere Winzer sich mühen, um sich in diesem frostgefährdeten Winkel des Loire-Tals ihren Lebensunterhalt zu verdienen.

Auf dem anderen Flußufer liegen in Richtung Südosten die Appellationen für süßen Weißwein in Anjou: BONNEZEAUX, Chaume, Coteaux de l'AUBANCE, Coteaux du LAYON und QUARTS DE CHAUME.

Siehe auch LOIRE und die dazugehörige Karte.

SAVIGNY-LÈS-BEAUNE Kleine Stadt bei Beaune (das altfranzösische Wort *lès* bedeutet nahe bei) in BURGUND mit eigener Appellation für Rotwein und etwas Weißwein. Die Rotweine sind angenehm, es fehlt ihnen aber die Tiefe und Komplexität der Gewächse aus Pommard oder Volnay, die günstiger auf dem Kalksteinabbruch gelegen sind.

Durch den Ort fließt das Flüßchen Rhoin. Die Weinberge auf der Südseite, u. a. die PREMIERS CRUS Les Peuillets, Les Narbantons, Les Rouvrettes und Les Marconnets, liegen auf Sandboden und bringen ähnliche Weine hervor, wie sie in Beaune wachsen, nur leichter. Die Lagen auf der anderen Seite in Richtung Pernand-Vergelesses, u. a. Les Lavières und Les Vergelesses, haben steinigeren Boden.

In einem Stich aus dem Jahr 1703 im Château de Savigny werden die Weine als *«nourrissants, théologiques et morbifuges»* – als nahrhaft, theologisch und Krankheiten vertreibend – bezeichnet. Etwas Weißwein entsteht von Chardonnay.

Siehe auch CÔTE D'OR und Karte Seite 201.

J. T. C. M.

SAVOYEN, franz. **Savoie.** Die an die Schweiz grenzende ostfranzösische Alpenregion umfaßt die Départements Savoie und Haute-Savoie. Ihre reizvolle Landschaft ist bei Wintersportlern und Sommertouristen gleichermaßen beliebt, so daß von dem Wein, der dort wächst, nur eine sehr kleine Menge über die Grenzen hinausgelangt.

Der Einfluß des Herrscherhauses Savoyen reichte früher so weit, daß die Region zusammen mit einem großen Teil Norditaliens ein gemeinsames Königreich bildete. Hieraus erklären sich auch verwandtschaftliche Beziehungen der reichhaltigen Familie an einheimischen Rebsorten mit jenseits der Grenze beheimateten. So soll beispielsweise die MONDEUSE in Savoyen mit der REFOSCO-Rebe in Nordostitalien identisch sein. Die meisten Weine Savoyens sind Weißweine und laufen unter der weitverzweigten Appellation **Vin de Savoie**, jedoch verfügen CRÉPY, SEYSSEL und ROUSSETTE de Savoie über eigene APPELLATIONS CONTRÔLÉES. Crépy und Seyssel sind bestimmte Bereiche, dagegen handelt es sich bei Roussette, auch Altesse genannt, um die feinste Weißweintraube Savoyens, deren Wein überall in der AC Vin de Savoie produziert werden kann.

Ein großer Teil der Region ist zu gebirgig für Weinbau, und die Weinberge von Savoyen drängen sich eher in flacheren, geschützteren Gegenden.

Die Rebfläche erstreckt sich vor allem an den Ufern der RHÔNE auf ihrem Weg vom Genfersee nach Westen. Hier liegen neben Seyssel die Gemeinden CHAUTAGNE und JONGIEUX, zwei der siebzehn CRUS, die ihren Namen an die AC Vin de Savoie anfügen dürfen.

Unmittelbar südlich der durch WERMUT bekannten Stadt CHAMBÉRY befinden sich einige weitere «Crus», deren Namen den Weinliebhabern vielleicht vertrauter sind als die AC Vin de Savoie selbst: ABYMES, APREMONT, ARBIN, CHIGNIN, CRUET und MONTMÉLIAN. Der Chignon-Bergeron muß von der Roussanne-Traube gewonnen sein (Bergeron ist ein hier gebräuchliches Synonym).

Weiter im Norden dominiert die Chasselas-Traube; im abgelegenen Cru AYZE (im Michelin wird es Ayse geschrieben) entsteht Schaumwein, während eine Reihe von Weinbergen am Südostufer des Genfersees leichte, Fendant ähnliche Weine unter den Cru-Bezeichnungen MARIGNAN, Marin, RIPAILLE und der Appellation Crépy hervorbringen.

Die besondere Charakteristik dieser Savoyer Weine und die Umgebung, in der sie entstehen, sind so eigenständig, daß die ihnen zugebilligten eigenen Appellationen durchaus gerechtfertigt sind. Die Gesamtrebfläche der AC Vin de Savoie belief sich 1990 auf 1650 ha, und etwa zwei Drittel der Produktion entfallen auf frischen, duftigen, oft angereicherten Weißwein nach Schweizer Art. Die meistangebaute Rebsorte ist JACQUÈRE; sie erfreut sich ihrer guten Erträge wegen bei den Winzern einer stetig zunehmend Popularität. In manchen Gegenden wird auch Chardonnay kultiviert, und einige Erzeuger experimentieren mit FASSAUSBAU. Die feinsten Rebsorten sind jedoch die mit einer eigenen Appellation bedachte Roussette sowie Roussanne alias Bergeron (siehe CHIGNIN).

Viele Weine aus Savoyen werden SORTENREIN bereitet; unter den Rotweinen erbringen die aus Beaujolais bzw. Burgund importierten Rebsorten Gamay und Pinot Noir oft durchaus respektablen, wenn auch leichten Wein. Am interessantesten ist jedoch die Mondeuse mit tiefer Farbe, pfefferigem Aroma und leicht bitterem Nachgeschmack. Mondeuse aus Arbin genießt einen besonders guten Ruf; alle diese Weine passen vorzüglich zu der von Käse beherrschten Küche des Landes.

Eine geringe Menge Schaumwein kommt als **Mousseux de Savoie** oder **Pétillant de Savoie** auf den Markt.

Siehe auch Vins du BUGEY.

George, R., *French Country Wines* (London, 1990).
Voss, R., *Frankreichs Regionalweine* (4. Aufl., Bern, 1995).

SCHADINSEKTEN Eine große Zahl von Insekten greift die Weinrebe an und verursacht Schäden vor allem direkt durch Fraß, der zur Verringerung der Lauboberfläche oder zur Beeinträchtigung der Laubgesundheit und damit zu Verzögerung der REIFE und ernsten Auswirkungen auf die Weinqualität führen kann, aber auch durch Übertragung von bestimmten VIRUSKRANKHEITEN. Auch das Wurzelwerk wird von Insekten befallen, was WASSERSTRESS und unzureichende NÄHRSTOFFVERSORGUNG zur Folge hat. Zwar kann ein gewisser Streß dieser Art der Weinqualität sogar zuträglich sein (siehe PHYSIOLOGIE DER REBE), das wahrscheinlichere Ergebnis von Wurzelschädigung durch Insekten, z. B. die REBLAUS, ist jedoch starker Streß oder gar das Absterben der Reben. Bestimmte Insekten, so die Reblaus, greifen nur die Weinrebe an, andere dagegen die verschiedensten Pflanzen.

Die wurzelsaugende Reblaus ist zweifellos das Insekt, das der Weinrebe die größten Schäden zufügt: Gegen Ende des 19. Jh. verheerte sie weite Teile des europäischen Weinbaus, und gegen Ende des 20. Jh. vernichtete sie beträchtliche Rebbestände in Kalifornien.

Nicht alle Schadinsekten verursachen jedoch so schwere Schäden. In verschiedenen Teilen der Welt, ja sogar von Bereich zu Bereich, treten ganz unterschiedliche Insektenarten als Schädlinge auf – so kann in einer bestimmten Gegend ein Insekt eine große Plage darstellen, während es in einer anderen kaum oder überhaupt nicht in Erscheinung tritt. Im europäischen Weinbau kommen als Schädlinge vor allem KÄFER, z. B. der Rebenfallkäfer oder Schreiber und der Rebstichler, sowie WICKLER UND SPANNER, z. B. der Springwurmwickler, der einbindige und der bekreuzte Traubenwickler und der Rhombenspanner, darüber hinaus auch MILBEN in Betracht. Die mediterrane FRUCHTFLIEGE tritt in Australien als Schädling auf, kommt dagegen in den USA nicht vor, während sich ZIKADEN in Kalifornien, aber nicht in Australien als Plage erweisen. Andere Schädlinge wie RAUPEN und HEUSCHRECKEN richten überall auf der Welt in der Landwirtschaft Schäden an.

Schadinsekten, die lediglich das Aussehen der Trauben beeinträchtigen, sind bei Tafeltraubenanbauern gefürchtet, den Weintraubenanbauern, denen es mehr um Auswirkungen auf ERTRAG und Weinqualität geht, machen sie dagegen weniger Sorgen. Beispielsweise kann die Traubenreife stark verzögert werden, wenn der WESTERN GRAPELEAF SKELETONIZER die Laubfläche dezimiert und damit die PHOTOSYNTHESE beeinträchtigt; ganze Weinberge werden im Jungzustand durch Raupen kahlgefressen und im erwachsenen Zustand durch die Reblaus und durch MARGARODEN vernichtet. Auf noch heimtückischere Weise schädigen manche Insekten, z. B. die Fruchtfliege, durch Übertragung von Pilzsporen, die TRAUBENFÄULE verursachen, oder wie die SCHMIERLAUS durch Verbreitung des BLATTROLL-Virus. Zikaden übertragen schwerwiegende Rebkrankheiten wie FLAVESCENCE DORÉE und die PIERCE'SCHE KRANKHEIT.

Im allgemeinen sind Schadinsekten im Weinbau verhältnismäßig einfach zu bekämpfen, allerdings gehören Insektizide (siehe PESTIZIDE) zu den in der Anwendung nicht ungefährlichen AGROCHEMIKALIEN. Daher sind die Bekämpfungsmethoden inzwischen umweltbewußter geworden als früher, und schwer abbaubare Chemikalien wie DDT werden nicht mehr verwendet. Dagegen ist INTEGRIERTER PFLANZENSCHUTZ, bei dem der Einsatz von Insektiziden stark eingeschränkt wird, heute zunehmend üblich (siehe auch ORGANISCHER WEINBAU). Beispielsweise werden Raubmilben gegen schädliche Milben eingesetzt.

Siehe auch APHIDEN, BLATTWICKLER, BOHRKÄFER, FRUCHTFLIEGE, HEUSCHRECKEN, KÄFER, MARGARODEN, MILBEN, RAUPEN, REBLAUS, SCHILDLAUS, SCHMIERLAUS, THRIPS, WANDERHEUSCHRECKEN, WESTERN GRAPELEAF SKELETONIZER, WICKLER UND SPANNER, ZIKADEN.

M. J. E. und R. E. S.

Buchanan, G. A., und Amos, T. G., GRAPE PESTS, in B. G. Coombe und P. R. Dry (Hrsg.), *Viticulture, II: Practices* (Adelaide, 1992).
Flaherty, D. L., et al. (Hrsg.), *Grape Pest Management* (2. Aufl., Oakland, 1992).

SCHÄDLINGE siehe REBENSCHÄDLINGE.

SCHATTEN Unter einem LAUBDACH werden schon durch eine einzige Schicht Blätter nur noch 10 % des darüber herrschenden Sonnenlichts durchgelassen. Meist handelt es sich bei der beschattenden Laubschicht um die obersten Blätter der Weinrebe selbst, gelegentlich können aber auch Unkrautpflanzen oder Bäume – beispielsweise in der VINHO-VERDE-Region in Portugal – Schatten werfen. In den meisten Weinbergen der Welt entsteht jedoch Schatten dadurch, daß wuchskräftige Reben in belichtungshemmenden REBENERZIEHUNGSSYSTEMEN stehen.

Die Sonnenlichtstärke kann unter einem Laubdach mit mehreren Laubschichten eventuell nur 1 % der Lichtstärke über dem Laubdach betragen. Bei so wenig Licht vollzieht sich fast keine PHOTOSYNTHESE mehr, so daß die Blätter mit der Zeit vergilben und abfallen. Tief unter dem Laubdach verborgene Blätter erhalten zum Teil auch gefiltertes Sonnenlicht mit ausgeprägter Spektralverschiebung, wobei rotes Licht geschwächt, langwelliges rotes Licht demgegenüber jedoch betont wird. Das Verhältnis von rotem zu langwelligem rotem Licht kann für die Pflanze Signalwirkung besitzen und ihre Reaktion auf Schatten beeinflussen.

Durch Schatten können Ertrag wie Traubenqualität beeinträchtigt werden. Beispielsweise sind Beeinflussungen von INITIATION, AUSTRIEB, FRUCHTANSATZ und dadurch der Zahl und Größe der Beeren möglich. Daher kann Schatten den Ertrag stark mindern – durch Verbesserung des Rebenerziehungssystems besteht dagegen die Möglichkeit, den Ertrag bis zum Dreifachen zu erhöhen.

Zahlreiche Untersuchungen in aller Welt an verschiedenen Rebsorten unter verschiedenen Klimabedingungen zeigen auch, daß Schatten die Mostzusammensetzung verändert und die Weinqualität mindert. So verringert Schatten den Gehalt an ZUCKER, ANTHOCYANEN, PHENOLEN, WEINSÄURE, GESCHMACKSSTOFFEN (Monoterpenen) und den sortentypischen Charakter. Weitere negative Wirkungen von Schatten auf die Weinqualität äußern sich in erhöhtem Gehalt an APFELSÄURE und KALIUM, gesteigertem PH-WERT sowie im sogenannten KRAUTIGEN Charakter. Beschattete Frucht ist darüber hinaus anfälliger für TRAUBENFÄULE und ECHTEN MEHLTAU. Geeignete LAUBDACHPFLEGE verringert die Beschattung und kann in wuchskräftigen Weinberganlagen gleichzeitig Verbesserungen des Ertrags und der Weinqualität bewirken. R. E. S.

Champagnol, F., *Éléments de physiologie de la vigne et de viticulture générale* (St Gely-du-Fesc, 1984).
Smart, R. E., und Robinson, M., *Sunlight into Wine: A Handbook for Winegrape Canopy Management* (Adelaide, 1991).

SCHAUMWEIN Schäumender Wein hat einen großen, stetig zunehmenden Anteil an der Gesamtweinproduktion. Der Schaum entsteht dadurch, daß im Wein eine gewisse Menge KOHLENDIOXID als Kohlensäure gelöst ist und in der Flasche unter Druck steht, bis diese geöffnet wird. In diesem Augenblick geht dann der Wein – wie unter PERLENBILDUNG beschrieben – vom stabilen in den metastabilen Zustand über.

Bei Schaumwein gibt es ebenso viele verschiedene Arten wie bei Stillwein: Er kommt in jeder üblichen Weinfarbe vor (ist aber meist weiß); er kann jeden beliebigen Grad an SÜSSE aufweisen (allerdings ist er häufig BRUT, d. h. knochentrocken, nur die Italiener sind auf lieblichen SPUMANTE spezialisiert); er kannn unterschiedlichen ALKOHOLGEHALT aufweisen (in der Praxis hat trockener Schaumwein etwa 12 %, der süßere, leichtere Spumante dagegen nur zwischen 5,5 und 8 %), und er kann aus jeder beliebigen Weinbaugegend der Welt stammen.

Anders als Stillwein entwickelt Schaumwein unterschiedlich starke Perlenbildung, die sich nicht nur nach dem Druck richtet, unter dem die Kohlensäure im Wein steht, sondern auch nach dem Charakter des entstehenden Schaums. Manche Schaumweine prickeln aggressiv auf der Zunge, während andere nur sanft perlen. Auch die Größe, Konsistenz und Beständigkeit der einzelnen Perlen ist verschieden. Das eingehende Studium des Schaums und der Schaumbildung und Forschungen über HEFEN sind die wesentlichen Punkte, in denen sich Schaumweinindustrie und Bierbrauerei begegnen.

Für den Weinerzeuger besteht dagegen der Hauptunterschied bei Schaumweinen darin, auf welche Weise die Kohlensäure im Wein gelöst wurde: nach dem Champagnerverfahren, dem Transvasier- oder dem Transferverfahren, dem Charmat-Prozeß oder durch Karbonisierung – in absteigender Reihenfolge des Kostenaufwands und der Kompliziertheit des Verfahrens sowie der möglichen Qualität des Endprodukts; hinzu kommen als seltenere Verfahren die *méthode ancestrale* und die *méthode dioise* (siehe SCHAUMWEINHERSTELLUNG).

Der berühmteste aller Schaumweine ist der Champagner, das Vorbild für alle anderen. Er entsteht in der CHAMPAGNE (Nordostfrankreich), und auf ihn entfallen etwa 8 % der Weltschaumweinproduktion. Ein großer Teil aller übrigen Schaumweine wird nach demselben Verfahren wie er hergestellt, oft auch von denselben Traubensorten: Pinot Noir und Chardonnay, manchmal – außerhalb der Champagne allerdings selten – auch Meunier, wobei allerdings manche Weinbauregionen ihrem Schaumwein einen eigenen Stil aufprägen. Beispiele hierfür kamen in den 1980er und frühen 1990er Jahren zunehmend aus KALIFORNIEN, AUSTRALIEN und vor allem ITALIEN.

Viele weitere feine, sehr individuelle Schaumweine entstehen ebenfalls nach dem Champagnerverfahren, jedoch von anderen Traubensorten. Das schönste Beispiel hierfür ist die CAVA, der populäre spanische Schaumwein. In Frankreich kommt auch von der LOIRE viel Schaumwein nach der Champagnermethode, insbesondere unter der Bezeichnung SAUMUR Mousseux. Die neuen französischen CRÉMANTS entstehen allesamt ebenfalls nach der Champagnermethode. In fast jeder qualitätsbewußten Weinbauregion der Welt ist nach diesem Verfahren schon Schaumwein produziert worden. In Europa dürfen Schaumweine, die nach dieser ausgefeiltesten aller Methoden hergestellt sind, heute als *méthode traditionnelle, méthode classique* oder *méthode traditionnelle classique* bezeichnet werden; weitere analoge Begriffe lauten «Flaschengärung» (allerdings trifft dieser Begriff auch auf das Transvasierverfahren zu, daher dürfen ausschließlich nach dem Champagnerverfahren hergestellte Schaumweine den Passus «in der Originalflasche vergoren» tragen).

Gleichermaßen wird in fast allen Weinbauregionen der Welt Schaumwein in beträchtlichen Mengen nach dem Charmat-Verfahren hergestellt, vor allem deutscher SEKT sowie italienischer LAMBRUSCO und ASTI SPUMANTE. Einen enthusiastischen Markt findet Schaumwein inbesondere in RUSSLAND, seitdem zur Zarenzeit im 19. Jh. große Mengen an Champagner (aber auch an Grundwein für die Schaumweinherstellung) importiert wurden. Auch heute wird in Rußland und in der Ukraine RUSSISCHER SCHAUMWEIN in großen Mengen oft nach dem sogenannten Durchlaufverfahren produziert. Asti Spumante und andere süße, alkoholarme italienische Schaumweine und ihre Artgenossen anderswo entstehen in einem abgewandelten Charmat-Prozeß.

Das Transferverfahren findet bei einigen besseren Markenschaumweinen, vor allem in Deutschland und den USA, Anwendung (als Reaktion hierauf hat sich auf amerikanischen Schaumweinetiketten der Begriff «fermented in *this* bottle» im Unterschied zu «bottle-fermented» eingeführt).

Charaktervolle Schaumweine werden auch unter Umgehung des DEGORGIERENS hergestellt, wobei der teilvergorene, noch süße Wein mit dem Hefesatz der Zweitgärung in der Flasche zum Verkauf gelangt. Hierzu zählen teilweise GAILLAC, LIMOUX und CLAIRETTE DE DIE nach der *méthode ancestrale.*

Siehe auch ENTKORKEN, ETIKETTANGABEN und DOSAGE.

SCHAUMWEINHERSTELLUNG Der wichtigste Punkt der Schaumweinherstellung ist selbstverständlich die Hervorrufung des Kohlesäuredrucks in einem stillen «Grundwein» oder einem Verschnitt von solchen Grundweinen. Die gebräuchlichsten Methoden hierfür – Champagnerverfahren, Transvasierverfahren, Transfermethode, Durchlaufverfahren, Charmat-Verfahren, Karboniserung, *méthode ancestrale* und *méthode dioise* – sollen nachstehend näher besprochen werden, wobei es allerdings mehr um die Technik als um die Substanz geht. Bei fast allen ist eine Zweitgärung beteiligt, durch die KOHLENDIOXID entsteht; in den meisten Fällen kommt es nun darauf an, dieses als Kohlensäure im Wein gelöst zu erhalten, dabei aber den Hefesatz als störendes Nebenprodukt zu entfernen. Am wichtigsten ist für die Qualität des Schaumweins natürlich die Beschaffenheit des Grundweins bzw. Grundweinverschnitts.

Erzeugung und Verschneiden des Grundweins

Weine, die ein gutes Grundmaterial für die Schaumweinherstellung abgeben, bieten meist im Originalzustand als Stillweine keinen besonders großen Genuß. Sie sind wie die Grundweine für die Branntweinherstellung meist säuerlich und im Geschmack unauffällig (allerdings sollten sie im allgemeinen eine interessantere Fruchtcharakteristik aufweisen als für die DESTILLATION bestimmte Weine). Es wird gelegentlich behauptet, daß die Kargheit des Stillweins der CHAMPAGNE – des Coteaux CHAMPENOIS – das überzeugendste Argument dafür bilde, ihn mit einem Kohlensäuregehalt zu versehen.

Allerdings sagen nicht nur in der Champagne die Schaumweinerzeuger, daß AUSGEWOGENHEIT den Schlüssel zur Zusammenstellung des Grundweins darstelle und Schaumwein daher im wesentlichen ein Verschnitt sein müsse. Es gibt jedoch auch feine SORTENREINE Schaumweine (beispielsweise BLANC DE BLANCS), in jedem Fall aber schmeckt ein großer Schaumwein nicht einfach nur wie seine Stillweinversion mit Kohlensäure; die Kunst der Schaumweinerzeugung besteht vielmehr darin, ein Ganzes zu schaffen, das mehr ist als nur die Summe seiner Teile (freilich wird dies bei billigeren Versionen nicht erreicht und oft nicht einmal versucht). Wer guten Schaumwein anstrebt, ist sich von vornherein darüber im klaren, daß schon ein geringfügiger Fehler des Grundweins sich im Schaumweinherstellungsprozeß vervielfachen kann.

Dementsprechend wurde das Traubengut für bessere Schaumweine bis Anfang der 1990er Jahre in jedem Fall von Hand gelesen, denn GANZTRAUBENPRESSUNG war stets die Regel. Dagegen bestand bei allen bis dahin getesteten Traubenerntemaschinen die Gefahr, daß Trauben verletzt wurden und dadurch strenge PHENOLE in den Traubensaft

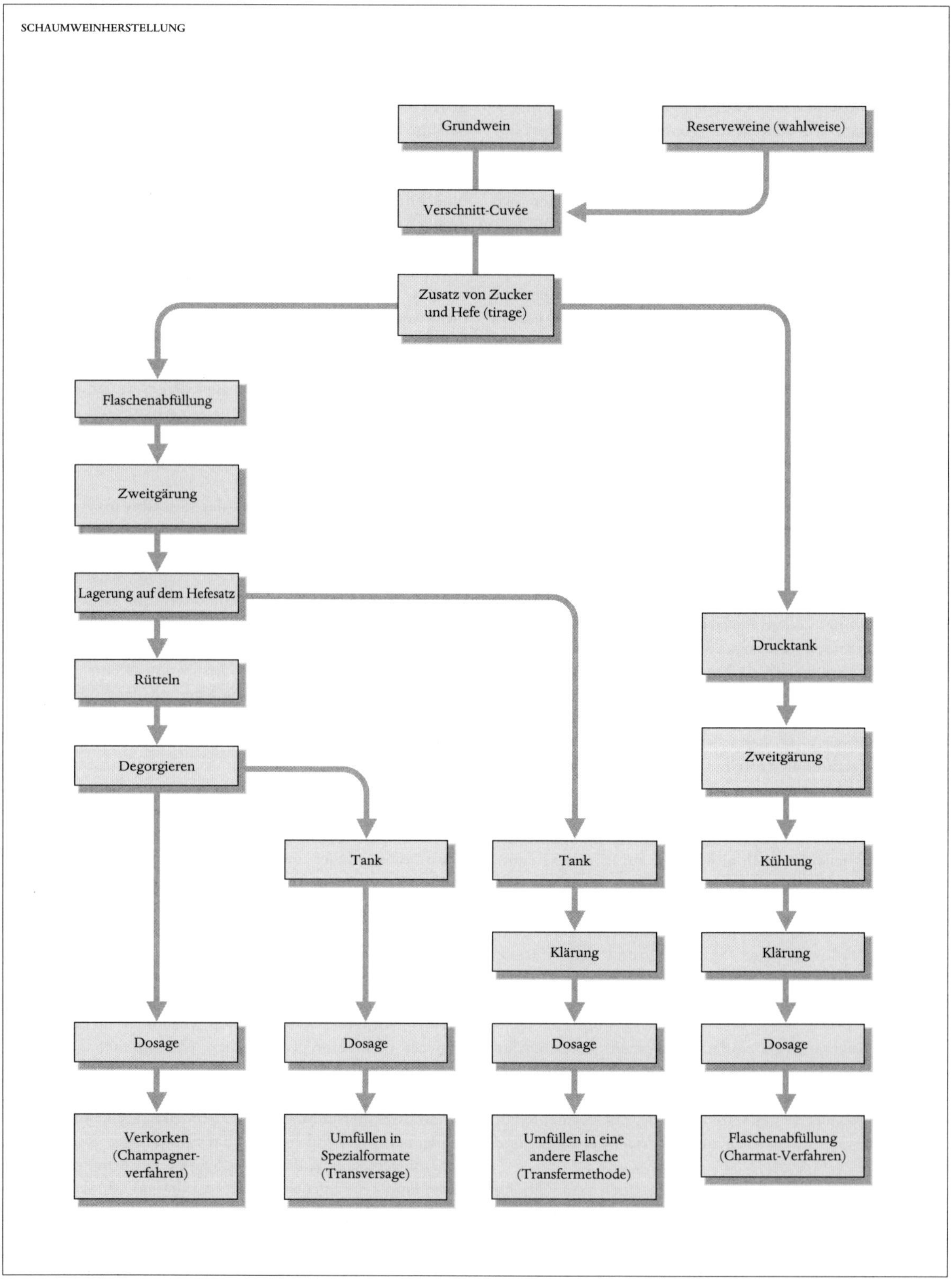
SCHAUMWEINHERSTELLUNG
Grundwein
Reserveweine (wahlweise)
Verschnitt-Cuvée
Zusatz von Zucker und Hefe (tirage)
Flaschenabfüllung
Zweitgärung
Lagerung auf dem Hefesatz
Rütteln
Degorgieren
Tank
Tank
Klärung
Drucktank
Zweitgärung
Kühlung
Klärung
Dosage
Dosage
Dosage
Dosage
Verkorken (Champagner-verfahren)
Umfüllen in Spezialformate (Transversage)
Umfüllen in eine andere Flasche (Transfermethode)
Flaschenabfüllung (Charmat-Verfahren)

gelangten, was einen adstringierenden, rauhen Charakter einbringen kann, der sich dann unter dem Eindruck der Kohlensäure verstärkt. Es ist möglich, daß schonender arbeitende Erntemaschinen hierin künftig Wandel schaffen, doch immer bleibt es von wesentlicher Bedeutung, daß die Trauben so schnell wie möglich nach der Ernte gepreßt werden. Kelterhäuser in den Weinbergen sind in der Champagne längst die Regel und finden auch in anderen qualitätsbewußten Schaumweinregionen immer größere Verbreitung.

Für Schaumwein bestimmte Trauben werden stets mit niedrigerem MOSTGEWICHT gelesen, als es bei derselben Sorte gehandhabt wird, wenn sie zu Stillwein verarbeitet werden soll. Ganz allgemein kann auch der Durchschnittsertrag für Schaumwein höher liegen als für Stillwein, insbesondere weil keine Notwendigkeit besteht, hohen Zuckergehalt zu erzielen. In Kalifornien beispielsweise beginnt die Lese bei Pinot Noir und Chardonnay für einen «CMCV»-Schaumwein schon Mitte oder gar Anfang August. In Australien wird angestrebt, diese Sorten dann zu ernten, wenn der KRAUTIGE Charakter gerade verschwunden ist und sich Geschmacksstoffe von reifer Frucht zu entwickeln beginnen, was in der Praxis in kühleren Gegenden bei 17–20° BRIX der Fall ist

Das PRESSEN ist bei der Schaumweinherstellung ein wichtiges Stadium, insbesondere in der Champagne, wo ja dunkle Trauben verarbeitet werden. Dabei kommt es vor allem darauf an, die Adstringenz und die Färbung des Mosts möglichst gering zu halten. Es ist viel mit Horizontalpressen verschiedener Art experimentiert worden, auch moderne Ballon- und Tankpressen können in hygienischer Hinsicht einen zuverlässig hohen Standard bieten, dennoch hat die moderne Technik bisher kaum Verbesserungen gegenüber den traditionellen, allerdings arbeitsaufwendigen Vertikalpressen der Champagne hervorgebracht. Sogenannte Dünnschichtpressen, bei denen eine höchstens 70 cm hohe Traubenschicht gepreßt wird und daher der Preßdruck und infolgedessen die Extraktion von Phenolen gering gehalten werden können, finden zunehmend Einsatz.

Anschließend hat der Kellermeister die gleichen Möglichkeiten wie bei der Bereitung von stillem Weißwein – also oxidative oder SCHUTZGASTECHNIK in der Mostbehandlung, Mostklärung, Wahl des Hefestamms, Gärführung, Proteinstabilisierung und MALOLAKTISCHE SÄUREUMWANDLUNG (Schaumweine von Grundweinen, die keine malolaktische Säureumwandlung durchgemacht haben, schmecken in der Jugend einfacher und fruchtiger).

Es schließt sich nun das wichtige Stadium des Verschneidens an, das die wahre Kunst der Schaumweinherstellung beinhaltet; hierbei ist Erfahrung ebenso wichtig wie Kenntnisreichtum. Ein großes Champagnerhaus wie MOËT & CHANDON hat die Auswahl zwischen einigen hundert Grundweinen, um den Stil des Hauses für die JAHRGANGSLOSE Version – die grundlegende Ausdrucksform – zu erzielen. Einer kleineren Firma, vor allem außerhalb der Champagne, steht dagegen vermutlich nur eine beschränkte Auswahl von Grundweinen zur Verfügung, und das bedeutet in schlechten Jahren einen Nachteil – in guten Jahren allerdings nicht unbedingt. Ein Hersteller, der mit dem einfachen Charmat-Prozeß arbeitet, wird sich eher damit begnügen, die billigsten Zutaten zu verwenden, die der Markt bietet, wenn sie sich nur einigermaßen für den Zweck eignen.

Champagnerverfahren

Diese Methode – auch als die traditionelle oder klassische bezeichnet *(méthode traditionnelle, méthode classique)*, ist die aufwendigste Art der Schaumweinherstellung; die Rohstoffe können sehr unterschiedlich sein, die Techniken aber sind stets dieselben.

Pressen und Ausbeute Das Pressen ist der erste Arbeitsvorgang, der in der Champagnermethode ausführlich definiert wird. Hierbei wird verständlicherweise streng zwischen den Teilmengen an Most aus den einzelnen Pressungen unterschieden, denn der erste aus der Presse laufende Most hat hohen Zucker- und Säuregehalt und den geringsten Gehalt an Phenolen, vor allem Pigmenten. In den Bestimmungen für die Schaumweinherstellung wird meist eine maximale Ausbeute festgelegt (so z. B. für die französischen CRÉMANTS). Alle Hersteller von Schaumwein nach dem Champagnerverfahren sind sich darüber einig, daß der erste Most aus der Presse generell der beste ist, obwohl es von Jahr zu Jahr gewisse Schwankungen gibt. Ab 1992 wurde die zulässige Auspreßrate für Champagner herabgesetzt; es sind nunmehr 160 kg anstatt bisher 150 kg Trauben für die Produktion von jeweils 100 l Wein vorgeschrieben. Das entspricht in etwa der Auspreßrate, wie auch andere Hersteller von erstklassigem Schaumwein überall in der Welt sie anwenden. (Als Vergleichsziffer sei eine durchschnittliche Auspreßrate von 100 l Wein aus 130 kg Traubengut für stillen Rotwein genannt; siehe auch ERTRAG.)

Grundweine Nach der Bereitung der Grundweine, die gewöhnlich im Lauf des Winters nach der Lese stattfindet, wird nach ausgiebiger Verkostung, Beurteilung und Erprobung der endgültige Verschnitt zusammengestellt. Für jahrgangslosen Schaumwein besteht hierbei größte Flexibilität, es kann auch «Reservewein» aus früheren Jahren mit einbezogen werden. Manche Champagnerhäuser setzen in ihren jahrgangslosen Verschnitten oft bis zu 45 % Reserveweine ein. (KRUG leistet sich den Luxus, Grundweine aus bis zu sechs in Reserve gehaltenen Jahrgängen zu verwenden.) In einem Jahrgangsschaumwein ist die Auswahl der Zutaten natürlich stärker beschränkt (insbesondere auch durch die einschlägigen Bestimmungen in der Champagne). Viele Grundweine entstehen von dunklen Trauben, die – so sanft sie auch gepreßt sein mögen – doch in diesem Stadium einen leicht rötlichen Anflug haben; die Pigmente fällen dann im Verlauf der *tirage*, d. h. wenn im nächsten Stadium der fertige Verschnitt nach der Zweitgärung in der Flasche auf dem Hefesatz ruht, aus. Sobald der neue Verschnitt – die *cuvée* – zusammengestellt ist, wird er gewöhnlich einer Kaltstabilisierung unterzogen, um der späteren Bildung von WEINSTEIN in der Flasche vorzubeugen.

Zweitgärung Dem neuen Verschnitt wird nun ein Gemisch aus Zucker und Hefe zugesetzt, und sodann wird er in besonders kräftige, dunkle FLASCHEN abgefüllt, die meist mit einem Kronenkorken verschlossen werden. Nun entwickelt sich in der Flasche eine Zweitgärung, auf der die so wichtige Schaumentwicklung beruht. Üblicherweise besteht der zugesetzte *liqueur de tirage* aus Wein mit 24 g/l Zucker. Daraus entsteht ein zusätzlicher ALKOHOLGEHALT von 1,2 bis 1,3 % und ein Kohlensäuredruck, der für 5–6 Atmosphären in der Flasche nach dem Degorgieren ausreicht. Dieser Druck ergibt in etwa die von einem Schaumwein erwartete PERLENBILDUNG und ist mit einem durch Drahtkorb gesicherten Champagnerkorken mit Sicherheit zu beherrschen. Während der Zweitgärung *(prise de mousse)* werden die Flaschen normalerweise bei 12 °C horizontal gelagert. Nach etwa vier bis acht Wochen hat die Gärung den gewünschten Schaumdruck erzeugt.

Für die Schaumweinherstellung sind spezielle Hefekulturen entwickelt worden (die übrigens auch in der Stillweinerzeugung häufig Verwendung finden). Diese HEFEN flokken besonders leicht aus und setzen sich als körniges Depot ab, das sich durch RÜTTELN und Schütteln bequem in den Flaschenhals befördern läßt, von wo es dann entfernt werden kann.

In dem als *tirage* bezeichneten Stadium werden außer Hefe und Zucker zunehmend auch Mittel zugesetzt, die das Rütteln leichter vonstatten gehen lassen. Sie bestehen aus einer Kombination von TANNIN, BENTONIT, Gelatine oder Alginat und tragen zur Bildung eines gleichmäßigen hautartigen Hefedepots bei, das nicht am Glas klebt, sondern während des Rüttelvorgangs leicht daran entlanggleitet. Auch die Entwicklung von Flaschen mit glatteren Glasoberflächen hat sich hierbei als hilfreich erwiesen.

Lagerung auf dem Hefesatz Die Dauer der Lagerung auf dem Hefesatz nach der Zweitgärung ist für Qualität und Stil eines nach dem Champagnerverfahren hergestellten Schaumweins von ausschlaggebender Bedeutung und bildet nach dem Verschneiden der Grundweine den zweitwichtigsten Faktor. Je länger ein Wein nach der Zweitgärung auf dem Hefesatz ruht, desto mehr Geschmackssubstanz kann er aufgrund der AUTOLYSE aus den toten Hefezellen in sich aufnehmen.

In den meisten Fällen sehen die Bestimmungen für die Schaumweinherstellung nach dem Champagnerverfahren zumindest eine neunmonatige Lagerzeit auf dem Hefesatz vor; für jahrgangslosen Champagner wurde diese Frist Anfang der 1990er Jahre auf fünfzehn Monate heraufgesetzt (Jahrgangschampagner machen gewöhnlich eine mehrjährige Lagerungszeit durch). Während dieser Lagerzeit lösen sich die Hefezellen auf und setzen zunehmend komplexe Geschmacksstoffe frei. Die chemischen Vorgänge bei der Autolyse sind noch nicht vollständig erforscht, es scheint aber, daß sich größere Auswirkungen erst nach etwa achtzehn Monaten Lagerdauer ergeben und daß die stärksten Veränderungen nach etwa fünf bis zehn Jahren Berührung mit dem Hefesatz spürbar werden, was natürlich die Produktionskosten wesentlich erhöht. Es kann also sein, daß die vorgeschriebene Lagerzeit auf der Hefe von einigen Monaten weit weniger Wirkung auf die Qualität einbringt als gedacht war.

Rütteln Der Rüttelvorgang (franz. *remuage*) ist einer der langwierigsten und in der Werbung am stärksten herausgestellten Arbeitsgänge im Champagnerverfahren, doch er geschieht eigentlich mehr aus kosmetischen als aus önologischen Gründen: Er dient allein dem Entfernen des Depots, das ansonsten den Wein trübe machen würde (wie es in der später noch beschriebenen MÉTHODE ANCESTRALE denn auch der Fall ist).

Früher wurden die Flaschen in den sogenannten *pupitres* (Rüttelgestellen) von den *remueurs* von Hand nach und nach aus der horizontalen Lage auf den Kopf gestellt, wobei sie jedesmal geschwenkt oder gerüttelt wurden. Diese Art, den Hefesatz aus dem Bauch der Flasche in den Hals und hinter den Korken zu befördern, war überaus langwierig und arbeitsaufwendig. Die in Katalonien beheimatete CAVA-Industrie entwickelte deshalb in den 1970er Jahren eine automatisch funktionierende Alternative – *girasol* oder GYROPALETTE genannt. Diese Maschine hat sich seither in der ganzen Welt für die Schaumweinherstellung nach dem Champagnerverfahren eingeführt. Hierbei werden 50–400 Dutzend Flaschen auf einmal in große Metallkästen gesetzt, und nun wird ihre Lage automatisch in regelmäßigen Abständen (also anders als bei der manuellen Methode auch nachts) jeweils mit einem kleinen Ruck verändert, so daß die Flaschen immer weiter aus der Horizontalen geschwenkt werden, bis sie auf dem Kopf stehen. Bei Verwendung von Rüttelzusätzen, Spezialhefen und Gyropaletten läßt sich der Rüttelvorgang, der von Hand und ohne Rüttelzusätze sechs Wochen und länger in Anspruch nahm, jetzt in drei Tagen durchführen.

Degorgieren und Dosage Der letzte Schritt des (verglichen mit dem Werdegang eines feinen eichenfaßgereiften Rotweins) oft recht kurzen – aber stets komplizierten – Herstellungsvorgangs besteht darin, das Depot zu entfernen, das sich nun im Hals der auf dem Kopf stehenden Flasche befindet. Üblicherweise geschieht dies durch Einfrieren des

Flaschenhalses mitsamt Depot in einem Kältebad. Dann werden die Flaschen aufrecht gestellt und geöffnet, worauf das Depot als Eispfropfen aus dem Flaschenhals schießt. Nun wird mit einem Gemisch aus Wein und Zuckersirup, der sogenannten DOSAGE, aufgefüllt, ein Champagnerkorken eingesetzt und mit einem DRAHTKORB gesichert. Jetzt sind die Flaschen fertig zum Etikettieren.

Trockener Schaumwein wird meist auf 5–12 g/l Restzukker gesüßt. Je weiter vom Äquator entfernt die Trauben gewachsen sind, desto mehr Dosage ist normalerweise erforderlich, um die von Natur aus kräftige SÄURE auszugleichen. Allerdings braucht ein Schaumwein um so weniger Dosage, je länger er auf dem Hefesatz gelegen hat.

Alternativmethoden Das Rütteln und das Degorgieren sind unbequeme Arbeitsgänge, die zur Qualität des Schaumweins nichts weiter beitragen. Es ist daher nicht verwunderlich, daß in den 1980er Jahren, als die Lohnkosten immer stärker stiegen, beträchtliche Anstrengungen unternommen wurden, um Alternativmethoden für das Entfernen des Depots zu finden.

Eine der erfolgreichsten war die Entwicklung der Hefekapseln. Die Hefe wird in Kalziumalginat-«Perlen» von einigen Millimetern Größe eingeschlossen, durch deren Poren sie nicht entweichen kann, während Zucker und Nährstoffe ins Innere gelangen, so daß eine vollständige Zweitgärung stattfinden kann. Der große Vorteil ist, daß der Rüttelvorgang nur Sekunden dauert, denn die Perlen gleiten sofort in den Hals der auf den Kopf gestellten Flasche. Verzögert wird die allgemeine Einführung der Hefekapseln lediglich dadurch, daß es noch keine Maschine gibt, die alle Perlen unbeschädigt in die Flaschen füllen kann.

Eine andere Möglichkeit besteht darin, eine mit einer Hefefüllung versehene und mit einer Membran verschlossene Patrone im Flaschenhals unterzubringen und die Flasche dann wie üblich mit einem Kronenkorken zu verschließen. Wie die Perlen läßt auch die Kapsel Zucker und Nährstoffe ein, so daß die Gärung stattfinden kann, und sie läßt auch die dabei entstehende Kohlensäure austreten. Bei dieser Technik braucht überhaupt nicht gerüttelt zu werden. Beim Degorgieren wird lediglich der Kronenkorken entfernt, so daß der Druck in der Flasche die Patrone heraustreiben kann. Diese Alternativtechnik könnte sich besonders für kleinere Betriebe lohnen, für die bisher die Kosten für Rüttel- und Degorgierausrüstungen unerschwinglich waren.

Transversage
Als gelegentliches Anhängsel an das Champagnerverfahren wird nach dem Degorgieren der Inhalt der Flaschen meist in einen Drucktank gegeben, in dem dann die Dosage zugesetzt wird. Von hier aus erfolgt anschließend unter Druck das Abfüllen in besondere Flaschenformate – auf diese Weise kommen halbe Flasche, alle Portionsflaschen für Fluglinien sowie Viertelflaschen, aber auch praktisch alle FLASCHENGRÖSSEN über dem Format Jeroboam zu ihrer Füllung.

Transvasierverfahren
Das auch als Transfer- oder (in den USA) Carstens-Methode bezeichnete Verfahren beruht ebenfalls auf dem Zusatz von Zucker und Hefe zu einem Grundweinverschnitt und anschließender Abfüllung in eine Flasche zur Zweitgärung. Vom Champagnerverfahren unterscheidet es sich darin, daß Rütteln und Degorgieren entfallen; vielmehr wird nach einer gewissen Lagerzeit auf dem Hefesatz der Inhalt der Flaschen gekühlt und in einen Drucktank umgefüllt. Der Hefesatz wird nun durch Klärung oder FILTRATION entfernt. Eine geeignete Dosage wird zugesetzt und das Endprodukt wiederum unter Druck in Flaschen gefüllt, verkorkt und mit einem Drahtkorb versehen. So hergestellter Schaumwein besitzt viele, jedoch nicht alle Qualitäten des Champagnerverfahrens; allerdings dürfte diese Methode auf lange Sicht überflüssig werden, wenn sich die Hefekapsel- oder Membranpatronen-Systeme durchsetzen.

Durchlaufverfahren
Das in der UdSSR entwickelte Verfahren wird inzwischen auch in Deutschland und Portugal genutzt. Es arbeitet meist mit fünf miteinander verbundenen, unter 5 Atmosphären Druck stehenden Tanks, was dem bei Schaumwein auch sonst üblichen Druck entspricht. An einem Ende wird Grundwein und ein Gemisch von Zucker und Hefe (meist aufgelöste Trockenhefe) eingeleitet, und die bei praktisch allen Methoden wesentliche ZWEITGÄRUNG beginnt. Hierbei entsteht KOHLENDIOXID, das den Druck in den Tanks weiter erhöht. Die Hefe kann bei diesem Druck allerdings nicht wachsen, also muß kontinuierlich neue Hefe eingespeist werden. Der zweite und der dritte Tank sind mit einem geeigneten Material, beispielsweise Holzspänen, teilweise gefüllt, so daß sich eine große Oberfläche bietet, an der sich die toten Hefezellen ablagern können; hier findet auch ein gewisses Maß an AUTOLYSE oder zumindest ein Reaktionsaustausch zwischen dem Wein und den Hefezellen statt. Im vierten und fünften Tank befinden sich keine Hefezellen mehr, und der Wein tritt am Ende relativ klar aus, nachdem er im Durchschnitt etwa drei oder vier Wochen im System zugebracht hat.

Charmat-Verfahren oder Tankgärungsverfahren
Dieses in Frankreich als *cuve close*, in Spanien als *granvas* und in Italien als *autoclave* bekannte Verfahren wurde zu Beginn des 20. Jh. von Eugène Charmat in Bordeaux entwickelt. Sein Vorteil liegt darin, daß es viel billiger, schneller und weniger arbeitsaufwendig ist als das Champagnerverfahren und sich besser für Grundweine eignet, denen es an Alterungsfähigkeit mangelt. Die Zweitgärung wird durch Zusatz von Hefe und Zucker zum Grundwein in

einem Drucktank ausgelöst; nach raschem Verlauf wird diese Zweitgärung, wenn ein Druck von etwa 5 Atmosphären erreicht ist, meist durch Abkühlen des Weins auf –5 °C abgebrochen. Das Endprodukt wird geklärt, mit einer Dosage versehen und unter Druck in Flaschen abgefüllt. Diese Art von Schaumwein schmeckt am ehesten wie Stillwein mit Kohlensäure, da er die aus der Zweitgärung in der Flasche stammenden zusätzlichen Attribute nicht aufweist.

Karbonisierung
Bei diesem auch Imprägnierung genannten Verfahren wird der Kohlensäuregehalt auf die gleiche Weise erzielt wie bei alkoholfreien Getränken: Gasförmiges Kohlendioxid wird aus einem Druckzylinder in einen mit Wein gefüllten Tank geleitet, dessen Inhalt anschließend unter Druck in Flaschen gefüllt wird. In selteneren Fällen wird die Kohlensäure direkt in die Flaschen injiziert. In Europa verlangt das Gesetz einen Kohlensäuredruck von mindestens 3 Atmosphären. Der nach diesem Verfahren entstehende Schaumwein zeigt beim Öffnen der Flasche zahlreiche große Perlen, der Schaum verflüchtigt sich jedoch schnell. Diese Methode stellt die billigste, einfachste, aber auch am wenigsten dauerhafte Möglichkeit der Schaumweinherstellung dar; sie findet bei etwa 10 % der Gesamtproduktion Anwendung.

Méthode ancestrale oder méthode rurale
Die nur noch selten gebräuchliche Methode ergibt einen leicht schäumenden, lieblichen Wein, der oft ein gewisses Depot enthält, sie dürfte aber wohl am nächsten an die ursprüngliche Methode der Schaumweinherstellung heranreichen. Bei ihr werden junge Weine in Flaschen gefüllt, bevor der gesamte Restzucker zu Alkohol vergoren ist. Der Gärprozeß geht in der Flasche weiter und gibt dabei Kohlendioxid ab. Variationen dieses Themas entstehen heute noch in Gaillac unter dem Namen *méthode gaillaçoise* und in Limoux von der BLANQUETTE-Traube sowie auch in SAVOYEN. Die Weine sind süßer und schäumen nicht so stark wie nach dem Champagnerverfahren hergestellte Schaumweine, und es ist keine Dosage erlaubt. Gelegentlich werden sie von ihrem Depot dekantiert und in einer Art Transvasierverfahren unter Druck neu abgefüllt.

Méthode dioise
Diese Variante der *méthode ancestrale* und des Transvasierverfahrens ergibt Weine, die dem ASTI SPUMANTE ähneln. Anwendung findet sie für den in der Hauptsache von der dortigen WINZERGENOSSENSCHAFT produzierten süßen CLAIRETTE DE DIE. Die Grundweine werden in Edelstahltanks bei sehr niedrigen Temperaturen über einige Monate hinweg vergoren und anschließend gefiltert und abgefüllt. Der Gärprozeß geht in der Flasche weiter, bis ein Alkoholgehalt von etwa 7,5 % erreicht ist. Sechs bis zwölf Monate nach der Abfüllung geschieht das Degorgieren durch Einführen eines Rohrs durch den Kronenkorken und Absaugen des klaren Weins. Anschließend erfolgt nochmalige Filterung und Abfüllung in neue Flaschen.

SCHEUREBE Die nach dem Rebenzüchter und damaligen Leiter der Weinbauforschungsanstalt Alzey in Rheinhessen, Dr. Georg Scheu, benannte DEUTSCHE NEUZÜCHTUNG aus der ersten Hälfte des 20. Jh. verdient die Aufmerksamkeit eines jeden Weinkenners. Wie KERNER und EHRENFELSER kann sie erstklassige Weine hervorbringen. Riesling-Gene bilden die Voraussetzung für solche Qualität, und die Scheurebe ist eine Kreuzung Silvaner × Riesling, doch sie ist weit mehr als nur eine vollere und ertragreichere Riesling-Nachahmung. Vorausgesetzt, daß die Trauben zu voller Reife gelangen (wie BACCHUS und ORTEGA bekommt es der Scheurebe ausgesprochen schlecht, wenn sie zu früh gelesen wird), hat ihr Wein ein eigenständiges, überschäumendes, rassiges Aroma von schwarzen Johannisbeeren oder sogar reifer Grapefruit. Einige Beispiele aus der Pfalz sind besonders interessant. Die Scheurebe ist eine der wenigen von qualitätsbewußten deutschen Weinerzeugern hoch geschätzten neuen Sorten, nicht nur weil sie hohe, für PRÄDIKATE günstige Reifegrade erreicht, sondern weil sie durch nervige Säure so delikat ausgewogen ist – vielleicht nicht ganz so sehr wie ein gleichwertiger Riesling, jedoch ausreichend, um ihr ein jahrelanges Leben in der Flasche zu sichern.

Die Scheurebe erreicht nicht nur zuverlässig 10° Öchsle mehr als Riesling, sondern sie erbringt mit 100 hl/ha auch höhere Erträge, ohne jedoch so überaus ertragreich zu sein wie Kerner, Bacchus und Morio-Muskat. In den 1980er Jahren wurde sie von Kerner eindeutig überholt, verfügte aber 1990 in Deutschland noch immer über eine Anbaufläche von fast 4000 ha, vorwiegend in Rheinhessen und in geringerem Umfang in der Pfalz. Sie verlangt relativ gute Lagen, in denen sonst auch Riesling stehen kann. In der Jugend ist die Scheurebe stark frostgefährdet, später aber zeigt sie sich zuverlässig frosthart, und in guten Jahren entwickelt sie gern EDELFÄULE. Sie kann dann äußerst feine BEERENAUSLESEN und TROCKENBEERENAUSLESEN erbringen, die vielleicht nicht so viele Jahrzehnte haltbar bleiben wie entsprechende Rieslingweine, dafür aber weniger selten und deshalb preiswerter sind.

Auch im Süden Österreichs wird die Sorte angebaut, sie heißt dort SÄMLING 88.

SCHIAVA Italienischer Name der schlichten Rotweinrebsorte Vernatsch aus Südtirol (siehe ALTO ADIGE); im deutschen Anbaugebiet WÜRTTEMBERG wird sie verbreitet als TROLLINGER kultiviert. Der Name Schiava (zu deutsch «Sklavin») wird so gedeutet, daß die Sorte slawischen Ursprungs sei.

Am meisten wird sie im TRENTINO-ALTO ADIGE kultiviert, wo sie in mehreren Formen bekannt ist: Am häufigsten kommt **Schiava Grossa** (Großvernatsch) vor, eine sehr ertragreiche Variante, die allerdings keine besonders charaktervollen oder konzentrierten Weine hervorbringt. Die Gesamtanbaufläche von Schiava Grossa in Italien ging in den 1980er Jahren um etwa ein Viertel auf 3400 ha zurück. Dagegen erbringt **Schiava Gentile** (Kleinvernatsch) mit ihren kleineren Beeren aromatische Weine in besserer Qualität; ihre Gesamtanbaufläche war 1990 auf rund 1200 ha gefallen. Die meistgepriesene und ertragsschwächste Subvarietät ist Tschaggele.

Die Trauben sind in den meisten nicht sortenreinen leichten Rotweinen aus Südtirol und dem Trentino anzutreffen.

SCHIEFER oder **Schiefergestein.** Grobkristallines metamorphes Gestein, das sich aufgrund ausgerichteter Glimmerminerale in dünnen Schichten aufspalten läßt. Die Geschichte des DOURO-Tals in Portugal veranschaulicht die Rolle des Schiefers im Weinbau (siehe auch GEOGRAPHISCHE FESTLEGUNG). Der hier vorkommende, leicht spaltbare und bröckelige Schiefer liegt inmitten einer zerklüfteten Landschaft, die ansonsten fast ganz aus GRANIT besteht. Schiefer derselben Art kommt auch in Teilen der CÔTE RÔTIE und im nördlichen ELSASS vor. J. M. H.

Ein sehr feinkristalliner Schiefer, zusammengesetzt aus Ton, Tonschiefer, Silt und anderen feinkörnigen Sedimenten, die sich zu einem mäßig harten dunklen, plattenartigen Gestein verfestigt haben, liegt einigen Weinbergen im südlichen Beaujolais mit einer Braunerdeauflage zugrunde. Auch die Weinberge von POUILLY-FUISSÉ befinden sich zum Teil über Schiefer dieser Art. Das berühmteste Beispiel für diesen Schieferboden bildet jedoch das deutsche Anbaugebiet MOSEL-SAAR-RUWER, wo Rieslingreben auf dem feuchtigkeits- und wärmespeichernden Gestein stehen, das bei Nacht und bedecktem Himmel Wärme abgibt. Viele auf -lay oder -ley endende Lagennamen weisen dort auf Schieferfelsen hin. M. J. E. und J. M. H.

SCHILDLAUS Ein saugendes Insekt mit mindestens dreizehn Arten, die auch die Weinreben befallen. Manche Schildläuse wandern auf der Wirtspflanze, andere bleiben fest an einer Stelle. Schwerer Befall kann die Wuchskraft der Rebe beeinträchtigen, und die klebrigen Ausscheidungen der Schildläuse verunreinigen auch Trauben in ihrer Nachbarschaft, vor allem, weil darauf ein schwarzer Schimmelpilz (Rußtau) wächst. Schildläuse werden oft durch natürliche Feinde, u. a. Raubwespen und Marienkäfer, in Australien auch durch Raupen, eingedämmt. Ameisen lieben den von den Schildläusen ausgeschiedenen «Honigtau» und können durch ihre Anwesenheit die natürlichen Feinde verscheuchen. Die Bekämpfung ist mit im Winter auszubringendem Sprühöl möglich. R. E. S.

SCHILLERWEIN Eine Roséweinspezialität des deutschen Anbaugebiets WÜRTTEMBERG; sie wird erzeugt durch Mischen von Rot- und Weißwein. Auch in der deutschsprachigen SCHWEIZ ist der Ausdruck für ähnlichen Wein gebräuchlich.

SCHIMMELIG Negativer Begriff der Weinansprache; er bezeichnet den störenden Beigeschmack, welchen auf Trauben oder Kellereieinrichtungen lebende Schimmelpilze hervorrufen.

Auf den Trauben im Weinberg wachsen je nach Gegend und Witterungsbedingungen unterschiedliche, oft FÄULE verursachende Schimmelpilze (siehe auch PILZKRANKHEITEN). Der unangenehme Geschmack kann jedoch auch von Schimmel an Fässern stammen. Es ist schwierig, leere Fässer sauber und schimmelfrei zu halten, weil die im Inneren herrschende feuchte Atmosphäre geradezu ideal für die Entwicklung solcher Organismen ist. SCHWEFELDIOXID in Gasform kann das Innere von Fässern und Bottichen für eine gewisse Zeit frei von Schimmelpilzen halten, dann aber muß das absorbierte Schwefeldioxid sorgfältig ausgespült werden, bevor das Faß wieder für Wein verwendbar ist. Haben sich jedoch einmal Schimmelsporen in den Poren eines Behälter festgesetzt, ist es nahezu unmöglich, sie wieder ganz daraus zu entfernen (siehe auch FASSPFLEGE).
A. D. W.

SCHIOPPETTINO In der Region FRIULI in Nordostitalien heimische Rotweinrebsorte. Sie stammt vermutlich aus dem Grenzgebiet zwischen Prepotto und SLOWENIEN, wo Wein von Schioppettino erstmals 1282 anläßlich einer Hochzeitsfeier erwähnt wird. Trotz offizieller Bemühungen um die Wiederanpflanzung wurde die Sorte nach der REBLAUS-Epidemie am Ende des 19. Jh. zugunsten der neuen Importe aus Frankreich – Merlot, Cabernet Franc und Cabernet Sauvignon – weitgehend vernachlässigt. Sie schien zum Aussterben verurteilt, bis ein Dekret der EU im Jahr 1978 ihren Anbau in der Provinz Udine autorisierte (siehe auch PIGNOLO). Der Wein der Sorte ist dunkel und mittelschwer, zeigt aber attraktiv aromatische Fülle, die an Veilchen erinnert und eine gewisse RHÔNE-ähnliche pfefferige Note aufweist. Anbau und Produktion sind zwar noch begrenzt und auf die COLLI ORIENTALI konzentriert, das Potential der Rebsorte scheint aber beachtlich zu sein. Prepotto ist wohl die Wahlheimat der Traube, aber auch aus dem Bereich Buttrio-Manzano kommt gute Qualität. D. T.

SCHLOSSABZUG Der altertümliche Begriff kommt heute als Pendant zur ERZEUGERABFÜLLUNG vermehrt wieder in Mode.

In Frankreich ist die Praxis, die Erzeugung eines CHÂTEAUS auch dort selbst in Flaschen abzufüllen, noch relativ neu. Die Ausdrucksweise *mis(e) en bouteille au château* hat sich inzwischen in ganz Frankreich, vor allem aber im Weinbaugebiet Bordeaux, fest eingebürgert. In Burgund ist die Variante *mis(e) en bouteille au domaine* gebräuchlicher;

Die Zeile ganz unten auf dem Etikett bietet die Gewähr, daß es sich um einen SCHLOSSABZUG handelt.

in der Neuen Welt wird der Begriff *estate bottled* verbreitet benutzt.

Früher wurde so gut wie aller Wein im Faß verkauft, und es blieb dem Weinhändler anheimgestellt, ihn innerhalb oder außerhalb des Erzeugungsgebiets in Flaschen abzufüllen. Noch um die Mitte des 20. Jh. war es üblich, Wein im Faß auszuliefern (für diese Praxis zeigte beispielsweise die schottische Whisky-Industrie so großes Interesse, daß sie sogar gezielt Fässer in JEREZ «anbrauchen» ließ). Allerdings leistete dies bei nicht übermäßig gewissenhaften Weinhändlern der WEINPANSCHEREI UND -VERFÄLSCHUNG Vorschub. Vor allem im Anschluß an die große Weinknappheit nach der durch den ECHTEN MEHLTAU und die REBLAUS am Ende des 19. Jh. hervorgerufenen Krise war die Versuchung sehr groß.

Es war der junge Baron Philippe de ROTHSCHILD, der sich maßgeblich für den Schloßabzug einsetzte, als er zu Beginn der 1920er Jahre das Château MOUTON-ROTHSCHILD übernahm. Er überzeugte alle Premiers Crus davon, daß es für sie (wie auch selbstverständlich für Château Mouton-Rothschild) eine kluge Maßnahme sei, ihren GRAND VIN in eigener Regie abzufüllen. Das erforderte freilich gewisse Investitionen, diese wurden aber durch den Zuwachs an Verläßlichkeit und Ansehen mehr als ausgeglichen. Obwohl sich Château MARGAUX ab 1930 für die Dauer von zwanzig Jahren abseits stellte, gaben doch die Premiers Crus damit ein nachhaltiges Beispiel für qualitätsbewußte Weinerzeuger in aller Welt.

Gute Abfüllanlagen erfordern allerdings Anschaffungskosten, die für viele kleine Weingüter unrealistisch hoch erscheinen. Daher sind Lohnabfüller und fahrbare Abfüllanlagen so sehr gefragt, daß mancher Erzeuger die Abfüllung seiner Weine nicht genau zu dem Termin vornehmen kann, wie er es möchte. Viele füllen ihren Wein deshalb heute noch von Hand ab, wobei manchmal HYGIENE und Einheitlichkeit zu kurz kommen. Daraus läßt sich der Schluß ziehen, daß die Abfüllung am Erzeugungsort nicht immer unbedingt besser sein muß als die Verarbeitung in einer erstklassigen Abfüllanlage, sofern der Wein mit der gebotenen Sorgfalt dorthin transportiert wird.

Immerhin läßt der Vermerk *mis(e) en bouteille au château* erkennen, daß der selbstabfüllende Erzeuger auf Qualität Wert legt. Zu beachten ist auch, daß Weine, die aus bestimmten Lagen stammen, jedoch von einer Genossenschaftskellerei verarbeitet und abgefüllt werden, ebenfalls als ERZEUGERABFÜLLUNG in den verschiedensten Begriffsvarianten bezeichnet werden dürfen.

Siehe auch DOMÄNENABFÜLLUNG.

SCHLOSS JOHANNISBERG Die Geschichte des Weinguts im deutschen Anbaugebiet RHEINGAU ist eng mit der des ganzen Gebiets verbunden. Um 1100 bauten Benediktinermönche aus Mainz an dieser Stelle das erste Kloster im Rheingau. Um 1130 wurden Berg, Kloster und Dorf nach Johannes dem Täufer Johannisberg genannt. 1716 erwarb der Fürstbischof von Fulda, Konstantin von Buttlar, das Kloster. Die vernachlässigten Weinberge wurden wieder instand gesetzt und vorwiegend mit der Rieslingrebe neu bestockt – eine bedeutende Erneuerungstat, die dazu beitrug, daß die Rebsorte in manchen Teilen der Welt (insbesondere in Kalifornien) als Johannisberg Riesling bezeichnet wird. Eine Legende erzählt, Schloß Johannisberg habe bei der Entdeckung der EDELFÄULE eine große Rolle gespielt. Edelfaule Trauben wurden hier einmal zufällig geerntet, und am 10. April 1776 schrieb der Verwalter, er habe noch nie einen solchen Wein gekostet. Diese Entdeckung gab Anlaß zur Entwicklung der AUSLESE, BEERENAUSLESE und TROKKENBEERENAUSLESE. 1802 wurde Johannisberg säkularisiert und kam in den Besitz des Hauses Nassau. Vier Jahre darauf schenkte Napoleon das Gut dem Marschall Kellermann, Herzog von Valmy, in dessen Besitz es bis 1813 blieb. Von 1813–1815 stand es dann unter gemeinsamer Verwaltung Rußlands, Preußens und Österreichs, und auf dem Wiener Kongreß ging es an den österreichischen Kaiser Franz I. über. Er machte Schloß Johannisberg 1816 seinem Kanzler, dem Fürsten Klemens Wenzeslaus von Metternich-Winneburg, zum Geschenk mit der Auflage, dem Haus Habsburg oder seinen gesetzlichen Nachfolgern einen jährlichen Zehnten von der Ernte zu entrichten. Heute gehört Schloß Johannisberg dem Fürsten Paul Alfons von Metternich-Winneburg, dem Urenkel des österreichischen Staatsmanns.

1811 kaufte Peter Arnold Mumm, ein erfolgreicher Bankier und Weinkaufmann, die gesamte Ernte von Schloß Johannisberg für 32 000 Gulden. Er machte damit einen schönen Gewinn und beschloß daraufhin, in das Gut zu investieren. Seither bestehen enge Beziehungen zwischen dem Haus Mumm und dem Schloß Johannisberg, und heute werden die beiden Güter als gemeinsamer Besitz geführt; die Weinbereitung findet in den Mumm'schen Kellern statt, und die Verwaltung befindet sich auf Schloß Johannisberg. Die 59 ha Weinbergbesitz des Hauses von Mumm sind zu 83 % mit Riesling, der Rest mit Spätburgunder besetzt. Von den sieben Lagen, die zu Schloß Johannisberg gehören, sind drei – Schwarzenstein, Hansenberg und Mittelhölle – fast vollständig im Besitz des Weinguts von Mumm; auch an den übrigen vier – Hölle, Klaus, Goldatzel und Vogelsang – ist es in beträchtlichem Umfang beteiligt. Außerdem gehören die Lagen Berg Schloßberg, Rottland und Roseneck in Rüdesheim, Kläuserweg in Geisenheim und Höllenberg, Hinterkirch und Frankenthal in Assmannshausen zum Besitz.

Die Weinberge von Schloß Johannisberg selbst erstrecken sich auf 86 ha und sind vollständig mit Riesling bestockt. Die Weine reifen in Fässern in Lagerkellern mit einer Kapazität von 7500 hl; sie zählten aber am Ende der 1980er und Anfang der 1990er Jahre nicht zu den feinsten deutschen Gewächsen.

Siehe auch DEUTSCHE WEINBAUGESCHICHTE. S. A.

SCHMETTERLINGE sind mitunter Schädlinge; siehe WICKLER UND SPANNER.

SCHMIERLAUS Kleine, weißliche, saugende Insekten. Sie überwintern in der Rinde oder in Rissen der Rebenpfähle bzw. in Unkräutern am Boden. Die jungen Insekten befallen den Frühjahrsaustrieb und sitzen vor allem auf der Blätterunterseite am Stielgrund. Im Frühsommer beginnt die Fortpflanzung, die in einem Jahr drei Generationen umfassen kann. Die Schmierlaus bevorzugt feuchte Umgebung und kommt daher vor allem unter dichtem LAUBDACH vor.

Größeren wirtschaftlichen Schaden richtet sie nicht nur durch Aussaugen des Pflanzensafts an, sondern auch indirekt in zweifacher Weise, indem sie Trauben und Blätter mit dem von ihr ausgeschiedenen zuckerreichen, klebrigen Honigtau verschmutzt, auf dem sich dann überdies ein schwärzlicher Pilz, der Rußtau, entwickelt. So befallene Trauben bringen in den Wein einen deutlichen, unerfreulichen Beigeschmack ein, so daß die Frucht nur noch für die DESTILLATION geeignet ist. Schmierläuse der Gattungen *Planococcus* und *Pseudococcus* sind auch an der Ausbreitung der BLATTROLLKRANKHEIT beteiligt, die durch Ertragseinbußen und Minderung der Traubenqualität schwere Schäden verursacht. Die Verbreitung des Blattrollvirus durch Schmierläuse ist in Südafrika und Israel beobachtet worden; ein ähnlicher Verdacht besteht in Neuseeland.

Verschiedene Nützlinge, z. B. Raubwespen und Marienkäfer, tragen zur biologischen Bekämpfung der Schmierlaus bei. Manchmal wird jedoch die Population an Nützlingen durch Insektizide mit breitem Wirkungsspektrum mit vernichtet. Bei starkem Auftreten der Schmierlaus sind daher vorbeugende Spritzungen nach einem durchdachten Plan erforderlich, doch die Bekämpfung wird durch einen wachsartigen Überzug, den die Insekten erzeugen, sowie durch die verdeckte Lage der Befallstellen stark erschwert.
M. J. E. und R. E. S.

Buchanan, G. A., und Amos, T. G., GRAPE PESTS, in B. G. Coombe und P. R. Dry (Hrsg.), *Viticulture, II: Practices* (Adelaide, 1992).

SCHNECKEN Als Weinbergschädlinge richten mindestens zwei Arten größeren wirtschaftlichen Schaden an: die weiße italienische Schnecke *Theba pisana* und die braune Schnecke *Helix aspersa*. Probleme bereiten sie vor allem im frühen Frühjahr durch Abfressen des jungen Laubaustriebs, wenn sie vorzugsweise bei feuchtem Wetter in großen Mengen auftreten. Um die Lesezeit verursachen sie Verschmutzungen in Trauben und Wein. Als vorbeugende Maßnahme dient saubere Kultivierung; Spritzmittel und Köder erlauben bei früher Ausbringung wirksame Bekämpfung. Die im Weinbau gebräuchlichen FUNGIZIDE auf Kupferbasis wehren Schnecken ab oder bringen sie zum Absterben. Enten und Gänse fressen Schnecken und können im Weinberg die Zahl dieser Schädlinge begrenzen helfen. M. J. E.

SCHNITTHOLZGEWICHT Ein Maß für die WÜCHSIGKEIT von Reben, ermittelt aus dem Gewicht des beim Winterschnitt entfernten Rebholzes. Der dabei gefundene Wert wird benutzt, um die beim Winterschnitt zur Erzielung der bestmöglichen Leistung zu belassende Augenzahl zu berechnen; dabei wird das Konzept des AUSGEWOGENEN REBSCHNITTS zugrunde gelegt.

SCHÖNBURGER Die 1979 entstandene deutsche Neuzüchtung zählt Spätburgunder, Chasselas Rosé und Muskat Hamburg zu ihren Vorfahren und hat sich für den Weinbau ENGLANDS als brauchbarer erwiesen als in ihrer Heimat. 1990 belief sich die deutsche Anbaufläche dieser äußerst zuverlässig zur Reife gelangenden Rebsorte auf knapp 60 ha, zumeist im experimentierfreudigen Rheinhessen und in der Pfalz, dagegen stellte sie in England 1992 mit 83 ha die fünftmeist angebaute Traubensorte dar. Sie verfügt über gute Krankheitsresistenz, bringt recht reichliche Erträge an relativ körperreichem Weißwein, und ihre Neigung zu Säurearmut erweist sich so weit vom Äquator wie in Kent und Somerset durchaus nicht als nachteilig.

SCHÖNUNG Bei diesem zur KLÄRUNG und STABILISIERUNG des Weins bestimmten Vorgang wird eines von mehreren für diesen Zweck zur Verfügung stehenden **Schönungsmit-**

teln auf den Wein gegeben, um durch Koagulation, Adsorption oder Präzipitation die darin als Schwebeteilchen befindlichen KOLLOIDE zu entfernen. Schönung (franz. *collage*) ist wichtig, weil durch das Ausfällen dieser winzigen Teilchen der eventuellen späteren Bildung von Trübungen und Schleiern im Wein vorgebeugt wird.

Die meisten Weine erreichen, wenn sie lange unter günstigen Bedingungen ruhen können, denselben Zustand der Klarheit, wie er durch Schönung innerhalb weniger Monate erzielt wird, doch durch das Schönen spart der Erzeuger Zeit und Geld, was schließlich auch dem Verbraucher zugute kommt. Schönung ist vor allem wirksam zum Entfernen von Molekülen in Kolloidgröße, u. a. polymerisierte TANNINE, ANTHOCYANE, PIGMENTE, sonstige PHENOLE und wärmeinstabile PROTEINE. Trübungen und Schleier im Wein können aber auch durch WEINSTEIN und BAKTERIEN hervorgerufen werden (siehe STABILISIERUNG).

Im Lauf der Jahrhunderte sind zahlreiche Schönungsmittel erprobt worden. Durch wissenschaftliche und technische Fortschritte wurden gesundheitsschädliche Produkte wie Blutmehl sowie nicht voll wirksame Mittel, z. B. Gummiarabikum, ausgeschieden. Dem Weinliebhaber mögen manche von Eiweiß, Milch, Fischblasen oder BENTONIT gebildete Schönungsmittel im Zusammenhang mit Wein als seltsame Substanzen vorkommen, es ist aber stets zu berücksichtigen, daß davon höchstens minimale Spuren zurückbleiben. (Forschungen von Cornelius Ough in DAVIS haben gezeigt, daß von den proteinhaltigen Schönungsmitteln wie Eiweiß nur geringfügige Mengen im Wein nachzuweisen sind, während Bentonit überhaupt keine Spuren hinterläßt.)

Traditionelle SCHÖNUNG mit Eiweiß im Château Langoa-Barton in St-Julien.

Heute sind noch zwei Klassen von Schönungsmitteln in Gebrauch: pulverisierte Fest- oder Mineralstoffe und komplexe organische Verbindungen. Bentonit, eine besondere Form von Ton, eignet sich hervorragend als Adsorptionsmittel für bestimmte Proteine und in geringem Umfang auch für Bakterien. KIESELSOL wirkt ähnlich, jedoch nicht ganz so effektiv. Kaolin, ebenfalls ein Ton, ist noch weniger wirksam als Kieselsol. AKTIVKOHLE kann zum Entfernen von Bräunung sowie von störenden Nebengerüchen eingesetzt werden. Gelbes Blutlaugensalz wird gelegentlich in älteren Kellereibetrieben, die noch über Kupfer- und Eiseninstallationen verfügen, als Schönungsmittel angewendet (siehe BLAUSCHÖNUNG). Bei allen diesen Mitteln handelt es sich um anorganische Chemikalien.

Organische Verbindungen, die zur Schönung eingesetzt werden, sind u. a. KASEIN (aus Milch gewonnen), Albumin (aus Eiweiß), HAUSENBLASE und GELATINE, die mit den instabilen Pigmenten und Tanninen unlösliche Verbindungen eingehen. Sie bilden dabei so große, komplexe Kolloide, daß diese aus der Lösung ausfällen.

Sowohl rote als auch weiße Alltagsweine werden früher und stärker geschönt als feine Weine, da bei diesen in der längeren Lagerzeit viele der potentiell instabilen Komponenten bereits polymerisieren und ohne die nachhelfende Hand des Menschen ausfällen. Weißweine bedürfen im allgemeinen der Schönung, um ihre glanzhelle Farbe zu bewahren und um zu verhindern, daß wärmeinstabile Proteine eine Trübung hervorrufen; bei Rotwein ist die Schönung dagegen erforderlich, um den Gehalt an adstringierenden und bitteren Tanninen zu verringern. Durch den Schönungsvorgang werden Komponenten entfernt, die zwar löslich sind, jedoch zur Polymerisierung und Trübungsbildung neigen oder mit der Zeit ausfällen.

Durch FILTRATION können diese löslichen Stoffe nicht beseitigt werden, da hierbei nur Partikel erfaßt werden.

A. D. W.

SCHOONMAKER, FRANK (1905–1976) Der einflußreiche amerikanische Weinautor und -kaufmann, geboren in South Dakota, begann sich für Wein zu interessieren, als er gegen Ende der 1920er Jahre in Europa über Reiseliteratur recherchierte. Unmittelbar nach der Aufhebung der PROHIBITION schrieb er Weinartikel für den *New Yorker*, die 1934 unter dem Titel *The Complete Wine Book* veröffentlicht wurden. Bald darauf gründete er ein Weinimportgeschäft und reiste viel. Er wurde bekannt durch sein Engagement für die DOMÄNENABFÜLLUNG in Burgund, seine Fähigkeiten in der Beurteilung von Jungweinen und seine eingehende Kenntnis deutscher Weine. Als früher Befürworter der amerikanischen Weine kritisierte er scharf die damals in den

USA üblichen Gattungsbezeichnungen. In den 1940er Jahren wurde er von dem großen kalifornischen Weinbaubetrieb Almaden als Berater herangezogen und kreierte für ihn den vielverkauften SORTENREINEN Grenache Rosé, zu dem ihn der französische TAVEL inspiriert hatte. Für Schoonmaker arbeitete auch Alexis LICHINE, der dann unmittelbar vor dem 2. Weltkrieg eine ähnliche, vielleicht öffentlichkeitswirksamere Stellung einnahm. Beide gaben 1964 bzw. 1967 jeweils eine eigene Wein-Enzyklopädie heraus. Schoonmaker verfaßte insgesamt fünf Weinbücher und zahlreiche kleinere Werke über Wein.

Bespaloff, A., *The New Frank Schoonmaker Encyclopedia of Wine* (New York, 1988).

SCHOTTLAND Für Weinbau ist es im Norden Großbritanniens zwar zu kalt, bekannte Spezialhandelshäuser für feinen Wein und eine lange Tradition des Weinimports, insbesondere aus Bordeaux, gibt es aber auch dort.

Kay, B., und Maclean, C., *Knee Deep in Claret* (Edinburgh, 1983).

SCHRAUBVERSCHLUSS siehe VERSCHLÜSSE.

SCHUTZGASDECKE In der Weinbereitung gebräuchliche Maßnahme zum Schutz von Lesegut, Most und Wein vor SAUERSTOFF durch Aufbringen einer Schicht aus INERTGAS, oft KOHLENDIOXID.

SCHUTZGASTECHNIK IN DER WEINBEREITUNG Die auf Ausschluß von SAUERSTOFF bei der Weinbereitung und infolgedessen Verhinderung von OXIDATION mittels einer SCHUTZGASDECKE gerichtete Verfahrensweise beginnt schon mit der MOSTBEHANDLUNG. Weißwein wird in geschlossenen Tanks vergoren, so daß Sauerstoff weitgehend ausgeschlossen wird, während das aus der Gärung stammende KOHLENDIOXID entweichen kann. Auch alle nachfolgenden Arbeitsgänge werden weitgehend in geschlossenen Behältern unter Verdrängung von Luftsauerstoff durchgeführt, wobei kleine Mengen an SCHWEFELDIOXID zugesetzt werden, wann immer Berührung mit Sauerstoff unvermeidlich ist. Lagerung und Verarbeitung bei niedrigen Temperaturen begünstigt das Verbleiben von Kohlendioxid im Wein, das sodann eventuell noch darin gelösten Sauerstoff herausspülen kann. Rotweine sind wegen ihres höheren Gehalts an PHENOLEN weit weniger oxidationsempfindlich. Beim FASSAUSBAU ist sogar eine gewisse, beim AUFFÜLLEN eintretende Aufnahme von Sauerstoff für den Reifevorgang günstig. Siehe auch ALTERUNG. A. D. W.

SCHWARZER BRENNER siehe ANTHRAKNOSE.

SCHWARZFÄULE Eine der wirtschaftlich gravierendsten PILZKRANKHEITEN im Nordosten der USA, in Kanada, Teilen Europas und Südamerikas. Sie stammt ursprünglich aus Nordamerika und wurde vermutlich mit infiziertem Pflanzenmaterial in andere Weltgegenden verschleppt. Nach Frankreich gelangte sie 1885 auf reblausfesten VEREDELUNGSUNTERLAGEN. Der Erreger, der Pilz *Guignardia bidwelli*, befällt junge Triebe, Blätter und Beeren. Die Krankheit breitet sich nur bei milder, feuchter Witterung aus und kann Ertragseinbußen bis zu 80 % verursachen. Die Bekämpfung geschieht mit Fungiziden, die vom Frühjahr bis zur Fruchtreife ausgebracht werden müssen. Aus der Herkunft der Krankheit erklärt sich, daß einige amerikanische Rebenspezies unempfindlich für Schwarzfäule sind.

R. E. S.

SCHWARZFLECKENKRANKHEIT siehe ANTHRAKNOSE.

SCHWARZRIESLING In Deutschland gebräuchliches Synonym für Pinot MEUNIER.

SCHWEFEL Das chemische Element hat etwa 0,5 % Anteil am Gewicht der Erdkruste. In der Weinproduktion spielt es aufgrund der vielen Anwendungsmöglichkeiten für SCHWEFELDIOXID eine wichtige Rolle. Die hellgelbe, brüchige, bei Raumtemperatur feste Substanz hieß im alten Sanskrit *sulvere*. In der Bibel ist im 1. Buch Moses von Schwefel die Rede. In Form von Schwefelsäure ist das Element an so vielen Fabrikationsprozessen beteiligt, daß der mengenmäßige Verbrauch geradezu als Indikator für die Gesundheit der Wirtschaft eines Landes gelten kann.

Historisches

Schwefel wird schon seit der Antike als Reinigungsmittel sowie als Konservierungsmittel für Wein benutzt. Unter den vielen Substanzen, u. a. Pech und Harz, die bei den Römern beim Zurichten von Gefäßen für die Lagerung und als Hilfsmittel für die Konservierung von Wein Anwendung fanden, erwähnen beispielsweise CATO und PLINIUS auch Schwefel. Es ist durchaus wahrscheinlich, daß der stechende Geruch, der sich beim Verbrennen von schwefelhaltigen Erzen verbreitet, Assoziationen mit einer Reinigungswirkung nahelegten und daß dann durch Experimente die günstigsten Anwendungsmöglichkeiten herausgefunden wurden. In einem deutschen Dekret vom Ende des 15. Jh. wird auf den Gebrauch von Schwefel ausdrücklich hingewiesen – Fässer mußten vor dem Füllen durch Verbrennen von Holzspänen, pulverisiertem Schwefel, Kräutern und Weihrauch ausgeräuchert werden. Im 18. Jh. wurden in den besseren Châteaux von Bordeaux die von Holländern eingeführten Schwefelfäden regelmäßig zum Sterilisieren der Fässer benutzt. Um dieselbe Zeit erlaubten Fortschritte in der Chemie bereits die Synthese von Schwefelderivaten, so daß schwefelhaltige anorganische Salze in der Weinbereitung verbreitet Eingang fanden. Heute wird Schwefeldioxid bei der Produktion praktisch aller Weine verwendet. Im Weinberg finden Schwefelpräparate Einsatz zum Schutz gegen ECHTEN MEHLTAU und FALSCHEN MEHLTAU. P. T. H. U.

Johnson, H., *Hugh Johnsons Weingeschichte* (Bern, 1990).

Weinbau

Schwefel ist für die Nährstoffversorgung der Rebe wichtig, allerdings kommt Schwefelmangel im Weinberg äußerst selten vor. Die Rebe erhält meist ausreichende Zufuhr aus Vorräten im Boden oder durch FUNGIZIDE. Die seit über einem Jahrhundert zur Bekämpfung von Echtem Mehltau andauernde ständige Behandlung der Weinberge mit Schwefel hat in Frankreich übermäßige BODENAZIDITÄT hervorgerufen. Außerdem wurde am Ende des 19. Jh. zur Bekämpfung der REBLAUS Schwefelkohlenstoff in die Weinbergböden injiziert; allerdings wurde diese Methode bald durch die Verwendung reblausfester Veredelungsunterlagen überflüssig. Siehe auch SULFIDE. R. E. S.

Weinbereitung

Dem Kellermeister ist Schwefel vor allem in der Form von Schwefeldioxid vertraut (durch Reaktion mit Sauerstoff kann daraus das vom sauren Regen her bekannte Schwefeltrioxid entstehen).

Rückstände von Schwefelbehandlungen im Weinberg können in jungem Wein Verbindungen mit Wasserstoff eingehen und den durch seinen Geruch nach faulen Eiern berüchtigten SCHWEFELWASSERSTOFF entstehen lassen. Siehe auch MERCAPTANE.

Alltagswein, der zur Erleichterung bestimmter Arbeitsvorgänge oder für den Transport stark geschwefelt wurde, kann wieder **entschwefelt** werden.

Siehe auch SULFITE. A. D. W.

SCHWEFELDIOXID (SO_2) Die chemische Verbindung, die sich beim Verbrennen von Schwefel an Luft bildet, findet in der Kellertechnik verbreitet als Konservierungs- und Desinfektionsmittel Anwendung. Schwefeldioxid wird in der Form von Dämpfen von verbranntem Schwefel schon seit der Antike zum Konservieren und Desinfizieren bei der Herstellung und Lagerung von Lebensmitteln benutzt (siehe auch SCHWEFEL).

Es reagiert so bereitwillig mit SAUERSTOFF, daß es jede anderweitige OXIDATION, d. h. jede Reaktion zwischen Sauerstoff und anderen Inhaltsstoffen von Most oder Wein, die unerwünschte Auswirkungen auf Farbe und Geschmack haben könnte, verhindert. Oft wird es in der Form von Metabisulfat auch frisch gelesenem Traubengut zugesetzt. (Außerdem wird das Mittel in der Verarbeitung anderer Lebensmittel und Getränke, vor allem bei Fruchtsäften und Trockenfrüchten, verbreitet – manchmal großzügiger als im Weinbau – verwendet.) Schwefeldioxid hat darüber hinaus die für die Kellertechnik höchst zweckdienliche Eigenschaft, BAKTERIEN und wilde HEFEN zu hemmen oder gar abzutöten und eine rasche, saubere GÄRUNG zu begünstigen. Weitere, eher nebensächliche Gründe für den häufigen Einsatz von Schwefeldioxid in der Weinbereitung sind darin zu sehen, daß es Rotweinen zu klarer Farbe verhilft und bei der MAISCHUNG die Extraktion erwünschter Stoffe aus den Schalen erleichtert. Die Wirksamkeit von Schwefeldioxid wird vom PH-WERT des Weins beeinflußt.

Bei Raumtemperatur und normalem Luftdruck hat Schwefeldioxid die Form eines farblosen Gases mit stechendem, Hustenreiz verursachendem Geruch, ähnlich wie ein abgebranntes Streichholz oder brennender Koks. (Es reagiert mit Sauerstoff und bildet dabei Schwefeltrioxid, das sich wiederum mit Wasser zu Schwefelsäure, der Hauptsäure im «sauren Regen», verbindet.)

Der bedeutendste Nachteil von Schwefeldioxid, das in der Kellertechnik mit ganz wenigen Ausnahmen – vielleicht 1 % – allgemein angewendet wird, liegt darin, daß sich sein Aroma schon bei sehr geringen Konzentrationen recht unangenehm bemerkbar machen kann, insbesondere für hochempfindliche Personen (am häufigsten wird es in süßen Loire-Weinen, süßem Bordeaux und deutschen Weinen festgestellt). Tests mit erfahrenen Weinkostern und unvoreingenommenen Vergleichspersonen haben gezeigt, daß Konzentrationen von 11 mg/l Schwefeldioxid in Wasser gerade noch erkennbar sind. Im Wein liegt die Schwelle viel höher, zum Teil deshalb, weil der in Wasser deutlich erkennbare säuerliche Schwefelgeschmack im Wein durch die darin von Natur aus vorhandenen Säuren stark übertönt wird. Die gerade noch feststellbare Konzentration von Schwefeldioxid liegt im Weißwein für die meisten Menschen bei 200 mg/l und in Rotwein bei 100 mg/l; allerdings sollte man dabei berücksichtigen, daß die Schwefelempfindlichkeit beim Menschen unterschiedlich stark ausgeprägt ist.

Der Schwellenwert für die Feststellbarkeit von Schwefeldioxid ist auch nach Weintypen unterschiedlich, da Schwefeldioxid mit bis zu fünfzig anderen Inhaltsstoffen des Weins reagiert und «gebundenes» Schwefeldioxid bildet. Hierdurch wird die Wahrnehmbarkeit von Schwefeldioxid beeinflußt, denn nur das «freie», also ungebundene Schwefeldioxid ist in seiner Wirksamkeit auf Aroma, Hefen, Bakterien oder potentielle Oxidation aktiv. Vorschriften über den maximalen Schwefelgehalt im Wein beziehen sich jedoch meist auf die Gesamtmenge an freiem und gebundenem Schwefeldioxid. Der Gehalt an freiem Schwefeldioxid ist im Rotwein oft schwer zu messen.

In der zweiten Hälfte des 20. Jh. wurden die gesetzlich erlaubten Mengen an Schwefeldioxid systematisch heruntergesetzt. Von 500 ppm im Jahr 1910 wurde die Höchstmenge bis Anfang der 1990er Jahre auf nur noch 200 ppm gesenkt. (Bei lieblichen Weinen sind höhere Mengen an Schwefeldioxid erforderlich, um ein mögliches Wiedereinsetzen der Gärung aufgrund der RESTSÜSSE zu verhindern.) Diese Einschränkungen wurden zum Teil verfügt, weil Schwefeldioxid einen unerwünschten Nebengeruch erzeugt, hauptsächlich wurden sie aber von Lobbyisten erwirkt, die vor allem in den USA Besorgnisse über die Folgen hoher Schwefeldosen (allerdings mehr, als in einer Flasche Wein überhaupt enthalten ist) für Asthmatiker ins Feld führen. Diese Kräfte haben in verschiedenen Ländern auch entsprechende Etikettenhinweise durchgesetzt. In den USA beispielsweise muß der Aufdruck «enthält SULFITE» angebracht werden, und auf Etiketten in Australien muß angegeben sein, daß Schwefeldioxid bzw. das «Konservierungsmittel 220» zugesetzt wurde. In der EUROPÄISCHEN UNION wird Schwefeldioxid als E220 bezeichnet; es braucht aber auf Weinetiketten nicht angegeben zu werden.

In der EU betrug 1993 der höchstzulässige Gehalt an Schwefeldioxid in trockenem Rotwein 160 mg/l, in trockenem Weißwein, trockenem Rosé und lieblichem Rotwein 210 mg/l und in lieblichem Weiß- und Roséwein 260 mg/l. Bestimmte sehr süße Weine – süßer weißer Bordeaux, Jurançon, mehrere süße Weißweine von der Loire, Beeren- und Trockenbeerenauslesen und Ausbruch – dürfen jedoch bis zu 400 mg/l enthalten. In Australien galt 1993 als Höchstgrenze für Weine jeglicher Art 300 mg/l, wobei noch Druck ausgeübt wurde, diesen Wert auf 250 mg/l zu senken.

Es ist auch versucht worden, Wein ohne Zusatz von Schwefeldioxid zu produzieren (siehe z. B. GEISENHEIM). Allerdings sind solche Weine sehr oxidationsanfällig und zeigen oft Nebengerüche, die auf wilde Hefen und Bakterien zurückzuführen sind; darüber hinaus bedürfen sie sorgfältiger Behandlung und gegebenenfalls der PASTEURISIERUNG. Ganz unmöglich ist es jedoch, völlig schwefelfreien Wein zu produzieren, denn in kleinen Mengen gehört Schwefeldioxid zu den Stoffwechselprodukten der Hefe während der Gärung, wenn das zu vergärende Material Sulfatsalze enthält. Diese sind aber normale Bestandteile vergärbarer Stoffe wie Teig oder Fruchtsaft, und deshalb sind kleine Mengen Schwefeldioxid in Vergärungsprodukten wie Brot und Wein nun einmal von Natur aus enthalten.

A. D. W.

Rose, A. H., SULPHUR DIOXIDE AND OTHER PRESERVATIVES, *Journal of Wine Research*, 4 (1993), 43–47.

SCHWEFELWASSERSTOFF (**H_2S**) Übelriechendes, an faule Eier erinnerndes Gas; es kann sich während der GÄRUNG entweder im aktiven Stadium oder gegen Ende bilden. Während der aktiven Phase steht die Bildung von H_2S im Zusammenhang mit einem Mangel an STICKSTOFF im Traubenmost oder -saft. Dieses Problem ist durch Zugabe von Stickstoff, meist in Form von Diammoniumphosphat, zu beheben. Manche Rebsorten, z. B. Riesling, Chardonnay und Syrah, weisen je nach Bodenart und Jahrgangsbedingungen einen niedrigen Stickstoffgehalt auf. Die erzeugte Menge an H_2S ist auch beeinflußbar durch kräftige Gaben von SCHWEFELDIOXID zum Most kurz vor dem Impfen mit HEFE sowie durch den verwendeten Hefestamm. Bestimmte Hefen neigen dazu, Sulfat, insbesondere Schwefeldioxid, zu H_2S zu reduzieren, wenn es ihnen an Stickstoff mangelt, und zwar in dem vergeblichen Bemühen, die für das Zellwachstum benötigten schwefelhaltigen AMINOSÄUREN zu erzeugen. Die Zugabe von Diammoniumphosphat behebt die Ansammlung von H_2S im Wein nicht dadurch, daß sie dessen Bildung unterbindet, sondern indem sie es den Hefen ermöglicht, Vorstufen zu Aminosäuren zu bilden, die dann mit dem H_2S reagieren und schwefelhaltige Aminosäuren erzeugen. Rotweine in heißem Klima, die zu schneller Gärung bei hohen TEMPERATUREN neigen, verbrauchen mehr Stickstoff und entwickeln leicht schweflige Gerüche.

Kleine Mengen von SCHWEFEL, die von Fungiziden aus dem Weinberg stammen, werden unter den von Hefen erzeugten REDUKTIONS-Bedingungen leicht zu H_2S reduziert. Hier ist die Verringerung oder Beseitigung von Schwefelrückständen durch Einstellen der Anwendung von schwefelhaltigen Mitteln einige Wochen vor der LESE hilfreich. Neuere Forschungen zeigen jedoch, daß die Bedeutung von Schwefelrückständen als Quelle für die Entwicklung von H_2S im Wein überschätzt wird. In seltenen Fällen kann vor allem nach längerer Lagerung des Mosts die Bildung von H_2S auch durch Mangel an VITAMINEN hervorgerufen werden.

Schon geringe Spuren von Schwefelwasserstoff können das Aroma eines Weins verderben. Zum Glück ist jedoch Schwefelwasserstoff eine sehr flüchtige Substanz, die allein schon durch die Spülwirkung des KOHLENDIOXIDS bei der Gärung verschwindet. Dagegen gibt H_2S, das sich gegen Ende oder nach Abschluß der Gärung bildet, dem Kellermeister mehr Grund zur Besorgnis. Wenn es im Wein verbleibt, ist zu vermuten, daß es mit anderen Inhaltsstoffen reagiert und MERCAPTANE, Thiolalkohole oder Disulfide bildet (siehe SULFIDE), die stechenden Knoblauch-, Zwiebel- oder Gummigeruch aufweisen. Ein Geruch von faulen Eiern («Böckser») wird im fertigen Wein stets als FEHLER gewertet, dagegen kann man sich darüber streiten, ob Spuren von Mercaptanen oder Disulfiden allenfalls noch erträglich sind. Schwefelwasserstoff und Thiolalkohole sind meist durch Zugabe von kleinen Mengen Kupfersulfat aus jungem Wein entfernbar; bei robusten Weinen (vor allem Rotweinen) läßt sich derselbe Effekt durch LÜFTUNG – traditionell durch einfaches Aufrühren oder durch ABSTECHEN – erzielen. A. D. W.

Henschke, P. A., und Jiranek, V., HYDROGEN SULFIDE FORMATION DURING FERMENTATION: EFFECT OF NITRGOEN COMPOSITION IN MODEL GRAPE MUST, in J. M. Rantz (Hrsg.), NITROGEN IN GRAPES AND WINE, *Proceedings of the International Symposium on Nitrogen in Grapes and Wine* (Seattle, 1991), *American Journal of Enology and Viticulture* (1991), 172–184.

Rauhut, D., YEASTS: PRODUCTION OF SULFUR COMPOUNDS, in G. H. Fleet (Hrsg.), *Wine Microbiology and Biotechnology* (Chur, 1993).

SCHWEIZ Das Alpenland bringt auf knapp 15 000 ha Rebfläche in oft spektakulärer Lage eine gleichmäßige Jahresproduktion von über 1 Million hl Wein hervor. Der größte Teil dieser Rebfläche liegt in der Suisse romande, dem französischsprachigen westlichen Teil des Landes, aber auch in der deutschsprachigen Ostschweiz sowie im Tessin (Ticino), dem italienischsprachigen Süden, wird in beträchtlichem Umfang Weinbau getrieben. Die Schweiz ist in 24 Kantone unterteilt, die allesamt Wein produzieren. Lange Zeit fehlte es dem Schweizer Weinbezeichnungssystem an der in Deutschland geübten Disziplin oder der in Frankreich zur festen Einrichtung gewordenen strengen Kontrolle, doch seit dem Beginn der 1990er Jahre wird auch hier zunächst vor allem in der französischen Schweiz mit zunehmender Konsequenz ein System der APPELLATIONS D'ORIGINE CONTRÔLÉES eingeführt. Schweizer Wein ist oft leicht, vorwiegend weiß und relativ neutral, ein stetig wachsender Teil jedoch erweist sich als wahrhaft gut. Die Haupttraube CHASSELAS kann – mit Sorgfalt verarbeitet – sehr wohl den unterschiedlichen Boden- und Klimabedingungen des Landes Ausdruck verleihen.

Historisches

Bei St-Blaise im Kanton Neuchâtel sind Traubenkerne aus der Jungsteinzeit (3000–1800 v. Chr.) gefunden worden, und die Römer kultivierten wohl bereits die Rebe in den meisten Gebieten der Schweiz, die auch heute noch Weinbau treiben. Im Mittelalter breitete sich der Weinbau unter klösterlichem Einfluß vor allem der Zisterzienser (siehe MÖNCHE UND KLÖSTER), die das Kloster in Dézaley gründeten, stark aus. Wie anderswo war der mittelalterliche Wein auch hier dünn und säuerlich, und es mußte ihm mit Beimischungen von Honig und Gewürzen aufgeholfen werden. Im 17. Jh. bekamen die Schweizer Winzer die Wirkung von Weinimporten aus wärmeren Gegenden, vor allem aus dem unteren RHÔNE-Tal, zu spüren.

Auch wurde die Schweiz weit mehr als andere weinbautreibende Länder von den Katastrophen getroffen, die am Ende des 19. Jh. den Weinbau befielen (ECHTER MEHLTAU, FALSCHER MEHLTAU, REBLAUS). Von 1877 bis 1957 ging die Rebfläche der Schweiz um 60 % von 33 000 auf 12 500 ha zurück. Dieser Niedergang wurde durch billige Weinimporte, starke Industrialisierung und die Bebauung der wichtigen Seeufer noch beschleunigt. Um die Mitte des 20. Jh. wurden KLONENSELEKTION und DÜNGEMITTEL mit großem Eifer in dem Bestreben eingesetzt, in den relativ schwer zugänglichen und nur mit hohen Kosten zu bewirtschaftenden Weinberglagen bessere Produktivität zu erzielen. In neuerer Zeit richten sich die Hauptanstrengungen in Weinberg und Keller vor allem auf Qualität.

(Das erste kommerziell erfolgreiche Weinbauunternehmen der USA wurde zu Beginn des 19. Jh. von einem gebürtigen Schweizer namens J. J. Dufour ins Leben gerufen – siehe unter JEFFERSON, und ein anderer Schweizer spielte am Ende des 19. Jh. eine führende Rolle im Weinbau von VICTORIA in Australien.)

Klima

Zwar liegt die Schweiz zwischen dem 45. und 47. Breitengrad und damit für den Weinbau in durchaus günstiger Lage, doch der größte Teil des Landes ist ganz einfach zu gebirgig. Immerhin ermöglichen es die vielen Seen und der Föhn, der weite Gebiete, insbesondere Graubünden im oberen Rheintal, mit milder Luft versorgt, daß in vielen Tälern und an Seeufern Trauben zu voller Reife gelangen. Im Wallis im Südwesten, im oberen Rhône-Tal, ist so zuverlässig mit Sonnenschein zu rechnen (im Durchschnitt über 2000 und manchmal bis zu 2500 Stunden im Jahr), daß die Weinberge bis in Höhen von 750 m gelangen – eine Lage bei Visperterminen befindet sich sogar 1100 m über dem Meeresspiegel. Das Wallis ist von den Alpen geschützt und profitiert wie die Südostschweiz besonders stark vom Föhn; allerdings ist es hier oft sehr trocken, so daß BEWÄSSERUNG mit Gebirgswasser erforderlich wird. Die Hangneigung mancher Weinberglagen erreicht 90 %. In den meisten Schweizer Weinbaugebieten beträgt die Jahresniederschlagsmenge 500–1800 mm. Am feuchtesten ist es im Tessin, wo oft heftige kurze Gewitter vorkommen, und hier ist es mit Durchschnittstemperaturen im Juli von über 21 °C auch am heißesten. In den anderen Landesteilen liegen die Julitemperaturen im Mittel zwischen 17,5 und 20 °C, die Temperaturunterschiede zwischen Tag und Nacht sind groß, und die Wintertemperaturen fallen nur selten unter die für die Weinrebe kritische Grenze. Das Wallis ist in dieser Hinsicht am stärksten gefährdet.

Weinbau

Die starke Hangneigung und kräftige Regenfälle machen BODENEROSION zur Hauptsorge vieler Schweizer Winzer. Oft muß der Boden wieder auf die steilen Weinbergterrassen hinaufgeschafft werden, und BEGRÜNUNG spielt eine immer wichtigere Rolle. MECHANISIERUNG läßt sich mit ausgeklügelten Mitteln nur in flacheren Lagen in den Ebenen oder auf den Terrassen der Ostschweiz durchführen. Die verschiedensten Rebenerziehungssysteme finden Anwendung, u. a. CORDON, GOBELET, GUYOT, TENDONE (im Tessin); die Ostschweizer Spezialform *taille à l'onglet* ist besonders dazu gedacht, die Reben dort gegen das Frostrisiko zu schützen. Raffinierte Seilzugsysteme dienen an vielen Stellen zum Transport von Geräten und Traubengut.

Der REBSCHNITT, des Winzers winterliche Beschäftigung mit seinen Reben, ist in der strengen Kälte, wie hier in der CHAMPAGNE unter der Windmühle von Verzenay auf der Montagne de Reims, eine mühsame Tätigkeit. Das Rebholz wird verbrannt – damit ist es aus dem Weg und wärmt ein wenig bei der Arbeit. Der Boden ist bedeckt mit Hausmüll aus Paris, der in der Champagne als DÜNGEMITTEL benutzt wird.

Viele Winzer liefern ihr Lesegut an Handelshäuser oder WINZERGENOSSENSCHAFTEN, doch immer mehr bereiten und vermarkten ihren Wein selbst. Die ERTRÄGE sind im ganzen Land nach einem eigenen Schweizer Maßsystem auf 1,4 kg/m^2 für Weißwein- und 1,2 kg/m^2 für Rotweintrauben beschränkt, was über 105 hl/ha bzw. 84 hl/ha entspricht. Manche Kantone, z. B. in der Ostschweiz, aber auch Genf, Neuenburg und das Wallis, haben eigene strengere Grenzwerte festgesetzt; 1991 belief sich der Ertrag im Landesdurchschnitt auf 71 hl/ha – das entspricht ungefähr französischen Verhältnissen.

Die größten Probleme verursachen im Weinbau der Echte und der Falsche Mehltau, TRAUBENFÄULE, Bodenerosion und in der Ostschweiz gelegentlich Frühjahrsfröste.

Die berühmtesten Schweizer Weinbauforschungsinstitute befinden sich in WÄDENSWIL in der Ostschweiz und in CHANGINS bei Nyon in der Suisse romande.

Weinbereitung

ANREICHERUNG mit Zucker zur Erhöhung des potentiellen Alkoholgehalts ist fast überall die Regel, obwohl sie in weiten Teilen des Wallis und im Rheintal eigentlich unnötig ist und auch in anderen Gegenden abnimmt. Bei einfachen Weinen darf der Alkoholgehalt um bis zu 3 % angehoben werden. Allerdings bevorzugt der Schweizer Verbraucher zunehmend leichtere und trockenere Weine.

Schweizer Weinpressen, gebaut von Bucher und Sutter, haben in der gesamten Weinbauwelt einen guten Ruf und werden in ihrer Heimat besonders effektiv genutzt, denn hier herrscht das Bestreben, aus dem kostbaren Traubengut so viel Most zu gewinnen, wie unter sanftestem Druck einer pneumatisch betätigten Membran möglich ist.

ABBEEREN und MALOLAKTISCHE SÄUREUMWANDLUNG sind die Regel, bei Chasselas sogar unerläßlich und bei anderen Weißweintrauben häufig (hierin zeigt sich ein wesentlicher Unterschied zwischen dem Schweizer Wein einerseits und deutschen und österreichischen Weinen andererseits). Bei Rotwein wird in der Ostschweiz oft KOHLENSÄUREMAISCHTECHNIK in der einen oder anderen Form angewendet. Andere Schweizer Rotweine entstehen auf traditionellere Weise mit häufiger REMONTAGE und TEMPERATURREGELUNG. Wie anderso in der Welt gewinnt FASSAUSBAU zumindest bei Rotwein immer mehr an Popularität. Nur wenige Schweizer Weißweine verfügen über genug Festigkeit, um die Einwirkung von EICHE zu vertragen, obwohl manche der körperreicheren Traubensorten, z. B. Petite Arvine und Amigne, bei solcher Behandlung gute Ergebnisse erbringen können.

Die berühmte PRESTIGE-CUVÉE Cristal des Champagnerhauses ROEDERER bei der REMUAGE, wobei der Bodensatz der Flaschengärung buchstäblich hinter den Verschluß «gerüttelt» wird, so daß er beim DEGORGIEREN entfernt werden kann. Dieses aufwendige Verfahren wird allmählich durch neue Techniken verdrängt (siehe SCHAUMWEINHERSTELLUNG).

Die Schweiz hat einige Roséspezialitäten: Weißweine von Pinot-Noir- und Gamay-Trauben, z. B. DÔLE Blanche aus dem Wallis; ŒIL-DE-PERDRIX wird nur von Pinot Noir im Kanton Neuenburg, zum Teil auch im Wallis und in der Waadt produziert, dagegen liefert die Gamay-Traube einen Rosé; Federweißer oder WEISSHERBST kommt aus der Ostschweiz, wo auch SCHILLERWEIN aus einer Mischung von roten und weißen Trauben, oft Blau- und Grauburgunder, entsteht.

Das VERSCHNEIDEN spielt im Schweizer Weinbau seit langem eine bedeutende Rolle. Da die Schweiz kein Mitgliedsland der EUROPÄISCHEN UNION ist, brauchen die Schweizer Weinhandelshäuser sich nicht um die Unmengen von Verordnungen zu kümmern, mit denen die Weine der EU-Länder geschützt werden. Vielmehr verwenden sie seit langem importierte, vor allem dunkelrote Weine, um damit viele preiswerte Verschnitte zu kräftigen. (1991 importierte die Schweiz beispielsweise 1,6 Millionen hl, also weit mehr Wein, als im Land produziert wurde, und exportierte kaum ein Hundertstel hiervon.) Das Verschneiden unterliegt heute allerdings der Ordonnance sur les Denrées Alimentaires (ODA), die das Mischen von Schweizer Weißweinen mit Importweinen untersagt und bei Schweizer Rotwein nur geringe Beimischungen hochwertiger ausländischer Weine gestattet.

Die Einführung eines vollgültigen Systems der Appellations Contrôlées in der Schweiz rückt inzwischen jedoch die authentische Erzeugerabfüllung für alle Schweizer Weine in den Mittelpunkt des Interesses.

Rebsorten

Die meistangebaute Rebsorte der Schweiz ist CHASSELAS (auch Gutedel); sie hat 45 % der Rebfläche inne und erbringt beachtliche 60 % der Gesamtweinproduktion des Landes. Im Wallis wird sie Fendant, in der Waadt Dorin genannt, die Weine aber laufen unter geographischen Bezeichnungen. Im Wallis steht auf dem zweiten Platz der SYLVANER, dessen Wein, der körperreicher ausfällt als der Chasselas, als Johannisberg auf den Markt kommt. Petit Rhin (RIESLING) ist relativ selten und gelangt auch nur auf den Schieferböden um Sion im Wallis zuverlässig zur Reife.

Der zweckmäßig früh reifende MÜLLER-THURGAU – hier, gewissermaßen in seiner Heimat, heißt er Riesling × Sylvaner – ist in der Ostschweiz die verbreitetste Rebsorte; er hat, vor allem um Zürich und an der Deutschschweizer Grenze, die traditionelle RÄUSCHLING-Rebe weitgehend verdrängt; allerdings gibt es Anzeichen für eine Wiederbelebung des Interesses an dieser doch charaktervolleren Sorte.

Weitere Rebsorten sind PINOT GRIS, auch Malvoisie du Valais genannt, PINOT BLANC, etwas GEWÜRZTRAMINER, CHARDONNAY, der in den Kantonen Neuenburg und Genf elegant, im Wallis und in der Waadt dagegen voller ausfällt, sowie ALIGOTÉ, COMPLETER, SAUVIGNON BLANC, KERNER und SÉMILLON.

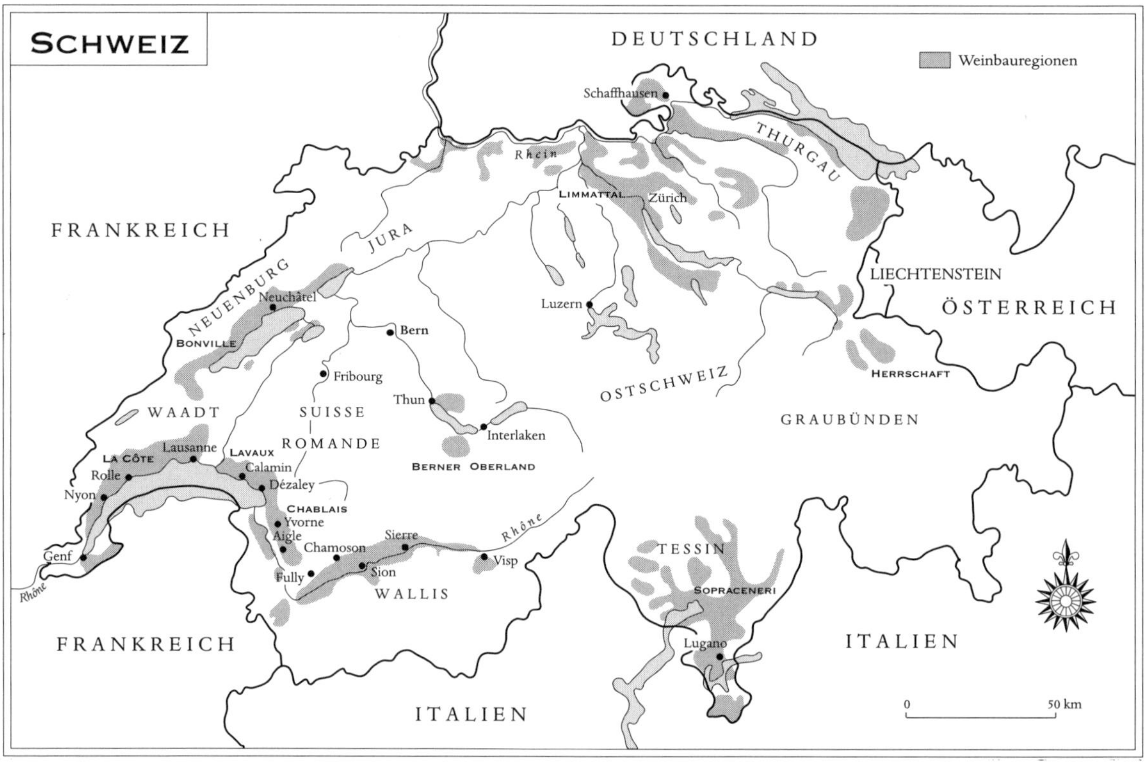

PINOT NOIR (Blauburgunder) ist die in der Schweiz bei weitem meistangebaute Rotweintraube, in der Waadt und in Genf ist allerdings der ertragreichere GAMAY stärker vertreten, und im Tessin herrscht der MERLOT so stark vor, daß auf ihn dort drei Viertel der Weinproduktion entfallen. Bondola ist eine rote Lokalrebsorte im Tessin, und SYRAH kann an geschützten Stellen im Wallis, z. B. Leytron und Chamoson, beachtlich reife Weine hervorbringen.

Eine Reihe von Neuzüchtungen wurde speziell für die besonderen Anbaubedingungen in der Schweiz entwickelt: FREISAMER, Charmont (Chasselas × Chardonnay), Gamaret und Granoir (beide Gamay × REICHENSTEINER) und als Walliser Spezialität Diollinoir (Rouge du Diolly × Pinot Noir).

Für den an AMPELOGRAPHIE Interessierten hat das Wallis eine reichhaltige Kollektion von etwa vierzig alten einheimischen Rebsorten, jede mit kräftigem Körper, großem Alterungspotential und dem Geruch von Geschichte, zu bieten: Amigne aus Vétroz, die elegante Arvine aus Fully (heute auch vom Weingut Mas de Daumas Gassac in Südfrankreich kultiviert), den starkduftigen Humagne Blanc, die fast ausgestorbene Rèze, die im Val d'Anniviers den VIN DES GLACIERS (Gletscherwein) erbrachte, und als dunkle Rebsorten den vornehmen Cornalin und den wuchtigen Humagne Rouge, der mit der Oriou-Rebe im AOSTA-Tal jenseits der italienischen Grenze vermutlich näher verwandt ist als mit Humagne Blanc. Im Wallis werden ferner MARSANNE Blanche, auch Ermitage genannt, Muscat du Valais (MUSCAT BLANC À PETITS GRAINS), MUSCAT OTTONEL und Païen oder Heida kultiviert – die letztere Sorte bei Visperterminen in 1100 m Höhe.

Weinbaugebiete
Das sich allmählich herausbildende System der Appellations Contrôlées in der Schweiz wird von jedem Kanton individuell gehandhabt.

Wallis (Valais) Die mehr als 5200 ha Rebfläche des Kantons im Südwesten erbringen 40 % des Schweizer Jahresertrags. Das Gebiet an den Südhängen des sonnenreichen oberen Rhône-Tals wird auch «das Schweizer Kalifornien» genannt. Viele der herrlichen Rebberge sind terrassiert, manche als sogenannte *tablars*, horizontal in den Hang eingeschnittene Rebflächen, die von 22 000 Kleingrundbesitzern im Nebenerwerb bewirtschaftet werden. Sie erbringen vor allem den überall anzutreffenden FENDANT (von der Chasselas-Traube, die fast die Hälfte der Gesamtrebfläche besetzt hält), aber auch mittelschwere Rotweine, die entweder als Pinot Noir oder im Verschnitt von vorwiegend Pinot Noir mit etwas Gamay als DÔLE bezeichnet werden (Dôle Blanche ist ein als Weißwein bereiteter Verschnitt von Pinot Noir und Gamay).

Mit die konzentriertesten Sylvaner – hier Johannisberg genannt – kommen aus besonders bevorzugten Lagen bei Chamoson. Petite Arvine aus Fully genießt höchsten Respekt für ihre exotische Intensität, und Cornalin und Humagne liefern einige der langlebigsten Rotweine der Schweiz. Feine süße Spätlesen von im November und Dezember geernteten Johannisberg-, Amigne-, Ermitage-, Malvoisie- und Petite-Arvine-Trauben erreichen ohne weiteres einen potentiellen Alkoholgehalt von bis zu 20 %. Die Bezeichnung hierfür lautet oft *flétri* (angewelkt) als Hinweis darauf, daß die Trauben am Weinstock schon teilweise rosiniert waren. Die Weine von Lokalrebsorten wie Gwäss, Lafnetscha, Himbertscha oder Rèze stellen eher Kuriositäten dar. VIN DES GLACIERS aus dem Val d'Anniviers oberhalb von Sierre ist eine echte Rarität mit langer Geschichte.

Waadt (Vaud) Der zweitgrößte Schweizer Weinbaukanton liegt ebenfalls in der Suisse romande, um das Nordufer des Genfersees oder Lac Léman (fast alles in der Schweiz hat wenigstens zwei Namen). Die vier Weinbaugebiete des Kantons sind das nördliche Waadtland, La Côte, Lavaux und Chablais. Hier entfallen auf Chasselas allein 80 % der Rebfläche von rund 3800 ha – unter dem Einfluß der verschiedenen Böden nimmt der Wein dieser Sorte von überaus schlicht bis fast POUILLY-FUMÉ-ähnlich stahlig ganz unterschiedlichen Charakter an. An der Côte dominieren eher die blumigen Noten der Traube, in Yvorne, Aigle, Bonvillars und Calamin kann der mineralische Charakter der Böden in den Vordergrund treten, und in Dézaley und St-Saphorin kommen beide Aspekte in schönstem Gleichgewicht zur Geltung.

Auch Chardonnay und Pinot Noir werden hier in kleinen Mengen angebaut. Rotweine, vor allem von Gamay, sind die Spezialität Côte. Salvagnin erbringt die hiesige Version den Walliser Dôle, wobei allerdings Pinot Noir den Hauptbestandteil bilden muß. Terravin ist das Gütesiegel für Waadtländer Weißwein. Viele der größten Schweizer Weinhandelshäuser haben hier ihren Sitz.

Weinberge in der SCHWEIZ mit Blick auf den Genfersee.

Genf (Genève) Die gut 1300 ha große Rebfläche um die Stadt am südwestlichen Ende des Sees ist flacher als die im Wallis und der Waadt und kommt in den Genuß von viel Sonnenschein. Die Rebberge direkt am See bleiben weitgehend von Frühjahrsfrösten verschont. Chasselas herrscht hier vor, während Riesling × Sylvaner im Rückgang begriffen ist und Neulinge aller Art wie Chardonnay, Aligoté, Sauvignon, Sémillon, Kerner, Freisamer, Merlot und sogar Cabernet Sauvignon wachsende Popularität genießen. Gamay bewährt sich besonders gut – für fest strukturierten Rotwein ebensosehr wie als PRIMEUR oder Rosé. Hier nahmen die nun im Entstehen begriffenen Schweizer Appellations Contrôlées ihren Ursprung.

Neuenburg (Neuchâtel) Auf nur 600 ha kalkhaltigem Boden in guten Südhanglagen über dem Neuenburgersee wachsen Reben, und ihre Weine zeichnen sich durch großen Charakter aus. Auch hier dominiert Chasselas, doch Chardonnay und Pinot Noir spielen wie jenseits der Grenze im französischen JURA eine bedeutende Rolle. Der hell roséfarbene Œil-de-Perdrix von Blauburgunder ist eine Neuenburger Erfindung. Übrigens war dies der erste Kanton, der eine Ertragsbeschränkung einführte.

Ostschweiz Die 17 deutschsprachigen Kantone der Schweiz verfügen zusammen über gut 2500 ha Rebfläche – von 0,2 ha in Nidwalden bis mehr als 600 ha im Kanton Zürich. Das nach Südbaden hineinreichende Schaffhausen hat 500 ha Rebfläche aufzuweisen. In der Ostschweiz entfallen fast 70 % der Produktion auf Rotwein, vor allem von der besonders fäuleresistenten Mariafeld-Traube und den Blauburgunderklonen 2–45 sowie von den in der Versuchsstation Changins entwickelten Neuzüchtungen Gamaret und Granoir. Im Limmattal und am Südufer des Zürichsees, wo der Blauburgunder oft Clevner heißt, gewinnt Räuschling wieder an Boden. Riesling × Sylvaner ist die vorherrschende Traubensorte in der Ostschweiz, während Completer eine Spezialität der Bündner Herrschaft an der Grenze zu Österreich und Liechtenstein darstellt; dort entstehen auch süße Freisamer-Weine sowie seriöse Rotweine in kleinen Mengen. Im weingeographisch zur Ostschweiz zählenden Halbkanton Basel-Landschaft findet man neben Riesling × Sylvaner und Blauburgunder als Besonderheit noch Gutedel (Chasselas), der sonst nur in der Westschweiz heimisch ist.

Italienischsprachige Schweiz Im südlichsten Kanton, im Tessin (Ticino), befindet sich eine Rebfläche von rund 900 ha, und im Misox (Mesolcina) in Graubünden eine solche von knapp 50 ha. Somit ist das Tessin der viertgrößte Weinbaukanton der Schweiz, und fast 90 % seiner Produktion entfallen auf die Bordeaux-Traube Merlot, die in der ersten Hälfte des 20. Jh. hier eingeführt wurde. In Rebbergen in Höhen von unter 450 m herrscht genug Sonnenschein, um diese Traube zur Reife zu bringen; in höheren Lagen muß jedoch auf Pinot Noir ausgewichen werden. Merlot del Ticino kann einerseits ziemlich leicht ausfallen, aus guten Lagen bildet er aber bei sorgfältiger Bereitung und oft mit Ausbau in neuen Eichenfässern durchaus einen ernsthaften Herausforderer für feinen Bordeaux. Die besseren Merlots tragen das VITI-Gütesiegel, das eine Geschmacksprüfung und allgemeine Beurteilung voraussetzt. Wachsende Popularität genießt auch der hellrosé Merlot Bianco. Das Sopraceneri nördlich vom Monte Ceneri ist ein bedeutendes Weinbaugebiet mit der Lokalrebsorte Bondola als Spezialität. Sie wird in den rustikalen Hauswein Nostrano («der Unsrige») aufgenommen, von dem die Hybrid- und Amerikaner Reben, die hier noch 7 % der Produktion erbringen, ausgeschlossen sind. Die im wesentlichen von der Frucht AMERIKANISCHER REBENSPEZIES gebrannte GRAPPA ist eine weitere Lokalspezialität mit VITI-Siegel.

SCHWUND entsteht in unterschiedlichem Maß auch in Weinflaschen, selbst wenn sie aus einer einzigen Lieferung stammen.

Sonstige Kantone Im deutschsprachigen, zentral gelegenen Kanton Bern befinden sich rund 250 ha Rebfläche vorwiegend am Nordufer des Bielersees und eine kleinere Rebfläche am Thunersee westlich von Interlaken. Am Südufer des Neuenburgersees und im Vully-Gebiet am Murtensee liegen gut 100 ha vorwiegend Chasselas und Pinot Noir im Kanton Freiburg (Fribourg). Auch im Kanton Jura sind einige Hektar Reben zu finden.

Joris, D., *Connaissance des vins suisses* (Genève, 1992).
Koblet, W., *Reben und Wein in der Schweiz* (Wädenswil, 1992).

SCHWEMMLAND siehe ALLUVIUM.

SCHWUND (franz. *ouillage*) entsteht durch EVAPORATION von Wein in Holzbehältern, d. h. FÄSSERN. Der sich dadurch bildende LEERRAUM über dem Flüssigkeitsspiegel ist allerdings nicht wirklich leer, sondern mit Wasser- und Alkoholdampf sowie aus der Lösung im Wein freigewordenem KOHLENDIOXID angefüllt. Ist der Behälter nicht vollständig luftdicht, dann sickert auch Außenluft in den Leer- oder Kopfraum ein, z. B. durch Lücken zwischen schlecht sitzenden Dauben, an den Behälterenden oder um den Spund. Nur relativ neue und gut gearbeitete Fässer sind so dicht, daß das Eindringen von Luft und damit das Risiko der OXIDATION völlig ausgeschlossen ist. Wird Wein in nicht ganz luftdichten Holzfässern gelagert, ist es überaus wichtig, den Leerraum durch regelmäßiges AUFFÜLLEN zu minimieren.

Auch in Weinflaschen kann Schwund entstehen; siehe FÜLLSTAND.
A. D. W.

SCIACARELLO, auch **Sciaccarello.** Rebsortenspezialität auf der französischen Insel KORSIKA. Die Traube bringt nicht sehr dunkle Rotweine mit großer Geschmackstiefe sowie feine Roséweine hervor, deren Duft an das kräuterreiche Wildgestrüpp der Insel errinnert. Die Rebe treibt spät aus, reift spät, verfügt über gute Krankheitsresistenz und gedeiht vor allem auf den Granitböden im Südwesten Korsikas um Ajaccio und Sartène. Sie wurde vermutlich von den Römern hierhergebracht, doch bisher konnte eine verwandte Rebsorte in Italien noch nicht identifiziert werden. Zwischen 1979 und 1988 ging die Anbaufläche der charaktervollen Sorte von über 700 auf unter 400 ha zurück und ist inzwischen viel kleiner als jene von NIELLUCCIO.

SCOTT HENRY REBENERZIEHUNGSSYSTEM, bei dem die LAUBMASSE vertikal geteilt und die Triebe voneinander getrennt zu zwei vertikal aufwärts und abwärts gerichteten Laubwänden zusammengefaßt werden (siehe Diagramm). Die Laubmasse hat eine Höhe von etwa 2 m, die Triebe werden von Heftdrähten gehalten. Das System wurde zu Beginn der 1980er Jahre von einem Traubenanbauer namens Scott Henry in Oregon entwickelt, als seine Reben

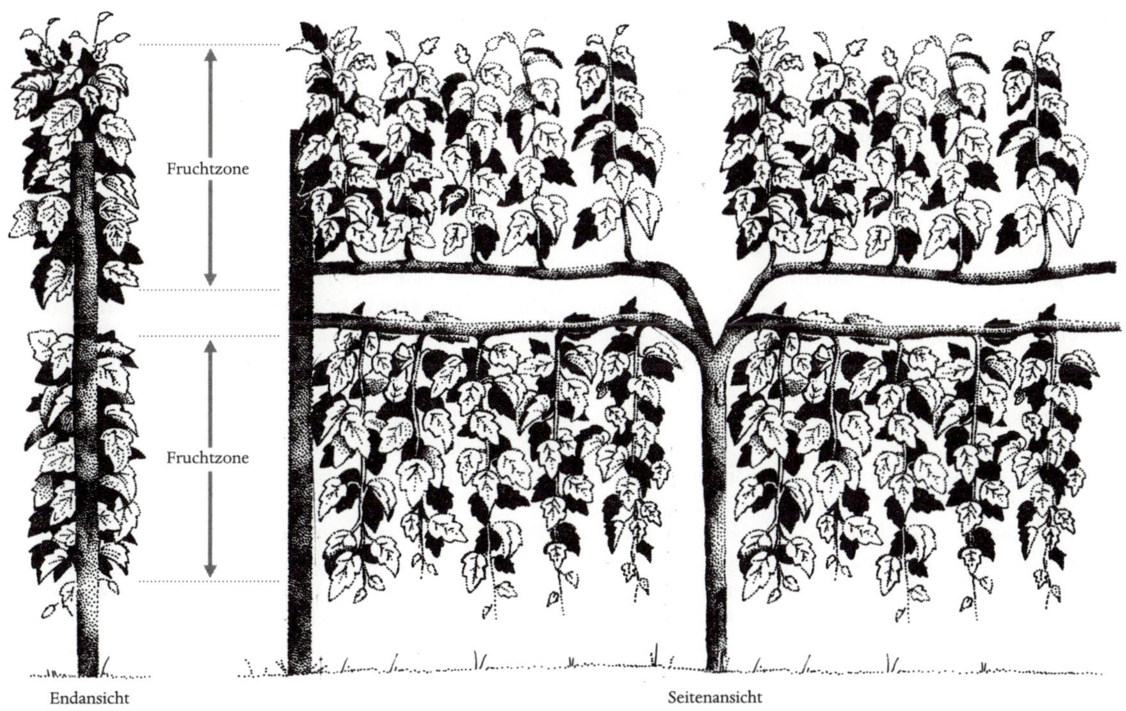

SCOTT-HENRY-System

durch ihre Wuchskraft sowohl den Ertrag als auch die Fruchtqualität beeinträchtigten. Das System erlaubt sowohl FRUCHTRUTEN- wie auch ZAPFENSCHNITT. Das LAUBDACH-MIKROKLIMA wird durch die Laubmassenteilung verbessert, und so erbringt das System eine 20prozentige Ertragsverbesserung gegenüber solchen mit ungeteilter Laubmasse.

Das Scott-Henry-System eignet sich für mäßig wuchskräftige Anlagen mit Rebzeilenabständen von mindestens 2 m. In den 1990er Jahren gewinnt es in vielen Ländern der Neuen Welt an Verbreitung, weil es sich gut für die MASCHINELLE ERNTE eignet und ein beträchtliches Potential für die Verbesserung der Weinqualität bietet. R. E. S.

Smart, R. E., und Robinson, M., *Sunlight into Wine: A Handbook for Winegrape Canopy Management* (Adelaide, 1991).

SCUPPERNONG Die bekannteste Sorte der Spezies *Vitis rotundifolia* der Gattung MUSCADINIA; sie wird im Südosten der USA und in Mexiko kultiviert. Im kommerziellen Anbau erbringt sie dicklich süßen Wein, der sich stark von der Art unterscheidet, wie man sie von *Vitis vinifera* gewohnt ist.

SEC franz. TROCKEN (ital. **secco**, span. und portug. **seco**, engl. **dry**). Siehe auch SÜSSE.

SÉCATEUR Rebschere für den winterlichen REBSCHNITT. Die Klingen sind meist gekrümmt und gleiten im Scherensystem aneinander vorüber. Für älteres und stärkeres Holz wird eine Astschere mit langen Griffen benötigt. Schneller und ermüdungsfreier läßt sich der Rebschnitt mit der pneumatischen Rebschere erledigen, die meist von einem traktorgetriebenen Druckluftkompressor gespeist wird, wobei mehrere Scheren gleichzeitig an einem Kompressor arbeiten können. R. E. S.

SÉCHERESSE franz. DÜRRE, WASSERSTRESS. Milder Streß gilt als günstig für die Weinqualität.

SÉGALIN Eine neuere INRA-Kreuzung Jurançon Noir × Portugais Bleu; die in Farbe, Struktur und Geschmack gute Sorte ist in SÜDWESTFRANKREICH zugelassen (siehe auch CALADOC, CHASAN, PORTAN).

SÉGUR Die ursprünglich aus PAUILLAC stammende Familie spielt in der Geschichte des Weinbaugebiets BORDEAUX eine bedeutende Rolle. 1670 heiratete der Notar Jacques de Ségur, Ratsherr im Parlament von Bordeaux, Jeanne de Gasq, die Tochter eines anderen Parlamentsratsherrn. Sie brachte ihm als Mitgift die *seigneurie* LAFITE zu den übrigen Weingütern, die er bereits besaß, u. a. Calon in ST-ESTÈPHE sowie ein Gut mit 1000 ha nördlich von Pauillac. Er starb 1691; sein 1674 geborener Sohn Alexandre de Ségur heiratete 1695 Marie-Thérèse de Clausel, die Erbin von LATOUR, die den gesamten südlichen Teil von Pauillac sowie ein weiteres großes Gut mit in die Ehe brachte. Ihr Sohn, der spätere Marquis Nicolas-Alexandre de Ségur, geboren 1697 in Bordeaux, übernahm nach dem Tod seines Vaters im Jahr 1716 den sehr großen Besitz, zu dem damals auch das Gut MOUTON gehörte, das dann aber in den 1730er Jahren an den Marquis de Branne überging. Ludwig XV. soll den Marquis de Ségur, der auch Vizepräsident des Parlaments von Bordeaux war, als «prince de vignes» tituliert haben. Dem Marquis wird der Ausspruch zugeschrieben: «Weine mache ich auf Lafite und Latour, doch mein Herz ist in Calon»; auf dem Etikett von Château Calon-Ségur ist noch heute ein großes Herz abgebildet. Als er 1755 in Paris starb, hinterließ er ein Vermögen von 2 Million Livres. Von seinen vier Töchtern heiratete die älteste, Marie-Thérèse, den Generalprofos von Paris, Alexandre de Ségur-Calon, dem auf Lafite sein Sohn Nicolas-Marie Alexandre de Ségur folgte; dieser mußte wegen Spielschulden 1784 nach Holland fliehen. Die zweite Tochter, Angélique-Louise, heiratete den Seigneur de Maisconcel; ihr Sohn war der Comte de Ségur-Cabanac. Marie-Antoinette-Victoire heiratete den Comte de Miromesnil und Charlotte-Émilie den Comte de Coetlogon. Das letztere Paar blieb kinderlos, das zuvor genannte jedoch hatte zwei Töchter – die eine heiratete den Comte de la Pallu, die andere den Marquis de Beaumont, und so waren die Nachkommen der Familien Miromesnil, de la Pallu und Beaumont Eigentümer von Château Latour, bis dieses 1962 an die Firma HARVEYS of Bristol und damit prinzipiell an das Familienvermögen von Lord Cowdray (die britische Pearson-Gruppe) verkauft wurde. E. P.-R.

Penning-Rowsell, E., *The Wines of Bordeaux* (6. Aufl., London, 1989).

SEIBEL Gemeinsamer Name vieler FRANZÖSISCHER HYBRIDREBEN, die zumeist durch Nummern, in vielen Fällen aber auch durch eine eingängigere Bezeichnung unterschieden werden. So heißt Seibel 5455 beispielsweise oft PLANTET, Seibel 4986 Rayon d'Or und Seibel 9549 DeChaunac. Die im Staat NEW YORK als CHANCELLOR und in Frankreich einfach als Seibel bekannte Rebsorte ist Seibel 7053. Gegen Ende der 1960er Jahre verfügte sie in Frankreich über eine Anbaufläche von 70 000 ha, inzwischen aber ist sie aus den französischen Weinbergen so gut wie ganz verschwunden. Kleinere Bestände von Seibel-Hybriden gibt es in kühleren Weinbaugegenden überall in der Welt.

SEITENTRIEB Ein Sekundärtrieb, der aus einer Blattachsel am Haupttrieb wächst. Der Ursprung hängt mit der komplexen Entwicklung des Rebenauges zusammen. An den meisten Knoten entstehen besonders bei schwachwüchsigen Reben nur kurze Seitentriebe von weniger als 20 mm Länge. Sie verholzen nicht und fallen im Herbst ab, wobei sie im Holz eine Narbe hinterlassen. An wuchskräftigeren Trieben bilden sich vor allem an den mittleren Knoten und am Ende, wo die Spitzen gekappt oder stärker eingekürzt wurden, vollgültige Seitentriebe mit ausreifendem, dauerhaftem Holz. Manchmal fruchten Seitentriebe auch (siehe NACHFRUCHT). An Sekundärtrieben können sich auch noch tertiäre und bei sehr wuchskräftigen Sorten noch weitere Verzweigungen entwickeln. B. G. C.

SEKT In deutschsprachigen Ländern gebräuchlicher Ausdruck für SCHAUMWEIN nach der Definition der EUROPÄISCHEN UNION. Der Ursprung des Worts ist unklar, es wird aber berichtet, es gehe auf ein Mißverständnis zwischen dem deutschen Schauspieler Ludwig Devrient und einem Kellner in der Weinstube Lutter & Wegner in Berlin im November 1825 zurück. Devrient, ein Champagner-Habitué, rief, aus seiner Falstaff-Rolle *(König Heinrich IV.,* Erster Teil, 2. Aufzug, 4. Auftritt) zitierend, dem Kellner zu: «Gib mir ein Glas Sekt, Schurke! Ist keine Tugend mehr auf Erden?» («Give me a cup of sack, rogue. Is there no virtue extant?») und bekam daraufhin seinen gewohnten Champagner. So entstand eine neue Bedeutung für das Wort Sekt, das vorher für süßen Wein gebräuchlich war. Diese setzte sich nach den Worten der Autorität in Sachen deutschen Schaumweins, Professor Dr. Helmut Arntz, bis zum Jahr 1900 in ganz Deutschland durch.

Von der ständig steigenden deutschen Gesamtproduktion an Schaumwein von über 375 Millionen Flaschen entfallen 94 % auf Sekt und davon wiederum 85 % auf weißen Sekt. In der großen Mehrzahl handelt es sich um Billigerzeugnisse – über zwei Drittel der Produktion werden in Deutschland für weniger als 5 DM die Flasche verkauft, wobei in diesem Preis eine Sektsteuer von 2 DM pro Flasche und die Mehrwertsteuer enthalten sind.

Rund 90 % des in Deutschland produzierten Sekts beruhen auf italienischen, französischen und sonstigen importierten Grundweinen; am häufigsten sind die Versionen TROCKEN und HALBTROCKEN anzutreffen. Der Durchschnittsverbraucher greift nach einer ihm vertrauten Sektmarke und achtet weder auf das Herstellungsverfahren (zu 98 % Tankgärung; siehe SCHAUMWEINHERSTELLUNG) noch auf die Herkunft des Grundweins.

Deutscher Sekt muß ausschließlich von in Deutschland gewachsenen Trauben hergestellt sein; in diesem kleinen Marktsegment sind feine, elegante Erzeugnisse, meist in der Version BRUT (extra trocken), anzutreffen.

84 % der Sektproduktion stammen von Firmen, die über 5 Millionen Flaschen pro Jahr herstellen, unter ihnen schon vor 1850 eingeführte Namen wie Deinhard, Feist Belmont, Henkell, Kupferberg und Matheus Müller, von denen sich nur noch Deinhard im Besitz der Gründerfamilie befindet. Die umsatzstärkste Marke ist Faber Krönung (45 Millionen Flaschen), gefolgt – in absteigender Reihenfolge – von Söhnlein Brillant, Rüttgers Club, Deinhard Cabinet und Henkell Trocken (14 Millionen Flaschen).

In den 1980er Jahren gab es einen starken Zuwachs in der Zahl der Sektproduzenten (darunter Erzeugergemeinschaften, Genossenschaftskellereien und private Weingüter), die Deutschen Sekt für Weinliebhaber – im Gegensatz zum traditionellen Massenmarkt – anbieten. Diese neuen qualitativ hochwertigen Schaumweine gelangen unter dem Namen eines Anbaugebiets, oft auch einer Lage, mit Angabe des Jahrgangs und fast immer auch der Rebsorte zum Verkauf. Insbesondere die Säure und die Finesse der RIESLING-Traube ergibt sehr stilvollen Sekt, aber auch die verschiedenen Burgunder-Sorten sind sehr erfolgreich. Sekt, für den ein einzelnes Weingut verantwortlich zeichnet, kann dort selbst, eventuell aber auch von einem Sekthersteller im Lohnauftragsverfahren produziert sein. Bei Eigenherstellung ist in Anbetracht der jeweils sehr kleinen Mengen FLASCHENGÄRUNG eine Selbstverständlichkeit.

Die Sekthersteller ÖSTERREICHS, zum großen Teil Gründungen aus der Zeit des österreichisch-ungarischen Kaiserreichs, konzentrieren sich im Weinviertel (Niederösterreich) an der Straße, die von Wien nordwärts nach Brünn in Mähren führt. Die bekannteste Marke ist Schlumberger. I. J.

Auch in der Schweiz hat die Sekterzeugung eine große Tradition. Sie reicht bis weit in die erste Hälfte des 19. Jh. zurück und hat ihren Schwerpunkt am Neuenburgersee.

Arntz, H., *Deutsches Sektlexikon* (Wiesbaden, 1987).
Dohm, H., *Sekt zwischen Kult und Konsum* (Neustadt, 1985).
Scharfenberg, H., *Sekt – Perlendes Deutschland* (Bern, 1993).

SEKTQUIRL Das etwas kuriose Instrument war zu Beginn des 20. Jh. sehr beliebt (siehe ANTIQUITÄTEN). Dabei ist der eigentliche Sinn dieses Stabs mit schirmartig seitlich abstehenden Flügeln durchaus umstritten. Er kann sowohl dazu verwendet werden, den mit viel Mühe in den Sekt hineingebrachten Schaum herauszuquirlen, aber auch, um eine eventuell schwach gewordene Perlenbildung frisch anzuregen, was besonders in den flachen Sektschalen oft nötig war. Das Design dürfte sich von Utensilien herleiten, die im frühen 18. Jh. zum Rühren von Schokolade gebräuchlich waren. Größere Geräte ähnlicher Art waren in der Karibik zum Aufschäumen von Rumpunsch üblich. In den USA war Anfang und Mitte des 20. Jh. eine Art hölzerner Rührlöffel, ein sogenannter *mosser*, zum Vertreiben der Kohlensäure aus Schaumwein verbreitet.

SELBSTKREUZUNG Eine Kreuzung einer REBSORTE mit sich selbst – für die Züchtung kein aussichtsreiches Verfahren, da die meisten Rebsorten aufgrund rezessiver Gene dabei degenerative Enwicklung zeigen und ein starker Inzuchteffekt auftritt. Die Voraussetzung erfolgreicher Züchtungen bilden Kreuzungen aus nicht miteinander verwandten Sorten. Siehe auch REBENZÜCHTUNG und NEUE REBSORTEN. R. E. S.

SÉLECTION franz. Auslese; **sélection clonale** bedeutet KLONENSELEKTION, **sélection massale** MASSENSELEKTION. Der

Ausdruck *sélection* wird auch gleichbedeutend mit TRIAGE, dem Aussortieren gesunder Trauben in guter Qualität, und für den Auswahlprozeß bei der ASSEMBLAGE des Hauptweins im Gegensatz zum ZWEITWEIN gebraucht.

SÉLECTION DE GRAINS NOBLES Die vollste, üppigste Reifekategorie für Elsässer Wein (siehe ELSASS).

SÉMILLON, vorwiegend in der Neuen Welt auch **Semillon**. Die goldgelbe Traube aus Südwestfrankreich ist eine der großen Sorten in der Weißweinproduktion der Welt. Im Verschnitt mit ihrem traditionellen Partner SAUVIGNON BLANC bildet sie einen wichtigen Bestandteil im SAUTERNES, dem unbestreitbar langlebigsten Weißwein der Welt, aber auch in den meisten trockenen Weißweinen von Graves (siehe PESSAC-LÉOGNAN). Unverschnitten erbringt sie im HUNTER VALLEY in Australien einen der eigenwilligsten, ausschließlich in der Neuen Welt vorkommenden Weintypen. Dank ihrer weiten Verbreitung in Bordeaux und großen Teilen der südlichen Hemisphäre ist Sémillon die meistangebaute Spitzenqualität erbringende Weißweinrebsorte der Welt, aber sie ist nicht in Mode und daher im Rückgang.

Offenbar ist es das Geschick des Sémillon, die zweite Geige zu spielen. Sein Wein neigt zu fetter Art; er ist zwar langlebig, hat aber in der Jugend wenig Aroma. Der Sauvignon Blanc mit seinem international anerkannten Namen, seinem starken Aroma und seiner kräftigen Säure bei einem gewissen Mangel an Substanz füllt jedenfalls alle offenbaren Lücken auf. Wenn nun auch früher stets Sémillon mit Sauvignon verschnitten wurde, so hat er doch in jüngerer Zeit aus ganz anderen Gründen einen neuen Verschnittpartner gefunden: Den Chardonnay ergänzt Sémillon nicht eigentlich besonders gut und verschafft ihm allenfalls eine neutrale Auspolsterung, aber in einer auf Chardonnay geradezu versessenen Welt muß Sémillon die Rolle des passiven Partners in kommerziell motivierten Verschnitten ausfüllen, die – vor allem in Australien – manchmal sogar SemChard genannt werden. Hier wie in anderen Gegenden der Neuen Welt liefert Sémillon mit seiner gewichtigen Art und seinem hohen Ertrag die populäre Basis für derartige Verschnitte.

Im Anbau ist die Sémillon-Rebe bequem. Sie wächst fast so kräftig wie Sauvignon Blanc, hat tiefgrünes Laub, blüht etwas später und ist nicht sehr empfindlich für VERRIESELN. Auch ist sie nicht anfällig für Krankheiten, abgesehen von Fäule, die sich jedoch unter günstigen Bedingungen als die willkommene EDELFÄULE und nicht als GRAUFÄULE ausbildet. So ist Sémillon besonders ertragreich, was durchaus zu seiner Beliebtheit beigetragen habe dürfte.

Über die stärkste Konzentration verfügt er noch immer in Bordeaux. Dort ist zwar seine Anbaufläche von 1968 (als er die meistangebaute Rebsorte überhaupt war) bis 1988 um die Hälfte zurückgegangen, dennoch war Sémillon mit 12 000 ha noch immer die meistangebaute weiße Traubensorte. Auf dem linken Ufer der Garonne in Graves, Sauternes und BARSAC überwiegt Sémillon weiterhin gegenüber Sauvignon Blanc im traditionellen Verhältnis von 4 : 1, während Sémillon in ENTRE-DEUX-MERS, wo er am stärksten verbreitet ist, nun doch von Sauvignon (und kommerziell rentableren Rotweinrebsorten) rasch verdrängt wird.

In den großen, langlebigen trockenen Weißweinen von Graves und Pessac-Léognan herrscht Sémillon meist vor und läßt reichhaltige, goldene, vollmundige, honigwürzige Weine entstehen, die ganz anders sind als Sémillons aus anderen Gegenden. Niedrige Erträge, alte Reben, Eichenfaßausbau und eine kräftige Beimischung von Sauvignon tragen mit hierzu bei. In Sauternes liegt der große Wert von Sémillon in seiner Anfälligkeit für Edelfäule. Der einzigartige Schimmelpilz *Botrytis cinerea* konzentriert in den Trauben Süße und Säure und läßt die Mostausbeute so sehr schrumpfen, daß die besten auf diese Weise entstehenden Weine, beispielsweise der Château d'YQUEM, sich über Jahre hinweg entfalten können. Auch hier wird durch Eichenfaßausbau die verhältnismäßig tiefgoldene Farbe des Sémillon noch tiefer (voll ausgereifte Trauben zeigen fast rötlichen Schimmer). Dadurch wird ein Nachteil von Sémillon, die Tendenz zu Übererträgen, wieder ausgeglichen. Ähnliche, meist aber nicht gar so interessante süße Weißweine – die schlichtesten entstehen einfach durch Abstoppen der Gärung oder Zusetzen von süßem Traubenmost – bringt Sémillon auch in den nahegelegenen Appellationen CADILLAC, CÉRONS, LOUPIAC und STE-CROIX-DU-MONT hervor.

In quantitativer Hinsicht ist die gängigste Ausdrucksform, die der Sémillon findet (außer als einfacher Wein in CHILE), Hauptbestandteil im einfachen weißen Bordeaux zu sein. Die besten der Art setzen sich üblicherweise aus Sémillon mit einem gewissen Anteil der beiden anderen edlen Traubensorten Sauvignon Blanc und Muscadelle zusammen, formal aber darf der Verschnitt bis zu 30 % von dem wenig charaktervollen Ugni Blanc (TREBBIANO), Colombard sowie die nicht so verbreiteten Sorten Merlot Blanc, Ondenc und Mauzac enthalten. Mit wenig Sorgfalt bereiteter Sémillon aus Bordeaux zeigt sich freilich bei hohen Erträgen und viel Schwefelung, aber wenig Charakter, Säure und Fülle recht nichtssagend.

Wie Sauvignon Blanc ist Sémillon in vielen Appellationen für trockenen und süßen Weißwein in SÜDWESTFRANKREICH zugelassen, in qualitativer Hinsicht macht sich das jedoch am stärksten in MONBAZILLAC bemerkbar. Im Département Dordogne ist die meistangebaute Rebsorte noch immer Sémillon; er führt vor Merlot fast im Verhältnis von 2 : 1, und im Département Lot-et-Garonne stellt er die meistangebaute Weißweinrebsorte dar, aber nur wenig von seinem Ertrag geht in AC-Wein ein. In den meisten Appellationen der PROVENCE ist Sémillon zugelassen; dort verfügte er 1988 über eine Anbaufläche von 120 ha; in den Weinbaugebieten des Midi, wo es auf kräftige Säure ankommt, ist er dagegen nicht stark vertreten.

Eine weitere große Einflußsphäre hat Sémillon in Südamerika im allgemeinen und in Chile im besonderen, wo er auf einer Anbaufläche von über 20 000 ha zwei Drittel der Weißweinproduktion erbringt; allerdings gelangt dieser Wein nur selten über die Landesgrenzen. Chilenischer Sémillon ist seit eh und je ziemlich fett und ölig, und infolge der im Land herrschenden Tendenz zu Übererträgen ist dagegen bisher auch nicht viel geschehen, außer in vereinzelten Fällen durch besonders ambitionierte Erzeuger. In Argentinien verfügt Sémillon zwar über mehr als 2000 ha, hat aber dennoch gegenüber anderen Weißweinrebsorten wie Pedro Ximénez, Torrontés und Muscat of Alexandria relativ geringe Bedeutung. Zum Teil wird er als Basis für SCHAUMWEIN benutzt.

In Nordamerika wird Sémillon eher über die Schulter angesehen; ihm fehlt das Image des Sauvignon Blanc, und doch benutzen ihn viele Erzeuger, um diesem mehr Gewicht zu verleihen. In Kalifornien werden auf 800 ha meist hohe Sémillon-Erträge angestrebt, und in einigen Fällen sind mit der Sorte Experimente zur Erzeugung EDELFAULER WEINE nach dem Vorbild von Sauternes gemacht worden. Eine gewisse Chance hat Sémillon dadurch, daß er dem Sauvignon in MERITAGE-Verschnitten nach dem Vorbild von weißem Bordeaux einiges Gewicht verleiht. Seit jeher liefert das LIVERMORE VALLEY die beste Frucht für trockene SORTENREINE Weine, aber auch in Teilen von NAPA, SONOMA, im Santa Ynez Valley (im SANTA BARBARA County) gedeiht Sémillon durchaus gut. Darüber hinaus ist er auch im Staat Washington relativ stark vertreten, wo er oft Sauvignon-ähnliches grasiges Aroma zeigt.

In Osteuropa (siehe KROATIEN) ist die Sorte zwar verbreitet, hat aber keine große Bedeutung. Eine besonders glorreiche Vergangenheit hatte Sémillon dagegen in SÜDAFRIKA und AUSTRALIEN. 1822 waren 93 % der südafrikanischen Rebfläche mit der aus Bordeaux importierten Rebe besetzt. So stark war der Sémillon damals hier verbreitet, daß er einfach Wyndruif (Weintraube) genannt wurde; später trug er dann seines auffallend grünen Laubs wegen den Namen Green Grape. Heute ist seine Bedeutung so stark zurückgegangen, daß auf Semillon, wie er nun gelegentlich genannt wird, nur noch knapp 1 % der Rebfläche am Kap entfällt.

In Australien dagegen wird Sémillon noch immer relativ stark angebaut, obwohl ihn gegen Ende der 1980er Jahre sowohl Chardonnay als auch Sauvignon Blanc überholt haben. Er scheint sich im australischen Weinbau ziemlich früh etabliert zu haben; möglicherweise gelangte er von Südafrika aus hierher. Sein Hauptanbaugebiet liegt in NEW SOUTH WALES, wo er einerseits im Hunter Valley außerordentlich haltbare, körperreiche trockene Weißweine und andererseits in den Bewässerungsgebieten im Landesinneren eher kommerzielle Gewächse, darunter aber auch hier und dort eine wundervolle süße Version, hervorbringt. Nur die besten Flaschen aus dem Hunter Valley und aus Bordeaux verleihen der Fähigkeit des Sémillon, sich über lange Zeit zu entfalten und dabei eine Farbe von tiefem Orange zu erreichen, den rechten Ausdruck. Allerdings stellte es sich erst gegen Ende der 1980er Jahre heraus, daß den größten Weinen aus dem Hunter Valley tatsächlich Sémillon zugrunde lag. Bis dahin wurden sie – je nachdem, welcher Stil am besten dazu paßte – Hunter Riesling, Chablis oder White Burgundy genannt.

In kühleren Gegenden Australiens, beispielsweise in Tasmanien und im Süden von Western Australia, zeigt Sémillon dagegen oft dieselbe Grasigkeit wie im Staat Washington und wie in NEUSEELAND, wo sich die Sorte wohl aufgrund der Nähe zu Australien auf etlichen hundert Hektar etablieren konnte. In Gisborne sind dem Sémillon inzwischen einige interessante Süßweine abgewonnen worden.

Ende des 19. Jh. wurde Sémillon auch nach Israel gebracht und trug dort zur Einrichtung des Weinbaus bei.

Brook, S., *Sauvignon Blanc and Sémillon* (London, 1992).

SERBIEN Die zentral gelegene, größte Republik des ehemaligen JUGOSLAWIEN erbringt ohne die WOIWODINA rund ein Drittel der gesamten früheren Produktion Jugoslawiens an Rot- und Weißwein. Zwischen der flachen Landschaft um Belgrad und Skopje (MAKEDONIEN) liegt eine Reihe von Tälern, zum Teil mit leicht zu bearbeitenden, offenen Hängen, zum Teil aber auch schroffer, steiler und stärker bewaldet. Grob gesprochen zieht sich der Weinbau von der Donau am Lauf der Morava entlang südwärts bis zu ihrer Quelle in den Bergen von KOSOVO, wobei die Berge an der Grenze zu BULGARIEN im Osten liegen.

Unmittelbar südlich von Belgrad wächst im Weinbaugebiet Šumadija-Velika Morava die recht schlichte weiße SMEDEREVKA-Traube um die Stadt Smederevo, von der sie den Namen hat. Hier und weiter südlich im Bereich Oplenac werden inzwischen auch anspruchsvollere Weißweinrebsorten angebaut. So entsteht in dieser Gegend beispielsweise SAUVIGNON BLANC mit potentiell ausgezeichneter Geschmacksintensität, doch die Weinbereitungspraktiken lassen oft viel zu wünschen übrig.

Am besten erweist sich Serbien in der Erzeugung von Rotwein. Die einheimische PROKUPAC-Traube, die sortenrein oder auch im Verschnitt mit international bekannteren Sorten gekeltert wird, wächst in allen Weinbaugebieten des Landes. Im kleinen alten Bereich Zupa im Gebiet Zapadna Morava nicht weit südlich von Belgrad herrscht sie vor; die dortigen Weine sind ausgewogen, haben schöne Farbe und zeigen eine gefällige, manchmal etwas leichte Frucht, die sich zum Ausfüllen von PINOT NOIR und GAMAY als sehr nützlich erweist. Pinot-Noir-Weine haben oft ein ausgesprochen sortentypisches Bukett, auch wenn es mehr an deutschen Spätburgunder erinnert als an französische Vorbilder; dagegen zeigt sich Gamay selten an seinen Urtyp aus dem Beaujolais angelegt, sondern bringt, wenn er nicht gut verarbeitet wird, eher rauhen, übermäßig stark extrahierten Rotwein hervor.

Viele der aussichtsreichsten Rotweinbereiche liegen im Weinbaugebiet Juzna Morava bei den Orten Niš, Leskovac und Vranje zur bulgarischen Grenze hin. Hier wachsen kraftstrotzende CABERNET- und MERLOT-Trauben in oft großen Weinbergbesitzungen von Privatleuten, aber auch von Abfüllern und Markenweinfirmen, die schon zu Beginn der 1980er Jahre diese Gegend als klimatisch günstig für den Anbau der klassischen Bordeaux-Rotweinreben erkannten; die damals getätigten Investitionen dürften jetzt, nachdem die Reben voll ausgereift sind, reiche Früchte tragen.

Weiter im Osten an der bulgarischen Grenze wird Timok als ein weiterer Bereich für klassische Rotweinrebsorten erschlossen; allerdings kann das Potential nicht aus dem Weinberg in die Flasche gebracht werden, solange es an modernen Verarbeitungsanlagen fehlt. A. H. M.

SERCIAL Anglisierter Name der portugiesischen Weißweinrebsorte CERCEAL, die früher auf der Insel Madeira verbreitet angebaut wurde. Der Ausdruck bezeichnet inzwischen eher einen MADEIRA-Stil als die Rebsorte, von der er ursprünglich stammt. Die Traube reift ziemlich spät und behält auch im Reifezustand gute Säure. Nachdem die REBLAUS die Weinberge von Madeira verwüstet hatte, war die Sorte unter dem Namen ESGANA oder Esgana Cão eher im portugiesischen Mutterland anzutreffen als auf der Insel, inzwischen aber wird sie wieder stärker angepflanzt.

Sercial ist der leichteste, trockenste, säurereichste und delikateste Madeira-Stil und braucht als Vintage Madeira die längste Reifezeit.

SERVIEREN Mit Bedacht ausgeführt können die verschiedenen Stadien, aus denen sich das Servieren von Wein zusammensetzt, den Genuß in jedem Fall beträchtlich steigern (siehe auch ATMEN, DEKANTIEREN, ENTKORKEN, GLÄSER, REIHENFOLGE, SOMMELIER, SPEISEN UND WEIN und WEINRESTE).

Zunächst einmal hat es nichts mit Geiz zu tun, wenn der Gastgeber grundsätzlich die Gläser höchstens zu zwei Dritteln, besser sogar nur knapp halb füllt, denn das ermöglicht es, das Glas kräftig zu schwenken, so daß sich das so wesentliche AROMA im leeren oberen Teil des Kelchs sammeln kann (siehe VERKOSTUNG).

Den wichtigsten Einfluß auf den Geschmack eines Weins übt aber auf jeden Fall die Temperatur aus, und diesen Faktor hat der Gastgeber voll in der Hand. Aufgrund der allgemein bekannten Regel, daß Weiß- und Roséwein gekühlt und Rotwein bei sogenannter Raumtemperatur serviert werden soll und weil die meisten Kühlschränke auf ziemlich tiefe Temperaturen eingestellt sind, werden in der Praxis viele Weißweine zu kühl serviert, während viele Rotweine zu warm auf den Tisch kommen (siehe auch TEMPERATUR). Nicht jeder Weinliebhaber verfügt jedoch über ein Weinthermometer, und deshalb sind einige Experimente mit der Weintemperatur durchaus angebracht.

Die richtige Temperatur ist beim SERVIEREN von Wein stets wesentlich. Als es die heutigen Kühlmöglichkeiten noch nicht gab, kühlte man Gläser und Wein in Weinkühlern; dieser hier wurde Anfang des 18. Jh. von Isaac Jacobs in Bristol angefertigt.

Das Kühlen geht in einem Kühlschrank (wo der Wein oft allzu kalt wird) sehr viel langsamer vor sich als in einem Behälter, der mit Wasser und Eis gefüllt ist (so dauert es im ersteren Fall zwei Stunden, im anderen aber nur 30 Minuten, bis eine Flasche Wein von 22 auf 10 °C abgekühlt ist). Im Gefrierfach geht es schneller, es besteht aber die Gefahr, daß der Wein, wenn er zu lange darin bleibt, viel zu kalt wird. Im äußersten Fall kann er sogar gefrieren und den Korken aus der Flasche treiben. (Übrigens ist beim Eiskübel zu beachten, daß er, wenn sich nur Eiswürfel und kein Wasser darin befinden, seinen Zweck nicht sehr gut erfüllt, weil die Berührungsfläche zwischen dem kühlenden Element und der Flasche sehr viel kleiner ist.)

Es ist ein glücklicher Zufall, daß die ideale Kellertemperatur von etwa 15 °C zugleich eine hervorragende Serviertemperatur für komplexe Weißweine und für leichte Rotweine ist – andererseits aber liegt sie doch nicht so tief, daß es lange dauern würde, sehr tanninherbe Rotweine auf die richtige Temperatur anzuwärmen.

In kühlem Klima macht es manchmal Schwierigkeiten, Rotwein auf die geeignete Serviertemperatur zu bringen. Hierin liegt ein Grund, der für das Dekantieren spricht, weil man das Dekantiergefäß ja mit heißem Wasser vorwärmen kann. Dagegen sollte man eine Flasche lieber nicht direkt erwärmen; selbst auf einem Heizkörper kann dabei rasch eine unangebracht hohe Temperatur erreicht werden (bei mehr als 20 °C beginnt der ALKOHOL in den Vordergrund zu treten, und der Wein erscheint unausgewogen).

Besonders rasch erwärmt sich Wein – gewollt oder ungewollt –, wenn er in relativ warmer Umgebung in Gläser ausgeschenkt wird. Der Effekt verstärkt sich noch, wenn man die Hand um den Kelch des Glases legt. Aus diesem Grund ist es besser, Wein etwas unter seiner jeweils idealen Temperatur zu servieren. Wein läßt sich sehr gut auch in einem ausreichend geräumigen Mikrowellenherd anwärmen, allerdings muß man mit größter Sorgfalt darauf achten, daß der Wein nicht überhitzt wird.

Die Umgebungstemperatur, ja sogar die Eigentemperatur des Trinkers, kann sich auf den Geschmack des Weins auswirken: Leichte, säuerliche Weine können entweder herrlich erfrischend oder aber enttäuschend mager schmecken, je nachdem, ob derjenige, der ihn zu sich nimmt, gerade sehr warm oder sehr kalt hat. Andererseits ist es in tropischen Gegenden bei hoher Temperatur und Luftfeuchtigkeit ohne Klimaanlage manchmal kaum möglich, geeignete Voraussetzungen für den Genuß von feinem Rotwein zu schaffen, denn hier werden Getränke so rasch warm, daß Rotwein, wenn er nicht gekühlt serviert wird, schon fast wie Glühwein schmeckt. Leichte Rotweine mit ausgeprägter SÄURE, z. B. BEAUJOLAIS, oder aus kühlerem Klima, etwa von der LOIRE, aus NEUSEELAND, TASMANIEN, NEW YORK oder WASHINGTON, schmecken in heißem Klima oft viel anregender als ein feiner roter Bordeaux oder Burgunder.

Ein besonderer Aspekt, über den der römische Dichter HORAZ viel Kluges geschrieben hat, ist die Abstimmung zwischen dem Wein, dem Gast und dem Anlaß. Auch dies ist ein Teil dessen, was man allgemein als Kennerschaft bezeichnen kann – eine Freude am Wein, die fast ebensoviel Genuß bereitet wie das Trinken.

Auch bei WEINPROBEN bestehen besondere Bedingungen, die sich sehr von Anlässen unterscheiden, bei denen man den Wein tatsächlich zu sich nimmt und genießt.

SERVIERFOLGE siehe REIHENFOLGE.

SETÚBAL Ein größerer Fischerort im Mündungsgebiet des Sado südlich der portugiesischen Hauptstadt Lissabon gibt einem alkoholangereicherten Wein mit eigener DOC-Region den Namen. Das Erzeugungsgebiet für den Moscatel de Setúbal, der vorwiegend von Moscatel-Trauben (MUSCAT) von den unteren Hängen der Arrábida-Berge und aus der Ebene um die Stadt Palmela stammt, wurde 1907 offiziell festgelegt. Die Bestimmungen der EUROPÄISCHEN UNION verlangen jedoch, daß ein Wein, der nach einer Rebsorte benannt ist, zu mindestens 85 % von dieser Rebsorte produziert werden muß. Da aber die lokalen Bestimmungen bis zu 30 % andere Traubensorten in diesem Wein zulassen, wurde das Wort Moscatel seit dem Beitritt Portugals zur EU im Jahr 1986 aus der Weinbezeichnung gestrichen. Es sind drei verschiedene Muskatellertrauben erlaubt: an erster Stelle der sogenannte Moscatel de Setúbal, d. h. MUSCAT OF ALEXANDRIA, daneben auch Moscatel do Douro und der seltene roséfarbene Moscatel Roxo. Zunächst wird der Setúbal so ziemlich auf dieselbe Weise bereitet wie andere aufgespritete Süßweine, d. h., die GÄRUNG wird durch Beimischen von WEINGEIST abgestoppt. Anschließend jedoch werden starkduftige Muskateller-Traubenschalen für fünf bis sechs Monate in dem Wein eingemaischt und verleihen ihm dadurch den Geschmack von frischen Desserttrauben sowie das für den Setúbal typische intensive Aroma. In Flaschen abgefüllt wird der Setúbal dann nach vier oder fünf Jahren Reifezeit in großen Eichenfässern, wenn er Bernstein- bis Orangefarbe und einen würzigen, an Rosinen erinnernden Charakter erlangt hat. Ganz kleine Mengen kommen erst nach zwanzig Jahren Faßreife in die Flasche – dann ist die Farbe tiefbraun, und der Wein weist große Fülle und traubige Intensität auf.

Der bei weitem größte Erzeuger von Setúbal, das Haus José Maria da FONSECA Sucessores, besitzt Bestände, die bis in die Mitte des 19. Jh. zurückreichen und aus denen gelegentlich einige Flaschen abgefüllt und zum Verkauf gebracht werden. In kleinen Mengen wird Setúbal auch von Moscatel Roxo für sich bereitet.

Die Tischweine von der Halbinsel Setúbal sind unter ARRÁBIDA und PALMELA näher besprochen. R. J. M.

SEVERNY Russische Rebsorte, gezüchtet am Potapenka-Institut auf der Grundlage eines Malengra-Sämlings und eines Mitglieds der berühmt frostharten, in der Mongolei heimischen Familie VITIS *amurensis.* Siehe auch SAPERAVI Severny und CABERNET SEVERNY. In KANADA, wo die Winter ebenso streng sind wie in Rußland, werden in kleinerem Rahmen Versuche mit einer Severny-Rebsorte gemacht.

SEYSSEL APPELLATION CONTRÔLÉE innerhalb von SAVOYEN (Ostfrankreich) mit leichten, trockenen weißen Still- und Schaumweinen. Der Seyssel gehört zu den wenigen Weinen aus Savoyen, die über die Grenzen ihrer Heimat hinausgelangen, insbesondere als Schaumwein von Varichon et Clerc. Zu Beginn der 1990er Jahre waren etwa 55 ha Rebfläche der Stillweinerzeugung und 16 ha der Schaumweinproduktion gewidmet. Die Weinberge konzentrieren sich auf Steilhängen im oberen Rhône-Tal, etwa 25 km flußabwärts von Genf. Die vorherrschende Traubensorte ist hier CHASSELAS; für Schaumwein wird auch die Lokalrebsorte MOLETTE genutzt, und alle Weine müssen mindestens 10 % der hochwertigen Lokaltraube ROUSSETTE enthalten, die hier angeblich beheimatet ist. Das Traubengut für die Schaumweine braucht lediglich einen POTENTIELLEN ALKOHOLGEHALT von 8,5 % aufzuweisen, und die Schaumweine müssen durch FLASCHENGÄRUNG in der Region entstehen. Die Weine sind leicht und erfrischend; Spitzenerzeugnisse können sich in der Flasche noch entfalten.

SEYVAL BLANC Die brauchbare Weißweinrebsorte, eine FRANZÖSISCHE HYBRIDREBE, ist die meistangebaute Seyve-

Villard-Züchtung (Nr. 5276), eine Kreuzung zwischen zwei SEIBEL-Hybriden. Sie ist ertragreich, reift früh und eignet sich gut für kühles Klima, z. B. in England, wo sie nach MÜLLER-THURGAU die zweitmeist angebaute Rebsorte darstellt. Auch in KANADA und in geringem Umfang im Osten der USA, insbesondere im Staat NEW YORK, ist sie sehr populär. Ihre frischen Weißweine weisen keine Spur von Fuchsgeschmack auf und sprechen sogar auf FASSAUSBAU gut an, da die Sorte jedoch Nicht-VINIFERA-Gene enthält, ist sie aufgrund der Bestimmungen der Europäischen Union von der QUALITÄTSWEIN-Produktion ausgeschlossen, was im englischen Weinbau Mißbilligung hervorgerufen hat.

SEYVE-VILLARD Eine Serie von etwa hundert FRANZÖSISCHEN HYBRIDREBEN, geschaffen von dem Züchter Bertille Seyve und seinem Partner und Schwiegervater Victor Villard. In Frankreich gab es gegen Ende der 1980er Jahre eine Anbaufläche von über 3000 ha mit verschiedenen Seyve-Villard-Sorten, meist für roten VIN DE TABLE. Die vielleicht berühmteste ist jedoch die weiße SEYVAL BLANC.

Galet, P. (übers. v. Morton, L. T.), *A Practical Ampelography* (Ithaca, 1979).

SFORZATO, Sfursat, Sfurzat. Namen für einen WEIN VON ROSINIERTEN TRAUBEN aus dem VALTELLINA (Norditalien).

SHENANDOAH VALLEY Name von zwei AVA-Bereichen: der eine liegt in den SIERRA FOOTHILLS in Kalifornien, der andere in Virginia.

SHERRY Alkoholangereicherter Wein aus Jerez de la Frontera in ANDALUSIEN (Südwestspanien). Der Ausdruck Sherry wird auch als Gattungsbegriff für unterschiedliche, durch AUFSPRITEN bereitete Weine von Weißweintrauben benutzt, aber innerhalb der EUROPÄISCHEN UNION ist sein Gebrauch ab der Mitte der 1990er Jahre allein auf das Produkt aus der DO Jerez beschränkt (siehe auch SÜDAFRIKA und ZYPERN).

Zu Beginn der 1990er Jahre war die Sherry-Produktion im Rückgang und belief sich im Jahresdurchschnitt auf rund 750 000 hl, etwa halb soviel wie bei dem ebenso berühmten, jedoch ganz andersartigen portugiesischen alkoholangereicherten Wein, dem PORTWEIN.

Sherry ist eine anglisierte Form des Namens Jerez; das französische Pendant lautet Xérès. Die Bezeichnungen Jerez-Xérès-Sherry erscheinen nebeneinander auf dem Siegel des CONSEJO REGULADOR, mit dem die Herkunft des Weins aus dem Originalgebiet bescheinigt wird. Innerhalb der DO Jerez gibt es drei Zentren der Sherry-Bereitung: JEREZ DE LA FRONTERA, SANLÚCAR DE BARRAMEDA und PUERTO DE SANTA MARÍA, deren Weine subtile Unterschiede aufweisen. In diesem Artikel werden die in den BODEGAS entstehenden Weintypen in Kursivdruck wiedergegeben (z. B. *oloroso*); sind dagegen die für kommerzielle Zwecke kreierten Sherry-Stile gemeint, so werden diese in Normaldruck mit großem Anfangsbuchstaben geschrieben (z. B. Oloroso).

Sherry wird ursprünglich in zwei grundlegenden Typen produziert: als heller, trockener *fino* (in Sanlúcar de Barrameda heißt er *manzanilla*), der unter der filmbildenden FLOR-Hefe reift, und als dunkler, voller, ebenfalls trockener *oloroso.* Alle als Bezeichnungen auf Etiketten anzutreffenden Sherry-Stile (von der leichtesten zur schwersten Art: Manzanilla, Fino, Amontillado, Oloroso, Pale Cream, Cream) gehen auf diese beiden Haupttypen zurück. Die einzige Ausnahme hiervon bildet der Palo Cortado, der als Typ und Stil zwischen Amontillado und Oloroso liegt. Pedro Ximénez ist ein intensiv süßer Wein für Verschnittzwecke, der von der gleichnamigen Traubensorte bereitet wird.

Historisches

Jerez ist eine der ältesten Weinbaustädte Spaniens. Möglicherweise geht sie auf die PHÖNIZIER zurück, die 1110 v. Chr. auch den nahegelegenen Hafen Cádiz gründeten. Ihnen folgten die KARTHAGER und diesen die Römer. Der iberische Weinbau machte unter der römischen Herrschaft rasche Fortschritte. Jerez hieß zu dieser Zeit Ceritium. Nach der Vertreibung der Römer um 400 n. Chr. wurde das südliche Iberien zunächst von den Vandalen und dann von den Westgoten überrannt, die ihrerseits im Jahr 711 in der Schlacht am Guadalete von den Mauren geschlagen wurden. Die Mauren beherrschten Andalusien sieben Jahrhunderte lang, und ihr Einfluß ist nicht nur in der Architektur von Sevilla, Córdoba und Granada deutlich zu sehen, sondern auch heute noch in vielen Bereichen des andalusischen Lebens spürbar. Unter der maurischen Herrschaft nahm Jerez an Größe und Status zu. Der Name der Stadt lautete nunmehr «Seris», und daraus entwickelte sich später, als sie im Lauf der Wiedereroberung durch die Christen im 13. Jh. zur Grenzstadt zwischen den kriegführenden Parteien wurde, der heutige Name Jerez de la Frontera.

Der Weinbau, der auch in der maurischen Zeit weiter bestanden hatte, lebte unter den Christen wieder kräftig auf, obwohl die Gegend bis in das 15. Jh. hinein durch kriegerische Auseinandersetzungen geplagt wurde. Schließlich begann sich ein Exporthandel zu entwickeln, der trotz mehrerer Rückschläge um 1490, als ins Ausland verschiffte Weine von lokalen Steuern ausgenommen wurden, mit England und Frankreich bereits fest etabliert war. In «The Pardoner's Tale» erwähnte Chaucer die Weine von Lepe, einem Ort zwischen Ayamonte und Huelva (siehe CONDADO DE HUELVA), die bis zum Anfang des 20. Jh. mit Sherry verschnitten wurden. 1492 wurden die Juden aus Spanien vertrieben, ihr Besitz – auch an Weinbergen – wurde konfisziert, und Ausländer, vor allem viele Engländer, nahmen ihren Platz als Händler ein. Damals wurden gewisse grundlegende Qualitätskontrollen eingeführt, u. a. auch das Fassungsvermögen der Sherry-Fässer (BUTTS), das bis auf den heutigen Tag unverändert geblieben ist.

Im 15. Jh., nachdem Christoph Kolumbus von Andalusien aus Amerika entdeckt hatte, wurde die Sherry-Stadt Sanlúcar de Barrameda zu einem wichtigen Hafen für den neuen Handel über den Atlantik, und im 16. Jh. gingen große Mengen Wein aus Jerez nach dem amerikanischen Kontinent. In seinem Buch *Sherry* stellt Julian Jeffs die Vermutung auf, daß der Vino de Jerez vielleicht der erste Wein war, der nach Nordamerika gelangte.

Im 16. Jh. begannen sich die Beziehungen zwischen England und Spanien zu verschlechtern. Zwar ging der Handel

Die leuchtendweiße Landschaft der SHERRY-Weinberge um Jerez in Südspanien.

weiter, doch die in Sanlúcar tätigen englischen Kaufleute bekamen Unannehmlichkeiten zu spüren. 1585 wurden nach einer Reihe von Überfällen durch Francis Drake und seine Flotte englische Kaufleute in Haft genommen, und ihr Besitz wurde beschlagnahmt; der Exporthandel kam zum Erliegen. Zwei Jahre später «versengte» Sir Francis Drake bei einem Angriff auf Cádiz nicht nur «dem König von Spanien den Bart», sondern erbeutete auch «2900 *pipes* voll Sherry». Dieser Raub trug jedoch dazu bei, den Sherry im Elisabethanischen England als populäres Getränk zu etablieren.

Nach dem Tod Elizabeths I. kam der Handel wieder in Schwung, und der «Sacke» oder SACK fand auch in königlichen Kreisen Aufnahme. Die englische Kolonie richtete sich wieder ein und kam zu Wohlstand, oft durch Lieferung von Wein minderer Qualität. Nichtsdestoweniger fanden weiterhin kleinere Scharmützel statt, und 1625 entsandte Charles I., nachdem er von der spanischen Infantin abgewiesen worden war, ein Expeditionsheer unter dem Befehl von Sir Edward Cecil nach Andalusien. Dieser Kriegszug war schlecht geplant, und Cecils Männer wurden mit Leichtigkeit überwältigt, als sie sich in einer Bodega der Familie de Soto buchstäblich dem Trunk ergaben.

Im 17. Jh. war «Sherris-Sack» in England fest etabliert. Samuel Pepys schrieb 1662, er habe Sherry mit MÁLAGA gemischt getrunken. 1683 besuchte er die englische Kolonie in Sanlúcar de Barrameda. Bis zum Bau der Eisenbahnen um die Mitte des 19. Jh. befanden sich die meisten Sherry-Bodegas an der Küste in Sanlúcar und Puerto de Santa María, wo sie in Hafennähe eine günstigere Position im Exporthandel hatten.

Am Beginn des 18. Jh. erlitt die Sherry-Industrie schwere Rückschläge, als England und Spanien in eine Reihe von Konflikten verwickelt wurden, die 1702 mit dem spanischen Erbfolgekrieg begannen. Durch den METHUEN TREATY (1703) wurde der Handelsverkehr nach Portugal abgeleitet, und auf restriktive Maßnahmen hin, die von dem Gremio, der Winzergilde von Jerez, erlassen wurden, wandten sich die Kaufleute auf der Suche nach Wein nach Málaga. In der zweiten Hälfte des Jahrhunderts begann dann – stimuliert durch englische und französische Kaufleute – wieder eine Blütezeit. Die Firmen Osborne, Duff Gordon und Garvey gehen auf diese Zeit zurück.

Der Peninsularkrieg (1808–1814) brachte für Jerez Zerstörungen. Andalusien wurde zum Schlachtfeld, es war eine Zeitlang von den Franzosen besetzt, die die Sherry-Bodegas von Jerez plünderten und etliche Familien dazu zwangen, sich in der Garnison Cádiz in Sicherheit zu bringen. Als die Franzosen geschlagen waren, machten sich die Kaufleute mit beträchtlichem Erfolg daran, ihre Geschäfte wieder aufzubauen. Pedro DOMECQ übernahm 1822 die Firma Juan Haurie, und 1835 eröffnete Manuel María González Angel, der Gründer von GONZÁLEZ BYASS, seine Geschäfte. Der Sherry-Export wuchs stetig von 8000 Butts zu Beginn des Jahrhunderts bis auf über 70 000 Butts im Jahr 1873 – diese Ziffer wurde erst in den 1950er Jahren übertroffen. In den 1850er Jahren kam der Sherry-Industrie der Bau einer EISENBAHN-Linie von Jerez nach Puerto de Santa María sehr zustatten, viele Kaufleute gaben ihre Bodegas in Hafennähe auf. Neue Produzenten nutzten den Sherry-Boom, mußten aber einige Jahre darauf wegen der REBLAUS und der Wirtschaftsdepression wieder schließen. Nur wenige überlebten, u. a. Terry, SANDEMAN, Diez Hermanos und Williams & Humbert.

Am Ende des 19. Jh. stand die Sherry-Industrie am Rand des Zusammenbruchs. Der Boom ließ viele Sherry-Nachahmungen aus Südafrika, Australien, Frankreich – sogar aus Deutschland, wo ein sherryähnliches Getränk von Kartoffelschnaps hergestellt wurde – aufkommen. Eine Spirale des Preisdrucks setzte ein, und der Sherry wurde durch mindere Weine aus anderen Teilen Spaniens gestreckt. Die Nachfrage ließ nach, als in der Viktorianischen Zeit Schreckensnachrichten auftauchten, Sherry sei gesundheitsschädlich. Die Verwüstungen durch die Reblaus führten nach 1894 zu einer Marktstabilisierung; als Folge der Wirtschaftsflaute besaßen größere Handelshäuser noch ausreichende Vorräte an nicht verkauftem Wein, die ihnen über die mageren Jahre hinweghalfen, bis die Rebflächen neu bestockt waren. Auch der Sherry Brandy, dessen Popularität um diese Zeit zuzunehmen begann, rettete viele Handelshäuser über die schlechte Zeit. Heute bildet Brandy de Jerez einen bedeutenden Teil der Produktion vieler Sherry-Häuser; allerdings kommt der Grundwein dafür aus anderen Gegenden.

1910 schlossen sich die führenden Handelshäuser zu der Sherry Shippers Association zusammen, die sich nun tatkräftig darum bemühte, die Geschicke der in Bedrängnis geratenen Industrie wieder zu bessern. Nach dem 1. Weltkrieg kehrte der Export wieder auf den Stand vom Ende des 19. Jh. zurück. 1933 wurde zur Kontrolle der Sherry-Industrie und zur Wahrung ihrer Interessen ein CONSEJO REGULADOR gebildet, und 1935, ein Jahr vor dem Ausbruch des Spanischen Bürgerkriegs, etablierte Jerez seinen eigenen DO-Bereich. Der Bürgerkrieg (1936–1939) hatte wenig Einfluß auf den Sherry-Export, doch im 2. Weltkrieg kam der Handel zum Erliegen.

Die dramatischste Episode in der neuen Geschichte des Sherry begann 1944, als Don Zoilo Ruiz-Mateos y Camacho, der Bürgermeister von Rota, eine kleine Sherry-Firma aufkaufte, die während des Kriegs schwere geschäftliche Verluste erlitten hatte. Gegen Ende der 1950er Jahre schloß sein Sohn, der inzwischen legendär gewordene José María Ruiz-Mateos, einen auf 99 Jahre angelegten Vertrag zur Belieferung der großen Marken-Sherry-Firma HARVEYS of Bristol mit deren gesamtem Sherry-Bedarf. Mit der Unterstützung von Banken begann er sodann weitere Bodegas aufzukaufen, u. a. A. R. Ruiz, Palomino & Vergara, Bertola, Otaolaurruchi sowie später Williams & Humbert, Garvey, Diez-Merito und Terry. 1961 wurden alle diese Firmen in

Ableitung der SHERRY-Stile

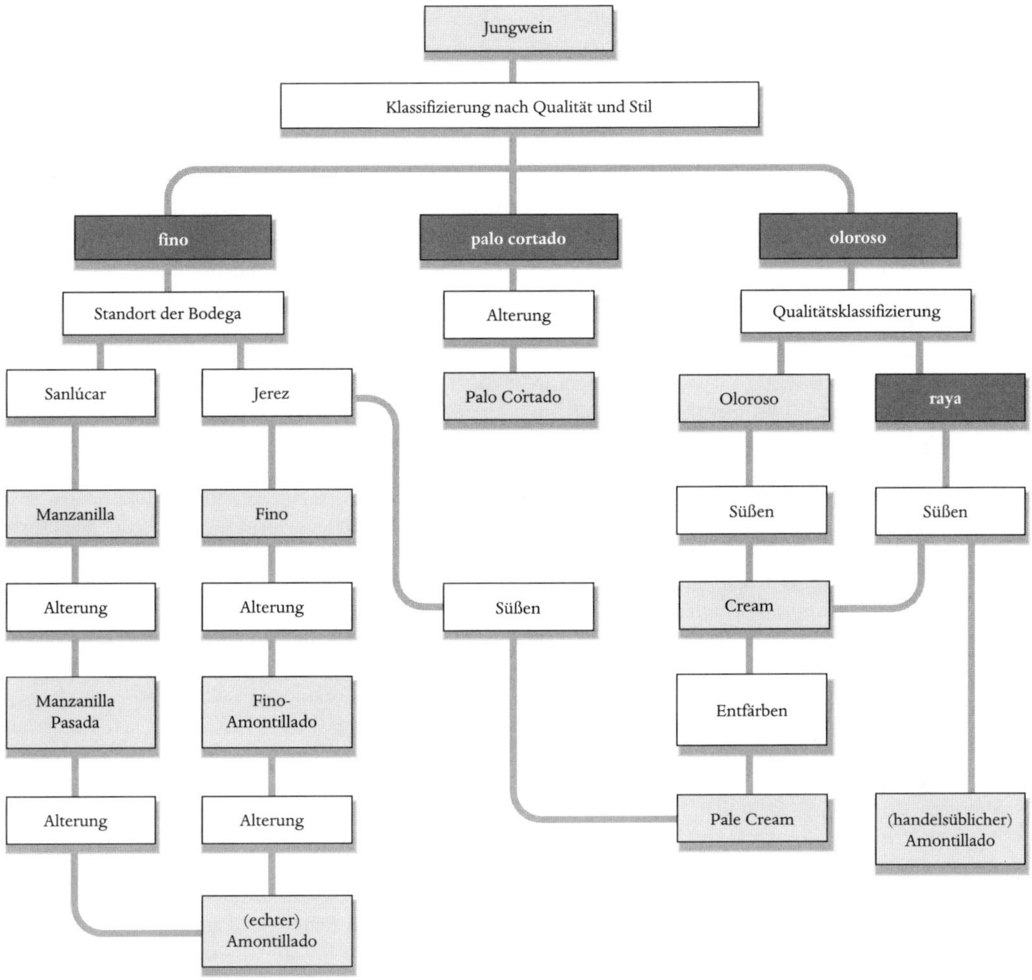

einer Holdinggesellschaft mit Sitz in Madrid zusammengefaßt – der Ruiz-Mateos Hermanos SA (Rumasa). In den 1970er Jahren erwarb Ruiz-Mateos auch größere Weinbeteiligungen außerhalb von Jerez (siehe RIOJA), aber auch Beteiligungen im Bank- und Bauwesen, im Einzelhandel, im Tourismus sowie in der chemischen und Textilindustrie. Es heißt, die Gruppe habe einmal drei Banken an einem Tag gekauft. 1977 gründete Ruiz-Mateos die Bodegas Internacionales und damit das größte Sherry-Unternehmen in Jerez. Zwar tat Ruiz-Mateos viel für die Modernisierung des spanischen Weinbaus, doch Rumasa setzte auch eine Preisverfallsspirale in Gang, die den Interessen des Sherry bis in die 1990er Jahre hinein schadete. Das Imperium von Ruiz-Mateos erlebte sein plötzliches Ende im Jahr 1983, als aus Furcht vor einem bevorstehenden Zusammenbruch die neugewählte sozialistische Regierung von Felipe González die Verstaatlichung des Rumasa-Konzerns verfügte, der um diese Zeit ein Drittel der Sherry-Industrie beherrschte. Anschließend wurde der Konzern aufgeteilt und reprivatisiert. Inzwischen erwarben die multinationalen Konzerne Allied-Lyons (Eigentümer von Harveys) und Grand Metropolitan (CROFT) größere Beteiligungen in Jerez.

Seit der Mitte der 1980er Jahre befindet sich die Sherry-Industrie wieder im Rückgang. Vorhersagen aus dem Jahr 1974, denen zufolge der Sherry vor einer zwanzigjährigen ununterbrochenen Wachstumszeit stehen sollte, erfüllten sich nicht, und so kam es zu Beginn der 1990er Jahre zu umfangreichen Umgestaltungen und Rationalisierungen.

Die Rebfläche wird auf weniger als 13 000 ha verringert – das ist nur noch halb soviel wie am Ende der 1970er Jahre. Heute sind zwischen den Reben Sonnenblumen- und Getreidefelder anzutreffen. Anfang der 1990er Jahre lauteten die Schätzungen für den weltweiten Sherry-Markt auf 1,09 Millionen hl, und die Vorratsbestände wurden in dem Bestreben, Angebot und Nachfrage wieder in Einklang zu bringen, drastisch verringert.

Siehe auch SPANIEN.

Geographie und Klima

Das Klima der Region Jerez ist stark durch die Nähe des Atlantiks bestimmt. Meeresbrisen aus dem Golf von Cádiz mildern die Extreme. Am stärksten macht sich der Einfluß des Ozeans in den Küstenstädten Sanlúcar de Barrameda und Puerto de Santa María bemerkbar, wo die Temperaturen im Juli und August um 10 °C niedriger liegen als im nur 20 km weiter landeinwärts gelegenen Jerez. Im Winter ist es mild und feucht; der größte Teil der durchschnittlichen Jahresniederschlagsmenge von 650 mm fällt vom Spätherbst bis zum Frühjahr. Zwischen Juni und Oktober fällt dagegen so gut wie kein Regen. Die Sommertemperaturen erreichen im Landesinneren oft 30 °C und steigen gelegentlich, wenn der *levante*, ein scharfer, trockener, staubführender Wind, von Südosten her weht, bis auf 40 °C.

Den Reben kommen in den trockenen Sommermonaten die porösen weißen ALBARIZA-Böden zugute, die das Herz der DO Jerez bilden. Das Weinbaugebiet hat ungefähr Dreiecksform und erstreckt sich von Chiclana de la Frontera im Südosten bis zum Guadalquivir im Nordwesten, wobei es landeinwärts schmaler wird. Die besten Albariza-Böden liegen in einem Hügelland nördlich vom Guadalete zwischen Jerez und Sanlúcar de Barrameda. Diese Gegend wird zusammenfassend Jerez Superior genannt, und der größte Teil der dortigen Rebfläche fällt in die Gemarkung von Jerez mit kleineren Nischen in Sanlúcar de Barrameda, Puerto de Santa María, Chipiona und Rota.

Die Albariza-Zone ist in Unterdistrikte aufgeteilt. Die berühmtesten, mit den tiefgründigsten, jedoch nicht unbedingt kalkhaltigsten Albariza-Böden – Balbaina, Macharnudo, Carrascal und Añina – bringen die zartesten Weine für die feinsten Finos und Manzanillas hervor. Der am stärksten kalkhaltige Boden – *tajon* genannt – ist im allgemeinen für den Weinbau nicht besonders gut geeignet, weil hier die Gefahr von CHLOROSE besteht. Die feinsten Albarizas dagegen enthalten einen Anteil Sand und Ton, wobei der Kalkgehalt an der Oberfläche 25 % beträgt und im Wurzelbereich in etwa 80–100 cm Tiefe bis auf 60 % ansteigt. Zwischen den Albariza-Hügeln liegen die Barro-Böden mit größerem Tonanteil; sie bringen bei etwas höheren Erträgen vollere, rauhere Weine hervor. Auf den als Arenas bezeichneten Sandböden liegen die Erträge doppelt so hoch wie auf den Albarizas, doch die Weinqualität ist gering. Arena-Böden waren am Ende des 19. Jh. bei den Erzeugern beliebt, weil die Reblaus in Sand nur schwer überleben kann. Im Lauf der neuerdings durchgeführten Rationalisierung der Sherry-Industrie konzentriert sich der Anbau heute vor allem auf die Albariza-Böden; über 80 % der Weinberge liegen in Jerez Superior.

Weinbau und Rebsorten

Im 19. Jh. wurden um Jerez verschiedene Rebsorten angebaut, doch nachdem die Reblaus in den 1890er Jahren die Weinberge stark verwüstet hatte, wurden viele dieser Sorten nicht wieder angepflanzt. Heute sind in Jerez für Neuanlagen nur noch drei Rebsorten zugelassen: PALOMINO, PEDRO XIMÉNEZ und MUSCAT OF ALEXANDRIA. Die größte Bedeutung kommt Palomino zu; er nimmt 95 % der Rebfläche ein. Eigentlich sind es zwei verschiedene Typen von Palomino: Palomino Basto (auch Palomino de Jerez genannt) und Palomino Fino. Palomino Basto ist inzwischen von dem ertragreicheren und weniger krankheitsanfälligen Palomino Fino weitgehend verdrängt worden, der sich auch als besonders vielseitig erweist und heute für die meisten Sherry-Typen in Frage kommt.

Moscatel Gordo Blanco (Muscat of Alexandria) hält etwa 3 % der Rebfläche besetzt und wird vorwiegend in den sandigeren Böden an der Küste um Chipiona angebaut. Meistens dient er zum Süßen, nur einige Erzeuger produzieren SORTENREINEN Moscatel.

Pedro Ximénez (kurz PX genannt) hat Boden an Palomino abgeben müssen und verfügt derzeit über eine Anbaufläche von weniger als 100 ha. Früher wurde die Sorte vor allem auf den unteren Albariza-Hängen verbreiteter angebaut und erbrachte dort Trauben mit hohem Zuckergehalt für intensiv süße Weine für Verschnittzwecke. Palomino Fino ist aber im Anbau bequemer; auch die meisten süßen Weine entstehen heute von Palomino, nur kleinere Erzeuger besitzen noch PX-SOLERAS und füllen daraus sortenreine Weine ab. In neuerer Zeit wurden spezielle Genehmigungen für die Einfuhr von PX-Most aus MONTILLA-MORILES erteilt, um der Knappheit an dieser Sorte in Jerez entgegenzuwirken.

Seit dem Reblausbefall sind in Jerez alle Reben auf resistente amerikanische VEREDELUNGSUNTERLAGEN gepfropft, die je nach dem Kalkgehalt der Böden verschieden gewählt werden. Früher wurden die Reben in einem *tresbolillo* genannten Sechseckschema gepflanzt. Mit zunehmender MECHANISIERUNG werden aber die Weinberge nun bei einer maximalen PFLANZDICHTE von 4100 Reben/ha zeilenweise angelegt. Die Erträge von Palomino sind hoch; die Höchstertragsgrenze ist für den gesamten DO-Bereich auf 80 hl/ha festgesetzt.

Wie in vielen Teilen Spaniens standen die Reben früher einzeln, jeweils an einem Pfahl. Moderne, durch Mechanisierung geprägte Anlagen sind an Drahtrahmen erzogen, doch der dem GUYOT-System ähnliche REBSCHNITT – *vara y pulgar* – ist unverändert geblieben. Eine *vara* (Rute oder Bogen) mit sieben oder acht Augen bringt den Jahresertrag. Der *pulgar* (Daumen) ist ein kurzer Zapfen mit einem Auge, aus dem die *vara* für das folgende Jahr entsteht. Diese Erziehungsmethode braucht einige Jahre zu ihrer Entstehung, allerdings kann sie wie überall von einer Rebe zur anderen oder von einem Winzer zum anderen recht unterschiedlich aussehen.

Weinbereitung

Die LESE beginnt, wenn der Palomino ein MOSTGEWICHT von mindestens 11° BAUMÉ erreicht. Früher lag der Lesebeginn auf dem 8. September, heutzutage aber wird der Termin durch Überwachung des POTENTIELLEN ALKOHOLGEHALTS und des SÄURE-Gehalts der Trauben bestimmt. Die Lesedauer beträgt etwa einen Monat. Die traditionelle Methode, Trauben auf Strohmatten zu trocknen, ist weitgehend aufgegeben worden.

Das Traubengut wird in Plastikkörben in große automatische Weinbereitungsanlagen gebracht, dort abgebeert und gepreßt. Die meisten Bodegas arbeiten mit Horizontaldruckplatten- oder pneumatischen PRESSEN, mit denen die Mostausbeute, die auf 72,5 l Most von 100 kg Trauben festgesetzt ist (das sind 16 % mehr als in der CHAMPAGNE), exakt reguliert werden kann. Andere, beispielsweise die Genossenschaftskellereien, arbeiten mit Schneckenentsaftern, die allerdings rauhere Weine mit mehr Gehalt an Feststoffen und PHENOLEN erbringen. Früher wurde der Most mit Gips *(yeso)* in seinem Säuregehalt angereichert. Diese etwas grobschlächtige Methode gab in den 1870er Jahren Anlaß zu vielen unbegründeten Ängsten wegen angeblicher Gesundheitsschädlichkeit. Sie bewirkte lediglich die Umsetzung des von Natur aus im Most vorhandenen Kaliumbitartrats in Kalziumtartrat und steigerte damit den Weinsäureanteil im Most. Heute wird der Säuregehalt durch Zusatz von WEINSÄURE vor der Gärung abgestimmt, und vor dem Abfüllen ist gewöhnlich Kaltstabilisierung erforderlich. Nach dem ABSETZEN oder ZENTRIFUGIEREN findet der Gärprozeß meist in Edelstahltanks statt; nur einige Häuser vergären noch einen kleineren Teil ihres Weins im Faß – in erster Linie, um dadurch neue Fässer aus amerikanischer Eiche anzubrauchen, die für den Reifeprozeß eingesetzt werden sollen (neue Fässer sind in Jerez nicht geschätzt).

Die in den 1960er Jahren begonnene und durch die 1970er und 1980er Jahre hindurch weitergeführte Modernisierung der Sherry-Industrie hat viel von der Romantik verschwinden lassen, die früher die Sherry-Bereitung umgab. Manche Erzeuger verbreiten nach wie vor beharrlich den Mythos, daß sich die verschiedenen Sherry-Typen auf wundersame Weise während des Reifens in den Fässern entwickeln, die moderne Realität aber sieht so aus, daß der Kellermeister von vornherein entscheidet, welcher von den beiden grundlegenden Sherry-Typen – *fino* oder *oloroso* – aus einem bestimmten Posten Traubengut entsteht.

Die erste Auslese findet im Weinberg statt. Die Weine für die besseren *finos* stammen von älteren Reben auf den besten Albariza-Böden, während *olorosos* von Trauben produziert werden, die auf den schwereren Tonböden gewachsen sind. Eleganz ist für *finos* wesentlich, deshalb werden sie weitgehend vom feinsten VORLAUFMOST erzeugt, der weniger Verunreinigungen aufweist als der etwas rauhere und stärker adstringierende Most aus der Presse, der für *olorosos* oder schlichte *rayas* (das sind besonders rauhe *olorosos*) verwendet wird.

Sauberkeit in der Mostbehandlung und temperaturgeregelte Gärführung schließen darüber hinaus viele Unsicherheiten aus, die früher durch das Austreten der Trauben und das Vergären in Fässern in den Bereitungsvorgang hineingetragen wurden. Für *fino* bestimmter Wein wird meist bei niedrigerer Temperatur vergoren als solcher für *oloroso*. Faßvergorener Wein ist gewöhnlich zu rauh und adstringierend für die *Fino*-Erzeugung.

Der zweite Auslesevorgang findet kurz nach Beendigung der Gärung statt. Palomino-Wein ist – obwohl viele Erzeuger von Tischwein den entgegengesetzten Eindruck zu erwecken versuchen – bei einem natürlichen Alkoholgehalt von 11–12 % recht flach und charakterlos. Je nach Stil wird Sherry mit Weingeist (AGUARDIENTE) auf 15,5–22 % aufgespritet. Die Entstehung von FLOR, jener Hefeschicht, die den *fino* von den anderen Sherry-Stilen unterscheidet, ist abhängig vom Grad dieses Aufspritens. Das Hefewachstum wird nämlich bei einem Alkoholgehalt von über 16 % gehemmt. Weine, die sich zu *fino* entwickeln sollen, werden deshalb auf 15–15,5 % aufgespritet, während die *olorosos*, die ja bei der Reife keine Florschicht aufweisen, bis auf etwa 18 % angereichert werden.

In den Sherry-Bodegas sind Florhefen von Natur aus reichlich vorhanden. So entwickelt sich die willkommene FILMBILDENDE HEFE von selbst auf dem Weinspiegel; nur wenige Häuser ziehen es heute vor, eigene Hefekulturen zu verwenden. Die 600–650 l fassenden Butts werden für die Erzeugung von *fino* nur zu fünf Sechsteln gefüllt, weil die Florhefe, die den Wein gegen OXIDATION schützt und zugleich seinen Charakter verändert, als Nahrung sowohl Alkohol als auch SAUERSTOFF braucht.

Die Florhefe ist außerdem sehr wärmeempfindlich und stirbt in den warmen Sommermonaten leicht ab. In Montilla beispielsweise wird die Florschicht im Juli und August zu einem schaumartigen Überzug reduziert, während sie in der kühleren Jerez-Region das ganze Jahr über kräftig wächst. Allerdings gibt es auch in der Region Jerez beträchtliche klimatische Unterschiede. So wächst die Florhefe in den Küstenstädten Sanlúcar de Barrameda und Puerto de Santa María zu einer viel dickeren und gleichmäßigeren Schicht heran als in den Bodegas in Jerez selbst. Hierin liegt auch die Erklärung für viele subtile Unterschiede, die es zwischen Jerez Fino, Puerto Fino und Manzanilla gibt und von denen noch die Rede sein soll.

Sich selbst überlassen, würde die Florhefe von den Nährstoffen im Wein leben und dann absterben, ehe sie noch eine tiefere Wirkung auf den Charakter des Weins ausgeübt hätte. Deshalb wird sie in den *Fino*-Fässern sechs Jahre und länger am Leben erhalten, indem ständig jüngerer Wein nachgefüllt wird, so daß neue Nährstoffe für die Hefe zur Verfügung stehen. Hierin liegt die grundsätzliche Bedeutung des SOLERA-Systems als Methode des allmählichen Verschneidens, die allerdings nicht nur der Pflege der Florschicht für *fino*, sondern auch der Einheitlichkeit der übrigen Sherry-Stile dient.

Eine Sherry-Solera besteht aus mehreren Gruppen von Fässern, die jeweils als Criadera bezeichnet werden. Abgefüllt wird stets aus der Gruppe, die den ältesten Wein enthält; sie bildet die eigentliche Solera. Die abgezogene Menge wird aufgefüllt aus den Fässern der voraufgehenden Stufe, der ersten Criadera, diese wiederum aus der zweiten und so fort durch alle Stufen hindurch. Traditionell geschieht dieses Umfüllen von Hand mit einem Krug, in den größeren Bodegas wird dagegen heute von einer Stufe zur anderen umgepumpt. Einfache Soleras werden durch drei oder vier Criaderas gespeist, komplexere Systeme umfassen bis zu vierzehn Criaderas. Das Gesamtsystem wird mit jungem Wein aus der letzten Lese versorgt. Im Lauf eines Jahres können bis zu 33 % des Weins in einer Solera abgezogen werden. *Fino*-Soleras müssen am häufigsten und in regelmäßigen Abständen durch alle Stufen hindurch aufgefrischt werden (meist zwei- bis dreimal im Jahr), wobei die Florschicht acht bis zehn Jahre lang am Leben erhalten werden kann.

Schematisch wird das Solera-System oft so dargestellt, daß die eigentliche Solera-Gruppe am Boden liegt, während die aufeinanderfolgenden Criaderas darüber aufgestapelt sind. In der Praxis ist das selten so, vielmehr kann in großen und komplexen Soleras eine Criadera in einer ganz anderen Bodega untergebracht sein als die übrigen. Außerdem kann eine Criadera einmal aus nur einem Faß und ein andermal aus vielen tausend Fässern bestehen. Beispielsweise umfaßt die Tio-Pepe-Solera von GONZÁLEZ BYASS 30 000 Fässer.

Sherry-Stile

Das Schema zeigt, wie die handelsüblichen Sherry-Stile aus den nach der Weinbereitung vorhandenen Sherry-Typen entstehen.

Für die als Fino oder Manzanilla bezeichneten Sherry-Stile werden vor dem Abfüllen *finos* gefiltert und auf mindestens 15,5 % Alkohol angereichert. Einfachere Marken-Sherrys werden gelegentlich etwas gesüßt.

Ein *fino*, dem die Florschicht abhanden gekommen ist, wird zum *amontillado;* seine Farbe wandelt sich zu Bernsteingelb, und der Charakter verändert sich infolge der stärkeren Berührung mit Luft. Ein *amontillado* entwickelt sich also von selbst, wenn die Florhefe ihren Vorrat an Nährstoffen aufgebraucht hat; allerdings kann er als Stil auch absichtlich hervorgerufen werden, indem die Florhefe durch Aufspriten auf mindestens 16 % Alkohol abgetötet wird. Ein *fino*, der gerade erst die Charakteristik eines *amontillado* anzunehmen beginnt, kann als Fino-Amontillado in die Flasche gebracht werden bzw. – wenn es sich um einen entsprechenden Wein aus Sanlúcar de Barrameda handelt – als Manzanilla Pasada. Ein echter Amontillado ist völlig trocken; besonders feine Beispiele werden in eigenen Soleras jahrelang gereift. Die meisten sogenannten «Amontillados» sind dagegen nichts weiter als halbtrockene, aus schlichten *rayas* und süßen Weinen verschnittene Sherrys (siehe auch AMONTILLADO). *Olorosos* dagegen, die ja von vornherein auf 18 % aufgespritet werden, entwickeln sich ohne Florhefe. Sie reifen daher in engerer Berührung mit Luft, werden dabei dunkelbraun und gewinnen mit zunehmendem Alter an Konzentration. Der Alkoholgehalt steigt infolge langsamer EVAPORATION an, so daß ein alter *oloroso* bis zu 24 % erreichen kann. In ihrem natürlichen Zustand sind *olorosos* stets trocken und im Alter auch voll und konzentriert. *Rayas* (schlichte, für Verschnittzwecke benutzte *olorosos*) altern oft an freier Luft. Ein kleiner Teil der auf dem Markt befindlichen OLOROSOS gehört zu dieser naturtrockenen Art, die meisten dagegen sind süße Weine verschiedener Qualitätsstufen.

Süße Sherrys, die meisten unter der Stilbezeichnung Cream, werden auf unterschiedliche Art produziert. Feinster süßer Sherry, z. B. Oloroso dulce, entsteht durch Verschneiden extrem süßer Weine von sonnengetrockneten Pedro-Ximénez-Trauben. Heute werden jedoch für diesen Zweck Palomino-Trauben häufig unter Plastiktunnels rosiniert, dann gepreßt, aufgespritet, bevor die Gärung einsetzt, und zu MISTELA verarbeitet. Dadurch entsteht in keinem Fall ein so süßes und kraftvoll konzentriertes Produkt wie PX, doch die Methode wird bei der Produktion einfacherer, handelsüblicher Sherrys verwendet. Cream Sherrys dieser kommerziellen Art sind oft höchst einfache Verschnitte unter Beimischung von Süß- und Farbweinen.

Besonders dunkle Sherrys sind möglicherweise mit ARROPE-Konzentrat oder *vino de color*, einem dunklen, süßen, durch Eindicken von frischem Traubenmost gewonnenen Sirup, angereichert. Pale Cream Sherry ist meist ein mit REKTIFIZIERTEM TRAUBENMOSTKONZENTRAT angereicherter und durch Filtern mit AKTIVKOHLE entfärbter Verschnitt von *fino* und süßem Wein. Einige Bodegas süßen ihre Weine mit aufgespritetem Moscatel, dabei kommt aber meist ein auffällig traubiger, aromatischer Sherry-Stil zustande.

Organisation

Obwohl die Grenzen nirgendwo deutlich zu erkennen sind, gibt es in Jerez über 6000 einzelne Weinberge, die von über 5000 Anbauern bewirtschaftet werden. Einige Sherry-Firmen verfügen über Weinbergbesitz bis zu 2000 ha, doch die

Mehrzahl der Besitzungen ist klein, im Durchschnitt knapp über 1 ha. Die meisten Traubenanbauer beliefern entweder ein Handelshaus oder eine der sieben WINZERGENOSSENSCHAFTEN, von denen einige auch Soleras unterhalten, die meisten aber den von ihnen bereiteten Wein an Sherry-Bodegas weiterverkaufen.

Der Consejo Regulador erkennt vier Klassen von Bodegas an:

Bodegas de Producción: auf die Weinbereitung spezialisierte Betriebe, die selbst keinen Wein reifen dürfen.

Bodegas de Elaboración: Weinbereitungsbetriebe, die gewisse Bestände an Wein eine Zeitlang halten dürfen, dann aber weiterverkaufen.

Bodegas de Crianza y Almacenado: sogenannte ALMACENISTAS, d. h. Betriebe, die Weinbestände reifen und auf Vorrat halten. Diese Bodegas müssen mindestens 1000 hl Wein im Bestand haben, davon 60 % aus dem Bereich Jerez Superior.

Bodegas de Crianza y Expedición: Firmen, die Wein reifen und an Abnehmer weiterverkaufen. Solche Bodegas sind gesetzlich verpflichtet, Bestände von mindestens 12 500 hl Wein auf Vorrat zu halten, davon 60 % aus dem Bereich Jerez Superior. Sherry-Exporteure müssen eine staatliche Lizenz besitzen.

Neben Spanien sind die beiden wichtigsten Sherry-Absatzmärkte Großbritannien und die Niederlande. Besonders hinzuweisen ist auf die wirtschaftliche Bedeutung von Brandy de Jerez für viele der Bodegas.

Siehe auch: CROFT, DOMECQ, GONZÁLEZ BYASS, HARVEY, SANDEMAN sowie AMONTILLADO, CREAM, FINO, MANZANILLA, OLOROSO, PALO CORTADO, PEDRO XIMÉNEZ. R. J. M.

Gonzalez Gordon, M., *Sherry: The Noble Wine* (London, 1990).
Jeffs, J., *Sherry* (4. Aufl., London, 1992).
Metcalfe, C., und McWhirter, K., *The Wines of Spain and Portugal* (London, 1988).
Mey, W., *Sherry* (Rhoon, 1988).
Read, J., *Sherry and the Sherry Bodegas* (London, 1988).

SHIRAZ Der australische (und südafrikanische) Name der SYRAH-Traube ist dem Verbraucher inzwischen wahrscheinlich schon vertrauter als der ursprüngliche von der Rhône. Französische Weinerzeuger üben mit der Angabe der Rebsorte, so edel sie auch sein mag, bekanntlich große Zurückhaltung, dagegen erscheint der Name Shiraz auf der großen Mehrzahl aller australischen Rotweinetiketten, einmal in sortenreinem Glanz, ein andermal in Verbindung mit Cabernet Sauvignon – meist entweder als Cabernet Shiraz oder als Shiraz Cabernet, je nachdem, welche der beiden Sorten den größeren Anteil an dem betreffenden Wein hat. Die Shiraz- und Syrah-Reben selbst sind identisch, die von ihnen gewonnenen Weine dagegen schmecken ganz verschieden. Die australischen Versionen sind viel süßer und reifer im Geschmack und erinnern eher an Schokolade als an die mit Syrah-Weinen von der Rhône verknüpften Nuancen von Pfeffer und anderen Gewürzen. Shiraz war am Anfang der 1990er Jahre mit insgesamt über 5000 ha die in Australien meistangebaute Rotweinrebsorte und bewährt sich besonders im Barossa Valley in SOUTH AUSTRALIA, im Hunter Valley in NEW SOUTH WALES und in einer Reihe von Weinbaubereichen in VICTORIA. Siehe auch AUSTRALIEN und SÜDAFRIKA.

Die Rebsorte hat mit der mittelalterlichen Hauptstadt PERSIENS den Namen, aber sonst nichts weiter gemeinsam; der vielbesprochene Wein von Shiraz war weiß.

SICHEL Die im Weinhandel einflußreiche Familie besteht aus zwei Zweigen. Sie stammt ursprünglich aus Deutschland und hat seit der Mitte des 18. Jh. enge Beziehungen zum Wein. Die direkten Nachkommen der deutschen Firmengründer etablierten 1857 das Wein- und Spirituosenhandelshaus H. Sichel Söhne in Mainz, das zu bedeutender wirtschaftlicher Kraft heranwuchs. Seine Tätigkeit wurde im 1. Weltkrieg stark eingeschränkt, doch in den 1930er Jahren entwickelte es ein erfolgreiches Exportgeschäft, das sich immer mehr auf den Markenwein BLUE NUN Liebfraumilch stützte. Walter Sichel richtete 1927 in London eine Niederlassung ein und kämpfte mit großer Mühe gegen die Vorurteile an, die damals gegenüber allen deutschen Dingen herrschten. 1935 nahm er die britische Staatsbürgerschaft an, und die in Deutschland verbliebenen Mitglieder der Familie wurden nach England, Frankreich und den USA zerstreut. Erst in den 1950er Jahren setzte sich Blue

Peter A. SICHEL im *chai* von Château Palmer (Bordeaux).

Nun als einer der erfolgreichsten Weine der Welt durch. Er wurde in jener Zeit der Unsicherheit in Dingen des Weins und der damit zusammenhängenden Gepflogenheiten auf kluge Weise als der Wein vermarktet, den man «zur ganzen Mahlzeit» trinken kann, unabhängig davon, was auf den Tisch kommt.

Die Tatsache, daß die Qualität der «Blue Nun» stets weit höher war als die der durchschnittlichen LIEBFRAUENMILCH, hat vermutlich ebenfalls viel zum Erfolg dieser MARKE beigetragen, die um die Mitte der 1980er Jahre ein Absatzvolumen von rund 2 Millionen Kisten in 81 Ländern erreichte. Ronald Sichel folgte 1988 seinem Vater Walter in London, während Peter M. F. Sichel die Unternehmensgeschicke von New York aus leitet und inzwischen in Zusammenarbeit mit der amerikanischen Sichel-Vertretung Schieffelin Somerset, einer Firma der LVMH-Gruppe, das Blue-Nun-Programm stark erweitert hat.

Der englisch-französisch-skandinavische Zweig der Familie stammt von einem Dänen ab, der in die Familie Sichel in Mainz einheiratete, für das Unternehmen arbeitete und den Namen seiner Frau annahm. Er wurde 1883 nach Bordeaux entsandt, um dort das Haus Sichel & Co. zu gründen. Sein Sohn heiratete wiederum eine Dänin und erweiterte das Handelsgeschäft in Bordeaux durch Weingutsbesitz. Sein Enkel, Allan Sichel, der mit einer Schwedin verheiratet ist, besaß um die Mitte des 20. Jh. im britischen Weinhandel großen Einfluß; er führte u. a. Harry WAUGH in das interessante, aber riskante Geschäft des Weinkaufs *sur place* im Frankreich der Nachkriegsjahre ein und verfaßte das 1965 veröffentlichte *Penguin Book of Wines.* Allans Sohn Peter A. Sichel lebt heute im Château d'Angludet in MARGAUX und leitet das Handelshaus Maison Sichel in Bordeaux, das eine Reihe französischer Markenweine entwikkelt. Er besitzt die Mehrheit an Château Palmer, hat 1992 das Geschäft von Pierre Coste in Langon (Graves) übernommen und in CORBIÈRES in Südfrankreich Investitionen getätigt. Mindestens vier seiner fünf Söhne folgten ihm ins Weingeschäft.

SIEGERREBE Eine deutsche Neuzüchtung, die insofern etwas mit Riesenkürbissen gemein hat, als sie alle Reifegradrekorde schlagen kann, doch der eher säurearme Weißwein, den sie hervorbringt, ist so vollmundig und starkwürzig, daß es manchmal schwerfällt, ihn zu trinken. Die Sorte ist eine Kreuzung zwischen Gewürztraminer und einer roten Tafeltraube und hat nachweislich schon doppelt soviel Öchslegrade erreicht, wie für eine TROCKENBEERENAUSLESE erforderlich ist. Die Siegerrebe ist wegen ihrer Anfälligkeit für VERRIESELN allerdings eine der wenigen nicht sehr ertragreichen deutschen Neuzüchtungen («nur» 40–50 hl/ha). Brauchbar ist sie eigentlich nur als bereichernde Zutat in Verschnitten, wobei auf sparsame Beimischung geachtet werden muß – ihr auffälliger Geschmack ist so stark, daß ein Riesling schon von 10 % Siegerrebe völlig erschlagen wird. Die deutsche Anbaufläche der Sorte belief sich 1992 noch auf über 200 ha, vorwiegend in Rheinhessen und der Pfalz, es wird jedoch mit weiterem Rückgang gerechnet. In ENGLAND hat sich die Siegerrebe als Polster für Verschnitte einigermaßen bewährt.

SIERRA FOOTHILLS Weinbaugebiet und AVA-Bereich im kalifornischen GOLDRAUSCH-Land. Tausende strömten ab 1849 hierher, und da Goldgräber bekanntlich durstig sind, reicht der Weinbau fast ebensoweit zurück. Zwar gibt es in den Sierra Foothills weit mehr, als dieser AVA-Bereich umfaßt, er deckt aber den gesamten Weinbau in den Countys El Dorado und Amador, bezieht einige Weinberge in den benachbarten Countys Nevada und Calavera mit ein und gibt dazu Hinweise auf die meisten dort noch vorhandenen verlassenen Goldminen. Die AVA-Unterbereiche Shenandoah Valley-California und Fiddletown befinden sich im Amador County; der AVA-Bereich Eldorado beinhaltet die Weinberge im gleichnamigen County.

El Dorado AVA

Während die meisten Reben im Amador County in einer Höhe von 180–240 m wachsen, beginnen die Weinberge in El Dorado erst in 450 m und reichen bis rund 900 m. Dementsprechend sind die Voraussetzungen kühler, und als Rebsorten stehen Cabernet Sauvignon, Merlot, Chardonnay und Riesling zur Wahl; hinzu kommen noch Syrah und andere. Repräsentative Weinbaubetriebe sind u. a. Sierra Vista, Boeger, Lava Cap und Madrona.

Fiddletown AVA

Der Bereich grenzt an das östliche Ende des kalifornischen Shenandoah Valley in den Vorbergen der Sierra Nevada östlich von Plymouth. Zwischen hügeligem Weideland und kleinen Kiefernwäldern befinden sich hier mit die ältesten ZINFANDEL-Bestände Kaliforniens; das Gebiet ist heute berühmt für diese Rebsorte, deren Geschichte bis in die Goldgräberzeit zurückreicht.

Shenandoah Valley-California AVA

California wird als Namensbestandteil an das Shenandoah Valley angehängt, um es vom Shenandoah Valley in Virginia zu unterscheiden. Das kalifornische Tal bildet eine flache Mulde, die sich östlich von Plymouth zumeist im Amador County erstreckt und in das El Dorado County hineinreicht. Es wurde vor der Jahrhundertwende durch herzhafte Zinfandel berühmt und hat seit Mitte oder Ende der 1970er Jahre nach langem Schlaf wieder etwas von seinem alten Schwung zurückgewonnen, und wiederum bildet Zinfandel den Kern der Sache. Rund zwanzig Weinbaubetriebe teilen sich in eine bescheidene Rebfläche, auf der auch etwas Sauvignon Blanc und Petite Sirah wächst; Monteviña, Shenandoah Valley und Santino führten den Aufschwung an.

SILT Bodenart mit Partikeln mittlerer Größe, zwischen Ton und Sand. Siehe auch BODENZUSAMMENSETZUNG und GEOLOGIE. Siltpartikel herrschen im LÖSS vor, oft auch im Schwemmland (siehe ALLUVIUM). Silt ist Bestandteil vieler Böden im Napa Valley in Kalifornien.

SILVANER oder **Sylvaner.** In Mitteleuropa, vor allem in Deutschland verbreitete Weißweinrebsorte. Der Name deutet auf Herkunft aus den Wäldern hin; die Geschichte der Rebe reicht in Osteuropa, wo sie vermutlich zunächst als Wildrebe wuchs, weit in die Vergangenheit zurück. Möglicherweise lagen die Ursprünge im heutigen Österreich (allerdings wird die Rebe dort kaum noch angebaut), und mit Gewißheit kam sie von den Ufern der Donau nach Deutschland – früher lautete ein gebräuchliches Synonym «Österreicher». Es gibt jedoch auch Anzeichen dafür, daß die Rebe aus Siebenbürgen stammen könnte. Auf jeden Fall kam sie von Osten her nach Deutschland; eine Rebe namens Silvaner war in den ausgedehnten mittelalterlichen Weinbaugebieten Deutschlands stark verbreitet. Aus dem Jahr 1659 ist ihr Eintreffen von Österreich her in Castell in FRANKEN belegt, und noch heute bildet Silvaner die zweitmeist angebaute Rebsorte dieses Anbaugebiets. Die größte Popularität erreichte der Silvaner in der ersten Hälfte des 20. Jh., als er den ELBLING als meistangebaute Rebsorte Deutschlands verdrängte; später mußte er die Führungsstellung dann allerdings an den ertragreicheren und früher reifenden MÜLLER-THURGAU abgeben. In Deutschland heißt die Traube offiziell Grüner Silvaner, in Frankreich – vor allem im Elsaß – und in Österreich dagegen Sylvaner.

Die wuchskräftige Rebe treibt einige Tage früher aus als der RIESLING und ist daher für Frühjahrsfröste empfindlich. Als besonders krankheitsresistent ist Silvaner zwar nicht bekannt, wohl aber für gute Erträge. Das Hauptmerkmal seines Weins besteht in kräftiger Säure, die zwar allgemein etwas weniger ausdrucksstark ist als bei Riesling, durch den Mangel an Körper und Struktur beim Silvaner aber mehr in Erscheinung tritt. (Bezeichnenderweise lautet der deutsche Name für den insbesondere wegen seines starken Aromas und seiner kräftigen Säure bemerkenswerten Sauvignon Blanc «Muskat-Silvaner».) Wenn die Erträge nicht zu hoch getrieben werden, kann der Silvaner eine neutrale Grundlage bieten, auf der geographisch bedingte Geschmackscharakteristiken gut zur Geltung kommen (siehe TERROIR), doch die Sorte zeichnet sich weder durch Langlebigkeit noch durch besonders hohe Mostgewichte aus.

Die feinsten Silvaner kommen größtenteils aus Franken, wo der Riesling nur mit Schwierigkeiten zur Reife gelangt. Hier hat sich der in Deutschland wie in Kalifornien auch gelegentlich als Franken-Riesling bezeichnete Silvaner seine Popularität bewahrt und bringt erregende Konzentration und sogar hochinteressante liebliche Spätlesen zustande. In anderen Gegenden wird er systematisch durch modischere Rebsorten ersetzt. Der Silvaner ist hinter Müller-Thurgau und Riesling noch immer die drittmeist angebaute Rebsorte Deutschlands, doch die Anbaufläche von 10 000 ha, die er am Ende der 1970er Jahre innehatte, ging in den 1980er Jahren um ein Viertel zurück, und möglicherweise wird er in den 1990er Jahren vom Spätburgunder überholt. Etwa die Hälfte der deutschen Silvaner-Bestände befindet sich in Rheinhessen (hier gibt es im Norden des Anbaugebiets einige besonders gut geeignete Lagen), die andere Hälfte steht größtenteils in Franken und der Pfalz.

In Anbetracht der verläßlich frühen Reife und guter Erträge ist der Silvaner auch als Grundlage vieler deutscher Neuzüchtungen herangezogen worden, u. a. BACCHUS, EHRENFELSER, MORIO-MUSKAT, OPTIMA, RIESLANER und SCHEUREBE. Er ist gut an das deutsche Klima angepaßt, in seinen Lagenansprüchen aber weniger vielseitig als Riesling, dafür in vielen Fällen rentabler als dieser. Der **Blaue Silvaner**, eine Lokalspezialität in Württemberg, stellt eine Mutation mit dunklen Beeren dar.

Außerhalb Deutschlands kommt dem Silvaner in der TSCHECHISCHEN REPUBLIK relativ große Bedeutung zu, in SLOWENIEN und um den Plattensee in UNGARN wird er noch angebaut, und in RUSSLAND ist er wegen seiner frühen Reife geschätzt. Auch in Südtirol wird er kultiviert und erbringt leichte, säuerliche Weine, die jung getrunken sein wollen.

Im Wallis in der Schweiz, wo der Sylvaner die zweitmeist angebaute Rebsorte darstellt, heißt er Johannisberg oder auch Rhin bzw. Gros Rhin (im Gegensatz zu Petit Rhin als Synonym für Riesling); hier erscheinen seine Weine im Vergleich mit dem in der französischen Schweiz so stark verbreiteten CHASSELAS ausgesprochen üppig. Bei späterer Reife als Chasselas entstehen an warmen Stellen, z. B. in Chamoson und Leytron, Weine mit kräftigerem Körper, mehr Charakter und schöner Rasse.

Trotz ihres so nützlich hohen Säuregehalts wird die Sorte in der Neuen Welt nicht oft angebaut; 1991 gab es in Kalifornien noch 75 ha Sylvaner, hauptsächlich in Monterey, und in Australien betrug die Sylvaner-Anbaufläche knapp 120 ha.

SIMON, ANDRÉ LOUIS (1877–1970) A. L. S. war fast die ganze erste Hälfte des 20. Jh. hindurch die charismatische Leitgestalt des englischen Weinhandels und weitere zwanzig Jahre lang der große alte Herr unter den weinkundigen Literaten. In 66 Jahren schrieb er 104 Bücher. 33 Jahre lang war er einer der führenden Champagnerhändler Londons und weitere 33 Jahre aktiver Präsident der Wine & Food Society. Obwohl er seit seinem 25. Lebensjahr in England lebte, blieb er doch stets Franzose. Er war Offizier der französischen Ehrenlegion und Inhaber des Order of the British Empire.

Geboren wurde A. L. S. in St-Germain-des-Prés zwischen der Brasserie Lipp und den Deux Magots (die Straße ist inzwischen abgebrochen worden) als zweiter von fünf

Söhnen eines Landschaftsmalers, der in Ägypten an einem Hitzschlag starb, als seine Kinder noch klein waren.

Von Anfang an war Simons Ehrgeiz auf den Journalistenberuf gerichtet. Mit siebzehn wurde er nach Southampton geschickt, um Englisch zu lernen, und dort begegnete er Edith Symons, deren ganzes Streben darauf gerichtet war, in Frankreich zu leben. Die beiden heirateten 1902 und lebten 63 Jahre glücklich miteinander. A. L. S. war sein Leben lang ein Mann von sicherem Urteil, steter Beharrlichkeit und großer Hingabe.

Er war auch ein Mann mit gewaltigem Charme, das wahre Vorbild seiner eigenen Beschreibung eines guten Champagnerhändlers: «Er muß eher ein guter Mixer als ein guter Verkäufer sein, darf weder ein Abstinenzler noch ein Säufer sein, muß jeden Tag Champagner trinken können, ohne daß er ihn satt bekommt oder süchtig danach wird.»

Er wurde also Champagnerhändler, der Londoner Vertreter des führenden Hauses Pommery, und zwar weil sein Vater mit der Familie Polignac befreundet gewesen war. Auf diese Weise schlug er für die Dauer von dreißig Jahren inmitten des Londoner Weinhandels, 24 Mark Lane, seinen Geschäftssitz auf. Von hier aus verkaufte er nicht nur Champagner, sondern verschaffte auch seiner Stimme als Journalist, Gelehrter und Lehrer Geltung.

Er war noch keine vier Jahre in London ansässig, da schrieb er bereits sein erstes Buch, *The History of the Champagne Trade in England*, in Fortsetzungen für die *Wine Trade Review*. Dem Herausgeber A. S. Gardiner kommt das Verdienst zu, Simons englischen Prosastil geformt zu haben: unverkennbar charmant, stattlich und zugleich etwas schrullig. Er sprach Englisch wie er es schrieb: mit einer Vorliebe für bilderreiche Ausdrucksweise, sogar für kleine Parabeln – doch mit einem unaustilgbaren französischen Akzent, der so sehr zu seiner Persönlichkeit gehörte wie seine untersetzte Gestalt und sein lockiges Haar.

Seiner ersten Geschichtsdarstellung folgte rasch eine Fortsetzung: *The History of the Wine Trade in England from Roman Times to the End of the 17th Century* in drei Bänden, erschienen 1906, 1907 und 1909 – das beste und originellste Werk unter seinen über hundert Büchern. Niemand, und schon gar nicht ein junger Mann, der in einer anderen als seiner Muttersprache arbeitete, hatte sich je mit diesem Thema so tiefschürfend durch Lesen, Nachdenken und Schreiben auseinandergesetzt. Dies verlieh ihm unmittelbar eine Sonderstellung als naturgegebener Sprecher für den Wein, eine Rolle, die er mit höchster Energie verfolgte, indem er sich mit Freunden zusammentat und 1908 den Wine Trade Club gründete, in dessen Rahmen er sechs Jahre lang Weinproben veranstaltete und technische Lektionen einer bis dahin nie dagewesenen Art erteilte – gewissermaßen als Vorläufer des Institute of MASTERS OF WINE, 45 Jahre vor dessen Entstehung. 1919 veröffentlichte er die *Bibliotheca vinaria*, einen Katalog der Bücher, die er für den Club gesammelt hatte – er umfaßte 340 Seiten.

Der 1. Weltkrieg machte diesem geselligen Treiben voller Diners, Vorträge, Büchersammeln und Amateurtheateraufführungen doch ein Ende. Noch bevor der Krieg ausbrach, begab sich Simon als Freiwilliger nach Frankreich, und er diente die ganzen vier Kriegsjahre in der französischen Artillerie, wo er zunächst als «un homme de lettres» zum Regimentspostmeister und später zum Verbindungsoffizier mit den Briten in Flandern und an der Somme gemacht wurde. Es war auch in Flandern, wo der unverbesserliche Schreiber seinen Bestseller verfaßte: *Laurie's Elementary Russian Grammar;* es wurde vom Heeresministerium in großer Auflage gedruckt, in der frommen Hoffnung, der Tommy – der britische Soldat – würde daraus vielleicht Russisch lernen.

1919 kaufte Simon die beiden Häuser, in denen er für den Rest seines Lebens wohnen sollte: 6 Evelyn Mansions in der Nähe der Westminster Cathedral (wohin er täglich zur Messe ging) und Little Hedgecourt, ein Landhaus mit 11 ha Besitz an einem See bei Felbridge in Surrey. Dort gärtnerte er, legte einen Cricketplatz und ein Freilichttheater an und baute das Landhaus für seine Familie mit fünf Kindern aus. Dazwischen lagen Reisen nach Afrika und Südamerika, wo er Pommery verkaufte, bis es ihm 1933 mitten in den heftigen Kursschwankungen zwischen Francs und Pfund, als England das Gold als Währungsbasis aufgab, plötzlich unmöglich wurde, seine Champagnerbestände zu bezahlen, und Pommery kurzerhand die 33jährige Zusammenarbeit aufkündigte.

Simon begann mit 55 ein zweites Leben: das eines Sprechers für Wein und Speisen in harmonischer Verbindung. Mit Freunden zusammen hatte er bereits den SAINTSBURY CLUB zu Ehren des greisen Autors von *Notes on a Cellar-Book* (siehe SAINTSBURY) gegründet. Mit A. J. A. Symons zusammen gründete er nun die Wine & Food Society (heute INTERNATIONAL WINE & FOOD SOCIETY). Ihr erster Lunch (im Elsässer Stil) im Café Royal in London mitten in der Depressionszeit sorgte für Aufsehen. Doch der sichere Erfolg der Society stellte sich mit dem Ende der PROHIBITION in Amerika ein. Gesponsert von der französischen Regierung, reiste Simon mehrmals nach den USA und gründete dort im Dezember 1934 in Boston den ersten Ableger der Wine & Food Society und im Januar 1935 den zweiten in San Francisco.

Nach kurzer Tätigkeit für die Werbeagentur Mather & Crowther kam ihm inzwischen der Gedanke zu einer in Fortsetzungen zu veröffentlichenden *Concise Encyclopedia of Gastronomy*. Von ihr wurde die unerhörte Menge von 100 000 Exemplaren verkauft. Mit Forschungs-, Schreib- und Herausgeberarbeit (und dem Organisieren von Druckpapier) für die *Encyclopedia* und für das *Quarterly* der Society war er den ganzen 2. Weltkrieg hindurch beschäftigt. Seine Tochter Jeanne zog mit ihrer Familie für die Kriegsjahre und die Zeit danach in Little Hedgecourt ein. Sein Sohn André war Weinkaufmann. Seine drei anderen Kinder zogen sich in religiöse Gemeinschaften zurück.

Simon war als Lehrer besser denn als Geschäftsmann. Freunde und Bewunderer halfen ihm mehrfach aus Schwierigkeiten. Die National Magazine Company gab ihm 1941 in Grosvenor Gardens ein Amt, in dem ihm der Verleger George Rainbird, noch heute in der Mitte Londons in Marble Arch, folgte. 1962 meinte sein Freund Harry Yoxall, für den 85jährigen sei die tägliche Verantwortung für die Society und ihre Zeitschrift nun doch zu sehr eine Last, und kaufte ihm den Titel für Condé Nast Publications ab. Aber selbst mit über 90 Jahren war Simon noch ein ausgezeichneter Gesellschafter bei Diners und gab kleine Picknicks für Freunde an seinem See im Wald.

Sein letztes Buch, *In the Twilight*, das er im letzten Winter seines Lebens schrieb, 1969, stellte eine Neuauflage seiner 1957 veröffentlichten Memoiren *By Request* dar. An dem Tag, der sein hundertster Geburtstag gewesen wäre, am 28. Februar 1977, stießen 400 Gäste im Hotel Savoy in London auf sein Andenken mit einem Bordeaux an, den er für diese Gelegenheit hinterlassen hatte: einem 1945er Château Latour. H. J.

SIRAH Synonym für PETITE SIRAH in Südamerika; nicht zu verwechseln mit der echten Syrah von der nördlichen Rhône.

SIZILIEN Die große Insel mit ihrem warmen Klima vor der Südspitze des italienischen Stiefels hat im Weinbau große Bedeutung.

Antike

In überraschendem Gegensatz zu den heutigen Verhältnissen war Sizilien das ganze klassische Altertum hindurch berühmt für seine landwirtschaftlichen Produkte und nicht zuletzt auch durch seinen Wein. Die Ansiedlung von Griechen im 8. Jh. v. Chr. in um die ganze Insel herum verteilten Kolonien bildete für den Weinbau unbestreitbar einen großen Ansporn. Blühende Weinberge sind im 5. Jh. v. Chr. in der griechischen Siedlung Akragas (Agrigento) bezeugt. Sizilien hat sicherlich auch für die Entwicklung des Weinbaus auf der italienischen Halbinsel eine wichtige Rolle gespielt (siehe ITALIEN). Reben aus Morgantina und Tauromenium wurden nach POMPEJI und um den Vesuv, in die Colli ALBANI und in das südliche Etrurien verpflanzt, wo sie um 200 v. Chr. bereits fest etabliert waren (Plinius, *Naturgeschichte* 14.25, 35 und 38). Das beachtlichste Merkmal der sizilianischen Weine war ihre Süße. Die berühmtesten konnten sich ohne weiteres mit italischen Gewächsen messen, so der Mamertiner, ein süßer, leichter Wein aus dem Nordosten der Insel um Messina, und ein ganz ähnlicher Wein aus Tauromenium (Taormina), es gibt aber auch Belege für Weinerzeugung entlang der Ostküste um den Ätna, bei Catania und in der Gegend von Syrakus. Auch auf der übrigen Insel wuchsen Reben, im Landesinneren die Murgentina aus Morgantina (Serra Orlando). Inschriften auf AMPHOREN bezeugen den sogenannten «mesopotamischen» Wein von der Südküste bei Gela. Sizilianische Weine wurden auch exportiert (Hinweise auf den Tauromenium beispielsweise sind auf Amphoren zu finden), wie bedeutend der Handel aber war, ist nur schwer zu beurteilen, da die Identifizierung sizilianischer Amphoren noch immer Probleme bereitet. J. J. P.

Wilson, R. J. A., *Sicily under the Roman Empire* (Warminster, 1990).

Mittelalter

Das ganze Mittelalter hindurch war Getreide das wichtigste Exportprodukt Siziliens. Dort wuchs ausgezeichneter, harter Weizen mit hohem Glutengehalt, der im Frachtraum eines Schiffes auf einer langen Seereise nicht in Gärung geriet. Infolge geringer Erträge war er zugleich ein Luxusgut, das auf den Märkten Italiens und der Levante gefragt war. Auf Sizilien wuchsen aber auch Oliven, Zitrusfrüchte und Wein, doch Weizen hatte den Vorteil, daß in seinem Anbau weniger Kapital gebunden war. Während Oliven- und Zitrusbäume, aber auch Reben jahrelang brauchen, bis sie in Ertrag kommen, läßt Weizen sich schon wenige Monate nach der Aussaat ernten. Das mittelalterliche Sizilien verdankte dem Getreide seinen Wohlstand, Wein aber gehörte nicht zu seinen wichtigsten Handelsprodukten.

Unter der Normannenherrschaft von 1130–1194 war das Land weitgehend unter kleinen Grundbesitzern aufgeteilt, die sich ihren Lebensunterhalt mit Weizenanbau oder in Gebirgsgegenden mit der Viehzucht verdienten. Sie kultivierten freilich auch Reben, doch der Wein aus ihren kleinen Weinbergen war hauptsächlich für den Eigenverbrauch bestimmt. Im Lauf des 14. Jh. wuchs die Nachfrage nach Wein in guter Qualität, und nun breiteten sich die Weinanpflanzungen aus. Sie gehörten zum großen Teil den Feudalherren und dem Landadel und brachten Wein für wohlhabende Sizilianer und für den Export hervor. Die wichtigsten Weinbauorte lagen an der Nordost- und Ostküste: Cefalù, Patti, Aci, Catania, Augusta und Syrakus. Hier entstanden nicht nur große Weinüberschüsse, sie konnten auch ohne weiteres nach Messina verschifft werden, von wo aus sie nach Afrika und in die Levante weiterbefördert wurden. Von Patti aus ging Wein nach Konstantinopel, und Syrakus trieb Handel mit dem nahegelegenen MALTA. Messina bezog jedoch auch Wein aus KALABRIEN und lieferte ihn dann in den Norden Italiens weiter, aber auch sizilianische Weine wurden von Messina und Palermo aus nach den oberitalienischen Städten versandt.

Palermo war die größte und bedeutendste Stadt Siziliens. Zu Beginn des 14. Jh. zählte sie wie NEAPEL 100 000 Einwohner. In ganz Europa waren nur VENEDIG und Mailand mit je 200 000 Einwohnern größer. In Palermo und seiner näheren Umgebung konnte nie genug Wein wachsen, um den Bedarf der Stadt und ihren Export zu decken, also wurde von Neapel und Kalabrien her Wein eingeführt – das war zwar billiger als der Überlandtransport von der Ostküste Siziliens her, aber damit zog sich Palermo den Unwillen der Bürger von Catania zu.

Vom Ende des 14. Jh. an gelangte immer mehr Weinbergbesitz um Palermo, Messina und Catania in die Hand der oberen Klassen, und dieselbe Entwicklung vollzog sich nach 1400 auch bei den Schenken. Auch im 15. Jh. wurde Wein vor allem in der Nähe von Häfen erzeugt: Aci, Catania, Messina, Taormina sowie Trapani im Westen. Landeinwärts waren überdies Noto und Randazzo bedeutende Weinbaugebiete. Der bei weitem größte Teil des Exports ging über Messina, aber auch Francavilla, Patti, Trapani und Palermo hatten Anteil am Außenhandel mit Wein.

Die aus Sizilien exportierten Weine gehörten fast alle der starken, süßen Art an, die eine lange Seereise überstehen konnte, also VERNACCIA und Muscatello. Weitere durch Urkunden belegte Namen von Weinen sind Mantonico (auch Mantonicato) in Rot oder Weiß, der Weißwein Cuctumini und schließlich Mamertino, dessen Name sich von dem – wie PLINIUS berichtet (*Naturgeschichte* 14.66) – in Messina produzierten klassischen Mamertinum herleitete.

Siehe auch NEAPEL. H. M.

Epstein, S. R., *An Island for Itself: Economic Development and Social Change in Medieval Sicily* (Cambridge, 1992).
Matthew, D., *The Norman Kingdom of Sicily* (Cambridge, 1992).

Moderne Weine und andere Produkte der Rebe

Sizilien mit seiner Rebfläche von über 200 000 ha und einer durchschnittlichen Jahresproduktion von über 10 Millionen hl Wein hat nur APULIEN als Rivalen um die Position als ertragsstärkste Weinbauregion Italiens, das mit seinen Erträgen oft an der Spitze aller Länder der Erde steht. Allein in der Provinz Trapani im Westen entstehen jährlich fast 4,5 Millionen hl und damit mehr, als in sechzehn der zwanzig Regionen Italiens an Wein erzeugt wird. Die bei den hohen Sommertemperaturen ohne weiteres erzielbare Farbe und Alkoholstärke brachte beispielsweise Frankreich, vor allem nach der Unabhängigkeit Algeriens, wertvollen Verschnittwein für den eigenen allzu leichten VIN DE TABLE. In jüngerer Zeit führten jedoch die Wirtschaftskrise und die Verringerung der Nachfrage nach Verschnittweinen zu einem starken Rückgang der Jahresproduktion auf (für sizilianische Verhältnisse kärgliche) 7,7 Millionen hl im Jahr 1990.

Geographie und Klima – gebirgiges Terrain mit mageren Böden, intensiver Sommerhitze und wenig Niederschlag – machen die Insel zu einem idealen Gebiet für die klassische Kombination von Getreide, Oliven und Wein. Siziliens Weinbau kommt in den Genuß einer ganzen Reihe von naturgegebenen Vorteilen, die noch nicht voll ausgeschöpft sind: HANGLAGEN in exzellenter Ausrichtung, reichlich SONNENLICHT und hohe TEMPERATUREN für volle Traubenreife, günstige HÖHENLAGE (es ist durchaus nicht ungewöhnlich, selbst noch 500–900 m über dem Meeresspiegel florierende Weinberge anzutreffen), nützliche TEMPERATURUNTERSCHIEDE zwischen Tag und Nacht und eine ganze Palette einheimischer REBSORTEN mit echter Persönlichkeit. Die Konzentration auf Quantität anstatt Qualität, die zwischen 1960 und 1987 systematisch von der Regionalregierung durch Zuschüsse zur Umwandlung des traditionellen GOBELET-Erziehungssystems in ertragreichere Drahtrahmen- oder TENDONE-Formen gefördert und ebenso systematisch durch den Einsatz von BEWÄSSERUNG und DÜNGEMITTELN verstärkt wurde, hat dem sizilianischen Weinbau nicht wenig Schaden zugefügt und zu chronischer Überproduktion, sinkenden Preisen und zunehmender Unverkäuflichkeit der Weine geführt.

Die Statistik der ERTRÄGE ergibt ein aufschlußreiches Bild: Nach einem jährlichen Durchschnitt von 5 t/ha zu Beginn der 1960er Jahre wurden 1968 bereits 7 t erreicht, 1973, 1978 und 1980 wurden 9 t überschritten, und 1979 lag der Durchschnitt für die Insel bei über 10 t. Das Streben nach hohen Erträgen ohne einen erkennbaren Absatzmarkt hat einen großen Teil des sizilianischen Weinbaus dazu veranlaßt, auf nichts weiter als anonyme Verschnittweine abzuzielen (obwohl durch die verstärkten Hektarerträge nun auch die Alkoholstärke des sizilianischen Weins Einbußen erlitt: 81 % der Weine lagen 1952 zwischen 13 und 15 %, 1975 aber hatten die meisten Weine nur noch zwischen 10 und 15 % Alkoholgehalt aufzuweisen). Ein großer Teil des sizilianischen Ertrags ist auch von vornherein zur Umwandlung in TRAUBENKONZENTRAT oder REKTIFIZIERTES TRAUBENMOSTKONZENTRAT bzw. zur Zwangsdestillation vorgesehen.

Dessenungeachtet schälte sich in den 1970er und 1980er Jahren doch eine Reihe qualitätsorientierter sizilianischer Weinerzeuger heraus, und ihre Weine hatten keine großen Schwierigkeiten, auf nationalen und internationalen Märkten einen guten Platz zu erobern. Die DOC-Produktion ist noch immer gering, meist weit unter 5 % der Gesamterzeugung (allerdings ist diese Ziffer stark beeinflußt durch den Niedergang des MARSALA, des einzigen bisher quantitativ bedeutenden DOC-Weins der Insel). Hierbei ist jedoch zu beachten, daß ein beträchtlicher Teil der besseren Weinerzeuger Siziliens freiwillig oder unfreiwillig außerhalb des DOC-Systems operiert. Das große, von der Regionalregierung betriebene Handelshaus Duca di Salaparuta, zwei der führenden privaten Weingüter, Regaleali und Terre di Ginestra, sowie die WINZERGENOSSENSCHAFT Settesoli, die größte Siziliens, sind Beispiele für Betriebe, die ihre Weine als VINO DA TAVOLA auf den Markt bringen.

Klassische Darstellungen des sizilianischen Weinbaus ordnen den Westen als Erzeugungsgebiet für Weißwein und den Osten für Rotwein ein. Andrea Bacci beschreibt in seiner *Naturalis vinorum historia* aus dem Jahr 1596 den Wein von Palermo als «leicht, weiß und anmutig im Geschmack». Heute wird der Weinbau Siziliens üblicherweise in sieben Zonen eingeteilt, die jeweils mit einer dominierenden Rebsorte zusammenfallen: die ZIBIBBO-Zone besteht aus der Insel Pantelleria (siehe MOSCATO DI PANTELLERIA), die Zone der Weißweinrebsorten CATARRATTO und GRILLO umfaßt die Provinz Trapani und insbesondere die DOC-Zonen Marsala und Alcamo (allerdings werden die beiden Rebsorten auch weiter nordwärts bis Calatafimi und Castellamare del Golfo kultiviert), die Zone für PERRICONE und INZOLIA ist die Provinz Agrigento, die Zone für NERO D'AVOLA und Frappato wird von der Provinz Ragusa gebildet, die Zone für NERELLO Mascalese erstreckt sich auf die Provinz Messina sowohl an den Hängen des Ätna als auch im Nordosten, und die Zone für MALVASIA bezieht sich auf die Äolischen Inseln einschließlich Lipari. Diese Einteilung ist natürlich nur grob, und es dürfte auch keine Schwierigkeiten bereiten, beispielsweise Inzolia in der Provinz Trapani zu finden; Inzolia, Nero d'Avola und Perricone werden auch im Zentrum der Insel, im Südosten der Provinz Palermo und in der Provinz Caltanissetta kultiviert.

Unter den weißen Trauben, die hier weit verbreiteter angebaut werden als Rotweinrebsorten, gelten Inzolia (auch Ansonica) und Catarratto allgemein als die qualitativ hochwertigsten; der etwas neutrale Grillo eignet sich am besten für die Produktion von Marsala. Bislang zeichnet sich Inzolia regelmäßig durch leichteren, duftigeren Wein aus, Catarratto durch vollere und würzigere Art – obschon es bei beiden im Hinblick auf richtige Vergärung und Alterung noch viel zu lernen gäbe. In jüngerer Zeit durchgeführte Experimente mit Inzolia haben eine gewisse Eignung für neue Eichenfässer zutage gefördert, und sowohl Inzolia als auch Catarratto aus kühleren höheren Lagen zeigen bei Verarbeitung in modernen Kellereien mit entsprechender KÜHLTECHNIK eine fruchtige und blumige Art, die den Weinen aus Friaul und Südtirol recht nahe kommt.

Nero d'Avola ist unbestreitbar eine Rotweinrebsorte mit sehr großem Potential; sie kann Weine mit großer Fülle, schönem Gefüge und langer Lebensdauer hervorbringen, die zudem gutes Aroma und einige Komplexität aufweisen; durch Ausbau in neuen Eichenfässern sind schon Weine entstanden, die sich mit den besten Süditaliens, z. B. AGLIANICO DEL VULTURE oder TAURASI, messen können. Frappato liefert in seiner klassischen Zone Vittoria fruchtige Weine mit pfefferigem Beerenaroma wie bei RHÔNE-Wein. In Verbindung mit Nero d'Avola (das anerkannte Mischungsrezept für den Cerasuolo di Vittoria) ergibt er volleren Wein mit besserer Ausbaufähigkeit. Auch Nerello Mascalese gilt als Rotweinrebsorte mit einigem Potential, doch die Gegend um den Ätna hat an den allgemeinen Verbesserungen der 1980er Jahre keinen Anteil gehabt, und es sind keine Weine oder Weinbaubetriebe in den Vordergrund getreten, die zeigen könnten, was diese Traube in Bestform zu bieten hätte.

Sizilien hatte früher auch eine große Reputation für SÜSSWEIN, und neuerdings wird versucht, hieran wieder anzuknüpfen; allerdings scheint der einst berühmte Moscato di Siracusa unwiederbringlich ausgestorben zu sein, und mit dem Moscato di Noto ist es fast ebensoweit. Der Moscato di Pantelleria ist inzwischen mit überzeugenden Beweisen der ihm eigenen Qualität wieder auf den Markt zurückgekehrt, und der in den 1980er Jahren in Erscheinung getretene Malvasia delle Lipari von Carlo Hauner hat bewiesen, daß auch die Reputation dieses Weins durchaus nicht allein auf einem Mythos beruhte. D. T.

SIZZANO DOC-Bereich für Rotwein in den Novara-Bergen im Norden von PIEMONT (Nordwestitalien). Der Anteil der NEBBIOLO-Traube am Sizzano ist im allgemeinen geringer als im Gattinara, im LESSONA und im BRAMATERRA, die in den Vercelli-Bergen auf dem gegenüberliegenden Ufer des Flüßchens Sesia wachsen. Der Sizzano ist auch meist fülliger und früher trinkreif als seine nördlicheren Nachbarn in den Novara-Bergen, GHEMME und BOCA, nur der FARA ist oft noch leichter. Siehe auch unter SPANNA, dem hier üblichen Namen für Nebbiolo.

SKANDINAVIEN Von den unter diesen Sammelbegriff fallenden nordeuropäischen Ländern Norwegen, Schweden, Dänemark, Finnland und Island hat nur Dänemark eine liberale Einstellung gegenüber alkoholischen Getränken und ihrem Verkauf. In allen übrigen geschieht der Vertrieb von Wein durch Staatsmonopole, was zu einer Beschränkung der Auswahl führt. Hohe Steuern machen das Los der skandinavischen Weinfreunde noch härter, allerdings bieten die kühlen Keller in allen diesen Ländern ausgesprochen gute Voraussetzungen für sehr langsame FLASCHENALTERUNG eingelagerter Weine. Für den Weinbau ist das Klima zu kalt, doch den Weingenuß beeinträchtigt es nicht.

SKYTHIEN Der Name wurde zu verschiedenen Zeiten für verschiedene Gegenden benutzt; für HERODOT war Skythien Südosteuropa zwischen den Karpathen und dem Don, d. h. große Teile des heutigen RUMÄNIEN und der UKRAINE einschließlich der KRIM. Die **Skythen** waren Nomaden. Römische Autoren bezeichneten oft das ganze nördliche Asien als Skythien.

SLOWAKEI oder **Slowakische Republik.** Der östliche Teil der ehemaligen TSCHECHOSLOWAKEI, heute ein unabhängiger Staat, dessen Identität im Weinbau noch der Gestaltung bedarf.

SLOWENIEN Das Land im Nordwesten des ehemaligen JUGOSLAWIEN erlangte 1991 als erstes seine Unabhängigkeit als Republik. Es unterteilt sich in drei Weinbauregionen: Littoral westlich der Berge an der italienischen Ostgrenze – hier entstehen etwa 45 % des slowenischen Weins; der Osten im Drava-Tal (Podravski) – auf ihn entfallen etwa 40 % der Produktion – und das zentrale südliche Gebiet im Sava-Tal (Posavski), dem entsprechend geringere Bedeutung zukommt. 1993 verfügte Slowenien über eine Rebfläche von rund 21 000 ha, weit weniger als die 50 000 ha um die Jahrhundertwende, als Slowenien ein bedeutendes Weinerzeugerland im österreichisch-ungarischen Kaiserreich war.

Die beiden größeren Weinbauregionen sind stark durch ihre jeweiligen Nachbarn beeinflußt. Obwohl in der Region Littoral weit mehr Rot- als Weißwein produziert wird, stellt sie doch eigentlich eine Verlängerung des COLLIO dar, das erst nach dem 1. Weltkrieg zu Italien kam. Das Drava-Tal andererseits unterliegt starken österreichischen Einflüssen durch die Gepflogenheiten, wie sie jenseits der Grenze in der Südsteiermark (siehe ÖSTERREICH) herrschen; sogar interessante BEERENAUSLESEN und EISWEIN entstehen hier. Es ist waldreiches, bergiges Land mit gemäßigtem Klima und oft steilen, manchmal terrassierten Weinbergen auf TON- und KALKSTEIN-Boden, ideal geeignet für die Erzeugung relativ zarter, fruchtiger Weißweine. In der Region Littoral ist das Weinbauterrain unterschiedlich, von steilen Terrassen auf Kalksteingrund um Nova Gorica bis zu einem 300 m hohen Plateau nahe der Grenze zu KROATIEN, wo roter Boden über Kalkstein liegt.

Der Bürgerkrieg zu Beginn der 1990er Jahre brachte das Ende des traditionellen Absatzmarkts für slowenischen Wein, nämlich die dalmatinische Küste mit ihrem Fremdenverkehr. Für den Überschuß an QUALITÄTSWEIN in der neuen Republik mußten dringend neue Märkte erschlossen werden (die Slowenen selbst trinken eher schlichten Wein – sogar importierten).

Der größte Teil des Weins wird von alten, zentralisierten, oft nur schlecht ausgerüsteten Genossenschaftskellereien produziert, inzwischen aber steigt die Zahl der oft ambitionierten privaten Erzeuger. Große Fässer aus alter slowenischer Eiche sind die Regel.

Die Stadt Lutomer in Nordostslowenien gibt einem Markenwein von Laski Rizling (WELSCHRIESLING) den Namen, der einmal in Großbritannien der meistverkaufte Wein war. In dieser Gegend werden auch GEWÜRZTRAMINER (hier Traminec), PINOT BLANC, RIESLING und SAUVIGNON BLANC kultiviert, und Sipon (möglicherweise die ungarische FURMINT-Traube) liefert in seiner Heimat hochgeschätzten trockenen Weißwein. Schon die schlichtesten trockenen Weißweine der Gegend sind oft sehr schön frisch, pikant und aromatisch wie ihre modischeren österreichischen Nachbarn. Vor allem der Sauvignon Blanc hat internationales Potential, und es ist nur zu hoffen, daß auch die sorgfältig bereiteten jungen, trockenen Weine Sloweniens neben den ausdrucksschwächeren, älteren, gesüßten Versionen, die so lange mit dieser Region gleichgesetzt wurden, auf den Exportmarkt gelangen. Manche Weinbaubetriebe hier sind wohl durchaus imstande, dies zu leisten.

Primorski, das Hochplateau in der Region Littoral, ist vor allem durch Rotwein bekannt, insbesondere durch an italienischen Vorbildern ausgerichteten Teran (REFOSCO) und BARBERA – solide, lebendige, tanninherbe Weine, wie die Italiener sie schätzen – sowie CABERNET SAUVIGNON und MERLOT, vermutlich die besten Erzeugnisse der Gegend. Auch einige Weißweine entstehen hier: PINOT BLANC und die Lokalrebsorte Rebula (siehe RIBOLLA) erbringen trokkene Weine; Dessertweine werden dagegen von MALVASIA und Gelbem MUSKATELLER erzeugt. Daneben gibt es auch eine kleine Produktion an PICOLIT (wiederum ein mit FRIULI jenseits der Grenze gemeinsames Merkmal).

Sobald die Weinbereitungstechniken verbessert sein werden, dürften die Weine Sloweniens sich durchaus mit den in ihrer jeweiligen Heimat so hochgeschätzten Gewächsen ihrer Nachbarn in der Steiermark und in Friaul messen können. An Bemühungen fehlt es bei der neuen Winzergeneration jedenfalls nicht, und manche Rebsortenspezialitäten Sloweniens, z. B. Sipon und Zelen, werden sicherlich auf den Exportmärkten freundliche Aufnahme finden. A. H. M.

SMEDEREVKA Im Süden des ehemaligen JUGOSLAWIEN weithin angebaute und beliebte Weißweinrebsorte. Ihren Namen hat sie von der Stadt Smederevo südlich von Belgrad, und sie ist in SERBIEN und der WOIWODINA stark verbreitet. SORTENREINE Weine dieser Traube sind meist trokken, relativ alkoholstark und säurereich, oft aber wird sie mit anderen Sorten verschnitten, vor allem mit LASKI RIZLING. In viel geringerem Umfang wird Smederevka auch in UNGARN angebaut.

SOAVE Der verbreitetste trockene Weißwein aus der Region VENETO in Nordostitalien entsteht in einer Zone, die wie das benachbarte VALPOLICELLA seit der Schaffung des DOC-Bereichs im Jahr 1968 stark erweitert wurde. Fast 5000 ha Rebfläche in der Schwemmlandebene der Etsch wurden der CLASSICO-Zone aufgepfropft, die schon seit 1927 festgelegt ist und heute weniger als 1500 ha Weinberge meist in HANGLAGEN auf verwittertem vulkanischem Felsgestein umfaßt. Dieses Mißverhältnis spiegelt sich in den Produktionsziffern: An Soave Cassico entstehen im Jahresdurchschnitt 180 000 hl gegenüber 550 000 hl im erweiterten Bereich.

Soave wird von WINZERGENOSSENSCHAFTEN beherrscht, in deren Händen 85 % der Erzeugung liegen; sie streben hohes Produktionsvolumen bei niedrigen Preisen an. 1988 wurde der Vorschlag, die Höchsterträge auf 112 hl/ha (plus 20 % Toleranzzuschlag) anzuheben, nach hitziger öffentlicher Debatte abgelehnt. Das Consorzio für Soave reorganisierte sich und brachte revidierte DOC-Regeln heraus, denen zufolge GARGANEGA, die Allerweltstraube von Soave, durch bis zu 30 % CHARDONNAY, PINOT BIANCO oder TREBBIANO di Soave (der fast ganz von dem ertragreicheren, aber weniger interessanten Trebbiano Toscano verdrängt worden war) ergänzt werden darf. Chardonnay, die meistangebaute neue Rebsorte, ist imstande, den manchmal übermäßig krautigen Charakter der zu Übererträgen getriebenen Garganega zu mildern und Körper in Weine einzubringen, die für den Faßausbau bestimmt sind, doch das gelingt nur selten bei den hohen Erträgen, für die das TENDONE-System ausgelegt ist.

Zwar hat die Massenproduktion aus Gegenden, die früher nicht für den Weinbau genutzt wurden, dem Soave das Image eines flachen, neutralen Produkts eingetragen, doch die Gewächse kleiner Erzeuger wie Pieropan und Anselmi beweisen, daß die Garganega-Traube sehr wohl Weine mit echtem Charakter und einer pikanten Art hervorbringen kann, die sich für den Faßausbau gut eignen. Auch Experimente mit BARRIQUES haben vielversprechende Ergebnisse gebracht, doch diese bleiben vereinzelte Ausnahmen in einer Flut der Mittelmäßigkeit.

In den 1980er Jahren erfuhr der süße RECIOTO di Soave, ein traditionsreicher PASSITO von vorgetrockneten Garganega-Trauben, eine Wiederbelebung. Durch außerordentlich geringe Erzeugungsmengen war er zur Lokalspezialität geworden, doch inzwischen hat ihn die Anerkenntnis, daß es sich bei ihm um einen der feinsten italienischen Dessertweine handelt, auch wieder kommerziell lohnend gemacht.

D. T.

SOGRAPE Das größte Weinerzeugerunternehmen PORTUGALS; es wurde von der Familie Guedes aufgebaut und beruht weitgehend auf dem Erfolg des MATEUS Rosé.

SOLANO-GREEN VALLEY Kleiner AVA-Bereich in KALIFORNIEN bei Fairfield im Solano County zwischen San Francisco und Sacramento. Das Traubengut wird zumeist von bescheidenen Weinbaubetrieben verarbeitet, die ihre Produktion in der Umgebung absetzen.

SOLAR Portugiesischer Ausdruck für ein Gutshaus; dabei kann es sich wie beim französischen CHÂTEAU um ein Weingut handeln.

SOLERA Das am häufigsten in JEREZ zur Erzielung eines gleichmäßigen SHERRY-Stils benutzte System beruht auf dem Verschneiden des Weins über lange Zeiträume hinweg. Seinen Namen hat es von der direkt am Fußboden *(suelo)* liegenden untersten Lage Fässer, aus denen üblicherweise das Endprodukt entnommen wird.

Das System ist dazu bestimmt, die Unterschiede zwischen verschiedenen Jahrgängen auszugleichen; insofern bildet es lediglich eine subtilere und besonders arbeitsaufwendige Version des schließlich auch bei billigem Tafelwein üblichen VERSCHNEIDENS von Weinen aus mehreren Jahrgängen. Im Gegensatz hierzu arbeitet das Solera-System jedoch mit faßgereiften Weinen und besteht aus mehreren Stufen. Je nach Marktnachfrage wird aus der ältesten Stufe des Systems, den Fässern der eigentlichen Solera-Lage, eine gewisse Menge Wein entnommen und sodann durch gleichartigen Wein aus der um ein Jahr jüngeren darüberliegenden Stufe, der sogenannten ersten Criadera, ersetzt (wobei die Fässer jedoch nie ganz gefüllt werden). Diese wird aus den Fässern der nächsten Stufe (der zweiten Criadera) mit wiederum ein Jahr jüngerem Wein aufgefüllt, und so geht es weiter, bis schließlich die jüngste Stufe mit neuem Wein auf den erforderlichen Füllstand gebracht wird. Dieses System ist besonders günstig für Weine, die unter einer FLOR-Schicht reifen, weil durch das Nachfüllen von jüngerem Wein jeweils frische Mikronährstoffe in die Fässer gelangen, so daß die Florhefe über Jahre hinweg am Leben erhalten wird.

Eine große Sherry-Bodega wie diese beherbergt oft mehrere SOLERA-Systeme.

Es dauert viele Jahre, bis eine Solera ein ausgewogenes Durchschnittsalter erreicht. Zahlreiche Soleras in Jerez wurden vor Jahrzehnten begonnen, und da kein Faß je ganz geleert wird, befindet sich immer eine gewisse Menge des ältesten Weins in der Gesamtmischung. Für die vollmundigeren Sherry-Arten AMONTILLADO oder OLOROSO, bei denen die Jahrgangsunterschiede nicht so stark ins Gewicht fallen, sind weniger Stufen erforderlich als für FINO oder MANZANILLA.

Selbst unter Verwendung moderner Pumpen ist die Unterhaltung eines Solera-Systems außerordentlich arbeitsaufwendig, und deshalb ist eine große Solera nur in Gegenden mit relativ bescheidenen Lohnkosten noch rentabel. Ein weiterer Nachteil des Systems liegt in den hohen Vorratshaltungskosten und in der Tatsache, daß der Charakter der

Mischung nicht rasch genug an Änderungen der Nachfrage angepaßt werden kann.

Das Solera-System findet auch beim Verschneiden von BRANNTWEIN, insbesondere von Brandy de Jerez, und für viele andere alkoholangereicherte Weine wie MÁLAGA, MONTILLA, MADEIRA sowie für die australischen Süßweine LIQUEUR MUSCAT und Liqueur Tokay und in der Produktion von feinem ESSIG Anwendung. Trägt ein Etikett beispielsweise die Aufschrift «Solera 1880», dann sollte der Inhalt der Flasche aus einer im Jahr 1880 begonnenen Solera stammen.

Mathematische Berechnungen über das Durchschnittsalter einer Solera und über die für das Erreichen eines Altersgleichgewichts erforderliche Zeit sind bei Baker *et al.* zu finden.

Baker, G. A., Amerine, M. A., und Roessler, E. B., THEORY AND APPLICATION OF FRACTIONAL BLENDING PROGRAMS, *Hilgardia*, 21 (1952), 383–409.

SOMMELIER Die immer mehr in Mode kommende Bezeichnung für den Weinkellner, dessen Aufgabe es ist, für das korrekte Servieren aller Weine zu sorgen sowie den Gast über alle auf der Weinkarte des Restaurants aufgeführten Weine und ihre Abstimmung mit den angebotenen Gerichten zu beraten. In vielen Häusern ist der Sommelier auch für die Zusammenstellung der Weinkarte, für den Weineinkauf und die Führung der Kellerbestände zuständig. (Leider verfügen heute allzu wenige Restaurants noch über eine seriöse eigenen Kollektion an Weinen; allerdings gibt es von dieser Regel erfreuliche Ausnahmen wie etwa das Tour d'Argent in Paris mit seinem nur wenige Schritte von der Seine entfernten Weinkeller und das Taillevent, dessen Weinkeller derartige Ausmaße angenommen hat, daß ein Einzelhandelsverkauf daran angeschlossen werden konnte.)

Ein Sommelier soll dem Gast den bestellten Wein zeigen, bevor die Flasche geöffnet wird, um sicherzugehen, daß es kein Mißverständnis gegeben hat (und damit der Gast sich überzeugen kann, daß der Jahrgang seinen Erwartungen entspricht). Die Flasche sollte vor den Augen des Gasts geöffnet werden, und wenn der Wein dekantiert werden muß (was ein guter Sommelier auf jeden Fall anbieten sollte), dann muß dies ebenfalls in aller Öffentlichkeit geschehen.

Manche Sommeliers überreichen dem Gast den Korken, damit er den Geruch prüfen kann. Das ist zwar gut gemeint, aber kein sicherer Hinweis darauf, ob der Wein einen FEHLER hat. Manchmal findet man unter recht unangenehm riechenden Korken ganz sublime Weine vor und umgekehrt.

Eine sicherere Möglichkeit festzustellen, ob die betreffende Flasche zu den wenigen mit einem Mangel behafteten gehört (am häufigsten kommt KORKENGESCHMACK vor), ist der kleine Probeschluck, den der Sommelier dem Gast eigens zu diesem Zweck anbietet. Auf den ersten Blick wird erkennbar, ob der Wein nicht etwa trübe oder glanzlos ist oder gar unberechtigterweise schäumt. Ein kurzes Schnuppern genügt, um sich davon zu überzeugen, daß der Geruch «sauber» ist. Nur selten wird man der Versuchung widerstehen, nun auch einen Schluck zu probieren, eigentlich aber ist das überflüssig, denn die üblichen Fehler sind mit dem Auge oder der Nase ohne weiteres feststellbar.

In vielen Ländern gibt es eigene Sommelier-Verbände, die oft Lehrgänge, Prüfungen und Wettbewerbe organisieren. Bei einer solchen Veranstaltung wetteifern französische Sommeliers mit ihren Kollegen aus aller Welt um den Titel Meilleur Sommelier du Monde (bester Weinkellner der Welt), der den Gewinner bei der allgemeinen Verehrung für die Kennerschaft eines Sommeliers in Sphären erhebt, die schon gar nicht mehr von dieser Welt zu sein scheinen.

SOMMERSCHNITT Der wahlweise durchzuführende Arbeitsvorgang dient der Qualitätsverbesserung durch Quantitätsminderung. Siehe auch REBSCHNITT und BEHANGAUSDÜNNUNG.

SOMONTANO Weinbaubereich in den Ausläufern der Pyrenäen in ARAGÓN (Nordostspanien). Somontano (wörtlich «unter den Bergen») ist einer der eindrucksvollsten der in jüngerer Zeit festgelegten (und sonst oft nicht gerade umwerfenden) DO-Bereiche Spaniens. In auffallendem Gegensatz zu weiten Teilen des Landesinneren sieht Somontano wahrhaftig wie ein Weinbauland aus. Die von kräftigen winterlichen Niederschlägen stammende Feuchtigkeit wird durch viele Bäche und Flüsse ergänzt, die aus dem Gebirge strömen, so daß selbst im Sommer, wenn die Temperaturen bis auf 35 °C steigen, die Felder grün und üppig dastehen.

Eine einzige große WINZERGENOSSENSCHAFT verarbeitet über 80 % des Weins der Gegend. Die Rebsorten Moristel (angeblich verwandt mit dem in der spanischen Levante angebauten MONASTRELL) und GARNACHA sind bei den kleinen Winzern hier am beliebtesten und liefern das Rückgrat für die traditionellen Somontano-Rotweine. Seit dem Ende der 1980er Jahre sind jedoch mit Unterstützung der Regionalregierung von Aragón Versuchsweinpflanzungen angelegt worden, in denen neue Rebsorten, vor allem TEMPRANILLO, aber auch CABERNET SAUVIGNON, MERLOT und sogar PINOT NOIR im relativ kühlen Klima von Somontano erprobt werden. Zu den traditionellen Weißweinrebsorten VIURA und Alcañón sind inzwischen auch CHARDONNAY, CHENIN BLANC und GEWÜRZTRAMINER hinzugekommen. Zu Beginn der 1990er Jahre stand den Fortschritten in den Weinbergen noch immer ein Rückstand bei den Investitionen in Kellertechnik und Bereitungsanlagen gegenüber, aber dennoch waren bereits einige herausragende Weine zu verzeichnen. R. J. M.

SONNENBRAND Verbrennungserscheinungen durch eine starke Sonneneinstrahlung können an Trauben Schäden verursachen. Der klassische Sonnenbrand zeigt sich an einem runden Fleck verbrannter Beerenhaut auf der der Sonne zugewandten Seite und tritt als Folge des Zusammenwirkens von kräftiger Sonneneinstrahlung, hoher Lufttemperaturen und schwacher Luftbewegung ein. Im «Brennpunkt» kann die Temperatur bis zu 12 °C über der Temperatur der umgebenden Luft liegen. Das geschädigte Gewebe stirbt ab und sinkt ein, eine Erscheinung, die in Kalifornien nach der dafür besonders empfindlichen Tafeltraubensorte «Almeria Spot» genannt wird. Am empfindlichsten sind Beeren, die lange Zeit beschattet waren und deren Haut sich, wenn sie der Sonne ausgesetzt wird, nur allmählich an die neuen Verhältnisse gewöhnt. Auch liegt die Sonnenbrandempfindlichkeit höher in Weinbergen, die mit WASSERSTRESS zu kämpfen haben. Durch das Zusammenwirkung von sehr hohen Lufttemperaturen und direkter Sonneneinstrahlung können vor allem die ungeschütztesten Trauben bei Wasserstreß und starker Verdunstung einsinken und schrumpfen.

Kräftige Pigmentierung von Trauben durch Sonneneinstrahlung wird ebenfalls oft als Sonnenbrand bezeichnet. Dies tritt besonders bei bestimmten Weißweinrebsorten deutlich in Erscheinung, wobei sich die Beerenhaut gelegentlich tiefgelb bis bräunlich verfärbt. Inwiefern dies der Beere schadet, ist umstritten. Eventuell sind solche Beeren kleiner, und es ist schon nachgewiesen worden, daß dergestalt beeinflußte Frucht bessere Qualität für Tischwein erbringt (siehe auch LAUBDACHMIKROKLIMA). R. E. S.

Winkler, A. J., et al, *General Viticulture* (2. Aufl., Berkeley, Calif., 1974).

SONNENLICHT Die eigentliche Energiequelle für alles Leben ist auch für die Entstehung von Wein unabdingbar. Durch die PHOTOSYNTHESE nutzen Pflanzen einen Teil dieser Energie, um aus KOHLENDIOXID aus der Luft und WASSER aus der Erde ZUCKER zu gewinnen. Dieser bildet den Grundbaustein für alle übrigen pflanzlichen Produkte und die unmittelbare Energiequelle für alle in der Pflanze stattfindenden biochemischen Prozesse, die über die RESPIRATION wieder zurück zu Kohlendioxid und Wasser führen.

In der Klimatologie wird die Sonneneinstrahlung mit Hilfe einer als Lupe wirkenden Glaskugel gemessen, die das Licht sammelt und auf einen darunter befindlichen Papierstreifen wirft. Die Länge des versengten Streifens, der sich auf dem Papier bildet, wenn die Sonne am Himmel weiterwandert, zeigt die Dauer der ungehinderten Sonneneinstrahlung an. Diese Messung der Sonneneinstrahlungsstunden hat in der Anwendung auf die Klimatologie der Weinrebe ihre Begrenzungen. Bei ständiger Einstrahlung tritt schon bei etwa einem Drittel der durchschnittlichen Sonnenlichtintensität in den Blättern Lichtsättigung ein; von nun an werden andere Prozesse in der Pflanze oder andere Umgebungsfaktoren für das Pflanzenwachstum und den Reifevorgang unmittelbarer bestimmend – in kühlem Klima ist in dieser Hinsicht die TEMPERATUR der wichtigste Faktor.

Darüber hinaus kann Sonnenlicht die Photosynthese wenn auch in abnehmendem Ausmaß bis zu ausgesprochen geringfügigen Intensitäten in Gang halten. Das bedeutet aber, daß in beträchtlichem Ausmaß verwertbares Sonnenlicht durch die Standardmessung der direkten Sonneneinstrahlung nicht erfaßt wird. So können das verwertbare Sonnenlicht und die potentielle Photosynthese überall dort stark unterschätzt werden, wo häufig leichte Bewölkung oder bedeckter Himmel vorkommt, aber auch in hohen BREITENGRADEN, wo die Sonne am tiefsten über dem Horizont steht und oft lange Perioden mit schwachem oder diffusem Sonnenlicht auftreten.

In neuerer Zeit werden für die Klimaaufzeichnungen daher elektronische Sensoren benutzt, die eine Messung der Gesamtenergie und nicht nur der ungehinderten Sonneneinstrahlung vornehmen.

Aus diesen Überlegungen ergeben sich Folgerungen für das LAUBDACHMIKROKLIMA und die LAUBDACHPFLEGE in Weinbergen. Unter der Annahme, daß Rebenwachstum und Traubenproduktion von der Gesamtoberfläche des direkt dem Sonnenlicht ausgesetzten Laubs abhängen, wird (insbesondere in Gegenden mit starker Sonneneinstrahlung) der höchste Wirkungsgrad erreicht, wenn die Blattoberfläche in einem schrägen Winkel zur Sonne steht, so daß die Oberfläche gerade ausreichend Lichtintensität empfängt, um eine maximale oder fast maximale Rate der Photosynthese zu gewährleisten, zugleich aber die geringste Schattenwirkung auf die darunterliegenden Blätter ausübt. Aus denselben Gründen kann schräg einfallende Belichtung, beispielsweise am frühen Morgen und späten Nachmittag und wie sie in höheren Breiten vorherrscht, für die Photosynthese stärker wirksam sein, als wenn die Blätter direkt auf die hochstehende Sonne ausgerichtet sind. Das gilt insbesondere für in einem vertikalen Erziehungssystem stehende Reben, aber auch in heißem Klima, wo die mittägliche Photosynthese infolge von hohen Temperaturen und WASSERSTRESS sowieso eingeschränkt ist. Schließlich nutzen Blätter, die nur teilweise oder zeitweise durch direkte Sonneneinstrahlung belichtet werden, die Energie, die sie empfangen, mit erhöhtem Wirkungsgrad.

Eine weitere wichtige Rolle des Sonnenlichts im Weinbau besteht in der Erwärmung der Rebe und des Bodens. Dunkle Traubenbeeren können beispielsweise bei ungehinderter Sonneneinstrahlung und schwachem Wind um bis zu 15 °C stärker erwärmt werden als die Umgebungsluft. Die Blätter heizen sich bei Sonneneinstrahlung weniger stark auf, da sie durch TRANSPIRATION Verdunstungskühlung erhalten. Die Beerentemperaturen haben aber beträchtliche Bedeutung für die chemische Zusammensetzung der Inhaltsstoffe. In ähnlicher Weise wirken sich die Blatttemperaturen auf Photosynthese und Respiration aus, und diese haben wiederum direkten Einfluß auf TRAUBEN-

ZUSAMMENSETZUNG UND WEINQUALITÄT. Die Bodentemperatur ist abhängig vom Reflexionsvermögen für Sonnenlicht; dunkle Böden absorbieren mehr Sonnenlicht und erwärmen sich stärker als weiße oder helle Böden (siehe BODENFARBE). Die Gesamtmenge an Sonnenlichtenergie über das gesamte Lichtspektrum ist maßgeblich für die Erwärmung der Reben und des Bodens.

Doch die Intensität des Sonnenlichts bildet nicht das einzige für die Weinrebe wichtige Merkmal. Ein weiteres ist die spektrale Beschaffenheit, d. h. der Anteil verschiedener Wellenlängen am Sonnenlicht. Hierin gibt es weder von einer Region zu anderen noch zwischen ungehinderter Sonneneinstrahlung und Bewölkung große Unterschiede, doch unter dem LAUBDACH sind die Schwankungen enorm. In geringerem, vielleicht aber doch bedeutsamem Ausmaß bestehen auch Schwankungen in den Räumen zwischen und unter den Rebzeilen.

Das Gesamtspektrum des Sonnenlichts umfaßt – in der Reihenfolge der zunehmenden elektromagnetischen Schwingungswellenlänge – ultraviolette Strahlen, sichtbares Licht und infrarote Strahlung (Wärme). Das sichtbare Licht liegt im Bereich von 400–760 Nanometer (1 nm = ¹⁄₁₀₀₀₀₀₀ mm). Innerhalb dieses Bereichs liegen – wiederum in der Reihenfolge der zunehmenden Wellenlänge – die Farbkomponenten des sichtbaren Lichtspektrums: Violett, Indigo, Blau, Grün, Gelb, Orange und Rot.

Der größte Teil der Wellenlängen zwischen 400 und 700 nm wird von den Blättern absorbiert und für die Photosynthese genutzt – die am effizientesten absorbierten und genutzten Teile liegen im blauen und insbesondere im roten Bereich des Spektrums, um 440 bzw. 660 nm. Aufgrund der Teilreflexion der dazwischenliegenden Wellenlängen durch das photosynthetisch aktive Chlorophyll erhalten die Blätter der Pflanzen ihre charakteristische grüne Farbe. Dadurch wird Schattenlicht, das ja schon weniger intensiv ist als das volle Sonnenlicht, durch photosynthetisch wirksame Wellenlängen noch weiter geschwächt. Wird die Lichtintensität an sich in tiefem Laubdachschatten schon um das Acht- bis Zehnfache reduziert, so kann die Intensität von rotem Licht um 660 nm sogar bis zum Hundertfachen verringert werden.

Physiologisch ebenso wichtig ist das gerade noch sichtbare langwellige Rot zwischen 700 und 760 nm. Diese und die anschließenden infraroten Wellenlängen werden so gut wie nicht absorbiert, sondern reflektiert oder durch die Blätter durchgelassen. Das Licht im Schatten unter dem Laubdach ist daher relativ reich an diesen Wellenlängen. Das Verhältnis der normalen roten zu den langwelligen roten Wellenlängen (gemessen in Bandbreiten von 10 nm um 660 und 730 nm, das sogenannte R : FR-Verhältnis) liegt unter freiem Himmel zwischen 1,0 und 1,2, im tiefen Schatten des Laubdachs jedoch bei 0,1 und darunter.

Es ist dieses Verhältnis viel eher als die Lichtintensität selbst, nach dem sich viele Reaktionen der Pflanzen bei Beschattung durch das Laubdach richten, wahrscheinlich unter der Wirkung eines für Lichtwellenlängen empfindlichen Pigments, das als Phytochrom bezeichnet wird. Ein für tiefen Schatten charakteristisches niedriges Verhältnis bewirkt (in dem Streben, zum Licht zu gelangen) schnelles, dünnes Triebwachstum, spärliche Blattbildung und blasse Grünfärbung, schwache Verzweigung und geringe Augenfruchtbarkeit. Umgekehrt bewirkt ein hohes Verhältnis, wie es bei normaler externer Belichtung vorliegt, dicktriebigen Wuchs mit kräftiger Verzweigung, tiefgrüne Blattfarbe und gute Augenfruchtbarkeit. Direkte Belichtung der Trauben mit solchem Licht fördert auch die Bildung von ANTHOCYAN-Pigmenten in den Schalen der Rotweintraubensorten und steht offenbar in engem Zusammenhang mit gutem Geschmack und potentieller Weinqualität. Die Praxis der LAUBAUSLICHTUNG um die Frucht dient mindestens teilweise diesem Zweck.

Die Tatsache, daß diese Wellenlängenaufspaltung auch noch bei recht geringen Lichtstärken eintreten kann, wirft weitere interessante Fragen auf, zu denen es im Hinblick auf die Weinrebe gegenwärtig noch wenige direkte Informationen gibt. Es geht beispielsweise um die Auswirkungen der Höhe, der Zeilenausrichtung und der Zeilenabstände auf die Qualität des Lichts, das die unteren Laubpartien und die Frucht erreicht, aber auch um den Einfluß verschiedener Bodenfarben, Mulchdecken oder Begrünungsarten auf die Intensität und Spektralbeschaffenheit des zu den unteren Laubpartien und zur Frucht reflektierten Lichts.

Smart erörtert allgemeine Aspekte der Auswirkungen der Lichtqualität auf das Wachstum der Weinrebe und die Fruchtzusammensetzung und befaßt sich ausführlich mit den Belichtungsverhältnissen im Zusammenhang mit dem Laubdachmikroklima, der Laubpflege und der Weinqualität.

Siehe auch PHYSIOLOGIE DER REBE. J. G. und R. E. S.

Smart, R. E., PRINCIPLES OF GRAPEVINE CANOPY MICROCLIMATE MANIPULATION WITH IMPLICATIONS FOR YIELD AND QUALITY, *American Journal of Enology and Viticulture,* 35 (1985), 230–239.

—INFLUENCE OF LIGHT ON COMPOSITION AND QUALITY OF GRAPES, *Acta horticulturae,* 206 (1987), 37–47.

—CANOPY MANAGEMENT, in B. G. Coombe und P. R. Dry (Hrsg.), *Viticulture, II: Practices* (Adelaide, 1992).

SONOMA Um die Stadt im Norden KALIFORNIENS liegt eines der bedeutendsten Weinbau-Countys. Das **Sonoma County** ist einer der größten und historisch bedeutendsten Verwaltungsbezirke an der Küste Nordkaliforniens, und das **Sonoma Valley** rivalisiert mit dem nahegelegenen NAPA Valley um das größere Ansehen und trägt dabei gelegentlich den Sieg davon. Weinbau wird überall im County schon seit dem Ende des 19. Jh. getrieben. Das weit hingebreitete, geologisch wie klimatisch vielgestaltige Gebiet ist die ausgesprochen teilungsfreudigste aller mit feinem Wein gesegneten Regionen, so sehr hat sie sich in AVA- und Sub-AVA-Bereiche aufgespalten, daß sie an manchen Stellen drei, an einigen sogar vier Schichten übereinander bilden. Die Wachstumsbedingungen sind einheitlicher, als der Wust von Namen annehmen läßt, doch nach wie vor bietet Sonoma selbsternannten Gurus reichlich Gelegenheit zu höchst engagierter Definierung subtiler Grenzen ganz allein nach Geschmacksunterschieden. Hier eine Besprechung der einzelnen Bereiche:

Alexander Valley AVA
Das größte und am reichlichsten bestockte aller Weinbautäler im Sonoma County erstreckt sich über das Einzugsgebiet des Russian River von der Gegend um Healdsburg nordwärts bis zur Countygrenze zwischen Sonoma und Mendocino nördlich von Cloverdale. Zwar hat die Gegend eine ziemlich lange, bis in die 1850er Jahre zurückreichende Weinbaugeschichte, doch die Geschichte edler Rebsorten ist hier – von wenigen Ausnahmen abgesehen – ebenso kurz wie überall in Kalifornien. Das Tal, das lange Zeit nur unterschiedliche dunkle Trauben für Faßrotwein hervorbrachte, erwachte aus seinem Dämmerschlaf erst Ende der 1960er/Anfang der 1970er Jahre. Die Simi Winery leitete 1970, als ein neuer Besitzer dem schon fast erloschenen Betrieb neues Leben einhauchte, die Renaissance ein. 1975 folgte Alexander Valley Vineyards, 1976 fügte Jordan Vineyards ein elegantes Gepräge hinzu, und seither ist stetiger Zuwachs zu verzeichnen.

Das Alexander Valley teilt mit seinem Nachbarn, dem Napa Valley, den Fluch der Vielseitigkeit. Fast jede Rebsorte gedeiht hier wenigstens passabel und liefert zumindest angenehmen Wein. Die eigentliche große Bestimmung dagegen scheint sich nicht gern ans Licht fördern zu lassen. Auf jeden Fall bewähren sich Cabernet Sauvignon und Chardonnay gut. Aufgrund der Marktnachfrage dominieren diese beiden Rebsorten in den Pflanzungen. Sauvignon Blanc und Zinfandel gelingt es oft genug, die Frage aufzuwerfen, ob nicht sie es vielleicht sind, die sich für die Sonne und den Boden hier am besten eignen. Rhône-Rebsorten wurden zu Beginn der 1990er Jahre eingeführt, und manche Erzeuger träumen von Sangiovese und anderen italienischen Rebsorten. Der größte Teil der umfangreichen Rebfläche befindet sich auf der breiten, flachen, von dem Fluß fast genau in der Mitte geteilten Talsohle, doch einige bedeutende Lagen schieben sich auch in die Berge im Osten hinauf. Zu den Weinbaubetrieben, die in den 1970er und 1980er Jahren das allgemeine Interesse auf das Alexander Valley lenkten, zählen Jordan Vineyards, Simi, Alexander Valley Vineyards und Geyser Peak.

Chalk Hill AVA
Das Gebiet – im wesentlichen ein kleiner Sub-AVA-Bereich im Russian River Valley – liegt am Ostrand des Tals bei Windsor, an der Südspitze des größeren Alexander Valley. Die Rebfläche von 320 ha ist fast ganz mit Chardonnay und Sauvignon Blanc besetzt.

Dry Creek Valley
Der dünnbesiedelte Zweig des Russian-River-Beckens hat sich im letzten Jahrzehnt als eine der interessantesten Appellationen im Sonoma County herausgeschält. Unter den Weißweinrebsorten hat Sauvignon Blanc einen guten Vorsprung vor dem Chardonnay, bei den Rotweinrebsorten liegen Zinfandel und Cabernet Sauvignon eher gleichauf. Für die Zinfandel-Fans ist dabei nur traurig, daß ihre Lieblingsrebsorte nirgendwo sonst auch nur annähernd so herrlich gedeiht, während Cabernet in mehreren anderen Gegenden Kaliforniens mindestens genauso gute, wenn nicht noch bessere Ergebnisse bringt. Nichtsdestoweniger bevorzugt die derzeitige Marktnachfrage Cabernet in einem Maß, das kein Traubenanbauer unbeachtet lassen kann.

Das Tal erstreckt sich nördlich und westlich von Healdsburg, wo der Dry Creek in den Russian River mündet, und die Weinberge reichen bis zum Warm Springs Dam. Der Stausee dahinter hat manche gute Zinfandel-Lage untergehen lassen; die Berge an seinen Ufern sind noch nicht bestockt, aber das nach Westen hin gelegene Terrain ist zu wild für die Kultivierung. Italienische Einwanderer legten in dieser Gegend die ersten Weinberge an, und daher kommen unter den Erzeugerbetrieben italienische Namen besonders häufig vor. Sie haben aber in der Post-Zinfandel-Ära durchaus nicht das Übergewicht. Zu Beginn der 1990er Jahre waren Dry Creek Vineyard, Ferrari-Carano, Quivira, J. Pedroncelli und Preston Vineyards die prominentesten Weinbaubetriebe am Dry Creek.

Knights Valley AVA
Das kleine, hübsche Tal im Oberland im Sonoma County trennt das obere Ende des Napa Valley vom unteren Ende des Alexander Valley. Es wurde ursprünglich von Beringer Vineyards erschlossen, inzwischen aber haben sich mehrere Traubenanbauer und Weinverarbeitungsbetriebe hier niedergelassen. Am eindrucksvollsten erweist sich bisher Cabernet Sauvignon. Allerdings gehen die Pflanzungen erst auf den Beginn der 1970er Jahre zurück, und es ist noch viel Entdeckerarbeit zu leisten.

Northern Sonoma AVA
Diese Kuriosität von einem Bereich umfaßt alles Gebiet von Sonoma, dessen Wasser in den Pazifik geht, d. h. alles außer dem Sonoma Valley; er wurde von E. & J. GALLO beantragt und wird in der Hauptsache von diesem Haus benutzt, hat sich aber auch für einige andere mit weitverstreutem Weinbergbesitz als nützlich erwiesen.

Russian River Valley AVA
Zum größten Teil fließt der Russian River durch andere AVA-Bereiche in den Countys MENDOCINO und Sonoma.

Erst dort, wo sich das Tal bei Healdsburg im Sonoma County weitet und nach Westen umschwenkt, fällt es mit dem Bereich Russian River Valley AVA zusammen.

Der Weinbau der kühlen, oft nebligen Gegend blühte erst nach 1970 auf, weil die erste Welle im Weinbau von Sonoma von Italienern gebildet wurde, die ihren Kindern die Lehre mit auf den Weg gaben, Zinfandel, Carignane und Petite Sirah nie an feuchten, schattigen Stellen anzupflanzen. Was diese Rebsorten angeht, stimmte das ja auch, aber nun hat sich das Tal in nicht einmal zwanzig Jahren als überaus günstig für Stillweine von Chardonnay und Pinot Noir und für Schaumweine von denselben Rebsorten erwiesen. Auch für Gewürztraminer scheint es geradezu prädestiniert. Dehlinger, De Loach Vineyards, Iron Horse, Sonoma-Cutrer, Rodney Strong Vineyards und Williams und Selyem waren zu Beginn der 1990er Jahre einige der bekanntesten Weinbaubetriebe der Gegend.

Sonoma-Green Valley AVA
Der Sub-AVA-Bereich des Russian River Valley AVA liegt am westlichen Rand des größeren Bereichs, und dessen Beschreibung paßt in jeder Hinsicht auch auf ihn. Der bekannteste Weinbaubetrieb ist Iron Horse.

Sonoma Coast AVA
Dieser Bereich stellt eine völlig künstliche Konstruktion dar. Seine Sponsoren (u. a. Sonoma-Cutrer) zogen die Grenzen so, daß weit verstreuter Weinbergbesitz umschlossen wird, damit sie ihre Weine auch weiterhin noch als «estate bottled» (ERZEUGERABFÜLLUNG) bezeichnen durften, nachdem die gestraffen Bestimmungen verlangten, daß in diesem Fall sowohl der Weinberg als auch der Verarbeitungsbetrieb in demselben Bereich liegen müssen. Der Bereich umfaßt einige Weinberglagen im Küstengebiet des Sonoma County, die andernfalls ausgeschlossen wären, verläuft dann landeinwärts und erstreckt sich auf Teile des Russian River und Sonoma Valley sowie von Carneros.

Sonoma Mountain AVA
Ein Unterbereich des Sonoma Valley AVA, am bekanntesten durch Cabernet Sauvignon. Er liegt auf den Osthängen einer flachen Hügelkette namens Sonoma Mountains oberhalb der Orte Glen Ellen und Kenwood.

Sonoma Valley AVA
Was Historie, vor allem romantische Historie angeht, kann sich kein AVA-Bereich in Kalifornien mit dem Sonoma Valley messen. Hier war nicht nur der Kern der ersten Revolte gegen die spanische Herrschaft, sondern hier gab es auch den letzten Weinberg einer Franziskanermission, einen der ersten kommerziellen Weinberge nördlich von San Francisco (General Mariano Vallejo eignete sich die Anpflanzung der Franziskaner an), und dank des in Werbung so geschickten Agoston HARASZTHY auch den ersten großen Namen eines Weinbaubetriebs in Nordkalifornien: Buena Vista. In neuerer Zeit gab Hanzell Vineyard hier den Startschuß für die rasch um sich greifende Mode, kalifornischen Wein in französischer Eiche auszubauen, und revolutionierte damit zugleich deren Stil, vor allem bei den Chardonnays. Das Tal verläuft parallel zum östlich davon gelegenen Napa Valley und stößt im Nordwesten an das Russian River Valley. Das Südende spielt eine Doppelrolle als in Sonoma gelegener Teil von CARNEROS. Es liegt wie ein langgezogenes, dünnes Komma als Trog in den Küstengebirgen und wird von Süden nach Norden rasch wärmer, in dem Maß, wie es sich von der nebligen San Fancisco Bay entfernt. Steile Berge zu beiden Seiten machen es geologisch und klimatisch komplex. In manchen denkwürdigen Weinen spiegelt sich diese Vielfalt: Zinfandel, Gewürztraminer, Pinot Noir, Chardonnay und Cabernet Sauvignon. Sonoma Mountain bildet einen Sub-AVA-Bereich. Unter den Weinbaubetrieben im Tal ist Sebastiani der Oldtimer. In den 1980er und ersten 1990er Jahren kamen Château St Jean, Hanzell Vineyard, Kenwood Vineyards, Landmark Vineyards und Laurel Glen zu einigem Ruhm.

SOPRON Das Weinbaugebiet im äußersten Nordwesten UNGARNS bildet geographisch noch einen Teil der österreichischen Weinbaugebiete am Neusiedlersee. Das Klima ist hier viel gemäßigter als im übrigen Ungarn, die Sommer sind kühler und feuchter, die Winter milder. Seit dem 14. Jh., als die ungarischen Weine allgemein als voller und reichhaltiger anerkannt waren als Gewächse aus dem nördlichen Europa, ist Sopron ein wichtiger Weinhandelsplatz. Von hier aus gingen nicht nur die eigenen, sondern auch andere ungarische Weine nach Österreich, Polen und Schlesien. Heute produziert Sopron vor allem Rotwein, der tanninherber ist als in Ungarn sonst üblich, und zwar von den Rebsorten KÉKFRANKOS, CABERNET und MERLOT.

SORBATE siehe SORBINSÄURE.

SORBINSÄURE (Hexadien-2,4-Säure-1) Seit 1940 ist bekannt, daß Sorbinsäure als Zusatz- und Konservierungsstoff zu Wein wachstumshemmend auf HEFE und andere Pilze wirkt. Sorbinsäure bzw. ihr Salz Kaliumsorbat wird auch sonst in der Lebensmittelindustrie, beispielsweise zur Verhinderung von Schimmelbildung auf Käse oder Fleisch, eingesetzt. Sie gilt als eines der gefahrlosesten Konservierungsmittel. Daher ist sie auch in einfachen Weinen mit einem gewissen RESTSÜSSE-Gehalt, deren Alkoholstärke nicht ausreicht, um Hefewachstum zu unterbinden, allgemein zugelassen.

SPANIEN stand lange unter islamischem Einfluß, dennoch erkennt man aus dieser Seite des «Beatus» der Könige Ferdinand und Sancho, daß die Traubenlese auch unter den Mauren die gleiche kulturelle Bedeutung hatte wie die Getreideernte.

UBI METENT MESSEM TERRE
CIUITAS
DE TORCULARI USQUE AD FRENOS
EQUORUM

Einen Nachteil hat Sorbinsäure jedoch: Sie macht sich schon bei Konzentrationen, die noch nicht für ihre wachstumshemmende Wirkung ausreichen, durch einen eigentümlichen Geschmack und einen ranzigen Geruch bemerkbar. Die meisten Menschen bemerken sie zwar erst ab 135 mg/l, es gibt besonders sorbinsäureempfindliche Personen, denen bereits etwa 50 mg/l in Wein auffallen.

Auch auf BAKTERIEN wirkt Sorbinsäure wachstumshemmend, bedauerlicherweise jedoch nicht auf die große Gruppe der MILCHSÄUREBAKTERIEN. Daher muß bei lieblichen alkoholschwachen Weinen Schwefeldioxid zusammen mit Sorbinsäure eingesetzt werden, um die Tätigkeit der Milchsäurebakterien zu unterbinden. Manche dieser Bakterien verarbeiten jedoch Sorbate in ihrem Stoffwechsel zu Verbindungen, die nach zerdrückten Geranienblättern riechen – in Wein ein eindeutiger FEHLER. A. D. W.

SORBITOL Einer der in Trauben und Wein in Spuren vorhandenen, eng mit GLUCOSE verwandten ALKOHOLE. Er hat mild-süßen Geschmack, ist leicht wasserlöslich und verleiht in höherer Konzentration einer Flüssigkeit das Gefühl von kräftigem Körper.

Da Sorbitol leicht und billig aus vielen landwirtschaftlichen Rohstoffen gewonnen werden kann, ist es gelegentlich dieser Eigenschaft wegen von skrupellosen Weinpanschern dazu benutzt worden, dünne, säuerliche, gewöhnliche Weine gefälliger zu machen. Sorbitol ist zwar für Menschen nicht schädlich, trotzdem ist sein Gebrauch in fast allen einschlägigen Bestimmungen untersagt. A. D. W.

SORI Im piemontesischen Dialekt gebräuchlicher Ausdruck für insbesondere nach Süden gelegene Weinberglagen erster Güte. Es gibt subtile Varianten: *sori de mattino* (Morgenlage) nach Südosten sowie *sori de sera* (Abendlage) nach Südwesten. Auf einem Weinetikett verwendete erstmals Angelo GAJA das Wort für einen 1967er Barbaresco Sori San Lorenzo, und im darauffolgenden Vierteljahrhundert fand er viele Nachahmer. D. T.

SORTENREIN Viele Weine werden überwiegend von nur einer Traubensorte bereitet; in Europa war es jedoch bisher üblich, der geographischen Herkunft des Weins bei der Bezeichnung den Vorrang zu geben. Erst in neuerer Zeit setzen sich zunehmend Weinbezeichnungen durch, bei denen die Rebsorte im Vordergrund steht. Etikettierungen dieser Art sind vor allem in der Neuen Welt üblich, wo der «varietal wine» in erster Linie als Gegensatz zu dem früher üblichen, oft mehr oder weniger willkürlich nach einem vermuteten europäischen Stil, z. B. «Chablis» oder «Burgundy», benannten GATTUNGSWEIN entstanden ist. Das Konzept wurde vor allem von Frank SCHOONMAKER in den 1950er und 1960er Jahren mit großem Nachdruck befürwortet und im kalifornischen Weinboom der 1970er Jahre sehr begrüßt, weil damit die oft von Cabernet Sauvignon und später auch von Chardonnay produzierten ambitionierteren Weine von den glanzloseren älteren Gattungsweinen deutlich abgehoben werden konnten. Aus ähnlichen Gründen setzten sich Bezeichnungen nach der Rebsorte u. a. auch in AUSTRALIEN, SÜDAFRIKA UND NEUSEELAND durch.

In den USA konnte ursprünglich, als die Anbauflächen klassischer Rebsorten noch relativ beschränkt waren, ein Wein schon nach einer bestimmten Traube benannt werden, wenn er nur 51 % dieser Sorte enthielt. 1973 wurde der Mindestanteil auf 75 % heraufgesetzt (nur einige durch besonders starken Eigengeschmack charakterisierte Rebsorten im Staat NEW YORK wurden von dieser Regelung ausgenommen, siehe FUCHSIG). Obschon inzwischen die hochwertigen sogenannten MERITAGE-Verschnitte unter den feinen Weinen KALIFORNIENS viel Aufsehen erregen, stehen dort die «varietals» weiterhin an der Spitze aller Qualitätsbegriffe.

Die französischen INAO-Behörden stehen Weinbezeichnungen nach Rebsorten ablehnend gegenüber, vermutlich in der Erkenntnis, daß Frankreich nichts gewinnen, sondern eher viel verlieren würde, wenn es sich auf dieses Feld begäbe. In Frankreich lautet der Ausdruck für nach der Rebsorte benannten Wein *vin de cépage* (es handelt sich bei solchem Wein meist um VIN DE PAYS), der im allgemeinen Ansehen auf einer niedrigeren Stufe steht als APPELLATION-CONTRÔLÉE-Wein. Das INAO kündigte es zu Beginn der 1990er Jahre als sein Ziel an, die Rebsortenangabe aus den Namen und von den Etiketten aller AC-Weine vollständig zu streichen, möglichst auch bei Elsässer Weinen und bereits eingeführten Kombinationen von Rebsorte und geographischer Bezeichnung wie Sauvignon de Touraine.

In Italien wurde bei der Neugestaltung des DOC-Systems und der Weinqualitätskategorien zu Beginn der 1990er Jahre ebenfalls größter Wert darauf gelegt, die Einzigartigkeit durch Betonung der örtlichen Herkunft bevorzugt vor der Rebsorte hervorzuheben. Eine solche Einstellung ist verständlich und dürfte auf lange Sicht auch ihre Früchte tragen, es kann aber kaum bezweifelt werden, daß es zum Erfolg der Weine aus der Neuen Welt viel beigetragen hat, daß der Verbraucher die Konzeption der Sortennamen leicht auffassen kann. In den 1980er Jahren wurden auf diese Weise Chardonnay und Cabernet Sauvignon gewissermaßen zu den bekanntesten Markennamen in der Welt des Weins.

Siehe auch REBSORTEN.

SORTIEREN von Trauben siehe TRIAGE.

SPRITZEN ist eine wichtige Weinbergarbeit in fast jedem Klima, besonders in feuchtem, wo die Gefahr von PILZKRANKHEITEN groß ist. Besonders konstruierte TRAKTOREN übergreifen niedrig gehaltene Rebzeilen wie hier in Mesnil-sur-Oger in der Champagne.

SOUSÃO oder **Souzão.** Im Douro-Tal (Portugal) verbreitet angebaute Rotweinrebsorte; sie gilt ihrer Farbkraft und ihres Fruchtcharakters in der Jugend wegen als brauchbare, allerdings etwas rustikale Zutat zum PORTWEIN. Auch von Erzeugern von Weinen im Port-Stil in Kalifornien und Australien wird sie mit einigem Erfolg angebaut.

SOUTH AFRICAN RIESLING siehe CAPE RIESLING.

SOUTH AUSTRALIA Der für den Weinbau in AUSTRALIEN bedeutendste Bundesstaat hat mit knapp 60 % den höchsten Anteil am Jahresweinertrag Australiens. Damit wird zwar der in den 1940er und 1950er Jahren erreichte Höhepunkt von 75 % inzwischen stark unterschritten, doch immer noch dominiert Südaustralien in der Weinproduktion des fünften Kontinents. Auch für das gesamte Bruttosozialprodukt Südaustraliens selbst hat der Weinbau große Bedeutung, obwohl er nur einen geringen Anteil der gewaltigen Landfläche des Staats einnimmt und lediglich auf die Südostecke, größtenteils eine Autostunde um die Hauptstadt Adelaide, konzentriert ist. Als Vorposten liegen Riverland am Murray River sowie Coonawarra und das benachbarte Padthaway etwa 325 km südöstlich von Adelaide, nicht weit von der Grenze zu VICTORIA.

Das **Barossa Valley**, eine Stunde nördlich von Adelaide, wetteifert mit dem Hunter Valley um den Vorrang als bekanntestes Weinbaugebiet Australiens. Einwanderer aus Italien (in den Riverlands), Dalmatien (im Swan Valley in WESTERN AUSTRALIA) und der Schweiz (im Yarra Valley und in Geelong in Victoria) spielten in der Entwicklung des Weinbaus eine bedeutende Rolle, im Barossa und Clare Valley aber waren es Deutsche, und dort ist bis auf den heutigen Tag der deutsche Einfluß – in den Ortsnamen, den lutherisch-protestantischen Kirchen, den Steinhäusern und den Namen der führenden Familien – noch überall erkennbar.

Es ist daher auch kein Wunder, daß hier nach wie vor der RIESLING die Hauptrebsorte darstellt, allerdings wandert er immer mehr von der Talsohle hinauf in die Berge der **East Barossa Ranges**. Diese Verlagerung veranschaulicht zweierlei: zunächst die Erkenntnis, daß sich das warme Klima auf der Talsohle viel eher für die Rotweinrebsorten eignet, und zweitens eine grundsätzliche Neueinschätzung des Barossa-Tals selbst. Jahrzehntelang schrumpfte die Rebfläche, während die Weinproduktion unaufhörlich stieg – nicht als Folge höherer Erträge, sondern weil die Weinkellereien im Barossa Valley große Teile des Traubenguts aus Riverland, Coonawarra, Padthaway, Southern Vales und Langhorne Creek verarbeiten.

Die meisten großen Weinfirmen Australiens haben hier ihren Sitz. Das Haus PENFOLDS und sein Meisterwerk Grange Hermitage verkörpern die Glorie des Barossa-Tals: große, bis 1860 zurückreichende SHIRAZ-Bestände, ohne BEWÄSSERUNG kultiviert, in BUSCH-Form erzogen, mit Erträgen von nur 16 hl/ha einer dunkelpurpurroten Essenz. Im Barossa Valley wird noch immer doppelt soviel Shiraz wie CABERNET SAUVIGNON angebaut, und daran dürfte sich auch kaum etwas ändern.

Während sich im Barossa Valley über vierzig Weinkellereien befinden, gibt es in den **Southern Vales** (einschließlich **McLaren Vale**) 45 Minuten südlich von Adelaide noch weit mehr, und oft ist davon als der Heimat der kleinen Weinbaubetriebe die Rede. Es handelt sich dabei um eine Mischung alter und neuer Betriebe, in der sich die Dynamik spiegelt, die hier ebensosehr wie im Barossa Valley am Werk ist.

Am Nordende hat die Ausdehnung der Stadt viele einst beträchtliche Weinberge verschlungen und die wenigen noch bestehenden Anpflanzungen bei Reynella eingeschlossen. Doch das Südende der modischen kühlen und zunehmend bedeutenden **Adelaide Hills**, die weiten Ebenen des McLaren Vale und die **Fleurieu Peninsula** bieten reichlich Land für die fortschreitenden Neuanpflanzungen.

Die Region unterliegt starkem maritimem Einfluß und hat ein vielgestaltiges MESOKLIMA. Einst war die Gegend berühmt für angeblich stark eisenhaltige Rotweine, die unter den Marken Emu und Glenloth nach England exportiert und dort von (wahrhaft erleuchteten) Ärzten am Ende des 19. Jh. als Stärkungsmittel verschrieben wurden, heute aber liegt hier der Nachdruck ebensosehr auf CHARDONNAY mit Melonen- und Zitrusnuancen, SAUVIGNON BLANC mit pikanter Stachelbeernote sowie Riesling und SEMILLON mit großer Geschmacksfülle wie auf herzhaftem Shiraz und Cabernet Sauvignon. Die hohe Qualität der Trauben und auch der Weine wird vom Weinbau besser gewürdigt als vom Publikum, und so geht viel von der Produktion (wie auch von der des Nachbarbereichs **Langhorne Creek**) in regionale Verschnittweine ein, aus deren Etiketten die Zusammensetzung nicht immer hervorgeht.

Die Zwillingsbereiche **Coonawarra** und **Padthaway** weit im Südosten gelten allgemein als die Erzeugungsgebiete für den feinsten Cabernet Sauvignon (Coonawarra) sowie mit den besten Chardonnay, Sauvignon Blanc und Riesling Australiens. Beides sind kühle Gegenden (Coonawarra noch kühler) mit viel Kalksteinboden und einem umfangreichen Grundwassersystem.

Zwar wurden in Coonawarra die ersten Trauben bereits 1890 (von John Riddoch) gepflanzt, im Grund aber sind beide Weinbaubereiche erst Anfang der 1960er Jahre entstanden. Daraus erklärt sich auch, weshalb die Rebbestände sich ausschließlich aus hochwertigen Sorten zusammensetzen und weshalb große Weinbaufirmen als Grundbesitzer dominieren (in Padthaway gibt es nur einen einzigen kleinen Betrieb und in Coonawarra vielleicht ein Dutzend). Manche Kritiker behaupten sogar, daß die Großfirmen mit ihren Anbaumethoden beide Bereiche daran hindern, ihr volles Potential zu erlangen: fast vollständige MECHANISIERUNG und maximale ERTRÄGE ergeben zwar interessante

Rentabilität, aber eben nicht gerade das beste Traubengut. So ist es den besonderen Qualitäten dieser Bereiche, aber auch einigen Weinerzeugern und Flaggschiffmarken zu verdanken, daß die Weine eine so hohe Reputation genießen.

Das **Clare Valley** nordwestlich vom Barossa Valley ist eines der noch unverdorbenen Juwele des Weinbaus in South Australia. Die schmalen, gewundenen Geländefalten stehen in scharfem Gegensatz zu der flachen, abwechslungslosen Ebene von Coonawarra. Wie das Barossa Valley ist es mit schönen Steinbauten und Weinkellereien tief in Geschichte getaucht. Aus unerfindlichen Gründen wächst hier in einem mäßig warmen Klima der feinste australische Riesling (ihm kommt nur noch der aus dem **Eden Valley** in den Barossa Ranges gleich), ein duftiger und doch stahliger Wein, der superb heranreift und dabei eine Note von schwach gebräuntem Toast mit einem Anflug von Limonen annimmt. Die meisten der 25 Weinbaubetriebe sind klein; fast alle erzeugen Riesling, Shiraz und Cabernet Sauvignon, wobei die Rotweine sich durch intensive Farbe, tiefen Geschmack mit einem Hauch Eukalyptusminze und lange Lebensdauer auszeichnen. Auch MALBEC gedeiht hier wie sonst nirgendwo und dient als Verschnittkomponente für Cabernet Sauvignon (und manchmal kommt noch ein Schuß Shiraz dazu).

Das **Riverland** schließlich erstreckt sich am mächtigen **Murray River** von Waikerie bis Renmark; es erbringt allein 55 % der Jahresproduktion von South Australia und 30 % des Ertrags von ganz Australien. Das meiste davon ist Weißwein für *casks* (siehe TÜTENWEIN) oder für den Export als Faßwein. Die Riverlands sind nach wie vor Hochburgen von Muscat Gordo Blanco (MUSCAT OF ALEXANDRIA), SULTANA und DORADILLO, und selbst in Australien kann man Stroh nun einmal nicht zu Gold spinnen. J. H.

South Coast Unscharfe Bezeichnung für Weinbaubereiche an der kalifornischen Küste von Los Angeles südwärts bis zur mexikanischen Grenze. Das einzige bedeutendere Weinbaugebiet in dieser Gegend ist TEMECULA. Auch SAN PASQUAL im San Diego County fällt unter diesen Sammelbegriff.

Southcorp Holding-Gesellschaft für die PENFOLDS Wine Group.

Southern Vales Bedeutender Weinbaubereich in AUSTRALIEN. Siehe SOUTH AUSTRALIA.

Soutirage franz. ABSTECHEN des Weins vom Geläger in ein sauberes Faß; auch DEKANTIEREN.

Sowjetunion Die UdSSR zerfiel nach dem Sturz des kommunistischen Regimes in ihre sechzehn Republiken, die sich Anfang der 1990er Jahre größtenteils zur GUS zusammenschlossen. Siehe auch ARMENIEN, ASERBAIDSCHAN, GEORGIEN, KASACHSTAN, KIRGISIEN, KRIM, MOLDOVA, RUSSLAND, TADSCHIKISTAN, TURKMENISTAN, UKRAINE und USBEKISTAN.

Spaliere siehe UNTERSTÜTZUNGSSYSTEME.

Spaltöffnungen Winzige, von zwei Schließzellen gesteuerte Öffnungen in der Blattfläche, die durch Öffnen und Schließen den Gasaustausch zwischen der Atmosphäre und den Luftkammern im Inneren des Blatts regulieren, insbesondere den Austritt von Wasser und den Einlaß von Kohlendioxid (siehe RESPIRATION und TRANSPIRATION). Bei der Weinrebe kommen Spaltöffnungen nur auf der Blattunterseite vor. B. G. C.

Spaltpfropfen Populäre Methode für das UMVEREDELN von REBSORTEN im Weinberg. Hierbei kann der Stamm direkt am Boden oder auch unter dem Kopf abgeschnitten werden – die zweite Methode wird oft bevorzugt, weil sie das AUSGEIZEN erleichtert und weniger Erziehungsarbeit erfordert und weil das zusätzliche Holz des Stamms beim raschen Anwachsen der neuen Rebe behilflich ist. Der Stamm wird im frühen Frühjahr horizontal abgeschnitten und in der Mitte etwa 5 cm tief gespalten. In Winterruhe befindliche EDELREISER mit ein bis zwei Augen werden mit einem langen, keilförmigen Anschnitt versehen und zu beiden Seiten des Stamms in den Spalt eingesetzt, so daß das KAMBIUM der Unterlage mit dem der Edelreiser übereinstimmt, wodurch das Anwachsen erleichtert wird. Die Wunden werden mit Baumwachs verschlossen und mit Farbe bestrichen. (Siehe Abbildung Seite 1080.) Eine Alternativmethode ist die KERBVEREDELUNG. B. G. C.

Spanien Das Land mit der größten Rebfläche der Welt (mehr als halb soviel wie Italien und Frankreich zusammen) steht in der Weltweinproduktion dennoch nur an dritter Stelle. Im sehr trockenen Klima Spaniens erbringen 1,4 Millionen ha Rebfläche, auf denen keine BEWÄSSERUNG erlaubt ist, nur 35 Millionen hl Wein im Jahr. Die mit 25 hl/ha außergewöhnlich niedrigen Durchschnittserträge erklären sich aus den extremen Bedingungen in weiten Teilen Zentralspaniens, wo DÜRRE ein schwerwiegendes Problem darstellt.

Spanien nimmt den größten Teil der Iberischen Halbinsel ein und ist das drittgrößte Land Europas; es erstreckt sich von den Pyrenäen im Norden, die die Grenze zu Frankreich bilden, bis zur Straße von Gibraltar im Süden – nur 15 km von Afrika entfernt. Es ist ein vielgestaltiges Land mit ausgeprägten regionalen und kulturellen Unterschieden. In Anerkenntnis dieser Tatsache teilt die Verfassung von 1978 das Land in sechzehn autonome Regionen und ein Fürstentum (Asturien), jede mit eigenem regionalem Regierungssitz. Die autonomen Regionen unterteilen sich weiter in insgesamt fünfzig Provinzen. Die gemeinsame

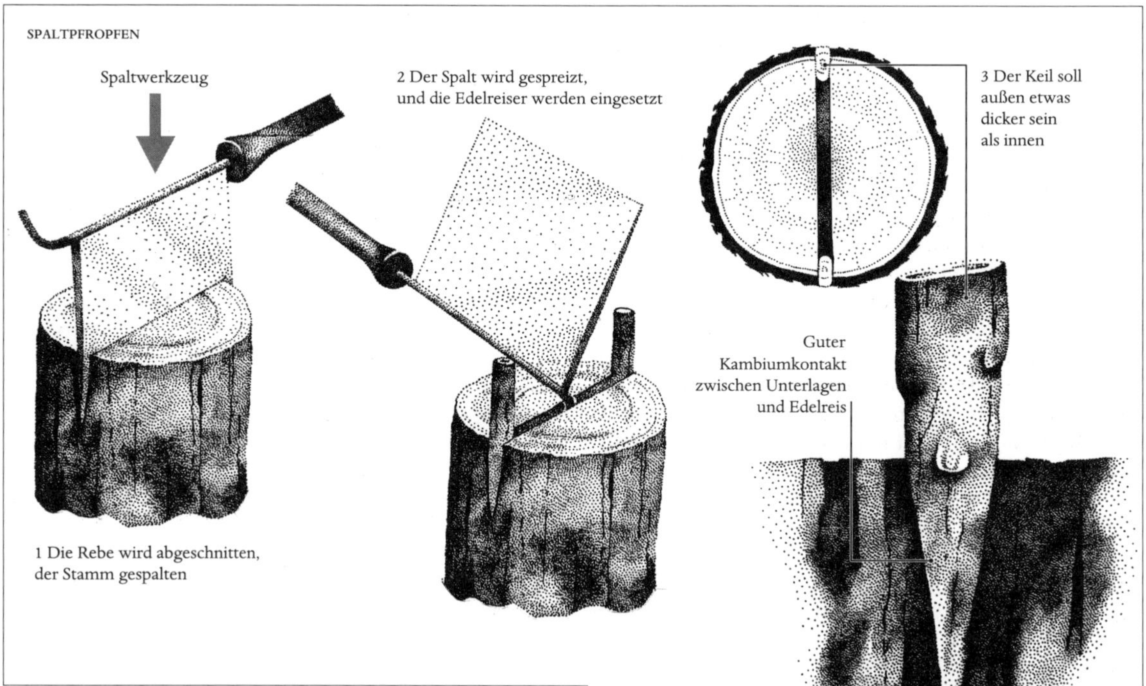

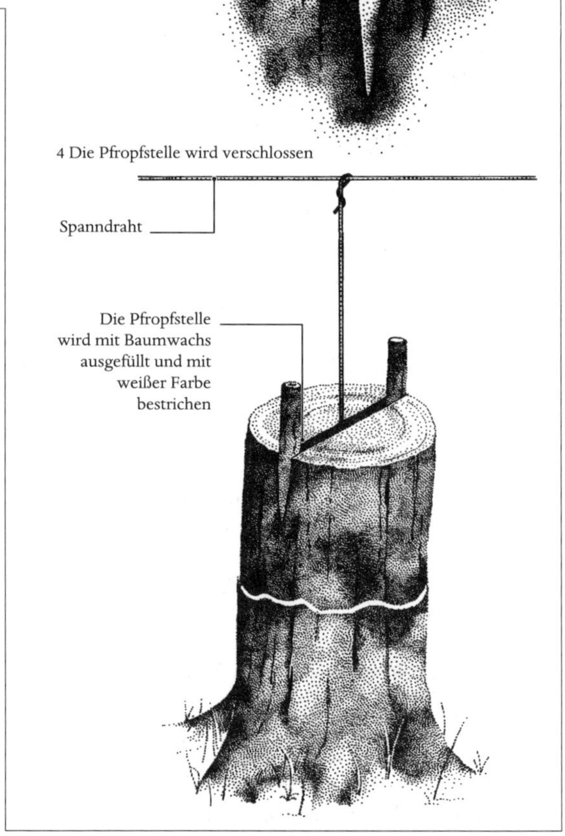

Hauptstadt Madrid liegt etwa in der Mitte des Landes. Die in ganz Spanien gebräuchliche Hochsprache ist Kastilisch, allerdings haben KATALONIEN, GALICIEN und das BASKENLAND eigene Sprachen, die dort heute dem Hochspanischen gegenüber bevorzugt werden.

Die regionale Vielgestaltigkeit Spaniens spiegelt sich auch in den Weinen, die von leichten, trockenen Weißweinen in Galicien, der kühlen Region am Atlantik, bis zu schweren, alkoholstarken Rotweinen in der Levante und im mediterranen Süden reichen. ANDALUSIEN im Südwesten ist bekannt durch alkoholangereicherte und Dessertweine, von denen der berühmteste der SHERRY ist.

Spanien hat aus den modernen Verbesserungen der Weinbereitungstechnologie großen Nutzen gezogen. Neuzeitliche Weinproduktionsmethoden sind erst spät nach Spanien gelangt, denn bis Ende der 1970er Jahre hatten dort nur wenige Weinerzeuger die Mittel oder ein Interesse, an den alten Methoden etwas zu ändern. Ein zu Beginn der 1980er Jahre in Angriff genommenes Investitionsprogramm wurde durch Spaniens Beitritt zur EUROPÄISCHEN UNION im Jahr 1986 noch unterstützt.

Historisches bis Kolumbus

Obwohl die weinbautreibenden PHÖNIZIER um 1100 v. Chr. Cádiz an der Südküste Spaniens gründeten, führten sie doch den Weinbau auf der Iberischen Halbinsel nicht ein, denn dort wurde die Rebe schon 4000 bis 3000 v. Chr. kultiviert. In Spanien gefundene Traubenreste vom Ende des Tertiärs sind um etliche Millionen Jahre älter als der *Homo sapiens.*

Cádiz, das Tor zum Atlantik, war eine bedeutende Handelsniederlassung der Phönizier. Nach ihnen kamen die Karthager, deren Heimatstadt KARTHAGO selbst eine phönizische Gründung war. Sie trieben in Spanien Weinbau, aber sie bildeten auch eine Bedrohung für die junge Republik ROM. Im Ersten Punischen Krieg (264–240 v. Chr.) waren die Karthager aus Sizilien und Sardinien vertrieben worden; daraufhin erweiterten sie ihre Siedlungen in Spanien zu einem Imperium. Auch die Römer verfügten über Besitzungen in Spanien, und zwar östlich vom Ebro (lat. *Iberus*). Hannibals Angriff auf Saguntum im Jahr 219 löste den Zweiten Punischen Krieg aus, der bis 202 dauerte. Rom hatte das karthagische Spanien 206 v. Chr. in Besitz genommen. Durch die Siege im Ersten und Zweiten Punischen Krieg erreichten die Römer ihr Ziel der Hegemonie im Mittelmeerraum, doch Karthago stieg, nachdem es Rom Tribut gezahlt hatte, erneut zu wirtschaftlicher Macht auf. Dies und die Furcht vor dem alten Feind veranlaßte Rom auf Betreiben des Zensors CATO, 149 v. Chr. den Dritten Punischen Krieg zu erklären, der 146 mit der Zerstörung Karthagos endete. Karthagos Wohlstand hatte auf der Landwirtschaft beruht. Es wurde durch Getreideexport reich, und so geschah es erneut in der Kaiserzeit.

Im 2. Jh. v. Chr. gab es unter der römischen Herrschaft in Spanien viel Unruhe, und eine systematische Kolonisierung wurde erst eingeleitet, als Rom unter Augustus die Iberische Halbinsel «befriedete». Die politische Stabilität förderte den Handel: Wie sich anhand von AMPHOREN belegen läßt, wurde viel Wein aus Baetica (etwa dem heutigen ANDALUSIEN) und Terraconensis (TARRAGONA) in Rom getrunken, und die spanischen Importe überstiegen bei weitem den Export an italischem Wein nach Aquitanien und dem Südosten GALLIENS. Spanischer Wein gelangte bis ins Loire-Tal, in die Bretagne, die Normandie und nach England und wurde den römischen Truppen an der Grenze zu Germanien als Proviant verabfolgt. Literarische Belege bestätigen die archäologischen Funde. Strabo sagt in seiner (im Jahr 9 n. Chr. vollendeten) *Geographica*, daß Baetica seit dem Fall Karthagos für die Schönheit seiner vielen Weinberge bekannt gewesen sei, und wenn er, wie verschiedentlich behauptet worden ist, Posidonius zitiert, dann geht diese Aussage auf das Jahr 70 v. Chr. zurück. Der in Cádiz (lat. *Gades*) in Baetica gebürtige COLUMELLA betrachtet den Import von Wein aus Baetica und Gallien als ein Symptom des Niedergangs der römischen Landwirtschaft (*Praefatio* 1.20).

Die meisten in Rom verkauften spanischen Weine, vor allem der von Saguntum, scheinen einfache Alltagsweine gewesen zu sein, gerade recht, um den Türsteher der Geliebten damit betrunken zu machen, wie Ovid rät (*Ars amatoria* 3.645–6). Manche Weine verdienten jedoch auch Lob: PLINIUS nennt den Terraconensis gut (*Naturgeschichte* 14.71); auch MARTIAL, selbst aus Spanien gebürtig, äußert dies mehrmals.

Spanien war nicht nur ein Randbezirk des Imperiums. Außer Martial und Columella wurden hier noch weitere römische Autoren geboren: Seneca, Lucan und Quintilian. Die Kaiser Hadrian und Marc Aurel stammten aus spanischen Familien. Als das Römische Reich zusammenbrach, wurde Spanien von Barbaren überrannt, zuerst von den Sueben und sodann von den Westgoten, die eigentlich Verbündete der Römer waren, die Sueben besiegten und in Spanien ein Königreich errichteten. Zwar sind aus der Westgotenzeit in Spanien einige Geschichtsschreiber bekannt, u. a. Isidor von Sevilla, doch ist von ihnen nichts über die Geschicke des Weinbaus und des Weinhandels zu erfahren – vermutlich nahmen beide ihren Fortgang.

Der Sturz der Westgoten durch die Mauren im Jahr 711 bedeutete nicht etwa das Ende des Weinbaus, denn die islamischen Eroberer waren aufgeklärte Herrscher, die ihren Untertanen nicht den eigenen Willen aufzwangen, vielmehr liebten wohl viele von ihnen selbst den Wein. Die maurische Haltung dem Wein gegenüber war zweideutig. Der Prophet hatte zwar den Wein verboten, doch die Emire und Kalifen in Spanien kultivierten Wein; eigentlich war der Verkauf von Wein untersagt, STEUERN wurden darauf aber dennoch erhoben. Als um die Mitte des 13. Jh. ENGLAND größere Mengen Wein aus Spanien zu importieren begann, waren die Christen mit der Wiedereroberung schon weit fortgeschritten. Im 12. Jh. standen bereits Navarra, Kastilien und León, Aragón und Barcelona unter christlicher Herrschaft, und Portugal wurde im Jahr 1134 Königreich. Um 1300 befand sich nur noch die Provinz Granada in maurischer Hand.

Um 1250 wurde regelmäßig Wein von Bilbao aus nach den englischen Häfen Bristol, Southampton und London verschifft. Die Namen der spanischen Kaufleute wurden in den 1350er Jahren in den Guildhall Letter Books verzeichnet, was beweist, daß sich der Weinhandel mit Spanien damals fest etabliert hatte. Die Weine waren in der Qualität unterschiedlich, es gab aber sehr gute darunter: Als Edward III. im Jahr 1364 Höchstpreise für Wein festsetzte, sollte ein Faß besten spanischen Weins ebensoviel kosten wie ein Faß besten Gascogner Weins, der teurer war als Wein aus LA ROCHELLE. Spanische Weine waren populär, denn weil sie aus einem warmen Klima stammten, hatten sie hohen Alkoholgehalt und hielten sich besser als französische und deutsche Weine. Manche aber waren nichts weiter als alkoholstark, und deshalb wurden sie oft dazu benutzt, um teurere, aber schwächere Weine zu strecken. Die Gesetze, die derlei untersagten, blieben weithin unbeachtet. Der von Chaucer in *The Pardoner's Tale* erwähnte starke Weißwein von Lepe (einem Ort zwischen JEREZ und der Algarve) war in dieser Hinsicht berüchtigt. Ein in Londoner Schenken damals allgemein erhältliches illegales Gemisch dieses Weins mit Gascogner oder La Rochelle muß ein erstklassiges Rezept für einen schnellen Rausch mit langem Kater gewesen sein.

Siehe auch ARNALDUS DE VILLANOVA und EIXIMENIS.

H. M. W.

Blazquez, J. M., LA ECONOMIA DE LA HISPANIA ROMANA, in A. Montenegro et al. (Hrsg.), *Historia de España: España romana* (Madrid, 1982).
Curchin, L. A., *Roman Spain* (London, 1991).
Jeffs, J., *Sherry* (4. Aufl., London, 1992).
Keay, S. J., *Roman Spain* (London, 1988).
Tchernia, A., *Les vins de l'Italie romaine* (Paris, 1986).

Historisches nach Kolumbus

Nach dem endgültigen Sieg über die Mauren bei Granada im Januar 1492 wurde Spanien als christliches Reich unter einer Krone vereinigt. Christoph Kolumbus entdeckte im Oktober desselben Jahres die Westindischen Inseln und eröffnete dem spanischen Handel damit eine ganz NEUE WELT. Dies fand Anerkennung im Vertrag von Tordesillas im Jahr 1494, der unter Vermittlung durch Papst Alexander VI. die Welt zwischen Spanien und Portugal aufteilte. Alles neuentdeckte Land westlich einer Linie 370 Seemeilen der Kapverdischen Inseln sollte Spanien gehören, alles östlich davon sollte portugiesisch sein. Durch diesen Vertrag fiel Spanien der größte Teil Lateinamerikas zu – mit Ausnahme Brasiliens, das portugiesisch wurde. Die Vertreibung aller Juden, die sich nicht taufen lassen wollten, aus Spanien begann 1492 und schuf neue Gelegenheiten für ausländische Kaufleute, von denen viele im Weinhandel tätig waren.

Die Weinbauregionen um die großen spanischen Häfen Cádiz und MÁLAGA zogen zuerst die Aufmerksamkeit der fremden Kaufleute an. SHERRY, der damals oft SACK genannt wurde, war bald ein beliebtes Getränk am englischen Hof. Die ausländischen Kaufleute in der Sherry-Stadt SANLÚCAR DE BARRAMEDA erhielten von dem Herzog von Medina-Sidonia im Jahr 1517 Privilegien eingeräumt, und es wurde eine englische Kirche gebaut, um noch mehr Kaufleute anzulocken. Doch in den 1520er Jahren begannen sich die Beziehungen zwischen England und Spanien zu verschlechtern, und nachdem Heinrich VIII. sich 1533 von Katharina von Aragón scheiden ließ, gerieten die englischen Kaufleute in direkten Konflikt mit den Spaniern. Im weiteren Verlauf des Jahrhunderts brach zwischen den beiden Ländern Krieg aus. Die englischen Siedler flohen aus Furcht vor der Inquisition, und der Handel zwischen den beiden Ländern ging zurück. In JEREZ entstand ein neuer Wirtschaftszweig: die Produktion von Schiffszwieback für die Armada.

Die Niederlage der Armada gegen die Engländer im Jahr 1588 vernichtete Spanien als Seemacht, und nach dem Tod Philipps II. zehn Jahre darauf sah sich das Land trotz seines ungeheuren Reichtums an Kolonien von schweren Schulden niedergedrückt. Der Weinhandel lebte bald wieder auf,

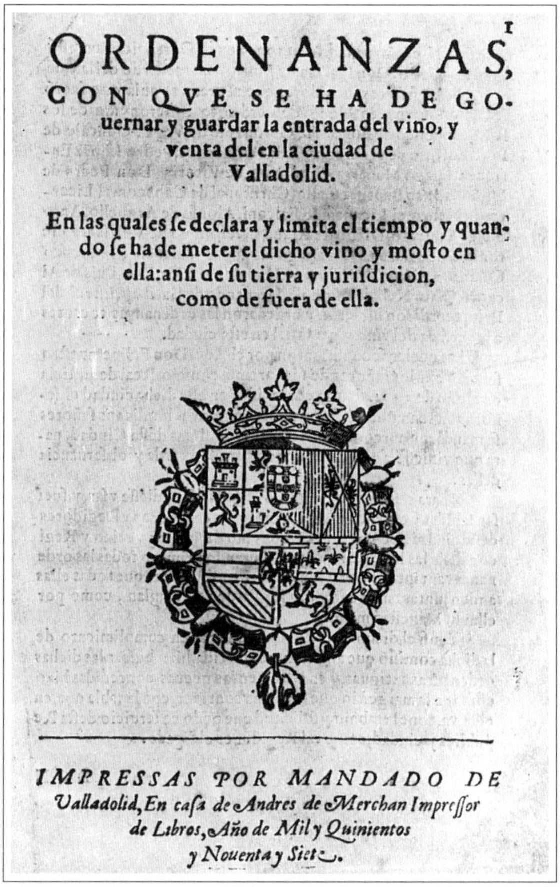

I

ORDENANZAS, CON QVE SE HA DE GOuernar y guardar la entrada del vino, y venta del en la ciudad de Valladolid.

En las quales ſe declara y limita el tiempo y quando ſe ha de meter el dicho vino y moſto en ella: anſi de ſu tierra y juriſdicion, como de fuera de ella.

IMPRESSAS POR MANDADO DE Valladolid, En caſa de Andres de Merchan Impreſſor de Libros, Año de Mil y Quinientos y Nouenta y Siete.

SPANIEN: Titelblatt der Verordnung über den Weinverkauf in Valladolid aus dem Jahr 1596.

und nach dem Tod von Elizabeth I. wurde «Sack» am Hof Jakobs I. zum Lieblingsgetränk. Doch im 17. Jh. blieb der Handel sporadisch. Der Friede hielt nicht lange, und 1625 landeten die Engländer unter dem Befehl des glücklosen Sir Edward Cecil in Cádiz. 1655 eroberten die Engländer Jamaica. Spanien erklärte als Vergeltung ein Jahr darauf den Krieg und beschlagnahmte britische Schiffe in spanischen Häfen. Auch nach diesem Krieg gab es noch keine Ruhe, und der Handel mit spanischem Wein wurde durch übermäßig hohe englische Zölle lahmgelegt. Unter solchen Umständen war es nicht verwunderlich, daß die Spanier Märkte anderswo in Europa und in der Neuen Welt begünstigten. Ein Jahrhundert der Kriege im Verein mit Vorzugszöllen für portugiesischen Wein, wie sie im METHUEN TREATY von 1703 vereinbart worden waren, bedeuteten einen schweren Rückschlag für die Sherry-Industrie. 1754 waren infolge der schlechten Verhältnisse nur noch neun Handelshäuser in Jerez übriggeblieben. Doch in der zweiten Hälfte des 18. Jh. kehrte wieder Wohlstand in der Region ein, und der Handel blühte erneut auf. Eine neue Generation fremder Kaufleute, darunter der Engländer Sir James Duff und der Ire William Garvey, waren die Wegbereiter des neuen Aufschwungs in Jerez. Er wurde durch den Peninsularkrieg 1808 wieder unterbrochen, der Jerez in einen ruinösen Zustand stürzte. Um 1820 kamen die Kaufleute zurück und bauten erneut auf, und um die Mitte des 19. Jh. leiteten Männer wie Pedro DOMECQ, Manuel GONZÁLEZ und Robert Blake Byass einen unerhörten Sherry-Boom ein.

Um dieselbe Zeit erlebte auch der Málaga einen großen Aufschwung an Popularität, so daß 1829 rund 35 000 BUTTS (175 000 hl) Wein produziert wurden. Der «Mountain», wie er in seiner großen Zeit im 19. Jh. verbreitet genannt wurde, stand neben PORTWEIN, MADEIRA und Sherry als einer der großen aufgespriteten Weine der Welt.

Nach allen Berichten gab es im übrigen Spanien nur wenig Wein in exportfähiger Qualität. Selbst der RIOJA, am Ende des 19. Jh. bereits Spaniens führender Tafelwein, fand außer im Baskenland und in Südamerika nur wenige Märkte. Der Chronist Richard Ford vermerkte 1846, daß «der spanische Wein nach wie vor auf unwissenschaftliche und unsorgfältige Weise bereitet» werde. Cyrus REDDING schreibt in seinem 1851 erschienenen Buch *History and Description of Modern Wines* von «grober Behandlung der Trauben» in Spanien. Es schien, als habe sich außer in Jerez und Málaga seit der Römerzeit nicht viel verändert. In Zentral- und Südspanien fand die Weinbereitung in rohen, irdenen TINAJAS statt, während im Norden Holzfässer benutzt wurden. Gelagert wurde der Wein häufig in *cueros*, mit Pech und Harz gedichteten Schweinshäuten, in denen der Wein einen eigentümlichen Geschmack annahm. Richard Ford beschreibt einen solchen *cuero* als ein «gegerbtes und zugerichtetes Stück, das die Form des Schweins zeigt, mitsamt den Füßen und allem, mit einer Ausnahme . . ., das Ganze umgestülpt, so daß die Haarseite nach innen kommt, und sorgfältig verpicht ist wie ein Schiffsrumpf.» Dies waren wohl auch die «dickbäuchigen Monster», denen Don Quijote zwei Jahrhunderte vorher zuleibe gerückt war. Die Weinbereitung machte in Spanien langsame Fortschritte.

Ab der Mitte des 19. Jh. wurden dem spanischen Weinbau große Veränderungen aufgezwungen, zunächst durch den ECHTEN MEHLTAU, der erstmals in den 1850er Jahren in Katalonien auftrat, und später dann durch die REBLAUS. Das gefräßige Insekt trat erstmals 1878 in Málaga in Erscheinung und vernichtete dort die Lebensgrundlage von vielen tausend Winzern, die in Scharen auswanderten und in Südamerika ein neues Leben anfingen. Málagas Weinbau hat sich nie wieder ganz erholt. Doch die Reblaus breitete sich in Spanien relativ spät und langsam aus, zum Teil wegen der großen Entfernungen zwischen den einzelnen Weinbauregionen Spaniens. In den 1860er Jahren kamen die Franzosen, die schon zehn Jahre vorher unter dem Echten Mehltau zu leiden hatten, über die Pyrenäen und suchten nach Ersatz für den knapp gewordenen französischen Wein. Rioja und NAVARRA, die beiden nächstgelegenen Weinbaugebiete, profitierten am stärksten vom Mißgeschick Frankreichs sowie von dem daraus resultierenden Zustrom französischer Einflüsse und Erfahrungen.

Die BARRICA, das heute in ganz Spanien gebräuchliche Eichenfaß mit 225 l Inhalt, wurde damals aus Bordeaux eingeführt, und Verbesserungen der Weinbereitung richteten sich nach den Maßstäben von Bordeaux (dennoch wurde stets amerikanische EICHE bevorzugt; siehe auch KÜFEREI). Die BODEGAS Marqués de Murrieta, Marqués de Riscal, López de Heredia und CVNE gehen auf diese Zeit zurück, als monatlich bis zu 500 000 hl Wein über die Pyrenäen nach Frankreich verfrachtet wurden.

Die Reblaus faßte 1894 in Jerez Fuß und erreichte 1901 Rioja, aber um diese Zeit war bereits das Pfropfen europäischer Reben auf amerikanische VEREDELUNGSUNTERLAGEN als Gegenmittel gefunden. Die Weinberge wurden in ganz Spanien neu bestockt, aber viele einheimische Rebsorten z. B. Galiciens und Kataloniens sind seither praktisch ausgestorben. In Katalonien fiel die Zeit nach der Reblaus mit dem Aufbau der Schaumweinindustrie zusammen, die heute zu den größten ihrer Art in der Welt zählt. Nach einem Aufenthalt in der CHAMPAGNE führte José Raventos 1872 die Champagnermethode in seinem Familienbetrieb Codorníu ein. Der ursprünglich als *champaña* bezeichnete Schaumwein war ein großer Erfolg, und die Weinberge um San Sadurní de Noya wurden mit den drei Weißweinrebsorten neu bestockt, die heute Jahr für Jahr mehr als eine Million hl CAVA hervorbringen.

Die erste Hälfte des 20. Jh. war für Spanien eine turbulente Zeit. Politische Auseinandersetzungen führten 1931 zur Abdankung von König Alfonso XIII. und zur Ausrufung einer Republik. Eine von dem monarchistischen Diktator General Primo de Rivera eingeführte dauerhafte Maßnahme war die Schaffung des DO-Systems kontrollierter Appellationen, das jeweils durch einen CONSEJO REGULADOR verwaltet wird und erstmals 1926 in Rioja erprobt wurde. Jerez und Málaga folgten 1933 bzw. 1937.

1936 brach nach dem Wahlsieg der Volksfront in Spanien der Bürgerkrieg aus. Drei Jahre lang gab es heftige Auseinandersetzungen, und Spanien zerriß sich selbst, manchmal in regionalseparatistische Teile. Manche Gegenden, v. a. Katalonien und VALENCIA, litten besonders stark, doch überall im Land wurden Weinberge vernachlässigt und Weinbaubetriebe zerstört. Der Sieg der Nationalisten im Jahr 1939 brachte Spanien unter General Franco politische Stabilität, doch die wirtschaftliche Erholung wurde durch den 2. Weltkrieg beeinträchtigt, der praktisch die europäischen Märkte für spanische Exporte verschloß.

In den 1950er Jahren begann dann die Wiederbelebung im Weinbau, unterstützt durch den einige Jahre zuvor eingeleiteten Aufbau von WINZERGENOSSENSCHAFTEN im gan-

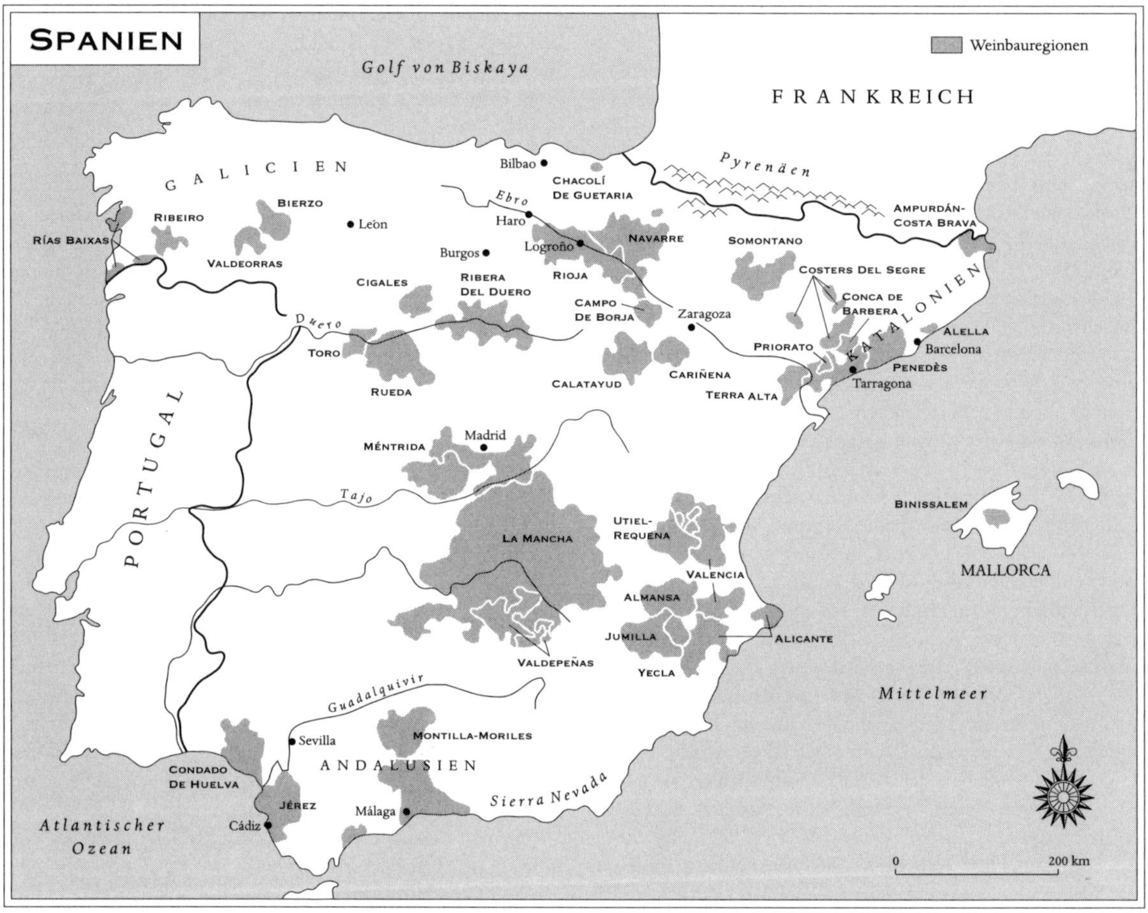

zen Land. Hierdurch wurde Spanien mit seiner ungeheuer großen Rebfläche praktisch in eine Quelle billiger Massenweine verwandelt, die entweder unter Markennamen oder frei erfundenen Gattungsbezeichnungen wie «spanischer Chablis» oder «spanischer Sauternes» auf den Markt kamen, die dann später von der EU untersagt wurden. Seit dem Beginn der 1960er Jahre übt die spanische Regierung durch die Vermehrung der DO-Bereiche eine zunehmend schärfere Kontrolle über die Weinerzeugung aus.

Die Nachkriegsgeschichte des spanischen Weinbaus ist überschattet von der Rumasa-Affäre, auf die auch unter SHERRY eingegangen wird. Allerdings erstreckten sich die Horizonte von Rumasa weit über Jerez hinaus (dort übernahm der Konzern u. a. die Bodegas Palomino y Vergara, Bertola, Williams & Humbert, Garvey und Terry). Ruiz-Mateos sammelte darüber hinaus aber auch in Rioja, Katalonien, MONTILLA und La MANCHA größere Beteiligungen an. Außerdem kaufte Rumasa Banken, Hotels, Baufirmen, Kaufhäuser, Fabriken und Werften auf, so daß José-Maria Ruiz-Mateos am Ende der 1970er Jahre ganz Spanien zu beherrschen schien. Er trug zwar auch viel zur längst überfälligen Modernisierung des spanischen Weinbaus bei, doch zu Beginn der 1980er Jahre mehrten sich die Anzeichen, daß sein Imperium im Wanken sei. 1983 schritt die sozialistische Regierung ein und enteignete Rumasa mit der Zusage, den unhandlich gewordenen Konzern aufzuteilen und zu reprivatisieren. Ruiz-Mateos widersetzte sich den staatlichen Maßnahmen vehement. An ihr Ende gelangte die Rumasa-Saga schließlich mit dem Verkauf von Williams & Humbert im Jahr 1989.

Zugleich mit dem Sherry-Boom in den 1960er Jahren trat auch der Rioja als einer der bekanntesten Weine Spaniens in Erscheinung. In den 1970er und 1980er Jahren vollbrachte dann die Familienfirma TORRES im Alleingang eine Verwandlung der Weine von PENEDÈS. Mit dem Tod von General Franco 1975 und der Wiederherstellung der Monarchie wurden die Grundlagen für die Entstehung einer modernen Mehrparteiendemokratie in Spanien gelegt. Größere wirtschaftliche Freiheit führte zum Heranwachsen einer städtischen Mittelschicht, die ihrerseits wiederum das

Interesse an qualitativ hochwertigem Wein stimulierte. Wirtschaftlich benachteiligte ländliche Regionen wie La Mancha und Galicien kamen dann zusätzlich in den Genuß von Fördermitteln der EU, die mit dazu beitragen, das Erscheinungsbild des spanischen Weinbaus zu wandeln. Allerdings besteht in Spanien wie im benachbarten Portugal noch immer Mangel an gut ausgebildeten Kellertechnikern. Mit Ausnahme einiger beachtenswerter Beispiele verlief der Umwandlungsprozeß im spanischen Weinbau zu Anfang der 1990er Jahre noch immer überaus langsam.

Das spanische Weingesetz

Seit dem Beitritt zur EU hat Spanien sein Weingesetz an das einschlägige Recht in anderen Mitgliedsländern angeglichen. Es verfügt jetzt über ein fünfstufiges System, das vom Instituto Nacional de Denominaciones de Origen (INDO) mit Sitz in Madrid verwaltet wird.

VINO DE MESA (VdM) bildet die unterste Stufe der Pyramide; hierzu gehören alle Weine aus nichtklassifizierten Weinbergen bzw. Wein, der durch Verschneiden heruntergestuft wurde; es handelt sich um das spanische Pendant zur EU-Stufe TAFELWEIN.

Vino Comarcal (VC) ist der regionale Status für bestimmte Erzeuger von Tischwein, die nicht in eine DO fallen: z. B. Vino de Mesa de Toledo für die Weine des Hauses Marqués de Griñon.

VINO DE LA TIERRA (VdlT) gilt für Weine eines bestimmten, meist sehr umfassenden Gebiets, sofern sich die Erzeuger an bestimmte lokale Regeln halten; hierbei handelt es sich um das spanische Pendant zum VIN DE PAYS bzw. LANDWEIN.

Denominación de Origen (DO) stellt die Einordnung in Herkunftsbereiche dar, auf denen das System in der Hauptsache beruht; jeder verfügt über einen eigenen Consejo Regulador, der den Anbau, die Bereitung und die Vermarktung von Weinen überwacht und die Erfüllung bestimmter regionaler Maßstäbe gewährleistet. Allerdings nimmt mit zunehmender Vermehrung der DO-Bereiche ihre Bedeutung doch Schaden. Ende 1993 gab es 39 DO-Bereiche, in die fast die Hälfte der gesamten Rebfläche Spaniens fiel. Um hier etwas Wandel zu schaffen, hat das INDO eine neue Kategorie eingeführt:

Denominación de Origen Calificada (DOCA); sie entspricht der italienischen DOCG. Rioja erhielt 1991 als erstes Gebiet den neuen DOCa-Rang.

Geographie und Klima

Um große Teile Spaniens herum steigt das Terrain von der Küste aus steil auf und erreicht bei Mulhacén in der Sierra Nevada, knapp 50 km vom Mittelmeer entfernt, eine Höhe von 3482 m. Das dominierende Merkmal der Iberischen Halbinsel ist das weite Plateau, das einen großen Teil Zentralspaniens ausmacht. Das als *meseta* bezeichnete wellige Tafelland schwankt in der Höhe zwischen 600 und 1000 m und ist etwas nach Westen geneigt. Vier der fünf großen Flüsse der Iberischen Halbinsel (Duero, Tajo, Guadiana und Guadalquivir) strömen nach Westen, dem Atlantik zu, nur der Ebro fließt nach Südosten zum Mittelmeer. Weitere Flüsse gibt es nur zu bestimmten Jahreszeiten; sie trocknen in den Sommermonaten vollständig aus.

Große Gebirgszüge, die sogenannten *cordilleras*, bilden natürliche Grenzen für die einzelnen Regionen Spaniens. Die Nordküste von Galicien bis zu den Pyrenäen ist relativ kühl und feucht und zeigt kaum Extreme. Die Jahresniederschlagsmenge liegt in diesem Teil Spaniens zwischen 1000 mm an der Küste und über 2000 mm in den Gipfellagen der Gebirge. Galicien, Asturien und das Baskenland sind intensiv kultiviert und dicht bevölkert.

Das Kantabrische Gebirge, ein westlicher Ausläufer der Pyrenäen, steigt in den Picos de Europa bis auf über 2600 m an und schützt den Hauptteil Spaniens gegen kühle, regenführende Nordwestwinde. Rioja im oberen Ebro-Becken wird auf diese Weise gegen den Golf von Biscaya abgeschirmt, so daß die Niederschlagsmenge, die an der baskischen Küste noch rund 1500 mm beträgt, nach Osten hin scharf absinkt und 100 km weiter landeinwärts bei Haro, der Weinbauhauptstadt von Rioja, nur noch 450 mm erreicht.

Das spanische Klima wird zum Mittelpunkt des Zentralplateaus hin immer extremer. Hier sind die Winter lang und kalt; die Temperaturen fallen weit unter den Gefrierpunkt (der niedrigste hier gemessene Wert betrug in Albacete –22 °C). Dagegen sind die Sommer glühend heiß mit Tagestemperaturen von manchmal über 40 °C. In den Sommermonaten fällt wenig Regen, und DÜRRE bildet ein Dauerproblem. Die Landwirtschaft hat sich an so wenig NIEDERSCHLAG, der an manchen Stellen kaum 300 mm erreicht, weitgehend angepaßt. Im Frühjahr und Herbst gibt es allerdings manchmal Wolkenbrüche, die sich dann oft zu verheerenden Überschwemmungen auswachsen.

Südlich und östlich vom Zentralplateau unterliegt das Klima zunehmend dem Einfluß des Mittelmeers. Im schmalen Küstenbereich ist es gleichmäßig mit langen, warmen Sommern, die in milde Winter übergehen. Hier befinden sich die spanischen Ferien-Costas, aber um Valencia auch üppige Gemüse- und Obstbaugebiete, aus denen Reis und Zitrusfrüchte kommen, und an den Hängen weiter landeinwärts gedeihen Oliven, Mandeln und TAFELTRAUBEN. Der heißeste Teil Spaniens ist das breite Tal des Guadalquivir in Andalusien, nördlich der Sierra Nevada. Dort steigen die Sommertemperaturen bis auf 45 °C. Die Südwestecke von Andalusien hat ihr eigenes Klima; es unterliegt starken Einflüssen vom Golf von Cádiz und vom Atlantik her (siehe SHERRY).

Weinbau

In ganz Spanien liegen die ERTRÄGE bemerkenswert niedrig. In den meisten Teilen Zentral- und Südspaniens stehen die

Reben in weiten Abständen, damit sie besser mit der sommerlichen Trockenheit fertig werden können; die PFLANZDICHTE schwankt zwischen 1200 und 1660 Reben/ha, je nachdem, wieviel Wasser zur Verfügung steht (das entspricht etwa einem Achtel der Pflanzdichte, wie sie beispielsweise im MÉDOC oder an der CÔTE D'OR üblich ist). Das hier gebräuchliche System *marco real* beruht auf einem Stockabstand von 2,50 m in allen Richtungen. In allen außer den modernen Anlagen (die zunehmend mit Rücksicht auf MECHANISIERUNG angelegt werden) sind die Reben freistehend in Buschform erzogen und nach der in Spanien *en vaso* genannten GOBELET-Methode geschnitten. Die Erträge aus solchen Weinbergen, die oft schon über 40 Jahre alt sind, liegen unter 20 hl/ha. Die Statistiken für die DO JUMILLA weisen z. B. Durchschnittserträge von nur 10 bis 12 hl/ha auf (weniger als ein Zehntel der in mancher italienischen DOC üblichen Erträge).

Allerdings geht mit einem trockenen Klima auch ein beträchtlicher Vorteil einher: PILZKRANKHEITEN gibt es selten. ECHTER MEHLTAU, FALSCHER MEHLTAU und TRAUBENFÄULE sind praktisch unbekannt.

BEWÄSSERUNG, die zweifellos zu besseren Erträgen verhelfen könnte, ist durch den Beitritt Spaniens zur EU untersagt, dabei spricht in den trockensten Bereichen vieles für Bewässerung, vorausgesetzt, sie wird mit entsprechendem Bedacht eingesetzt. Einigen Weingütern, das bekannteste davon ist Raimat in COSTERS DEL SEGRE, wurde der Status von Versuchsgütern für Bewässerung eingeräumt – damit können die EU-Bestimmungen umgangen werden. Durch klugen Einsatz von Wasser konnte eine steppenartige Öde in einen fruchtbaren Weinberg verwandelt werden, dessen Erträge denen anderer europäischer Länder nahekommen.

Die Weinbaupraktiken sind in verschiedenen Teilen Spaniens sehr unterschiedlich. In Gegenden wie Rioja und Penedès, wo systematischer nachgepflanzt wird, liegt die Pflanzdichte höher (bis zu 5000 Reben/ha), und die Erziehung erfolgt zunehmend an Drahtrahmen. Hier können Erträge bis 50 oder 60 hl/ha erzielt werden. In Galicien wurden die Reben früher an Pergolen erzogen (siehe TENDONE), sowohl um den in dieser dichtbevölkerten Gegend Spaniens knappen Platz möglichst gut auszunutzen als auch, um bei dem feuchten Klima das Risiko von Pilzkrankheiten weitgehend zu verringern. Neuere Anlagen werden in niedrigeren REBENERZIEHUNGSSYSTEMEN ausgeführt, um die Kultivierung zu erleichtern, doch in ihnen muß regelmäßig gespritzt werden, um Krankheiten zu bekämpfen. Die Erträge sind oft hoch und erreichen in RIBEIRO 90 hl/ha.

Die LESE erfolgt meist von Hand, und wenn das Traubengut in die Genossenschaftskellerei gelangt, hat es oft schon zu gären begonnen, weil die Trauben beim Verladen in große Anhänger gequetscht wurden. Qualitätsbewußtere Kellereien stellen den Winzern stapelbare Plastikbehälter zur Verfügung, damit das Traubengut auf dem Transport unbeschädigt bleibt. Manche Firmen stellen auch einen Leseplan auf und verweigern die Annahme von Lesegut nach der Mittagsstunde, weil es dann zu stark erwärmt ist. Erntemaschinen gibt es nur selten, und ihr Einsatz ist auf Weinberganlagen mit Drahtrahmenunterstützungssystemen beschränkt.

Rebsorten

Die Spanier behaupten, 600 Rebsorten zu besitzen; allerdings stehen auf 80 % der Rebfläche gerade etwas mehr als 20. Seit dem Reblausbefall am Ende des vorigen Jahrhunderts bevorzugen die Winzer Rebsorten, die an die jeweiligen örtlichen Verhältnisse gut angepaßt sind. Die für Dürre unempfindliche AIRÉN wird in ganz Zentralspanien angebaut und nimmt etwa dreimal soviel Land ein wird irgendeine andere Rebsorte. Sie erbrachte früher vor allem Grundweine für die spanische Brandy-Industrie sowie oxidierte, schlichte Weißweine für Bars und Cafés. Bei sorgfältiger Behandlung und guter Bereitung ist sie jedoch durchaus imstande, einfache, erfrischende, trockene Weine hervorzubringen. Die zweitmeist angebaute Rebsorte ist die dunkle GARNACHA mit 170 000 ha vorwiegend im Norden des Landes. Sie gedeiht in windigen, trockenen Gegenden, vor allem in Navarra, Rioja Baja, Aragón und Teilen von Katalonien, wo sie etwas schwerfällige Rotweine, aber auch frische, fruchtige Rosés erbringt.

BOBAL und Monastrell (in Frankreich MOURVÈDRE) übernehmen in der Levante die Rolle der Garnacha auf einer Rebfläche von etwa 100 000 ha. Beide Sorten erbringen alkoholstarke dunkle Rotweine und gelegentlich trockene Roséweine.

Die mit einer Anbaufläche von über 33 000 ha am stärksten verbreitete, für Rotweine hoher Qualität nutzbare spanische Traubensorte ist TEMPRANILLO; sie wächst unter Synonymen wie Cencibel, Ull de Llebre und Tinto Fino in verschiedenen Gegenden.

Weißweinrebsorten mit einiger Bedeutung sind neben Airén auch die Sherrytrauben PALOMINO (angebaut in Jerez, RUEDA und Teilen von Galicien) und PEDRO XIMÉNEZ (in Montilla-Moriles und Málaga). Die Weißweintraube MACABEO (auch Viura) wird in Rioja und Katalonien verbreitet kultiviert, insbesondere in Penedès, wo sie zusammen mit Parellada und Xarel-lo zu CAVA verarbeitet wird. Qualitativ hochwertige Weißweinrebsorten, die in neuerer Zeit an Boden gewinnen, sind ALBARIÑO (in Galicien) und VERDEJO (in Rueda), während die Weißweinreben LOUREIRA und GODELLO (beide in Galicien) und die Rotweinrebsorte GRACIANO (in Rioja) zwar ebenfalls vielversprechend erscheinen, jedoch nur in bescheidenerem Umfang ein Comeback feiern.

Manche ausländischen Rebsorten kommen in Spanien in größerem Umfang zum Zug. So erlangen CABERNET SAUVIGNON, MERLOT und CHARDONNAY in Katalonien und Navarra zunehmende Bedeutung.

Weinbereitung
Die Weinbereitung hat sich in Spanien seit den 1960er Jahren radikal gewandelt. Edelstahl, früher eine Rarität, ist inzwischen allgemein verbreitet, und die meisten Bodegas verfügen über die Möglichkeit der TEMPERATURREGELUNG bei der Gärung. Durch diese Verbesserungen haben sich die spanischen Weine, insbesondere in La Mancha und der Levante, wo Temperaturregelung zur Bewahrung des primären Fruchtcharakters in Rot- und Weißweinen unerläßlich ist, stark verändert. Manche Erzeuger in Zentral- und Südspanien arbeiten jedoch weiterhin mit TINAJAS für Gärung und Lagerung. Diese früher aus Ton, heute jedoch aus Beton hergestellten Behälter sind möglicherweise ein römisches Erbe. Sie lassen sich nur schwer reinigen und noch schwerer kühlen. Montilla ist der einzige Bereich, wo die Verwendung von *tinajas* nach wie vor mit einigem Erfolg verwendet werden. Die in manchen noch nicht so sehr auf modernstem Stand befindlichen Genossenschaftskellereien noch anzutreffenden kunstharzbeschichteten Betontanks sind wenig besser.

Bei der sich allmählich durchsetzenden Edelstahltanktechnik werden Weißweine in immer stärkerem Maß jung und ohne weitere Lagerung abgefüllt. Mit Ausnahme von Sherry, einiger traditioneller weißer Riojas und mancher Weine aus der Hand eher avantgardistischer Weinerzeuger in Katalonien schmecken faßgereifte spanische Weißweine meist flach und oxidiert.

Bei Rotwein wird in Spanien die alteingeführte Tradition des Ausbaus in EICHE auch weiterhin gepflegt. Der Gebrauch von Holzfässern für Gärung und Lagerung reicht zwar schon viele Jahrhunderte zurück, in der zweiten Hälfte des 19. Jh. aber führten die Franzosen die 225-l-BARRIQUE *(barrica)* in Rioja ein, und seitdem hat sich dieses Faß im ganzen Land eingebürgert. Anders als die Franzosen benutzen die meisten spanischen Kellertechniker jedoch vorzugsweise amerikanische Eiche, die nicht nur wesentlich billiger ist als französische, sondern auch dem Wein eine kräftigere Geschmacksnote verleiht. Vor allem die Tempranillo-Traube bringt Wein hervor, der auf den Ausbau in neuer Eiche gut anspricht. Eichenfaßgereifte spanische Rotweine tragen meist Bezeichnungen wie CRIANZA, RESERVA oder GRAN RESERVA; der Gebrauch dieser Begriffe ist in den jeweiligen Bestimmungen genau definiert. Vielen Weinen gemeinsam ist eine kräftige Vanillenuance, die bei billigen Rotweinen und gelegentlich auch Weißweinen durch kurzes Einmaischen von EICHENSPÄNEN hervorgerufen wird.

In den meisten DO-Vorschriften sind auch Mindestzeiten für die Flaschenreife festgelegt, und nur wenige Weine gelangen zum Verkauf, bevor sie trinkreif sind.

Siehe auch CASTILLA-LA MANCHA und CASTILLA-LEÓN sowie BRANNTWEIN (spanischer Brandy). R. J. M.

Duijker, H., *Atlas der spanischen Weine* (Bern, 1992).
Jeffs, J., *Sherry* (4. Aufl., London, 1992).
Metcalfe, C., und McWhirter, K., *The Wines of Spain and Portugal* (London, 1988).
Read, J., *Wines of the Rioja* (London, 1984).
—*Spaniens Weine* (2. Aufl., Bern, 1995).

SPANNA Lokalbezeichnung für NEBBIOLO im Norden PIEMONTS (Nordwestitalien), insbesondere um Gattinara in den Bergen der Provinzen Vercelli und Novara. Vielleicht handelt es sich um die von PLINIUS erwähnte «uva spinea» – er schrieb, dies sei die Sorte «quae sola alitur nebulis». Von Nebbiolo, einer sehr spät reifenden Traube, läßt sich sehr wohl sagen, sie «atme den Nebel» des Herbsts in Piemont. Sieben DOC-Weine entstehen entweder ganz oder teilweise von Spanna, drei in der Provinz Vercelli (BOCA, GATTINARA, LESSONA) und vier in der Provinz Novara (BRAMATERRA, FARA, GHEMME und SIZZANO). Nur Gattinara und Ghemme weisen mit 100 bzw. 85 ha eine bedeutendere Produktion auf, die anderen Bereiche haben eher Briefmarkengröße (Boca verfügt über 15 ha, Lessona über 6,5 ha). Die Weine zeigen kraftvolle Nebbiolo-Persönlichkeit, obwohl nur der Lessona zu 100 % von Spanna produziert werden kann; die anderen DOC-Vorschriften verlangen Mischung mit den weniger interessanten Traubensorten VESPOLINA und BONARDA Novarese. Inzwischen werden aber sortenreine Spanna-Weine immer häufiger, auch wenn sie nur als VINO DA TAVOLA auf den Markt kommen dürfen. Vor dem 2. Weltkrieg hatten Spanna-Weine einen ausgezeichneten Ruf und waren im nahegelegenen Mailand sehr populär, doch in der Nachkriegszeit ging viel Boden an die volleren und professioneller bereiteten Nebbiolo-Weine aus den Langhe-Bergen verloren. Das Zusammenwirken von übermäßig langem AUSBAU in alten Fässern mit unzulänglich oder überhaupt nicht durchgeführter MALOLAKTISCHER SÄUREUMWANDLUNG hat der Reputation dieser Weine auch nicht gut getan. Als weitere Hindernisse haben sich die extreme Zersplitterung des Weinbergbesitzes und die Überalterung der erfahrenen Arbeitskräfte erwiesen. Immerhin hat es in den 1980er Jahren bedeutende Verbesserungen gegeben, und so entstand der allgemeine Eindruck, daß die Spanna-Weine – zumindest Gattinara und Ghemme – den Aufschwung geschafft haben. D. T.

Anderson, B., *Atlas der italienischen Weine* (Bern, 1990).
Gleave, D., et al., *Die Weine Italiens* (Stuttgart, 1990).
Wasserman, S., *Italy's Noble Red Wines* (New York, 1985).

SPÄTBURGUNDER In Deutschland gebräuchlichstes Synonym für PINOT NOIR.

SPÄTLESE Eine der PRÄDIKAT-Stufen der Kategorie QMP nach dem DEUTSCHEN WEINGESETZ. Die Lese der Trauben für diese Stufe erfolgt mindestens eine Woche nach der Lese von Trauben mit niedrigerem Reifegrad (bis 1994 war die Spätlese die einzige Prädikatsstufe, für die diese Vorschrift bestand). Für jede Kombination von Rebsorte und Anbaugebiet sind für die Spätlese bestimmte MOSTGEWICHTE festgesetzt; für den Jahrgang 1994 wurden sie zum Teil gesenkt. Der höhere Reifegrad und der entsprechend höhere POTENTIELLE ALKOHOLGEHALT machen Spätlese besonders geeignet für trockenen Ausbau, v. a. in der PFALZ, in RHEINHESSEN und BADEN. Trockene Spätlesen passen gut zu kräftigen Gerichten aller Art, während liebliche Spätlesen eher einen Genuß für sich selbst bilden, da es ihnen als Begleiter zu süßen Speisen am nötigen Körper fehlt, ihr Geschmack aber für andere Gerichte oft zuviel Süße enthält. (AUSLESE, die nächste Prädikatstufe, wird vorzugsweise lieblich ausgebaut, weil sie sonst durch ihren hohen Alkoholgehalt ihre AUSGEWOGENHEIT verlieren kann.)

Siehe auch ÖSTERREICH.

Früher war der Ausdruck «Spatlese» auch außerhalb Europas, v. a. in Australien, verbreitet.

SPEISEN UND WEIN Die Abstimmung zwischen Speisen und Wein ist je nach Standpunkt ein außerordentlich komplexes Thema, ein in der Kultur eines Volks eingebetteter Bestand an festen Regeln oder ein Ausdruck überzogener Schlemmerei. Es überrascht nicht, daß in Frankreich Wein einen selbstverständlichen Teil der Gastronomie darstellt, und nur wenigen Franzosen würde es einfallen, einen Wein zu beschreiben, ohne zugleich auch ausführlich darauf einzugehen, zu welchen Gerichten man ihn reichen sollte. Französischen Küchenchefs wurde stets ein gültiges Urteil über die Wahl und den Geschmack von Wein zugestanden; erst seit dem Ende der 1980er Jahre wird Wein auch als selbständiges Thema behandelt. In den USA bildet die Abstimmung von Wein und Speisen seit den 1980er Jahren den Gegenstand intensiver Überlegungen, weil um diese Zeit die Weinerzeuger unter dem Druck der sogenannten Neoprohibitionisten versuchten, dem Wein gegenüber Getränken, die grundsätzlich nur ihres Alkoholgehalts wegen konsumiert werden, dadurch Selbständigkeit zu verleihen, daß sie ihm einen festen Platz auf dem Eßtisch zuwiesen. Für besonders fanatische Weinenthusiasten bildet jede Speise allerdings nur ein Hindernis zwischen Gaumen und Weinglas, weil sie mit ihrem Eigengeschmack bei einer echten WEINPROBE nur stört.

Selbstverständlich gilt, daß es rein physisch möglich ist, jeden Wein zu jeder beliebigen Speise zu trinken. Auch ist die Regel «Weißwein zu Fisch und Rotwein zu Fleisch» nichts als eine absurde Verallgemeinerung, allerdings auf der Grundlage vernünftiger Maximen. Außerdem haben bestimmte Speisen eine ganz spezifische Auswirkung auf Wein, und andere beeinflussen den GAUMEN in solchem Maß, daß im Anschluß daran genossener Wein eigenartig, ja sogar ausgesprochen unangenehm schmeckt.

Spezifische Reaktionen

Die Weinhändlermaxime «mit einem Apfel kaufen und mit Käse verkaufen» beruht auf belegbaren gustatorischen Zusammenhängen. Frische Äpfel enthalten wie die meisten Früchte kräftige Säure, die viele Weine dünn und metallisch erscheinen läßt – ein Wein, der sich gegen den Geschmack eines Apfels durchsetzen kann, muß also auf jeden Fall gut sein. Hartkäse, z. B. Cheddar, läßt dagegen den Geschmack des Weins milder und voller hervortreten. Ausgeprägt säuerliche Speisen, z. B. Gerichte, die Zitronensaft oder ESSIG enthalten, werden üblicherweise als Begleiter für Wein von vornherein verworfen, sie können aber einen etwas zu sauren Wein voller und gefälliger erscheinen lassen (für Spitzenklasseweine eignen sie sich jedoch nicht gut). Roher Knoblauch ruft im Zusammenwirken mit Wasser oft ein brennendes Gefühl am Gaumen hervor, während ein säuerliches Getränk wie Wein (provenzalischer Rosé mit *aïoli*) den Knoblauch neutralisiert und den Gaumen reinigt. Hanni hat nachgewiesen, daß frisch gemahlener Pfeffer auf die meisten Gaumen eine sensibilisierende Wirkung ausübt, die zwar den feineren Nuancen eines alten Weins abträglich sein kann, oft aber einem jungen, leichten Wein schmeichelt, weil sein Geschmack stärker, voller und komplexer erscheint.

Weinunfreundliche Speisen

Artischocken und Spargel: Ziemlich viele Menschen reagieren empfindlich auf eine in Artischocken enthaltene Substanz namens Cynarin, die, wie McGee näher erläutert, Wasser süß und Wein metallisch im Geschmack erscheinen läßt. Ein ähnlicher Effekt wird auch bei frischem Spargel beobachtet.

Manche Schokoladearten sind nicht nur so süß, daß es schwierig ist, einen noch süßeren Wein zu finden, sie bilden auch einen Überzug im Mund, gegen den sich nur ein sehr starker und süßer Wein vorteilhaft durchsetzen kann; lebendiger junger Portwein, australischer Liqueur Muscat oder Liqueur Tokay und Málaga sind dazu imstande.

Allgemeine Regeln

Weißwein schmeckt gewöhnlich (allerdings nicht immer) säuerlicher als Rotwein, so daß es sinnvoll ist, ihn zu einfachen Fischgerichten vorzusehen, die oft nach dem säuerlichen Geschmack von Zitronensaft oder Essig verlangen.

Rotweine mit hohem Gehalt an TANNIN erscheinen weniger herb, wenn man sie zu kräftigen Speisen trinkt, also ist es durchaus sinnvoll, zu einem Steak einen jungen Cabernet Sauvignon, Syrah, Nebbiolo oder Sangiovese zu servieren.

Käse ist meist so pikant oder fetthaltig, daß er sich für sehr feinen oder reifen Rotwein nicht eignet. Süßwein, auch mit Alkohol angereicherter, paßt sich geschmacksintensivem, salzigem Käse oft besser an und wird von ihm weniger stark in den Schatten gestellt als etwa ein reifer roter Bordeaux.

Trockener Wein schmeckt zu süßen Speisen stets unerfreulich, weil sie seine Säure besonders stark hervortreten lassen. Auch ziemlich süßer Wein kann dünn und flach schmecken, wenn er zu Speisen gereicht wird, die noch süßer sind als er selbst. Es ist daher zu empfehlen, zu Süßspeisen stets entsprechend süße, körperreiche Weine zu wählen. Die köstlichen deutschen AUSLESEN genießt man am besten für sich, also ohne Speisen.

Durch geschickten Einsatz von Zitronensaft, Essig, frischem Pfeffer und kräftigem Fleisch lassen sich Unzulänglichkeiten einfacher Weine oft ausgleichen. Bei sehr feinem Wein dagegen geht man vermutlich am sichersten, wenn man relativ neutrale Speisen dazu vorsieht.

Besonders gelungene Kombinationen
Riesling mit Räucherlachs oder sonstigem Räucherfisch.
Riesling (auch lieblicher) mit Zwiebelkuchen.
Chablis mit Austern.
Beaujolais Cru mit Wurst, v. a. *Rosette de Lyon.*
Roter Bordeaux mit Lamm.
Roter Burgunder mit Wildgeflügel.
Sauternes mit Roquefort oder einem anderen Blauschimmelkäse.
Siehe auch REIHENFOLGE BEIM SERVIEREN.

Hanni, T., *The Cause and Effect of Wine and Food* (St Helena, 1991).
McGee, H., *On Food and Cooking* (New York, 1984).

SPEZIFISCHES GEWICHT siehe DICHTE.

SPITZENDÜRRE siehe EUTYPIOSE.

SPRITZEN Das Ausbringen von AGROCHEMIKALIEN zur Bekämpfung von Schädlingen, Krankheiten und Unkräutern ist im Weinbau nach wie vor unerläßlich. Am Ende des 19. Jh. wurden die Spritzgeräte oft von Zugtieren gezogen und mit Pumpen von Hand betrieben; heutzutage sind sie an Traktoren angebaut oder werden von diesen gezogen. Das Ausbringen von Agrochemikalien in trockener Pulverform wird im Unterschied zum Spritzen als STÄUBEN bezeichnet.

Der Zweck des wirtschaftlich vernünftigen und umweltverträglichen Spritzens ist es, den «Zielbereich» (Laub, Früchte oder Unkräuter) möglichst vollständig, jedoch unter Einsatz möglichst geringer Mengen eines geeigneten Spritzmittels zu erfassen. Idealerweise sollte dabei kein Spritzmittel durch «Abdrift» in die Umgebung gelangen. Gute Abdeckung ist vor allem mit sehr feinem Sprühnebel erzielbar, allerdings wird dieser leichter vom Wind abgetrieben als größere Tropfen.

Vom Boden aus kann ein Weinberg auf verschiedene Weise eingesprüht werden, u. a. mit Auslegergeräten, regelbaren Feinsprühgeräten und Hochdrucksprühgeräten.

Aus der Luft wird von Flugzeugen oder HUBSCHRAUBERN aus gespritzt. Die ideale Sprühhöhe ist dabei 1,50–3 m über den Reben; das ist gerade tief genug, um die Sache für Piloten und Zuschauer spannend zu machen, insbesondere wenn sich in der Nähe Bäume oder andere Hindernisse befinden. Das Spritzen aus der Luft ist unter Umständen billiger, jedoch nicht so effektiv wie das Spritzen vom Boden aus, und es geschieht meist kurz nach dem Morgengrauen bei möglichst wenig Luftbewegung. Auch nach starken Regenfällen, wenn der Boden mit Traktoren nicht befahren werden kann, ist diese Ausbringungstechnik angebracht.

Das Spritzen von Weinbergen geschieht heutzutage nur noch selten von Hand mit der Rückenspritze; dieses Verfahren ist höchstens noch am DOURO (Portugal) oder in Einmannbetrieben für kleine Flächen üblich. In diesem Fall sind die Kosten der Spritzarbeit ziemlich hoch und für gewerbliche Weinbaubetriebe deshalb nicht rentabel.

R. E. S.

Coombe, B. G., und Dry, P. R. (Hrsg.), *Viticulture, II: Practices* (Adelaide, 1992).

SPRITZIG Gebräuchlicher Ausdruck für Weine, die über einen geringfügigen Restgehalt an KOHLENSÄURE verfügen, der sich auf der Zunge als ein angenehmes leichtes Prickeln bemerkbar macht. Seiner lautmalerischen Sinnfälligkeit wegen hat sich dieser Begriff in der Form **spritz** auch in der internationalen Weinansprache eingebürgert.

SPUCKEN Bei professionellen VERKOSTUNGEN, bei denen gelegentlich mehrere Dutzend, ja sogar über hundert Weine anstehen, ist es unerläßlich, die Proben wieder von sich zu geben, ohne sie zu sich zu nehmen. Weinhändler oder Weinautoren finden sehr bald nichts mehr dabei, in aller Öffentlichkeit auszuspucken. Da sich in der Kehle keine Geschmacksrezeptoren befinden, kann sich der Verkoster ein volles Bild vom Geschmack eines Weins machen, ohne ihn zu schlucken, und er vermeidet dabei den mit dem ALKOHOLverbundenen geschmacksabstumpfenden Effekt. Allerdings kann sich der Verkoster der Wirkung des Alkohols nicht ganz entziehen. Etwas von dem verdunsteten Äthanol wird über die Mundschleimhaut aufgenommen, und selbst bei größter Vorsicht ist es auch nicht zu vermeiden, daß eben doch etwas in die Kehle und weiter gelangt. Nach Schätzungen der Verfasserin nimmt man beim Verkosten von dreißig Weinen etwa ein Glas Wein zu sich.

An Behälter, in die man den verkosteten Wein spucken kann, gibt es die verschiedensten Ausführungen, von großen Metalltrichtern bis zu mit Sägemehl gefüllten Holzkisten oder Eiskübeln, Krügen oder beim Verkosten im Sitzen auch Plastik- oder Pappbecher. Professionelle Probierräume sind oft mit Rinnen oder Spülbecken ausgestattet, in denen der ausgespiene Wein sofort mit Wasser weggespült wird.

SPÜLEN Vertreiben von SAUERSTOFF oder KOHLENDIOXID aus Wein durch Einpressen eines feinverteilten INERTGASES, meist STICKSTOFF. Die Technik wird nicht verbreitet angewendet, denn sie entfernt nicht nur Sauerstoff, sondern in größerem Umfang auch flüchtige GESCHMACKSSTOFFE aus dem Wein. Auch ein Tank oder eine Flasche kann mit Inertgas gespült werden. A. D. W.

SPUMANTE ital. Schaumwein (von *spumare* = schäumen). Der berühmteste Wein dieser Art ist der ASTI SPUMANTE, der von MOSCATO-Trauben in den Provinzen Asti, Cuneo und Alessandria in einer durchschnittlichen Jahresmenge von 80 Millionen Flaschen produziert wird.

Auch von den klassischen Champagnertrauben CHARDONNAY und PINOT NOIR entstehen in Italien in bedeutendem Umfang Schaumweine, hauptsächlich aus drei Gebieten: TRENTINO-ALTO ADIGE, OLTREPÒ PAVESE und FRANCIACORTA. Anders als die Champagnerhäuser verarbeiten die italienischen Schaumweinhersteller auch PINOT BLANC und PINOT GRIS. Manche dieser Schaumweine werden nach dem CHARMAT-Verfahren hergestellt, die meisten aber wie der Champagner im Flaschengärungsverfahren, das hier *metodo classico* genannt wird.

Andere Schaumweintypen entstehen in Italien von einer verwirrenden Vielzahl von Traubensorten in einer bunten Farbpalette und mit unterschiedlicher Alkoholstärke und RESTSÜSSE. In über dreißig DOC-Bereichen ist Schaumwein in den Bestimmungen vorgesehen. Zu den bedeutenderen weißen Versionen zählen Bianco di CUSTOZA, Colli Albani, Colli Euganei, Colli Piacentini, Colli Tortonesi, CORTESE dell'Alto Monferrato, FRASCATI, GAVI, GRECO DI TUFO, Locorotondo, Marino, Roero ARNEIS, TREBBIANO di Romagna, Velletri und VERDICCHIO dei Castelli di Jesi. Rote Schaumweine sind in den DOC-Bereichen AGLIANICO, BRACHETTO, Cesanese di Olevano Romano, Elba Rosso, FREISA und LISON-PRAMAGGIORE (von MERLOT, CABERNET oder REFOSCO) vorgesehen. Darüber hinaus gibt es Myriaden von Schaumweinen in der Kategorie VINO DA TAVOLA, u. a. von VERNACCIA di San Gimignano sowie von Trebbiano in ORVIETO.

Offensichtlich ist bei den Italienern KOHLENSÄURE im Wein ganz einfach beliebt, wobei sie nicht wie die Franzosen verlangen, daß alles einem bestimmten Vorbild gleicht.

Siehe auch FRIZZANTE. D. T.

SPUND Analog zum Korken in der Flasche dient ein Stopfen aus Glas, Kunststoff, Gummi, Keramik oder Holz als Verschluß für das Faß. Er wird in das **Spundloch** eingesetzt. Wird ein Faß so gelegt, daß sich der Spund oben befindet, dann kann dieser lose eingesteckt werden, damit eventuell im Faßinneren sich entwickelnde Gase entweichen können. Manchmal sind Spunde auch mit einer entsprechenden Einrichtung versehen, die dies ermöglicht. Der Spund kann jedoch auch zur Seite gedreht werden, damit sich das Spundloch unter dem Flüssigkeitsspiegel befindet.

Da gelegentlich SAUERSTOFF am Spund einsickert, wird oft ein elastischer Verschlußstopfen benutzt, um dichten Sitz zu gewährleisten. Außerdem wird dadurch die **Spunddaube** geschont, in der sich das Spundloch befindet und die ansonsten durch das wiederholte Eintreiben des Spunds geschwächt oder gar gesprengt wird.

Je nach Verdunstungsmenge (siehe FASSPFLEGE und HOLZEINFLUSS), aber auch je nachdem, wieviel Zeit das Kellerpersonal für solche Arbeiten aufwenden kann, erfolgt das AUFFÜLLEN der Fässer zweimal wöchentlich bis einmal alle sechs Wochen. In Bordeaux wird das Faß in den ersten sechs Monaten so gelagert, daß sich der Spund oben befindet, um möglichst gute LÜFTUNG zu erzielen. Später wird das Faß gedreht, so daß der Spund schräg steht. Auf diese Weise werden der Spund und die Umgebung des Spundlochs feucht gehalten, und die Lüftung wird reduziert. Viele Weinbaubetriebe in der Neuen Welt haben diese Praxis auch für Weine von Burgunder-Rebsorten übernommen, weil sie weniger arbeitsaufwendig ist als das ständige Auffüllen.

Traditionell werden in Bordeaux und Burgund die Fässer durch den obenliegenden Spund gefüllt, während das ABSTECHEN durch einen Ablaufspund an einem Faßboden erfolgt. M. K.

SQUINZANO DOC für robusten Rotwein vorwiegend von NEGROAMARO-Trauben aus Südostitalien. Siehe auch APULIEN.

STAATLICHER WEINBAU hatte in osteuropäischen Ländern unter dem kommunistischen Regime, bei dem so gut wie alle Tätigkeiten unter staatlicher Aufsicht standen, große Bedeutung.

STAATSWEINGÜTER In Deutschland befinden sich im Besitz der für die jeweiligen Anbaugebiete zuständigen Bundesländer verschiedene, oft auch mit Forschungs- und Versuchsaufgaben betraute Weingüter.

STABILISIERUNG Es gibt eine Reihe von Verarbeitungsmöglichkeiten, die dazu bestimmt sind, dem in Flaschen abgefüllten Wein **Stabilität** zu verleihen und zu gewährleisten, daß er auch über längere Zeit stabil bleibt. Als stabil wird ein Wein angesehen, wenn sich in der Flasche keine Schleier, Trübungen oder unerwünschten Ablagerungen zeigen und keine Gasbildung sowie keine rasche nachteilige Geschmacksveränderung auftreten. Ein rasch sich verflüchtigender FLASCHENGERUCH bzw. subtile Geschmacksveränderungen, die mit langfristiger FLASCHENALTERUNG zusammenhängen, gelten dagegen nicht als abträglich.

Alltagsweine werden meist besonders gründlich stabilisiert, da der Verbraucher kristallklaren Wein verlangt. Feine Weine brauchen dagegen nicht so drastischen Stabilisierungsmaßnahmen unterworfen zu werden, weil von der für sie in Frage kommenden Käuferschicht erwartet werden darf, daß sie über die Zusammenhänge, die zur Bildung von WEINSTEIN oder eines Alterssediments führen, genügend Bescheid weiß, aber auch weil nach allgemeiner Ansicht die nicht ganz stabilen Inhaltsstoffe zum Alterungsprozeß beitragen. (Bei feinem Wein hat vielmehr der FASSAUSBAU den Zweck, eine natürliche Stabilisierung herbeizuführen.)

Die Stabilisierung erfolgt in zweierlei Form: Die eine soll physikalischen und chemischen, die andere mikrobiologischen Veränderungen vorbeugen.

Physikalische und chemische Stabilität
Junge Weine sind mit Weinstein übersättigt; durch Kühlung und Kaltfiltration wird die Weinsteinkonzentration unter einen Wert gesenkt, der in der Flasche zur Bildung von Kristallablagerungen führen kann.

Junge Weißweine enthalten oft auch hohe Konzentrationen an PHENOLEN, die zu rascher Bräunung neigen und – wenn sie im Wein verbleiben – in der Flasche eine unerwünschte Dunkelfärbung verursachen. Durch selektive SCHÖNUNG werden bei solchen Weißweinen die betreffenden Phenole entfernt, und der Fortbestand des glanzhellen Aussehens wird gewährleistet. Junger Rotwein enthält außerdem oft auch übermäßig viel TANNINE, die bitter und adstringierend schmecken, wenn sie nicht im Lauf einer längeren Flaschenalterung polymerisieren können. Bei Rotweinen, die für baldigen Verbrauch bestimmt sind, ist es möglich, diese Tannine zum Teil durch Schönung zu entfernen.

Bestimmte weiße Traubensorten, z. B. Muskateller, weisen einen größeren Gehalt an wärmeunstabilen PROTEINEN auf, die in der Flasche koagulieren und als Schleier in Erscheinung treten, wenn die Aufbewahrung nicht bei konstant kühler Temperatur erfolgt. Diese Proteine können durch Schönung mit BENTONIT – nicht ganz so wirksam auch mit anderen Schönungsmitteln – entfernt werden.

Mikrobiologische Stabilität
Maßnahmen zur Gewährleistung der mikrobiologischen Stabilität sind darauf gerichtet, die Tätigkeit von HEFEN und BAKTERIEN zu unterbinden. Die einfachste Möglichkeit zur Vermeidung von Hefewachstum, das zu einer NACHGÄRUNG führen könnte, besteht darin, zu gewährleisten, daß sich im Wein kein vergärbarer Zucker mehr befindet, d. h. daß nur noch vernachlässigbar geringe RESTSÜSSE vorliegt. Ist eine gewisse Restsüße unumgänglich, beispielsweise um einen hohen Gehalt an SÄURE im Wein auszugleichen, dann sind Sterilfiltration und STERILABFÜLLUNG die sichersten Methoden zur Gewährleistung der Stabilität. Sind geeignete Einrichtungen und geschultes Personal für diesen Zweck jedoch nicht verfügbar, dann bietet ein Zusatz von SCHWEFELDIOXID oder SORBINSÄURE bei geringfügigen Qualitätseinbußen eine ausreichende Möglichkeit, die Vermehrung der meisten Hefen zu unterbinden.

Die Stabilisierung gegen die Einwirkung von Bakterien ist in sauber arbeitenden modernden Kellereien mit hohem Stand an HYGIENE kein schwieriges Problem. Die schädlichsten Bakterien, die den Wein in Essig verwandeln (ACETOBACTER), können nur in Gegenwart von SAUERSTOFF ihr Werk verrichten, daher kann Stabilität schon dadurch gewährleistet werden, daß der Wein gegen die Berührung mit Luft geschützt wird. Außerdem hilft das in der Kellertechnik auch heute noch unentbehrliche Schwefeldioxid bei der Unterdrückung von Essig- und MILCHSÄUREBAKTERIEN mit. Die Tätigkeit der Milchsäurebakterien kann auch durch Entfernung aller vergärbaren Zucker und der gesamten APFELSÄURE aus dem Wein (etwa durch MALOLAKTISCHE SÄUREUMWANDLUNG) unterbunden werden, weil dies die beiden Substrate für die Vermehrung bestimmter Milchsäurebakterien sind.

Kellerbehandlungen gegen Mikroorganismen, die dem Menschen schädlich werden können, sind jedoch nicht erforderlich, weil diese durch den im Wein von Natur aus gegebenen hohen Gehalt an Säure und Alkohol an der Vermehrung gehindert werden. A. D. W.

STAGNANT Ein negativer Begriff der Weinansprache; er wird hauptsächlich von amerikanischen Verkostern in den relativ seltenen Fällen benutzt, in denen ein ansonsten sauberer Wein in einem Holzfaß gelagert wurde, das auf längere Zeit mit Wasser gefüllt war. Der dadurch entstehende schale Geruch unterscheidet sich deutlich von SCHIMMELIG oder muffig, und man erkennt ihn sofort, wenn man einmal den Geruch einer alten Regenwassertonne kennengelernt hat. In Wasser, das in Holzfässern steht, leben viele Mikroorganismen, und die meisten geben unerfreuliche Gerüche von sich. Um solche Geruchsbeeinträchtigungen zu vermeiden, versuchen die meisten Weinerzeuger, ihre Holzfässer in einwandfreiem Zustand zu erhalten, indem sie sie stets gut mit Wein füllen. Siehe FASSPFLEGE.
A. D. W.

STAGS LEAP DISTRICT AVA-Bereich in Kalifornien; siehe NAPA.

STAMM Der verholzte Hauptteil eines Baums reicht von der Wurzel bis zu den ersten Ästen, im Falle der Weinrebe bis zu den Schenkeln oder CORDONS. Noch junge Rebenstämme sind biegsam und brauchen eine Stütze (siehe REBENERZIEHUNG). Die Stammhöhe der Rebe ist unterschiedlich und kann zwischen 10 cm (bei der Buschform) und bis zu 10 m (bei auf Bäume gezogenen Reben) liegen; im allgemeinen richtet sie sich nach den für die einzelnen Erziehungs- und UNTERSTÜTZUNGSSYSTEME festgelegten Regeln und ist auch bestimmend für die Höhe des LAUBDACHS über dem Boden. Der verholzte Rebenstamm bildet einen Bestandteil der für die Einlagerung von Wachstumsreserven, insbesondere von KOHLEHYDRATEN und STICKSTOFF-Verbindungen, benötigten Pflanzenteile. In Gegenden mit sehr kalten Wintern werden Reben mit mehreren Stämmen erzogen, damit nach schweren Frostschäden Ersatz verfügbar ist. In extrem kaltem Klima müssen die Stämme über den Winter mit Erde bedeckt werden (siehe WINTERSCHUTZ).

Die Stämme der Pflanzen (auch der für den FASSBAU und die Korkgewinnung wichtigen EICHE) besitzen eine Umhüllung aus Leitgewebe, in dessen Mitte sich das KAMBIUM, auf der Außenseite das PHLOEM mit der Rinde und auf der Innenseite das XYLEM mit dem Holz befindet. In diesen Geweben steigt im Xylem Saft von den Wurzeln zum Laub auf und transportiert Wasser, Minerale und Nährstoffe, während im Phloem Saft in mehrere Richtungen strömt und aus dem Laub Zucker und dort aufbereitete Moleküle in die übrige Pflanze verteilt. Der Abwärtsstrom von Saft im Phloem kann durch RINGELN am Stamm unterbrochen werden. B. G. C.

STAMMERZIEHUNG Bei vielen Formen der REBENERZIEHUNG wird ein Stamm in unterschiedlicher Höhe ausgebildet, der in einem KOPF oder in Schenkeln bzw. CORDONS endigt. In Osteuropa und in der GUS spielen die Unterschiede in der Stammhöhe insofern eine besondere Rolle, als es um so einfacher ist, die Rebe mit Erde als WINTERSCHUTZ zu bedecken, je niedriger ihr Stamm ist.

ST-AMOUR Im Bereich des nördlichsten BEAUJOLAIS-Cru wird auch relativ viel weißer Beaujolais (und ST-VÉRAN) erzeugt. Für die Produktion des hier relativ leichten, aber gebietstypischen roten Beaujolais stehen 260 ha Gamay-Reben zur Verfügung. Das Cru wurde erst einige Jahre nach den meisten anderen eingerichtet. Die Legende erzählt, der überaus charmante Name dieses Weins stamme von einem römischen Legionär, der in der Schweiz knapp dem Tod entronnen war und dafür hier zum Christentum übertrat und eine Mission gründete; er wurde später als St-Amour heiliggesprochen.

STAMPFEN oder **Austreten der Trauben.** Der traditionelle Vorgang des Kelterns mit den Füßen ist heute selbst am DOURO (Portugal) weitgehend durch Maschinen ersetzt.

STÄRKE Ein aus Glucoseresten bestehendes unlösliches Kohlehydratpolymer; es ist nichtosmotisch und bildet in Form von Stärkekörnern die wichtigste Vorratssubstanz in Pflanzen. Stärke kommt in den Blättern und in den Zellen des Speichergewebes sowie in der Wurzeln der Weinrebe vor. Bei Tageslicht bauen sich Stärkekörner auf, wenn der SACCHAROSE-Gehalt in den Blättern durch PHOTOSYNTHESE ansteigt. Bei Nacht werden sie zur Gewinnung des für die RESPIRATION erforderlichen Zuckers verarbeitet (dasselbe geschieht mit Stärke im menschlichen Darm). Die Stärke- (und Arginin-)Vorräte werden beim Austrieb und bei beginnendem Triebwachstum remobilisiert. Anders als andere Früchte enthält die Taubenbeere nicht viel Stärke; das ist auch einer der Gründe, weshalb Trauben nach der Lese nicht mehr nachreifen. Stärke ist das hauptsächliche in der Rebe gespeicherte KOHLEHYDRAT. B. G. C.

STÄUBEN AGROCHEMIKALIEN werden im Weinberg oft in Pulverform ausgebracht. Ein typisches Beispiel ist die Applikation von Schwefelstaub zur Bekämpfung der Pilzkrankheit ECHTER MEHLTAU. Die meisten Agrochemikalien werden jedoch als flüssige Präparate mit Wasser als Trägerstoff durch SPRITZEN ausgebracht. R. E. S.

STAUBGEFÄSS Das den Pollen enthaltende Organ der Blüte, bestehend aus Staubbeutel (ANTHERE) und Staubfaden. Die Blüte der Weinrebe ist sehr klein und besitzt fünf aufrechte Staubgefäße, die nach dem Abfallen der Blütenhülle (KALYPTRA) sichtbar werden. B. G. C.

ST-AUBIN Ort im Bereich Côte de Beaune an der Côte d'Or (Burgund); er liegt außerhalb des Scheinwerferlichts zwischen Meursault und Puligny-Montrachet und bringt zu zwei Dritteln Rotwein von Pinot Noir und zu einem Drittel Weißwein von Chardonnay hervor. Ein großer Teil der Rebfläche (etwa zwei Drittel) hat PREMIER-CRU-Status, v. a. Les Charmois, La Chatenière, En Remilly und Les Murgers Dents de Chien, teils Südwestlagen zwischen den Grenzen von Chassagne-Montrachet und Puligny-Montrachet und dem Dorf Gamay, das zur Appellation St-Aubin gehört. Die übrigen Weinberge befinden sich in idealer Süd- und Südostlage, jedoch in weniger günstigen kühleren Teilen im oberen Tal.

Der weiße St-Aubin hat insbesondere in wärmeren Jahrgängen einiges vom Charakter des Puligny-Montrachet, die Rotweine ähneln geschmeidigeren Versionen des roten Chassagne-Montrachet.

Siehe auch CÔTE D'OR und Karte Seite 201.

J. T. C. M.

ST-CHINIAN Die APPELLATION CONTRÔLÉE für Rotwein im LANGUEDOC (Südfrankreich) erstreckt sich auf dürrem, landschaftlich spektakulärem Terrain in den Vorbergen der Cevennen zwischen den Appellationen MINERVOIS und FAUGÈRES. Hier entsteht in kleinen Mengen auch frischer, trockener Rosé. Die kleine Stadt St-Chinian selbst liegt in der Mitte des Bereichs, der nordwärts und aufwärts bis Vieussan reicht und Berlou mit seiner berühmten WINZERGENOSSENSCHAFT, deren Weine manchmal als Berloup bezeichnet werden, einschließt. Zu Beginn der 1990er Jahre waren 2100 ha der Produktion von AC-Wein gewidmet, und zwar in einem Bereich, der sich in zwei ganz verschiedene Abschnitte unterteilen läßt. Im nördlichen Teil um Berlou und Roquebrun stehen die Reben in 200 m Höhe auf trockenem Schieferboden und erbringen sehr geringe Mengen an überaus scharfkantigem Wein. Im südlichen Teil, näher bei St-Chinian, entstehen auf Ton- und Kalksteinboden in etwa 100 m Höhe vollere, mildere Weine. Die Carignan-Rebe wird nach und nach von Syrah, Grenache und in wärmeren Lagen auch durch Mourvèdre verdrängt. Cinsaut darf höchstens 30 % im Verschnitt ausmachen. Viele Erzeuger bauen aber auch andere Rebsorten an und produzieren davon exzellenten VIN DE PAYS. St-Chinian war seit 1945 VDQS und wurde 1982 in den AC-Rang erhoben. Als 1985 die AC Coteaux du Languedoc entstand, wurde ihr St-Chinian wie das benachbarte Faugères mit Sonderstatus als CRU aufgepfropft.

ST-CHRISTOL Das östlichste TERROIR innerhalb der AC Coteaux du LANGUEDOC in Südfrankreich ist nach einem Ort an der Grenze zwischen den Départements Hérault und Gard benannt. Die Produktion an AC-Wein ist hier relativ gering und liegt hauptsächlich in der Hand der örtlichen WINZERGENOSSENSCHAFT.

ST-DRÉZÉRY Das kleinste TERROIR innerhalb der Appellation Coteaux du LANGUEDOC in Südfrankreich ist wie das benachbarte St-Christol nach einem Ort an der Grenze zwischen den Départements Hérault und Gard benannt. Die kleine AC-Produktion liegt in den Händen der örtlichen WINZERGENOSSENSCHAFT.

STECKENGEBLIEBENE GÄRUNG Der Alptraum des Kellermeisters ist eine alkoholische GÄRUNG, die nicht ihr natürliches Ende erreicht, sondern vorher «steckenbleibt». Der Gärprozeß ist danach schwer wieder in Gang zu bringen, und der Wein läuft Gefahr, durch OXIDATION und BAKTERIELLE KRANKHEITEN zu verderben. Vor der Einführung leistungsfähiger Kühleinrichtungen erreichte die TEMPERATUR während der Gärung oft riskant hohe Werte, gelegentlich über 35 °C. In extremen Fällen, wenn die Temperatur sich dem Bereich nähert, in dem die HEFEN absterben (über 40 °C), sondern diese Substanzen ab, die eine weitere Hefevermehrung unterbinden, so daß eine derart überhitzte Gärung selbst nach Abkühlung überhaupt nicht oder nur mit größter Mühe wieder in Gang kommt.

Das Steckenbleiben der Gärung kann viele Ursachen haben, am häufigsten aber liegt Mangel an STICKSTOFF vor. Die Trauben bestimmer Rebsorten, insbesondere Riesling und Chardonnay, weisen – vor allem wenn sie aus stickstoffarmen Weinbergen kommen – ein niedriges Verhältnis von Stickstoff zu Zucker auf. Dadurch wird die Entwicklung der Hefezellen gehemmt, und die Gärungstätigkeit setzt aus, wenn die Hefen an Stickstoffmangel leiden. Dieses Problem tritt besonders beim Vergären von Weißweintrauben auf, bei denen in dem Bestreben, einen Wein mit klarem, ausgeprägtem Sortencharakter zu gewinnen, der Most möglichst weitgehend von der Berührung mit Luft abgeschirmt und mit sehr wenigen Traubenfeststoffen verarbeitet wird. Bei Ausschluß von Luft sind aber diese Traubenfeststoffe, die LIPIDE enthalten, nötig, um kräftiges Hefewachstum und gute Tätigkeit der Hefezellen während der kritischen Endphase der Gärung zu gewährleisten. Hier kann Abhilfe entweder durch erhöhten Anteil an Traubenfeststoffen oder durch Lüftung der Hefekultur (sofern keine handelsüblichen Trockenhefen verwendet werden) bzw. durch Einleiten einer geringen Menge Luft in die Gärung, sobald die Hefe aktiv ist, geschaffen werden. Letzteres wird am leichtesten durch Aufrühren oder UMPUMPEN erreicht.

Kann sich die zugesetzte Hefe gegenüber den im Traubenmost stets vorhandenen Wildhefen nicht durchsetzen, dann kann dies ebenfalls zum Steckenbleiben der Gärung führen, falls diese Wildhefen eine geringere Alkoholverträglichkeit aufweisen. Wildhefen, die das «Killertoxin» produzieren (Zymozidhefen), wirken sich besonders aggressiv aus, indem sie die empfindliche Weinhefe abtöten. Beheben läßt sich dieses Problem weitgehend durch Anwendung hochaktiver Trockenhefenpräparate, durch Impfen mit gegen Killertoxin resistenter Weinhefe und durch alle zur Verringerung des Anteils der Wildhefen im Most geeigneten Methoden. Kühle Bedingungen bei Lese und Verarbeitung sowie FILTRATION, ZENTRIFUGIEREN oder PASTEURISIERUNG sind hierfür geeignet.

Henschke, P. A., und Jiranek, V., YEASTS: METABOLISM OF NITROGEN COMPOUNDS, in G. H. Fleet (Hrsg.), *Wine Microbiology and Biotechnology* (Chur, 1993).

Kunkee, R. E., RELATIONSHIP BETWEEN NITROGEN CONTENT OF MUST AND SLUGGISH FERMENTATION, in J. M. Rantz (Hrsg.), *Proceedings of the International Symposium on Nitrogen in Grapes and Wine* (Seattle, 1991), *American Journal for Enology and Viticulture* (1991), 148–155.

STECKLING oder **Steckholz.** Stecklinge dienen als Grundlage für die VERMEHRUNG von Reben in kommerziellem Umfang, und zwar entweder als direkte bewurzelte Jungpflanzen einer bestimmten Rebsorte oder als bewurzelte VEREDELUNGSUNTERLAGEN, auf die ein EDELREIS der gewünschten Rebsorte aufgepfropft wird (siehe auch PFLANZREBE). Beides sind Methoden der ungeschlechtlichen oder vegetativen Vermehrung, und sofern keine Mutationen eintreten, bilden die Nachkömmlinge echte KLONE der jeweiligen Mutterrebe. Steckhölzer werden von in Winterruhe befindlichen Reben in Längen von 30–45 cm geschnitten. Für Sandböden sind lange Stecklinge erforderlich. Festes, gut ausgereiftes Holz wird bevorzugt. Nach dem Zuschnitt werden die Stecklinge feucht aufbewahrt und im Frühjahr in einer Rebschule in den Boden gesteckt, wo sich am unteren Ende Wurzeln und aus dem obersten Auge ein Sproß bilden. Es gibt besondere Präparate, die bei Sorten, die nicht leicht Wurzeln schlagen, die Bewurzelung verbessern. Im darauffolgenden Jahr wird die Pflanzrebe ausgehoben und in den Weinberg verpflanzt. Unter guten Voraussetzungen genügt schon ein Steckling mit einem Knoten, was sich besonders bei der Vermehrung von Rebsorten mit spärlicher Augenzahl als günstig erweist. B. G. C.

Setzen von STECKLINGEN in sterilisiertem Boden in der Ernita-Rebschule des Weinguts Nederburg in der Kap-Provinz (Südafrika).

STE-CROIX-DU-MONT Die wichtigste Appellation Contrôlée für süßen Weißwein auf dem rechten Ufer der GARONNE im Weinbaugebiet BORDEAUX erbringt Weine mit hohem Alkoholgehalt, viel Süße und Konzentration, die in Bestform an die Gewächse heranreichen, die auf dem anderen Ufer der Garonne in SAUTERNES und BARSAC entstehen. Allerdings sind die Preise beträchtlich niedriger. Topographie und Bodenstruktur von Ste-Croix-du-Mont sind im allgemeinen vielversprechender als in den Nachbarbereichen LOUPIAC und CADILLAC, denn viele Weinberge befinden sich hier auf Kieshängen in für die Entwicklung von EDELFÄULE günstiger Lage. Immer mehr Erzeuger sind bereit, EDELFAULE WEINE zu produzieren, und die für die Prestige-Cuvées der Châteaux Loubens, La Rame und du Mont eingeführte FASSGÄRUNG findet zunehmend Verbreitung (siehe auch SAUTERNES). Freilich wird hier auch noch recht schlichter, zuckersüßer MOELLEUX bereitet.

STEEN Der in Südafrika gebräuchliche Name für den CHENIN BLANC, die am Kap in allen Weinbauregionen angebaute, verbreitetste und zugleich vielseitigste Weißweinrebsorte Südafrikas. Sie bringt eine erstaunliche Reihe von Weinstilen hervor: trocken, lieblich, edelfaul, schäumend und schließlich noch Brandy und «Sherry». Die Weine werden auf dem Etikett ganz nach Laune des Erzeugers als Chenin Blanc oder Steen bezeichnet, und zugleich ist Steen der Hauptbestandteil und oft die einzige Traube im **Stein**, doch dieser Name bezeichnet keine Traubensorte, sondern vielmehr einen trockenen bis lieblichen Weißwein, die meistverkaufte Art im Land. Ist er kühl vergoren, dann kann er ein bis zwei Jahre lang lebendigen, fruchtigen Genuß bereiten, aber in trockenen Steens verblaßt diese ansprechende Art doch bald. J. P.

STE-FOY oder **Ste-Foy-Bordeaux.** Bereich im äußersten Osten des Weinbaugebiets BORDEAUX an der Grenze zu BERGERAC und vielleicht eher dorthin gehörend. Den Namen gibt ihm sein 22 km westlich von der Stadt Bergerac gelegener Hauptort. Die Rotweine der Gegend sind dem roten Bergerac und der AC Bordeaux sehr ähnlich, während die Weißweine von knapp 55 ha Anbaufläche nur süß und sonst nicht weiter bemerkenswert sind.

STEIERMARK Die kleine, aber sehr modische Weinbauregion im äußersten Südosten ÖSTERREICHS hat sich mit aromatischen, lebendigen, trockenen Weißweinen beträchtlichen Ruhm geschaffen.

STEIGROHR Bestandteil der DESTILLIERBLASE. Früher war das Steigrohr gerade; heute ist es elegant zum *col de cygne* (Schwanenhals) gekrümmt.

STEINE Die mehr oder minder großen harten Bestandteile des Bodens spielen, ob in der Tiefe verborgen oder an der Oberfläche liegend, in der allgemeinen Einschätzung des Bodens und seiner Auswirkungen auf die Weinqualität eine beträchtliche Rolle. In älteren Konzeptionen des Begriffs TERROIR stehen sie stark im Vordergrund. Französische Autoren des 19. Jh., insbesondere Rendu und Petit-Lafitte, legten besonderen Nachdruck auf den Anteil an Steinen oder Kies in den Spitzenlagen. Je steiniger der Weinbergboden, so meinten sie, desto besser die Weinqualität.

Moderne Auffassungen bestätigen im wesentlichen die alten Ideen. Felsige und steinige Böden bieten meist guten Wasserabzug und sind gleichzeitig nicht zu fruchtbar. Ein hoher Anteil an Steinen verringert auch das Wasserspeichervermögen je Volumeneinheit des Bodens (siehe BODENFEUCHTIGKEIT). Beide Faktoren sind unter klimatischen Bedingungen und Bewirtschaftungssystemen, bei denen starke Wuchskraft zu einem unbefriedigenden LAUBDACHMIKROKLIMA zu führen drohen, von großer Bedeutung. Wenn die Rebe gezwungen ist, ein sparsames, aber doch weitreichendes Wurzelwerk zu entwickeln, wird sie zugleich gegen plötzliche Veränderungen des Nährstoffvorrats oder der

Wasserzufuhr abgepuffert. Darüber hinaus gilt steiniger oder felsiger Boden als günstig, weil er bei Sonneneinstrahlung Wärme speichert und dann bei Nacht und bedecktem Himmel wieder abstrahlt und damit der Frucht während der REIFE einen besseren Temperaturverlauf für die Entwicklung von Geschmacksstoffen bietet (siehe KLIMA UND WEINQUALITÄT). Den Effekt der Temperatur auf die reifende Frucht unter Mitwirkung der berühmten großen Steine in den Weinbergen von CHÂTEAUNEUF-DU-PAPE an der südlichen Rhône erörtern Verbrugghe *et al.* eingehend. Steine bilden aber auch eine wirksame Mulchdecke gegen Verdunstung und bieten Schutz gegen BODENEROSION.

Siehe auch BODEN UND WEINQUALITÄT. J. G.

Petit-Lafitte, A., *La vigne dans le Bordelais* (Paris, 1868).
Rendu, V., *Ampélographie française* (Paris, 1857).
Verbrugghe, M., Guyot, G., Hanocq, J. F., und Ripoche, D., INFLUENCE DE DIFFÉRENTS TYPES DE SOL DE LA BASSE VALLÉE DU RHÔNE SUR LES TEMPÉRATURES DE SURFACE DE RAISINS ET DE FEUILLES DE VITIS VINIFERA, *Revue française d'œnologie*, 128 (1991), 14–20.

STELLENBOSCH Name eines bedeutenden Weinbaugebiets in SÜDAFRIKA, der darin gelegenen berühmt schönen Stadt und der einzigen Universität in Südafrika, an der man sowohl WEINBAU als auch ÖNOLOGIE studieren kann. Die Lehrtätigkeit in diesen beiden Fachgebieten begann informell schon 1889, formell aber wurde das Department of Viticulture and Oenology unter der Leitung von Professor A. I. Perold im Jahr 1917 eröffnet.

Wie anderswo auch (siehe z. B. BORDEAUX, DAVIS, GEISENHEIM) bildete die REBLAUS-Epidemie eine starke Motivation für die wissenschaftliche Forschung im Weinbau, und so war von 1890 bis etwa 1920 die Haupttätigkeit in Stellenbosch auf den Wiederaufbau der von der Reblaus verwüsteten Weinberge Südafrikas gerichtet. Die Forschungsarbeit konzentrierte sich auf die Ermittlung geeigneter reblausfester VEREDELUNGSUNTERLAGEN und auf die Verbesserung der Pfropftechniken.

In den 1920er Jahren richteten sich die Anstrengungen vor allem auf die Verbesserung der Qualität der fruchttragenden EDELREISER, wobei die Auswahl durch strikte QUA-

STEINE schützen junge Rolle-Reben in den Weinbergen der Domaine Rimauresq in den Côtes de Provence.

STELLENBOSCH: Charakteristische Weinbaulandschaft in Südafrika.

RANTÄNE von vornherein stark eingeschränkt wurde. Daraus entwickelte sich eine REBENZÜCHTUNG, die NEUE REBSORTEN hervorbrachte, von denen PINOTAGE den meisten Beifall gefunden hat. Das Programm zur Züchtung von Veredelungsunterlagen und Rebsorten wurde mit Erfolg von Professor Orffer weitergeführt. Professor Perold und seine Nachfolger widmeten sich außerdem der Verbesserung von REBSCHNITT- und UNTERSTÜTZUNGSSYSTEMEN.

Unter der Anleitung von Önologen in Stellenbosch war Südafrika eines der ersten Weinbauländer, die die Technik der TEMPERATURREGELUNG verbreitet auf die Gärung anwendeten. In Stellenbosch ausgebildete Fachleute wirkten auch in bedeutendem Maß bei der Schaffung des südafrikanischen Systems der WINES OF ORIGIN im Jahr 1973 mit.

Gegenwärtige Forschungsarbeiten im Weinbau befassen sich in erster Linie mit Fragen der PFLANZDICHTE, der LAUBPFLEGE und der GEWEBEKULTUR sowie mit Rebenpflanzgut für verbesserte Weinqualität. Die Ausschaltung schädlicher VIRUSKRANKHEITEN der Rebe durch Maßnahmen der GENTECHNIK hat international Beachtung gefunden. Forschungen auf dem Gebiet der Önologie beziehen sich insbesondere auf Aroma- und Geschmackssubstanzen mit besonderer Bedeutung für den Wein.

Siehe auch SÜDAFRIKA.

ST-ÉMILION Die bedeutende APPELLATION CONTRÔLÉE für Rotwein im Weinbaugebiet BORDEAUX bringt mehr Wein hervor als jede andere Appellation auf dem rechten Ufer der Dordogne und Gironde. Seinen Namen hat der Bereich von der schönsten Stadt weit und breit, eine der wenigen in dieser Gegend, die auch Touristen anzieht, die nicht des Weines wegen kommen.

Die historische Bedeutung der Stadt St-Émilion ist selbst für den oberflächlichsten Besucher unübersehbar. Im 8. Jh. bestand sie aus einer Reihe von Höhlen in einer Felsklippe, auf der dann eine befestigte mittelalterliche Stadt erbaut wurde. Im Mittelalter spielte ihr Hafen Pierrefitte eine wichtige Rolle für den Weinhandelsverkehr auf der DORDOGNE, bis das etwas flußabwärts gelegene LIBOURNE ihm den Rang ablief. St-Émilion lag am Pilgerweg nach Santiago de Compostela; noch heute ist die einheimische CONFRÉRIE, die **Jurade de St-Émilion**, stolz darauf, die gastfreundliche Reputation der Gegend aufrechtzuerhalten. Wie unter BORDEAUX ausgeführt, war St-Émilion lange vor dem Médoc auf dem linken Gironde-Ufer ein Weinbaugebiet, das dann allerdings im 19. Jh. in seiner kommerziellen Bedeutung zurückging. Zu Beginn des 20. Jh. verkauften nur die Handelshäuser von Libourne den St-Émilion im Norden Frankreichs und in Nordeuropa, der BORDEAUX-WEINHANDEL konzentrierte sich dagegen ganz auf die Weine der LEFT BANK. Während sich das Médoc aus großen Weingütern zusammensetzt, sind die rund 400 Kleingrundbesitzer von St-Émilion in ihrer Mehrzahl bescheidene Winzer.

Ihr Wein ist beherrscht von den Rebsorten MERLOT und CABERNET FRANC (hier Bouchet genannt), wobei über 60 % der Rebfläche auf Merlot entfallen, der den Weinen seine charakteristische, fast an Trockenfrüchte erinnernde Süße aufprägt. Es wird auch etwas CABERNET SAUVIGNON angebaut, er kommt aber in dem allgemein kühleren Boden und MAKROKLIMA dieser Gegend nur an ausgewählten Stellen zuverlässig zur Reife – und auch dann nur, wenn geeignete KLONE angepflanzt werden.

Abgesehen von den Rebsorten ist jedoch Abwechslungsreichtum das Wahrzeichen der Gegend. Die Qualität der Weine kann von leicht, fruchtig und süffig bis zu der feinsten PREMIER-CRU-Klasse reichen, die ein Jahrhundert und mehr überdauert. Die Vielfalt der Böden ist hier so groß, daß sie den tüchtigsten Geologen von Bordeaux, Henri Enjalbert, faszinierte und zu einem großen Werk inspirierte.

Dennoch wird der Bereich St-Émilion im allgemeinen in zwei Bodentypen eingeteilt – die Côtes, d. h. die Hänge, und die Graves, das kieshaltige Kalksteinplateau. Allerdings gibt es in den 5300 ha Rebfläche von St-Émilion Myriaden von Bodenarten. Über 3000 ha liegen auf der Ebene zwischen der Stadt, dem Plateau und der Dordogne. Die Weine aus diesem tiefergelegenen Land mit seinen kieshaltigen, sandigen Schwemmlandböden sind meist leichter und nicht so langlebig wie die Gewächse vom Plateau und von den Hängen, und die meisten davon, freilich nicht alle, qualifizieren sich lediglich für die einfache AC **St-Émilion**.

Doch der Bereich St-Émilion kann sich auch bei den Appellationen großer Vielfalt rühmen, und er besitzt als einzigartige Einrichtung in Frankreich eine regelmäßig zur Revision gelangende, auf Geschmacksprüfungen beruhende Klassifizierung der einzelnen Weingüter. Sie wurde 1955 erstellt und wird alle zehn Jahre revidiert; seither wird einigen hundert Weingütern der Status **St-Émilion Grand Cru** zugesprochen, so daß in einem typischen Jahrgang rund 100 000 hl AC St-Émilion und 130 000 hl St-Émilion Grand Cru entstehen.

Die wichtigere Aufgabe der Klassifikation ist allerdings, festzulegen, welche Weingüter den Rang eines **St-Émilion Grand Cru Classé** und welche den Spitzenrang **St-Émilion Premier Grand Cru Classé** verdienen (siehe auch KLASSIFIKATION). Es wird damit gerechnet, daß Château Beauséjour-Bécot in der Revision 1995 den Status als Premier Grand Cru Classé wiedererlangt, während Château l'Angélus gewiß eine Aufstufung verdient und Château Tertre Rôtebœuf den Status eines Grand Cru Classé erhalten sollte.

Die meisten der höchsteingestuften Weingüter liegen entweder auf den steilen Hanglagen mit Ton- und Kalksteinboden unmittelbar unterhalb der Stadt oder auf dem mit Kiesboden versehenen, 5 km westlich der Stadt gelegenen und an den AC-Bereich POMEROL angrenzenden Teil des Plateaus. Von den beiden am allerhöchsten eingestuften Gütern, Château AUSONE und Château CHEVAL BLANC, ist das erstere der Prototyp eines Côtes-Weinguts mit einem winzigen, fast halsbrecherisch steilen Weinberg und mit in die Felsen getriebenen Kellern, und das zweite liegt auf besonders stark kieshaltigem, mit Ton und den für das benachbarte Pomerol charakteristischen eisenhaltigen Ablagerungen untermischtem Boden. Der erstaunliche Unterschied zwischen diesen beiden Weinen, von denen der zweite als einziger vorwiegend von Cabernet Franc gewonnen wird, bildet eine eindeutige Manifestation der Vielfalt, wie der Bereich St-Émilion sie zu bieten hat.

Von den berühmten Gütern in St-Émilion ist Château Figeac, das älter ist als Château Cheval Blanc und heute effektiv einen Rivalen für dieses darstellt, in für die Appellation ungewöhnlicher Weise auf Cabernet Sauvignon eingeschworen. Da den meisten anderen St-Émilions diese tanninreiche Zutat fehlt, reifen die Weine des Bereichs im allgemeinen viel früher als die Pendants von der anderen Seite des Stroms, obwohl die Weinbereitung in vielen Gütern, vor allem Château Canon, knapp außerhalb der Stadt, auf lange Dauer angelegt zu sein scheint.

Die Winzergenossenschaft von St-Émilion, l'Union des Producteurs de St-Émilion, ist eine der ambitioniertesten in ganz Frankreich; sie bringt etwa ein Viertel der Produktion von St-Émilion in die Flasche. Die gesamte Gegend ist gekennzeichnet durch einen starken Sinn für Lokalidentität, der zweifellos noch dadurch gesteigert wird, daß es St-Émilion als einem der vier großen Rotweinbereiche von Bordeaux doch am Ruhm des Médoc und Graves und am Glanz von Pomerol gebricht.

Die Satelliten-Appellationen

Im Norden und Osten umgeben die sogenannten «Satelliten», **Lussac St-Émilion, Montagne St-Émilion, Puisseguin St-Émilion** und **St-Georges St-Émilion**, den eigentlichen Bereich St-Émilion. Im hügeligeren Land nördlich der Barbanne (siehe LALANDE-DE-POMEROL) steht die Weinrebe zwischen anderen Feldfrüchten, und auf den Weinbau entfällt mit knapp über 3000 ha etwa die Hälfte der Gesamtfläche. Die WINZERGENOSSENSCHAFTEN spielen hier eine wichtige Rolle, und Montagne und Lussac St-Émilion produzieren wesentlich mehr Wein als Puisseguin oder insbesondere St-Georges, dessen Wein jahrelang ausschließlich als Montagne St-Émilion auf den Markt kam. Die hier angepflanzten Rebsorten sind im großen und ganzen dieselben wie in St-Émilion, doch der Qualitätsstand der Weinbereitung ist meist einfacher. Immerhin kann man hier manchen guten und preiswerten Wein finden.

Die Rebsorte

St-Émilion ist auch ein Synonym für die in Frankreich als UGNI BLANC und in Italien als TREBBIANO weitverbreitete Weißweinrebsorte. Der Name wird vor allem in der Cognac-Region in Südwestfrankreich, wo die Traube viel angebaut wird, sowie in Kalifornien, wo sie selten vorkommt, gebraucht.

Enjalbert. H., *Great Bordeaux Wines: St Émilion, Pomerol, Fronsac* (Paris, 1983).
Parker, R. M., *Bordeaux* (Bern, 1993).
Penning-Rowsell, E., *The Wines of Bordeaux* (6. Aufl., London, 1989).

STENGEL Die Begriffe Stengel und Stiel werden nicht nur von Nichtfachleuten, sondern auch von Winzern recht sorglos gebraucht. Siehe auch BLÜTENSTIEL, BLATTSTIEL, KAMM, ABBEEREN.

STERILABFÜLLUNG oder **keimfreie Abfüllung.** Die Technik, Wein in die Flasche zu bringen, ohne Mikroorganismen (vor allem HEFEN und schädliche BAKTERIEN) mit einzuschleusen, wurde von der pharmazeutischen Industrie entlehnt. Sie vollbringt die mit der PASTEURISIERUNG angestrebten Zwecke, ohne ein gekochtes oder verbranntes Aroma zu erzeugen. Dabei werden die höchsten Anforderungen an HYGIENE erfüllt, aber die dafür erforderlichen Einrichtungen sind auch wesentlich kostspieliger als für die normale ABFÜLLUNG. Deshalb rentieren sich entsprechende Anlagen in erster Linie für Massenweine mit relativ geringem Alkoholgehalt und einiger RESTSÜSSE, bei denen das Risiko einer Nachgärung groß ist, wenn Hefezellen mit in die Flasche geraten, z. B. für LIEBFRAUENMILCH.

Für eine Sterilabfüllungsanlage muß ein keimfreier Raum zur Verfügung stehen, und die Abfülleinrichung muß leicht sterilisierbar sein. Der Raum wird mit sterilisierter Luft unter leichten Überdruck gesetzt und darf nur von speziell geschulten Fachkräften in entsprechender Schutzkleidung durch eine Druckschleuse mit Doppeltür betreten werden. Im Wein enthaltene Mikroorganismen werden durch sterile Tiefenmembranfilter entfernt, und die Korken werden mit SCHWEFELDIOXID-Gas oder anderen Sterilisierungsmitteln, die Abfüll- und Verkorkanlage meist mit Dampf oder ebenfalls mit Sterilisierungsmitteln keimfrei gemacht. Aus der Produktion werden häufig Stichproben genommen und einer mikrobiologischen Analyse unterzogen. Jeder Produktionsposten bleibt so lange im Lager, bis Sicherheit besteht, daß sich keine Mikroorganismen entwickeln. A. D. W.

ST-ESTÈPHE Die nördlichste und ländlichste der vier großen kommunalen Appellationen im Bereich Haut-Médoc im Weinbaugebiet Bordeaux. Von den Weinbergen von Château LAFITE in Pauillac ist St-Estèphe nur durch einen Bach getrennt – ein Stück Land in der Gemarkung St-Estèphe gehört sogar zum Besitz von Château Lafite. Unmittelbar nördlich von St-Estèphe beginnt hinter einem Stück Marschland das Bas-Médoc, der tiefer gelegene, für den Weinbau weniger wertvolle Teil des Médoc.

Im Boden von St-Estèphe findet sich reichlich KIES, oft aber in Schichten über einem TON-Unterboden. Diese Bodenart bietet nicht so sehr guten Wasserabzug und ist kühler; sie verlangsamt auch die Reife, so daß die Trauben von St-Estèphe oft mehr Säure aufweisen als das Lesegut weiter südlich im Médoc. In Jahrgängen mit geringem Niederschlag, beispielsweise 1990, hat St-Estèphe allerdings auch Vorteile.

Der Ertrag eines großen Teils der Rebfläche von 1200 ha – fast ein Viertel – wandert in die Keller der Winzergenossenschaft, die oft unter dem Namen Marquis de St-Estèphe arbeitet. Der Ort hat zwar weniger berühmte Namen und CRUS CLASSÉS aufzuweisen als MARGAUX, PAUILLAC und ST-JULIEN, doch die Weine haben einen ganz eigenen Stil, der sich durch tiefe Farbe, vollen Extrakt, etwas Kargheit in der Jugend, doch große Langlebigkeit auszeichnet. In den 1980er Jahren wurde dieser Stil merklich gemildert, als ein höherer Anteil an Merlot-Trauben die scharfen Konturen des Cabernet verwischte und die Weinbereitungstechnik sich darauf verlegte, die strengeren TANNINE zu zähmen.

Die Stars der Appellation sind die beiden 2es Crus Château Montrose und Cos d'Estournel, deren Schicksal und Reputation im Lauf der noch relativ jungen Geschichte des Orts als Erzeugungsgebiet feiner Weine manches Auf und Ab erlebt haben. Cos d'Estournel oder Cos – wie der Besitzer Bruno Prats den Namen auf dem Etikett herausstellt – verfügt über die auffälligste Architektur im ganzen Médoc: eine orientalisch-phantastische Fassade an der Hauptstraße durch die Weinorte des Médoc. Die Weine sind die ambitioniertesten in der Appellation, für jahrzehntelange Lebensdauer ausgelegt, und das Schwester-Château Marbuzet bildet in jeder Hinsicht den hochgeachteten ZWEITWEIN dazu. Château Montrose brachte um die Mitte des 20. Jh. dagegen traditioneller strukturierte Weine hervor, die etwas an Château LATOUR erinnerten, doch viele Jahrgänge der 1980er Jahre waren merklich leichter.

Weitere Crus Classés in St-Estèphe sind das oft exzellente 3e Cru Château Calon-Ségur, das zwischen den Châteaux Lafite und Cos in guter Lage befindliche 4e Cru Château Lafon-Rochet und das bescheidene 5e Cru Château Cos-Labory. Mit die am gewissenhaftesten bereiteten Weine der Appellation stammen aber auch aus CRUS BOURGEOIS wie dem exotischen Château Haut-Marbuzet, dem von CORDIER geleiteten Château Meyney, den Châteaux de Pez und Les-Ormes-de Pez (letzteres wird gemeinsam mit Château Lynch-Bages in Pauillac geführt), Château Beau-Site und dem kürzlich wiederaufgebauten Château Lilian-Ladoueys.

Siehe auch MÉDOC und BORDEAUX.

Ginestet, B., *St-Julien* (Paris, 1984).
Parker, R. M., *Bordeaux* (Bern, 1993).
Penning-Rowsell, E., *The Wines of Bordeaux* (6. Aufl., London, 1989).
Peppercorn, D., *Bordeaux* (2. Aufl., London, 1991).

STEUERN Schon seit der Antike gilt dem Wein das besondere Augenmerk des Fiskus. Produktion, Verkauf und Verbreitung werden von ihm aus einem ganz einfachen Grund so sorgsam überwacht: Es lassen sich Einkünfte daraus schöpfen. Die Kulturen des Nahen und Mittleren Ostens (siehe ÄGYPTEN und MESOPOTAMIEN) erkannten als erste den Wert des Weins als Steuerquelle. Auch in Teilen des antiken GRIECHENLANDS gab es in dieser Hinsicht schon streng gehandhabte Vorschriften, aber es waren die Römer, die in diesem wie in vielen anderen Aspekten der Geschichte des Weins das wahre Potential ans Tageslicht fördern halfen.

Im alten ROM waren Steuern vom Erscheinen der Traube am Weinstock (den römischen Winzern wurde eine nach dem Grundstückswert berechnete Weinbergsteuer auferlegt) bis zum Verzehr des Weins zu zahlen. Zu entrichten waren sie in Naturalien oder in barem Geld, und sie stellten einen großen Anteil an den Staatseinkünften dar. Manche Gegenden, so KALABRIEN, damals der Absatz des italienischen Stiefels, entrichteten beispielsweise die an Rom fälligen Steuern in Form von Wein, der dann an die Stadtbevölkerung verkauft oder kostenlos verteilt wurde.

Auch die mittelalterlichen Herrscher fanden die Besteuerung des Weins überaus lukrativ. Während der Besetzung Westfrankreichs durch die Engländer profitierte die englische Krone gleich zweimal – das erste Mal durch Zölle beim Export aus BORDEAUX und dann wieder durch Zolleinnahmen beim Eintreffen des Weins in London. Zu Anfang des 14. Jh., als dieser Handel auf seinem Gipfelpunkt war, übertrafen die Zolleinkünfte aus Bordeaux die gesamten Steuereinnahmen des Königs innerhalb Englands.

So überrascht es nicht, daß Steuern auf Wein als eine bequeme Möglichkeit gesehen wurden, rasch zu baren Einnahmen zu kommen, und der Staat zeigte keinerlei Skrupel, gerade diese in Notzeiten zu verdoppeln oder gar zu verdreifachen, oft um Kriege zu finanzieren, beispielsweise den HUNDERTJÄHRIGEN KRIEG oder die Napoleonischen Kriege.

Obschon die Weinkaufleute sich darüber natürlich seit jeher beklagen, so waren sie doch unter bestimmten Umständen im Grunde froh, Steuern bezahlen zu dürfen, weil ihr Geschäft dadurch legitimiert wurde. So betrachteten die meist jüdischen oder christlichen Weinhändler im islamischen Kalifenreich die Steuern, die sie zu zahlen hatten, gewissermaßen als Versicherungsprämie; trotz des Alkoholverbots durch den Koran untersagte ihnen der Staat nämlich ihre Tätigkeit nicht, weil die daraus fließenden Einnahmen ihm sehr zustatten kamen (siehe ISLAM).

Die Besteuerung des Weins hat aber nicht allein den Zweck, dem Staat Einkünfte zu sichern, vielmehr können durch unterschiedliche Steuersätze Handelspartner bevorzugt bzw. unter Druck gesetzt werden. Beispielsweise lagen das ganze 18. Jh. hindurch in England auf französischem Wein doppelt so hohe Steuern wie auf portugiesischem (siehe METHUEN TREATY). Das erschwerte natürlich den Handel mit französischem Wein, und der portugiesische wurde zum Alltagsgetränk (siehe auch KRIEG).

Unterschiedliche Weinbesteuerung ist auch schon zu dem Zweck eingesetzt worden, den Verbrauchergeschmack aus Gründen der Gesundheit oder der Moral zu beeinflussen. So wurde durch Gladstones Gesetz aus dem Jahr 1860 die Steuer auf leichte, alkoholschwächere Weine gesenkt, um den Engländern den Geschmack an den bis dahin von der Steuer bevorzugten schweren, aufgespriteten Weinen und Spirituosen abzugewöhnen.

Zuweilen wirken sich Steuern auch indirekt aus. Im 18. Jh., als die Steuern hoch und kompliziert waren (auf französische Weine wurden fünfzehn verschiedene Abgaben erhoben), mehrten sich in England WEINPANSCHEREI UND -VERFÄLSCHUNG und Schmuggel. Der Unmut wegen übermäßiger Besteuerung des nach Paris eingeführten Weins gilt als einer der Funken, an denen sich die Revolution von 1789 entzündete.

Seit Wein besteuert wird, gibt es natürlich auch bestimmte Gruppen, die von der Steuer befreit sind. Traditionell waren dies die Krone, die Kirche und bestimmte Teile des Adels; Steuerbefreiungen dieser Art reichen mindestens bis in das alte Ägypten zurück. In unseren modernen Zeiten wurde dieses Privileg (wenigstens soweit es den Zoll anlangt) auf alle Bürger ausgedehnt, denn jeder darf eine bestimmte Menge zollfrei einführen. H. B.

Briggs, A., *Wine for Sale: Victoria Wine and the Liquor Trade 1860–1984* (London, 1985).
Francis, A. D., *The Wine Trade* (London, 1972).
Hyams, E., *Dionysus: A Social History of the Vine* (London, 1965).

ST-GEORGES-ST-ÉMILION Satelliten-Appellation von ST-ÉMILION in Bordeaux.

STICKSTOFF (N) Das chemische Element, ein farbloses, geruchloses Inertgas ohne Eigengeschmack, ist im Weinbau und in der Weinbereitung außerordentlich wertvoll. Die Atmosphäre besteht zu 78 % aus Stickstoff, und da er den chemisch inaktiven Bestandteil darstellt, verdünnt er gewissermaßen den höchst reaktionsfreudigen Bestandteil SAUERSTOFF so weit, daß Atmung und Verbrennung in gemäßigter Form stattfinden können. In Verbindungen bildet Stickstoff eine wesentliche Komponente von AMINOSÄUREN, PROTEINEN und ENZYMEN, ohne die das Leben, wie wir es kennen, nicht existieren würde. In der Verbindung mit Wasserstoff stellt Stickstoff als Ammoniak einen wichtigen Bestandteil vieler Düngestoffe dar, ohne die kein Pflanzenwachstum möglich wäre.

Weinbau

Stickstoff hat großen Einfluß auf die Wuchskraft der Weinrebe und damit auf die Weinqualität. Neben KALIUM und PHOSPHOR ist er eines der Elemente, die bei Pflanzen am häufigsten zu Mangelerscheinungen Anlaß geben. Stickstoff ist auch ein wichtiger Bestandteil der Proteine und des Chlorophylls. Die verbreitetsten Symptome für Stickstoffmangel sind verringerte Wuchskraft und blaßgrünes oder gelbes Laub. Stickstoffmangel tritt leicht in Sandböden mit geringem Gehalt an organischen Stoffen ein. Boden- und Pflanzentests liefern Anhaltspunkte für den eventuellen Bedarf an stickstoffhaltigen DÜNGEMITTELN.

Allerdings ist bei der Anwendung solcher Düngemittel, aber auch von größeren Mengen Naturdung sowie bei der Neuanpflanzung auf stickstoffreichen Böden bei der Weinrebe größere Vorsicht geboten als bei anderen Nutzpflanzen. BEGRÜNUNGEN mit Klee müssen ebenfalls knapp gehalten werden, damit sie nicht zuviel Stickstoff im Boden ablagern. Hoher Stickstoffgehalt jeglichen Ursprungs führt im Weinberg zu übermäßiger vegetativer WÜCHSIGKEIT, die starke Beschattung verursacht und daher verringerten ERTRAG und mindere Qualität nach sich zieht (siehe auch SCHATTEN). Durch Maßnahmen der LAUBPFLEGE können manche dieser Effekte gemildert, meist aber nicht vollständig beseitigt werden. Weinpflanzungen mit allzu reichlicher Stickstoffversorgung leiden überdies oft unter schlechtem FRUCHTANSATZ (siehe auch VERRIESELN) und sind stärker anfällig für TRAUBENFÄULE. Stickstoffüberschuß wird auch für direkte negative Auswirkungen auf die Weinqualität verantwortlich gemacht, weil er den Gehalt an ZUCKER, Farbstoffen und PHENOLEN beeinträchtigt und die SÄURE steigert. Hoher Stickstoffgehalt im Boden erhöht darüber hinaus den Anteil an Harnstoff, Äthylcarbamaten und HISTAMINEN im Wein. In manchen Gegenden Europas, z. B. in Deutschland, ist Überdüngung mit Stickstoff als Ursache für eine gesundheitsschädliche Verschmutzung des Grundwassers mit Nitrat festgestellt worden.

Ein besonderes Merkmal von Weinberglagen mit hoher Fruchtqualität ist eine knappe Stickstoffversorgung. Neben dem WASSERSTRESS bildet diese einen wesentlichen Begrenzungsfaktor für die Wuchskraft der Rebe. Auf diese Weise wird die für hohe Weinqualität erforderliche AUSGEWOGENHEIT des Weinstocks begünstigt. Andererseits ist starker Stickstoffmangel ebenfalls der Weinqualität abträglich. Die Frucht aus stickstoffarmen Weinberglagen ist oft arm an vergärbaren ZUCKERN und führt gelegentlich zum Steckenbleiben der Gärung, wobei sich oft auch noch Beeinträchtigungen durch SULFIDE einstellen. R. E. S.

Weinbereitung

In Verbindung mit Phosphor und Kalium kann Stickstoff einen kritischen Faktor für das Hefewachstum und daher für die GÄRUNG darstellen, insbesondere begegnet dies HOBBYKELLERMEISTERN bei der Herstellung von OBSTWEIN. Stickstoff hat auch Einfluß auf die Weinzusammensetzung. In hoher Konzentration ist er mit intensiviertem AROMA verknüpft, während er in geringer Konzentration die Bildung von SCHWEFELWASSERSTOFF begünstigt. Durch Fraktionierung aus flüssiger Luft gewonnener gasförmiger oder flüssiger Stickstoff ist ein handelsübliches Produkt, das in vielen industriellen Prozessen Anwendung findet. Als Ammoniak bildet es das Ausgangsmaterial für die meisten Düngemittelgemische, in flüssiger Form wird Stickstoff in der KÜHLTECHNIK auf vielfältige Weise genutzt, und in gasförmigem Zustand schützt er die verschiedensten Produkte gegen schädliche Berührung mit Sauerstoff.

Stickstoff ist als Schutzgas in der Kellertechnik zum Ausfüllen von Leerräumen in geschlossenen Edelstahltanks, aber auch in Flaschen ein außerordentlich wertvoller Helfer (siehe auch SPÜLEN und WEINRESTE). Es ist teurer als INERTGASGEMISCH, dafür aber als Schutz für den Wein gegen die potentiell schädliche Berührung mit Luft wirksamer.

A. D. W.

Champagnol, F., *Éléments de physiologie de la vigne et de viticulture générale* (St-Gely-du-Fesc, 1984).
Rantz, J. M. (Hrsg.), *Proceedings of the International Symposium on Nitrogen in Grapes and Wine* (Seattle, 1991), *American Society for Enology and Viticulture* (Davis, Calif., 1991).
Winkler, A. J., et al, *General Viticulture* (2. Aufl., Berkeley, Calif., 1974).

STIEL siehe BLATTSTIEL, BLÜTENSTIEL, KAMM.

STIELGEFÄSSE siehe GLÄSER.

STIELLÄHME Eine krankhafte Erscheinung, bei der die Traubenstiele während der Reifezeit einschrumpfen und absterben (in Kalifornien *water berry*, in Frankreich *dessèchement de la rafle*). Die betroffenen Beeren reifen nicht richtig aus und schrumpfen ein, zumindest weisen sie geringeren Gehalt an ZUCKER, ANTHOCYANEN und Fettsäuren, dafür aber stärkere SÄURE auf; allerdings werden nur selten alle Beeren in einer Traube befallen. Besonders anfällig für Stiellähme ist die CABERNET-SAUVIGNON-Rebe. Die eigentliche Ursache ist nicht bekannt; als Begleitfaktoren werden jedoch starkes Triebwachstum, die Witterung zur Blütezeit sowie der Gehalt an Magnesium und Ammonium im Pflanzengewebe genannt. Eine allgemein anerkannte Bekämpfung gibt es nicht, aber Magnesiumspritzungen zur Zeit der VÉRAISON haben sich als Mittel zur Besserung der Stiellähme bewährt. R. E. S.

STIELSCHWUND siehe LEGNO RICCIO.

STIERBLUT Ein Markenrotwein aus UNGARN, der in den 1970er Jahren großen Erfolg hatte. Er wurde damals ausschließlich von der staatlichen Kellerei Egervin in EGER produziert, die den Wein mit möglicherweise zweckdienlicher Geheimniskrämerei umgab. Die Hauptrebsorte war angeblich KADARKA, diese wurde jedoch durch wachsende Anteile von KÉKFRANKOS, ergänzt durch CABERNET SAUVIGNON, MERLOT (hier Médoc Noir genannt) und KÉKOPORTO ersetzt. Der Wein wurde einer längeren MAISCHUNG unterzogen, als es damals allgemein üblich war, und erfuhr auch vor der Abfüllung sicherlich einen gewissen Ausbau. Die ungarische Übersetzung von Stierblut heißt Bikavér; der in Ungarn als Egri Bikavér verkaufte Rotwein ist manchmal etwas anders zusammengesetzt. Seit Anfang der 1990er Jahre wird die Bezeichnung Stierblut jedoch eher für einen Weinstil und nicht mehr ausschließlich für den Rotwein aus Eger benutzt.

ST-JEAN-DE-MINERVOIS Der kleine Gebirgsort im äußersten Nordosten des MINERVOIS gibt der individuellsten APPELLATION CONTRÔLÉE für VIN DOUX NATUREL im Languedoc den Namen: Muscat de St-Jean-de-Minervois. Wie die anderen Muscats aus FRONTIGNAN, LUNEL und MIREVAL wird auch dieser ausschließlich von der besten Muskatellersorte, dem MUSCAT BLANC À PETITS GRAINS, bereitet, indem nach etwa der Hälfte der Gärzeit Alkohol beigemischt wird, um einen Wein mit mindestens 15 % Alkoholgehalt und 125 g/l Restsüße entstehen zu lassen. Anders als die Muscats aus der Nähe des Mittelmeers kommt dieser aus Lagen in 200 m Höhe, die dem Wildgestrüpp *(garrigue)* abgerungen sind und wo die Trauben gut drei Wochen später reifen. Die Höhenlage und das nicht ganz so beständige Wetter können Qualität und Ertrag beeinträchtigen, so daß der zulässige Höchstertrag von 28 hl/ha oft nur mit Mühe erreicht wird, doch die hier entstehenden Weine sind verläßlicher interessant und weisen mehr vom zarten Orangenblütenaroma der Traubensorte auf, als es bei den anderen Muscats, außer vielleicht dem von BEAUMES-DE-VENISE, gewöhnlich anzutreffen ist. Die Weine der Genossenschaftskellerei erfuhren eine starke Verbesserung, als um die Mitte der 1980er Jahre einer der besten ÖNOLOGEN der Gegend berufen wurde. Ein Jahrgangsdatum trägt der St-Jean-de-Minervois wie auch die meisten anderen Vins Doux Naturels nur selten.

ST-JOSEPH Die mit viel Ehrgeiz erweiterte APPELLATION CONTRÔLÉE auf dem Westufer der nördlichen RHÔNE produziert vorwiegend Rotweine von der SYRAH-Traube, aber auch körperreiche trockene Weißweine von MARSANNE und gelegentlich ROUSSANNE. Die Rebfläche vergrößerte sich in den 1970er und 1980er Jahren um das Sechsfache, so daß zu Beginn der 1990er Jahre ein strengerer Erschließungsplan eingeführt wurde, als die führenden Erzeuger bemerkten, daß die Reputation der noch relativ jungen Appellation (1956) nur von wenigen der neuen Weinberge auf dem Plateau eine Verbesserung erhoffen konnte. Der Bereich erstreckt sich inzwischen von CONDRIEU im Norden (wo er in diesen Bereich eingreift) bis zu einer kleinen Enklave zwischen ST-PÉRAY und der Stadt Valence. Das Herzstück des Bereichs besteht aus alten Weinbergterrassen um die Stadt Tournon (einschließlich der Gemeinden Vion, Lemps, St-Jean-de-Muzols, Tournon, Mauves und Glun) am Rhône-Ufer gegenüber dem HERMITAGE-Berg. Die Weine sind leichter und reifen rascher als der Urtyp von der nördlichen Rhône, nicht so sehr weil die Böden anders sind – in den besten Lagen herrscht Granit mit Beimischungen von Sand und Kies vor –, sondern weil die nach Osten liegenden Weinberghänge von St-Joseph in der entscheidenden Reifezeit zwei Stunden früher auf die Sonne verzichten müssen. Aus diesem Grund sehen die Einheimischen ihre Weine eher als eine Art BEAUJOLAIS von der Rhône an – fruchtige Gewächse, die etwa in den ersten drei Jahren getrunken werden wollen. Wer an die schiere Wucht der Weine von der nördlichen Rhône nicht so sehr gewöhnt ist, wird wahrscheinlich je nach Jahrgangscharakter ein Alter zwischen zwei und sechs Jahren bevorzugen, und Gripas VIEILLES-VIGNES-Versionen lohnen sogar ohne weiteres zehn Jahre Flaschenreife. Roter St-Joseph stellt jedenfalls oft einen köstlich transparenten Ausdruck der Syrah-Frucht dar und ist in der Jugend einer der einschmeichelndsten Rotweine von der nördlichen Rhône. Aber selbst den besten braucht man nicht so viel Ehrfurcht entgegenzubringen wie einem Hermitage oder CÔTE-RÔTIE, und die übrigen (leider sind es nur allzu viele) sind oft zu leicht und substanzarm, als daß sie den Mehrpreis verdienten, den der St-Joseph häufig aus unerfindlichen Gründen gegenüber dem CROZES-HERMITAGE, der anderen einfachen Appellation von der nördlichen Rhône, zu verlangen imstande ist. Auf den weißen St-Joseph entfallen weniger als 10 % der Gesamtproduktion im Bereich, und die besten Exemplare können Liebhabern von weißem Hermitage eine gute und preiswerte Alternative bieten.

ST-JULIEN Die kommunale Appellation Contrôlée ist eine der gleichmäßigsten, zuverlässigsten und am stärksten unterbewerteten im Haut-Médoc im Weinbaugebiet Bordeaux. Vielleicht wird St-Julien allgemein geringer geschätzt, weil es im Unterschied zum nördlichen Nachbarn PAUILLAC und zum einige Kilometer weiter südlich gelegenen MARGAUX über kein PREMIER CRU verfügt, dafür aber hat es fünf superbe 2es Crus, zwei exzellente 3es Crus, vier gut gepflegte 4es Crus und mindestens seit den 1980er Jahren unvergleichliche Beständigkeit in der Weinbereitungsqualität vorzuweisen. St-Julien ist der richtige Ort für Weinliebhaber, die im roten Bordeaux Subtilität, Ausgewogenheit und Tradition zu schätzen wissen. Dem St-Julien mag es an der lebhaften, manchmal fast kunstvollen Konzentration des Pauillac oder an der kargen Strenge des ST-ESTÈPHE oder dem entgegenkommenden Charme des Margaux fehlen, er verkörpert aber alle Tugenden feiner, langlebiger Erzeugnisse der Traubensorten Cabernet und Merlot – dunkel, trocken, bekömmlich, anregend, dauerhaft, verlockend und befriedigend.

Die Appellation, die kleinste der vier berühmtesten im Médoc, umfaßte um die Mitte der 1990er Jahre 900 ha Rebfläche in den Gemarkungen St-Julien und des unmittelbar südlich davon gelegenen Orts Beychevelle. Boden und Unterboden sind hier stark kieshaltig und relativ einheitlich, eine Unterbrechung bilden nur die schmalen Uferränder des Entwässerungsgrabens, der den Bereich zweiteilt und nördlich von Château Ducru-Beaucaillou in die Gironde mündet. Südlich von St-Julien erstreckt sich ein größeres Stück Land, das lediglich unter die AC Haut-Médoc fällt, im Norden dagegen stößt der Bereich an die Südgrenze von Pauillac an; Château Léoville-Las-Cases im äußersten Norden von St-Julien teilt viele Merkmale mit feinen Gütern und deren Weinen in Pauillac, insbesondere dem in Sichtweite gelegenen Château LATOUR.

Der Léoville-Besitz muß, wie Penning-Rowsell schreibt, im 18. Jh. der größte im ganzen Médoc gewesen sein, bis er in die drei heute bekannten 2es Crus Léoville-Las-Cases, Léoville-Poyferré und Léoville-Barton aufgeteilt wurde. Léoville-Las-Cases ist das bei weitem größte von den dreien und wird von Michel Delon mit höchstem Ehrgeiz geleitet, der an Qualität und Langlebigkeit außerordentlich hohe Maßstäbe anlegt, aber auch durchaus davon überzeugt ist, daß er entsprechende Preise dafür verlangen kann. Seine festen, tiefdunklen, vorwiegend aus Cabernet bestehenden Weine beruhen auf einem strengen Ausleseprozeß, der sich auch auf den Clos du Marquis erstreckt und ihn zu einem der feinsten ZWEITWEINE in Bordeaux macht.

Léoville-Poyferré, zu dem das ursprüngliche Château-Gebäude gehört, hatte zwar seinen Höhepunkt in den 1920er Jahren, zeigte dann aber in den 1980er Jahren wieder so etwas wie eine Rückkehr zur alten Form. Besonders wertvoll und vielleicht für die Appellation am repräsentativsten ist Léoville-Barton, das gemeinsam mit dem feinen 3e Cru Château Langoa-Barton von Anthony BARTON geleitet wird.

Die beiden anderen 2es Crus in St-Julien sind die Châteaux Gruaud-Larose und Ducru-Beaucaillou; sie bringen

Die Weine des 2e-Cru-Château Gruaud Larose verkörpern die für ST-JULIEN kennzeichnenden Tugenden: Harmonie und Langlebigkeit.

in den meisten Jahrgängen mit die feinsten Weine von St-Julien hervor. Der Gruaud-Larose ist dabei meist voller – das Gut wurde den größten Teil des 20. Jh. hindurch vom Handelshaus CORDIER tadellos geführt, das für dieses und das ebenfalls für korrekten St-Julien-Wein gekennzeichnete 4e-Cru-Château Talbot jeweils eine spezielle Flasche eingeführt hat. Der markante viktorianische Bau von Château Ducru-Beaucaillou bildet insofern eine Besonderheit im Médoc, als er der Besitzerfamilie Borie als Wohnsitz dient, die hier einen der am traditionellsten gestalteten Médoc-Weine erzeugt; ihr gehört auch Château Grand-Puy-Lacoste in Pauillac.

Das 3e-Cru-Château Lagrange wurde in den 1980er Jahren von dem japanischen Getränkekonzern Suntory mit Unterstützung von Michel Delon von Léoville-Las-Cases stark in die Höhe gebracht, und auch die 4es-Crus-Château St-Pierre, Talbot, Branaire-Ducru und Beychevelle sind gut geführt.

In St-Julien entfallen etwa drei Viertel der Produktion auf die Crus Classés. Auch die nicht in der Klassifikation enthaltenen Châteaux Gloria, Hortevie, Lalande-Borie und andere sehen keine Veranlassung, ihre Weine übermäßig billig abzugeben.

Siehe auch MÉDOC und Karte Seite 166.

Ginestet, B., *St-Julien* (Paris, 1984).
Parker, R. M., *Bordeaux* (Bern, 1993).
Penning-Rowsell, E., *The Wines of Bordeaux* (6. Aufl., London, 1989).
Peppercorn, D., *Bordeaux* (2. Aufl., London, 1991).

ST-LAURENT Einerseits der Name eines der wenigen größeren Orte im MÉDOC, andererseits eine Rotweinrebsorte, von der lange angenommen wurde, sie sei mit PINOT NOIR verwandt. Sie ist heute in Niederösterreich und im Burgenland stark verbreitet und erbringt dort tiefdunkle, samtige Rotweine mit – bei entsprechend beschränkten Erträgen – so großer Konzentration, daß sie längeren Ausbau im Eichenfaß und anschließend in der Flasche durchaus lohnen. Einfachere Versionen sind oft schlicht und süffig süß. Im Verschnitt mit modischen Rebsorten wie CABERNET SAUVIGNON, Blauburgunder (PINOT NOIR) und vor allem mit BLAUFRÄNKISCH im Weinbaugebiet Neusiedlersee-Hügelland am Westufer des Sees hat sich die Traube ebenfalls bewährt.

Auch in Ostfrankreich ist sie bekannt, und in Deutschland verfügte sie 1990 über eine Anbaufläche von 30 ha, hauptsächlich in der Pfalz, alles in allem aber stellt sie eine Spezialität Österreichs dar, in der dort auch ein beträchtliches Potential gesehen wird. An die Verhältnisse in Niederösterreich und im Burgenland hat sie im Lauf der Jahrhunderte Zeit gehabt, sich zu gewöhnen; ihr einziger Nachteil im Anbau, der gefährlich frühe Austrieb, ist dort weniger problematisch als beispielsweise im Elsaß. Die Traube reift viel früher als der Blauburgunder und ist nicht so anspruchsvoll in der Wahl der Lage. Dank der dickeren Traubenschalen zeigt sie geringere Fäuleanfälligkeit, nur VERRIESELN stellt manchmal ein Problem dar.

Auch in der TSCHECHISCHEN REPUBLIK wird die Sorte angebaut, dort unter dem Namen Vavrinecke oder Svatovavrinecke.

GALET verneint die von früheren Ampelographen vermutete Abstammung von Pinot Noir.

Galet, P., *Cépages et vignobles de France* (2. Aufl., Montpellier, 1990).

ST-MACAIRE Stadt im Weinbaugebiet BORDEAUX im Bereich GRAVES gegenüber Langon auf dem anderen Ufer der GARONNE. Sie gibt einer kleinen, im Rückgang begriffenen APPELLATION CONTRÔLÉE für süße Weißweine den Namen.

ST-MONT, CÔTES DE VDQS-Bereich in der Region ARMAGNAC; die Bezeichnung wird vor allem von der dynamischen WINZERGENOSSENSCHAFT Plaimont genutzt. Es handelt sich im wesentlichen um eine nördliche Erweiterung des Bereichs MADIRAN, und es werden auch so ziemlich die gleichen Rebsorten angebaut, jedoch sind die zulässigen Erträge allgemein höher. TANNAT muß zu mindestens 70 % zu den manchmal überraschend saftigen Rotweinen beitragen, während bei den Weißweinen mindestens die Hälfte der Mischung aus Arrufiac (RUFFIAC), CLAIRETTE und PETIT COURBU bestehen muß und die MANSENGS den Rest ausmachen. Über 700 ha Rebfläche sind dieser Bezeichnung gewidmet, davon entfallen drei Viertel auf die Rotweinproduktion. Die Qualität steigt mit jedem Jahrgang und ebenso der Preisunterschied gegenüber dem in der Gegend produzierten VIN DE PAYS des Côtes de Gascogne.

STOCKABSTAND siehe PFLANZDICHTE.

STOFFTRANSPORT Ein pflanzenphysiologischer Vorgang, bei dem lösliche Substanzen wie Salze, organische und Wachstumsstoffe über das PHLOEM in der ganzen Weinrebe verbreitet werden. Das Phloemgewebe befindet sich im äußeren Teil des Stamms und der Zweige und kann durch RINGELN unterbrochen werden. SACCHAROSE ist die hauptsächliche Form, in der KOHLEHYDRATE transportiert werden; der Phloemsaft enthält außerdem Aminosäuren, organische Säuren, anorganische Nährstoffe, Pflanzenhormone und Alkaloide. Beispiele für den Stofftransport sind in der Entnahme von anorganischen Nährstoffen aus dem Boden durch das Wurzelwerk und ihre Weiterleitung in verschiedene Organe der Pflanze zu sehen, wo sie dann zum Teil in organische Moleküle eingebaut werden; aber auch der Abtransport von Produkten der PHOTOSYNTHESE aus den Blättern gehört hierzu. Vom Wein her gesehen hat der Transport von Saccharose, APFELSÄURE, WEINSÄURE, Elementen und stickstoffhaltigen Verbindungen während des Reifevorgangs entscheidende Bedeutung für die chemische Zusammensetzung der Trauben und daher für die resultierende Weinqualität.

In der Hauptsache findet in der Pflanze ein Abwärtstransport statt, über den größten Teil der Wachstumsperiode hinweg geschieht aber auch ein Aufwärtstransport. Die Transportrichtung verläuft stets zu den Punkten, wo gerade Bedarf herrscht, also im ersten Teil der Wachstumsperiode in die Triebspitzen und Blüten, dann in die sich entwickelnden Beeren, im späteren Verlauf der Wachstumsperiode aber auch in permanente Teile der Pflanze, z. B. in den Stamm und die Wurzeln zur Ansammlung von Speichervorräten. Bei der Regulierung des Stofftransports spielen nachweislich HORMONE – z. B. Auxine, Cytokinine und Gibberelline – eine wichtige Rolle. Die Rebe ist imstande, Stofftransport über ziemlich große Entfernungen durchzuführen; daher kann auch die an einem im Schatten liegenden Trieb befindliche Frucht reifen, weil sie aus anderen Teilen der Rebe die dafür nötigen Stoffe zugeführt erhält.

R. E. S.

Champagnol, F., *Éléments de physiologie de la vigne et de viticulture générale* (St-Gely-du-Fesc, 1984).
Winkler, A. J., et al, *General Viticulture* (2. Aufl., Berkeley, Calif., 1974).

ST-PÉRAY Kleine, im Rückgang befindliche Appellation für einen an der nördlichen RHÔNE zwar ungewöhnlichen, aber durchaus für Wucht und Langlebigkeit bekannten weißen SCHAUMWEIN. Boden und MESOKLIMA sind eindeutig kühler als sonst an der Rhône, doch die hier angebauten Marsanne- und Roussanne- bzw. Roussette-Trauben erbringen nur wenig Wein mit großer Finesse, obwohl für die Schaumweinherstellung die MÉTHODE TRADITIONNELLE angewendet wird. Ein größerer Teil der Produktion wird zunächst in der Genossenschaftskellerei Tain l'HERMITAGE zu Grundwein und anschließend in der Genossenschaftskellerei St-Péray zu Schaumwein verarbeitet. In kleinen Mengen wird St-Péray auch als Stillwein bereitet und ähnelt dann dem weißen St-Joseph.

ST-POURÇAIN, manchmal auch **St-Pourçain-sur-Sioule.** Kleiner VDQS-Bereich im durch Getreide und Eichenholz berühmten Département ALLIER, fast genau im Mittelpunkt Frankreichs. (St-Pourçain ist auf Karten der französischen Weinbauregionen nicht zu finden, sondern nur auf sehr detaillierten allgemeinen Karten – siehe FRANKREICH.) In der Römerzeit hatte die Gegend dank ihrer Lage in günstiger Nähe von schiffbaren FLÜSSEN und mit für den Weinbau brauchbaren Hängen große Bedeutung. Im Mittelalter war der weiße St-Pourçain einer der angesehensten Weine in Frankreich (siehe auch LOIRE und MITTELALTERLICHE LITERATUR). Heute stellt er eher eine Kuriosität dar. In kühlem Klima entstehen auf knapp 500 ha Rebfläche auf unterschiedlichen Böden mit Kalkstein, Granit und Kies trockene, leichte, säurereiche Weine verschiedener Farben und Geschmacksrichtungen.

Die traditionelle Rebsorte ist hier TRESALLIER, eine Variante von SACY, doch die heutigen Weißweine werden in den meisten Fällen von CHARDONNAY und/oder SAUVIGNON BLANC erzeugt, und es gibt sogar eine in den Regeln festgesetzte Höchstgrenze für den Tresallier-Anteil (1993 belief er sich auf 50 %). Für rosé und roten St-Pourçain ist GAMAY die gebräuchlichste Traube, aber auch PINOT NOIR wird angebaut, und besonders gewissenhafte Erzeugerbetriebe wie die Domaine de Bellevue produzieren von dieser Sorte zunehmend seriöse Rotweine. Die WINZERGENOSSENSCHAFT in der Stadt St-Pourçain-sur-Sioule beherrscht im übrigen die Produktion.

Um die Aufstufung in den Rang einer APPELLATION CONTRÔLÉE wird regelmäßig nachgesucht.

George, R., *French Country Wines* (London, 1990).

STROHWEIN siehe VIN DE PAILLE und WEIN VON ROSINIERTEN TRAUBEN.

ST-ROMAIN Der ausgesprochen hübsche Ort auf einer Felsenklippe im Bereich Côte de Beaune in Burgund produziert Rotwein von Pinot Noir und Weißwein von Chardonnay, wobei der erstere etwas überwiegt. Es gibt in der erst 1967 zuerkannten Appellation keine PREMIER-CRU-Lagen.

Die Weinberge von St-Romain liegen hinter Auxey-Duresses in 300–400 m Höhe und damit höher, als es sonst an der Côte d'Or üblich ist. In schlechteren Jahren reifen hier die Trauben nicht so voll aus wie anderswo, in warmen Jahren aber entstehen ausgezeichnete preiswerte Weine. In St-Romain hat auch eine der bekanntesten KÜFEREIEN der Gegend, François Frères, ihren Sitz.

Siehe auch CÔTE D'OR und Karte Seite 201.

J. T. C. M.

ST-SATURNIN Eines der interessantesten CRUS innerhalb der Appellation Contrôlée Coteaux du LANGUEDOC in Südfrankreich. Der Bereich umfaßt nicht nur den gleichnamigen Ort, sondern auch Teile von St-Guiraud, Jonquières und Arboras. Er liegt westlich von MONTPEYROUX in einer schroffen Gebirgsgegend, in der außer der Weinrebe nicht viel gedeiht. Die Winzergenossenschaft St-Saturnin zeichnet sich durch besondere Dynamik aus; dasselbe gilt für einige Weingüter wie Mas Jullien, die aus den hier auf Südhängen der Cevennen angebauten Lokalrebsorten höchstmöglichen Charakter herauszuholen bemüht sind.

STÜCK In DEUTSCHLAND gebräuchliche Faßgröße; das rheinische Stückfaß hat 1200 l Inhalt (an Mosel, Saar und Ruwer ist das FUDER mit 1000 l üblich). Das vor der Ära der Tanklastwagen für Transportzwecke sehr beliebte **Halbstück** faßt dementsprechend 600 l, das **Doppelstück** 2400 l.

ST-VÉRAN Die 1971 in Südburgund für Weißwein von der Chardonnay-Traube geschaffene APPELLATION CONTRÔLÉE liegt zwischen dem Mâconnais und dem Beaujolais und bezieht einen großen Teil des früheren Beaujolais Blanc in sich ein. St-Véran umfaßt mehrere Gemeinden zwischen Mâcon und Pouilly-Fuissé: St-Vérand, Davayé und Prissé im Norden sowie Chânes, Chasselas, Leynes und St-Amour im Süden.

Die Weine weisen oft mehr Körper und Haltbarkeit auf als ein typischer MÂCON-VILLAGES, ohne jedoch an die Kraft und Nachhaltigkeit der Weine von POUILLY-FUISSÉ, das eine Enklave in St-Véran bildet, heranzureichen. J. T. C. M.

SUBJEKTIVITÄT spielt bei der VERKOSTUNG von Wein immer eine Rolle. Es läßt sich nun einmal nicht vermeiden, daß hier persönliche Vorlieben mit einfließen.

SÜDAFRIKA Das produktive Weinbauland in der südlichen Hemisphäre kann auf eine glanzvolle Vergangenheit zurückblicken und tritt nun wieder mit dem Streben nach neuer Anerkennung hervor. Die berühmten Muskateller-Dessertweine von CONSTANTIA bezauberten im 18. Jh. ganz Europa zu einer Zeit, als Namen wie LAFITE und Romanée-Conti (siehe DOMAINE DE LA ROMANÉE-CONTI) erst im Entstehen begriffen waren. Damals erzielten die Constantias fabelhafte Preise und standen nur hinter dem TOKAJER zurück. Die seither vergangenen zwei Jahrhunderte bilden demgegenüber eine große Enttäuschung – das Gewöhnliche war allzu verbreitet und das Besondere allzu selten, bis Südafrika in den 1980er Jahren endlich seine politischen Probleme überwand und sein Weinbau sich wieder aus dem Dunkel der Vergessenheit löste.

In gewissem Sinn gleicht das Land hinter dem Kap der Guten Hoffnung auch heute noch einer großen Schnapsbrennerei, die einen zum Teil subventionierten Weinsee auszutrocknen bemüht ist. Der 1918 gegründete Winzergenossenschaftsverband KWV war bis 1992 befugt, Quoten festzulegen, Mindestpreise festzusetzen sowie Produktionsbereiche und -grenzen zu bestimmen. Dieses System war einzig dazu geeignet, private Weinerzeuger zu benachteiligen und den Massenanbau von Trauben zu fördern. Unter Druck gab dann die KWV 1992 die meisten ihrer Befugnisse auf und bereitete den Weg für einen freieren, lebendigeren Wettbewerb in der Produktion, so daß sich die Massenerzeuger minderwertiger Weine auf andere Produkte verlagern werden, während hoffnungsvolle neue Weinerzeuger sich auch auf neue Gebiete im Weinbau wagen dürfen.

Dessenungeachtet kann der Weinbau am Kap noch immer mehr als in anderen Weltgegenden in eine quantitätsbezogene Mehrheit und eine qualitätsbewußte Minderheit unterteilt werden. Über die Hälfte des Jahresertrags von rund 1 Million t ist für die Destillation zu WEINGEIST oder die Erzeugung von TRAUBENKONZENTRAT bestimmt. Die Traubenpreise beruhen seit jeher auf dem Zuckergehalt, nicht aber auf dem Reifegrad oder dem Zustand des Leseguts. Die quantitätsbetonte Einstellung läßt sich in dem alten Weinlesespruch in Afrikaans «maak die bak vol» (mach die Bütte voll) zusammenfassen.

Mit einem Anteil von knapp 1 % an der Weltrebfläche steht Südafrika der Fläche nach an 20. Stelle, der Jahresproduktion von 10 Millionen hl nach aber an 8. Stelle. Die meisten Weinberge werden bewässert; Höchstgrenzen für die Erträge gibt es nicht, so daß diese am Orange River bis auf 350 hl/ha ansteigen (fast neunmal soviel, wie in manchen französischen AC-Bereichen zugelassen ist); der durchschnittliche Ertrag liegt allerdings nur bei 77 hl/ha. Von den 28 Millionen Rebstöcken entfällt ein Zehntel auf die klassischen Sorten. Weniger als 100 von insgesamt 5000 Traubenanbauern erzeugen selbst Wein.

Die Risiken und die Disziplin, die mit den kühleren Voraussetzungen im Anbau der klassischen, nur geringe Erträge abwerfenden Rebsorten verbunden sind, nehmen nur diejenigen Winzer auf sich, die den innovativen Teil des südafrikanischen Weinbaus repräsentieren. Zusammen mit einigen im Großhandel tätigen Weinerzeugern begannen sie in den 1980er Jahren die Weinszene am Kap zu revolutionieren und nahmen auf diese Weise den Stab wieder auf, der mit dem Erlöschen der Constantia-Weine fast 200 Jahre zuvor fallengelassen worden war.

Zu Beginn der 1990er Jahre produzierte Südafrika 3500 Weine des gesamten Stilspektrums, von erstklassigen trokkenen Weißweinen über intensiv tanninherbe Rotweine mit großer Geschmackstiefe und generösem Eichenfaßausbau bis zu quicklebendigen Schaumweinen, manche davon nach dem Vorbild des Champagners, sowie Port- und Sherry-Typen – das entsprach einer Verzehnfachung der Auswahl im Lauf eines Jahrzehnts. Diese Entwicklung ist noch immer eine chaotische Renaissance auf breiter Grundlage – manche sprechen von einem Hürdenlauf in eine unbekannte Zukunft – und sie vollzieht sich im Angesicht eines zurückgehenden Konsums: von 1970 bis 1990 sank der Pro-Kopf-Verbrauch um 21 % auf 9 l im Jahr, so daß die Südafrikaner heute zu den weniger trinkfreudigen Weinliebhabern der Welt gezählt werden müssen.

Das Streben nach bester Qualität bestätigt sich in der Wertschätzung für kühlere Lagen und in der Abstimmung zwischen Rebsorte und Anbauort. Der historische Constantia-Bereich wurde wiederentdeckt und neu bestockt. Die Klimabedingungen hier und in neu erschlossenen Gebieten wie Elgin, Walker Bay und Mossel Bay an der Ostküste unterscheiden sich stark von denen im heißen Hinterland.

Chenin Blanc, hier als Steen bekannt, bleibt bei den Rebsorten der Favorit der Winzer – von ihm wird Weißwein in so gut wie allen Stilen gewonnen. Chenin Blanc stellt fast ein Drittel des gesamten Rebbestands. Er bildet die Grundlage für eine riesige Anzahl lieblicher Weine unter dem Namen Stein – oft in 5-l-Kartons, einem bei Grillpartys gebräuchlichen Maß.

Nur 15 % der Rebfläche am Kap bringen Rotweintrauben hervor, und nur jede achte Flasche Wein auf dem Markt entfällt auf Rotwein. Zu Beginn der 1990er Jahre wurden die traditionellen schweren Rotweinverschnitte von Cabernet Sauvignon, Shiraz, Cinsaut, Tinta Barocca und der Kap-Neuzüchtung PINOTAGE nachdrücklich verdrängt durch leichtere Rotweine nach dem Vorbild des Bordeaux-Rezepts, d. h. Cabernet Sauvignon mit Merlot oder Cabernet Franc, die besten von ihnen mit wundervollem Eichenholzaroma sowie mit reichlich Frucht und Tannin versehen.

Ein Jahrzehnt vorher hatte es solchen Rotwein nicht gegeben, noch war je ein Schaumwein nach dem Champagnerverfahren oder ein Chardonnay entstanden. 1991 gab es 33 klassische Schaumweine, und über 100 Chardonnays waren wie die Pilze aus der Erde geschossen, darunter alle möglichen Arten, von ungeheuer alkoholstarken und übermäßig eichenholzgewürzten bis hin zu blassen und säuerlichen Versionen. Doch inmitten dieser Überfülle fanden sich auch bedeutsame Hinweise auf das Potential Südafrikas an erstklassigen Chardonnays, Sauvignon Blancs und Rotweinen im Bordeaux-Stil.

Drei besondere Entwicklungen bilden die Richtpunkte in diesem Comeback. Zunächst führte die erstmals 1926 erprobte und in den 1950er Jahren allgemein eingeführte kühle Gärtechnik zum Aufkommen frischer, fruchtiger, allerdings nach wie vor kurzlebiger trockener Weißweine – immerhin schon ein Qualitätssprung gegenüber den bis dahin üblichen schalen Parodien auf anständigen Tischwein.

Dann setzte die Regierung im Jahr 1973 das Gesetz über den Wine of Origin in Kraft, das Südafrikas Version des Systems der APPELLATIONS CONTRÔLÉES darstellt. Die Verbraucher begannen diese offiziell beglaubigten Weine, auf denen die Rebsorte, der Jahrgang und das Ursprungsgebiet angegeben sind, rasch zu bevorzugen. Schließlich entstand bei Backsberg Estate in Paarl im Jahr 1985 der erste faßvergorene Chardonnay im kommerziellen Rahmen. Inzwischen arbeiten viele Weinerzeuger mit französischen Fässern für Rot- und Weißweine und meistern auch die Technik der geregelten MALOLAKTISCHEN SÄUREUMWANDLUNG.

Allerdings behindert die schlechte Traubenqualität noch immer den Fortschritt. LAUBPFLEGE, größere PFLANZDICHTE und Ertragsbeschränkung sind noch neue Errungenschaften. Die BLATTROLL-, REISIG- und KORKRINDENKRANKHEIT

Die Weinbaulandschaften SÜDAFRIKAS – wie hier bei Boschendal in Paarl – gehören zu den schönsten der Welt.

machen sich in vielen Weinpflanzungen breit (hieraus erklärt sich zum Teil die Popularität widerstandsfähiger Massenträgersorten wie Cinsaut und Chenin Blanc).

Während in der übrigen Neuen Welt rasche Fortschritte geschahen, zögerten die südafrikanischen Behörden lange mit der Freigabe geprüfter virusfreier KLONE der wichtigsten klassischen Rebsorten. Bis um die Mitte der 1980er Jahre stand nur ein einziger, stark mit Krankheiten behafteter Chardonnay-Klon zur Verfügung. In ihrer Verzweiflung schmuggelten manche Winzer Edelreiser ein, die zum Teil fälschlich als Chardonnay ausgegeben worden waren (siehe AUXERROIS). Eine Regierungskommission wies manchen bedeutenden Anbauern solche Missetaten nach, die dennoch beharrlich ihre Motive verteidigten. Der Staub, den diese Affären aufwirbelten, gab mit dazu den Anstoß, daß die Behörden ihre Pflanzenprüfprogramme endlich verbesserten. Doch die ersten virusfreien Weinpflanzungen brachten erst Ende der 1980er Jahre ihre Jungfernweine hervor.

Es bleiben einige naturgegebene Handikaps. Mit Ausnahme weniger Kalkvorkommen sind die Böden Südafrikas ausgesprochen sauer, so daß weitgehende Abstimmung mit KALK, deftige Anreicherung mit WEINSÄURE in Most und Wein sowie umfangreicher Entzug von WEINSTEIN vor dem Abfüllen unerläßlich sind. Große Weine leiden am Kap aber noch unter einem weiteren Nachteil: Der Hauptabsatzmarkt ist weit entfernt und klein – 3 Millionen Weiße in Transvaal, drei Autotagesreisen vom Kap entfernt. Der Weintransport von Kapstadt über 1600 km bis Johannesburg kostet fast ebensoviel wie der Versand im Container nach Europa.

Die schwarze Mehrheit jedoch, der Traummarkt der Weinerzeuger am Kap, bleibt dem Bier treu – sie bildet mit einem Pro-Kopf-Verbrauch von 130 l im Jahr einen der fünf Hauptabsatzmärkte für Bier in der Welt. Eine vor kurzem durchgeführte Werbekampagne für alkoholschwachen, gewürzten Wein hat daran nichts ändern können. Die farbige Bevölkerung konsumiert inzwischen sogar weniger, weil politische Kampagnen den Wein und den Alkoholismus auf dem Land als «Versklavung» verurteilen, wobei an das DOP-System erinnert wird, demzufolge früher Landarbeiter gelegentlich mit Wein «entlohnt» wurden.

In den 1980er Jahren schlossen die Anti-Apartheid-Sanktionen den südafrikanischen Wein von den meisten ausländischen Märkten aus. Das kam den südafrikanischen Weinbau teuer zu stehen, doch wenigstens konnten die Winzer am Kap sich auf diese Weise erst besinnen, bevor sie sich in die weltweit in Mode befindlichen Weinbereitungs- und Vermarktungstrends stürzten. Als die Sanktionen Anfang der 1990er Jahre gelockert wurden, sah sich der Weinbau am unteren Ende des Markts konkurrenzfähiger als am oberen. Hohe Inflationsraten, eine kranke Währung und die hohen Anschaffungskosten für französische Fässer sowie für Kellerei- und Weinbergausrüstungen bildeten neben den nachteiligen Auswirkungen des jahrelangen Protektionismus und den schlecht ausgebildeten und schlecht bezahlten Arbeitskräften maßgebliche Faktoren hierfür. Nachdem der Weinbau Südafrikas so lange Zeit den Härten wie den Vorzügen des internationalen Wettbewerbs entzogen gewesen war, muß er nun in scharfem Tempo gegenüber den Leistungen, Innovationen und Marketingmethoden der übrigen Neuen Welt aufholen. 1993 überflügelte er mit seinem Weinexport nach Großbritannien bereits Chile und Neuseeland.

Geschichtliches

Der Vater des südafrikanischen Weinbaus war ein 33jähriger holländischer Arzt, dem vor allem daran lag, ein Heilmittel für Skorbut zu entwickeln. Jan van Riebeeck, der erste europäische Siedler am Kap, war ein Pionier wider Willen und bestimmt kein Weinbauer, aber er hatte nun einmal den Auftrag, auf der Gewürzroute eine Verproviantierungsstation für die Seeleute der DUTCH EAST INDIA COMPANY aufzubauen, und das MEDITERRANE KLIMA legte den Gedanken nahe, daß die Weinrebe hier gedeihen müsse.

Neun Jahre nachdem er am 6. April 1652 an der Spitze einer zusammengewürfelten Söldnertruppe in die Table Bay eingelaufen war, berichtete er: «Heute, gelobt sei Gott, wurde erstmals Wein von Kap-Trauben gekeltert.» Die Stecklinge kamen, wie der führende südafrikanische Weinbauwissenschaftler Professor C. Orffer es ausdrückte, von «irgendwo in Westfrankreich». Van Riebeecks Stolz war verständlich. Die Schwierigkeiten waren groß gewesen. Feindliche Hottentotten hatten die Weinberge verbrannt. Scharen von Sperlingen waren über die Trauben hergefallen. Sklaven hatten sich widerspenstig gezeigt, und die holländischen Siedler waren in Weinbaudingen unerfahren.

Die ersten Weine fielen sehr streng aus: Sie taugten nur, um «die Eingeweide durcheinanderzubringen», schrieb ein Chronist. Holländische Administratoren in Batavia und Holland lehnten sie häufig ab. Doch die Voraussetzungen und die Qualität besserten sich, als ein neuer Gouverneur, Simon van der Stel, im Jahr 1685 das legendäre 750 ha große Weingut CONSTANTIA am Rand von Kapstadt ins Leben rief. Drei Jahre darauf brachten 200 Hugenotten – Flüchtlinge vor religiöser Verfolgung nach der Aufhebung des Edikts von Nantes – willkommenen Weinbausachverstand ins Land.

Constantia rückte 1778 erneut in den Brennpunkt des Interesses, als das Weingut in die Hände des talentierten und ehrgeizigen Winzers Hendrik Cloete kam. Seine Constantia-Dessertweine waren bald von der europäischen Aristokratie als das Feinste vom Feinen geschätzt. Dieser Höhepunkt der Entwicklung dauerte unter britischer Herrschaft fort, bis die Regierung Gladstone die Vorzugszölle für das Empire aufhob. Nun brauchten die französischen Weine nur den Kanal zu überqueren, um den britischen Markt zu erobern; die Produkte aus der so weit entfernten Kap-Kolonie konnten nicht mehr konkurrieren.

Die REBLAUS schlug 1886 zu und erlegte dem sowieso schon in eine schwierige Lage geratenen Weinbau noch zusätzlich eine zwanzigjährige Genesungszeit auf. Um diesen Zeitverlust wieder wettzumachen, setzten die Winzer zu Beginn des 20. Jh. 80 Millionen Reben von Massenträgersorten wie Cinsaut an. Der zunächst noch zu bewältigende Strom schwoll zur Flut an; unverkäuflicher Wein wurde buchstäblich in die Flüsse gekippt.

Das beschleunigte die Bildung der Winzergenossenschaft KWV, die später die gesetzliche Befugnis erhielt, die Produktion zu beschränken und die Preise festzusetzen. Nun trat relative Stabilität ein, und der Nachdruck verlagerte sich auf Brandy und aufgespriteten Wein.

Um die Mitte der 1980er Jahre wurden die Einfuhrbeschränkungen für Rebenstecklinge gelockert, und damit nahm die neue Vorliebe für Chardonnay und andere Klassiker, vor allem für die Rotweintrauben nach dem Vorbild von Bordeaux, ihren Anfang. Zwei Jahrhunderte nach dem goldenen Zeitalter von Constantia begann auf diese Weise eine Renaissance.

Burman, J., *Wine of Constantia* (Kapstadt, 1979).
Leipold, C. L., *Three Hundred Years of Cape Wines* (Cape Town, 1952).
Oppermann, D. J. (Hrsg.), *Spirit of the Vine* (Kapstadt, 1968).

Klima und Geographie
Irgend jemand hat einmal gesagt, daß Südafrika, wenn es noch 200 km weiter südwärts in den Atlantik geruscht wäre, ein kühleres Klima hätte, in dem die Trauben langsamer reifen und Weine von größerer Eleganz zuwege bringen könnten. Die Winzer in Südfrankreich weisen gern mit Stolz auf ihren *vin du soleil* hin, ihre Kollegen am Kap dagegen erwähnen die Sonne Afrikas lieber nicht, wenn sie vom ansonsten mediterranen Klima ihres Landes sprechen. Immerhin sorgt der Benguela-Strom aus der Antarktis dafür, daß es am Kap kühler ist, als der BREITENGRAD vermuten läßt.

Den langen, heißen Sommern von November bis Mai stehen kalte, feuchte, stürmische Winter gegenüber, in denen in den höheren Gebirgen häufig Schnee fällt. Spätfröste sind ebenso selten wie starke Regenfälle im Sommer.

Das Weinbauland ist weit über die Kap-Provinz verstreut, die sich zwischen dem Atlantik und dem Indischen Ozean 700 km von Norden nach Süden und 500 km in die Breite erstreckt. Nur drei Kellereien – in den Goldfeldern im Oranje-Freistaat und im Bushveld von Transvaal – liegen außerhalb dieser Region. Klima und Boden sind so abwechslungsreich wie die Landschaft: Berge erheben sich aus dem Meer und laufen in üppige Täler, dürre Steppen und landeinwärts gehende Gebirgsketten aus.

Allein in der Gegend von Stellenbosch nicht weit von Kapstadt sind über fünfzig Bodenarten anzutreffen. An den Berghängen herrscht verwitterter Granit vor. Die Böden sind mit einem PH-WERT von 4,5 ziemlich sauer, stark mit Ton untermischt (bis über 25 %), aber durchlässig und besitzen gutes Feuchtigkeitsspeichervermögen. Der größte Teil des Traubenguts kommt aus heißen, bewässerten Tälern, z. B. der Flüsse Oranje und Breede, wo die Weinberge reiche Erträge bringen. Um das im Landesinneren gelegene Robertson kommen kalkreiche Böden vor, die dem Kreideboden der CÔTE D'OR in Burgund verwandt sind. Doch in den kühleren Küstengegenden muß der Mensch solche Böden durch Zusetzen von Kalk erst schaffen.

Die jährliche Niederschlagsmenge schwankt zwischen 250 mm im wüstenähnlichen Klein Karoo und 1500 mm im Lee der Worcester-Berge, etwa 120 km landeinwärts von Kapstadt. Die Anbauer, die mit Bewässerung arbeiten, behaupten, sie machten damit lediglich das Defizit gegenüber dem Jahresniederschlag von 900 mm in Bordeaux wett.

Die sommerlichen Tagestemperaturen betragen in den Erntemonaten Februar und März im Mittel 23 °C, wobei die Maximaltemperaturen bis auf 40 °C ansteigen können. Hierdurch wird reicher Ertrag gefördert, die Traubenreife beschleunigt und die Geschmacksintensität geschwächt. Ein wachsender Anteil an neu erschlossenen kühleren Lagen macht diese Verallgemeinerung jedoch ebenso fragwürdig wie die alte Behauptung, am Kap seien die Jahrgangsunterschiede nur unwesentlich.

Eine einzigartige, aber nicht ganz unumstrittene Segnung stellt der böige Südostwind im Sommer dar, der «Cape Doctor», der die Luftfeuchtigkeit und mit ihr den Mehltau und andere PILZKRANKHEITEN vertreibt, gelegentlich aber auch die Reben übel zaust.

Die meisten Weinbaugegenden fallen nach dem WINKLERschen System in die Region III (wie Oakville im Napa Valley) bzw. IV (wie Sydney und Florenz) und schließlich gar V (Perth). Viele Bereiche weisen jedoch kühlere europäische Verhältnisse auf (Region II nach Winkler); das trifft vor allem für hochgelegene oder vom Meer her gekühlte Weinberge zu. Neu erschlossene Bereiche wie die Walker Bay (auf Sandschiefer), Constantia (Granit und Sandstein), Elgin (Schiefer) und Mossel Bay (verwitterter Granit, 350 km nordöstlich von Kapstadt am Indischen Ozean) erweitern den Horizont und das klimatologische Repertoire am Kap.

Burger J., und Deist, J., *Viticulture in South Africa* (Kapstadt, 1981).

Weinbauregionen
Constantia Der in den Annalen des Kapweins legendäre Name bezeichnet heute einen festgelegten Weinbaubereich in den südlichen Randbezirken von Kapstadt auf einer in den Südatlantik hinausragenden schmalen Halbinsel, die von zwei Seiten her durch das Meer gekühlt wird und dadurch einen relativ langsamen Reifevorgang bei durchschnittlichen Tagestemperaturen von 18–19 °C begünstigt und sehr nasse, aber gemäßigte Winter gewährleistet (durchschnittlicher Jahresniederschlag über 1000 mm). Der

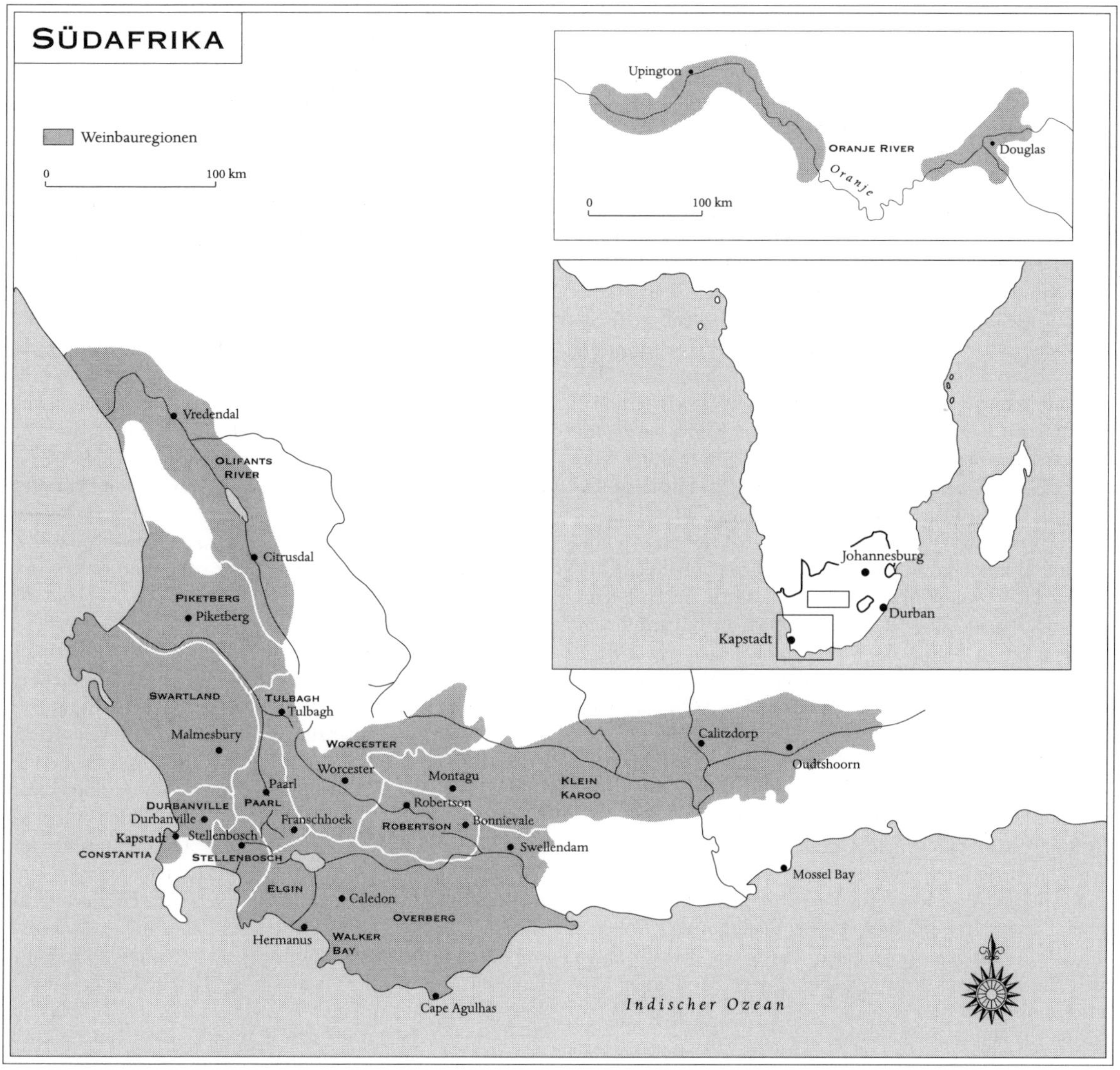

reichhaltige, lehmige, mit Sandstein und verwittertem Granit vom Tafelberg untermischte Boden nährt wuchskräftige Reben; selbst ertragsschwache klassische Sorten brauchen scharfen RÜCKSCHNITT und BEHANGAUSDÜNNUNG. Hier erbringen seit der Mitte der 1980er Jahre drei Weinberge wieder klassische Weine aus Lagen, die einst zu dem historischen 750 ha großen, inzwischen aber unterteilten Weingut Hendrik Cloetes gehörten.

Das staatseigene Groot Constantia, die populärste historische Touristenattraktion am Kap – ein klassisches Beispiel für die strohgedeckte vielgiebelige kapholländische Architektur –, verfügt über eine moderne Weinkellerei. Die Weinqualität zeigt nach einer Folge ungleichmäßiger Jahrgänge und Schwierigkeiten mit schlechten Fässern in den 1970er und 1980er Jahren jetzt deutliche Verbesserungen. Zwei Nachbargüter, Klein Constantia und die in deutschem Besitz befindliche Buitenverwachting – beide mit neuen Kellereien und neu bestockten Weinbergen –, bilden die Speerspitze der Renaissance. Klein Constantia hat seinen Anspruch auf eine Spitzenstellung in der Neuen Welt mit prächtigem, wuchtigem Sauvignon Blanc, Chardonnay und Cabernet Sauvignon untermauert. 1991 ließ es als erstes Weingut am Kap den alten Constantia-Stil mit einem weißen 1986er Muscat of Frontignan (MUSCAT BLANC À PETITS GRAINS) wieder aufleben.

Stellenbosch Die charmante Universitätsstadt mit kapholländischen, kapgeorgianischen und viktorianischen Bauten im Schatten alter Eichen liegt 45 km östlich von Kapstadt im Herzen des Weinbaulands. Hier – in der neben Constantia ältesten, bereits 1769 etablierten Weinbauregion – ist seit jeher die Heimat der feinsten Rotweine, und hier befinden sich das staatliche Oenological and Viticultural Research Institute (OVRI), das Oenology Department der STELLENBOSCH University, das Wine & Spirit Board, das staatliche Versuchsweingut, das größte Weingroßhandelsunternehmen, Stellenbosch Farmers' Winery (SFW), und das Haus Bergkelder mit 10 000 Fässern in den Lagerkellern. Die Kulisse bilden rebenbewachsene Täler und die hochaufragenden blaugrauen Berge von Stellenbosch, Simonsberg und Helderberg. Die Böden reichen von sandigem Schwemmlandlehm auf den Talsohlen und an den Flußläufen bis zu tiefgründigem, feuchtigkeitsspeicherndem verwittertem Granit an den Hängen. Das Klima wird vom Atlantik gemäßigt, der in die fünfzehn Autominuten von der Stadt entfernte False Bay hereinspült. Die mittleren Tagestemperaturen liegen im Sommer bei etwa 20 °C.

Stellenbosch ist zwar durch Cabernet Sauvignon, Merlot, Shiraz und Pinotage am bekanntesten, bringt aber ganz unterschiedliche Weine hervor, einerseits solche im Portweinstil, andererseits aber auch ausgezeichnete Chardonnays und Sauvignon Blancs. In Stellenbosch liegen die Erträge niedriger als in den heißeren, stärker mit Bewässerung arbeitenden Regionen im Landesinneren. Das Weinbaugebiet erbringt nur etwa 13 % der Gesamtweinproduktion Südafrikas, hat aber die größte Konzentration an führenden Weingütern, ein umfangreiches Netz an Weinstraßen und eine ganze Reihe von Restaurants zu bieten. Besonders für Rotwein bekannte Weingüter und Weinberglagen sind Rustenberg, Kanonkop, Rust-en-Vrede, Overgaauw, Le Bonheur, Uitkyk, Alto, Meerlust, Vriesenhof. Ein breiteres Angebot haben Neethlingshof, Delheim, Simonsig, Thelema und Blaauwklippen vorzuweisen. In diesen Bereich fallen auch die aus dem ursprünglichen Besitz der Dutch East India Company stammenden Güter von Durbanville in den nördlichen Außenbezirken von Kapstadt.

Paarl Der Name bedeutet in Afrikaans Perle; hier befindet sich das Hauptquartier des südafrikanischen Weinbaus. Der Winzergenossenschaftsverband KWV verarbeitet hier Überschüsse zu portweinähnlichen aufgespriteten Weinen, Brandy, anderen Spirituosen (Gin, Wodka) sowie zu Likören (darunter der Van der Hum mit seinem Mandarinengeschmack). Der Breitengrad, auf dem Paarl liegt (33,4° südlicher Breite) – JEREZ befindet sich auf fast gleicher nördlicher Breite –, wird als Grund für die Qualität der von der KWV erstmals in den 1940er Jahren produzierten, in einem SOLERA-System gewonnenen Weine im FLOR-Sherry-Stil angesehen. Einige bekannte Weingüter vermarkten eine Palette an roten und weißen Weinen klassischer Rebsorten, aber auch Schaumweine, Weine im Portstil und neuerdings weingutgereifte Brandys. Paarl – eine warme Region – reicht nordwärts bis Tulbagh (das manchmal als eigener Bereich gilt) und Wellington sowie ostwärts bis Franschhoek («Franzosenwinkel»), wo die ersten Hugenotten siedelten. Zu den bekanntesten Weingütern zählen Backsberg, Fairview, Boschendal, L'Ormarins, La Motte, Clos Cabriere, Glen Carlou, Villiera. Der größte Erzeugerbetrieb für feine Weine ist Nederburg mit seinem umfassenden Programm unter 40 Etiketten; es produzierte 1969 von Chenin Blanc den ersten Kap-Wein mit EDELFÄULE unter der Bezeichnung Noble Late Harvest.

Worcester Das umfangreiche und fruchtbare Weinbaugebiet trägt 20–25 % zum Gesamtertrag bei, in der Hauptsache jedoch mit Massensorten für die DESTILLATION oder zum AUFSPRITEN. Es ist allgemein heiß, stark bewässert und wird von mehreren Genossenschaftskellereien jenseits der Du-Toitskloop-Berge bedient. Hier entstehen verschiedene beliebte, aromatische Tafelweißweine von Colombard und Chenin Blanc für den Alltagskonsum. Die Region Worcester ist auch die Heimat vieler in ganz Südafrika populärer aufgespriteter roter und weißer MUSCADEL- und HANEPOOT-Dessertweine.

Robertson Eine heiße, trockene Region mit vielen Weingütern und Winzergenossenschaften, die fast ausschließlich Weißweine erzeugen, darunter ausgeprägte Chardonnays. Die meisten Weinpflanzungen liegen auf Schwemmlandböden am Breede River, der die Bewässerungssysteme versorgt. Hier gibt es Kalziumvorkommen, daher findet man in dieser Region viele Renngestüte – die Weiden gelten als günstig für kräftige Knochenbildung. Die zahlreichen unternehmungsfreudigen, oft preisgekrönten Winzer sind meist Mitglieder des Robertson Wine Trust. Hier entstehen wundervolle aufgespritete Muscadels, aber auch Gewürztraminer, halbtrockene Colombards und stämmige Chardonnays; nur denkwürdiger Sauvignon Blanc ließ lange auf sich warten. Die bekanntesten Weingüter sind u. a. De Wetshof, Weltevrede, Van Loveren (nur Weißweine), Graham Beck (Schaumweine) und Zandvliet (Shiraz). Aus Robertson kommen etwa 10 % des Gesamtertrags. Die durchschnittlichen Tagestemperaturen liegen in der Wachstumsperiode etwa bei 22 °C; die Jahresniederschlagsmenge beträgt weniger als 400 mm.

Olifantsriver Die Region zwischen den Bergen an der Westküste zum Atlantik produziert in der Hauptsache Massensorten; die Mehrzahl der Anbauer versorgt große Genossenschaftskellereien mit Wein für die Destillation. Die größte Kellerei Südafrikas, die Vredendal Co-operative, verarbeitet jährlich mehr als 40 000 t Trauben.

Oranje River Die heißeste, nördlichste und jüngste (erst in den 1960er Jahren eingerichtete) südafrikanische Weinbauregion produziert fast 12 % des Gesamtertrags. Hier entstehen Massenweine aus riesigen Erträgen – 140 hl/ha sind hier dank Bewässerung üblich.

Klein Karoo Der kleine, im Landesinneren gelegene steppenhafte Bereich mit Straußen- und Schafsfarmen verfügt über einige unternehmungsfreudige Weingüter wie Boplaas, die herzhafte Weine im Portstil und aufgespritete Muscadels, aber auch trockene Tischweine hervorbringen.

Mossel Bay Kleiner, neuer Bereich mit vielversprechenden kühlen Weinberglagen. Es ist der südlichste Weinbaubereich am Indischen Ozean, fast schon außerhalb des mediterranen Klimagebiets mit seinen winterlichen Regenfällen. Hier entstehen individuelle Weißweine von Sauvignon Blanc und Rhine Riesling, und auch Pinot Noir wird angebaut.

Walker Bay Weit im Süden gelegener, relativ kühl maritimer Weinbaubereich; hier entstehen manche der aussichtsreichsten südafrikanischen Weine von den Burgundertrauben Chardonnay und Pinot Noir aus den Weinbaubetrieben Hamilton Russell Vineyards und Bouchard-Finlayson, dem ersten französisch-südafrikanischen Gemeinschaftsunternehmen (mit Paul Bouchard von Bouchard Aîné et Fils in Burgund).

Elgin Kühle, hochgelegene Weinberge in einem Apfelanbaugebiet westlich von Kapstadt. Der erst vor kurzem eingerichtete Weinbaubereich bewies in den ersten Sauvignon-Blanc-Jahrgängen intensive Individualität. Auch auf Pinot Noir werden hier große Hoffnungen gesetzt.

Hughes, D., und Hands, P., *Complete Book of South African Wine* (Kapstadt, 1988).
Knox, G., *Estate Wines of South Africa* (Kapstadt, 1982).
Platter, J., *John Platter's South African Wine Guide* (Stellenbosch, jährlich).

Weinbau

Der scharfe Kontrast zwischen Tradition und Fortschritt im südafrikanischen Weinbau, der oft dicht nebeneinander zu sehen ist, spiegelt die unterschiedlichen Zielvorstellungen der Winzer. Der Massenweinanbauer, der eine der nicht so fortschrittlichen Genossenschaftskellereien beliefert, strebt Quantität an; der Winzer, der den eigenen Ertrag zu Wein verarbeitet, weiß dagegen, daß Quantität der Feind der Qualität sein kann.

Traktoren, Drahtrahmen, weiträumige Zeilenabstände, Schädlings- und Unkrautbekämpfung mit chemischen Mitteln haben sich in den 1960er Jahren weithin durchgesetzt, aber auf anderen Farmen war noch immer das Ackerpferd zu sehen, das einfache Kultivierungsgeräte hinter sich herzog. Dazu gehörten traditionell dicht gepflanzte Zeilen mit Buschreben ohne UNTERSTÜTZUNGSSYSTEME in Abständen von 1,20 m, so daß eine Pflanzdichte von 7000 Reben/ha (ähnlich wie in vielen französischen Weinbergen) dabei herauskam.

In den 1990er Jahren haben qualitätsbewußte Weinerzeuger zwar das Pferd auf die Weide geschickt; nun halten sie sich wieder an hohe Pflanzdichten, verhaltenere, organische Schädlingsbekämpfungsmethoden, sorgfältigere KLONENSELEKTION, gründlichere BODENVORBEREITUNG (u. a. durch Zusatz von bis zu 16 t/ha Kalk zur Erzielung eines besseren pH-Werts und Kalziumgehalts im Boden) und auf niedrigere Erträge abzielenden Rebschnitt.

Der landesweite Durchschnittsertrag, 77 hl/ha, erreicht in manchen Gegenden das Vier- und Fünffache. Die Pflanzdichte beträgt im Durchschnitt 3300 Reben/ha. In kühlerem Küstenklima liegen die Erträge merklich niedriger: 55–66 hl/ha gelten bei Cabernet Sauvignon und Chardonnay unter den am Kap herrschenden Bedingungen als qualitätsgerecht. In vielen hundert virusbefallenen Weinbergen sinken die Erträge sogar bis 30 hl/ha ab.

Die meisten Weinbaugebiete (außer Paarl, Stellenbosch und den Küstenbereichen) werden im Sommer bewässert, wobei Beregnungssysteme die einzelnen Reben in regelmäßigen Abständen mit 200–700 mm Zusatzfeuchtigkeit im Jahr versorgen. Erzeuger, die keine Bewässerung vornehmen, betonen dies in der Werbung für ihre Weine.

Traubenerntemaschinen wurden von einigen großen Anbauern gegen Ende der 1980er Jahre eingeführt.

Das gebräuchlichste Unterstützungssystem ist eine aus einem geteilen Cordon-System entwickelte einfache, vertikale Heckenzeile, bei der der Spanndraht für bequemeren Rebschnitt auf 75 cm Höhe angehoben wurde. Das Laub wird aufrecht zu einem Laubdach gezogen, das von einem oder zwei Drähten über dem Cordon gehalten wird. Allgemein wird Kurzzapfenschnitt angewandt (acht bis zehn Zapfen, vier bis fünf je Cordon, auf jeweils zwei bis drei Augen zurückgeschnitten).

Die meisten Rebenkrankheiten und -schädlinge haben schon vor langer Zeit den Weg aus der nördlichen Hemisphäre hierher gefunden. Chemische Schädlingsbekämpfungsmittel werden verbreitet angewendet – der Marienkäfer, der natürliche Feind der gefürchteten SCHMIERLAUS, wird immer seltener. Deshalb ermutigt das staatliche OVRI die Anbauer zu Experimenten mit INTEGRIERTEM PFLANZENSCHUTZ, bei dem biologische und physikalische Bekämpfungsmaßnahmen Vorrang besitzen und der Einsatz von Insektiziden minimiert wird. Übrigens betätigen sich in manchen Gegenden auch Paviane als Schädlinge.

Der ECHTE MEHLTAU, in manchen Gegenden «weißer Rost» genannt, stellt die schwerwiegendste und häufigste Krankheit dar. Der FALSCHE MEHLTAU bildet nur saisonal eine Bedrohung. Beide lassen sich durch systemische Fungizide in Schranken halten. BOTRYTIS *cinerea* ist in den meisten Jahren kein ernstes Problem und wird unter den richtigen Umständen von Erzeugern, die sich auf Dessertweine spezialisiert haben, sogar begrüßt.

Die REBLAUS dezimierte die Weinberge Südafrikas ab 1886, infolgedessen sind praktisch alle Reben auf resistente amerikanische VEREDELUNGSUNTERLAGEN gepfropft, vor allem auf Richter 99 und 110.

Virusinfektionen sind stark verbreitet und verkürzen die Ertragslebensdauer der Weinpflanzungen. BLATTROLL-, REISIG- und KORKRINDENKRANKHEIT beeinträchtigen die Reben, hemmen die PHOTOSYNTHESE und die Traubenreife und beschränken die Erträge ohne Gewinn an Traubenqualität.

Seit der Mitte der 1980er Jahre ist wärmebehandeltes, auf Virusfreiheit geprüftes Pflanzenmaterial reichlicher erhältlich, zudem auch eine größere Auswahl an importierten Klonen klassischer Rebsorten. Auf diese Weise entstehen gesündere Weinpflanzungen, doch die Wissenschaftler warnen, daß die Viren schließlich auch diese befallen werden, nur etwas langsamer. Virusfreie, mit dem Klon Schleip 163 bestockte Cabernet-Sauvignon-Anlagen reifen schon Mitte Februar, vier bis sechs Wochen früher als infizierte Weinberge, und erbringen höhere Mostgewichte.

Manche kleinere Weinbaubetriebe haben sich inzwischen spezialisiert, doch die meisten größeren Weingüter kultivieren einen ganzen Fruchtsalat an Traubensorten. Die unterschiedlichen Reifezeiten dehnen die Lese auf höchst zweckmäßige Art aus, aber viele ausländische Besucher staunen doch, wenn sie die ganze Tonleiter von Rebsorten aus Bordeaux, Burgund, dem Elsaß, von der Loire und von der Rhône in einem einzigen Weingut beieinander finden.

Die Entwicklung eines klaren Schemas an regionalen Rebsortencharakteristiken ist die Aufgabe, die dem Weinbau Südafrikas derzeit obliegt.

Burger J., und Deist, J., *Viticulture in South Africa* (Kapstadt, 1981).

Weinbereitung

Obwohl die Weinbereitungstechnik in Südafrika noch weitgehend im Fluß ist, hat doch in den 1980er Jahren die französische BARRIQUE gewissermaßen im Handumdrehen das Gesicht und den Geschmack der Spitzenweine vom Kap grundlegend verändert. Vinifikation in Tanks aus Edelstahl, Zement und Glasfasermaterial bestimmt zwar immer noch den größten Teil der Weinproduktion, doch der Boom an Chardonnays und Rotweinen nach dem Muster von Bordeaux zeigt, daß zahlreiche Kellereien, von den großen Genossenschaften bis zu kleinen Weingütern, Eichenfässer angeschafft haben. Französische EICHE liegt an der Spitze, aber auch Fässer aus amerikanischer und Balkaneiche werden verwendet.

Die meisten Spitzenerzeuger erneuern ihre Fässer inzwischen regelmäßig, und die FASSGÄRUNG nimmt an Verbreitung zu. Ein neues Vertrauen auf sanft behandelte, minimal geschwefelte, leicht gefilterte Weine mit HEFESATZ-Anreicherung und oft auch MALOLAKTISCHER SÄUREUMWANDLUNG hat sich in den Kellereien am Kap durchgesetzt. Gelegentlich werden Rotweine ohne Weinsteinentzug oder Kaltstabilisierung abgefüllt, wenn der Erzeuger glaubt, bei seinen Abnehmern Verständnis für Weinsteinkristalle in der Flasche voraussetzen zu dürfen. Zunehmend geben die Kellertechniker die klinisch reinen, risikoscheuen Massenproduktionstechniken wieder auf, die sie in Südafrikas önologischen Instituten gelernt haben und die eher der deutschen als der französischen Einstellung entsprechen. Die alten kulturellen und sprachlichen Bindungen sind einer neuen Abenteuerlust gewichen. Techniker, deren Muttersprache Afrikaans ist und die deshalb früher in Deutschland eine Ausbildung suchten, weil dort die Sprachbarriere leichter zu überwinden war, orientieren sich jetzt mehr an Frankreich und an der Neuen Welt. Viele verbringen die Ruhesaison am Kap mit Arbeit in Bordeaux und Burgund, und manche Weinerzeuger vom Kap haben inzwischen Vereinbarungen mit französischen Weingütern getroffen.

Schimmernde gigantische rotierende Tanks und Pressen mit computerprogrammierter Abstimmung der Temperaturen auf die Mostdichte und die Gärdauer sind heutzutage allgemein üblich. Doch frische, fruchtige, kühl vergorene trockene Weißweine bilden in Südafrika eine noch relativ neue Errungenschaft. Die ersten erfolgreichen Versuche mit KÜHLTECHNIK fanden zwar schon in den 1920er Jahren statt, kühle Gärtechniken setzten sich aber erst in den 1960er Jahren durch. Zwar sind sie für Weißwein wichtiger, aber viele Kellereien halten auch bei ihren Rotweinen die Gärtemperaturen auf höchstens 25 °C. Eine beliebte Neuerung ist der «mash cooler», eine Einrichtung, bei der die gemahlenen Trauben durch eine Kühlschlange gepumpt und dabei um bis zu 10 °C abgekühlt werden (die Lese findet oft bei über 30 °C statt). Viele Anbauer ernten bei Nacht mit Hilfe von Bergmannshelmen mit Laternen, um kühles Lesegut einzubringen.

Auch lange nach dem Aufkommen der kühlen Gärung blieb die Kellertechnik im wesentlichen auf die Verarbeitung von Massenwein abgestellt. Nach Beendigung der Gärung erfolgte sofortiges ABSTECHEN, Schwefeln und rasches Klären, anschließend AZIDIFIKATION, Proteinentzug und Kaltstabilisierung sowie Sterilfilterung. Die Rotweine blieben nur selten nach der Gärung zum Maischen auf der Schale, vielmehr war es üblich, die Flüssigkeit abzuziehen und die Maische abzupressen, bevor die Gärung beendet war.

Die malolaktische Säureumwandlung war auch bis in die 1970er Jahre hinein immer noch eher dem Zufall überlassen; nur Kellereien mit Sterilfilteranlagen konnten «sichere» Abfüllung garantieren. Extraktarme und alkoholstarke Rotweine waren die Regel. Zu Beginn der 1990er Jahre waren die besseren Kellereien dann schon in der Lage, die malolaktische Säureumwandlung einzuleiten und kontrolliert ablaufen zu lassen, und die Chardonnay-Erzeuger hatten sich in der Manipulation des Vorgangs schon so viel Geschicklichkeit angeeignet, daß sie individuelle Stile damit erzielen konnten. Die Weinerzeuger vom Kap profitieren von Erfahrungen, die in Kalifornien und allgemein in der Neuen Welt gemacht worden sind, und durchliefen infolgedessen rasch die Phase der schweren, alkoholstarken, übermäßig eichenholzgewürzten Chardonnays, hin zu feineren, fruchtigeren, in der Faßalterung leichter behandelten Weinen.

Immer noch aber bringen starke Bewässerung, hohe Erträge, ein heißes Klima und niedrige Boden-pH-Werte in der Mehrzahl der gewerblichen Anbaubetriebe säurearmes Traubengut hervor, so daß in den meisten Jahren die Zugabe von WEINSÄURE unumgänglich ist.

Viele Winzer wenden sich gegen das allgemeine Verbot der ANREICHERUNG mit dem Argument, daß Zuckerbeimischung besser ausgewogene Moste ermöglichen würde, weil dann die Trauben früher gelesen werden könnten, wenn sie sich noch in besserem Zustand befinden und niedrigeren pH-Wert bei höherem Gehalt an natürlichen Säuren aufweisen. Doch in Anbetracht der für den Export geltenden Anforderungen und der EU-Strukturen bleiben die Behörden gegenüber einem solchen Verlangen taub.

Platter, J., *John Platter's South African Wine Guide* (Stellenbosch, jährlich).

Rebsorten

In Südafrika wird die Rebsorte *cultivar* genannt, und Südafrika ist ein Cultivar-bewußtes Land. Die regionalen Charakteristiken des Weins sind noch nicht ausreichend klar definiert und können sich nicht der Rebsorte als maßgeblichem Faktor für Qualität, Stil, ja selbst Etikettierung und Vermarktung des Weins entgegenstellen.

Auf Weißweinrebsorten entfallen rund 85 % des Rebbestands am Kap. Am meisten angebaut wird Chenin Blanc, hier Steen genannt; er hält 30 % der Gesamtrebfläche besetzt. Seit Mitte der 1980er Jahre erleben Sauvignon Blanc und Chardonnay einen starken Aufschwung (Sauvignon Blanc wurde allerdings schon im 19. Jh. verbreitet kultiviert), doch beide zusammen machten 1991 noch wenig mehr als 6 % des Rebbestands aus. Ebenfalls von Bedeutung sind in absteigender Reihenfolge ihrer Anbaufläche die Weißweinrebsorten Colombar(d), Cape Riesling (siehe CROUCHEN), Clairette Blanche, Sémillon, Ugni Blanc, BUKETTTRAUBE, (Weisser) Riesling, Gewürztraminer sowie verschiedene Muscats. Der hier Hanepoot genannte Muscat of Alexandria dient auch als Tafeltraube. Der weiße MUSCADEL (Muscat Blanc à Petits Grains) und eine rote Mutation dieser Sorte besitzen nach wie vor für alkoholangereicherte Weine Bedeutung. Die am Kap entstandenen Neuzüchtungen Chenel und Weldra, beides Kreuzungen zwischen Chenin Blanc und Ugni Blanc, haben sich nicht durchsetzen können, weil ihre Weine so neutral sind, daß sie nur für die Produktion von BRANNTWEIN taugen.

Bei Rotweinen erzielen Cabernet Sauvignon und die Bordeaux-Mischungen mit Merlot und Cabernet Franc, die seit den 1980er Jahren immer häufiger in Erscheinung treten, die höchsten Preise. Syrah (in Südafrika Shiraz genannt) genießt für sich allein und in Verschnitten Popularität. Pinot Noir fällt bisher enttäuschend aus, aber es werden neue Klone erprobt. Gamay beginnt in KOHLENSÄUREMAISCHTECHNIK nach dem Vorbild des Beaujolais bescheidene Erfolge zu erringen. Pinotage, die Kap-eigene Kreuzung zwischen Pinot Noir und Cinsaut, bringt zwar meist etwas aufdringliche, pikante Rotweine hervor, hat aber ihre Anhänger.

Über weite Teile des Jahrhunderts war Cinsaut die meistangebaute Rotweinrebsorte, doch allmählich läßt ihre Verbreitung nach. Es gibt kleine Bestände an Grenache, Carignan, Zinfandel, Ruby Cabernet und an einigen Portweinrebsorten, vor allem Tinta Barroca, die manchmal zu einem trockenen Rotwein verarbeitet wird. PONTAC, eine südafrikanische Spezialität, hat nur geringe Bedeutung.

Weitere Rebsorten, die ebenfalls verbreitet angebaut, doch in der Hauptsache zu Verschnitten, aufgespriteten Weinen, in der Destillation oder zu Traubenkonzentrat verarbeitet werden, sind vor allem weiße Trauben wie Palomino und Sultana (mit je 8000 ha in 1990), eine nicht weiter bemerkenswerte Sorte aus dem Midi namens Servin, Servan oder Raisin Blanc, eine fäuleanfällige südafrikanische Spezialität mit Namen Canaan, Kanaän oder Belies sowie Pedro Luis oder False Pedro.

Orffer, C. J., *Wine Grape Cultivars in South Africa* (Kapstadt, 1979).
Pongracz, D. P., *Practical Viticulture* (Kapstadt, 1978).

Wine of Origin und Etikettenbezeichnungen

Die 1973 in Kraft getretenen Gesetze über den Wine of Origin (WO) setzten dem jahrzehntelangen Wirrwarr der Etikettenbezeichnungen ein Ende, der mit der konfusen südafrikanischen Weinnomenklatur und nicht nachprüfbaren Behauptungen mit Bezug auf Jahrgänge und Rebsorten den Verbraucher verunsicherte. Heute kann einem Wein die Herkunft aus einem bestimmten Gebiet oder Bereich, sein Jahrgang und seine Rebsorte bescheinigt werden.

Auf Verschnitten darf eine Rebsorte angegeben werden, wenn diese mindestens 75 % der Mischung ausmacht und zu wenigstens 75 % aus einem bestimmten Jahrgang stammt. Der Rest darf aus dem voraufgegangenen oder nachfolgenden Jahr kommen. Bei Verschnitten, die sich nicht auf eine einzelne Rebsorte berufen, kann die Rebsortenzusammensetzung genannt werden.

Die Teilnahme am WO-System ist freiwillig, und nur 10 % aller Flaschenweine vom Kap tragen die entsprechende Bescheinigung. Andere Weine werden stichprobenweise Analysen auf ihre gesundheitliche Unbedenklichkeit unterzogen.

Wein, für den die WO-Zertifikation beantragt wird, muß dem staatlichen Wine & Spirit Board eingereicht werden und eine analytische sowie eine Geschmacksprüfung bestehen, wobei die Prüfer fehlerhafte oder für untypisch befundene Weine zurückweisen können, was auch des öfteren geschieht.

Eine umstrittene Rangstufe Superior, die dann zuerkannt wurde, wenn das Prüfungsgremium einem Wein mindestens 7,5 von 9 möglichen Punkten zuerkannte, wurde 1990 wieder aufgegeben. Die Weine mit Superior-Rang durften sich mit einem goldenen Siegel am Flaschenhals schmücken, während das normale WO-Siegel die Farben Schwarz und Weiß aufwies. Farbige Streifen – rot für den Jahrgang, blau für das Herkunftsgebiet, grün für die Rebsorte – steigerten noch das bunte Bild des von den Einheimischen als «Bus-Ticket» bezeichneten WO-Aufdrucks. Seit 1993 wurde nach und nach ein kleineres, diskreteres, einfarbiges Siegel ohne Streifen eingeführt.

Die Bezeichnung «Estate» ist das am Kap gebräuchliche Pendant zu Weingut, Château oder Domaine. So bezeichneter Wein muß aus einem registrierten, in seinen Grenzen genau definierten Weingut stammen und dort auch vergoren sein. Allerdings ist die Definition des Begriffs Estate recht unscharf. Beispielsweise kann das Lesegut von zwei meilenweit voneinander entfernt gelegenen Weinbergen, wenn sie nur einem einzigen Erzeuger gehören, gemeinsam verarbeitet und unter einem Estate-Etikett auf den Markt gebracht werden, sofern die Behörden die «ökologischen Voraussetzungen» als ähnlich ansehen. Auch kann der Wein außerhalb des Weinguts eine Faßalterung durchmachen und abgefüllt werden, ohne daß er das Recht auf die Bezeichnung Estate verliert – das entspricht nicht unbedingt der Idee der Erzeugerabfüllung.

Außerdem darf ein einzelnes Herkunftsgebiet auch bei Weinen angegeben werden, die in verschiedenen Gegenden gewachsen sind. Die Behörden haben nämlich auf dem Papier verschiedene Weinbaugebiete miteinander verschmolzen. Teile der sich über 400 km erstreckenden Coastal Region liegen tatsächlich weit vom Meer entfernt. Deshalb nennen witzige Geister das System auch «Wine of Mixed Origin».

Südafrika erfüllt alle Anforderungen im Hinblick auf das Verbot von Zusatzstoffen sowie auf die Angabe des ALKOHOLGEHALTS, die seit 1992 auf ein halbes Prozent genau erfolgen muß. Schaumwein, der am Kap nach dem Champagnerverfahren entsteht, wird nicht mehr Champagner genannt, vielmehr ist inzwischen selbst landesintern der Begriff «Méthode Cap Classique» gebräuchlich. Auch wird unter FLOR-Hefe in einer SOLERA gereifter alkoholangereicherter Wein im Export nicht mehr als «Sherry» ausgegeben.

Die WO-Bestimmungen entlehnen zwar vieles aus Frankreich und Deutschland, sie enthalten aber keine Vorschriften über Ertragshöchstgrenzen, Düngemittel- oder Bewässerungsmengen. Chaptalisation und alle sonstigen Formen der ANREICHERUNG sind untersagt, AZIDIFIKATION ist jedoch gestattet. J. P.

SÜDAMERIKA In dem Kontinent, der im Weinbau der Welt an zweiter Stelle steht, ist ARGENTINIEN bei weitem das bedeutendste Erzeugerland, gefolgt von BRASILIEN und CHILE. Weit weniger Wein produzieren – in absteigender Reihenfolge – URUGUAY, PERU, BOLIVIEN, ECUADOR und VENEZUELA. (Siehe auch MEXIKO.) Im 16. und 17. Jh. kamen die bestimmenden Einflüsse aus Spanien und in manchen Gegenden aus Portugal, in neuerer Zeit haben jedoch vor allem Frankreich, Italien und die USA zur Gestaltung des Weinbaus in Südamerika beigetragen.

Historisches

Den berühmten Entdeckungsreisen, die von Europa aus im späten 15. Jh. vor allem zum amerikanischen Kontinent führten, folgten Ströme europäischer Siedler und im Zusammenhang damit auch bedeutende Wanderungen von Tieren und Pflanzen zwischen den beiden Kontinenten. In Mittelamerika wuchsen zwar einheimische Reben (siehe VITIS), es gibt jedoch keine Anhaltspunkte dafür, daß die Azteken Wein von ihnen bereiteten. Daher dürfte mit der Ankunft der spanischen Conquistadores im 16. Jh. auch der Beginn des Weinbaus und der Weinproduktion in dieser Weltgegend zusammenfallen. Mexiko war der erste Teil des Kontinents, in dem die europäischen VINIFERA-Reben eingeführt wurden; es ist belegt, daß Cortès bereits 1522 Rebenstecklinge aus Spanien bringen ließ. Darüber hinaus war 1524 bei der Gründung der Stadt Mexiko das Anpflanzen von Reben eine Bedingung für die im Rahmen des *repartimiento* erfolgende Zuteilung an Land und Arbeitskräften für spanische Siedler. Von Mexiko aus verbreitete sich der Weinbau rasch auf den Fersen der spanischen Eroberer.

So wurden in Peru Reben gepflanzt, kurz nachdem Pizarro zwischen 1531 und 1534 die Inkas besiegt hatte, und zwanzig Jahre später schrieben spanische Berichterstatter über Weinberge, aus denen Trauben in beträchtlichen Mengen kamen. Eine der ältesten peruanischen Rebsorten scheint von den KANARISCHEN INSELN hierher gelangt zu sein, andere stammen wohl aus den Kernen von Rosinen, die aus Spanien mitgebracht worden waren. Von Peru aus gelangte der Weinbau dann südwärts nach Chile und Argentinien, wo schon um die Mitte der 1550er Jahre Reben kultiviert wurden. Allerdings waren schon vorher an der Küste Argentiniens Versuchspflanzungen angelegt worden (siehe auch MISSIONARE sowie MÖNCHE UND KLÖSTER).

Die traditionelle Erklärung für diese rasche Ausbreitung lautet, daß die spanischen Eroberer Wein für die Zwecke der EUCHARISTIE benötigten und daß Mönche daher bei der Einrichtung von Weinpflanzungen eine maßgebliche Rolle gespielt hätten. Allerdings gibt es wenige Belege für diese Ansicht; die meisten ursprünglichen Weinanpflanzungen und die ersten Versuche der Weinbereitung fanden vielmehr auf weltlichen Gütern statt. Wirtschaftliche Faktoren, z. B. die Kosten für den Weinimport und die Schwierigkeiten des Überlandtransports, dürften bestimmend dafür gewesen sein, daß die spanischen Eroberer ein echtes Interesse daran hatten, Weinberge anzulegen, wenn sie auch hier das aus ihrer Heimat gewohnte wichtigste alkoholische Getränk zur Verfügung haben wollten. Allein schon als Folge der langen Seereise über den Atlantik und der schwierigen Beförderung über Land durch Panama sowie der daran anschließenden erneuten Seereise entlang der Pazifikküste muß der von der Iberischen Halbinsel herübergekommene Wein bei seiner Ankunft in Peru und Chile in ziemlich schlechtem Zustand gewesen sein.

Am Ende des 16. Jh. begrenzten spanische restriktive Maßnahmen gegen die Weinerzeugung in «Neuspanien», die zum Schutz der Weinerzeuger im Mutterland gedacht waren, die weitere Entwicklung des weltlichen Weinbaus in Mexiko, scheinen dafür aber den Weinerzeugern in Peru einen starken Anreiz geboten zu haben, die nun sehr rasch in der Versorgung der Gesamtregion mit Wein eine dominierende Stellung gewannen. Später, im 17. Jh., wurden jesuitische Missionen in den Küstentälern von Peru zu den bedeutendsten Weinbauzentren der Region. P. T. H. U.

Blij, H. de, *Wine Regions of the Southern Hemisphere* (Totowa, N.J., 1985).
Dickenson, J., und Unwin, T., *Viticulture in Colonial Latin America: Essays on Alcohol, the Vine and Wine in Spanish America and Brazil* (Liverpool, 1992).
Hyams, E., *Dionysus: A Social History of the Vine* (London, 1965).

SÜDLICHE RHÔNE siehe RHÔNE.

SÜDTIROL siehe ALTO ADIGE.

SÜDWESTFRANKREICH Unter diesem im Zusammenhang mit Weinbau häufig gebrauchten Begriff wird der gesamte südwestliche Teil FRANKREICHS ohne BORDEAUX und COGNAC verstanden. Er umfaßt daher im wesentlichen alle Weinbaugebiete im Oberland, die früher in Bordeaux als ernste Konkurrenz empfunden wurden – insbesondere (etwa im Uhrzeigersinn um Bordeaux) Bergerac, Monbazillac, Côtes de Duras, Cahors, Buzet, Côtes de Frontonnais und Gaillac –, aber auch die GASCOGNE und das BASKENLAND (Côtes de St-Mont, Madiran, Pacherenc du Vic-Bilh, Jurançon, Béarn und Irouléguy).

Die Region ist so groß, daß nur wenige allgemeine Aussagen über sie gemacht werden können, ausgenommen daß sie unter dem starken Einfluß des Atlantiks steht.

Reben wurden in den meisten dieser Bereiche schon zur Römerzeit kultiviert (siehe FRANKREICH und GALLIEN), doch erst im Mittelalter entwickelte sich die Weinbereitung unter dem Einfluß der MÖNCHE UND KLÖSTER zu voller Blüte. In der Zeit der KREUZZÜGE gelangten große Teile der Region unter englische Herrschaft.

Die historische Entwicklung der Weine aus dem Oberland wurde durch den protektionistischen Einsatz der Macht von Bordeaux stark beeinflußt oder vielmehr behindert. Alle aus dem HAUT PAYS, d. h. vom Oberlauf der Dordogne stammenden Weine wurden in Bordeaux, also in dem Hafen, der ihnen den Weg in die Welt öffnen konnte, benachteiligt. Der HUNDERTJÄHRIGE KRIEG übte eine dauerhafte Wirkung auf die Handelsgeschichte dieser Gebiete aus, indem er dem HOLLÄNDISCHEN WEINHANDEL die Tür öffnete, so daß dieser die Stelle des einst mächtigen ENGLAND einnehmen konnte. Die kommerzielle Entwicklung der Weine aus der Gascogne und dem Baskenland litt dagegen lange darunter, daß die Schiffahrt auf dem Fluß Adour abwärts zum Hafen Bayonne sehr schwierig war und andere Nutzpflanzen eine bedeutende Konkurrenz darstellten.

Die im Haut Pays angebauten Rebsorten sind im großen und ganzen dieselben, wie sie auch im ENCÉPAGEMENT von Bordeaux zu finden sind, während weiter im Süden eine der interessantesten Kollektionen von Lokalrebsorten in ganz Europa anzutreffen ist, u. a. ABOURIOU, BAROQUE, DURAS, FER (Servadou), LEN DE L'EL, MANSENG, MAUZAC, NÉGRETTE, RUFFIAC, TANNAT, JURANÇON Noir und PETIT COURBU. In der für den Stolz ihrer Bewohner bekannten, kulturell bedeutenden Gascogne hat aber nicht nur der Wein, sondern auch eine reichhaltige Küche mit Spezialitäten wie *foie gras*, Ente und Gans eine lange Tradition.

APPELLATIONS CONTRÔLÉES der Region sind BÉARN, BERGERAC, BUZET, CAHORS, Côtes de DURAS, Côtes du FRONTONNAIS, Côtes du MARMANDAIS, GAILLAC, IROULÉGUY, JURANÇON, MADIRAN, MARCILLAC, MONBAZILLAC, PACHERENC DU VIC-BILH, PÉCHARMANT, ROSETTE und SAUSSIGNAC. Außerdem entstehen hier zum Teil in sehr geringen Mengen die VDQS-Weine Côtes de ST-MONT, Côte du BRULHOIS, LAVILLEDIEU, TURSAN, Vins d'ENTRAYGUES und vins d'ESTAING.

Siehe auch LIMOUX.

George, R., *French Country Wines* (London, 1990).

SUISUN VALLEY Kleiner AVA-Bereich in KALIFORNIEN neben dem SOLANO-GREEN VALLEY zwischen San Francisco und Sacramento. Im Suisun Valley gibt es nur einige verstreute Weinberge und ein paar bescheidene, für den lokalen Bedarf arbeitende Weinbaubetriebe. Bisher hat sich kein besonderer Weintyp in den Vordergrund geschoben.

SULFATE (von Sulfur = SCHWEFEL) Salze und Ester der Schwefelsäure (H_2SO_4).

SULFIDE und **Disulfide** sind Verbindungen von SCHWEFEL mit Wasserstoff oder Metallen, in denen das Schwefelatom in dem am stärksten reduzierten Zustand vorliegt, d. h. es hat von dem jeweils anderen Element bzw. den Elementen in der Verbindung zwei Elektronen angenommen (siehe REDUKTION).

Sulfide entstehen bei der Weinbereitung von Natur aus. Wenn sich die GÄRUNG ihrem Ende nähert, kann das

REDOXPOTENTIAL so stark absinken, daß von Fungiziden stammende Schwefelrückstände an den Trauben sowie SCHWEFELDIOXID zu SCHWEFELWASSERSTOFF reduziert werden können. Der Kellermeister bemerkt dies sofort an einem Geruch nach faulen Eiern. Glücklicherweise ist diese Verbindung sehr flüchtig und kann durch einfache LÜFTUNG entfernt werden.

Im Zusammenhang mit der Weinbereitung ist jeder Hinweis auf «Sulfid» als Kritik zu verstehen und bezieht sich meist auf Schwefelwasserstoff. Allerdings sind Verwechslungen mit SULFIT zu vermeiden.

Im 19. und frühen 20. Jh. waren Kupfer und Bronze in Kellereiausrüstungen übliche Baustoffe, wobei sich jedoch Kupfer in kleinen Mengen im Wein lösen konnte. Wenn dann noch Spuren von Schwefelwasserstoff anwesend waren, bildete sich Kupfersulfid, eine der am schwersten löslichen Verbindungen. Nach der Abfüllung in Flaschen rief das kolloidale Kupfersulfid dann mit Proteinen zusammen eine Trübung hervor. Dieses Problem kommt seit der allgemeinen Verwendung von EDELSTAHL nicht mehr vor.

A. D. W.

SULFITE und **Bisulfite** sind Salze und Ester der schwefligen Säure, bei deren Zersetzung sie als Ionen mit negativer Ladung frei werden:

H_2SO_3	$\rightleftarrows$	H^+	+	HSO_3^-
schweflige Säure		Wasserstoffion		Bisulfition
HSO_3^-	$\rightarrow$	H^+	+	SO_3^{--}
Bisulfition		Wasserstoffion		Sulfition

Die für die Messung des Gehalts an Sulfiten verwendete Analysemethode erfaßt alle in Geruch, HEFE- und BAKTERIEN-Beeinflussung und in der eventuellen Beeinträchtigung von Asthmatikern wirksamen Formen (siehe SCHWEFELDIOXID). Auf Weinetiketten wird der Ausdruck Sulfit, z. B. bei dem Warnhinweis «enthält Sulfite», als Sammelbegriff für freies Schwefeldioxid, schweflige Säure (mit Wasser verbundenes Schwefeldioxid), Bisulfitionen, Sulfitionen und verschiedene Sulfitkomplexe gebraucht. Siehe ETIKETTANGABEN.

A. D. W.

SULTANA Die für die Herstellung der hellbraunen ROSINEN, auch SULTANINEN genannt, meistverwendete weiße Traubensorte; die Frucht der Sultana (in Kalifornien Thompson Seedless) ist bemerkenswert vielseitig einsetzbar. Sie erbringt nicht nur Rosinen, sondern läßt sich auch zu einem neutralen Weißwein verarbeiten und ist – vor allem nach Behandlung mit dem Wachstumshormon GIBBERELLIN – eine beliebte frische, grüne, kernlose TAFELTRAUBE. In manchen Anbaugebieten, z. B. im australischen RIVERLAND und im kalifornischen CENTRAL VALLEY, wird ihr Ertrag jeweils so genutzt, wie er den meisten Gewinn einträgt.

Die Traube stammt ursprünglich aus dem östlichen Mittelmeerraum; dort heißt sie Sultanine, Sultanina, in der GUS und in Osteuropa Kismis in verschiedenen Varianten und in der Türkei Cekizdecsis. In ASERBAIDSCHAN und ARMENIEN wird sie verbreitet als Rosinen- und Tafeltraube angebaut. Für den Anbau in Westeuropa eignet sie sich meist nicht, weil sie wegen ihrer dünnen Beerenhaut zu sehr anfällig für verschiedene PILZKRANKHEITEN ist und ein warmes, trockenes Klima braucht, in dem sie jedoch sehr gute Erträge erbringt. An verschiedenen Stellen liefert die Traube den Rohstoff für meist recht ausdrucksschwache Weine. Als Thompson Seedless ist sie die in Kalifornien bei weitem meistangebaute Rebsorte, ebenso in Australien, wo die Sultana-Anbaufläche im Jahr 1990 insgesamt 16 000 ha betrug. Neben ihr ist Muscat Gordo Blanco (MUSCAT OF ALEXANDRIA) eine ebenfalls stark verbreitete Rebsorte, die wie Sultana je nach Marktbedarf von der Wein- und Rosinenindustrie verarbeitet wird. Der größte Teil der australischen Sultana-Anbaufläche liegt in den heißen, bewässerten Riverland-Gebieten, insbesondere am Murray River in Victoria und Südaustralien. In Südafrika haben die Sultana-Anpflanzungen in den 1980er Jahren stetig zugenommen und erreichten 1990 insgesamt 8000 ha. Damit war Sultana nach Chenin Blanc und Palomino die drittmeist angebaute Rebsorte am Kap. Ein großer Teil des Ertrags geht in die Destillation oder in die Erzeugung aufgespriteter Weine ein. Siehe auch THOMPSON SEEDLESS.

SULTANINEN Hellbraune ROSINEN, oft von der Rebsorte SULTANA (THOMPSON SEEDLESS) im Tauchverfahren gewonnen.

SUMER Im alten Sumer (3500–1900 v. Chr.) im südlichen MESOPOTAMIEN, der ersten Kultur, die über eine Schrift verfügte, wurden sowohl Wein als auch Bier verbreitet konsumiert, und oft wird erwähnt, daß beide zum gleichen Anlaß getrunken wurden. Der Begriff «Wein» bezieht sich dabei in den meisten Fällen mit großer Sicherheit auf Traubenwein, allerdings bereiteten die Sumerer auch Dattelwein.

In der heiligen Stadt Nippur, die etwas flußabwärts von Babylon an einem Arm des Euphrat stand, hieß der Hauptufertrakt des Tempels «Kai der Rebe»; es ist jedoch nicht klar, ob dieser Name etwas mit einer ursprünglich kommerziellen Tätigkeit zu tun hat oder ob es sich lediglich um ein schmückendes Attribut der Art handelt, wie die sumerischen Dichter sie liebten. In einem Lobgesang auf den König Shulgi, der schon zu seinen Lebzeiten zur Gottheit erklärt wurde (22. Jh. v. Chr.), wird seine Geschicklichkeit in der Handhabung der doppelschneidigen Streitaxt durch die Darstellung gepriesen, er habe «das Blut seiner Feinde den Berghang hinabströmen lassen wie Wein aus einem zerschmetterten Krug».

TRUNKENHEIT scheint nicht mit dem Stigma der Mißbilligung belegt gewesen zu sein. In mehreren literarischen Werken der Sumerer betrinken sich die Götter mit Wein und Bier unter Umständen, die nicht nur belustigend, sondern auch dramatisch bedeutsam sind. Die ehrgeizige Göttin Inanna beispielsweise traktiert ihren Vater Enki mit süßem Wein und Bier, bis er sich endlich bereit findet, ihr die «göttlichen Kräfte des Universums» zu verleihen. Als die Wirkung des Trunks von ihm weicht, ist er entsetzt über das, was er getan hat, und versucht auf alle erdenkliche Weise, die Kräfte zurückzuerlangen. (Das Ende der Geschichte ist nicht erhalten.)

In einer anderen Sage fungiert bei der Schaffung der Menschheit durch Enki und seine Mutter Nammu die Göttin Ninmah als Hebamme. Später trinken bei einem Festmahl die Gottheiten zuviel und machen sich über die Rolle lustig, die sie bei der Schöpfung gespielt haben. Ninmah rühmt sich nun gegenüber Enki, daß sie – so gut oder schlecht der einzelne Mensch in seiner Körperlichkeit auch bedacht sein möge – die Macht habe, sein Geschick im guten oder schlechten Sinne zu lenken, ganz wie es ihr gefalle. Daraufhin erklärt Enki, er wolle, wenn sie ein schlimmes Geschick wähle, dieses bessern. In der ersten Runde des nun folgenden trunkenen Spiels verleiht Enki einem blindgeborenen Mann die Gabe des Gesangs, einen Schwachsinnigen erhebt er in ein hohes Amt. Vier weitere kluge Einfälle dieser Art folgen, und Ninmah beginnt über Enkis Erfolg zornig zu werden. Nun tauschen sie die Rollen, und sofort erschafft Enki ein Wesen, so schwach und krank in allen Teilen seines Körpers, daß Ninmah keine nützliche Tätigkeit für es erfinden kann. Der Sieg wird Enki zugesprochen. J. A. B.

Bottéro, J., GETRÄNKE, *Reallexikon der Assyriologie und vorderasiatischen Archäologie* (wichtigstes Nachschlagewerk zum Thema. Erstausgabe Berlin, 1928: wird laufend komplettiert).
Kinner Wilson, J.V., *The Nimrud Wine Lists* (London, 1972).

SUPER-DEUXIÈME CRU Auf dem Markt für CRUS CLASSÉS aus BORDEAUX gebräuchlicher Begriff für die besten unter den Weingütern und Weinen, die in der KLASSIFIKATION von 1855 für Médoc und Graves als 2es Crus eingestuft wurden. Es gibt zwar keine Einmütigkeit darüber, welche Weingüter als Super-Deuxièmes anzusehen sind, doch Château Pichon-Longueville-Lalande und neuerdings auch die Châteaux Pichon-Longueville (Baron) in PAUILLAC, Cos d'Estournel in ST-ESTÈPHE sowie Léoville-Las-Cases und Ducru-Beaucaillou in ST-JULIEN sind in diesem Zusammenhang schon genannt worden. Weitere Kandidaten für diesen Rang (wenn auch eigentlich keine 2es Crus) sind Château Palmer in MARGAUX und Château La Mission-Haut-Brion und Domaine de Chevalier in PESSAC-LÉOGNAN sowie die Châteaux Figeac und Canon in ST-ÉMILION.

SUPÉRIEUR Der auf französischen Weinetiketten oft im Zusammenhang mit der APPELLATION CONTRÔLÉE anzutreffende Begriff verlangt der jeweiligen Vorschrift gemäß einen etwas (meist um 0,5 %) höheren Mindestalkoholgehalt. Oft ist die Benutzung des Begriffs freigestellt, und er besagt auch nicht immer, daß der betreffende Wein seinem einfacheren Artgenossen etwas voraus hat.

SUPERIORE Italienischer Begriff für DOC-Weine, die einen um meist 0,5–1 % höheren Mindestalkoholgehalt aufweisen und eine längere Zeit der ALTERUNG durchgemacht haben als die jeweils einfachere Version. Bedeutendere Weine dieser Kategorie sind u. a. die drei BARBERA-DOC-Weine aus PIEMONT (Alba, Asti, Monferrato) sowie BARDOLINO, CALDARO, GRAVE DEL FRIULI, SOAVE, VALPOLICELLA und VALTELLINA (wo der Begriff Superiore auf die Unterbereiche Grumello, Inferno, Sassella und Valgella beschränkt ist und praktisch die CLASSICO-Zone des Valtellina umfaßt). Barbera d'Alba Superiore und Barbera d'Asti Superiore müssen mindestens ein Jahr im Faß gereift sein und außerdem 0,5 % Alkohol mehr aufweisen als die jeweils einfachere Version. D. T.

SUPERTOSKANER Üblich gewordener Begriff für die neue Klasse an Spitzenweinen, die unter der schlichten Rangbezeichnung VINO DA TAVOLA in der Toskana produziert werden. Die Prototypen dieser Klasse von Weinen waren der Tignanello und der Sassicaia, beide von ANTINORI. Siehe auch TOSKANA.

SUR LIE franz. «auf dem Hefesatz»; eine Bezeichnung für Weißwein, der über die üblichen Schritte der WEISSWEINBEREITUNG hinaus eine gewisse Zeit der HEFESATZLAGERUNG durchgemacht hat. Am häufigsten begegnet man diesem Ausdruck im Zusammenhang mit dem trockenen weißen MUSCADET, um solche Weine hervorzuheben, die zur Erzielung eines kräftigeren Geschmacks nach der Gärung auf dem GELÄGER verbleiben – meist in einem Tank. Die Praxis und der Begriff haben sich inzwischen auch südwärts auf das LANGUEDOC und darüber hinaus ausgebreitet, weil die Methode sich allgemein bewährt, wenn es darum geht, einem ansonsten etwas neutralen Weißwein mehr Interesse abzugewinnen.

SURRENTINER Die Weine von den Hängen der Halbinsel Sorrent (Süditalien) erlangten ab der zweiten Hälfte der Herrschaftszeit des Kaisers Augustus im 1. Jahrzehnt des 1. Jh. n. Chr. eine prominente Stellung. Im ROM DER ANTIKE stand er hoch im Kurs, in der von PLINIUS aufgestellten Rangfolge allerdings erst hinter dem CAECUBER und dem FALERNER. Produziert wurde er von der Rebsorte Aminnea Gemina Minor, die (für die klassischen Reben ungewöhnlich) an Spalieren und nicht auf Bäume gezogen wurde. Der Surrentiner war ein recht dünner Weißwein, er wurde aber nichtsdestoweniger gelegentlich als «stark» beschrieben. Vielleicht hatte er kräftige Säure. Es gab Empfehlungen, ihn 20–25 Jahre reifen zu lassen. Allgemeinen Beifall fand er nie – «ein Essig hoher Güte» meinten die

Kaiser Tiberius und Caligula –, und es gibt Anzeichen dafür, daß seine Heilkräfte die wichtigsten Verkaufsargumente für ihn waren. J. J. P.

Plinius der Ältere, *Naturgeschichte*, Buch 14.

SUR SOUCHE franz. «am Stock», im Zusammenhang mit dem Kauf eines künftigen Weinjahrgangs ist damit natürlich «am Weinstock» gemeint. Solche Vorauskäufe vielversprechender Jahrgänge wurden gelegentlich in Zeiten besonders lebhafter Nachfrage vom BORDEAUX-WEINHANDEL getätigt.

SÜSS In ÖSTERREICH gebräuchliche Etikettangabe für Weine mit mehr als 18 g/l RESTSÜSSE.

SÜSSE Süßen Geschmack zeigt Wein vorwiegend aufgrund seiner RESTSÜSSE, d. h. der Menge des nach der Gärung in ihm verbliebenen Zuckers; allerdings hängt die Wirkung dieser Süße auf den Geschmackssinn weitgehend auch von anderen Faktoren wie dem Gehalt an SÄURE, TANNIN und KOHLENDIOXID sowie von der Serviertemperatur ab. Auch ÄTHANOL, der Alkohol im Wein, kann einen süßen Geschmackseindruck hervorrufen, ebenso GLYZERIN und ein hoher Gehalt an PEKTIN. Trockener Wein mit einer Restsüße von weniger als 2 g/l, aber hohem ALKOHOLGEHALT – beispielsweise so mancher Chardonnay – kann durchaus süß schmecken. Der in einer kühlen Gegend von der stark säurehaltigen Chenin-Blanc-Traube gewonnene süße VOUVRAY andererseits hat oft über 30 g/l Restzucker und schmeckt doch in jungen Jahren trocken.

Der Süßegrad wird in verschiedenen Sprachen durch eine ganze Reihe von Begriffen bezeichnet, die aber alle stets allein auf den Restzuckergehalt und nicht auf den Geschmackseindruck Bezug nehmen. Aus der Tabelle sind die ungefähr vergleichbaren Ausdrücke zu entnehmen:

RS g/l	Englisch	Französisch	Deutsch	Italienisch	Spanisch
<	Bone dry	Brut			
<10	Dry	Sec	Trocken	Secco	Seco
10–20	Medium dry	Demi-sec	Halbtrocken	Abboccato	Semi-seco
20–30	Medium sweet	Doux	Mild	Amabile	Dulce
30–40	Sweet	Moelleux	Lieblich	Dolce	
>40/45		Liquoreux	Süß		

Für die DOSAGE bei Schaumwein gilt eine eigene Terminologie.

Viele Weinliebhaber lehnen Süße im Wein von vornherein ab, vielleicht weil Neulinge meist einen gewissen Süßegrad bevorzugen (deshalb weisen so viele Markenweine einen gewissen Restzuckergehalt auf). Wahrscheinlich ist dies der Grund dafür, daß Süße oft mit einem Mangel an verfeinerter Art gleichgesetzt wird. Dessenungeachtet sind einige der größten Weine der Welt ausgesprochen süß. Solange ausreichende Säure als Gegengewicht zur Süße vorhanden ist, erscheinen solche Weine niemals übersüß. Eine Vergleichsweinprobe mit jungen süßen Weinen dürfte eigentlich eher den Eindruck von zuviel Säure als von zuviel Süße vermitteln.

Siehe auch SÜSSWEIN und SÜSSWEINBEREITUNG.

SÜSSRESERVE Konservierter TRAUBENSAFT zum Süßen oder Mildern von Wein mit hohem Gehalt an SÄURE. Der unvergorene TRAUBENZUCKER kann vor allem in kühlen Weinbauregionen, z. B. in Teilen Deutschlands, bzw. bei von Natur aus stark säurehaltigen Traubensorten wie UGNI BLANC oder COLOMBARD als Gegengewicht zu einem allzu strengen Geschmack dienen.

Früher wurde der Traubensaft einfach durch Zusetzen einer starken Dosis SCHWEFELDIOXID konserviert. Heute ermöglichen die KÜHLTECHNIK und das nahezu perfekte Sterilfiltern die Erzeugung von Süßreserve, die keinen Schwefeldioxidgeruch mehr ausströmt. Der süße Saft wird einer KLÄRUNG und Kühlung unterzogen, um WEINSTEIN auszufällen, und wird dann bis zu zwölf Monate lang eingefroren.

In vielen Gegenden wird Süßreserve inzwischen durch TRAUBENKONZENTRAT oder REKTIFIZIERTES TRAUBENMOSTKONZENTRAT ersetzt. Im Gegensatz zu Süßreserve ist Traubenkonzentrat leicht aufzubewahren, da sein höherer Zuckergehalt jede Entwicklung von Mikroorganismen unterbindet, so daß die Lagerung ohne kostspielige Tiefkühlung erfolgen kann. Rektifiziertes Traubenmostkonzentrat hat den Vorzug, eher einer Lösung von Zucker in Wasser zu entsprechen als einem konservierten Traubensaft. A. D. W.

In Deutschland wurde Süßreserve in den 1970er und 1980er Jahren bei allen außer den trockensten und feinsten Weinen verbreitet eingesetzt. Inzwischen ist diese Praxis im Rückgang, weil der Anteil trockener und halbtrockener Weine an der deutschen Erzeugung stetig zunimmt.

SÜSSWEIN Deutlich süßer Wein ist schon seit der Antike populär. Im alten ROM waren die meisten höchstgeschätzten Weine süße Weißweine, viele von Trauben, die absichtsvoll getrocknet wurden, um ihre Zuckerkonzentration zu erhöhen. Im Mittelalter profitierten die oberitalienischen Städte VENEDIG und GENUA vom Handel mit Weinen, die im Mittelmeerklima sehr viel süßer ausfielen als die Gewächse weiter im Norden. Gegen Ende des 17. Jh. nutzte der HOLLÄNDISCHE WEINHANDEL tatkräftig die Beliebtheit süßer Weine aus dem Westen Frankreichs.

Näheres über süße Weine von heute siehe auch AUSLESE, BANYULS, BARSAC, BEERENAUSLESE, BONNEZEAUX, CADILLAC, CÉRONS, CLAIRETTE DE DIE, EDELFAULE WEINE, EISWEIN, JURANÇON, LAYON, LOUPIAC, MAURY, MOELLEUX, MONBAZILLAC, MONTLOUIS, MOSCATEL, MOSCATO, MUSCAT, MUSKATELLER, PICOLIT, QUARTS DE CHAUME, RASTEAU, RECIOTO, RIVESALTES, SAUTERNES, SÉLECTION DES GRAINS NOBLES, SPÄTLESE, STE-CROIX-DU-MONT, TROCKENBEERENAUSLESE,

VENDANGE TARDIVE, VIN DE PAILLE, VIN SANTO und VOUVRAY.

Siehe auch SÜSSE, VIN DE LIQUEUR, VIN DOUX NATUREL, WEIN VON ROSINIERTEN TRAUBEN.

SÜSSWEINBEREITUNG Die Technik der Produktion von Weinen mit deutlicher RESTSÜSSE und unterschiedlichem ALKOHOLGEHALT hat mehrere Varianten. Zwar weichen die jeweils gültigen Vorschriften stark voneinander ab, im allgemeinen aber darf Zucker nur vor der Gärung zum Zweck der Erhöhung des Alkoholgehalts zugesetzt werden, nicht aber nach der Gärung zur Erhöhung des Süßegrads. Die verbreitetste Methode zum Süßen einfacher Weine besteht in der nachträglichen Beimischung von süßem Traubenmost mit anschließender STABILISIERUNG (da jeder Wein, der noch Restzucker enthält, theoretisch dem Risiko einer Nachgärung unterliegt).

Wirklich feine Süßweine entstehen jedoch durch Konzentration des natürlichen Zuckers in den Trauben, wobei durch das Zusammenwirken des Alkoholgehalts mit der im Wein verbliebenen Restsüße eine weitere Tätigkeit der HEFEN unterbunden wird. Es gibt drei Möglichkeiten, dies zu erreichen: einmal durch die Wirkung der von dem Schimmelpilz *Botrytis cinerea* hervorgerufenen EDELFÄULE, die am Weinstock eintritt, während die Trauben unter günstigen Verhältnissen voll ausreifen (siehe EDELFAULE WEINE), durch Verarbeiten von gefrorenem Traubengut (siehe EISWEIN) oder durch Trocknen reifer Trauben entweder am Weinstock oder nach der Lese (siehe WEIN VON ROSINIERTEN TRAUBEN). Viele süße Weine entstehen dadurch, daß die Trauben einfach möglichst lange am Weinstock belassen werden, um eine Konzentration des TRAUBENZUCKERS hervorzurufen. Stellt sich keine Edelfäule ein, dann beginnen diese Trauben schließlich zu schrumpfen *(passerillé).* Weine dieser Art, z. B. der JURANÇON, die in Frankreich als MOELLEUX bezeichnet werden, können außerordentlich vollmundig und angenehm schmecken, sind aber in den meisten Fällen weniger komplex und langlebig als Weine, die darüber hinaus von der Wirkung der Edelfäule profitieren.

Heutzutage entstehen viele süße Alltagsweine einfach dadurch, daß trocken ausgegorener Grundwein mit TRAUBENKONZENTRAT oder REKTIFIZIERTEM TRAUBENMOSTKONZENTRAT gesüßt, sodann sterilgefiltert und sterilabgefüllt wird. Solche Weine verdanken ihre Stabilität nicht ihrer Zusammensetzung, sondern vielmehr der Tatsache, daß alle Mikroorganismen durch FILTRATION entfernt wurden. Sie sollten am besten spätestens ein Jahr nach der Abfüllung sowie innerhalb von ein bis zwei Tagen nach dem Öffnen der Flasche getrunken werden. Hierunter fallen auch liebliche deutsche QBA-Weine, z. B. LIEBFRAUENMILCH.

Eine in Frankreich häufig angewendete Technik besteht darin, einen Most mit relativ hohem Zuckergehalt, zwischen 200 und 250 g/l, soweit zu vergären, bis ein Alkoholgehalt von etwa 11–12 % erreicht ist, und dann den Gärprozeß durch eine kräftige Dosis SCHWEFELDIOXID abzustoppen.

Eine völlig andere Methode zur Erzielung von zugleich süßem und stabilem Wein besteht darin, dem Traubenmost entweder vor der Gärung (siehe VIN DE LIQUEUR) oder während der Gärung (siehe VIN DOUX NATUREL) Alkohol zuzusetzen. Derartige Weine sind mit einem Alkoholgehalt von 15 % meist sehr viel stärker als normaler Wein. Viele auf diese Weise durch AUFSPRITEN bereitete Weine sind süß.

Siehe auch WEISSWEINBEREITUNG, ROTWEINBEREITUNG, ROSÉWEINBEREITUNG.

SWAN VALLEY Das heiße Herzstück des Weinbaus in WESTERN AUSTRALIA.

SYLVANER Die in Frankreich und in der Schweiz übliche Schreibweise des Namens der aus Osteuropa stammenden Weißweinrebsorte SILVANER. In Frankreich ist die Rebe allerdings praktisch unbekannt, außer im ELSASS, wo sie in den flacheren, fruchtbareren Weinbergen im Département Bas-Rhin noch immer die meistangebaute Rebsorte darstellt (obwohl Riesling und in geringerem Umfang auch Gewürztraminer inzwischen stark aufholen). Die mit Sylvaner besetzte Anbaufläche von 2700 ha gehört im Elsaß des 20. Jh. zu den wenigen Konstanten.

Sylvaner ist zwar eine altehrwürdige Rebsorte und hatte zumindest in Deutschland früher große Bedeutung, sein Wein aber ist manchmal recht ausdrucksschwach, allerdings oft durchaus körperreich und mit guter Säure versehen (und in dieser Hinsicht anregender als der PINOT BLANC, die zweite nicht «noble» Weißweinrebsorte im Elsaß), doch selbst der einfallsreichste Weinkoster tut sich unter Umständen schwer mit der Suche nach Adjektiven, mit denen er das Wesentliche am Geschmack des Sylvaners beschreiben könnte. Dabei stellt der Elsässer Sylvaner eines der überzeugendsten Beispiele für den Einfluß des TERROIR auf den Weingeschmack dar, denn er zeigt jene charakteristische rauchige Breite, die für Elsässer Weine aller Rebsorten typisch ist.

Auf Sylvaner entfällt jede fünfte Rebe im Elsaß; er wurde erst vor kurzem vom Riesling als meistangebaute Rebsorte der Region insgesamt überholt. Seine Weine mit ihrer typisch schlichten Art stehen am unteren Ende des Preisgefüges und bilden brauchbares Verschnittmaterial für den im Elsaß weitverbreiteten, aber nur selten in den Vordergrund gestellten AUXERROIS. Längere Aufbewahrung lohnt er jedoch nur, wenn er in besonders ausgeprägtem Stil bereitet wird wie vom Haus Trimbach.

In der Schweiz ist der Sylvaner unter dem Namen Johannisberg, gelegentlich auch Gros Rhin, vor allem im Wallis verbreitet.

SYLVOZ Ein von dem italienischen Weinerzeuger Carlo Sylvoz entwickeltes REBENERZIEHUNGSSYSTEM, bei dem

Fruchtruten mit einer Länge von etwa zehn Augen an einem Draht unterhalb eines CORDON angebunden werden, der in 2 m Höhe oder in etwa 1 m Höhe angeordnet sein kann. Je nach der angeschnittenen Augenzahl kann dieses System sehr hohe Erträge erbringen. Eine Variante des Sylvoz-Systems stellt das in Norditalien vielbenutzte Casarsa-System dar, bei dem die Fruchtruten nicht unterhalb des Cordons angebunden werden, sondern unter dem eigenen Gewicht absinken. Das Sylvoz-System eignet sich gut für Reben mit großer Wuchskraft, wenn der Arbeitsaufwand für den Rebschnitt minimiert werden soll. R. E. S.

Eynard, I., und Dalmasso, G., *Viticoltura moderna: manuale pratico* (Mailand, 1990).

SYMINGTON Der seit vier Generationen im Portweinhandel tätigen Familie gehört eine Gruppe von Unternehmen, zu der u. a. W. and J. Graham, Warre, Dow's Port (Silva & Cosens), Quarles Harris und Smith Woodhouse zählen. Die Familie stellt deshalb in PORTO eine außerordentlich bedeutende Kraft dar. Der Gründer der Familienfirma war Andrew James Symington, der 1882 im Alter von neunzehn Jahren von Glasgow nach Porto kam. Zunächst trat er in die Firma Warre & Co. ein, später stieg er zum Teilhaber auf. Um diese Zeit war George Warre Hauptteilhaber an Dow's, und so kam 1912 ein Tausch zustande, bei dem Symington einen Anteil an Dow's übernahm, während Warre einen Teil der von seiner Familie gegründeten Firma zurückgewann. Die Symingtons leiteten die Produktion und die Weinberge für die Firma, während die Warres den Verkauf und Vertrieb in London unter sich hatten. 1961 verkaufte die Familie Warre den Rest ihrer Beteiligung an die Symingtons. 1970 wurde W. and J. Graham and Co. der Familie Graham abgekauft, zusammen mit der kleineren Schwesterfirma Smith Woodhouse. Der Symington-Besitz umfaßt auch die Quinta do Bomfim bei Pinhão, die einen großen Teil der Frucht für Dow's liefert, außerdem die zu Warre gehörende Quinta da Cavadinha im Pinhão-Tal und die zu Graham gehörende Quinta dos Malvedos in Tua. Die Gruppe hat maßgeblich zur Wiederbelebung des Interesses an Single-Quinta Port in den 1980er Jahren beigetragen (siehe auch PORTWEIN). 1989 erwarben die Symingtons die Quinta do Vesúvio, einen 400-ha-Besitz, der weithin als eines der bestgelegenen, jedoch restaurierungsbedürftigen Weingüter am Douro galt (siehe FERREIRA). Die Weinberge sind inzwischen erweitert und verbessert worden, und 1992 erschien der Quinta do Vesúvio als eigenständige Marke im Handel. 1988 wurde die große Anlage der Quinta do Marco in VILA NOVA DE GAIA eröffnet – hier werden jährlich über 1 Million Kisten abgefüllt. Trotz dieser starken Integration verfügt jede Firma innerhalb der Gruppe über eigene Vorratsbestände, und die Gruppe hält für jede Firma ein volles Programm an Vintage und Faßports bereit. 96 % der Geschäftstätigkeit beziehen sich auf faßgereifte Portweine, und durch die Quinta do Marco wurde die Kapazität auf diesem Gebiet wesentlich vergrößert. Die Gesamtvorratsbestände der Gruppe belaufen sich auf etwa 35 Millionen l Portwein.

1988 trat die Familie BLANDY an die Symingtons mit einem Partnerschaftsangebot für ihr MADEIRA-Geschäft heran, und zwar in der Hoffnung, im allgemeinen Rückgang im Madeira-Absatz eine Wende herbeiführen zu können. Seither haben die Symingtons eine Mehrheitsbeteiligung an der Madeira Wine Company, dem dominierenden Erzeuger von auf der Insel selbst abgefülltem Madeira, erworben. Im Besitz der Familien Blandy und Symington befinden sich u. a. die Madeira-Marken BLANDY, COSSART GORDON, Leacock und Rutherford & Miles. Inzwischen haben die Symingtons eigene Importfirmen in Großbritannien und den USA errichtet.

Andrew James Symington übergab schließlich die Firma in die Hände seiner Söhne Maurice, John und Ronald. Michael Symington, der ältere Sohn von Maurice, der 1947 in die Firma eintrat, war anschließend lange Zeit Generaldirektor, sein Cousin James Symington (der ältere Sohn Ronalds) ist für Graham's Port verantwortlich, während Ian (der älteste Sohn von John) sich um Warre's und Smith Woodhouse kümmert. Peter Symington, der Bruder von Ian, ist für die gesamte Weinbereitung und Verschnittarbeit

Die Familie SYMINGTON streckt ihre Fühler bis tief in die Portweinindustrie aus – buchstäblich bis in die Keller des Factory House in Porto, wo jedes Mitglied einen Posten Vintage Port liegen hat.

in der Gruppe zuständig. Amyas, der dritte Bruder, hat seinen Sitz in Vila Nova de Gaia, und die vierte Generation wird durch Michaels Sohn Paul – zuständig für den Europaexport – sowie durch Ians Sohn Johnny und James' Sohn Rupert repräsentiert. S. A.

SYMPHONY In DAVIS (KALIFORNIEN) von Dr. H. P. Olmo gezüchtete Kreuzung zwischen Grenache Gris und Muscat of Alexandria. Ihr ist das harte Los aller Neuzüchtungen zuteil geworden, insbesondere solcher, die stark aromatische Weine hervorbringen. Zu Beginn der 1990er Jahre kam sie allerdings in den Genuß einer gewissen Beliebtheit als halbtrockener Tischwein ähnlich wie MALVASIA Bianca sowie als Schaumwein, jedoch ganz und gar nicht ähnlich einem Asti Spumante. Von der kalifornischen Anbaufläche von insgesamt 80 ha befinden sich die erfolgreichsten Anpflanzungen im Sonoma County (Château de Baun, Sebastiani). Auch in Lodi bewährt sich die Sorte (Las Vinas).

SYMPOSIUM oder **Symposion** (das Wort bedeutet soviel wie «miteinander trinken»). Im Griechenland der Antike gehörte diese Art von Zusammenkunft zu den verbreitetsten Formen der Geselligkeit und hatte nichts von der Feierlichkeit, die einer Veranstaltung dieses Namens heute anhaftet. Von Griechenland breitete sich das Symposium nach Etrurien und auf das übrige Italien aus und florierte bis zum Ende der Antike. Meist handelte es sich um private Zusammenkünfte: In einem Raum standen etwa sieben bis elf Ruhelager, auf denen sich jeweils zwei Männer auf die linke Seite gestützt zurücklehnten, ein Brauch, der von orientalischen Festmählern übernommen war; achtbare Damen nahmen nicht teil. Für Bedienung und Unterhaltung sorgten meist hübsche Sklavinnen und Sklaven. Das Symposium war Teil des Lebensstils der müßiggehenden Klasse und daher eine meist üppige Angelegenheit: In reichen Haushaltungen waren die Gefäße, in denen der Wein gemischt und aus denen er getrunken wurde, aus Gold und Silber angefertigt, doch in den meisten Fällen dürfte man sich mit schön bemalten Krügen und Schalen begnügt haben. Die Formen und Dekorationen griechischer Keramiken legen Zeugnis von der großen Bedeutung des Symposiums ab.

Wein wurde beim Symposium erst nach der Mahlzeit und für sich allein getrunken, lediglich begleitet von einem Dessert aus Nüssen, Früchten, Gebäck und dergleichen. Zum Zeichen, daß das Mahl zu Ende war, wurde ein wenig reiner Wein gereicht und in «Verehrung der Macht der großen Götter» auf einen «guten Daimon» geleert. Danach wurde die Tafel aufgehoben, die Gäste reinigten sich die Hände und bekränzten und salbten sich. Sodann wurde der Wein in einem sogenannten KRATER mit Wasser gemischt, wobei das Mischungsverhältnis sehr unterschiedlich sein konnte (siehe GRIECHENLAND). Aus jeder Schale wurde zunächst mit einem Gebet (an unterschiedliche Götter) ein TRANKOPFER dargebracht, und die Gäste sangen als Einleitung der Veranstaltung gemeinsam eine Hymne (Paean) an Apollo. Ein Krater hatte gewöhnlich ein Fassungsvermögen von etwa 14 l, und zeitgenössische Autoren berichten, daß bei einem mäßigen Symposium drei Krater geleert wurden. Obwohl der Alkoholgehalt des Gemischs nicht sehr hoch gewesen sein dürfte, wurde also mit 42 l für 14 bis 22 Personen doch eine ansehnliche Menge konsumiert. Das Mischungsverhältnis für die Verdünnung des Weins wurde vom *symposiarch*, dem von der Gesellschaft gewählten Zeremonienmeister, bestimmt, der auch den Verlauf des Trinkgelages leitete: Er brachte Trinksprüche aus und konnte auch anordnen, daß der eine oder andere Teilnehmer mehr trinken solle, womit angestrebt wurde, einen angenehmen, jedoch stets geregelten Rauschzustand zu erzielen und aufrechtzuerhalten. Da bei dem Trinkgelage jedoch stets ein Element des Wettbewerbs mit im Spiel war und die Veranstaltung die ganze Nacht hindurch andauerte, lief es am Ende – wie VASENMALEREIEN und literarische Zeugnisse belegen – doch auf handfeste TRUNKENHEIT hinaus.

Die grundsätzlichen Formen der Unterhaltung ergaben sich aus dem Trinkgelage selbst: Es gab verschiedene Trinkspiele mit Strafen, und die Neige im Becher oder der Schale wurde für das *Kottabos*-Spiel genutzt, bei dem der Gast mit einer schnellen Bewegung aus dem Handgelenk heraus die letzten Tropfen auf ein Ziel spritzte – gewöhnlich eine leichte Bronzescheibe, die auf einem Gestell oder einem Dreifuß so aufgestellt war, daß sie, wenn sie getroffen wurde, mit belustigendem Gepolter in ein darunterstehendes Becken fiel. Eine Spielvariante bestand darin, kleine Schalen, die in einem Becken schwammen, zu versenken.

Musik und Poesie spielten als Unterhaltung eine große Rolle (sie waren eng miteinander verknüpft, denn Gedichte wurden meist mit musikalischer Begleitung vorgetragen). Es wird heute angenommen, daß die LYRIK im archaischen Griechenland mit ihren Hauptthemen Krieg und Politik, Wein, Festmähler und Liebe mindestens zum großen Teil ihren Ursprung in Symposien hatte. Sicherlich wurden auf klassischen Symposien auch extemporierte Dichtungen gesungen, in der Hauptsache dürften aber wohl bereits vorhandene Gesänge, in denen oft die großen Männer und Taten der Vergangenheit gefeiert wurden, vorgetragen worden sein. Die Kollektion von Gesängen *(skolia)* dieser Art aus Athen, die in den *Deipnosophistae* (696–694 v. Chr.) von ATHENAEUS erhalten ist, bietet Beispiele für die in dieser Stadt traditionelle Dichtung.

Wie das Trinken geschah auch der Gesang sowohl gemeinsam als auch in Wettbewerb miteinander: Ein Myrtenzweig wurde herumgereicht, und jeder, der ihn erhielt, mußte singen – manchmal geschah dies, indem er das Lied des voraufgegangenen Sängers aufnahm. Gelegentlich wurden aber auch gute Sänger aufgefordert, eine Probe ihrer Kunst zu geben. Oft begleiteten sich die Sänger selbst auf der Lyra. Häufig spielten aber Sklavinnen auf der Flöte zur

Unterhaltung, zur Begleitung der Gesänge und zum Tanz. Auch gaben professionelle Tänzer, Gaukler und Schauspieler Vorstellungen. Von den Flötenspielerinnen wurden nach dem Ende des Abends gelegentlich auch sexuelle Dienstleistungen erwartet (daher die Vorstellung, daß Frauen, die an einem Symposium teilnahmen, nicht achtbar waren).

Besonders gepflegt wurde auch das gewandte, kultivierte Gespräch; manchmal bekam es dadurch bestimmte Form oder erlangte den Charakter eines Wettbewerbs, daß Rätsel aufgegeben oder scherzhafte (manchmal auch spöttische) Vergleiche über andere Gäste angestellt wurden. Auch hierbei konnte professionelle Hilfe in Anspruch genommen werden – die Rolle des Schmarotzers, der sich sein Mahl mit Späßen und Possen verdient, läßt sich bis auf HOMER zurückverfolgen. Das Genre des hochgeistigen Symposiums als einer Zusammenkunft gebildeter und gelehrter Personen zu Gesprächen über literarische und philosophische Themen, wie es durch Platons *Symposium* verkörpert wird (und dem modernen Gebrauch des Worts zugrunde liegt), dürfte jedoch eine irreführende und zu hoch angelegte Vorstellung vom üblichen griechischen Symposion vermitteln; sicherlich hatten Gespräche dieser Art auch ihren Platz, doch wahrscheinlich auf einem weniger anspruchsvollen Niveau.

Zum Schluß zogen diejenigen von den Gästen, die noch wach waren, im *Komos* mit Wein und Musik durch die Straßen, statteten anderen Symposien Besuche ab oder versuchten mit großem Getöse, die inzwischen Eingeschlafenen wieder zu wecken. R. B.

Anmerkungen zur Bibliographie: Murray, O., THE GREEK SYMPOSIUM IN HISTORY, in E. Gabba (Hrsg.), *Tria corda: scritti in onore di Arnaldo Momigliano* (Como, 1983), diskutiert historische und politische Aspekte; Murray, O. (Hrsg.), *Sympotica* (Oxford, 1990) ist eine Sammlung von Essays zu spezifischen Aspekten, mit sehr ausführlichen Bibliographien.

Griechische Keramik wie dieses Beispiel aus der Zeit zwischen 380 und 360 v. Chr. legt oft Zeugnis für die große Bedeutung des SYMPOSIUMS in der Antike ab.

ATHENAEUS' *Deipnosophistae* versammelt viele Geschichten über Symposia, während XENOPHONS *Symposium* die Atmosphäre eines klassischen Symposiums besser vermittelt als das berühmtere von Plato.

SYRAH Eine der edelsten Rotweinrebsorten, sofern Adel auf der Fähigkeit beruht, seriöse Rotweine hervorzubringen, die jahrzehntelang majestätisch heranreifen können. Die Haltbarkeit des HERMITAGE von der Rhône – wohl die feinste Manifestation der Syrah-Traube – war früher so hoch geschätzt, daß mancher rote Bordeaux im 18. und 19. Jh. eine Portion davon in sich aufnahm (*hermitagé;* siehe WEINPANSCHEREI).

Die Ursprünge der Syrah-Traube bilden den Gegenstand vieler Debatten und Hypothesen, wobei der Name höchst bequem Verbindungen zu Syrakus oder zu Shiraz im alten PERSIEN nahelegt, von wo sie in den Satteltaschen von Kreuzrittern mitgebracht worden sein könnte. Eine neuere Theorie lautet, daß Syrah eine einheimische Rebe sei, ein Nachkömmling der berühmten Familie VITIS *allobrogica*, die an der Rhône schon zur Zeit der Römer feine Weine hervorbrachte. Zur Stützung dieser These wird darauf hingewiesen, daß Syrah selbst in den relativ begrenzten Weinbaugebieten der nördlichen Rhône höchst vielgestaltig ist und daß die Rebsorten in diesem Teil Frankreichs, u. a. auch die im stromaufwärts gelegenen Savoyen, sehr große Eigenart aufweisen. Manche sehen starke Ähnlichkeiten zwischen Syrah und MONDEUSE und meinen deshalb, daß auch die Mondeuse eine Lokalvariante von *Vitis allobrogica* sein könnte. (Siehe auch RHÔNE.)

Die Rebe ist relativ ertragreich und krankheitsresistent, empfindlich für VERRIESELN, jedoch erfreulich spät im Austrieb und nicht zu spät in der Reife. Die Auswahl der Veredelungsunterlagen muß mit Sorgfalt geschehen, denn Syrah ist anfällig für CHLOROSE. Ihre tiefen, dunklen, dichten Qualitäten werden rasch beeinträchtigt, wenn die Erträge zu hoch getrieben werden, und sie neigt zu raschen Einbußen an Aroma und Säure, wenn sie zu lange am Weinstock bleibt.

Viele Winzer an der nördlichen Rhône unterscheiden zwischen einer kleinbeerigen, höherwertigeren Version, die sie Petite Syrah nennen (es besteht jedoch keine Verwandtschaft mit der in Nord- und Südamerika angebauten PETITE SIRAH), und einer mit größeren Beeren ausgestatteten Großen Syrah, deren Weine aber eine geringere Konzentration an PHENOLEN aufweisen sollen. Die Ampelographen allerdings lehnen eine solche Unterscheidung ab, und den Weinliebhabern kann es im Grunde gleich sein.

Die Gesamtkonzentration an ANTHOCYANEN kann in Syrah-Trauben bis zu 40 % höher liegen als bei der strengen, dunklen Carignan; das bedeutet, daß ihr Wein im allgemeinen für lange Reifezeit geeignet ist und gut auf Ausbau in EICHE anspricht – bei höchster Reife können es sogar neue Eichenfässer sein.

Die berühmtesten, mustergültigsten Syrah-Weine – Hermitage und neuerdings CÔTE RÔTIE – zeichnen sich durch Langlebigkeit oder bei den neueren Erzeugern durch Ambition aus. Nur der ST-JOSEPH und der blassere Schatten CROZES-HERMITAGES können mit Sinn und Genuß schon in den ersten fünf Jahren getrunken werden, und die besseren Weine von CORNAS lohnen längere Flaschenreife sogar noch schöner als mancher Hermitage. Syrah-Wein von nicht voll ausgereiften Trauben ist oft nichts weiter als hart und streng und zeigt im Aroma mehr als nur einen Duft von verbranntem Gummi. In den Randbezirken der Rhône, beispielsweise an der ARDÈCHE, entgeht Syrah diesem Geschick oft nur in den reifsten Jahren.

Bis in die 1970er Jahre wurde Syrah in Frankreich nur in den sehr begrenzten Bereichen an der nördlichen Rhône angebaut und stand der Fläche nach weit hinter den Syrah-Beständen in ihrer zweiten Heimat, Australien, zurück, wo sie den Namen Shiraz trägt und seit Jahrzehnten die meistangebaute Rotweintraube des Landes ist.

Inzwischen hat Syrah jedoch in ganz Südfrankreich einen derartigen Zuwachs an Popularität erlebt, daß sich die Anbaufläche von 2700 ha im Jahr 1968 in zwanzig Jahren genau verzehnfacht hat. Die Zunahme war überall an der südlichen Rhône erkennbar, vor allem im Bereich Châteauneuf-du-Pape, wo Syrah immer mehr geschätzt wird, weil sie Grenache höhere Lebenserwartung verleiht. Noch spektakulärer aber war der Zuwachs weiter westlich im Languedoc, insbesondere in den Départements Gard und Hérault, wo Syrah geradezu enthusiastisch als offiziell anerkannte «Verbesserungsrebsorte» begrüßt worden ist, die sowohl den AC-Weinen als auch dem VIN DE PAYS zu festerer Struktur verhilft. 1993 belief sich die Anbaufläche im Languedoc-Roussillon allein auf 24 000 ha, und oft ist Syrah für die erfolgreichsten sortenreinen Weine aus dem Midi – meist als Vin de Pays d'Oc – verantwortlich. Weit höhere Erträge als am Hermitage-Berg sorgen jedoch dafür, daß die von der nördlichen Rhône her vertraute Charakteristik einigermaßen verwässert wird. Auch bleibt Syrah an der nördlichen Rhône meist für sich, höchstens wird etwas Viognier beigemischt, während sie im Süden gewöhnlich mit Grenache, vielleicht auch Mourvèdre und Cinsaut verschnitten wird. In der Provence tritt die eher australische Mischung von Syrah mit Cabernet Sauvignon immer häufiger in Erscheinung, und auf Korsika bewährt sich Syrah auf einer Rebfläche von über 200 ha unter den «importierten» Edelreben mit am besten.

Die weite Verbreitung des Shiraz in Australien, wo die Rebsorte 1990 mit 5000 ha noch gut ein Viertel der für Rotwein zuständigen Gesamtrebfläche besetzt hielt, hat wenig dazu beigetragen, der Syrah-Traube dort den Respekt zu verschaffen, den sie in ihrer Heimat genießt, und so gab es Anzeichen, daß sie demnächst von Cabernet Sauvignon überflügelt werden dürfte. Lange Zeit betrachteten die australischen Weinerzeuger Shiraz lediglich als Allerweltssorte und verlangten von ihr allzu große Erträge an dann unvermeidlicherweise nichtssagendem Wein (Shiraz spricht auf hohe Erträge nicht gut an). Immerhin entstehen in Australien auch in wachsendem Maß erstklassige konzentrierte Shiraz-Weine, insbesondere von alten Reben im Barossa Valley.

Shiraz kam anscheinend 1832 – damals unter dem Namen Scyras – vermutlich von MONTPELLIER aus durch James BUSBY nach Australien. Dort gedieh die Rebe offensichtlich so gut, daß sie rasch in Neusüdwales Fuß faßte und sich von dort aus weiter ausbreitete. Heute kommt Shiraz in allen Varianten vor, von einem bräunlichen, überhitzten, dünnen Alltagsrotwein bis hin zur glorreichen, fast portweinhaften Konzentration des berühmtesten aller australischen Weine, Penfolds Grange.

Eine weitere Stelle, an der die Syrah-Traube ganz unerwartet mit reifem, konzentriertem Wein hervortritt, ist das Wallis, insbesondere um den sonnenverwöhnten Ort Chamoson am Oberlauf der Rhône. Hier werden mit manchmal großartigem Erfolg die Techniken von der nördlichen Rhône angewendet. Auch Italien hat seinen Flirt mit Syrah, am erfolgreichsten bisher in Isola e Elena in der Toskana. Ursprünglich kam die Rebe im Jahr 1899 von Montpellier aus nach Piemont.

Syrah verlangt, um voll zur Reife gelangen zu können, ein warmes Klima, und das erlegt ihrer Verbreitung von vornherein Grenzen auf, doch in Kalifornien bewährt sie sich an manchen Stellen überaus gut. Es hat lange gedauert, bis die Kalifornier zwischen der echten Syrah und der Petite Sirah unterschieden, und noch länger dauerte es, bis geeignetes Pflanzengut importiert wurde, und so belief sich die Rebfläche, ungeachtet der Tatsache, daß die Traube von den RHÔNE RANGERS inzwischen in Mode gebracht worden ist, im Jahr 1992 auf lediglich 160 ha. Diese Ziffer dürfte aber rasch ansteigen, denn die Rebschulen meldeten, daß Syrah in Napa und Sonoma das am stärksten gefragte Pflanzenmaterial darstellte. Im McDowell Valley (Mendocino) gibt es noch Restbestände aus der Zeit vor der PROHIBITION und im Napa Valley eine Anpflanzung aus den 1950er Jahren. Die umfangreichsten Neuanpflanzungen fanden jedoch in den 1990er Jahren in Mendocino und Sonoma statt. Gute Ergebnisse konnten bisher die Weinbaubetriebe McDowell Valley Vineyards, Joseph Phelps, Meridian und Qupé vorweisen.

In Südafrika betrug die Anbaufläche der dort Shiraz genannten Rebsorte im Jahr 1992 knapp 900 ha, v. a. in Paarl und Stellenbosch; die Ergebnisse sind vielversprechend, sofern die Erträge im Zaum gehalten werden. Kleine Bestände bewähren sich auch in Argentinien, wo die Sorte bis zu ihrer Identifizierung im Jahr 1968 den Namen Balsamina trug – kein unpassendes Synonym für diese starkduftige Traube.

MacDonogh, G., *Syrah, Grenache and Mourvèdre* (London, 1992).

LA SYRAH, Supplement zu *Le Vigneron des Côtes-du-Rhône et du Sud-Est* (1992), 341.

SYRIEN Das Land im Nahen Osten verfügt über eine Rebfläche von mehr als 100 000 ha, die seit dem Aufstieg des islamischen Fundamentalismus gegen Ende der 1970er Jahre zum größten Teil dem Anbau von ROSINEN- und TAFELTRAUBEN und nicht der Weinproduktion gewidmet ist. Am Ende der 1970er Jahre lag die durchschnittliche Jahresweinerzeugung noch bei 63 000 hl, fiel dann aber auf 8000 hl zu Beginn der 1980er Jahre und befindet sich weiter im Rückgang.

Syrien, das im Altertum zu MESOPOTAMIEN gehörte, kann auf eine besonders lange Weinbaugeschichte zurückblicken (siehe URSPRÜNGE DES WEINBAUS).

SZÜRKEBARÁT In UNGARN gebräuchlicher Name für den dort verbreitet angebauten PINOT GRIS. Mit seiner schwach entwickelten Säure bringt er allerdings insbesondere in der ungarischen Tiefebene oft etwas flaue Weine hervor. Das höchste Ansehen genießt er als Badacsonyi Szürkebarát, ein voller, schwerer Wein vom Nordufer des Plattensees. In den Ausläufern des Mátra-Gebirges kommen dagegen lebendigere Weine von dieser Sorte zustande.

T

TÂCHE, LA Erstklassige GRAND-CRU-Lage für Rotwein an der CÔTE D'OR in Burgund. Siehe VOSNE-ROMANÉE und DOMAINE DE LA ROMANÉE-CONTI.

TACORONTE-ACENTEJO DO-Bereich auf Westhängen im Nordosten der Vulkaninsel Teneriffa (KANARISCHE INSELN); erbringt ziemlich schlichte Rotweine vorwiegend von den Rebsorten LISTÁN Negro und Negramoll. Die Produktionsmethoden werden zwar verbessert, doch bisher findet der Wein lediglich bei den Einheimischen und den vielen Touristen reißenden Absatz. R. J. M.

TADSCHIKISTAN Gebirgige GUS-Republik in Zentralasien zwischen USBEKISTAN und CHINA. Für den Weinbau geeignete Niederungen, Plateaus, Hügel und Berghänge machen lediglich 7 % der Gesamtfläche des Landes aus. Das Klima ist kontinental. In den Tiefländern und den Tälern bis 900 m Höhe liegen die Durchschnittstemperaturen im Jahnuar bei 2 bis –3 °C, im Juli bei 26 bis 31 °C, und die jährliche Niederschlagsmenge beträgt 150–600 mm. In den Vorgebirgen liegt in Höhen von 1000–1500 m die mittlere Januartemperatur bei 0 bis –5 °C, die Julitemperatur bei 23 bis 25 °C und die Jahresniederschlagsmenge 350–850 mm.

Weinbau und Weinbereitung waren in Tadschikistan schon vor den Feldzügen Alexanders des Großen im 4. Jh. v. Chr. entwickelt. Aus alten Belegen geht hervor, daß im Land zahlreiche Traubensorten kultiviert und zu Wein, Essig und *bekmes* (TRAUBENKONZENTRAT) verarbeitet oder als ROSINEN und TAFELTRAUBEN verkauft wurden. Der Weinbau war in Osrushan Ura-Tyube, Fergana und im Zeravshan-Tal hoch entwickelt.

Als sich im Norden des Landes der ISLAM durchsetzte, kam mit ihm das Verbot des Weins und eine Veränderung in den Rebsorten. Die für Weinbau bestimmten wurden gerodet und durch Tafeltrauben- und Rosinensorten ersetzt. Dieser Trend erfaßte auch die Mitte, den Süden und den Südosten des Landes, allerdings in geringerem Umfang. In den 1920er Jahren wurden die kleinen privaten Besitzungen zu großen Gütern verschmolzen, und die Rebfläche wurde erweitert, um den Erfordernissen einer großangelegten Weinproduktion gerecht werden zu können. Die ersten auf Weinbau spezialisierten staatlichen Güter entstanden, und in den Städten Ura-Tyube, Leninabad und Pendzhikent wurden Weinkellereien gebaut.

1940 belief sich die Rebfläche auf 8200 ha, der Bruttotraubenertrag auf 49 000 t und die Weinerzeugung auf 27 900 hl. Danach setzte sich der Zuwachs bei Ertragsmengen und Verarbeitungsanlagen weiter fort.

Tadschikistan unterteilt sich in drei Weinbauzonen: die Region Leninabad im Norden, das Ghissar-Tal im Zentrum und das Vakhsh-Tal mit den Kuliab-Regionen im Süden. Die REBENERZIEHUNG erfolgt größtenteils in Fächerform mit zahlreichen Trieben an Vertikaldrahtrahmen und mit hohen Stämmen, aber in manchen Gegenden kommen auch noch horizontale Systeme vor. Die meisten Weinberge brauchen WINTERSCHUTZ, und 75 % der gesamten Rebfläche erhalten BEWÄSSERUNG.

1992 wurden 25 Traubensorten gewerblich angebaut, davon 10 für die Weinproduktion, z. B. RKATSITELI, SAPERAVI, CABERNET SAUVIGNON, RIESLING, Tagobi, Bayan Shirey und Muscat Rosé. 1990 belief sich die Rebfläche auf 37 000 ha, davon waren 65 % für die Weinproduktion von insgesamt 150 000 hl bestimmt.

Die zwanzig Weinkellereien des Landes (davon vier sogenannte Sekundärverarbeitungsanlagen – siehe GUS) produzieren über fünfzig meist süße und alkoholstarke Weinsorten. V. R.

Kirillov, I. F., Brodnikovski, M. I., Savchenko, A. D., und Podkolzin, I. V., *Weinbau in Tadschikistan* (russ.) (Duschanbe, 1969).

Kiselev, N. A., *Die Weinbauregionen und Weine von Tadschikistan* (russ.) (Moskau, 1967).

Savchenko, A. D., DIE TADSCHIKISCHE SOZIALISTISCHE SOWJETREPUBLIK (russ.), in A. I. Timush (Hrsg.), *Enzyklopädie des Weinbaus* (Kischinev, 1986).

TAFELTRAUBEN Die allgemein übliche Bezeichnung für Trauben, die für den Frischverzehr bestimmt sind. Von den insgesamt in der Welt angebauten Trauben werden die meisten zu Wein verarbeitet, an zweiter Stelle stehen Rosinen und an dritter Tafeltrauben mit einer Jahresproduktion von etwa 10 Millionen t. Die bedeutendsten Tafeltraubenanbauländer sind die Türkei, Italien, die ehemalige Sowjetunion, Spanien, Portugal, USA, Japan, Griechenland, Brasilien, Chile und in geringerem Umfang Frankreich. Die Früchte werden größtenteils im Anbauland verbraucht, da sie geringwertige und verderbliche Güter sind. Allerdings bietet die Kühltechnik zunehmende Exportchancen. In

Europa und Nordamerika entfallen weniger als 5 % des Frischobstverbrauchs auf Trauben.

Die für Frischverzehr angebauten Traubensorten sind größtenteils andere als die für die Wein- und Rosinenerzeugung bestimmten Rebsorten. Von Tafeltrauben wird guter Geschmack, einigermaßen einheitliche BEERENGRÖSSE, schöne Farbe, festes Fruchtfleisch, eine geringe Zahl von Kernen und eine feste, gegen längeren Transport und Lagerung möglichst widerstandsfähige Schale verlangt. Die neugezüchteten kernlosen Sorten sind heute auf dem Tafeltraubenmarkt von großer Bedeutung. Wichtige Tafeltraubensorten sind Barlinka, Calmeria, Cardinal, CHASSELAS, Dattier, Emperor Flame Seedless, Gros Vert, Italia, MUSCAT OF ALEXANDRIA, MUSCAT HAMBURG, Perlette, Ruby Seedless, Ribier und SULTANA (bzw. Thompson Seedless).

Tafeltrauben werden meist in warmen bis heißen Regionen angebaut, wo sie möglichst rasch zur Reife gelangen und vor Regen, der FÄULE nach sich ziehen könnte, sicher sind. Kräftiger nächtlicher Temperaturrückgang ist bei manchen Sorten für die Entwicklung einer guten Farbe günstig, diese wird andererseits durch sehr hohe und sehr niedrige Temperaturen beeinträchtigt. Viele Tafeltraubenanbaugebiete der Welt liegen in Steppengebieten im Landesinneren.

In der Weinbergpflege bestehen einige wesentliche Unterschiede zwischen Wein- und Tafeltrauben. Bei Tafeltrauben wird im allgemeinen maximale Beerengröße angestrebt, daher werden BEWÄSSERUNG und DÜNGEMITTEL weit großzügiger eingesetzt als bei Weintrauben. Allerdings kann durch übermäßigen Gebrauch von STICKSTOFF-Düngern die Farbe der Frucht beeinträchtigt werden. Die REBENERZIEHUNGSSYSTEME sind so angelegt, daß die Frucht frei und nicht im Laub hängt; dadurch wird die Bearbeitung von Hand erleichtert und die Gefahr von Schönheitsfehlern verringert. Schräg aufwärts gerichtete und in Pergola- bzw. TENDONE-Form ausgeführte Hocherziehung ist üblich, weil dabei die Triebe und Blätter ein Laubdach über der Frucht ausbilden und diese gegen direkte und starke Sonneneinstrahlung schützen.

Da Tafeltrauben einen höheren Wert darstellen als Weintrauben im allgemeinen (siehe dagegen Château d'YQUEM, MONTRACHET und DOMAINE DE LA ROMANÉE-CONTI), verlangen sie auch meist mehr Pflegearbeit von Hand, u. a. TRIEBAUSDÜNNUNG und BEHANGAUSDÜNNUNG, vor allem durch Entfernen von Gescheinen vor der Blüte oder kurz nach dem Fruchtansatz. Manchmal werden Teile einer Traube oder sogar einzelne Beeren herausgeschnitten. Das trägt zur Entstehung größerer, früher reifender Beeren bei. Außerdem werden WUCHSREGULATOREN oft zur gleichmäßigeren Ausbildung der Blüte, insbesondere aber bei kernlosen Sorten wie z. B. Sultana zur Steigerung der Beerengröße eingesetzt. Auch RINGELN wird vorgenommen, um die Reife zu beschleunigen. Plastiktunnel oder Gewächshäuser sind häufig benutzte Hilfsmittel zur Beschleunigung der Reife, als Schutz gegen Regen und zur Verbesserung der Bedingungen vor allem in Gegenden, in denen das Klima Freilandkultur ausschließt. Allerdings sind solche Produktionsmethoden kostspielig, so daß nur besonders hochwertige oder hochpreisige Frucht auf diese Weise gezogen werden kann.

Ernte von TAFELTRAUBEN bei Jerusalem in Israel.

Tafeltrauben werden früher gelesen als Weintrauben, da sie mit geringerem Zuckergehalt und dafür kräftigerer Säure erfrischender schmecken. Die Ernte findet mit etwa 15–18° BRIX statt, während Weintrauben für trockenen Wein mit etwa 22° Brix gelesen werden. Der ideale Lesezeitpunkt ist der kühle Morgen. Bei der Qualitätskontrolle werden unreife, mißgestaltete, zu kleine, faule und beschädigte Beeren ausgeschieden. Die Verpackung kann an Ort und Stelle oder in eigens dafür vorgesehenen Hallen erfolgen, und zwar meist in Kartons mit etwa 10 kg Gewicht. Für die Haltbarkeit der Trauben ist es wichtig, daß sie möglichst sofort gekühlt werden, insbesondere wenn sie über längere Strecken transportiert werden sollen. Kühlung – vorzugsweise auf 0 bis 2 °C – verlangsamt die RESPIRATION, hemmt das Wachstum eventuell vorhandener Pilzsporen und verringert Verdunstungsverluste.

Manche Tafeltraubensorten lassen sich in Kühlhäusern bis zu 20 Wochen lagern, jedoch sind 8–12 Wochen eher üblich. Die Lagerfähigkeit wird durch niedrige Temperaturen, z. B. –1 °C (der Zuckergehalt verhindert, daß die Trauben gefrieren) bei einer Luftfeuchtigkeit von etwa 96 % und bei Einräucherung mit SCHWEFELDIOXID zur Verhinderung von Schimmelbildung verlängert. R. E. S.

TAFELWEIN Der Begriff hat innerhalb der EUROPÄISCHEN UNION spezifische Bedeutung; er gilt für alle innerhalb der EU produzierten Weine, die nicht für die höhere Stufe QUALITÄTSWEIN qualifiziert sind. Daher ist Tafelwein der in der EU hauptsächlich produzierte Wein.

Der französische Ausdruck lautet VIN DE TABLE; als nächsthöhere Stufe folgt VIN DE PAYS.

In Italien ist die Situation ganz anders. Zwar fallen dort alle einfachen Weine (von denen es sehr viele gibt) in die Kategorie VINO DA TAVOLA, dieselbe Bezeichnung wird aber verwirrenderweise von vielen Spitzenerzeugern für ihre feinsten Produkte verwendet, weil die bei ihrer Erzeugung angewendeten Methoden nicht den Regeln für italienischen Qualitätswein (DOC und DOCG) entsprechen. Italien verfügt mit dem IGT auch über ein noch neues Pendant zum Vin de Pays, die Kategorie Vino da Tavola ist jedoch weit umfangreicher.

In Deutschland ist die Situation umgekehrt; hier entfallen nur 5 % der Produktion auf deutschen Tafelwein bzw. die eine Stufe höher stehende Kategorie LANDWEIN. In Deutschland abgefüllter und lediglich als Tafelwein oder **Tafelwein aus Ländern der EWG** (bzw. EU) bezeichneter Wein enthält normalerweise vor allem einfachen italienischen Weißwein. Dagegen muß ein als **Deutscher Tafelwein** bezeichneter Wein ausschließlich von deutschen Trauben erzeugt sein; für diesen Zweck wird Lesegut verwendet, das nicht das für QBA erforderliche Mostgewicht erreicht. Weder Deutscher Tafelwein noch einfacher Tafelwein benötigt eine AP-NUMMER, daher stufen manche Erzeuger ihre unkonventionelleren Produkte (vor allem BARRIQUE-gereifte Weine), die den von den Geschmacksprüfungkommissionen der amtlichen Prüfstellen festgesetzten Bedingungen nicht entsprechen, zu Deutschem Tafelwein ab.

In Spanien heißt der Tafelwein VINO DE MESA und der eine Stufe darüberstehende Landwein VINO DE LA TIERRA.

In Portugal gelten die Bezeichnungen VINHO de Mesa bzw. – als noch völlig im Anfangsstadium begriffene Landweinkategorie – IPR.

Griechischer Tafelwein heißt «Epitrapezios Oinos»; in den Export gelangt er nur selten.

In Luxembourg entfällt der größte Teil der Weinproduktion auf Qualitätswein, alles übrige wird als Vin de Table bezeichnet.

Der winzige Weinbau Englands war um die Mitte der 1990er Jahre noch dabei, seine Weinqualitätskategorien festzulegen. Daher läuft der meiste englische Wein bisher unter der Bezeichnung Table Wine.

Innerhalb der EU dürfen Tafelweine aus den verschiedenen Mitgliedsländern miteinander zu **europäischem Tafelwein** verschnitten werden. In Frankreich wird Vin de Table zum großen Teil mit aus Italien und neuerdings aus Spanien importierten Weinen gemischt und als Vin de Table des Pays Différents de l'UE bezeichnet.

Zur Unterscheidung von alkoholangereicherten Weinen, die meist über 15 % ALKOHOLGEHALT aufweisen, wird normaler Wein, dessen Alkoholgehalt allein auf der alkoholischen GÄRUNG beruht und etwa 9–15 % erreicht, als «Tischwein» bezeichnet, um Überschneidungen mit dem EU-Begriff Tafelwein zu vermeiden.

TAILLE franz. REBSCHNITT, REBENERZIEHUNGSSYSTEM. Bei der SCHAUMWEINHERSTELLUNG nach dem Champagnerverfahren ist *taille* vorwiegend in der CHAMPAGNE selbst, aber auch in anderen Gegenden die Bezeichnung für den gröberen Most, der nach dem Vorlaufmost durch PRESSEN der Trauben gewonnen wird.

TAIWAN Die unabhängige Inselrepublik vor dem chinesischen Festland experimentiert mit aus DAVIS importierten Rebsorten für eine eigene Weinproduktion.

TALIA Portugiesische Weißweinrebsorte; siehe THALIA.

TAMÎIOASA Name für Muskateller-Reben und -Wein in RUMÄNIEN; **Tamîioasa Alba** steht für MUSCAT BLANC À PETITS GRAINS, **Tamîioasa Hamburg** oder **Tamîioasa Neagra** für MUSCAT HAMBURG und **Tamîioasa Ottonel** für MUSCAT OTTONEL.

Tamîioasa Romaneasca ist eine alte rumänische Traubensorte, welche Anfang der 1990er Jahre eine Rebfläche von über 1000 ha innehatte. Sie zeichnet sich durch hocharistokratische, starkduftige Art aus und eignet sich hervorragend für süße Weißweine mit echter Eigenständigkeit. In Bulgarien wird sie als Tamianka angebaut, und in Deutschland trägt sie einen aufschlußreichen Namen, nämlich Weihrauchtraube.

TAMINGA Eine von A. J. Antcliff speziell für die Verhältnisse in AUSTRALIEN gezüchtete Rebsorte (siehe auch TARRANGO). Taminga gelangt in ganz unterschiedlichen Lagen gut zur Reife und erbringt bei Erträgen von 90 hl/ha Weißwein in annehmbarer Qualität.

TANK siehe BEHÄLTER.

TANKGÄRUNG Bezeichnung für ein Großraumverfahren der SCHAUMWEINHERSTELLUNG, bei dem die Zweitgärung in einem Drucktank und nicht in der Flasche vor sich geht. Andere Bezeichnungen lauten Charmat- oder *Cuve-close*-Verfahren.

TANKLAGERUNG von Wein wird vor allem für einfache Verschnittweine bevorzugt. Große Lagertanks werden in der Hauptsache aus EDELSTAHL und mit bis zu 800 000 l Fassungsvermögen gebaut. Da das Risiko der OXIDATION groß ist, muß der Leerraum in nicht ganz vollen Tanks mit INERTGAS gefüllt werden. Temperaturregelung ist hierbei wichtig, da sich der Wein bei niedriger Lagerungstemperatur länger hält. Viele einfache Verschnitte werden das ganze Jahr über aus solchen Tanks abgefüllt. In dem Maß, wie der Verbraucher höhere Ansprüche an die Individualität der Weine stellt, werden solche Tanks seltener. Vielleicht benötigen die Weinkellereien der Zukunft nur noch kleine und mittelgroße Tanks. A. D. W.

TANKTRANSPORT Die Beförderung von Wein in größeren Mengen vom Ort der TANKLAGERUNG zum Ort der ABFÜLLUNG geschieht vorwiegend in Tankwagen auf Straße und Schiene bzw. mit Tankschiffen.

Für den Transport größerer Weinmengen über kurze Strecken werden dagegen Pipelines eingesetzt; in traditionellen Weinkellereien, die an Hängen gebaut sind, kann für den Weintransport innerhalb des Betriebs in althergebrachter Weise die Schwerkraft benutzt werden; moderne Kellereibetriebe arbeiten weitgehend mit Pumpen.

Bei jeder Art von Beförderung ist dem Risiko der OXIDATION stets größte Beachtung zu schenken. Gefahrenpunkte sind u. a. die Pumpendichtungen. Ein Weintank sollte stets vom Boden her gefüllt werden, um unnötige Lüftung zu vermeiden. Ist das Befüllen von oben her unumgänglich, dann sollte der Tank vorher mit einem INERTGAS, z. B. Stickstoff oder Kohlendioxid gefüllt werden, um den SAUERSTOFF daraus zu verdrängen. A. D. W.

TANNAT Die strenge Rotweinrebsorte ist vor allem als Bestandteil des MADIRAN bekannt; ihre adstringierende Art wird durch Beimischungen von Cabernet Franc, etwas Cabernet Sauvignon sowie FER und durch mindestens 20monatigen Faßausbau gemildert. Junger Tannat-Wein ist oft so dunkel und tanninreich, daß er an NEBBIOLO erinnert. Der Madiran ist zwar die nobelste Manifestation der Tannat-Traube, dagegen zeigt sie sich nach ungefähr demselben Rezept entgegenkommender – wenn auch etwas rustikaler – im Côtes de ST-MONT sowie in den ausgesprochen harten Rot- und Roséweinen von IROULÉGUY und den seltenen Rot- und Roséweinen von TURSAN und BÉARN.

In manchen anderen Weinen, z. B. Côtes du BRULHOIS, ist Tannat ein kleinerer Bestandteil im Mischungsrezept. Die Anbaufläche der Sorte befindet sich in Frankreich insgesamt im Rückgang und belief sich 1988 noch auf knapp 3000 ha. Der französische Name mag vielleicht dem hohen Tanningehalt zuzuschreiben sein, die Rebe ist jedoch mit größter Wahrscheinlichkeit baskischen Ursprungs und wurde zusammen mit MANSENG von baskischen Auswanderern im 19. Jh. nach URUGUAY mitgenommen. Dort hat sie unter dem Namen Harriague (vermutlich nach dem ersten Anbauer) heute noch eine Rebfläche von mehreren tausend Hektar inne. Von hier aus gelangte sie auch nach Argentinien, wo sie allerdings nur in sehr geringem Umfang kultiviert wird.

TANNIN In der Rinde vieler Bäume und in Früchten vorkommende chemische Substanzen, die u. a. den Trauben

TANKTRANSPORT: Von der Penfolds-Kellerei in Nuriootpa reist australischer Wein um die halbe Welt zur Abfüllung in Schweden.

einen adstringierenden Geschmack verleihen. Tannine entstehen aus Flavonoiden (siehe PHENOLE) durch Verschmelzung mehrerer flavonolartiger Strukturen, u. a. Catechin und Proanthocyanidine. Tannine spielen eine wichtige Rolle bei der ALTERUNG von Wein, insbesondere bei Rotwein, und verlangen sorgfältige Beachtung bei der Weinbereitung, da sie einen bitteren und adstringierenden Geschmack hervorrufen können. Die Behandung der Tannine gehört zu den kritischsten Schritten bei der Optimierung der Qualität und des Charakters eines Rotweins. Tannin im Wein stammt aber nicht nur aus den Trauben, sondern auch aus dem HOLZ der zum Ausbau benutzten Fässer.

Tannine besitzen eine ähnliche Struktur wie die natürlichen Farbstoffe, die ANTHOCYANE, mit der Ausnahme, daß bei Tanninen rote Färbung nicht vorkommt, vielmehr erscheinen sie in Lösung hellgelb bis gelblich-braun; in Reaktionen mit Eisen nehmen sie blauschwarze Farbe an.

Dem Geschmack von Tanninen begegnet man am häufigsten in starkem Tee und in jungen Rotweinen, die für lange Flaschenalterung bestimmt sind. Tannine gehören zu den wenigen Inhaltsstoffen des Weins, die mit dem Geruchssinn nicht wahrnehmbar sind. Vielmehr lösen sie eine physische Empfindung aus – meist Bittergeschmack und ein überaus «trockenes», die Innenseite der Wangen zusammenziehendes Gefühl. Mittelgroße polymerisierte Tannine wirken auf die Proteine der für bitter empfindlichen Geschmacksknospen, während die größeren Tannine sich als Gerbstoff bemerkbar machen (Tannine verwandeln im Zusammenwirken mit Protein-Kollagen Tierhäute in Leder), d. h. sie bilden tatsächlich mit den Proteinen auf der Zunge und im Inneren der Wangen so etwas wie Leder.

Im Wein stammen die Tannine vorwiegend aus den Traubenschalen, Kernen und Stielen. Dagegen ist der Tanningehalt des Fruchtfleischs relativ unbedeutend. Je mehr Schalen, Kerne und Stiele am Weinbereitungsvorgang beteiligt sind, desto höher ist daher der mögliche resultierende Gehalt an Tanninen. In Weiß- und Roséweinen, die weitgehend unter Ausschluß dieser Traubenbestandteile entstehen, ist der Tanningehalt deshalb geringer als in Rotweinen. Der Tanningehalt wird nach einem speziellen Verfahren gemessen und in Gallussäure ausgedrückt. Die Konzentration an Gallussäure entspricht in Weißwein etwa 300 mg/l und in Rotwein 1800 mg/l.

Die Tanninarten und ihre Extraktion sind bei den verschiedenen REBSORTEN und Weinbereitungsmethoden sehr unterschiedlich. Besonders tanninreiche Rebsorten sind CABERNET SAUVIGNON, NEBBIOLO, SYRAH und TANNAT. Viele Experimente und Forschungsarbeiten in der ROTWEINBEREITUNG befaßten sich Ende der 1980er/Anfang der 1990er Jahre vorwiegend mit dem Versuch, den bitteren und adstringierenden Geschmackseindruck der Tannine zu mildern, zugleich aber deren konservierende Eigenschaften zu erhalten. Hierzu gehörten detailliertere Überlegungen im Hinblick auf den eigentlichen Reifezustand der Trauben sowie eine Verfeinerung der Maischtechniken. Manche Erzeuger experimentierten auch mit kontrolliertem Zutritt von SAUERSTOFF in mehreren Stadien des Weinbereitungsvorgangs.

Beim FASSAUSBAU üben verschiedene HOLZARTEN unterschiedlichen Einfluß auf den Wein aus; das gilt vor allem für neue Fässer. Am häufigsten wird EICHE als Holz für neue Fässer angewendet. Die Tannine der verschiedenen Eichenholzarten und -sorten sind vor allem je nach der Art und Weise, wie das Holz abgelagert wurde (siehe FASSBAU), untereinander verschieden und unterscheiden sich stark von den aus den Trauben stammenden Tanninen (siehe auch HOLZGESCHMACK).

Der Weinverbraucher hat sich daran gewöhnt, in unreifem Rot- und Weißwein in bestimmtem Ausmaß Holzgeschmack vorzufinden, ob dieser nun aus echtem Faßausbau oder aus dem Einmaischen von HOLZSPÄNEN (oder gar von der in den meisten Ländern jedoch unerlaubten HOLZESSENZ) stammt. Er kennt also den Effekt von Tanninen auf Zunge und Gaumen, der übrigens durch die richtige Wahl begleitender SPEISEN gemildert werden kann. Es kommt durchaus vor, daß Weinerzeuger sogar Tannine zusetzen.

Übermäßig hohe Tanningehalte können durch SCHÖNUNG mit Kasein, Gelatine oder Albumin verringert werden. Hat jedoch ein Wein genügend Zeit zum Reifen, dann mildert sich der Tanningehalt auf natürliche Weise, weil sich die Tannine zusammenballen und polymerisieren, so daß die größer und schwerer gewordenen Moleküle als BODENSATZ niedersinken und keinen bitteren oder adstringierenden Geschmackseindruck mehr ausüben. Siehe auch ALTERUNG. A. D. W. und J. Ro.

Somers, T. C., und Verette, E., PHENOLIC COMPOSITION OF NATURAL WINE TYPES, in H. F. Linskens und J. F. Jackson (Hrsg.), *Wine Analysis* (Modern Methods of Plant Analysis, NS 6) (Berlin, 1988).

TARRAGONA Der Mittelmeerhafen im spanischen KATALONIEN hat seit der Römerzeit für den Weinbau eine bedeutende Rolle gespielt (siehe auch SPANIEN). Bis in die 1960er Jahre hinein war der Rotwein aus Tarragona in den meisten Fällen süß und alkoholangereichert und galt als billige Alternative zu PORTWEIN. Heute erzeugt Tarragona – seit 1976 ein DO-Bereich – neben Meßwein, der in die ganze christliche Welt geht (siehe auch EUCHARISTIE) zu 70 % Weißwein. Dieser wird zum großen Teil in den CAVA-Häusern in PENEDÈS zu Schaumwein verarbeitet, und die Rotweine von GARNACHA und Cariñena (CARIGNAN) dienen meist als Verschnittweine – daher begegnet man dem Namen Tarragona auf Weinetiketten nur selten. R. J. M.

TARRANGO In Merbein (AUSTRALIEN) im Jahr 1965 gezüchtete Rotweinrebsorte. Mit der Kreuzung TOURIGA × SULTANA sollte eine langsam reifende Traubensorte geschaffen werden, die sich für die Produktion von leichten Weinen mit geringem Gehalt an TANNIN und relativ kräftiger SÄURE eignet. Von ihr entstanden dann auch einige australische Weine nach dem Vorbild des BEAUJOLAIS, doch die Traube kommt nur in den heißen Bewässerungsgebieten, z. B. RIVERLAND, ausreichend zur Reife. Weitere von A. J. Antcliff für die spezifisch in Australien herrschenden Verhältnisse gezüchtete Sorten sind Carina und Merbein Seedless für die Rosinenproduktion sowie Tulillah, Goyura und TAMINGA für die Weißweinerzeugung.

TASCHENRATTEN In Teilen Nordamerikas verbreitete Nagetiere, die in Weinbergen gelegentlich größere Schäden anrichten; siehe TIERE.

TASMANIEN Im kühlen Inselstaat im Süden AUSTRALIENS konzentriert sich der Weinbau größtenteils um Launceston im Norden und Hobart im Süden.

Der Menge nach ist der Weinbau Tasmaniens sehr klein, sein Potential aber ist groß. 1992 belief sich der Traubenertrag auf 629 t – im Vergleich hierzu verarbeitet die Kellerei der Firma Lindemans in Kardaoc (VICTORIA) 1500 t Trauben an einem Tag.

Außenstehende Beobachter überschätzen gern den Umfang des Weinbaus in Tasmanien, dagegen bemerken sie meist nicht einmal, welche Vielgestaltigkeit die komplexe Geographie der Insel in TERROIR und Klima bietet. Es gibt hier wärmere und viel trockenere Lagen als in Südvictoria (beispielsweise die Region **Coal River** östlich von Hobart und – was die Wärme betrifft – der Bereich **Tamar River** südlich von Launceston), aber auch kühlere und feuchtere Gegenden (z. B. **Pipers Brook** östlich von Launceston).

Am Coal River wurde bereits ZINFANDEL mit gutem Erfolg kultiviert; Farbe und Extrakt der Rotweine vom Tamar River sind so ausgeprägt, daß man irrtümlich vermutet, sie müßten aus einem warmen bis sehr warmen Klima stammen. Die drei großen Weinbaubetriebe der Insel – Pipers Brook Winery, Moorilla Estate und Heemskerk – setzen auf die für kühles Klima geeigneten Rebsorten RIESLING, CHARDONNAY und PINOT NOIR (Heemskerk ist inzwischen fest mit dem Champagnerhaus ROEDERER verbunden und ganz auf die Produktion von Schaumwein eingestellt).

Obwohl das Klima es nicht unbedingt vorschreibt, liegt doch mindestens ein Teil des Potentials von Tasmanien im Schaumwein – der aber nicht in Tasmanien, sondern auf dem Festland produziert wird (wie es bereits durch MOËT & CHANDON geschieht). Wenn die größeren australischen Kellereien auf den Gedanken kämen, daß Qualität und Stil des tasmanischen Traubenguts einen Grundwein erbringen, der ihren besseren Marken einiges an Komplexität geben kann, dann müßten die Weinbaupflanzungen Tasmaniens um ein Vielfaches erweitert werden.

Tasmanien verfügt über ein eigenes System kontrollierter APPELLATIONEN. J. H.

TASTEVIN Flache Weinprobierschalen – oft in getriebener Arbeit – für professionelle Weinverkoster (und gelegentlich auch erfahrene Weinamateure). Für den normalen Haushaltsgebrauch waren sie wohl kaum bestimmt. Sie wurden normalerweise in Weinkellern, beispielsweise bei Einkaufstourneen, benutzt und mußten robust sein, deshalb bestehen die meisten aus Silber. Die frühesten Hinweise auf solche Probierschalen gehen in England auf das 14. Jh. zurück, es gibt aber nur noch ein einziges Stück aus der Zeit vor 1600. Die für Antiquitätensammler interessanten britischen Probierschalen sind meist dem in BORDEAUX gebräuchlichen Modell nachgebildet; sie haben einen Durchmesser von 65–100 mm mit schrägen Seitenwänden und gewölbtem Boden und sind henkellos. Oft ist der Name des Besitzers, manchmal auch ein Datum eingraviert. Nach 1800 wurden nicht mehr viele hergestellt. Selten sind Probierschalen aus Glas oder Porzellan, meist Worcester.

In Frankreich gibt es weit mehr Tastevins als in anderen Ländern; es herrschen bestimmte regionale Modelle vor, die sich über die Jahrhunderte nur geringfügig verändert haben. Die meisten besitzen einen Henkel und einen leicht gewölbten Boden, und viele weisen zu beiden Seiten des Henkels ein unterschiedliches Muster auf, gewöhnlich auf der einen Seite erhaben und auf der anderen vertieft. Wie die englischen Pendants tragen viele den oft von ungeübter Hand eingravierten Namen des Besitzers. Exemplare ab dem Ende des 19. Jh. sind versilbert. R. N. H. B.

TASTEVIN: Eine englische Probierschale aus der Regierungszeit von König Charles I. Sie stammt aus dem Jahr 1647 und ist das viertälteste bekannte, mit exakten Markierungen versehene Exemplar.

Viele Erzeuger in BURGUND verwenden heute noch Tastevins im Keller, weil sich in ihnen selbst bei dämmeriger Beleuchtung die Farbe und Klarheit des Weins sehr schön zeigen läßt. Für die Zwecke der Verkostung eignen sich GLÄSER jedoch weit besser, allerdings sind sie zerbrechlich und zum Mitnehmen nicht so praktisch. Heute wird der Bedarf an Tastevins durch viele CONFRÉRIES, vor allem durch die burgundische Vereinigung der Chevaliers du Tastevin, am Leben erhalten.

Butler, R., und Walking, G., *The Book of Wine Antiques* (Woodbridge, 1986).
Clayton, M., *Collectors Dictionary of the Silver and Gold of Great Britain and North America* (rev. Ausg., Woodbridge, 1985).
Goldsmith's Company, *Goldsmith and the Grape* (London, 1983).
Johnson, H., Janson, D. J., und McFadden, D. R., *Wine Celebration and Ceremony* (New York, 1985).
Mazenot, R., *Le tastevin à travers les siècles* (Grenoble, 1973).

TAU Wasserdampf schlägt sich auf Gegenständen, z. B. auf Laub, nieder, wenn die Umgebungsluft unter den Taupunkt abgekühlt wird, d. h. unter die Temperatur, bei der die Luft mit den in ihr enthaltenen Wasserdämpfen vollständig gesättigt ist (siehe LUFTFEUCHTIGKEIT). Wie die in freier Luft als Dunst oder Nebel kondensierte Feuchtigkeit trägt auch der Tau zur Wasserversorgung der Rebe nicht viel bei. Allerdings spielt die latente Verdampfungswärme, die beim Kondensationsvorgang frei wird, eine positive Rolle, indem sie den nächtlichen Temperaturrückgang verlangsamt. Die Frostgefahr sinkt beträchtlich, wenn die Luft so viel Wasserdampf enthält, daß oberhalb des Gefrierpunkts Taubildung oder sonstige Kondensation eintritt.

Tau hat andererseits größeren (meist unerwünschten) Einfluß auf das Vorkommen vorn REBENKRANKHEITEN. Er bietet auch ohne Befeuchtung durch Regen die erforderlichen Voraussetzungen für die Sporenkeimung und die Entstehung von Organismen, die Pilzkrankheiten hervorrufen, vor allem für FALSCHEN MEHLTAU *(Peronospora* bzw. *Plasmopara viticula)*, SCHWARZFÄULE *(Guignardia bidwellii)* und GRAUFÄULE (*Botrytis cinerea* in der unerfreulichen Form).

Erfolgt die Infektion mit *Botrytis cinerea* dagegen erst nach dem Ausreifen der Trauben, dann entwickelt sich die willkommene Form, die EDELFÄULE, der die meisten großen SÜSSWEINE der Welt ihre Entstehung verdanken. Für günstigen Verlauf ihrer Entwicklung sind Morgenstunden mit Tau und Dunst, auf die regelmäßig milde, sonnige Herbsttage folgen, eine wesentliche Voraussetzung. Bemerkenswert ist auch, daß diese Voraussetzungen in den meisten Fällen auf flachem oder nur leicht hügeligem Land bzw. am Fuß von Hängen oder auf Talsohlen und in Mulden (oft in der Nähe von Gewässern) eintreten – insofern ist hier eine wenigstens teilweise gültige Ausnahme von der Regel zu erkennen, daß die besten Weine aus HANGLAGEN kommen (siehe KLIMA UND WEINQUALITÄT und TOPOGRAPHIE).

J. G.

TAURASI Der seit den 1970er Jahren herausragende Wein KAMPANIENS und eigentlich ganz Süditaliens entsteht von der AGLIANICO-Traube in einem Bereich nordöstlich von Avellino. Der Ort Taurasi liegt nur 65 km von Barile, dem Zentrum des DOC-Bereichs AGLIANICO DEL VULTURE entfernt, und wie dieser berühmteste Wein der BASILICATA beweist auch der Taurasi, welche Höhen die Aglianico-Traube auf dem von ihr bevorzugten vulkanischen Boden erklimmen kann. Zwar gibt es im DOC-Bereich Taurasi 158 Erzeuger und eine Rebfläche von 220 ha, aber bis vor kurzem war Mastroberardino praktisch das einzige Etikett auf dem Markt, und das Haus beherrscht noch immer zu über 90 % die Taurasi-Produktion, die zwar über ein maximales Potential von 17 000 hl verfügt, aber in einem normalen Jahr keine 1000 hl erreicht. Die DOC-Vorschrift verlangt dreijährige Alterung, davon ein Jahr im Faß; RISERVA-Versionen müssen vier Jahre gereift sein. Der Erzeugungsbereich erstreckt sich auf ein großes, stark unterschiedliches Gebiet ohne viel Rücksicht darauf, daß die Aglianico-Traube beste Ergebnisse erst in einer bestimmten Höhe hervorbringt (Mastroberardino sieht 400 m als die Mindesthöhe für feinen Taurasi an). Über eine Unterteilung des Bereichs wurde bisher jedoch nur wenig nachgedacht, und entsprechend wenig hat sich getan. In den Riserva-Abfüllungen von Mastroberardino ist jedenfalls stets Aglianico aus den Lagen Castelfranci, Jampenne und Torre in Montemarano enthalten. Die Einzellagenabfüllung Radice stammt ausschließlich aus der Subzone Lapio. Taurasi Riserva erlangte 1993 den DOCG-Status.

D. T.

Anderson, B., *Atlas der italienischen Weine* (Bern, 1990).
Gleave, D., et al., *Italiens Weine* (Stuttgart, 1990).

TAVEL Die APPELLATION CONTRÔLÉE für Roséwein auf dem rechten Ufer der südlichen RHÔNE verfügt von früher her über eine so große Reputation, daß ihre Weine einen gelegentlich ungerechtfertigt höheren Preis erzielen als andere Rosés. Dabei kann Tavel in Bestform immerhin erfrischende und interessante Art mit konzentriertem Geschmack vereinen. Der Tavel war einst ein Lieblingswein Ludwigs XIV., und die Schriftsteller Balzac und Mistral rühmten ihn als besonders großartig. Heute liegt die Größe des Tavel eher in der Wucht als in der Qualität; die Trauben erreichen hier derartige Reifegrade, daß in der Appellationsvorschrift mit 13,5 % eine Höchstgrenze für den ALKOHOLGEHALT festgesetzt wurde.

Der Tavel ist stets trocken, doch die Grenache- und Cinsaut-Trauben verleihen der Mischung einen Anschein von Süße. Auf jeden Fall will dieser Wein jung und kühl getrunken sein und bildet an warmen Tagen eine willkommene Alternative zu Rotwein. Wie überall an der südlichen Rhône ist Grenache die dominierende Traubensorte, sie darf aber höchstens 60 % des Verschnitts ausmachen.

In den 1950er Jahren war die Nachfrage nach dem Tavel so groß, daß die Rebfläche durch Kultivierung von mit

Wildgestrüpp *(garrigue)* bewachsenem Brachland beträchtlich erweitert werden mußte. In die 900 ha Sand- und Tonboden teilen sich in der Hauptsache die Mitglieder der WINZERGENOSSENSCHAFT; daneben gibt es aber auch einige qualitätsbewußte Weingüter. Tavel selbst nutzt alle einem Weinort mit so berühmtem Namen verfügbaren Werbemöglichkeiten.

TAWNY Ein durch AUFSPRITEN entstehender, meist mit FASSAUSBAU verbundener Weintyp; siehe z. B. PORTWEIN.

TAYLOR'S Bedeutendes eigenständiges PORTWEIN-Handelshaus; die volle Firmenbezeichnung lautet **Taylor, Fladgate & Yeatman.** Ursprünglich wurde die Firma 1692 von Job Bearsley gegründet; zwischen damals und 1844 hat es nicht weniger als 21 Namensänderungen gegeben. Mit dem Eintritt von Joseph Taylor im Jahr 1816, von John Fladgate in 1837 und Morgan Yeatman in 1844 erlangte das Haus dann den heutigen Namen und ist kurz und bündig als Taylor's bekannt. 1744 kaufte Job Bearsleys Sohn Bartholomew die Casa dos Alambiques in Salgueiral bei Régua – das erste bekannte Weingut eines britischen Portweinhandelshauses am DOURO. Noch heute ist Salgueiral das hauptsächliche Vinifikationszentrum des Unternehmens.

1808 trat Joseph Camo als neuer Teilhaber in das Geschäft ein; er war der erste Amerikaner, der in einer Portweinfirma als Teilhaber zugelassen wurde und bis vor kurzem der einzige nicht-britische Portweinhändler, der je an den Zusammenkünften der British Association im FACTORY HOUSE teilnehmen durfte. Als Amerikaner war Camo im Peninsularkrieg zum Glück für die Firma Bürger eines neutralen Staats und konnte daher im Angesicht der französischen Invasoren die wichtige Funktion erfüllen, die Exportwege offenzuhalten.

Das bekannteste Weingut der Firma Taylor's, die Quinta da Vargellas am oberen Douro, wurde 1893 erworben, als die REBLAUS-Epidemie noch in vollem Gang war. Diese Erwerbung leitete die inzwischen sehr umfangreich gewordene Rolle von Taylor's als Grundbesitzer und Weingutbetreiber ein. 1948 übernahm Taylor's das Haus FONSECA Guimarãens mit seinen drei Quintas Panasçal, Cruzeiro und Santo António. Die Quinta da Terra Feita, die schon seit mindestens 1903 Taylor's beliefert hat, wurde 1974 käuflich erworben, wodurch weitere 37 ha gute Lagen zum Weinbergbesitz hinzukamen. 1990 wurde auch Terra Feita de Cima übernommen.

Taylor's Vintage Port gehört stets zu den meistbewunderten und langlebigsten seiner Art, und der Single-Quinta Port aus der Quinta da Vargellas weist oft fast ebenso große Konzentration auf.

Der Hauptteilhaber ist heute ein Neffe von Mrs. Dick Yeatman, Alistair Robertson, der die Firma 1967 übernahm; seither ist sie eine der erfolgreichsten Handelsgesellschaften in VILA NOVA DE GAIA und hat viel zur Wiederbelebung des Portweinabsatzes beigetragen, insbesondere durch die Einführung des LBV-Stils (Late Bottled Vintage).

Foulkes, C. (Hrsg.), *A Celebration of Taylor's Port* (London, 1992).

TCA siehe TRICHLORANISOL.

TCHELISTCHEFF, ANDRÉ (1901–1994) Önologieberater und Gründervater des modernen kalifornischen Weinbaus. Tschelistcheff kam in Moskau als kränklicher Sohn eines russischen Professors der Rechtswissenschaft zur Welt. Als er in der weißrussischen Armee diente, kam er fast ums Leben, doch er genas wieder und konnte seinen Ausbildungsweg durch ein fünfjähriges Studium als Landwirtschaftsingenieur in Brünn (Tschechoslowakei) fortsetzen.

Erst im Alter von 36 entschloß er sich, in Paris WEINBAU und ÖNOLOGIE eingehender zu studieren. Während er auf einem Gut bei Versailles arbeitete, war er zugleich Assistent des Direktors der Fachabteilung für Weinbau am Institut National d'Agronomie und belegte Vorlesungen über die Mikrobiologie des Weins am Institut PASTEUR. Der hochtalentierte Student, der einen scharfen Verstand mit philosophischen Neigungen verband, arbeitete kurze Zeit für MOËT & CHANDON, und es waren ihm bereits mehrere Stellungen in Chile und China angeboten worden, als er die Bekanntschaft seines künftigen Arbeitgebers machte. Georges de Latour war Franzose und hatte sich als erfolgreicher Geschäftsmann und als Besitzer von Beaulieu Vineyard im Napa Valley niedergelassen, und nun wollte er für die Ära nach der PROHIBITION einen in Frankreich geschulten Kellermeister gewinnen.

In seiner 35jährigen Tätigkeit bei Beaulieu führte Tchelistcheff die Grundsätze der HYGIENE im Kellereibetrieb ein und leistete Pionierarbeit in der Technik der temperaturgeregelten GÄRUNG, in der Beherrschung der MALOLAKTISCHEN SÄUREUMWANDLUNG und in Techniken der Frostschadenverhütung, wie sie mit Weinbergheizgeräten und WINDMASCHINEN heute noch im Napa Valley gebräuchlich sind. Auch erzielte er beträchtliche Fortschritte in der Verhütung verschiedener REBENKRANKHEITEN und errang sich eine Reputation als Berater in Fragen des Weinbaus und der Kellertechnik.

Von den ersten Jahren in Kalifornien an schuf sich Tchelistcheff eine eigene, von Beaulieu unabhängige Identität mit einem kleinen Laboratorium in St. Helena, wo er als Berater für andere Weinbaubetriebe in Napa und Sonoma wirkte und eine neue Generation von Kellertechnikern, darunter auch die Gebrüder MONDAVI, heranbildete. Beispielsweise war er ab 1948 als Berater für die Buena Vista Winery (siehe auch HARASZTHY) tätig und nahm 1967 eine dauerhafte Verbindung zu Château Ste Michelle im Staat WASHINGTON auf. Er erkannte auch als einer der ersten das Weinbaupotential des Distriks CARNEROS in Nordkalifornien. Tchelistcheff schied 1973 bei Beaulieu aus – vier

Jahre nachdem die Firma an die Heublein Corp. verkauft worden war –, setzte jedoch seine Tätigkeit als Berater verschiedener kalifornischer Weinbaubetriebe, aber auch von Ornellaia in BOLGHERI (Italien) fort. 1991 wurde er jedoch von dem multinationalen Konzern, dem inzwischen Beaulieu gehörte, dorthin zurückgeholt.

Tchelistcheff war Ehrenmitglied der American Society of Enologists und wurde bereits 1954 von der französischen Regierung zum Chevalier und 1979 zum Officier de l'Ordre du Mérite Agricole ernannt. In der Welt des Weins war er durch das geographische Ausmaß und die historische Tiefe seines einzigartig klaren Verständnisses der zeitgenössischen Weinszene eine einmalige Gestalt.

Conaway, J., *Napa: The Story of an American Eden* (Boston, 1990).
Lord, T., ANDRÉ TCHELISTCHEFF, *Decanter* (März 1992).

TEINTURIER franz. Färberrebe; der Name gibt exakt die Funktion wieder, für die diese Rebsorten mit ihren rotfleischigen Trauben vorwiegend im Midi zu Beginn des 20. Jh. angebaut wurden, nämlich um den blassen Rotweinen der damals dominierenden ARAMON-Rebe wenigstens in farblicher Hinsicht einige Tiefe zu verleihen. Die Ursprungssorte Teinturier bzw. **Teinturier du Cher** war vermutlich sehr alt, wohl eine Selektion aus WILDREBEN, die erstmals im 17. und 18. Jh. in der Gegend von Orléans, wo sie den hellroten Weinen des Landes kräftige Farbe verlieh, bemerkt wurde.

Bereits 1824 beschloß der französische Züchter Louis BOUSCHET, die Schaffung von rotfleischigen Traubensorten zu versuchen, und brachte 1828 eine Kreuzung Aramon × Teinturier du Cher, die später populäre Petit Bouschet, hervor. Sein Sohn Henri züchtete dann durch Kreuzung von Petit Bouschet mit Grenache die überaus populäre ALICANTE BOUSCHET, eine tiefdunkle Färberrebe, die in Spanien Garnacha Tintorera heißt. Weitere von der Familie Bouschet gezüchtete und ihrer färbenden Eigenschaften wegen zeitweilig kultivierte Sorten sind Morrastel Bouschet, Carignan Bouschet und GRAND NOIR DE LA CALMETTE.

Rotfleischige Versionen der ansonsten hellfleischigen GAMAY-Traube wurden nicht nur an der Loire, sondern auch außerhalb Frankreichs verbreitet angebaut. Gamay-Teinturier-Reben sind u. a. Gamay de Bouze und seine vermutlichen Mutationen Gamay Fréaux und Gamay de Chaudenay. Colobel (Seibel 8357) war eine französische Teinturier-Hybride, die einzige Sorte dieser Art, die je in Frankreich offiziell zugelassen wurde.

In Deutschland bewähren sich als rotfleischige Färbersorten Carmina, Deckrot, DUNKELFELDER, Kolor und SULMER. Kalifornische Kreationen auf diesem Gebiet sind ROYALTY 1390, RUBIRED und SALVADOR, während in Rußland die wichtigste Teinturier-Sorte SAPERAVI zwar kein rotes, aber kräftig rosafarbenes Fruchtfleisch besitzt.

R. E. S. und M. J. E.

Galet, P., *Cépages et vignobles de France* (2. Aufl., Montpellier, 1990).
Robinson, J., *Reben, Trauben, Weine* (Bern, 1987).

TEMECULA AVA-Bereich in KALIFORNIEN südlich von Los Angeles. Temecula bildet den Weinbauaspekt in dem für gemischte Nutzung, d. h. als Wohn- und Gewerbegebiet, vorgesehenen Projekt Rancho California. Ab den 1960er Jahren benutzten die Gründer den Weinbau als Lockvogel für stadtmüde Bewohner von Los Angeles, die in erster Linie als Interessenten in Frage kamen. Die Weinberge wuchsen in dem Hügelland am Südrand des Riverside County zwischen den Orten Riverside im Norden und Escondido im Süden rasch heran. Der Wohnungsbau folgte ihnen auf dem Fuß. Zwanzig Jahre danach sahen sich die Winzer zwischen Reihen von Wohnhäusern eingezwängt. Dennoch wachsen hier immer noch genug Reben für ein Dutzend kleine Weinbaubetriebe und einen größeren, Callaway. Am besten bewähren sich Weißweinreben. Sauvignon Blanc hält die Spitze, aber Chardonnay liegt nicht weit zurück. Hie und da gedeiht auch ein kleiner Sémillon-Bestand. Manche Winzer machen beharrlich Versuche vor allem mit Cabernet Sauvignon, Petite Sirah und Zinfandel. Neben Callaway, der von Anbeginn dominierenden Kraft, waren zu Beginn der 1990er Jahre als weitere bedeutendere Betriebe Culbertson, Mount Palomar und Maurice Car'rie zu nennen.

TEMPERATUR ist auf ganz unterschiedliche Weise ein wesentlicher Faktor für den WEINBAU, die WEINBEREITUNG, den AUSBAU und das SERVIEREN von Wein.

Klima und Weinbau

Die Temperatur bildet neben SONNENLICHT, NIEDERSCHLAG, LUFTFEUCHTIGKEIT, WIND und der Konzentration von KOHLENDIOXID in der Luft einen der maßgeblichen Umweltfaktoren für Rebenwachstum und Traubenreife. Coombe und Gladstones geben einen umfassenden Überblick über die Rolle der Temperatur im Weinbau.

Die Weinrebe beginnt in kühlem Klima ihr Wachstum im Frühjahr, wenn die Lufttemperatur durchschnittlich 10 °C beträgt. Das Tempo des Wachstums und der Entwicklung steigt dann auf sein Maximum bei etwa 22 bis 25 °C an und fällt bei noch höheren Temperaturen wieder ab. Im Weinbau wird die Temperatur oft als das Temperaturmittel verstanden, das durch die Formel Maximaltemperatur plus Minimaltempertaur, geteilt durch zwei gebildet wird. Hierauf beruhen die traditionellen Methoden der KLIMAKLASSIFIKATION für den Weinbau, die auf dem Mehrbetrag des monatlichen Temperaturmittels über 10 °C basieren. Eine derartige Klassifikation kann jedoch bestenfalls annähernd genau sein, allein schon weil das Temperaturmittel nur selten dem tatsächlichen Temperaturverlauf entspricht, wie er im 24-Stunden-Zyklus kontinuierlich gemessen werden könnte und wie die Rebe ihn also erlebt (McIntyre *et al.*). Auch entsprechen die für die langfristige Temperaturaufzeichnung etablierten Standorte, aus denen die meisten verfügbaren Daten stammen, oft nicht den wirklichen Verhältnissen an vorhandenen oder potentiellen Standorten des Weinbaus (siehe TOPOGRAPHIE, MESOKLIMA, KLIMAVERÄNDERUNG).

Prescott sagt, daß ein Weinbauklima ebensogut wie durch alle bisher bekannten Methoden auch durch das Temperaturmittel des wärmsten Monats charakterisiert werden kann. Smart und Dry haben diese Aussage in Form der mittleren Januar-Temperatur (MJT) an die Verhältnisse in Australien angepaßt und damit eine Kennziffer geschaffen, die inzwischen für ungefähre Vergleiche von Weinbau und Klimabedingungen weithin Anwendung findet, wobei in der nördlichen Hemisphäre natürlich für Januar der Monat Juli eingesetzt wird. Aber auch das Temperaturmittel über die gesamte Wachstumsperiode kann eine Basis für allgemeine Vergleiche abgeben (siehe auch KÜHLKLIMA).

Die Erfrierungsgefahr für die in Winterruhe befindlichen Reben bildet eine weitere Basis der Definition der klimatischen Eignung für den Weinbau und stellt in kühlen Gegenden mit überwiegend KONTINENTALEM KLIMA einen wichtigen Einschränkungsfaktor dar. Die meisten in voller Winterruhe befindlichen VINIFERA-Rebsorten mit voll ausgereiftem Holz halten Lufttemperaturen bis etwa –15 °C aus. AMERIKANISCHE REBENSPEZIES sind meist noch frosthärter, Hybriden von Amerikaner und Europäer Reben liegen dazwischen. Allerdings bestehen in diesen Gruppen beträchtliche Unterschiede zwischen den einzelnen REBSORTEN.

Die Winterhärte des RIESLINGS ist beispielsweise mindestens einer der Gründe für seinen historischen Erfolg in Deutschland (siehe auch WINTERFROST).

Die Erfrierungsgefahr steigt in Europa für die Weinrebe von Südwesten nach Nordosten an (siehe z. B. RUSSLAND). Der gewerbliche Weinbau ohne WINTERSCHUTZ stößt an seine Grenze, wo das Temperaturmittel des kältesten Monats unter etwa –1 °C absinkt (Prescott).

Doch die Lufttemperatur ist nicht allein bestimmend für Rebenwachstum und Fruchtertrag. Die Rebe selbst wird ebenso wie der Boden durch die Sonneneinstrahlung erwärmt, was bedeutende Auswirkungen auf die Temperatur der Traubenbeeren und des Weinlaubs sowie auf die Traubenzusammensetzung und dadurch auf die Weinqualität zeitigt (siehe auch SONNENLICHT und PHYSIOLOGIE DER REBE). Inzwischen bestätigen neue Erkenntnisse die alte Ansicht, daß auch die Bodentemperatur wichtig ist. Hier schaltet sich das von den Wurzeln produzierte Hormon CYTOKININ als Mittler ein, aber die Bodentemperatur kann sich auch insbesondere in der Nacht unmittelbar auf die Temperatur der Rebe auswirken. Die Zusammensetzung des Bodens, seine Farbe, der Wasserabzug und die Dauer und der Winkel der Sonneneinstrahlung sind allesamt in dieser Hinsicht bedeutsame Faktoren (siehe BODENFARBE, STEINE, TOPOGRAPHIE, MESOKLIMA).

Die Boden- und Lufttemperaturen können in bestimmten Stadien des Rebenwachstums und des Reifevorgangs spezifische Wirkungen ausüben. Die Winter- und Vorfrühlingstemperaturen bestimmen den AUSTRIEB. Lufttemperaturschwankungen sind weitgehend maßgeblich für das Frostschadenrisiko nach dem Austrieb. Die Temperaturen zur Blütezeit tragen zu Unterschieden im FRUCHTANSATZ bei (insbesondere durch ihren Einfluß auf das VERRIESELN), aber auch zur FRUCHTBARKEIT der sich entwickelnden neuen Augen, aus denen im nachfolgenden Jahr die Triebe und Früchte hervorgehen. Sowohl der Fruchtanatz als auch die Augenfruchtbarkeit werden durch mäßig hohe Temperaturen günstig beeinflußt. Schließlich haben die Durchschnittstemperaturen und die TEMPERATURUNTERSCHIEDE während der REIFE direkten Einfluß auf die Frucht- und Weinqualität (siehe KLIMA UND WEINQUALITÄT). J. G.

Coombe, B. G., INFLUENCE OF TEMPERATURE ON COMPOSITION AND QUALITY OF GRAPES, *Acta horticulturae*, 206 (1987), 23–35.

Gladstones, J., *Viticulture and Environment* (Adelaide, 1992).

McIntyre, G. N., Kliewer, W. M., und Lider, L. A., SOME LIMITATIONS OF THE DEGREE DAY SYSTEM AS USED IN VITICULTURE IN CALIFORNIA, *American Journal of Enology and Viticulture*, 38 (1987), 128–132.

Prescott, J. A., THE CLIMATOLOGY OF THE VINE *(Vitis vinifera)*: 3. A COMPARISON OF FRANCE AND AUSTRALIA ON THE BASIS OF THE WARMEST MONTH, *Transactions of the Royal Society of South Australia*, 93 (1969), 7–15.

Smart, R. E., und Dry, P. R., A CLIMATIC CLASSIFICATION FOR AUSTRALIAN VITICULTURAL REGIONS, *Australian Grapegrower and Winemaker*, 196 (1980), 8, 10, 16.

Weinbereitung

Temperatur und **Temperaturregelung** sind maßgebliche Faktoren bei der Bereitung von Wein in guter Qualität (allerdings entstand großer Wein auch schon lange bevor die Theorien der Temperaturbeeinflussung voll durchdacht waren und die Temperatur selbst gezielt manipuliert wurde). Die Temperatur hat direkte Auswirkungen auf das Tempo der bei der GÄRUNG ablaufenden biochemischen Reaktionen, aber auch auf die langsameren Vorgänge bei der KLÄRUNG und STABILISIERUNG des Weins. Jahrelange Experimente haben ergeben, daß chemische Reaktionen jeweils doppelt so schnell ablaufen, wenn die Temperatur um 10 °C erhöht wird – und aus diesem Grund verlangsamt Kühlung die Tätigkeit schädlicher BAKTERIEN ebenso wie die an der ALTERUNG beteiligten Reaktionen.

In warmen Gegenden ist daher besonders darauf zu achten, daß das Traubengut in möglichst kühlem und unbeschädigtem Zustand in die Kellerei gelangt. Hohe Temperaturen begünstigen die schädliche Tätigkeit von Essigbakterien und Wildhefen. Kühlung ist also unbedingt erforderlich, wenn zwischen LESE und Verarbeitung längere

Zeiträume liegen; insbesondere können die potentiellen guten Eigenschaften von Weißweinen schon in diesem frühen Stadium der Weinbereitung durch Nachlässigkeit verspielt werden. Beim ABBEEREN und Mahlen, wenn sich die PHENOLE im Traubenmost in unmittelbarer Berührung mit Sauerstoff befinden, setzt OXIDATION in einem Maß ein, das von der Temperatur abhängig ist. Um beispielsweise das Braunwerden des weißen Traubenmosts zu hemmen, wird sehr darauf geachtet, die Temperatur niedrig zu halten (siehe MOSTKÜHLUNG). Daneben gibt es die Möglichkeit der Beimischung von SCHWEFELDIOXID. Beim Rotweinmost bildet Oxidation kein so großes Problem, weil der höhere Gehalt an Phenolen, einschließlich der roten Farbstoffe, geringfügige Bräunung verdecken hilft. Kühle Temperaturen in allen Phasen vor der Gärung sind nichtsdestoweniger unabhängig von der Farbe der Traubenschalen allgemein wünschenswert.

Wenn nun also Temperaturregelung vor der Gärung vorteilhaft ist, so hat sie während der Gärung wesentliche Bedeutung. Bei Temperaturen unter 10 °C wirken die meisten Hefen nur ineffektiv oder überhaupt nicht, während sie bei Temperaturen über 45 °C Schaden nehmen oder gar absterben. Außerdem beschleunigen höhere Gärtemperaturen gewisse Reaktionen, die zur Bildung unerwünschter Geschmacksstoffe führen können. Schließlich verflüchtigen sich erwünschte GESCHMACKSSTOFFE bei höheren Temperaturen leichter und werden mit dem rasch anschwellenden Ausströmen von Kohlendioxid praktisch «ausgekocht». Auf diese Weise entsteht Wein mit wenig Frucht und eher «brandigem» Geschmack. In dem Extremfall, daß die Temperatur in Bereiche steigt, in denen die Hefen absterben, geben diese Substanzen von sich, die jedes weitere Hefewachstum hemmen, so daß es schwierig oder sogar unmöglich wird, eine derart STECKENGEBLIEBENE GÄRUNG auch nach Abkühlen wieder in Gang zu setzen.

Es gibt Hefestämme, die sich bei sehr tiefen Temperaturen, knapp über dem Gefrierpunkt, vermehren und dadurch Gärung herbeiführen. Solche Arten sind in besonders kühlen Weinbaugegenden, beispielsweise in der Schweiz und in Teilen Deutschlands, von Nutzen, doch der Gärverlauf ist dann so langsam, daß der betreffende GÄRBEHÄLTER nur einmal nach der Lese benutzt werden kann, was natürlich Auswirkungen auf die Investitionskosten hat (das gilt auch für besonders ambitionierte Kellereibetriebe in anderen Weltgegenden, die jeweils jährlich neu in die Gärkapazität ihrer Gesamtproduktion investieren).

Weißwein wird im allgemeinen bei niedrigerer Temperatur vergoren als Rotwein, teils um das primäre Traubenaroma zu erhalten, teils weil ja keine MAISCHUNG stattfindet, bei der sich Wärme als nützlich für die Extraktion von Phenolen und sonstigen in den Traubenschalen enthaltenen Geschmackssubstanzen auswirken könnte. In der Neuen Welt sind bei der Vergärung von Weißweinmost 12 bis 17 °C üblich; auf diese Weise entstehen fruchtige, ausgewogene, helle Weine so rasch, daß ein Gärbehälter zwei- bis dreimal in der Saison benutzt werden kann (siehe dagegen auch FASSGÄRUNG). Traubensorten wie Sauvignon Blanc, Riesling und Muskateller werden meist am kühleren Ende dieses Temperaturbereichs vergoren, während neutralere Sorten, bei denen es keine komplexe Mischung an Traubenaromen zu schonen gibt, auch bei höheren Temperaturen vergoren werden können, weil sie dann von sekundären Gärungsaromen um so mehr profitieren. In der Alten Welt sind für Weißwein eher Gärtemperaturen von 18 bis 20 °C üblich. Die Techniken der Faßgärung und HEFESATZLAGERUNG, wie sie bei Chardonnay-Trauben oft angewendet werden, bringen häufig ebenfalls etwas höhere Gärtemperaturen mit sich, allerdings trägt das Faß mit seiner im Vergleich zum normalen Edelstahltank geringen Größe zu günstigem Temperaturverlauf bei.

Temperaturregelung ist auch bei der Rotweinbereitung von größter Wichtigkeit. Hierbei richtet sich das Hauptaugenmerk auf die ausreichende Extraktion von TANNINEN, ANTHOCYANEN und Geschmacksstoffen aus den Traubenschalen. Neben Durchmischung und Gärdauer ist einer der maßgeblichen Faktoren für diese Extraktion die Temperatur. Gärtemperaturen von 25 bis 30 °C gewährleisten bei Rotwein gewöhnlich die günstigste Extraktion, vorausgesetzt daß alle übrigen Bedingungen optimal sind. Noch höhere Temperaturen bedrohen die Hefetätigkeit, niedrigere hemmen dagegen die Extraktion. Allerdings bleibt die Temperatur auch nach der Gärung ein bestimmender Faktor in der Weinproduktion. Bei Weißwein können Oxidation und Einbußen an Fruchtigkeit durch niedrige Temperaturen verhindert werden, während die bakterielle Tätigkeit, die der MALOLAKTISCHEN SÄUREUMWANDLUNG zugrunde liegt, begünstigt werden kann, indem der junge Wein bei 25 bis 30 °C gelagert wird, bis dieser sekundäre Vorgang abgeschlossen ist.

Nach den Gärtemperaturen richten sich auch die im Wein gebildeten und angesammelten ESTER. Niedrige Temperaturen (10 bis 15 °C) begünstigen die Bildung und Erhaltung fruchtiger Ester mit niedrigerem Molekulargewicht. Zu ihnen gehören fast alle, die durch Reaktionen zwischen Essig-, Propion-, Isobutter- und Isovaleriansäure und ÄTHANOL, Propyl- und Isobutylalkohol sowie FUSELÖLEN möglich sind. Es sind diese Ester, die tropischen Früchten ihr charakteristisches Aroma verleihen (Isoamylazetat beispielsweise ruft den typischen Bananengeschmack hervor); deshalb schmecken kühl vergorene Weine so oft nach tropischen Früchten. Die Bukettstoffe der verschiedenen Rebsorten bleiben bei diesen niedrigen Temperaturen besser erhalten.

Höhere Gärtemperaturen (20 bis 25 °C) begünstigen die Entstehung schwererer, aufdringlicher Ester und beeinträchtigen gleichzeitig den Sortencharakter der Trauben. Temperaturen von 30 °C und darüber führen zum Verlust eines großen Teils des fruchtigen Esterkomplexes durch Hydrolyse und Verflüchtigung und zu deren Ersetzung durch Substanzen, die einen «gekochten» Geruchseindruck vermitteln. A. D. W.

Lagerung

Wie die Temperatur sich auf die Reaktionen während der Weinbereitung auswirkt, so hat sie auch Einfluß auf die viel langsameren Vorgänge, die sich in der Flasche während der ALTERUNG abspielen. Die Wechselbeziehungen zwischen den Tausenden von organischen Verbindungen im Wein während des wichtigen Vorgangs der Reifung unterliegen der unmittelbaren Einwirkung der Temperatur. Unter Zugrundelegung der allgemein gültigen Regel über den Einfluß der Temperatur auf chemische Reaktionen müßte theoretisch bei einer Kellertemperatur von 30 °C ein Wein doppelt so rasch reifen wie bei 20 °C, abgesehen davon, daß sich bei so hohen Temperaturen gekochte, marmeladenhafte Geschmacksnoten entwickeln und sich den erwünschteren Nuancen überlagern. Bei einer Kellertemperatur von 10 °C müßte Wein theoretisch halb so schnell altern wie bei 20 °C, d. h. also sehr langsam, aber auch wiederum nicht ganz so langsam wie bei einer Kellertemperatur von 0 °C, bei der sich jedoch extrem starke Ablagerungen an WEINSTEIN und PHENOLEN bilden würden. In der Praxis liegt eine sinnvolle Kellertemperatur für Weine, deren Genußreife man gern selbst noch erleben möchte, zwischen 10 und 15 °C. (Es heißt, die Keller des schwedischen Staatsmonopols seien so kalt, daß ein darin eingelagerter feiner alter Wein ganz anders schmecken müsse als der gleiche Wein, der beispielsweise in Frankreich gereift ist.)

Geht man auf der Temperaturskala noch tiefer, dann gefriert Wein bei einer Temperatur von unter 0 °C, die etwa der Hälfte seines ALKOHOLGEHALTS entspricht, d. h. meist zwischen –4 °C und –8 °C. Aus diesem Grund sollte man in kühlem Klima darauf achten, daß Wein, der in einem Gartenschuppen oder einer Garage gelagert wird, wo die Wintertemperaturen nicht unbedingt auf Werten bleiben, die dem Menschen noch zuträglich sind, mit einer entsprechenden Isolierung versehen werden muß.

Serviertemperatur

Die Temperatur, mit der ein Wein auf den Tisch kommt, hat tiefgreifende Wirkung darauf, wie er riecht und schmeckt. Verschiedene Weinstile verlangen verschiedene Serviertemperaturen, damit ihre guten Eigenschaften besonders schön zur Geltung kommen und eventuelle Mängel kaschiert werden. Hier einige allgemeine Beobachtungen und Vorschläge:

Je höher die Temperatur ist, desto leichter verdunsten die flüchtigen Inhaltsstoffe des Weins an der Oberfläche im Glas. Wenn also das AROMA oder BUKETT eines Weins möglichst stark hervortreten soll, dann ist es sinnvoll, ihn relativ warm, d. h. etwa zwischen 16 und 18 °C zu servieren (bei Temperaturen oberhalb 20 °C beginnt der ALKOHOL so stark zu verdunsten, daß er den Wein aus dem Gleichgewicht bringt). *Komplexe und reife Weine sollten relativ warm serviert werden.*

Umgekehrt verdunsten um so weniger flüchtige Inhaltsstoffe, je niedriger die Temperatur ist; bei einer Serviertemperatur von 8 °C scheinen sämtliche – außer vielleicht die aromatischsten – Weine so gut wie keinen Geruch von sich zu geben. *Geschmacksmängel eines einfachen Weins können kaschiert werden, indem man ihn möglichst kühl serviert.*

Je höher die Temperatur, desto stärker nimmt der Geschmackssinn Süße wahr; daher ist es sinnvoll, liebliche Weine, die nicht über ausreichend SÄURE als Gegengewicht zur Süße verfügen, relativ kühl, d. h. mit etwa 12 °C, zu servieren. Aus demselben Grund schmeckt leicht lieblicher Wein, zu kräftigen Speisen serviert, eher trocken, wenn er gut gekühlt ist. *Allgemein sollten liebliche bis süße Weine gut gekühlt serviert werden.*

Je kühler die Temperatur ist, desto stärker empfindet der Geschmackssinn herbe und bittere Töne. Peynaud weist darauf hin, daß ein und derselbe Rotwein «bei 22 °C scharf und dünn, bei 18 °C geschmeidig und eingängig und bei 10 °C voll und adstringierend» schmeckt. *Tanninreiche, bittere Weine, z. B. viele italienische Rotweine, aber auch für längere Alterung bestimmte junge Rotweine sollten relativ warm serviert werden.*

Der Effekt der Temperatur auf die wahrnehmbare Säure wird von der Wissenschaft zwar weitgehend bestritten, es ist aber eine allgemeine Beobachtung, daß flauer Wein frischer schmeckt, wenn er gut gekühlt ist, also etwa mit 10 °C. (Vielleicht steht dies im Zusammenhang mit der schon besprochenen Wirkung der Temperatur auf die Süße.) *Um die erfrischende Wirkung eines Weins zu kräftigen, sollte man ihn kühl servieren.*

Die Temperatur wirkt sich auch deutlich auf Weine aus, die Kohlensäure enthalten. Je höher die Temperatur ist, desto mehr Kohlensäure wird freigesetzt; daher wirken Perl- und Schaumweine bei 18 °C unangenehm schaumig. *Perl- und Schaumweine werden am besten gut gekühlt serviert.* Da nur wenige Weine mit einem komplexen Bukett gleichzeitig auch einen merklichen Gehalt an Kohlensäure aufweisen, entsteht hier keine Überschneidung. (Die Hersteller des ausgefallenen australischen Sparkling Shiraz erklären, er solle am besten mit Raumtemperatur serviert werden – allerdings hat diese Art von Wein auch nur wenig Kohlensäure.)

Als allgemeine Regeln dürfen gelten:

Herben Rotwein relativ warm servieren, 15–18 °C.

Komplexe trockene Weißweine relativ warm servieren, 12–16 °C.

Milde, leichtere, als Erfrischung gedachte Rotweine eher kühl servieren, 10–12 °C.

Süße, schäumende, flaue Weiß- und Roséweine sowie Weine mit Geschmacksmängeln gut kühlen, 6–10 °C.

Natürlich erwärmt sich Wein ziemlich rasch auf die Umgebungstemperatur, daher ist es insbesondere in warmer Umgebung zu empfehlen, die jeweils tieferen Temperaturen in den angegebenen Spannen zu wählen. Siehe auch SERVIEREN und VERKOSTUNG.

Peynaud, É., *Die hohe Schule für Weinkenner* (Zürich, 1984).

TEMPERATURREGELUNG Wie unter TEMPERATUR ausgeführt, ist die Einhaltung bestimmter Temperaturen während der WEINBEREITUNG von größter Bedeutung. Allerdings wird Temperaturregelung erst seit den 1960er und 1970er Jahren verbreiteter angewendet, ihre Wirksamkeit war aber schon zur Römerzeit bekannt (siehe DIE). Über die Möglichkeiten, Wein in verschiedenen Stadien zu kühlen, siehe auch KÜHLTECHNIK. Andererseits kann es in kühlen Weinbauregionen und in besonders kühlen Jahren erforderlich werden, die GÄRBEHÄLTER anzuwärmen, um die alkoholische GÄRUNG zu fördern. Am leichtesten geschieht das, indem man eine Kühlschlange anstatt mit Kühlmittel mit warmem Wasser beschickt; in kleineren Kellereibetrieben genügt es allerdings auch oft, einfach die Türen zu schließen und einige Heizgeräte aufzustellen. Aber nicht nur für die alkoholische Gärung kann Erwärmung nützlich sein, sondern auch für die MALOLAKTISCHE SÄUREUMWANDLUNG.

TEMPERATURUNTERSCHIEDE Temperaturschwankungen zwischen Tag und Nacht und von einem Tag zum anderen bilden ebenso eine klimatische Charakteristik wie die unter dem Stichwort KONTINENTALES KLIMA besprochenen langfristigen Temperaturveränderungen im Lauf des Jahres, von denen sie sich in ihrer Bedeutung für Weinbau und Kellertechnik eindeutig unterscheiden. Temperaturschwankungen haben beispielsweise maßgeblichen Einfluß auf das Frostschadenrisiko für in Winterruhe befindliche Reben sowie für HITZESTRESS und direkte Hitzeschäden an den Reben und ihrer Frucht im Sommer. Eher spekulativ ist die Überlegung (siehe KLIMA UND WEINQUALITÄT), daß sie auch die Bildung von PIGMENTEN, AROMA und GESCHMACKSSTOFFEN in der Rebe und in den reifenden Beeren beeinflussen, da diese Vorgänge gegenüber der reinen Ansammlung von ZUCKER in den Trauben durch einen Tagestemperaturverlauf in einem schmalen Bereich sowie durch minimale Temperaturschwankungen von einem Tag zum anderen begünstigt werden. (Die Weinerzeuger in manchen Gegenden heben die weiten Temperaturschwankungen zwischen Tag und Nacht als besonders günstig hervor, doch läßt sich dies als Vorteil für die Weinqualität nicht wissenschaftlich belegen – obwohl kühle Nächte in tagsüber heißen Gegenden natürlich als ein Segen empfunden werden.)

Die Konzeption der Temperaturunterschiede als Teil der Grundlagen für die Beurteilung von Klimabedingungen für den Weinbau wurde von Gladstones entwickelt und in größerem Umfang angewendet. Der von ihm vorgeschlagene Temperaturvariabilitätsindex (TVI) für einen bestimmten Monat stellt die Summe der Spanne zwischen dem Tagesmaximum und -minimum und der Spanne zwischen dem durchschnittlichen Höchstwert und dem durchschnittlichen Mindestwert der Temperatur dar. Eine niedrige Indexzahl gilt als günstiges Anzeichen für die Weinqualität (insbesondere bei Tischwein) und für eine allgemeine klimatische Eignung für den Weinbau, sofern entsprechende Werte für die Wärme während der Wachstumsperiode und für die Sonnenscheindauer gegeben sind. Der Koeffizient unterliegt auf berechenbare Weise dem Einfluß der jeweiligen TOPOGRAPHIE und in gewissem Umfang der Bodenart (siehe BODENFARBE und STEINE), doch bei vorgegebener Topographie und Bodenart ist eine beträchtliche Einheitlichkeit innerhalb bestimmter geographischer Regionen festzustellen. J. G.

Gladstones, J., *Viticulture and Environment* (Adelaide, 1992).

TEMPRANILLA In Argentinien gebräuchliches Synonym für die spanische Rotweinrebsorte TEMPRANILLO.

TEMPRANILLO Die Rebsorte, die vielen spanischen Rotweinen ein kräftiges Rückgrat verleiht, ist gewissermaßen Spaniens Antwort auf den Cabernet Sauvignon. Die Trauben haben dickschalige Beeren und können dunkle, langlebige Weine hervorbringen, die – für spanische Verhältnisse ungewöhnlich – nicht übermäßig alkoholstark sind.

Das spanische Wort *temprano* bedeutet früh; so verdankt der Tempranillo seinen Namen vermutlich der Eigenschaft, früh zu reifen, nämlich bis zu zwei Wochen vor Garnacha (GRENACHE), mit der er in seinem bedeutendsten Wein, dem RIOJA, fast stets verschnitten wird. Der relativ kurze Wachstumszyklus (Tempranillo ist im Austrieb weder früh noch spät) ermöglicht seinen Anbau im oft strengen Klima der höhergelegenen, vom Atlanik her klimatisch stärker beeinflußten Bereiche Rioja Alta und Rioja Alavesa, wo bis zu 70 % des gesamten Rebenbestands auf Tempranillo entfallen. Seit jeher wird er in weit voneinander entfernten Büschen erzogen; da er aber kräftig und aufrecht wächst, spricht er gut auf neuere Versuche an, ihn strenger an Drähten zu erziehen.

Tempranillo-Weine aus relativ kühlen Gegenden, wo die Tendenz zu etwas säurearmen Mosten sich vorteilhaft auswirkt, sind oft lange haltbar, allerdings hat die Sorte keine starke geschmackliche Identität aufzuweisen. Mancher findet darin Erdbeeren, ein anderer Gewürze und Leder, doch der Versuch, ein konstantes Aroma, das der Traube und nicht dem für den Ausbau benutzten Eichenholz zuzuschreiben ist, in allen Tempranillo-Weinen gemeinsam zu finden, gleicht einem fruchtlosen Bemühen. Es ist also leicht einsehbar, warum Tempranillo so oft mit anderen, saftigeren und duftigeren Traubensorten verschnitten wird.

In Rioja sind diese Partner Garnacha, Mazuelo (Carignan), Graciano und Viura. In Penedès dient Tempranillo unter dem katalonischen Namen Ull de Llebre bzw. dem spanischen Namen Ojo de Liebre zur Kräftigung und Dunkelfärbung des dortigen Monastrell. In Valdepeñas, wo Tempranillo als Cencibel die dominierende Rebsorte darstellt, wird er meist durch Beimischung von weißen Traubensorten gemildert. Ideal eignet sich die Sorte für die kühlen Voraussetzungen in Ribera del Duero, wo sie als Tinto Fino die bei weitem meistangebaute Rebe ist. Die Rolle als Beimischung zu den importierten Bordeaux-Rebsorten bildet für Tempranillo eine wichtige Aufgabe in dem erfolgreichsten Wein dieser Gegend, Vega Sicilia. Dagegen profitiert der Pesquera von der Fülle der Garnacha-Traube.

Darüber hinaus wird Tempranillo auch in La Mancha, Costers del Segre, Utiel-Requena und zunehmend in Navarra und Somontano kultiviert. In Nord- und Zentralspanien hat er derart festen Fuß gefaßt, daß seine Anbaufläche im Jahr 1990 insgesamt über 33 000 ha betrug und er quantitativ ebenso wie qualitativ zu einer der bedeutendsten Rotweinrebsorten Spaniens gezählt werden darf.

Inzwischen sind die Weinerzeuger jenseits der Pyrenäen auf Tempranillo aufmerksam geworden, und so waren Edelreiser dieser Sorte im Midi, wo sie offiziell empfohlen wird (allerdings nicht für AC-Weine), stark gefragt. Am Ende der 1980er Jahre beliefen sich die Bestände vor allem im Département Aude bereits auf fast 2500 ha.

Tempranillo ist eine der wenigen spanischen Rebsorten, die auch in Portugal Fuß gefaßt haben – dort ist er als (Tinta) Roriz bekannt und bildet einen geschätzten, wenn auch nicht übermäßig ausdrucksstarken Bestandteil in Portweinverschnitten. Am Douro, flußabwärts von Ribera del Duero, beweist die Traube auch ihre Stärke für Tischwein als Hauptbestandteil des berühmten Rotweins Barca Velha von Ferreira. Tinta Roriz – auch als Tinta Aragonez bekannt – wird zunehmend ebenfalls in der Region Dão angebaut.

In Argentiniens Weinbau spielt die Traube als Tempranilla mit wahrscheinlich wegen Überbewässerung recht leichten Rotweinen eine ziemlich bedeutende Rolle, verliert aber inzwischen gegenüber marktgängigeren Sorten an Boden, so daß sich 1990 die hauptsächlich in Mendoza gelegene Anbaufläche nur noch auf 7500 ha belief.

In Kalifornien steckt mit größter Wahrscheinlichkeit Tempranillo hinter der durchaus nicht in Mode befindlichen säurearmen Traubensorte Valdepeñas, von der es 1992 vor allem im Central Valley noch 200 ha gab.

Andererseits gehört der Tempranillo dank seiner Starrolle im Rioja, einem der berühmtesten und markantesten Weine der Welt, mit Selbstverständlichkeit zum festen Bestand aller Versuchsrebschulen der Welt.

TENDONE-Hocherziehung in der Region Veneto (Bardolino).

TENDONE Italienischer Name des Dachlauben-Hocherziehungssystems. Es ist vor allem in Süditalien stark verbreitet, aber auch in Südamerika für TAFELTRAUBEN und Weintrauben in Gebrauch. in Argentinien wird es *parral*, in Chile *parron* genannt. Ähnliche Systeme sind Pergola und Laube, in englischsprachigen Ländern auch *arbour*, jedoch wird dort nur selten davon Gebrauch gemacht.

Die Reben werden mit etwa 2 m hohen Stämmen erzogen, ein Bauwerk aus Pfosten und Balken mit Querdrähten trägt Laub und Frucht. Die Laubengänge sind so hoch über dem Boden, daß Traktoren und Geräte darunter hindurchfahren können, jedoch nicht so hoch, daß Bearbeitung von Hand schwierig wäre. Der REBSCHNITT erfolgt auf Ruten oder Zapfen. Dieses Hocherziehungssystem fördert starke Erträge – in Gegenden mit kräftigen Niederschlägen 30 bis 70 t/ha.

Allerdings sind sie wegen der hohen Baukosten und des mit ihrer Unterhaltung verbundenen beträchtlichen Arbeitsaufwands nicht sehr stark verbreitet. Die Produktivität der Arbeitskräfte ist zudem wegen der damit verbundenen ermüdenden Anstrengung eingeschränkt; darüber hinaus bilden wuchsstarke Reben ein sehr dichtes LAUBDACH, so daß die Frucht und das tiefer hängende Laub stark beschattet werden (siehe SCHATTEN). Dadurch wird die Fruchtqualität beeinträchtigt und das Risiko des Befalls durch ECHTEN MEHLTAU erhöht. Außerdem ist unter einem so dichten Laubdach die Durchlüftung eingeschränkt, so daß die Luftfeuchtigkeit die Entstehung von TRAUBENFÄULE begünstigt. Für den Tafeltraubenanbau wird das Laubensystem in vielen Teilen der Welt benutzt; hierbei hat es den Vorteil, daß die Frucht frei hängt und leicht zugänglich ist. In Südafrika wird oft als Variante ein schräggestelltes Hocherziehungssystem (Verandah-System) eingesetzt, bei dem keine geschlossene Dachlaube entsteht; ähnliche Erziehungsformen findet man im VINHO-VERDE-Gebiet in Portugal als Umrahmung von Feldern mit anderen Ackerfrüchten. R. E. S.

TENT Anglisierte Form des in Spanien und Portugal gebräuchlichen Worts TINTO für Rotwein. Der Ausdruck war im Mittelalter für starke Rotweine von der Iberischen Halbinsel, insbesondere aus Spanien, üblich, die weit dunkler waren als der damals aus Bordeaux kommende CLAIRET.

TENUTA ital. landwirtschaftliches Gut.

TERAN bzw. **Terrano.** In SLOWENIEN bzw. in der italienischen DOC Carso im Osten von FRIULI gebräuchlicher Name für eine Subvarietät der Rotweinrebsorte REFOSCO.

TERLANO oder **Terlaner.** Weißwein aus Terlan in Südtirol (siehe ALTO ADIGE).

TERMITEN erweisen sich in alten Weinberganlagen dadurch als Schädlinge, daß sie älteres Holz aushöhlen und Reben zum Zusammenbrechen bringen. Gelegentlich greifen sie auch unter ungünstigen Bedingungen stehende Jungpflanzungen an. M. J. E.

TEROLDEGO ROTALIANO Die Rotweinrebsorte Teroldego erbringt in Nordostitalien lebendige, jung genußreife Weine. Siehe auch TRENTINO.

TERPENE Markante GESCHMACKSSTOFFE, die sich im blumigen Aroma der Weine von Rebsorten wie Muscat, Gewürztraminer und Riesling vorfinden. Auch im Eichenholz, insbesondere in amerikanischer Eiche, kommen Terpene vor (siehe HOLZGESCHMACK).

TERPENOIDE Umfangreiche Gruppe von chemischen Verbindungen in Pflanzen; hierzu zählen viele ätherische Öle, CAROTINOIDE, Pflanzenhormone, Sterine und Gummiarten, die in hohem Maß zu den besonderen Eigenschaften beitragen. Chemisch handelt es sich um das Mehrfache von verzweigten Verbindungen mit fünf Kohlenstoffatomen (Isopren): Die C10-Monoterpene bilden wichtige Komponenten blumiger Aromen (siehe GESCHMACKSSTOFFE); C15-Sesquiterpenoide umfassen die Nicht-Isoprenoid-Verbindungen, die in nichtblumigen Bukettstoffen der Trauben eine Rolle spielen; die Sterine und das Hormon ABSZISINSÄURE leiten sich ebenfalls von Sesquiterpenoiden her; zu den C20-Diterpenen gehören die GIBBERELLIN-Hormone und bei Verdoppelung die Carotinoide. B. G. C.

TERRA ALTA (span. Hochland) Der höchstgelegene DO-Bereich im spanischen KATALONIEN. Seine Entwicklung in jüngerer Zeit verläuft parallel zu der des östlichen Nachbarn TARRAGONA. Infolge der nachlassenden Popularität süßer alkoholangereicherter Weine wird die GARNACHA-Blanca-Traube nach und nach von MACABEO verdrängt, der leichtere Weine für den Bedarf der Umgebung liefert. R. J. M.

TERRA ROSSA Rotbrauner LEHM oder TON unmittelbar über durchlässigem KALKGESTEIN, eine in mediterranen Gebieten, z. B. in Südeuropa, Nordafrika und Teilen Australiens, oft anzutreffende Bodenart. Die Qualität der Cabernet-Sauvignon- und Shiraz-Weine aus Coonawarra in Südaustralien wird weitgehend auf den dortigen Terra-Rossa-Boden zurückgeführt (siehe auch BODEN ff.). M. J. E.

TERRASSEN Die an Hängen häufig anzutreffende Form der Weinberganlage erleichtert nicht nur die Kultivierungsarbeit, sondern hilft auch BODENEROSION vermeiden. Terrassen sind oft den Geländekonturen folgend angelegt, daher ergibt sich nicht immer ein so konstanter Zeilenabstand wie auf ebenem Grund. Die Terrassenbauweise wird auch bei der Umgestaltung von Hängen zu einer Reihe horizontaler Stufen angewendet. Die berühmtesten Weinbergterrassen der Welt befinden sich in der Portweinregion im

DOURO-Tal (Nordportugal), doch auch in der SCHWEIZ, an der RHÔNE und an vielen anderen Stellen sind Anlagen dieser Art anzutreffen.

In früheren Jahrhunderten wurden sie mühsam von Hand geschaffen und mit aufwendigen Stützmauern versehen. Bei modernen Anlagen wären die Kosten hierfür unerschwinglich, daher werden heute Planierraupen eingesetzt. Da auch hierbei immer noch hohe Kosten entstehen, rentieren sich Terrassenbauten nur für hochpreisige Weine, daher besteht inzwischen die Tendenz, Hänge, die auf andere Weise nicht bepflanzt werden können, zu meiden.

Eine Alternative zum Terrassenbau ist die Bestockung senkrecht zum Hang, wie es in Deutschland und anderen Gegenden des nördlichen Europa oft gehandhabt wird. Dabei werden die Kosten für den Terrassenbau eingespart, jedoch besteht größere Gefahr der Bodenerosion, und die Arbeit an solchen Hängen ist bei weitem anstrengender; außerdem sind sie oft zu steil und können nicht mit Traktoren befahren werden. Siehe auch HANGLAGEN. R. E. S.

TERRET Die Rebsorte, eine der ältesten im Languedoc, hat wie der PINOT im Lauf der Zeit zahlreiche Mutationen in verschiedenen Farben hervorgebracht, die oft an einem einzigen Weinstock vorzufinden sind. Galet behauptet sogar, in einer einzigen Traube verschiedenfarbige Beeren angetroffen zu haben. **Terret Gris** ist die bei weitem meistangebaute Weißweinrebsorte im Languedoc, wo die Bestände mit über 5000 ha im Jahr 1988 im Département Hérault am stärksten konzentriert waren (dagegen steht im Département Aude die Mauzac-Traube mit 2200 ha und in Gard die Ugni-Blanc-Traube mit 1500 ha an der Spitze). Terret erbringt ziemlich körperreichen, von Natur aus frischen sortenreinen Wein, doch dem Namen der Rebe fehlt es international am magischen Klang. **Terret Blanc** wurde früher in der Gegend von Sète speziell für die dort ansässige Branntwein- und Wermutindustrie angebaut (auch diese Sorte war wegen ihrer kräftigen Säure geschätzt). Obwohl die (nur selten einer amtlichen Anerkennung gewürdigten) hellen Terret-Sorten im Rückgang befindlich sind, stellten sie zusammen am Ende der 1980er Jahre noch immer die neuntmeist angebaute Rebsorte Frankreichs dar. Zugelassen sind sie in den Weißweinen im Minervois, in Corbières und in geringerem Maß im Coteaux du Languedoc.

Die Rotweinvariante **Terret Noir** wird sehr viel weniger angebaut (1988 gab es nur noch knapp 800 ha). Im CHÂTEAUNEUF-DU-PAPE ist sie eine von vielen zugelassenen Trauben und bringt brauchbare Struktur und interessante Art ein. Alle Terret-Sorten zeichnen sich durch günstig späten Austrieb und gute Bewahrung der Säure aus.

Galet, P., *Cépages et vignobles de France* (2. Aufl., Montpellier, 1990).

TERROIR Ein vieldiskutierter Begriff, der die gesamte natürliche Umgebung einer Weinbaulage umfaßt. Eine exakte Übersetzung dieser zutiefst französischen Konzeption und des dahinterstehenden Grundgedankens gibt es nicht. Dubois und Laville geben eine ausführliche Beschreibung und Erläuterung, auf welche Weise dieser Begriff dem französischen System der APPELLATIONS CONTRÔLÉES und seiner Definition zugrunde liegt. Vergleiche auch Johnson und Halliday.

Die wichtigsten Komponenten des Terroir sind (wie das Wort selbst schon besagt) der BODEN und die lokale TOPOGRAPHIE sowie ihre Wechselwirkungen untereinander und mit dem MAKROKLIMA auf das MESOKLIMA und das MIKROKLIMA der Rebe. Die ganzheitliche Kombination aller dieser Faktoren verleiht also jeder Lage ihr bestimmtes Terroir, das sich dann in ihren Weinen über die Jahre hinweg mehr oder weniger einheitlich ausdrückt, und zwar unabhängig von Variationen in den WEINBAU- und WEINBEREITUNGS-Methoden. Demzufolge hat jedes kleine Stück Land, allgemeiner gesprochen aber auch jedes größere Gebiet und schließlich jede Region ganz eigene Charakteristiken im Weinstil, die an anderer Stelle nicht exakt nachgeahmt werden können. In welchem Ausmaß die Terroir-Charakteristiken einzigartig sind, ist allerdings umstritten, und da das Thema kommerzielle Bedeutung hat, wird es hierdurch kontrovers.

Die Bezüge zur Realität und, wo sie real sind, zur Bedeutung des Terroirs für die Bestimmung der Qualitäten im Wein sind durchaus unterschiedlich. Im großen und ganzen beruhen die Klassifikationen europäischer Weinbaugebiete weitgehend auf der Konzeption des Terroirs. Dagegen weisen Weinbaufachleute und Forscher der NEUEN WELT sie meist als Produkt einer mystischen Betrachtungsweise und etablierter kommerzieller Interessen zurück. Dickenson behandelt die damit in Zusammenhang stehenden Fragen ausführlich und bleibt ebenfalls meist skeptisch. Gegen derartige Ansichten kann jedoch zu Recht ins Feld geführt werden, daß der «neuere» Weinbau schließlich immer wieder versucht, die Erzeugnisse jener großen Weinberglagen nachzuahmen, aber nicht über deren Terroir verfügt, und deshalb seinerseits kommerzielle Gründe hat, dessen potentiellen Beitrag gering anzusetzen.

Sicherlich läßt sich auch argumentieren, daß moderne Verbesserungen im Weinbau und in der Weinbereitungstechnik durch Anhebung und Vereinheitlichung der Standards der Weinqualität in gewissem Umfang die Unterschiede in Stil und Qualität verschleiern, die früher (teilweise zu Unrecht) dem Terroir in seinem wahren Sinn zugeschrieben wurde. Paradoxerweise können dieselben Verbesserungen aber auch dazu dienen, echte, dem Terroir zuzurechnende Unterschiede aufzudecken. Durch Beseitigung verfremdender Geruchs- und Geschmacksinhalte, die

Im Douro-Tal wachsen die Reben für den Portwein seit eh und je auf TERRASSEN. Hier eine moderne Anlage bei der Quinta do Roeda von Croft.

QUINTA
ROYAL OPORTO

auf eine fehlerhafte Weinbereitung zurückzuführen sind, erlauben sie den vollständigeren Ausdruck traubeneigener Qualitäten, die mit der Lage in Zusammenhang gebracht werden können.

Laville nennt folgende Faktoren (Komponenten) als bestimmend für das Terroir:

Klima, bemessen nach TEMPERATUR und NIEDERSCHLAG

Sonnenenergie bzw. Sonneneinstrahlung je Flächeneinheit (siehe SONNENLICHT)

Bodenrelief (bzw. TOPOGRAPHIE oder Geomorphologie), bestehend aus Höhenlage, Hangneigung und Hangrichtung

GEOLOGIE und Pedologie als maßgeblich für die grundlegenden physikalischen und chemischen Charakteristiken des Bodens

Hydrologie als maßgeblich für die Verhältnisse der BODENFEUCHTIGKEIT

Ein wesentlicher Grundgedanke des Terroirs ist, daß die ihn bestimmenden Komponenten naturgegeben und durch Pflegemaßnahmen nicht wesentlich beeinflußbar sind.

In fast allen neueren französischen Darstellungen liegt die Hauptbetonung auf dem Boden und insbesondere auf seinem Einfluß und seinen Wechselwirkungen mit anderen Umgebungselementen in der Regulierung der Wasserversorgung der Rebe. Die wichtigsten Aufschlüsse hierzu stammen aus den Arbeiten von Dr. Gérard Seguin von der Universität Bordeaux. Er stellte fest, daß zwar viele, jedoch durchaus nicht alle der anerkannt besten Weinlagen von Bordeaux auf kieshaltigem Sand aus dem Quartär liegen (d. h. späte Ablagerungen darstellen), aber weder der geologische Ursprung noch die BODENZUSAMMENSETZUNG konnten eine Erklärung dafür liefern, daß sie, berurteilt nach den von ihnen hervorgebrachten Weinen, die besten Terroirs des Gebiets sind. Eigentlich zeigten die besten der Spitzenlagen außerordentlich unterschiedliche Bodenzusammensetzung, von schwerem TON wie in Pomerol über Kalkbraunerde bis zu sandigem LEHM bzw. SAND über Ton (Podsolböden) und schließlich zu dem tiefgründigen, kieshaltigen Sandboden, wie er für das Médoc typisch ist. Auch die Analyse der chemischen Eigenschaften dieser Böden ergab extreme Unterschiedlichkeit.

Allerdings schälten sich bei den Spitzen-CRUS zwei verbindende Themen heraus. Zunächst sind keine der betreffenden Böden sehr fruchtbar, die Reben zeigen aber auch in keinem Fall irgendwelche Mangelerscheinungen an mineralischen Elementen (siehe NÄHRSTOFFVERSORGUNG DER REBE). Zweitens regulieren die Böden die Wasserzufuhr zu den Reben auf solche Weise, daß sie stets knapp ausreichend ist, ohne jemals Extreme in die eine oder andere Richtung aufzuweisen. Der WASSERABZUG ist ebenfalls stets hervorragend, so daß sowohl Staunässe als auch ein plötzliches Anschwellen der Wasserzufuhr, unabhängig von der Stärke der Regenfälle, stets vermieden wird. Bei den Tonböden beruht dies auf einem ziemlich hohen Gehalt an ORGANISCHEN STOFFEN oder an KALZIUM, so daß sie stets krümelig bleiben und eine offene Porenstruktur aufweisen, die das Wasser ohne weiteres durchläßt (siehe BODENSTRUKTUR).

Gleichzeitig ist das Wasserspeichervermögen des Bodens in den Tiefen, die den Rebenwurzeln zugänglich sind, ausreichend, um längere Zeiten eines Niederschlagsdefizits zu überbrücken. Dies beruht entweder auf großer Tiefgründigkeit und einem tiefreichenden, locker aufgebauten Wurzelwerk – so im Fall der Sandböden mit geringem Wasserspeichervermögen je Volumeneinheit – oder bei geringerer Tiefgründigkeit in schwereren Böden auf dem Vermögen des Tons und der organischen Stoffe, einen Teil des Wassers so fest an sich zu binden, daß es von den Wurzeln nur allmählich aufgenommen werden kann. Der tiefgründige, kieshaltige Sandboden im Médoc bildet das Beispiel für den ersteren Fall, der schwere Tonboden von Pomerol für den zweiten. Hieraus erklärt sich auch, warum die besten Terroirs in schlechten Jahren eine deutlich bessere Weinqualität aufrechterhalten als die anderen – eine Gleichmäßigkeit, die seit jeher eines der auffallendsten Merkmale der CRUS CLASSÉS von Bordeaux darstellt.

Untersuchungen des Terroirs in Burgund, wie sie von Johnson sowie von Halliday und Johnson erörtert und veranschaulicht werden, führen zu ähnlichen Folgerungen. Dort kommen die besten Weine von steinigen Ton- und Lehmböden, die sich an den mittleren Hängen aus MERGEL (einem Gemisch aus Ton und weichem Kalkgestein), vermischt mit SILT und mit Schutt von weiter oben am Hang befindlichem hartem Kalkgestein, zusammensetzen. Diese Böden vereinen gute Durchlässigkeit mit einem gerade ausreichenden Vermögen, Wasser zu speichern und den Reben zugänglich zu machen.

Umfangreiche Studien von Carbonneau u. a. in der Region Bordeaux sowie von Smart u. a. in Australien und Neuseeland haben ein weiteres gemeinsames Merkmal von Weinbergen, die Weine der Spitzenklasse hervorbringen, zutage gefördert. Bei allen besteht ein hoher Grad an Belichtung des Laubs und der Frucht durch direkte Sonneneinstrahlung bei nur geringfügiger Vollbeschattung des inneren und unteren Laubs (siehe auch SONNENLICHT, LAUBDACHMIKROKLIMA und LAUBPFLEGE). Abweichungen erklären sich hierbei aus Unterschieden in der vegetativen Wuchskraft und in der AUSGEWOGENHEIT der Reben. Die beste Qualität zeigt sich im Zusammenhang mit nur mäßiger WÜCHSIGKEIT, die meist aus einer knappen Wasserzufuhr, beschränkter STICKSTOFF-Versorgung und in manchen Fällen aus geeigneten REBENERZIEHUNGSSYSTEMEN resultiert. Aus diesen Studien läßt sich entnehmen, daß hierbei die Wirkungen des Bodens auf die Weinqualität indirekt sind, d. h. die Bodenverhältnisse, die die Wasser- und Stickstoffversorgung der Rebe regulieren, wirken sich auf die Wuchskraft der Rebe aus, die ihrerseits Einfluß auf die Belichtung des Laubs und der Frucht hat, und diese wiederum wirkt sich auf die Weinqualität aus. Während die beiden letzteren Faktoren auf nicht zu fruchtbaren Böden durch

Pflegemaßnahmen beeinflußbar sind, ist es der erstere weitestgehend nicht, solange keine BEWÄSSERUNG erfolgt. Er trägt demzufolge neben der lokalen Topographie in erster Linie zum unveränderlichen Einfluß des Terroirs bei.

Hieraus folgt, daß die oft als Basis des Terroirs genannten geologischen Verhältnisse im allgemeinen lediglich indirekte Bedeutung besitzen. Das Muttergestein trägt in unterschiedlichem Ausmaß zur Natur der aus ihm entstandenen Böden bei; es formt auch die lokale Topographie und damit das Mesoklima. Gelegentlich leistet das Muttergestein auch einen direkten Beitrag, weil die Rebwurzeln etwa im Fall kreidehaltiger Unterböden und der jüngeren Schwemmlandböden des Médoc in dieses eindringen können. Im weiteren Sinne sind jedoch der Boden und seine Wasserverhältnisse entscheidend. Das Studium des Terroirs betrifft daher Boden und Mesoklima, nicht aber die Geologie.

Eine internationale Konzeption?
Es bleibt die Frage, inwieweit die französische Konzeption des Terroirs mit ihrer primären Betonung des Bodens für andere Regionen und Weinbausysteme relevant ist. Ein vorherrschender Einfluß des Bodens und seiner Wasserverhältnisse ist unter den Voraussetzungen von Bordeaux mit seiner relativ flachen Topographie und den demzufolge geringen wirklich bedeutenden Unterschieden im Mesoklima ohne weiteres verständlich. Ganz anders ist die Situation in Gegenden wie beispielsweise in Deutschland an Mosel, Saar und Ruwer an der kühlen Grenze des Weinbaus. Die topographischen Unterschiede zwischen den einzelnen Lagen sind hier maßgeblich dafür, ob die Trauben, insbesondere der hochwertigen Sorten wie RIESLING, überhaupt zu voller Reife gelangen. Topographie und Mesoklima sind also unausweichlich die bestimmenden Komponenten des Terroirs (oder seines deutschen Pendants).

Darüber hinaus ist auch schon gesagt worden, daß die mesoklimatischen Unterschiede nicht allein für den erreichten Reifegrad maßgeblich sind. Es besteht darüber hinaus die Ansicht, daß sie auch subtilere Qualitäten der Traube und des Weins der Art, wie sie dem Terroir üblicherweise zugeschrieben werden, beeinflussen könnten (siehe dazu auch KLIMA UND WEINQUALITÄT und TEMPERATURUNTERSCHIEDE). Der Boden könnte in ähnlicher Weise die Qualitäten der Traube und des Weins durch seine Wirkungen auf das MIKROKLIMA beeinflussen (siehe auch STEINE, BODENFARBE und BODEN UND WEINQUALITÄT).

Alle derartigen Wirkungen dienen freilich nur dazu, die Bedeutung des Terroirs als einer echten Konzeption zu unterstreichen und nicht nur als etwas aufzufassen, das sich aus den Beziehungen zwischen Wüchsigkeit, Ausgewogenheit und Laubdach ableiten läßt. Die Unterscheidung ist insofern wichtig, als für letzteres – wieweit es immer zutreffen mag –, doch auch andere Möglichkeiten zur Verfügung stehen, um denselben Zweck zu erreichen. Es handelt sich dabei vor allem um zwei Entwicklungen:

1. Die Anwendung größerer und komplexerer REBENERZIEHUNGSSYSTEME, beispielsweise des LYRA-Systems von Carbonneau, das gute Belichtung von Laub und Frucht an größeren und ertragsstärkeren Reben ermöglicht. Dies erlaubt die Nutzung feuchterer und eventuell auch fruchtbarerer Böden, auf denen höhere Erträge entstehen können, ohne daß damit eine Einbuße an Frucht- und Weinqualität verbunden sein muß.

2. In Regionen mit trockenen Sommern der Einsatz einer geregelten Bewässerung, insbesondere durch TROPFBEWÄSSERUNG. Dies ermöglicht es, die vegetative Wuchskraft in den für die verwendeten Unterstützungssysteme geeigneten Grenzen zu halten und dabei während der Reifezeit nach Bedarf Wasser zuzuführen. Das bedeutet einen wichtigen Fortschritt in Regionen mit MEDITERRANEM KLIMA, weil diese dadurch Spielraum erhalten, bei geringeren klimatischen Risiken viele der Terroir-Charakteristiken altetablierter erstklassiger Weinbaugegenden nachzubilden.

Es erscheint jedoch unvorstellbar, daß diese Entwicklungen je die traditionell dem Terroir zugeschriebenen regionalen und lokalen Unterschiede in den Weinqualitäten vollständig aufheben können. Die Unterschiede in Makroklima, Mesoklima und Mikroklima sind nun einmal unabänderlich; demgegenüber sind viele verschiedene Wege denkbar, auf denen die Unterschiede in der chemischen Zusammensetzung des Bodens – z. B. bei Spurenelementgehalten – kleine, für den Geschmackssinn aber dennoch wahrnehmbare Wirkungen auf Aroma und Geschmack des Weins haben können. In dem Maß, wie die Terroirs ihre Einzigartigkeit bewahren und sich nicht voll durchschauen lassen, kann man darauf hoffen, daß sie auch weiterhin dazu beitragen werden, die unendliche Vielfalt und die Individualität der besten Weine zu formen und ihnen jene besonderen Charakternuancen zu verleihen, die den Wein zu einem so faszinierenden Gegenstand des Studiums machen. *Vivent les différences!*

J. G. und R. E. S.

Dickenson, J., VITICULTURAL GEOGRAPHY: AN INTRODUCTION TO THE LITERATURE IN ENGLISH, *Journal of Wine Research,* 1 (1990), 5–24.
Dubos, J., IMPORTANCE DU TERROIR COMME FACTEUR DE DIFFÉRENCIATION QUALITATIVE DES VINS, *Bulletin de l'O.I.V.,* 639 (1984), 861–873.
Johnson, H., *Der neue Weinatlas* (26. Aufl., Bern, 1995).
—und Halliday, J., *Wie Wein entsteht* (Bern, 1993).
Laville, P., LE TERROIR, UN CONCEPT INDISPENSABLE À L'ÉLABORATION ET À LA PROTECTION DES APPELLATIONS D'ORIGINE COMME À LA GESTION DES VIGNOBLES: LE CAS DE LA FRANCE, *Bulletin de l'O.I.V.,* 709/710 (1990), 217–241.
Seguin, G., «TERROIRS» AND PEDOLOGY OF WINE GROWING, *Experientia,* 42 (1986), 861–873.

TÊTE DE CUVÉE Französischer Ausdruck für feinsten Wein. Ähnlich ist CRÈME DE TÊTE.

TÊTES franz. VORLAUF (bei der Destillation).

TEXAS Der Bundesstaat im Südwesten der USA gewinnt zunehmend Bedeutung als Weinerzeugerland; der Weinstil muß hier allerdings erst noch unter den Händen der vielen Neulinge Gestalt annehmen, die unterschiedliches Terrain in einem heißen, trockenen Klima kultivieren. Wie jung der Weinbau in Texas noch ist und wie es um sein Potential an eigenständiger Art steht, zeigt sich recht klar in der überraschenden Identität von zwei seiner denkwürdigsten Weine, die in den Anfangsjahren entstanden sind: ein 1990er weißer French COLOMBARD (von Fall Creek) und ein 1987er roter Carnelian.

Beide Rebsorten bilden eher Kuriositäten als Trendsetter. Zu Beginn der 1990er Jahre war vielmehr CHENIN BLANC die ertragsstärkste Traubensorte, gefolgt von SAUVIGNON BLANC, CHARDONNAY und CABERNET SAUVIGNON. In geringerem Umfang wurden auch CABERNET FRANC, MERLOT, RIESLING, TREBBIANO und ZINFANDEL sowie Colombard und Carnelian angebaut. Die Gesamtrebfläche belief sich auf 1200 ha; in sie teilten sich 26 gewerbliche Weinbaubetriebe. Fast die gesamte Produktion entfiel auf SORTENREINE Tischweine; zudem betätigten sich in Texas zwei Spezialisten für Schaumwein nach der klassischen Methode (d. h. nach dem Champagnerverfahren).

Über zwei Drittel der Rebfläche befinden sich auf der Hochebene in Westtexas. In Trans-Pecos liegt der größte Teil der Anpflanzungen zwischen Odessa und Fort Stockton. Als zweiter bedeutender Weinbaubereich im Westen erstreckt sich um Lubbock der Llano Estacado; die Ebene hat ihren Namen davon, daß der spanische Entdecker Coronado im 18. Jh. seinen Weg über die einförmige Steppe mit Pfählen markierte, damit er ihn wiederfinden konnte. Llano Estacado heißt auch der älteste und zuverlässigste Weinbaubetrieb von Texas (aus dem Jahr 1976), der sich nicht weit südlich von Lubbock befindet. In manchen Gegenden besteht die Gefahr von FROSTSCHÄDEN.

Das in letzter Zeit zu beobachtende Tempo der Zugänge an Rebfläche und Weinbaubetrieben im Texas Hill Country, 320 km weiter ostwärts, läßt allerdings vermuten, daß es das altetablierte Weinbaugebiet in der Ebene demnächst überholen wird. Drei der vier texanischen American Viticultural Areas (siehe AVA) liegen im Texas Hill Country: Bell Mountain AVA, Fredericksburg AVA und Texas Hill Country AVA (der vierte, Escondido Valley, befindet sich im Pecos County im Weinbaugebiet Trans-Pecos).

Die bedeutendste Kraft im Weinbau von Texas bildet das 400 ha große Weingut Ste Genevieve Vineyard in Trans-Pecos, das von der University of Texas und dem großen Bordeaux-Handelshaus CORDIER in Gemeinschaftsarbeit entwickelt wurde. Fall Creek Vineyards hat im Texas Hill Country die Führungsstellung inne, seit dort eine Weinbauregion entstanden ist.

English, S. J., *The Wines of Texas* (Austin, Tex., 1988).

TEXAS ROOT ROT Die PILZKRANKHEIT, deren Erreger der im Boden lebende Pilz *Phymatotrichum omnivorum* ist, kann im Südwesten der USA den Weinbau teilweise unmöglich machen. Mitten im Sommer sterben plötzlich alle Reben auf einer kreisrunden Stelle ab. Das einzige Gegenmittel besteht in der Anpflanzung von nicht von der Krankheit befallenen Reben in nichtinfiziertem Boden. Die starkwüchsige VEREDELUNGSUNTERLAGE Dog Ridge kann dort eingesetzt werden, wo Verdacht auf Befall durch den Pilz besteht. R. E. S.

THAILAND In dem kleinen südostasiatischen Land mit seinem ausgesprochen feuchtwarmen Klima werden bestimmte Rebsorten unter Benutzung geeigneter UNTERSTÜTZUNGSSYSTEME und gezielter Entblätterung zur Simulierung eines Jahreszeitenwechsels mit einigem Erfolg kultiviert.

THALIA Portugiesischer Name der in Frankreich als UGNI BLANC und in Italien als TREBBIANO weitverbreiteten Weißweinrebsorte.

THEOPHRAST (370–288 v. Chr.) Philosoph und Botaniker aus Lesbos; in seinen Pflanzenuntersuchungen besprach er auch den Weinbau.

THERMOTHERAPIE Die Technik zur Ausschaltung von Virusinfektionen in Weinreben besteht darin, infizierte Pflanzen bei hohen Temperaturen (etwa 38 °C) heranzuziehen und sodann unter Benutzung der Triebspitzen zu vermehren. Aus den Triebspitzen entstehen neue, von den VIRUSKRANKHEITEN freie Pflanzen. Bestimmte Krankheiten, z. B. die REISIGKRANKHEIT, lassen sich auf diese Weise besonders leicht ausschalten, während andere – beispielsweise die BLATTROLLKRANKHEIT – größere Schwierigkeiten bereiten. Jede Triebspitze muß allerdings auf Virusfreiheit geprüft werden und wird dann als neuer KLON registriert. Die neueren Techniken der GEWEBEKULTUR haben sich inzwischen allgemein als wirksamer für die Ausschaltung von Viruskrankheiten erwiesen. R. E. S.

THERMOVINIFIKATION Das insbesondere in kühlem Klima oder in besonders kühlen Jahren gelegentlich bei der ROTWEINBEREITUNG eingesetzte Verfahren arbeitet mit einer Erhitzung der Trauben oder des Mosts vor der GÄRUNG auf etwa 70 °C, um dadurch ANTHOCYANE bzw. Farbstoffe aus den Traubenschalen herauszulösen (siehe TEMPERATUR). Auf diese Wärmebehandlung erfolgt unmittelbares PRESSEN, und der daraus gewonnene dunkle Most wird anschließend wie bei der traditionellen WEISSWEINBEREITUNG vergoren. Thermovinifikation eignet sich insbesondere für die Gewinnung von Alltagsrotweinen von Traubensorten mit geringem Gehalt an Anthocyanen, aber auch von Trauben mit kräftigeren Farbstoffen, die von BOTRYTIS befallen waren, deren Wirkung darin besteht, daß sie die Farbe von Rotweintrauben beeinträchtigt. Im letzteren Fall vernichtet die Wärmebehandlung die von dem Schimmelpilz produzierten farbzerstörenden Enzyme. Das Verfahren wird bei der Erzeugung feiner Weine nur selten angewendet, weil bei diesen die Extraktion der Farb- und Geschmacksstoffe aus den Traubenschalen fast ausnahmslos durch längere MAISCHUNG geschieht. A. D. W.

THIAMIN siehe VITAMINE.

THOMPSON SEEDLESS Der in KALIFORNIEN gebräuchliche Name der kernlosen weißen Traubensorte SULTANA. Sie erhielt ihn nach einem der ersten Anbauer der Sorte in der Nähe von Yuba City, einem gewissen William Thompson. In Kalifornien war Thompson Seedless im Jahr 1991 mit 106 500 ha die eindeutig meistangebaute Rebsorte; sie stellte die unter den weißen Trauben an zweiter Stelle stehende Chardonnay-Rebe weit in den Schatten. Fast der gesamte kalifornische Bestand an Thompson Seedless befindet sich im heißen, trockenen SAN JOAQUIN VALLEY, davon zwei Drittel allein im Fresno County, der Zentrale der kalifornischen Rosinenproduktion. In den 1970er Jahren erwies sich Thompson Seedless für den kalifornischen Weinbau als besonders nützlich, weil sie dazu beitrug, den Vorrat an billigem weißem JUG WINE zu strecken, als die Nachfrage dem Angebot an besseren Weißweintrauben davonlief. Heute liefert Thompson Seedless dagegen in der Hauptsache lediglich ROSINEN-Trauben.

THOUARSAIS, VINS DU Kleiner VDQS-Bereich an der südlichen Loire, westlich von Haut-POITOU. 1990 brachten laut Statistik lediglich 17 ha diesen leichten Wein von Chenin Blanc und etwas Chardonnay hervor.

THRIPS oder **Blasenfüßer.** Das winzige (1–2 mm lange) geflügelte Insekt befällt die Gescheine und die sich entwickelnden Trauben und bringt im Frühjahr die Jungtriebe zum Verkümmern. Der Befall läßt sich dadurch feststellen, daß man eine im Entstehen begriffene Traube kräftig auf ein Stück weißes Papier aufschlägt. Blasenfüßer verursachen auch Schaden dadurch, daß das Weibchen ein Ei in eine in der Entwicklung begriffene Beere ablegt, wobei eine kleine, dunkle Stelle mit einem sie umgebenden helleren Fleck entsteht. Diese Flecken können aufbrechen und zersetzenden Organismen den Zutritt freigeben; außerdem ist bei TAFELTRAUBEN die Fleckenbildung ein Schönheitsfehler. Blasenfüßer werden manchmal auch für schlechten FRUCHTANSATZ verantwortlich gemacht, allerdings gibt es hierfür keine stichhaltigen Beweise. Bekämpfung ist erforderlichenfalls durch Kontaktinsektizide möglich. M. J. E.

TIBOUREN Die fast als die provenzalische Rebsorte schlechthin zu bezeichnende Traube hat dort eine lange Geschichte und bringt Weine hervor, die in Form von erdigen Rosés mit dem Duft des Wildgestrüpps *garrigue* geradezu die Quintessenz dieser Landschaft darstellen. Sie wird zwar nur in beschränktem Umfang, aber doch von ziemlich vielen qualitäts- und geschichtsbewußten Weinerzeugern der Provence kultiviert und von manchen als sortenreiner Roséwein produziert. Die Rebe ist empfindlich für VERRIESELN und erbringt daher unregelmäßige Erträge. Die tief eingeschnittene Blattform erinnert Galet an Rebsorten des Nahen und Mittleren Ostens; möglicherweise wurde Tibouren von den Griechen über Marseilles ins Land gebracht. Allerdings lag die ursprüngliche Einflußsphäre der Traube um St-Tropez, wohin sie nach Meinung einiger Fachleute erst gegen Ende des 18. Jh. von einem Kapitän Antiboul gebracht worden sein soll, nach dem sie dann benannt wurde.

Galet, P., *Cépages et vignobles de France* (2. Aufl., Montpellier, 1990).

TIEFLOCKERUNG Das vor allem bei der Neuanlage von Weinbergen verbreitet durchgeführte Bodenbearbeitungsverfahren dient zum Aufbrechen des verfestigten Bodens, um freien Wasserdurchlaß zu gewährleisten und den Wurzeln Raum zum Vordringen in größere Tiefen zu schaffen. Meistens wird mit schweren Maschinen oder Schleppern ein ein- bis mehrzinkiger Kultivator bis in eine Tiefe von rund 1 m in den Boden getrieben und durchgezogen. Manchmal gelangen auf diese Weise große Steine an die Oberfläche, insbesondere wenn eine durchgehende Kalksteinschicht aufgebrochen wird. In Kalifornien werden oft Tiefpflüge anstelle von Zinken verwendet. Manchmal sind die Zinken gerade und brechen den Boden lediglich auf. Andererseits kann auch ein Streichblechpflug Verwendung finden, der die Erde umbricht und den Unterboden nach oben bringt. Diese Art der Bearbeitung ist in Südafrika verbreitet.

Das Tieflockern ermöglicht zugleich das Einbringen von DÜNGEMITTELN und Zuschlagstoffen wie Phosphate, bestimmte Formen von Kali oder Kalk, die nicht leicht durch den Boden durchgelaugt werden (siehe BODENVERBESSERUNG). Die Abstände zwischen den Tieflockerungsfurchen und ihre Tiefe hängen von der Leistung des Schleppers und von der Festigkeit des Bodens ab. Am besten lassen sich Tieflockerungsarbeiten bei trockenem Boden durchführen, da dabei Aufbruchschichten entstehen. Mit der Zeit setzt sich der Weinbergboden wieder, so daß der ursprüngliche Lockerungseffekt verschwindet. Lockerungsarbeiten können auch in bepflanzten Weinbergen durchgeführt werden, dann aber wird die Größe des Schleppers und damit die verfügbare Zugkraft durch den Raum zwischen den Zeilen begrenzt, und es ist meist schwierig, in größere Tiefen als etwa 30 cm vorzudringen.

Durch Lockerung dichter Tonböden wird erreicht, daß die Rebwurzeln sich leichter ausbreiten können und dadurch mehr Wasser und Nährstoffe erreichen. Das führt zu verbesserter Wuchskraft und höheren ERTRÄGEN. Allerdings kann es auch vorkommen, daß die Weinqualität durch derartige Bodenbearbeitungen gemindert wird. Sofern nicht geeignete Maßnahmen getroffen werden, um die erhöhte Wuchskraft im Zaum zu halten, können Frucht und Weinqualität infolge von übermäßigem SCHATTEN leiden.

R. E. S.

Coombe, B. G., und Dry, P. R. (Hrsg.), *Viticulture, II: Practices* (Adelaide, 1992).

TIERE Schäden im Weinberg verursachen Tiere in den meisten Fällen dadurch, daß sie Laub und Früchte abfressen. Eine unkontrollierte Verringerung der Laubmasse kann zu Beeinträchtigung der Fruchtreife und dadurch der Weinqualität führen.

Die meisten Tiere können durch Einzäunen der Weinberge ferngehalten werden, dabei müssen aber gegen grabende oder wühlende Kleintriere Drahtgitter in den Boden versenkt und die oberirdischen Zäune recht hoch und übergeneigt gebaut werden, wenn es gilt, große und sprungkräftige Tiere wie Känguruhs auszusperren. Nachstehend wird auf einige Tiere im besonderen eingegangen, die sich in Weinbergen am häufigsten störend bemerkbar machen. Hinzugefügt sei noch, daß Wildschweine im DOURO-Tal in Portugal schon manche Weinpflanzung durchwühlt und in Deutschland gelegentlich eine ganze EISWEIN-Ernte weggefressen haben. In Neuseeland benutzen demgegenüber manche Winzer durch Elektrozäune geleitete Schafherden dazu, auf gezielte Weise die Laubmasse zu reduzieren.

Hochwild
Rehe und Hirsche erweisen sich in vielen Gegenden Nordamerikas, wo durch die staatlichen Wildschutzbestimmungen die Bekämpfungsmöglichkeiten eingeschränkt sind, als schädlich. Sie verursachen vor allem Fraßschäden an Jungtrieben; gelegentlich werden ganze Weinstöcke kahlgefressen. Wiederholte Fraßschäden dieser Art können zu schwerer Verkrüppelung von Weinstöcken führen; hinzu kommt, daß auch die Stämme und Schenkel gelegentlich durch das Wetzen der Geweihe abgebrochen oder beschädigt werden. Der wirksamste Schutz ist die Einzäunung des Weinberges. Meist genügt ein 1,50–2 m hoher Maschendrahtzaun oder ein Elektrozaun.

Känguruhs
In manchen Gegenden Australiens bilden Känguruhs nicht nur eine Touristenattraktion, sondern auch eine Problemquelle für junge Weinpflanzungen. Wie Kaninchen fressen sie Laub, aber auch Triebe in Spanndrahthöhe und verderben damit die für das künftige Wachstum nötigen Augen. Als Bekämpfung ist Abschuß möglich, allerdings braucht man dafür eine Genehmigung. In manchen Gegenden mit starker Känguruhpopulation müssen vor der Anpflanzung von Reben Zäune in ausreichender Höhe mit übergeneigtem oberem Ende und Stacheldrahtbewehrung gebaut werden.

Kaninchen und Hasen
Sie verursachen in vielen Gegenden, besonders in neu angelegten Weinbergen, beträchtliche Schäden. In Teilen Südfrankreichs und Australiens müssen gegen Kaninchen kostspielige Schutzmaßnahmen getroffen werden. Kaninchen fressen an Jungreben die Rinde und das Laub ab, und selbst nur geringfügig geschädigte Pflanzen brauchen oft lange, um sich wieder zu erholen. Zäune mit etwa 15 cm tief in die Erde versenktem Maschendraht können zur Abwehr von Kaninchen dienen. Auch lassen sich die Reben einzeln durch Drahtgitter oder feste Umbauten sichern. Bei größerer Kaninchenplage wird in manchen Gegenden auch Bekämpfung mit vergifteten Ködern angewendet. Unter bestimmten Umständen kann auch durch Abschuß wirksame Abhilfe geschaffen werden, und zeitweilige Abwehr ist mit chemischen Abschreckungsmitteln möglich. Die Bekämpfungsmethode richtet sich nach den Umständen und der Dringlichkeit, wobei zu beachten bleibt, daß Kaninchenpopulationen sich sehr rasch vermehren können.

Erdhörnchen
Sie fressen in manchen Gegenden der USA die Rinde oder Trauben ab. Obwohl sie in ganzen Kolonien leben, richten sie jedoch nur selten größeren Schaden an. Die Belästigung durch sie kann aber beträchtliche Ausmaße annehmen, wenn die Population nicht unter Kontrolle gehalten wird. Allerdings können sie nicht nur Reben anfressen, sondern durch ihre Erdbauten auch das Wurzelwerk beeinträchtigen und schließlich Maschinen und die Erntearbeit behindern. Durch Zäune sind Erdhörnchen nicht fernzuhalten, auch Abschreckungsmittel versagen. Die einzigen wirksamen Bekämpfungsmittel sind Ausräuchern, das Auslegen von giftigen Ködern oder das Aufstellen von Fallen.

Nagetiere
Wühl- und Feldmäuse verursachen, wenn sie günstige Lebensbedingungen vorfinden, Fraßschäden vor allem in jungen Weinpflanzungen und können viele Reben zum Absterben bringen. Unkrautbeseitigung im Weinberg und Kultivierung der Randstreifen an Zäunen stellen wirksame Abwehrmaßnahmen dar. Haben sich Mäuse im Weinberg festgesetzt, können sie jedoch nur noch durch Auslegen giftiger Köder bekämpft werden. Schutzgitter um junge Reben wehren nicht nur Nager dieser Art, sondern auch Kaninchen ab.

In manchen Gegenden Nordamerikas entstehen Schäden in Weinpflanzungen auch durch Taschenratten, die oft die Rinde unterhalb der Erdoberfläche abnagen und durch Graben von Gängen Wasserverluste und andere Probleme hervorrufen. Die Bekämpfung ist mit Fallen oder Giftködern möglich. Bei sehr hoher Taschenrattenpopulation müssen gelegentlich Köderlegemaschinen eingesetzt werden. Durch Unkrautbekämpfung mit Herbiziden kann gegen Taschenratten vorgegangen werden, weil ihnen dadurch die Nahrungsgrundlage entzogen wird. Allerdings müssen die Bekämpfungsmaßnahmen auch auf die Umgebung der Weinberge ausgedehnt werden, weil sonst erneuter Befall nicht auszuschließen ist.

Siehe auch VÖGEL. M. J. E.

Flaherty, D. L., et al. (Hrsg.), *Grape Pest Management* (2. Aufl., Oakland, Calif., 1992).

TIERRA DE BARROS Spanischer Weinbaubereich. Siehe EXTREMADURA.

TIGNANELLO Epochemachender Wein aus Mittelitalien; er wurde von dem Haus ANTINORI erstmals Anfang der 1970er Jahre produziert. Siehe auch VINO DA TAVOLA.

TINAJA Großes irdenes Gefäß, vermutlich hervorgegangen aus der römischen AMPHORE; es wird in Mittel- und Südspanien zum Vergären und Lagern von Wein benutzt. *Tinajas* sind heute noch in La MANCHA, VALDEPEÑAS und MONTILLA-MORILES gebräuchlich, allerdings bestehen moderne Versionen meist aus Stahlbeton. Sie sind relativ billig, haben aber den Nachteil schlechter Raumausnutzung und sind darüber hinaus schwierig zu reinigen und zu kühlen.

TINTA Das spanische bzw. portugiesische Wort *tinto* (für roten Wein) ist in der weiblichen Form ein häufig vorkommender Namensbestandteil von Rotweinrebsorten, z. B. Tinta Roriz (siehe RORIZ).

TINTA AMARELA Ertragreiche portugiesische Rotweinrebsorte, früher am Douro und heute noch in der Region Dão verbreitet angebaut. Sie erbringt ansprechenden duftigen Wein, gilt aber nicht als eine der feinsten Portweintraubensorten und ist recht fäuleanfällig. In Südportugal heißt sie Trincadeira.

TINTA BARROCA Die relativ dickschalige Portweintraubensorte eignet sich besonders für höhere und nach Norden gerichtete Lagen im DOURO-Tal (Portugal). Die Erträge sind

TINAJAS für die Lagerung von Montilla-Weinen in den Bodegas Alvear in Südspanien.

zwar unregelmäßig, doch erbringt die Rebe auch bei Dürre brauchbare dunkle Trauben für Verschnitte. Vielleicht aus diesem Grund ist Tinta Barroca auch in Südafrika für portähnliche Weine so beliebt. Trockener Rotwein SORTENREIN von Tinta Barroca ist eine südafrikanische Spezialität.

TINTA CÃO Hochwertige Rotweinrebsorte für die Portweinproduktion. Sie war aus den Weinbergen im DOURO-Tal in Nordportugal (trotz ihrer langen Geschichte dort) schon fast verschwunden, wird nun aber wieder mit neuem Eifer angebaut, seitdem entdeckt wurde, daß sie eine der fünf wertvollsten Portweintrauben ist, obwohl sie nicht gerade den dunkelsten Wein liefert. In DAVIS in Kalifornien gibt es Versuchspflanzungen der Sorte.

TINTA FRANCISCA Einfache portugiesische Rotweintraubensorte für die Produktion von PORTWEIN. Im DOURO-Tal gilt sie nicht als eine der feineren Traubensorten. Ihr Wein ist oft ausgeprägt süß, aber nicht besonders konzentriert.

TINTA NEGRA MOLE Die Herkunft der bei weitem am häufigsten angebauten Rebsorte der Insel MADEIRA ist zwar nicht bekannt, es handelt sich bei ihr aber um eine echte VINIFERA-Sorte – im Gegensatz zu den anderen Rebsorten, die nach den Verheerungen durch den ECHTEN MEHLTAU und die REBLAUS im 19. Jh. die Edelrebsorten SERCIAL, VERDELHO, BUAL und MALVASIA verdrängten. Sie erbringt relativ große Mengen an süßem Rotwein, der unter dem Einfluß der Madeira-Erzeugungsmethoden bernsteinbraun und später mit der Zeit gelbgrün wird. Unter dem gleichen Namen wird eine möglicherweise ganz andere Rebsorte auf dem portugiesischen Festland in der Algarve und als Negramoll in Spanien angebaut.

TINTA PINHEIRA Sehr einfache portugiesische Rotweinrebsorte für die Produktion von rotem DÃO.

TINTO Das in Spanien bzw. Portugal als Bezeichnung für die Farbe von dunklem Rotwein *(vino* bzw. *vinho tinto)* gebräuchliche Wort dient zugleich zur Unterscheidung von dem helleren Rot des in Spanien produzierten CLARETE.

Wie die weibliche Form *tinta* steht auch *tinto* als Namensbestandteil vor vielen Rotweinrebsorten. So heißt beispielsweise der TEMPRANILLO in Ribera del Duero auch Tinto Fino und trägt im übrigen Spanien u. a. die Synonyme Tinto Madrid, Tinto de la Rioja, Tinto del Pais und Tinto de Toro.

TIRAGE Der französische Ausdruck bezeichnet den Teil des Champagnerverfahrens der SCHAUMWEINHERSTELLUNG, in dem Zucker und Hefe dem Grundweinverschnitt zugesetzt werden, um die Zweitgärung hervorzurufen, die für die Entstehung des Kohlensäuredrucks verantwortlich ist. Manchmal wird der Begriff auf die gesamte Lagerzeit ausgedehnt, die der Schaumwein auf dem GELÄGER der zweiten Gärung verbringt.

TIROL Im österreichischen Teil von Tirol wird praktisch kein Wein angebaut, dagegen hat der Weinbau in dem nach dem 1. Weltkrieg an Italien gefallenen Südtirol außerordentlich große Bedeutung (siehe ALTO ADIGE).

TITRIERBARE SÄURE siehe GESAMTSÄURE.

TOCAI oder **Tocai Friulano.** Die populärste und meistangebaute Weißweinrebsorte in der Region FRIULI in Nordostitalien ist nicht verwandt mit dem Tokay d'Alsace (dem Elsässer Synonym für PINOT GRIS, der als PINOT GRIGIO neben dem Tocai in Friaul wächst), und sie hat vermutlich auch nichts mit dem berühmten TOKAJER aus Ungarn zu tun. Dagegen ist sie Galet zufolge mit dem in Chile verbreitet angebauten SAUVIGNON Vert oder Sauvignonasse identisch. In Italien hielt der Tocai im Jahr 1990 eine Anbaufläche von 7000 ha besetzt.

In Friaul erbringt die früh austreibende ertragreiche Rebe den einfachen Wein, der in jeder Trattoria ausgeschenkt wird. Über 2000 ha stehen in den DOC-Bereichen COLLI ORIENTALI, COLLIO, GRAVE DEL FRIULI und ISONZO in Ertrag; das entspricht etwa 20 % der Gesamtrebfläche dieser Bereiche und über 30 % der mit Weißweinrebsorten besetzten Fläche. In Anbetracht der großen Verbreitung ist es nicht leicht, Gegenden mit besonders hoher Qualität herauszusondern, doch dürfen Buttrio, Manzano und Rosazzo in den Colli Orientali und die Gegenden zwischen Cormons und Brazzano sowie zwischen Brazzano und Dolegna und Capriva di Friuli in der DOC Collio als klassische Herkunftsbereiche für feinen Tocai gelten. Der Wein ist hell, leicht, blumig im Aroma, zeigt in Duft und Geschmack eine ausgeprägte Mandelnote und will stets jung getrunken sein.

Im VENETO wird ebenfalls Tocai angebaut, der aber nicht mit Tocai Friulano identisch ist.

Italienische Autoritäten, insbesondere Gaetano Perusini, versichern, die Tocai-Rebe sei mit der ungarischen FURMINT-Rebe verwandt und von dem Grafen Ottelio di Ariis im Jahr 1863 ins Land gebracht worden, als Friaul noch zum österreichisch-ungarischen Kaiserreich gehörte; dagegen behauptet der Historiker Coronini aus Friaul, der Patriarch von Aquileia, Bertoldo di Andechs, habe im 13. Jh. dem ungarischen König Béla IV. Stecklinge der Tocai-Rebe gesandt. Der Widerspruch ist bis heute nicht aufgelöst, doch unter ungarischem Druck haben sich die Italiener nun bereit erklärt, den Namen Tocai nicht mehr zu benutzen.

In beschränktem Umfang wird auch in ARGENTINIEN eine Rebsorte namens Tocai Friulano kultiviert, und in der UKRAINE wird Sauvignon Vert angebaut. D. T. und J. Ro.

Galet, P., *Cépages et vignobles de France, II: L'ampélographie française* (2. Aufl., Montpellier, 1990).

TOKAJER Der große, einzigartige, süße und duftige **Tokaji** aus dem Weinbaugebiet **Tokaj-Hegyalja** im äußersten Nordwesten UNGARNS geht der Legende nach auf das Jahr 1650 zurück, als die ganze Gegend Eigentum von Zssuzsanna Lorantfly war. Auf ihrem Gut lebte ein Priester, der auch für die Weinbereitung zuständig war. Da er einen Überfall der Türken befürchtete, gab er Befehl, mit der Weinlese noch zu warten. So kam es, daß ein Teil der Trauben von EDELFÄULE befallen, nach der Lese für sich gekeltert und dann erst mit dem übrigen Most zusammengetan wurde. Als der daraus entstandene Wein zum nächsten Osterfest angezapft wurde, rief er große Bewunderung hervor. In den darauffolgenden zehn Jahren soll dann der Edelfäulepilz erkannt worden sein (über hundert Jahre, bevor dies in Deutschland auf SCHLOSS JOHANNISBERG geschehen sein soll). Im 18. Jh. wurde jedenfalls dieser außergewöhnliche Wein am französischen Königshof vorgestellt (siehe UNGARN) und später von den Habsburgern auch am Zarenhof in Rußland eingeführt. Nur der CONSTANTIA vom Kap der Guten Hoffnung und in geringerem Maß der COTNARI aus Rumänien konnten sich damals in der großen Zeit der Süßweinverehrung mit dem Tokajer als «Wein der Könige und König der Weine» messen, und die Tokajer Eszencia galt als Stärkungstrank für alle Zwecke.

Das Weinbaugebiet Tokaj-Hegyalja umfaßt mit der Stadt Tokaj selbst insgesamt 28 Orte. Von vielen hundert Hektar Rebfläche gelten als die berühmtesten Weinberge die Lagen nördlich von Tokaj in Tarcal, Mád, Tallya und Tolcsva in den Zemplén-Bergen im Südosten und im Hauptmassiv im Norden. Rein geographisch erstreckt sich das Gebiet bis in die Slowakei hinein, allerdings tauschte die frühere TSCHECHOSLOWAKEI das Recht auf die Benutzung des Namens Tokajer gegen einen Bierexportvertrag mit Ungarn ein.

Die Reben wachsen hier auf zwei unterschiedlichen Bodenarten – die eine ist LÖSS, die andere VULKANISCHEN Ursprungs. Die Karpaten, die das Gebiet von Osten, Norden

Eine Besonderheit der Weinkeller von TOKAJ ist eine dicke schwarze Schimmelschicht.

und Westen her abschirmen, bringen einen wärmenden Effekt zustande, der ein MAKROKLIMA mit hoher Luftfeuchtigkeit in den Nächten und mit langen, warmen Herbsten schafft. Diese Kombination begünstigt gemeinsam mit den hier zusammenkommenden Flüssen Tisza (Theiß) und Bodrog die Bildung von Edelfäule im *aszú*, dem ungarischen Pendant zum österreichischen AUSBRUCH. Edelfäule entwickelt sich zwar nicht jedes Jahr, für Aszú aber qualifizieren sich die Trauben auch ohnedies mit einem Zuckergehalt von 20 g/l bei der Lese.

Die Weinbaumethoden sind dieselben wie anderswo auch, lediglich beim REBSCHNITT muß sehr darauf geachtet werden, daß die Qualität nicht verwässert wird, und die Lese findet im allgemeinen sehr spät statt. Der traditionelle Termin für den Beginn, der 28. Oktober, ist zwar inzwischen aufgegeben worden, trotzdem dauert die Lese oft bis in den November hinein. Eine ständige genaue Überwachung ist erforderlich, um rechtzeitig festzustellen, welche der verschiedenen Tokajer-Sorten aus dem einen oder anderen Weinberg produziert werden kann. Tokajer entsteht seit jeher in verschiedenen Süßegraden, und der Zweck des modernen Weingesetzes besteht lediglich darin, der Tradition feste Form zu verleihen.

Die Haupttraube ist die feurige FURMINT; sie wird belebt und mit Duft versehen durch etwa die halbe Menge der HÁRSLEVELŰ-Traube und gelegentlich gemildert durch geringere Beimischungen der goldenen Mutation des MUSCAT BLANC À PETITS GRAINS, hier manchmal Muscat Lunel oder Gelber Muskateller oder Muskotályos genannt. Diese drei Rebsorten (sie spielen gewissermaßen die Rollen, die Sémillon, Sauvignon Blanc und Muscadelle im SAUTERNES übernehmen) werden manchmal auch SORTENREIN abgefüllt, heißen dann aber z. B. Tokaji Furmint, werden stets trokken bis halbtrocken von Trauben erzeugt, die nicht von Edelfäule befallen sind, und bilden gewissermaßen den «gewöhnlichen» Tokajer. Sie kommen auch in normalen 75-cl-Flaschen auf den Markt und nicht in den für den «echten» Tokajer charakteristischen 50-cl-Flaschen.

Auf der nächsten Stufe der Süße und gewöhnlich auch der Qualität nach steht der Tokaji Szamorodni («wie gewachsen»). Diese Art wird trocken oder süß von einer Mischung edelfauler und nicht edelfauler Trauben bereitet, davon weniger als 50 % in Aszú-Qualität. Die Süße des resultierenden Weins hängt von diesem Anteil ab. Nach dem Abbeeren und Mahlen wird der Szamorodni-Most 12 bis 24 Stunden lang gemaischt, um die Bildung von Aszú-Aromen zu fördern, und schließlich abgepreßt.

Die dritte Form, die ein Tokajer-Jahrgang hervorbringt, ist die kostbarste. In den Teilen der Weinberge, in denen mehr als 50 % der Trauben von Edelfäule befallen sind, werden nun die eingeschrumpften Aszú-Trauben, ja manchmal die einzelnen Beeren herausgelesen und in Tanks aufbewahrt, bis der Wein der nicht von Edelfäule befallenen Trauben vergoren ist. Sodann werden sie zu einer süßen Paste geknetet und in genau abgemessenem Anteil den Grundweinen beigemischt, die mit größter Sorgfalt nach ALKOHOLGEHALT, SÄURE und EXTRAKT ausgewählt werden. Dabei wird etwa vorhandene unvergorene Fructose als vorteilhaft betrachtet.

Als Maß für den Grundwein wird seit jeher das im nahegelegenen Gönc hergestellte 136-l-Faß herangezogen, während die Aszú-Paste in *puttonyos* (Butten) mit einem Fassungsvermögen von 20–25 kg gemessen wird. Je mehr *puttonyos* nun einem Göncer Faß Grundwein beigemischt werden, desto süßer fällt der resultierende Wein aus. Tokaji Aszú kommt je nach Süßegrad und Extraktgehalt unter der Bezeichnung 3, 4, 5 oder 6 *puttonyos* zum Verkauf. Ein 6-*puttonyos* beispielsweise muß 150 g/l RESTSÜSSE und 45 g/l zuckerfreien Extrakt enthalten.

Heute wird die Paste maschinell durch sanftes Pürieren der Aszú-Trauben hergestellt und der Grundwein darauf gegeben. Dann wird das Ganze durchgerührt und 24–36 Stunden lang gemaischt, damit der Wein die besonderen Aszú-Eigenschaften aus der Paste in sich aufnimmt. Nach schonendem Pressen, meist in einer pneumatischen Presse, wird der nun entstandene Wein in Göncer Fässer abgestochen und reift darin je nach seinem Stil vier bis acht Jahre lang.

Eine weitere Besonderheit, die zum Tokajer gehört, bilden die eigenartig niedrigen in die Hänge getriebenen tunnelartigen Stollen – angeblich wurden sie so gebaut, um den Wein vor marodierenden Türken zu schützen –, in denen der Wein nun reift. Die Wände dieser mit 10 °C sehr kühlen Keller sind von dem Schimmelpilz *Racodium cellare* überzogen, der auf dem Spiegel des Weins im Faß eine FILMBILDENDE HEFE, ähnlich der FLOR-Hefe in Jerez, darstellt, jedoch kälter und nicht so aktiv ist wie diese. Jedes AUFFÜLLEN unterbleibt absichtlich, und so zeichnet sich der Tokajer durch ein sehr hohes Niveau an ALDEHYDEN und ESTERN sowie durch den Geschmack seiner besonderen Traubensorten, durch hohen Säure- und Extraktgehalt und unterschiedliche Restsüße aus.

Der vom Monimpex exportierte trockene Tokaji Szamorodni schmeckt ähnlich wie ein etwas flacher SHERRY, allerdings besteht guter Grund für die Annahme, daß seine Qualität wesentlich verbessert werden könnte. Es wurde auch eine süßere Version bereitet, doch ihr mangelt die natürliche Vitalität des Tokaji Aszú, der in der Jugend nach Edelfäule und Rosinen schmeckt und im Alter den Geschmack von Brot und Mandeln hinzugewinnt.

In sehr kleinen Mengen werden nur in den besten Jahren zwei noch süßere Versionen von *Aszú*-Beeren bereitet. Die Aszú Eszencia enthält noch mehr Süße als ein 6-*puttonyos*-Aszú; es ist eine besonders hochwirksame Hefe nötig, um sie zu vergären. Anschließend muß dieser Wein zehn Jahre im Faß reifen. Die absolute Tokajer Essenz ist dagegen ein nur schwach alkoholischer Sirup aus der geringen Menge Vorlaufmost, die bei der Lagerung von Aszú-Trauben austritt, bevor diese zu Paste verarbeitet werden. Dieser Most ist so reich an Zucker und unvergärbaren Inhaltsstoffen, daß er nur ganz langsam über viele Jahre hinweg im Faß gärt; er ist auch nur für Verschnittzwecke bestimmt – allerdings bildet er natürlich den Gegenstand der Neugier seitens der wachsenden Zahl ausländischer Besucher der Region.

Siehe auch UNGARN.

Katona, J., *Ungarischer Weinführer* (Budapest, 1987).
Tokaj-Hegyaljai Album (1867).

TOKAY D'ALSACE, kurz **Tokay**. So lautete im Elsaß lange Zeit der Name für PINOT GRIS. Wahrscheinlich gelangte diese Sorte im 14. Jh. nach Ungarn, wo sie unter dem Namen Szürkebarat kultiviert wurde; 200 Jahre später brachte General Schwendi sie dann – wie angenommen wird – von seinem Feldzug gegen die Türken wieder mit, und so kam sie als «Tokay» unter dem Namen des damals schon berühmtesten ungarischen Weins nach Kientzheim zurück (allerdings wird der TOKAJER schon seit damals nicht von Pinot Gris, sondern von der FURMINT-Traube bereitet).

Um nun Verwechslungen mit dem großen Ungarwein zu vermeiden (wobei allerdings jeder Elsässer Kellermeister entsetzt wäre, wenn irgend jemand die besonderen Geschmackseigenschaften des Tokajers in seinem Pinot Gris zu entdecken behauptete), haben die europäischen Weingesetzgeber die Bezeichnung **Tokay Pinot Gris** als Übergangslösung vorgeschlagen, bis der Name Tokay im Elsaß endgültig aufgegeben werden soll.

Galet, P., *Cépages et vignobles de France* (2. Aufl., Montpellier, 1990).

TON Sediment bzw. Bodenart aus besonders feinen Partikeln (siehe auch BODENZUSAMMENSETZUNG und GEOLOGIE). Die der Einteilung zugrunde liegenden Begriffe beziehen sich nicht auf die mineralische Zusammensetzung des Bodens – Böden, die unter «Ton» fallen, bestehen allerdings überwiegend aus Tonmineralen (was in der Geologie technische Bedeutung besitzt), enthalten aber gegebenenfalls auch in beträchlichtem Umfang Quartz in (besonders feiner) Tonpartikelgröße. Für eine stabile BODENSTRUKTUR ist zumindest ein gewisser Anteil an Ton erforderlich. Im Weinbau wird Ton insbesondere als UNTERBODEN geschätzt und hat in dieser Form oft mehr Einfluß, als von der Bodenoberfläche aus erkennbar ist, beispielsweise in Teilen von POMEROL. J. G.

TONNEAU Traditionelles Maß für Wein in Bordeaux, früher ein großes Faß mit 900 l Inhalt, entsprechend vier BARRIQUES. Ein Pariser Tonneau hatte 800 l Fassungsvermögen, da aber die Kaufleute aus der Gascogne in London und englische Kaufleute in Bordeaux den Ton angaben, wurde das Faß aus Bordeaux zum Standardmaß. Am Ende des 18. Jh. war es dann bereits durch die leichter zu transportierende Barrique ersetzt, trotzdem blieb ein Tonneau, entsprechend 100 KISTEN Wein, weiterhin das übliche Maß für den BORDEAUX-WEINHANDEL.

Für den mittelalterlichen Handel hatte Wein ganz allgemein so große Bedeutung, daß sich aus Tonneau der Begriff der Tonne als der von einer entsprechenden Menge Wein eingenommene Raum zum Maß für die Ladekapazität eines Schiffs für jede beliebige Fracht entwickelte (siehe auch HOLLÄNDISCHER WEINHANDEL).

TONNERROIS Aufstrebender Weinbaubereich um den Ort Tonnerre bei CHABLIS.

TONSCHIEFER Ein dunkles, mit Ton vermischtes Sedimentgestein, das sich leicht in sehr dünne Schichten spalten läßt. Es ist stärker krümelig als SCHIEFER. Als Gestein und als Bodenbeimischung verhält sich Tonschiefer in der Kultivierung wie Ton. J. M. H.

TOPOGRAPHIE Die Oberflächengestalt einer Landschaft übt beträchtlichen Einfluß auf das Klima und damit auch auf den Weinbau der betreffenden Gegend aus. Geiger gibt einen umfassenden Überblick über die Auswirkungen der Topographie auf das lokale Klima. Über gewisse Anpassungen der Temperaturaufzeichnungen zur Berücksichtigung der topographischen Gegebenheiten von Weinlagen wird unter MESOKLIMA berichtet. Die topographischen Elemente, die sich am stärksten auf das Klima auswirken, sind Erhebungen bzw. ihre HÖHE, Hangneigung, die Trennung zwischen einzelnen Hügeln oder Bergen, die Himmelsrichtung und die Nähe von größeren Gewässern, also Meeren, Seen oder Flüssen.

Geländeerhebungen und ihre Höhe Bei ansonsten gleichen Bedingungen sinkt die Temperatur um etwa 0,6 °C auf jeweils 100 m Höhenanstieg.

Hangneigung Nachts wird die Luft bei direkter Berührung mit einer Landoberfläche, die ihre Temperatur abstrahlt, rasch kühler. Die schwerere kühle Luft strömt an den Hängen abwärts in das Flachland oder zur Talsohle und wird durch wärmere Luft aus Schichten oberhalb der betreffenden Landoberfläche ersetzt. Die in Turbulenz befindliche Luft über Hängen mit mäßiger Höhe ist daher nachts und frühmorgens meist wärmer als die Luft, die über den angrenzenden Ebenen und Talsohlen zur Ruhe gekommen ist. Dieser Streifen eines Hangs, die sogenannte «Thermikzone», ist in kühlem Klima für den Weinbau wegen des dort verbesserten Reifepotentials und der längeren frostfreien Zeit wertvoll. Je steiler ein Hang, desto ausgeprägter seine Thermikzone. Siehe auch HANGLAGEN.

Trennung zwischen Geländeerhebungen Die Thermikzone ist an einzeln stehenden und vorspringenden Hügeln und

TOPOGRAPHIE: An der Oberfläche abgekühlte Luft strömt an den Berghängen und in den Seitentälern abwärts zur Sohle des Haupttals unter Umgehung eines vorspringenden Bergs (A) und eines freistehenden Bergs (B). Da der vorspringende und der freistehende Berg über keine externen Quellen an abgekühlter Luft verfügen, verbleiben sie mehr oder weniger ganz in der ortsfesten oder zirkulierenden warmen oberen Luftschicht.

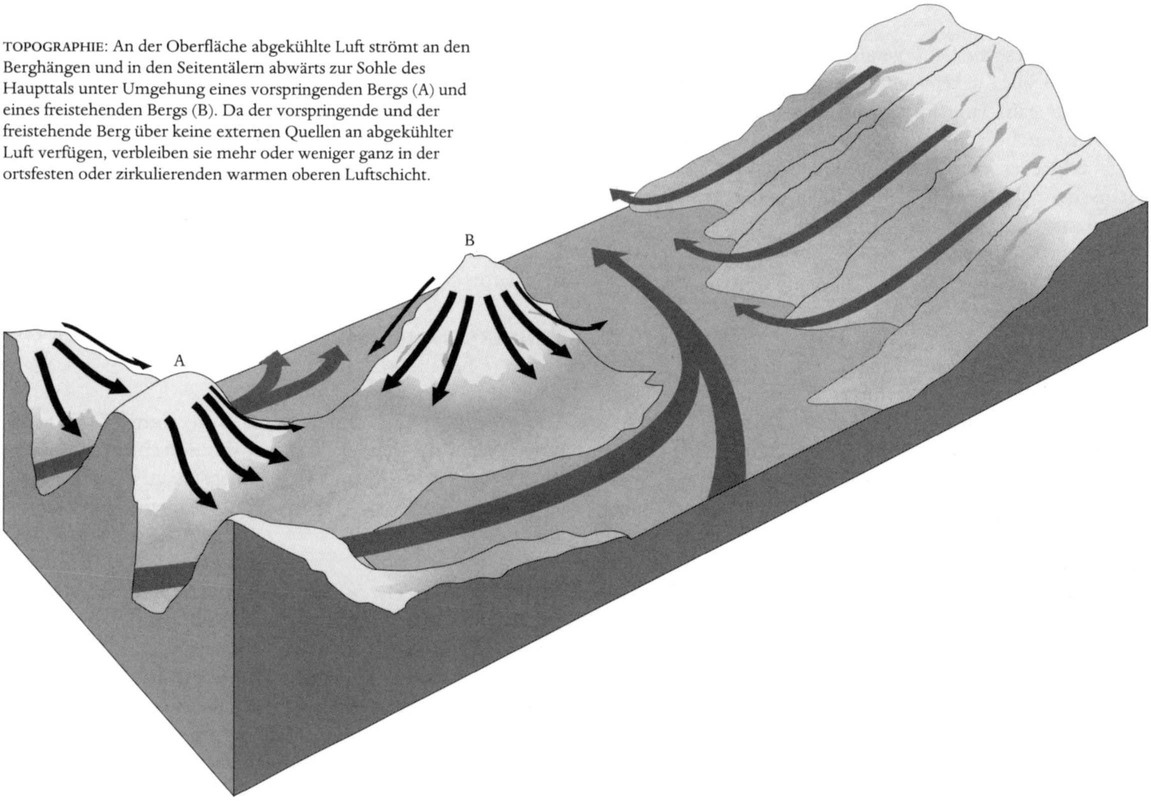

Bergen am stärksten ausgebildet, weil hier keine oder nur eine geringfügige externe Quelle von an Oberflächen abgekühlter Luft vorliegt. An den jeweils eigenen Oberflächen abgekühlte und davonströmende Luft kann nur durch nicht abgekühlte Luft aus höheren Schichten ersetzt werden. Die hieraus zu ziehenden Folgerungen sind unter KLIMA UND WEINQUALITÄT näher besprochen; siehe auch TERROIR. Besonders berühmte Beispiele für einzeln stehende Geländeerhebungen sind der Corton-Berg in ALOXE-CORTON, der Kaiserstuhl in BADEN und in größerem Maßstab die Montagne de Reims in der CHAMPAGNE.

Himmelsrichtung Am wärmsten sind die über weite Teile des Tages hinweg zur Sonne hin ausgerichteten Hänge (Südlagen in der nördlichen und Nordlagen in der südlichen Hemisphäre), am kühlsten die «absonnigen», d. h. die in die entgegengesetzten Richtungen geneigten Hänge. Am deutlichsten macht sich das nachts bemerkbar. Die Unterschiede in der Erwärmung des Bodens während der Sonneneinstrahlung sind direkt maßgeblich für die Erwärmung der Reben zu anderen Zeiten, wenn die Temperaturen niedriger liegen und daher stärkere Begrenzungen gegeben sind. Auch die Unterschiede der mittleren Bodentemperatur üben durch ihre Wirkung auf die Rebwurzeln einen Einfluß aus. Wärme und Wurzelaktivität sind aber nicht nur wichtig für die Nährstoffversorgung der Rebe, sondern, indem sie die Wachstumssubstanz CYTOKININ in die Triebspitzen transportieren, auch für Wachstum und Fruchtbildung.

Die klimatischen Kontraste zwischen den Himmelsrichtungen sind in hohen Breitengraden und zu Beginn und Ende der Rebenwachstumsperiode am stärksten, da in diesen Lagen und um diese Zeiten die Sonne am weitesten von ihrem senkrechten Stand entfernt ist. Gleichermaßen wird das Klima um so stärker durch die Himmelsrichtung beeinflußt, je steiler ein Hang ist.

Ostlagen haben den Vorteil, daß sie morgens als erste erwärmt werden, wenn die Luft- und Bodentemperaturen am niedrigsten sind und sich daher auf Rebenwachstum und Reifevorgang am hemmendsten auswirken. Darüber hinaus sind Ostlagen am besten gegen kalte, stürmische Winde geschützt, die überall auf der Welt vorwiegend von Westen kommen. Soweit sie im Windschatten größerer Hügel- oder Bergketten liegen, kommen Ostlagen meist in den Genuß des wärmsten und sonnigsten Klimas der betreffenden Gegend, was in kühlen, feuchten Regionen einen beträchtlichen Vorteil bedeutet. Besonders gute Beispiele hierfür sind an der CÔTE D'OR in Burgund sowie im Rheintal in Deutschland und im Elsaß anzutreffen. Alles in allem werden nach Osten und Süden ausgerichtete Hanglagen in der nördlichen Hemisphäre und nach Osten und Norden ausgerichtete Hänge in der südlichen Hemisphäre für den Weinbau bevorzugt, insbesondere (jedoch nicht ausschließlich) in den kühleren Grenzgebieten des Weinbaus. Westlagen haben demgegenüber den Vorzug, daß sie die aufgenommene Wärme bis länger in die Nacht hinein bewahren; in westlichen Küstenlagen kann auch eine freiere Einwirkung nachmittäglicher Seewinde hinzukommen.

Nähe zu großen Gewässern Wasser absorbiert und speichert große Wärmemengen bei relativ geringen Temperaturveränderungen, und zwar infolge der Tiefe, in welche die Wärme vordringt, und der im Vergleich zu Steinen und trockenen Flächen hohen spezifischen Wärme des Wassers. Die daraus resultierende Temperaturträgheit modifiziert den Temperaturverlauf über angrenzenden Landmassen weitgehend durch die auf Konvektion beruhende Luftzirkulation. Gekühlte, über der Wasserfläche liegende Luft wird nachmittags abgezogen und ersetzt die über dem Land aufsteigende erwärmte Luft; bei Nacht entsteht eine umgekehrte Konvektionsbewegung durch abgekühlte Luft, die von der kalten Landmasse abgleitet und über dem nun relativ warmen Wasser wieder aufsteigt. Dieser täglich sich wiederholende Wechsel der Luftzirkulaton bewirkt, wenn er nicht durch stärkere Winde gestört wird, in der Nähe von großen Gewässern ein ausgeglicheneres Klimas, und zwar sowohl im Hinblick auf die Temperatur als auch auf die Luftfeuchtigkeit. Beide Faktoren sind aber für KLIMA UND WEINQUALITÄT bedeutsam. Darüber hinaus wird in entsprechend gefährdeten Gegenden das Risiko von Schäden durch Frühjahrs- und WINTERFROST reduziert. Beispiele hierfür sind der Bereich Finger Lakes im Staat NEW YORK und das Weinbaugebiet von Ontario in KANADA.

Die Wirkung von Flüssen und Binnenseen ist meist auf die unmittelbar angrenzenden Täler beschränkt. Maritime Einflüsse können sich dagegen in Gestalt von Land- und Seewinden ziemlich weit von der Küste landeinwärts auswirken. Besonders typische Beispiele sind die Region BORDEAUX, das NAPA Valley und SONOMA sowie die sonstigen küstennahen Regionen Kaliforniens, aber auch das HUNTER VALLEY und das SWAN VALLEY an der Ost- bzw. Westküste Australiens. J. G.

Geiger, R., *Das Klima der bodennahen Luftschicht* (4. Aufl., Brunswick, 1961).

TOPOKLIMA Ein durch die TOPOGRAPHIE bestimmtes Lokalklima, beispielsweise eines einzelnen Hügels, eines Tals oder eines Hangs; es wird meist in den breiter gefaßten Begriff MESOKLIMA mit einbezogen.

TORBATO Eine heute vor allem mit SARDINIEN verbundene Weißweinrebsorte; sie erbringt dort sortenreinen trokkenen Wein. Wie bei dem auf Sardinien als Cannonau bekannten GRENACHE Noir ist auch der Ursprung von Torbato umstritten, was auf die frühere Ausdehnung der Königreiche Mallorca und Aragón zurückzuführen ist. Viele Fachleute glauben, daß es sich um eine vor Jahrhunderten importierte spanische Rebsorte handelt. Besonders gute Ergebnisse liefert sie um Alghero.

Im ROUSSILLON, wo sie als TOURBAT oder Malvoisie du Roussillon bekannt ist, wurde sie früher recht verbreitet angebaut, jedoch weitgehend aufgegeben, bevor in den 1980er Jahren neueres und gesünderes Pflanzengut aus Sardinien verfügbar wurde.

TORGIANO Der kleine, an Hängen gelegene DOC-Bereich zwischen Perugia und Assisi in UMBRIEN bringt seit den 1960er Jahren den feinsten Rotwein der Region in allerdings nur geringen Mengen (im Jahresdurchschnitt knapp 15 000 hl) hervor. Die Flaschenweinerzeugung liegt fast ausschließlich in den Händen der Familie LUNGAROTTI, die durch ihre Anstrengungen beweist, daß die SANGIOVESE-Traube auch außerhalb der TOSKANA hervorragende Ergebnisse bringen kann, die sich mit dem CHIANTI CLASSICO durchaus messen können, auch wenn der Stil ein ganz anderer ist. Ein größerer Anteil CANAIOLO-Trauben wird beigemischt; mehr Bedeutung dürfte jedoch das Weinbereitungsverfahren haben, bei dem einer ausgedehnten FLASCHENALTERUNG (bei RISERVA zehn Jahre) bis in die Mitte der 1970er Jahre eine relativ kurze Zeit der ALTERUNG in großen ovalen Fässern voranging, während heute FASSAUSBAU in kleineren Fässern bevorzugt wird. Mit dieser Verfahrensweise entstanden 1975 und 1979 ganz erstklassige Weine, es läßt sich aber noch nicht beurteilen, ob dieser Qualitätsstand auch in den 1980er Jahren gehalten werden konnte. D. T.

TORNA VIAGEM portug. Rundreise; der Begriff ist gelegentlich auf Etiketten von altem SETÚBAL anzutreffen, der zur Alterung auf eine längere Seereise geschickt wurde; er bildet das Pendant zum *vinho da roda* aus MADEIRA.

TORO Spanischer Rotweinbereich in CASTILLA-LEÓN, dessen Reputation wie bei vielen aufstrebenden Weinbaubereichen in Nord- und Zentralspanien allein auf einem einzigen Erzeuger beruht (obwohl die Weine von Toro schon im Mittelalter berühmt waren). Die Bodegas Fariña (früher Bodegas Porto) haben mit ihrer Weinmarke Colegiata fast ganz im Alleingang diesem abgelegenen Gebiet, das das Duero-Tal östlich von Zamora überspannt, zu Ansehen verholfen, seit es 1987 DO-Status zuerkannt erhielt. In Höhen zwischen 600 und 750 m herrschen hier schwierige Anbaubedingungen. Auf dem trockenen, steinigen Boden wächst Getreide oder Wein. Die Haupttraube der Gegend, Tinto de Toro, ist eine Variante des aus Rioja bekannten TEMPRANILLO, die sich an die klimatischen Extreme in diesem Teil Spaniens angepaßt hat. Die Trauben müssen mit Sorgfalt behandelt werden; sich selbst überlassen reifen sie ohne weiteres zu einem POTENTIELLEN ALKOHOLGEHALT von 16 % heran. Die DO-Bestimmungen erlauben maximal 15 %

ALKOHOLGEHALT, doch die besten Weine liegen bei 13,5 %. Weiß- und Roséweine sind zwar in den DO-Regeln vorgesehen, werden in Toro aber kaum produziert. Vielmehr setzt der Bereich mit Erfolg alles daran, seine unbändigen Rotweine zu zähmen. R. J. M.

TORONTEL Chilenischer Name der aromatischen Weißweinrebsorte TORRONTÉS.

TORRES, MIGUEL Spaniens größter in Familienbesitz befindlicher Weinbau- und Brandybetrieb. Der Familie Torres gehören mehr als 900 ha Weinberge in PENEDÈS (Nordostspanien) sowie Güter in Chile und Kalifornien.

Das heutige Unternehmen wurde 1870 von den Erträgnissen einer Zufallsbeteiligung von Jaime Torres an einer kubanischen Erdölfirma gegründet. In Vilafranca del Penedès bei Barcelona entstand eine Weinkellerei, deren Erzeugnisse von einer Flotte von Schiffen, die ebenfalls Torres gehörte, nach Kuba gebracht wurden. Sein Neffe und Erbe Juan baute das Geschäft in Spanien beträchtlich aus und hinterließ 1932 seinem Sohn Miguel ein blühendes Familienunternehmen. Nach Beschlagnahme, Betriebsunterbrechung und sogar Zerstörung der Kellerei im spanischen Bürgerkrieg baute Miguel das Geschäft wieder auf und beschloß bereits in den 1950er Jahren, sich vom Faßwein ab- und dem Flaschenwein zuzuwenden.

Die Familie TORRES zu Beginn der 1990er Jahre (von rechts nach links): Marimar, Miguel und Juan-María mit ihrer Mutter Doña Margarita.

Die vielleicht bedeutendste Entwicklung in der Geschichte des Hauses Torres trat ein, als Miguels Sohn, Miguel A. Torres, im Jahr 1959 in DIJON sein Studium begann. Hierauf folgten rasch Versuchsanpflanzungen von aus Frankreich und Deutschland importierten Rebsorten, v. a. Cabernet Sauvignon, Chardonnay, Riesling, Gewürztraminer und Sauvignon Blanc. Außerdem führte Torres UNTERSTÜTZUNGSSYSTEME für die Reben ein – damals eine Neuheit. Ein modernes Laboratorium wurde eingerichtet, Edelstahlgärtanks mit Temperaturregelung wurden installiert, und die Rotweine wurden schon nach nur 18 Monaten FASSAUSBAU in kühlen, in die Felsen gehauenen Kellern abgefüllt. Alle diese Techniken und noch eine ganze Reihe weiterer Innovationen waren damals in Spanien völlig unbekannt.

Die Bestätigung für die Leistungen von Miguel A. Torres stellte sich 1979 ein, als in einer publizistisch groß angekündigten, von der französischen Gastronomiezeitschrift *Gault-Millau* veranstalteten «Weinolympiade» der 1970er Torres Gran Coronas Black Label zum Sieger in der Spitzenklasse der Cabernet-Weine erklärt wurde. 1982/83 ging Miguel A. Torres für ein Jahr nach MONTPELLIER und führte daraufhin höhere PFLANZDICHTE, zunehmend ORGANISCHEN WEINBAU und MASCHINELLEN REBSCHNITT ein. Etwa ein Drittel des von Torres erzeugten spanischen Weins wird exportiert, vor allem nach Schweden, Dänemark und den USA.

Nach dem Tod seines Vaters im Jahr 1991 wurde Miguel A. Torres Präsident des Unternehmens und übernahm insbesondere die Zuständigkeit für die Weinbereitung. Außerdem ist er einer der produktivsten Weinautoren Spaniens, und er leitet auch das 1978 von ihm errichtete 220 ha große Gut bei Curico in CHILE. Seine in San Francisco lebende Schwester Marimar ist Kochbuchautorin und führt ein 56 ha großes Weingut in Sonoma.

TORRES VEDRAS IPR in Westportugal. Siehe OESTE.

TORRONTÉS, Torontés, Torontel. Mehrere in der Spanisch sprechenden Welt zunehmend Anerkennung findende Weißweinrebsorten.

Torrontés ist der Name einer in GALICIEN (Nordwestspanien) heimischen Traube mit ausgeprägtem Eigengeschmack, die vor allem in den Weißweinen von RIBEIRO eine große Rolle spielt. Dieselbe Sorte ist auch um Córdoba anzutreffen.

Weit größere Bedeutung kommt dagegen mehreren Weißweinrebsorten zu, die in ARGENTINIEN unter dem Namen Torrontés im Jahr 1990 eine Rebfläche von 16 000 ha innehatten. Obwohl viele Einwanderer aus Galicien nach Argentinien kamen, ist eine eindeutige Verwandtschaft zwischen der spanischen und der argentinischen Torrontés nicht festgestellt worden. Bei vielen Fachleuten gilt die argentinische Torrontés als die aussichtsreichste Weißweinrebsorte des Landes. Bei sorgfältiger Verarbeitung erbringt sie leichte Weine mit kräftiger Säure und interessantem Aroma, das an Muskateller erinnert, ihm aber doch nicht gleicht. Allerdings geht ein großer Teil der Erzeugung in Verschnitte ein. Die Traube hat sich offenbar besonders gut an die trockenen Anbaubedingungen Argentiniens angepaßt, wo sie sich durch kräftige natürliche Säure und eigenständigen Geschmack vorteilhaft von PEDRO GIMÉNEZ und UGNI BLANC abhebt, die beide noch eine größere Rebfläche als sie einnehmen.

Torrontés Riojano ist der Name der wichtigsten argentinischen Subvarietät; sie ist benannt nach der im Norden des Landes gelegenen Provinz La Rioja, wo sie die bei weitem meistangebaute Rebsorte darstellt. Die Heimat von **Torrontés Sanjuanino** ist dagegen die argentinische Provinz San Juan – diese Variante wird weit weniger kultiviert; sie hat größere Beeren und kompaktere Trauben, ist aber nicht so aromatisch. In Chile trägt sie den Namen MOSCATEL DE AUSTRIA. Außerdem wird in den argentinischen Weinbaustatistiken noch eine relativ seltene Variante namens **Torrontés Mendocino**, auch **Torrontés Mendozino,** geführt, die in der Provinz Río Negro im Süden am stärksten verbreitet ist und kein Muskatelleraroma aufweist.

In CHILE sind einige hundert Hektar Rebfläche mit einer Sorte namens **Torontel** besetzt.

TOSKANA, ital. **Toscana.** Die bedeutendste Region Mittelitaliens steht heute weder im Mittelpunkt des wirtschaftlichen noch des politischen Lebens der Nation, doch sie hat Italiens Sprache, Literatur und Kunst geformt und sich damit eine zentrale Stellung in der Kultur und im Selbstverständnis des Landes geschaffen. Die Landschaft, die in den Werken vieler Künstler von Giotto bis Michelangelo unsterbliche Gestalt gewonnen hat und so zum festen Bestandteil des kulturellen Reisegepäcks aller Europäer geworden ist, hat ihr Bild bis auf den heutigen Tag kaum verändert: Hügel und Täler mit Zypressen, Schirmpinien, Weinbergen und Olivenhainen folgen einander in stetem Wechsel.

Altertum

In der Antike bildete die Toskana – und zu Zeiten ein viel größeres Gebiet – das Land Etrurien (siehe ETRUSKER).

Mittelalter

Wenn heute über den mittelalterlichen Wein der Toskana bessere Kenntnis herrscht als über die Weine anderer Regionen Italiens derselben Zeit, dann nicht deshalb, weil sie besser oder mehr gewesen wären, sondern wegen der politischen und wirtschaftlichen Bedeutung der Toskana. Florenz war die Bankenmetropole Europas, und viele der damals von den toskanischen Bankiers, Notaren und Kaufleuten geführten Aufzeichnungen sind erhalten geblieben. Die Massenwanderung, die im 11. bis 14. Jh. vom Land in die Städte stattfand, führte zur Entstehung der oberitalienischen Stadtstaaten (siehe auch GENUA und VENEDIG): Die Bevölkerung von Florenz wuchs von 6000 auf 90 000. Florenz und Siena waren die mächtigsten Stadtrepubliken der Toskana. Ihre scharfe und blutige Rivalität beherrschte neben dem Streit der Guelfen, den Anhängern des Papstes, mit den Ghibellinen, die den Staufern treu waren, die mittelalterliche Geschichte der Region.

Der Weinbau florierte trotz der vielen kriegerischen Auseinandersetzungen, die zu begrenzt waren, um die Landschaft stark in Mitleidenschaft zu ziehen. Die Region brachte so ziemlich in gleichen Mengen Öl und Wein hervor. Bei weitem die wichtigste Feldfrucht, etwa zwei Drittel der Produktion, stellte jedoch der Weizen dar. Kleine Grundbesitzer waren in dieser Gegend selten, denn das meiste Land gehörte den Klöstern, dem Adel und in zunehmendem Maß den Kaufleuten in den Städten. Das übliche Landwirtschaftssystem hieß *mezzadria* – der Grundbesitzer stellte das Kapital und das Land zur Verfügung und erhielt dafür den halben *(mezzo)* Ertrag. Im Jahr 1132 beispielsweise verpachtete die Badia di Passignano (eine Abtei, deren Wein heute von dem Handelshaus ANTINORI vertrieben wird) einen Teil ihres Lands an einen wohlhabenden Schuhmacher für die Hälfte der Olivenöl- und Weinernte. Von den übrigen damals weinbautreibenden Vallombrosaner-Klöstern ist die Badia a Coltibuono noch heute ein bekannter CHIANTI-Erzeuger.

Das regionale Zentrum für den Absatz war der Mercato Vecchio in Florenz. Der erste Hinweis auf Weineinzelhändler in der Stadt stammt aus dem Jahr 1079, und 1282 gründeten die Weinhändler eine Zunft, die Arte dei Vinattieri. Ihr trat 1385 Giovanni di Piero Antinori bei, ein Mitglied der Familie, die noch heute in der Toskana Wein erzeugt und verkauft. Um die Reputation des Gewerbes zu wahren, stellte die Zunft strenge Verhaltensmaßregeln auf. Die Satzung verlangte Reinlichkeit und genaues Maß. Ein Verkaufsgeschäft durfte nicht näher als hundert Schritt an einer Kirche liegen, und an Kinder unter fünfzehn durfte kein Wein abgegeben werden. Der Verkauf von gekochten Speisen war nicht erlaubt, und Wüstlingen, Dieben und Dirnen durfte kein Unterschlupf gewährt werden. Der Weinhandel hatte für die Wirtschaft von Florenz größte Bedeutung. Aus Steuerakten geht hervor, daß im 14. Jh. jährlich über 300 000 hl Wein in die Stadt kamen. Da der Florentiner Geschichtsschreiber Villani im Jahr 1338 den wöchentlichen Weinverbrauch auf 4 l pro Kopf schätzte und Florenz etwa 90 000 Einwohner hatte, müssen also über 90 % andernorts abgesetzt worden sein – in der Umgebung, in anderen toskanischen Städten, aber auch über den Hafen Pisa in fremden Ländern, vornehmlich in Flandern, Paris und Marseilles.

Keinesfalls stammte aller dieser Wein aus der Toskana: Zum großen Teil kam er aus Kreta (Candia), Korsika oder NEAPEL. Die Toskana selbst produzierte Rotwein, der allgemein *vino vermihlio* genannt wurde; nur gelegentlich treten genauere Namen in Erscheinung. Die Rotweine von MONTEPULCIANO und Cortona waren schwer, die von Casentino leichter. Gegen Ende des 14. Jh. wird der Montalcino auch als BRUNELLO bezeichnet. Die wichtigsten toskanischen Weißweine hießen «Vernaccia» und «Trebbiano», vermutlich nach den gleichnamigen Rebsorten, doch keiner von den beiden war ein ausschließlich toskanischer Wein. Der Vernaccia genoß den höheren Ruf. In seiner süßen Form wurde er vor allem mit LIGURIEN und dort mit Cinqueterre und Corniglia in Verbindung gebracht, doch auch in der Toskana wurde süßer Vernaccia erzeugt. Die trockene Form des Vernaccia, wie sie in San Gimignano (und an anderen Orten) bereitet wurde, kam erst im 14. Jh. auf und wurde nicht exportiert, denn nur die süße Version war imstande, die lange Seereise bis Frankreich, Flandern oder England zu überstehen. Auch den Trebbiano gab es trocken oder süß. Chianti wird erstmals 1398 in der Korrespondenz des toskanischen Kaufmanns Francesco di Marco Datini erwähnt, und zwar als Weißwein. Datini liebte ihn offenbar: 1404 schrieb Amadeo Gherardini von Vignamaggio (noch heute ein bekanntes Weingut) an ihn, daß er ihm ein halbes Faß seines persönlichen Vorrats zusende. Ebenfalls zu den Lieblingsweinen Datinis zählte der (rote) CARMIGNANO.

Die Briefe Datinis, von denen rund 150 000 erhalten sind, vermitteln einen Eindruck davon, was ein wohlhabender Kaufmann damals für den eigenen Verbrauch einkaufte. Aus Genua und Venedig ließ er sich MALVASIA schicken, außerdem aus Venedig den exotischeren, ebenso süßen und starken Wein von Tyrus. Diese ausländischen Weine waren Luxusartikel. Als weiteren teuren Wein von außerhalb der Toskana liebte Datini den Greco, der allerdings seinem Namen zum Trotz ein italienischer Wein war, vielleicht aber von einer griechischen Traube stammte (etwa GRECO oder GRECHETTO?). Er wuchs in APULIEN und war so hoch geschätzt, daß im 14. Jh. die Stadt San Gimignano von ihrer Gewohnheit, bedeutenden Besuchern eine Unze Safran zum Geschenk zu machen, abging und statt dessen den kostbaren Greco als Präsent überreichte.

Dante und Boccaccio erwähnen beide den Vernaccia: Er war ein Inbegriff des Luxuriösen. Dante schildert, wie Papst Martin IV. im Fegefeuer fastet, um sich von den Aalen aus dem Lago di Bolzano zu reinigen, die er in Vernaccia gedünstet zu verspeisen pflegte (*Purgatorio* 24). In Boccaccios *Decamerone* dient Vernaccia als Stärkungstrank für einen reichen abgelebten Ehemann (2.10).

Vor Francesco Redi schrieb aber kein toskanischer Autor ausschließlich über die Weine der Region. Sein 1685 erschienener *Bacco in Toscana* («Bacchus in der Toskana») trägt den Untertitel *Ditirambo* – die griechische Dithyrambe war ein Chorgesang zum Lob des DIONYSOS. Redis Poem hat jedoch mit dem klassischen Vorbild wenig gemein, es bildet eher den Vorwand, den übrigen Mitgliedern der Accademia della Crusca die Gelehrsamkeit des Verfassers vor Augen zu führen: Er überschwemmte die 980 Verszeilen mit 228 Seiten an inhaltslosen und prätentiösen Anmerkungen; weder die Verse noch die Anmerkungen enthalten irgend etwas Neues über den Wein oder den Weinbau der Toskana. Die Anmerkungen, die Leigh Hunt im Jahr 1825 zu seiner Übersetzung von *Bacco in Toscana* verfaßte, sind weit amüsanter (allerdings für den Sprachhistoriker wertvoller als für den Weinhistoriker). Die einzigen Weine, die Redi erwähnt und preist, sind VERNACCIA, CHIANTI, CARMIGNANO und schließlich MONTEPULCIANO, den er als den König aller Weine ansieht. H. M. W.

Flower, R., *Chianti: The Land, the People and the Wine* (London, 1979).
Melis, F., PRODUZIONE E COMMERCIO DEI VINI ITALIANI NEI SECOLI XIII–XVIII, *Annales cisalpines d'histoire sociale,* 1/3 (1972), 107–133.

Geographie und Rebsorten

Die Landschaft der Toskana ist durch ihre Hügel berühmt. Volle 68 % der Region werden offiziell als Hügelland eingestuft (nur 8 % des Lands sind eben), und HANGLAGEN in einer HÖHE von 150 bis 500 m liefern den allergrößten Teil der besseren Weine. Die SANGIOVESE-Rebe, das Rückgrat des Weinbaus in der Region, scheint das hochkonzentrierte SONNENLICHT, das die Hänge ihr bieten, zu benötigen, damit sie in diesen Breiten gut zur Reife gelangt. Die Weinerzeuger schätzen die beträchtlichen TEMPERATURUNTERSCHIEDE zwischen Tag und Nacht als besonders wertvoll für die Entfaltung der aromatischen Qualitäten dieser Traube ein.

Bis vor kurzem war Sangiovese in der Toskana praktisch das Synonym für feinen Wein, und obwohl die Rebsorte in ganz Mittelitalien verbreitet angebaut wird, hat doch das (im Winter rauhe) Klima der Toskana zusammen mit dem kalziumreichen MERGEL in den besten Zonen bisher unvergleichliche Ergebnisse aus dieser Traube herausgeholt. Der Arno bildet die nördliche Grenze des Sangiovese-Anbaus in der Toskana, und nur die kleine DOC-Zone CARMIGNANO, die praktisch an die Ufer des Flusses heranreicht, erbringt in weiter nördlichen Breiten interessante Weine. Nach Süden hin in der CHIANTI-CLASSICO-Zone bis zu den Bereichen VINO NOBILE DI MONTEPULCIANO und BRUNELLO DI MONTALCINO nehmen die Weine an Fülle und Intensität sowie an Alkoholstärke zu. Montalcino ist übrigens der einzige Weinbaubereich der Toskana, wo der Sangiovese seit jeher für sich allein vergoren wird. Sowohl der Chianti als auch Vino Nobile waren stets Verschnitte mit CANAIOLO, MALVASIA und TREBBIANO als Mittel zur Milderung der jugendlichen Rauheit des Sangiovese. Diese Praxis stirbt allmählich aus, außer bei Weinen, die für baldigen Verbrauch bestimmt sind. Chianti Classico, Vino Nobile di Monte-

Bauernhaus bei Greve in Chianti Classico (TOSKANA) in der typischen Landschaft mit Reben und Zypressen.

pulciano und Brunello di Montalcino sind DOCG-Weine und zeigen seit dem Ende der 1970er Jahre stetige Qualitätsverbesserung – was nur einem besseren Verständnis der Behandlung des Sangiovese und strengerer Sorgfalt in der Kultivierung und Verarbeitung der Traube zugeschrieben werden kann. Die Spitzenerzeugnisse dieser Gegenden sind regelmäßig in Verzeichnissen der feinsten Weine der Welt zu finden, doch es läßt sich nicht leugnen, daß diese Zeit steigenden Ansehens erst nach einer Periode des Rückgangs in Qualität und Prestige eingetreten ist.

Bis noch vor nicht allzu langer Zeit wurde der Weinbau der Toskana von großen Weingütern im Besitz wohlhabender Familien meist adeligen Ursprungs beherrscht (siehe ANTINORI, FRESCOBALDI und RICASOLI), und die eigentliche Arbeit oblag Pächtern. Der Niedergang dieses Systems in den 1950er und 1960er Jahren führte zu einer klaffenden Lücke in den Investitionen, ja selbst in der normalen Instandhaltung, zu einer Vernachlässigung der Weinberge und Kelleranlagen, zu einem Absturz der Qualität und schließlich zum Verkauf der Güter an neue Besitzer, die über das nötige Kapital und die Tatkraft verfügen, um die Weinbautraditionen der Vergangenheit weiterführen zu können. Heute gehört der toskanische Weinbau in toskanischer Hand der Vergangenheit an; die neue Welle der Winzer aus Mailand, Rom und Genua – zu denen in den 1980er Jahren ein beachtliches Kontingent an Ausländern gestoßen ist – zeigt sowohl löblichen Einsatz für Qualität als auch eine gleichermaßen löbliche Offenheit für neue, stärker kosmopolitische Einstellungen.

Weißwein

Trebbiano ist für Weißwein dasselbe wie Sangiovese für Rotwein – die Grundlage der regionalen Produktion. Derzeit gibt es in der Toskana über ein Dutzend auf Trebbiano beruhende DOC-Weißweine. Die Traube wird in der Hauptsache wegen ihrer hohen Erträge und ihrer Fähigkeit, in heißen Gegenden gute Säure zu bewahren, angebaut; ihre Weine besitzen jedoch wenig Charakter und kommen auf dem Markt allmählich aus der MODE. Eine Zukunft dürften sie – wenn überhaupt – nur bei einem an niedrigen Preisen interessierten trinkfreudigen Publikum haben. An der Küste der Toskana gibt es bis hin zur ligurischen Grenze vereinzelte Bestände von VERMENTINO, doch muß sich diese Sorte in der Toskana erst eine klare Identität verschaffen. Das Interesse an Weißwein ist jedoch stark, und daher experimentieren fortschrittliche Erzeuger in Chianti mit internationalen Weißweinrebsorten – in der Hauptsache mit CHARDONNAY und SAUVIGNON BLANC in höheren Lagen, wo der Sangiovese nicht recht ausreifen will. Die Ergebnisse sind bislang unterschiedlich, doch die Schwierigkeiten scheinen mehr mit einem Mangel an Erfahrung und Technik als mit unzureichender Eignung des TERROIRS zusammenzuhängen. Es sind schon verblüffende Erfolge erzielt worden, auch wenn die entsprechenden Produkte ihrer kleinen Menge wegen im Gesamtbild nur Randerscheinungen sind.

Supertoskaner

Weit weniger eine Randerscheinung ist die neue Rasse toskanischer Rotweine, die sogenannten Supertoskaner. Sie entstehen oft unter Mithilfe französischer Rebsorten und in einem internationalen Stil. Ihre Entwicklung geht auf die späten 1960er und die frühen 1970er Jahre zurück. Zunächst waren sie Experimente, rein zum Vergnügen, doch die erstaunlichen Ergebnisse, wie sie mit den reinen CABERNET-Weinen Sassicaia und mit einigen Sangiovese/Cabernet-Verschnitten wie Tignanello von Antinori zustande kamen, haben diese Erzeugnisse zu einer eigenen grundsätzlichen Kategorie im allgemeinen Bild der Toskana werden lassen. Nur wenige Chianti-Weingüter beteiligen sich nicht am allgemeinen Wettlauf um die Erzeugung von Weinen dieses prestigeträchtigen Typs. Der AUSBAU in kleinen Fässern, wie er jetzt auch dem Sangiovese zuteil wird, hat toskanischen Wein in einem neuen Stil hervorgebracht, der auch bei Verbrauchern, die früher den Chianti geringschätzten, großen Anklang findet. Zunehmend wird auch MERLOT mit eindrucksvollem Erfolg als Alternative zu Cabernet angebaut, und es ist damit zu rechnen, daß im Laufe der 1990er Jahre größere SYRAH-Bestände in Ertrag kommen.

Nichtsdestoweniger überwiegt der Chianti gegenüber diesen neuen Weinen nach wie vor. Mit knapp 900 000 hl in einem guten Jahr bildet er die größte Gruppe von DOC-Weinen Italiens (allerdings ist dabei nicht zu vergessen, daß der Name Chianti auf Unterbereiche bei Florenz, Pisa, Pistoia, Arezzo und Siena ausgedehnt worden ist, die mit der historischen Zone des Chianti Classico zwischen Florenz und Siena nichts gemein haben). Auf ihn entfallen 80 % der Gesamterzeugung von 1,1 Millionen hl DOC-Wein der Region und 28 % der Gesamtweinproduktion der Toskana, die sich im Jahresdurchschnitt auf 3,2 Millionen hl beläuft.

Siehe auch BOLGHERI, BRUNELLO DI MONTALCINO, CARMIGNANO, CHIANTI, CHIANTI CLASSICO, CHIANTI RUFINA, ELBA, GALESTRO, MONTECARLO, PREDICATO, VERNACCIA, VINO DA TAVOLA, VINO NOBILE DI MONTEPULCIANO, VIN SANTO. D. T.

Anderson, B., *Atlas der italienischen Weine* (Bern, 1990).
George, R., *Chianti and the Wines of Tuscany* (London, 1990).
Gleave, D., et al., *Italiens Weine* (Stuttgart, 1990).

TOUL, CÔTES DE Der Bereich im äußersten Nordosten Frankreichs bildet zusammen mit dem noch nördlicheren Bereich MOSELLE den Restbestand des einst blühenden Weinbaus in Lothringen. Er wurde durch die Industrialisierung der Gegend, unkluge Neubepflanzung nach der REBLAUS-Epidemie, den 1. Weltkrieg und schließlich die Abgrenzung der nahegelegenen Region CHAMPAGNE, die früher Wein auch aus dieser Gegend bezogen hatte, nach und nach an den Rand gedrängt. Heute ist Gamay die hier meistangebaute Rebsorte, und sie liefert den Hauptanteil an der Lokalspezialität VIN GRIS, einem hellen Rosé. Was an Pinot-Noir-Beständen noch vorhanden ist, bleibt den relativ hellen Rotweinen der Côtes de Toul vorbehalten. Die erfolgreichste Traubensorte für trockenen Weißwein ist AUXERROIS.

George, R., *French Country Wines* (London, 1990).

TOURAINE Das größte Weinbaugebiet an der Loire mit der Stadt Tours als Mittelpunkt ist der «Garten Frankreichs», das Land der herrlichen Loire-Schlösser, der Tummelplatz der französischen Aristokratie in der Zeit vor der großen Revolution und heute das Wochenendparadies der Einwohner von Paris. Der hier vorkommende TUFF wurde als Baumaterial für diese Schlösser und für andere in der weiteren Umgebung gebrochen, und in der Folge entstanden Höhlen, die sich in idealer Weise für die Bereitung und den Ausbau von Wein eignen.

Die berühmtesten Weine der Touraine sind die stillen Rotweine aus den Appellationen BOURGUEIL, CHINON und St-Nicolas-de-Bourgueil sowie die stillen und schäumenden, trockenen bis süßen Weißweine aus VOUVRAY und MONTLOUIS.

Weine mit der einfachen Bezeichnung Touraine kommen aus einem weit größeren Gebiet, das etwa 3000 ha Rotweinrebfläche und 2500 ha Weißweinrebfläche umfaßt und sich von SAUMUR im Westen bis Blois im Osten auf unterschiedlichen Böden mit Ton, Sand, Tuffstein und Kies erstreckt. Der Weinbau konzentriert sich auf die Steilufer der Loire und ihres Nebenflusses Cher östlich von Tours. Auf den kühleren Böden des Plateaus zwischen den Flußtälern herrscht Getreideanbau vor. Auch zeigt das Klima der Region beträchtliche Unterschiede; im östlichen Teil ist es ausgesprochen KONTINENTAL und weist ziemlich kalte Winter auf, während es am westlichen Rand durch den Einfluß des Atlantiks gemildert wird.

Nicht nur Boden und Klima sind in der Touraine außerordentlich vielgestaltig, auch der Bestand an Rebsorten ist höchst abwechslungsreich. Bei aller Nähe zu Paris und dem Sitz des INAO stellt die Touraine diese für das System der APPELLATIONS CONTRÔLÉES zuständige Behörde und ihr erklärtes Ziel, alle Rebsortennamen von den Etiketten der AC-Weine zu verbannen, vor die schwierigste Aufgabe.

Der weiße Touraine darf jede beliebige Kombination von Chenin Blanc, Arbois, Sauvignon Blanc und Chardonnay aufweisen, solange der letztere höchstens 20 % der Mischung ausmacht. Ein Wein, auf dessen Etikett Sauvignon de Touraine steht, vermittelt dem potentiellen Käufer dagegen von vornherein eine viel klarere Vorstellung als einer, der lediglich den Namen Touraine trägt.

Der Touraine Rouge, der in etwa gleicher Menge entsteht wie der Touraine Blanc, darf aus einer noch weniger eindeutigen Mischung bestehen, nämlich aus Cabernet Franc, Cabernet Sauvignon, Cot (Malbec), Pinot Noir, Meunier, Pinot Gris, Gamay, Pineau d'Aunis und Grolleau in beliebiger Kombination und Auswahl.

Allgemein gesprochen werden Sauvignon und Gamay vor allem im Osten der Region angebaut, und sie stellen die in der Appellation Touraine am meisten verwendete Weiß- bzw. Rotweintraubensorte dar. Ein weißer Touraine eines gewissenhaften Erzeugers kann eine preiswertere Alternative zu den berühmten Loire-Sauvignons aus AC-Bereichen wie SANCERRE und POUILLY-FUMÉ darstellen. Roter Touraine dagegen ist eher eine eindeutig kargere Variation des Themas BEAUJOLAIS, obwohl die Ähnlichkeit Anlaß zur Entwicklung eines Touraine PRIMEUR gegeben hat, bei dem die Anwendung der MACÉRATION SEMI-CARBONIQUE eine deutliche Qualitätsverbesserung bringt. Manche Erzeuger wählen für gehaltvollere Rotweine von Gamay, Cabernet und Cot die Bezeichnung Touraine Tradition – allerdings ist statt dessen die Appellation Touraine-Villages in Vorschlag gebracht worden. Manchmal wird weißer und roter Touraine jedoch auch in einem ganz anderen Stil, nämlich sortenrein u. a. von Chenin Blanc bzw. Cabernet Franc, produziert.

Bei aller Vielfalt der Rebsorten in der Touraine war Arbois Ende der 1980er Jahre im Département Loir-et-Cher, aus dem der größte Teil des einfachen Touraine-Weins stammt, noch immer die drittmeist angebaute Sorte, daneben aber gab es auch einige hundert Hektar Cabernet Franc, Chenin Blanc und Pineau d'Aunis.

Eine bedeutende kommerzielle Kraft mit bewunderungswürdigem Einsatz für Qualität bildet die Confrérie des Vignerons d'Oisly et Thésée, ein 1961 gegründeter Zusammenschluß der ambitionierteren Weinerzeuger der Region.

Es werden kleine Mengen an **Touraine Mousseux** (etwa ⅒ der Produktion von Saumur Mousseux) und große Mengen an **Touraine Primeur** produziert. Außerdem umfaßt die Region drei Unterbereiche, die ihren Namen an die Bezeichnung Touraine anfügen dürfen:

Auf 200 ha Rebfläche zu beiden Seiten der Loire nahe bei dem berühmten Schloß von Amboise erzeugt **Touraine-Amboise** vorwiegend Rotwein von Gamay, Cabernet Franc und Cot, wobei die letztere Sorte Weine mit genügender Substanz für längere Haltbarkeit liefern kann. Die Weißweine der Appellation werden je nach dem Jahrgang trokken bis lieblich stets von der langlebigen Chenin-Blanc-Traube gewonnen.

Touraine-Azay-le-Rideau umfaßt knapp 50 ha an beiden Ufern des Flüßchens Indre, südlich der Loire zwischen Tours und Chinon, auf einem Boden, der eindeutig besser ist als der für die allgemeine AC Touraine. Hier entstehen in etwa gleichen Mengen frische Weißweine von Chenin Blanc und leichte Rosés vorwiegend von Grolleau, die bedeutend spritziger ausfallen können als der Rosé d'Anjou, mit dem diese Rebsorte meist in Zusammenhang gebracht wird.

Touraine-Mesland ist der größte der drei Unterbereiche. Er verfügt über 200 ha auf einem aus Sand und Kies bestehenden Plateau über dem rechten Loire-Ufer zwischen Amboise und Blois. Gamay und etwas Cot erbringen haltbare Rot- und Roséweine, und Chenin Blanc liefert zusammen mit Chardonnay und Sauvignon trockene Weißweine. Der helle VIN GRIS von Touraine-Mesland erfreut sich einer gewissen Reputation.

Siehe auch LOIRE und die dazugehörige Karte.

TOURBAT Im ROUSSILLON gebräuchlicher Name für die Weißweinrebsorte TORBATO aus Sardinien. Sie ist auch als Malvoisie du Roussillon bekannt und gehört zu den vielen Rebsorten, die in den verschiedenen VINS DOUX NATURELS der Region sowie im weißen Côtes du Roussillon zugelassen sind.

TOURIGA Australisches Synonym für TOURIGA NACIONAL; bei der in Kalifornien angebauten Touriga handelt es sich dagegen wahrscheinlich um TOURIGA FRANCESA.

TOURIGA FRANCESA Die robuste und feine dunkle Traube wird im DOURO-Tal und in der Region TRÁS-OS-MONTES in Portugal verbreitet angebaut. Sie gilt als eine der besten PORTWEIN-Sorten, obwohl ihr Wein nicht ganz so konzentriert ist wie der von TOURIGA NACIONAL, dafür aber durch Duftigkeit und nachhaltige Frucht besticht. Sie sollte nicht mit der weit weniger wertvollen portugiesischen Rebsorte TINTA FRANCISCA verwechselt werden.

TOURIGA NACIONAL Die für die Portweinproduktion am meisten geschätzte Rebsorte erbringt im DOURO-Tal und zunehmend auch in der Region DÃO (Portugal) kleine Mengen Trauben mit sehr kleinen Beeren, aus denen dunkle, tanninreiche, hochkonzentrierte Weine entstehen. Die Rebe ist wuchskräftig und robust, aber ein Stock trägt nicht mehr als 300 g Frucht. Es ist viel Mühe auf die KLONENSELEKTION verwendet worden, so daß neu herangezogene Reben inzwischen etwas höhere Erträge und noch höhere Zuckergehalte erbringen. Touriga Nacional muß mindestens 20 % der Mischung für den roten Dão ausmachen, doch eignet sich die Sorte offensichtlich besser für Vintage Port als für Tischwein. In geringem Umfang wird sie auch in Australien angebaut und dazu benutzt, aufgespriteten Weinen Finesse zu verleihen.

TOURISMUS Der weinbezogene Tourismus nimmt stetig an Umfang zu. Jahrhundertelang reisten nicht einmal die Weinhändler, heute dagegen begibt sich bereits ein recht breites Publikum auf Entdeckungsfahrten in die eine oder andere Weinbauregion. Hierin zeigt sich zum Teil ein wachsendes Interesse am Wein, aber auch allgemein am näheren Kennenlernen anderer Länder. Überdies sind die meisten Weinbaugebiete und viele Weingüter durchaus sehenswert. WEINBERGE bieten in jedem Fall einen ästhetisch erfreulichen Anblick, und das Klima der Gegenden, in denen Wein wächst, ist meist das ganze Jahr über recht angenehm. Die Beschäftigung mit diesem besonderen Zweig der Landwirtschaft ermöglicht es dem Stadtbewohner, einerseits eine tiefere Verbindung mit der Natur zu pflegen und andererseits nichtalltägliches, vielfach bewundertes Wissen zu erwerben. Darüber hinaus besteht natürlich auch die Möglichkeit, Wein direkt an der Quelle zu verkosten und einzukaufen, was Preisvorteile einbringen und zur Entdekkung von Raritäten führen kann.

In Deutschland ist Weintourismus nichts Neues. Am Rhein werden schon seit langem Touristen willkommen geheißen, wenn sie auf Dampferfahrten in den Weinorten haltmachen, und das Moseltal gehört gewiß zu den meistfotografierten Landschaften der Welt. Deutsche Touristen besuchen andererseits auch gern die Weinstuben im ELSASS und bilden dort ein nicht zu unterschätzendes Marktpotential für die Weine der Region.

In Frankreich kam bisher Weintourismus oft eher zufällig zustande. Seit Jahrzehnten reisen Nordeuropäer auf ihrem Weg zur Sonne mitten durch BURGUND und das nördliche RHÔNE-Tal und konnten dabei wohl kaum die Weinberge und die immer wieder am Weg auftauchende Einladung «Dégustation-Vente» (Weinprobe mit Verkauf) übersehen – und es stimmt schon, daß eine Weinprobe fast unausweichlich auch mit einem Weinkauf endigt. Die Weinerzeuger an der LOIRE profitieren seit langem nicht allein davon, daß in ihrer Gegend berühmte Schlösser liegen, sondern auch, daß sie von Paris aus am Freitagabend bequem zu erreichen sind.

BORDEAUX hat als eines der letzten französischen Weinbaugebiete sein Potential für den Weintourismus erkannt. Erst gegen Ende der 1980er Jahre erhielt das MÉDOC, die Landschaft mit der größten Ansammlung berühmter Spitzenweingüter in der Welt, ein Hotel und mehr als nur ein Restaurant, wo sich auch internationale Gäste wohl fühlen können. Alexis LICHINE wurde bespöttelt, weil er als praktisch einziger Besitzer eines CRU-CLASSÉ-Guts Gäste aufnahm.

In Südeuropa sind die Weinbaugebiete oft zu heiß und zu weit von geeigneten Unterkunftsmöglichkeiten entfernt, um einen komfortablen Weintourismus zu ermöglichen, doch in vielen Gegenden der Neuen Welt ist er inzwischen zu einem bedeutenden Geschäftszweig geworden. Prominente Beispiele hierfür sind NAPA und SONOMA, die heute von San Francisco aus praktisch feste Bestandteile der touristischen Erlebniswelt bilden. Ähnliches gilt für die von Kapstadt aus bequem zu erreichenden Weinbaugebiete SÜDAFRIKAS, für das – Besuchern und Bewohnern von Sydney leicht zugängliche – HUNTER VALLEY und schließlich auch für die Weinberge ENGLANDS.

Inzwischen gibt es Reiseveranstalter und Reisebüros, die sich auf Weintourismus spezialisieren, und die Zahl der

Weinbauregionen, in denen es keine Weinstraßen und -wanderwege gibt, nimmt rasch ab.

TRADITION Im Weinbau der Alten Welt hat Tradition einen außerordentlich hohen Stellenwert, insbesondere dort, wo sich über Jahrhunderte eine feste Anhängerschaft und große Wertschätzung herausgebildet haben. Viele ältere kleine Winzer beispielsweise in Burgund und an der Rhône tun in Weinberg und Keller so manches einfach deshalb, weil ihre Vorväter es schon getan haben, auch wenn ihre Kinder im Lauf ihrer beruflichen Ausbildung inzwischen eher mit wissenschaftlichen Erkenntnissen in Berührung gekommen sind. Die so herangebildete junge Generation versteht wohl oft die Gründe für vermeintlich traditionelle Verfahren besser als ihre Eltern, ohne unbedingt daran etwas ändern zu wollen.

Es kommt in bäuerlichen Gegenden durchaus häufig vor, daß gewisse Arbeiten wie das ABSTECHEN oder ABFÜLLEN nur in einer bestimmten Mondphase oder wenn der Wind aus einer bestimmten Richtung weht oder nicht weht vorgenommen werden. Aberglauben spielt im Weinbau nur eine geringe Rolle; solche Gepflogenheiten haben sich oft aus guten Gründen entwickelt, die von der Wissenschaft auch erklärt werden können.

TRADITION spricht auch aus alten Fässern wie diesem, das im Weingut Bürklin-Wolf in der Pfalz heute noch als Gärbehälter für Weißwein wertvolle Dienste leistet.

TRADITIONAL METHOD Im angelsächsischen Raum gebräuchlicher Ausdruck für das Champagnerverfahren der SCHAUMWEINHERSTELLUNG.

TRAJADURA Portugiesische Weißweinrebsorte; sie bringt in den VINHO VERDE Körper und Alkohol ein und wird oft mit LOUREIRO verschnitten. Jenseits der spanischen Grenze in Galicien heißt sie TREIXADURA.

TRAKTOR Die im Weinbau heute unentbehrliche Maschine hat durch Konstruktion und Abmessungen Einfluß auf die Gestalt der Weinberge genommen oder sich diesen anpassen müssen. Als in Europa der Schlepper das Zugpferd nach und nach ersetzte, mußten die Konstrukteure des engen Zeilenabstands wegen entweder Schmalspurschlepper oder aber die in Frankreich gebräuchlichen zeilenübergreifenden sogenannten *tracteurs-enjambeurs* bauen. Die schmalsten Weinbergschlepper sind mit 80 cm nicht viel breiter als der Fahrer selbst. In der Neuen Welt mußten sich dagegen die Weinberganlagen nach den Traktoren richten, und das bedeutete Zeilenabstände von 3–4 m, damit auch die ältesten Traktormodelle zwischen den Rebzeilen hindurchfahren konnten.

Die Einführung des Traktors und anderer Formen der MECHANISIERUNG im Weinbau hatte auch tiefgreifende wirtschaftliche und soziologische Auswirkungen. Es wurden weniger Arbeitskräfte benötigt, was zu verstärkter Landflucht geführt hat. R. E. S.

TRAMINER Der nicht ganz so aromatische, mit hellerer Beerenhaut versehene Vorläufer der rötlich überhauchten Weißweinrebsorte Gewürztraminer hat seinen Namen von dem Weinort Tramin (Termeno) in Südtirol (ALTO ADIGE). In Mähren in der TSCHECHISCHEN REPUBLIK wird die Sorte unter der Bezeichnung Prinç angebaut. In verschiedenen Ländern, z. B. Deutschland, Italien, Österreich, Rumänien und in vielen Teilen der GUS sowie in Australien, wird Traminer auch als Synonym für GEWÜRZTRAMINER gebraucht.

TRÄNEN Ein Begriff der Weinansprache, der das in einem Glas mit relativ starkem Wein beobachtbare Verhalten der Oberflächenschicht beschreibt, die dort, wo der Wein die Innenwandung benetzt, einige Millimeter hoch an ihr aufsteigt. Am oberen Rand der dünnen Schicht auf der Innenwandung beginnen sich Teile des Films zu verdicken, zu tropfenähnlichen Gebilden zusammenzuziehen und dann wieder zum Flüssigkeitsspiegel zurückzurinnen. Diese Spuren offensichtlich besonders zähflüssiger Tropfen werden gelegentlich auch «Beine» genannt; sie bilden einen Anhaltspunkt für die Alkoholstärke eines Weins.

James Thomson, ein englischer Physiker und Ingenieur, beobachtete und beschrieb 1855 dieses Phänomen, das er die «Tränen eines starken Weins» nannte. Leider blieb seine Arbeit unbeachtet, und so wird die Erläuterung des Vorgangs gewöhnlich Marangoni zugeschrieben, der sie 1871 veröffentlichte.

Vier physikalische Umstände sind an der Bildung der Tränen beteiligt. Die Anziehungskraft der Moleküle in einer Flüssigkeit untereinander wird auch Oberflächenspannung genannt; sie hält die Flüssigkeit zusammen. Dieselbe Art Kraft wirkt auch zwischen einem Flüssigkeitsmolekül und den Molekülen einer festen Oberfläche, in diesem Fall aber heißt sie Grenzflächenspannung. Ist die Grenzflächenspannung zwischen einer Flüssigkeit und einem Glas etwas größer als die Oberflächenspannung, dann kriechen die Flüssigkeitsmoleküle am Glas empor und benetzen Stellen, die immer höher über dem Flüssigkeitsspiegel liegen, bis der Punkt erreicht wird, an dem die Schwere der an der Wandung haftenden Flüssigkeit sich im Gleichgewicht mit der Kraft befindet, die weitere Flüssigkeit am Glas emporzuziehen versucht. Handelt es sich um eine reine, nur aus einer einzigen Substanz bestehende Flüssigkeit, dann bleibt der Vorgang hier stehen, aber Tränen bilden sich nicht.

Wein ist jedoch keine aus einer einzigen Komponente bestehende Flüssigkeit, sondern hauptsächlich eine Lösung von Alkohol in Wasser. Wenn der dünne Weinfilm an der Innenwand des Glases aufsteigt, tritt eine andere physikalische Wirkung ein: Der Alkohol verdunstet an der Oberfläche des Films rascher als das Wasser. Dadurch wird die Zusammensetzung des Films verändert, und zwar erhöht sich die Konzentration des Wassers, wobei Oberflächenspannung und Brechungsindex ansteigen. Der Anstieg der Oberflächenspannung in einem Teil des Films, in dem kein Alkohol mehr vorhanden ist, veranlaßt den Film dazu, tropfenähnliche Form anzunehmen und auf Kosten des ihn umgebenden Films anzuschwellen. Schließlich wird dieser Tropfen so schwer, daß die Grenzflächenspannung ihn nicht mehr an der Glaswandung festhalten kann. Er rinnt nun an der Wandung hinab und bildet eine Träne. Die Veränderung der Brechzahl läßt die Grenze zwischen dem wasserreichen Tropfen und dem alkoholreichen Flüssigkeitsfilm deutlich sichtbar werden.

Wer Zweifel an dieser etwas komplizierten Erklärung eines scheinbar einfachen Phänomens haben sollte, kann sich von der Richtigkeit dadurch überzeugen, daß er an einem Glas mit reinem Wasser (oder reinem Alkohol) keine Tränen beobachten kann. Daß Verdunstung an dem Vorgang beteiligt ist, wird erkennbar, wenn man ein Glas, in dem zuvor Tränen beobachtet wurden, zudeckt. Die Tränenbildung hört auf und setzt nach dem Abnehmen der Abdeckung wieder ein.

Oft wird auch angenommen, daß Tränen durch GLYZERIN verursacht werden, doch die beteiligten Vorgänge haben damit nichts zu tun. Die geringfügigen Änderungen in der VISKOSITÄT und der Brechzahl bewirken lediglich den Kontrast zwischen dem Tropfen und dem Flüssigkeitsfilm auf der Glasoberfläche, ein Maß für die Viskosität sind Tränen nicht.

Zwar tritt das Tränenphänomen in jeder aus mehreren Komponenten bestehenden Flüssigkeit auf, es ist jedoch am deutlichsten bei Wein mit über 12 % ALKOHOLGEHALT erkennbar, weil stärkerer Alkohol rascher verdunstet.

A. D. W.

TRANKOPFER Das Ausgießen einer Spende von Wein (gelegentlich aber auch von anderen Flüssigkeiten wie Wasser, Öl, Honig) stellte eine religiöse Handlung dar. In der griechischen und römischen Welt war es allgemein üblich, den Göttern Trankopfer darzubringen. Wenn bei geselligen Anlässen, z. B. beim SYMPOSIUM, Wein gereicht wurde, mußte zunächst mit einem Gebet an eine Gottheit ein wenig davon geopfert werden. Trankopfer begleiteten außerdem Gebete und andere Kulthandlungen bei allen möglichen Anlässen. Die Ursprünge liegen vermutlich darin, daß die ersten Früchte den Göttern als Gabe dargebracht wurden. Das Trankopfer ist aber auch in dem Zusammenhang zu sehen, daß die Wechselbeziehungen zwischen Menschen (und analog zwischen Menschen und Göttern) eben durch den Austausch von Gaben oder Geschenken gepflegt werden sollten. Auf den Boden gegossene Trankopfer galten insbesondere auch als Spende für die Toten. «Die Seelen nähren sich von Trankopfern», sagt Lukian. J. J. P.

Burkert, W., *Greek Religion* (Oxford, 1985).

TRANSPIRATION Der physiologische Vorgang, bei dem von den Wurzeln aufgenommenes Wasser in das Laub transportiert und dort verdunstet wird, hat insofern große Bedeutung, als er die Überhitzung der Pflanze bei heißem, sonnigem Wetter verhindert. Wasser und gelöste Mineralstoffe werden im verholzten Teil der Pflanze, dem sogenannten XYLEM, befördert. Der Xylemsaft enthält auch relativ große Anteile an Aminosäuren, insbesondere Glutamin, an organischen Säuren, insbesondere Apfelsäure, sowie kleine Mengen Zucker. Die gesamte Wasserabgabe eines Weinbergs wird Evapotranspiration genannt; sie umfaßt die Transpiration der Reben sowie aller sonstigen Pflanzen, Gräser oder Begrünungen und die EVAPORATION der Bodenoberfläche.

Die Transpiration ist ein energieabhängiger Vorgang; die erforderliche Energie wird über die Absorption von Sonnenlicht durch das Laub geliefert. Die Wasserdämpfe entweichen durch winzige Poren auf der Blattunterseite, die sogenannten SPALTÖFFNUNGEN, in die Atmosphäre. Energie ist notwendig, um die latente Verdunstungswärme für den Übergang von der flüssigen in die gasförmige Phase bereit-

Für TRANKOPFER bestimmte Silberschale aus Süditalien (um 300 v. Chr.).

zustellen, der sich in den Blatträumen unter den Spaltöffnungen vollzieht. Die Zellwände dieser Hohlräume werden durch eine lange, bis zu den Wurzeln reichende Wassersäule mit Feuchtigkeit versorgt. Erhält die Rebe genügend Wasser, dann sind die zur Sonne hin gerichteten Blätter nur 2 bis 3 °C wärmer als die Umgebungsluft; ist dagegen die Wasserzufuhr begrenzt, kann der Temperaturunterschied bis zu 10 °C betragen. In diesem Fall erleidet die Rebe sowohl HITZESTRESS als auch WASSERSTRESS.

Die Transpiration unterliegt dem Einfluß von atmosphärischen und auf der Pflanze selbst beruhenden Faktoren. Hohe Transpirationsraten treten bei Witterungsverhältnissen auf, die mit geringer Luftfeuchtigkeit bei starkem Sonnenschein, hoher Temperatur und kräftigem Wind einhergehen. Im Verlauf des Tages sinkt bei zunehmender Erwärmung meist die Luftfeuchtigkeit ab, daher ist die Transpiration in den frühen Nachmittagsstunden am stärksten. Mit zunehmender Austrocknung des Bodens steigt die Gefahr von Wasserstreß. Durch teilweises Schließen der Spaltöffnungen ist die Rebe in der Lage, ihren Wasserhaushalt in gewissem Umfang zu regulieren. Schließen sich jedoch die Spaltöffnungen, dann kommt auch die PHOTOSYNTHESE

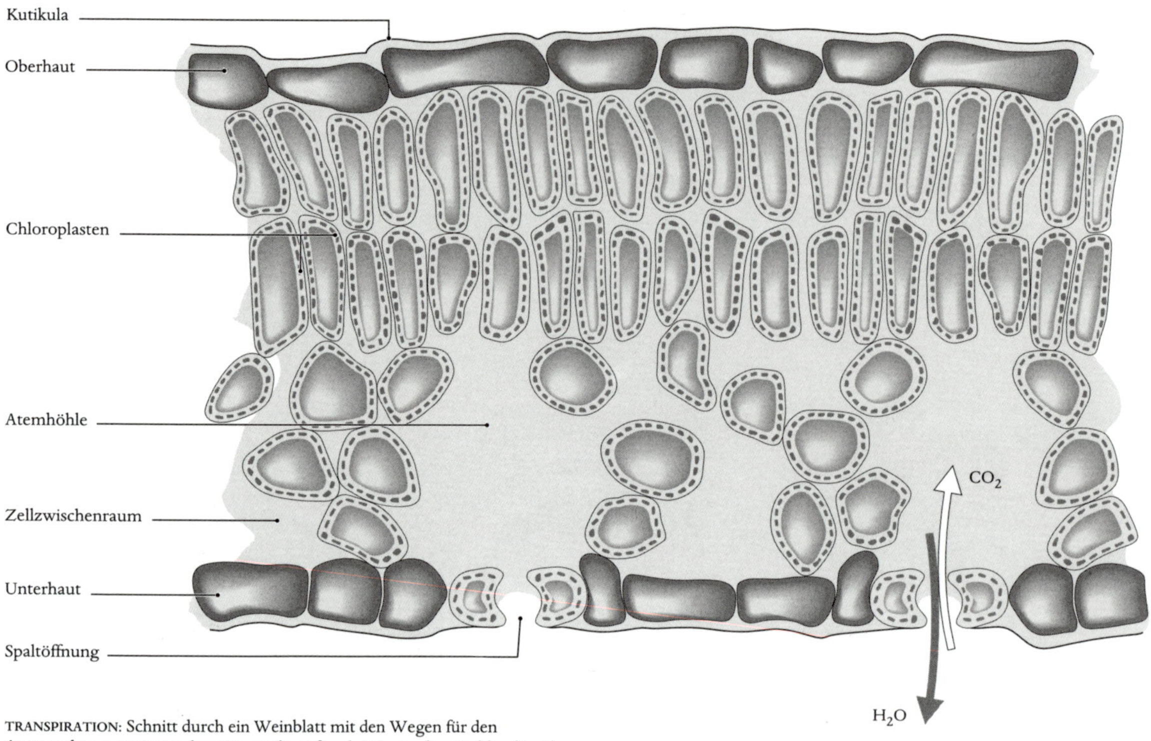

TRANSPIRATION: Schnitt durch ein Weinblatt mit den Wegen für den Austausch von austretendem Wasserdampf und eintretendem Kohlendioxid.

zum Erliegen, weil nun kein Kohlendioxid mehr in die Blätter aufgenommen werden kann.

Die Transpirationsrate verändert sich jedoch nicht nur in Abhängigkeit von den Wetterverhältnissen, sondern richtet sich auch nach den Wachstumsverhältnissen. Gemessen wird sie als Wert der Wassermenge im Bezug zur Fläche. Ein voll im Laub stehender Weinberg weist in der Mitte der Wachstumsperiode in einem heißen, trockenen und sonnigen Klima eine Evapotranspirationsrate von bis zu 40 000 l/ha pro Tag auf. Bei einer Pflanzdichte von 2000 Reben/ha entspricht dies einer Wassermenge von 20 l pro Weinstock und Tag. Die Menge der Wassertranspiration ist sowohl im Verhältnis zur Gesamtgröße der Rebe als auch zur Frucht sehr groß. Messungen von Smart und Coombe haben beispielsweise einen Wasserverbauch von 5000 g je Gramm Trockengewicht der Pflanze bzw. 80 g je Gramm Fruchtertrag ergeben. R. E. S.

Champagnol, F., *Éléments de physiologie de la vigne et de viticulture générale* (St-Gely-du-Fesc, 1984).

Smart, R. E., und Coombe, B. G., WATER RELATIONS OF VINES, in T. T. Kozlowski (Hrsg.), *Water Deficits and Plant Growth*, VII (New York, 1983).

Winkler, A. J., et al., *General Viticulture* (2. Aufl., Berkeley, Calif., 1974).

TRANSPORT VON WEIN Im Lauf der Zeit haben sich die Beförderungsmethoden stark verändert und zu einer Vielzahl der Transportmittel, vom Tankschiff bis zum Postversand von Flaschenwein, entwickelt.

Historisches

In der Antike wurden größere Weinmengen auf verschiedene Art transportiert. Es gibt aus dem klassischen Altertum zahlreiche Darstellungen von Weinschläuchen, die auf zwei- oder vierrädrigen Karren über Land gefahren werden. Auch Abbildungen von FÄSSERN auf Karren sind bekannt, doch der Transport auf dem Wasserweg hatte in der Antike allein schon deshalb größere Bedeutung, weil die Geschirre für Zugtiere ihre Mängel hatten. Im Mittelmeerraum wurde Wein meistens in AMPHOREN im Bauch von Schiffen transportiert. Da diese Gefäße aus Ton hergestellt waren, mußten sie mit Heidekraut, Stroh usw. abgepolstert werden, damit sie nicht zu Bruch gingen. Für den Weitertransport auf Binnengewässern konnten sie leicht auf kleinere Fahrzeuge umgeladen werden. Bei neueren Funden wurden in Schiffswracks auch sehr große Behälter (siehe DOLIUM) entdeckt, so daß hierin gewissermaßen die Vorläufer der heutigen Tankschiffe zu sehen sein dürfen. Fässer waren im nördlichen Europa verbreitet in Gebrauch (siehe KELTEN), später dann auch im Mittelmeerraum, obwohl sich dort die Amphore bis in das Mittelalter hinein hielt. J. J. P.

Moulin, M. M., LE TRANSPORT DU RAISIN OU DU VIN PAR LA ROUTE A L'ÉPOQUE ROMAINE EN GAULE ET DANS LES PROVINCES VOISINES, in R. Chevallier et al., *Archéologie de la vigne et du vin* (Paris, 1990).

Peacock, D. P. S., und Williams, D. F., *Amphorae and the Roman Economy* (London, 1986).

Moderne Transportmittel

Im Mittelalter spielten die FLÜSSE für den Weintransport eine große Rolle; nur Weinbaugebiete mit bequemem Zugang zu Wasserwegen konnten in bedeutenderem Umfang Handel treiben. Im 19. und frühen 20. Jh. wandelte sich dann durch den Bau von EISENBAHNEN die Lage für Weinbaugebiete wie beispielsweise LANGUEDOC-ROUSSILLON, Mendoza, RIOJA und CHIANTI grundsätzlich. Heute erfolgt der Transport von Wein im allgemeinen auf der Straße oder auf dem Wasserweg – allerdings wurden Anfang der 1980er Jahre, als der Beaujolais Nouveau auf dem Höhepunkt seiner Popularität war, auch Flugzeuge, Fallschirme und Weinbergkarren eingesetzt, um den Verbraucher (und vor allem die Presse) auf diesen Wein aufmerksam zu machen.

Jahrhundertelang bedeutete Weintransport vor allem MASSENTRANSPORT, und der gebräuchlichste Transportbehälter war das Faß. SHERRY beispielsweise wurde bis weit in das 20. Jh. hinein in besonderen Fässern, den sogenannten BUTTS, an die britischen Abfüller geliefert (die leeren Butts fanden Weiterverwendung für die Reifung von Whisky). In der zweiten Hälfte des 20. Jh. wurde dann allerdings der Versand in Tankfahrzeugen zur Regel. Da aber immer größere Mengen an Wein nicht nur im Ursprungsland oder in der Herkunftsregion, sondern bereits im Weinbaubetrieb selbst abgefüllt werden, ist heute der gebräuchlichste Versandbehälter wohl die FLASCHE. Das Faß mag zwar unbequemer in der Handhabung sein, die Flasche aber ist zerbrechlich, und Flaschenwein zu entwenden ist weitaus einfacher, als Faßwein zu stehlen.

Übrigens ergeben sich beim grenzüberschreitenden Weinversand zusätzliche Probleme durch die damit verbundenen Zollformalitäten.

Doch vom Verbraucher aus gesehen ist der wichtigste Aspekt des Weintransports die Temperatur. Werden Weine, die keine umfangreiche Behandlung zu ihrer STABILISIERUNG erfahren haben – wie es bei vielen feinen Weinen der Fall ist –, hohen Temperaturen ausgesetzt, können sie beträchtlichen Schaden nehmen. Auf ihren Ruf bedachte Weinerzeuger tun daher alles, um Weinversand in der warmen Jahreszeit zu vermeiden, und gewissenhafte Weinhändler achten darauf, daß bei Versand in der warmen Jahreszeit oder durch Tropengebiete Kühlcontainer benutzt werden.

TRANSVASIERVERFAHREN Ein Verfahren der SCHAUMWEINHERSTELLUNG, bei dem die Zweitgärung zwar in der Flasche stattfindet, diese aber dann zum Entfernen des Bodensatzes in einen Tank umgefüllt wird.

TRÁS-OS-MONTES (wörtlich «hinter den Bergen») Region im nordöstlichen Winkel PORTUGALS zwischen Gebirgen und der spanischen Grenze. Die Bewohner von Trás-os-Montes sind seit jeher stolz auf ihre Unabhängigkeit, doch seit den 1960er Jahren, als die Menschen gezwungen waren, ihre abgelegene, durch Landwirtschaft geprägte Heimat zu verlassen und in den Küstenstädten oder im Ausland ihren Lebensunterhalt zu verdienen, ist die Wirtschaft der Gegend in Unordnung geraten. Die Berge, die Trás-os-Montes vom restlichen Portugal trennen, werfen einen Regenschatten, so daß das Land nach Spanien hin immer trockener wird. Die klimatischen Extreme und die flachgründigen, auf Granit beruhenden Böden machen die Kultivierung schwierig, obwohl den Bauern inzwischen aus Mitteln der Europäischen Union und der Weltbank unter die Arme gegriffen wird. Wein ist in Trás-os-Montes, das sich auf die Nordhälfte der PORTWEIN-Region erstreckt, ein wichtiges Produkt. Die hochgelegenen Weinberge nördlich vom DOURO-Tal liefern auch Wein für MATEUS Rosé und eine Reihe von Nachahmungen. Drei IPR-Bereiche sind in Trás-os-Montes neu eingerichtet worden: Chaves im kühleren Westen mit leichten Rot- und Weißweinen, u. a. die *vinhos dos mortos* («Weine der Toten») von Boticas – sie heißen so, weil die Flaschen zur ALTERUNG vergraben werden; Valpaços, wahrscheinlich der beste der drei Bereiche; sowie Planalto-Mirandes auf den Hochebenen über dem Douro mit schweren, alkoholstarken Rotweinen. R. J. M.

TRAUBE (franz. *raisin*, ital. *uva*, engl. *grape*) Die Frucht der Weinrebe liefert mit ihrem Saft den Grundstoff für den WEIN. Die im gewerblichen Weinbau erzeugten Trauben gelangen entweder als TAFELTRAUBEN oder als ROSINEN zum Verkauf, oder sie werden gekeltert und zu Wein oder TRAUBENSAFT, TRAUBENKONZENTRAT bzw. REKTIFIZIERTEM TRAUBENMOSTKONZENTRAT verarbeitet. Die Weinerzeugung hat hieran den größten Anteil; auf sie entfallen rund 80 % der Traubenproduktion in der Welt. Die nach dem Keltern zurückbleibenden festen Bestandteile, d. h. Stiele, Schalen, Kerne und Fruchtfleisch, bilden die TRESTER. Bei den Weinreben enthält ein FRUCHTSTAND oft mehrere hundert meist relativ kleine Beeren.

Die Form und das Aussehen der Beeren ist je nach REBSORTE recht unterschiedlich. Es kommen abgeflachte, runde, ovale, längliche und walzenartige Formen vor; die Farbe reicht von Grün über Gelb, Rosa, Karminrot, Dunkelblau bis Schwarz; die Größe schwankt zwischen erbsengroß (z. B. bei Korinthen) bis eigroß – so bei manchen neugezüchteten Tafeltraubensorten, bei denen eine Beere schon mal 15 g wiegt. Die große Mehrzahl der Weinbeeren ist jedoch rund bis kurzoval, wiegt 1–2 g, und die Farbe ist Gelb (für Weißwein) oder Dunkelblau (für Rotwein).

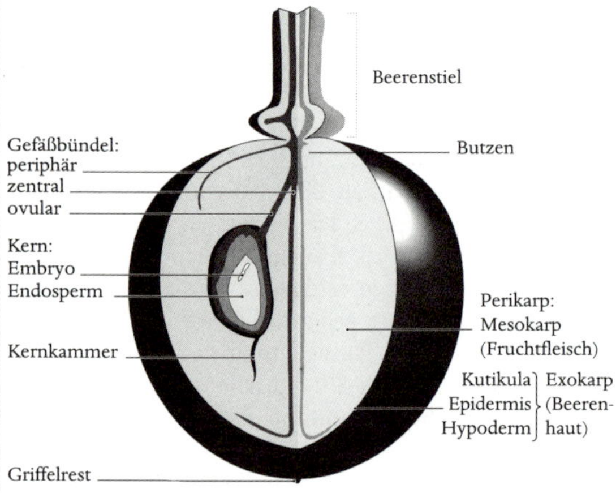

TRAUBE

Die Weinbeere sitzt an einem kurzen Stiel, der wiederum am Traubenstiel oder Kamm sitzt. An dem Ende, das dem Stiel entgegengesetzt ist, befindet sich ein kleines Stück totes Gewebe, das den Rest des Griffels und der Narbe der einstigen BLÜTE darstellt. Bei manchen Sorten, z. B. bei Riesling, sind korkartige Lentizellen auf der Beerenhaut verteilt. Im Querschnitt (siehe Diagramm) zeigt die Traube zwei Hüllen, die jeweils eine Kammer umschließen, in denen sich die Kerne befinden. Wenn die Beere wächst, werden die Kammern durch das Fruchtfleisch eingeengt. Die wesentlichen Teile der Beere sind das Fruchtfleisch, die Haut und die Kerne.

Fruchtfleisch

Bei der Weinbeere bildet die FRUCHTHÜLLE (Perikarp) den Hauptteil, das Fruchtfleisch. Im Durchschnitt wird erkennbar, daß etwa vierzig große Parenchymzellen den Raum zwischen der Beerenhaut und der Zellenschicht ausfüllen, die die innere Hülle bildet. Ein Kern aus Gefäßsträngen stellt die Verbindung zu einem Netz von Adern her, welches das Fruchtfleisch wie ein Käfig umschließt und einen Teil des Gefäßsystems der Pflanze bildet. Diese Adern enthalten das für den Antransport von Wasser und Mineralen aus den Wurzeln zuständige XYLEM und das als Transportweg für Zucker aus dem Laub fungierende PHLOEM. Die inneren Fruchtfleischzellen sind radial verlängert und am größten, so daß dieser Teil ein fragileres Gefüge aufweist. Ein Abschnitt mit wiederum anderem Aufbau ist der BUTZEN, der hellere Teil des Fruchtfleischs an der Verbindungsstelle zum Beerenstiel.

Das Fruchtfleisch und der Saft sind die Bestandteile der Traube, die für den Weinerzeuger und den Weintrinker die größte Bedeutung besitzen, denn sie enthalten die Hauptkomponenten des endgültigen Weins. Da der Saft aller Trauben (abgesehen von den TEINTURIER-Sorten) unabhängig von der Farbe der Beerenhaut stets hellgrau ist, kann von Trauben aller Farben Weißwein gewonnen werden, sofern der Saft nicht in Berührung mit dunklen Schalen gelangt. Rotwein kann nur entstehen, wenn Farbstoffe aus diesen dunklen Schalen ausgelaugt werden, dagegen wird Roséwein durch kurze Berührung mit dunklen Schalen oder entsprechend längere Berührung mit rosafarbenen oder hellroten Schalen gewonnen.

Schalen

Die Beerenhaut (auch Hülse genannt) bildet die feste Außenhülle der Beere. Die äußere Schicht, der Schmelz, Reif oder Duft, besteht aus Wachsplättchen und Kutin und hat die Funktion, die Diffusion von Wasser und damit Feuchtigkeitsverlust aus der Beere zu verhindern. Sie schützt auch gegen das Eindringen von Pilzsporen und anderen Infektionen. Erkennbar ist die Wachsschicht als weißliche BEREIFUNG. Die in diesem Schmelz enthaltenen Fettsäuren und Sterine liefern wichtige Nährstoffe für das Wachstum der in der umgebenden Atmosphäre enthaltenen bzw. später zugesetzten HEFEN während der GÄRUNG.

Unter der Wachs- und Kutinschicht befinden sich die Zellschichten, die die Haut bilden: Die erste Schicht ist die eigentliche Epidermis; darunter bilden etwa sieben Zellschichten das Hypoderm genannte Unterhautgewebe, in dem die meisten PIGMENTE – die gelben CAROTINOIDE und Xantophylle sowie die roten und blauen, für Rotwein wichtigen ANTHOCYANE – konzentriert sind. Mit den Hautschichten stehen außerdem bestimmte TANNINE und in größerem Umfang auch GESCHMACKSSTOFFE im Zusammenhang; sicherlich sind die PHENOLE (Pigmente, Tannine und Geschmacksstoffe) an verschiedenen Stellen vorzufinden, doch diejenigen, die dem Fruchtfleisch am nächsten sitzen, werden wohl zuerst extrahiert.

Es gibt noch weitere Unterschiede in der chemischen Zusammensetzung der Beerenhaut gegenüber dem darunterliegenden Fruchtfleisch: Abgesehen von den Phenolen weist die Haut auch größeren Gehalt an KALIUM auf. Die Schalen machen je nach Rebsorte 5–12 % vom Gewicht der reifen Beere aus. Die Dicke der Traubenschale schwankt zwischen 3 und 8 µm.

Kerne

Die Größe und Form der Traubenkerne ist je nach Rebsorte unterschiedlich; beispielsweise sind die Kerne von MUSCAT BLANC À PETITS GRAINS 5 mm, die der Tafeltraube Waltham Cross jedoch fast 10 mm lang. Die Zahl der Kerne pro Beere ist für die einzelnen Rebsorten charakteristisch, beträgt aber in den meisten Fällen 1 bis 2. Möglich sind 4 Kerne, da in jeder Kernkammer 2 Samenanlagen enthalten sind. Es kommen auch Ribier-Beeren mit 4 Kernkammern und demzufolge 8 Kernen vor. Häufig sind unvollständig entwickelte, stenospermische (dünnsamige)

Kerne neben voll entwickelten anzutreffen. Tatsächlich weisen sogenannte kernlose Beeren derartige schwach entwickelte Kerne auf. Sie sind, z. B. bei der bekannten Rosinen- und Tafeltraubensorte SULTANA (THOMPSON SEEDLESS), weich (nicht verholzt) oder verfügen über eine leicht verhärtete Außenhülle, sind innen aber leer. Je zahlreicher und je stärker entwickelt die Kerne sind, desto größer ist die Beere; das Verhältnis widerspiegelt weitgehend die Unterschiede in der Zahl der Zellenabteilungen im Perikarp. Das Pflanzenhormonon GIBBERELLIN überwiegt gegenüber dem beerenvergrößernden Effekt der Kerne; es kann daher dazu benutzt werden, diesen Effekt zu steuern, wie es auch geschieht, wenn z. B. die Sorte Sultana als Tafeltraube angebaut wird.

Für die Weinbereitung haben die Kerne wenig Bedeutung, nur wenn sie zerquetscht werden, geben sie – wie jeder, der schon einmal auf einen Traubenkern gebissen hat, weiß – das bittere Tannin ab, das in ihnen enthalten ist. Anders als die relativ leicht zu entfernenden Stiele gehen die Kerne stets mit dem Most und den Schalen zusammen bei der WEISSWEINBEREITUNG in den Absetztank und in die Presse oder bei der ROTWEINBEREITUNG in den Gärbehälter. Bei der Weissweinbereitung ist die Zeit der Berührung zwischen Most und Kernen, daher also auch die Aufnahme von Tanninen aus den Kernen, so kurz wie möglich. Bei der Rotweinbereitung dagegen bedeutet die verlängerte Berührung zwischen den Kernen und dem zunehmend alkoholhaltigen Most, daß sehr wahrscheinlich Tannine herausgelöst werden.

Traubenkerne dienen auch zur Gewinnung von Speise- oder Industrieölen.

Siehe auch TRAUBENZUSAMMENSETZUNG UND WEINQUALITÄT, TRAUBENQUALITÄTSBEURTEILUNG und REIFE.

B. G. C. und A. D. W.

Coombe, B. G., RESEARCH ON DEVELOPMENT AND RIPENING OF THE GRAPE BERRY, *American Journal of Enology and Viticulture*, 43 (1992), 101–110.

TRAUBENFÄULE Die Trauben- oder Beerenfäule tritt im Weinbau überall in der Welt auf; als Erreger kommen verschiedene Arten von Pilzen, auch HEFEN und BAKTERIEN, in Betracht. Die Ertragsverluste können bis zu 80 % betragen; von faulen Trauben bereiteter Wein riecht meist stickig, muffig oder schimmelig und zeigt starke Einbußen an Frucht. Stark von Traubenfäule befallene Weinberge strömen einen auffallenden und unangenehmen Geruch aus. Nässe während der LESE verursacht die schlimmste Form der Fäule, besonders an Beeren mit beschädigter Haut.

Manche Pilze wie Botrytis, Alternaria und Cladosporium infizieren gesunde Beeren und bilden damit «primären Befall». Andere Arten, z. B. Aspergillus, Rhizopus und Penicillium, bilden sich als «sekundärer Befall» an Beeren aus, die durch Regen, Hagel, Vögel oder Insekten beschädigt worden sind, aber auch durch Krankheiten wie FALSCHER MEHLTAU, ECHTER MEHLTAU, ESCA. Die sogenannte SAUERFÄULE wird durch Pilze, Hefen, Essigbakterien oder Fruchtfliegenmaden hervorgerufen. Die Bekämpfung erfolgt durch Fruchtausdünnung, verbesserten Zutritt von Wind und Sonne zur Frucht (siehe LAUBPFLEGE) sowie durch Bekämpfung von Schädlingen und Krankheiten, die an den Beerenschalen Beschädigungen verursachen.

Siehe auch PILZKRANKHEITEN. R. E. S.

Emmett, R. W., Harris, A. R., Taylor, R. H., und McGechan, J. K., GRAPE DISEASES AND VINEYARD PROTECTION, in B. G Coombe und P. R. Dry (Hrsg.), *Viticulture, II: Practices* (Adelaide, 1992).

Pearson, R. C., und Goheen, A. C., *Compendium of Grape Diseases* (St Paul, Minn., 1988).

Die bekannteste Form der Traubenfäule wird von dem Schimmelpilz *Botrytis cinerea* (siehe auch EDELFÄULE) hervorgerufen. Sie hat von allen Pilzkrankheiten die größte potentielle Wirkung auf die Weinqualität. Der Effekt auf Ertrag und Qualität ist katastrophal, wenn der Pilz unreife oder beschädigte Trauben befällt oder der Befall bei feuchter Witterung eintritt. Unter diesen Umständen entwickelt er sich nämlich zur schädlichen GRAUFÄULE. Befällt der Pilz dagegen unter günstigen Witterungsverhältnissen unbeschädigte, reife Weißweintrauben, dann nimmt er die hochwillkommene Form an, die als Edelfäule bekannt ist und einigen der feinsten Süßweine der Welt zugrunde liegt. Bei Rotweintrauben schädigt er stets die PIGMENTE, so daß Weine mit einer grauen Schattierung entstehen, die oft auch unangenehmen Fäulegeruch aufweisen.

Der Erreger beider Fäulearten ist eigentlich der Pilz *Botrytonia fuckelinia*, von dem nur eine bestimmte (konidientragende) Form, *Botrytis cinerea*, in Weinbergen vorkommt. An sich ist die Krankheit weit verbreitet, da sie nicht nur die Weinrebe, sondern auch zahlreiche andere Kultur- und Wildpflanzen befällt und in absterbenden oder bereits abgestorbenen Pflanzengeweben lebt.

Die Botrytisfäule stellt im Weinbau vor allem in feuchtem Klima ein Problem dar. Insbesondere entstehen Infektionen bei Regen zur Lesezeit, so daß dieser klimatische Faktor großen Einfluß auf die Qualität eines bestimmten Jahrgangs nehmen kann. Botrytissporen keimen entweder auf feuchten Oberflächen oder bei einer Luftfeuchtigkeit von über 90 %. Für die Infektion sind Temperaturen zwischen 15 und 20 °C optimal.

Zwar befällt Botrytis meist die Trauben, der Pilz kann sich aber auch auf anderen Teilen der Rebe bemerkbar machen, beispielsweise im Frühjahr auf Jungtrieben und auf jungen Blättern in Form von rötlichen Flecken. Bei entsprechenden Wetterverhältnissen werden auch junge Trauben befallen, die sodann faulen und abgeworfen werden, was natürlich Auswirkungen auf den Ertrag nach sich zieht. Häufig ergeben sich auch Probleme dadurch, daß Teile der Gescheine infiziert werden und dann in den sich entwikkelnden Trauben eingeschlossen bleiben. Daraufhin kann sich die Pilzinfektion in der Traube ausbreiten, wenn diese sich dem Reifezustand nähert. Ein gewisser Reifegrad ist dabei wesentlich. Infektionen vor der VÉRAISON sind selten. Nach diesem Zeitpunkt jedoch kann die Infektion der Beeren sowohl durch die intakte Beerenhaut als auch an beschädigten Stellen eindringen. Der Pilz gelangt durch die winzigen Atmungsöffnungen in das Innere gesunder Beeren, häufiger jedoch macht er sich Beschädigungen der Beerenhaut zunutze, wie sie von Vögeln, Insekten und mechanischen Einwirkungen verursacht werden oder aber entstehen, wenn sehr dicht beieinandersitzende Beeren durch starke Wasseraufnahme nach Regenfällen aufplatzen.

Die Fäule breitet sich nach und nach durch die ganze Traube hindurch aus, insbesondere wenn die Beeren in enger Berührung miteinander stehen. Tritt nun trockene Witterung ein, trocknen die infizierten Beeren aus, und es vollziehen sich Veränderungen in der chemischen Zusammensetzung der Frucht. Hierdurch können sich Trauben entwickeln, die sich für die Erzeugung klassischer EDELFAULER WEINE eignen. Bleibt die Witterung jedoch feucht, breitet sich der Schimmelpilz rasch als Graufäule aus, und die Traubenernte verfault buchstäblich unter den Augen des Winzers. Hieraus erklärt sich die Dringlichkeit der Lese bei ungünstiger Witterung. In solchen Jahren sind die Weine gewöhnlich alkoholschwächer, weil die Trauben ja vor der Zeit geerntet werden müssen.

Botrytis verursacht auch in anderen Bereichen des Rebenanbaus Probleme. Sie entwickelt sich als Fäule häufig in gelagerten TAFELTRAUBEN und kann auch beim PFROPFEN in Rebschulen Schwierigkeiten machen.

Die Rebsorten, sogar verschiedene KLONE ein und derselben Rebsorte, sind unterschiedlich anfällig für den Botrytispilz, je nachdem, wie dicht gepackt die Beeren in der Traube sitzen und wie dick die Traubenschalen sind. In gewissem Ausmaß spielt aber auch die chemische Zusammensetzung der Beeren eine Rolle. Rebsorten mit kompakten Trauben, die einen hohen Zuckergehalt erlangen, sind am anfälligsten. Sémillon, Sauvignon Blanc, Muscadelle, Carignan, Pinot Noir und Merlot zeigen besonders hohe Anfälligkeit für Botrytis-Fäule, dagegen ist Chardonnay nur mäßig anfällig und Cabernet Sauvignon eher unempfindlich.

Interessanterweise entwickeln manche Rebsorten Abwehrkräfte in Form von PHYTOALEXINEN, die den Schimmelpilz hemmen. Moderne Gegenmaßnahmen nehmen zweierlei Form an: Die «natürliche» Bekämpfung besteht darin, übermäßig viel Laub um die Frucht zu vermeiden, so daß Sonne und Wind besseren Zutritt zu den Trauben erlangen und diese nach Regen oder Tau abtrocknen können. LAUBPFLEGE durch Laubauslichtung und geeignete Unterstützungssysteme ist dafür höchst zweckdienlich. Die zweite Möglichkeit liegt in der chemischen Bekämpfung, wobei sich die Zahl der Spritzungen nach dem Klima richtet. In feuchten Gegenden können von der BLÜTE bis zur LESE mehr als ein halbes Dutzend Spritzungen erforderlich werden. Allerdings dürfen die letzten Spritzungen nicht zu kurz vor der Lese angesetzt werden, weil sonst die Hefetätigkeit im Gärprozeß beeinträchtigt werden kann, ganz abgesehen davon, daß möglicherweise schädliche RÜCKSTÄNDE entstehen.

Heute gibt es bereits eine relativ große Zahl an Botrytisbekämpfungsmitteln, anscheinend aber steht der Pilz mit den Chemikern auf Kriegsfuß. Es dauert immer nur wenige Jahre, bis ein chemisches Mittel seine Wirksamkeit verliert, weil der Pilz Resistenz dagegen entwickelt hat. Die Winzer stehen deshalb vor der Notwendigkeit, sich weniger stark auf chemische Mittel zu verlassen und vermehrt zu natürlicheren Formen der Bekämpfung überzugehen. Neugezüchtete Rebsorten weisen oft höhere Krankheitstoleranz auf, und darüber hinaus versuchen die Forscher, den Botrytispilz mit einem Antagonisten, dem Pilz *Trichoderma harzianum*, in Schranken zu halten. R. E. S.

Galet, P., *Précis de viticulture* (Montpellier, 1983).

Pearson, R. C., und Goheen, A. C., *Compendium of Grape Diseases* (St Paul, Minn., 1988).

Winkler, A. J., et al., *General Viticulture* (Berkeley, Calif., 1974).

TRAUBENKERNE siehe TRAUBE und PALÄOETHNOBOTANIK.

TRAUBENKONZENTRAT Das durch Verdampfen aller flüchtigen Bestandteile des frischen Traubensafts entstehende Produkt wird selten bei der Erzeugung wirklich feinen Weins benutzt. Nichtsdestoweniger kann es gewissermaßen als Extrakt der LÖSLICHEN STOFFE der Traube noch lange nach der LESE brauchbare Dienste leisten. So ist Traubenkonzentrat der Hauptbestandteil sogenannter MADE WINES, die ohne Verwendung frisch gelesener Trauben entstehen (siehe BRITISH WINES und HOBBYKELLERMEISTER). Auch beim VERSCHNEIDEN von einfachen, trockenen Alltagsweinen aus kühlen Regionen kann Traubenkonzentrat zum Süßen und Mildern Verwendung finden, beispielsweise in Deutschland als SÜSSRESERVE. Unter bestimmten Umständen kann es auch als Mittel zur ANREICHERUNG benutzt werden, um den Alkoholgehalt eines zu erzeugenden Weins zu erhöhen (in Australien etwa ist es als Beimischung vor der Gärung erlaubt, während Zucker unzulässig ist). Auch zum Süßen von Fruchtsäften und anderen Lebensmitteln wird Traubenkonzentrat verwendet, gelegentlich sogar als Ersatz für Honig.

In früheren Zeiten war es üblich, Traubenkonzentrat einfach durch Einkochen von Traubenmost auf rund die Hälfte seines Volumens herzustellen. Auf diese Weise entsteht allerdings eine Flüssigkeit mit gekochtem, karamelähnlichem Geschmack, die sich lediglich als Beimischung für süße, starke, dunkle Weine wie bestimmte SHERRY-Arten, MÁLAGA und MARSALA eignet. In Spanien wird solches Konzentrat als *arrope* bezeichnet.

Heute wird der Karamelgeschmack bei der Herstellung von Traubenkonzentrat dadurch vermieden, daß die Verarbeitung bei sehr niedrigen Temperaturen in Vakuumverdampfern stattfindet. Moderne Niederdruckanlagen stellen jedoch für eine einzelne Kellerei eine allzu kostspielige Investition dar; daher werden sie meist von Spezialunternehmen betrieben, die sie in anderen Jahreszeiten auch für die Konzentratherstellung aus anderen Fruchtsäften nutzen. In den meisten Fällen wird Traubensaft vor der Verarbeitung zu Konzentrat einer KLÄRUNG unterzogen, und der darin enthaltene WEINSTEIN wird entfernt, so daß beim Wasserentzug kaum noch Feststoffe ausfällen.

Die Herstellung von rotem Traubenkonzentrat ist möglich, indem die Trauben zunächst erhitzt werden, um PIGMENTE in den Saft zu extrahieren, oder aber durch hohe Gaben an SCHWEFELDIOXID, die ebenfalls starke Extraktion bewirken. A. D. W.

TRAUBENMOSTKONZENTRAT siehe TRAUBENKONZENTRAT.

TRAUBENQUALITÄTSBEURTEILUNG Für die langfristige Planung in der Weinbereitung wie für die kurzfristige Arbeitsvorbereitung, z. B. die Anberaumung der jeweiligen Lesetermine, ist es unumgänglich, ein Verfahren der Qualitätsbewertung zu entwickeln, das in enger Zusammenarbeit zwischen Traubenanbauer und -verarbeiter auf Erfahrungen voraufgegangener Jahre beruht und durch Geschmacksprüfung der Trauben selbst und Messungen der TRAUBENSAFTZUSAMMENSETZUNG die Grundlagen für weiteres gemeinsames Vorgehen schafft. Insbesondere in kühlen Gegenden gibt das MOSTGEWICHT genügend Anhaltspunkte für die zu erwartende Weinqualität (sofern nicht unerwartete Katastrophen, z. B. Krankheiten, dazwischenkommen). In wärmeren bis heißeren Regionen ist jedoch der Zuckergehalt allein kein verläßlicher Indikator, und es werden noch weitere Messungen erforderlich: Die GESAMTSÄURE sowie der PH-WERT des Mosts liefern brauchbare Hinweise, ebenso bei gewissen Rotweintraubensorten bestimmte Messungen der Schalenfarbe. Die Bedeutung des Aromas wird zunehmend erkannt, allerdings ist es durch Messungen schwer zu erfassen. Wertvolle Informationen lassen sich auch durch das Herstellen und Einlagern von Saftproben zu bestimmten Zeitpunkten während der Traubenentwicklung und anschließende regelmäßige «Schnupperprüfungen» gewinnen, aber dieses Verfahren ist kostspielig und schwierig. Es ist nur zu hoffen, daß exaktere Techniken der Traubenanalyse gefunden werden, um die bisherigen Methoden zu ergänzen. Beispielsweise wurde vorgeschlagen, die Glycosidkonzentration in den Trauben zu messen, weil diese mit dem Gesamtbestand an Bukettstoffen im Zusammenhang steht.

Viele weitere Charakteristiken des Leseguts ermöglichen die Beurteilung seiner Qualität. An erster Stelle stehen der Umfang und die Art des Fäulebefalls der Beeren. Weitere Faktoren sind Beschädigungen der Beerenhaut durch starke Regenfälle, Hagel oder sonstige Ursachen, der Anteil an angewelkten Beeren, die Gleichmäßigkeit des Reifezustands, Verschmutzung durch Laub, Erde und sonstige Fremdkörper sowie die BEERENGRÖSSE. Sorgfältige Beobachter berücksichtigen darüber hinaus das allgemeine Erscheinungsbild des Weinbergs, die Gestaltung des LAUBDACHS, den Zustand des Laubs und die Pflegemaßnahmen.

Siehe auch ANTHOCYANE, GESCHMACKSSTOFFE, PHENOLE, SÄURE, TRAUBENZUSAMMENSETZUNG UND WEINQUALITÄT, ZUCKER. B. G. C.

TRAUBENSAFT Süße, klare, alkoholfreie Flüssigkeit; der Weinerzeuger spricht allerdings eher von MOST nach KLÄRUNG und STABILISIERUNG. Konserviert wird er durch Einlagerung bei so niedrigen Temperaturen, daß keine Tätigkeit von HEFEN und BAKTERIEN möglich ist, und er kann dann zum Mildern oder Süßen trockener Jungweine verwendet werden. Seitdem leistungsfähige Konzentratherstellungsanlagen entstanden sind, wird er allerdings vom TRAUBENKONZENTRAT allmählich aus der Kellerpraxis verdrängt, das sich viel billiger lagern läßt, an sich stabil gegen Befall durch mikrobiologische Organismen ist und den Wein weniger stark verdünnt.

Traubensaft wird in gewissem Umfang auch in Flaschen abgefüllt und als Getränk verkauft; unter den Fruchtsäften hat er jedoch gegenüber Zitrus- und Apfelsaft nur einen geringen Marktanteil. Da er leicht in Gärung gerät, muß er gegen die Einwirkung von Hefen geschützt werden. Dies geschieht meist durch PASTEURISIERUNG und/oder Ultrafeinfilterung sowie durch kräftige Schwefelung. Viele VINIFERA-Traubensorten büßen jedoch bei der Pasteurisierung ihren frischen, fruchtigen Geschmack ein; deshalb verarbeitet die amerikanischen Traubensaftindustrie die nicht zu den *Vinifera*-Sorten gehörende CONCORD-Traube. Der Saft von Trauben, die im richtigen Reifezustand für die Weinbereitung geerntet wurden, ist oft so klebrig süß, daß die erfrischende SÄURE übertönt wird. Abgesehen von den besonders markanten Merkmalen der Muskateller- und Concord-Trauben ist es interessanterweise schwierig, in den Traubensäften den Charakter der einzelnen Rebsorten zu erkennen. Weinliebhaber stellen meist fest, daß Traubensaft enttäuschend wenig Ähnlichkeit mit Wein aufweist.

A. D. W.

TRAUBENSAFTZUSAMMENSETZUNG Der größte Teil der Zuckerlösung, die aus dem Zerdrücken oder Mahlen von Trauben resultiert, stammt aus dem Inhalt der Zellvakuolen im Fruchtfleisch. Bei stärkerem Pressen kommt weitere Lösung aus den Vakuolen der Schalen und Gefäßstränge hinzu, wobei viele verschiedene Verbindungen in den Most eingemischt werden. Daher verändert sich die Zusammensetzung des durch Mahlen und Pressen der Trauben gewonnenen Safts im Verhältnis zum Preßdruck und zur Preßdauer. Der zunächst frei ablaufende VORLAUFMOST beinhaltet die wenigsten Feststoffe und Schalenextrakte. Bei stärkerer Pressung tritt Saft mit höherem Gehalt an PHENOLEN und Kalisalzen und daher geringerer GESAMTSÄURE aus.

Beim Vergären des Safts in Gegenwart der Traubenschalen werden noch weitere GESCHMACKSSTOFFE und PIGMENTE, die in den Zellen der Schalen angereichert sind, herausgelaugt (siehe TRAUBE).

Siehe auch AMINOSÄUREN, ANTHOCYANE, APFELSÄURE, ASCORBINSÄURE, CAROTINOIDE, FRUCTOSE, GLUCOSE, LIPIDE, LÖSLICHE STOFFE, MINERALE, PEKTIN, PROTEINE, SACCHAROSE, SÄURE, STÄRKE, TANNINE, TERPENOIDE, SORTENREIN, VITAMINE und TRAUBENZUCKER, ZITRONENSÄURE. B. G. C.

TRAUBENSORTEN Der Begriff wird nicht nur in diesem Buch, sondern auch allgemein austauschbar mit Rebsorte gebraucht, da verschiedene Reben natürlich auch verschiedene Trauben bzw. Beeren mit ganz unterschiedlichen Charakteristiken hervorbringen (viele von ihnen sind unter ihren eigenen Namen näher beschrieben). Vorwiegend von einer bestimmten, meist auf dem Etikett genannten Trauben- oder Rebsorte produzierte Weine werden als SORTENREIN bezeichnet. Daher sind dem Verbraucher die Namen vieler Traubensorten vertraut, v. a. CHARDONNAY, CABERNET SAUVIGNON, MERLOT, PINOT NOIR, RIESLING und SAUVIGNON BLANC.

Siehe auch REBSORTEN, TAFELTRAUBEN und ROSINEN.

TRAUBENSORTIERUNG siehe TRIAGE.

TRAUBENZUCKER Überspitzt läßt sich sagen, daß der eigentliche Zweck des Anbaus von Trauben (wie der von Zuckerrohr, -rüben und anderen Pflanzen mit überwiegendem Gehalt an freien Zuckern) die Gewinnung von Zucker ist. Die zentrale Bedeutung des Zuckers als Inhaltsstoff der Traube für Wein, TAFELTRAUBEN, ROSINEN, aber auch andere Weinbauprodukte läßt sich nicht hoch genug einschätzen. ZUCKER bedeutet SÜSSE, und er vergärt zu ÄTHANOL – beides wird vom Menschen stark begehrt. Von allen zukkerhaltigen Pflanzen erbringt jedoch keine ein so hoch veranschlagtes und weithin erzeugtes Produkt, wie es der Wein der Traube ist.

Die in der Traube angesammelten freien Zucker, GLUCOSE und FRUCTOSE, entstehen aus SACCHAROSE, die in den Blättern durch Photosynthese gebildet, während der REIFE durch Stofftransport über die PHLOEM-Leitbündel in die Traubenbeeren gebracht und dort durch das Enzym INVERTASE hydrolysiert (invertiert) wird. Erstaunlich ist an dem Vorgang, daß die Anreicherung dieser Zucker gleichzeitig mit der Einspeicherung von Wasser in der Beere geschieht, wobei trotzdem die Konzentration zunimmt, d. h., es wird verhältnismäßig mehr Zucker als Wasser eingelagert. Wie dieser Prozeß sich im einzelnen abspielt, ist nicht bekannt. Noch mehr Saccharose verteilt sich unterdessen über das Phloem in der gesamten Rebe und liefert Energie und das Kohlenstoffskelett für alle organischen Moleküle. Darüber hinaus wird Zucker für die Einlagerung von Kohlenstoff in Form von STÄRKE im Holz sowie für die Bildung von Glycosiden bei der Einlagerung sekundärer Stoffwechselprodukte in den Zellvakuolen genutzt (siehe GESCHMACKSSTOFFE).

Während der Gesamtzuckergehalt (siehe MOSTGEWICHT) einen maßgeblichen Faktor für die Ermittlung des Reifezustands von Trauben für die Weinerzeugung darstellt, ist doch das Gleichgewicht zwischen Zucker und Säure ebenso wichtig; daher wird das Verhältnis von Zucker zu Säure als Indikator für den richtigen Lesezeitpunkt benutzt (siehe auch TRAUBENQUALITÄTSBEURTEILUNG). B. G. C.

Winkler, A. J., et al., *General Viticulture* (2. Aufl., Berkeley, Calif., 1974).

TRAUBENZUSAMMENSETZUNG UND WEINQUALITÄT Die Traubenzusammensetzung ist die wesentliche Grundlage für die Weinqualität, und daher ist die Kenntnis dieser Zusammensetzung für jeden Weinerzeuger, der den bestmöglichen Wein anstrebt, von größtem Interesse. In diesem Zusammenhang spielt die Konzentration der chemischen Inhaltsstoffe eine Rolle. Beispielsweise bestimmen die Traubenzucker (siehe MOSTGEWICHT) den potentiellen ALKOHOLGEHALT des Weins. SÄUREN und STICKSTOFF-Verbindungen beeinflussen den Gang der GÄRUNG und üben jeweils eigene Wirkung auf den Geschmack aus. Kalisalze wirken sich auf den PH-WERT und damit auf die mikrobiologische Aktivität und die oxidative STABILITÄT aus. PHENOLE tragen zum Gehalt an FARBE und TANNIN bei. Eine Vielzahl flüchtiger Inhaltsstoffe bringen Nuancen in das Aroma (siehe AMINOSÄUREN, GESCHMACKSSTOFFE, SÄURE, ZUCKER sowie TRAUBENSAFTZUSAMMENSETZUNG und VORLAUFMOST).

Die Traubenzusammensetzung verändert sich im Verlauf der REIFE. Ein zentraler Faktor des Reifevorgangs ist der stetige Anstieg der Zuckerkonzentration, nachdem die Zukkeransammlung bei der VÉRAISON in Gang gesetzt wurde. Die Beurteilung des Verlaufs der Zuckeranreicherung ermöglicht die allgemeine Begutachtung des Reifeverlaufs. Hieraus lassen sich auch Hinweise auf Veränderungen der übrigen Inhaltsstoffe der Traube ableiten. Ein weiteres Merkmal ist, daß die Säure zurückgeht, und zwar hauptsächlich aufgrund der RESPIRATION von Malat, aber auch infolge von Verdünnung durch das Beerenwachstum und der Bildung von Salzen, in erster Linie mit KALIUM, die zusammen mit dem Zuckergehalt ansteigt. Ziemlich früh im Verlauf des Reifevorgangs steigen die Farbe und der Tanningehalt in den Schalen an. Dagegen ist über den Verlauf der Zunahme der Bukettstoffe infolge der mit ihrer Messung verbundenen Schwierigkeiten noch weit weniger bekannt, doch bei manchen Rebsorten scheint sich ihre Intensität erst ziemlich spät im Reifeverlauf zu verstärken, nachdem sich die Zuckerkonzentration eingependelt hat (siehe auch TRAUBENQUALITÄTSBEURTEILUNG). Qualität ist letztendlich der Inbegriff der Integration aller dieser chemischen Inhaltsstoffe in der Weise, daß ein Gleichgewicht zwischen den einzelnen Komponenten, vereint mit intensivem Sortencharakter, entsteht. B. G. C.

TREBBIANO Der in Italien gebräuchliche Name der dort meistangebauten Weißweinrebsorte Ugni Blanc. Kommt Trebbiano im Namen eines Weins vor, dann bedeutet dies fast stets ein leichtes, schlichtes, frisches, aber ausdrucksschwaches Gewächs. Die Rebsorte mit ihren goldenen, ja sogar bernsteinfarbenen Beeren trägt so reich und wird in Frankreich und Italien, den beiden größten Weinbaunationen der Welt, so verbreitet angebaut, daß sie vermutlich mehr Wein hervorbringt als irgendeine andere Rebsorte der Welt, obwohl AIRÉN und Garnacha (GRENACHE) aus Spanien jeweils eine größere Rebfläche innehaben. Trebbiano in seinen vielen Formen nimmt sogar eine größere Anbaufläche ein als SANGIOVESE. Er kommt in mehr DOC-Regeln (etwa 80) vor als irgendeine andere Traube und erbringt sicherlich allein über ein Drittel der gesamten italienischen Produktion an DOC-Weißweinen.

In Frankreich, wohin die Sorte auf den Wegen des mediterranen Handels gelangte, der im 14. Jh. zwischen italienischen und französischen Häfen florierte, ist sie die meistangebaute Weißweinrebsorte (siehe UGNI BLANC).

Die Tatsache, daß Ugni Blanc vor allem Grundwein für die Weinbrandherstellung liefert, bildet schon einen Hinweis auf den Charakter des Weins, den Trebbiano hervorbringt. Wie die meisten in Überfülle produzierten Weine ist auch er schwach in Extrakt und Ausdruckskraft, hat relativ geringen Alkoholgehalt, dafür aber brauchbar kräftige Säure. Die ausnehmend wuchskräftige Rebe treibt spät aus und geht daher Spätfrösten meist aus dem Weg, was wiederum ihren hohen Erträgen zugute kommt, die ohne weiteres 150 hl/ha erreichen können. Sie besitzt gute Resistenz gegen ECHTEN MEHLTAU und GRAUFÄULE, nicht aber gegen FALSCHEN MEHLTAU. Da die Traube relativ spät reift – in manchen Teilen Italiens erst im Oktober – ist ihrer Kultivierung eine natürliche geographische Grenze gesetzt. An der Charente jedoch findet die Lese ganz einfach vor der vollen Reife statt, und so wird es auch in Süditalien gehandhabt, damit die Säure kräftig erhalten bleibt.

Es gibt über die Herkunft des Trebbiano fast ebenso viele Berichte, wie er Subvarietäten aufweist. Trebbiano Toscano und Trebbiano Giallo (gelb) reifen ziemlich viel früher als die meisten anderen Varianten. PLINIUS erwähnt einen *vinum trebulanum* aus KAMPANIEN. Es herrscht kein Mangel an möglichen geographischen Bezugnahmen, denn viele Orte haben in ihrem Namen Anklänge an Trebbiano, so auch der Fluß Trebbia in der EMILIA-ROMAGNA. Der Agronom PETRUS DE CRESCENTIIS aus Bologna beschrieb die Trebbiano-Rebe bereits 1303.

Heute wird Trebbiano überall in Italien (außer im kühlen äußersten Norden) in solchem Maß angebaut, daß wahrscheinlich in fast jedem einfachen *vino bianco* zumindest ein wenig Trebbiano steckt, und wenn auch nur zu dem Zweck, frische Säure einzubringen und das Volumen zu strecken. Seine Hochburg ist allerdings Mittelitalien. Der **Trebbiano Toscano** war 1990 mit 60 000 ha Rebfläche die drittmeist angebaute Rebsorte in Italien; hinzu kamen über 20 000 ha **Trebbiano Romagnolo**, fast 12 000 ha **Trebbiano d'Abruzzo**, knapp 5000 ha **Trebbiano Giallo** und über 2000 ha **Trebbiano di Soave**.

In der Weißweinproduktion der Emilia-Romagna dominiert der TREBBIANO DI ROMAGNA; er wird vorwiegend von Trebbiano Romagnolo und der fast bernsteinfarbenen Variante Trebbiano della Fiamma erzeugt. Eine gute Vorstellung davon, wie weitverbreitet Trebbiano tatsächlich ist, ergeben schon einige wenige Weine, in denen er einen Bestandteil bildet: VERDICCHIO, ORVIETO, FRASCATI, SOAVE (von Trebbiano di Soave) und LUGANA (von Trebbiano di Lugana). Immerhin hat die Rebsorte viele Jahrhunderte Zeit gehabt, sich an die jeweiligen örtlichen Verhältnisse anzupassen. In UMBRIEN – zwischen der Toskana und Rom – trägt die Traube den Namen Procanico, und manche Fachleute glauben, es handle sich dabei um eine bessere Variante mit kleineren Beeren. Nur die strikt auf sortenreine Weine eingestellte Nordostecke Italiens ist praktisch frei von diesem nichtssagenden Ballast.

Der ungute Einfluß des Trebbiano machte sich vor allem über weite Teile des 20. Jh. in der Mitte der TOSKANA bemerkbar, wo er so tief verwurzelt ist, daß die Vorschriften für den CHIANTI und den VINO NOBILE DI MONTEPULCIANO seine Beimischung zu diesen Rotweinen sanktionierten, so daß nicht nur deren Farbe und Qualität verwässert, sondern auch ihr guter Ruf geschädigt wurde.

Heute bildet der Trebbiano nur noch einen erlaubten Bestandteil, der aber von den qualitätsbewußten Erzeugern in der Toskana weitgehend weggelassen wird.

Das auch heute noch in der Toskana entstehende Meer von Trebbiano wird inzwischen hauptsächlich in kühl vergorene, nichtssagende trockene Weißweine wie den GALESTRO abgeleitet. Wie in Spanien die Viura-Traube (MACABEO) die interessantere MALVASIA aus Rioja verdrängt hat, so hat auch der ertragsstarke Trebbiano die Malvasia-Traube weitgehend aus der Toskana vertrieben, obwohl die letztere doch eine seriösere Basis für VIN SANTO liefert.

Der vielleicht aufregendste Trebbiano Italiens – der Trebbiano d'Abruzzo von Valentini (siehe ABRUZZEN) – ist in Wahrheit kein Trebbiano, denn er wird von BOMBINO BIANCO erzeugt. Nichtsdestoweniger hat es in den 1980er Jahren einen dramatischen Zuwachs bei der als Trebbiano d'Abruzzo bezeichneten Rebsorte gegeben.

Auch in die so sehr von Nationalrebsorten beherrschten Weinberge Portugals hat sich der Trebbiano unter dem Namen Thalia eingeschlichen, und in Bulgarien sowie in Teilen von Griechenland und Rußland wird er ebenfalls verbreitet angebaut. In der südlichen Hemisphäre, wo seine hohen Erträge und seine kräftige Säure allgemein begrüßt werden, hat sich der Trebbiano ebenfalls festgesetzt. In Argentinien gab es am Ende der 1980er Jahre über 4000 ha «Ugni Blanc», und auch in Brasilien und Uruguay waren größere Bestände anzutreffen.

In Südafrika laufen die allerdings nicht sehr großen Trebbiano-Pflanzungen ebenfalls unter dem Namen Ugni Blanc, doch hier ist für die Branntweinproduktion und für billiges, säurereiches Verschnittmaterial eher der COLOMBARD zuständig. Dasselbe gilt für Kalifornien, wo nur noch im Central Valley vielleicht rund 100 ha «St-Émilion» anzutreffen sind. Australien dagegen verfügt über doppelt soviel Trebbiano wie Colombard, vor allem in den Bewässerungsgebieten, wo die Sorte eine willkommene säuerliche Zutat für einfache Weißweinverschnitte liefert und manchmal auch destilliert wird.

Sicherlich wird die Bedeutung von Trebbiano/Ugni Blanc zurückgehen, da der Weinverbraucher mit wachsender Entschiedenheit kräftigeren Geschmack verlangt.

TREBBIANO DI ROMAGNA Häufig anzutreffender SORTENREINER trockener Weißwein von einer Traubensorte, die weder ampelographisch noch im Weincharakter große Unterschiede zum TREBBIANO aus der Toskana aufweist. Sie wird in weiten Teilen der Romagna in den Provinzen Bologna, Forlì und Ravenna kultiviert und erbringt von einer Anbaufläche von rund 3000 ha jährlich 95 000 hl DOC-Wein. Die zulässigen Höchsterträge von fast 100 hl/ha tragen wenig dazu bei, dieser Traube, die sowieso nicht gerade für eine auffallend starke Persönlichkeit bekannt ist, behilflich zu sein; daher ist der Trebbiano di Romagna meist bestenfalls als Picknickwein geeignet. D. T.

TREIBHAUSEFFEKT Siehe KLIMAVERÄNDERUNG.

TREIXADURA Eine in GALICIEN (Nordwestspanien) angebaute Weißweinrebsorte. Jenseits der portugiesischen Grenze heißt sie TRAJADURA. In Galicien ist sie wegen ihres kräftigen Aromas geschätzt.

TRENTINO Die südliche, überwiegend italienischsprachige Hälfte der Region Trentino-Alto Adige. Die Hauptstadt ist Trento (Trient). Der Weinbau konzentriert sich auf das Tal der Etsch und die Berge unmittelbar östlich und westlich davon, mit einem gelegentlichen Abstecher in die Seitentäler Valle dei Laghi und Val di Cembra. Das Land weiter im Osten und im Westen in den Dolomiten und der Brenta-Gruppe ist zu gebirgig für den Weinbau. Obwohl die Region ziemlich weit im Norden liegt – Trient befindet sich auf dem 46. BREITENGRAD –, ist sie doch nicht unbedingt kühl zu nennen. In den Sommermonaten sammelt sich in den tiefer gelegenen Gegenden rasch Wärme an (siehe auch TOPOGRAPHIE). Der Weinbau ist daher durchaus nicht auf früh reifende Rebsorten beschränkt. Die durchschnittliche Jahresweinerzeugung beträgt rund 1 Millionen hl. Über 70 % der Rebfläche ist für die DOC-Weinproduktion registriert – damit steht das Trentino direkt hinter Südtirol an zweiter Stelle in Italien.

Die DOC-Struktur besteht aus einer umfassenden Regional-DOC, ergänzt durch verschiedene SORTENREINE Weine, und daneben fünf mehr oder minder geographisch bestimmten DOC-Bereichen. Die DOC Sorni ist winzig klein. Die DOC Teroldego-Rotaliano bringt zum Ausdruck, daß die Teroldego-Rebe die ihr gemäße Heimat im kieshaltigen Boden der Rotaliano-Ebene gefunden hat, obschon die zulässigen Ertragshöchstgrenzen von 120 hl/ha keine Qualitätsermutigung darstellen. Den DOC-Bereich Caldaro zu beiden Seiten des Kalterersees teilt sich das Trentino mit Südtirol – die dominierende Traube ist hier die SCHIAVA. Die DOC Valdadige, die ein langes Stück der Etsch mit einem Teil Südtirols und die Nordwestecke des Veneto umfaßt, ist ein Bereich vorwiegend für einen Rotwein von Schiava und LAMBRUSCO und für einen Weißwein von mehreren INTERNATIONALEN REBSORTEN im Verschnitt (PINOT BIANCO, PINOT GRIGIO, MÜLLER-THURGAU, CHARDONNAY und RIESLING ITALICO). Casteller ist ein DOC-Bereich auf beiden Seiten der Grenze zur Provinz Verona für einen roten Verschnitt von Schiava, MERLOT und Lambrusco.

Die wichtigsten Weine aus dem Trentino (abgesehen von den 5 Millionen Flaschen SPUMANTE auf Chardonnay-Basis, die hier jährlich produziert werden) sind fraglos die 17 sortenreinen Weine der DOC Trentino. Bei den Weißweinen steht Chardonnay an der Spitze, gefolgt von Müller-Thurgau, Pinot Grigio und Pinot Bianco; die führenden Rotweine sind Cabernet, Merlot, MARZEMINO, LAGREIN und PINOT NERO. Die Erträge sind zu großzügig bemessen (14 bis 15 t/ha für Weißwein und 13–15 t/ha für Rotwein), als daß Weine mit hochwertiger Qualität entstehen könnten, doch das größte Handicap der Region ist der marktorientierte Geist, der zu Anpflanzungen und Weinbereitung nach dem augenblicklichen Verbrauchergeschmack ohne große Rücksicht auf die Besonderheiten des Bodens und des MESOKLIMAS geführt hat. Die Tatsache, daß 117 der 222 Ortschaften im Trentino in die eine oder andere der verschiedenen DOC-Zonen fallen, legt beredtes Zeugnis für die produktivistische Einstellung ab, die dem Weinbau der Region keinen guten Dienst erwiesen hat.

Nichtsdestoweniger gibt es historische Traditionen, die mit individuellen Rebsorten und Anbauzonen zusammenpassen: Müller-Thurgau in Faedo und im Val di Cembra, Cabernet im Vallagarina und zwischen Pressano und Lavis, Lagrein im Campo Rotaliano und in Roverè della Luna, NOSIOLA in Lavis, Faedo und im Valle dei Laghi, Pinot Nero in Civezzano und in den Bergen nördlich von Trento sowie Chardonnay in Lagen über 400 m. Hochwertiger

Chardonnay, Müller-Thurgau, Cabernet und Merlot sowie gelegentlich mit FASSAUSBAU behandelter Pinot Nero sind in den 1980er Jahren aus diesen Teilbereichen erschienen und lassen auf ein bedeutendes Potential an Wein hoher Qualität schließen, das erst noch angezapft werden muß. Die WINZERGENOSSENSCHAFTEN vermarkten fast drei Viertel der Gesamtproduktion. Die Weinbauforschungs- und Versuchsanstalt in SAN MICHELE ALL'ADIGE erfüllt auch Aufgaben der Berufsausbildung. D. T.

TRENTINO-ALTO ADIGE Die von der Etsch durchflossene norditalienische Region besteht aus dem ALTO ADIGE (Südtirol) im Norden und dem TRENTINO im Süden.

TRESALLIER Die im Département Allier vorwiegend für den ST-POURÇAIN angebaute Weißweinrebsorte ist eng mit der SACY-Traube an der Yonne verwandt. Sie hat dort Tradition, findet aber heute nicht mehr einmütigen Beifall.

TRESTER Die Rückstände der Weinproduktion bestehen in der WEISSWEINBEREITUNG aus einer süßen, hellen bräunlichgrünen Masse aus Traubenschalen, Stielen, Kernen und Fruchtfleischresten, die nach dem Keltern bzw. PRESSEN übrigbleiben. Bei der ROTWEINBEREITUNG fällt nach dem Ablaufen des VORLAUFMOSTS eine ähnliche Masse an Rückständen an, die jedoch schwärzlichrot aussieht. Da die Rotweintrester erst nach dem Gärprozeß und nicht wie beim Weißwein vorher als Rückstände verbleiben, sind darin auch tote Hefezellen und Spuren von Alkohol anstatt Zukker enthalten.

In größeren Betrieben wird die noch in den Weißweintrestern verbliebene beträchtliche Menge an Zucker aus dem Feststoffgemisch herausgewaschen und zu Grundmaterial für TRESTERSCHNAPS vergoren, und die in den Rotweintrestern noch vorhandenen geringen Alkoholreste können ebenfalls durch DESTILLATION verwertet werden. In manchen Gegenden werden die Trester mehrerer Betriebe ge-

TRESTER von Weißwein- und Rotweintrauben sammeln sich bei de Bortoli in Griffith (Neusüdwales) zu regelrechten Halden an.

sammelt und zur Gewinnung von WEINSTEIN und gelegentlich Traubenkernöl weiterverarbeitet.

Auf französisch heißt sowohl der getrocknete **Preßkuchen** als auch der davon gewonnene Tresterschnaps MARC.
A. D. W.

TRESTERSCHNAPS Von TRESTERN gebrannter Schnaps ist ein Musterbeispiel für sinnvolle Resteverwertung, da die bereits vergorenen Schalen, Kerne und Geläger destilliert werden und nicht, wie sonst üblich, der Wein selbst. Der so gewonnene Branntwein erlangt dadurch einen besonders markanten Geschmack, der eher feurig und kompromißlos als elegant zu nennen ist, was ihm aber durchaus nicht abträglich zu sein braucht. Dieser Branntwein heißt in Frankreich MARC, in Italien GRAPPA und in Portugal BAGACEIRA.

TRI franz. Sortieren (auch Briefe bei der Post). Im Weinbau ist darunter die Auslese geeigneter Trauben zu verstehen. Sie nimmt meist die Gestalt einer TRIAGE beim Eintreffen des Traubenguts in der Kellerei an, im Zusammenhang mit der Erzeugung von EDELFAULEN WEINEN geschieht sie jedoch bereits im Weinberg, indem die Lesemannschaften die Zeilen durchgehen und nur solche Trauben – gelegentlich sogar einzelne Beeren – ernten, die von EDELFÄULE befallen sind. In schwierigen Jahren, z. B. 1972, mußten bei Château d'YQUEM schon bis zu elf *tris* durchgeführt werden, und am Ende kam doch kein Wein dabei heraus, der den illustren Namen SAUTERNES verdient hätte.

TRIAGE Französischer Ausdruck für das Sortieren von Lesegut nach Qualitätskategorien. Die frisch gelesenen Trauben werden meist auf einem Sortiertisch oder einem langsam laufenden Förderband ausgebreitet, so daß ungeeignete Teile herausgepflückt und weggeworfen werden können. Für die meisten Weine werden ungleichmäßig oder unzulänglich ausgereifte bzw. durch Krankheiten oder Schädlinge beschädigte Trauben ausgeschieden. Bei der Produktion von edelfaulen süßen Weißweinen dagegen werden alle Trauben aussortiert, die nicht gleichmäßig von EDELFÄULE befallen sind. Diese Art der Sortierung ist ein arbeitsaufwendiger Vorgang, der Schulung und Erfahrung voraussetzt und sich bislang jeder Mechanisierung entzieht. Die Kosten hierfür sind nur bei relativ hochpreisigen Weinen gerechtfertigt, trotzdem wurde der Vorgang zu Beginn der 1990er Jahre immer häufiger durchgeführt, vor allem in Bordeaux im feuchten Jahrgang 1992. A. D.W.

TRICASTIN, COTEAUX DU Umfangreiche APPELLATION CONTRÔLÉE vorwiegend für Rot- und Roséweine und eine sehr kleine Menge an Weißwein am Ostrand der südlichen RHÔNE. Das Klima ist hier zwar ausgesprochen MEDITERRAN, in der allgemein größeren Höhe und den freieren Lagen kommen jedoch leichtere Weine als die ganz ähnlichen Côtes-du-Rhône zustande. Der beste Wein stammt aus geschützten Südlagen, wobei der Gehalt an Säure meist deutlich unter der oberflächlichen Wärme des Dufts südlicher Rebsorten liegt. Das Gebiet wurde im wesentlichen von in den 1960er Jahren aus Algerien zurückgekehrten *pieds noirs* neu erschlossen. Große Strecken Brachland wurden kultiviert und mit den Rebsorten der südlichen Rhône bestockt. Die Appellation profitierte von Bannerträgern wie Domaine Tour d'Élyssas und Domaine du Vieux Micocoulier.

Grenache, Cinsaut und Syrah werden am meisten angebaut, aber auch bis zu 20 % Carignan und die zugelassenen Weißweinrebsorten Grenache Blanc, Clairette, Picpoul, Bourboulenc, Ugni Blanc, Marsanne, Roussanne und Viognier dürfen mit verarbeitet werden. Der grundsätzlich zulässige Höchstertrag beläuft sich auf 52 hl/ha.

Die Weine sind vergleichbar mit denen von den südlich angrenzenden Côtes du VENTOUX, die ebenfalls 1973 vollen AC-Status erhielten, aber nur wenige gelangen über die nähere Umgebung hinaus.

TRICHLORANISOL (TCA), genauer **2,4,6-Trichloranisol.** Unangenehm schimmelig riechende Verbindung, die sich bei der Einwirkung von Chlor auf Korkrinde oder Holz bilden kann; sie verursacht KORKGESCHMACK im Wein. Kork ist jedoch durchaus nicht immer schuld daran; der Geschmack wurde auch schon in Faßwein entdeckt und ist in der Lebensmittelindustrie als häufig auftretender Fehler bekannt.

TRICHTER Zum Umfüllen von Wein aus einem Behälter in einen anderen mit engem Hals kann man jeden beliebigen Trichter verwenden, solange er sauber ist und aus einem Material besteht, das dem Wein keinen Beigeschmack verleiht. Sammler von Weinantiquitäten sind dagegen auf der Jagd nach alten Exemplaren, die speziell für Wein vorgesehen waren.

Seit der Erfindung der stapelbaren walzenförmigen FLASCHE (um 1730) und der weiten Verbreitung des Dekantierens nach 1750 stand zu erwarten, daß ein speziell geform-

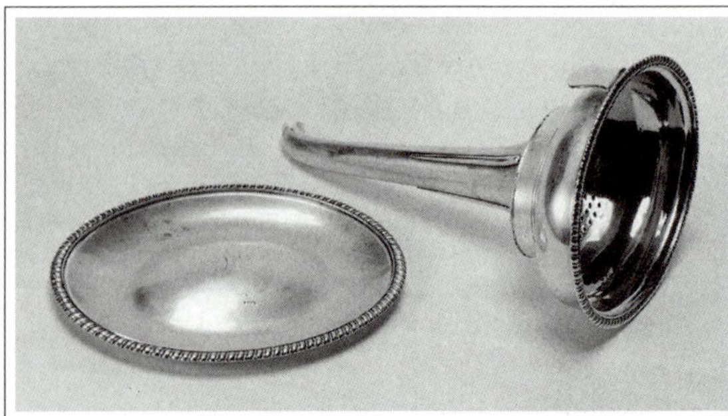

Ein ungewöhnlicher ovaler TRICHTER mit Ständer aus Edinburgh, um 1810.

ter Trichter geschaffen würde, um das Umfüllen aus der Flasche in das DEKANTIERGEFÄSS zu erleichtern. Ein derartiger Trichter besitzt einen abgewinkelten Auslauf, der den Weinstrahl zur Wand des Gefäßes hin lenkt. Weintrichter sind mit Sieben mit geometrischer Lochung ausgerüstet und lassen sich zur bequemeren Reinigung auseinandernehmen. Trichter aus der Zeit vor 1800 können an der Verbindungsstelle von Einfüllschale und Auslaufstutzen getrennt werden, bei späteren Exemplaren ist das Sieb aus der Einfüllschale herausnehmbar. Weintrichter verfügten auch über einen durchlöcherten Ringeinsatz, auf den Musselin-Tuch als Feinfilter aufgenäht werden konnte, doch in vielen Fällen ist dieser Ring verlorengegangen.

Die frühesten Weintrichter stammen aus den 1760er Jahren. Es gibt zwar noch ältere Trichter, doch ihr gerader Auslauf läßt vermuten, daß sie für den allgemeinen Gebrauch gedacht und nicht ausschließlich für Wein angefertigt waren. Die meisten Exemplare stammen etwa aus der Zeit von 1780–1825, nach 1840 wurden nur noch wenige hergestellt. Wie bei den Weinprobierschalen (siehe TASTEVIN) gibt es hin und wieder auch Trichter aus Glas oder Porzellan. R. H. N. B.

Butler, R., und Walking, G., *The Book of Wine Antiques* (Woodbridge, 1986).
Clayton, M., *Collectors Dictionary of the Silver and Gold of Great Britain and North America* (rev. Ausg., Woodbridge, 1985).
Hernmarck, C., *Die Kunst der europäischen Gold- und Silberschmiede: von 1430 bis 1830* (München, 1978).
Johnson, H., Janson, D. J., und McFadden, D. R., *Wine Celebration and Ceremony* (New York, 1985).

TRIEB, auch **Schoß** oder **Lotte.** Der Jungtrieb der Pflanze entwickelt sich im Frühjahr aus einer Winterknospe als Trieb mit seitlichen Organen, meist Blättern. Gemeinsam bilden die Triebe einer Rebe mit ihren Blättern das LAUBDACH. Die AUGEN der Rebe, die sich in der voraufgegangenen Wachstumsperiode am jungen Trieb entwickelt haben, bilden im nächsten Frühjahr neue Jungtriebe (siehe AUSTRIEB). Das Triebwachstum beschleunigt sich vor der BLÜTE allmählich bis zur obersten Grenze und verlangsamt sich danach, bis es um den Beginn der Fruchtreife (VÉRAISON) ganz zum Stillstand kommt; unter feuchten Verhältnissen kann das Triebwachstum auch nach diesem Zeitpunkt noch weitergehen (siehe auch WASSERSCHOSS).

Die WÜCHSIGKEIT, d. h. die Triebwachstumsrate, ist von einer Rebe zur anderen und auch innerhalb einer einzigen Pflanze sehr unterschiedlich und läßt sich an jedem einzelnen Trieb schon lange vor der Blüte abschätzen. Die Länge des fünften INTERNODIUMS, von der Basis her gerechnet, kann beispielsweise um das Dreifache variieren. Ein wuchskräftiger Trieb ist an langen Internodien, großen Blättern und langen Ranken an der Triebspitze erkennbar, für schwachwüchsige Triebe gilt das Gegenteil. Trotz dieser Unterschiede in Wachstumsrate und Länge ist die Bildung

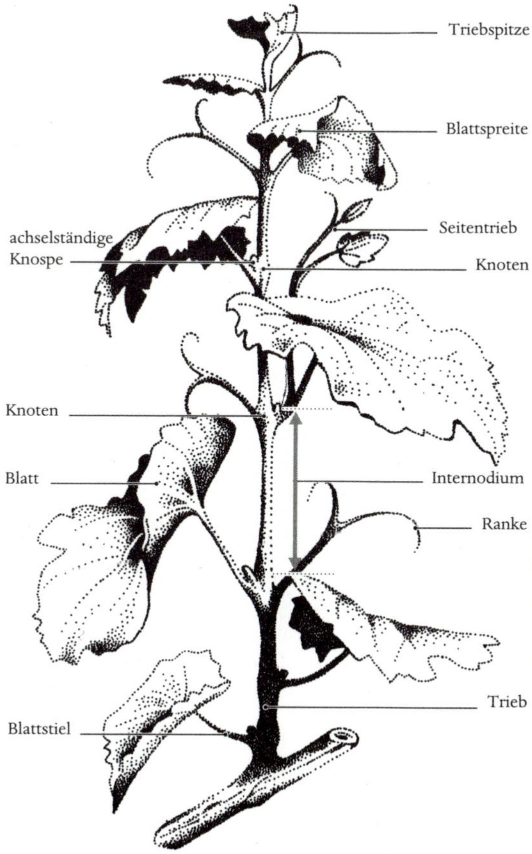

TRIEB: Aus den achselständigen Knospen entwickeln sich im Sommer Seitentriebe mit jeweils einem latenten Auge am überwinternden Trieb.

neuer Knoten an der Triebspitze auf die Bildung von GESCHEINEN abgestimmt, so daß zum Zeitpunkt der vollen Blüte alle Triebe – die wuchskräftigen ebenso wie die schwachwüchsigen – 17–20 sichtbare Internodien aufweisen. Im Lauf des Sommers verändert sich die Farbe des Triebs von Grün zu Braun (siehe TRIEBREIFE).

Das äußerste, etwa 1 cm lange Stück des Triebs, das am weitesten von der ursprünglichen Knospe entfernt ist, gilt als Triebspitze. Bei einem wuchskräftigen Trieb kann es acht und mehr KNOTEN und in Entwicklung befindliche Blätter aufweisen, von denen das größte weniger als 1 cm lang ist. Dieses kleine Stück Gewebe nimmt eine große Menge Nährstoffe auf, die vom ausgereiften Laub produziert werden; durch TRIEBSPITZENKAPPUNG können diese Nährstoffe auf andere Wege geleitet werden. Das Gleichgewicht zwischen Triebwachstum und Fruchtwachstum hat große Auswirkungen auf die REIFE der Frucht und die Weinqualität (siehe AUSGEWOGENHEIT, LAUB/FRUCHT-VERHÄLTNIS, PHYSIOLOGIE DER REBE).

Nach Abschluß der Holzreife weist die Rinde des Triebs braune Färbung auf, der Trieb ist nun eine zur Überwinterung bereite Rute (siehe auch KAMBIUM). Nach dem Laubfall zeigt der verholzte Trieb das Ausmaß des Zuwachses an, der in der vorangegangenen Wachstumsperiode stattgefunden hat. Die Zahl der Triebe, ihr Gewicht und ihre Durchschnittsgröße sind wichtige Anhaltspunkte für AUSGEWOGENEN REBSCHNITT und Planung der LAUBPFLEGE. Beim winterlichen Rebschnitt werden die Triebe auf die gewünschte Augenzahl und Wuchsrichtung eingekürzt. Es können ZAPFEN mit weniger als 5 Augen oder Fruchtruten mit 5–16 Augen angeschnitten werden. B. G. C.

TRIEBAUSDÜNNUNG Im Frühjahr müssen unerwünschte, vom Kopf oder vom CORDON ausgehende Triebe von Hand ausgebrochen werden. Hierzu gehören auch die WASSERSCHOSSE, die keine Frucht tragen. Das Ausbrechen der Triebe geschieht am schnellsten und leichtesten, wenn diese eine Länge von etwa 20–40 cm erreicht haben und die Frucht bereits sichtbar wird, weil dann die Unterscheidung zwischen fruchtenden und nichtfruchtenden Trieben leichter ist. Der Zweck der Triebausdünnung ist, das LAUBDACH aufzulockern und die Entwicklung einer allzu dichten Laubmasse zu verhindern. Dadurch kann die Weinqualität günstig beeinflußt werden (siehe LAUBPFLEGE und AUSGEIZEN). R. E. S.

TRIEBEINKÜRZUNG Beim Einkürzen der jungen Triebe zum Zweck der Zuwachsreduzierung werden meist etwa 30 cm Trieblänge abgenommen, d. h. wesentlich mehr als bei der TRIEBSPITZENKAPPUNG. Siehe auch RÜCKSCHNITT.

TRIEBREIFE oder **Holzreife** (franz. *aoûtement*). Ein Vorgang in der Wachstumsperiode, bei dem der junge, grüne Trieb im Lauf des Ausreifens zunächst gelbe und dann braune Farbe annimmt. In diesem Stadium entsteht das korkige Periderm, und es vollziehen sich zelluläre Veränderungen einschließlich der Einlagerung von Kohlehydratreserven, die insgesamt den Trieb in die Lage versetzen, die Winterkälte zu überstehen. Der Vorgang beginnt an der Basis des Triebs und setzt sich allmählich zur Triebspitze hin fort. Dasselbe gilt für die Winterruhe der Augen. Um etwa dieselbe Zeit setzt der Beginn der Fruchtreife (VÉRAISON) ein. B. G. C.

TRIEBSPITZENKAPPUNG Das im Weinbau gebräuchliche Verfahren, die Triebspitzen während der Blüte wegzuschneiden, wobei die obersten 10–20 cm des Triebes entfernt werden. Es hat u. a. den Sinn, bei bestimmten Rebsorten, bei denen der FRUCHTANSATZ Schwierigkeiten macht, die Gefahr des VERRIESELNS zu vermindern.

TRIMBACH Familienweinbaubetrieb in Ribeauvillé im ELSASS. Das Haus besteht schon seit 1626 und verzeichnet heute besonders gute Erfolge in den USA. Die Weine sind durch sehr feine Frucht und kräftige Säure geprägt. Selbst der Sylvaner verträgt lange Jahre der FLASCHENALTERUNG. Zwei der berühmtesten Weine des Hauses sind Rieslinge: der rare, langlebige Clos Ste-Hune (aus der Grand-Cru-Lage Rosacker) und die Cuvée Frédéric Émile, benannt nach dem Mitglied der Familie Trimbach, das im 19. Jh. das Weingut zu einem bedeutenden Handelshaus erweiterte.

TRINKGEFÄSSE Ehe die Enwicklung der Glasmacherkunst die Herstellung von GLÄSERN als moderne Trinkgefäße ermöglichte, wurden zum Weintrinken die verschiedensten Gefäße benutzt. Am üblichsten waren Schalen und Becher aus Keramik oder auch Humpen und Pokale aus verschiedenen Metallen. Noch früher wurde der Wein oft durch einen Strohhalm aus einem größeren Gefäß, beispielweise einem KRATER oder aus einem augehöhlten Kürbis oder anderen Naturgefäßen, gesogen. (Siehe auch ÄGYPTEN, INDIEN und ARMENIEN.)

Neuere Geschichte
Die meisten Trinkgefäße bestehen aus Glas. Obwohl dieses Material schon seit Tausenden von Jahren benutzt wird, war es doch nicht immer ohne weiteres verfügbar. Als hauptsächliche Alternative wurde Silber benutzt. Unter bestimmten Umständen erwies sich Glas wohl auch als zu zerbrechlich. Außerdem waren klare Trinkgläser noch im 18. Jh. für die meisten Menschen unerschwinglich teuer, was allerdings auch für Wein zutraf – zumindest in Ländern, wo keiner wuchs.

Für Wein waren silberne Trinkgefäße am gebräuchlichsten, bis die venezianische Glasindustrie im 16. Jh. einen mächtigen Aufschwung nahm. Obwohl nun das Glas eine Vorzugsstellung erhielt, war der Handel damit doch beschränkt, und außer bei besonders prunkvollen und feierlichen Anlässen wurde deshalb Wein in den meisten Ländern aus einheimischen Materialien getrunken.

Die Sozialgeschichte der Eß- und Trinkgewohnheiten spielt selbstverständlich auch in der Entwicklung der Trinkgefäße eine bedeutende Rolle. Heute kauft mancher Weinkenner für die verschiedenen Weintypen Gläser in jeweils ganz bestimmter Größe und Form, eine Gepflogenheit, die nun schon über ein Jahrhundert herrscht. Doch die MODE hat sich dabei gewandelt; so ist heute für Champagner ein hohes, schlankes Glas üblich und nicht mehr die flache Schale, wie sie zu Beginn des 20. Jh. gern benutzt wurde. Ganze Sätze von Gläsern in verschiedenen Größen wurden gegen Ende des 18. Jh. eingeführt, es läßt sich aber nur vermuten, für welchen Gebrauch die einzelnen Größen jeweils bestimmt waren. Die Sammler von Gläsern (siehe

Riesling-Trauben werden in der Kellerei des Hauses TRIMBACH in Ribeauvillé (Elsaß) angeliefert.

JOHN DEERE

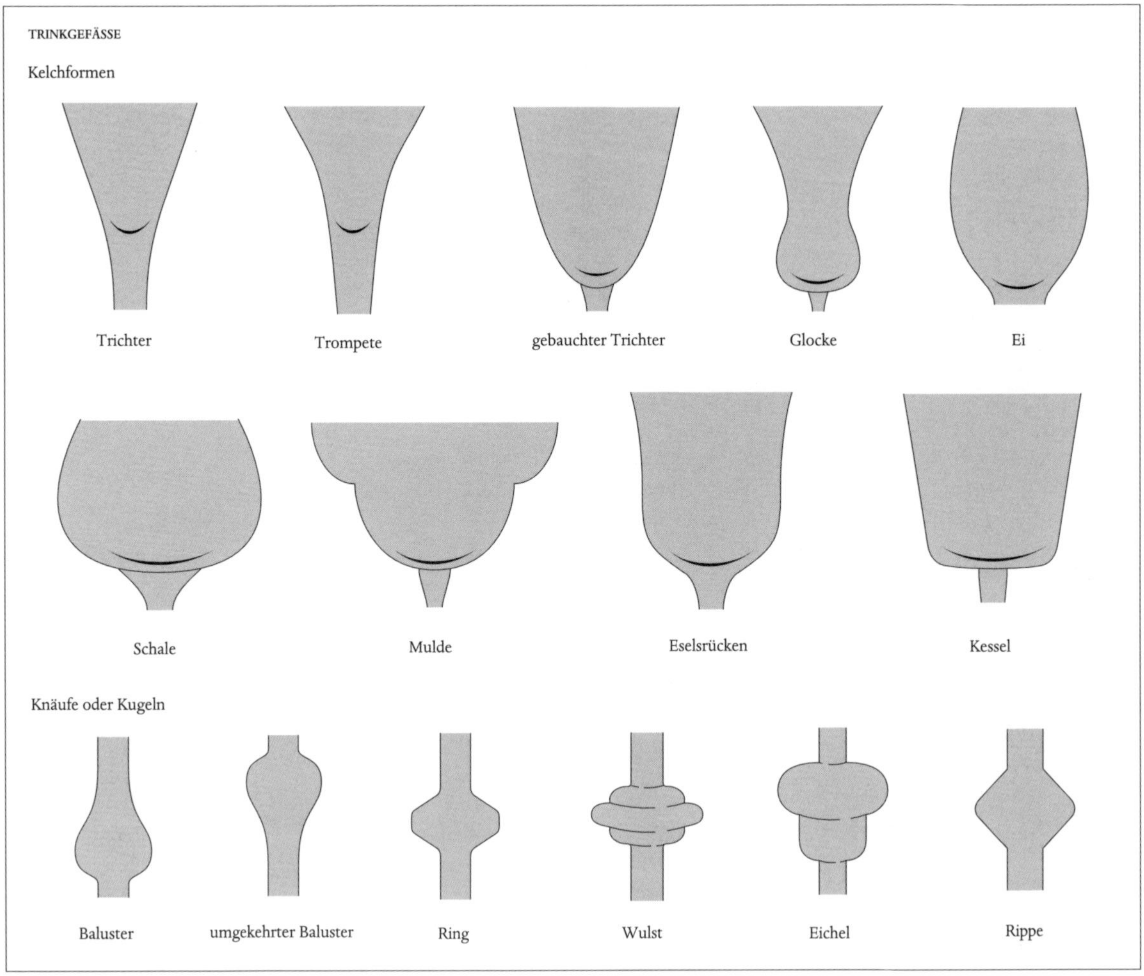

ANTIQUITÄTEN) benutzen heute für Trinkgefäße aus dem 18. Jh. Namen, die zur Zeit ihrer Entstehung zum Teil gar nicht üblich waren. Hohe, schmale Gläser werden *flutes* genannt; oft sind sie mit Hopfen, Äpfeln oder Trauben, manchmal mit allen drei zugleich, verziert, was darauf hinweist, daß sie nicht allein für Wein gedacht waren. Sehr schlanke *flutes* heißen Ratafias – nach dem gleichnamigen Mischgetränk, das um die Mitte des 18. Jh. populär war. Zwischen Weinglas und Pokal gibt es keine spezifische Trennungslinie, abgesehen davon, daß der letztere größer ist; ein sehr kleines Glas wird als *cordial* oder Likörkelch bezeichnet. Der Ausdruck «Metglas» für einen Pokal mit schalenförmigem Kelch ist modern und hat keine besondere Bedeutung.

Oft ist zu beobachten, daß Trinkgläser aus dem 18. Jh. klein sind, doch das muß im richtigen Zusammenhang gesehen werden. Sie wurden nicht auf die Tafel gesetzt, damit man beim Essen beliebig daraus trinken konnte, vielmehr reichte jeweils ein Lakai ein Glas zu, wenn ein Trunk verlangt wurde, und nahm es dann wieder in seine Obhut. Es ist zu vermuten, daß die größeren Pokale für die Herren auf den Tisch kamen, wenn die Bedienten nach dem Aufheben der Tafel entlassen waren.

Um die Mitte des 19. Jh. kam dann das Service *à la russe* mit Tellern, Besteck und Gläsern in Mode, wie wir es heute kennen. Bei dem «neuen» Arrangement wurde nicht mehr für jeden Tafelnden ein Lakai gebraucht; hierin ist auch der Grund für die umfangreichen Gläsersätze zu sehen – zu jedem Platz gehörten bis zu sechs Gläser für verschiedene Weine, ganz zu schweigen von den Bechern und Fingerschalen.

Glas

Die Römer stellten Trinkgefäße aus Glas und Silber her. Nach dem Zusammenbruch des römischen Imperiums geriet die Glasmacherkunst in Verfall. Zwar wurde Glas noch in geringen Mengen hergestellt, doch erst in der Renaissance gelangte die Glasmacherei in Venedig als Kunsthandwerk zu neuer Blüte. Im 16. Jh. kamen von dort feine und elegante Trinkgläser. Natronglas war fast farblos und sehr dünn. Die oft reichverzierten Balusterfüße bestanden in vielen Fällen aus sehr dünnwandigen Teilen.

Es wurden drakonische Maßnahmen ergriffen, um zu verhindern, daß die Geheimnisse der Glasmacherkunst aus VENEDIG hinausgelangten, um so der Stadt ihre Vorrangstellung auf diesem Gebiet zu bewahren. Trotzdem zogen einige in der Kunst erfahrene Handwerker in die Welt hinaus, und bald entstanden in ganz Europa kleine Glashütten. Um sich Einkünfte zu verschaffen, gewährten die englischen Herrscher das Monopol zur Glasherstellung gegen die Entrichtung einer Gebühr, und 1574 ließ Elizabeth I. ein abgelaufenes Monopol an Giacomo Verzelini übergehen. Einige Exemplare seiner venezianischen Mustern nachgebildeten Gläser – manchmal mit Datum und Inschrift versehen – sind erhalten. Wie unter ANTIQUITÄTEN näher ausgeführt, entstanden in England und später in Großbritannien bedeutende Zentren der Glasherstellung.

Zu Beginn des 17. Jh. wurden in England mit Holz beheizte Schmelzöfen verboten, daher entstanden Glashütten in Gegenden mit Kohlebergbau – Newcastle, Stourbridge und Bristol. Unter DEKANTIERGEFÄSSE ist ausgeführt, daß mit der Einführung von Blei- und Flintglas durch George Ravenscroft in den 1670er Jahren ein bedeutender Fortschritt in der Technik der Glasherstellung erzielt wurde. Diese Neuentwicklung sicherte den britischen Glasmachern für die folgenden hundert Jahre eine Spitzenstellung. Trinkgläser wurden jedoch im 17. Jh. weiterhin in Italien und in großem Umfang auch in Deutschland und den Niederlanden hergestellt.

Anfänglich war Bleiglas nicht recht stabil, und so erfanden die Glasmacher das Craquelé-Glas, bei dem unzählige winzige Risse ein milchiges Aussehen hervorrufen. Ravenscroft verbesserte aber bald das Rezept und die Technik und konnte nun Gläser mit kräftigem Gewicht und voller Farbe herstellen, die ganz anders aussahen als die leichten, blassen Produkte aus Venedig. Das venezianische Natronglas eignete sich für dünne und elegante Formen, die oft mit feinen Ornamenten aus eingeschmolzenem opakweißem oder farbigem Fadenglas verziert waren. Das englische Bleiglas dagegen war schwer und dunkel und konnte zu kräftigen, plastischen Formen gezogen werden. Mit seinen ersten Arbeiten ahmte Ravenscroft noch venezianische Vorbilder nach – das ist nicht erstaunlich, denn er hatte jahrelang in Venedig gearbeitet –, bald aber entwickelten sich seine Erzeugnisse zu dem eigenständigen massiven englischen Stil.

Das Trinkglas besteht aus drei Teilen: Kelch, Schaft und Fuß. Diese Teile wurden getrennt angefertigt und im letzten Arbeitsgang zusammengefügt. Der Kelch kann verschiedene Formen annehmen, die alle unter Gläsersammlern anerkannte Namen tragen. Trompete, Ei, Glocke, Kessel, Trichter, Schale, Eselsrücken und Mulde sind sinnfällige Formenbezeichnungen.

Der Schaft des Weinglases ist das Element, das wohl den stärksten Anreiz für eine verzierende Bearbeitung bietet. Er kann gerade sein oder als Knäufe bezeichnete Verdickungen aufweisen. Frühe Exemplare waren oft mit starken Verdikkungen versehen, und der Hauptteil hatte säulenartiges Aussehen mit weiteren Verdickungen darüber oder darunter. Die Knäufe tragen Bezeichnungen wie Eichel, Rippe, Baluster, Ring und Kugel, die keiner weiteren Erläuterung bedürfen (siehe Abbildung).

Unter dem Schaft sitzt der Fuß. Bei den meisten Weingläsern ist er flachkegelig im Querschnitt, bei manchen liegt der Schaftansatz etwa 5 mm über der Tischfläche, bei anderen dreimal so hoch. Die meisten Gläser vor der Mitte des 18. Jh. besitzen einen Falzfuß. Lange bevor englisches Glas die Vorherrschaft erlangte, wurde erkannt, daß ein wesentlich robusteres Glas entstand, wenn der Rand des Fußes nach unten (nur selten auch nach oben) umgelegt wurde. Manche Gläser weisen einen gewölbten oder mehrlagigen Fuß anstatt der Kegelform auf.

In den 1670er und 1680er Jahren waren Weingläser der venezianischen Form nachgebildet, wobei sich im Lauf von hundert Jahren oft nur wenige Veränderungen ergaben. Um 1690 wurden dann die besonderen Eigenschaften von Bleiglas besser erkannt, und so kam es zur Herstellung von Gläsern mit beträchtlichem Gewicht und massiver Form, die sich von der venezianischen Tradition weitgehend entfernten. Im Lauf der darauffolgenden zwanzig Jahre wurde das Design verfeinert, so daß diese Zeit mit ihren festen, reinen, schmucklosen Formen oft als der Höhepunkt der Glasmacherkunst betrachtet wird. Oft wurden die Gläser durch im Schaft und gelegentlich am Kelchgrund eingeschlossene Luftblasen leichter gemacht, doch die Form behielt ihre Substanz. Diese Gläser werden als «heavy balusters» bezeichnet.

Die schweren Baluster wurden mit der Zeit leichter, zum Teil weil Steuern auf Glas nach Gewicht erhoben wurden. Die kraftvollen Ausführungen lösten sich mit zunehmender Anzahl der Elemente im Schaft immer stärker auf, und der Schaft selbst wurde dünner. Um 1730 und 1740 waren die schweren Baluster leichten Balustern und balusterähnlichen Formen gewichen. Manche Gläser hatten gegossene, sogenannte schlesische Schäfte mit Vielkantquerschnitt. In den 1740er und 1750er Jahren waren in den Schäften viele kleine Luftblasen eingeschlossen; durch Drehen und Strekken bildeten sich daraus Luftspiralen. Um diese Zeit wurde es auch Mode, die Schäfte gerade zu gestalten, und der Falzfuß kam außer Gebrauch.

In den 1760er Jahren war eine Ausführung populär, bei der anstelle der Luftspiralen im Schaft opakweißes oder farbiges Glas eingeschlossen wurde. «Opak-Twist-Schäfte» waren nur selten farbig, wurden in großer Zahl angefertigt und sind beliebte Sammlerobjekte. Die Spiralen wurden zu verschiedenen Mustern ausgeformt; gelegentlich findet man auch ein Glas mit Luft- und Opakglasspiralen.

Die nächste Entwicklung war der facettierte, d. h. mit Schuppen-, Rauten- oder Sechseck-Facetten versehene Schaft. Üblicherweise werden Lufteinschlüsse in die 1750er Jahre, Schmelzeinschlüsse in die 1760er und Facetten in die 1770er Jahre datiert. Unter Berücksichtigung der allgemeinen Formen und Proportionen dieser Stile ist es jedoch wahrscheinlicher, daß sie alle mehr oder weniger zur gleichen Zeit vorkamen. Wie immer dem auch sei, sie stellen den Schlußakt der britischen Spitzenstellung in der Glasmacherei dar. Facettenschäfte wurden bis zum Ende des Jahrhunderts hergestellt, dabei wurden die Schäfte immer kürzer, und die allgemeinen Proportionen degenerierten.

Im 18. Jh. gab es aber auch Verzierungen, die nicht auf der reinen Form beruhten. Um die 1730er und 1740er Jahre waren feine Ornamentschliffe gebräuchlich – manchmal zarte Bänder aus Blüten und Schnecken um den Rand –, und auch Gläser mit eingeschliffenen Symbolen der Jakobiten und Williamiten hatten ihre begeisterten Anhänger. In den 1760er Jahren genossen die Emaildekorationen von William und Mary Beilby in Newcastle Gnade am Königshof und in sonstigen hohen Kreisen, und im darauffolgenden Jahrzehnt fanden Vergoldungen von James Giles und die punktierten Gravuren von David Wolff ihre Bewunderer.

Im 19. Jh. begann der Niedergang der Designs; die Gläser wurden passend zu den Dekantiergefäßen der Periode geschliffen. Um diese Zeit setzte sich auch die Mode durch, Gläser verschiedener Größe und Form für verschiedene Getränke vorzusehen, obschon diese Idee bereits in den 1780er Jahren nicht unbekannt gewesen war. Um die Mitte des Jahrhunderts wurden große Sätze von Gläsern in Formaten vom Pokal bis zum Likörglas mit dazu passenden Dekantiergefäßen, Rotweinkaraffen und Fingerschalen auf Bestellung geliefert. Es gab geschliffene und geätzte Ornamente in verschiedensten Mustern und Stilen.

Im 20. Jh. belebte sich das Interesse an Antiquitäten, und so wurden viele Gläser im georgianischen Stil produziert. Für den Nichtkenner ist es zuweilen schwierig, den Unterschied zwischen einem «Decanter» aus georgianischer Zeit um 1815 und einer hundert Jahre später entstandenen Kopie zu erkennen. Es gibt einschlägige Werke mit Beschreibungen der Unterschiede, und auch die Antiquitätenhändler stehen Sammlern mit ihrem Rat zur Seite. Übrigens wurden im 20. Jh. auch Weingläser mit grünen und purpurroten Kelchen auf glasklaren Schäften populär.

Silber

Bis in das 16. Jh. hinein war Glas sehr teuer, und deshalb wurde Wein meist aus silbernen bzw. vergoldeten Pokalen getrunken. Alte Weinhumpen – oft mit einem Deckel – waren stets stark verziert und galten als Statussymbole. Viele noch erhaltene Exemplare sind so groß, daß sie wohl dafür gedacht waren, die Runde zu machen. Kleinere Trinkbecher für Einzelpersonen sind allerdings auch aus dem Mittelalter bekannt. In den 1570er Jahren setzte sich die breite, flache Schale auf einem kräftigen Balusterschaft allgemein durch. Um 1610 zeigt sich die Form dann drastisch verändert, nämlich hoch und schmal und meist stark verziert, um 1630 war das Design einfach und hatte wieder die Proportionen eines Trinkglases. In den 1650er Jahren kamen dann erneut schlichte Ornamente auf, oft in Paneelform, dazu kesselförmige Kelche – nicht auf einem Schaft, sondern direkt auf einem trompetenartigen Fuß. Um diese Zeit scheint die Anfertigung von silbernen Trinkbechern aufgehört zu haben, vermutlich unter dem Eindruck venezianischer Gläser und des späteren Aufschwungs der Glasmacherkunst in England.

In den 1780er Jahren kamen dann silberne Pokale für die Dauer von etwa 25 Jahren wieder in Mode. Sie waren meist ziemlich groß, hatten Kelche in Eiform und wurden in kleinen Stückzahlen in einem bis in das 19. Jh. hinein vorherrschenden Stil angefertigt.

Auch viele andere Trinkgefäße wurden aus Silber hergestellt. Humpen waren in ganz Europa mindestens seit dem 15. Jh. populär, besonders in Skandinavien, den Niederlanden und Deutschland. Ob aus ihnen auch Wein getrunken wurde, ist nicht ganz sicher, aber französische Humpen aus dem 18. Jh. mit ihren charakteristischen Plinthen-Füßen waren sicher für diesen Zweck gedacht. Henkellose Becher mit rundem Boden gab es ab 1660 in England und Amerika; sie wurden auch für Wein benutzt, waren aber wohl wie ähnliche hölzerne Gefäße vor allem für Punsch oder Würzbier bestimmt.

Sonstige

Trinkgefäße gab es auch noch aus verschiedenen anderen Materialien. Als sich der Überseehandel noch nicht so allgemein ausgebreitet hatte, waren Straußeneier und Kokosschalen ihrer exotischen Art wegen sehr beliebt und wurden oft in Silber gefaßt. Eine schlichtere Gepflogenheit war der Gebrauch von Tierhörnern als Trinkgefäße; Becher und Pokale wurde auch aus Holz gedrechselt. Fundstücke aus der Antike zeigen, daß damals vor allem Trinkschalen und Becher aus Ton und Steingut gebräuchlich waren.

R. N. H. B.

Bickerton, L. M., *18th Century Drinking Glasses* (2. Aufl., Woodbridge, 1986).
Butler, R., und Walking, G., *The Book of Wine Antiques* (Woodbridge, 1986).
Charleston, R. J., *English Glass* (London, 1984).
Clayton, M., *Collectors Dictionary of the Silver and Gold of Great Britain and North America* (rev. Ausg., Woodbridge, 1985).
Tait, H., *The Golden Age of Venetian Glass* (London, 1979).

TROCKEN Als Geschmacksbegriff bezeichnet das Wort Weine, in denen keine merkliche SÜSSE wahrzunehmen ist. Dabei kann der Restzuckergehalt 10 g/l und mehr betragen, vor allem wenn kräftige SÄURE vorhanden ist, die der Süße entgegenwirkt. In diesem Sinn sind praktisch alle Rotweine trocken, während Weiß-, Rosé- und Schaumweine sowie alkoholangereicherte Weine verschiedene Grade von sehr trocken über trocken, halbtrocken und lieblich bis sehr süß aufweisen können. Bei manchen Weinen, vor allem bei Rotweinen, wird von einem «trockenen Abgang» gesprochen, wenn sie einen bitteren oder adstringierenden Nachgeschmack haben.

In Deutschland ist trockener Wein beim Verbraucher seit dem Beginn der 1980er Jahre zunehmend beliebt, während ausländische Weinliebhaber sich erst anhand der besonders reifen Jahrgänge der späten 1980er und ersten 1990er Jahre mit trockenem deutschen Wein anzufreunden beginnen.

Als trocken darf deutscher Wein bezeichnet werden, wenn er höchstens 4 g/l RESTSÜSSE enthält, bzw. bis zu 9 g/l, falls die GESAMTSÄURE um nicht mehr als 2 g/l geringer ist als die Restsüße (z. B. 9 g/l Restsüße bei nicht unter 7 g/l Gesamtsäure). Der Anteil des trockenen Weins an der Stillweinerzeugung ist in den einzelnen Anbaugebieten stark unterschiedlich (in südlichen Gegenden liegt der Prozentsatz höher), beträgt im Durchschnitt jedoch 16 %.

Da KOHLENSÄURE den Geschmackseindruck von Süße vermindert, darf nach den Bestimmungen der Europäischen Union ein Schaumwein mit 17–35 g/l Restsüße als trocken (bzw. sec, secco oder dry) bezeichnet werden. Viele in Deutschland in großen Mengen produzierte SEKTE fallen in diese Kategorie, während bessere Qualitäten noch trokkener sind und als BRUT oder Extra Brut (extra trocken) bezeichnet werden.

In Österreich besagt die Vorschrift, daß ein Wein mit höchstens 4 g/l Restsüße, unabhängig von der Gesamtsäure, als trocken zu bezeichnen ist.

Siehe auch HALBTROCKEN und SÜSSE.

TROCKENBEERENAUSLESE Die reifste und rarste Stufe der Qualitätskategorie QMP nach dem DEUTSCHEN WEINGESETZ. Es handelt sich um einen Wein von unter der Wirkung von EDELFÄULE eingeschrumpften Beeren. In vielen Jahrgängen entstehen in Deutschland keine Trockenbeeren-

Gemeinsamer Gesang und burgundische *joie de vivre* an einem der Festtage der TROIS GLORIEUSES im Clos de Vougeot.

auslesen, in Österreich kommt dies seltener vor. Für diesen überaus vollmundigen, meist goldenen bis orangefarbenen und stark von Edelfäule geprägten Wein werden noch höhere MOSTGEWICHTE gefordert als für BEERENAUSLESE. Der vorgeschriebene POTENTIELLE ALKOHOLGEHALT liegt sogar höher als bei dem in einem viel wärmeren Klima produzierten SAUTERNES. Es ist daher nicht verwunderlich, daß für diese Raritäten außerordentlich hohe Preise gezahlt werden, die allerdings auch nötig sind, damit sich die vielen Lesedurchgänge durch den Weinberg, das Risiko, alle Trauben durch GRAUFÄULE oder Regen zu verlieren, und die mit dem Vergären des sehr süßen Mosts verbundenen Schwierigkeiten für den Erzeuger am Ende auch lohnen. Es besteht die Tendenz, nicht mehr ganz so süße Trockenbeerenauslesen hervorzubringen wie in den 1970er Jahren. Inzwischen ist die Erzeugung von EISWEIN populärer geworden.

Siehe auch ÖSTERREICH.

TROIS GLORIEUSES Ein Wochenende, das jedes Jahr in und um Beaune allein dem Wein und dem guten Essen gehört. Siehe HOSPICES DE BEAUNE und MEURSAULT.

TROLLINGER In Deutschland gebräuchlicher Name der schlichten Rotweinrebsorte, die in Italien SCHIAVA, in Südtirol VERNATSCH und im Tafeltraubenhandel Black Hamburg heißt. Ihre ursprüngliche Heimat ist mit größter Wahrscheinlichkeit Tirol – der Name Trollinger enstand als Verkürzung aus Tirolinger. Die Traube wird in Deutschland fast ausschließlich in WÜRTTEMBERG angebaut, wo sie schon seit dem 14. Jh, nachgewiesen ist (siehe DEUTSCHE WEINBAUGESCHICHTE). Von den in der deutschen Weinbaustatistik von 1991 verzeichneten 2300 ha Anbaufläche befinden sich nur 10 ha außerhalb des von kleinen Weinbergbesitzungen geprägten Anbaugebiets in Süddeutschland, wo der hellrote Wein dieser Traube eine populäre Spezialität ist. Trollinger-Wein gelangt selten über die Grenzen seiner engeren Heimat hinaus; er wird meist lieblich bereitet und will möglichst jung (am besten innerhalb eines Jahres) getrunken sein. Die württembergischen Weingärtner gewinnen dem von ihnen angebauten großbeerigen Klon (Großvernatsch = Schiava Grossa) überaus hohe Erträge ab. Die Popularität der Sorte bleibt in Württemberg, wo sie jede dritte Rebe stellt, weiterhin ungebrochen, in anderen Gegenden Deutschlands aber ist sie wegen ihrer extrem späten Reife (später als Riesling) nicht beliebt.

TRONÇAIS Französisches Eichenholz aus den Wäldern bei NEVERS (siehe EICHE).

TROPEN Näheres über den Weinbau zwischen dem Wendekreis des Krebses und jenem des Steinbocks siehe TROPENWEINBAU.

Weinverkostung im Tropenklima kann eine mühevolle Aufgabe sein, insbesondere wenn außer der Temperatur

Die Eichenwälder im TRONÇAIS im französischen Département Allier sind die größten Europas. Das Holz der dicht beieinanderstehenden Bäume ist besonders feinporig und daher bei Weinerzeugern in der ganzen Welt sehr gefragt.

auch noch die Luftfeuchtigkeit hoch ist. Die meisten Getränke müssen stark gekühlt werden, wenn sie in tropischer Umgebung erfrischend wirken sollen. Daher bieten Schaumweine und leichte Rotweine, z. B. Beaujolais, beträchtlich mehr Genuß als tanninherbe Rotweine und alkoholstarke Weißweine.

TROPENWEINBAU Obwohl die Weinrebe weitgehend als eine Pflanze für ausgesprochen gemäßigtes Klima gilt, wird sie inzwischen doch zunehmend auch in den Tropen, d. h. in dem Gebiet zwischen dem Wendekreis des Krebses und dem des Steinbocks, angebaut, u. a. in AUSTRALIEN, Kolumbien, BOLIVIEN, BRASILIEN, ECUADOR, INDIEN, Indonesien, KENIA, Laos, MEXIKO, Nigeria, auf den Philippinen, in Sri Lanka, THAILAND und VENEZUELA.

Innerhalb des Tropenbereichs gibt es viele Gegenden, in denen das Klima durch größere HÖHE oder häufige NIEDERSCHLÄGE gemäßigt wird. Tiefgelegene tropische Bereiche lassen sich in fast ständig feuchte Regionen sowie in Gegenden mit ausgeprägtem Unterschied zwischen trockenen und feuchten Jahreszeiten und schließlich in praktisch dürre Regionen einteilen. In tiefgelegenen feuchten Bereichen nimmt die Weinrebe immergrüne Wachstumsformen an und kann zu mehr als nur einer Ernte im Jahr veranlaßt werden; insbesondere ist es durch geeigneten REBSCHNITT und durch die Anwendung chemischer Mittel möglich, die schlafenden Augen zum Austreiben zu bringen. Außerdem stehen chemische Mittel zur Verfügung, die das Wachstum verzögern und die Bildung von Blütenknospen fördern. In tropischen Gegenden mit ausgeprägtem Wechsel zwischen trockenen und feuchten Jahreszeiten ersetzt WASSERSTRESS den Kältestreß und ruft eine Vegetationsruhe hervor, aufgrund deren die Rebe einen jahreszeitlichen Wachstumszyklus annimmt. In Dürregebieten ist BEWÄSSERUNG unerläßlich, um das Wachstum der Rebe zu ermöglichen. Hier wird der Austrieb durch Rebschnitt und Bewässerungsentzug angeregt. Hochgelegene tropische Gebiete über 1000 m können ein fast gemäßigtes Klima mit Temperaturen aufweisen, die ausreichend weit absinken (unter 15 °C), um eine normale Vegetationsruhe auszulösen und der Rebe einen klimagesteuerten Wachstumszyklus zu ermöglichen.

Die in den Tropen wachsenden Trauben werden zum größten Teil als TAFELTRAUBEN verzehrt. Zunehmend finden sie jedoch auch für die Rosinenproduktion, hauptsächlich in Indien, und für die Weinerzeugung Verwendung. Die Weinrebe kann im Tropenklima mit 15–30 t/ha erstaunliche ERTRÄGE an frischer Frucht hervorbringen. Je nach den Klimavoraussetzungen besteht sogar die Möglichkeit, den Wachstumszyklus der Rebe so zu programmieren, daß sie Ernten zu Zeiten bringt, wenn andere Früchte nicht verfügbar oder die Weltmarktpreise hoch sind. J. V. P.

System zur TROPFBEWÄSSERUNG von Jungreben in einer Weinpflanzung des Weinbaubetriebs Wyndham in Cowra (Neusüdwales).

TROPFBEWÄSSERUNG Bei dieser Form der Bewässerung wird der Rebe buchstäblich tropfenweise Wasser aus einem an einem Plastikrohr angebrachten druckmindernden Tropfer zugeführt.

TROUSSEAU Name einer von zwei im JURA beheimateten Rotweinrebsorten; sie ist robuster und dunkler als POULSARD, befindet sich aber in starkem Rückgang, weil sie von den populäreren Rebsorten Pinot Noir und Chardonnay verdrängt wird. Sie treibt spät aus und ist deshalb durch Spätfröste wenig gefährdet, aber sie bringt nur unregelmäßige Erträge. Um die Mitte des 19. Jh. behauptete der französische Ampelograph Comte A. Odart, Trousseau sei identisch mit der portugiesischen Rebsorte BASTARDO und mit einer lange Zeit Cabernet Gros und manchmal irrtümlicherweise Touriga genannten Sorte in Australien. In beiden Ländern wird sie meist für süße Dessertweine verwendet, und sie gedeiht dort unter ganz anderen Bedingungen als im heimatlichen Jura. Galet ist darüber hinaus der Auffassung, daß es sich bei der im Département Lot als Malvoisie Noire bekannten relativ seltenen Sorte ebenfalls um Trousseau handelt.

Der mit helleren Beeren ausgestattete **Trousseau Gris** ist möglicherweise dieselbe Sorte, die in KALIFORNIEN unter dem Namen Gray Riesling im Jahr 1991 noch eine Anbaufläche von 120 ha – vorwiegend in kühleren Lagen – innehatte. Wie allerdings diese relativ obskure Traube um die halbe Welt dorthin gelangt sein soll, bleibt ein Rätsel, selbst wenn man berücksichtigt, daß sie wie andere Rebsorten schließlich auch in Form von Stecklingen nach Australien gebracht wurde.

Galet, P., *Cépages et vignobles de France* (2. Aufl., Montpellier, 1990).

—LA CULTURE DE LA VIGNE AUX ÉTATS-UNIS ET AU CANADA, *France Viticole* (Sept./Okt. 1980 und Jan./Feb. 1981).

TRÜBUNG siehe FEHLER und STABILISIERUNG.

TRUNKENHEIT Die Geschichte des Berauschtseins ist unlösbar mit der Geschichte des Weins verbunden, denn immerhin liegt einer der Gründe, weshalb Wein einerseits geliebt und andererseits verboten wird, in seiner Eigenschaft zu berauschen. Übermäßiger Weingenuß hat daher seit eh und je moralische oder religiöse Verknüpfungen, beginnend mit dem «schmachvollen» Rausch Noahs nach der Sintflut (siehe BIBEL).

Zu verschiedenen Zeiten und unter verschiedenen gesellschaftlichen Systemen gingen die Meinungen darüber, was übermäßiger Weingenuß sei, allerdings stark auseinander, wobei sich manchmal auch die Ansichten innerhalb derselben Gesellschaft zuwiderliefen. Wesentlich ist auch die Feststellung, daß das Weintrinken seit jeher Festlichkeiten und Rituale begleitete und daß die jeweilige Gesellschaft stets Regeln aufstellte, um den Weingenuß einzudämmen. Die Befürchtung, daß die geltenden Regeln verletzt und die gesellschaftliche Ordnung bedroht werden könnten, tritt deshalb in allen Phasen der Geschichte des Berauschtseins immer wieder in Erscheinung.

Das Weintrinken ist zuallererst in den frühen Zivilisationen des Mittleren Ostens eindeutig nachgewiesen, und dasselbe gilt für die Trunkenheit (siehe SUMER und ÄGYPTEN). Auf einer frühen Schrifttafel aus Mesopotamien wird ein von starkem Wein Betrunkener so beschrieben: «Er vergißt seine Worte, und seine Sprache verwirrt sich, sein Geist schweift umher, und seine Augen bekommen einen starren Ausdruck.» Als Mittel gegen den Kater wird vorgeschlagen, ihm Süßholz, Bohnen und Wein zu verabreichen, bevor die Sonne aufgeht und er geküßt wurde. Das Verlangen einer Ägypterin aus der Zeit der 17. Dynastie dürfte typisch gewesen sein: «Gebt mir achtzehn Becher Wein und seht, wie ich die Trunkenheit liebe»; bei anderen Völkern stieß die Völlerei der Ägypter zumeist auf Ablehnung.

Aus den Quellen geht hervor, daß Trunkenheit in diesen alten Kulturen einerseits oft geduldet, andererseits gelegentlich auch mißbilligt wurde. Obwohl der Wein in allen Religionen eine Rolle spielte, kamen doch die häufigsten Äußerungen der Mißbilligung aus den Kreisen der Kleriker. Auch die alten Juden nahmen dem Weintrinken gegenüber eine etwas zweideutige Haltung ein. Das Alte Testament enthält viele Warnungen vor der Trunkenheit, daneben aber auch Hinweise auf die Vorzüge des Weintrinkens. Manche jüdischen Sekten, so die Nazarener, treten dagegen für vollständige Abstinenz ein.

Auch die Gesellschaftsordnungen des antiken GRIECHENLAND legten eine unklare Haltung gegenüber dem Weintrinken an den Tag. Einerseits wurden strenge Regeln festgelegt, um jedem Übermaß vorzubeugen. Plato empfahl Enthaltsamkeit vom Wein bis zum Alter von achtzehn und Mäßigkeit bis zu dreißig Jahren. Das SYMPOSIUM, ein rein männliches Trinkgelage, war, wenn es richtig durchgeführt wurde, ein genau geregeltes Ritual des Trinkens im Zusammenklang mit Poesie, fröhlicher Unterhaltung und geistreichem Gespräch. Als Ziel war ein angenehmes Berauschtsein, jedoch ohne sinnlose Trunkenheit, angestrebt. Siehe auch HERODOT.

Andererseits tranken manche Griechen einzig in der Absicht, sich sinnlos zu betrinken. Die Anbeter des Weingottes DIONYSOS betranken sich mit vollem Bedacht und sahen darin tatsächlich einen fundamentalen Sinn ihrer Religion. Die Obrigkeit fürchtete ihr unbändiges Benehmen und setzte Trunkenheit mit dem Zusammenbruch der Gesellschaftsordnung gleich. Trotz aller Versuche, diesen Kult zu unterdrücken, bestand seine Popularität bis in die Römerzeit hinein fort. Der Historiker Livius zeigte sich entsetzt über das ungezügelte und bedrohliche Benehmen der Anhänger dieser Religion, «wenn der Wein ihr Gemüt entzündet hatte».

Geschichten über Betrunkenheit im alten Rom sind schon legendär, aber durchaus nicht alle übertrieben, wie der ältere PLINIUS beweist. Doch auf dieses Thema soll später noch gesondert eingegangen werden.

Nach der Römerzeit veränderten sich die Einstellungen zur Trunkenheit bis zu einem gewissen Grad. Die christliche Kirche heiligte zwar den Wein als Sakrament (siehe EUCHARISTIE), distanzierte sich aber von dem ungeordneten Wesen und dem unmäßigen Weingenuß älterer Religionen. Ein Benehmen, das an den dionysischen Kult erinnerte, wurde mit Exkommunikation bestraft. Als der heilige Bernhard in Burgund den Zisterzienserorden einrichtete, beabsichtigte er anfänglich, seinen Brüdern Abstinenz aufzuerlegen – das wurde jedoch bald fallengelassen. Die Mönche zogen sich im Mittelalter sogar den Ruf zu, übermäßig zu trinken, darin aber spiegelte sich nur ihre vorrangige Stellung im Weinbau wie im Weinverbrauch (siehe MÖNCHE UND KLÖSTER).

Im alten INDIEN gab es Zeiten, in denen Trunkenheit als ein wünschenswerter Zustand galt. Allerdings standen Trunksüchtige im Mittleren Osten vor einem gewaltigen Hindernis, nämlich dem vollständigen Weinverbot Mohammeds (siehe ISLAM). Der Weingenuß wurde dadurch zwar nicht unterbunden, aber er mußte insgeheim geschehen. In der Oberklasse der persischen Gesellschaft beispielsweise fand das Weintrinken auf geheimen Zusammenkünften statt, die mit ihrer strikten ritualisierten Etikette und ihrer Betonung von Poesie und Gespräch (siehe ARABISCHE DICHTER) an griechische Symposien erinnerten. Trunkenheit war bei solchen Anlässen ein durchaus willkommener Zustand und auch kaum zu verhindern, wenn mehrere Tage lang gefeiert wurde; allerdings drohten strenge Strafen und große Schande.

Inzwischen hatten sich in Europa mit der Entdeckung der DESTILLATION im 12. Jh. die Spielräume für die Trunkenheit stark erweitert. Mit der sich über den Kontinent ausbreitenden Nachfrage nach den neuartigen geistigen Getränken erreichte die Berauschtheit neue Höhepunkte. Die Holländer und die Deutschen erwarben sich in Europa durch ihre Trunksucht einen besonderen Ruf. Im 17. Jh. wurden in Holland bestimmte Stunden für das Trinken eingerichtet, um den Alkoholkonsum in Schranken zu halten. Auch in Großbritannien wurden die Spirituosen für die im Straßenbild immer deutlicher in Erscheinung tretende Trunkenheit verantwortlich gemacht. Im 18. Jh. war Wein ziemlich teuer, und so konnten sich nur die oberen Klassen diesen Weg zu Trunkenheit leisten.

Dem viktorianischen England war das Problem der Trunksucht zwar nicht neu, wurde aber von ihm auf eine neue Grundlage gestellt: Um die Mitte des 19. Jh. wurde der Alkoholismus als Krankheit definiert und mit rassischer Degeneration gleichgesetzt. Allerdings wurde in England

TRUNKENHEIT: Als warnendes Beispiel war diese Abbildung eines «Trunkenbolds, der seine Familie terrorisiert» in einer Broschüre aus dem Jahr 1900 über die Gefahren des Alkohols gedacht.

der Wein nicht als der Hauptschuldige angesehen – vielmehr sahen viele, unter ihnen auch der Premierminister Gladstone, darin ein Heilmittel für die Trunksucht. Das neue Schlagwort hieß «Mäßigkeit». Während die einen darunter die Förderung eines mäßigen Weintrinkens als Mittel gegen die gesundheitlichen und sozialen Übel der Sucht nach Spirituosen verstanden, bedeutete dies für eine wachsende Gruppe von (oft religiös inspirierten) Eiferern die völlige Abstinenz. Die Regierungen Großbritanniens und der USA nahmen hierzu unterschiedliche Haltungen ein. Gladstone senkte die Abgaben auf leichten Tischwein, um Gesundheit und Moral der Briten zu heben, während die amerikanischen Staaten sich in freier Abstimmung mehr und mehr «trockensetzten», was schließlich 1918 in einer vollständigen PROHIBITION gipfelte. H. B.

Lucia, S. P. (Hrsg.), *Alcohol and Civilization* (New York, 1963).
Sournia, A., *Histoire de l'alcoolisme* (Paris, 1986).
Vickers, M., *Greek Symposia* (London, 1978).

Trunkenheit im alten Rom

Die berauschende Eigenschaft des Weins rief in der klassischen Welt wie in jeder Gesellschaftsordnung heftige und oft widersprüchliche Reaktionen hervor. Die wohltätigen Wirkungen des Weins wurden dabei aber keinesfalls geleugnet. Die Völker aller Zeiten haben sich die sowohl den Persern als auch den Germanen zugeschriebene Praxis zu Herzen genommen, ernste Entscheidungen zunächst in trunkenem Zustand zu bedenken und am nächsten Tag nüchtern erneut zu überlegen und nur die durchzuführen, die dann noch richtig erscheinen (Herodot, *Histories* 1.133, und Tacitus, *Germania* 22). Vollständige Enthaltsamkeit konnte auch Kritik hervorrufen: Daß Demosthenes nur Wasser trank, wurde von seinen politischen Gegnern bespöttelt. Darüber hinaus hatte die Vorstellung «in vino veritas» in der antiken Welt eine lange Geschichte. Plato meinte, Trinken könne ein guter Prüfstein für den Charakter eines Menschen sein, und antike Biographen waren fasziniert von den Trinkgewohnheiten derer, über die sie schrieben, weil sie glaubten, daß im Becher ihr wahrer Charakter zum Vorschein komme.

Andererseits lieferten die schlimmen Seiten des Trinkens den Moralisten ein willkommenes Thema. Unmäßiges Trinken, das allen Konventionen Hohn sprach, bildete den Kern der Kritik. Dabei ging es nicht in erster Linie darum, wieviel einer trank; tatsächlich war der Inhaber eines hohen Amts im 1. Jh. n. Chr. durchaus stolz auf seinen Übernamen Tricongius, Zehn-Liter-Mann, und wenn politische Gegner die Gewohnheit des jüngeren CATO, die ganze Nacht zu trinken, kritisierten, hielten seine Anhänger dem entgegen, daß dadurch seine Fähigkeit, am Morgen seinen öffentlichen Pflichten zu genügen, niemals beeinträchtigt wurde. Die eigentliche Frage war, wie und wann einer trank. Zuallererst war das Mischen von Wein mit Wasser ein wichtiges Zeichen für zivilisiertes Benehmen. Nur Barbaren, Skythen und Germanen tranken Wein pur. Es herrschte damals der Glaube, ungemischter Wein übe eine abträgliche Wirkung auf die körperliche und geistige Gesundheit aus. Sogar das Mischungsverhältnis halb Wein/halb Wasser galt als starkes Gebräu. Ein sicheres Anzeichen für das Sinken der Wertmaßstäbe in Rom war vielen zeitgenössischen Jeremiaden zufolge darin zu sehen, daß das abendliche Mahl mit Trunk immer früher am Tag begonnen und bis immer tiefer in die Nacht hinein fortgesetzt wurde (z. B. Suetonius, *Nero* 27). Schenken und Speisehäuser waren schon am Vormittag geöffnet, aber kein achtbarer Mann durfte es sich leisten, schon um 11 Uhr vormittags torkelnd aus einer Schenke zu kommen, wie Cicero seinem politischen Gegner L. Piso ins Gedächtnis ruft – auch nicht, wenn man als Entschuldigung vorbrachte, man habe ein Glas als Arznei gebraucht (Cicero, *Gegen Piso* 13).

Es ist kein Zufall, daß so viele von Ciceros Gegnern beschuldigt wurden, Trunkenbolde gewesen zu sein. Die Rhetorik vor den Gerichten wie in der politischen Arena verlegte sich oft auf Rufmord und bediente sich dabei der Themen Trunksucht und Sex ebenso freizügig wie moderne Boulevardblatt-Journalisten. Cicero behauptete, sein großer

Feind Marc Anton führe in seinem Heim ein ungezügeltes Leben – dort werde schon um 9 Uhr früh mit dem Trinken begonnen –, und er sorgte auch dafür, daß der bedauerliche Zwischenfall, als Marc Anton über die Bänke des Senats stolperte, nie in Vergessenheit geriet. Marc Anton bestritt diese Beschuldigungen immer wieder. Doch der Schmutz haftete so sehr an ihm, daß er gezwungen war, eine Schrift *De ebrietate mea* («Über meine Trunkenheit») zu veröffentlichen, die Plinius scherzhaft als seinen Anspruch auf den Weltmeistertitel in Trunkenheit auffaßte.

Ganzen Völkern, meist jenen, die außerhalb der Grenzen der zivilisierten mediterranen Welt lebten, wurde der Ruf der Trunkenheit angehängt. Die angebliche Vorliebe der Gallier für den Wein und ihre Trunkenheit war ein beliebtes Thema für Autoren des frühen bis späten Altertums. Es wurde erneuert und verstärkt durch christliche Bischöfe und Autoren, die die Trunkenheit neben andere Sünden stellten. Hieronymus sagte von einem Unglücklichen: «Nicht Sodom hat ihn zugrunde gerichtet, sondern der Wein.» J. J. P.

Plinius der Ältere, *Naturgeschichte.*
Athenaeus, *Deipnosophistae.*

TSCHECHISCHE REPUBLIK Der westliche Teil der ehemaligen TSCHECHOSLOWAKEI mit Böhmen und Mähren; heute ein unabhängiger Staat, dessen Identität im Weinbau noch der Gestaltung bedarf.

TSCHECHOSLOWAKEI Zu Beginn der 1990er Jahre teilte sich die Tschechoslowakei in zwei (weinbautreibende) Länder: die **Tschechische Republik** im Westen, bestehend aus Böhmen um die Hauptstadt Prag im Norden und Mähren im Süden, und die **Slowakische Republik** im Osten. Abgesehen von einigen sehr kleinen Rebflächen um die Stadt Melnik ist Böhmen zu Recht weit besser durch sein Bier und seine Glasproduktion bekannt als durch Wein.

Unter dem kommunistischen Regime, das die ehemalige Tschechoslowakei weitgehend auf die Beschäftigung mit sich selbst beschränkte, war die Landnutzung genauestens dokumentiert. 1990, kurz nach dem Zusammenbruch des Systems, wies das Land 47 000 ha Rebfläche aus; davon standen 36 000 ha in Ertrag und erbrachten insgesamt 1,6 Millionen hl Wein (etwa genausoviel wie die Schweiz von nur halb soviel Land und knapp die Hälfte der Weinerzeugung des südlichen Nachbarn Österreich).

Die Tschechoslowakei hatte innerhalb von 15 Jahren ihre Produktion um 20 % vergrößert, um den Eigenbedarf zu decken. Exportanstrengungen wurden kaum unternommen, und die naturgemäßen Unzulänglichkeiten eines Jahrgangs im Vergleich mit den Planvorgaben wurden durch Zukauf und Verarbeitung von Most aus UNGARN wettgemacht, der in die billigsten Verschnitte einging.

Der Einsatz von ungarischem Most zur Ergänzung der eigenen Produktion war sinnvoll, da ja die mährischen und slowakischen Weinbaugebiete nahe der Südgrenze auf Grund und Boden liegen, der zum Einzugsgebiet der Donau und ihrer Nebenflüsse gehört. Sie teilen mit Österreich und Ungarn eine gemeinsame Geschichte und ein gemeinsames Erbe im Weinbau. In der äußersten Südostecke der Slowakei reicht das berühmte TOKAJER-Gebiet von Ungarn über die Grenze herein. Ein Symptom für die isolationistische Haltung der Tschechoslowakei war ihre unbekümmerte Bereitwilligkeit, ihr Recht auf den Namen Tokajer für einen 25-Jahres-Vertrag auf Faßbierexport nach Ungarn einzutauschen. Der Vertrag wurde inzwischen rückgängig gemacht.

Die Slowakei verfügt über eine Rebfläche von insgesamt 25 000 ha. Wie in Mähren war der größte Teil der Anbaufläche aus kleinem, fast an burgundische Verhältnisse erinnerndem Privatbesitz unter dem kommunistischen Regime zu großflächigen Einheiten von jeweils über 1000 ha mit geraden Rebzeilen zusammengefaßt worden, die sich ohne weiteres für Mechanisierung eignen.

Etwa zwei Fünftel der Rebfläche liegt auf sanften, meist am oberen Ende in Wald übergehenden Hängen; der Rest befindet sich in hügeligen Ebenen, die in das noch flachere Donaubecken abfallen. Am unteren Ende herrschen Ton und Sand vor, die Haupteinflußfaktoren sind aber in diesen Rebbergen die relativ geringe Höhenlage (meist zwischen 100 und 250 m über dem Meeresspiegel) und das kontinentale Klima. Die jährliche Niederschlagsmenge ist relativ gering; im Durchschnitt liegt sie zwischen der Hälfte und zwei Dritteln dessen, was in französischen Weinbaugebieten auf gleicher geographischer Breite (BURGUND und ELSASS) anfällt.

Infolge ihrer Lage nördlich der Donau sind die meisten Weinberghänge nach Südwesten und Südosten ausgerichtet und durch höheres Land nach Norden hin abgeschirmt. Die Rebenerziehung entspricht den Gepflogenheiten in Deutschland und Österreich. Neuerdings wurde das LENZMOSER-System weithin eingeführt, weil es höhere ERTRÄGE erbringt. Leider beeinträchtigt es auch die Reife und kann die Lese um zwei bis drei Wochen verzögern. Eine so späte Lese, manchmal erst Ende November, ist hier aber oft problematisch, weil es dann schon Fröste gibt.

Unter dem alten System wurde der Ertrag zuerst nach Rebsorten eingestuft. Nur Cabernet Sauvignon, Pinot Noir, Sauvignon, Gewürztraminer (oft als Traminer oder Tramin bezeichnet), Riesling und manchmal Pinot Blanc und Pinot Gris konnten sich für die Spitzenklasse qualifizieren. Ein Reifegrad oder MOSTGEWICHT von 16° BRIX war für die höchste Preisklasse erforderlich. Die meisten der genannten Rebsorten wurden nicht verbreitet angebaut, weil sie die etwas nachlässigen Weinbaupraktiken nicht mit großzügigen Erträgen belohnten. Neben Riesling und Weißburgunder sind Rizling Vlassky (WELSCHRIESLING), MÜLLER-THURGAU, Veltlin Zelene (GRÜNER VELTLINER) und Silvaner die wichtigsten Weißweinrebsorten, hinzu kommt der muska-

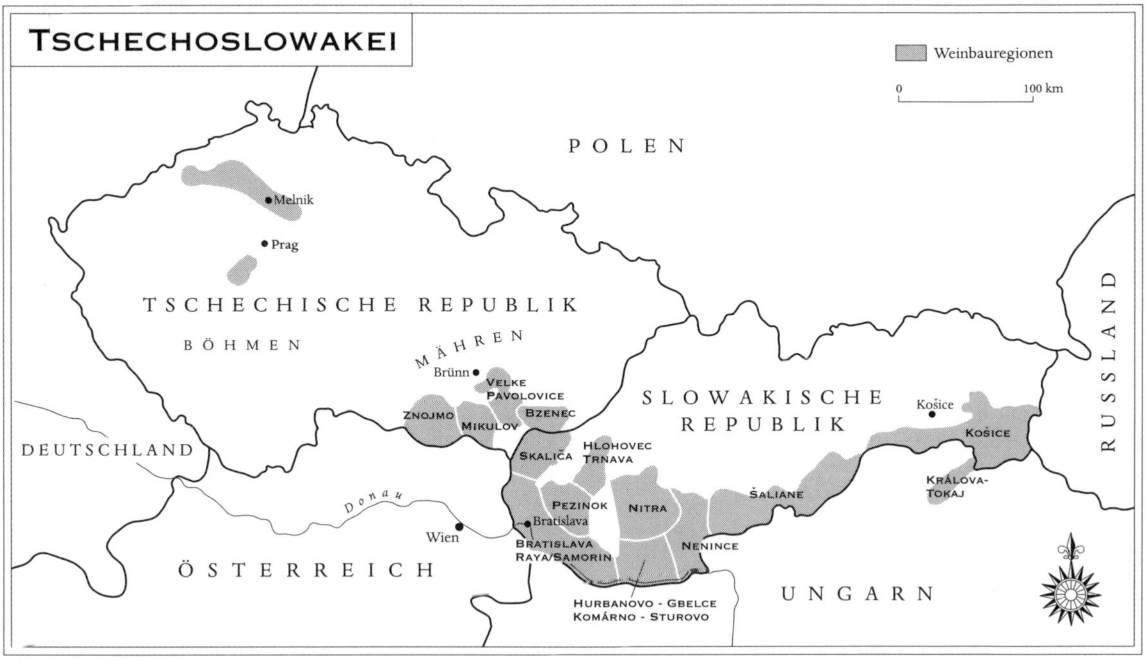

tellerduftige Irsay Oliver. Frankovka (BLAUFRÄNKISCH) und Vavrinecke bzw. Svatovavrinecke (ST-LAURENT) sind die hauptsächlichen Rotweinrebsorten, die zusammen jedoch wohl kaum mehr als 35 % der Rebfläche beider Länder innehaben.

Zwischen 1950 und 1990 waren der Landbevölkerung 0,1 ha Privatbesitz pro Erwachsenen erlaubt. Die übrige landwirtschaftliche Fläche war verstaatlicht. Die Güter, zu denen die großen Weinberge gehörten, betrieben im allgemeinen Landwirtschaft auch in anderen Formen. Die staatlichen Kellereien, die über 80 % des Weins produzierten, erhielten die Anbaubetriebe zugeteilt, deren Lesegut sie aufkauften, doch nur wenige hatten eigene Weinberge.

Sowohl in Mähren als auch in der Slowakei gab es ein staatliches Weinbauamt, das die großen WINZERGENOSSENSCHAFTEN in den jeweiligen Regionen koordinierte und leitete. Zu jedem System gehörten nach dem osteuropäischen Modell (wie in RUSSLAND, der UKRAINE, in MOLDOVA, BULGARIEN, UNGARN, und RUMÄNIEN) zentrale Abfüllbetriebe, die jeweils über eine eigene Weinproduktion und angegliederte Weinbereitungszentren verfügten. Die Privatisierung dieses Systems seit dem Fall des Regimes ist nicht ohne Komplikationen verlaufen.

Praktisch überall werden Horizontalpressen mit beschränktem Fassungsvermögen für die gemahlenen und abgebeerten Trauben benutzt. Oft ist die Pressenkapazität nicht ausreichend, um die anfallenden Lesegutmengen zu verarbeiten. In diesem Fall werden die abgebeerten und gemahlenen Trauben in Behältern aufbewahrt, wo eine zwar unbeabsichtigte, aber manchmal vorteilhafte HÜLSENMAISCHUNG stattfindet.

ANREICHERUNG mit Zucker ist erlaubt und wird auch meist praktiziert. Die MALOLAKTISCHE SÄUREUMWANDLUNG wurde um die Mitte der 1990er Jahre bereits gut beherrscht. Andere technisch anspruchsvollere Formen der ENTSÄUERUNG liegen jedoch außerhalb der Möglichkeiten der meisten Kellereien.

Kleine Mengen Wein werden in alten Eichenfässern mit einem Fassungsvermögen zwischen 20 und 100 hl verarbeitet und ausgebaut. Der größte Teil wird jedoch in Tanks produziert; meist bestehen sie aus emailliertem Metall, manche aber auch aus Zement mit einer Farbbeschichtung in Lebensmittelqualität und gelegentlich aus Glasfasermaterial. Noch zu Beginn der 1990er Jahre wurden die Gärtemperaturen kaum geregelt, doch bei der späten Lese bleiben sie gewöhnlich unterhalb der Gefahrengrenze. Die Rotweine werden meist in kleinen, geschlossenen Stahltanks mit einem eingebauten Rührwerk vergoren. Dadurch sind Farb- und Tanninextraktion stets sehr gut.

Die Weine zeigen sehr schönen eigenen Fruchtcharakter, der allerdings manchmal unter den nachlässigen Weinbereitungspraktiken, beispielsweise zu spätem ABSTECHEN, leidet. Die Ermittlung besonders guter Einzellagen und mesoklimatischer Bedingungen steckt noch in den Kinderschuhen, doch bei Unterstützung mit technischem Know-how und Investitionskapital kann damit gerechnet werden, daß sowohl die Slowakei als auch Mähren einige Weine in ausgesprochen feiner Qualität hervorbringen. A. H. M.

T-SCHNITT Die im Gartenbau verbreitet angewendete Veredelungsmethode wird auch im Weinbau genutzt. Dabei werden in die Rinde einer VEREDELUNGSUNTERLAGE zwei T-förmig zueinander angeordnete Schnitte vorgenommen; dann wird die Rinde etwas abgelöst und aufgeklappt, so daß ein vom Edelreis abgeschnittenes schildförmiges Stück Rinde mit einem Edelauge dahintergeschoben werden kann. Danach wird die Veredelungsstelle fest umwickelt, damit enger Kontakt der Gewebe und beständige Feuchtigkeit um die Schnittstelle gewährleistet sind. Diese Veredelungsmethode kann angewendet werden, wenn sich die Rinde gut ablösen läßt, d. h. in den zwei bis drei Mittsommermonaten. Die Edelaugen können von über Winter eingelagerten Edelreisern oder von grünen Jungtrieben stammen. Wie andere OKULATIONS-Methoden ist auch die T-Schnittveredelung für die UMVEREDELUNG geeignet.

B. G. C.

TUFF Ein an der mittleren LOIRE verbreiteter Gesteinstyp. *Tuffeau blanc* ist kalkhaltig, gewährleistet aber besseren WASSERABZUG als die meisten Kalksteinarten. Aus diesem Stein wurden viele Loire-Schlösser erbaut, und die Höhlen, in denen das Baumaterial gebrochen wurde, dienen heute der Bereitung und dem Ausbau von Wein. Der darüberliegende *tuffeau jaune* ist stärker sandhaltig und bildet die Grundlage für einige der besten Lagen in CHINON und SAUMUR-CHAMPIGNY, wo die Cabernet-Franc-Rebe auf ihm besonders gut gedeiht.

J. M. H.

TUFFEAU franz. TUFF.

TUNESIEN Das nordafrikanische Land produziert in manchen Jahren mehr Wein als MAROKKO und fast ebensoviel wie ALGERIEN. Hier wurde der Weinbau vermutlich eingeführt, als die Phönizier an der Küste die Stadt KARTHAGO gründeten. Die Rebfläche war zu Beginn der 1990er Jahre der OIV-Statistik zufolge auf 29 000 ha abgesunken; davon war etwas mehr als die Hälfte für die Weinproduktion, der Rest für den TAFELTRAUBEN-Anbau bestimmt. Tunesien exportiert etwa ein Drittel seines Jahresertrags von 200 000 bis 400 000 hl.

Die bedeutenderen Weinbauregionen sind Nabul und Cap Bon, aber auch in Aryanah, Bizerte, Bin Arus und Zaghwan werden kleine Mengen Wein produziert.

An Rebsorten werden Carignan, Alicante Bouschet, Cinsaut, Cabernet Sauvignon und Mourvèdre angebaut. Der größte Teil der Produktion entfällt auf körperreiche Rotweine oder leichte Rosés, es wird aber auch etwas trockener Weißwein von Muscat of Alexandria erzeugt.

TÜRKEI Das Land am östlichen Mittelmeer ist das fünftgrößte Traubenanbauland der Welt, aber nicht einmal 3 % des Ertrags werden zu Wein vergoren. Dagegen ist die Türkei regelmäßig das größte Tafeltraubenerzeugerland der Welt und steht in der Rosinenproduktion hinter Kalifornien an zweiter Stelle. Mehr als ein Drittel der in der Türkei angebauten Trauben wird zu anderen unvergorenen Erzeugnissen wie TRAUBENSAFT und TRAUBENKONZENTRAT verarbeitet.

Zur heutigen Türkei gehört auch der Berg Ararat (siehe BIBEL) in Kleinasien und damit ein Teil des Gebiets, das am engsten mit den URSPRÜNGEN DES WEINBAUS verknüpft wird. Archäologische Funde stützen die Theorie, daß dort schon vor mindestens 6000 Jahren Wein bereitet wurde. Die Region ist daher reich an einheimischen VINIFERA-Rebsorten; es sind bisher zwischen 600 und 1200 bekannt, im kommerziellen Rahmen angebaut werden aber nur etwa 60. Viele sind sowohl TAFELTRAUBEN als auch Weintrauben, und auf diese Weise haben sie die Jahrhunderte osmanischer Herrschaft und des Alkoholverbots durch den ISLAM überlebt. Kemal Atatürk, der Gründer der modernen Türkei, errichtete 1925 die erste Weinkellerei seit 700 Jahren als Teil seines an westlichen Vorbildern orientierten Modernisierungsprogramms.

In den Traubenanbaugebieten der Türkei herrschen beträchtliche klimatische Unterschiede. Die Region Thrakien im Hinterland von Istanbul ist ziemlich stark europäisch, und sie teilt das warme Küstenklima ihrer Nachbarn im äußersten Südwesten BULGARIENS und im äußersten Nordosten GRIECHENLANDS. Hier entstehen 40 % der türkischen Weinproduktion von europäischen Rebsorten wie GAMAY, SÉMILLON, CLAIRETTE, PINOT NOIR und RIESLING sowie von türkischen Rebsorten wie Yapincak und Papazkarasi. An der Küste der Ägäis werden auch die europäischen Rebsorten Sémillon, GRENACHE und CARIGNAN angebaut; diese Gegend trägt etwa mit 20 % zur türkischen Weinproduktion bei, ebenfalls aus ertragreichen Rebflächen in tiefen Lagen.

Anatolien, woher der Rest des türkischen Weins kommt, hat das strengste Klima. Dort müssen die Reben in Höhen bis zu 1250 m oft schwere Winter mit Temperaturen bis –25 °C überstehen. Die Sommertemperaturen sind dagegen im Durchschnitt sehr hoch, und die mittlere Sonnenscheindauer beträgt bis zu zwölf Stunden am Tag. In Ostanatolien werden die Rotweinrebsorten Oküzgözü und Boğazkere und die Weißweinrebsorte Narince angebaut; das Gebiet grenzt an GEORGIEN und ARMENIEN und weist ähnliche Klimabedingungen auf, wie sie dort herrschen. Die Erträge liegen im Durchschnitt unter 35 hl/ha.

In der Weinproduktion dominieren der Staatsbetrieb Tekel und zwei große Privatunternehmen, Kavaklidere und Doluca. Zu Beginn der 1990er Jahre durfte sich der Leiter des anatolischen Familienbetriebs Diren rühmen, der einzige voll ausgebildete ÖNOLOGE der Türkei zu sein. KÜHLTECHNIK und Tanks aus EDELSTAHL waren hier noch Neuheiten.

Die Weinerzeugung verteilt sich ziemlich gleichmäßig auf oft oxidierte Weißweine und relativ alkoholstarke Rotweine; daneben werden auch einige Rosés produziert. Ein

Qualitätsweinsystem ist zwar eingerichtet, es wird aber in der Hauptsache nur von dem staatseigenen Erzeugerbetrieb für seine Spitzenqualitäten genutzt. Fast ein Viertel des Jahresertrags an Wein verarbeitet der Staat zu BRANNTWEIN und zu (ARRAK-ähnlichem) *raki*, einer Spirituose mit Anisaroma – mit Wasser gemischt das alkoholische Lieblingsgetränk der Türken. Der Wein ist für den Export und für die Touristen da.

TURKMENISTAN Die zentralasiatische GUS-Republik liegt zwischen dem Kaspischen Meer, USBEKISTAN, AFGHANISTAN und IRAN. Die Weinproduktion hat keine große Bedeutung; die Spezialitäten sind ROSINEN und TAFELTRAUBEN. Ein großer Teil des heißen, trockenen Landes wird von der Karakum-Wüste eingenommen.

Die Temperaturen schwanken im Tages- wie im Jahresverlauf sehr stark. Im Januar beträgt das Temperaturmittel –4 °C, im Juli 28 °C. Die Jahresniederschlagsmenge liegt im Nordosten bei 80 mm und in den Bergen bei 300 mm; die größten Regenmengen werden im Frühjahr und Winter gemessen. Der Rebenanbau ist schon seit dem 3. Jh. v. Chr. nachgewiesen. Griechische und römische Autoren berichten, daß in Marghian (dem Murgab-Tal) und in Aria (dem Tejen-Tal) Reben kultiviert worden seien. In den Kopetdag-Schluchten gibt es noch eine Vielzahl von WILDREBEN, die als Grundlage der einheimischen Rebsorten gedient haben. Verschiedene Weingefäße mit Traubendekor, die bei Ausgrabungen in dem Ort Baghir in der Nähe der Hauptstadt Aschchabad gefunden wurden, legen Zeugnis davon ab, daß Turkmenistan eine lange Weinbaugeschichte hat.

Lange Zeit verhinderte die nomadische Lebensweise der Bevölkerung Turkmenistans die Entwicklung des Ackerbaus und damit auch des Weinbaus, bis das Land am Ende des 19. Jh. von RUSSLAND annektiert und eine Eisenbahnlinie nach Aschchabad gebaut wurde. 1898 betrug die Gesamtrebfläche nur 308 ha. Danach schwoll sie rasch an und erreichte 2500 ha im Jahr 1928, 4000 ha in 1940 und 11 000 ha in 1975. 1990 entstanden von 27 000 ha knapp 120 000 hl Wein.

Fast alle Weinpflanzungen müssen bewässert werden, doch nur im nördlichen Teil der Region Taschaus ist WINTERSCHUTZ erforderlich. Der Karakum-Kanal ermöglichte die Erweiterung der Rebfläche und der Produktion. Zu Beginn der 1990er Jahre stellten sich die Weinbaubetriebe auf Traubenanbau in großem Maßstab ein. Hocherziehungssysteme mit Drahtrahmen wurden in den zuvor mit niedrigen und hohen Weinstöcken im GOBELET-System besetzten Weinbergen eingeführt.

Die Weinbaufläche verteilt sich auf die Regionen Aschchabad (70 % der Gesamtfläche), Mary (15 %) und Tschardshou.

Turkmenistan eignet sich in einzigartiger Weise für früh-, mittel- und spätreifende Tafel- und Rosinentrauben. Wenn die Anpflanzungen entsprechend abgestuft sind, können daher von Juli bis Oktober Trauben geerntet werden. Zu Beginn der 1990er Jahre wurden jedoch nur einundzwanzig Rebsorten in kommerziellem Umfang angebaut. Acht davon, u. a. Terbash, Tara Uzüm Ashkhabadski, RIESLING, SAPERAVI, Kizil Sapak und Bayan Shirey, werden für die Erzeugung von meist starkem und leicht oxidiertem Wein genutzt. V. R.

Kosheleva, R. V., und Melkumova, Z. S., DIE TURKMENISCHE SOZIALISTISCHE SOWJETREPUBLIK (russ.), in A. I. Timush (Hrsg.), *Enzyklopädie des Weinbaus* (Kischinev, 1986).
Myznikova, S. L., Kulakova-Alexeyeva, M. K., *Turkmenistans Önologie und Wein* (russ.) (Aschchabad, 1962).
Shapkin, Y. D., *Die Entwicklung des Weinbaus in Turkmenistan* (russ.) (Aschchabad, 1958).

TURSAN Kleiner VDQS-Bereich mit rund 300 ha Rebfläche in den Landes in SÜDWESTFRANKREICH. Hier produziert vor allem die WINZERGENOSSENSCHAFT mehrheitlich Rotweine – in der Hauptsache von der TANNAT-Traube –, die in der näheren Umgebung auf den Markt kommen. Die weiße Version ist interessanter und stammt praktisch von einem einzigen Erzeuger – aber was für einem: Es ist der Drei-Sterne-Küchenchef Michel Guérard in Eugénie-lès-Bains, der hier der Lokalrebsorte BAROQUE besondere Sorgfalt, u. a. FASSAUSBAU, angedeihen läßt.

TÜTENWEIN oder **Kartonwein.** Neben milchtütenähnlichen Verpackungen für Wein wurde in den 1970er Jahren eine ganz neue Verpackungsart entwickelt, um eine größere Menge auf einmal in einem Behältnis anbieten zu können, das nicht so zerbrechlich und schwer wie eine Glasflasche und für Weinreste besser geeignet ist. Es besteht aus einem zusammenklappbaren Folienbeutel in einem kräftigen Karton mit Tragegriff. Der Wein wird an einem Zapfhahn entnommen, der so gestaltet ist, daß möglichst wenig schädlicher SAUERSTOFF durch ihn in den Wein gelangt. Die hohen Abfüll- und Verpackungskosten sowie die Schwierigkeit, den Weinbehälter luftdicht zu verschließen, waren die Hauptnachteile dieser ansonsten rasch zu einem Verkaufsschlager gewordenen Idee. Die Verpackungsart, die meist für 4 l Wein ausgelegt ist, genießt besonders in Australien und Neuseeland große Beliebtheit, wo sie als «cask» oder «bladder pack» bezeichnet wird. Auch in Nordeuropa hat sich Kartonwein mit einigem Erfolg durchgesetzt; in England entfielen 1990 auf 3-l-Kartons rund 10 % des gesamten Weinumsatzes. Die Kartons enthalten meist einfachen, möglichst jung zu verbrauchenden Wein und werden gern für Partys gekauft, aber auch von Weinliebhabern, die gern hie und da ein Glas schlichten Wein trinken möchten und sich nichts daraus machen, daß die Qualität allmählich nachläßt, wenn der Wein im Karton nicht rasch genug verbraucht wird. Der Wein in solchen Verpackungen ist unmittelbar nach der Abfüllung am besten und hält sich, auch wenn der Zapfhahn dicht bleibt und der Inhalt nicht mit

Luft in Berührung kommt, höchstens zwölf Monate; deshalb ist auf der Verpackung fast immer ein Datum aufgedruckt (siehe auch WEINRESTE).

TXAKOLI Baskischer Wein. Siehe CHACOLÍ DE GUETARIA.

TYPENECHTHEIT (franz. *typicité*, ital. *tipicità*) Von einem guten Wein wird verlangt, daß er Eigenschaften aufweist, die für seine Rebsorte, seine Herkunft und seinen Jahrgang typisch sind. Daher haben sich in der Weinansprache Begriffe wie «sortentypisch», «gebietstypisch» und «jahrgangstypisch» herausgebildet. Daß um die typisch echte Art des Weins große Diskussionen geführt werden, liegt vermutlich daran, daß diese Typenechtheit eher ein subjektives und nicht ein objektiv meß- und analysierbares Attribut ist. Es besteht daher unter Weinkostern keine Einmütigkeit darüber, was sie jeweils an einem bestimmten Wein für typisch halten, aber das gilt ja auch für andere Aspekte des Eindrucks, den der jeweils zu prüfende Wein hervorruft.

Den normalen Weinverbraucher, der zu Recht vor allem verlangt, daß der Wein ihm schmeckt, braucht die Frage nach der Typenechtheit nicht zu kümmern, doch bei der WEINBEURTEILUNG, etwa bei Prämierungen, spielt sie doch eine nicht geringe Rolle. Auch für professionelle Weineinkäufer, vor allem wenn diese an einem Programm von GATTUNGSWEINEN interessiert sind, hat Typenechtheit größere Bedeutung.

Jeder Weintyp erfordert bestimmte Charakteristiken. Beispielsweise wäre ein tiefer Weißwein mit schwach ausgeprägter SÄURE, relativ hohem ALKOHOLGEHALT und kräftigem ALDEHYD-Geruch außerordentlich untypisch für CHABLIS, dagegen typisch für einen SHERRY im FINO-Stil. Gleichermaßen ist einem sehr jungen Rotwein, der den Duft der KOHLENSÄUREMAISCHUNG aufweist, typische Art zu bescheinigen, wenn es sich um einen BEAUJOLAIS, nicht aber, wenn es sich um einen jungen BORDEAUX handelt.

Hierzu ist allerdings zu bemerken, daß in dem Maß, wie die Kellertechniker auf Reisen durch die Welt gehen und dabei verschiedene Techniken kennenlernen und dann auch anwenden, gewisse Merkmale, die bisher als typisch für bestimmte Weine gegolten haben, sich nach und nach abschwächen, und so dürfte es immer mehr Meinungsverschiedenheiten darüber geben, worin Typenechtheit wirklich besteht.

U

ÜBERERTRAG Wenn eine Rebe ein ungünstiges LAUB/FRUCHT-VERHÄLTNIS aufweist, dann leidet darunter die Frucht- und Weinqualität. Überhöhte Ertragsanforderungen kommen durch falschen REBSCHNITT auf zu viele Augen bei reichfruchtenden Rebsorten oder durch Verluste an Lauboberfläche durch SCHÄDLINGE oder PILZKRANKHEITEN zustande. Wenn die klimatischen Verhältnisse sich einschränkend auf die PHOTOSYNTHESE auswirken, z. B. bei niedrigen Temperaturen oder sehr wenig Sonnenschein, ergeben sich hieraus ebenfalls zu hohe Leistungsanforderungen an die Rebe. Die Trauben überforderter Reben weisen stets Defizite an Zuckergehalt, Farbe und Geschmackseigenschaften sowie einen erhöhten PH-WERT auf.

Der Begriff Überertrag wird auch allgemein als Argument gegen hohe Weinbergerträge ins Feld geführt. Solange aber die Rebe gute AUSGEWOGENHEIT und Gesundheit aufweist, kann sie bei günstiger Witterung auch hohe ERTRÄGE gut zur Reife bringen. R. E. S.

ÜBERFLUTUNG Auf den ersten Blick mögen Überschwemmungen in Weinbergen katastrophal wirken, sie sind es aber nicht unbedingt. Überflutung wurde in Frankreich, Argentinien und wo immer sie sonst praktisch möglich war zur Bekämpfung der REBLAUS eingesetzt, die am Ende des 19. Jh. viele Weinbaugebiete der Welt verwüstete. Während der Winterruhe der Rebe wird die Reblaus durch Überflutung wirksam bekämpft, während die Rebe keinen Schaden erleidet, ihre Lebenserwartung sogar eher verlängert wird. Leider wirkte sich diese Möglichkeit andererseits so aus, daß in Frankreich viele gute HANGLAGEN aufgegeben und Neuanpflanzungen im Flachland angelegt wurden, wo das MESOKLIMA und die Böden für gute Weinqualität weniger günstig sind (siehe v. a. LANGUEDOC).

In der Antike wurde die Überflutung der Weinberge im Winter als natürliche Möglichkeit der BEWÄSSERUNG genutzt. Dasselbe geschieht heute noch am Langhorne Creek in SOUTH AUSTRALIA, wo im Winter das Überschwemmungswasser des Bremer River in die Weinpflanzungen geleitet wird; es schwemmt Silt an und verbessert dabei die Bodenfruchtbarkeit, während das Wasser die Feuchtigkeitsreserven in dem tiefgründigen, wasserspeichernden Bodenprofil auffüllt. Auf diese Weise wird für die Rebe genügend Feuchtigkeit für den ganzen Sommer angesammelt, was trotz des sommertrockenen Klimas mit nur 500 mm Jahresniederschlag hohe ERTRÄGE ermöglicht. Diese Form der Bewässerung ist selbstverständlich nur während der WINTERRUHE der Rebe möglich, weil übermäßige Nässe nach dem AUSTRIEB leicht zu einer Schädigung der Reben führen kann. J. G. und R. E. S.

ÜBERFLUTUNGSBEWÄSSERUNG siehe BEWÄSSERUNG.

ÜBERSCHUSSPRODUKTION Das Problem, unter dem der Weinbau der Welt schon seit langen Jahren leidet, wird durch Leistungsverbesserungen in den Weinbergen und nachlassenden Verbrauch auf den wichtigsten Absatzmärkten noch verschärft. Anfang bis Mitte der 1990er Jahre gab es überall auf der Welt außer auf dem amerikanischen Kontinent Überschußproduktion, insbesondere in Europa.

Schon am Ende der 1950er Jahre wurden weltweit fast 15 % mehr Wein produziert als verbraucht, doch damals stieg der Weinkonsum rasch, und so wurde angenommen, daß er den Vorsprung der Produktion bald einholen würde. Am Ende der 1970er Jahre begannen dann die Durchschnittserträge beträchtlich zu steigen, weitgehend als Folge verbesserter Anbaumethoden, aber auch wegen der Verfügbarkeit besonders ertragreicher KLONE der etablierten Rebsorten und des verbreiteten Einsatzes von AGROCHEMIKALIEN zur Bekämpfung von REBKRANKHEITEN und als DÜNGEMITTEL. In ebendiesem Stadium begann der Weinkonsum insbesondere in den wichtigsten Weinbauländern Frankreich, Italien, UdSSR, Spanien und Argentinien (die auch die Hauptabsatzmärkte darstellten) nachzulassen.

Die ausnehmend großen Erträge der Jahre 1979 und 1980 stürzten die damalige EWG in eine Krise und zwangen zu Gegenmaßnahmen, u. a. zur ZWANGSDESTILLATION von etwa einem Fünftel der Gesamtproduktion (natürlich nur der einfachsten Weinqualitäten), zur Einführung von RODUNGSPRÄMIEN und zu einem recht fruchtlosen Versuch zur Beschränkung der ERTRÄGE, die statt dessen von Jahr zu Jahr um etwa 9,5 % stiegen. Am Ende der 1980er Jahre produzierte die Welt 18 % mehr Wein, als sie verbrauchen konnte. Besonders ausgeprägte Überschüsse stellten sich in Frankreich, Italien und Spanien ein, und als Folge der Zwangsdestillation ergab sich ein deutlicher Überschuß an Industriealkohol.

Der Zusammenbruch der Sowjetunion, die über lange Jahre hinweg ein Weinimportland gewesen war, und die

Einführung der freien Marktwirtschaft in den GUS-Republiken hat viele osteuropäischen Weinbauländer um ihre traditionellen und dabei nicht allzu anspruchsvollen Absatzmärkte gebracht, was zu neuem Druck auf den Weltweinmarkt geführt hat.

Überschüsse in kleinerem Maßstab und manchmal nur an Weinen bestimmter Rebsorten haben auch auf nationaler Ebene Rodungsanstrengungen ausgelöst, wie beispielsweise gegen Ende der 1980er Jahre in NEUSEELAND.

Siehe auch EUROPÄISCHE UNION.

UdSSR siehe SOWJETUNION.

Ugni Blanc Diese Rebsorte ist identisch mit der in Italien weitverbreiteten TREBBIANO-Traube; sie stellt in Frankreich die bei weitem meistangebaute Weißweinrebsorte dar; sie hatte am Ende der 1980er Jahre beispielsweise fünfmal soviel Rebfläche wie Chardonnay inne, und dennoch erscheint ihr Name nur selten auf einem Weinetikett. Wie in Spanien die AIRÉN als meistangebaute Weißweinrebsorte des Landes die unersättlichen Brandy-Brennereien speist, so versorgt der reichlich strömende dünne, säuerliche Wein der Ugni-Blanc-Traube die Brennblasen des COGNAC- und des ARMAGNAC-Gebiets. Insbesondere Cognac nutzt viel Ugni Blanc, der dort St-Émilion genannt wird und 95 % der Rebfläche einnimmt (dagegen nur 40 % der Rebfläche in der Gascogne, wo der Armagnac außer von Ugni Blanc auch von BACO BLANC und COLOMBARD gebrannt wird).

Auf die beiden Weinbrandregionen entfallen allein über 80 000 ha der gigantischen französischen Ugni-Blanc-Anbaufläche (die am Ende der 1980er Jahre trotz der EU-Bemühungen um die Rodung minderwertiger Rebsorten noch immer 100 000 ha betrug). Wegen seiner guten Resistenz gegen ECHTEN MEHLTAU und Graufäule ersetzte der Ugni Blanc die FOLLE BLANCHE, die vor der Reblauszeit den Hauptbestandteil der französischen Weinbrandproduktion ausmachte.

Allerdings ist Ugni Blanc keine französische Rebsorte, sondern wurde vermutlich im 14. Jh., als sich der päpstliche Hof in Avignon niedergelassen hatte, aus Italien importiert. Wahrscheinlich wurden auch andere italienische Rebsorten hierher verpflanzt, doch die überaus hohen Erträge und die kräftige Säure des Trebbiano haben bestimmt dazu beigetragen, ihm im Süden Frankreichs, wo er auch heute verbreitet angebaut wird, einen festen Platz zu verschaffen. Oft unter dem Namen Clairette Ronde (allerdings ohne mit CLAIRETTE verwandt zu sein) gehörte er an der südlichen Rhône und in der Provence, in deren Appellationen er fast überall in einer Nebenrolle zulässig ist, zu den fünf meistangebauten Traubensorten. Auf Korsika gibt es ebenfalls noch kleinere Bestände, und in Bordeaux hat Ugni Blanc erst am Ende der 1980er Jahre den zweiten Rang unter den meistangebauten Weißweinrebsorten an Sauvignon Blanc abgeben müssen. Im Nordwesten des Département Gironde, wo er wie COLOMBARD einen Bestandteil von 30 % im Bordeaux Blanc ausmachen darf, wird er noch viel angebaut und trägt dort den verräterischen Namen Muscat Aigre, «saurer Muskateller».

In Südamerika wird die Traube ebenfalls verbreitet kultiviert (siehe auch TREBBIANO).

Uhudler Von AMERIKANISCHEN HYBRIDREBEN erzeugte seltene Weinspezialität im Südburgenland (ÖSTERREICH).

Ukraine Unabhängige Republik im Südwesten der GUS und nach RUSSLAND und MOLDOVA deren drittgrößtes Weinerzeugerland. Die Hauptstadt ist Kiew. Die KRIM, wo es wiederum Unabhängigkeitsbestrebungen gegenüber der Ukraine gibt, ist die wichtigste Weinbauregion.

Historisches

Trauben wurden in der heutigen Ukraine schon im 4. Jh. v. Chr. kultiviert. Die Südküste des Landes einschließlich der Krim war in der Antike bereits eine Gegend mit hochentwickeltem Traubenanbau. Archäologische Ausgrabungen haben in der taurischen Siedlung Uch-Bash (10.–7. Jh. v. Chr.) bei Inkerman sowie in der antiken Stadt Mirmecium im Ostteil der Halbinsel Kerch steinerne Einfriedigungen, Reste von Weinbergen und Kelteranlagen sowie Weinamphoren zutage gefördert. Im Grab eines skythischen Edlen (500 v. Chr.) wurde eine AMPHORE mit Kios-Wein gefunden, die zu seinen Häupten stand. In den nördlichen Teilen der Ukraine nahm der Weinbau erst viel später – im 11. und 12. Jh. – in Klosterweinbergen seinen Anfang.

Weinbau und Weinerzeugung erlebten in der Ukraine viel Auf und Ab, vor allem da das Land Einfälle nomadischer Stämme und lange Kriegszeiten über sich ergehen lassen mußte. Die Entwicklung des Kapitalismus in der Ukraine erforderte neue, gewinnbringende Zweige der Landwirtschaft, u. a. Weinanbau und Weinerzeugung. 1913 belief sich die Gesamtrebfläche der Ukraine auf 54 000 ha und die Traubenproduktion auf insgesamt 79 000 t. Nach dem 1. Weltkrieg und unter der Wirkung der REBLAUS hatte der Weinbau des Landes schwer zu leiden. 1919 betrug die Gesamtrebfläche nur noch 13 000 ha.

Danach vollzog sich die Erholung des Weinbaus stetig, und 1940 war die Rebfläche wieder auf 103 000 ha angewachsen. Dann fügte der 2. Weltkrieg dem Weinbau erneut schwere Schäden zu. Wieder fiel die Rebfläche auf 68 000 ha. Die Weinberge wurden stark vernachlässigt, 40 bis 50 % der Reben waren ausgefallen. In der Nachkriegszeit wurden auf Weinbau spezialisierte staatliche Betriebe geschaffen und später zu größeren Einheiten verschmolzen. Auch Rebschulen wurden eingerichtet, um den Bedarf an Pflanzengut zu decken.

Um 1990 umfaßte die Rebfläche 175 000 ha; das bedeutete einen starken Rückgang gegenüber 1970. Auf den

Weinbau entfallen in den südlichen Teilen der Ukraine bis zu 20 % der gesamten landwirtschaftlichen Tätigkeit.

Klima und Geographie
Die Ukraine ist größtenteils flach, nur an wenigen Stellen hügelig; im Südwesten befinden sich die ukrainischen Karpaten und im Süden das Krim-Gebirge.

Das Klima ist mild und vorwiegend kontinental. Die Unterschiede zwischen Sommer- und Wintertemperaturen steigen im Süden an, wo Niederschlag und Luftfeuchtigkeit zurückgehen, die Schneedecke weniger dick ist und kürzere Zeit liegenbleibt. Die mittlere Januartemperatur schwankt zwischen –8 °C im Nordosten und +2 °C an der Südküste der Krim; die mittlere Julitemperatur beträgt im Nordwesten 19 °C und im Südosten 24 °C. Die frostfreie Periode dauert im Norden 230 Tage und im Süden 290 Tage; die aktive Temperatursumme beläuft sich auf 2900–3700°. Die Jahresniederschlagsmenge beträgt im Südosten 350 bis 400 mm und in den Karpaten 1200–1500 mm.

Der Weinbau konzentriert sich auf die Krim (52 500 ha), auf die Gegend von Odessa (49 700 ha), die Region Kherson (19 700 ha), die Region Nikolajew (14 100 ha), die transkarpatische Region (6800 ha) und die Region Zaporozh'ye (1700 ha). Die dortigen Rebflächen machen 88 % der Gesamtrebfläche aus. Kleinere Anbauflächen finden sich noch im Süden der Regionen Vinnitsa, Djnepropetrowsk, Donetsk und Kirowograd. 700 Staatsbetriebe und Kollektive bauen Trauben an; die größten befinden sich auf der Krim. Die ukrainischen Staatsbetriebe exportieren nach Rußland, KASACHSTAN, Moldova und in andere GUS-Mitgliedsstaaten.

Weinbau
Die Durchschnittserträge haben sich in der Ukraine beträchtlich erhöht und 1990 über 200 hl/ha erreicht.

Eine typische ukrainische Weinpflanzung ermöglicht mit großen Stockabständen weitflächige Kultivierung. Die Reben benötigen anders als in Rußland keinen WINTERSCHUTZ und sind so hoch erzogen, daß bei 60 % aller Weinbauanlagen maschinelle Bearbeitung möglich ist. Neue Rebsorten mit verbesserter Resistenz gegen Umwelteinflüsse werden zügig angepflanzt. Da die meisten Weinpflanzungen in trockeneren Gegenden liegen, hat die BEWÄSSERUNG zur Verdoppelung der ERTRÄGE wesentlich beigetragen. Auf bewässerte Weinpflanzungen entfallen über 20 000 ha bzw. mehr als 10 % der Gesamtrebfläche.

Rebsorten
Die Rebfläche ist in der Hauptsache mit VINIFERA-Sorten auf reblausresistenten VEREDELUNGSUNTERLAGEN besetzt; dem Institut MAGARATSCH zufolge werden jedoch auch einige MUSCADINIA-Reben angebaut. Über die größten Bestände verfügen die Sorten RKATSITELI, ALIGOTÉ, CABERNET SAUVIGNON, SAPERAVI, RIESLING, SAUVIGNON Vert, GEWÜRZTRAMINER, PINOT GRIS, SERCIAL, BASTARDO, Fetiaska (siehe FETEASCA), Bastardo Magarachski und die weiße Sukhomlinski. Als neue Rebsorten werden Gobulok, Saperavi Severny, Pervenets Magaracha, Fioletovy Ranni, Podarok Magaracha, Karmraiut, Stepniak, Olimpiiski, Sorok let Oktiabria sowie eine Reihe von TAFELTRAUBEN eingeführt. Die mit einheimischen Rebsorten wie Kefessia, Soldaia, Sary Pandas, Kokus Bely und Jevat Kara besetzten Flächen befinden sich im Wiederaufbau. 85 % der Rebfläche entfallen auf Weintrauben, aber Tafeltrauben gewinnen an Boden.

Da die Produktion der verschiedenen Arten von Branntwein und Wein sich nach naturgegebenen und wirtschaftlichen Gesichtspunkten richtet, wurden in der Ukraine rund sechzig Weinbaubereiche eingerichtet. Jeder Bereich verfügt über mehrere Rebsorten und produziert Trauben für unterschiedliche Zwecke.

Weine
Die Krim verfügt über die günstigsten Boden- und Klimabedingungen für den Weinbau. Die von der Weinkellerei MASSANDRA produzierten Weine sind der Stolz der Republik.

Die Krim bringt außerdem rote und weiße Tischweine in hoher Qualität sowie sogenannte «gelbe» aufgespritete Weine wie Sercial Magarach, Massandra und Oreanda hervor. SHERRY-artige Weine entstehen mit Hilfe von filmbildenden FLOR-Hefen bzw. Kulturhefen; MADEIRA-ähnliche Weine werden in Eichenfässern gereift, die zwei bis vier Jahre direkt in der Sonne liegen oder aber in speziellen «Sonnensimulationskammern» bei einer Temperatur von 40–45 °C sechs Monate zubringen.

Aus sehr kleinen Zonen in den Vorbergen bei Sewastopol kommen Trauben für SORTENREINE trockene Weißweine: Aligoté Zolotaia Balka, Rkatsiteli Inkermanskoje, Riesling Alcadar und Riesling Krymski. Trockene Rotweine wie Cabernet Kachinskoje, Cabernet Kolchuginskoje und Alushta (ein Verschnitt von vorwiegend Cabernet Sauvignon, Morrastel und Saperavi) entstehen im Westen der Krim in den Tälern von Alma, Belbek und Kacha und in der Umgebung der Stadt Alushta.

Die südlichen Küstensteppen der Ukraine und das rechte Ufer des Dnjepr haben ein gemäßigtes kontinentales Klima und warme Temperaturen am Ende des Sommers. Dies begünstigt die Entstehung körperreicher trockener Weine wie Perlyna Stepu, Nadneprianskoje und Oksamit Ukrainy.

Trockene Weißweine wie Beregowskoje, Promeniste, Serednianskoje und Riesling Xakarpatski kommen aus der Transkarpaten-Region.

Organisation
1990 produzierte die Ukraine 2,7 Millionen hl Wein; das bedeutete einen scharfen Rückgang gegenüber der Produktion von 5,8 Millionen hl zu Beginn der 1980er Jahre vor Gorbatschows Antialkoholkampagne.

Die Trauben werden zunächst von 120 staatlichen Landwirtschaftsbetrieben und Kellereien in der jeweiligen Region verarbeitet, doch die Endbearbeitung und Abfüllung geschieht wie überall in der GUS in Großanlagen in der Nähe der Bevölkerungszentren.

Die Schaumweinproduktion hat in der Ukraine einen bedeutenden Stellenwert; Kellereien, die jährlich 50 Millionen Flaschen dieses populären Getränks produzieren, befinden sich in der Hauptstadt Kiew sowie in Artemowsk, Odessa, Sewastopol, Sudak und Kharkow. 1882 errichtete der russische Fürst Leo Golizyn in Novy Svet auf der Krim eine Kellerei, die den Anfangspunkt der Schaumweinherstellung in Rußland bildete. Die für Grundweine am häufigsten verwendeten Rebsorten sind Pinot Blanc, Aligoté, Riesling und Fetiaska. Jährlich entstehen darüber hinaus 100 000 hl ukrainischer Branntwein.

Die Forschung in Weinbau und Önologie wird in der Ukraine von der berühmtesten Lehr- und Versuchsanstalt der GUS betrieben, dem Institut für Wein und Reben MAGARATSCH, gegründet 1828 in Jalta auf der Krim. Daneben gibt es in Odessa das Tairow-Institut für Weinbau und Önologie und in Simferopol das Institut für Obst- und Weinbau.

Von allen GUS-Mitgliedsstaaten hat die Ukraine die größten Forschritte in der Errichtung eines eigenen Weingesetzes gemacht. V. R.

Dokuchayeva, E. N. (Hrsg.), *Traubensorten* (russ.) (Kiew, 1986).
Johnson, H., *Hugh Johnsons Weingeschichte* (Bern, 1990).
Liannoi, A. D., DIE UKRAINISCHE SOZIALISTISCHE SOWJETREPUBLIK (russ.), in A. I. Timush (Hrsg.), *Enzyklopädie des Weinbaus* (Kischinew, 1987).
Troshin, L. P., und Sviridenko, N. A., *Widerstandsfähige Traubensorten* (russ.) (Simferopol, 1988).
Valouiko, G. G., *Traubenweine* (russ.) (Moskau, 1978).

ULL DE LLEBRE, wörtlich «Hasenauge», ist der in KATALONIEN gebräuchliche Name für TEMPRANILLO.

UMBRIEN In der nach Ausdehnung und Bevölkerungszahl viertkleinsten Region ITALIENS hat der Weinbau in der Gesamtwirtschaft nur geringe Bedeutung. Nur das Valle d'AOSTA, die BASILIKATA, LIGURIEN, MOLISE, SARDINIEN und KALABRIEN produzieren weniger Wein als Umbrien (1 Million hl im Jahr), von dem nur 17 % auf DOC-Qualität entfallen. Umbrien erzeugt lediglich ein Drittel soviel Wein wie die Nachbarregion Toskana (wo auf DOC-Weine ein Drittel des Gesamtvolumens entfällt); trotz der geologischen und klimatischen Ähnlichkeiten zwischen den beiden mittelitalienischen Regionen ist Umbrien nie in den Genuß der bedeutenden städtischen Zivilisation oder der großen Landgüterstruktur gekommen, die den toskanischen Wein zu einem der angesehensten Italiens gemacht haben.

Der bedeutendste DOC-Wein der Region ist der ORVIETO, auf den zwei Drittel der gesamten DOC-Weinerzeugung entfallen. Weitere DOC-Weißweine, die auf der TREBBIANO-Traube beruhen und bestenfalls schlichte Gewächse darstellen, entstehen in den Bereichen Colli del Trasimeno, Colli Perugini, TORGIANO, Colli Altotiberini, Colli Martani und Colli Amerini. Der Trebbiano trägt in Umbrien oft den Namen Procanico; eigentlich handelt es sich dabei um einen besseren KLON von Trebbiano, der kleinere Trauben hat und feineren Wein erbringt. Bislang sind alle Anstrengungen, das Gros der Trebbiano-Weine an das feingesponnene Gold des Procanico anzugleichen, auf der verbalen Ebene weit besser gelungen als auf der geschmacklichen. Die hauptsächliche Rotweintraubensorte der Gegend ist SANGIOVESE, der in den DOC-Bereichen Colli Altotiberini, Colli Amerini, Colli Martani, Colli Perugini und Colli del Trasimeno zwar nicht unbedingt denkwürdigen, aber doch angenehmen Wein hervorbringt. Im Mischungsrezept der Weine vom Trasimenischen See sind bis zu 40 % GAMAY erlaubt, und westlich des Sees entstehen sogar einige sortenreine Gamay-Weine, die allerdings mehr eine Kuriosität als eine ernsthafte Imitation des BEAUJOLAIS darstellen.

Der Sangiovese erreicht seinen Höhepunkt in Umbrien in den Weinen, die das Haus LUNGAROTTI im DOCG-Bereich Torgiano produziert, er erbringt aber auch als Rosso di Montefalco gute Ergebnisse in den Hanglagen des kleinen DOC-Bereichs Montefalco zwischen Assisi und Terni, wo er mit einem kleinen Anteil der Lokaltraube SAGRANTINO verschnitten wird. Die letztere Traubensorte, die früher vor allem rustikale, sehr tanninreiche Weine lieferte, hat gegen Ende der 1980er Jahre bewiesen, daß sie auf sorgfältigere Bereitungs- und Ausbautechniken gut anspricht. Überhaupt hat es in den 1980er Jahren generell Verbesserungen auch beim umbrischen Sangiovese gegeben, die durch die Beförderung der DOC Torgiano in den DOCG-Status belohnt worden sind. Dagegen ist die Erhebung der DOC Sagrantino di Montefalco in den DOCG-Rang eher eine Art Vertrauensvorschuß als eine Anerkennung für den allgemeinen Qualitätsstand der Erzeugung. D. T.

Anderson, B., *Atlas der italienischen Weine* (Bern, 1990).
Gleave, D., et al., *Die Weine Italiens* (Stuttgart, 1990).

UMHÄNGESCHILDER FÜR DEKANTIERGEFÄSSE Bei den Sammlern von Weinantiquitäten sind die meist aus Silber angefertigten Schildchen, die um den Hals von DEKANTIERGEFÄSSEN gehängt wurden, sehr beliebt.

Heute wird Wein in den allermeisten Fällen direkt aus der Flasche in das Glas ausgeschenkt. Bei Abendgesellschaften und formellen Anlässen kommen aber auch oft Dekantiergefäße auf den Tisch, vor allem wenn der Wein einen Bodensatz entwickelt hat. In solchen Fällen weiß derjenige, der das DEKANTIEREN besorgt hat, allerdings genau, um welchen Wein es sich handelt, und daher besteht kaum ein Bedarf für Umhängeschilder. Dagegen haben Umhängeschilder schon eher einen Sinn, wenn mehr als nur ein Wein dekantiert wird. Das traf vor allem früher zu, als diese

Ein Satz UMHÄNGESCHILDER FÜR DEKANTIERGEFÄSSE aus London um 1790. «Shrub» war ein Mischgetränk aus Zitrusfruchtsaft und Rum.

Aufgabe oft von Bedienten verrichtet wurde. Im 18. Jh. hieß das Umhängeschild in England *bottle ticket*, später wurde es *wine label* genannt.

Die meisten Umhängeschilder bestanden aus Silber, waren klein und geometrisch regelmäßig (u. a. Rechteck, Halbmond), es gab aber auch asymmetrische, Wappen- und Medaillonformen. Um den Hals des Dekantiergefäßes wurden sie meist mit einer dünnen Kette gehängt. Die ersten Exemplare stammen aus den 1730er Jahren, vorwiegend von einem Handwerker mit dem höchst unpassenden Namen Sandilands Drinkwater. Seither wurden Umhängeschilder dieser Art laufend hergestellt, nach 1880 meist in Nachahmung der alten Formen.

Billige Versionen wurden aus Elfenbein und Perlmutt angefertigt; es gab auch sehr attraktive Arbeiten in farbigem Email auf Kupfer, insbesondere auf dem europäischen Kontinent, wo darüber hinaus Porzellanumhängeschilder anzutreffen sind. In den indischen Kolonien waren um die Mitte des 19. Jh. in Silberfiligran gefaßte Tigerkrallen und Wildschweinzähne in Mode. Die prunkvollsten Umhängeschilder stammen vom Anfang des 19. Jh.; sie bestanden aus schwerem vergoldetem Silberguß in Gestalt von Löwenfellen, Muscheln oder traubenbehangenen Reben. Oft gab es ganze, aus mehreren Schildern bestehende Sätze, wobei die Aufschriften deutliche Hinweise auf die Weinvorlieben der Zeit geben, aus der sie stammen. Vor allem fällt auf, daß im 18. Jh. wenig französische Weine vorkommen – eine Auswirkung des METHUEN TREATY.

Diese Umhängeschilder gibt es in reicher Auswahl, und sie sind längst zu Sammlerstücken geworden. Das wichtigste Forum für alle Sammler ist der 1952 gegründete Wine Label Circle mit Sitz in London. R. N. H. B.

Butler, R., und Walking, G., *The Book of Wine Antiques* (Woodbridge, 1986).
Clayton, M., *Collectors Dictionary of the Silver and Gold of Great Britain and North America* (rev. Ausg., Woodbridge, 1985).
Penzer, N. M., *The Book of the Wine Label* (London, 1974).

UMPUMPEN (franz. REMONTAGE) Das bei der Rotweinbereitung erforderliche Durchmischen des gärenden Mosts und der Traubenschalen. Siehe auch MAISCHUNG und AUTOVINIFIKATION.

UMVEREDELUNG Ein bereits längere Zeit bestehender Weinberg kann von einer REBSORTE auf eine andere umgestellt werden, indem man den vorhandenen Wurzelstöcken Edelreiser der gewünschten neuen Sorte aufpfropft bzw. entsprechende Edelaugen einsetzt. Es gibt hierfür verschiedene Vorgehensweisen: SPALTPFROPFEN, KERBPFROPFEN,

UMPUMPEN: Gärender Rotweinmost wird vom Boden des Behälters nach oben gezogen und über den Hut aus Traubenschalen verteilt.

OKULATION, z. B. durch T-SCHNITT. Meist wird die Umveredelung weit oben am vorhandenen Stamm, etwas unterhalb des Kopfs, vorgenommen. Bei guter Ausführung tritt lediglich eine Ertragspause von einer Saison ein. Das Hauptrisiko besteht darin, daß sich aus der ursprünglichen Pflanzung beispielsweise eine VIRUSKRANKHEIT, für die bei verschiedenen Rebsorten unterschiedliche Resistenz besteht, aus dem alten Bestand auf den neuen überträgt.

Die Umveredelungstechnik war anfangs in der NEUEN WELT als Reaktion auf Marktnachfrage und MODE gebräuchlich, wird aber inzwischen auch in Weinbaugebieten der Alten Welt immer stärker übernommen. B. G. C.

UMWELTSCHONENDER WEINBAU Eine Form des Weinbaus, die darauf abzielt, jede Schädigung der Umwelt zu vermeiden. Der in den 1990er Jahren aufgekommene Begriff beschreibt eine Einstellung, die rationaler zu sein scheint als diejenige, die dem sogenannten ORGANISCHEN WEINBAU zugrunde liegt. In Kalifornien beispielsweise errang sich als einer der ersten Weinbaubetriebe das Stammhaus der Fetzer Vineyards Redwood Valley im Mendocino County besondere Anerkennung auf diesem Gebiet. 1989 erhielt der Betrieb eine Zertifikation als «organic», und 1991 wurden 165 ha nach dem System «sustainable viticulture» (umweltschonender Weinbau) bewirtschaftet.

Hierbei wird vor allem die ökologische Vielfalt im Weinberg gefördert und die altgewohnte Monokultur vermieden. Es wird angestrebt, den Einsatz von Fremdsubstanzen, insbesondere von AGROCHEMIKALIEN, weitgehend einzuschränken, ohne daß dabei strikte Regeln aufgestellt werden, welche Chemikalien benutzt werden dürfen und welche nicht. Zur fundamentalen Verbesserung der Bodenfruchtbarkeit findet BEGRÜNUNG und zur Unkrautbekämpfung Pflügen anstelle der Ausbringung von HERBIZIDEN Anwendung. Aber auch das Pflügen wird auf ein Mindestmaß beschränkt, ebenso das Befahren feuchter Weinbergböden mit schweren Traktoren und Maschinen, um Bodenverdichtung und ungünstige Beeinflussung der Bodenstruktur zu vermeiden. Gegen PILZKRANKHEITEN wird mit Kupfer- und Schwefelspritzmitteln, gegen SCHADINSEKTEN mit Seifen und Naturölen vorgegangen, und Nützlinge werden gefördert. Der TRAUBENFÄULE wird mit LAUBAUSLICHTUNG begegnet.

Der EXTENSIVE WEINBAU arbeitet auf ähnliche Weise.
R. E. S.

Ingels, C., SUSTAINABLE AGRICULTURE AND GRAPE PRODUCTION, *American Journal of Enology and Viticulture*, 43 (1992), 296–298.

UNGARN Das bedeutende osteuropäische Weinerzeugerland verfügt über eine eigene und eigenständige Palette an Rebsorten und Weinen. Ungarn bringt zwar im allgemeinen weniger Wein hervor als das Nachbarland Rumänien, jedoch beträchtlich mehr als beispielsweise Österreich und Bulgarien. Zu Beginn der 1990er Jahre war eine Fläche von 110 000 ha dem Weinbau gewidmet, wobei etwa 70 % auf Weißwein entfielen. Die ungarische Weinproduktion schwankt zwischen 4 und 5,5 Millionen hl im Jahr.

Historisches
Weinbau und Weinbereitung im heutigen Ungarn gehen mindestens auf die Römerzeit zurück, als das Land zur römischen Provinz Pannonien gehörte. Die Magyaren, die im 9. Jh. hierher kamen, fanden einen blühenden Weinbau und gute Kenntnis der Weinbereitungstechniken vor. König Béla IV. (1235–1270), der das Land nach dem Mongoleneinfall 1241 wieder aufbaute, räumte der Weinerzeugung derartigen Vorrang ein, daß Einwanderer aus Gegenden mit besonderer Weinbauerfahrung eingeladen wurden, die verwüsteten Weinberge neu anzulegen. Am Ende seiner Regierungszeit gingen die Weine aus SOPRON und EGER bereits in beträchtlichen Mengen weit über die Grenzen hinaus. Der berühmteste Wein Ungarns, der Tokajer, damals mit großer Wahrscheinlichkeit noch ein trockener Wein, wird schon am Ende des 15. Jh. urkundlich erwähnt.

Nach der Niederlage und dem Tod Ludwigs II. in der Schlacht von Mohács 1514 geriet ein großer Teil Ungarns für die Dauer von eineinhalb Jahrhunderten unter moslemische Herrschaft; der Weinbau überlebte zwar, eine Blütezeit war es für ihn jedoch nicht (siehe ISLAM).

Die wichtigste Entwicklung im 17. Jh. war das Erscheinen des überaus vollen und süßen Tokaji Aszú. Bereits 1641 wurde ein Weingesetz für das gesamte Gebiet Tokaj-Hegyalja erlassen, in dem Bestimmungen über die LAGENWAHL, den Bau von TERRASSEN, die Verfahren der BEWÄSSERUNG, des Düngens und des Hackens (es mußte am 20. August letztmals vor der am 28. Oktober festgesetzten Lese erfolgen) enthalten waren. 1660 wurde die EDELFÄULE anerkannt und die Vorschrift für Aszú (Ausbruch) formuliert; siehe auch TOKAJER.

1686 wurde die Stadt Buda von der Türkenherrschaft befreit, in den nächsten Jahren folgte ganz Ungarn, das von nun an Teil des großen habsburgischen Reichs war. Ein von Ferenc Rákóczi geführter Unabhängigkeitskampf scheiterte 1711, doch immerhin wurde durch ihn der Ruhm des Tokajers bis an den Hof des französischen Königs Ludwig XIV. verbreitet, dem Rákóczi in klugem Vorbedacht einige Flaschen als Geschenk übersandt hatte. Damit nahm die große internationale Reputation des Tokajers ihren Anfang.

In den 1870er Jahren fiel die REBLAUS in Ungarn ein und verwüstete zunächst das Weinbaugebiet von Pancsova im Süden, breitete sich dann aber auch auf das Nordmassiv und auf Tokaj-Hegyalja aus. Die Neubestockung mit reblausfesten VEREDELUNGSUNTERLAGEN begann 1881. Um dieselbe Zeit wurde der wissenschaftliche Befund publik, daß die Reblaus in sandigem Boden nicht leben könne, und dadurch wurde die Anlage neuer Weinbaugebiete im Ungarischen Tiefland gefördert, wobei sich überdies die Weinrebe als eine besonders geeignete Pflanze für die Stabilisierung des wandernden Sandbodens erwies.

1947 wurde der Nationalverband der ungarischen Winzer, Weinhändler und Weinbaugemeinden, der ursprünglich 1830 zur Förderung von Zusammenarbeit und wissenschaftlicher Tätigkeit zum gemeinsamen Nutzen des Weinbaus gegründet worden war, bei der Übernahme der Herrschaft durch das kommunistische Staatsmonopol gezwungen, seine Aktivitäten einzustellen. Es folgte nun eine Zeit der staatlichen Weinbaubetriebe und Weinkellereien, während deren alle Weinexporte über das staatliche Weinhandelsunternehmen Monimpex liefen (ebenso auch die Hälfte der Produktion, die zeitweise auf lediglich zwei staatliche Weinkellereien entfiel, deren gewaltiger Ausstoß an sehr einfachen Weinen für die UdSSR bestimmt war). Anders als der ähnlich organisierte Weinbau BULGARIENS machte der ungarische Weinbau in dieser Zeit ein Stadium der Stagnation und eines sehr niedrigen technischen Qualitätsstands durch, der die Entwicklung des ungarischen Weins bis zu der etwas komplizierten Rückkehr zu freier Marktwirtschaft und privatem Unternehmertum am Ende der 1980er Jahre stark behinderte. Der Löwenanteil der Rebfläche blieb jedoch auch in der kommunistischen Ära in Privatbesitz, und daraus erklärt sich, weshalb die Durchschnittserträge ziemlich viel höher lagen als in anderen Weinbauländern der Comecon.

In den weinbaulichen Turbulenzen der postkommunistischen Zeit war ein reges westliches Interesse am einzigartigen Tokajer zu verzeichnen, aber auch in den anderen Gebieten profitierte die technische Entwicklung von einer zeitweiligen Invasion ausländischer Kellertechniker – vor allem von Antipoden (siehe AUSTRALISCHER EINFLUSS).

Geographie

Ungarn liegt zwischen 45 und 50 Grad nördlicher Breite, weit von allen Meeresküsten entfernt, verfügt dafür aber über den größten Binnensee Europas, den Plattensee (Balaton). Die Donau (in Ungarn Duna genannt) teilt das Land auf ihrem Lauf von Norden nach Süden in zwei fast gleiche Hälften. Im Westen liegt Transdanubien, im Osten schließt sich direkt an den Strom das Große Ungarische Tiefland an. Nördlich der Hauptstadt Budapest erheben sich die vulkanischen Berge, die das Nordmassiv bilden und für den Weinbau besonders gut geeignete Südhänge bieten. Im äußersten Nordosten an der Grenze zur Slowakei liegt das Gebiet Tokaj-Hegyalja (siehe auch TOKAJER).

Die Böden sind höchst unterschiedlich. Das Große Tiefland hat vorwiegend Sandboden, während am Plattensee vulkanisches Basaltgestein mit Ton, Sandstein und Löß vorherrscht. Auch Kalkstein und Schiefer gibt es, insbesondere um Balatonfüred. Das Tokajer Hügelland verfügt über vulkanischen Boden mit einer Auflage aus verwitterter Lava.

Klima

Das Klima Ungarns ist im wesentlichen mitteleuropäisch kontinental mit berechenbar kalten Wintern und warmen Sommern. Die Sonnenscheindauer erreicht mit 2000 Stunden im Jahr einen hohen Durchschnitt, die Wärmesumme über den Verlauf der Wachstumsperiode beträgt etwa 2500 °C. Lange, sonnige Herbste, die der Entwicklung der Edelfäule förderlich sind, kommen keineswegs selten vor.

Rebsorten

Die Weinbezeichnungen richten sich in Ungarn weitgehend nach den Rebsorten, so daß diese nicht nur den Weinerzeugern, sondern auch den Verbrauchern durchaus vertraut sind. Ungarn verfügte früher über eine besonders reiche Auswahl an einheimischen Traubensorten, von denen jedoch viele aufgegeben wurden, als am Ende des 19. Jh. die Reblaus die Weinberge verheerte. Trotzdem ist ein recht interessanter Bestand an Lokalrebsorten für Weißwein vorhanden. Allerdings sind einige davon, z. B. die nur noch in Badacsony am Nordrand des Plattensees anzutreffende Sorte KÉKNYELÜ und die vor allem in Somló bekannte JUHFARK, sehr stark vom Aussterben bedroht. Die aromatische Sárfehér aus Somló ist auch als TAFELTRAUBE geschätzt.

Relativ weitverbreitete einheimische Rebsorten sind EZERJÓ, eine leichte Spezialität der Region Mór westlich von Budapest; die an vielen Stellen angebaute, aber vorwiegend für den Tokajer charakteristische FURMINT; die als meist zweitrangiger Bestandteil im Tokajer verwendete und ebenfalls in ganz Ungarn verbreitete HÁRSLEVELÜ-Traube sowie MEZESFEHÉR, eine in ganz Ungarn angebaute und vor allem in Eger und Gyöngyös zu Süßwein verarbeitete Sorte. Kövidinka oder DINKA bringt im Großen Tiefland, aber auch jenseits der Südgrenze in der WOIWODINA einfache Weine in großen Mengen hervor. Die für Ungarn charakteristischste Rotweinrebsorte ist KADARKA; neben ihr zeigt sich auch KÉKOPORTO vielversprechend.

Außerdem wird eine breite Palette mitteleuropäischer Rebsorten angebaut: Olaszrizling (ungarisch für WELSCHRIESLING), Leányka (FETEASCA in Rumänien), Zöldveltelini (GRÜNER VELTLINER in Österreich), Cirfandli (ZIERFANDLER in Österreich) – eine Spezialität von Pécs – sowie für die Rotweinerzeugung KÉKFRANKOS (BLAUFRÄNKISCH), Nagyburgundi (BLAUBURGUNDER) und ZWEIGELT aus Österreich.

Weitere aus dem Westen importierte und in Ungarn verbreitete Rebsorten sind u. a. Chardonnay, Sauvignon Blanc, Sémillon, Riesling (manchmal Rajnai Rizling oder Rheinriesling genannt), Gewürztraminer (Tramini), Muskat Ottonel und Goldmuskateller (die dunklere Version des Muscat Blanc à Petits Grains) – beide manchmal unter dem Namen Muskotály –, Silvaner (Zöldszilváni), Müller-Thurgau (Riesling Silvaner oder Rizlingzilváni) und Pinot Gris (unter dem ungarischen Synonym Szürkebarát). Als Rotweintraubensorten wurden aus dem Westen u. a. Cabernet Sauvignon und Cabernet Franc (meist eher unbestimmt lediglich als Cabernet ausgewiesen), Merlot (manchmal Médoc Noir genannt) und Pinot Noir übernommen.

Weinbaugebiete

Dem ungarischen Weingesetz zufolge gibt es insgesamt zwanzig offizielle Bereiche (siehe Karte), von denen Badacsony, Balaton, Eger, Mátra, Szekszárd, Villány-Siklós und Tokaj-Hegyalja heute als die bedeutendsten gelten dürfen. Siehe auch SOPRON. Aber auch Namen wie Mór und Gyöngyös erscheinen gelegentlich im Export auf Weinetiketten. Ungarns Weinbau läßt sich in die folgenden Hauptgebiete einteilen:

Das Große Tiefland Die große, weite (in Ungarn Alföld genannte) Ebene südlich von Budapest zwischen der Donau und dem zweiten bedeutenden Fluß, der Theiß, umfaßt nahezu die Hälfte der ungarischen Rebfläche. Sie wurde nach der Reblausepidemie stark mit Reben bepflanzt, weil die Reblaus Sandboden nicht verträgt und die Rebe besser als die früher hier angebauten Obstbäume den Boden stabilisiert. MECHANISIERUNG ist für dieses flache Land gut geeignet, doch DÜRRE im Sommer und FROST im späten Frühjahr und im Frühherbst stellen eine ständige Gefahr dar. Der Sandboden bringt im Zusammenwirken mit den hohen Sommertemperaturen ausgesprochen hohe Bodentemperaturen mit sich.

Hier werden vor allem die westlichen «internationalen» Rebsorten und Olaszrizling, aber auch in geringerem Umfang Kadarka und Ezerjó angebaut.

Die drei offiziellen Weinbaubereiche im Großen Tiefland sind Csongrád, Hajós-Vaskút – am bekanntesten für Rotwein – und Kiskun.

Transdanubien Der westliche Teil Ungarns zwischen der österreichischen Grenze und der Donau umfaßt dreizehn Weinbaubereiche und wird vom Plattensee in zwei Teile geteilt.

Traditionell befindet sich der Weinbau nördlich des Sees mit dem berühmten Badacsony auf vulkanischen Hängen am südwestlichen Ende. Die große Wasserfläche übt einen starken mäßigenden Einfluß auf das MESOKLIMA aus (siehe TOPOGRAPHIE), und so kommen volle, wuchtige Weine zustande. Hier ist die Heimat der alten Rebsorte Kéknyelü, aber auch feiner Szürkebarát und Olaszrizling entstehen in diesem Gebiet. Auch der Bereich Balatonfüred-Csopak liegt am Nordufer auf Schieferboden und bringt Weine von verschiedenen westlichen Rebsorten und Olaszrizling hervor.

Auf den Hängen eines erloschenen Vulkans nordwestlich vom Plattensee befindet sich der historische Bereich Somló, dessen oxidierte, faßgereifte Weinverschnitte früher eine ähnliche Reputation hatten wie der Tokajer. Hier wurde neben Furmint die Juhfark-Traube besonders geschätzt, doch heute sind Riesling, Olaszrizling und Traminer auf dem Vormarsch.

Am Südufer des Sees ist ein relativ neuer Bereich, Dél Balaton bzw. Balatonboglári, auf fruchtbarem Sand- und Lößboden entstanden. Hier stehen Merlot, Pinot Noir, Chardonnay, Muskateller und Sémillon im Vordergrund.

Am weitesten westlich im nördlichen Transdanubien liegt Sopron, im wesentlichen eine Verlängerung des für süße Weißweine besonders bewunderten österreichischen Weinbaugebiets Neusiedlersee-Hügelland. Sopron ist dagegen heute in der Hauptsache ein Rotweingebiet, und die wichtigsten Rebsorten sind hier Cabernet Sauvignon, Cabernet Franc, Merlot und Pinot Noir.

Mór zwischen Sopron und Budapest ist besonders durch seinen Ezerjó-Wein bekannt, während Etyek östlich von Mór eine reiche Auswahl an exportfähigen sortenreinen Weinen hervorbringt.

Im äußersten Süden Transdanubiens liegen drei bedeutende Weinbaubreiche dicht beieinander nahe an der Donau. Villány-Siklós besteht aus einer Rotweinanbaufläche in den kalksteinreichen Villány-Bergen und den hauptsächlich der Weißweinerzeugung dienenden Weinbergen von Siklós. In zahlreichen kleinen Besitzungen wachsen an Rotweintrauben u. a. Kékoporto, der hier fraglos bessere Resultate erbringt als anderswo, aber auch Pinot Noir und Kékfrankos (die gelegentlich beide als Nagyburgundi bezeichnet werden) sowie Cabernet, Merlot und Zweigelt. Die verbreitetsten Weißweintrauben sind Olaszrizling, Chardonnay, Tramini sowie Hárslevelü mit sehr körperreichen Weinen.

Szekszárd wird seit jeher insbesondere mit Kadarka in Verbindung gebracht, die hier dank der langen, warmen Sommer besser zur Reife gelangt als in den meisten anderen Gegenden. Als Nemes Kadar gab es sogar eine süße edelfaule Version. Allerdings ist die einheimische Rotweintraube inzwischen von Kékfrankos, Merlot und Cabernet verdrängt worden.

Die Mecsek-Berge sind als Weinbaugegend unter dem Namen des Hauptorts Pécs besser bekannt. Hier im wärmsten Bereich Ungarns ist die Dürregefahr stets groß. Eine breite Palette an Rebsorten wird in oft sehr kleinen Besitzungen kultiviert, u. a. Olaszrizling, Chardonnay, Kadarka, Cabernet, Merlot und Pinot Noir.

Das Nordmassiv Die Gebirge, die sich nordöstlich von Budapest an der Grenze zur Slowakischen Republik hinziehen, umfassen drei Weinbaubereiche: Mátraalja, Eger und Tokaj-Hegyalja.

In den Vorbergen des Mátra-Gebirges sind die Böden vorwiegend vulkanischen Ursprungs; auf ihnen wächst in der Hauptsache Weißwein. Muskateller, Olaszrizling und Kadarka herrschen vor, und in Ungarn wird die Gegend vor allem mit dem Debröi Hárslevelü – einst ein nobler, faßgereifter Süßwein, heute nur noch ein ausdrucksschwacher Verschnitt – in Verbindung gebracht. Im Westen ist sie dagegen eher durch das Weingut Gyöngyös bekannt geworden, das modernen Chardonnay, Sauvignon Blanc und

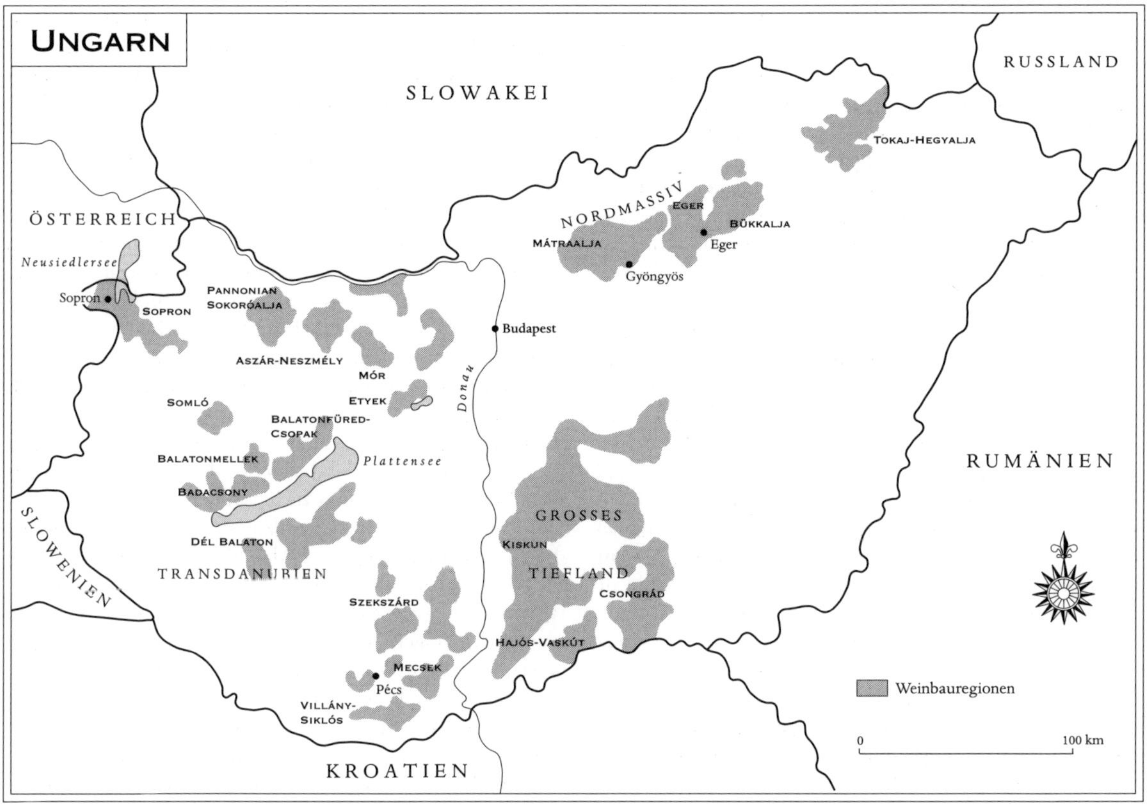

Sémillon für den Export produziert und noch weitere Weine plant.

Weiter östlich liegt in den Vorbergen des Bükk-Gebirges der Weinbaubereich, der den Namen der historischen Stadt EGER trägt. Hier läßt der Frühling oft auf sich warten, und Niederschläge sind knapp. Die Weißweine werden in der Hauptsache von der Leányka-Traube gewonnen, bekannter ist die Gegend jedoch durch langlebigen Rotwein, vor allem Egri Bikavér – im Export STIERBLUT. Dieser einst weltberühmte Markenwein bildete für Monimpex und das staatliche Weinbauunternehmen Egervin einen großen Verkaufserfolg. Früher herrschte im Verschnittrezept die Kadarka-Traube vor, doch wie anderswo auch wurde diese etwas unzuverlässige einheimische Sorte von Kékfrankos – ergänzt durch Cabernet, Merlot und Kékoporto – verdrängt.

Nur der noch weiter östlich erzeugte TOKAJER kann es mit dem Stierblut an internationaler Bekanntheit aufnehmen, doch die Situation ändert sich rasch, seitdem sowohl die Weinbereitung als auch der Exportvertrieb in private, oft nicht-ungarische Hände übergegangen sind.

Weinwirtschaft

Vor der Wiedereinführung eines kapitalistischen Systems zu Beginn der 1990er Jahre unterlag der ungarische Weinbau staatlicher Kontrolle. AGKER umfaßte 125 große staatliche Landwirtschaftsbetriebe. Hungarovin war ein staatliches Weinbauunternehmen mit eigenem Weinbergbesitz; es verarbeitete einen großen Teil des Traubenguts aus den Staatsbetrieben und beaufsichtigte den Weinverkauf der Genossenschaften und vieler kleinerer Weinbaubetriebe. Alle Weinexporte unterstanden der staatlichen Handelsorganisation Monimpex.

Zu Beginn der 1980er Jahre war Ungarn das größte osteuropäische Weinexportland; über 3 Millionen hl bzw. 60 % der Produktion gingen ins Ausland, insbesondere in Form von sehr einfachen Massenprodukten in die UdSSR und die DDR. Diese Märkte schrumpften am Ende der 1980er Jahre plötzlich ein, was zu beträchtlichen Überbeständen und großer Unsicherheit bei Traubenanbauern und Weinerzeugern führte.

Im Jahre 1989 wurde der 1947 aufgelöste nationale Weinbauverband als Verband der ungarischen Trauben- und Weinerzeuger zu dem Zweck neu gegründet, das Image des ungarischen Weins wiederherzustellen. Der Verband des ungarischen Weinhandels befaßt sich vorwiegend mit dem Export. Der Pro-Kopf-Verbrauch stieg Anfang der 1990er Jahre deutlich an, zugleich wurde offiziell angestrebt, ein Drittel der gesamten Weinproduktion zu exportieren.

Die Regierung verfolgte die Politik, die oft in prekären finanziellen Umständen befindlichen staatlichen Weinbaubetriebe und Kellereien zum Verkauf anzubieten. Mit einigem Erfolg wurden auch Investitionen aus dem Ausland gefördert, vor allem in Tokaj-Hegyalja, wo der berühmte Name Interessenten aus Frankreich, Spanien, Deutschland, Großbritannien und den Niederlanden anlockte. Die Organisation Hungarovin wurde an den deutschen Sektkonzern Henkell verkauft, und die berühmte italienische Firma ANTINORI tätigte beispielsweise Investitionen im Bereich Szekszárd.

Unsicherheit im Hinblick auf Markenrechte, Grundstücksgrenzen und Landeigentum blockierte jedoch viele Vorhaben, und gelegentlich wußten die Investoren nicht mit Gewißheit, was sie eigentlich kauften. Aber nicht nur die staatlichen Weinbaubetriebe, sondern auch die meisten staatlichen Weinkellereien waren in schlechtem Zustand, wodurch die Verkaufspreise mindestens gedrückt wurden, so daß auch einheimische Investoren zum Zug kamen. Viele durch die Einführung eines kapitalistischen Systems angelockte Geldgeber investierten in Weinberge und in die Weinerzeugung und betätigten sich als Berater.

Um die Mitte der 1990er Jahre befand sich der ungarische Weinbau noch in einem Übergangsstadium. Die Weingesetze von 1970, die jeden Aspekt des Weinbaus regelten, wurden 1990 durch andere, an die Bestimmungen der EUROPÄISCHEN UNION angepaßte Verordnungen ersetzt, in denen Minösegi Bor (Qualitätswein) als Bezeichnung in den Vordergrund rückte. Aber auch diese neuen Gesetzesvorschriften bilden bereits den Gegenstand zahlreicher Änderungswünsche. Es wurde ein Register der Weinlagen und Weinkeller geschaffen, und es entstanden unzählige neue Unternehmen verschiedenster Größe und Struktur.

Sobald erst wieder Stabilität in den Handels- und Rechtsverhältnissen eingekehrt ist, darf man mit gutem Grund annehmen, daß Ungarn erneut zu einer Quelle markanter und vielfältiger Weine wird. M. McN.

Halasz, Z., *Das Buch vom Ungarwein* (Stuttgart, 1981).
Katona, J., *Ungarischer Weinführer* (Budapest, 1987).

UNITED KINGDOM siehe GROSSBRITANNIEN.

UNKRAUTBEKÄMPFUNG Im Weinbau werden eine Reihe von Maßnahmen ergriffen, um zu verhindern, daß UNKRÄUTER mit den Reben und insbesondere mit Jungreben um Wasser und Nährstoffe konkurrieren. Die Praktiken sind zwar von einer Region zur anderen sowie je nach dem REBENALTER verschieden, wobei die gebräuchlichsten Alternativen im Unterpflügen oder in der Anwendung von HERBIZIDEN bestehen.

Als mechanische Unkrautbekämpfung ist es üblich, zwischen den Reben mit Scheibenpflügen oder Grubber gegen Wildbewuchs vorzugehen. Kultivierungsmaßnahmen unter und zwischen den Rebstöcken selbst sind insofern schwieriger, als die Rebenstämme nicht von den Jätgeräten beschädigt werden dürfen. Es sind mehrere geeignete Kultivatoren entwickelt worden, wobei die erforderliche Ausweichbewegung bei den ersten Modellen noch manuell ausgeführt werden mußte, inzwischen aber automatisch durch Berührungssensoren bewirkt wird. In jedem Fall aber wird der Boden durch die Bearbeitung an den Stellen, wo sich die meisten Rebwurzeln befinden, aufgerissen, und infolgedessen sind Schädigungen der Pflanzen durch die Maschinen nicht auszuschließen. Die Stämme der Sauvignon-Blanc-Rebe beispielsweise sind besonders empfindlich für Pilzbefall an durch Unkrautbekämpfungsmaßnahmen verletzten Stämmen. In manchen Gegenden ist noch immer Hakken von Hand gebräuchlich, wird aber in den meisten Fällen doch auf besonders schwer zu bekämpfende Unkräuter in Jungpflanzungen beschränkt. Die Alternative besteht in der Ausbringung von Herbiziden; dabei ist es üblich, unter den Reben einen Streifen zu besprühen.

In sommerfeuchten Gegenden oder beim Vorhandensein reichlicher Bewässerung werden die Unkräuter zwischen den Zeilen meist durch Abmähen unter Kontrolle gehalten. Ungebremst wachsende Unkräuter könnten unter Umständen übermäßigen WASSERSTRESS hervorrufen, gelegentlich aber auch STICKSTOFF-Mangel verursachen, der den späteren Gärvorgang beeinträchtigt. Als weitere Möglichkeit der Unkrautbekämpfung bietet sich Mulchen an, beispielsweise mit Stroh, das in Form von Matten unter den Reben ausgelegt wird. Dieses Verfahren hat den zusätzlichen Vorteil, den Gehalt an organischen Stoffen sowie die Regenwürmerpopulation und die Wasseraufnahmefähigkeit der Oberfläche zu verbessern. Auch durch Auslegen eines Plastikfolienstreifens unter den Reben läßt sich Unkrautwuchs verhindern. Diese Möglichkeit ist vor allem in Jungpflanzungen, in denen Unkräuter das Wachstum der Reben behindern würden, zu empfehlen. R. E. S.

UNKRÄUTER oder **Wildkräuter.** Als Unkräuter gelten Pflanzen, die an einer bestimmten Stelle fehl am Platz sind. Viele Winzer sehen in einem verunkrauteten Weinberg einen Beweis für mangelhafte Pflege. Dagegen ist das Vorhandensein anderer Pflanzen neben Reben in einem Weinberg geradezu ein Merkmal des ORGANISCHEN WEINBAUS. Häufig werden Weinberge zum Schaden der BODENSTRUKTUR durch überzogene Kultivierungsmaßnahmen völlig frei von Fremdpflanzen gehalten. In neuerer Zeit bestand die Tendenz, denselben Effekt mit Hilfe von HERBIZIDEN, vielleicht in Verbindung mit den allernotwendigsten Kultivierungsmaßnahmen, zu erzielen.

Es kann kein Zweifel daran bestehen, daß Unkrautwuchs insbesondere in Jungpflanzungen das Rebenwachstum beeinträchtigt. Solange das Wurzelwerk der Reben noch flach und im Umfang gering ist, konkurrieren Unkräuter mit den Reben um Wasser und Nährstoffe, insbesondere um STICKSTOFF. Bei älteren Reben, die über ein tiefer reichendes und umfangreicheres Wurzelwerk verfügen, ist diese Konkurrenz weniger stark ausgeprägt. Einige Pflanzenarten haben offenbar auch die Eigenheit, andere zu unterdrücken (Allelopathie). In sehr stark verunkrauteten Anlagen können die Fremdpflanzen sogar mit den Reben um Licht konkurrieren.

Außerdem können Unkräuter die Arbeit im Weinberg erschweren und darüber hinaus REBENSCHÄDLINGE und REBKRANKHEITEN beherbergen, allerdings auch Nützlinge, z. B. natürliche Feinde von Schadinsekten. In manchen Weinbergen werden bestimmte Pflanzen zwischen den Zeilen absichtlich als BEGRÜNUNG gezogen.

Welche Unkräuter in den Weinbergen auftreten, ist selbstverständlich von einer Region zur anderen unterschiedlich und hängt direkt mit der einheimischen Wildflora zusammen. Auch von der früheren Landnutzung, von der Bodenvorbereitung, von im Boden befindlichen Samen und davon, in welchem Umfang Samen mit dem Wind oder auf Geräten aus der Umgebung in den Weinberg gelangen, hängt das Unkrautaufkommen ab. Schwer zu bekämpfende und weltweit in vielen Weinbergen anzutreffende Unkräuter sind die Ackerwinde *(Convolvulus arvensis),* Aleppohirse *(Holcus halepensis),* Hundszahngras *(Cynadon dactylon)* und die Gemeine Quecke *(Agropyron repens).*
R. E. S.

Flaherty, D. L., et al. (Hrsg.), *Grape Pest Management* (Oakland, Calif., 1992).

UNKRAUTJÄTMASCHINE Ein in Weinbergen zum Entfernen von UNKRÄUTERN unter den Reben eingesetztes Gerät; es wird am Schlepper montiert und führt eine Jätklinge entweder manuell oder automatisch zwischen die Rebenstämme hinein und wieder heraus. Frühere Modelle waren schwer zu bedienen und beseitigten oft die Reben mitsamt dem Unkraut. Aber nicht nur deshalb, sondern auch, weil durch Beschädigung oder durch Verletzungen an den Reben Krankheitsbefall entstand, sind diese Geräte wieder außer Gebrauch gekommen. In vielen Teilen der Welt wird anstatt mit Jätmaschinen mit Herbiziden gegen Unkräuter vorgegangen.
R. E. S.

UNTERBODEN Die meist dichteren, tiefen Schichten des BODENS, die sich unter den von WURZELN durchzogenen und mit ORGANISCHEN STOFFEN durchsetzten Hauptschichten befinden, liegen ihrerseits über dem Mutter- oder Sedimentgestein, auf dessen Grundlage sich der Boden bildet. Der Kontrast in der Zusammensetzung zwischen den oberen Bodenschichten und dem Unterboden ist in alten Böden sowie in Waldboden (insbesondere unter Kiefernwald) am stärksten ausgeprägt, und zwar infolge der allmählich stattfindenden Auswaschung der schwereren Minerale und der feineren Tonpartikel in die tieferen Schichten. Dagegen ist im Unterboden meist wenig von den wichtigen Nährstoffelementen zu finden, weil die Pflanzenwurzeln diese aus den ihnen zugänglichen Schichten kontinuierlich aufnehmen und dann mit dem Herbstlaub und den sich daraus bildenden Humusstoffen wieder an der Oberfläche deponieren.

Ein Unterboden in ausreichend dichter Zusammensetzung kann, sofern er durchlässig genug ist, für den Weinbau von Vorteil sein, weil er einen guten Feuchtigkeitsspeicher darstellt, der gegen direkte EVAPORATION geschützt und flachwurzelnden UNKRÄUTERN unzugänglich ist. Die meist spärliche Verteilung der Rebwurzeln im Unterboden und die Beharrlichkeit, mit der Tonpartikel Feuchtigkeit in sich festhalten (siehe BODENFEUCHTIGKEIT und BODENZUSAMMENSETZUNG), gewährleisten, daß das gespeicherte Wasser nur in beschränktem Umfang entnommen werden kann. Seguin führt die Tonböden von POMEROL als Beispiel hierfür an. Sie versorgen die Reben mit einer stetigen Wasserzufuhr, die laut Seguin für die Weinqualität wichtig ist (siehe auch TERROIR sowie BODEN UND WEINQUALITÄT).

Andererseits beeinträchtigen viele schwere Unterböden, insbesondere solche, die sich aus saurem Gestein bilden, den WASSERABZUG. Solche Unterböden erweisen sich für den Weinbau als ungünstig, sofern nicht für ausreichende Drainage gesorgt, eventuell durch Kalken gegen die BODENAZIDITÄT vorgegangen und damit die BODENSTRUKTUR verbessert wird.
J. G.

Seguin, G., INFLUENCE DES TERROIRS VITICOLES, *Bulletin de l'O.I.V.,* 56 (1983), 3–18.
—«TERROIRS» AND PEDOLOGY OF WINE GROWING, *Experientia,* 42 (1986), 861–872.

UNTERBODENBEARBEITUNG Ein zu Beginn der 1990er Jahre von der CSIRO in Australien entwickeltes Verfahren ermöglicht die Verbesserung des UNTERBODENS mit Hilfe einer Maschine, die an den Rebzeilen entlang einen 1 m tiefen Graben zieht, so daß mit feingemahlener Erde vermischte Verbesserungszuschläge direkt in den Unterboden eingebracht werden können. Mit dem um die Mitte der 1990er Jahre noch in Erprobung befindlichen Verfahren lassen sich verschiedene Mängel des Unterbodens beseitigen: BODENAZIDITÄT kann durch Einbringen von KALK, geringe BODENFRUCHTBARKEIT durch Einmischung von DÜNGEMITTELN oder ORGANISCHEN STOFFEN und schlechter WASSERABZUG durch das Aufbrechen dichter Schichten beseitigt werden.
R. E. S.

UNTERSETZER Sammler von Weinantiquitäten sind an den runden, mit erhöhtem Rand versehenen Untersetzern für DEKANTIERGEFÄSSE interessiert, die Verunreinigungen durch übergelaufenen Wein verhindern, aber auch das Dekantiergefäß gegen Beschädigungen schützen sollen. Die ersten kamen gegen Ende der 1750er Jahre auf und wurden innerhalb von zwanzig Jahren sehr populär. Viele bestehen aus einem silbernen Reif mit hölzernem Boden, bei besseren Ausführungen ist auch der Boden aus Silber. Billiger

Ein Paar UNTERSETZER aus Silber, angefertigt 1772 von Robert Hennell in London.

waren aus Holz gedrechselte oder aus Papiermaché gepreßte Versionen. Diese waren oft mit goldenen Verzierungen auf schwarzem oder rotem Grund versehen, während andere mit horizontalen Rippen oder versilberten Fassungen geschmückt waren. Glasuntersetzer sind nur selten erhalten geblieben, und die wenigen Pappuntersetzer, die es noch gibt, haben ihr farbenfreudiges Aussehen eingebüßt.

Untersetzer für halbe und für Magnumformate gibt es weit weniger als solche für die normale Flaschengröße. Im 19. Jh. nahmen die Designs allgemein immer kompliziertere Gestalt an, und die Untersetzer folgten den veränderten Formen der Dekantiergefäße, wobei die Seitenwände immer stärker ausgebaucht und mit einem gegossenen Rand versehen wurden. Ab etwa 1820 erlangten versilberte Untersetzer zunehmende Popularität. Wie Weintrichter wurden auch Untersetzer nach der Mitte des 19. Jh. kaum noch hergestellt und kamen erst im 20. Jh. wieder in Mode, vermutlich weil Tischdecken seltener benutzt wurden.

Doppelte Untersetzer in Form von Booten oder Wagen aus Silber und Papiermaché erfreuten sich um die Wende vom 18. zum 19. Jh. kurzer Beliebtheit. Es gab einige irische Exemplare für drei Dekanter. In Irland war es auch Mode, Untersetzer in Servierbretter einzubauen. 1847 ließ sich Richard Redgrave ein Tablett aus Papiermaché mit vorgeformten Umrissen, das auch ein Paar Untersetzer enthielt, patentierten. Gegen Ende des Jahrhunderts kamen Untersetzer heraus, bei denen der Rand so hochgezogen war, daß er die ganze Flasche umschloß. Dieses Modell war sehr beliebt und wurde lange Zeit hergestellt.

R. N. H. B.

Butler, R., und Walking, G., *The Book of Wine Antiques* (Woodbridge, 1986).
Clayton, M., *Collectors Dictionary of the Silver and Gold of Great Britain and North America* (rev. Ausg., Woodbridge, 1985).
Hernmarck, C., *Die Kunst der europäischen Gold- und Silberschmiede: von 1430 bis 1830* (München, 1978).
Weinhold, R., *Vivat Bacchus* (Zürich, 1975).

UNTERSTÜTZUNGSSYSTEME Für die verschiedenen REBENERZIEHUNGSSYSTEME müssen meist passende Stützgestelle gebaut werden; nur gelegentlich werden Reben auch noch an Bäumen hochgezogen. Die einfachste Ausführung des Unterstützungssystems ist der PFAHL, der neben einem Weinstock in den Boden getrieben wird, so daß der Stamm oder die Triebe daran festgebunden werden können. Verbesserte Flexibilität für die Rebenerziehung ermöglichen Drähte, die an einer Reihe von Pfählen entlanggespannt werden, so daß eine Laubzeile entsteht. In vielen älteren Weinbergen sind die Drähte nicht straff gespannt und stützen deshalb die Reben und ihr Laub nicht besonders gut. Durch die Entwicklung des hochzugfesten verzinkten Drahts wurden moderne Unterstützungsbauten mit Pfostenreihen und Endjochen möglich, die mit straff gespannten Drähten in unterschiedlicher Anordnung untereinander verbunden sind und viel größere Belastungen aushalten können.

Die Endjoche sind unterschiedlich ausgebildet, aber stets fest im Boden verankert, damit sie die in den Drähten durch das Gewicht der Reben und der Frucht sowie durch Windbelastungen entstehenden Spannungen tragen können. Die in bestimmten Abständen entlang der Rebzeile angeordneten Pfosten nehmen ebenfalls einen Teil des Rebengewichts auf. In einem gut gebauten Unterstützungssystem sollen die Drähte so straff gespannt sein, daß sie nicht durchhängen, was wiederum die MECHANISIERUNG erleichtert. Details häufig verwendeter Unterstützungssysteme und Endjoche sind bei Smart und Robinson zu finden. Pfähle und Pfosten werden aus Holz, Beton, Kunststoff, Stahl, Stein oder sogar Bambusrohr angefertigt. Weichholzpfosten müssen gegen Fäule chemisch behandelt werden.

Die meisten Weinberge der Welt verfügen über sehr einfache Unterstützungssysteme. Oft stehen die Weinstöcke einzeln (siehe GOBELET) oder sind durch locker gespannte Drähte miteinander verbunden. Den größten Teil der Gewichtslast müssen der STAMM, der KOPF oder die CORDONS tragen.

Siehe auch REBENERZIEHUNGSSYSTEME. R. E. S.

Smart, R. E., und Robinson, M., *Sunlight into Wine: A Handbook for Winegrape Canopy Management* (Adelaide, 1991).

UNTERTAUCHEN (franz.: PIGEAGE) Bei der Rotweinbereitung ist es öfters erforderlich, den HUT aus Traubenschalen und anderen Feststoffen aufzubrechen und in den gärenden Most niederzudrücken; siehe auch MAISCHUNG.

URSPRÜNGE DES WEINBAUS Anders als das Bierbrauen ist die WEINBEREITUNG ein völlig natürlicher Vorgang, der im strengen Sinn keiner Handlungen seitens des Menschen bedarf. Für die Entstehung von Wein ist es lediglich erforderlich, daß der Saft reifer Trauben mit in der Umgebungsluft lebenden HEFEN in Berührung kommt. Es läßt sich daher sagen, daß die Weinbereitung nicht vom Menschen erfunden wurde, sondern daß sich dessen Rolle sehr viel bescheidener auf die Beaufsichtigung und Verfeinerung des Vorgangs beschränkte.

Traubensaft vergärt sehr schnell; wenn also Trauben beispielsweise von WILDREBEN vorhanden sind, kann Wein in wenig mehr als einem Tag bereitet sein. Seßhaft betriebener Ackerbau ist daher keine Bedingung für die Weinerzeugung. Nomadenstämme, die weder Korn noch Hülsenfrüchte anbauten, weil sie nicht lange genug an einem Ort verweilten, konnten dagegen sehr wohl Wein hervorbringen. Infolgedessen ist es unmöglich, den genauen Zeitpunkt der Anfänge der Weinbereitung zu ermitteln. Die einzige sichere Annahme, die man treffen kann, ist in Anbetracht des bei Affen beobachteten Verhaltens, sich gärende Früchte zu suchen, die, daß die Weinbereitung genauso alt ist wie die Menschheit selbst, vorausgesetzt, daß die ersten Menschen dort lebten, wo es Trauben gab.

Was für Trauben können das gewesen sein? Heutiger Wein wird allgemein von VINIFERA-Trauben erzeugt, doch auch andere Rebenspezies bringen Wein hervor. Seit prähistorischer Zeit war Weinbereitung möglich, wo immer Menschen und Trauben zusammenkamen. Es gibt jedoch

Französisches Gemälde vom Ende des 15. Jh. mit Darstellungen mittelalterlicher UNTERSTÜTZUNGSSYSTEME als Illustration zu dem Werk von PETRUS DE CRESCENTIIS.

kaum Zweifel daran, daß von allen Rebenspezies gerade *Vitis vinifera* am besten für Wein geeignet ist, da sie über die größten und süßesten Beeren verfügt. Der Ursprung von *Vitis vinifera* wird in Transkaukasien südlich vom Schwarzen Meer vermutet – in den heute umstrittenen Gegenden GEORGIENS und ARMENIENS. Dort gab es um jene Zeit die vielfältigste menschliche Population und damit die größte Wahrscheinlichkeit, daß der Mensch sich die Traube zunutze machte.

Erstaunlich ist dabei die Nähe dieser Gegend zum Berg Ararat, wo der mythischen Darstellung der BIBEL zufolge die Arche nach der Sintflut landete und Noah den ersten Weinberg pflanzte und den ersten Wein bereitete. Die Details des biblischen Berichts können nicht stimmen. Denn ebensowenig wie die Weinbereitung die Erfindung eines einzelnen Menschen war, sowenig war es nötig, einen Weinberg anzupflanzen, wenn man Wein bereiten wollte. Das Anpflanzen eines Weinbergs setzt eine seßhafte Lebensweise voraus, die einem weit fortgeschritteneren Stadium zivilisierten Daseins entspricht als das der Nomaden oder auch der ersten Ackerbauer, die lediglich für ihren unmittelbaren Lebensunterhalt arbeiteten: Schafe und Ziegen brauchen nur wenig Pflege, und Korn und Hülsenfrüchte, die im Nahen Osten schon einige Monate nach der Aussaat geerntet werden können, sind keine arbeitsaufwendigen Feldfrüchte; nach der Ernte kann auch der Ackerbauer mit seinen Haustieren weiterziehen. Die Archäologen vermuten, daß um 7000 v. Chr. solche nomadischen Ackerbauer im Nahen Osten sich mit Kornanbau und Viehzucht beschäftigten.

Das Heranzüchten von Obstbäumen dagegen setzt eine ganz andere Art der Existenz voraus. Die ersten Wildfrüchte, die im Nahen Osten domestiziert wurden, waren die Feige, die Dattel, die Olive und die Weintraube. Obstbäume müssen gepflanzt, gepfropft und geschnitten werden, und sie brauchen Jahre, bis sie Früchte tragen. Die Weinrebe und die Feige beginnen nach drei Jahren, die Dattelpalme nach fünf und der Olivenbaum nach fünf bis sechs Jahren zu tragen – doch bei der Olive dauert es 25 Jahre, bis sie vollen Ertrag bringt. Anders als Korn und Hülsenfrüchte können fruchttragende Bäume also von Generationen von Ackerbauern genutzt werden, die stets auf demselben Stück Land bleiben. Die zielbewußte Kultivierung von langfristig nutzbaren Pflanzen wie der Weinrebe setzt daher eine vollständig seßhafte Lebensweise und ein komplexes soziales und ökonomisches Gefüge voraus, in dessen Rahmen eine Generation ihren Besitz der nächsten hinterläßt. Dieses Stadium war möglicherweise im 4. oder 5. Jahrtausend v. Chr. erreicht.

Das Sammeln von Beeren in der Wildnis und die Bereitung von Wein aus diesen Beeren ist eine Zufallstätigkeit, systematischer Weinbau verlangt dagegen Zeit, Überlegung und Sachkönnen. Um guten Wein in großen Mengen bereiten zu können, brauchten die Bauern nun möglichst ertragreiche Reben mit möglichst süßen Beeren. In der Wildnis wachsen Fruchtbäume aus Samen auf, doch nach der Domestizierung müssen sie durch STECKLINGE und PFROPFEN vermehrt werden. Wildpflanzen sind allogam, d. h., sie brauchen andere Mitglieder derselben Spezies zur Fortpflanzung, und ihre Nachkommen unterscheiden sich mehr oder minder stark von ihnen. Dem Fruchtanbauer sind Veränderungen dieser Art unwillkommen, denn er wünscht ja Trauben (oder Oliven oder Feigen oder Datteln) in gleichmäßiger Größe und einheitlichem Geschmack. Auf diese Weise entwickelten sich die KLONENSELEKTION und Vermehrungsmethoden, die es dem Anbauer ermöglichen, die Art von Frucht auszuwählen, die er wünscht.

Hierauf ist es zurückzuführen, weshalb *Vitis vinifera* in ihrer kultivierten Form gleichartige große Beeren mit hohem Zuckergehalt hat. Doch alle kultivierten Reben fallen wieder in den Wildtyp zurück, sobald der Mensch aufhört, ihre Fortpflanzungsweise über Stecklinge und Pfropfveredelung zu steuern. Die Wildrebe, die heute von den Botanikern als Subspezies *Silvestris* von *Vitis vinifera* eingeordnet wird, hat kleinere, saurere Beeren. Die *Silvestris*-Trauben unterscheiden sich von kultivierten Trauben auch in der Form der Kerne, die eher rundlich sind als bei den kultivierten Trauben. Sie sind auch kleiner und haben am Ansatz des Kernkörpers einen Stiel (siehe PALÄOETHNOBOTANIK). Diese Merkmale ermöglichen den Archäologen, die sich mit der Untersuchung von Pflanzenresten befassen, die Unterscheidung, ob es sich um eine wilde oder eine kultivierte Population handelt. Dennoch müssen die Beweisstücke mit größter Zurückhaltung gewertet werden, denn die Unterschiede sind sehr klein, und die z. B. in Europa vorhandenen *Silvestris*-Reben sind aus der Kultivierung zurückgefallen und keine echten Wildreben. Wenn aber einmal Pflanzenreste über jeden begründeten Zweifel hinaus als ausschließlich *Vinifera*-Reste identifiziert sind, darf daraus geschlossen werden, daß die Menschen im betreffenden Gebiet Früchteanbauer waren, die die Weinrebe kultivierten und nicht nur in der Wildnis Beeren sammelten.

Leider sind nicht viele Reste gefunden worden, doch die Radiokohlenstoffdatierung der wenigen Funde legt die Vermutung nahe, daß *Vitis vinifera* im 4. Jahrtausend v. Chr. kultiviert wurde; es gibt jedenfalls keine Beweisstücke für eine frühere Kultivierung. Diese Funde stammen aus ÄGYPTEN (Omari) und Syrien (Hama) im damaligen MESOPOTAMIEN. Dagegen wurden die ältesten *Vinifera*-Reste, die in der Ägäis – im antiken GRIECHENLAND und auf den Inseln – gefunden worden sind, auf 2500 v. Chr. datiert.

Allerdings ist die Kultivierung von *Vitis vinifera* nicht unbedingt identisch mit Weinbereitung. Schließlich können Oliven und Trauben auch als frische Früchte verzehrt werden. Allerdings lag es durchaus nahe, sie zu pressen, und aus Traubensaft läßt sich leicht Wein bereiten; Olivenöl kann zur Zubereitung von Speisen, aber auch als Badezusatz und als Leuchtmittel in Öllampen benutzt werden. Die

Archäologen haben Überreste von Pressen aus der Bronzezeit gefunden (d. h. etwa zwischen 3000 und 1050 v. Chr.). Funde von ausgepreßten Traubenschalen zusammen mit Kernen und Stielen aus Myrtos (Kreta) aus der frühminoischen Kultur (etwa 3000 v. Chr.) beweisen, daß Früchte für die Weinbereitung und nicht nur für den Frischverzehr genutzt wurden.

Doch der älteste Beweis ist nicht eine Traubenschale oder ein Traubenstiel oder ein Kern: Es ist vielmehr ein Weinfleck. In den 1970er Jahren wurde in Godin Tepe (IRAN) eine persische AMPHORE aus der Zeit von 3500 v. Chr. gefunden. Die chemische Analyse eines Flecks im Inneren dieses Gefäßes ergab, daß dieser sowohl TANNINE als auch WEINSÄURE enthielt, was darauf schließen läßt, daß in dieser Amphore Wein enthalten gewesen sein muß.

Diese verschiedenen Beweisstücke zusammengenommen zeigen, daß die Rebe zum Zweck der Weinbereitung zuerst in einer Gegend südlich zwischen dem Schwarzen und dem Kaspischen Meer mindestens im 4. Jahrtausend v. Chr. domestiziert war und daß im darauffolgenden Jahrtausend ihre Kultiviertung sich westwärts nach Ägypten und zur Ägäis ausgebreitet hat. Westlich von hier sind aus der prähistorischen Zeit nicht so viele Beweise vorhanden: Es gibt Reste von *Vitis vinifera*, aber keine, die auf einen Weinbau hindeuten. Eine Ausnahme bildet lediglich Südspanien: Hier wurden Funde von zugeschnittenen Rebentrieben aus dem 3. Jahrtausend v. Chr. gemacht (in der Cueva del Monte de la Barsella nördlich von ALICANTE), die vermuten lassen, daß es sich um Stecklinge für Vermehrungszwecke handelt. An anderen Stellen wurden Fragmente von Stielen und Kernen aus dem 4. Jahrtausend gefunden. Ob die frühen Entwicklungen eines Weinbaus in Spanien auf Kontakten mit dem Nahen Osten beruhten, wissen wir freilich nicht.

Archäologische Forschungen zu Anfang der 1990er Jahre belegten schließlich, daß der Weinbau nicht von den Griechen in Italien eingeführt wurde. Die Etrusker, die im westlichen Teil Mittelitaliens zwischen Arno und Tiber saßen und deren Kultur seit dem 8. Jh. v. Chr. bis in das 4. Jh. v. Chr. blühte, als sie schließlich von den Römern unterworfen wurden, kultivierten bereits *Vintis vinifera*, die in Italien schon seit Tausenden von Jahren wild wuchs. Das schließt natürlich nicht die Möglichkeit aus, daß griechische REBSORTEN in verschiedenen Stadien der Geschichte Italiens dort eingeführt wurden. In den Süden und nach Sizilien gelangten griechische Rebsorten mit den griechischen Kolonisten (ab dem 8. Jh. v. Chr.). Genausogut dürften sie aber auch wilde *Vinifera*-Reben genutzt haben, die sie in dem neuen Land vorfanden. Die römischen Autoren AGRARHISTORISCHER ABHANDLUNGEN bezeugen ab dem 1. Jh. v. Chr., daß griechische Rebsorten von römischen Bauern in Italien vermutlich dazu genutzt wurden, um durch Experimente mit diesen neuen Sorten ihre Weine zu verbessern.

In Frankreich wurde der Weinbau durch griechische Kolonisten eingeführt, die dort um 600 v. Chr. Massalia (später Massilia – das heutige Marseilles) gründeten. Wie ihre Landsleute in Italien brachten sie vermutlich ihre eigenen Rebenstecklinge mit und nutzten möglicherweise außerdem die in der neuen Gegend wildwachsenden Reben.

Später (im 1. und 2. Jh. v. Chr.) wurde der Weinbau in Europa durch die Römer verbreitet, z. B. in Gallien über Massilia und Narbo (Narbonne). Siehe auch KELTEN und FRANKREICH.

Siehe ebenso PALÄOETHNOBOTANIK und ARCHÄOLOGIE.

H. M. W.

Negrul, A. M., EVOLUTION OF CULTIVATED FORMS OF GRAPES, *Contes rendus (Doklady) de l'Académie des Sciences de l'URSS* (1938), 585–588.

Nuñez, D. R., und Walker, M. J., A REVIEW OF PALAEOBOTANICAL FINDINGS OF EARLY VITIS IN THE MEDITERRANEAN AND OF THE ORIGINS OF CULTIVATED GRAPE-VINES, *Review of Palaeobotany and Palynology*, 61 (1989), 205–237.

Renfrew, J., *Palaeoethnobotany: The Prehistoric Food Plants of the Near East and Europe* (London, 1973).

Vavilov, N. I., *Origin and Geography of Cultivated Plants* (Cambridge, 1992).

Zohary, D., und Hopf, M., *Domestication of Plants in the Old World* (Oxford, 1988).

URSPRUNGSLAGE In Deutschland als Ersatz für GROSSLAGE vorgeschlagener Begriff. Im Unterschied zur Großlage soll die Ursprungslage nur Weine einer bestimmten, nach Rebsorte, Säure- und Alkoholgehalt sowie Restsüße amtlich registrierten Art hervorbringen. Der Verbraucher hätte damit von vornherein eine gewisse Vorstellung davon, was für einen Wein er unter dem Namen einer bestimmten Ursprungslage erwarten kann.

URUGUAY Das viertgrößte Weinerzeugerland Südamerikas verzeichnete einen Anstieg der Weinproduktion von rund 600 000 hl am Ende der 1970er Jahre auf fast 1 Million hl am Anfang der 1990er Jahre. So groß ist der Enthusiasmus der Uruguayer für ihren eigenen Wein (siehe VERBRAUCH), daß bis Mitte der 1990er Jahre kaum der Versuch unternommen wurde, etwas davon zu exportieren. Bis dahin war der größte Teil des uruguayischen Weins ein international nicht in Mode befindlicher tiefdunkler Rosé – nicht unähnlich einem spanischen CLARETE – von einer außergewöhnlich süßen und kräftigen Mischung aus TANNAT und MUSCAT HAMBURG, vermutlich ergänzt durch die Hybridrebe ISABELLA. Allerdings werden inzwischen die HYBRIDREBEN durch international eher anerkannte Traubensorten wie Pinot Blanc (bei ihm handelt es sich vermutlich in Wahrheit um Chenin), Sauvignon Blanc, Chardonnay, Cabernet Sauvignon, Cabernet Franc und Merlot sowie etwas Riesling und Gewürztraminer verdrängt.

Die Weinbaugeschichte Uruguays ist relativ kurz. Der gewerbliche Weinbau wurde hier erst gegen Ende des

19. Jh. eingeführt, insbesondere durch baskische Einwanderer, die von daheim die Tannat-Rebe mitbrachten, die hier nach einem Winzer der Anfangszeit Harriague heißt. Sie fand so starke Verbreitung, daß die Tannat-Anbaufläche in Uruguay bald größer war als in Frankreich. Allerdings mußte ein großer Teil der Tannat-Pflanzungen wegen einer Virusinfektion ersetzt werden. Demselben baskischen Einfluß ist es zu verdanken, daß auch ein gewisser Bestand an Petit MANSENG vorhanden ist.

Der Weinbau ist weit über das Land verstreut, insbesondere in den flachen Hügeln; die ersten Weinpflanzungen konzentrierten sich im Süden um Montevideo. Im Südwesten werden am Zusammenfluß des Uruguay und des Paraná die Weinbauregionen Colonia und Carmelo erschlossen, während auch stromaufwärts im wärmeren Norden Wein um Salto und Bella Unin auf denselben Basaltböden angebaut wird, wie auch manche Weinbaugebiete Argentiniens und Chiles sie aufweisen. Weiter östlich an der Nordgrenze Uruguays liegt gewissermaßen als Fortsetzung des vielversprechenden neuen brasilianischen Weinbaugebiets Frontera der Weinbaubereich Cerro Chapeu in der Provinz Rivera, wo die Erträge auf tiefgründigen, gut durchlässigen Sandböden relativ niedrig sind. Die Luftfeuchtigkeit ist hier sehr hoch, und die Hälfte der Produktion stammt von Hybridreben. Die vielleicht charaktervollste Weinbauregion des Landes umfaßt die Bereiche Carpinteria und El Carmen mit einem günstigen Temperaturverlauf zwischen Tag und Nacht und mageren, flachen Böden, in denen französische Weinbauexperten bei einem Besuch größtes Potential zu erkennen meinten.

Die Sommer sind warm und die Niederschläge ausreichend, um keinen Bedarf an Bewässerung aufkommen zu lassen, wobei die Erträge ohne weiteres auf 150 hl/ha ansteigen können. Das LYRA-Rebenerziehungssystem wurde in den 1980er Jahren in Uruguay mit Erfolg von dem Weinbauspezialisten Alain Carbonneau aus Bordeaux eingeführt. Bessere Weinbereitungstechniken (Edelstahl war zu Beginn der 1990er Jahre hier noch neu) dürften Uruguays Präsenz auf dem internationalen Weinmarkt stärken. 1988 wurde das Instituto Nacional de Vitivinicultura (INAVI) als nationales Gremium zur Förderung der Weinqualität Uruguays gegründet.

USA Die **Vereinigten Staaten von Amerika** sind nicht nur ein bedeutendes Weinerzeugerland, sondern vor allem auch ein wichtiger Absatzmarkt für feinen Wein.

Historisches

Die europäische Besiedelung der heutigen USA reicht zurück in das späte 16. Jh. (siehe auch VÍNLAND), doch erst zwei Jahrhunderte danach wurde dort erstmals mit Erfolg Wein produziert. Diese große Verspätung ist nicht darauf zurückzuführen, daß vorher Weinbau nicht versucht worden wäre. Die reichlich vorhandenen einheimischen Rebenarten zogen sofort die Aufmerksamkeit der ersten Siedler auf sich; Weinbau gehörte zu den erklärten Zielen der Kolonien Virginia und Carolina, und er wurde in allen amerikanischen Kolonien immer wieder versucht und gefördert.

Aber schon die ersten Versuche zeigten, daß Wein, wie er europäischen Zungen behagte, von den AMERIKANISCHEN REBENSPEZIES nicht gewonnen werden konnte. So bestand der nächste Schritt darin, Stecklinge europäischer VINIFERA-Reben zu importieren; damit wurde in Virginia um 1619 begonnen. Das Experiment wurde dann entlang der ganzen Atlantikküste mit Reben aus allen großen europäischen Weinbauregionen wiederholt, aber das Ergebnis war immer das gleiche: völliger Fehlschlag. Die Reben wurden durch die Klimaextreme, durch einheimische Schädlinge und durch bis dahin unbekannte Krankheiten vernichtet. Zwei Jahrhunderte lang blieben die Gründe hierfür unerforscht, weil die Versuche weit voneinander entfernt und unkoordiniert stattfanden und die Kenntnis der Pflanzenpathologie noch weitgehend unzulänglich war. Der Kreislauf von hoffnungsvollem Beginn zu völligem Scheitern vollzog sich in ständiger fruchtloser Wiederholung.

Ganz Europa war an diesen Anstrengungen beteiligt. Die Virginia Company rief 1619 französische *vignerons* zusammen mit französischen Reben ins Land, und französischer Sachverstand wurde auch danach immer wieder bemüht: Vertriebene Hugenotten arbeiteten 1680 in Carolina, 1700 in Virginia und 1683 in Pennsylvania. Deutsche versuchten in Germantown in Pennsylvania ihr Glück mit dem Weinbau; in Florida probierte eine Kolonie von Griechen, Italienern, Franzosen und Spaniern im Jahr 1767 Reben anzupflanzen. Alle diese und unzählige weitere Anläufe beruhten immer wieder auf *Vinifera*-Rebsorten und waren dementsprechend zu raschem und vollständigem Mißlingen verdammt (siehe REBLAUS und PILZKRANKHEITEN).

Eine neue Richtung nahmen die Dinge durch die Entdeckung einer Zufallshybride – die Kreuzung einer einheimischen *Vitis labrusca* mit einer unbekannten *Vinifera*-Sorte. Sie wurde in Pennsylvania nicht weit von der Stelle gefunden, wo William Penn 1683 *Vinifera*-Reben gepflanzt hatte, und erhielt den Namen Alexander-Rebe. Jahrelang blieb unerkannt, daß es sich um eine Hybride handelte, doch tatsächlich wies sie den Weg, auf dem sich der Weinbau im Osten der USA weiterentwickeln konnte. Die erste erfolgreiche gewerbliche Weinproduktion in den USA begann auf der Grundlage der Alexander-Rebe im Jahr 1806 in Indiana. Danach wurden weitere Hybriden, entweder zwischen Amerikaner Reben oder zwischen diesen und europäischen *Vinifera*-Reben, die sich fast stets zufällig bildeten, im Weinbau eingeführt und leisteten neue Beiträge zu den Möglichkeiten der Weinerzeugung in den USA.

Als die bedeutendsten erwiesen sich CATAWBA, DELAWARE, ISABELLA und Norton; sie alle kamen in der ersten Hälfte des 19. Jh. auf. Die meisten eigneten sich besser für die Erzeugung von Weißwein als von Rotwein und zeigten

USA: Die Illustration aus dem Jahr 1591 von der Ankunft der Franzosen in Florida zeigt, wie verbreitet Wildreben dort waren.

mehr oder weniger stark das sogenannte FUCHSIGE Aroma. Doch wie immer auch ihre Mängel aussehen mochten, sie konnten doch unter amerikanischen Voraussetzungen überleben.

Eine dauerhafte und umfangreiche Weinproduktion wurde erstmals in den 1830er Jahren von Nicholas Longworth bei Cincinnati (Ohio) etabliert. Als die Weinberge in Cincinnati von der SCHWARZFÄULE vernichtet wurden, zog der Weinbau in Ohio weiter nach Norden an die Ufer des Erie-Sees. Weitere Weinbauzentren taten sich bei Hermann, einer deutschen Siedlung am Missouri, und an den Finger Lakes im Staat NEW YORK auf.

Vor dem Bürgerkrieg entwickelte sich im Süden in North und South Carolina und Georgia in gewissem Umfang Weinbau auf der Grundlage von einheimischen Hybriden und den ebenfalls einheimischen *Rotundifolia*-Reben. Verstreute Bestände solcher Amerikaner Reben und kleine Weinkellereien waren überall in den besiedelten Gegenden bis zur Grenze von Texas und Kansas anzutreffen. Die Regierung der USA förderte den Weinbau durch Pflanzenforschung, durch Verteilung von Pflanzgut und durch Experimente in der Analyse von Trauben und Wein. In dem Jahrzehnt vor dem Bürgerkrieg nahm das Interesse am Weinbau stark zu, und viele neue Hybridrebsorten wurden eingeführt, die zum Teil inzwischen durch regelrechte Züchtung und nicht mehr als Zufallskreuzungen zustande gekommen waren.

Das wichtigste Ergebnis dieser Bemühungen war die CONCORD, eine Rebe mit hoher Resistenz gegen Schädlinge und Krankheiten und guter Anpassung an die extremen Wachstumsbedingungen im damaligen Gebiet der Vereinigten Staaten, deren ausgeprägt mit Fuchsgeschmack behafteten Trauben sich jedoch nicht für die Bereitung von Wein eigneten (zumindest nicht nach dem Geschmack der meisten Weinfreunde). Die große Verbreitung der Concord hat mit dazu beigetragen, daß sich in Amerika eher eine Vorliebe für Traubensaft als für Wein entwickelte.

Inzwischen wurde – obwohl das in den USA nahezu unbekannt blieb – Weinbau mit *Vinifera*-Reben erfolgreich in den spanischen Siedlungen am Rio Grande in New Mexico und Texas (ab 1626) und in den Franziskanermissionen in Kalifornien (ab 1779) betrieben. Durch den Krieg gegen

Mexiko 1846/47 und den Goldrausch von 1849 fielen die *Vinifera* anbauenden Regionen im Südwesten an die USA; seither dominiert Kalifornien in der amerikanischen Weinproduktion. Zur Zeit der Eroberung durch die Amerikaner wurde die Weinrebe bereits in kleinerem, aber gewerblichem Umfang in Los Angeles angebaut. Danach breiteten sich die Anpflanzungen über das ganze Land aus, und die Produktion schwoll von rund 100 000 hl im Jahr 1860 auf über 1 Million hl am Ende des Jahrhunderts an.

Die erste in Neu-Mexiko und Kalifornien angebaute *Vinifera*-Rebsorte hieß MISSION. Sie war vermutlich in der Neuen Welt als Sämling einer unbekannten europäischen Elternsorte aufgegangen und eignete sich für die Weinerzeugung bestenfalls mittelmäßig. Nun wurden rasch bessere *Vinifera*-Sorten aus Europa eingeführt und erprobt, und obwohl die Mission-Traube noch lange in Kalifornien dominierte, nahmen die Bestände an besseren Sorten doch schnell zu. Zu den interessantesten unter ihnen zählte schon damals der ausgesprochen kalifornische ZINFANDEL, der auch heute noch angebaut wird.

Das wirtschaftliche Wachstum des kalifornischen Weinbaus war ungleichmäßig; es vollzog sich mit zyklischem Auf und Ab, bis schließlich 1894 die California Wine Association, ein Zusammenschluß der größten Weinerzeuger und Händler, gegründet wurde (siehe auch KALIFORNIEN). Die CWA verfügte zwar nicht über das Monopol, doch sie beherrschte einen so großen Teil der Weinproduktion, daß sie Kosten und Preise stabilisieren konnte, und diese Aufgabe erfüllte sie bis zur PROHIBITION. Die CWA vertrieb ihre Weine im ganzen Gebiet der USA (wo allerdings der Weinverbrauch fast völlig auf die Städte beschränkt war) und erschloß Exportmärkte, insbesondere in GROSSBRITANNIEN.

Außerhalb Kaliforniens entwickelte sich der Weinbau weiterhin langsam und weitgehend auf dieselbe Weise wie zuvor. New Jersey, Virginia und Arkansas gesellten sich zu den Staaten, die bereits über einen etablierten Weinbau verfügten: New York (wo sich die Schaumweinherstellung zur Spezialität entwickelt hatte), Ohio und Missouri. 1919, im letzten Jahr vor der Einführung der Prohibition, produzierten die USA über 2 Millionen hl Wein. In den Prohibitionsjahren von 1920 bis 1933 war kommerzielle Weinerzeugung in gewissem Umfang erlaubt, und die Hobby-Weinbereitung blühte stärker als zuvor oder danach; die Nachfrage nach TRAUBENKONZENTRAT führte zu einem Zuwachs bei der Rebfläche, der Weinbau selbst aber wurde zugrunde gerichtet.

Nach der Aufhebung der Prohibition im Jahr 1934 mußte der amerikanische Weinbau wieder von vorn anfangen. Einige der alten Unternehmen lebten wieder auf, neue schossen wie Pilze aus dem Boden. Doch es dauerte seine Zeit, bis die Dinge wieder ins Lot kamen: Der Markt war von Unkenntnis oder von den durch die Prohibition hochgezüchteten unmäßigen Gewohnheiten beherrscht; den Weinerzeugern fehlte es an Sachverstand, manche von ihnen waren aber auch skrupellos. Die Nation steckte in tiefster wirtschaftlicher Depression, und Wein war ein unvertrauter Luxusartikel. Alkoholstarke Süßweine wurden zum Hauptprodukt und blieben es für die Dauer der nächsten Generation. Die Regierung der USA richtete ihre Forschungsprogramme für Wein nicht wieder ein, doch an den Universitäten in Kalifornien (DAVIS) und New York wurden bedeutende Forschungsarbeiten in Weinbau und ÖNOLOGIE geleistet. Die Öffentlichkeitsarbeit lag ganz in den Händen des 1934 gegründeten Wine Institute of California.

Der 2. Weltkrieg schnitt die USA von den Lieferungen aus Europa ab und brachte dadurch dem amerikanischen Weinbau neuen Wohlstand, aber auch neue Unstabilität. Große Brennereiunternehmen kauften viele Weinbaubetriebe auf, um sich den Rohstoff für ihre Produkte zu sichern. Es herrschte ein knappes Angebot, bis nach dem Krieg die künstlich hochgepeitschte Nachfrage zusammenbrach. Die Brennereiunternehmen trennten sich wieder vom Weinbau, der nun in einen Dornröschenschlaf verfiel. Es wurden wenig Anstrengungen unternommen, neue Absatzmärkte zu erschließen; die Weinbaubetriebe verkauften ihre Erzeugnisse meist faßweise an Großhändler, die sie unter eigenen Marken abfüllten; die amerikanischen Weine liefen nach den im 19. Jh. eingerissenen schlechten Gewohnheiten auch weiterhin unter GATTUNGSNAMEN wie Burgundy, Chablis, Sherry und Champagne, und die meisten Weinbaubetriebe produzierten ein ganzes «Programm» solcher Weine von einer stark eingeschränkten Auswahl an Traubensorten.

Insbesondere im Osten trat ein deutlicher Niedergang ein: In Ohio beispielsweise fiel die Zahl der Weinbaubetriebe von 149 in 1940 auf 47 in 1960. Eine wertvolle neue Entwicklung stellten die von Philip WAGNER in den Weinbaugebieten im Osten eingeführten, in Frankreich gezüchteten Hybridreben wie SEYVAL, SEIBEL und BACO dar (siehe FRANZÖSISCHE HYBRIDREBEN). Sie erbrachten größere Erträge und attraktivere, interessantere Weine als die alten einheimischen Hybriden. Eine weitere Innovation war die von dem amerikanischen Weinkaufmann Frank SCHOONMAKER betriebene Bezeichnung der Weine nach Rebsorten, die sich schließlich als Standard durchsetzte (siehe auch SORTENREIN).

Um 1970 begann dann der amerikanische Weinbau plötzlich neuen Schwung und Glanz zu bekommen – eine Entwicklung, für die es bisher noch keine Erklärung gibt, zu der zweifellos aber viele verschiedene, langsam sich entfaltende Kräfte in der Gesellschaft beigetragen haben. Neue kleine und große Weinbaubetriebe taten sich in Kalifornien auf (1970 gab es dort deren 240, 1989 bereits 771 und 1992 schließlich 755). Neue Weinberge wurden angelegt, und die Weinerzeuger bemühten sich in nie zuvor dagewesener Weise um die Abstimmung zwischen den Rebsorten und den dafür am besten geeigneten Lagen. Sie konzentrierten sich schließlich auf einige wenige Rebsorten und

Weintypen, anstatt wie früher ganze «Programme» aufzulegen, und sie strebten nach neuen Höhen der Qualität und der Komplexität. Mit Eifer wurden technische Innovationen betrieben und zugleich traditionelle europäische Methoden eingeführt und angepaßt. Der amerikanische Weinbau zog große Investitionen seitens japanischer, britischer, französischer, spanischer, schweizerischer und deutscher Unternehmen an sich; insbesondere beteiligten sich französische Champagnerhäuser in den 1980er Jahren an der kalifornischen Schaumweinproduktion.

Der Explosion neuer Aktivitäten im Weinbau stand ein entsprechendes Verbraucherverhalten gegenüber: Weinseminare, Weinclubs und Weinpublikationen in großer Zahl machten sich das Interesse und die Besorgnisse eines Publikums zunutze, das so lange Zeit in Unkenntnis und Gleichgültigkeit verharrt hatte, nun aber begierig darauf war zu lernen. Der Weinverbrauch – inzwischen von Tischwein dominiert – stieg von 10 Millionen hl in 1970 auf rund 20 Millionen hl in 1989. Mit der zunehmenden Anzahl der Weinbaubetriebe wuchs auch die Auswahl der angebotenen Weine, wie die Amerikaner sie zuvor nie zu Gesicht bekommen hatten. Der Firma GALLO in Modesto (Kalifornien) war es gelungen, das größte Weinunternehmen der Welt zu werden und den allgemeinen Weinmarkt in einem selbst in den alten Tagen der California Wine Association nicht vorgekommenen Ausmaß zu beherrschen.

Außerhalb Kaliforniens verlief der Weinbauboom im Verhältnis noch steiler. In den alten Weinbaugebieten, v. a. in New York und Ohio, begannen nach langer Pause wieder neue Weinbaubetriebe aufzusprießen. Die Weinberge verwandelten sich nicht nur durch die Einführung der französischen Hybriden wie Seyval und Seibel, sondern auch durch *Vinifera*-Rebsorten, die dank besserer Kenntnis der Pflanzenpathologie und aufgrund der Verfügbarkeit von PESTIZIDEN und FUNGIZIDEN nun endlich, dreihundert Jahre nach den ersten Fehlschlägen, auch im Osten der USA mit Erfolg angebaut werden konnten. Die Staaten New Jersey, Pennsylvania und Virginia, wo bislang Weinbau nur in bescheidenem Maßstab betrieben worden war, erlebten die Entwicklung eines erneuerten und erweiterten Weinbaus. In Texas und New Mexico, wo ein alter, jedoch sehr bescheidener *Vinifera*-Weinbau bestand, kamen große Projekte in Gang. Im Yakima Valley in Washington und im Willamette Valley in Oregon entstanden umfangreiche Anpflanzungen von *Vinifera*-Rebsorten, und es begann sich eine Reputation für bestimmte Weintypen zu bilden. Dank der ertragsstarken Concord-Traube produziert New York noch immer mehr Wein als alle anderen Staaten außer Kalifornien. Washington, South Carolina und Georgia haben eine größere Produktion als Oregon. 1993 belief sich die Gesamtzahl der Weinbaubetriebe in den USA auf 1528, verteilt auf 43 Staaten. Die Weinproduktion betrug im Durchschnitt der letzten fünf Jahre rund 17 Millionen hl; damit standen die USA in der Weltrangliste der Weinerzeugerländer in Konkurrenz zu Argentinien auf dem 5. oder 6. Platz.

Noch immer sind die USA jedoch weit davon entfernt, ein Land der Weintrinker zu sein; der Pro-Kopf-Verbrauch lag zu Beginn der 1990er Jahre bei 9 l im Jahr. Auch gibt es noch viele Hindernisse für die Produktion und den Vertrieb von Wein; manche Gründe sind natürlicher Art, z. B. das Klima, manche aber sind auch vom Menschen geschaffen, etwa die unterschiedliche Besteuerung und die gesetzlichen Einschränkungen in den einzelnen Staaten. Der Geist der Prohibition wirkt weiter, ob in der Gestalt moralischer Mißbilligung oder in neueren Formen der Ablehnung aus Gesundheits- oder Ernährungsgründen. Seit 1989 verlangt die US-Regierung die Anbringung von Warnhinweisen auf allen in den USA verkauften Weinflaschen. In jeder Hinsicht aber hat die amerikanische Weinindustrie in der zweiten Hälfte des 20. Jh. eine bemerkenswerte Entwicklung aus den von der Prohibition hinterlassenen Ruinen genommen, alte Tätigkeiten wiederbelebt, sich in neue Gebiete ausgedehnt, die Produktion erweitert, neue Methoden in Weinbau und Weinerzeugung entwickelt und ein bisher nicht dagewesenes Qualitätsniveau erreicht. T. P.

Adams, L., *The Wines of America* (4. Aufl., New York, 1990).
Pinney, T., *A History of Wine in America* (Berkeley, Calif., 1989).
Schoonmaker, F., und Marvel, T., *American Wines* (New York, 1941).

Moderne Weinproduktion

Heute wird in praktisch allen bedeutenderen Staaten der USA Wein erzeugt. Ein großer Teil davon findet in der unmittelbaren Umgebung Absatz, doch die Weine aus KALIFORNIEN, NEW YORK, WASHINGTON, OREGON, IDAHO und TEXAS haben große kommerzielle Bedeutung und internationale Verbreitung erlangt. Die ersten Weinbaugebiete wurden an großen Gewässern angelegt. Neuerdings werden auch im Landesinneren gelegene Täler und Gebirgsgegenden für den Weinbau genutzt.

Als Katalysator diente eine Reihe von Farm Winery Acts, die seit Beginn der 1970er Jahre erlassen wurden und eine «Farm Winery» als einen Betrieb definieren, der mindestens 51 % seines Weins von auf eigenem oder gepachtetem Grund und Boden gewachsenen Trauben produziert (im Gegensatz zur kommerziellen Weinkellerei, die Wein von Trauben abfüllen kann, die an beliebiger Stelle angebaut worden sind); zugleich wurden einige der Einschränkungen und finanziellen Belastungen für neue, kleine Anbau- und Erzeugungsbetriebe gelockert, und sie erhielten in vielen Staaten die Erlaubnis, sonntags Wein zu verkaufen. Diese neuen Freiheiten haben im Verein mit Fortschritten des Kenntnisstands im Weinbau und einer zunehmenden Freude am Reisen sowie an einer besonders glanzvollen Form der landwirtschaftlichen Tätigkeit sowohl Professionelle wie Amateure in allen Teilen der USA dazu veranlaßt, im jeweiligen Heimatstaat Weinbau zu versuchen und manchmal sogar in andere Staaten umzuziehen, wenn die Voraussetzungen dort günstiger oder Grund und Boden geeigneter erschienen.

In der nun folgenden Übersicht werden mehrere weinbautreibende Staaten auch über politische Grenzen hinweg nach klimatischen und geographischen Ähnlichkeiten zu größeren Regionen zusammengefaßt. Angebaut werden entweder *Vitis*-VINIFERA-Sorten oder AMERIKANISCHE HYBRIDREBEN, öfters auch FRANZÖSISCHE HYBRIDREBEN und MUSCADINIA-Sorten. Bei einem großen Teil der amerikanischen Weine handelt es sich allerdings um OBSTWEINE von anderen Früchten als Trauben. Die Abkürzung AVA bedeutet American Viticultural Area und Anbaugebiet.

Neu-England

Die Region im Nordosten der USA umfaßt von Norden nach Süden die Staaten Maine, New Hampshire, Vermont, Massachusetts, Connecticut und Rhode Island. Hier gibt es zwei AVAs: Western Connecticut Highlands und Southeastern New England. Den Weinbaubetrieben an der Küste kommt ein durch den Long Island Sound und den Atlantik gemäßigtes Klima zugute. Die im Landesinneren gelegenen Betriebe müssen ein strengeres Klima aushalten. An Trauben werden *Vinifera*-Sorten, insbesondere Chardonnay, sowie rote und weiße Hybridsorten angebaut. Obstwein entsteht von Himbeeren, Erdbeeren, Heidelbeeren, Preiselbeeren, Kirschen, Rhabarber, Pflaumen, Pfirsichen und Birnen. Auch Met und Apfelwein werden produziert. In dieser so weit nördlich gelegenen Gegend sind die Reben stets von WINTERFROST bedroht. Später REBSCHNITT erst nach der BLÜTE im Juni, anstelle des üblichen Winterschnitts, ermöglicht es den Anbauern, den Ertrag nach überstandener Gefahr von Winter- und Spätfrösten zu beurteilen.

Erie-See

Einer der Großen Seen an der Grenze zu KANADA im Norden; am Ost- und Südufer liegen die Staaten Pennsylvania, Ohio und New York. Der 1983 geschaffene AVA-Bereich Lake Erie erstreckt sich als erster in den USA über drei Staaten. Die Anbaubetriebe von Pennsylvania konzentrieren sich im Nordwesten am Ufer des Erie-Sees, weil dort die TRAUBENSAFT-Industrie ansässig ist. Eine größere Anzahl von *Vinifera*-Anpflanzungen liefert Trauben an Weinerzeuger in anderen Gegenden des Staats. Die Weinproduktion beruht auf *Vinifera*-Sorten, Hybriden und amerikanischen Rebsorten sowie auf anderen Obstarten aus je nach der Nähe zum See unterschiedlichen MESOKLIMA-Gebieten.

Ohio, der westliche Nachbarstaat von Pennsylvania, verfügt über zwanzig Weinbaubetriebe im Lake-Erie-Gebiet. Markko Vineyards hat sich einen besonderen Ruf damit geschaffen, daß er der erste Betrieb war, der Ende der 1960er Jahre bei Conneaut in Ohio *Vinifera*-Reben anbaute. Bass Island im Erie-See verfügt ebenfalls über *Vinifera*-Bestände und hat die längste Wachstumssaison. Die Insel gehört zur Subappellation Isle St George. Weitere zwanzig Weinbaubetriebe befinden sich in der Central Ohio Region sowie in der Ohio River Region, einem AVA-Bereich an der Südwestgrenze von Ohio. Wein wird von *Vinifera*-Sorten, Hybriden und Amerikaner Reben sowie von anderen Früchten erzeugt. Auch eine größere Schaumweinproduktion ist vorhanden, und die 1856 gegründete Firma Meier's Wine Cellars ist für aufgespritete Weine bekannt. Die Ohio River Region ist ein grenzübergreifender Bereich und umfaßt einige Weinbaubetriebe im Süden von Indiana und in Kentucky. Auch hier werden *Vinifera*-Sorten, Hybriden und andere Früchte verarbeitet.

Michigan-See

An diesen ebenfalls zu den Großen Seen gehörenden Binnensee grenzen die Staaten Michigan, Indiana, Illinois und Wisconsin. Sie werden alle getrennt behandelt, einen grenzübergreifenden AVA-Bereich wie Lake Erie gibt es nicht. In günstigster Lage befinden sich die Weinbaubetriebe von Michigan am Ostufer; hier sind Fennville im Süden und Leelanau Peninsula im Norden AVA-Bereiche. Der Michigan-See mäßigt das ansonsten extreme Klima. Im Winter liefert er Feuchtigkeit für die vorherrschenden Westwinde, die eine Schneedecke über die Reben legen und sie dadurch vor tiefen Temperaturen schützen.

Staaten am mittleren Atlantik

Hierzu gehören New Jersey, der Südosten von Pennsylvania, Maryland, West Virginia und Virginia. Der größte Teil des kleinen Weinbaus von New Jersey befindet sich um Egg Harbor, das durch Bootsbau berühmter ist als durch seine Weinproduktion. Der größte Teil der fünfzig Weinbaubetriebe von Pennsylvania befindet sich um Lancaster im Südosten dieses Staats. Trauben und andere Obstarten werden auf einem Hochplateau am Susquehanna River in dem historischen Bereich York Highlands angebaut. In Maryland ist Boordy Vineyard and Nursery besonders bekannt – eine Gründung von Philip und Jocelyn WAGNER, die seit den 1940er Jahren von hier aus einen großen Teil der in den USA angepflanzten VEREDELUNGSUNTERLAGEN und französischen Hybriden geliefert haben. Inzwischen sind *Vinifera*-Sorten zu den Hybriden hinzugekommen. In West Virginia werden größtenteils Hybriden angebaut.

Der vielleicht stärkste Zuwachs im Weinbau im Osten der USA hat in Virginia stattgefunden. Reben wurden hier schon von den ersten Siedlern gepflanzt, die 1607 nach Jamestown kamen und den ersten Wein in der Neuen Welt von einheimischen Trauben bereiteten. Thomas JEFFERSON kommt jedoch das Verdienst zu, auf seinem Landgut in Monticello (heute AVA) edle französische Reben angesiedelt und wenigstens mit kurzlebigem Erfolg zu Wein verarbeitet zu haben. Heute überwiegen hier die *Vinifera*-Reben die Hybriden um das Dreifache, aber auch kleine LABRUSCANA-Bestände werden angebaut. Chardonnay und die Rotweinrebsorten aus Bordeaux gedeihen besonders gut. Das Klima ist warm, allerdings müssen die Reben durch häufiges SPRITZEN und durch LAUBAUSLICHTUNG gegen PILZKRANKHEITEN geschützt werden, die bei der hohen Luftfeuchtigkeit im Sommer entstehen. Um Charlottesville in Central Virginia befinden sich über fünfzig Weinbaubetriebe in mehreren AVA-Bereichen: Eastern Virginia, das von der Chesapeake Bay beeinflußt wird, Northern Virginia bei Washington DC, Shenandoah Valley (nicht zu verwechseln mit dem gleichnamigen AVA-Bereich im Amador County in Kalifornien) in den Blue Ridge Mountains und schließlich South West Virginia.

Staaten im Mittelwesten

Dazu zählen Missouri, Arkansas und Iowa. Der erste AVA-Bereich in den USA war Augusta (Missouri), anerkannt 1980. Der Weinbau der Gegend steht unter dem Einfluß von vorwiegend deutschen und Schweizer Einwanderern, die zu Anfang des 19. Jh. auf ihrem Zug in die Neue Welt hier haltmachten, aber auch von französischen MISSIONAREN, die in dieser Gegend schon Fuß faßten, bevor sie ein Staat der USA war. Strenge Winter mit extremen Temperaturschwankungen, die Tauwetter und Frost unmittelbar aufeinander folgen lassen, beschränken die Anbaumöglichkeiten weitgehend auf Hybriden und *Labruscana*-Sorten. Nur wenige Weinbaubetriebe, z. B. Mount Pleasant in Augusta, kultivieren mit Erfolg auch *Vinifera*-Sorten. Die wichtigsten Bereiche sind Augusta, Hermann, die Ozarks (die sich bis Arkansas erstrecken) sowie Western Missouri. Schließlich liegt hier noch der Bereich Saints of the East (benannt nach den vielen Orten, deren Namen mit Saint beginnen); hierzu gehört auch Ste Genevieve, die älteste ständige Siedlung in Missouri mit einem gleichnamigen Weinbaubetrieb. Dieser Bereich und seine Weine zeigen starke französische Einflüsse von Louisiana her. Die Weinbaubetriebe von Arkansas liegen im westlichen Teil bei Altus im Tal des Arkansas River. Hier werden nicht nur *Vinifera*-Sorten, Hybriden und *Labruscana*-Reben gewerblich angebaut, sondern auch die VITIS-Spezies *rotundifolia* und *aestivalis.* Die Weinbaubetriebe von Iowa befinden sich im Gebiet von Amana, 130 km westlich vom Mississippi; die Weine erfreuen sich in der Umgebung größerer Beliebtheit.

Staaten im Südwesten

Hierzu sind Texas, New Mexico, Arizona und Colorado zu rechnen. New Mexico ist die älteste Weinbauregion der USA, denn hier produzierten bereits im 16. Jh. Franziskanermönche Meßwein im südlichen Mesilla Valley (heute AVA), wo es derzeit neunzehn Weinbaubetriebe gibt; hinzu kommt ein weiterer AVA-Bereich im nahegelegenen Mimbres Valley. Kommerzielle Bedeutung haben vor allem Schaumweine nach der TRADITIONAL METHOD aus hochgelegenen Weinbergen südlich von Albuquerque. Das trokkene Steppenklima hat wenig Niederschlag aufzuweisen, doch der Rio Grande steht für die BEWÄSSERUNG zur Verfügung. In Höhenlagen zwischen 1100 und 1900 m bilden sich Kontraste aus, bei denen ein nächtlicher Temperaturrückgang um 17 °C nicht ungewöhnlich ist. Die Sonneneinstrahlung ist wegen des wolkenlosen Himmels sehr intensiv. Schädlinge und Krankheiten sind hier selten. Im Sommer gehört der Südwesten zwar zu den heißesten Gegenden der USA, doch im Winter wird es oft bitter kalt. *Vinifera*-Sorten gedeihen am besten im wärmeren südlichen Teil des Staats, dagegen überstehen Hybriden auch die Kälte auf den Hochebenen im Norden.

Das westlich angrenzende Arizona hat ähnliche Wachstumsbedingungen aufzuweisen, doch liegt dort der Schwerpunkt auf dem Anbau von *Vinifera*-Rebsorten. Der rote Boden (siehe TERRA ROSSA) im Südosten von Arizona bietet gute Aussichten für Pinot Noir und Cabernet Sauvignon. Auch im nördlich von New Mexico gelegenen Colorado werden *Vinifera*-Rebsorten bevorzugt. Die Hauptanbaugebiete befinden sich westlich vom Continental Divide und auf der Ebene östlich von Denver.

Staaten im Südosten

Hierunter fallen Georgia, North und South Carolina, Florida, Tennessee, Louisiana und Mississippi. In Georgia und North Carolina werden zunehmend *Vinifera*-Rebsorten angebaut (in Tennessee und Mississippi dagegen nur in beschränktem Umfang), doch aufgrund der großen Hitze und Luftfeuchtigkeit im Sommer und der Gefahr von Winterfrösten überlebt *Vitis rotundifolia,* eine Muscadinia-Rebe, besser als die übrigen Spezies. Diese Art gedeiht an der Atlantikküste von Virginia bis Florida. Am bekanntesten ist die Sorte SCUPPERNONG. Ihre Weine sind neutraler als *Vinifera*-Weine und oft etwas süß. Daneben werden auch *Labruscana*-Sorten und Hybriden kultiviert, und von anderen Obstarten wird ebenfalls Wein produziert. Die Weinlese findet in diesen warmen Gegenden mit hoher Luftfeuchtigkeit Ende Juli oder Anfang August statt.

Siehe auch KALIFORNIEN, WASHINGTON, OREGON, TEXAS, IDAHO, HAWAII und NEW YORK. H. L.

Adams, L., *The Wines of America* (4. Aufl., New York, 1990).
Gayot, A., *Guide to the Best Wineries of North America* (New York, 1993).

USBEKISTAN Die unabhängige zentralasiatische Republik, ein Mitgliedsland der GUS, ist eine bedeutende Quelle für TAFELTRAUBEN, produziert aber auch ebensoviel Wein wie das nördlich angrenzende KASACHSTAN. Die Hauptstadt ist Taschkent.

Historisches

Trauben und Wein aus Usbekistan sind schon seit langem über die Landesgrenzen hinaus berühmt. Zwischen dem 6. und 2. Jh. v. Chr. wurden im Fergana-Tal unter Nutzung künstlicher Bewässerung Weizen, Gerste und Trauben angebaut. Die Trauben aus diesem Tal waren in CHINA hochgeschätzt.

Es wird angenommen, daß einige zentralasiatische REBSORTEN ihren Ursprung durch langfristige Selektion aus der Wildrebe VITIS *silvestris* Gmel genommen haben. Manche Rebsorten kamen zwischen dem 6. und 4. Jh. v. Chr. aus IRAN nach Usbekistan, andere wurden im 7. und 8. Jh. n. Chr. von Griechen und Arabern ins Land gebracht. Bei archäologischen Ausgrabungen bei Tali Barzu in der Nähe von Samarkand wurden Traubenkerne aus dem 5. Jh. v. Chr. gefunden.

Weinbau und Weinbereitung blühten in Usbekistan, bis am Ende des 7. Jh. n. Chr. nach der Eroberung Zentralasiens durch die Araber die Weintraubensorten von Tafeltrauben- und Rosinensorten verdrängt wurden (siehe ISLAM).

Nach der Annektion durch RUSSLAND in der 2. Hälfte des 19. Jh. wuchs die Nachfrage nach Tafeltrauben mit guten Eigenschaften für den Versand sehr rasch. Nun gelangten auch europäische Rebsorten von Moldova und der Krim und aus anderen Gegenden nach Usbekistan. Im Jahr 1917 belief sich die Rebfläche Usbekistans auf 37 000 ha; es handelte sich zum größten Teil um kleine Privatbesitzungen. Die ersten spezialisierten staatlichen Weinbaubetriebe entstanden in den 1920er Jahren.

Moderner Weinbau

Usbekistan liegt im Herzen Zentralasiens auf gleicher geographischer Breite wie Italien. Die Topographie ist höchst vielfältig: Die Gebirge, v. a. Tian-Shan, Pamir und Alai im Osten, machen rund 30 % der Fläche des Landes aus. Das Klima ist ausgesprochen kontinental – die mittlere Januartemperatur liegt bei 3 bis –3 °C, das Temperaturmittel im Juli bei 26–32 °C. FRÖSTE treten im späten Frühjahr und im frühen Herbst verbreitet auf. Die aktive Wärmesumme beträgt 4000-4500 °C, die Jahresniederschlagsmenge 100 mm im Tiefland und 1000 mm in den Bergen.

Der kommerzielle Traubenanbau konzentriert sich auf die zehn Bereiche Usbekistans mit den günstigsten Boden- und Klimabedingungen; die wichtigsten sind Samarkand, Taschkent und Buchara. In der Region Taschkent befinden sich die Weinkellereien Ogenek, Kibrai und Nizhni Chirchik, in der Region Samarkand liegen Bulungur und Pastdargom, und in der Region Buchara gibt es die Kellerei Gala Assiya.

Etwa 90 % der Reben müssen als WINTERSCHUTZ mit Erde bedeckt werden. Nur Weinpflanzungen in den Bergen auf 800–1500 m Höhe, wo die Jahresniederschlagsmenge nicht unter 450 mm liegt, brauchen keine BEWÄSSERUNG. Die Anpflanzung erfolgt auf etwa 90 % der Rebfläche in Zeilen und einem Fächersystem mit zahlreichen Trieben, aber auch in einem Halbfächersystem ohne Stamm an vertikalen Unterstützungssystemen mit vier Drähten. Einige Rebsorten werden in Buschform erzogen (siehe REBENERZIEHUNGSSYSTEME).

Der Rebsortenbestand der Landes zeigt noch typische Merkmale des zentralasiatischen Rebbaus. Tafeltraubensorten herrschen vor, und es wird ein Fördersystem für das Traubengut benutzt, mit dem etwa 120 Tage lang früh-, mittel- und spätreifende Sorten nacheinander geerntet werden. 1992 waren 36 Rebsorten zum Anbau zugelassen, davon entfielen 20 auf Tafel- und Rosinentrauben. Für die Weinerzeugung wurden u. a. ALEATICO, RIESLING, Kuljinkski, ungarischer Muskateller, Rosenmuskateller, Soiaki, Bayan Shirey, SAPERAVI, RKATSITELI, MORRASTEL und Khindogny kultiviert. Sie werden zu trockenen, zu alkoholstarken und zu Dessertweinen (rund 650 000 hl in 1990) sowie zu Schaum- und Branntwein verarbeitet.

Das Forschungsinstitut für Gartenbau, Weinbau und Önologie Shreder bildet in Usbekistan das Zentrum für Lehre und Forschung; einer von mehreren in Usbekistan beheimateten Forschern ist der Ampelograph A. M. Negrul.

V. R.

Akhramov, I. K., DIE GESCHICHTE DES WEINBAUS UND DER ÖNOLOGIE IM FERGANA-TAL (russ.), *Vinodelie i vinogradarstvo SSSR*, 7 (1966), 43.

Mirzayev, M. M., DIE USBEKISCHE SOZIALISTISCHE SOWJETREPUBLIK (russ.), in A. I. Timush (Hrsg.), *Enzyklopädie des Weinbaus* (Kischinew, 1986).

—Kuznetsov, V. V., und Borozdin, R. G., *Weinbau und Önologie in Usbekistan* (russ.) (Taschkent, 1962).

UTIEL-REQUENA Spanischer Weinbaubereich mit robusten Rotweinen in den Bergen landeinwärts von VALENCIA in Südostspanien. Utiel-Requena, der kühlste der fünf Weinbaubereiche an der Levante, war früher für schwere DOBLE-PASTA-Rotweine berühmt. Beherrscht wird der Bereich von der süßen dunklen Rebsorte BOBAL, aber inzwischen gewinnt die TEMPRANILLO-Rebe stark an Boden. Utiel-Requena bringt große Mengen an TRAUBENKONZENTRAT hervor, daneben aber dank neuerer Verbesserungen der Weinbereitungstechnik auch gute Bobal-Rosés mit frischem Geschmack. R. J. M.

UVA DI TROIA Süditalienische Rotweinrebsorte in guter Qualität, deren Popularität bei den Winzern allerdings rasch im Schwinden begriffen ist. Was die Traube mit Troja zu tun hat, bleibt ein Rätsel. Ihre Anbaufläche in Italien ist von 5000 ha im Jahr 1982 auf 3000 in 1990 zurückgegangen. Siehe auch APULIEN.

UVA RARA Die im OLTREPÒ PAVESE in der Lombardei (Norditalien) heimische Rotweinrebsorte wird dort eigentlich zu verbreitet angebaut, als daß ihr Name («seltene Traube») wirklich gerechtfertigt wäre. Unter dem irreführenden Namen BONARDA Novarese wird sie auch in den Novara-Bergen kultiviert und dient oft dazu, die hier ebenfalls angebaute SPANNA-Traube in verschiedenen duftigen Rotweinen mildernd zu ergänzen.

V

VACCARESE Im CHÂTEAUNEUF-DU-PAPE zugelassene ungewöhnliche Rotweinrebsorte, ihr Wein ist CINSAUT-ähnlich.

VACQUEYRAS Der Ort erhielt nach GIGONDAS als zweiter der Côtes-du-Rhône Villages im Jahr 1990 eine eigene AC zuerkannt. Aus Vacqueyras kommt Rot-, Weiß- und Roséwein, doch nur ein winziger Teil der 700 ha umfassenden Rebfläche ist mit Weißweinrebsorten besetzt. Die Hauptmenge entfällt auf Rotwein, der wie ein besonders hochkonzentrierter Côtes-du-Rhône Villages wirkt und aus den Gemeinden Vacqueyras und Sarrians zwischen Gigondas und BEAUMES-DE-VENISE stammt. Die AC-Vorschriften sind ganz ähnlich wie in Gigondas und demzufolge wie in Châteauneuf-du-Pape, außer daß im Rezept für den roten Vacqueyras nur die Hälfte auf die Grenache-Traube entfällt. Den Rest steuern gewöhnlich Syrah, Mourvèdre und Cinsaut bei. Der Vacqueyras ist meist rustikaler als guter Gigondas.

VAKUOLE Die zentrale Abteilung der Pflanzen-ZELLE, durch eine Membran vom Cytoplasma getrennt. In der Weinbeere enthält die Vakuole der Fruchtfleischzellen die Lösung, die den Traubensaft darstellt. B. G. C.

VAKUUMVERDAMPFUNG siehe KONZENTRATHERSTELLUNG.

VALDADIGE oder **Etschtaler.** Grundlegende DOC im Etschtal; sie wird vor allem von Erzeugern im TRENTINO und von einigen im östlichen VENETO in Anspruch genommen. Auch Südtiroler Lagen dürfen diesen Namen benutzen, dort aber wird meist die DOC ALTO ADIGE/Südtirol bevorzugt.

VALDEORRAS Der östlichste Weinbaubereich in GALICIEN (Nordwestspanien). Auf steilen Weinbergterrassen wachsen vorwiegend einfache, aber ertragreiche Rebsorten wie die dunkle Alicante (der hier gebräuchliche Name für GARNACHA) und der weiße PALOMINO. Die weiße Lokalrebsorte GODELLO, die nach der REBLAUS-Epidemie fast verschwunden war, zeigt inzwischen wieder gutes Potential. Die nur mäßige Erträge bringende Rebe ist sehr krankheitsanfällig, und anscheinend ist allein der durch Gebirge im Westen gegen den Atlantik hin abgeschirmte Bereich Valdeorras für ihren Anbau geeignet. Bei sorgfältiger Verarbeitung ergibt sie einen aromatischen Wein mit einem ALKOHOLGEHALT von 12–13 %. Die mit CABERNET FRANC eng verwandte Rotweinrebsorte MENCÍA wird von Weinerzeugern der neuen Welle in Valdeorras ebenfalls sehr geschätzt. Sie liefert leichte, fruchtige, jung zu trinkende Rotweine, die in Spanien ähnliche Popularität gewinnen wie die Weine aus dem benachbarten RÍAS BAIXAS. R. J. M.

VALDEPEÑAS Weinbaubereich in der Region CASTILLA-LA MANCHA im Süden Zentralspaniens; hier entstehen milde, reife Rotweine. Valdepeñas, ein Meer von sanfthügeligen Weinbergen, ist eine Verlängerung von La MANCHA, doch es hat sich eine Reputation für bessere Qualität als der größere Nachbarbereich erworben und sich dadurch eine eigene DO verdient. Die Voraussetzungen sind ansonsten in Valdepeñas ähnlich wie in La Mancha. Die Sierra Morena, die Kastilien von der südlichen Nachbarregion ANDALUSIEN trennt, bildet eine Schranke gegen den mildernden Einfluß des Mittelmeers. Infolgedessen teilt das in 700 m Höhe gelegene Valdepeñas die trocken-heißen kontinentalen Klimabedingungen, wie sie in weiten Teilen Zentralspaniens herrschen.

Wie in La Mancha ist die weiße AIRÉN die vorherrschende Traubensorte, obwohl Valdepeñas seit jeher für Rotwein bekannter ist als für Weißwein. Die Rotweinrebsorte Cencibel, wie der Name des TEMPRANILLO aus Rioja hier lautet, wird auf knapp über 4000 ha kultiviert – im Vergleich dazu hat die populärere, für DÜRRE unempfindliche Airén 30 000 ha inne. Infolgedessen ist ein großer Teil des hier produzierten Rotweins ein Verschnitt von roten und weißen Trauben, dem es etwas an Farbe und Körper mangelt. Die besten Weine entstehen allerdings ausschließlich von Cencibel und sprechen gut auf Alterung in Eichenfässern an. Die meisten aus Valdepeñas exportierten Weine sind in amerikanischer EICHE gereifte RESERVAS oder GRAN RESERVAS. Manche zeigen einen unerfreulichen Kochgeschmack von der Hitze, doch die besseren weisen den milden, geschmeidigen Vanillecharakter eines gut ausgereiften Rioja auf (allerdings zu einem bescheideneren Preis).

R. J. M.

VALDIGUIÉ Die manchmal auch Gros Auxerrois genannte Rotweinrebsorte vom Lot hatte ihre große Zeit gegen Ende des 19. Jh., als sie wegen ihres Ertragsreichtums und ihrer Resistenz gegen den ECHTEN MEHLTAU besonders geschätzt war. Zu Beginn des 20. Jh. wurde sie dann wegen ihrer Ertragsstärke bei bescheidener Qualität «ARAMON des Südwestens» genannt. Inzwischen ist sie in Frankreich fast vollständig ausgerottet; laut der Zählung von 1988 gibt es vorwiegend noch im Département Tarn einige hundert Hektar dieser Sorte.

Acht Jahre zuvor hatte der französische Ampelograph Galet die USA besucht und erkannte dort in der mit recht gutem Erfolg als Napa Gamay angepriesenen Sorte nichts anderes als den ausdrucksschwachen Valdiguié aus Südwestfrankreich, der in Kalifornien damals über eine Anbaufläche von 1600 ha verfügte. In den 1990er Jahren war er dann aus den offiziellen Statistiken verschwunden.

Galet, P., LA CULTURE DE LA VIGNE AUX ÉTATS-UNIS ET AU CANADA, *France viticole* (Sept./Okt. 1980 und Jan./Feb. 1981).

VALENÇAY VDQS-Bereich auf dem Südufer des zur Loire fließenden Cher am südlichen Ende der TOURAINE. Nur etwa 200 ha Tonboden mit einem Anteil an Kalkstein und Silt sind mit Reben besetzt. Besonders gut bewährt sich hier Sauvignon Blanc (Valençay liegt nur etwa 30 km von den Appellationen QUINCY und REUILLY entfernt), daneben präsentiert sich aber auch die volle Palette der mittleren Loire von den Cabernets über Cot (Malbec), Gamay, Pinot Noir, Chardonnay bis Arbois für frische Weine aller drei Farben.

Siehe auch LOIRE und die dazugehörige Karte.

VALENCIA Der größte Hafen und die drittgrößte Stadt Spaniens geben einer autonomen Region und einem der fünf DO-Bereiche in der Levante den Namen. Die Weinberge liegen weit von der Stadt entfernt, hinter den fruchtbaren Gemüse- und Obstbaugebieten und den Reispflanzungen an der Mittelmeerküste. Die Produktion von Weißwein ist weit größer als die von Rotwein. Es handelt sich um neutrale trockene Weißweine von der MERSEGUERA-Traube, dagegen bringt der hier Moscatel Romano genannte MUSCAT OF ALEXANDRIA gute, pikante MISTELAS zum Dessert hervor. MONASTRELL und die rotfleischige GARNACHA Tintorera erbringen zusammen etwas rauhe Rotweine, die letztere Traubensorte wird aber auch zu frischen, trockenen Roséweinen verarbeitet. Fünf große Erzeuger beherrschen Valencia und die benachbarten DO-Bereiche. Siehe auch LEVANTE. R. J. M.

VALGELLA Unterbereich der DOC VALTELLINA in Norditalien.

VALLE D'AOSTA siehe AOSTA.

VALLE ISARCO oder **Eisacktaler.** Saubere, trockene Weißweine aus Südtirol (siehe ALTO ADIGE).

VALPOLICELLA Rotwein in höchst unterschiedlicher Qualität aus dem VENETO (Nordostitalien). Die Produktionszone von Valpolicella wurde wie viele andere historische Bereiche Italiens bei der Schaffung des DOC-System 1968 stark erweitert, und zwar nach Osten bis zur Grenze des Weißweinbereichs SOAVE. Auf das ursprüngliche Valpolicella, dessen Weine allein auf die Bezeichnung Valpolicella CLASSICO Anspruch haben, entfällt knapp die Hälfte der Gesamtproduktion von rund 340 000 hl. Valpolicella SUPERIORE mit einem ALKOHOLGEHALT von mindestens 12 % und einer obligatorischen Reifezeit von einem Jahr ist ein höherwertiges Produkt als die normale Version, die mit 11 % auskommt und keine Reifezeit nachzuweisen braucht. Der Unterbereich Valpantena, wo die Familie Bertani über bedeutende Weinbergbesitzungen verfügt, darf als zusätzliche Bezeichnung auf dem Etikett genannt werden.

Die DOC-Regel, die einen maximalen Anteil von nur 70 % CORVINA im Valpolicella vorschreibt, hat sich für den Wein nicht als vorteilhaft erwiesen; Corvina gilt nämlich allgemein als die Traube mit der stärksten Persönlichkeit im Verschnittrezept. Der hohe Säuregehalt der Molinara und der neutrale Charakter der Rondinella tragen dagegen wenig zur Gesamtqualität bei. Ausschließlich von Corvina produzierte Weine begannen ab dem Ende der 1980er Jahre in Erscheinung zu treten, sie dürfen aber lediglich als VINO DA TAVOLA ausgewiesen werden. 1990 überwogen die Corvina-Bestände gegenüber Rondinella im Verhältnis von 3 : 2. Die verstärkte Verwendung des besten Traubenguts für die Erzeugung der Lokalspezialitäten RECIOTO und AMARONE (siehe auch WEIN VON ROSINIERTEN TRAUBEN) oder für den Valpolicella Superiore hat fraglos den einfachen Valpolicella geschwächt, der in Italien übrigens als «doppelt entrahmte Milch» bezeichnet wird.

Es besteht aber auch kein Zweifel, daß das größte Handikap für Valpolicella in der Wirtschaftsstruktur des Gebiets liegt: Über 50 % der Produktion werden von WINZERGENOSSENSCHAFTEN und 20 % von industriellen Großkellereien ohne eigenen Weinbergbesitz verarbeitet. Alle diese Unternehmen streben jedoch hohes Produktionsvolumen zu niedrigen Preisen an. Zwischen 1978 und 1988 sind die Traubenpreise trotz der in Italien galoppierenden Inflation kaum gestiegen. Infolgedessen wurden die Erträge in die Höhe getrieben und die Rebflächen von den mageren Böden an den Hängen in die fruchtbarere, ertragreichere, leichter zu mechanisierende Ebene verlagert.

Professor Giovanni Dalmasso, der Doyen der italienischen Önologen, hatte in der ersten Hälfte des 20. Jh. für Lagen in Valpolicella eine Mindesthöhe von 100 m gefordert, das aber wurde bei der Aufstellung der DOC-Bestimmungen weitgehend außer acht gelassen. Es gibt Bestrebungen, die inzwischen zum großen Teil aufgegebenen HANGLAGEN dadurch neu zu beleben, daß sie als einzige eine künftige DOCG Valpolicella darstellen sollen, während die Anbauflächen in der Ebene auf dem DOC-Status verblei-

Marano im VALPOLICELLA-Classico-Gebiet.

ben müssen. Ein 1988 gestellter Antrag auf Anhebung der Ertragshöchstgrenze von 84 hl/ha auf 98 hl/ha (mit einer zusätzlichen Toleranz von 20 %) stieß auf beträchtlichen Widerspruch und wurde schließlich abgelehnt; allerdings legt die Begründung dieses Antrags – Legalisierung einer bereits bestehenden Situation – beredtes Zeugnis für die tatsächlichen Produktionsverhältnisse in Valpolicella ab.

RIPASSO ist eine verbreitete Technik, die von besseren Erzeugern angewandt wird, um die Qualität des einfachen Valpolicella zu verbessern und ihn aufgrund des höheren ALKOHOLGEHALTS in Valpolicella Superiore zu verwandeln. Diese Technik verlangt im Idealfall ungepreßte Traubenschalen aus der Amarone-Gewinnung oder mindestens einige teilgetrocknete Trauben. Es bleibt aber die Tatsache, daß für die große Masse der Valpolicella-Weine nicht genug getrocknete Trauben oder Amarone-Schalen verfügbar sind, und so ist dieser Wein, der einmal als mittelschwer, fruchtig und überaus süffig bekannt war, heute meistens nur noch ziemlich dünn und säuerlich. Auf lange Sicht liegt die Zukunft dieses Bereichs in einer Erneuerung seines Weinbaus: Verringerung der Ertragsgrenzen, Rückkehr zu den Hanglagen und Einordnung der verschiedenen Weinkategorien in die entsprechenden Erzeugungszonen. Der Ort Negrar beispielsweise hat eine lange Tradition in der Erzeugung von Valpolicella Superiore aus dem Unterbereich Torbe, von Amarone aus dem Unterbereich Jago und von Recioto aus dem Unterbereich Moron, doch viel von dieser Tradition ist im Eifer der Mengenproduktion auf Kosten der Qualität untergegangen.

Siehe auch AMARONE und RECIOTO. D. T.

VALRÉAS Ort der Côtes-du-Rhône Villages. Siehe RHÔNE.

VALTELLINA Der nördlichste Bereich Italiens, in dem die NEBBIOLO-Traube (hier CHIAVENNASCA genannt) kultiviert wird, ist das langgestreckte Tal, das die Adda auf ihrem Lauf von Osten nach Westen durchströmt, ehe sie ihr Wasser in den Comersee ergießt. Trotz seiner Lage auf dem 46. Breitengrad hat das nach Norden durch die Rätischen und Lepontinischen Alpen geschützte Tal ein relativ bevorzugtes Klima (nicht unähnlich den Weinbaugebieten jenseits der Grenze in der SCHWEIZ) mit einem hohen Prozentsatz von Sonnentagen im Lauf des Jahres. Die längeren Sommertage bringen reichliche Sonneneinstrahlung für den Reifevorgang und gleichen damit zum Teil das gegenüber zu den klassischen Nebbiolo-Gebieten im weiter südwestlich gelegenen PIEMONT niedrigere Temperaturmittel aus. Nichtsdestoweniger weisen die Weine, obwohl sie unverkennbar Nebbiolo-Gewächse sind, meist weniger kräftigen Körper, weniger Rundheit und dafür deutlicher wahrnehmbare Herbheit und Säure auf als die klassischen Weine aus den LANGHE-Bergen oder die SPANNA-Weine aus den Novara-Vercelli-Bergen auf, und sie erzielen deshalb weit geringere Preise. Die Nebbiolo-Rebe scheint sich zwar im Valtellina gut eingewöhnt zu haben, sie ist aber erst seit relativ kurzer Zeit hier heimisch: In den ausführlichen Werken von Francesco Saverio Quadrio aus dem 17. Jh. wird die Traube nicht erwähnt; der Beginn ihrer Kultivierung im Valtellina scheint eher am Beginn des 19. Jh. zu liegen.

Das Erzeugungsgebiet unterteilt sich in fast 700 ha für den einfachen Valtellina und knapp 500 ha für Valtellina SUPERIORE – hierzu zählen die anerkannten Unterbereiche Grumello, Inferno, Sassella und Valgella; der ebenfalls auf Etiketten häufig anzutreffende Name Paradiso gehört zu einem Unterbereich, der nicht offiziell anerkannt ist, obwohl seine Weine manchmal zu den besten im Tal zu rechnen sind. Die Superiore-Zone, der historische Kern des Weinbaus im Valtellina, bringt jährlich 25 000 hl Wein mit einem Mindestalkoholgehalt von 12 % hervor. Die Jahresproduktion von 20 000 hl an einfachem Valtellina entfällt allgemein auf einen schlichteren, nicht so haltbaren Wein mit nur 11 % ALKOHOLGEHALT.

3000 Winzer teilen sich in die 1175 ha der DOC-Rebfläche. Hieraus sowie aus den hohen Kosten für die Unterhaltung der in die Steilhänge gehauenen TERRASSEN erklärt sich die kommerzielle Dominanz der Handelshäuser, die 88 % der Valtellina-Produktion vermarkten. Mit 10 % entfällt ein weiterer großer Anteil auf die Genossenschaftskellereien, so daß kaum noch Spielraum für kleine Erzeuger bleibt, deren Arbeit für die Qualitätsverbesserung und das Image der berühmten Nebbiolo-Weine BAROLO und BARBARESCO aus den Langhe-Bergen so fundamentale Bedeutung hatte.

Aus dem Valtellina kommt auch ein WEIN VON ROSINIERTEN TRAUBEN unter dem Namen Sforzato (im Dialekt auch Sfursat oder Sfurzat); anders als der RECIOTO ist dieser Wein trocken, und sein Mindestalkoholgehalt beträgt 14,5 %.

D. T.

Anderson, B., *Atlas der italienischen Weine* (Bern, 1990).
Gleave, D., et al., *Die Weine Italiens* (Stuttgart, 1990).

VANDYKE PRICE, PAMELA (* 1923) Die erste Frau, die in Großbritannien ausführlich über Wein geschrieben hat, trug mehr als andere dazu bei, dessen Popularität nach dem 2. Weltkrieg anzuheben. Vor dem Hintergrund einer Tätigkeit in der Werbung, im Journalismus und im Schreiben über die gute Küche (in der Zeitschrift *House and Garden*) verfaßte sie mehr als dreißig Bücher über Speisen und Wein, von Nachschlagewerken (*Book of Spirits and Liqueurs*, 1980) bis zu hochspezialisierten Publikationen (*Wines of the Graves*, 1988). Aus ihnen wird ihre tiefe Liebe zum Wein und den (meisten) Menschen, die mit ihm zu tun haben, ersichtlich. Besonders hervorgetan hat sie sich allerdings wohl durch ihre Vortragskunst – schließlich hat sie eine Ausbildung als Schauspielerin absolviert.

Vandyke Price, P., *Woman of Taste* (London, 1990).

VARIETAL siehe SORTENREIN.

VAROIS, COTEAUX Die Enklave in der AC Côtes de Provence ist nach dem Département Var benannt. AC-Status erlangte ihr Wein 1993 (nur acht Jahre nach der Anerkennung als VDQS-Bereich); um diese Zeit brachte die Rebfläche von 1500 ha beträchtliche Mengen an Rosé, einige potentiell hochinteressante Rotweine und kleine Mengen an äußerst unterschiedlichen Weißweinen hervor. Die waldigen Hügel um Brignoles beruhen auf KALKSTEIN und sind gegenüber dem wärmenden Einfluß des Mittelmeers durch die Berge von Ste-Baume so stark abgeschirmt, daß in Höhen von 350 m die Trauben nicht mehr zuverlässig ausreifen.

Die Rot- und Roséweine können aus einer verwirrenden Vielfalt von Rebsorten bestehen: Grenache, Syrah, Cinsaut, Mouvèdre (gelangt nur in wärmsten Lagen zur Reife), Cabernet Sauvignon, Carignan (stets auf die Hälfte eines Rebenbestands beschränkt) und der alten provenzalischen Rebsorte Tibouren. Hierdurch haben die besseren Erzeuger eine reichhaltige Palette zur Verfügung, und so bringen manche ganz verschiedene Verschnitte heraus, die je nach Rebsortenzusammenstellung und AUSBAU unterschiedlichen Stil aufweisen können. Für Weißwein kommt Grenache Blanc zu den im Rezept für Côtes de Provence Blanc (siehe PROVENCE) zugelassenen Traubensorten hinzu, wobei Rolle zunehmend geschätzt wird.

VARRO, MARCUS TERENTIUS (116–27 v. Chr.) Höchst produktiver römischer Autor, der über verschiedene Themen wie Grammatik, Geographie, Geschichte, Recht, Naturwissenschaften, Philosophie und Erziehung schrieb; der römische Rhetor Quintilian nannte ihn den «gelehrtesten aller Römer» (*Institutio oratoria* 10.1.95). Sein einziges vollständig erhalten gebliebenes Werk ist *De re rustica.* Varro nahm es in seinem 80. Lebensjahr in Angriff und widmete es seiner Frau, die ein Landgut gekauft hatte. Varro war Literat, und deshalb sind seine Ausführungen – anders als das Buch CATOS, aus dem er gelegentlich Passagen entlehnte – ein literarisches Werk in geschliffenstem Stil. *De re rustica* steckt voller altertümlicher Gelehrsamkeit und praktischer Ratschläge, und Varro schaut oft zurück auf die Tage, als alle Bewohner Italiens fleißige, redliche Landleute waren und es die Dekadenz, die unter dem Stadtvolk seiner Zeit herrschte, noch nicht gab. Seine Ausführungen sind in drei Bücher eingeteilt, die jeweils einen Dialog bilden. Die meisten Informationen über Wein sind im 1. Buch zu finden, das sich mit dem Ackerbau im allgemeinen befaßt (der 2. und der 3. Band betreffen in der Hauptsache die Viehzucht). Unter altem Wein versteht er solchen, der mindestens ein Jahr alt ist; manche Weine verdürben schon vorher, andere jedoch wie der FALERNER würden um so besser, je länger sie ruhten. Varros Werk wurde von späteren Autoren, z. B. VERGIL, PLINIUS, COLUMELLA und PALLADIUS, benutzt. Nach eigenem Bekenntnis ist Varros Hauptquelle der Karthager Mago, von dem nichts bekannt ist und von dessen Werk nichts erhalten blieb, weder im Original noch in der griechischen Übersetzung, die nach Varros Worten existierte. Unter den vielen griechischen Autoren, die er ferner als Quellen nennt, befinden sich Aristoteles, Xenophon und Theophrast. H. M. W.

Skydsgaard, J. E., *Varro the Scholar* (Kopenhagen, 1968).

VASENMALEREI Antike griechische Vasen von 600 bis 300 v. Chr. bilden eine wichtige Quelle für Informationen über das SYMPOSIUM, die WEINLESE und den WEINBAU im allgemeinen (siehe auch GRIECHENLAND).

VDN VIN DOUX NATUREL.

VDP oder **Verband Deutscher Prädikats- und Qualitätsweingüter e.V.** Bedeutender Zusammenschluß von über 150 Spitzenweingütern in DEUTSCHLAND. Im Jahr 1910 drängte der Bürgermeister von Trier alle regionalen Verbände, die sich wie sein GROSSER RING dem Qualitätsweinbau verschrieben hatten, sich auf nationaler Grundlage zusammenzuschließen.

Die Mitglieder müssen die für alle deutschen Weine festgesetzten Normen erfüllen, in Weinbau und Kellertechnik hohe Qualitätsmaßstäbe aufrechterhalten und ihre Rebfläche mindestens zu 70 % mit traditionellen Rebsorten bestocken (und nicht mit DEUTSCHEN NEUZÜCHTUNGEN). Die VDP-Mitgliedsgüter sind in den Anbaugebieten MOSEL-SAAR-RUWER, NAHE, RHEINGAU, RHEINHESSEN und PFALZ konzentriert; es ist sicher kein Zufall, daß dort auch die große RIESLING-Traube in besonders starkem Ausmaß kultiviert wird.

1993 zählte der Verband 164 Mitglieder, meist historische Weingüter, viele davon in (oft aristokratischem) Familienbesitz. Der VDP verlangt von seinen Mitgliedern nach wie vor die Erfüllung weit höherer Maßstäbe, als sie amtlicherseits vorgeschrieben sind. 1991 beispielsweise (bei einer Mitgliederzahl von 170) führte der VDP einschneidende Ertragsbeschränkungen und eindeutig ökologische Weinbauverfahren ein.

VDQS oder **Vin Délimité de Qualité Supérieure.** Die in Frankreich zwischen VIN DE PAYS und APPELLATION CONTRÔLÉE eingeschobene Zwischenkategorie. Diese Qualitätsstufe ist im wesentlichen ein Prüfstein für aufstrebende Weinbaubereiche, von denen viele schließlich in den vollen AC-Rang erhoben werden. Manche VDQS-Bereiche gehen auf den Beginn der 1950er Jahre zurück. Seit 1984 waren keine Bereiche dieser Art mehr geschaffen worden, erst 1993 entstand der VDQS-Bereich Côtes de MILLAU aus dem Vin de Pays des Gorges et Côtes de Millau. Die Jahresproduktion an VDQS-Weinen beträgt lediglich 1 % der Gesamtweinerzeugung Frankreichs. Besonders stark konzentriert sind VDQS-Bereiche in den Randgebieten der LOIRE und in SÜDWESTFRANKREICH. Das VDQS-System wird vom INAO, der auch für das AC-System zuständigen Behörde, überwacht, und die Vorschriften für die in neuerer Zeit eingerichteten VDQS-Bereiche sind ebenso streng wie die AC-Regeln.

VEGA SICILIA Spaniens unbestrittenes Spitzengewächs, ein konzentrierter, langlebiger Rotwein, entsteht in einem Weingut, das heute in die DO RIBERA DEL DUERO einbezogen ist. Allerdings wurde dieser Wein schon erzeugt, lange bevor diese DO in den 1980er Jahren Gestalt annahm. Die östlich von Valladolid zu beiden Seiten der Hauptverkehrsstraße liegende 1000 ha große Besitzung bringt Wein in der heutigen Form seit 1864 hervor, als Eloy Lacanda y Chaves Reben aus Bordeaux neben Tinto Fino (auch Tinta del País genannt), einer Lokalvariante des TEMPRANILLO, anpflanzte. Eine Reihe aufeinanderfolgender Besitzer haben es inzwischen verstanden, die Qualität und Reputation des Vega Sicilia als feinster spanischer Rotwein aufrechtzuerhalten.

Die 130 ha Rebfläche auf Kreideboden über dem Duero (in Portugal DOURO) sind vorwiegend mit Tinto Fino besetzt, doch auf CABERNET SAUVIGNON, MERLOT und MALBEC zusammen entfallen immerhin rund 35 % des Gesamtertrags. Ein sehr kleiner Anteil der Weißweintraubensorte ALBILLO trägt erklärtermaßen zur Entfaltung des Buketts bei.

Die Bodegas Vega Sicilia produzierten früher drei Rotweine. Valbuena in zwei Stilen wurde jeweils nach drei bzw. fünf Jahren Ausbau in französischer und amerikanischer Eiche herausgegeben; heute wird nur noch eine fünf Jahre alte Jahrgangsversion erzeugt. Die größte Aufmerksamkeit beansprucht jedoch der Vega Sicilia Unico. Er ist auf die besten Jahrgänge beschränkt und wird oft erst nach zehnjährigem Ausbau in einer Kombination von großen Holzfässern, kleinen neuen BARRIQUES, größeren alten Fässern und schließlich in der Flasche freigegeben. Der Vega Sicilia ist kaum als ein besonders prächtiger Wein zu bezeichnen, und vielleicht zieht der Unico auch gelegentlich wegen seines hohen Preises Kritik auf sich, er ist jedoch außerordentlich kompakt, wuchtig und ungeheuer nachhaltig mit verhaltenem, komplexem Charakter, wie man ihn in Spanien sonst nicht antrifft. Die besten Jahrgänge des Vega Sicilia Unico und die rare, aus mehreren Jahrgängen zusammengestellte Reserva Especial halten sich jahrzehntelang.

1992 erwarben die Bodegas Vega Sicilia die nahegelegene Weinkellerei Liceo, wo 1994 ein nicht so überaus teures Weinprogramm herausgebracht wurde. R. J. M.

VEGETATIVE VERMEHRUNG Die Vermehrung von Pflanzen auf ungeschlechtlichem Weg geschieht in der Natur durch Brutknollen, Zwiebeln, Ausläufer, Rhizome und Absenker. Im Weinbau werden AUGEN und Pfropfreiser oder beliebige Teile der Rebe, aus denen sich Wurzeln und Triebe entwickeln können, verwendet. Die Mikrovermehrung durch GEWEBEKULTUR ist ein modernes Verfahren, bei dem winzige Teile einer MUTTERREBE zur raschen Anzucht einer großen Anzahl von Jungpflanzen dienen. Anders als bei der GESCHLECHTLICHEN VERMEHRUNG sind die Nachkommen aus der vegetativen Vermehrung mit der Mutterpflanze identisch, soweit keine MUTATION eintritt.

B. G. C.

VELTLINER Gebräuchliches Synonym für die in Österreich stark verbreitete Weißweinrebsorte GRÜNER VELTLINER. Es gibt außerdem die Mutationen **Roter Veltliner**, der in reifen Jahren charaktervolle Weine hervorbringt, sowie gelegentlich **Brauner Veltliner**. Ebenfalls in Österreich verbreitet ist die Weißweinrebsorte FRÜHROTER VELTLINER, die im äußersten Nordosten Italiens kurz Veltliner genannt wird.

VENDANGE franz. Weinlese. Der *vendangeur* ist ein Leser; seine provisorische Unterkunft heißt *vendangeoir.* Siehe auch LESE.

VENDANGE, TARDIVE wörtlich SPÄTLESE. Ein vor allem im ELSASS gebräuchlicher Begriff mit spezifischer Bedeutung; die Produktionsmethode ist durch genaue Bestimmungen festgelegt, allerdings werden diese oft nur zu einem Minimum erfüllt. Vendange Tardive muß stets von reifen Trauben ohne CHAPTALISATION erzeugt werden. Die Weine weisen unterschiedlichen Süßegrad auf; manche erscheinen zwar vollmundig, sind jedoch ausgesprochen trocken. Als deutsche Pendants sind AUSLESE und BEERENAUSLESE anzusehen.

VENDEMMIA ital. Weinlese, JAHRGANG. **Vendimia** ist das entsprechende spanische Wort.

VENDÔMOIS, COTEAUX DU VDQS-Bereich mit einer großen Auswahl an Weinen zwischen den Coteaux du LOIR und der Stadt Vendôme. Die Weine fallen so weit vom Äquator enfernt natürlich leicht und frisch aus, wobei der hell roséfarbene VIN GRIS von PINEAU D'AUNIS eine durchaus attraktive Lokalspezialität darstellt. Die etwas solideren Rotweine entstehen von Pinot Noir, Gamay oder Cabernet; Chenin Blanc ist die Traube für einige besonders säuerlich herbe Weißweine, auf die etwa jede sechste Flasche entfällt.

Siehe auch LOIRE und die dazugehörige Karte.

VENEDIG Die kulturelle und früher auch kommerzielle Metropole im Nordosten Italiens hatte einst großen Einfluß in der Welt des Weins. Im Mittelalter verfügte Venedig weder über Landwirtschaft noch über Weinbau; es bezog Getreide und Wein aus der benachbarten LOMBARDEI. Venedigs Bedeutung lag im Handel. Im Jahr 840 wurde in einem Vertrag, dem Pactum Lotharii zwischen dem Enkel KARLS DES GROSSEN, Lothar, und dem Dogen die Neutralität Venedigs anerkannt und seine Sicherheit vom Festland her garantiert. Dieser Vertrag, das älteste erhaltene Doku-

Ein Stich aus dem 15. Jh. zeigt VENEDIG um die Zeit, als es große Mengen Wein vom Mittelmeer nach Nordeuropa lieferte.

ment der venezianischen Diplomatie, machte Venedig unabhängig vom Westen und von Byzanz. Dadurch wurde es zur wichtigsten der italienisch-byzantinischen Hafenstädte, und seine Stellung wurde noch gestärkt, als Byzanz bemerkte, daß die mit Venedig rivalisierenden Städte Amalfi, NEAPEL und Gaeta mit den Sarazenen zusammengearbeitet hatten. Ursprünglich verdankte Venedig seinen Wohlstand dem Handel; es gelangte in der Ägäis in den Besitz von Kreta, Modon und Coron und erhielt in Konstantinopel Steuerbefreiungen, die zum Ruin der byzantinischen Wirtschaft führten (siehe auch GRIECHENLAND). Die KREUZZÜGE festigten die Position Venedigs an der Grenzlinie zwischen Nordeuropa und dem östlichen Mittelmeerraum.

Mit der Ausweitung nach Osten verstärkte sich der Handel mit Süßweinen, die im Norden Europas so viel höher geschätzt wurden als die dortigen dünneren Gewächse. Die meisten dieser süßen Weine kamen aus Kreta (damals Candia); viele trugen den Namen der griechischen Hafenstadt Monemvasia, von wo sie verschifft wurden – er wandelte sich zu MALVASIA di Candia und später zu MALMSEY. Ein Teil dieser Weine kam in Konstantinopel auf den Markt, die anderen gingen nach Venedig zur Weiterbeförderung: entweder auf dem Landweg über Ferrara nach Florenz oder auf dem Seeweg nach PARIS, ENGLAND und Flandern. Aber nicht nur mit Weinen aus der Ägäis handelte Venedig, sondern auch mit italienischem Wein aus Trevi, von der nördlichen Adria und aus den MARCHE, außerdem mit den volleren Weinen aus Tyrus (dem heutigen LIBANON), das fast das ganze 13. Jh. hindurch im Besitz Venedigs war.

Im Handel mit Syrien und Palästina mußte Venedig allerdings den ersten Platz GENUA überlassen, und diese Rivalität erstreckte sich auch auf den Handel mit Nordeuropa: Dort hatte Genua die Führungsstellung, und Venedig, das sich in nicht so günstiger Lage befand, begann erst im 14. Jh. Wein nach Norden zu verschiffen. Doch um diese Zeit hatte Genua das Rennen bereits gemacht. Ab dem Ende des 13. Jh. war Venedig nicht mehr die reichste und bedeutendste Hafenstadt Italiens, doch hatte es zuvor noch die griechischen Techniken der Anreicherung von Zucker- und Alkoholgehalt durch die Bereitung von WEIN AUS ROSINIERTEN TRAUBEN importiert. Johnson weist auf eine direkte Verknüpfung zwischen diesen auf den Inseln an der dalmatinischen Küste gebräuchlichen Praktiken und den später, sogar bis heute noch im VENETO, also im Hinterland von Venedig, angewandten Methoden zur Bereitung von PASSITO-Versionen des Valpolicella und Soave hin.

Venedig wurde überdies zu einem Zentrum der Glasherstellung und erlangte auf diesem indirekten Weg zusätzliche Bedeutung für die Welt des Weins.

Siehe auch ITALIEN. H. M. W.

Johnson, H., *Hugh Johnsons Weingeschichte* (Bern, 1990).
Lopez, R. S., THE TRADE OF MEDIAEVAL EUROPE: THE SOUTH, in *The Cambridge Economic History of Europe,* 7 Bde., II: *Trade and Industry in the Middle Ages* (Cambridge, 1987).
Melis, F., PRODUZIONE E COMMERCIO DEI VINI ITALIANI NEI SECOLI XIII–XVIII, *Annales cisalpines d'histoire sociale,* 1/3 (1972), 107–133.
Nicol, D. M., *Byzantium and Venice* (Cambridge, 1988).

VENETO Die historisch wie auch gegenwärtig bedeutende Weinbauregion in Nordostitalien erstreckt sich westwärts bis zum Gardasee und nordwärts bis zu den Alpen und der österreichischen Grenze. Ihre Hauptstadt ist die Lagunenstadt VENEDIG, die im Weinhandel des Mittelalters eine wichtige Macht darstellte und deren Erbe manche Weine im Veneto und anderen Gegenden Italiens geformt hat. Die Region produziert meist mehr Wein als jede andere in Italien, abgesehen von APULIEN und SIZILIEN; die durchschnittliche Jahreserzeugung beläuft sich auf über 8 Millionen hl. Verona und Treviso gehören neben Trapani, Foggia und Taranto im tiefen Süden regelmäßig zu den fünf Provinzen auf der Halbinsel, die den meisten Wein produzieren.

Theoretisch ist ein beträchtlicher Teil des Weins aus dem Veneto von guter Qualität, denn der Anteil an DOC-Wein beläuft sich fast auf ein Viertel der Gesamtproduktion. Die Realität sieht jedoch ein wenig anders aus: Dieser Anteil ist nämlich künstlich aufgebläht, und zwar durch drastische Vergrößerung der DOC-Bereiche (auf die Ebenen, in denen in Valpolicella und Soave vor dem 2. Weltkrieg Getreide angebaut wurde) bzw. durch Genehmigung außerordentlich großzügiger Ertragsmengen (in Valpolicella, Soave, Bardolino und Prosecco). Die resultierenden Weine besitzen zwar DOC-Status, sind aber leider allzu häufig charakterlos. Allerdings ist es nicht schwer, auch guten Bardolino, Valpolicella und Soave zu finden, denn die CORVINA-Traube – die Grundlage des Valpolicella – ebenso wie GARGANEGA – die Basis für Soave – sind imstande, interessante Weine zu erbringen, wenn sie in der richtigen Umgebung kultiviert werden: in den Bergen nördlich des 45. Breitengrads, die sich vom Gardasee ostwärts zur fruchtbaren Ebene der Etsch ziehen. Weitere in der Region verstreute Hanglagen mit echtem Potential finden sich in den Colli Berici südlich und in Breganze nördlich von Vicenza, in den Colli Euganei südwestlich von Padua und in den bergigen Teilen des DOC-Bereichs Piave. In diesen Gegenden werden einheimische Rebsorten wie Tocai, Garganega und Verduzzo kultiviert. Die interessantesten Weine und das bedeutendste Potential entfallen aber zweifellos auf Merlot und Cabernet in leichtem, fruchtigem Stil, denen allerdings hohe Erträge und das kühle Klima oft eine krautige Art verleihen, die der Frische abträglich ist. Die auf Garganega beruhenden Weine Bianco di Custoza und Gambellara, zwei ländliche Vettern des Soave, sowie der perlende Prosecco di Conegliano mit seinem bitteren Nachgeschmack und der Moscato aus den Colli Euganei (kein Rivale für den MOSCATO D'ASTI, aber dennoch mit echtem moschushaften Sortencharakter) runden das Bild der Region ab, das von gefälligen, süffigen Weinen in großen Mengen gekennzeichnet ist. Leider fehlt es allzuoft an Ambition und Wettbewerbsgeist.

Das Zentrum der Forschung und Lehre in Venetien ist das Versuchsweingut in CONEGLIANO.

Näheres über spezifische Weine der Region ist unter AMARONE, BARDOLINO, BIANCO DI CUSTOZA, BREGANZE, GAMBELLARA, LISON-PRAMAGGIORE, PIAVE, PROSECCO, RABOSO, RECIOTO, SOAVE und VALPOLICELLA zu finden.

D. T.

VENEZUELA Das kleine südamerikanische Weinerzeuger- und -verbraucherland betreibt seit der Ankunft europäischer Einwanderer am Ende des 19. Jh. TROPENWEINBAU, allerdings weitgehend für TAFELTRAUBEN. Es gibt jedoch auch Anzeichen dafür, daß Jesuiten als MISSIONARE schon im 16. Jh. bei Cumana erstmals Reben pflanzten und badische Winzer im Jahr 1783 hierher kamen (siehe DEUTSCHE WEINBAUGESCHICHTE). Gegen Ende des 20. Jh. arbeiteten die Weinerzeuger mit TRAUBENKONZENTRAT als Grundstoff für Produkte von LAMBRUSCO-ähnlichen Verschnitten bis zu Grundwein für SANGRÍA. Die Durchschnittstemperaturen liegen bei 27 °C. Eine Vegetationsruhe bleibt der Rebe versagt, und die beiden jährlichen Ernten richten sich nach den Regenzeiten. Eine der für den Weinbau geeignetsten Gegenden ist Mérida in Lagunillas, wo das Klima in 1100 m Höhe kühler ist als an anderen Stellen und wo jährlich ungleichmäßig verteilte Niederschläge zwischen 300 und 400 mm fallen. Reben werden aber auch in Barquistimeto und in noch trockeneren Gegenden im Norden angebaut. Am meisten werden Tafeltraubensorten und HYBRIDREBEN wie Jacquez und ISABELLA sowie eine Verwandte der CRIOLLA kultiviert, aber auch etwas GRILLO, BARBERA und MALVASIA.

VENTOUX, CÔTES DU Große APPELLATION CONTRÔLÉE am Südostrand der südlichen RHÔNE zwischen den Coteaux du TRICASTIN (ebenfalls 1973 in den vollen AC-Status erhoben) und den Côtes du LUBÉRON. Die 6900 ha Rebfläche tragen den Namen des 2000 m hohen Mont Ventoux, der die Gegend beherrscht. Die Gemeinden, die auf die AC Anspruch haben, liegen an der West- und Südflanke des Bergmassivs, das einen starken kühlenden Effekt auf das ansonsten MEDITERRANE KLIMA an der südlichen Rhône ausübt. Früher wuchsen hier vor allem TAFELTRAUBEN (neben anderen Obstarten, z. B. Kirschen).

Die dominierenden Rot- und Roséweine entstehen vorwiegend von einer Mischung aus Grenache, Syrah, Cinsaut und Carignan – ähnlich wie im Bereich Tricastin, mit der Ausnahme, daß der Carignan-Anteil in Ventoux 30 %, im Tricastin nur 20 % betragen darf. Ventoux wird noch stärker von WINZERGENOSSENSCHAFTEN beherrscht als Tricastin, und die Weine sind im Geschmack noch leichter. Vor allem die Rotweine schmecken im Sommer gekühlt getrunken recht erfrischend, es fehlt ihnen aber oft an echter Substanz und Ausdruckskraft. Die Gärzeiten werden kurz gehalten, gezielte EXTRAKTION findet selten statt, nur die auf Ventoux-Weinen beruhende, sehr erfolgreiche MARKE La Vieille Ferme bildet hiervon eine Ausnahme. Die meisten übrigen Erzeuger täten gut daran, Livingston-Learmonths Hinweis zu beachten, daß mehr Ehrgeiz und engere Zusammenarbeit mit den potentiellen Märkten ungeahnte Konsequenzen für die Weinstile dieser hinter ihren Leistungsmöglichkeiten zurückbleibenden AC haben könnte.

Clairette und Bourboulenc sind die Hauptrebsorten für die in kleinen Mengen produzierten Weißweine. Insbesondere Bourboulenc könnte hier interessanten Wein hervorbringen.

Livingstone-Learmonth, J., *The Wines of the Rhône* (3. Aufl., London, 1992).

VÉRAISON Der französische Ausdruck bezeichnet das Entwicklungsstadium der Weinbeere, in dem der eigentliche Reifeprozeß einsetzt. Dieser Punkt ist dadurch gekennzeichnet, daß die bis dahin harten und grünen Beeren, die erst etwa die Hälfte ihrer endgültigen Größe besitzen, in ihre weiche Form überzugehen und die endgültige Farbe anzunehmen beginnen. Gleichzeitig schwellen sie an, der Zuckergehalt steigt, und der Säuregehalt geht zurück. Die Beerenfarbe vor der *véraison* wird vom grünen Chlorophyll bestimmt, während nun je nach Rebsorte schwarzrote (siehe ANTHOCYANE) bzw. gelbgrüne (siehe CAROTINOIDE) Farbstoffe in den Vordergrund treten.

In den einzelnen Beeren vollzieht sich der damit einhergehende Wandel durchgreifend und rasch. Die weicher werdenden Beeren sammeln GLUCOSE und FRUCTOSE an, und etwa sechs Tage danach setzt Wachstum ein. Allerdings beginnt diese Entwicklung nicht bei allen Beeren einer Rebe, auch nicht innerhalb einer Traube, gleichzeitig. Die ersten sind die Beeren, die frei hängen und sich in einem wärmeren MIKROKLIMA (etwa in der Nähe eines Pfostens oder einer Mauer) befinden und von der nächtlichen Wärmerückstrahlung erfaßt werden; die letzten sind die Beeren, die im Schatten des LAUBDACHS und an kurzen Trieben hängen. Den exakten Zeitpunkt der *véraison* anzugeben ist daher schwierig; üblicherweise wird das Stadium gewählt, in dem etwa 50 % aller Beeren die Anzeichen des Reifebeginns zeigen. Eine präzisere Alternative wäre die Messung des Zeitpunkts, in dem die Beeren weich zu werden beginnen oder der Zuckergehalt in den Beeren einen bestimmten Wert erreicht – beispielsweise 7° BRIX. Um etwa dieselbe Zeit wie die *véraison* beginnt auch die TRIEBREIFE (franz. *aoûtement*).

Die Weinbauregion Marlborough auf der Südinsel NEUSEELANDS, hier repräsentiert durch den Brancott-Weinberg von Montana im Wairau Valley, ist erst Anfang der 1970er Jahre entstanden, und so verstand sich MECHANISIERUNG von selbst.

2

Das Einsetzen von Frucht- und Triebreife ist von den Gesamtverhältnissen der Pflanze und von Umweltfaktoren abhängig. Frei hängende Trauben an Reben mit hohem LAUB/FRUCHT-VERHÄLTNIS und mildem WASSERSTRESS (infolgedessen geringem Triebwachstum) gelangen als erste in dieses Stadium. Im Gegensatz hierzu verzögert sich die *véraison* bei Reben mit starkem Fruchtbehang, mit vielen noch im Wachstum befindlichen Triebspitzen und mit beschatteter Frucht. In Weinberglagen, in denen hochwertige Frucht entsteht, setzt die Fruchtreife sichtbar früh ein und entwickelt sich ebenso wie die Triebreife rasch. Warmes, sonniges und trockenes Wetter begünstigt frühen Fruchtreifebeginn. R. E. S. und B. G. C.

Champagnol, F., *Éléments de physiologie de la vigne et de viticulture générale* (St-Gely-du-Fesc, 1984).
Huglin, P. *Biologie et écologie de la vigne* (Paris, 1986).

VÉRARGUES oder **Coteaux de Vérargues.** Eines von mehreren CRUS in der AC Coteaux du LANGUEDOC (Südfrankreich). Der Bereich überschneidet sich in größerem Maß mit der AC MUSCAT DE LUNEL östlich von Montpellier und grenzt unmittelbar südlich an ST-CHRISTOL an.

VERBÄNDERUNG Eine Wachstumsabnormität besonders bei Trieben; es tritt eine Verbreiterung und Abflachung ein, als ob mehrere nebeneinanderliegende Triebe miteinander verwachsen wären. Bei der Weinrebe gibt es diese Erscheinung relativ selten, obwohl einige Rebsorten dafür anfällig zu sein scheinen. Die eigentliche Ursache ist nicht bekannt, jedoch handelt es sich um ein Symptom der REISIGKRANKHEIT. B. G. C.

VERBRAUCH Der Weltweinverbrauch von etwa 230 Millionen hl im Jahr ist seit Mitte der 1980er Jahre in raschem Rückgang begriffen. Da die Weltweinproduktion insgesamt jedoch stabil geblieben ist oder zumindest sehr viel langsamer zurückgeht, hat sich daraus ein bedeutender weltweiter ÜBERSCHUSS ergeben, der am stärksten in Europa, wo der meiste Wein produziert und verbraucht wird, ins Gewicht fällt.

Zu Beginn der 1990er Jahre waren die Länder mit dem höchsten Pro-Kopf-Verbrauch zugleich auch diejenigen mit der höchsten Weinproduktion: Frankreich, Italien, Portugal und Argentinien. Aber auch in allen diesen Ländern ist seit Anfang der 1980er Jahre der Weinkonsum beträchtlich gesunken. Dagegen ist der Verbrauch in Südafrika, Japan und den Niederlanden in den 1980er Jahren deutlich angestiegen.

Die Rebfläche der Türkei ist durchaus nicht allein dem Anbau von TAFELTRAUBEN und ROSINENTRAUBEN vorbehalten, wie dieses Kelterhaus bei Izmir bezeugt. Allerdings nehmen die Türken gern Wein in destillierter Form, also als BRANNTWEIN oder Raki, zu sich.

Die nachstehend angegebenen Jahresverbrauchsziffern in Litern pro Kopf der Bevölkerung stammen aus Statistiken des OIV:

Land	1991	1992
Frankreich	67,00	64,50
Italien	60,28	60,28
Luxembourg	60,30	59,70
Portugal	62,00	55,00
Argentinien	55,01	51,63
Schweiz	47,20	44,47
Slowenien	40,00	39,00
Spanien	39,77	39,10
Österreich	33,70	33,10
Griechenland	32,40	31,50
Ungarn	30,00	30,00
Chile	29,50	29,50
Dänemark	23,60	25,56
Uruguay	25,40	25,40
Deutschland	26,10	22,80
Ex-Jugoslawien	22,10	o. A.
Rumänien	19,30	21,30
Belgien	21,10	21,10
Australien	17,70	18,60
Niederlande	16,50	16,50
Zypern	13,20	13,70
Neuseeland	12,10	12,80
Schweden	12,78	12,78
Bulgarien	12,43	12,43
Großbritannien	10,29	12,40
Tschechoslowakei	11,80	11,80
Südafrika	9,06	8,90
Kanada	8,28	8,28
USA	7,12	7,11
GUS	6,95	o. A.
Norwegen	6,90	6,90
Irland	4,50	5,00
Finnland	4,49	4,86
Israel	3,50	3,20
Tunesien	2,20	2,20
Paraguay	2,01	2,01
Polen	1,95	1,95
Brasilien	1,83	1,83
Algerien	1,53	1,53
Marokko	0,99	1,36
Jordanien	0,90	0,90
Japan	0,91	0,86
Türkei	0,47	0,57
Peru	0,47	0,47
Mexiko	0,22	0,21
China	0,08	0,08

Näheres über medizinische Ratschläge zum Verbrauch alkoholischer Getränke siehe unter GESUNDHEIT UND WEINKONSUM.

VERDEJO Charaktervolle Weißweinrebsorte in der DO RUEDA in Spanien.

VER DE LA GRAPPE franz. Heuwurm, Sauerwurm. Schadinsekt und Verursacher von TRAUBENFÄULE.

VERDELHO Portugiesische Weißweinrebsorte; der Name ist vor allem mit der Insel Madeira verknüpft, wo diese Traube in der Zeit nach der REBLAUS jedoch sehr selten geworden ist. Ihr Name blieb aber als Bezeichnung für einen zwischen SERCIAL und BUAL liegenden Weinstil in Gebrauch. Die wenigen auf Madeira noch vorhandenen Verdelho-Reben bringen kleine, harte Trauben und ziemlich säurereiche Moste hervor. Es handelt sich wahrscheinlich um dieselbe Traubensorte wie GOUVEIO am Douro und möglicherweise dieselbe wie VERDELLO in Italien. Ihre größten Erfolge feiert sie in lebendigen, zitronenfruchtigen, körperreichen Tischweinen in Australien, insbesondere in wärmeren Gegenden von WESTERN AUSTRALIA.

Siehe auch MADEIRA.

VERDELLO In UMBRIEN und SIZILIEN angebaute Weißweinrebsorte. Eine Verbindung mit VERDELHO scheint auf der Hand zu liegen, ist aber nicht nachgewiesen.

VERDICCHIO Einer der klassischen Weißweine Mittelitaliens entsteht (mindestens seit dem 14. Jh.) von der Verdicchio-Traube in zwei DOC-Bereichen ihrer Heimat, den MARCHE: Verdicchio dei Castelli di Jesi, westlich von Ancona, knapp 30 km von der Adriaküste, und Verdicchio di Matelica, weiter landeinwärts sowie in größeren Höhen, nahe der Grenze zu UMBRIEN. Die Weine zeigen ähnliche Charakteristiken, allerdings fällt der Verdicchio di Matelica bei niedrigeren Erträgen (zulässiger Höchstertrag 13 t/ha gegenüber 15 t/ha für Verdicchio dei Castelli di Jesi) und in besseren HANGLAGEN oft voller und ausdrucksstärker aus. Allerdings nimmt sich die 225 ha große Rebfläche von Matelica neben den 2300 ha der Castelli di Jesi recht bescheiden aus. Der letztere Bereich teilt sich in eine CLASSICO-Zone mit über 85 % der Rebfläche und eine lediglich 300 ha umfassende Zone für einfachen Verdicchio dei Castelli di Jesi. Fast 60 % der Produktion der DOC Castelli di Jesi werden von WINZERGENOSSENSCHAFTEN beherrscht, während auf Handelshäuser drei Viertel der restlichen 40 % entfallen; Privatweingüter haben sowohl mengenmäßig als auch in ihrem Einfluß auf den Markt nur geringfügige Bedeutung.

Seinen Ruhm verdankt dieser Wein weitgehend den Bemühungen von Fazi-Battaglia, einer großen Handelsfirma mit ausgedehntem Weinbergbesitz, die durch verbreitete Vermarktung des Verdicchio Pionierarbeit geleistet hat und noch heute über 20 % der Produktion in der Hand hält. Fazi-Battaglia führte auch die Flasche in Amphorenform und das an eine Schriftrolle erinnernde Etikett ein, die dem Verdicchio anfänglich zu Anerkennung verhalfen, ihm aber später ein Image von Kitsch und Unechtheit eingetragen haben.

Wie viele andere Weißweine Mittelitaliens wurde auch der Verdicchio früher mit den Schalen vergoren, wodurch er eine gewisse Fülle und Ausdruckskraft erlangte, allerdings auf Kosten der Delikatesse. Auch wurde die GOVERNO-Technik, bei der durch Beimischung von Most getrockneter Trauben nach Beendigung des ersten Gärvorgangs eine zweite Gärung hervorgerufen wird, dazu eingesetzt, eine kontrastierende Süße und eine belebende Spritzigkeit durch KOHLENSÄURE in diesen Wein einzubringen. Diese Praktiken sind inzwischen weitgehend aufgegeben worden; der Verdicchio entsteht heute im modernen Stil ohne HÜLSENMAISCHUNG und in temperaturgeregeltem Gärverfahren. Daher ist er jetzt ein zwar «korrekterer», vielleicht aber nicht mehr so markanter Wein, obwohl in besseren DOC-Weinen die zitronenfrische Säure und der Bittermandelnachgeschmack noch immer deutlich spürbar sind.

Vielleicht wegen seiner hohen natürlichen SÄURE entstand aus Verdicchio einer der ersten italienischen Schaumweine (siehe SPUMANTE), dessen Tradition bis in die Mitte des 19. Jh. zurückreicht. Auch heute gehört der angenehme schäumende Verdicchio als fester Bestandteil zur DOC-Produktion. Die Verdicchio-Anbaufläche belief sich zu Anfang der 1990er Jahre auf knapp 4000 ha. D. T.

Anderson, B., *Atlas der italienischen Weine* (Bern, 1990).
Gleave, D., et al., *Die Weine Italiens* (Stuttgart, 1990).

VERDOT siehe PETIT VERDOT.

VERDUZZO Eine Weißweinrebsorte mit langer, urkundlich belegter Geschichte in Nordostitalien. Sie wird hauptsächlich in FRIULI kultiviert (aber auch in der DOC PIAVE in der angrenzenden Provinz Treviso im Veneto), und zwar in sechs DOC-Bereichen: AQUILEIA, COLLI ORIENTALI, GRAVE, ISONZO, LATISANA und LISON-PRAMAGGIORE. Nur in den Bereichen Grave und Colli Orientali werden jedoch größere Mengen produziert – 10 000 hl bzw. 5000 hl im Jahr –, wobei der Verduzzo aus den Colli Orientali weit bessere Qualität aufweist; die Traube hat offenbar eine Vorliebe für HANGLAGEN. Der Wein ist in trockener und süßer Ausführung erhältlich, allerdings ist die letztere, die durch späte Lese oder durch Eintrocknen der Trauben (siehe WEIN VON ROSINIERTEN TRAUBEN) gewonnen wird, oft eher lieblich als üppig süß zu nennen. Dieser süße Verduzzo ist zwar seltener als der trockene, aber als Wein interessanter – golden in der Farbe, vielfach mit köstlicher Fülle und honigwürzigem Aroma, auch wenn er nicht die für einen herausragenden Dessertwein nötige Komplexität besitzt. Trockener Verduzzo ist nicht so charaktervoll, und die TANNINE der Traube verleihen ihm oft eine eigenartige Herbheit, die bei dieser Ausführung stärker in Erscheinung tritt.

Ramandolo nördlich von Udine gilt als die Classico-Zone für feinen süßen Verduzzo, doch erlaubten die DOC-Vorschriften für die Colli Orientali di Friuli ursprünglich den Gebrauch des Namens Ramandolo für süßen Verduzzo jeglicher Herkunft innerhalb des Bereichs und verwandelten dadurch den Ortsnamen in einen Gattungsnamen. Diese Unstimmigkeit wurde neuerdings durch die Schaffung einer getrennten DOC Ramandolo aus der Welt geschafft. Auch aus dem Collio kommt hie und da Verduzzo, der zwar stets besser ist als der aus der DOC Grave, aber an den Verduzzo aus den Colli Orientali nicht heranreicht. Er ist jedoch nicht als DOC-Wein, sondern lediglich als VINO DA TAVOLA qualifiziert.

Die Weinbaustatistik von 1990 verzeichnet 2600 ha Anbaufläche für Verduzzo Trevigiano und 1800 ha für Verduzzo Friulano. D. T.

VEREDELUNGSUNTERLAGE Pflanze, welche das Wurzelsystem einer Weinrebe bildet und auf die eine fruchttragende Sorte als EDELREIS aufgepfropft wird. In der Mehrzahl aller Weinpflanzungen der Welt sind die für die Weinerzeugung benutzten europäischen VINIFERA-Sorten auf Unterlagsreben veredelt, die mit wenigen Ausnahmen entweder Varietäten einer AMERIKANISCHEN REBENSPEZIES oder Hybriden von mehreren solchen darstellen (siehe auch VITIS). Veredelungsunterlagen dienen meist der Abwehr von im Boden lebenden Schädlingen oder Krankheiten, können aber auch zur Anpassung an besondere Bodenbedingungen genutzt werden.

Der Gebrauch von Veredelungsunterlagen für Weinreben setzte sich um 1880 in Frankreich allgemein durch, um die Reblaus abzuwehren, die die Wurzeln der europäischen Rebe *Vitis vinifera* schädigte. Die Bekämpfung der Reblaus ist auch heute noch der Hauptgrund für die Verwendung von Veredelungsunterlagen – nur wenige Weinbauregionen sind reblausfrei (siehe REBLAUS).

Es gibt Gegenden, in denen die Wahl der Unterlagsrebe heftiger diskutiert wird als die Wahl der Rebsorten selbst, vor allem wenn die letztere durch Gesetz oder Tradition sowieso vorgeschrieben ist. Selbst in den traditionellen Weinbaugebieten der Alten Welt scheint die Wahl der Unterlagsrebe dem Wandel der Zeit unterworfen zu sein, wozu langfristige Experimente und praktische Erfahrung viel beitragen. Demgegenüber ist in manchen Teilen der Neuen Welt die Anwendung von Unterlagsreben relativ neu bzw. war ihr Gebrauch früher auf einige lokal verfügbare Sorten beschränkt.

Beispielsweise tritt in Kalifornien die Reblaus zwar schon seit 1873 auf, doch wurden in neuerlich erschlossenen Weinberglagen nur relativ wenige Unterlagsrebsorten eingesetzt. Die Sorte AXR1 (auch ARG1 oder Ganzin 1) hat sich in Kalifornien als so anpassungsfähig erwiesen, daß sie in Winklers Lehrbuch als «nächstmögliche Annäherung an eine Allzweckunterlagsrebe» bezeichnet wird. Und so wurde sie zu der meistverwendeten Unterlage, ungeachtet des von Winkler gegebenen einschränkenden Hinweises, daß «ihre Resistenz gegen die Reblaus nicht hoch» sei. In den 1980er Jahren fiel AXR1 der Reblaus zum Opfer, und nun war man bei der Wahl der Unterlagsreben für die Neubestockung weitgehend auf Vermutungen angewiesen, weil andere Sorten nur sehr begrenzt unter den hier herrschenden Bedingungen erprobt worden waren.

Wahl der Veredelungsunterlage

Zwar wurde früher allgemein beklagt, daß die Weine aus der Zeit vor der Reblaus besser gewesen seien als die späteren (vielleicht kam das daher, daß die ersten Unterlagsreben nicht ideal auf die jeweilige Bodenart abgestimmt waren), neuere Experimente zeigen jedoch, daß nur wenige Auswirkungen auf die Weinqualität unmittelbar der Unterlagsrebe zuzuschreiben sind. Der Einfluß der Veredelungsunterlage auf die Weinqualität ist vermutlich nicht größer als die Wirkung anderer Faktoren wie Boden, Klima, Düngung und Bewässerung. Allerdings haben die Veredelungsunterlagen Einfluß auf die WÜCHSIGKEIT, und starkwüchsige Unterlagsreben wie Rupestris St-George können eine so dichte Laubmasse hervorbringen, daß eine Beeinträchtigung der Weinqualität entsteht (siehe LAUBPFLEGE). Andere Untersuchungen haben ergeben, daß starkwüchsige Unterlagssorten wie Harmony, Dog Ridge, Freedom und Ramsey hohen KALIUM-Gehalt und PH-WERT in den resultierenden Wein einbringen können, aber auch hierbei handelt es sich wohl um indirekte, durch die Wuchskraft und den Laubschatten bedingte Auswirkungen.

Jede starkwüchsige Unterlage, die eine kräftige Vegetation gegen Ende der Wachstumsperiode anregt, hat ungünstige Auswirkungen auf die Fruchtreife und daher auch auf die Weinqualität (siehe PHYSIOLOGIE DER REBE). Die Anwendung von Veredelungsunterlagen hat in Gegenden mit kalkreichen Böden auch zu einer Zunahme der CHLOROSE geführt. In ähnlicher Weise können Veredelungsunterlagen Mangel an MAGNESIUM hervorrufen, der in schweren Fällen die PHOTOSYNTHESE und den Reifevorgang beeinträchtigen kann. Der vielleicht bedeutendste negative Effekt ist jedoch darin zu sehen, daß durch die allgemein geübte Praxis des PFROPFENS die Ausbreitung von VIRUSKRANKHEITEN gefördert worden ist. An Unterlagsreben sind Symptome von Viruserkrankungen nicht immer erkennbar, aber es läßt sich leicht nachweisen, daß die Ausbreitung der Viruskrankheiten durch das Pfropfen verstärkt wird. Insbesondere die BLATTROLLKRANKHEIT verzögert die Reife und kann dadurch die Weinqualität wesentlich mindern. Neuere Arbeiten über REBENVERBESSERUNG konzentrieren sich deshalb auf die Verhütung der versehentlichen Verbreitung von Viruskrankheiten durch das Veredeln.

Unterlagsreben können dagegen dramatische Auswirkungen auf den ERTRAG haben. Offensichtlich wird dies, wenn eine nicht auf eine Unterlagsrebe veredelte Rebsorte mit eigenem Wurzelwerk infolge der Schädigung durch die Reblaus oder durch NEMATODEN nicht gedeiht oder gar abstirbt. Demgegenüber kann bei Veredelung auf eine speziell für kalkreichen Boden oder für DÜRRE geeignete Unterlagsrebe der Ertrag wesentlich gesteigert werden.

Die Wahl der Unterlagsrebe für eine bestimmte Weinpflanzung richtet sich nach dem Vorhandensein von Schädlingen oder Krankheitserregern im Boden (insbesondere Nematoden und Reblaus), nach der Eignung für die Bodenverhältnisse (insbesondere Kalkgehalt, Fruchtbarkeit, Dürrehäufigkeit und Staunässe) oder nach der Auswirkung auf die Leistung der gewünschten Edelrebe (z. B. geringere Wuchskraft oder frühere Reife).

Unterlagsreben weisen auch Unterschiede in bestimmten Charakteristiken auf, die für die Rebschulen Bedeutung haben. Hierbei geht es darum, ob die Mutterreben reichlich Holz hervorbringen, ob sich die Steckhölzer leicht bewurzeln lassen und ob sie sich gut für das Pfropfen eignen.

Charakteristiken der Unterlagsreben

Reblausresistenz Die drei AMERIKANISCHEN REBENSPEZIES mit der höchsten Resistenz gegen die Reblaus sind *Vitis riparia, rupestris* und *Berlandieri*; die für die Reblaus empfindlichste Spezies ist die Europäer Rebe VINIFERA. Interspezifische HYBRIDREBEN mit Genen der drei zuerst genannten Spezies verfügen daher über ausreichende Resistenz, während Hybriden mit *Vinifera*-Genen mangelhafte Resistenz aufweisen. Unterlagsreben mit Abstammung von *vinifera-rupestris* (u. a. AXR1 sowie Couderc-Unterlagen 1202 und 93–5) und *vinifera-riparia* sind daher als ungenügend reblausresistent zu meiden. Interessanterweise verfügen *Vinifera-berlandieri*-Unterlagen wie 41 B und 333 EM allgemein über ausreichende Resistenz. Unterlagsreben mit hoher Reblausresistenz sind u. a. Riparia Gloire, 101–14 Mgt, SO 4 und 5 BB.

Nematodenresistenz In Weinbergböden kommen hauptsächlich zwei Nematodenarten vor. Beste Resistenz gegen Wurzelgallenälchen besitzen *V. champini, longii* und *cinerea.* Dabei ist zu beachten, daß es in der Benennung verschiedener *Vitis*-Spezies Unklarheiten gibt, insbesondere bei *V. champini* sowie *V. longii,* die auch *V. solonis* genannt wird und ihrer Variabilität wegen eventuell eine natürliche Hybride anderer Spezies, z. B. *V. candicans,* darstellt. In ähnlicher Weise wurde *V. champini* (manchmal auch *V. champinii*) ursprünglich von Planchon als getrennte Spezies beschrieben, gilt bei anderen aber als natürliche Hybride *rupestris-candicans,* vielleicht unter Einschluß von *berlandieri.* Beste Resistenz gegen Stilettälchen wird *V. candicans, longii* und *rufotomentosa* zugeschrieben. Reben der Unterabteilung MUSCADINIA der Gattung *Vitis* sind resistent gegen beide Nematodenarten, woraus sich das Interesse erklärt, das dieser Gruppe für die Züchtung von Veredelungsunterlagen entgegengebracht wird. *V. vinifera* ist gegen Nematoden ebenso empfindlich wie gegen die Reblaus, daher haben entsprechende Unterlagen keine Resistenz gegen diese Nematodenarten wie gegen alle Nematodenrassen. Speziell wegen ihrer Nematodenresistenz verwendete Unterlagsreben sind Ramsey, Dog Ridge, Harmony, 1613 C, 1616 C, SO 4 und Schwarzmann.

Kalkverträglichkeit Sowohl *V. vinifera* wie *V. berlandieri* bringen Verträglichkeit für die kalkreichen Böden mit, wie sie in Burgund und der Champagne vorliegen. Als Unterlagsreben mit bester Kalkverträglichkeit gelten 41 B, 333 EM und die neue Züchtung Fercal.

Dürreverträglichkeit Die beste Verträglichkeit für Trockenheit zeigen *Berlandieri-rupestris*-Hybriden; hierzu zählen 110 R und 140 Ru, gefolgt von 1103 P und 99 R. *V. riparia* und ihre Hybriden haben dagegen geringe Dürreverträglichkeit aufzuweisen.

Salzverträglichkeit Das Chlorid in salzigen Böden kann toxische Wirkung haben (siehe SALZHALTIGKEIT). Die Spezies *V. berlandieri* gilt als salzverträglich; australische Untersuchungen haben gezeigt, daß auch die *V.-champini*-Sorte Ramsey gut salzverträglich ist. Dasselbe trifft für *V. vinifera* zu.

Wüchsigkeit Die Spezies *V. champini, berlandieri* und *rupestris* und ihre Hybriden stellen die stärkste Wüchsigkeit zur Verfügung, *V. riparia* die geringste. Zu den wuchskräftigsten Unterlagsreben gehören daher Rupestris St-George, 99 R und 110 R, während Riparia Gloire und 101–14 die geringste Wuchskraft aufweisen. Starkwüchsige Reben zeigen verzögerte Fruchtreife und bei Rotweinsorten schwächere Farbe.

International verbreitete Veredelungsunterlagen

AXR1, in Frankreich, Australien und Neuseeland **ARG1** genannt, ist eine 1879 von Ganzin gezüchtete *Vinifera-rupestris*-Hybride. Die Unterlagsrebe war anfänglich in Frankreich populär, doch um die Jahrhundertwende wurde sie dort und in Südafrika als ungenügend reblausfest befunden. Bei den Winzern ist sie beliebt, weil ihre Reben wuchskräftig sind und gute Erträge bringen, und Rebschulen schätzen sie, weil sie sich leicht veredeln läßt. In Kalifornien bewährte sie sich bis in die 1980er Jahre, dann aber fiel sie einem neuen Biotyp der Reblaus zum Opfer.

Dog Ridge, ein Sämling von *V. champini,* wird auf leichten Böden mit hoher Nematodenpopulation empfohlen. Sie gilt als mäßig resistent gegen die Reblaus. Die Unterlagsrebe ist außerordentlich wuchskräftig, sollte also auf fruchtbaren Böden keine Verwendung finden; die Reben verlangen leichten Schnitt für gute AUSGEWOGENHEIT. Durch Stecklinge ist die Vermehrung schwierig, durch Pfropfreiser dagegen bequem. Die Unterlage wird für hochwertige Weinberglagen nicht empfohlen.

Fercal ist eine relativ neue Züchtung aus dem Institut National de Recherche Agricole (INRA) aus Bordeaux und wurde speziell für kalkreiche Böden entwickelt. Sie ist eine Kreuzung einer Hybride *berlandieri* × Colombard mit 333 EM, hat gute Reblausfestigkeit und läßt sich leicht pfropfen. Fercal besitzt mäßige Wüchsigkeit und bessere Verträglichkeit für Chlorose und Trockenheit als 41B.

Harmony ist eine Hybride von freibefruchteten Sämlingen von *V. champini* und 1613 C. Sie wurde 1966 in Fresno selektiert und verfügt über gute Resistenz gegen Wurzelfäule und Stilettälchen. Die Reblausfestigkeit ist dagegen gering, die Wuchskraft mäßig bis stark.

Riparia Gloire de Montpellier ist eine der ältesten in Frankreich gegen die Reblaus eingesetzten Unterlagsreben. Von den zahlreichen in der Zeit der Reblauskrise gezüchteten *Riparia*-Kreuzungen hat sie sich am besten bewährt. Sie verbindet exzellente Reblausfestigkiet mit geringer Wüchsigkeit und sorgt für schwächere Erträge an Frucht in verbesserter Qualität bei früher Reife. Die Veredelungsunterlage braucht gut mit Wasser versorgte Böden, ist aber kalkfeindlich. In Europa wird sie verbreitet für die Produktion von Wein guter Qualität eingesetzt.

Rupestris St-George, auch **Rupestris du Lot** oder **Rupestris-monticola**. Auch diese Sorte wurde schon ziemlich früh in Frankreich zur Abwehr der Reblaus eingesetzt; ihr Ursprung ist nicht bekannt. Die Sorte ist außerordentlich wuchskräftig und braucht eine lange Wachstumsperiode. Sie verfügt über ausgezeichnete Reblausfestigkeit, doch die auf sie gepfropften Edelreben neigen wegen der hohen Wuchskraft zu Übererträgen oder zu schlechtem Fruchtansatz. Auf flachgründigen Böden ist die Rebe dürreempfindlich. Veredelung ist leicht möglich. Die Sorte wird ihrer Starkwüchsigkeit wegen nicht für hochwertige Weinberglagen verwendet.

Schwarzmann ist eine *Riparia-rupestris*-Hybride mit hoher Reblaus- und Nematodenresistenz und nur mäßiger Wüchsigkeit. Sie eignet sich für tiefgründige, feuchte Böden und hat nicht die verdiente Verbreitung gefunden.

SO 4, eine *Berlandieri-riparia*-Hybride, korrekte Bezeichnung: **Selection Oppenheim de Teleki No. 4**; sie stammt aus der Weinbaufachschule Oppenheim (Deutschland). Die in Frankreich und Deutschland populäre Unterlagsrebe weist exzellente Reblausfestigkeit auf und begünstigt den Fruchtansatz sowie eine etwas frühere Reife bei mäßiger Wüchsigkeit und mittlerer Resistenz gegen Nematoden. SO 4 eignet sich jedoch nicht für trockene Böden. Die für Magnesiummangel anfällige Sorte ist aber leicht zu bewurzeln und zu veredeln.

5 BB Kober, auch **5 BB Teleki**, ist eine *Berlandieri-riparia*-Hybride. Der Sämling wurde von dem ungarischen Züchter Sigmund Teleki aus Samen gezüchtet, die aus einer französischen Rebschule stammten. 1904 wurden einige der interessantesten Pflanzen an den österreichischen Züchter Franz Kober geschickt, der aus ihnen 5 BB selektierte. Es handelt sich um eine recht wuchskräftige Unterlagsrebe mit guter Eignung für eher feuchte Tonböden. Sie zeigt mäßige Nematodenfestigkeit und in vielen Lagen übermäßig hohe Wüchsigkeit. 5 BB wird in Europa verbreitet angewendet, vor allem in Deutschland und der Schweiz.

5 C Teleki ist eine 1922 von Andre Teleki selektierte *Berlandieri-riparia*-Hybride. Diese Unterlagsrebe mit ähnlicher Eignung wie 5 BB ist in Deutschland am meisten verbreitet.

41 B ist eine alte, 1882 von Professor Millardet in Bordeaux herausgebrachte Unterlagsrebe, eine Hybride zwischen der *Vinifera*-Sorte Chasselas und *V. berlandieri*. Diese Veredelungsunterlage besitzt hohe Kalkverträglichkeit und wird daher bevorzugt in Cognac und der Champagne eingesetzt. Ihre Resistenz gegen die Reblaus ist ausreichend, jedoch nicht absolut. Die Pflanzen wachsen nur langsam an und können manchmal nicht im ersten Jahr im Freiland veredelt werden. Steckhölzer bewurzeln sich nur schlecht, wodurch die MENGENVEREDELUNG erschwert wird; außerdem ist die Sorte nur mäßig trockenheitsverträglich.

99 Richter ist eine 1889 von Franz Richter gezüchtete *Berlandieri-riparia*-Hybride. Die sehr wüchsige Sorte empfiehlt sich nicht für kühle Gegenden, weil sie die Reife verzögern kann. Die Reblausfestigkeit ist hoch, die Nematodenfestigkeit mäßig. Die Unterlage ist kalkverträglich, jedoch salzempfindlich. Nasse Böden mit schlechtem Wasserabzug sind zu meiden, dafür zeigt die Sorte gute Verträglichkeit für Trockenheit. 99 R eignet sich für Freilandveredelung, dagegen weniger für die Mengenveredelung.

101–14 Millardet et de Grasset ist eine schwachwüchsige und frühreife Unterlagsrebe und wird in einigen der besseren Weinberglagen Frankreichs verwendet. Es handelt sich um eine *Riparia-rupestris*-Hybride, gezüchtet von Professor Millardet und dem Marquis de Grasset. Sie zeigt hohe Resistenz gegen die Reblaus, jedoch nur geringe Nematodenfestigkeit. Die flachwurzelnde Sorte verträgt nur mäßig kalkhaltige Böden.

110 R ist eine relativ alte Unterlagsrebe, eine Kreuzung *berlandieri-rupestris* von Franz Richter aus dem Jahr 1889. Die Sorte ist für hohe Wuchskraft bekannt und neigt dazu, die Reife zu verzögern, insbesondere wenn sie auf fruchtbarem Boden steht. 110 R besitzt hohe Reblausfestigkeit, jedoch geringe Resistenz gegen Nematoden. Sie ist mäßig kalkverträglich und besitzt gute Dürreverträglichkeit; sie wird daher in Gegenden mit MEDITERRANEM Klima gern verwendet. Ursprünglich wurde sie nicht in großem Umfang benutzt, weil sie sich schlecht bewurzeln läßt.

140 Ruggeri ist eine von Ruggeri in Sizilien gezüchtete Hybride von *berlandieri* und *rupestris*. Die starkwüchsige Unterlagsrebe eignet sich gut für trockene, kalkreiche Böden und mediterranes Klima. Die Nematodenfestigkeit ist gering bis mittel, die Reblausresistenz dagegen hoch. Die Unterlagsrebe ist ihrer Starkwüchsigkeit wegen nicht für fruchtbare Böden zu empfehlen.

161–49 Couderc ist eine *Riparia-berlandieri*-Hybride aus dem Jahr 1888. Die Unterlagsrebe ist sehr reblausfest, aber empfindlich für Nematoden. Die Kalkverträglichkeit ist gut, die Dürreverträglichkeit gering.

333 EM (École de Montpellier) ist neben Fercal und 41 B eine der wenigen Unterlagsreben mit *Vinifera*-Vorfahren. Sie wurde von Professor Foëx in Montpellier durch Kreuzung von Cabernet Sauvignon mit *berlandieri* gezüchtet. Entgegen anfänglichen Befürchtungen verfügt 333 EM über ausreichende Reblausresistenz. Diese Unterlagsrebe ist etwas besser kalkverträglich als 41 B und zeigt gute Widerstandsfähigkeit gegen Trockenheit, bei manchen Edelsorten begünstigt sie jedoch VERRIESELN. Ist das Holz gut ausgereift, bewurzelt sie sich leicht und läßt sich gut veredeln.

420 A Millardet et de Grasset ist eine der ältesten Unterlagsreben. Sie wurde 1887 von Professor Millardet und seinem Assistenten, dem Marquis de Grasset, gezüchtet. Die *Berlandieri-riparia*-Hybride wird für gute Weinberglagen hoch geschätzt, da sie schwachswüchsig ist und die Reife beschleunigt. Sie gilt als «*riparia* für kalkhaltige Böden». Bei guter Reblausresistenz hat sie nur geringe bis mäßige Nematodenfestigkeit. Die Kalkverträglichkeit ist sehr gut, allerdings ist die Sorte empfindlich für Staunässe. Die Bewurzelungs- und Veredelungseigenschaften sind zufriedenstellend.

1103 Paulsen ist eine vom Leiter einer amerikanischen Rebschule in Sizilien gezüchtete Kreuzung *berlandieri* und *rupestris*. Sie gilt als trockenheitsverträglich bei hoher Reblausfestigkeit und mäßiger Nematodenresistenz. Die Kalkverträglichkeit ist mittelmäßig, die Wüchsigkeit mittel bis stark. In Rebschulen ist die Sorte ihrer guten Bewurzelungs- und Veredelungseigenschaften wegen beliebt.

1163 Couderc ist eine von Georges Couderc 1881 gezüchtete komplexe Hybride zwischen Solonis *(riparia-rupestris-candicans)* und Othello *(labrusca-riparia-vinifera)*. Die Reblausresistenz ist gering bis mittel, doch die Sorte ist wegen ihrer mittleren bis hohen Nematodenfestigkeit recht beliebt. Sie eignet sich gut für fruchtbare Sand- und Lehmböden und wird vor allem in Kalifornien eingesetzt.

1616 Couderc ist eine Kreuzung Solonis *(riparia-rupestris-candicans)* mit *riparia* aus dem Jahr 1881; sie stellt eine schwachwüchsige Unterlagsrebe mit hoher Reblaus- und Nematodenresistenz dar. Sie beschleunigt die Reife und eignet sich für feuchte Böden am besten. Die Kalkverträglichkeit ist mäßig, die Salzverträglichkeit gut. Die Bewurzelungs- und Veredelungseigenschaften sind befriedigend.

3309 Couderc ist eine Kreuzung *riparia-rupestris* von 1881. Georges Couderc pflanzte in seiner Rebschule achtzehn Samen in einer Reihe in mit Kalk angereichertem Boden. Von den fünf Sämlingen, die keine Chlorose aufwiesen, hatte 3309 C den meisten Erfolg. Die Reblausfestigkeit ist hoch, die Kalkverträglichkeit mittel, und die Sorte eignet sich besser für feuchte als für trockenheitsgefährdete Böden. Die Bewurzelungs- und Veredelungseigenschaften sind gut, und daher hat sich diese Unterlagsrebe weit verbreitet.

R. E. S.

Galet, P., *Précis de viticulture* (4. Aufl., Montpellier, 1983).
—und Morton, L. T., *A Practical Ampelography* (Ithaca, N.Y., und London, 1979).
Hardie, W. J., und Cirami, R. M., GRAPEVINE ROOTSTOCKS, in B. G. Coombe und P. R. Dry (Hrsg.), *Viticulture, I: Resources in Australia* (Adelaide, 1988).
Pongracz, D., *Rootstocks for Grape-Vines* (Kapstadt, 1983).
Winkler, A. J., et al., *General Viticulture* (2. Aufl., Berkeley, Calif., 1974).

VEREINIGTE STAATEN siehe USA.

VERGIL (Publius Vergilius Maro; 70–19 v. Chr.) Römischer Dichter und gute, allerdings nicht originäre Quelle über den Weinbau im ROM DER ANTIKE. Wie HORAZ profitierte auch Vergil von der Gunst des Kaisers Augustus, und so ist ein großer Teil seiner Dichtung römischen und italischen Tugenden gewidmet. Die ländlichen Tugenden sind in den *Georgica* behandelt, einem Lehrgedicht über den Ackerbau, das Vergil im Jahr 37 v. Chr. auf Wunsch seines Gönners Maecenas verfaßte. Das zweite der vier Bücher befaßt sich vorwiegend mit Weinbau. Es ist zwar als praktische Anleitung wenig brauchbar, zeichnet aber ein lebendiges und farbenfreudiges Bild vom Dasein des Landmanns und seinen Problemen. Wie HESIOD kommt es auch Vergil auf Moral an; sein Hauptanliegen ist es, die bäuerlichen Tugenden Genügsamkeit, Zufriedenheit und Fleiß zu beschreiben, die einst Rom groß gemacht hatten. Es ist daher nicht überraschend, daß ihm, wie eingehende Vergleiche beweisen, VARRO als Hauptquelle diente, obwohl er ihn nicht namentlich erwähnt. Zwar ist Vergil vom literarischen Gesichtspunkt her der interessanteste Autor, aber eine eigenständige Autorität über den römischen Weinbau stellt er nicht dar. Diesbezüglich sind bei seinen Vorgängern CATO und Varro und den späteren Autoren COLUMELLA und PLINIUS unmittelbarere Informationen zu finden. Erstaunlicherweise beschreibt Vergil die Weinlese nicht eingehend, und er führt auch nur eine schmale Auswahl von fünfzehn der über hundert ANTIKEN REBSORTEN auf, die v. a. durch Columella bekannt sind.

H. M. W. und H. H. A.

Griffin, J., *Latin Literature and Roman Life* (London, 1985).
Johnston, P. A., *Virgil's Agricultural Golden Age: A Study of the Georgics* (Leiden, 1980).

VERKOSTEN oder **Degustation.** Die bewußte Beurteilung der Eigenschaften und Eigenheiten eines Weins (siehe BLINDVERKOSTUNG). Sie ist keinesfalls gleichbedeutend und verläuft nicht unbedingt gleichzeitig mit dem eigentlichen Trinken. Näheres über die idealen Voraussetzungen für die Verkostung und über die formelle Veranstaltung und Durchführung ist unter WEINPROBE zu finden. Hier sollen die Tätigkeiten und Mechanismen näher besprochen werden, die mit der bewußten Wahrnehmung der sinnlichen Eindrücke zusammenhängen, die ein Wein stimulieren kann.

Illustration zu VERGILS *Georgica.*

Verkostung in der Antike

Durch die Existenz eines organisierten Weinhandels im antiken GRIECHENLAND muß eine Klasse spezialisierter WEINHÄNDLER entstanden sein. Für sie und für allgemeine Weinkenner war eine besondere Fähigkeit der Verkostung erforderlich, und die Griechen hatten ein eigenes Wort für den Weinverkoster und seine Kunst, nämlich *oinogeustes/oinogeustiké.* Die erste Bekundung dieser Aktivität geschieht durch das bereits im 4. Jh. v. Chr. anzutreffende entsprechende Verb, das «Wein verkosten» bedeutet.

Hinweise auf professionelle Degustatoren sind außerordentlich selten; einer findet sich in einem Beleg aus dem 3. Jh. n. Chr. aus dem römischen Ägypten (*Oxyrhynchus Papyrus* 3517). Darin heißt es: «Der Weinverkoster hat den Wein aus Euböa für ungeeignet erklärt.»

Der aufschlußreichste Text stammt von Florentinus, einem Autor im 3. Jh. n. Chr., der (in den *Geoponica* 7.7) die folgenden Ratschläge gibt:

«Wann und wie Wein zu verkosten ist. Von Florentinus. Manche verkosten Wein, wenn der Wind im Norden steht, weil dann die Weine unverändert und ungestört bleiben. Erfahrene Trinker ziehen es vor zu verkosten, wenn der Wind aus dem Süden kommt, weil dies die größte Wirkung auf den Wein tut und seine Natur enthüllt. Man sollte nicht verkosten, wenn man hungrig ist, weil dann der Geschmackssinn abgestumpft ist, auch nicht nach reichlichem Trinken oder einem großen Mahl. Auch sollte man nicht verkosten, wenn man Speisen mit scharfem oder sehr salzigem Geschmack oder etwas anderes genossen hat, was den Geschmackssinn stark beeinflußt, sondern man sollte möglichst leicht gegessen haben und frei von Verdauungsbeschwerden sein.»

Die Fortsetzung dieser Ratschläge, soweit sie beim Verkaufen von Wein beherzigt werden sollten, ist unter WEINHÄNDLER zu finden. N. G. W.

Geschmackswahrnehmung

Der größte Teil dessen, was normalerweise als Geschmackssinn bezeichnet wird, ist eigentlich dem Geruchssinn zuzuschreiben. Von der Richtigkeit dieser Feststellung kann man sich ohne weiteres überzeugen, wenn man sich beim Essen oder Trinken die Nase zuhält oder wenn man daran denkt, wie stark man «den Appetit verliert», wenn man einen Schnupfen hat, der die Nase verstopft. Das menschliche Gehirn nimmt Gerüche und Aromen über den Riechkolben wahr, der über vielleicht tausend verschiedene in der Nase verteilte, jeweils für eine kleine Gruppe von Aromen empfindliche Rezeptoren versorgt wird. Diesen gehen die Informationen in der Hauptsache durch die Nasenlöcher zu, aber auch durch den Nasen-Rachen-Raum, eine Verbindung in der hinteren Mundhöhle (deshalb nimmt der gesunde Mensch auch dann noch Geschmacksempfindungen wahr, wenn die Nase zugehalten wird). Der Geruchssinn des Menschen ist sehr aufnahmefreudig (allerdings nicht so scharf ausgebildet wie bei manchen Tieren). Der normale Mensch nimmt gewisse Substanzen schon in Konzentrationen von 1 : 10 000 wahr, erkennt sie und prägt sie dem Gedächtnis ein. Ein schwacher Duft kann eine vor Jahren im Gedächtnis gespeicherte Szene unmittelbar wieder in die Erinnerung zurückrufen. Die große Zahl der Rezeptoren hilft uns dabei, die rund 10 000 Gerüche zu unterscheiden, die der Mensch wahrzunehmen imstande ist.

Das Vermögen, Geschmack mit dem Mund zu empfinden, ist viel beschränkter. Der Tastsinn nimmt PERLENBILDUNG, TEMPERATUR, VISKOSITÄT und die von TANNINEN ausgelöste trockene Empfindung auf der Innenseite der Wangen wahr. Die Zunge verfügt über bestimmte Geschmacksrezeptoren, die sogenannten Geschmacksknospen, die aber nur die vier primären Geschmacksinhalte süß, sauer, bitter und salzig unterscheiden können. Ganz generell gesprochen sind diese Geschmacksknospen jeweils auf ganz besimmte Geschmacksempfindungen spezialisiert, so

Auch VERKOSTUNG verlangt ernstes Studium.

beispielsweise diejenigen an der Zungenspitze auf Süße, die am Rand der Zunge auf Säure, die am Zungengrund auf Bittergeschmack und die am vorderen Rand besonders auf Salzigkeit (allerdings bestehen hierin von einem Menschen zum anderen beträchtliche Unterschiede). Nun enthalten die meisten Weine zwar Mineralsalze, aber nur sehr wenige Weine schmecken salzig, weil die Salze in ihnen in viel geringeren Konzentrationen vorhanden sind als SÜSSE und SÄURE, die im Wein zwei der stärksten Geschmacksinhalte ausmachen. Daher kann beim Verkosten die Zungenspitze die wahrnehmbare Süße eines Weins feststellen, die nicht unbedingt mit seiner RESTSÜSSE bzw. seinem Restzuckergehalt übereinstimmen muß. Die seitlichen Zungenpartien reagieren bei den meisten Menschen am ausgeprägtesten auf Säure, und zwar so ausgeprägt, daß bei einem erfahrenen Verkoster schon der Geruch eines Weins mit kräftiger Säure eine kribbelnde Empfindung seitlich an der Zunge hervorruft. Einige Weine schmecken ziemlich bitter (Bittergeschmack geht oft mit Adstringenz und Tanninen einher); dieser bittere Geschmack wird normalerweise auf der Fläche des Zungengrunds empfunden.

Das Geschmacksempfinden des Munds ist also, wenn man von der äußerst zweckdienlichen Verbindung zum Riechkolben über den Nasen-Rachen-Raum absieht, darauf beschränkt, den Wein «auszumessen», seinen Grad an Süße, Säure, Bitterkeit, Perlenbildung, Temperatur, Viskosität und Tanninen zu beurteilen, nicht aber eigentlich, ihn zu «kosten» oder seinen Geschmack zu empfinden.

Genauso wie das, was üblicherweise Geschmackssinn genannt wird, eigentlich Geruchssinnn ist, so ist auch das, was wir üblicherweise Geschmack nennen, genaugenommen AROMA. Der Begriff GESCHMACK ist als Sammelbegriff für die vom Mund wahrgenommenen «Abmessungen» zu verstehen, doch der wesentliche Charakter oder die Unterscheidungsmerkmale eines Weins (oder von Speisen bzw. Getränken jeglicher Art – denn alles wird in Flüssigkeit und sodann in Dämpfe umgewandelt, die vom Riechkolben wahrgenommen werden können) liegen in seinem Duft, im Aroma, das bei ausgereiften Weinen auch BOUQUET genannt wird. Dieses Aroma setzt sich aus Hunderten, vielleicht Tausenden von GESCHMACKSSTOFFEN zusammen, die in ganz unterschiedlichen Kombinationen und Konzentrationen in verschiedenen Weinen enthalten sind.

Das Verkosten besteht also im allgemeinen darin, möglichst viele dieser Substanzen dazu zu bringen, den Riechkolben zu erreichen und dabei gleichzeitig zu gewährleisten, daß der Wein mit allen Teilen der Mundhöhle in möglichst innige Berührung kommt, damit sie seine «Abmessungen» feststellen können.

Das Verkosten

Der Vorgang des Verkostens oder Degustierens läßt sich generell in drei Stadien einteilen, an denen zuerst das Auge, dann die Nase und schließlich der Mund beteiligt sind (wie aber schon angedeutet, handelt es sich dabei nicht nur um die reine Folge der Prüfung von Aussehen, Geruch und Geschmack).

Auge Die Aufgabe des Auges ist beim Degustieren, zunächst die Klarheit und Farbe des Weins zu beurteilen und das Vorhandensein von KOHLENSÄURE und ALKOHOL zu begutachten (die erstere zeigt sich an Perlen, der letztere an TRÄNEN, die sich beim Schwenken des Glases bilden).

Die Klarheit eines Weins ist natürlich ein Hinweis darauf, in welchem Umfang eine KLÄRUNG vorgenommen wurde, aber auch auf den Zustand des Weins. Viele FEHLER im Wein rufen eine gewisse Trübung hervor. Wenn dagegen Schwebeteilchen in einem Wein zu sehen sind, dann mag das lediglich auf harmlose Ungeschicklichkeit beim SERVIEREN zurückzuführen sein. Erfahrene Verkoster können manchmal die Qualität eines Weins allein durch einen Blick auf seine funkelnde Klarheit und seine subtilen Farbschattierungen beurteilen.

Die Farbe eines Weins – sowohl ihre Intensität als auch die Tönung – bildet bei verdeckten Weinproben einen der potentiell wertvollsten Hinweise. Die Farbintensität läßt sich am besten beurteilen, wenn man direkt von oben in das Weinglas schaut (vorzugsweise auf einen reinweißen Untergrund). Die verschiedenen Rebsorten liefern dunkleren oder helleren Wein: Beispielsweise erbringen Cabernet Sauvignon, Syrah und Nebbiolo besonders tiefrote Weine, Gewürztraminer und Pinot Gris Weißweine mit besonders tiefer Farbe. Intensive Farbe ist bei einem Rotwein aber auch ein Anzeichen für Jugend, lange Maischzeit und dickschalige Trauben, bei Weißwein dagegen manchmal für Alter, eine gewisse OXIDATION und FASSAUSBAU, allerdings nur, wenn keine FASSGÄRUNG vorausgegangen ist.

Auch der Farbton gibt Hinweise; er läßt sich am besten begutachten, wenn man das Glas schräg von sich weggeneigt hält, damit man die verschiedenen Farbschattierungen am Rand der Flüssigkeit beobachten kann – auch hier wiederum vorzugsweise vor einem reinweißen Hintergrund. Beim Rotwein deutet ein bläulicher Anflug auf Jugend, ein orangegelber Schimmer auf Alter (oder Oxidation) hin. Bei Weißwein kann ein sehr heller grüner Schimmer ein Anzeichen für Riesling sein, während ein rötlicher Anflug vermuten läßt, daß der Wein von einer Rebsorte mit rötlichen Trauben stammt, etwa von Gewürztraminer oder Pinot Gris. Näheres hierzu siehe FARBE.

Dieses Stadium der Weinbeurteilung ist – außer wenn es darum geht, einen unbekannten Wein zu identifizieren – meist nur kurz, und wenn die Verkoster Punkte für die verschiedenen Aspekte eines Weins vergeben, kommt es nur selten vor, daß beim Aussehen einmal nicht die maximale Punktzahl erreicht wird.

Nase Wie schon ausführlich dargelegt, ist dies das wichtigste Stadium der Verkostung. Dabei kommt es darauf an, möglichst viele Inhaltsstoffe dazu zu bringen, sich zu verflüchtigen und sich so dem Riechorgan darzubieten (allerdings ist das, was wir dabei wahrnehmen, eigentlich ein AZEOTROPES GEMISCH vieler Inhaltsstoffe und nicht ein individueller Eindruck neben dem anderen). Es ist natürlich wichtig, daß man sich in der richtigen Gemütsverfassung befindet, um die Informationen interpretieren zu können, die der Geruchssinn nun aufnimmt, daher gehört zum Verkosten Konzentration.

Die einfachste Art und Weise, die Verdunstung der flüchtigen Elemente eines Weins zu maximieren, besteht in der Ausnützung von Temperatur und Bewegung. Höhere Temperatur begünstigt die Evaporation, daher liegt die ideale Temperatur beim Verkosten etwas höher als beim SERVIEREN. Allerdings ist es nicht ratsam, Wein zu verkosten, der so warm ist, daß der Alkohol in einem Ausmaß verdunstet, daß er den Duft übertönt. Die ideale Verkostungstemperatur für Rot- und Weißwein liegt deshalb zwischen 15 und 20 °C. Bei dieser relativ hohen Temperatur treten sowohl die Fehler als auch die sonstigen Attribute klar hervor. Verloren geht allerdings die erfrischende Wirkung, doch beim Verkosten liegt der Sinn der Sache ja in der Analyse und nicht wie beim Weintrinken im Genuß. Schaumweine sollten bei der Verkostung etwas kühler sein, damit die Kohlensäure erhalten bleibt.

Noch weiter läßt sich die Menge der Moleküle, die der Wein von sich gibt, dadurch steigern, daß man ihn bewegt und seine Oberfläche vergrößert. Das geschieht vorzugsweise, indem man ihn in einem schalenförmigen Glas mit Stiel (siehe GLÄSER) so schwenkt, daß nichts überschwappt.

Sobald man den Wein auf diese Weise bewegt, sammelt sich das Aroma in der Schale des ja nur zum Teil gefüllten Glases über dem Flüssigkeitsspiegel an und kann nun mit einem bedächtigen Atemzug durch die Nasenlöcher zum Riechorgan befördert werden. (Konzentration ist, wie gesagt, beim ernsthaften Verkosten wesentlich.)

Nun registriert der Verkoster zunächst, ob der Wein frisch und sauber riecht oder ob Nebengerüche auf einen Fehler hinweisen. Die nächste Begutachtung gilt dann der Intensität des Aromas (wenn es ein attraktiver Duft ist, darf er recht intensiv sein). Nun folgt der komplexe, weit schwerer zu beschreibende Teil des Vorgangs: die Wahrnehmung und die Beschreibung der einzelnen Komponenten des Aromas bzw. des Buketts, wie man das Aroma nennt, wenn es die Komplexität angenommen hat, die mit reifem Alter verknüpft ist. Näheres hierzu siehe WEINANSPRACHE.

Abgesehen von den Komponenten, die aus den Trauben selbst stammen, kann das Aroma auch allgemeine Hinweise auf die Weinbau- und Weinbereitungsmethoden geben. BLÄTTERALDEHYDE lassen erkennen, daß die Trauben nicht voll ausgereift waren. Eichenfaßausbau gibt sich durch einen gewissen HOLZGESCHMACK zu erkennen. Ein Duft von Gewürzen oder Toast kann ein Anzeichen für die ANRÖSTUNG sein, die dem Faß zuteil geworden ist. Das Aroma von tropischen Früchten deutet darauf hin, daß der Gärprozeß sehr lang und kühl verlaufen ist. Diacetyl – ein Geruch nach Butter und anderen Molkereiprodukten – ist ein untrügliches Zeichen für MALOLAKTISCHE SÄUREUMWANDLUNG. Das Thema ist viel zu komplex für eine eingehendere Behandlung an dieser Stelle, doch die drei nachstehend genannten Bücher geben hierzu wertvolle Aufschlüsse.

Wenn nun der Wein im Glas einer sanften LÜFTUNG ausgesetzt wird, gibt er mit der Zeit noch andere Duftinhalte von sich. Der weltberühmte Degustator Michael BROADBENT beispielsweise hat Aufzeichnungen darüber gemacht, wie sich der Geschmack eines Weins in Abhängigkeit von der Zeit im Glas verändert, indem er festhielt, wie lange nach dem Ausschenken er die einzelnen Notizen machte. Die meisten guten Weine scheinen sich mit der Zeit zum Besseren zu entfalten und dann allmählich nachzulassen. Bei der Blindverkostung ist allerdings meist der erste Eindruck der genaueste, und durch mehrfache Wiederholung des Riechvorgangs lassen sich selten neue Ansichten gewinnen.

Mund Im Hinblick auf das Aroma bestätigt der «Geschmack» – im engeren Sinn der Mund oder der Gaumen bzw. die Zunge – mit Hilfe der durch den Nasen-Rachen-Raum zum Riechkolben gelangenden Dämpfe gewöhnlich nur die Eindrücke, die schon von der Nase wahrgenommen wurden. Viele Verkoster schlürfen über den Schluck Wein, den sie in den Mund genommen haben, etwas Luft ein, um diesen Vorgang zu begünstigen (und werden oft der damit verbundenen Geräusche wegen bespöttelt).

Die Hauptfunktion des Mundes besteht beim Verkosten ja darin, nicht so sehr den Charakter als vielmehr die Dimensionen eines Weins durch Begutachtung der Süße, der Säure, des Bittergeschmacks, der Viskosität und des Tanningehalts auszuloten. Die Beobachtung der Kombination aus Süße, Viskosität und Wärmeempfindung gibt einen guten Hinweis auf den vermutlichen Alkoholgehalt des jeweiligen Weins, denn das ÄTHANOL verursacht im Mund eine gewisse brennende Empfindung. Es ist dabei durchaus zweckmäßig, den Mund gut mit Wein zu bespülen, damit alle vorhandenen Geschmacksrezeptoren mit ihm in Berührung kommen – ein weiterer Grund, weshalb das Weinverkosten für Außenstehende einen lächerlichen, zuweilen abstoßenden Eindruck machen kann.

Nachdem der Weinverkoster den Wein «gekaut» und den Dämpfen Gelegenheit gegeben hat, durch den Nasen-Rachen-Raum aufzusteigen, beweist er nun durch mehr oder weniger demonstratives SPUCKEN, daß er sich nur seiner Pflicht und nicht dem Alkohol widmet, denn in der Kehle sitzen sowieso keine Geschmacksrezeptoren. Schließlich beobachtet der Verkoster noch, wie lange die Eindrücke, die der Wein vermittelt hat, nach dem Ausspucken oder Hinunterschlucken im Mund anhalten.

Folgerungen Das vielleicht wichtigste Stadium ist das nun folgende vierte: das gedankliche Analysieren der empfangenen Eindrücke. Hierzu gehört vor allem die Überlegung, ob die vom Mund ermittelten Dimensionen des Weins AUSGEWOGENHEIT zu erkennen geben, aber auch die Begutachtung der Verweildauer oder NACHHALTIGKEIT des Nachgeschmacks – zwei Faktoren, die wichtige Indikatoren für Qualität darstellen. Außerdem soll ein feiner Wein über den gesamten Verkostungsprozeß hinweg erfreuliche sinnliche Eindrücke vermitteln.

Für die Beurteilung der Ausgewogenheit ist Erfahrung erforderlich. Junge Rotweine, die für eine längere Entwicklung bestimmt sind, befinden sich in vielen, allerdings seltener werdenden Fällen allen objektiven Kriterien nach durchaus nicht im Gleichgewicht. Bei ihnen sind die Tannine noch sehr ausgeprägt und verursachen einen eher unangenehmen herb-bitteren Geschmackseindruck, auch wenn man daraus folgern darf, daß der betreffende Wein sich lange halten wird. (Die Bereitung von Rotweinen, bei denen die Tannine nicht stark im Vordergrund stehen, damit sie sich sowohl für eine lange Reifezeit eignen als auch in der Jugend schon Genuß gewähren, ist heute ein Hauptanliegen der Kellertechnik.) Gleichermaßen herrscht in jungen deutschen Weinen die Säure oft aggressiv vor, und dennoch sagt die Erfahrung, daß sie für einen Riesling in bester Qualität unerläßlich ist, damit er die ihm zukommenden zehn bis zwanzig Jahre Entfaltungszeit in der Flasche übersteht. (Es wird auch die Auffassung vertreten, daß in einem solchen Wein ein merklicher Gehalt an SCHWEFELDIOXID aus demselben Grund durchaus akzeptabel ist.)

Berufsmäßige Verkostung umfaßt normalerweise auch das Führen von entsprechenden **Probiernotizen**, meist eingeteilt nach den vier oben beschriebenen Punkten. Gelegentlich – insbesondere bei PRÄMIERUNGEN – geht auch eine Bewertung durch Vergabe einer jeweils vorher nach einer bestimmten Skala festgelegten Zahl von Punkten einher. (Siehe auch WEIN IN ZAHLEN und WEINBEURTEILUNG.)

Verkostungen zum reinen Vergnügen, wie jeder Weinliebhaber sie vornimmt, wann immer er eine Flasche öffnet, erfordern allerdings nichts weiter als einen Augenblick Konzentration und einen aufgeschlossenen Sinn.

Broadbent, M., *Weine prüfen, kennen, genießen* (6. Aufl., Bern, 1995).
Peynaud, É., *Die hohe Schule für Weinkenner* (Zürich, 1984).
Rankine, B., *Tasting and Enjoying Wine* (Adelaide, 1990).

VERMEHRUNG Die Reproduktion von Pflanzen auf geschlechtlichem oder ungeschlechtlichem Weg. Geschlechtliche Vermehrung erfolgt durch Samen über die Kombination von zwei getrennten Chromosomensätzen, der eine im männlichen Pollen und der andere in der weiblichen Eizelle in der Samenanlage; durch ihre Verschmelzung bei der Befruchtung entsteht ein Individuum mit von den Elternpflanzen verschiedenen Genen. Die ungeschlechtliche oder vegetative Vermehrung geschieht ohne Samen unter Benützung von vegetativen Teilen einer Elternpflanze, die zur Bildung von Wurzeln und Trieben angeregt werden. Die Nachkommen sind in diesem Fall mit der Elternpflanze identisch. Näheres über Mikrovermehrung siehe GEWEBEKULTUR.

Siehe auch GESCHLECHTLICHE VERMEHRUNG, VEGETATIVE VERMEHRUNG und ABSENKER. B. G. C.

VERMENTINO Attraktive, aromatische Weißweinrebsorte; sie wird verbreitet in Sardinien, Ligurien, in geringerem Umfang in Korsika und zunehmend im Languedoc-Roussillon angebaut, wo sie in vielen Appellationen, u. a. im weißen Côtes du Roussillon, neuerdings als Zutat zugelassen ist. Es wird angenommen, daß sie mit der im Osten der Provence seit langem unter dem Namen ROLLE kultivierten Traubensorte identisch ist, die wiederum in Nordwestitalien als Rollo bezeichnet wird. In KORSIKA heißt sie gelegentlich auch Malvoisie de Corse, und manche Experten vermuten, daß sie mit der MALVASIA-Familie verwandt ist. In Korsika ist Vermentino die meistangebaute Weißweinrebsorte, und sie beherrscht die AC-Weißweine der Insel. In Sardinien wird die Traube mit Absicht früh gelesen, damit eine kräftige Säure erhalten bleibt. Sie bringt trotzdem lebendige, charaktervolle Weine hervor.

Die Gesamtanbaufläche von Vermentino in Italien beläuft sich auf 4000 ha.

VERNACCIA Name für mehrere, nicht miteinander verwandte italienische Rebsorten, meist für Weißwein, manche aber auch für Rotwein. Es gibt sie im Norden des Landes (VERNATSCH ist die deutsche Form von Vernaccia), in den MARCHE als **Vernaccia di Serrapetrona** mit perlendem, aromatischem Wein und in SARDINIEN als Traube für den fast SHERRY-ähnlichen süßen **Vernaccia di Oristano**. Die angesehenste Form ist VERNACCIA DI SAN GIMIGNANO, eine Sorte, die wiederum nicht mit **Vernaccia di Cagliari** in Sardinien verwandt ist, wie die Studien von Professor Liuzzi in Cagliari Anfang der 1930er Jahre ergeben haben.

Der Name ist so verbreitet, weil er auf denselben Ursprung wie das Wort *vernacolo* (einheimisch) zurückgeht. Im Mittelalter kommen Weine mit der Bezeichnung Vernaccia, manchmal auch «Vernage», in den Büchern von Londoner Kaufleuten vor, womit allerdings so gut wie jede beliebige Art von Wein gemeint gewesen sein kann – zu jener Zeit war Latein auch im Handel noch eine gemeinsame Sprache. Vernaccia wurde damals in Ligurien und der Toskana verbreitet produziert (siehe auch GENUA, ITALIEN und TOSKANA.)

VERNACCIA DI SAN GIMIGNANO Ausdrucksvoller trokkener Weißwein von der Lokaltraube VERNACCIA, die vermutlich aber mit anderen Vernaccia-Sorten nicht verwandt ist. Sie wird auf den auf Sandstein basierenden Böden um die vieltürmige Stadt San Gimignano in der Provinz Siena (TOSKANA) kultiviert. In den Archiven von San Gimignano finden sich urkundliche Belege über Vernaccia bereits aus dem Jahr 1276.

Im März 1966 erhielt der Vernaccia di San Gimignano als erster Wein in Italien den DOC-Status zuerkannt und wurde damit vor dem scheinbar unvermeidlichen Aussterben bewahrt: Die Dalmasso-Kommission hatte den Wein im Jahr 1832 als Kuriosität abgetan, und nach dem 2. Weltkrieg wurde die Rebe immer seltener, als in der Gegend vor allem TREBBIANO und MALVASIA angepflanzt wurden. Seit dem Ende der 1960er Jahre hat der Wein nun wieder einen gewissen Erfolg, weil er sich der in der Toskana üblichen neutralen Weißweinmischung von Trebbiano und Malvasia doch weit überlegen zeigt.

In Bestform hat er saftige, erfrischende Art und einen attraktiv bitteren Nachgeschmack. Trotz seiner erneuten Popularität und einiger Versuche mit AUSBAU in kleinen Fässern bleibt er doch in Qualität und Preis bescheiden. Auf lange Sicht könnte seine Bedeutung selbst in der Heimat schwinden, da inzwischen führende Erzeuger in San Gimignano mit seriösen Rotweinen, die auf dem hier seit jeher angebauten SANGIOVESE beruhen, aber auch mit internationalen Rebsorten wie CABERNET SAUVIGNON und CHARDONNAY durchschlagende Erfolge erzielen. D. T.

VERNATSCH Deutscher Name der schlichten Rotweinrebsorte SCHIAVA.

VERONELLI, LUIGI (* 1926) Einflußreichster Kenner und Kritiker in Sachen Speisen und Wein, seit er 1956 die Zeitschrift *Il Gastronomo* gründete und für die großen Tageszeitungen, Wochenzeitschriften und das italienische Fernsehen RAI zu arbeiten begann. Als Kind einer wohlhabenden

VERMEHRUNG der populären Chardonnay-Rebe in Marlborough, Neuseeland.

Mailänder Familie mit breit fundierter europäischer Kultur war Veronelli von Anbeginn offen frankophil eingestellt und ein großer Bewunderer des französischen Systems der APPELLATIONS CONTRÔLÉES mit genau umschriebenen CRUS, die er in seinen vielen Büchern über den Wein seiner Heimat auch für Italien durchzusetzen versuchte. Mit polemischer Grundeinstellung und romantisch-anarchistischen Überzeugungen trat er stets für die Sache der kleinen Bauern ein und war ein besonders scharfer Gegner des DOC-Systems, das seiner Meinung nach nur zugunsten der großen kommerziellen Weinunternehmen des Landes zurechtgebastelt worden ist. Seine Kampagnen gegen das DOC-System trugen ihm in den 1970er und 1980er Jahren die zeitweilige Verbannung aus dem italienischen Fernsehen ein. Auf einer Reise nach Kalifornien zu Beginn der 1980er Jahre wurde er zum enthusiastischen Verfechter der damals in seinem Land noch so gut wie unbekannten BARRIQUE, und er übte mit seiner Arbeit sehr großen Einfluß auf deren Verbreitung in Italien aus.

Lange Zeit war Veronelli das einzige Sprachrohr, durch das die kleinen italienischen Erzeuger Publikumswirkung und kommerzielle Anerkennung erlangen konnten, und ihm ist es zu verdanken, daß die große Mehrzahl der besseren Erzeuger des Landes entdeckt und bekannt wurden. Diese Rolle hat ihm eine Gruppe treuer Freunde und eine ebenso große Gruppe geschworener Feinde eingebracht. Seine Unterstützung hat einer Reihe von Produzenten raschen kommerziellen Erfolg verschafft, indem er erstmals auf ihre Weine aufmerksam machte. Dieser Erfolg hat bei einigen Erzeugern einen noch unbedingteren Einsatz für die Qualität ihrer Produkte, bei anderen aber eine geldgierige Preispolitik bewirkt, mit der sie versuchten, aus Veronellis Hilfe Kapital zu schlagen. Wenn auch seine Karriere von Kontroversen gekennzeichnet war, so kann doch mit Bestimmtheit gesagt werden, daß die heutige Weinszene Italiens ohne ihn nicht das wäre, was sie ist. Der Aufstieg des qualitätsbewußten italienischen WEINBAUS und einer entsprechenden ÖNOLOGIE hätte sich jedenfalls langsamer und in größerer Unsicherheit vollzogen. D. T.

Belfrage, N., *Life beyond Lambrusco* (London, 1984).

VERPACKUNG bedeutet bei Wein natürlich in erster Linie die FLASCHE, aber auch Tüten, Dosen und Kartons haben sich in gewissem Umfang bewährt und durchgesetzt.

VERRIESELN (franz. *coulure*) Eine Form der Schwäche beim FRUCHTANSATZ; kurz nach der BLÜTE fallen die noch kaum 5 mm großen Beeren ab. Zum Teil ist das ein natürlicher und notwendiger Vorgang, weil die Rebe, wenn alle Blüten Beeren ansetzten, unmöglich die vielen Früchte zur Reife bringen könnte. Bei manchen Rebsorten kann jedoch in bestimmten Jahren das Verrieseln so überhandnehmen, daß der ERTRAG stark beeinträchtigt wird. Das kann so weit gehen, daß der Winzer Mühe hat, seinen Lebensunterhalt

Auf einen Baum erzogene VERNACCIA-Rebe mit den Türmen von San Gimignano als Hintergrund.

zu verdienen, und auch das Traubenangebot und damit der Weinpreis können in Mitleidenschaft gezogen werden. Besonders anfällig für Verrieseln sind beispielsweise die Rebsorten GRENACHE, MALBEC, MUSCAT OTTONEL und bestimmte MERLOT-Klone.

Die Ursache des Verrieselns liegt in einer Unausgewogenheit der KOHLEHYDRAT-Versorgung im Pflanzengewebe. Wo diese unzureichend ist, schrumpfen die Stiele, und die Beeren fallen ab. Auch reduzierte PHOTOSYNTHESE, aufgrund schlechter Wetterverhältnisse, verursacht Verrieseln, daher hat länger anhaltendes bedecktes, kaltes und nasses Wetter um die Blütezeit bei manchen Rebsorten oft verheerende Auswirkungen auf den Ertrag *(coulure climatique)*. Verrieseln tritt aber auch ein, wenn die Laubfläche eingeschränkt ist, so daß die verringerte Photosynthese nicht genug Zukker für die Versorgung der Pflanzengewebe produzieren kann. Ungenügende Zuckerversorgung der Pflanze kann außerdem auf allzu kräftigen Wuchs bei warmen Temperaturen zurückzuführen sein, bei denen es zu hoher RESPIRA-

TION kommt. Weitere Ursachen des Phänomens sind sehr fruchtbare Böden, Überdüngung, insbesondere mit STICKSTOFF, starkwüchsige VEREDELUNGSUNTERLAGEN und zu strenger REBSCHNITT (siehe AUSGEWOGENER REBSCHNITT).

Der Winzer kann wenig tun, um Verrieseln zu verhindern. Es besteht nicht immer die Möglichkeit, dafür unempfindliche Rebsorten anzupflanzen, denn oft sind für einen bestimmten Weinstil spezifische Rebsorten erforderlich. Die KLONENSELEKTION kann eingesetzt werden, um bei bestimmten Sorten die Anfälligkeit für Verrieseln zu reduzieren, so beispielsweise bei Merlot und Malbec. TRIEBAUSDÜNNUNG und vor allem TRIEBSPITZENKAPPUNG zum geeigneten Zeitpunkt können das Verrieseln vermindern, weil dadurch die Konkurrenz zwischen den stark wachsenden Triebspitzen und den noch kleinen Beeren um Nährstoffe in der Pflanze abnimmt. Später Rebschnitt ist ebenfalls zweckdienlich, weil der auf diese Weise verzögerte AUSTRIEB die Aussichten auf günstige Witterung zur Blütezeit verbessert. Bestimmte WUCHSREGULATOREN können durch Verringerung des Triebspitzenwachstums einen Rückgang des Verrieselns bewirken. R. E. S.

Galet, P., *Précis de viticulture* (4. Aufl., Montpellier, 1983).
Huglin, P., *Biologie et écologie de la vigne* (Paris, 1986).

VERSCHLÜSSE Behälter mit Wein müssen gut verschlossen werden, um die schädliche Berührung mit SAUERSTOFF gering zu halten. Die Verschlüsse selbst haben sich im Lauf der Entwicklung erstaunlich wenig verändert. KORKEN sind seit über zwei Jahrhunderten, vermutlich sogar noch länger, die wichtigsten Verschlüsse für Weinflaschen.

Geschichte

Schon in der Antike war Kork in GRIECHENLAND bekannt; dort wie in ÄGYPTEN wurde mit viel Sorgfalt darauf geachtet, AMPHOREN mit Wein luftdicht zu verschließen. Römische Autoren wie CATO im 2. Jh. v. Chr. weisen darauf hin, daß Weinkrüge nach Beendigung der Gärung mit Kork und Pech verschlossen werden müssen. Anscheinend aber hat sich der Gebrauch von Kork für diesen Zweck bis ins frühe Mittelalter nicht fortgesetzt, möglicherweise weil die Hauptlieferquelle für Kork im Süden der Iberischen Halbinsel lag, den die Mauren im 8. Jh. erobert hatten. Aus mittelalterlichen Abbildungen geht hervor, daß Fässer gewöhnlich mit Holzstopfen verschlossen wurden, wobei oft auch ein Stück Stoff zwischen Stopfen und Faß eingelegt wurde, um bessere Abdichtung zu gewährleisten. Pech und Wachs wurden häufig als zusätzliche Schutz- und Dichtmittel benutzt. In der langen Zeit, während deren Wein hauptsächlich im FASS gelagert und aus ihm gezapft wurde, waren solche SPUNDE in verschiedenen Ausführungen die gebräuchlichsten Verschlüsse.

Die Entwicklung der Glasflasche im 17. Jh. erforderte neue Verschlußmethoden. Zunächst wurden speziell für jede Flasche geschliffene Glasstopfen benutzt, die an der Flasche, zu der sie gehörten, festgebunden werden mußten. Diese Methode hielt sich bis weit in das 19. Jh. hinein; bei Karaffen und DEKANTIERGEFÄSSEN ist sie heute noch üblich. Allerdings waren diese Stopfen ziemlich kostspielig, und daher setzte sich ab dem Beginn des 17. Jh. der Korken als gebräuchlichster Flaschenverschluß durch. Der KORKENZIEHER wurde als wichtiges Werkzeug unentbehrlich. Die ersten Korken waren nicht ganz in die Flasche eingepreßt, dennoch war es stets schwierig, sie zu entfernen. Erst als am Ende des 17. Jh. der Korkenzieher in der heutigen Form entwickelt war, konnte der Flaschenkorken ganz in den Flaschenhals eingetrieben werden. P. T. H. U.

Johnson, H., *Hugh Johnsons Weingeschichte* (Bern, 1990).
Simon, A. L., *Bottlescrew Days: Wine Drinking in England during the 18th Century* (London, 1926).

Moderne Verschlüsse

Die moderne Technik bietet eine Reihe von Alternativen zum traditionellen Korken, und mit jeder Flasche, bei der man sich über KORKGESCHMACK ärgert, wächst das Interesse an ihnen, zumal sie meist auch billiger sind als Kork. Verlangt wird lediglich, daß sie einwandfrei dicht sitzen, daß ihr Material sich dem Wein gegenüber neutral verhält, daß sie leicht zu entfernen und kostengünstig herzustellen sind. Allerdings haben sich bei der langfristigen FLASCHENALTERUNG nur wenige Verschlüsse so gut bewährt wie der Korken, und darüber hinaus hängt der Weinliebhaber doch sehr am alten Ritual des Korkenziehens.

Der **Plastik-«Korken»** kommt dem Wunsch des Weinliebhabers, sich mit dem Korkenzieher zu betätigen, entgegen und nutzt dabei zugleich ein synthetisches Material ohne die feinen Poren, in denen sich Schimmelpilze festsetzen können. Sein Nachteil ist, daß es unter Umständen noch schwieriger ist als beim natürlichen Korken, ihn aus der Flasche zu ziehen, und daß er sich als geeigneter Verschluß für langfristige Lagerung noch nicht bewährt hat.

Die **Schraubkappe** stellt einen brauchbaren, billigen Verschluß für kurze und mittlere Dauer dar. Sie hat vor dem Aufsetzen auf die Flasche kein Gewinde, sondern erhält es erst durch Aufpressen, so daß ihr Gewinde genau zu der jeweiligen Flasche paßt. Durch Druck von oben wird dabei die Dichtung auf die Flaschenmündung gepreßt und bleibt so ausreichend luftdicht. Die aus korrosionsfreiem Metall, meist aus Aluminiumlegierung hergestellte Schraubkappe besitzt eine eingepreßte Korkdichtung, die auf der mit dem Wein in Berührung stehenden Seite mit einem reaktionsneutralen Material beschichtet ist. Sie hat den großen Vorteil, daß kein Hilfsmittel gebraucht wird, um sie abzunehmen, und daß sie sich auch ohne weiteres wieder anbringen läßt. Allerdings kann die Schraubkappe anders als der Korken nicht für Flaschen verwendet werden, bei denen das Glas an der Mündungsoberfläche nicht einwandfrei glatt ist. Die Schraubkappe selbst ist viele Jahre haltbar (Weißweine wurden unter ihr schon mindestens zehn Jahre lang frisch gehalten), doch auch sie muß sich in den Augen traditionsverhafteter Weinliebhaber bei der langfristigen Lagerung von Wein erst noch als dem Korken gleichwertig bewähren. Obwohl sie nicht wie der Korken Unebenheiten an der Flaschenmündung ausgleichen kann, hat das Australian Wine Research Institute in ADELAIDE doch mit der sogenannten Stelvin-Kappe um die Mitte der 1970er Jahre ausgedehnte und erfolgreiche Versuche durchgeführt.

Der von Bier- und Sprudelflaschen her längst vertraute metallene **Kronkorken** hat sich auch für die langfristige Lagerung von Wein als höchst zuverlässig erwiesen (siehe auch Helmut BECKER) und stellt einen außerordentlich billigen und leistungsfähigen Verschluß für Wein jeglicher Art dar. Viele Weinfreunde empfinden ihn jedoch – vermutlich wegen seiner Verknüpfung mit ihrer Ansicht nach minderwertigen Getränken – vor allem beim SERVIEREN feiner Weine in vornehmen Restaurants als völlig unzumutbar.

Allerdings findet der Kronkorken fast überall als Verschluß für Schaumweinflaschen während der Flaschengärung und der an sie anschließenden Lagerzeit Anwendung; das DEGORGIEREN macht nämlich größere Schwierigkeiten, wenn ein richtiger Korken als Verschluß dient.

Experimente haben auch mit vielen anderen Verschlüssen stattgefunden, doch noch immer sind alle Chancen offen für einen Verschluß, der eine echte Alternative zu einem Stück Baumrinde darstellt.

Siehe auch KAPSEL.

VERSCHMUTZUNGEN Luftverschmutzung entsteht durch Industrieabgase und -staub, Auspuffgase und AGROCHEMIKALIEN und beeinträchtigt Weinreben in vielen Teilen der Welt. Die häufigsten Verschmutzungsstoffe sind Fluorwasserstoff, Schwefeldioxid und OZON, in bestimmten Gegenden auch Phenoxy-Herbizide, z. B. 2,4-D (siehe AUXINE), die auf andere Feldfrüchte in der Nachbarschaft ausgebracht werden.

Es ist nachgewiesen worden, daß Ozon fleckenartige Verletzungen auf der Blattoberfläche hervorrufen kann. Die Rebsorten zeigen hierfür unterschiedliche Empfindlichkeit; besonders anfällig sind Carignan, Grenache und Palomino. Fluorwasserstoff mindert in vielen Gegenden den Ertrag von Weinbergen. Das Laub nimmt hohe Konzentrationen an Fluorid auf, das jedoch nicht in die Frucht transportiert wird. Für diese Verschmutzungart ist Mourvèdre besonders empfindlich, Carignan dagegen erweist sich als tolerant.

R. E. S.

Pearson, R. C., und Goheen, A. C., *Compendium of Grape Diseases* (St Paul, Minn., 1988).

Verschmutzungen finden sich auch im Wein als Folge von Luft- oder Wasserverschmutzung, RÜCKSTÄNDEN aus der Weinbergbehandlung, ungenügender HYGIENE im Kellereibetrieb, Unkenntnis oder WEINPANSCHEREI UND -VERFÄLSCHUNG.

Von allen diesen Ursachen ist wohl Unkenntnis am verzeihlichsten, weil der Umfang dessen, was als Verschmutzung angesehen wird und meßbar ist, mit den raschen Fortschritten der Wissenschaft und der Meßmethoden immer mehr zunimmt. Längst ist beispielsweise erkannt, daß BLEI, das von den Römern absichtlich dem Wein zu seiner Verbesserung zugesetzt wurde, ein gefährliches Nervengift darstellt. CARBAMINATE andererseits gelten erst seit dem Ende der 1980er Jahre als Verschmutzungen.

Verschmutzung durch mangelhafte Hygiene in Kellereibetrieben kommt heutzutage nur noch äußerst selten vor. Andere Verschmutzungen sind dagegen nur schwer zu verhindern. Die Weinerzeuger gehen inzwischen mit den verschiedenen AGROCHEMIKALIEN zunehmend behutsamer um. Orthen, ein zu Beginn der 1980er Jahre verbreitet angewendetes Fungizid, das zunächst bei der Weinbereitung keine unerfreulichen Auswirkungen zeigte, rief in einer Reihe von Weinen nach mehreren Jahren FLASCHENALTERUNG einen unangenehmen Geruch hervor. Viele deutsche Weine aus der Zeit von Anfang bis Mitte der 1980er Jahre, insbesondere aus dem Jahrgang 1983, waren hiervon betroffen. Das Weingut Château Phélan-Ségur in ST-ESTÈPHE, ein berühmtes CRU BOURGEOIS, vernichtete seinen gesamten Ertrag der Jahrgänge 1984 und 1985 wegen Verschmutzung mit Orthen. Insbesondere die amerikanischen Behörden haben bei importierten Weinen regelmäßige strenge Prüfungen auf Spuren bestimmter, neuerdings in Verdacht geratener Verschmutzungsstoffe eingeführt, z. B. auf Procymidon aus Rückständen von Agrochemikalien.

Im Weingewerbe wie in jeder anderen kommerziellen Tätigkeit gibt es – allerdings immer seltener – auch Missetäter. Zum Glück sind nur sehr wenige der Substanzen, deren Beimischung zum Wein für skrupellose Erzeuger eine Versuchung darstellt (z. B. Sorbitol und Glycol), wirklich schädlich. Eine Ausnahme hiervon bildete der schreckliche Vorfall, als den Weinen eines italienischen Erzeugers im Jahr 1987 tödliche Dosen Methylalkohol beigemischt wurden.

VERSCHNEIDEN Verschneiden bedeutet in der Weinbereitung das Mischen von Weinen zum Zweck der Verbesserung. Ein häufiger Vorgang dieser Art ist das Zusetzen von SÜSSRESERVE zum Süßen oder Mildern von Wein mit sehr kräftiger SÄURE. Älterer Wein wird gelegentlich jüngerem zugesetzt, um diesem mehr Komplexität zu verleihen; seltener kommt es vor, daß junger Wein einem älteren beigemischt wird, um diesen aufzufrischen (siehe auch ASSEMBLAGE).

A. D. W.

VERSCHNITT (franz. *coupage*) Der Begriff hat bei vielen Weinliebhabern keinen guten Klang, obwohl das ihm entgegengebrachte Mißtrauen vielfach auf unzulänglichem Verständnis der Zusammenhänge beruht. Fast alle feinsten Weine der Welt sind Verschnitte, denn sie entstehen durch

Mischen des Inhalts verschiedener Fässer oder Tanks (siehe auch ASSEMBLAGE). Champagner und Sherry sind von Natur aus Verschnitte. Wie zahlreiche, mit größter Sorgfalt durchgeführte Experimente bewiesen haben, kommt es häufig vor, daß ein Verschnitt weit besser ist als jeder seiner Bestandteile.

Seinen dubiosen Bedeutungsinhalt erlangte das Wort Verschnitt vor der Mitte des 20. Jh., als es Weingesetze entweder noch nicht gab oder ihre Durchsetzung noch mangelhaft war. Damals herrschte die ungute Praxis, besseren Wein durch Beimischen von schlechterem zu «strecken» (siehe WEINPANSCHEREI). Das Verschneiden, also Mischen von verschiedenen Posten ein und desselben Weins, wie es heute allgemein gehandhabt wird, um maximale und einheitliche Qualität zu gewährleisten, war vor der Verfügbarkeit großer Verschnittanks nicht möglich. Vor dieser Zeit wurde der Mischvorgang beim Abfüllen aus verschiedenen Fässern vorgenommen, woraus sich auch die in älteren Jahrgängen viel stärkeren FLASCHENABWEICHUNGEN ohne weiteres erklären.

Heutzutage werden beim Verschneiden, das sowohl in der Erzeugung von feinem als auch von alltäglichem Wein üblich ist, gegebenenfalls Weine mit unterschiedlichen, jedoch einander ergänzenden Charakteristiken miteinander gemischt: Beispielsweise können stark von der Eichenholzwürze neuer Fässer geprägte Weine durch Beimischen von nicht so stark damit behafteten Posten desselben Weins aus anderen Fässern gedämpft werden. Weine, die der MALOLAKTISCHEN SÄUREUMWANDLUNG unterzogen wurden, können mit säuerlich-frischeren verschnitten werden, die diesen Prozeß nicht durchgemacht haben. Bei einfachen Tischweinen dient das Verschneiden weitgehend dem Ausgleich von Unterschieden zwischen einem Jahrgang und seinem Nachfolger. Diese Praktiken sind jedoch auch in der Erzeugung feiner Weine nicht unbekannt, ob sie nun von den jeweiligen Bestimmungen gedeckt sind oder nicht. In vielen Gegenden erlauben diese Bestimmungen jedoch ohne weiteres die Beimischung eines gewissen Anteils eines Weins aus einem anderen Jahrgang selbst dann, wenn ein bestimmter Jahrgang auf dem Etikett angegeben ist, und manchmal trifft das auch für die Beimischung von Wein aus einer anderen Gegend oder von einer anderen als der auf dem Etikett angegebenen Rebsorte zu.

Auf dem durch Wettbewerb und Qualitätsbewußtsein geprägten Weinmarkt liegt die Motivation für das Verschneiden weit häufiger in der Verbesserung des Produkts als in der Täuschung des Verbrauchers.

Die eifrigsten Verschneider sitzen vermutlich in AUSTRALIEN. Dort wird oft Wein oder Traubengut aus drei verschiedenen Weinbauregionen, die möglicherweise viele hundert Kilometer voneinander entfernt liegen, miteinander verschnitten, um Erzeugnisse zu erzielen, die nach australischen Maßstäben QUALITÄTSWEIN darstellen. Hierin klaffen Unterschiede in der grundsätzlichen Einstellung zwischen Australien und den Behörden der EUROPÄISCHEN UNION, doch um die Mitte der 1990er Jahre wurde ein Kompromiß gefunden, der die Einfuhr solcher Weine nach Europa ermöglicht.

Näheres über die für die SHERRY-Erzeugung charakteristische besondere Verschnittechnik ist unter SOLERA nachzulesen.

VERTICILLIUM-WELKE PILZKRANKHEIT, die bei bis dahin scheinbar gesunden Reben plötzlich Welkeerscheinungen hervorruft. Der Erreger, der Pilz *Verticillium dahliae*, lebt im Boden und befällt neue Weinpflanzungen. Meist werden junge Reben infiziert, die sich aber oft wieder erholen. Eine Bekämpfung gibt es nicht, es bleibt nichts weiter übrig, als befallene Weinbergböden zu meiden. R. E. S.

VERTIKALDRAHTRAHMEN Ein überall in der Welt verbreitet eingesetztes REBENERZIEHUNGSSYSTEM, bei dem die Triebe im Sommer senkrecht nach oben gezogen und durch an den Pfosten befestigte Heftdrähte in dieser Lage gehalten werden. In vielen Anlagen werden zwei Paar Heftdrähte verwendet, und die Triebe werden oben und seitlich so zurückgeschnitten, daß ein sauberes, heckenartiges Aussehen entsteht. ZAPFENSCHNITT und FRUCHTRUTENSCHNITT sind möglich. Das UNTERSTÜTZUNGSSYSTEM wird vor allem im Elsaß, in Deutschland, in Osteuropa und Neuseeland bei einer Stammhöhe von etwa 1 m und relativ geringer Pflanzdichte benutzt. In den Weinbergen von Bordeaux, Burgund und der Champagne werden die Triebe ebenfalls senkrecht aufgeheftet, die Stammhöhe ist aber wesentlich geringer.
R. E. S.

VERUNREINIGUNGEN Eine auf weniger als 100 % Reinheit destillierte Spirituose jeglichen Ursprungs enthält zahlreiche unterschiedliche Stoffe, die im Alkohol Verunreinigungen darstellen. Je geringer der ALKOHOLGEHALT des Destillats ist, desto mehr Anteile des Ausgangsmaterials sind noch darin enthalten. Bei ARMAGNAC, der in Destillierapparaten älteren Typs auf etwas mehr als 50 % Alkohol gebrannt wird, beträgt der Anteil maximal knapp über 2 %.

Diese Verunreinigungen sind es jedoch, die den besonderen Charakter der jeweiligen Spirituose ausmachen, und daher sind sie auch für den Verbraucher von besonderem Interesse. Hieraus ergibt sich der Anspruch, ein angenehmes Gleichgewicht anzustreben, wobei möglichst viele aromatische Verunreinigungen erhalten bleiben sollen, während möglichst viele unerwünschte ausgeschieden werden. Die Aufgabe des Brenners wird noch dadurch erschwert, daß es sich bei diesen Verunreinigungen um die unterschiedlichsten Substanzen handelt, u. a. ALDEHYDE, PHENOLE und mehr oder minder aromatische ESTER. In einem frischen Destillat – ob Whisky oder Weinbrand – können bis zu 150 verschiedene Verunreinigungen vorliegen, und durch die Lagerung in Holzfässern kommen als Resultat von OXI-

DATION und Reaktionen zwischen dem Destillat und den Holzkomponenten – v. a. TANNINEN und Ligninen – weitere 200 hinzu.

Verunreinigungen sind in Spirituosen und aufgespriteten Weinen zwar nur in winzigen Konzentrationen vorhanden, tragen aber in rätselhafter, bisher kaum erforschter Weise zur Qualität und Wirkung des Endprodukts bei – und vermutlich auch zu den unangenehmen Nachwirkungen, dem sogenannten Kater. N. F.

VESPAIOLA In der Region VENETO (Nordostitalien) angebaute Weißweinrebsorte; ihr Name geht angeblich darauf zurück, daß sie mit ihren süßen Trauben die Wespen anlockt. Der berühmteste Wein der Sorte ist der süße Torcolato aus BREGANZE, in dem sie jedoch mit Tocai und Garganega verschnitten wird, wobei die Technik des Vortrocknens der Trauben wahrscheinlich die wichtigste Komponente darstellt (siehe WEIN VON ROSINIERTEN TRAUBEN).

VESPOLINA Ertragsschwache Rotweinrebsorte; sie ist fast ausschließlich in der Gegend um GATTINARA in der Region PIEMONT (Norwestitalien) bekannt und demzufolge dort wahrscheinlich auch heimisch. Sie wird gewöhnlich mit NEBBIOLO, gelegentlich auch im Beisein von BONARDA Piemontese, verschnitten und darüber hinaus im OLTREPÒ PAVESE in der benachbarten LOMBARDEI angebaut, heißt dort aber Ughetta.

Anderson, B., *Atlas der italienischen Weine* (Bern, 1990).

VEUVE CLICQUOT-PONSARDIN Champagnerhaus, das durch seine Gründerin – die erste der großen Champagnerwitwen – ebenso berühmt geworden ist wie durch seine Erzeugnisse. Nicole Barbe Ponsardin (1777–1866) heiratete 1798 François Clicquot, einen Weinbergbesitzer in der Champagne. Die Hochzeit fand in einem Champagnerkeller statt, denn die Kirchen waren nach der Französischen Revolution noch nicht wieder geweiht. François starb 1805 und hinterließ seiner Frau das Unternehmen, das sie in Veuve Clicquot-Ponsardin umbenannte. Die Witwe steuerte das Haus mit viel Geschick durch die Turbulenzen des 1. und 2. Empire, trotzte Napoleons Blockade gegen Weinlieferungen nach Rußland und fand Absatzmärkte an praktisch jedem Fürstenhof Europas. Ihr, der «Grande Dame» des Champagners, gebührt das Verdienst an der Erfindung des Rüttelverfahrens (REMUAGE), für das sie eines ihrer Möbelstücke zum Umbau in das erste Rüttelpult der Welt opferte. Sie entwarf auch das berühmte gelbe Etikett, das noch heute die Flaschen mit dem JAHRGANGSLOSEN Champagner des Hauses ziert. Nach ihrem Tod ging das Unternehmen an ihren vormaligen Teilhaber, den ebenfalls sehr geschäftstüchtigen Édouard Werlé, über, und es blieb im Besitz der Familie Werlé, bis es 1987 an die Moët-Hennessy-Louis-Vuitton-Gruppe (siehe LVMH) verkauft wurde. Der Stil des Hauses beruht auf Pinot Noir vorwiegend aus Bouzy, wo das Unternehmen über großen Weinbergbesitz verfügt. Die PRESTIGE CUVÉE von Clicquot heißt – wie könnte es anders sein – La Grande Dame. 1990 erwarb das Haus Mehrheitsbeteiligungen an dem Weinbaubetrieb Cape Mentell in WESTERN AUSTRALIA sowie an CLOUDY BAY in Neuseeland. S. A.

Crestin-Billet, F., *Veuve Clicquot, la grande dame de la Champagne* (Grenoble, 1992).

VICTORIA Der im Weinbau drittbedeutendste Bundesstaat AUSTRALIENS.

1854 kam Hubert de Castella aus der Schweiz nach Victoria und war dort die führende Gestalt im goldenen Zeitalter des Weinbaus bis zum Jahr 1890, als Victoria allein die Hälfte der Weinerzeugung Australiens bestritt. Er schrieb mehrere Bücher; das berühmteste war *John Bull's Vineyard,* ein Loblied, in dem es heißt, Victoria könne England allen Wein liefern, den es je brauche. Statt dessen machte das Zusammenwirken von REBLAUS und veränderter Landnutzung, gewandeltem Konsumverhalten und dem 1. Weltkrieg den Hunderten von Weinbergen und Weinbaubetrieben in der sehr kühlen Südhälfte Victorias den Garaus.

Nord East Victoria mit **Rutherglen** und **Milawa** wurde zum Brennpunkt des Weinbaus; dort entstanden verschiedene aufgespritete Weine und Tischrotweine, wobei sich die letzteren von den ersteren oft kaum unterschieden. An erster Stelle unter den aufgespriteten Weinen standen und stehen noch heute die berühmten LIQUEUR MUSCAT und Liqueur Tokay (oder kurz Muscat und Tokay), Weine in einem einzigartigen Stil und mit außerordentlicher Geschmackskonzentration, die teils auf angewelkten Trauben und teils auf der unbewußten Nachahmung der *estufas* von MADEIRA durch langen FASSAUSBAU in Wellblechschuppen beruht.

Weitere Vorposten, die ebenfalls überlebten, waren **Great Western** (mit den Firmen Seppelt und Bests), das mittlere **Goulburn Valley** (Château Tahbilk) und im Nordwesten das **Riverland** (Mildara). Von dem um die Mitte der 1950er Jahre erreichten Tiefpunkt, als nicht einmal mehr dreißig Weinbaubetriebe bestanden, hat sich der Weinbau in Victoria inzwischen so weit erholt, daß seine Landkarte, bevölkert von fast zweihundert Weinbaubetrieben, wieder so aussieht wie im 19. Jh.

Melbourne ist heute umringt vom **Yarra Valley**, der **Mornington Peninsula, Geelong, South Gippsland** und **Macedon**. Über siebzig Weinbaubetriebe kommen hier in den Genuß eines Klimas, das kühler ist als in Bordeaux, entweder durch den Einfluß großer HÖHE oder maritimer Verhältnisse. PINOT NOIR und CHARDONNAY sind die vorherrschenden Rebsorten und bringen hier Weine der Weltklasse zustande. Auch CABERNET SAUVIGNON, CABERNET FRANC und MERLOT gedeihen gut, insbesondere im Yarra Valley.

Die Schaumweinkellerei Seppelt in Great Western im australischen Bundesstaat VICTORIA.

Central Victoria erstreckt sich ostwärts von **Drumborg** im äußersten Westen und umfaßt Great Western, die **Pyrenees, Bendigo** (mit Ballarat) und das Goulburn Valley. Mit Ausnahme des besonders kühlen Drumborg (wo der große Weinbergbesitz von Seppelt besonders der Schaumweinherstellung gewidmet ist) sind alle diese Gebiete durch Rotwein bekannt, insbesondere durch SHIRAZ. Interessanterweise kann diese Rebsorte Weine hervorbringen, die an Pfeffer und andere Gewürze (und damit an das Rhône-Tal) erinnern oder nach Eukalyptusminze schmecken (und damit den berühmten Martha's Vineyard im NAPA Valley in Kalifornien in die Schranken fordern), doch stets sind dunkle Beerenfrucht und reichliches TANNIN mit beteiligt.

Der Murray River schlängelt sich über 500 km weit als Grenzfluß zwischen Victoria und Neusüdwales dahin. Hier befinden sich im Riverland größere Weinbaugebiete bei Echuca, Swan Hill, Robinvale und vor allem Mildura. Karadoc östlich von Mildura beherbergt die Firma Lindemans und mit ihr die größte Weinkellerei Australiens, die bis zu 50 000 t Traubengut im Jahr verarbeitet – mehr als jeder Weinbaubetrieb in Frankreich. Merbein ist Sitz von Mildara; weitere große Erzeugerbetriebe sind Sunnycliffe, Alambie und die zu BRL-HARDY's gehörende Kellerei Buronga (auf der anderen Seite des Murray River in Neusüdwales). Lindemans gibt hier mit einer der größten Chardonnay-MARKEN der Welt den Ton an: Bin 65, einem in 15 000-l-Tanks bereiteten Wein. J. H.

VIDAL Weißweinrebsorte, eine französische HYBRIDREBE, besser bekannt als **Vidal Blanc** oder **Vidal 256**. Sie ist eine von J. L. Villard gezüchtete Kreuzung von UGNI BLANC mit einer der SEIBEL-Elternreben von SEYVAL BLANC. Angebaut wird sie in beschränktem Umfang im Osten der USA, wo sie wie in KANADA besonders wegen ihrer Winterhärte und ihrer süßen Spätlesen geschätzt ist.

VIDIGEIRA Stadt in Südportugal; die örtliche Winzergenossenschaft erwirbt sich mit ihren Weinen einen guten Ruf. Siehe ALENTEJO.

VIEILLES VIGNES franz. «alte Reben». Der Ausdruck wird gern auf Weinetiketten angebracht, und zwar in der Hoffnung, der Weinliebhaber wisse, daß hohes REBENALTER mit großer Qualität einhergeht – zumindest in der Alten Welt.

Es gibt allerdings kaum wirksame Kontrollen über den Gebrauch des Ausdrucks und auch wenig Einmütigkeit darüber, wie alt Reben sein müssen, um diese Auszeichnung zu verdienen. BOLLINGER benutzte als einer der ersten Erzeuger den Begriff für die Produkte von Reben, die nie auf reblausfeste Unterlagen gepfropft wurden.

VIGNA ital. WEINBERG, Lage; der **vignaiolo** ist der Winzer.

VIGNE franz. Rebe. Der **vigneron** ist der Winzer, und **vignoble** heißt Weinberg – der Ausdruck wird in Frankreich aber auch für ein ganzes Anbaugebiet gebraucht.

Vigneron ist angeblich von *vigne ronde* abgeleitet, was ungefähr bedeuten soll, daß der Winzer seine Reben auch hegt und pflegt – in dem moderneren Wort *viticulteur* scheint dies nicht in demselben Maß zum Ausdruck zu kommen. In vielen Gegenden außerhalb Frankreichs gilt als *vigneron*, wer in irgendeiner Form mit Wein zu tun hat.

VILANA Auf der Insel Kreta beheimatete und meistangebaute Weißweinrebsorte. Sie liefert die delikatesten Exemplare des dort produzierten trockenen weißen Peza (siehe auch GRIECHENLAND).

VILA NOVA DE GAIA Der portugiesischen Stadt PORTO gegenüber am DOURO gelegene enge Vorstadt mit gepflasterten Straßen; hier wird PORTWEIN traditionsgemäß gereift. Vom Flußufer steigen lange, schmale, LODGES genannte Lagerhäuser in Stufen am Berghang empor. Unter den Ziegeldächern lagern die Handelshäuser ihre Portweinbestände und führen VERKOSTUNGEN, das VERSCHNEIDEN, die ABFÜLLUNG und den Verkauf durch. Bis 1986 verlangte das Gesetz, daß aller für den Export bestimmte Portwein aus diesem genau umgrenzten (und leicht zu überwachenden) Lagerhausviertel ausgeliefert werden mußte. Heute darf Portwein von jedem beliebigen Punkt des Anbaugebiets am Douro aus versandt werden, und dadurch haben sich die Exportmärkte auch für kleine Firmen, Quintas und Winzergenossenschaften geöffnet, die über kein Anwesen in Vila Nova de Gaia verfügen. R. J. M.

VILLAGES Häufig anzutreffendes Anhängsel an AC-Namen in Frankreich. Ein so bezeichneter Wein muß aus einer oder mehreren Gemeinden der im voranstehenden Namen der APPELLATION CONTRÔLÉE stammen, deren Erzeugnisse als höherwertig im Vergleich mit allen übrigen Weinen des betreffenden AC-Bereichs gelten; siehe z. B. BEAUJOLAIS, MÂCON oder Côtes-du-RHÔNE.

VILLAGE-WEINE Ein vor allem in Burgund gebräuchlicher Begriff für Wein, der für eine APPELLATION CONTRÔLÉE qualifiziert ist, die den Namen des Orts oder der Gemeinde trägt, wo dieser Wein entsteht. Village-Wein bildet in Burgund nach GRAND CRU und PREMIER CRU die dritthöchste Rangstufe und steht um eine Sproße höher als Weine, die sich lediglich für eine regionale AC qualifizieren.

VILLARD Sammelname für die meistangebauten FRANZÖSISCHEEN HYBRIDREBEN, meist Mitglieder der großen SEYVE-VILLARD-Gruppe.

Seyve Villard 12.375 entspricht in Frankreich Villard Blanc; Seyve Villard 18.315 entspricht Villard Noir, der in ganz Frankreich von der nördlichen Rhône bis Bordeaux angebauten und wegen ihrer Widerstandsfähigkeit gegen FALSCHEN MEHLTAU geschätzten Rebsorte. Villard Blanc erbringt etwas schmackhafteren Wein, allerdings ist der Most schwer zu verarbeiten. Beide Sorten sind sehr ertragreich und waren früher so beliebt, daß ihre Bestände in Frankreich 1968 rund 30 000 ha Villard Noir und 21 000 ha Villard Blanc betrugen (damit stellten sie die fünft- bzw. sechstmeist angebaute Rot- bzw. Weißweinrebsorte dar).

Dank der Bemühungen der Behörden sowie großzügiger Prämien für die Rodung dieser Sorten gingen die Bestände in zwanzig Jahren auf 2500 ha bzw. 4600 ha zurück, und bis zur Jahrhundertwende werden die Villards beider Farbschattierungen fast ganz ausgerottet sein. Besondere Anhänglichkeit an die Villard-Sorten zeigen die Winzer in den Départements Tarn und Ardèche.

Andere in Frankreich früher stark verbreitete Hybridreben waren BACO, CHAMBOURCIN, COUDERC, PLANTET und weitere Mitglieder der Rebenfamilien Seibel und Seyve-Villard.

Siehe auch FRANZÖSISCHE HYBRIDREBEN.

VIN franz. Wein. **Vin blanc** ist Weißwein, **vin rosé** Roséwein, **vin rouge** Rotwein, **vin mousseux** Schaumwein. **Vin ordinaire** siehe VIN DE TABLE; **vin biologique** siehe ORGANISCHER WEIN; **vin blanc cassis** siehe KIR.

VIÑA span. WEINBERG, Lage.

VIN DE GARDE Ausdruck für Wein, der für lange FLASCHENALTERUNG bestimmt ist.

VIN DÉLIMITÉ DE QUALITÉ SUPÉRIEURE siehe VDQS.

VIN DE LIQUEUR Starkes, süßes Getränk, hergestellt durch Beimischen von WEINGEIST zu weißem bzw. rotem Traubenmost, und zwar vor Beginn der Gärung, so daß die resultierenden Getränke einen Alkoholgehalt von 16–17 %, jedoch keine sekundären Gärungsprodukte wie GLYZERIN oder BERNSTEINSÄURE aufweisen. Der Begriff wurde von den Behörden der EUROPÄISCHEN UNION (jedoch nicht in diesem Buch) auf alkoholangereicherte Weine allgemein ausgedehnt.

Die wichtigsten Vertreter dieser manchmal auch *mistelles* genannten französischen Spezialitäten sind der PINEAU DES CHARENTES aus der Cognac-Region und sein Pendant aus

Armagnac, der FLOC DE GASCOGNE. Ein weiterer Vin de Liqueur, dem neuerdings eine eigene APPELLATION CONTRÔLÉE zuerkannt wurde, ist der MACVIN aus dem Jura, der durch Beimischen des in der Gegend gebrannten MARC zu Traubenmost hergestellt wird und daher kräftig nach TRESTERSCHNAPS schmeckt. Vin de Liqueur ist meist hellgolden, in den betreffenden Erzeugungsgebieten sind jedoch auch milde, fruchtige Roséversionen von Pineau und Floc anzutreffen. Von VIN DOUX NATUREL unterscheidet sich Vin de Liqueur dadurch, daß die Alkoholbeimischung früher erfolgt, die so entstehenden Getränke also stärker vom beigemischten Alkohol beherrscht sind und dementsprechend schmecken. Muscat de FRONTIGNAN fällt manchmal auch in diese Kategorie. In vielen Weinbaugebieten gibt es eigene Versionen dieses starken, süßen, leicht zu bereitenden Aperitifs: In der Champagne heißt er Ratafia, an der Rhône Rinquinquin, im Languedoc Cartagène; dort, wo keine festen Vorschriften für die Bereitung bestehen, entspricht die Bereitungsart jedoch eher dem Vin Doux Naturel. Wie bei diesem ist es auch für alle Vins de Liqueur zu empfehlen, sie kühl zu servieren. In der geöffneten Flasche dürften sich Produkte dieser Art gut eine Woche halten, ohne ihren Wohlgeschmack einzubüßen.

VIN DE PAILLE (franz. Strohwein) Kleine Gruppe stets sehr teurer, aber oft ganz köstlicher, langlebiger süßer Weißweine. Im wesentlichen handelt es sich um eine Unterkategorie der WEINE VON ROSINIERTEN TRAUBEN, denn die dafür bestimmten Trauben werden auf Strohmatten getrocknet. Aus Cyrus REDDINGS Katalog der am Anfang des 19. Jh. produzierten Weine geht hervor, daß es damals weit mehr Vin de Paille gab als heute; den größten Eindruck machte ihm der «Ermitage-paille» (von HERMITAGE), er hatte aber auch im JURA, im ELSASS und in Corrèze Vin de Paille entdeckt. Um etwa dieselbe Zeit arbeiteten auch Winzer in Rust (ÖSTERREICH) mit dieser Technik.

Heute ist die Produktion dieser Rarität im wesentlichen auf besonders reife Jahre und auf die gewissenhaftesten Erzeuger von Hermitage, ARBOIS, gelegentlich auch L'ÉTOILE und Côtes de Jura, beschränkt. Im 20. Jh. wurde lange Zeit kein Vin de Paille mehr in Hermitage erzeugt. Erst 1974 belebte Gérard Chave die Technik wieder mit nicht spätgelesenen, fäulefreien Marsanne-Trauben, die auf dem Dachboden auf Stroh getrocknet wurden, und seither sind CHAPOUTIER und andere seinem Beispiel gefolgt (im Haus Chapoutier gibt es Livingstone-Learmonth zufolge noch alten, aber gut erhaltenen Hermitage-Vin-de-Paille aus dem Jahr 1848). Die Mostausbeute ist von getrockneten Trauben natürlich nur sehr gering, doch der resultierende Wein ist außerordentlich üppig; er wird stets in halbe Flaschen abgefüllt.

Im Jura werden die SAVAGNIN-, POULSARD- oder Chardonnay-Trauben übrigens zum Trocknen meist aufgehängt und nicht auf Strohmatten ausgelegt. Der vorgeschriebene potentielle Mindestalkoholgehalt ist 18 % (in Hermitage dagegen 14 %). Die Trauben werden meist um Weihnachten gepreßt, wobei 100 kg nicht einmal 20 l Most ergeben. Im Jura reift der Vin de Paille mehrere Jahre im Faß, weist anschließend oft einen natürlichen ALKOHOLGEHALT von 15 % auf und eignet sich für lange FLASCHENALTERUNG.

Im Elsaß werden inzwischen in beschränktem Umfang neue Experimente mit Vin de Paille gemacht; da hierbei nicht die Entwicklung von EDELFÄULE abgewartet werden muß, bietet sich dieser Weinstil interessierten Winzern für Versuche an.

Livingstone-Learmonth, J., *The Wines of the Rhône* (3. Aufl., London, 1992).

VIN DE PAYS franz. Landwein. Diese Bezeichnung wurde für eine Zwischenkategorie der Weinqualität gewählt, die 1973 geschaffen und 1979 formell festgelegt wurde, und zwar als Anerkennung und Ermutigung für die Erzeugung von Weinen, die deutlich besser sind als der einfache VIN DE TABLE und mindestens theoretisch das Gepräge einer regionalen Identität tragen. Inzwischen sind über 140 Vins de Pays entstanden, die sämtlich eine geographische Bezeichnung führen, in der sich die Prinzipien des Systems der APPELLATIONS CONTRÔLÉES (AC) spiegeln (siehe Karte Seite 1244/45). Ein Vin de Pays darf nicht mit gebietsfremdem Wein verschnitten sein, darf nur in beschränkten Mengen entstehen und muß von genau festgelegten Traubensorten produziert sein; er muß einen bestimmten Mindestalkoholgehalt erreichen, einer Geschmacksprüfung unterzogen werden und aus einem fest umgrenzten Gebiet stammen. 1993 wurde mehr als ein Fünftel aller französischen Weine im Rahmen eines Vin de Pays auf den Markt gebracht.

In vielen Gegenden wird dem Winzer die Wahl zwischen der Erzeugung von AC-Wein oder von Vin de Pays leichtgemacht, denn vielfach liegen die Erträge nach den AC-Vorschriften zu hoch, oder aber es befinden sich im Bestand Rebsorten, die zwar nach den örtlichen Bestimmungen für den Vin de Pays, nicht aber für den AC-Wein zulässig sind (wie es oft bei neuen oder importierten INTERNATIONALEN REBSORTEN der Fall ist). Im allgemeinen darf Vin de Pays von ERTRÄGEN bis 90 hl/ha produziert werden, während die AC-Vorschriften lediglich 50 hl/ha zulassen.

Der Vin de Pays gliedert sich in drei Gruppen:

Vier Bezeichnungen fallen in die regionale Gruppe: Vin de Pays d'Oc aus dem LANGUEDOC, Vin de Pays du Jardin de la France von der LOIRE, Vin de Pays du Comté Tolosan für den größten Teil SÜDWESTFRANKREICHS und Vin de Pays des Comtés Rhodaniens für ARDÈCHE, BEAUJOLAIS, JURA, SAVOYEN und die nördliche RHÔNE.

Die zweite Gruppe umfaßt vierzig departementale Bezeichnungen, d. h., die Weine sind nach den jeweiligen französischen Verwaltungsbezirken benannt, z. B. Vin de Pays de l'Hérault, Vin de Pays de Loire-Atlantique, Vin de Pays de Tarn-et-Garonne oder Vin de Pays de l'Ardèche (hierbei handelt es sich um Départements innerhalb der oben genannten Regionen).

Weitere hundert tragen lokalspezifische Bezeichnungen, d. h., die Namen beziehen sich auf historische oder geographische Merkmale, z. B. Vin de Pays des Coteaux de Murviel, Vin de Pays des Marches de Bretagne, Vin de Pays des Coteaux du Quercy oder Vin de Pays des Coteaux de l'Ardèche (hierbei handelt es sich um lokalspezifische Namen innerhalb der oben genannten Département-Vins-de-Pays).

Einige dieser lokalspezifischen Namen werden praktisch nicht benutzt, einige kleinere Bereiche wurden von einzelnen Handelshäusern zum Zweck der kommerziellen Exklusivität entwickelt, und andere sind außerhalb des Ursprungsgebiets unbekannt. Die Namen haben auch in vielen Fällen keine Beziehung zur Geographie, dagegen haben sich historische Benennungen als nützliche Quelle für die jeweiligen örtlichen Stellen erwiesen, deren Auftrag es war, Bezeichnungen zu finden, die nicht mit den Namen schon bestehender AC- oder VDQS-Bereiche in Konflikt geraten. (Die französischen Behörden achten sehr darauf, daß der Unterschied zwischen den Vins de Pays und Weinen, die den vollen AC-Status zuerkannt bekommen, gewahrt bleibt.) Manche Lokalnamen sind allerdings zu schwierig für Exportzwecke, wenn man bedenkt, daß im Ausland sogar oft genug schon Unsicherheit über die richtige Schreibweise des Begriffs Vin de Pays besteht. Beispielsweise dürfte der Vin de Pays des Coteaux du Crésivaudan außerhalb von Savoyen nicht sehr häufig namentlich verlangt werden, während der im Südwesten formulierte Name Vin de Pays des Terrasses et Coteaux de Montauban doch übertrieben pendantisch erscheint.

Andere Benennungsbeispiele lassen dagegen wahre Geistesblitze erkennen. Das Image von Korsika spiegelt sich schön in dem Namen Vin de Pays de l'Île de Beauté, und die Loire erscheint in dem Namen Jardin de la France noch anziehender, als sie sowieso schon ist; demgegenüber betonen die Namen der Vins de Pays aus dem Roussillon die ethnischen Besonderheiten der Region: Vin de Pays Catalans und Vin de Pays des Côtes Catalans.

In gewissem Umfang wird roter und weißer Vin de Pays PRIMEUR produziert und jedes Jahr am dritten Donnerstag im Oktober in den Handel gebracht (damit haben sie vor dem Beaujolais NOUVEAU einen ganzen Monat Vorsprung).

Den größten Erfolg außerhalb Frankreichs haben die Vins de Pays zu verzeichnen, die unter dem Namen von Rebsorten auftreten. Dieses Konzept, das vom INAO, von der Behörde also, die dem AC-System vorsteht, mit größtem Mißbehagen betrachtet wird, gibt aber dem Verbraucher praktisch die einzige Möglichkeit an die Hand, einen Wein zu kaufen, der einerseits französisch ist und andererseits einen vertrauten Namen, beispielsweise Chardonnay, Sauvignon Blanc, Merlot oder Cabernet Sauvignon, trägt (allerdings inzwischen oft auch einen weniger vertrauten wie Marsanne, Terret oder Viognier). So mancher Nichtfranzose dürfte sich von einem Chardonnay als Vin de Pays d'Oc wesentlich eher angezogen fühlen als von einem AC-Pendant mit einem ihm nicht so bekannten Namen, etwa St-Romain oder Bugey. Die Hochachtung vor den Worten «Appellation Contrôlée» ist ein französisches Phänomen. Der Vin de Pays aber feiert besonders große Erfolge in Deutschland und Großbritannien.

Die größte Bedeutung kommt übrigens dem Vin de Pays d'Oc zu – der Hauptquelle Frankreichs für Weine unter Rebsortennamen. Etwa 85 % aller Vins de Pays stammen aus dem Languedoc-Roussillon, aus der Provence und von der südlichen Rhône. Weitere 6 % kommen von der Loire. Der Vin de Pays stellt auch eine zweckmäßige Art und Weise dar, die Weinüberschüsse jener Regionen an den Mann zu bringen, die auf die Weinbrandproduktion spezialisiert sind. Der frische, trockene weiße Vin de Pays des Côtes de Gascogne war zu Beginn der 1980er Jahre in der ARMAGNAC-Region ein kommerzieller Rettungsanker; das Pendant aus der COGNAC-Region heißt Vin de Pays Charentais.

Von zehn Flaschen Vin de Pays entfallen sieben auf Rotwein, zwei auf Rosé und eine auf Weißwein. Alles in allem lagen die Preise für Vin de Pays in den 1980er Jahren unter denen der AC-Weine, und das zu Recht, denn sie sind manchmal im Geschmack etwas dünn. Erzeuger aber legen inzwischen in ihren Weinbereitungstechniken größten Ehrgeiz an den Tag, und so entsteht mancher Vin de Pays heute bei niedrigen Erträgen durch kostspielige FASSGÄRUNG oder durch FASSAUSBAU und kommt dann zu recht stolzen Preisen auf den Markt. Führend ist in dieser Hinsicht der Mas de Daumas Gassac, ein international berühmt gewordener Wein, der sich dennoch nur unter der Département-Bezeichnung Vin de Pays de l'Hérault präsentiert.

Die Kategorie Vin de Pays ist besonders wertvoll für Erzeuger, die sich bemühen, abgelegene oder neue Bereiche für den Weinbau zu erschließen. Die mit Schweizer Unterstützung arbeitende Domaine de Ribonnet beispielsweise, die Wein in ambitioniertem Stil in der Gegend südlich von Toulouse produziert, bringt diesen als Vin de Pays de la Haute-Garonne in den Handel.

Atkin, T., *Vins de pays* (London, 1994).
Vins de Pays of France (Paris, 1991).

VIN DE PRESSE franz. PRESSWEIN.

VIN DE SAVOIE siehe SAVOYEN.

VIN DES GLACIERS, auch **Vin du Glacier.** Gletscherwein ist eine Spezialität aus dem Val d'Anniviers bei Sierre im Wallis (SCHWEIZ). Der traditionell von der inzwischen fast verschwundenen Traubensorte Rèze gewonnene Weißwein stammt aus kommunalem Weinbergbesitz und wird in großer Höhe in Fässern gereift, die einmal im Jahr nach einer

FRANKREICH: VIN DE PAYS

LOIRE
(VdP du Jardin de la France)

VdP de département:
1. VdP du Cher
2. VdP des Deux-Sèvres
3. VdP de l'Indre-et-Loire
4. VdP du Loir-et-Cher
5. VdP de la Loire-Atlantique
6. VdP du Loiret
7. VdP du Maine-et-Loire
8. VdP de la Nièvre
9. VdP de la Sarthe
10. VdP de la Vendée
11. VdP de la Vienne

VdP de zone:
12. VdP du Bourbonnais
13. VdP des Coteaux Charitois
14. VdP des Coteaux du Cher et de l'Arnon
15. VdP des Marches de Bretagne
16. VdP de Retz

AQUITAINE – CHARENTES

VdP de département:
17. VdP de la Dordogne
18. VdP de la Gironde
19. VdP des Landes
20. VdP du Lot-et-Garonne

VdP de zone:
21. VdP de l'Agenais
22. VdP Charentais
23. VdP des Terroirs Landais
24. VdP de Thézac-Perricard

MIDI-PYRÉNÉES
(VdP du Comté Tolosan)

VdP de département:
25. VdP de l'Aveyron
26. VdP du Gers
27. VdP de la Haute-Garonne
28. VdP du Lot
29. VdP des Pyrénées-Atlantique
30. VdP du Tarn-et-Garonne

VdP de zone:
31. VdP de Bigorre
32. VdP des Coteaux de Glanes
33. VdP des Coteaux du Quercy
34. VdP des Coteaux Terrassses de Montauban
35. VdP des Côtes de Gascogne
36. VdP des Côtes de Montestruc
37. VdP des Côtes du Condomois
38. VdP des Côtes du Tarn
39. Millau (aufgestuft zu VDQS)
40. VdP de Saint-Sardos

LANGUEDOC-ROUSSILLON
(VdP d'Oc)

VdP de département:
41. VdP de l'Aude
42. VdP du Gard
43. VdP de l'Hérault
44. VdP des Pyrénées-Orientales

KORSIKA

VDP de zone:
45. VdP de l'Île de Beauté

PROVENCE-CÔTE D'AZUR

VdP de département:
46. VdP des Alpes-de-Haute-Provence
47. VdP des Alpes-Maritimes
48. VdP des Bouches-du-Rhône
49. VdP des Hautes-Alpes
50. VdP du Var
51. VdP du Vaucluse

VDP de zone:
52. VdP d'Argens
53. VdP des Maures
54. VdP du Mont-Caume
55. VdP de la Petite Crau
56. VdP de la Principauté d'Orange
57. VdP des Coteaux du Verdon
58. VdP d'Aigues

RHÔNE-ALPES
(VdP des Comtés Rhodaniens)

VdP de département:
59. VdP de l'Ardèche
60. VdP de la Drôme
61. VdP du Puy-de-Dôme

VdP de zone:
62. VdP d'Allobrogie
63. VdP des Balmes Dauphinoises
64. VdP des Collines Rhodaniennes
65. VdP du Comté de Grignan
66. VdP des Coteaux de l'Ardèche
67. VdP des Coteaux des Baronnies
68. VdP des Coteaux du Grésivaudan
69. VdP d'Urfe

NORDOSTEN

VdP de département:
70. VdP de la Côte-d'Or
71. VdP de la Meuse
72. VdP du Bas-Rhin
73. VdP du Haut-Rhin
74. VdP de l'Yonne

VdP de zone:
75. VdP des Coteaux de Coiffy
76. VdP de Franche-Comté

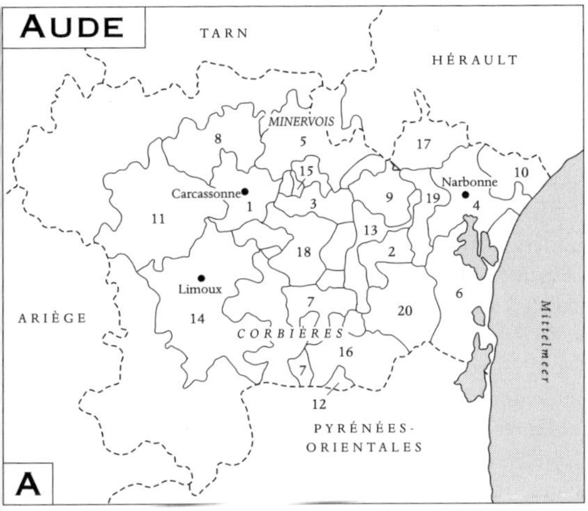

VdP de zone:

1. VdP de la Cité de Carcassonne
2. VdP des Coteaux de la Cabrerisse
3. VdP des Coteaux de Miramont
4. VdP des Coteaux de Narbonne
5. VdP des Coteaux de Peyriac
6. VdP des Coteaux du Littoral Audois
7. VdP des Coteaux du Termenes
8. VdP des Coteaux de Lastours
9. VdP des Côtes de Lézignan
10. VdP des Côtes de Pérignan
11. VdP des Côtes de Prouille
12. VdP de Cucugnan
13. VdP d'Hauterive en Pays d'Aude
14. VdP de la Haute-Vallée de l'Aude
15. VdP des Hauts-de-Badens
16. VdP du Torgan
17. VdP du Val de Cesse
18. VdP du Val de Dagne
19. VdP du Val d'Orbieu
20. VdP de la Vallée du Paradis

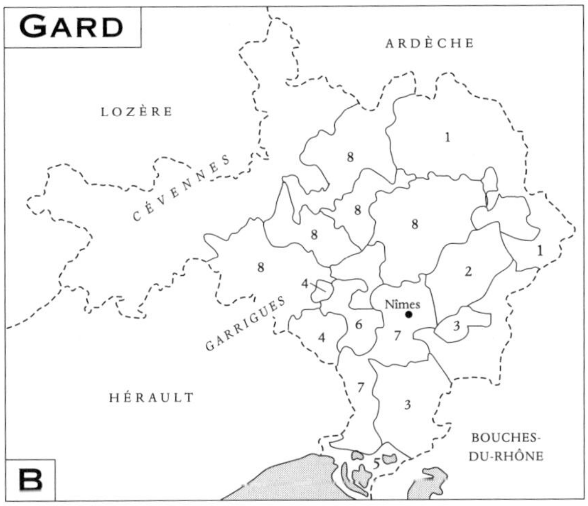

VdP de zone:

1. VdP des Coteaux de Cèze
2. VdP des Coteaux du Pont-du-Gard & VdP Duché d'Uzès
3. VdP des Coteaux Flaviens
4. VdP des Côtes du Vidourle
5. VdP des Sables-du-Golfe-du-Lion
6. VdP de la Vaunage
7. VdP de la Vistrenque
8. VdP des Cévennes

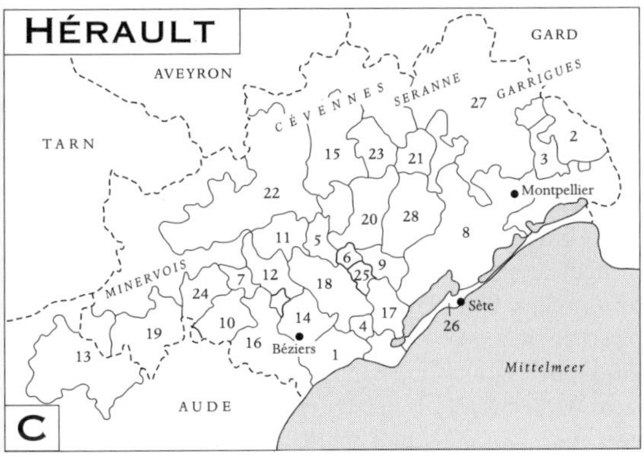

VdP de zone:

1. VdP de l'Ardhailhou
2. VdP de la Bénovie
3. VdP du Bérange
4. VdP de Bessan
5. VdP de Cassan
6. VdP de Caux
7. VdP de Cessenon
8. VdP des Collines de la Moure
9. VdP des Coteaux de Bessilles
10. VdP des Coteaux de Fontcaude
11. VdP des Coteaux de Laurens
12. VdP des Coteaux de Murviel
13. VdP des Coteaux de Peyriac
14. VdP des Coteaux du Libron
15. VdP des Coteaux de Salagou
16. VdP des Coteaux de d'Enserune
17. VdP des Côtes de Thau
18. VdP des Côtes de Thongue
19. VdP des Côtes du Brian
20. VdP des Côtes du Céressou
21. VdP des Gorges de l'Hérault
22. VdP de la Haute-Vallée de l'Orb
23. VdP du Mont-Baudile
24. VdP des Monts de la Grage
25. VdP de Pézenas
26. VdP des Sables-du-Golfe-du-Lion
27. VdP du Val de Montferrand
28. VdP de la Vicomté d'Aumelas

VdP de zone:

1. VdP Catalan
2. VdP des Coteaux de Fenouillèdes
3. VdP des Côtes Catalanes
4. VdP de la Côte Vermeille
5. VdP des Vals d'Agly

Art SOLERA-System aufgefüllt werden. Der so entstehende, bewußt MADERISIERTE Wein ist als Rarität hoch geschätzt.

VIN DE TABLE Auf die französische Form des Tafelweins, d. h. die einfachste Qualitätsstufe, entfielen 1992 23 % des Gesamtertrags – nicht sehr viel mehr als auf VIN DE PAYS, ursprünglich als eine bessere Kategorie von Vin de Table geschaffen, und erheblich weniger als auf die Produktionsmengen von AC-Wein.

Früher wurde der Vin de Table als *vin de consommation courante* (VCC) oder salopper als *vin ordinaire* bezeichnet. Heute handelt es sich meist um leichten Rotwein aus den Teilen des LANGUEDOC-ROUSSILLON, die nicht unter die dortigen APPELLATIONS CONTRÔLÉES fallen. Für Tafelwein gibt es keine Ertragshöchstgrenzen, und die dafür in Frage kommenden Rebsorten sind in den meisten Fällen der ertragreiche CARIGNAN neben ARAMON und ALICANTE BOUSCHET (der Weinbauerhebung von 1988 zufolge unter den meistangebauten Rotweinrebsorten Frankreichs auf dem ersten, sechsten bzw. elften Platz). Auch weißer Vin de Table wird produziert, und in fast allen Gegenden Frankreichs, wo Weinbau betrieben wird, entsteht auch Vin de Table.

Der französische Tafelwein war stets leicht und dünn, seit die Ebenen des LANGUEDOC gegen Ende des 19. Jh. bestockt wurden. Der Rotwein mußte mit dunklerem, alkoholreicherem Wein verschnitten werden, der früher in der Hauptsache aus Algerien importiert wurde und später aus Süditalien und Sizilien kam.

Es gibt einen beträchtlichen ÜBERSCHUSS an Vin de Table, und im Rahmen der Bemühungen der EUROPÄISCHEN UNION, diesem Zustand entgegenzuwirken, wird ein großer Teil zwangsdestilliert. Die für Vin de Table benutzte Rebfläche ist außerdem seit der Einführung des Vin de Pays und durch Räumung schlechterer Lagen unter der Wirkung von RODUNGSPRÄMIEN stark geschrumpft. Die Jahreserzeugung an Vin de Table geht stetig zurück, allgemein aber doch nicht so schnell wie dessen Verbrauch.

Ein großer Teil davon wird in der unmittelbaren Umgebung, als Faßwein zum Verschneiden mit anderem Tafelwein oder an Hersteller von WERMUT, aufgespritetem Wein oder sonstigen Produkten auf Weinbasis verkauft.

VIN DOUX NATUREL Wörtlich übersetzt bedeutet der Begriff natursüßer Wein, er bezeichnet aber eine französische Spezialität, die man sehr wohl als unnatürlich süß ansehen könnte. Die wirklich von Natur aus süßesten Weine enthalten nämlich so viel Traubenzucker, daß die Hefen ihre Bemühungen, diesen Zucker in Alkohol umzuwandeln, schließlich aufgeben müssen und dadurch einen Restbestand an natürlichem Zucker in einem stabilen Wein mit normalem Alkoholgehalt übriglassen (siehe SÜSSWEINBEREITUNG). Der Vin Doux Naturel dagegen entsteht durch MUTAGE, d. h. durch künstliches Abstoppen der Umwandlung des Zuckers in Alkohol, indem nach halb vollendeter Gärung Weingeist zugesetzt und auf diese Weise die Tätigkeit der Hefen lahmgelegt wird, so daß ein besonders starker, süßer Halbwein entsteht, bei dem der Geschmack der Trauben den Weingeschmack übertönt. Als Traubensorten kommen normalerweise MUSCAT und GRENACHE in Frage, und der Alkoholgehalt sollte mindestens 14 % betragen.

Die Griechen, die glücklicherweise von der DESTILLATION noch nichts wußten, verstanden bereits die Kunst der Bereitung von süßem Wein durch Beimischung von konzentriertem Most. Als die Technik der Destillation in Westeuropa aufkam, entdeckte man, daß destillierter Wein, also Weingeist, die Eigenschaft besaß, dem Gärvorgang Einhalt zu gebieten, so daß die von unseren Vorfahren so hoch geschätzte Süße erhalten blieb. Der katalanische Alchimist ARNALDUS DE VILLANOVA, der damals an der blühenden Medizinschule der Universität Montpellier wirkte, vervollkommnete das Verfahren und erhielt 1299 darauf ein Patent vom König von Mallorca, zu jener Zeit Herrscher über das Roussillon, das später zum Zentrum der Produktion von Vin Doux Naturel wurde.

Im übrigen machte dieselbe Technik den vierhundert Jahre später kreierten PORTWEIN so süß und stark, wie wir ihn kennen, und sie liegt auch dem MADEIRA und dem MÁLAGA zugrunde. In allen Fällen wird Alkohol zugesetzt, wenn der Most durch Gärung etwa 6 % Alkoholgehalt erreicht hat, nur macht der zugesetzte Alkhol beim Vin Doux Naturel lediglich 5–10 % des Endvolumens aus, so daß sein Alkoholgehalt meist auf etwas über 15 % kommt, während beim Portwein der zugesetzte Alkohol eher 20 % des endgültigen Volumens darstellt und sein Alkoholgehalt an 20 % heranreicht. Allerdings wird dem Vin Doux Naturel wesentlich stärkerer Alkohol zugesetzt als dem Portwein, nämlich 95prozentiger Weingeist gegenüber dem traditionell zum AUFSPRITEN von Portwein benutzten 77prozentigen Alkohol. Übrigens kann heute der Weingeist für beide aus derselben Lieferquelle stammen, nämlich aus einer der großen französischen Brennereien, die fleißig bemüht sind, den europäischen WEINSEE trockenzulegen. Jedenfalls enthält der Vin Doux Naturel insgesamt weniger Alkohol und auch weniger Wasserzusatz als der Portwein.

Ein junger Vin Doux Naturel schmeckt deshalb – wie Portwein – in diesem Stadium ziemlich schlicht nach Trauben, Zucker und Alkohol (da aber immerhin eine gewisse Gärung stattgefunden hat, verfügt er über eine interessantere Palette an Gärungsprodukten als der VIN DE LIQUEUR). Die von Natur aus aromatische Traube MUSCAT BLANC À PETITS GRAINS eignet sich ganz besonders gut für die Erzeugung von Vin Doux Naturel, der für baldigen Verbrauch gedacht ist (und gut gekühlt sein sollte, um zu Süße und Alkohol ein Gegengewicht zu schaffen). Der bekannteste der goldenen Süßweine, die von dieser feinsten aller Muskatellertrauben bereitet sind, ist seit jeher der Muscat de FRONTIGNAN. Das Languedoc verfügt aber über noch drei weitere Appellations Contrôlées für Vin Doux Naturel: Muscat de LUNEL, Muscat de MIREVAL und – ausnahmsweise weit von der Küste entfernt – Muscat de ST-JEAN-DE-MINERVOIS, dessen Weinberge noch höher liegen als die, aus denen die trockenen Rot-, Rosé- und Weißweine des MINERVOIS kommen. In den 1970er Jahren genoß der ähnliche, oft noch feinere Muscat aus dem Ort BEAUMES-DE-VENISE an den Côtes du Rhône internationalen Ruhm.

Der Muscat de Beaumes-de-Venise kommt dem Nichteinheimischen vielleicht auch eher entgegen als der Wein von RASTEAU, der anderen Appellation für Vin Doux Naturel an der südlichen Rhône; die dort auf der Grundlage von Grenache zum Teil bewußt in RANCIO-Ausführung produzierten schweren roten und gelbbraunen Süßweine haben eher Gemeinsamkeit mit dem zunehmend berühmt werdenden Vin Doux Naturel aus dem Roussillon. Die besten von allen diesen Weinen verdanken jedoch wie feinster Portwein ihren komplexen Geschmack der Alterung, ob im Faß, in der BONBONNE oder gelegentlich in der Flasche. Der größte Name ist BANYULS; er profitiert von erstklassigen Erzeugern und – was in diesem Zusammenhang noch wichtiger ist – ebensolchen *éleveurs* (siehe ÉLEVAGE und AUSBAU). MAURY ist eine kleinere, in den Bergen gelegene Appellation, deren enormes Potential manchmal ausgeschöpft wird, während die umfangreichen Küsten-Appellationen RIVESALTES und Muscat de Rivesaltes sehr große Unterschiede aufweisen und gelegentlich auch über die Schulter angesehen werden. Grand Roussillon ist eine weitgehend nur in der Theorie existierende Appellation für Vin Doux Naturel, die für schlichteren Rivesaltes gilt.

Jahrgangsloser Vin Doux Naturel ist verbreitet, insbesondere unter den Muscats aus dem Languedoc, denen etwas Wein aus dem Vorjahr beigemischt werden darf, um Jahrgangsschwankungen auszugleichen. Im Roussillon ist es dagegen üblich, Alters- und Jahrgangsangaben anzubringen, obschon Vin Doux Naturel meist trinkreif ist, wenn er auf den Markt kommt. Vielen, vor allem den Muscats, tut es gut, wenn sie gekühlt serviert werden, und in der geöffneten Flasche konserviert der Alkohol den Wein mindestens eine Woche lang.

George, R., *French Country Wines* (London, 1990).

VIN DU BUGEY siehe BUGEY.

VIN GRIS Zum Glück kein grauer Wein, sondern lediglich ein ungewöhnlich heller Rosé, der von dunklen Trauben wie Weißwein gekeltert wird und deshalb keine MAISCHUNG durchmacht. Der Begriff *vin gris* unterliegt keinen Regeln und Bestimmungen, außer daß ein **gris de gris** von sehr hellroten Traubensorten stammen muß, die das Wort *gris* als Namensbestandteil tragen, z. B. CINSAUT Gris oder GRENACHE Gris.

In Frankreich ist *vin gris* eine Spezialität an den Côtes de TOUL und einigen Stellen der Loire und wird gewöhnlich von dunklen Trauben ohne Maischung gekeltert, u. a. von Gamay, der dort meist nicht genügend ausreift, um wirklich dunklen Rotwein liefern zu können. Auch im Midi entsteht *vin gris*, insbesondere bei den Salzpfannen der Firma Listel in der Camargue, wo schon eher Vorsicht nötig ist, damit der Wein nur leicht getönt und nicht tief gefärbt wird.

Auch in der Neuen Welt kommt der Begriff gelegentlich vor; dort ist der BLUSH ebenso hell wie ein GRIS, aber oft viel süßer.

Siehe auch SCHILLERWEIN und WEISSHERBST.

VINHO portug. Wein. **Vinho de mesa** ist portugiesischer TAFELWEIN. **Vinho maduro** hat eine mindestens einjährige Reifezeit hinter sich. VINHO VERDE ist ein «grüner», d. h. junger Wein für baldigen Verbrauch.

VINHO VERDE Leichter, säuerlicher, oft perlender und ausgeprägt markanter Wein aus Nordwestportugal; der Name bedeutet «grüner Wein», was aber nur eine Bezugnahme auf das jugendliche Stadium ist, in dem er auf den Markt gelangt. Er wird in der grünen Landschaft an der Küste nördlich von PORTO, der sogenannten Costa Verde, produziert. Die DOC-Region Vinho Verde ist das größte «bestimmte Anbaugebiet» PORTUGALS. Es erstreckt sich vom Vale da Cambra südlich vom DOURO bis zum Minho, der über 130 km weiter nördlich die Grenze zu Spanien bildet. Die regenreichen Westwinde vom Atlantik ermöglichen eine intensive Kultivierung, und daher ist die Landschaft nördlich von Porto eines der am dichtesten bevölkerten ländlichen Gebiete auf der Iberischen Halbinsel. Zur bestmöglichen Nutzung des knappen Bodens werden die Reben hier seit jeher in hohen Lauben erzogen (siehe TENDONE), so daß unter ihnen Platz für andere Feldfrüchte bleibt. Früher wurden sie sogar an hohen Pappeln erzogen, doch diese Form des Weinbaus ist inzwischen weitgehend durch ein kompliziertes Pergola-System ersetzt. Kräftige, bis zu 4 m hohe Granitpfosten tragen rebenbedeckte Spaliere. Dadurch wird nicht nur der Boden gut ausgenützt, die hocherzogenen Reben laufen auch weniger Gefahr, von der GRAUFÄULE befallen zu werden, die sonst in der warmen, feuchten Wachstumsperiode grassiert. Diesen Vorteilen stehen zunehmend Probleme gegenüber, z. B. die Unmöglichkeit der MECHANISIERUNG. Viele größere Erzeuger legen deshalb heute Weinpflanzungen mit niedrigeren Unterstützungssystemen an.

Die DOC Vinho Verde gliedert sich in sechs Unterbereiche, die sich durch das Klima und die jeweils angebauten Weißweinrebsorten voneinander unterscheiden. Das Gebiet um die Stadt Monção an der spanischen Grenze bringt von der ALVARINHO-Traube mit die besten, aber am wenigsten typischen Vinhos Verdes hervor. Diese Weine zeichnen sich durch einen Alkoholgehalt von bis zu 13 % aus und sind infolge der regen Nachfrage und niedriger Erträge ziemlich teuer. Weiter südlich sind um die Orte Braga, Barcelos und Guimarãens die vorherrschenden Rebsorten LOUREIRO, TRAJADURA (beide auch in GALICIEN in Spanien bekannt, wo nur die Schreibweise der Namen etwas anders aussieht) und Pedernã (siehe ARINTO). Bei hohen Erträgen entstehen leichte, säuerliche Weine mit meist nur 8–10 % Alkoholgehalt. Landeinwärts zum Douro hin heißt um die Stadt Baião die wichtigste Rebsorte AVESSO; sie erbringt in dem wärmeren und trockeneren Klima Wein in vollerem Stil.

Allerdings entfällt die Hälfte des Vinho Verde nicht auf den weithin exportierten Weißwein, sondern auf einen perlenden, säuerlichen Rotwein, der von den Rebsorten Azal, Vinhão und Espadeiro sowie von einer großen Zahl ertragreicher HYBRIDREBEN gewonnen wird. Fremde Zungen sträuben sich gegen diese dunklen, rauhen Rotweine mit etwa 10 % Alkohol, und deshalb gelangt nur wenig roter Vinho Verde über den Norden Portugals hinaus.

Die Produktion an weißem Vinho Verde fällt in zwei Hauptlager. Bis in die 1950er Jahre wurde so gut wie aller Vinho Verde für den Hausgebrauch gekeltert. Nach dem Vergären in offenen steinernen LAGARES wurde der Wein in Fässer abgezogen, wo durch MALOLAKTISCHE SÄUREUMWANDLUNG Kohlendioxid entstand. Es blieb im Wein gelöst und verlieh ihm leicht spritzige Art. Diese etwas rauhbeinigen, meist auch trüben Vinhos Verdes werden heute noch in den Bars und Cafés ausgeschenkt. Seit in den 1950er und 1960er Jahren Genossenschaftskellereien eingerichet wurden, haben modernere Bereitungsmethoden Platz gegriffen. Die meisten Winzer liefern heute mindestens einen Teil ihres Traubenguts an die WINZERGENOSSENSCHAFTEN oder an eine der größeren privaten Kellereien. Nach dem Keltern und Vergären im Tank wird die malolaktische Säureumwandlung unterdrückt, und bei der Abfüllung wird der Wein mit KOHLENSÄURE imprägniert, um ihm das charakteristische Perlen zu verleihen. In den 1980er Jahren haben sich auch einige QUINTAS aufgetan und produzieren hochwertige sortenreine Weine von Traubensorten wie Alvarinho, Loureiro und Avesso. Vinho Verde ist traditionsgemäß eigentlich trocken, doch werden die meisten kommerziellen Markenweine gesüßt, damit sie auf den Exportmärkten besseren Anklang finden. Leider tragen nur wenige Flaschen ein Jahrgangsdatum, aber sowohl der rote als auch der weiße Vinho Verde sollte spätestens ein Jahr nach der Lese getrunken sein, solange er seine charakteristische Frucht und Frische noch bewahrt. R. J. M.

VINIFERA Die europäische Spezies der Gattung VITIS ist die Rebe, die am meisten zur Weinerzeugung herangezogen wird, und zu ihr gehören alle bekannteren Rebsorten. *Vinifera* ist kein klassisches lateinisches Wort; es wurde von Linné geschaffen (siehe BOTANISCHE GLIEDERUNG) und bedeutet «weintraubentragend».

Der Ursprung der Spezies wird in Transkaukasien vermutet (siehe URSPRÜNGE DES WEINBAUS). Sie wurde von den Phöniziern und den Griechen und später von den Römern im Mittelmeerraum und in Europa verbreitet. In die Neue Welt gelangte die *Vinifera*-Rebe durch Cortés, zunächst nach SÜDAMERIKA und später in den Westen Nordamerikas. Die Holländer brachten die *Vinifera*-Rebe im Jahr 1616 an das Kap der Guten Hoffnung (siehe SÜDAFRIKA), und die Engländer verbreiteten sie ab 1788 zunächst in Australien und dann in Neuseeland.

Vinifera ist eine von etwa sechzig Spezies der Gattung *Vitis*, von denen die meisten ihren Ursprung in Amerika und in Asien haben. Die Trauben von *V. vinifera* werden in der Hauptsache zur Weinerzeugung, aber auch als Tafeltrauben und Rosinen genutzt (siehe auch REBE).

Von den anderen Spezies unterscheidet sich *Vitis vinifera* durch eine Reihe botanischer Merkmale, u. a. starkwüchsige, meist unbehaarte Triebe, kräftig entwickelte KNOTEN und AUGEN, regelmäßig verteilte RANKEN, rundliche, mehr oder minder tief eingebuchtete Blätter, U- oder lyraförmige Blattstielbucht und auffällige Zähnung am Blattrand. Die *Vinifera*-Gescheine sind meist Zwitterblüten (mit männlichen und weiblichen Organen), und auch die Kerne sind andersartig (siehe TRAUBE). Da der Mensch die *Vinifera*-Reben nach ihrem Fruchtcharakter selektiert hat, stellen die Kerne meist nur einen geringen Anteil am Beerengewicht dar: 10 % gegenüber 80 % bei *V. berlandieri.*

Näheres über *Vinifera*-Reben mit eingehenderen Erläuterungen über Aspekte des Anbaus dieser Rebe und ihren Gebrauch in der Weinbereitung finden sich unter den Stichwörtern BODEN und KLIMA sowie MORPHOLOGIE DER REBE, PHYSIOLOGIE DER REBE, PRODUKTE DER REBE, REBENERZIEHUNG und WEINBAU, REBENSCHÄDLINGE, REBENWACHSTUMSZYKLUS, REBENZÜCHTUNG, REBKRANKHEITEN.
R. E. S.

VINIFIKATION Die Kunst, Trauben in Wein zu verwandeln. Im weitesten Sinne ist darunter die Weinerzeugung zu verstehen, im engeren jedoch nur die Weinbereitung, d. h. die Vorgänge in der Kellerei bis zu dem Punkt, an dem der Ausbau des neuen Weins beginnt. Siehe auch ÖNOLOGIE.

VIN JAUNE, wörtlich «gelber Wein»; eine in Frankreich, vor allem im JURA erzeugte Spezialität. Der Wein entsteht nach einer ähnlichen Methode wie der SHERRY.

Im Jura, wo CHÂTEAU-CHALON die bekannteste AC für Vin Jaune ist, muß er von der einheimischen Traubensorte SAVAGNIN oder Naturé bereitet werden, die auf MERGEL am besten gedeiht. Die Trauben werden gut ausgereift, manchmal erst im November gelesen – im Idealfall mit einem POTENTIELLEN ALKOHOLGEHALT von 13–15 % – und dann normal vergoren. Anschließend wird der Wein so in alte 228-l-Fässer gefüllt, daß ein genügend großer Spiegel im Faß bleibt, auf dem sich die erwünschte FILMBILDENDE HEFE, hier *voile* (Schleier) genannt, ausbreiten kann. Sie hat Ähnlichkeit mit der vom FINO Sherry her bekannten FLOR-

Hefe, kann sich aber bei geringerem Alkoholgehalt entwikkeln, und da die Temperaturen meist niedriger liegen, bildet sie keinen so dicken Belag. Der *voile* muß auch die strenge Kälte im Jura-Winter überstehen können und braucht etwa zwei bis drei Jahre zur vollen Entwicklung; danach geht er bei kühlerer Witterung stets zurück. Oxidation ist ein wichtiges Element für die Entstehung von Vin Jaune. Der Wein ruht volle sechs Jahre und drei Monate unberührt im Faß – nur auf die gefährliche Bildung von FLÜCHTIGEN SÄUREN wird er regelmäßig durch Geschmacksproben kontrolliert. Es sind umfangreiche Forschungen zur exakten Analyse und möglicherweise Nachbildung des *voile* im Gang. (George bemerkt, daß Chardonnay-Wein unter Kulturhefen, die als *voile* wirken sollen, nach vier Jahren den Geschmack des Vin Jaune annimmt, dabei aber anders als der Savagnin rasch seine Nußwürze einbüßt.

Die Erzeuger im Jura versichern, daß der Vin Jaune in seiner charakteristischen, *clavelin* genannten Flasche mit 62 cl Inhalt (soviel bleibt von einem Liter Wein nach sechs Jahren Faßreife ungefähr übrig) fünfzig Jahre und länger haltbar ist. Sie erklären es auch für ratsam, die Flasche einen halben Tag, bevor sie getrunken werden soll, zu öffnen und den Wein dann zu salzigen Gerichten jeglicher Art zu genießen – besonders empfehlenswert ist in diesem Wein gedünstetes Huhn, ein klassisches Gericht.

Ein ähnlicher Wein wird von mindestens einem Erzeuger in GAILLAC unter der Bezeichnung *vin de voile* produziert.

George, R., *French Country Wines* (London, 1990).

VÍNLAND Durch Überbevölkerung in der zweiten Hälfte des 9. Jh. nach Westen getrieben, kolonisierten Nordmänner aus Skandinavien zunächst Island, dann Grönland und schließlich ein Jahrhundert später, wie bestimmte Quellen berichten, Vínland, das «Weinland», das an der Ostküste Nordamerikas gelegen haben muß.

Zwei Überlieferungen, die Grenlinga Saga (die Sage der Grönländer) aus dem späten 12. Jh. und die Eiriks Saga aus der Mitte des 13. Jh., berichten über die Entdeckung Vínlands. Die Kolonisierung spielte sich nach demselben Schema ab wie in Island und Grönland: zufällige Entdekkung, weitere Erforschung und schließlich Besiedlung. Ein Händler wird 985 oder 986 auf dem Weg nach Grönland vom Kurs ab- und südwestwärts über den Atlantik getrieben und sieht sich plötzlich einer unbekannten Küste gegenüber. Leif der Glückhafte, Sohn von Erik dem Roten, dem Besiedler Grönlands, beschließt, das neue Land zu erforschen. Er findet dort WILDREBEN, Weizen, sanfthügeliges Grasland, Wälder, Wild und Lachse vor und dazu ein Klima, in dem es kaum Winterfrost gibt. Er nennt dieses Land Vínland. Nach weiteren Entdeckungsfahrten versucht Leifs Schwager Thorfinn Karlsefni, eine Siedlung zu gründen. Er trifft dort auf heftigen Widerstand der Eingeborenen, die Indianern ähneln, aber auch Eskimos gewesen sein können, denn diese lebten damals weiter südlich als heute. Thorfinn gelang es nicht, in Vínland eine dauerhafte Siedlung der Nordmänner zu errichten.

Die Gelehrten sind sich über die genaue Lage von Vínland nicht einig. Die Sagen geben keine Hinweise, und obwohl Archäologen an der Ostküste Amerikas Spuren gefunden haben, die von den norwegischen Siedlungen stammen können, sind dies doch keine schlüssigen Beweise. Außerdem war um 1000 n. Chr. das Klima wärmer als heute (daher war ja auch die Besiedlung Grönlands möglich – siehe KLIMAVERÄNDERUNG), so daß Wildreben weiter im Norden als heute gedeihen konnten.

Zwar weichen die in den Sagen gegebenen Berichte in einigen Punkten voneinander ab, sie beruhen aber nicht etwa auf reiner Phantasie. Der Sinn einer Sage ist es, sowohl zu informieren als auch zu unterhalten. Die dabei über fremde Länder gegebenen Informationen sind meist auffallend genau. Außerdem bestätigt eine frühere und nicht mit diesen Sagen verwandte Quelle die Existenz von Vínland. Um 1075 schrieb Adam von Bremen eine Geschichte des Erzbistums Bremen und Hamburg, das bis 1104 auch die skandinavischen Länder umfaßte. Adam reiste an den Königshof von Dänemark, wo seine wichtigste Quelle König Svein Ulfsson, der Neffe des Königs Canute, war. Svein Ulfsson erzählte, daß es in Vínland Wildreben gebe, die ausgezeichneten Wein lieferten, aber auch wilden Weizen. Adam betont, daß dies keine Fabel sei, denn es sei ihm von den Dänen als wirklich wahr berichtet worden. Waren also die ersten Winzer in Amerika Siedler aus Norwegen? Wenn ja, dann bereiteten sie Wein allerdings nicht von der europäischen *Vitis* VINIFERA, sondern von AMERIKANISCHEN REBENSPEZIES, fast mit Gewißheit von VITIS *labrusca*, die an der Ostküste der Vereinigten Staaten wild wächst.

H. M. W.

Jones, G., *The Norse Atlantic Saga Being the Norse Voyages of Discovery and Settlement to Iceland, Greenland, America* (Oxford, 1964).
Magnusson, M., und Pálsson, H., *The Vinland Sagas* (Harmondsworth, 1965).

VIN MUTÉ Wein mit durch MUTAGE unterbrochener Gärung.

VINO ital. Wein.

VINO DA MEDITAZIONE Inoffizielle, aber sinnfällige italienische Bezeichnung für Weine, die zu komplex, oft auch zu alkoholstark oder süß sind (beispielsweise WEINE VON ROSINIERTEN TRAUBEN), um zu Speisen zu passen, sondern eher zum beschaulichen Genuß nach dem Essen einladen.

In Deutschland wird feiner Wein in vielen Fällen auf diese Weise genossen, auch wenn er nicht so alkoholstark oder süß ist, und kommt erst auf den Tisch, nachdem das Essen und das dieses oft begleitende Bier abgetragen sind.

VINO DA TAVOLA ital. TAFELWEIN, der Sprachregelung der EUROPÄISCHEN UNION zufolge die unterste Qualitätskategorie; die Bezeichnung hat jedoch in ITALIEN als einem Land, das auf gesetzliche Ordnung nicht allzu streng hält, eine viel weiter gefaßte Bedeutung. Während die große Mehrheit aller Jahr für Jahr entstehenden italienischen Weine nichts weiter darstellt als einfachsten Tafelwein – meist Rotwein aus Apulien und Weißwein aus Sizilien, die zu Billigstpreisen auf den Markt kommen (oder den europäischen WEINSEE anschwellen lassen) –, läuft unter der Bezeichnung Vino da Tavola auch ein Teil der feinsten und teuersten Weine, und zwar deshalb, weil sie sich nicht in die einengenden Regeln des offiziellen DOC- und DOCG-Systems einfügen lassen.

Die Entstehung dieser neuen **Vini da Tavola** geht ziemlich genau auf das Jahr 1974 und das Erscheinen des Tignanello und des Sassicaia zurück, die beide von dem Florentiner Haus ANTINORI angeboten wurden. Obwohl diese beiden Weine aus ganz verschiedenen geographischen Bereichen stammen (der erste aus dem CHIANTI Classico, der zweite aus BOLGHERI an der Küste der Toskana) und von ganz verschiedenen Traubensorten (der erste vorwiegend von SANGIOVESE, der zweite von CABERNET SAUVIGNON und CABERNET FRANC) gekeltert waren, so hatten sie doch vier gemeinsame Merkmale, die für die Entwicklung dieser Weinkategorie kennzeichnend sind: Sie stellten beide den Versuch dar, den Rotweinen der Toskana, die in den voraufgegangenen fünfzehn Jahren allzu fruchtig und leichtfertig geworden waren, mehr Körper, Intensität und Langlebigkeit zu verleihen. Anders als bei der vorherrschenden toskanischen Rotweinnorm waren bei diesen neuen Weinen weiße Traubensorten nicht beteiligt (im ersten Jahr, 1971, wurde im Tignanello bereits der TREBBIANO ausgeschlossen, die MALVASIA-Traube jedoch mit 3 % noch beibehalten; im zweiten, 1975 entstandenen Jahrgang waren keinerlei weiße Trauben mehr enthalten). In beiden Verschnitten wurden nicht-italienische und nicht-traditionsgemäße Traubensorten verwendet (beim 1975er Tignanello wurde der einheimische CANAIOLO durch Cabernet Sauvignon ersetzt). Und schließlich wurden zur Freude des französischen Küfergewerbes kleine Eichenfässer vorwiegend aus Frankreich für den FASSAUSBAU beider Weine benutzt. Diese letztere Maßnahme war ein radikaler Bruch mit der einheimischen Gepflogenheit, große Fässer aus Balkaneiche zu verwenden, und stellte den Anfang einer Verschiebung des Geschmacksspektrums in Richtung eines mehr internationalen Stils dar. Diese Richtung paßte auf dem Inlandsmarkt nicht allen, und so war Antinori gezwungen, ein breiteres internationales Publikum zu suchen; es mußte aber auch mehr Geschmacksintensität und Konzentration in den Weinen angestrebt werden, um eine überzogene Eichenholzwürze zu vermeiden.

Das Verschnittrezept des 1975er Tignanello (80 % Sangiovese, 20 % Cabernet Sauvignon) erlangte rasch Vorbildfunktion und erwies sich in den nun folgenden fünfzehn Jahren als außerordentlich einflußreich. Cabernet Sauvignon ist in der Toskana im Prinzip auf die Minderheitsrolle beschränkt geblieben, und zwar einerseits, weil die Weinerzeuger nicht recht mit ihm vertraut waren, andererseits aber auch wegen der mit der Umstellung ganzer Rebflächen verbundenen Kosten. Eine gewisse Anzahl vorwiegend auf Cabernet Sauvignon beruhender Weine erschien dann in der Mitte der 1980er Jahre. Die einheimische Sangiovese-Traube wurde jedoch durchaus nicht vernachlässigt. In den 1980er Jahren kam eine beträchtliche Zahl von BARRIQUE-gereiften 100 % reinen Sangiovese-Weinen heraus; die Pionierleistung auf diesem Gebiet war der 1977er Le Pergole Torte von Montevertine.

Experimente mit früher reifenden Sorten, z. B. MERLOT und SYRAH, fanden dagegen nicht so häufig statt, teilweise wohl aufgrund der Unvertrautheit der toskanischen Weinerzeuger mit den Charakteristiken dieser Trauben. In der zweiten Hälfte der 1980er Jahre wurden dann mehrere Versuche unternommen, diese Sorten sowohl im Verschnitt mit Sangiovese als auch für sich allein zu benutzen. Die ersten Resultate gaben einigen Grund zum Optimismus, vor allem bei Merlot. Um dieselbe Zeit erschienen die ersten PINOT NOIRS, insbesondere aus Lagen in Höhen über 450 m, wo der Sangiovese seit jeher nur schwer zur Reife gelangt. Allerdings muß es sich erst erweisen, ob die burgundische Rebsorte für das Klima der Toskana geeignet ist.

Zwar stellen Rotweine die überwältigende Mehrheit der neuen Vini da Tavola dar, doch das reichliche Vorhandensein von Lagen, die für Rotweinrebsorten ungünstig sind – auch in größeren Höhen, wo Rotweinrebsorten nur dünne, säuerliche Weine hervorbringen –, hat dazu geführt, daß verbreitet nicht-traditionsgemäße Weißweinrebsorten angepflanzt wurden, wobei Chardonnay und Sauvignon Blanc mit Abstand an der Spitze stehen. Der erstere wird in den meisten Fällen in kleinen Eichenfässern ausgebaut und vorher oft einer FASSGÄRUNG unterzogen.

Der Sassicaia war ein bahnbrechender Wein, nicht nur weil er von Cabernet produziert wurde, sondern auch, weil er eine Gegend aufwertete, die vorher nicht durch feinen oder überhaupt in gewerbsmäßigem Rahmen erzeugten Wein bekannt war. Diesem Beispiel sind andere Randgebiete der Toskana gefolgt. Die Weine dieser Gegenden können nicht als DOC-Weine gelten, genausowenig, wie Weine von nicht-traditionsgemäßen Rebsorten in einem Gebiet wie Chianti Classico den DOC-Status erhalten können. Das entgegengesetzte Phänomen hat sich in bestimmten DOCG-Bereichen, z. B. im Chianti Classico, eingestellt, deren Weine geringes Prestige genießen: Die besseren Erzeuger verzichten immer mehr darauf, den DOCG-Status in Anspruch zu nehmen, und weisen ihre Spitzenweine als Vini da Tavola aus, um auf diese Weise bessere Preise zu erzielen. Sie verstärken damit die toskanische Abnormität, daß nämlich die prestigeträchtigsten und einträglichsten

Weine diejenigen seien, die im theoretisch zweitklassigen Bürgergewand des Vino da Tavola daherkommen.

Der hochpreisige Vino da Tavola war zunächst auf die Toskana beschränkt, doch um die Mitte der 1980er Jahre trat eine beträchtliche Ausweitung des Phänomens ein. Ambitionierte Erzeuger, die mit schlecht konzipierten DOC-Regeln oder mit einem schlechten Image der Weine ihres jeweiligen Bereichs geschlagen waren, machten sich das Beispiel der Toskana rasch zunutze. Hochwertiger Sangiovese aus der Romagna und hochwertige, oft barrique-gereifte Versionen INTERNATIONALER REBSORTEN aus Friaul und dem Trentino folgten als nächstes. Bei der letzteren Kategorie stellte sich eine Umkehrung der formellen Werte ein: Fruchtiger und erfrischender (wenn auch etwas schlichter) Cabernet, Chardonnay, Sauvignon Blanc und Pinot Noir kam aus diesen beiden Regionen weiterhin als DOC-Wein auf den Markt, während die jeweils neuere, ambitioniertere, gehaltvollere Version derselben Rebsorten und oft derselben Erzeuger zu einem wesentlich höheren Preis als Vino da Tavola erschien.

Piemont mit seiner besser gefestigten Weinbautradition und mit einer gewissen Anzahl prestigeträchtiger DOCG-Weine brauchte länger, bis der Gedanke, daß der Vino da Tavola eine akzeptable Alternative abgeben könnte, dort Fuß faßte. Der Wein der Barbera, der meistangebauten Rebsorte der Region, existierte in einer so verwirrenden Vielfalt von Stilen, daß zwangsläufig bald die ersten bedeutenderen, in kleinen Fässern gereiften Barberas in Piemont als Vini da Tavola herauskamen. Mit steigender Zahl dieser Weine wiesen viele Erzeuger – nicht nur in Asti oder Monferrato, sondern auch in den LANGHE-Bergen – ihren jeweils einfacheren Barbera als DOC-Wein, die bessere Version dagegen als Vino da Tavola aus. Als Region, in der umfangreiche Experimente mit neu eingeführten internationalen Rebsorten stattfinden, mußte Piemont dem Vorbild der Toskana folgen und die oft sehr hochwertigen Produkte dieser Traubensorten als Vini da Tavola klassifizieren. Auch die jüngeren Erzeuger, welche mit Verschnitten von Nebbiolo und Barbera oder noch ausgefalleneren Mischungen von Barbera/Cabernet Sauvignon experimentieren, die von den bestehenden DOC-Regeln weder erfaßt noch vorgesehen waren, hatten keine andere Möglichkeit als den Status Vino da Tavola.

Der italienische Wein folgt also nicht dem Beispiel der französischen oder deutschen Weinbauklassifikation, wo die feinsten und teuersten Gewächse fast immer die Weine der Appellation sind und wo der VIN DE TABLE bzw. TAFELWEIN allgemein einen niedrigen Status hat. Doch das ist wohl weniger eine Abnormität als vielmehr das Ergebnis der in Italien unausgereiften Tradition des feinen Weins.

Siehe auch CAPITOLARE und SUPERTOSKANER. D. T.

VINO DE LA TIERRA span. Landwein. Qualitätsstufe für Weine aus einem bestimmten Herkunftsgebiet, welche die Qualifikation für eine DO noch nicht erfüllen. Im Gegensatz zu dem französischen Pendant VIN DE PAYS hat noch kein Vino de la Tierra exportfähigen Standard erreicht.

VINO DE MESA span. Tafelwein. Die einfachste Qualitätsstufe für Wein, der weder die Anforderungen für VINO DE LA TIERRA noch für den DO-Status erfüllt. Auf dem Flaschenetikett darf keine Rebsorte, kein Jahrgang und keine geographische Herkunftsbezeichnung angegeben werden. Ein großer Teil des Vino de Mesa wird im Rahmen der Bemühungen der EU um die Reduzierung der Weinüberschüsse zwangsdestilliert.

VINO NOBILE DI MONTEPULCIANO Der potentiell majestätische, auf jeden Fall aber noble Rotwein wird ausschließlich in der Stadt Montepulciano, 120 km südöstlich von Florenz in den Bergen der TOSKANA, produziert. Neben BRUNELLO DI MONTALCINO, CHIANTI und CARMIGNANO ist er einer der vier DOCG-Weine der Toskana. Offiziell handelt es sich dabei um die übliche toskanische Mischung von SANGIOVESE, hier Prugnolo Gentile genannt, mit kleineren Mengen der Traubensorten CANAIOLO, TREBBIANO und MALVASIA. 1989 wurden die DOCG-Bestimmungen jedoch geändert und ermöglichen es nun, die weißen Traubensorten wegzulassen. Die besseren Erzeuger geben sogar offen zu, daß sie ihre Weine ganz von Prugnolo Gentile bereiten, obwohl diese Sorte theoretisch höchstens 80 % der Mischung ausmachen darf.

Der Boden der Gegend weist einen höheren Anteil an Sand auf als der im Chianti Classico oder in Montalcino. Die Hänge, meist in Ost- und Südostlagen, sind bis zu einer Höhe von 250–600 m mit Reben bestockt, wobei die besten Weine zweifellos aus den unteren Lagen kommen.

Der Vino Nobile hat eine illustre Vergangenheit. 1549 lobte ihn der Kellermeister von Papst Paul III. als einen «vollkommenen Wein», Francisco Redi pries ihn 1685 in seinem Gedicht *Bacchus in der Toskana* als den «König der Weine», und G. F. Neri nannte ihn am Ende des 18. Jh. «edel». Die Rebfläche des Bereichs stieg nach der Einführung der DOC im Jahr 1966 rasch an. Zwischen 1970 und 1989 wuchs sie von 150 auf 760 ha; die Produktion erhöhte sich von 8000 hl auf 30 700 hl; die Zahl der selbstabfüllenden Erzeuger nahm von sieben oder acht auf vierzig zu.

Der Wein selbst ist voller im Körper und alkoholstärker als der Chianti, was auf das wärmere Klima im Erzeugungsgebiet zurückzuführen ist. Bisher zeigt er nicht die Finesse und Eleganz von feinstem Chianti oder Brunello, möglicherweise weil im Boden der Kalkstein fehlt oder weil es abends und nachts in Montalcino wärmer bleibt. Sicher ist jedoch, daß ungute Praktiken in Weinberg und Keller – wobei Übererträge und alte Fässer die Hauptproblempunkte darstellten (verschlimmert durch die obligatorische zweijährige Faßreifezeit) – zwischen Ende der 1960er und

Mitte der 1980er Jahre einen merklichen Niedergang in der Qualität des Weins zur Folge hatten. Seitdem sind Fortschritte eingetreten, aber dennoch ist es dem Wein bisher nicht gelungen, dasselbe Prestige oder denselben Marktpreis zu erlangen wie eine bessere Chianti Classico Riserva. Er ist nach wie vor nur der arme Verwandte des Brunello di Montalcino und der glanzvolleren Weine, die heute unter dem Etikett VINO DA TAVOLA laufen. Einige Experimente mit Ausbau in kleinen Eichenfässern und mit alternativen Rebsorten sind im Gang, doch sie bilden bislang nur Randerscheinungen. Der innovationsfreudigste Erzeuger ist Avignonesi mit einem breiten Programm an roten und weißen Vini da Tavola.

Leichterer, früher genußreifer Rotwein des Bereichs wird unter der 1989 geschaffenen DOC-Bezeichnung als Rosso di Montepulciano eingestuft. D. T.

Anderson, B., *Atlas der italienischen Weine* (Bern, 1990).
Gleave, D., et al., *Die Weine Italiens* (Stuttgart, 1990).

VIN SANTO Der «heilige Wein», der klassische bernsteinfarbene Dessertwein der TOSKANA, wird überall in der mittelitalienischen Region produziert. Er entsteht traditionsgemäß von den Weißweintraubensorten TREBBIANO und MALVASIA (früher wurde auch die Rotweintraube SANGIOVESE verwendet), die auf Strohmatten unter den Dachbalken im heißesten, aber auch am besten durchlüfteten Teil des Bauernhauses getrocknet wurden (siehe WEIN VON ROSINIERTEN TRAUBEN). Gekeltert wurden die Trauben dann üblicherweise zwischen Ende November und Ende März, je nachdem, wieviel SÜSSE im Wein gewünscht wurde (je länger der Trockenprozeß dauert, desto höher steigt die Zuckerkonzentration in den Trauben und um so süßer fällt der Most aus). Der Wein wurde anschließend in kleinen Fässern mit 50–300 l Inhalt gereift. Früher waren die meist gebrauchten, aus Süditalien bezogenen Fässer aus Kastanienholz angefertigt, in den 1980er Jahren vollzog sich jedoch eine entschiedene Hinwendung zu EICHE.

Der Stil dieser Weine ist verwirrend unterschiedlich, von ultrasüß bis völlig trocken, wobei die letztere Version eher einem trockenen FINO-Sherry ähnelt als einem Dessertwein. Die Gewohnheit, die Fässer in einem *vinsantaia* genannten Raum unter dem Dach aufzubewahren, hatte zur Folge, daß jedes Jahr bei Einsetzen warmer Witterung die Gärung neu begann und sich bemühte, die noch im Wein vorhandenen unvergorenen Zucker umzuwandeln. Diese stilistische Vielfalt wurde in den DOC-Regeln berücksichtigt, die Vin Santo in trockener, lieblicher und süßer Version mit unterschiedlichem Gehalt an Alkohol und Restzucker vorsehen.

Für Vin Santo sind derzeit zwei einander teilweise überschneidende DOC-Bereiche zuständig; allerdings fällt ein großer Teil des in allen Gegenden der Toskana bereiteten Vin Santo unter keine DOC. Der DOC-Bereich Val d'Arbia erstreckt sich auf Radda, Monteriggioni sowie einen Streifen Land südöstlich von Siena bis zur Grenze des Bereichs Brunello di Montalcino. Der zweite, noch jüngere DOC-Bereich Colli dell'Etruria Centrale fällt mit den verschiedenen DOC-Bereichen für den CHIANTI-Rotwein zusammen. In beiden Bereichen ist ein hoher Anteil an Trebbiano vorgeschrieben – 75 % im Val d'Arbia und 50 % im Etruria Centrale –, obwohl die meisten führenden Erzeuger darin übereinstimmen, daß die Malvasia-Traube den besseren Wein erbringt. Die Verwaltung des DOC-Bereichs Etruria Centrale löste daher beträchtliche Unruhe aus, als sie eine Höchstgrenze von 5 % für Malvasia festsetzte und die Mitverwendung von bis zu 45 % nicht-traditionsgemäßer französischer Rebsorten wie PINOT BLANC, PINOT GRIS, CHARDONNAY und SAUVIGNON BLANC gestattete.

Die Qualität der Weine ist höchst unterschiedlich, und zwar nicht nur infolge der Verschiedenheiten in der Traubenzusammensetzung, in der Restsüße und in der Kunst des Kellermeisters, sondern auch deshalb, weil sich das Land unter so vielen kleinen Besitzern aufteilt, die sich alle bemüßigt fühlen, Vin Santo als den Wein, der traditionsgemäß den Gästen vorgesetzt wird, zu produzieren. Es gibt daher neben ganz köstlichem auch ziemlich viel Vin Santo mit schwerwiegenden Fehlern, insbesondere mit einem Übermaß an FLÜCHTIGER SÄURE, meist als Folge des allzu langwierigen FASSAUSBAUS. Die DOC-Regel verlangt mindestens drei Jahre Reifezeit, die besseren Erzeuger geben ihren Vin Santo aber oft erst nach fünf Jahren heraus. Die Faßreifezeit ohne ABSTECHEN kann von vier bis über zehn Jahre bei besonders traditionell bereitetem Vin Santo betragen. D. T.

Tachis, G., *Il Libro del Vin Santo* (Florenz, 1988).

VINS DE MOSELLE siehe MOSELLE.

VINTAGE engl. LESE, JAHRGANG.

VINTAGE PORT siehe PORTWEIN.

VINTNER Spätmittelenglisches Wort für WEINHÄNDLER; es ersetzte **vinter**. Vor allem infolge der englischen Verbindungen mit BORDEAUX gehörten Vintner im 14. und frühen 15. Jh. zu den wichtigsten Persönlichkeiten in der Londoner City (während der Regierungszeit Edwards II. waren vier Londoner Bürgermeister Vintner). Die **Vintners' Company** ging aus der «Mistery of Vintners» hervor, einer Gruppe von Weinhändlern aus London und der Gascogne, die mindestens ab 1364 praktisch über das Monopol im bedeutenden Weinhandel zwischen London und der Gascogne verfügte. 1437 konstituierte sie sich formell als eine Gilde und wurde von Heinrich VIII. als eine der zwölf «großen Livreegesellschaften» – (neben den Seidenhändlern, Krämern, Tuchhändlern, Fischhändlern, Goldschmieden, Kürschnern, Schneidern, Kurzwarenhändlern, Salzhändlern, Eisenwarenhändlern und Tuchmachern) – anerkannt. Noch heute hat sie ihren Sitz in der **Vintners' Hall** an der Themse in einem **Vintry Ward** genannten Viertel der City, wo jahrhundertelang der für den Verkauf in Südengland bestimmte Wein abgeladen wurde. Jedes Mitglied der Vintners' Company ist in der Londoner City Gildemeister und nach wie vor berechtigt, ohne vorherige Einholung einer Konzession Wein zu verkaufen. Heute unterstehen der Gilde die Berufsbildung im Weinhandel sowie dessen Beaufsichtigung und Kontrolle und auch das Institute of MASTERS OF WINE.

Simon, A., *History of the Wine Trade in England*, II (London, 1964).

VIN VINÉ Alter Ausdruck für Wein, der durch Beimischung von Alkohol vor der Beendigung der Gärung süß und stark bereitet wird; er trifft deshalb sowohl auf den VIN DOUX NATUREL als auch auf den VIN DE LIQUEUR zu. Siehe auch MUTAGE.

VIOGNIER Die französische Weißweinrebsorte kam zu Beginn er 1990er Jahre in Mode, teils weil ihr berühmtester Wein, der CONDRIEU, ausgesprochen markant ist, aber noch mehr, weil er Seltenheitswert hat.

Die Rebe ist sehr widerstandsfähig gegen Trockenheit, aber anfällig für ECHTEN MEHLTAU. Ihre Trauben sind tiefgelb, und der daraus entstehende Wein hat kräftige Farbe, hohen Alkoholgehalt, insbesondere aber einen ganz eigenen Duft, der stark an Aprikosen, Pfirsiche und Blumen erinnert. Der Condrieu ist einer der wenigen ausgesprochen teuren Weißweine, die jung getrunken sein wollen, wenn ihr Duft noch am kräftigsten ausgebildet und die etwas schwache Säure noch nicht verblichen ist.

Die Rebe war früher in der Gegend südlich von Lyon ziemlich stark verbreitet und wächst auch seit Jahrhunderten auf den unfruchtbaren Terrassen an der nördlichen RHÔNE, doch ihrer schwachen Erträge wegen gingen die Bestände nach und nach so stark zurück, daß sie in der französischen Weinbauerhebung von 1968 mit nur noch 14 ha verzeichnet waren. Der größte Teil befand sich in den drei APPELLATIONS CONTRÔLÉES an der nördlichen Rhône, in denen die Traube zugelassen ist: Condrieu, CHÂTEAU GRILLET und in noch geringerem Umfang CÔTE RÔTIE, wo sie in dem von Syrah dominierten Wein zu 20 % mit verarbeitet werden darf und ihren Duft einbringen soll.

Die französischen Rebschulen verzeichneten ab Mitte der 1980er Jahre eine zunehmende Nachfrage nach Viognier-Edelreisern (als auch die Rotweine von der Rhône eine Renaissance ihrer Popularität erlebten) und verkauften um 1988 jährlich eine halbe Million Stück. 1993 betrug die Viognier-Anbaufläche im Languedoc bereits 139 ha. Am Anfang der 1990er Jahre hatte der Weinliebhaber die Auswahl zwischen einer ganzen Reihe deutlich duftiger, wenn auch etwas leichter, sortenreiner Viognier-Weine aus Südfrankreich, von denen manche bereits in beachtlichen Mengen produziert wurden, und zwar aus Beständen, die von weniger gefragten Rebsorten umveredelt worden waren. Manchmal wird die Traube auch mit anderen im Languedoc-Roussillon relativ neuen Sorten wie MARSANNE und Rolle (VERMENTINO) verschnitten. Aber nicht nur im Département Ardèche und im Languedoc-Roussillon wird Viognier verbreitet angebaut, er erfreut sich auch in Kalifornien wegen seiner modischen Verknüpfung mit der Rhône großer Beliebtheit. Bis auf ein Drittel waren jedoch die dortigen bisher recht bescheidenen Viognier-Bestände 1992 noch zu jung und standen nicht in Ertrag. Auch in Australien gibt es in kleinerem Umfang eine Viognier-Anbaufläche, z. B. in Yalumba (South Australia). Außerdem berichtet Galet von Viognier-Pflanzungen in Garibaldi in Brasilien.

Galet, P., *Cépages et vignobles de France* (2. Aufl., Montpellier, 1990).

VIROIDE Virusähnliche Erreger von Infektionskrankheiten, z. B. der Weinrebe. Viroide sind selbst nach einer THERMOTHERAPIE an nominell virusfreien Reben anzutreffen und verursachen auch an anderen Nutzpflanzen, z. B. Hopfen und Zitrusfrüchten, schwere Erkrankungen. Die Verbreitung der Viroide erfolgt wie die von Viren durch die vegetative VERMEHRUNG; viroidfreie Weinreben können jedoch durch GEWEBEKULTUR erzielt werden. R. E. S.

Mullins, M. G., Bouquet, A., und Williams, L., *Biology of the Grapevine* (Cambridge, 1992).

VIRUSKRANKHEITEN Im Weinbau eine Gruppe von REBKRANKHEITEN, deren Erreger sehr kleine und einfache Organismen sind, die aus Ribonukleinsäure mit einem Eiweißmantel bestehen. Viruskrankheiten befielen verbreitet die europäischen, d. h. die am meisten für die Weinproduktion genutzten Reben ab etwa 1890, nachdem Amerikaner Reben als VEREDELUNGSUNTERLAGEN für die Abwehr der REBLAUS eingesetzt wurden. Der Grund dafür ist, daß die Gefahr einer Virusinfektion durch das PFROPFEN verdoppelt wird, da hierbei zwei verschiedene Pflanzen zu einer einzigen verschmolzen werden. Außerdem treten die Symptome von Viruserkrankungen an den Unterlagsreben oft nicht in Erscheinung, sondern werden erst an den fruchttragenden Edelreben erkennbar.

Die Verbreitung der Viruskrankheiten erfolgt meist durch den Menschen, z. B. durch die Weitergabe von Edelreisern von infizierten Pflanzen. Aber auch NEMATODEN und Insekten kommen als Überträger in Frage. Diagnostiziert werden kann die Infektion durch Impfen besonders empfindlicher Pflanzen, das sogenannte INDEXING, sowie neuerdings durch serologische Verfahren, die auf immunologischen Reaktionen (siehe ELISA) beruhen, sowie durch Ribonukleinsäureanalyse. Oft bringen Viruserkrankungen die Reben nicht zum Absterben, manchmal bleiben sie sogar unbemerkt, doch sie beeinträchtigen Jahr für Jahr sowohl das Wachstum als auch den Ertrag. Häufig sind keine Infektionssymptome erkennbar, beispielsweise an Unterlagsreben, die vom Blattrollvirus befallen sind. Dabei kann dieser Erreger, der vermutlich die meistverbreitete Viruskrankheit der Weinrebe in der Welt verursacht, die Weinqualität stark beeinträchtigen, da er die Fruchtreife verzögert. Im Weinbau werden weitgehende Anstrengungen für die REBENVERBESSERUNG im allgemeinen sowie für die Entwicklung virusfreier Reben im besonderen unternommen.

Als verbreitete Viruskrankheiten sind zu nennen: BLATTROLLKRANKHEIT, LEGNO RICCIO, KORKRINDENKRANKHEIT, NEPOVIREN-Krankheiten, REISIGKRANKHEITEN. Daneben gibt es BAKTERIELLE KRANKHEITEN, MYCOPLASMOSEN, PILZKRANKHEITEN. R. E. S.

Bovey, R., et al., *Virosen und virusähnliche Krankheiten der Rebe* (Lausanne, 1980).
Pearson, R. C., und Goheen, A. C., *Compendium of Grape Diseases* (St Paul, Minn., 1988).

VISAN Einer der Orte der Côtes-du-Rhône Villages. Siehe RHÔNE.

VISKOSITÄT Zähflüssigkeit, d. h. das Ausmaß, in dem eine Flüssigkeit sich der Fließbewegung widersetzt. Honig ist stärker viskos als Zuckersirup und dieser wiederum stärker als Wasser. Viskosität hat große Ähnlichkeit mit dem sogenannten KÖRPER des Weins und wird bei der Verkostung als Widerstand spürbar, wenn sich der Wein im Mund verteilt.

Sehr süßer Wein hat selbst bei gleichem Alkoholgehalt stets größere Viskosität als trockener Wein. Alkohol hat höhere Viskosität als Wasser, daher sind Weine mit höherem Alkoholgehalt zähflüssiger als solche mit geringerem Alkoholgehalt. Eine Erhöhung des Alkoholgehalts um 1 % steigert die Viskosität gegenüber Wasser um etwa 0,04 Einheiten; eine Zunahme um 10 g/l Restzucker steigert die Viskosität um etwa 0,03 Einheiten. Die höchste Viskosität weisen daher Weine auf, die sowohl süß als auch alkoholstark sind. Die im Wein gelösten Feststoffe – der EXTRAKT – tragen ebenfalls in gewissem Umfang zur Viskosität bei. Die Viskosität eines Weins ist daher um so höher, je weniger FILTRATION und SCHÖNUNG er vorher durchgemacht hat.

Es ist vermutet worden, daß die Viskosität und der (damit nicht in Verbindung stehende) Gehalt an GLYZERIN im Wein für die Bildung von «Tränen» auf der Innenseite eines Weinglases verantwortlich seien. Obwohl beide in geringem Umfang dazu beitragen mögen, sind doch für diese Erscheinung ganz andere Faktoren maßgeblich; siehe TRÄNEN.
A. D. W.

VITACEAE Die Familie im Pflanzenreich, zu der auch die Gattung VITIS und damit die Weinrebe gehört. Sie umfaßt insgesamt zwölf Gattungen mit rund 700 Spezies, die über die tropischen und gemäßigten Zonen der Welt verbreitet sind. Die Mitglieder dieser Familie sind meist Kletterpflanzen, bei denen sich Blätter und Ranken gegenübersitzen. Siehe BOTANISCHE GLIEDERUNG. R. E. S.

VITAMINE Eine Gruppe organischer Verbindungen, welche wesentliche Komponenten der Ernährung darstellen. Vitaminmangel ruft beim Menschen unterschiedliche Beschwerden hervor. Der Gehalt an Vitaminen in der Traube steigt während der Reife an, doch die Endwerte sind im Vergleich mit anderen Früchten relativ gering. Am reichlichsten enthält die Traube ASCORBINSÄURE (Vitamin C), und zwar in unterschiedlichen Mengen – von 15 bis 150 mg/l –, d. h. nur 10 % des Vitamin-C-Gehalts von Orangen. Die Durchschnittswerte der Konzentration anderer Vitamine betragen etwa 1–10 ppm bei Nikotinsäure, Pyridoxin und Pantothensäure; 0,1–1 ppm bei Thiamin und Riboflavin, 0,001–0,01 ppm bei Biotin und Folsäure. Diese Vitamingehalte in der Traube sind zu gering, als daß sie für die Ernährung als erheblich bezeichnet werden könnten, und sinken im Wein infolge der Anwendung von SCHWEFELDIOXID und durch das Hefewachstum noch weiter ab (allerdings können durch AUTOLYSE andere Vitamine in den Wein gelangen). Wein enthält ferner geringe Konzentrationen an Vitamin B_{12} (Cobalamin).

Die Bioflavonoide oder Vitamin P, ein Komplex mit D-Catechin und vielen anderen Flavonoiden, kommen in Traubensaft in größeren Mengen vor, vor allem bei dunklen Traubensorten. Vitamin P wird als Faktor angesehen, der die Blutkapillaren kräftigt und daher für die Verhütung von Herzbeschwerden eine günstige Rolle spielen kann; allerdings ist seine Anerkennung als Vitamin umstritten (siehe auch GESUNDHEIT). B. G. C. und A. D. W.

VITICULTEUR franz. Winzer.

VITIS Gattung im Pflanzenreich, zu der auch die Weinrebe gehört (siehe BOTANISCHE GLIEDERUNG). *Vitis* ist (Galet zufolge) eine von vierzehn Gattungen in der Familie *Vitaceae* und umfaßt ihrerseits etwa sechzig Spezies, von denen die meisten im Osten und Südosten Nordamerikas und in Asien, vorwiegend in den gemäßigten Zonen der nördlichen Hemisphäre, heimisch sind – ein paar wenige auch in den Tropen. Die für den Weinbau wichtigste Spezies ist die europäische (strenggenommen eurasische) *Vitis vinifera* (siehe VINIFERA).

Viele der in Nordamerika beheimateten Reben (siehe Tabelle) zogen die Aufmerksamkeit der europäischen Siedler auf sich, als die mitgebrachten *Vinifera*-Reben in den Kolonien an der Ostküste von den einheimischen Rebkrankheiten vernichtet wurden. Allerdings erwiesen sich diese wegen des starken Eigengeschmacks ihrer Beeren (siehe FUCHSIG)

Frühling in den Weinbergen von CARNEROS (Kalifornien).

als für die Weinerzeugung ungeeignet. Die AMERIKANISCHEN REBENSPEZIES sind seither mit *Vinifera*-Sorten gekreuzt worden, wodurch neue Rebsorten entstanden (siehe AMERIKANISCHE HYBRIDREBEN), und durch Kreuzungen dieser Spezies untereinander wurden VEREDELUNGSUNTERLAGEN geschaffen, die im modernen Weinbau Anwendung finden.

Die asiatischen Rebenspezies sind noch weitgehend unerforscht, und ihre Zahl ist nicht genau bekannt. Eine von ihnen jedoch, *V. amurensis*, ist die am weitesten im Norden beheimatete Rebenspezies der Welt, und sie wird daher in der REBENZÜCHTUNG weitgehend genutzt, um Winterhärte einzubringen (siehe AMURENSIS). Einige Sorten von *V. coignetiae* und *V. thunbergii* werden in sehr geringem Umfang in Japan angebaut.

Es ist zu vermerken, daß in der systematischen botanischen Gliederung der Arten innerhalb der Gattung *Vitis* seit über einem Jahrhundert einige Verwirrung entstanden ist. Galet stellte 1967 eine klare Systematik auf, doch bei den asiatischen Spezies herrschen immer noch Unklarheiten. Der französische Botaniker Planchon regte an, die Spezies der Gattung *Vitis* in zwei Unterabteilungen aufzugliedern. Die erste, *Vitis* (ursprünglich *Euvitis*), umfaßt die große Mehrzahl der Arten, darunter auch die «Europäer Rebe» *vinifera*. Die zweite Gruppe, MUSCADINIA, enthält nur drei Spezies, die allesamt auf dem amerikanischen Kontinent beheimatet sind. Die beiden Unterabteilungen weichen in der Chromosomenzahl und in vielen morphologischen Merkmalen voneinander ab. Die Spezies der Unterabteilung *Vitis* haben sich als so nah miteinander verwandt erwiesen, daß sie sich bei jedem Versuch erfolgreich miteinander kreuzen lassen, während bei Kreuzungen von Mitgliedern der beiden Unterabteilungen stets sterile Hybriden entstehen. Neuerdings ist vorgeschlagen worden, *Muscadinia* als gesonderte Gattung einzugliedern, was in manchen modernen Lehrbüchern, z. B. bei Mullins *et al.*, geschieht, in anderen, z. B. bei Galet und Antcliff, jedoch nicht. Dem vorliegenden Buch liegt Galet zugrunde.

Die nachfolgende unvollständige Aufstellung enthält nur die wichtigsten Spezies und beruht auf Mullins *et al.*, entspricht aber den Thesen Galets. Weitere Aufstellungen sind bei Winkler *et al.* und Galet zu finden.

Unterabteilung *Vitis*	
Europäische und nahöstliche Spezies	
Vitis vinifera	Europa, Nahost
Amerikanische Spezies	
Vitis aestivalis	Nordamerika (Osten)
Vitis berlandieri	Nordamerika (Osten)
Vitis californica	Nordamerika (Westen)
Vitis candicans	Nordamerika (Osten)
Vitis caribaea	Nordamerika (Osten)
Vitis champini[a]	Nordamerika (Osten)
Vitis cinerea	Nordamerika (Osten)
Vitis cordifolia	Nordamerika (Osten)
Vitis doaniana[b]	Nordamerika (Osten)
Vitis girdiana	Nordamerika (Westen)
Vitis labrusca[c]	Nordamerika (Osten)
Vitis linecumi	Nordamerika (Osten)
Vitis longii[d]	Nordamerika (Osten)
Vitis monticola	Nordamerika (Osten)
Vitis riparia[e]	Nordamerika (Osten)
Vitis rufomentosa	Nordamerika (Osten)
Vitis rupestris	Nordamerika (Osten)
Asiatische Spezies	
Vitis amurensis	Asien
Vitis coignetiae	Asien
Vitis thunbergii	Asien
Unterabteilung *Muscadinia*	
Vitis munsoniana	Nordamerika (Osten)
Vitis rotundifolia	Nordamerika (Osten)

[a] *Vitis champini* (manchmal *champinii*) wurde ursprünglich von dem französischen Ampelographen Planchon als gesonderte Spezies beschrieben, gilt heute aber allgemein als eine Gruppe von natürlichen *Rupestris-candicans*-Hybriden.
[b] *Vitis doaniana*, wahrscheinlich eine natürliche Hybride mit *V. candicans*.
[c] *Vitis labruscana* ist ein gelegentlich zur Bezeichnung natürlicher Hybriden zwischen *V. labrusca* und anderen Spezies, auch *V. vinifera*, gebrauchter Name, z. B. für die Rebsorte CONCORD.
[d] *Vitis longii* heißt gelegentlich auch *V. solonis* aufgrund einer falsch gelesenen Bezeichnung auf einem nach Europa gesandten Bündel Steckhölzer. Sie gilt – wie *V. champini* und *V. doaniana* – gelegentlich als natürliche Hybride zwischen *V. candicans* und anderen Spezies.
[e] *Vitis riparia* wird auch als *V. vulpina* bezeichnet.

Siehe auch REBE, VINIFERA, AMERIKANISCHE REBENSPEZIES, REBSORTEN, PROLES, KLON, HYBRIDREBEN, KREUZUNG.

R. E. S.

Antcliff, A. J., TAXONOMY: THE GRAPEVINE AS A MEMBER OF THE PLANT KINGDOM, in B. G. Coombe und P. R. Dry (Hrsg.), *Viticulture, I: Resources in Australia* (Adelaide, 1988).
Galet, P., *Précis de viticulture* (4. Aufl., Montpellier, 1983).
Mullins, M. G., Bouquet, A., und Williams, L., *Biology of the Grapevine* (Cambridge, 1992).
Winkler, A. J., et al., *General Viticulture* (2. Aufl., Berkeley, Calif., 1974).

Eine SÉMILLON-Traube von Château d'YQUEM in verschiedenen Stadien der von BOTRYTIS verursachten EDELFÄULE. Oben links die noch nicht befallene, harte und grüne unreife Traube. Oben rechts die ersten Anzeichen des Botrytisbefalls an den reifen Trauben. Unten links die teilweise Entwicklung und unten rechts der Endzustand der Edelfäule; die Franzosen sprechen von *grains rôtis*.

VITIS VINIFERA ist die Rebenspezies, die den größten Teil des Weins der Welt liefert. Näheres über das Verhältnis von

V. vinifera zu anderen Spezies der Gattung *Vitis* siehe unter VITIS, über die Spezies selbst und ihre Trauben siehe unter VINIFERA; über das Verhältnis zwischen *V. vinifera* und anderen Mitgliedern des Pflanzenreichs siehe unter BOTANISCHE GLIEDERUNG. Auf den kommerziellen Anbau von *V. vinifera* wird unter WEINBAU näher eingegangen.

VIURA In Spanien und vor allem in Rioja für die dort meistangebaute Weißweinrebsorte MACABEO gebräuchliches Synonym.

VIVARAIS, CÔTES DU VDQS-Bereich auf dem rechten Ufer der RHÔNE gegenüber den Coteaux du TRICASTIN in der wildromantischen Landschaft an der Ardèche. Die weit verstreute Rebfläche liegt vorwiegend auf Kalkstein in einem Klima, das viel feuchter und kühler ist als sonst an der südlichen Rhône. Sie beläuft sich auf insgesamt 600 ha und bringt in der Hauptsache leichte Rot- und Roséweine von Grenache und Syrah mit etwas Carignan hervor. Kleine Mengen an Weißwein entstehen von Clairette und Grenache Blanc. Die Produktion wird von WINZERGENOSSENSCHAFTEN beherrscht, die ein lukrativeres Geschäft mit der Produktion von sortenreinem VIN DE PAYS de l'Ardèche von nicht in der Appellation zugelassenen Rebsorten betreiben.

VIZETELLY, HENRY (1820–1894) Der produktive englische Weinautor verfaßte vielgelesene ausführliche Darstellungen der Geschichte des Portweins und des Champagners. Er entstammte einer Druckerfamilie, und so erscheint es durchaus angebracht, daß heute sein Einfluß vielleicht am deutlichsten in der fortgesetzten und dabei immer ungenauer werdenden Reproduktion der Stiche zum Ausdruck kommt, die seine zahl- und abwechslungsreichen Weinbücher auszeichnen. Vizetelly wurde mit Wein näher bekannt, als er 1869 nach Paris entsandt wurde, um für die *Pall Mall Gazette* über den französischen Weinjahrgang zu berichten. Im Jahr darauf entging er im Deutsch-Französischen Krieg nur knapp der Hinrichtung. Einen großen Teil der 1870er Jahre verbrachte er damit, die Weinbaugebiete Frankreichs und Deutschlands zu bereisen. 1877 besuchte er Portugal, Madeira und die Kanarischen Inseln. Während JULLIEN und REDDING weltweite Übersichten über den Wein für spezialisierte Leser verfaßten, gelang es Vizetelly, sowohl einzelnen Weinbauregionen tiefer auf den Grund zu gehen als auch Bücher zu schreiben, die einem breiteren Publikum zusagten. Während seiner Zeit in Frankreich wurde er als einer der ersten anerkannten Weinexperten als Preisrichter an die Weltausstellungen in Wien und Paris eingeladen. Zurück in England, betätigte er sich als Verleger und schrieb öfters Einleitungen zu Übersetzungen ausländischer Werke. Als englischer Verleger Zolas kam er ins Gefängnis und erlitt finanziellen Ruin.

Gabler, J. M., *Wine into Words: A History and Bibliography of Wine Books in the English Language* (Baltimore, 1985).

VÖGEL In der heutigen Zeit richten Vögel im Weinbau größeren Schaden an als die REBLAUS. Vor allem während der Reifezeit tun sie sich gern an den Trauben gütlich. Das ist nicht weiter verwunderlich, denn die Trauben dürften sich ursprünglich deshalb in dieser Form entwickelt haben, weil sie mit ihrer weichen und süßen Frucht Vögel anlockten und diese mit ihren Exkrementen die verzehrten Kerne und damit die Pflanze selbst verbreiteten. In kleineren abgelegenen Weinbergen kann es insbesondere bei frühreifenden Sorten vorkommen, daß Vögel die ganze Ernte wegfressen. Sie beginnen ihr Vernichtungswerk, sobald die Reife der Trauben einsetzt, daher bildet frühe Lese keine Lösung des Problems. Vögel fressen aber nicht nur ganze Beeren weg, sie picken auch andere an und öffnen damit Fäuleerregern den Weg ins Innere. Die Abwehrmöglichkeiten sind kostspielig und können zusammen mit dem angerichteten Schaden die Wirtschaftlichkeit des Weinbaus gelegentlich in Frage stellen. In neuen Weinbaugegenden mit vereinzelten Weinbergen (z. B. auf Long Island im Staat NEW YORK und in ENGLAND) bilden Vögel oft das größte Problem.

Die Vogelarten, die über die Trauben herfallen, sind von einer Region zur anderen unterschiedlich. Der überall anzutreffende Star macht sich besonders als Problem bemerkbar, aber auch Amseln, Rebhühner, Rotkehlchen, Sperlinge, Drosseln und Finken treten als Schädlinge auf. Ein Star kann 60–80 g Trauben am Tag verzehren. Ein neu angelegter Weinberg kann als zusätzliche Nahrungsquelle zu einem Anwachsen der Vogelpopulation führen. Viele Winzer beobachten jedoch, daß der von Vögeln angerichtete Schaden

Das Verscheuchen der VÖGEL ist für das Weingut Yeringberg im Yarra Valley (Australien) eine wirtschaftliche Notwendigkeit.

auch davon abhängt, ob andere Nahrungsquellen verfügbar sind. In der Region MARGARET RIVER in Westaustralien beispielsweise verursacht der Silvereye-Vogel in Weinbergen mehr Schaden, wenn kein Nektar von Eukalyptusbäumen oder den einheimischen Melden zur Verfügung steht. In ausgedehnten Weinpflanzungen, in denen zur gleichen Zeit reifende Sorten stehen, ist der Schaden meist begrenzt.

Wirksame Bekämpfungsmethoden richten sich in erster Linie nach der Vogelart und ihren Lebensgewohnheiten. Manche Arten kommen weit herum. Stare fliegen oft 25 bis 30 km vom Nistplatz bis zu einer Nahrungsquelle. Meistens fliegen Vögel den Weinberg aus einer bestimmten Richtung und sogar auf einer bestimmten Flugbahn an. Benachbarte Bäume und Büsche bieten ihnen zunächst Deckung für einen Überblick über den Futterplatz; einige Vogelarten wie Seidenschwänze, Sperlinge und Finken sind schwer abzuschrecken, weil sie sich von einem Busch zum nächsten an den Futterplatz heranpirschen. Bäume in der Nähe eines Weinbergs können also den Vogelbefall begünstigen.

Viele Schutzvorrichtungen gegen Vögel beruhen auf Abschreckung. Mit der Zeit gewöhnen sich die Vögel aber an neue Gegenstände oder Geräusche im Weinberg, so daß die althergebrachte unbewegliche Vogelscheuche nach einer Weile ihre Wirksamkeit verliert. Ebenfalls der Abschreckung dienen geräuschentwickelnde Geräte wie Flinten und Schußapparate, aber auch über den Weinberg gespannte Bänder, Katzenköpfe usw. Bei allen Arten von Vogelscheuchen ist öfterer Wechsel zu empfehlen; Bänder sind am wirksamsten, wenn man sie ein paarmal verdreht, damit sie im Wind flattern und rascheln. Vogelfallen können recht wirksam sein, hinterher aber steht man vor der manchmal nicht einfachen Entscheidung, was man mit den gefangenen Vögeln anfangen soll.

Eine immer häufiger verwendete Abwehrmaßnahme stellen Vogelschutznetze dar. Sie bestehen aus verwobenen Fäden oder durchbrochenen Plastikbahnen und können über die einzelnen Rebzeilen gespannt werden. Die Netze sind zwar kostspielig, sie können aber meist wiederverwendet werden, und am Schlepper angebrachte Auf- und Abrollvorrichtungen erleichtern das Anbringen und das Entfernen. Da die Netze fast absoluten Schutz gewähren, den Vögeln aber kein Leid zufügen, sind sie sowohl für den Winzer als auch für den Tierschützer akzeptabel.

Es kommt vor, daß Vögel dadurch Schaden leiden, daß sie Insekten oder Früchte fressen, die mit Pestiziden in Berührung gekommen sind, was Vogelschützer als Argument gegen AGROCHEMIKALIEN ins Feld zu führen pflegen.

R. E. S.

Buchanan, G. A., und Amos, T. G., GRAPE PESTS, in B. G. Coombe und P. R. Dry (Hrsg.), *Viticulture, II: Practices* (Adelaide, 1992).

VOGESEN Gebirge westlich vom ELSASS; eine bedeutende Lieferquelle von EICHE für den FASSBAU.

VOLATIL oder **flüchtig.** Wein enthält flüchtige Bestandteile verschiedener Art (siehe auch FLÜCHTIGE SÄUREN). In der Weinansprache hat sich der Ausdruck «volatil» als negativer Begriff eingebürgert; er bezeichnet einen Wein, in dessen Geschmack die ESSIGSÄURE unangemessen stark in Erscheinung tritt.

VOLL Vielgebrauchter Begriff, der vor allem bei Rotwein einen angenehmen Eindruck von Kraft und SÜSSE beschreibt, auch wenn der Restzuckergehalt in Wahrheit vernachläßigbar gering ist. Der Ausdruck wird aber auch auf relativ süßen CHAMPAGNER angewandt (siehe DOSAGE).

VOLLMUNDIG Ein Wein wird als vollmundig bezeichnet, wenn er kräftigen, aber nicht übermäßigen KÖRPER und ALKOHOLGEHALT sowie spürbare VISKOSITÄT aufweist.

VOLNAY Hübscher kleiner Ort im Bereich Côte de Beaune an der Côte d'Or (Burgund); hier entstehen elegante Pinot-Noir-Rotweine. Die Weine von Volnay waren im *ancien régime* für ihre Delikatesse berühmt: Claude Arnoux leitet sein Buch über Burgund aus dem Jahr 1728 mit einer lateinischen Ode an die Weine von Volnay ein, worin er sie als rebhuhnaugenfarben und als die feinsten Weine von der ganzen Côte de Beaune beschreibt. Allerdings mußten sie damals sehr jung getrunken werden. Seither hat Volnay sich im Ruhm mit dem Nachbarort Pommard abgewechselt, je nachdem, ob die MODE Rasse oder Wucht verlangte.

Über die Hälfte der Weinberge von Volnay haben PREMIER-CRU-Status und erstrecken sich in einem breiten Streifen von Pommard bis Meursault und in dessen Gemarkung hinein. Da Meursault besonders für seine Weißweine berühmt ist, kommen die Gewächse aus der einzigen wirklich feinen Rotweinlage Les Santenots als Volnay Santenots auf den Markt. Das beste Stück dieser Lage, Les Santenots du Milieu, ist nicht so typisch für Volnay wie die angrenzenden Lagen Le Cailleret oder Champans. Diese beiden Weinberge bringen die erstaunliche samtige Finesse von Volnay am schönsten zum Ausdruck. Der Clos des Chênes, oberhalb von Le Cailleret gelegen, hat ebenfalls sehr feinen, aber leichteren Wein, weil dort der Boden etwas dünner ist.

Weitere exzellente Lagen in der Nähe des Orts sind Taillepieds, Clos de la Bousse d'Or, das *monopole* der Domaine de la Pousse d'Or, der auch ein besonders feines, als Clos des soixante Ouvrées bezeichnetes Stück von Le Cailleret gehört, sowie der Clos des Ducs des Marquis d'Angerville, dessen Vater in den 1930er Jahren Pionierdienste für die DOMÄNENABFÜLLUNG leistete.

Siehe auch CÔTE D'OR und Karte Seite 201.

J. T. C. M.

Arnoux, C., *Dissertation sur la situation de Bourgogne* (Dijon, 1728).

VORENTSAFTEN (franz. *égouttage*) In der Weißweinbereitung folgt dieser Vorgang unmittelbar auf das Mahlen der Trauben. Saft, der ohne jedes Pressen abläuft, wird in einen besonderen **Vorentsaftertank** geleitet, der oft mit Spezialvorrichtungen zum Klären, d. h. zum Abscheiden der Feststoffe, versehen ist. Auch bei der Rotweinbereitung kann auf diese Weise VORLAUFMOST gewonnen werden.

VORLAUF (franz. *têtes*) Der erste Teil des aus der DESTILLIERBLASE ablaufenden Destillats. In der Praxis wird er entweder ausgeschieden oder erneut der DESTILLATION zugeführt, weil er zu alkoholstark und daher zu neutral ist. Diese erste Fraktion kann bei alkoholstarkem oder säurearmem Grundwein, der faden, charakterlosen Weinbrand hervorzubringen droht, nützlich sein. N. F.

VORLAUFMOST Bezeichnung für den Teil des Mosts bzw. Weins, der ohne Pressen aus der Masse frischgemahlener Trauben bzw. aus dem Gärbehälter abläuft. Je nach dem für das VORENTSAFTEN benutzten Behälter kann der Vorlaufmost 60–70 % der Gesamtausbeute ausmachen. Er ist meist besser und weniger tanninhaltig als der anschließend gewonnene Preßmost. Bei der Weißweinbereitung wird heute das Traubengut meist zunächst gemahlen und dann in einen Vorentsaftertank mit Siebboden gegeben, durch den der Vorlaufmost in den GÄRBEHÄLTER abläuft. In manchen Kellereien wird der Vorlaufmost durch Abtropfen aus einer mit Siebboden versehenen Förderschnecke oder einem Gliederförderband gewonnen, die den Most direkt aus der ENTRAPPMÜHLE in die PRESSE transportieren und auf diese Weise den Vorentsafter umgehen. Viele Kellermeister sind stolz darauf, in der WEISSWEINBEREITUNG nur Vorlaufmost zu verwenden, doch der später gewonnene Preßmost kann als Beimischung von großem Wert sein.

In der ROTWEINBEREITUNG ist der Vorlaufwein der Anteil, der nach dem ABSETZEN vom GELÄGER abgezogen wird. In einigen Kellereien wird dieser Vorlaufwein ebenfalls aus speziell dafür gebauten Förderanlagen gewonnen. Alles, was dabei nicht von selbst abläuft, gelangt in die Presse und erbringt PRESSWEIN, der mit seiner Tanninkonzentration bei der endgültigen Zusammenstellung des Rotweins ebenfalls sehr wertvolle Dienste leisten kann. A. D. W.

VÖSLAU Bedeutender Weinort im Weinbaugebiet Thermenregion in ÖSTERREICH.

VOSNE-ROMANÉE Ort im Bereich Côte de Nuits in Burgund mit feinsten Pinot-Noir-Rotweinen. Neben exzellenten Lagen auf der Ebene VILLAGE und PREMIER CRU befinden sich in der Gemarkung sechs GRAND-CRU-Lagen, von denen sich drei in den Namen Romanée teilen, der im Jahr 1866 an den Ortsnamen angefügt wurde.

Die Grand-Cru-Lagen Romanée-Conti, La Romanée, La Tâche, Richebourg, Romanée-St-Vivant und La Grande Rue bringen mit Musigny und Chambertin die größten Weine der Côte de Nuits hervor; sie zeichnen sich durch mehr Finesse aus als alle anderen, doch hinzu kommen ebensoviel Wucht und Substanz, wie die nächsten Rivalen aufbringen können.

Eine früher als Le Cloux bezeichnete Lage wurde 1651 in La Romanée umbenannt, vermutlich weil in der Nähe römische Ruinen gefunden worden waren. 1760 erwarb der Fürst de Conti das Gut, das später den Namen Romanée-Conti erhielt. Etwas oberhalb der sublimen Lage dieses Namens, deren Weine oft die teuersten der Welt sind, liegt La Romanée. Romanée-Conti hat 60 cm tiefe braune, kalkhaltige Erde mit 45–49 % TON, ist aber im oberen, steileren Teil stets von Bodenerosion bedroht. La Romanée ist ebenfalls ein ziemlich steiler Hang, jedoch mit weniger Ton und mehr RENDZINA im Boden. Die erstere Lage ist das *monopole* der DOMAINE DE LA ROMANÉE-CONTI, die zweite aber das *monopole* der Familie Liger-Belair, deren Weine von BOUCHARD Père et Fils vertrieben werden. Von den 0,84 ha La Romanée entstehen jährlich rund 300 Kisten Wein, von den 1,8 ha Romanée-Conti sind es doppelt soviel.

Ein weiteres *monopole* der Domaine de la Romanée-Conti ist La Tâche, eine Lage, die als fast ebenso großartig gilt wie Romanée-Conti selbst. Sie erbringt von 6 ha (zu denen auch die früher getrennte, als gleichwertig geltende Lage Les Gaudichots gehört) einen Wein, der schon in der Jugend explosiv verführerisch ist, während der aus der Lage Romanée-Conti länger braucht, bis er seine erstaunliche Vollendung erreicht. La Tâche scheint selbst in weniger guten Jahren beste Ergebnisse zu erbringen, jedenfalls war der Wein dieser Lage der einzige, den die Domaine de la Romanée-Conti in den Jahren 1950 und 1951 der Abfüllung für würdig erachtete.

Als nächster aus Vosne-Romanée ist der Wein der Lage Richebourg am stärksten gefragt. Ihre 8 ha entfallen auf zehn Erzeuger, v. a. die Domaine de la Romanée-Conti, die Domaine LEROY, Zweige der Familie Gros und die Domaine Méo-Camuzet. Schon der Name läßt ahnen, daß er einer der üppigsten Weine Burgunds ist; in manchen Jahren zeigt er sich dem La Tâche ebenbürtig.

Zwischen La Tâche im Süden und Romanée-Conti im Norden liegen die 1,4 ha der Lage La Grande Rue, die zunächst nur Premier-Cru-Status besaß, dann aber – wie sich aus den Nachbarschaftsverhältnissen zu Recht ergibt – zum Grand Cru aufgestuft wurde. Sie ist das *monopole* der Domaine Lamarche, deren Weine bisher den Vergleich mit den illustren Nachbarn noch nicht aushalten.

Zu den besten Premier-Cru-Lagen von Vosne-Romanée zählen Clos des Réas, Les Malconsorts und Les Chaumes auf der Seite nach Nuits-St-Georges hin sowie die durch Henri Jayer berühmt gewordene Lage Cros Parantoux oberhalb der Grands Crus und schließlich Les Beaux Monts und Les Suchots angrenzend an den Ort Flagey-Échezeaux, in dessen Gemarkung Les Beaux Monts sogar hineinreicht.

Der Wein dieser Lage kommt jedoch unter dem Namen Vosne-Romanée auf den Markt, ebenso der Village-Wein von Flagey.

Während der Glanz der Domaine de la Romanée-Conti ganz Vosne-Romanée beherrscht, sollte er doch andere bedeutende Namen nicht überstrahlen, beispielsweise Henri Jayer mit seinem unvergleichlichen Weinbereitungstalent, René Engel mit seinem über ein langes Leben hinweg erworbenen patriarchalischen Einfluß und seinen lokalhistorischen Forschungen und Veröffentlichungen und nun auch Lalou Bize-Leroy, die inzwischen die ehemalige Domaine Noëllat gekauft und völlig verwandelt hat.

Siehe auch CÔTE D'OR und Karte Seite 201.

J. T. C. M.

Olney, R., *Romanée-Conti* (Paris, 1991).

VOUGEOT Kleiner Ort im Bereich Côte de Nuits (Burgund) mit Rotweinen von der Pinot-Noir-Traube. Der Name stammt vom Bach Vouge, der durch den Ort fließt. Nur 4,8 ha produzierten VILLAGE-Wein, und 11,7 ha sind als PREMIER-CRU-Lagen ausgewiesen. Der Ruhm des Orts aber beruht ganz auf dem 50,6 ha großen GRAND CRU Clos de Vougeot.

Der Ruhm des Clos de Vougeot wiederum ist historisch, denn er war das Flaggschiff der Zisterzienser, die diesen Weinberg anlegten, mit einer Mauer umgaben und so die Grundlage für die weitaus größte zusammenhängende Grand-Cru-Lage der Côte d'Or schufen. Geologisch ist diese Lage nicht einheitlich. Der obere, an Bonnes Mares und Grands Échezeaux angrenzende Teil hat leicht kalk- und kieshaltigen Boden über Oolithkalkgestein mit bester

Der Clos de VOUGEOT, Burgunds größter ummauerter Weinberg, und sein berühmtes Château, heute ein Schauplatz weinseliger Festlichkeiten.

Durchlässigkeit, der dem Wein größten Charakter verleiht; der mittlere Teil liegt auf weicherem Kalkgestein mit Ton und etwas Kies und mäßiger Durchlässigkeit an einem sehr sanften Hang. Der untere, fast flache Teil erstreckt sich bis zur Hauptverkehrsstraße RN74 und besteht aus schlecht durchlässigem Schwemmlandboden mit Ton.

Als noch die Mönche aus den infolgedessen sehr unterschiedlichen Komponenten den Wein zusammenstellen konnten, verdiente der Clos de Vougeot wohl seine Reputation. Heute ist der Weinberg unter mehr als achtzig Besitzern aufgeteilt, und nur allzu viele Weine entsprechen wegen der Unzulänglichkeiten des Grundmaterials und der Bereitungstechniken mancher nicht so gewissenhafter Erzeuger keineswegs hohen Maßstäben.

Klassischer Clos de Vougeot ist in der Jugend dicht und unzugänglich, eher robust als elegant. Nach etwa zehn Jahren aber entfaltet er sich zu einem der vollkommensten Weine von der Côte d'Or mit tiefem, vollem, an Trüffeln und Waldboden erinnerndem Geschmack.

Von den Premier-Cru-Lagen ist Le Clos Blanc mit einem ungewöhnlichen Chardonnay-Weißwein das *monopole* des Weinguts Héritier-Guyot, und der Clos de la Perrière befindet sich im Alleinbesitz der Domaine Bertagne. Weitere Premiers Crus sind Les Cras, ein selten zu findender Wein, und Les Petits Vougeots.

Siehe auch CLOS DE VOUGEOT, CÔTE D'OR und Karte Seite 201. J. T. C. M.

VOUVRAY Die bedeutendste APPELLATION CONTRÔLÉE für Weißwein in der TOURAINE an der Loire. Die Weine von Vouvray sind in der Qualität stark unterschiedlich und bilden damit ein echtes Spiegelbild der Rebsorte, von der sie ausschließlich entstehen. Der Vouvray ist stets CHENIN BLANC, und in gewissem Sinn ist Chenin Blanc stets Vouvray (obwohl theoretisch auch die ARBOIS-Traube dafür zugelassen ist). Kein anderer Wein, der an der mittleren Loire nur von dieser Sorte entsteht, die oft auch Pineau de la Loire genannt wird, hat solche Produktionsmengen vorzuweisen: etwa 60 000 hl Stillwein und 40 000 hl Schaumwein von rund 1800 ha Rebfläche. Nur die weiter im Westen gelegene AC COTEAUX DU LAYON verfügt mit knapp 1200 ha über eine ähnlich große mit Chenin Blanc besetzte Rebfläche.

Vouvray selbst ist eine ausgesprochen hübsche kleine Stadt auf dem Nordufer der Loire östlich von Tours. Ihr Wein hat den MÖNCHEN UND KLÖSTERN, die im Mittelalter und auch später noch den Weinbau der Gegend verfeinerten, viel zu verdanken. Doch erst mit der Schaffung der Appellation Contrôlée im Jahr 1936 errang sich der Vouvray eine eigene Identität; früher wurde er zum großen Teil vom HOLLÄNDISCHEN WEINHANDEL als Verschnittwein aufgekauft, und was als Vouvray auf den Markt kam, stammte nicht selten aus allen möglichen Gegenden der Touraine.

Die Häuser und Weinkeller auf dem rechten Ufer des breiten Stroms werden seit jeher aus dem Tuffstein der Gegend gebaut, die Reben aber stehen auf Ton- und Kiesboden über diesem Tuffgestein auf einem Plateau, das von Bächen und Flüßchen durchschnitten wird, so daß viele Weinberge in den Genuß ideal geschützter Südlagen kommen. Die Einheimischen sagen, daß an dieser Stelle das atlantische auf das KONTINENTALE Klima trifft.

Feinsten Vouvray produzieren zu wollen ist so riskant wie bei allen feinen süßen Weißweinen, deren Entstehung auf EDELFÄULE oder extremer REIFE beruht. Hierbei ist der Winzer ganz und gar der Gunst der Witterung ausgeliefert. Die Lese in Vouvray ist eine der spätesten in Frankreich; sie zieht sich oft bis in den November hinein und erfordert häufig viele Lesedurchgänge durch die Weinberge.

Die Weinbereitung ist hier geprägt durch die Notwendigkeit, reine Frucht so schnell und schnörkellos wie möglich in die Flasche zu bringen. Damit ist diese Weinbaugegend eine der wenigen in der Welt, die dem Küferhandwerk nicht viel Verdienstmöglichkeiten bieten. Hier werden neutrale Gärbehälter, z. B. große alte Eichenfässer oder Edelstahltanks, benutzt, die MALOLAKTISCHE SÄUREUMWANDLUNG wird völlig unterdrückt, und der Reifeprozeß soll sich möglichst langsam in der Flasche abspielen.

Der Stil des von den besten Erzeugern, z. B. Huet, Poniatowski, Champalou und dem großen Handelshaus Marc Brédif, produzierten Weins richtet sich ganz nach dem Wetter. In den ungünstigsten Jahrgängen entsteht nur trokkener Stillwein und eventuell Schaumwein, die besten Jahre dagegen erbringen sehr süße, goldene Nektare, die von Natur aus MOELLEUX oder gar LIQUOREUX ausfallen, aber dennoch so viel Säure enthalten, daß sie in mittleren Jahren – d. h. von drei bis dreißig – fast unangenehm zu trinken sind. Manche der feinsten Vouvrays schmecken noch nach fast 100 Jahren lebendig und überaus fruchtig. In gewissen Jahren entsteht auch in größerem Umfang eine liebliche Version *(demi-sec)*, die ebenfalls ziemlich lange FLASCHENALTERUNG benötigt, bis die Säure gedämpft ist und der Wein einen feinen Begleiter zu vielen Gerichten, vor allem mit gehaltvollen Saucen, abgibt.

Daneben erscheint der Vouvray im Handel auch als einfach nur lieblicher Weißwein mit kräftiger Säure, aber ohne Entfaltungsfähigkeit.

Der **Vouvray Mousseux** hat zumindest den Liebhabern der honigwürzigen Chenin-Blanc-Traube oft Interessanteres zu bieten als andere Schaumweine von der Loire. Er hat Gewichtigkeit und Aroma aufzuweisen und eignet sich sowohl als Begleiter zur Mahlzeit wie auch als Aperitif.

Siehe auch LOIRE und die dazugehörige Karte.

VQPRD oder **Vin de Qualité Produit dans une Région Déterminée**. Französische Version der von der EUROPÄISCHEN UNION empfohlenen Bezeichnung «Qualitätswein bestimmter Anbaugebiete». Die Abkürzung ist oft auch auf den Etiketten von Qualitätsweinen anderer europäischer Länder zu finden.

VRANAC Rotweinrebsorte aus dem ehemaligen JUGOSLAWIEN, eine Spezialität von MONTENEGRO. Ihr Wein hat tiefe Farbe, ist oft extraktreich und spricht gut auf AUSBAU in Eichenfässern an. Im Nachgeschmack findet sich ein erfrischendes bitteres Element, das eine Verwandtschaft mit italienischen Traubensorten von jenseits der Adria nahelegt. Vranac ist einer der wenigen Namen einheimischer Rebsorten, die auch im Export auf Flaschenetiketten erscheinen. Die Sorte wird außerdem in MAKEDONIEN angebaut, allerdings mit weniger Erfolg.

VSOP «Very Special Old Pale» ist eine Bezeichnung für COGNAC in besserer Qualität.

VULKANISCH Gesteinsarten aus Vulkanausbrüchen sind unterschiedlich in der Zusammensetzung und bilden verschiedenartige Böden. Nur wenige Weinbaugebiete der Welt liegen auf Vulkangestein. Berühmte Beispiele sind der Kaiserstuhl im deutschen Anbaugebiet BADEN, wo der Boden aus Ton von verwittertem Vulkangestein besteht, die weiter nördlich gelegene PFALZ mit Basalt als Muttergestein und die südliche NAHE mit Feldspat und Porphyr. Der ungarische TOKAJER wächst angeblich auch auf Vulkangestein, vor allem Andesit.

An den Finger Lakes im Staat NEW YORK leitet sich der steinige, aber fruchtbare Boden von Vulkangestein her; in ihm können die Rebwurzeln bis weit in frostfreie Tiefen vordringen, wo auch in trockenen Sommern genügend BODENFEUCHTIGKEIT zur Verfügung steht.

Siehe auch BODEN ff. J. M. H.

W

WACHSTUMSZYKLUS siehe REBENWACHSTUMSZYKLUS.

WÄDENSWIL Stadt am Zürichsee (SCHWEIZ) und Sitz der Eidgenössischen Forschungsanstalt für Obst-, Wein- und Gartenbau. Diese wurde 1890 als Reaktion auf die Weinbaukrisen gegründet, die durch PILZKRANKHEITEN und die REBLAUS hervorgerufen worden waren, aber auch wegen der Umwälzungen auf den Schweizer Obst- und Weinmärkten als Folge der verbesserten Eisenbahnnetze.

Wädenswil befaßt sich mit Forschung, Entwicklung, Kontrolle und Beratung im Weinbau. Hier wurde eine Reihe von KLONEN entwickelt, insbesondere von PINOT NOIR, die inzwischen bis Oregon, Kalifornien, Neuseeland und Südafrika Verbreitung gefunden haben. Ein besonderes Anliegen der Forschungsanstalt ist der UMWELTSCHONENDE WEINBAU, bei dem die Schädlingsbekämpfung mit biologischen und biotechnischen Verfahren erfolgt. Es wurde eine Reihe von Pflanzenschutzmethoden entwickelt, u. a. die Einführung von Nützlingen und Pheromonen als Fallen und zur Abwehr von SCHADINSEKTEN.

Das Pendant in der französischsprachigen Schweiz ist die Forschungsanstalt in CHANGINS.

WAGNER, PHILIP (* 1904) Zeitungsredakteur in Baltimore, Weinbauexperte und Weinerzeuger sowie Autor von Büchern über Reben und Wein. Er fing in der PROHIBITION als HOBBYKELLERMEISTER an und veröffentlichte 1933 *American Wines and How to Make Them.* Aufgrund seines besonderen Interesses an der Verbesserung des Weinbaus im Osten der USA importierte und erprobte Wagner im Jahr 1939 FRANZÖSISCHE HYBRIDREBEN und verbreitete sie von seinem Rebschul- und Weinbaubetrieb Boordy Vineyard aus, den er in Maryland gegründet hatte. Sein Buch *A Wine-Grower's Guide* (1945) war das erste Werk über französische Hybridreben in den USA. Dank der Erfolge mit seinen Weinen und mit der Verbreitung französischer Hybriden aus seiner Rebschule sowie aufgrund der Überzeugungskraft seiner Bücher, in denen er für eine bessere Wahl der REBSORTEN eintritt, darf Philip Wagner als der Mann bezeichnet werden, der den Weinbau im Osten der USA in eine neue Richtung gelenkt hat. Die Klarheit und Entschiedenheit seiner Bücher, die viele Neuauflagen erlebt haben und noch heute im Umlauf sind, haben ihm weit über Boordy Vineyard hinaus Einfluß gesichert. T. P.

WÄLDER Verschiedene Hölzer haben bedeutenden Einfluß auf den Charakter mancher Weine, die ihre besondere Note durch FASSAUSBAU erhalten (siehe HOLZARTEN). Über die Lage der Wälder, aus denen die wichtigsten Hölzer stammen, siehe EICHE.

WALES Einige kleine Weinberge in geschützten Winkeln von Südwales bringen walisischen Wein hervor. Siehe ENGLAND.

WALKER BAY Weinbauregion an der Küste SÜDAFRIKAS.

WANDERHEUSCHRECKEN richten oft Schäden in Weinbergen an (siehe HEUSCHRECKEN).

WÄRMEBEHANDLUNG DER REBEN siehe THERMOTHERAPIE.

WÄRMESUMME Ein Berechnungssystem, das vielen KLIMAKLASSIFIKATIONEN zugrunde liegt.

WÄRMETAGE Eine für die Klimaerfassung geschaffene Maßeinheit; siehe KLIMAKLASSIFIKATION.

WASHINGTON Der Staat Washington im PAZIFISCHEN NORDWESTEN hat sich in aller Stille hinter Kalifornien auf den zweiten Platz unter den VINIFERA-Wein erzeugenden Staaten der USA vorgearbeitet. Hier entstehen 5 % der Gesamtweinproduktion der USA (einschließlich der Erzeugung der mit AMERIKANISCHEN REBENSPEZIES besetzten 14 000 ha im Staat New York). Mit 4450 ha stand Washington zu Beginn der 1990er Jahre zwar in beträchtlichem Abstand hinter Kalifornien mit 120 000 ha auf dem zweiten Platz, doch in der Reputation für Qualität liegt es so weit nicht zurück.

Historisches

In den 1930er Jahren beruhte der Weinbau von Washington auf der einheimischen Rebsorte CONCORD, die im Yakima Valley gut gedeiht. Sie wird dort auch heute noch verbreitet angebaut, ihre Frucht geht aber so gut wie ausschließlich in die Herstellung von Traubensaft, Konfitüre und anderen Produkten ein. 1969, als in Kalifornien der Weinboom schon kräftig im Gang war, gab es in Washington nur zwei Weinbaubetriebe mit je einem kleinen Weinberg. 1990 hatte die Zahl der Weinbaubetriebe bereits achtzig erreicht.

Weinstile

Fast alle hier erzeugten Weine sind «Varietals». Ein 1972er Johannisberg Riesling von Chateau Ste Michelle machte ein breites Publikum auf den Wein aus Washington aufmerksam, als er bei einer von der *Los Angeles Times* veranstalteten Prämierung alle Mitbewerber schlug. Zwar geht die Nachfrage nach Riesling ständig zurück, doch gerade er gedeiht hier besonders gut sowohl für trockene Weine als auch für süße Spätlesen, die letzteren gelegentlich mit EDELFÄULE. In kühlen Jahren gelingen einigen Erzeugern Nachahmungen von Rheingauer Kabinettweinen so gut, daß sie bei verdeckten Weinproben damit die Experten täuschen.

Zu Beginn der 1990er Jahre erbrachte jedoch SÉMILLON mit größerer Beständigkeit interessantere Weine als Riesling. Sie zeigen allesamt die für lange Lebensdauer nötige Struktur und Ausgewogenheit. Darüber hinaus weisen sie eine Subtilität auf, die ganz hervorragend zu den Meeresfrüchten des Pazifischen Nordwestens paßt. Die meisten werden mit wenig oder überhaupt keinem Faßausbau auf größtmögliche Fruchtigkeit ausgelegt. Einige Erzeuger versuchten durch FASSGÄRUNG, HEFESATZLAGERUNG und andere Techniken mit weißen Burgundern zu rivalisieren.

Ungeachtet der Spitzenleistungen von Riesling und Sémillon dominierte im Staat Washington zu Beginn der 1990er Jahre in Weinbergen und Kellern doch der Chardonnay, dessen Anbaufläche zwischen 1988 und 1991 um fast drei Viertel wuchs. Die meisten Chardonnays fallen hier befriedigend bis recht gut aus, aber die Führungsstellung der Sorte beruht doch stärker auf der Marktnachfrage als auf echter Überlegenheit. Die meisten Kellereien arbeiten mit Faßgärung, MALOLAKTISCHER SÄUREUMWANDLUNG und Hefesatzlagerung, um den bescheidenen Sortengeschmack zu verbreitern und zu vertiefen.

Als weitere Rebsorten, die auf kleineren Anbauflächen gute Leistungen erbringen, sind SAUVIGNON BLANC und CHENIN BLANC zu nennen. GEWÜRZTRAMINER zeitigt be-

Die Columbia Crest Winery im Staat WASHINGTON mit speziell für Beregnungsanlagen geschaffenen kreisrunden Wein- und Maisfeldern.

ständige, aber alltägliche Ergebnisse. MÜLLER-THURGAU zeichnet sich in verstreuten Weinbergen im abgelegenen Puget-Sound-Becken westlich der Cascade Mountains gelegentlich durch lebendige Art aus.

Nicht ohne Grund kamen die Rotweine in Washington später auf als die Weißweine. Die erste große Hoffnung, der CABERNET SAUVIGNON, hat zwar noch Bedeutung, wurde 1991 aber vom MERLOT überholt. In Washington tendieren die Cabernet Sauvignons zu rosinenhaft reifen Geschmacksnuancen und spürbar kräftigem Alkoholgehalt. Der vorherrschende Stil verlangt nach ausgeprägten Tanninen und herzhafter Eichenholzwürze. So entstehen Weine von dramatischer Fülle in der Jugend, aber ohne großes Durchhaltevermögen. Der MERLOT trat in den Weinbergen von Washington erst später auf, bewies aber von Anfang an reichhaltigeren Geschmack bei verhaltenerer Struktur. Die Frage nach der Haltbarkeit kann Mitte der 1990er Jahre noch nicht schlüssig beantwortet werden, wenngleich manche Exemplare eine angemessen lange Lebensdauer in der Flasche vermuten lassen. Auch Verschnitte der beiden BORDEAUX-Trauben entstehen in immer größerer Zahl und versprechen viel Gutes. Neben anderen Rotweinrebsorten hat Washington als Spezialität auch den in den USA sonst nicht vorkommenden Lemberger (siehe LIMBERGER und BLAUFRÄNKISCH), von dem mehrere Weinbaubetriebe einen recht süffigen, frischen, fruchtigen Wein produzieren, der jung getrunken sein will. Einige Erzeuger haben auch versucht, breit angelegte eichenfaßgereifte Weine dieser Sorte zu bereiten, wie sie in ÖSTERREICH entstehen.

PINOT NOIR bewährt sich im östlichen Washington nicht, könnte aber am Columbia River gegenüber von Portland (Oregon), wo die Verhältnisse ähnlich sind wie im unteren Willamette Valley, eine gewisse Zukunft haben. Aus zwei kleinen Weinbergen sind von dort bereits – wie Sonne und Klima es vorausahnen ließen – ähnliche Weine gekommen wie aus Oregon. Günstige Lagen sind hier jedoch nur beschränkt vorhanden.

Geographie und Klima

Der ausgeprägte Unterschied zwischen den Klimaverhältnissen im westlichen und im östlichen Washington erweist sich besonders deutlich an der Rebsorte Pinot Noir. Im westlichen Washington ist es aufgrund der Nähe des Pazifiks und der Wirkung des ins Landesinnere hineinreichenden Puget Sound, an dem Seattle liegt, das ganze Jahr über mild und feucht. Das östliche Washington wird von der hoch aufragenden Kette der Cascade Mountains gegen die Meeresluft abgeschirmt und verzeichnet heiße, steppenhaft trockene Sommer und kalte bis arktisch kalte Winter.

Im westlichen Washington sorgen hohe Bevölkerungsdichte, Raumknappheit und nur bedingt geeignete Wachstumsvoraussetzungen dafür, daß die Weinpflanzungen lediglich knapp 1 % der Gesamtrebfläche des Staats ausmachen.

Im östlichen Washington hat dagegen die strenge Witterung auf der Ostseite der Cascades den Vormarsch des Weinbaus nicht aufhalten können. Die Weinbaugebiete finden ihre Grenzen nur durch die Verfügbarkeit von Versorgungsmöglichkeiten für Bewässerungsanlagen und durch die Kaltluftströmungen. Ersteres ist im Sommer unentbehrlich, letzteres erweist sich im Winter als ausschlaggebend, wenn die Temperaturen bis auf –26 °C absinken und manchmal vierzehn Tage und länger auf diesem Stand bleiben. Die meisten Weinpflanzungen liegen an Süd- und Südwesthängen, weil sie eher im Winter als im Sommer möglichst viel Wärme brauchen. Frostempfindliche Sorten wie Merlot sind ganz auf solche Hänge beschränkt und noch zartere, beispielsweise Grenache, im Verschwinden begriffen, nachdem in den strengen Wintern von 1978/79 und 1990/91 ein großer Teil dieser Reben erfror. In diesen eiskalten Wintern wurde die russische Technik der Fächererziehung (siehe REBENERZIEHUNGSSYSTEME) wiederentdeckt, die schon bei den frühesten Rebenpflanzungen eingesetzt worden war.

Praktisch alle Weinpflanzungen im östlichen Washington fallen in den 4,4 Millionen ha umfassenden AVA-Bereich Columbia Valley. Als Unterbereich liegt in ihm die große Appellation Yakima Valley, die allein 40 % der Rebfläche im Staat beinhaltet, sowie das noch in der Entwicklung begriffene Walla Walla Valley. Die meisten Reben sind ungepfropft, stehen in großen Abständen und sind mit zweiseitigen CORDONS erzogen.

Weinbaubetriebe

Die dominierende Kraft im Weinbau von Washington ist die Stimson Lane Company, eine Tochtergesellschaft der American Tobacco Company. Sie ist Eigentümerin einer Reihe von «Labels», darunter Chateau Ste Michelle, Domaine Ste Michelle, Columbia Crest, Snoqualmie, Farron Ridge und Saddle Mountain. Um die Mitte der 1990er Jahre umfaßte der Besitz des Unternehmens fast ein Drittel der Rebfläche im Staat Washington. Weitere bedeutende Namen sind nach Produktionsmenge und Reputation die ebenfalls in Seattle beheimatete Columbia Winery sowie Hogue Cellars, und auch Woodward Canyon steht im Begriff, sich internationale Anerkennung zu erringen.

Clark, C., *American Wines of the Northwest* (New York, 1989).
Hill, C., *The Northwest Winery Guide* (Seattle, 1988).
Holden, R., und Holden, G., *Northwest Wine Country* (Seattle, 1990).
Meredith, T. J., *Northwest Wine* (4. Aufl., Kirkland, Wash., 1990).
Thompson, B., *Atlas der kalifornischen Weine (mit Oregon und Washington)* (Bern, 1994).

WASSER Der größte Bestandteil des Weins ist Wasser (siehe auch ZUSAMMENSETZUNG DES WEINS) – ein kostbares Gut sowohl für den Erzeuger wie für den Verbraucher.

Wasser im Boden – das Ergebnis von NIEDERSCHLÄGEN oder BEWÄSSERUNG – bildet die Grundlage des Rebenwachstums. Die PHOTOSYNTHESE, ohne die keine Traube reifen könnte, hängt davon ab, daß Wasser zur Verfügung steht (deshalb kommt der Reifevorgang zum Erliegen, wenn der WASSERSTRESS überhandnimmt). Wasser in Gestalt eines rechtzeitigen Regengusses vor der LESE kann den Staub von den Trauben waschen.

Ebenso unentbehrlich ist Wasser in der Kellerei – der beste Freund der HYGIENE ist der Wasserschlauch. Viele Systeme der TEMPERATURREGELUNG erfordern reichliche Wasserzufuhr. In manchen, immer seltener werdenden Fällen darf Wasser sogar als Mittel zur Milderung der SÄURE dem Wein beigemischt werden.

Und schließlich ist Wasser ja auch noch ein Getränk. Jahrhundertelang wurde Wein stets mit Wasser gemischt, ja im alten GRIECHENLAND und ROM war es geradezu ein Kennzeichen der Barbaren, daß sie unverdünnten Wein tranken (allerdings waren die damaligen Weine im Vergleich mit den heutigen ziemlich stark). Bis in das 17. Jh. hinein war Wein in den großen Städten – anderswo sogar noch länger – ein gesünderes Getränk als Wasser. Noch Ende der 1960er Jahre bekam die Verfasserin, als sie in einem feinen italienischen Hotel arbeitete, so viel Wein, wie sie haben wollte, als Teil ihres Lohns, dagegen mußte Flaschenwasser – das einzige zuverlässige Trinkwasser – stets bezahlt werden.

Heutzutage kommt der Weinliebhaber kaum auf die Idee, den Wein zu verdünnen (außer wenn er sich im Sommer mit einer WEINSCHORLE erfrischen möchte), doch aus Gesundheitsgründen ist es durchaus zu empfehlen, zu jedem Glas Wein mindestens genausoviel Wasser zu trinken. Im übrigen ist Wein trotz aller Süffigkeit kein gutes Mittel, um den Durst zu löschen.

WASSERABZUG Die Bedeutung des raschen Abzugs von Wasser entweder durch Versickern im BODEN oder durch Ablaufen an der Oberfläche kann für den Weinbau und die Weinqualität nicht hoch genug eingeschätzt werden; es ist sogar notfalls erforderlich, künstlich Mittel und Wege zu schaffen, um überschüssiges Wasser abzuleiten. Seguin erörtert die damit zusammenhängenden Fragen ausführlich. (Siehe auch TERROIR sowie BODEN UND WEINQUALITÄT.)

Alle guten Weinbergböden besitzen von Natur aus oder durch künstlich getroffene Maßnahmen guten Wasserabzug. Länger anhaltende Staunässe ist nach dem Einsetzen des Frühjahrswachstums für die Wurzeln der Weinrebe tödlich. Schon geringfügige Staunässe kann schädliche Folgen haben, weil sie das Wurzelwachstum und die Mikrobentätigkeit im Boden einschränkt und in der Rebe einen Mangel an Nährstoffen und an im Wurzelwerk produzierten Wachstumssubstanzen (siehe CYTOKININE) hervorruft. Nasse und kalte Böden zur Blütezeit sind die Hauptursachen für schlechten FRUCHTANSATZ oder für VERRIESELN.

Staunässe im UNTERBODEN kann ebenfalls schädliche Auswirkungen haben, weil sie die tiefer reichenden Wurzeln lahmlegt oder zum Absterben bringt. Das kann zur Folge haben, daß die Rebe nur ein flaches Wurzelwerk ausbildet, das später, wenn die in Oberflächennähe gespeicherte Feuchtigkeit verdunstet oder aufgebraucht ist, für DÜRRE anfällig wird oder aber bei Regenfällen während der Reifezeit unerwünscht viel Wasser aufnimmt. Seguin vertritt die Auffassung, daß derartige Unregelmäßigkeiten in der Wasserzufuhr aus dem Boden der Weinqualität sehr abträglich sind. Unterböden, die unter ständiger Staunässe stehen, sind an ihrer ausgebleichten, weißlichen oder grauen Färbung erkennbar (siehe BODENFARBE). Dagegen sind gut wasserdurchlässige Unterböden meist gelb oder rötlich. Gefleckte Unterbodenfarbe deutet auf gelegentlich stauende Nässe und möglicherweise auf die Notwendigkeit einer künstlichen Entwässerung hin.

Als Faustregel läßt sich sagen, daß lockere und steinige Böden gut wasserdurchlässig sind, während dichte, schwere Lehm- und Tonböden (siehe BODENZUSAMMENSETZUNG) keinen freien Wasserabzug gewähren. Auf Unterböden der letzteren Art sitzt oft Grundwasser. Dies geschieht meist an Steigungen, wo das durch die oberen Bodenschichten absickernde Wasser auf oberflächennahe, als Sperrschichten wirkende Fels- oder Tonvorkommen trifft.

Indessen können auch schwere Böden und Unterböden ausreichend durchlässig sein, wenn sie gute Krümeligkeit (siehe BODENSTRUKTUR) aufweisen. Dies hängt von der chemischen Zusammensetzung, insbesondere von ausreichendem Gehalt an KALIUM und, in den oberen Bodenschichten, an ORGANISCHEN STOFFEN ab. Schlecht strukturierte Böden können sich leicht verdichten und unter der Oberfläche undurchlässige Schichten bilden, wenn sie häufig begangen oder mit Fahrzeugen befahren werden. In sandigen Böden entstehen derartige verdichtete Schichten unter der Oberfläche von Natur aus; sie müssen vor der Anpflanzung von Reben aufgebrochen werden.

Der Wasserabzug im Boden kann durch verschiedene Kultivierungsmaßnahmen beeinflußt werden. BEGRÜNUNG durch Gründüngungspflanzen mit tiefreichenden Pfahlwurzeln, z. B. Senf und Lupinen, kann dazu beitragen, senkrechte Rinnen zu schaffen, in denen das Wasser in tiefere Bodenschichten absickern kann. Die Aufbringung einer organischen Mulchdecke, wie sie auch durch Begrünungspflanzen entstehen kann, führt zu derselben Wirkung, weil sie die Aktivität der Regenwürmer fördert. Diese nützlichen Lebewesen erweisen sich als zusätzlich hilfreich, weil sie organische Substanzen und Nährstoffe durch das gesamte Bodenprofil verteilen. Schließlich kann auf sauren Böden durch Ausbringen von Kalk oder Gips die Krumenstruktur und damit die Wasserdurchlässigkeit verbessert werden. Dies ist schon bei der BODENVORBEREITUNG für die Anlage von Weinbergen zu berücksichtigen, weil Kalk und Gips im Boden weitgehend an der ursprünglichen Stelle verharren und daher gründlich und bis in ausreichende Tiefe eingearbeitet werden müssen.

Künstliche Drainage kann je nach den Umständen und Erfordernissen auf verschiedene Weise erfolgen. Webber und Jones berichten hierüber ausführlich.

Alle Formen künstlicher Drainage sind kostspielig, und doch können sie sich bei Böden, die ansonsten alle notwendigen Voraussetzungen für eine hochwertige Traubenproduktion bieten, durchaus lohnen. Schließlich wurde ja das Médoc durch Drainage aus Marschland in eine der meistbewunderten Weinbaulandschaften der Welt verwandelt (siehe BORDEAUX). J. G.

Seguin, G., «TERROIRS» and pedology of wine growing, *Experientia*, 42 (1986), 861–872.

Webber, R. T. J., und Jones, L. D., DRAINAGE AND SOIL SALINITY, in B. G. Coombe und P. R. Dry (Hrsg.), *Viticulture, II: Practices* (Adelaide, 1992).

WASSERENTZUG Beim Trockenvorgang für die Erzeugung von WEIN VON ROSINIERTEN TRAUBEN muß darauf geachtet werden, daß den Trauben nicht zuviel Wasser entzogen wird, damit überhaupt noch genügend Most zustande kommt.

WASSERSCHOSS Ein aus einem schlafenden Auge im Holz der Rebe statt aus einem beim REBSCHNITT «angeschnittenen» Auge entstandener Trieb. Wasserschosse tragen im allgemeinen keine Frucht. Ähnlich gehen Geiztriebe vom Fuß des STAMMS, zum Teil unter der Bodenoberfläche, aus. B. G. C.

WASSERSTRESS Der physiologische Zustand von Pflanzen, also auch Weinreben, die unter Wassermangel leiden. Dieser Zustand ist im späteren Verlauf der Wachstumsperiode eine verbreitete Erscheinung, da ein großer Teil des Weinbaus der Welt in MEDITERRANEN Gegenden beheimatet ist, wo Regenfälle hauptsächlich auf die Wintermonate beschränkt sind. Allgemein gilt ein gewisses Maß an Wasserstreß für die Weinqualität als vorteilhaft, über das erlaubte Maß besteht jedoch wenig Einmütigkeit.

Wasserstreß hängt von zwei Umständen ab: von der im Wurzelbereich vorhandenen Bodenfeuchtigkeit und vom Verdunstungsvermögen der Atmosphäre. Letzteres richtet sich nach Faktoren, die Einfluß auf die EVAPORATION ausüben, die an sonnigen, heißen, windigen Tagen mit geringer Luftfeuchtigkeit stark ist. An Tagen mit extrem starker Evaporation können selbst reichlich mit Wasser versorgte Reben vorübergehende Welkeerscheinungen zeigen. Dagegen weisen Reben, die in kühlem Klima mit ausreichender Luftfeuchtigkeit und oft bedecktem Himmel auf trockenen Böden stehen, dennoch nicht so viel Wasserstreß auf. Der höchste Rebenstreß entsteht, wenn starke Evaporation mit geringer BODENFEUCHTIGKEIT zusammentrifft, der geringste Streß tritt bei schwacher Evaporation auf feuchten Böden auf. Durch BEWÄSSERUNG kann Wasserstreß überwunden werden, sie ist jedoch in vielen Gegenden nicht erlaubt.

Die Physiologen bemessen Wasserstreß nach dem Wasserpotential in der Pflanze, er läßt sich jedoch leichter an den Wirkungen erkennen, die er auf die Rebe ausübt. Eines der ersten Anzeichen für bevorstehenden Wasserstreß ist das Schlaffwerden oder Welken der Ranken in der Nähe der Triebspitze; es folgen zuerst die jungen und dann die ausgereiften Blätter. Bei schwerem Streß vergilben die Blätter (CHLOROSE), verdorren schließlich (NEKROSE) und fallen ab. Bei beginnendem Wasserstreß versucht die Pflanze, die Wasserabgabe zu verringern. Eine gut mit Wasser versorgte Pflanze öffnet beim ersten Morgenlicht die SPALTÖFFNUNGEN auf der Unterseite der Blätter und hält sie den ganzen Tag über offen. Damit ermöglicht sie den freien Austausch von Wasserdämpfen (Luftfeuchtigkeit) und KOHLENDIOXID zwischen dem Inneren des Blatts und der Atmosphäre. Bei Wasserstreß schließt die Rebe dagegen im Lauf des Tages einen Teil der Spaltöffnungen. Dies geschieht anfänglich um die Tagesmitte, bei zunehmendem Wasserstreß aber bleiben die Spaltöffnungen fast den ganzen Tag geschlossen. Dadurch wird zwar weiterer Wasserverlust verhindert, aber infolge des Mangels an Kohlendioxid verringert sich auch die PHOTOSYNTHESE.

Wasserstreß wirkt sich noch auf eine Reihe weiterer Funktionen der Rebe aus. Im TROPENWEINBAU kann Wasserstreß anstelle der Winterkälte einen Ruhezustand der Reben hervorrufen. Dürre verlangsamt das Wachstum der Triebe und bringt es zum Erliegen, so daß die Triebspitzen ihre Aktivität einbüßen. Die Blätter bleiben kleiner und heller, das Wachstum von SEITENTRIEBEN wird eingeschränkt. Starker Streß zu Beginn der Wachstumsperiode beeinträchtigt den FRUCHTANSATZ, späterer Streß die BEERENGRÖSSE.

Champagnol zufolge ist die Auswirkung von Wasserstreß auf die Weinqualität nicht eindeutig. Zweifellos unterbricht schwerer Wasserstreß die Fruchtreife und verschlechtert die Weinqualität, wie es beispielsweise in Algerien beobachtet werden kann. Auch ist durchaus nicht klar, ob Wasserstreß in trockenen Weinbaugebieten, z. B. im LANGUEDOC-ROUSSILLON in Südfrankreich, zu höherem Zuckergehalt und besserem Wein führt. In maritimem Klima mit hoher Luftfeuchtigkeit, z. B. in BORDEAUX, deuten dagegen viele Anzeichen darauf hin, daß milder Wasserstreß während der Reife für die Weinqualität günstig ist. Beispielsweise war der Witterungsverlauf in der Wachstumsperiode in den Jahren 1966 und 1967 ganz ähnlich, mit der Ausnahme, daß 1966 die Reifezeit trocken war, was bei den Weinen zu weit besserer Qualität führte. R. E. S.

Champagnol, F., *Éléments de physiologie de la vigne et de viticulture générale* (St-Gely-du-Fesc, 1984).

WATER BERRY In Kalifornien gebräuchlicher Name für die STIELLÄHME.

WAUGH, HARRY (* 1904) Der in einem langen Leben durch seine besondere Höflichkeit und Aufgeschlossenheit berühmt gewordene englische Weinkaufmann trat erst im Alter von dreißig Jahren in den Weinhandel ein. Damals arbeitete er als Angestellter in einer alteingesessenen Firma in der Londoner City, die mit dem vornehmen Haus Block, Grey & Block im West End assoziiert war. Dort bewies er erstmals seine Fähigkeiten in der Auswahl und im Verkauf feiner Weine. Zu jener Zeit suchten noch wenige britische Weinhändler die Quellen ihrer Weine auf, sondern verließen sich auf ortsansässige Makler und Handelshäuser, deren Leiter regelmäßig zu Besuchen nach Großbritannien kamen.

Auf diese Weise lernte Waugh prominente Weinkaufleute aus Bordeaux wie Christian CRUSE, Jean Calvet und Ronald BARTON kennen. Seinen Jahresurlaub verbrachte er in den wichtigsten französischen Weinbaugebieten, zusammen mit Allan SICHEL, dem inzwischen verstorbenen Weinimporteur und Teilhaber an Château Palmer (siehe MARGAUX).

Im 2. Weltkrieg diente Waugh bei den Welsh Guards und trat dann 1946 in die Londoner Niederlassung von HARVEYS of Bristol ein. Nachdem in den sechs Kriegsjahren Wein sehr knapp gewesen war, bestand nun eine rege Nachfrage nach rotem Bordeaux, dem Lieblingstischwein der britischen Weinliebhaber. Waugh machte erneut Urlaub in Bordeaux, wo ihn Édouard Cruse mit den damals in England noch nicht entdeckten Weinen von POMEROL bekannt machte. 1950 kaufte Waugh den hochfeinen Jahrgang 1949 aus dem damals noch völlig unbekannten Château PÉTRUS und importierte ihn im Faß; zufällig tat der in Bristol ansässige Weinkaufman Ronald AVERY dasselbe. Waugh besuchte für die Firma Harveys auch andere französische Weinbaugebiete, z. B. das Beaujolais, dessen Wein damals noch als anonymes Alltagsgetränk importiert wurde. Er kaufte Weine der einzelnen Beaujolais-CRUS und wurde aufgefordert, in London einen Zweig der noch heute florierenden CONFRÉRIE des Compagnons de Beaujolais zu gründen.

Nach den verheerenden Frösten im Februar 1956 reiste Waugh, inzwischen Direktor bei Harveys, mit einem Kollegen nach Bordeaux und kaufte dort über den Makler Jean-Paul Gardère große Mengen des feinen Jahrgangs 1955 auf, wobei er die NÉGOCIANTS umging (siehe BORDEAUX-WEINHANDEL). Für seine Firma besuchte er regelmäßig die Colleges in Oxford und Cambridge und richtete 1953 einen jährlich stattfindenden Degustationswettbewerb unter den Studenten ein, der bis 1990 von Harveys (und anschließend vom Champagnerhaus POL ROGER) gesponsert wurde. In dieser Zeit absolvierten einige führende Persönlichkeiten des britischen Weinhandels, darunter auch Michael BROADBENT, ihre Lehrjahre bei Harveys.

1962 beschlossen die Besitzerfamilien von Château LATOUR den Verkauf des Guts und boten das berühmte Premier Cru in Bordeaux der Firma Harveys an. Waugh und sein Vorstandsvorsitzender waren dafür, doch die Mehrheit des Vorstands lehnte ab, und so erwarb die Firma Pearson, Herausgeber der *Financial Times*, eine 51prozentige Beteiligung, während auf Harveys nur 25 % entfielen. Waugh wurde nun einer der beiden Repräsentanten des Hauses Harveys im Vorstand und erlebte auf diesem Posten zwei Besitzerwechsel. Er führte Jean-Paul Gardère und seinen Freund Henri Martin, den Besitzer von Château Gloria (siehe ST-JULIEN), als gemeinsame Gutsleiter ein. 1966 wurde die Firma Harveys vom Hersteller des populären Birnenmosts Babycham, der Firma Showerings, übernommen, die später in Allied Breweries (heute Teil des multinationalen Konzerns Allied-Domecq) aufging. Waugh zog sich im Alter von 62 Jahren in den Ruhestand zurück. (Sieben Jahre danach kamen seine ersten Kinder, Zwillinge, zur Welt.)

Harry WAUGH – über neunzig und noch immer in Form.

Nun nahm Waugh enge Verbindung mit Weinliebhabern in den USA auf. Jahrelang ging er auf Vortragsreisen und erzielte dadurch eine Popularität, wie sie noch kein britischer Weinfachmann in den USA zuvor erlebt hatte. Mehrere Bände von *Harry Waugh's Wine Diary* berichteten über seine aufreibende Tätigkeit. Er hat viel dazu beigetragen, daß die Weine von Château Latour und anderen Châteaux von Bordeaux einem breiteren Publikum bekannt wurden. Außerdem machte er bereits zu Beginn der 1970er Jahre Weinkenner in Großbritannien (und an der amerikanischen

Ostküste) auf kalifornische Weine aufmerksam, als diese noch relativ unbekannt waren. Für seine Verdienste um den französischen Wein erhielt er 1984 den Orden pour le Mérite Agricole und wurde 1988 zum Chevalier de l'Ordre du Mérite National ernannt. Seit 1989 ist er Ehrenmitglied des Institute of MASTERS OF WINE. Unvergessen wird seine Antwort auf die Frage bleiben, ob er jemals Bordeaux und Burgunder verwechselt habe: «Nicht mehr seit dem Lunch.» E. P.-R.

Waugh, H., *Harry Waugh's Wine Diaries*, 9 Bde. (London, 1966–1981).

WEIN Durch Vergären des Safts von Obst oder Beeren gewonnenes alkoholisches Getränk (siehe auch OBSTWEIN). Im weiteren Sinn kann diese allgemeine Definition auch auf die Produkte der Vergärung von mit Blüten und Kräutern gewürzten Zuckerlösungen ausgedehnt werden, dagegen bleiben die in der Brauerei verwendeten, in Wasser gelösten Gerstenstärken sowie die für die DESTILLATION bestimmten Vergärungsprodukte zuckerhaltiger Flüssigkeiten ausgeschlossen.

Die diesem Buch zugrunde liegende und in ganz Europa anerkannte engere Definition beschreibt Wein als «alkoholisches Getränk, entstanden aus der Vergärung des Safts frisch gelesener Trauben in den jeweiligen Ursprungsgebieten in Übereinstimmung mit den dortigen Traditionen und Gepflogenheiten». Diese Definition grenzt echten Wein von alkoholischen Getränken ab, die von importiertem Traubenkonzentrat hergestellt und als «made wine» bezeichnet werden. Hierzu gehören u. a. BRITISH WINE und viele Produkte von HOBBY-KELLERMEISTERN. In der Neuen Welt lautet die Definition ganz ähnlich, nur fällt der letzte Teil weg, weil dort Wein nicht immer im Herkunftsgebiet der Trauben produziert wird und das Lesegut überdies aus Gegenden stammen kann, die mehrere hundert Meilen voneinander entfernt sind.

Etymologie

Das Wort Wein, althochdeutsch *win*, französisch *vin*, englisch *wine*, ist von lat. *vinum* entlehnt. Auf dieselbe Art entstanden auch die keltischen Formen *gwin* (walisisch) und *fion* (irisch). Dies erklärt sich daraus, daß die Germanen und KELTEN, deren eigenes Getränk das BIER war, den Wein von den Römern kennenlernten (Cäsars Aussage, daß manche germanischen und gallischen Stämme die Einfuhr von Wein verboten, kann als Beweis dafür gelten, daß er ihnen bereits bekannt war). Aus den germanischen Ländern wurden Getränk und Name an die Slawen (z. B. russisch *vinó*) und die Balten (litauisch *výnas*, lettisch *vins*) weitergegeben.

Im Lateinischen entstand aus *vinum* das Wort *vinea* für Weinberg; daraus wurde in Umsetzung auf die einzelne Rebe (eigentlich *vitis*) das französische *vigne*, das mit den Normannen nach England gelangte und dort – in Anpassung an einheimische Sprachgepflogenheiten – Bildungen wie *vine* für Rebe, aber auch *vineyard* für Weinberg hervorbrachte.

Indessen kann *Vitis* auf einen indogermanischen Wortstamm zurückgeführt werden, der «winden» bedeutet. Dagegen ist der eigentliche Ursprung von *vinum* und *vinea* weniger klar. Ähnliche Worte finden sich in vielen mediterranen Sprachen, auch in solchen, die anderen Sprachenfamilien angehören, aber es lassen sich nur wenige Beziehungen ermitteln. Beispielsweise entsteht das lateinische *i* oft aus *ei*, da diese Veränderung aber erst am Ende des 2. Jh. v. Chr. eintritt, kann sie in *vinum* nicht stattgefunden haben, für das in verwandten altitalischen Sprachen Formen mit *vin-* zu finden sind. Dadurch wird aber eine direkte Verbindung mit dem im alten GRIECHENLAND gebräuchlichen Begriff ausgeschlossen, der je nach Dialekt *woinos* oder *oinos* lautete und wiederum verwandt ist mit **woiniyo-* (mit * sind rekonstruierte Formen bezeichnet), das dem armenischen *gini* zugrunde liegt und manchmal mit Sanskrit *veni* (Zopf) in Verbindung gebracht wird. Es wird auch auf die Formen *wiyana* und *wayana* aus den altanatolischen Sprachen Hethitisch und Luvisch hingewiesen. Außerhalb des Indogermanischen wird das semitische Wort **wayn* («Traube», «Rebe», «Wein»), aus dem das hebräische *yayin* und das äthiopische *wäyn* neben dem in einem alten Lexikon gefundenen arabischen *wayn* («dunkle Traube») hervorgegangen sind, manchmal als die Quelle des griechischen Worts und manchmal als davon abgeleitete Form angesehen. Auch das georgische *gwino* ist in Erwägung gezogen worden, doch keine dieser Theorien überzeugt – es sei denn nach einigen Gläsern Wein.

L. A. H.-S.

WEIN ALS ENTGELT Die Praxis, Arbeiter mit Wein zu entlohnen, ist sehr alt, vermutlich älter als die Entlohnung mit Salz, von der sich das französische Wort *salaire* für Lohn herleitet. Im alten PERSIEN beispielsweise waren die Weinrationen streng geordnet, lagen aber weit über dem, was dem persönlichen Verbrauch eines einzelnen entsprechen konnte.

Es ist noch nicht lange her, daß Weinbergarbeiter, insbesondere Leser, in den größeren Weingütern in BORDEAUX zusätzlich zum Lohn mit einem gewissen Quantum Wein rechneten, der freilich nicht von besonderer Qualität, sondern eher PIQUETTE war.

Die berüchtigtste, inzwischen rasch im Schwinden begriffene Gepflogenheit, Arbeiter mit im wahrsten Sinne überwältigenden Mengen Wein zu bezahlen, stellt das südafrikanische DOP-System dar.

WEIN IN DER LITERATUR Siehe LITERATUR.

WEIN IN ZAHLEN Mit zunehmender Erforschung aller Aspekte des Weinbaus sieht sich der Verbraucher einer immer verwirrenderen Auswahl an Weinen gegenüber und ist deshalb auf leicht verständlich in Zahlen ausgedrückte Bewertungen der Weinqualität angewiesen. Noch in den 1970er Jahren hatten die Weinerzeuger nur vage Vorstellungen von den wesentlichen statistischen Verhältnissen ihrer Weine, und für den Weinverbraucher waren die einzigen Zahlen von einiger Bedeutung der JAHRGANG und der PREIS sowie für die genaueren Kenner der Weine von Bordeaux noch die Einstufungen in die dortige KLASSIFIKATION.

Heute erfüllen Zahlen immer mehr Identifikationszwecke. Australische Weinunternehmen wie PENFOLDS zeigen schon seit Jahrzehnten die Neigung, in die Namen ihrer Weine sogenannte Bin-Nummern einzufügen. Die REBSORTEN weisen inzwischen so zahlreiche KLONE auf, daß sie vorzugsweise einfach numeriert werden, und nicht anders steht es in vielen Kellereien mit den FÄSSERN.

Mit zunehmender wissenschaftlicher Durchdringung des Traubenanbaus und der Weinbereitung spielen wie in allen Wissenschaften Zahlen eine maßgebliche Rolle. Der Verbraucher hat ebenso wie der Erzeuger ein Interesse daran, daß in allen Phasen der Entstehung des Weins, vom BODEN bis zum fertigen Produkt in der Flasche, immer wieder Messungen vorgenommen werden. Die Ziffern für den PH-WERT und den Gehalt an TANNINEN und ALKOHOL, die gelegentlich auf den Etiketten zu finden sind, können jedoch für sich nicht als Maßstäbe dafür gelten, wie der Wein schmeckt. Darum wird versucht, mit Noten in Form von Punktzahlen Bewertungen abzugeben, sei es im Weinberg oder im Probierraum.

Punktwerte im Weinberg
In verschiedenen Teilen der Welt wird der Versuch unternommen, die einzelnen Weinberglagen mit Hilfe von Zahlenwerten zu klassifizieren. Im DOURO-Tal in Nordportugal gibt es für die Portweinproduktion ein eigenes System, nach dem den Weinberglagen Punkte zuerkannt werden, und zwar von plus 1680 für die aussichtsreichsten bis minus 3340 für die ungünstigsten Lagen; hierbei findet nicht nur das TERROIR, sondern auch der Rebenbestand Berücksichtigung. Die CHAMPAGNE verfügt über ein ähnliches, wenn auch nicht so ausgeklügeltes System, bei dem ganze Gemarkungen mit Werten zwischen 80 und 100 % eingestuft werden. Die Einführung von Techniken der LAUBPFLEGE ermöglicht noch detailliertere Bewertungen der Weinberglagen, denn nun kann auch das jeweilige LAUBDACHMIKROKLIMA gemessen und mit exakten Punktzahlen zur Bewertung herangezogen werden.

Punktzahlen für Wein
Hierbei handelt es sich in erster Linie um die Anwendung von Zahlenwerten zur Bemessung der Weinqualität. Bei der Verkostung von Wein üben FARBE, AROMA, GESCHMACK und Geruch, das Wechselspiel von ALKOHOLEN, ALDEHYDEN, ESTERN und SÄUREN, der Ort der Veranstaltung, die Temperatur und sogar die Mitverkoster so vielfältige Einflüsse aus, daß – abgesehen von dem Vergnügen an der Sache – die Idee, einen Wein mit Zahlen zu umschreiben, bestenfalls allzu simpel und schlimmstenfalls lächerlich erscheint. Dennoch lassen wir alle die zahlenmäßige Umschreibung gelten, die der Preis darstellt. Hierbei spielen neben der Qualität des Weins seine Reputation, sein Alter und die Angebotsmenge eine Rolle, in jedem Fall aber steckt im Preis auch ein Hinweis auf die Qualität.

Von Experten wird in schätzenswerter Weise versucht, durch Meßzahlen Anhaltspunkte für die Qualität zu geben, unabhängig von den anderen Faktoren, die den Preis beeinflussen. Robert PARKER in den USA benutzt hierzu eine Skala von 50 bis 100. Michael BROADBENT in Großbritannien dagegen verwendet eine solche von 0 bis 5, die allerdings nicht durch Ziffern, sondern durch Sterne ausgedrückt wird. Viele Verkostungen, von denen in der Presse zu lesen ist, erteilen Punktnoten zum Teil lediglich für die Qualität, zum Teil aber auch als Wertangabe. In vielen Ländern wenden professionelle Preisrichter bei Prämierungen ein Zwanzig-Punkte-System an, wobei meist drei Punkte für das Aussehen, fünf für das Aroma oder Bukett, neun für den Geschmack und drei für die allgemeine Qualität vergeben werden (siehe WEINBEURTEILUNG).

Zwei Gründe sind maßgeblich für den Wunsch, Wein in Zahlenwerte zu fassen. Zunächst ist eine Zahl eine präzise Größe, die bei jedermann dieselbe Vorstellung erweckt, während die von Weinkostern gebrauchten Begriffe, beispielsweise «erdig», zwar recht nützlich, aber doch schwer zu erfassen und zu beschreiben sind. Zweitens – und das ist wichtiger – lassen sich Zahlen leicht kombinieren. So läßt sich aus den von mehreren Degustatoren als Urteil abgegebenen Ziffern ein Durchschnittswert bilden und damit ein verbesserter Maßstab gewinnen. Es sind auch kompliziertere Berechnungen denkbar, um aus den Ergebnissen einer Verkostung weitere Informationen zu ziehen (Näheres bei Amerine und Roessler). Viel Kritik an den numerischen Maßstäben entsteht aus dem Unvermögen der Kritiker, mit diesen Maßstäben umzugehen, und nicht aus den Bewertungssystemen selbst; Worte sagen einfach mehr. Ein anderer Mangel an Verständnis entsteht beim Verbraucher dadurch, daß er von der präzisen Beschaffenheit der Zahlen zu der Annahme verleitet wird, daß beispielsweise ein von Parker mit 91 Punkten bewerteter Wein notwendigerweise besser sein müsse als einer, der nur 90 Punkte bekommen hat, was aber – wie noch zu erläutern sein wird – nicht unbedingt zutreffen muß.

Im Idealfall sollte eine für einen Wein genannte Punktnote nachvollziehbar sein. Wenn für einen Tisch 1 m als Maß seiner Länge angegeben ist, dann kann jeder, der mit einem Zollstock umzugehen versteht, dieses Maß selbst nachmessen. Idealerweise sollten also, wenn Parker das Maß 85 Punkte angibt, andere damit übereinstimmen. Dem ist aber leider nicht so. Die Bewertung von Wein ist einfach zu subjektiv und der Wein selbst zu variabel, als daß dies möglich sein könnte. Dadurch wird die Nützlichkeit numerischer Maßangaben nicht von der Hand gewiesen, es ergibt sich aber daraus, daß man im Umgang mit ihnen Vorsicht walten lassen muß. Sprächen beispielsweise alle Degustatoren einem Wein A um die 80 Punkte und einem Wein B um die 70 Punkte zu, dann wäre es – trotz der Variabilität über die Jahrzehnte hinweg – klar, daß der Wein A besser ist als der Wein B.

Viele Faktoren wirken sich auf diese Variabilität aus. Es gibt Abweichungen von Flasche zu Flasche oder von Kiste zu Kiste, insbesondere bei älteren Weinen, die unter verschiedenen Bedingungen gelagert wurden. Die Voraussetzungen bei der Verkostung, vor allem die TEMPERATUR und die Einwirkung von Luft, beeinflussen das Urteil. Der Eindruck eines verkosteten Weins kann auch unter der Wirkung eines unmittelbar vorher verkosteten stehen, wobei der Effekt der Erfahrungsübertragung vom einen zum anderen eine Rolle spielt. Es gibt auch offenkundige Unterschiede zwischen den Fähigkeiten und Parteilichkeiten der Preisrichter. Schließlich ermüden Preisrichter auch, und viele können in einer Sitzung nicht mehr als zwanzig Weine beurteilen. Diese Schwierigkeiten sind nicht unüberwindlich. Eine Vordegustation, bei der ungeeignete Preisrichter ausscheiden, ist eine gute Maßnahme, aber nicht sehr populär; man muß auch berücksichtigen, daß manche Preisrichter mit gewissen Weinen gut zurechtkommen, mit anderen aber keine Erfahrung besitzen. Wertvolle Ergebnisse kann eine sorgfältige Auslegung des Degustationsvorgangs zusammen mit einer strengen Analyse bringen. Oft ist es zweckmäßig, zwei Zahlenwerte anzugeben – einen als Punktnote im Sinne von Parker und Broadbent, den zweiten als Maß für die Variabilität. So können zwei Weine als (75 ± 2) bzw. (75 ± 5) angegeben werden, woraus zu erkennen wäre, daß beide im Schnitt mit 75 Punkten bewertet wurden, der zweite aber mehr Meinungsverschiedenheiten auslöste als der erste, weil der erste einheitlicher, der zweite aber variabler war. Noch raffinierter wäre die Methode, mit zwei Zahlenangaben zwei verschiedene Aspekte der Qualität eines Weins wiederzugeben.

Die Hauptschwierigkeit der Degustation liegt in der mangelnden Nachvollziehbarkeit. Zwar ist es schwer, allgemeine Aussagen über Verkostungen zu treffen, es fällt aber doch einigermaßen auf, daß erfahrene Verkoster, die mit einer Skala von 0–20 arbeiten, in der Hälfte der Fälle um etwa zwei und nicht selten sogar um bis zu vier Punkte voneinander abweichen. Bei einer Veranstaltung wurde beispielsweise ein Wein auf der Skala von 0–20 von einem erfahrenen Verkoster mit zwei Punkten bewertet, während ein anderer ihm 16,5 Punkte gab, wobei der Durchschnitt der elf Verkoster bei 10,5 lag. Manche in der Weinpresse besprochene Verkostungen können irreführende Ergebnisse bringen, entweder weil die Veranstaltung nicht mit genügender Sorgfalt vorbereitet wurde oder weil die Resultate nicht sachkundig analysiert wurden. Selten aber gehen aus dem Pressebericht über die Degustation ausreichende Details hervor, so daß es dem Leser trotz noch so vieler, mehr oder weniger präziser Schilderungen unmöglich ist, den Wert der Veranstaltung zu beurteilen.

Zahlen sind auch nützlich bei der Nachprüfung gewisser Behauptungen der Weinverkoster. Beispielsweise heißt es oft, die Weine einer bestimmten Region seien im Stil völlig von denen einer anderen verschieden. Dennoch hatten bei einer der am sorgfältigsten kontrollierten und analysierten Degustationsveranstaltungen einem Bericht des *Underground Wine Journal* vom Juli 1976 zufolge erfahrene französische Weinkoster große Schwierigkeiten, ihre eigenen Bordeaux-Weine von Cabernet-Weinen aus Kalifornien zu unterscheiden. Alles mögliche, was über Wein geschrieben wird, quillt über von Mythen und Fakten, wobei es schwer ist, das eine vom anderen zu sondern.

Ein großer Teil der Freude am Wein beruht auf dessen ungeheurer Vielfalt. Zahlen zerstören weder diese Vielfalt, noch mindern sie den Genuß, sie tragen lediglich dazu bei, ihn auf eine festere Grundlage zu stellen. Um dies zu erreichen, sind sorgfältiger organisierte Vergleichsweinproben und eine bessere Analyse der aus ihnen gewonnenen Daten nötig. D. V. L.

Amerine, M. A., und Roessler, E. B., *Wines: Their Sensory Evaluation* (Davis, Calif., 1983).
Ashenfelter, O., *Liquid Assets* (Princeton, N. J.).

WEIN VON ROSINIERTEN TRAUBEN Eine umfassende Kategorie meist intensiver, komplexer Weine von vorgetrockneten Trauben. Diese Erzeugungstechnik, bei der die Trauben entweder zum Rosinieren am Weinstock belassen oder nach der Ernte getrocknet werden (auf Matten aus Stroh oder Schilf, auf Gestellen aus Bambus oder aufgehängt unter Dachbalken), ist eng verknüpft mit der Art und Weise, wie die gefeiertsten Weine der Antike entstanden. Diese uralte Technik der KONZENTRATHERSTELLUNG führt eine der frühesten Traditionen in der Welt der Gastronomie fort.

In der klassischen Welt entwickelte sich diese Art der Weinerzeugung möglicherweise aus den Notwendigkeiten der Konservierung insbesondere von Weinen, mit denen Handel getrieben wurde und die für den Verbrauch außerhalb des Ursprungsgebiets bestimmt waren, wobei die vorgetrockneten Trauben süßere und stärkere, demzufolge auch stabilere Weine erbrachten. (Die EDELFÄULE und die Technik des AUFSPRITENS wurden erst viele Jahrhunderte später entdeckt.) Die Tradition der Weinbereitung aus getrockneten Trauben hat sich in der Nähe ihrer Ursprünge, insbesondere in Italien, am dauerhaftesten bewährt.

Antike

Die Methode, die Traube an ihrem Stiel so zu verdrehen, daß sie keinen Saft mehr bekommt, und sie dann zum

WEIN VON ROSINIERTEN TRAUBEN: Trockengestelle mit Trauben für die Bereitung von Amarone und Recioto im Weingut Masi bei Negrar im Veneto.

Trocknen am Weinstock hängen zu lassen, stammt möglicherweise aus KRETA, doch die Vinifikationstechniken für die getrockneten Trauben wurden im GRIECHENLAND der Antike vervollkommnet. Die Griechen hatten sie von anderen Bewohnern des östlichen Mittelmeerraums, insbesondere von den Hethitern, die in Anatolien lebten, gelernt. Die erste Beschreibung der Weinbereitung von getrockneten Trauben gibt HESIOD im 8. Jh. v. Chr. In seinen *Werken und Tagen* berichtet er, wie die Trauben «zehn Tage und Nächte lang» an der Sonne getrocknet wurden und dann weitere fünf Tage im Schatten lagen, bevor sie in Krügen zu Wein vergoren wurden.

Nach solchen Methoden entstanden die berühmten Weine der Inseln (Chios, Lesbos und Thasos), die von Homer und seinen Nachfolgern so hoch gepriesen werden. Von diesen Weinen hieß es oft, sie wären erst nach vielen Jahren Reifezeit am besten, wenn ihnen «die Zähne ausgefallen seien». Das ist ein klarer Hinweis auf eine Langlebigkeit, wie sie vor der Erfindung der fest verschlossenen Flasche nur Weine von getrockneten Trauben erlangen konnten. Gut verschlossene AMPHOREN mögen relativ luftdichte Behälter gewesen sein, aber eine lange Reise in der Hitze des Mittelmeers verlangte ausnehmend robuste Weine. Gleichzeitig mit dem Aufstieg der griechischen Stadtstaaten tauchten auch die abenteuerfreudigsten Händler des Mittelmeerraums, die Phönizier, auf. Sie verbreiteten die Weine aus dem Libanon (und die Weinbereitungspraktiken von KANAAN) in den Küstengebieten Nordafrikas und bis Spanien, Sardinien und Sizilien. Als eine ihrer Kolonien gründeten sie 814 v. Chr. KARTHAGO, wo um 500 v. Chr. Mago sein grundsätzliches Werk über die Landwirtschaft schrieb, das heute nur noch aus den umfangreichen Zitaten bekannt ist, die in den Werken späterer klassischer Autoren, insbesondere des Römers COLUMELLA, auf uns gekommen sind. Redding zitiert Mago in einer Passage, die das griechisch-römische Wissen über die Bereitung von Wein aus rosinierten Trauben wie folgt zusammenfaßt:

«Laßt die Trauben sehr reif und von der Sonne verbrannt oder eingeschrumpft, wenn die schlechten und fehlerhaften herausgelesen sind, auf einer Horde ausbreiten, die auf Pfählen oder Gabeln ruht und mit einer Schicht von Schilf bedeckt ist. Stellt diese in die Sonne, doch schützt sie vor dem Tau der Nacht. Wenn sie trocken (genügend eingeschrumpft) sind, pflückt die Beeren von den Stielen, werft sie in ein Gefäß und macht den ersten Most. Sind sie gut abgetropft, dann legt sie nach sechs Tagen in ein Behältnis und preßt aus ihnen den ersten Wein. Laßt sie ein zweites Mal stampfen (oder austreten) und pressen und gebt kalten Most zu dem gepreßten. Dieser zweite Wein soll in ein ausgepichtes Gefäß gegeben werden, damit er nicht sauer wird. Nachdem er zwanzig bis dreißig Tage darin verbracht und gegoren hat, stecht ihn in ein anderes Gefäß ab und verschließt es sofort dicht, indem ihr es mit einer Haut bedeckt.»

Andere Autoren in ROM, so CATO, PLINIUS, HORAZ und VERGIL, fügen noch weitere Details hinzu, etwa daß diese Weine unter den Dachbalken aufbewahrt werden sollen (wie der heutige VIN SANTO in der Toskana), wiederholen aber im allgemeinen die von ihren mediterranen Vorfahren festgelegten Regeln.

Die Römer wie die Griechen pflanzten Weinberge, wohin sie auch kamen – in Spanien, Frankreich, Deutschland und Mittel- und Osteuropa, vielleicht sogar in England, nur dürfte dort das Klima zu karg gewesen sein, um die Bereitung von *passum* (PASSITO) zu ermöglichen. An anderen Stellen dagegen schlug die Methode Wurzeln in der vielschichtigen historischen Weinkultur und bildete eine reiche Goldader der Weintradition, die in späteren Jahrhunderten, als die langwierigen Umwälzungen nach dem Zusammenbruch des Römischen Weltreichs vorüber waren, ausgebeutet werden konnte.

Entwicklungen seit dem Mittelalter

Italien Der von Plinius gepriesene *vinum reticum* aus Verona war vermutlich der Vorfahr des heutigen RECIOTO und AMARONE. Es war damals relativ üblich, Weine von Trauben zu bereiten, die am Weinstock getrocknet worden waren, indem ihre Stiele verdreht wurden, um die Saftzufuhr zu unterbinden. (Das Verfahren hat dem «Torcolato» den Namen gegeben, einem modernen weißen Recioto aus dem VENETO, den Maculan von teilgetrockneten, allerdings nicht durch Verdrehen der Stiele vorbereiteten VESPAIOLO-Trauben produziert.) Die Tradition der Trockentrauben wurde vermutlich nach 1204 verbessert, als Venedig die Hochburg dieses klassischen Erbes, die Insel Kreta, eroberte. Hieraus hat sich anscheinend eine Wiederbelebung der Weinbereitung von rosinierten Trauben im ganzen wachsenden venezianischen Reich entwickelt, nicht nur im Veneto, sondern auch auf den Inseln und an den Küsten des heutigen SLOWENIEN und KROATIEN. Hugh Johnson führt Grk, Vugava, Dingač, Postup und Prošek als Beispiele solcher «griechischer» Weine an.

Zu Beginn des 14. Jh. waren Weine dieser Art in PIEMONT sehr gefragt, und um die Mitte des 17. Jh. werden sie erneut erwähnt, heute aber ist die Tradition nur noch als Kuriosität erhalten.

In der TOSKANA dagegen hat der Vin Santo als eine offensichtlich ungebrochene Tradition überlebt, die von den meisten Spitzenweingütern gepflegt wird. Versionen hiervon gibt es auch noch in anderen Gegenden Italiens, insbesondere im TRENTINO. Weitere Überlebende sind der VERDUZZO von Ramandolo, der allgemein überbewertete PICOLIT aus Friaul, der bemerkenswerte Rosenmuskateller aus dem TRENTINO-ALTO ADIGE, der SFORZATO oder Sfursat aus dem VALTELLINA, der ALBANA Passito aus der Romagna und der Sagrantino Passito aus UMBRIEN. Im Süden und auf den Inseln sind die Beispiele dieser wiederauflebenden Tradition zu zahlreich, um sie im einzelnen aufzuführen; es gehören dazu viele Weine von rosinierten MOSCATO-, ALEATICO-, MALVASIA- und Nasco-Trauben, ganz zu schweigen vom Vecchio Samperi, dem seltenen, MARSALA-ähnlichen, aber ohne AUFSPRITEN bereiteten Wein von de Bartoli.

In anderen Ländern REDDING läßt keinen Zweifel daran aufkommen, daß Weine von rosinierten Trauben zu Beginn des 19. Jh. in Frankreich weit häufiger bereitet wurden als heute. Er erwähnt VIN DE PAILLE im Elsaß, zwei Arten in Argentac im Corrèze (hoch oben im heutigen BERGERAC) – eine davon perlend – sowie ein offensichtlich großartiges Beispiel, das bei Sartène auf KORSIKA von der Sciacarello-Traube entstand. Er stellt auch klar, daß der Muscat de RIVESALTES damals ein echter Wein von oft durch Verdrehen der Stiele am Weinstock getrockneten Trauben war und nicht wie heute durch Aufspriten bereitet wurde. Im heutigen Frankreich überlebt die Tradition nur noch im Vin de Paille von HERMITAGE und im JURA, der in diesen beiden Gegenden noch von je zwei oder drei Erzeugern als Kuriosität in so winzigen Mengen bereitet wird, daß kaum je etwas davon auf den Markt gelangt.

In Spanien blieben die klassischen Traditionen in verkümmerter Form während der maurischen Zeit erhalten und wurden danach neu belebt. Die bemerkenswertesten modernen Abkömmlinge sind die andalusischen Spezialitäten SHERRY und MONTILLA sowie der MÁLAGA, dessen gehaltvollere Ausführungen seit jeher von halbgetrockneten Trauben bereitet werden; sie alle aber sind keine reinen Weine von rosinierten Trauben mehr, weil sie meist aufgespritet werden. An anderen Stellen Spaniens ist die Tradition fast völlig erloschen. In RIOJA gibt es noch Beweise einer alten Gepflogenheit, bei der getrocknete Moscatel- oder Malvasia-Trauben zu Weinen mit verschiedenen Namen verarbeitet wurden: *suppurado* (Geeiterter), *tostadillo* (Getoasteter), *vino de paja* (Strohwein) oder *vino dorado* (Goldwein).

Überraschend wenig Weine von getrockneten Trauben sind im heutigen Griechenland zu finden. Die gehaltvollen Weine von Samos gehen auf die Neubestockung der Insel im 16. Jh zurück, doch die von Santorin (dem antiken Thíra) sind nur blasse Nachfahren der klassischen Vorbilder, und ebenso steht es um den heute durch Aufspriten bereiteten COMMANDARIA aus Zypern.

Berichte besagen, daß Strohwein auch in FRANKEN und ein süßer roter Wein von vorgetrockneten Trauben in der Schweiz unmittelbar an der Grenze zum italienischen VALTELLINA produziert wurde, ferner ein «grüner» Wein mit beträchtlicher Stärke bei Cotnar in Rumänien an der Grenze zu Moldova (siehe COTNARI); und dann ist da noch der auf ganz besondere Weise entstehende TOKAJER in Ungarn – er ist geblieben, die meisten anderen sind verschwunden. Die einzigen bemerkenswerten Zugänge zu der einst stolzen Liste von Weinen aus dem alten Österreich-Ungarn sind einige Stroh- und Schilfweine, die heute in ÖSTERREICH erzeugt werden.

Redding erwähnt auch Shahoni, die «königliche Traube» aus der Provinz Cashbin in Persien; er behauptet, «die Trauben werden über den Winter hinweg aufbewahrt und bleiben einen großen Teil der Zeit in leinenen Beuteln am Weinstock hängen»; in Argentinien spricht er von einem «süßen Wein ähnlich dem Málaga, der in Mendoza am Fuß der Anden auf deren Ostseite bereitet wird», und er führt den berühmten CONSTANTIA aus Südafrika an, der inzwischen neu belebt wird. Neuerdings sind auch Experimente mit Wein von rosinierten Trauben in Kalifornien und Südaustralien gemacht worden.

Moderne Produktionstechniken

Es werden Trauben mit hohem EXTRAKT- und Zuckergehalt benötigt, und das bedeutet normalerweise Ertragsbeschränkung. Diese Trauben können vor oder nach der Vollreife gelesen werden. Früher wurde im Veneto mit dem Verdrehen der Traubenstiele gearbeitet, heute aber trocknen die meisten Erzeuger die Trauben nicht mehr am Weinstock.

Diejenigen, die etwas vor der Vollreife der Traube die Lese durchführen, geben als Grund an, daß auf diese Weise die Gefahr von FÄULE vermieden wird, daß die Schalen noch dicker sind, der Trockenvorgang besser überstanden wird und daß mehr Säure bewahrt bleibt, was alles zusammen dem Aroma, der Frische, der Ausgewogenheit und der Langlebigkeit zugute kommt – und daß eventuell am Weinstock verbleibende Trauben dadurch noch stärker konzentriert werden.

Generell werden nur die reifsten und gesündesten Trauben gelesen, was bedeutet, daß erfahrene Leser eine Vorauswahl treffen müssen (siehe auch RECIOTO). Wichtig ist, daß die Trauben gesund sind, weil eingeschleppter Schimmel oder Fäule sich während des Trockenvorgangs rasch ausbreiten. Die Traubenschalen müssen unbeschädigt bleiben, deshalb wird das Lesegut in flachen Körben in die Kellerei transportiert. Auch sollen die Trauben *spargolo*, locker aufgebaut, also nicht kompakt sein, damit im Lauf des Trokkenvorgangs Luft um die einzelnen Beeren herum zirkulieren kann.

Trocknen an der Sonne wird noch in Sizilien und auf PANTELLERIA vor der tunesischen Küste sowie auf der griechischen Insel Santorin praktiziert. Das geht drei- bis viermal so schnell wie das Trocknen unter Dach, es kann aber auch zu übertrieben starker Färbung, karamelisiertem Geschmack und Einbußen an Aroma führen, weil einige der mikrobiologischen Veränderungen, die für feinen Wein dieser Art wesentlich sind, umgangen werden. Aus denselben Gründen lehnen Puristen Trockenöfen ab.

In den meisten Fällen spielt sich der Trockenvorgang für gewerbliche Zwecke unter dem Dachboden einer Weinkellerei ab, wo die Fenster geöffnet werden können, damit viel frische Luft hereinströmt (das ist eine wichtige Maßnahme gegen Schimmel und Fäule). Die Trauben hängen an Haken oder ausgespannten Schnüren oder liegen auf neutralen, trockenen Unterlagen. Stroh wird nur selten benutzt, weil es Mäuse anlockt; Lattenroste aus Eichenholz sind dagegen teuer. Maschendraht, Nylonnetze und Obstkistchen stellen Materialien des 20. Jh. dar. Aber auch Schilfrohr- und Binsenmatten sowie Bambusgestelle sind in Italien nach wie vor beliebt.

Die Dauer des Trockenvorgangs richtet sich nach der Traubensorte, nach dem gewünschten Weintyp und nach dem Mikroklima während der Trockenzeit. Zuckerreiche griechische Traubensorten wie Muskateller, Aleatico und Malvasia brauchen weniger Zeit zum Trocknen als nördlichere Sorten. Für Muskateller sind oft drei Wochen ausreichend, während die Veroneser Trauben GARGANEGA für weißen Recioto bzw. CORVINA für roten Recioto oder Amarone bis zu drei oder vier Monaten benötigen. Als ideale Voraussetzung gilt u. a. reichlich trockene Luft; in manchen Tälern macht hohe Luftfeuchtigkeit derartig viel Schwierigkeiten, daß die Trockenräume in größere Höhen verlegt werden. Übermäßig viel Hitze wird meist als ebenso schädlich empfunden wie zuviel Kälte.

Die Hauptwirkung des Trocknens besteht im Wasserentzug und der sich daraus ergebenden Konzentration des Zuckergehalts. Das Verhältnis zwischen Wasserentzug und Süßegewinn ist relativ direkt, d. h., ein Drittel Wasserentzug bedeutet bei Trauben, die mit 12° BAUMÉ gelesen wurden, einen Wein mit 16 % Alkoholgehalt (wenn der gesamte Zucker vergoren würde). Je nach dem gewünschten Weinstil schwankt der Gewichtsverlust der Trauben durch Evaporation zwischen 10 und 60 %, wobei die Norm für Passito-Wein etwa bei 35–40 % liegt. Daher erhöht sich der potentielle Alkoholgehalt etwa um ein gutes Drittel.

Andere Komponenten verhalten sich weniger berechenbar. Die GESAMTSÄURE in Trauben, bei denen sich der Wasserentzug auf 40 % beläuft, erhöht sich nicht etwa um 40 %, sondern nur um etwa 25 %. Diese und andere organische Substanzen machen vielfältige Veränderungen durch, und es kann eine kräftigere Entfaltung bestimmter Aromen und zugleich eine Einbuße an anderen eintreten. Je länger der Trockenvorgang dauert, desto stärker sind die mikrobiologischen Veränderungen der organischen Substanzen und der resultierenden Weinqualität.

Während der Trockenzeit kann sich an den Trauben EDELFÄULE entwickeln, die meisten Praktiker jedoch halten sie, jedenfalls für die Bereitung der trockeneren Weinstile wie Amarone, nicht für wünschenswert. Ein Problem ist der Befall durch Insekten, insbesondere Bienen, Wespen und Hornissen.

Das Mahlen und Pressen muß so schonend wie möglich geschehen. Weißer Most wird durch Schwerkraft und keinesfalls durch ZENTRIFUGIEREN geklärt; bei roten Trauben werden die Stiele ganz oder teilweise entfernt.

Der Most rosinierter Trauben ist so konzentriert, daß er nur langsam gärt. Dieser Effekt verstärkt sich noch in kühleren Gegenden, insbesondere weil es dort die lange Trokkenzeit mit sich bringt, daß die Trauben mitten im Winter gekeltert werden, wenn die Umgebungstemperatur sowieso niedrig ist. In Italien kann deshalb die GÄRUNG gefahrlos in Holzfässern vor sich gehen; gelegentlich muß sie durch Erwärmen und/oder durch Zusetzen von lokalen HEFEN in Spezialkultur in Gang gesetzt werden. In den traditionellen Gebieten leben die richtigen Hefen schon seit Jahrhunderten in der Umgebungsluft. In Valpolicella setzt gemäß Masi *Saccharomyces uvarum* den Prozeß in Gang, dagegen kann *Saccharomyces bayanus* bei höheren Temperaturen und bei Alkoholgehalten von 16 % und mehr, wie sie für Amarone oft in Frage kommen, wirken.

Manche Erzeuger lassen die Gärung monatelang innehalten und wiederbeginnen – bei Giuseppe Quintarelli darf der Vorgang sogar zwei bis drei Jahre in Anspruch nehmen –, und sie überlassen es ganz der Natur, wie süß der Wein am Ende ausfällt. Die meisten aber machen der Gärung durch ABSTECHEN und zunehmend auch durch Kühlung ein Ende.

Dann wird der Wein vom GELÄGER abgezogen, das anschließend in einem RIPASSO genannten Verfahren zum Anreichern des normalen VALPOLICELLA dient. In CHIANTI werden dem fertig vergorenen Wein manchmal getrocknete Trauben zugesetzt, um einen ähnlichen Effekt zu erzielen; diese Technik heißt GOVERNO.

Weine von rosinierten Trauben neigen zu besonders hohem Gehalt an FLÜCHTIGEN SÄUREN; das ist eine direkte Folge des hohen Zuckergehalts (verstärkt durch eventuell vorhandene edelfaule Trauben). Die ESSIGSÄURE in solchen Weinen kann oft die zulässigen Grenzwerte überschreiten und die Beimischung von ungewöhnlich viel SCHWEFEL-

DIOXID erfordern. Oft wird behauptet, der hohe Anteil an flüchtigen Säuren sei für die Qualität solcher Weine wesentlich; andere versichern, daß falsche Passito-Weine gerade an dem unwahrscheinlich geringen Gehalt an Essigsäure zu erkennen seien.

Weine von rosinierten Trauben lassen sich in zwei Gruppen einteilen: In der einen bleibt das primäre AROMA erhalten, in der anderen wird es der Entfaltung eines komplexeren BOUQUETS geopfert. Die erste Gruppe umfaßt die meisten auf aromatischen Rebsorten wie Muskateller, Brachetto, Aleatico und Riesling beruhenden Weine sowie süße Weißweine mit besonderer Betonung der Frucht, z. B. Recioto di Soave. Sie werden weitgehend reduktiven Bereitungsmethoden unterzogen, bei denen möglichst wenig MAISCHUNG, ALTERUNG und Sauerstoffeinwirkung beteiligt sind. (Da allerdings die Trauben beim Trockenvorgang einer gewissen OXIDATION ausgesetzt sind, können Weine dieser Art nicht vollständig reduktiv sein.)

Zu der zweiten Gruppe gehören Vin de Paille, Vin Santo, Amarone und Recioto della Valpolicella der traditionellen Art. Sie werden oxidativ behandelt, und zwar in der Absicht, dem endgültigen Geschmackseindruck Aromen hinzuzufügen, die in gewissem Maß auf die Einwirkung von Sauerstoff zurückgehen. Sie sind in typischer Weise Resultate einer längeren Maischung, häufiger Abstechvorgänge und jahrelanger Alterung in großen alten Fässern. Der starke, trockene Valpolicella Amarone ist hierfür ein Beispiel, ebenso der Vin Santo, bei dem Traditionalisten sogar einen RANCIO-Charakter fördern. Seit den 1980er Jahren hat jedoch eine Bewegung weg von diesen klassischen Stilen eingesetzt.

In den 1990er Jahren wurde von den Behörden der EUROPÄISCHEN UNION eine beschleunigte Eurotechnik versuchsweise genehmigt, bei der in einer einzigen Schicht ausgelegte Trauben unter einem Warmluftstrom von 30–35 °C getrocknet werden. Die ersten Ergebnisse erbrachten einen Zuwachs an POTENTIELLEM ALKOHOLGEHALT um 1 % im Lauf der ersten zwölf Stunden. S. P. D. L. und N. J. B.

Johnson, H., *Hugh Johnsons Weingeschichte* (Bern, 1990).
Loftus, S., und Belfrage, N., *Dried Grapes* (Southwold, 1992).
Redding, C., *The History and Description of Modern Wines* (1833).
Tachis, G., *Il Libro del Vin Santo* (Florenz, 1988).

WEINANSPRACHE In dem oft vergeblichen Bemühen, die beim Verkosten eines Weins wahrgenommenen Geschmackseindrücke zu beschreiben, bedienen sich Degustatoren bildhafter Ausdrücke, die Unbeteiligten gelegentlich albern vorkommen.

Nun besteht aber der Unterschied zwischen einem gemütlichen Genießer und dem Weinkoster gerade darin, daß der letztere versuchen muß, individuelle Empfindungen in Worte zu kleiden. Der Geruchssinn ist ein außerordentlich persönliches Wahrnehmungsorgan, für das es keinen gemeinsamen, in klaren Normen faßbaren Maßstab gibt. So bleibt nichts weiter übrig, als ein Aroma durch ein anderes zu beschreiben, an das es erinnert. Infolgedessen werden oft «schwarze Johannisbeeren» für Cabernet Sauvignon, «Erdbeeren» und «Himbeeren» für Pinot Noir und «Vanille» für Eichenholz als typische Assoziationen benutzt.

Eine einheitliche Weinansprache gibt es noch nicht, obwohl viele mutige Versuche unternommen worden sind, eine solche zu prägen. Insbesondere seit die Erforschung von GESCHMACKSSTOFFEN Fortschritte macht, scheint dieses Ziel in greifbare Nähe zu rücken. Der schottische Arzt Dr. Alexander HENDERSON unternahm es in *The History of Ancient and Modern Wines* von 1824 als einer der ersten, in die englische Weinansprache Ordnung zu bringen. CHAPTAL hatte bereits 1807 in *L'art de faire le vin* rund sechzig französische Begriffe zusammengestellt. Diese frühen Weinvokabulare konzentrierten sich eher auf die Dimensionen des Weins als auf seinen Charakter oder sein Aroma und stützten sich deshalb weitgehend auf Worte wie «sauer, süß, bitter, leicht».

Begriffe für Empfindungen im Mund

Die einfachsten und klarsten dieser Begriffe, die sich auf die Dimensionen beziehen, d. h. zur Beschreibung der im Mund gemachten Wahrnehmungen dienen (aber auch die noch eindeutigeren und allgemeiner verständlichen visuellen Eindrücke), sind heute noch in Gebrauch, und da sie leicht nachvollziehbare Empfindungen betreffen, sind sie auch zweckdienlich und unbestreitbar. Natürlich hat sich dabei eine Art Jargon eingeschlichen, von dem einige Proben gegeben werden sollen:

Abgang – Nachgeschmack
ausgewogen – siehe AUSGEWOGENHEIT
Beine – siehe TRÄNEN
brandig – scharfer Alkoholgeschmack
fett – körperreich, zähflüssig
flau – arm an SÄURE
frisch – angenehm kräftige SÄURE
grün – zu sauer
hart – zuviel TANNIN, zuwenig Frucht
Körper – siehe KÖRPER
stark – hoher ALKOHOLGEHALT
kurz – das Gegenteil von NACHHALTIGKEIT
lang – eindrucksvoller anhaltender Nachgeschmack; siehe NACHHALTIGKEIT
leicht – angenehm leichter KÖRPER
schwer – zu alkoholstark, zuviel EXTRAKT
Tränen – siehe TRÄNEN
voll – reich an KÖRPER

Begriffe für Aroma

Beim Versuch, charakteristische Ausdrücke für die subtileren, persönlicheren Geruchseindrücke zu finden, geraten die Degustatoren am meisten in Gefahr, den Spott anderer herauszufordern.

Manche der dabei entstehenden Begriffe sind reine Phantasieprodukte, geboren aus dem Gefühl des Unvermögens, der Aufgabe gerecht zu werden. In diese Kategorie fallen Umschreibungen wie «verblühende, gutartige alte Dame» – und unvergessen bleibt James Thurber's Definition «naiver, hausbackener Burgunder, doch ich glaube, er amüsiert durch seine Anmaßung».

Andere Ausdrücke versuchen durch Vergleiche mit Gegenständen, deren Geschmack allgemein bekannt ist, einen Eindruck von der Aromawahrnehmung zu geben: Es sind Worte aus dem Reich der Früchte, der Blumen, der Gemüse und Kräuter.

Eine weitere Kategorie besteht aus «abgeleiteten Begriffen», die irgendwann einmal von einer Autorität geprägt wurden und seitdem in Gebrauch bleiben, obwohl sie im strengen Sinn unrichtig sind. Es ist beispielsweise den Weinkostern in aller Welt so einhellig beigebracht worden, den kraftvollen, charakteristischen Duft des GEWÜRZTRAMINERS «würzig» zu nennen (vielleicht nur wegen des Namens), daß der Begriff in der Weinansprache für dieses Aroma üblich geworden ist, obwohl es an kein bekanntes Gewürz erinnert (eher an Litschifrüchte).

Aus solchen «vergleichenden Begriffen» setzt sich das Weinvokabular im Grund zusammen, wobei sich die vielen verschiedenen Sprachen und die in ihnen herrschenden Konventionen als Hindernis erwiesen. Max Leglise, ein Forscher in Burgund, hat versucht, Essenzen zu mischen, die den von ihm festgelegten Begriffen entsprechen, und auf diese Weise zu einem jeweils objektiven Standard zu gelangen (leider zersetzen sich synthetische Aromastoffe). Offensichtlich frustriert darüber, mit welcher Ungenauigkeit die Begriffe der Weinansprache benutzt werden, leistete die Professorin Ann C. Noble in DAVIS mit ihrem AROMAKREIS verdienstvolle Arbeit. Ihre Vorschläge entsprechen mit ausreichender Genauigkeit den von Professor Émile PEYNAUD, dem Wein-Guru von Bordeaux, gegebenen Anregungen, und so besteht die Hoffnung, daß den Weinkostern der Welt bald eine internationale Weinansprache zur Verfügung steht, die nicht mehr Unklarheiten enthält als jede andere Sprache auch.

Broadbent, M., *Weine prüfen, kennen, genießen* (6. Aufl., Bern, 1995).
Peynaud, É., *Die hohe Schule für Weinkenner* (Zürich, 1984).
Rankine, B., *Tasting and Enjoying Wine* (Adelaide, 1990).
Simon, *Wein entdecken mit Joanna Simon* (Bern, 1994).

WEINBAU, auch **Rebbau.** Wissenschaft und Praxis des Traubenanbaus. Der Weinbau wird von Winzern, Weingärtnern oder WEINBAUERN betrieben, die oft eigentlich spezialisierte Traubenanbauer sind. Die Weinbaupraktiken unterscheiden sich in den verschiedenen Teilen der Welt stark voneinander (siehe auch NEUE WELT).

Trauben können in verschiedensten geographischen Breiten unter Klimaverhältnissen angebaut werden, die von sehr heiß (Südkalifornien, Zentralaustralien) bis ausgesprochen kühl (England und Luxembourg) und von naß (in Teilen Neuseelands) bis sehr trocken (Copiopo in Chile und das Central Valley in Kalifornien) reichen. Die TOPOGRAPHIE kann aus steilen Hängen wie im Moseltal in Deutschland und im Douro-Tal in Portugal oder aus sehr flachen Ebenen wie in vielen Gegenden Australiens bestehen. Bei der PFLANZDICHTE gibt es riesige Unterschiede: Viele Lagen sind mit kleinen Weinstöcken eng besetzt, so in der Champagne und in Bordeaux (10 000 Reben/ha), andere mit wenigen großen, weit ausgebreiteten Weinstöcken, so in der Vinho-Verde-Region Portugals (kaum mehr als 600 Reben/ha). In manchen Gegenden werden Weinberge nur in Handarbeit gepflegt, in anderen erledigen Maschinen so gut wie alle Arbeiten, auch die Lese und den Rebschnitt. Unter steppenähnlichen Bedingungen müssen die Reben bewässert werden, um überleben zu können, während etwa in Frankreich Bewässerung grundsätzlich untersagt ist.

Die nachstehenden Stichwörter geben Gelegenheit, den Ablauf der Erschließung und Entwicklung des Weinbergs von der Planung bis zur Lese zu verfolgen: LAGENWAHL, VEREDELUNGSUNTERLAGE, REBSORTE, KLON, BODENUNTERSUCHUNG, BODENVORBEREITUNG, PFLANZDICHTE, UNTERSTÜTZUNGSSYSTEM, ANPFLANZUNG, REBENERZIEHUNG, REBSCHNITT, REBENSCHÄDLINGE, REBKRANKHEITEN, UNKRÄUTER, QUALITÄTSKONTROLLE und LESE.

Siehe auch JAHRESZYKLUS IM WEINBERG.

Auswirkungen auf die Weinqualität

Ganz abgesehen von den Entscheidungsvorgängen bei der Lagenwahl gibt es offensichtliche Möglichkeiten, wie der Traubenanbau auf die Qualität Einfluß ausübt, und andere, bei denen die Auswirkungen schwieriger zu erkennen sind. Schon die Wahl des Klons und der Veredelungsunterlage wirkt sich auf die Weinqualität aus.

Meist kommen hochwertige Weine aus Weinberganlagen auf Böden mit gutem WASSERABZUG und mit geringer BODENFRUCHTBARKEIT. Allerdings kann auch hier ungeeignete Weinbergpflege das Potential für gute Weinqualität zunichte machen. Beispielsweise kann allzu großzügige Ausbringung von stickstoffhaltigen DÜNGEMITTELN zu übermäßiger WÜCHSIGKEIT der Reben und damit zur Verzögerung der REIFE und zur Begünstigung von PILZKRANKHEITEN führen. Das beim SPRITZEN befolgte System kann ausschlaggebend dafür sein, ob sich TRAUBENFÄULE entwickelt oder nicht.

Das REBENERZIEHUNGSSYSTEM und das damit einhergehende Unterstützungssystem können fundamentale Wirkungen auf die Weinqualität haben. In manchen Gegenden werden durch die jeweils gültigen Anbauvorschriften Beschränkungen der ERTRÄGE auferlegt. Werden die Reben zu leicht geschnitten, so daß sie ein zu geringes LAUB/FRUCHTVERHÄLTNIS aufweisen, reift die Frucht nicht ordnungsgemäß aus, und die Weinqualität leidet.

In manchen Gegenden müssen die Weinberge gezielt bewässert werden, um WASSERSTRESS zu vermeiden (in vielen Teilen Europas ist BEWÄSSERUNG von vornherein untersagt), doch übermäßige Bewässerung kann wie zuviel Regen verspätete Reife und damit schlechtere Weinqualität hervorrufen.

Im Weinberg müssen immer wieder Qualitätskontrollen durch Stichproben vorgenommen werden, um sicherzustellen, daß die Trauben bei der Lese in optimalem Zustand sind (siehe auch PHYSIOLOGISCHE REIFE und PHYSIOLOGIE DER REBE). R. E. S.

Coombe, B. G., und Dry, P. R. (Hrsg.), *Viticulture, I: Resources in Australia* (Adelaide,1988).
—*Viticulture, II: Practices* (Adelaide, 1992).
Galet, P., *Précis de viticulture* (4. Aufl., Montpellier, 1983).
Winkler, A. J., et al., *General Viticulture* (2. Aufl., Berkeley, Calif., 1974).

WEINBAUAMATEUR siehe HOBBYKELLERMEISTER.

WEINBAUER Der weinbautreibende Landwirt wird auch als Winzer, Weingärtner oder Rebbauer bezeichnet; er verfügt heute über eine formelle Berufsausbildung, die ihn mit den wissenschaftlichen Grundlagen seiner Berufsarbeit vertraut macht und früher in diesem Ausmaß nicht üblich war. R. E. S.

WEINBEREITUNG Die Kunst, Wein zu produzieren, umfaßt natürlich alle Tätigkeiten im Weinberg und im Keller, in diesem Beitrag jedoch soll der Traubenanbau (siehe WEINBAU) unberücksichtigt bleiben.

Die seit Jahrtausenden als Handwerkskunst betriebene Weinbereitung wurde erst gegen Ende des 19. Jh., nachdem Louis PASTEUR die Existenz und Aktivität von HEFEN und BAKTERIEN entdeckt hatte, zur angewandten Wissenschaft. Seitdem hat sich die Kenntnis der umfangreichen chemischen und biochemischen Reaktionen, die sich bei deren Stoffwechselvorgängen abspielen, ständig erweitert, und die Ausrüstungen für die professionelle Kellertechnik wurden stark verbessert.

Weinbereitung ist kurz zusammengefaßt eine Abfolge einfacher Vorgänge: Der erste besteht darin, die Frucht zu mahlen oder zu zerquetschen, damit der ZUCKER in ihrem Saft für die GÄRUNG verfügbar wird, die den zweiten Vorgang bildet und von Natur aus einsetzt, sobald Hefezellen mit Zuckerlösungen in Verbindung kommen. Der daraus entstandene neue Wein muß dann mehreren Behandlungen unterzogen werden, die für seine KLÄRUNG und STABILISIERUNG sorgen. Es folgen weitere Kellerarbeiten, die unter den Sammelbegriff AUSBAU fallen, bevor als letzter Schritt die ABFÜLLUNG in die Flasche geschieht.

In dieser Folge von Vorgängen gibt es allerdings viele Details, die je nach dem WEINTYP und der Herkunft des Weins recht unterschiedlich sein können. (Generelle, also nicht lokale) Unterschiede der Weinbereitung, die sich nach den verschiedenen Arten von Wein richten, sind unter WEISSWEINBEREITUNG, ROTWEINBEREITUNG, ROSÉWEINBEREITUNG, SÜSSWEINBEREITUNG, SCHAUMWEINHERSTELLUNG und AUFSPRITEN sowie unter den Namen verschiedener alkoholangereicherter Weine besprochen.)

Diese Unterschiede beginnen bereits, wenn der Saft von den Trauben getrennt wird, d. h. beim PRESSEN; dieses geschieht beim Weißwein vor der Gärung, beim Rotwein erst danach. Vor der Gärung kann eine gewisse Verbesserung des Traubenmosts erforderlich sein. Da mehr als die Hälfte des in der Traube vorhandenen Zuckers in andere Endprodukte als ALKOHOL verwandelt wird (zumeist KOHLENDIOXID), wird in den gemahlenen Trauben eine Zuckerkonzentration von rund 20 Gewichtsprozent benötigt (siehe MOSTGEWICHT), damit ein stabiler Wein mit etwa 11 % Alkohol zustande kommt (siehe ALKOHOLGEHALT). In vielen kühlen Weinbaugegenden dürfen deshalb vergärbare Zucker zu den Fruchtzuckern hinzugemischt werden, um den endgültigen Alkoholgehalt zu erhöhen (siehe CHAPTALISATION). In wärmeren Gegenden ist demgegenüber AZIDIFIKATION an einem bestimmten Punkt des Weinbereitungsvorgangs erlaubt, und in fast jedem Fall wird dem Most vor der Gärung eine gewisse Menge SCHWEFELDIOXID zur Desinfektion zugesetzt.

Die Zugabe von Hefen ist ein weiterer wichtiger Schritt der Weinbereitung. Hefen sind einzellige Pflanzen, die zur Bildung neuer Hefezellen Zucker verbrauchen. In Gegenwart unbegrenzter Mengen an Sauerstoff würde fast der gesamte Zucker in solche neuen Zellen sowie in Kohlendioxid und Wasser umgewandelt. Verfügen die Hefen jedoch nur über beschränkte Sauerstoffzufuhr, wie es beispielsweise in einem großen Behälter der Fall ist, dann stellen sie sich nach einer anfänglichen Vermehrungsphase auf einen zweiten Stoffwechselvorgang um, dessen Endprodukte hauptsächlich ÄTHANOL – also genießbarer Alkohol – und Kohlendioxid sind. Der so produzierte Alkohol löst weitere Substanzen wie SÄUREN, TANNINE, Farb- und Geschmacksstoffe aus dem Fruchtfleisch und bei Rotwein auch aus den Schalen heraus. Genaugenommen ist Wein das Nebenprodukt des Stoffwechsels von Hefen, die unter nicht ganz optimalen Bedingungen leben. Zum Glück produzieren die Hefen während ihres zweiten, nicht mehr so wirksamen Stoffwechselprozesses auch noch eine Reihe attraktiver Aromasubstanzen. Ein weiteres Produkt des Hefestoffwechsels ist Wärme; es kommt durchaus vor, daß Kühlung angewendet werden muß, um die TEMPERATUR unter dem Niveau zu halten, wo die Hefen nachhaltig geschädigt würden.

Der neue Wein wird normalerweise vom GELÄGER getrennt, sobald die Gärung beendet ist (außer bei Weißweinen, die gezielt durch HEFESATZLAGERUNG gereift werden sollen). Normalerweise geschieht dies dadurch, daß vor dem ABSTECHEN einige Tage abgewartet wird, bis sich die Feststoffe am Boden des Behälters abgesetzt haben. Der nun noch immer durch Hefezellen und andere Schwebeteilchen getrübte Wein wird weiter geklärt, meist durch FILTRATION oder ZENTRIFUGIEREN. Dieser Klärungsvorgang wird oft noch durch SCHÖNUNG gefördert, wobei die dafür eingesetzten Mittel die im Wein enthaltenen Trubteilchen an sich ziehen und beim Niedersinken mit zum Boden des Behälters nehmen.

Weine, die viel APFELSÄURE enthalten, lassen sich durch die MALOLAKTISCHE SÄUREUMWANDLUNG mildern; diese spielt sich von selbst oder durch entsprechende Maßnahmen begünstigt während oder nach der alkoholischen Gärung ab.

Ein weiterer wahlweise durchführbarer Vorgang ist die MAISCHUNG von Fruchtfleisch und Schalen im Most oder Wein vor, während oder nach der Gärung, bei Rotwein unterstützt durch REMONTAGE. Alternativen bei den Weinbereitungsmethoden sind KOHLENSÄUREMAISCHTECHNIK, THERMOVINIFIKATION, DURCHLAUFGÄRUNG.

Wichtig ist es für die jungen Weine – gleich welcher Farbe –, daß sie gegen Sauerstoffeinwirkung geschützt werden. Früher wurde dies dadurch erreicht, daß die Fässer, in denen der Wein lag, regelmäßig aufgefüllt wurden, um Verdunstungsverluste auszugleichen. In modernen, reaktionsneutralen Behältern, z. B. Edelstahltanks, gibt es, wenn sie einmal gefüllt sind, keine Verdunstungsverluste. Sie bieten den weiteren Vorteil, daß der eventuelle LEERRAUM in nicht ganz vollen Behältern mit Stickstoff oder Kohlendioxid ausgefüllt werden kann, so daß jede Einwirkung von SAUERSTOFF auf den Wein ausgeschlossen wird.

Nach beendeter Gärung ist es bei Rotwein allgemein üblich, den Wein von den Schalen abzuziehen und in Holzfässer zu füllen, weil dies sowohl für die KLÄRUNG als auch für den AUSBAU von Vorteil ist. Bei Rotweinen höchster Qualität ist eine gewisse Ausbauzeit in neuen Fässern aus EICHE gebräuchlich, wobei sich die Form und Größe der Fässer, die Verweildauer und der in neuen Eichenfässern zu behandelnde Anteil der Gesamterzeugung nach dem Weintyp, dem Jahrgang und den Wünschen des Weinerzeugers richten. Der junge Wein ist imstande, aus einem neuen Faß im ersten Jahr in beträchtlichem Umfang Geschmacksstoffe und Tannine herauszulösen. Andere Rotweine oder auch solche, die bereits ein Jahr in neuen Eichenfässern zugebracht haben, können in gebrauchten oder größeren Fässern aus Eiche oder anderen Hölzern gelagert werden; es ist selbstverständlich auch möglich, Rotweine direkt in reaktionsneutrale Tanks zu füllen und die Alterungsphase in Holzfässern ganz zu umgehen. (Siehe auch FASSAUSBAU.)

Weißwein wird nur zu einem geringen Teil in Fässern ausgebaut. Bei ihm ist EDELSTAHL das bevorzugte Material für Gärung und Lagerung. Allerdings wird heute Weißwein, insbesondere Chardonnay, in zunehmendem Maß in kleinen Eichenfässern vergoren (siehe FASSGÄRUNG) und dann eine Zeitlang auf dem Hefesatz gelagert, damit er bestimmte Geschmackscharakteristiken annimmt, welche durch HEFESATZAUFRÜHREN verstärkt werden können. Meist wird Weißwein geklärt, stabilisiert und früh abgefüllt, um die Einwirkung von Sauerstoff zu verhindern und damit die Gefahr der OXIDATION zu verringern.

Die große Mehrzahl aller Weine, gleich welcher Farbe, wird vor der nächstfolgenden Lese in Flaschen abgefüllt, so daß nur Lagerkapazität für die Produktion eines Jahres benötigt wird. Faßgereifte Tischweine kommen dagegen erst innerhalb von zwei Jahren nach der Lese in die Flasche, während viele aufgespritete, aber auch einige andere für besonders lange Faßreife vorgesehene Weine (z. B. gewisse italienische, spanische und portugiesische Rotweine) auch viel länger im Faß ruhen können (siehe auch ALTERUNG).

Vor der Abfüllung kann es erforderlich sein, eine Auswahl aus verschiedenen Weinposten zu treffen und daraus den endgültigen VERSCHNITT zusammenzustellen, sofern dieser Mischvorgang nicht bereits in einem früheren Entwicklungsstadium des Weins vorgenommen wurde (siehe ASSEMBLAGE).

Die letzte Maßnahme vor der Abfüllung ist dann eine ANALYSE zur Überprüfung der Stabilität und um sicherzustellen, daß alle gesetzlichen Vorschriften erfüllt sind.

Im Idealfall sollte man die Weine vor dem Versand einige Monate in der Flasche ruhen lassen, um ihre Stabilität sowie ausreichende Erholung vom Abfüllschock zu gewährleisten und allfälligen FLASCHENGERUCH zu verhindern.

A. D. W.

Amerine, M., und Singleton, V., *Wine: An Introduction* (2. Aufl., Berkeley, Calif., 1965).
Johnson, H., und Halliday, J., *Wie Wein entsteht* (Bern, 1993).
Rankine, B., *Making Good Wine: A Manual of Winemaking Practice for Australia and New Zealand* (Melbourne, 1989).

WEINBERG Das Feld, auf dem Weinreben angebaut werden, wird zwar gelegentlich auch als Weingarten, in den meisten Fällen jedoch als Weinberg oder Rebberg bezeichnet, auch wenn es nicht an einem Hang, sondern auf ebenem Grund liegt. Dies mag in gewissem Sinn mit der romantischen Vorstellung zusammenhängen, die das Wort gleichermaßen erweckt wie der Wein selbst und die mit ihm verknüpften Freuden. Aber nicht nur Romantik, sondern auch Ästhetik ist Teil der Ausstrahlung des Weinbergs in allen Jahreszeiten, ob es sich nun um das üppige Grün im Frühjahr und Sommer, das flammende Gelb und Rot des Herbstlaubs oder um die kahlen Rebzeilen im Winter handelt. Die Schönheit der Weinberge und der Rebe selbst spielt eine bedeutende Rolle für den Weintourismus; man kann sich schwerlich vorstellen, daß Menschen in ähnlich großer Zahl zu einer Wallfahrt in eine Gegend aufbrechen, die durch andere landwirtschaftliche Produkte berühmt ist.

In den meisten Teilen der Welt ist der Weinberg ein klar umgrenztes, durch die geraden Linien der Rebzeilen bezeichnetes Ganzes. In Frankreich dient das Wort *vignoble* als Begriff für den Weinberg in jeder qualitativen und quantitativen Hinsicht. In Bordeaux und in anderen Gegenden ist für Spitzenlagen wohl auch das Wort CRU anwendbar, während in Burgund die Begriffe CLIMAT und, sofern eine Mauer oder Einfriedigung vorhanden ist, auch CLOS gebräuchlicher sind. In Italien werden die Ausdrücke *cru*, VIGNA, SORI und RONCO benutzt. In Spanien ist die Unterscheidung von Einzellagen nicht so verbreitet, hier verwendet lediglich der innovationsfreudige Miguel TORRES den Begriff *pago*.

Weinberge stellen meist Monokulturen dar, d. h. außer Reben wachsen in ihnen keine Pflanzen. Nur gelegentlich werden zwischen den Reben auch andere Feldfrüchte angebaut – früher war diese Anbauform in ganz Mittelitalien die Regel *(coltura promiscua)*. In der VINHO-VERDE-Region in Nordportugal bilden Reben allgemein die Randbepflanzung um Felder mit Ackerfrüchten oder Obstbäumen. Früher wurden sie an zwischen Bäumen gespannten Drähten erzogen, heute aber verfügen sie über Unterstützungssysteme aus Holz oder Metall, doch nach wie vor bilden sie die Randbepflanzung von Feldern, auf denen andere Nutzpflanzen gedeihen.

Ein Weinberg kann sich natürlich auch aus kleineren Unterabteilungen zusammensetzen, etwa aus Parzellen mit unterschiedlichen Rebsorten, Klonen, Veredelungsunterlagen oder mit Reben verschiedenen Alters. Manchmal sind die einzelnen Abteilungen durch Raine, Hecken oder Entwässerungsgräben voneinander getrennt, manchmal aber hängen sie alle zusammen.

Selbst relativ kleine Weinberge sind selten einheitlich in BODEN, TOPOGRAPHIE und MESOKLIMA. Insbesondere die Böden weisen oft innerhalb einer einzigen **Weinberglage** beträchtliche Unterschiede auf (siehe z. B. VOUGEOT und MONTRACHET). Gelegentlich kommt es wie in COONAWARRA in Südaustralien vor, daß Boden, Topographie und Klima über ein viel größeres Gebiet als eine einzelne Lage einheitlich sind; dann erlangt das ganze Gebiet und nicht nur die eine oder andere Einzellage eine Reputation für gute Qualität.

Die Größe des Weinbergs hängt von vielen Faktoren ab. Infolge der durch das Erbrecht eingetretenen Zersplitterung darf beispielsweise in BURGUND so mancher Winzer nur ein paar Zeilen in einem Weinberg sein eigen nennen, die sich für den Außenstehenden von den übrigen in nichts unterscheiden. Am anderen Ende der Skala stehen in der Neuen Welt oft riesige Weinberge, die einem einzigen Weinbauunternehmen gehören. Einer der größten Weinberge der Welt ist mit 2800 ha die San Bernabe Ranch im Salinas Valley in MONTEREY (Kalifornien).

Einige Weinberge besitzen durch ihre Weine eigenen Ruhm, und zwar infolge einer besonderen Kombination von REBSORTEN, KLONEN, VEREDELUNGSUNTERLAGEN und der nach MAKROKLIMA, MESOKLIMA und MIKROKLIMA gegliederten klimatischen Bedingungen. Größte Bedeutung haben die Bodenverhältnisse, die zusammen mit dem Mesoklima das ausmachen, was nicht nur in Frankreich als TERROIR bezeichnet wird. So ist es geradezu ein Merkmal der berühmten PREMIERS CRUS von Bordeaux, daß sie nicht nur in guten Jahren erstklassige Weine hervorbringen, sondern auch in ausgesprochen ungünstigen immer noch gute Weine produzieren. Das hängt nicht nur mit angemessener Weinbergpflege zusammen, sondern auch mit dem Terroir, das es den Reben ermöglicht, ihre Frucht auch dann zur Reife zu bringen, wenn dies in anderen, weniger bevorzugten Lagen nicht mehr der Fall ist.

Siehe auch HANGLAGEN, ANPFLANZUNG, JAHRESZYKLUS IM WEINBERG, LAGENWAHL. R. E. S. und J. Ro.

WEINBERGPFLEGE Sammelbegriff für alle im Zusammenhang mit der Anlage und Unterhaltung eines Weinbergs anfallenden Arbeiten, v. a. BODENVORBEREITUNG, REBSCHNITT, LAUBPFLEGE, KULTIVIERUNG, MULCHEN, UNKRAUTBEKÄMPFUNG, BEWÄSSERUNG, RÜCKSCHNITT, LAUBAUSLICHTUNG, BEHANGAUSDÜNNUNG und LESE sowie Einsatz von DÜNGEMITTELN, FUNGIZIDEN, HERBIZIDEN und BEGRÜNUNG und Maßnahmen zur Beschränkung des ERTRAGS sowie zur Verbesserung des WASSERABZUGS.

WEINBEURTEILUNG Diese Tätigkeit, die jeder Weinfreund ausübt, wenn er eine Flasche Wein öffnet, ist zugleich eine wichtige geschäftliche Angelegenheit, von der die wirtschaftliche Zukunft eines Weinerzeugers in gewissem Umfang abhängt (siehe auch VERKOSTUNG und WEINPROBE).

Auf professionellerer Ebene kann sich der Beurteilungsvorgang einerseits im Rahmen einer lockeren Zusammenkunft befreundeter Weinliebhaber abspielen, andererseits aber auch in einer Veranstaltung bestehen, bei der sorgfältig ausgewählte und nach Typ, Stil und gegebenenfalls Preisklasse eingeordnete Weine verdeckt unter möglichst idealen Voraussetzungen verkostet werden, wobei die Teilnehmer bis zur abschließenden Besprechung eventueller Meinungsverschiedenheiten keine irgendwie gearteten Absprachen untereinander treffen. Es müssen auch immer Flaschen für den Fall in Reserve gehalten werden, daß einmal eine mit KORKENGESCHMACK darunter ist, aber auch, damit überprüft werden kann, ob ein eventueller FEHLER nur auf eine Flasche beschränkt ist. Die BEWERTUNG kann nach unterschiedlichem System erfolgen, meist aber geschieht sie durch Vergabe einer gewissen Anzahl von Punkten für die jeweiligen Aspekte wie Aussehen, Geruch, Geschmack, vielleicht auch TYPENECHTHEIT und Qualität insgesamt. Am Ende werden oft MEDAILLEN und andere Auszeichnungen vergeben. Vor allem in Australien genießen «Wine Shows» großes Ansehen, und es ist eine hohe Ehre, zu einer solchen als Preisrichter oder auch nur als Beisitzer eines Preisrichters eingeladen zu werden. (Siehe auch PRÄMIERUNGEN.)

WEINBRAND siehe BRANNTWEIN.

BEWERTUNGSBOGEN FÜR SENSORISCHE PRÜFUNG BEI WEINPRÄMIERUNGEN — STILLWEINE

VERANSTALTUNG

Kommissions-Nr.	Probe-Nr.	Jahrgang	Name des Weins	Präsentationsgruppe

Datum	Uhrzeit

Test		EXZELLENT	SEHR GUT	GUT	MITTEL	UNBEFRIEDIGEND	UNGENÜGEND	NEGATIV	NICHTENTSPRECHEND (MÄNGEL)	ÜBERZOGEN (MÄNGEL)	UNZULÄNGLICH (MÄNGEL)	UNAUSGEWOGEN (MÄNGEL)	Fehlerart
AUSSEHEN	Klarheit	6	5	4	3	2	1	0	■	■		■	biologisch ❑
	Farbe – Farbton	6	5	4	3	2	1	0		■	■	■	
	Farbe – Intensität	6	5	4	3	2	1	0				■	
BOUQUET	Reintönigkeit	6	5	4	3	2	1	0	■	■		■	chemisch/ physikalisch ❑
	Intensität	8	7	6	5	4	2	0		■		■	
	Feinheit	8	7	6	5	4	2	0		■		■	
	Harmonie	8	7	6	5	4	2	0	■	■	■		
GESCHMACK	Reintönigkeit	6	5	4	3	2	1	0	■	■		■	Zufallsfehler ❑
	Intensität	8	7	6	5	4	2	0		■		■	
	Körper	8	7	6	5	4	2	0				■	
	Harmonie	8	7	6	5	4	2	0	■	■	■		Bereitungsfehler ❑
	Nachhaltigkeit	8	7	6	5	4	2	0	■	■		■	
	Nachgeschmack	6	5	4	3	2	1	0		■	■		
Gesamtbeurteilung		8	7	6	5	4	2	0		■	■		
TEILSUMMEN	Zehner												SUMME
	Einer												

Bemerkungen

Jurymitglied(er)	Unterschrift(en)

Für die WEINBEURTEILUNG bei Prämierungen werden Formulare benützt, auf denen die zu begutachtenden Merkmale vorgegeben sind.

WEINGEIST Neutrales Destillat von Wein; es findet Verwendung zum AUFSPRITEN entsprechender Weine oder als Grundlage für Spirituosen mit Traubengeschmack, beispielsweise den griechischen Markenlikör Metaxa. Siehe auch BRANNTWEIN IN DER EU.

WEINGESETZE Auf Wein bezügliche gesetzliche Regelungen betreffen die Ahndung von WEINPANSCHEREI UND -VERFÄLSCHUNG jeglicher Art sowie Bestimmungen über die BEZEICHNUNG von Wein, über kontrollierte APPELLATIONEN und ETIKETTANGABEN und über die Kontrolle des Verkaufs und Ausschanks alkoholischer Getränke, beispielsweise durch Konzessionsvergabe.

WEINHANDEL und **Weingewerbe.** Der Ruhm des Weins beruht mehr auf seinen geselligen als auf seinen geschäftlichen Merkmalen. Es heißt, wer im Weinhandel ein kleines Vermögen machen wolle, müsse vorher ein großes haben. Dennoch ist das Weingewerbe amüsanter als viele andere berufliche Betätigungen. Immerhin bietet es Gelegenheit zur berufsmäßigen Hingabe an ein doch recht erfreuliches Produkt, zu Reisen in schöne Weltgegenden und zur Erlangung eines weithin bewunderten Expertenwissens.

Einer der Reize des Weingewerbes sind seine Menschen. Es lockt seit jeher die unterschiedlichsten Individualisten an, die, wenn nicht schon von Anfang an, so doch bestimmt nach eingehender Prüfung ihrer Ware, als interessant und amüsant empfunden werden. Weinerzeuger und Weinhändler sind oft großzügig und wissen recht gut, daß es schwierig ist, Wein zu kaufen oder zu verkaufen, ohne ihn vorher zu probieren.

Am leichtesten macht man sich mit dem Weingewerbe wohl vertraut, wenn man es von der Pike auf lernt, aber ein spezialisierter fachlicher Bildungsgang kann ebenfalls zum Ziel führen. Vollzeitbeschäftigungen in der Weinbranche sind u. a. möglich in der Weingutsverwaltung, in der Weinproduktion, der Qualitätskontrolle, in Verkauf und Vertrieb, im Groß- und Einzelhandel und vor allem im Weineinkauf.

Siehe auch WEINHÄNDLER.

WEINHÄNDLER erfüllen in der Welt des Weins zweifellos eine ebenso wichtige Funktion wie die Weinerzeuger und die Weinverbraucher, und zwar schon seit mindestens viertausend Jahren (siehe auch MESOPOTAMIEN). Hier sollen drei verschiedene Gruppen erörtert werden, die jedoch eines gemeinsam haben: das Interesse an der Rebe und an der Anziehungskraft, die ihre Erzeugnisse auf den Verbraucher ausüben.

Antike
Wie schon unter VERKOSTUNG ausgeführt wurde, existierte im antiken Griechenland bereits eine Klasse der Weinhändler. Sie entwickelten die Kunst der Degustation, die mit der entsprechenden Geschicklichkeit auch auf den Verkauf von Wein angewendet werden konnte, wie Florentinus im 3. Jh. n. Chr. (in den *Geoponica* 7.7) ausführlich beschreibt:

«Weinkäufern sollte eine Probe angeboten werden, wenn der Nordwind weht [weil dann, wie schon vorher erläutert, der Wein am besten schmeckt]. Manche versuchen ihre Kunden zu übertölpeln, indem sie eine leere Schale nehmen, die sie vorher in einen sehr guten Wein mit starkem Aroma getaucht haben. Die Qualität dieses Weins hinterläßt eine Zeitlang ihre Spuren in der Schale, so daß das Aroma von dem Wein zu stammen scheint, der nun hineingegossen wird, und auf diese Weise täuschen sie die Kunden. Noch skrupellosere Händler legen Käse und Nüsse im Laden aus, um den Kunden, der hereinkommt, dazu zu verleiten, etwas zu essen; der Zweck aber ist zu verhindern, daß er genau schmecken kann. Ich verzeichne dies nicht als zu befolgende Empfehlung, sondern damit wir durch diese Praktiken keinen Schaden erleiden. Der Bauer muß sowohl den neuen als auch den alten Wein oft probieren, damit er bemerkt, wenn ein Wein schlecht zu werden beginnt.»

N. G. W.

England heute
Der britische Weinhändler von heute ist fast notwendigerweise ein Importeur oder doch der Kunde eines solchen. Schon im Mittelalter waren Weinhändler, damals VINTNER genannt, in England und in der Gascogne angesehene Leute, und auch heute noch hat ein Weinkaufmann in England einen gewissen sozialen Rang, und zwar einen deutlich höheren als beispielsweise ein Lebensmittelhändler. Das ist etwas eigentümlich, denn mindestens seit 1987 wird der größte Teil des in England verkauften Weins über den Lebensmittelhandel und nicht über den Fachhandel abgesetzt. Einerseits ist dies den Bemühungen der Supermärkte zuzuschreiben, die Auswahl der von ihnen angebotenen Weine zu verbessern, andererseits aber wohl auch der Tatsache, daß viele Briten wenigstens einmal in der Woche in einen Supermarkt kommen. Der selbständige Fachhändler hat es schwer, mit den Preisen zu konkurrieren, zu denen eine Supermarktkette allein schon aufgrund der großen Einkaufsmengen anbieten kann. Was die Selbständigen dem entgegensetzen können, ist persönliche Dienstleistung, Beratung, Umtausch- und Rückgabemöglichkeit, Kreditgewährung, Versandhandel, Flaschenpfandgutschrift usw., doch in allen diesen Dingen sind ihnen die Supermärkte und Fachhandelsketten hart auf den Fersen.

Frankreich
Der gewöhnlich als Weinhändler interpretierte französische Begriff ist *négociant*, doch es handelt sich bei ihm viel häufiger um einen Erzeuger und Abfüller als um einen spezialisierten Einzelhändler *(caviste)*, der in Frankreich noch immer eine Seltenheit darstellt, weil dort der Weineinkauf oft direkt beim Erzeuger geschieht *(vente directe)*, aber auch zunehmend im Supermarkt *(grande surface)*. Siehe auch NÉGOCIANT und BORDEAUX-WEINHANDEL sowie WEINHANDEL.

WEINJOURNALISMUS Eine auf Weinbau und Weinproduktion beruhende journalistische Tätigkeit, die sich inzwischen allerdings eher mit der Beurteilung und dem Genuß von Wein beschäftigt. Siehe auch WEINLITERATUR.

Seit den 1970er Jahren hat der Weinjournalismus die Grenzen der reinen Fachveröffentlichungen gesprengt und sich auf eine breite Palette der unterschiedlichsten Publikationen ausgedehnt: Fachzeitschriften, auf bestimmte Themen spezialisierte Zeitschriften und Mitteilungsblätter, allgemeine Zeitschriften und Zeitungen jeglicher Art. Seit Anfang der 1980er Jahre kann ein tüchtiger Weinjournalist allein von dieser mehr oder weniger spezialisierten Tätigkeit seinen Lebensunterhalt bestreiten.

Auch einige auf anderen Gebieten hervorgetretene Publizisten wie der englische Romanschriftsteller Julian Barnes, der Kolumnist Auberon Waugh und der amerikanische Autor James Conaway haben sich mit Erfolg im Weinjournalismus versucht.

In den 1990er Jahren haben dann viele Frauenzeitschriften ihre dem Wein gewidmeten Artikelserien wieder eingestellt und durch ihnen besonders am Herzen liegende Gesundheitsthemen ersetzt. Immer mehr nahmen die Veröffentlichungen über Wein den Charakter von Einkaufslisten an, und es gab mindestens seitens der Buchverlage Hinweise, daß Weinpublizistik wieder vermehrt zu einer Angelegenheit von Spezialisten wird.

WEINKELLNER siehe SOMMELIER.

WEINKOSTER Eine auf die VERKOSTUNG von Wein spezialisierte Berufsgruppe, bestehend aus beflissenen, aber unterschiedlich begabten und erfahrenen, mit ganz verschiedenen Vorlieben und Vorurteilen ausgestatteten – das heißt völlig menschlichen – Wesen.

WEINKÜHLER Oft recht umfangreiche Behältnisse aus einer Zeit, als es noch nicht in jedem Haus einen Kühlschrank gab. Heute sind sie beliebte Objekte für Sammler von ANTIQUITÄTEN.

Zumindest seit dem 16. Jh., wenn nicht schon früher, war es Mode, viele, gelegentlich sogar alle Weine gekühlt zu servieren. Auf Tapisserien aus dem 17. Jh. ist zu sehen, daß sowohl weißer als auch roter Wein in derselben «Zisterne» kühl gehalten wurden – so lautete bis zur Mitte des 18. Jh. die Bezeichnung für derartige, offensichtlich für alle möglichen Zwecke bestimmte Behälter. Die frühesten bestanden aus Fayence; auch Terrakotta war beliebt. Silberne Zisternen kamen nach 1660 auf, kurz darauf wurden auch Beispiele aus Zinn angefertigt und nach dem damaligen orientalischen Geschmack lackiert und verziert. Auch Zisternen aus Marmor gibt es, sie sind aber schwer zu datieren und einem bestimmten Herkunftsland zuzuordnen. Vermutlich wurden sie in ganz Europa über längere Zeit angefertigt. Ab 1730 kam Mahagoni in Mode und blieb für den Rest des Jahrhunderts das bevorzugte Material. Schließlich aber wurden silberne Weinzisternen zum höchsten Statussymbol. Die großartigste (heute in der Eremitage in St. Petersburg aufbewahrte) ist rund 170 cm lang und wiegt etwa 250 kg; sie wurde 1734 von Charles Kandler angefertigt.

Es scheint, daß vor 1740 alle Weinkühler oval waren. Frühe Exemplare ruhen auf einer Sockelplatte, die ersten Mahagoniausführungen hatten jedoch auch Beine. Ein populäres Modell aus der Zeit um 1750–1770 war – wahrscheinlich in Nachahmung eines Weinfasses – aus Dauben zusammengesetzt, die von Messingbändern zusammengehalten wurden. Diese Behälter waren innen mit Zink oder Blei ausgekleidet, damit sie zum Kühlen des Weins mit Eiswasser gefüllt werden konnten. Um 1760 kamen Deckel hinzu, und die ovale Form wich im Lauf des Jahrhunderts quadratischen, achteckigen und sechseckigen Ausführungen. Mit den Fortschritten in der Fertigungstechnik kamen ausgefallenere Formen auf, und da zunehmend größere Eßzimmer in Mode waren, wurden auch die Weinkühler immer größer.

Zu Beginn des 19. Jh. war ein Weinkühler in der Form eines Sarkophags populär. Er hatte keine Beine, sondern flachkugelige oder Klauenfüße, stand auf dem Boden zwischen den Sockelteilen der Kredenz und war oft in diese eingefügt. Die aus der Begeisterung über den Sieg Nelsons bei Abukir im Jahr 1798 und der darauf zurückgehenden Vorliebe für alles Ägyptische geborene Form blieb bis fast zur Mitte des Jahrhunderts in Mode. Nach dieser Zeit wurden nur noch wenige Weinkühler dieser Art gebaut, da zunehmend andere Kühlvorrichtungen in den Haushalten in Gebrauch kamen.

Es wurden aber neben diesen Möbelstücken zum gleichzeitigen Kühlen mehrerer Flaschen Wein auch Ausführungen für Einzelflaschen hergestellt, die auf dem Tisch Platz fanden. Diese Modelle wurden bei zwanglosen Zusammenkünften und bei privaten Mahlzeiten bevorzugt. Vor 1700 gab es wenige solche Weinkühler für die Tafel, und die meisten später angefertigten Exemplare waren grandiose Erzeugnisse der Silberschmiedekunst. Ein berühmtes, um 1700 für den Herzog von Marlborough angefertigtes Weinkühlerpaar bestand aus massivem Gold. Es gibt sehr schöne Zinnausführungen in japanischer Lackarbeit, sie sind aber selten. Etwas häufiger findet man Modelle aus geschliffenem Glas, Porzellan oder anderen keramischen Materialien. Gegen Ende des 18. Jh. waren Weinkühler aus walzversilbertem Kupfer sehr gebräuchlich und hielten sich bis in die 1840er Jahre. Als dann um diese Zeit die galvanische Versilberung das ältere Verfahren verdrängte, weil es billiger in der Herstellung und daher auch im Preis war, wurden Weinkühler nun in großen Stückzahlen und immer geringerer Qualität in dieser Technik hergestellt. R. N. H. B.

Butler, R., und Walking, G., *The Book of Wine Antiques* (Woodbridge, 1986).
Clayton, M., *Collectors Dictionary of the Silver and Gold of Great Britain and North America* (rev. Ausg., Woodbridge, 1985).
Hernmarck, C., *Die Kunst der europäischen Gold- und Silberschmiede: von 1430 bis 1830* (München, 1978).
Weinhold, R., *Vivat Bacchus* (Zürich, 1975).

WEINLESE Hinter dem mit romantischen Vorstellungen verknüpften Begriff verbirgt sich schwere, oft mühsame körperliche ARBEIT. Siehe auch LESE.

WEINLITERATUR Die speziell auf Weinbau und Weinbereitung abgestellte Literatur spannt sich in weitem Bogen von der Antike bis in unsere heutige Zeit. Das Interesse der Autoren gilt vorrangig der Frage, wie und wo Trauben angebaut und zu Wein verarbeitet werden und wie die einzelnen Weine schmecken. Die Art und Weise, wie sie diese Themen behandeln, ist jedoch oft sehr unterschiedlich. Und so sind Werke über Wein oft gleichzeitig Werke über Reisen, Geschichte, Medizin, Landwirtschaft oder Gastronomie.

Frühe landwirtschaftliche Literatur

In der antiken Literatur trifft man eher Hinweise auf die Wirkungen des Weingenusses (siehe auch TRUNKENHEIT) als auf den Wein selbst. Die früheste Weinliteratur im eigentlichen Sinn findet sich in KLASSISCHEN TEXTEN (allerdings sind solche auch aus MESOPOTAMIEN bekannt). Zwar inspirierte der Karthager Mago viele spätere Autoren, jedoch ist sein Werk nicht erhalten geblieben, so daß CATO (234–119 v. Chr.) und VARRO (116–27 v. Chr.) als erste Autoren aus klassischer Zeit bekannt sind, die sich in größerem Ausmaß mit Weinbau und Weinbereitung befaßten. Insbesondere Cato erweist sich als sehr gewinnorientiert; seine Anleitungen für den Weinbau zielen offenbar mehr auf den Mengenertrag als auf Weinqualität ab. Einmal beschreibt er sogar die Möglichkeit, Wein aus Kos (eine der ÄGÄISCHEN INSELN) mit italischen Trauben nachzuahmen.

Modernere Ansichten zur Weinproduktion vertrat COLUMELLA (2 v. Chr.–65 n. Chr.), dessen bei Cádiz in Spanien beheimatete Familie möglicherweise dort Weinberge besaß. Sein Werk *De re rustica* enthält ausführliche Anleitungen zu

Themen wie KLONENSELEKTION, Anlage von Weinbergen und möglichst natürliche Weinbereitung. «Der Wein ist eindeutig der beste, der allein durch seine Natur Genuß bereitet.» PLINIUS der Ältere (23–79 n. Chr.) war der letzte große Autor der klassischen Zeit, der über Weinbau und Weinbereitung schrieb; er war deutlich von Varro beeinflußt. Die Texte dieser Autoren sowie die Werke von PALLADIUS wurden übersetzt und in ganz Europa bis in das 16. Jh. als Lehrbücher benutzt.

In ihnen wurde der Weinbau als ein, wenn auch sehr wichtiger, Teil der Landwirtschaft behandelt. Diese Tradition führte beispielsweise PETRUS DE CRESCENTIIS (1230–1310 n. Chr.), ein italienischer Rechtsgelehrter, der dreißig Jahre lang aus seiner Heimat verbannt war und in Spanien und Frankreich im Exil lebte, weiter. Ein Band seines monumentalen Werks *Liber ruralium commodorum* war speziell dem Weinbau und der Weinbereitung gewidmet. Es wurde auf Befehl Karls V. in die französische Sprache übersetzt.

Der erste französische Autor, der eine Weinklassifizierung unternahm, war Charles Étienne (1504–1564). Sein *Vinetum* erschien erstmals 1536 in Lyon. Die französische Version wurde in *L'agriculture et maison rustique des maistres Charles Étienne et Jean Liebault* (1564) einbezogen (Liebault war Étiennes Schwiegersohn). Das Buch wurde ein Bestseller; ihm folgte *Nouvelle maison rustique* von Louis Liger aus AUXERRE, das im 18. und frühen 19. Jh. immer wieder neu aufgelegt wurde. Dieses Buch behandelt zwar ein breites Spektrum landwirtschaftlicher Themen, doch sein Abschnitt über den Wein ist dank der zahlreichen Details über die damals populären Weine aus Orléans, Burgund und der Champagne von besonderem Interesse. Es enthält auch Beschreibungen von über fünfzig verschiedenen damals in Frankreich angebauten Rebsorten, u. a. «Morillon Noir» (heute PINOT NOIR) und «Gamet» (heute GAMAY). Auch über fünfzehn Arten von MUSCAT finden Erwähnung, dagegen fehlt der Cabernet Sauvignon.

Ein in mancher Hinsicht als Pendant zu betrachtendes englisches Werk war Philip Millers *Gardeners' Dictionary*, das 1731 erstmals erschien. Unter den Überschriften «Vitis» und «Wine» enthält es detaillierte Angaben über Rebsorten, Burgund, die Champagne und Weinberge in England, wobei es über letztere heißt: «In den letzten Jahren gibt es nur noch sehr wenige Weinberge in England, obzwar solche früher sehr verbreitet waren.»

Da zu jener Zeit in ganz Europa der Wein Alltagsgetränk war, gab es neben Büchern über die landwirtschaftlichen Aspekte andere, die sich – wenn auch nur teilweise – mit dem Aufbewahren und dem Servieren von Wein beschäftigten. In England erschien 1692 anonym *The Mystery of Vintners*, und in Paris wurde 1781 erstmals *L'art d'améliorer et de conserver les vins* veröffentlicht; Ausgaben dieses Buchs kamen in den darauffolgenden Jahren in Lüttich und Turin heraus. Der Inhalt wurde oft als Plagiat in andere Bücher übernommen, so in *The Laboratory* oder *School of Arts*.

Wein als Arznei

In der Welt der MEDIZIN spielte der Wein seit Urzeiten eine wichtige Rolle. Er wurde weithin als Medium für Heilkräutertränke benutzt, und auf Wein beruhende Heilmittel waren in vielen Büchern beschrieben, z. B. in *The Secrets of Alexis of Piedmont*, das ab 1555 in vielen Sprachen erschien.

Das erste in englischer Sprache speziell über Wein veröffentlichte Buch, *A New Book of Wines* (1568), war von William Turner verfaßt, der in Cambridge Medizin studierte. Er warnte vor den Gefahren, die von den süßen schweren Weinen aus den Mittelmeerländern ausgingen, und stellte ihnen die bekömmlichen leichten Weine vom Rhein entgegen.

Die medizinische Tradition griff der Weinhändler Duncan M'Bride in seinem Buch *Choice of Wines* (1793) auf, das eine allgemeine Besprechung der damals erhältlichen Weine und ihrer möglichen heilenden Kräfte enthielt. Besonders empfahl M'Bride den «Toc-kay de Espagne», von dem nur er wußte, woher er zu bekommen war.

Sehr viel später erschien das Buch *Soignez-vous par le vin (Gesund mit Wein,* 1974, Neubearbeitung 1992) des französischen Arztes Dr. E. A. Maury. Auf ganz rationale Weise werden hierin verschiedene französische Weine als Mittel gegen Krankheit von der Blähsucht bis zum Blasenkatarrh empfohlen.

In der englischen Weinliteratur haben MEDIZINER schon immer eine bedeutende Rolle gespielt. So erschien 1775 die *History of Classical Wines* von Sir Edward Barry, Arzt in Bath. Er zog sich Kritik zu, weil er sich zu sehr auf das Werk des päpstlichen Leibarztes Barrius aus dem 16. Jh. stützte; doch in einem Anhang schreibt er auch einiges über den zeitgenössischen Wein und Weinbau in England.

Auch für die beiden ersten «modernen» Bücher, die sich tiefgreifender mit Wein beschäftigen, sind Mediziner verantwortlich. Zwar ist das Buch *A Practical Treatise on Brewing, Distilling and Rectification* des Arztes R. Shannon (1805) dem Titel nach auf den ersten Blick nicht geeignet, die Aufmerksamkeit des Weinfreunds auf sich zu ziehen, es enthält aber einen reichhaltigen Anhang über «ausländischen Wein, Brandy und Essig». Besonders ausführlich behandelt dieses Werk Weine aus Portugal und Spanien, schreibt aber bei Miller, ohne diesen zu erwähnen, auch fleißig über Burgunder ab.

Dr. Alexander HENDERSONS *The History of Ancient and Modern Wines* (1824) ist vielleicht das erste Buch in englischer Sprache, das den Versuch macht, Beschreibungen über ein breites Spektrum an Weinen zu geben, die auf den Reisen des Autors durch Frankreich, Deutschland und Italien beruhen. Es ist auch das erste Buch, in dem die Kunst der Weindegustation einer Analyse unterzogen wird.

Das goldene Zeitalter

Was die Zahl der besprochenen Weine anlangt, wird Hendersons Buch allerdings von einem anderen, dem wohl erstaunlichsten, das je über Wein geschrieben wurde, weit in den Schatten gestellt: *Topographie de tous les vignobles connus* (1816) von André JULLIEN, einem aus Burgund gebürtigen Pariser Weinhändler. Es enthält Bewertungen aller Weine, nicht nur aus Frankreich, sondern aus allen damals bekannten Weinbauregionen unter Einschluß von Kalifornien, Südamerika, der Kap-Provinz in Südafrika und der «chinesischen Tartarei»! Jullien nahm die KLASSIFIKATION von 1855 für Bordeaux vorweg (oder half sie gestalten), indem er «Lafitte, Latour, Château-Margaux und Haut-Brion» als Weine erster Klasse einstufte.

Viele seiner Favoriten waren Dessertweine, so TOKAJER, CONSTANTIA, COMMANDARIA und COTNARI. Seine persönliche Erfahrung muß ebenso umfassend gewesen sein wie seine Belesenheit, sonst hätte er ein derartiges Nachschlagewerk nicht zusammenstellen können. In demselben Verlag erschien elf Jahre später ein ähnliches Werk, Cavoleaus *Œnologie française*, aber es beschränkte sich auf französische Weine.

Das 19. Jh. war in Großbritannien ein goldenes Zeitalter für Weinschriftsteller. Auf Shannon und Henderson folgte Cyrus REDDING (1785–1870), ein Journalist, dessen Interesse am Wein bei einem fünfjährigen Aufenthalt in Paris geweckt wurde. Als eifriger Reisender schrieb er *A History and Description of Modern Wines* (1833) als Bericht über eigene Erfahrungen mit der damals im Weingewerbe grassierenden WEINPANSCHEREI UND -VERFÄLSCHUNG.

Viele Bücher wurden von Weinhändlern verfaßt, die oft die Praktiken ihrer Kollegen kritisierten oder ihre eigenen Spezialitäten anpriesen. Vielleicht am vergnüglichsten liest sich Thomas Shaw, dessen *Wine, the Vine and the Cellar* (1863) eine erfreuliche Mischung aus Erinnerungen, Kenntnissen und einfachen Ratschlägen darstellt. Er war schon damals überzeugt, daß «in der Weindegustation und in der Weinfachsimpelei eine Menge Humbug» stecke. Er führte übrigens eine Kampagne gegen überhöhte ZÖLLE auf Wein, die schließlich bewirkte, daß diese im berühmt gewordenen Gladstone-Budget von 1862 wesentlich gesenkt wurden.

Charles Tovey, ein Weinhändler in Bristol, schrieb in der Einleitung zu *Wine and Wine Countries* (1862), daß «der Weinhandel fraglos seine Stellung durch das Eindringen skrupelloser Händler einbüßt». Aus fünfzigjähriger Erfahrung heraus prangerte er deren Betrügereien heftig an.

Dieses Thema griff sein Londoner Kollege James L. Denman auf, indem er ausführlich über Fälschereien schrieb. Allerdings galt sein Interesse sowohl kommerziell als auch literarisch insbesondere den Weinen Griechenlands.

Ein Arzt und Weinbuchautor war auch John Thudichum, der aus Deutschland, wo sein Vater Weinfachliteratur verfaßt hatte, nach London gekommen war. Er beschäftigte sich vorwiegend mit dem Gipsen von SHERRY, doch wurde seine Glaubwürdigkeit in Fachkreisen erschüttert, als herauskam, daß er in Jerez umfangreiche Forschungen zu dem Zweck getrieben hatte, AMONTILLADO allein auf chemischem Weg herzustellen. Sein *Treatise on Wines* (1872), das er zusammen mit A. Dupré, ebenfalls einem Arzt, verfaßte, vermittelt jedoch ein klares Bild vom Weinbau und der Weinbereitung zu seiner Zeit.

Bücher über einzelne Regionen

Während alle diese Bücher allgemein die Weine Europas und manchmal der ganzen Welt behandelten, waren auch bereits spezialisierte Werke über bestimmte Weinbaugegenden erschienen. Eines der ersten wurde bereits 1728 in London veröffentlicht: *Dissertation sur la situation de Bourgogne* von Claude Arnoux – dem Hauslehrer des Sohns eines gewissen Mr. Freeman. In diesem Büchlein sind die verschiedenen Burgunderweine und ihre Bereitung beschrieben. Auch wird darin empfohlen, diese Weine besser in der Flasche und nicht im Faß nach England zu importieren. Dieses Buch muß einigen Erfolg gehabt haben, denn es wurde bald ins Englische übersetzt und von Philip Miller im *Gardeners' Dictionary* sowie von Robert Shannon benutzt.

Es dauerte dann über ein Jahrhundert, bis die beiden nächsten klassischen Bücher über das Weinbaugebiet Burgund erschienen, und zwar zufällig beide im Jahr 1831: Morelots *Statistique de la vigne dans le département de la Côte d'Or* ist weitgehend das, was sein Titel aussagt, allerdings befaßt sich der zweite Teil des Buchs auch mit Weinbau und Weinbereitung in der Region; dagegen liest sich Lavalles Buch *Histoire et statistique de la vigne et des grands vins de la Côte d'Or* besser, weil es viele historische Details über Burgund und seine Weine und ausführliche Beschreibungen der Weinorte sowie der Besitzverhältnisse in den Weinbergen enthält. Spätere Ausgaben waren sogar mit Radierungen von Weinbergszenen geschmückt.

In Bordeaux erschien 1784/1785 als erstes bedeutenderes Buch *Variétés bordelaises* von Abbé Beaurein, worin es hieß, daß die Engländer endlich Interesse am Wein aus dem Médoc bekundeten. Das erste größere Buch, das sich allein auf die Weine von Bordeaux bezog, war jedoch *Traité sur les vins du Médoc* von William Franck (1824), das mehrere Auflagen erreichte. In vielerlei Hinsicht war es der Vorläufer des Buchs von Charles Cocks *Bordeaux, its Wines and the Claret Country* (1846), das vier Jahre später ins Französische übersetzt wurde und das klassische Nachschlagewerk über Bordeaux-Weine darstellt. Nach seinen ursprünglichen Autoren hieß es damals COCKS ET FÉRET, inzwischen aber verleugnet es seine englischen Wurzeln und nennt sich nur noch *Féret*. Ein interessantes unabhängiges Bild der Region vermittelt der Pariser Weinhändler Charles Pierre de Saint in *Le vin de Bordeaux* (1855).

Die Literatur über portugiesischen Wein wird von englischen Autoren beherrscht. 1787 schrieb John CROFT *A Treatise of the Wines of Portugal;* es folgten zahlreiche Werke von James Forrester (1809–1861), der aus seiner

Branchenkenntnis heraus Stellung gegen die vielen damals gängigen Panschereien bezog.

Im 19. Jh. fand dann eine rasche Expansion der Weinbaugebiete in der Neuen Welt statt, und von dort aus wurde in Europa um Rat darüber nachgesucht, wie feinste Weine zu bereiten seien. Hieraus entwickelten sich mehrere interessante Werke. Das erste war das 1833 in Sydney veröffentliche *Journal of a Tour through some of the Vineyards of Spain and France* von James BUSBY. Es ist ein faszinierender Bericht über eine dreimonatige Reise, meist in der Postkutsche, auf der Suche nach Rebsorten, die sich zur Anpflanzung in Australien eigneten. Die Nutzanwendung aus dem, was Busby dabei lernte, erschien dann in zwei weiteren Büchern. Dreißig Jahre später machte Agoston HARASZTHY, einer der Pioniere des kalifornischen Weinbaus, seine Reise weitgehend mit der Eisenbahn. Seiner Herkunft entsprechend verbrachte er den größeren Teil seines Aufenthalts in verschiedenen deutschen Ländern; nach Frankreich kam er nicht. Sein Bericht über diese Reise – *Grape Culture, Wines and Wine-Making* – erschien 1862 in New York und trug viel dazu bei, seine eigene Reputation wie auch die des kalifornischen Weins zu erhöhen.

Ein weiterer Reisender aus der Neuen Welt, dessen Erinnerungen über Besuche in Weinbaugebieten auf uns gekommen sind, war Thomas JEFFERSON, später Präsident der Vereinigten Staaten von Amerika. Während seiner fünfjährigen Zeit als Gesandter in Frankreich (1784–1789) nutzte er die Gelegenheit und suchte viele Weinbaugebiete Europas auf. Seine Tagebücher vermitteln ein faszinierendes Bild davon, wie ein Laie die damalige Welt des Weins wahrnahm.

Als Autor aus der Viktorianischen Zeit sei schließlich der Journalist und Verleger Henry VIZETELLY genannt. Seine Bücher über Champagner, Portwein und Sherry sind vor allem durch die vielen Illustrationen bemerkenswert. Diese Werke mit ihren schönen Stichen, die heute noch gern benutzt werden, waren die Vorläufer der reich bebilderten Weinbücher unserer Zeit.

Fachliteratur

Neben allen diesen Büchern über die Weinbaugebiete und ihre Weine entstanden in größerem Umfang auch Werke über den WEINBAU und die WEINBEREITUNG. In Frankreich schrieben am Endes des 18. Jh. Béguillet aus Burgund und Maupin aus Paris ausführliche, vielgelesene Werke.

In England verfaßte 1790 William Speechly, der Gärtner des Herzogs von Portland, das Buch *Treatise on the Culture of the Vine*, das drei Auflagen erreichte. Es behandelte den Rebbau im Treibhaus und im Freiland und besprach die damals in ENGLAND vorhandenen Weinberge sowie deren Weine.

Drei französische Verfasser wissenschaftlicher Veröffentlichungen aus dem 19. Jh., deren Namen in der Welt des Weins weiterleben, sind Jean-Antoine CHAPTAL (1756 bis 1832), Dr. Jules GUYOT und Louis PASTEUR (1822 bis 1895). Chaptal war ein Universalgelehrter, der aus bescheidener Herkunft zum Landwirtschaftsminister Napoleons aufstieg. 1799 schrieb er für das monumentale *Dictionnaire d'agriculture* von Abbé Rozier den Artikel über Wein. Bekannter wurde er jedoch durch *L'art de faire le vin* (1807) und durch die Befürwortung der Technik zur Steigerung des Alkoholgehalts von Wein durch Beimischen von Zucker zum Most – ein heute als CHAPTALISATION bezeichnetes Verfahren.

Jules Guyot wurde im Zweiten Kaiserreich beauftragt, einen Überblick über die Weinbaugebiete Frankreichs zu erstellen und Vorschläge zur Verbesserung des Weinbaus auszuarbeiten. Seine drei Werke über den Weinbau in Nord- und Mittelfrankreich (1860), in Ostfrankreich (1863) und in Westfrankreich (1866) vermitteln wichtige Eindrücke von den Verhältnissen vor dem REBLAUS-Befall. Sein Name lebt als eine Methode der REBENERZIEHUNG weiter. Es ist weitgehend seinem Einfluß zu verdanken, daß heute die Reben in den Weinbergen in Reih und Glied stehen und nicht mehr wie früher den durch ABSENKER verursachten wirren Anblick bieten.

Louis Pasteurs *Études sur le vin* (1866) sind den Fragen der Vinifikation und insbesondere den Vorteilen der Erhitzung (PASTEURISIERUNG) des Weins gewidmet. Er schrieb auch ausführlich über die Rolle der HEFEN bei der GÄRUNG. Ein weiteres bedeutendes Werk über die Technik der Vinifikation war *Le vin* (1867) des Comte de Vergnette-Lamotte aus Burgund.

Moderne Weinliteratur

Im 20. Jh. hat die Weinliteratur vor allem in Großbritannien einen starken Aufschwung erlebt. Besonderes Verdienst kommt in diesem Zusammenhang Professor George SAINTSBURY zu, der im Alter von fünfundsiebzig Jahren seine Weinerinnerungen in dem Buch *Notes on a Cellar-Book* (1920) niederlegte. Diese vergnüglich zu lesende, tiefgründige Sammlung von Gedanken wurde zwar oft als überzogen kritisiert, hatte aber beträchtlichen kommerziellen Erfolg. (Sie erlebte innerhalb von vier Monaten zwei Auflagen und ist seither mehrfach neu herausgegeben worden.)

Dieser Erfolg zeigte deutlich, daß eine Nachfrage nach Weinbüchern bestand, und bald fanden sich auch Autoren, die ihr Rechnung trugen. Sie lassen sich grob in zwei Lager einteilen, das eine mit historischen, das andere mit eher aktuellen Interessen. Im Lager der historisch Interessierten steht H. Warner Allen an der Spitze, ein Journalist, dessen Liebe dem Wein und seiner Geschichte gehört. Ein großer Teil seines Werks gilt der Erinnerung an Flaschen aus weit zurückliegenden Jahrgängen. Sein Buch *A History of Wine* (1961) ist jedem Weinbegeisterten als Lektüre unbedingt zu empfehlen. In dieses Lager gehören auch Maurice Healy und Stephen Gwynn. Sie alle waren hochgebildete Männer, für die feiner Wein einen unentbehrlichen Bestandteil des täglichen Lebens bedeutete.

Das Lager der am aktuellen Wein Interessierten führte André SIMON (1877–1970) an, obschon vieles in seinem Werk auch von der Erinnerung lebt. In Paris gebürtig, kam er 1902 als Beauftragter eines führenden Champagnerhauses nach London. Seine ersten Veröffentlichungen befaßten sich weitgehend mit der Geschichte des Weinhandels, und sein ganzes Leben lang blieb er leidenschaftlich an Weinbüchern interessiert; er stellte eine Reihe von Bibliographien über Speisen und Getränke zusammen. Als Mitglied des Weinhandels brachte er mit seinem Werk ein hohes Maß an Exaktheit in die Weinliteratur ein, die einige der bereits erwähnten «Gentlemen-Autoren» vermissen ließen. Alles in allem verfaßte er über hundert Werke, die sich durch großen Kenntnisreichtum und gute Lesbarkeit auszeichnen.

Die heutige Weinliteratur Großbritanniens schreitet mit Werken von Autoren, die über das Schreiben zum Wein oder über den Wein zum Schreiben gekommen sind, auf diesem Weg fort. Dabei scheinen stilistische Eleganz und tiefgründiges Wissen die Gegenpole zu bilden, aber so einfach läßt sich eine solche Trennung nicht vornehmen.

Besonders hervorgetan haben sich aus dem britischen Weinhandel Tommy Layton – ein produktiver Autor über die Weine von der Loire, aus dem Elsaß, aus Spanien und Italien –, sein ehemaliger Mitarbeiter Michael BROADBENT, dessen *Great Vintage Wine Book (Weinnotizen)* ein unvergleichliches Nachschlagewerk über mehr als 6000 Weine aus Jahrgängen bis ins 17. Jh. darstellt, Clive Coates mit Büchern über die Weine von Bordeaux, Anthony Hanson über Burgunder, Serena Sutcliffe über Champagner, Gerald Asher, heute in den USA ansässig, Steven Spurrier und viele andere.

Unter den professionellen Autoren stehen an der Spitze der Biograph und Gründer des Good Food Club, Raymond Postgate, dessen *The Plain Man's Guide to Wine* derartigen Erfolg hatte, daß es in sechsundzwanzig Jahren sechzehn Neuauflagen erlebte, dann Edmund PENNING-ROWSELL, dessen Buch über die Weine von Bordeaux ein Meisterwerk der Forschung darstellt, der geschliffene Journalist Cyril RAY, ferner John Arlott, dessen Freude am Wein und am Genuß, den er bringt, aus seinen Worten hervorleuchtet, Julian Jeffs, der geniale Patentanwalt, und Pamela VANDYKE-PRICE, die sich besonders gut mit den Weinen Frankreichs auskennt.

In letzter Zeit hat sich in der Welt der Weinbücher Neues getan. Es sind Autoren hervorgetreten, die bewußt für ihre Leser schreiben und nicht vorrangig über den eigenen Genuß. Der erfolgreichste und innovativste unter ihnen ist zweifellos Hugh JOHNSON mit *Wine, The World Atlas of Wine (Der Neue Weinatlas)* und *The Story of Wine (Hugh Johnsons Weingeschichte)*. Daß ein breiteres Interesse am Wissen über den Wein besteht, erweist sich an der Aufmerksamkeit, die andere Medien, beispielsweise das Fernsehen, diesem Thema entgegenbringen. Dadurch hat sich der Wirkungskreis von Autoren wie Jancis Jobinson und Oz Clarke stark erweitert.

Im übrigen Europa findet die ursprünglich in englischer Sprache verfaßte Weinliteratur ebenfalls großen Anklang, doch auch der holländische Autor Hubrecht Duijker hat sich durch schön bebilderte und höchst aufschlußreiche Werke über Bordeaux, Burgund, Rioja und andere Weinbauregionen eine breite internationale Leserschaft gesichert. Französische Autoren werden außerhalb Frankreichs nur wenig gelesen, aber jede Region verfügt über ihre eigenen Spezialisten, z. B. Pierre Poupon und Pierre Forgeot in Burgund, René Pijassou in Bordeaux, nicht zu vergessen der anspruchsvolle Bernard Ginestet. Eine Ausnahmeerscheinung für technisch Interessierte bildet das Werk von Pierre GALET über AMPELOGRAPHIE, ein würdiger Nachfolger des größeren Buchs von Pierre Viala über das gleiche Thema. Auch die Veröffentlichungen von Émile PEYNAUD über Weinbereitung und Weindegustation werden außerhalb Frankreichs viel beachtet.

In den USA erlebte die Weinliteratur gegen Ende des 20. Jh. einen Boom. An der Spitze stand hier Alexis LICHINE, der vor dem 2. Weltkrieg zusammen mit dem ebenfalls als Weinautor erfolgreichen Frank SCHOONMAKER im Weinhandel tätig war. Während des Kriegs diente er als Adjutant General Eisenhowers und kaufte später Weinberge in Bordeaux und Burgund. Schließlich schrieb er zwei überaus erfolgreiche und informative Bücher, *Wines of France* und *Alexis Lichine's Encyclopedia of Wines and Spirits*.

Weitere bekannte Weinautoren sind in den USA Alexis Bespaloff, früher Mitarbeiter der Alexis Lichine Wine Company, der Journalist Robert Balzer und der Rechtsanwalt Robert PARKER, dessen eigenes 100-Punkte-System der Weinbewertung ihm sowohl eine Anhängerschaft als auch Kritik eingetragen hat. Die vorwiegend weinbau- und kellertechnischen Werke aus der University of California in DAVIS, insbesondere die von Maynard AMERINE, erfüllen durchaus eine wichtige Rolle bei amerikanischen Weinerzeugern und -verbrauchern. Der amerikanische Journalist Burton Anderson, der seit über zwanzig Jahren in Italien lebt, hat bereits mehrere Bücher über den Wein dieses Landes geschrieben.

In der Weinliteratur Australasiens stehen an der Spitze Len EVANS (*Australian and New Zealand Complete Book of Wines*, 1973) und James Halliday (*The Australian Wine Compendium*, 1985, *Wine Atlas of Australia and New Zealand*, 1991, und – gemeinsam mit Hugh Johnson – *Wie Wein entsteht*, 1992). Beide Autoren sind zugleich Weingutsbesitzer und wissen, wovon sie schreiben.

Im 20. Jh. ist das Interesse am Wein stark gestiegen und hat zu einer entsprechenden Vermehrung der auf dem Markt befindlichen Weinbücher geführt. Es ist nicht schwer, anhand der Weinliteratur den Wandel vom Elitären zum Populären zu verfolgen, der sich in der Wahrnehmung des Weins beim Publikum durch das Kennenlernen anderer Länder und einen erhöhten allgemeinen Wohlstand vollzogen hat. Ein Buch über Wein ist heute weniger ein literarisches als vielmehr ein informatives Werk oder in zunehmendem Maß ein Leitfaden für den Weinkäufer. Auch spielen Abbildungen eine größere Rolle. Selbst Supermärkte geben eigene Weinbücher in Auftrag, um den Wünschen ihrer Kunden, die als Weintrinker oft Neulinge sind, gerecht zu werden.

Die Weinliteratur kennt keine Grenzen, und mit der Ausbreitung, die der Weingenuß zunehmend in der Welt findet, wächst auch die Nachfrage nach Büchern über Wein. Von Cato dem Zensor bis zu Oz Clarke ist es ein weiter Weg, doch das Ziel ist noch lange nicht erreicht.

C. C. F.

Gabler, J. M., *Wine into Words: A History and Bibliography of Wine Books in the English Language* (Baltimore, 1985).

Simon, A., *Bibliotheca vinaria* (London, 1913; Faks.-Ausg. London, 1979).

Vicaire, G., *Bibliographie gastronomique* (Paris, 1890, Faks.-Ausg. London, 1978).

Deutschsprachige Weinliteratur

In den letzten Jahrzehnten hat die Weinliteratur in den deutschsprachigen Ländern zunehmend an Bedeutung gewonnen. Zahlreiche Weinschriften geben dem Weinliebhaber, Weinforscher und Weinpraktiker Auskunft über den Wein im allgemeinen, die Kulturgeschichte des Weines, die Rebe und ihren Anbau, die Weinanbaugebiete in den einzelnen Ländern, die Weinbereitung, den Weingenuß, die Weinwirtschaft und das Weinrecht. Bisher konnten rund 17 200 deutschsprachige Weintitel nachgewiesen werden. Bei diesen Titeln handelt es sich um ca. 7350 selbständige Veröffentlichungen (Inkunabeln, Monographien, Dissertationen, maschinenschriftlich abgefaßte Publikationen, Sonderdrucke u. ä.) und um ca. 9850 unselbständige Schriften (Aufsätze aus Zeitschriften, Zeitungen und Sammelwerken). Zusätzlich konnten nahezu 200 Weinzeitschriften ermittelt werden.

15. bis 19. Jahrhundert

Mit der Erfindung des Buchdrucks im 15. Jh. wurde es möglich, einer breiteren Öffentlichkeit Wissen zu vermitteln. Neben religiösem und literarischem Schrifttum wurden auch Gebrauchsbücher in größerer Zahl ins Deutsche übertragen und bald auch original verfaßt.

In dieser Zeit erschienen die *Küchenmeistereien* und später, im 16. Jh., zahlreiche Ausgaben der *Koch- und Kellermeistereien*, in denen Abschnitte über Weinbau und Weinbereitung zu finden sind. Sie können als Vorläufer der ersten Weinbücher betrachtet werden. Ebenso ist die land- und hauswirtschaftliche Literatur zu nennen, in der Weinbau und Weinbereitung in eigenen Kapiteln abgehandelt werden.

Als eines der ältesten Weinbücher in deutscher Sprache gilt das *Weinbuch* von Johann Rasch (1540–1612). Rasch war Organist am Schottenstift in Wien. Die Ausgabe des *Weinbuchs* aus dem Jahre 1580 wurde 1981 mit einem Nachwort von Renate Schoene nachgedruckt, der Nachdruck der Ausgabe 1582 erfolgte 1990. Raschs Werk enthält Regeln und praktische Vorschläge für Weingartenbesitzer, Winzer, Weinhändler und Wirte und behandelt vor allem Themen des Weinbaues und der Kellerwirtschaft. Johann Rasch hat in seinem *Weinbuch* Gedankengut aus den *Koch- und Kellermeistereien* und aus den Werken des ARNALDUS DE VILLANOVA mit verarbeitet, dessen Veröffentlichung *Ain loblicher ... Tractat von Beraitung und brauchung der wein* (nach 1500) in zahlreichen Ausgaben erschienen ist.

Waren zunächst viele Weinschriften in lateinischer Sprache abgefaßt (vor allem Dissertationen zum Thema Wein und Medizin), so setzte sich nach und nach die deutsche Sprache durch.

Im 16., 17. und 18. Jh. wurden bereits Schriften über Weinbau, Weinbereitung, Kellerwirtschaft, Weingenuß und Weinschrifttum unter medizinischem, ethischem und religiösem Aspekt veröffentlicht, so z. B. Martin Greulich *Eyn Newe und hübsche bewerte Kunst / wie man die Wein erhalten soll* (1545), Alex Drinckwein ... *wie man die Wein erhalten sol* (1580), Justus Moyß *Von dem schweren Mißbrauch des Weins* (1581), Georg Horn *Hierampelos. Das ist Bericht vom Wein-Baw* (1585), Andreas Helmreich *Kunst Buechlein. Wie man kuenstlich die Weine halten* (1587), Friedrich Helbach *Oenographia, Weinkeller oder Kunstbuch vom Wein* (1604), Johannes Walther *Ein Schoenes / Herrliches / vnd Nuetzliches / auch Bewertes Weinbuechlein* (1607), Ernst Abraham von Dehn-Rothfelser *Ein schön Weinbaw-Buch* (1629), Johann Paul Knohll *Klein Vinicultur-Büchlein* (1667) und *Kurtze Beschreibung und Unterricht Des Wein-Baues* (1711), Julius Bernhard von Rohr *Viticultura Germaniae oeconomica, Oder ... Nachricht Von dem Wein-Bau* (1730) und Balthasar Sprenger, Johann Conrad Nast *Vollständige Abhandlung des gesamten Weinbaues* (1766–1778).

Im 18. Jh. erschienen auch die ersten speziellen Werke über den Weinbau in Böhmen, in der Mark Brandenburg, in Franken, am Rhein, im Rheingau, in Sachsen, Ungarn und Zypern, wie beispielsweise *Kurtze doch Gründliche Vorstellung und Recommendation des rothen Böhmischen Melnicker-Weins* (1736), Georg Ludwig Rumpelt *Abhandlung von der vortrefflichen Natur ... des Ungarischen Weins* (1761), Carl Freiherr von Vorster *Der Rheingauer Weinbau* (1765), Heinrich August Ossenfelder *Vom Weinbaue in den Chursächsischen Landen* (1771), Johann Christian Fischer *Der Fraenkische Weinbau* (1791), Johann Christoph Majer *Abhandlung über den Cypern-Wein* (1791), Johann Dercseny von Derczen *Ueber Tokay's Weinbau* (1796) und Carl Renatus Hausen *Nach den Quellen ausgearbeitete Darstellung des Weinbaues ... in den Marken Brandenburg* (1798).

Im 19. Jh. gab es im Zuge der sich entfaltenden Naturwissenschaften und der Industrialisierung eine Flut von Veröffentlichungen auch auf önologischem Gebiet, die alle Bereiche des Weines und Weinbaues berücksichtigten: WEINBAU und WEINBEREITUNG, REBSORTEN, ZÜCHTUNG und Veredlung der Rebe, Erforschung der REBENSCHÄDLINGE und Mittel zu ihrer Bekämpfung. In dieser Zeit wurden auch Maschinen und neue Geräte entwickelt, die die Arbeiten des Winzers im Weinberg und bei der Weinbereitung wesentlich erleichterten. Über ihren Einsatz und ihre Nützlichkeit wurde ebenfalls in vielen Abhandlungen berichtet. Johann Philipp Bronner (1792–1864) veröffentlichte 1830 *Die Verbesserung des Weinbaues.* Lambert Freiherr von Babo schrieb *Der Weinbau, dargestellt nach der Reihenfolge der vorkommenden Arbeiten* (1840–1842) und *Anleitung zur Bereitung und Pflege des Weines* (1872). Sein Sohn August Wilhelm Freiherr von Babo (1827–1894) verfaßte in den Jahren 1881 bis 1883 das *Handbuch des Weinbaues und der Kellerwirthschaft.* Autoren wie Friedrich Jakob Dochnahl (1820–1904), J. Dornfeld (1796–1869), Ludwig Gall (1791–1863) und K. A. Hellenthal behandelten in ihren Schriften die Themen Weinbau und Kellerwirtschaft. Auch Handbücher zum Böttcherhandwerk wurden publiziert: Friedrich Wilhelm Barfuß *Die Kunst des Böttchers* (1839). Von Hermann Goethe (1837–1911) erschienen *Handbuch der Ampelographie* (1878) und *Die Rebenveredlung* (1886). Adolph Blankenhorn (1843–1906) richtete auf seinem Weingut eine ampelographische Versuchsstation ein. Hier wurden Experimente über die REBLAUS, die in der 2. Hälfte des 19. Jh. nach Deutschland eingeschleppt worden war, und über ihre Bekämpfung durchgeführt. Blankenhorn verfaßte zahlreiche Publikationen über Weinbau, Kellerwirtschaft und Reblaus.

Ferner wurden im 19. Jh. Schriften zu einzelnen Weinanbaugebieten veröffentlicht: Franz Ritter von Heintl *Der Weinbau des österreichischen Kaiserthums* (1821–1835), Jakob Hörter *Der rheinländische Weinbau* (1822–1827), Lambert Bachem . . . *über den Weinbau in . . . Köln und Koblenz* (1824), Carl Friedrich von Gok *Notizen über den Rheinländischen Weinbau* (1827), Franz Schams *Ungarns Weinbau* (1832–1835), Johann Philipp Bronner *Der Weinbau in Süd-Deutschland* (1833–1842), C. F. von Gok *Ueber den Weinbau am Bodensee* (1834), C. Martin *Der Weinbau im Oberrheinkreise des Großherzogthums Baden* (1844), W. Franck *Die Medoc- und die andern rothen und weissen Weine . . . der Gironde* (1845), Adolph Thränhart *Der Weinbau bei Naumburg* (1845). Jakob Papon *Der Weinbau des bündnerischen Rheinthales* (1852), Franz-Xaver Hlubek *Der Weinbau in Oesterreich* (1864), L. Jacobi *Das schlesische Weinland* (1866), Friedrich Koock *Über die . . . Behandlung des Weinstocks in Norddeutschland* (1866) und J. Dornfeld *Die Geschichte des Weinbaues in Schwaben* (1868).

In der Mitte des 19. Jh. wurden die ersten Weinzeitschriften herausgegeben. In dieser Zeit entstanden auch in mehreren Weinbauregionen Lehr- und Versuchsanstalten, die ihre eigenen Publikationen veröffentlichten. Weinbauverbände und -vereine wurden ebenfalls gegründet. Gleichzeitig wurde die bisher bekannte Weinliteratur zum ersten Mal in selbständigen Weinbibliographien erfaßt: Christoph Wilhelm Jakob Gatterer *Literatur des Weinbaues aller Nationen* (1832), Friedrich August Ludwig Thienemann *Die Weinwissenschaft in ihrem ganzen Umfange bearbeitet* (1839) und E. Wagenmann, Adolph Blankenhorn *Bibliotheca oenologica* (1875).

20. Jahrhundert

Zu Beginn des 20. Jh. (1907) brachte Friedrich von Bassermann-Jordan (1872–1959) sein bis zum heutigen Tage unentbehrliches Standardwerk *Geschichte des Weinbaus* heraus, das 1923 in einer erweiterten Auflage sowie in den Jahren 1975 und 1991 im Nachdruck erschienen ist. Dieses Werk gibt über alle Gebiete des Weines umfassend Auskunft und enthält auch ein sehr umfangreiches Literaturverzeichnis, das jedoch auf vollständige bibliographische Angaben verzichtet. Karl Müller (1881–1955) veröffentlichte 1928 bis 1930 sein *Weinbaulexikon,* das auch für den Weinhistoriker unserer Zeit noch von grundlegender Bedeutung ist.

Die Weinliteratur hat vor allem in den letzten dreißig Jahren einen breiten Raum auf dem Buchmarkt eingenommen. Das große Angebot an wissenschaftlichem und populärem Weinschrifttum (zum Teil in Taschenbuchform) zeigt, daß wir heute in einer Konsumgesellschaft leben, für die Wein kein Luxusgetränk, sondern ein Genußmittel neben anderen ist. Die Gründung von Weingesellschaften und die Abhaltung von Weinseminaren sind Zeichen dafür, daß das Interesse der Menschen unserer Zeit nicht nur auf Weingenuß gerichtet ist, sondern sich auch auf seine Geschichte und Kultur erstreckt.

In den 1960er und 1970er Jahren prägten u. a. Stefan Andres, Karl Christoffel, Friedrich August Cornelssen, Bruno Götz, Ernst Hornickel, Hermann Jung, Georg Schreiber und Rudolf Weinhold die Weinbuchautorenlandschaft in Deutschland. Sie beschäftigten sich in ihren Schriften hauptsächlich mit der Kulturgeschichte des Weines (Geschichte des Weines, Wein und RELIGION). Ernst Hornickel, dessen Werke in zahlreichen Auflagen erschienen sind, befaßte sich in seiner fünfbändigen *Weinbibliothek* mit dem Wein im allgemeinen, den Weinlagen, den Weinsorten, dem Weinkeller und den europäischen Weinanbaugebieten.

Seit Mitte der 1980er Jahre ist erneut eine Weinbuchflut zu verzeichnen. Über 1100 Monographien (einschließlich Neuauflagen und Neuausgaben) sind zu allen Bereichen des Weines und Weinbaues erschienen. In der Regel kann pro Jahr von rund hundert neuen Weinmonographien ausgegangen werden. Es handelt sich dabei um allgemeine Nachschlagewerke (Standardwerke), Weinlexika, Weinatlanten, Weinstraßenführer, Ratgeber, Einkaufsführer, gastronomische Führer für Weinstuben und Straußwirtschaften, Literatur zu den einzelnen Anbaugebieten in aller Welt, Nachdrucke alter Weinbücher und um Festschriften, die anläßlich der vielen Weinfeste in den verschiedenen Weinbauregionen publiziert werden. Zahlreiche Weinmonographien erscheinen immer wieder in neuen, teilweise aktualisierten Auflagen. Veränderungen der weingesetzlichen Bestimmungen oder die teilweise neue Bezeichnung der dreizehn deutschen Weinanbaugebiete (nach der Wiedervereinigung Deutschlands) erfordern beispielsweise die Aktualisierung der Standardwerke.

In den letzten Jahren wurden sehr viele englischsprachige Weinschriften ausländischer Autoren in die deutsche Sprache übertragen, z. B. von Jim Ainsworth, Burton Anderson, Michael BROADBENT, Oz Clarke, Hubrecht Duijker, Hugh Johnson, Robert M. PARKER, David Peppercorn, Stuart Pigott, Jan Read, Jancis Robinson, Joanna Simon, Steven Spurrier, Serena Sutcliffe, Bob Thompson und Roger Voss. Hugh JOHNSON gilt als einer der produktivsten und populärsten Weinbuchautoren. Sein *Weinatlas* erscheint seit 1972, immer wieder auf den neuesten Stand gebracht, bereits in der 26. Auflage (1995). Das bewährte Weinlexikon von Frank SCHOONMAKER, das seit 1967 in 22 verschiedenen Ausgaben veröffentlicht worden ist, wird seit 1989 unter dem Titel *Das Weinlexikon* (bearbeitet von Horst Dippel) weitergeführt. Es enthält auch eine kommentierte Auswahlbibliographie. Der britische Autor Oz Clarke veröffentlicht in neuester Zeit Regional-Weinführer zu einzelnen europäischen und außereuropäischen Anbaugebieten.

Deutsche Autoren, so Hans Ambrosi und Winfrid Heinen, zeichnen als Verfasser oder Herausgeber verantwortlich für Reihen wie *Deutsche Vinothek* und *Gesamtwerk deutscher Wein,* in denen die deutschen Weinbauregionen allgemeinverständlich dargestellt werden und die mit nützlichen Tips für Weinkonsum und Weineinkauf versehen sind.

Hans Ambrosi, ehemaliger Direktor der Hessischen Staatsweingüter, ist einer der bekanntesten deutschen Weinbuchschriftsteller. Er befaßt sich in seinen Werken mit allen Bereichen des Weines, darüber hinaus steht er bei verschiedenen Weinbüchern als fachkundiger Berater zur Verfügung.

Einige Verfasser beschäftigen sich mit speziellen Untersuchungen zu deutschen (auch ehemaligen) Weinanbaugebieten: Helmut Prößler (Mittelrhein), Karl Christoffel (Mosel–Saar–Ruwer), Josef Staab (Rheingau), Hans-Jörg Koch und Helmut Mathy (Rheinhessen), Karl Adams und Fritz Schumann (Pfalz), Hans Breider, Jochen Freihold, Bernhard Weisensee und Reinhard Worschech (Franken), Carlheinz Gräter und Robert Matzek (Württemberg), Dieter Coburger, Wolfgang Thomann und Rudolf Weinhold (Saale–Unstrut, Sachsen) und Fritz Pape (Braunschweig und Lüneburg).

Der Ehrenpräsident der Gesellschaft für Geschichte des Weines (mit Sitz in Wiesbaden), Helmut Arntz, gilt als Experte für SEKT, CHAMPAGNER und BRANNTWEIN, wie seine zahlreichen Schriften zu diesen Themen bezeugen. Die Schriftenreihe der Gesellschaft umfaßt inzwischen 114 Schriften mit unterschiedlichster Thematik.

Horst Dohm, Wilhelm Flitsch, Rudolf Knoll, Susi Piroué, Jens Priewe, Horst Scharfenberg, Wolfram Siebeck, Rudolf Steurer und Eckhard Supp gehören zu den Autoren populären Weinschrifttums, die gerade in jüngster Zeit zahlreiche Einführungen und Darstellungen über Wein und Weinbau veröffentlicht haben. Viele Weinautoren sind Journalisten der unterschiedlichsten Medien.

Zu den verschiedenen Bereichen des Weines und Weinbaues sind in den letzten Jahren (hier werden vor allem die Schriften der 1990er Jahre berücksichtigt, aber auch grundlegende Werke aus früheren Jahren) folgende **Weinmonographien** publiziert worden (Auswahlbibliographie; das Erscheinungsjahr bezieht sich auf die jeweils letzte Auflage oder Ausgabe):

Allgemeine Literatur über den Wein Hans Ambrosi *Wein. A bis Z* (1992), Hans Ambrosi *Vom Weinfreund zum Weinkenner* (1991), Michael Broadbent *Weinnotizen* (1994), Pierre Casamayor, Michel Dovaz, Jean-François Bazin *Edle Tropfen. Die teuersten Weine der Welt* (1994), Oz Clarke *Knaurs großes Lexikon der Weine* (1994), Oz Clarke *Weine aus aller Welt* (1992), Oz Clarke *Knaurs kleiner Weinführer* (1994), Walter Eggenberger *Weinbuch für Winzer…* (1990), Peter-Paul Falkenstein *Das Weinbuch* (1994), Wilhelm Flitsch *Wein verstehen und genießen* (1994), Friedrich Gollmick, Harald Bocker, Hermann Grünzel *Das Weinbuch* (1991), Hugh Johnson, James Halliday *Wie Wein entsteht* (1995), Hugh Johnson *Der große Johnson* (1995), Hugh Johnson *Der kleine Johnson* (1995), Hugh Johnson *Hugh Johnsons Weingeschichte* (1990) und Hugh Johnson *Der neue Weinatlas* (1995), Maria Ibald, Barbara Student-Bilharz *Wein. Dreisprachiges Fachwörterbuch* (1994), Rolf Kriesi, Peter Osterwalder *Wein erleben und genießen* (1994), Ernst Meier *Der große Westentaschen-Weinkenner* (1994), Mikael Mölstad, Belinda Stublia *Die Welt des Weins* (1994), Susi Piroué *Freude am Wein* (1995), Susi Piroué *Wein* (1994), Jens Priewe *Wein* (1995), Christian Rischert *Die Weinmacher* (1994), Karl Röder, Hans Georg Dörr *Was Weinfreunde wissen wollen* (1994), Wolfram Siebeck *Über Wein* (1994), Joanna Simon *Wein entdecken* (1994), Steven Spurrier, Michel Dovaz *Große Weinkunde* (1990), Rudolf Steurer *Weinhandbuch* (1995), Rudolf Steurer *Weinratebuch* (1995), Rudolf Steurer, Wolfgang Thomann, Josef Schuller *Welt-Wein-Almanach* (1992), Eckhard Supp *Wein für Einsteiger* (1995), Heinz-Gert Woschek *Die großen Weine der Welt* (1991), *Das kleine Buch … für den Weinkenner* (1994), *Deutscher Wein. Atlas der Anbaugebiete…* (1993), *Wein trinken* (1995), *Das große Weinbuch* (1990), *Das Wein-Lexikon* (1994), *Welt der Weine. Weine der Welt* (1995) und *Welt-Wein-Führer* (1993).

Wein in der Kulturgeschichte Daniela-Maria Brandt *Heilige Helfer für Winzer und Wein* (1993), Dieter Graff *Weinheilige und Rebenpatrone* (1988), Karl-Dieter Gussek *Lustvolle Reise eines Weinfreundes in die Welt der Bücher* (1994), Wolfgang Hubert, Heike Reith *Wein und Kunst* (1993), Hermann Jung *Traubenmadonnen und Weinheilige* (1964), Rudolf Knoll *Das Schmunzelbuch vom Wein* (1991), Rudolf Schultze *Geschichte des Weins und der Trinkgelage* (Neudruck 1991), Dieter Weber *Der Wein im Herbst des Mittelalters* (1994), Karl-Wilhelm Weeber *Die Weinkultur der Römer* (1993), *Der beredte Bacchus* (1992), *Die schönsten Geschichten vom Wein* (1994), *Maria in den Reben* (1990), *Weinbau, Weinhandel und Weinkultur* (1993), *Wein-Etiketten* (1994), *Weinkultur* (1990), *Weinlese. Der Wein. Die Literatur* (1995) und *Wortatlas der kontinentalgermanischen Winzerterminologie (WK)* (1990).

Die Rebe und ihr Anbau Werner Fader *Der Weinstock am Haus* (1995), Walter Hillebrand, Gerd Schulze, Oswald Walg *Weinbau-Taschenbuch* (1992), Walter Hillebrand, Dieter Lorenz, Friedrich Louis *Rebschutz-Taschenbuch* (1995), Walter Hillebrand, Heinz Lott, Franz Pfaff *Rebsorten-Taschenbuch* (1993), Jancis Robinson *Reben, Trauben, Weine* (1987), Harald Schöffling, Günther Stellmach *Klon-Züchtung bei Weinreben in Deutschland* (1993), Gerd Ulrich *Hobbywinzer* (1995), Hermann Zulauf *Das Rebspalier* (1993) und *Farbatlas Rebsorten* (1994).

Weinbereitung Jim Ainsworth *Weißwein von A bis Z* (1993), Jim Ainsworth *Rotwein von A bis Z* (1993), Helmut Hans Dittrich *Mikrobiologie des Weines* (1987), Ludwig Jakob *Taschenbuch der Kellerwirtschaft* (1991), Kathrin Panne *Schnitzerkunst auf Weinfaßböden* (1988), Karl Heinz Stocker *Der Kelterbau im Stromgebiet des Neckars* (1990), Gerhard Troost *Technologie des Weines* (1988), Wolfgang Vogel *Wein aus eigenem Keller* (1995) und *Chemie des Weines* (1989).

Weingenuß Hans Ambrosi, Ingo Swoboda *Wein richtig genießen lernen* (1995), Norbert Becker, Herbert Güss *Der Wein* (1995), Helmut Bender *Wir Weintrinker/innen* (1994), Helmut Bender *Mein Weinkeller* (1993), Karl-Gustav Bergner *Weinkompendium für Apotheker, Ärzte und Naturwissenschaftler* (1993), Michael Broadbent *Weine prüfen, kennen und genießen* (1995), Kurt Gibel *Weine degustieren* (1994), Hugh Johnson *Wein genießen* (1994), Hugh Johnson *Mein Weinkeller* (1994), Klaus Jung *Wein. Genuß und Gesundheit* (1994), Heinrich Kliewe *Wein und Gesundheit* (1962), Hans-Jörg Koch *Einkehr beim Rheinhessenwein* (1992), Elmar M. Lorey *Wein-Apotheke* (1993), E. A. Maury, *Gesund mit Wein* (1992), Reinhold Paukner, Gerlinde Paukner-Sailer *Das Brevier der perfekten Weinwahl oder Die vollkommene Harmonie von Essen und Trinken* (1993), Gilles Pudlowski *Elsässische Weinstuben* (1994), Friederike Sablerolles *Das Weinstubenbuch für die Deutsche Weinstraße* (1991), Michael Schuster *Der Weinkenner* (1992), Heidelore Strallhofer-Hödl *Die Mutter der Weinstraße* (Buschenschenken in der Südsteiermark, 1992), Heidelore Strallhofer-Hödl *Der Weinkönig von Herrnberg* (Buschenschenken in der Südoststeiermark, 1992), Siegfried Weiß *Doktor Wein* (1987), Hedwig Witte, Hans Ambrosi . . . *Wo's Sträußche hängt, werd' ausgeschenkt* (1992), Rudolf Steurer *Welcher Wein zu welchem Essen* (1993) und *794–1994. 1200 Jahre Straußwirtschaft* (1994).

Anbaugebiete: Deutschland allgemein Hans Ambrosi, Kerry Brady Stewart *Weinreiseführer Deutschland* (1991), Hans Ambrosi, Peter Cech *Wo große Weine wachsen* (1992 bis 1994), Hans Ambrosi *Mehr über deutschen Wein* (1989), Hugh Johnson, Stuart Pigott *Atlas der deutschen Weine* (1995), Edda und Michael Neumann-Adria *Deutsche Weinreise* (1992), Stuart Pigott *Die großen deutschen Rieslingweine* (1994), Horst Scharfenberg *Deutschlands Weine* (1995) und *Deutschland. Reisen zum Wein* (1994).

Einzelne deutsche Anbaugebiete (auch ehemalige) Hans Ambrosi, Wolfgang Blum *Rheingau pur. Kunst, Wein, Gastlichkeit* (1994), Hans-Ludwig Böhme, Reinhard Delau *Die sächsische Weinstraße* (1994), Karl Christoffel *Moselland, Rebenland* (1975), Ernst Clauß *Das schlesische Weinland* (1961), Lukas Clemens *Trier – eine Weinstadt im Mittelalter* (1993), Dieter Coburger *Zur frühen Geschichte des Weinbaus in Thüringen* (1993), Dieter Coburger *1000 Jahre mit Karst und Hippe – Historisches von der Rebkultur an der sächsisch-anhaltinischen und der thüringischen Weinstraße* (1993), Johann Christian Fischer *Der Fraenkische Weinbau* (Nachdruck 1992), Hans Georg Frank *Württemberger Weinkunde* (1993), Carlheinz Gräter *Württemberger Wein* (1993), Josef Balduin Kittel, Hans Breider *Das Buch vom Frankenwein* (1982), Hans-Jörg Koch *Rheinhessisches Weinlexikon* (1995), Gottfried Kraus *Weinbau in Oberkassel* (1991), Joachim Lennert *Wege zum Wein. Weintouren vom Rhein zum Main* (1995), Gerhard Löwenstein *Der Weinbau in Winningen* (1991), Adolf Nekum *Der Weinbau in Honnef* (1993), Karlheinz Ossendorf *Der Weinbau im Gebiet des ehemaligen Siegkreises* (1978), Fritz Pape *Der Weinbau im ehemaligen Land Braunschweig* (1995), Fritz Pape *Der Weinbau im ehemaligen Fürstentum Lüneburg* (1989), Helmut Prößler *Koblenz 2000 Jahre und der Wein* (1993), Werner Richner *Weinreise an die Mosel* (1993), Eberhard Waldau *Der historische Weinbau im nordöstlichen Mitteleuropa* (1977), Rudolf Weinhold *Winzerarbeit an Elbe, Saale und Unstrut* (1973), Richard Winkelmann *Die Entwicklung des oberrheinischen Weinbaus* (1960), Reinhard Worschech, Bernhard Weisensee *Weinland Franken* (1990), Gerd Zimmermann *Einkaufen beim Winzer . . . Baden-Württemberg* (1995), *Badisches Paradiesbüchlein für Weinkenner und Gourmets* (1994), *Geschichte und Geschichten um Pfalz und*

Wein (1992), *Weinland Baden* (1995), *Das Weinbergstagebuch des Adolph Thränhardt. Saale–Unstrut–Ilm – Weinbau früher und heute* (1995) und *Sächsische Weinstraße* (1995).

Frankreich Medard Barth *Der Rebbau des Elsaß* (1958), Horst Dippel *Die großen Bordeaux-Weine* (1992), Horst Dohm *Flaschenpost aus Burgund* (1993), Hubrecht Duijker *Weinstraßen Frankreichs* (1992), Harald Ecker *Bordeaux* (1994), Hugh Johnson, Hubrecht Duijker *Atlas der französischen Weine* (1993), Christopher Fielden *Weinreiseführer Frankreich* (1992), Robert M. Parker *Bordeaux* (1994), Robert M. Parker *Wein-Guide Frankreich* (1994), David Peppercorn *Bordeaux* (1994), Jarisoy de Rély *Frankreichs Rebgärten, Winzer und ihre Weine* (1994), Steven Spurrier *Die französischen Weine* (1993), Serena Sutcliffe *Burgund* (1995), Roger Voss *Frankreichs Regionalweine* (1995), Gerd Zimmermann *Einkaufen beim Winzer... Elsaß* (1995), *Hachette Weinführer Frankreich* (1995) und *Frankreich. Rotweine* (1993).

Italien Burton Anderson *Atlas der italienischen Weine* (1992), Burton Anderson *Italiens Weine* (1994), Burton Anderson *Weinstraßen Italiens* (1991), Maureen Ashley *Italien. Weiss- und Rotweine* (1994), David Gleave *Die Weine Italiens* (1990), Stephen Hobley *Weinreiseführer Italien* (1991), Hans Graf Huyn *Das Tiroler Weinbuch* (1980), Martin Kilchmann *Weine des Piemont* (1993), Martin Kilchmann *Weine aus Südtirol* (1995), Edward Steinberg *Die Weine von San Lorenzo* (1995), Dietmar Stutzer *Weingüter bayerischer Prälatenklöster in Südtirol* (1980), Luigi Veronelli *Weine Italiens* (1991), *Enzyklopädie des italienischen Weins* (1995), *Vini d'Italia* (1995) und *Weinland Südtirol* (1985).

Österreich Wolfgang Dähnhard *Atlas der österreichischen Weine* (1995), Harry George *Weinführer Österreich* (1994), Franz Hubmann *Weinland Burgenland* (1994), Rudolf Knoll *Der Winzerspiegel Österreich* (1993), Walter Kutscher *Der österreichische Wein-Guide* (1995), Rudolf Lantschbauer *Die Weine Burgenlands* (1993), Kurt Pollak *Wein-Reiseführer Österreich* (1993), Rudolf Steurer *Österreichischer Weinführer* (1992), Ingrid Zeller *Weinbau in Vorarlberg* (1983), *Das österreichische Weinbuch* (1963) und *Probleme des niederösterreichischen Weinbaus in Vergangenheit und Gegenwart* (1990).

Schweiz Andreas Manuel Altwegg *Vom Weinbau am Zürichsee* (1980), Andreas Bellasi, Ursula Riederer, Fortunat Anhorn *Weine aus Graubünden* (1993), Eugen Durnwalder *Der Weinbau des Bündner Rheintales* (1983), Andreas Keller *Weineinkaufsführer* (1994), Walter Kümin *Schweizer Weinführer* (1992), Alfred Stettler *Der Weinbau in Spiez am Thunersee* (1988), *Das Buch vom Schweizer Wein* (1992), *Schweizer Rebbau* (1980) und *Schweizer Weinatlas* (1975).

Spanien Desmond Begg *Weinreiseführer Spanien* (1992), Hubrecht Duijker *Atlas der spanischen Weine* (1992), Hubrecht Duijker *Weinstraßen Spaniens* (1994), Kathryn McWhirter, Charles Metcalfe *Spanien, Portugal. Weiß- und Rotweine* (1994), Jan Read *Spaniens Weine* (1995) und Miguel A. Torres, Mauricio Wiesenthal, Peter Hilgard *Die Weine Spaniens* (1990).

Sonstige europäische Anbaugebiete Hans Acker *Weinland Siebenbürgen* (1993), Eric Brausch *d'Wästrooss. Die Luxemburger Mosel und ihre Weine* (1987), Gert Crum *Die Weine Moldovas* (1993), Rudolf Knoll *Griechischer Wein* (1985), Michael Sailer *Ungarn. Weingebiete und Wein* (1994).

Außereuropäische Anbaugebiete Rudolf Lantschbauer, Sepp L. Barwirsch *Die Weine Kaliforniens* (1991), Andreas Löwenstein *Weinbau in der Volksrepublik China* (1991), Bob Thompson *Atlas der kalifornischen Weine* (1994), Bob Thompson *Kaliforniens Weine* (1991), Bob Thompson, James Halliday, Rosemary George *Weine der Neuen Welt* (1994) und *Die großen Weine vom Kap* (1984).

Für den Bereich Weinrecht sind die zahlreichen Weinrechtskommentare von Hans-Jörg Koch zu erwähnen und die von Achim Blau und Rudolf Nickenig, Generalsekretär des Deutschen Weinbauverbandes, verfaßte Schrift *Das Weinrecht 1994* (1994). Über Weinhandel sind zu nennen: Wolfgang Herborn, Klaus Militzer *Der Kölner Weinhandel* (1980) und *Lübecker Weinhandel* (1985).

Einige Autoren befassen sich seit Anfang der 1980er Jahre auch mit dem ORGANISCHEN WEINBAU, der heute zunehmend an Bedeutung gewinnt: Axel B. Bott *Ökoweinführer Deutschland* (1993), Uwe Hofmann, Paulin Köpfer, Arndt Werner *Ökologischer Weinbau* (1995), Wolfgang Hubert, Heike Reith *Das große Buch der Bio-Weine* (1992), Randolf Kauer, Wilhelm Kiefer *Umweltschonender und ökologischer Weinbau* (1995), Gerhardt Preuschen *Der ökologische Weinbau* (1994) und Helmut Snoek *Das Buch vom biologischen Weinbau* (1991).

Seit 1988 erscheinen auch die ersten Wein-Comics. Eberhard und Patrick Kunkel und Illustrator Michael Apitz beschreiben in ihren Comics *Karl* Weingeschichte und lustige Abenteuer mit historischem Hintergrund zum Wein, so z. B. über die Entdeckung der SPÄTLESE (1775 in Johannisberg im Rheingau). In ihren pfiffigen Sprechblasen finden sich ausgelassene, launige und humorvolle Texte zu sehr ansprechenden Illustrationen. Über allem steht als Gewährsmann für Übereinstimmung von Dichtung und Wahrheit Johann Wolfgang von Goethe. Bisher sind erschienen: *Karl.* Bd. 1: *Der Spätlesereiter* (1988), Bd. 2: *Das Faß der Zisterzienser* (1989), Bd. 3: *Die Revolution* (1990), Bd. 4: *Der Fall der Loreley* (1992), Bd. 5: *Das Gold der Nibelungen* (1994), *Karl. Weingeschichte* (1993) und *Karl. Weinkompendium* (1993).

Neben den verzeichneten Veröffentlichungen sollten auch die zahlreichen Aufsätze nicht unerwähnt bleiben, die in verschiedenen Zeitschriften, Zeitungen und Sammelwerken publiziert werden und den Weinforscher und Weinliebhaber über die neuesten Erkenntnisse auf dem Gebiet des Weines und des Weinbaues informieren (siehe auch WEINJOURNALISMUS). Zu den wichtigsten laufenden und nicht mehr laufenden **Weinzeitschriften** des 19. und 20. Jh. gehören: *Alles über Wein* (Jg. 1 ff. Mainz 1983 ff.), *Almanach für Weinfreunde* (Bernkastel-Kues 1991 ff.), *Annalen der Oenologie* (Bd. 1–9 Heidelberg 1870–1883), *Bacchus. Trink- und Eßkultur in Italien* (Jg. 1 ff. Mailand 1978 ff.); *Deutsche Bocksbeutelkunde* (Würzburg 1954–1989), *Merum* (Jg. 1 ff. Basel 1994 ff.), *Mitteilungen Klosterneuburg. Rebe und Wein* (Jg. 27 ff. Klosterneuburg 1977 ff.; Früheres u. d. T. *Mitteilungen der Höheren Bundeslehr- und Versuchsanstalt für Wein- und Obstbau Klosterneuburg . . .), Mitteilungen über Weinbau & Kellerwirtschaft* (Jg. 1–30. Wiesbaden 1889–1918), *Obst, Wein, Garten* (Jg. 47 ff. Graz 1978 ff.; Früheres u. d. T. *Obst- und Weinbau), Obst- und Weinbau.* Schweizerische Zeitschrift für Obst- und Weinbau der Eidgenössischen Forschungsanstalt Wädenswil (Jg. 130 ff. Wädenswil 1994 ff.; Früheres u. d. T. *Schweizerische Zeitschrift für Obst- und Weinbau), Obstbau, Weinbau* (Jg. 1 ff. Lana 1964 ff.), *Rebe und Wein* (Jg. 1 ff. Weinsberg 1948 ff.), *Rheingau-Forum.* Zeitschrift für Wein, Geschichte, Kultur (Eltville 1992 ff.), *Spätlese-Kurier* (Fulda 1989 ff.), *Vinaria* (Jg. 1 ff. Buchkirchen 1982 ff.), *Vinum* (Jg. 1 ff. Zürich 1980 ff.), *Vitis* (Jg. 1 ff. Siebeldingen 1957 ff.), *Wein und Rebe* (Jg. 1–26. Mainz 1919–1944), *Der (deutsche) Weinbau* (Jg. 1–47. Mainz 1946–1992), *Der deutsche Weinbau.* Offizielles Organ des Deutschen Weinbauverbandes (Neustadt a. d. Weinstraße 1993 ff.; hervorgegangen aus *Der (deutsche) Weinbau), Weinbau und Weinhandel* (Jg. 1–44. Mainz 1884–1926), *Deutsches Weinbau-Jahrbuch* (Jg. 16 ff. Freiburg i. Br. 1965 ff.; Jg. 1–15 u. d. T. *Deutscher Weinbau-Kalender), Das Weinblatt* (Jg. 1–65. Neustadt a. d. Weinstraße 1903–1970; vereinigt seit 1971 mit *Deutsche Wein-Zeitung* u. d. T. *Allgemeine deutsche Weinfachzeitung), Allgemeine deutsche Weinfachzeitung* (Jg. 107–110. Mainz, Neustadt a. d. Weinstraße 1971 bis 1974; Früheres u. d. T. *Deutsche Wein-Zeitung;* Forts. u. d. T. *Die Weinwirtschaft), (Der) Weinfreund* (Mainz, Frankfurt a. M., Neustadt a. d. Weinstraße 1968–1985), *Wein- und Sekt-Journal* (Mainz 1989–1992), *Der Weinkenner* (Jg. 1–24. Berlin 1898–1922), *Die Weinlaube* (Jg. 1–39. Wien 1869–1907), *Das deutsche Weinmagazin* (48 ff. Mainz 1993 ff.; Früheres u. d. T. *Der (deutsche) Weinbau), Weinmarkt* (9 ff. *Weinbau- und Weinhandelsblatt.* Jg. 1–43. Trier 1881–1923), *Die Weinwirtschaft* (Jg. 111–118. Neustadt a. d. Weinstraße 1975–1982; Früheres u. d. T. *Allgemeine deutsche Weinfachzeitung.* Forts. aufgeteilt in *Die Weinwirtschaft. Markt. Die Weinwirtschaft. Technik), Weinwirtschaft. Anbau* (Jg. 123–128. Neustadt a. d. Weinstraße 1987–1992; Früheres u. d. T. *Winzer Kurier;* aufgegangen in *Der deutsche Weinbau* 1993 ff.), *Die Weinwirtschaft. Markt* (Neustadt a. d. Weinstraße 1983 ff.), *Die Weinwirtschaft. Technik* (Jg. 119–128. Neustadt a. d. Weinstraße 1983–1992; aufgegangen in *Der (deutsche) Weinbau* 1993 ff.), *Die Weinwissenschaft* (Jg. 18 ff. Wiesbaden 1963 ff.; erschien vorher als Beilage zu *Der deutsche Weinbau), WeinWisser* (Jg. 1 ff. Zürich 1992 ff.), *Allgemeine Weinzeitung* (Jg. 1–46. Wien 1884–1929), *Deutsche Wein-Zeitung* (Jg. 1–106. Mainz 1864–1970; seit 1971 vereinigt mit *Das Weinblatt* u. d. T. *Allgemeine deutsche Weinfachzeitung), Luxemburger Weinzeitung* (Jg. 1–30. Grevenmacher 1912–1942), *Neue Wein-Zeitung* (Jg. 1–31. Wien 1908–1938), *Österreichische Weinzeitung* (Jg. 1 ff. Wien 1946 ff.), *Schweizerische Weinzeitung* (Jg. 1 ff. Zürich 1893 ff.), *Der Winzer* (Jg. 1 ff. Wien 1945 ff.), *Der badische Winzer* (Freiburg i. Br. 1976 ff.), *Winzer Kurier* (Neustadt a. d. Weinstraße 1968–1986), *DWZ. Die Winzer-Zeitschrift* (Koblenz 1986 ff.) und *De Letzeburger Wönzer* (Jg. 1 ff. Grevenmacher 1962 ff.).

Sicherlich ist davon auszugehen, daß auch in Zukunft sowohl wissenschaftliche als auch populäre Weinliteratur eine wichtige Rolle auf dem deutschen Buchmarkt spielen wird. Hinzu kommen elektronische Medien wie Videos zu einzelnen Weinbauregionen (heute schon die Fernsehserie *Die Weinmacher),* die an Bedeutung gewinnen und Wissenswertes über Wein auch in Form von Disketten und CD-ROM verbreiten. R. S.

Schoene, R., *Bibliographie zur Geschichte des Weines* (2., mit allen Supplementen kumulierte und aktualisierte Aufl., München, 1988).

WEINPANSCHEREI UND -VERFÄLSCHUNG Im Lauf der Geschichte haben sich im Weingewerbe immer wieder skrupellose Elemente die große Vielgestaltigkeit und den Wert des Weins für ihre Zwecke zunutze gemacht, wie auch aus der WEINLITERATUR ersichtlich wird. Die lange Kette menschlicher Hände, durch die der Wein vom Erzeuger bis zum Verbraucher geht, bietet viele Gelegenheiten für ungesetzliches Tun. Dabei ist aber stets zu bedenken, daß dieselben Praktiken zu verschiedenen Zeiten vom Gesetz durchaus unterschiedlich beurteilt, einmal geduldet, ein andermal verdammt wurden. Was uns als Weinpanscherei vorkommt, mag unseren Vorfahren noch als legitimer Teil des Weinbereitungsverfahrens erschienen sein.

Die einfachste und nächstliegende Form der Panscherei ist das Untermischen von Wasser. Das stellt aber nicht unbedingt eine Verfälschung dar. Im antiken GRIECHENLAND wäre es niemandem eingefallen, unverdünnten Wein zu trinken. Es wird erst dann ungesetzlich, wenn es in betrügerischer Absicht geschieht, um den Käufer zu täuschen oder den Steuereinnehmer hinters Licht zu führen.

Eine weitere Möglichkeit, Wein zu «strecken», besteht darin, ihm Spirituosen oder anderen Wein (in meist geringerer Qualität) beizumischen. Im 18. Jh. verschnitten die Weinhändler in BORDEAUX feine einheimische Gewächse mit viel rauheren und stärkeren Weinen aus Spanien, von der Rhône oder aus dem Midi, um ihren Profit zu verbessern, jedoch auch, weil in allem Ernst die Meinung bestand, das so entstehende körperreichere Gemisch entspreche dem englischen Geschmack mehr. JULLIEN bezeichnet dieses durchaus übliche Verfahren als *travail à l'anglaise.* In ähnlicher Weise begannen die Kaufleute in PORTO im 18. Jh. den Portwein mit Brandy zu versetzen. Diese Praxis wurde von der portugiesischen Regierung zum System erhoben, und so führte diese anerkannte, vom Gesetz gedeckte Methode der «Verfälschung» schließlich zum PORTWEIN, wie wir ihn heute kennen.

Auch andere Verfahren, die Natur eines Weins zu verändern, waren durchaus legal. Früher wurde Wein nach einem oder zwei Jahren sauer, und so waren alle möglichen Techniken, «kranke» Weine zu heilen oder doch wenigstens zu maskieren, allgemein üblich. In klassischen und mittelalterlichen Rezepten werden hierfür die verschiedensten Mittel vorgeschlagen, von Milch (vielleicht ein Vorläufer der SCHÖNUNG mit KASEIN) über Senf und Asche bis zu Nesseln und BLEI. Im Haushalt waren solche Mittel gebräuchlich, wenn aber Händler oder Wirte sie anwandten, um den Kunden zu täuschen, dann war das so illegal wie verbreitet. Im 1. Jh. n. Chr. klagt PLINIUS der Ältere darüber, daß «nicht einmal unsere Vornehmen echte Weine bekommen».

Eine bestimmte Methode, die Natur des Weins zu verändern, ist heute noch umstritten: die Beimischung von Zukker während der Gärung zur Erhöhung des endgültigen ALKOHOLGEHALTS. Dieses Verfahren wird nach dem französischen Minister CHAPTAL als CHAPTALISATION bezeichnet, weil er ihm zu Beginn des 19. Jh. gesetzliche Achtbarkeit verlieh. Weinerzeuger in wärmeren Ländern, wo dieser Kunstgriff unnötig ist, schauen gern mit Verachtung darauf herab (wenngleich sie ohne weiteres zur AZIDIFIKATION greifen, um die SÄURE ihres Weins zu verbessern).

Heute gilt die Annahme, daß ein Wein, sofern nicht ausdrücklich anders angegeben, das Produkt von auf natürlichem Weg vergorenem Traubenmost ist. Aber auch die Praxis, Wein künstlich herzustellen, also nicht nur ihn zu manipulieren, hat eine lange und wechselvolle Geschichte. Derartige Methoden traten oft besonders zahl- und erfindungsreich in Erscheinung, wenn echter Wein schwer zu haben war. 1709 schrieb Joseph Addison im *Tatler* über «jene Bruderschaft von chemischen Operateuren. . . , die Bordeaux aus einer Schlehe quetschen und Champagner aus einem Apfel ziehen»; offenbar handelte es sich um eine längst etablierte Profession. Oft wurde auch aus anderen Früchten Ähnliches zusammengebraut, aber es entstanden auch «Weine» ganz und gar künstlich aus einem Gemisch von Wasser, Zucker, Farbstoffen und anderen Chemikalien, wie es sogar in neuerer Zeit (rätselhafterweise also in einer Ära der Weinüberschüsse) vorgekommen ist.

WEINPANSCHEREI: Eine Illustration aus der Ausgabe von 1836 des vielbeachteten Buchs *A History and Description of Modern Wines* von Cyrus Redding.

Auch aus Rosinen wurde Wein gemacht. In den 1880er und 1890er Jahren führte die Reblausplage in Frankreich zu einer schwerwiegenden Weinknappheit. Daraufhin schoß an der Mittelmeerküste eine blühende Industrie aus dem Boden, die Wein aus importierten Rosinen herstellte. Während der PROHIBITION in Amerika in den 1920er Jahren wurden verschiedene Methoden ausgeheckt, um das Gesetz dadurch zu umgehen, daß man Wein im eigenen Heim aus Rosinen, Traubenwürfeln und TRAUBENKONZENTRAT in Dosen herstellte (wobei Techniken Anwendung fanden, wie sie heute noch von HOBBYKELLERMEISTERN benutzt werden).

Eine der verbreitetsten Formen der Verfälschung hat nichts mit der Manipulation oder künstlichen Herstellung von Wein zu tun, sondern lediglich mit dem Etikett. Wenn sich eine Region mit ihren Weinen einen Namen gemacht hatte, versuchten andere ihn zu stehlen. In der Römerzeit wurden gewöhnliche Weine oft als FALERNER ausgegeben. Seit dem 19. Jh. haben sich die Weinerzeuger die gesetzlichen Voraussetzungen für den Schutz ihres jeweiligen Namens erkämpft (siehe APPELLATION CONTRÔLÉE).

Weinverfälschungen und -betrügereien können aber auch gefährliche Formen annehmen. So wurde die Gesundheit des Verbrauchers in alten Zeiten durch die Beimengung von Blei und im 20. Jh. durch den Zusatz von Methylalkohol gefährdet. Die Anwendung von Blei im Wein ist nur eines von vielen Beispielen aus klassischer Zeit. Plinius schrieb: «So viele Gifte werden benutzt, um den Wein unserem Geschmack anzubequemen – und da wundern wir uns, daß er nicht bekömmlich ist.» 1833 empfahl der einflußreiche englische Weinautor Cyrus REDDING: «Der beste Schutz gegen verfälschten Wein ist die vollkommene Vertrautheit mit gutem.»

Illegale Praktiken schlugen oft aber auch zum Nachteil des Winzers und des Kaufmanns aus. War die Reputation eines Weins erst einmal beschädigt, dann hatte dies stets unangenehme wirtschaftliche Folgen. Die offenkundige Verfälschung von Portwein im 18. Jh. führte zu einem raschen und drastischen Rückgang der Nachfrage. Daraufhin schritt die portugiesische Regierung ein und schuf eine Behörde, die den Handel kontrollierte.

So stehen Verbraucher, Winzer und Kaufleute nicht allein in dem Bemühen, Weinpanscherei und -verfälschung zu verhindern. Auch lokale und (in unserem Jahrhundert) staatliche Behörden gehen dagegen vor. Gesetzliche Regelungen verfolgen mehrere Ziele: den Schutz des Verbrauchers, die Bewahrung des guten Namens des heimischen Weins oder auch die Erleichterung der Besteuerung.

Um Panscherei zu verhindern, war es im Mittelalter den Wirten in London verboten, französische oder spanische Weine in demselben Keller aufzubewahren wie deutsche. Ein «Vintner», der überführt wurde, schlechten Wein zu verkaufen, mußte ihn zur Strafe selber trinken und wurde aus der Gilde ausgestoßen. In Deutschland waren die Strafen damals noch drastischer und reichten von Prügeln über Brandmarkung bis zum Galgen.

Die heute bestehenden gesetzlichen Einrichtungen für den Kampf gegen Betrug und Verfälschung im Zusammenhang mit Wein bilden das Ergebnis vieler von Verbrauchern, Weinerzeugern und Weinhandel ausgefochtener Kämpfe. 1820 erklärte Frederick Accum in seiner Schrift *Treatise*, daß Wein unter allen Lebensmitteln am meisten gefährdet sei. Dreißig Jahre später wußte Cyrus Redding keine Besserung zu vermelden, und erst 1860 wurde die erste britische Food and Drug Act erlassen.

In den weinbautreibenden Ländern bildete der von der REBLAUS verursachte wirtschaftliche Notstand den Anstoß für gesetzgeberische Maßnahmen. So brachte die französische Regierung im Jahr 1889 eine gesetzliche Definition des Weins heraus; in Deutschland entstand 1892 das erste umfassende nationale Weingesetz (dem 1909 eine gründlicher durchgearbeitete Version folgte), und in Italien erschien 1904 ein entsprechendes Gesetz. Das französische System der Appellations Contrôlées, das die verschiedenen Weine nach geographischer Herkunft anstatt einfach nach ihrer Zusammensetzung definiert, erlangte erst in den 1930er Jahren volle Gültigkeit.

Die einst verbreitete Weinpanscherei und -verfälschung ist seit der Einführung von Systemen kontrollierter APPELLATIONEN und der entsprechenden Mittel zu ihrer Durchsetzung – in Frankreich beispielsweise durch den Service de la Répression des Fraudes – im Weingewerbe weit seltener geworden. Es hat zwar immer wieder Beispiele für versehentliche oder absichtliche Verunreinigung von Wein gegeben, doch Täuschungen sind inzwischen immer schwieriger geworden und möglicherweise auch nicht mehr so lohnend wie früher, da der Weinverbraucher immer anspruchsvoller wird und mehr Wert auf echte Qualität im Wein als auf die Hierarchie berühmter Namen legt. Nicht ohne Grund hat der Verbraucher oft das Gefühl, daß sich im Weingewerbe allzu viele Scharlatane breitmachen, denn auf jedem Gebiet, auf dem Sachverstand nicht wohlfeil zu haben ist und daher mit Mißtrauen betrachtet wird (beim Wein wie in der Kunst), machen Betrügereien außerordentlichen Wirbel und ziehen mehr Aufmerksamkeit der Medien auf sich als kommerzielle Täuschungsversuche anderer Art. Nichtsdestoweniger war die Kommission der EUROPÄISCHEN UNION immerhin so besorgt über mögliche Betrügereien im Zusammenhang mit dem Zwangsdestillationsverfahren von 1993, daß sie ausdrücklich von der Notwendigkeit der wirksamen Durchführung dieses Systems als einem der vier wichtigsten Reformvorschläge sprach.

Siehe auch VERSCHMUTZUNG. H. B. und J. R.

Accum, F., *Treatise on Adulteration of Food and Culinary Poisons* (London, 1820).
Barr, A., *Wine Snobbery: An Insider's Guide to the Booze Business* (London, 1988).
Johnson, H., *Hugh Johnsons Weingeschichte* (Bern, 1990).
Jullien, A., *Topographie de tous les vignobles connus* (Paris, 1816).
Loubère, L. A., *The Red and the White: A story of Wine in France and Italy in the Nineteenth Century* (Albany, N.Y., 1978).
Redding, C., *A History and Description of Modern Wines* (1833).

WEINPRESSE siehe PRESSE und PRESSEN, allerdings auch WEINJOURNALISMUS.

WEINPROBE Jeder Anlaß, bei dem Wein probiert wird, und sei es nur, wenn der Weinfreund zu Hause eine Flasche öffnet, ist eine Weinprobe. Formelle Weinproben zum Zweck der Weinbeurteilung werden beispielsweise von WEINHÄNDLERN veranstaltet, die ihre Ware an den Mann bringen möchten, oder von Regionalgremien, die für die Weine ihres Gebiets Werbung treiben wollen. Weinproben werden auch von Weinclubs und ähnlichen Vereinen aus weniger kommerziellen Gründen, sondern eher um der Fortbildung oder des Vergnügens willen.

Als **horizontale Weinprobe** gilt dabei eine Verkostung, bei der Weine desselben JAHRGANGS miteinander verglichen werden, während eine **vertikale Weinprobe** einen Vergleich zwischen verschiedenen Jahrgängen desselben Weins, meist aus einem CHÂTEAU aus Bordeaux, darstellt. George SAINTSBURY wird zugeschrieben, diese Ausdrücke erstmals nachweislich gebraucht zu haben.

Von einer verdeckten Weinprobe oder BLINDVERKOSTUNG spricht man dann, wenn die Degustatoren einen ihnen unbekannten Wein möglichst genau erkennen sollen.

Zubehör

Das einzige, was zu einer Weinprobe außer dem Wein selbst unbedingt gehört, ist ein geeignetes GLAS und ein KORKENZIEHER. Allerdings ist es auch so gut wie unmöglich, eine Weinprobe abzuhalten, wenn man nicht über eine ausreichend große Fläche verfügt, auf der man Flaschen und Gläser sicher abstellen kann. Dazu eignet sich ein von allen Seiten frei zugänglicher Tisch am besten. Sehr zweckdienliche Gegenstände sind außerdem Spucknäpfe (siehe SPUKKEN) und ein Gefäß, in das man Weinreste gießen kann. Hierfür werden meist Flaschen mit Trichtern bereitgestellt, aber auch der Spucknapf kann dazu benutzt werden. Ein guter Veranstalter achtet zudem darauf, daß eine weiße Fläche vorhanden ist, vor die man ein Glas Wein halten kann (siehe VERKOSTUNG). In den meisten Fällen werden die Flaschen auf einem Tisch aufgestellt, der eine weiße Platte hat oder mit einem weißen Tischtuch oder dergleichen bedeckt ist. Ein besonders eifriger Gastgeber legt für jeden Teilnehmer eine vollständige und genaue Liste aus, auf der die zu begutachtenden Weine in der richtigen Reihenfolge aufgeführt sind und die genügend Raum für Probiernotizen vorsieht. Wasser und irgend etwas zum Essen mit völlig neutralem Geschmack, um «den Mund zu reinigen», ist durchaus nützlich. Käse hat meist zu starken Eigengeschmack (siehe SPEISEN UND WEIN). Profis bevorzugen trockene Biskuits oder Weißbrot.

Voraussetzungen

Zu den idealen Voraussetzungen gehören eine kräftige Naturlichtquelle, eine Umgebungstemperatur zwischen 15 und 18 °C und Freiheit von Fremdgerüchen. (Hieraus wird schon klar, daß Weinproben in Kellern – selbst der feinsten Weingüter – keineswegs unter idealen Voraussetzungen stattfinden.) In der Praxis entstehen bei Weinproben mit vielen Teilnehmern von selbst Wärme und ein Eigengeruch. Daher ist es günstig, mit einer etwas kühleren Temperatur zu beginnen und sich nicht zu sehr über einen Duft von Aftershave oder Nagellack aufzuregen, an den man sich ohnehin rasch gewöhnt.

Organisation

Ein Glas für jeden Teilnehmer genügt meist, und ein Fünfzehntel bis ein Zwanzigstel einer Flasche reicht als ordentliche Kostprobe aus. Wenn man darauf achtet, daß den Teilnehmern jeweils ein bestimmtes Quantum serviert wird und sie sich nicht selbst bedienen, kann man den Weinverbrauch in Grenzen halten.

Wie viele Weine bei einer Weinprobe am besten zur Begutachtung vorgestellt werden sollen, ist eine umstrittene Frage. Es gibt Weinkoster, die behaupten, an einem Tag bei Prämierungssitzungen wie beispielsweise den Australischen «Wine Shows» bis zu zweihundert Kostproben verkraften zu können, während sich die erfahrensten berufsmäßigen Degustatoren in der CHAMPAGNE bewußt auf höchstens ein Dutzend Weine bei einer Sitzung beschränken. Wer ein Neuling bei Weinproben ist, sollte sich mit Vorteil auf höchstens vier Weine einlassen, während so mancher Profi der Meinung sein mag, daß eine Veranstaltung, bei der es nur fünfzehn Weine zu begutachten gab, kaum der Mühe wert war.

Bei alledem ist klar, daß es schwierig ist, mehr als ein Dutzend Weine auf einmal mit Genuß zu probieren, und daß die REIHENFOLGE, in der die Auswahl serviert wird, für den vermittelten Eindruck wesentlich ist.

Broadbent, M., *Weine prüfen, kennen, genießen* (6. Aufl., Bern, 1995).

Peynaud, É., Die hohe Schule für Weinkenner (Zürich, 1984).

Rankine, B., *Tasting and Enjoying Wine* (Adelaide, 1990).

WEINREBE siehe REBE.

WEINRESTE Wein in einem geöffneten Behälter, beispielsweise in einer nicht ganz ausgetrunkenen Flasche, ist der Einwirkung von Luft ausgesetzt, und es gilt etwas zu unternehmen, damit er sich nicht in ESSIG verwandelt – was bei einem sehr alten Wein in wenigen Stunden, ja sogar Minuten passieren kann, während es bei jungen Tischweinen meist einige Tage, bei robustem Vintage-Character-PORTWEIN oder OLOROSO-Sherry einige Wochen und bei MADEIRA üblicherweise etliche Monate dauert.

Da der Bösewicht in diesem Trauerspiel der SAUERSTOFF ist, besteht die einfachste Möglichkeit, den Verderb von Weinresten zu verhindern, darin, diese in einen kleineren Behälter, vielleicht eine halbe Flasche, umzufüllen. Es gibt auch patentierte Vorrichtungen, mit denen man den LEERRAUM in einer Flasche durch Einpumpen oder -sprühen von INERTGAS füllen oder mit einer entsprechenden Pumpe ein Vakuum darin erzeugen kann.

Die erfreulichste Art und Weise, mit Weinresten aufzuräumen, ist freilich, sie auszutrinken, wobei die Reste bestimmter Weine, insbesondere konzentrierter junger Rotweine, durchaus milder und gefälliger schmecken, wenn sie einen oder zwei Tage gestanden haben (siehe auch LÜFTUNG und DEKANTIEREN).

Überdies kann man Weinreste auch zum Kochen benutzen und schließlich sogar bewußt zu Essig werden lassen.

WEINSÄURE ist die hauptsächliche Säure in Trauben und Wein. Diese chemisch interessante Substanz ist auch deshalb bemerkenswert, weil sie unter allen in Pflanzen vorkommenden organischen SÄUREN zu den selteneren gehört. Die Traube ist die einzige bedeutendere Frucht, in der sich Weinsäure in größeren Mengen ansammelt; für den Weinerzeuger ist sie wegen der wichtigen Rolle, die sie im Geschmack des Weins spielt, von größter Bedeutung. Da Weinsäure überdies im Wein teils in Gestalt der intakten Säure, zum Teil aber auch als Weinstein bzw. ihr Bitartrat-Ion vorliegt, stellt sie auch die Hauptkomponente der Mischung von Säuren und Salzen dar, die das wichtige Puffersystem des Weins und die Stabilität seiner SÄURE und Farbe aufrechterhält.

Weinsäure ist darüber hinaus von Interesse, weil ihr saures Kaliumsalz, Kaliumtartrat oder Weinstein, zwar in Traubenmost recht gut, in alkoholischen Lösungen aber nur teilweise löslich ist. Der Kellermeister ist deshalb bestrebt sicherzustellen, daß möglichst wenig überschüssiger WEINSTEIN im Wein verbleibt, wenn er abgefüllt wird, damit dieser nicht in Gestalt feiner Kristallablagerungen wegen seiner Ähnlichkeit mit Glassplittern den Verbraucher erschreckt.

In den Trauben und den daraus bereiteten Weinen ist der Gehalt an Weinsäure sehr unterschiedlich. Von den vielen tausend kultivierten Traubensorten sind manche für hohen Weinsäuregehalt bekannt, andere dagegen sind relativ neutral. Allgemein weisen Weintrauben höhere Säurekonzentration auf als Tafeltrauben, und die Weintrauben zeigen wiederum unterschiedliche Konzentrationen der beiden Hauptsäurearten Weinsäure und APFELSÄURE. So hat die Sherry-Traube Palomino besonders hohen Gehalt an Weinsäure, während die Burgundertraube Pinot Noir und der Malbec (Cot) relativ wenig Weinsäure enthalten.

Das Verhältnis der beiden in der Traube am stärksten vorkommenden Säuren bestimmt aber nicht unbedingt auch das Verhältnis der beiden Säuren im Wein. Durch die Ausfällung von Weinstein in Form von Kristallen wird die Gesamtkonzentration der Weinsäure begrenzt, während die Apfelsäure ihrerseits durch die MALOLAKTISCHE SÄUREUMWANDLUNG abgebaut wird. Weine, in denen sich diese Umwandlung nicht abgespielt hat, verfügen meist über etwas mehr Weinsäure als Apfelsäure, während in Weinen, die diesen Milderungsprozeß durchgemacht haben, meist ein Vielfaches an Weinsäure im Verhältnis zur Apfelsäure vorliegt.

Witterung, Boden und Rebsorte haben Einfluß auf den Gehalt der verschiedenen Säuren in Traube und Wein. Kühles Klima begünstigt im allgemeinen die Entstehung hoher Säurekonzentrationen und eines geringeren Gehalts an KALIUM in den Traubenschalen. Apfelsäure wird durch Hitze in der Reifezeit der Trauben weit effektiver abgebaut als Weinsäure. Böden mit Mangel an Kalium oder Kaliumkarbonat (Pottasche) erbringen oft Trauben mit hoher Säurekonzentration und niedrigem PH-WERT, weil niedrigerer Kaliumgehalt eine größere Konzentration des Tartrat-Ions in der Lösung ermöglicht. Eine weitere Kuriosität besteht darin, daß in den Blüten der Weinrebe Tartrat in relativ hoher Konzentration vorliegt. Weinsäure ist während des Reifevorgangs nicht der Respiration unterworfen, was bedeutet, daß die in der Beere vorhandene Menge während der Reifezeit ziemlich konstant bleibt. Über die Hälfte der Weinsäure in reifen Beeren kann als Salz vorliegen, wobei das Verhältnis der freien Form zu Salz je nach Rebsorte und der Konzentration von Metall-Kationen im Saft schwankt; am reichlichsten ist dabei Kalium vorhanden.

A. D. W. und B. G. C.

WEINSCHORLE Eine als APERITIF oder Erfrischungsgetränk geeignete Mischung aus Wein und kohlensäurehaltigem Mineralwasser.

WEINSEE Ein für den ÜBERSCHUSS an Wein in Europa geprägter Begriff. Nach der Einführung der Zwangsdestillation im Jahr 1982 verwandelte er sich rasch in einen Alkoholsee. Von dem üblichen Jahresüberschuß von knapp 40 Millionen hl finden nur rund 15 Millionen hl als destillierter Alkohol eine nützliche Verwendung. Siehe auch EUROPÄISCHE UNION.

WEINSTEIN Während der GÄRUNG und ALTERUNG setzen sich im Wein feine, wie Glassplitter aussehende, aber harmlose Kristalle ab. Es handelt sich um Weinstein (franz. *tartres*, engl. *tartrates*), in der Hauptsache Kaliumtartrat, das Kalisalz der WEINSÄURE, die dem Namen zugrunde liegt. Kleine Mengen von Fruchtfleischresten, abgestorbenen Hefezellen, ausgefällten Phenolen, z. B. TANNINEN und ANTHOCYANEN, und Spuren von anderen Substanzen bilden Verunreinigungen im Kaliumtartrat (siehe BODENSATZ).

Das GELÄGER, die dicke Schicht aus abgestorbenen Hefezellen und Teilchen von Traubenschalen, Fruchtfleisch und Kernen, die sich während der späteren Stadien des Gärprozesses am Boden des GÄRBEHÄLTERS ansammeln, enthält geringere Konzentrationen an Weinstein als die kristallinen Ablagerungen an den Wänden des Behälters. Zwar kann aus dem Geläger Weinstein gewonnen werden, doch ist es mit mehr Kosten- und Zeitaufwand verbunden, Kaliumtartrat aus dem Geläger zu extrahieren und zu reinigen, als es aus den kristallinen Ablagerungen an den Wänden zu gewinnen.

Die kommerziell verwendete Form ist in der Hauptsache reiner kristalliner Weinstein zum Säuern von Lebensmitteln und alkoholfreien Getränken, gereinigter Weinstein (reines Kaliumtartrat) für Backpulver sowie Rochelle-Salz (Kaliumnatriumtartrat) für die Galvanotechnik. Der Weinbau ist die einzige Quelle für Weinstein, und deshalb wird die in den Gärbehältern zurückbleibende Weinsteinschicht regelmäßig herausgebrochen, gereinigt und dann weiterverwendet.

Weinstein setzt sich in neuem Wein deshalb ab, weil Kaliumtartrat in Lösungen von Alkohol und Wasser, wie auch der Wein eine darstellt, schwerer löslich ist als in reinem Wasser oder Traubensaft. Die genauen Werte im Wein sind je nach Rebsorte und Herkunftsregion leicht unterschiedlich; als Erfahrungswert kann genannt werden, daß etwa die

Hälfte des im Traubensaft löslichen Weinsteins im Wein unlöslich ist. Das Hauptproblem besteht darin, daß der Weinstein im komplexen Weingemisch in übersättigter Lösung verbleiben und zu einem nicht vorhersehbaren späteren Zeitpunkt auskristallisieren kann.

Nur der mit diesen Umständen vertraute Verbraucher weiß, daß die Weinsteinkristalle in der Flasche harmlos sind. Im Rotwein nimmt der ausgefällte Weinstein meist durch absorbierte Pigmente rötliche oder bräunliche Färbung an und wird deshalb nur als Bodensatz betrachtet, im Weißwein sehen Weinsteinkristalle für den nichteingeweihten Verbraucher dagegen Glassplittern erschreckend ähnlich. Der moderne Weinbau hat sich im großen und ganzen dafür entschieden, lieber durch Stabilisierung den Weinstein zu entfernen als beim Verbraucher Aufklärungsarbeit zu leisten.

Die Instabilität des Weinsteins wurde erst im 19. Jh. als problematisch erkannt, als bei erhöhter Weinproduktion und der Standardisierung der FLASCHEN erstmals die FLASCHENALTERUNG von Weinen allgemein üblich wurde. Vorher wurde vom Wein nicht verlangt, daß er vollkommen klar sein sollte; er wurde vor dem Genuß oft erst durch ein Sieb gegeben. Heute jedoch sind die Erzeuger der meisten modernen Weine, vor allem von preiswerten Weißweinen, der Überzeugung, daß der Kunde eine kristallklare Flüssigkeit aus der Flasche kommen sehen will, gleichgültig, wieviel Zeit sie in dieser zugebracht hat.

Mit den heute verfügbaren leistungsfähigen Filtern ist es relativ einfach, vor der ABFÜLLUNG makellose Klarheit sicherzustellen. Eher macht es Schwierigkeiten zu gewährleisten, daß der Wein auch klar bleibt. Früher wurde Stabilisierung gegen Weinsteinausfällung im Wein dadurch erreicht, daß im Winter die Kellertemperatur bis in die Nähe des Gefrierpunkts oder darunter absank. Durch kühle Temperaturen für die Dauer von drei oder vier Monaten wurde gewöhnlich so viel Kaliumtartrat ausgefällt, daß weitere Kristallbildung unwahrscheinlich war. Heute wird der Wein vor der Abfüllung zwei bis drei Wochen lang auf –5 bis –10 °C gekühlt, anschließend der ausgefällte Weinstein herausgefiltert und der Wein schließlich wieder auf Keller-

Entfernen von WEINSTEIN-Ablagerungen an der Innenwand eines Fasses im Keller des Weinguts Gaja in Barbaresco, Piemont.

temperatur erwärmt. Manchmal wird vor dem Kühlvorgang in kleinen Mengen fein verteilte AKTIVKOHLE oder BENTONIT beigemischt, um Kristallisationskerne zu schaffen, an denen das in übersättigter Lösung befindliche Kaliumtartrat kristallisieren kann. Eine neuere, rascher wirkende Technik besteht darin, feingemahlenes Kaliumtartrat in den Wein einzuführen und diesen stark zu kühlen. Anschließend wird das Gemisch aus Wein und Kristallen sofort gefiltert. Diese Methode nutzt den Effekt, daß sich der im Wein befindliche Weinstein an den Millionen als Kristallisationskerne wirkenden feingemahlenen Kristallen rasch ansetzt, und spart sowohl Zeit als auch Energie. Das in den 1940er und 1950er Jahren benutzte Verfahren des IONENAUSTAUSCHS, bei dem der hohe natürliche Kaliumgehalt des Weins verringert und der von Natur aus niedrige Natriumgehalt angehoben wurde, ist inzwischen vor allem aus Gesundheitsgründen aufgegeben worden.

Manche in großen Mengen produzierte Alltagsweine enthalten so viel Kalzium, daß sich während der Flaschenlagerung Kalziumtartrat bildet. Das kam allerdings früher, in der Ära der Betontanks, viel häufiger vor. Wenn solche Betontanks neu waren oder wenn die darauf abgelagerte Weinsteinschicht entfernt wurde, dann löste der Wein aus den Betonflächen so viel Kalziumkarbonat heraus, daß später Ausfällung von Kalziumtartrat entstand. Bei Edelstahltanks und beschichteten Betontanks tritt das Problem der Ausscheidung von Kalziumtartrat nicht auf.

Weinstein kommt besonders häufig in deutschen Weinen vor, weil sie aus einem kühlen Klima stammen und daher besonders hohe Konzentration an Weinsäure aufweisen. In Weißwein findet sich Weinstein in Form farbloser, regelmäßig geformter Kristalle. In Rotwein nimmt er meist so viel TANNINE und ANTHOCYANE auf, daß die Kristalle rötlich gefärbt sowie klein und unregelmäßig geformt sind.

A. D. W.

WEINTRAUBE Bezeichnung für Trauben, die zur Weinbereitung herangezogen werden, im Gegensatz zu TAFELTRAUBEN für den Frischverzehr und ROSINENTRAUBEN für die Herstellung von Trockenfrüchten. Näheres über die Pflanze, die Trauben hervorbringt, siehe REBE, Näheres über die Frucht siehe TRAUBE.

WEINTYPEN Eine Einteilung läßt sich auf mehrere Arten vornehmen, am ehesten bietet sich jedoch der ALKOHOLGEHALT an. Bei Weinen, die ihre Alkoholstärke allein dem Gärvorgang verdanken, liegt er gewöhnlich zwischen 9 und 15 %, und diese Klasse wird einfach als «Wein» bezeichnet, manchmal auch als «Tischwein», da der Begriff TAFELWEIN, wie QUALITÄTSWEIN, in der EUROPÄISCHEN UNION spezifische Bedeutung besitzt. Diese Art Wein läßt sich des weiteren nach FARBEN in ROTWEIN, WEISSWEIN und ROSÉWEIN oder nach der in ihnen enthaltenen Kohlensäurekonzentration in SCHAUMWEIN und Stillwein mit verschiedensten Zwischenstufen wie Perlwein, PERLANT oder FRIZZANTE unterteilen. Diese Weine lassen sich wiederum nach Süßegraden ordnen.

Weine mit höherer Alkoholkonzentration, zwischen 15 und 20 %, werden im vorliegenden Buch (mit Ausnahme einiger WEINE VON ROSINIERTEN TRAUBEN) als aufgespritete oder alkoholangereicherte Weine bezeichnet, da sie ihre Alkoholstärke dem AUFSPRITEN, d. h. der Beimischung von Alkohol, verdanken. PORTWEIN und SHERRY sind die bekanntesten Beispiele für diese in der EU-Terminologie als Likörwein bezeichnete Kategorie. Hierzu zählen übrigens auch süße alkoholische Getränke, die durch Zusetzen von Weingeist zu Traubenmost vor oder in verschiedenen Stadien während der GÄRUNG hergestellt werden; siehe auch VIN DOUX NATUREL, VIN DE LIQUEUR, MISTELLE.

Weine, deren Alkoholgehalt durch entsprechende Maßnahmen stark reduziert wurde, etwa auf unter 5,5 %, werden gelegentlich ALKOHOLARME WEINE genannt. (Manche reguläre Weine, beispielsweise MOSCATO D'ASTI und leichte SAAR-Weine, haben von Natur aus nur einen Alkoholgehalt von 5–8 %.)

Außerdem lassen sich Weine etwas unschärfer und eher subjektiv nach den Gelegenheiten einteilen, zu denen man sie trinkt, z. B. APERITIFS, Weine zu einfachen oder festlichen Mahlzeiten und SÜSSWEINE oder Dessertweine.

Geographische Einteilungen beziehen sich heute auf die Weine selbst und nicht auf Weintypen; die früher beliebten GATTUNGSWEINE stellten dagegen eine geographische Einteilung nach Weintypen dar.

WEINVOKABULAR siehe WEINANSPRACHE.

WEISS Alle Trauben mit heller Beerenhaut werden als weiße Trauben bezeichnet, obwohl ihre Farbe nicht wirklich weiß ist, sondern von Hellgrün über Gold bis Hellrötlich schwankt. Dementsprechend ist Weißwein nicht wirklich weiß, sondern variiert zwischen fast farblos und tiefgolden. Siehe auch FARBE.

WEISSER RIESLING Offizieller Name der deutschen RIESLING-Traube.

WEISSFÄULE oder **Hagelkrankheit.** Eine PILZKRANKHEIT der Trauben, die besonders in Gegenden Europas auftritt, in denen Gewitter mit Hagel vorkommen. Die Ertragseinbußen können sich auf bis zu 80 % belaufen. Der Befall setzt nach Beschädigung der Frucht durch Hagelschlag ein. Da sich an den befallenen Stellen die Beerenhaut vom Fruchtfleisch ablöst, erscheinen diese Stellen weißlich. Starke sommerliche Niederschläge, hohe Luftfeuchtigkeit und Wärme begünstigen die Entwicklung der Krankheit. Der Erreger ist der Pilz *Coniella diplodiella*; für dessen Bekämpfung mehrere Spritzmittel zur Verfügung stehen.

R. E. S.

WEISSHERBST Sortenrein bereitete ROSÉWEIN-Spezialität aus den deutschen Anbaugebieten AHR, BADEN, PFALZ, RHEINGAU, RHEINHESSEN und WÜRTTEMBERG. Weißherbst wird als QBA oder QMP produziert; die von Spätburgunder gewonnene badische Version genießt in ihrer Heimat große Beliebtheit. Siehe auch SCHILLERWEIN.

Auch in der deutschsprachigen SCHWEIZ ist der Begriff für einen ganz ähnlichen Weinstil gebräuchlich.

WEISSWEIN Bei der Entstehung von Weißwein spielt die HÜLSENMAISCHUNG eine weit geringere Rolle als bei Rotwein, und daher werden viel weniger PHENOLE aufgenommen. Das bedeutet jedoch nicht, daß Weißwein stets weniger interessant und kurzlebiger sein muß als Rotwein (siehe ALTERUNG). Die Farbe von Weißwein ist sehr unterschiedlich und reicht von praktisch farblos bis zu tiefgolden und in hohem Alter – ähnlich wie bei sehr alten Rotweinen – sogar tiefbräunlich. Weißwein wird in praktisch allen Weinbauregionen der Welt erzeugt, wobei in warmen Gegenden der Einsatz von AZIDIFIKATION und KÜHLTECHNIK meist unumgänglich ist, damit Weißweine zustande kommen können, die dem modernen Geschmack entsprechen.

Die Farbe von Weißwein wird in verschiedenen Sprachen entsprechend wiedergegeben: franz. *blanc*, ital. BIANCO, span. *blanco*, portug. *branco*, engl. *white* und in Osteruopa einschließlich Rußland durch Varianten von *byeli*.

WEISSWEINBEREITUNG Wein mit fast nicht wahrnehmbarer bis zu goldener FARBE wird vorwiegend von Weißweintrauben bereitet, deren Schalen grüne bis gelbe Farbe besitzen. Es ist jedoch auch möglich, Weißwein von dunklen Trauben (mit Ausnahme von rotfleischigen TEINTURIER-Sorten) zu produzieren, vorausgesetzt, daß der Most schonend gewonnen und (wie in der CHAMPAGNE üblich) unverzüglich von den Schalen getrennt wird, so daß keine HÜLSENMAISCHUNG erfolgt. Weiße Trauben und ihre Weine unterscheiden sich von roten dadurch, daß sie keine ANTHOCYANE aufweisen.

Wie bei so gut wie allen Arten der WEINBEREITUNG beginnt auch die Gewinnung von Weißwein mit dem ABBEEREN und Mahlen des Traubenguts beim Eintreffen in der Kellerei. In manchen Fällen werden Weißweintrauben bereits in einer Kelterstation direkt im Weinberg gemahlen (siehe jedoch auch GANZTRAUBENPRESSUNG). Nach dem Mahlen wird der süße Most vorentsaftet und gepreßt, um die Flüssigkeit von den Feststoffen zu trennen. Der Zeitpunkt der Trennung von Most und Feststoffen bildet den Hauptunterschied zwischen der Rotwein- und der Weißweinbereitung: Bei Weißwein geschieht sie vor der GÄRUNG, bei Rotwein erst danach.

Längere Berührung zwischen Saft und Traubenschalen fördert den Übergang von löslichen Substanzen, meist GESCHMACKSSTOFFEN, aus den Schalen in den Saft. Die Extraktion von PHENOLEN, die dem Rotwein TANNIN und Farbe verleihen, ist dabei im allgemeinen unerwünscht, weil diese adstringierenden und bitteren Geschmack verursachen und zu einer bei Weißwein als unangebracht geltenden bernsteingelben bis braunen Färbung führen können.

Wegen ihrer hellen Farbe und den zarteren Geschmacksinhalten treten bei Weißweinen die unerfreulichen Effekte der OXIDATION schneller in Erscheinung als bei Rotweinen, und daher ist die Weißweinbereitung im allgemeinen ein heiklerer Vorgang als die ROTWEINBEREITUNG. Bestimmte Phenole reagieren, wenn sie aus Fruchtfleisch, Schalen und Kernen in den Wein gelangen, rasch mit Sauerstoff und bilden gelbliche bis bräunliche Farbsubstanzen. Bei der Reaktion von Sauerstoff mit Alkohol entstehen kleine Mengen an ACETALDEHYD, der das AROMA eines frischen, fruchtigen jungen Weins leicht verderben kann. Diese Unzuträglichkeit läßt sich auf zweierlei Art vermeiden. Einerseits kann die Einwirkung von Sauerstoff über den gesamten Bereitungsprozeß hinweg bis zur Abfüllung durch Schutzmaßnahmen vermieden werden. Andererseits besteht die Möglichkeit, bewußt für Sauerstoffzutritt zu sorgen, indem der MOST gezielt, bei der Bereitung einfacher Weine sogar sehr kräftig durchlüftet wird, so daß die hierfür anfälligen Phenole oxidieren und die dabei entstehenden braunen Verbindungen nach dem Gärprozeß durch Absorption im GELÄGER – den abgestorbenen Hefezellen – aufgenommen werden. Der bei diesem Oxidationsvorgang entstehende Acetaldehyd wird im Verlauf der Gärung zum größten Teil zu Alkohol reduziert. Der Nachteil dieser Oxidationsbehandlung vor der Gärung besteht darin, daß auch gewisse Inhaltsstoffe verlorengehen, die zu Körper und Aroma und in gewissem Umfang zur Farbe beitragen.

Weißwein wird meist bei Temperaturen vergoren und verarbeitet, die unter der normalen Raumtemperatur liegen. Hierbei wirken sich die Kosten für eventuell erforderliche Kühlung und die durch die längere Dauer der kühlen Vergärung eintretende Verknappung von verfügbaren Gärbehältern nachteilig aus.

Bislang kommt nur ein kleiner, besonders hochgepriesener Teil der Weißweinerzeugung in Berührung mit HOLZ, doch wird FASSGÄRUNG mit anschließendem FASSAUSBAU inzwischen immer gebräuchlicher, insbesondere bei Weinen von der CHARDONNAY-Traube. Bei den faßvergorenen Weißweinen finden immer häufiger HEFESATZAUFRÜHREN und die bisher vorwiegend mit der Rotweinbereitung verknüpfte MALOLAKTISCHE SÄUREUMWANDLUNG Anwendung.

A. D. W.

WELSCHRIESLING oder **Wälschriesling.** Diese alte Weißweinrebsorte ist, wie von deutscher Seite stets betont wird, mit der echten RIESLING-Traube in keiner Weise verwandt. Daher sollte nach der in Deutschland vorherrschenden Ansicht auch der Name Riesling nicht im Zusammenhang mit dieser minderwertigeren Sorte gebraucht, sondern durch «Rizling» ersetzt werden, wie es in vielen der zahlreichen

WEISSWEINBEREITUNG

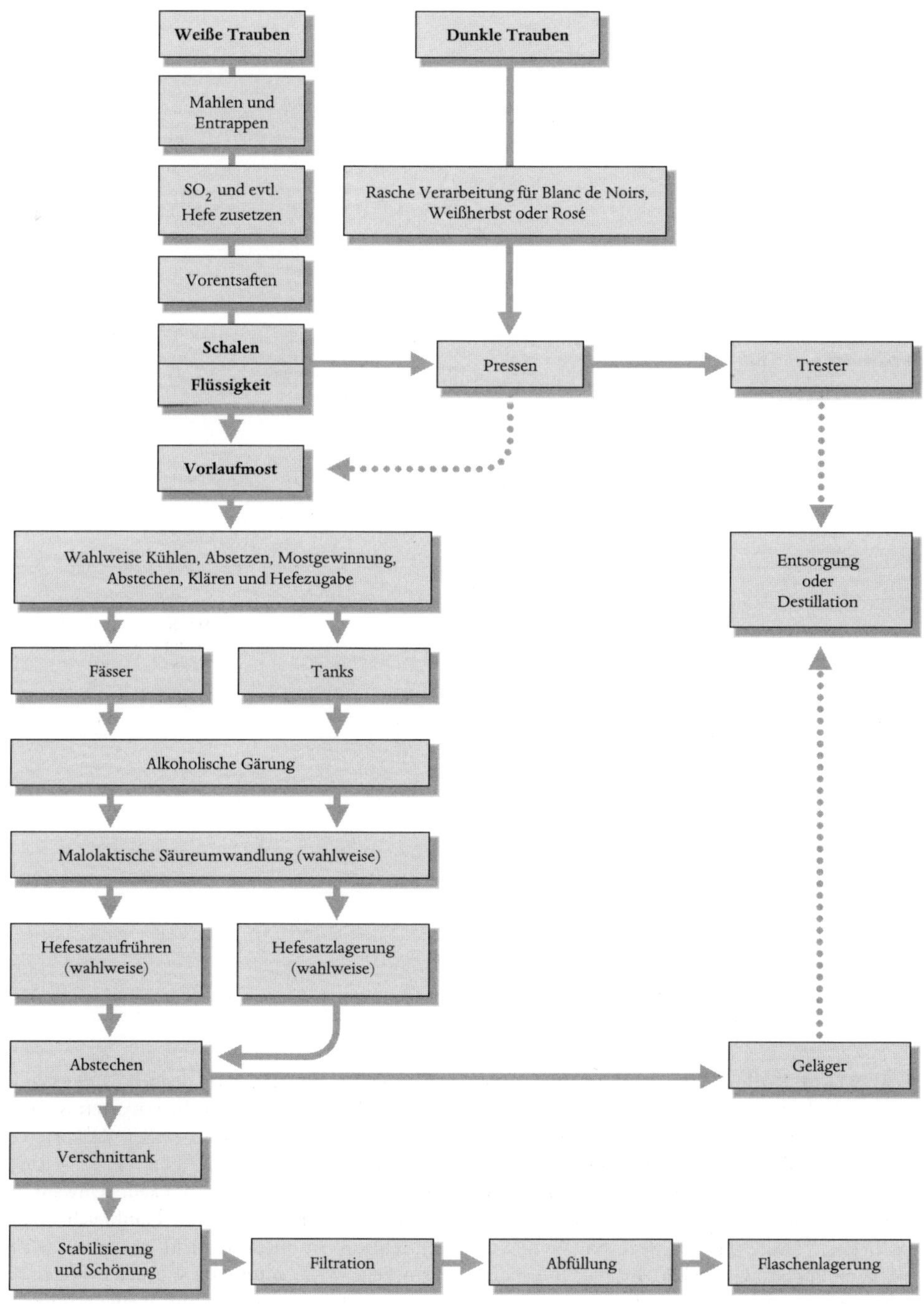

VERBREITUNG DER WEINBAUREGIONEN* IN DER WELT IN 1000 HA (STAND 1992)

(*einschließlich Tafel- und Rosinentraubenanbau)

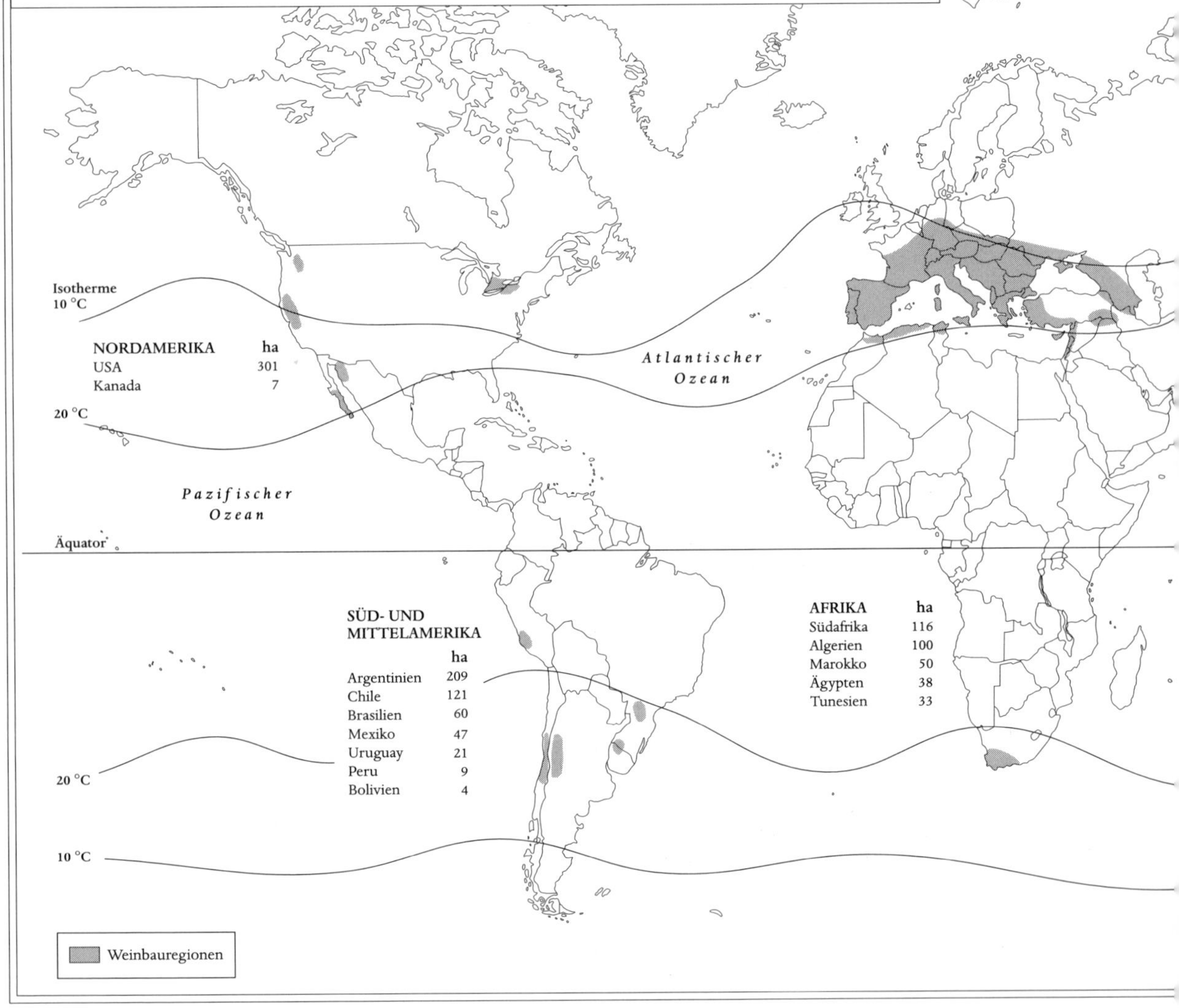

Synonyme, z. B. **Welsch Rizling, Welschrizling, Italianski Rizling**, bereits der Fall ist.

In ÖSTERREICH ist jedoch der Name Welschriesling am gebräuchlichsten, während die Sorte in BULGARIEN Welschrizling, in Ungarn OLASZ RIZLING, in Slowenien und der Woiwodina LASKI RIZLING und in der ehemaligen TSCHECHOSLOWAKEI Rizling Vlassky genannt wird. Nur in KROATIEN heißt sie ganz anders: Graševina. In Italien ist die Bezeichnung RIESLING ITALICO üblich, und zwar als Gegensatz zu Riesling Renano, dem echten Riesling. Varianten hierin sind in ganz Osteuropa, vor allem in RUMÄNIEN, verbreitet (in der GUS wird jedoch vorwiegend der echte deutsche Riesling angebaut). In ALBANIEN ist Welschriesling als eine der wenigen dortigen weißen Rebsorten ebenso verbreitet wie in CHINA.

Die Ursprünge liegen im dunkeln. Unwahrscheinlich ist die vermutete Herkunft aus Frankreich, dort (und in Deutschland) ist die Sorte nicht verbreitet, da sie vor allem in trockenem Klima und auf wärmeren Böden gedeiht und in kühlem Klima überaus saure Weine erbringt.

Welsch bedeutet in germanischen Sprachen «fremd, ausländisch», aber auch hieraus lassen sich kaum Hinweise auf

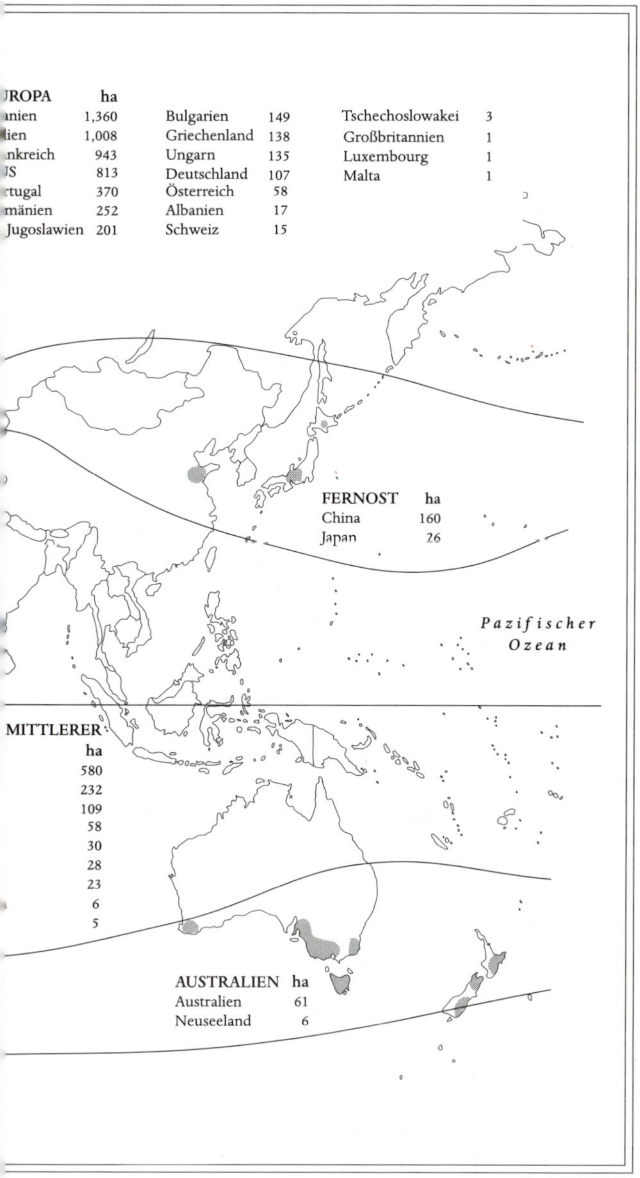

den Ursprung entnehmen. Da jedoch Vlaska der slawische Name für Walachei in Rumänien ist, wo die Rebe sehr gut gedeiht, kann man ohne weiteres die Theorie aufstellen, daß sie dort ihren Ursprung hatte und Laski lediglich eine veränderte Form von Vlassy, «walachisch», ist.

Obwohl Welschriesling wie schon erwähnt nichts mit Riesling zu tun hat, reift auch er spät, und seine Trauben behalten ihre Säure gut. Die Weine sind leicht im Körper und verhältnismäßig aromatisch. Welschriesling kann ohne weiteres zu noch höheren Erträgen veranlaßt werden als Riesling. Wahrscheinlich verdankt er dieser Tatsache und seiner kräftigen Säure die starke Verbreitung in ganz Osteuropa und zum Teil auch die wenig markante Art vieler Weine dieser Sorte (allerdings spielt wohl auch der niedrige Standard der Technik in vielen Kellereien beispielsweise im ehemaligen JUGOSLAWIEN in diesem Zusammenhang eine Rolle).

Seinen Höhepunkt erlebt der Welschriesling dagegen in ÖSTERREICH, insbesondere in fein ausgewogenen, spätgelesenen Weinen vom Ufer des Neusiedlersees im Burgenland, wo sich etwa zwei Drittel des gesamten österreichischen Bestands von 5000 ha dieser Sorte befinden. In besonders günstigen Jahren bildet sich EDELFÄULE und ermöglicht Weine bis zur TROCKENBEERENAUSLESE, in denen gleichzeitig die charakteristische Säure des Welschrieslings schön zum Ausdruck kommt. Dem Welschriesling mangelt zwar die aromatische Art des echten Rieslings, da aber das Aroma bei sehr süßen Weinen eine geringere Rolle spielt, bedeutet dies für den Welschriesling in diesem Fall einen kleineren Nachteil, als Riesling-Anhänger zuzugeben bereit sind. Dagegen weisen österreichische Trockenbeerenauslesen nur selten die große Langlebigkeit der deutschen Pendants auf. Der größte Teil des österreichischen Welschriesling-Ertrags geht allerdings ohnehin in leichte, eher trockene, jung trinkreife Weine aus dem Burgenland und der Steiermark ein. In Österreich ist übrigens auch das Synonym Riesler gebräuchlich.

WELTWEINPRODUKTION Wie aus nebenstehender Karte ersichtlich wird, entsteht der Wein der Welt in zwei Streifen mit allgemein GEMÄSSIGTEM bis MEDITERRANEM KLIMA in beiden Hemisphären. Im Fernen Osten gibt es zwar noch Gegenden, die für den Weinbau erschlossen werden können, jedoch ist dort die Jahresniederschlagsmenge meist zu hoch. Siehe auch KLIMA UND WEINQUALITÄT.

Näheres über die Erzeugungsziffern in den verschiedenen Ländern und Kontinenten siehe PRODUKTION; siehe auch VERBRAUCH.

WERMUT Mit Kräutern gewürzter, aufgespriteter Wein in verschiedenen Stilen und Qualitäten, jedoch meist eher aus industrieller Herstellung. Schon die Römer bereiteten mit Kräutern gewürzten Wein, und vor ihnen benutzten bereits die Griechen Zusätze, unter anderem Wermut *(artemisia absinthum),* dem Heilkräfte bei Magenbeschwerden zugeschrieben wurden und werden. WÜRZWEINE dieser Art waren allerdings Lokalerscheinungen, bis im 16. Jh. der Piemontese d'Alessio einen Arzneiwein auf den Markt brachte, den er in Bayern als «Wermuth» kennengelernt hatte. Unter diesem Namen wurde der Arzneitrank, der in Hofkreisen in Frankreich einiges Ansehen genoß, dann auch bekannt. Der Chronist Samuel Pepys schrieb in London von einem *glass of wormwood wine,* ohne daran Bemerkungen zu knüpfen, an denen er es sicherlich nicht hätte fehlen lassen, wenn das Getränk gegen Ende des 17. Jh. in London nicht allgemein bekannt gewesen wäre. Die moderne Großmengenproduktion an Wermut nahm ihren Ursprung im 18. Jh. in Piemont, also ganz in der Nähe der Alpen, aus denen die nötigen Kräuter kamen. Marken wie Cinzano und Martini aus Italien und Noilly Prat aus Frankreich schoben in der Cocktail-Ära zu Beginn und in der Mitte der 1920er Jahre jeden Anspruch auf Heilkraft beiseite.

Heute werden zum Würzen aufgespriteter Weine so viele Kräuter und Gewürze verwendet, daß die Definition von Wermut sehr dehnbar geworden ist. Die eher klassische Version, ein fast trockenes, bitteres Getränk, schmeckt stark nach Wermut und anderen Kräutern. Hierfür stellt der italienische Punt e Mes ein bekanntes Beispiel dar. Bei weitem populärer ist die süßere Version mit 17 % Alkohol und eher unbestimmtem Kräutergeschmack. Wermut dieser Art wird meist als italienisch bezeichnet, wenn er rot und süß ist, und als französisch, wenn er golden und eher trocken auftritt. Allerdings werden diese Stile überall hergestellt, wo es eine Wermutproduktion gibt. Der zarteste alpine Wermut Frankreichs ist der Chambéry, während als der Wermut, der feinem Wein wohl noch am nächsten kommt, der Lillet aus Bordeaux gelten darf, der seit langem zum Besitz der Familie Borie von Château Ducru-Beaucaillou aus ST-JULIEN gehört.

Die Wermutindustrie hat noch nie feinen Wein als Grundlage für ihre Produktion in Anspruch genommen und kann eher als nützliche Abnehmerin für den europäischen WEINSEE angesehen werden, da sie etliche Millionen Liter an einfachem Tafelwein aus dem Süden Italiens und Frankreichs verarbeitet. Der zum AUFSPRITEN benötigte Alkohol wird so ziemlich aus derselben Quelle geschöpft. Ursprünglich wurde Wermut durch Einmaischen botanischer Zutaten – also von Kräutern, Schalen von Früchten und Gewürzen – bereitet, die in den Wäldern gesammelt wurden. Für den modernen Wermut wird als Gewürz eher ein Konzentrat benutzt, das eine stets einheitliche Version eines mustergültigen Kräutersuds darstellt. Nach dem Süßen – meist mit MISTELLE – und dem Aufspriten wird er dann gewöhnlich gekühlt, um WEINSTEIN auszufällen, und schließlich der PASTEURISIERUNG und FILTRATION unterzogen. Günstige Prognosen sind für diese so weithin exportierten Produkte nicht zu stellen.

WESTERN AUSTRALIA Der größte Bundesstaat AUSTRALIENS verfügt in seiner Südwestecke über die am weitesten abgelegenen Weinbauregionen des fünften Kontinents.

Nirgendwo hat der Wind des Wandels seit 1970 stärker geweht als hier. Damals entstanden über 90 % des westaustralischen Weins von Trauben aus dem Swan Valley, 1980 waren es noch 59 %, 1990 nur noch 26 %, und dieser Trend setzt sich noch immer fort. Die andere Seite der Medaille zeigt sich im Aufkommen der Regionen Margaret River und Lower Great Southern, die sich über die äußerste Ecke des Staats erstrecken.

In einer Art und Weise, die an das Barossa Valley in SOUTH AUSTRALIA erinnert, bleibt das heiße Swan Valley dennoch die Quelle eines großen Teils der westaustralischen Weine, und zwar weitgehend durch ein einziges Unternehmen: Houghton. Es produziert nicht nur Houghton White Burgundy (so lautet der Name in Australien) von VERDELHO, CHENIN BLANC und CHARDONNAY aus dem Swan Valley und aus dem etwas weiter nördlich gelegenen **Gingin**, sondern es besitzt auch große Rebflächen in Frankland in Lower Great Southern und ist sowohl dort als auch am Margaret River ein Großabnehmer für Traubengut. Das Swan Valley hat den fragwürdigen Vorzug, die heißeste Gegend Australiens zu sein; die Lese beginnt hier meist im Januar.

Auch das 240 km weiter südlich gelegene Weinbaugebiet **Margaret River** befindet sich noch auf dem 34. Grad südlicher Breite und ist zur Mäßigung seines Klimas stark auf die kühlende Wirkung des Indischen Ozeans angewiesen. Hier erbringt CABERNET SAUVIGNON einen Wein, der höchst gleichmäßig Eleganz, Kraft und Johannisbeerfrucht mit einem aus dem Kiesboden stammenden würzigen *goût de terroir* vereint. MERLOT wird häufig mit ihm verschnitten. Auch pikant grasiger und intensiver SEMILLON und SAUVIGNON BLANC halten sich mit Würde. Diese beiden werden übrigens öfters auch miteinander verschnitten (manchmal kommt CHENIN BLANC als dritter Partner hinzu). CHARDONNAY erbringt als ebenfalls bedeutende Traubensorte komplexe und manchmal langlebige Weine.

RIESLING hat am Margaret River nie Erfolg gehabt, kommt aber in den ausgedehnten, kühleren Lagen mit eher KONTINENTALEM Klima im Weinbaugebiet **Lower Great Southern** (einschließlich Mount Barker und Frankland) ausgesprochen gut zur Geltung. Er liefert hier frische, fest strukturierte Weine, die sich langsam, jedoch mit Grazie entfalten. Ähnlich langsam entwickelt sich der ebenso straffe, aber doch duftige Cabernet Sauvignon. PINOT NOIR bewährt sich besonders gut in Albany an der äußersten Südküste, und auch in Pemberton im Norden werden große Hoffnungen auf ihn gesetzt – es ist wirklich ein weites und vielgestaltiges Gebiet. Auch Chardonnay und SHIRAZ gedeihen hier, Sauvignon Blanc dagegen nicht ganz so gut. Wenn es darum geht, die Weinbauregion zu nennen, die im 21. Jh. wahrscheinlich den größten Boom erleben wird, dann dürfte Lower Great Southern nahe an der Spitze stehen. J. H.

WESTERN GRAPELEAF SKELETONIZER Dieser Rebenschädling, ein in Mexiko und den US-Staaten Arizona, New Mexico und Texas heimisches Insekt, wurde erstmals 1941 im San Diego County in Kalifornien entdeckt. Die Maden ernähren sich von dem weichen Gewebe der Blätter und lassen nur das Rippenskelett übrig. Bekämpfung mit chemischen Mitteln ist möglich, jedoch muß der richtige Zeitpunkt abgepaßt werden. Wird keine Bekämpfung vorgenommen, dann frißt das Insekt die befallenen Reben völlig kahl. M. J. E.

WETTER Die im Weinbau wie in allen Zweigen der Landwirtschaft unberechenbarste Variable wird in allgemeinerer Form unter KLIMA, MAKROKLIMA und KLIMAKLASSIFIKATION erörtert. Näheres über spezifische klimatologische Phänomene mit möglichem Einfluß auf die Weinproduktion siehe DÜRRE, FROST, HAGEL, NIEDERSCHLAG, SONNENLICHT, TEMPERATUR, ÜBERFLUTUNG und WIND. Das Wetter im Verlauf einer Wachstumsperiode ist der wichtigste Einflußfaktor für die Charakteristik eines JAHRGANGS.

WHITE RIESLING Im angelsächsischen Sprachraum gebräuchliches Synonym für den deutschen Weißen RIESLING.

WHITE ZINFANDEL Unberührt von der Tatsache, daß er weder ein Weißwein ist noch dem Zinfandel gerecht wird, war dieser Wein der große Verkaufsschlager Kaliforniens in den 1980er Jahren. Bob Trinchero von Sutter Home war zwar nicht der erste, der die ZINFANDEL-Traube als Weißwein kelterte und damit einen eher zartrosa BLUSH erzielte, doch er brachte 1972 diesen Wein auf Erfolgskurs und sah seinen Umsatz von 25 000 Kisten im Jahr 1980 auf 1,5 Millionen Kisten sechs Jahre danach in die Höhe schnellen. Auf diese Weise wurde der Ertrag der riesigen Zinfandel-Anbaufläche in Kalifornien für das damals vorwiegend auf Weißwein eingestellte amerikanische Publikum akzeptabel. Der Erfolg war so groß, daß er sogar eine neue Anpflanzungswelle für diese Rebsorte auslöste, nur damit die Nachfrage nach diesem sonst über die Schulter angesehenen Gewächs befriedigt werden konnte. Der Wein ist meist blaßrötlich, ausgesprochen lieblich, oft durch einen Hauch Kohlensäure belebt und mit mehr als nur einem Schuß anderer Traubensorten mit kräftigerem Aroma, z. B. Muskateller oder Riesling, gewürzt. Da er so groß einschlug, gab er den Anstoß zur Entstehung ähnlicher Weine wie **White Grenache**, die allesamt darauf angelegt waren, Rebsorten mit Glanz zu umgeben, die bisher in den Weinbergen eine Aschenputtelrolle gespielt hatten.

WICKLER UND SPANNER Es gibt mehrere Schmetterlingsarten, deren Larven sich im Weinberg als Schädlinge betätigen. Zu den in Europa verbreitetsten gehören der Springwurmwickler *(Sparganothis pilleriana),* der einbindige Traubenwickler *(Eupoecilia ambiguella),* der bekreuzte Traubenwickler *(Lobesia botrana)* und der Rhombenspanner *(Peripatodes rhomboidaria).* Die Raupen des Springwurmwicklers und des Rhombenspanners fressen vor allem Knospen und Blätter, während die Traubenwickler nach dem ursprünglichen Befall mehrere Generationen in den Trauben entwickeln, deren Maden die heranwachsenden Beeren anfressen und die Bildung von TRAUBENFÄULE begünstigen. Die Bekämpfung dieser Schädlinge ist schwierig, weil der oft starke Befall unregelmäßig eintritt. Es können INSEKTIZIDE eingesetzt werden, ebenso Insektenfallen und Pheromone. Die Bekämpfung mit Hilfe natürlicher Feinde wird im Rahmen des INTEGRIERTEN PFLANZENSCHUTZES empfohlen.

Die Traubenmotte *(Polychrosis viteana)* verursacht in vielen Teilen Amerikas außer in Kalifornien Schäden an heranreifenden Trauben. Orange Tortrix *(Argyrotaenia citrana)* heißt ein Wickler, der in Kalifornien Knospen, Blätter und Trauben schädigt. In Australien und Neuseeland nährt sich die Rebenmotte *(Phalaenoides glycine)* von verschiedenen Pflanzen; ihre Raupen schädigen vor allem das Laub. Die Bekämpfung erfolgt mit Insektiziden oder auf natürlichem Weg mit Hilfe eines Raubkäfers. Siehe auch BLATTWICKLER. R. E. S.

Winkler, A. J., et al., *General Viticulture* (2. Aufl., Berkeley, 1974).

WIEGEN Die Feststellung des Gewichts von Traubengut ist an allen Annahmestellen von Kellereien eine wichtige Tätigkeit, denn viele Traubenanbauer werden nach dem Gewicht der von ihnen gelieferten Früchte bezahlt. Das gilt besonders bei WINZERGENOSSENSCHAFTEN, aber auch bei Kellereiunternehmen, obwohl fortschrittlichere Betriebe vor der Preisfestsetzung auch andere Faktoren in Betracht ziehen, beispielsweise die Qualität und den Gesundheitszustand des Traubenguts. Das Wiegen geschieht üblicherweise auf großen Plattformwaagen, auf denen das Lieferfahrzeug beladen und unbeladen gewogen wird.

Die bei den Anpassungsvorgängen der ANREICHERUNG, AZIDIFIKATION und ENTSÄUERUNG und beim VERSCHNEIDEN benötigte Menge an entsprechenden Zusatzstoffen läßt sich auf der Grundlage des Gewichts besser berechnen als nach dem Volumen. Das Gewicht des Weins errechnet sich aus dem gemessenen Volumen und der DICHTE. Auf der Grundlage des Volumens errechnete Mischungen lassen die Veränderungen unberücksichtigt, die beim Verschneiden von Lösungen mit unterschiedlichem ALKOHOLGEHALT eintreten. A. D. W.

WIEN Die Hauptstadt ÖSTERREICHS ist ungewöhnlicherweise zugleich Mittelpunkt einer eigenen Weinbauregion.

WILDBACHER oder **Blauer Wildbacher.** Rotweinrebsorte, eine Spezialität der westlichen STEIERMARK in ÖSTERREICH, wo sich zu Beginn der 1990er Jahre fast die gesamte Anbaufläche von 230 ha befand. Die Traube erfreut sich bei den Winzern zunehmender Beliebtheit und wird fast ausnahmslos zu Schilcher, einer lokalen Roséweinspezialität, verarbeitet, der sie mit ihrer kräftigen Säure und ihrem markanten Duft lebendige Art verleiht.

WILD HORSE VALLEY AVA-Bereich in Kalifornien. Siehe NAPA Valley.

WILDREBEN Pflanzen der Gattung VITIS, die in ihrem natürlichen Zustand ohne Kultivierung durch den Menschen wachsen. Solche Reben klettern oft an Bäumen hinauf, kommen aber auch in Buschform vor. Besonders verbreitet sind Wildreben im Osten und Südosten Amerikas, in Asien und bis um 1800 auch in Europa und im westlichen Asien. Meist handelt es sich um einheimische Reben, manche sind aber auch wieder verwilderte Abkömmlinge von einstmals kultivierten, nichteinheimischen Gewächsen. Verwilderte Arten sind beispielsweise die Wildreben im Baskenland und Mullins zufolge auch die AMERIKANISCHEN REBENSPEZIES *Vitis riparia* und *Vitis rupestris* an Rhône und Garonne, wohin sie ursprünglich als VEREDELUNGSUNTERLAGEN importiert worden waren. Die Verbreitung von Wildreben erfolgt oft durch Vögel, die nach dem Verzehr von Beeren die Samen wieder von sich geben. Wo Wildreben verschiedener Arten nebeneinander vorkommen, entwickeln sich oft natürliche HYBRIDREBEN, so z. B. im Osten der USA (siehe AMERIKANISCHE HYBRIDREBEN). Hybriden entstehen auch durch natürlichen Befruchtungsaustausch mit Kulturreben.

Am berühmtesen sind vielleicht die Wildreben geworden, die in der Sage von Leif Ericsson beschrieben werden, der im Jahr 1001 von Grönland aus westwärts segelte und in ein unbekanntes Land kam (siehe VÍNLAND). Die frühen Forschungsreisenden und Siedler fanden in Amerika und in der Karibik üppige Wildreben in den Wäldern vor, die dem strengen Winterklima gewachsen waren und sich unempfindlich für die hier lebenden Schädlinge wie die REBLAUS und für PILZKRANKHEITEN wie den ECHTEN MEHLTAU und den FALSCHEN MEHLTAU zeigten. Sie wurden deshalb in ihrem Wachstum nicht beeinträchtigt, während die aus Europa eingeführten VITIS-VINIFERA-Reben zugrunde gingen.

Wildformen der für den Weinbau nutzbaren *V. vinifera* waren in Europa und im westlichen Asien stärker verbreitet, sind aber aus Europa weitgehend verschwunden, seit die bereits erwähnten amerikanischen Schädlinge und Krankheiten eingeschleppt wurden. Wildreben dieser Art werden häufig *Vitis vinifera silvestris* genannt, die Kulturrebe dagegen *Vitis vinifera sativa;* allerdings bestehen zwischen den beiden Formen nur geringe Unterschiede. Wenn sie unter gleichen Bedingungen gezogen werden, erscheinen sie gleichartig; zwischen den verschiedenen Rebsorten der Kulturform von *V. vinifera* bestehen tatsächlich größere Abweichungen als zwischen den verschiedenen wilden *Vinifera*-Typen. Der Hauptunterschied liegt darin, daß die Wildreben zweihäusig sind, d. h., es gibt männliche und weibliche Pflanzen. Kulturreben verfügen dagegen in den meisten Fällen über Zwitterblüten (d. h., sie besitzen funktionsfähige männliche und weibliche Organe), was zu besserem FRUCHTANSATZ führt und daher wohl auch die Grundlage für die Selektion entsprechender Wildformen durch den Menschen abgegeben haben dürfte.

Wildreben sind für den modernen Weinbau von großem Interesse, weil sie die Ursprungsformen vieler heutiger Rebsorten darstellen. Nach dem Zusammenbruch des Römischen Weltreichs wurde die Kultivierung der Weinberge aufgegeben; daraufhin verwilderten einige alte Rebsorten und kreuzten sich mit einheimischen Wildreben. So dürften die später durch den Menschen aus Wildformen selektierten heutigen Rebsorten Keimplasma sowohl von wilden *Vitis-vinifera*-Typen als auch von römischen und gallo-römischen Rebsorten enthalten. R. E. S.

Mullins, M. G., Bouquet, A., und Williams, L., *Biology of the Grapevine* (Cambridge, 1992).
Pinney, T., *A History of Wine in America. From the Beginnings to Prohibition* (Berkeley, Calif., 1989).

WILLOW CREEK Der nördlichste AVA-Bereich in Kalifornien; er umfaßt einige sehr kleine, erst gegen Ende der 1980er Jahre angepflanzte und daher noch nicht bewährte Weinberglagen im Süden des Humboldt County.

WIND Starke Luftbewegung stellt im Weinbau vor allem in Küstenbereichen und ungeschützten Lagen oft ein Problem dar. Auch Täler sind gelegentlich windig, weil sie als Zugkanäle wirken; in ihnen herrscht vielfach ein eigenes System von Winddruck und Windrichtungen. Ein eher berüchtigtes Beispiel hierfür ist der Mistral an der südlichen Rhône. Die schädlichen Auswirkungen von Wind auf die Rebe sind unter WINDSTRESS näher beschrieben. Abhilfe kann oft durch WINDBRECHER geschaffen werden.

Heiße, trockene Sommerwinde stellen in Weinbaugebieten in der Nähe von Wüsten und Steppen eine besondere Gefährdung dar. Die meisten australischen Weinbaugebiete haben hierunter öfters zu leiden. Solche Winde aus der australischen Zentralwüste können mehrere Tage anhalten. In ähnlicher Weise übt der Scirocco aus Nordafrika Wirkungen auf die Weinbaugebiete Südeuropas aus und erreicht gelegentlich sogar Frankreich.

Wind hat jedoch nicht in jedem Fall schädliche Wirkungen. Die regelmäßigen nachmittäglichen Meereswinde in Küstengebieten mit sommertrockenem Klima wie in Portugal, Kalifornien und in großen Teilen Südaustraliens haben einen günstigen mäßigenden Effekt auf das Weinbauklima, und es besteht die Annahme, daß sie auf die Qualität der Weine einen beträchtlichen Einfluß ausüben (siehe KLIMA UND WEINQUALITÄT). Unter allen Umständen ist eine gewisse Luftbewegung vonnöten, um Nässestau in den Weinbergen zu verhindern und das Abtrocknen von feuchten Blättern und Trauben nach Niederschlägen zu fördern, wodurch die Gefahr von PILZKRANKHEITEN verringert wird. Nächtliche Winde verhüten weitgehend Abstrahlungsfröste (WINDMASCHINEN simulieren diesen Effekt), und in Sonnenscheinstunden begünstigt eine leichte Bewegung der Blätter die gleichmäßige Verteilung der Belichtung auf das Laub, so daß das einfallende SONNENLICHT besser ausgenutzt wird. Ein gewisses Maß an Luftbewegung ist oft auch die unvermeidliche Begleiterscheinung von TOPOGRAPHIEN, die in anderer Hinsicht für den Weinbau besonders günstig sind.

Zusammenfassend ist zu sagen, daß Wind nicht völlig vermieden werden kann, aber auch nicht gänzlich unerwünscht ist. Die Wahl möglichst geschützter Lagen ist in windbelasteten Gegenden vorteilhaft. Darüber hinaus liegen die Antworten auf Windprobleme in der Anwendung geeigneter Maßnahmen im Weinberg, u. a. in zweckmäßigen UNTERSTÜTZUNGSSYSTEMEN und erforderlichenfalls in der Anlage von WINDBRECHERN. J. G.

WINDBRECHER Eine aus Vegetation oder Hilfseinrichtungen bestehende Sperre, die den Winddruck brechen und WINDSTRESS verhindern soll. In vielen Fällen haben sich dadurch günstige Auswirkungen erzielen lassen, vor allem bei jungen Rebenpflanzungen, aber auch im frühen Frühjahr, wenn die Reben noch nicht das nötige Wachstum erreicht haben, um sich gegenseitig Schutz zu gewähren.

Der Nutzen von Windbrechern geht weit über die Verhütung von physischen Beschädigungen der Reben hinaus. In Gegenden mit trockener Luft bleibt durch die Verringerung der Windstärke die LUFTFEUCHTIGKEIT zwischen den Reben besser erhalten, wodurch übermäßigem Schließen der SPALTÖFFNUNGEN in den Blättern entgegengewirkt wird, so daß die Voraussetzungen für die PHOTOSYNTHESE verbessert werden. Im Lee wirksamer Windbrecher sind oft durchaus beträchtliche Ertragssteigerungen festzustellen, die allfällige Einbußen infolge verringerter Weinbergflächen bei weitem wieder ausgleichen.

Die besten natürlichen Windbrecher sind rasch wachsende Bäume oder hohe Büsche, deren Wurzelwerk sich nicht zu stark seitlich ausbreitet. Pappeln, Ulmen und Eukalyptus werden gern verwendet. Hohe BEGRÜNUNG – z. B. im Winter in den Rebzeilen gesäter Roggen – kann im Frühjahr jungen Reben ausreichenden Schutz gewähren. Dies ist jedoch nur dort praktikabel, wo das Risiko von

WINDMASCHINEN: Für Frostschutz angewandte Luftfahrttechnik im Napa Valley (Kalifornien).

Frühjahrsfrösten gering ist und wo sommerliche Niederschläge oder ausreichende Bewässerung gewährleisten, daß die Begrünungspflanzen nicht zu stark mit den Reben konkurrieren. J. G. und R. E. S.

WINDMASCHINE Ein starkes Gebläse, das die in Bodennähe angesammelte schwere Kaltluft aufwirbelt und mit wärmerer Luft aus darüberliegenden Schichten vermischt, wodurch in windstillen Frühjahrsnächten FROST verhindert werden kann. Diese Maschinen, die in den Weinberg einen Hauch moderner Luftfahrttechnik bringen, werden auf Talsohlen, z. B. im NAPA Valley, eingesetzt, wo sich Abstrahlungsfröste besonders stark auswirken. Hubschrauber lassen sich für denselben Zweck einsetzen. J. G.

WINDSTRESS Hohe Belastung durch Wind kann in ungeschützten Weinbaulagen zu Einbußen bei den ERTRÄGEN und zur Beeinträchtigung der REIFE führen. Scharfe Windböen brechen in Weinbergen oft Triebe ab und reißen Blätter von den Reben. Aber auch schon schwächere Winde können Schäden verursachen, die nur dem geschulten Auge erkennbar sind. Wind kühlt nicht nur die Pflanzen ab, indem er die wärmende Wirkung der Sonnenstrahlen schwächt, sondern er hat auch noch weitere, tiefergreifende physiologische Auswirkungen. Bei manchen Pflanzen, auch bei der Weinrebe, beeinträchtigt Wind das Wachstum; Trieblänge, Laubfläche und Fruchtwachstum können leiden. Besonders schwerwiegend ist dieses Problem bei jungen Reben; in älteren Weinbergen bildet die Laubmasse einen ausreichenden Schutzwall.

Manche Reben reagieren ungünstig auf starke Bewegung, vermutlich infolge einer Reaktion der Pflanzenhormone. Eine besondere Wirkung des Winds besteht darin, daß er das Schließen der SPALTÖFFNUNGEN auslöst. Untersuchungen von Freeman u. a. von der Universität Kalifornien haben ergeben, daß bei Windstärken von 3 m/s im Salinas Valley die Spaltöffnungen teilweise geschlossen waren. Dadurch aber werden sowohl PHOTOSYNTHESE als auch TRANSPIRATION reduziert. Reben an windigen Stellen zeigen spätere Reife und höheren PH-WERT.

Simon untersuchte in der Region San Rafael in Argentinien die Wirkung von WINDBRECHERN auf Reben. In der Nähe von 10 m hohen Pappeln zeigten Malbec-Reben frühere BLÜTE sowie früheren FRUCHTANSATZ und Fruchtreifebeginn (VÉRAISON) und darüber hinaus längere Triebe mit mehr Früchten. Der Windbrecher erwies sich auch gegen gelegentliche starke Windbelastungen als wirksam, indem er mechanische Beschädigungen der Reben verringerte.

R. E. S.

Freeman, B. M., Kliewer, W. M., und Stern, P., INFLUENCE OF WINDBREAKS AND CLIMATIC REGION ON DIURNAL FLUCTUATION OF LEAF WATER POTENTIAL, STOMATAL CONDUCTANCE, AND LEAF TEMPERATURE OF GRAPEVINES, *American Journal of Enology and Viticulture* 33 (1982), 233–236.

Simon, J. C., ÉTUDE DES INFLUENCES AGRONOMIQUES DES BRISE-VENTS DANS LES PÉRIMÈTRES IRRIGUÉS DU CENTRE-OUEST DE L'ARGENTINE. I: EFFETS DES BRISE-VENTS SUR LA CROISSANCE ET LE DÉVELOPPEMENT D'UNE CULTURE TYPE: LA VIGNE, *Annales agronomie*, 28 (1977), 75–93.

WINE OF ORIGIN Qualitätsweinbezeichnung in SÜDAFRIKA.

WINERY Vor allem in der NEUEN WELT gebräuchlicher moderner Ausdruck für einen Weinbaubetrieb, insbesondere für den Traubenverarbeitungsbetrieb. Der Begriff wurde erstmals nachweislich 1882 in den USA gebraucht und steht auch für Weinkellerei.

WINE SOCIETY Britischer Weinclub und im Besitz seiner Mitglieder befindlicher Einkaufsverein. Die International Exhibition Cooperative Wine Society (IECWS), kurz Wine Society, wurde 1874 von einem Architekten, einem Augenarzt und einem prominenten Finanzbeamten nach einer Nahrungsmittel- und Wein-Ausstellung in der Londoner Albert Hall gegründet. Der erste Vorsitzende war der schottische Edelmann Macleod of Macleod. Die Statuten besagen, daß ein Mitglied jeweils nur einen Anteilschein besitzen darf und daß keine Dividende hierauf gezahlt wird, bis die Teilhaberschaft mit dem Tod des Mitglieds erlischt, und daß neben den allgemein gebräuchlichen auch unbekannte Weine eingeführt werden sollen, wobei alle diese «nur gegen bares Geld» zum günstigsten Preis einzukaufen seien. Der Weinclub blieb jahrelang klein und erreichte erst 1922 eine Mitgliederzahl von 5000; zwischen den beiden Weltkriegen aber wuchs er beträchtlich. Heute beträgt die Zahl der Anteilscheine 160 000.

Seit jeher hat der Verein unter seinen Mitgliedern zahlreiche MEDIZINER, von denen viele in dem ausschließlich aus der Mitgliedschaft gewählten Vorstand fungiert haben. An der Mitgliedschaft Interessierte werden von Mitgliedern eingeführt und vom Vorstand durch Wahl aufgenommen. Jährlich wird auf jeden Anteilschein eine Dividende in Höhe von 5 % gutgeschrieben, aber erst beim Tod des Mitglieds ausgezahlt. Mit Genehmigung des Vorstands werden jedoch Anteilscheine oft weitervererbt. Am längsten hat bisher Edmund PENNING-ROWSELL als Vorsitzender fungiert; seine Amtszeit ging von 1964 bis 1987.

Die Keller der Society befanden sich unter dem Palladium-Theater und dem Bahnhof London Bridge (wo später die Londoner Auktionshäuser ihren Wein einlagerten), bis die Organisation 1965 von London nach Stevenage in eigens für ihre Zwecke gebaute und regelmäßig erweiterte Gebäude umzog. Zu Beginn der 1990er Jahre stellte die Wine Society mit einem Umsatz von über 22 Millionen £ das größte unabhängige Weinfachhandelsunternehmen in Großbritannien dar. Der Grundsatz der Barzahlung bei Bestellung wird nach wie vor eingehalten. Die Society

Die *cuverie* von Château Pichon-Longueville (Baron) in Pauillac könnte das Vorbild für eine WINERY in der Neuen Welt abgeben.

zeichnet sich durch eine weitsichtige, ausgewogene Geschäftsführung, eine leistungsfähige Verwaltung und die Qualität der den Mitgliedern angebotenen Weinbestände aus.

WINKLER, ALBERT JULIUS (1894–1989) Der Name des Wissenschaftlers an der Universität von Kalifornien in DAVIS ist (neben dem von Maynard AMERINE) eng mit einem System der KLIMAKLASSIFIKATION mit Wärmesummierung verknüpft, demzufolge Kalifornien in fünf Weinbauregionen eingeteilt wurde, von denen die Region I die kühlste und die Region V die wärmste ist. Winkler war Herausgeber des 1962 erschienenen und 1974 revidierten Buchs *General Viticulture*, das lange Zeit als das umfassendste englischsprachige Werk über den Weinbau galt.

WINTERFROST Eine klimatische Streßsituation, die für die Rebe ganz oder teilweise tödlich wirken kann. In großen Höhen und in hohen geographischen Breiten ist die Gefahr von sehr kaltem Winterwetter groß, insbesondere in KONTINENTALEM Klima, weit entfernt vom mäßigenden Einfluß der Ozeane (aber auch in maritimem Klima können Tausende von Reben erfrieren, wenn sich wie 1956 in ST-ÉMILION und POMEROL extreme Wintertemperaturen einstellen). Im kontinentalen Klima sind tiefe Temperaturen, aber auch größere Temperaturschwankungen typisch. Winterharte Rebsorten wie die amerikanische CONCORD können im Mittelwesten der USA an Stellen angebaut werden, wo die Tiefsttemperaturen im Durchschnitt alle drei Jahre –29 °C erreichen. Die kälteempfindlicheren VINIFERA-Sorten verlangen relativ viel wärmere Lagen, in denen Tiefsttemperaturen von –20 °C nicht öfter vorkommen als einmal in zehn Jahren. Reben mit Erfrierungen werden oft von MAUKE befallen.

Der wesentliche erste Schritt zur Verhütung von Schäden durch Winterfrost ist umsichtige LAGENWAHL. Lagen, aus denen Kaltluft abfließt, z. B. an freistehenden Hügeln, sind oft bis zu 5 °C wärmer als solche, in denen Kaltluft zuströmt, wie etwa auf Talsohlen. Lagen in wenigen Kilometern Entfernung von großen Gewässern (z. B. im MÉDOC) sind durch den von diesen ausgehenden mäßigenden Einfluß auf die Temperaturen ebenfalls begünstigt. Auch die Wahl von Rebsorten mit ausreichender Winterhärte ist eine wichtige Maßnahme. CHARDONNAY und RIESLING beispielsweise sind viel frosthärter als PINOT NOIR, CHASSELAS und CABERNET SAUVIGNON. Dagegen sind *Vinifera*-Sorten selten so frosthart wie interspezifische Hybriden, etwa SEYVAL, und diese wiederum sind nicht so frosthart wie z. B. die Amerikaner Reben DELAWARE und Concord. Die Wahl von VEREDELUNGSUNTERLAGEN, die Streßsituationen gegenüber unempfindlich sind, ist für das Überleben der Reben ebenfalls von großer Bedeutung.

Die Vorräte der Reben an KOHLEHYDRATEN wirken als biologisches Frostschutzmittel. Das Ziel der Rebenpflege muß daher im Hinblick auf die Vermeidung von Winterstreß der Aufbau maximaler Kohlehydratreserven gegen Ende der Wachstumsperiode sein. Hierzu trägt die Wahl eines geeigneten REBENERZIEHUNGSSYSTEMS, ein angemessen strenger REBSCHNITT und entsprechende BEHANGAUSDÜNNUNG bei, die darauf abzielt, den ERTRAG in Grenzen zu halten, da überhöhte Erträge eine Reduzierung der Kohlehydratvorräte bewirken können. Sparsame BEWÄSSERUNG und der Einsatz von BEGRÜNUNG oder Unkrautwuchs zur Erzielung von mildem WASSERSTRESS sind erwünscht, um das Triebwachstum am Ende der Wachstumsperiode zu bremsen und die TRIEBREIFE zu beschleunigen. Starkes Triebwachstum im letzten Teil der Wachstumsperiode vergrößert die Gefahr von Erfrierungen durch Winterfrost in dramatischer Weise.

Eine weitere Methode zur Verhütung von Erfrierungen besteht darin, die Reben im Herbst mit Erde zu bedecken (siehe WINTERSCHUTZ). R. E. S.

Howell, S. A., CULTURAL MANIPULATION OF VINE COLD HARDINESS, in R. E. Smart et al. (Hrsg.), *Proceedings of the Second International Symposium for Cool Climate Viticulture and Oenology* (Auckland, 1988).

WINTERRUHE Die normale winterliche Vegetationsruhe der Rebe beginnt mit dem Laubabwurf im Herbst, wobei sich die Knospen schon ab dem Beginn der Fruchtreife (VÉRAISON) im organischen Ruhezustand befinden. Die Vegetationspause dauert bis zum AUSTRIEB im Frühjahr. Während der Winterruhe erfolgt der Rebschnitt, und die dabei von der Rebe abgenommenen Augen und Reiser können zur VERMEHRUNG benützt werden. Untersuchungen der Reben im Winter zeigen, daß sie sich buchstäblich im Zustand des Winterschlafs befinden und nur minimale Stoffwechselaktivität aufweisen. R. E. S.

WINTERSCHUTZ Eine mühevolle Pflegearbeit im Weinberg ist mit dem Versuch verbunden, die Reben in kaltem kontinentalem Klima gegen Erfrieren im Winter zu schützen. Hierzu werden die Reben im Herbst mit Erde bedeckt, um den Umstand auszunützen, daß die Wintertemperaturen unter der Bodenoberfläche nicht tiefer als bis auf einige Grad unter dem Gefrierpunkt absinken, während die Lufttemperatur mehr als 20° tiefer liegen kann. Allerdings ist das Bedecken der Reben mit Erde ein arbeitsaufwendiges und kostspieliges Verfahren. Es wurde früher in Mitteleuropa und Amerika viel praktiziert, ist aber heute der Kosten wegen nicht mehr üblich. Nur noch in den Weinbergen RUSSLANDS, in Teilen der UKRAINE und in Zentralasien wird es noch als angemessener Preis für die Möglichkeit, Wein zu bauen, in Kauf genommen. Allerdings ist die Methode inzwischen so abgewandelt worden, daß nur noch die für das Wachstum des folgenden Jahres erforderlichen Triebe mit Erde bedeckt werden. Bei der Rebenerziehung wird von vornherein darauf geachtet, daß sich mehrere Stämme entwickeln, damit für erfrorene Teile der Rebe Ersatz vorhanden ist. Siehe REBENERZIEHUNGSSYSTEME. R. E. S.

WINZER (franz. *vigneron* oder VITICULTEUR; ital. *vignaiolo)* Die Berufsbezeichnung erstreckt sich auf die Erzeuger von Traubengut ebenso wie auf die Inhaber kleinerer und größerer Weinbaubetriebe oder Weingüter, die nicht nur Trauben anbauen und an WINZERGENOSSENSCHAFTEN oder Großkellereien liefern, sondern auch selbst Wein produzieren und ihn – sofern ihm ausschließlich eigenes Lesegut zugrunde liegt – als Erzeugerabfüllung vermarkten.

WINZERGENOSSENSCHAFT Die im Gemeinschaftsbesitz ihrer jeweiligen Mitglieder befindlichen Betriebe sind in aller Welt außerordentlich bedeutende Weinerzeuger und bieten ihren Mitgliedern den Vorteil, daß die Weinbereitungs- und Vermarktungskosten nicht auf einen einzelnen entfallen, sondern gemeinschaftlich getragen werden. Als Kollektiven werden ihnen meist verschiedene finanzielle Vergünstigungen gegenüber privaten Erzeugern zuteil, u. a. auch Zuschüsse der EUROPÄISCHEN UNION. In den meisten Ländern haben sie überdies den kommerziellen Vorteil, daß ihnen das Recht zusteht, ihre Weine als Erzeugerabfüllungen zu bezeichnen, die sonst mit kleineren, individueller geleiteten Weingütern in Verbindung gebracht werden. Die besseren Winzergenossenschaften legen immer mehr Geschicklichkeit nicht nur in der Weinbereitung, sondern auch in der Vermarktung von Weinen an den Tag, die in Aussehen und Geschmack ebenso eigenständig sind wie Konkurrenzprodukte individueller Erzeuger. Nicht so qualitätsbewußte Genossenschaften dagegen nutzen lediglich ihre Chancen auf Zuschüsse und politischen Einfluß. Die Winzergenossenschaften sind am stärksten in Gegenden vertreten, wo die Verkaufspreise für Wein relativ niedrig und die einzelnen Weinbergbesitzungen im Durchschnitt klein sind. Allerdings gibt es beispielsweise auch bedeutende Winzergenossenschaften in der CHAMPAGNE und mehrere im MÉDOC. Die Mehrzahl der Winzergenossenschaften entstand in den 1930er Jahren unter den Nachwirkungen der Weltwirtschaftskrise.

Frankreich

Seit 1975 entfällt in Frankreich über die Hälfte der Weinproduktion auf Winzergenossenschaften, und auch die im Besitz der Genossenschaftsmitglieder befindliche Rebfläche beläuft sich auf über die Hälfte der Gesamtrebfläche des Landes. Die Zahl der Mitglieder *(adhérents)* der französischen Winzergenossenschaften *(caves coopératives,* meist kurz *caves)* umfaßte 1993 fast 47 % aller französischen Weinerzeuger, doch im Durchschnitt geht die Mitgliederzahl der einzelnen Genossenschaften zurück (von 240 in den 1960er Jahren auf 160 in den 1990er Jahren), da kleine

Besitzungen zusammengelegt werden und sich viele Winzer durch Zuschüsse und Prämien der EU dazu veranlaßt sehen, ungeeignete Weinberge zu roden. Auch die Zahl der französischen Genossenschaften ist im Rückgang; sie betrug jedoch zu Beginn der 1990er Jahre noch immer über 1000. Eine besonders starke Kraft repräsentieren sie im LANGUEDOC-ROUSSILLON, im RHÔNE-Tal, in der PROVENCE und auf KORSIKA, wo *la cave* das wirtschaftliche Leben einer Gegend völlig beherrschen kann. Zwar werden auch die Genossenschaften zusammengelegt und neu organisiert, dennoch ist es im Languedoc-Roussillon nicht ungewöhnlich, daß sich ein Ort zwei *caves coopératives* leistet, die sich meist in der politischen Orientierung unterscheiden.

Die Genossenschaften bringen beeindruckende Mengen an AC-Wein hervor, fast die Hälfte der Gesamtproduktion Frankreichs unter APPELLATIONS CONTRÔLÉES. Eine besonders gute Reputation haben sich auch außerhalb ihrer Heimatregion beispielsweise La Chablisienne von CHABLIS, die Coopérative in Tain l'HERMITAGE und eine ganze Reihe Elsässer Winzergenossenschaften, vor allem die in Turckheim, mit ihren ausgesprochen soliden AC-Weinen geschaffen. Die Spezialität der Genossenschaften ist allerdings der VIN DE PAYS. Ihr Ausstoß an diesen populären Weinen stellt drei Viertel des Gesamtvolumens dar, beträchtlich mehr als der (im Rückgang befindliche) Ausstoß der Genossenschaften an dem Wein der einfachsten Qualitätsstufe, VIN DE TABLE. Viele Coopératives im Languedoc-Roussillon haben sich mit ihren Vins de Pays auch im Ausland einen Namen gemacht, so z. B. die Genossenschaftsorganisation Plaimont in der GASCOGNE und die Winzergenossenschaft Haut-POITOU im westlichen Mittelfrankreich.

Zu Beginn der 1990er Jahre waren die französischen Winzergenossenschaften zwar auf den Exportmärkten nicht so stark vertreten wie die Privatweingüter *(caves particulières)* und die Handelshäuser (NÉGOCIANTS), sie bemühten sich aber um Partnerschaften mit bestimmten Négociants, um auf spezifischen Märkten den Absatz von Genossenschaftsweinen zu fördern. Die Genossenschaftskellereien sind darüber hinaus beliebte Betätigungsgebiete der FLYING WINE-MAKERS.

Deutschland

Die Bedeutung der deutschen Winzergenossenschaften – auch Winzervereine, Winzervereinigungen und in Württemberg Weingärtnergenossenschaften – wächst stetig schon seit 1869, als die erste Winzergenossenschaft an der AHR gegründet wurde, wo noch heute der größte Teil der Weinerzeugung genossenschaftlich verarbeitet wird. Wie unter DEUTSCHE WEINBAUGESCHICHTE ausgeführt, gaben die Genossenschaften den kleinen Winzern die Möglichkeit, auf dem zunehmend qualitätsbewußten Markt am Ende des 19. und Anfang des 20. Jh. zu konkurrieren.

Drei Viertel aller deutschen Winzer gehören heute Genossenschaften an. Oft aber bildet ihr Weinbergbesitz lediglich eine kleine Nebenbeschäftigung, und so stellt die Rebfläche der Genossenschaftsmitglieder insgesamt weniger als 40 % der deutschen Gesamtrebfläche dar. In vielen der 13 deutschen Anbaugebiete gibt es eine ZENTRALKELLEREI, die von den örtlichen Genossenschaften mit Trauben, Wein oder Most beliefert wird. 1993 existierten in Deutschland 300 Winzergenossenschaften, von denen 171 in eigener Regie Wein produzierten.

Die Genossenschaftsbewegung ist besonders stark und erfolgreich in BADEN, dem südlichsten deutschen Anbaugebiet; dort werden rund 85 % der Gesamterzeugung unter der Ägide des gigantischen Badischen Winzerkellers in Breisach vermarktet, der – über 119 örtliche Genossenschaften – 45 % des badischen Weins produziert. Das gewaltige Unternehmen hat heute eine Lagerkapazität von 160 Millionen Liter und ist damit größer als irgendeine Kellerei in Frankreich. Die badischen Winzergenossenschaften haben es besonders gut fertiggebracht, das allen Genossenschaften anhaftende Image von Masse statt Klasse durch die Schaffung hochwertiger, markanter Weine in kleinen Auflagen abzustreifen. Auch im Anbaugebiet WÜRTTEMBERG haben die 90 Weingärtnergenossenschaften mit ihrer Zentralkellerei in Möglingen einen außerordentlich hohen Rang; dasselbe trifft für die PFALZ zu. Im Anbaugebiet MOSEL-SAAR-RUWER verarbeitet die Zentralkellerei Moselland in Bernkastel rund 40 % der Gesamterzeugung. Im RHEINGAU dagegen, ebenfalls einem klassischen Anbaugebiet, ist die Rolle der Winzergenossenschaften bescheiden.

Italien

In Italien kommt der *cantina sociale* (Kellereigenossenschaft) durchaus keine geringere Bedeutung zu, vor allem im Süden, wo die Richtlinien der EU besonders gewinnbringend interpretiert werden können und die Winzergenossenschaften dominieren. Eine der angesehensten italienischen Genossenschaftskellereien befindet sich jedoch im Nordwesten: die im 19. Jh. gegründeten Produttori del BARBARESCO mit ihrem Pendant Terre del BAROLO. In Südtirol spielt die *cantina sociale* eine besonders große Rolle – dort ist Cavit der Name, der am häufigsten im Export erscheint. Das besondere Merkmal der Genossenschaftskellerei in den Colli Berici im VENETO, die eigentlich aus zwei Genossenschaften besteht, ist dagegen vor allem ihre Größe. Die Gesamtproduktion beläuft sich Anderson zufolge auf 750 000 hl von 4000 ha – das ist fast das Vierfache dessen, was eine der größten Genossenschaftskellereien im Languedoc hervorbringt.

Die außerhalb Italiens bekannteste Genossenschaftskellerei ist Riunite aus der EMILIA-ROMAGNA. Sie erlangte ihren Ruhm in den 1980er Jahren damit, daß sie die USA und andere Absatzmärkte mit LAMBRUSCSO überschwemmte. In den ABRUZZEN ist die Genossenschaftskellerei Tollo der Star. Die Winzergenossenschaften der TOSKANA bemühen sich sehr um Qualität – die größte, jene in Pitigliano in der

Maremma, verarbeitet das Lesegut von 1500 ha. Weiter südlich lautet das Motto der Genossenschaften, die dort blühen und gedeihen, wo immer Wein wächst, eher Quantität vor Qualität. Die Genossenschaftskellerei Copertino in APULIEN erbringt mit ihrem gleichnamigen Rotwein eine gute Leistung. Die Inseln SARDINIEN und SIZILIEN werden von Genossenschaften beherrscht; Settesoli in Sizilien und einige ambitionierte sardische Genossenschaftskellereien exportieren mit großem Eifer.

Spanien und Portugal

Wie in Italien haben auch auf der Iberischen Halbinsel, wo die Weintraube oft neben anderen Feldfrüchten wächst, die Genossenschaften eine bedeutende Stellung inne. Metcalfe und McWhirter zufolge gehen über 60 % des Jahresertrags an die 1000 spanischen bzw. 300 portugiesischen Genossenschaftskellereien (siehe auch PORTUGAL). Die Bewegung kam bereits in den ersten Jahren des 20. Jh. in Gang, nahm aber in den 1950er Jahren, als der Weinabsatz relativ schwach war, noch wesentlich an Umfang zu. Eine der ersten Genossenschaften entstand in Olite in NAVARRA, wo die Genossenschaftsbewegung besonders stark ist und bis zu 90 % des Jahresertrags aufnimmt. Hier wie anderswo wird Verbindung mit privaten Erzeugern gehalten, um die Qualität und das technische Können zu verbessern. Erst in den 1980er Jahren begannen viele Genossenschaften auf der Iberischen Halbinsel die Abfüllung von Wein selbst in die Hand zu nehmen, daher wurde noch ein großer Teil ihrer Erzeugung entweder als Faßwein oder zu Destillationszwekken abgesetzt.

Die Winzergenossenschaften spielen in den meisten Weinbaugebieten Spaniens eine große Rolle (im berühmten RIOJA verarbeiten sie allerdings nur 40 % der Traubenerzeugung). In der ungeheuren Weite von La MANCHA gibt es etwa 100 Genossenschaftskellereien unterschiedlicher Qualität, während in YECLA und JUMILLA exportfreudige Genossenschaften bestehen, die überdurchschnittlich gute technische Ausrüstungen und hohes Fachkönnen besitzen. In den auf alkoholangereicherten Wein eingerichteten Regionen – in JEREZ, in großen Teilen des übrigen ANDALUSIEN und am DOURO – haben die Winzergenossenschaften geringere Bedeutung als die altetablierten Verbindungen zwischen Traubenanbauern und Weiterverarbeitern. Im 20. Jh. wurde allerdings die Produktion von Tischwein in Portugal durch die Bildung von Genossenschaftskellereien durch den Staat revolutioniert.

Übrige Welt

Praktisch überall, wo Wein entsteht, haben sich auch Winzergenossenschaften gebildet. In den USA ist die Genossenschaftsbewegung nicht besonders stark, und in Osteuropa hat sie eigene Varianten hervorgebracht. Eine besonders große Rolle haben die Genossenschaften dagegen in der Entwicklung des Weinbaus von SÜDAFRIKA gespielt (siehe auch KWV). Im RIVERLAND in AUSTRALIEN gehen die genossenschaftlichen Ursprünge von Berri Renmano – heute mit dem großen, in Familienbesitz befindlichen Unternehmen Hardy's verschmolzen und selbst zu einem der größten Weinunternehmen des Landes geworden – auf die 1920er Jahre zurück.

Anderson, B., *Atlas der italienischen Weine* (Bern, 1990).
Metcalfe, C., und McWhirter, K., *The Wines of Spain & Portugal* (London und New York, 1988).

WISSENSCHAFT Lange Zeit galt die WEINBEREITUNG als eine Kunst, doch inzwischen schrumpft der Anteil jener Weine, die von Kellermeistern ohne die geringste Ahnung von ÖNOLOGIE hervorgebracht werden, doch sehr schnell. Heute werden die Weinberge der Welt von Leuten gehegt und gepflegt, die doch wenigstens die Grundlagen der Wissenschaft vom Rebbau gelernt haben. In den 1980er Jahren war es schon schwierig, über Wein mit denen zu sprechen, die ihn anbauen und bereiten, ohne mit einer breiten Palette wissenschaftlicher Begriffe und Konzeptionen einigermaßen vertraut zu sein, unter anderem mit einer ganzen Menge von Meßwerten wie PH-WERT, GESAMTSÄURE, RESTSÜSSE und Gallussäurewerten für die Bemessung von TANNINEN. Die Weinqualität hat sich insgesamt dramatisch verbessert, seitdem wissenschaftliche Forschung, Bildung und Ausbildung in allem, was mit dem Wein zusammenhängt, Platz gegriffen hat, und legt beredtes Zeugnis ab für die wohltätige Wirkung der zunehmend wissenschaftlichen Grundeinstellung aller, die mit dem Wein zu tun haben. Wie auf allen Gebieten sind aber auch hier die besten Wissenschaftler diejenigen, die zu erklären anstatt zu dominieren versuchen, und in der ALTEN WELT, deren Weine schon seit Jahrhunderten Bewunderung finden, erzielen die besten Ergebnisse oft diejenigen, die wissenschaftliche Erkenntnis mit dem Respekt vor der TRADITION vereinen.

WOIWODINA In der Republik im äußerten Nordosten des ehemaligen JUGOSLAWIEN verschönern Weinberge die liebliche Hügellandschaft der Fruška Gora nördlich von Belgrad und südlich der ungarischen Grenze. Sie schließen sich an die Weinberge KROATIENS im Westen an, erstrecken sich südwärts bis Novi Sad bei Belgrad und bilden eine Verlängerung der landeinwärts gelegenen kroatischen Region mit so ziemlich denselben Weißweinrebsorten. Aber auch gute Rotweine werden hier von CABERNET SAUVIGNON und MERLOT produziert. Die SMEDEREVKA-Traube, benannt nach der Stadt Smederevo südlich von Belgrad, liefert große Mengen an sehr schlichtem Weißwein, der meist mit Mineralwasser als WEINSCHORLE getrunken wird, und eine Kreuzung Smederevka × TRAMINER namens Neoplanta erbringt Wein mit stark parfümiertem Aroma und öliger Konsistenz, ähnlich einem konzentrierten Pinot Gris. Manche Weine aus dieser Gegend sind potentiell die ausgewogensten Weißweine aus dem ehemaligen Jugoslawien.

Dicht an der ungarischen Grenze liegt ein Weinbaugebiet, das seine Wurzeln viel eher UNGARN als dem alten Jugoslawien verdankt. Die sandigen Ebenen erstrecken sich über die Grenze hinweg; viele Einwohner hier sprechen Ungarisch fließender als Serbisch, und auch in den Trauben spiegelt sich die ungarische Weinbautradition. Laski Rizling (WELSCHRIESLING) herrscht noch immer vor, doch unter den Rotweintrauben finden sich KADARKA und Frankovka (BLAUFRÄNKISCH) und unter den Weißweintrauben EZERJÓ und Kevedinka (in Ungarn DINKA). Auch MUSCAT OTTONEL ist hier wie in Ungarn weit öfter anzutreffen als im übrigen ehemaligen Jugoslawien.

Die sandige Ebene verläuft aber auch nach RUMÄNIEN hinein, und hier am Nordufer der Donau liegt ein weiterer, allerdings nicht besonders interessanter Teil der Weinbaugebiete der Woiwodina. In diesem Gebiet wachsen Smederevka und Laski Rizling, aber auch der in Rumänien verbreitete BANAT RIZLING, dem eine bessere, solidere Art nachgesagt wird als dem Laski Rizling.

Alles in allem hat diese Region 14 000 ha Rebfläche vorzuweisen. A. H. M.

WORCESTER Heiße Weinbauregion im Landesinneren von SÜDAFRIKA.

WÜCHSIGKEIT Im Weinbau geht es dabei um die Wuchskraft der Rebe, einen wichtigen Aspekt. Sehr wuchskräftige oder **wüchsige** Reben zeigen einen Mangel an AUSGEWOGENHEIT zwischen Triebwachstum und Fruchtwachstum. Wuchskräftige Reben weisen im Frühjahr rasches Triebwachstum auf, das bis gegen Ende der Wachstumsperiode anhält, sogar über den Beginn der Fruchtreife, die VÉRAISON, hinaus. Die Triebe wüchsiger Reben sind gekennzeichnet durch lange INTERNODIEN, starken Umfang, große Blätter und viele SEITENTRIEBE. Starke Wuchskraft steht oft, aber nicht unbedingt in jedem Fall mit hohen ERTRÄGEN im Zusammenhang. Vielmehr kann der starke vegetative Wuchs so viel SCHATTEN produzieren, daß die Fruchtbarkeit sinkt.

Bei wüchsigen Reben ist das LAUB/FRUCHT-VERHÄLTNIS hoch; Werte von über 50 cm^2/g sind nicht ungewöhnlich. Andere, von Smart und Robinson aufgeführte Meßwerte für die Wüchsigkeit sind das Gewicht des Rebschnittholzes, das Durchschnittsgewicht der Triebe beim Winterschnitt und das Verhältnis des Traubengewichts zum Schnittholzgewicht. Typische Werte hierfür sind bei starkwüchsigen Rebenanlagen über 0,6 kg Schnittholz pro Meter Rebzeile, über 60 g Triebgewicht und ein Verhältnis zwischen Ertrag und Schnittgewicht von unter 3. Für schwachwüchsige Rebenanlagen gelten die entsprechenden Meßwerte mit unter 0,3 kg/m, unter 10 g und über 12. Ausgewogene Reben verzeichnen Meßwerte von rund 0,5 kg/m, 30 g bzw. 7.

Die Wüchsigkeit einer Rebenanlage beruht im wesentlichen auf zwei Faktoren: der Größe und gesunden Beschaffenheit des Wurzelwerks und dem Ausmaß des Rebschnitts. Grundsätzlich ist das, was oberirdisch wächst, das Spiegelbild dessen, was unterirdisch wächst. Ein großes und gesundes Wurzelwerk verfügt über die KOHLEHYDRAT-Reserven und das HORMON-Gleichgewicht, die für kräftiges Triebwachstum erforderlich sind. Andererseits hat eine Rebe mit kleinem oder ungesundem Wurzelwerk – sei es infolge flachgründigen Bodens, Trockenheit, Wurzelschädlingen, z. B. der REBLAUS, oder Krankheiten, z. B. der WURZELFÄULE – lediglich die Kraft, schwachen Wuchs hervorzubringen.

Die Rebe soll – so lautet die Konzeption des AUSGEWOGENEN REBSCHNITTS – auf so viele Augen zurückgeschnitten werden, wie es der Zahl der Triebe entspricht, die sie wirklich zur Entwicklung bringen kann. Ein vielverwendetes Kriterium ist das Anschneiden von rund 30 Augen pro kg Schnittholzgewicht. Wird diese Faustregel beachtet, dann wird das spätere Triebwachstum im richtigen Verhältnis zu den Kohlehydratreserven der Rebe stehen und Ausgewogenheit zwischen Trieb- und Fruchtwachstum sowie mäßige Wüchsigkeit gewährleisten.

Hohe Wuchskraft ist in modernen Weinbergen aus vielen und unterschiedlichen Gründen ein Problem. Sie kann sich ergeben, wenn die Reben in einer Gegend mit mildem Klima auf zu tiefgründigem Boden stehen, der (durch Niederschlag oder Bewässerung) gut mit Wasser versorgt und (durch natürliche Fruchtbarkeit, Düngung oder Kompostgaben) reich an Nährstoffen ist, oder es liegt daran, daß moderne Pflanzenschutzmethoden die Reben frei von Streß durch Unkräuter, Schädlinge und Krankheiten halten.

R. E. S.

Smart, R. E., und Robinson, M., *Sunlight into Wine: A Handbook for Winegrape Canopy Management* (Adelaide, 1991).
Winkler, A. J., et al., *General Viticulture* (2. Aufl., Berkeley, Calif., 1974).

WUCHSREGULATOREN Synthetische Mittel, deren Wirkung auf Pflanzen ähnlich wie die von HORMONEN darin besteht, Wuchs und Entwicklung zu beeinflussen. So wird beispielsweise ein künstliches AUXIN, 4-CPA, zur Verbesserung beim FRUCHTANSATZ eingesetzt, ebenso der Wuchshemmer CCC (2-Chloräthyltrimethylammoniumchlorid). Synthetische GIBBERELLINE dienen besonders bei der kernlosen SULTANA zur Vergrößerung der Beeren. Eine Verbindung namens Ethephon, das die Freisetzung von Äthylen bewirkt, läßt sich in sehr kühlem Klima dazu verwenden, die Traubenreife zu beschleunigen und die Farbbildung zu verbessern. Neu ist die Anwendung von Hydrogencyanamid im Weinbau, um frühen und vollständigen AUSTRIEB zu fördern – ein im TROPENWEINBAU nützliches Mittel. Alle diese Regulatoren werden in der Hauptsache im TAFELTRAUBEN-Anbau benutzt, und ihre Anwendung unterliegt bei Tafel- und Weintrauben den für AGROCHEMIKALIEN geltenden Bestimmungen. R. E. S.

Rebenanlagen mit starker (oben) und mit schwacher WÜCHSIGKEIT im gleichen Stadium der Wachstumsperiode.

WÜHLMÄUSE können im Weinberg Schäden verursachen. Siehe TIERE und REBENSCHÄDLINGE.

WÜRTTEMBERG Weinanbaugebiet in DEUTSCHLAND mit 9700 ha Rebfläche vorwiegend am Neckar und seinen Nebenflüssen. In der Hauptsache erstreckt sich der Weinbau zwischen Stuttgart und Heilbronn; die weiter im Norden gelegenen Anbauflächen schließen an BADEN an. Steile und im Unterhalt kostspielige Weinbergterrassen liegen über dem Neckar und haben nicht nur wertvollen Einfluß auf die Qualität des Weins, sondern verleihen auch dem Landschaftsbild ein besonderes Gepräge, was dem TOURISMUS zugute kommt. An Hängen mit mehr als 30 % Steigung ist BEWÄSSERUNG erlaubt; sie unterstützt die PHOTOSYNTHESE, und der POTENTIELLE ALKOHOLGEHALT des Traubenmosts wird um bis zu 1 % gesteigert. Das Klima der Region zeigt von Süden nach Norden merkliche Unterschiede und ist im BEREICH **Kocher-Jagst-Tauber** am stärksten KONTINENTAL.

Ein Viertel der Rebfläche ist mit RIESLING besetzt; die bei Flein südlich von Heilbronn produzierten Riesling-Weine genießen in ihrer Heimat hohes Ansehen. Auf KERNER und MÜLLER-THURGAU entfallen jeweils rund 9 % der Rebfläche. Bei den Rotweinrebsorten kommt TROLLINGER die größte Bedeutung zu, gefolgt von der Müllerrebe (MEUNIER), die hier Schwarzriesling heißt.

Der Rotwein aus Württemberg fällt meist ganz aus dem Rahmen. Im allerdings ausgesprochen reichlichen Jahrgang 1989 brachte die Trollinger-Anbaufläche von 1526 ha im Bereich **Württembergisch Unterland** einen Durchschnittsertrag von 222 hl hervor, und die entsprechende Ziffer bei Spätburgunder (PINOT NOIR) lautete 149 hl/ha – fast das Dreifache des in BURGUND zulässigen Höchstertrags. Bei solchen Erträgen läßt sich Rotwein nicht an normalen internationalen Maßstäben messen. Er ist meist sehr hell, hat wenig Rückgrat und zeigt nicht viel spürbares TANNIN – so aber mögen die Einheimischen ihn. Der Pro-Kopf-Verbrauch ist hier der höchste in Deutschland, und obwohl zwei Drittel des in der Region verbrauchten Weins von außen kommen, hat es bisher beim württembergischen Rotwein noch keinen Überschuß gegeben.

Von den 20 000 registrierten Weingärtnern verfügen weniger als 3000 über mehr als 1 ha Weinbergfläche, daher sind WINZERGENOSSENSCHAFTEN unentbehrlich. Sie verarbeiten über 80 % des Leseguts; 64 fungieren als Kelterstationen für die Zentralkellerei in Möglingen, 34 örtliche Weingärtnergenossenschaften füllen ihre Weine selbst ab. Daneben gibt es einige wenige, aber hochgeachtete Staats- und Privatweingüter, von denen 13 dem angesehenen Verband Deutscher Prädikatsweingüter (VDP) angehören. Ihre besseren Weine haben seriöse Art und stehen in der Qualität guten badischen Weinen in nichts nach. I. J.

WURZEL Sie ist wie Laub, Stamm, Früchte bzw. Samen eines der Hauptorgane höherer Pflanzen. Obwohl natürlicherweise enge Wechselbeziehungen zwischen allen Organen der Pflanze bestehen, ist das Wurzelwerk bisher noch am wenigsten erforscht. Seine Hauptfunktionen sind, die Pflanze im Boden zu verankern, als Vorratslager für KOHLEHYDRATE zu fungieren, WASSER und Mineralstoffe aus dem Boden aufzunehmen und bestimmte Substanzen, z. B. reduzierte Stickstoffverbindungen und CYTOKININE, zu synthetisieren.

Im kommerziellen Weinbau entwickelt sich das Wurzelwerk der Reben üblicherweise aus den von STECKLINGEN getriebenen Wurzeln, die stärker verzweigt sind als die Pfahlwurzeln von SÄMLINGEN. Die Lage und Stellung der Hauptwurzelstämme, der «Langwurzeln», die sich seitwärts und in die Tiefe ausbreiten, bildet sich in den ersten drei Jahren heraus. Von ihnen senken sich Wurzeläste bis in eine Tiefe, die von der WÜCHSIGKEIT und dem Gesundheitszustand der Rebe sowie der Beschaffenheit des Bodens (siehe BODENFEUCHTIGKEIT) abhängt. Der größte Teil des Wurzelwerks befindet sich in der oberen Bodenschicht bis etwa 1 m Tiefe (es kann auch flacher ausgebildet sein, wenn ungünstige Bodenschichten tieferes Eindringen verhindern), es kommt aber durchaus vor, daß Wurzeln eine Tiefe von 6 m und mehr erreichen; besonders häufig ist dies unter trockenen Wachstumsbedingungen der Fall, z. B. im DOURO-Tal. Ein großer Teil des Wurzelwerks besteht aus Faserwurzeln, die bei ihrer Ausbreitung im Boden Mineralstoffe und Wasser aufnehmen. Die Dichte des Wurzelwerks, die sich in der Verästelung ausdrückt, ist in krümeligem Boden mit gut zugänglichem Vorrat an Mineralstoffen, Wasser und Sauerstoff am stärksten.

Bei der Rebe ist das Wurzelwerk jedoch nicht so dicht wie bei anderen Nutzpflanzen. Verschiedene Rebenspezies zeigen unterschiedliche Ausbildung und Verhaltensweise des Wurzelwerks, was bei der Züchtung von VEREDELUNGSUNTERLAGEN gezielt ausgenutzt wird. B. G. C.

Van Zyl, J. L., THE GRAPEVINE ROOT AND ITS ENVIRONMENT, Republic of South Africa, Department of Agriculture and Water Supply, Technical Committee 215 (Stellenbosch, 1988).

WURZELFÄULE Weltweit verbreitete PILZKRANKHEIT, verursacht durch Hallimasch in den verholzten Pflanzenteilen im Boden; der Pilz befällt Pflanzen aller Art, u. a. die Weinrebe, und wird auch als Heckenschwamm bezeichnet. Er tritt besonders häufig in Weinbergen auf, die früher einen Baumbestand trugen. Die Infektion erfaßt die Reben meist gruppenweise, die Pflanzen gehen langsam ein oder sterben pötzlich ab. Der verursachende Pilz, *Armillaria mellea*, breitet sich in Form einer weißlichen Decke mit deutlich pilzartigem Geruch unter der Rinde an den unteren Stammteilen und Wurzeln aus. Als Bekämpfungsmaßnahme ist Bodenentseuchung durch Räuchern möglich; resistente VEREDELUNGSUNTERLAGEN gibt es nicht. R. E. S.

WURZELGALLENÄLCHEN siehe NEMATODEN.

Wurzelschädigung durch Nematoden siehe NEMATODEN.

Wurzelschimmel, Wurzelhalsfäule, Kragenfäule. Eine PILZKRANKHEIT der Rebe, verursacht durch den *Pythium*-Pilz, der vor allem junge Reben in kühlen, feuchten Böden befällt. Die Pflanzen werden geschwächt und können sogar absterben. Am anfälligsten sind auf die Unterlage Rupestris St. George veredelte Reben. Bekämpfung ist durch Entfernen der Erde am Wurzelhals und Trockenhalten des Bodens möglich. R. E. S.

Wurzelwachstum Das unterirdische Jahreswachstum der Rebe ist für die Pflanze natürlich ebenso wichtig wie das oberirdische. Bei den meisten Obstgehölzen findet der Frühjahrsschub des Wurzelwachstums zur Zeit des AUSTRIEBS statt. Bei der Weinrebe dagegen erfolgt er erst später. Das Wurzelwachstum zeigt im Verlauf des Jahres zwei Spitzen. Die erste tritt zur Zeit der BLÜTE im Frühsommer ein, und die zweite fällt mit der Erntezeit im Herbst zusammen. Es bestehen wesentliche Wechselbeziehungen zwischen Größe, Gesundheitszustand und Aktivität des Wurzelwerks einerseits und dem oberirdischen Wachstum (Triebe und Blätter) andererseits, da die Wurzeln als Speicherräume für die lebenswichtigen KOHLEHYDRAT-Vorräte der Pflanze dienen und in ihnen HORMONE, z. B. Cytokinine und Gibberelline, erzeugt werden. Reben mit eingeschränktem oder ungesundem Wurzelwerk sind schwachwüchsig; dies wird bei den Prinzipien des AUSGEWOGENEN REBSCHNITTS besonders berücksichtigt. Das Wurzelwachstum richtet sich auch nach dem REBENALTER. R. E. S.

Würzer Eine 1932 in der Weinbauversuchsstation Alzey entstandene DEUTSCHE NEUZÜCHTUNG, eine Kreuzung Gewürztraminer × Müller-Thurgau. In größerem Umfang wurde sie erst in den 1980er Jahren angebaut; am Ende des Jahrzehnts verfügte die Sorte über eine Anbaufläche von rund 100 ha vorwiegend in Rheinhessen. Die Erträge sind kräftig, doch die Traube besitzt so überwältigend starke Würze, daß schon kleine Mengen sehr weit reichen.

Würzwein Eine etwas formlose Kategorie von Weinen, deren grundlegender Weingeschmack durch Beimischungen würzender Substanzen verändert ist. WERMUT ist ein aufgespriteter Würzwein, dagegen stellt der griechische RETSINA das wohl bekannteste Beispiel für einen Würzwein ohne Alkoholanreicherung dar.

Geschichte

Seit jeher werden Gewürze beim Wein wie bei Speisen dazu verwendet, Abwechslung in den Geschmack zu bringen, oder oft auch, um geschmackliche Unvollkommenheiten zu verbergen. Ein Wein, der nach ESSIG schmeckte, konnte auf diese Weise stark verbessert werden.

In den antiken Kulturen des Mittelmeerraums wurden den Trauben- und Dattelweinen Gewürze, Kräuter und Honig (aber auch Drogen und Harze, u. a. Myrrhe) zugesetzt. Es gibt zahlreiche Beschreibungen und Rezepte in alten Texten aus MESOPOTAMIEN, ÄGYPTEN, GRIECHENLAND und ROM. Römer berichten, daß die Griechen nie reinen Wein tranken; PLINIUS führt alle möglichen Weingewürze von Pfeffer bis Absinth auf.

Kräuter und Honig verdeckten aber nicht nur manch unangenehmen Beigeschmack, sie verliehen leichten Weinen auch eine interessantere Note (siehe DEUTSCHE WEINBAUGESCHICHTE). Mit Kräutern, Gewürzen, Blüten oder Nüssen versetzte Weine gelten seit eh und je als Lokalspezialitäten.

Im Mittelalter begann Wein schon nach wenigen Monaten sauer zu werden und bedurfte daher der Verbesserung, was oft nach eigenem Hausrezept geschah. Sehr beliebt war der «Hippokras» von Rot- oder Weißwein mit Zucker, Honig, Zimt, Ingwer und Pfeffer als den üblichsten Zutaten. Der Name stammte vom Hippokrates-Ärmel, einem Stück Musselin, durch das die eingeweichten Gewürze aus dem Wein herausgesiebt wurden. Der Hippokras blieb, wie der Chronist Samuel Pepys bezeugt, in England bis weit in das 17. Jh. hinein verbreitet, wobei sich Name und Zusammensetzung verschiedentlich veränderten, bis schließlich der in Viktorianischer Zeit so sehr beliebte Punsch daraus wurde.

Inzwischen entwickelte sich auf dem europäischen Festland aus gewürztem, mit Alkohol angereichertem Wein der Wermut, wie wir ihn heute kennen. H. B.

Plinius der Ältere, *Naturgeschichte.*
Younger, W., *Gods, Men and Wine* (London, 1966).

Moderne Spielarten

Eine starke Erweiterung hat die Kategorie in neuerer Zeit durch die sogenannten «Coolers» gefunden, meist alkoholschwache Würzweine, mit denen versucht wird, Verbraucher, die sich nicht als Weintrinker betrachten, mit verkappten Weinen anzulocken. Es gibt Coolers in verschiedenen Alkoholstärken mit unterschiedlicher Süße und Schaumbildung; populär sind u. a. Mischungen mit Erdbeeren, Pfirsichen, Mango. Dabei handelt es sich um etwas völlig anderes als OBSTWEIN, dessen Alkoholgehalt nicht von fertigem Traubenwein, sondern aus vergorenen Zuckern anderer Früchte stammt. A. D. W.

Wüste Echte, dürre, baumlose Wüstengebiete eignen sich nicht für den Weinbau, selbst wenn BEWÄSSERUNG möglich ist. Die geringe LUFTFEUCHTIGKEIT und die extremen Temperaturschwankungen bilden für die Weinrebe Streßbedingungen, die einer guten Traubenqualität entgegenstehen. In wüstenähnlichem Klima ist es während der Reifezeit stets sehr heiß, daher lassen sich, sofern keine strengen Frühjahrsfröste vorkommen, mit Hilfe von Bewässerung geeignete Voraussetzungen für den Tafeltraubenanbau, insbesondere mit früh reifenden Sorten, sowie für den Rosinentraubenanbau schaffen, doch die Weintraube erlangt selten mehr als mittelmäßige Qualität. Siehe KLIMA UND WEINQUALITÄT.

Gebiete mit eher steppenhaftem Klima, in denen umfangreicher Weinbau betrieben wird, sind u. a. das SAN JOAQUIN VALLEY in Kalifornien, das Bekaa-Tal im LIBANON, Teile von ISRAEL, ASERBAIDSCHAN an der Westküste des Kaspischen Meers, das untere Murray Valley in SÜDAUSTRALIEN und VICTORIA sowie Little Karoo in SÜDAFRIKA. MEDITERRANES KLIMA (das es nicht nur am Mittelmeer gibt) weist wüstenähnlich geringe Niederschlagsmengen im Sommer auf, doch die dortigen Weinbaugebiete kommen in den Genuß regelmäßiger Niederschläge im Winter und Frühjahr sowie milder, feuchter Meereswinde an Nachmittagen und Abenden im Sommer und Frühherbst.

Die Lebensverhältnisse in der Wüste sind dem Wein, der ja ursprünglich ein Getränk seßhafter Ackerbauern war, im allgemeinen abträglich. Wüstenbewohner verfügen über alkoholische Getränke vorwiegend in der Form von Spirituosen, beispielsweise ARRAK, die sich ohne weiteres transportieren lassen und keine besonderen Ansprüche an die Lagerbedingungen stellen. Nomaden bereiten außerdem oft vergorene Getränke von der Milch ihrer Pferde oder Herdentiere, beispielsweise *koumiss*. J. G.

X

XAREL-LO Eine Weißweinrebsorte, die in ihrer Heimat KATALONIEN kraftvolle, oft stark aromatische Still- und Schaumweine erbringt. Sehr stark verbreitet ist sie in ALELLA unter dem Namen Pansa Blanca. Am meisten wird sie jedoch in PENEDÈS angebaut, wo sie mit Parellada und Macabeo zusammen in fast alle CAVA-Verschnitte eingeht. Die Rebe ist starkwüchsig und ertragreich; sie treibt früh aus und ist daher für Frühjahrsfröste empfindlich; der Rebschnitt erfordert große Sorgfalt.

XENOPHON Schriftsteller im antiken GRIECHENLAND gegen Ende des 5. Jh. v. Chr.; besonders berühmt durch seine historische Schrift *Anabasis.* In *Über die Einkünfte* wird in einem Dialog zwischen einem Bauern namens Ischomachos und dem großen Philosophen Sokrates das Pflanzen und die Pflege der Weinrebe erörtert: Die Reben sollen in gut gelockerte Erde schräg eingepflanzt und ringsum gut festgetreten werden. H. H. A.

XÉRÈS In Frankreich gebräuchlicher Name für JEREZ und SHERRY.

XERES Name einer in Kalifornien kultivierten und von dort nach Australien ausgeführten Rebsorte, bei der es sich vermutlich um GRACIANO aus Rioja handelt.

XYLEM Das wasserleitende Hauptgewebe von Gefäßpflanzen. In verholzten Geweben bildet das sekundäre Xylem das Holz. Das KAMBIUM besitzt Xylem-Gewebe auf der Innenseite. Jährlich bildet sich ein neuer Ring Xylem, wobei die ersten (im Frühjahr) entstehenden Gefäße größer sind als die des späteren Holzes. Auf diese Weise entstehen die Jahresringe, an denen sich das Alter eines Gehölzes ablesen läßt (siehe EICHE). Bei der Weinrebe sind die Gefäße sehr weit und porös, daher ist das Holz stark wasserleitend – ein generelles Merkmal aller Reben. Im Herbst werden die Gefäße jedoch durch Thyllenbildung verschlossen, die durch Ausdehnung angrenzenden Zellenmaterials durch Öffnungen in den Gefäßwänden entsteht; manche Gefäße bleiben bis zu sieben Jahre lang funktionsfähig, die meisten jedoch werden durch Thyllenbildung bereits im zweiten oder dritten Jahr verstopft. Das Sekundärxylem der Eiche (QUERCUS) bildet das Holz für Fässer. (Siehe auch PHLOEM.)
B. G. C.

XYNISTERI Auf der Insel ZYPERN verbreitet angebaute Weißweinrebsorte.

XYNOMAVRO In Nordgriechenland angebaute Rotweinrebsorte. Sie ist nach Süden hin bis zum Fuß des Olymps verbreitet, wo sie den Rapsani erbringt. Der Name bedeutet «saurer Schwarzer», und wahrhaftig zeigt sich dieser Wein in der Jugend sehr streng, er mildert sich aber mit der Zeit sehr schön, wie das Beispiel des reifen Naoussa zeigt. Die Sorte, eine der wenigen in GRIECHENLAND, die in ungünstigen Jahren nicht voll zur Reife gelangen, wird oft mit einem kleineren Anteil der Lokalrebe Negoska zu Goumenissa verschnitten und in dem sehr kühlen, hochgelegenen Weinbaugebiet von Amindeo zu Grundwein für die Schaumweinherstellung verarbeitet.

Y

YARRA VALLEY Kühle, dynamische Weinbauregion nordöstlich von Melbourne, der Hauptstadt von VICTORIA (AUSTRALIEN).

YECLA Weinbaubereich in der LEVANTE im Südosten Zentralspaniens; hier entstehen recht rauhe Rotweine. Yecla liegt zwischen JUMILLA, ALICANTE und ALMANSA und wird von der größten spanischen Genossenschaftskellerei, La Purísima, beherrscht. 80 % des Traubenertrags entfallen auf die rote MONASTRELL-Traube, die mit etwas Unterstützung durch GARNACHA seit jeher kraftvolle, alkoholstarke Weine hervorbringt. Einige kleinere Erzeuger haben sich von der herkömmlichen DOBLE-PASTA-Methode losgesagt und produzieren nun frischere, leichtere Weine in KOHLENSÄUREMAISCHTECHNIK. R. J. M.

YORK MOUNTAIN AVA-Bereich in Kalifornien. Siehe SAN LUIS OBISPO.

YQUEM, CHÂTEAU D' Der größte Wein von SAUTERNES und – der berühmten KLASSIFIKATION von 1855 zufolge – von ganz BORDEAUX. Er ist süß, golden und anscheinend fast unsterblich.

Der Ursprung des Namens ist nicht mit Sicherheit bekannt – es wird vermutet, daß er auf das germanische Wort *aig-helm* (einen Helm besitzen) zurückgeht. Die wahrscheinlich erste weinbautreibende Besitzerfamilie hieß de Sauvage; sie war zunächst Pächterfamilie und kaufte 1711 das Gut. 1785 ging es durch Heirat der letzten Sauvage d'Yquem mit dem Comte Louis-Amadée de Lur Saluces an die Familie Lur Saluces über, der es noch heute gehört. Damals war der Wein bereits sehr bekannt, denn 1787 schrieb Thomas JEFFERSON an «M. d'Yquem», daß er Wein zu kaufen wünsche: «Ich weiß, daß das Ihrige eines der besten Gewächse von Sauterne ist.» Es ist nicht bekannt, wann der Yquem erstmals von edelfaulen Trauben bereitet wurde, doch geht die Einführung dieser höchst arbeitsaufwendigen Technik vermutlich auf den Beginn des 19. Jh. zurück, obgleich auch Flaschen mit sehr süßem Wein aus der Zeit gegen Ende des 18. Jh. existieren. In der zweiten Hälfte des 19. Jh. genoß der Yquem weltweit einen großen Ruf, nicht zuletzt im zaristischen RUSSLAND. Seit der Zeit vor dem 1. Weltkrieg bis 1968 wurde das Gut vom Marquis Bernard de Lur Saluces geleitet, seither führt Comte

In den Weinbergen von Château d'YQUEM hat das Pferd noch nicht ausgedient.

Alexandre, dem auch Château de Farques in Sauternes gehört, den Betrieb.

Das aus dem 12. Jh. stammende, in der Renaissance erweiterte Château steht auf einem kleinen Hügel; an jeder Ecke des Baus, der einen großen Innenhof umschließt, erhebt sich ein Turm. Von den ringsumher gelegenen Weinbergen mit einer Gesamtfläche von 102 ha stehen 90 ha in Ertrag. Der Rebbestand setzt sich zu 80 % aus SÉMILLON und zu 20 % aus dem meist ertragreicheren SAUVIGNON BLANC zusammen. Die Erzeugung von jährlich 5500 Kisten beträgt nur einen Bruchteil dessen, was ein Spitzengut im MÉDOC an Rotwein produziert. Das Geheimnis des Ruhms von Yquem beruht auf der hier häufig auftretenden EDELFÄULE und auf der Bereitschaft, Risiken einzugehen und Quantität zugunsten der mit größtem Bedacht aufrechterhaltenen Qualität aufzuopfern. Im Durchschnitt erfolgen jedes Jahr sechs Lesedurchgänge (TRIS) durch die Weinberge, wobei nur die von Edelfäule befallenen Trauben geerntet werden. Der Höchstertrag erreicht 9 hl/ha gegenüber normalerweise 25 hl/ha in Sauternes. Der Most wird dreimal gepreßt und dann in neuen Eichenfässern drei Jahre lang ausgebaut. Anders als andere Sauternes wird er erst verkauft, wenn er wirklich in der Flasche ist. Die hohen Betriebskosten sind der Grund dafür, daß der Yquem ein sehr teurer Wein ist. 1987 wurden Anlagen für das umstrittene Verfahren der CRYOEXTRACTION, d. h. Gefrierkonzentration, installiert, das in ungünstigen Jahren eingesetzt werden soll.

Seit 1959 wird auch ein trockener Weißwein, der Y oder Ygrec, produziert, jedoch nur zeitweilig. Er ist ausgesprochen alkoholstark und zeigt mehr als nur einen Hauch der Art von Sauternes. E. P.-R.

Olney, R., *Yquem* (Paris, 1985).

Z

ZALEMA Spanische Weißweinrebsorte; sie wird vor allem im Süden im DO-Bereich CONDADO DE HUELVA angebaut; ihr Most und Wein neigen zum Oxidieren. Inzwischen wird sie durch höherwertige Sorten wie Palomino verdrängt.

ZAPFEN Bezeichnung für einen beim REBSCHNITT stark eingekürzten TRIEB der Weinrebe. Der Zapfen wird gewöhnlich als kurzes Stück mit ein bis vier KNOTEN – meist zwei – angeschnitten. Aus dem Zapfen gehen die fruchtenden Triebe der nächsten Saison hervor. Der Zapfenschnitt ist der strengste Rebschnitt: bei ihm werden 90 % des vorjährigen Triebwuchses entfernt. Auch beim FRUCHTRUTENSCHNITT werden Zapfen vorgesehen, um die Zahl der Ersatztriebe für den nächsten Rebschnitt zu vergrößern.

B. G. C.

ZAPFENSCHNITT Form des winterlichen REBSCHNITTS, bei der die Triebe auf kurze Stücke mit zwei Augen zurückgeschnitten werden (siehe Skizze). Normalerweise stehen die ZAPFEN auf einem CORDON und sind aufwärts gerichtet. Der Zapfenschnitt bietet insofern mehrere Vorteile, als er von Hand zeitsparend durchzuführen und auch leicht zu mechanisieren ist, weil er maschinellen Vorschnitt ermöglicht. Entsprechende Zapfenabstände sorgen für die richtige Verteilung der Triebe im späteren Laubdach, was wiederum zu guter Belichtung der Blätter und Früchte beiträgt (siehe LAUBDACHMIKROKLIMA). Für sehr wuchskräftige Reben eignet sich der Zapfenschnitt jedoch nicht besonders gut, da der hierbei entstehende starke SCHATTEN Ertrags- und Qualitätseinbußen nach sich ziehen kann.

Die andere Hauptform des Rebschnitts ist der FRUCHTRUTENSCHNITT.

Siehe auch CORDON-ERZIEHUNG.

R. E. S.

ZEIT UND WEIN siehe ALTERUNG.

ZELLE Der Baustein lebender Organismen und die kleinste zu unabhängiger Existenz fähige Einheit. HEFEN und BAKTERIEN sind einzellige Lebewesen, während sich eine Weinrebe aus Milliarden von Zellen aufbaut. Jede Pflanzenzelle besteht aus dem von der Zellwand umschlossenen Protoplasma, doch es lassen sich zahlreiche Formen unterscheiden. Beispielsweise hat eine Zelle im Fruchtfleisch einer

ZAPFENSCHNITT: Beim Rebschnitt wird meist der vom permanenten Cordon am weitesten entfernte Trieb herausgeschnitten und der zunächst gelegene Trieb auf zwei Augen eingekürzt.

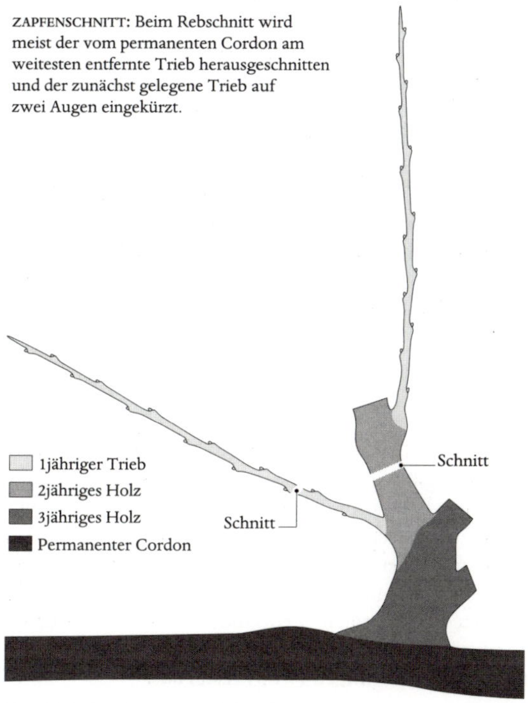

reifen Weinbeere etwa eine Länge von 0,5 mm und besteht aus einer dünnen welligen Zellwand, die von einem ebenso dünnen Cytoplasma bedeckt ist und die Vakuole, einen «See» aus Wasser, gelösten Zuckern, Säuren und Hunderten von anderen Inhaltsstoffen – besser bekannt als Traubensaft – umschließt. Andere Zellen in derselben Beere können dagegen ganz anders aussehen. Ein PHLOEM-Element schließt an beiden Enden an andere gleichartige Bausteine an und bildet mit ihnen einen Schlauch, durch den der Saft über ein Netzwerk in der gesamten Pflanze verteilt wird. Die angrenzenden Faserzellen sind lang und dünn und haben dicke, durch das Holzpolymer Lignin verfestigte Wände. Die komplexen Funktionen des Blatts verlangen andere Zellformen: Die Zellen der SPALTÖFFNUNGEN lassen Kohlendioxid eintreten und Wasserdampf und Sauerstoff entweichen; andere arbeiten als «Kohlehydratfabriken». Wieder andere Zellen im dichten Adernsystem dienen dazu, Wasser und Mineralstoffe von den Wurzeln (über das XYLEM) heraufzufördern und Zucker und andere organische Nährstoffe in die übrige Pflanze (über das Phloem) weiterzutransportieren.

Trotz der großen Unterschiedlichkeit tragen im Kern alle Zellen dieselben genetischen Informationen und können mit wenigen Ausnahmen herausgetrennt und als einzelne Protoplasmen gezüchtet werden. Durch Methoden der GEWEBEKULTUR können aus ihnen neue Pflanzen entstehen, die genau mit der Mutterpflanze identisch sind. Das genetische Material in jeder Zelle wird daher auf die jeweilige Gestalt und Funktion abgestimmt, und zwar durch die Einwirkung der Nachbarzellen in dem betreffenden Gewebe und durch die Reaktion auf Signale, die die Zelle von anderen Geweben und Organen empfängt.

Die Zellwände bestehen aus Zellulose und anderen Polymeren, doch entgegen dem Anschein sind diese Wände keinesfalls inert. Sie reagieren in der Form auf Drücke, die von den umgebenden Zellen ausgeübt werden, sowie auf den osmotischen Druck des in der Vakuole enthaltenen Safts, und dies führt je nach der Plastizität der Wände entweder zur Dehnung oder zum Wachstum der Zelle.

B. G. C.

Taiz, L., und Zeiger, E., *Plant Physiology* (Redwood City, Calif., 1991).

ZENTRALKELLEREI Eine in Deutschland als gemeinsamer Verarbeitungsbetrieb für mehrere Winzergenossenschaften geschaffene Einrichtung; es gibt insgesamt sechs Zentralkellereien; zu den bekanntesten gehören der gigantische Badische Winzerkeller in Breisach (BADEN) und die Zentralkellerei Moselland in Bernkastel (MOSEL-SAAR-RUWER). Die Standorte der übrigen Zentralkellereien sind Kitzingen (FRANKEN), Bretzenheim (NAHE), Gau-Bickelheim (RHEINHESSEN) und Möglingen (WÜRTTEMBERG).

ZENTRIFUGIEREN Eine einst sehr beliebte Methode zur KLÄRUNG von Weißweinmost vor der GÄRUNG. Für diese Arbeit erweist sich jedoch der Einsatz der **Zentrifuge** als relativ kostspielig und langwierig. Bessere Wirkung erzielt sie bei der Klärung von neuem Wein, weil der Unterschied in der Dichte zwischen den Hefezellen und der Flüssigkeit größer ist als der zwischen den Feststoffen der Traube und der Flüssigkeit.

Gegenüber der bei der natürlichen Klärung wirkenden Schwerkraft ist die Zentrifugalkraft um das 5000- bis 10 000fache stärker und erfordert einen beträchtlichen Aufwand an elektrischer Energie; dabei ist der Durchsatz pro Arbeitsstunde relativ gering. Da die Zentrifugen in Anschaffung und Unterhaltung teuer sind und viele Kellertechniker die Auffassung vertreten, daß der Wein beim Zentrifugieren nicht schonend behandelt wird, findet die Technik inzwischen nur noch verhältnismäßig selten Anwendung.

A. D. W.

ZIBIBBO Auf Sizilien gebräuchlicher Name der weißen Traubensorte MUSCAT OF ALEXANDRIA, die gelegentlich zu Wein – vor allem zu Moscato di PANTELLERIA – verarbeitet wird, öfter jedoch als TAFELTRAUBE auf den Markt kommt. 1990 ergab die italienische Weinbauerhebung eine Anbaufläche von knapp 1800 ha gegenüber 13 500 ha für Moscato Bianco (MUSCAT BLANC À PETITS GRAINS).

ZIERFANDLER Die edlere der beiden Traubensorten im GUMPOLDSKIRCHNER, dem dramatisch körperreichen, würzigen, langlebigen Weißwein aus der Thermenregion in ÖSTERREICH (die andere Traube ist der ROTGIPFLER). Am Ende der 1980er Jahre verfügte der Zierfandler über eine Anbaufläche von 120 ha. Wie das Synonym Spätrot erkennen läßt, reift die Sorte sehr spät, sie behält aber ihre Säure besser als der Rotgipfler. Für sich allein hat der Zierfandler genügend Substanz für Spätlesen, die sich über viele Jahre hinweg in der Flasche entfalten. Zum größten Teil aber wird Zierfandler mit Rotgipfler verschnitten und manchmal auch vergoren.

In Ungarn wird die Sorte unter dem Namen Cirfandli kultiviert.

ZIKADEN Die zur Familie der *cicadelidae* gehörenden Insekten können im Weinbau direkt und indirekt Schaden verursachen. In Kalifornien betätigen sich die Zikade *Erythroneura elegantula* und ihre Verwandte *Erythroneura variabilis* durch Aussaugen des Safts aus den Blättern unmittelbar nach dem Austrieb als Schädlinge. Stark beeinträchtigte Blätter verlieren ihre grüne Farbe, und die Fähigkeit zur PHOTOSYNTHESE wird eingeschränkt. TAFELTRAUBEN werden durch die Exkremente der Zikaden beschmutzt. Der Schaden steht in direktem Verhältnis zum Umfang des Befalls.

Zikaden haben jedoch eine ganze Reihe natürlicher Feinde; die größte Bedeutung kommt der winzigen Wespe *Anagrus epos* zu. Geringe Zikadenpopulationen bedürfen keiner Bekämpfung, insbesondere wenn diese Wespe ebenfalls in der Nähe lebt.

Zikaden verursachen aber nicht nur direkte Schäden, sie sind auch für die Verbreitung von schwerwiegenden Krankheiten verantwortlich. In Amerika wird die PIERCE'SCHE KRANKHEIT durch die sogenannten «Sharpshooters» übertragen, während für die Ausbreitung der FLAVESCENCE DORÉE die Zikade *Scaphoideus littoralis* in Frage kommt. Auf welche Weise die Insekten als Überträger bestimmter Krankheiten wirken, ist noch nicht erforscht. Zikaden entwickeln anscheinend rasch Immunität oder Resistenz gegen Insektizide, daher ist es erforderlich, alle paar Jahre das Spritzmittel zu wechseln.

M. J. E. und R. E. S.

Flaherty, D. L., et al. (Hrsg.), *Grape Pest Management* (2. Aufl., Oakland, Calif., 1992).

Pearson, R. C., und Goheen, A. C., *Compendium of Grape Diseases* (St Paul, Minn., 1988).

ZENTRIFUGE im Keller der Residenz in Würzburg (Franken).

ZILAVKA Relativ erfolgreiche Weißweinrebsorte in der Herzegowina (siehe BOSNIEN-HERZEGOWINA) im ehemaligen JUGOSLAWIEN. Sie vereint große Alkoholstärke mit kräftiger Säure und einer gewissen Nußwürze im Geschmack. Der um die Stadt Mostar produzierte Zilavka-Wein ist besonders hoch geschätzt. Auch in MAKEDONIEN wird die Sorte zunehmend angebaut; allerdings wird der dortige Zilavka-Wein nicht ausschließlich von dieser Traubensorte bereitet.

ZIMBABWE Das südafrikanische Land verfügt über einen Weinbau in kleinem Maßstab. Er wurde in den 1950er Jahren in Gang gebracht und in der Zeit der Sanktionen in den 1960er und 1970er Jahren gehegt und gepflegt, so daß sich ab dem Ende der 1980er Jahre eine merkliche Verbesserung der Weinqualität einstellte. In diesen tropischen Gegenden werden die Temperaturen in den besseren Weinbaulagen durch größere HÖHE gemäßigt. Durch Besprühen mit einem auf Kalzium beruhenden Präparat werden die

Reben in dem warmen, von sommerlichen Niederschlägen geprägten Klima, in dem TRAUBENFÄULE eine ständige Gefährdung bildet, zu gleichmäßigem Austrieb gebracht. Die aussichtsreichsten Lagen befinden sich in Marandera, 40 km von der Hauptstadt Harare entfernt. Chenin Blanc, Colombard und CAPE RIESLING bringen passable trockene und halbtrockene Weißweine hervor, und die südafrikanische Rebsorte PINOTAGE liefert Rotweine. Auch Roséweine, in Zimbabwe «Flirt» genannt, werden produziert. Das Land hat keine gesetzlichen Etikettierungs- oder Weinbaukontrollvorschriften. Die größten Weinverarbeitungsbetriebe sind die Monis Group (mit der Mukuyu Collection als Spitzengewächsen) und die African Distillers; sie werden aus weit verstreuten Weinbergen bei Bulawayo und Mutare mit Traubengut versorgt. In Zimbabwe arbeiten kellertechnische Berater aus Südafrika, Deutschland und gelegentlich auch aus Australien. Die jährliche Gesamterzeugung belief sich zu Beginn der 1990er Jahre auf rund 220 000 Kisten.

J. P. und J. Ro.

ZINFANDEL Eine durch eigenständige Art gekennzeichnete Rotweinrebsorte europäischen Ursprungs, die überwiegend in Kalifornien kultiviert wird und die wechselnden Moden des amerikanischen Weingeschäfts spiegelt.

Eine ganze Zeit lang wurde im 20. Jh. dem «Weinbaupionier» Agoston HARASZTHY das Verdienst zugesprochen, diese Traube aus seiner Heimat Ungarn herübergeholt zu haben, inzwischen aber hat sich der kalifornische Historiker Charles Sullivan als eigentlicher Zinfandel-Held erwiesen, indem er doch wenigstens einen Teil der Wahrheit über den Weg des Zinfandels nach Kalifornien ans Licht brachte. Er war es, der darauf hinwies, daß sich in Haraszthys umfangreicher Werbeliteratur aus den 1860er Jahren keine Erwähnung des Namens Zinfandel fand und daß schon vor der Ankunft Haraszthys in Kalifornien im Jahr 1849 die Sorte an der amerikanischen Ostküste längst bekannt war. Unter dem Namen «Zinfindal» erschien sie bereits 1834 auf einer Ausstellung der Massachusetts Horticultural Society, und in der landwirtschaftlichen Fachpresse der 1840er und 1850er Jahre wurde sie häufig erwähnt. 1858 zeigte ein Rebschulbesitzer aus Sacramento auf der California State Fair eine Rebsorte, die er «Zeinfindall» nannte, und bis 1860 waren in Kalifornien bereits mehrere Weine dieser Sorte entstanden. Es ist sehr wahrscheinlich, daß die Stecklinge von der Ostküste herübergekommen waren, allerdings stellte ein Rebschulbesitzer in San José nachträglich die unüberprüfbare Behauptung auf, er habe seinen Zinfandel 1852 unter dem Namen «Black St Peters» direkt aus Frankreich nach Kalifornien eingeführt.

Da der Zinfandel in Frankreich nicht sehr interessierte, entging die Rebe der eingehenden Untersuchung durch das Weltzentrum der AMPELOGRAPHIE in MONTPELLIER, und so beruhte ihr europäischer Ursprung auf lokalen Hypothesen und nicht auf international anerkannten Fakten, bis zu Anfang der 1990er Jahre die DNS-FINGERABDRUCK-Erkennungsmethode auf sie angewendet wurde. Erst dadurch wurde unbezweifelbar festgestellt, daß Zinfandel mit der PRIMITIVO-Rebe in Süditalien identisch ist (die ihrerseits allerdings auch aus den USA importiert worden sein kann). Das Verwandtschaftsverhältnis war schon in den 1980er Jahren von italienischer Seite dadurch bekräftigt worden, daß manche Primitivo-Weine von dort aus unter dem Namen Zinfandel exportiert wurden, um auf dem amerikanischen Markt besonderen Eindruck zu machen. Möglicherweise besteht auch eine Verbindung zu der Rebsorte PLAVAC MALI in Dalmatien.

Zinfandel fand in den 1880er Jahren, als vor allen übrigen Eigenschaften seine Fähigkeit, große Erträge zu erbringen, besonders hoch geschätzt wurde, einen festen Platz im amerikanischen Weinbau und bildete das Alltagsgetränk vieler Goldgräber und anderer Nutznießer des kalifornischen GOLDRAUSCHS. Um die Jahrhundertwende galt Zinfandel als der kalifornische «Claret», und er hatte mit die erlesensten Weinberglagen an der Nordküste inne. Während der PROHIBITION genoß er die Vorliebe vieler HOBBYKELLERMEISTER, seitdem aber ist ihm seine Popularität zum Verhängnis geworden.

Im 20. Jh. nahm der kalifornische Zinfandel so ziemlich dieselbe Stellung ein wie der Shiraz (Syrah) in Australien, und es ist ihm wie diesem derselbe Mangel an Respekt widerfahren, nur weil er die meistangebaute Rotweinrebsorte darstellte. Hinzu kommt, daß er oft in ungeeignet warmen Lagen angepflanzt worden ist und man ihm höhere Erträge abverlangt hat, als für ihn gut ist. Nun mag der Zinfandel zwar als Rebsorte nicht so edel sein wie Syrah, sicherlich aber kann er feinen Wein hervorbringen, wenn die Erträge knapp gehalten werden und die Witterung so kühl ist, daß sich der Wachstumsverlauf ausreichend lang hinzieht.

Die Nachteile der Sorte liegen darin, daß die Trauben oft ungleichmäßig ausreifen, so daß saure grüne Beeren mit vollreifen in einem Fruchtstand stehen, und daß die Trauben im Gegensatz zu denen des großen Rivalen Cabernet Sauvignon sich, sobald sie reif sind, rasch in Rosinen verwandeln, wenn sie nicht sofort geerntet werden. Zinfandel leistet deshalb sein Bestes unter warmen, aber nicht heißen Bedingungen, wobei Lagen in großer Höhe sich oft am besten bewähren.

Zwar ist der Zinfandel schon in alle möglichen Stile und Farben gepreßt worden, am besten aber eignet er sich wahrscheinlich doch für trockenen, robusten, nicht besonders subtilen, aber kraftvollen Rotwein mit einer optimalen Lebensdauer von vier bis acht Jahren. Diese Weine sind nur selten Verschnitte, allein Ridge Vineyards befürwortet das Einmischen von etwas PETITE SIRAH in Zinfandel. Das Dry Creek Valley in Sonoma zeigt besonders gute Eignung für diese unterschätzte Rebsorte. (Näheres über Zinfandel-Weine ist unter KALIFORNIEN zu finden.)

Dank der enormen Popularität des WHITE ZINFANDEL wuchs die längst im Schwinden begriffene Anbaufläche am Ende der 1980er Jahre vor allem im Central Valley wieder jährlich um 1215 ha, so daß sich 1992 der Gesamtbestand auf 13 500 ha bezifferte, und damit lag er knapp vor Cabernet Sauvignon, der zweitmeist angebauten Rotweinrebsorte Kaliforniens.

In geringem Umfang wird Zinfandel auch in anderen Staaten im Westen der USA angebaut, und auch einige Erzeuger in Südafrika haben entdeckt, daß sich das dortige Klima für diese Sorte eignet.

Australien ist ebenfalls ein günstiger Standort für die ungewöhnliche Traube; besonderen Erfolg hat mit ihr Cape Mentelle in Western Australia.

Galet, P., LA CULTURE DE LA VIGNE AUX ETATS-UNIS ET AU CANADA, *France viticole* (Sept./Okt. 1980).

Sullivan, C. L., A VITICULTURAL MYSTERY SOLVED, *California History*, 57 (Sommer 1978), 115–129.

ZINK Ein für gesundes Wachstum der Rebe wesentliches Element. Zinkmangel beeinträchtigt das Vermögen der Rebe, das Hormon AUXIN zu synthetisieren, und dies führt wiederum dazu, daß sich die Triebe nicht normal entwikkeln können. Die Hauptsymptome sind CHLOROSE zwischen den Adern junger und alter Blätter, verringerte Blattgröße und erweitere Stielbuchten. Schlechter FRUCHTANSATZ kann eine Folge sein. Zinkmangel tritt häufig in Sandboden auf; behandelt wird er durch Bestreichen von Rebschnittwunden mit Zinkpaste sowie durch Besprühen des Laubs im Sommer. R. E. S.

Winkler, A. J., et al., *General Viticulture* (2. Aufl., Berkeley, Calif., 1974).

ZITRONENSÄURE Eine in vielen Pflanzen, vor allem in fleischigen Früchten, z. B. Zitronen, reichlich vorkommende, in Trauben jedoch seltene Säure. Die Traube nimmt unter allen Früchten insofern eine Sonderstellung ein, als ihre Hauptsäure die WEINSÄURE ist (gefolgt von der APFELSÄURE); die Konzentration der Zitronensäure beträgt bei den meisten Traubensorten lediglich ein Zwanzigstel des Gehalts an Weinsäure.

Zitronensäure ist eine der in der Kellertechnik für die AZIDIFIKATION gebräuchlichen SÄUREN. Sie hat den Vorzug, billig zu sein, da es ihr jedoch an Subtilität mangelt, wird sie nur für Weine der unteren Preisklasse verwendet. Industriell hergestellt wird sie durch Vergären von SACCHAROSE-Lösungen; sehr kleine Mengen werden aus der Verarbeitung von Zitrusfrüchten gewonnen. Auch als Reinigungsmittel ist Zitronensäure brauchbar. B. G. C. und A. D. W.

ZOLL wird bei der Einfuhr von Wein bzw. in manchen Ländern bei der Entnahme aus dem Zollverschluß in unterschiedlicher Höhe erhoben. Generell finden in Ländern, in denen der Weinbau größere wirtschaftliche (und demzufolge auch politische) Bedeutung hat, z. B. in Frankreich und Italien, eher niedrige Zollsätze Anwendung, während in Ländern mit so gut wie keinem eigenen Weinbau, z. B. in Großbritannien, und in solchen mit restriktiver Politik gegenüber dem Verkauf alkoholischer Getränke, z. B. Norwegen, die Zollgebühren meist hoch angesetzt sind.

In sogenannten **Duty-Free Shops** ist Wein im allgemeinen auch nicht viel billiger, da die Gewinnspannen meist nicht dazu angetan sind, eine so gewichtige und zerbrechliche Ware wie Weinflaschen zu einem lohnenden Geschäft zu machen. Die seit 1993 gültigen großzügigeren zollfreien Einfuhrmengen im grenzüberschreitenden Verkehr innerhalb der EUROPÄISCHEN UNION brachten beispielsweise dem britischen Weinhandel beträchtliche Umsatzverluste ein, weil viele Verbraucher den Ärmelkanal überquerten und die Möglichkeiten umfangreicher Direkteinkäufe in Frankreich nutzten.

Ein **Zollverschlußlager** enthält Ware, auf die noch kein Zoll entrichtet worden ist. Die Preise für unter Zollverschluß liegende Weine und vor allem Spirituosen sind daher erheblich günstiger als für verzollte Ware. Es ist deshalb für den Ausländer stets sinnvoll, Weine, die erst später aus dem Ursprungsland ausgeführt werden sollen, im Zollverschlußverfahren einzukaufen.

ZÜCHTUNG siehe REBENZÜCHTUNG.

ZUCKER Einfache Mitglieder der großen Gruppe chemischer Verbindungen, die als KOHLEHYDRATE bezeichnet werden. Die gewöhnlich Zucker genannte SACCHAROSE stammt vom Zuckerrohr bzw. der Zuckerrübe und stellt eine wichtige Handelsware dar. Für den Wissenschaftler ist die Saccharose ein Molekül, bestehend aus je einer Einheit GLUCOSE und FRUCTOSE, die durch Eliminierung eines Wassermoleküls miteinander verknüpft sind.

Pflanzen produzieren Saccharose durch PHOTOSYNTHESE, und viele reichern Saccharose in ihren Zellen an, andere dagegen, z. B. die Weinrebe VITIS VINIFERA, spalten die Saccharose in ihre einfacheren Bestandteile Glucose und Fructose auf und speichern diese in ihren Früchten. AMERIKANISCHE REBENSPEZIES lagern in der Frucht auch kleine Mengen Saccharose neben Glucose und Fructose ein. Im Lauf der Jahrtausende, in denen der Mensch Weinreben selektiert hat, wählte er bevorzugt stets die Exemplare, die durch Photosynthese einen Zuckerüberschuß produzierten und diesen in den Beeren speicherten. (Siehe auch TRAUBENZUCKER.)

Zwar sind die in Traubenmost festgestellten Mengen von Zuckern, die nicht Glucose oder Fructose sind, sehr gering, aber bei der Photosynthese werden auch Zucker mit drei, vier, fünf und sieben Kohlenstoffatomen neben den mit sechs Kohlenstoffatomen ausgestatteten Glucose und Fructose gebildet. Es wäre also verwunderlich, wenn Spuren hiervon nicht auch in den Traubenmost gelangen würden, und ebenfalls im Wein sind rund ein Dutzend verschiedene Restzucker vorgefunden worden.

Saccharose darf meist in Form von Rübenzuckerkonzentrat oder TRAUBENKONZENTRAT in bestimmten Fällen dem Traubenmost vor der Gärung zugesetzt werden, um den ALKOHOLGEHALT des resultierenden Weins anzuheben (siehe ANREICHERUNG).

Die Gesamtmenge der im fertigen Wein noch enthaltenen Zucker wird auch als Restzucker bezeichnet.

Ein Teil der aus der Photosynthese entstandenen und im Verlauf der Fruchtreife in den Beeren als Glucose und Fructose gespeicherten Saccharose wird in STÄRKE umgewandelt und für die WINTERRUHE in Stamm, dickeren Ästen und Wurzeln eingelagert, bis durch die Frühjahrstemperaturen der neue Jahreszyklus der Laub- und Fruchtproduktion in Gang gebracht und die Stärke wieder in lösliche Zucker, vorwiegend Glucose, umgesetzt wird.

Siehe auch MOSTGEWICHT. A. D. W.

ZUCKERKONZENTRATION in Trauben siehe MOSTGEWICHT.

ZUCKERUNG siehe CHAPTALISATION und ANREICHERUNG.

ZUCKERZUGABE Ein in der Weinbereitung unter bestimmten Voraussetzungen zulässiges Verfahren, das in Frankreich CHAPTALISATION und im EU-Sprachgebrauch ANREICHERUNG genannt wird.

ZUNGENSCHNITT Ein Pfropfverfahren, bei welchem am EDELREIS ein schräger Schnitt und an der Unterlage ein entsprechender schräger Gegenschnitt vorgenommen wird. Die beiden Reiser werden dann zusammengefügt, und die Pfropfstelle wird fest mit Veredelungsband umwickelt. Der **Gegenzungenschnitt** ist praktisch dasselbe, nur daß dabei eine zweite Zunge angeschnitten wird, so daß die Gewebeteile sich ineinanderschieben lassen und die Pfropfstelle höhere Festigkeit erlangt. Siehe auch PFROPFEN. B. G. C.

ZUSAMMENSETZUNG DES WEINS Es bestehen zwischen Traube und Wein recht erhebliche Unterschiede in der Zusammensetzung, einerseits, weil Teile der Traube bei der Weinbereitung ausgeschieden werden, und andererseits, weil die verschiedenen Vorgänge eine komplizierte Reihe von Umwandlungen bewirken. Die alkoholische GÄRUNG beispielsweise setzt Zucker in Alkohol um, und bei der MALOLAKTISCHEN SÄUREUMWANDLUNG wird die Apfelsäure zugunsten der Milchsäure abgebaut. Die exakte Zusammensetzung des Weins ist je nach Weintyp, Lesebedingungen und -zeitpunkt, Jahrgangscharakteristik und dem Alter des Weins (siehe ALTERUNG) sehr unterschiedlich. Die folgende Tabelle gibt ungefähre Werte für die wahrscheinlichen Konzentrationen der wesentlichsten der bisher etwa 1000 identifizierten Inhaltsstoffe.

Komponente	Anteil pro l	Bemerkungen
Gelöste Gase		
KOHLENDIOXID	0–50 cm³	
SCHWEFELDIOXID		
Insgesamt	80–200 mg	In süßen Weinen mehr
Frei	10–50 mg	In unstabilen Weinen mehr
Flüchtige Substanzen		
WASSER	700–900 mg	
ÄTHANOL (Alkohol)	8,5–15 % vol.	In aufgespriteten Weinen mehr, in alkoholarmen Weinen weniger
HÖHERE ALKOHOLE	0,15–0,5 g	
ACETALDEHYD	0,005–0,5 g	
ESTER	0,5–1,5 g	
ESSIGSÄURE	0,3–0,5 g	Als Schwefelsäure ausgedrückt
Feste Substanzen		
RESTSÜSSE	0,8–180 g	Je nach Weintyp; in edelfaulen Weinen mehr
GLYZERIN	5–12 g	
PHENOLE	0,4–4 g	
Gummi, PEKTINE	1–3 g	Je nach Jahrgang
Organische Säuren		
WEINSÄURE	5–10 g	Je nach Herkunft der Trauben
APFELSÄURE	0–? g	Je nach dem Ausmaß der malolaktischen Säureumwandlung
MILCHSÄURE	0–1 g	
BERNSTEINSÄURE	1–3 g	
ZITRONENSÄURE	0–1 g	
Mineralsalze		
Sulfate	0,1–0,4 g	Als Kalisalze ausgedrückt
Chloride	0,25–0,85 g	
Phosphate		
Spurenelemente		
KALIUM	0,7–1,5 g	
KALZIUM	0,06–0,9 g	
KUPFER	0,001–0,003 g	
EISEN	0,002–0,005 g	

Navarre, C., *L'œnologie* (Paris, 1988).

ZWANGSDESTILLATION In dem Bemühen, die Wein-ÜBERSCHUSSPRODUKTION einzudämmen und einer möglichen Verwendung zuzuführen, richteten die Behörden der EUROPÄISCHEN UNION im Jahr 1982 ein System ein, demzufolge aller über eine gewisse Grenzmenge hinaus produzierter Wein theoretisch zu einem nicht allzu attraktiven Standardpreis zwangsweise aufgekauft und zu Industriealkohol destilliert wird (diese Politik führte dann wiederum zu einem Alkoholüberschuß). Die im Rahmen dieses Plans destillierten Weinmengen lagen in den 1980er Jahren über 30 Millionen hl; das entsprach etwa einem Fünftel der europäischen Gesamterzeugung. 1993 mußte die Kommission eingestehen, daß dieses Verfahren wenig dazu beigetragen hatte, die Überproduktion einzudämmen, und kündigte eine Verschärfung der Bestimmungen an, um die finanzielle Unterstützung von Überschußproduzenten einzuschränken und Mißbrauch wirksamer zu bekämpfen.

ZWEIGELT, Zweigeltrebe oder **Blauer Zweigelt.** Die Rotweinrebsorte ist die populärste in Österreich, obwohl sie erst 1922 von Dr. Zweigelt in der Weinbauforschungsanstalt KLOSTERNEUBURG gezüchtet wurde. Es handelt sich um eine Kreuzung BLAUFRÄNKISCH × ST-LAURENT, die in Bestform den Biß der ersteren mit dem Körper der zweiten Sorte vereint; leider werden der Rebe jedoch manchmal zu hohe Erträge abverlangt, so daß ihr Wein verwässert wird. Bei den Winzern ist sie beliebt, weil sie früher reift als Blaufränkisch, aber später austreibt als St-Laurent und meist gute Erträge bringt. Daher wird sie in allen österreichischen Weinbauregionen verbreitet angebaut und bringt an manchen Stellen seriösen, alterungswürdigen Wein hervor. Die meisten Weine dieser Traube wollen jedoch jung getrunken sein. Der Erfolg in Österreich ist so groß, daß Zweigelt auch in Deutschland und England versuchsweise angebaut wird. Die Exportchancen des Weins werden jedoch leider auch durch den für fremde Zungen schwer auszusprechenden Namen gedämpft. Hätte der Züchter doch besser Dr. Pinot Noir geheißen!

ZWEITGÄRUNG Eine zweite Gärung, die nach Beendigung der normalen alkoholischen GÄRUNG eintritt. Dabei kann es sich um eine Gärung in der Flasche, um die eine MALOLAKTISCHE SÄUREUMWANDLUNG begleitende Entwicklung von Kohlendioxid oder um den Wiederbeginn der alkoholischen Gärung außerhalb der Flasche in einem Wein, der noch vergärbare ZUCKER enthält, handeln. Eine solche Gärung kommt zustande, wenn eine Temperaturerhöhung eintritt oder wenn eine kräftiger wirkende HEFE zugegeben wird. Die in der TOSKANA traditionelle GOVERNO-Technik ist ein Beispiel für eine bewußt herbeigeführte Zweitgärung.

ZWEITWEIN Französische Weingüter produzieren oft neben ihrem *grand vin* genannten Hauptwein noch einen zweiten Wein aus Kellerbeständen, deren Güte als nicht ausreichend für den Hauptwein betrachtet wird. Die Gepflogenheit entstand im 18. Jh. in BORDEAUX und wurde zu Anfang des 20. Jh. von Château LAFITE wiederbelebt. Kommerziell genutzt wurde sie allerdings erst am Ende der 1980er Jahre, als durch die schärfer werdende Konkurrenz eine immer striktere Auslese bei der ASSEMBLAGE nötig wurde. Zu den bekannteren Zweitweinen zählen Les Forts de Latour von Château LATOUR und Pavillon Rouge von Château MARGAUX (der Markenwein MOUTON-CADET war ursprünglich der Zweitwein von Château MOUTON-ROTHSCHILD). In Zweitweine wird meist der Wein noch junger Reben zusammen mit nicht ganz erstklassig ausgefallenen Produkten der älteren Rebbestände aufgenommen. In einem besonders ungünstigen JAHRGANG kann es vorkommen, daß manche Châteaux überhaupt keinen *grand vin* herausbringen; in diesem Fall ist der jeweilige Zweitwein dann der einzige, den die betreffenden Châteaux anbieten. Generell ist ein Zweitwein aus einem minderen Jahrgang (sofern auch ein *grand vin* herausgebracht wurde) selten ein hochinteressantes Gewächs, doch in einem guten Jahrgang und von einem qualitätsbewußten Erzeuger kann er sehr wertvoll sein – man sollte ihn allerdings nicht direkt mit dem *grand vin* vergleichen. Manche Erzeuger haben sogar Drittweine mit eigener Bezeichnung geschaffen, dabei könnte es sich aber öfters um eine auf Werbewirkung angelegte Geste des Erzeugers als um eine besonders günstige Gelegenheit für den Kunden handeln.

ZYPERN Insel im östlichen Mittelmeer, knapp 100 km von Syrien im Osten und von der Türkei im Norden entfernt. Im Mittelalter war der Weinbau auf Zypern der wirtschaftlich bedeutendste im Nahen Osten, im 20. Jh. aber ist der Zypernwein in der Qualität weit zurückgefallen. Eine wesentliche Verbesserung der Produktionstechniken wurde in den 1990er Jahren durch den Zusammenbruch des kommunistischen Regimes ausgelöst.

Historisches

Infolge seiner Lage im östlichen Mittelmeer – näher am Nahen Osten als bei GRIECHENLAND – kam Zypern schon seit der Antike im Wechsel mit kurzen Perioden der Selbständigkeit immer wieder unter die Herrschaft fremder Mächte; 58 v. Chr. wurde es Teil der römischen Provinz Cilicia in Kleinasien. Strabo (*Geographica,* 7 v. Chr.) und PLINIUS erwähnen den Zypernwein lobend, besonders berühmt aber war er nicht. Im Jahr 668 n. Chr. besetzten die Araber Zypern, und als sie 965 endgültig vertrieben waren, wurde es zum vorgeschobenen Posten der griechischen Seemacht. 1191 eroberte König Richard I. von England die Insel auf dem 3. KREUZZUG und verkaufte sie an die Tempelritter, die sie aber bald wieder an ihn zurückgaben. Daraufhin schenkte Richard sie dem vertriebenen König von Jerusalem, Guy de Lusignan. Dieser richtete auf der Insel ein Feudalsystem ein und beherrschte sie als ein selbständiges Königreich, das sie blieb, bis sie 1489 zur Kolonie des damals mächtigen VENEDIG wurde.

Die Kreuzritter und der venezianische Expansionismus machten Zypern zum Bestandteil des Westens, der bald seine Weine zu schätzen begann. Die ersten Belege darüber, daß Zypernwein im Westen getrunken wurde, stammen von 1178, als der Graf Balduin von Guines dem Erzbischof von Reims Zypernwein zum Geschenk machte. Damals muß dieser Wein eine luxuriöse Rarität gewesen sein, wenn man einem kirchlichen Magnaten damit Eindruck machen konnte. Im darauffolgenden Jahrhundert wurde er allgemeiner erhältlich. In dem altfranzösischen Gedicht *La bataille des vins* (siehe MITTELALTERLICHE LITERATUR) wird die Siegespalme dem *chypre* zugesprochen, weil er stärker und süßer war als jeder andere Wein, den es in Westeuropa gab (AUFSPRITEN und MUTAGE waren damals noch nicht bekannt). Wir wissen nicht, wann der Zypernwein erstmals auf den englischen Markt kam, aber im 13. und 14. Jh. erzielte er neben anderen Süßweinen aus dem Osten und aus Italien in London höhere Preise als der Wein aus der GASCOGNE und aus LA ROCHELLE. Die Venezianer schafften ihn in ihren Galeeren von Zypern nach Venedig und verteilten ihn von dort aus über ganz Europa.

Der moderne COMMANDARIA aus Zypern bewahrt in seinem Namen noch ein Stück Geschichte der Kreuzzüge. Als der Fall von Akka im Jahr 1281 der christlichen Präsenz in Palästina und Syrien ein Ende setzte, verlegte der Johanniterorden sein Hauptquartier von Akka zunächst nach Zypern und dann nach Rhodos. Wie alle religiösen Orden erwarben auch die Johanniter viel Land und bauten darauf Wein. Ihre Organisation war streng hierarchisch in Priorate, Balleien und Kommenden gegliedert. Die Kommende bestand aus einem Gut oder einer Gruppe von Gütern unter der Leitung eines Kommendators, und jede Kommende besaß einen oder mehrere Weinberge; auf diese Einrichtung geht der Name des heute noch auf Zypern produzierten Dessertweins Commandaria zurück. H. M. W.

Neuere Zeit

Unter der osmanischen Herrschaft (1571–1878) trat ein schwerer Niedergang der Weinerzeugung und des Weinbaus ein, der bis um die Mitte des 19. Jh. in unterentwickeltem Zustand verharrte; die erste moderne Weinkellerei, Haggipavlu, wurde erst 1844 gegründet. Unter britischer Verwaltung (1878–1960) nahm der Weinbau der Insel dann einen weiteren Aufschwung. Zypern-Sherry war in der Anfangszeit ein bedeutendes Produkt. 1974 wurde der Norden von Zypern von den Türken besetzt und die Insel geteilt. Heute spielt der Wein in der Landwirtschaft des griechischen Südteils, der Republik Zypern, eine wichtige Rolle.

Klima und Geographie

Der gewerbliche Weinbau konzentriert sich auf die Südhänge des Troodos-Gebirges in Höhen von 250 bis 1500 m. Das Weinbaugebiet unterteilt sich in sechs Bereiche: Pitsilia (der höchstgelegene), Marathasa, Commandaria, Troodos Süd, Troodos Ost und Troodos Nord. Drei dieser Bereiche beinhalten bestimmte Unterbereiche: Madhari im Bereich Pitsilia; Afames und Laona in Troodos Süd; Ambelitis Vouni tis Panayias und Laona Kathikas, alle in Troodos Ost. Pitsilia und die höhergelegene nördliche Hälfte von Commandaria liegen auf vulkanischem Boden und Unterboden. An anderen Stellen besteht der Boden aus Kalksedimentgestein mit hohem Anteil an freiem Kalk.

Das Klima ist typisch MEDITERRAN: milde Winter und heiße Sommer, Niederschläge sind auf die Wintermonate beschränkt. Die Niederschlagsmenge ist gering: 500 mm jährlich stellen das Mittel für die tiefergelegenen Weinbaubereiche und 900 mm für die höhergelegenen dar. BEWÄSSERUNG ist nicht zulässig.

Die Durchschnittstemperaturen sind je nach Höhe unterschiedlich (siehe Tabelle).

	Hohe Lagen	Tiefe Lagen
Sommer		
Mittl. Temperatur max.	25 °C	35 °C
Mittl. Temperatur min.	9 °C	20 °C
Winter		
Mittl. Temperatur max.	10 °C	16 °C
Mittl. Temperatur min.	2 °C	7 °C

Die großen Temperaturunterschiede zwischen hohen und tiefen Lagen sind der Grund für eine der längsten Weinlesezeiten in der Welt. Die Lese beginnt meist Mitte Juli und zieht sich bis Anfang November hin.

Klimatische Gefährdungen beschränken sich auf Hagel sowie auf Herbst- und Frühjahrsfröste in höheren Lagen. Die geringe Luftfeuchtigkeit bewirkt, daß der Falsche Mehltau hier unbekannt ist, doch gegen den ECHTEN MEHLTAU muß regelmäßig gespritzt werden. TRAUBENFÄULE bildet sich nur dort, wo Befall durch Traubenwickler und ähnliche Insekten stattgefunden hat. Da die REBLAUS nie bis Zypern gelangt ist, sind alle Reben ungepfropft. Das vorherrschende Erziehungssystem ist die Buschform; Ausnahmen bilden lediglich nichteinheimische Rebsorten, bei denen die Augenfruchtbarkeit in der Nähe des Stamms gering ist, so daß sie längere Bögen und UNTERSTÜTZUNGSSYSTEME benötigen.

Rebsorten

Der weitaus größte Teil der Rebfläche, fast drei Viertel aller Weinbaugebiete, ist mit der einheimischen Rotweinrebsorte Mavro (Schwarze) besetzt. Lediglich in Höhen von über 1000 m, wo wie in Laona die Erträge unter 25 hl/ha liegen, ist Mavro imstande, Wein mit Qualität und Charakter hervorzubringen. An anderen Stellen erbringt die Rebe hohe Erträge an sehr großen Trauben – 200 hl/ha sind keineswegs ungewöhnlich. Bei einem hohen Verhältnis von Schalen zu Saft zeigt Mavro als Rotwein bereitet meist helle, nicht sehr attraktive Farbe. Um diesem Problem entgegenzuwirken, werden oft vor der Gärung bis zu 40 % Most entfernt. Dieser vorher weggenommene Most wurde früher zu Zypern-Sherry verarbeitet. Der verbleibende Most hat ein für die Erzeugung von Tischrotwein weitaus günstigeres Verhältnis von Saft zu Schalen aufzuweisen.

In Bestform ergibt Mavro in der Jugend Wein mit einem kirschenähnlichen oder an schwarze Johannisbeeren erinnernden süßen Charakter. Im Alter von drei bis fünf Jahren stellen sich vegetabile Noten ein. Seinen schwach an Jod erinnernden Grundcharakter verliert der Wein kaum, dabei ist er oft ziemlich alkoholstark.

Die zweitmeist angebaute Traube ist die Weißweinrebsorte Xynisteri, die – vor der Überreife gelesen und mit Sorgfalt verarbeitet – die Fähigkeit besitzt, aromatische Weine mit gutem Gleichgewicht zwischen Zucker, Alkohol und Säuren und mit einem leicht erdigen Geschmack hervorzubringen. In besseren Weinen wird Xynisteri oft durch den zur Aufwertung des Zypern-Sherry eingeführten PALOMINO sowie durch MALVASIA Grossa ergänzt.

Die Furcht vor der Reblaus hat die Behörden zu besonderer Vorsicht bei der Einfuhr fremder Rebsorten veranlaßt. Es wurden strenge QUARANTÄNE-Vorschriften erlassen, wenngleich diese nur im Südteil der Insel wirksam waren. Erst 1958 führte das Landwirtschaftsministerium erstmals neue Rebsorten zu Versuchszwecken ein. In den darauffolgenden zehn Jahren wurden Versuchsreihen durchgeführt, um festzustellen, welche Rebsorten sich für die Bedingungen auf Zypern am besten eigneten. 1964 trat ein weiteres Versuchsprogramm in Kraft, das zur Feststellung des geeignetsten MESOKLIMAS für jede der neuen Rebsorten gedacht war. Die Versuche wurden in den 1990er Jahren abgeschlossen, und von den importierten Sorten gelangten CARIGNAN und GRENACHE am verbreitetsten zum Anbau, daneben auch CABERNET SAUVIGNON und der überraschend erfolgreiche RIESLING sowie WELSCHRIESLING und kleine Mengen an CHARDONNAY. Seither werden den Winzern in den für die importierten Rebsorten als am besten geeignet ermittelten Bereiche Stecklinge angeboten.

In dieser Zeit wuchs auch wieder das Interesse an den nicht so verbreitet angebauten einheimischen Rebsorten, und zwar dank der Forschungsarbeiten, die der französische Ampelograph GALET auf Einladung eines der großen Weinerzeuger Zyperns geleistet hat. Viele dieser traditionellen Rebsorten haben ein weit größeres Qualitätspotential als Mavro, waren bei den Winzern aber weniger beliebt, weil sie im Anbau Schwierigkeiten machten. So kann Promara in höheren Lagen Weißwein in guter Qualität liefern, Opthalmo bringt Rotweine mit besserer Säure hervor als Mavro, doch die einheimische Rebe mit dem besten Potential ist die Rotweinsorte Maratheftico, sowenig sie auch bei den Winzern wegen ihrer Anfälligkeit für Echten Mehltau beliebt ist. Auch macht sie im gewerblichen Anbau deshalb Schwierigkeiten, weil sie eine der wenigen Weinreben ist, die keine Zwitterblüten besitzen; daher muß sie in gemischten Beständen gepflanzt werden, damit gute BESTÄUBUNG gewährleistet ist. Im Bereich Pitsilia trägt sie übrigens den Namen Pambakina oder Pambakada.

Die gewerblichen Erzeuger haben unterschiedliche Ansichten im Hinblick auf die Vorzüge der neuen gegenüber den einheimischen Traubensorten. Das eine Lager sieht für die einheimischen Reben keine Zukunft außer für Faßwein, Zypern-Sherry und Mostkonzentrat. Diese Erzeuger glauben, daß die fremden Rebsorten wie Cabernet Sauvignon und Riesling nicht nur besseren Wein erbringen als die einheimischen Trauben, sondern auch international zu realistischen Preisen besser zu vermarkten sind. Andere Betriebe vertreten die umgekehrte Ansicht, daß nämlich die besten einheimischen Rebsorten bei sorgfältiger Kultivierung in geeigneten Lagen und bei Verarbeitung mit modernen Techniken Wein liefern, der in der Qualität gleich ist wie der von importierten Rebsorten, wobei als besonderes Verkaufsargument der eigenständige Lokalcharakter hinzukommt.

Mit Ausnahme einiger weniger Weingüter im Besitz der großen Weinkellereien oder des Landwirtschaftsministeriums ist der Weinbau Zyperns in viele tausend kleine Besitzungen aufgeteilt. In den meisten Fällen wird das Land von der älteren Generation bearbeitet. Die Kinder und Enkel sind zum Teil im Fremdenverkehrsgewerbe beschäftigt, zum größeren Teil aber in die Städte gezogen und arbeiten dort in Dienstleistungs- und Produktionsbetrieben. Dadurch entsteht auf dem Land eine so schwerwiegende Entvölkerung, daß sie sich zu einem sozialen Problem auswächst.

Weinbereitung

In den Weinkellereien Zyperns erfolgte bis mindestens zu Beginn der 1990er Jahre die Gärung und Lagerung fast ausschließlich in Betontanks, die in manchen Betrieben in schlechtem Zustand waren. Die Kunstharzbeschichtungen waren defekt oder fehlten ganz, so daß der Wein direkt mit dem nackten Beton in Berührung kam. EDELSTAHL-Tanks und KÜHLTECHNIK gab es zwar in beschränktem Umfang, sie wurden aber nur für die besseren Weißweine eingesetzt. Die besseren Rotweine – auch sie nur ein Bruchteil der Gesamtproduktion – reiften in Flaschen in tiefen Kellern. Einige wenige moderne Kellereien, meist in experimenteller Ausführung, wurden erst Ende der 1980er oder Anfang der 1990er Jahre in Betrieb genommen. In ihnen herrscht das Bemühen, OXIDATION als den häufigsten Fehler des Zypernweins zu vermeiden.

Weinwirtschaft

Fast die gesamte Weinproduktion Zyperns entfällt auf vier große Firmen: SODAP, KEO, ETKO und Loel. Die Kellereibetriebe befinden sich weit von den Weinbaugebieten entfernt in Hafennähe in Limasol. SODAP verfügt über eine zweite Anlage in Paphos. Bei SODAP handelt es sich um eine WINZERGENOSSENSCHAFT, dagegen sind die anderen Kellereien Aktiengesellschaften, an deren Kapital auch die Traubenanbauer in beträchtlichem Umfang beteiligt sind. Der Mindestpreis, den die Kellereien den Anbauern zu zahlen haben, wird jährlich von der zuständigen Behörde, der Kommission für Rebenprodukte, festgesetzt, wobei seit 1993 als Grundlage die Weinbergfläche und nicht das MOSTGEWICHT oder das Traubengewicht herangezogen wird.

Die Kellereibetriebe sind für den größten Teil ihrer Umsätze auf den Export angewiesen, denn der Pro-Kopf-Verbrauch auf der Insel ist nur gering. Die Zyprioten bevorzugen als alkoholische Getränke Bier, OUZO und Branntwein.

Seit dem Ende des 2. Weltkriegs entfällt der Hauptteil des Weinexports auf vier Kategorien:

1. Sehr einfache Weine in großen Mengen, für den vor allem die UdSSR (die heutige GUS) und andere osteuropäische Länder die Hauptabnehmer bildeten. Hierbei spielte die Qualität des Weins keine besondere Rolle.

2. Wein für die industrielle Weiterverarbeitung, beispielsweise zu WERMUT, SANGRÍA oder zu fertigem GLÜHWEIN.

3. TRAUBENKONZENTRAT für die Herstellung von weinähnlichen Produkten, z. B. BRITISH WINE. Mostkonzentrat kann zwar auch zu einfachem Traubensaft verarbeitet werden, die Hauptabnehmer aber waren bis zum Anfang der 1990er Jahre die Hersteller von *made wine* in Großbritannien, Japan sowie in Mittel- und Osteuropa.

4. Zypern-Sherry: Trockene sherryähnliche Weine in guter Qualität, die sich mit einigen echten SHERRYS durchaus messen können, werden mit gesetzlich vorgeschriebener Mindestreifezeit von zwei Jahren unter einer FLOR-Hefeschicht in einem SOLERA-System produziert. Die Mehrzahl aller Zypern-Sherrys besteht jedoch aus süßem, bei weitem nicht so feinem Wein, der in ein Jahr lang im Freien gelagerten Fässern reift. Die Süße wird dadurch erreicht, daß die GÄRUNG bei 40 g/l Restzucker durch Beimischung von Alkohol unterbrochen wird (d. h. nach einer Methode, die eher zu PORTWEIN gehört als zum echten Sherry). Vor der Abfüllung wird der Süßegrad dann noch durch Beimischen von Mostkonzentrat gesteigert. Der hauptsächliche Absatzmarkt für Zypern-Sherry ist Großbritannien.

Die Betonung von Produkten, bei denen die Qualität des Grundweins keine besondere Rolle spielte, brachte es mit sich, daß der zypriotische Weinbau in der Zeit vom Ende des 2. Weltkriegs bis zum Auseinanderbrechen des Ostblocks nur wenig Anreiz hatte, das eigene Qualitätspotential auszunützen. Zur Lesezeit wurde das Traubengut meist in großen offenen Lastwagen transportiert. Da die Lese selbst in den Morgenstunden stattfand, erfolgte der Abtransport üblicherweise am Nachmittag, also in der heißesten Tageszeit. Weitere Probleme entstanden durch den Arbeitskräftemangel auf dem Land. Es dauerte manchmal zwei Tage und länger, bis ein Lastwagen vollbeladen war; so lange stand er im Freien, mitten in der Sonne und der Hitze. Die geringe Größe der Einzelbesitzungen und die Rebenerziehung in Buschform machen MASCHINELLE LESE so gut wie unmöglich.

Am Anfang der 1990er Jahre entstanden dann für den Weinbau Zyperns ernste Probleme. Der Zusammenbruch des kommunistischen Regimes bedeutete den völligen Wegfall der Märkte im Osten. Die Nachfrage nach Zypern-Sherry ging ständig zurück. Der von Spanien über die EUROPÄISCHE UNION erlangte Schutz des Namens «Sherry» bedrohte den Absatz des sogenannten «British Sherry», dessen Produktion eine so bedeutende Absatzmöglichkeit für Traubenmost aus Zypern gebildet hatte. Schließlich war Zypern auch immer weniger imstande, preislich mit einfachen Weinen aus Frankreich, Italien und vor allem Spanien zu konkurrieren.

Die Kosten für die Unterstützung des notleidenden Weinbaus stellen eine zunehmende Belastung für den zypriotischen Staat dar. 1992 setzte die Regierung einen guten Vier-Punkte-Plan zur Verbesserung der Rebsorten und Weinbereitungspraktiken sowie zur Rodung der ungünstigsten Weinberglagen in Kraft, doch seine Durchführung dürfte außerordentlich kostspielig sein und auf den Widerstand vieler Winzer stoßen. Der ehrgeizige Plan sah auch eine Gesetzgebung zur Einrichtung bestimmter «Herkunftsbezeichnungen» vor, wobei der Commandaria das vorrangige Objekt darstellte. Um die Mitte der 1990er Jahre schien nur der Commandaria (in verfeinerter Version) ein gewisses Potential für den Weinbau zu bieten, der sich einer zunehmenden Konkurrenz nicht nur von seiten der traditionellen Weinbaunationen gegenübersah, sondern auch aus der Neuen Welt und aus den osteuropäischen Ländern, die zuvor große Mengen an zypriotischem Wein abgenommen hatten, nun aber ebenso radikal und genauso spät wie Zypern darangingen, ihren eigenen Weinbau zu reorganisieren.

Siehe auch COMMANDARIA und BRANNTWEIN. G. J. L.

Dion, R., *Historie de la vigne et du vin en France* (Paris, 1959).
Simon, A. L., *The History of the Wine Trade in England*, 3 Bde. (London, 1906–1909).

BILDNACHWEIS

Der Verlag dankt den folgenden Personen, Firmen und Institutionen für die Überlassung von Bildmaterial:

Schwarzweißabbildungen
Barnabys Picture Library 1014
British Library 1229
British Museum 1122, 1163
Michael Busselle 729
Robin Butler 1174, 1195 oben, 1202
J. Allen Cash 891
Cephas/Jerry Alexander 792
Cephas/Nigel Blythe 1161, 1323
Cephas/Alan Proust 858, 1094
Cephas/Mick Rock 730, 740, 763, 765, 796, 826, 850, 869, 878, 910 unten, 941, 948, 965, 978, 1036, 1061, 1095, 1102, 1141, 1149, 1173, 1177, 1182, 1183, 1195 unten, 1234, 1261, 1265, 1273, 1298, 1307
Jean-Loup Charmet 1185
Château Pichon-Longueville 1309
Christies 1005 oben
CIVC 910 oben, 942, 1001
Deutsche Weininformation 958
Patrick Eagar 716, 718, 720, 748, 779, 799, 803, 841, 876, 917, 927, 1017, 1034, 1096, 1128, 1138, 1046, 1157, 1181, 1215, 1235, 1240, 1258, 1321
E. T. Archive 914, 1207, 1218
John E. Fells and Sons Ltd 892, 902, 923
Sonia Halliday Photographs 1126
Harveys Wine Museum 1052
Kea/Francesco Venturi 714
Madeira Wine Company 701
Mary Evans Picture Library 857
Mansell Collection 754, 761
Jean-Pierre Moueix 817
Penfolds 852
Billett Potter 855, 1230, 1269
Janet Price 929
Jan Read 974, 1008, 1069, 1082, 1147
Scope/Michel Guillard 816, 1319
Scope/Jacques Sierpinski 726
Scope/Jean-Daniel Sudres 955
Richard Smart 1314
Peter Woloszíski 1120

Farbtafeln
Cephas/Nigel Blythe 1076
Cephas/Mick Rock 853, 895, 896, 1041, 1042, 1221
Patrick Eagar 854
Foto Mas/Biblioteca Nacional Madrid 1075
Sonia Halliday Photographs 689, 690, 1222
Images/Horizon/David Simmonds 725
Aus Jancis Robinson *Reben, Trauben, Weine* (Hallwag 1987) 723

Bildbeschaffung: Anne-Marie Ehrlich

Diagramme
Die Diagramme auf den angegebenen Seiten wurden von Russell Birkett ausgeführt, unter Verwendung der folgenden Quellen:

American Journal of Enology & Viticulture, 38/2, 1987. Copyright © by Dr. Ann C. Noble and *American Journal of Enology & Viticulture* 1166
B. G. Coombe und P. R. Dry (Hrsg.), *Viticulture, I: Recources in Australia, II: Practices* 801, 823, 1080, 1321
J. S. Gladstones, *Viticulture and Environment* 1151
J. Long, *Vignes et vignobles* 870, 1175
M. G. Mullins et al., *Biology of the Grapevine* 1164
J. Renfrew, *Palaeoethnobotany* 842
R. Smart und M. Robinson, *Sunlight into Wine* 934, 1047
R. J. Weaver, *Grape Growing* 769, 867, 868
Winkler et al., *General Viticulture* 937